de Gruyter Lehrbuch

Schuldrecht

von

Wolfgang Fikentscher

7., neubearbeitete Auflage

1985

Walter de Gruyter · Berlin · New York

Dr. jur. Wolfgang Fikentscher, LL. M. (Michigan)
o. Professor an der Ludwig-Maximilians-Universität München
Vorstand des Instituts für Internationales Recht,
des Instituts für Handels-, Wirtschafts- und Arbeitsrecht und des Instituts
für Gewerblichen Rechtsschutz und Urheberrecht (stellv. Geschäftsführer).
Auswärtiges Mitglied des Max-Planck-Instituts für ausländisches und
internationales Patent-, Urheber- und Wettbewerbsrecht, München.

CIP-Kurztitelaufnahme der Deutschen Bibliothek

Fikentscher, Wolfgang:
Schuldrecht / von Wolfgang Fikentscher. – 7.,
neubearb. Aufl. – Berlin; New York: de Gruyter,
1985.
ISBN 3-11-007158-4

©
Copyright 1985 by
Walter de Gruyter & Co., Berlin 30. Alle Rechte, insbesondere das Recht der Vervielfältigung und Verbreitung sowie der Übersetzung, vorbehalten. Kein Teil des Werkes darf in irgendeiner Form (durch Photokopie, Mikrofilm oder ein anderes Verfahren) ohne schriftliche Genehmigung des Verlages reproduziert oder unter Verwendung elektronischer Systeme verarbeitet, vervielfältigt oder verbreitet werden.
Printed in Germany.
Satz und Druck Ernst Kieser GmbH, Graphischer Betrieb, 8902 Neusäß
Bindearbeiten: Lüderitz & Bauer Buchgewerbe GmbH, 1000 Berlin 61

Vorwort zur 7. Auflage

Die 6. Auflage von 1976 ist seit längerem vergriffen. Die Fertigstellung der „Methoden des Rechts" (1977) und des „Wirtschaftsrechts" (1983), ließen kein schnelleres Erscheinen der 7. Auflage des „Schuldrechts" zu. Schon bald erwies sich nämlich, daß eine durchgreifende und daher zeitbeanspruchende Neubearbeitung des Schuldrechtslehrbuchs erforderlich war, die z. B. das AGB-Gesetz (1977) berücksichtigt. Diese Bearbeitung kann nun vorgelegt werden.

Neu eingefügt oder neu gefaßt wurden die Abschnitte über das Rechtsverhältnis der Vertragsanbahnung *(culpa in contrahendo)*, die Eigenhaftung des Gehilfen, die Allgemeinen Geschäftsbedingungen, die vertraglichen Anpassungsklauseln, die Erfüllung, die Leasing-Verträge, den Reiseveranstaltungsvertrag, die Produzentenhaftung, das internationale Schuldrecht und die Schuldrechtsreform. Die Lehre von Treu und Glauben findet sich in Beantwortung der von J. Schmidt im Staudingerschen Kommentar erhobenen Einwände neu begründet. Umgearbeitet und wesentlich ergänzt wurden u. a. die Darstellungen der Geschäftsgrundlage, der Geschäfte auf den Todesfall, des Geldrechts, der Mängelfolge- und Begleitschäden, des Factoring-Vertrags, der gemeinschaftlichen Begehung von unerlaubten Handlungen und der Haftpflichtgesetze. Die Bezüge des Schuldrechts zum Handels- und Wirtschaftsrecht wurden stärker als bisher betont. Gesetzgebung, Rechtsprechung und Schrifttum sind bis zum 31. Juli 1984, in Einzelfällen auch darüber hinaus berücksichtigt. Das Kapitel über die „Amtshaftung" ist unverändert geblieben, da die weitere Entwicklung nach der Feststellung der Verfassungswidrigkeit des Staatshaftungsgesetzes durch das Bundesverfassungsgericht noch abzuwarten ist; vorläufig gilt der alte Rechtszustand weiter.

Unangetastet blieb die didaktische Zielrichtung des Werkes, über die das nachstehend teilweise abgedruckte Vorwort zur 1. Auflage (1964) nähere Auskunft gibt. Es erweist sich, daß das systematische Lehrbuch, entgegen manchen Vorhersagen, wieder zunehmend Gebrauch und Anerkennung findet. Das ist bemerkenswert, weil sich der Stil der Vorlesung an den meisten juristischen Fakultäten in den letzten Jahren – erfreulicherweise und entgegen den skeptischen Bemerkungen im Vorwort zur 1. Auflage – erheblich geändert hat. Die einzelnen Stoffbereiche werden den Studienanfängern nicht mehr unverbunden nebeneinander vorgetragen, sondern Dozent und Hörer erarbeiten gemeinsam ein zusammenhängendes Gebiet, etwa in einem „Grundkurs Zivilrecht", zu dem dann mit zentraler Bedeutung das Schuldrecht gehört. Die früher getrennt neben den Vorlesungen laufenden praktischen Übungen werden in die „Kurse" integriert, so daß vielfach der „Grundkursschein" den „Anfängerschein" ersetzt.

In diesem „Rechtsunterricht" kommt dem Lehrbuch eine das Lehrgespräch unterstützende und zusammenfassende Aufgabe zu. Es dient dabei nicht nur der Wiederholung und Vertiefung, sondern wird mit Gewinn auch schon für die Vorbereitung auf den vom Dozenten in „Arbeitsplänen" oder ähnlichen Ankündigungen zu behandelnden Stoff benutzt. Den mündlichen Vortrag im Hörsaal begleiten dann häufig Fall- oder Entscheidungssammlungen. Die beiden Sammlungen schuldrechtlicher Entscheidungen (ESJ Schuldrecht I Allgemeiner Teil und ESJ Schuldrecht II Besonderer Teil, 2. Aufl. München 1976, Verlag C. H. Beck), auf die in diesem Lehrbuch (seit der 7. Auflage) Bezug genommen wird, sollen diesem Bedarf entgegenkommen (vgl. dazu meinen Beitrag „Rechtsunterricht mit Entscheidungssammlungen" in der Festschrift für Eduard Kern, Tübingen 1968, 139). Die Technik der Fallösung für den Übungsteil des „Grundkurses" vermittelt, ebenfalls in Ergänzung zu diesem Lehrbuch, das „Schuldrechtspraktikum" in der Sammlung Göschen (Verlag W. de Gruyter). Lehrbuch, Entscheidungssammlung und Praktikum wollen also ein sowohl in seinen Teilen getrennt als auch in zusammenhängender Benutzung verwendbares, modernen Anforderungen des Lehrens und Lernens gerecht werdendes Unterrichtswerk sein.

Offensichtlich ist wegen dieser heute weithin üblich gewordenen komplexen Darstellungsweise in „Kursen" und ähnlichen Veranstaltungen das systematische Lehrbuch noch wichtiger als früher geworden. Denn während der Aufbau der monologischen Vorlesung alten Stils dem eines Lehrbuchs weitgehend entsprach, so daß der Studierende eigentlich nur *ein System* kennenlernte, das ihm auf doppelte Weise – mündlich und gedruckt – vermittelt wurde, muß er sich heute aus dem Material des „Kurses" sein eigenes System aufbauen. Das systematische Lehrbuch soll dabei als Anregung und Vorlage dienen, und es gewinnt dadurch eine selbständige, aktivierende Bedeutung verglichen mit den Zeiten, in denen es im Verhältnis zur Vorlesung nur Wiederholung und Vertiefung sein konnte. Das Lehrbuch hat also die Reform nicht nur „überlebt". Es trägt auf die genannte Weise zu ihrem Gelingen bei.

In erster Linie danken möchte ich Herrn Dr. Aristide Chiotellis, der sich um die der 7. Auflage zugrundeliegende Neubearbeitung besonders verdient gemacht hat. Die jetzige Fassung der §§ 1–25 ist sein Werk. Er trug außerdem selbständige Entwürfe bei und übernahm einen großen Teil der Last, die mit der Durchsicht des übrigen Textes und den organisatorischen Arbeiten verbunden war.

Frau Katja Waibl und den Herren Dr. Michael Bohrer, Dr. Otto Gaßner und Karl Wach danke ich für die Sichtung und Aussortierung von Material. Zusätzlich haben Frau Andrea Graf, Frau Irene Lamb und die Herren Mar-

Vorwort

kus Gruber, Rainer Koch und Hans-Frieder Krauß an den Korrekturen und Registern mitgewirkt. Ihnen allen möchte ich auch an dieser Stelle meinen Dank aussprechen.

Dem Verlag gilt mein besonderer Dank für die nun schon zwanzig Jahre während verständnisvolle Betreuung dieses Buches.

München, im November 1984 *Wolfgang Fikentscher*

Aus dem Vorwort zur 1. Auflage

Die wesentliche Schwierigkeit der Vorlesungen über das Schuldrecht liegt im Umfang des Stoffes. Dabei ist es nicht nur und nicht einmal in erster Linie die große Zahl der Einzelheiten, die Lehrer und Lernenden zu schaffen machen, sondern der Überblick über das Ganze. Auf welche Fälle z. B. der Treu-und-Glauben-Satz des § 242 oder die Generalklausel des Bereicherungsrechts in § 812 I 1 anzuwenden ist, auf welche nicht, läßt sich nicht aus einer noch so gründlichen Kenntnis der Einzelheiten, sondern nur aus einem Verständnis des Zusammenhangs erfassen.

Die vorliegende Darstellung des Schuldrechts will vor allem ein Leitfaden zum Lernen sein. Zu den beiden Vorlesungen über den Allgemeinen und Besonderen Teil des Schuldrechts soll das Buch dem Studierenden die für seine Ausbildung und sein rechtliches Verstehen nötigen Grundkenntnisse der Schuldrechtsprobleme vermitteln.

Die Methode der Darlegung weicht vom Üblichen ab. Sie ist ausgerichtet am nicht-streitigen Gutachten, an der juristischen Technik also, die vom Kandidaten im ersten Examen erwartet wird. Auf die Gliederung wirkt sich das vor allem beim Leistungsinhalt und bei den Leistungsstörungen aus. Man wird dieses Vorgehen damit rechtfertigen müssen, daß die Universität in praktisch-methodischer Hinsicht dem Studierenden bislang manches schuldig bleibt.

Im Bereich des Besonderen Teils wurde eine Beschränkung des Stoffes dadurch versucht, daß auf eine systematische Durcharbeitung jedes einzelnen Schuldverhältnisses außer bei Kauf, ungerechtfertigter Bereicherung und unerlaubter Handlung verzichtet wurde. Statt dessen findet sich bei jedem Schuldverhältnis eine ausführliche Darstellung seines Wesens, die ergänzt wird durch eine Aneinanderreihung der wichtigsten Einzelprobleme, die bei dem betreffenden Schuldverhältnis erfahrungsgemäß schon für den Studenten auftauchen. Zu diesem abgekürzten Vorgehen bestand um so mehr Grund, als das Dienst-, Werkvertrags- und Gesellschaftsrecht in drei weiteren Vorlesungen wieder aufgegriffen werden: Im Arbeitsrecht, im Recht der Handelsgeschäfte und im Gesellschaftsrecht. Hinzu kommt als vierte Ergänzungsvorlesung des Schuldrechts das Wertpapierrecht, welches das Recht des Schuldversprechens, des Schuldanerkenntnisses, der Anweisung und der Inhaberschuldverschreibung vertieft.

Das Schuldrecht wurde in dieser Lehrbuch- und Grundrißreihe bisher von Justus Wilhelm *Hedemann* betreut. Gerade im Vergleich mit dem zügig ge-

Vorwort

schriebenen Schuldrecht von *Hedemann* zeigt sich, daß mit der zunehmenden Verfeinerung eines Rechtsgebietes seine Lehrbarkeit und Erlernbarkeit abnehmen. Insofern geht es dem heutigen Zivilrecht nicht anders als dem Pandektenrecht des vorigen Jahrhunderts, von dem das BGB und die zu ihm geschriebenen Erläuterungsbücher uns vorübergehend zu befreien schienen.

Wenn daher heute in einem vorgegebenen räumlichen Umfang das Schuldrecht beschrieben werden soll, bedarf es der Hervorhebung der Grundlinien, eines Überblicks über das Ganze und der beispielsweisen Vertiefung der Problematik an einigen bedeutsamen schuldrechtlichen Einrichtungen. Auf Vollständigkeit darf es demgegenüber nicht ankommen. Lehren sollte nicht bedeuten, alles vorzutragen, sondern das lebendige Zusammenwirken von Ganzem und Teil begriflich zu machen. Erst durch das ständige In-Beziehungsetzen von Ganzem und Teil, von System und Einzelproblem wächst das Lernen aus einer Stoffsammlung zu einem selbständigen Anwenden. Diesem Ziel versucht die vorliegende Darstellung des Schuldrechts zu dienen.

Münster/Westfalen, im November 1964

Inhalt

Seite

Abkürzungsverzeichnis XIX

Einleitung

§ 1 Rechtstechnische Aufgabe, Begriff, Stellung, rechtspolitische und rechtsdogmatische Grundgedanken des Schuldrechts 1
§ 2 Rechtsquellen 9
§ 3 Schrifttum 11
§ 4 Plan der Darstellung 14

Der Allgemeine Teil des Schuldrechts

(Die allgemeinen Lehren)

1. Abschnitt

Begriff, Arten und Eigenschaften des Schuldverhältnisses

1. Unterabschnitt: Das Schuldverhältnis

§ 5 Das Schuldverhältnis in der Rechtsordnung 16
§ 6 Das Gutachten (der Fallaufbau) 21
§ 7 Begriff des Schuldverhältnisses. Gefälligkeitsverhältnisse. Schulden und Haften 22
§ 8 Die Leistung 26
§ 9 Die wirtschaftliche Bedeutung des Schuldverhältnisses 33

2. Unterabschnitt: Arten der Schuldverhältnisse

§ 10 Arten der Schuldverhältnisse: Beteiligung am Schuldverhältnis. Gegenseitiger Vertrag (Überblick) 34
§ 11 Fortsetzung: Typische und atypische Schuldverhältnisse 38
§ 12 Fortsetzung: Konsensual- und Realverträge 41
§ 13 Fortsetzung: Kausale und abstrakte Schuldverhältnisse 41

3. Unterabschnitt: Abgrenzungen

§ 14 Verpflichtung und Verfügung 43
§ 15 Relative Wirkung der Forderung 45
§ 16 Unvollkommene Verbindlichkeiten und verbindlichkeitsähnliche Tatbestände 47

Inhalt

2. Abschnitt

Begründung des Schuldverhältnisses

§ 17	Vorbemerkung	49
§ 18	Überblick über die Entstehungsarten	50
§ 19	Entstehung durch Vertrag	60
§ 20	Vor- und nachvertragliche Sorgfaltspflichten („culpa in contrahendo"; „nachwirkende Treuepflichten")	62
§ 21	Verfassungsrecht und Schuldrecht. Die Vertragsfreiheit und ihre Grenzen	72
§ 22	Form des Vertrags	82
§ 23	Vorvertrag und andere vorläufige Verträge	89
§ 24	Rahmenvertrag	93
§ 25	Draufgabe und Vertragsstrafe	94

3. Abschnitt

Inhalt des Schuldverhältnisses

§ 26	Bestimmung des Leistungsinhalts im allgemeinen. Allgemeine Geschäftsbedingungen (das AGBG)	98
§ 27	Treu und Glauben. Die Bedeutungen des § 242	126
§ 28	Gattungsschuld. Wahlschuld und Ersetzungsbefugnis (Relative Unbestimmtheit der Leistung)	152
§ 29	Geldschulden und Zinsen	159
§ 30	Teilleistungen	164
§ 31	Aufwendungsersatz und Wegnahmerecht	165
§ 32	Rechnungslegung, Herausgabe von Gegenstandsinbegriffen. Auskunft und Versicherung an Eides Statt	166
§ 33	Einfluß der Rechtshängigkeit auf den Herausgabeanspruch und Vorlegung von Sachen	167
§ 34	Zeit der Leistung. Kündigung	168
§ 35	Ort der Leistung	170
§ 36	Leistung durch Dritte	176
§ 37	Vertrag zugunsten Dritter. Verträge mit Schutzwirkung für Dritte. Versprechen zugunsten Dritter auf den Todesfall	179

4. Abschnitt

Erlöschen von Schuldverhältnissen

§ 38	Erfüllung	190
§ 39	Erfüllungsersetzungen	197
§ 40	Inhaltsänderung, Schuldersetzung, Vergleich (Gleichzeitige Beendigung und Begründung von Schuldverhältnissen)	212

5. Abschnitt

Leistungsstörungen

§ 41	Vorbemerkung	217
§ 42	Überblick über die Leistungsstörungen	218

Inhalt

1. Unterabschnitt:
Tatbestände und Rechtsfolgen der Leistungsstörungen

§ 43	Anfängliche objektive Unmöglichkeit und anfängliches Unvermögen	227
§ 44	Nachträgliche objektive Unmöglichkeit und nachträgliches Unvermögen („Unmöglichwerden der Leistung") bei einfachen Leistungspflichten und in gegenseitigen Verträgen	232
§ 45	Schuldnerverzug bei einfachen Leistungspflichten und in gegenseitigen Verträgen. Fixgeschäft	249
§ 46	Gläubigerverzug	261
§ 47	Schlechterfüllung („positive Forderungsverletzung")	267
§ 48	Sonstige Störungen im Ablauf von Schuldverhältnissen, insbesondere Zurückbehaltungsrecht und vertraglicher Rücktritt	278

2. Unterabschnitt:
Die zusätzlichen Voraussetzungen eines Schadensersatzanspruchs

§ 49	Theorie der Schadenszurechnung in Grundzügen	285
§ 50	Schaden	300
§ 51	Verursachung	308
§ 52	Rechtswidrigkeit	314
§ 53	Vertretenmüssen, insbesondere Verschulden	320
§ 54	Haftung für fremdes Verschulden (der Erfüllungsgehilfe). Eigenhaftung des Gehilfen	327
§ 55	Umfang und Art des Schadensersatzes (Lehre vom Interesse)	332

6. Abschnitt
Übertragung der Forderung und Schuldübernahme

§ 56	Vorbemerkung	353
§ 57	Forderungsübertragung	356
§ 58	Gesetzliche Übertragung der Forderung und Übertragung anderer Rechte	373
§ 59	Schuldübernahme und Verwandtes	373

7. Abschnitt
Mehrheit von Berechtigten und Verpflichteten

§ 60	Übersicht. Begriffe	380
§ 61	Teilschuldverhältnisse (reale Teilung von Berechtigung und Verpflichtung)	383
§ 62	Gesamtschuldverhältnisse (Gesamtberechtigung, Gesamtverpflichtung)	384
§ 63	Bruchteils- und Gesamthandsgemeinschaften	391

Inhalt

Der Besondere Teil des Schuldrechts

(Die einzelnen Schuldverhältnisse)

8. Abschnitt

Einleitung

§ 64	Überblick über das besondere Schuldrecht	397
§ 65	Vertragsverbindungen und gemischte Verträge	400

9. Abschnitt

Veräußerungsverträge

§ 66	Kauf. Begriff, Abschluß, Pflichten im allgemeinen	404
§ 67	Gefahrtragung. Verwendung, Nutzungen, Lasten, Zinsen, Kosten	411
§ 68	Leistungsstörungen beim Kauf im allgemeinen	419
§ 69	Rechtsmängelgewährleistung	421
§ 70	Sachmängelgewährleistung	428
§ 71	Besondere Arten des Kaufs	458
§ 72	Tausch	490
§ 73	Schenkung, Schenkungsversprechen	491

10. Abschnitt

Gebrauchsüberlassungsverträge

§ 74	Miete	496
§ 75	Pacht	517
§ 76	Leihe	519
§ 77	Darlehen, Darlehensversprechen	521

11. Abschnitt

Schuldverhältnisse über Tätigkeiten

§ 78	Übersicht	526
§ 79	Dienstvertrag	529
§ 80	Werkvertrag. Werklieferungsvertrag	549
§ 81	Auftrag	565
§ 82	Geschäftsbesorgung, Raterteilung	570
§ 83	Geschäftsführung ohne Auftrag	572
§ 84	Mäklervertrag	592
§ 85	Auslobung	595
§ 86	Verwahrung	596
§ 87	Einbringung von Sachen bei Gastwirten	599

Inhalt

12. Abschnitt

Schuldrechtliche Personenvereinigungen

§ 88	Gesellschaft	602
§ 89	Gemeinschaft	617

13. Abschnitt

Besondere Versprechen

§ 90	Leibrente	619
§ 91	Spiel, Wette, Differenzgeschäft	620
§ 92	Sichernde Versprechen (Bürgschaft, Garantie, Versicherungsvertrag, Sicherungsabrede, Sicherungstreuhand)	621
§ 93	Vergleich	636
§ 94	Schuldversprechen, Schuldanerkenntnis	636
§ 95	Anweisung	639
§ 96	Schuldverschreibung auf den Inhaber	641

14. Abschnitt

Ungerechtfertigte Bereicherung und unerlaubte Handlung im Überblick

§ 97	Gemeinsame Grundlagen und Unterscheidung von ungerechtfertigter Bereicherung und unerlaubter Handlung	645

15. Abschnitt

Ungerechtfertigte Bereicherung

§ 98	Grundgedanken und gesetzlicher Aufbau des Bereicherungsrechts	660
§ 99	Arten und Voraussetzungen der Bereicherungsansprüche im einzelnen	664
§ 100	Rechtsfolgen des Bereicherungsanspruchs: Der Gegenstand der Bereicherung	696
§ 101	Fortsetzung: Der Verpflichtete. Die Bereicherungseinrede. Konkurrenzen	707

16. Abschnitt

Unerlaubte Handlung

§ 102	Übersicht. Der Handlungsbegriff. Verhältnis zu den vertraglichen Ansprüchen, zur ungerechtfertigten Bereicherung und zum Eigentümer-Besitzer-Verhältnis	710

Inhalt

1. Unterabschnitt:
Die Tatbestände der unerlaubten Handlung
I. Die Verletzungshandlung
A. Die Verschuldenshaftung
1. Die allgemeinen Deliktstatbestände

§ 103 Eingriffsdelikte, 823 I 720
§ 104 Schutzgesetzdelikte, 823 II 754
§ 105 Sittenwidrige Vermögensschäden, 826 757

2. Die besonderen Deliktstatbestände

§ 106 Kreditgefährdung, Verletzung der Geschlechtsehre, Gebäudehaftung, Amtspflichtverletzung... 760

3. Haftung für unerlaubte Handlungen anderer

§ 107 Verrichtungsgehilfe, Haftung in Großbetrieben, Haftung für Aufsichtsbedürftige 770
§ 108 Mehrere Schädiger 778

B. Die Gefährdungshaftung

§ 109 Tierhaftung, Verkehrshaftpflichtgesetze, Energiehaftung, Haftung für Gewässerschäden, Arzneimittelhaftung, Ersatzpflicht aus Zwangsvollstreckung... 782

C. Die Billigkeitshaftung

§ 110 789

II. Die übrigen Tatbestandsvoraussetzungen

§ 111 Schaden, Verursachung, Rechtswidrigkeit, Verschulden 790

2. Unterabschnitt

§ 112 Erlaubte, aber zu Schadensersatz oder Entschädigung verpflichtende Eingriffe in fremde Rechte... 793

3. Unterabschnitt

§ 113 Die Rechtsfolgen unerlaubter und erlaubter, aber zu Schadensersatz oder Entschädigung verpflichtender Handlungen 796

4. Unterabschnitt

§ 114 Beseitigungs- und Unterlassungsanspruch 801

Inhalt

17. Abschnitt

Räumliche und zeitliche Bezüge des Schuldrechts

§ 115 Der räumliche Bezug des Schuldrechts: Hauptprobleme des deutschen internationalen Schuldrechts.................................... 806
§ 116 Der zeitliche Bezug des Schuldrechts: Zur Geschichte des deutschen Schuldrechts. Reformvorhaben..................................... 817

Register

Verzeichnis der Gesetzesstellen 829
Sach- und Entscheidungsregister 839

Abkürzungsverzeichnis

(Die abgekürzt zitierte Schuldrechtsliteratur findet sich in § 3).

a. A.	=	anderer Ansicht; oder: am Anfang
a. a. O.	=	am angeführten Ort
ABGB	=	Allgemeines (österreichisches) Bürgerliches Gesetzbuch
AbzG	=	Gesetz betreffend die Abzahlungsgeschäfte v. 16. 5. 1894
AcP	=	Archiv für die civilistische Praxis
ADSp	=	Allgemeine Deutsche Spediteurbedingungen
a. E.	=	am Ende
a. F.	=	alter Fassung
AG	=	Aktiengesellschaft
AG	=	Amtsgericht
AGB	=	Allgemeine Geschäftsbedingungen
AGBG	=	Gesetz zur Regelung des Rechts der Allgemeinen Geschäftsbedingungen
AHGB	=	Allgemeines Deutsches Handelsgesetzbuch (Vorgänger des HGB)
AJCL	=	American Journal of Comparative Law
AIZ	=	Allgemeine Immobilienzeitung
allg. M.	=	allgemeine Meinung
Alt.	=	Alternative
AMG	=	Arzneimittelgesetz
Ang.	=	Angaben
Anm.	=	Anmerkung
AO	=	Anordnung
AÖR	=	Archiv für öffentliches Recht
AP	=	Arbeitsrechtliche Praxis
APR	=	Allgemeines Persönlichkeitsrecht
ArbuR	=	Arbeit und Recht
ArchBürgR	=	Archiv für bürgerliches Recht
arg.	=	Argumentum aus
ARS	=	Entscheidungen des Reichsarbeitsgerichts und der Landesarbeitsgerichte
Art.	=	Artikel
ArztR	=	Arztrecht
AT	=	allgemeiner Teil
AtomG	=	Atomgesetz

Abkürzungsverzeichnis

Aufl.	=	Auflage
AuR	=	Arbeit und Recht
AWD	=	Außenwirtschaftsdienst des Betriebsberaters
BAG	=	Bundesarbeitsgericht
BAnz.	=	Bundesanzeiger
Baur	=	Baur, Fritz, Lehrbuch des Sachenrechts, 12. Aufl. 1983
BB	=	Der Betriebsberater
BBauG	=	Bundesbaugesetz
Bd.	=	Bund
best.	=	bestätigt
betr.	=	betreffend
BetrVerfG	=	Betriebsverfassungsgesetz vom 11. 10. 1952
BFH	=	Bundesfinanzhof
BFHE	=	Entscheidungen des Bundesfinanzhofs
BG	=	Bundesgericht (Schweiz)
BGB	=	Bürgerliches Gesetzbuch
BGBl.	=	Bundesgesetzblatt
BGH	=	Bundesgerichtshof
BGHSt.	=	Bundesgerichtshof, Entscheidungen in Strafsachen
BGHZ	=	Bundesgerichtshof, Entscheidungen in Zivilsachen
BVerfG	=	Bundesverfassungsgericht
BImSchG	=	Bundesimmissionsschutzgesetz
BVG	=	Betriebsverfassungsgesetz
bzw.	=	beziehungsweise
D	=	Digesten
DAR, DArbR	=	Deutsches Arbeitsrecht
DAutR	=	Deutsches Autorecht
DB	=	Der Betrieb
DEMV	=	Deutscher Einheitsmietvertrag
ders.	=	derselbe
DGWR	=	Deutsches Gemein- und Wirtschaftsrecht
d. h.	=	das heißt
Diss.	=	Dissertation
DJ	=	Deutsche Justiz
DJT	=	Deutscher Juristentag
DJZ	=	Deutsche Juristenzeitung
DNotZ	=	Deutsche Notarzeitschrift
DÖV	=	Die Öffentliche Verwaltung
DR	=	Deutsches Recht
DRiZ	=	Deutsche Richterzeitung
DRWiss.	=	Deutsche Rechtswissenschaft
DStR	=	Deutsches Steuerrecht

Abkürzungsverzeichnis

dt.	=	deutsch
DVBl.	=	Deutsches Verwaltungsblatt
DVO	=	Durchführungsverordnung

EGBGB	=	Einführungsgesetz zum Bürgerlichen Gesetzbuch
EhrenbergsHb.	=	Ehrenbergs Handbuch
EinlPrALR	=	Einleitung zum Allgemeinen Landrecht für die Preußischen Staaten von 1794
Enn./Nipp.	=	Enneccerus/Nipperdey, Lehrbuch des Bürgerlichen Rechts, Bde I/1 (15. Bearbeitung 1959); I/2 (15. Bearbeitung 1960)
EnWiG	=	Energiewirtschaftsgesetz

f., ff.	=	folgende Seite(n)
FamRZ	=	Ehe und Familie im privaten und öffentlichen Recht (Zeitschr.)
FG	=	Festgabe
Fikentscher, Methoden	=	Fikentscher, Wolfgang, Methoden des Rechts in vergleichender Darstellung, Bde I–V (1975–77)
Fikentscher, Wirtschaftsrecht	=	Fikentscher, Wolfgang, Wirtschaftsrecht, Bde I, II (1983)
Flume AT	=	Flume, Werner, Allgemeiner Teil des Bürgerlichen Rechts, Bde I/1 (1977); I/2 (1983); II (1965, 3. Aufl. 1979)
FS	=	Festschrift

GewO	=	Gewerbeordnung
GG	=	Grundgesetz für die Bundesrepublik Deutschland
GmbH	=	Gesellschaft mit beschränkter Haftung
GmbHG	=	Gesetz, betr. die Gesellschaften mit beschränkter Haftung
GOA	=	Gebührenordnung der Architekten
Gruchot	=	Beiträge zur Erläuterung des Deutschen Rechts, begründet von Gruchot
GrundE	=	Das Grundeigentum (Zeitschrift)
GRUR	=	Gewerblicher Rechtsschutz und Urheberrecht
GS	=	Gedächtnisschrift
GüKG	=	Güterkraftverkehrsgesetz
GVG	=	Gerichtsverfassungsgesetz
GWB	=	Gesetz gegen Wettbewerbsbeschränkungen
GZS	=	Großer Senat in Zivilsachen

HaftpflG	=	Haftpflichtgesetz
HandwO	=	Handwerksordnung

Abkürzungsverzeichnis

HdWbdR, HdwbRW	= Handwörterbuch der Rechtswissenschaft
HGB	= Handelsgesetzbuch
Hirths Ann.	= Hirths Annalen
h. L.	= herrschende Lehre
h. M.	= herrschende Meinung
HöfeO	= Höfeordnung
Hübner AT	= Hübner, Heinz, Allgemeiner Teil des Bürgerlichen Gesetzbuches (1985)
IHJb., IherJb.	= Iherings Jahrbücher für die Dogmatik des Bürgerlichen Rechts
i. d. F.	= in der Fassung
i. d. R.	= in der Regel
Immenga/ Mestmäcker	= Immenga/Mestmäcker, Gesetz gegen Wettbewerbsbeschränkungen, Kommentar (1981)
IPR	= Internationales Privatrecht
IPRax	= Praxis des Internationalen Privat- und Verfahrensrechts
i. S.	= im Sinne
i. ü.	= im übrigen
i. V. m.	= in Verbindung mit
JA	= Juristische Arbeitsblätter
JbAKDR	= Jahrbuch der Akademie für Deutsches Recht
JR	= Juristische Rundschau
Jura	= Juristische Ausbildung
JurAnal.	= Juristische Analysen
JurBl.	= Juristische Blätter
JurFak.	= Juristische Fakultät
JuS	= Juristische Schulung
Justizbl.	= Justizblatt
JW	= Juristische Wochenschrift
JZ	= Juristenzeitung
KO	= Konkursordnung
Köhler AT	= Köhler, Helmut, BGB Allgemeiner Teil, Kurzlehrbuch (18. Aufl. 1983)
KTS	= Zeitschrift für Konkurs-, Treuhand- und Schiedsgerichtswesen
KUG	= Gesetz, betr. das Urheberrecht an Werken der bildenden Künste und der Photographie
KVO	= Kraftverkehrsordnung für den Güterfernverkehr mit Kraftfahrzeugen

Abkürzungsverzeichnis

Larenz AT	= Larenz, Karl, Allgemeiner Teil des deutschen Bürgerlichen Rechts (6. Aufl. 1983)
Lehmann/ Hübner	= Lehmann/Hübner, Allgemeiner Teil des Bürgerlichen Gesetzbuches (16. Aufl. 1966)
LG	= Landgericht
LM	= Lindenmaier-Möhring, Nachschlagwerk des Bundesgerichtshofs
LQR	= Law Quaterly Review
LuftVG	= Luftverkehrsgesetz
LZ	= Leipziger Zeitschrift für Deutsches Recht
MDR	= Monatsschrift für Deutsches Recht
MedR	= Medizinrecht
Medicus AT	= Medicus, Dieter, Allgemeiner Teil des BGB (1982)
Mitt.	= Mitteilungen
MPI	= Max-Planck-Institut
MSchG	= Mieterschutzgesetz
MuW	= Markenschutz und Wettbewerb
m. w. A.	= mit weiteren Angaben
m. w. N.	= mit weiteren Nachweisen
n. F.	= neue Fassung
NJW	= Neue Juristische Wochenschrift
o. A.	= ohne Angabe des Verfassers
ÖZBl.	= Österreichisches Zentralblatt für die juristische Praxis
OGH	= Oberster Gerichtshof für die Britische Besatzungszone
OGHZ	= Oberster Gerichtshof für die Britische Besatzungszone, Entscheidungen in Zivilsachen
OHG	= offene Handelsgesellschaft
OLG	= Oberlandesgericht
PersBefG	= Personenbeförderungsgesetz
PfVG	= Pflichtversicherungsgesetz
PrALR	= Allgemeines Landrecht für die Preußischen Staaten von 1794
pVV	= positive Vertragsverletzung
RabelsZ	= Zeitschrift für ausländisches und internationales Privatrecht, begründet von Ernst Rabel
RAbgO	= Reichsabgabenordnung
RAG	= Reichsarbeitsgericht
RaU	= Recht am Unternehmen
RdA	= Recht der Arbeit

Abkürzungsverzeichnis

RDirComm	=	Rivista di Diritto Commerciale
RdJ	=	Recht der Jugend
Rdn	=	Randnummer
RdW	=	Recht der Wirtschaft
RG	=	Reichsgericht
RGBl.	=	Reichsgesetzblatt
RGSt.	=	Reichsgericht, Rechtsprechung in Strafsachen
RGZ	=	Reichsgericht, Entscheidungen in Zivilsachen
RHpflG	=	Reichshaftpflichtgesetz
RIW/AWD	=	Recht der Internationalen Wirtschaft/Außenwirtschaftsdienst des Betriebsberaters
RLG	=	Reichsleistungsgesetz
ROHG	=	Reichsoberhandelsgericht
Rspr.	=	Rechtsprechung
Rth	=	Rechtstheorie (Zeitschrift)
RvglHWB	=	Rechtsvergleichendes Handwörterbuch für das Zivil- und Handelsrecht des In- und Auslandes
RVO	=	Reichsversicherungsordnung
s.	=	siehe
		SAE = Sammlung arbeitsrechtlicher Entscheidungen
SavZ rom. Abt.	=	Savigny-Zeitschrift, romanistische Abteilung
SchwerbehG	=	Schwerbehindertengesetz
SeuffA	=	Seufferts Archiv für Entscheidungen der obersten Gerichte in den Deutschen Staaten
SeuffBl.	=	Seufferts Blätter für Rechtsanwendung
SJZ	=	Süddeutsche Juristenzeitung
s. o.	=	siehe oben
SozArbR	=	Zeitschrift für Sozial- und Arbeitsrecht (öst.)
SozPr.	=	Soziale Praxis
StGB	=	Strafgesetzbuch
st. Rspr.	=	ständige Rechtsprechung
StVG	=	Straßenverkehrsgesetz
StVZO	=	Straßenverkehrs-Zulassungs-Ordnung
TVG	=	Tarifvertragsgesetz
u. a.	=	unter anderem
u. ä.	=	und ähnliches
üb. Kaus.	=	überholende Kausalität
UFITA	=	Archiv für Urheber-, Film-, Funk- und Theaterrecht
URG	=	Urheberrechtsgesetz
usw.	=	und so weiter
u. U.	=	unter Umständen

Abkürzungsverzeichnis

UWG	=	Gesetz gegen den unlauteren Wettbewerb
v.	=	vom, von
VerglO	=	Vergleichsordnung
VerlG	=	Gesetz über das Verlagsrecht
VersR	=	Versicherungsrecht, Juristische Rundschau für die Individualversicherung
VerwR	=	Verwaltungsrechtsprechung in Deutschland
VEV	=	verlängerter Eigentumsvorbehalt
VO	=	Verordnung
Vorbem.	=	Vorbemerkung
VRS	=	Verkehrsrechts-Sammlung
VVG	=	Gesetz über den Versicherungsvertrag
VwVfG	=	Verwaltungsverfahrensgesetz
WarnRspr., RG Warn.	=	Warneyer, Die Rechtsprechung des Reichsgerichts
WEG	=	Wohnungseigentumsgesetz
Westermann	=	Westermann, Harry, Lehrbuch des Sachenrechts (5. Aufl. 1966, Nachtrag 1973)
WiGBl.	=	Gesetzblatt der Verwaltung des vereinigten Wirtschaftsgebietes
WM (oder WPM)	=	Wertpapier-Mitteilungen
WobauG	=	Wohnungsbaugesetz
WoBindG	=	Wohnungsbindungsgesetz
Wolff/Bachof	=	Wolff/Bachof, Verwaltungsrecht, Kurzlehrbuch, Bde I (9. Aufl. 1975); II (4. Aufl. 1976); III (4. Aufl. 1978)
WoRKSchG	=	Wohnraumkündigungsschutzgesetz
WPR	=	Wirtschaftliches Persönlichkeitsrecht
ZADR, ZAKDR	=	Zeitschrift der Akademie für Deutsches Recht
z. B.	=	zum Beispiel
ZBJV	=	Zeitschrift des Berner Juristenvereins
ZblHR	=	Zentralblatt für Handelsrecht
ZfA	=	Zeitschrift für Arbeitsrecht
ZfVerkR	=	Zeitschrift für das Verkehrsrecht
ZfRVgl	=	Zeitschrift für Rechtsvergleichung
ZGB	=	Schweizerisches Zivilgesetzbuch
ZGR	=	Zeitschrift für Unternehmens- und Gesellschaftsrecht
ZHR	=	Zeitschrift für das gesamte Handelsrecht
Ziff.	=	Ziffer
ZIP	=	Zeitschrift für Wirtschaftsrecht und Insolvenzpraxis
ZMR	=	Zeitschrift für Miet- und Raumrecht

Abkürzungsverzeichnis

Zöllner, Arbeitsrecht	=	Zöllner, Wolfgang, Arbeitsrecht, Kurzlehrbuch (3. Aufl. 1983)
ZÖsterrR	=	Zeitschrift für Österreichisches Recht
ZPO	=	Zivilprozeßordnung
ZRP	=	Zeitschrift für Rechtspolitik
ZSchweizR	=	Zeitschrift für Schweizerisches Recht
ZStW	=	Zeitschrift für die gesamte Staatswissenschaft
zust.	=	zustimmend
zutr.	=	zutreffend
ZVG	=	Zwangsversteigerungsgesetz
ZZP	=	Zeitschrift für Zivilprozeß

Einleitung

§ 1
Rechtstechnische Aufgabe, Begriff, Stellung, rechtspolitische und rechtsdogmatische Grundgedanken des Schuldrechts

I. Rechtstechnische Aufgabe des Schuldrechts

A verlangt etwas von B. Der Jurist soll herausfinden, ob A im Recht ist. Rechtstechnisch drückt man das so aus: Es ist zu prüfen, ob A gegen B einen Anspruch hat, und wenn ja, worauf (z. B. auf eine Geldsumme) und woraus. *Wer* gegen *wen, worauf* und *woraus*, das sind die vier Gesichtspunkte, die bei jedem geltend gemachten Anspruch zu prüfen sind. In der Prüfung von Ansprüchen besteht die Hauptarbeit des Juristen.

Schuldrecht kommt ins Spiel bei der Prüfung des „woraus". „Woraus" bedeutet: Aus welcher Vorschrift des Rechts? Ohne rechtliche Grundlage können Ansprüche nicht zugesprochen werden. Derartige von der Rechtsordnung bereitgestellte Vorschriften zur Gewährung von Ansprüchen nennt man „Anspruchsgrundlagen" oder „Anspruchsnormen". Anspruchsnormen finden sich über das ganze Recht verstreut. Der Jurist muß sie kennen. Um sie aufzusuchen, geht der Jurist bei der Lösung jedes Falles in Gedanken alle Rechtsgebiete durch: Das Privatrecht, das Strafrecht, das öffentliche Recht; innerhalb des Privatrechts das Zivilrecht und die übrigen Gebiete des Privatrechts (z. B. Handelsrecht); innerhalb des Zivilrechts die im BGB geregelten und die nicht im BGB geregelten Materien; und schließlich im BGB dessen fünf Bücher, von denen das zweite, das „Schuldrecht", besonders viele und bedeutsame *Anspruchsnormen* (z. B. § 286 — Schadensersatz aus Verzug) und deren in sog. *Zusatznormen* geregelten Voraussetzungen (z. B. § 284 — Voraussetzungen des Verzugs) enthält.[1]) Somit ist das Schuldrecht eine besonders wichtige Quelle für die Beurteilung geltend gemachter Ansprüche.

II. Begriff des Schuldrechts

1. *Das Schuldrecht* ist ein Teil der *Privatrechtsordnung*. Es ist das Recht der *Beziehungen* zwischen Personen, kraft deren der eine (*Gläubiger*, Berechtig-

---

[1]) Außer Anspruchs- und Zusatznormen gibt es im Recht noch Definitionsnormen (z. B. § 90) und rein rechtstechnische Normen (wie z. B. Verweisungen). — Zur praktischen Anwendung des Schuldrechts siehe näher *Fikentscher*, Schuldrechtspraktikum, Sammlung Göschen, Berlin 1972, und die übrige unten vor § 6 zitierte Literatur.

ter) von dem anderen (*Schuldner*, Verpflichteter) eine *Leistung* verlangen kann, die im allgemeinen dem rechtsgeschäftlich-wirtschaftlichen Lebensbereich zugehört.

2. Etwas *schuldig sein* heißt: Einem andern etwas geben müssen, was ihm nach den Regeln des Rechts zusteht. In diesem Sinne ist das gesamte Recht *Schuld-Recht*; denn das Recht hat dafür zu sorgen, daß jedem das Seine zukommt. Das Schuldrecht im eigentlichen Sinne ist aber nur ein kleiner, wenn auch besonders wichtiger Teil der Gesamtrechtsordnung. Nur mit dem Schuldrecht im eigentlichen Sinne beschäftigt sich dieses Buch.

3. Das Schuldrecht regelt die *Beziehungen* von *Person* zu *Person*, z. B. zwischen Käufer und Verkäufer, Mieter und Vermieter, Gesellschafter und Mitgesellschafter, Dienstverpflichtetem und Dienstherrn. Im Unterschied dazu ordnet das Sachenrecht die Rechtsbeziehungen zwischen einer Person und einer Sache. Rechtsbeziehungen zu einer anderen Person entstehen dort in der Regel nicht unmittelbar, sondern mittelbar auf dem Umweg über eine Sache, z. B. in §§ 985 ff.[2]) Sachenrechte sind *absoluter* Natur, d. h. sie entfalten ihre Wirkungen gegen *jedermann*. So kann der Eigentümer von *jedem* Besitzer die Rückgabe der Sache und von jedem Störer die Beseitigung der Störung seines Eigentums verlangen, 985, 1004. Schuldrechtliche Beziehungen sind dagegen *relativ*, d. h. sie wirken nur zwischen *Gläubiger* und *Schuldner*, 241. Sachenrechte sind also stärker und umfassender wirksam als Schuldrechte.

Ein Unternehmer, der seinem Konkurrenten Arbeitnehmer abwirbt, indem er ihnen höheren Lohn bietet, verletzt nicht die Dienstverträge dieser Arbeitnehmer mit dem Konkurrenten, 611 ff.[3]) — Nimmt dagegen der Unternehmer seinem Konkurrenten unerlaubt Maschinen weg, so verletzt er das Eigentumsrecht des Konkurrenten, 985, 992, 823 ff.

4. Der wichtigste Begriff des Schuldrechts ist das *Schuldverhältnis* (im engeren Sinne). Es besteht in einer *Forderung* des *Gläubigers* gegen den *Schuldner* auf eine *Leistung*, 241 S. 1.[4])

Die geschuldete Leistung ist meist *wirtschaftlicher* Art, wobei häufig (aber nicht immer) ein *Rechtsgeschäft* zur Erbringung der Leistung nötig ist: z. B. Darlehensrückzahlung, 607; der Käufer schuldet die Zahlung des Kaufpreises, 433 II; der Verkäufer die Übereignung einer Sache, 433 I; der Schädiger die Zahlung von Schadenersatz, 823 ff.; der Gesellschafter die Leistung von Beiträgen, 705.

Es handelt sich also um Vorgänge des *Wirtschafts-* und *Geschäftslebens*, die das Schuldrecht regelt. Auch in anderen Rechtsgebieten finden sich Ansprüche wirtschaftlicher Art:

---

[2]) §§ ohne Gesetzesbezeichnung sind solche des BGB. Die §§-Zeichen finden sich nur im fortlaufenden Text, nicht dagegen am Satzende, wo sie als Beleg für das Gesagte dienen.

[3]) Näher zur Relativität einer Forderung, zum Vertragsbruch und der Verleitung dazu unten in § 15.

[4]) Näher zur Terminologie des Schuldverhältnisses unten § 7.

Schadensersatzanspruch des Anfechtungsgegners, 122; Anspruch auf Duldung der Zwangsvollstreckung zur Verwirklichung des Hypothekenrechts, 1147; Anspruch der Ehefrau auf Haushaltsgeld, 1360a II 2; Herausgabeanspruch des wahren gegen den falschen Erben, 2018.

Doch liegt das Schwergewicht der Ansprüche des täglichen Wirtschaftslebens eindeutig im Schuldrecht.

Ansprüche auf Zahlungen, z. B. §§ 433 II, 607; auf Warenlieferungen, vgl. §§ 433 I 1, 480.

Manchmal wird auch nur eine tatsächliche Handlung geschuldet.

Beseitigung eines Sachmangels beim Werkvertrag, 633 II 1; Leistung von Diensten beim Dienstvertrag, 611; auch die im Schuldrecht so häufig geschuldeten Besitzeinräumungen und Besitzübergaben sind als solche keine Rechtsgeschäfte: Einräumung z. B. bei Miete, 535; Rückgabe der entliehenen oder verwahrten Sache, 604, 695.

III. Stellung des Schuldrechts im Rahmen der Rechtsordnung

1. Von den fünf Büchern des BGB umspannt das *Schuldrecht* sachlich die meisten Lebensbereiche. Das Schuldrecht stellt die Rechtsregeln bereit, die zum Austausch von Vermögensgegenständen und zum Ausgleich von Benachteiligungen und Schäden benötigt werden. Das Schuldrecht dient also, neben allgemeinen Ordnungsinteressen, zur Befriedigung persönlicher Interessen in der Welt der Güter und des Geldes. Das Sachenrecht regelt die Rechte der Person an den sie umgebenden Sachen, das Familienrecht die Beziehungen zwischen Ehegatten, Eltern und Kindern, das Erbrecht die Folgen des Todes einer Person. Der allgemeine Teil des BGB enthält „vor die Kammer gezogene" Regeln für das Schuld-, Sachen-, Familien- und Erbrecht, ferner das Personenrecht. Dabei liegt das Gemeinsame und Kennzeichnende des Schuldrechts vor allem in der *Rechtsfolge:* Dem *schuldrechtlichen Anspruch. Woraus* ein solcher Anspruch *entsteht*, wird im Schuldrecht einzeln bestimmt, dazu u. § 18. Neben der *Entstehung* gehören *Inhalt, Veränderung, Untergang* und *Störung* dieser Ansprüche in den Bereich des Schuldrechts.

2. *Die Beziehungen des Schuldrechts zu den anderen Rechtsgebieten* lassen sich wie folgt kennzeichnen:

a) Das Verhältnis zum *Allgemeinen Teil des BGB* besteht darin, daß die Tatbestandsvoraussetzungen schuldrechtlicher Ansprüche fast immer von Regeln des Allgemeinen Teils beeinflußt werden. Für die *vier möglichen Arten* der Anspruchsbeeinflussung je ein Beispiel: Vertragsabschluß, 145ff. (Anspruchsbegründung); Einfluß der Minderjährigkeit auf einen Vertrag, 107ff. (Anspruchshinderung); Verjährung eines Kaufpreisanspruchs, 433 II, 194, 196 I 1, II (Anspruchshemmung, vgl. § 222); Vernichtung eines Kaufvertrags durch Irrtumsanfechtung, 433, 119, 142 (Anspruchsvernichtung).[5]

---

[5] Dieses Zusammenspiel von Ansprüchen des Schuldrechts mit Anspruchsbeeinflussungen des Allgemeinen Teils des BGB ist für den Aufbau des Gutachtens zur Lösung eines Falles von entscheidender Bedeutung (siehe dazu näher *Fikentscher*, Schuldrechtspraktikum 87ff.).

b) Damit *Sachenrechte* (z. B. Eigentum, Hypothek) begründet oder von einer Person auf eine andere *bleibend* übertragen werden können, bedarf es in der Regel zuvor schuldrechtlicher Verpflichtungen (vgl. § 433 und § 929). Zwar sind sachenrechtliche Verfügungen vermöge ihrer *abstrakten Natur* auch ohne vorangegangene schuldrechtliche Verpflichtung wirksam. Doch ist derjenige, an den ohne schuldrechtliche Verpflichtung verfügt wird, in der Regel um das erworbene Sachenrecht *ungerechtfertigt bereichert* und zur Rückübertragung verpflichtet, 812 I 1.[6])

Während also das Sachenrecht die *endgültige* Zuordnung einer Sache in den Vermögensbereich einer Person regelt, bereitet das Schuldrecht diese Zuordnung durch Verpflichtungsgeschäfte vor und rechtfertigt sie für Gegenwart und Zukunft. Eine Forderung kann ein Recht „auf" eine Sache geben (z. B. § 433 I 1). Ein dingliches Recht ist ein Recht „an" einer Sache. Das Verpflichtungsgeschäft ist zugleich der Rechtsgrund (causa) im Sinne der §§ 812 ff. für die sachenrechtliche Güterverschiebung.

Sachenrechtliche und schuldrechtliche Ansprüche können in der Regel nebeneinander geltend gemacht werden (h. M., s. aber u. § 102 V): Der Verleiher verlangt nach Ablauf der Leihe vom Entleiher die verliehene Sache nach § 604 I und § 985 zurück.

Sachenrechte genießen den Schutz des § 823 I, nicht dagegen Forderungen. Forderungen sind grundsätzlich keine „sonstigen Rechte" im Sinne des § 823 I (fast allgem. Meinung). Doch besteht deliktischer Schutz von Forderungen nach § 826 (sittenwidrige Schädigung). Im einzelnen siehe unten § 103 I 6 a.

Man hat versucht, die scharfe begriffliche Trennung zu überbrücken, die nach geltendem Recht zwischen den absoluten, d. h. gegen alle wirkenden Sachenrechten, und den relativen, d. h. in ihrer Wirkung auf Gläubiger und Schuldner beschränkten Forderungsrechten besteht, vgl. *Dulckeit,* Die Verdinglichung obligatorischer Rechte, 1951; *Heck,* § 112; *Löning,* Die Grundstücksmiete als dingliches Recht, 1930; *Canaris,* FS *Flume,* Bd. I, 1978, 371; *Weitnauer,* (II.) FS *Larenz,* 1983, 705. Ähnliche Bemühungen zielen darauf ab, die Grenzen zwischen Forderungs- und dinglichen Rechten anders zu ziehen: *Wieacker,* Die Forderung als Mittel und Gegenstand der Vermögenszuordnung, DRW 1941, 49; *ders.,* Zum System des deutschen Vermögensrechts, 1941; *ders.,* AcP 148, 57. Aber das Gesetz hat Gründe, diesen Unterschied zu machen. Zahlreiche Rechtseinrichtungen, z. B. der Eigentumsvorbehalt, die Hypothek, das Pfandrecht und viele andere Sicherungsrechte lassen sich gerade wegen der Trennung dinglicher und obligatorischer Rechte leichter deuten und handhaben. Der rechtspolitisch erforderliche Schutz des Mieters gegenüber dem Eigentümer läßt sich schuldvertraglich verwirklichen und bedarf keiner „Verdinglichung", vgl. dazu *MünchKomm/Voelskow,* Einl. zu §§ 535–597, Rn. 21; *Canaris,* a. a. O., 393 ff.; *Weitnauer,* a. a. O., 711 f.; *Otte,* FS *Wieacker,* 1978, 463 ff. Eigenartige Schnittpunkte des Schuld- und Sachenrechts sind: Die „Verdinglichung" obligatorischer Ansprüche in §§ 556 III, 604 IV, 571; bis 1975 auch § 1 IV MSchG; die dingliche Sicherung obligatorischer Ansprüche durch die Vormerkung in §§ 883 und 1098 II, ferner durch einstweilige Verfügung, 935 ZPO i. V. m. 136 BGB; die Einwirkung Dritter auf eine Forderung gem. §§ 407, 408, 793 I 2, 807,

---

[6]) Näheres zu den rechtsgrundlosen Verfügungen unten § 99 IV 2 bb.

808 BGB (Verkehrsschutz); der Schutz des mittelbaren Besitzers gem. § 771 ZPO bei beweglichen Sachen; die übrigen Fälle dinglichen Schutzes obligatorischer Rechte durch Besitzvorschriften, 1007, 823 I. Es handelt sich um *fünf verschiedenartige Gruppen* von Sondervorschriften, die einer Verallgemeinerung de lege lata nicht ohne weiteres zugänglich sind. So wäre es insb. verfehlt, aus diesen Bestimmungen herauszulesen, die schuldrechtliche Forderung gewähre ein *Herrschaftsrecht* an der Person des Schuldners, an den Handlungen des Schuldners oder am Leistungsgegenstand, oder ein Abwehrrecht gegen Dritte (*ius ad rem* des Pr. ALR). Doch folgt aus diesen Bestimmungen immerhin, daß die Innehabung einer Forderung (Gläubigerschaft) in einem gewissen Umfang deliktischen Schutz genießen muß, bestr. Die Innehabung ist zwar kein absolutes Recht, das als solches nach § 823 I geschützt ist. Die Absolutheit eines Rechts ergibt sich nämlich nicht aus der bloßen Zuordnung an einen Gläubiger, sondern aus der Verletzbarkeit des Rechts durch Eingriffe *beliebiger* Dritter. Sie fehlt bei Forderungen. Es sind immer nur ganz bestimmte, am Rechtsgeschäft beteiligte Dritte (z. B. der Zedent), die eine Forderung auf Grund einer Spezialbestimmung (z. B. 407) verletzen können. Dennoch muß, eben soweit dritte Personen nach gesetzlicher Bestimmung auf Forderungen schädigend einwirken können, der Deliktsschutz offenstehen. Auch das ist aber eine Besonderheit, die der Verallgemeinerung de lege lata nicht zugänglich ist; vgl. z. B. *MünchKomm/Kramer,* Einl. vor § 241, Rn. 21, 26 und zum Streitstand *Enneccerus/Lehmann* § 1 II 1; *Larenz* I § 2 II; ferner *Diederichsen,* Das Recht zum Besitz aus Schuldverhältnissen, sowie unten § 103 I 6a und Literatur-Angaben zu § 15.

c) Auch das *Familienrecht* kennt Forderungsrechte, insb. Unterhaltsansprüche, 1360ff., 1601 ff., 1754; Auseinandersetzungsansprüche, 1476, 1497; Zugewinnausgleich, 1378. Sie entspringen besonderen Familienbindungen, nicht allgemeinen Schuldbindungen.

d) Ähnlich liegt es im *Erbrecht.* Dort finden sich Forderungsrechte, die ebensogut im Schuldrecht geregelt sein könnten, z. B. das Vermächtnis, 2147, 2174; Anspruch des wahren gegen den falschen Erben, 2018ff. Aber sachlich gehören diese Ansprüche zu den Regeln über das Schicksal des Vermögens im Todesfalle.

Zu b)–d): Gewisse allgemeine Grundsätze des Schuldrechts beanspruchen aber auch in anderen Teilen der Rechtsordnung Beachtung. Die Geltung dieser allgemeinen Schuldrechtsgrundsätze im Sachen-, Familien- und Erbrecht ist aber teilweise unsicher. Der Satz von Treu und Glauben (242) gilt stets, er verdient allgemeine Achtung. Ebenso gilt Verzugsrecht in § 990 II, Zessionsrecht in § 931 und § 986. Im Sachenrecht unanwendbar ist § 281 auf den Eigentumsherausgabeanspruch, siehe dazu *Westermann,* SachR, § 31 IV 4; BGH NJW 68, 788 Anm. *Reinicke;* unten § 44 II, III. Im Familienrecht und Erbrecht sind Schuldrechtsgrundsätze überall anzuwenden, wo Vermögensinteressen auf dem Spiel stehen: Beispiele oben c) und d); nicht aber im persönlichen Bereich, z. B. 1353 I, 1632, 1634.

e) Das *Handelsrecht* ist das *Sonderrecht des Kaufmanns* und als solches im wesentlichen ein speziell geregelter *Teil* des Schuldrechts. Die Trennung hat historische Gründe und ist rechtspolitisch de lege ferenda nicht mehr vertretbar. Wo in einer Handelsrechtsfrage das HGB keine Sonderregelung enthält, gilt bürgerliches Recht (daher der Ausdruck „Sonderrecht"). Im Gutachten sind also *beide* Rechtsmassen zu berücksichtigen und entsprechend dem Sonderrechtscharakter darzustellen! Die handelsrechtli-

§ 1
III 2

Einleitung

chen Besonderheiten, insb. im Recht der Handelsgeschäfte, werden daher im folgenden jeweils angedeutet. Allgemein lassen sich die Besonderheiten des Handelsrechts gegenüber dem Schuldrecht auf *drei* Kategorien zurückführen: Der Handelsverkehr verlangt im Verhältnis zum bürgerlichen Recht (1) *Spezialisierungen*, die (a) entweder Vereinfachungen (Standardisierungen) oder (b) nähere Ausgestaltungen (Komplizierungen) bedeuten. Auch bedarf der Verkehr unter Kaufleuten weithin (2) *anderer Risikoverteilungen*, als das BGB sie vorsieht. Da durch (1) und (2) ein neuer Rechtskörper neben dem bürgerlichen Recht entsteht, braucht das Handelsrecht eine dritte Art von Normen, die sich mit der (3) *Abgrenzung* der Geltungsbereiche von bürgerlichem und Handelsrecht beschäftigen; zum Handelsrecht und zu seinem Verhältnis zum Zivilrecht vgl. insb. *Raisch*, Geschichtliche Voraussetzungen, dogmatische Grundlagen und Sinnwandlung des Handelsrechts, 1965; *Schmidt, K.*, Das HGB und die Gegenwartsaufgaben des Handelsrechts, 1982; *Bucher*, FS *Meier-Hayoz*, 1972, 1; *Wahl*, FS *Hefermehl*, 1976, 1; *Müller-Freienfels*, FS *v. Caemmerer*, 1978, 583; *Schwark*, in *Kindemann* (Hrsg.), Studien zu einer Theorie der Gesetzgebung, 1982, 11; *Lehmann, M.*, Bürgerliches Recht und Handelsrecht, 1983.

f) Das *Arbeitsrecht* ist das Sonderrecht der in sozial abhängiger Stellung zu Dienstleistungen verpflichteten Personen und ihrer Dienstherren. Es ist darum ein Sonderbereich zum Recht des Dienstvertrags, 611 ff. Die Trennung vom allgemeinen bürgerlichen Recht ist wegen der vielfach *kollektivrechtlichen Besonderheiten* des Arbeitsrechts (Tarifvertrag, Betriebsverfassung) berechtigt.

g) Das *Wirtschaftsrecht* ist das Sonderrecht der „Wirtschaftspersonen", ein Ausdruck, mit dem man die Träger von Rechten und Pflichten wirtschaftsrechtlicher Rechtsverhältnisse bezeichnen kann. Auch das Wirtschaftsrecht baut maßgeblich auf dem Schuldrecht auf (insb. Kauf- und Gesellschaftsrecht); näher *Fikentscher*, Wirtschaftsrecht § 1.

h) Das *Wertpapierrecht* ist die Weiterentwicklung der in §§ 780, 781, 783 ff., 793 ff. geregelten schuldrechtlichen Papiere (vgl. auch das Legitimationspapier Quittung, 368 ff.). Im Wertpapierrecht gelten viele sachenrechtliche Grundsätze (z. B. verbreitet der Gutglaubensschutz). Es ist eine schwierige, auf der Grenze von Schuld- und Sachenrecht stehende Materie.

i) Im *öffentlichen Recht* gibt es zahlreiche Forderungsrechte, auch Verträge. Die Anwendbarkeit schuldrechtlicher Grundsätze ist jeweils im Einzelfall zu prüfen, vgl. § 62 VwVfG. Weitgehend ist sie für die bürgerlich-rechtlichen Generalklauseln anerkannt. Ob überhaupt und in welchem Umfang § 242 im öffentlichen Recht anzuwenden sei, ist bestritten, vgl. *Forsthoff*, VerwR, § 9; *Wolff/Bachof*, VerwR § 41 I c 2; BVerwG NJW 1974, 1260; 1974, 2250. Die Aufrechnungsvorschriften des BGB sind — soweit sie sich nicht auf bürgerlich-rechtliche Besonderheiten beziehen (§§ 393—395) — auch im Bereich des öffentlichen Rechtes anwendbar, BVerwGE 66, 218; dazu *Schmidt, W.*, JuS 84, 28. *Verträge* sind dann dem öffentlichen Recht zuzurechnen, wenn sie einen der öffentlich-rechtlichen Regelung unterworfenen Sachverhalt betreffen und eine von der gesetzlichen Ordnung abweichende Verteilung öffentlich-rechtlicher Lasten und Pflichten vorsehen, 54 VwVfG; s. u. § 19, 5; BGHZ 35, 69 im Anschluß an BGHZ 32, 214 und 34, 88. Nach BGHZ 4, 192, 195 ist § 282 auf das öffentlich-rechtliche Verwahrungsverhältnis entsprechend anzuwenden.

IV. Rechtspolitische und rechtsdogmatische Grundgedanken des Schuldrechts

1. Für die Personen im Rechtssinne stellt das Schuldrecht die Regeln bereit, mit deren Hilfe sie in eigener Verantwortung ihre wirtschaftlichen Bedürfnisse decken und dabei über die Gradskala ihrer Bedürfnisse frei entscheiden können. Durch diese Betonung der Selbstverantwortlichkeit birgt das Schuldrecht einen sittlichen Gehalt, der nicht unterschätzt werden sollte. Ohne das Schuldrecht wäre eine Güterverteilung und -verschiebung unter Staatsbürgern und zwischen Staat und Bürgern nur durch den Einsatz einer alles vorausdenkenden Planungs- und Verteilungsbehörde denkbar. Die Grenzen der Privatautonomie liegen einerseits in den guten Sitten und den von moralischen Grundsätzen getragenen gesetzlichen Verboten, andererseits im Mangel an eigener Wirtschaftskraft. Im ersten Fall muß der Staat *verbietend* (z. B. Sittengebot der §§ 138, 826, Währungsrecht, Kontrolle wirtschaftlicher Macht), im zweiten *helfend* eingreifen (Sozialhilfe, Lastenausgleich, Sozialversicherung, steuerrechtliche Vermögensumverteilung, Vermögensbildung, Kartell-(Antimonopol-)recht, Verbraucherschutz und andere, insb. die Sozialbindung des Eigentums verwirklichende Vorschriften).

Daneben sorgt das Schuldrecht für Ausgleich ungerechtfertigter Bereicherung und für den Ersatz rechtswidriger Schädigungen. Hier geht es nicht um Befriedigung laufenden Bedarfs, sondern um die Wiedergutmachung ungerechter Vermögenseinbußen.

2. Für den demokratischen *Staat* ist ein funktionierendes Schuldrecht eine Voraussetzung des geordneten Zusammenlebens. Es entlastet ihn von Verteilungsaufgaben, weil die Bedarfsbefriedigung grundsätzlich im freien Spiel der Kräfte erfolgt. Je arbeitsfähiger, je sozialer und wirtschaftsgemäßer ein Schuldrecht, desto gleichmäßiger der Wohlstand. Hieraus folgt für den Staat die Pflicht, für eine *stabile Währung* als allgemeinen Wertmesser der Bedürfnisse, sowie für die notfalls zwangsweise *Durchsetzung berechtigter Ansprüche* zu sorgen (Zivilprozeß, Zwangsvollstreckung). Auch die Begrenzung wirtschaftlicher Macht „nach oben" (AGB-Gesetz, soziales Mietrecht, Kartellrecht) und wirtschaftlicher Ohnmacht „nach unten" (Sozialhilfe, Lastenausgleich, Rentenversicherung) ist staatliche Pflicht, ohne deren Erfüllung die Grundvoraussetzung eines funktionierenden Schuldrechts entfällt: Die grundsätzlich gleiche Startbedingung der Wirtschaftenden (par conditio concurrentium). Die politische Bedingtheit der bürgerlichen Rechtsordnung, und damit des Schuldrechts, wurde bis zum Ende des zweiten Weltkriegs kaum erkannt und wird auch heute noch weithin geleugnet. Zu Unrecht, wie ein Blick auf zentrale Schuldrechtsgedanken beweist: Vertragsfreiheit (§ 305), Mark = Mark (§ 244), Einbeziehung der Forderungszuständigkeit in die Eigentumsgarantie des Art. 14 GG, usw. Die liberalistische Grundhaltung des BGB, besonders des Schuldrechts, ist eben nicht fraglos, sie bedarf aber politischer Bejahung, wenn die bürgerlichen Rechtsnormen ihren Sinn behalten sollen. Diese politische Bejahung ermöglicht dann die erforderlichen Begrenzungen, insb. durch Verbraucherschutz, Kartellrecht, Planung und staatliche Intervention.[7]

---

[7] Näher *Esser/Schmidt* I 1, § 1 I, II; *Medicus* I § 6 I, II; *Fikentscher,* Wirtschaftsrecht § 22 VII 1. Zum Verbraucherschutz insb. vgl. *Dauner-Lieb,* Verbraucherschutz durch

3. Unter den *rechtsdogmatischen Grundgedanken* des deutschen Schuldrechts sind hervorzuheben:

a) Gläubiger und Schuldner sollen grundsätzlich rechtlich und wirtschaftlich in *gleichem Maß* geschützt werden. Das Gesetz ergreift für keinen der beiden Partei, vgl. 254, 264, 274, 320, 322, 348, 387, 426, 705, 706, 723, 742 (anders *J. W. Hedemann* 8 f., der im BGB eine allgemein schuldnerfreundliche Haltung zu erkennen glaubt.) Der *Grundsatz von Treu und Glauben* des § 242 gilt auch zu Lasten des Gläubigers (allgemeine Meinung): Der Schuldner muß nach Treu und Glauben leisten, der Gläubiger darf nur nach Treu und Glauben fordern. Dagegen ist vom Schuldrecht zu fordern, daß es den *typischerweise* Schwächeren (Schuldner oder Gläubiger) zu schützen hat.[8])

b) Der Schuldner muß also die Leistung so erbringen, und der Gläubiger darf sie nur so fordern, wie Treu und Glauben mit Rücksicht auf die Verkehrssitte es verlangen, 242. Darauf baut sich der *Grundsatz der Angemessenheit (Philipp Heck)* auf, der besagt, daß das Schuldrecht bestrebt ist, allen Beteiligten unter Berücksichtigung der häufig widersprechenden Interessen das ihnen Gebührende in angemessener Weise zukommen zu lassen.

c) Forderungsrechte wirken *relativ. Sie berechtigen nur den Gläubiger. Sie binden nur den Schuldner.* Für Dritte sind sie unbeachtlich (Ausnahmen 556 III, 571 ff., 604 IV, 826), näheres dazu unten § 15. Die Forderung ist auf eine Leistung gerichtet. Sie muß sachlich begrenzt und bestimmbar sein, unten § 8, 5.

d) Schulden sind grundsätzlich *Holschulden*, d. h. der Gläubiger muß sich die Leistung abholen, 269. Ausnahmen müssen vereinbart werden oder aus den Umständen hervorgehen. Außerdem kennt das Gesetz Ausnahmen: 261, 270, 447, 697, 700, 811; 36 VVG; Art. 4, 38, 75, 77 WechselG; 28, 29 ScheckG.

e) Es gibt Verträge *zugunsten*, nicht aber zu Lasten Dritter, 328 ff. (sonst könnte man sich schnell seiner Schulden entledigen!). Freilich entzieht jeder Vertrag die durch ihn Gebundenen dem Markt: *Lukes,* Der Kartellvertrag, das Kartell als Vertrag mit Außenwirkung, 1959; *Martens,* AcP 177, 113, 164 ff. („Lastwirkungen gegenüber Dritten"). Doch sind dies faktische Drittbelastungen.

f) Man kann sich seinem Gläubiger nicht ohne dessen Zustimmung entziehen, wohl aber seinem Schuldner. Das bedeutet: Forderungen sind ohne Zustimmung des Schuldners *abtretbar*, 398 ff. Aber Schulden können nur unter Mitwirkung des Gläubigers *übernommen* werden, 414 ff.

g) Grundsätzlich sind die Staatsbürger *frei,* ob und wozu sie sich verpflichten wollen, 305 BGB, Art. 2 I GG (Grundsatz der *Vertragsfreiheit*). Es herrscht unter den Vertragsformen kein Typenzwang. Im Sachenrecht gilt dagegen ein numerus clausus der dinglichen Rechte.

Ausbildung eines Sonderprivatrechts für Verbraucher: systemkonforme Weiterentwicklung oder Schrittmacher der Systemveränderung?, 1983; *Heinbuch,* Theorien und Strategien des Verbraucherschutzes, 1983; *v. Hippel,* BB 83, 2024; *Joerges,* Die AG 83, 57; *Reich/Micklitz,* Verbraucherschutzrecht in der BRD, 1980.

[8]) *Weitnauer,* Der Schutz des Schwächeren im Zivilrecht, 1975; *v. Hippel,* Der Schutz des Schwächeren, 1982; *Lieb,* AcP 178, 196; *Höhn,* Die Kompensation gestörter Vertragsparität, 1982; *Fikentscher,* Vertrag und wirtschaftliche Macht, FS *Hefermehl,* 1971, 41; *v. Stebut,* Der soziale Schutz als Regelungsproblem des Vertragsrechts, 1982.

h) Nur in seltenen Ausnahmefällen greift der Staat korrigierend in ein vertragliches Schuldverhältnis ein, 343; Vertragshilfegesetz v. 26. 3. 1952, BGBl. I 198.

i) Schuldverträge sind grundsätzlich *formfrei* (Ausnahmen z. B. 310, 313, 518, 564a).

j) Wenn nichts Besonderes vereinbart ist, sind Schuldverträge *entgeltlich*, 433, 516, 518, 535, 598, 612, 632, 653, 662, 689.

k) Ein bloß rechtswidriger Eingriff führt nur zur Beseitigungs- oder Unterlassungsklage, 12, 862 I, 1004. Dagegen verlangt ein Schadensersatzanspruch grundsätzlich *Verschulden* des Schädigers, 823 ff. *(Verschuldensgrundsatz)*. Doch haben Haftungen ohne Verschulden außerhalb des BGB, besonders bei Unfällen, erhebliche praktische Bedeutung erlangt, dazu unten §§ 107, 109.

l) *Nicht jede Schädigung* gibt ein Recht auf Unterlassung oder Schadensersatz (es gilt nicht der Grundsatz des neminem laedere). Nur unter zusätzlichen Voraussetzungen sind diese Ansprüche gegeben (Rechtsgutverletzung 823 I, Schutzgutverletzung 823 II, sittenwidrige Schädigung 826, 1 UWG, Amtspflichtverletzung 839 u. a.). Dagegen gilt für ungerechtfertigte Bereicherungen eine Generalklausel, 812 I 1.

m) Auch der Gedanke des *Verkehrsschutzes* ist im Schuldrecht stellenweise verwirklicht, wenngleich schwächer als im Sachenrecht (gutgläubiger Erwerb) und im Allgemeinen Teil (Scheinvollmacht). Grundsätzlich wirken Forderungen eben nur zwischen Gläubiger und Schuldner. Das Problem, wie der Rechtsverkehr auf Kosten eines Berechtigten geschützt werden soll, stellt sich daher nicht mit gleichem Gewicht. Forderungen können grundsätzlich nicht gutgläubig erworben werden. Hier gilt der Satz: nemo plus iuris transferre potest quam ipse habet. Dem Gedanken des Verkehrsschutzes entspringen aber die §§ 370, 405, 793, 794, 796. *Verkehrsfeindlich* sind dagegen die meisten Bestimmungen des sog. Schuldnerschutzes bei der Übertragung von Forderungen: 407, 408, 409 – 411, nicht dagegen 808 I 1.

n) Es gibt allgemeine Schuldrechtsregeln, 241 – 432, und besondere „einzelne" Schuldverhältnisse, 433 – 853. Doch liegt das Schwergewicht des vertraglichen Schuldrechts auf dem *Kauf*, 433 – 514. Er ist der Prototyp aller Verträge. Neben den einzelnen *vertraglichen* Schuldverhältnissen stehen *Geschäftführung ohne Auftrag, ungerechtfertigte Bereicherung* und *unerlaubte Handlung*, 677 ff., 812 ff., 823 ff.

§ 2
Rechtsquellen

I. Vorbemerkung

Das heutige Schuldrechtssystem geht in seinen Anfängen auf das Schema personaeres-actiones des nachklassischen römischen Rechts zurück (Gaius, Institutiones). Aus den „actiones" entwickelten sich mit Erkenntnis des Unterschiedes von materiellem und Verfahrensrecht die „obligationes": Die Naturrechtler unterschieden innerhalb der obligationes: contractus (Verträge), quasi contractus (ungerechtfertigte Bereicherung, Geschäftsführung ohne Auftrag), delicta (vorsätzliche unerlaubte Handlungen) und quasi delicta (Fahrlässigkeitsdelikte und Tatbestände der Gefährdungshaftung). Diese Einteilung findet sich daher später z. B. bei *Pothier, Savigny* und auch noch bei *Windscheid*, der ihr aber keine große Bedeutung mehr beimißt. Der Unterschied zwischen dem Allgemeinen und dem Besonderen Teil des Schuldrechts ist begrifflich so alt wie die Unterscheidung von obligatio und contractus. Die Ausbildung des Allgemeinen Teils des Schuldrechts in heute geläufiger Form erfolgte in spät-naturrechtlicher Zeit, dann vor allem bei den Anhängern der historischen Rechtsschule *(Hofacker; Hugo; Heise,* der als erster die Fünfgliederung Allgemeiner Teil, Sachen-, Schuld-, Familien- und Erbrecht verwendet; *Puchta; Savigny).* Erstmals im BGB wurde das Schuldrecht vor das Sachenrecht gestellt. Im ganzen nahm die Bedeutung des Schuldrechts in Rechtslehre und Praxis mit zunehmender Industrialisierung und der Ausbreitung der Verkehrswirtschaft seit der Mitte des 18. Jahrhunderts ständig zu, während das ursprünglich breiter behandelte Sachenrecht relativ an Gewicht verlor.[1])

II. Das heutige Schuldrecht

1. Es ist stofflich zum größten Teil im 2. *Buch* des BGB enthalten. Die ersten sechs Abschnitte des 2. Buches (241 – 432) behandeln *allgemeine Fragen des Schuldverhältnisses.* Der umfangreiche 7. Abschnitt regelt die 25 „einzelnen Schuldverhältnisse": Kauf, Darlehen, unerlaubte Handlungen usw. Man nennt ihn den *Besonderen Teil des Schuldrechts* (433 – 853), er betrifft die konkreten Lebensvorgänge. Seine innere Struktur ist unten in § 64 besprochen. 35 Änderungsgesetze haben das Schuldrecht des BGB seit 1900 geändert[2]). Aus letzter Zeit zu nennen ist das Reisevertragsgesetz v. 4. 5. 1979, BGBl. I 509, das die §§ 651 a – k einführte.

2. *Schuldrechtliche Nebenvorschriften* (Schuldrecht außerhalb des BGB) finden sich zum *Allgemeinen* Teil des Schuldrechts in *geringerer,* zum *Besonderen* Teil in *großer* Zahl. Nachstehend werden nur die wichtigsten, zum Teil auch nur in Gruppen, genannt

a) *Zum Allgemeinen Teil des Schuldrechts*
 – Aus dem EGBGB: Art. 11, 12 (internationales Privatrecht), Art. 88 (Fremdenrecht). Ferner Art. 77 – 81, 93, 96 – 107 (Vorbehaltsklauseln bei einzelnen Schuldverhältnissen).
 – Die Währungs- und Umstellungsgesetze, beginnend 1948 (Währungsreform).
 – Hinterlegungsordnung vom 10. 3. 1937, RGBl. I 285 (Verfahrensrechtliche Ergänzung zu §§ 372 ff.).
 – Schiffsgesetz vom 15. 11. 1940, RGBl. I 1499, mit DVO.
 – Beurkundungsgesetz vom 28. 8. 1969, BGBl. I 1513.
 – Gesetz... zur Verwandlung des Offenbarungseids in eine eidesstattliche Versicherung vom 27. 6. 1970, BGBl. I 911.
 – Gesetz zur Änderung des BGB und anderer Gesetze vom 30. 5. 1973, BGBl. I 501 (änderte u. a. § 313 S. 1).

---

[1]) *Andreas B. Schwarz,* Zur Entstehung des modernen Pandektensystems, SavZ, röm. Abt. 42 (1921) 578; *Jakobs/Schubert,* Die Beratung des Bürgerlichen Gesetzbuchs in systematischer Zusammenstellung der unveröffentlichten Quellen, Schuldrecht I, 1978, 19.

[2]) Nähere Angaben bei *Staud./J. Schmidt,* Einl. vor § 241, Rz. 21 ff. für den Zeitraum bis Juni 1981. Mit dem G. v. 20. 12. 1982 (dazu unten § 74 IV 1) wurden außerdem manche mietrechtliche Vorschriften geändert bzw. neue Bestimmungen eingeführt.

b) *Zum Besonderen Teil des Schuldrechts*

– Das Preisrecht. Es handelt sich um öffentlich-rechtliche Eingriffe in die grundsätzlich freie Vereinbarkeit des Kaufpreises. Im Laufe der Jahre sind zuerst Verschärfungen, dann wesentliche Lockerungen eingetreten. Vgl. die Beispiele unten § 66 IV 5 und V 3 a dd. – Gesetz betr. die Abzahlungsgeschäfte vom 16. 5. 1894, RGBl. 450 (betr. Ratenkauf); näher unten § 71 V 5.

– Verordnung, betr. die Hauptmängel und Gewährfristen beim Viehhandel vom 27. 3. 1899, RGBl. 219 (vgl. § 482 II), unten § 70 VIII.

– Regelungen im Mietwesen sind sehr zahlreich; Beispiele: Zweites Gesetz über den Kündigungsschutz für Mietverhältnisse über Wohnraum vom 18. 12. 1974, BGBl. I 3603; Städtebauförderungsgesetz vom 27. 7. 1971, BGBl. I 1125. Näher unten § 74 IV.

– Haager Einheitliches Kaufrecht vom 17. 7. 1973, BGBl. 1974 I 358. Dazu unten § 66 IV 7, § 115 I 4.

– Gesetz über den Versicherungsvertrag vom 30. 5. 1908, RGBl. 263; unten § 92 III.

– Atomgesetz vom 23. 12. 1959, BGBl. I 814; Wasserhaushaltsgesetz vom 27. 7. 1957, BGBl. I 1110 (zu den beiden letztgenannten siehe unten § 109 III, IV).

Die Gruppe der Haftpflichtgesetze ergänzt die §§ 823 ff. insb. durch Regelung von Tatbeständen der Gefährdungshaftung. Dazu unten § 109.

Zum Einfluß der Reichsversicherungsordnung (RVO) i. d. F. vom 15. 12. 1924 RGBl. I 779, BGBl. III Nr. 820 – 1 (mit späteren Änderungen) auf einzelne Schuldverhältnisse siehe unten §§ 55, 79.

Über das Verhältnis des Schuldrechts zum Handels-, Arbeits-, Wirtschafts- und Wertpapierrecht siehe oben § 1 II 2 e–h.

c) *Keine* Rechtsquellen sind Allgemeine Geschäftsbedingungen. Das Gesetz zur Regelung des Rechts der Allgemeinen Geschäftsbedingungen (AGBG) vom 9. 12. 1976, BGBl. I 3317 ist eines der wichtigsten schuldrechtlichen Nebengesetze (s. u. § 26 V 5). Es betrifft den Allgemeinen und den Besonderen Teil des Schuldrechts.

d) Zur *Schuldrechtsreform* s. u. § 116.

§ 3
Schrifttum

1. Materialien und Texte zur Gesetzgebung
a) *Zum BGB*

Jakobs/Schubert (Hrsg.), Die Beratung des Bürgerlichen Gesetzbuchs in systematischer Zusammenstellung der unveröffentlichten Quellen, 1978 ff.; *Motive* zu dem Entwurf eines Bürgerlichen Gesetzbuches für das Deutsche Reich, Amtl. Ausgabe, 5 Bde., 1888; *Mugdan,* Die gesamten Materialien zum Bürgerlichen Gesetzbuch für das Deutsche Reich, 5 Bde., 1899 (Neudruck 1978); *Protokolle* der Kommission für die zweite Lesung des Entwurfs des Bürgerlichen Gesetzbuchs, 6 Bde., 1897/99; *Schubert* (Hrsg.), Die Vorlagen der Redaktoren für die erste Kommission zur Ausarbeitung des Entwurfs eines Bürgerlichen Gesetzbuches, 1980 ff.

b) *Zur Schuldrechtsreform*

Gutachten und Vorschläge zur Überarbeitung des Schuldrechts, herausgegeben vom Bundesminister der Justiz, 3 Bde., 1981/83.

2. Lehrbücher und Grundrisse (zugleich **Zitierweise**)

a) *Ältere Werke*

Cosack/Mitteis, Lehrbuch des deutschen Bürgerlichen Rechts, Bd. I, Allgemeiner Teil und Schuldrecht, 8. Aufl. 1927; *Crome*, System des Deutschen Bürgerlichen Rechts, Bd. II, 1 und 2, Recht der Schuldverhältnisse, 1902; *Dernburg*, Die Schuldverhältnisse nach dem Rechte des Deutschen Reichs und Preußens, 4. Aufl. herausgeg. von *Raape*, Bd. I, Allgemeine Lehren, 1909; Bd. II, Einzelne Obligationen, 1915; *Goldmann/Lilienthal*, Das Bürgerliche Gesetzbuch, Bd. I, Allgemeiner Teil und Recht der Schuldverhältnisse, 12. Aufl. 1903; *Heck*, Grundriß des Schuldrechts, 1929; *Hedemann*, Schuldrecht des Bürgerlichen Gesetzbuchs, 3. Aufl. 1949; *Henle*, Lehrbuch des Bürgerlichen Rechts, Bd. I, Schuldrecht, 1934; *Jung*, Bürgerliches Recht, in: *Stammler*, Das gesamte deutsche Recht, Bd. I, 1931; *Kohler*, Lehrbuch des Bürgerlichen Rechts, Bd. II/1, Schuldrecht, 1906; *Kreß*, Lehrbuch des Allgemeinen Schuldrechts, 1929, Neudruck 1974; Lehrbuch des Besonderen Schuldrechts, 1934; *Krückmann*, Institutionen des Bürgerlichen Gesetzbuchs, 5. Aufl. 1929; *Larenz*, Vertrag und Unrecht, Bd. I, 1936; Bd. II, 1937; *Lehmann, R.*, Das Recht der Schuldverhältnisse I, Allgemeiner Teil, 1947; *Leonhard*, Allgemeines Schuldrecht des BGB, 1929; Besonderes Schuldrecht des BGB, 1931; *Loewenwarter*, Wegweiser durch das BGB, 18. Aufl., unter Mitwirkung von *Bohnenberg*, 1952; *Siber*, Schuldrecht, 1931; *Stammler*, Das Recht der Schuldverhältnisse in seinen allgemeinen Lehren, 1897; *Stoll/Felgentraeger*, Vertrag und Unrecht, 4. Aufl. 1944.

b) *Neuere Werke*

Below, Bürgerliches Recht, Schuldrecht, Allgemeiner Teil, 1965; *Blomeyer*, Allgemeines Schuldrecht, 4. Aufl. 1969; *Brox*, Allgemeines Schuldrecht, 12. Aufl. 1984; Besonderes Schuldrecht, 11. Aufl. 1984 (zit.: *Brox I* bzw. *II*); *Deutsch*, Haftungsrecht, Bd. I, Allgemeine Lehren, 1976 (zit.: *Deutsch*, Haftungsrecht I); *Dilcher*, Schuldrecht, Besonderer Teil in programmierter Form, 2. Aufl. 1982; *Emmerich*, BGB Schuldrecht, Besonderer Teil, 4. Aufl. 1982; *Emmerich*, Das Recht der Leistungsstörungen, 1978; *Emmerich*, u. a., Grundlagen des Vertrags- und Schuldrechts, 1972; *Enneccerus/Lehmann*, Recht der Schuldverhältnisse, 15. Aufl. 1958 (zit.: *Enn./L.*); *Esser*, Schuldrecht, 2. Aufl. 1960 (zit.: *Esser²*); *Esser*, Schuldrecht, Bd. I, Allgemeiner Teil, 4. Aufl. 1970; Bd. II, Besonderer Teil, 4. Aufl. 1971 (zit.: *Esser I⁴* bzw. *II⁴*); *Esser/Eike Schmidt*, Schuldrecht, Bd. I, Allgemeiner Teil, 6. Aufl. 1984 (zit.: *Esser/Schmidt*); *Esser/Weyers*, Schuldrecht, Bd. II, Besonderer Teil, 6. Aufl. 1984 (zit.: *Esser/Weyers*); *Gernhuber*, Bürgerliches Recht, 2. Aufl. 1983 (zit.: *Gernhuber*, BürgR); *Gernhuber*, Die Erfüllung und ihre Surrogate (Handbuch des Schuldrechts, Bd. 2), 1983 (zit.: *Gernhuber*, Erfüllung); *Gitter*, u. a., Vertragsschuldverhältnisse (ohne Kaufrecht), 1974; *Hattenhauer*, Grundbegriffe des Bürgerlichen Rechts, 1982; *Hirsch/Pleyer*, Einführung in das Bürgerliche Vermögensrecht, 6. Aufl. 1975; *Köbler*, Schuldrecht, Allgemeiner und Besonderer Teil, 1975; *Kötz*, Deliktsrecht, 3. Aufl. 1983; *Koppensteiner/Kramer*, Ungerechtfertigte Bereicherung, 1975; *Ksoll*, Schuldverhältnisse, Allgemeiner Teil, 5. Aufl. 1966; *Lange, Hermann*, Schadensersatz (Handbuch des Schuldrechts, Bd. 1), 1979; *Larenz*, Lehrbuch des Schuldrechts, Bd. I, Allgemeiner Teil, 13. Aufl. 1982; Bd. II, Besonderer Teil, 12. Aufl. 1981 (zit.: *Larenz I* bzw. *II*); *Lohmann*, Vertragsrecht, 2. Buch, Verpflichtungsgeschäfte, 1978; *Medicus*, Bürgerliches Recht, Eine nach Anspruchsgrundlagen geordnete Darstellung zur Examensvorbereitung, 11. Aufl. 1983 (zit.: *Medicus*, BürgR, Rn.); *Medicus*, Schuldrecht I, Allgemeiner Teil, 2. Aufl. 1984; Schuldrecht II, Besonderer Teil, 1983 (zit.: *Medicus I* bzw. *II*); *Methfessel*, Vertragsrecht, 1. Buch, Allgemeine Grundlagen, 1977; 3. Buch, Verfügungsgeschäfte, 1979; *Molitor,* Schuldrecht, Bd. I, Allgemeiner Teil, 8. Aufl. 1965; Bd. II, Besonderer Teil, 7. Aufl. 1965; *Nikisch,* Bürgerliches Recht, Das Recht der Schuldverhältnisse I, Allgemeine Lehren, 1947; *Nörr, K. W./Scheyhing,* Sukzessionen (Handbuch des Schuldrechts, Bd. 2), 1983; *Rehbinder, Eckard,* Vertragsgestaltung, 1982; *Reuter/Martinek,* Ungerechtfertigte Bereicherung (Handbuch des Schuldrechts, Bd. 4), 1983; *Schmelzeisen,* Bürgerliches Recht, 5. Aufl. 1980; *Titze,* Bürgerliches Recht, Recht der Schuldverhältnisse, 4. Aufl. 1948; *Weber,* Sicherungsgeschäfte, 2. Aufl. 1977; *Westermann, Harm Peter,* BGB Schuldrecht, Allgemeiner Teil, 3. Aufl. 1981; *Westermann, Harry,* Grundbegriffe des BGB, 11. Aufl. 1983; *Wolf, Ernst,* Lehrbuch des Schuldrechts, Bd. I, Allgemeiner Teil; Bd. II, Besonderer Teil, beide 1978.

3. Kommentare

Achilles/Greiff, Bürgerliches Gesetzbuch, 21. Aufl. 1958 (mit Nachtrag 1963); Alternativkommentar zum Bürgerliches Gesetzbuch, Bd. II, Allgemeines Schuldrecht, 1980; Bd. III, Besonderes Schuldrecht (zit.: *AK/*Bearbeiter); *Beuthien,* u. a., Studienkommentar zum BGB, 1.–3. Buch, 2. Aufl. 1979 (zit.: *StK/*Bearbeiter); *Böhle/Stamschräder,* Handkommentar zum BGB, Bd. II, Recht der Schuldverhältnisse, 1. Lieferung 1949; *Erman,* Handkommentar zum Bürgerlichen Gesetzbuch, 2 Bde., 7. Aufl. 1981 (zit.: *Erman/*Bearbeiter); *Jauernig,* u. a., Bürgerliches Gesetzbuch, 3. Aufl. 1984 (zit.: *Jauernig/*Bearbeiter); Kommentar zum Bürgerlichen Gesetzbuch, herausgegeben von Mitgliedern des Bundesgerichtshofs (früher: Reichsgerichtsräte-Kommentar), Bd. II, Recht der Schuldverhältnisse, 11. Aufl. 1959/60; 12. Aufl. 1974ff. (zit.: *RGRK/*Bearbeiter); *Loewenwarter,* Lehrkommentar zum BGB, Bd. II, Recht der Schuldverhältnisse, 3. Aufl. 1932; Münchener Kommentar zum Bürgerlichen Gesetzbuch, Bd. II, Schuldrecht Allgemeiner Teil, 1979; Bd. III, Schuldrecht Besonderer Teil (2 Halbbände), 1980 (zit.: *MünchKomm/*Bearbeiter); *Oertmann,* Recht der Schuldverhältnisse, Bd. I, 5. Aufl., 1928; Bd. II, 1929; *Palandt,* Bürgerliches Gesetzbuch, 43. Aufl. 1984 (zit.: *Palandt/*Bearbeiter); *Planck,* Kommentar zum BGB, Bd. II, Recht der Schuldverhältnisse, 4. Aufl., 1. Hälfte, Allgemeiner Teil, 1914 (zit. *Planck-Siber);* 2. Hälfte, Besonderer Teil, 1928; *Rosenthal,* Bürgerliches Gesetzbuch, 15. Aufl. (bearbeitet von *Bohnenberg)* 1965 (mit Nachtrag 1970); *Rother,* Grundsatzkommentar zum Bürgerlichen Gesetzbuch; Allgemeines Schuldrecht, 1974; *Rother/Quittnat,* Grundsatzkommentar zum Bürgerlichen Gesetzbuch, Besonderes Schuldrecht, 1982; *Schollmeyer,* Recht der Schuldverhältnisse, Bd. I, 1900; *Soergel,* Bürgerliches Gesetzbuch, Bd. II, Schuldrecht I (§§ 241–610), 10. Aufl. 1967; Bd. III Schuldrecht II (§§ 611–855), 10. Aufl. 1969; Bd. III, Schuldrecht II (§§ 516–704), 11. Aufl. 1980 (zit.: *Soergel/*Bearbeiter); *Staudinger,* Kommentar zum BGB, Bd. II, Recht der Schuldverhältnisse, 1. Teil, Allgemeiner Teil, (§§ 241–327), 10./11. bzw. 11. Aufl. 1961/67; 2. Teil, Besonderer Teil (§§ 433–853), 10./11. bzw. 11. Aufl. 1955/70; 2. Buch, Recht der Schuldverhältnisse, 12. Aufl. 1978ff.; bisher erschienen: §§ 241–242, 243–254, 255–327, 328–335, 433–580a (535–580a, 2. Bearb. 1981), 581–606, 620–630, 651a–651k, 657–740, 741–778, 812–822, AGBG, 2. WKSchG, LandpachtG (zit. *Staud./*Bearbeiter); *Warneyer,* das BGB, Bd. I, Allgemeiner Teil und Recht der Schuldverhältnisse, 11. Aufl., bearbeitet von *Bohnenberg,* 1950.

4. Fallsammlungen

Berg, Übungen im Bürgerlichen Recht, 12. Aufl. 1976; *Beuthien/Weber,* Juristischer Studienkurs, Schuldrecht II, Ungerechtfertigte Bereicherung und Aufwendungsersatz,

§ 4   Einleitung

2. Aufl. 1984; *Buchner/Roth*, Juristischer Studienkurs, Schuldrecht III, Unerlaubte Handlungen, 2. Aufl. 1984; *Diederichsen*, Die BGB-Klausur, 6. Aufl. 1984; *Esser/Schmidt/Köndgen*, Fälle zum Schuldrecht, 3. Aufl. 1971; *Fabricius*, Der Rechtsfall im Privatrecht, 4. Aufl. 1984; *Fikentscher*, Schuldrechtspraktikum, 1972 (3. Teil); *Hattenhauer/Roll*, 70 Klausuren aus dem BGB, 4. Aufl. 1982; *Honsell/Wieling*, Fälle zum Besonderen Schuldrecht, 1979; *Ihering/Kipp*, Zivilrechtsfälle ohne Entscheidungen, 12. Aufl. 1913; *Köbler*, Die Anfängerübung im bürgerlichen Recht, Strafrecht und öffentlichen Recht, 4. Aufl. 1983; *Köhler*, Prüfe dein Wissen, Recht der Schuldverhältnisse, Schuldrecht I, 11. Aufl. 1983, Schuldrecht II, 10. Aufl. 1982; *Kornblum*, Fälle zum Allgemeinen Schuldrecht, 1978; *Küpisch/Krüger*, Deliktsrecht 1983; *Löwisch*, Schuldrecht Allgemeiner Teil, 2. Aufl. 1982; *Löwisch/Denck*, Vertragliche Schuldverhältnisse, 1978; *Lüderitz/Frhr. v. Marschall*, Fälle und Texte zum Schuldrecht, 4. Aufl. 1979; *Marburger*, 20 Klausurprobleme aus dem BGB, Schuldrecht, Allgemeiner Teil, 3. Aufl. 1980; *Marburger*, 20 Klausurprobleme aus dem BGB, Schuldrecht, Besonderer Teil I, 2. Aufl. 1978; *Medicus*, Gesetzliche Schuldverhältnisse, 1977; *Mehrtens*, 20 Klausurprobleme aus dem BGB, Bereicherungsrecht, 2. Aufl. 1982; *Pleyer*, Sammlung privatrechtlicher Fälle, 10. Aufl. 1980; *Reeb*, Grundprobleme des Bereicherungsrechts, 1975; *Rimmelspacher*, Juristischer Studienkurs, Kreditsicherungsrecht, 1980; *Schneider, Egon*, Zivilrechtliche Klausuren, 4. Aufl. 1984; *Schramm*, Klausurentechnik, 6. Aufl. 1983; *Teichmann*, Juristischer Studienkurs, Schuldrecht I, Leistungsstörungen und Gewährleistung, 2. Aufl. 1981; *Thiele*, Wiederholungs- und Vertiefungskurs, Bd. 1, BGB Allgemeiner Teil, Allgemeines Schuldrecht, 3. Aufl. 1980; Bd. 2, Schuldrecht, Besonderer Teil, 3. Aufl. 1982; *Werner, Olaf*, Fälle und Lösungen für Anfänger im Bürgerlichen Recht, 4. Aufl. 1984.

5. Entscheidungssammlungen

Fikentscher, ESJ Schuldrecht, Ausgewählte Entscheidungen mit erl. Anmerkungen, Bd. I, Allgemeiner Teil, 2. Aufl. 1977; Bd. II, Besonderer Teil, 2. Aufl. 1977; *Herrmann, Karl*, Höchstrichterliche Rechtsprechung, Studienausgaben, Bürgerliches Recht I, 1967; Bürgerliches Recht II, 1968; RENGAW Sammlung BGB Schuldrecht AT, 1972; RENGAW Sammlung BGB Schuldrecht BT I (§§ 433–811), 1970; RENGAW Sammlung BGB Schuldrecht BT II (§§ 812–822) 1972; RENGAW Sammlung BGB Schuldrecht BT III (§§ 823–853) 1972.

§ 4
Plan der Darstellung

Die Gliederung versucht, wo dies möglich ist, den Gedankengang des unstreitigen Gutachtens bei der Lösung eines Schuldrechtsfalles widerzuspiegeln. Die Darstellung folgt der traditionellen Einteilung in ein allgemeines und ein besonderes Schuldrecht. Im Allgemeinen Teil behandelt ein erster Abschnitt Begriff, Arten und Eigenschaften des Schuldverhältnisses. Dabei geht es um die Bereitstellung des begrifflichen Instrumentariums, aber auch der wirtschaftlichen Grundvorstellungen, auf die es im folgenden ankommt (§§ 5–16).

Dann folgt, so wie das bei der Lösung eines Schuldrechtsfalles stets zu geschehen hat, eine Untersuchung der Gründe, aus denen ein Schuldverhältnis *entstehen kann* (§§ 17–25). Nachdem feststeht, daß ein Schuldverhältnis entstanden ist, muß sein *In-*

halt geprüft werden (§§ 26 – 37). Es geht hierbei um den Leistungsinhalt, die Bedeutung des Satzes von Treu und Glauben, sowie um die einzelnen Leistungsmodalitäten. Nach Entstehung und Inhalt ist die Abwicklung, und dabei zunächst das ordnungsgemäße *Erlöschen* eines Schuldverhältnisses zu untersuchen (§§ 38 – 40). Steht fest, daß nicht ordnungsgemäß erfüllt wurde, ist im Gutachten zu fragen, ob eine *Leistungsstörung* vorliegt, also ein Tatbestand außergewöhnlicher Abwicklung eines Schuldverhältnisses (§§ 41 – 55). Vorab müssen in diesem Bereich die verschiedenen *Tatbestände* und *Rechtsfolgen* der *Leistungsstörungen* behandelt werden (§§ 43 – 48). Danach wird die besonders wichtige Rechtsfolge des *Schadensersatzes* noch einmal aufgegriffen; die dabei zum Tatbestand einer Leistungsstörung hinzutretenden Voraussetzungen und die Rechtsfolgen eines Schadensersatzanspruchs sind im einzelnen darzustellen (§§ 49 – 55). In diesen Zusammenhang gehört auch die Lehre von der Haftung für Erfüllungsgehilfen und vom Inhalt des Ersatzanspruchs (§§ 54, 55).

Nachdem in dieser Weise ein Schuldverhältnis zwischen einem Gläubiger und einem Schuldner von seiner Entstehung über seinen Inhalt bis zur normalen oder außergewöhnlichen Abwicklung behandelt ist, bedarf es der Erweiterung durch Einführung neuer Gläubiger und Schuldner *anstelle* der alten. Es handelt sich um die Forderungsabtretung und die Schuldübernahme (§§ 56 – 59).

Noch weiter greift die Lehre von der *gleichzeitigen* Beteiligung *mehrerer Gläubiger* oder *Schuldner* an einem Schuldverhältnis (§§ 60 – 63): Ein entstandenes, inhaltlich festgelegtes, normal oder gestört abgewickeltes Schuldverhältnis, möglicherweise abgetreten oder übernommen, kann auf der Aktiv- und/oder auf der Passivseite *mehreren* zustehen. – Damit ist der Bereich des allgemeinen Schuldrechts abgesteckt.

Der daran anschließende Besondere Teil des Schuldrechts mit der Darstellung der einzelnen konkreten Schuldverhältnisse (Kauf, Darlehen, Dienstvertrag, unerlaubte Handlung usw.) bedarf einer eigenen systematischen Erläuterung (§ 64). Die einzelnen Typen werden nicht nach dem Schwergewicht ihrer praktischen Häufigkeit, sondern nach ihrer Bedeutung für die Ausbildung besprochen, wobei Kauf, ungerechtfertigte Bereicherung und unerlaubte Handlung in erster Reihe stehen (§§ 65 – 114). Den Abschluß bildet je ein Überblick über das internationale Schuldrecht (§ 115) und über die Dogmengeschichte und die Reformvorhaben des Schuldrechts (§ 116).

Der allgemeine Teil des Schuldrechts
(Die allgemeinen Lehren)

1. Abschnitt
Begriff, Arten und Eigenschaften des Schuldverhältnisses

1. Unterabschnitt: Das Schuldverhältnis

§ 5
Das Schuldverhältnis in der Rechtsordnung

AK/Dubischar, vor §§ 241 ff., Rdn. 1 ff.; *Becker, W. G.*, Gegenopfer und Opferverwehrung, 1958; *Blomeyer, Arwed*, AcP 154, 527; *Canaris*, Die Vertrauenshaftung im deutschen Privatrecht, 1971; *Dubischar*, JuS 78, 300; *Dulckeit*, Die Verdinglichung obligatorischer Rechte, 1951; *Esser*, Grundatz und Norm in der richterlichen Fortbildung des Privatrechts, 3. Aufl. 1974; *Fikentscher*, Wettbewerb und gewerblicher Rechtsschutz, 1958, S. 207 ff.; *ders.*, Wirtschaftsrecht 1983, § 22 VII 1 b; *Gierke, Julius v.*, ZHR 111, 3 ff.; *Gierke, Otto v.*, Die soziale Aufgabe des Privatrechts, 2. Aufl. 1948; *Großfeld*, Zivilrecht als Gestaltungsaufgabe, 1977; *Hattenhauer*, Grundbegriffe des Bürgerlichen Rechts, 1982; *Hippel, Fritz v.*, Zum Aufbau und Sinnwandel unseres Privatrechts, 1957; *Horstmann*, Untersuchungen über die Anwendbarkeit schuldrechtlicher Normen auf dingliche Ansprüche, 1938; *Ihering*, Das Schuldmoment im röm. Recht, Gießen 1867, S. 4 ff.; *Kübler*, Über die praktischen Aufgaben zeitgemäßer Privatrechtstheorie, 1975; *Larenz*, JZ 62, 105; *Lorenz*, JZ 61, 433; *Mayer-Maly*, Vertrag und Einigung, FS *Nipperdey* 1965, Bd. I S. 509; *ders.*, FS *Wilburg*, 1965, 129; *Mestmäcker*, Recht und ökonomisches Gesetz, 1978; *Raiser, Ludwig*, Die Aufgabe des Privatrechts, 1977; *Reinhardt*, FS *Schmidt-Rimpler* 1957, 115; *Steindorff*, FS *L. Raiser* 1974, 621 ff.; *Wieacker*, Industriegesellschaft und Privatrechtsordnung, 1974; *ders.*, Zum System des deutschen Vermögensrechts, 1941; *Wilburg*, Die Lehre von der ungerechtfertigten Bereicherung nach österreichischem und deutschem Recht, 1934; *Willoweit*, Abgrenzung und rechtliche Relevanz nicht rechtsgeschäftlicher Vereinbarungen, 1969.

I. Die inhaltliche Aufgabe des Schuldverhältnisses in der Rechtsordnung

1. Grund und Folge des Schuldens

a) Die herrschende Lehre sieht als gemeinsames Merkmal aller Schuldverhältnisse, und damit als Grund für die Berechtigung, von einem „Schuldrecht" zu sprechen, nur die einheitliche *Rechtsfolge* an: den schuldrechtlichen Anspruch im Sinne von § 241 („Kraft des Schuldverhältnisses ist der Gläubiger berechtigt, von dem Schuldner eine Leistung zu fordern"). Ein gemeinsamer Grundgedanke des Schuldrechts auf der Seite des Tatbestandes wird geleugnet: Weder wirtschaftliche noch sonstige Lebensvorgänge, die das Schuldrecht regele, seien einheitlich. Richtig ist zunächst sicherlich, daß der schuldrechtliche Anspruch die allen Schuldverhältnissen gemeinsame Rechtsfolge darstellt. Aber die Einheit der Rechtsfolge kann nicht zufällig sein. Vielmehr heißt „schulden" im Sinne eines Schuldverhältnisses, etwas zu Unrecht Vorenthaltenes geben, zurückgeben oder ersetzen zu müssen, wobei die Vertragsschuld die Gutmachung eines Versprechens betrifft, dessen Bruch zur Vorenthaltung eines Wertes führen würde, der schon dem Versprechensempfänger zugerechnet wird. Das Schuldrecht wird demnach durch die Klammer des *Gutmachungsgedankens* zusammengehalten. So erklärt sich die Einheit der Rechtsfolge.

b) *Das Ob und Wie des Schuldens* muß dabei stets zugleich betrachtet werden. Die Leistung ist nicht irgendwie, sondern immer in bestimmter Art und Weise geschuldet. Es genügt nicht, daß man dem Gläubiger den geschuldeten Gegenstand vor die Füße wirft. Man muß ihn ihm aushändigen, wie Treu und Glauben mit Rücksicht auf die Verkehrssitte es gebieten, 242, d. h. in anständiger und üblicher Weise. Bestandteil jeder Leistungspflicht ist also immer auch eine Wohlverhaltenspflicht. Ihre Verletzung hat grundsätzlich die gleichen Folgen wie die Verletzung einer rein gegenständlich aufgefaßten Leistungspflicht. Zu dem „etwas", das der Schuldner schuldet, gehört daher immer ein „Ob" und ein „Wie" der Leistung. Man kann von einer *jeder* schuldrechtlichen Pflicht zugehörigen *Verhaltensnorm im weiteren Sinne* sprechen. Das gilt für alle Schuldverhältnisse, für vertragliche und gesetzliche. Diese Wohlverhaltenspflicht zählt zum Inhalt der geschuldeten Leistung (u. § 8; grundsätzlich anders *Larenz*, I § 2 I; *Canaris*, Vertrauenshaftung).

2. Bestandsschutz und Freiheitsschutz als Teile des bürgerlichen Rechtsschutzes

Heißt somit „schulden" im Sinne eines Schuldverhältnisses etwas, dessen Vorenthaltung Unrecht wäre, in anständiger und üblicher Weise gewähren, zurückgewähren oder ersetzen müssen, so stellt sich als nächstes die Frage nach dem Inhalt dieser Schuldpflichten.[1]

a) Das Recht weist den Personen Güter zu grundsätzlich alleiniger Nutzung und Verwertung zu. Hierin liegt die eine Hauptaufgabe des bürgerlichen

---
[1] Zum Folgenden ausführlich *Fikentscher*, Wirtschaftsrecht, § 1.

Rechtes: „Bestandsschutz"; Beispiele: Eigentum, gewerblicher Rechtsschutz, Vertragsrechte.

b) Die andere, gleichwertige, in gewissem Sinne aber entgegengesetzte Aufgabe des bürgerlichen Rechts ist, ein System von Regeln zur Verfügung zu stellen, das den Erwerb der Güter durch Personen und damit auch den Wechsel der Güter von Person zu Person ermöglicht: „Freiheitsschutz", „Erwerbsschutz"; Beispiele: Recht der Wettbewerbsbeschränkungen, Recht des unlauteren Wettbewerbs.

c) Zu den rechtlich geschützten Gütern gehört nicht nur, was man bereits von Rechts wegen *hat*, sondern — jedenfalls in unserer Rechtskultur — auch schon das, was einem rechtlich bindend *versprochen* worden ist. Im Vordergrund der vertraglichen Haftung steht daher im deutschen Recht der Erfüllungsanspruch (pacta sunt servanda). Nur wenn die Erfüllung nicht mehr möglich ist, muß Ersatz geleistet werden, weil die Lage die gleiche ist, wie wenn ein zu Unrecht vorenthaltenes Gut oder eine zu Unrecht vorenthaltene Freiheitsgewährung nicht mehr als solches gewährt werden kann (dazu sogleich 3.), sondern ersatzweise abgegolten werden muß (dazu sogleich 4).

3. Die Restitutionspflicht

a) Im Bereich des Schutzes zugeordneter Güter bewirkt die Schuldpflicht, daß ein Gut, das sich in einer Herrschaftsgewalt befindet, in die es nicht gehört, demjenigen störungsfrei überlassen werden muß, dem es von Rechts wegen zusteht. Hierher gehören vor allem die bereicherungsrechtlichen Herausgabeansprüche, 812ff., die dafür sorgen, daß Güter, die ohne Rechtsgrund in einen fremden Rechtskreis gelangt sind (z. B. Übereignung ohne wirksamen Vertrag), in den richtigen Rechtskreis zurückzugewähren sind. Zu erwähnen sind auch die negatorischen Klagen, die bloße Güterstörungen verhindern helfen (dazu unten § 114). Auch der Vertragserfüllungsanspruch zählt nach den Ausführungen oben 1 und 2 hierher, weil das Versprochene vom Recht schon dem Versprechensempfänger als Wert zugerechnet wird. Ferner ist der Anspruch aus § 677 auf ordentliche Durchführung einer Geschäftsführung ohne Auftrag zu nennen, wo das Gesetz in Ermangelung vertraglichen Willens Leistung und Leistungsentschädigung vertragsähnlich festsetzen muß, besonders in § 683. Prototypen dieser einfachen Schuldpflicht zur Gütergewährung (da Vorenthaltung Unrecht wäre) sind aber Bereicherung und Vertragserfüllung. Beim Bereicherungsanspruch besteht die Besonderheit, daß an die Stelle des zu gewährenden Gegenstandes sein Wert oder (nach der unten § 18 III 4e und § 100 V entwickelten Auffassung) sogar das Entgelt treten kann, 818 II.

b) Im Bereich der Freiheit, Güter zu erwerben, ist der bürgerlich-rechtliche Schutz dogmatisch weniger entwickelt und im einzelnen streitig. Wer die Wettbewerbsfreiheit eines anderen in bestimmter Weise beeinträchtigt, muß dies nach den Regeln des GWB i. V. m. § 35 GWB; §§ 823, 1004 BGB unterlassen. Das AGB-Gesetz schützt Inhalts- und Abschlußfreiheit in anderer Weise. Hierdurch nicht erfaßte Freiheitsbeschränkungen sind der allgemeinen Beurteilung gem. §§ 823, 1004 BGB zugänglich (Wirtschaftliches Persönlichkeitsrecht).[2] Aber nicht nur die wirtschaftliche Betätigungs- und Bedarfsdeckungsfreiheit als solche ist nach diesen Vorschriften gegen ungebührliche Beschränkungen gesichert, auch das „Wie" der Ausübung eigener Freiheit zu Lasten anderer unterliegt im wettbewerblichen Bereich den Schranken des UWG, im außerwettbewerblichen denen der §§ 823 ff. BGB. Ihrem Wesen nach sind diese Klagen negatorisch.[3]

4. Die Schadensersatzpflicht

Kann, will oder soll der Schuldner aus irgendeinem Grund die Leistung nicht direkt (restitutorisch) erbringen, ordnet das Recht häufig eine Ersatzleistung an, den *Schadensersatz*. Die Betrachtungsweise ist dann die, daß der Schuldner in die Güter oder Freiheiten des Gläubigers handelnd und mit an sich irreparablem Erfolg eingegriffen hat. Dafür muß er den Gläubiger wirtschaftlich entschädigen. Hierfür stellt das Recht zusätzliche Verhaltensnormen auf, die z. B. regelmäßig Verschulden fordern.[4] Das Anspruchsziel ist nicht Herausgabe, sondern *Ersatz*. Bereicherungsansprüche, negatorische Klagen und Vertragserfüllungsansprüche (einschl. GoA) können, wiewohl im Einzelfall kumulierbar, nicht als Rechtsfolgen verletzter Verhaltensnormen i. e. S. in Frage kommen. Darum schließen sich z. B. auch Rücktritt und Schadensersatz in §§ 325, 326 aus, soweit das gleiche Leistungsinteresse betroffen ist, da die Rücktrittsvorschriften der §§ 346 ff. spezielles Bereicherungsrecht enthalten.[5]

II. Die methodische Stellung des Schuldverhältnisses in der Rechtsordnung

Adomeit, Rechtstheorie für Studenten, 2. Aufl. 1981; *Bydlinski*, Juristische Methodenlehre und Rechtsbegriff, 1982; *Fikentscher*, Methoden des Rechts, 5 Bde., 1975–77; insb. § 29; *Larenz*, Methodenlehre der Rechtswissenschaft, 5. Aufl. 1983; *Pawlowski*, Methodenlehre für Juristen, 1981.

---

[2] Näher *Fikentscher*, Wirtschaftsrecht, § 22 I 2.
[3] Zu den sich daraus ergebenden Sanktionen s. u. § 97.
[4] Ähnlich wie hier zwischen *Restitutionspflichten* (als Pflichten, zu Unrecht Vorenthaltenes dem richtigen Rechtskreis zukommen zu lassen) und *Ersatzpflichten* (als den wirtschaftlichen Entschädigungen, wenn Restitutionspflichten verletzt werden) unterschieden wird, trennt *Larenz* I § 1 I *primäre* und *sekundäre* Leistungspflichten. Aber *Larenz*' Leistungsbegriff ist ein anderer (s. u. § 8, 3).
[5] Die Unterscheidung „primärer" und „sekundärer Leistungspflichten" leistet diese Erklärung der *Struktur* schuldrechtlicher Ansprüche ebensowenig wie sie eine Deutung der Leistungsstörungen zu bieten vermag, s. u. § 8.

Das Schuldverhältnis ist der Kernbegriff des Schuldrechts. Mit den anderen Grundbegriffen unseres Rechts ist das Schuldverhältnis in bestimmter Weise verbunden. Es läßt sich aus dem *objektiven Recht* in folgender Weise ableiten:

1. Das *objektive Recht* ist gleichbedeutend mit der *Rechtsordnung*, in der die Angehörigen eines Staates leben. Das objektive Recht besteht aus *Rechtssätzen*. Gewährt ein (vollständiger oder unvollständiger) Rechtssatz des Privatrechts einer Person eine geschützte Stellung im Verhältnis zu einer anderen Person oder einem Gegenstand, so spricht man von einem *subjektiven privaten Recht*, sofern der Schutz der Stellung vom Willen der geschützten Person abhängt (über die Rechtsgüter Leben, Körper, Gesundheit und Freiheit, die den subjektiven Rechten gleichgestellt werden, unten § 103 I). Beruht das subjektive Privatrecht auf einem vollständigen Rechtssatz (der das Gebot enthält), so spricht man von einem *Anspruch* oder von einer *Anspruchsnorm* (Beispiele: 433 II, 604 I, 812 I, 823 I; Gegenbeispiel: 903 — Eigentum —, ein auf gebotslosem Rechtssatz beruhendes subjektives Privatrecht). Die Anspruchsnorm ist der zentrale Begriff für die Fall-Lösung (Gutachten, siehe unten § 6).

2. Für das Schuldrecht haben vor allem die *Ansprüche* Bedeutung. Ansprüche auf Leistung heißen *Leistungsrechte*. Sie richten sich gegen einen bestimmten Schuldner auf ein Tun, Dulden oder Unterlassen (194, 241). Es gibt *schuldrechtliche* (241) sowie dingliche (z. B. 985, 1004, 1007, 1134, 1179), familienrechtliche (z. B. 1353 I), erbrechtliche (z. B. 2018), öffentlichrechtliche u. a. *Leistungsrechte*. Die *schuldrechtlichen* Leistungsrechte nennt das Gesetz *Forderungen* oder *Forderungsrechte* (z. B. 387, 388). Die *Forderung* ist der Grundbegriff des Schuldrechts. So spricht § 398 für die Regelfälle von der Übertragung der *Forderung*, erst § 413 erklärt die vorstehenden Vorschriften auf die Übertragung anderer Rechte für anwendbar. Gleichbedeutend mit *Anspruch auf schuldrechtliche Leistung = Forderungsrecht = Forderung* ist endlich auch der Ausdruck „Schuldverhältnis" *(im engeren Sinn).* § 241 verwendet das Wort *„Schuldverhältnis"* gleichbedeutend mit *Forderung*.

3. Darüber hinaus wird aber der Ausdruck „Schuldverhältnis" *in einem weiteren Sinn* verwendet, z. B. in der Überschrift vor § 241 „Recht der Schuldverhältnisse". Hier bedeutet Schuldverhältnis das gesamte Rechtsverhältnis zwischen einem Schuldner und einem Gläubiger, aus dem einzelne Forderungen = Schuldverhältnisse im engeren Sinn fließen. Der Kaufvertrag (§§ 433 – 514), das Dienstverhältnis (§§ 611 – 630), der Auftrag (§§ 662 – 676) sind solche Schuldverhältnisse im weiteren Sinne. Schuldverhältnisse im engeren Sinne (Forderungen), die aus diesen Schuldverhältnissen im weiteren Sinne fließen, sind z. B. der Kaufpreisanspruch (433 II), der Dienstlohnanspruch (611) und der Anspruch auf Auskunft (666).

§ 6
Das Gutachten (der Fallaufbau)

Siehe die oben § 3, 4 und 5 angeführten Fall- und Entscheidungssammlungen. Weiter *Berg,* Gutachten und Urteil, 1969; *Fikentscher,* Schuldrechtspraktikum, Methodik, Schwerpunkte, Übersichten, Fälle mit Lösungshinweisen auf Gebieten des Zivilrechts mit schuldrechtlichem Einschlag, 1972 (das Büchlein ersetzt und erweitert die bis zur 4. Auflage des „Schuldrechts" in diesem § 6 behandelten Ratschläge zur Fallbearbeitung); *Koch/Rüßmann,* Juristische Begründungslehre, 1982; *v. Lübtow,* Richtlinien für die Anfertigung von Übungs- und Prüfungsarbeiten im Bürgerlichen Recht, Handels- und Arbeitsrecht sowie drei Lösungen praktischer Fälle, Frankfurt/M 1962; *Sattelmacher/Sirp,* Bericht, Gutachten und Urteil, 29. Aufl. 1982; *Schmalz,* Die juristische Falllösung, 1976; *Schneider, Egon,* Der Zivilrechtsfall in Prüfung und Praxis, 6. Aufl. 1974 (vormals *Brauer-Schneider*); *ders.,* Logik für Juristen, 2. Aufl. 1972; *ders.,* Zivilrechtliche Klausuren und Hausarbeiten in den Übungen und im Referendarexamen, 3. Aufl. 1968; bahnbrechend: *Stölzel,* Schulung für die civilistische Praxis, 1. Aufl. 1894.

1. Aus der im vorstehenden Paragraphen skizzierten Struktur des geschriebenen Rechts folgt die Technik seiner Anwendung auf den Fall. Hierin liegt die Bedeutung der in § 5 dargelegten Begriffe. Es kann nicht die Aufgabe sein, hier eine auch nur angedeutete Methodik der Fallbearbeitung zu geben. Dazu findet sich ausreichendes Spezialschrifttum (siehe vor 1).

2. Die vornehmlichste und für den Studenten einzig wichtige Art der Rechtsauskunft heißt *Gutachten.* Man unterscheidet das unstreitige und das streitige Gutachten, je nachdem, ob die im „Fall" mitgeteilten Tatsachen feststehen oder zwischen den Parteien streitig sind. Nur das unstreitige Gutachten hat der Student im ersten Examen zu beherrschen, da die dort verwendeten Prüfungsfälle unstreitige (gegebenenfalls aber auszulegende!) Sachverhalte bieten. Das streitige Gutachten bildet dagegen den Kern der Referendarausbildung, da in der Praxis die Sachverhalte fast immer streitig sind. Wer das unstreitige Gutachten nicht beherrscht, kann den Aufbau des streitigen nicht verstehen. Auf dem streitigen Gutachten beruhen dann unmittelbar alle juristischen Äußerungen der Praxis: Sachbericht, Urteil, Beschluß, anwaltlicher Schriftsatz.

3. Das Durchprüfen eines *Anspruchs* geschieht anhand der Tatbestandsvoraussetzungen, an deren Vorliegen das Gesetz die Rechtsfolge knüpft. Jede Anspruchsnorm, jede Norm überhaupt, besteht aus einem Tatbestand (meist mit mehreren sich addierenden oder alternativ sich ausschließenden Voraussetzungen) und einer Rechtsfolge. Bei der Anspruchsnorm ist die Rechtsfolge, daß einer vom andern ein Tun, Dulden oder Unterlassen verlangen kann, vgl. 194 I; bei der Forderung im Besonderen ist die Rechtsfolge Leistung, 241 S. 1 (s. o. § 5 II).

4. Mehr kann im Rahmen dieses dem Stoff gewidmeten Lehrbuchs zur Falltechnik nicht gesagt werden. Alles übrige muß die ständige Übung und das Studium der methodischen Anfängerliteratur ergänzen. Der Aufbau dieses Lehrbuchs (namentlich im All-

gemeinen Schuldrecht) ist bemüht, die Reihenfolge einzuhalten, in der die Tatbestandsvoraussetzungen schuldrechtlicher Erfüllungs-, Schadensersatz- und sonstiger Abwicklungsansprüche zu prüfen sind. Darauf wird im folgenden nur gelegentlich hingewiesen.

§ 7
Begriff des Schuldverhältnisses. Gefälligkeitsverhältnisse. Schulden und Haften

Bartholomeyczik, Das Gegengewichtsprinzip und die Funktionsfähigkeit des Austauschvertrags in der modernen Rechtsentwicklung, in: Das Gegengewichtsprinzip in der Wirtschaftsordnung, Bd. 3, 1966, 9; *Bekker*, IherJb 49, 1; *Binder, J.*, IherJb 77, 75; *de Boor*, Die Kollision von Forderungsrechten, 1928; *Bruns*, FS *Zepos*, Bd. I, 1973, 69 ff.; *Dietz*, Anspruchskonkurrenz bei Vertragsverletzung und Delikt, 1934; *Eichler*, AcP 162, 401; *Fedder*, Schuld und Haftung, 1942; *Gierke, Otto v.*, Schuld und Haftung im älteren deutschen Recht, 1910; *Hellwig*, Anspruch und Klagerecht, 1900; *Herholz*, AcP 130, 257; *Lent*, AcP 152, 401; *ders*, Die Gesetzeskonkurrenz im bürgerlichen Recht und Zivilprozeß, Bd. I, 1912; *Medicus*, JuS 77, 225 ff.; *Neussel*, Anspruch und Rechtsverhältnis, 1952; *Okuda*, AcP 164; 536; *Reichel*, IherJb 59, 409; *Ruhig*, Die Nebenpflichten im Schuldrecht, Diss. Hamburg, 1968; *Schmidt, Reimer*, Die Obliegenheiten, 1953; *Schreiber*, Schuld und Haftung, 1914; *Schwerin*, Schuld und Haftung im geltenden Recht, 1911; *Siber*, Der Rechtszwang im Schuldverhältnis, 1903; *Strohal*, Schuldpflicht und Haftung, FS *Binding*, 1914, 3; *Weitnauer*, FS *Hefermehl*, 1976, 467 ff.; *Wolf, Ernst*, FS *Herrfahrdt*, 1961, 197 ff.; *Zachmann*, Die Kollision der Forderungsrechte, 1976; *Zepos*, AcP 155, 486.

1. Definition des Schuldverhältnisses

Das Schuldverhältnis ist ein Rechtsverhältnis, in dem sich zwei oder mehr Personen in der Weise gegenüberstehen, daß sie einander zu einer Leistung berechtigt und/oder verpflichtet sind.

Hingewiesen wurde bereits (§ 5 a. E.) auf den Doppelsinn des Wortes Schuldverhältnis. Das Schuldverhältnis im engeren Sinn ist gleichbedeutend mit dem Recht auf eine Leistung (Forderung, 241), das Schuldverhältnis im weiteren Sinne bezeichnet das gesamte Rechts- und Pflichtenverhältnis zwischen zwei oder mehr Personen nach Art eines der sog. „einzelnen Schuldverhältnisse" der §§ 433 – 853, z. B. Kauf, Miete, Darlehen. *Ein* Schuldverhältnis im weiteren Sinne kann Entstehungsursache für *viele* Schuldverhältnisse im engeren Sinn sein.

Beispiele: Aus Kauf (433 ff.) hat der Verkäufer gegen den Käufer die Forderung auf Zahlung des Preises; der Käufer hat umgekehrt Anspruch auf Lieferung der Kaufsache, 433 I. Der Beauftragte ist zur Ausführung des Auftrages verpflichtet, 662, und hat das Recht auf Ersatz der Auslagen, 670. In der Gesellschaft ist jeder Gesellschafter jedem Mitgesellschafter gegenüber berechtigt und verpflichtet, daran mitzuwirken, daß der Gesellschaftszweck erfüllt wird (Beispiel eines mehrseitigen Schuldverhältnisses), 705. – Wenn also das Gesetz den Ausdruck Schuldverhältnis verwendet, ist jeweils im

Einzelfall zu prüfen, was gemeint ist (BGHZ 10, 395: § 362 verwendet den engeren Begriff des Schuldverhältnisses).

2. Unterschiede zu anderen Rechtsverhältnissen

Von anderen Rechtsverhältnissen unterscheiden sich Schuldverhältnisse in mehrfacher Hinsicht:

a) Von allen Rechtsverhältnissen, die *nicht subjektive Rechte enthalten,* unterscheiden sich Schuldverhältnisse durch die in ihnen enthaltene *Rechtsmacht,* deren Verwirklichung in das Belieben des Gläubigers gestellt ist. Diese Rechtsmacht besteht weder in einem Herrschaftsrecht über die Person des Schuldners, noch über eine Leistungshandlung des Schuldners (*Savigny,* Obligationenrecht I, 4), noch über den Leistungsgegenstand (falls eine gegenständliche Leistung geschuldet ist), näher *Larenz* I § 2 II. Die dem Schuldverhältnis innewohnende Rechtsmacht bedeutet vielmehr, daß die Leistung des Schuldners dem Vermögen des Gläubigers durch eine zweiseitige Bindung zugewiesen wird. Der Gläubiger vermehrt dadurch den Kreis seiner Güter. Drei Machtbestandteile enthält diese Zuweisung: Das Forderndürfen, das Behaltendürfen und das notfalls zwangsweise Beitreibendürfen der Leistung.[1])

b) Von *Herrschaftsrechten* unterscheiden sich Schuldverhältnisse durch ihre Zweiseitigkeit, ihren sog. relativen Charakter (u. § 15). Herrschaftsrechte (Eigentum, Pfandrecht, Patentrecht) wirken zugunsten des Inhabers gegen jedermann, Schuldrechte nur für den Gläubiger und nur gegen den Schuldner.

c) Von *Gestaltungsrechten* unterscheiden sich Schuldverhältnisse sehr wesentlich. Schuldverhältnisse begründen Rechte und Pflichten; Gestaltungsrechte (Kündigung, Anfechtung, Rücktritt) gestalten die Rechtslage durch einseitige Erklärung um. Eine Kündigung beendet z. B. ein Dienstverhältnis, 620; eine Anfechtung beseitigt einen Kaufvertrag rückwirkend, 123, 433, 142. Zum Rücktritt siehe unten § 48.

3. Unterschied zu Gefälligkeitsverhältnissen

Haberkorn, Haftungsausschlüsse bei Gefälligkeitsfahrten, DAutR 66, 150; *Hippel, E. v.,* FS *F. v. Hippel,* 1967, 233 ff.; *Hoffmann,* AcP 167, 394; *Kornblum,* JuS 76, 571; *Kost,* Die Gefälligkeit im Privatrecht, 1973; *Pallmann,* Rechtsfolgen aus Gefälligkeitsverhältnissen, Diss. Regensburg 1971; *Plander,* AcP 176, 424; *Schmidt, G.* NJW 65, 2189; *Schwerdtner,* NJW 71, 1673.

a) Schuldverhältnisse gehören der Rechtssphäre an, Gefälligkeiten dem rechtsfreien Bereich des täglichen Lebens. Schuldverhältnisse binden und verpflichten, Gefälligkeiten nicht. Wer seinem Freund aus Gefälligkeit den Rasen mäht oder ihn ein Stück auf dem Spaziergang begleitet, steht in keinem Schuldverhältnis. Er kann jederzeit damit aufhören, ohne vertragsbrüchig zu werden, er kann keine geschuldete Leistung „stören" (Leistungsstörung), er kann insoweit weder vorsätzlich noch fahrlässig handeln. Es fehlt der vertragliche Bindungswille. (Für Ratschläge und Empfehlungen siehe § 676 und u. § 82 mit den dortigen Angaben.)

b) Es ist aber stets getrennt zu untersuchen, ob nur für die *Hauptleistung* oder auch für die dabei zu erfüllenden *Schutz- und Obhutspflichten* ein Ver-

---

[1]) Näher *Staud./J. Schmidt,* Einl. § 241 Rz. 83 ff.; *Larenz* I § 2 II; *Medicus* I § 3.

pflichtungswille fehlt. Auch bei Gefälligkeiten, deren Hauptleistung nach dem Willen der Beteiligten *ohne* Rechtsanspruch erbracht wird, können *vertragliche* Schutz- und Sorgfaltspflichten bestehen.[2])

Beispiele: Der Jagdgast steht mit dem Jagdherrn bezüglich des Jagens grundsätzlich in einem Gefälligkeitsverhältnis. Veranstaltet aber der Jagdherr die Treibjagd fahrlässig so, daß der Gast angeschossen wird, besteht vertragliche Haftung wegen Verletzung einer übernommenen Schutzpflicht, was z. B. wegen § 278 wichtig ist, wenn ein Gehilfe des Jagdherrn statt seiner fahrlässig handelt. Dagegen hat der Gast keinen vertraglichen Anspruch, zu Schuß zu kommen oder gar, etwas zu treffen. Auch ist nicht etwa der Jagdgast „beauftragt" zu jagen, auch der Jagdherr nicht, an der Jagd mitzuwirken, vgl. RGZ 128, 42 = ESJ 1. — Der Cocktailgast gibt seinen Mantel dem Diener des Gastgebers, der ihn in der Garderobe so fahrlässig verwahrt, daß er gestohlen wird. Mangels eines Verpflichtungswillens fehlt es in diesen Fällen am Erfüllungsanspruch auf die Hauptleistung (den Cocktail), nicht aber an vertraglichen Schutzpflichten („Nebenpflichten", dazu unten § 8). Eine Verletzung dieser Pflichten ist für den geschädigten Gefälligkeitsadressaten häufig von viel größerer wirtschaftlicher Bedeutung.

c) Welche dieser drei Kategorien — Rechtsgeschäft, Gefälligkeit oder Gefälligkeit mit rechtsgeschäftlicher Nebenpflicht — vorliegt, ergibt die Auslegung anhand der üblichen Auslegungskriterien (§§ 133, 157), bei der zu fragen ist, ob die Beteiligten ihr Verhalten dem Recht unterstellen wollten.

Das ist beim Versprechen, dem Freund den Rasen zu mähen, ebensowenig der Fall wie bei einer Spaziergangbegleitung. In solchen Fällen fehlt es an einem Vertrag. Aber aus der Unentgeltlichkeit der Leistung allein kann noch nicht der Schluß gezogen werden, daß eine Gefälligkeitshandlung und nicht eine rechtsgeschäftliche Leistung vorliegt, da das Gesetz auch unentgeltliche Verträge kennt, z. B. Leihe, 598; Schenkung, 516; Auftrag, 662; unentgeltliche Verwahrung, 688, 690. Maßgeblich sind die Umstände des Einzelfalls. Indizien für das Bestehen von rechtlichen Schutzpflichten bei unentgeltlichen Leistungen sind: Wert einer anvertrauten Sache, wirtschaftliche Bedeutung einer Angelegenheit, Interesse des Begünstigten, Interesse des Leistenden.[3])

d) Das Bestehen eines reinen Gefälligkeitsverhältnisses schließt außervertragliche Haftung nicht aus.

Wird in Ausführung einer Gefälligkeit eine unerlaubte Handlung begangen, so haftet der Täter nach §§ 823 ff. Eine Milderung der Haftung auf Vorsatz und grobe Fahrlässigkeit tritt in Analogie zu §§ 521, 599, 680 nur in Fällen echter Hilfeleistung ein (ähnlich *Larenz*, I § 31 III). Der BGH läßt den Haftungsmaßstab vergleichbarer Rechtsverhältnisse entscheiden, BGHZ 21, 110. — Darüber hinaus ist vertraglicher Haftungsverzicht im Rahmen des § 276 II möglich, aber nicht zu unterstellen. Wer einen „Anhalter" im Auto oder sonst jemand zu einer „Gefälligkeitsfahrt" mitnimmt, haftet also grundsätzlich auch für leichte Fahrlässigkeit. § 8 a StVG schließt die Gefährdungshaftung gegenüber Insassen des Fahrzeugs aus. Also gilt allgemeines Delikts-

---

[2]) Anders *Schwerdtner*, NJW 71, 1673, der § 242 heranzieht; ähnlich BGH NJW 74, 1705.
[3]) Zum ganzen BGHZ 21, 102; in der Begründung abweichend *Flume* AT § 7, 5—7; *Esser/Weyers*, § 35 I 1 c.

recht. Zu berücksichtigen sind aber noch die Grundsätze zum „Handeln auf eigene Gefahr".[4])

4. Schulden und Haften

Schulden heißt: Leisten müssen; *Haften* bedeutet: *Zugriffsobjekt in der Zwangsvollstreckung sein.* Weder der tägliche Sprachgebrauch noch das Gesetz halten sich immer an diese Grundbedeutungen. In §§ 840 I, 1108 ist z. B. von „haften" die Rede und „schulden" gemeint. Normalerweise *haftet* der *Schuldner* mit seinem ganzen Vermögen (Ausnahme z. B. 419 II). Auch der Bürge *schuldet*, 765 I. Er *haftet* dem Gläubiger mit seinem *Vermögen.* Häufig ist die zusätzliche, sichernde Haftung einer Sache für eine Schuld z. B. 1147, 1235 I. Insoweit ist Haftung für fremde Schuld möglich. Bei der Hypothek *schuldet* der persönliche Schuldner die Rückzahlung des Darlehens an den Hypothekengläubiger, und das Grundstück des Eigentümers *haftet* dem Hypothekengläubiger zur Sicherung des Darlehens, 1147 (Eigentümer und persönlicher Schuldner können, brauchen aber nicht dieselbe Person zu sein).

5. Kollision von Forderungen

Gegen einen Schuldner können beliebig viele Forderungen bestehen. Die Forderungen stehen gleichberechtigt nebeneinander. Nur in einzelnen Fällen ordnet das Gesetz eine Reihenfolge der Befriedigung an: z. B. 265, 366, 519, 774, 1143, 1609. Für alle Schulden haftet der Schuldner bis zur vollen Höhe jeder Forderung mit seinem Vermögen. Reicht dieses nicht aus, so wird derjenige Gläubiger, der eher vollstreckt, voll befriedigt. Die zu spät Kommenden erhalten weniger oder nichts *(Grundsatz der Priorität).* Im Falle der Zahlungseinstellung (bei juristischen Personen im Falle der Überschuldung) muß aber der Schuldner Konkurs anmelden, § 102 KO. Im Konkurs gilt abweichend von der oben geschilderten Einzelzwangsvollstreckung der Grundsatz der anteilmäßigen Befriedigung aller Gläubiger (par conditio concurrentium).[5])

6. Terminologie der Schuldverhältnisse

a) Der aus dem Schuldverhältnis Berechtigte heißt *Gläubiger,* der Verpflichtete *Schuldner.* Gläubiger und Schuldner müssen bei Entstehung der Verbindlichkeit ihrer Person nach bestimmten oder zumindest durch deutliche Kennzeichen bestimmbar sein, sonst kommt die Verbindlichkeit nicht zustande (*Hedemann,* 17). Beispiele nur bestimmbarer Gläubiger: 657, 661, 331 bei Lebensversicherung; Art. 11 II WechselG. Beispiele nur bestimmbarer Schuldner: Art. 15 I, 31 f. WechselG. Beim Schenkungsversprechen, z. B. gibt es nur einen Gläubiger und einen Schuldner. Bei Kauf und Auftrag ist jede Partei Gläubiger und Schuldner des anderen, aber jeweils bezüglich verschiedener Leistungen. Bei der Gesellschaft ist jeder Gläubiger und Schuldner des anderen und die Leistungen sind häufig gleicher Art.

---

[4]) Zum „Handeln auf eigene Gefahr" siehe unten § 52 III 7: Es kann unter mehreren Gesichtspunkten zum Haftungsausschluß führen.
[5]) Probleme der Forderungskollision sind zu unterscheiden von der Möglichkeit einer *Anspruchskonkurrenz*: Ein Begehren kann sich auf mehrere Anspruchsgrundlagen stützen, z. B. auf Vertrag und Delikt.

b) Der Gläubiger nennt sein Recht die *Forderung* (Anspruch auf Leistung, Forderungsrecht, Schuldverhältnis im engeren Sinn); der Schuldner seine Pflicht die *Schuld* (Verbindlichkeit, Obligation). Beides ist dasselbe, einmal vom Standpunkt des Gläubigers, ein ander Mal von dem des Schuldners aus betrachtet.

c) Das, was gefordert und geschuldet wird, ist die *Leistung*. Alles was geschuldet wird, gehört zur Leistung. Es gibt neben der Leistung keinen anderen Inhalt eines Schuldverhältnisses. Dies ist jedenfalls der Standpunkt des Gesetzes (241). Er ist deutlich und für das Recht der Leistungsstörungen die brauchbarste Ausgangsstellung. Da diese Meinung nicht unbestritten ist (vgl. o. § 5 I 4), bedarf sie der Begründung.

§ 8
Die Leistung

S. auch oben § 7; weiter *v. Bar, Chr.*, ZGR 83, 476; *Beitzke*, Nichtigkeit, Auflösung und Umgestaltung von Dauerrechtsverhältnissen, 1948; *Blomeyer, Arwed*, FS *Rabel*, Bd. I, 1954, 307; *Bornemann*, Der Leistungsbegriff im Zivilrecht, Heidelberger Repetitorium, Zivilrecht im Querschnitt, Bd. I, 1970; *Christodoulou*, Vom Zeitelement im Schuldrecht, Vorstudien aus der Sicht des Dauerschuldverhältnisses, Diss. Hamburg 1968; *Eltzbacher*, Die Unterlassungsklage, 1906; *Fuchs-Wissemann*, Die Abgrenzung des Rahmenvertrages vom Sukzessivlieferungsvertrag, Diss. Marburg 1979; *Gierke, Otto v.*, IherJb. 64, 355; *Hassold, G.*, Die Leistung im Dreipersonenverhältnis, 1981; *Henckel*, AcP 174, 97 ff.; *Hueck, A.*, Der Sukzessivlieferungsvertrag, 1918; *Huber, Ulrich*, FS *v. Caemmerer*, 1978, 837 ff.; *Husserl*, FS *Pappenheim*, 1931, 87; *Jakobsohn*, Die Unterlassungsklage, 1912; *Lange, Edlef*, Vorbereitung und Gefährdung der Leistung, 1970; *Lehmann, Heinrich*, Die Unterlassungspflicht im Bürgerlichen Recht, 1906; *Lesser*, Der Inhalt der Leistungspflicht, 1909; *Michalski*, JA 79, 401 ff.; *Musielak*, JuS 79, 96 ff.; *Pinger*, AcP 179, 301; *Rödig*, Rechtstheorie 1972, 1 ff.; *Schmidt, Reimer*, Die Obliegenheiten, 1953 (dazu *Esser*, AcP 154, 49 ff.); *Schöninger*, Die Leistungsgeschäfte des Bürgerlichen Rechts, 1906; *Stephan*, die Unterlassungsklage, 1908; *Stoll, Heinrich*, Die Lehre von den Leistungsstörungen, 1936; *Stürner*, JZ 76, 384 ff.; *Weitnauer*, FS *v. Caemmerer*, 1978, 255 ff.; *Wendt*, Unterlassungen und Versäumnisse im bürgerlichen Recht AcP 92, 1; *Wieacker*, FS *Nipperdey*, Bd. I, 1965, 783; *Wieling*, AcP 176, 334 ff.; *Wiese*, FS *Nipperdey*, a. a. O., 837.

1. *Die Leistung* ist, was der Gläubiger vom Schuldner verlangt und der Schuldner dem Gläubiger zu gewähren hat. Sie ist der gegenständliche Ausdruck für den Inhalt des Schuldverhältnisses. Die Bestimmung der Leistung, d. h. dessen, was konkret in einem Schuldverhältnis geschuldet ist, ist darum eine der praktisch bedeutsamsten Fragen des Schuldrechts. Zu dieser Frage unten §§ 25 bis 37, im besonderen § 26. Hier dagegen geht es um die Eigenschaften der geschuldeten Leistung im allgemeinen.

Ob mit der *Leistung* ein *Leistungsverhalten* des Schuldners oder ein *Leistungserfolg* geschuldet ist, ist seit langem streitig. Auf einen verhaltensbezogenen Leistungsbegriff deuten §§ 241, 320 ff., 293 ff., auf einen erfolgsbezogenen insbesondere § 362 („an den

Gläubiger bewirkt") hin.[1]) Die Frage läßt sich nicht einheitlich entscheiden. Je nach Sinn und Zweck der Verbindlichkeit ist ein Mehr oder Weniger an Verhalten und Erfolg geschuldet, BGHZ 12, 267 ff.; 40, 326 ff. So schuldet der Arzt nach § 611 nur den Dienst an der Gesundheit, nicht die Gesundung selbst, der Schneider aber nach § 631 den fertigen Anzug (näher unten § 79). Drei Dinge sind zu unterscheiden: (1) Wozu ist der Schuldner verpflichtet? (2) Wofür muß er außerdem noch einstehen (z. B. nach 287, 2; 848; 437; 440 I; 279)? (3) Was befreit den Schuldner (z. B. im Sinne des § 362, des § 275, der Lehre von der Zweckerreichung, dazu unten § 39 VI). Zum Leistungsbegriff gehören (1) und (2), nicht (3). Zwischen Verpflichtetsein und Einstehenmüssen muß im Hinblick auf den Haftungs- (insb. Verschuldens-)maßstab unterschieden werden. Dazu unten § 53. Für den Begriff der *geschuldeten Leistung* hier zu trennen, wäre spitzfindig und würde das Erfolgselement im Leistungsbegriff verkennen.

2. Die Leistung kann in einem Tun oder Unterlassen bestehen, 241 S. 2.

Der Verkäufer schuldet ein Tun, nämlich die Übergabe der Sache und die Eigentumsverschaffung an ihr, 433 I 1. Gleichzeitig schuldet er ein Unterlassen, nämlich die Unterlassung aller Handlungen, die den Erfolg des Kaufvertrags wider Treu und Glauben vereiteln können. Diese Unterlassungspflicht steht zwar nicht in § 433, doch ergibt sie sich aus § 242, der für alle Schuldverhältnisse gilt (näher § 27 unten). Das Tun ist in diesem Falle Hauptpflicht, das Unterlassen Nebenpflicht. Es kann auch umgekehrt liegen: Ein Handelsvertreter verpflichtet sich ausdrücklich, der ihn beschäftigenden Firma keine Konkurrenz zu machen und im Zuwiderhandlungsfalle die Geschäftspapiere vorzulegen. In jedem Falle zählen Tun und Unterlassen zur Leistung. Der Schuldbegriff des § 241 S. 2 setzt also ein pflichtgemäßes *Verhalten* des Schuldners (Leistungsverhalten) voraus. Im Leistungsverhalten erschöpft sich die Schuld jedoch nicht. Das Leistungsverhalten muß also zum Leistungserfolg, der Befriedigung des Gläubigerinteresses durch den Schuldner führen. Der Leistungserfolg kann aber oft nur durch Mitwirkung des Gläubigers eintreten, z. B. des Käufers, der die verkaufte Sache in Besitz nimmt und die Annahme zur Eigentumsübertragung erklärt. Wirkt der Gläubiger nicht mit, gerät er in Gläubigerverzug, 293 ff.; dazu unten § 46. Zur Leistung durch Dritte s. u. § 36.

3. Man hat versucht, sogenannte *Schutzpflichten (Stoll)* oder (weiter) *Verhaltenspflichten (Larenz)* der *eigentlichen Leistung gegenüberzustellen* und in einem Schuldverhältnis zwischen Leistung und diesen Pflichten zu trennen. Ohne Zweifel sind der auf Erfüllung des Versprochenen gerichtete Hauptanspruch und die allgemeinen, vertraglichen Verhaltenspflichten etwas grundsätzlich Verschiedenes, oben § 5 („Wohlverhaltenspflichten"). Die begriffliche Trennung hat auch den Vorteil, daß man diese Nebenpflichten als solche deutlicher erkennen und bezüglich des *Erfüllungsanspruchs* voneinander isoliert betrachten kann, und daß man entweder nur die Hauptpflichten oder nur diese Nebenpflichten in das *Gegenseitigkeitsverhältnis* bei gegenseitigen Verträgen einzubeziehen braucht. Nur auf die in das Gegenseitigkeitsverhältnis (Synallagma) einbezogenen Pflichten finden nämlich die §§ 320 – 327 Anwendung, dazu näher unten § 44 I. Ein dritter Vorteil ist, daß man bei *Verträ-*

---

[1]) Zum Streitstand *Wieacker,* FS *Nipperdey,* Bd. I, 1965, 801 ff.; *Blomeyer,* § 9; *Esser/ Schmidt,* § 6 I.

gen zugunsten Dritter entweder nur die Hauptpflichten oder nur diese Nebenpflichten zum Gegenstand der Berechtigung des Dritten machen kann. Bei den Gefälligkeitsverhältnissen (oben § 7, 3) wurde betont, daß die Schutz- und Sorgfaltspflichten – im Unterschied zur „Gefälligkeit" selbst, z. B. der Teilnahme an der Treibjagd – der Rechtssphäre angehören können; vgl. auch u. § 37 IV.

Beispiele: Der Verkäufer muß mit der noch nicht gelieferten Kaufsache bis zur Übergabe pfleglich umgehen (Schutzpflicht). Diese Nebenpflicht ist nicht selbständig einklagbar, es besteht kein Erfüllungsanspruch, es sei denn, daß die Parteien dies über die Erfüllungspflichten des § 433 hinaus so vereinbart haben. Geht der Verkäufer nachlässig mit der Sache um, so darf der Käufer auch nicht *deswegen* mit dem Preis zurückhalten (320), sondern nur, weil ihm die Sache noch nicht geliefert ist. Nur bezüglich Lieferung und Zahlung besteht mangels näherer Vereinbarung das Gegenseitigkeitsverhältnis, 320–327. Ist der Käufer vorleistungspflichtig, so muß er zahlen, es sei denn, daß die Wandlungsvoraussetzungen schon jetzt gegeben sind, 459ff.

Schließen die Mieter eines Hauses einen Ausbesserungsvertrag mit einem Handwerker, so hat der Hauseigentümer zwar keinen Erfüllungsanspruch, wohl aber schuldet auch ihm der Handwerker die nötige Sorgfaltspflicht, wenn die Mieter einen in bezug auf die Sorgfaltspflicht berechtigenden Vertrag zu seinen, des Dritten, Gunsten mit dem Handwerker schlossen (BGH NJW 54, 874 = LM 6 zu § 328 = ESJ 2). Wird die Sorgfaltspflicht verletzt, so haftet der Handwerker auch dem Hauseigentümer.

Ein vierter (scheinbarer) Vorteil der Trennung von Leistungs- und allgemeinen Verhaltens-(Schutz-)pflichten besteht also in der Möglichkeit, an die Verletzung der einen oder der anderen Pflicht allein die *Schadensersatzfolge* zu knüpfen. Gerade dieser Gesichtspunkt zwingt aber dazu, auch die *Neben-, Schutz- und Verhaltenspflichten dem Leistungsinhalt zuzurechnen,* wobei als Geltungsgründe entweder das Rechtsgeschäft oder das Gesetz (z. B. Vertrauensprinzip) in Betracht kommen (dazu weiter unten § 27, sowie *MünchKomm/Kramer,* § 241 Rn. 22); denn nur dann läßt sich auch bei einer Verletzung dieser „Nebenpflichten" von einer „Leistungsstörung" sprechen.

Dieses rein terminologische Argument ist erlaubt, da die Ausgliederung der Nebenpflichten aus dem Begriff der Leistung auch nur eine Frage der Ausdrucksweise ist, sofern man nur eine rechtlich getrennte Behandlung zugesteht. Vor allem aber verhindert die hier vorgeschlagene Terminologie den verbreiteten, übrigens zu Unrecht aus der Gegenmeinung abgeleiteten Irrtum, die positive Vertragsverletzung sei (nur) eine Verletzung „sekundärer Nebenpflichten" und deshalb keine eigentliche Leistungsstörung. Die positive Vertragsverletzung (Schlechterfüllung) ist im Gegenteil die Leistungsstörung *par excellence* (s. u. § 42).

Es entspricht dem Bild unseres Schuldrechts mehr, von einem einheitlichen Leistungsbegriff auszugehen (§ 241 S. 1), um damit den Boden für eine einheitliche Behandlung der Leistungsstörungen zu gewinnen. Das hindert nicht eine mögliche unterschiedliche rechtliche Behandlung einzelner Leistungsbestandteile (in dieser Erkenntnis liegt das Verdienst der Lehre von den „Nebenpflichten"). Ferner ermöglicht der hier begangene Weg die

Zuordnung der wichtigsten aller Schutzpflichten, der arbeitsrechtlichen Fürsorge und Treuepflichten, zum Leistungsinhalt, wo sie schwerpunktmäßig, neben den Lohnzahlungs- und Dienstleistungspflichten, hingehören. Die arbeitsrechtliche Fürsorgepflicht ist nichts „Sekundäres". Ähnliche Erwägungen gelten für Gesellschafts-, Miet-, Handelsvertreterverträge u. a.[2])

Unklar bleibt in der Literatur vielfach, welche rechtlichen Wirkungen „Nebenpflichten" haben oder nicht haben sollen. Im folgenden wird die Unterscheidung „Haupt- und Nebenpflichten" nur auf die Eignung der Pflicht angewandt, als Forderung selbständig geltend gemacht werden zu können oder nicht. Zu trennen davon sind die Fragen, ob eine Pflicht ins Synallagma der gegenseitigen Verträge einbezogen ist (dazu unten § 10 II 4d), ob sie im Vertrag zugunsten Dritter als den Dritten berechtigend vereinbart werden kann (dazu unten § 37 IV) oder ob sie selbständig „gestört" werden kann (dazu unten § 42 III), um nur die wichtigsten Möglichkeiten zu nennen. Beispiel: Die Abnahmepflicht in § 433 II ist eine selbständige, klagbare (Haupt)-Pflicht, i. d. R. aber keine synallagmatische Pflicht. Entscheidend ist jedoch immer die Vertragsauslegung.

4. Die Leistung besteht also möglicherweise aus einem *Bündel von Pflichten*, Tuns- und Unterlassungspflichten, Lieferungs-, Obhuts-, Schutz- und allgemeinen Verhaltenspflichten. Die getrennte Betrachtung der einzelnen Leistungsbestandteile ist vor allem für den *Erfüllungsanspruch*, die Frage der *Gegenseitigkeit*, der *Berechtigung* beim *Vertrag zugunsten Dritter* und für die *Leistungsstörungen* von Bedeutung. Insgesamt bildet das Pflichtenbündel „die Leistung". Auch Schutz, Fürsorge, Obhut und ein nicht den Vertragszweck gefährdendes Verhalten können „geleistet" werden.

Nicht zu den Schuldpflichten und damit nicht zur Leistung zählen die *Obliegenheiten*. Eine Obliegenheit ist eine Verhaltensaufforderung, die das Recht einem Rechtssubjekt (also im Schuldrecht dem Schuldner oder auch häufig dem Gläubiger) in dessen Interesse *und* im Interesse eines anderen auferlegt, ohne daß der andere von dem mit der Obliegenheit Belasteten ein entsprechendes Verhalten fordern kann. Kommt allerdings der Obliegenheitsbelastete der Erwartung nicht nach, treffen ihn Rechtsnachteile (z. B. Beteiligung an der Schadenstragung, 254 I; die Folgen des Gläubigerverzugs, 293 – 304).[3])

Eine Obliegenheit kann aber durch Parteiwillen oder nach § 242 zur Pflicht und damit zum Leistungsbestandteil werden. Dann führt ihre Verletzung zu den üblichen Rechten, so im Erg. richtig BGHZ 11, 83 für § 642.[4])

---

[2]) Wie hier: *Ernst Wolf*, AcP 153, 113; ähnlich *Hans Stoll*, FS *Fritz v. Hippel*, 1967, 523 und – mindestens in der Tendenz – *MünchKomm/Kramer*, § 241, Rn. 16 ff.; vorsichtiger *Evans-von Krbek*, AcP 179, 85 ff. Den hier vertretenen *weiten* Leistungsbegriff teilt auch, in einer auf die Motive zum BGB zurückgreifenden, ausführlich begründeten Entscheidung das OLG Düsseldorf, OLGZ 78, 202.
[3]) Näher *Reimer Schmidt*, passim; *Staud./J. Schmidt*, Einl. zu §§ 241 ff. Rz. 221 ff.
[4]) Zur Abgrenzung der Obliegenheit von der Last unten § 16 II 2 und 3.

5. Die Leistung muß *bestimmt* oder zumindest *bestimmbar* sein (denn sie soll regelmäßig einklagbar und vollstreckbar sein). Da die Leistung das ist, was der Schuldner dem Gläubiger zu gewähren hat, müssen drei Dinge zumindest *bestimmbar* sein: Der Gläubiger, der Schuldner und der Leistungsinhalt.

Der mißratene, volljährige Sohn verpflichtet sich schriftlich gegenüber dem Vater, in Zukunft anständig zu leben. Der Liebhaber verspricht urkundlich seiner Geliebten, sie nicht länger mit Eifersuchtsszenen zu belästigen. Solche Versprechen sind löblich, aber rechtlich unbeachtlich (selbst wenn sie rechtlich bindend gemeint sind), weil ihnen die Bestimmbarkeit fehlt. Es handelt sich um einen Nichtigkeitsgrund, den das Gesetz nicht ausdrücklich enthält, und der unabhängig neben §§ 138, 306 steht. Der Bestimmtheitsgrundsatz ist verwandt, aber nicht identisch mit der sachlichen Begrenztheit aller schuldrechtlichen Leistungen (im Unterschied z. B. zu familienrechtlichen Gemeinschaftspflichten, etwa der Pflicht zur ehelichen Lebensgemeinschaft, 1353). Ein Beispiel relativer Unbestimmtheit der Leistung unten § 28 V.

6. Die *Leistung* muß nach herrschender Meinung einen *Vorteil* für den Gläubiger bedeuten, d. h. ihm Nachteiliges kann nicht Inhalt einer Leistung sein. Wertet man dabei Vor- und Nachteil objektiv, so kann man dem nicht zustimmen. Ein Vertrag bindet die Parteien auch dann, wenn er dem Gläubiger objektiv Nachteile bringt. Aber auch subjektiv aufgefaßt bleibt der Satz der herrschenden Meinung zweifelhaft. Ein Gläubiger kann sich nicht auf Nichtigkeit eines Vertrags mit der Begründung berufen, er habe sich von vornherein keinen Vorteil von dem Geschäft versprochen. Zu prüfen bleibt aber stets, ob in diesem Fall überhaupt ein ernstlich gemeintes Versprechen vorliegt, § 118.

Richtig ist, daß die Leistung jedenfalls *nicht Geldwert* zu haben braucht. Auch ein Vertrag über eine Ehrenerklärung ist wirksam. Unser Recht kennt (im Unterschied zu manchen anderen historischen und geltenden fremden Rechten) neben der Vollstreckung wegen einer Geldforderung (§§ 803–882a ZPO) auch die Vollstreckung zur Erwirkung von Handlungen oder Unterlassungen und zur Herausgabe von Sachen (§§ 883 bis 898 ZPO). Hieraus folgt, daß man sich grundsätzlich zu jeder auch nicht vermögenswerten Leistung verpflichten kann. Grenzen werden hier allerdings häufiger durch § 138 gezogen.

7. Die Leistung kann *einmalig, in mehreren Teilen* (Raten), *dauernd* oder *wiederholt* zu erbringen sein.

a) Beim Kauf ist grundsätzlich *einmalige* Übergabe und Eigentumsverschaffung geschuldet, 433 I.

b) Eine Ware ist in 10 gleichen Partien zu je 1000 kg im Monat verkauft worden. Die Leistung beginnt am 1. 1. und endet am 1. 10. Man spricht von einem *Raten- oder Teillieferungsvertrag*. Sein Hauptproblem ist, daß das Kaufrecht oder Werklieferungsrecht sowohl auf jede einzelne Rate, als auch auf den Vertrag als Ganzes Anwendung findet. Das kann z. B. bei der Mängelhaftung zu Schwierigkeiten führen, die sich aber durch *sorgfältige Trennung* von Einzellieferung und ganzem Vertrag auf der Grundlage der §§ 459ff. lösen lassen: Für die einzelne mangelhafte Rate gelten die §§ 459ff. direkt. Folgen den ersten ordnungsgemäßen Raten einige mangelhafte, die befürchten lassen,

Die Leistung   § 8
                                                         7

daß auch die noch ausstehenden restlichen Raten mangelhaft sind, so hat der Käufer bezüglich der noch ausstehenden ein Rücktrittsrecht *für die Zukunft,* 242, 462, 467 analog, 346ff. Das folgt aus der zeitlichen Teilung der Leistung. Der Ratenlieferungsvertrag ist gesetzlich nicht geregelt. Beim Ratenzahlungskauf liegt ratenweise Leistung auf der Preisseite vor, dazu das Abzahlungsgesetz vom 16. 5. 1894, RGBl. 450 (unten § 71 V 5). Ein Ratenvertrag ist nichts anderes als eine Wegbedingung des (nachgiebigen) § 266, der Teilleistungen grundsätzlich verbietet. Im übrigen ist auch der Raten- oder Teillieferungsvertrag ein *einheitlicher* Vertrag, bei dem lediglich die Leistung in mehreren Teilen zu erbringen ist. Der manchmal gehörte Satz, daß dadurch „keine Besonderheiten" entstehen, trifft aber, wie das obige Beispiel mangelhaft werdender Teillieferungen zeigt, nicht zu. Man löst den Konflikt zwischen Einheitlichkeit des Vertrags und Teilung der Leistung am besten in der oben vorgeschlagenen Weise: Anwendung des Rechts der Leistungsstörungen auf die betroffenen Raten. Für Teillieferungsverträge vermeidet man zweckmäßig den Ausdruck „Sukzessivlieferungsvertrag", der ein Dauerschuldverhältnis bezeichnet (die Terminologie ist unsicher!), dazu unten c).

c) *Dauernde Leistung* ist bei *Dauerschuldverhältnissen* geschuldet: Die Gebrauchsgewährung bei *Miete, Pacht, Darlehen* und *Leihe,* die Verwahrungspflicht bei der *Verwahrung,* die Pflichten im Dienstvertrag, die des Beauftragten, des Geschäftsbesorgers (675), die der *Gesellschafter,* die einzelnen Warenposten beim *Sukzessivlieferungsvertrag.* Der Sukzessivlieferungsvertrag unterscheidet sich vom Teillieferungsvertrag dadurch, daß er *dauernd* läuft, während der Teillieferungsvertrag eine bestimmte, begrenzte Zahl von *Teilleistungen* vorsieht. Beim Sukzessivlieferungsvertrag fehlt die Vorstellung der *Teilung* einer von vornherein mengenmäßig genau festgelegten Leistung. Vielmehr sollen *fortlaufend* Leistungen erbracht werden. Sukzessivlieferungsverträge laufen daher häufig auf unbestimmte Zeit. Doch steht ein ins Auge gefaßter endgültiger Schlußtermin nicht entgegen. Die einzelnen abschnittsweise erbrachten Leistungen sind keine Teilleistungen i. S. d. § 266, sondern Erfüllung dessen, was der Schuldner *zur Zeit* schuldet, *A. Hueck,* 16; BGH MDR 64, 112; BGHZ 10, 189. Man unterscheidet Sukzessivlieferungsverträge mit gleichbleibend großen Leistungen („echte") und solche mit sich wandelnden Leistungen nach Maßgabe eines vom Käufer gemeldeten Bedarfs („Bedarfsdeckungs"-, „Bezugsverträge"). Solche laufenden Bezugsverträge auf der Grundlage des Kaufrechts sind daher Dauerschuldverhältnisse (z. B. Bierbezugsverträge der Gastwirte, vgl. RGZ 63, 297). Dauerschuldverhältnisse auf kaufrechtlicher Grundlage sind freilich von den oben geschilderten Teillieferungsverträgen nur schwer zu unterscheiden. Abruf nach Bedarf und längere Laufzeit sind Anzeichen eines Dauerschuldverhältnisses, das dann zweckmäßig als „Sukzessivlieferungsvertrag" bezeichnet wird.

Bei Dauerschuldverhältnissen ist stets zwischen den *einzelnen* Lieferungen und Leistungen einerseits und dem *ganzen Vertrag* zu unterscheiden. Nur für die *einzelnen* Lieferungen und Leistungen gelten die §§ 320ff. unbeschränkt. Für den ganzen, oft schon teilweise abgewickelten Vertrag passen die oft zurückwirkenden Rechtsfolgen der §§ 320ff. nicht. Die konstruktive Schwierigkeit ist dabei eine doppelte: Die §§ 320ff. dürften auf die *einzelnen* Leistungen eigentlich nicht angewandt werden, weil Vertragsleistung die *ganze* (Dauer-)Leistung ist. Auf die ganze Leistung passen aber die §§ 320ff. wegen ihres Inhalts nicht. – Die h. M. wendet aber auf die *einzelnen* Leistungen §§ 320ff. direkt an, im Ergebnis zu Recht. Strenggenommen handelt es sich jedoch um eine analoge Anwendung, weil die geschuldete Leistung die ganze (Dauer-)Leistung ist. Hinsichtlich des *ganzen Vertrags* herrscht Streit, ob man zur Vermeidung zeitlicher Rückwirkung §§ 320ff. mit der Maßgabe anwendet, daß bereits abgewickelte

Leistungsteile nicht mehr berührt werden („Rücktritt für die Zukunft", wie bei Ratenlieferungsverträgen), oder ob man wie bei anderen Dauerschuldverhältnissen ein Kündigungsrecht (das bekanntlich nur für die Zukunft wirkt) gewährt.[5]) Die zweite Auffassung verdient den Vorzug.

Allgemeines Kennzeichen der Dauerschuldverhältnisse ist ihre *Kündbarkeit*. Meist regelt das Gesetz die Kündigung von Dauerschuldverhältnissen. Wo weder das Gesetz eine Kündigung vorsieht noch der Vertrag (wie häufig bei dem Kaufrecht unterliegenden Sukzessivlieferungsverträgen), ist Kündigung aus wichtigem Grund, d. h. wegen unzumutbaren Festhaltens am Vertrag nach § 242 möglich. Anwendbar ist auch eine *Rechtsanalogie* zu §§ 626, 696, 723 I 2. (Mißverständlich ist das Wort Kündigung in § 649: Der Werkvertrag ist im allgemeinen kein Dauerschuldverhältnis. Kündigung meint hier: Vertragsaufsage im allgemeinen, nicht: Beendigung für die Zukunft.) Beispiel: BGHZ 15, 215 (Verlagsvertrag). Die Kündigung ist in der Regel fristlos, doch kann sich nach § 242 etwas anderes ergeben. Entscheidend ist, ob die Leistungsstörung (die unverschuldet sein kann) dem Gläubiger ein Festhalten am Vertrag unzumutbar macht. Die aus dem Wesen des Dauerschuldverhältnisses folgende Kündigungsmöglichkeit verdrängt als speziellere Regel den Rücktritt nach §§ 325, 326. Die Schadensersatzregeln werden nicht verdrängt und bleiben anwendbar. Anfechtung ist möglich, hat aber i. d. R. keine Rückwirkung, dazu unten § 88 IX.

d) Es ist denkbar, daß sich Schuldverhältnisse — meist innerhalb eines Rahmenvertrags (dazu unten § 24) oder auch ohne einen solchen — von Zeit zu Zeit (z. B. an jedem Monatsersten) selbsttätig erneuern. Die Rechtsprechung des Reichsgerichts hat solche *Wiederkehrschuldverhältnisse* bei laufendem Bezug von Gas, Strom und Wasser durch den Verbraucher oder Abnehmer angenommen.[6]) Sie hat dadurch die Anwendung des § 17 KO auf solche Verträge vermieden. Das bedeutet, daß Energiebetriebe nicht dadurch im Konkurs des Gemeinschuldners begünstigt werden, daß der Konkursverwalter auf Weiterlieferung mit Gas, Strom und Wasser besteht. Würde man in diesen Verträgen Sukzessivlieferungen, also einheitliche Kaufverträge erblicken, könnten die Energiebetriebe nach §§ 17, 59 Ziff. 1 KO die Rückstände als Masseschuld beitreiben und dadurch ihre volle Forderung erhalten. Die Gründe, die *Larenz* I § 2 VI, *Esser*[2] § 20, 3 und *Medicus* I, § 2 II 1 d gegen das Wiederkehrschuldverhältnis vorbringen, überzeugen in den Fällen nicht, wo der Konkursverwalter, z. B. weil er sich des Anspruchs auf Weiterbelieferung nicht sicher ist, den Rahmenvertrag nicht kündigen will. Da diese Fälle nicht selten sind und die Überlegungen des Konkursverwalters auf das Ergebnis zu § 17 KO keinen Einfluß haben sollten, ist die Auffassung von *Larenz, Esser* und *Medicus* abzulehnen. Der jeweilige § 32 der AVBEltV, AVBGasV, AVB FernwärmeV und AVBWWasserV, wo vom Fortbestand des Belieferungsverhältnisses die Rede ist, bezieht sich auf den Rahmenvertrag und bildet kein Argument gegen die auf ihm beruhenden Wiederkehrschuldverhältnisse. — Andere Wiederkehrschuldverhältnisse sind z. B. Verlagsverträge über Unterhaltungsheftchen, die ein fruchtbarer Autor aufgrund eines Rahmenvertrags an jedem Monatsersten im Manuskript beim Verlag abliefert, und die praktisch wichtigen Erzeuger-Anlieferungen in der Landwirtschaft, vgl. BGH v. 2. 4. 64, Zeitschr. f. d. ges. Genoss/wesen 66, 178 (Anm. *Fikentscher/Hoffmann*).

---

[5]) So *Esser*[2], § 83 4 IIb; *Larenz* I § 2 VI; *Enn./Lehmann*, § 4 II 4; RG 150, 199; BGH LM Nr. 1 zu § 242 (Bc); BGH WM 72, 628; 76, 508; ebenso die Reformvorschläge: *Horn*, Gutachten, I, 551; dazu aber *Diederichsen*, AcP 182, 100 (106).
[6]) RGZ 148, 326 (330); OLG Köln NJW 1981, 1105, st. Rspr.

e) Das AGBG von 1976 (in Kraft seit 1. 4. 1977) hat den Ausdruck „Dauerschuldverhältnis" erstmalig in die Gesetzessprache übernommen, leider aber in uneinheitlicher Bedeutung. In §§ 10 Nr. 3 und 11 Nr. 1 schließt der Begriff „Dauerschuldverhältnis" die Raten- und Wiederkehrschuldverhältnisse ein, in § 11 Nr. 12, auf den § 23 II 6 verweist, hingegen nicht, so die h. M. unter Berufung auf den jeweiligen Normzweck. Erfreulich ist das nicht, also eine Klarstellung wünschenswert.

f) Von den beschriebenen Ratenlieferungs-, Dauer- und Wiederkehrschuldverhältnissen ist schließlich noch der Fall zu unterscheiden, daß eine *Mehrzahl gleichartiger Verträge über eine sachlich zusammenhängende Leistung* geschlossen wird. Dann gilt für jeden Vertrag eine eigene Beurteilung, wobei §§ 139, 158 ff. oder auch § 242 einen Zusammenhang herstellen können.

§ 9
Die wirtschaftliche Bedeutung der Schuldverhältnisse

1. Dem Schuldrecht kommt von allen fünf Büchern des BGB die relativ größte wirtschaftliche Bedeutung zu. Freilich ist es das Zusammenwirken aller bürgerlich-rechtlichen Bestimmungen und darüber hinaus anderer Bereiche, im besonderen des Handels- und Wirtschaftsrechts, das letzten Endes einen geregelten Ablauf des Wirtschaftslebens sicherstellt. Aber das Schuldrecht mit seinen allgemeinen Regeln und besonderen Rechtsverhältnissen bildet den Schwerpunkt der wirtschaftlich erheblichen Rechtsbestimmungen. Auf die nachstehend genannten wirtschaftlichen Bereiche erstreckt sich das Recht der Schuldverhältnisse im besonderen:

a) *Vorbereitung und Begründung sachenrechtlicher Verfügungen*

Wer ein Pfund Äpfel auf dem Markt *kauft,* wird dadurch Eigentümer der Äpfel, daß ihm soviel Äpfel (einzeln) übereignet werden, wie das Pfund Äpfel enthält, 929. Der Verkäufer wird umgekehrt nach § 929 Eigentümer der Geldscheine und Münzen, die zur Bezahlung aufgewendet werden. Jedesmal handelt es sich um sachenrechtliche Vorgänge, nämlich um Verfügungen über das Eigentum an beweglichen Sachen. Der Kaufvertrag bereitet die Verfügungen schuldrechtlich vor, indem er die *Pflichten* dazu begründet. Dadurch *rechtfertigt* er die Verfügungen (812 I 1).

b) *Gebrauchsüberlassungsverträge*

Wirtschaftlich wichtig sind die Gebrauchsüberlassungen für das Zur-Miete-Wohnen, für die Auto- und Büchervermietung, für kurzfristige Überlassung von Sachen aller Art (Leihe), für das Kreditwesen (Darlehen, Sicherungsübereignung) und für die Landwirtschaft und Gewerbetreibende (Pacht).

c) *Dienstleistungen*

Da die Mehrzahl der Rechtsgenossen Lohn- oder Gehaltsempfänger ist, und auch die anderen ihren Lebensunterhalt meist durch Arbeit für andere verdienen, liegt die Bedeutung dieser Schuldverhältnisse auf der Hand. Als Sonderrecht hierzu hat sich das *Arbeitsrecht* entwickelt.

d) *Rechtsgemeinschaften*

Als vierter Bereich sind Gesellschaft und Gemeinschaft zu nennen, von denen vor allem die Gesellschaft für das Wirtschaftsleben unentbehrlich ist. Der weitaus überwiegende Teil des Wirtschaftsvermögens ist Eigentum von Gesellschaften, nicht von Einzelpersonen. Auch hier besteht ergänzend ein besonderes Rechtsgebiet, das *Gesellschaftsrecht.*

e) *Bank-, Effekten-, Börsen- und Versicherungswesen*
Hierher zählen Schuldversprechen, Schuldanerkenntnis, das Differenzgeschäft (Spiel), Bürgschaft, Anweisung und Inhaberschuldverschreibung. Als Sondergebiet ist hier das *Wertpapierrecht* zu erwähnen.

f) *Ungerechtfertigte Bereicherung. GoA. Unerlaubte Handlungen (= Delikte)*
Daneben zu nennen sind noch drei wichtige Lebensbereiche, wo Schuldverhältnisse nicht rechtsgeschäftlich, sondern nur kraft Gesetzes und ohne einen darauf gerichteten Willen der Beteiligten entstehen. Der eine Fall ist die ungerechtfertigte Bereicherung, eine Gruppe von Ansprüchen, die bei unbegründeten Güterverschiebungen eingreifen. Auch die Geschäftsführung ohne Auftrag (GoA) dient dem Ausgleich ungerechtfertigter Vermögensverschiebung. Sie ist ihrem Wesen nach ein subjektiviertes Bereicherungsrecht. Der dritte Bereich gesetzlicher Schuldverhältnisse sind die unerlaubten Handlungen. Es handelt sich um Ansprüche, die schuldhaftes oder aus einer Gefährdung herrührendes Unrecht wiedergutmachen sollen.

2. Unterabschnitt: Arten der Schuldverhältnisse

§ 10
Arten der Schuldverhältnisse:
Beteiligung am Schuldverhältnis. Gegenseitiger Vertrag (Überblick)

Adler, Leistungsverweigerung nach § 320, FS *Zitelmann,* 1913, 1; *Blomeyer, Arwed,* Studien zur Bedingungslehre, Bd. I, 1938 104; *Brox,* Die Einrede des nichterfüllten Vertrages beim Kauf, 1948; *Bruns,* AcP 178, 34; *Bydlinski,* FS *A. Steinwenter,* 1958, 140; *van den Daele,* Probleme des gegenseitigen Vertrages, 1968; *Dubischar,* FS *L. Raiser,* 1974, 99; *Gernhuber,* FS *Larenz,* 1973, 455; *ders.,* FS *L. Raiser,* 1974, 57; *Hager,* in: Zum Deutschen und Internationalen Schuldrecht, 1983, 26; *Jung,* IherJb. 69, 61; *Kast,* Die Einrede des nichterfüllten Vertrages, Diss. Heidelberg 1973; *Klink,* Eine Sphärentheorie für Ausgleichsmodi im Synallagma, Diss. Tübingen 1982; *Klinke,* Causa und genetisches Synallagma, 1983; *Luig,* FS *Coing,* 1982, 171; *Müllereisert,* Vertragslehre, 1947; *Oertmann,* Entgeltliche Geschäfte, 1912; *Oesterle,* Die Leistung Zug um Zug, 1980; *Pfister,* JZ 71, 284; *Rittner,* FS *Heinr. Lange,* 1970, 213; *Schmidt-Rimpler,* Die Gegenseitigkeit bei einseitig bedingten Verträgen, 1968; *Stephan,* Haupt- und Nebenleistung, Diss. Göttingen 1975; *Teubner,* Gegenseitige Vertragsuntreue, 1975.

I. Verschiedene Einteilungsgesichtspunkte

Man teilt die Schuldverhältnisse nach verschiedenen Gesichtspunkten ein: Nach der Art der *Beteiligung* daran (u. II), nach Maßgabe der *Typenlehre* (u. § 11), nach Art der

Arten der Schuldverhältnisse: Gegenseitiger Vertrag § 10
II 3

zu ihrer Entstehung führenden *Erklärungen* (u. § 12) und nach dem Grad ihrer *Abstraktion* von einem wirtschaftlichen Grund ihres Bestehens (u. § 13). Zur Einteilung der Schuldverhältnisse nach Art der geschuldeten Leistung siehe oben § 8.

II. Die Beteiligung am Schuldverhältnis. Gegenseitiger Vertrag

Die nachfolgenden Einteilungen betrachten die Art der Beteiligung von Schuldner und Gläubiger an Begründung und Pflichtenverteilung der Schuldverhältnisse. Es handelt sich um die am häufigsten verwendeten Einteilungsweisen. Wird im Gutachten nach Ansprüchen gefragt, kann man nach Maßgabe dieser Einteilungen vorgehen, um nichts zu übersehen. Die Einteilungen 1. und 2. betreffen die Art der Entstehung, die Einteilungen 3. und 4. das Pflichtenverhältnis, die Einteilung 5. bezieht sich auf den Vertragszweck von Schuldverhältnissen.

1. Man unterscheidet Schuldverhältnisse aus Gesetz und aus Rechtsgeschäft. *Aus Gesetz*, d. h. direkt aus dem Gesetz ohne rechtsgeschäftlichen Willen der Beteiligten, entstehen Schuldverhältnisse aus Geschäftsführung ohne Auftrag (677ff.), ungerechtfertigter Bereicherung (812ff.) und unerlaubter Handlung (823ff.). Alle übrigen Schuldverhältnisse setzen Rechtsgeschäfte voraus. Siehe dazu im einzelnen unten § 17 (Begründung von Schuldverhältnissen).

Praktisch bedeutsam ist daneben das gesetzliche Leistungsverhältnis zwischen Eigentümer und Besitzer (985ff.), zwischen wahrem Erben und Erbschaftsbesitzer (2018ff.) und aufgrund von familienrechtlichen Unterhaltsansprüchen (1601ff.). Die soeben genannten sechs Gruppen sind die wichtigsten „Ansprüche aus Gesetz".

2. Bei den Schuldverhältnissen aus Rechtsgeschäft unterscheidet man einseitig und zwei- oder mehrseitig *begründete*. Sinn dieser Unterscheidung ist es, festzustellen, ob nur ein Beteiligter (nämlich der Schuldner) eine rechtsgeschäftliche Erklärung abgibt, oder ob auch der Gläubiger mitwirkt. *Einseitig begründet* ist nur das Schuldverhältnis der Auslobung (657ff.). Alle übrigen Schuldverhältnisse sind zwei- oder mehrseitig begründet. Das gilt nach der herrschenden (durch Rechtsscheingrundsätze modifizierten) Vertragstheorie auch für die Inhaberschuldverschreibung (793) und die anderen skripturrechtlichen Wertpapiere. Die sogenannte Kreationstheorie vertritt hier den Standpunkt der einseitigen Begründung.

Andere nicht im Schuldrecht geregelte, einseitig begründete rechtsgeschäftliche Verhältnisse im BGB sind z. B. das Stiftungsgeschäft (83 I) und das Vermächtnis (2174).

3. *Der Vertrag ist ein zwei- oder mehrseitiges Rechtsgeschäft.* Zwei- oder mehrseitig *begründete* Schuldverhältnisse heißen *schuldrechtliche Verträge*. Es gibt auch sachen-, familien-, erbrechtliche Verträge, ferner öffentlich-rechtliche Verträge.

Die schuldrechtlichen Verträge teilt man ein in einseitig und zwei- oder mehrseitig *verpflichtende* Verträge (contractus unilaterales; bi-, multilaterales). Die einseitig verpflichtenden Verträge haben nur einen Anspruch, d. h. also *einen* Schuldner und *einen* Gläubiger. Bei den zwei- oder mehrseitigen

Verträgen ist jeder des anderen Schuldner *und* Gläubiger. Von den typischen Verträgen (dazu unten §§ 11 und 65) ist einseitig verpflichtend nur das Schenkungsversprechen (518). Alle übrigen schuldrechtlichen Vertragstypen sind zwei- oder mehrseitig verpflichtend (z. B. Auftrag, Leihe, Kauf, Miete).

Es ist also darauf zu achten, ob sich die Ein- oder Mehrseitigkeit auf die *Begründung* bezieht (oben 2.) oder auf die *Verpflichtung* (oben 3.).

4. Bei den zwei- oder mehrseitig verpflichtenden Verträgen ist die Einteilung in die *gewöhnlichen* zwei- oder mehrseitig verpflichtenden und in die *gegenseitigen* Verträge besonders wichtig. Man nennt die gewöhnlichen zwei- oder mehrseitigen verpflichtenden Verträge auch die „unvollkommen zwei- oder mehrseitigen" (contractus bilaterales iniquales), z. B. Auftrag, Leihe. Die gegenseitigen Verträge heißen auch synallagmatische Verträge (contractus bilaterales aequales), z. B. Kauf, Miete.

Gewöhnlichen zwei- oder mehrseitig verpflichtenden und *gegenseitigen* Verträgen ist *gemeinsam*, daß die Beteiligten einander im Schuldverhältnis gleichzeitig oder in zeitlicher Abfolge als Schuldner *und* Gläubiger gegenübertreten. Der *Unterschied* zwischen beiden Vertragsarten liegt in dem (zum Inhalt eines Rechtsgeschäfts erhobenen) *Motivationsverhältnis*, in dem die wechselseitige Verpflichtung und Berechtigung steht.

Bei *gewöhnlichen zwei- oder mehrseitig verpflichtenden Verträgen* ergibt sich die wechselseitige Schuldner- und Gläubigerstellung als *Folgeerscheinung* im Ablauf des Schuldverhältnisses. So schuldet beim *Auftrag* zunächst der Beauftragte nach § 662 die unentgeltliche, ordnungsgemäße Ausführung des Auftrags, dann aber ist ihm der Auftraggeber nach § 670 zum Ersatz von Aufwendungen verpflichtet, die der Beauftragte für erforderlich halten durfte. Bei der *Leihe* folgt auf die Gebrauchsgestattung durch den Verleiher die Rückgabepflicht des Entleihers, 598, 604.

In gegenseitigen Verträgen ist das Verhältnis der wechselseitigen Verpflichtung und Berechtigung nach dem Willen der Parteien von vornherein wesentlich *enger*. Hier wird die Verpflichtung zur *Leistung* nur deshalb eingegangen, *weil* sich der Gegner zu einer Gegenleistung verpflichtet. Die eine Pflicht besteht *um der Gegenpflicht willen* (sog. Synallagma). Beim Kauf wird die Lieferung der Ware *nur deshalb* zugesagt, weil ein Preis *als Gegenleistung* versprochen wird. Die Wohnung wird beim Mietvertrag nur darum vermietet, *weil* sich der Mieter zur Zahlung des Mietzinses verpflichtet. Das verzinsliche Darlehen wird um der Zinsen willen gewährt, und der Darlehensnehmer ist bereit, die Zinsen zu zahlen, weil ihm die Darlehenssumme (Valuta) zur Verfügung gestellt wird. Die Geschäftsbesorgung (§ 675) erfolgt „für Geld". — *Nur für Pflichten, die in diesem Gegenseitigkeitsverhältnis stehen, gelten die §§ 320 ff.* über gegenseitige Verträge (dazu unten § 44).[1]) Diese Vorschriften

---

[1]) Die §§ 320 ff. gelten also nicht für Pflichten, die zwar bei der Durchführung gegenseitiger Verträge vorkommen, dem Gegenseitigkeitsverhältnis aber nicht unterliegen: So die Rückgabepflicht aus Miete (§ 556); die Rückzahlungspflicht beim verzinslichen Darlehen (§ 607) u. dergl.

Arten der Schuldverhältnisse: Gegenseitiger Vertrag § 10
II 4

ziehen die *rechtlichen Folgerungen* aus dem „do ut des" der gegenseitigen Verträge.

Gegenseitige Verträge weisen hinsichtlich ihrer *Entstehung* keine Besonderheit gegenüber anderen Verträgen auf: Auch sie setzen die Annahme eines noch wirksamen Angebots voraus, 145 ff. (*genetische* Abhängigkeit der Verpflichtungserklärungen, *genetisches Synallagma*). Gegenseitige Verträge zeigen aber in ihrem *Bestande* sehr wesentliche Besonderheiten gegenüber anderen Verträgen. Das ist leicht einzusehen, wenn man sich als ihr Wesen vergegenwärtigt, daß bei ihnen eine Verpflichtung um einer Gegenverpflichtung willen eingegangen worden ist. Die Nicht- oder Schlechterfüllung der einen Pflicht muß sich notwendig auf die Gegenpflicht rechtlich auswirken, wenn man Rücksicht auf die Parteivorstellungen bei Vertragsschluß nimmt (*funktionelle* Abhängigkeit der Verpflichtungserklärungen im gegenseitigen Vertrag, *funktionelles Synallagma*).[2])

a) *Einrede des nichterfüllten Vertrags, 320 I*

Man kann seine Leistung so lange zurückhalten, bis der Vertragspartner sie bewirkt. Man braucht also nur Zug um Zug zu leisten und braucht dem Partner keinen Kredit zu geben. Das Gesetz erwartet von keiner Vertragspartei eine Vorleistung. Kreditgebung wird niemandem zugemutet. Wer vorleistet, tut dies auf eigenes Risiko. Eine Einschränkung bei teilweiser Anleistung eines wesentlichen Teils enthält § 320 II.

b) *Verurteilung zur Leistung Zug-um-Zug, 322 I*

Wenn nun keiner als erster mit der Leistung herausrücken will, muß geklagt werden. In Fortsetzung des Zug-um-Zug-Gedankens des § 320 sagt § 322 I, daß im gegenseitigen Vertrag auch die Verurteilung zur Leistung nur Zug um Zug gegen Gewährung der Gegenleistung erfolgt. Schickt der Käufer dem Verkäufer den Gerichtsvollzieher ins Haus, so muß er diesem den Kaufpreis mitgeben. Sonst wird der Gerichtsvollzieher nicht tätig, 726 II, 756 ZPO. Statt dem Gerichtsvollzieher die Gegenleistung mitzugeben, kann man, wenn die Voraussetzungen dazu vorliegen, auch im Leistungsurteil den Annahmeverzug des Schuldners der Leistung und Gläubigers der Gegenleistung feststellen lassen, 298. § 274 II gilt entsprechend (arg. § 320 I 3; vgl. auch § 322 III). Dieser Weg erleichtert dem Gläubiger die Rechtsverfolgung. Das Urteil ist eine öffentliche Urkunde, 756, 415 ZPO. Ist eine Ausfertigung des Urteils zugestellt, kann der Gerichtsvollzieher mit der Vollstreckung beginnen.

---

[2]) Dazu *v. d. Daele*, 24; *MünchKomm/Emmerich*, vor § 320 Rn. 13 ff. Diese Besonderheiten der gegenseitigen Verträge sind geregelt in §§ 320–327. Da es sich um Tatbestände der Nicht- oder Schlechterfüllung einer Vertragspflicht handelt, gehört die Behandlung dieses Stoffes überwiegend zu den Leistungsstörungen, unten §§ 43–48. Hier soll nur eine Übersicht gegeben werden.

§ 11   Begriff, Arten, Eigenschaften des Schuldverhältnisses

§ 322 II gehört zur Lehre des Gläubigerverzugs, unten § 46. — Zug-um-Zug-Urteile müssen genau gefaßt sein, sonst sind sie fehlerhaft, BGHZ 45, 287. Zum Verhältnis zwischen § 320 und §§ 273, 274 unten § 48 I 4.

c) *Einrede der Vermögensverschlechterung, 321*

Als seltener Einzelfall der sonst im Gesetz nicht allgemein enthaltenen clausula rebus sic stantibus (Einrede der veränderten Umstände) schreibt § 321 vor, daß sich der eine Teil, wenn er aufgrund besonderer Abrede *vorleistungspflichtig* ist, durch die Einrede der Vermögensverschlechterung, die beim anderen Teil eingetreten ist, nachträglich von seiner Vorleistungspflicht befreien kann. (Andere Fälle der clausula rebus sic stantibus: 610, 779).[3]

d) *§§ 320 – 326 für synallagmatische Haupt- und Nebenpflichten*

Hervorzuheben ist, daß die Besonderheiten der §§ 320 – 326 für Haupt- und Nebenpflichten aus gegenseitigen Verträgen gelten, wenn nichts anderes vereinbart ist. Nebenpflichten stehen also nicht denknotwendig außerhalb des Synallagmas. Oft werden allerdings Nebenpflichten nach dem Willen der Parteien nicht in das Synallagma einbezogen sein. Ist die Nebenpflicht synallagmatisch, kann ihretwegen die Einrede nach § 320 erhoben werden; wird nur die Nebenpflicht nicht erfüllt, gilt § 320 II. Ist die Erfüllung der Nebenpflicht durch Verschulden des Schuldners unmöglich geworden, gilt, falls sie synallagmatisch ist, § 325, sonst § 280. Das gleiche gilt für den Verzug des Schuldners: 326, sonst 284ff. (anders 1. Aufl.; wie hier *Larenz* I § 23 II, mit abw. Terminologie, dazu oben § 8, 3). Ein Beispiel für eine synallagmatische Nebenpflicht ist die Pflicht zur Bereitstellung einer Gebrauchsanweisung beim Kauf einer Spezialmaschine (vgl. auch unten § 66 VII 4).

5. Man kann die gegenseitigen Verträge weiter einteilen in *Austausch- und Gesellschaftsverträge*. Durch Austauschverträge (Kauf, Miete, Versprechen eines verzinslichen Darlehens u. a.) verfolgen die Parteien wirtschaftlich entgegengesetzte Zwecke (z. B. Bedarfsdeckung, Versilberung). In Gesellschaftsverträgen verbindet die Beteiligten ein gemeinsamer wirtschaftlicher Zweck, der Gesellschaftszweck (affectio societatis), 705ff.; 105ff. HGB; dazu im einzelnen unten § 88 I. Die Anwendbarkeit der §§ 320ff. auf Gesellschaftsverträge ist sehr streitig, unten § 88 IX.

§ 11
Fortsetzung: Typische und atypische Schuldverhältnisse

Charmatz, Zur Geschichte und Konstruktion der Vertragstypen im Schuldrecht mit besonderer Berücksichtigung der gemischten Verträge, Brünn 1937; *Hoeniger,* Die gemischten Verträge in ihren Grundformen 1910; *Jung,* IherJb. 69, 61; *Leenen,* Typus und Rechtsfindung, 1971; *Schreiber,* IherJb. 60, 106; *Wolff, Ernst,* FS Hans Lewald, 1953, 633; s. a. § 65 unten.

---

[3] Abweichend sieht *Larenz* I § 15 I Anm. 16 den Rechtsgrund der §§ 321, 610 in einem erhöhten Vertrauensschutz.

Fortsetzung: Typische und atypische Schuldverhältnisse § 11
3

1. *Typisch* werden Schuldverhältnisse genannt, die im Gesetz besonders geregelt sind, z. B. Kauf, Miete, Dienstvertrag, Verwahrung, Auslobung, unerlaubte Handlungen. Man spricht, wenn es sich dabei um Verträge handelt, von „Vertragstypen". Die meisten sind im 7. Abschnitt des 2. Buches des Bürgerlichen Gesetzbuches enthalten; einige gehören dem Allgemeinen Schuldrecht an (z. B. Schuldübernahme, 414f.; Vertragsstrafe, 339). Außerhalb des BGB finden sich Vertragstypen vor allem bei den arbeitsrechtlichen Vorschriften des HGB und der GewO. Ein wichtiger, außerhalb des BGB, nämlich im VVG geregelter typischer Vertrag ist der Versicherungsvertrag (näher u. § 92 III). Die Auswahl der typischen Schuldverhältnisse obliegt dem Gesetzgeber. Die Tradition spielt dabei die Hauptrolle, vor allem die des römischen und gemeinen deutschen Rechts, z. B. bei Kauf, Miete, Dienstvertrag, Werkvertrag, ungerechtfertigter Bereicherung. Andere Schuldverhältnisse, wie z. B. die Inhaberschuldverschreibung, haben keine römisch-rechtliche Wurzel. — „Atypisch" ist ein Vertrag also wegen fehlender gesetzlicher Ausformung.

2. Bei den *gesetzlichen* Schuldverhältnissen gibt es *nur die typischen*: Geschäftsführung ohne Auftrag, ungerechtfertigte Bereicherung, unerlaubte Handlungen. Eine Ausdehnung ihrer Zahl kraft Parteivereinbarung ist begrifflich ausgeschlossen. Es besteht ein numerus clausus der gesetzlichen Schuldverhältnisse wie bei den Sachenrechten.

Entsprechendes gilt für einseitig begründete Schuldverhältnisse (Auslobung), vgl. 305.

3. Verträge können *atypisch* sein: Den Parteien steht es frei, neue Vertragsarten- und -inhalte zu erfinden. Das folgt aus dem Grundsatz der Vertragsfreiheit, 305; Art. 2 I GG. Häufiger vorkommende atypische Verträge sind:

a) Der *Garantievertrag*. Durch ihn verspricht eine Partei der anderen, für einen bestimmten Erfolg unbedingt einstehen zu wollen. Näher unten § 92 II; ESJ 3.

b) Die *Sicherungsabrede* (Sicherungsvertrag). Sie ist die schuldrechtliche Grundlage für die Überlassung von Sicherheiten (wie Wechsel, sicherungshalber zedierte Forderungen, Sicherungseigentum, Grundpfandrechte, insb. Grundschulden). Dazu unten § 92 IV, und, zur Sicherungszession, § 57 IV.

c) Die *Sicherungstreuhand*. Sie ist mit der Sicherungsabrede verwandt und dadurch gekennzeichnet, daß ein Treuhandverhältnis hinzutritt, dazu unten § 92 V. Die *Verwaltungstreuhand* zählt zu § 675, unten § 82, 2.

d) Die *kumulative Schuldübernahme* (Schuldmitübernahme, Schuldbeitritt). Das Gesetz regelt in §§ 414ff. die privative Schuldübernahme, durch die an die Stelle eines Schuldners ein anderer tritt, ohne daß der alte Schuldner weiterhaftet. Bei der kumulativen Schuldübernahme tritt dagegen ein neuer Schuldner *neben* den alten Schuldner, der weiter zur Leistung verpflichtet bleibt. Dazu unten § 59 I 2a; ESJ 62.

e) Der *Trödelvertrag*. Jemand verspricht die Bemühung (ohne Einstehen für Erfolg), eine Sache im eigenen Namen für Rechnung eines Auftraggebers zu einem Mindestpreis zu verkaufen mit der Maßgabe, daß, wenn der Verkauf gelingt, ein etwaiger Mehrerlös nicht an Auftraggeber abgeführt zu werden braucht. Mißlingt die Bemühung, darf die Sache an den Auftraggeber zurückgegeben werden. Zum verwandten Kommissionsgeschäft s. §§ 383 ff. HGB.

f) Der *Leasing-Vertrag.* Zu dieser Sonderentwicklung bei den Gebrauchsüberlassungen s. u. § 71 V 7.

g) Der *Factoring-Vertrag.* Er dient u. a. der Erleichterung des Forderungseinzugs, s. u. § 57 V

h) Der *Franchising-Vertrag* im Warenvertrieb; hierzu z. B. *Weber,* JA 83, 347.

4. *Atypisch* sind alle *Vertragsverbindungen* und *gemischten Verträge,* wie z. B. Beherbergungs-, Schiffsreise- und Internatsvertrag, Vorführungsverträge (Kino, Theater, Kabarett). Bei ihnen werden aufgrund von Parteivereinbarungen mehrere Vertragstypen in lockerer oder fester Form zu neuen atypischen Verträgen zusammengefügt. Der Vertrag mit einer Schiffsagentur über eine Mittelmeer-Ferienreise mit voller Verpflegung enthält z. B. Elemente des Beförderungs-(Werk-), Dienst-, Miet- und Kaufrechts. Näher dazu unten § 65. Der Reiseveranstaltungsvertrag ist 1979 durch Einfügung der §§ 651a – k „typisiert" worden, s. u. § 80 IV.

5. *Reformvorschläge.* Die gesetzliche Normierung einer Reihe von atypischen Schuldverträgen, für die sich in der Praxis besondere Regeln durchgesetzt haben, ist Gegenstand zahlreicher Überlegungen im Hinblick auf die geplante Überarbeitung des Schuldrechts.[1]) Zur Diskussion stehen vor allem folgende Vertragstypen: Heimvertrag[2]), medizinischer Behandlungsvertrag[3]), entgeltlicher Geschäftsbesorgungsvertrag[4]), Giroverhältnis[5]), Bankvertrag[6]) und Energieversorgungsvertrag[7]). Dennoch ist in diesem Punkt Vorsicht geboten, da die Gefahr einer Überlastung des Gesetzestextes besteht. Das BGB würde dadurch an Übersichtlichkeit und Einheitlichkeit (beides grundsätzliche Vorteile eines Kodex) verlieren. Das Beispiel der mißlungenen Regelung des Reisevertragsrechts (dazu u. § 80 IV) sollte als Warnung gelten[8]).

---

[1]) Vgl. hierzu *Schmude,* Gutachten, I, Vf.; *Schwark,* JZ 81, 741, 746 ff.; *Wolf, A.,* AcP 182, 80, 94 ff. und ausführlicher unten § 116.
[2]) Vgl. *Igl,* Gutachten, I, 951 ff.
[3]) Vgl. *Deutsch/Geiger,* Gutachten, II, 1049 ff; *Schwark,* JZ 81, 747.
[4]) Vgl. *Musielak,* Gutachten, II, 1209 ff.
[5]) Vgl. *Häuser,* Gutachten, II, 1317 ff.
[6] Vgl. *Schwark,* JZ 81, 747.
[7]) Vgl. *Schwark,* ebenda.
[8]) Zur Kodifikation in der heutigen Zeit vgl. *Kindermann,* Rth. 79, 357, 365 ff.

§ 12
Fortsetzung: Konsensual- und Realverträge

Boehmer, AschBürgR 38, 314; *Haase,* JR 75, 317; *Kaser,* Das Römische Privatrecht I, 2. Aufl. 1971, §§ 124–127; *Schmidt, K.,* JuS 76, 709.

1. Verträge kommen nach heutiger Auffassung allein durch die Willenseinigung der Vertragsparteien zustande: Angebot und Annahme begründen den Vertrag, 145 ff. (Konsensualprinzip). Wo keine besondere Form vorgeschrieben ist (anders z. B. § 313) genügt formloser, d. h. mündlicher Vertragsschluß. Alle Verträge sind daher Konsensualverträge.

2. In nur scheinbarem Widerspruch dazu steht die Formulierung von § 516 (Realschenkung), § 607 (Darlehen) und § 688 (Verwahrung). Dort wird scheinbar zur Wirksamkeit des Vertrags selbst die bereichernde Zuwendung, die Auszahlung der Darlehensvaluta bzw. die Übergabe der zu verwahrenden Sache, also jeweils eine reale Handlung verlangt. Bei Realschenkung, Darlehen und Verwahrung steht das BGB historisch sicherlich auf dem Standpunkt des Realvertrags, ohne daß das jedoch die moderne Auslegung bindet, *MünchKomm/Söllner,* § 305 Rn. 14; *Palandt/Heinrichs,* Einf. vor § 305 Anm. 4e; *Schmidt, K.;* anders noch BGH NJW 75, 443. Im folgenden wird daher unter *Realvertrag* ein *Konsensualvertrag* verstanden, bei dem die für den Vertragsschluß erforderliche Willenserklärung mindestens einer Partei *typischerweise* (aber nicht notwendig) durch eine Handlung *schlüssig* erklärt wird. Unberührt bleibt das Formproblem bei der Schenkung, wo die tatsächliche Zuwendung die Beurkundung ersetzt (und umgekehrt).

§ 13
Fortsetzung: Kausale und abstrakte Schuldverhältnisse

Cohn, AcP 135, 67; *Jahr,* SZRA 80, 141; *Kiefner, Ranieri, Luig* und *Müller-Freienfels* in *Coing/Wilhelm,* Wissenschaft und Kodifikation des Privatrechts im 19. Jahrhundert, Bd. II, 1977; *Klinke,* Causa und genetisches Synallagma, 1982; *Kübler,* Feststellung und Garantie, 1967 *Mayer-Maly,* FS *Wilburg,* 1975, 243; *Rother,* AcP 169, 1; *Söllner,* SZRA 77, 182; *v. Tuhr,* FS *Schultze,* 1903, 25; *Westermann, H. P.,* Die causa im französischen und deutschen Zivilrecht, 1967.

1. „Abstrakt" besagt im Recht – in allgemeiner Bedeutung –, daß ein Rechtsgeschäft von der Wirksamkeit eines andern nicht abhängt, so daß Einwendungen aus dem einen keine Konsequenzen für das andere haben. Der Gegensatz „kausal-abstrakt" wird im Zivilrecht in verschiedenen Zusammenhängen verwendet, die miteinander wenig zu tun haben. Zweckmäßig fragt man stets: Abstrakt wovon?

2. So ist die Vollmacht gemäß § 164 abstrakt vom Innenverhältnis zwischen Vollmachtgeber und Bevollmächtigten, das in einem Auftrag, einem Dienstvertrag, einer Geschäftsbesorgung u. a. bestehen kann. (Eine Durchbrechung dieser Abstraktion findet sich aber in § 168 S. 1, eine weitere in § 714.)

Die Übereignung (925, 929) ist abstrakt vom zugrunde liegenden Verpflichtungsgeschäft, z. B. von einem Kauf oder einer Schenkung.

In diesen Fällen bedeutet die Abstraktion vor allem, daß Mängel des zugrunde liegenden Kausalgeschäfts das abstrakte Geschäft grundsätzlich nicht beeinflussen. Der Abstraktionsgrundsatz ist in diesen Fällen vorwiegend rechtstechnischer Art.

3. Eine andere Zielrichtung hat der Abstraktionsgrundsatz bei sog. abstrakten Schuldverträgen. Das Gesetz kennt nur wenige: Schuldversprechen, 780; Schuldanerkenntnis, 781; Anweisung im Leistungs-, nicht aber im Deckungs- und Valutaverhältnis, 783f., 787, 788−790; Inhaberschuldverschreibung, 793f.; abstrakt sind auch Wechsel und Scheck, ferner alle schuldrechtlichen Verfügungen, wie z. B. Erlaß, Forderungsabtretung, Aufrechnung, Schuldumschaffung (Novation). Alle übrigen Schuldverträge sind kausal.

Im Vordergrund steht hier das Interesse der Parteien (vor allem des Gläubigers), die Begründung oder Beendigung einer Forderung unabhängig zu machen von schuldnerischen Einwendungen aus vorangegangenen Geschäften. Der Darlehensgläubiger, der sich zur Sicherung seines Anspruchs aus § 607 zusätzlich noch ein abstraktes Schuldanerkenntnis, eine Anweisung oder einen Wechsel geben läßt, will verhindern, daß der Schuldner Mängel des Darlehensvertrags (z. B. einen Dissens) einem Dritten entgegenhält, an den der Gläubiger etwa den Wechsel weiter überträgt: Eine abstrakte Forderung ist leichter übertragbar, weil der neue Gläubiger nicht mit Einwendungen aus dem Grundverhältnis zu rechnen braucht („Umlauffähigkeit"). Hinzu kommt, auch für den Erstgläubiger, eine günstige Umkehr der Beweislast.

Abstrakte Forderungen sind einwendungsärmer als kausale, sie sind daher für den Gläubiger sicherer und für Abtretungen, d. h. für den allgemeinen Rechtsverkehr geeigneter. Hieran kann auch der kreditsuchende Schuldner ein Interesse haben (Wechsel!). Abstraktion im Sinne abstrakter Schuldverträge bedeutet also auch Befreiung von Einwendungen aus Mängeln zugrundeliegender Geschäfte, aber nicht in erster Linie aus rechtstechnischen Gründen, sondern aus Gründen der Verwertbarkeit von Forderungen.

4. Abstrakt und kausal sind relative Begriffe. So kann eine Darlehensforderung aus § 607 den Rechtsgrund für ein abstraktes Schuldanerkenntnis bilden. Wird bezahlt, dann ist das Schuldanerkenntnis der Rechtsgrund für die abstrakte Übereignung des Geldes. Hier wirkt ein abstraktes Geschäft als causa für ein weiteres abstraktes Geschäft. − „Abstrakt" Erhaltenes kann Gegenstand eines Bereicherungsanspruchs sein, 812ff. War also das Darlehen unwirksam, ist das abstrakte Schuldanerkenntnis „kondizierbar", 812 II. Ist es kondiziert, kann das Geld als ungerechtfertigte Bereicherung zurückverlangt werden, 812 I 2 (1), 818 II.

5. Eine Leistung kann als ungerechtfertigte Bereicherung zurückverlangt („kondiziert") werden, wenn sie ohne Rechtsgrund (causa) erfolgte, 812ff. (unten § 97ff.) Rechtsgrund können vertragliche oder gesetzliche Schuldverhältnisse sein, z. B. ein Kaufvertrag (433) für die Übereignung der Ware und auch des Geldes (929), eine Schadensersatzschuld aus § 823 für die Überweisung des als Ersatz geschuldeten Betrags (364 I). Rechtsgrund kann aber auch die vertraglose Verabredung einer causa *(Kausalabrede)* sein, z. B. die Einigung über eine Erbeinsetzung, BGHZ 44, 321. Bindungen kommen durch

solche Kausalabreden nicht zustande, trotzdem liefern sie Rechtsgründe. Auch die Handschenkung (516) gehört im Grunde hierher, ebenso das abgestimmte Verhalten i. S. v. § 25 I GWB und Art. 85 I EWGV. Dagegen ist nicht schon jede Einigung causa (*Mayer-Maly,* FS *Nipperdey* Bd. I, 1965, 509). Sich-Vertragen bedeutet, entgegen dem Wortsinn, noch keinen (bindenden) Vertrag und noch keine Kausalabrede. Es muß die Einigung auf einen Leistungsgrund vorliegen, damit ein Rechtsgrund im Sinne des Bereicherungsrechts gegeben ist.

3. Unterabschnitt: Abgrenzungen

§ 14
Verpflichtung und Verfügung

Battes, AcP 178, 337; *Doris,* Die rechtsgeschäftliche Ermächtigung bei Vornahme von Verfügungs-, Verpflichtungs- und Erwerbsgeschäften, 1974; *Dreyfus,* Die Verfügung im BGB, 1911; *Kegel,* FS *Mann,* 1977, 57ff.; *v. Tuhr,* AcP 117, 193; *Wilhelm* in: *Coing/Wilhelm,* a. a. O. (§ 13), 213.

1. Bei den wirtschaftlichen Aufgaben, die das Schuldrecht zu erfüllen hat, war oben § 9 an erster Stelle von der *Vorbereitung von Vermögensverschiebungen,* und zwar *endgültiger* Vermögensverschiebungen, die Rede. Schuldrechtliche Verpflichtungen dienen also dazu, *Verfügungen* über Sachen und Rechte vorzubereiten und zu rechtfertigen.

2. Man muß sich einen solchen typischen Erwerbsvorgang in vier Phasen vorstellen:
Ein Käufer kommt in den Laden, um ein Buch zu kaufen. Dann ist in der ersten Phase der Verkäufer V Eigentümer des Buches und der Käufer K Eigentümer seines Geldes (Scheine und Münzen), 903.
Die zweite Phase besteht darin, daß V und K einen Kaufvertrag schließen, 433, 145ff. Die dadurch hervorgerufenen Pflichten ändern aber die Eigentumslage in keiner Weise. Zu ihren Eigentumsrechten haben V und K nur schuldrechtliche Ansprüche aus § 433 I 1 bzw. II hinzuerworben. K kann jetzt von V das Buch und V von K den Kaufpreis verlangen. V ist noch Eigentümer des Buches, K des Geldes.
In der dritten Phase geschieht sowohl auf seiten des Käufers als auch auf seiten des Verkäufers ein Doppeltes: Der Käufer einigt sich mit dem Verkäufer über den Eigentumsübergang am Buch, und der Verkäufer übergibt es ihm, 929. Hierdurch verfügt der Verkäufer über sein (dingliches) Eigentumsrecht am Buch. Die Veräußerung eines Rechts ist also eine *Verfügung* über dieses Recht. Der Erwerb eines Rechts ist keine Verfügung. — Umgekehrt *verfügt* der Käufer über sein (dingliches) Eigentumsrecht an seinen Geldscheinen und -münzen, indem er sich mit dem Verkäufer über den Eigentumsübergang bezüglich jeder Münze und jedes Scheines einigt und ihm die Scheine und Münzen übergibt, 929.

Verkäufer und Käufer treffen aber mit diesen ihren Verfügungen je eine weitere Verfügung. Durch die Leistung des Buches geht nämlich der Anspruch des Käufers aus § 433 I 1, durch die Leistung des Geldes der Anspruch des Verkäufers aus § 433 II unter, 362 (Erfüllung), und zwar auf rechtsgeschäftliche Weise. Jede Seite begibt sich also ihres Anspruchs dadurch, daß sie die rechtsgeschäftliche Leistung der anderen Seite als Erfüllung annimmt. Auch hierin liegt eine Verfügung über jeden dieser obligatorischen Ansprüche. Denn die Ansprüche werden durch Erfüllung zum Erlöschen gebracht (ähnlich wie gleichzeitig durch die Übereignungen das Eigentum des Verkäufers am Buch und das des Käufers an den Scheinen und Münzen zum Erlöschen gebracht wird. Ein Recht zum Erlöschen bringen heißt aber: Darüber verfügen). Verkäufer und Käufer tätigen also in der dritten Phase je zwei Verfügungen.

In der vierten Phase ist der Käufer Eigentümer des Buches und der Verkäufer Eigentümer des Geldes. Ihr Eigentum ist unangreifbar mit dem Anspruch aus ungerechtfertigter Bereicherung, 812, weil für die Übereignungen Ansprüche aus § 433 I und II als Rechtsgründe vorlagen. So wirken die zum Erlöschen gebrachten obligatorischen Ansprüche als Rechtsgründe (causa) im Sinne der §§ 812 ff. in alle Ewigkeit weiter. Wäre der Kauf z. B. wegen Dissenses nichtig, so hätten Käufer und Verkäufer gegeneinander Ansprüche aus § 812 I 1, die auf Rückübereignung (nicht bloß Rückgabe) gerichtet sind, 929. Denn das Erlangte ist zurückzugewähren.

3. Die geschilderten 4 Phasen können sich zeitlich nacheinander abwickeln. Bei größeren Geschäften wird das häufig sein. Bei Handgeschäften dagegen fallen die Vorgänge in der 2. und 3. Phase zeitlich zusammen. Trotzdem bleiben die einzelnen Phasen *rechtlich geschieden (Trennungsprinzip,* abstrakte Übereignung). Was im Beispiel an der Veräußerung einer beweglichen Sache gezeigt wurde, gilt entsprechend für Grundstücksübertragungen, Forderungsübertragungen, Sacheinlagen in Gesellschaften usw. *(Abstraktionsprinzip).*

4. Folgende Grundsätze lassen sich demnach aufstellen:

a) Eine *Verpflichtung* ist ein (auf Rechtsgeschäft oder Gesetz beruhendes) rechtliches Band zwischen Gläubiger und Schuldner, kraft dessen der Gläubiger vom Schuldner eine Leistung verlangen kann.

b) Eine *Verfügung* ist ein Rechtsgeschäft, durch das ein Recht unmittelbar übertragen, belastet, aufgehoben oder inhaltlich geändert wird.

c) Ein Verpflichtungsgeschäft läßt Rechte *entstehen*, ein Verfügungsgeschäft *wirkt* auf bestehende Rechte *ein.*

d) Eine Verpflichtung bewirkt beim Schuldner eine Vermehrung der Passiva, beim Gläubiger eine Vermehrung der Aktiva, niemals aber eine Verminderung der Aktiva. Eine Verfügung bewirkt beim Verfügenden eine Verminderung oder inhaltliche Veränderung der Aktiva, beim Verfügungsempfänger (falls ein solcher vorhanden ist) eine Vermehrung der Aktiva, niemals aber eine Vermehrung oder Verminderung der Passiva. (Zu beachten ist immer, daß sich im Synallagma zwei Verpflichtungen und zwei Verfügungen gegenüber stehen).

e) Zur Vermeidung von Bereicherungsansprüchen (812 ff.) bedarf jede Verfügung des Rechtsgrundes einer bestehenden oder erfüllten Verpflichtung.

Die *Verfügungen* tragen demnach die causa nicht in sich; sie sind *abstrakt* (oben § 13). Dagegen beinhalten die meisten *Verpflichtungen* selbst den Rechtsgrund und sind deswegen *kausal.* Es gibt aber auch *abstrakte Verpflichtungsgeschäfte,* wie z. B. das Schuldversprechen und das Schuldanerkenntnis (§§ 780ff.), die Annahme der Anweisung (§ 784) und die Begebung von Inhaberpapieren (§§ 793ff.).

f) Im Schuldrecht überwiegen die Verpflichtungen, im Sachenrecht die Verfügungen. Schuldrechtliche Verfügungen enthalten die §§ 398, 414, 387, 397, 779 (letzteres str.).

g) Erfüllungen (362) sind nur Verfügungen über den zu erfüllenden Anspruch, wenn es zur Erfüllung eines Rechtsgeschäfts bedarf (z. B. beim Kauf auf beiden Seiten, nicht dagegen z. B. beim Dienstvertrag auf seiten des Dienstverpflichteten); dazu unten § 38 II.

§ 15
Relative Wirkung der Forderung

S. oben § 1 III 2b a.E.; weiter *Aicher,* Das Eigentum als subjektives Recht, 1975; *Denck,* JuS 81, 9; *ders.,* Rechtstheorie 81, 331; *Dimopoulos-Vosikis,* AcP 167, 515; *Dubischar,* Über die Grundlage der schulsystematischen Zweiteilung der Rechte in sog. absolute und relative, Diss. Tübingen, 1961; *Koziol,* Die Beeinträchtigung fremder Forderungsrechte, 1967; *Krasser,* Der Schutz vertraglicher Rechte gegen Eingriffe Dritter, 1971; *Löwisch,* Der Deliktsschutz relativer Rechte, 1970; *Martens,* AcP 177, 113ff.; *Medicus,* JuS 74, 613; *Peters,* AcP 180, 329; *Rehbein,* Die Verletzung von Forderungsrechten durch Dritte, Diss. Freiburg, 1968; *Spielbüchler,* Der Dritte im Schuldverhältnis, 1973.

1. Forderungen wirken relativ, dingliche Rechte wirken absolut. Was ist die Bedeutung dieses wichtigen Unterschiedes?

Dingliche Rechte sind Herrschaftsrechte. Das Eigentum z. B. gibt dem Eigentümer die grundsätzlich unbeschränkte Herrschaft über eine Sache. Diese Herrschaft behauptet sich gegenüber jedermann, 903, ja sie besteht grundsätzlich ohne Rücksicht auf das Vorhandensein anderer Personen. Daraus folgt: Wer dem Eigentümer die Sache wegnimmt, beschädigt, sein Eigentum an der Sache bestreitet oder sonstwie stört, ist den Ansprüchen aus §§ 985ff., 823 I, 1004 ausgesetzt und danach zur Rückgabe, zum Schadensersatz, zur Unterlassung der Störung verpflichtet. Diese Ansprüche wirken gegen *jeden,* der sich mit fremdem Eigentum zu schaffen macht.

Ganz anders die Forderungen. Sie bestehen grundsätzlich nur für den Gläubiger und nur gegen den Schuldner. Dritte Personen sind am Schuldverhältnis nicht beteiligt, sie brauchen es nicht zu beachten und können keine Vorteile daraus für sich herleiten.

2. Fünf Beispiele sollen das verdeutlichen:

a) *Beschränkung des Gläubigers beim Leistungsanspruch auf seinen Schuldner*

§ 15   Begriff, Arten, Eigenschaften des Schuldverhältnisses

V verkauft sein Auto zuerst an K_1, ohne es ihm zu übereignen, danach verkauft und übereignet er es an K_2. Beide Kaufverträge sind wirksam, denn man kann, weil Verpflichtungen die dingliche Rechtslage nicht berühren (oben § 14), eine Sache beliebig oft verkaufen, vermieten, verpachten usw. K_1 hat wegen der relativen Wirkung seiner Forderung Ansprüche nur gegen V, nicht gegen K_2, der nun das Auto besitzt. Da V das Auto durch sein Verschulden nicht mehr liefern kann, verwandelt sich der Leistungsanspruch des K_1 in einen Schadensersatzanspruch aus §§ 440 I, 325 (verschuldetes nachträgliches Unvermögen im gegenseitigen Vertrag). An K_2 kann sich K_1 nicht halten; das gekaufte Auto erhält K_1 also nicht.

b) *Beschränkung des Gläubigers bei der Leistungsstörung auf seinen Schuldner*

Frau F kauft beim Einzelhändler E ein Bügeleisen, das, wie sich herausstellt, an einem wesentlichen Konstruktionsfehler leidet. Mit ihren Gewährleistungsansprüchen wegen Sachmängeln (459 ff.) kann sich Frau F nur an E, nicht an den Hersteller H halten, dessen Konstrukteure den Fehler verschuldeten. Denn ihre Rechte aus dem Kauf richten sich nur gegen den E (die Sachmängelhaftung setzt ausnahmsweise kein Verschulden voraus!). E muß, wenn Frau F ihn in Anspruch nimmt, seinen Rückgriff gegen H richten. Ist noch ein Großhändler G eingeschaltet, der H's Produkte an die Einzelhändler verteilt, haftet G dem E, und H dem G. Ein direkter Weg vom Verbraucher zum Hersteller besteht im Rahmen der Vertragshaftung nicht (Relativität der Forderungen), anders nur bei der Haftung aus unerlaubter Handlung: Zur sog. Produzentenhaftung unten § 50 II 3e und § 103 IV.

c) *Beschränkung des Schuldners auf seinen Gläubiger*

S schuldet 1000,− dem G, zahlt aber auf Bitten von Frau G an diese, damit G das Geld nicht vertrinkt. Frau G hatte keine Vollmacht für G. S befreit sich nicht, denn er kann nur an den Gläubiger G erfüllen, 362. G kann von S noch einmal 1000,− fordern, wenn seine Frau ihm das Geld vorenthält. Gegen Frau G hat S einen Bereicherungsanspruch, 812 I 2 (2). § 814 schließt nur den Bereicherungsanspruch wegen Zahlung einer Nichtschuld (812 I 1) aus, den § 812 I 2 (2) verdrängt.

d) *Unbeachtlichkeit des Schuldverhältnisses für Dritte: Zession*

G_1 hat eine Forderung gegen S, die er an G_2 abtritt, 398, ohne S zu benachrichtigen. Danach kassiert er die Forderung bei S, dem er die Abtretung verschweigt. Nach dem oben zu c) Gesagten müßte S noch einmal an G_2 zahlen. Um den Schuldner in solchen Fällen zu schützen, sieht § 407 I ausnahmsweise befreiende Zahlung vor, wenn der Schuldner an den ihm allein bekannten (Alt-)Gläubiger zahlt. Hiernach würde G_2 leer ausgehen. G_2 kann sich aber nach § 816 II und aus verletztem Vertrag an G_1 halten (culpa post pactum perfectum). Der Anerkennung der Gläubigerschaft als sonstigem absolutem Recht im Sinne des § 823 I bedarf es nicht (anders *Larenz* I § 2 II. Dazu unten § 56 V; 103 I 6a).

e) *Unbeachtlichkeit des Schuldverhältnisses für Dritte: Abwerbung*

Gastwirt W bezieht aufgrund eines 20 Jahre laufenden Vertrages Bier von der Brauerei B. Nach Ablauf von 10 Jahren geht W zur Konkurrenzbrauerei K über. Wegen Vertragsbruchs kann sich B an W halten, nicht aber an K, da die Konkurrenzbrauerei den bestehenden Liefervertrag nicht zu beachten braucht. Nur bei sittenwidriger *Verleitung* zum Vertragsbruch oder sonstigem unlauterem Wettbewerb haftet K der B aus §§ 826; 1 UWG, nicht aber schon bei bloßer *Ausnutzung* fremden Vertragsbruchs (sehr str.).

3. Nur scheinbar gibt es *Ausnahmen*, in denen ein Schuldverhältnis für oder gegen Dritte wirkt: Berechtigender Vertrag zugunsten Dritter 328 I; direkte Ansprüche gegen Dritte bei Miete und Leihe, 556 III, 604 IV (analog nach h. M. auch für Verwahrung); Drittschadensersatz (vgl. auch oben § 1 II 2b). Aber auch in § 328 I entscheidet das schuldrechtliche Band zwischen Versprechendem und Versprechensempfänger, §§ 556 III und 604 IV sind gesetzliche Pflichten, und Drittschadensersatz ist nur eine besondere Berechnungsart für einen bestehenden Ersatzanspruch.

4. Zwischen der Relativität von Schuldverhältnissen, dem Abstraktionsgrundsatz bei der Übereignung und den Regeln des gutgläubigen Erwerbs bestehen Zusammenhänge, die kennzeichnend für jede Rechtsordnung sind. Wenn A an B eine Sache verkauft, ohne sie zu übereignen, und danach dieselbe Sache an C verkauft und übereignet, wird C Eigentümer. B kann sich wegen der Relativität seines Kaufanspruchs nur an A, nicht an C halten. Nach französischem Recht, das das Eigentum durch Kauf übergehen läßt, würde erst B Eigentümer, aber C würde, wenn er A für den Eigentümer hält, das Eigentum gutgläubig erwerben, artt. 711, 1138, 1141, 1583, 2279 c. c.; B würde das Eigentum wieder verlieren. Das Ergebnis ist also das gleiche wie im deutschen Recht: Wer den Besitz bekommt und vertraut, gewinnt. Wer nur vertraut, muß die Enttäuschung seines Vertrauens büßen. B muß sich wegen seiner Schadensersatzforderung nach beiden Rechten an A halten. Die Relativität der Schuldverhältnisse ist also Ausdruck der Zweiseitigkeit von Vertrauensbeziehungen. Im Konflikt mit dem Schutz des redlichen Rechtsverkehrs ist die Relativität der Schuldverhältnisse mittelbar ein Teil des allgemeinen Prinzips: Beatus possidens, vgl. §§ 932 ff., 817 S. 2.

5. Obwohl Schuldverhältnisse nur die Parteien binden, haben sie *„Außenwirkungen"*, s. o. § 1 IV 3 e). Eine umfassende Lehre der schuldrechtlichen Außenwirkungen fehlt noch.[1])

§ 16
Unvollkommene Verbindlichkeiten und verbindlichkeitsähnliche Tatbestände

Canaris, AcP 165, 1; *Götz,* JuS 61, 56; *Klingmüller,* Die Lehre von den natürlichen Verbindlichkeiten, 1905; *Larenz,* I § 12 II d; *Mahler,* Die natürlichen Verbindlichkeiten des BGB, 1909; *Neumann,* Der vertragliche Ausschluß der Klagbarkeit eines privatrechtlichen Anspruchs, Diss. München 1967; *Reichel,* Unklagbare Ansprüche, 1911; *ders.,* IherJb. 59, 457; *Reuß,* AcP 154, 485; *Rotondi,* RDirComm 75, 213; *Schmidt, Reimer,* Die Obliegenheiten, 1953 (dazu *Esser,* AcP 159, 49); *Siber,* IherJb. 70, 276.

Zum Wesen der Forderung gehört regelmäßig ihre Durchsetzbarkeit: Der Staat stellt seine Gerichte und Vollstreckungsbehörden dem Gläubiger zur Verfügung, wenn der Schuldner nicht leisten will oder kann. Streitig ist allerdings, ob die Durchsetzbarkeit

---

[1]) *v. Ihering,* IherJb. 10, 245; *A. Hueck,* IherJb. 73, 33; *Lukes,* Der Kartellvertrag, das Kartell als Vertrag mit Außenwirkungen, 1959, insb. 22; *ders.,* FS *A. Hueck,* 1959, 459; *Martens,* AcP 177, 113, 164 ff.

§ 16 Begriff, Arten, Eigenschaften des Schuldverhältnisses
I 2

vertraglich ausgeschlossen werden kann. Mit der h. M. muß dies zugelassen werden, wenn die Parteien über die Forderung verfügen und insbesondere sie erlassen können (so beim sog. pactum de non petendo). Nicht jede Forderung richtet sich auf Erfüllung, so z. B. nicht die Nebenpflichten auf Auskunft und auf Unterlassung der Vertragszweckgefährdung (dazu oben § 8, 3), vgl. auch 374 II, 545. Im Falle der Verletzung solcher Forderungen entstehen aber Schadensersatzansprüche wegen Schlechterfüllung. Deshalb handelt es sich auch hierbei um vollkommene, vollgültige Forderungen, die den Schuldner binden.

Wegen dieses den Schuldner bindenden Charakters der Forderung spricht man auch von *Verbindlichkeit.* Dabei ändert man den Blickwinkel und betrachtet die Forderung vom Standpunkt des Schuldners aus, gegen den sich die Forderung richtet.

Es gibt aber Verbindlichkeiten, die nicht eingefordert werden können (unvollkommene Verbindlichkeiten, unten I.). Ferner finden sich rechtserhebliche Tatbestände, die keine Verbindlichkeiten darstellen, ihnen aber ähneln (unten II.).

I. Unvollkommene Verbindlichkeiten („Naturalobligationen")

1. Nicht durchsetzbare Forderungen

Bei ihnen kann die geschuldete Leistung gefordert, aber nicht erzwungen werden. Eine Verbindlichkeit besteht und kann erfüllt, gegebenenfalls auch gesichert, aufgerechnet usw. werden.

a) *Verjährte Forderungen* sind vollständige, erfüllbare Forderungen, doch sind sie nicht durchsetzbar, wenn der Schuldner die Einrede der Verjährung erhebt, 222, 223. Der Gläubiger soll die Rechtsverfolgung nicht über Gebühr verzögern, und der Schuldner soll nach Ablauf einer gewissen Zeit vor nicht mehr erwarteten Forderungen geschützt sein.

b) Aus dem *Verlöbnis* kann nicht auf Eingehung der Ehe geklagt werden, 1297 I. Der sittliche Gehalt der Ehe widerspricht der Durchsetzbarkeit des Verlöbnisanspruchs.

c) *Ausfallforderungen nach rechtskräftig bestätigtem Zwangsvergleich* sind zum Schutze des Vergleichsschuldners nicht durchsetzbar, 82 VerglO, 193 KO.

2. Erfüllbare Nichtforderungen

Die geschuldete Leistung kann nicht gefordert, aber erfüllt und dann nicht deswegen zurückgefordert werden, weil kein Forderungsrecht bestand. Das Gesetz spricht in diesen Fällen vom Fehlen einer „Verbindlichkeit". In Wahrheit liegt wegen der Erfüllungsmöglichkeit eine Verbindlichkeit vor, doch fehlt ihr das Forderungsrecht, d. h. die Fähigkeit, eingeklagt, gesichert, aufgerechnet usw. zu werden. Lediglich die Erfüllungsmöglichkeit besteht (*Blomeyer,* „haftungslose Schuld"; s. aber oben § 7, 4).

a) Verbindlichkeiten aus Spiel, Wette, nicht staatlich genehmigter Lotterie und Differenzgeschäft können nicht eingefordert, sondern nur freiwillig erfüllt werden, 762–764; ESJ 4. Die Rechtsordnung billigt solche Verbindlichkeiten nicht, doch wäre eine Rückforderung von bereits Geleistetem auch in diesen Fällen nicht anständig (in pari turpitudine melior est conditio possidentis, s. auch § 817 S. 2). Sondervorschriften gelten aufgrund der §§ 58–70 des Börsengesetzes v. 27. 5. 08, RGBl. 215 für Börsentermingeschäfte.

b) Entsprechend kann ein Ehemäklerlohn nicht eingefordert, nur erfüllt werden, 656. Die Kunden dieses Gewerbes sollen nach Ansicht des Gesetzgebers auf Vorleistung verwiesen werden.

II. Verbindlichkeitsähnliche Tatbestände

Bei den nachstehenden Tatbeständen liegen keine Verbindlichkeiten vor, auch keine unvollkommenen. Es handelt sich um Rechtslagen, die mit Verbindlichkeiten eine jeweils sehr verschiedene Verwandtschaft aufweisen.

1. Nicht rückforderbare Anstandszuwendungen

Was aus sittlicher Pflicht oder wegen einer auf den Anstand zu nehmenden Rücksicht oder als Ausstattung geleistet wird, ohne daß eine Rechtspflicht zur Leistung besteht, kann aus Gründen des Anstands nicht zurückgefordert werden, 814, 1624. Auf Ausstattungen findet teilweise Schenkungsrecht Anwendung.

2. Lasten

Lasten sind Tätigkeiten, die man zwar nicht von Rechts wegen vornehmen *muß*, deren Nichtbefolgung aber Rechtsnachteile mit sich bringt (Beispiele: 478, 479, 485; 377, 378 HGB; 33 ff. VVG).

3. Obliegenheiten

Zu Obliegenheiten ist man von Rechts wegen *verpflichtet*, z. B. zu Anzeigen, Mitteilungen und Auskünften gem. § 6 VVG, ohne deren Beachtung man den Versicherungsanspruch verliert, BGHZ 1, 168; 24, 382; BGH VersR 59, 233. Wie bei der Last tritt durch Nichtbefolgung ein Rechtsnachteil ein. Gleichwohl kann Erfüllung nicht erzwungen und Schadensersatz nicht verlangt werden. Deshalb zählt eine Obliegenheit auch nicht zum Leistungsinhalt, s. o. § 8, 4. Dennoch setzt die Haftungsminderung durch mitwirkendes Verschulden nach § 254 logisch eine „Sorgfaltspflicht gegen sich selbst" voraus, die zwar keine Leistungspflicht im Schuldrechtssinne, wohl aber eine *Obliegenheit* im eigenen und im Schuldnerinteresse ist.

2. Abschnitt

Begründung des Schuldverhältnisses

§ 17
Vorbemerkung

1. Die Fragen der Begründung eines Schuldverhältnisses sind nicht nur theoretischer Natur, sondern von unmittelbarer Bedeutung für die Lösung eines Rechtsfalles. Fast jeder Rechtsfall wirft nach Schilderung eines histori-

schen *Sachverhalts* die Frage nach den *Ansprüchen* auf, die den Beteiligten untereinander zustehen (näher oben § 6).

2. Die im Zivilrecht häufigsten Ansprüche beruhen auf Schuldverhältnissen *(schuldrechtliche Ansprüche).* Schuldrechtliche Ansprüche, so lautet die allgemeine Wendung, beruhen *entweder auf Vertrag oder Gesetz.*

Beides ist nicht ganz genau. Statt „Vertrag" müßte es heißen „Rechtsgeschäft", denn es gibt – einige wenige – Fälle rechtsgeschäftlicher Schuldverhältnisse, die nicht auf Verträgen gründen (Auslobung, vgl. dazu auch oben § 10 I). Statt „Gesetz" müßte es heißen, „lediglich auf Gesetz", denn daß Rechtsgeschäfte die Quelle von Schuldverhältnissen sind, steht auch im Gesetz, 305. (Dennoch ist § 305 nur bei atypischen Verträgen (o. § 11) eine Anspruchsnorm, mit der folglich eine Fallbearbeitung begonnen werden kann; bei typischen Verträgen erfolgt nur die Nennung der jeweiligen Anspruchsnorm, z. B. § 433 II; stets verfehlt ist es, § 241 als Anspruchsnorm oder Teil davon zu zitieren).

Mit diesen Einschränkungen ist die Formel „Schuldverhältnisse beruhen auf Vertrag oder Gesetz" brauchbar und prägnant. Im Fall des „Vertrags" ist es menschlicher Wille, der zu rechtlicher Bindung führt, in dem des „Gesetzes" tritt die Bindung ohne einen darauf gerichteten Willen, lediglich kraft gesetzlicher Vorschrift ein.

§ 18
Überblick über die Entstehungsarten

Bärmann, Typisierte Zivilrechtsordnung der Daseinsvorsorge, 1948; *Eichler,* Die Rechtslehre vom Vertrauen, 1950; *Eltzbacher,* Das rechtswirksame Verhalten, 1903; *Hildebrand,* Erklärungshaftung, 1931; *Manhart,* Über die Entstehung der Forderung, Diss. München 1973; *Manigk,* Das rechtswirksame Verhalten, 1939; *Willoweit,* Abgrenzung und rechtliche Relevanz nicht rechtsgeschäftlicher Vereinbarungen, 1969. *Dazu* die u. vor III zu den „faktischen Verträgen" und weiter die vor §§ 19, 20 und § 21 zitierte Literatur.

I. Schuldverhältnisse aus Rechtsgeschäft

1. *Einseitige Rechtsgeschäfte,* die Schuldverhältnisse begründen, sind selten: Im Schuldrecht findet sich nur die Auslobung, 657, im BGB ferner das Stiftungsgeschäft (80, 82) und das Vermächtnis (2174). Im übrigen kann man sich nicht einseitig zu etwas verpflichten (über die umstrittenen Fälle siehe oben § 10 II). Wer einem anderen 100,– verspricht, schuldet sie ihm erst, wenn der andere das Versprechen formgerecht (518) angenommen hat. Dann liegt ein zweiseitiges Rechtsgeschäft vor (Vertrag).

2. *Vertragliche Schuldverhältnisse* stehen im Vordergrund. Ihre Begründung ist gesondert zu besprechen (unten §§ 19 ff.). Wird im Fall nach Ansprüchen gefragt, so ist zu prüfen, aus welchem Vertrag die Ansprüche entstanden sein können.

3. In Notzeiten oder Notfällen bedient sich der Gesetzgeber gelegentlich zwangsweise den Parteien auferlegter „vertraglicher" Schuldverhältnisse. Das ist vor allem dann erforderlich, wenn sich ein wirtschaftliches Ungleichgewicht zwischen den Partnern eingestellt hat, das auf andere Weise vorerst nicht beseitigt werden kann (diktierte Verträge). Das Bewirtschaftungsrecht der Kriegs- und Nachkriegszeit kannte diktierte Verträge in großer Zahl. In diesen Fällen wird den Parteien durch behördlichen Ausspruch ein privater Vertrag mit einem von Gesetz und Behörde festgestelltem Inhalt auferlegt. Zu diesem sog. „Kontrahierungszwang" s. u. § 21 V.

II. Schuldverhältnisse aus Gesetz

Man kann im Schuldrecht drei wichtige Gruppen unterscheiden, die ergänzt werden durch die Ansprüche aus dem sachenrechtlichen Eigentümer-Besitzerverhältnis und eine Kategorie der „sonstigen" wichtigen Ansprüche aus Gesetz. Ist nach Ansprüchen gefragt, sind in aller Regel neben den Schuldverhältnissen „aus Vertrag" zumindest diese fünf wichtigen Anspruchsgruppen „aus Gesetz" durchzuprüfen.

1. **Schuldverhältnisse aus unerlaubter Handlung** („zurechenbare Schädigung"), 823–853, dazu die Sondergesetze der **Gefährdungshaftung**.

2. **Schuldverhältnisse aus ungerechtfertigter Bereicherung, 812–822**

3. **Schuldverhältnisse aus Geschäftsführung ohne Auftrag, 677–687**

4. **Leistungsverhältnisse aus den Beziehungen zwischen Eigentümer und Besitzer einer Sache, 985–1007**

Man kann darüber streiten, ob es sich bei diesen Ansprüchen um schuldrechtliche Ansprüche handelt, die im Sachenrecht geregelt sind, oder um sachenrechtliche Leistungsansprüche. Das letztere ist richtig, vgl. oben § 1 I 3 und II 2b. Der Streit hat z. B. für § 281 Bedeutung: § 281 ist auf sachenrechtliche Ansprüche nicht anwendbar, § 44 II 1c. Wichtig ist, daß diese Ansprüche neben denen aus Vertrag, und zum Teil auch neben denen aus unerlaubter Handlung und ungerechtfertigter Bereicherung geltend gemacht werden können, 992, 993. Sie müssen daher bei Erstellung eines Gutachtens stets mit in Erwägung gezogen werden. Die Erörterung der Ansprüche gehört ins Sachenrecht. Zu den Konkurrenzen unten § 102 V.

5. **Sonstige Schuldverhältnisse aus Gesetz (Beispiele)**

a) Zwischen Finder und Verlierer, 965ff.; **b)** Aufgrund Pfandrechts, 1215ff.; **c)** Aufgrund Nießbrauchs, 1030ff.; **d)** Innerhalb von Gemeinschaften, 741ff., 2032ff.; **e)** Zwischen Vormund und Mündel, 1793ff.; **f)** Bei Vermögensverwaltungen, 1985; **g)** Zwischen Erben und Erbschaftsbesitzer, 2018ff.; **h)** Familienrechtliche Unterhaltspflichten, 1600ff.

6. Culpa in contrahendo

Das Rechtsverhältnis der Vertragsanbahnung („culpa in contrahendo") kann als ein „gesetzliches" bezeichnet werden, steht aber mit dem Vertrag in enger Beziehung. Näher u. § 20.

III. Die sogenannten faktischen Vertragsverhältnisse

Bärmann, Typisierte Zivilrechtsordnung der Daseinsvorsorge, 1948; *Betti*, FS *Lehmann*, Bd. I, 1965, 253; *Börner*, FS *Nipperdey*, Bd. I, 1965, 185; *Brox*, Die Einschränkung der Irrtumsanfechtung, 1960; *Dölle*, ZStW 103, 67; *Erman*, NJW 65, 421; *Esser*, AcP 157, 86; *Flume*, FS DJT, Bd. I, 1960, 183; *ders.*, AcP 161, 52; *Gudian*, JZ 67, 303; *Haupt*, Über faktische Vertragsverhältnisse, 1941; *Kaduk*, JR 68, 1; *Kellmann*, NJW 71, 265; *Köhler*, JZ 81, 464; *Köndgen*, Selbstbindung ohne Vertrag, 1981; *Larenz*, NJW 56, 1897; *ders.*, DRiZ 58, 245; *Lehmann, H.,* IherJb. 90, 131; *ders.*, NJW 58, 1; *Litterer*, Vertragsfolgen ohne Vertrag, 1979; *Mayer-Maly*, FS *Wilburg*, 1965, 129; *ders.*, FS *Nipperdey* (a. a. O.), 509; *Nikisch*, FS *Dölle*, Bd. I, 1963, 79; *Nipperdey*, MDR 57, 129; *Pawlowski*, Rechtsgeschäftliche Folgen nichtiger Willenserklärungen, 1966; *Raiser, L.*, JZ 58, 1; *ders.*, FS DJT, Bd. I, 1960, 101; *Sack*, RdA 1975, 171; *Siebert*, Faktische Vertragsverhältnisse, 1958; *Simitis, S.*, Die faktischen Vertragsverhältnisse, 1957; *Wieacker*, JZ 57, 61; *ders.*, FS OLG Celle, 1961, 263.

1. Bei vier Fallgruppen ist zweifelhaft, ob sie sich in die Zweiteilung „Schuldverhältnisse aus Vertrag und aus Gesetz" einordnen lassen. Man kann die vier Fallgruppen im Anschluß an *Haupt* zusammenfassend die *faktischen Vertragsverhältnisse* nennen. Ihnen ist gemeinsam, daß Verträgen äußerlich ähnelnde Schuldverhältnisse entstehen, obwohl die Beteiligten keinen oder keinen fehlerfreien *rechtsgeschäftlichen Willen* geäußert haben. Man müßte diese Schuldverhältnisse also als *gesetzliche* bezeichnen. Doch scheint das Gesetz keine passenden Vorschriften zu enthalten. Ein großer Teil der Lehre und Rechtsprechung nimmt daher an, daß bei den sogenannten faktischen Vertragsverhältnissen vertragliche Schuldverhältnisse aus rein tatsächlichem Verhalten entstehen (u. a. *Larenz, Esser*, BGH).

In systematischer Hinsicht hat man versucht, neben Schuldverhältnissen aus Vertrag und aus Gesetz eine dritte Art festzustellen, die man „Schuldverhältnisse aus rechtlich relevantem Verhalten" oder „rechtlich wirksamem Verhalten" nannte. Dieser Weg ist wenig erfolgversprechend, da auch die §§ 812ff., 823ff. rechtlich wirksames Verhalten regeln und eine überzeugende Abgrenzung daher nicht möglich erscheint. So ist die Eingliederung der faktischen Vertragsverhältnisse in das Schuldrechtssystem heute eine offene Frage.

Es bleibt somit nur diese Alternative: Entweder muß man zur Erfassung der sog. faktischen Vertragsverhältnisse als *Verträge* den klassischen willensgetragenen Vertragsbegriff zu einem objektiven, willensunabhängigen Vertragsbegriff erweitern (*Betti*, anders wiederum *Bärmann*), oder es liegen im Bereich der sog. faktischen Vertragsverhältnisse Gesetzeslücken innerhalb der *gesetzlichen* Schuldverhältnisse vor. Da man den willensgetragenen Vertragsbegriff als eine der entscheidenden Errungenschaften des modernen Privatrechts nicht ohne Not fallen lassen sollte *(L. Raiser)*, ist der zweite Weg der Suche und der Schließung von Gesetzeslücken im Bereich der gesetzlichen Schuldverhältnisse vorzuziehen. In diese Richtung scheint die herrschende Meinung zu gehen.

Auch die neueste Theorie, die aus den faktischen Vertragsverhältnissen und aus anderen Fällen geschäftsbezogenen Verhaltens (z. B. Haftung des Sachwalters, dazu u. § 20 VI 2) eine allgemeine Lehre der *Selbstbindung ohne Vertrag* und *dadurch* eine dritte Entstehungsform für Schuldverhältnisse, die des *Quasikontrakts*, zu begründen versucht *(Köndgen)*, überzeugt nicht. Das Gesetz geht in den §§ 145 ff. von dem Konsensprinzip aus und betrachtet die Selbstbindung ohne Vertrag als Ausnahme (z. B. § 657, s. auch oben I 1). Man wird also auch in diesen Fällen ein Schuldverhältnis aus Rechtsgeschäft annehmen müssen, es sei denn, daß kein rechtsgeschäftlicher Wille zum Ausdruck gebracht worden ist. Dann handelt es sich aber, wie im Text weiter zu erläutern ist, um Schuldverhältnisse aus dem Gesetz.

Unabhängig davon und zuvor aber ist zu prüfen, wie weit sich die vier Fallgruppen nach bewährten Regeln des Zivilrechts lösen lassen, ohne auf die Theorie der Lückenfüllung zurückgreifen zu müssen. Hiernach wird im folgenden verfahren.

2. Es handelt sich um folgende vier Fallgruppen, wobei von der Einteilung Haupts ausgegangen wird:

a) *„Schuldverhältnisse aus sozialem Kontakt"*

Gemeint sind vor allem die Fälle des Verschuldens bei Vertragsschluß, deren Lösung aber prinzipiell keine Schwierigkeiten mehr macht (vgl. unten § 20). Sie als „faktische Vertragsverhältnisse" aufzufassen, wird überwiegend und mit Recht abgelehnt. Außerdem erscheint der Ausdruck „sozialer Kontakt", jedenfalls in diesem Zusammenhang, zu weit gespannt, um sachlich etwas auszusagen *(H. Lehmann)*.

b) *„Schuldverhältnisse aus Gemeinschaftsverhältnissen", „Eingliederungsverhältnisse"*

Wird aufgrund eines *vertraglich nicht wirksam* zustande gekommenen Dienst- (insb. Arbeits-)*verhältnisses* Arbeit geleistet, so erscheint die Berufung des aus § 812 auf Zahlung eines „Lohnes" in Anspruch genommenen Dienstherrn auf § 818 III (Wegfall der Bereicherung) unbillig. Doch untersteht auch der Schuldner des Bereicherungsanspruchs dem Gebot von Treu und Glauben, 242, das ihm in solchen Fällen die Entreicherungseinrede in der Regel versagt (näher unten § 79 I 7). Die Annahme eines faktischen Dienstvertrags erfolgte hier bei einigen Rechtslehrern *(Siebert, Haupt)* und der Rechtsprechung (etwa BAG Betr. 74, 1531) zur Behebung rechtsgeschäftlicher Mängel. Da sich aber diese Mängel, wie noch auszuführen sein wird, nach Bereicherungsrecht und nach dem Treu-und-Glauben-Satz ausgleichen lassen, erscheint insoweit die Bejahung eines faktischen Vertrags wohl unnötig.

Wird ein vertraglich nicht wirksam zustande gekommener *Gesellschaftsvertrag* von den Parteien praktisch doch ausgeführt, so lassen sich meist die Verhältnisse nach einer Weile — wenn die Nichtigkeit zutage tritt — nicht mehr auf den status quo ante zurückführen, was an sich rechtens wäre, 812 ff., 142. Die Gesellschafter haben auf den Bestand der Gesellschaft vertraut, ebenso die Gläubiger. Es bedarf einer Beschränkung der Nichtigkeitsfolgen. Hier ist mit den Regeln des Rechtsscheins zu helfen, die nach außen oder innen getrennt anzuwenden sind und so unbillige Ergebnisse vermeiden helfen (242), s. im einzelnen unten § 88 I 5. Eine Gesellschaft kommt durch die Rechtsscheinregeln aber nicht zustande. *Nur soweit nach Vertrauensgrundsätzen nötig,* wird die Lage so angesehen, „als ob" eine Gesellschaft trotz Nichtigkeit bestanden habe. Die Annahme einer wirklich bestehenden faktischen Gesellschaft wäre *mehr* als die Umstände und die Interessen der Beteiligten verlangen. Sie ist unnötig und abzulehnen. Die im Grundsatz berechtigte Analogie zu den Vorschriften des Aktien- und GmbH-Rechts, die eine ex-tunc-Nichtigkeit vermeiden, muß die Besonderheiten der Personalgesellschaften berücksichtigen. Die Meinungen im Schrifttum schwanken. Die Rechtsprechung neigt wohl der hier vertretenen Meinung zu und spricht nicht mehr von einer „faktischen" sondern von einer *„fehlerhaften"* Gesellschaft: BGH LM Nr. 19 zu § 105 HGB (Anm. *R. Fischer*); BGHZ 55, 5; 62, 20 usw.; vgl. auch *Ulmer, P., FS Flume,* Bd. I, 1978, 301 ff.; *Wiesner*, Die Lehre von der fehlerhaften Gesellschaft, 1980, passim.; *Wiedemann*, Gesellschaftsrecht, 1980, § 3 I 2 b. Die Auffassung einer faktischen Gesellschaft als einer wirklich bestehenden ist aber noch immer verbreitet.

Entsprechendes gilt für *Miet- und Pachtverhältnisse,* die man vereinzelt ebenfalls zu den „Eingliederungsverhältnissen" gerechnet hat *(Esser).* Wo die Berufung auf die Nichtigkeit zu untragbaren Folgen führt, ist ihr gemäß §§ 242, 826 keine Folge zu geben. Für Vertrag: BGHZ 25, 285.

Bei allen sog. „Schuldverhältnissen aus tatsächlichen Gemeinschaftsverhältnissen" sollte also, wenn trotz Nichtigkeit Rechtsfolgen erwünscht sind, keine Gleichstellung mit wirksamen Verträgen vorgenommen werden, sondern eine differenzierte Lösung unter Heranziehung der Gesichtspunkte des Rechtsscheins, des Vertrauensschutzes und von Treu und Glauben erfolgen.[1])

c) *„Sozialtypisches Verhalten im Bereich von üblicherweise massenhaft geschlossenen Verträgen" („Daseinsvorsorgeverträge")*

Dies ist die theoretisch und praktisch wichtigste Gruppe, deren Behandlung in der Tat Schwierigkeiten bereitet (eine Lösung wird unten 4./5. vorgeschlagen). Hier sind es vor allem drei Fälle, in denen ein großer Teil der Lehre und Rechtsprechung annimmt, daß Verträge ohne rechtsgeschäftlichen Willen, allein durch „sozialtypisches Verhalten" entstehen.

— Anschluß an das Gas-, Wasser- oder Stromnetz, ohne daß zwischen dem Benutzer und der Versorgungsanstalt ausdrückliche Erklärungen ausgetauscht werden (vgl. RGZ 111, 310: BGHZ 23, 175; LG Berlin, JZ 73, 217 m. Anm. *Beuthien*).
— Parken auf gebührenpflichtigem Parkplatz, wobei der Parkende dem Wächter sagt, er lehne die Bewachung ab und zahle daher nicht (BGHZ 21, 319 [333] = ESJ 5).
— Benutzung von Straßenbahn, Eisenbahn, Omnibus, ohne daß mit dem Schaffner Worte gewechselt werden, LG Bremen, NJW 66, 2360; Anm. *Medicus* NJW 67, 354.

Die Lösung der Fälle des sozialtypischen Verhaltens im Bereich von üblicherweise massenhaft abgeschlossenen Verträgen ist lebhaft umstritten.

---

[1]) Vgl. jetzt den Gesetzesvorschlag (neuer § 139 II) von *Horn,* Gutachten, I, 551 ff., der die Rückwirkung der Nichtigkeit bei Dauerschuldverhältnissen beschränken will, wenn dies zur Wahrung berechtigter Interessen der Vertragsparteien oder zum Schutz Dritter erforderlich ist (s. auch oben § 8 Anm. 5).

Das Für und Wider ist unter 3. und 4. darzustellen. Zuvor ist noch die vierte — neueste — Fallgruppe der sog. faktischen Verträge zu erwähnen.

d) *„Faktische Hofübergabe- und Erbverträge"*
Wenn der älteste Sohn schon jahrzehntelang mit der eigenen Familie auf dem Hof des Vaters gearbeitet hat und von jedermann als Erbe betrachtet wurde, erscheint es unbillig, wenn der Vater in seiner letzten Stunde den Hof testamentarisch einem Fremden vermacht. Kann man einen aus dem tatsächlichen Verhalten begründbaren Hofübergabevertrag unter Lebenden annehmen, der den Hof aus dem testamentarisch verfügbaren Vermögen des Vaters herausnimmt, noch dazu unter Außerachtlassung der Formvorschrift des § 313? BGHZ 12, 286 nimmt einen vom rechtsgeschäftlichen Willen unabhängigen faktischen Hofübergabevertrag zu Lebzeiten des Vaters an, vgl. auch BGHZ 23, 249. Das Ergebnis befriedigt, die Begründung aus § 242 überzeugt nicht voll. In diesen Fällen steht der Entgeltgedanke ganz im Vordergrund. Daraus läßt sich auch die neue Regelung des § 7 HöfeO i. d. F. vom 26. 7. 1976 (BGBl. I 1933) erklären, die nunmehr die Rechtsverbindlichkeit der formlosen Hoferbenbestimmung ausdrücklich anerkennt (vgl. auch § 6 HöfeO). „Sozialtypisches" tragen die Fälle nicht an sich, im Unterschied zu den Daseinsvorsorge-Verträgen.

3. Die Lehre von den sog. faktischen Vertragsverhältnissen hat die moderne Zivilrechtsdogmatik um wichtige Gesichtspunkte bereichert. Die Meinungen sind noch im Fluß. Feste Standpunkte haben sich noch nicht herausgebildet. Die neue Lehre nimmt für sich in Anspruch, moderne Sachverhalte lebensnah zu lösen. Dieser Vorteil wiegt aber wohl im ganzen gesehen die systematische Unsicherheit nicht auf, die durch diesen Zwischenbereich zwischen vertraglichen und gesetzlichen Schuldverhältnissen hervorgerufen worden ist.

Zugunsten der neuen Lehre wird angeführt, sie ermögliche sachgerechte Entscheidungen vor allem im Bereich der Daseinsvorsorge *(Simitis)*, wo es auf Geschäftsfähigkeit nicht ankommen könne. Auch das 6jährige Kind stehe in einem faktischen Vertragsverhältnis, wenn es die Straßenbahn besteige. Nur müsse das tatsächliche Verhalten zurechenbar sein *(Larenz)*. Insofern widerspricht aber die Lehre von den faktischen Vertragsverhältnissen, was sie nicht bestreitet, Grundprinzipien des deutschen bürgerlichen Rechts, das Minderjährige, Kinder und Geisteskranke auch dort schützt, wo der Rechtsverkehr darunter leidet; anders LG Bremen NJW 66, 2230 mit abl. Anm. von *Medicus* NJW 67, 354.

Die Fälle des sozialtypischen Verhaltens im Bereich von üblicherweise massenhaft abgeschlossenen Verträgen und die sog. faktischen Hofübergabeverträge lassen sich auf der Grundlage des geltenden bürgerlichen Rechts lösen, wenn man zugesteht, daß das Recht der ungerechtfertigten Bereicherung in einem bestimmten Punkte, nämlich im Hinblick auf die Entgelthaftung aus beanspruchter Leistung, der Lückenfüllung bedarf. Dieser Weg soll im folgenden beschritten werden.

4. Der Gedankengang, in dem gemeinsame Gesichtspunkte der genannten Fälle geprüft werden sollten, ist folgender:

a) Zunächst ist zu fragen, ob nicht doch ausdrücklich oder stillschweigend ein Vertrag geschlossen wurde, dessen Erklärungen zugegangen sind. Wer mit der Straßenbahn oder Eisenbahn fährt, sagt fast immer etwas, z. B.: „Geradeaus, zum Bahnhof, zur X-Straße, nach Y, umsteigen." Möglicherweise erklärt er etwas, indem er einen Fahrausweisautomaten betätigt (stillschweigende, aber vorhandene Erklärung!). Nach der Lehre vom sozialtypischen Verhalten gäbe es übrigens keine Schwarzfahrer mehr. Auch sie ständen, gegen ihren Willen, in einem Beförderungsvertrag. Das ist ebensowenig lebensnah wie schwarzfahren sozialtypisch ist.

b) Fehlt ein ausdrücklicher Vertrag, ist nach einem stillschweigenden Abschluß eines Vertrags zu fragen. Er liegt vor, wenn wortlos Fahrscheine geknipst, Fahrausweisautomaten betätigt oder Autos zum Parken aufgestellt werden. In diesen Fällen gehen die Erklärungen auch zu.

c) Ausdrückliche und stillschweigende *Annahme*erklärungen brauchen nicht zuzugehen, wenn das nach der Verkehrssitte nicht zu erwarten ist oder der Antragende darauf verzichtet hat, 151. Schließt sich jemand stillschweigend an ein Versorgungsnetz an, ist grundsätzlich Verzicht der Versorgungsanstalt auf eine den Anschluß begleitende Erklärung anzunehmen für den Fall, daß der durchaus übliche Formularweg nicht eingehalten wird. Das Angebot liegt in der Bereitstellung der Leistung mit der Möglichkeit des Anschlusses. Zapft der Benutzer eine für ihn nicht bereitgestellte Leitung an, liegt Diebstahl oder Betrug vor. Ein Vertrag scheidet dann aus (zur Bereicherungshaftung siehe unten e): Es liegt wie beim Schwarzfahrer: Einrichtungen des bürgerlichen Rechts sollten aus – u. U. sogar absichtlichen – Unrechtshandlungen kein Recht machen. Man stelle sich die Überraschung eines routinierten Schwarzfahrers oder Leitungsanzapfers vor, wenn ihm gesagt wird, er stehe in einem rechtlich anerkannten Vertragsverhältnis! Oder handeln der Schwarzfahrer und der Anzapfer nach der Lehre vom faktischen Vertrag etwa nicht sozialtypisch? Wenn nicht, wegen ihrer inneren Einstellung? Dann aber gelangt man wieder zur Willenserklärung.

Beispiel eines in „sozialtypischer Weise" stillschweigend geschlossenen Mietvertrags zu bestimmten Bedingungen BGHZ 25, 285. Den gleichen Gedanken enthalten §§ 612, 632, 653, 689.

d) Die bisherigen Fälle wären also nicht Grund genug, die neue Lehre zu rechtfertigen. Sie lassen sich auf der Grundlage des klassischen Vertragsrechts lösen. Ihre sog. Sozialtypik ist auch anderen Verträgen eigen, z. B. dem Abzahlungsgeschäft *(Nipperdey).*

Problematisch ist einzig die Inanspruchnahme einer Leistung unter ausdrücklicher Betonung, man wolle keinen Vertrag schließen (Parkplatzfall, BGHZ 21, 319, 333), *protestatio facto contraria*. Hier glaubt die Lehre von der Sozialtypik, vom erklärten Willen absehen und das Verhalten allein den Vertrag begründen lassen zu sollen. Doch ist zu unterscheiden: Richtet sich der Protest, *keinen* Vertrag schließen zu wollen, gegen eine eigene *Erklärung*, einen Vertrag schließen zu wollen, so liegt eine widersprüchliche Willenserklärung vor, *„protestatio declarationi contraria"*. Dabei kann sowohl die Erklärung, abschließen zu wollen, als auch der Protest dagegen, ausdrücklich oder stillschweigend sein. Widersprüchliche Willenserklärungen bedürfen der Auslegung nach allgemeinen Grundsätzen. Je massenhafter der in Frage stehende Vertrag üblicherweise abgeschlossen wird, desto *verkehrsfreundlicher* muß die Auslegung der widersprüchlichen Erklärung sein, 157. Im übrigen ist der wahre Wille des Erklärenden zu erforschen, 133. Wer stillschweigend die Hofübergabe erklärt, sie aber ausdrücklich abstreitet, will nicht übergeben. Wer aber bei einer Stromtarifänderung gegen die Änderung protestiert und dann dennoch weiterbezieht, erklärt konkludent, zu den alten Bedingungen beziehen zu wollen. Gleichzeitig liegt darin aber auch — objektiv — die stillschweigende Anerkennung der neuen Bedingungen. Liegt dem stillschweigenden Anschluß ein *rechsgeschäftlicher Wille* zugrunde (Tatfrage), so ist bei derartigen massenhaft vorkommenden Erklärungen die Erforschung des wahren Willens des Sich-Anschließenden durch den Versorgungsträger nicht zumutbar. Bei der für jede Auslegung von Vertragserklärungen nötigen objektiven Betrachtung entscheidet hier die Auslegung zugunsten der verkehrsfreundlicheren, stillschweigenden Erklärung, also für den neuen Tarif. *Die Sozialtypik ist also keine Rechtsquelle, sondern ein Auslegungskriterium.* Das Verdienst der neuen Lehre liegt in der Erkenntnis, daß massenhaft abgegebene Erklärungen verkehrsfreundlich zu beurteilen sind. Der Irrtum ist dabei, daß man diese Auslegungsfrage für ein Rechtsquellenproblem hält. Die Sozialtypik einer Erklärung ist ein Beurteilungsmaßstab für sie; nicht aber ersetzt die Sozialtypik die Erklärung selbst. Hier, nämlich in der Entscheidung für den verkehrsfreundlicheren Teil einer gegen sich selbst protestierenden, also widersprüchlichen Willenserklärung, wenn der Protest verkehrsfremd ist, liegt auch der richtige Kern des im übrigen viel zu weit gespannten und daher meist zu Unrecht zitierten Satzes: Protestatio facto contraria non valet. Es gibt Proteste, die beachtlich sind, und in der Regel sind sie es. Nur verkehrsunübliche Proteste gegen anderslautende, verkehrsübliche Erklärungen gelten — im Auslegungswege — nicht. Voraussetzung ist hier aber stets eine widersprüchliche Willenserklärung, also auch ein auf den Abschluß gerichteter Willensteil (der stillschweigend abgegeben sein kann). Ein Schritt in die hier vorgeschlagene Richtung: BGH NJW 65, 387, vgl. dazu auch BGHZ 20, 270.[2])

---

[2]) Im Ergebnis ebenso: *Börner; Gudian; Medicus,* BürgR Rn. 191; *Köhler,* JZ 81, 464 ff., will dagegen das Zustandekommen eines Vertrags bei jedem Fall einer protestatio facto contraria zugunsten der Aufrechterhaltung der Privatautonomie ablehnen und dafür das Bereicherungsrecht (für Vertragsstrafen bei „vertragswidriger" Inanspruchnahme von Leistungen das Deliktsrecht in Anlehnung an die GEMA-Rechtsprechung des BGH, BGHZ 17, 376; 59, 286) gelten lassen. In dieser allgemeinen For-

Die hier vorgeschlagene Lösung wendet also für die meisten Fälle, in denen die Lehre von den faktischen Verträgen ein Rechtsgeschäft leugnet, die allgemeinen rechtsgeschäftlichen Lehren an (zur einzigen Ausnahme sogleich unten e). Allerdings wird bei der Auslegung der Erklärungen Bedacht auf den möglichen Massencharakter von Erklärungen genommen. Dadurch tritt bei Massenerklärungen, angesichts des ausgewogenen Kompromisses zwischen Erklärungs- und Willenstheorie in den §§ 104ff., die Erklärungstheorie in den Vordergrund. Gilt aber die Rechtsgeschäftslehre, so gelten auch die Anfechtungsregeln. Das führt zu keinem widersinnigen Ergebnis. Denn die Anfechtungsmöglichkeit ist zwar eine vom Gesetzgeber mit Bedacht gewährte Einschränkung des Erklärungswerts zugunsten des Willens, aber auch §§ 119, 120 lassen den Willen unbeachtet, wenn der Erklärende „bei Kenntnis der Sachlage und bei verständiger Würdigung des Falles" die Erklärung trotz seines Irrtums abgegeben hätte. Bevorzugt man also bei der Auslegung einer widersprüchlichen Willenserklärung den verkehrsfeindlicheren Teil mit Rücksicht auf seinen „Massencharakter", ist *insoweit* die Anfechtung nach §§ 119, 120 ausgeschlossen, weil die „verständige Würdigung" ebenfalls zur Geltung des verkehrsfreundlichen Teils der widersprüchlichen Erklärung führt.

e) Richtet sich dagegen der Protest, keinen Vertrag schließen zu wollen, nicht gegen eine Erklärung, sondern gegen die mögliche Mißdeutung eines *Verhaltens* als Erklärung, so ist ein rechtsgeschäftlicher Wille in Richtung auf einen Vertrag nicht vorhanden, echte „protestatio facto contraria". Auch eine Auslegung ist daher nicht möglich. Wird trotz des Protestes *eine zu bestimmten Bedingungen angebotene* Leistung beansprucht, so entsteht ein Anspruch aus ungerechtfertigter Bereicherung, 812 I 1. Da der die Leistung Beanspruchende den Mangel des rechtlichen Grundes kennt, haftet er nach §§ 819 I, 818 IV nach den allgemeinen Vorschriften. Soweit er, wie meist, die in Anspruch genommene Leistung in natura nicht wieder herausgeben kann, besteht vom Augenblick der Inanspruchnahme an der Wertersatzanspruch gemäß § 818 II. Da der Wert in Geld, also einer Gattung, ausgedrückt ist, findet als allgemeine Vorschrift im Sinne des § 818 IV die Vorschrift des § 279 Anwendung. Der Inanspruchnehmende haftet demnach von der Inanspruchnahme an auf den Wert der Leistung ohne Entreicherungseinrede. – (Deliktansprüche bestehen möglicherweise auch, §§ 823 I; II i. V. m. 123 StGB usw.)

Gleichzeitig mit der Inanspruchnahme entsteht also: (1) Der Anspruch aus § 812 I 1; (2) die Kenntnis gemäß §§ 819 I, 818 IV; (3) in den meisten Fällen dazu die Unmöglichkeit der Rückgewähr gemäß § 818 II und in diesem Umfang die Gattungsschuld nach § 279.

---

mulierung würde aber seine Lösung zu großen Schwierigkeiten hinsichtlich der Anwendung von § 818 II führen (dazu weiter im Text, unter e). Abgesehen davon dient die hier vorgetragene Theorie ebenfalls zur Aufrechterhaltung der Privatautonomie. Zu den Vertragsstrafen in den angesprochenen Fällen s. unten § 55 III 2d cc).

Dabei ist aber zu beachten, daß die Werthaftung des § 818 II in ihrem üblichen Sinne (Zeitwert, gemeiner Wert) nicht paßt. Das, was geschuldet ist, ist der *Gegenwert*, das Entgelt. Man kann nun den Gegenwert, das Entgelt, als Unterfall des Wertes im Sinne des § 818 II auffassen. Dann läge in der hier vorgeschlagenen Konstruktion lediglich eine *Auslegung* des § 818 II.[3]

Richtig ist, eine *Normlücke* des Bereicherungsrechts anzuerkennen, welche die Entgelthaftung für unter bestimmten Bedingungen angebotene und in Anspruch genommene Leistungen betrifft. Nirgends steht, daß das Entgelt begrifflich auf den rechtsgeschäftlichen Bereich beschränkt und dem Bereicherungsrecht fremd ist. So gesehen sind die Fälle der Protestation gegen eine tatsächliche Inanspruchnahme mit einer *Analogie* zu § 818 II zu lösen. Hierher gehört auch der Parkplatzfall (BGHZ 21, 333).[4]

Zu denken ist noch an § 687 II (unechte Geschäftsführung ohne Auftrag). Würde man, wie es die Rechtsprechung im gewerblichen Rechtsschutz seit langem tut, diese Vorschrift auf fahrlässige Eingriffe in fremde Rechtskreise ausdehnen, käme man zu dem glatten Ergebnis, daß bei *schuldhafter* Inanspruchnahme fremden Gutes oder fremder Leistung der erlangte Wert nach §§ 687 II, 681, 2; 667 herauszugeben ist. Geschäftsbeschränkte wären nach § 682 geschützt. Schuldloser (oder entschuldigter) Eingriff hätte dagegen keine Folge, wenn man die Entgelthaftung nach § 818 II ablehnt. Gegen diese Lösung spricht jedoch:

(1) Nicht jeder Eingriff in fremde Rechtskreise ist die „Behandlung eines fremden Geschäfts als eigenes".

(2) Die Ausdehnung des § 687 II auf Fahrlässigkeit ist noch sehr streitig, unten § 83 III 2 a bb

(3) Die *Entgelt*haftung ist auch bei schuldlosem Eingriff billig.

(4) *Soweit* § 687 II durch ein Handeln unter protestio facto contraria erfüllt ist, ist die *Gewinn*herausgabe nach §§ 681, 2; 667 billig

5. Die Vorteile der bereicherungsrechtlichen Lösung sind:

a) Minderjährige, Kinder und Geisteskranke bleiben, soweit sie rechtsgeschäftlich tätig werden, so geschützt wie das Gesetz es im allgemeinen will. Bereichern sie sich, so ist über §§ 819 I, 827, 828 eine abgestufte Lösung der Entreicherungsfrage auf gewohntem zivilrechtlichem Boden möglich. Die schwierige Frage der „Zurechenbarkeit" des faktischen Verhaltens entfällt.[5]

b) Da es darauf ankommt, daß die angebotene und in Anspruch genommene Leistung zu bestimmten Bedingungen angeboten war, läßt sich der Inhalt der Bereicherung genau umreißen. Beim Parkplatzfall ist der Parkende auch um die Versicherung und alle sonstigen Vorteile der vertragsmäßig Parkenden bereichert, so daß das Ver-

---

[3] So verfährt die Praxis schon seit langem bei der *Haftung* für Eingriffe in geistiges Eigentum *auf die übliche Lizenz*, vgl. *Baumbach/Hefermehl*, Wettbewerbsrecht, 14. Aufl. 1983, Einl. v. § 1 UWG, Rn. 355.

[4] Zu den Rechtsfolgen im einzelnen unten § 100 VII 2.

[5] S. dazu *Larenz* AT, § 28 II (seit der 5. Auflage von 1980 zurückhaltender).

tragsentgelt für die Entgelthaftung gemäß § 818 II (analog) maßgebend ist. Entgelt ist z. B. auch die Zustimmung zur Gerichtsstandvereinbarung in den Parkplatz-Versicherungsbedingungen. Wer eine Leitung anzapft, in der Strom, Gas oder Wasser zu bestimmten Bedingungen angeboten werden, haftet nach Bereicherungsrecht auf das tarifliche Entgelt nach tariflichen Bedingungen, ist aber auch um alle tarifmäßigen Vorteile bereichert.

c) Soweit Verträge zustande kommen, gilt § 119 für Irrtümer, allerdings fehlt oft die Kausalität des Irrtums für die Erklärung. Soweit der Inanspruchnehmende nach § 818 II analog haftet, kann er nicht anfechten.

d) Da § 819 I positive Kenntnis fordert, genügt für die Haftung nach § 818 II analog das Kennenmüssen der die Haftung begründenden Umstände nicht. Das eigenartige Ergebnis der Lehre vom sozialtypischen Verhalten, daß der Beförderungsvertrag aufgrund einer Monatskarte nur mit Willen, aufgrund einer einfachen (in der Straßenbahn gelösten) Fahrkarte, auch fahrlässig zustande kommen kann, wird vermieden. Diese Einbeziehung des Kennenmüssens ist im Hinblick auf § 819 I ohnehin nicht zu rechtfertigen, denn wenn schon die Bereicherungshaftung Kenntnis verlangt, darf für die grundsätzlich schärfere vertragliche Haftung fahrlässige Unkenntnis nicht genügen.

6. Zusammengefaßt zeigt sich die Lehre von den faktischen Vertragsverhältnissen als zumindest hinsichtlich des „sozialen Kontakts" und der „faktischen Gemeinschaftsverhältnisse" zu weit gefaßt. Diese Erscheinungen gehören an andere Stellen des Zivilrechtssystems. Bezüglich des „sozialtypischen Verhaltens" im Bereich üblicherweise massenhaft abgeschlossener Verträge läßt sich die Mehrzahl der Fälle nach der herkömmlichen Vertragstheorie lösen. Die problematischen Fälle sind die der Protestationen. Von ihnen erledigen sich die widersprüchlichen Willenserklärungen nach den anerkannten Auslegungsregeln, wenn man der Tatsache der Massenhaftigkeit der Erklärungen das richtige Gewicht beimißt. Als nicht nach hergebrachtem Recht befriedigend lösbar verbleiben die Protestationen gegen tatsächliches Verhalten. *Hier* und nur in diesem Bereich hat man zu entscheiden, ob man eine neue Kategorie von Schuldverhältnissen zwischen Rechtsgeschäft und Gesetz bilden, oder ob man das Bereicherungsrecht (unter historischen und fremdrechtlichen Vergleichen) im Hinblick auf eine Entgelthaftung fortentwickeln will. Der zweite Weg erscheint als der systemgemäßere und weniger aufwendige. Jedenfalls bringt er weniger konstruktive Schwierigkeiten mit sich als die Lehre vom sozialtypischen Verhalten, vor allem im Feld der subjektiven Tatbestandsvoraussetzungen. BGH NJW 71, 609 (Schwarzflug des Minderjährigen) bringt zwar noch kein Abrücken, wohl aber eine Eingrenzung der Lehre vom faktischen Vertrag: Wenn der Fahrgast namentlich identifizierbar ist, gilt im Flugverkehr Bereicherungsrecht. Ist etwa der Flugverkehr kein Massenverkehr? Gilt auf dem Flughafen-Parkplatz der „faktische Vertrag" und nach dem Betreten des Flugsteigs Bereicherungsrecht, wenn der Schwarzflieger mit dem Auto kommt und dieses auch noch schwarz parkt?

§ 19
Entstehung durch Vertrag

Bailas, Das Problem der Vertragsschließung und der vertragsbegründende Akt, 1962; *Drobnig,* FS *Riesenfeld,* 1983, 31; *Graue,* Vertragsschluß durch Konsens? in: Rechtsgeltung und Konsens, 1976, 105; *Hart,* Die AG 84, 66; *Kramer,* Grundfragen der vertraglichen Einigung, 1972; *Manigk,* IherJb. 75, 127; *MPI für ausländisches und internationales Privatrecht,* Gutachten I, a. a. O. (oben § 3, 1 b), 1 (rechtsvergleichend); *Mayer-Maly,* FS *Wilburg,* 1965, 129; *ders.,* FS *Nipperdey,* Bd. I, 1965, 509; *ders.,* FS *Seidl,* 1975, 118; *ders.,* Die Bedeutung des Konsenses in privatrechtsgeschäftlicher Sicht, in: Rechtsgeltung und Konsens (a. a. O.), 91; *Schmid, W.,* Zur sozialen Wirklichkeit des Vertrages, 1983; *Tosch,* Entwicklung und Auflösung der Lehre vom Vertrag, 1980; *Titze,* Die Lehre vom Mißverständnis, 1910; *Wilburg,* AcP 163, 346.

1. Von den im vorgehenden § 18 besprochenen Begründungsarten eines Schuldverhältnisses bedarf die durch *Vertrag* noch näherer Betrachtung. Das Gesetz selbst räumt der vertraglichen Begründung von Schuldverhältnissen den Vorrang ein, 305. Danach ist zur *Begründung* eines Schuldverhältnisses durch Rechtsgeschäft sowie zur *Änderung des Inhalts* eines Schuldverhältnisses ein *Vertrag* zwischen den Beteiligten erforderlich, soweit nicht das Gesetz ein anderes vorschreibt (so – die Begründung betreffend – bei der Auslobung, 657, und – die Inhaltsänderung betreffend – bei Leistungsstörungen, s. u. §§ 41 ff.; nicht aber bei der Annahme der Anweisung, 784, und Schuldverschreibung auf den Inhaber, 793, bestr. von der „Kreationstheorie", dazu unten § 96, 2 a).

2. Das gleiche gilt, ohne daß das Gesetz es sagt, für die *Aufhebung* eines Schuldverhältnisses. Die Parteien eines vertraglichen Schuldverhältnisses können es jederzeit vertraglich ändern oder aufheben, so, als ob es nie oder so, daß es nur eine Weile bestanden hat (liberatorischer Vertrag, contrarius actus). Aufhebungsverträge sind bei Gesellschafts- und Dienstverträgen nicht selten. Von Kündigung spricht man technisch nur, wenn Gesellschafts- oder Dienstvertrag durch *einseitige* Erklärung gelöst werden. Kündigungsmöglichkeiten müssen vertraglich oder gesetzlich vorgesehen sein, Aufhebungsverträge nicht.[1])

3. Ein *Vertrag* kommt zustande durch *zwei* oder mehrere *sich inhaltlich deckende, aufeinander Bezug nehmende Willenserklärungen,* die von einem Verpflichtungswillen getragen sind, 145ff. Für Einzelheiten ist auf den Allgemeinen Teil zu verweisen; vgl. auch *Fikentscher,* Schuldrechtspraktikum, 87ff.

4. Daß Verträge *binden,* beruht auf der unserer Rechtskultur eigenen Überzeugung, daß schon das ernst gemeinte Versprechen, zunächst vorbereitend und später rechtfertigend, die Leistung dem Rechtskreis des Versprechensempfängers zuordnet. Andere Rechtskulturen honorieren das bloße Versprechen nicht in gleicher Weise (z. B. manche buddhistische) oder verstehen aufgrund einer abweichenden Zeitvorstellung unter „Versprechen" etwas anderes. Der Grad der Bindung an ein Versprechen hängt vom jeweiligen Treuverständnis einer Rechtskultur ab, nicht vom Grad ihrer Vergeistigung. Die Vergeistigung einer Rechtskultur entscheidet aber darüber, ob der Inhalt des Versprechens mehr am Willen oder mehr an der Erklärung des Versprechenden gemessen wird.[2])

---

[1]) Zur allgemeinen Kündigungsmöglichkeit bei Dauerschuldverhältnissen s. §§ 8, 7 c; 27 III 5 dbb.

[2]) Zum Standpunkt des BGB (modifizierte Erklärungstheorie) s. *Flume,* § 4; *Lehmann/ Hübner,* § 24 IV; *Larenz,* AT § 19 I; zum Vergleich der Rechtskulturen *Fikentscher,*

5. Den Arten der Verträge liegen unterschiedliche Einteilungskriterien zugrunde, s. dazu §§ 10–14, 16, 21–25, 37, 66–96 dieses Buches.
Zu erwähnen ist noch die Einteilung in *privat-rechtliche* und *öffentlich-rechtliche* Verträge. Als öffentlich-rechtlich wird ein Vertrag bezeichnet, wenn das durch ihn begründete Rechtsverhältnis dem öffentlichen Recht angehört, s. dazu § 54 VwVfG.[3]) Er kann auch zwischen Privaten geschlossen werden, z. B. im Wegerecht. Obwohl hinsichtlich ihres *Inhalts* vor allem dem öffentlichen Recht unterstehend, gelten auch für sie bürgerlich-rechtliche, vor allem schuldrechtliche Grundsätze, vgl. §§ 57 u. 62 S. 2 i. V. m. 12 VwVfG.[4])

§ 20
Vor- und nachvertragliche Sorgfaltspflichten („culpa in contrahendo"; „nachwirkende Treuepflichten")

Ballerstedt, AcP 151, 501; *Blaurock,* in: Zum Deutschen und Internationalen Schuldrecht, 1983, 51; *Bohrer,* Die Haftung des Dispositionsgaranten, 1980; *Canaris,* NJW 64, 1987; *ders., JZ* 65, 475; *ders.,* (II.) FS *Larenz,* 1983, 27; *v. Caemmerer,* FS DJT, Bd. II, 1960, 56; *v. Craushaar,* JuS 71, 127; *Crezelius,* JuS 77, 796; *Dömpke,* Die Grundlagen und der Umfang der Haftung für Verhalten bei Vertragshandlungen, 1933; *Erman,* AcP 139, 273; *Evans-v. Krbek,* AcP 179, 85; *Freudling,* JuS 84, 193; *Frost,* „Vorvertragliche" und „vertragliche" Schutzpflichten, 1981; *Frotz,* FS *Gschnitzer,* 1969, 163; *Gottwald,* JuS 82, 877; *Grote,* Die Eigenhaftung Dritter als Anwendungsfall der culpa in contrahendo, 1984; *Hartwieg,* JuS 73, 733; *Herrmann, JZ* 83, 422; *Hohloch,* JuS 77, 302; *ders.,* NJW 79, 47; *Hopt,* AcP 183, 608; *Huang, Mao-zong,* Umfang des Schadensersatzanspruchs bei culpa in contrahendo, Diss. Tübingen, 1974; *Ihering,* IherJb. 4, 1 (dazu *Schanze,* Ius commune 7 (1978), 326); *Keller,* Das negative Interesse im Verhältnis zum positiven Interesse, 1948; *Köndgen,* Selbsbindung ohne Vertrag, 1981; *Kreuzer, JZ* 76, 778; *Küppersbusch,* Die Haftung des Minderjährigen für culpa in contrahendo, Diss. München 1973; *Larenz,* MDR 54, 515; *ders.,* FS *Ballerstedt,* 1975, 397; *Lehmann, M.,* Vertragsanbahnung durch Werbung, 1981; *ders.,* NJW 81, 1233 *Leonhard,* Verschulden bei Vertragsschluß, 1910; *Liebs,* AcP 174, 26; *Lutter,* Der Letter of Intent, 1982 (dazu *Blaurock,* ZHR 147, 334); *Medicus,* JuS 65, 209; *Motzer, JZ* 83, 884; *Nirk,* RabelsZ 18, 310; *ders.,* FS *Möhring,* 1965, 385; *ders.,* FS *Möhring,* 1975, 71; *ders.,* FS *Hauss,* 1978, 267; *Oertmann,* LZ 1914, 513; *Peters,* VersR 79, 103; *Picker,* AcP 183, 369; *Pouliadis,* Culpa in contrahendo und Schutz Dritter, 1982; *Püschel,* Die Auswirkungen schuldnerischen Verhaltens und der Einfluß von Verhandlungen auf die Verjährung, Diss. Hamburg 1982; *Raiser, Rolf,* AcP 127, 1; *Rangier,* Die Abgrenzung des positiven Interesses vom negativen Vertragsinteresse, 1977; *Sack,* Unlauterer Wettbewerb und Folgeverträge, 1974; *Schaumburg,* Sachmängelgewährlei-

---

Methoden; *ders.,* Synepeik und eine synepeische Definition des Rechts, in *Fikentscher/Franke/Köhler,* Entstehung und Wandel rechtlicher Traditionen, 1980, 53.
[3]) Wann dies der Fall ist, ist im einzelnen streitig; eine Übersicht bei *MünchKomm/Kramer,* vor § 145 Rn. 29.
[4]) *Meyer,* NJW 77, 1705.

stung und vorvertragliches Verschulden, 1974; *dies.,* MDR 75, 105; *Schmidt, E.,* AcP 173, 502; *ders.,* JA 78, 597; *Schmidt, K.,* JuS 77, 722; *Schmitz,* Dritthaftung aus culpa in contrahendo, 1980; *Schulze,* JuS 83, 81; *Schumacher,* Vertragsanfechtung wegen fahrlässiger Irreführung unerfahrener Vertragspartner, 1979; *Steinberg,* Die Haftung für culpa in contrahendo, 1930; *Stoll, Hans,* FS v. *Caemmerer,* 1978, 435; *ders.,* FS *Riesenfeld,* 1983, 275; *Stoll, Heinrich,* LZ 23, 532; *Thiele,* JZ 67, 649; *Thiemann,* Culpa in contrahendo — ein Beitrag zum Deliktsrecht, 1984; *Tutmann,* Minderung des Kaufpreises aufgrund von culpa in contrahendo, Diss. Hamburg 1982; *Wiedemann,* FS *Herschel,* 1982, 463. *Wintterlin,* Die Haftung für fahrlässige Irreführung, 1968.

I. Das Rechtsverhältnis der Vertragsanbahnung

1. Wer zu erkennen gibt, daß er mit einem anderen einen Vertrag abschließen möchte, tritt aus dem allgemeinen Kreis der deliktsrechtlichen Sorgfaltspflichten, die jedermann geschuldet sind, heraus und schafft für den als möglichen Vertragspartner Angesprochenen zusätzliche Risiken. Denn der bei versuchter Vertragsanbahnung Angesprochene muß sich mit den Angaben des Vertragsanbahners auseinandersetzen, sich im Rahmen von Treu und Glauben mit Rücksicht auf die Verkehrssitte auf ihre Richtigkeit verlassen, Angebote von dritter Seite zurückstellen oder sich, vielleicht wiederholt, in den Geschäftskreis des anderen begeben: Er betritt, durch ein Schaufenster angelockt, den Laden; er hält Geld bereit; oder er trifft sonstige persönliche, sachliche oder finanzielle Dispositionen. Für die Risiken, die der Vertragsanbahner somit schafft, muß er auch einstehen. Eine vertragliche Haftung kann dabei, solange der Vertrag noch nicht zustande gekommen ist, nicht in Betracht kommen. Andererseits reicht die deliktsrechtliche Haftung wegen des angestrebten Vertrages nicht aus. Das Gesetz regelt das Rechtsverhältnis der Vertragsanbahnung als solches nicht. Es wurde daher von der Rechtsprechung entwickelt.

2. Bloßer „sozialer Kontakt" reicht zur Begründung des Rechtsverhältnisses der Vertragsanbahnung allerdings nicht aus.[1]) Die Formel vom „sozialen Kontakt" ist zu weit. Andererseits ist es zu eng, vom „Rechtsverhältnis der Vertragsverhandlungen" zu sprechen, sofern man darunter die Aufnahme von Verhandlungen zwischen zwei möglichen späteren Vertragspartnern versteht.[2]) Eine vertragsähnliche Risikolage wird nämlich schon dann geschaffen, wenn die *eine* Seite Vorstellungen über einen zu schließenden Vertrag — einem einzelnen gegenüber oder öffentlich — *bekannt gibt.* So muß auch der, der für den Absatz seines Produktes durch Anzeigen, Werbespots u. ä. wirbt, damit rechnen, daß sich Kunden auf seine Angaben verlassen. Das liegt zeitlich vor jeder Verhandlung. Der Ausdruck „Rechtsverhältnis der Vertragsanbahnung" ist

---

[1]) S. o. § 18 III; von „sozialem Kontakt" spricht *Larenz,* I § 9, freilich in Einengung auf Vertrags*verhandlungen* (nicht: Vertrags*anbahnung*).

[2]) So jedoch *Larenz* a. a. O. im Anschluß an *Heinrich Stoll,* Die Haftung für das Verhalten während der Vertragsverhandlungen, Leipz. Z. 23, 532; ähnlich *Medicus,* I § 14, I: „Eintritt in Vertragsverhandlungen".

daher vorzuziehen.[3]) Das schließt nicht aus, daß sich die vorvertraglichen Sorgfaltspflichten von der einseitig unternommenen Vertragsanbahnung über den Eintritt in konkrete Vertragsverhandlungen bis zu dem Zeitpunkt vermehren und inhaltlich steigern, in dem der Vertragsabschluß kurz bevorsteht. Das Rechtsverhältnis der Vertragsanbahnung ist daher nicht mit fest typisierten Pflichtinhalten zu fassen. Vielmehr kommt es auf die näheren Umstände und insbesondere darauf an, wie konkret die Vertragsanbahnung schon gediehen ist.

3. Aus dem geschilderten rechtspolitischen Bedürfnis ergibt sich zweierlei: Für das Rechtsverhältnis der *Vertragsanbahnung* kommt es nicht darauf an, daß der Vertrag schon geschlossen ist. Nach *Vertragsschluß* gelten andere Regeln: das allgemeine Vertragsrecht. Andererseits begründet bereits die Initiative einer Vertragsanbahnung eine Sonderverbindung zwischen dem Initiator, z. B. dem Werbungtreibenden, und dem, der auf diese Initiative eingeht und z. B. Anstalten für den Beginn von Vertragsverhandlungen trifft. Die beiden Beteiligten an dieser rechtlichen Sonderverbindung brauchen sich dabei zunächst noch nicht einmal persönlich zu kennen.

4. Es ist deutlich, daß unter diese allgemeine Regel sehr verschiedenartige Anwendungsfälle gebracht werden können (vgl. *Medicus* I § 14 I). Drei Grundsituationen sind denkbar: (1) der geplante Vertrag, bei dem die Anbahnenden oder vielleicht schon Verhandelnden wissen, daß der Vertrag noch nicht zustande gekommen ist; (2) der vermeintliche Vertrag, bei dem Vertragsparteien einen Vertrag für geschlossen halten, der in Wahrheit jedoch nicht besteht; und (3) der Vertrag, der sein Zustandekommen oder seinen Inhalt der Tatsache verdankt, daß sich zumindest der eine Verhandlungspartner schuldhaft verhielt, z. B. falsche Auskünfte gab, schlecht beriet usw.[4]) Dagegen spielt die Einteilung in Körper- und Eigentumsschäden einerseits und Vermögensschäden andererseits für den Tatbestand des Rechtsverhältnisses der Vertragsanbahnung noch keine Rolle, wohl aber für die Rechtsfolgen und insb. für die Verjährungsproblematik.[5])

Das Fazit ist: Wer bekannt gibt, er wolle Verträge schließen, muß sich sonderverbindungsmäßig verhalten, andernfalls ist er als möglicher Vertragspartner nicht vertrauenswürdig. Verhält er sich nicht so, haftet er: *„culpa in contrahendo"*.

---

[3]) Ähnlich *Lehmann, Michael,* Vertragsanbahnung durch Werbung, 1981. In diesem Lehrbuch wurde stets auf die *Anbahnung* von Verträgen abgestellt, ohne sie bisher deutlich von den späteren Vertragsverhandlungen abzugrenzen.

[4]) Bei dieser dritten Gruppe ergeben sich Wertungskonflikte mit den §§ 459 ff. (Sachmängelgewährleistung beim Kauf) und 119 ff., insb. 123 (Irrtum und arglistige Täuschung); dazu unten VIII u. IX.

[5]) Dazu unten IX; anders insb. *Medicus* I § 14 II, III.

II. Die Rechtsnatur der vorvertraglichen Sorgfaltspflichten: Rechtsgeschäftliches oder gesetzliches Schuldverhältnis?

1. Schuldverhältnisse können nur aus Rechtsgeschäft oder aus Gesetz entstehen, § 18 oben. Man schuldet, weil man sich verpflichtet hat (Rechtsgeschäft) oder weil man etwas bekommen hat, was einem nicht zusteht (677 ff., 812 ff.) oder weil man einen Schaden tragen muß, für den man aus irgendeinem Grund verantwortlich ist (823 ff.). Es bedarf also der Einordnung der *vorvertraglichen Sorgfaltspflichten*.

Bei der *Anbahnung* von Verträgen müssen die späteren Vertragsparteien in besonderer Weise sorgfältig sein, vor allem, was *Schutz und Erhaltung*, die *Aufklärung* und das *Sich-zur-Verfügung-Halten* anlangt. Werden diese Pflichten verletzt, *und kommt der in Aussicht genommene Vertrag später trotzdem zustande*, so liegt eine *Vertragsverletzung* vor (meist Schlechterfüllung, vgl. unten § 47). Denn die bei der Vertragsanbahnung den Parteien zuzumutenden Sorgfaltspflichten weichen von den während und nach Ablauf des Vertrags bestehenden Sorgfaltspflichten nicht so sehr ab, daß die Zusammenziehung zu einem einheitlichen Begriff der *vertraglichen* Sorgfaltspflicht willkürlich erschiene. Die Verletzung vorvertraglicher Sorgfaltspflichten verursacht in diesen Fällen keine rechtlichen Schwierigkeiten: Es wird gehaftet wie bei jeder Vertragsverletzung. Ein hinter oder neben dem Vertrag stehendes, den Vertrag gewissermaßen vorbereitendes, begleitendes und überdauerndes gesetzliches Schuldverhältnis der Begleitpflichten aus Treu und Glauben (§ 242) ist abzulehnen, weil ein geschlossener Vertrag die Pflichtenlage entscheidend ändert (dazu unten § 27; ähnlich *Medicus*, BürgR Rn. 203, gegen *Canaris*, JZ 65, 475).

2. Kommt der Vertrag aber *nicht* zustande, sei es wegen verletzter Sorgfalt bei seiner Anbahnung selbst oder aus einem sonstigen Grunde, *scheidet eine vertragliche Haftung aus*. Die dann noch verbleibende Haftung aus unerlaubter Handlung (823) reicht vielfach nicht aus. Sie setzt die Verletzung absoluter Rechtsgüter (823 I), gesetzlicher Schutzgüter (823 II) oder sittenwidriges Handeln (826) voraus, woran es bei der Verletzung vorvertraglicher Sorgfaltspflichten fehlen kann. Bei der Haftung für Verrichtungsgehilfen (831) gelingt zumeist der Entschuldigungsbeweis. Die Deliktshaftung stellt an die Sorgfalt des Bürgers im ganzen geringere Anforderungen als die Anbahnung es in bezug auf den in Aussicht genommenen Partner gebietet. Dieses enge, über den normalen deliktsrechtlich gesicherten Bereich hinausgehende Vertrauensband zwischen Personen, die sich einen Vertragsschluß miteinander überlegen, fordert eine *vertragsähnliche Haftung* bei Handlungen, die im unmittelbaren Zusammenhang mit dem beabsichtigten oder angebotenen Vertragsschluß stehen. Dies muß eine Haftung auch bei reiner Vermögensschädigung und – ohne Entschuldigungsbeweis – auch für Erfüllungsgehilfen (278) sein („Abschlußgehilfe", vgl. BGHZ 6, 330).

3. Kommt schließlich der Vertrag zustande, *weil* sich eine Partei vor Vertragsschluß schuldhaft unsorgfältig verhalten hat, besteht zwar ein vertragli-

cher Anspruch (auf Lösung vom Vertrag), doch greift er auf vorvertragliches Verschulden zurück und ist deshalb den Regeln der culpa in contrahendo zu unterstellen.

4. Das BGB schweigt über das vorvertragliche Schuldverhältnis als solches. Die Rechtslehre und Rechtsprechung haben aber Grundsätze entwickelt, nach denen bei Verletzung vorvertraglicher Sorgfaltspflichten nach vertragsähnlichen Grundsätzen gehaftet wird. Damit wird eine im BGB enthaltene Lücke geschlossen. Es handelt sich, obwohl im Gesetz selbst nicht geregelt, um ein *„gesetzliches" Schuldverhältnis*, das mit dem Deliktsrecht wegen der Stärke der in Frage stehenden Sorgfaltspflichten nicht befriedigend gelöst werden kann, sondern *vertragsähnlichen Grundsätzen* unterliegt, weil auch die Tatbestände vertragsähnlich sind. Die Begründung ergibt sich freilich nicht aus dem Gesetz selbst, sondern aus (gesetzesgleich geltendem) Gewohnheitsrecht, unten IV.

III. Beispiele vorvertraglicher Sorgfaltspflichten

Sie lassen sich nicht erschöpfend aufzählen. Zwei Hauptgruppen sind auszumachen:

1. Schutz- und Erhaltungspflichten

Der Ladeninhaber muß für sichere Bedienung seiner Kunden sorgen, gleichgültig ob es zu einem Vertragsschluß kommt oder nicht. Löst sich eine Deckenlampe, stürzt ein Warenstapel um, wobei der Kunde verletzt wird, so haftet der Ladeninhaber für Verschulden seiner Angestellten gem. §§ 433, *242 (culpa in contrahendo* = c. i. c.), 278; vgl. RGZ 78, 239 = ESJ 6 (Teppichrollenfall). Der minderjährigen Tochter, welche ihre Mutter beim Einkaufen begleitet und die im Laden auf einem Gemüseblatt ausrutscht, haftet der Ladeninhaber gem. § 278 für das Verschulden desjenigen Angestellten, der für die Bodenreinigung zuständig war, BGHZ 66, 51. Der Kaufinteressent beschädigt bei einer Probefahrt das Auto, für das er sich interessiert, BGH Warn. 1968, 124. Wer im Hinblick auf einen in Aussicht genommenen Vertrag vom anderen Teil einen größeren Vorschuß in Geld bekommen hat, haftet für sichere Verwahrung, gegebenenfalls auch für eine zinsbringende Anlage, damit dem anderen kein Vermögensschaden entsteht (die Schutz- und Erhaltungspflichten beziehen sich daher nicht lediglich auf Körper- und Eigentumsschäden); vgl. weiter BGH NJW 77, 376.

2. Loyalitätspflichten

a) *Mitteilungs- und Aufklärungspflichten*. Wer ein Gewehr verkauft, muß beim Probeschuß die Bedienung erläutern. Bei Verkauf einer Spezialmaschine ist Aufklärung über ihren Gebrauch geschuldet, BGH NJW 1967, 1805. Für andernfalls entstehende Körper- und Eigentumsschäden muß der Vertragsanbahner aufkommen. Wer ein Fabrikationsgeheimnis in eine Gesellschaft einbringt, muß die anderen, die mit ihm die Gesellschaft begründen wollen, über den wahren Wert des Geheimnisses sorgfältig unterrichten, sonst haftet er für entstehende Vermögensschäden.

b) *Pflichten, sich zu weiteren Verhandlungen oder zu einer Vertragsannahme zur Verfügung zu halten.* Wer dem Partner die telefonische Zusage auf ein Vertragsangebot bis 15.00 Uhr erlaubt, muß sich bis zu dieser Zeit zur Verfügung halten oder für einen Vertreter oder Empfangsboten sorgen. Wer andere zu Verhandlungen eingeladen hat, darf sich nicht in unüblicher Weise grundlos zurückziehen, vgl. BGH NJW 75, 1774; NJW 75, 43.

c) *Die Pflicht, irreführende Werbeangaben zu unterlassen,* die den Werbeadressaten schädigen oder zu Fehldispositionen verleiten könnten, ist eine begrüßenswerte Neuentwicklung im Rahmen des Rechtsverhältnisses der Vertragsanbahnung. Im einzelnen bedarf es hier noch mancher Klärung, siehe dazu BGH NJW 78, 1625; NJW 79, 1450; WM 79, 612; *Lehmann, M.,* Vertragsanbahnung; *ders.,* NJW 81, 1239; *Erman,* AcP 139, 273.

IV. Rechtliche Begründung der Ansprüche aus Verletzung des Rechtsverhältnisses der Vertragsanbahnung

1. Ist ein Schuldverhältnis einmal zustande gekommen, so wird sein Inhalt, soweit nicht rechtsgeschäftliche Abmachungen oder gesetzliche Vorschriften eingreifen, durch *Treu und Glauben mit Rücksicht auf die Verkehrssitte* bestimmt, 242. Der Schuldner muß nicht nur irgendwie, sondern nach Treu und Glauben mit Rücksicht auf die Verkehrssitte leisten, und der Gläubiger darf nur so fordern. § 242 setzt also in der Regel ein schon bestehendes Schuldverhältnis voraus, das durch § 242 inhaltlich ausgestaltet wird. Nicht wird im allgemeinen durch § 242 ein neues begründet, vgl. näher unten § 26 VII u. § 27. Trotzdem stützt man, in erweiternder Auslegung, das vorvertragliche Schuldverhältnis mit der Erwägung auf § 242, daß, wer einmal Gläubiger oder Schuldner werden will, sich schon *vorher* gemäß Treu und Glauben und unter Berücksichtigung der Verkehrssitte verhalten muß. Diese Erweiterung verdient Zustimmung, weil sie treffend die erhöhte Sorgfaltspflicht eines Vertragswilligen beschreibt, die über das normale, durch §§ 823 ff. gesicherte Maß hinausgeht.

2. Daneben kann das vorvertragliche Schuldverhältnis — ebenso zutreffend — auf eine *Rechtsanalogie* zu anderen Vorschriften gegründet werden, die schon bei Anbahnung von Rechtsgeschäften ein sorgfältiges Vorgehen verlangen oder im Verletzungsfalle Schadensersatzfolgen vorsehen (122, 179, 307, 309, 463, 523 I, 524 I, 600, 694), *Medicus* I § 14 I; bezüglich § 122 abweichend *Larenz* I § 9 I; *ders.,* FS *Ballerstedt.* Nach h. M. erstreckt sich die Analogie aber nicht auf §§ 122 II, 179 III 1, 307 I 2, wonach bei Fahrlässigkeit auf seiten des Geschädigten, etwa in der Verkennung einer gesetzlichen Formvorschrift, jeder Schadensersatzanspruch entfiele. Vielmehr gilt Schadensteilung nach § 254, *Henrich,* AcP 162, 100.

3. Schließlich ist das vorvertragliche Pflichtenverhältnis heute schon *gewohnheitsrechtlich* anerkannt. Es besteht eine dahingehende, seit Jahrzehnten praktizierte Rechtsüberzeugung.

4. Die Verletzung einer der vorvertraglichen Sorgfaltspflichten ist grundsätzlich einer *Leistungsstörung* gleichzustellen (unten §§ 43 ff.). Ganz im Vordergrund steht dabei die *Schlechterfüllung* (unten § 47). Doch auch Unmöglichkeit und Verzug sind denkbar. Im Gutachten ist die Anspruchsgrundlage bei verletztem vorvertraglichen Schuldverhältnis demnach gleich der entsprechenden Anspruchsgrundlage auf dem Gebiet der vertraglichen Leistungsstörung, nun angewandt auf das vorvertragliche Schuldverhältnis, das sich seinerseits auf die oben 1.–3. genannten Rechtsgrundlagen stützt: Vertragstyp (z. B. § 433), 242 (c. i. c.), Anspruchsnorm der Leistungsstörung, 276.

Auch § 282 gilt entsprechend, so daß sich der Schädiger von Schuld frei beweisen muß. Solange die Organisationshaftung aus § 823 noch unterentwickelt ist (s. u. § 107 I 2e), ist dies grundsätzlich auch billig (wie hier BGH NJW 62, 31). Zwar entscheidet die heute h. L. die Frage der analogen Anwendung von § 282 auf die Schlechterfüllung differenziert, unten § 47 II. Doch trifft die Überlegung, die bei schlechterfüllten Werk-, Dienst- u. ä. Verträgen den Freibeweis nach § 828 aufgrund besserer Beherrschbarkeit der Risiken bejaht, grundsätzlich auch auf vorvertragliche Schuldverhältnisse im allgemeinen zu, weil hier die Leistungen erst vorbereitet werden.

V. Der Inhalt des Schadensersatzanspruchs

1. Hier zeigen sich Abweichungen von der reinen Vertragshaftung. Sie rühren daher, daß das vorvertragliche Schuldverhältnis *kein* Vertrag ist und daß es ohne Rücksicht auf ein späteres Scheitern der Vertragsverhandlungen besteht.

2. Kommt *trotz* Verschuldens vor Vertragsschluß der Vertrag zustande, besteht im Hinblick auf den durch das Verschulden vor Vertragsschluß entstandenen Schaden ein Anspruch auf Erfüllungsinteresse und übererfüllungsmäßiges Interesse (dazu unten § 47). Besteht der Schaden in der Eingehung des Vertrages selbst (Vertragsschluß *wegen* c. i. c.), gewährt eine neuere Rechtsprechung mit gutem Grund einen Anspruch auf Befreiung vom Vertrag aus Verschulden bei Vertragsschluß.[6]

3. Kommt ein Vertrag nicht zustande, greift die Haftung aus verletztem vorvertraglichem Schuldverhältnis ein. Da ein erfüllbarer Vertrag nicht vorliegt, *kann das Erfüllungsinteresse (positives Interesse) und ein übererfüllungsmäßiges Interesse grundsätzlich nicht ersetzt verlangt werden.* Geschuldet ist

---

[6] BGH NJW 68, 986; NJW 74, 851; vgl. auch *Hartwieg*, JuS 73, 733 ff.; *Sack*, Unlauterer Wettbewerb und Folgeverträge, 1974, 27 ff.; ablehnend *Medicus*, JuS 65, 209; *ders.*, I § 14 III 2; wohl auch BGHZ 60, 319.

daher das *Vertrauensinteresse* (negatives Interesse, Vertrauensschaden). Das ergibt sich auch aus der Rechtsanalogie zu §§ 122, 307, 309. Der Geschädigte ist daher so zu stellen, wie er stände, wenn er sich auf die Vertragsverhandlungen niemals eingelassen hätte. Denn das ist der Schaden, den er dadurch erleidet, daß er auf den guten Fortgang und Abschluß der Vertragsverhandlungen *vertraut*, vgl. § 122. Inhalt des Schadensersatzanspruchs in den obigen Beispielen (II) sind also Arzt- und Reinigungskosten bei Schädigung im Laden; Zinsverluste durch Bereitstellung des für die geplante Gesellschaft erforderlichen Kapitals, wenn wegen mangelnder Aufklärung durch einen Beteiligten die Gesellschaft nicht zustande kommt; Schaden aus mangelnder Zur-Verfügung-Haltung, wenn im Vertrauen auf das geplante Geschäft eine andere günstige Chance ausgeschlagen wurde. Das positive Interesse (das, was aufgrund des gescheiterten Vertrags verdient worden wäre) kann also nicht ersetzt werden und es bildet auch keine Obergrenze für das negative, anders als in § 122, 179, 307, 309.[7] Denn da der Vertrag noch nicht geschlossen war, als die Schädigung erfolgte, hatte der Geschädigte seinen – billigerweise liquidierbaren – Risikoumfang noch nicht durch ein positives Vertragsinteresse begrenzt. Die Begrenzung ist in §§ 122, 307, 309 vorgesehen, weil der Geschädigte durch die Anfechtung oder Nichtigkeit des Vertrags kein Geschäft machen soll. Sonst bekäme der Geschädigte Aufwendungen ersetzt, die über das hinausgehen, was er an dem Vertrag verdient hätte, was also – objektiv betrachtet – freiwilliger und unnützer Aufwand war. Hier zeigt sich, daß die Haftung aus vorvertraglichem Schuldverhältnis nur *vertragsähnlich* und in Wahrheit eine nur zum Teil nach Vertragsgrundsätzen behandelte *Deliktshaftung* ist. Auch die Deliktshaftung (Haftung aus Gesetz) kennt keine Begrenzung durch ein vertragliches Erfüllungsinteresse. Darum wurde auch oben I von einem gesetzlichen Schuldverhältnis gesprochen, das *vertragsähnlich* zu behandeln ist.

4. Die Rechtsprechung gibt aber zu Recht einen Anspruch auf das Erfüllungsinteresse dann, wenn der Geschädigte nachweist, er hätte ohne die culpa in contrahendo seines Partners einen bestimmten Erfüllungsanspruch gehabt.[8] Umgekehrt bildet hier das negative Interesse keine Begrenzung des positiven; ähnlich *Freudling*. Der Schädiger trägt also bei Vertragsverhandlungen das volle Risiko einer Schädigung, und er kann sich weder darauf berufen, der Vertrag sei geschlossen worden, noch er sei nicht geschlossen worden. Denn er muß mit Abschluß *und* Nichtabschluß rechnen.[9]

VI. Vorvertragliches Schuldverhältnis und Dritte

1. Zunehmend hat der BGH in den Bereich der *Schutzpflichtigen* im Rahmen des Rechtsverhältnisses der Vertragsverhandlungen *dritte Personen* einbezogen, die als Vertragsparteien nicht in Frage kommen und außerhalb dieser Verhandlungen stehen. So

---

[7] H. M.; vgl. RGZ 151, 359; BGHZ 69, 56.
[8] RGZ 132, 76 (80) mit der früheren Rechtsprechung; RGZ 159, 33 (57); BGHZ 49, 77.
[9] A. A. RGZ 159, 33.

wurde der minderjährigen Tochter, die ihre Mutter ohne jede Kaufabsicht in einen Selbstbedienungsladen begleitet hat und dort auf einem Gemüseblatt ausgerutscht ist, ein Anspruch gegen den Ladeninhaber aus c. i. c. gewährt (BGHZ 66, 51 ff.). Dieser Entwicklung ist zuzustimmen, weil sie einen konsequenten weiteren Schritt der Lehre von den Verträgen mit Schutzwirkung für Dritte in den vorvertraglichen Bereich darstellt. Die Einschränkungen, die für diese Verträge gelten, müssen aber auch für das vorvertragliche Schuldverhältnis Geltung erlangen.[10])

2. Von diesen Fällen sind die Fälle der *Haftung Dritter* für Verschulden während der Vertragsverhandlungen zu unterscheiden. Gemeint sind in diesem Zusammenhang dritte Personen, die an den Verhandlungen in irgendeiner Form beteiligt sind, sei es als Vertreter, sei es als „Sachwalter". Der BGH bejaht im Anschluß an *Ballerstedt* die eigenständige Haftung dieser Person aus c. i. c.[11]), wenn sie als Vertreter oder „Sachwalter" bei den Vertragsverhandlungen ein ihnen gegenüber persönlich entgegengebrachtes Vertrauen in Anspruch genommen haben, oder wenn sie selbst an dem Vertragsschluß wirtschaftlich interessiert waren. Sie haften für eigenes Verschulden aus c. i. c. auf das negative Interesse ohne Begrenzung durch das positive. Auch dieser Entwicklung ist zuzustimmen, da der Dritte auf die Verhandlungen einwirkt, und der Verhandlungspartner in ihn ein besonderes Vertrauen z. B. angesichts seiner außergewöhnlichen Sachkunde, persönlicher Zuverlässigkeit oder eigener Einflußmöglichkeit auf die Vertragsentwicklung setzt. Es handelt sich um den auf c. i. c. bezüglichen Unterfall der Eigenhaftung des vertragsverantwortlichen Gehilfen in Umkehrung des in § 278 zum Ausdruck gelangenden Gedankens (s. u. § 54 II). Man darf dabei konkurrierende Anspruchsgrundlagen, etwa aus einem Beratungsvertrag, oder eine Eigenhaftung durch Schuldbeitritt, Bürgschaft oder Garantie nicht aus den Augen verlieren.[12])

VII. Minderjährige

Schwierigkeiten aus der Einordnung der c. i. c. als vertragsähnliches Schuldverhältnis ergeben sich für die Behandlung des Minderjährigen. Erfordert der Schutzgedanke der §§ 104 ff., die Verpflichtung aus c. i. c. von der Geschäftsfähigkeit abhängig zu machen, muß aus dem gleichen Gedanken (vgl. § 107) die Berechtigung aus c. i. c. auch dem Minderjährigen zustehen.[13])

VIII. Verhältnis zu anderen Anspruchsgrundlagen

Das Verhältnis der c. i. c. zu anderen Ansprüchen und zu den Gestaltungsrechten der §§ 119, 123 bereitet Schwierigkeiten, ist aber für den Gutachtenaufbau von Bedeutung. Es gilt: Delikts- und Bereicherungsrecht bleiben unberührt, vgl. unten § 102 V.

---

[10]) Vgl. unten § 37 IV; wie hier *Medicus,* BürgR, Rn. 199.
[11]) BGHZ 14, 313; 56, 81; 63, 382; 72, 382; 77, 179; 79, 281; 80, 80; 87, 27; *Ballerstedt,* AcP 151, 501 ff.; *Bohrer.*
[12]) Gegen eine zu weit gehende Ausdehnung dieser Fälle *Larenz* I § 9 I 4; *Bohrer* (passim).
[13]) Vgl. BGH NJW 73, 1791; anders *Canaris,* NJW 64, 1987 und *Larenz,* I § 9 I 5.

Gegenüber der Sachmängelhaftung (§§ 459 ff.) tritt c. i. c. schon deshalb zurück, weil die Anwendung dieser Vorschriften einen zustande gekommenen Vertrag voraussetzen. Hier bewährt sich die obige Ablehnung eines den Vertrag begleitenden „einheitlichen" gesetzlichen Schuldverhältnisses über Neben-, Obhuts-, Schutz- und dergleichen Pflichten, s. o. III. Zutreffend bemerkt BGHZ 60, 319, es komme Sachmängelhaftung und nicht c. i. c. in Frage, wenn bei einem Grundstücksverkauf der Verkäufer schuldhaft nicht den Irrtum des Käufers aufklärt, das Grundstück liege am See. Eine andere Frage ist, ob neben der Sachmängelgewährleistung bezüglich der Mängel*folge*schäden positive Vertragsverletzung angenommen werden darf (was zu bejahen ist, siehe dazu unten § 70 IX.). Sachmängelhaftung geht, soweit sie reicht, der Irrtumsanfechtung vor, s. u. § 70 IX 4. Wo *allein* die §§ 119 ff., 123 mit c. i. c. kollidieren, gehen die Gestaltungsrechte vor, soweit ihre Tatbestände reichen. Hier muß der allgemeine Rechtsgedanke des vorvertraglichen Rechtsverhältnisses speziellen Gesetzesnormen weichen. Mit Geschäftsgrundlageregeln kann c. i. c. kaum kollidieren, da die Haftung aus c. i. c. das Nichtzustandekommen des Vertrags voraussetzt. Nur wo das vorvertragliche Verschulden zu einem sonst nicht oder nicht so geschlossenen Vertrag geführt hat, kann sich eine Kollision ergeben. Dann ist c. i. c. dem noch allgemeineren Behelf der Geschäftsgrundlagenregeln vorzuziehen..

IX. Verjährung von Ansprüchen aus c. i. c.

Grundsätzlich gilt für das gesetzliche Schuldverhältnis des Rechtsverhältnisses der Vertragsanbahnung die allgemeine Verjährungsfrist von 30 Jahren, 195. Hierzu gelten — je nach Standpunkt — eine bis vier Ausnahmen: (1) Wo durch Anwendung von c. i. c.-Regeln in Verbindung mit § 278 (Haftung für den Erfüllungsgehilfen) die vom Gesetz zu eng gefaßte Haftung für den Verrichtungsgehilfen (§ 831) korrigiert wird, ist die kurze dreijährige Verjährungsfrist des Deliktsrechts (§ 852) anzuwenden, ebenso *Medicus* I § 14 II. Dies ist die einzige hier befürwortete Ausnahme. (2) In den Fällen, wo durch Verschulden bei Vertragsverhandlungen die eine Partei, z. B. wegen Irreführung oder schlechter Beratung mit einem wirksamen Vertrag belastet wird, ist die Rechtsfolge von c. i. c. gem. § 249 die Auflösung des Vertrags. Es ergibt sich insb. ein — allerdings *in Kauf zu nehmender* — Wertungswiderspruch zur Einjahresfrist des § 124 bei arglistiger Täuschung — also keine Ausnahme; bei bloßer Fahrlässigkeit gilt hingegen die dreißigjährige Verjährungsfrist.[14]) Ferner: (3) Wer c. i. c. mit vertraglichen Ansprüchen konkurrieren läßt, was hier abgelehnt wird (anders die Voraufl.), muß die Verjährung von

---

[14]) Den Wertungswiderspruch nehmen hin BGH NJW 68, 986; *Larenz*, I § 9 I 6 und *Köhler*, AT § 58 IV 4c; dagegen *Medicus*, I § 14 III 2; für die h. M. spricht, daß eine aufgedeckte Täuschung zur Initiative eher Anlaß bietet als ein fahrlässig herbeigeführter Schaden; dazu noch *Reinicke,* JurA 82, 1.

c. i. c. den vertraglichen Verjährungsvorschriften angleichen, BGH NJW 69, 1710. (4) Das gleiche gilt für diejenigen, die c. i. c. mit Sachmängelgewährleistung konkurrieren lassen, was hier ebenfalls ausgeschlossen wurde. Dann müßte z. B. die kurze Verjährung des § 477 auf c. i. c.-Ansprüche angewandt werden, die wegen Sachmängeln erhoben werden.

X. Vermeintlich geschlossene Verträge

Unerkannt unwirksame Verträge verpflichten die vermeintlichen Parteien gleichwohl wegen der bisher geführten Vertragsverhandlungen zur Beachtung eines Verhaltens, das den Schutz- und Loyalitätspflichten der c. i. c. entspricht.[15] In diesen Fällen wird man jedoch wegen der Ähnlichkeit zu den §§ 122, 179, 307 entgegen der für c. i. c. sonst geltenden Regel das zu ersetzende negative Interesse als durch das positive begrenzt anzusehen haben.[16] Denn am „Auffliegen" des vermeintlichen Vertrags soll keiner verdienen.

XI. Nachvertragliche Treuepflichten

Das Gegenstück zur culpa in contrahendo ist die *culpa post pactum perfectum*. Auch ein abgewickelter Vertrag kann noch Treuepflichten zwischen den Parteien bestehen lassen. Die Parteien eines abgewickelten Vertrags sind einander nach Treu und Glauben mit Rücksicht auf die Verkehrssitte verpflichtet, das durch den Vertrag Erhaltene nicht nachträglich zu gefährden.[17]

§ 21
Verfassungsrecht und Schuldrecht. Die Vertragsfreiheit und ihre Grenzen

Biermann, IherJb. 32, 267; *Bülck*, Vom Kontrahierungszwang zur Abschlußpflicht, 1940; *Bydlinski*, Privatautonomie und objektive Grundlagen des verpflichtenden Rechtsgeschäfts, 1967; ders., AcP 180, 1; ders., JZ 80, 378; ders., FS *Klecatsky*, 1980,

---

[15] So zu Recht *Canaris*, JZ 65, 475; ihm folgend *Larenz*, I § 9 II.
[16] Ebenso *Medicus*, 1 § 14 1 b.
[17] Die rechtliche Behandlung ist ganz entsprechend (242, Leistungsstörung), BGH DB 52, 533; JZ 56, 95; OGHZ 1, 380 vgl. auch *Strätz*, FS *Bosch*, 1976, 999 ff.; *v. Bar*, AcP 179, 452 ff. (der das Problem im Grunde leugnet); anders die Begründung von *Canaris*, JZ 65, 475, der ein den Vertrag begleitendes gesetzliches Schuldverhältnis vom Vertrag löst und weiter bestehen läßt; im Ergebnis übereinstimmend mit *Canaris* gilt jedoch, daß die nachvertraglichen Treuepflichten erst dann enden, wenn eine Gefährdung der Rechtsgüter des einen Partners aus der Sphäre des anderen nicht mehr zu erwarten ist, *Medicus*, BürgR Rn. 203; das wichtigste Beispiel ist die Doppelzession, vgl. unten § 57.

129; *Dilcher*, NJW 60, 1040; *ders.*, AcP 164, 1; *Dürig*, FS *Nawiasky*, 1956, 157; *Fikentscher*, Wettbewerb und gewerblicher Rechtsschutz, 1958; *Flume*, FS DJT Bd. I, 1960, 135; *Grimm*, in: *Birtsch* (Hrsg.), Grundrechte und Freiheitsrechte im Wandel der Gesellschaft und Geschichte, 1981, 359; *Günther*, DB 69, 25; *Hackl*, Vertragsfreiheit und Kontrahierungszwang, 1980; *Hippel, Fritz v.*, Das Problem der rechtsgeschäftlichen Privatautonomie, 1936; *Hönn*, Jura 84, 57; *Huber, Hans*, Die verfassungsrechtliche Bedeutung der Vertragsfreiheit, 1966; *Huber, Ulrich*, JurA 1970, 784; *Kessler*, FS *M. Wolff*, 1952, 67; *Kaiser*, KJ 76, 60; *Kilian*, AcP 180, 47; *ders.*, ZHR 142, 453; *Kitagawa*, (II.) FS *Larenz*, 1983, 329; *Kramer*, Die „Krise" des liberalen Vertragsdenkens, 1974; *Laufke*, FS *H. Lehmann*, Bd. I, 1956, 145; *Leisner*, Grundrechte und Privatrecht, 1960; *Luig*, FS *Coing*, 1982, 171; *Manigk*, Die Privatautonomie, 1935; *Merz*, Privatautonomie heute, 1970; *Nipperdey*, Kontrahierungszwang und diktierter Vertrag, 1920; *ders.*, Soziale Marktwirtschaft und Grundgesetz, 3. Aufl. 1965; *Raiser, Ludwig*, FS DJT, Bd. I, 1960, 101; *ders.*, Kontrahierungszwang im Monopolrecht, Kartelle und Monopole im modernen Recht, Bd. II, 1961, 532; *ders.*, JZ 1958, 1; *Reimer*, Die Bedeutung der Grundrechte für das Privatrecht, 1958; *Reinhardt*, FS *Schmidt-Rimpler* 1957, 115; *Roscher*, Vertragsfreiheit als Verfassungsproblem, 1974; *Schmidt-Rimpler*, AcP 147, 130; *ders.* FS *L. Raiser*, 1974, 3; *Schmidt-Salzer*, NJW 70, 8; *ders.*, NJW 71, 5; *Siber*, IherJb. 70, 223; *Wolf, Manfred*, Rechtsgeschäftliche Entscheidungsfreiheit und Interessenausgleich, 1970; *ders.*, Die Privatautonomie, in: *Emmerich*, Grundlagen, 20 ff.; *ders.*, JZ 76, 41; *Zöllner*, AcP 176, 221; *Zweigert*, Verbotene Geschäfte, FS *Riese*, 1964, 213.

I. Das Schuldrecht als Teil der grundgesetzlichen Wirtschaftsordnung

Das Grundgesetz schreibt weder eine völlig freie (liberalistische) Marktwirtschaft vor, noch eine Planwirtschaft (Zentralverwaltungswirtschaft). Die *Verfassung* ist allerdings nicht in dem Sinne wirtschaftspolitisch *neutral*, daß sie zu den grundlegenden Fragen einer Wirtschaftsordnung nichts enthält. Vielmehr bekennt sich das Grundgesetz zu einer Reihe ausdrücklich aufgezählter, mehr oder weniger weitgespannter, persönlicher Freiheitsrechte, die nur unter bestimmten, vom Grundgesetz vorgesehenen Voraussetzungen durch staatlichen Eingriff eingeschränkt werden können *(Nipperdey)*. Darüber hinaus ist die Wirkung dieser Freiheitsrechte zwischen Privatpersonen zum Teil anerkannt, zu einem weiteren Teil bestritten. Da das Grundgesetz den individuellen Freiheitsrechten bewußt Grundsätze der sozialen Verbundenheit entgegensetzt, ist es gerechtfertigt, von einer Verankerung der *sozialen Marktwirtschaft* im Grundgesetz in einem weitverstandenen Sinn zu sprechen. Damit ist freilich weder für noch gegen ein bestimmtes wirtschaftspolitisches Programm Stellung genommen, noch läßt sich anhand des Grundgesetzes dazu Stellung nehmen. In der folgenden Skizze interessieren die für das Schuldrecht des BGB bedeutsamen Freiheitsrechte und geschützten Rechtsgüter. Dabei muß für die erforderliche Vertiefung auf verfassungsrechtliches Schrifttum verwiesen werden.

II. Die für das Schuldrecht bedeutsamen, vom Grundgesetz geschützten Freiheiten und Rechtsgüter

Unter den Freiheitsrechten ist an erster Stelle die Entfaltungsfreiheit des Art. 2 I GG zu nennen. Hiernach hat jedermann ein Recht („Auffanggrundrecht") zur freien Entfaltung seiner Persönlichkeit, soweit nicht Rechte anderer, das Sittengesetz oder die verfassungsmäßige Ordnung eine Schranke ziehen. Das Recht auf Entfaltungsfreiheit des Art. 2 I ist Grundrecht, Art. 1 III GG. Es unterliegt, wie die genannten Einschränkungen zeigen, nicht einem allgemeinen Gesetzesvorbehalt (str.), sondern kann nur nach Maßgabe der drei genannten Rechtsbereiche (Sittengesetz, Rechte anderer, verfassungsmäßige Ordnung) eingeschränkt werden (im einzelnen streitig).

Das Recht auf freie Entfaltung der Persönlichkeit gewährleistet die allgemeine Handlungsfreiheit im weitesten Sinne. Im Rahmen dieses allgemeinen Freiheitsrechts bestehen verschiedene geschützte Freiheiten als Unterfälle der Entfaltungsfreiheit des Art. 2 I GG.

Einer der wichtigsten Bestandteile der Entfaltungsfreiheit im schuldrechtlichen Bereich ist die *Vertragsfreiheit*, BVerfGE 12, 347; BGHZ 70, 324. Sie ist dementsprechend ein Grundrecht, unterliegt nicht dem allgemeinen Gesetzesvorbehalt, sondern nur den in Art. 2 I genannten Schranken. Die Vertragsfreiheit gibt den Staatsbürgern die Möglichkeit, Verträge nach ihrem Gutdünken zu schließen. Die in der Vertragsfreiheit zum Ausdruck kommende *Privatautonomie* ist ein unentbehrlicher Grundsatz auch einer sozial verstandenen Marktwirtschaft. Zur wirtschaftlichen Bedeutung der Vertragsfreiheit siehe oben § 1 III, zum Rechtsbegriff und zur rechtlichen Bedeutung der Vertragsfreiheit siehe unten III.

Eine andere Freiheit, die Bestandteil der allgemeinen Entfaltungsfreiheit des Art. 2 I ist und die für das Schuldrecht praktische Bedeutung hat, ist das Recht auf *freie wirtschaftliche Betätigung* und Bedarfsdeckung (Wirtschaftliches Persönlichkeitsrecht[1]); Gewerbefreiheit im weiteren Sinne). Während die Vertragsfreiheit jeden Staatsbürger begünstigt, spielt die allgemeine Freiheit der wirtschaftlichen Betätigung und Bedarfsdeckung im wirtschaftlichen Bereich eine entscheidende Rolle.

Zwischen der Vertragsfreiheit und dem Recht auf wirtschaftliche Betätigung können Konflikte entstehen, die dann also Konflikte innerhalb des Rechts auf freie Entfaltung der Persönlichkeit sind. Wenn man sich vertraglich verpflichtet, bestimmte Verträge nicht mehr abzuschließen, schränkt die Vertragsfreiheit nicht nur sich selbst, sondern auch die wirtschaftliche Betätigung ein. Solche Konflikte zwischen den einzelnen nach Art. 2 I GG geschützten Freiheiten sind nach Maßgabe der einschlägigen Gesetze (hier Gesetz gegen Wettbewerbsbeschränkungen) zu entscheiden.[2] In Ermangelung eines Gesetzes ist eine Abwägung der Grundgesetzgüter vorzunehmen. Diese Abwägung kann auch zur Kontrolle der Gesetze auf ihre Verfassungsmäßigkeit dienen.

---

[1] *Fikentscher,* Wirtschaftsrecht, § 22 I 2; zum Verhältnis von Art. 2 I, 12 und 14 ebenda, § 20 V 3–6.

[2] Näher dazu *Fikentscher,* Wirtschaftsrecht, § 20 V 4, 5.

Durch Ausübung der Vertragsfreiheit kommen Verträge und damit vertragliche Rechte zustande. Durch die Ausübung der allgemeinen Unternehmerfreiheit werden Unternehmen begründet, Vermögen und Eigentum gebildet. Auf diese Weise entstehen Rechtsgüter, die als solche wiederum zivilrechtlich und grundgesetzlich (besonders nach Art. 14 GG) geschützt sind. Es handelt sich um das, was Art. 2 I „Rechte anderer" nennt, also vertragliche Rechte, Eigentumsrechte und das Recht am Unternehmen. Zu diesem Spannungsverhältnis zwischen den Freiheiten einerseits und den geschützten Einzelrechtsgütern andererseits ist im Recht der ungerechtfertigten Bereicherung und der unerlaubten Handlungen (unten § 97 II) noch einiges zu sagen.

III. Begriff und Bedeutung der Vertragsfreiheit

1. Durch Verankerung der Vertragsfreiheit in der Rechtsordnung überläßt der Staat die Regelungen der speziellen Bedürfnisse der einzelnen den Beteiligten selbst. Die Vertragsfreiheit ist die Freiheit, die den Rechtsgenossen die Möglichkeit zuerkennt, Verträge zu schließen und dadurch andere und auch sich selbst rechtlich zu binden. Es handelt sich um eine rechtsschöpferische Tätigkeit (Privatautonomie), durch die aber nicht objektives Recht, mithin keine allgemein bindende Norm, sondern nur subjektive Rechte geschaffen werden. Der Staat stellt sich zur Verfügung, die von den Rechtsgenossen geschlossenen Verträge im Prozeß- und Vollstreckungswege notfalls zwangsweise durchzusetzen (Justizgewährungspflicht als Korrelat des staatlichen Verbots, selbst Gewalt anzuwenden, z. B. um sich aus geschlossenen Verträgen sein Recht zu suchen).

2. Die Rechtsgrundlage der Vertragsfreiheit ist, wie ausgeführt, Art. 2 I GG. Schon früher stützte man die Vertragsfreiheit auf § 305 BGB. Da die Vertragsfreiheit auch Angriffen Privater ausgesetzt sein kann, ist es erforderlich, dem Grundrecht der freien Entfaltung der Persönlichkeit jedenfalls grundsätzlich insoweit Drittwirkung zuzuerkennen.[3]

Gemäß Art. 2 I wird die Vertragsfreiheit eingeschränkt durch die Sittenordnung. Dementsprechend sind nach § 138 BGB Verträge, die gegen die guten Sitten verstoßen, nichtig. Ferner verpflichten vorsätzlich begangene sittenwidrige Schädigungen zum Schadensersatz, 826.

Die zweite in Art. 2 I GG genannte Begrenzung der Vertragsfreiheit sind die „Rechte anderer". Diese Schranke ist im Bereich der Vertragsfreiheit ohne praktische Bedeutung, weil Verträge nur zwischen den Vertragsparteien wirken, so daß Rechte Dritter nicht in Mitleidenschaft gezogen werden. Soweit Rechte der Vertragsparteien angetastet werden, steht es ihnen im Rahmen der Privatautonomie und der Gesetze (z. B. § 1 GWB) frei, über diese zu verfügen.

Die dritte Begrenzung des Art. 2 I GG ist die verfassungsmäßige Ordnung. Unter der verfassungsmäßigen Ordnung ist die Zusammenfassung von Grundgesetz und solchen einfachen gesetzlichen Vorschriften zu erblicken, in

---

[3] *Leisner,* Grundrechte und Privatrecht, 306, 356. Freilich sind die Grenzen im einzelnen zweifelhaft, dazu *Fikentscher,* Wettbewerb und gewerblicher Rechtsschutz, S. 76ff., 89; *ders.,* Wirtschaftsrecht, § 20 V 4f; gegen eine Drittwirkung *Larenz* I § 4 IV.

denen Verfassungs- und Rechtsprinzipien näher ausgeführt werden *(Nipperdey, Larenz)*. So sind die zwingenden Vorschriften zugunsten des Dienstverpflichteten (617, 618) und des „sozialen Mietrechts" zwar Einschränkungen der Vertragsfreiheit, sie sind aber durch den Gedanken des Sozialstaats (Art. 20, 28 GG) gedeckt, gehören demnach zur verfassungsmäßigen Ordnung und sind nicht grundgesetzwidrig. Ob alle Fälle des gesetzlichen Abschlußzwangs heute noch durch die Verfassung gedeckt sind, kann zweifelhaft sein. Im Zweifel ist nicht dem direkten gesetzlichen Eingriff in die Vertragsfreiheit, sondern einer Wirtschaftspolitik der Vorzug zu geben, die ausgeglichene Marktverhältnisse wiederherstellt, ähnlich *Medicus* I § 10 III. Es gibt keinen sozialeren Verteiler der knappen Güter als einen funktionierenden Markt.

IV. Einteilung der Vertragsfreiheit

Die Vertragsfreiheit ist einzuteilen in die *Abschlußfreiheit* und *Inhaltsfreiheit.* Die Abschlußfreiheit garantiert, daß jedermann frei ist zu entscheiden, ob er einen Vertrag schließen will, und wenn ja, mit wem. Die Inhaltsfreiheit bedeutet, daß die Parteien frei sind, dem Vertrag einen beliebigen Inhalt zu geben, soweit nicht gesetzliche und durch die Vorbehalte in Art. 2 I gedeckte Einschränkungen bestehen. Beide Bestandteile zusammengenommen ergeben erst den vollen Inhalt der Vertragsfreiheit. Die Abschlußfreiheit ist geschützt durch §§ 18, 19 des Gesetzes gegen Wettbewerbsbeschränkungen. Die Inhaltsfreiheit wird geschützt nach §§ 15−17 des gleichen Gesetzes. Danach sind Absprachen zwischen Unternehmern, welche die Abschlußfreiheit beschränken, grundsätzlich wirksam, doch unterliegen sie einer Mißbrauchskontrolle durch das Bundeskartellamt. Beschränkungen der Inhaltsfreiheit sind grundsätzlich nichtig.[4]

V. Die Abschlußfreiheit und ihre Schranken. Kontrahierungszwang

1. Die Bedeutung der Abschlußfreiheit besteht darin, daß jeder frei entscheiden kann, ob er Verträge schließen will, und wenn ja, mit wem.

2. Trotzdem gibt es ausnahmsweise Fälle, in denen eine rechtliche Abschlußpflicht besteht, *Nipperdey,* Kontrahierungszwang; *Kilian* AcP 180, 47; *Bydlinski,* AcP 180, 1; *ders.,* JZ 1980, 378. Insoweit handelt es sich um eine Schranke der Abschlußfreiheit. Vier Fälle sind als Beispiele zu nennen:

a) Öffentliche Versorgungsträger wie Bahn, Post, Elektrizitätswerke, öffentliche Verkehrsunternehmen (Straßenbahn, Omnibus) und Wasserwerke unterliegen nach der Rechtsprechung, die weitgehend auch gesetzlichen Niederschlag gefunden hat, einem

---

[4] Dazu die Lehrbücher und Kommentare zum GWB, z. B. *Fikentscher,* Wirtschaftsrecht, § 22 VII; *Fikentscher/Straub* im Gemeinschaftskommentar zum GWB, 4. Aufl. 1981 ff., §§ 15−19 (erscheint demnächst).

Verfassungsrecht und Schuldrecht § 21
V 2

Abschlußzwang. Die Versorgungsaufgabe dieser zum Teil öffentlich betriebenen Unternehmen zwingt dazu, ihnen eine Pflicht zum Abschluß aufzuerlegen. Kommen diese Unternehmen der Pflicht nicht nach, so entstehen Schadensersatzansprüche und im öff.-rechtl. Bereich Vornahmeansprüche oder Ansprüche auf Zulassung gemäß öffentlichem Anstaltsrecht. Die Schadenersatzansprüche stützen sich, soweit die Abschlußpflichten gesetzlich vorgesehen sind (wie etwa bei der Bahn) auf § 823 II wegen Verletzung eines Schutzgesetzes, wo die Abschlußpflicht gesetzlich nicht vorgesehen ist (wie z. B. bei den Apotheken), auf § 826. Gesetzliche Abschlußpflichten finden sich z. B. in § 453 HGB, § 5 II PflVersG, § 3 Eisenbahnverkehrsordnung, § 6 Energiewirtschaftsgesetz (dazu BGHZ 24, 151), § 22 PersBefG, § 21 II LuftVG, §§ 13a, 90 GüKG.

b) Abschlußzwang besteht aufgrund von besonderen Gesetzen im Bereich der Bewirtschaftung. Trotz weitgehenden Abbaus bestehen auch heute noch aus sozialen Gründen Reste von Bewirtschaftung, z. B. bei Wohnräumen, dazu unten § 74 IV. Bei der Beschäftigung Schwerbeschädigter gilt nach § 4 SchwerbehG die Pflicht des Arbeitgebers zum Abschluß eines Arbeitsvertrags, vgl. auch § 78a BVG und § 9 BPerVG. Soweit Bewirtschaftung besteht, unterliegen die Rechtsgenossen der Pflicht, den Vertrag nach Maßgabe der Vorschriften abzuschließen. Im Weigerungsfalle ist meist ein privatrechtsgestaltender Verwaltungsakt („diktierter Vertrag") zulässig, durch den die Behörde einen Vertrag mit normiertem Inhalt den Parteien „über den Kopf stülpt". Die Wiedereinführung weitgehender Bewirtschaftung im Notfalle ist in den „Sicherstellungsgesetzen" vorgesehen, dazu z. B. *Rinck*, Wirtschaftsrecht, 5. Aufl. 1977, Rdn 226; *Fikentscher*, Wirtschaftsrecht, § 24 II 7.

c) Abschlußzwang besteht als Folge des Diskriminierungsverbots in § 26 II 1 GWB. Nach dieser Vorschrift sind marktbeherrschende Unternehmen, Kartelle und preisbindende Unternehmen gehalten, andere Unternehmen in einem Geschäftsverkehr, der gleichartigen Unternehmen üblicherweise zugänglich ist, nicht unmittelbar oder mittelbar unbillig zu behindern oder ohne sachlich gerechtfertigten Grund gegenüber gleichartigen Unternehmen unterschiedlich zu behandeln. Unternehmen, die eine besonders wichtige Stellung im Markte haben, sollen diese Stellung nicht dazu mißbrauchen, Marktverschiebungen auf der Marktgegenseite hervorzurufen. Gleiches gilt nach § 26 II 2, wenn für einen Anbieter oder Nachfolger einer bestimmten Art von Waren oder Leistungen eine derartige Abhängigkeit von einem Unternehmen besteht, daß ausreichende und zumutbare Möglichkeiten, auf andere Unternehmen auszuweichen, nicht vorhanden sind. Beispiel: Der Hersteller einer bekannten Ski-Marke darf Billig-Händler nicht von der Belieferung ausschließen, BGH NJW 1976, 801 — Rossignol —; vgl. auch BGH NJW 1979, 2152 — Nordmende —; BGH LM 29 zu § 26 GWB — Asbach-Uralt —. Soweit die Diskriminierungsverbote des § 26 II 1 und 2 reichen, herrscht Abschlußzwang für die genannten Unternehmen, *Fikentscher*, Wirtschaftsrecht, § 22 IX 4 mit dem Streitstand. — Eine dem § 26 II 1 (nicht aber 2) GWB entsprechende Vorschrift enthält für den EWG-Bereich Art. 86 II c) EWG-Vertrag. — Verbände dürfen bei der Aufnahme neuer Mitglieder nicht diskriminieren, § 27 GWB; es besteht insoweit Aufnahmezwang; ähnlich BGHZ 63, 282 — Rad- und Kraftfahrerverbund —, ein Fall des Aufnahmezwangs nach § 826 BGB.

d) Nach § 826 BGB ist zum Abschluß eines Vertrags verpflichtet, wer im Weigerungsfalle dem andern in vorsätzlich sittenwidriger Weise einen Schaden zufügen würde. Der Landarzt, der nachts gerufen wird, würde in einer gegen die guten Sitten verstoßenden Weise vorsätzlich dem Kranken Schaden zufügen, wenn er sich aus einem nichtigen Grunde weigern würde, den Kranken aufzusuchen. Entscheidend ist auch hier der Gedanke der Monopolstellung, wie er schon unter a) und c) begegnete, RGZ 133, 388 – Theaterkritiker – = ESJ 7; BGH NJW 80, 186.

VI. Die Inhaltsfreiheit und ihre Schranken

1. Die Inhaltsfreiheit hat die Bedeutung, daß die Parteien ihrem Vertrag grundsätzlich jeden beliebigen Inhalt geben können. Die Schranken zieht das Gesetz, das mit Art. 2 I GG übereinstimmen muß. Im Schuldrecht besteht wegen dieser Inhaltsfreiheit *kein Typenzwang*, d. h. die Parteien können sich grundsätzlich Verträge beliebigen Inhalts ausdenken. Im Sachenrecht herrscht dagegen Typenzwang, d. h. der Kreis der vom Gesetz zur Verfügung gestellten Sachenrechte ist durch Privatautonomie nicht zu erweitern.

2. Unter den Schranken der Inhaltsfreiheit sind als wichtigste Beispiele zu nennen:

a) Nach § 138 sind Verträge nichtig, die gegen die guten Sitten verstoßen. Ein Vertrag, in dem sich die Beteiligten dazu verpflichten, einen Dritten zu berauben, bindet nicht, desgleichen völlige Haftungsausschlüsse und dem wirtschaftlich gleichkommende Haftungsbegrenzungen, vgl. RGZ 103, 82 (überholt durch AGBG und ADSp, aber noch von grundsätzlicher Bedeutung). Auf gleicher Linie liegen Einzelbestimmungen (z. B. §§ 276 II, 310 und 312 BGB). Nach § 310 ist ein Vertrag nichtig, durch den sich der eine Teil verpflichtet, sein *künftiges* Vermögen oder einen Bruchteil davon zu übertragen oder mit einem Nießbrauch zu belasten. Dagegen sind Verträge, in denen man sich verpflichtet, sein gegenwärtiges Vermögen zu übertragen, gültig. Als nicht den guten Sitten entsprechend betrachtet das Gesetz auch Verträge über den Nachlaß eines noch lebenden Dritten. Darum erklärt § 312 solche Verträge für nichtig. Das gleiche gilt für einen Vertrag über den Pflichtteil oder ein Vermächtnis aus dem Nachlaß eines noch lebenden Dritten. Der Verkauf einer Anwaltspraxis ist nicht stets sittenwidrig, BGHZ 43, 46. Zum Erfolgshonorar des Anwalts siehe BGHZ 22, 162.

b) Eine Schranke der Inhaltsfreiheit ist auch § 134 BGB. Danach sind Verträge nichtig, die gegen ein gesetzliches Verbot verstoßen. Auch ist ein Vertrag grundsätzlich nichtig, in dem mehrere Unternehmer übereinkommen, Waren nur noch zu einem bestimmten Mindestpreis an die Kunden abzugeben (Preiskartell), § 1 i. V. m. § 38 I 1 GWB. Zahlreiche andere Verbote, deren Verfassungsmäßigkeit z. T. zweifelhaft ist, weil sie durch die Einschränkungen des Art. 2 I GG möglicherweise nicht gedeckt sind, enthält das Devisenrecht. Zulässig ist ein Vertrag zwischen Körperschaft und Vorstand, durch den der Vorstand eine Steuerstrafe ersetzt erhält (Grenzfall!), BGHZ 41, 223. Verträge, die *zwingendem Recht* widersprechen, sind nichtig (vgl. z. B. § 619), aber in aller Regel nur *insoweit*, nicht vollständig, BGHZ 40, 239. Zwingendes Recht bewirkt auch der numerus clausus der Sachenrechte. Man kann z. B. nicht ein Pfandrecht mit neuartigem schuldrechtlichen Inhalt bestellen, BGHZ 23, 293. Verstöße gegen *Warenbewirtschaftungsvorschriften* führen im allgemeinen zur Nichtigkeit von obligatorischen und dinglichem Geschäft, BGH LM Nr. 34 zu § 134 BGB; gegen *Preisstoppvorschriften* je nach Umfang des Verbots zur Nichtigkeit des ganzen Geschäfts, RGZ 172, 1, oder nur der Überzahlung. Entgegen RGZ 166, 89 und BGHZ 8, 348 findet aber § 817, 2 keine Anwendung, da sonst das Verbot leicht zu umgehen wäre (str.). Die meisten derartigen Vorschriften sind inzwischen aufgehoben. Als Regel gilt: Ist das Rechtsgeschäft wegen seines *Inhalts* oder aus Gründen verboten, die in der *Person* eines Beteiligten liegen, ist es vollnichtig; dient es dem Schutz eines Beteiligten, ist es halbseitig teilnichtig, *Canaris,* Gesetzliches Verbot und Rechtsgeschäft, 1983.

c) Weitere Schranken der Inhaltsfreiheit brachte das AGBG von 1976, namentlich in §§ 9, 10 und 11. Danach sind AGB unwirksam, wenn sie das Gesetz einseitig zuungunsten des Vertragspartners abbedingen oder ihn wider Treu und Glauben unangemessen benachteiligen (im einzelnen u. § 26 VI).

d) Eine Begrenzung erfährt die Inhaltsfreiheit durch Verträge mit normiertem Inhalt (*Nipperdey:* Diktierte Verträge). Wichtig sind solche Verträge mit normiertem Inhalt in der Bewirtschaftung oder nach Notstandsrecht (§§ 10 ff. Arbeitssicherstellungsgesetz; Zwangspachtrecht), vgl. oben V b. Dagegen handelt es sich bei Allgemeinen Geschäftsbedingungen und Tarifverträgen des Arbeitsrechts nicht um Verträge mit normiertem Inhalt. Allgemeine Geschäftsbedingungen sind vorformulierte Vertragsinhalte, auf die im Einzelvertrag verwiesen wird. Tarifverträge sind Normenverträge im Bereich einer vom Staat den Sozialpartnern gewährten Autonomie. Ihre Bedingungen wirken direkt und unmittelbar auf die unter ihrem Bereich abgeschlossenen Arbeitsverträge ein. Sie wirken damit allerdings ähnlich wie gesetzliche Normierungen.

e) Eine Einschränkung der Inhaltsfreiheit, die zugleich eine Einschränkung der Abschlußfreiheit sein kann, findet sich im Bereich genehmigungsbedürftiger Verträge. Genehmigungen sind zum Abschluß von Verträgen in weitem Umfang erforderlich. So bedarf nach § 2 des Grundtsücksverkehrsgesetzes vom 28. 7. 1961 (BGBl. I S. 1091, berichtigt S. 1652) die Veräußerung eines land- oder forstwirtschaftlichen Grundstücks der Genehmigung. Siehe dazu auch § 19 ff. des Bundesbaugesetzes vom 23. 6. 1960, i. d. F. vom 6. 7. 1979, BGBl. I 949.

f) Nach § 3 des Währungsgesetzes von 1948 ist es ohne Genehmigung der zuständigen Landeszentralbank unzulässig, in einem Vertrag eine die Stabilität der Währung sichernde Klausel aufzunehmen (Goldklausel, Kaufkraftklausel). Auch hier handelt es sich um eine nicht unbedeutende Einschränkung der Inhaltsfreiheit, die aber aus grundgesetzlichen Prinzipien heraus (Währungshoheit des Bundes) als Bestandteil der verfassungsmäßigen Ordnung gerechtfertigt ist (dazu BVerwG NJW 73, 529, und unten § 29 I 5).

VII. Vertragsfreiheit und wirtschaftliche Macht

Biedenkopf, Vertragl. Wettbewerbsbeschränkung u. Wirtschaftsverfassung, 1958; *ders.,* FS *Böhm,* 1965, 113; *ders.,* FS *Coing,* Bd. II, 1982, 21; *Böhm,* Wettbewerb und Monopolkampf, 1933; *Bydlinski,* Privatautonomie und objektive Grundlagen des verpflichtenden Rechtsgeschäfts, 1967; *Fikentscher,* Wettbewerb und gewerblicher Rechtsschutz, 1958; *ders.,* in: *Fikentscher/Hoffmann/Kugler,* Rechtsfragen der Planifikation, 1966, 81 ff.; *ders.,* Die Geschäftsgrundlage als Frage des Vertragsrisikos, 1971; *ders.,* Als-Ob-Wettbewerb und Mißbrauchsbegriff, 1971; *ders.,* FS *Hefermehl,* 1971, 41; *Großfeld,* Aktiengesellschaft, Unternehmenskonzentration und Kleinaktionär, 1968; *Hager,* in: Zum Deutschen und Internationalen Schuldrecht, 1983, 51; *Hönn,* Kompensation gestörter Vertragsparität, 1982; *ders.,* JZ 83, 677; *Koch, Eckart,* Schadenersatz bei unerlaubten wettbewerbsbeschränkenden Handlungen nach deutschem und europäischem Recht, 1968; *Kronstein,* Die abhängige juristische Person, 1931; *ders.,* Recht der internationalen Kartelle, 1967; *Luig,* FS *Coing,* 1982, 171; *Merz,* Privatautonomie heute, Grundsatz und Rechtswirklichkeit, 1970; *Mestmäcker,* AcP 168, 235; *v.*

Ohlshausen, ZHR 146, 259; *Raiser, L.*, JZ 58, 1; *ders.*, JZ 61, 465; *ders.*, in: Summum ius summa iniuria, 1963, 145; *Ramm*, Vertragsfreiheit – Instrument der Ausbeutung?, Gerechtigkeit i. d. Industriegesellschaft, 1972, 39; *Rebe*, Privatrecht und Wirtschaftsordnung, 1978; *v. Stebut*, Der soziale Schutz als Regelungsproblem des Vertragsrechts, 1982; *Steglich*, Ungleichheit als Kriterium zur Beurteilung neuer Zivilrechtsprechung, Diss. Kiel 1983; *Steindorff*, FS *L. Raiser*, 1974, 621; *Ulmer, P.*, AcP 174, 167; *Westermann, H. P.* Vertragsfreiheit und Typengesetzlichkeit im Recht der Personengesellschaften, 1970; *ders.*, AcP 178, 150; *Wolf, Manfred*, Rechtsgeschäftliche Entscheidungsfreiheit und vertraglicher Interessenausgleich, 1970; *ders.*, FS *L. Raiser* (a. a. O.), 597.

1. Die Vertragsfreiheit geht davon aus, daß die Parteien im Zweifel am besten wissen, welche Opfer und Risiken sie auf sich nehmen sollen, um ein von ihnen angestrebtes Ziel auf rechtsgeschäftlichem Wege zu erreichen. Der ausgehandelte Vertrag trägt durch die auf beiden Seiten eingesetzte Parteiautonomie zunächst einmal die Vermutung des gerechten Interessenausgleichs in sich. Das trifft aber nur zu, wenn die Ausgangspositionen der Vertragsschließenden ebenbürtig waren. Durch persönlichen Einfluß („undue influence"), vor allem auch durch wirtschaftliches Übergewicht kann ein gerechter Ausgleich von vornherein verhindert werden. Dem Einfluß wirtschaftlicher Macht auf Verträge widmet sich ein umfangreiches Schrifttum. Arbeitsrecht und Recht der AGB bilden dabei gesondert zu besprechende Fragenkreise, unten §§ 26 V 5, 79. Zur Frage der Einschränkung der Vertragsfreiheit unter dem Gesichtspunkt wirtschaftlicher Macht im allgemeinen werden zumindest vier Auffassungen vertreten:

2. a) *Wolf* setzt sich, z. T. in Anlehnung an die amerikanische Rechtsprechung zum „misuse of bargaining power", für eine rechtsgeschäftliche Kontrolle ein, die zur Notwendigkeit einer Vertragsanpassung führt, wenn die wirtschaftliche Ausgangslage den Vertragsschluß in einer für eine Partei unzumutbaren Weise beeinflußt hat.

b) Eine andere Auffassung spricht von Anpassung oder Unwirksamkeit des Vertrags, wenn die wirtschaftliche Vormacht einer Seite die andere Seite daran gehindert hat, den Risikorahmen des Vertrags so abzustecken, wie es unter Wettbewerbsbedingungen möglich gewesen wäre, *oder* wenn sich bei Durchführung des Vertrags ein Risiko *verwirklicht*, das bei Aushandlung des Vertrags unter Wettbewerbsbedingungen nicht in den Vertrag einbezogen worden wäre, so *Fikentscher*, Geschäftsgrundlage, 79 ff.; *Ulmer, P.*, AcP 174, 167.

c) Eine dritte Theorie wählt den *deliktischen* Schutz der wirtschaftlich unterlegenen Partei, und zwar durch Zuerkennung eines subjektiven Freiheitsrechts im Sinne des § 823 *Abs. 1*. In Deutschland wird sie vertreten von *Fikentscher*, Wettbewerb und gewerblicher Rechtsschutz, 1958, 207 ff., *ders.*, Vertrag und wirtschaftliche Macht, FS *Hefermehl*, 1971, 41 ff.; *ders.*, Wirtschaftsrecht, § 22 I 2 und *Scholz*, ZHR 132, 97 ff., 105 ff.; *ders.*, Wirtschaftsaufsicht und subjektiver Konkurrentenschutz, 1971. Auch die Schweizer Tradition entspricht dem: *Kummer*, Anwendungsbereich und Schutzgut der privatrechtlichen Rechtssätze gegen unlauteren und freiheitsbeschränkenden Wettbewerb, 1960.

d) Schließlich entscheidet sich eine große Gruppe von Autoren für die Anwendbarkeit von § 823 *Abs. 2* zum Schutze gegen Marktmacht. Der Ton wird dabei einmal mehr auf die neoliberale Konzeption einer Wettbewerbsordnung gelegt, so — mit unterschiedlichen Standpunkten im einzelnen — *Böhm, Biedenkopf, Koch* und *Mestmäcker*, zum andern mehr auf die Institutionenlehre (der Wettbwerb als Institution), so vor allem *L. Raiser*.

3. Die Theorien stehen in keinem unbedingten Gegensatz zueinander und kommen im wesentlichen zu gleichen Ergebnissen. Gegen die Auffassung von *Wolf* spricht, daß der Einfluß wirtschaftlicher Macht auf den Vertrag abstrakt geprüft werden sollte, auch wenn er sich nicht im Einzelfall nachteilig auswirkt. *Wolf* kann erst bei der „Anpassung" dem Einzelfall gerecht werden. Es ist besser, auf die *Verwirklichung* eines nachteiligen Risikos oder auch einen *entstandenen* Schaden abzustellen, wie die drei letztgenannten Theorien es tun.

Ob man den Weg über § 823 *Abs. 1* oder *Abs. 2* geht, hängt von der Einschätzung der Subjektivität des Freiheitsschutes ab und ist praktisch Überzeugungssache. Wer § 823 Abs. 1 bejaht, läßt den Anspruch nach Abs. 2 konkurrierend zu, da fast allgemein vertreten wird, daß der Wettbewerb zumindest *auch* Institutionenschutz genießt, vgl. aber *Würdinger* WuW 53, 721. Der Hauptnachteil aller Lösungen über § 823 *Abs. 2* ist das Angewiesensein auf die Existenz und den positiven Wortlaut eines in Betracht kommenden Schutzgesetzes (so leugnet die h. M. z. B. den Schutzgesetzcharakter von § 22 GWB, der zentralen Norm zum Schutz gegen den Mißbrauch von Marktbeherrschung, statt aller *Möschel* bei *Immenga/Mestmäcker* GWB, § 22 Rdn 201; dagegen *Fikentscher*, Wirtschaftsrecht, § 22 IX 2 g). Alle Lücken und Unvollkommenheiten der schutzgewährenden Norm belasten dann auch die Vertragskorrektur. Das kann sehr unbefriedigend sein und spricht für § 823 *Abs. 1*.

Die Kumulation von Vertrags- und Deliktsrecht ist sinnvoll, da der deliktsrechtliche Schutz gegen Wirtschaftsmacht nur allgemein wirken kann, im Falle eines Vertragsschlusses dagegen wesentlich genauer Parteiautonomie und Machtkorrektur miteinander abgewogen werden können, dazu im einzelnen *Fikentscher*, Geschäftsgrundlage 79f.; *ders.,* Wirtschaftsrecht § 1 I 8; § 22 IX 2d. Im einzelnen ist zu bestimmen, wieweit eine Partei unbeeinflußterweise von ihrer Autonomie Gebrauch gemacht hätte. Insoweit muß sie auch die damit verbundenen Risiken tragen. Die deliktsrechtlichen Lösungen dürfen dann zu keinem anderen Ergebnis kommen. Legitim eingegangene Vertragsrisiken definieren also insoweit den nach § 823 zu ersetzenden Schaden, wodurch eine wirksame Konkretisierung des umstrittenen Begriffs des „Als-ob-Wettbewerbs" als Grundlage deliktischer Vertragsanpassung im Kartellrecht erzielt wird.

§ 22
Form des Vertrags

Battes, JZ 69, 683; *Bernard,* Formbedürftige Rechtsgeschäfte, 1979; *Boehmer, G.,* Grundlagen der bürgerlichen Rechtsordnung, Bd. II, 2. Teil, 1951; *Canaris,* Die Vertrauenshaftung im deutschen Privatrecht, 1971; *Daniels,* Verträge mit Bezug auf den Nachlaß eines noch lebenden Dritten, 1973; *Eichler,* Stud. u. Prax. 65, 237; *Franz,* Die formbedürftigen Geschäfte des Reichsprivatrechts, 1907; *Gernhuber,* FS *Schmidt-Rimpler,* 1957, 151; *Häsemeyer,* Die gesetzliche Form der Rechtsgeschäfte, 19711 *ders.,* JuS 80, 1; *Heldrich, K.,* AcP 147, 89; *Knieper,* MDR 70, 979; *Lorenz W.,* AcP 156, 381; *ders.,* JuS 66, 428; *Ludwig,* AcP 180, 373; *Merz,* AcP 163, 306; *Reinicke,* Rechtsfolgen formwidrig abgeschlossener Verträge, 1969; *Roth, G.,* JuS 81, 250; *Scheuerle,* AcP 172, 396; *Schwanecke,* NJW 84, 1583; *Seibert,* JZ 81, 380; *Singer,* WM 83, 254; *Steindorff,* ZHW 66, 21; *Wagner,* AcP 172, 452.

1. Grundsätzlich sind Verträge „formfrei", d. h. sie können in mündlicher Form geschlossen werden. Die in den §§ 125 ff. vorgesehenen „Formen", d. h. die *schriftliche, öffentlich beglaubigte* oder *notariell beurkundete* Form, müssen vom Gesetz im Einzelfall *vorgesehen,* oder sie müssen *vertraglich vereinbart* sein.

2. Die grundsätzliche Formfreiheit ist bei bestimmten Geschäften und in gewissen Kreisen nicht volkstümlich. So besteht gelegentlich der Irrtum, was nicht *schriftlich* niedergelegt sei, gelte nicht. Manchmal wird auch angenommen, etwas müsse „notarisch" sein, um Wirkung zu entfalten. Trotzdem sind Verträge, wie etwa Miet-, Kauf-, Dienst- und Werkverträge und die in ihnen enthaltenen Klauseln grundsätzlich „formfrei", also aufgrund mündlicher Absprache gültig.

3. Möglich ist, daß die Parteien eine bestimmte Form vereinbaren. Die Vereinbarung kann auch stillschweigend sein (das ist z. B. dann anzunehmen, wenn *beide* Seiten stillschweigend von der Voraussetzung ausgehen, der Vertrag sei nur bei Einhaltung einer bestimmten Form wirksam). Ist in solchen Fällen die Form nicht beachtet worden, ist der Vertrag im Zweifel nicht geschlossen, bis die Form erfüllt worden ist, 154 II. Dort ist zwar nur von der Beurkundung die Rede, doch ist § 154 II auf Schriftform und öffentliche Beglaubigung, auch auf eine gewillkürte besondere Form (Druck, gesiegelte Urkunde, doppelte Unterschrift) analog anzuwenden. Macht nur *eine* Seite das Formbedürfnis zum Inhalt ihrer Erklärung, gilt Dissensrecht. § 154 I 1 betrifft auch die vereinbarte Form (str.). Ferner gilt nach § 125, S. 2, daß ein Rechtsgeschäft nichtig ist, dessen rechtsgeschäftlich vereinbarte Form nicht eingehalten wurde. § 154 meint Formverlangen bei den Vertragsverhandlungen, § 125 S. 2 eine dem eigentlichen Vertragsschluß vorausgehende wirksam getroffene Formvereinbarung.[1])

---

[1]) In dieser Richtung auch *Medicus* AT, § 42 II 1.

4. Sieht das Gesetz ausnahmsweise Formvorschriften vor, so kann das zwei Gründe haben, die einzeln oder gemeinsam, und dann in jeweils verschieden starkem Grade gegeben sein können. Der eine Grund ist die *Beweissicherung,* der andere der *Schutz* des sich Erklärenden vor *Übereilung.* Es ist zweckmäßig, sich bei jeder im Gesetz vorkommenden Formvorschrift zu fragen, ob der eine oder der andere Grund gemeint ist oder, falls beide zutreffen, welcher im Vordergrund steht. Die Auslegung der Erklärung und die Entscheidung, ob die gewählte Form ausreicht, ferner ob und wodurch ein Formmangel geheilt werden kann, können davon abhängen.

5. Im besonderen *Schuldrecht* (433–853) gibt es einige Formvorschriften, die bei dem betreffenden Schuldverhältnis zu besprechen sind, z. B. § 518 (Schenkungsversprechen); § 781 (Schuldanerkenntnis); § 783 (Anweisung). In all diesen Fällen steht der Gesichtspunkt des Schutzes vor Übereilung wegen wirtschaftlicher Gefährlichkeit des Geschäfts an erster Stelle. Anders dagegen § 566, wo der Beweissicherungszweck im Hinblick auf § 571 im Vordergrund steht.

6. Im *allgemeinen Schuldrecht* bestehen nur drei Formvorschriften, die übrigens alle notarielle Beurkundung vorsehen: 311, 312 II, 313. Weitaus am wichtigsten ist § 313:

7. Nach § 313 S. 1 bedarf ein Vertrag, durch den sich der eine Teil *verpflichtet, das Eigentum* an einem *Grundstück zu übertragen oder zu erwerben,* der notariellen Beurkundung. Der Beweiszweck und der Gedanke des Schutzes vor Übereilung tragen diese Vorschrift (sind aber nicht tatbestandliche Voraussetzungen, BGHZ 16, 335). Den Vertrag bloß erläuternde Dokumente unterliegen der Form nicht, § 9 II BeurkG (s. unten g).

a) Die Vorschrift betrifft nur das *Verpflichtungsgeschäft,* also den Grundstückskauf (433), *nicht* das *Verfügungsgeschäft,* durch das im Wege der Auflassung und Eintragung (873, 925) das *Eigentum* am Grundstück *übergeht* und die Verpflichtung aus § 433 I *erfüllt* wird.

Das *Verfügungsgeschäft,* das den Eigentumsübergang bewirkt, besteht aus *dinglicher Einigung* und *Eintragung* im Grundbuch, 873 I 1. Die dingliche Einigung *heißt* bei Grundstücksveräußerungen *Auflassung* und bedarf nach § 925 der gleichzeitigen Erklärung vor dem Notar. Die Erklärung einer Auflassung soll nur entgegengenommen werden, wenn die nach § 313 S. 1 erforderliche Urkunde über den *Kaufvertrag* vorgelegt oder gleichzeitig errichtet wird, 925a. Diese Vorschrift verknüpft in durchaus eigenartiger und für das BGB einmaliger Weise Verpflichtungs- und Verfügungsgeschäft (zur Unterscheidung, siehe oben § 14). Die Verbindung der Kauf- und Auflassungserklärungen in einer einzigen Urkunde ist sehr häufig und geschieht in Anwendung dieser Bestimmung. Vom Laien wird sie als selbstverständlich empfunden, weil ihm der Unterschied zwischen Verpflichtung und Verfügung nicht einleuchtet. Meist werden in eben derselben Urkunde die zusätzlich erforderlichen Erklärungen nach § 13 (Antrag) und § 19 GBO (Eintragsbewilligung) mit aufgenommen (für die Aufflassung genügt nach h. M. die in § 20 GBO verlangte Einigungserklärung); vgl. dazu §§ 29, 39, 40 GBO.

§ 22

7

Das Recht der Grundstücksveräußerung besteht also aus dem geschilderten Zusammenspiel folgender Vorschriften: 313 S. 1, 433 (Kauf); 873, 925, 925a BGB (Übereignung); 13, 19, 20, 29 (Schriftform als Verfahrensvorschrift), 39, 40 GBO; § 925 verlangt über § 128 hinaus gleichzeitige Anwesenheit beider Teile, andererseits aber nur die Abgabe der *Erklärung,* weil Beurkundung der Auflassung nicht vorgeschrieben ist.

b) § 313 S. 1 betrifft nur die Verpflichtung zur *Übertragung* des Eigentums an einem Grundstück, nicht etwa die Verpflichtung zur Belastung, oder zur Eigentumsaufgabe (Dereliktion) eines Grundstücks. Die *Verpflichtung* muß klar zum Ausdruck kommen. Allgemein gehaltene Erklärungen erfüllen die Form des § 313 S. 1 nicht, BGHZ 45, 179 gegen BGHZ 16, 334.

Seit dem 1. 7. 73 ist auch die einseitige vertragliche Verpflichtung, ein Grundstück zu *erwerben,* beurkundungspflichtig (Gesetz vom 30. 5. 73, BGBl. I 501). Nach der alten Fassung des § 313 bedurfte nur die Veräußerungspflicht der Beurkundung. In der Praxis nutzten vor allem Baugesellschaften diese Gesetzeslücke dazu, sich von einer Verkaufspflicht freizuhalten, den Baubewerber dagegen durch einseitige nur schriftliche Ankaufsverpflichtung zu binden. Die Rechtsprechung vermochte diesem Mangel nicht abzuhelfen. Dagegen hatte die Rechtsprechung entgegen § 167 II für eine *unwiderrufliche Vollmacht* zum Verkauf eines Grundstücks schon immer notarielle Form gem. § 313 S. 1 verlangt, RGZ 104, 236; 108, 126.

c) § 313 S. 1 betrifft nicht die Verpflichtung zur Übertragung von sonstigen dinglichen Rechten an einem Grundstück, vgl. für die Hypothek beim dinglichen Geschäft §§ 1153 ff.

d) § 313 S. 1 betrifft nur *Grundstücke* und ideelle Anteile an Grundstücken, nicht grundstücksgleiche Rechte (vgl. statt dessen aber § 1017 I bzw. § 11 II der VO über das Erbbaurecht vom 15. 1. 1919, RGBl. I 72, 122 geändert durch G. vom 8. 1. 74, BGBl. I, 41), wohl aber Aufteilung eines Grundstücks in ideelle Anteile, BGHZ 1, 206. — Zur Anwendbarkeit des § 313 auf das Sondereigentum an Wohnungen siehe § 4 III des Gesetzes über das Wohnungseigentum und das Dauerwohnrecht (Wohnungseigentumsgesetz) vom 15. 3. 1951 (BGBl. I 175), geändert am 30. 5. 73 (BGBl. I 501) und 30. 7. 73 (BGBl. I 910).

e) Wird die Form des § 313 S. 1 verletzt, so tritt weder Vollnichtigkeit noch schwebende Unwirksamkeit ein (str.), vielmehr besteht eine *heilbare Nichtigkeit.* Der nicht gerichtlich oder notariell beurkundete Grundstückskauf ist von vornherein nichtig, aber vollständig heilbar, wenn Auflassung und Eintragung erfolgen, 313 S. 2. Die Heilung des Vertrages kann dadurch verhindert werden, daß im Wege der einstweiligen Verfügung nach § 935 ZPO auf Antrag des Verkäufers gegen den Käufer ein Erwerbsverbot erlassen wird. Die dennoch erfolgte Eintragung ist dann dem Veräußerer gegenüber analog §§ 136, 135 relativ unwirksam, RGZ 117, 290; 120, 118.

Form des Vertrags §22

f) Die heilbare Nichtigkeit betrifft den Vertrag in *vollem* Umfang. Ist also ein Teil eines Grundstückskaufs schriftlich niedergelegt und ein anderer Teil mündlich vereinbart, so ist alles nichtig.

g) Von Bedeutung ist der Fall, daß ein Teil des Grundstückskaufs der Form des § 313 S. 1 entspricht, aber ein anderer Teil bewußt oder unbewußt nur schriftlich oder mündlich vereinbart wurde. Dann ist der nicht formgerechte Teil nach § 313 S. 1 nichtig und der formgerechte nach § 139, wonach bei Teilnichtigkeit grundsätzlich Vollnichtigkeit angenommen wird., vgl. BGH NJW 81, 222. Man muß also darauf achten, daß bei einem Grundstückskauf *alle* für die Parteien wesentlichen Punkte in den beurkundeten Text aufgenommen werden, vgl. BGH NJW 79, 1496. Das gilt nicht nur für den normalen Grundstückserwerbsvertrag, sondern im Falle der Vertragsbindung (unten § 65 I 2) für das gesamte Vertragswerk, RGZ 79, 434. Enscheidend ist der innere, rechtliche Zusammenhang beider Geschäfte, BGH DNotZ 75, 87. Bloße Auslegungshilfen für den Kaufvertrag sind nicht beurkundungspflichtig, sofern der Kaufvertrag für sich alles Wesentliche enthält.[2])

Wird aus Gründen der Hinterziehung von Grunderwerbssteuer ein zu niedriges Entgelt in den notariellen Text aufgenommen und ein höheres mündlich vereinbart, so ist grundsätzlich der ganze Vertrag nichtig: Der beurkundete Vertrag als Scheingeschäft, § 117; der in Wahrheit gewollte Vertrag wegen Formmangels, §§ 313 S. 1, 125.[3])

h) Die *Heilung* erfogt durch Auflassung des Grundstücks und Eintragung im Grundbuch, 313 S. 2. Der dingliche Vollzug des Kaufs schafft eine Rechtslage, die aus Gründen der Rechtssicherheit und -klarheit nicht wieder rückgängig gemacht werden soll. Ein *Heilungswille* ist nicht erforderlich, die Heilung tritt ex lege ein. Hieraus leitet ein Teil der Lehre eine ex-tunc-Wirkung der Heilung ab *(Larenz, Oertmann).* Es besteht aber kein triftiger Grund vom Wortlaut des Gesetzes („wird ... wirksam") abzuweichen, der eine ex-nunc-Heilung — von der Eintragung im Grundbuch an — vorschreibt. Das Gesetz

---

[2]) So für die Baubeschreibung BGH NJW 75, 536; a. A. *Vollhardt,* NJW 75, 1682; zum ganzen *Röll,* NJW 76, 167; vgl. weiter für den neuen, etwas schärferen Standpunkt der Rechtsprechung BGH NJW 78, 102; 79, 1495; 79, 1496; 79, 1498: es reicht nicht aus, daß in dem beurkundeten Vertrag auf nicht beurkundete Anlagen wie Baupläne, verwiesen wird. Das neue Gesetz zur Änderung und Ergänzung beurkundungsrechtlicher Vorschriften vom 20. 2. 1980 (BGBl. I 157) erleichtert wiederum für die Zukunft die Beurkundung unter Verwendung von Karten, Zeichnungen oder Abbildungen, dazu BGH NJW 80, 1632; 81, 230).

[3]) Vgl. RGZ 78, 119; BGH NJW 80, 451 (st. Rspr.). Erfolgt trotz übereinstimmenden Willens versehentlich falsche Beurkundung, so sind die Grundsätze der falsa demonstratio anzuwenden, d. h. die Falschbeurkundung kann die Wirksamkeit des Vertrages nicht beeinträchtigen, vgl. RGZ 109, 336; BGH NJW 69, 2045 st. Rspr. (zurückhaltender BGHZ 74, 119f.). Zur Unzulässigkeit der Berufung auf die Nichtigkeit wegen Formmangels vgl. unten 11.

will lediglich den Bereicherungsanspruch ausschließen, dazu genügt die Heilung ex nunc. Das hat die wichtige Folge, daß hinsichtlich einer Auflassungsvormerkung mit Wirkung gegen Dritte kein Auflassungsanspruch für die Zeit des Vertragsschlusses fingiert wird, BGHZ 54, 56. Die Auflassung heilt nur, wenn sie dem formungültigen Vertrag zeitlich nachfolgt und ihn inhaltlich deckt, OGHZ 1, 290. Die Heilung tritt auch bei gutgläubigem Grundstückserwerb ein, BGHZ 47, 271.

i) Die Heilung umfaßt, was leicht übersehen wird, den Vertrag in *vollem Umfang*, also einschließlich aller schriftlichen oder *mündlichen Nebenabreden*, soweit sie im Zusammenhang mit dem Kauf stehen und für beide Parteien vertragswesentlich sind (vgl. BGH NJW 74, 136; 78, 1577). Das ist wichtig für die Fälle des § 139, s. oben g): Die Heilung tritt *vollständig* ein. Die Heilung versagt, wenn eine behördliche Genehmigung (z. B. nach § 1821 I 4) zum Kaufvertrag fehlt. Das geheilte Geschäft ist dann nicht genehmigt. Wird nur ein Teil der Kaufvereinbarungen genehmigt, fehlt die Genehmigung des *ganzen* Vertrags. Das ist wichtig, wenn die Parteien aus irgendwelchen Gründen nicht alles, was sie vereinbaren, in die Urkunde aufnehmen, so daß die Genehmigungsbehörde, der die Urkunde vorliegt, nicht den ganzen Vertrag genehmigen kann. Auch andere Nichtigkeitsgründe, außer dem Formmangel, werden nicht geheilt, OGHZ 1, 327; BGH DNotZ 69, 350.

j) Ursprünglich gemäß § 313 S. 1 formnichtige, dann aber nach § 313 S. 2 geheilte Abreden können nachträglich in der *gleichen* oder in einer stärkeren Form wirksam abgeändert werden, in der sie zuerst nichtig und dann geheilt waren. Die Berufung auf § 313 S. 1 liefe insoweit dem Sinn des § 313 S. 2 zuwider. Das ist auch bei ursprünglich gültig beurkundeten Verträgen so, allerdings nur, wenn keine „Verschärfung der Übereignungspflicht" eintritt[4]). Die Aufhebung eines nach § 313 S. 2 geheilten Vertrages ist dagegen immer formbedürftig, weil dadurch eine Rückübereignungspflicht des Erwerbers begründet wird, RGZ 60, 400; h. M.

8. Nach § 311 bedarf ein Vertrag der notariellen Beurkundung, durch den sich ein Teil *verpflichtet*, sein *gegenwärtiges* Vermögen oder einen Bruchteil des gegenwärtigen Vermögens zu übertragen oder mit einem Nießbrauch zu belasten. § 419 regelt u. a. die Wirkung des Erfüllungsgeschäfts (s. unten § 59 IV). Doch verwenden §§ 311, 419 verschiedene Vermögensbegriffe. § 311 bestimmt die Form zu Überlegungszwecken und meint daher nur den Fall, daß jemand sein „Hab und Gut", sein „Vermögen", als solches bezeichnet, oder einen Bruchteil davon, veräußern will. Verpflichtet sich jemand zur Übertragung bestimmter benannter Vermögensgegenstände (z. B. Haus, Hof, Grundstücke), die aber zusammen sein Vermögen ausmachen, so bedarf es der Form des § 311 nicht, da der Schuldner sich durch die Aufzählung der Bedeutung seines Schrittes bewußt werden muß, RGZ 94, 315; BGHZ 25, 1; dann aber ist, soweit Grundstücke betroffen sind, § 313 zu beachten. § 419 will dagegen die Gläubiger des Übertragenden schützen. Hier kommt es darauf an, ob das Übertragene tatsächlich das

---

[4]) Vgl. *Staud./Wulfka*, § 313 Rz. 157; *MünchKomm/Kanzleiter*, § 313 Rn. 48.

Form des Vertrags § 22

Vermögen ausmacht und nicht auf Global- oder Einzelbenennung. In § 311 gilt ein formeller, in § 419 ein materieller Vermögensbegriff.

9. Verpflichtungsverträge über das *künftige* Vermögen sind gemäß § 310 nichtig. Ein Vertrag unter künftigen gesetzlichen Erben über ihre Erb- oder Pflichtteile ist entgegen § 312 I nicht nichtig, bedarf aber der notariellen Beurkundung, 312 II, BGHZ 26, 320; OGHZ 2, 114, 175.

10. Soweit Formzwang besteht, unterliegen ihm auch *Vorverträge, Rahmenverträge* und *unwiderrufliche Vollmachten* (Aunahme von § 167 II) zum Abschluß formgebundener Verträge, wenn dadurch bereits die Bindung eintritt. Sonst läge eine Gesetzesumgehung vor, § 134, RGZ 104, 326, BGH WM 67, 1039; BGHZ 61, 48; h. M. Zu Formfragen des Vorvertrags *Larenz* I § 7 I a. E. Diese Problematik ist vor allem im Hinblick auf § 313 von erheblicher Bedeutung.

11. Die Berufung auf einen Formmangel kann nach Treu und Glauben mit Rücksicht auf die Verkehrssitte oder aus dem Sinn der Formvorschrift selbst *unzulässig* sein, so daß das Rechtsgeschäft trotz Formmangels gilt. Hier sind drei Fälle zu unterscheiden:

a) Der Schuldner hat, z. B. durch Zureden und feierliche Beteuerungen, er werde sein Versprechen halten, den Gläubiger bestimmt, auf Einhaltung der Form zu verzichten. Dabei hatte der Schuldner von vornherein („dolus praeteritus") im Sinne, die formnichtige Verpflichtung nicht einzuhalten. Beruft sich der Schuldner dann später auf den Formmangel, so handelt er arglistig, vgl. z. B. BGHZ 66, 378. § 242 schränkt insoweit § 125 materiellrechtlich ein, und zwar als Einwendung, nicht nur im Sinne einer Einrede (ebenso *Larenz* I § 10 III und BGHZ 12, 304). Dazu näher unten § 27 II 4a. Man kann dies die Fälle des „dolus praeteritus" oder der Verleitung zum Formverzicht nennen *(Verleitungsfälle)*. Die Rechtsprechung schwankt:

Das RG hatte gegenüber der Geltendmachung der Formnichtigkeit in weitem Maße die Arglisteinrede (exceptio doli) zugelassen, stets nämlich, wenn auf seiten desjenigen, welcher der Geltendmachung der Formnichtigkeit entgegentritt, ein Irrtum über das Formerfordernis vorgelegen hat und dieser Irrtum vom Gegner in schuldhafter Weise, also entweder mit böser Absicht oder fahrlässig verursacht worden war, RGZ 107, 357; 117, 121. Konstruktiv erreichte das RG dies durch Anwendung der §§ 826, 249, nach denen das gegenwärtige arglistige Verhalten des erfüllungsunwilligen Partners die Wirkung haben soll, daß dieser das „Sachverhältnis so gelten lassen müsse, wie es sich gestaltet hätte, wenn er bei Abschluß des Vertrages dem Verlangen ... nach Erfüllung der Form nachgekommen wäre (Naturalrestitution)". Später hat das Gericht überhaupt nicht mehr auf die schuldhafte Herbeiführung der Formnichtigkeit abgestellt, sondern es genügen lassen, daß der erfüllungsunwillige Teil, sei es auch unabsichtlich, eine Haltung einnimmt, die mit einem früher von ihm betätigten Verhalten nach allgemeinen Volksempfinden unvereinbar ist, § 242 (RGZ 153, 61; 157, 209; 169, 73).

Der BGH hat im Anschluß an OGHZ 1, 217 den Grundsatz der Formnichtigkeit wieder in den Vordergrund gestellt. Eine Bindung an einen wegen

Formmangels nichtigen Vertrag wird nur dann bejaht, wenn die Nichtanerkennung des Vertrags zu einem für den Partner untragbaren, nicht etwa nur zu einem harten Ergebnis führen würde (vgl. BGHZ 29, 6; BGH NJW 65, 812; BGHZ 45, 179, 184; BGH NJW 75, 43; 77, 2072; 80, 118; WM 81, 492). Aus den allgemeinen Fallgruppen werden die ausdrücklich als Sonderfälle bezeichneten Fälle des Bestehens von Betreuungsverhältnissen („Siedlerfall", BGHZ 16, 334) und die Hofübergabefälle (BGHZ 12, 286; 23, 249; 47, 184) ausgeschieden (BGH NJW 65, 812), dazu sogleich unten b und c.

Nach der Entscheidung BGH NJW 65, 812 verblieb nur mehr eine Fallgruppe im Bereich der schlechthin untragbaren Ergebnisse, nämlich die des dolus praeteritus, d. h. der von vornherein bestehenden Absicht des erfüllungsunwilligen Partners, sich von der formnichtig eingegangenen Verpflichtung wieder zu lösen (BGHZ 29, 6).

Dabei wurde bei der von einer Partei zu vertretenden Herbeiführung der Formnichtigkeit dem Partner nur Schadensersatz aus dem Gesichtspunkt des Verschuldens beim Vertragsschluß zugesprochen. Hiernach kann nicht auf Abschluß eines formgültigen Kaufvertrags oder gar auf Grundstücksauflassung geklagt werden. Jedoch hat die erfüllungsunwillige Partei den Partner in Geld dahingehend schadlos zu stellen, daß er sein Interesse anderweitig befriedigen (BGH NJW 65, 812), also ein anderes Grundstück kaufen kann.[5]

Im Widerspruch zu seiner bisherigen Rechtsprechung und sogar über die obige Rechtsprechung des RG hinausgehend hat der BGH alsdann trotz beiderseitiger Kenntnis der Parteien von der Formbedürftigkeit die Berufung auf § 242 zugelassen, weil die eine Partei bei Vertragsschluß erklärt hat, sie sehe einen privatschriftlichen Vertrag einem notariellen Vertrag als gleichwertig an, BGHZ 48, 396[6]). Auch hier wendet der BGH die Formel vom schlechthin untragbaren Ergebnis an.

b) In Wahrheit zählt die eben genannte Entscheidung nicht mehr zu den „Verleitungsfällen", sondern zur zweiten Gruppe, den „Überlegenheitsfällen": Unter Einsatz seiner überlegenen Stellung als Firmenchef, als Siedlungsunternehmer gegenüber siedlungswilligen Kunden oder dergl. hält der Schuldner den Gläubiger von der Einhaltung der Form ab. Auch wenn der Schuldner die Bindung von vornherein nicht ernst meint, gewährt die Rechtsprechung zu Recht den *Erfüllungsanspruch* trotz formnichtigen Vertrags, BGHZ 16, 334; 20, 173; 48, 396; vgl. auch BGH DNotZ 72, 526; NJW 72,

---

[5] Der BGH hat in der im Text genannten Entscheidung einen Anspruch auf das positive Interesse für den gegebenen Fall zuerkannt, vgl. weiter BGH LM § 313 Nr. 23, 24. Dagegen mit Recht, *Larenz*, FS *Ballerstedt*, 1975, 397, 405: Das negative Interesse ist zu ersetzen. Gegen einen Anspruch aus c. i. c. überhaupt *Medicus*, BürgR Rn. 185 m. w. N.

[6] Anders die h. L., vgl. z. B. *Palandt/Heinrichs*, § 125 Anm. 6 C b; *Erman/Brox*, § 125 Rn. 27. Vgl. jetzt die vorsichtigeren Formulierungen des BGH NJW 69, 1167; 73, 1455; 80, 451, der aber an der Entscheidung BGHZ 48, 396 festhält (BGH NJW 80, 451).

1189 (Verletzung einer besonderen Fürsorgepflicht). Die „Überlegenheitsfälle" zeichnen sich also durch Beachtung des „dolus praesens" und den Erfüllungsanspruch aus. Der Grund ist der verstärkte Schutz des Rechtsunbeholfenen. Auch hier wird § 125 durch § 242 eingeschränkt.

c) Es gibt Fälle, in denen es objektiv grob unbillig wäre, ein Rechtsgeschäft an einer Formvorschrift scheitern zu lassen. Dabei handelt es sich dann aber nicht um die Anwendung des Treu- und Glauben-Satzes auf § 125, sondern um eine einengende Auslegung oder Restriktion der Formvorschrift selbst aus ihrem Sinn und Zweck heraus[7]). Hat der Bauer seinen Ältesten als Hofnachfolger bestimmt, hat dieser Sohn mit seiner Familie daraufhin lange Jahre auf dem Hof gearbeitet, und war die Nachfolge bei den beteiligten Geschwistern und Verwandten schon stets als sicher angesehen worden, so entspricht es, falls die Übergabe schon unter Lebenden erfolgte, nicht dem Sinn des § 313 S. 1, und falls sie erst nach dem Tod des Bauern geschehen sollte, nicht dem Sinn des § 2247, die Hofnachfolge wegen eines Formmangels rechtlich zum Scheitern zu bringen und damit das Lebenswerk einer Familie zu zerstören. Denn die Übergabe stand unter den Beteiligten fest. Wem sollen §§ 313, 2247 dann noch dienen? (Wenn es an einer Erklärung des Bauern überhaupt fehlt, kann nur noch Bereicherungshaftung helfen, oben § 18 III 5 b; anders BGHZ 12, 286, wo ein faktischer Vertrag angenommen wird. Meist werden aber zumindest stillschweigende Erklärungen vorliegen, so daß nur die Formfrage im Wege steht, so BGHZ 23, 249 und 47, 184, „Hofnachfolgefälle". Der Streit ist allerdings aufgrund der Neufassung von § 7 HöfeO für deren – nicht bundesweiten – Geltungsbereich gegenstandslos, vgl. oben § 18 III 2 d). Die Nichtanwendung von Formvorschriften in Fällen, wo ihre Anwendung geschäftszweckstörend ist, muß aber seltene Ausnahme bleiben.

d) Soweit also nicht die Besonderheiten der „Überlegenheitsfälle" vorliegen, gilt nach heutiger Rechtsprechung nur der dolus praeteritus, das gezielte Verleiten, als Hinderungsgrund für die Berufung auf Formmangel.

§ 23
Vorvertrag und andere vorläufige Verträge

Brüggemann JR 68, 201; *v. Einem,* Die Rechtsnatur der Option, 1974; *Georgiades,* FS *Larenz,* 1973, 409; *Henrich,* Vorvertrag, Optionsvertrag, Vorrechtsvertrag, 1965; *Hertel,* BB 83, 1824; *Köhler,* Jura 79, 465; *Lorenz,* FS *Dölle,* 1963, Bd. I, 103; *Roth,* Der Vorvertrag, 1928; *Schmalzel,* AcP 164, 446; *Singer,* JR 83, 356 (betr. Vorausleistungen); *Steindorff,* BB 83, 1127; *Wabnitz,* Der Vorvertrag in rechtsgeschichtlicher und rechtsvergleichender Betrachtung, Diss. Münster 1962; *Weimar,* JR 67, 456.

) In dieser Richtung BGH NJW 78, 822: Keine Anwendung des § 242 bei Verstoß gegen § 34 GWB; dazu jetzt aber BGHZ 77, 6.

I. Vorbemerkung

1. Im Anschluß an die in diesem Kapitel bisher behandelten *allgemeinen* Fragen, die sich bei der Begründung von Schuldverhältnissen ergeben, bedürfen im folgenden noch einige besondere Vertragsarten und Vertragsbestandteile der Erörterung, die bei der Begründung von Schuldverhältnissen eine Rolle spielen: Vorvertrag, Rahmenvertrag, Draufgabe und Vertragsstrafe.

2. Ein *Vorvertrag* ist ein schuldrechtlicher Vertrag, durch den sich die Vertragschließenden verpflichten, einen anderen Vertrag zu schließen *(Hauptvertrag).* Der Vorvertrag (*Leonhard:* Abschließungsvertrag) will den Hauptvertrag, sowohl was seinen Abschluß als auch was seinen Inhalt anlangt, vorbereiten. Die Vorvertragsparteien versprechen einander, später — etwa nach Klärung weiterer sachlicher Voraussetzungen — einen Hauptvertrag einzugehen. Der Vorvertrag ist Ausdruck des Bindungswillens vor abschließender Klärung aller Vertragspunkte; vgl. BGH WM 73, 67; NJW 80, 1578.

3. Der Vorvertrag ist als solcher gesetzlich nicht geregelt. Gleichwohl ist er aufgrund der Vertragsfreiheit (Art. 2 I GG, § 305 BGB) zulässig, allg. M.[1]) Jedoch ist das eine Verfügung vorbereitende und begründende Verpflichtungsgeschäft (oben § 14) *als solches* niemals Vorvertrag, RGZ 48, 135; BGH NJW 62, 1813. Weiterhin ist der Vorvertrag nicht zu verwechseln mit dem bedingten oder unter einer Zeitbestimmung stehenden Vertrag, 305, 158–163.

4. Der Vorvertrag bietet regelmäßig zwei Rechtsprobleme, das der *Form* und das der *Bestimmtheit*[2]).

a) Sind für den Hauptvertrag zwingend Formen (z. B. § 313) vorgeschrieben (oben § 22), darf keine Umgehung auf dem Weg über den Vorvertrag zugelassen werden. Wenn der Inhalt des Vorvertrages bereits zu einer Bindung führt, und sei es auf dem Umweg über den noch zu schließenden Hauptvertrag, sind für den Vorvertrag dieselben Formvorschriften einzuhalten, die zur Anwendung kommen, wenn die Bindung im Hauptvertrag stände, BGHZ 61, 48, st. Rspr.

So ist ein Vorvertrag über eine Grundstücksveräußerung nach § 313 S. 1 formgebunden, wenn die Bindung des Veräußerers versprochen und nur noch die genaue Höhe

---

[1]) Im Gegensatz zu einer verbreiteten Auffassung spricht § 610 BGB nicht nur von einem Darlehensvorvertrag, sondern auch und in erster Linie von einem Darlehensversprechen (jemand sagt die Gewährung eines Darlehens zu; § 607 meint den Darlehensvertrag, der nur den Nehmer zur Rückzahlung verpflichtet, vgl. unten § 77 I 3 d). Denn in § 610 ist nicht davon die Rede, daß die Darlehensbedingungen noch im einzelnen ausgehandelt werden sollen, was das allgemeine Kennzeichen eines Vorvertrags wäre. Daraus folgt, daß § 610 auf jedes Darlehensversprechen, aber auch auf hinreichend bestimmte Darlehensvorverträge anwendbar ist. — Entsprechendes wie für § 610 gilt für Leih- und Verwahrungsverträge (so auch *Esser*[2], § 149, 5).

[2]) Vgl. RGZ 55 116; oben § 22, 10.

des Kaufpreises offengelassen wird. Andererseits ist der Vorvertrag formfrei, wenn gerade der Punkt noch offengelassen ist, der — stände er im Hauptvertrag — den Formzwang auslösen würde. Entscheidend ist der Gesichtspunkt, Gesetzesumgehungen zu verhindern.

b) Der Vorvertrag begründet für die Parteien eine (meist) gegenseitige, privatrechtliche Abschlußpflicht. Die Pflicht wird durch Abschluß des Hauptvertrags von den Parteien erfüllt (326 I). Grundsätzlich kann jede Seite den Abschluß verlangen (Klage auf Abgabe einer Willenserklärung, Vollstreckung nach § 894 ZPO). Dem Erfüllungsverlangen kann aber nur entsprochen werden, wenn der Inhalt des Hauptvertrags im Vorvertrag schon hinlänglich bestimmt worden ist. Die Absprache: „Wir wollen ein Unternehmen gründen", genügt nicht. Zweck, Sitz und Rechtsform sind noch offen. Ist die durch den Vorvertrag begründete Abschlußpflicht nicht hinreichend *bestimmt* oder durch Auslegung des Vorvertrags *bestimmbar*, ist die Pflicht und damit der Vorvertrag insoweit unwirksam 139 BGB. Welche Anforderungen an die *Bestimmtheit* des Vorvertrags zu stellen sind, entscheiden die Umstände des Falles unter Berücksichtigung der Parteiinteressen[3]).

II. Andere vorläufige Verträge

Wirtschaftlich verfolgen die Parteien mit dem Vorvertrag ein beiderseitiges Interesse, sich vorläufig an etwas zu binden, unter Vorbahlt oder unter zeitlicher Verschiebung der späteren endgültigen Regelung. Der Vorvertrag ist zur Regelung einer derartigen Interessenlage nur eine Möglichkeit unter vielen. Die wichtigeren *vorläufigen Verträge* sind die folgenden:

A. Vorläufige Verträge mit aufgeschobenem Hauptvertrag
1. An den Hauptvertrag bindende vorläufige Verträge

a) *Zweiseitig* bindend ist der *Vorvertrag* (oben I.). Es entstehen gegeneinander gerichtete Ansprüche auf Abschluß des Hauptvertrags.

b) *einseitig* bindende Verträge.

aa) *Die Anbietungspflicht.* Die Parteien vereinbaren, daß, wenn die eine z. B. verkauft, das erste Angebot der anderen Partei zu machen ist. Diese kann *annehmen* oder nicht. Erst mit der Annahme kommt der Hauptvertrag zustande.

bb) *Die Option.* Der einen Partei wird ein *Gestaltungsrecht* eingeräumt, durch einseitige, empfangsbedürftige Erklärung an die andere Partei einen Vertrag zu vorfixierten Bedingungen zustande zu bringen. Vier Unterfälle sind bedeutsam:

---

[3]) Vgl. BGH LM § 705 Nr. 3; WM 76, 180; *K. Smidt,* JuS 76, 709 (zu BGH NJW 75, 443). Im BGH, NJW 80, 1578 wurde für die Auslegung als Regel der Abschluß des Hauptvertrags als Ausnahme der Abschluß eines Vorvertrags festgelegt (zur Bestimmtheit der Leistung oben § 8, 5). Ein Indiz für einen hinreichend bestimmten Vorvertrag ist die Möglichkeit, aus seinem Inhalt einen Klageantrag auf Abschluß eines bestimmten Vertrags zu formulieren.

aaa) Das *Ankaufsrecht* (gesetzlich nicht besonders geregelt, § 305). Beispiel: A darf von einem bestimmten Zeitpunkt an binnen einer Frist erklären, ein Grundstück von B zu kaufen. Der Kaufvertrag kommt durch die Erklärung unmittelbar zustande. Die Begründung des Ankaufsrechts bedarf, da es B bindet, der Form des § 313; nicht aber die Erklärung des A.[4]) Der Kaufpreis wird zumeist vorweg ausbedungen (anders dagegen beim Vorkaufsrecht, 505 II, das allerdings auch zu einem festen Kaufpreis vereinbart werden kann). Man kann als Zeitpunkt, zu dem das Ankaufsrecht ausgeübt werden darf, auch einen Verkaufsfall der Sache nehmen, auf die sich das Ankaufsrecht richtet. Dann ist die Wirkung praktisch ein Vorkaufsrecht zum vorher bestimmten Preis, ohne daß jedoch die Einzelheiten der §§ 504ff. gelten.

Ein Ankaufsrecht auf den Todesfall des B ist zulässig und keine Umgehung des § 925 II, da es nur obligatorisch wirkt. Vormerkung ist daher zweckmäßig, 883. Die Erklärung des A, kaufen zu wollen, bringt den Kaufvertrag mit den Erben des B nach dessen Tod zustande; B's Erben sind zur Auflassung verpflichtet.

bbb) Das *Vorkaufsrecht*, 504ff., 1094ff., (unten § 71 IV). Es ist ein durch Verkauf und Ausübung doppelt (aufschiebend) bedingter Kauf. Die Ausübung selbst ist ein Gestaltungsrecht, also eine Option.

ccc) Das *Wiederkaufsrecht*, 497ff. (unten § 71 III). Es ist ein durch Ausübung des Wiederkaufs-(Gestaltungs-)rechts aufschiebend bedingter (Rück-)Kauf (str.).

ddd) Die *„reine Option"* (das *Optionsrecht*). Sie ist kein Vertrag, sondern die Annahme eines Angebots mit verlängerter Annahmefrist, 145, 148. Bei Grundstückserwerb gilt die Form des § 313, 1 sowohl für die Angebots- wie für Options(Annahme)erklärung, RGZ 169, 65; BGH LM § 433 Nr. 16 Bl. 3; NJW 75, 1170 (mit anderer Terminologie).

2. An den Hauptvertrag nicht bindende vorläufige Verträge

a) *Besichtigungsvertrag*. Beispiel: A bittet den Buchhändler B, ihm ein bestimmtes Buch zur Ansicht zu überlassen. A ist aus dem Besichtigungsvertrag zu vertraglicher Sorgfalt, aber nicht zum Kauf verpflichtet. Auch sein Schweigen bindet ihn nicht.

b) *Kauf auf Probe*, 495ff, (unten § 71 II). Beispiel: Teppichhändler T läßt bei K eine Perserbrücke „bis auf weiteres" zur Besichtigung liegen. Schweigt K auf eine fristsetzende Anfrage nach § 496, ist K *gebunden*. Unterschied zum Besichtigungsvertrag: Schweigen soll nach Vorstellung der Parteien zur Bindung führen (selten).

B. Hauptverträge mit vorläufigem Charakter

1. *Rücktrittsvorbehalt,* 346ff. (unten § 48 II).

2. *Umtauschvorbehalt*, 305. Es ist ein Rücktrittsvorbehalt, und zwar je nach Parteivereinbarung, unter Vereinbarung:

a) entweder der Möglichkeit, die Erfüllungsleistung unter Aufrechterhaltung des alten Vertrags durch eine andere zu ersetzen, oder

b) eines Vorvertrags über einen später zu schließenden zweiten Hauptvertrag (im Laden das übliche, da evtl. Zuzahlung vereinbart).

---

[4]) So ausdrücklich BGH LM § 433 Nr. 16 Bl. 3 (dazu BGHZ 71, 280). Für die Formbedürftigkeit dieser Erklärung dagegen *Georgiades,* FS *Larenz*, 1973, 425f.

§ 24
Rahmenvertrag

Fuchs-Wissemann, Die Abgrenzung des Rahmenvertrages vom Sukzessivlieferungsvertrag, Diss. Marburg 1979; *Schmidt, Karsten,* Handelsrecht, 1980, § 19 I 2.

1. Zu unterscheiden vom Vorvertrag ist der — von der allgemeinen Meinung als solcher noch zu wenig beachtete — *Rahmenvertrag*. Er hat mit dem Vorvertrag gemeinsam, daß auch er den Abschluß weiterer Verträge (meist mehrerer) ins Auge faßt, die man *Einzelverträge* nennen kann. Im Unterschied zum Vorvertrag enthält der Rahmenvertrag aber keine Abschlußpflicht der Beteiligten. Er ist auch kein vorläufiger Vertrag, sondern soll endgültig bestehen und dabei den Rahmen für später abzuschließende Einzelverträge stecken. Nur *wenn* später Verträge zwischen den Parteien des Rahmenvertrags oder zwischen einer Partei des Rahmenvertrags und Dritten oder überhaupt zwischen Dritten zustande kommen, sollen diese Einzelverträge einen bestimmten, vom Rahmenvertrag festgelegten Inhalt haben. Enthält der Rahmenvertrag auch eine Abschlußpflicht, ist er zugleich Vorvertrag. Von den Raten-, Dauer- und Wiederkehrschuldverhältnissen (oben § 8, 7) unterscheidet sich der Rahmenvertrag dadurch, daß er nicht notwendig eine die Summe der Teilleistungen umfassende Leistungspflicht enthält, sondern oft nur die Bedingungen festlegt für den Fall des Abschlusses von Einzelverträgen; § 2 II AGBG erklärt solche Rahmenvereinbarungen für zulässig, vgl. *Staud./ P. Schlosser*, § 2 Rz. 52.

2. Auch der Rahmenvertrag ist gesetzlich nicht vorgesehen, jedoch im Rahmen der Vertragsfreiheit zulässig. Als Vertragsart ist er bisher kaum behandelt; vgl. aber *Ulmer, E.*, Kontokorrent, Rechtsvergleichendes Handwörterbuch, 194 ff.; *Karsten Schmidt*.

A und B vereinbaren ein mehrjähriges Lieferprogramm, in dem die Bedingungen der Einzelbezugsverträge weitgehend im voraus festgelegt werden. — Ein Verein schließt mit einem Verlag ein Abkommen über eine vom Verein herausgegebene Schriftenreihe, in dem die Bedingungen festgelegt werden, zu denen der Verlag mit den einzelnen Autoren die Verlagsverträge abschließen wird. — Eine Urheberrechtsverwertungsgesellschaft legt mit einer Organisation von Schallplattenproduzenten die Bedingungen für die Inanspruchnahme der Urheberrechte fest, sog. „Gesamtvertrag" i. S. v. § 12 Urheberrechtswahrnehmungsgesetz v. 9. 9. 1965, BGBl. I, 1294. — Wiederkehrschuldverhältnisse setzen in aller Regel einen Rahmenvertrag voraus (oben § 8, 7d), unter dessen Bedingungen die einzelnen wiederkehrenden Schuldverhältnisse abgeschlossen werden, so für Erzeugeranlieferungen in der Landwirtschaft (Molkerei), *Fikentscher/Hoffmann*, Anm. zu BGH v. 2. 4. 64, Z. f. d. ges. Genoss/wesen 66, 178; a. A. *Larenz* I § 2 VI.

3. Ein Rahmenvertrag wirft regelmäßig zwei Rechtsfragen auf die der *Form* und die des Umfangs der *bindenden Kraft* für die Einzelverträge.

a) Die *Formfragen* des Rahmenvertrags sind nicht anders zu behandeln als die anderer Verträge. Rahmenverträge sind formpflichtig, soweit sie selbst und ohne Konkretisierung durch den Einzelvertrag eine Bindung herbeiführen, die formbedürftig ist.

b) Wenn die Einzelverträge *zwischen den Parteien des Rahmenvertrags* geschlossen werden, sind die im Rahmenvertrag abgesprochenen Bedingungen für den Einzelvertrag bindend. Ein einseitiges Loskommen von diesen Rahmenbedingungen ist nur nach allgemeinen Regeln (Anfechtung, Kündigung eines Dauerschuldverhältnisses aus wichtigem Grund nach § 242 usw.) möglich. Dazu unten § 27 III 5d bb.

Wenn aber im Rahmenvertrag Bedingungen für Einzelverträge ausgehandelt werden, die zwischen einer Partei des Rahmenvertrags *und Dritten* oder überhaupt zwischen Dritten zustande kommen sollen, ist die Frage der bindenden Wirkung für und gegen diese Dritten recht zweifelhaft. Die Schwierigkeit liegt darin, daß Verträge zu Lasten Dritter überhaupt nicht möglich sind, so daß nachteilige Bedingungen des Rahmenvertrags Dritten nur dann entgegengehalten werden können, wenn sich die Dritten im Einzelvertrag mit diesen Bedingungen (durch ausdrückliche oder stillschweigende Bezugnahme auf den Rahmenvertrag) einverstanden erklärt haben. Günstige Bedingungen können, auch ohne Bezugnahme im Einzelvertrag, als berechtigende oder ermächtigende Vertragsklauseln zugunsten Dritter aufgefaßt werden (dazu unten § 37 I). Das Problem liegt in der Bewertung der Günstigkeit, wobei nur die Beurteilung der Umstände des Einzelfalles unter besonderer Berücksichtigung der Interessen des Dritten entscheiden kann.

4. Oft besteht der Sinn von Rahmenverträgen gerade darin, die Geltung von AGB für alle künftigen Einzelverträge festzulegen. Dies ist nunmehr nach § 2 II AGBG (unter Beachtung der Erfordernisse vom § 2 I AGBG) erlaubt und hat zur Folge, daß die AGB für die Einzelgeschäfte gelten, ohne eine erneute Bezugnahme auf sie.

5. Von *Normenverträgen* (Tarifvertrag, Betriebsvereinbarung) unterscheiden sich Rahmenverträge durch das Fehlen staatlich delegierter Normsetzungsbefugnis, die Normenverträgen die direkte und unmittelbare Wirkung ihrer Normen auf die Einzelvertragsverhältnisse (z. B. Arbeitsverträge) verleiht.

6. Vom Rahmenvertrag zu unterscheiden ist das *Rahmenangebot.* Bei ihm fehlt die Annahme des Rahmenvertrags durch die eine Seite. Aufgrund eines dauernd offenstehenden, die Bedingungen (Preislisten, Tarife) festlegenden Angebots werden Einzelschuldverhältnisse geschlossen. Ein Beispiel sind die Inserat-Einschaltungsverträge der Werbungtreibenden und Werbeagenturen/Werbungsmittler mit den Verlagen und anderen „Medien" auf der Basis von deren Preislisten. Statt eines Rahmenangebots kann es sich auch um eine bloße *invitatio ad offerendum* unter Angabe von Rahmenbedingungen handeln.

7. Rahmenverträge sind, namentlich in der Energieversorgungswirtschaft, im Zusammenhang mit (als „Rahmen" für) *Wiederkehrschuldverhältnissen* von Bedeutung, s. o. § 8, 7 d.

§ 25
Draufgabe und Vertragsstrafe

I. Draufgabe, 336—338

Kipp, Theodor, Rechtswahrnehmung und Reurecht, FG *Koch* 1903, 110; *Kunze,* Wesen u. Bedeutung der Arrha, 1904; *Liebs,* Reurecht des Käufers „an der Haustür"? 1970; *Mann,* Handgeld, Rvgl. Hwb. 4, 208.

1. Die Draufgabe ist eine Leistung des einen Vertragschließenden an den anderen Vertragschließenden aus Anlaß des Abschlusses des Vertrags. Welche zusätzlichen Funktionen die Draufgabe im einzelnen auch haben mag, sie ist stets ein *Zeichen zum Beweis des zustande gekommenen Vertrags*, 336 I. Der Gegenbeweis ist aber zulässig. Andere Ausdrücke für die Draufgabe sind: Arrha (altgriechisch), Handgeld, Angeld, Mietstaler. Die Draufgabe ist selten, doch findet sie sich im haus- und landwirtschaftlichen Dienstwesen. Nach den rechtlichen Funktionen lassen sich vier Arten der Draufgabe unterscheiden.

2. **a)** *Draufgabe als verlorene Zugabe* (arrha confirmatoria). Sie ist bloß Beweiszeichen und gilt als verloren, auch wenn der Vertrag scheitert.

b) *Draufgabe als nicht verlorene Zugabe*. Sie ist die *einzige* vom BGB in den §§ 336—338 geregelte Form. Sie ist auf die Leistung des Gebers anzurechnen, 337 I, und im Falle der Wiederaufhebung des Vertrags zurückzugeben, 337 II. Ferner hat sie vertragssichernde Funktion und ist insoweit der Vertragsstrafe verwandt, 338. Deswegen lassen sich einzelne Vorschriften des Vertragsstrafrechts (unten § 25 II), insb. § 343, auf die Draufgabe entsprechend anwenden, vgl. *Medicus* I § 38 II 4 m. w. N.

c) *Draufgabe als Sicherung eines Vorvertrags* (arrha pacto imperfecto data). Wer den Hauptvertrag zu schließen sich grundlos weigert, verliert die Draufgabe, 305 (in §§ 336—338 nicht geregelt).

d) *Draufgabe als Reugeld*. Der Geber darf unter Verzicht auf die Draufgabe vom Vertrag zurücktreten, 336 II, 346 ff., 359. Reugeld bedeutet danach: Der Rücktritt ist unwirksam, wenn nicht das Reugeld vor oder bei seiner Erklärung entrichtet wird und der andere Teil den Rücktritt deshalb unverzüglich zurückweist. Doch kann das Reugeld dann noch die Rücktrittserklärung wirksam machen, wenn es unverzüglich nach der Zurückweisung gezahlt wird, 359. Ist das Reugeld schon vorher (als Draufgabe) gezahlt, ist der Rücktritt im Zweifel jederzeit möglich, wobei das Reugeld verfällt, es sei denn, es besteht ein gesetzliches Rücktrittsrecht, RG JW 13, 518. Die Draufgabe ist im Zweifel nicht als Reugeld anzusehen, ein Rücktrittsrecht also nicht gegeben, 336 II.

II. Vertragsstrafe, 339—345

Beuthien, FS *Larenz*, 1973, 459; *Bötticher*, Wesen und Arten der Vertragsstrafe, ZfA 70, 3; *Canaris* NJW 74, 521; *Fischer*, Vertragsstrafe und vertragliche Schadensersatzpauschalierung, 1981; *Großfeld*, Die Privatstrafe, 1961; *Knütel*, AcP 175, 44; *Lindacher*, Phänomenologie der Vertragsstrafe, 1972; *Meyer-Cording*, Die Vereinsstrafe, 1957; *Nees*, WRP 83, 200; *Oertmann*, Recht 1913, 186; *Reich*, NJW 80, 1570; *Reinicke/Tiedtke*, DB 83, 1639; *Weitnauer*, FS *Reinhardt* 1972, 179.

1. Die Vertragsstrafe ist ein ähnliches Mittel zur *Sicherung des Vertrages* wie die vom Gesetzgeber geregelte Draufgabe, jedoch nicht im Zusammenhang mit der *Eingehung*, sondern mit der *Durchführung* des Vertrages. Sie ist praktisch viel wichtiger. Die Vertragsstrafe berührt den Vertrags*inhalt* und stellt im Grunde ein *besonderes Schuldverhältnis* dar, das im Besonderen Teil des Schuldrechts geregelt sein könnte und nur wegen äußerlicher Ähnlichkeiten im Gesetz zusammen mit der Draufgabe erwähnt ist.

2. Zweck der Festsetzung einer Vertragsstrafe ist es, den Schuldner zur Erfüllung seiner vertraglichen Pflichten anzuhalten. Die Vertragsstrafe soll als Druckmittel die Störung der Hauptverbindlichkeit verhindern. Sie ist von der rechtlich durchsetzbaren Hauptverbindlichkeit abhängig und wird insoweit als unselbständig („akzessorisch") bezeichnet.

Neben dieser einen *Präventivfunktion*, von der das Gesetz in den §§ 339 ff. ausgeht, beeinflußt die Vertragsstrafeklausel zwar u. U. auch das Schadensersatzinteresse des Gläubigers für den Fall der Leistungsstörung; dabei handelt es sich aber um eine rein *wirtschaftliche* Auswirkung der Vertragsstrafe, die nichts an deren rechtlichem Charakter als Druckmittel ändert[1]). So ist die Verwirklichung der Vertragsstrafe auch gerade von der Entstehung eines Schadens *unabhängig*, hat also der Idee nach keinerlei Ausgleichsfunktion. Auf dieser Grundlage lassen sich Grenz- und Zweifelsfälle entscheiden:

a) Sofern eine zwischen den Vertragsparteien vereinbarte Vertragsstrafeklausel nach ihrem erkennbaren Hauptzweck Ausgleichsfunktion haben soll, ist darin − unabhängig von der gewählten Bezeichnung (BGHZ 49, 89) − in der Regel keine Vertragsstrafe, sondern die Vereinbarung einer *Schadensersatzpauschale* zu sehen. Der pauschalierte Schadensersatz soll für den Gläubiger den Nachweis des Schadenseintritts und Schadensumfangs ersetzen. Für die Abgrenzung zur Vertragsstrafe ist maßgeblich, daß die Schadensersatzpauschale die Entstehung eines Schadens als bestehend voraussetzt (die Vertragsstrafe dagegen von einem Schaden unabhängig ist) und sich an der im Einzelfall typischen Schadenshöhe orientiert.[2])

Maßstab für die Überprüfung von Schadensersatzpauschalen können daher nur die allgemeinen gesetzlichen Grenzen (§§ 134, 138, 242) sowie schadensrechtliche Grundsätze − insbesondere die Vorteilsausgleichung (unten § 55 VI) b, nicht aber die §§ 339 ff. sein.

b) *Verfallklauseln* (bzw. *Verwirklichungsklauseln*) − bei Verletzung der ihm obliegenden Verbindlichkeiten erleidet der Schuldner eine Rechtseinbuße − sind wie Vertragsstrafeklauseln zu behandeln, die §§ 339 ff. gelten entspre-

---

[1]) So *Lindacher* 57 ff. Anders die h. M., nach der die Vertragsstrafe auch der Erleichterung des Schadensausgleichs für den Gläubiger durch Fixierung eines Mindestschadens dient, vgl. BGHZ 63, 259; BGH LM § 339 Nr. 19; *Jauernig/Vollkommer*, § 339 Anm. 1 c.

[2]) Vgl. BGHZ 49, 84/89; BGH NJW 70, 32; 76, 1887. In diesen Entscheidungen neigt der BGH dazu, im Zweifel die Vereinbarung einer Vertragsstrafe anzunehmen. Vgl. auch OLG Köln NJW 74, 1952: Eine gegenüber einem typischen Schadensverlauf unangemessen hoch angesetzte „Schadensersatzpauschale" soll im Zweifel nur die Vertragserfüllung sichern und stellt damit eine (zulässige) Vertragsstrafe dar. Anders dagegen *Beuthien*, FS *Larenz*, 1973, 504 ff. und (ihm folgend) *Larenz*, I § 24 II c, nach denen im Zweifel die Vereinbarung pauschalierten Schadensersatzes anzunehmen ist. Zum ganzen Problem s. weiter *Reich*, NJW 78, 1570 ff.; BayObLG BB 81, 1418 und eingehend *Fischer*, Vertragsstrafe und vertragliche Schadensersatzpauschalierung, 1981, 70 ff., 167 ff.

chend. Vgl. BGH NJW 60, 1568 = ESJ 8; 72, 1893. Schranken für solche Klauseln ergeben sich u. U. aus § 1229 BGB, § 4 II ABZG, § 10 Nr. 7 AGBG und § 6 VVG.³)

c) Die sog. *selbständige Vertragsstrafe* ist ein Strafversprechen für die Enttäuschung eines zugesagten, rechtlich aber nicht erzwingbaren Verhaltens (so die Verpflichtung zur Gratifikationsrückzahlung im Falle der − rechtlich zulässigen − Kündigung).⁴) Der Unterschied zur unselbständigen Vertragsstrafe besteht demnach im Fehlen der Akzessorietät zur Hauptverbindlichkeit (vgl. § 343 II).

3. Praktische Bedeutung erlangt die Vertragsstrafe vor allem zur Sicherung termingebundener Geschäfte oder starker wirtschaftlicher Interessen. Sie findet sich z. B. häufig im Bauwesen: Der Bauunternehmer verspricht die Herstellung eines Bauwerks bis zu einem bestimmten Tag und eine Vertragsstrafe für jeden Tag der Fristüberschreitung. Auch zur Sicherung der Mitgliederpflichten eines Kartells wird regelmäßig die Vereinsstrafe verwandt, vgl. §§ 10, 11 GWB.⁵) Über § 305 können Vertragsstrafevereinbarungen abweichend von der gesetzlichen Regelung in §§ 339ff. gestaltet werden. § 344 ist dagegen zwingend.

4. Nach § 339 ist die Vertragsstrafe verwirkt, wenn der Versprechende in Verzug gerät, im Falle einer versprochenen Unterlassung mit der Zuwiderhandlung. Auch im zweiten Fall ist Verschulden Voraussetzung, 285 analog. Aus den in §§ 340 bis 345 geregelten Einzelheiten sind die Beweislastregel des § 345 und die richterliche Herabsetzungsmöglichkeit des § 343 erwähnenswert. Der Schulder ist insoweit gegen mißbräuchlich zu hoch angesetzte Vertragsstrafen geschützt. Die Herabsetzungsmöglichkeit gilt nicht für Vollkaufleute, 348, 351 HGB. Eine Vertragsstrafe für den Fall der Nichterfüllung verdrängt i. d. R. den Erfüllungs-, nicht aber den Schadensersatzanspruch, 340.⁶) Eine Vertragsstrafe für den Fall der nicht gehörigen, insbesondere nicht rechtzeitigen, Erfüllung läßt den Erfüllungsanspruch unberührt; der Gläubiger muß sich dann bei Annahme der Erfüllung das Recht aus der Vertragsstrafe vorbehalten, sonst verliert er es, 341. Zu den Vertragsstrafen beim Wettbewerbsverbot des Handlungsgehilfen siehe § 75 c HGB.

5. Durch Allgemeine Geschäftsbedingungen oder Formularvertrag (dazu unten § 26 V 5, VI 7c) kann eine Vertragsstrafe oder eine Schadenspauschalierungsklausel nur innerhalb der Grenzen des § 11 Nr. 6 und Nr. 5 ABGB wirksam vereinbart werden. Wei-

---

³) Letzteres ist streitig vgl. *Lindacher,* JuS 75, 289ff.; *Klein,* BB 80, 391ff.
⁴) OLG Düsseldorf DB 72, 181; *Bötticher,* ZfA 70, 19; anders die st. Rspr. des BAG, vgl. *Palandt/Heinrichs,* § 611 Anm. 7 e ee.
⁵) Die Vereinsstrafe gehört eher dem Vereinsrecht an, vgl. *Medicus,* I § 39 I 3; *Larenz GS Dietz,* 1973, 45ff.
⁶) § 340 ist − trotz der h. M. − nicht ohne weiteres dispositiv, vgl. BGHZ 63, 256; *Larenz,* I § 24 II a. I. ü. würde für eine Vereinbarung in AGB, daß Vertragsstrafe *und* Schadensersatz nebeneinander in voller Höhe zu entrichten sind, § 9 AGBG eingreifen mit der Folge, daß die Vereinbarung unwirksam ist.

tere Fälle, bei denen die Vereinbarung einer Vertragsstrafe vom Gesetz her als unwirksam betrachtet wird, enthalten die §§ 550a BGB und §§ 1 I 2, 2 I 3 AbzG[7].

6. Vereinzelt wird die Vertragsstrafe als Möglichkeit zur zivilrechtlichen Sanktionierung des Warenhausdiebstahls angesehen. Bei den oft in den Verkaufsräumen ausgehängten Hinweisschildern – wonach jeder ergriffene Ladendieb eine bestimmte Summe zu zahlen hat – handelt es sich zwar wegen des in erster Linie verfolgten Präventivzwecks um eine Vertragsstrafenklausel (AG Schöneberg NJW 74, 1823; vorsichtiger BGHZ 75, 230, dazu *Zimmermann*, JZ 81, 86; *Pecher* JuS 81, 645, anders dagegen mit Recht *Larenz*, I § 29 II f.); wirksam wird diese aber erst, wenn sie Vertragsinhalt geworden ist, der Dieb also „nebenbei" auch etwas gekauft hat (*Arzt*, JuS 74, 696). Es geht zu weit, dem (Nur-)Ladendieb eine konkludente Erklärung des Inhalts anzulasten, daß er die Vertragsstrafenklausel akzeptiert (vgl. *Wollschläger*, NJW 76, 12; a. A. *Canaris*, NJW 74, 521 ff.) Auch die Lösung derartiger Fälle über die Lehre vom sozialtypischen Verhalten erscheint wegen der damit verbundenen Negierung des Willensmoments bedenklich (vgl. oben § 18 III; so auch *Larenz*, I § 24 II c m. w. N. Zur schadensrechtlichen Problematik des Ladendiebstahls unten § 55 III 2 d dd.

3. Abschnitt

Inhalt des Schuldverhältnisses

§ 26
Bestimmung des Leistungsinhalts im allgemeinen.
Allgemeine Geschäftsbedingungen (das AGBG)

I. Übersicht

1. Der 1. Abschnitt behandelte den *Begriff*, der 2. die *Begründung* des Schuldverhältnisses. Im gegenwärtigen 3. Abschnitt (§§ 26–37) geht es um den *Inhalt* des Schuldverhältnisses, im folgenden 4. um seine ordnungsgemäße *Beendigung*. Das Schicksal eines normalen, ungestörten Schuldverhältnisses soll auf diese Weise in zeitlicher Folge und unabhängig vom Aufbau des Gesetzes beschrieben werden. Mit den *Störungen* eines Schuldverhältnisses beschäftigt sich der 5. Abschnitt „Leistungsstörungen".

---

[7] Zu diesen, unter 5. erwähnten, gesetzlichen Grenzen der Inhaltsfreiheit hinsichtlich der Vertragsstrafe und der Schadenspauschalierung s. insb. *Fischer*, a. a. O., 92 ff., 182 ff.

An dieser Stelle muß demnach die Frage stehen: Wie bestimmt sich die Leistung, das also, was geschuldet wird? Die Leistung ist dabei als Inbegriff alles dessen zu verstehen, was aufgrund eines Schuldverhältnisses geschuldet ist, s. § 8 oben. Die „Leistung" schließt also *Haupt- und Nebenleistung* ein. „Leistung" bedeutet sowohl das, was gegenständlich zu leisten ist (z. B. die gekaufte Sache), als auch zugleich alle Obhuts-, Sorgfalts- und Mitteilungspflichten (z. B. ordnungsgemäße Verpackung, ordnungsgemäße Versendung, ausreichende Gebrauchsanweisung); zu den abweichenden Theorien oben § 8.

2. Im Gutachten verläuft der Gedankengang ebenso: Zunächst ist zu prüfen, ob ein Schuldverhältnis *begründet* worden ist (oben §§ 17–25). Dann ist der *Inhalt* des Schuldverhältnisses zu bestimmen, damit ermittelt wird, was der eine dem anderen schuldet. Danach ist zu fragen, ob das Schuldverhältnis ordnungsgemäß beendet wurde. Erst dann ist auf Leistungsstörungen einzugehen.

3. Bei der Inhaltsbestimmung der Schuldverhältnisse lassen sich zwei Grundtendenzen unterscheiden: Die eine stellt den *subjektiven* Willen der Beteiligten in den Vordergrund, die andere gewährt dem Schuldverhältnis ein gewisses *objektives* Eigenleben (vor allem *Larenz*, Methode der Auslegung des Rechtsgeschäfts, 1930). Diese Tendenzen stellen nur die Fortsetzung der Gedanken dar, die der Bindungswirkung der Verträge zugrunde liegen (§ 5 I 2). Da der grundsätzliche Primat des Willens im Vertragsrecht kaum bestreitbar ist, werden diese Theorien nur in Grenzbereichen praktisch wirksam. So spielen sie eine Rolle bei der ergänzenden (besser: erläuternden) Vertragsauslegung (§ 26 V 4d), bei der Geschäftsgrundlage (§ 27 III 5d) und der Zweckerreichung (§ 39 VI). Dort ist auf die hier nur anzudeutenden „subjektive" und „objektive" Vertragstheorie" einzugehen. Mit dem Aufbau des Gutachtens hat das nichts zu tun, aber der geschuldete Leistungsinhalt kann davon abhängen.

4. Der *Inhalt* eines Schuldverhältnisses ist begrifflich zu trennen von den *Motiven*, welche die Parteien bei Eingehung des Schuldverhältnisses haben. Die Motive bleiben einseitig, sie werden nicht Vertragsinhalt. Werden sie durch Parteivereinbarung zum Vertragsinhalt erhoben, verlieren sie ihren Charakter als Motiv.

Wer einen Verlobungsring kauft, kann ihn nicht zurückgeben, weil aus der geplanten Verlobung nichts wird (Motiv), es sei denn, er hat beim Kauf das Zustandekommen des Verlöbnisses zur Bedingung für den Kauf gemacht (Vertragsinhalt). Wer ein Auto kauft, kann den Vertrag nicht hinfällig machen, weil er tags darauf in einem Preisausschreiben eins gewinnt.

Nur *Inhalts*irrtümer berechtigen zur Anfechtung, 119 I (1), nicht Motivirrtümer, es sei denn, sie betreffen verkehrswesentliche Personen- oder Sacheigenschaften, 119 II. Doch können besonders wichtige und in bestimmter Weise herausgehobene *Motive* als *Vertrauensumstände* über § 242 zu einer Lösung vom Schuldverhältnis führen, unten § 27 II 2. Die herrschende Meinung bezeichnet diesen Teil der Motive als „Geschäftsgrundlage". Das folgende Schema deutet die Unterschiede von Vertragsinhalt, „Geschäftsgrundlage" und Motiven an:

§ 26 Inhalt des Schuldverhältnisses
I 4

Begriffe bei Vertragsschluß, Irrtum, Geschäftsgrundlage und persönlicher Vertrauensgrundlage, Zweckverfehlung. Die Prüfung im Gutachten erfolgt im allgemeinen von rechts nach links

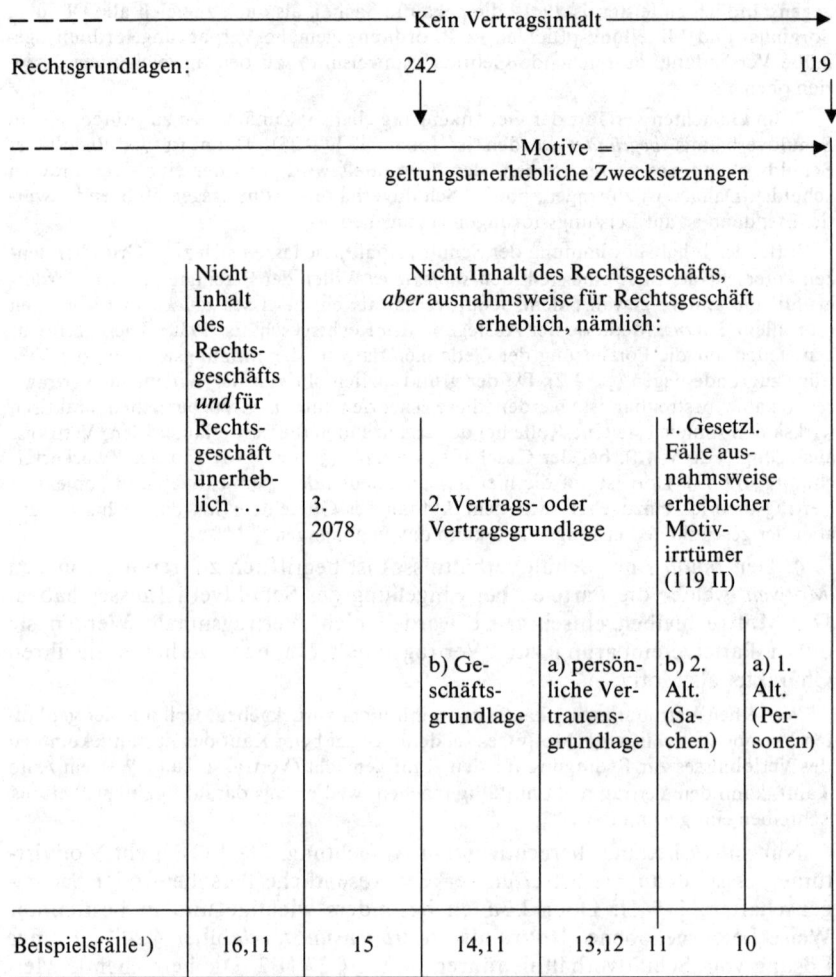

---

[1]) Vgl. dazu die frühere Fassung dieser Übersicht in *Fikentscher,* Die Geschäftsgrundlage als Frage des Vertragsrisikos, 1970, 30; *ders.,* Schuldrechtspraktikum, 1972, 90; die Beispielsfälle finden sich im „Schuldrechtspraktikum", die Erläuterungen zu den Risikobegriffen in der „Geschäftsgrundlage".

Bestimmung des Leistungsinhalts § 26
I 4

◄──────── Vertragsinhalt ────────── ─ ─ ─ ─ ►
II   119 I (1)   122 analog?   119 I (2)
   Auslegung des Vertragsrisikos
          (133, 157)
         Geschäftswille   Erklärung
◄(geltungserhebliche Zwecksetzungen)► ◄─────────────────────►

Sachzwecke (vertraglicher Risikorahmen)			Bindungswille	Handlungs-		Erklärungs-	objektivierte Erklärung
besondere (im Einzelvertrag)	sachtypische		bei Zuwendungen einschließlich vertragscharakt. Geschäftszweck (causa acquirendi, causa donandi oder Sicherungszweck (a, b)); er ist beiden Parteien *gemeinsam* und besteht aus: 1. Formalem Bindungswillen 2. Gleichbehandlungsabrede der jeweiligen Vertragsrisiken (c).	bewußtsein	wille	bewußtsein	wille
	verkehrstypische	gesetzestypische					wichtig für *Vertragsschluß*, §§ 145, 146; 154, 155 (Dissens); Prüfung: 1. Einzelerklärungen 2. Kongruenz 3. Sinndeutung der kongruenten Erklärungen
	Einzelzwecke, geltungserheblich wegen Risikogleichbehandlungsvereinbarung; nur insofern „Vertragsinhalt"						

9c   9b   9a   8/c b a   7   6   5   4   3   2   1

5. Von diesem Gegensatz Motiv (im Sinne von Zweckvorstellung) – Vertragsinhalt zu unterscheiden ist eine ganz andere Bedeutung des Wortes „Rechtszweck" oder „Zweck" (zum Folgenden *Larenz* I § 21 I c, *Esser*² § 14; *Klinke,* Causa und genetisches Synallagma, 1983). Jeder Vertrag unterliegt einer doppelten Begrenzung: Seinen „Geltungsgrenzen" und seinen „Haftungsgrenzen", vgl. dazu auch unten § 102 V 6.

a) Seine „Geltungsgrenzen" überschreitet ein Vertrag, wenn die Parteien redlicherweise sagen würden: Unter *diesen* Umständen sollte der Vertrag nicht gelten, *diesen* Zwecken sollte der Vertrag nicht dienen. Dies ist der Bereich des zum Vertragsinhalt erhobenen Zwecks oder, wie die Anhänger einer objektiven Vertragstheorie *(Larenz, Esser)* sagen, des „Geschäftszwecks". Der Vertrag trägt aber keinen objektiven Geschäftszweck in sich (so die in diesem Buch vertretene subjektive Vertragstheorie, unten § 26 V 4 d, § 27 II und § 39 VI). Wohl aber befinden die Parteien über die Geltungsgrenzen ihres Vertrags. Zum Tragen kommen diese Geltungsgrenzen in den Lehren von der Erfüllung und von der Leistungsbefreiung; die Fälle der Anfechtung (§§ 119 ff), der §§ 134, 138 und der „Geschäftsgrundlage" zählen also auch dazu, unten § 27.

Orchideenzüchter A kauft von B eine Orchidee zu 5,–. Beide wissen nicht, daß es sich um eine sehr seltene und wertvolle brasilianische Orchidee handelt, die 1500,– wert ist. Jetzt erfährt B davon. B kann wegen eines Irrtums über eine verkehrswesentliche Eigenschaft der Sache (wertbildender Faktor; reiner Wert- oder Preisirrtum würde nicht ausreichen) nach § 119 II anfechten. Die Geltungsgrenzen des Vertrags sind überschritten. Beim „Geschäftszweck" (im Sinne *Essers*) geht es also darum, ob Umstände, die in der Person eines oder beider Partner liegen können oder nicht, kraft gesetzlicher Anordnung (insofern „objektiv") eine Geltungsgrenze darstellen.

b) Die „Haftungsgrenzen" eines Vertrages bestimmen, wieweit eine Partei, falls der Vertrag gilt, mit dem Risiko der Inanspruchnahme infolge vertraglicher Bindung belastet wird. Einschlägig ist das Recht der Leistungsstörungen.

Kaktuszüchter A kauft von B einen Kaktus im Wert von 5,–. Der Kaktus ist verlaust, und die sich schnell vermehrenden Läuse vernichten A's Kakteenzucht im Wert von 15 000,–. B haftet aus positiver Vertragsverletzung grundsätzlich auf 15 000,– (unten § 47 I und § 68 III). Beachte aber § 254!

Das Beispiel zeigt, wie weitgehend Gesetz und Rechtsprechung die Haftungsgrenzen des Vertrags ziehen. Das eigentliche Erfüllungsrisiko (5, –) bildet keineswegs eine Begrenzung für das vertragliche Haftungsrisiko! Haftungsbegrenzungen können aber vereinbart werden; so häufig durch AGB (unten § 26 VI).

6. Der Begriff des *Rechtsgrundes* (causa), der dem „Geschäftszweck" oft an die Seite gestellt wird, ist also vieldeutig. Er bezeichnet mindestens dreierlei: Die Abgrenzung des Vertragsinhalts von den Motiven (Motiv = „einseitiger Geschäftszweck" = causa), die Geltungsgrenzen („gemeinsamer Geschäftszweck") und die Haftungsgrenzen (Einwendungen gegen zu weite Haftung aus dem „Zweck" des Vertrags). Die Verwendung für den erstgenannten Zweck ist verfehlt, denn eine Enttäuschung in den Mo-

tiven führt gerade nicht zum Wegfall des Vertrags. Für die beiden anderen Zwecke leistet der causa-Begriff viel, nämlich eine übergeordnete Vorstellung von den insgesamt gegen eine vertragliche Verbindlichkeit vorbringbaren Einwendungen. „Kausal" bedeutet insoweit: Angreifbar mit Einwendungen, die zum Wegfall oder zur Beschränkung der Leistungspflicht führen. „Abstrakt" ist das Gegenteil: Unangreifbar durch Einwendungen (vgl. §§ 780, 781). Begrenzte Abstraktion ist dabei ebenso möglich wie mehrstufige „Kausalität" und „Abstraktion", näher oben § 13 u. unten § 94, 5.

II. Schuldverhältnisse aus Gesetz

Hier bestimmt das Gesetz selbst den Inhalt der Leistungspflicht, vgl. 823 ff., 667 ff., 747 ff. Zu berücksichtigen sind die anerkannten Regeln der Gesetzesauslegung, zunächst die Auslegung, die das Gesetz sich selbst gibt – Legalinterpretation – (z. B. 823 I, 276 I 2: Fahrlässigkeit), danach die wissenschaftliche Auslegung. Deren wichtigste Methoden sind: die philologische, die logische, die systematische, die historische und die teleologische Interpretation (siehe dazu die Lehrbücher des Allgemeinen Teils des BGB). Auch in gesetzlichen Schuldverhältnissen gilt, sobald sie einmal entstanden sind, § 242, was sich für die unerlaubten Handlungen, die ungerechtfertigte Bereicherung und die Geschäftsführung ohne Auftrag schon aus der systematischen Stellung ergibt.

III. Schuldverhältnisse aus Rechtsgeschäft

Ihr Inhalt wird ermittelt nach folgender Rangordnung, die zugleich die Reihenfolge für die Prüfung im Gutachten festlegt:
1. Zwingendes Gesetzesrecht (ius cogens), dazu IV;
2. Der rechtsgeschäftliche Wille der am Schuldverhältnis Beteiligten, dazu V und, die ebenfalls zum rechtsgeschäftlichen Willen gehörigen Allgemeinen Geschäftsbedingungen (AGB) betreffend, VI;
3. Treu und Glauben im Verkehr (§ 242), dazu VII, und näher § 27;
4. Nachgiebiges Gesetzesrecht (ius dispositivum), dazu VIII;
5. Bestimmte Hilfsregeln (Bestimmung des Leistungsinhalts durch Partei, Gläubiger der Gegenleistung, dritte Personen, Taxe, Richter), dazu IX.

Ein Prüfungsschema folgt am Schluß, X.

IV. Zwingendes Gesetzesrecht (ius cogens)

Es gilt in rechtsgeschäftlichen Schuldverhältnissen *stets,* wenn aufgrund der Parteivereinbarungen das Schuldverhältnis *zustande gekommen* ist, und zwar ohne Rücksicht darauf, ob ein auf den Inhalt des Schuldverhältnisses bezogener entgegenstehender Wille der Parteien vorliegt oder nicht. Selbstverständlich können die Parteien zwingende Gesetzesbestimmungen inhaltlich in ihren Vertrag aufnehmen. Das hat dann nur die Bedeutung einer Wiedergabe des Gesetzestextes. Die rechtsgeschäftliche Vereinbarung beschränkt sich also auf das „Ob" des Vertrags. Sein Inhalt wird, soweit ius cogens besteht, vom Gesetz allein, ohne und sogar gegen den Parteiwillen normiert.

Beispiele: §§ 247, 276 II, 617, 618, 619; Tarifvertragsbestimmungen als Mindestnormen, § 4 III TVG.

Zwingendes Gesetzesrecht ist im Bereich des Schuldrechts selten, die Parteiautonomie herrscht vor. Wo es besteht, legt sich das Gesetz z. T. selbst ausdrücklich den zwingenden Charakter bei, 556a VII, 557 IV, 565a, 619. Im übrigen ist es Auslegungsfrage, ob ein Rechtssatz zwingend ist, vgl. das „kann nicht" in § 276 II. Für zwingenden Charakter sprechen die Ausdrücke „kann nicht", „darf nicht", „muß", sowie unabhängig vom Wortlaut die Schutzbedürftigkeit des von dem betreffenden Rechtssatz Begünstigten, z. B. in § 624. Für nachgiebigen Charakter spricht im Zweifel eine gleiche Macht- und Risikolage der Beteiligten. Steht nur eine Einzelbestimmung des Vertrages zwingendem Gesetzesrecht entgegen, so gilt nicht § 139, sondern es tritt an deren Stelle die zwingende gesetzliche Regelung (BGHZ 40, 235, 238f.).

V. Der rechtsgeschäftliche Wille

Bickel, Die Methoden der Auslegung rechtsgeschäftlicher Erklärungen, 1976; *Flume*, AcP 161, 52; *Hanau*, AcP 165, 220; *Larenz*, Die Methode der Auslegung des Rechtsgeschäfts, 1930; *ders.*, NJW 63, 737; *Leonhard, F.*, AcP 120, 14; *Leßmann*, JA 83, 341; 403; *Lüderitz*, Auslegung von Rechtsgeschäften 1966; *Manigk*, Irrtum und Auslegung 1918; *ders.*, Das rechtswirksame Verhalten, 1939; *Neumann-Duesberg*, JZ 52, 705; *Oertmann*, Rechtsordnung und Verkehrssitte, 1914; *Rummel*, Vertragsauslegung nach der Verkehrssitte, 1972; *Sandrock*, Zur ergänzenden Vertragsauslegung im materiellen und internationalen Schuldvertragsrecht, 1966; *Schnorr von Carolsfeld*, FS R. Strasser, 1983, 793; *Sonnenberger*, Verkehrssitten im Schuldvertrag, 1970; *Stathopoulos*, FS *Larenz* 1973, 357 ff.; *Wieacker*, JZ 67, 385.

1. Das Schwergewicht bei der Ermittlung des Leistungsinhalts liegt auf dem rechtsgeschäftlichen Willen des oder aller am Schuldverhältnis Beteiligten. Wozu sie sich verpflichten *wollten*, ist grundsätzlich maßgebend. Alle übrigen Bestimmungskriterien sind Hilfen, Ergänzungen und Korrekturen.

2. Die Frage, was die Parteien mit ihrem Schuldverhältnis gewollt haben, ist ein Teilproblem aus der Lehre von den Willenserklärungen. Insoweit ist auf das Schrifttum zum Allgemeinen Teil des BGB zu verweisen. Die Fragen, was eine Willenserklärung ist und wie der Inhalt eines Vertrags ermittelt werden soll, sind verwandt, aber nicht identisch. Die erste ist rein dogmatisch-konstruktiver, die zweite *auch* praktisch-empirischer Natur. Dies bedingt, daß zur Beantwortung der zweiten Frage (bei der Bestimmung des Leistungsinhalts) bei der äußeren, empirisch-feststellbaren *Erklärung* angesetzt werden muß, ehe die dogmatische Wertung beginnen kann. Das bedeutet aber noch nicht, daß dem Begriff der Willenserklärung der Wille als Wesenskern abgesprochen werden kann.

3. Hieraus folgt, daß für den gegenwärtigen Zweck als erste die Frage gestellt werden muß: Was haben die Parteien *erklärt*? Was ist — rein äußerlich gesehen — vereinbart worden? Es ist also vom *Wortlaut* des Vertrags auszugehen, auf den sich die Parteien geeinigt haben.

a) Dann gilt es, den entscheidenden Schritt zu tun, den vom blanken Wortlaut zum rechtsgeschäftlichen *Willen*. Gelegentlich ist er dem objektiv urteilenden Betrachter — auf ihn kommt es an — deutlich. Oft aber bedarf es der *Auslegung*. Sie fragt nach dem wahren Willen und haftet nicht am Wortlaut, 133. Die Regeln für die Auslegung von Willenserklärungen sind ähnlich, aber nicht gleich denen für die Auslegung des Gesetzes (oben II.). Die im folgenden zu besprechenden Unterschiede sind sämtlich darauf zurückzuführen, daß das Gesetz objektives Recht schafft, der Vertrag aber nur subjektive Rechte zwischen den Parteien. Der Vertrag führt also kein von den Willenserklärungen der Betroffenen unabhängiges Eigenleben, selbst da, wo es um die „Haftungsgrenzen" (oben I 5) geht, weil auch sie auf einer Zurechnung an die vertraglich — und insoweit verantwortlich — aneinander Gebundenen beruhen. Der Vertrag braucht grundsätzlich nicht mehr Interessen gerecht zu werden als denen der Sich-Erklärenden, und nicht mehr Bedürfnisse zu befriedigen, als die der Parteien (grundlegend anders *Larenz* I § 6 I, abgeschwächt allerdings in der 13. Aufl.). Freilich sind objektive Gesichtspunkte bei der Auslegung zu berücksichtigen, aber das geschieht vor allem im Interesse der Vertragsparteien, 157.

b) Damit ist zugleich eine Stellung bezogen im Streit zwischen der *Willens-* und der *Erklärungstheorie*. Die Willenstheorie sagt: Es gilt das *Gewollte*, auch dann, wenn die Erklärung den Willen nur unvollkommen oder falsch wiedergibt. Die Erklärungstheorie läßt das *Erklärte* gelten. Weicht der Wille ab, so kann das allenfalls zu nachträglichen Änderungen (z. B. Anfechtung) führen. Das BGB nimmt einen vermittelnden Standpunkt ein. § 133 spricht für die Willenstheorie. Die §§ 118, 157 und das Recht der Anfechtung, das der nachträglichen Beseitigung zunächst gültiger *Erklärungen* gilt, sprechen für die Erklärungstheorie. Man kann also streiten, ob das BGB eine durch Willenselemente abgeschwächte Erklärungstheorie oder eine Willenstheorie mit Zugeständnissen an den Erklärungswert vertritt. Gewichtet man die Gesetzesäußerungen, kommt § 133 die zentrale Bedeutung zu. Man kann also sagen: Das BGB vertritt die Willenstheorie, ergänzt durch eine Vielzahl von Vertrauensschutzregeln. Daß man für die Ermittlung des Vertragsinhalts zunächst einmal vom Erklärten auszugehen hat, steht damit nicht in Widerspruch, sondern entspricht einem praktisch-empirischen Ansatz (oben 2).

4. Danach gilt für die Feststellung des Schuldinhalts folgende Stufenleiter:

a) Zunächst ist zu fragen: Was wurde vereinbart? Maßgebend ist der *objektive Sinn der Erklärungen* (in Verträgen: soweit sie sich decken), wie er sich einem Außenstehenden, vernünftig Urteilenden darstellt, 157. Das umfaßt drei Denkschritte: (1) Was ist der objektive Sinn jeder der einzelnen Erklärungen? (2) Wie weit decken sie sich? Und (3): Welchen Erklärungswert haben die sich deckenden Erklärungen (zur Sinnermittlung dieser Erklärungskongruenz dienen die Einzelerklärungen wiederum als empirisches Material)? Dabei kann man jeweils das ausdrücklich und das stillschweigend Erklärte unterscheiden.

Die Mutter, die sich für ihren mißratenen Sohn verbürgen will, händigt dem von dem Sohn Bestohlenen einen Zettel aus, auf den sie schreibt: „Machen Sie sich keine Sorgen. Ich ziehe es meinem Sohn vom Vermögen ab. Unterschrift." Der Bestohlene sagt dazu nur: „Gut, dann werde ich Ihren Sohn nicht anzeigen."

b) *Nach der Feststellung des Wortsinns ist zu fragen, was die Parteien in Wahrheit mit ihren Erklärungen gewollt* haben. Denn nach § 133 ist bei der Auslegung einer Willenserklärung der wirkliche Wille zu erforschen und nicht an dem buchstäblichen Sinne des Ausdrucks zu haften. Erst durch die Ermittlung des in der Erklärung zutage tretenden Willens wird eine Erklärung zur Willenserklärung im Sinne des Gesetzes. Das Dreierschema von oben a) wiederholt sich.

In der Erklärung der Mutter des mißratenen Sohnes liegt der Wille, sich gemäß §§ 765 ff. für seine Schuld an den Bestohlenen zu verbürgen. Der Bestohlene nimmt das Angebot an. Die Erklärungen decken sich inhaltlich, also kommt ein Bürgschaftsvertrag zustande.

c) Als Drittes ist zu fragen, ob sich aus den *Umständen*, unter denen die Willenserklärungen abgegeben wurden, etwas für ihren Sinn und Inhalt ergibt. Es handelt sich um eine Korrektur der Willensermittlung im Sinne einer Anpassung an das objektiv Übliche. Maßstab ist dabei § 157, der die Frage so stellt: Wie sind die Willenserklärungen nach Treu und Glauben mit Rücksicht auf die Verkehrssitte zu verstehen? § 157 gilt vor allem (nicht nur) für *Verträge*. Das ist berechtigt, weil ein Vertragspartner sich regelmäßig am Verkehrswert einer gegnerischen Willenserklärung orientiert.

d) Neben diesen drei Ermittlungsgrundsätzen steht angeblich die „ergänzende Vertragsauslegung", die nicht immer eine klare Trennungslinie zum letzten der drei Grundsätze zeigt und besser als „erläuternde" Auslegung verstanden werden sollte. Haben die Parteien den Vertrag nach §§ 154, 155 wirksam geschlossen, d. h. sollte nach dem Willen der Parteien bei Vertragsschluß über keinen weiteren Punkt eine Regelung getroffen werden, so kann sich doch hinterher herausstellen, daß eine Regelung erforderlich gewesen wäre. Die „Lücke" im Vertrag kann unter Anwendung der drei genannten Ermittlungshilfen *festgestellt* werden, oben a); zum Begriff der Lücke BGHZ 40, 91, 103. Streitig ist, nach welchem Maßstab die „Lücke" *zu schließen* ist. Während *Henckel* (AcP 159, 106, 117) hier nur objektive Kriterien gelten lassen will, und *Larenz* (NJW 1963, 737, 739) über seine Lehre vom „Vertragszweck" zu ähnlichen Ergebnissen gelangt, ist richtigerweise nur eine auf dem nach § 157 festgestellten Willen der Parteien fußende Vertragsauslegung zuzulassen. Eine auf der objektiven Vertragstheorie fußende „ergänzende" Vertragsauslegung im Sinne eines „Weiterdenkens" der Parteierklärungen („hypothetischer Parteiwille") ist *abzulehnen, Fikentscher,* Geschäftsgrundlage, 34 Anm. 102. Vielmehr bedarf es, wenn die Auslegung der Parteierklärungen durchgeführt ist, getrennt davon der Prüfung des § 242 einschließlich der Grundsätze der persönlichen Vertrauensgrundlage und der Geschäftsgrundlage, dazu *Fikentscher,* Geschäftsgrundlage 22 ff. (dort auch zur Bedeutung der *Geschäftstypik*) und unten § 26 VII u. § 27. Eine „ergänzende Vertragsauslegung" im Sinne eines „Weiterdenkens der Parteierklärungen" oder der Ermittlung eines „hypothetischen Parteiwillens" vermengt unzulässig, was die Parteien *wollten* und was sie sich nach Treu und Glauben angesichts einer unvorhergesehenen Situation *schuldig sind*.[1])

Denn ein Vertrag schafft kein objektives Recht, das über den Parteien steht, sondern nur subjektive Rechte zwischen ihnen. Schließt man aus dieser Rechtsfolge eines Vertrages auf seinen Tatbestand, so kann man Vertragserklärungen nicht vom subjektiven Willen der Beteiligten lösen. Was beim Vertrag ausgelegt wird, sind darum stets nur die vom Willen der Parteien getragenen Erklärungen, nicht der Vertrag als ein objektives von den Parteien abstrahiertes Ganzes. Objektiv ist bei der Auslegung nicht das Auslegungsobjekt „Vertrag", sondern der Standpunkt des Auslegenden, der als vernünftig beobachtender, objektiver (!) Dritter Erklärung, Wille und Umstände zu erforschen hat.

Die Rechtsprechung des BGH schien nach anfänglichem Schwanken der (obj.) ergänzenden Vertragsauslegung zuzuneigen. Während BGHZ 9, 273, 278 (ähnlich 20, 112) noch eine Abänderung des Vertrages im Widerspruch zu dem im Vertrag zum Ausdruck gebrachten Willen ebenso wie eine Erweiterung des Vertragsgegenstandes im Rahmen der ergänzenden Auslegung für nicht zulässig hält und BGHZ 23, 282, 285 den Parteiwillen in den Vordergrund stellt, wollen die Entscheidungen BGHZ 7, 231, 235; 19, 110, 112; 25, 1; 29, 107 (110) = ESJ 9 – Industriehafengelände – ; 33, 37; 33, 163, 165; 70, 151 objektive Kriterien anwenden, und BGHZ 40, 92, 105 weist mit der Verwendung des Begriffs „Vertragszweck" in die gleiche Richtung. Andererseits lehnte der BGH eine ergänzende Vertragsauslegung im Falle unwirksamer AGB ab, BGH NJW 74, 551, und neuerdings spricht er sich in grundsätzlichen Erwägungen *gegen* eine ergänzende Vertragsauslegung aus.[2])

e) Zusammengefaßt gilt also für die Ermittlung des *rechtsgeschäftlichen Willens* – unter vorläufiger Außerachtlassung der AGB – folgende Prüfungsreihe:

(1) das ausdrücklich oder stillschweigend objektiv Erklärte, 154, 155, 157
(2) Ermittlung des Willens, 133

---

[1]) Wie hier *Nicklisch,* BB 80, 949; *Chiotellis,* Rechtsfolgenbestimmung bei Geschäftsgrundlagestörungen in Schuldverträgen 1981, 25; a. A.. *Medicus,* FS *Flume* I (1978), 629; zweifelnd *ders.,* AT Rn. 879 m. w. A.

[2]) BGH NJW 80, 2347: „Die richterliche Auslegung darf nicht zu einer Erweiterung des Vertragsgegenstandes führen, und sie muß in dem Vertrag auch eine Stütze finden... Sie muß sich als zwingende, selbstverständliche Folge aus dem ganzen Zusammenhang des Vereinbarten ergeben, so daß ohne die vorgenommene Ergänzung das Ergebnis in offenbarem Widerspruch mit dem nach dem Inhalt des Vertrages tatsächlich Vereinbarten stehen würde..." Das ist der alte Standpunkt des RG in RGZ 87, 213 – Rübenbahnweiche –, wonach die Auslegung nicht zu einer von den Parteien nicht gewollten oder nicht vorhergesehenen Erweiterung des Vertragsgegenstandes führen darf. – Hilfreich ist die Frage: Hätten die Parteien, wenn sie die Vertragslücke vorhergesehen hätten, die jetzt diskutierte Ersatzlösung *erst recht gewollt?* Wenn ja, ist die Ersatzlösung vom Parteiwillen umschlossen. Die Frage wäre in BGHZ 29, 107 zu bejahen, in RGZ 87, 213 zu verneinen gewesen.

(3) Einschränkung durch das objektiv Übliche, den Umständen Gemäße, 157
(4) erläuternde Vertragsauslegung bei Lücken (statt der ergänzenden Vertragsauslegung im Sinne eines „Weiterdenkens" aufgrund der obj. Vertragstheorie).

5. Welche Rolle spielen bei der Ermittlung des Vertragsinhalts die sog. „Allgemeinen Geschäftsbedingungen" (AGB)?

Sie zählen, um das Ergebnis des nächsten Abschnitts vorwegzunehmen, zum rechtsgeschäftlichen Willen (oben 2.), und dort grundsätzlich zum ausdrücklich oder stillschweigend objektiv erklärten, dessen Inhalt im Rahmen der Verkehrssitte zu ermitteln ist. AGB sind daher heute unstreitig der Lehre von den Rechtsgeschäften zuzurechnen (weshalb sie auch häufig in Lehrbüchern des Allgemeinen Teils des BGB behandelt werden). Vor Inkrafttreten des AGB-Gesetzes am 1. 4. 1977 mußten Zulässigkeit von AGB nach §§ 157, 242 (Treu und Glauben mit Rücksicht auf die Verkehrssitte) geprüft werden, vgl. oben 3. Das AGB-Gesetz ist daher eine Ausprägung des allgemeinen Treuegebots. Gelten nach seinen Vorschriften AGB nicht, tritt nachgiebiges Recht an ihre Stelle, § 6 II ABGB, oben 4. Das AGBG ist im folgenden Abschnitt zu besprechen.

VI. Allgemeine Geschäftsbedingungen und das AGBG

Baudenbacher, Wirtschaft-, schuld- und verfahrensrechtliche Grundprobleme der Allgemeinen Geschäftsbedingungen, 1983; *Blaurock,* NJW 84, 1; *Bohle/Micklitz,* BB 83, Beil. 1, 1; *Bunte,* Handbuch der AGB, 1982; *ders.,* BB 83, 732; *ders.,* NJW 84, 1145; *Dietlein/Rebmann,* AGB aktuell, 1976; *Dittmann-Stahl,* AGB, Kommentar 1977; *Fehl,* Systematik des Rechts der AGB, 1979; *Hensen,* ZIP 84, 145; *Hönn,* JZ 83, 677; *Koch/Stübing,* AGB Kommentar, 1977; *Locher,* Das Recht der Allg. Geschäftsbedingungen, 1980; *Löwe/Graf v. Westphalen/Trinkner,* Großkommentar z. AGBG, Band II, 2. Aufl. 1983; *Raiser, L.,* Das Recht der Allg. Geschäftsbedingungen, 1935; *Rieder,* DNotZ 84, 226; *Schlosser/Coester-Waltjen/Graba,* Kommentar zum AGB-Gesetz, 1977; *Schröder, D.,* § 2 AGB-Gesetz und die Rechtsgeschäftslehre, Diss. Köln 1983; *ders.,* Die Einbeziehung Allgemeiner Geschäftsbedingungen nach dem AGB-Gesetz und die Rechtsgeschäftslehre, 1983; *Staud./P. Schlosser,* AGBG, 1980; *Schmidt-Salzer,* AGB, 2. Aufl. 1977; *Stein,* AGBG, 1977; *Stein, G.,* Die Inhaltskontrolle vorformulierter Verträge des allgemeinen Privatrechts, 1982; *Ulmer/Brandner/Hensen,* AGBG-Kommentar, 4. Aufl. 1982; *Graf v. Westphalen,* WM 83, 974; *ders.,* ZIP 84, 529; *Wolf/Horn/Lindacher,* AGB-Gesetz, 1984.

1. Gründe für die Verwendung von AGB

a) Allgemeine Geschäftsbedingungen (AGB) haben große *wirtschaftliche Bedeutung.* Hauptsächlich drei Gründe führen zu ihrer Verwendung. Sie wirken sich auf ihre rechtliche Behandlung aus: (1) Aus Gründen der *Rationalisierung* sind viele Unternehmen gezwungen, gleichartige Vertragstexte zu verwenden. Dies gilt vor allem, wenn massenhaft Güter oder Leistungen angeboten werden, wie dies bei Versicherungs- und Beförderungsverträgen der Fall ist. (2) Auch bei nicht üblicherweise massenhaft geschlossenen Verträgen finden sich AGB und ihnen gleichzustellende Formularverträge, wo gesetzliche Regeln fehlen oder so allgemein gefaßt sind, daß sich die Wirtschaft Vertragstypen selbst entwickeln muß, z. B. bei Kreditsicherungsverträgen und vielen handelsrechtlichen Geschäften. Hier werden AGB aus Gründen der *Spezialisierung* (*Larenz:* Anpassung) verwendet. § 8 AGBG nennt diese AGB „ergänzende Regelungen". (3) Schließlich werden AGB häufig dazu benutzt, Risikoverteilungen, wie das dispositive Recht sie vorsieht, zugunsten des Verwenders der AGB und zu Lasten seines Geschäftspartners („Kunden") abzuändern. Diese AGB haben *risikoumverteilenden* Charakter. § 8 AGBG bezeichnet sie als AGB, „durch die von Rechtsvorschriften abweichende Regelungen vereinbart werden". Rationalisierung, Spezialisierung und Risikoumverteilungen sind drei zu AGB führende wirtschaftliche Gründe, die auch zusammentreffen können. Die Vorschriften der Inhaltskontrolle (§§ 9 – 11 AGBG) gelten nur für spezialisierende („ergänzende") und risikoumverteilende („von Rechtsvorschriften abweichende") AGB. Der Grund für diese schärfere Behandlung liegt darin, daß der Massencharakter eines Geschäfts und ein daraus resultierender Rationalisierungsbedarf als solcher grundsätzlich nach keiner besonderen Inhaltskontrolle verlangen.

b) AGB unterliegen nicht nur der Kontrolle des AGB-Gesetzes. (1) Werden AGB von mehreren Unternehmen zu gemeinsamer Verwendung abgesprochen, greift § 2 GWB (Konditionenkartell) ein. Die Kartellbehörden können einem Konditionenkartell widersprechen.[3]) (2) Unternehmen, die den sog. Bereichsausnahmen des GWB zugehören (z. B. Verkehrsträger, Banken, Versicherungen, Energieversorgungsunternehmen) verwenden AGB in großem Umfang. Insoweit gilt eine aus Fachaufsicht und Kartellaufsicht bestehende Doppelkontrolle.[4]) (3) Im Rahmen der §§ 28 – 32 GWB dürfen Wirtschafts- und Berufsvereinigungen sog. Wettbewerbsregeln aufstellen, was ebenfalls der Kartellaufsicht unterliegt. Soweit solche Wettbewerbsregeln zulässig sind, werden sie häufig in Gestalt von AGB in die Wirklichkeit umgesetzt.[5]) Diese Kontrollen bestehen unabhängig von den Beschränkungen, denen AGB durch das AGBG unterliegen.

2. Begriff. Abgrenzung von der Individualabrede

a) Der *Begriff der AGB* im Sinne von § 1 AGBG ist *weit auszulegen*. AGB sind „alle für eine Vielzahl von Verträgen vorformulierten Vertragsbedingungen, die eine Vertragspartei (Verwender) der anderen Vertragspartei bei Abschluß eines Vertrages stellt" (§ 1 I Satz 1). Das umfaßt nicht nur die kleingedruckten Texte, die sich auf Bestellformularen finden oder die einem Vertragsangebot beigelegt werden, sondern es genügen vorgedruckte Texte jeder Art, die den Inhalt eines Vertrages beeinflussen sollen, wie z. B. das Schild

---

[3]) Siehe dazu die kartellrechtliche Literatur, z. B. *Fikentscher,* Wirtschaftsrecht, § 22 VI II d.
[4]) §§ 99 – 105 GWB, dazu die kartellrechtliche Literatur.
[5]) § 2 und §§ 28 ff. GWB gelten nebeneinander, *Kellermann* in *Immenga/Mestmäcker,* GWB Kommentar, 1981, § 28 Rn. 144 f.; das gleiche gilt für die Empfehlungserlaubnis in § 38 II Nr. 3 GWB.

„Für Garderobe wird nicht gehaftet" oder der Anschlag in einem Kaufhaus „Betreten der Rolltreppe auf eigene Gefahr". Selbstverständlich zählen die meist ausführlichen Klauselwerke von Versicherungsgesellschaften, Transportunternehmen und Banken zu den AGB. „Vielzahl" bedeutet mindestens drei Verträge. Gleichgültig ist, ob eine der beiden Vertragsparteien die AGB aufstellt, oder ob auf anderweit bereitliegende Klauselwerke verwiesen wird („Abschluß nach VOB" = Verdingungsordnung für Bauleistungen, „Haftungsausschluß nach ADAC-Muster"). Ein Vertrag muß noch nicht zustande gekommen sein. Um eine „vorformulierte Vertragsbedingung" handelt es sich also auch dann, wenn sie in ein Vertrags*angebot* aufgenommen ist, z. B. bei einem Bestellschein mit übermäßig langer Bindungsfrist.[6]

b) Auch sog. *Formularverträge* fallen unter § 1 AGBG. Es handelt sich um Vertragstexte in schematischer und (meist) vervielfältigter Form wie sie z. B. von Baubetreuungsfirmen, Vermietern („Hamburger Mietvertrag") und Notaren verwendet werden.[7] Anders liegt es, wenn der Notar nach einer Besprechung mit den Parteien, ob eine Frage so oder so geregelt werden solle, eine Standardformulierung verwendet, wie sie für solche Regelungen ständig Verwendung findet. Hier handelt es sich, obwohl eine „auf Lager" gehaltene Formulierung Verwendung findet, um eine Individualabrede i. S. d. §§ 1 II, 4 AGBG. Denn die Parteien haben sich für eine von mehreren Möglichkeiten entschlossen. Die bloße Begründung: „Das machen wir so" ruft dagegen nach dem Schutz, den das AGBG gewähren will.

c) *„Verwender"* ist, wer die Einbeziehung der AGB in den Vertrag anregt. § 1 spricht vom *„stellen"* der vorformulierten Vertragsbedingungen. Damit sind nicht nur die Fälle gemeint, in denen der Verwender die AGB dem Kunden aufdrängt. Es kommt auch vor, daß beide Vertragsparteien sich die vorformulierten Bedingungen gegenseitig „stellen".[8] Der Grund für eine weite Auslegung des Begriffs „Stellens" liegt u. a. darin, daß auch in einem Klauselwerk, auf dessen Verwendung sich beide Parteien mit gleichem „Durchsetzungswillen" geeinigt haben, überraschende Klauseln i. S. von § 3 AGBG möglich sind, und daß auch andere Vorschriften, wie §§ 4 und 6 in solchen Fällen anwendbar sein sollten. Es darf nie aus dem Auge verloren werden, daß es zwar nützlich für eine Vertragspartei sein kann, vor Vertragsabschluß AGB durchzulesen, daß aber dies von keiner Partei erwartet werden darf. AGB sind nicht dazu da, daß man sie durchprüft, sondern damit man auf sie verweist.[9] Die Verweisung dient dem Zweck, eine Regelung zur Hand zu haben, wenn sich bei der Abwicklung des Vertrags Schwierigkeiten oder Störungen ergeben. Darum müssen AGB ausgewogen und sie dürfen nicht überraschend sein. Das AGBG will nicht die Parteien dazu veranlassen, AGB zu lesen, sondern will erreichen, daß sie nicht gelesen zu werden brauchen, weil

---

[6] So richtig *Staud./P. Schlosser*, § 1 Rz. 3 unter Berufung auf § 10 Nr. 1 AGBG.
[7] Ebenso BGHZ 74, 204 (211); a. A. *P. Ulmer*, DNotZ 81, 84; differenzierend *Medicus*, AT Rn. 406.

man sich auf sie verlassen kann (für Formularverträge liegt das graduell anders). Dies sollte die Leitlinie für die Auslegung des AGBG sein. Aus dem Gesagten folgt u. a., daß eine „Antinomie" zwischen den Standpunkten der Vertragsparteien hinsichtlich der Verwendung von AGB im Vertrag nicht vorzuliegen braucht, um von einem „Verwender" und von „Stellen" sprechen zu können.

d) *Individualvereinbarungen* sind das Gegenstück zu AGB. Soweit Vertragsbedingungen zwischen den Parteien „im einzelnen ausgehandelt sind", liegen keine AGB vor, 1 II. Im Gutachten wird zweckmäßig stets zuerst geprüft, ob eine Individualvereinbarung oder eine AGB vorliegt. Die Abgrenzung bereitet Schwierigkeiten, wenn eine Seite einen vorformulierten Text mitbringt, der ohne äußerlich sichtbare Änderung oder Ergänzung in den Vertrag aufgenommen wird. BGH NJW 1977, 624 hält dies zu Unrecht im allgemeinen für eine Individualvereinbarung. Nur wenn dem Vertragspartner ein Einfluß auf die ihm vorgelegten Bedingungen konkret möglich und zumutbar war, er aber auf keiner Änderung oder Ergänzung bestand, ist eine Individualvereinbarung zu bejahen.[10] Wenn mehrere AGB zur Auswahl gestellt werden, damit sich der Partner für eine entscheidet, entsteht noch keine Individualvereinbarung, es bleibt beim Charakter des Textes als AGB.

Nach § 4 haben individuelle Vertragsabreden den Vorrang vor AGB. Es handelt sich um den gleichen Begriff wie die im einzelnen ausgehandelten Vertragsbedingungen des § 1 II. Damit ist nicht zu verwechseln, daß nach allgemeinen Regeln speziellere AGB den Vorrang vor allgemeineren AGB haben.[11] Individualabreden gehen auch dann AGB vor, wenn die Parteien die AGB genau kennen, aber nicht gestrichen haben. Der Grund ist naheliegend: Worüber sich die Parteien im einzelnen geeinigt haben, entspricht ihrem Willen eher als der Text von AGB, auf den – wieder ist an die Grundidee zu erinnern – für den Fall hingewiesen wird, daß der Vertrag „schief läuft". Beim häufigen „Bestätigungsvorbehalt" („Nebenabreden bedürfen der Schriftform" und dgl.) ist zunächst die Vollmachtslage zu prüfen. Hat der die Nebenabrede treffende Vertreter nach allgemeinen Stellvertretungsregeln (wobei auch Duldungsvollmacht, Anscheinsvollmacht und Vollmachtsmißbrauch infrage kommen) Vertretungsmacht, hat der Bestätigungsvorbehalt aufgrund von § 4 *keine Wirkung*: Die Nebenabrede gilt.[12]

3. Der Anwendungsbereich des AGBG (§§ 23, 24, 27)

Steht fest, daß es sich im vorbeschriebenen Sinne um AGB handelt, ist der Anwendungsbereich des AGBG zu prüfen, bevor seine Einzelregelungen zur Anwendung gebracht werden können. Einschlägig für die Bestimmung des

---

[8] Zutreffend *Schlosser* a. a. O. § 1 Rz. 22; a. A. *Medicus*, AT Rn. 405.
[9] Näher die Voraufl. § 26 V 5b.
[10] So zutreffend *Medicus* AT Rn. 407.
[11] Anders zieht *Schlosser* a. a. O. § 4 Rz. 10 den Kreis der Individualvereinbarungen nach § 4 weiter als nach § 1 Abs. II.
[12] Einzelheiten bei *Medicus* AT Rn. 422 ff.

Anwendungsbereichs sind die §§ 23, 24 und 27. Die Regeln sind unübersichtlich. Folgender Leitfaden mag die Prüfung erleichtern:

a) *Bereichsausnahmen (sachlicher Anwendungsbereich, § 23 I).* Das AGBG findet keine Anwendung bei Verträgen auf den Gebieten des Arbeits- und des Gesellschaftsrechts, sowie auf denen des Familien- und Erbrechts. Für das Arbeits- und das Familienrecht ist der rechtspolitische Grund von § 23 I deutlich: Der dort erforderliche Schutz Beteiligter wird durch andere zwingende Rechtsregeln wahrgenommen, soweit überhaupt eine Gefährdung durch AGB in Frage kommt. Für das Erb- und das Gesellschaftsrecht darf bezweifelt werden, ob die Bereichsausnahmen gerechtfertigt sind. Formularverträge spielen im Erbrecht und im Recht der Publikumsgesellschaften keine geringe Rolle. Selbstverständlich ist der *sachliche Anwendungsbereich* des § 23 I geltendes Recht.

b) *Kaufleute (persönlicher Anwendungsbereich, § 24).* Als zweites empfiehlt sich zu prüfen, ob es sich bei dem, der sich auf das AGBG beruft („Kunde") um einen Kaufmann i. S. der §§ 1–6 HGB handelt. Zählt der Vertrag, als dessen Inhalt die AGB gelten sollen, zum Betrieb des Handelsgewerbes eines Kaufmanns als Kunden gilt dreierlei:

aa) § 2 findet keine Anwendung. Das bedeutet (vgl. unten 4.), daß sich ein Kaufmann nicht darauf berufen kann, er sei auf die AGB nicht hingewiesen worden, habe keine Möglichkeit gehabt, von ihrem Inhalt Kenntnis zu nehmen, oder sei mit ihrer Geltung nicht einverstanden. Darin liegt zwar keine Rückkehr zur alten Unterwerfungstheorie oder gar zur Theorie der AGB als objektives Recht. Vielmehr bedeutet die Nichtgeltung von § 2, daß die Theorien des Geltungsgrundes von AGB in der Weise anzuwenden sind, wie dies vor dem 1. 4. 1977 für alle AGB geschah.[13]

bb) Die Inhaltskontroll-Kataloge der §§ 10 und 11 gelten nicht. Wohl aber kann sich auch ein Kaufmann als Kunde auf die Generalklausel des § 9 berufen, wonach Bestimmungen in AGB unwirksam sind, wenn sie den Vertragspartner des Verwenders entgegen den Geboten von Treu und Glauben unangemessen benachteiligen. Die Anwendung des § 9 kann dann auch zur Unwirksamkeit von Klauseln führen, die in den §§ 10 und 11 aufgezählt werden. Allerdings ist bei der Anwendung der Generalklausel „auf die im Handelsverkehr geltenden Gewohnheiten und Gebräuche ... angemessen Rücksicht zu nehmen", 24 II.

cc) Die Sonderanknüpfung des § 12, wonach zum Schutze deutscher Beteiligter das AGBG auch dann zu berücksichtigen ist, wenn ein Vertrag ausländischem Recht oder dem Recht der DDR unterliegt, gilt nicht. Kaufleuten als Kunden wird zugetraut, bei der Anwendung fremden Rechts, dem sie zugestimmt haben, ohne die Schutzvorschriften des AGBG auskommen zu können.

c) *Ausschluß einzelner Bestimmungen des AGB (§ 23 II und III).* Steht nach Prüfung des sachlichen und des persönlichen Anwendungsbereichs fest, daß das AGBG zum Zuge kommt, muß noch der Ausschluß einzelner Bestimmungen in besonderen Fällen gemäß § 23 II, III beachtet werden. Dazu nur vier Stichworte: (1) Für Verträge über Versorgungsleistungen (Strom, Gas, Wasser, Fernwärme) gilt Sonderrecht nach § 23 II Nr. 2 i. V. m. § 2 und § 27; (2) Bausparverträge, Versicherungsverträge und Rechtsverhältnisse von Kapitalanlagegesellschaften unterliegen Sonderrecht nach § 23 III

---

[13]) Siehe dazu im einzelnen z. B. die Vorauf. § 26 V 5b und c, wo auf die Besonderheiten der Geltung von AGB unter Kaufleuten ausführlicher eingegangen wird.

i. V. m. § 2; (3) für die Verkehrswirtschaft gelten Ausnahmen zu § 2; (4) es gibt zu verschiedenen Wirtschaftszweigen Sonderrecht zu einzelnen Nummern der §§ 10 und 11 gemäß § 23 II Nrn. 3 – 6.

d) *Weitere Prüfung.* Steht nun das Vorliegen von AGB (2) und die Anwendbarkeit des AGBG (3) fest, sind *fünf* Gesichtspunkte auf der Tatbestandsseite zu prüfen (Einbeziehung in den Vertrag, § 2; überraschende Klauseln, § 3; Unklarheitenregel des § 5 sowie Auslegung und Anfechtung von AGB; die Inhaltskontrolle, §§ 8 – 11; und das Umgehungsverbot, § 7), sowie *zwei* Gesichtspunkte auf der Rechtsfolgenseite (nämlich die Wirkung von Nichteinbeziehung oder Unwirksamkeit von AGB zwischen den Parteien gemäß § 6; und die auch von Nichtparteien geltendmachbaren Unterlassungs- und Widerrufsansprüche, §§ 13 – 22).

4. Einbeziehung der AGB in den Vertrag, § 2

a) *Rechtspolitischer Hintergrund.* Wie AGB Vertragsbestandteil werden, war bis zum Inkrafttreten des AGBG (1. 4. 1977) streitig. Niemals zur h. M. wurde die extreme Theorie, die in AGB *objektives Recht* erblickte. Nach dieser Auffassung handelt es sich bei AGB um „selbstgeschaffenes Recht der Wirtschaft" *(Großmann-Doerth).* Aber Normsetzung und Delegation dazu sind im Rechtsstaat dem parlamentarischen Gesetzgeber vorbehalten. Die Gegenmeinung, nach der AGB nur als Vertragsbestandteil und dann nur zwischen den Parteien Geltung haben, wurde stets mehrheitlich vertreten. Aber innnerhalb der h. M. rangen zwei Auffassungen bis zum Inkrafttreten des AGBG um Anerkennung, die *Unterwerfungs-* und die *Verweisungstheorie.* Der BGH sprach von der *Unterwerfung* des einzelnen unter AGB, wenn er ihre Verwendung kannte oder mit ihr rechnen mußte; von ihrem Inhalt brauchte er dabei nicht Kenntnis zu nehmen, BGHZ 9, 1; 17, 1, 2. Demgegenüber vertrat die h. M. im Schrifttum, daß die Parteien in ihrem Vertrag auf den Text der AGB *verweisen* wollen, weil die AGB aus Gründen der Vereinfachung des Vertragsschlusses nicht in den Vertragstext aufgenommen werden sollten. Nach der Verweisungstheorie mußten beide Parteien mit der Geltung der AGB einverstanden sein; von deren Inhalt brauchten sie keine Kenntnis zu nehmen. § 2 AGBG folgt der Verweisungstheorie.[14])

b) *Inhalt des § 2.* Nach § 2 werden AGB nur dann Bestandteil eines Vertrages, wenn *drei* Voraussetzungen vorliegen: *Hinweis, Möglichkeit der Kenntnis* und *Einverständnis mit der Geltung.*

aa) Der Verwender muß die andere Vertragspartei (den Kunden) ausdrücklich oder, wenn ein ausdrücklicher Hinweis wegen der Art des Vertragsabschlusses nur unter unverhältnismäßigen Schwierigkeiten möglich ist, durch deutlich sichtbaren Aushang am Ort des Vertragsschlusses auf die AGB *hinweisen.* Es handelt sich um eine Obliegenheit (s. o. § 16 II). Ein Aushang genügt z. B. bei Parkhäusern, automatischen Schließfächern und bei Beförderungsmitteln, bei denen das Entgelt erst während der Fahrt entrichtet wird. Es kommt nicht darauf an, ob der Kunde mit einem Aushang rechnen mußte, vielmehr entscheiden die „unverhältnismäßigen Schwierigkeiten".

---

[14]) Zum Theorienstreit vor Inkrafttreten des Gesetzes s. die Voraufl. § 26 V 5 b m. w. A.

bb) Der Verwender muß dem Kunden die *Möglichkeit verschaffen,* vom Inhalt der AGB in zumutbarer Weise *Kenntnis zu nehmen* (auch eine Obliegenheit). Aushändigung oder Zusendung sind dafür ausreichend, wenn auch nicht stets erforderlich. Die Möglichkeit einer Kenntnisnahme erst *nach* Vertragsschluß verhindert die Aufnahme der AGB in den Vertrag. Es muß ausreichend Zeit gewährt werden, daß der Kunde die AGB nicht nur lesen, sondern auch ihren Inhalt würdigen *kann.* Nicht ist erforderlich, daß der Kunde von dieser Möglichkeit Gebrauch macht, also den Inhalt der AGB zur Kenntnis nimmt, BGH NJW 82, 1388.

cc) Es ist drittens erforderlich, aber auch ausreichend, daß der Kunde mit der *Geltung* der AGB einverstanden ist. Mit ihrem *Inhalt* braucht er sich nicht einverstanden zu erklären. Hierin kommt wieder der oben erwähnte Grundgedanke zum Ausdruck, daß AGB nicht dazu da sind, gelesen zu werden, sondern um zur Verfügung zu stehen, wenn Teile des Vertrags streitig werden. Andererseits ist, wie oben unter bb) aufgeführt, dem Kunden die *Möglichkeit* zu verschaffen, die AGB inhaltlich zur Kenntnis zu nehmen. Nur insoweit ist vom Inhalt der AGB die Rede. Aus der Unterschrift, daß man die auf der Rückseite des Formulars abgedruckten AGB zur Kenntnis genommen habe und mit ihrer Geltung einverstanden sei, läßt sich nach BGH NJW 82, 1388 nur das erste, nicht auch das zweite entnehmen.

c) *Sich widersprechende AGB zweier oder mehrerer Vertragsparteien. Protest gegen AGB.* Ausgangspunkt ist, daß das AGBG die zu diesem Problem bestehenden Streitfragen nicht aufgegriffen, sondern unberührt gelassen hat. Nur folgt seit Inkrafttreten des AGBG 1977 aus dessen § 6 in einer größeren Zahl der Fälle als bisher, daß statt der konfligierenden AGB dispositives Gesetzesrecht gilt.

Es geht hier um den Fall, daß sich Angebot (Bestellung) und Annahme des Vertrags (Auftragsbestätigung) auf einander widersprechend eigene AGB berufen. Die Folge ist dann nach h. M. ein Dissens. Er läßt nach § 154 den Vertrag nicht zustande kommen, wenn sich beide oder auch nur eine Seite darüber im klaren ist, daß ein Einigungsmangel vorliegt. Jedoch bestimmt § 155, daß wenn beide Seiten von der Gültigkeit des Vertrages ausgehen, der Vertrag im Zweifel wirksam ist. Die h. M. im Schrifttum nahm bis 1977 dann an, daß *beide* sich widersprechende AGB nicht gelten.[15]) Dem ist auch heute zu folgen. An die Stelle der AGB tritt also dispositives Gesetzesrecht, auch ohne daß es des § 6 AGBG bedarf.

BGHZ 18, 212; LM Nr. 3 und 5 zu § 150 BGB; BGH BB 74, 1136 hatten indes vor 1977 Vertragsablehnung, verbunden mit einem neuen Angebot i. S. des § 150 Abs. 2 angenommen, und dem war die Rechtsprechung mehrheitlich gefolgt. Dieser Auffassung kann nun nicht mehr gefolgt werden: Bei verstecktem Dissens (155) ist die Rechtslage nach § 6 AGBG gesichert: Besteht über die Einbeziehung sich widersprechender AGB keine Einigung, so ist der Vertrag zu gesetzlichen Bedingungen *zustande gekommen.* Im AGBG hat sich daher die herrschende Theorie des Schrifttums durchgesetzt.

Zu den sich widersprechenden AGB in diesem Sinne zählt nicht nur der übliche Hinweis auf die eigenen AGB, sondern auch ein in den eigenen AGB enthaltener for-

---

[15]) *Lukes,* JuS 61, 305; *Tengelmann,* DB 68, 205; *v. Gierke/Sandrock* 46; *Schmidt-Salzer,* BB 71, 591; *Grasmann,* DB 71, 561; *Schlechtriem,* FS *Wahl* 1973, 67; *ders.,* BB 74, 1309; *Graf von Westphalen,* BB 67, 1317; a. A. *Vogt,* BB 75, 200. Allerdings hat sich der BGH später der h. M. angeschlossen für die Fälle, in denen die Parteien durch Erfüllung des Vertrags zu erkennen geben, daß der Bestand des Vertrages durch die Frage, wessen AGB gelten, nicht berührt werden soll, BGH NJW 73, 2106; BGH BB 74, 1136; BGH DB 74, 2476; *Mohrbutter,* KTS 75, 93.

melhafter *Protest* gegen etwaige entgegenstehende andere AGB. Anders liegt es im Falle eines ausdrücklichen Protestes gegen die AGB des Gegners; dann besteht in der Regel offener Dissens, 154.

d) *Einbeziehung von AGB durch kaufmännisches Bestätigungsschreiben.* Ein Kaufmann als Kunde kann sich nicht auf § 2 AGBG berufen (s. o. III). Das bedeutet, daß die Lehre vom *Schweigen auf Bestätigungsschreiben nach vorausgegangenen Vertragsverhandlungen* auch bei der Einbeziehung von AGB in den Vertrag Anwendung findet. Diese Lehre bildet eine Ausnahme von dem Grundsatz, daß Schweigen auf ein Angebot keine Annahme ist, 145, 146. Wer als Kaufmann nach vorausgegangenen Vertragsverhandlungen auf ein Bestätigungsschreiben schweigt, ist gebunden, ohne anfechten zu können. Gleichgültig ist, ob das Bestätigungsschreiben von einem Kaufmann oder Nichtkaufmann versendet wurde. Voraussetzungen sind:

aa) Verhandlungen, mündlich oder schriftlich, beendet oder noch nicht, von Bevollmächtigten oder von den Parteien selbst geführt.

bb) Eine Partei faßt die bisherigen Verhandlungen in einem „Bestätigungsschreiben" zusammen.

cc) Der Adressat des Bestätigungsschreibens, ein Kaufmann schweigt.

dd) Das Bestätigungsschreiben darf sich nicht so weit vom Abgesprochenen entfernen, daß der Bestätigende mit einem Einverständnis nicht rechnen kann.

ee) Der Bestätigende darf auch nicht bewußt vom Abgesprochenen abweichen.

Diese Grundsätze sind in ständiger Rechtsprechung entwickelt worden, RGZ 95, 50; 103, 98; JW 38, 1902; BGHZ 7, 187; 11, 5; 61, 282. Durch sie ist auch nach 1977 (wegen § 24 AGBG) ein Kaufmann als Kunde an AGB gebunden, zu denen er geschwiegen hat.

Durch die von der Rechtsprechung herausgearbeiteten obigen Qualifikationen unterscheidet sich das „Bestätigungsschreiben" von der normalen Auftragsbestätigung (die im Regelfall eine Annahme des Vertrags bedeutet). Der Hauptunterschied besteht darin, daß bei der üblichen Auftragsbestätigung keine Verhandlungen im obigen Sinne stattgefunden haben, so daß ein Rechtsscheintatbestand fehlt, der die Bindung durch Schweigen rechtfertigt. Weicht eine normale Auftragsbestätigung ab, gilt § 150 II, BGH BB 55, 1009; BB 74, 1136.[16] Zu unterscheiden vom Bestätigungsschreiben ist auch die Rechnung, die mit dem Vertragsschluß nichts zu tun hat, so wie das bloße Schweigen auf ein Angebot, das einen Vertrag, abgesehen von den Fällen des § 362 HGB, nicht zustande kommen läßt.

5. Überraschende Klauseln, § 3

Steht fest, daß es sich um AGB handelt (2), daß das AGBG anwendbar ist (3) und die AGB nach § 2 in den Vertrag einbezogen sind (4), so können sich gleichwohl Wirksamkeitshindernisse in den Weg stellen, nämlich die „überraschenden Klauseln" i. S. des § 3 und die Nichtwirkung von AGB wegen Unklarheit, Auslegung oder Anfechtung (dazu u. 6).

---

[16] Gegen die Unterscheidung z. B. *Flume,* AT § 37, 3 und die bei *Staud/P. Schlosser* § 2 Rz. 75 Aufgeführten.

Nach § 3 werden AGB, die „nach den Umständen, insb. nach dem äußeren Erscheinungsbild des Vertrags, so ungewöhnlich sind, daß der Vertragspartner des Verwenders mit ihnen nicht zu rechnen braucht", nicht Vertragsbestandteil. Wiederum zeigt sich die Einschätzung von AGB durch das Gesetz: Weil AGB nicht dazu da sind, gelesen und auf ihre möglichen Wirkungen hin durchgeprüft zu werden (s. o. 4b, gegen eine verbreitete Meinung), muß man sich auf sie verlassen können, sei es, daß sie über das Gesetz hinaus spezialisieren, oder abweichend vom Gesetz Risiken verteilen. Daraus folgt, daß sie nicht (i. S. des § 3) „ungewöhnlich" sein dürfen. Zur Auslegung von § 3 ist auch dessen gesetzesamtliche Überschrift „überraschende Klauseln" heranzuziehen. „Ungewöhnlich" ist eine Klausel, wenn sie dem zuwiderläuft, was ein Kunde redlicherweise erwartet, wenn er sich vom spezialisierenden oder risikoumverteilenden Inhalt der Klausel Kenntnis verschafft. Das bedeutet im einzelnen:

a) Die Klausel darf nicht *nach ihrem Inhalt* überraschend sein.

aa) Das ist sie in Fällen der *Spezialisierung* eines — gemessen am Vertragszweck — zu weiten Gesetzeswortlauts dann, wenn die Klausel etwas enthält, womit der Kunde bei einem solchen Geschäft nicht zu rechnen braucht, etwa die Wahl eines ungewöhnlichen Gerichtsstands (dazu *Medicus* AT Rn. 416). Spezialisierende AGB sind indes *im Zweifel nicht überraschend.*

bb) Im Falle der *Risikoumverteilung* liegt eine überraschende Klausel vor, wenn sie einseitig und unangemessen ist. Ein Beispiel ist der Aufdruck auf dem Kassenzettel einer chemischen Reinigung: „Wir haften nur bis zum 15fachen Bearbeitungspreis" (vgl. OLG Köln, 6 U 14/81, 6 U 28/81). Risikoumverteilende AGB sind *im Zweifel überraschend.*

b) Überraschend kann auch die *Fundstelle der Klausel* sein, wenn sich z. B. der an sich zulässige Ausschluß der Sachmängelgewährleistung unter Ersetzung durch ein Nachbesserungsrecht (§ 11 Nr. 10b AGBG) bei Bestimmungen über Vertragsstrafe und Schadenspauschalierung findet.

c) Drittens kann eine Klausel „nach dem äußeren Erscheinungsbild des Vertrags" überraschend sein, wenn man sie mit der vom Verwender vorher betriebenen Werbung vergleicht.[17]

d) Viertens kann eine Klausel *in zeitlicher Hinsicht* überraschend sein. Wenn die Vermietung von Bootsliegeplätzen durch eine Bootswerft bisher so gehandhabt wurde, daß für jeden Sommer (1. 5. – 1. 11.) ein neuer Vertrag zu schließen war, ist die plötzliche

---

[17] In BGHZ 61, 275 hatte sich ein Reiseunternehmen verpflichtet, einem Kunden ein Ferienhaus in Norwegen zu verschaffen. Der Kunde verlangte Schadensersatz, weil bei seiner Ankunft der Eigentümer das Haus anderweit besetzt hatte. Das Reiseunternehmen behauptete nun, es sei nach seinen AGB nur als Vermittler tätig geworden. Vertragspartner des Kunden sei der Hauseigentümer. An ihn solle der Kunde sich wenden. Zu Recht hielt der BGH die Vermittlerklausel für unwirksam, weil das Unternehmen in seinem Werbeprospekt als Reiseveranstalter, also wie ein Vermieter aufgetreten sei (jetzt § 651 a II).

Änderung der Vertragspraxis in AGB, wonach der Vertrag sich stillschweigend verlängert, falls er nicht fristgerecht gekündigt werde „überraschend" i. S. d. § 3. Die Werft muß vielmehr die Bootsbesitzer von der Änderung bei Vertragsschluß unterrichten. Das gleiche gilt, wenn die AGB der Verträge zwar schon immer so gelautet hatten, die bisherige Handhabung jedoch in jährlich neu zu schließenden Mietverträgen bestand. Dann waren die AGB durch Individualvereinbarungen verdrängt, und die unerwartete Berufung auf sie mit dem Argument, „das habe schon immer so gegolten", ist „überraschend".

6. Die Unklarheitenregel. Auslegung und Anfechtung von AGB

a) *Die Unklarheitenregel, § 5.* Einen wichtigen Grundsatz, den schon die Rechtsprechung vor 1977 entwickelt hatte, enthält § 5: „Zweifel bei der Auslegung allgemeiner Geschäftsbedingungen gehen zu Lasten des Verwenders." Gesetze und Rechtsgeschäfte bedürfen regelmäßig der Auslegung. AGB, die ein Verwender dem Kunden „stellt" (§ 1) sind abweichend von den allgemeinen Auslegungsgrundsätzen *grundsätzlich eng auszulegen*, weil der Verwender es in der Hand hat, sich klar auszudrücken. Hat z. B. eine Bank die Haftung für „Rat und Auskunft" ausgeschlossen, so fällt die Haftung für ein pflichtwidriges Unterlassen eines Rates nicht darunter.[18] Aber auch hier sollte zwischen spezialisierenden und risikouverteilenden AGB unterschieden werden. Bei spezialisierenden kann es durchaus im Sinne des Kunden sein, statt enger Auslegung die allgemeinen Auslegungsgrundsätze heranzuziehen. Bei risikouverteilenden AGB geht dagegen jede Unklarheit zu Lasten dessen, der mit seinen AGB, wenn auch zulässig, gesetzlich vorgesehene Risikotragungen ändern will.

b) *Auslegung von AGB im übrigen.* Für AGB gelten, da sie Vertragsbestandteile sind, die allgemeinen Auslegungsregeln für Vertragserklärungen.[19] Darüber hinaus sind bei AGB vier Auslegungsgesichtspunkte zu beachten: (1) Die sog. *Auslegung gegen den Verwender* ist identisch mit der Unklarheitenregel des § 5.[20] (2) Der von der h. M. betonte *Grundsatz der restriktiven Auslegung von AGB* ist neben § 5 abzulehnen: Für spezialisierende AGB trifft er ohnehin nicht zu, und für risikouverteilende wird er von der Unklarheitenregel des § 5 verdrängt.[21] (3) Die ebenfalls von einer verbreiteten Meinung geforderte *gesetzesähnliche oder objektive Auslegung von AGB* läßt sich von ihrem Ansatzpunkt her nicht halten, weil es sich gemäß § 2 bei AGB heute mit Sicherheit um Vertragsbestandteile, nicht um objektives Recht handelt. Außerdem gilt, daß der Zweck einer einheitlichen Vertragsgestaltung, den der Verwender mit seinen AGB verfolgt, vom Verwender selbst dadurch gewahrt werden muß, „daß er individuellen

---

[18] BGH NJW 64, 258; anderes gilt im Verkehr der Banken untereinander, BGHZ 49, 167.
[19] Dazu o. § 26 V; auch für AGB ist daher entgegen h. M. eine ergänzende Auslegung nicht zulässig, a. A. z. B. *Staud/P. Schlosser,* § 5 Rz. 29.
[20] Der tragende Gesichtspunkt ist wiederum die „Textverantwortung", die der Verwender trägt, *Staud/P. Schlosser,* § 5 Rz. 17; ist eine Regel klar, kann sie nicht gegen den Verwender ausgelegt werden.
[21] So zutreffend *Staud/P. Schlosser* a. a. O.

Umständen keine auslegungsrelevante Bedeutung zuwachsen läßt".[22]) Gelingt ihm dies nicht, darf ihm wegen § 2 AGBG auch nicht durch gesetzesähnliche Auslegung geholfen werden. (4) Im Unterschied zu den drei vorgenannten abzulehnenden besonderen Auslegungsgrundsätzen für AGB verdient die *individualvereinbarungskonforme Auslegung* Beachtung. Sie besagt, daß die schwerere Sanktion der Unwirksamkeit gemäß § 6 erst dann eingreifen darf, wenn sich die auf ihre Geltung hin überprüfte AGB-Klausel nicht durch Anpassung an die im Vertrag enthaltenen Individualvereinbarungen halten läßt.

c) *Anfechtung von AGB*

aa) Irrt der *Kunde* über die Verwendung von AGB oder über deren Inhalt, so hat er etwas erklärt, was er nicht zum Inhalt des Rechtsgeschäfts machen wollte. Dieser Inhaltsirrtum § 119 I, 1. Alt., begründet die Anfechtbarkeit, ohne daß es auf ein Verschulden des Kunden ankommt. Allerdings wird sich der Kunde die „verständige Würdigung des Falles" gemäß § 119 I a. E. entgegenhalten lassen müssen.

bb) Irrt der *Verwender* darüber, daß seine AGB oder einzelne von deren Klauseln entgegen seiner Vorstellung nicht Vertragsbestandteil wurden, so hat auch er grundsätzlich erklärt, was er nicht wollte. Hier aber schneidet § 6 AGB das Anfechtungsrecht ab, weil unwirksame AGB den Vertrag im übrigen wirksam sein lassen. Folglich kann auch der Verwender anfechten, wenn die Ausnahme des § 6 Abs. 3 vorliegt.[23])

7. Inhaltskontrolle

a) *Grundsätze.* Die bisher genannten Vorschriften gelten für alle AGB (oben 2), soweit das AGB-Gesetz eingreift (oben 3). Alle AGB unterliegen den Einbeziehungserfordernissen (§ 2), dem Verbot des Überraschungseffekts (§ 3) und der Unklarheitenregel (§ 5). Diese Vorschriften gelten also z. B. für Leistungsbeschreibungen, Baubeschreibungen, DIN-Normen, Zinsregelungen und Risikobeschreibungen in Versicherungsverträgen.[24]) Die nun zu besprechenden §§ 9–11 AGB die eine Inhaltskontrolle *wirksam vereinbarter* AGB-Regeln vorsehen, gelten *nur* für solche AGB, „durch die von Rechtsvorschriften abweichende oder diese ergänzende Regelungen vereinbart werden", d. h. also für spezialisierende und risikoumverteilende (s. o. 1a). Trotzdem sind die §§ 8–11 das Kernstück des AGBG, da die spezialisierenden und risikoumverteilenden AGB am häufigsten vorkommen. Die §§ 9–11 schließen sich im wesentlichen an die Ergebnisse der Rechtsprechung vor 1977 an.

b) *Das System der §§ 8–11.* Im Gutachten ist zunächst festzustellen, ob es sich um „ergänzende" oder „abweichende" AGB i. S. von § 8 handelt. Ist dies der Fall, prüft man zweckmäßig zunächst die Klauselverbote *ohne* Wertungsmöglichkeit (§ 11), weil sie die striktesten sind. Dann folgen die Klauselverbote *mit* Wertungsmöglichkeit (§ 10), dann erst die wichtigste Vorschrift des Unterabschnitts, die Generalklausel des § 9.

---

[22]) Wiederum zutreffend *Staud/P. Schlosser,* § 5 Rz. 22.
[23]) So zutreffend *Medicus* AT Rn. 420.
[24]) Letzteres stark umstr., s. *Staud/P. Schlosser* § 9 Rz. 176 m. w. A.

c) *§ 11: Klauselverbote ohne Wertungsmöglichkeit.* Die gesetzesamtliche Überschrift zu § 11 enthält die Worte „ohne Wertungsmöglichkeit". Dies bedeutet, daß es bei den in § 11 aufgeführten 16 Klauselverboten nicht darauf ankommt, daß eine *unangemessene Benachteiligung* des Kunden vorliegt (hingegen fordert § 10 in allen seinen acht Klauselverboten eine derartige Unangemessenheit, was auch dadurch zum Ausdruck kommt, daß die Generalklausel des § 9 die unangemessene Benachteiligung als Tatbestandsmerkmal enthält und § 10 in seinem Einleitungssatz von „insbesondere" spricht[25]). Unwirksam nach § 11 sind Klauseln in AGB, die Preiserhöhungen innerhalb von vier Monaten vorsehen (§ 11 Nr. 1);[26] die die Einrede des § 320 oder ein Zurückbehaltungsrecht beschneiden (§ 11 Nr. 2); die eine Aufrechnung verbieten (§ 11 Nr. 3); die dem Verwender eine Mahnung oder Fristsetzung ersparen (§ 11 Nr. 4); durch die Schadensersatzansprüche pauschaliert werden (§ 11 Nr. 5); die für bestimmte Leistungsstörungen eine Vertragsstrafe vorsehen (§ 11 Nr. 6); die eine Haftung bei grobem Verschulden ausschließen (§ 11 Nr. 7)[27]; durch die gesetzliche Folgen von Verzug und Unmöglichkeit beschnitten werden (§ 11 Nr. 8); durch die die Regelungen der §§ 280 II, 325 und 326 unterlaufen werden sollen, nach denen bei teilweisem Verzug oder teilweiser Unmöglichkeit Rechtsfolgen für den Vertrag als ganzes hergeleitet werden können (§ 11 Nr. 9); in denen Gewährleistungsansprüche durch Ausschluß und Verweisung auf Dritte, Beschränkung auf Nachbesserung, Beschränkungen der Nachbesserung, Vorenthalten der Mängelbeseitigung, Setzung einer Ausschlußfrist für Mängelanzeige oder Verkürzung von Gewährleistungsfristen beeinträchtigt werden (§ 11 Nr. 10 a–f); durch die eine Haftung auf Schadensersatz für zugesicherte Eigenschaften ausgeschlossen oder eingeschränkt wird (§ 11 Nr. 11); durch die Dauerschuldverhältnisse in bestimmter Weise mit einer übermäßigen Laufzeit versehen werden (§ 11 Nr. 12); durch die bei Kauf-, Dienst- oder Werkverträgen dem Partner ein namentlich nicht bezeichneter Dritter als neuer Vertragsteil aufgedrängt werden kann (§ 11 Nr. 13); durch die dem Vertreter des Kunden ohne hierauf gerichtete ausdrückliche und gesonderte Erklärung eine eigene Haftung oder Einstandspflicht oder im Falle vollmachtloser Vertretung eine über § 179 hinausgehende Haftung auferlegt wird (§ 11 Nr. 14);[28] durch die in bestimmter Weise die Beweislast zum Nachteil des Kunden geändert wird (§ 11 Nr. 15); oder durch die Anzeigen oder Erklärungen, die dem Verwender oder einem Dritten gegenüber abzugeben sind, an eine strengere Form als die Schriftform oder an besondere Zugangserfordernisse gebunden werden (§ 11 Nr. 16).

---

[25]) Trotzdem ist es nicht richtig, nur die in § 10 enthaltenen Klauselverbote als Anwendungsbeispiele der Generalklausel des § 9 anzusehen, anders *Graf v. Westphalen* in *Löwe/Graf v. Westphalen/Trinkner*, Rn. 2 vor § 10; durch ihren noch gravierenderen Charakter sind auch die Klauselverbote des § 11 Anwendungsbeispiele der Generalklausel. Doch wird in § 11 die unangemessene Benachteiligung unwiderleglich vermutet.

[26]) Ausgenommen sind Verkehrsträgertarife und „Dauerschuldverhältnisse", zu diesem Begriff s. jedoch o. § 8, 7.

[27]) Dies gilt nach dem letzten Halbsatz auch für Schäden aus der Verletzung von Pflichten bei den Vertragsverhandlungen; dazu zählt auch die Vertragsanbahnung, o. § 20, weil die Klausel offensichtlich den jeweiligen Stand der Lehre von der culpa in contrahendo in Bezug nimmt.

[28]) Zum Abschlußvertreter s. o. § 20 II 2.

d) § 10: Klauselverbote mit Wertungsmöglichkeit. Unwirksam nach § 10 sind Klauseln über eine unangemessen lange oder nicht hinreichend bestimmte Frist für Annahme oder Ablehnung eines Angebots oder die Erbringung einer Leistung (§ 10 Nr. 1); weiter Klauseln, durch die sich der Verwender entgegen § 326 I eine unangemessen lange oder nicht hinreichend bestimmte Nachfrist vorbehält (§ 10 Nr. 2); durch die sich der Verwender das Recht gibt, sich ohne sachlich gerechtfertigten und im Vertrag angegebenen Grund von seiner Leistungspflicht zu lösen (dies gilt nicht für Dauerschuldverhältnisse) (§ 10 Nr. 3); die dem Verwender das Recht geben, seine Leistung zu ändern oder von ihr abzuweichen, wenn dies für den Kunden nicht zumutbar ist (§ 10 Nr. 4); durch die Erklärungen des Kunden fingiert werden, falls nicht dem Kunden angemessene Fristen zur Abgabe einer ausdrücklichen Erklärung eingeräumt sind und der Verwender sich verpflichtet hat, den Kunden bei Fristbeginn auf die AGB-mäßige Bedeutung seines Verhaltens besonders hinzuweisen (§ 10 Nr. 5); durch die der Zugang von Erklärungen des Verwenders von besonderer Bedeutung fingiert wird (§ 10 Nr. 6); durch die unangemessen hohe Vergütungen oder unangemessen hoher Aufwendungsersatz vereinbart wird für den Fall, daß eine Vertragspartei vom Vertrag zurücktritt oder den Vertrag kündigt (§ 10 Nr. 7); [29]) oder wenn ausländisches Recht oder das Recht der DDR in Fällen vereinbart wird, in denen hierfür kein anerkennenswertes Interesse besteht (§ 10 Nr. 8).

e) § 9: Generalklausel. Greifen die §§ 11 und 10 nicht ein, so sind AGB-Klauseln gleichwohl unwirksam, wenn sie den Kunden „entgegen den Geboten von Treu und Glauben unangemessen benachteiligen", § 9 I. Nach § 9 II ist eine unangemessene Benachteiligung im Zweifel anzunehmen, wenn eine Klausel entweder mit wesentlichen Grundgedanken der gesetzlichen Regelung, von der (i. S. des § 8) abgewichen wird, nicht zu vereinbaren ist, oder wesentliche Rechte oder Pflichten, die sich aus der Natur des Vertrages ergeben so einschränkt, daß die Erreichung des Vertragszwecks gefährdet ist.

Die Rechtsprechung vor 1977 hatte den Grundsatz entwickelt, daß niemand sich von einer „Kardinalpflicht" freizeichnen können dürfe.[30]) Danach hat der BGH eine Freizeichnung von der Haftung für die Eignung der Lagerräume beim Lagergeschäft (auch für nur leichte Fahrlässigkeit) nicht anerkannt.[31]) Ein Heizöllieferant kann sich nicht von der Pflicht freizeichnen, den Einfüllvorgang zu überwachen.[32]) Der Sache nach ist dieser Grundgedanke in die Formulierung des § 9 II eingegangen.

8. Rechtsfolgen eines Verstoßes gegen die §§ 9–11

Verstößt eine Klausel gegen die §§ 9–11, ist sie grundsätzlich in vollem Umfang unwirksam. Es ist nicht die Aufgabe des Gerichts, durch ergänzende Vertragsauslegung oder Umdeutung eine Fassung der Klausel zu finden, die

---

[29]) Aus der Ausdrucksweise „eine Vertragspartei", die den Verwender einschließt, wird man nicht ableiten können, daß das Klauselverbot auch unangemessen niedrige Vergütungen bzw. unangemessen niedrigen Aufwendungsersatz meint, wenn sich der Verwender vom Vertrag löst.

[30]) BGH NJW 1956, 1065; NJW 1978, 1314; gegen die Verwendung des Begriffs nach Inkrafttreten des Gesetzes *Staud/P. Schlosser* § 9 Rz. 15.

[31]) BGH MDR 79, 908.

[32]) BGH NJW 1973, 2154 – ohne Erwähnung des Wortes „Kardinalpflicht".

gerade noch zulässig ist.[33]) Hiervon ist nur bei Vorhandensein entsprechender Individualvereinbarungen nach dem Grundsatz der individualvereinbarungskonformen Auslegung eine Ausnahme zu machen (o. 6 b).

9. Umgehungsverbot

In § 7 AGBG ist ein Umgehungsverbot vorgesehen. Es betrifft Tatbestände, die den Schutzvorschriften des Gesetzes „wirtschaftlich gleichartig sind",[34]) Die Vorschrift enthält einen allgemeinen Rechtsgrundsatz, auf den in dem Maße zurückgegriffen werden muß, in dem Unwirksamkeitsvorschriften des Gesetzes eng ausgelegt werden. Das gilt insb. von § 9. Je mehr die Generalklausel eingesetzt wird, desto geringere Bedeutung hat § 7.

10. Folgen von Nichteinbeziehung oder Unwirksamkeit von AGB zwischen den Parteien für den Vertrag im übrigen (§ 6)

Da AGB gemäß § 2 nur durch Einbeziehung in den Vertrag wirksam werden, müßten unwirksame AGB nach der Regel des § 139 zur Nichtigkeit des ganzen Vertrags führen. Dann aber würde sich das Problem stellen, daß man durch eine Schutzvorschrift dem Geschützten „Steine statt Brot gibt": Er steht ohne den grundsätzlich auch von ihm gewollten *Vertrag* da, nur weil zu seinem Schutz ein *Vertragsteil* unwirksam ist. Zu Recht sieht daher § 6 I vor, daß der Vertrag im übrigen wirksam bleibt, wenn AGB ganz oder teilweise nicht Vertragsteil geworden oder unwirksam sind. Das Gesetz folgt damit einer schon vor seinem Inkrafttreten verbreitetet vertretenen Meinung die, etwas gezwungen, mit einer Milderung des § 139 „nach § 242" begründet wurde.[35]) Durch die eindeutige Fassung dieses Rechtsgedankens in § 6 I wurde auch die Rechtslage in den Dissensfällen geklärt (s. o. 4 c). Ebenfalls entspricht es bisheriger Rechtsprechung, daß an die Stelle der nichtigen Klausel – soweit vorhanden – dispositives Recht tritt.[36]) Nur dann ist in Abweichung von § 6 I, II der Vertrag unwirksam, wenn das Festhalten an ihm auch unter Berücksichtigung der nach § 6 II einzubeziehenden dispositiven Gesetzesregeln eine unzumutbare Härte für eine Vertragspartei – regelmäßig den Verwender – darstellen würde, 6 III. Ein Beispiel ist der Vertrag zu einem Preis, der im Vertrauen auf die Gültigkeit von AGB erheblich unter dem Marktpreis kalkuliert wurde.[37])

11. Die Unterlassungs- und Widerrufsansprüche. Verfahrensfragen (§§ 13 – 22)

Um den Kunden von seinem Prozeßrisiko zu entlasten, und um bekannt gewordene AGB ohne akuten Anlaß „abstrakt" einer Kontrolle unterziehen zu können, sieht § 13 vor, daß Verbraucherverbände, Wirtschaftsverbände, Industrie- und Handelskammern

---

[33]) BGH NJW 82, 2309; dem ist mit *Köhler* AT § 23 VI zuzustimmen; s. aber o. 6 b (4)!
[34]) So *Köhler* a. a. O.
[35]) BGHZ 22, 90 (92); gegen die Verwendung von § 242 in solchen Fällen u. § 27 IV; Einzelheiten zum früheren Streitstand z. B. in der Voraufl. § 26 V 5f.
[36]) BGH DB 72, 1285; BGH NJW 74, 551.
[37]) Dies und weitere Beispiele bei *Ulmer/Brandner/Hensen,* § 6 Rn. 10, 33.

und Handwerkskammern Ansprüche auf Unterlassung und auf Widerruf gegen AGB geltend zu machen befugt sind, die nach §§ 9–11 unwirksam sind. Hierin liegt die Hauptbedeutung des § 8, der nicht-ergänzende und nichtabändernde AGB (wie z. B. Leistungsbeschreibungen) der Inhaltskontrolle der §§ 9–11 entzieht. Gleichgültig ist, ob derartige AGB schon verwendet oder nur zur Verwendung empfohlen werden. Der Unterlassungsanspruch bezieht sich auf die Verwendung, der Widerrufsanspruch auf die Empfehlung, 13 I. Kaufleute genießen dabei keinen Schutz, 13 III. Die Ansprüche verjähren in zwei Jahren von dem Zeitpunkt an, in welchem der Anspruchsberechtigte von der Verwendung oder Empfehlung Kenntnis erlangt hat und ohne Rücksicht auf diese Kenntnis in vier Jahren von der jeweiligen Verwendung oder Empfehlung an, 13 IV. Zuständig ist nach § 14 das Landgericht. Die §§ 15–17 regeln das Verfahren, das eine Anhörung von Aufsichtsbehörden vorsieht, sowie die Urteilsformel. Wird einer der vorgesehenen Klagen stattgegeben, so kann nach § 18 dem Kläger auf Antrag die Veröffentlichungsbefugnis zugesprochen werden. Diese erfolgt im Bundesanzeiger auf Kosten des Beklagten, im übrigen auf eigene Kosten. Das Gericht kann die Befugnis zeitlich begrenzen. Diese Vorschriften ähneln denen der §§ 13 I, Ia, 23 und 27 UWG.

Der Verwender, dem die Verwendung einer Klausel untersagt worden ist, kann im Wege der Vollstreckungsgegenklage (§ 767 ZPO) geltend machen, daß nachträglich eine Entscheidung des BGH oder des Gemeinsamen Senats der Obersten Gerichtshöfe des Bundes ergangen ist, welche die Verwendung dieser Bestimmung für dieselbe Art von Rechtsgeschäften *nicht untersagt,* und daß die Zwangsvollstreckung aus dem Urteil gegen ihn in unzumutbarer Weise seinen Geschäftsbetrieb *beeinträchtigen* würde, 19. In dieser Bestimmung wird *Richterrecht zur mittelbaren Rechtsquelle.* Das BKartA führt über Klagen nach §§ 13, 19 ein Register, § 20. Der Streitwert in AGB-Sachen darf nicht höher als auf DM 500 000 angesetzt werden, 22.

Die Wirkung eines Unterlassungsurteils beschränkt sich zunächst auf den Verwender. Die Wirkung für Kunden, die zu den AGB abschließen, zu deren Unterlassung oder Widerruf der Verwender verurteilt wurde, bemißt sich nach § 21: Nur dann ist die betreffende AGB-Klausel im Vertrag mit dem Kunden (sog. Folgevertrag) als unwirksam anzusehen, wenn der Kunde sich auf die Wirkung des Unterlassungsurteils *beruft.* Die Berufung ist nicht möglich in den Fällen des § 19. Es tritt also keine Rechtskrafterstreckung auf Folgeverträge ein.

12. AGB außerhalb des AGBG

Soweit nach § 23 das AGBG sachlich (z. B. im Erb- und im Gesellschaftsrecht) oder nach § 24 persönlich (insb. gegenüber Kaufleuten als Kunden) keine Anwendung findet, verbleibt es bei den Grundsätzen, die Lehre und Rechtsprechung vor Inkrafttreten des AGBG entwickelt haben unter Einschluß der seitherigen Fortentwicklung der Rechtsprechung auf diesen Gebieten. Das gilt auch für die Einbeziehung in den Vertrag, bei denen Kaufleute als Kunden in bestimmtem Umfang schon dann gebunden sind, wenn sie mit der Verwendung von AGB bloß *rechnen mußten.* Dabei sind die AGB, bei denen damit gerechnet werden muß, *daß* sie verwendet werden und daß sie einen bestimmten, an neutraler Stelle feststellbaren *Inhalt* haben, von denjenigen AGB zu unterscheiden, mit deren Verwendung zwar gerechnet werden muß, ohne daß aber ein bestimmter Inhalt erwartet werden darf. Ein Beispiel für AGB der erstgenannten Art sind die ADSp, Beispiele der zweitgenannten finden sich z. B. im Bank- und Versicherungsgewerbe.[38]) Hinsichtlich der Unwirksamkeit unterscheidet die Lehre und Rechtsprechung, die insoweit durch das AGBG nicht überholt ist, vier Fälle: (1) AGB können wegen Unüblichkeit nicht vereinbart sein, 157; (2) sittenwidrig und daher nichtig sein, 826, 138; (3) treuwidrig und daher unzumutbar sein, 242; (4) wegen Unklarheit, Widerspruchs zur eigenen Erklärung, Dissenses wegen widerstreitender AGB der Gegenseite oder verspäteter Einführung in den Vertrag unwirksam sein. Ob an Stelle dieser vier möglichen Rechtsfolgen der übersichtlichere Sanktionenkatalog des AGBG analog auch außerhalb des Anwendungsbereichs des Gesetzes, insb. gegenüber Kaufleuten als Kunden, angewandt werden kann, muß nach dem heutigen Stand der Rechtsprechung verneint werden.

VII. Treu und Glauben, 242
Vgl. die Literatur vor § 27.

1. Findet sich für einen zustandegekommenen Vertrag, dessen Inhalt ermittelt werden soll, weder zwingendes Recht noch Parteibestimmung, noch nachgiebiges Recht, so ist der überaus wichtige Satz des § 242 heranzuziehen (aber erst dann!): „Der Schuldner ist verpflichtet, die Leistung so zu bewirken, wie Treu und Glauben mit Rücksicht auf die Verkehrssitte es erfordern." Gewohnheitsrechtlich anerkannt ist zudem die Umkehrung dieses Satzes: Der Gläubiger ist gehalten, die Leistung nur so zu fordern, wie Treu und Glauben mit Rücksicht auf die Verkehrssitte es gestatten. Neben §§ 133, 157, 138, 812 I 1, 826 ist § 242 eine der wichtigsten Generalklauseln des BGB. Generalklauseln erfüllen eine zweifache Aufgabe: Sie fällen bestimmte Grundentscheidungen, die eine steuernde Wirkung für die *ganze Rechtsordnung* haben. Dazu dienen sie als Rechtsgrundlage für die Entscheidung von *Einzelfällen*, die sich anderen Vorschriften nicht unterordnen. Der Inhalt von Schuldverhältnissen bestimmt sich, über die – vom zwingenden Recht eingegrenzten (o. IV) Parteiklärungen (o. V u. VI) hinaus – in praktisch allen Fällen auch durch die Generalklausel des § 242. Darum ist § 242 hier – beim Inhalt der Schuldverhältnisse und nicht bei ihrer Begründung – zu erwähnen. § 242 ist die Generalklausel für Inhalt und Umfang der Leistungspflicht, die immer eingreift, wenn Gesetz und Vertrag nichts Besonderes vorsehen. § 242 normiert jedes Schuldverhältnis (vgl. Stellung zu § 241) und ist nicht abdingbar (ius cogens).

2. Allerdings ist die Dogmatik des § 242 so umfangreich, daß sie unten in einem eigenen § 27 dargestellt werden soll: Dabei muß die *grundsätzliche Be-*

---

[38]) Auf die in der Voraufl. § 26 V 5c dargestellten Einzelheiten darf insoweit verwiesen werden; schwerlich kann angenommen werden, daß ein Kaufmann mit der Verwendung von AGB nicht zu rechnen braucht, weder überhaupt nicht noch bezüglich eines bestimmten Inhalts nicht; doch ist insoweit für Minderkaufleute eine Andersbehandlung angezeigt.

deutung des § 242 (*Gernhuber:* Die regulierende Funktion; die „einzige..., die unmittelbar auf den Text der Norm zurückgeführt werden kann", JuS 83, 765) von den *weiteren Bedeutungen* unterschieden werden, die § 242 in Lehre und Rechtsprechung erlangt hat. Diese weiteren Bedeutungen haben zu „neuen Sachnormen" (*Staud./J. Schmidt,* Rz. 168 ff.) geführt, bei denen § 242 zur Begründung oder Versagung von Pflichten über das bisherige Recht hinaus benutzt wird. Insoweit ist § 242 eine „Durchgangsfunktion" *(Merz)* beigelegt. Für die Bestimmung des Inhalts eines Schuldverhältnisses ist die *grundsätzliche* Bedeutung des § 242 mit Sicherheit von unmittelbarem Belang. So stützen sich die „weder vom Gesetz noch in einem Vertrag geregelten Leistungsmodalitäten" *(Gernhuber)* auf § 242, einschließlich der sog. Nebenpflichten (s. o. § 8, 3).

Aber auch die weiteren Bedeutungen, die in „neuen Sachnormen" Niederschlag gefunden haben, und bei denen es um das „Ob" einer Leistung überhaupt (und nicht bloß um das „Wie") geht, gestalten häufig den Inhalt vorhandener Schuldverhältnisse. Freilich begründen sie manchmal auch völlig neue, z. B. bei der c. i. c. (oben § 20); Einzelheiten s. in § 27.

VIII. Nachgiebiges Gesetzesrecht (ius dispositivum)

Nachgiebiges Recht findet Anwendung, wenn die Parteien – auch nach Auswertung des Treu- und Glauben-Satzes (§ 242) – nichts Besonderes bestimmt haben oder wenn sie nicht ausführlich genug waren. Bisweilen übersehen die Parteien einen Punkt. Häufiger ist, daß sie sich bewußt darauf verlassen, daß „im Gesetz schon etwas stehen wird". In beiden Fällen bietet das Gesetz vielfach die nötige Hilfe. Weite Bereiche des Schuldrechts bestehen aus derartigem „nachgiebigem Recht", das sich zur Verfügung stellt, wenn im Vertrag nichts enthalten ist, das aber nicht gelten will, wenn die Parteien etwas abweichend regeln. Sie können auch das nachgiebige Recht als Vertragsbestandteil vereinbaren. *Durch das nachgiebige Recht erfüllt das Gesetz eine seiner wichtigsten Aufgaben.*

Beispiele aus der großen Zahl der Vorschriften: 546, 559, 621, 723, 742, 752, 753.

Häufig deutet das Gesetz seinen nachgiebigen Charakter durch die Worte „im Zweifel" an. Hier und auch sonst ist stets zu prüfen, ob die im Gesetz vorgeschlagene Regelung der von den Parteien vorgestellten Interessen- und Risikolage entspricht, BGH NJW 75, 1116.

IX. Nachträgliche Bestimmung des Leistungsinhalts durch Partei, Dritten, Taxe oder Richter

Es handelt sich um Sonderfälle:

1. § 315 regelt die Leistungsbestimmung durch eine Partei, hilfsweise durch Urteil, dazu *Mayer-Maly,* FS *Melichar,* 1983, 441; *Kronke,* AcP 183, 113.

2. § 316 schreibt hilfsweise Bestimmung durch den Gläubiger der Gegenleistung vor.

3. §§ 317, 318 betreffen die Bestimmung der Leistung durch einen Dritten.

4. Häufiger ist die Bestimmung durch eine „Taxe", d. h. eine öffentlich-rechtlich geregelte Preisordnung (z. B. Preugo, ADGO, Rechtsanwaltsgebührenordnung), 612 II, 632 II, 653 II.

5. Der Richter bestimmt die Leistung, z. B. in §§ 315 III 2, 343, 917 I 2 (seltene Ausnahmen).

6. Das Vertragshilfegesetz vom 26. 3. 1952, BGBl. I 198, gibt dem Richter Gestaltungsmöglichkeiten für Verbindlichkeiten, die vor dem Währungsstichtag, 21. 6. 1948, begründet wurden.

7. Die Parteien können auch ein Schiedsgericht oder einen Schiedsgutachter mit der Bestimmung des Leistungsinhalts beauftragen, *Esser/Schmidt* § 14 V; *Habscheid*, MDR 54, 392.

X. Prüfungsschema

Als Zusammenfassung von § 26 ergibt sich, daß für die Ermittlung des Inhalts eines Schuldverhältnisses folgende Kriterien von Bedeutung sind:

1. Was haben die Parteien (aus der Sicht eines objektiven Beobachters) *erklärt* (157)? Dazu bedarf es zumindest dreier Feststellungen:

   a) Was hat jede *einzelne* Partei erklärt?

   b) Wieweit besteht „*Erklärungskongruenz*"?

   c) Was haben die Parteien also *übereinstimmend* erklärt?

2. Was haben die Parteien mit ihren Erklärungen *gewollt* (133)? Dies, nicht das Erklärte, entscheidet über den Vertragsinhalt. Also — in Entsprechung zu oben 1. — : Was hat jede einzelne Partei gewollt, wieweit deckt sich der Wille, und was haben sie also übereinstimmend gewollt? – Erklärungen durch AGB zählen hierher.

3. Was ergeben die *Umstände*, als Ergänzung des gemeinsam Gewollten (157)?

4. Die — wohl noch — h. M. schließt jetzt die „ergänzende Vertragsauslegung" an, also die Ermittlung eines „hypothetischen Parteiwillens". Das ist aber nur vom Standpunkt eines objektiven Vertragsbegriffs zulässig, der den Vertrag als „objektives Sinnganzes" versteht. Die zutreffende subjektive Vertragstheorie (s. o. I 3, V 4d) kann allenfalls eine „erläuternde", keine ergänzende Vertragsauslegung zulassen. Was die h. M. als ergänzende Auslegung, als „Weiterdenken des Vertrags" bezeichnet, gehört in Wahrheit in die Prüfung des § 242 (u. 5.).

5. Was ergibt sich für den Inhalt des Vertrags zusätzlich, oder in Korrektur des bisher ermittelten Inhalts, aus § 242? (Leistungsmodalitäten, Nebenpflichten u. a.; im einzelnen s. § 27 u.).

6. Was folgt über Parteiwille und § 242 hinaus aus dem nachgiebigen Gesetzesrecht für den Vertragsinhalt? (§ 242 steht dem Vertrag näher, nicht ferner, als das nachgiebige Recht).

7. Sind schließlich §§ 315−318, Bestimmung durch „Taxe", Vertragshilfe, Schiedsgericht oder Schiedsgutachter heranzuziehen?

§ 27
Treu und Glauben. Die Bedeutungen des § 242

Betti, FG *Müller-Erzbach* 1954, 7; *Beuthien,* Zweckerreichung und Zweckstörung im Schuldverhältnis, 1969; *Bohrer,* Die Haftung des Dispositonsgaranten, 1980; *Bueckling,* ZRP 83, 190; *Canaris,* Die Vertrauenshaftung im deutschen Privatrecht, 1971; *Chiotellis,* Rechtsfolgenbestimmung bei Geschäftsgrundlagenstörungen in Schuldverträgen, 1981; *Eichler,* Die Rechtslehre vom Vertrauen, 1950; *Engisch,* Die Idee der Konkretisierung in Recht und Rechtswissenschaft unserer Zeit, 1953; *Esser,* Grundsatz und Norm in der richterlichen Fortbildung des Privatrechts, 3. Aufl. 1974; *ders.,* JZ 56, 555; *Fikentscher,* Die Geschäftsgrundlage als Frage des Vertragsrisikos, 1971; *ders.,* De fide et perfidia. Der Treuegedanke in den „Staatsparallelen" des H. Grotius aus heutiger Sicht, 1979; *Gernhuber,* JuS 83, 764; *Hamburger,* Treu und Glauben im Verkehr, 1930; *Hedemann,* Die Flucht in die Generalklauseln, 1933; *Henkel,* FS *Mezger,* 1957, 249; *ders.,* Recht und Individualität, 1958; *Herschel,* ZAKDR 1940, 76; *ders.,* FS *Nikisch,* 1958, 49; *Hueck, A.,* FS *Hübner,* 1935, 72; *ders.,* Der Treuegedanke im modernen Privatrecht, 1947; *Jagusch,* SJZ 47, 295; *Köller,* Die Risikozurechnung bei Vertragsstörungen in Austauschverträgen, 1979; *Krause,* Schweigen im Rechtsverkehr, 1933; *Merz,* Art. 2 ZGB, in: Berner Komm., Bd. I, 1962; *Nipperdey,* Vertragstreue und Nichtzumutbarkeit der Leistung, 1921; *Olshausen,* JZ 83, 288; *Riezler,* IherJb. 89, 177; *ders.,* Venire contra factum proprium, 1912; *Siber,* Schranken des privaten Rechts, 1926; *Siebert,* Verwirkung und Unzulässigkeit der Rechtsausübung, 1934; *ders.,* Vom Wesen des Rechtsmißbrauchs, 1935; *Strätz,* Treu und Glauben, Bd. I, 1974; *Weber, W.,* Zumutbarkeit und Nichtzumutbarkeit als rechtliche Maßstäbe, JurJb. 1963, 239; *ders.,* Treu und Glauben, 1961; *Wieacker,* Zur rechtstheoretischen Präzisierung des § 242, 1956 (vgl. auch die Literatur-Angaben bei *MünchKomm/Roth* und *Staudinger/J. Schmidt* zu § 242), und, zur Geschäftsgrundlage, u. vor III 4 e).

I. Allgemeines

1. § 242 hat eine Grundbedeutung und viele einzelne Anwendungsmöglichkeiten. Immer wenn § 242 zur Lösung eines Einzelfalles herangezogen wird, muß gefragt werden, ob die spezielle Anwendung, wenn auch nur mittelbar und „abgeleitet", auf der Grundbedeutung des § 242 fußt. Nur in diesem Falle ist sie zulässig. Nur wenn die Anwendung im Einzelfall eine Konkretisierung der Grundidee ist, darf man sich auf § 242 berufen.

Sonst wird § 242 durch Ausuferung mißbraucht − eine Gefahr aller Generalklauseln in einem Zivilkodexsystem: *Hedemann,* Die Flucht in die Generalklauseln, 1933; *A. Hueck,* Der Treuegedanke im modernen Privatrecht, 1947; *Rüthers,* Die unbegrenzte Auslegung, 2. Aufl. 1972.

Treu und Glauben (§ 242) § 27
I 2

2. a) Die Grundbedeutung von § 242 ist *nicht*, Treu und Glauben als allgemeinen Maßstab menschlichen Verhaltens im Recht zu fordern (*A. Hueck* a. a. O.). Die allgemeinen menschlichen Beziehungen werden in erster Linie durch das Deliktsrecht, und dort im Kern durch die Generalklausel der „guten Sitten" (826) und die Eingriffstatbestände des § 823, daneben durch die anderen *gesetzlichen* Schuldverhältnisse (812 ff., GoA usw.) kontrolliert. § 242 setzt demgegenüber eine Sonderbindung, z. B. einen Vertrag oder sonst ein zwei- oder mehrseitiges konkretes Rechtsverhältnis voraus, in dem *erhöhte* Sorgfaltspflichten bestehen. § 242 beabsichtigt daher grundsätzlich auch nicht, Rechte und Pflichten zwischen Gläubiger und Schuldner neu zu begründen (§ 242 ist darum in aller Regel keine Anspruchsnorm, und es wäre fast *immer* ein Fehler, die Lösung eines Falles mit § 242 zu beginnen; zu den wenigen Ausnahmen sogleich). § 242 und seine gewohnheitsrechtliche Umkehrung (auch der Gläubiger darf nur nach Treu und Glauben fordern) wollen im Grundsatz nur *bestehende* Rechte und Pflichten *inhaltlich ausgestalten und genauer bestimmen*, auch veränderten Umständen anpassen. § 242 hat also rechtsbestimmenden, nicht rechtsbegründenden Charakter. Diesen Grundzug verleugnet § 242 auch dort nicht, wo er ausnahmsweise neue Pflichten schafft, z. B. bei der culpa in contrahendo oder bei den nachwirkenden Treuepflichten (zu beidem oben § 20), und dadurch zur „Durchgangsnorm" *(Merz)* für die Entstehung neuer „gesetzlicher Schuldverhältnisse" wird. Auch hier werden *vorhandene* schuldrechtliche Sonderbindungen mit besonderen konkreten Rechten und Pflichten ausgestattet, erweitert oder ergänzt.

Als Reaktion auf den Mißbrauch der Generalklauseln unter der Herrschaft des Nationalsozialismus vertrat die h. L. nach 1945 entschieden das Erfordernis einer „Sonderverbindung", um die erhöhten Anforderungen, die ein Treueband gem. § 242 stellt, zu rechtfertigen (zur Entwicklung *A. Hueck; Merz; Fikentscher,* Grotius): Man schuldet nicht aller Welt *Treue*, wohl aber die aus gesetzlichen Schuldverhältnissen (insb. §§ 823 ff) zu entnehmende *Sorgfalt*. Demgegenüber möchte *Staud./J. Schmidt* § 242 Rz. 113 ff. auf die „Sonderverbindung" verzichten, weil „mit Hilfe des § 242 die Möglichkeit erschlossen wird, rechtliche Lücken zu ergänzen und Forderungen der sozialen Gerechtigkeit zu berücksichtigen" (a. a. O. 120). Folgerichtig sieht *J. Schmidt* in § 242 nur einen Denkappell und eine methodologische Hilfsfigur zu richterrechtlicher Entwicklung „neuer Sachnormen" (a. a. O. 155, 258). Der von *J. Schmidt* zutreffend gesehene Bedarf richterlicher Fortbildung (auch) des Privatrechts wird aber schon durch Art. 20 GG („Gesetz und Recht") gedeckt. Vom Standpunkt der auch in diesem Buch vertretenen *Fallnormtheorie* (*Fikentscher,* Methoden IV, §§ 31, 32) bedarf es der Heranziehung *des § 242* zur Lückenfüllung und Beachtung sozialer Gerechtigkeit *nicht*. Vielmehr gilt heute für § 242 das Gebot der Konkretisierung des Gesetzeswortlauts (oben 1.), um subsumtionsfähige Fallnormen zu gewinnen. Der Wortlaut spricht nun einmal von „Treu und Glauben" und das ist ein wesentlich engerer Maßstab als die jedermann geschuldete „gute Sitte" (§ 826) oder gar die „soziale Gerechtigkeit" als Zielrichtung („Denkappell") einer „methodologischen Hilfsfigur". (Gäbe man die „Sonderverbindung" auf, entstünde z. B. im Wettbewerbsrecht heillose Verwirrung, weil dann statt oder neben § 1 UWG auch noch § 242 in Konkurrenzbeziehungen gelten würde[1]). Die Schweiz verwendet eine andere Terminologie, wenn ihr UWG von „Treu und Glauben" spricht). Nach *J. Schmidt* könnte § 242 eigentlich gestrichen werden. § 242 steht aber mit guten Gründen im Gesetz.

Ein auf § 242 gestützter Auskunftsanspruch besteht, weil Treu und Glauben mit Rücksicht auf die Verkehrssitte in einem bestimmten, konkreten Rechtsverhältnis (z. B. beim Auftrag) eine Auskunfstpflicht verlangen; wird nach §§ 705, 242 auf Änderung eines Gesellschaftsvertrags geklagt, so kommt darin zum Ausdruck, daß die neuerdings *bestehenden* gesellschaftlichen Verhältnisse eine Neuformulierung des Vertrags erforderlich machen; die Regeln der „culpa in contrahendo" und der „culpa post pactum perfectum" verlangen die Beachtung *vertragsähnlicher* Sorgfaltspflichten im Zeitraum vor Zustandekommen des Vertragsschlusses und nach Abwicklung des Vertrags „nach Treu und Glauben mit Rücksicht auf die Verkehrssitte" (242). Auch beim „nachbarrechtlichen Gemeinschaftsverhältnis" liegt eine die Anwendung von § 242 rechtfertigende Sonderverbindung vor (wobei zu bedenken ist, daß durch die Neufassung der §§ 905ff und die Immisionsschutzgesetzgebung das „nachbarrechtliche Gemeinschaftsverhältnis" stark an Bedeutung verloren hat). Die „Sonderverbindung" erklärt daher auch die etwaige *Begründung* von Rechten und Pflichten gem. § 242.

b) Die grundsätzliche, ins Ethische führende Bedeutung des § 242 besteht in folgendem: Schuldverhältnisse sollen nicht nur irgendwie und überhaupt erfüllt werden, sondern in bestimmter, nämlich anständiger und verkehrsüblicher Weise.

Ein Schuldner soll einem Gläubiger das Geld nicht auf den Tisch knallen, sondern es ihm in die Hand drücken. Der Gläubiger darf gegen seinen Schuldner nicht in jeder beliebigen Manier, sondern nur mit anerkannten Mitteln vorgehen.

c) Der Maßstab für das beiderseitige Verhalten ist mit den Worten umschrieben: Treu und Glauben mit Rücksicht auf die Verkehrssitte. Ähnlich lautet § 157 für die Auslegung des Vertragsinhalts. Der Unterschied besteht darin, daß § 157 Vertragserklärungen, etwa zur Begründung eines Schuldverhältnisses, meint, während § 242 grundsätzlich ein bereits bestehendes oder erwartetes Rechtsverhältnis voraussetzt.

Darin steckt ein subjektives und ein objektives Moment: „Treu und Glauben" sind Grundsätze, welche die Beziehungen zwischen den *konkreten Personen des Schuldverhältnisses* bestimmen sollen. Alle Eigenschaften und Umstände in der Person des Gläubigers und Schuldners sind Material für die Bestimmung, was bei der Abwicklung des Schuldverhältnisses als anständig zu gelten hat. „Anständig" ist dabei als vom Recht verwendeter Moralbegriff zu verstehen (entspr. den „guten Sitten" in §§ 138, 826). Na-

---

[1] *Medicus* I § 16 II, der im Anschluß an *J. Schmidt* a. a. O. die „Sonderverbindung" aufgeben möchte, sagt selbst, daß dann die Abgrenzung zwischen Treu und Glauben und den guten Sitten „verschwimmt".

mentlich ist das gegenseitige Vertrauen auf gegebene Versprechen und vorherige Verhaltensweisen maßgebend. Zu fragen ist: Was darf *dieser* Gläubiger von *diesem* Schuldner in dieser konkreten Lage erwarten, was muß billigerweise *dieser* Schuldner von *diesem* Gläubiger gewärtigen?

Die „Rücksicht auf die Verkehrssitte" bringt dann eine nachträgliche, von objektiver Warte zu vollziehende Korrektur ins Bild. Entscheidend sind danach *nicht nur* die am Schuldverhältnis beteiligten Subjekte mit ihren persönlichen Eigenschaften und Interessen, Vorstellungen und Möglichkeiten, sondern *auch* das im Verkehr *allgemein Übliche*. (Umgekehrt beeinflußt die Verkehrssitte auch Treu und Glauben!)[2]

3. Folgt man dem, kann ein *allgemeines* gesetzliches Schuldverhältnis der „Vertrauenshaftung" (grundlegend: *Canaris*, Vertrauenshaftung) nicht bejaht werden. Vielmehr schafft § 242 *kraft Gesetzes in Sonderverbindungen* Ergänzungen und Korrekturen von Rechten und Pflichten auf der Grundlage des Vertrauensprinzips.

4. Dabei geht es nicht um Vertrauen im psychologischen Sinne, sondern um ein *normatives Vertrauendürfen* (a. A. *Bohrer*). „Vertrauen" ist weder rein psychologisch noch rein objektiv wertend zu verstehen. Das gesamte Recht der Willenserklärungen läßt sich weder allein voluntaristisch noch allein „verkehrsobjektiv" begreifen. Beide Anschauungen würden den spezifisch juristischen, vom Rechtszweck bestimmten Willens- und Wissensbegriffen nicht gerecht werden. Ein Schuldner „vertraut" im Sinne des § 242 also sowohl dann auf einen Umstand, wenn er ihn in seine Vorstellung aufnimmt und ihn bezweckt, will oder in Kauf nimmt (Absicht, dolus directus, dolus indirectus); er vertraut aber auch dann auf ihn, wenn er ihn nicht in seine subjektive Vorstellung aufnimmt, ihn aber unbewußt seinem Verhalten zugrunde legt. Dieses letztgenannte „Vertrauen" ist nur normativ, also aus einem wertenden Vergleich mit anderen Schuldnern in dieser Situation mit Hilfe einer Wahrscheinlichkeitsberechnung zu begründen. Eine voluntaristische Kritik hieran wäre strafrechtlich gedacht, sie ginge ebenso fehl, wie die subjektive Deutung der *Windscheid*schen Lehre von der Voraussetzung und die darauf aufbauende Kritik fehlgehen.

Jedem Geschäft liegen bei beiden beteiligten Parteien bestimmte Vorstellungen, Erwartungen, *Motive* zugrunde. Sie werden, wenn sie nicht zum Gegenstand der Vereinbarung gemacht werden, *nicht Vertragsinhalt*. Motivirrtümer beeinflussen die Gültigkeit des Vertrags im allgemeinen nicht, 119 II. Trotzdem können bestimmte besonders wichtige Motive (außer nach § 119 II und §§ 2078/79) *über* § 242 rechtserhebliche Bedeutung erlangen. Man kann sie *Vertrauensumstände* nennen. Es handelt sich um die Umstände, auf deren Vorliegen, Entstehen oder Weiterbestehen der *Schuldner* bei Eingehung seiner Verbindlichkeit *so sehr vertraut*, daß „sich der Gläubiger nach Treu und Glauben mit Rücksicht auf die vom Schuldner verfolgten Motive auf die Abhängigma-

---

[2] Die Kontrastierung von „privatautonomer" (= subjektiver) und gesellschaftswertender Anwendung von § 242 bei *Staud./J. Schmidt* übersieht, daß § 242 *beide* Maßstäbe in den Tatbestandsmerkmalen „Treu und Glauben" und „Verkehrssitte" enthält. Die „sinnvolle Ordnung" ist immer zu berücksichtigen, aber nicht allein!

chung des Vertrags von dem fraglichen Umstand eingelassen hätte oder redlicherweise hätte einlassen müssen, wenn man die Unsicherheit des Umstands beim Vertragsschluß in Betracht gezogen hätte" (im Anschluß an *H. Lehmanns* Formel für die „Geschäftsgrundlage"). Umgekehrt sind Vertrauensumstände *des Gläubigers* die Umstände, auf die der Schuldner sich nach Treu und Glauben mit Rücksicht auf die Verkehrssitte für die Entstehung, Erhaltung oder Sicherung eines Anspruchs eingelassen hätte oder redlicherweise hätte einlassen müssen, wenn man die Unsicherheit des Umstands − z. B. die Unzuverlässigkeit des Schuldners selbst − bei der Entstehung, Erhaltung oder Sicherung des Anspruchs in Betracht gezogen hätte.

5. Daraus folgt: Eine Verletzung von § 242 führt selbständig zu keiner Sanktion, *isoliert kann § 242 nicht verletzt werden.* Vielmehr folgt aus dem grundsätzlich bloß rechtsbestimmenden Charakter des § 242, daß mit seiner Verletzung das *vorausgesetzte Recht* verletzt ist. Der ungetreue Gesellschafter haftet aus §§ 705, 242; 325, 326 (analog) wegen Schlechterfüllung auf Schadensersatz; anstelle der trotz vorhandenen Hausbriefkastens über den Zaun geworfenen und vom Winde verwehten Morgenzeitung muß ein anderes Exemplar nachgeliefert werden, 433 I 1, 242, 362.

6. Daraus folgt auch, daß der Lehre, die § 242 auf ein methodisches Prinzip reduziert (*Staud./J. Schmidt; Medicus* I § 16) nicht gefolgt werden kann. § 242 ist in dem Sinne sachhaltig, daß seine *Funktionen* (h. L., u. II) oder *Konkretisierungen* (unten III). subsumsionsfähige Normen erbringen. In Funktionen umgesetzt, wie die h. L. es will, oder konkretisiert, wie es richtig erscheint, kann man also § 242 zu Begründungen verwenden (anders *J. Schmidt*). Im folgenden wird die herrschende Funktionentheorie und danach die Mindermeinung (Konkretisierungslehre) vorgetragen (s. *J. Schmidt* a. a. O. Rz. 127 ff. der beide verwirft und einen neuen Weg geht, auf dem ihm *Medicus* I § 16 weitgehend folgt). Dabei widersprechen sich Funktionen- und Konkretisierungslehre im Grunde nicht. Funktionen sind Aufgaben, Verwendungsweisen. Ob sie zulässig sind, kann sich nur durch Konkretion von § 242 ergeben; eine nicht durch Konkretion von § 242 „abgeleitete" Funktion wäre freie Rechtsfindung, die nach Art. 20 GG nicht zulässig ist (s. o. 1.). Auch mit *J. Schmidts* Verweisung „mit § 242" gewonnener „neuer Sachnormen" an die verschiedenen Rechtsgebiete verträgt sich der Konkretisierungsgedanke: Er gibt an, *inwiefern* jene Rechtsgebiete Zuwachs durch § 242 erhalten.

II. Die Funktionenlehre

Nach h. L. hat § 242 „Funktionen", in denen er zur Anwendung gelangt. Eine einheitliche Aufgliederung dieser Funktionen hat sich noch nicht herausgebildet. Ein paar Beispiele: *Esser*[2], § 31, unterscheidet die *regulative,* die *Schranken-* und die *Billigkeits*funktion (auf ihn geht das Funktionen-Denken wohl zurück). *J. Schmidt* (*Staud./J. Schmidt* § 242, Schrifttum) gliedert den Stoff in *„Nebenpflichten", „Risikotragung"* und *„Beschränkung von Rechten und Rechtslagen",* um ihn sodann aus § 242 hinauszuverweisen (Rz. 208 ff.).

Medicus I § 16 gliedert die Funktionen in prätorischer Tradition in die Rechtsverhältnisse *konkretisierende, ergänzende* und *ändernde* (iuris civilis (ad)iuvandi, supplendi vel corrigendi gratia). Das Funktionenschema von *Gernhuber* unterscheidet die *pflichtenbegründende Funktion* (z. B. Schutz-, Auskunftspflichten), die *Schrankenfunktion* (z. B. unzulässige Rechtsausübung, Rechtsmißbrauch), die *regulierende Funktion* (Modalitäten der Leistung, z. B. Zeit, Ort, Art und Weise der Lieferung) und die *Kontroll- und Korrekturfunktion* (insb. „Wegfall der Geschäftsgrundlage". Fast jeder Autor verwendet sein eigenes Schema. Das gilt auch für die Kommentare. Interessant ist auch die Gliederung von § 242 in der Sammlung *Lindenmaier/Möhring*. Über diese Sicht- und Sammelbemühungen hinaus versucht die „Konkretisierungstheorie" (Ausdruck v. *J. Schmidt*, Rz. 128), wie sie in diesem Lehrbuch seit der 1. Auflage schrittweise entwickelt wurde, eine auf Wortlaut und Grundgedanken von § 242 gestützte Fallnormgewinnungslehre zu begründen.[3])

III. Die Konkretisierungstheorie

1. Allgemeiner Inhalt

Die Konkretisierungstheorie hält § 242 für eine Generalklausel, aus der Rechtssätze abgeleitet werden können, die zur Anwendung auf zu lösenden Fälle geeignet sind (durch „Konkretisierung"). Damit lassen sich die „Funktionen" des § 242 aus seinem „Wortlaut und Sinn" begründen. Der Sinn des § 242, wie er in seinem Wortlaut hinreichend zum Ausdruck kommt, besteht darin, daß der Schuldner, „nach Treu und Glauben" weniger leisten muß, als er eigentlich schuldig ist, und der Gläubiger „nach Treu und Glauben" mehr fordern darf, als der Vertrag an sich hergibt. Beides setzt voraus, daß ein schutzwürdiges Vertrauen besteht, des Schuldners, eine Erleichterung, des Gläubigers, eine Ergänzung zu bekommen. Das Vertrauen bezieht sich jeweils auf nicht zum Vertragsinhalt zählende tatsächliche Umstände. Man kann also Vertrauensumstände des Schuldners und des Gläubigers unterscheiden. Vertrauensumstände des Schuldners mindern den Vertragsinhalt, so daß der Schuldner sinngemäß zum Gläubiger sagt: „Das steht zwar so im Vertrag, aber damit konnten wir nicht rechnen, daß mich das so teuer kommt...". Vertrauensumstände des Gläubigers ergänzen den Vertragsinhalt, so daß der Gläubiger sinngemäß zum Schuldner sagt: „Das steht zwar nicht im Vertrag, aber Du schuldest mir nicht nur irgendwie, sondern anständig, also auch...".

Auf diese Zweiteilung lassen sich alle „Funktionen" zurückführen, so daß sie ihre Beliebigkeit verlieren. Die Trias bei *Staud./J. Schmidt* (Nebenpflich-

---

[3]) Allgemein zur Gewinnung von subsumtionsgeeigneten Normen („Fallnormen") *Fikentscher*, Methoden IV 176ff; ähnlich *Bydlinski*, Juristische Methodenlehre und Rechtsbegriff, 1982, 179ff., 395f.

ten, Risikoverteilung, Rechtsbegrenzung) vermischt die Anwendung von § 242 auf den Schuldner (Rechtsbegrenzung: Risikozurechnung an den Gläubiger) und auf den Gläubiger (Nebenpflichten des Schuldners: Risikozurechnung an den Schuldner).[4] *Gernhubers* Vierfunktionlehre enthält im Grunde nur zwei Gesichtspunkte: *Schuldnerentlastung* (Schrankenfunktion; Kontroll- und Korrekturfunktion unter Risikozurechnung an den Gläubiger) und *Gläubigerbegünstigung* (regulierende Funktion als Präzisierung der Schuldnerpflichten; pflichtenbegründende Funktion für zusätzliche Schutz- und Auskunftspflichten u. ä.; Kontroll- und Korrekturfunktion unter Risikozurechnung an den Schuldner). Entsprechendes gilt für die anderen „Funktionenlehren".

2. Methodische Zulässigkeit

Methodisch hat *J. Schmidt* (*Staud./J. Schmidt*, Rz. 128 ff.) gegen die Konkretisierungstheorie eingewandt, eine Konkretisierung des Treuegedankens mit Hilfe der Vertrauensumstände sei zur Gewinnung von Tatbestandsmerkmalen ungeeignet. Das trifft vom Standpunkt der Fallnormlehre nicht zu. Nach ihr wird nur so weit konkretisiert, wie der Sachverhalt Unterscheidungen fordert. Daher sind noch sehr allgemeine Normen subsumsionsfähig, solange vom Sachverhalt her keine Anforderungen an Differenzierung gestellt werden. Erst sich ausdifferenzierende Sachverhalte verlangen nach *weiterer* Konkretisierung, und dann werden bisher ermittelte und bisher zur Subsumption verwendete Vertrauensumstände aufgegeben, um eine, abgeleitete, konkretere, unterscheidungskräftigere zu bilden. Das mag sich im Ergebnis mit dem Gedanken der Bildung „neuer Sachnormen" *(J. Schmidt)* decken. Doch vermag die Konkretisierungstheorie den Grund für die Bildung solcher neuer Sachnormen anzugeben. Ob man diese dann bei § 242 oder an Ort und Stelle, d. h. beim begrenzten oder erweiterten Schuldverhältnis systematisiert, ist eine reine System- und Darstellungsfrage, die von der Frage der Sachhaltigkeit des § 242 zu trennen ist.

3. Die grundsätzliche und die weiteren Bedeutungen des § 242

Die grundsätzliche Bedeutung des Treu-und-Glauben-Satzes wurde im vorgehenden § 26 (VII) erläutert. Danach ist der Sinn der in § 242 enthaltenen Generalklausel, die Gläubigerrechte und Schuldnerpflichten inhaltlich genauer zu bestimmen, als dies durch Gesetz und Vertrag im übrigen geschieht und geschehen kann. Der Gläubiger darf die ihm geschuldete Leistung nur nach Treu und Glauben mit Rücksicht auf die Verkehrssitte fordern, der Schuldner muß seine Leistung mit dieser Maßgabe erfüllen. Beispiele: BGHZ 5, 178 (ist behördliche Genehmigung eines Vertrags nötig, müssen die Parteien an der Herbeiführung mitwirken); 10, 1 (Zeitpunkt der Zahlung); 26, 330 (gleichmäßige Schadenstragung); 37, 38 (Ansprüche unter

---

[4] Entsprechendes gilt für *Esser*[2]: Regulative, Billigkeits- und Schrankenfunktion.

Ehegatten), 37, 233, 241 (Vermächtnis). Man spricht insoweit von „Nebenpflichten" (o. § 8, 3) oder „Modalitäten der Leistungspflicht" *(Gernhuber)*:

Die Zeitungsfrau (als Botin der Verlagsgesellschaft) darf die Zeitung frühmorgens nicht einfach über den Zaun werfen, sondern muß sie so unterbringen, daß sie den Besteller in noch lesbarem Zustand erreicht. Der Besteller muß seinerseits für geeignete, regensichere Behälter zur Aufbewahrung sorgen. – Wer ein Porzellanservice verkauft und zum Versand bringt, muß es gegen Bruch verpacken. – Wer ein Klavier an eine Privatperson „frei Haus" verkauft, muß es in die Wohnung transportieren und darf es nicht vor der Haustür stehenlassen. Jedenfalls trifft – nach Treu und Glauben mit Rücksicht auf die Verkehrssitte – ihn die Pflicht, mit dem Kunden einen entsprechenden Transport zu verabreden, gegebenenfalls durch ein Spezialfuhrunternehmen. – Wer in eine Gesellschaft eintritt, ist zur Gesellschaftstreue verpflichtet und darf nicht gesellschaftsschädigende Interessen verfolgen. – Die Anwendungsfälle von § 242, schon in seiner ursprünglichen, im Gesetz formulierten Anwendungsweise, sind unübersehbar.

Vom „Wie" einer Leistung läßt sich aber das „Ob" nicht deutlich trennen. Jede Präzisierung der Schuldnerpflichten ist zugleich eine Mehrbelastung des Schuldners. Ob man sagt, im Privatverkehr dürfe nur zu den üblichen Stunden erfüllt werden, oder den Schuldner treffe neben seiner Erfüllungspflicht die zusätzliche Pflicht, sich an die üblichen Stunden zu halten, läuft auf das gleiche hinaus. Trotz dieses gleitenden Übergangs vom „Wie" zum „Ob" ist es wegen der Fallgruppenbildung sinnvoll, die „weiteren Bedeutungen" des § 242 von der grundsätzlichen („regulierenden") zu trennen. Bei diesen „weiteren Bedeutungen" (unten 5. und 6.) tritt der Kerngedanke des § 242, Schuldner und Gläubiger sollten bei der Abwicklung des Schuldverhältnisses *Unzumutbares erspart bleiben*, schärfer hervor als bei der (ebenfalls von ihm getragenen) „regulierenden" Bedeutung, weil wegen der Überschreitung der Wortlautgrenze das Konkretisierungsproblem an Gewicht gewinnt (unten 4.)

4. Der Maßstab der Unzumutbarkeit

Gestaltet der Satz von Treu und Glauben grundsätzlich das „Wie" einer Leistungspflicht, so kann dies in *besonderen Fällen den teilweisen oder gänzlichen Wegfall* von Recht und Pflicht, Forderung und Schuld bedeuten. Treu und Glauben mit Rücksicht auf die Verkehrssitte können es in Grenzfällen einem Gläubiger schlechthin verbieten, von seinem Recht Gebrauch zu machen. Das ist dann der Fall, wenn Treu und Glauben mit Rücksicht auf die Verkehrssitte dem Schuldner die Erfüllung der Schuld *unzumutbar* erscheinen lassen. Die Begrenzung oder Aufhebung des Gläubigerrechts ist dabei nur die gedankliche Umkehrung des Wegfalls der Schuld wegen *Unzumutbarkeit* für den Schuldner (Fälle unten 5: *Pflichtenbefreiende Vertrauensumstände*).

Umgekehrt gibt es Fälle, in denen dem Schuldner eine Leistung zugemutet werden muß, obwohl die vertragliche Rechtslage an sich gegen eine Leistungspflicht spricht (Formmangel, Gegenrechte). Ist es treuwidrig, wenn sich der Schuldner auf diese negativen, den Anspruch hindernden oder zerstörenden Tatsachen beruft, so ist die Nichterfüllung der Schuld für den Gläubiger *unzumutbar* (Fälle unten 6: *Pflichtenbegründende Vertrauensumstände*).

Die Lehre von den Vertrauensumständen (als sachlicher Inhalt der „Konkretisierungstheorie") vermag Begründungs-, Inhalts- und Abwicklungsprobleme im Schuldverhältnis unter einem einheitlichen Gesichtspunkt zu erfassen. Das kann die herkömmliche Geschäftsgrundlagenlehre nicht (unten f). Die „Vertrauenshaftung" *(Canaris)* kann es zwar, erwies sich aber (oben I. 3.) aus anderen Gründen als nicht zwingend.

a) *Begriff der Unzumutbarkeit*

Die Unzumutbarkeit ist demnach *ein normatives Prinzip*, die Kernvoraussetzung für die Fälle, in denen § 242 das „Wie" und namentlich − als Grenzsituation des „Wie" − das „Ob" einer Leistungspflicht bestimmt, vgl. dazu *Chiotellis*, 36ff. m. w. N. Alle weiteren Überlegungen haben daher an der Unzumutbarkeit anzuknüpfen. Das gilt *auch* für die Fälle des „Wegfalls der Geschäftsgrundlage". Eine Lehre von der Geschäftsgrundlage außerhalb der Unzumutbarkeit ist mit § 242 nicht mehr begründbar. Denn nur dann braucht der Schuldner eine Leistung nach Treu und Glauben nicht zu erbringen, wenn sie ihm unzumutbar ist. Nur dann muß der Schuldner nach Treu und Glauben leisten, wenn dem Schuldner die Verbindlichkeit zugemutet werden muß, obwohl formale Gründe dagegen sprechen. Darin liegt zugleich die Definition der Unzumutbarkeit. Die h. M. lehnt dagegen die Unzumutbarkeit als Ausgangspunkt für die Lehre von der Geschäftsgrundlage ab, dazu sogleich unter f).

Allerdings ist mit dem Satz, eine Leistungspflicht entfalle oder entstehe bei Unzumutbarkeit, vorerst ebensowenig anzufangen wie mit dem Satz: Jeder Schaden ist zu ersetzen, oder: Die Persönlichkeit bedarf des Rechtsschutzes, oder: Ein Richter muß gerecht entscheiden. In dieser Allgemeinheit sind diese Sätze nur Richtlinien, genauer: allgemeine Rechtsgrundsätze, keine subsumtionsfähigen Normen. Sie bedürfen dazu der Konkretisierung. Die Konkretisierung ist ein juristischer Grundvorgang. Sie verläuft immer nach der gleichen Regel. Als Tatbestandsmerkmale werden gesicherte Stellungen vorgeschaltet, die ihrer Natur nach geeignet sind, den vom Rechtsgrundsatz mißbilligten Erfolg zu verhindern. Beim Schadensersatz in § 823 I sind das die Rechtsgüter (z. B. das Eigentum), in § 823 II die Schutzgüter; beim allgemeinen Persönlichkeitsrecht sind es die besonderen Persönlichkeitsrechte, beim Recht am Unternehmen die Elemente des Unternehmensbestandes und der Unternehmertätigkeit, usf.

b) *Vertrauensumstände des Schuldners*

Auch bei der Vereinbarung einer Leistungspflicht können solche gesicherten Stellungen vorausgesetzt werden, die eine Unzumutbarkeit der Leistung verhindern sollen, nämlich die *Umstände*, auf die der Schuldner bei Eingehung der Schuld *vertraut* oder − gemäß dem hier zugrundegelegten normativen Vertrauensbegriff (s. o. I. 3. a. E.) − *hätte vertrauen können* (z. B. daß keine Ölkrise kommt).[5] Wenn es gelingt, festzustel-

---

[5] Gegen den normativen (d. h. nicht-psychologischen) Vertrauensbegriff läßt sich nicht einwenden, damit würden jene *objektiven* Elemente wieder in die Ermittlung des Vertragsinhalts eingeführt, die oben (§ 26 V 4d) durch die Entscheidung für den *subjektiven* Vertragsbegriff eliminiert wurden. Es macht einen wesentlichen Unterschied, ob man bei der Bestimmung der Geltungs- und Haftungsgrenzen eines Vertrags (oben § 26 I 3) von den Umständen ausgeht, auf welche die Parteien (psychologisch) ver-

len, worauf der Schuldner bei seiner Bindung und Inanspruchnahme in diesem Sinne vertraut, ist bekannt, womit er gerechnet hat oder rechnen mußte, was ihm also zuzumuten ist. Diese *Vertrauensumstände* bestehen im Schuldrecht aus zwei Gruppen: Den vertraglich vereinbarten Punkten und den sonstigen Umständen, auf die der Schuldner „vertraut" (in gesetzlichen Schuldverhältnissen besteht nur die zweite Gruppe). Beide Gruppen zusammen bilden eine (im Rechtssinne) von den Parteien *gewollte*, aber nicht notwendig das Gläubiger-Schuldner-Verhältnis objektiv *gerecht* beurteilende Einheit. Im Vertrauen auf den Vertrag (insb. auf die Bindung der Gegenseite) und sonstige Umstände binden sich die Parteien, d. h. *sie bestimmen grundsätzlich selbst, was ihnen zuzumuten ist.* — Die Frage einer dem konkreten Vertrag innewohnenden Gerechtigkeit darf vom Standpunkt der hier vertretenen subjektiven Vertragstheorie nicht abstrakt gestellt werden. Ein konkreter Vertrag ist ungerecht, wenn er *unzumutbare Leistungen* fordert. Die Korrektur der gewollten Verbindlichkeit durch die gerechte Verbindlichkeit ergibt sich aus der Abwägung des Vertragsschutzes von Schuldner und Gläubiger bei der Prüfung der Unzumutbarkeit. Dabei ist die Risikoregelung im konkreten Vertrag, sei sie „typisch" oder „atypisch", von entscheidender Bedeutung.

Damit sind drei Dinge gewonnen: Das Mittel der Konkretisierung der Unzumutbarkeit (nämlich der Vertrauensumstand), der Einteilungsgesichtspunkt zur Gewinnung von Fallgruppen (nämlich die Arten der Umstände, auf die der Schuldner vertraut) und der Wertungsrahmen. Nach ihm ist — fallgruppenspezifisch — zu entscheiden, ob ein Umstand, auf den der Schuldner (im normativen Sinne) vertraut, soviel Gewicht hat, daß die Enttäuschung des Vertrauens den Wegfall der Leistungspflicht fordert. Dabei kann es sich — und das ist Gegenstand der zu vollziehenden Wertung — nur um Ausnahmeerscheinungen, um Grenzfälle handeln. Zunächst ist ja der Gläubiger berechtigt, vom Schuldner die Leistungen zu fordern, weil *er* dem schuldnerischen Versprechen vertraut hat und die Enttäuschung dieses Vertrauens eine gutzumachende Einbuße wäre (oben § 5 I). Aber das Gesetz erkennt in zutreffender Auslegung von § 242 an, daß es Fälle geben kann, in denen eine Enttäuschung des vom Schuldner in den Gläubiger oder in andere Umstände gesetzten Vertrauens *berücksichtigungswürdiger* als das Gläubigervertrauen in den Schuldner ist.

c) *Vertrauensumstände des Gläubigers*

Umgekehrt liegt es, wenn nach § 242 ausnahmsweise ein Schuldner leisten muß, obwohl eigentlich formale Gegengründe bestehen (z. B. Formmangel, Leistungsverweigerungsrechte). Hier geht es um die Frage, ob für den Gläubiger die Nichtentstehung oder der Verlust eines bestimmten Anspruchs unzumutbar sein kann angesichts der Umstände — vor allem des Verhaltens des Schuldners —, auf die er vertraute.

d) *Allgemeingültigkeit dieses Konkretisierungsverfahrens*

Ganz entsprechend verläuft übrigens die Konkretisierung des neminem-laedere-Satzes (unten § 97 III 2), des allgemeinen Persönlichkeitsrechts (unten § 103 II 2) und, wie leicht zu zeigen wäre, jedes allgemeinen Rechtsprinzips.

---

trauten oder (normativ) hätten vertrauen dürfen, oder ob man im Vertrag ein objektives Sinnganzes, ein soziales Gefüge oder dergl. sieht, das der Richter im Bedarfsfall ergänzen oder „weiterdenken" kann. Freilich stellt der normative Vertrauensbegriff eine Annäherung an den objektiven Standpunkt dar, mit der von früheren Vorauflagen (bis zur 5. von 1975) abgewichen wird.

e) *Vergleich mit der Lehre von der Geschäftsgrundlage*

Chiotellis, Rechtsfolgenbestimmung bei Geschäftsgrundlagenstörungen in Schuldverträgen, 1981 (dazu *Teubner*, ZHR 146, 652); *Diesselhorst*, in: Rechtswissenschaft und Rechtsentwicklung, 1980, 153; *Esser*, JZ 58, 113; *Fikentscher*, Die Geschäftsgrundlage als Frage des Vertragsrisikos, 1971; *Flume*, FS DJT, Bd. I, 1960, 135; *Goltz*, Motivirrtum und Geschäftsgrundlage im Schuldvertrag, 1973; *Haarmann*, Wegfall der Geschäftsgrundlage bei Dauerschuldverhältnissen, 1979; *Häsemeyer*, FS *Weitnauer*, 1980, 67 ff.; *Hartkopf*, Abgrenzung der Leistungsstörungen von der Gewährleistung und dem Institut der Geschäftsgrundlage, Diss. Berlin 1983; *Huber*, JuS 72, 57; *John*, JuS 83, 176; *Kegel*, Empfiehlt es sich, den Einfluß grundlegender Veränderungen des Wirtschaftslebens auf Verträge gesetzlich zu regeln? Gutachten für den 40. Deutschen Juristentag, 1953; *Kegel/Rupp/Zweigert*, Die Einwirkung des Krieges auf die Verträge, 1941; *Köhler*, Unmöglichkeit und Geschäftsgrundlage bei Zweckstörungen im Schuldverhältnis, 1971; *ders.*, JA 79, 498; *Krückmann*, AcP 116, 157; *Lange, Heinrich*, Ausgangspunkte, Wege und Mittel zur Berücksichtigung der Geschäftsgrundlage, FS *Gieseke*, 1959, 21; *Larenz*, Geschäftsgrundlage und Vertragserfüllung, 3. Aufl. 1963; *ders.*, NJW 52, 361; *ders.*, DB 52, 138; *ders.*, in: 25 Jahre Karlsruher Forum (Beih. zum VersR), 1983, 156; *Lehmann, H.*, JZ 52, 10; *Littbarski*, JZ 81, 8; *ders.*, Der Wegfall der Geschäftsgrundlage im öffentlichen Recht, 1982; *Locher*, AcP 121, 1; *Medicus*, FS *Flume*, Bd. I, 1978, 629; *Nicklisch*, BB 80, 949; *Oertmann*, Die Geschäftsgrundlage, 1921; *Rhode*, AcP 124, 257; *Schmidt-Rimpler*, Zum Problem der Geschäftsgrundlage, FS *Nipperdey*, 1955, 1; *Schmiedel*, FS v. *Caemmerer*, 1978, 231; *Schmitz*, Clausula rebus sic stantibus, RvglHWB II 634; *Stahl*, Die sogenannte „clausula rebus sic stantibus" im BGB, 1901; *Stötter*, Die einseitige, beiderseitige und gemeinsame Irrtum unter besonderer Berücksichtigung der Abgrenzung gegen die Lehre von der Geschäftsgrundlage, Diss. Heidelberg 1956; *ders.*, JZ 63, 123; *ders.*, AcP 166, 149; *ders.*, JZ 67, 147; *ders.*, JZ 74, 375; *Ulmer, P.*, AcP 174, 167; *Weber, W.*, Einfluß des Krieges und der Kriegsfolgen auf die privaten Rechtsverhältnisse, 1948; *Wieacker*, FS *Wilburg*, 1965, 229.

aa) Das Institut der Geschäftsgrundlage *(Oertmann)* ist zur Schließung der sowohl im Vertrag als auch im Gesetz existierenden *(Doppel-)Lücke (Chiotellis)* hinsichtlich des Einflusses andersliegender oder veränderter Umstände auf einen bereits geschlossenen Vertrag entwickelt worden.[6] Bei „Änderung oder Fortfall der Geschäftsgrundlage" gewährt die h. M. beiden Seiten ein Recht aus § 242 auf Anpassung des Vertrags, s. dazu *Medicus* AT § 53; *Chiotellis*, S. 10 ff., 92 m. w. N. Die Rechtsprechung berücksichtigt die Änderung und den Fortfall der „Geschäftsgrundlage", wenn mit Rücksicht auf den Geschäftszweck das Festhalten am Vertrag dem Verpflichteten nicht zugemutet werden kann, RGZ 141, 216; 160, 257; OGHZ 1, 62 (71); 1, 394; 2, 209; BGHZ 2, 188.

Begrifflich spricht die h. M. von „Geschäftsgrundlage", wenn ein Umstand vorliegt:

---

[6] Zur geschichtlichen Entwicklung und zu den verschiedenen Geschäftsgrundlagentheorien s. *Fikentscher*, a. a. O., S. 1 ff.; *Chiotellis*, a. a. O., S. 1 ff.; *Köhler*, JA 79, 498 ff.

– dessen erhebliche Bedeutung für den Vertrag aus dem Willen der Beteiligten oder dem Vertragszweck erkennbar ist,
– der als sicher bestehend vorausgesetzt und nur deshalb nicht als Bedingung Vertragsinhalt wurde und
– sich der Vertragspartner auf die Fixierung des Umstandes als Vertragsbedingung bei Vertragsabschluß redlicherweise hätte einlassen müssen (*Lehmann/Hübner,* AT, § 35 A VII 4; nunmehr fortgeführt bei *Hübner,* AT, Rn. 579; s. a. *Medicus* BürgR § 7 III 1).[7]

Die Regeln über die Geschäftsgrundlage sollen nach h. M. eine eigene Rechtsfigur bilden, die gegenüber den gesetzlichen Vorschriften – Unmöglichkeit, Anfechtung, §§ 459ff. – subsidiär eingreift. Als Anwendungsgruppen werden im wesentlichen drei Fälle angesehen: Die *Äquivalenzstörung,* wenn durch Änderung der politischen oder wirtschaftlichen Verhältnisse das Verhältnis zwischen Leistung und Gegenleistung grob gestört wird[8]); die *Zweckstörung,* wenn bei zweckgebundenem Vertrag der Zweck nicht erfüllt werden kann (es besteht allerdings die Tendenz, diese Fälle als Leistungsstörung zu behandeln, dazu sogleich); der *Irrtum beider Parteien* über wesentliche Umstände (hier sollen die Anfechtungsregeln wegen der als unbillig empfundenen Schadensersatzpflicht des Anfechtenden aus § 122 I vermieden werden, so *Larenz* AT § 20 III).

bb) Die Theorie von den Vertrauensumständen ist umfassender als die Lehre von der Geschäftsgrundlage (s. o. III 4 vor a). Es wird sich zeigen, daß man einen ziemlich willkürlich zusammengefaßten Teil der Vertrauensumstände bisher als „Geschäftsgrundlage" bezeichnet hat. Die Lehre von den Vertrauensumständen ist sach- und gesetzesgemäßer als die bisherige Lehre von der Geschäftsgrundlage. Sie baut direkt auf § 242 auf und vermag die Frage richtig zu stellen, wann eine Schuld nach § 242 ganz oder teilweise entfällt oder ausnahmsweise entsteht. Andererseits gehören Fälle einer „Zweckvereitelung" nicht zur „Geschäftsgrundlage", denn bei ihnen geht es um ge-

---

[7]) Der BGH hebt vor allem die beiden ersten Gesichtspunkte hervor; BGH WM 78, 322: „Nach der gefestigten Rspr. des BGH wird die Geschäftsgrundlage eines Vertrages gebildet durch die nicht zum eigentlichen Vertragsinhalt erhobenen, aber bei Vertragsschluß zutage getretenen gemeinschaftlichen Vorstellungen beider Parteien oder die dem Geschäftsgegner erkennbaren und von ihm nicht beanstandeten Vorstellungen der einen Vertragspartei von dem Vorhandensein oder dem künftigen Eintritt oder dem Fortbestand gewisser Umstände, auf denen der Vertragswille sich aufbaut..."

[8])Dabei mißt der BGH dem vertraglich fixierten *Risikobereich* der jeweiligen Partei zu Recht ausschlaggebende Bedeutung zu, BGH WM 78, 322: „Bei gegenseitigen Verträgen ist i. d. R. die Vorstellung von der Gleichwertigkeit von Leistung und Gegenleistung Geschäftsgrundlage (...)",... jedoch ergeben „Umstände, die nach dem Vertrag ersichtlich in den Risikobereich einer Partei fallen, dieser kein Recht, sich auf die Störung der GG zu berufen..."; ähnlich BGH NJW 78, 2390 – Hotelpacht –; BGH BB 81, 1119 – Kalkulationsirrtum –.

störte, nicht um unzumutbare Leistung (so im Ergebnis auch die neuere Literatur, vgl. *Esser/Schmidt* § 23 III; *Flume* § 26, 3 u. 5b; *Chiotellis*).
Faßt man alle Vertrauensumstände eines Vertrags zusammen, so ergibt sich die Vertrags- oder *Vertrauensgrundlage.* Sie umfaßt die von jeder Partei in ihren jeweiligen Risikorahmen aufgenommenen Umstände, deren Bedeutung für das von dieser Partei eingegangene Vertragsrisiko so groß ist, daß eine Abweichung in der Wirklichkeit von der Vorstellung der Partei bei der Bildung ihres Zweckwillens es für die Partei unzumutbar macht, am Vertrag festgehalten zu werden. Man kann die Vertrauensgrundlage in die persönliche und die geschäftliche („Geschäftsgrundlage" neuer Definition) einteilen, je nach der Natur der Vertrauensumstände, *Fikentscher,* Geschäftsgrundlage, 35 ff.

f) *Die Trennung von Schuldner- und Gläubigerstandpunkt*

Aus dem Vorangegangenen ergibt sich, daß grundsätzlich entweder nur das Vertrauen des Schuldners oder das des Gläubigers auf den betreffenden Umstand zur Betrachtung steht. Unanwendbar ist daher von diesem Standpunkt aus sowohl die Theorie von einer „objektiven Geschäftsgrundlage" als auch die einer „subjektiven Geschäftsgrundlage", wenn darunter „gleiche" Vertrauensumstände des Schuldners und Gläubigers fallen (so aber die wohl h. M.). Nicht daß *beide* Seiten vor irgend etwas ausgegangen sind, ist entscheidend; sondern daß der *Schuldner* (Gläubiger) von etwas ausgegangen ist, worin er enttäuscht wurde, kann als Ergebnis einer Abwägung zum *Wegfall* (zur Entstehung, zum Weiterbestand) der Schuldnerpflicht führen. Es geht um die Zumutbarkeit *ihm* gegenüber. Allerdings wird sich bei der Auswahl der für die Bindung erheblichen Vertrauensumstände zeigen, daß auch solche Vertrauensumstände von Einfluß auf den Bestand der Bindung sein können, die *allgemeinen* Vorstellungen entspringen (z. B. Geldwert, Kriegsausgang), denen also auch wohl die andere Seite ein Augenmerk geschenkt haben wird. Aber daß sie das getan hat, hat grundsätzlich nichts mit der Unzumutbarkeit für den Gegner zu tun. Entscheidend ist vielmehr, daß der allgemeine Rechtsverkehr einem Umstand eine bestimmte Bedeutung beigemessen hat. Dabei darf nicht verwirren, daß die Zumutbarkeit eine Interessenabwägung zwischen Schuldner und Gläubiger erfordert. Was auf seiten des Gläubigers in die Waagschale geworfen wird, ist sein Vertrauen auf die Leistungspflicht des Schuldners, nicht auf einen Vertrauensumstand, dem der Schuldner vertraut. Was bei der Entstehung von Leistungspflichten aus § 242 wegen eines enttäuschten Vertrauens des Gläubigers zugunsten des Schuldners in diese Waagschale geworfen wird, ist die formale Rechtslage, nicht etwa das schuldnerische Vertrauen in sein eigenes Wohlverhalten! Es ist dies wohl einer der Hauptnachteile der Lehre von der Geschäftsgrundlage, daß sie im Sammelbegriff der „Geschäftsgrundlage" die Interessen von Schuldner und Gläubiger an Aufrechterhaltung, Änderung, Fortfall oder Begründung der Leistungspflicht miteinander vermengt. Dadurch kann sie keine Leitlinie geben, welche Rechtsfolgen bei Mangel oder Wegfall der Geschäftsgrundlage angezeigt sind. Wenn man dagegen fragt, wer sich worauf verläßt, gelangt man, jedenfalls gedanklich, zu einem die Antwort vermittelnden System, vgl. *Chiotellis,* 18 ff., 184 ff. Die Abwägung im Einzelfall zwischen dem Gewicht des schuldnerischen Vertrauensumstandes und Nichtpflicht ist dann als die über das Schicksal des Schuldverhältnisses entscheidende Frage gestellt. Der gleiche Einwand läßt sich allen „Funktionen" mit Mischcharakter wie „Risikotragung", „Billigkeitsfunktion", „Kontroll- und Korrekturfunktion" (vgl. o. II) entgegenhalten.

g) *Der Maßstab der Abwägung*

Es sind also zwei Bestimmungen zu treffen. Erstens: Auf welchen Umstand hat der Schuldner (bzw. Gläubiger) vertraut? Und zweitens: Ist die Enttäuschung des auf diesen Umstand gerichteten Vertrauens so schwerwiegend, daß man den Schuldner von seiner Pflicht befreien und das Vertrauen des Gläubigers *an das Weiterbestehen der Pflicht* (nicht auf einen tatsächlichen Umstand!) dadurch enttäuschen muß? Umgekehrt: Rechtfertigt die Enttäuschung des Gläubigers ausnahmsweise eine Leistungspflicht des Schuldners trotz formal bestehender Nichtpflicht?

Man kann den *Vertrag*, im Anschluß an *Ihering*, bezeichnenen als *das rechtliche Mittel von Parteien zur Befriedigung ihrer Bedürfnisse unter gegenseitiger Sicherung gegen einen Wechsel der Vertrauensumstände*.

Ihering sagt: „Die Anerkennung der bindenden Kraft der Verträge, vom Standpunkt des Zweckgedankens aus betrachtet, heißt nichts als Sicherung des ursprünglichen Zwecks gegen den nachteiligen Einfluß einer späteren Interessenverschiebung oder veränderter Interessen-Beurteilung in der Person des einen Teils oder: rechtliche Einflußlosigkeit der Interessenänderung," (Zweck im Recht I, 1877, S. 76).

Der Sinn eines Vertrages ist also geradezu, dem möglichen Wechsel von Vertrauensumständen *keinen* Einfluß auf die mit dem Vertrag bewirkte oder geplante Bedarfsdeckung zu geben. Erst wenn die Enttäuschung des Verpflichteten über einen Vertrauensumstand so schwer wiegt, daß es *mit Blick auf die vertragsspezifische, die vertragstypische oder die gesetzestypische Risikoverteilung und der ihr zugrundeliegenden Rechtswerte untragbar erscheint*, die Pflicht aufrechtzuerhalten, wird das summum ius des Vertrags (nämlich die Vertragstreue) summa iniuria, und die Sicherung gegen den Wechsel der Vertrauensumstände ist aufzuheben. Erst wenn der Gläubiger so stark enttäuscht würde, daß es *nach dem gleichen Maßstab* ungerecht erscheint, den Schuldner frei laufen zu lassen, wird das summum ius, z. B. der Formvorschrift, summa iniuria, und der Leistungsanspruch ist zu gewähren. Hier zeigt sich, wie zurückhaltend man bei der Auswahl der für einen Pflichtenfortfall und eine Pflichtbegründung erheblichen Vertrauensumstände aus § 242 sein muß. Wichtig ist also, daß man für den Grad der Erheblichkeit der Enttäuschung auf den *konkreten* Vertrag mit seinen besonderen Risikoverteilungen, oder auch auf die einem solchen Vertrag *typischen* Risikotragungen abstellt, sowie auf die erkennbar dem *dispositiven Recht* zugrundeliegenden *Wertungen*; dazu *Flume* AT § 26, 5; *Chiotellis*, 40ff., 57ff.; BGHZ 7, 143 und 17, 327 (gewagte Verträge); 10, 51 (Gesellschaftsvertrag); 24, 95 (Dienstvertrag); OLG Braunschweig, NJW 76, 570 (Hotelreservierung).

Was ein im Fall der Enttäuschung pflichtbefreiender Vertrauensumstand ist, kann logisch ebensowenig festgestellt werden wie die Anerkennung eines „besonderen Rechts" in § 823 I. Hier hilft nur schrittweise Rechtsentwicklung unter Herausarbeiten von Fallgruppen (vgl. *Larenz*, Geschäftsgrundlage und Vertragserfüllung[3], Vorwort S. VI). Entscheidend ist die sich möglicherweise wandelnde Rechtsüberzeugung. Die Anerkennung besonderer Vertrauensumstände, geschützter Rechtsgüter u. a. vollzieht sich nicht in der wissenschaftlichen Ableitung, sondern in der Zeit. Hier geht das Recht nicht „synchronisch", sondern „diachronisch" vor, *Fikentscher,* Methoden I, 138; IV 274. Ferner ist die Lehre von den pflichtenerheblichen Vertrauensumständen abhängig von der jeweiligen Irrtums- und Unmöglichkeitslehre einer bestimmten kodifizierten Rechtsordnung. Da die Anwendung des § 242 auf den ausnahmsweisen Wegfall der Schuldnerpflicht ein im Gesetz nicht näher ausgeführter allgemeiner Gedanke ist, greift die Lehre von den pflichtenerheblichen Vertrauensumständen (ebenso wie eine recht verstandene Lehre von der Geschäftsgrundlage) nur ein, wo die Irrtumsregelung der §§ 119ff. und die Unmöglichkeitsregelung der §§ 275ff., 306ff., 323ff. versagen.[9]) Ähnliches gilt für die pflichtbegründende Enttäuschung von Vertrauensumständen.

cc) Im Ergebnis verwendet die hier vorgetragene über die Lehre von der „Geschäftsgrundlage" hinausgreifende Theorie der Vertrauensumstände also einen vierstufigen Gedankengang:

(1) Worauf haben Schuldner oder Gläubiger *vertraut* (Feststellung aus dem Sachverhalt)?

(2) Ist einer von ihnen in diesem Vertrauen *enttäuscht* worden (ebenfalls Feststellung aus dem Sachverhalt)?

(3) Ist die Enttäuschung *erheblich* genug, daß sie pflichtenbefreiend (für den Schuldner) oder pflichtbegründend (für den Gläubiger) wirkt (Wertung, Unzumutbarkeitslehre)?

(4) Stehen speziellere Rechtsbehelfe als § 242 zur Verfügung (Systemfrage, die den Aufbau entscheidet: Das Speziellere zuerst)?

5. Pflichtenbefreiende Vertrauensumstände (des Schuldners)

In der Rechtsprechung haben sich fünf Fallgruppen herausgebildet, in denen zugunsten des Schuldners ganz oder teilweise Pflichtbefreiung eintritt, weil er in bestimmten Umständen enttäuscht wurde, auf die er bei Eingehung der Verbindlichkeit vertraute:

a) *Durch den Gläubiger geschaffenes und von diesem enttäuschtes Vertrauen.* Hier ist es angemessen, daß der Schuldner befreit wird.

aa) Hierher zählt *widersprüchliches Verhalten* des Gläubigers (venire contra factum proprium): Das Verlangen des Gläubigers ist unberechtigt, wenn es mit dem eigenen früheren Verhalten, auf das sich der Schuldner verlassen hatte, in Widerspruch steht. Eine Vertrauenslage wird geschaffen, danach zieht der Gläubiger aber nicht die Folgerungen daraus. (Die herrschende Meinung rechnet dies übrigens nicht zur Geschäftsgrundlage:) Wer selbst nicht vertragsgetreu ist, kann – solange der Zustand währt – aus der Vertragsuntreue des andern Teils in der Regel keine Rechte, z. B. aus § 326, herleiten, unten § 45 III 2.

Auch die arglistige Berufung auf einen vom Gläubiger veranlaßten *Formmangel* gehört hierher, dazu oben § 22, II und RGZ 107, 357; „Einrede der allgemeinen Arglist" gegen die Berufung auf die Nichtigkeit eines Vertrags durch einen Gläubiger, der den

---

[9]) Darum sind Versuche, das geltende Unmöglichkeitsrecht der Risikoverteilung im Vertrag stärker als bisher nutzbar zu machen (z. B. *Beuthien*) oder es unter Verwendung allgemeiner Prinzipien fortzuentwickeln (*Ingo Koller:* Beherrschbarkeit, Absorptions, arbeitsteilige Veranlassung) nicht nur als Anregungen für die Fallnormbildung, sondern auch systematisch von Belang.

Schuldner in den Irrtum versetzt hat, die Beachtung der Form sei nicht nötig. Vgl. auch RG 71, 433 – Bordellkauf – und dazu *Westermann,* Sachenrecht, § 96 II 3 (4. Abs.).

bb) Verwandt ist die *Verwirkung* eines Rechtes: Ein Recht kann nicht mehr geltend gemacht werden, wenn längere Zeit seit der Möglichkeit der Geltendmachung verstrichen ist und besondere Umstände die verspätete Geltendmachung als Verstoß gegen Treu und Glauben erscheinen lassen. Das ist insbesondere dann anzunehmen, wenn der Schuldner dem Verhalten des Gläubigers entnehmen durfte, daß er mit einem Anspruch oder der Ausübung eines Gestaltungsrechts nicht mehr zu rechnen habe. Der Unterschied zur Verjährung liegt darin, daß bloßer Zeitablauf allein nicht genügt, es müssen besondere Momente hinzutreten; BGH BauR 82, 283 (Werklohnforderung ist nicht schon nach 3 Jahren verwirkt).

Nachdem die Parteien eine langwierige Abrechnung durchgeführt haben und diese schon länger zurückliegt, darf der Gläubiger nicht mehr Pfennigbeträge fordern mit der Begründung, die Abrechnung damals sei falsch gewesen. Sein Anspruch ist insoweit verwirkt. Er hätte die Unterlagen schon damals beibringen müssen (siehe aber § 4 III Satz 3 TVG!). Eine an sich berechtigte Kündigung aus wichtigem Grund (z. B. wegen Unterschlagung) muß innerhalb angemessener Frist erfolgen. Die Verwirkung hat ihr Hauptanwendungsfeld beim Schutz nicht eingetragener, aber zu Verkehrsgeltung erstarkter Marken gegen eingetragene, aber im Verkehr bedeutungslose Warenzeichen. Der Inhaber eines Warenzeichens kann gegen den Verletzer dieses Zeichens i. d. R. nicht mehr vorgehen, wenn er so lange gewartet hat, bis der Verletzer nicht mehr mit einer Klage zu rechnen brauchte, weil sein Zeichen inzwischen unangefochten Verkehrsgeltung erlangte.

Man nennt diese Fälle auch „unzulässige Rechtsausübung". Allein, diese Bezeichnung paßte auch für die folgenden Fallgruppen und ist daher nicht sonderlich geeignet. Aus dem Schrifttum sind insb. zu nennen:

Arndt, A., NJW 65, 27; *Baumgärtel,* ZZP 54, 423; *Endemann,* Verwirkung und Verschweigen, Hdwbch RWiss, Bd. IV, 1929 634; *Hohmann,* JA 82, 112; *Karakantas,* Die Verwirkung, 1938; *Lehmann, H.,* JW 36, 2193; *Manigk,* DJZ 36, 350; *Maritoni,* NJW 59, 1419; *Merz,* ZfRVgl 18, 162; *Rebe,* JA 77, 6; *Roemer,* WuM 78, 1; *Siebenhaar,* JR 62, 88; *Siebert,* Verwirkung und Unzulässigkeit der Rechtsausübung, 1934; *ders.,* JW 37, 2495; *Singer,* WM 83, 254; *Spiro,* Die Begrenzung privater Rechte durch Verjährungs-, Verwirkungs- und Fatalfristen, 2 Bde., 1975; *Tegtmeyer,* AcP 141, 203; *Teubner,* Gegenseitige Vertragsuntreue, 1975; *Tschischgale,* Die Rechtsnatur der Verwirkung, Diss. 1937; *Wieling,* AcP 176, 334.

Aus der Rechtsprechung: RGZ 155, 148; BGHZ 1, 8; 1, 34; 5, 196; 11, 151; 14, 163; 16, 87; 16, 359; 21, 78 (Zeichenrecht); 25, 47; 26, 64; 34, 345; 39, 91; BAG AP Nr. 42 zu § 4 TVG; OLG München NJW 74, 703; BGHZ 85, 39 (keine Berufung auf Nichtigkeit wegen Schwarzarbeit).

b) *Tatsächliche Umstände von wertgebender Bedeutung von deren Fortbestand Schuldner und Rechtsverkehr ausgehen.* Hierher zählt ein *Teil* der Fälle, die man als „Geschäftsgrundlage" oder „objektive Geschäftsgrundlage" bezeichnet hat. Gemeinsam ist ihnen, daß die Vertrauensumstände in *allgemeinen Wertvorstellungen* bestehen, die von vielen Menschen, also auch von Schuldner und Gläubiger, geteilt, später aber enttäuscht werden.

Larenz I § 21 II bezeichnet dies als „schwere Äquivalenzstörung". Der entscheidende Gesichtspunkt liegt in der Wahl eines fälschlich als brauchbar und stabil angesehenen allgemeinen Wertmessers für die Verbindlichkeit. Die „Äquivalenz" – genauer: das Wertverhältnis von Leistung und Gegenleistung (auch bei fehlender Äquivalenz) – wird erst durch die Wahl eines übergeordneten Wertmessers zu einem verpflichtungserheblichen Vertrauensumstand.

Auch hier ist der Schuldner gerechterweise freizustellen, wenn der zugrunde gelegte allgemeine Wertmesser versagt; RGZ 100, 129.

aa) *Der Bestand der Währung* ist für die meisten Geschäfte von großer Bedeutung. Währungseinbrüche können Korrekturen an Rechtsgeschäften erforderlich machen, ihre Aufrechterhaltung verstieße gegen Treu und Glauben, 242.

Beispiele: RGZ 100, 129 = ESJ 13; 107, 78 = ESJ 14; Aufwertungsrechtsprechung des RG anläßlich der Inflation 1922/23 –; dazu *Roth*, JW 28, 1335; *Mügel*, JW 30, 1042; 3. SteuerNotVO v. 14. 2. 24, RGBl. I 74; Aufwertungsgesetz v. 16. 7. 25, RGBl. I 117; BGHZ 2, 150 – Herabsetzung des Ruhegehalts –; BGHZ 2, 383 – Unterhaltsabfindungsverträge –; BGHZ 43, 162 – Neubestimmung eines Währungsstatuts bei Währungseingriffen –; BGHZ 61, 31 = ESJ 15 – Pension eines Vorstandsmitglieds –; BAG NJW 73, 959 – Ruhegeldanpassung bei Geldentwertung von über 40% –; BGH NJW 80, 1183 – Steigerung der Lebenshaltungskosten um 222, 12% –. Nicht gleichzusetzen ist aber die „normale" („säkulare, langfristige") inflationäre Preisentwicklung, BGH NJW 74, 1186; 76, 142; BGHZ 86, 167 – Erbbauzins –.

Ähnliches würde für andere derartige Umwälzungen gelten.

Schlesische Rüben hatten 1944 nur noch einen scheinbaren Wert, BGH LM 2 zu § 284; der Kriegsausgang kann ein Erbgrundstück in seinem Wert allgemein und auch für die Parteien unverhältnismäßig steigen lassen, BGH LM 18 (BG) zu § 242. (Für vor dem 21. 8. 1948 begründete Verbindlichkeiten gilt daneben das Vertragshilfegesetz vom 26. 3. 1952, BGBl. I 198. Ob es noch Bedeutung hat, ist bei der heutigen Auslegung des § 242 sehr zweifelhaft.)

bb) Rechtsgeschäfte, die durch den *Zusammenbruch* 1945 ihren wirtschaftlichen Sinn verloren, sind vom BGH nach § 242 in ihrem Inhalt Treu und Glauben angepaßt worden BGHZ 7, 238; aber 15, 34.

cc) Die Umstände von übergeordneter wertgebender Bedeutung können auch in *physikalisch-technischen Besonderheiten* bestehen, die beim Leistungsversprechen falsch eingeschätzt wurden.

Beispiele: Jemand stiftet „allen erforderlichen Zement" für den Bau eines Museums. Beim Bau stellt sich heraus, daß wegen des unsicheren Grundes die 10fache Menge Zement nötig ist als ursprünglich angenommen. Der Schuldner muß sich eine angemessene Heraufsetzung seiner vorgestellten Menge gefallen lassen, vielleicht auf das Doppelte. Das Darüberhinausgehende kann nach § 242 nicht von ihm verlangt werden. – Entsprechendes gilt aber nicht bei *Garantieverträgen*, da bei ihnen das unüberschaubare Risiko (aleatorisches Moment!) vom Schuldner bewußt übernommen wird. Immerhin kann aufgrund der Verkehrsauffassung ein gewisser *aleatorischer Rahmen* üblich sein, der dann durch ungewollte Umstände gesprengt wird. Insoweit ist dann ein Loskommen auch von Garantieverträgen möglich. – Ein Uhrmacher schuldet eine bestimmte, wertvolle antike Standuhr zum (angemessenen) Preis von 3000,– DM. Bei der zugesagten Anlieferung (Bringschuld) erleidet der angestellte Fahrer schuldhaft

Treu und Glauben (§ 242) **§ 27**
III 5

einen Verkehrsunfall, durch den die Uhr zerstört wird. Die sachgerechte Reparatur würde 15 000,– DM kosten. Das ist dem Uhrmacher, selbst wenn es ihm möglich wäre (275, 325) nicht zuzumuten: Leistungsbefreiung nach § 251 II (gesetzliche Konkretisierung des § 242) bezüglich der Reparatur, statt dessen Schadensersatz für die Uhr in Geld.

dd) *Enteignungen* können wertumstürzend wirken und Korrekturen nach § 242 erforderlich machen (*Staudinger/Weber* § 242 Rz. C 173 ff.), z. B. Wegfall der Pensionspflicht gegenüber Arbeitnehmern bei nicht vorhersehbarer, entschädigungsloser Enteignung des Betriebes. (Diese Fälle hat man bisher nicht zur „Geschäftsgrundlage" gezählt.) S. a. BGHZ 12, 79 (Korrektur einer Enteignungswirkung nach § 242) und 25, 135 (Korrektur abgelehnt).

ee) Man spricht in solchen Fällen auch von „wirtschaftlicher Unmöglichkeit" und „Überschreitung der Opfergrenze" (vgl. *Stoll, Heck*). Beides sind, ebenso wie die „Geschäftsgrundlage" nicht unrichtige Vorstellungen, doch tragen sie die Anwendung von § 242 nicht (zutreffend *Larenz* I § 21 I e a. E.). Entscheidend ist die durch Enttäuschung eines *besonderen* Vertrauensumstandes begründete *Unzumutbarkeit* für den Schuldner.

c) *Vertragsindividuelle Wertmesser,* die sich als falsch gewählt herausstellen, so daß der Schuldner mehr als geplant bezahlen muß oder weniger als geplant im Wege der Gegenleistung erhält. Die Fälle unterscheiden sich von denen oben b) dadurch, daß sich dort allgemein wertbestimmende Tatsachen als unzutreffend herausstellten (Währung, Kriegsverlauf, Tatsachen der umgebenden Natur), während es hier um vertragsindividuelle Wertmesser geht (Börsentageskurs, Einblick in eine Tabelle, Gebühren- oder Preisstaffel). Dadurch nähern sich die Fälle falsch gewählter vertragsindividueller Wertmesser den Irrtumstatbeständen an, so daß sie *Larenz* I § 21 II; AT § 20 III als „Irrtümer über die subjektive Geschäftsgrundlage" dem Recht des Allgemeinen Teils des BGB zuordnet (vgl. schon oben 2. f). Die §§ 119 ff. beschränken sich auf einseitige Irrtümer. Hier gehen aber *beide* Seiten von einem falschen Wertmesser (z. B. einem falsch gedruckten oder falsch berechneten Kurs) aus. § 119 ist nicht anwendbar, da die Rechtsfolgen (Anfechtung ohne Möglichkeit der Aufrechterhaltung des Geschäfts, Ersatzpflicht des Anfechtenden nach § 122) nicht passen (*Lehmann/Hübner* § 34 III 1 f.; abschwächend *Hübner,* AT Rn. 456). Freilich ist, wenn sich ein für den Vertrag gewählter Wertmesser als falsch herausstellt, immer nur *eine* Partei enttäuscht, die andere ist begünstigt. Deshalb ist die meist vorgeschlagene Globalbehandlung ungerecht, die besagt: Weil sich beide irrten, kann sich jeder lossagen (wie hier *Hübner,* AT, Rn. 456 mit dem Streitstand; a. A. *Larenz* AT § 20 III; *Flume* § 26, 4 b; RGZ 116, 7).

Larenz möchte vor allem dem Enttäuschten ein Wahlrecht zwischen Anpassung und Auflösung geben, aber die Anpassung „an die tatsächliche Sachlage" stellt ihn ja gerade schlechter als im Vertrag geplant und die Lossagung kann den Begünstigten hart treffen. Auch *Flumes* Lösung, der Begünstigte müsse sich zur ursprünglichen Vertragsplanung bekennen, oder der Enttäuschte müsse die jetzt für ihn ungünstige Lage akzeptieren, sonst sei der

Vertrag „hinfällig", überzeugt wegen ihres Appells an den gegenseitigen Altruismus nicht. Die Regelung muß sich vielmehr aus den in §§ 119ff., 242, 254 angebotenen Elementen differenziert zusammensetzen:

aa) Zunächst liegt, viel häufiger als allgemein angenommen, eine *wirkliche Einigung* auf einen *Wert vor*; man hat den Wertmesser nur *falsch bezeichnet*. Dann gilt „falsa demonstratio non nocet". Beispiele bilden die Geschäfte zum wirklichen Börsenkurs, zum jeweils geltenden Währungskurs (RGZ 105, 406 — Rubelfall —), zum wirklichen Festpreis usw., anstelle des von beiden Parteien unrichtig bezeichneten Kurses oder Preises. Die Vermutung spricht sogar dafür, daß die Parteien nicht spekulieren wollten, sondern auf den wirklichen Wert Bezug nahmen. Unrichtige Verweisungen dieser Art schaden nicht.

bb) Es gibt auch Fälle, in denen die Parteien sich nicht auf einen Wert, sondern auf einen *Wertmesser als solchen* einigten (Vertragsinhalt) oder ihn wenigstens gemeinsam zugrunde legten (gemeinsames Motiv). Lezteres genügt (anders *Flume*, wie hier *Larenz*; doch läßt sich dessen Trennung von „objektiver" und „subjektiver Geschäftsgrundlage" nicht halten, weil die Nichterwartung eines Umstandes immer zugleich eine *irrige* Erwartung wird, wenn der Umstand ins Bewußtsein tritt, wie hier *Kegel*, Verh. 40. Dt. Juristentag 1953 I 199; *Rothoeft*, System der Irrtumslehre als Methodenfrage der Rechtsvergleichung, 1968, 116). Stellt sich dann heraus, daß der Wertmesser das Verhältnis von Leistung und Gegenleistung, das den Vertrag auszeichnete, *erheblich* verändert, ist das Festgehaltenwerden am Vertrag für den Enttäuschten unzumutbar, 242. Nur unerhebliche Veränderungen sind zumutbar. Das bedeutet dann:

— In erster Linie kann sich der Enttäuschte vom Vertrag durch einseitige empfangsbedürftige Willenserklärung *lossagen* (§ 119 analog), nicht aber der Begünstigte. Beispiele RGZ 90, 286 — Brockeneisen —, wo sich beide Parteien in einem erheblichen Kalkulationsirrtum befanden; RGZ 97, 138 — beiderseits falsch kalkulierter Kurs —. § 122 ist unanwendbar.

— Würde diese Lossagung den Begünstigten unzumutbar hart treffen, muß man ihm (in Einengung der Gedanken *Flumes*, § 26 4b) das Recht geben, zu erklären, er wolle bei dem alten Vertrag, also bei der objektiv unrichtigen, ihm ungünstigen Verwendung des Wertmessers, *stehenbleiben*. Der Enttäuschte soll durch die Aufdeckung des beiderseitigen Irrtums nicht profitieren, arg. 122 I, 179 II, 307 I; den alten Vertrag muß er dann gelten lassen.

— Dann bleibt aber immer noch die Möglichkeit, daß die eigene Lossagung den Enttäuschten unzumutbar hart treffen würde, er sich aber einem lösungswilligen Partner gegenüber sieht. Diese Fälle treten immer dann ein, wenn der Begünstigte auf der im Vorteil befindlichen Marktseite steht, z. B. als Vermieter in Zeiten der Wohnungsnot. Dann, aber auch nur aufgrund entsprechender Nachweise, ist der Enttäuschte berechtigt, statt Lossagung *Vertragsanpassung* gem. § 242 zu verlangen; Beispiel OLG München, MDR 50, 672 = ESJ 18, wo die Parteien die „Friedensmiete" als Wertmesser vereinbart hatten, die unter ihren Vorstellungen lag. Zu Recht prüft das Gericht gem. § 242 alle Umstände, z. B. die Aufwendungen des Mieters zur Instandsetzung und läßt dann die wahre (niedrigere) Friedensmiete im Wege der Anpassung gelten. — Diese Staffelung: Falsa demonstratio non nocet, Lossagungsrecht des Enttäuschten, Beharrungsrecht des Begünstigten zu den ihm ungünstigen Bedingungen, Anpassungsrecht des Enttäuschten — dürfte der Interessenlage und dem Gesetz am ehesten gerecht werden.

d) *Vertrauen des Schuldners auf den Fortbestand bestimmter Rechtsverhältnisse.* Es ist wegen des *Rechtscharakters* des als Vertrauensumstand dienenden Verhältnisses besonders schutzwürdig und geht dem Vertrauen auf den Fortbestand sonstiger Tatsachen vor. Hier kommt es weniger auf die Allgemeinbedeutung als vielmehr auf die besondere Bedeutung für den Schuldner an.

aa) Auf den Fortbestand bestimmter andauernder Rechtsverhältnisse (z. B. auf eine gültige Ehe, ein Dauerschuldverhältnis, eine staatliche Kreditzusage) vertraut der Schuldner und vielleicht auch der Gläubiger oder Dritte in besonders fester Weise, und darauf *aufgebaute Vertragsverbindungen* sind nicht wirksam, wenn sich das zugrunde liegende *Rechtsverhältnis als nichtig, aufhebbar oder aufgehoben erweist.* Auch diese Fälle hat man zum „Wegfall der Geschäftsgrundlage" gerechnet. Der Unterschied zu den oben b) genannten Fällen liegt in der Art des Vertrauensumstandes: Dort ein objektiver Wertmesser, hier ein bestehendes Rechtsverhältnis.

Beispiele: RGZ 169, 253 (Geschäftsübertragung an Ehefrau, um das Geschäft den Gläubigern zu entziehen, muß bei Ehescheidung rückgängig gemacht werden); RGZ 165, 193 (eine Gesellschaft kann gekündigt werden, wenn zugesagter Sperrmarkkredit nicht ausgezahlt wird); BGH NJW 74, 2045 (Anspruch der Ehefrau nach Auflösung der Ehe auf finanzielle Abgeltung ihrer Mithilfe am Aufbau der Praxis des Ehemannes); BGHZ 40, 334 (Eigentum am Hof); 29, 148 (Widerspruch zu geltend gemachtem Recht); BGH NJW 58, 785 (Bebaubarkeit eines Grundstücks, das als Bauland verpachtet war); ferner BGHZ 15, 209 (Vermögenssperre); BGHZ 54, 145 (sittenwidriges Deckungsverhältnis im Vertrag zugunsten Dritter, 334); BGH NJW 82, 1093 (Zuwendungen während Zugewinngemeinschaft) BGH NJW 82, 2236 (Grundstücksmitfinanzierung).

Larenz I § 21 II, und Geschäftsgrundlage[3], S. 140 ff., zählt die Fälle des Vertrauens auf den Fortbestand bestimmter Rechtsverhältnisse überwiegend zu den Beispielen für den Wegfall der Geschäftsgrundlage wegen „Zweckvereitelung". Indes verfolgen Vertragsparteien, außer in Gesellschaftsverträgen, i. d. R. keinen gemeinsamen, zum Vertragsinhalt gewordenen Vertragszweck (vgl. oben § 26 I 3). Es kann also eigentlich auch keine Vereitelung eines gemeinsamen Vertragszwecks eintreten. Entscheidend ist doch wohl, daß der *Schuldner* in einem für seine Bindung erheblichen Vertrauensumstand enttäuscht wird, wobei die Erheblichkeit hier damit begründet werden kann, daß der Schuldner und andere, im Baulandfall z. B. eine ganze Gemeinde, auf eine bestimmte wichtige rechtliche Lage vertrauten, die sich dann als trügerisch erwies. Daß dadurch die *Zwecke* des Schuldners − oder des Gläubigers − *(Larenz: „Der Zweck beider Parteien")* gefährdet werden, trifft zwar zu, aber es ist nicht der für die Leistungsbefreiung entscheidende Umstand. Das ist vielmehr das Gewicht einer bestimmten, den Vertrag tragenden Vertrauenstatsache. Dann aber kann die Zweckvereitelung nicht Tatbestandsmerkmal bei der Aufgliederung der Generalklausel sein. Dies muß eine Vertrauenstatsache sein, in concreto also ein bestimmter Sachstand.

bb) Verwandt, aber nicht identisch mit diesen Fällen, ist die von der Rechtsprechung bejahte *Kündigungsmöglichkeit von Dauerschuldverhältnissen aus wichtigem Grund* nach § 242, vgl. oben § 8, 7 c.

Ein Mievertag kann über §§ 553, 542 hinaus von beiden Seiten bei Vorliegen eines wichtigen Grundes fristlos gekündigt werden (z. B. bei tätlichen Angriffen). Entsprechendes gilt z. B. für Gesellschaftsverträge. Für Dienstverträge siehe § 626, wo ein allgemeiner Rechtsgedanke ausgedrückt ist. Für Verlagsverträge s. BGHZ 15, 215; 29, 172 (allgemein).

Hier ist die Dauer des Dauerrechtsverhältnisses zwar auch Vertrauensumstand, aber es wird selbst aufgelöst durch Eintritt tatsächlicher oder rechtlicher Umstände (wichtiger Grund). Unter aa) war es das Dauerrechtsverhältnis, das durch seinen Wegfall oder seine Störung ein daran geknüpftes weiteres Rechtsverhältnis zu Fall bringt.

cc) Verwandt ist auch die Regel: *dolo facit qui petit quod statim redditurus est*: Wer etwas fordert, handelt gegen Treu und Glauben, wenn er es nach anderen Vorschriften sogleich wieder zurückgeben muß. Wenn ein Schuldner etwas hergeben muß, dann soll er sich darauf verlassen können, daß der neue Rechtszustand von einiger Dauer ist. Das zwecklose Hin und Her zu verlangen, ist treuwidrig.

Beispiel RGZ 123, 242: „Einrede der Arglist" gegen einen Anfechtungskläger nach dem Anfechtungsgesetz mit der Begründung, er selbst habe einen Forderungstitel auf anfechtbare Weise auf Kosten des Anfechtungsgegners erlangt. — Wer verpflichtet ist, einen anderen von einer Verbindlichkeit an X zu befreien, kann diese Verbindlichkeit nach Abtretung an sich nicht selbst geltend machen. Ferner BGHZ 38, 126; 42, 1 (DDR-Flüchtling muß eigene Waren bezahlen).

e) *Gewissensbelastung durch Erfüllung bestehender Verbindlichkeiten (persönliche Vertrauensgrundlage)*

Blomeyer, A., JZ 54, 309; *Bosch/Habscheid,* JZ 54, 213; *ders.,* JZ 56, 257; *ders.,* JZ 64, 246; *Diederichsen,* FS *Michaelis,* 1971, 36; *Habscheid,* Anm. zu LAG Düsseldorf, JZ 64, 258; *Hermann,* BB 79, 602; *Kaufmann, H.,* AcP 161, 289; *Lüke,* NJW 79, 2049; *Münzel,* Anm. zu LG Heidelberg, NJW 66, 1922; *Otto,* Personale Freiheit und soziale Bindung, 1978; *Pollern,* Verw. Prax. 66, 30; *Schwerdtner,* JZ 79, 810; *Wieacker,* JZ 54, 466;

Es handelt sich um die fünfte Gruppe von Unzumutbarkeitsfällen bei der Aufgliederung der Generalklausel des § 242. Ein normaler Schuldner braucht bei Eingehung einer Pflicht nicht mit tiefgreifenden moralischen Beanspruchungen zu rechnen. Stellt sich dann heraus, daß er den Vertrag nicht ohne schwerwiegende moralische Bedenken erfüllen kann, steht ihm ein Leistungsverweigerungsrecht nach § 242 zu.

Ein Bauunternehmer beauftragt seinen Planierraupenfahrer, ein Haus einzureißen. Dieser weigert sich, weil er aus Presseveröffentlichungen weiß, daß das Haus unter Denkmalschutz steht oder demnächst gestellt werden soll, und die Absicht, „vollendete Tatsachen zu schaffen", offensichtlich erkennbar ist. — Der Sohn eines KZ-Opfers braucht nicht als Setzer einer Zeitungsdruckerei neonazistische Texte zu bearbeiten. — LAG Düsseldorf, JZ 64, 258 = ESJ 16 (türkischer Feiertag beim Unzumutbarkeitsgrund).

Nach dem derzeitigen Stand der Entwicklung sind es also vier Fallgruppen, in denen der grundsätzlich nur rechtsausprägende Treu- und Glauben-Satz des § 242 zum völligen Wegfall der Leistungspflicht führt (Gestaltung des Leistungsinhalts bis zum Punkt Null). Der Schuldner kann Leistungsbefreiung verlangen, wenn er in Vertrauensumständen enttäuscht wurde, (1) die der Gläubiger selbst gesetzt hat, (2) die als allgemeine, tatsächliche Wertmesser dienen, (3) die in als festliegend angenommenen Rechtsverhältnissen bestehen, (4) oder deren Wegfall zu einer für Schuldrechtsobligationen ungewöhnlichen moralischen Belastung führt. Anders ausgedrückt: der Schuldner darf erwarten, nicht in vom Gläubiger geschaffenen vertragswesentlichen Tatsachen, in allgemein wertgebenden Tatsachen, in der Beurteilung von grundlegenden Rechtsverhältnissen und in seinem moralischen Engagement wesentlich enttäuscht zu werden. Hinzu tritt eine fünfte Fallgruppe (vertragsindividuelle Wertmesser), in der neben einem Lossagungsrecht auch Parteianpassung und richterliche Anpassung möglich sind (oben c). Dies sind die Fälle der „subjektiven Geschäftsgrundlage" *(Larenz)*, des „doppelseitigen Irrtums" *(Hübner)* oder, in wieder anderer Ausdrucksweise, der „unrichtigen Bezugnahme auf die Wirklichkeit" *(Flume)*.

Die Lösung dieser Fallgruppen unter den zusammenhängenden Gesichtspunkten der *Unzumutbarkeit* und des verpflichtungs-erheblichen *Vertrauensumstandes* bietet einheitlichere und § 242 gemäße Konkretisierungs- und Beurteilungsmaßstäbe. Die herrschende Lehre von der Geschäftsgrundlage erfaßt nur einen Teil dieser Fälle und läßt den Zusammenhang mit § 242 nicht deutlich genug erscheinen (s. aber jetzt *Chiotellis*, a. a. O., S. 14 ff., 29 ff., 55 ff.). Die Abweichungen im praktischen Ergebnis dürften bei beiden Theorien jedoch gering sein.

6. Pflichtenbegründende Vertrauensumstände (des Gläubigers)

Brenner, Die exceptio doli generalis in der Rspr. des RG, Diss. 1926; *Fikentscher,* Die Geschäftsgrundlage als Frage des Vertragsrisikos, 1971; *Gadow,* IherJb. 84, 174; *Mann, F. A.,* NJW 74, 1297; *Thierfeldt,* NJW 74, 1854; *Wendt,* AcP 100, 1.

Das Spiegelbild der Unzumutbarkeit nach Treu und Glauben ist die *Zumutbarkeit* nach Treu und Glauben. Darum sind nun die Fälle zu bringen, in denen nach § 242 ausnahmsweise Schuldnerpflichten begründet oder Einwendungen des Schuldners gegen begründete Pflichten ausgeschlossen werden. Es geht hier darum, daß dem Schuldner in bestimmten Lagen Pflichten zumutbar sind, die im übrigen rechtlich nicht vorgesehen sind oder gegen die er sich unter Berufung auf eine bestehende formale Rechtslage wehrt.

a) *Widersprüchliches und arglistiges Verhalten kann auch dem Schuldner zur Last zu legen sein.* Er darf sich dann nicht berufen („exceptio doli"):

aa) *auf Formmängel* bei der Entstehung von Verbindlichkeiten, wobei die Grenzen im einzelnen streitig sind: vgl. dazu vor allem *Larenz* I § 10 III; und oben § 22, 11 a (Literatur vor § 22).

Ein Bürge redet dem Gläubiger ein, es bedürfe keiner Schriftform, weil er als Ehrenmann zu seinem Versprechen stehe. Die dann folgende Berufung auf § 766 ist arglistig und nach §§ 242, 826 unzulässig. — Ein Unternehmer, der mit einem seiner Angestellten einen der notariellen Form bedürftigen Vertrag schließt, kann sich nicht auf die

Nichteinhaltung dieser Form berufen, wenn er den Angestellten veranlaßte, von der Form abzusehen, weil der Vertrag mit seiner Unterschrift „einem notariellen Vertrag gleichwertig sei", BGHZ 48, 396; OGHZ 1, 217.

Wenn eine Versicherungsgesellschaft dem Versicherten gleich nach dem Schadensfall von sich aus mitteilt, sie werde für den Schaden nicht aufkommen, so braucht der Versicherte die ihm nach den Bedingungen obliegende Schadensanzeige nicht mehr vorzunehmen. Stellt sich später heraus, daß die Versicherung doch haftet, so kann sie sich auf unterlassene Schadensanzeige (sog. „Last", oben § 16 II 2) nicht mehr berufen. Dies stände im Widerspruch zu ihrer früheren, wenn auch unbegründeten Ablehnung (RG JW 39, 299); siehe den ähnlichen Fall BGHZ 21, 59, 63.

bb) *auf Leistungsverweigerungsrechte* (insb. arglistiges Herbeiführen der Verjährung)

Da § 242 auch für nichtobligatorische Rechte, z. B. Verjährungseinreden, gilt, darf ein säumiger Schuldner, der den Gläubiger mit wiederholten Tilgungsaussichten über den Verjährungstermin „hinweggetröstet" hat, sich danach nicht auf Verjährung berufen. Sonst wäre der Gläubiger gezwungen, ohne Rücksicht auf schwebende Tilgungsvereinbarungen zu klagen. Vgl. auch BGH NJW 55, 1834 = ESJ 17; BGHZ 9, 5; 24, 308; 31, 83; 40, 387; 43, 258 (keine Berufung auf Art. 17 Wechselgesetz durch Bank beim finanzierten Kauf); 44, 367.

Die Begründung von Leistungspflichten folgt in diesen Fällen schon aus §§ 826, 249: Der Schaden besteht in der Nichtbeachtung der Leistungsvoraussetzungen.

Häufig wird in diesem Zusammenhang von der exceptio doli generalis oder praesentis = oder praeteriti = Einwand des unredlichen Rechtserwerbs gesprochen. Die Unterscheidung stammt aus dem römischen bzw. dem gemeinen Recht. Zur Lösung von Einzelfragen spielt sie wegen ihres globalen Charakters heute kaum noch eine Rolle. Die Bezeichnung „exceptio doli" ist auch irreführend, weil einmal für die Unzulässigkeit der Rechtsausübung keine Arglist, häufig nicht einmal Fahrlässigkeit, erforderlich ist (z. B. Verwirkung). Zum anderen handelt es sich hier in aller Regel nicht um Einreden, sondern um Einwendungen. Es ist deshalb nicht erforderlich, daß die Partei, die daraus Rechte ableiten möchte, sich auf § 242 beruft (Einrede); der Richter hat § 242 von Amts wegen schon dann anzuwenden, wenn ihm – unabhängig von welcher Partei – ein die Anwendung von § 242 rechtfertigender Sachverhalt vorgetragen wird (Einwendung).

b) Hierher gehört auch die *culpa in contrahendo* und die *culpa post pactum perfectum*, dazu oben § 20. Ein Beispiel: BGH LM Nr. 7 (Bf) zu § 242 = ESJ 11.

c) In gegenseitigen Verträgen können pflichtbefreiende Vertrauensumstände (des Schuldners) zu pflichtenbegründenden Vertrauensumständen (des Gläubigers) werden. Dies ist dann der Fall, wenn die Pflichtenbefreiung nach § 242 (siehe dazu oben 3.) dem Schuldner nichts nützen würde, z. B. weil er schon geleistet hat und die Leistung sich nicht oder nur unwirtschaftlich rückgängig machen läßt.

Beispiel: Bei einem Bauvertrag über ein Großhotel, das zu einem Pauschalfestpreis zu erstellen ist, erhöhen sich für den Bauunternehmer Lohn-, Material- oder sonstige Kosten (Zufahrtswege, behördliche Eingriffe usw.) so stark, daß es für ihn unzumutbar wäre, am Vertrag festgehalten zu werden. Der Bau ist aber schon so weit fortgeschritten, daß ein Lossagungsrecht (oben 3.) des Bauunternehmers den Besteller wiederum zu hart treffen würde.

In solchen Fällen *erhöht sich die Gegenleistung* nach § 242 um einen *Zuzahlungsanspruch* des Bauunternehmers (oder des sonstigen *Gläubigers*).

Fälle aus der Rechtsprechung: BGH LM Nr. 57 zu § 242 (Bb) BGB — unzulängliche Bodenbeschaffenheitsangaben —; BGH LM Nr. 8 zu § 119 BGB = Nr. 35 zu § 242 (Bb) — falsche Berechungsgrundlage —; RGZ 150, 89 — Umdisposition bei Arbeitskräften —; BGH WPM 64, 1253 — Lohnerhöhung von 14—15% reicht nicht zur Anpassung —; RGZ 100, 129 — Dampfpreis —; weiteres Material bei *Fikentscher*, Geschäftsgrundlage, 57 ff.

In diesen Zusammenhang gehören auch die *Rentenanpassungsfälle*, dazu BAG NJW 73, 959 und BGH NJW 73, 1599; zum Für und Wider *Mann, F. A.*, NJW 74, 1297; *Thierfeldt*, NJW 74, 1854; vgl. jetzt § 16 BetrAVG.

IV. Konkurrenzen, Rechtsfolgen

1. Die Lehre von Treu und Glauben ist der Angelpunkt der Vertragslehre, RGZ 85, 108. Ausgehend von einem subjektiven (wenn auch nicht voluntaristischen) Vertragsverständnis (oben § 26 V 4d und § 27 I 4), muß die Lehre von Treu und Glauben auf die Zumutbarkeit und Unzumutbarkeit für Gläubiger und Schuldner gestützt werden. Darum wird auch der Unterscheidung von objektiver und subjektiver Geschäftsgrundlage nicht beigetreten, ebensowenig der Trennung von objektiver und subjektiver Vertragsauslegung. Zustimmung verdient dagegen die „Unzumutbarkeits"-Theorie. Allerdings ist dazu noch eine Konkretisierung nach Fallgruppen (etwa nach Art des obigen Vorschlags) nötig. Es müssen *besondere* Vertrauensumstände sein, die im Falle ihrer Enttäuschung zur Unzumutbarkeit führen: Gläubigerverhalten; Umstände von einer den Parteien übergeordneten Bedeutung, wie Währung, Kriegsausgang, Börsenkurs, physikalisch-technische Besonderheiten, Enteignung; Fortbestand von Rechtsverhältnissen im Zusammenhang mit anderen Rechtsverhältnissen, „wichtigen Gründen" oder Gegenrechten; Freiheit von Gewissensbelastungen. Nicht der Grad der Unzumutbarkeit schlechthin, sondern das enttäuschte Vertrauen in *bestimmte* Umstände öffnet den Weg zur Anwendung von § 242 im Sinne einer Leistungsbefreiung. Wollte man eine Lehre von der „Geschäftsgrundlage" außerhalb der Unzumutbarkeit aufstellen, würde man sie mit § 242 nicht begründen können. Es handelte sich dann um in Begründung und Reichweite zweifelhafte Analogien zu den Unmöglichkeitsregeln. — Bestimmend für den Standpunkt ist die Wahl des Vertragsbegriffes. Wer den Vertrag als „objektives Sinnganzes", als über den Parteien stehende Norm auffaßt, gelangt zu objektiver Vertragsauslegung und zur Geschäftsgrundlage. Der subjektive Vertragsbegriff läßt nur die Unzumutbarkeitslehre zu. Im einzelnen *Fikentscher*, Geschäftsgrundlage, 5 ff.

2. Die Grenze zur *Unmöglichkeit* ist verhältnismäßig einfach zu ziehen. Die Unmöglichkeit wird in §§ 306, 275, 323—325 räumlich-physikalisch verstanden. Eine naturwissenschaftliche Betrachtung entscheidet über die „Möglichkeit" einer Leistung im Sinne des Gesetzes. Wirtschaftliche oder gewissensmäßige „Unmöglichkeit" ist allenfalls Unzumutbarkeit. Die systematische Gleichstellung von Unmöglichkeit und Unzumutbarkeit ist bedenklich (*Larenz* I § 21 I d). Die Unzumutbarkeit gehört im gedankli-

§ 27
IV 4
Inhalt des Schuldverhältnisses

chen Ansatz zum Leistungsinhalt und nicht zu den „objektiven Leistungshindernissen", näher dazu unten § 42 IV 1 vor a).

Die Unwirksamkeit einer Verbindlichkeit wegen Unzumutbarkeit nach § 242 ist lediglich ein Grenzfall der *Inhalts*bestimmung, bei der sich Änderungen in den Vertragsgrundlagen auswirken, vgl. *Esser*[2] § 86 5c. Die *Zweckerreichung* einer Verbindlichkeit ist dagegen eine sich aus ihrem *Inhalt* ergebende *Beendigungsart*, bei der die Zumutbarkeit keine Rolle spielt; unten § 39 VI. Die Grenze zum *Irrtum* liegt durch den Gesetzesaufbau und durch die Regel fest: lex specialis derogat legi generali. Zuerst ist die Anwendbarkeit der §§ 119 ff. zu prüfen. Erst wenn diese Regeln sich als unanwendbar erweisen, kann auf § 242 zurückgegriffen werden. Sind §§ 119 ff. anwendbar, gewähren sie aber kein Anfechtungsrecht, ist die Lehre von den Vertrauensumständen *sinngemäß ausgeschlossen*. (Das gleiche Verhältnis besteht übrigens zwischen Gewährleistungsrechten – z. B. §§ 459 ff. – und Vertrauensumständen).

Das Anfechtungsrecht einer Seite wäre hier ebenso unbillig wie die Schadensersatzpflicht des Anfechtenden nach § 122, vorausgesetzt, daß das Risiko an Bestand und Wegfall der Erklärungen auf beiden Vertragsseiten gleich groß ist. Die sachgemäße Lösung ist ein einseitiges Lossagungsrecht beider Seiten in Entsprechung zu §§ 119, 142, 779, nicht die Anwendung von § 242. Siehe dazu auch unten § 40 III 4.

Wegen des Verhältnisses zur Bereicherung siehe *Fikentscher*, Geschäftsgrundlage 104 f. und unten § 99 III 1.

3. Die *Rechtsfolge* der Anwendung von § 242 ist in aller Regel die inhaltliche Ausgestaltung von schuldrechtlichen Sonderbindungen. Es muß daher zumindest versucht werden, die Vertragsverhältnisse den veränderten Umständen anzupassen. Nur in Grenzfällen kommt der völlige Wegfall oder die Begründung von Rechtsverhältnissen in Frage. Die Abwägung durch den Richter mit dem Maßstab vertragsspezifischer, vertragstypischer und gesetzestypischer Risikoverteilung in wertender Verbindung befindet darüber, was zumutbar ist. Es gilt eine grundsätzliche Begünstigung bestehender Verträge (favor contractus); nur im Notfall gestaltet sich nach § 242 eine Leistungspflicht mit dem Inhalt Null, nur dann also fällt sie weg. § 242 bestimmt danach auch, ob der Wegfall ex tunc (rücktrittsähnlich) oder ex nunc (kündingungsähnlich) erfolgt. Der Zeitpunkt des Wegfalls des Vertrauensumstandes und die Kenntnis davon sind dafür grundsätzlich ohne Einfluß. Die Berufung auf § 242 entspricht also entweder grundsätzlich der eines Rücktritts oder einer Kündigung: Der favor contractus spricht für den Grundsatz der ex-nunc-Auflösung. Bei Dauerrechtsverhältnissen, die in Vollzug gesetzt worden sind, ist das wohl stets anzunehmen. Im übrigen entscheidet die wechselseitige Zumutbarkeit. Wenn diese richterliche Entscheidungsmacht rechtspolitisch unerwünscht erscheint, kann nur der Gesetzgeber helfen, indem er das Irrtumsrecht oder das Unmöglichkeitsrecht erweitert. Richtig gehandhabt bildet die richterliche Gestaltung des Leistungsinhalts nach § 242 keine Gefahr. Beispiele: RGZ 172, 20; BGHZ 9, 273.

4. Greifen – in dieser Reihenfolge – Irrtums-, Unmöglichkeits-, Zweckerreichungs- und Unzumutbarkeitsregeln nicht ein, bindet der Vertrag (sofern nicht andere Mängel vorliegen): Wer einen Verlobungsring kauft, kann ihn nicht zurückgeben mit der Begründung, die Verlobung sei leider gescheitert. Wer nach einer Warenbestellung sein Geschäft aufgibt, kann die Waren nicht mit dieser Begründung zurückweisen. Zwar sind Vertrauensumstände enttäuscht worden, aber keine für die Befreiung von der Bindung erheblichen.

V. § 242 als Maßstab für die Gesetzesauslegung?

§ 242 gilt — das ergibt seine Stellung im Gesetz — für alle Schuldverhältnisse, nicht nur vertragliche, sondern auch *gesetzliche*, z. B. für die GoA. Insoweit kommt § 242 nicht die Bedeutung zu, den Vertragsinhalt zu begrenzen oder zu ergänzen, sondern „Normen einzuschränken, wenn ihre Anwendung zu einem mit ihm (gemeint ist: mit § 242 als oberstem Grundsatz des Rechts der Schuldverhältnisse) nicht zu vereinbarenden Ergebnis führen würde".[10]) Im Unterschied zur rechtgeschäftsbezogenen Anwendung von § 242 ist bei seiner Verwendung als Auslegungsmaßstab nur die pflichten*befreiende* Wirkung zum Zuge gekommen. Im übrigen wird es hier häufig an der „Sonderverbindung" (s. o. I 2a) fehlen.

Die Verwendung von § 242 zur einschränkenden Auslegung gesetzlicher Pflichten ist nicht unproblematisch[11]) und im Ergebnis abzulehnen. Soll mit § 242 „striktes" Recht nach *Billigkeitsgesichtspunkten* in Einzelfällen „gemildert" werden, wird die Funktion des § 242 verkannt[12]). Soll damit *Rechtsfortbildung* ermöglicht werden,[13]) so wird in § 242 unzulässigerweise ein Methodengesichtspunkt hineingetragen, der seine normative Verankerung heute in Art. 20 GG („Gesetz und Recht") findet.[14]) Vielmehr bedarf es bei *jeder* Gesetzesnorm der Prüfung, ob sie einschränkend auszulegen oder teleologischer Restriken zu unterwerfen ist.[15]) Dazu bedarf es der Heranziehung des Treu-und-Glauben-Grundsatzes nicht.

VI. Vertragliche Anpassungsregelungen

Baur, J. F., Vertragliche Anpassungsregelungen, 1983; *Bilda*, DB 69, 427; *ders.*, Anpassungsklauseln in Verträgen, 2. Aufl. 1973; *Frielingsdorf*, DB 82, 789; *Dürkes*, Wertsicherungsklauseln, 9. Aufl. 1982; *Holzapfel*, BB 74, 912; *Kuhnt*, BB 78, 178; *Schmidt, K.*, Grundfragen der vertraglichen Wertsicherung, ZIP 83, 639; *v. Stebut*, Jura 83, 449; *Zimmermann*, Richterliches Moderationsrecht oder Totalnichtigkeit?, 1979 (weiteres Schrifttum bei *Staud./K. Schmidt*, Vorb. zu § 244 Rz. D 158).

Mit Rücksicht auf die Unsicherheiten der Rechtsprechung zu § 242 bei Wegfall oder Änderung der Geschäftsgrundlage hat die Vertragspraxis Anpassungsklauseln entwickelt. Vor allem bei Lieferverträgen über Strom, Gas, Fernwärme und Mineralölprodukten erwiesen sich Anpassungsregelungen als zweckmäßig. Die dogmatische Erfassung steht noch in den Anfängen.

Man kann (mit *Baur*) Preisänderungsklauseln, Korrekturklauseln und Vertragsanpssungsklauseln unterscheiden. In einem weiteren Sinn zählen auch Klauseln über die Vertragsbeendigung zu den vertraglichen Anpassungsregeln (*Baur*, 109 ff.), z. B. Laufzeitverkürzungsklauseln.

---

[10]) *Larenz* I § 10 I; dazu auch *Medicus* I § 16 I 2; grundlegend RGZ 85, 108 (117) (Aufrechnung entgegen § 394; „das allgemeine Prinzip beherrscht alle Einzelbstimmungen"); BGHZ 58, 146 (Realteilung entgegen § 753).
[11]) Das Schrifttum ist geteilter Ansicht, s. die Angaben bei *Larenz*, a. a. O. Anm. 13.
[12]) So zutr. *Leonhard* I, 69 ff.: § 242 ist keine Billigkeitsvorschrift.
[13]) So v. *Tuhr* III 547; ihm folgend *Larenz* I § 10 I.
[14]) S. o. I 2a) u. *Fikentscher*, Methoden IV 325.
[15]) Wie hier *Gernhuber* (am Beispiel des § 266).

Bei *Preisänderungsklauseln* sind insb. drei gesetzliche Schranken zu beachten: (1) Das Währungsrecht, das zu § 3 WährG („Mark = Mark") entwickelt wurde (dazu u. § 29 I); (2) das AGBG, das in § 11 Nr. 1 und durch die Generalklausel des § 9 Preisänderungsklauseln enge Grenzen zieht (BGH NJW 80, 2518 – Zeitschriftenabonnement –; BGH BB 82, 146 – Kfz-Tagespreisklauseln –; in beiden Entscheidungen hielt der BGH einseitige Preisänderungsvorbehalte für unwirksam); (3) das Kartellrecht, das z. B. in § 103 V GWB bei Stromversorgungsverträgen oder aufgrund der allgemeinen Mißbrauchskontrolle gem. § 22 IV, V Schranken setzt.

Korrekturklauseln (auch Revisions-, Auffang- oder Wirtschaftsklauseln genannt) stehen oft mit Preisänderungsklauseln in Zusammenhang (BGH WM 79, 1097), betreffen aber nicht Preis-, sondern durch Preisänderungen ausgelöste konkrete Äquivalenzfragen. Kennzeichnend ist ihr Detailcharakter und die Vereinbarung periodischer Überprüfungen bestimmter Vertragsbestandteile. Rechtlich werfen sie – soweit mit Preisänderungsklauseln verbunden – die Frage der Anwendbarkeit von § 139 auf, und zugleich die schon erwähnten AGB- und kartellrechtlichen Probleme.

Vertragsanpassungsklauseln (auch bezeichnet als Wirtschafts-, hardship- oder Loyalitätsklauseln) betreffen nicht nur Preise und mit ihnen zusammenhängende konkrete Äquivalenzfragen, sondern den gesamten Vertrag. Man muß einseitige und vereinbarungsabhängige Klauseln unterscheiden. Einseitig inkraftsetzbare Vertragsabänderungen unterliegen insb. den Schranken der §§ 315 ff., soweit nicht Verbotsnormen (AGBG; § 138 usw.) eingreifen. Die Regel bilden vereinbarungsabhängige Anpassungsklauseln (Sprech-, Verhandlungs-, Loyalitätsklauseln), die beide Parteien verpflichten, bei grundstürzenden oder zumindest erheblichen Veränderungen der Umstände bei Vertragsschluß in erneute Verhandlungen einzutreten. Hier gilt die Zumutbarkeitsgrenze (*Baur* 49), so daß sich Vertragsanpassungsklauseln insofern kaum von den Geschäftsgrundlageregeln (o. II) unterscheiden.

§ 28
Gattungsschuld. Wahlschuld und Ersetzungsbefugnis
(Relative Unbestimmtheit der Leistung)

Bätge, „Gattungsschuld", RvglHWB, Bd. III, 1931, 622; *Ballerstedt*, FS *Nipperdey* 1955, 261; *Berndorff*, Die Gattungsschuld, 1900; *Bosse*, Die Ersetzungsbefugnis, 1924; v. *Caemmerer*, JZ 51, 743; *Coester-Waltjen*, AcP 183, 279; *Cuno*, Übergang der Gefahr bei Gattungsschulden, 1901; *Fischer, H. A.*, IherJb. 51, 159; *Gernsheim*, Die Ersetzungsbefugnis im geltenden deutschen Recht, 1906; *Gesang*, Force-majeure und ähnliche Entlastungsgründe im Rahmen der Lieferungsverträge von Gattungsware, 1980; *Haver*, Die Gattungsschuld, 1900; *Haverstein*, Gruchot 55, 449; *Hönn*, AcP 177, 385; *Huber, U.*, FS *Ballerstedt*, 1975, 327; *Jahnke*, ZZP 83, 43; *Kisch*, Gattungsschuld und Wahlschuld, 1912; *Lemppenau*, Gattungsschuld und Beschaffungspflicht, 1972; *Leon-*

hard, IherJb. 41, 29; *Leßmann*, JA 82, 280; *Litten*, Die Wahlschuld, 1903; *Medicus*, JuS 66, 297; *Oertmann*, AcP 116, 1; *Pescatore*, Die Wahlschuldverhältnisse, 1905; *Seibert*, MDR 83, 177; *Weber-Will/Kern*, JZ 81, 257; *Weismann*, Abgrenzung zwischen Gattungs- und Wahlschuld, 1907; *Ziegler*, AcP 171, 193.

I. Besonderheiten des Schuldinhalts

Die *Begründung* von Schuldverhältnissen wurde in den §§ 17–25, der *Inhalt* von Schuldverhältnissen wird in den §§ 26–37 behandelt. § 26 enthält eine Übersicht über die Ermittlung des Schuldinhalts im allgemeinen, § 27 griff das (in § 26 VII an den richtigen Ort der Prüfung im Gutachten gestellte) besonders umfangreiche Thema „Treu und Glauben" im einzelnen auf. Neben diese beiden Hauptgebiete des Inhalts von Schuldverhältnissen treten noch einige Sonderfragen.

Den ersten Bereich der im folgenden zu behandelnden Sonderfragen des Schuldinhalts bilden Tatbestände, bei denen eine *vorübergehende Unbestimmtheit der Leistung* vorliegt. Hierher gehören: Gattungsschuld (§ 28 II–IV), Wahlschuld und Ersetzungsbefugnis (§ 28 V), Geldschulden und Zinsen (§ 29) und das grundsätzliche Verbot von Teilleistungen (§ 30). Der zweite (verhältnismäßig unwichtige) Zusammenhang betrifft *normierte Leistungsinhalte* für besondere Ansprüche: Aufwendungsersatz und Wegnahmerecht (§ 31), Rechnungslegung, Herausgabe von Gegenstandsinbegriffen und Offenbarungseid (§ 32), Rechtshängigkeit beim Herausgabeanspruch und Vorlegung von Sachen (§ 33). – Den dritten, praktisch wichtigen und theoretisch schwierigen Bereich bilden *Zeit* und *Ort* der Leistung (§§ 34–35). – Das vierte Gebiet enthält Besonderheiten des Leistungsinhalts durch *Einschaltung eines Dritten*: Leistung durch Dritte (§ 36), Vertrag zugunsten Dritter (§ 37). Beim letzteren vor allem hat die Rechtsprechung ergänzend und neuschöpfend gewirkt.

II. Gattungsschuld, Stückzahl, Konkretisierung

1. Um wirksam zu sein, muß eine Schuld *bestimmt* sein. Ein unbestimmter Leistungsinhalt taugt nicht für ein Schuldverhältnis (vgl. oben § 8, 5). Viele Gegenstände des Rechtslebens sind zunächst aber nur gattungsmäßig bestimmt.

Man bestellt einen Kraftwagen Marke X, Serie „Luxus", Farbe „resedagrün", mit Schiebedach. Bei derartigen Käufen aus einer Gattung steht der individuelle Kaufgegenstand (das Auto mit der Fahrgestellnummer...) vorläufig noch nicht fest. Trotzdem verlangt das Verkehrsinteresse Gültigkeit und bindende Wirkung des Kaufvertrags, noch während die gekaufte Sache nur gattungsmäßig und noch nicht individuell bestimmt ist. Der Kaufanspruch (§ 433 I 1) richtet sich auf *einen* Gegenstand *aus* der im Vertrag festgelegten *Gattung (Gattungsschuld)*. – Das Gegenstück ist die *Stückschuld*: Ein Sammler erwirbt von seinem Kollegen eine bestimmte Sammlerbriefmarke. Briefmarken am Postschalter sind dagegen Gattungsschulden, bis sie vom Schalterbeamten ausgehändigt werden.

Es wäre theoretisch denkbar, daß eine Gattungsschuld, solange sie besteht, für immer unbestimmt bleibt: Durch Lieferung eines Stückes aus der Gattung geht der Anspruch unter (433 I 1, 362 I). Das Schuldrecht denkt aber grundsätzlich an individuell bestimmte Leistungsgegenstände, namentlich bei den Leistungsstörungen. Darum ist auch bei Gattungsschulden die Überführung in Stückschulden nötig *(Konkretisierung).* Als *Konkretisierung* wird ein bestimmtes Gläubiger- oder Schuldnerverhalten vom Gesetz qualifiziert. Durch die Konkretisierung tritt die Bestimmtheit ein, die für die schuldrechtlichen Überlegungen — mit Ausnahme der bindenden Kraft des Vertrags — erforderlich ist, RGZ 69, 407

Die gleiche Sache kann einmal Stück-, einmal Gattungsschuld sein: Gebrauchtwagenhändler V hat 6 gebrauchte VW 1200 Baujahr 1970. Der Käufer A will *diesen* bestimmten Wagen, auf den er mit dem Finger weist (Spezialschuld); Käufer B bestellt schrichtlich *einen* VW 1200 Baujahr 1970 (Gattungsschuld). Erfüllt werden (§ 362 I) kann aber nur mit einer *vertragsmäßig* bestimmten Sache.

2. *Gattungsschulden* sind nicht notwendig vertretbare Sachen, § 91. Ob eine Schuld Gattungs- oder Stückschuld ist, entscheidet allein die (subjektive) Parteibestimmung.

Das Wesen einer vertretbaren Sache ergibt sich aus den (objektiven) Merkmalen des § 91: Bestimmung nach Maß, Zahl, Gewicht *im Verkehr,* ohne daß sich dies auf das Schicksal einer Leistungspflicht bezieht.

Kartoffeln sind vertretbare Sachen und Gattungsschulden. Ein Zuchtdackel aus der laufenden „Produktion" der Hundefarm ist eine unvertretbare Sache, aber — bis zur Konkretisierung — eine Gattungsschuld (siehe oben 1.). Ein Ölgemälde ist unvertretbare Sache und Stückschuld. Eine Sammlerbriefmarke ist eine vertretbare Sache, aber eine Stückschuld. — Grundstücke sind stets unvertretbare Sachen und damit regelmäßig Stückschulden, im Fall einer Parzellierung aber möglicherweise Gattungsschulden. Meist begründen jedoch vertretbare Sachen Gattungs-, unvertretbare Stückschulden.

III. Die rechtliche Bedeutung der Gattungsschuld (243, 279, 300 II, 480, 524 II, 2182 f.)

1. *§ 243 I:* Wer eine nur der Gattung nach bestimmte Sache schuldet, hat eine Sache von *mittlerer Art und Güte* zu leisten. Weder besonders gute noch besonders schlechte Qualität ist nötig bzw. zulässig. Ausnahmen von dieser Regel: § 360 HGB (Handelsgut); §§ 607 I, 700 (Geld oder vertretbare Sachen von gleicher Art und Güte); § 2155 I (Einfluß persönlicher Verhältnisse beim Gattungsvermächtnis); telle-quelle-Klausel im Rahmen des § 346 HGB (geringste Qualität zugelassen, „Ware wie sie steht und liegt"); Verkauf von Gattungssachen als „Ramschware" oder „wie besichtigt".

Wird ein vertragsgemäß zu kleiner Typ geliefert, tritt keine Erfüllung (§ 362 I) ein, vielmehr ist aus der Gattung ein passender Typ („von mittlerer Art und Güte") zu liefern. Ist die ganze vorhandene Gattung minderwertig, ordentliche Ware aber herstell- oder lieferbar, umfaßt die Gattung die noch herzustellenden oder zu liefernden, noch nicht vorhandenen brauchbaren Sachen. Wenn der passende Typ oder die brauchbare Sache überhaupt nicht hergestellt oder geliefert werden kann, liegt anfänglich objektive Unmöglichkeit vor, 306.

2. *§ 243 II:* Die *Konkretisierung* zur Stückschuld tritt ein, wenn der Schuldner das zur Leistung einer solchen Gattungssache seinerseits Erforderliche getan hat.

a) Die Konkretisierung erfolgt also nicht schon mit der *Ausscheidung* eines Stückes aus der Gattung (Ausscheidungstheorie), und nicht erst bei *Ablieferung* an den Gläubiger (Ablieferungstheorie), sondern nach der vermittelnden Auffassung des BGB mit der Beendigung der nach Maßgabe des konkreten Schuldverhältnisses erforderlichen Schuldnerbemühungen. Der spätest denkbare Zeitpunkt für die Konkretisierung ist die Vornahme der Erfüllungshandlung. Dann beschränkt sich erst bei Erfüllung das Schuldverhältnis auf diese Sache: Der Schalterbeamte händigt dem Postkunden die Briefmarken aus. Bei (Gattungs-)Bringschulden (s. u. § 35 III) tritt Konkretisierung regelmäßig erst mit der Erfüllungshandlung ein: Die Hausfrau läßt sich Gemüse ins Haus kommen.[1]) Bei (Gattungs-)Holschulden (s. u. § 35 III) liegt die Konkretisierung häufig schon vor der Erfüllung. Nach der Konkretisierung ist Gegenstand des Schuldverhältnisses nicht mehr *ein Stück aus einer Gattung*, sondern der bestimmte Gegenstand X.

Die Konkretisierung, die zeitlich immer vor der Erfüllung erfolgt, bewirkt also den Übergang der *Leistungsgefahr*: Hat der Autohändler den bestellten Kraftwagen vom Werk geliefert erhalten, zur Abholung bereitgestellt und den Kunden telefonisch hiervon verständigt, und geht jetzt, nachdem der Kunde den Wagen hätte abholen können, das Auto durch unverschuldeten Brand zugrunde, so wird der Händler frei. Er braucht nicht noch einmal zu liefern, 433 I, 243 II, 275. Mit der Konkretisierung geht die *Leistungsgefahr* auf den Käufer über. — Die *Gegenleistungsgefahr* (= Vergütungs-, Preisgefahr) ist für gegenseitige Verträge bei unverschuldetem Untergang in § 323 geregelt: Auch der Kunde wird dann von seiner Zahlungspflicht frei. — Hätte der Händler den Brand verschuldet, gilt für Leistungs- und Gegenleistungsgefahr § 325: Der Händler haftet auf Schadensersatz wegen Nichterfüllung (s. oben § 10 II 5d u. unten § 44 III 3a; zur Gefahrlehre im einzelnen u. § 35 und § 67).

b) In der Literatur ist streitig, ob der Schuldner an die Konkretisierung gebunden ist. Darf er also dem Gläubiger ein anderes, gleichwertiges Stück liefern, wenn er das konkretisierte Stück anderweitig verwenden will, oder macht er sich dann schadensersatzpflichtig? Nach der Rspr. ist auch der Schuldner an die Konkretisierung gebunden (vgl. BGH BB 1965, 349; OLG Marienwerder OLGE 8, 435; RGZ 91, 110), es sei denn, der Gläubiger wird durch die Ersatzware genau so befriedigt wie durch die Ware, auf die Konkretisierung eingetreten ist. Diese Meinung ist inkonsequent, da dies der Regelfall sein dürfte, anderenfalls hätte der Gläubiger von vornherein eine Stückschuld vereinbart. Dogmatisch sauberer ist es deshalb, in § 243 nur eine Schutzvorschrift zugunsten des Schuldners zu sehen (so auch *Medicus* in JuS 66, 297ff.). Die konkretisierte Gattungsschuld ist also nicht gänzlich der Stückschuld wesensgleich. Die Beschrän-

---

[1]) Die Konkretisierung liegt dann zeitlich ganz (infinitesimal) kurz („eine juristische Sekunde") vor der Erfüllung nach § 362 I.

kung des § 243 auf eine bloße Schuldnerschutzvorschrift hat Folgen auch in dem Fall, daß das konkretisierte Stück beim Schuldner ohne dessen Verschulden untergeht. Es entspricht nicht unbedingt dem Interesse des Schuldners, von seiner Leistungspflicht gemäß § 275 frei zu werden und damit auch den Anspruch auf die Gegenleistung zu verlieren, 323. Vielmehr muß es dem Schuldner überlassen bleiben, ob er anstelle des untergegangenen Stückes ein gleichwertiges anderes Stück aus der Gattung liefern will, um sich so den Verkaufsgewinn zu sichern.

3. *§ 279:* Vor erfolgter Konkretisierung ist *eine Sache aus der Gattung* geschuldet.

a) Wenn also die vom Schuldner zur Lieferung vorgesehene, aber noch nicht konkretisierte Sache unverschuldet untergeht, besteht der Anspruch auf eine andere Sache aus der Gattung weiter. Der Schuldner kann sich auf nachträgliche subjektive Unmöglichkeit (= nachträgliches Unvermögen) i. S. d. § 275 II nicht berufen, er wird also nicht frei. Dies bringt § 279 durch die Worte „hat ... zu vertreten" zum Ausdruck. Es handelt sich um den alten Erfüllungsanspruch auf Lieferung *einer* Sache aus der Gattung, der weiterbesteht. Die Haftung ohne Verschulden, die § 279 vorsieht, ist eine Ausnahme zu § 276 I, wo es mit Rücksicht auf solche Ausnahmen heißt: „sofern nicht ein anderes bestimmt ist".

Der Händler hat den bestellten Opel Rekord auf Lager genommen, aber weder den Besteller verständigt, noch in anderer Weise kenntlich gemacht, daß der Wagen für den Besteller vorgesehen sei. Jetzt verbrennt das Auto ohne Verschulden des Händlers. Der Händler schuldet einen anderen Opel Rekord der bestellten Art, er trägt vor der Konkretisierung die Leistungsgefahr. – Der Kunde hat gemäß § 433 II zu zahlen.

b) Ist die ganze Gattung *erschöpft*, gelten die Regeln für die Stückschuld, 279, 275 (begrenzte Gattungsschuld, Vorratsschuld), RGZ 91, 312. Eine begrenzte Gattungsschuld liegt vor, wenn die Leistung von vornherein nur aus einem bestimmten Bestand erfolgen sollte. Das kann sich auch aus den Umständen ergeben.

Die restlichen 4 Faß Wein Edenkobener Dachsberg Spätlese 1983 laufen auf dem Transport aus. Ein Bauer verkauft – nicht gewerbsmäßig – 100 Zentner Heu. Ein Brand vernichtet seinen gesamten Heuvorrat. Der Schuldner wird frei, 279, 275, es sei denn, ihn trifft die Schuld, 280, 325. Geht die Gattung nur teilweise unter, reicht sie insgesamt aber nicht mehr aus, um alle Gläubiger zu befriedigen, so verkürzen sich die Ansprüche der Gläubiger anteilsmäßig, RGZ 84, 128; im übrigen finden die Vorschriften über teilweise Unmöglichkeit Anwendung, par conditio creditorum.

c) Auf § 279 beruht die Pflicht eines Verkäufers, Gattungsware auch dann zu liefern, wenn sie seit dem Verkauf unerwartet knapp und teuer geworden ist, so daß dem Verkäufer ein Verlust entsteht, RGZ 95, 41 – Bankazinn – = ESJ 12. Auch die Klausel „Liefermöglichkeit vorbehalten" befreit den Verkäufer nicht, „bis zur Grenze des Zumutbaren" sich die Ware zu beschaffen, um den Käufer beliefern zu können, BGH NJW 58, 1628. Nur die „Selbstbelieferungsklausel" (vorbehaltlich termingerechter „Selbstbelieferung") schützt den Verkäufer, *wenn* er einen Geschäftsabschluß *zum Zwecke*

Gattungsschuld. Wahlschuld und Ersetzungsbefugnis § 28

seiner eigenen Deckung für *dieses* Geschäft mit dem Käufer nachweisen kann (sog. „kongruentes Deckungsgeschäft"), die Deckung aus dem Deckungsgeschäft *objektiv tauglich* war und der Verkäufer von seinem Vorlieferanten gerade bezüglich *dieser Partie* von Gattungsware im Stich gelassen wurde, BGHZ 49, 388.

4. *§ 300 II:* Gemäß §§ 243 II, 279 geht also mit der Konkretisierung die Leistungsgefahr auf den Gläubiger über. Ausnahmsweise geht sie schon vorher auf ihn über, wenn er nämlich in *Gläubigerverzug* gerät, 300 II. Da zum Gläubigerverzug gehört, daß der Schuldner die Leistung dem Gläubiger ordnungsgemäß anbietet (293–299), dies aber normalerweise alles ist, was der Schuldner schuldet, um das „seinerseits Erforderliche" zu tun (243 II), tritt meist mit dem Gläubigerverzug zugleich die Konkretisierung nach § 243 II und damit der Übergang der Leistungsgefahr ein. § 300 II hat also nur den ganz beschränkten Anwendungsbereich, in dem Gläubigerverzug eintritt, obwohl noch nicht konkretisiert ist. Das sind hauptsächlich folgende Fälle:

a) die Konkretisierung ist vertraglich hinausgeschoben (§ 243 II ist nachgiebiges Recht).

b) Bei Geldverschickungen (z. B. Geld im Brief) trägt der Schuldner nach der Sonderregelung des § 270 I die Leistungsgefahr bis zum Eintreffen der Sendung am Gläubigerwohnsitz = Zahlungsort. Leistungsort bleibt der Schuldnerwohnsitz, 270 IV, 269 I, daher nur sog. *Schickschuld,* keine Bringschuld, vgl. unten § 35 III 3 c. Verweigert der Gläubiger die Annahme, so ist noch nicht konkretisiert, denn der Schuldner wurde an der Leistung des „seinerseits Erforderlichen" (§ 243 II) durch den Gläubiger gehindert. Dieser befindet sich aber trotzdem im Annahmeverzug, 293, 294. Geht das Geld jetzt verloren, braucht der Schuldner nicht noch einmal zu leisten, 300 II: Übergang der Leistungsgefahr nach § 300 II anstelle § 243 II.

c) Lehnt der Gläubiger die Leistung von vornherein ab, so kommt er durch wörtliches Angebot in Verzug, 295. Das gilt auch bei Bring- und Schickschulden, bei denen Konkretisierung erst nach Übermittlung bzw. Absendung der Leistung an den Gläubiger eintritt (§ 269 I ist abdingbar, vgl. unten § 35 II 2). Sondert der Schuldner trotzdem aus (erst dann kann man von einer „Leistungsgefahr" für *eine* Sache reden), und geht jetzt diese Sache unter, so ist der Schuldner trotz fehlender Konkretisierung frei, 300 II.

5. *§ 480:* Ist eine verkaufte Gattungssache mangelhaft (das neue Radio funktioniert nicht), kann der Käufer die mangelhafte Sache zurückgeben und Lieferung einer mangelfreien anderen Sache aus der Gattung verlangen, 480 (bei der Schenkung § 524, beim Gattungsvermächtnis § 2183). Eine mangelhafte Sache ist keine von „mittlerer Art und Güte", 243 I. Mit einer mangelhaften Sache läßt sich keine Konkretisierung herbeiführen, auch kein Annahmeverzug, 293, 294. Es ist noch nicht erfüllt. Der Käufer kann entscheiden, ob er den Kauf wandeln, ob er mindern (459, 462), oder ob er Nachlieferung einer mangelfreien Sache verlangen will (480). Entscheidet er sich für Wandlung oder Minderung, so konkretisiert *er* damit (das gleiche gilt, unter den Voraussetzungen des § 463, auch für den Schadensersatzanspruch). Wählt er Nachlieferung, tritt keine Konkretisierung ein. Er entscheidet also einseitig

über die Konkretisierung (Besonderheit!). Die Lieferung einer mangelhaften Gattungssache beim Kauf bewirkt also keine Konkretisierung (sonst wäre § 480 praktisch bedeutungslos). Die fehlende Konkretisierung hat aber nicht zur Folge, daß der Verkäufer ein *Recht* zur Nachlieferung hat. Zum vorigen BGH NJW 67, 33. Unberührt bleibt § 446 (Gefahrübergang); näher u. § 67.

IV. Wichtige Hinweise für die Prüfung im Gutachten

1. Zweckmäßig ist meist folgender Gedankengang: Anspruchsgrundlage (z. B. § 433 I 1) – noch nicht erfüllt (362 I) – Freiwerden nach § 275 möglich – aber Gattungsschuld (243 I) – dann an sich Weiterhaftung (279) – aber konkretisiert (243 II) – also freigeworden, Leistungsgefahr übergegangen (275) – gegebenenfalls Übergang der Leistungsgefahr nach 300 II, obwohl noch nicht konkretisiert – Schicksal der Gegenleistung (323, 324, 325, wobei § 325 an die Stelle der alten Anspruchsgrundlage eine neue setzt, s. u. § 44 III 3 vor a).

2. *Ob* im Zuge der vorbezeichneten Prüfung *konkretisiert* wurde, richtet sich danach, was im jeweiligen Schuldverhältnis *erforderlich* war, 243 II, also: Bei *Holschulden* Aussondern, Bereitstellen und dem Gläubiger Anbieten oder von der Bereitstellung Benachrichtigen oder zur Abholung auffordern;[2]) bei *Bringschulden* tatsächliches Anbieten der Leistung beim Gläubiger; bei *Schickschulden* Übergabe des zu Leistenden an die Transportperson; vgl. auch unten § 35 III.

V. Wahlschuld, Ersetzungsbefugnis, Abfindungsbefugnis und Anspruchsmehrheit

1. Die seltene Wahlschuld (262 – 265) besteht in einer Forderung, die sich auf mehrere Leistungsgegenstände richtet, von denen aber *wahlweise* nur der eine oder der andere zu leisten ist (duae res in obligatione, una in solutione). Im Zweifel hat der Schuldner das Wahlrecht, 263. Bei Verzögerung der Wahl kann der Gläubiger wählen, 264. Wird die eine der zur Wahl stehenden Leistungen unmöglich, gilt § 265. Bei anfänglicher Unmöglichkeit sind §§ 306, 307 II, 2. Alternative zu beachten. Die Wahlschuld entsteht durch Vertrag. Das BGB enthält keine Beispiele. Auch § 179 ist kein Fall der Wahlschuld, sondern ein Fall der Wahl zwischen zwei Ansprüchen, a. A. RGZ 154, 62. Letzteres ist häufig (281, 325, 326, 462). Die Wahlschuld beruht im Gegensatz dazu auf *einem* Anspruch. Ein Beispiel ist die Vereinbarung, entweder in der einen oder in der anderen Währung zu zahlen, RGZ 126, 197; 136, 129.

2. Zu unterscheiden von der Wahlschuld ist die *Ersetzungsbefugnis* (facultas alternativa). Bei ihr ist nur eine Leistung geschuldet, der Gläubiger (so in §§ 249, 340 I, 843 III) oder der Schudlner (so in §§ 244 I, 251 II, 257, 528 I 2, 775 II, 1087 II) haben aber das Recht, statt der geschuldeten Leistung eine andere zu verlangen bzw. zu erbringen (una res in obligatione, duae in solutione). Die Ersetzungsbefugnis des Schuldners ist das Recht, an Erfüllungs Statt zu leisten, 364 I, was sonst nur mit Zustimmung des Gläubigers zulässig ist. Außer in den gesetzlichen Beispielen (§§ 249 S. 2, 340 I, 843 III)

---

[2]) H. M., vgl. *Larenz* I § 11 I; *Medicus* I § 19 IV 2; *Jauernig/Vollkommer*, § 243 Anm. 4a.

findet sich die Ersetzungsbefugnis nicht selten in Verträgen. — Der Unterschied zwischen facultas alternativa und Wahlschuld ist gering, z. T. wird er ganz geleugnet. Beispiel: BGH, LM Nr. 6 zu § 946. Facultas alternativa des Schuldners ist z. B. anzunehmen, wenn statt Barzahlung die Hingabe von Wertpapieren gestattet ist.

3. Von beiden zu unterscheiden ist die *Abfindungsbefugnis* des *Schuldners*, bei welcher der Schuldner zwar *eine* Leistung schuldet, aber seinerseits das Recht hat, anstelle der geschuldeten Leistung ohne Zustimmung des Gläubigers eine andere Leistung zur Erfüllung zu verwenden (z. B. §§ 244 I, 251 II; Inzahlunggeben eines gebrauchten Kfz, s. u. § 39 I 1). § 10 Nr. 4 ABGB begrenzt derartige Abfindungsrechte in AGB („zumutbar").

4. Wiederum anders liegt es beim Bestehen *mehrerer Ansprüche* nebeneinander, z. B. aus Vertrag und Gesetz; dazu u. § 102 V 1.

§ 29
Geldschulden und Zinsen

Bettermann, ZPR 74, 13; *Canaris*, Bankvertragsrecht, 2. Aufl., 1981; *Eckstein*, Geldschuld und Geldwert im materiellen und internationalen Privatrecht, 1932; *Gernhuber*, Die Erfüllung und ihre Surrogate, 1983, § 11; *Horn*, Geldwertveränderungen, Privatrecht und Wirtschaftsordnung, 1975; *Immenga/Schwintowski*, NJW 83, 2841; *Inzitari*, RabelsZ 45, 705; *ders.*, La Moneta, 1983; *Isele*, AcP 129, 129; *Jung*, Das privatrechtliche Wesen des Geldes, 1926; *Kaser*, AcP 143, 1; *Klang*, Geldentwertung und juristische Methode, 1925; *Klausing*, Die Zahlung durch Wechsel oder Scheck, 1919; *Kollhosser*, JA 83, 897; *Mann, F. A.*, Das Recht des Geldes, 1960; *v. Maydell*, Geldschuld und Geldwert, 1974; *Medicus*, JuS 66, 305; *ders.*, JuS 83, 897; *Meyer-Cording*, Recht der Banküberweisung, 1951; *Nußbaum, A.*, Das Geld in Theorie und Praxis des deutschen und ausländischen Rechts, 1925; *Pulvermüller*, Rechtsnatur und Behandlung des privatrechtlichen Geldanspruchs, Diss. 1975; *Reichart-Facilides*, JZ 74, 483; *Reinhardt*, FS Boehmer, 1954, 60; *Schmitthoff*, Jura 84, 393; *Simitis, Spiros*, AcP 159, 406; *v. Stebut*, Jura 82, 561; *Steindorff*, BB 83, 1127; *Wolff, Martin*, Das Geld, in: EhrenbergsHb., Bd. IV, 1931, 1, 563; (weitere Literaturangaben bei *Staud./J. Schmidt*, Vorb. zu § 244).

I. Geld

1. Geldschulden im Sinne von Münz- und Notenschulden sind Gattungsschulden besonderer Art. § 243 I gibt keinen Sinn und ist daher unanwendbar. § 243 II ist anwendbar, so daß ein Schuldner frei wird, wenn er das seinerseits Erforderliche zur Zahlung getan hat, das Geld aber dann verlorenging. Zu beachten ist aber § 270 I, wonach der Schuldner die Leistungsgefahr trägt, bis das Geld am Gläubigerwohnsitz an den Gläubiger ausgehändigt wurde. Verhindert der Gläubiger die Aushändigung, etwa durch Ablehnung der Entgegennahme, tritt Befreiung des Schuldners nach § 300 II ein (vgl. unten § 35 III 3 c).

2. Die wichtigste Vorschrift ist § 279: Auf Geld angewandt bedeutet sie: Für sein Unvermögen zur Zahlung von Geld hat jedermann einzustehen, weil

§ 29
I 4
Inhalt des Schuldverhältnisses

die Leistung aus der *Gattung* stets möglich ist: „Die Gattung Geld geht nie aus." Wem sie ausgeht, der haftet trotzdem. Nichtzahlenkönnen befreit nicht vom Zahlenmüssen. Letzte Auswege sind Zwangsvollstreckung und Konkurs.
   3. Geld kann im Einzelfall auch Stückschuld sein: Ein Münzensammler kauft einen Maria-Theresia-Taler. Verwandt ist die eigentliche (echte) Geldsortenschuld: Kauf (irgend-)eines Krüger-Rand als Kapitalanlage. Geldstückschuld und echte Geldsortenschuld faßt man zur *„Geldsachschuld"* zusammen. Bei ihr geht es um Geld als Ware, nicht um Geld als Zahlungsmittel.[1])
   4. Die Rechtslage beim Gegenstück zur Geldsachschuld, der *„Geldzahlungsschuld"*, zu gliedern in den *„baren"* und *„unbaren Zahlungsverkehr"*, ist streitig. Eine Verdeutlichung im Gesetz wäre erwünscht. Im Grundsatz stehen sich zwei Meinungen gegenüber, die h. M., die Barzahlung (§ 362 i. V. m. § 929), Überweisung (§ 364 I) und Anweisungsformen, z. B. Scheck, Wechsel u. Kreditkarte (§ 364 II) *unterscheidet*, und die „moderne" Auffassung (*Gernhuber*, § 11; *Medicus*, § 18 II 3), die Bargeld und „Rückgeld" vielfach *gleichbehandelt*. Für die moderne Auffassung spricht zwar die Masse der täglich stattfindenden Überweisungen, gegen sie jedoch zum einen, daß sie den Gläubiger zwingt, jede Gutschrift auf jedem seiner Konten grundsätzlich als erfüllungswirksame Zahlung des Schuldners gelten zu lassen oder aber seinem Geschäftspartner seinen Kontenplan aufzudecken (was beides lebensfremd ist), zum andern, daß sich gegenwärtig die Zahlungs- und Überweisungstechniken so rapide ändern, daß man mit ihrer rechtlichen Neudeutung bis zu einer gewissen Abklärung der technischen Entwicklung warten sollte. In Wirklichkeit geht es nach derzeitigem Stand nämlich nicht bloß um zwei (Bar- und Buchgeld), sondern um fünf verschiedene Grundtypen beim (baren und unbaren) Zahlungsverkehr: (a) Barzahlung mit Münzen und Noten; (b) Barzahlung mit ihnen gleichgestellten (Reise-, Euro-) „Schecks"; (c) Übermittlung von Bargeld; (d) Überweisung (mit ihren Unterformen wie Lastschriftverfahren und Akkreditiv); (e) Anweisung (wie Scheck, Wechsel); (f) von alledem zu trennen ist der (z. B. einer Bank) gegebene Auftrag, die eingereichten Rechnungen zu bezahlen.
   a) *Barzahlung mit Münzen oder Noten.* Münzen und Noten sind bewegliche Sachen. Durch ihre Übereignung nach § 929 wird eine Geldzahlungsschuld *gemäß § 362 I erfüllt*.
   b) *Barzahlung mit sog. „Schecks", die Münzen und Noten im Verkehr gleichgestellt werden.* Bei bestimmten „Schecks" hat sich der Rechtsverkehr daran gewöhnt, sie wie bare Münzen und Noten als *Erfüllung gemäß § 362 I* zu akzeptieren. Es handelt sich um „Schecks", die für den Empfänger kein Risiko bedeuten, weil ihre Einlösung durch die bezogene Bank gesichert ist, z. B. durch Versicherung. Hierher zählen in Gegenwart des Empfängers zum zweiten Mal zu unterschreibende *Reiseschecks* und *Euroschecks* mit Scheckkarte bis (z. Zt.) DM 300,–, falls nicht die Unterschrift für jedermann erkennbar gefälscht ist. Man kann insoweit von „fungiblen Schecks" sprechen.
   c) *Übermittlung von Bargeld.* Wird Bargeld durch Boten oder z. B. die Post im Brief übermittelt, geschieht die Übergabe (§ 929) im Sinne von oben a) durch den Absender, vermittelt durch einen Dritten. Der Dritte leistet nicht, 267. Häufiger ist, daß der Dritte, der dazu aufgrund eines Innenverhältnisses mit dem Schuldner befugt oder beauftragt ist, selbst leistet, so daß der Dritte der Partner der Übereignung gemäß § 929 ist. Erfüllung tritt *nach §§ 267, 362 I ein*. Dies ist der Fall beim Wertbrief, beim Barzah-

---

[1]) Einzelheiten bei *Gernhuber* § 11, 1.

lungsauftrag an die Post (Postanweisung, *grünes* Postscheckformular) und bei ähnlichen „Barüberweisungen": Ein Dritter tut, was oben unter a) und b) beschrieben ist.

d) *Die Überweisung.* Sie setzt voraus, daß der Gläubiger ein *Konto* hat (was bei a) bis c) nicht nötig ist). Die Überweisung ist ein Mittel zur Gutschrift auf dem Konto des Empfängers. Die Weisung kann durch einen Bareinzahler erteilt werden (Einzahlung auf drittes Konto, money order, Zahlkarte der Post). Sie kann auch durch einen Kontoinhaber seinem Geldinstitut gegeben werden (Banküberweisung, *braunes* Postscheckformular). Die Überweisung ist wegen ihrer Sicherheit in Deutschland beliebt, dagegen im Ausland oft nicht bekannt. Sie kennt viele Unterformen. Eine ist das *Lastschriftverfahren.* Dies besteht entweder im sog. *Abbuchungsverfahren*, bei dem der Schuldner *seine Bank* beauftragt (§ 675), typischerweise laufend an einen bestimmten Gläubiger von diesem zu benennende Beträge abzuführen (z. B. Stromkosten); oder im sog. *Einzugsermächtigungsverfahren*, bei dem der Schuldner *seinen Gläubiger* ermächtigt, vom Schuldnerkonto abzubuchen. Die wirksame Lastschrift im Abbuchungsverfahren erfüllt die Schuld, der Lastschrift im Einzugsermächtigungsverfahren kann der Schuldner binnen 6 Wochen widersprechen und so den Zustand der offenen Schuld wiederherstellen.[2]) Auch dem *Akkreditiv* kommt Überweisungscharakter zu, nachdem die Bank, bei welcher das Akkreditiv eröffnet wurde, dem Begünstigten die Eröffnung mitgeteilt hat.

Die Rechtswirkung der Überweisung ist entgegen der modernen Lehre (oben vor a)) nicht Erfüllung nach § 362, sondern sie setzt eine Vereinbarung zwischen Gläubiger und Schuldner voraus, daß die Schuld durch Überweisung getilgt werden soll. Damit ist die Überweisung ein Fall der *Leistung an Erfüllungs Statt,* 364 I. Zwar können Vertragsbeteiligte heute grundsätzlich davon ausgehen, daß statt mit Bargeld auch „unbar" gezahlt werden kann und vielfach auch soll. Aber dem Gläubiger kann es nicht gleichgültig sein, auf welche seiner Konten er welche Gelder eingezahlt erhält. Fragt der Schuldner bei irgendeinem Geldinstitut, ob der Gläubiger dort ein Konto unterhalte, und überweist er bei positiver Auskunft auf dieses, ist nicht erfüllt, bis der Gläubiger diesem Überweisungsgang zugestimmt hat (was wichtig ist, wenn die Bank inzwischen in Konkurs fällt oder in das Konto vollstreckt wird). Der ausdrücklichen Bitte des Gläubigers, auf das angegebene Konto zu überweisen, sind aber der Kontoaufdruck im Briefkopf oder auf der Rechnung sowie die Kenntnis des Schuldners aus früheren Geschäftsbeziehungen gleichzustellen, so daß es insoweit auf die Kenntnis des Gläubigers von der Gutschrift *nicht* ankommt, BGH NJW 53, 897. Bloße Kontoeröffnung reicht nicht.

Mit der Gutschrift auf dem Gläubigerkonto entsteht dann eine Forderung des Gläubigers gegen sein Geldinstitut, die an die Stelle der Schuld tritt und sie somit erfüllt, 364 I. Anspruchsgrundlage der Gläubigerforderung ist sein Geschäftsbesorgungsvertrag (Kontovertrag usw.) mit der Bank. Daneben *kann* ein Schuldversprechen der Bank treten, § 780, mit der Formerleichterung nach § 350 HGB für Kaufleute.[3])

e) *Anweisung.* Wer mit einem Scheck, Postscheck (bräunes Formular) oder Wechsel bezahlt, verschafft dem Gläubiger „erfüllungshalber" eine neue Forderung, die neben dessen alte, bestehen bleibende tritt, 364 II (s. u. §§ 39 I 3, 66 V 3).[4]) Beim Scheck be-

---

[2]) *Gernhuber,* § 11, 5, mit Einzelheiten; *Sandberger,* JZ 77, 287.
[3]) S. *Gernhuber* § 11, 4; zur „steckengebliebenen" Überweisung *Riesenkampff,* NJW 1976, 321; Voraufl. § 29 I 5.
[4]) Für Reiseschecks und Euroschecks z. Zt. bis DM 300,– gilt jedoch Erfüllung der alten Forderung gemäß § 362, s. o. b).

ruht die neue Forderung auf der dem Scheckverhältnis zugrundeliegenden Doppelermächtigung (§ 783) des Ausstellers an die bezogene Bank, statt seiner zu leisten, und an den Schecknehmer, statt seiner zu fordern (*Canaris* Rn. 686); beim Wechsel besteht die neue Forderung regelmäßig in der Wechselhauptforderung, Art. 28 WG, die systematisch dem Anspruch aus *angenommener Anweisung* (§ 784) entspricht (beim Scheck gibt es keine Scheckhauptforderung!). Die Tilgung der alten Schuld erfolgt erst bei Einlösung des Schecks oder Wechsels oder wenn der Gläubiger, der die erfüllungshalber eingegangene neue Forderung weiterübertragen hat, den Gegenwert endgültig behalten darf. Trotzdem leistet, wer durch Scheck zahlt, im Sinne des Verzugsrechts rechtzeitig, RGZ 78, 137. *Verrechnungsschecks* sind Schecks, die (aus Gründen erhöhter Sicherheit) an den Scheckinhaber nicht bar ausgezahlt, sondern auf sein Konto gutgeschrieben werden sollen, was durch einen schräg geschriebenen Vermerk „Nur zur Verrechnung" oder ähnlich zum Ausdruck gebracht wird; vgl. Art. 39 II SchG.

Ein Anweisungsverhältnis liegt auch der *Kreditkarte* zugrunde: In der Unterschrift des Kreditkarteninhabers auf der Rechnung des rechnungstellenden Unternehmens (z. B. Hotel, Reisebüro, Tankstelle) liegt die Anweisung an den Kartenherausgeber (meist eine Bank oder eine von Banken getragene Gesellschaft), den Betrag an das einreichende Unternehmen zu zahlen. *Zusätzlich* (*Canaris* Rn. 1625: alternativ) läßt sich der Kartenherausgeber gegen Zahlung des Betrags an das Unternehmen von diesem dessen Forderung gegen den Kreditkarteninhaber abtreten, um gegen diesen nicht bloß aus dem Kreditkartenverhältnis vorgehen zu können. Die dem Unternehmer erteilte Ermächtigung, sich an den Kartenherausgeber zu halten, erfolgt daher bei der Kreditkarte, entsprechend der Rechtslage beim Scheck, *erfüllungshalber*, 364 II.

f) *Der Überweisungsauftrag.* Wer seine Rechnungen, die er bezahlen muß, seiner Bank zur Erledigung gibt, läßt, wenn nicht Kontovollmacht vorliegt, die Bank aufgrund des mit ihr geschlossenen Geschäftsbesorgungsverhältnisses (§ 675; *Canaris* Rn. 320) als Dritten für sich zahlen. Die Bank wird in einer der oben a) – e) beschriebenen Weisen tätig; häufig wird sie die Überweisung (oben d) wählen.

5. Grundsätzlich steht das bürgerliche Recht auf dem Standpunkt: Mark = Mark, RGZ 107, 371; BVfG NJW 79, 1151, mit abl. Anm. *K. Vogel* (Grundsatz des Nominalismus). Geldschulden sind nach heute ganz h. M. keine kursabhängigen Wertschulden (Grundsatz des Valorismus).[5]) Hinzu kommt die grundsätzliche Haltung des BGB, jeder Gegenstand könne in Geld aufgewogen werden. Beide Prämissen treffen in Zeiten der Bewirtschaftung, der Inflation und Deflation nicht zu, wobei es namentlich nicht darauf ankommt, ob ein Kaufkraftschwund (Inflation) galoppierend (1922 – 24) oder schleichend vor sich geht (heute eine Allgemeinerscheinung). Der Fiktion „Mark = Mark" folgend sind Wertsicherungsklauseln in Gestalt von Fremdwährungs-, Gold- und Indexklauseln (hierunter fallen grundsätzlich auch Kaufkraftklauseln) nach § 3 des Währungsgesetzes von 1948 verboten, können aber durch die Bundesbank genehmigt werden. Dazu *Dürkes*, Wertsicherungsklauseln, 9. Aufl., 1982, der genehmigungsfreie, – bedürftige, – fähige und – unfähige unterscheidet (vgl. auch oben § 27 V). *Genehmigungsfrei* sind (1) Leistungsbestimmungsvorbehalte (eine Partei, beide Parteien oder Dritte können die Leistungen neu bestimmen, §§ 315 ff., wobei eine Automatik vermieden sein muß); (2) Umsatz- und Beteiligungsklauseln (Mietzins für Geschäftsräume wird nach dort erzieltem Umsatz bemessen); (3) Preis-Kosten-Klauseln (in den Strompreis geht der Kohlepreis, in den Preis für ein Bauwerk die Maurerlöhne, usw.,

---

[5]) S. z. B. *MünchKomm/v. Maydell*, § 244 Rn. 14 ff.

mit ein); (4) Spannungsklauseln (der „Preis" richtet sich nach dem *gleichartiger* Leistungen, z. B. eine Angestelltenrente nach einer Beamtenpension; wichtig ist, daß bei *ungleichartigen* Leistungen, z. B. Miete und Beamtengehalt, die Genehmigung der Bundesbank erforderlich ist). *Genehmigungsbedürftig* sind also vor allem Fremdwährungs-, Soll- und Warenpreis- (einschließl. Lebenshaltungskostenindex-)Klauseln.

Weitere Behelfe *nichtwährungsrechtlicher* Art gegen die Geldentwertung sind

— Anspruch aus § 242 auf Mitwirkung zu einer Vertragsänderung, um eine nicht genehmigungsfähige Wertsicherungsklausel zu einer genehmigungsfähigen zu machen,

— Anspruch auf Vertragsanpassung nach den Regeln über den Wegfall oder die Änderung der Geschäftsgrundlage, § 242 (s. o. § 27),

— Anspruch auf Neufestsetzung des Entgelts bei grundlegender Änderung des Äquivalenzverhältnisses (nur von einer Minderheit vertreten, z. B. von *MünchKomm/ v. Maydell* § 244 Rn. 18 ff. m. w. A.).

6. Fremdwährungsschulden können in DM bezahlt werden, wenn keine sog. „Effektivklausel" beigefügt ist, 244. Für frühere Währungen gilt § 245, wonach objektive nachträgliche Unmöglichkeit nicht vorliegt, wenn die Münzsorte wechselt.

7. Bargeld (Münzen und Scheine) wird nach der Zahlung in aller Regel sogleich in der Kasse (Geldbeutel, Registrierkasse) des Empfängers mit dem vorhandenen Geld vermischt. Dann tritt, falls nicht nach §§ 929 ff. übereignet wurde, Eigentumserwerb des Empfängers nach den Regeln der Vermischung ein, §§ 948 I, 947 II, 93, und zwar ohne Rücksicht auf die jeweiligen absoluten Mengen (§ 947 II: „anzusehen"). Folge: §§ 951, 812 ff., statt § 985! Im einzelnen streitig.

II. Zinsen

Canaris, NJW 78, 1891; *ders.,* WM 82, 254; *Hadding/Welter,* ZIP 82, 399; *v. Heymann,* BB 83, Beih. 8; *ders.,* Bank 83, 336; *Praxl,* WM 84, 117; *Schmidt, K.,* JZ 82, 829; *Stöcker,* BB 82, 2079. (weiteres Schrifttum bei *Staud./ K. Schmidt* zu § 246).

1. Zinsen sind (1) der Gegenwert für den Gebrauch von Geld oder anderen, vertretbaren Sachen, berechnet nach der Dauer des Gebrauchs, (2) eine Risikoprämie, (3) nicht aber gem. h. M. ein Mittel des Geldentwertungsausgleichs, s. o. I 5. Zinsansprüche entstehen zwar bis zur Tilgung der Kapitalschuld laufend neu, die Zinspflicht ist aber eine Nebenschuld, deren Entstehen und Weiterentstehen von der Hauptschuld abhängt, BGHZ 15, 88.

Zinsvereinbarungen sind erlaubt, nur vorherige Verabredung von Zinseszins (Anatozismus) ist verboten, 248 I, 134 (ähnlich § 289: Keine Zinsen von Verzugszinsen). Kreditanstalten dürfen Zinseszins zahlen und in gewissem Umfang auch nehmen, 248 II.

2. Ob Zinsen geschuldet sind, bestimmen Vertrag oder Gesetz (z. B. §§ 288 bis 290, 291; 353 HGB). Sind Zinsen geschuldet, und ist über ihre Höhe nichts vereinbart, so sind nach bürgerlichem Recht 4% (246), nach Handelsrecht 5% (352 HGB), im Wechselrecht mindestens 6% (Art. 48 WG) zu zahlen. Das bürgerliche Recht kennt im wesentlichen nur die Verzugs- (288—290) und die Prozeßzinsen (291), ferner die Verzinsungspflicht des Kaufpreises, 452 (eng auszulegen, BGHZ 26, 7) und die Zinspflicht wegen Entziehung

§ 30
1

oder Beschädigung einer Sache, 849, dazu BGHZ 8, 298. Nach Handelsrecht sind auch Fälligkeitszinsen zu zahlen (353 HGB). Eine allgemeine Zinspflicht besteht nicht.

3. Bei Zinsen, die höher als 6% sind, besteht ein besonderes, unabdingbares Kündigungsrecht nach § 247.[6]) Zinsen von 12% und mehr wurden von der Rechtsprechung für sittenwidrig erachtet, vgl. BGH, DB 56, 326, doch ist hier der Einzelfall entscheidend.

4. Ein einseitiger Abzug von *Zwischenzinsen* bei vorzeitiger Tilgung einer Schuld ist unstatthaft, 272. Dagegen findet beim Ankauf eines Wechsels ein vertraglich vereinbarter Abzug von Zwischenzinsen statt (Diskontierung), ein Vorgang, der im Regelfall nicht unter § 272 fällt, weil der Wechselschuldner an ihm nicht beteiligt ist. Kauft der Akzeptant den Wechsel selbst zurück, kann er entgegen § 272 Zwischenzinsen abziehen. § 272 gilt als abbedungen. Das ist deshalb anzunehmen, weil Wechselsummen nach Art. 5 I 2 WG unverzinslich sein müssen (Sicht- und Nachsichtwechsel ausgenommen), der Gläubiger also die Zinsen in die Wechselsumme hineinrechnen muß, wenn er eine Verzinsung seines Kapitals will. Auch dürfen Banken bei Rückzahlung nicht rechtzeitig gekündigter, also noch nicht fälliger Spareinlagen sog. „Vorauszinsen" abziehen, ohne gegen § 272 zu verstoßen.

5. Bei der Erfüllung einer Schuld werden in Ermangelung anderweitiger Vereinbarung zuerst die Kosten, dann die Zinsen, dann das Kapital getilgt, 367 (allgemeine Regel, die sich in vielen Rechtsbereichen wiederfindet).

§ 30
Teilleistungen

Coing, SJZ 49, 532; *Eccius*, Gruchot 49, 469; *Gernhuber*, Die Erfüllung und ihre Surrogate, 1983, § 8; *Heinzelmann*, NJW 67, 534; *Nacken*, Teilleistung und teilbare Leistung, Diss. Köln 1976; *Rother*, NJW 65, 1749.

1. Kein Gläubiger braucht es sich gefallen zu lassen, daß sein Schuldner die geschuldete Leistung in Teilbeträgen erstattet. Der Schuldner ist zu Teilleistungen nicht berechtigt, 266. Durch Teilleistungen kann der Gläubiger nicht in Annahmeverzug gesetzt werden, 293, 294. Der Schuldner bewahrt sich durch unberechtigte Teilleistungen nicht vor Schuldnerverzug, 284f.; doch kann die Zurückweisung von Teilbeträgen im Einzelfall treuwidrig sein, wenn die Annahme dem Gläubiger zumutbar ist, 242, OLG Düsseldorf, NJW 65, 1763; OLG Hamm, VersR 57, 824.

Zweifelhaft ist, ob § 266 auch dann Anwendung findet, wenn der Schuldner einen Teilbetrag der eingeklagten Forderung zu befriedigen bereit ist, im übrigen aber die Forderung bestreitet. Die OLGe Düsseldorf und Hamm a. a. O. erblicken in der Ablehnung des angebotenen Betrages einen Verstoß des Gläubigers gegen Treu und Glau-

---

[6]) Ob § 247 I wegen Änderung der Verhältnisse obsolet oder reduktionsbedürftig ist, ist str. Bejahend *Herreiner*, NJW 59, 225; *Canaris*, WM 78, 686, verneinend die h. M.

ben. Von einer Belästigung des Gläubigers könne in diesem Fall keine Rede sein. Im Gegenteil sei es für diesen nur vorteilhaft, wenn er einen angemessenen Teil seines Schadens so schnell wie möglich ersetzt erhalte und zugleich den Rechtsstreit auf die noch offenen Streitpunkte beschränke. *Rother* dagegen meint, durch die Annahme des Hauptteils der Leistung werde der Gläubiger in die mißliche Lage versetzt, wegen des noch fehlenden Restes den Rechtsweg beschreiten und im Falle des Unterliegens einen größeren Kostenbetrag tragen zu müssen als bei teilweisem Unterliegen mit seiner Klage auf das Ganze. Diese Auffassung geht jedoch zu weit. § 266 will nicht das Recht des Anspruchsgegners beschneiden, sich gegen unbegründete Forderungen zu schützen. Eine Belästigung des Gläubigers liegt andererseits nicht nur dann vor, wenn die Forderung *insgesamt* unstreitig feststeht (so *Heinzelmann* und Voraufl.). Der von *Gernhuber* a. a. O. § 8, 6 vorgeschlagene Mittelweg überzeugt: Der Gläubiger ist gehalten, eine Leistung entgegenzunehmen, die dem gesamten unstreitigen Forderungsteil entspricht, sofern er nicht besorgen muß, sein Verhalten werde ihm als Verzicht o. ä. bezüglich des streitigen Teils ausgelegt. Das darf auch im Zweifel nicht angenommen werden.

2. Ausnahmen

a) Teilleistungen können vereinbart sein, z. B. in einem Ratenkaufvertrag oder bei einem ratenweise zu tilgenden Darlehen, vgl. oben § 8, 7 b, wo eine Übersicht über alle Ratenleistungs-, Dauer- und Wiederkehrschuldverhältnisse gegeben wird.

b) Teilweise Aufrechnung ist zulässig. Die §§ 387 ff. gehen § 266 vor (lex specialis derogat legi generali).

c) Andere Ausnahmen: Art. 39 II WG, 34 II ScheckG, §§ 757 ZPO; 149 KO. Der Grund ist in diesen Fällen die besondere Schutzbedürftigkeit des Schuldners im Wechsel- und Scheckrecht, sowie auch des Gläubigers im Zwangsvollstreckungs- und Konkursrecht, und zwar wegen der schwerwiegenden Folgen völliger oder auch nur teilweiser Nichtzahlung.

3. Nimmt der Gläubiger die angebotene Teilleistung an, so kann er wegen des nicht erbrachten Teils Schadensersatz wegen Nichterfüllung verlangen. Der Gegenanspruch des Schuldners für die Teilleistung und der Schadensersatzanspruch des Gläubigers sind dann rechtlich selbständig und können gegeneinander aufgerechnet werden, BGHZ 36, 316.

§ 31
Aufwendungsersatz und Wegnahmerecht

Baur/Wolff, JuS 66, 398; *Gerhardt,* Der Befreiungsanspruch, 1966; *Klein,* JW 1902, 646; *Kretschmer,* ZBlfG 6, 1; *ders.,* Recht 07, 286; *Müller, Klaus,* JZ 68, 769; *Rimmelspacher,* JR 76, 183; *Ruge,* Wegnahmerecht, Diss. 1905; *Trinkl,* NJW 68, 1077.

1. Die §§ 256 – 261, 292, 809 – 811 behandeln gesetzlich normierte Leistungsinhalte. Es liegt wie bei den Zinsvorschriften der §§ 246, 247: *Wann* Zinsen zu leisten sind, steht an anderer Stelle im Gesetz oder in einem Vertrag. Die §§ 246, 247 sagen nur, *wie hoch* sich die Zinsen belaufen, wenn Zinsen zu zahlen sind. So auch die §§ 256 – 261, 292, 809 – 811: *Wann* Aufwendungen zu ersetzen (256 – 257), Wegnahme zu dulden (258), Rechnung zu le-

gen (259), Gegenstandsinbegriffe herauszugeben und Auskünfte darüber zu erteilen (260), bestimmte Sachen herauszugeben (292) oder Sachen vorzulegen (809 – 811) sind, ist anderweitig gesetzlich (gegebenenfalls auch vertraglich) geregelt. In den genannten Paragraphen ist lediglich bestimmt, wie dies zu geschehen hat. Die Vorschriften enthalten demnach keine Anspruchsnormen, mit denen man ein Gutachten beginnen kann. Erst wenn der Anspruch feststeht, sind diese Vorschriften ergänzend heranzuziehen.

2. *Aufwendungsersatz:* So bestimmt etwa § 670, daß der Beauftragte Ersatz seiner Aufwendungen verlangen kann. (Ein Freund wird gebeten, bei der Zimmersuche zu helfen. Er kann seine Straßenbahn- und Telefonauslagen ersetzt verlangen.) Dann ist § 666 die Anspruchsnorm, mit der die Prüfung im Gutachten zu beginnen hat. Die zu ersetzenden Aufwendungen sind nach § 256 zu verzinsen. Besteht die Aufwendung in einer eingegangenen Verbindlichkeit, so muß der Beauftragte von der Verbindlichkeit befreit oder Sicherheit geleistet werden, 257. BGH NJW 60, 1568. Siehe auch unten § 99 V 2 d.

3. *Wegnahmerecht:* Nach § 547 II 2 kann z. B. der Mieter die eingedübelten Gardinenstangen samt Dübeln mitnehmen, wenn er auszieht (Anspruchsnorm). § 258 S. 1 bestimmt dazu, daß der Wegnahmeberechtigte den vorigen Stand wiederherzustellen hat. Der Mieter muß also die Dübellöcher wieder zugipsen.

§ 32
Rechnungslegung, Herausgabe von Gegenstandsinbegriffen. Auskunft und Versicherung an Eides Statt

Goldmann, JW 30, 1052; *Ikels,* Die Rechnungslegung gemäß § 259/I BGB, Diss. Hamburg 1976; *Ludinke,* NJW 57, 1175 ff.; *Reichel,* ZZP 37, 49 ff.; *Simonson,* ZZP 34, 481 ff.; *Treitel,* ArchBürgR 14, S. 1 ff.

1. *Rechnungslegung:* Nach § 666 muß z. B. der Beauftragte über die Durchführung seines Auftrags Rechenschaft ablegen (Anspruch). Die Einzelheiten (Einnahmen- und Ausgabenberechnung, Belege) regelt § 259. Eine Verpflichtung zur Rechnungslegung besteht nach § 242 überall dort, wo jemand fremde Angelegenheiten oder solche Angelegenheiten besorgt, die zugleich eigene und fremde sind, BGHZ 10, 368.

2. *Herausgabe von Gegenstandsinbegriffen:* Der falsche, zunächst irrtümlich für den Erben gehaltene Erbe („Erbschaftsbesitzer") muß den wahren Erben die Erbschaft oder alles, was er aus der Erbschaft erlangt hat, herausgeben, 2018. Die Erbschaft besteht in der Regel aus Sachen und Rechten (Gegenständen, vgl. § 90). Wer in dieser Weise zur Herausgabe eines Inbegriffs von Gegenständen verpflichtet ist, muß ein Bestandsverzeichnis vorlegen, 260 I.

3. *Auskunft über Gegenstandsbegriffe:* Der wahre Erbe hat auch Anspruch auf Auskunft über den Bestand der Erbschaft und den Verbleib von Erbschaftsgegenständen, 2027 I. Auch wer zur Auskunft über einen Gegenstandsinbegriff verpflichtet ist, muß ein Bestandsverzeichnis vorlegen, 260 I. – Eine allgemeine Auskunftspflicht besteht nach dem BGB nicht. § 260 I bezieht sich nur auf Auskünfte über Sachinbegriffe. Andere Auskunftspflichten sind gelegentlich im Gesetz geregelt (z. B. §§ 402, 444, 666,

799, 1379, 2003, 2005, 2028, 2314, 2362). Sie folgen auch häufig als Nebenpflichten aus § 242 in Verbindung mit einem anderen Schuldverhältnis (vgl. oben § 26 VII), BGHZ 10, 387; 13, 213; 41, 318. — Prozessual können Auskunfts- und Leistungsanspruch durch *Stufenklage* verbunden werden, 254 ZPO.

4. *Versicherung an Eides Statt* (durch Gesetz vom 27. 6. 1970, BGBl. I S. 911, an die Stelle des Offenbarungseides getreten): Die gemäß §§ 259, 260 verpflichteten Personen haben auf Verlangen des Gläubigers in begründeten Fällen die Vollständigkeit ihrer Rechnungslegung bzw. Auskunftserteilung an Eides Statt zu versichern. (Einzelheiten dazu s. §§ 259 II, III; 260 II, III; 261).

Diese sog. bürgerlich-rechtliche oder materiellrechtliche eidesstattliche Versicherung, die Gegenstand eines materiellrechtlichen Anspruchs ist, kann gerichtlich im Wege der Leistungsklage mit anschließender Vollstreckung gemäß §§ 889, 888 ZPO erzwungen werden.

Davon zu unterscheiden ist die sog. vollstreckungsrechtliche eidesstattliche Versicherung gemäß §§ 807, 883, 899 ff. ZPO, die eine Vollstreckungsmaßnahme darstellt.

§ 33
Einfluß der Rechtshängigkeit auf den Herausgabeanspruch und Vorleg ng von Sachen

I. Die Rechtshängigkeit des Herausgabeanspruchs bezüglich bestimmter Gegenstände, 292

1. Für sich genommen ist § 292 nicht verständlich. Durch § 292 wird der Haftungsrahmen verändert, nämlich verschärft. § 292 bildet regelmäßig ein Glied in einer Verweisungskette. Denn § 292 setzt einen bestehenden Anspruch auf Herausgabe eines *bestimmten Gegenstandes* voraus, z. B. aus Leihe 598, 604, aus Miete, 535, 556, oder aus ungerechtfertigter Bereicherung, 812 I 1. Andererseits sagt § 292 lediglich, daß vom Eintritt der Rechtshängigkeit an grundsätzlich gemäß §§ 987 – 1003 (also strenger) gehaftet wird.

2. Rechtshängigkeit bedeutet dem Wortsinn nach „Gerichtshängigkeit".

Regelmäßig wird ein Anspruch durch Erhebung der Klage, also durch Zustellung der Klageschrift (261 mit 253, 696 ZPO), rechtshängig. Keinesfalls führen Mahnung oder sonstige außergerichtliche Geltendmachung zur Rechtshängigkeit. — Der verklagte Schuldner muß mit Verurteilung rechnen. Er soll daher auf den umstrittenen Gegenstand, den er herausgeben soll, besonders gut achtgeben. Darum ist eine strengere Haftung angemessen, wenn der Schuldner den Gegenstand schuldhaft vernachlässigt oder vernichtet. Eine derartige strenge Haftung enthalten die Vorschriften des Eigentümer-Besitzer-Verhältnisses, 987 ff. Der Einfachheit halber verweist § 292 für alle Herausgabeansprüche, die sich auf einen bestimmten Gegenstand richten, wegen der Folgen der Rechtshängigkeit auf §§ 987 – 1003, unter Einschluß der Nutzungs- und Verwendungsregelung, 292 II.

3. Dadurch ergeben sich merkwürdige, aber praktisch recht bedeutsame Verweisungsketten:

Ein Landstreicher läßt sich von einem auf der Straße spielenden Kind ein Fahrrad schenken, das er alsbald weiterverkauft. Mußte der Landstreicher die Minderjährigkeit des Kindes erkennen, so haftet er dem Kind (das durch seine Eltern gemäß §§ 2, 104 oder 106, 1626 I, Art. 6 GG, bei der Geltendmachung seiner Ansprüche vertreten wird) nach §§ 812 I 1, 516, 104 Ziff. 1, 105 I bzw. 106, 107, 819 I, 818 IV, 292, 990 I 1, 989 auf Ersatz des vollen *Schadens*. War das Kind *Eigentümer*, besteht daneben die Haftung aus §§ 985, 990 I 1, 989. War das Kind *Nichteigentümer*, so gründet sich die zusätzliche Haftung auf §§ 1007 I, 1007 III 2, 990 I 1, 989. War das Kind über 7 Jahre, konnte es zwar nicht übereignen (106, 107, 929), aber anvertrauen (932, 935), str. Verschafft der Landstreicher einem gutgläubigen Erwerber Eigentum, haftet er nach § 816 I auf den erlösten Wert, nach §§ 687 II, 681 S. 2, 667 auf den erlösten Gewinn. War das Kind Eigentümer, aber noch nicht 7 Jahre alt, so kam ihm das Fahrrad abhanden, da ein Geschäftsunfähiger keinen Besitzwillen hat (str.). Dann haftet der Landstreicher auch auf den erlösten Wert gemäß §§ 816 I, 185 II 1, 929, 935, 932; ferner auf den erlösten Gewinn aus §§ 687 II, 681 S. 2, 667. Ob ein Anspruch aus §§ 992, 823 II besteht, richtet sich danach, ob man Diebstahl oder Unterschlagung des Landstreichers bejaht. — Ähnlich liegt es in den meisten Herausgabefällen (wichtig).

II. Vorlegung von Sachen, 809 – 811

1. Das besondere Schuldverhältnis der Vorlegung von Sachen gehört ebenfalls in diesen Zusammenhang:

Die §§ 809 ff. setzen einen anderweitig begründeten *Anspruch* „in Ansehung einer Sache" voraus. Dazu reicht aus, daß der Anspruch irgendwie den Bestand oder die Beschaffenheit der Sache zur Voraussetzung hat. Auch bloße Ungewißheit über das Bestehen eines solchen Anspruchs genügt, 809. In Frage kommende Ansprüche sind etwa §§ 985, 867, 823 I (Eigentumsbeschädigung). § 809 muß entsprechend angewandt werden, wenn jemand feststellen will, ob er eine die Sache betreffende *Pflicht* hat (z. B. nach § 536).

2. Für die Vorlegung von Urkunden gilt § 810

Die Einzelfälle, in denen eine Urkunde vorgelegt werden muß, sind im Gesetz aufgezählt. § 810 hat im Zivilprozeß über § 422 ZPO Bedeutung. Entsprechendes gilt nach § 429 ZPO, wenn ein Dritter die Urkunde besitzt. § 811 regelt Ort, Gefahr und Kosten der Vorlegung. Grundsatz ist, daß der verlangende Teil alle Lasten trägt.

§ 34
Zeit der Leistung. Kündigung

Gernhuber, Die Erfüllung und ihre Surrogate, 1983, § 3; *Nastelski,* JuS 62, 279; *Rother,* AcP 164, 97.

Der Schuldner muß wissen, wann er leisten darf und muß, der Gläubiger, wann er fordern darf.

Zeit der Leistung § 34
3

Manchmal schreibt das Gesetz selbst zwingend den genauen Leistungszeitpunkt vor, 551, 604, 608, 609, 614, 695, 848, 1710. Fehlen gesetzliche Leistungszeiten ist zu unterscheiden:

1. Ist eine Zeit für die Leistung weder gesetzlich oder vertraglich bestimmt, noch aus den Umständen zu entnehmen, so kann der Gläubiger die Leistung sofort verlangen, der Schuldner sie sofort bewirken, 271 I. Z. B. eine gewöhnliche Kaufpreisschuld. Nach Treu und Glauben mit Rücksicht auf die Verkehrssitte kann sich aber etwas anderes ergeben, 242. „Treu und Glauben mit Rücksicht auf die Verkehrssitte" ist aber kein „Umstand" im Sinne des § 271 I, sondern Vertragsinhalt. Die Reihenfolge der Prüfung ist also insoweit: Zwingendes Recht, ausdrücklicher Vertragsinhalt, stillschweigende Abmachungen, Treu und Glauben mit Rücksicht auf die Verkehrssitte, nachgiebiges Recht (z. B. § 700 I 3), Umstände im Sinne des § 271 I (gemeint sind Umstände außerhalb des Vertragsinhalts). Die Abgrenzung kann freilich im Einzelfall zweifelhaft sein, praktisch wichtig ist sie in der Regel nicht. Die Bestimmung der Leistungszeit kann auch Gläubiger oder Schuldner gem. § 315 („billiges Ermessen") überlassen werden.

2. Ist eine Zeit bestimmt, so ist *im Zweifel* anzunehmen, daß der Gläubiger die Leistung nicht vor dieser Zeit verlangen, der Schuldner sie aber vorher bewirken kann, 271 II (aber ohne Abzug von Zwischenzinsen, 272, siehe oben § 29 II 4). Der Gläubiger kommt also in Annahmeverzug, wenn er die Leistung nicht annimmt.

Das gilt nach § 609 III auch für das unverzinsliche Darlehen. Der Schuldner kann jederzeit zurückzahlen. (Grund: der Gläubiger hat kein schutzwürdiges Interesse an der Hinauszögerung der Erfüllung, da er keine Zinsen verdient.) Der Schuldner hat dagegen bei zeitlich festgelegten Verbindlichkeiten ein wesentliches Interesse, bis zur Fälligkeit nicht leisten zu müssen. Dem trägt § 271 II Rechnung.

a) Den Zeitpunkt, zu dem spätestens zu leisten ist, bezeichnet man mit *„Fälligkeit"*. Durch eine *Stundung* wird die Fälligkeit nach Maßgabe des § 271 II hinausgeschoben. Sie setzt vertragliche Vereinbarung voraus und gewährt dem Schuldner die *Einrede* der Stundung. Auch andere Leistungsverweigerungsrechte schließen die Fälligkeit aus, BGHZ 27, 335. Zum Begriff der Einrede oben § 27 II 4bb.

b) § 271 II ist nachgiebiges Recht. Häufig wird bedungen, daß der Schuldner erst zu bestimmter Zeit leisten darf (z. B. beim verzinslichen Darlehen wegen des Zinsverdienstes).

3. Neben der von vornherein zeitlich unbestimmten und der zeitlich bestimmten Leistung besteht die Möglichkeit, den Zeitpunkt einer Leistung durch *Kündigung* zu bestimmen. Sie ist die einseitige, empfangsbedürftige Willenserklärung, daß eine Leistung, vom *Zeitpunkt* des Zugehens der Kündigung an, binnen einer bestimmten Frist fällig sein soll. Die Kündigung stellt also eine Abart der zeitlich bestimmten Leistung dar: Zunächst ist *bestimmt*, daß *nicht* geleistet werden darf; erst nach Ablauf der Kündigungsfrist wird die Leistung fällig (Beispiele: 604, 605, 609). Ist die Kündigungsfrist gleich Null, spricht man von *Leistung auf Abruf.*

Von Kündigung wird noch in einem anderen Sinn gesprochen: Dauerschuldverhältnisse (z. B. Miete, Dienstvertrag, Leihe) bestehen häufig zunächst einmal unbefristet (Gegensatz: „auf Zeit", 564 I, 620 I, 604 I). Dann kann dieses unbefristete Dauerschuldverhältnis normalerweise nur durch Kündigung zu Ende gebracht werden. Diese Kündigung ist die einseitige empfangsbedürftige Willenserklärung, daß ein Dauerschuldverhältnis von einem bestimmten Zeitpunkt an für die Zukunft beendet sein soll (z. B. 564 II, 620 II, 723 I 1). Beide Kündigungsbegriffe sind nahe verwandt: Oft werden auch mit der Beendigung des Dauerschuldverhältnisses Leistungen fällig (bei Miete und Leihe z. B. Kaution oder Zins); der Unterschied besteht aber darin, daß der Begriff der Kündigung einmal auf ein Schuldverhältnis im engeren Sinne, ein andermal auf ein Schuldverhältnis im weiteren Sinne angewandt wird, oben § 5 II 3. Im ersten Fall geht es um die zeitliche Bestimmung einer Leistung, im zweiten um die Beendigung eines Dauerschuldverhältnisses.

Weder für die Kündigung zur Herbeiführung der Fälligkeit einer Leistung noch für die Kündigung zur Beendigung eines Dauerschuldverhältnisses bestehen allgemeine gesetzliche Vorschriften. Die Kündigungsmöglichkeit muß also entweder vertraglich oder gesetzlich vorgesehen sein. Eine allgemeine gesetzliche Regel, daß alle Rechtsverhältnisse oder auch bloß alle Dauerschuldverhältnisse kündbar seien, besteht nicht. Doch muß eine Lösung von unbefristeten Dauerschuldverhältnissen auch dort möglich sein, wo keine Kündigung vorgesehen ist (z. B. bei Dauerbelieferungsverträgen, Preisbindungen u. ä.). Man behilft sich mit der Überlegung, daß ein *dem Gegner unzumutbares Festhalten am Vertrag wider Treu und Glauben verstößt* (242). So gewinnt man für Dauerschuldverhältnisse ein Kündigungsrecht aus Treu und Glauben bei Vorliegen eines wichtigen Grundes unter entsprechender Berücksichtigung der gesetzlichen Beispiele (542 ff., 553 ff., 626, 723 I 1) (siehe dazu oben § 8, 7c). Diese Überlegungen, die in diesem Zusammenhang oft berührt werden, beanspruchen auch bei der Kündigung zur Herbeiführung der Fälligkeit Geltung. Ein wichtiger Grund kann auch *nach* der Kündigungserklärung geltend gemacht werden, vgl. BGHZ 27, 220.

Kündigungen können *befristet* oder *unbefristet* (fristlos) sein. Bei der befristeten Kündigung liegt zwischen Kündigung und Wirksamwerden eine Frist, die dem Kündigungsgegner die Einstellung auf die neue Lage erleichtern soll. Bei unbefristeten (fristlosen) fehlt eine solche Anpassungszeit (die Frist ist gleich Null). Davon zu unterscheiden ist das Gegensatzpaar *ordentliche* und *außerordentliche* Kündigung, das sich auf die Gründe bezieht, aus denen gekündigt wird. *Nur als Faustregel* gilt, daß ordentliche Kündigungen befristet und begründungsfrei sind, außerordentliche hingegen fristlos und aus wichtigem Grund erfolgen. So kennen §§ 549 I 2, 569 eine außerordentliche Kündigung unter Einhaltung der gesetzlichen Frist. Die Fristen und ihre Dauer sind ebenso wie die Kündigungsgründe einzelgesetzlich oder vertraglich geregelt. Bei der — stets außerordentlichen — Kündigung nach § 242 entscheidet die Zumutbarkeit über die Frist (außerordentliche unbefristete oder befristete Kündigung). (Im einzelnen siehe bei den besonderen Schuldverhältnissen.)

§ 35
Ort der Leistung

v. Caemmerer, FS *Mann*, 1977, 3; *Emge*, Der Vollzugsort beim gegenseitigen Vertrag, 1910; *Gernhuber*, Die Erfüllung und ihre Surrogate, 1983, § 2; *Leonhard*, Erfüllungsort und Schuldort, 1907; *Oertmann*, Seuff. Bl. 73, 385; *Wieacker*, FS *Nipperdey*, Bd. I, 1965, 783.

I. Grundsätzliches über Zeit und Ort im Schuldverhältnis

Ebenso wie die Zeit muß auch der Ort der Leistung für jedes Schuldverhältnis bestimmt werden, soweit das Schuldverhältnis (wie meist) in Zeit und Raum seinen Bestand hat. Zeit und Ort sind Umstände, die den Leistungsinhalt festlegen. Richtig kann nur zu bestimmter Zeit (oder binnen bestimmter Frist) und an bestimmter Stelle geleistet werden. Der Schuldner muß wissen, wann und wo er zu leisten hat, der Gläubiger, wann und wo er sich zur Empfangnahme einfinden muß. Von Zeit und Ort der Leistung hängen Erfüllung und damit auch Nichterfüllung und Leistungsstörungen ab, bei Gattungsschulden ferner die Konkretisierung nach § 243 II. Nur die richtige, auch zeitlich und örtlich richtige Erfüllung ist Erfüllung, 362.

1. Leistet der Schuldner nicht zur rechten Zeit und am rechten Ort, so hat er noch nicht erfüllt, 362 I. Leistungszeit und Leistungsort entscheiden also über die Erfüllung. Der *Leistungsort* ist nach dem *Gesetz* daher ausnahmslos auch der *Erfüllungsort*. Das Gesetz verwendet beide Ausdrücke gleichbedeutend (269, 447), bestr. Allerdings kann die *Parteivereinbarung* dahin gehen, daß mit der Leistung am bedungenen Leistungsort noch nicht erfüllt sein soll. Wer diese Abweichung von §§ 269, 447 behauptet, muß sie im Streitfall beweisen.

2. Ist die geschuldete Leistung noch *möglich*, und beruht die *zeitlich* falsche Leistung auf Verschulden des Schuldners, so gerät der Schuldner nach Mahnung oder Kalendertagversäumung in *Verzug*, 284 ff. Wird *örtlich* falsch geleistet und dadurch der richtige Leistungszeitpunkt versäumt, so tritt unter den gleichen Voraussetzungen ebenfalls Verzug ein. Leistungsort und -zeit können in enger Verbindung stehen.

3. Bietet der Schuldner zeitlich und örtlich richtig an, nimmt aber der Gläubiger nicht an, etwa weil er nicht zur Stelle ist, so gerät der Gläubiger (auch ohne Verschulden) in *Gläubiger-(Annahme-)Verzug*, 293 ff.

In dieser Weise bestimmen Leistungszeit und Leistungsort – neben allen übrigen Anforderungen des Schuldinhalts – unmittelbar über *Erfüllung* und *Gläubigerverzug*, mittelbar (bei Verschulden des Schuldners und Mahnung oder Kalendertagversäumung) auch über den *Schuldnerverzug*. Alle diese Tatbestände wirken sehr erheblich auf die geschuldete Leistung ein (362 ff., 284 ff., 293 ff.).

II. Bestimmung des Leistungsorts

Es liegt ähnlich wie bei der Leistungszeit. Man sollte so prüfen:

1. Zunächst geht die (im Zivilrecht seltene) Bestimmung durch zwingendes Gesetz vor (Beispiel: § 811).

2. Danach entscheidet die Parteibestimmung. Die §§ 269, 270 sind nachgiebiges Recht.

In Allgemeinen Geschäftsbedingungen (dazu oben § 26 V 5, VI) findet sich häufig die Klausel: „Erfüllungsort ist...". Bisweilen ist damit der Leistungsort im Sinne des § 269, manchmal auch der Zahlungsort im Sinne des § 270 I gemeint. Der Gerichtsstand kann dadurch nicht mehr beeinflußt werden, denn Gerichtsstandsvereinbarungen sind seit 1. 4. 74 i. d. R. nur noch zwischen Kaufleuten zulässig, §§ 29 II, 38 ZPO. Dagegen ist Erfüllungsort im Sinne des IPR (Einzelheiten u. § 115 I 1) meist der Leistungsort des Schuldrechts, wobei dem Grundsatz, daß Schulden i. d. R. *Holschulden* sind (s. u. III 1), große Bedeutung zukommt.

3. Nächst der ausdrücklichen ist eine stillschweigende Parteivereinbarung zu prüfen, die in bezug auf den Leistungsort vorliegen kann. (Auch dies ist eine „Bestimmung" im Sinne des § 269 I.)

4. Fehlt auch eine stillschweigende Vereinbarung, kann sich der Leistungsort auch aus Treu und Glauben mit Rücksicht auf die Verkehrssitte ergeben, 242.

5. Liegt keine Parteibestimmung vor, und versagt die Berufung auf Treu und Glauben, findet nachgiebiges Recht Anwendung (Beispiele: 697, 700 I 3, 1194. Richtiger Ansicht nach enthalten diese Vorschriften kein zwingendes Recht). Aber auch nachgiebige Vorschriften über den Leistungsort sind selten. Ein weiteres Beispiel ist die Ortsbestimmung nach § 249 (Naturalrestitution): Wo die Sachen entzogen oder beschädigt wurden, sind sie zu ersetzen, BGHZ 5, 143; 8, 288.

6. Fehlt auch nachgiebiges Recht, so entscheiden „die Umstände, insbesondere die Natur des Schuldverhältnisses", 269 I.

Diese Formulierung – ein seltenes Beispiel einer ausdrücklichen Bezugnahme auf den naturrechtlichen Begriff der „Natur der Sache" im BGB – geht über die des § 242 hinaus. Zu berücksichtigen sind nun alle Umstände, auch solche, die außerhalb der Verkehrssitte und des üblichen Vertrauens liegen. Namentlich konkrete Umstände des Einzelfalles kommen in Betracht (Alter der Personen, Stadt oder flaches Land, Wetter, örtliche Gewohnheiten), BGHZ 2, 227. Auch Eigenheiten, die aus der Natur des Schuldverhältnisses folgen, sind „Umstände" dieser Art, die den Leistungsort bestimmen: Umgraben eines Gartens.

7. Als letztes ist, wenn alle anderen Maßstäbe versagen, Leistungsort der *Wohnsitz* oder, wenn vorhanden, die gewerbliche Niederlassung des Schuldners, 269 I, II: Der Gläubiger muß sich die Leistung beim Schuldner *abholen*, der Schuldner darf an seinem Ort leisten (Grundsatz der Holschuld).

III. Holschulden, Bringschulden, Schickschulden

Aus den Ausführungen unter II. ergibt sich, wo der Erfüllungsort ist. Davon ist zu trennen, welche Rechtsfolgen sich daran knüpfen, daß der Erfüllungsort beim Schuldner, Gläubiger oder woanders liegt. Während das Bisherige (II) die *Bestimmung des Leistungsinhalts* betrifft, bereitet die (wichtige) Einteilung u. III. die *Bestimmung* der *Rechtsfolgen* vor, die für *Erfüllung* und *Leistungsstörungen* von Belang sind.

Ort der Leistung § 35
III 3

1. *Holschuld*. Die Regel bilden mithin nach § 269 I, II — und im Umkehrschluß zu den Schickschuldvorschriften der §§ 270, 447 — die *Holschulden*: Der Leistungsort liegt, in Begünstigung der Schuldnerinteressen, beim Schuldner.

An dieser Regel ändert sich auch nichts, wenn in einem Vertragsverhältnis mehrere Parteien einander gegenseitig etwas schulden: Landwirt L tauscht mit dem Viehzüchter V einen Traktor gegen einen Zuchtstier. Leistungsort für den Traktor ist der Hof des L, der den Traktor schuldet. Leistungsort für den Zuchtstier ist die gewerbliche Niederlassung des V; also zwei Leistungsorte in einem gegenseitigen Vertrag. Gesellschafterverbindlichkeiten (705) in Gesellschaften ohne Sitz sind grundsätzlich am jeweiligen Wohnsitz des schuldenden Gesellschafters zu erfüllen (also Sitzfestlegung zweckmäßig!).

2. *Bringschuld*. Gemäß den Darlegungen unter II. kann Erfüllungsort auch der Wohnsitz des Gläubigers sein. Eine solche Vereinbarung wird „Bringschuld" genannt. Auch durch Gesetz oder „Umstände" im Sinne des § 269 I kann statt der *Holschuld* eine *Bringschuld* vorgesehen sein. Bei der Bringschuld wird als Leistungs-(Erfüllungs-)ort der Gläubigerwohnsitz oder ein dritter Ort vereinbart, wo der Schuldner leisten soll (Aussteuer an die Adresse des jungen Paares).

„Selbstverständlich bringen wir Ihnen das gekaufte Porzellanservice mit unserem Zustelldienst ins Haus" (Bringschuld, denn der Lieferant beherrscht voll den von ihm selbst ausgeführten Transport.) Anders i. d. R., wenn es heißt: „Wir übernehmen die Kosten des Versands an Sie" (dann Holschuld mit Versendungs- und Kostentragungsabrede, 269 III, 447; die Ware reist nun auf Gefahr des Empfängers!).

Bringschulden sind regelmäßig anzunehmen bei Kauf höherwertiger Gebrauchsgüter im Einzelhandel, wenn der Käufer sie nicht gleich selbst abtransportiert und der Transport oder die Aufstellung, wie oft, Sachkenntnis verlangt.

Beispiele: Waschmaschinen, Fernsehtruhen, größere Radios, Porzellanservice, Klaviere. Bringschulden liegen ebenfalls vor, wenn z. B. ein großer Lebensmitteleinzelhändler telefonisch oder im Laden bestellte größere Lebensmittelmengen mit eigenem Wagen zufährt. FOB-Klausel bedeutet Bringschuld, RGZ 106, 212 = ESJ 21.

Für Bringschulden sprechen in Zweifelsfällen: Unerfahrenheit und fehlende technische Mittel des Käufers, Orts- oder Geschäftsüblichkeit, Zufahren im geschäftseigenen Lieferauto, Zerbrechlichkeit oder schwere Transportierbarkeit der Ware, erforderlicher Kundendienst beim Aufstellen (Waschmaschine, Fernsehtruhe, Zusammensetzen eines Kleiderschrankes). Hierbei handelt es sich aber nur um Indizien, die nicht zwingend zu gelten haben. Namentlich im Werk- und Großhandel überwiegen die Holschulden weitaus; hier muß meist der Abnehmer dafür sorgen, daß die Sache transportiert, gelagert, aufgestellt wird. Vgl. zum ganzen auch unten § 67 IV 4.

3. *Schickschuld*. Denkbar ist ferner, daß eine *Schickschuld* vereinbart wird. Schickschulden stehen zwischen den Extremen der Hol- und Bringschulden. Bei einer Schickschuld bleibt der Leistungs-(Erfüllungs-)ort der Schuldnerwohnsitz. Ein Ort, an den geschickt werden soll, tritt hinzu. Die *Schickschuld ist also ein Unterfall der Holschuld*, so widersinnig das klingen mag. Bei der

173

Schickschuld einigen sich die Parteien aber dahin, daß der Leistungsgegenstand an einen anderen Ort als den Leistungsort verschickt werden soll. Diesen Ort bezeichnet man zweckmäßig als *besonderen Vollzugsort* oder *Ablieferungsort* (so § 391), in § 270 heißt er *Zahlungsort*. Der besondere Vollzugsort kann der Gläubigerwohnsitz, es kann aber auch ein dritter Ort sein.

Die Schickschuld kommt im BGB hauptsächlich an drei Stellen vor:

a) Angedeutet ist sie in § 269 III. Aus dem grundsätzlichen Charakter einer Schuld als Holschuld folgt, daß der Gläubiger Kosten und Leistungsgefahr einer Versendung zu tragen hat, 269 I, II. Übernimmt der Schuldner dagegen die Versendungskosten, so ist im Zweifel doch keine Bringschuld vereinbart, 269 III. Auch gilt der Ort, an den versandt wird, im Zweifel nicht als Leistungsort, 269 III. Es bleibt beim Schuldnerwohnsitz als Leistungsort. Mit der Absendung der Ware hat der Schuldner seine auf die Ware bezügliche Leistungspflicht erfüllt. Obwohl also der Schuldner die Versendung zahlt, trägt der Gläubiger die *Leistungsgefahr:* Geht die Sache unterwegs unverschuldet verloren, so besteht kein Anspruch auf nochmalige Leistung.

b) Die Frage, die sich nun unmittelbar stellt und die zur zweiten Vorschrift über die Schickschuld überleitet, lautet: Muß die verlorengegangene, aber nach §§ 275, 269 nicht zu ersetzende Sache bezahlt werden? Dies ist die Frage der *Gegenleistungsgefahr*. Sie gibt Antwort darauf, ob trotz Ausbleibens der Leistung bei Versendung die Gegenleistung erbracht werden muß. An sich entfällt mit der Leistungspflicht die Gegenleistungspflicht, 323, unten § 44 III 1 a. Eine Ausnahme enthält aber das BGB für den praktisch wichtigen Fall des *Versendungskaufs*, 447 (s. a. § 644 II): Wird eine Ware nach Parteiübereinkunft (nur dies bedeuten die Worte: „... auf Verlangen des Käufers...") *an einen anderen Ort als den Leistungs-(Erfüllungs-)ort versandt*, so trägt der Käufer ausnahmsweise und in Abweichung zu § 323 I die (Gegenleistungs-)Gefahr. § 447, der von der Bringschuld streng zu unterscheiden ist, bezieht sich auf den Fall, daß die Ware im Interesse und auf Wunsch des Käufers versandt werden soll. Daher hat dann der Käufer das Risiko zu tragen. § 447 behandelt also einen Fall der Schickschuld.

Das Wort „Gefahr" in § 447 bedeutet also *Gegenleistungsgefahr*. Käufer und Werkbesteller erhalten bei der *Schickschuld* keinen Ersatz, wenn die verschickte Sache den Leistungsort (Schuldnerwohnsitz) verlassen hat und dann (vom Schuldner unverschuldet) untergeht, 269 I–III, *und doch* müssen sie die unterwegs verlorengegangene Sache bezahlen, 447 I, 644 II. Zu § 447 siehe unten § 67 IV 4. Käufer und Werkbesteller handeln also auf eigenes Risiko, wenn sie sich die Sache zuschicken lassen, anstatt sie selbst abzuholen. Sie können sich gegen dieses Risiko, wenn versandt werden soll, durch Vereinbarung einer Bringschuld schützen. Läßt sich der Schuldner darauf ein, muß er am Gläubigerwohnsitz erfüllen und trägt damit das Transportrisiko. Läßt sich der Schuldner nicht darauf ein, sollte der Besteller eine Transportversicherung abschließen.

c) Um eine *Schickschuld* handelt es sich auch bei der *Versendung von Geld* (z. B. im eingeschriebenen Brief), 270; vgl. o. § 29 I 4c. Auch hier bleibt Leistungsort der Schuldnerwohnsitz, 270 IV, str., einige Autoren sprechen von „qualifizierter Schickschuld"; wie hier *Planck/Siber*, § 270, 1; *Gernhuber*, § 2 VII 2 b. Rechtzeitige Leistung erfolgt also schon mit Absendung, unabhängig davon, wann das Geld beim Gläubiger eintrifft (wichtig z. B. für Zinspflicht). Schuldnerverzug tritt dementsprechend bei *nicht rechtzeitiger Absendung* ein (dazu ist noch Mahnung oder Kalendertagversäumung nötig, 362 I, 284f.). Dennoch hat der Geldschuldner, anders als beim Versendungskauf und -werkvertrag und sonstigen Schickschulden, das Geld im Zweifel auf seine Kosten und Leistungsgefahr dem Gläubiger an dessen Wohnsitz oder gewerbliche Niederlassung zu übermitteln, 270 I, II (wegen der Mehrkosten durch Gläubigerumzug vgl. § 270 III). Dieser besondere *Vollzugsort* bei Geldversendungen heißt auch *Zahlungsort*. Geht das Geld unterwegs verloren, muß der Schuldner noch einmal zahlen, trotz Erfüllung, und obwohl er an sich alles seinerseits Erforderliche im Sinne des § 243 II getan hatte. Er hat es ja in der Hand, die Sicherheit des Versendungswegs (einfacher Brief, Einschreiben, Bote) oder eine andere Zahlart anstelle der Geldversendung (z. B. Verrechnungsscheck, Überweisung) zu bestimmen. § 270 I enthält also eine *Sondervorschrift*.[1])

§ 270 I ist auch anwendbar, wenn ein Geldschuldner unter mehreren an sich möglichen und vertragsgemäßen Zahlungs- und Überweisungsarten eine gewählt hat, die nicht zum Ziel führt. Er trägt das Risiko der Fehlwahl, er muß noch einmal zahlen. Denn er übersah die Möglichkeiten am besten. Davon zu unterscheiden ist der Fall, daß der Geldschuldner eine nicht vertragsgemäße Zahlungs- und Überweisungsart wählt. Hier ist noch nicht konkretisiert und noch nicht erfüllt, wenn das Geld verlorengeht. Die Zahlung ist noch zu leisten, nach Vertrag, nicht wegen § 270 I. Dazu *v. Caemmerer*, JZ 53, 446.

Auf andere Leistungs- und Herausgabeansprüche, außer auf Geldschulden, ist § 270 I nicht anwendbar, z. B. nicht auf Aufwendungsersatzansprüche (etwa 670), auch wenn sie auf Geld gerichtet sind, BGHZ 28, 123.

d) Während also bei Hol- und Bringschuld Schuldner- bzw. Gläubigerwohnsitz als Leistungsort über Erfüllung, Schuldner- *und* Annahmeverzug entscheiden, befindet bei der Schickschuld der Schuldnerwohnsitz als (bestehenbleibender) Leistungsort nur über Erfüllung und Schuldnerverzug. Trotzdem reist *Geld* nach § 270 auf Leistungsgefahr des Versenders.

---

[1]) Bei § 270 IV handelt es sich vielleicht um ein „rechtshistorisches Versehen". Bei Schaffung des AHGB im Jahre 1861 wollte man am allgemeinen Prinzip festhalten, daß Geld beim Gläubiger zu zahlen ist. Daraus entstand mittelbar § 270 I. Man wollte aber an dem Grundsatz, daß ein Schuldner an seinem Wohnsitz auf Leistung verklagt werden muß, nichts ändern. Daraus entstand mittelbar § 270 IV, der also eigentlich nur den Gerichtsstand — über den früheren § 29 ZPO —, nicht den Erfüllungsort meint. Nach geltendem Recht wird man aber nicht umhin können, § 270 IV auch auf den Leistungsort anzuwenden. Es ergibt auch einen gewissen Sinn, Schuldnerverzug schon bei nicht rechtzeitiger Absendung eintreten zu lassen. Ungereimt ist aber, daß erst Erfüllung eintritt und dann bei Verlust des Geldes unterwegs noch einmal zu zahlen ist. Zum ganzen *Planck/Siber*, § 270, 1.

In den Fällen der §§ 269 III, 447, 644 reist die Ware auf Leistungs- und Gegenleistungsgefahr des Empfängers (geht sie unverschuldet verloren, bekommt er keinen Ersatz, muß aber bezahlen). Annahmeverzug tritt bei Schickschulden erst ein, wenn der Schuldner so, wie er mußte, angeboten, d. h. die Zusendung durchgeführt hat, 293 ff. Dazu muß die Leistung beim Gläubiger eintreffen. Auch beim Versendungskauf (447) tritt Annahmeverzug erst mit Nichtabnahme ein, obwohl die Leistungsgefahr durch Erfüllung am Versendungsort und die Gegenleistungsgefahr schon durch die Versendung gem. § 447 auf den Empfänger übergeht.

Bei Gattungsschulden geht die Leistungsgefahr üblicherweise durch Konkretisierung nach § 243 II, also am Leistungsort über, aber in den oben § 28 III 4 genannten Fällen nach § 300 II durch Annahmeverzug: Hauptfall des § 300 II sind daher Gattungsbring- und -schickschulden (unter den besonderen Voraussetzungen der §§ 270, 295, 296), näher u. § 46 III.

§ 36
Leistung durch Dritte

v. Caemmerer, Irrtümliche Zahlung fremder Schulden, FS *Dölle* 1963, 135; *ders.,* Bereicherung und unerlaubte Handlung, FS *Rabel,* 1954, 360; *Emmerich,* Pfandrechtskonkurrenzen, 1909; *Gernhuber,* Die Erfüllung und ihre Surrogate, 1983, §§ 20—22; *Lorenz,* JuS 68, 442; *Oertmann,* AcP 82, 367; *Pinger,* AcP 179, 301; *Schulz,* Rückgriff und Weitergriff, 1907; *Thomä,* JZ 62, 623; *Wieling,* JuS 78, 801; *Wiessbart,* Das Befriedigungsrecht Dritter, 1899.

I. Grundsatz

1. Man kann sich als Schuldner nicht seinen Gläubiger aussuchen, sondern muß mit einer Abtretung rechnen, 398. Dagegen kann sich der Gläubiger seinen Schuldner aussuchen und braucht sich nicht einen anderen, vielleicht weniger zahlungsfähigen Schuldner aufdrängen zu lassen, 414, 415. Nur gegen eines kann sich ein Gläubiger grundsätzlich nicht wehren: Daß ein anderer als der Schuldner für den Schuldner *leistet,* 267. Bekommt der Gläubiger alles, was ihm zusteht, so hat er keinen Anspruch darauf, daß es gerade sein Schuldner ist, der an ihn leistet. Es ist nicht einmal die Einwilligung des Schuldners dafür nötig, daß der Dritte wirksam leistet und damit erfüllt, 267 I 2, 362 I. — Auch hier findet sich ein schuldnerfreundlicher Zug im BGB, ähnlich wie in § 269 beim Leistungsort.

2. Umstritten ist, ob zur Tilgungswirkung ein „innerer Wille" des Dritten erforderlich ist, der seine Leistung als dem Schuldner zuzuordnen bestimmt (streng subj. Theorie), ob ein solcher Wille zwar nicht vorhanden, aus der Sicht des Gläubigers und Leistungsempfängers aber zu bejahen sein muß (gemäßigte oder moderne subj. Theorie), oder ob es ausreicht, daß ohne jedes subjektive Moment die Leistung nach Schuldgrund, Höhe des geschuldeten Betrags, Zahlungszeit und ähnlichen Kriterien auf die

fremde Schuld bezogen werden kann (obj. Theorie).[1]) Zustimmung verdient die gemäßigt subjektive Theorie, weil sie grundsätzlich vom erklärten Tilgungswillen des Dritten ausgeht (vgl. o. § 26 V 4 d) und auf die Interessen des Gläubigers *dann* Rücksicht nimmt, wenn ein solcher Wille nach außen zweifelhaft bleibt.

3. Da sich der Gläubiger grundsätzlich nicht gegen Drittleistungen wehren kann, muß ihm wenigstens das Recht belassen werden, *Erfüllungssurrogate* (s.u. § 39) zurückzuweisen. Ausnahmen bestehen im Rahmen der Ablösungsrechte, 268 II, 1142 II, 1150, 1224, 1249 S. 2, 1273 II.

4. Ob der Dritte „spontan" leistet oder ihn mit dem Schuldner ein zur Leistung berechtigendes oder verpflichtendes Innenverhältnis verbindet, ist entgegen der wohl h. M. gleichgültig.[2])

II. Ausnahmen

1. Der Gläubiger *kann* die Leistung des Dritten zurückweisen, wenn der Schuldner der Leistung des Dritten *widerspricht,* 267 II. Der Gläubiger muß nicht zurückweisen. Es ist also denkbar, daß der Dritte gegen den Willen des Schuldners, aber mit Einverständnis des Gläubigers leistet. *Hier* geht das Gläubigerinteresse vor.

Der Widerspruch muß vor der Leistung entweder dem Dritten oder dem Gläubiger zugegangen sein. Eine unwidersprochen bewirkte und entgegengenommene Leistung kann nicht nachträglich durch Widerspruch des Schuldners und Ablehnung des Gläubigers unwirksam gemacht werden. Ein nachträgliches Widerspruchsrecht des Schuldners, der nach der Leistung und nach der Annahme der Leistung durch den Gläubiger erstmalig von der Leistung Kenntnis erlangt, ist nicht anzuerkennen (anders Voraufl.)

Der Schuldner kann deshalb ein Interesse an eigener Leistung haben, um nicht Regressen des Dritten ausgesetzt zu sein (unten III).

Hat der Schuldner vom Gläubiger eine Sache unter Eigentumsvorbehalt gekauft, geliefert erhalten, aber noch nicht voll bezahlt, so kann ein Dritter die Sache nach § 808 ZPO pfänden und den Kaufpreisrest an den Gläubiger zahlen, um dadurch unbedingtes Eigentum des Schuldners herbeizuführen. Dann kann der Gläubiger der Pfändung nicht mehr nach § 771 ZPO widersprechen. Wie aber, wenn der Schuldner der Leistung des Dritten nach § 267 II widerspricht? Um dies zu verhindern, muß der Dritte außerdem noch das Anwartschaftsrecht des Käufers an der Sache pfänden, § 857 ZPO. Dann versagt die h. M. dem Schuldner das Widerspruchsrecht nach § 267 II, BGH NJW 54, 1325; desgl., wenn der Dritte ein gesetzliches Pfandrecht, z. B. ein Vermieterpfandrecht, an der Sache des Schuldners hat, oder an der Anwartschaft des Schulders, weil dem Schuldner die Sache noch nicht gehört, BGH NJW 65, 1475 = JuS 65, 409; s. auch *Baur, F.,* Sachenrecht § 59 V 4. Auch das gesetzliche Pfandrecht an der Anwart-

---

[1]) Streng subj.: RGZ 98, 64, ihm folgend die h. M.; gemäß. subj: BGHZ 40, 272; 72, 246; 75, 299, ihm folgend *Gernhuber,* § 21 I 5b; obj: *Boehmer* NJW 55, 210; *Maier,* AcP 152, 104.
[2]) Wie hier *Gernhuber,* § 21 I 4; vgl. o. § 29 I 4f.; anders z. B. *Beuthien,* JZ 68, 326; *Esser/Schmidt,* § 17 III; Voraufl. § 36 II 4.

schaft (*L. Raiser,* Dingliche Anwartschaften) hindert also das Widerspruchsrecht des Schuldners in solchen Fällen. — Widerspricht der Gläubiger und Vorbehaltsverkäufer der Zahlung des in die verkaufte Sache vollstreckenden Dritten, so ist dies nach § 162 unbeachtlich, h. M.

2. Ein Dritter kann nicht für den Schuldner leisten, wenn der Schuldner *in Person* zu leisten hat, 267 I 1.

Wenn S dem G 500,— schuldet, so kann D für S an G zahlen. G kann nur ablehnen, wenn S widerspricht. Sollte aber S den G portraitieren (631), so kann D weder freiwillig noch auf Bitten des S einspringen. Dem G kam es auf die Fertigkeiten des S an.

III. Ausgleich

Wenn D an G für S 500,— bezahlt hat, fragt sich, ob D von S die 500,— wiederbekommen kann. Einen allgemeinen Ausgleichsanspruch kennt § 267 nicht; zu Recht, da ein Widerspruch des S unberücksichtigt bleiben kann. Zu prüfen ist aber:

a) ob S den D zu der Leistung *beauftragt* hatte; dann haftet S dem D aus § 670 (evtl. über § 675 — entgeltliche Geschäftsbesorgung),

b) ob die Zahlung des D dem Interesse und dem wirklichen oder mutmaßlichen Willen des S entsprach; dann haftet S dem D nach den Regeln der *Geschäftsführung ohne Auftrag,* 683 S. 1, 670 (vgl. auch §§ 679, 683 S. 2),

c) ob eine herauszugebende Bereicherung des S eingetreten ist, 684 S. 1, 812 ff. Der Bereicherungsanspruch besteht nur dann, wenn „die Voraussetzungen des § 683 nicht vorliegen", der D also gegen das Interesse und den wirklichen oder mutmaßlichen Willen des S gehandelt hat. Sonst ist nämlich ein rechtlicher Grund vorhanden (Auftrag, Geschäftsführung ohne Auftrag). Der Anspruch des D richtet sich auf „Herausgabe der Schuldbefreiung" (so auch *Esser*). Da die getilgte Schuld durch S allein nicht wieder begründet werden kann und G der Neubegründung der Schuld in der Regel widersprechen dürfte, ist der Wert der Schuldbefreiung herauszugeben (818 II), praktisch also die 500,—. Insoweit besteht also doch ein allgemeiner Ausgleichsanspruch im Fall des § 267, gemildert allerdings durch die Einrede der Entreicherung, 818 III. Vgl. auch unten § 100 VI.

IV. Ablösungsrecht

In bestimmten Fällen hat ein Dritter ein schutzwürdiges Interesse, für den Schuldner zu leisten. Dann steht dem Dritten ein Ablösungsrecht und ein gesicherter Ausgleichsanspruch zu, 268. Da der Dritte hier im eigenen Interesse handelt, kommen auch Leistungssurrogate in Betracht (u. § 39 und o. I 3). Es handelt sich um folgende Fälle:

1. Dem Dritten droht durch die Zwangsvollstreckung, die der Gläubiger gegen den Schuldner betreibt, der Verlust eines dinglichen Rechts (an dem Vollstreckungsgegenstand, z. B. eines Nießbrauchs, einer Vormerkung), 268 I 1.

2. Der Dritte ist Besitzer einer Sache, z. B. Mieter. Durch die Zwangsvollstreckung läuft der Dritte Gefahr, den Besitz an der Sache zu verlieren, 268 I 2.

3. Dem Eigentümer eines Grundstücks droht, daß sein Grundstück wegen einer Schuld, für die sein Grundstück hypothekarisch haftet, vom Gläubiger zur Versteigerung gebracht wird. Der Eigentümer ist hier der an der Tilgung der Schuld interessierte Dritte, 1142, 1143, 1150.

4. Entsprechend ist die Lage eines Verpfänders einer beweglichen Sache, der für fremde Schuld verpfändet hat, 1223 II, 1224, 1225.

In diesen Fällen kann der Dritte den Gläubiger befriedigen, 268 I, II. Soweit der Dritte den Gläubiger befriedigt, geht die zugunsten des Schuldners getilgte Forderung auf den Gläubiger über. Sie steht jetzt — als Ausgleich — dem Dritten gegen den Schuldner zu, 268 III, 412.

Ähnliche Vorschriften: 426, 774, 1164, 1249.

§ 37
Vertrag zugunsten Dritter. Verträge mit Schutzwirkung für Dritte. Versprechen zugunsten Dritter auf den Todesfall

Bähr, AcP 67, 157; *Berg*, JuS 77, 363; *Blomeyer, A.* FS *Rabel*, Bd. I, 1950, 307; *v. Caemmerer*, FS *Wieacker*, 1978, 311; *Canaris*, JZ 65, 475; *Denck*, JuS 76, 429; *Geissler*, „Vertrags- und Gesetzesprivilegien" mit Wirkung für Erfüllungsgehilfen, 1983; *Gernhuber*, FS *Nikisch*, 1958, 249; *ders.*, JZ 62, 553; *Hadding*, Der Bereicherungsausgleich beim Vertrag zu Rechten Dritter, 1971; *ders.*, AcP 171, 403; *ders.*, FS *Imre Zajtay*, 1982, 185; *Hager*, FS *v. Caemmerer*, 1978, 127; *Harder*, Zuwendungen unter Lebenden auf den Todesfall, 1968; *ders.*, FamRZ 76, 418; *ders.*, NJW 77, 1139; *Hasse*, Interessenkonflikte bei der Lebensversicherung zugunsten Dritter, Diss. Hamburg 1981; *Hassold*, Zur Leistung im Dreipersonenverhältnis. Anweisung und Vertrag zugunsten Dritter als Modell, 1981; *Hellwig*, Verträge auf Leistungen an Dritte, 1899; *Hörstmann*, Der echte Vertrag zugunsten Dritter als Rechtsgeschäft zur Übertragung einer Forderung, Diss. Münster 1983; *Hoffmann, Karl-Heinz*, AcP 158, 178; *Kaduk*, FS *Larenz*, 1983, 303; *Kluckhohn, W.*, Die Verfügungen zugunsten Dritter, 1914; *Krause*, JZ 82, 19; *Kümpel*, WM 77, 1186; *Lange, Heinrich*, NJW 65, 657; *Larenz*, NJW 60, 77; *ders.*, NJW 56, 1193; *Lorenz*, JZ 60, 108; *Martens*, AcP 177, 113; *Moschel*, JR 52, 311; *Müller, U.*, NJW 69, 2169; *Oertmann*, DGWR 1937, 106; *Ostrowicz*, Vertragshaftung und Drittschutz, 1980; *Papanikolaou*, Schlechterfüllung beim Vertrag zugunsten Dritter, 1977; *Peters*, AcP 173, 71; *Puhle*, Vertrag mit Schutzwirkung zugunsten Dritter und Drittschadensliquidation, 1982; *Regelsberger*, AcP 67, 1; *Ries*, JA 82, 453; *Schmalzbauer*, Die Drittwirkung verpflichtender Verträge, Diss. Regensburg, 1982; *Schmalzl*, AcP 164, 446; *Schwerdtner, P.*, Jura 80, 493; *Siber*, Verträge zugunsten Dritter, HdWbdR, Bd. VI, 1929, 558; *ders.*, FG *Sohm*, 1914, 1; *Sonnenschein*, JA 79, 225; *Strauch*, JuS 82, 823; *Unger*, IherJb. 10, 1; *Wesenberg*, Verträge zugunsten Dritter, 1949; *Ziegler*, JuS 79, 328; *Zunft*, AcP 153, 373.

I. Begriff und Arten

1. Grundsätzlich besteht ein Schuldverhältnis (im engeren Sinne) nur zugunsten des Gläubigers und zu Lasten des Schuldners. (Zur Relativität der

Schuldverhältnisse, oben § 15.) Doch können Gläubiger, Schuldner oder beide ein Interesse haben, einen Dritten aus dem Schuldverhältnis zu begünstigen. Die Begünstigung kann tatsächlich oder rechtlich sein. Ist sie rechtlich, spricht man vom Vertrag zugunsten Dritter. Nun besagt eine andere Regel, daß niemand gegen seinen Willen bleibend Vermögen erwerben soll. Die Zulassung eines Vertrages zugunsten Dritter, durch den der Dritte ein Recht erwerben soll, verlangt also die Möglichkeit des Dritten, das ihm zugedachte Recht mit Wirkung ex tunc zurückzuweisen, 328 I, 333.

2. Das Gesetz unterscheidet, im Rahmen der rechtlichen Begünstigung, *ermächtigende (unechte) und berechtigende* Verträge zugunsten Dritter. Was vorliegt, muß die Auslegung ergeben, BGHZ 21, 148.

a) Der (bloß) *ermächtigende Vertrag zugunsten Dritter* (vgl. 328 II). Durch ihn erwirbt der Dritte keine Forderung gegen den Schuldner. Die Begünstigung liegt in einer Ermächtigung im Sinne des § 185 zugunsten des Dritten, über die Forderung des Gläubigers durch Entgegennahme der Leistung als Erfüllung zu verfügen. Gleichzeitig wird der Schuldner ermächtigt, durch Leistung an den Dritten zu erfüllen, 362 II, 185 (Doppelermächtigung).

A sendet durch Vermittlung des Blumengeschäfts B seiner Verlobten V einen Blumenstrauß. A kauft also die Blumen (§ 433) mit der Abrede, diese seien an die V zu liefern. B verpflichtet sich hierzu. Der Anspruch aus § 433 I auf Lieferung steht aber A zu, nicht der V. (Sind die Blumen mangelhaft, hat nur A die Rechte aus §§ 459 ff.) Durch Lieferung der Blumen an die V geht der Anspruch A gegen B unter, weil A sowohl den B als auch die V (direkt oder über B als Boten) zur Verfügung über seinen Anspruch ermächtigt hat, 362 II, 185. (Zur Verfügungsnatur der Erfüllung unten § 38 II 2 ff.) Diese Ermächtigung ist den Abmachungen zwischen A und B zu entnehmen, daß der Anspruch des A durch Lieferung an die V erfüllt werden soll. Vgl. auch BGHZ 35, 32 — Vergleich zugunsten Dritter —.

b) Der *berechtigende Vertrag zugunsten Dritter* (328 I), „Vertrag zu Rechten Dritter" *(Hadding)*. Durch ihn erwirbt der Dritte unmittelbar ein Recht gegen den Schuldner, ohne daß er davon zunächst etwas zu wissen braucht. Der Dritte kann das Recht aber zurückweisen, 333.

Bauer B übergibt den Hof an seinen ältesten Sohn S. In dem Vertrag verpflichtet sich S, seinen Geschwistern bestimmte Summen auszuzahlen. Die Geschwister erwerben direkte, klagbare Ansprüche gegen S. Vgl. RGZ 87, 289 — Beförderungsvertrag zugunsten eines Kindes —; BGHZ 1, 383 — Kassenpatient-Krankenhaus —; 21, 148 — Sonderkonto zugunsten Dritter —.

II. Terminologie

1. Das Gesetz nennt die drei Beteiligten beim Vertrag zugunsten Dritter „Versprechender" (= Schuldner, Promittent), „Versprechensempfänger" (= Gläubiger, Stipulant, Promissar) und „Dritter" (= Begünstigter, Destinatär). Diese Ausdrucksweise hat ihre Entsprechungen bei anderen Dreiecksverhältnissen. *Wechsel:* Bezogener (= Annehmer, Akzeptant), Aussteller, 1. Nehmer (Remittent). *Scheck:* Bezogene Bank, Aussteller, Inhaber (Überbringer). *Anweisung* (783 BGB; 363 I 1 HGB): Angewiesener, An-

weisender, Anweisungsempfänger. Auch die Verhältnisse zwischen den Beteiligten gleichen sich vielfach:

2. Das Verhältnis zwischen Versprechendem und Versprechensempfänger nennt man das *Deckungsverhältnis,* weil sich aus ihm ergibt, wie der Versprechende sich für sein Versprechen, an den Dritten zu leisten, beim Versprechensempfänger wieder schadlos halten („decken") kann. Beim gezogenen Wechsel und bei der Anweisung (783, Art. 1 WG), wo diese Begriffe ebenfalls eine große Rolle spielen, besteht das Deckungsverhältnis zwischen Aussteller (Gläubiger, Anweisender) und Annehmer (Schuldner, Angewiesener).

Das Verhältnis zwischen Versprechensempfänger und Drittem heißt *Zuwendungs- oder Valutaverhältnis.* Es gibt darüber Auskunft, warum der Dritte etwas bekommen soll. Beim gezogenen Wechsel und bei der Anweisung besteht das Valutaverhältnis zwischen dem Aussteller (Gläubiger, Anweisender) und dem Remittenten (Begünstigter, Anweisungsempfänger).

Das Verhältnis zwischen dem Dritten und dem Versprechenden kann *Leistungsverhältnis* genannt werden, vgl. unten § 95, 6. Es ist einfach der bestehende *Anspruch* (Wechselanspruch, Anspruch aus angenommener Anweisung). Auf Mängel des Valutaverhältnisses kann sich der Versprechende nicht berufen, da es ihm fremd, er an ihm nicht beteiligt ist (vgl. RGZ 106, 1); wohl aber auf Mängel seines Vertrags mit dem Versprechensempfänger, also auf das Deckungsverhältnis, 334. Bei Wechsel, Scheck und Anweisung liegt dies anders.

III. Der Anwendungsbereich des Vertrags zugunsten Dritter

1. Kein abstrakter Vertrag zugunsten Dritter

Die §§ 328 ff. stehen im Allgemeinen Schuldrecht, sie bilden kein besonderes Schuldverhältnis, wie Kauf, Miete usw. Es gibt daher keinen abstrakten Vertrag zugunsten Dritter, sondern nur einen Kaufvertrag, einen Mietvertrag, ein Darlehen zugunsten Dritter usw. Zu den §§ 328 ff. müssen also stets noch die Vorschriften eines besonderen Schuldverhältnisses hinzutreten (§ 328 I ist keine Anspruchsnorm).

Gegen Erbvertrag zugunsten Dritter, BGHZ 12, 119.

2. Begründung von Forderungen, Übertragung von Forderungen, Begründung und Übertragung absoluter Rechte zugunster Dritter. Verpflichtungen zu Lasten Dritter? Leistungsstörungen. Bereicherungsansprüche

Der Anwendungsbereich des § 328 ist im einzelnen sehr streitig. Die Frage wird meist in der Form gestellt: Sind auch Verfügungen zugunsten Dritter zulässig? Durch eine Verfügung wird unmittelbar auf ein bestehendes Recht eingewirkt, durch (1) Erfüllung, (2) Übertragung, (3) Belastung oder (4) Inhaltsänderung (s. o. § 14).

a) Unzweifelhaft zulässig ist, da § 328 I davon spricht, die *Begründung* von (relativen) *Forderungsrechten* in der Person eines Dritten, also z. B. eines Lieferungs- oder Zahlungsanspruchs aus § 433. Hierin liegt, da es sich um eine Rechtsbegründung handelt, auch keine Verfügung zugunsten Dritter.

b) aa) Es ist nicht einzusehen, warum dann nicht auch die Übertragung einer bestehenden Forderung an einen Dritten zulässig sein soll. Anders die vorwiegende Rechtsprechung, vgl. RGZ 148, 257 (263); BGH MDR 65, 564. Allerdings ist das nur angängig, wenn die Forderung *zwischen den beiden Parteien* besteht, die sich darauf einigen, daß ein Dritter die Forderung haben soll, vgl. RGZ 66, 127 f.; BGHZ 41, 95.

Wenn G und S sich schon darauf einigen können, daß D gegen S einen neuen Anspruch haben soll (328 I), dann müssen sie sich auch darauf einigen können, daß eine Forderung, die bisher dem G gegen den S zustand, künftig dem D gegen den S zustehen soll. Das wird sogar durch den Wortlaut des § 328 I gedeckt, denn dort ist nicht gesagt, daß die dem Dritten versprochene Leistung Gegenstand eines neu zu begründenden Schuldverhältnisses sein muß. G und S könnten sich ja auf einen Erlaß einigen und dann in der Person des D den Anspruch neu begründen, 328 ff. Dieser Umweg ist aber nicht nötig. Insoweit ist also eine Verfügung zugunsten eines Dritten, nämlich über eine zwischen Versprechensempfänger und Versprechendem bestehende Forderung, zulässig. Praktisch bedeutet dies: Die Wirkung einer Zession (398) ist nicht nur im Verhältnis zwischen Zessionar und Zedent vertraglich begründbar, sondern — mit den Einschränkungen der §§ 328 ff., insbesondere des § 333 — auch durch Vertrag zwischen Gläubiger und Schuldner zugunsten eines Dritten *(„uneigentliche Zession zugunsten Dritter").*

bb) Dagegen erscheint es nicht zulässig, wenn G und X sich dahin einigen, daß eine dem G bisher gegen den S zustehende Forderung künftig dem D zustehen soll *(„eigentliche Zession zugunsten Dritter").*

Dem steht zwar nicht das Interesse des Schuldners S entgegen, der bei Abtretungen sowieso nicht gefragt zu werden braucht, 398 ff. Wohl aber verstößt eine solche freie Kombination von § 328 I und § 398 gegen den auch im Schuldrecht bestehenden numerus clausus der Begründung von Rechtszuständigkeiten. Man muß hier die §§ 328, 398 unter dem Gesichtspunkt der Begründung von Rechtszuständigkeiten betrachten. § 328 I läßt nur eine solche Verfügung über eine Forderung zugunsten Dritter zu, bei der der Schuldner selbst die Leistung an den Dritten verspricht. § 398 verlangt für eine normale Zession Identität von Zessionar und Neugläubiger. In beiden Fällen bleibt die Zahl der beteiligten Personen auf drei beschränkt. Für vier Personen passen grundsätzlich weder die §§ 328 ff. noch die §§ 398 ff. (vgl. 333, 334; 404–410).

cc) Ebenso ist es natürlich unzulässig, wenn sich der Schuldner S des Gläubigers G mit einem gewissen X einigt, daß die Forderung künftig dem D statt dem G zustehen soll: Nemo plus iuris transferre potest quam ipse habet, und: Niemand kann sich seinem Gläubiger ohne dessen Zustimmung entziehen. Wenn G zustimmt, ist der Vertrag wirksam, dann liegt es wie bei aa) oben, 185. Es handelt sich bei dieser Fallgestaltung um eine Verfügung über eine Forderung durch einen Nichtberechtigten. Gutgläubiger Forderungserwerb ist aber, von den Fällen der §§ 2366, 405 abgesehen, im bürgerlichen Recht nicht möglich, unten § 57 II 2.

Hieraus ist allgemein zu entnehmen, daß Verfügungen über Forderungen durch Gläubiger und Schuldner zugunsten eines Dritten immer zulässig sind, wenn aufgrund der Verfügungswirkung der Schuldner dem Dritten etwas schulden soll, 328 I (z. B. auch im Wege der Novation oder eines Vergleichs).

Vertrag zugunsten Dritter § 37
III 2

dd) *Verfügungsgeschäfte* des Gläubigers mit einem anderen zugunsten des Schuldners als Dritten stehen auf einem anderen Blatt. Bei der *Erfüllung* läßt § 267 eine solche Verfügung *zugunsten Dritter* zu.

Der X zahlt an den G die Schuld des S. Das ist eine Erfüllung zugunsten Dritter.

c) Zweifelhafter ist die *Begründung* von *Sachenrechten für einen Dritten* und deren *Übertragung an einen Dritten*.

Kann Grundstückseigentümer A durch Vertrag mit B dem C eine Hypothek bestellen (Begründung)? Können sich A und B einigen, daß das Auto des A künftig dem C gehören soll (Übertragung)? Die Praxis verneint diese Fragen unter Berufung auf § 328 I, der nur von Forderungen spricht, RGZ 124, 217; 148, 263. Man wird hier (mit *M. Wolff, H. Lehmann* und *Esser*) zu unterscheiden haben: Soll durch die dingliche Verfügung ein *Leistungs- oder Duldungsanspruch* begründet werden (Hypothek, Grundschuld, Pfandrecht, Reallast), *so ist* § 328 I *auf die Einigung anwendbar* („Leistung an einen Dritten"). Allerdings muß der sachenrechtliche Publizitätsakt (Eintragung, Übergabe des Hypothekenbriefs, Besitzübertragung) in der Person des Dritten vollzogen werden *(H. Westermann)*; ebenso, für die Hypothek, BayObLG, MDR 58, 771. – Soll durch die Verfügung zugunsten des Dritten kein Leistungsrecht, sondern ein *sonstiges dingliches Recht* begründet werden, so erscheint die Anwendung von §§ 328 ff. *ausgeschlossen* (anders *Westermann, Larenz* und *Esser*, die auch hier § 328 auf die Einigung anwenden und den Publizitätsakt in der Person des Dritterwerbers geschehen lassen wollen). Der Boden der „Leistung an einen Dritten" würde mit einer Anwendung des § 328 auf die Eigentumsübertragung völlig verlassen. Außerdem ergäbe sich dann ein kaum zu rechtfertigendes Auseinanderklaffen von Mobiliar- und Immobiliarerwerb (beim Letztgenannten verstößt § 333 gegen § 925 II, so daß selbst die Befürworter hier von einer Anwendung des § 328 I absehen).

d) Auf *Verträge zu Lasten Dritter* sind §§ 328 ff. nicht anwendbar. Die Regel „Verträge zu Lasten Dritter sind unzulässig" gilt, arg. §§ 164 ff.; 185, allerdings mit gewissen Einschränkungen (hier ist manches streitig):

Nach § 305 können A und B eine Schuld des C beschließen, die den C bindet, wenn er vorher A oder B zur Eingehung dieses Vertrags ermächtigt hat (Verpflichtungsermächtigung) oder wenn C nachträglich zustimmt. Aber ohne Zustimmung des betroffenen Dritten sind Verträge zu seinen Lasten nicht wirksam. Sonst wäre es einfach, Schulden versuchsweise abzuwälzen. Immerhin hätte der Belastete bei Anwendung der §§ 328 ff. noch die Möglichkeit der Zurückweisung nach § 333, die zurückwirkt. Trotzdem wäre der dadurch ausgeübte Druck auf den Dritten unerträglich; *Säcker,* Gesellschaftsvertragliche und erbrechtliche Nachfolge in Gesamthandsgemeinschaften, 1970, 61; *Furkiotis,* Studi *Volterra* VI, 1969, 253.

e) *Leistungsstörungen* bei Verträgen zugunsten Dritter bieten eine Reihe konstruktiver Schwierigkeiten. Im folgenden wird die Lehre von den Leistungsstörungen (unten §§ 41 – 55) vorausgesetzt:

Beim echten Vertrag zugunsten Dritter, falls ein gegenseitiger Vertrag vorliegt, der Gläubiger der Leistung nicht zugleich Schuldner der Gegenleistung. Dies führt zu Schwierigkeiten bei Leistungsstörungen. Bei Leistungsstörungen, die die *Gegenleistung* für die dem Dritten versprochene Leistung betreffen, haftet *nur* der Versprechensempfänger als Vertragspartner. Dies gilt auch im Falle des Rücktritts. Der Leistungsempfänger (= Dritter) ist nicht zur Rückerstattung des Erhaltenen an den Versprechenden verpflichtet (vgl. BGHZ 5, 285 für den Fall der Irrtumsanfechtung); die Rückabwicklung vollzieht sich ausschließlich im Verhältnis Versprechender – Versprechensempfänger, es sei denn, es lag eine peremptorische Einrede (§ 334) vor, dann erfolgt die Rückabwicklung nach § 813.

Betrifft die Leistungsstörung dagegen die *Leistung*, so gilt folgendes: Hat der *Versprechensempfänger* die Leistungsstörung verschuldet, so entfällt bzw. mindert sich die Leistungspflicht des Versprechenden, dieser behält den Anspruch auf die Gegenleistung (§ 324).

Gleiches gilt, wenn der *Dritte* die Unmöglichkeit der Leistung zu vertreten hat oder die Unmöglichkeit während des Annahmeverzugs eintritt (§ 324 I u. II). Nimmt der Dritte eine Leistung nicht an, so treten die Rechtsfolgen des Annahmeverzugs ein (§§ 293 ff.). Die Sachgefahr geht spätestens in diesem Augenblick auf ihn über (bei Gattungsbring- und Gattungsschickschulden 300 II), er haftet gemäß § 304 für die Aufwendungen des Schuldners. Handelt es sich um eine Abnahmepflicht (z. B. § 433 II), kann der Dritte nur mit seiner Zustimmung verpflichtet werden, andernfalls bleibt allein der Versprechensempfänger verpflichtet, der Dritte ist als sein Erfüllungsgehilfe anzusehen (§ 278).

Schwierig ist die Rechtslage, wenn der *Versprechende* die Störung der dem Dritten versprochenen Leistung zu vertreten hat. Nach dem Gesetz (§ 335) stehen sowohl dem Versprechensempfänger als auch dem Dritten *selbständige* Ansprüche zu (vgl. dazu auch BGHZ 3, 385: keine Rechtskrafterstreckung des Urteils zwischen Versprechensempfänger und Versprechendem auf den Dritten). Da der Dritte aber nicht Partner des Vertrages ist, kann er keine vertragsgestaltenden Erklärungen abgeben. Aber auch der Versprechensempfänger darf nicht, etwa durch Rücktritt, in die Rechte des Dritten eingreifen. Die h. M. verlangt deshalb zu Recht eine Zustimmung des Dritten zu vertragsgestaltenden Erklärungen (RGZ 101, 276), sofern diese sein Recht berühren können. Die an die Stelle des Leistungsanspruchs tretenden Schadensersatzansprüche stehen grundsätzlich dem Dritten zu, es sei denn, dem Dritten sollte nur der aus dem Primäranspruch geschuldete Gegenstand zugewendet werden. Im Falle des Rücktritts behält jedoch der Versprechensempfänger die zurückerhaltene Leistung, da diese kein Ersatz für den durch Rücktritt untergegangenen Erfüllungsanspruch des Dritten ist (im einzelnen zu diesen Problemen *Heinrich Lange,* NJW 65, 657; – zu Störungen der Geschäftsgrundlage: BGH NJW 72, 152).

f) *Bereicherungsansprüche* bei Verträgen zugunsten Dritter verlangen differenzierte Behandlung. Für den berechtigenden Vertrag zugunsten Dritter hat *Hadding,* Der Bereicherungsausgleich beim Vertrag zu Rechten Dritter, 1970, brauchbare Vorschläge unterbreitet: *Fall 1:* Bei unwirksamem Deckungs- und wirksamem Valutaverhältnis richtet sich die Kondiktion nach § 812 I 1 (1) gegen den Versprechensempfänger, wenn er nach dem Inhalt des Valutaverhältnisses bereichert ist, z. B. weil er durch die Leistung des Versprechenden von einer Verbindlichkeit gegenüber dem Dritten befreit wurde oder weil er dadurch einen Rückleistungsanspruch gegen den Dritten erwarb. Gegen den Dritten richtet sich die Kondiktion, wenn im Valutaverhältnis zugunsten des Dritten Unentgeltlichkeit vereinbart oder sonst vorgesehen ist, daß der Vermögenszuwachs beim Dritten durch keinen anrechenbaren Nachteil aufgehoben wird. Vgl. dazu *Peters,* AcP 173, 73 ff.; *Canaris,* Festschrift f. *Larenz* 1973, 828 ff. *Fall 2:* Bei wirksamem Deckungs- und unwirksamem Valutaverhältnis kann nur der Versprechensempfänger vom Dritten eine Bereicherung herausverlangen. *Fall 3:* Sind Deckungs-

und Valutaverhältnis unwirksam, entstehen Bereicherungsansprüche des Versprechenden gegen den Dritten im Leistungsverhältnis, des Versprechensempfängers gegen den Dritten im Valutaverhältnis sowie des Versprechenden gegen den Versprechensempfänger im Deckungsverhältnis zum Zwecke der „Kondiktion der Kondiktion". Hatte der Versprechensempfänger bereits beim Dritten kondiziert, bleibt dem Versprechenden *nur* die Kondiktion auf das vom Versprechensempfänger beim Dritten Kondizierte. *Fall 4:* Ist das Leistungsverhältnis zwischen Versprechendem und Dritten unwirksam, hat der Versprechende gegen den Dritten den Anspruch aus §§ 812ff. – Siehe BGHZ 58, 184.

IV. Erfüllungsübernahme, 329

Eine vertraglich zugesagte Befreiung von einer Schuld, die einem Dritten geschuldet ist, heißt Erfüllungsübernahme; dazu siehe unten § 59 I 1.

V. Rechtslage des Dritten, 333–335

1. Das Zurückweisungsrecht des Dritten nach § 333 ist das notwendige Gegenstück zur rechtsbegründenden Kraft des berechtigenden Vertrags zugunsten Dritter. Sonst könnte man wider Willen Gläubiger werden, was nicht zuletzt aus steuerlichen Gründen unerwünscht sein kann.

2. Einwendungen aus dem Deckungsverhältnis (z. B. Anfechtbarkeit, Stundung) stehen dem Versprechenden auch dem Dritten gegenüber zu, 334. Auf das Valutaverhältnis kann sich der Versprechende dagegen nicht berufen.

3. Beim berechtigenden Vertrag besteht im Zweifel eine Konkurrenz der Forderungsrechte von Versprechensempfänger und Dritten, 335. Es handelt sich, da der Versprechensempfänger nur Leistung *an den Dritten* verlangen kann, nicht um Gesamtgläubigerschaft, 428.

VI. Formbedürftigkeit des Vertrags zugunsten Dritter

Es entscheidet das *Deckungsverhältnis,* h. M. Maßgebend ist also die Form, die das Gesetz für den Vertrag zwischen Versprechensempfänger und Versprechendem (Gläubiger und Schuldner) vorsieht, BGHZ 54, 145. Dieses Geschäft steht zunächst einmal im Vordergrund. Ob im Valutaverhältnis (zwischen Versprechensempfänger und Drittem) etwas schenkweise zugewandt werden soll, interessiert für die Formfrage nicht: Schließt der Versprechensempfänger den Vertrag mit dem Versprechenden entweder entgeltlich oder formgerecht ab, bestehen die Gründe des § 518 nicht. Denn der Versprechende wurde zur Überlegung angehalten. Auf *seine* Person kommt es an, und mit dem Dritten tritt er im Augenblick des Versprechens nicht in Vertragsverhandlungen. Das Verhältnis zwischen Drittem und Versprechensempfänger (Valutaverhältnis) kann also für die Formfrage keine Bedeutung haben. Selbst wenn der Versprechensempfänger dem Dritten etwas unentgeltlich zukommen lassen will, muß er mit einem Ausgleich im Deckungsverhältnis rechnen. Den Schutz des § 518 verdient daher allein der Versprechende in seinem Verhältnis zum Versprechensempfänger, RGZ 106, 1.

VII. Verträge mit Schutzwirkung für Dritte

1. Die vom RG aus §§ 328ff. entwickelte Lehre von den Verträgen mit Schutzwirkung zugunsten Dritter baut auf der Unterscheidung ermächtigender-berechtigender Vertrag zugunsten Dritter auf. Anders urteilt die heute wohl h. M., die in den Verträgen mit Schutzwirkung für Dritte ein vom Vertrag zugunsten Dritter abgeleitetes, aber eigenständiges Rechtsgebilde sieht, sei es als selbständigen, gesetzlich nicht geregelten, gegenüber §§ 328ff „schwächeren" Vertragstyp (BGHZ 49, 353; BGH NJW 75, 344; *Larenz* I § 17 II m. w. N.), sei es als gesetzliches Schuldverhältnis *(Canaris, Gernhuber, Müller)*. Gegen die h. M. spricht, daß sich eine getrennte rechtliche Behandlung von Haupt- und Nebenpflichten sehr wohl vorstellen läßt (s. o. § 7, 3 bei den Gefälligkeitsverhältnissen, und § 8, 3 beim Pflichteninhalt), daß ein gesetzliches, den Vertrag begleitendes oder umrahmendes Schuldverhältnis als zu undifferenziert abzulehnen ist (s. o. § 20 I), und daß die mit der Schutzwirkung für Dritte verbundene Risikoerhöhung dem Schuldner erkennbar gewesen sein muß (zutr. *Medicus* BürgR Rn. 846). So ist z. B ein Dachdecker nach § 631 nicht bloß zum Dachdecken, sondern nach §§ 631, 242 auch dazu verpflichtet, keine Dachziegel aus Unachtsamkeit auf die Bewohner des Hauses fallen zu lassen (allgemeine Meinung). Da der deliktische Schutz (823ff.) namentlich bei der Haftung für Verrichtungsgehilfen (831) für die Bedürfnisse des täglichen Lebens anerkanntermaßen nicht ausreicht, hat man den Vertrag zugunsten Dritter mit Erfolg für eine Ergänzung der Deliktshaftung durch die schärfere Vertragshaftung nutzbar gemacht, und zwar gerade im Bereich der Schutz-, Obhuts-, Sorgfalts-, und Fürsorgepflichten (seit RGZ 91, 21; 98, 210; 127, 222; 160, 155; 164, 397; BGHZ 24, 325; 26, 365; 33, 247 = BGH JZ 61, 169 m. w. A. = ESJ 25; BGH NJW 75, 867 = ESJ 26. –). Dabei handelt es sich nicht um einen Vertrag zugunsten Dritter mit auf Hauptleistungen zu beziehenden Erfüllungspflichten, sondern um einen mit auf Nebenleistungen zu beziehenden Ersatzpflichten.

2. Im Beispiel des Dachdeckers hat nur der Hauseigentümer als Besteller des Werks Anspruch aus § 631 auf Erfüllung der *Hauptleistung*, das Dachdecken. Die Frau und die Kinder des Hauseigentümers könnten die Leistung des Dachdeckens nicht einklagen. Die *Sorgfaltspflichten* aus dem mit dem Hauseigentümer geschlossenen Werkvertrag obliegen dem Dachdecker aber auch in Richtung auf die *Familien- und Hausangehörigen* und *Besucher* des Bestellers (nicht aber z. B. hinsichtlich eines unerwünschten Hausierers). Kommen sie durch Nachlässigkeit des Dachdeckers zu Schaden, so haben sie Anspruch auf vertraglichen Schadensersatz aus schlechterfülltem *Werkvertrag*

Vertrag zugunsten Dritter **§ 37**
VII 4

zugunsten Dritter. In bezug auf die *Nebenpflichten allein* wird der Werkvertrag als berechtigender Vertrag zugunsten Dritter angesehen (dies entgegen der h. M., s. o. 1.). Für Gehilfen wird nach § 278 ohne Entlastungsbeweis gehaftet (vgl. 831).

3. Schwierigkeiten bereitet die Abgrenzung des geschützten Personenkreises. Es darf sich nur um solche Personen handeln, die einmal mit der Leistung des anderen Teils nach der Natur dieser *Leistung* mehr oder minder zwangsläufig in Berührung kommen und die zum andern dem Gläubiger in solcher Weise *nahestehen,* daß er, dem Schuldner *erkennbar,* auf die Sicherheit dieser Personen ebenso vertraut wie auf seine eigene, *Larenz* I § 17 II; BGHZ 33, 247 = JZ 61, 169, Anm. *Lorenz.* In erster Linie sind dies seine Familienangehörigen, vgl. BGH NJW 76, 712. Eine Merkregel ist: Leistungsnähe, Gläubigernähe, Erkennbarkeit.

Zweifelhaft wäre die Haftung des Dachdeckers gegenüber einem Briefträger der Post. Ist der Hauseigentümer dem Briefträger nach den Anstaltsbenutzungsvorschriften der Post haftbar, muß man den Briefträger zum Personenkreis rechnen, für dessen Wohl der Hauseigentümer einzustehen hat, und der ihm deshalb „erkennbar nahesteht". Eine nur deliktsrechtliche Haftungsmöglichkeit reicht nicht aus.

Mit Recht wird ein unübersehbar großer Personenkreis als nicht in den Schutzbereich eines Saalmietvertrags einbezogen angesehen, wohl aber die Mitglieder einer geschlossenen Gesellschaft (Studentenverbindung), BGH NJW 65, 1757 (anders noch RGZ 160, 155). *Andere Beispiele:* RGZ 91, 24; 102, 232 (Haftung des Hauseigentümers für Verschulden des Handwerkers, durch das Angehörige des Mieters verletzt wurden); RGZ 87, 65; 87, 292 (Haftung des Taxifahrers gegenüber den vom Besteller mitgenommenen Personen); BGHZ 2, 94 (keine Haftung aus Krankenhausvertrag bei Krankenbesuch); BGH NJW 54, 874 = LM 6 zu § 328; *Larenz* NJW 56, 1193; BGHZ 33, 247 = JZ 61, 169, Anm. *Lorenz* (Haftung einer Baufirma gegenüber den Arbeitern der Fabrik, die den Bauauftrag gab); BGH NJW 68, 1323 (Schutzpflicht des Hausverwalters gegenüber Hausbewohnern). Soweit der geschützte Personenkreis reicht, sind nicht nur Personen-, sondern auch Sach- und Vermögensschäden zu ersetzen, BGH JZ 66, 141, Anm. *Lorenz.* Für Vermögensschäden war dies früher zweifelhaft, doch hat auch der BGH dies inzwischen bejaht, BGHZ 49, 350; BGH NJW 68, 1929; 77, 2073; wie hier auch *Medicus* BürgR Rn. 840.

4. Gemäß § 334 hat der Verpflichtete gegen die in den Vertragsschutz einbezogenen Dritten die *Einwendungen* und *Einreden,* die ihm gegen seinen Vertragspartner zustehen. Dazu zählt grundsätzlich auch die Einwendung aus § 254, der Vertragspartner trage eine Mitschuld an der Schädigung der Dritten, (BGHZ 33, 247 = ESJ 25: Den Fabrikanten traf eine Mitschuld am Unfall seiner Arbeitnehmer, nachdem die Baufirma auf dem Fabrikgelände nachlässig gearbeitet hatte). Es ist aber zu beachten, daß die Schutzpflicht gegenüber den Dritten wesentlich stärker sein kann als gegenüber dem Vertragspartner (abzulehnen daher BGH NJW 75, 867, wonach der Schutzbereich des Dritten nicht weiterreichen soll als der des Gläubigers). Ist dem so, kann die Mitschuld des Vertragspartners insoweit vom Verpflichteten den in den Schutzbereich des Vertrags einbezogenen Dritten nicht nach § 254 entge-

gengehalten werden. Entgegenstehende Haftungsfreizeichnungen sind dementsprechend sittenwidrig (§ 138) oder verstoßen gegen §§ 3, 9 AGBG.[1])

5. Die Regeln der *culpa in contrahendo* und der Verträge mit Schutzwirkung für Dritte sind ohne weiteres kombinierbar: Auch im Schuldverhältnis der Vertragsanbahnung haftet der Schuldner Personen, die mit seinem Vertragsangebot in Berührung kommen und die dem Adressaten des Angebots in solcher Weise nahestehen, daß er, dem Schuldner erkennbar, auf die Sicherheit dieser Personen ebenso vertraut wie auf seine eigene (s. o. § 20 VI; BGHZ 66, 51 – das die Mutter begleitende Kind rutscht im Laden auf einem Gemüseblatt aus).

VIII. Versprechen zugunsten Dritter auf den Todesfall

1. § 330: *Lebensversicherungen* und *Leibrentenverträge zugunsten Dritter* sind im Zweifel berechtigend. Die Forderung gehört nicht zum Nachlaß.

2. § 331: *Versprechen zugunsten Dritter auf den Todesfall* des Versprechensempfängers werden im Todeszeitpunkt wirksam, belasten also nicht den Nachlaß und unterliegen nicht den erbrechtlichen Formvorschriften. Der Unterschied zu § 2301 (Schenkung von Todes wegen) besteht in zweierlei: (1) § 2301 betrifft eine *Schenkung* von Todes wegen, d. h. für den Fall, daß der Beschenkte den Schenker überlebt. § 331 ist eine Vorschrift aus dem Recht des Vertrags zugunsten Dritter und damit nur in Verbindung mit einem *besonderen Schuldverhältnis* von Bedeutung (z. B. Darlehen, Sparvertrag, auch Schenkung). (2) § 2301 meint die noch *nicht vollzogene* Schenkung, arg. § 2301 II. § 331 setzt Vollzug der Zuwendung in dem Sinn voraus, daß das Zuzuwendende klar vom übrigen Vermögen des Zuwendenden abgegrenzt wird (z. B. Errichtung eines Sparkontos auf den Namen des Bedachten). Das Recht (z. B. auf das Sparguthaben) wird nach § 331 erst im Todeszeitpunkt – jedoch noch „unter Lebenden" erworben, vgl. § 2301 II (im einzelnen und kritisch *Boehmer*, Grundlagen der bürgerlichen Rechtsordnung II, 2, 1952 S. 85 ff. u. *Medicus* BürgR Rn. 391 ff.; *Kuchinke*, FamRZ 84, 109; die durch die Rechtsprechung entwickelte Kombination von § 331 und § 2301 bejahend z. B. *MünchKomm/Musielak*, dem nachstehend weitgehend gefolgt wird). Daraus ergibt sich für die Behandlung der *schenkweisen Zuwendungen zugunsten Dritter auf den Todesfall:*

a) Zunächst ist festzustellen, ob die Anspruchsgrundlage in ihren Grundvoraussetzungen erfüllt ist, ob z. B. beim Sparbuch auf den Todesfall ein *Sparvertrag* (§ 607) als *berechtigender* Vertrag zugunsten Dritter (§ 328 I)) auf den Todesfall des Sparers (§ 331) zustande gekommen ist. Ist dies alles der Fall, ist mit RGZ 106, 1 festzustellen, daß dadurch – Form- und Erbrechtsumgehungsprobleme ausgeklammert – der Dritte mit dem Tode des Sparers Inhaber der Sparforderung gegen die Bank wird, wodurch gemäß § 952 das Eigentum am Sparbuch auf den Dritten übergeht.

---

[1]) Bedenken gegen die BGH-Rechtsprechung auch bei *Lorenz*, JZ 61, 170 f., siehe auch unten § 55 VII.

b) Ist — wie meist — die Zuwendung an den Dritten *schenkweise* erfolgt, liegt also eine Schenkung von Todes wegen vor, könnte die wirksame Begründung der Sparforderung an § 518 scheitern. Doch steht seit RGZ 98, 279 und nach h. M. (oben VI.) fest, daß für die *Form* beim Vertrag zugunsten Dritter das *Deckungs-*, nicht das *Valutaverhältnis* entscheidet (hier die Stellung der Beteiligten im Dreierverband darlegen, s. o. II). Da das Deckungsverhältnis im *Sparvertrag* besteht, dieser aber wegen der Zinsen nicht unentgeltlich ist, gilt für die Form § 607, nicht § 518.

c) Aus dem *Valutaverhältnis* (zwischen Sparer = „Erblasser" und Drittem = Beschenktem) ergeben sich aber möglicherweise grundsätzliche Bedenken gegen Schenkungen auf den Todesfall wegen *Umgehung erbrechtlicher* Formen. Das hat mit der Formfrage beim Vertrag zugunsten Dritter *nichts zu tun*. Zur Vermeidung der Umgehung der erbrechtlichen Formen (Erbvertrag, 2274ff.; Testament, 2247) bestimmt § 2301 I, daß Schenkungs*versprechen* von Todes wegen nur in erbrechtlichen Formen zulässig sind, und lediglich vom Schenker *vollzogene* Schenkungen davon befreit sind, 2301 II. Demgemäß ist zu prüfen:

aa) Liegt im Verhältnis zwischen Erblasser und Bedachten eine ordnungsgemäße erbvertragliche oder testamentarische *Erb-* oder *Vermächtnis*einsetzung hinsichtlich des zugewendeten Gegenstands vor? Wenn ja, findet nur Erbrecht Anwendung und § 2301 I ist Genüge getan.

bb) Wenn nein — wie häufig —, hängt alles davon ab, ob die Schenkung i. S. d. § 2301 II *vollzogen* ist (cc)) und ob, falls Vollzug bejaht wird, der Bedachte das ihm Zugewendete behalten darf (dd)).

cc) Vollzug setzt (1) entweder die wirtschaftliche Ausgliederung aus dem Vermögen des Schenkers[2]) oder (2) einen Forderungsübergang an den Dritten voraus, der zu Lebzeiten der beiden am Valutaverhältnis Beteiligten oder nach §§ 130 II, 153, 151 *post mortem* zustandegekommen ist[3]), wobei im zweiten Falle ein rechtzeitiger Widerruf (§ 130 I 2) des Erben das Zustandekommen hindert.[4]) Mit dem Übergang der Sparforderung geht das Eigentum am Sparbuch gem. § 952 auf den Dritten über (§ 985!).

dd) Ist nach diesen Kriterien der bedachte Dritte Inhaber des ihm zugewendeten Rechts geworden, bleibt als letztes zu prüfen, ob er im Verhältnis zu den Erben um das Zugewendete ungerechtfertigt bereichert ist (812 I 1 usf.).[5]) Ein Rechtsgrund kann in einer testamentarischen Absicherung als Vermächtnis, in vollzogenem Schenkungsversprechen (518 II) oder anderem bestehen. Fehlt ein Rechtsgrund, können die Erben vom Dritten Rückübertragung des ihm zugewendeten Rechts verlangen, und, wenn der Dritte z. B. aus § 985 auf Herausgabe des Sparbuchs klagt, dem die Arglisteinrede („dolo facit qui petit quod statim redditurus est", s. o. § 27 III 5 d cc, 6) entgegensetzen.

---

[2]) Anzunehmen, wenn Sparbuch schon auf den Namen des Bedachten lautet (nicht ausreichend ist, daß der Sparbuchinhaber den Vermerk „Unterkonto..." anbringt); wenn Bedachter die Zinsen erhält; allgemein, wenn der Schenker „das Vermögensopfer schon erbracht hat"; BGH NJW 78, 423.
[3]) BGHZ 46, 198; BGH NJW 65, 1913 = WM 65, 748.
[4]) BGH NJW 75, 382 = ESJ 24.
[5]) BGHZ 41, 95.

4. Abschnitt

Erlöschen von Schuldverhältnissen

§ 38
Erfüllung

Beuthien, Zweckerreichung und Zweckstörung im Schuldverhältnis, 1969; *Boehmer, G.,* Der Erfüllungswille, 1910; *Ehmann,* JZ 68, 549; *ders.,* NJW 69, 1833; *Gernhuber,* Die Erfüllung und ihre Surrogate, 1983; *Hadding,* FS *Bärmann,* 1975, 375; *ders.,* JZ 77, 281; *Harder,* JuS 77, 149; *Hefermehl,* FS *Möhring,* 1975, 381; *Henrici,* IherJb. 32, 99; *Jakisch,* IherJb. 68, 287; *Klein,* Natur der causa solvendi, 1903; *Köhler,*JZ 83, 225; *Kretschmar,* IherJb. 85, 184 und 86, 145; *ders.,* Die Erfüllung, 1. Teil, 1906; *Lent,* Die Anweisung als Vollmacht im Konkurse, 1907; *Markgraf,* Begriff der Erfüllung nach deutschem bürgerlichen Recht, 1911; *Müller-Laube,* Die Empfangszuständigkeit im Zivilrecht, 1978; *Pringsheim,* Gruchot 53, 13; *Schnorr v. Carolsfeld,* FS *v. Lübtow,* 1970, 667, 674 ff.; *Schöninger,* Die Leistungsgeschäfte des bürgerlichen Rechts, 1906, 86; *Seibert,* Erfüllung durch finale Leistungsbewirkung, 1982; *Siber,* Erfüllung im Schuldrecht des BGB, HdwbRW, Bd. II, 329; *Wacke,* JuS 78, 80; *Weitnauer,* FS *v. Caemmerer,* 1978, 225; *Wieacker,* FS *Nipperdey,* Bd. I, 1965, 783; *Wieling,* JuS 78, 801; *Wiese,* FS *Nipperdey,* Bd. I, 1965, 837 ff.; *Zeiß,* JZ 63, 7; *Zschoche,* Zur dogmatischen Einordnung des Lastschriftverfahrens, 1981.

I. Übersicht über das Erlöschen von Schuldverhältnissen

1. Normalerweise erlischt ein Schuldverhältnis durch *Erfüllung,* 362, 363, 366–371 (darüber unten II, III und IV).

2. An die Stelle der Erfüllung können *Erfüllungsersetzungen (Erfüllungssurrogate)* treten. Dabei handelt es sich um Vorgänge, die erfüllungsgleiche Wirkung haben. Im einzelnen sind hierher zu zählen:

a) Leistung an *Erfüllungs Statt,* 364, 365. Dies ist der nicht seltene Vorgang, daß anstelle der geschuldeten Leistung eine andere erbracht wird. Dabei ist regelmäßig zu prüfen, ob die zu tilgende Schuld nach dem Willen der Parteien durch Erbringung dieser anderen Leistung untergehen oder ob sie neben der neu übernommenen Leistung weiterbestehen soll. Nur wenn die zu tilgende Schuld untergehen soll, ist an *Erfüllungs Statt* geleistet. Sonst kommt nur eine Leistung erfüllungshalber in Betracht.

b) An zweiter Stelle folgt im Gesetz die *Hinterlegung,* 372–386.

c) Von großer praktischer und theoretischer Bedeutung ist die *Aufrechnung,* 387–396. Bei der Aufrechnung handelt es sich darum, daß sich der Schuldner von seiner Schuld dadurch befreit, daß er eine ihm gegen den Gläubiger zustehende Forderung mit seiner Schuld verrechnet.

d) An vierter Stelle ist der *Erlaß* zu nennen, 397. Im Erlaßvertrag einigen sich Gläubiger und Schuldner dahin, daß dem Schuldner die Schuld erlassen wird.

e) Nicht eigens in diesem Zusammenhang geregelt ist der *Aufhebungsvertrag*. Seine Zulässigkeit folgt aus dem Grundsatz der Vertragsfreiheit, 305. Im Aufhebungsvertrag einigen sich Schuldner und Gläubiger dahin, daß das Schuldverhältnis für die Zukunft nicht mehr bestehen soll. Insoweit weist der Aufhebungsvertrag große Ähnlichkeit mit dem Erlaß auf. Wirtschaftlich allerdings bedeutet der Erlaß zumeist eine Günstigerstellung des Schuldners, während der Aufhebungsvertrag häufig in beiderseitigem Interesse erfolgt.

f) Ein Schuldverhältnis erlischt auch ohne Erfüllung durch *Zweckerreichung*. Was der Schuldner eigentlich vom Gläubiger oder einem Dritten (362 II) bekommen sollte, fließt ihm durch besondere rechtliche oder tatsächliche Umstände ohnedies zu. Das Gläubigerinteresse entfällt, der Zweck des Schuldverhältnisses ist erreicht. Die Zweckerreichung ist im Gesetz nicht geregelt.

g) Als letztes Erfüllungssurrogat und zugleich als Spezialfall der Zweckerreichung ist die *Konfusion* zu nennen. Wenn sich Forderung und Schuld in einer Person vereinigen, gehen Forderung und Schuld unter. So liegt es z. B., wenn der Vater gegen den Sohn eine Forderung hat und der Sohn allein den Vater beerbt.

3. Zweifelhaft ist, ob sich die §§ 362–397 nur auf Schuldverhältnisse i. e. S. (also z. B. auf die einzelne Kaufpreisforderung) oder auch auf Schuldverhältnisse i. w. S. beziehen (zum Unterschied s. o. § 7, 1). Grundsätzlich und in historischer Auslegung beziehen sich die §§ 362 ff. auf Schuldverhältnisse i. e. S. (ebenso *Gernhuber* § 1, 3). Alles, was zur Leistung gehört, auch Nebenpflichten (o. § 8, 3) kann daher nach § 362 erfüllt werden (a. A. *Gernhuber* a. a. O.). Ob Surrogate einsetzbar sind (u. § 39), ist eine andere, aus ihrem Sinn und Zweck zu entscheidende Frage, wobei gelegentlich auch die Gegenleistung berücksichtigt wird (z. B. bei der Zweckerreichung), was sonst bei der Erfüllung eines Schuldverhältnisses i. e. S. nicht der Fall ist. Schuldverhältnisse i. w. S. können ebenfalls nach § 362 „erfüllt" werden, wenn alle zu ihnen zählenden Pflichten erfüllt sind. Beim Dauerschuldverhältnis können sowohl Teilleistungen als auch das ganze Verhältnis erfüllt werden, BGHZ 10, 397.

4. Schuldverhältnisse i. e. und i. w. S. können außer durch Erfüllung auch durch *Zeitablauf* erlöschen. Voraussetzung ist dazu allerdings, daß es sich um ein in der Zeit bestehendes Schuldverhältnis, insb. um ein sogenanntes Dauerschuldverhältnis handelt (z. B. Miete, Leihe, Dienstvertrag, Gesellschaft). Vgl. dazu die §§ 564 I, 620, 723 I und oben § 8, 7 c. Beim Erlöschen durch Zeitablauf ist die Aufhebung des Schuldverhältnisses von vornherein für einen später bestimmten Zeitpunkt vereinbart worden. Das Erlöschen durch Zeitablauf zeigt demnach Ähnlichkeiten mit dem Aufhebungsvertrag.

Bisweilen tritt das Erlöschen durch Zeitablauf nicht schlechthin ein. Vielmehr vereinbaren die Parteien eine *Kündigung* des Rechtsverhältnisses. Die Kündigung kann hier den Sinn haben, das Erlöschen durch Zeitablauf vorzubereiten. Beide Parteien können sich dann besser auf den Fortfall des Schuldverhältnisses einrichten.

II. Die Erfüllung

1. Die Erfüllung ist die Tilgung einer Schuld durch Bewirken der geschuldeten Leistung an den Gläubiger, wobei sich grundsätzlich Gläubiger und Leistender darüber einig sein müssen, daß durch die Bewirkung der geschuldeten Leistung ein bestehendes Schuldverhältnis getilgt werden soll. Die Erfüllung ist demnach die Bewirkung der geschuldeten Leistung im beiderseiti-

gen Einverständnis über den Charakter als Tilgung, solutio. § 362 I sagt zwar lediglich, daß das Schuldverhältnis erlischt, wenn die geschuldete Leistung an den Gläubiger bewirkt wird. Doch gehen die §§ 363, 366 ff. von einem Tilgungswillen der Beteiligten aus. Auch handelt es sich bei den oben erwähnten Erfüllungssurrogaten mit Ausnahme der Zweckerreichung und der Konfusion stets um willensgetragene Vorgänge, so daß es verwunderlich erscheinen würde, die Erfüllung lediglich als tatsächliche Handlung, als reines Bewirken einer Leistung der geschuldeten Art anzusehen.

2. Die *Rechtsnatur* der Erfüllung gehört zu den umstrittensten Gebieten des Schuldrechts.

a) Die eine Meinung (sog. *Vertragstheorie*) deutet die Erfüllung als *Vertrag (v. Tuhr, Lent).* Nach dieser Auffassung einigen sich Gläubiger und Schuldner in einem erneuten Vertrag darüber, daß durch die Bewirkung der geschuldeten Leistung das Schuldverhältnis getilgt werden soll. *Ehmann* deutet die Erfüllung als einen Realvertrag mit Zweckvereinbarung.

b) Die *Theorie der realen Leistungsbewirkung* leugnet den Vertragscharakter der Erfüllung mit der Begründung, es gäbe zahlreiche Erfüllungen, die in einer bloßen Rechtshandlung, etwa einer Anzeige, einer Dienstleistung, einer Unterlassung bestehen. Es sei wesensfremd, hier noch einen weiteren Vertrag zwischen Gläubiger und Schuldner anzunehmen. Vor allem könne ein Gläubiger, wenn es auf seinen Tilgungswillen ankomme, die Leistung annehmen, aber seinen Tilgungswillen nicht erklären, so daß der Schuldner zwar geleistet, aber nicht erfüllt habe, *Larenz* I § 18 I; *Siber* 119. Die Theorie der realen Leistungsbewirkung bejaht jedoch, daß es eine Befugnis zur Annahme der Leistung gäbe. Diese Befugnis wird Empfangszuständigkeit genannt. Sie wird nach den Regeln über die Verfügung behandelt, so daß durch Einführung dieses neuen Begriffs § 362 II verständlich wird, wo von der Erfüllung als von einer Verfügung gesprochen wird (vgl. dazu auch §§ 1812, 1813, die ebenfalls für die Verfügungs- und damit für die Vertragsnatur der Erfüllung sprechen). Die Empfangszuständigkeit fehlt z. B. bei Minderjährigen, so daß der Schuldner durch Leistung an sie nicht frei wird.

c) Vermittelnd äußert sich die sogenannte *beschränkte Vertragstheorie,* die grundsätzlich von einer rein realen Leistungsbewirkung ausgeht, einen rechtsgeschäftlichen Charakter der Erfüllung jedoch dort annimmt, wo die Erfüllungshandlung in einem Rechtsgeschäft besteht (z. B. Eigentumsübertragung, Forderungsabtretung, Abschluß eines Vertrags aufgrund eines Vorvertrags), *Enneccerus/Lehmann* § 60 I, vgl. auch *Esser*[2] § 70, 7. Die beschränkte Vertragstheorie will beide Situationen erfassen: Die Erfüllung durch tatsächliche Handlung und die Erfüllung durch ein Rechtsgeschäft. Diese vermittelnde Theorie kann also für sich in Anspruch nehmen, den §§ 362 II, 1812, 1813 und herkömmlichen Vorstellungen über die Bedeutung der Geschäftsfähigkeit bei der Erfüllung gerecht zu werden (z. B. Eigentumserwerb nach § 107, aber keine Erfüllungswirkung).

d) In der Tat verdient eine vermittelnde Auffassung den Vorzug.

Es gibt Erfüllungshandlungen, die sich im rein tatsächlichen Bereich abspielen, wie viele Dienstleistungen, Unterlassungen, Mitteilungen und Anzeigen. Das Schwergewicht der Fälle, vor allem der streitigen, liegt aber bei Erfüllungshandlungen, die rechtsgeschäftlichen Charakter tragen, so daß man auch für die Frage, ob erfüllt ist oder nicht, den Tilgungswillen von Gläubiger und Schuldner benötigt. Man sollte jedoch den grundsätzlichen Ausgangspunkt nicht auf die Ausnahmefälle, die Erfüllungshandlungen rein tatsächlicher Natur, legen, sondern auf die praktisch bedeutenderen Fälle der Erfüllung durch Rechtsgeschäft. Dabei ist der Schluß von der Rechtsnatur der geschuldeten Handlung (z. B. das Rechtsgeschäft der Übereignung nach § 929) auf den Rechtsgeschäftscharakter der Erfüllung nicht zwingend. Wohl aber kommt ihm eine Vermutungswirkung zugute.

Am ungezwungensten erscheint daher die Auffassung, die der Erfüllung grundsätzlich rechtsgeschäftlichen Charakter beilegt, auf diesen rechtsgeschäftlichen Charakter aber verzichtet, wo rein tatsächliche Erfüllungshandlungen geschuldet werden. Hiernach kommt der Erfüllung aber nicht notwendig Vertragsnatur zu. Neben den Vertrag, durch welchen die Schuld begründet wird und neben die zu seiner Erfüllung erforderlichen Rechtsgeschäfte (z. B. Übereignungen) treten nicht noch ein oder mehrere zusätzliche Erfüllungsverträge. (Dies würde auch beim Handkauf zu fünf verschiedenen Verträgen führen.) Die Erfüllung ist vielmehr das Bewirken der geschuldeten Leistung, zusammen mit dem Einigsein über den Tilgungscharakter dieses Bewirkens. Diese der Erfüllung normalerweise innewohnende Einigung ist also kein *selbständiger* Vertrag, sie wird aber nach Vertragsgrundsätzen behandelt und hat rechtsgeschäftlichen Charakter (also wie bei der Einigung in §§ 873, 929).

Die gegen die Vertragstheorie vorgebrachten Argumente sind nicht unwiderlegbar. Die behauptete Konsequenz, daß nach der Vertragstheorie der Gläubiger die ihm ordnungsgemäß angebotene Leistung zwar in Natur annehmen, aber — durch Unterlassung ihrer Annahme als Erfüllung — die Befreiung des Schuldners verhindern könnte, besteht in Wahrheit nicht. Wenn der Schuldner leistet und der Gläubiger die Leistung nicht als Erfüllung annimmt, dann gibt es zwei Möglichkeiten: Entweder die Leistung war objektiv betrachtet nicht die geschuldete, dann ist noch nicht erfüllt. Oder die geleistete Erfüllung entsprach dem Schuldverhältnis, dann kommt der Gläubiger in Annahmeverzug, 293. — Der Schuldner muß Erfüllung beweisen, wenn sich der Gläubiger den Rücktritt für den Fall der Nichterfüllung vorbehalten hat, 362 I, 358. Nimmt im letzteren Falle der Gläubiger die zur Tilgung angebotene Leistung an, und behauptet er hinterher, die Erfüllung sei nicht ordnungsgemäß, so muß er dies beweisen, 363; nur wenn ihm dieser Beweis gelingt, ist noch nicht erfüllt. Nimmt er sie als Erfüllung an, entspricht sie auch der geschuldeten Verbindlichkeit, hat er aber nicht den Tilgungswillen des Gläubigers, so tätigt er das Rechtsgeschäft der Erfüllung mit einem geheimen Vorbehalt, der nach § 116 BGB unbeachtlich ist.

Das Argument, die Vertragstheorie sei lebensfremd, geht ebenso fehl. Die normalen Erfüllungsvorgänge schließen den Tilgungswillen auf beiden Seiten ein. Das ergibt sich aus einem Vergleich mit den Erfüllungssurrogaten. Auch die Erfahrung des täglichen Lebens zeigt, daß sich Gläubiger und Schuldner normalerweise über den Charakter einer Leistung als Erfüllung einig sind.

Hieraus folgt, daß das Erfüllungsgeschäft grundsätzlich dem Inhalt des Verpflichtungs-, nicht dem des Verfügungsgeschäfts entspricht: Wenn V dem K eine Herde von 10 Kühen verkauft und übereignet, so sind dies 1 Kaufvertrag, 10 Übereignungen nach

§ 929 und 1 Erfüllung, nicht 10 Erfüllungen. Zahlt K dem V dafür DM 20 000,– in 20 Tausenderscheinen, so sind dies 20 Übereignungen und wiederum 1 Erfüllung. Insgesamt enthält dieser Vorgang also 33 Verträge, davon 3 schuldrechtliche und 30 dingliche, und von den 33 Verträgen enthält 1 Vertrag ein Verpflichtungsgeschäft und 32 Verträge Verfügungsgeschäfte, darunter 2 schuldrechtliche und 30 dingliche.

3. Hiernach gehören zu einer ordnungsgemäßen Erfüllung i. S. des § 362 I:

a) Das Bewirken der geschuldeten Leistung. Es muß geleistet werden, was geschuldet ist. Hier entscheidet eine objektive, am Tatsächlichen haftende Betrachtung. Maßgeblich ist der Inhalt der geschuldeten Leistung in konkreter Bedeutung.

b) Regelmäßig (mit den oben erwähnten Einschränkungen) müssen sich Gläubiger und Leistender einig sein, daß durch das Bewirken dieser Leistung dieses Schuldverhältnis erlöschen, diese Schuld getilgt werden soll.

Es ist also erforderlich, daß Gläubiger und Schuldner den wirtschaftlichen und rechtlichen Zusammenhang zwischen dem Bewirken der Leistung und dem zu tilgenden Schuldverhältnis wissen und wollen. Der Tilgungswille besteht aus dem Bewußtsein der Tilgung und ihrer Billigung. *Auslegungshilfen* für den Tilgungswillen des leistenden Schuldners geben §§ 366, 367. Hat der Gläubiger eine ihm als Erfüllung angebotene Leistung als Erfüllung angenommen, also den Tilgungswillen geäußert, so trifft ihn die Beweislast, wenn er die Leistung deshalb nicht als Erfüllung gelten lassen will, weil sie eine andere als die geschuldete Leistung (aliud) oder weil sie unvollständig gewesen sei, 363.

c) Da das Einigsein über die Tilgung rechtsgeschäftlichen Charakter besitzt, ist Geschäftsfähigkeit auf beiden Seiten erforderlich. Die Tilgung ist eine Verfügung über die zu erfüllende Forderung mit allen daraus folgenden Konsequenzen. §§ 119 ff. sind anwendbar.

Besteht beispielsweise die Forderung gemäß § 433 I 1 auf Lieferung einer Sache und ist der Gläubiger geschäftsunfähig, so erwirbt er die geschuldete Sache nicht zu Eigentum. Seine Forderung auf Lieferung der Sache bleibt bestehen, eine Tilgung tritt nicht ein. Ist der Gläubiger geschäftsbeschränkt, so erwirbt er die geschuldete Sache, da ihm die Übereignung lediglich einen rechtlichen Vorteil bringt, 107. Da er aber durch Entgegennahme dieser Sache als Erfüllung über seinen Lieferungsanspruch verfügen würde und ihm dies einen rechtlichen Nachteil durch Verlust des Anspruchs brächte, kann er insoweit den Tilgungswillen nicht bilden. Die Forderung bleibt bestehen, sie wird nicht getilgt. Der Schuldner hat einen Anspruch aus ungerechtfertigter Bereicherung gegen den geschäftsbeschränkten Gläubiger auf Rückübereignung der Sache. Liegen keine besonderen Umstände vor, so steht aber dem Gläubiger gegen diesen Anspruch die Einrede der exceptio doli zu, oben § 27 III 6 a bb. Ist der Schuldner geschäftsunfähig, so kann er die Sache nicht übereignen, die Forderung des Gläubigers bleibt bestehen. Ebenso liegt es, wenn der Schuldner geschäftsbeschränkt ist.

4. Erfüllung durch Leistung an Dritte: Grundsätzlich tritt Erfüllung nur ein, wenn die geschuldete Leistung an den Gläubiger geleistet wird, 362 I. Es genügt dabei, soweit der rechtsgeschäftliche Charakter der Erfüllung reicht, Leistung an einen vom Gläubiger bevollmächtigten Vertreter, da dies für und gegen den Gläubiger wirkt (§ 164).

Eine Leistung an dritte Personen, die nicht im Namen und mit Vollmacht des Gläubigers die Leistung erheben, befreit nur dann, wenn der Gläubiger dazu eine Ermächtigung erteilt hat, 362 II, 185. Hauptanwendungsfall ist die Anweisung, 783, die eine Doppelermächtigung enthält: an den Schuldner, mit befreiender Wirkung (§ 787) für den Gläubiger zu leisten, an den Dritten, die Leistung in eigenem Namen zu erheben, 783, 1. Halbs. Fehlt eine Ermächtigung des Gläubigers, so kann die Leistung im Vertrauen auf den Rechtsschein der Berechtigung (z. B. §§ 408 ff.), der Ermächtigung (z. B. § 370) oder der Vollmacht (z. B. Anscheinsvollmacht) den Schuldner befreien.

Der Leistende kann im Falle der Rechtsgrundlosigkeit der Leistung nur den Gläubiger in Anspruch nehmen (RGZ 87, 36). Ob im Verhältnis Gläubiger-Dritter der letztere die empfangene Leistung erhalten darf, richtet sich nach dem zwischen beiden bestehenden Rechtsverhältnis. Besteht keine wirksame causa, so kann der Gläubiger die Leistung im Falle der §§ 407, 370 nach § 816 II und im Falle der §§ 362 II, 185 nach §§ 812, 818 kondizieren; dazu näher unten § 99 VI: Drittempfängerkondiktion.

5. Wirkung der Annahme als Erfüllung: Hat der Gläubiger die Leistung der Erfüllung angenommen und will er sie später mit der Begründung nicht gelten lassen, sie sei eine andere als die geschuldete Leistung oder sie sei unvollständig, so hat der Gläubiger dies zu beweisen, 363. Dies ist eine Abweichung von dem Grundsatz, daß der Schuldner die Erfüllung zu beweisen hat. Darin erschöpft sich die rechtliche Bedeutung des § 363. *Materiellrechtliche* Wirkung hat die Annahme als Erfüllung jedoch beim Kauf, falls sie in Kenntnis des Mangels erfolgt (§ 464), beim Handelskauf (§§ 377, 378 HGB) und als Abnahme beim Werkvertrag (§ 640 II).

6. Bestimmung der Erfüllungswirkung bei mehreren Leistungspflichten: Schuldet der Schuldner dem Gläubiger mehr als eine Leistung der gleichen Art aus verschiedenen oder ein- und demselben Schuldverhältnis (Miete − BGH NJW 65, 1373), so entscheidet zunächst die Parteiabsprache darüber, welche Schuld durch die Leistung getilgt wird. Der Schuldner kann, entgegen der h. M., dann die Verrechnung nicht mehr anders bestimmen (RGZ 66, 54). Auch der Gläubiger darf dies nicht, BGH WM 82, 329. Fehlt eine Parteiabsprache, so kann der Schuldner einseitig die Verrechnung bestimmen, auch stillschweigend, BGH VersR 82, 958. Trifft der Schuldner keine Bestimmung bzw. kann er die Bestimmung nicht beweisen, so erfolgt die Tilgung in der in § 366 II das Interesse des Gläubigers bevorzugenden Reihenfolge: Leistung auf die fällige Schuld vor der nichtfälligen, bei Fälligkeit auf die ungesicherte vor der gesicherten, bei gleichsicheren auf die dem Schuldner lästigere, bei gleich lästigen auf die ältere, bei gleich alten auf beide verhältnismäßig. (Er kann nur so lange eine Bestimmung treffen, wie die Leistung dem Gläubiger noch unverbraucht zur Verfügung steht, vgl. BGHZ 51, 157).

§ 366 findet entsprechende Anwendung bei Forderungen verschiedener Gläubiger (BGHZ 47, 168). Voraussetzung ist aber, daß die Zahlung des Schuldners geeignet ist, die Forderungen beider Gläubiger zu tilgen (Fälle der §§ 407, 408, 362 II, 185, vgl. dazu *Pfister* NJW 68, 238 ff.) Weiterhin gilt § 366 analog bei zu niedrig notariell beurkundetem Kaufpreis, BGH DB 73, 1791.

§ 367 bestimmt für die Tilgung die Reihenfolge Kosten − Zinsen − Hauptleistung (ähnlich BGHZ 80, 269 für die Aufrechnung).

III. Erfüllung unter Vorbehalt der Schuld

Gernhuber, Die Erfüllung und ihre Surrogate, 1983, § 5 V; *Seibert,* JR 83, 491.

1. Die Zahlung einer Schuld „ohne Anerkennung einer Rechtspflicht" kann verschiedene rechtliche Bedeutungen haben. Ist mit diesem Vorbehalt gemeint, daß nur unter der Bedingung der bestehenden Schuld geleistet wird, der Gläubiger also bei Rückforderung das Bestehen der Schuld zu beweisen hat, so kann der Gläubiger die angebotene Zahlung als nicht ordnungsgemäß zurückweisen, ohne in Annahmeverzug zu geraten. Im Gegenteil kann der Schuldner nun in Schuldnerverzug kommen. Wenn dagegen der Schuldner mit seinem Vorbehalt lediglich sagen will, daß er kein Anerkenntnis i. S. des § 781 leisten will und sich für den Fall des von ihm zu beweisenden Nichtbestehens der Schuld den Anspruch entgegen § 814 vorbehalten möchte, so ist der Vorbehalt zulässig. Eine so angebotene Leistung wird ordnungsgemäß angeboten, so daß der Gläubiger im Falle der Annahmeverweigerung in Gläubigerverzug gerät. War die Leistung rechtsgrundlos, haftet der Gläubiger verschärft nach § 820.

2. Welche Art von Vorbehalt gemeint ist, ergibt die Auslegung. Im Zweifel wird die zweitgenannte Bedeutung gemeint sein, da es sich hierbei um den schwächeren, erfüllungsfreundlicheren Vorbehalt handelt.

IV. Quittung und Schuldschein

Collatz, IherJB. 40, 335; *Gernhuber,* Die Erfüllung und ihre Surrogate, 1983, §§ 25, 26; *Hedemann,* IherJb. 48, 63; *Keyßner,* FG *Koch,* 1903, 139; *Kluckhohn,* ArchBürgR 43, 380; *Siegel,* AcP 111, 1; *Stötter,* MDR 78, 632; *Stoll, Heinrich,* AcP 135, 89; *Wieland,* AcP 95, 161; *Lacmann,* ArchBürgR 31, 45.

1. Der Gläubiger muß auf Verlangen des Schuldners, auf dessen Kosten und in einer von ihm gewünschten Form, den Empfang der Leistung in einer schriftlichen Quittung bestätigen, 368, 369.

2. Die Quittung ist also ein schriftliches Empfangsbekenntnis des Gläubigers. Sie ist *kein Wertpapier* (s. unten § 96), denn zur Geltendmachung der Forderung ist die Inhaberschaft der Quittung nicht erforderlich. Die Quittung ist aber ein *Legitimationspapier,* 370. Bei einem *Legitimationspapier* kann der Schuldner befreiend an den Inhaber des Papiers leisten. Der Grund für diese Regelung ist der Publizitätsschutz, der seinerseits auf dem Rechtsscheingedanken beruht. § 370 sagt, daß der Überbringer eine Quittung als ermächtigt gilt, die Leistungen zu empfangen, sofern nicht die dem Leistenden bekannten Umstände der Annahme einer solchen Ermächtigung entgegenstehen. Auch der Überbringer einer gestohlenen oder gefundenen (echten) Quittung gilt als zum Empfang ermächtigt, d. h. der Schuldner wird durch Leistung an ihn befreit. Ebenfalls befreit die Leistung auf die Blankettquittung, die vom Ermächtigten unberechtigt ausgefüllt ist. Der gegebenenfalls erforderliche Ausgleich zwischen dem leer ausgehenden Gläubiger und dem Überbringer

der Quittung erfolgt nach § 816 II BGB. Eine gefälschte Quittung, die z. B. vorliegt, wenn jemand die Unterschrift des Gläubigers auf der Quittung nachahmt, ist dagegen keine Quittung i. S. des § 370.

3. Der *Schuldschein* ist weder ein Wertpapier noch ein Legitimationspapier, sondern lediglich ein Beweispapier, 371. In dem Schuldschein bekennt der Schuldner, an den Gläubiger etwas schuldig zu sein ohne jedoch mit diesem Bekenntnis eine neue, selbständige Verbindlichkeit begründen zu wollen; darin liegt der Unterschied zum abstrakten Schuldanerkenntnis des § 781. Der Schuldner kann, wenn über die Forderung ein Schuldschein ausgestellt worden ist, Rückgabe des Schuldscheins verlangen, 371 S. 1. Denn mit der Tilgung der Schuld hat der Schuldschein seinen Sinn, dem Gläubiger den Beweis der Forderung zu erleichtern, verloren.

V. Zur bargeldlosen Zahlung als Erfüllung s. unten § 39 I 3.

§ 39
Erfüllungsersetzungen

I. Leistung an Erfüllungs Statt, 364 I, 365

Berndorff, Die Annahme an Erfüllungs Statt, 1904; *Gernhuber*, Die Erfüllung und ihre Surrogate, 1983, §§ 9, 10; *Harder*, Die Leistung an Erfüllungs Statt, 1976; *ders.*, JuS 77, 149; *Köhler*, WM 77, 242; *Müller*, SeuffBl. 1905, 553; *Schulin*, JA 83, 161; *Sohm*, ZHR 53, 79; (weiteres Schrifttum o. § 38).

1. Mit Zustimmung des Gläubigers kann statt mit der geschuldeten Leistung mit einer anderen Leistung erfüllt werden. Anstelle der geschuldeten Leistung tritt kraft einer erneuten Vereinbarung zwischen Gläubiger und Schuldner ein Leistungsersatz. Hierzu ist stets ein Vertrag erforderlich. Eine derartige Leistung „an Erfüllungs Statt" beendet das Schuldverhältnis genauso wie die normale Erfüllung.

Jemand schuldet 500,– DM aus Darlehen oder aus Kauf. Weil er nicht zahlen kann, leistet er mit Zustimmung des Gläubigers ein gebrauchtes Möbelstück. – „Inzahlungnahmen", BGH NJW 67, 553 = ESJ 27.

Wird eine Sache, eine Forderung gegen einen Dritten oder ein anderes Recht an Erfüllungs Statt geleistet, so hat der Schuldner wegen eines Mangels im Recht oder wegen eines Sachmangels in gleicher Weise wie ein Verkäufer Gewähr zu leisten.

War also im genannten Beispiel das Möbelstück unbrauchbar, so finden zugunsten des Gläubigers nach § 365 die Vorschriften der §§ 459ff. entsprechende Anwendung. Das bedeutet, daß der Gläubiger im Hinblick auf das unbrauchbare Möbelstück die Wandlung erklären kann, 459, 462, 467, 346ff. Die hiernach für anwendbar erklärten

§ 39
I 2
Erlöschen von Schuldverhältnissen

Rücktrittsvorschriften besagen, daß beide Seiten sich die einander gewährten Leistungen zurückzugeben haben, 346 S. 1. Der Gläubiger muß demnach das Möbelstück an den Schuldner zurückübereignen. Nicht etwa fällt das Eigentum automatisch mit der Erklärung der Wandlung an den Schuldner zurück. Schwierigkeiten bereitet die Rückgängigmachung einer Forderungstilgung. Die herrschende Meinung steht auf dem Standpunkt, daß die Forderung, die an Erfüllungs Statt getilgt werden sollte, nicht von allein wieder auflebt. Vielmehr müsse der Schuldner jetzt dem Gläubiger erneut die Forderung vertraglich einräumen. Die herrschende Meinung verdient keine Zustimmung. § 346 bezieht sich auf Schuldverhältnisse, durch die *Verpflichtungen* begründet werden. Bei der Leistung an Erfüllungs Statt handelt es sich um eine *Verfügung*. Die Frage ist also, wie sich die entsprechende Anwendung der Wandlungsvorschriften auf eine Verfügung auswirkt. Da Verfügungen unmittelbar auf Rechte einwirken, muß die Rückgängigmachung der Verfügung ebenso unmittelbar die Einwirkung beseitigen. Die Konsequenz kann nur sein, daß die Forderung des Gläubigers mit der Durchführung der Wandlung *von selbst wieder auflebt*. Nur eine solche Regelung sichert den Gläubiger voll. Allerdings entsteht in Entsprechung zu den Rücktrittsvorschriften die Forderung lediglich ex nunc, so daß sie eine Zeitlang nicht bestanden hat. Sie entsteht aber so wieder, wie sie ursprünglich bestanden hat, mit allen Vor- und Nachteilen, Einwendungen und Einreden. Damit hängt es auch zusammen, daß Sicherungsrechte (z. B. Bürgerschaften), welche für die untergeganene Forderung bestellt waren, wieder aufleben (anders die herrschende Meinung). Bestand also im genannten Beispiel für die Forderung über 500,– DM eine Bürgschaft des B, so lebt die Bürgschaft mit der Erklärung der Wandlung wieder auf. Im Ergebnis ähnlich BGHZ 46, 343.

Anstelle der Lieferung einer Sache an Erfüllungs Statt kann auch ein Recht geleistet werden. Der Schuldner kann z. B. versprechen, die bisher aus Kauf geschuldeten 500,– DM künftig als Darlehen zu schulden. Erklärt sich der Gläubiger hiermit einverstanden, wird durch die Eingehung der Darlehensverbindlichkeit die Kaufpreisschuld getilgt. Künftig besteht lediglich eine Darlehensforderung über 500,– DM. Man nennt diesen Vorgang *Schuldumschaffung* oder *Novation*, siehe dazu unten § 40.

2. Die Regel bildet es jedoch nicht, daß mit der Eingehung einer neuen Verbindlichkeit das alte Schuldverhältnis erlischt. § 364 II sagt, daß die alte Verbindlichkeit im Zweifel nicht erlischt, wenn der Schuldner zum Zweck der Befriedigung des Gläubigers ihm gegenüber eine neue Verbindlichkeit eingeht. Die Leistung dieser neuen Verbindlichkeit erfolgt dann nur *„erfüllungshalber"*. Während also die Leistung an Erfüllungs Statt das alte Schuldverhältnis abbricht, läßt die Leistung erfüllungshalber das alte Schuldverhältnis bestehen. Die Leistung erfüllungshalber bildet bei Eingehung einer neuen Verbindlichkeit den Regelfall. Das wichtigste Beispiel ist die Hingabe eines Wechsels oder eines Schecks zur Bezahlung einer Kaufpreisschuld. Aber auch die Eingehung eines Schuldanerkenntnisses, die Hingabe einer Inhaberschuldverschreibung und andere tilgungshalber eingegangene Verbindlichkeiten zählen hierher; OLG Düss. NJW 48, 264 = ESJ 29.

Der Gläubiger hat, wenn an ihn erfüllungshalber eine neue Leistung versprochen wurde, nunmehr zwei Ansprüche gegen den Schuldner, die sich auf dasselbe richten. Schuldet jemand aus Kauf 500,– und nimmt er „zur Bezahlung" einen Wechsel über

500,— an (Art. 28 WG), bekommt der Gläubiger nicht etwa 1000,— sondern nur 500,—. Er kann auch nicht wahlweise aus Kaufpreis- oder aus der Wechselforderung vorgehen. Nach heute einhelliger Meinung ist der Gläubiger vielmehr verpflichtet, zunächst aus dem Wechsel Befriedigung zu suchen. Durch die Annahme erfüllungshalber hat er sich damit einverstanden erklärt, daß der Wechsel einem Erfüllungsversuch dienen solle. Daran ist er gebunden. Etwas anderes kann nur gelten, wenn der Wechsel nicht erfüllungshalber, sondern nur als zusätzliche Sicherung (sicherungshalber) gegeben ist. Dazu ist aber eine besondere Vereinbarung erforderlich (vgl. dazu *Adler*, ZHR 64, 127 ff. und 65, 141 ff.). Im Zweifel wird man annehmen müssen, daß ein Wechsel erfüllungshalber gegeben wurde. Der Gläubiger, der wahlweise aus dem Grundverhältnis oder aus dem Wechsel vorgehen möchte, muß daher den Sicherungszweck bei der Wechselhingabe zum Bestandteil der Sicherungsabrede machen. Selbst wenn aber Hingabe sicherungshalber, nicht erfüllungshalber gemeint ist — dies ist eine Frage der Auslegung —, richtet sich die Fälligkeit der gesicherten Forderung nach der Laufzeit des Wechsels, falls auch hier nichts Gegenteiliges vereinbart ist. Denn beide Forderungen stehen in einem notwendigen Zusammenhang: Mit der Erfüllung der einen Forderung geht auch die andere unter, sofern sich beide Forderungen noch in einer Hand befinden und beide getilgt werden sollen. Ist die eine Forderung gestundet, so wirkt sich diese Stundung nach Treu und Glauben auch auf die andere Forderung aus. War z. B. die Kaufpreisforderung sofort fällig, der Wechsel aber als Dreimonats-Akzept ausgestellt, so ist nach § 242 die Kaufpreisforderung auf 3 Monate gestundet.

3. *Zahlung einer Geldschuld* durch Überweisung auf ein *Konto* des Gläubigers *(unbarer Zahlungsverkehr)* ist nach herrschender Meinung Leistung an Erfüllungs Statt. Denn statt der Münzen und Noten erhält der Gläubiger eine Forderung gegen die Bank. Hierzu muß sich der Gläubiger aber einverstanden erklärt haben. Dies Einverständnis liegt nach BGH NJW 53, 897 noch nicht in der bloßen Kontoeröffnung (a. A. *Erman/Westermann*, § 362, 2; *Gernhuber*, § 11; *Medicus*, SchR I § 18 II 3). Die Ansicht des BGH trifft zu, denn der Gläubiger kann ein Interesse daran haben, daß die Einzahlung nicht auf *dieses* Konto erfolgt (der Bank drohen Liquiditätsschwierigkeiten; die Bank droht mit Aufrechnung usw.). Das Einverständnis kann aber entweder dem Zahlenden oder der Bank oder öffentlich erklärt werden; es ist auf dem gleichen Wege zu widerrufen, §§ 167, 170—173 analog. So genügt Angabe der Kontonummer im Briefkopf der Rechnung, RGZ 134, 73; RG JW 27, 1147. Aber auch hier ist auf entgegenstehende Interessen des Gläubigers Rücksicht zu nehmen (Währungsreform), OGHZ 3, 305; BGH NJW 53, 897 = ESJ 28. Erfüllung tritt ein, wenn die kontoführende Stelle dem Gläubiger den Betrag auf seinem Konto gutschreibt, BGHZ 6, 121. Zum ganzen oben § 29 I 4 (ausführlich) und unten § 66 VII 3.

II. Hinterlegung, 372—386

Beer, Die Hinterlegung zum Zwecke der Befreiung von Schuldverbindlichkeiten, 1900; *Bree*, Die Reichshinterlegungsordnung, 1937; *Bülow/Mecke*, Hinterlegungsordnung, 2. Aufl., 1979; *Gernhuber,* Die Erfüllung und ihre Surrogate, 1983, § 15. *Kopf,* Das Hinterlegungsverhältnis, 1903; *Müller, Paul,* IherJb. 41, 411; *Sohm,* ZHR 53, 79.

1. Die Hinterlegung ist Erfüllungsersatz insb. für den Fall, daß sich der Gläubiger im Annahmeverzug befindet und der Schuldner sich der geschuldeten Leistung entledigen will. Zu unterscheiden sind hinterlegungsfähige und nicht hinterlegungsfähige Sachen:

a) Hinterlegungsfähig sind Geld, Wertpapiere und sonstige Urkunden, sowie Kostbarkeiten, z. B. Schmuck, Edelsteine, aber auch Andenken und kleinere Kunstwerke.

Diese Gegenstände kann der Schuldner, wenn der Gläubiger im Annahmeverzug ist, bei der Hinterlegungsstelle des Amtsgerichts hinterlegen, 372 S. 1 i. V. m. der Hinterlegungsordnung vom 10. 3. 1937 (RGBl. I 285). Annahmeverzug des Gläubigers ist nicht erforderlich, wenn der Schuldner aus einem in der Person des Gläubigers liegenden Grunde oder infolge einer nicht auf Fahrlässigkeit beruhenden Ungewißheit über die Person des Gläubigers seine Verbindlichkeit nicht oder nicht mit Sicherheit erfüllen kann. Das liegt z. B. vor, wenn mehrere Gläubiger sich um eine Leistung streiten und der Schuldner aus einem nicht auf Fahrlässigkeit beruhenden Grunde den wahren Gläubiger nicht kennt. Ein anderer Fall wäre, daß der Schuldner an einen Geschäftsunfähigen zu leisten hat, dessen Vertreter ihm aber unbekannt ist.

b) Die Hinterlegung kann in der Weise erfolgen, daß der Schuldner das Recht behält, die hinterlegte Sache zurückzuverlangen, 376 I.

Ist der Schuldner nur gegen eine Leistung des Gläubigers zu leisten verpflichtet, so kann der Schuldner überdies das Recht des Gläubigers zum Empfang der hinterlegten Sache von der Bewirkung der Gegenleistung abhängig machen (vgl. dazu § 320).

2. Der Schuldner kann aber auch auf die Rücknahme verzichten, 376 II Nr. 1. Die Rücknahme ist ebenfalls ausgeschlossen, sobald der Gläubiger der Hinterlegungsstelle die Annahme erklärt, 376 II Nr. 2, ferner wenn der Hinterlegungsstelle ein zwischen dem Schuldner und Gläubiger ergangenes rechtskräftiges Urteil vorgelegt wird, das die Hinterlegung für rechtmäßig erklärt, 376 II Nr. 3.

3. Ist die Rücknahme der hinterlegten Sache ausgeschlossen, namentlich wenn der Schuldner auf die Rücknahme verzichtet hat, so wird der Schuldner durch die Hinterlegung von seiner Verbindlichkeit in gleicher Weise befreit, wie wenn er zur Zeit der Hinterlegung an den Gläubiger geleistet hätte, 378.

Einem Schuldner, dessen Gläubiger sich im Annahmeverzug befindet, 293, und der seine Leistung, z. B. aus Mangel an geeigneter Aufbewahrungsmöglichkeit los sein möchte, ist daher anzuraten, die geschuldete Sache zu hinterlegen und auf die Rücknahme zu verzichten. Die Kosten der Hinterlegung fallen dem Gläubiger zur Last, 381. Ferner hat der Schuldner nach Ablauf von 30 Jahren das Recht, die Leistung zurückzunehmen, wenn der Gläubiger bis dahin die hinterlegte Sache nicht abgeholt hat. Dieses Recht besteht auch dann, wenn der Schuldner auf das Recht zur Rücknahme verzichtet hatte, 382. Solange die Sache hinterlegt ist, trägt der Gläubiger die Gefahr und ist der Schuldner nicht verpflichtet, Zinsen zu zahlen oder Ersatz für nichtgezogene Nutzungen zu leisten, 379 II.

4. Ist dagegen die geschuldete bewegliche Sache zur Hinterlegung nicht geeignet (handelt es sich also nicht um Geld, Wertpapiere, Urkunden und Kostbarkeiten), so kann der Schuldner sie im Fall des Gläubigerverzugs am Leistungsort versteigern lassen und den Erlös hinterlegen, 383 I 1 (Selbsthilfeverkauf),

z. B. unbestellt übersandte Ware, die trotz Aufforderung (§ 295) nicht abgeholt wird.

Befindet sich der Schuldner in Ungewißheit über die Person des Gläubigers (im Sinne des § 273 S. 2), kann er nur dann zur Versteigerung schreiten, wenn der Verderb der Sache zu besorgen oder die Aufbewahrung mit unverhältnismäßigen Kosten verbunden ist.

Man denke an einen Großwildjäger, der von seiner Afrikareise ein Nilpferd mitbringt, das er für einen Zoo einfangen sollte. Bei seiner Heimkunft weigert sich der Zoo, das Tier abzunehmen. Der Jäger kann nach § 383 mit dem Nilpferd zum Selbsthilfeverkauf schreiten.

Die Versteigerung muß dem Gläubiger vorher angedroht werden, 384. Weitere Einzelheiten geben §§ 383 – 386.

5. Sondervorschriften enthalten §§ 373, 374 HGB für den Handelskauf. Ist beim Handelskauf der Käufer mit der Annahme der Ware in Verzug, so kann der Verkäufer die Ware auf Gefahr und Kosten des Käufers in einem öffentlichen Lagerhaus oder sonst in sicherer Weise hinterlegen. Auf die Einschränkungen der §§ 373, 383 BGB kommt es nicht an. Der Handelsverkäufer ist ferner befugt, nach vorgängiger Androhung die Ware öffentlich versteigern zu lassen. Er kann, wenn die Ware einen Börsen- oder Marktpreis hat, nach vorgängiger Androhung den Verkauf auch aus freier Hand oder durch einen zu solchen Verkäufen öffentlich ermächtigten Handelsmäkler vornehmen lassen.

6. Von der Hinterlegung als Erfüllungssurrogat ist die „Hinterlegung auf Anderkonto", z. B. bei einem Notar oder Rechtsanwalt, zu unterscheiden. Ihre Vereinbarung, z. B. im Zuge der Abwicklung eines Grundstückskaufs oder einer Konzertveranstaltung, beruht auf § 305 (Vertragsfreiheit), das Verhältnis der hinterlegenden Partei zum Notar usw. auf § 675. Sie hat i. d. R. keine Erfüllungswirkung, BGH NJW 83, 1605 = JuS 83, 629 m. Anm. *Emmerich.*

III. Aufrechnung, 387 – 396

Bötticher, FS *Schima,* 1969, 95; *Dietrich,* AcP 170, 534; *Eccius,* Gruchot 42, 15 und 233; *v. Feldmann,* JuS 83, 357; *Fenge,* JZ 71, 118; *Gernhuber,* Die Erfüllung und ihre Surrogate, 1983, § 12; *Grunsky,* JuS 63, 102; *ders.,* JZ 65, 391; *Haase,* JR 72, 137; *Henckel, W.,* ZZP 74, 165; *Kegel,* Probleme der Aufrechnung, 1938; *Kohler,* ZZP 24, 1; *Krönig,* MDR 52, 323; *Lang,* Das Aufrechnungsrecht nach bürgerlichem Recht, 1906; *Leonhard, Fr.,* Die Aufrechnung 1896; *Lippmann,* IherJb. 43, 435; *Lüke/Huppert,* JuS 71, 165; *Martinius,* ArchBürgR 24, 227; *Müller, Horst,* JZ 63, 437; *Nikisch,* Die Aufrechnung im Prozeß, FS *Heinrich Lehmann,* Bd. II, 1956, 765; *Oertmann,* AcP 113, 376; *ders.,* Die Aufrechnung im Deutschen Zivilprozeßrecht, 1916; *Pagenstecher,* Über die Eventualaufrechnung im Prozeß, 1922; *Regelsberger,* IherJb. 46, 1; *Reichel,* AcP 126, 313; *Reinicke, D.,* NJW 72, 793; *Schmidt, W.,* JuS 84, 26; *Schwab,* FS *Nipper-*

dey Bd. I, 1965, 939; *Stölzel,* AcP 95, 1 und 96, 234; *Weigelin,* Das Recht zur Aufrechnung als Pfandrecht an der eigenen Schuld, 1904; *Zimmermann,* JR 79, 495.

1. Die Aufrechnung ist wirtschaftlich die Verrechnung zweier gleichartiger Forderungen, die zwischen zwei Personen in entgegengesetzter Richtung bestehen. § 387 gestattet die Aufrechnung, wenn zwei Personen einander Leistungen schulden, die ihrem Gegenstand nach gleichartig sind. In diesem Fall kann jeder Teil seine Forderung gegen die Forderung des andern Teils aufrechnen, sobald er die ihm gebührende Leistung fordern und die obliegende Leistung bewirken kann; BGHZ 71, 380.

Die Aufrechnung weist eine Doppelnatur auf. Sie ist einerseits Erfüllungssurrogat, weil sich der Schuldner durch die Aufrechnung von seiner Schuld mit erfüllungsgleicher Wirkung befreit, 389. Andererseits ist die Aufrechnung auch eine Art Privatvollstreckung der eigenen Forderung, die man ohne oder sogar gegen den Willen des anderen Teiles im Wege der Aufrechnung durchsetzen kann. Wer aufrechnen kann, erspart sich einen Prozeß auf Leistung und die anschließende Zwangsvollstreckung.

2. Die Aufrechnung ist eine einseitige, empfangsbedürftige Willenserklärung, 388. Sie ist bedingungs- und befristungsfeindlich, 388 S. 2.

Neben dieser einseitigen Aufrechnung, die der Annahme durch den Gegner nicht bedarf, ist auch *vertragliche* Aufrechnung möglich, 305. Bei ihr kommen Gläubiger und Schuldner überein, daß die zwischen ihnen bestehenden Schulden verrechnet und damit getilgt werden (z. B. im *Kontokorrent-, Abrechnungsvertrag*). Von der Aufrechnung ist die *Anrechnung* zu unterscheiden, bei der der Betrag einer Forderung von vornherein um den anzurechnenden Betrag zu mindern ist, z. B. bei der Vorteilsausgleichung (u. § 55 VI) oder bei der Saldotheorie (u. § 100 VI 3).

3. Im Prozeß hat die Aufrechnung große Bedeutung, wobei auf die Unterscheidung von Verfahrenserklärung und materiellrechtlicher Erklärung zu achten ist. Wichtig ist die sog. Eventualaufrechnung: Muß der Beklagte befürchten, daß er den Prozeß u. U. verliert, so rechnet er für den Fall, daß der Richter die Forderung des Gegners als bestehend und durchsetzbar ansieht, mit einer eigenen Forderung gegen den Gläubiger auf, opfert also – aber nur für den Fall der andernfalls eintretenden Niederlage im Prozeß – eine eigene Forderung, um wenigstens den Prozeß nicht zu verlieren. Diese Aufrechnung soll also nur gültig sein, wenn der Schuldner sonst verurteilt würde. Eine solche Eventualaufrechnung erfolgt unter der Rechtsbedingung (conditio iuris et de iure) des Schuldigseins. Es handelt sich dabei nicht um eine echte Bedingung i. S. der §§ 158, 388 S. 2. Sie ist daher zulässig.

Der wesentliche Grund für ihre Zulassung ist die Prozeßökonomie. Gestattet man die Eventualaufrechnung, so wird möglicherweise in einem Prozeß über zwei Ansprüche entschieden, ein Prozeß wird gespart.

4. Zur Terminologie ist folgendes zu bemerken:

$$X \underset{b}{\overset{a}{\rightleftarrows}} Y$$

X und Y sind die Personen i. S. des § 387. Jeder ist *Gläubiger* und *Schuldner* des andern. Erklärt X, er rechne auf, dann ist die Forderung des Y, b, die *Hauptforderung, gegen die* aufgerechnet wird, und die Forderung des X, a, die *Aufrechnungsforderung, die* oder *mit der* aufgerechnet wird (vgl. § 390: gemeint ist dort die Aufrechnungsforderung a, *mit der* aufgerechnet wird).

5. Die Voraussetzungen der Aufrechnung sind:

a) *Gegenseitigkeit:* Die Forderungen müssen zwischen Gläubiger und Schuldner bestehen. Der Schuldner einer Forderung muß Gläubiger der andern sein; BGHZ 80, 222; 83, 260.

aa) Schuldet S dem G eine Summe, für die sich B verbürgt hat, kann B mit einer Forderung des S gegen den G nicht aufrechnen, auch nicht mit Einwilligung des S. Es fehlt die Gegenseitigkeit (siehe aber die Einreden des Bürgen, 768, 770 II). B kann aber, wenn er von G in Anspruch genommen wird, mit einer eigenen Forderung gegen die Bürgschaftsschuld aufrechnen.

bb) Die Gesellschafter A und B schulden Miete für gemeinsam gemietete Geschäftsräume. Kann A mit einer persönlichen Darlehensforderung gegen den Vermieter V aufrechnen? Die Frage ist zu bejahen, da A und B als Gesellschafter gemäß § 427 gesamtschuldnerisch haften, A also die Miete an V schuldet. Dagegen könnte nicht B mit der Darlehensforderung des A gegen den V aufrechnen. Es fehlt hier die Gegenseitigkeit, § 422 II.

cc) A hat gegen B eine Darlehensforderung, die am 1. 3. fällig ist. B ist Inhaber einer Kaufpreisforderung gegen A, die am 15. 3. fällig wird. Am 12. 3. tritt B seine Forderung an C ab. Kann A auch gegenüber C aufrechnen? Die Frage ist zu bejahen, da § 406 zum Schutze des Schuldners eine Ausnahme von der Gegenseitigkeit macht. Die Aufrechnung nach § 406 wird immer dann zugelassen, wenn der Schuldner damit rechnen konnte, sich von der geltend gemachten Forderung durch Aufrechnung befreien zu können. Dies wäre z. B. nicht der Fall, wenn die Forderung des A erst am 18. 3. fällig gewesen wäre.

dd) Der Gesellschafter A hat Privatschulden bei dem Vermieter V. Kann er als vertretungsberechtigter Gesellschafter mit einer Gesellschaftsforderung gegen den V aufrechnen? Die Frage ist zu verneinen, da er als Privatperson Schuldner, aber *in Gesamthand* mit B Gläubiger ist. Die Forderung steht A und B in *gesamthänderischer Bindung aneinander* zu, unten § 60, 3 b; 63 II 1. Da diese Bindung dinglicher Art ist, steht die Forderung nicht allein A zu. Es handelt sich um eine *Spaltung der Rechtszuständigkeit* in der Person des A. Die Gegenseitigkeit ist nicht gegeben. Den umgekehrten Fall, daß der Vermieter V aufrechnet, löst § 719 II im gleichen Sinne.

b) *Gleichartigkeit:* Die Forderungen müssen gleichartig sein, also von derselben Beschaffenheit, BGHZ 71, 380. Man kann nur Geld gegen Geld, Roggen gegen Roggen, Kies gegen Kies aufrechnen. Nicht ohne weiteres gleichartig sind zudem Geldforderung und Anspruch auf Befreiung von einer Geldschuld (BGHZ 35, 325; 47, 166) oder Forderung auf Darlehensauszahlung (RGZ 52, 306).

c) *Durchsetzbarkeit der Aufrechnungsforderung:* Die Forderung, *mit der* aufgerechnet werden soll *(Aufrechnungsforderung)* muß *fällig* und *durchsetzbar* sein. Das ist nicht der Fall, wenn eine Einrede besteht. Die Aufrechnung wird nicht erst durch die Geltendmachung der Einrede verhindert (*Larenz* § 18 VI 3; a. A. *Jahr,* JuS 64, 298). Die Verjährung schließt jedoch die Aufrechnung nicht aus, wenn die Aufrechnungslage bereits vor Ablauf der Verjährungsfrist bestand § 390 S. 2. Die Forderung muß klagbar sein, das ist z. B. nicht der Fall bei Spiel- und Wettschulden.

d) *Erfüllbarkeit der Hauptforderung:* Die *Hauptforderung, gegen die* aufgerechnet wird, muß *erfüllbar* sein, d. h. der Schuldner muß berechtigt sein, sie jetzt zu erfüllen. In der Regel ist er dazu schon vor Fälligkeit befugt, 271 II. Der Schuldner kann nicht mit, aber gegen eine nicht fällige und einredebehaftete Forderung aufrechnen. Deshalb erlischt die aufgerechnete Forderung auch bei Aufrechnung gegen nicht durchsetzbare Forderungen oder erfüllbare Nichtforderungen (dazu § 16 I). Eine Ausnahme enthält § 54 KO, der die Aufrechnung mit einer aufschiebend bedingten oder nicht fälligen Forderung zuläßt.

e) *Nicht* Voraussetzung für die Aufrechnung ist ein *gleicher Schuldgrund* für Haupt- und Aufrechnungsforderung. Man bezeichnet den gleichen Schuldgrund auch als *Konnexität* oder als *gleiches rechtliches Verhältnis.* Gleicher Schuldgrund ist nach § 273 Voraussetzung für das Zurückbehaltungsrecht, das andererseits keine Gleichartigkeit von Forderung und Gegenforderung voraussetzt. Bei der Aufrechnung liegt es umgekehrt: Die beiden zur Aufrechnung gelangenden Forderungen müssen gleichartig sein, brauchen aber nicht konnex zu sein. Man kann also eine Warenschuld wegen einer Darlehensforderung zurückbehalten, sofern beide Ansprüche aus dem gleichen rechtlichen Verhältnis resultieren. Man kann aber nur eine Geldforderung gegen eine andere Geldforderung aufrechnen, wobei der Schuldgrund gleichgültig ist. — *Nicht* Voraussetzung für die Aufrechnung ist ferner *gleiche Höhe* der Forderungen. Man kann also eine Forderung von 300 DM gegen eine Forderung von 1000 DM aufrechnen. Die Hauptforderung bleibt dann bis zur Höhe von 700 DM bestehen. — Nicht Voraussetzung ist drittens *Beweisbarkeit* der Forderungen *(Liquidität).* Ob es sich um dubiose Forderungen handelt, mit denen oder gegen die aufgerechnet wird, entscheidet der Prozeß über die Aufrechnung. Die Beweisbarkeit der Forderung selbst ist nicht Voraussetzung für ihre Aufrechenbarkeit.

6. Die **Wirkung** der Aufrechnung ist vor allem die der *Erfüllung,* 389. Die Aufrechnung bewirkt, daß die Forderungen, soweit sie bestehen, als in dem Zeitpunkt erloschen gelten, in welchem sie zur Aufrechnung geeignet einander gegenüber getreten sind. Außerdem unterbricht die Aufrechnung die Verjährung, BGHZ 80, 222; 83, 260. Für die Tilgungswirkung gilt § 367, BGHZ 80, 269. Eine Vertragsstrafe bleibt vorbehalten, arg. 341 III, BGHZ 85, 240.

a) Theoretisch gibt es drei Möglichkeiten für die Wirkung einer Aufrechnung:

aa) Entweder tilgen sich die Forderungen, soweit sie aufrechenbar einander gegenüberstehen, von selbst und ohne Erklärung einer Partei. Dies ist der Fall im französischen und österreichischen Recht (Art. 1290 Code civil; § 1438 ABGB).

bb) Die zweite Möglichkeit ist, daß eine Erklärung für die Aufrechnung erforderlich ist, diese Erklärung aber die Tilgung der Forderungen rückwirkend bis zu dem Zeitpunkt auslöst, in welchem sich die Forderungen aufrechenbar gegenüberstanden. Dies ist der Standpunkt des deutschen Rechts, 389. Die Aufrechnung wirkt also tilgend ex tunc. Einen Sonderfall dazu regelt § 357 im Recht des Rücktritts.

cc) Eine dritte Möglichkeit wäre, für die Aufrechnung eine Erklärung zu verlangen, dieser Erklärung aber lediglich eine Wirkung ex nunc zuzulegen.

b) Die *Aufrechnungslage* ist für den in Anspruch genommenen Schuldner keine *Einrede* (str.), aber die Aufrechnung, einmal erklärt, *verschafft eine Einwendung*. Man darf nicht miteinander verwechseln, daß die Aufrechnung zwar der *Erklärung* bedarf (388), dann aber, wenn sie erklärt ist, *Erfüllung*, also eine rechtszerstörende *Einwendung* bewirkt. A hat an B am 1. 6. eine Forderung in Höhe von 6000, – DM beglichen. Am 1. 8. stellt er fest, daß er gegen B noch eine fällige Forderung, die am 1. 7. verjährt war, in der gleichen Höhe hatte. Kann A jetzt die Aufrechnung erklären und das Geld zurückverlangen? Diese Frage ist zu verneinen. Die Aufrechnungsmöglichkeit scheitert nicht an der Verjährung, 389, 390 S. 2 (BGH NJW 68, 1324). Wer aber trotz Möglichkeit der Aufrechnung erfüllt hat, kann das Geleistete nicht nach § 813 I 1 zurückverlangen. Wäre die Aufrechenbarkeit eine Einrede, könnte das Geleistete wegen der Aufrechenbarkeit zurückverlangt werden. Abweichend steht dem *Bürgen* die Einrede der Aufrechenbarkeit zu, § 770 II.

7. Ausschluß der Aufrechnung, 390–395

a) Die Aufrechnung kann vertraglich ausgeschlossen werden, 305, etwa in AGB; z. B. „netto Kasse gegen Rechnung und Verladepapiere", BGHZ 14, 61; 23, 131; vgl. auch 14, 346. Eine Grenze zieht § 11 Nr. 3 AGBG.

b) Mit einer Forderung, der eine *Einrede* entgegensteht, kann nicht aufgerechnet werden, 390 S. 1. Ein Beispiel bildet die Aufrechnungsforderung, die *gestundet* war, oder die Forderung, die im Zeitpunkt der Aufrechnungserklärung durch Ablauf einer tariflichen Ausschlußfrist erloschen ist, BAG DB 74, 585.

c) Eine Aufrechnung wird nach § 391 nicht dadurch ausgeschlossen, daß für die Forderungen verschiedene *Leistungs-* oder *Ablieferungsorte* bestehen, 391 I 1.

Der aufrechnende Teil hat jedoch den Schaden zu ersetzen, den der andere Teil dadurch erleidet, daß er infolge der Aufrechnung die Leistung nicht an dem bestimmten Ort erhält oder bewirken kann, 391 I 2. Es handelt sich dabei um eine rechtmäßige, zum Schadensersatz verpflichtende Handlung, vgl. § 904 S. 2, und unten § 112. Ist jedoch vereinbart, daß die Leistung zu einer bestimmten Zeit und an einem bestimmten Ort erfolgen soll *(Effektivklausel)*, so ist im Zweifel anzunehmen, daß die Aufrechnung einer Forderung, für die ein anderer Leistungsort besteht, vertraglich ausgeschlossen sein soll, 391 II. Ein *Fixgeschäft* i. S. des § 361 braucht nicht vorzuliegen. Es genügt eine Bestimmung der im § 284 II bezeichneten Art..

d) § 392 bestimmt, daß durch die *Beschlagnahme* einer Forderung die Aufrechnung einer dem Schuldner gegen den Gläubiger zustehenden Forderung nur dann ausgeschlossen wird, wenn der Schuldner seine Forderung nach der Beschlagnahme erworben hat, oder wenn seine Forderung erst nach der Beschlagnahme und später als die in Beschlag genommene Forderung fällig geworden ist.

e) Einen wichtigen Aufrechnungsausschluß enthält § 393: Gegen eine Forderung aus einer *vorsätzlich begangenen unerlaubten Handlung* ist eine Aufrechnung nicht zulässig.[1])

A schuldet dem B 2000,- DM, zahlt aber nicht. B beschädigt, um „aufzurechnen", mutwillig mit einem Beil das dem A gehörige Auto. Eine Aufrechnung ist unzulässig, B haftet auf Schadensersatz, 823 I. § 393 will derartige „Privatvollstreckungen" verhindern. Beruhen aber Haupt- und Aufrechnungsforderung auf vorsätzlich begangenen unerlaubten Handlungen, so wird man die Aufrechnung zulassen müssen, str.

f) § 394 schließt die Aufrechnung für Forderungen aus, die einer *Pfändung nicht unterworfen* sind.

Der Arbeitgeber A hat gegen seinen Arbeitnehmer B einen Anspruch aus schlechterfülltem Arbeitsvertrag. A will nun gegen den Lohnanspruch des B aufrechnen. Ist dies möglich? Grundsätzlich ja, hierbei sind jedoch die Grenzen für die Lohnpfändung zu beachten, § 850ff. ZPO. Die Berufung auf § 394 BGB kann arglistig sein, wenn der unpfändbaren Forderung ein Anspruch aus vorsätzlicher deliktischer Schädigung oder ein arbeitsrechtlicher Erstattungsanspruch, z. B. zuviel gezahlter Lohn, gegenübersteht; vgl. dazu auch BGHZ 30, 39; BAG NJW 65, 70.

g) § 395 schützt die *öffentliche Hand* vor Aufrechnungen, wenn sich Anspruch und Gegenanspruch auf verschiedene Kassen beziehen. Wer glaubt, einen Anspruch nach dem Lastenausgleichsgesetz zu haben, kann nach § 395 nicht gegen seine Steuerschuld aufrechnen.

h) Von §§ 390−395 abgesehen, ist die Aufrechnung nach bürgerlichem Recht zulässig; lediglich einige Sondergesetze verstreuter Art schließen ebenfalls die Aufrechnung aus, vgl. z. B. § 115 I der Gewerbeordnung (Barlohngebot, Truckverbot).

8. Bei einer Mehrheit von Forderungen auf der einen oder auf der anderen Seite hat grundsätzlich der aufrechnende Teil die Vorhand der Bestimmung, welche Forderungen gegeneinander aufgerechnet werden sollen. Wird die Aufrechnung ohne eine solche Bestimmung erklärt, oder widerspricht der andere Teil unverzüglich, so finden die Vorschriften der §§ 366 II, 367 entsprechende Anwendung, 396. Der Charakter der Aufrechnung als Erfüllungsersatz wird hier besonders deutlich.

IV. Erlaß, 397

Cohn, Gruchot 47, 221; *du Chesne,* ArchBürgR 42, 296; *Gernhuber,* Die Erfüllung und ihre Surrogate, 1983, § 16; *Happek,* ArchBürgR 35, 404; *Hartmann,* AcP 85, 1; *Hernes,* JR 61, 495; *Reichel,* IherJb. 85, 1; *Seetzen,* Der Verzicht im Immaterial-Güterrecht, 1969; *Wacke,* AcP 170, 42; *Walsmann,* Der Verzicht, 1912.

---

[1]) Dazu *Deutsch,* NJW 81, 766.

1. Das Schuldverhältnis erlischt, wenn der Gläubiger dem Schuldner die Schuld durch Vertrag erläßt, 397 I. Ein einseitiger Verzicht auf eine Forderung ist wirkungslos (zu den Ausnahmen bei Auslobung und Vermächtnis oben § 18 I 1), doch ist § 151 zu prüfen.

Gegen seinen Willen soll niemand aus der Schuld entlassen werden. Das ist u. a. auch aus steuerlichen Gründen wichtig, da sonst der Gläubiger durch einseitigen Verzicht dem Schuldner evtl. höhere Steuern aufbürden könnte.

2. Was zu dem Erlaß gesagt ist, gilt ebenso für das *negative Schuldanerkenntnis* i. S. des § 397 II; vgl. dazu §§ 780, 781 und unten § 94, ferner BGH WM 82, 671.

3. Der *Erlaß* ist, ebenso wie die *Leistung an Erfüllungs Statt*, die *Hinterlegung mit Rücknahmeverzicht* und die *Aufrechnung* eine *Verfügung* über den Anspruch des Gläubigers. Als Verfügung ist der Erlaß abstrakt (jede Verfügung ist abstrakt). Das bedeutet, daß der Schuldner keinen Rechtsgrund für den Erlaß zu behaupten und zu beweisen braucht, wenn streitig ist, ob eine Schuld wirksam erlassen wurde. Nur der Erlaß selbst ist vom Schuldner zu beweisen. Allerdings kann man um einen Erlaß ungerechtfertigt bereichert sein, 812 I 1. Davon gilt wieder eine Ausnahme, wenn der Erlaß untrennbarer Bestandteil eines kausalen und deshalb nicht kondizierbaren Vertrags ist (z. B. Vergleich, Schuldumschaffung), vgl. *Kübler,* Feststellung u. Garantie 1967, 146.

Der schenkweise Erlaß ist Vollzug, so daß die Formvorschrift des § 518 I nicht gilt, eine Rückforderung also nicht auf den Mangel der Form gestützt werden kann.

A schuldet B 1000,- DM. Nach längerem Mahnen verspricht A, sofort zu zahlen, worauf ihm B 100,- DM nachläßt. A tilgt aber, entgegen dem Tilgungsabkommen, doch nur ratenweise. Der Erlaß erfolgte im Hinblick auf das Versprechen des A, den Rückstand auf einmal zu bezahlen. Dieser mit dem Erlaß bezweckte Erfolg ist nicht eingetreten, so daß der Gläubiger B den Erlaß nach § 812 I 2 kondizieren kann. Er kann also von A verlangen, daß die frühere Forderung wiederhergestellt wird (Neubegründung, ggf. formgebunden!). Der Gläubiger B kommt also hier wegen der Abstraktheit des Erlasses zu einem Ziel, das er über die Irrtumsanfechtung nicht erreichen könnte (Es handelt sich nur um einen Motivirrtum). B hätte den Erlaß auch an die Bedingung sofortiger Zahlung knüpfen können. Dann wäre der Erlaß hinfällig geworden, es hätte der Neubegründung nicht bedurft.

V. Aufhebungsvertrag, 305

Gernhuber, Die Erfüllung und ihre Surrogate, 1983, § 17; *Happek,* ArchBürgR 35, 404; *Reinicke/Tiedtke,* NJW 82, 2281; *Schmidt/Futterer,* MDR 71, 13.

Jedes Rechtsverhältnis kann aufgrund der Vertragsfreiheit durch Aufhebungsvertrag wieder beseitigt werden. Der Aufhebungsvertrag ist dem Vertragserlaß in seiner Natur verwandt. Doch beruht ein Aufhebungsvertrag meist auf beiderseitigem Interesse. Der Erlaß betrifft meist eine Einzelforderung, der Aufhebungsvertrag i. d. R. das ganze Schuldverhältnis i. w. S. Rechtlich handelt es sich häufig auch dort um *Aufhebungsverträge*, wo die Praxis von *Kündigung* spricht. Wenn einem Arbeitnehmer gekündigt wird und der Arbeitnehmer von vornherein oder gleichzeitig mit der Kündigung einverstanden ist, ist im Rechtssinne nicht gekündigt, sondern ein Aufhebungsvertrag über das Dienstverhältnis geschlossen worden. Nachträgliche Zustimmung kann aus einer Kündigung keinen Aufhebungsvertrag machen, aber ein gekündigter Vertrag kann, solange er noch läuft, aufgehoben werden. Der Aufhebungsvertrag ist das Gegenstück zu dem Vertrag, der aufgehoben werden soll. Alles, was für diesen gilt, gilt auch für jenen, doch ist er grundsätzlich formlos (bei Grundstücksrückübertragungspflicht ist aber § 313 zu beachten). Darum ist der Aufhebungsvertrag, im Unterschied zum Erlaß, auch nicht abstrakt. Er trägt seinen Rechtsgrund in sich und kann nicht kondiziert werden. Anfechtung, cic, Geschäftsgrundlageregeln usf. bleiben.

VI. Zweckerreichung (Inhaltserreichung auf andere Weise als durch Leistung)

Beuthien, Zweckerreichung und Zweckstörung im Schuldverhältnis, 1969 (ausführliche Grundlegung); *Ehmann,* JZ 68, 549 ff.; *Klein,* Der Untergang der Obligation durch Zweckerreichung, 1905; *Köhler,* Unmöglichkeit u. Geschäftsgrundlage bei Zweckstörungen im Schuldverhältnis, 1971; *Krückmann,* AcP 90, 88; *Wieacker,* Leistungshandlung und Leistungserfolg im bürgerlichen Schuldrecht, FS *Nipperdey* I, 1965, 783.

1. Neben Erfüllung, Erfüllungssurrogaten, Erlöschen durch Zeitablauf (mit und ohne Kündigung) wird als Erlöschensgrund für ein Schuldverhältnis der *„Wegfall des Gläubigerinteresses"* oder *„Zweckerreichung"* genannt. Gedacht ist an Fälle, bei denen das Schuldverhältnis durch von außen hinzutretende Tatsachen seinen wirtschaftlichen Sinn verliert, so daß es ungerechtfertigt erscheint, das Schuldverhältnis für die Zukunft aufrechtzuerhalten. Es liegt keine Leistungsstörung vor (s. u. §§ 41 ff), sondern eine Störung, die den wirtschaftlichen Sinn einer (möglichen, rechtzeitigen und qualitativ einwandfreien) Leistung entfallen läßt.

Ein Frachter ist auf Grund gelaufen. Der Reeder beauftragt einen Bergungsschiffer mit dem Abschleppen des Schiffes. Als dieser den Frachter erreicht, ist er schon selbst infolge einer höheren Flut freigekommen. – Hier kann zwar der Schuldner technisch noch die vereinbarte Leistung vornehmen, sie ist aber wirtschaftlich sinnlos geworden.

2. Der Ausdruck „Zweckerreichung" ist nicht deutlich genug. Entscheidend ist nicht, daß der „Zweck" einer Verbindlichkeit auch ohne die geschuldete Leistung erreicht wird. Die Zwecke des Gläubigers (nur seine Person interessiert!) sind für den Bestand seiner Forderung grundsätzlich unerheblich. So mag es im Ausgangsfall ein Zweck des Reeders gewesen sein, daß er durch Beauftragung eines Bergungsschiffes die Versicherungsbedingungen eingehalten hat. Das interessiert aber für den Bestand des Werkvertrages in keiner Weise. Ausschlaggebend ist vielmehr, daß der Inhalt der geschuldeten

Leistung wirtschaftlich auf andere Weise als die geschuldete Leistung erreicht wurde: das Schiff ist von selbst wieder flott geworden. Man könnte daher treffender statt von Zweck-, von *Inhaltserreichung* sprechen. Damit werden zugleich die Fälle berücksichtigt, in denen Gläubigerzwecke ausnahmsweise zum Forderungs*inhalt* erhoben wurden, vgl. *Esser*[2] §§ 14, 4; 85. Freilich darf man nicht die wirtschaftliche Inhaltserreichung mit dem vom Schuldner geschuldeten Leistungsinhalt verwechseln. Der Schuldner schuldet als Leistung die Herbeiführung des Erfolgs im Sinne eines auf den Erfolg hin Tätigwerdens. Dies ist *Schuldinhalt* der Leistung, oben § 8, 1. Der *wirtschaftliche Zustand*, der dem Schuldinhalt entspricht, ist begrifflich etwas anderes. Ihn braucht der Schuldner nicht zu garantieren, es sei denn, er will dies (Garantieversprechen). Wird durch den wirtschaftlichen Zustand die Schuldnerleistung überflüssig, liegt „Zweckerreichung" vor.

Vom „Zweck eines Schuldverhältnisses (im weiteren Sinne)" zu sprechen, ist ohnehin problematisch. In Austauschverhältnissen sind die Parteizwecke wesensmäßig entgegengesetzt oder zumindest getrennt und können dann nicht zu einem gemeinsamen Vertragszweck zusammengefaßt werden, § 88 I 2 unten. Jede Partei hat ihre Motive, unter denen sich *ihre* jeweiligen wirtschaftlichen Zwecke befinden, oben § 26 I 5. Es steht auf einem andern Blatt, daß bestimmte dieser Motive als Vertrauensumstände über § 242 verbindlichkeitslösende Bedeutung haben können. Auch das geschieht aber ohne einen einheitlichen und daher gemeinsamen Vertragszweck. — Im Gesellschaftsvertrag bindet die Parteien allerdings ein gemeinsamer Vertragzweck, unten § 88 I 2. Darum bestimmt — logisch völlig zutreffend — § 726 für den Fall der *Zweck*erreichung oder Unmöglichkeit der *Zweck*erreichung die Beendigung der Gesellschaft. In Austauschverhältnissen ist dagegen — im Sinne einer Forderungsbeendigung — nur die *Inhalts*erreichung von Belang.

3. Auf Grund des Vorherigen ergibt sich für die „Zweckerreichung" (im Sinne der Inhaltserreichung) Folgendes:

Die Leistung des Schuldners ist zwar noch *möglich* i. S. der Unmöglichkeitsregeln, aber die Vertragsdurchführung ist durch veränderte Umstände wirtschaftlich sinnlos geworden, weil der Gläubiger bereits hat, was ihm eigentlich erst geschuldet war.

Der Verpächter einer Tankstelle verpflichtet sich, seinem Pächter nicht durch den Aufbau und Führung einer weiteren Tankstelle in der Straße Konkurrenz zu machen. Kurz nach Vertragsschluß brennt die Tankstelle ab und der Pächter zieht sich ins Privatleben zurück. Die Vereinbarung ist sinnlos geworden. Die Zweckerreichung (i. S. v. Inhaltserreichung) ist von verwandten Erscheinungen abzugrenzen:

a) *Zweckverfehlung*. Nicht zu verwechseln mit der „Zweckerreichung" sind die Fälle der „Zweckverfehlung".

Der Arzt wird zu einem Patienten gerufen, als der Arzt eintrifft, ist der Patient bereits gestorben. Als das Bergungsschiff ankommt, ist das Schiff schon gesunken. Ein Fensterplatz wird vermietet, um den Einzug der siegreichen Fußballmannschaft bejubeln zu können. Der Einzug fällt aus („coronation cases").

Hier ist die Leistung *unmöglich* geworden, keiner vermag mehr den Patienten zu heilen oder das Schiff zu schleppen. Daher sind die Fälle der Zweckverfehlung nach den allgemeinen Unmöglichkeitsregeln zu lösen.

b) *Unzumutbarkeit.* Die Fälle der *Unzumutbarkeit* der Schuldnerleistung nach § 242 betreffen die Gestaltung des *Schuldinhalts*, die Lehre von der Zweckerreichung die *Beendigung* eines Schuldverhältnisses. Die Unzumutbarkeitslehre betrachtet bestimmte, nicht zum Vertragsinhalt gewordene, aber Vertrauensumstände bildende *Motive*; die Zweckerreichungslehre betrachtet den *Schuldinhalt* und zieht aus seiner Erreichung Schlüsse für die Beendigung des Schuldverhältnisses. Die Unzumutbarkeitsfälle fordern, als Grenzfälle, eine *sorgfältige Abwägung* der Schutzwürdigkeit von Gläubiger- und Schuldnervertrauen; die Zweckerreichungsfälle haben nichts mit einer Unzumutbarkeit zu tun und bedürfen auch keiner die Leistungsinteressen wertenden Abwägung (die Frage des Vertretenmüssens zielt auf etwas anderes ab, unten 4a). Bei den Unzumutbarkeitsfällen geht es um die *Abwägung* dessen, was noch geschuldet ist; bei den Zweckerreichungsfällen geht es um die Abwicklung von — wirtschaftlich betrachtet — inhaltlich beendeten Schuldverhältnissen. — Schwerer, wenn nicht unmöglich, ist diese Abgrenzung für die Vertreter der Lehre von der Geschäftsgrundlage. Da sie von einem objektiven Vertragsbegriff ausgehen und daher objektive und den Parteien übergeordnete Vertragszwecke bejahen, ist für sie „Zweckvereitelung", „Zweckverfehlung" und „Zweckerreichung" praktisch nicht scheidbar. In jedem Falle ist der Leistungszweck „entfallen". Indes handelt es sich, wie besonders das Fehlen der Abwägung in den Zweckerreichungsfällen zeigt, um verschiedene Dinge. Dazu oben § 27 III 2, *Larenz* I § 20 I und *Esser*[2] § 85.

c) *Irrtumsregeln*, auch die über den *doppelseitigen Inhaltsirrtum*, gehen der Zweckerreichungslehre vor, vgl. oben § 27 IV 2.

4. Ist ein geschuldeter Leistungsinhalt wirtschaftlich auf andere Weise als durch die Leistung „erreicht" worden, entbehrt die noch mögliche und daher geschuldete Leistung ihres Sinnes. Das BGB gibt, im Unterschied zur Unmöglichkeit, keine Regeln. Doch geht das BGB „von der selbstverständlichen Voraussetzung aus, daß der Satz ‚pacta sunt servanda' sich nur auf sinnvolle Verträge erstreckt", *Esser*[2], § 85, 1. Das muß für alle Verbindlichkeiten gelten, ebenso wie die §§ 362 ff. alle, nicht nur vertragliche Verbindlichkeiten meinen (bedenklich daher auch das Abstellen auf *Geschäfts-* und *Vertragszwecke*).

Angemessen ist bei Zweckerreichung einer Verbindlichkeit die *entsprechende Anwendung von § 275* (so auch im Ergebnis *Larenz* und *Esser*): *Der Schuldner wird frei.* Auf die zeitliche Reihenfolge von Zweckerreichung und Entstehung der Verbindlichkeit kommt es nicht an, ebenso im Ergebnis *Esser*[2], § 85, 3—5; *Esser*[4], § 35 I; *Esser/Schmidt*, § 23 III 1; *Larenz* I § 21 I c.

Zu direkter Anwendung von § 275 gelangt, wer den Inhalt der Leistungspflicht entsprechend eng auslegt: Nicht „schleppen" ist geschuldet, sondern „von dieser Sandbank freischleppen". Damit mutet man aber dem Leistungsschuldner Risikobeteiligung zu, die er *so* sicher nicht wollte.

5. Damit stellt sich aber das Problem der *Gegenleistung* (s. o. § 10 II 4d u. e; unten §§ 44, 45). Kann im Ausgangsfall der Unternehmer des Bergungsschleppers sein Entgelt oder zumindest eine Aufwandsentschädigung for-

dern? Bei der Erörterung wird man von § 323 analog ausgehen müssen, denn die „Unmöglichkeit" ist ja von keiner Partei zu vertreten. Damit entfällt in gegenseitigen Verträgen der Anspruch auf die Gegenleistung. Aber die gesetzlichen Ausnahmen zu § 323 I sind ebenfalls entsprechend anzuwenden. Den Fall der Zweckerreichung hat der Gesetzgeber in einigen Vertragstypen — nämlich Miet-, Werk- und Dienstvertrag — geregelt: §§ 552, 649, 616.
Diese Regelungen können auf andere Fälle der Zweckerreichung herangezogen werden. Bei der Analogie sind die Fälle des „Vertretenmüssens" und die der „Risikosphäre" zu unterscheiden:

a) Hat der Gläubiger der Leistung die anderweitige Zweckerreichung zu vertreten, oder beruht die Zweckerreichung auf einem in seiner Person liegenden Grunde, bleibt er zur Gegenleistung verpflichtet, doch muß sich der Schuldner und Gläubiger der Gegenleistung dadurch erlangte Vorteile und die Möglichkeit anderweitigen Erwerbs anrechnen lassen, 324 I, 649 (Vertretenmüssen); 552 (ein in seiner Person liegender Grund hindert den Gläubiger der Leistung an der Durchführung des Vertrags).
Im Ausgangsfall läßt der Reeder den Frachter von einem anderen Unternehmer freischleppen oder es gelingt der Schiffsbesatzung, dies selbst zu tun: Der Reeder hat die „Unmöglichkeit" zu vertreten und muß das vereinbarte Entgelt bezahlen, 275 I, 323 I, 324 I, 278 analog. Der Anspruch auf die Gegenleistung wird jedoch gemindert durch die Pflicht der Anrechnung, 324 I, 649 I S. 2.

b) Ist die Zweckerreichung weder vom Gläubiger zu vertreten noch auf einen in seiner Person liegenden Grund zurückzuführen, aber aus einem *in seiner Risikosphäre* entstandenen Grunde eingetreten, entfällt die Gegenleistung ebenfalls nicht, jedenfalls nicht völlig. Das BGB bietet zwei Lösungen:
aa) Die eine sind die §§ 324 II (zeitliche Risikosphäre!), 615 (eingeschränkt durch die Rechtsprechung, unten § 79 II 4) und 616 (Gefahrenverteilung kraft Fürsorgepflicht). Der Schuldner behält hier den Anspruch auf die Gegenleistung, allerdings muß er sich die Kürzung um Vorteile und Erwerbsmöglichkeiten, die er gemacht hat oder hätte machen können, anrechnen lassen.
bb) Die andere Lösung besteht in §§ 645 („vitium soli"), 642. Hier hat der Schuldner jedoch nur einen seiner bisher erbrachten Leistung entsprechenden Anspruch auf die Gegenleistung zuzüglich der Auslagen.
cc) Das erste dürfte die angemessene Analogie bei Sach- und Geldleistungen, das zweite bei Arbeitsleistungen sein. Das ist auch beweislastmäßig billig: Bei Sachleistungen muß der Besteller dem Lieferanten, der Zahlungsschuldner dem Gläubiger nachweisen, daß anderweitige Verdienstmöglichkeiten bestanden. Bei Arbeitsleistungen, die schwer zu beziffern sind, soll der Handwerker seine Auslagen und seinen Verdienstanteil dartun. Auslagen (Kosten) und anteiligen Gewinn (und nur dies beides) erhält der Schuldner der „inhaltserreichten" Leistung in beiden Fällen. Vgl. auch BGHZ 40, 71 = ESJ 31 — Nebenscheune —; BGH MDR 53, 282 = ESJ 30 — Bohrhämmer —. Weitere Beispiele:
Im Tankstellenfall brennt das Unternehmen kurz nach der Verpachtung durch einen Kurzschluß ab. Der Verpächter behält seinen Anspruch auf Gegenleistung, 275, 323 I, 324 II, 615, 616 analog.
Aber: Bei einem Ausflug ins Grüne bleibt das Auto des B ohne ersichtlichen Grund stehen. B läßt telefonisch einen Abschleppwagen des Werkstattunternehmens W kom-

men. Als dieser eintrifft, springt B's Auto von selbst wieder an. W, der unverrichteter Dinge wieder heimfährt, kann einen seiner Arbeit entsprechenden Teil der Vergütung und die Auslagen verlangen, 275, 323 I, 645 analog. Vgl. auch unten § 46 V 2 a.

Die hier vorgeschlagene Lösung greift auf die einzelnen Schuldverhältnisse mit ihren typischen Risikoverteilungen zurück, wobei hauptsächlich auf Kauf- oder Werkvertragsähnlichkeit abgestellt wird. *Beuthien* und *Esser*[4], § 35 I a bevorzugen insoweit eine Einheitslösung: Dem Schuldner der „zweckerreichten" Leistung soll ein Restvergütungsanspruch in Höhe der von ihm zur Ausführung des Vertrags schon gemachten vorbereitenden Leistungsaufwendung zustehen, soweit sie objektiv zweckentsprechend waren. *Larenz* I § 21 I c will diese Fälle dem § 324 entsprechend lösen. Das Problem des anteiligen Gewinns bleibt aber dabei offen. Die oben vorgeschlagenen Analogien erscheinen typennäher; ähnlich *Esser/Schmidt*, § 23 III 2.

VII. Konfusion

Dacke, Der Untergang des Schuldverhältnisses durch Konfusion, 1933; *Gernhuber,* Die Erfüllung und ihre Surrogate, 1983, § 19; *Kohler,* JZ 83, 13; *Wacke,* NJW 81, 1577.

Von Konfusion spricht man, wenn sich Forderung und Schuld in einer Person vereinigen: der Sohn schuldet dem Vater und beerbt ihn allein. Durch Konfusion geht eine Forderung unter, wenn nicht das Gesetz etwas anderes vorschreibt, z. B. 1976. Das sachenrechtliche Gegenstück ist die *Konsolidation,* nämlich die Vereinigung von Berechtigung und Belastung in einer Person. Im Unterschied zum Schuldrecht geht durch Konsolidation im Sachenrecht das Recht in der Regel nicht unter, 889.

Beispiele der Konfusion: 1376, 1985, 2143; 225 KO. Die Bildung von Sondervermögen hindert die Konfusion, auch wenn Vermögensträger und Schuldner personengleich sind, BGH NJW 67, 2399. Hier entscheidet eine wirtschaftliche Betrachtungsweise. Ebenso steht selbstverständlich die Änderung der Zuordnung (Begründung von Gesamthandsvermögen u. ä.) der Konfusion entgegen.

Die Konfusion ist ein Unterfall der Zweckerreichung (*Esser*[2] § 85, 9). Von der Zweckerreichung unterscheidet sich die Konfusion aber dadurch, daß bei der Konfusion die Träger der Verbindlichkeit, Gläubiger und Schuldner, zusammenfallen.

§ 40
Inhaltsänderung, Schuldersetzung, Vergleich
(Gleichzeitige Beendigung und Begründung von Schuldverhältnissen)

Blume, Novation, Delegation und Schuldübernahme, 1895; *Boekelmann,* FS *Fr. Weber,* 1975, 101; *Bonin,* Der Prozeßvergleich, 1957; *Ebel,* Berichtigung, transactio und Vergleich, 1978; *Esser,* FS *H. Lehmann,* Bd. II, 1956, 713; *Gernhuber,* Die Erfüllung und ihre Surrogate, 1983, § 18; *Hartmeier,* MDR 64, 370; *Hedemann,* Der Vergleichsirrtum, 1903; *Klein,* Vertragliche Änderung des Inhalts eines Schuldverhältnisses, 1907; *Kübler,* Feststellung und Garantie, 1967; *Lehmann, Heinrich,* Der Prozeßvergleich, 1911; *Maier, G. H.,* Novation RvglHandwbBg 5, 1936, 451; *Schmiedel,* FS *v. Caemmerer,* 1978, 231; *Schnorr v. Carolsfeld,* Beiträge zur Lehre vom Vergleich, 1929; *Siber,* Schuldrecht 1931, 387; *Tempel,* FS *Schiedermair,* 1976, 517.

I. Inhaltsänderung

1. Der Inhalt eines Schuldverhältnisses kann von den Parteien zu jeder Zeit durch einen Vertrag geändert werden, Abänderungsvertrag. Die Rechtsgrundlage ist wie beim Aufhebungsvertrag § 305 (Vertragsfreiheit). Auch die vertragliche Vereinbarung, ein Vertrag solle nicht geändert werden, kann aufgehoben oder geändert werden. Eine Rückwirkung der Inhaltsänderung kann, muß aber nicht vereinbart sein. Die Gesellschafter können ihre Beiträge rückwirkend oder für die Zukunft erhöhen, Löhne können rückwirkend oder für die Zukunft erhöht werden usw.

2. Werden durch die Inhaltsänderung Leistungen herabgesetzt, liegt teilweiser Erlaß vor, 397. Insoweit stellt die Inhaltsänderung zugleich eine Verfügung dar. Werden neue Leistungspflichten begründet, bildet die Inhaltsänderung zugleich ein Verpflichtungsgeschäft. Abänderungsverträge können also zugleich Verpflichtungen und Verfügungen enthalten, vgl. *Larenz* I § 7 II. Die Verpflichtungen können die Rechtsgründe für die Verfügungen liefern, so daß die Erlaßbestandteile kondizierbar sind, str.

3. Bedeutsam wird die Zerlegung der Inhaltsänderung in ihre Bestandteile, wenn am Vertrag ein Minderjähriger beteiligt ist, 107.

Soweit die Inhaltsänderung zu einem rechtlichen Vorteil des Minderjährigen führt, ist sie wirksam, andernfalls nicht. Zu prüfen ist jedoch dann § 139, wonach grundsätzlich ganz nichtig ist, was teilweise nichtig ist.

4. Nichtigkeit des abzuändernden Vertrags führt in der Regel zur Nichtigkeit des geänderten, BGHZ 28, 166. Doch kann im ändernden Vertrag eine Bestätigung (§ 141) liegen.

II. Schuldersetzung

1. Der Inhaltsänderung nahe verwandt ist die Schuldersetzung. Bei der Inhaltsänderung bleibt das alte Schuldverhältnis, wenn auch verändert, bestehen. Bei der Schuldersetzung geht das alte Schuldverhältnis gänzlich unter, ein neues wird an seine Stelle gesetzt *(Novation, Schuldumschaffung).* Wird bei der Leistung an Erfüllungs Statt (§ 364 I; oben § 39 I) eine neue Schuld an die Stelle der alten gesetzt *und* bleibt der Schuldner der gleiche, läßt sich dieser Anwendungsfall von § 364 I von der Schuldersetzung kaum noch unterscheiden.

2. Hieraus ergeben sich zwei wichtige Folgen. Während bei der Inhaltsänderung Sicherungsrechte bestehenbleiben, gehen bei der Schuldersetzung Sicherungsrechte mit dem alten Schuldverhältnis unter. Ebenso können Ein-

wendungen aus dem alten Schuldverhältnis gegen das neue nicht mehr geltend gemacht werden, *soweit* der bedungene Einwendungsausschluß sich erstreckt. Demzufolge ist die Novation je nach Vereinbarung mehr „abstrakt" oder „kausal"; BGHZ 28, 166 (Beispiel „kausaler" Novation).

Kaufmann K führt bei der X-Bank ein laufendes Konto. Täglich kommen neue Posten hinzu, neue Belastungen werden abgebucht. Ein solches Kontokorrentverhältnis wird rechtlich als Darlehen in beiden Richtungen gedeutet, 607. Am Jahresende teilt die X-Bank dem K einen Habensaldo von 4328,75 DM mit und läßt ihn sich „Irrtum vorbehalten" von K schriftlich bestätigen. Kann die Bank, wenn K erneut ins Soll gerät, einen Bürgen in Anspruch nehmen, der sich im Vorjahr für K verbürgte, als er einmal mit 5000,- DM ins Soll geraten war? Man hat es zu verneinen, wenn in der Kontobestätigung eine Novation erblickt wird. Die h. M. nimmt dies für den Zweifelsfall an. Die Kontokorrentabrechnung ist demnach ein Beispiel der Schuldersetzung. Die Banken helfen sich dadurch, daß Bürgschaften auch für künftige Debetsalden eingegangen werden, oder daß ein eigenes Bürgschaftskonto neben dem laufenden Konto angelegt wird (Avalkonto). Zu unterscheiden von dem hier gemeinten Saldenanerkenntnis ist die Beendigung des Kontokorrentverhältnisses ohne Anerkenntnis, BGH NJW 68, 33. Bis zur novierenden Wirkung des Kontokorrent-Saldenanerkenntnisses wird die Verjährung von Forderungen während der laufenden Rechnungsperiode gehemmt, BGHZ 51, 346. Beim kaufmännischen Kontokorrent kann sich der Gläubiger trotz Anerkennung des Rechnungsabschlusses aus der Bürgschaft oder einer anderen Sicherung Befriedigung suchen, 356 HGB.

Auch Einwendungen erlöschen mit der Novation, soweit dies von den Parteien nicht anders gewollt ist (Auslegung): K hatte noch im Vorjahr behauptet, die Bank hätte ihm 5 DM zuviel Spesen berechnet. Einen Einwand der Nichtschuld kann er nach der Kontobestätigung nicht mehr erheben.

3. Andere Beispiele für die Novation enthalten die §§ 780, 781 (siehe dazu unten § 94):

Eine abstrakte Schuld kann eine frühere kausale oder abstrakte ersetzen. Dann hängt der Bestand der neuen Verbindlichkeit nicht von der alten ab („abstrakte Novation"), aber Kondiktion der neuen Verbindlichkeit nach § 812 II ist *möglich*. Der Prolongationswechsel ist die Vereinbarung zwischen Wechselgläubiger und Wechselschuldner, daß ein neuer Wechsel an die Stelle des alten treten solle. (Der Wechsel selbst wird dagegen regelmäßig erfüllungshalber gegeben (364 II), oben § 39 I 2). Wenn ein Schuldverhältnis das andere ablöst, ist sorgfältig zu prüfen, ob eine Leistung an Erfüllungs Statt, eine Novation oder nur die Begründung einer neuen Verbindlichkeit neben einer bestehenbleibenden Schuld gemeint ist, 364 II. Ein Kriterium bietet der Befriedigungszweck i. S. d. § 364 II, der im Gläubigerinteresse für die Anwendung von § 364 II spricht.

III. Vergleich, 779

1. Ähnlich dem Abänderungsvertrag und der Novation ist der Vergleich, 779. Er ist, ebenso wie die Vorlegung von Sachen (809 ff.), statt im Allgemeinen im Besonderen Schuldrecht geregelt. Unter einem Vergleich versteht man den Vertrag, durch den ein Streit oder eine Ungewißheit über ein Rechtsver-

hältnis unter den Parteien im Wege gegenseitigen Nachgebens beseitigt wird; zum Begriff vgl. BGHZ 1, 57. Es reicht, daß die Verwirklichung eines Anspruchs unsicher ist, 779 II. Rechtsverhältnisse jeder Art genügen (z. B. auch einseitige Willenserklärungen, BGHZ 26, 236), Nachgeben jeder Art reicht aus. Ein Nachgeben ist auch der Verzicht auf die gerichtliche Feststellung eines Rechts, das aller Wahrscheinlichkeit nach nicht besteht. Schon ein Anerkenntnis kann als Nachgeben angesehen werden, weil die Unsicherheit der Rechtsverwirklichung nach § 779 genügt und das Anerkenntnis die Verwirklichung sichert, BGHZ 39, 60, 63. Ganz einseitiges Nachgeben allerdings ist kein Vergleich, sondern ein Anerkenntnis (781) oder ein Feststellungsvertrag (*Enn/Lehmann*, § 198 I 2). Der Vergleich ist grundsätzlich formfrei, vgl. auch 782. Die Vorschrift des § 313 macht den Vergleich formbedürftig.

2. Die Rechtsnatur des Vergleichs ist streitig. Die herrschende Meinung mißt dem Vergleich nur obligatorische Wirkung bei. Der Vergleich ist danach Kausalgeschäft: *erfüllt* wird er je nach seinem Inhalt z. B. durch Erlaß (397), Übereignung (929), Zession (398) oder durch andere Verfügungen. Ist der Vergleich nichtig oder angefochten oder wegen „Mangels" oder „Wegfalls der Geschäftsgrundlage" unwirksam, sind die den Vergleich erfüllenden Verfügungen als ungerechtfertigte Bereicherungen rückgängig zu machen, 812 I 1.

A behauptet, er schulde B 50 000,— DM, B sagt, es seien 60 000,— DM. Sie einigen sich auf 55 000,— DM und darauf, daß A diesen Betrag innerhalb von 3 Monaten zu zahlen hat. Nach h. M. hätte sich B also verpflichtet, 5000,— DM zu erlassen, also noch einen Erlaßvertrag i. S. des § 397 zu schließen. A andererseits verpflichtete sich, 55 000,— DM als geschuldet anzuerkennen, 781, also noch ein Schuldanerkenntnis abzugeben. Nach dieser Meinung muß also der Vergleich noch durch Verfügungen als Erfüllungsgeschäfte ergänzt werden, die freilich in unmittelbarem Zusammenhang mit dem Vergleich geschlossen werden können. Das wird den Parteien häufig überraschend erscheinen.

Überzeugender ist daher eine andere Ansicht *(Larenz, Siber)*, nach welcher der Vergleich die erforderlichen Verfügungen zugleich in sich enthält. Erlaß und Anerkenntnis sind danach Bestandteile des Vergleiches. Im gegebenen Beispiel sind also 5000 DM *erlassen*, die 55 000 DM *anerkannt* worden, ohne daß es einer Bezugnahme auf §§ 397, 781 bedarf. Man hat nach dieser Auffassung allerdings zu berücksichtigen, daß den im Vergleich enthaltenen Verfügungen eine obligatorische Einigung zugrunde liegen muß; sonst fehlt dem Vergleich der Rechtsgrund (§ 812 I). Soweit in einem Vergleich *neue* Pflichten eingegangen werden, handelt es sich um einen inhaltsändernden Vertrag. Dies würde im gegebenen Beispiel für die 3-Monats-Klausel hinsichtlich der Tilgung gelten. Insoweit enthält der Vergleich ein *weiteres* Verpflichtungsgeschäft, das neue Verbindlichkeiten erzeugt (oben I), vgl. OGHZ 3, 20. Nach beiden Theorien bleibt aber die alte Schuld, über die der Vergleich geschlossen wird, dem Grunde nach bestehen. Novation tritt nicht ein. Sicherungsrechte und Einwendungen bleiben demnach erhalten. Der Vergleich „verkürzt" nur die bestehenden Rechte. Die Parteien können aber vereinbaren, daß der Vergleich die alte Schuld beseitigen soll. Dann liegt Schuldumschaffung vor (oben II).

3. Der Vergleich kann aus folgenden Gründen nichtig, anfechtbar oder unwirksam sein:

a) Es gelten die allgemeinen Nichtigkeitsgründe, z. B. 134, 138, 125; vgl. BGHZ 17, 61 (zu 134). Gegen § 1 GWB verstößt ein Vergleich, wenn der Anspruch auf Unterlassung von Wettbewerb, über den der Vergleich stattfindet, kartellrechtswidrig begründet wurde, oder wenn sich die Wettbewerbsbeschränkung außerhalb des Vergleichsgegenstandes befindet; BGHZ 65, 147 (noch zu zurückhaltend).

b) Ferner gelten die allgemeinen Anfechtungsgründe, namentlich wegen Irrtums über die *Erklärungshandlung*, über den *Erklärungsinhalt* und über eine verkehrswesentliche Eigenschaft einer Person oder Sache als *ausnahmsweise erheblicher Motivirrtum*, 119 I, II. Inhaltsirrtum liegt z. B. vor, wenn jemand erklärt, vergleichsweise auf sein „Ankaufsrecht" verzichten zu wollen, wenn er darunter irrtümlich nur die das Ankaufsrecht sichernde Vormerkung, nicht aber den Anspruch aus § 433 I 1 versteht, vgl. BGHZ 1, 57. Auch § 123 (argl. Täuschung) gilt.

c) Zusätzlich zu § 119 gibt § 779 einen Nichtigkeitsgrund für den Fall eines *bestimmten doppelseitigen Motivirrtums*: Wenn der Sachverhalt, den die Parteien nach dem Inhalt des Vertrags als festehend dem Vergleich zugrunde gelegt haben, der Wirklichkeit nicht entspricht, ist der Vergleich nichtig, wenn die Kenntnis der wahren Sachlage den Streit oder die Ungewißheit verhindert hätte, 779. § 779 betrifft den als unstreitig angenommenen Sachverhalt (caput non controversum). Irren sich die Vergleichenden über das Vorliegen des Streits oder der Ungewißheit (caput controversum), gilt § 779 nicht. Auch § 119 II ist dann sinngemäß ausgeschlossen.

A streitet sich mit B, ob er B 500,— oder 600,— DM schuldet. Sie schließen einen Vergleich auf 550,—. Dann stellt sich heraus, daß A überhaupt nichts schuldete. Der Vergleich ist nach § 779 I unwirksam. Denn sie waren sich einig, daß mindestens eine Schuld von 500,— bestand. Das aber traf nicht zu. — Der Vergleich bleibt aber wirksam, wenn sich nachträglich herausstellt, daß die Forderung 520,— betrug. Denn insoweit irrten sie sich über das Vorliegen einer Ungewißheit. Das caput controversum ist also der Bereich zwischen 500,— und 600,—. Das caput non controversum sind die Bereiche unter 500,— und über 600,—: Insoweit gilt die Unwirksamkeit gem. § 779 I.

d) Dann kann aber immer noch die Berufung auf den Vergleich eine unzulässige Rechtsausübung sein, weil z. B. ein falscher Wertmaßstab gewählt oder ein als bestehend vorausgesetztes Rechtsverhältnis gefehlt hat oder weggefallen ist, 242, oben § 27 III 3. Dann ist der Vergleich wegen Unzumutbarkeit insoweit unwirksam, RG 152, 403; 153, 356; JW 37, 2036.

Aus dem Bereich des Vergleichsrechts und der Unwirksamkeitsgründe eines Vergleichs regelt § 779 also nur einen Sonderfall, und zwar einen gesetzlich geregelten Fall der clausula rebus sic stantibus. § 779 regelt nach Auffassung der Vertreter der Lehre von der Geschäftsgrundlage mit gesetzlichen Worten einen Fall des „Fehlens der (subjektiven) Geschäftsgrundlage". Man hat demnach § 779 zur Begründung der Rechtsprechung und Lehre zum Wegfall der Geschäftsgrundlage entsprechend herangezogen. Nach der Lehre von den Vertrauensumständen ist § 779 kein Fall der Unzumutbarkeit, die nach § 242 schuldbefreiend wirkt, sondern ein Beispiel des doppelseitigen Motivirrtums, der beiden Parteien in Entsprechung zu Irrtumsvorschriften ein einseitiges Lossagungsrecht ohne Schadensersatz gibt, oben § 27 III 2.

Geldentwertungen fallen grundsätzlich nicht unter § 779, BGHZ 2, 379 (381) – Abfindung eines unehelichen Kindes vor 1945 –. Hiervon müssen aber Ausnahmen nach allgemeinen Regeln bestehen (oben § 27 III 5b aa).

4. Von Bedeutung ist der Vergleich im Prozeß. Die Natur des *Prozeßvergleichs* ist streitig. Die herrschende Meinung versteht ihn weder rein materiellrechtlich noch rein prozessual, sondern nimmt an, daß der Prozeßvergleich ein Vertrag gemäß § 779 ist, der zugleich den Charakter einer Prozeßhandlung hat und die Rechtshängigkeit des Anspruchs beseitigt, *Esser/ Weyers* § 42 III 3; BGHZ 16, 388 (390). Die Rechte aus einem Prozeßvergleich sind mit materiellrechtlicher Wirkung verzichtbar, doch können dadurch die verfahrensrechtlichen Folgen nicht mit der Wirkung beseitigt werden, daß der Prozeß fortgesetzt werden darf, BGHZ 41, 310; 79, 71; 86, 184; vgl. auch 86, 160.

5. Abschnitt

Leistungsstörungen

§ 41
Vorbemerkung

Der 1. Abschnitt behandelte das Wesen, der 2. die Begründung, der 3. den Inhalt und der 4. das Erlöschen von (ungestörten) Schuldverhältnissen. Es war das Schicksal eines normal entstandenen und ungestört abgelaufenen Schuldverhältnisses, das bisher geschildert wurde: Sein Beginn, sein Inhalt, sein Ende.

Nicht jedes Schuldverhältnis nimmt diesen normalen Verlauf, d. h. im besonderen: Nicht jedes wird ordnungsgemäß erfüllt. Zwischen Begründung und ordnungsgemäßer Erfüllung kann sich eine Störung einstellen, die eine ordnungsgemäße Erfüllung verhindert. Dies ist dann eine „Leistungsstörung" (zur Rechtfertigung des Begriffs im einzelnen unten § 42 I).

Durch die Leistungsstörung nimmt das Schuldverhältnis einen anderen Gang als geplant. Es tritt Inhaltsänderung *kraft Gesetzes* (nicht kraft Vertrags, o. § 40 I) ein. Z. B. ist nach Eintritt der Störung anstelle der Erfüllung ein Schadensersatz geschuldet. Schadensersatz ist praktisch die häufigste Rechtsfolge einer Leistungsstörung.[1]) Es gibt aber auch zahlreiche andere Rechtsfolgen (§ 42 V unten).

In diesem 5. Abschnitt wird somit der Gesichtskreis des normal ablaufenden Schuldverhältnisses um das „krank gewordene", leistungsgestörte Schuldverhältnis erweitert. Immer aber handelt es sich bei diesen normal oder anormal ablaufenden Schuldverhältnissen um solche zwischen *einem* Gläubiger und *einem* Schuldner. Auch diesen Gesichtskreis kann und *muß* man noch erweitern, und zwar sogar zweimal: Einmal durch Gläubiger- und Schuldner*wechsel*, also durch Einführung *(einzelner)* neuer Gläubiger und Schuldner (darüber der 6. Abschnitt), zum andern durch Beteiligung *mehrerer* Gläubiger und Schuldner zugleich an einem Schuldverhältnis (darüber der 7. Abschnitt).

§ 42
Überblick über die Leistungsstörungen

Emmerich, Das Recht der Leistungsstörungen 1978; *Schmitz*, JuS 73, 161; 297; 430; 567; 703; *Teichmann*, Leistungsstörungen und Gewährleistung, 2. Aufl. 1981; *Vollkommer*, AcP 183, 525.

I. Allgemeine Kennzeichnung des Rechtsgebietes der Leistungsstörungen

1. Das Recht der Leistungsstörungen ist im Gesetz nur unvollkommen geregelt und im Grundsatz wie in den Einzelheiten streitig. Daraus ergibt sich seine besondere Schwierigkeit. Sie beruht nicht so sehr in dem mangelnden Überblick über die Störungsursachen, vielmehr in der Unsicherheit, welche Folgen eine Störung gerechterweise auslöst. Hierbei ist es im besonderen auch heute noch im grundsätzlichen ungeklärt, was ein zu ersetzender *Schaden* ist. Richtet man den Blick zunächst vom lückenhaften und teilweise verzeichneten Gesetz auf das mögliche Schicksal eines Schuldverhältnisses, so zeigt sich:

2. Ein Schuldverhältnis ermangelt, wenn es nicht richtig zu Ende geführt wird, der *ordentlichen Erfüllung*. Eine nicht ordnungsgemäße Erfüllung kann entweder *Nichterfüllung* oder *Schlechterfüllung* sein.

Bei der *Nichterfüllung* ist die *Leistung* noch nicht erbracht. Dabei ist zu unterscheiden, ob die Erfüllung noch *möglich* ist oder *nicht*: Da die nichtordnungsgemäße Erfüllung ein Tatbestand ist, der sich zeitlich vor die (gedachte) ordnungsgemäße Beendigung des Schuldverhältnisses schiebt, ist für den

---

[1]) *Larenz* spricht von „Sekundärpflichten"; zu dieser Ausdrucksweise kritisch o. § 5 Anm. 2.

Begriff und die Einteilung der Fälle nicht ordnungsgemäßer Erfüllung der Standpunkt *ex ante*, nicht derjenige, *ex post*, bezogen auf die Erfüllung, entscheidend. Das gilt auch für die Fälle der Nichterfüllung. Ex ante betrachtet kann also bei einer Nichterfüllung die Erfüllung entweder noch möglich sein oder nicht mehr.

Ist die Leistung noch möglich, gilt gegenüber dem normalen ungestörten Schuldverhältnis nichts Besonderes. Der Schuldner hat einfach noch nicht erfüllt. Er muß noch ordnungsgemäß erfüllen. Die (bloße) *Nichterfüllung ist* daher *keine Leistungsstörung*. Aber schon, wenn die Nichterfüllung zur *nicht rechtzeitigen* Erfüllung wird (Verzug) oder wenn sich der Schuldner ausdrücklich oder stillschweigend *weigert* (er also die Leistung stören *will*, = Leistungsverweigerung), liegt keine bloße Nichterfüllung, sondern eine Leistungsstörung vor. Das gleiche gilt für Nichterfüllung wegen *Unmöglichkeit*.

Im Gutachten ist, was oft übersehen wird, daher stets zuerst zu prüfen, ob − trotz der Möglichkeit dazu − einfach noch nicht erfüllt ist. Liegt es so, dann hat der Gläubiger, ohne alle Umschweife und ohne Erörterung der Leistungsstörungen, den Erfüllungsanspruch aus dem Schuldverhältnis (z. B. 433 I 1, 433 II, 535 1 oder 2, 611 I, 631 I).

a) Daher ist die *Nichterfüllung wegen Unmöglichkeit der Leistung* eine Leistungsstörung (dazu unten §§ 42 IV, 43 und 44). Da die Leistung nicht erbracht werden kann (das verkaufte Auto wird auf dem Transport zum Käufer in einen Unfall verwickelt und zerstört), ist zu prüfen, ob an die Stelle der ursprünglich geschuldeten Leistung (Auto) vielleicht ein Schadensersatzanspruch (280 I, 325 I 1) oder ein Ersatzvorteil (z. B. Versicherungssumme) tritt (281 I), oder wie das gestörte Schuldverhältnis sonst zu Ende gebracht werden kann (z. B. durch Rücktritt, 325 I 1).

Im Bereich der *Nichterfüllung* ist daher die bloße Nichterfüllung von der Leistungsstörung der Nichterfüllung wegen Unmöglichkeit zu unterscheiden. Die Nichterfüllung wegen Unmöglichkeit wird sprachlich meist nur mit „Unmöglichkeit" bezeichnet.

b) Die *Schlechterfüllung* ist immer Leistungsstörung. Sie bezieht sich entweder auf die *Zeit* (der Schuldner leistet nicht rechtzeitig) oder auf *sonstige* Anforderungen des Schuldverhältnisses an die Leistung (der Schuldner leistet, auch rechtzeitig, aber qualitativ schlecht: Das Auto war im Kaufvertrag TÜV-überprüft versprochen worden, wird aber unüberprüft und verkehrsuntüchtig geliefert).

Die Schlechterfüllung, *zeitlich betrachtet*, heißt *„Verzug"*. Sonstige Fälle qualitativ mangelhafter Erfüllung heißen „positive Vertragsverletzung" oder einfach *„Schlechterfüllung"* (unten c).

Verzug ist im Gutachten die zweite zu prüfende Leistungsstörung nach der Nichterfüllung wegen Unmöglichkeit (übliche Reihenfolge).

Beim Verzug muß die Leistung noch möglich sein; sonst tritt Nichterfüllung wegen Unmöglichkeit ein. Die Leistung erfolgt aber trotz Möglichkeit nicht *rechtzeitig* (Schuldnerverzug). Oder die mögliche Leistung wird nicht rechtzeitig entgegengenommen (Gläubigerverzug), vgl. 297.

Der *Schuldnerverzug* stellt den Gläubiger daher stets vor folgende Frage: Soll er weiterhin Erfüllung verlangen, wenngleich die Leistung nun zu spät kommt? Er kann dies tun, dazu auch unter bestimmten Voraussetzungen den Schaden ersetzt verlangen, den die Verzögerung verursacht hat, *Verzögerungsschaden,* 286 I.

Der Bauherr hat für den 1. 4. die Waschbecken bestellt, der Lieferant hat am 1. 4. zu liefern versprochen. Da die Waschbecken nicht eintreffen, verzögert sich die Fertigstellung des Hauses, so daß ein Mietausfall entsteht: Verzögerungsschaden.

Oder soll er, weil er zu dem Schuldner kein Vertrauen oder an der Leistung kein Interesse mehr hat, auf Erfüllung verzichten und anstelle der Erfüllung Schadensersatz wegen der *nun ausbleibenden Erfüllung* verlangen? („Schadensersatz wegen Nichterfüllung"). Er kann unter bestimmten Voraussetzungen auch dies tun, 286 II, 326.

Der *Gläubigerverzug* bringt dem Schuldner eine Reihe von Vorteilen, z. B. die Befreiung von der Leistungsgefahr auch bei Gattungs-Bringschulden und Gattungs-Schickschulden (300 II, 243 II) und die Erhaltung des Anspruchs auf die Gegenleistung, selbst wenn die Sache nun untergeht (324 II), sofern nicht der Schuldner selbst den Untergang vorsätzlich oder grobfahrlässig herbeigeführt hat, 300 I.

c) Als dritte Leistungsstörung verbleiben die Fälle *sonstiger Schlechterfüllung:* Die Leistung ist möglich, sie wird rechtzeitig, aber *qualitativ schlecht* erbracht.

Die verkauften Äpfel sind faul und stecken andere an. Bei der gemieteten Waschmaschine fehlt die Gebrauchsanweisung, der Mieter weiß mit ihr nicht umzugehen. Der Fließbandarbeiter verschuldet einen Unfall, der den Unternehmer schädigt.

Diese dritte Leistungsstörung nennt man „positive Vertragsverletzung " *(Staub),* „positive Forderungsverletzung" oder einfacher „Schlechtleistung" oder „Schlechterfüllung" *(Zitelmann).* Sie ist im BGB allgemein nicht geregelt, nur in Einzelbestimmungen bei Kauf, Werkvertrag und Miete als „Mängelhaftung" teilweise ausgebildet, 459 ff.; 633 ff.; 537 ff. Da sie aber, vor allem auch wegen ihrer Erstreckung auf das übererfüllungsmäßige Interesse (dazu unten § 47), auch als allgemein geregelte Leistungsstörung nicht entbehrt werden kann, behandelt man sie nach heute herrschender Auffassung *analog* den Regeln zur Unmöglichkeit und zum Verzug, 280, 325; 286, 326. Die Ausdrucksweise schwankt. Neuerdings überwiegt der Ausdruck „Schlechtleistung". Doch gerät man damit in die Kontroversen um den Leistungsbegriff (s. o. § 8). „Schlechterfüllung" verdient den Vorzug, weil damit erkennbar wird, daß „erfüllt ist, aber schlecht": Schlechterfüllung ist *kein* Fall der *Nicht*erfüllung, was bedeutet, daß ein Anspruch auf Erfüllung, trotz Schlechterfüllung, *nicht besteht.* Bestimmte Probleme der Schlechterfüllung sind zwar bei einigen − nicht bei allen (!) − besonderen Schuldverhältnissen geregelt. Das gilt, wie gesagt, für die „Sachmängelhaftung" beim Kauf, §§ 459 ff. (vgl. auch §§ 633 ff. für den Werkvertrag, §§ 537 ff. für die Miete, usw). Doch bedarf die Schlechterfüllung darüberhinaus allgemeiner Regelung, der dann die gesetzlichen Sonderbestimmungen wiederum vorgehen; vgl. dazu *Vollkommer,* AcP 183, 525.

d) Der Begriff des „*Vertragsbruchs*" (breach of contract) ist im deutschen Recht als solcher unbekannt. In der Praxis, namentlich des Arbeits-, Kauf- und Versicherungsrechts findet er sich in unscharfer Verwendung als Ausdruck für Schlechterfüllung oder Verzug (oder beides), vgl. BAG NJW 81, 2430.

e) Die eindeutige *Weigerung,* den Vertrag zu erfüllen, ist eigenartigerweise ebenfalls vom BGB als solche nicht erfaßt. Man behandelt die *Erfüllungsweigerung* zweckmäßig als Unterfall des Verzugs in Analogie zu §§ 286 II 1, 326 II, näher unten § 45 III 1 d. Man nennt die Erfüllungsweigerung auch „beharrliche Leistungsverweigerung", „Vertragsaufsage", „unberechtigte Kündigung" und dergleichen. Auch der Ausdruck „Vertragsbruch" wird auf die Erfüllungsweigerung ausgedehnt. Im folgenden wird Erfüllungsweigerung als qualifizierter Verzugsfall behandelt.

II. Rechtsgeschichtliche Bemerkung

Emmerich, Das Recht der Leistungsstörungen, 1978, §§ 1, 2; *Jakobs, H. H.,* Unmöglichkeit und Nichterfüllung, 1969; *Hoffmann-Buchardi,* Die geschichtlichen Grundlagen der Vorschriften des BGB über Leistungsstörungen bei gegenseitigen Verträgen §§ 323 – 327, Diss. Münster, 1974; *Kaser,* JuS 67, 337; *Wieacker,* FS *Nipperdey,* 1965 Bd. 1, 798; *Wollschläger,* Die Entstehung der Unmöglichkeitslehre, 1970 (vgl. auch unten § 116).

Die Zusammenfassung von Unmöglichkeit, Verzug und Schlechterfüllung zu dem Begriff der „Leistungsstörung" ist verhältnismäßig neu und nicht unstreitig. Im römischen und gemeinen Recht waren lediglich bestimmte Regeln über die Unmöglichkeit, den Verzug und die Mängelhaftung insbesondere beim Kauf ausgebildet. Im gemeinen Recht bestand daneben, in ihrer grundlegenden dogmatischen Bedeutung nicht erkannt, eine „culpa-Haftung". Das gemeine Recht galt bis zum 31. 12. 1899.

Schon vier Jahre nach Inkrafttreten des BGB (1900) veröffentlichte *Staub* seine bahnbrechende Schrift „Die positiven Vertragsverletzungen" (1904). An Beispielen aus dem Dienstvertrags- und Gesellschaftsrecht (wo die romanistische Mängelhaftung fehlt) wies *Staub* das Bedürfnis nach einer allgemeinen Kategorie von „positiven" Vertragsverletzungen nach (*Staub* meinte, Unmöglichkeit und Verzug trügen „negativen" Charakter; zu Unrecht griff er damit auf die gemeinrechtliche Scheidung von culpa in faciendo und culpa in non faciendo zurück; dazu *Himmelschein* AcP 135, 255, 309, 313). Später erkannte man, daß die Mängelhaftung bei Kauf, Werkvertrag und Miete speziell geregelte „positive" Vertragsverletzungen sind. Die alte „culpa-Haftung" war wieder aufgetaucht, wobei aber die historischen Parallelen anscheinend vielfach bis heute nicht gesehen wurden.

III. Die Begriffe der Schlechterfüllung und der Leistungsstörung

Genau wäre der Ausdruck „sonstige Schlechterfüllung". Darin käme zum Vorschein, daß jede Abweichung von der ordnungsgemäßen, dem Schuldverhältnis entsprechenden Leistung gemeint ist mit Ausschluß von Unmöglichkeit und Verzug. Seit *Zitelmann* hat sich aber der Ausdruck „Schlechterfüllung" eingebürgert, der – richtig verstanden – ebenso brauchbar ist: Eine Leistung erfolgt zum Zweck der Erfüllung, und in dem Zusatz „schlecht" liegt die Abgrenzung von der Nichterfüllung. Der Ausdruck „positive Vertragsverletzung" ist zwar sehr verbreitet, aber nicht besonders treffend. Die Schlechterfüllung ist nicht „positiver" als Verzug und Unmöglichkeit, und sie kommt bei allen Schuldverhältnissen in Frage, nicht nur bei Verträgen. Daher findet man auch die Wendung: „Positive Forderungsverletzung".

Ein Bedenken ergibt sich aus dem Inhalt des Begriffs „Leistung". Wenn man, wie *Heinrich Stoll* und *Larenz*, den Inhalt eines Schuldverhältnisses in Leistung und sonstige Verhaltenspflichten einteilt, sind die Ausdrücke „Schlechtleistung" und „Leistungsstörung" ungenau. Denn häufig beziehen sich die Fälle der Schlechterfüllung gerade auf den Bereich der „sonstigen Verhaltenspflichten" (z. B. Auskunft, Schutz, Sorgfalt, Fürsorge). *Doch ist dies,* einem weitverbreiteten Irrtum zuwider, *keineswegs immer so.* Besonders bei „einzelnen Schuldverhältnissen" ohne gesetzliche Mängelhaftung (Dienstvertrag, Gesellschaft, Leihe, Verwahrung usw.), aber auch bei den anderen sind schlechterfüllte *Hauptpflichten* mindestens ebenso häufig. Die Unterscheidung „Primär"- und „Sekundärpflicht" ist hier unbrauchbar und irreführend (s. näher o. § 8, 3, auch unten § 47).

Zweckmäßig dürfte es sein, den *gesamten* Inhalt eines Schuldverhältnisses mit der geschuldeten „Leistung" zu bezeichnen (so auch § 241 und die Überschrift über § 241), siehe oben § 8, 3. Man kann dann nach Maßgabe des Parteiwillens Haupt- und Nebenleistungen zur Ermittlung der Tragweite von Ansprüchen wohl unterscheiden (eine Auskunftspflicht kann auch einmal Hauptleistung sein). Das hat aber nichts mit den Leistungsstörungen zu tun. So verstanden sind die Ausdrücke „Schlechterfüllung", „Schlechtleistung" und, als Oberbegriff für Unmöglichkeit, Verzug und Schlechtleistung, „Leistungsstörung" zutreffend und plastisch. Zugleich ist dies eine Annäherung an die praktisch von rechtsvergleichenden Standpunkt so bedeutsamen Vorstellungen von Vertragsbruch und Leistungsverweigerung. Ein einheitliches, in sich geschlossenes Recht der Leistungsstörungen ist nicht nur ein theoretisches, sondern auch ein praktisches Anliegen, das bis jetzt nicht befriedigend gelöst ist.

IV. Die Arten der Leistungsstörungen im einzelnen (Übersicht über die Begriffe)

Man unterscheidet die drei Sammel-Tatbestände Unmöglichkeit, Verzug, Schlechterfüllung. Jeder dieser Sammel-Tatbestände enthält eine Anzahl in sich recht unterschiedlicher Fälle, deren Zusammenfassung zu einer Gruppe aus mehrfachen Gründen zweifelhaft sein kann. Wegen der praktischen Bewährung für die Prüfung im Gutachten wird hier in der üblichen Weise vorgegangen. Ein Verständnis der z. T. recht verwickelten Rechtsfolgen setzt die Beherrschung der tatbestandlichen Einteilung der Leistungsstörungen voraus:

1. Die Unmöglichkeit, 275 – 283, 306 – 309, 323 – 325, 327

Gemeint ist vor allem die Unmöglichkeit im *physikalisch*-naturgesetzlichen Sinn: Die Leistung kann nicht erbracht werden, weil z. B. die geschuldete Ware verbrannt, der Wein ausgelaufen, das Schiff untergegangen, das Pferd verendet ist. – Unmöglichkeit ist aber nach herrschender Ansicht auch die sog. *juristische* Unmöglichkeit: Die geschuldete Sache wird vor der Lieferung beschlagnahmt. Ein gewerberechtliches Gesetz macht die versprochene Lieferung bestimmter Waren gesetzlich unzulässig. – Streitig ist, ob auch die *wirtschaftliche* Unmöglichkeit zur Unmöglichkeit im Sinne der Leistungsstörungen zu rechnen ist. Richtiger Ansicht nach ist zu unterscheiden: Bleibt trotz der wirtschaftlichen Schwierigkeiten, in denen sich der Schuldner von Anfang an befand oder in die er nach Eingehung der Verbindlichkeit gerät, die Leistung noch in einem weit zu spannenden Rahmen des verkehrsmäßig noch Üblichen, so liegt allenfalls eine allgemeine *Unzumutbarkeit* im Sinne des § 242 vor *und kein Fall der Unmöglichkeit.* Dann sind die Regeln über Veränderung, Beschränkung oder auch Wegfall des *Leistungsinhalts* gemäß § 242 zu prüfen (dazu oben § 27 III 5).

Beispiele: Die Bezugskosten der zur Lieferung versprochenen Ware haben sich stark verteuert („Öl-Krise"). – Ein Schuldner stellt nach Abschluß eines Lieferungsversprechens fest, daß das Produkt mit den vorhandenen Maschinen nicht hergestellt werden kann. Es müßte ein ganz neuer Produktionszweig mit unverhältnismäßig hohen Kosten eingerichtet werden. – Durch Streiks oder Unruhen sind bestimmte Transportwege unbenutzbar geworden, so daß die Fracht wegen des Umwegs das Vielfache kostet. War das bei ordnungsmäßiger Sorgfalt nicht vorauszusehen, kann der Schuldner Anpassung oder Wegfall seiner Verbindlichkeit wegen Unzumutbarkeit verlangen, wobei aber auch die *Gläubigerinteressen* und der *Risikocharakter* des Geschäfts zu prüfen sind. Diese Überlegungen gehören in den Rahmen des § 242, nicht zur Unmöglichkeit (und man nennt sie: „Überschreiten der Opfergrenze", „wirtschaftliche Unzumutbarkeit", „ruinöse Aufwendungen".

Bedeutet aber die „wirtschaftliche" Unmöglichkeit zugleich, daß das Leistungsversprechen außerhalb alles Verkehrsüblichen liegt oder zu liegen kommt, so ist von Unmöglichkeit im Sinne einer Leistungsstörung zu sprechen (treffend *Esser: faktische* Unmöglichkeit). Beispiele:

Der Leistungsgegenstand versank auf dem Meeresgrund, das Auffinden und Heben ist theoretisch möglich, aber wirtschaftlich unsinnig. – Voraussetzung für die Möglichkeit der Erfüllung ist die Ermittlung einer Person (z. B. des Diebes, der die geschuldete Ware gestohlen hat). Unter Einschaltung aller Detektive und zuständigen Behörden des In- und Auslandes wäre es vielleicht möglich, die Person zu ermitteln, aber das würde gänzlich unvertretbare Summen kosten. – Das geschuldete Tier entläuft; das Einfangen würde das Vielhundertfache des Tierwerts betragen.

Hier zeigt sich, daß die Lehre von der Unmöglichkeit im Grunde nur ein Ausschnitt aus der allgemeinen Frage ist, wann vom Grundsatz der Bindung eines Vertragsversprechens wegen Unzumutbarkeit eine Ausnahme zu machen ist. Irrtums- und Unmöglichkeitsrecht (wie überhaupt die Leistungsstörungen) sind spezialisierte Anwendungsfälle der „Bindungskorrekturen" durch Treu und Glauben mit Rücksicht auf die Verkehrssitte und bestimmen durch ihre positiv-rechtliche Ausgestaltung den Anwendungsbereich von § 242 in negativem Sinne, dazu oben § 27 IV 4. Zur Vertiefung siehe *Esser*[2], § 57; *Medicus*, BürgR Rn. 156ff.; *Köhler*, Unmöglichkeit und Geschäftsgrundlage bei Zweckstörungen im Schuldverhältnis, 1971.

Da sich andererseits die Unzumutbarkeitsfälle oft nur schwer von den Fällen faktischer Unmöglichkeit klar abgrenzen lassen, läßt sich die Regel aufstellen: Je mehr sich ein Fall der Unzumutbarkeit der praktischen Unmöglichkeit nähert, desto mehr ist bei der Umgestaltung der Leistungsinhalte nach § 242 auf die gesetzlichen Vorschriften über die Unmöglichkeit Rücksicht zu nehmen.

Unmöglichkeit im Recht der Leistungsstörungen bedeutet also naturgesetzliche, juristische oder „faktische" Unmöglichkeit. — *Vorübergehende* (zeitweise) Unmöglichkeit ist keine Unmöglichkeit, es sei denn, sie wird zu einer „faktischen Unmöglichkeit", BGHZ 83, 197 — politische Verhältnisse im Iran —, mit analoger Anwendung von § 645 I 1; Spezialvorschrift: 308. — *Teilweise* Unmöglichkeit führt zur teilweisen Anwendung der Unmöglichkeitsregeln, 208 II, 283 III, 307 II 1. Alternative, 323 I 2, 325 I 2. — Die bisher genannten Arten der Unmöglichkeit werden, und das ist für die rechtliche Behandlung von besonderer Bedeutung, wie folgt in zweifacher Richtung eingeteilt:

a) *Objektive und subjektive Unmöglichkeit*

Objektive Unmöglichkeit liegt vor, wenn niemand auf der Welt die Leistung erbringen kann:

Das verbrannte Auto, das verendete Pferd, der ausgeflossene und versickerte Wein, die endgültig verweigerte behördliche Genehmigung (BGH NJW 69, 837; 78, 1262; 80, 700 = JuS 80, 295 m. Anm. *Emmerich*); zur Abgrenzung vom Sachmangel LG Frankfurt/M. NJW 82, 1538 — Station Wagon —.

Dagegen ist die Unmöglichkeit nur *subjektiv,* wenn *nur der Schuldner* die Leistung nicht erbringen kann, zumindest eine andere Person aber vorhanden ist, die die Leistung erbringen könnte. Die subjektive Unmöglichkeit heißt im BGB auch *Unvermögen,* 275 II.

A verkauft das Haus seines Nachbarn N. A kann es nicht leisten, N könnte es, ist aber nicht Schuldner und will es auch nicht hergeben.

b) *Anfängliche (= ursprüngliche) und nachträgliche Unmöglichkeit*

Um *anfängliche Unmöglichkeit* handelt es sich, wenn die Leistung schon unmöglich war, als die Verpflichtung zur Leistung entstand.

A verkauft ein Ölgemälde um 12 Uhr, um 11.55 Uhr war das Bild einem Brand zum Opfer gefallen. (Ob A davon wußte, ist für den Begriff der Unmöglichkeit gleichgültig, siehe aber 307.)

Bei der *nachträglichen Unmöglichkeit* (im BGB häufig *„Unmöglichwerden"* genannt, vgl. 323–325) wird die Leistung erst nach Entstehung der Verbindlichkeit unmöglich.

Das Bild verbrennt um 12.05 Uhr. – Beispiel einer nachträglichen juristischen Unmöglichkeit: BGH LM Nr. 3 zu § 275 BGB = ESJ 34 – Sportgaststätte –.

c) Beide Begriffspaare kreuzen sich. Man spricht von
– anfänglich objektiver Unmöglichkeit: Ein verbranntes Auto wird verkauft;
– anfänglich subjektiver Unmöglichkeit: Verkauf einer dem Verkäufer nicht gehörigen, aber in jemandes anderen Eigentum stehenden Sache;
– nachträglich objektiver Unmöglichkeit: das verkaufte Auto verbrennt;
– nachträglich subjektiver Unmöglichkeit: A verkauft sein Auto zuerst an B, dann verkauft und übereignet er es an C. Dem B gegenüber *wird* seine Leistung subjektiv unmöglich (nachträgliches Unvermögen, subjektives Unmöglichwerden).

d) Um Leistungsstörungen handelt es sich strenggenommen nur bei den Fällen der nachträglichen Unmöglichkeit. Denn nur sie treten *zwischen* Begründung und ordnungsgemäße Erfüllung der Leistung. Man kann daher die Lehre von der anfänglichen Unmöglichkeit mit guten Gründen schon bei der (dann fehlerhaften) Begründung von Schuldverhältnissen, also als Thema des Allgemeinen Teils des BGB bringen. Praktisch liegt es aber meist so, daß sich auch die anfängliche Unmöglichkeit erst nach dem Abschluß des Vertrags für alle Beteiligten deutlich *herausstellt*, so daß sie sinnvoll nur als Leistungsstörung geprüft werden kann. Auch steht manchmal von vornherein noch gar nicht fest, ob die Unmöglichkeit ursprünglich oder nachträglich war. Daher empfiehlt sich die Behandlung der ursprünglichen Unmöglichkeit als Leistungsstörung. So verfährt man daher regelmäßig auch im Gutachten: Man prüft die Fälle der Unmöglichkeit in der oben angezeigten Reihenfolge auf ihr Vorliegen durch, *nachdem* man das Zustandekommen des Schuldverhältnisses *im übrigen und* den geschuldeten Leistungsinhalt, der sich dann möglicherweise als „unmöglich" herausstellt, untersucht hat.

2. Der Verzug, 284–290, 326, 327, 293–304

Verzug ist nur möglich, solange die Leistung möglich ist, BGHZ 84, 244 – Steuerschätzung –. Tritt während des Verzugs Unmöglichkeit ein, liegt nur Unmöglichkeit vor (aber Haftungserweiterung nach § 287 2; Haftungsbeschränkung nach § 300). Ist der Gläubiger im Zweifel, ob Verzug des Schuldners oder Unmöglichkeit vorliegt, empfiehlt sich der Weg über § 283, also erst Klage auf Erfüllung, dann Fristsetzung.

Man unterscheidet:
a) *Schuldnerverzug (mora), 284–290, 326, 327.*
Der Schuldner leistet nicht rechtzeitig.
Am 1. 4. sollten die Dachziegel für den Neubau eintreffen. Sie treffen nicht ein.
b) *Gläubigerverzug* (Annahmeverzug, mora accipiendi), 293–304.
Der Gläubiger nimmt die ordnungsgemäß angebotene Leistung nicht an.
Die Dachziegel kommen am 1. 4., aber der Bauherr läßt sie zurückgehen mit dem Bemerken, der Bau sei noch nicht soweit, und er könne die Dachziegel nicht lagern.

§ 42   Leistungsstörungen
V

3. Die Schlechterfüllung (positive Vertragsverletzung, positive Forderungsverletzung, Schlechtleistung), 280, 325, 286, 326 analog.
Die Dachziegel treffen rechtzeitig ein. Es ist auch die bestellte Sorte. Aber sie sind nicht hinreichend wasserdicht. Räume werden feucht, Tapeten verderben.

Es handelt sich, wie oben ausgeführt, um den Auffangtatbestand für alle Leistungsstörungen, die nicht auf Unmöglichkeit beruhen oder einen Verzug darstellen. Im Gutachten ist daher regelmäßig – mutatis mutandis – zuerst Unmöglichkeit, danach Verzug, dann erst Schlechterfüllung zu prüfen – eine Folge des Kodifizierungsprinzips im deutschen Recht: Erst das Gesetz, dann der allgemeine Rechtsgedanke.

V. Die Rechtsfolgen der Leistungsstörungen (Übersicht über die Arten)

Jede Leistungsstörung hat ihre spezifischen Rechtsfolgen. Das Folgende soll nur die Vielfalt der gesetzlichen Regelungen belegen: Bei normalem, nichterfülltem Schuldverhältnis besteht der *Erfüllungsanspruch. Hinzu* (z. B. 286 I) oder an *seine Stelle* (z. B. 275, 286 II, 325 I 1, 326 I 1) treten *im Falle der Leistungsstörung* bestimmte Rechtsfolgen.

a) Die Leistungspflichten können einfach *wegfallen*, 275, ebenso die Gegenleistungspflichten, 323 I. Zum Teil besteht überhaupt keine Pflicht, 306.

b) Die wirtschaftlich gesehen wichtigste Folge ist der *Schadensersatzanspruch,* der auf das negative (307, 309), auf das positive (280, 286 II, 325, 326) oder auf ein übererfüllungsmäßiges Interesse gerichtet sein kann. Der Schadensersatz ist auch rechtlich so wichtig, und vielgestaltig in seiner Problematik, daß eine nähere Behandlung erforderlich ist, unten §§ 49–55.

c) Statt des Ersatzes des positiven und neben dem Ersatz des übererfüllungsmäßigen Interesses kommt ein gesetzliches *Rücktrittsrecht* in Frage, 325 I 1, 326 I 1.

d) Ferner bestehen gelegentlich *Bereicherungsansprüche,* 323 III, oder

e) Ansprüche auf Ersatzvorteile, 281, 323 II, und

f) Zinspflichten, 288; auch Wegfall von Zinspflichten ist möglich, 301.

g) Einzelne Rechtsfolgen betreffen Haftungserweiterungen, 287, oder Haftungsbeschränkungen, 300 I, 302. Ferner finden sich:

h) Änderungen der Gefahrtragung, 300 II.

i) Recht zur Besitzaufgabe, 303.

j) Aufwendungsersatzansprüche, 304

k) Auch vertragliche Leistungsstörungsregeln sind möglich, z. B. pauschalierter Schadensersatz

Es bietet sich also eine Fülle von Rechtsfolgen an, wobei die Schwierigkeit darin besteht, sie durch richtige Anwendung des Gesetzes jeweils der im gegebenen Fall vorliegenden Leistungsstörung richtig zuzuordnen. Im allgemeinen gilt, daß die gemeinsamen Bestimmungen über die konkreten Folgen (§§ 249 ff) nach der Technik des „Vor-die-Klammer-Ziehens" des BGB *vorab* geregelt, aber im Gutachten *am Schluß* zu prüfen sind.

VI. Gliederung des Folgenden

Zunächst sind in einem ersten Unterabschnitt dieses Kapitels die drei Hauptgruppen von Leistungsstörungen Unmöglichkeit, Verzug und Schlechterfüllung mit den ihnen zugeordneten Rechtsfolgen (einschließlich der Rechtsfolge des Schadensersatzes) darzustellen, §§ 43–47. Danach ist kurz auf sonstige Folgen gestörter Schuldverhältnisse einzugehen (Fristsetzung nach Verurteilung, Zurückbehaltungsrecht, vertraglicher Rücktritt, 48).

Da der Schadensersatz die praktisch und theoretisch wichtigste Rechtsfolge der Leistungsstörungen ist, müssen in einem zweiten Unterabschnitt die Besonderheiten eines Schadensersatzanspruchs noch einmal zusammengestellt und näher ausgeführt werden, §§ 49–55. Es ergibt sich also eine Zweiteilung des Abschnitts „Leistungsstörungen".

1. Unterabschnitt: Tatbestände und Rechtsfolgen der Leistungsstörungen

§ 43
Anfängliche objektive Unmöglichkeit und anfängliches Unvermögen

Braun, JA 83, 488; 571; *Canaris,* Gesetzliches Verbot und Rechtsgeschäft, 1983; *Demmer,* Die Haftung des Schuldners für sein ursprüngliches Unvermögen zur Leistung nach gemeinem Recht in der Entstehungsgeschichte des Bürgerlichen Gesetzbuches und nach geltendem Recht, Diss. Köln 1974; *Emmerich,* Das Recht der Leistungsstörungen, 1978, §§ 3, 4; *Evans-v. Krbek,* AcP 177, 35; *Fischer, Otto,* Unmöglichkeit als Nichtigkeitsgrund bei Urteilen und Rechtsgeschäften, 1912; *ders.,* Unmöglichkeit als Nichtigkeitsgrund, 2. Beitrag, 1913; *Freudling,* JuS 84, 193; *Gudian,* NJW 71, 1239; *Harff,* Das ursprüngliche Unvermögen zur Leistung, 1912; *Hohmeister,* Die Einordnung anfänglichen Unvermögens des Schuldners zur Leistung in die Unmöglichkeitslehre, Diss. Göttingen 1982; *Marck,* Nichtigkeit von Rechtsgeschäften als Folge der Unmöglichkeit, 1914; *Marx,* Das ursprüngliche Unvermögen nach BGB, 1933; *Oertmann,* AcP 140, 129; *Peters,* FS *Kaser,* 1976, 285; *Wollschläger,* Die Entstehung der Unmöglichkeitslehre, 1970 (weiteres Schrifttum unten bei § 44).

I. Begriffliches

Auf die Erläuterung der Begriffe (oben § 42 IV 1) ist zu verweisen. In der Terminologie des BGB ist mit „anfänglicher Unmöglichkeit" die anfänglich *objektive* Unmöglichkeit, mit „anfänglichem Unvermögen" die anfänglich *subjektive* Unmöglichkeit gemeint (306 i. V. m. 275). Da § 306 von einer „unmöglichen Leistung" spricht, auf die ein Vertrag gerichtet ist, andererseits ein dem § 275 II entsprechender Absatz in § 306 fehlt, ist deutlich, daß Unmöglichkeit im Sinne von § 306 nur die *anfängliche objektive Unmöglichkeit* meint. Der Wortlaut des § 306 ist also restriktiv auszulegen (systematische Auslegung).

II. Die anfängliche objektive Unmöglichkeit, 306

1. Verträge, deren Erfüllung von vornherein objektiv unmöglich ist, sind *nichtig,* 306. Der Satz „impossibilium nulla obligatio est" (D. 50. 17, 185) wird dem Celsus zugeschrieben. Der Vertrag kommt nicht zustande, eine von Anfang ihm anhaftende Störung bestimmter Art hindert seinen wirksamen Abschluß. Auf die Kenntnis der Parteien kommt es *dafür* nicht an (anders beim Schadensersatz, 307). Maßgeblich ist der Zeitpunkt des Vertragsschlusses, nicht etwa ein Erfüllungszeitpunkt (Ausnahme 308).

Wer irrtümlich sein eigenes Eigentum kaufen will, schließt einen nichtigen Kaufvertrag, da ihm niemand das Eigentum verschaffen kann. – Wer eine untergegangene Sache vermietet, wird nach § 306 zu nichts verpflichtet. – Wer sich verpflichtet, seinen Reisepaß dem Vertragspartner als Sicherheit zu überlassen, schließt einen nichtigen Sicherungsvertrag, denn der Paß ist ein im Eigentum des Staates stehendes und öffentlichen Zwecken *gewidmetes* Ausweispapier, über das der einzelne nicht verfügen kann, AG Heilbronn NJW 74, 2182.

2. *Vorübergehende Unmöglichkeit* schadet der Wirksamkeit des Vertrags nicht, 308 I. Wer sich auf die Wirksamkeit beruft, muß allerdings behaupten und im Streitfall beweisen, daß die Parteien den Vertrag in jedem Fall geschlossen hätten, und zwar auch dann, wenn ihnen die vorübergehende Unmöglichkeit bekannt gewesen wäre, vgl. den ähnlichen Gedanken des § 139.

Dies ist der Sinn des mehrdeutigen § 308 I; nicht, wie z. T. vertreten, daß die Parteien bewußt im Hinblick auf eine vorübergehende Unmöglichkeit handeln müssen. Auch § 308 II (Bedingung und Befristung) setzt keine Kenntnis der Parteien von der Unmöglichkeit oder ihrer Behebbarkeit voraus; denn über die Nichtigkeit in § 306 entscheidet ebenfalls objektiv die Unmöglichkeit ohne Rücksicht auf Parteikenntnis. Daraus folgt ferner: Glauben die Parteien gemeinsam an die Behebbarkeit des Hindernisses und schließen sie im Vertrauen darauf den Vertrag, so erfolgt, wenn dies Vertrauen enttäuscht wird, die Abwicklung nicht nach § 242 (Vertrauensumstände, Geschäftsgrundlage), sondern nach §§ 306, 812ff., BGHZ 47, 48. Allerdings sind die Parteien, bis sich die Unbehebbarkeit herausstellt, analog § 308 II gebunden.

3. Bei *teilweiser Unmöglichkeit* gilt § 306 für den unmöglichen Teil, § 139 für den Rest des Vertrags. Vgl. auch § 307 II, 1. Alternative.

4. Wer bei Schließung des Vertrags die Unmöglichkeit kennt oder fahrlässig nicht kennt, haftet billig dem auf die Gültigkeit des Vertrags vertrauenden anderen Teil auf Schadensersatz. Da aber auch in diesem Falle keine Vertragsbindung, sondern eine gesetzliche Schadensersatzpflicht entsteht, kann Inhalt des Schadensersatzes nicht das *Erfüllungs*interesse sein. Denn Erfül-

lungsinteresse (= „Schadensersatz wegen Nichterfüllung") kann nur gewährt werden, wo ursprünglich einmal Erfüllung geschuldet war. Bei nichtigen (oder wirksam angefochtenen) Verträgen ist das nicht der Fall, vgl. auch § 122 II. Der Ersatzanspruch richtet sich deshalb auf das sog. „negative" oder *Vertrauens*interesse, d. h. auf den Schaden, „den der andere Teil dadurch erleidet, daß er auf die Gültigkeit des Vertrags vertraut", § 307 I 1.

Dabei handelt es sich insbesondere einmal um die *Aufwendungen* des anderen Teils (z. B. Porto- und Telefonauslagen, Anreisekosten zum Ort des Vertragsschlusses und zur Besichtigung des Objekts), soweit sie im Hinblick auf den als wirksam geplanten oder für gültig gehaltenen Vertrag gemacht werden, zum andern um *Verdienste* aus Vertragsabschlüssen, die der geschädigte Teil mit Rücksicht auf den als gültig erwarteten, sich dann aber als nichtig herausstellenden Vertrag *ausschlägt.* Neben Aufwendungen und ausgeschlagenem Verdienst gibt es freilich noch andere denkbare Bestandteile des negativen Interesses, z. B. alle finanziellen Nachteile durch Vermögensdispositionen, die sich jetzt, wo die Nichtigkeit des Vertrages zutage tritt, als Fehldispositionen erweisen. Aufwendungen anläßlich des Vertragsabschlusses und ausgeschlagene Verdienstmöglichkeiten sind aber die typischen Bestandteile des negativen Interesses.

Beispiel: Obwohl V nach den ihm bekannten örtlichen Verhältnissen damit rechnen muß, daß sein Ölgemälde „Alpenglühen" im Wert von 1000,– DM inzwischen anläßlich eines ihm telefonisch gemeldeten Zimmerbrandes mit verbrannt ist, verkauft er es an den Kaufinteressenten K für 700,– DM. K organisiert daraufhin einen Gemäldetransport, der ihn 200,– DM kostet. Außerdem schlägt er das Angebot des X über ein anderes Ölgemälde aus, das ebenfalls ein „Alpenglühen" darstellt und ihm, K, ins Haus geliefert worden wäre. Bei dem Geschäft mit X hätte K wertmäßig sogar 400,– DM verdient. Das negative Interesse des K beträgt 200,– DM an aufgewendeten Transportkosten und 400,– DM ausgeschlagener Verdienst, zusammen also 600,– DM. Würde K also wegen der dem V bekannten oder fahrlässig nicht bekannten Nichtigkeit das *negative Interesse* voll verlangen können, bekäme er von V 600,– DM. Er hätte allerdings bei Durchführung des Geschäfts mit V nur 300,– DM verdient. Sein *Erfüllungsinteresse* ist also 300,– DM.

§ 307 I begrenzt aber (ebenso wie §§ 122 II, 179 II, anders aber grundsätzlich bei culpa in contrahendo!) den Ersatz des negativen Interesses auf die Höhe des fiktiven Erfüllungsinteresses. *Der Geschädigte soll also so gestellt werden, wie er stände, wenn er sich nicht mit dem Schädiger in Vertragsverhandlungen eingelassen hätte (= negatives oder Vertrauensinteresse), aber nicht besser, wie er stände, wenn der Vertrag ordnungsgemäß durchgeführt worden wäre (= positives oder Erfüllungsinteresse, Schadensersatz wegen Nichterfüllung).*

K bekommt also nach § 307 nur 300,– DM. Die Begrenzung ist vernünftig, weil K nicht daran verdienen soll, daß der Vertrag nichtig ist (entsprechend in § 122 II: anfechtbar; in § 179 II: ohne Vertretungsmacht geschlossen). Wer über sein geplantes Erfüllungsinteresse hinaus mit Rücksicht auf den Vertrag Aufwendungen macht oder Verdienste ausschlägt, tut dies auf eigenes Risiko. Selbst einen böswilligen Vertragspartner kann er damit nicht belasten. Denn er hat sein wirtschaftliches Interesse an dem Vertrag selbst begrenzt. – Eine weitergehende Haftung nach § 826 oder nach §§ 823 II; 263 StGB wegen Betrugs bleibt unberührt, scheitert aber bei bloßer Fahrlässigkeit des Schädigers, da diese Vorschriften Vorsatz voraussetzen. Kennt K die Unmöglichkeit oder mußte er sie erkennen, so entfällt nach dem Alles-oder-Nichts-Prinzip des § 307 I 2 jegliche Schadensersatzpflicht des V. Die Regelung entspricht der des § 122. Dort paßt sie, weil § 122 eine Haftung ohne Verschulden aufstellt, hier in § 307 aber nicht, denn § 307 ist ein Verschuldenstatbestand. Eine Milderung nach § 254 ist daher zwingend geboten.

5. Nach § 309 gelten die §§ 307, 308 auch, wenn ein Vertrag nicht wegen anfänglich objektiver Unmöglichkeit, sondern wegen *Verstoßes gegen ein gesetzliches Verbot* nach § 134 nichtig ist. Die Regelung gehört (ähnlich wie § 306, s. o. § 42 IV 1 d) eigentlich in das Recht des Allgemeinen Teils des BGB.

§ 309 gilt auch, wenn ein der behördlichen Genehmigung bedürftiges *Verpflichtungsgeschäft* nicht genehmigt wird. Bedarf nur das *Erfüllungsgeschäft* der Genehmigung und wird diese verweigert, so ist zu unterscheiden: War die Genehmigung von vornherein aussichtslos, so gilt § 306, andernfalls § 275, BGHZ 37, 240.

6. Eine wichtige Ausnahme zu §§ 306, 307 enthält § 437, der die Haftung für die *Verität einer verkauften Forderung* bestimmt: gehaftet wird aufgrund *gültigen* Vertrages auf das *Erfüllungsinteresse* (dazu näher unten § 69 III 3 a). Eine Einschränkung besteht insofern, als das Recht überhaupt möglich sein muß: Kann es das behauptete Recht seiner Art nach grundsätzlich nicht geben, so bleibt es bei § 306, da der Käufer für sein Vertrauen auf den Bestand des Rechts keinen Schutz verdient (z. B. unzulässige Dienstbarkeit, Mobiliarhypothek, rechtlich unmöglicher Lizenzvertrag, Verfügung entgegen § 2033 I über den Anteil an einem Nachlaßgegenstand vor Auseinandersetzung der Erbschaft, arg. 753!).

III. Anfängliches Unvermögen

Es ist als solches gesetzlich nicht geregelt (vgl. o. I; von den Spezialvorschriften der §§ 437, 440 abgesehen), was wohl auf einem Redaktionsversehen beruht. Die Materie ist daher recht streitig. *Vier* Punkte sind (regelmäßig auch im Gutachten!) zu berücksichtigen und anzusprechen:

1. § 306 meint nur die anfänglich *objektive* Unmöglichkeit (s. o. § 42 IV 1), nicht die anfänglich *subjektive* Unmöglichkeit (= anfängliches Unvermögen). Das ergibt sich aus einem Vergleich von § 306 mit § 275, wo in Absatz II bei der *nachträglichen* Unmöglichkeit das Unvermögen ausdrücklich der objektiven Unmöglichkeit gleichgestellt ist. In § 306 fehlt ein solcher Absatz II (argumentum e contrario), siehe oben I.

2. Verträge sind grundsätzlich gültig und nur ausnahmsweise nichtig, 305; BGHZ 85, 267, dazu Emmerich, JuS 83, 391. Da § 306 auf das anfängliche Unvermögen keine Anwendung findet, im Gesetz sich aber sonst nichts Allgemeines zum anfänglichen Unvermögen findet, ist bei anfänglichem Unvermögen der Vertrag *gültig* und *nicht nichtig*. Gestützt wird dies Argument durch §§ 437, 440, wo Fälle anfänglichen Unvermögens miterfaßt sind, die Verträge aber als gültig behandelt werden.

3. Da Verträge über Leistungen trotz anfänglichen Unvermögens des Schuldners gültig sind, kann auch § 307 mit seiner Haftung auf das *negative Interesse* keine An-

wendung finden. Da andererseits eine Erfüllung durch den Schuldner — ex definitione — unmöglich ist, kommt nur eine Haftung auf das *positive*, das *Erfüllungsinteresse* in Frage.[1]) (Ein Dritter könnte — ebenfalls ex definitione — ja erfüllen, 267). Der Schuldner muß den Gläubiger also so stellen, wie er wertmäßig stände, wenn die unmögliche Leistung erbracht worden wäre. Praktisch ist ihr subjektiver Wert, das pretium singulare, zu zahlen, d. h. das, was dem Gläubiger die Erfüllung wert gewesen wäre: *Bei anfänglichem Unvermögen ist das Erfüllungsinteresse geschuldet,* BGHZ 8, 231.

4. Der vierte Punkt ist der streitigste: Kann sich der Schuldner bei dieser Haftung auf das Erfüllungsinteresse darauf berufen, er habe sein Unvermögen zur Leistung nicht gekannt, es auch nicht kennen müssen? Anders ausgedrückt: Setzt die Haftung auf das Erfüllungsinteresse bei anfänglichem Unvermögen Verschulden voraus?

Grundsätzlich gilt bei allen Schadensersatzansprüchen das Verschuldensprinzip. Für die Verschuldenshaftung auch bei anfänglichem Unvermögen spricht, daß auch bei nachträglicher Unmöglichkeit gemäß §§ 280, 325 grundsätzlich nur bei Verschulden gehaftet wird. Nur bei Gattungssachen kommt es auf Verschulden nicht an, hier muß der Schuldner gemäß § 279 nachliefern, gleichgültig, ob die einzelne Gattungssache mit oder ohne sein Verschulden untergegangen ist (daher die Bedeutung der Konkretisierung, 243 II).

Das würde, übertragen auf das anfängliche Unvermögen, bedeuten, daß ein Schadensersatzanspruch entfällt, wenn der Schuldner sein Unvermögen zur Leistung schuldlos nicht kennt, außer bei Gattungssachen (in diesem Sinne *Titze, Heck, Brodmann, Esser, Gudian*).

Anders die herrschende Meinung seit RGZ 69, 355: Sie läßt bei *anfänglichem Unvermögen auch ohne Verschulden auf das Erfüllungsinteresse haften*, außer bei höherer Gewalt. Für die herrschende Meinung spricht das Schutzbedürfnis des Gläubigers. Die Pflicht, sein ursprüngliches Leistungsvermögen im Rahmen des objektiv überhaupt Möglichen zu kennen, ist noch stärker als die Pflicht, die Leistung, zu der man sich verpflichtet hat, nicht unmöglich werden zu lassen. Die herrschende Meinung verdient daher den Vorzug.[2]) Für sie spricht auch, daß die §§ 437, 440 *im Kaufrecht* bei anfänglichem Unvermögen eine Haftung ohne Verschulden vorsehen. Wer eine Forderung verkauft, die einem anderen zusteht (437), oder eine Sache, die einem anderen abhanden gekommen ist und an der er daher dem Käufer kein Eigentum verschaffen kann (433 I 1, 935 I, 440), haftet ohne Rücksicht auf Verschulden auf das Erfüllungsinteresse. Im Bereich des *ursprünglichen* Unvermögens enthält § 440 I nur eine Verweisung auf die *Rechtsfolgen* der §§ 320—327, nicht auch auf die Tatbestände, zu denen, namentlich in § 325, das Verschulden ge-

---

[1]) Um dem Schuldner die Möglichkeit zu nehmen, durch Streitigstellen der Unmöglichkeit den Gläubiger nach § 283 zu zwei Prozessen zu zwingen, muß man Unstreitigkeit der Unmöglichkeit rechtskräftiger Verurteilung in § 283 I, 1, 2 gleichstellen.
[2]) So auch *Staud./Löwisch* § 307 Rz. 31 m. w. N.

hört; anders im Bereich des Unmöglich*werdens* (dazu näher unten § 69 IV). § 437 enthält sowieso eine Haftung ohne Verschulden. Wenn aber schon bei den praktisch wichtigsten Fällen anfänglichen Unvermögens, nämlich beim Verkauf fremder Forderungen und fremder abhanden gekommener Sachen Schadensersatz ohne Verschulden zu leisten ist, dann muß das auch für die weniger wichtigen Fälle gelten, die in Ermangelung einer gesetzlichen Vorschrift mit dem Umkehrschluß zu §§ 306, 307 behandelt werden müssen. Die Haftungsgrenze ist also höhere Gewalt, nicht mangelndes Verschulden (anders insb. *Esser/Schmidt*, § 22 III 2). Entgegen *Esser*[4], § 33 II Anm. 18, ist § 437 *auch* ein Fall des subjektiven Unvermögens. Bei Beschlagnahmen kann es z. B. keinen Unterschied machen, ob das Recht entzogen oder nur Verfügungsbeschränkungen unterworfen ist, RGZ 109, 297; BGH NJW 63, 1971.

Der hierfür in der Rechtsprechung häufig gebrauchte Ausdruck „Garantiehaftung" ist nicht deutlich genug. Die Haftung ohne Verschulden kommt zwar einer Garantiehaftung im Ergebnis gleich, setzt aber keine Garantieerklärung voraus. Es wird widerleglich vermutet, daß jeder vor Eingehung einer Verbindlichkeit sein Leistungsvermögen gründlich geprüft hat. Außerdem verdeckt das Wort „Garantiehaftung", daß bei höherer Gewalt keine Haftung begehrt werden kann. Es besteht also eine *widerlegliche* Vermutung, die Liefermöglichkeit werde *ohne Rücksicht* auf *Verschulden*, aber unter *Ausschluß* einer Haftung für *höhere Gewalt* garantiert (anders 1. Auflage).

5. Da bei anfänglichem Unvermögen gehaftet wird, gelten soweit ein Anspruch auf das Erfüllungsinteresse besteht, die normalen Regeln sonstiger Leistungsstörungen für eben diesen Anspruch mit der Maßgabe, daß das Erfüllungsinteresse an die Stelle der ursprünglich geschuldeten Leistung tritt (doppelte Leistungsstörung, vgl. § 287 S. 2):

Ich verkaufe an K den Pudel meines Nachbarn, der sich aber von dem Tier nicht trennen will. K nimmt mich nach §§ 306 (Umkehrschluß), 440 I auf das Erfüllungsinteresse in Anspruch. Stirbt während des Prozesses hierüber der Hund, bin ich frei, 275 I; anders freilich, wenn ich den Hund vergifte, 325.

§ 44
Nachträgliche objektive Unmöglichkeit und nachträgliches Unvermögen
(„Unmöglichwerden der Leistung") bei einfachen Leistungspflichten und in gegenseitigen Verträgen

Baumann, H./Hauth, JuS 83, 273; *Beuthien*, Zweckerreichung und Zweckstörung im Schuldverhältnis, 1969; *Biermann*, AcP 91, 73; *Blaurock*, Culpa-Haftung und nachträgliche Unmöglichkeit, in: Zum Deutschen und Internationalen Schuldrecht, 1983, 51; *Boer*, Gruchot 54, 493; *Braun*, JA 83, 488; 571; *Brox*, JuS 75, 1; *Emmerich*, Das Recht der Leistungsstörungen, 1978, §§ 6–14; *Fabricius*, Leistungsstörungen im Arbeitsverhältnis, 1970; *Fischer, H. A.*, Ein Beitrag zur Unmöglichkeitslehre, 1904; *Golde*, Das Verhältnis der Haftung aus unerlaubter Handlung zur Haftung für vom Schuldner zu vertretende Unmöglichkeit, 1905; *ders.*, AcP 99, 306; *Honsell, Th.*, JuS 79, 81; *Hüffer*, Leistungsstörungen durch Gläubigerhandeln, 1976; *Jakobs, H. H.*, Unmöglichkeit und Nichterfüllung, 1969; *Jessen*, JA 73, 507; *Kaplan*, Die teilweise Unmöglichkeit der Leistung nach dem BGB, 1904; *Kisch*, Die Wirkungen der nachträglich eintretenden Unmöglichkeit der Erfüllung bei gegenseitigen Verträgen nach dem bürgerlichen Gesetzbuch für das Deutsche Reich, 1900; *Klein*, Untergang der Obligation durch Zweckerreichung, 1905; *Kleineidam*, IherJb. 43, 105; *ders.*, Unmöglichkeit und Unvermögen nach dem BGB für das Deutsche Reich, 1900; *Knütel*, JR 83, 355; *Koch*, JuS 83, 489; *Köhler*, Unmöglichkeit und Geschäftsgrundlage bei Zweckstörungen im Schuldverhältnis, 1971; *Koller*, Die Risikozurechnung bei Vertragsstörungen in Austauschverträgen, 1979; *Kornfeld*, Leistungsunmöglichkeit, 1913; *Krückmann*, AcP 101, 1; *ders.*, IherJb. 59, 20, 233; *Meincke*, AcP 171, 19; *Mommsen*, Beiträge zum Obligationenrecht, Abt. 1, Die Unmöglichkeit der Leistung, 1853; *Nassauer*, „Sphärentheorien" zu Regelungen der Gefahrtragungshaftung in vertraglichen Schuldverhältnissen, 1978; *Nasteski*, JuS 62, 279; *Nipperdey*, Vertragstreue und Nichtzumutbarkeit der Leistung, 1921; *Oertmann*, AcP 116, 1; *Rabel*, Unmöglichkeit der Leistung, FS *Becker*, 1907, 171; *Roth*, JuS 68, 101; *Rückert*, ZfA 83, 1; *Schmitz*, JuS 73, 161; *Schopp, H.*, JuS 84, 981; *Schnorr v. Carolsfeld*, FS *Reinhardt*, 1972, 151; *Teubner*, Gegenseitige Vertragsuntreue, 1975; *Titze*, Die Unmöglichkeit der Leistung nach deutschem bürgerlichem Recht, 1900; *Trautmann*, Gruchot 59, 434; *Vollkommer*, AcP 183, 525.

I. Begriffliches. Übersicht

Nachträglich objektive Unmöglichkeit und nachträglich subjektive Unmöglichkeit (nachträgliches Unvermögen) sind zwar *begrifflich* deutlich unterscheidbar (oben § 42 IV 1a), werden *rechtlich* aber völlig gleich behandelt. § 275 II gilt auch für §§ 280, 323–325, einhellige Meinung. Man spricht daher zweckmäßig, wie das Gesetz in §§ 280, 323–325, einheitlich vom *Unmöglichwerden* der Leistung (darin kommt das „Nachträgliche" zum Ausdruck). „Wirtschaftliche Unmöglichkeit" ist grundsätzlich *keine* Unmöglichkeit, s. o. § 42 IV 1.

Wenn die Unmöglichkeit schon vor Eingehung der Verbindlichkeit besteht, ist es für die Gültigkeit des Vertrags und für die daraus folgende Berechnung des Ersatzes (negatives oder positives Interesse) wesentlich, ob niemand oder nur der Schuldner nicht erfüllen kann; es gilt getrennte Behandlung ursprünglich objektiver und subjektiver Unmöglichkeit. Ist aber die Leistungspflicht einmal entstanden, besteht die Pflicht des Schuldners, die Leistung nicht unmöglich werden zu lassen, ohne Rücksicht darauf, ob es sich um objektive oder nur subjektive Unmöglichkeit handelt. Jetzt interessiert nur noch das Verschulden des Schuldners und der Charakter der Leistungspflicht als einfacher oder synallagmatischer.

Jedoch sind an die Feststellung der subjektiven Unmöglichkeit strenge Anforderungen zu stellen. Kann der Schuldner die geschuldete Sache, die einem Dritten übereignet wurde, zurückerwerben, so wird er nicht befreit, wenn der Preis nicht übermäßig hoch ist. Im Einzelfall kann der Schuldner auch bei der Stückschuld eine Beschaffungspflicht übernehmen. § 279 (s. u.: II 1 b) gilt dann entsprechend.

Wichtig ist dagegen beim Unmöglichwerden die Unterscheidung von *einfachen Leistungspflichten* und *Leistungspflichten in gegenseitigen Verträgen* (zum gegenseitigen Vertrag oben § 10 II 4; dort auch die Rechtfertigung der Sonderbehandlung gegenseitiger Verträge, insb. im Recht der Leistungsstörungen). Wird eine *einfache* Leistungspflicht unmöglich, so gelten §§ 275 – 283; wird eine Leistungspflicht *im gegenseitigen Vertrag* unmöglich, so gelten *zusätzlich* zu den §§ 275 – 279, 281 – 283 die §§ 323, 324 und *anstelle* des § 280 der § 325. Die Prüfung im Gutachten hat *stets* mit dem Schicksal der gestörten Leistung zu beginnen; *dann erst* darf das Schicksal der Gegenleistung erörtert werden.

Zugrunde liegt dabei die Vorstellung, daß die §§ 275 – 283 die allgemeinen Regeln enthalten, wogegen im Bereich der Sonderregeln für gegenseitige Verträge (320 – 327) einige abweichende Bestimmungen über das Unmöglichwerden im gegenseitigen Vertrag erforderlich werden (323 – 325). Entscheidend für das Verständnis des Zusammenhangs der §§ 275 ff. mit den §§ 323 ff. im gegenseitigen Vertrag ist die begriffliche Trennung von *Leistung* und *Gegenleistung*: Über das rechtliche Schicksal der unmöglich gewordenen *Leistung* befindet, auch im gegenseitigen Vertrag, § 275, wenn den Schuldner kein Verschulden an dem Unmöglichwerden trifft. Über das Schicksal der *Gegenleistung* der unmöglich gewordenen Leistung entscheiden dann im gegenseitigen Vertrag die §§ 323, 324, je nachdem, ob den Gläubiger der unmöglich gewordenen Leistung ein Verschulden am Unmöglichwerden trifft (324 I) oder nicht (323). – Trifft dagegen den Schuldner im gegenseitigen Vertrag das Verschulden an dem Unmöglichwerden der Leistung, gilt für das Schicksal von *Leistung* und *Gegenleistung* allein § 325. § 280 gilt dann überhaupt nicht. Im folgenden ist daher zunächst das Schicksal der Leistung, gemeinsam für einfache Leistungspflichten und für Leistungspflichten in gegenseitigen Verträgen zu untersuchen, danach das Schicksal der Gegenleistung in gegenseitigen Verträgen im besonderen.

II. Unmöglichwerden der Leistung, 275 – 283, 325

Wird die geschuldete Leistung unmöglich, so ist zu unterscheiden, ob den Schuldner daran ein Verschulden trifft. Das Gesetz kleidet das Verschulden durchweg in die Worte „vertreten müssen" (276 I 1), nur in besonderen Fällen muß der Schuldner etwas „vertreten", woran ihn keine Schuld trifft. Häufigster Fall des Vertretenmüssens ist Verschulden (276 I 1).

1. Das nicht zu vertretende Unmöglichwerden der Leistung, 275, 279, 281 I, 283 I 2, 287 2, 300 II

a) Wird eine Leistungspflicht (eine einfache oder eine im gegenseitigen Vertrag) unmöglich, *ohne* daß den Schuldner eine *Schuld daran trifft*, so wird der Schuldner frei, 275. Damit ist das Schuldverhältnis i. e. S. grundsätzlich beendet: § 275 statt § 362. Es wäre unbillig, den Schuldner trotz unverschuldeten Unmöglichwerdens am Schuldverhältnis festzuhalten.[1]) Die hierin zum

---

[1]) H. M., vgl. *Larenz*, I § 21 Ib; *Medicus*, I § 33 V 1, 2; *ders.*, BürgR, Rn. 239; *Esser/Schmidt*, § 22 IV. Anders dagegen *Staud./Löwisch*, § 275 Rz. 44; *Jauernig/Vollkommer*, § 275 Anm. 1a. Zum ganzen Problem ausführlich *Jakobs*, a. a. O., S. 67 ff., 76 ff.

Ausdruck kommende Risikoverteilung wird mit „Gefahr" beschrieben. Dabei ist zu beachten, daß von „Gefahr" nur die Rede ist, wenn die Störung der Leistung von keiner Seite zu vertreten ist. Das Risiko, daß der Schuldner unverschuldet nicht leisten kann, soll der Gläubiger tragen: Der Gläubiger trägt also grundsätzlich die „Leistungsgefahr". Die Leistungsgefahr ist derjenige Gefahrbegriff, der Antwort gibt auf die Frage, ob im Falle der Unmöglichkeit noch einmal geleistet werden muß. – Im Unterschied dazu beantwortet die *Gegenleistungs-* (= Vergütungs-, = Preis-)gefahr die Frage, ob, trotz Ausbleibens der Leistung, die Gegenleistung erbracht, insbesondere bezahlt werden muß, dazu unten III 1 a, f.; § 67, I. Die Gegenleistungsgefahr trägt grundsätzlich der Gläubiger der Gegenleistung, also der Verkäufer, Lieferant, Reiseveranstalter (BGHZ 77, 320: Auf einer Kreuzfahrt konnte ein bestimmter Hafen wegen schlechten Wetters nicht angelaufen werden; vgl. *Emmerich,* JuS 81, 60). – Die *Sachgefahr* schließlich ist ein dem Eigentum innewohnendes – nicht hierher gehöriges, insbesondere die Sachversicherung interessierendes – Risiko, das nur besagt, daß der Eigentümer grundsätzlich die Gefahr für den Untergang der Sache trägt, (casum sentit dominus). – § 275 hat nur Bedeutung für die *Leistungsgefahr.*

A kauft sich im Laden des V einen *bestimmten* Radioapparat. Dann brennt der Laden ohne Verschulden eines Beteiligten ab, wobei das Radio zerstört wird. V wird frei, er braucht nicht noch einmal zu leisten, 275 I. (Auch die Pflicht zur Gegenleistung entfällt, 323 I 2).

b) Von der Regel des Freiwerdens im Fall unverschuldeten Unmöglichwerdens nach § 275 bestehen vier bedeutsame Ausnahmen: 279, 281, 283 I 2, 287 S. 2:

aa) Der Schuldner wird nicht frei, wenn ihm die Lieferung einer *Gattungssache* schuldlos unmöglich wird, 279. Erst wenn mit dem Untergang der Gattungssache die ganze Gattung erschöpft ist, gilt wiederum § 275. Das ist bei *beschränkten Gattungsschulden (Vorratsschulden)* wichtig, Beispiele oben § 28 III 3 b.

Der Grund für die Weiterhaftung ist, daß bei einer Gattungsschuld keine bestimmte Sache, sondern nur eine beliebige Sache mittlerer Art und Güte (243 I) *aus der Gattung* geschuldet ist. Durch den Untergang einer vom Schuldner zur Lieferung vorgesehenen Gattungssache bleibt daher der Anspruch auf Lieferung einer anderen Gattungssache unberührt. Von großer Bedeutung ist daher für den Schuldner die Konkretisierung, die eintritt, wenn der Schuldner das zur Lieferung einer solchen Sache Erforderliche getan hat, 243 II. Nach der Konkretisierung ist die Gattungs- in eine Stückschuld übergegangen, so daß bei Unmöglichwerden wiederum § 275 mit der Folge des Freiwerdens eingreift (siehe dazu die Lehre von der Gattungsschuld oben § 28 II, III). Bei Gattungsschulden trägt also ausnahmsweise der Schuldner die Leistungsgefahr, bis zur Konkretisierung (243 II) oder bis zum Verzug des Gläubigers (300 II).

§ 44
II 1

A kauft sich im Laden ein Radio *nach Fabrikkatalog*, wobei der Verkäufer V dem A das Radio in die Wohnung zu transportieren und anzuschließen verspricht. Auf dem Transport wird das Radio durch einen von V verschuldeten Unfall völlig zerstört. — Geschuldet ist Lieferung aus einer Gattung am Wohnsitz des A (Bringschuld, vgl. oben § 35 III 2). Erst mit Ablieferung konkretisiert also die Schuld zur Stückschuld, 243 II. Nach §§ 433 I, 275, 279 (beachte: Anspruchsnorm → rechtsvernichtende Einwendung → Beseitigung der Einwendung) muß V einen neuen Apparat gleichen Fabrikats liefern. (Zur Ausnahme im Falle des Gläubigerverzugs (324 I) siehe unten III 2c). Der Anspruch auf die Gegenleistung bleibt bestehen, 433 II.

§ 300 II meint den Fall, daß eine Gattungsschuld trotz Gläubigerverzugs noch nicht konkretisiert ist, insbesondere bei der Gattungs-Bringschuld und Gattungs-(Geld-)Schickschuld. Hier haftet an sich der Schuldner nach § 279 weiter auf Leistung, doch wird er gemäß § 300 II durch den Gläubigerverzug frei. § 300 II steht also auf einer Ebene mit § 275 und ist eine Ausnahme zu § 279 (vgl. näher oben § 28 III 4).

§ 279 spricht zwar von „Vertretenmüssen", so daß daran zu denken wäre, der Schuldner schulde nun, anstelle der primären Leistung, Schadensersatz. Dies entspricht jedoch nicht dem Zweck des § 279. Solange die Beschaffung auf dem Markt noch möglich ist, haftet der Schuldner auf die primäre Leistung. § 279 schließt lediglich die Berufung auf ein Unvermögen allgemeiner Vermögenslosigkeit aus. Deshalb greift er nicht ein, wenn die Nichtlieferung oder nicht rechtzeitige Lieferung auf anderen Gründen als fehlenden Geldmitteln, etwa Krankheit, beruht.

bb) Der Schuldner wird nicht frei, soweit er durch das Unmöglichwerden einen *Ersatzvorteil,* z. B. eine Versicherungssumme erhält, 281 I („stellvertretendes Kommodum", „obligatorische Surrogation"). Diese Vorschrift setzt kein Verschulden des Schuldners voraus.

A verkauft ein Ölbild an X. Noch vor der Übereignung wird das Bild dem A ohne sein Verschulden unwiederbringlich gestohlen. X kann, anstelle der Lieferung, Abtretung des Anspruchs aus der Diebstahlversicherung verlangen, sofern dieser nach den Versicherungsbedingungen abtretbar ist, vgl. 399 2. Alternative. (Er bleibt dann aber zur Gegenleistung verpflichtet, 323 II. War die Versicherung höher als der Preis des Bildes, macht X immer noch ein gutes Geschäft.)

Für § 281 I genügt ein Ersatz im wirtschaftlichen Sinne (commodum ex negotiatione).[2]) Ein Ersatz im Rechtssinne (commodum ex re) — Beispiel Versicherungsanspruch — reicht aus, ist aber nicht erforderlich. Ein commodum ex negotiatione liegt z. B. in folgendem Fall vor:

A verkauft ein Auto an X für 5000 DM. Noch vor Lieferung verkauft ein Vertreter des A ohne Wissen des A das Auto an den Y gegen einen Barpreis von 6000 DM und übereignet es an Y. X kann nach § 281 I von A die 6000 DM verlangen, bleibt aber nach § 323 II zu 5000 DM verpflichtet. Er verdient 1000 DM.

§ 254 (Haftungsmilderung bei Mitverschulden des Anspruchsberechtigten) kann auf § 281 I nicht angewandt werden, weil das commodum keiner Abwägung zugänglich ist. Die Härte des hiermit verbundenen Alles-oder-Nichts-Prinzips auch in Fällen leichter

---

[2]) Ebenso RGZ 138, 45; *Larenz* I § 21 I b; zweifelnd *Medicus* I § 33 V 2; zu verlangen ist eine „Doppelkausalität": Der gleiche Umstand muß Ursache der Unmöglichkeit und des Vorhandenseins eines Ersatzes sein.

Fahrlässigkeit kann nur unter dem Gesichtspunkt des Rechtsmißbrauchs (§ 242) gemildert werden.

Auf den Anspruch des Eigentümers gegen den Besitzer aus § 985 findet § 281 nach richtiger Ansicht keine Anwendung, da mit dem Besitzverlust der Anspruch aus § 985 untergeht (RGZ 115, 31 gegen RGZ 105, 84), und weil sonst der Eigentümer auch vom redlichen Weiterveräußerer den Kauferlös herausfordern könnte, ohne nach § 185 II 1 genehmigen zu müssen. Der Eigentümer hätte dann Eigentumsrechte *und* Erlös, der Besitzer müßte den Erlös herausgeben und zusätzlich eine Rechtsmängelhaftung befürchten. Das übersteigt die mit § 985 beabsichtigte „Opfergrenze" des Besitzers, *Westermann*, § 31 IV 4. — Auf unmöglich gewordene Gattungsschulden findet § 281 keine Anwendung, da der alte Leistungsanspruch weiterbesteht; anders bei beschränkter Gattungsschuld.

cc) Der Schuldner wird ferner nicht frei, wenn der Gläubiger gegen ihn ein rechtskräftiges Urteil auf Leistung erzielt hat und der Gläubiger ihm fruchtlos eine Frist zur Leistung gesetzt hat, 283 I 2. S. i. einzelnen u. § 44 II 3.

dd) Ebenso haftet der Schuldner bei Unmöglichkeit während des Verzugs, und zwar ohne Verschulden, 287 S. 2. Beispiel: S schuldet G eine antike Vase, zu leisten am 1. 4. Am 3. 4. rennt der Hund des S die Vase um, sie zerschellt.

c) Wird die Leistung unverschuldet *teilweise* unmöglich, so wird der Schuldner nach § 275 *teilweise* frei („soweit"). § 280 II ist nicht entsprechend anwendbar. Man muß aber im Fall des Interessewegfalls auf seiten des Gläubigers diesem das Recht zugestehen, den Vertrag insgesamt für beendet zu erklären. Ein möglicher Verdienstentgang trifft dann den Schuldner, vgl. § 323 I 1 und unten III, 1. (Bleibt der Gläubiger beim Vertrag stehen, richtet sich die Gegenleistung nach §§ 323 I 2, 472, 473).

G bestellt 4 Bilder bei der Kunsthandlung S. Ein Bild verbrennt (teilweise Unmöglichkeit). Gehörten die Bilder als Reihe zusammen („Frühling, Sommer, Herbst und Winter"), fällt das Gläubigerinteresse weg. Er kann sich vom Vertrag lossagen.

2. Das zu vertretende Unmöglichwerden der Leistung, 280—283

a) Macht der Schuldner seine Leistung *schuldhaft* unmöglich (oder hat er aus einem anderen Grunde die Unmöglichkeit zu vertreten), so muß er dem Gläubiger *Ersatz leisten*, 280 I. Da ein Erfüllungsanspruch unmöglich gemacht wird, geht der Schadensersatz auf das *Erfüllungsinteresse*. Ein Anspruch auf Leistung besteht nicht mehr. Das sagt § 280 zwar nicht eigens, es folgt aber aus dem Vergleich von § 275 mit § 280. Strenggenommen müßte man in § 275 I die Worte „den er nicht zu vertreten hat" streichen. Daß Schadensersatz nur bei Verschulden geschuldet ist, steht ja in § 280.

Das Gesetz nennt dies technisch „Schadensersatz wegen Nichterfüllung". Der Gläubiger ist demnach wertmäßig so zu stellen, als ob ihm ordnungsgemäß erfüllt worden wäre, 249 I, 251 I. Auch ein übererfüllungsmäßiges Interesse ist zu ersetzen. Es entsteht dann, wenn durch das verschuldete Unmöglichwerden der Leistung ein Schaden verursacht wird, der über den Wert der geschuldeten Leistung als solcher hinausgeht. (Vgl. die zusammenfassende Behandlung des Interesses unten § 55.) Die Obligation bleibt dieselbe, sie wandelt sich mit dem Schadensfall automatisch in einen Schadensersatzanspruch um. Akzessorische Sicherungsrechte, wie z. B. Bürgschaften, Hypotheken, bleiben bestehen.

Bei verschuldetem, *teilweisem* Unmöglichwerden kann der Gläubiger, wenn er an dem Rest kein Interesse mehr hat (was er behaupten und notfalls beweisen muß), die ganze Leistung ablehnen und anstelle der teilweise unmöglich gewordenen, teilweise freiwillig zurückgewiesenen gesamten Leistung Schadensersatz wegen Nichterfüllung, also das Erfüllungsinteresse verlangen, 280 II 1. Angeleistetes ist zurückzugeben, 280 II 2, 346ff. Der Schuldner kann dem Gläubiger nach §§ 280 II 2, 355 eine Frist zur Entscheidung setzen, ob der Gläubiger sich auf § 280 II berufen will; vgl. o. § 44 II 1c.

Zur Beweiserleichterung für den Gläubiger durch §§ 282, 283 siehe sogleich unter 3.

b) Von der Regel des Schadensersatzes bei dem vom Schuldner verschuldeten Unmöglichwerden der Leistung bestehen Ausnahmen:

aa) Bei *Gattungsschulden* wird weiter auf *Erfüllung* anstatt auf Schadensersatz gehaftet, 279. Siehe dazu oben 1b). Erst bei verschuldetem Untergang der ganzen Gattung greift § 280 I ein, sonst liegt keine Unmöglichkeit vor.

bb) Statt reinen Schadensersatz kann der Gläubiger *Ersatzvorteile* gemäß § 281 I verlangen und, wenn diese hinter dem Wert der geschuldeten, aber unmöglich gewordenen Leistung zurückbleiben, in Höhe der Differenz zusätzlich den Schadensersatz bis zur Höhe des Werts der geschuldeten Leistung, 281 II: A verkauft seinen Mantel im Wert von 70,– DM für 60,– DM an X, ohne ihn zu übergeben. Danach verkauft und übereignet er ihn für 80,– DM an Y, macht sich also die Erfüllung seiner Leistungspflicht gegenüber X schuldhaft unmöglich. X kann die 80,– DM verlangen. – Hätte Y dem A nur eine Pelzmütze im Wert von 50,– DM zum Tausch gegen den Mantel gegeben, kann X die Mütze als Ersatzvorteil gemäß § 281 I und 20,– DM als Differenz zwischen dem Wert des Mantels und dem Wert des Ersatzvorteils verlangen, 281 II. Nach §§ 325 I 3, 323 II bleibt X dann aber zur Zahlung von 60,– DM verpflichtet. Praktisch erhält X, nach einer Aufrechnung (387), die Mütze gegen Zahlung von 40,– DM. Vgl. RGZ 108, 184 = ESJ 37 – Preisselbeeren –.

cc) Wird die Leistungspflicht in einem *gegenseitigen Vertrag* durch Verschulden des Schuldners unmöglich, so gilt anstelle des § 280 I die Sondervorschrift des § 325. Dort wird der Schuldner zwar auch auf Schadensersatz anstatt der Erfüllung verpflichtet, doch gelten wegen des engen Zusammenhangs mit der Gegenleistung Besonderheiten, die zusammen mit den Auswirkungen des Unmöglichwerdens der Leistung auf die Gegenleistung in gegenseitigen Verträgen darzustellen sind, unten III.

3. Fragen der Beweislast, 280, 275, 282, 283

Im Recht der unmöglich gewordenen Leistung sind drei Beweisfragen von Bedeutung. Sie beurteilen sich danach, ob Unmöglichkeit Einwendung (z. B. gegen den Lieferungsanspruch aus § 433 I) oder Anspruchsvoraussetzung (z. B. für §§ 280 I, 325) ist.[3]

a) Ist streitig, ob die Leistung *unmöglich* geworden ist, trägt die Beweislast dafür, wer sich auf die Unmöglichkeit beruft: Der Schuldner, von dem Erfül-

---

[3] Dazu eingehend *Baumgärtel,* Handbuch der Beweislast im Privatrecht, Band I, 1981, S. 115ff. m. w. N.

lung verlangt wird; der Gläubiger, der statt der Erfüllung Schadensersatz will, 280 I, 275.

b) Ist streitig ob den Schuldner ein *Verschulden* an der Unmöglichkeit trifft, so muß — entgegen der Regel, daß die Voraussetzungen zu beweisen hat, wer die Rechtsfolge in Anspruch nimmt — der *Schuldner seine Unschuld nachweisen,* 282. Zugunsten des Schadensersatz fordernden Gläubigers wird also widerlegbar ein schuldnerisches Verschulden vermutet. Diese Umkehrung der Beweislast durch § 282 erfolgt, weil der Schuldner dem umstrittenen Ereignis des Unmöglichwerdens tatsächlich näher steht als der Gläubiger: Der Vorgang muß sich in der Sphäre des Schuldners abgespielt haben. § 282 gilt also nur für das Verschulden, nicht für das Unmöglichwerden, und grundsätzlich auch nicht für Umstände, aus denen sich ein objektiv-rechtswidriger Pflichtverstoß ergibt, so jedenfalls BGH JZ 69, 335. Für Tatbestand und objektiven Pflichtverstoß bleibt also grundsätzlich der Gläubiger beweispflichtig. Zum Verschulden im einzelnen unten § 53.

c) Läßt der Schuldner den Gläubiger im Unklaren, ob die geschuldete Leistung unmöglich geworden ist oder nicht, oder weiß auch der Schuldner nicht darüber Bescheid, so ist dem Gläubiger zu raten, erst einmal auf Leistung zu klagen. Denn für die Unmöglichkeit der Leistung ist beim Erfüllungsanspruch der Schuldner beweislastpflichtig, während beim Schadensersatzanspruch der Gläubiger die Beweislast für die Unmöglichkeit trägt. Weist der Schuldner die Unmöglichkeit im Prozeß nach, kann der Gläubiger nach §§ 264, 268 ZPO auf Schadensersatz übergehen. Läßt sich der Schuldner dagegen auf Leistung verurteilen, so kann der Gläubiger die Vollstreckung versuchen, auf die Gefahr hin, daß sich jetzt die Unmöglichkeit herausstellt. In diesem Fall kann der Gläubiger dem Schuldner nach Rechtskraft des Urteils gemäß § 283 eine Frist für die Leistung setzen, nach deren fruchtlosem Ablauf er auf Schadensersatz klagen kann, *ohne den Unmöglichkeitsbeweis führen zu müssen.* Der Schuldner kann in diesem Prozeß nicht mehr behaupten, die Leistung sei ihm vor der letzten mündlichen Verhandlung unverschuldet unmöglich geworden, 767 II ZPO, RGZ 107, 19. § 283 I 3 gilt nur für Einwendungen, die der Schuldner im ersten Rechtsstreit noch nicht geltend machen konnte, also nur für Einwendungen aus einer nachträglich eingetretenen Unmöglichkeit, BGHZ 53, 29, 33 m. w. Nachw. Daneben ist § 287 S. 2 zu beachten.

§ 283 wird durch prozeßrechtliche Vorschriften ergänzt. § 255 I ZPO ermöglicht, daß die Frist nach § 283 bereits auf Antrag im ersten Urteil bestimmt werden kann. — § 283 darf nicht mehr angewandt werden, wenn feststeht, daß die Leistung unmöglich ist. Der Gläubiger muß seine Klage dann auf Schadensersatz umstellen. Dies führt dazu, daß über die Behauptung des Schuldners, ihm sei die Leistung unmöglich, Beweis zu erheben wäre. Die Rspr. hält demgegenüber eine Beweiserhebung nicht für erforderlich und läßt die Anwendung des § 283 zu, wenn feststeht, daß der Schuldner die Unmöglichkeit zu vertreten hat oder der Schuldner seine Unschuld nicht bewiesen hat (§ 282), weil in diesen Fällen die Anwendung des § 283 zu keiner Verkürzung der Rechte des Schuldners führt. — Fraglich ist, ob der Gläubiger mit der Klage auf Erfüllung zugleich den Antrag auf Verurteilung zu Schadensersatz verbinden kann, wenn der Schuldner nicht innerhalb der gem. § 283 bestimmten Frist leistet. Hierbei handelt es sich nicht um einen Eventual-, sondern einen Kumulativantrag. In der Zwangsvollstreckung soll zunächst die Erfüllung durchzusetzen versucht werden, falls dies nicht möglich ist, der Schadensersatzanspruch. Dies ist unter den Voraussetzungen des § 259

ZPO zuzulassen. Die Klausel für den Schadensersatzanspruch wird erst erteilt, wenn der Gerichtsvollzieher die Fruchtlosigkeit der Zwangsvollstreckung bezüglich der Leistung protokolliert hat, §§ 762 II ZPO. Vgl. OLG Schleswig NJW 66, 1929; *Bunte,* JuS 67, 206.

Für Anwendbarkeit von § 283 auch im Sachenrecht zutreffend BGHZ 53, 29, 32; zur Problematik des § 283 vgl. auch *Schmidt* ZZP 1974, 49 ff.

III. Die Wirkung des Unmöglichwerdens der Leistung auf die Gegenleistung in gegenseitigen Verträgen, 323 – 325

Das Bisherige bezieht sich *grundsätzlich* auf alle Leistungspflichten, vertragliche und nicht-vertragliche, schuldrechtliche und außerschuldrechtliche (z. B. erbrechtliche), auch auf Leistungspflichten im gegenseitigen Vertrag. Die §§ 323 – 325 betreffen – mit Ausnahme des § 325 – nur das Schicksal der *Gegenleistungs*pflicht im gegenseitigen Vertrag. Nur § 325 regelt zugleich Schicksal von *Leistung* und *Gegenleistung* im gegenseitigen Vertrag, verdrängt also § 280.

Die §§ 320 ff. gelten für alle Pflichten, die in das Gegenseitigkeitsverhältnis aufgenommen sind. Das wird in der Regel verneint für die Abnahmepflicht beim Kauf, 433 II, dagegen bejaht für Aufklärungs-, Mitteilungs-, Schutz- und Sorgepflichten im Sinne des § 242 in Verträgen, deren Hauptleistungspflichten im Gegenseitigkeitsverhältnis stehen (z. B. Kauf, Werkvertrag), siehe oben § 8, 3. Auf den Unterschied Haupt- und Nebenleistungspflicht kommt es daher entgegen verbreiteter Meinung für die Einbeziehung ins Synallagma nicht an. Diese Einbeziehung im Einzelfall ist Auslegungsfrage.

Zweifelhaft ist, ob §§ 320 ff. für Dauerschuldverhältnisse gelten (zum Begriff s. o. § 8, 7). Im Unterschied zu Schuldverhältnissen über einmalig, in Raten oder wiederholt zu erbringende Leistungen, sind Dauerschuldverhältnisse (auch wenn sie nur Rahmenverträge sind) in der Entwicklung begriffen. Dem ist Rechnung zu tragen: Bei allen *in Vollzug gesetzten* Dauerschuldverhältnissen, einschließlich der Gesellschaftsverträge, sind die §§ 320 ff. insoweit *unanwendbar,* als in der Vergangenheit erfüllte Leistungen rückgängig gemacht werden müßten. Hier verbietet der Zeitablauf als Bestandteil des Schuldverhältnisses die Wiederherstellung eines status quo ante. Im einzelnen siehe bei den §§ 323 – 326. – Es bleibt die Frage, was in diesem Zusammenhang unter einem Dauerschuldverhältnis zu verstehen ist (siehe allgemein dazu oben § 8, 7 c). Nicht jedes Schuldverhältnis, dessen Abwicklung einige Zeit in Anspruch nimmt (z. B. ein Grundstückskauf), ist ein Dauerschuldverhältnis im Sinne der Ausnahmen zu §§ 320 ff. Entscheidend sind mehrere Faktoren, deren Zusammenspiel im Einzelfall unterschiedlich sein kann. Beispiele sind etwa ein Gesellschaftsvertrag, auf dessen Bestand die Gesellschafter und Dritte vertrauen; in Geld nicht oder nur unzulänglich ausdrückbare persönliche Dienstleistungen (stille Gesellschaft, Arbeitsvertrag); teilweise mangelhaft erfüllter Sukzessivlieferungsvertrag, bei dessen Einzellieferungen die Mängelrüge schon verstrichen ist. – Immer sind es Gründe persönlicher, sachlicher oder rechtlicher Irreparabilität wegen der inzwischen verstrichenen Zeit, die eine Anwendung von §§ 320 ff. unangemessen erscheinen lassen können. Mit diesen Einschränkungen gelten die §§ 323 – 325 für alle gegenseitigen Verträge.

Nachträgliche objektive Unmöglichkeit § 44 III 1

Zur Erinnerung: „Gläubiger" heißt der Gläubiger der Leistung und Schuldner der Gegenleistung (BGB: „der andere Teil"); „Schuldner" der Schuldner der Leistung und Gläubiger der Gegenleistung (BGB: „der eine Teil").

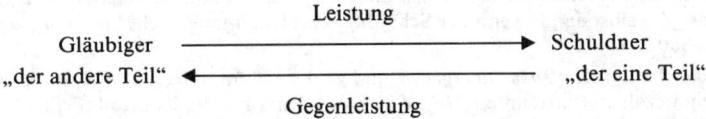

Das Gesetz unterscheidet in den §§ 323–325 drei Fälle:

1. **§ 323: Wirkung des Unmöglichwerdens der Leistung auf die Gegenleistung im gegenseitigen Vertrag, wenn weder Gläubiger noch Schuldner die Schuld (oder ein sonstiges „Vertretenmüssen") am Unmöglichwerden der Leistung trifft:**

    a) Nach § 323 I 1 *entfällt mit der Leistungspflicht (275) auch die Gegenleistungspflicht.* Grundsätzlich trägt also der Gläubiger die Leistungs-, der Schuldner die Gegenleistungsgefahr: ohne Leistung keine Gegenleistung. Beim Kauf, Werkvertrag u. ä. nennt man die Gegenleistungsgefahr auch kurz: „Preisgefahr".

    Beispiel: K kauft am 1. 4. eine Eigentumswohnung des V zu späterer Auflassung. Am 10. 4. brennt das Haus durch Blitzschlag ab. V wird nach § 275 von seiner Pflicht aus § 433 I 1 frei. Die Leistung ist unmöglich geworden. Nach § 323 I 1 entfällt auch die Gegenleistungspflicht des K aus § 433 II. Eine Anzahlung kann K nach §§ 323 III, 812ff. zurückverlangen. Ähnlich BGHZ 78, 352 – abgebrannte Baustelle –.

    Der Wegfall von Leistungs- und Gegenleistungspflicht tritt ipso facto mit der Unmöglichkeit und ohne eine hierauf zu richtende Erklärung ein. Der Zeitpunkt der Entdeckung der Unmöglichkeit spielt dabei ebenfalls keine Rolle. Besonderheiten:

    b) Bei *Dauerschuldverhältnissen*, insbesondere Gesellschafts-, Arbeits- und Sukzessivlieferungsverträgen gilt grundsätzlich das gleiche: Soweit für die Zukunft die Leistung unmöglich wird, entfällt der Anspruch auf die Gegenleistung.

    c) Bei *teilweisem* Unmöglichwerden mindert sich die Gegenleistung in folgendem Verhältnis (323 I 2, 472, 473): der wahre Wert der ganzen Leistung verhält sich zum wahren Wert der noch möglichen Leistung wie die vereinbarte Gegenleistung zur geminderten Gegenleistung (Dreisatzrechnung); vgl. o. § 44 II 1 c u. 2 a, a. E.

    d) Wird Herausgabe des *Ersatzvorteils* nach § 281 verlangt, so muß selbstverständlich auch die Gegenleistung erbracht werden, aber wiederum nur im erwähnten Verhältnis gemindert, falls der Ersatzvorteil weniger wert ist als die Leistung, 323 II.

    e) War die Gegenleistung ganz oder teilweise schon erbracht, kann sie als ungerechtfertigte Bereicherung zurückgefordert werden, 323 III, 812ff.: Das schon bezahlte Fernsehgerät, das ins Haus gebracht und dort installiert werden sollte, zerbricht auf dem Transport ohne Verschulden des Lieferanten. Der Preis muß zurückgezahlt werden, 323 III, 812ff.; bei Vermischung: 951.

    f) Von der Regel, daß nach § 323 der *Schuldner* der unmöglich gewordenen Leistung die *Gegenleistungsgefahr* trägt (so wie der Gläubiger nach § 275 die Leistungsgefahr), bestehen **neun wichtige Ausnahmen** aus Gründen gerechter Gefahr-(Risiko-)verteilung.

Auf sorgfältigen Aufbau ist gerade auch hier zu achten (§ 324II!):

— 324 II: War der Gläubiger mit der Leistung im *Annahmeverzug,* so muß er, trotz Ausbleibens der Leistung die Gegenleistung erbringen (dazu unten § 46 III 2 d; § 67 IV 1). Der Gläubigerverzug verlagert also die Preisgefahr vom Schuldner auf den Gläubiger. Das gilt selbst dann, wenn der Schuldner den Untergang leicht fahrlässig verschuldet hat, 300 I, 324 II.

— 446: Ist die *Kaufsache übergeben,* und geht sie dann unter, so muß der Käufer sie trotzdem bezahlen (dazu unten § 67 IV 2). Der Käufer hat die Kontrollmöglichkeit.

— 446 II: Ist das gekaufte *Grundstück* noch nicht übergeben, die Eintragung aber erfolgt, so gilt das gleiche (wichtig bei Verschlechterung des Grundstücks zwischen Eintragung und Übergabe!). Der Käufer muß Übergabe verlangen, was er nach §§ 985, 433 I kann.

— 447 I: Wird bei Holschuld oder Schickschuld *Versendung* der gekauften Sache bedungen, so muß der Käufer zahlen, wenn die Sache unterwegs verlorengeht (dazu unten § 67 IV 4). Die Sache reist auf Käufers Risiko.

— 616 I: Der Dienstverpflichtete behält den Lohnanspruch trotz vorübergehender Verhinderung, wenn der Grund in seiner Person liegt, ihn aber kein Verschulden trifft (Hauptfall Krankheit), näher unten § 79 II 4b.

— 644, 645: Beim *Werkvertrag* hat der Unternehmer Anspruch auf Werklohn oder wenigstens einen Teil davon, wenn das Werk aus Gründen scheitert, die aus der Sphäre des Bestellers herrühren; wenn der Besteller im Annahmeverzug ist; und wenn der Besteller Versendung verlangt; dazu unten § 80 II 4c. § 645 ist *analog* anzuwenden auf *alle* Fälle, in denen die Unmöglichkeit auf Gründen aus der *Sphäre des Gläubigers* der unmöglich gewordenen Leistung und Schuldners der Gegenleistung beruht, *Erman* JZ 65, 657; BGHZ 40, 71.

— 2380: Beim *Erbschaftskauf* geht die Gegenleistungsgefahr schon mit dem Abschluß auf den Käufer über („periculum est emptoris" als Ausnahme und historisches Überbleibsel).

— 56 I ZVG: Das gleiche gilt für den Zuschlag in der Zwangsversteigerung. Der Ersteigerer soll bald Aushändigung verlangen.

— 323 ist abdingbar, vertraglich kann eine andere Risikoverteilung vorgesehen werden. Grenzen zieht das AGB-Gesetz, s. o. § 26 VI.

2. § 324 I: Wirkung des Unmöglichwerdens der Leistung auf die Gegenleistung im gegenseitigen Vertrag, wenn den Gläubiger die Schuld am Unmöglichwerden trifft (selten):

a) Da es der Gläubiger selbst ist, den das Verschulden an der Unmöglichkeit trifft, *bleibt* er trotz Ausbleibens der Leistung zur Gegenleistung *verpflichtet,* 324 I 1.

Beispiel: Der Porzellanhändler bringt, wie vereinbart, das im Laden gekaufte Service zum Haus des Käufers, wird aber am Gartentor durch eine nicht abgeschaltete Selbstschußanlage getroffen. Das Service zerbricht. Der Händler wird *auch hier gemäß* § 275 *von seiner Leistung frei,* was im Gutachten stets zunächst festgestellt werden sollte. Aber der Käufer trägt jetzt die Gegenleistungsgefahr, er muß nach § 324 I 1 zahlen. Ebenso liegt es, wenn der Gläubiger das Risiko — z. B. für eine zu erteilende Genehmigung, die dann versagt wird — übernimmt, BGHZ 80, 700 — Auflassungsgenehmigung —.

Einen Ersatzvorteil muß der gem. § 275 frei gewordene Schuldner nach § 281 I herausgeben, BGH LM § 281 Nr. 1.

b) Fraglich ist, was in § 324 I „Vertretenmüssen" des Gläubigers heißt. § 276 I 1 ist nicht direkt anwendbar, da den Gläubiger keine Pflicht in bezug auf die Leistung trifft, die dem Schuldner gegenüber verletzt werden könnte. „Vertretenmüssen" auf der Seite des Gläubigers bedeutet in Entsprechung zu § 276 I 1 ein vertragswidriges Verhalten gegenüber dem Schuldner (242!), und nur dies. Weder eine rein deliktische Haftung noch ein „Verschulden gegen sich selbst", also die Verletzung einer sog. Obliegenheit sind gemeint. Aber § 278 ist anwendbar.

c) Recht zweifelhaft ist die Lage, wenn der Schuldner aus einer *Gattung* zu leisten hat und noch keine Konkretisierung eingetreten war, als der Gläubiger die Lieferung der vom Schuldner für die Leistung vorgesehenen Gegenstände schuldhaft unmöglich machte.

Das Porzellanservice im obigen Beispiel war telefonisch nach Katalog bestellt worden. Da Bringschuld vereinbart war, hatte der Schuldner, als der Selbstschuß sich löste, noch nicht das seinerseits Erforderliche getan, 243 II, bleibt also nach §§ 433 I, 275, 279 zur erneuten Leistung verpflichtet. Muß er sich noch einmal zusammenschießen lassen? Wie oft noch, bis man annehmen darf, daß er „das seinerseits Erforderliche getan" hat? § 300 II befreit den Schuldner nicht von der Leistungspflicht, da die Gattungssache durch die den Annahmeverzug begründende Handlung selbst untergeht und nicht danach. § 324 II scheidet im Hinblick auf die Gegenleistung aus demselben Grunde aus.

Es darf keinen Unterschied machen, ob die nach § 324 I unmöglich gemachte Leistung schon konkretisiert war oder nicht. Der Gläubiger handelt grundsätzlich treuwidrig, wenn er sich angesichts der von ihm verschuldeten Unmöglichkeit der Lieferung der vorgesehenen Sachen auf die Möglichkeit weiterer Lieferung nach § 279 beruft. Man muß daher annehmen, daß regelmäßig zugleich mit dem vom Gläubiger zu vertretenden Unmöglichwerden der Lieferung ausgesonderter Gattungssachen die Gattungsschuld konkretisiert wird, so daß § 275 und nicht § 279 Anwendung findet.

d) *Erspart* sich der Schuldner durch das vom Gläubiger verschuldete Unmöglichwerden Ausgaben oder Arbeitsaufwand oder unterläßt er böswillig die anderweitige Verwendung seiner frei gewordenen Arbeitskraft, so muß er sich dies auf die von ihm beanspruchte Gegenleistung anrechnen lassen, 324 I 2. Ähnliche Regelungen der Vorteilsanrechnung im Schadensfalle finden sich z. B. in §§ 255, 649 (compensatio lucri cum damno).

e) § 324 II betrifft eine Folge des *Gläubigerverzugs* und ist dort zu besprechen, unten § 46 III 2 d. (Dort auch der wichtige Zusammenhang mit § 615.) Vgl. auch zur Ausnahmestellung des § 324 II zu § 323 oben III 1 f.

3. § 325: Wirkung des Unmöglichwerdens der Leistung auf Leistung und Gegenleistung im gegenseitigen Vertrag, wenn der Schuldner das Unmöglichwerden verschuldet hat, 325, 327, 346 ff.:

§ 325 stellt insofern einen Bruch in der Systematik dar, als dort nicht nur wie in §§ 323, 324 über das Schicksal der Gegenleistung im Falle des Unmöglichwerdens der Leistung befunden wird, sondern auch über das Schicksal der Leistung des Schuldners selbst. § 325 verdrängt also den § 280. § 325 ist, wie § 280, eine neue Anspruchsgrundlage anstelle der zunächst geschuldeten Leistung. § 275 findet in gegenseitigen Verträgen für die Leistung Anwendung, § 280 nicht. Während § 280 für das vom Schuldner zu vertretende Unmöglichwerden einfacher Leistungspflichten nur *eine* Rechtsfolge vorsieht, nämlich Schadensersatz wegen Nichterfüllung, hat der Gläubiger der unmöglich gewordenen Leistung nach § 325 wegen des engen Zusammenhangs von Leistung und Gegenleistung in gegenseitigen Verträgen ein *vierfaches Wahlrecht*. Der Gläubiger kann entweder:

a) *Schadensersatz wegen Nichterfüllung verlangen, 325 I 1*

Dann will er wirtschaftlich so gestellt werden, wie wenn der Vertrag ordnungsgemäß zur Durchführung gelangt wäre. Das ist dann sinnvoll und dem Gläubiger anzuraten, wenn er ein *gutes Geschäft* gemacht hätte, er also seinen Gewinn retten will. Zum Schadensersatz wegen Nichterfüllung zählt in Ermangelung einer eigenen gesetzlichen Vorschrift auch das übererfüllungsmäßige Interesse, siehe oben II 2 a und unten § 5 II 2 d cc. Der Gläubiger kann übrigens auch einen Ersatzvorteil unter Anrechnung auf seine Entschädigungsforderung verlangen, 281 I.

G hat ein Ölbild im Wert von 5000,– zu 4000,– DM gekauft, das durch Verschulden des Schuldners vor der Lieferung verbrennt. Durch den Schadensersatz wegen Nichterfüllung, d. i. sein Erfüllungsinteresse, rettet er sich die 1000,– Verdienst. Denn der Schuldner muß ihn so stellen, wie er wirtschaftlich bei ordnungsgemäßer Erfüllung gestanden hätte, 249 S. 1, 251 I. – Das gleiche gilt, wenn das Bild zur Zeit des Kaufes zwar nur 4000,– wert war, der Wert aber bis zu der Zeit, zu der *normalerweise* zu erfüllen gewesen wäre, auf 5000,– gestiegen wäre. Denn auch dieser Zeitpunkt kann nach herrschender Meinung für die Schadensberechnung zugrunde gelegt werden: Die Schadensberechnung ist an keinen bestimmten Zeitpunkt gebunden (z. T. nicht unbedenklich). – Dazu ein Vorgriff auf unten d): War das Bild mit 4500,– versichert, kann der Gläubiger die 4500,– nach §§ 325 I 1, 281 I als Ersatzvorteil und die restlichen 500,– nach §§ 325 I 1, 281 II als Schadensersatz wegen Nichterfüllung verlangen, muß dann aber die Gegenleistung erbringen (Saldo 1000,–).

Oft wird der Gläubiger genötigt sein, ein *Deckungsgeschäft* abzuschließen, um sich gegen das vom Schuldner verschuldete Ausbleiben der Leistung wirtschaftlich abzusichern. Dabei können sich drei Möglichkeiten ergeben: (1) Kommt den Gläubiger das Deckungsgeschäft billiger zu stehen als das gescheiterte, besteht kein Anlaß, das Deckungsgeschäft zu liquidieren. Der Gläubiger kann bei vorteilhaftem gescheitertem Geschäft mit seinem Schadensersatzanspruch sogar noch „hinzuverdienen". (2) Kommt das Deckungsgeschäft den Gläubiger ungünstiger zu stehen als das gescheiterte Geschäft, wird aber der Gewinn aus dem gescheiterten Geschäft noch nicht ganz aufgezehrt, bildet die Teuerungsdifferenz des Deckungsgeschäfts dennoch einen Teil des liquidierbaren Erfüllungsinteresses. (3) Wenn das Deckungsgeschäft so erheblich ungünstiger ist als das gescheiterte, daß sogar Gewinn aus dem gescheiterten Geschäft aufgezehrt wird, bildet der überschießende Betrag ein übererfüllungsmäßiges Interesse. Es kann nach h. M. ebenfalls nach § 325 I 1 beim Schuldner liquidiert werden. Die Situation (3) ist wichtig, wenn der Gläubiger Rücktritt begehrt (unten b). Denn neben Rücktritt kann nur das übererfüllungsmäßige Interesse geltend gemacht werden.

Streitig ist die *praktische Durchführung* des Schadensersatzes wegen Nichterfüllung. § 325 I 1 sagt nämlich nur, *daß* Schadensersatz *statt der Leistung* verlangt werden kann, aber nicht, was mit der *Gegenleistung* geschehen soll. Bleibt der Geschädigte zur Gegenleistung verpflichtet? — Zwei Meinungen stehen sich gegenüber:

Nach der *Differenztheorie* kann der geschädigte Gläubiger der Leistung die Differenz des Wertes der Leistung und der Gegenleistung verlangen (im Beispiel 1000,— DM). Er ist also nicht zur Gegenleistung verpflichtet. Es entsteht ein einseitiger Anspruch. Der Zeitpunkt, von dem an nur noch diese Differenz und nicht mehr Leistung und Gegenleistung geschuldet ist, ist regelmäßig der des Unmöglichwerdens, im Falle der Wertsteigerung der Leistung der, in dem normalerweise erfüllt worden wäre. In beiden Fällen tritt bei Zugrundelegung der Differenztheorie die ex-tunc-Berechnung im Verhältnis zum Zeitpunkt der Geltendmachung des Schadensersatzanspruchs ein. In Dauerschuldverhältnissen (oben § 8, 7 c), namentlich wenn die Gegenleistung in einer persönlichen Dienstleistung besteht, führt daher die Differenztheorie zu Unzuträglichkeiten. Dem Gläubiger muß auch gestattet sein, statt der *strengen* Durchführung der Differenzberechnung eine *eingeschränkte* zu wählen, nach der er — in Anrechnung auf seine Schadensersatzforderung — dem Schuldner aufgrund des Vertrags überlassene, aber noch nicht übereignete Gegenstände zurückfordert, z. B. unter Eigentumsvorbehalt übergebene Ware oder ein überlassenes Grundstück; das Recht auf Besitz des Schuldners endet mit der Entscheidung des Gläubigers für die Differenztheorie, RGZ 141, 259 (261); BGH NJW 83, 1605f. Waren die Sachen schon übereignet und will der Gläubiger sie zurückhaben, so muß er zurücktreten, s. u. b.

Nach der *Austausch-(oder Surrogations-)theorie muß der Schuldner den vollen* Wert der unmöglich gewordenen Leistung (als Surrogat) zahlen, aber die *Gegenleistung bleibt geschuldet* (im Beispiel: 5000,— können verlangt werden, 4000,— bleiben geschuldet). Besteht die Gegenleistung in Geld, führt die Austauschtheorie praktisch zu einer Aufrechnung (387) und damit zum Ergebnis der Differenztheorie. Die Aufrechnung wirkt auf den Zeitpunkt des Unmöglichwerdens der Leistung *zurück*, 389. Doch sind zu Lasten des Schuldners fiktive Wertsteigerungen der Leistung bis zum Zeitpunkt der normalen Erfüllung zu berücksichtigen. Die Austauschtheorie bewährt sich aber in Dauerschuldverhältnissen, ferner wenn die Gegenleistung nicht in Geld besteht und der Gläubiger ein Interesse daran hat, die Gegenleistung loszuwerden:

Landwirt L tauscht seine zweite, selten gebrauchte Mähmaschine im Wert von 2000,— DM gegen einen Jungstier im Wert von 2200,— des Viehhändlers V. Durch Verschulden des V geht der Stier vor der Lieferung ein. Nach der Differenztheorie könnte L nur 200,— verlangen, nach der Austauschtheorie bekommt er 2200,— und wird seine Mähmaschine los: Die Pflicht zur Gegenleistung bleibt.

Da der Schuldner die Leistung unmöglich macht, ist der Gläubiger in § 325 I schutzwürdiger. Man muß ihm daher ein *Wahlrecht* geben, ob er den Schadensersatz wegen Nichterfüllung nach der (strengen oder eingeschränkten) Differenz- oder nach der Austauschtheorie berechnen will (*Wahltheorie*, h. M. BGHZ 20, 338, 343).[4]

---

[4] Einige, wie *Larenz* I, § 22 II b, und *Gernhuber*, BürgR, § 15 IV 1 b, nennen die Wahltheorie „eingeschränkte Differenztheorie", was wegen der gänzlich andersartigen

Fortsetzung nächste Seite

Dies Wahlrecht zwischen Differenz- und Austauschmethode ist nicht zu verwechseln mit der gedanklich (und im Aufbau des Gutachtens) erst später zu prüfenden Wahlmöglichkeit des verletzten Gläubigers zwischen *konkreter* und *abstrakter Schadensberechnung,* dazu unten § 55 II 2 d aa: Der Schaden kann entweder *konkret,* d. h. in Höhe der Differenz zwischen jetziger Vermögenslage und Vermögenslage ohne schädigendes Ereignis, oder *abstrakt,* nämlich unter Zugrundelegung des üblichen am Markt zu erzielenden Gewinns berechnet werden, BGHZ 2, 310; 29, 399. Bei der abstrakten Schadensberechnung ist Stichtag der Tag des Eintritts der Unmöglichkeit, BGHZ 2, 310.

Statt Schadensersatz kann der Gläubiger aber auch:

b) *Rücktritt begehren,* 325 I 1, 327, 346 – 356

Dann will er wirtschaftlich so gestellt werden, als ob er sich mit dem Schuldner niemals eingelassen hätte. Die Erklärung des Rücktritts ist dem Gläubiger also dann anzuraten, wenn er ein *schlechtes Geschäft* gemacht hätte, also ein Gewinn nicht zu retten ist und er im Grunde froh sein kann, von dem Vertrag wieder loszukommen.

G hat sich von S eine gebrauchte Schreibmaschine im Wert von 150,– DM für 180,– gekauft. Noch bevor er sie abholt, geht sie durch einen von S verschuldeten Brand zugrunde. G hatte schon 100,– angezahlt. – Hier hat G kein Interesse, „so gestellt zu werden, als ob an ihn ordnungsgemäß erfüllt worden wäre". Im Gegenteil, man kann G gratulieren. G beruft sich zweckmäßig auf Rücktritt, dann erhält er nach §§ 325 I 1, 327, 346 S. 1 die 100,– zurück und ist im übrigen von allen Pflichten frei. – Rücktritt wäre ebenfalls zu empfehlen, wenn der Wert der Schreibmaschine im Kaufzeitpunkt zwar 180,– war, er aber in der Zwischenzeit, etwa durch Auftreten eines neuen Typs, gesunken ist.

Der Rücktritt ist eine einseitige, empfangsbedürftige Willenserklärung (349), durch die das Vertragsverhältnis beendet und ex nunc in ein vertragliches Rückgewährungsschuldverhältnis bezüglich der bereits ausgetauschten Leistungen umgewandelt wird. Die Vertragspflichten bestehen in bezug auf die schon ausgetauschten Leistungen in umgekehrter Richtung als gesetzliche Pflichten, Sicherungsrechte gehen unter. (Im Unterschied dazu *führt* ein Schadensersatzanspruch das alte Schuldverhältnis *fort,* nur statt mit dem Erfüllungs- mit einem Ersatzanspruch. Sicherungsrechte bleiben bestehen.) Die ex-nunc-Wirkung des Rücktritts ist umstritten. Man muß unterscheiden: Erst mit dem Zugang der Rücktrittserklärung, also ex nunc, tritt an die Stelle des gestörten Vertrags das vertragliche Rückgewährungsverhältnis der §§ 346 ff. Innerhalb dieses Rückgewährungsverhältnisses bestehen jedoch z. T. rückwirkende Vorschriften, z. B. § 347 (Haftung vom Empfang der Leistungen an). Ferner wird durch Rückgabe der empfangenen Leistungen wirtschaftlich grundsätzlich der Zustand erreicht, der bestanden hätte, wenn sich die Parteien nicht vertraglich eingelassen hätten. Im einzelnen, insbesondere zur obli-

---

Einschränkung der der Differenztheorie i. S. der Entscheidungen RGZ 141, 259 (261) und BGH NJW 83, 1605 (1606) zu Verwechslungen führen kann und deshalb vermieden werden sollte.

gatorischen Wirkung des Rücktritts, siehe unten beim vertraglichen Rücktritt, § 48 II 2; dort auch zur Rechtsnatur des Rücktritts (2 a. E.). § 323 wird durch § 350 verdrängt. Wegen der zumindest praktischen Rückwirkung des Rücktritts ist er bei Dauerschuldverhältnissen ausgeschlossen, soweit sondergesetzlich Kündigungen vorgesehen sind, oder in seiner Wirkung auf die Zukunft beschränkt, soweit er auf § 242 wegen Unzumutbarkeit des Festhaltens am Vertrag gestützt wird (siehe § 27 III 5).

Der Rücktritt schließt Schadensersatz im Rahmen des Erfüllungsinteresses aus. Jedoch bleiben vertragliche Schadensersatzansprüche auf Ersatz des übererfüllungsmäßigen Interesses bestehen, RGZ 66, 281. Über die Wirkung dieses Grundsatzes auf die Liquidierbarkeit eines ungünstigen Deckungsgeschäfts oben III 3 a. – Zweitens kann die Verletzung einer neben der Hauptpflicht bestehenden Verhaltenspflicht und die daraus folgende Ersatzpflicht hinsichtlich des entsprechenden Erfüllungs- und Übererfüllungsinteresses nicht durch Rücktritt beseitigt werden. Die §§ 346 ff. enthalten insoweit eine Lücke, vgl. *Ernst Wolf,* AcP 153, 97. Ist noch nicht übereignet, findet § 985 neben § 346 Anwendung (str., dazu unten § 102 V).

Statt des Schadensersatzes wegen Nichterfüllung oder des Rücktritts kann der Gläubiger:

c) *Den Vertrag einfach für erledigt erklären,* 325 I 3, 323 I

Das ist der Zweck des § 325 I 3. Sinnvoll ist das, wenn Leistungen bisher überhaupt noch nicht ausgetauscht waren. Dann genügt die Erklärung des Gläubigers, er halte den Vertrag für erledigt, er stelle sich auf den Standpunkt, Leistungs- und Gegenleistungspflicht seien fortgefallen (ohne Rücktritt). Sofern die Gegenleistung doch schon erbracht ist, kann sie gemäß §§ 325 I 3, 323 III, 812 ff. zurückgefordert werden, was wegen § 818 III (Entreicherungseinrede) weniger günstig als beim Rücktritt ist. – Als vierte Wahlmöglichkeit kann der Gläubiger:

d) *Den Ersatzvorteil unter Aufrechterhaltung der Gegenleistung verlangen,* 325 I 3, 323 II, 281 I. Das ist sinnvoll, wenn der Ersatzvorteil einen höheren Wert als die Gegenleistung hat; handelt es sich dabei um eine Versicherungssumme, erhält der Gläubiger zu dem einen zahlungskräftigen Schuldner. Empfehlenswert ist dieser Weg auch, wenn der Gläubiger den Ersatzvorteil will und zugleich die von ihm geschuldete Gegenleistung erbringen möchte.

Der Viehhändler V hat im obigen Beispiel den Stier noch einmal für 3000,– an X verkauft und übereignet. V hat gegen X einen Anspruch auf 3000,–. Diesen läßt sich L abtreten.

e) Die Möglichkeiten aufgrund des vierfachen Wahlrechts nach § 325 I gelten alternativ. Eine Kombination von Rücktritt und Schadensersatz (über die eingeschränkte Differenztheorie hinaus) ist unzulässig.[5] Der Gläubiger muß sich also entscheiden. Nach der Rechtsprechung geht mit der *Annahme* des Schadensersatzes, nicht schon mit dem Fordern, das Recht auf Rücktritt und auf Ersatzvorteile verloren. Mit der Annahme des Ersatzvorteils ist Rücktritt, aber nicht Schadensersatz ausgeschlossen, arg. 281

---

[5] Zutr. *Gernhuber,* BürgR § 15 IV 1 a. E., m. w. N.

II. Mit *Erklärung* des Rücktritts aber gehen das Recht auf Schadensersatz und das auf das stellvertretende Kommodum verloren, nur noch die Rechte aus §§ 346 ff. bestehen. Denn der Rücktritt beendet das vertragliche Verhältnis. Gleiches wie für den Rücktritt muß übrigens, entgegen der h. M., für den Schadensersatz gelten, wenn Berechnung nach der *Differenztheorie* gewählt wird. Denn dann setzt sich das alte Schuldverhältnis bezüglich der Hauptpflichten nur noch in Gestalt eines Ersatzanspruchs in einer Richtung fort. Für Rücktritt, der zur Rückgewähr in zwei Richtungen führen würde, ist dann kein Raum mehr.

f) Bei vom Schuldner verschuldeten *teilweisen Unmöglichwerden* findet nach § 325 I 2 der § 280 II, erweitert um das Rücktrittsrecht, Anwendung.

4. Gläubiger und Schuldner haben das Unmöglichwerden der Leistung verschuldet (oder sonst zu vertreten)

Nicht geregelt ist der Fall, daß der Gläubiger *und* der Schuldner das Unmöglichwerden verschulden. Die Literatur hat eine Reihe von Lösungsmöglichkeiten dazu erarbeitet.

a) So wird meistens vorgeschlagen, auf der Grundlage der §§ 324, 325 jeweils in Verbindung mit § 254 den Fall zu lösen. Überwiegt das Vertretenmüssen des Schuldners, so wählt man als Ausgangsnorm den § 325, wobei § 254 das Mitverschulden des Gläubigers berücksichtigt. Hat der Gläubiger die Unmöglichkeit überwiegend zu vertreten, ist von § 324 I auszugehen. Gemindert wird dieser Anspruch durch *entsprechende* Anwendung von § 254. Die direkte Anwendung ist nicht möglich, weil § 324 I keine Schadensersatz-, sondern eine Erfüllungshaftung ausspricht. Diese Lösung versagt jedoch bei gleichmäßigem Verschulden, und wenn der Gläubiger nach § 325 zurücktritt.

b) *Hadding*, AcP 168, 150 ff., empfiehlt daher, *stets* von § 325 auszugehen. Das Mitverschulden wird je nach gewählter Rechtsfolge gem. § 254 oder durch einen eigenen Anspruch des Schuldners aus positiver Vertragsverletzung berücksichtigt. Diese Lösung überzeugt insofern nicht, als Unmöglichkeits- und Schlechterfüllungsrecht vermischt werden. *Hadding* kann ferner nicht der Tatsache Rechnung tragen, daß auch der Schuldner, der die Unmöglichkeit verschuldet, nach § 275 von der Leistung frei wird.

c) Andere wollen den Fall beiderseits verschuldeter Unmöglichkeit mit § 242 lösen. Das ist wegen der Ungenauigkeit der ableitbaren Rechtsfolgen ebenfalls wenig befriedigend.

d) Man geht diesem Fall zweckmäßig in der Tat von den beiden Vorschriften der §§ 324, 325 aus. Jedoch beschränkt man Gläubiger und Schuldner von vornherein auf Geldansprüche, um jeweils bei dem geltend gemachten Anspruch das mitwirkende Verschulden des Anspruchstellers gemäß § 254 berücksichtigen zu können. Beim Schuldner der unmöglich gewordenen Leistung bedarf dies keiner Begründung, da er ohnehin nur den Entgeltanspruch hat. Für den Gläubiger der unmöglich gewordenen Leistung folgt die Begrenzung seiner Rechte auf verrechenbare Geldansprüche aus seinem Mitverschulden.[6]

---

[6] So auch im Ergebnis *Teubner*, a. a. O., S. 61 ff.; *Medicus*, I § 42 V. Zum ganzen Problem vgl. weiter *Honsell, Th.*, JuS 79, 81; *Baumann, H./Hauth*, JuS 83, 273 m. w. N. Mit der Entscheidung BGH VersR 81, 426 scheint der BGH seine frühere Rechtsprechung, es sei jeweils von §§ 324 I oder 325 i. V. m. 254 auszugehen (vgl. oben **a**), aufgeben zu wollen.

Unberührt bleibt auch im Fall beiderseits verschuldeter Unmöglichkeit die Pflicht des Schuldners der unmöglich gewordenen Leistung, einen Ersatzvorteil gemäß § 281 voll (dazu oben § 44 II 2b bb) herauszugeben.

5. **Die Beweislast** ist in §§ 323 – 325 nicht besonders geregelt. Es gilt das gleiche wie bei einfachen Leistungspflichten:[7] Die Unmöglichkeit muß beweisen, wer sich auf sie beruft, das Verschulden wird widerlegbar vermutet, 282. § 282 gilt aber nicht für das Vertretenmüssen des Gläubigers in § 324 I, sonst stände Vermutung gegen Vermutung.
— Geht im gegenseitigen Vertrag der Gläubiger einer Leistung, deren Unmöglichkeit ungewiß ist, nach § 283 erfolgreich vor, so hat er ebenfalls das vierfache Wahlrecht, 325 II.

6. Im Gutachten prüft man zweckmäßig zuerst, ob eine einfache Leistungspflicht unmöglich wurde oder eine Pflicht in einem gegenseitigen Vertrag. Im ersten Fall gilt entweder § 275 (beachte § 279, aber §§ 243 II, 300 II) oder § 280; im zweiten gelten entweder § 275 für die Leistung und §§ 323, 324, 446, 447 für die Gegenleistung, oder aber § 325 (statt § 280) für Leistung *und* Gegenleistung, jeweils nach Lage des Verschuldens. Findet § 325 Anwendung, ist das *vierfache* Wahlrecht mit seinen wirtschaftlichen Hintergründen zu prüfen. Verlangt der Gläubiger Schadensersatz, sind *Differenz-, Austausch-* und *Wahltheorie* von Belang. Daran kann sich noch die Prüfung der Frage schließen, ob der Schaden abstrakt oder konkret zu berechnen ist, 249 ff., dazu unten § 55 II daa. Man verwechsle nicht die verschiedenen Wahlmöglichkeiten!

§ 45
Schuldnerverzug bei einfachen Leistungspflichten und in gegenseitigen Verträgen. Fixgeschäft

Adler, ZHR 86, 1; *de Claparède,* Beiträge zur Lehre vom Leistungsverzuge, 1903; *Emmerich,* Das Recht der Leistungsstörungen, 1978, §§ 15 – 19; *Frankenberger,* JW 1925, 546; *Fritz,* AcP 134, 197; *Gelhaar,* NJW 80, 1372; *Guhl,* FS *Wieland,*1934, 134; *Gursky,* AcP 173, 450; *Hadding,* JA 79, 19; *Heymann,* FS *Enneccerus,* 1913; *Hohenstein,* ArchBürgR 25, 69; *Huber, U.,* Rücktritt vom Vertrag und Ersatz des Verzugsschadens, JZ 84, 409; *Hueck, Alfred,* Der Sukzessivlieferungsvertrag, 1918; *Klees,* La demeure, eine rechtsvergleichende Studie zum Verzugsrecht, Diss Münster 1968; *Lange, Hermann,* JuS 71, 511; *Lindacher,* JZ 80, 48; *Löwisch,* NJW 78, 26; *Mommsen,* Beiträge zum Obligationsrecht, Abt. 3, Die Lehre von der mora nebst Beiträgen zur Lehre von der culpa, 1855; *Nastelski,* JuS 62, 279; *Oertmann,* ZHR 78, 1; *Paech,* Leistungsverzug, 1902; *Peters,* NJW 79, 668; *Philippe,* Der Schuldnerverzug beim gewöhnlichen Handelskauf, 1911; *Tiedtke,* NJW 84, 767; *Walchsöfer,* JuS 83, 598; *Zitelmann,* FG *Krüger,*1911, 263.

I. Begriffe

Der Schuldnerverzug ist die rechtswidrige Verzögerung der (noch möglichen) Leistung aus einem Grunde, den der Schuldner zu vertreten hat, 284 – 290, 326, 327, 346 ff. Der Verzug des Schuldners ist Schlechterfüllung, *zeitlich betrachtet.*

---
[7] Vgl. *Baumgärtel* a. a. O. S. 215 ff.

Die Leistung muß in „physikalisch-naturwissenschaftlichen" oder „juristischen" Sinne noch *möglich*, d. h. für den Schuldner *nachholbar* sein. Ist die Leistung objektiv oder subjektiv unmöglich, kann Verzug nicht eintreten (zum Begriff der Unmöglichkeit oben § 42 IV 1.). Entsprechendes gilt, wenn während des Verzuges die Unmöglichkeit eintritt: Dann liegt nur Unmöglichkeit vor (keine Ausnahmen, aber Sonderregeln für diesen Fall sind §§ 287 S. 2, 290).

Macht der Gläubiger durch Abbestellung dem Schuldner die Lieferung im Sprachsinne „unmöglich", so liegt dennoch nur Gläubiger- und gegebenenfalls Schuldnerverzug, nicht Unmöglichkeit vor, solange die Leistung − falls die Abbestellung z. B. unwirksam wäre oder rückgängig gemacht würde − noch erbracht werden könnte.

II. Voraussetzungen des Schuldnerverzugs, 284, 285

Sie gelten für alle Arten des Schuldnerverzugs gemeinsam, auch für den Schuldnerverzug in gegenseitigen Verträgen.

1. Es muß eine *Leistungspflicht* aufgrund eines wirksamen vertraglichen oder gesetzlichen Schuldverhältnisses bestehen. Die Leistung muß im Sinne der Unmöglichkeitslehre noch *möglich* sein (oben I und § 42 IV 1). Sie muß ferner *fällig* sein, 284 I 1 (siehe dazu die Regeln über die Leistungszeit, oben § 34). Sie darf auch nicht bereits erfüllt sein, BGHZ 69, 361 (366) − Abbuchungsermächtigung −.

2. Obwohl *geschuldet, möglich* und *fällig*, wird die Leistung *nicht erbracht* − dies ist das Schuldnerverhalten (meist ein Unterlassen, seltener ein Tun), das zum Verzug führen kann, aber nicht muß.

3. Denn Verzug tritt in der Regel nicht von selbst durch Überschreiten der Fälligkeitszeit ein, sondern erst durch eine *Mahnung*, die *nach* der Fälligkeit erfolgt, 284 I 1. Dem Schuldner soll eine letzte Warnung gegeben werden, daß nun die empfindlichen Verzugsfolgen eintreten. Die Mahnung ist die Aufforderung des Gläubigers an den Schuldner, nunmehr sofort zu leisten, also eine bestimmte Aufforderung zur Leistung. Ein Hinweis auf die Verzugsfolgen ist entbehrlich, sogar ein Wille, den Verzug herbeizuführen, wird nicht verlangt (die Mahnung ist also eine rechtsgeschäftsähnliche Rechtshandlung; die Vorschriften über Willenserklärungen − Geschäftsfähigkeit, Zugang, Auslegung, Anfechtung − gelten, aber nur analog, näher z. B. *Köhler* AT § 12 III 3). In der Regel ist in der Übersendung der Rechnung noch keine Mahnung zu erblicken, erst in der daran anschließenden, wenn auch zunächst noch freundlich gehaltenen „Erinnerung". Postauftrag zur Einziehung ist zur Mahnung nicht nötig, würde sie aber bedeuten, ebenso Leistungsklage oder Mahnbescheid im Mahnverfahren, 284 I 2; BGHZ 80, 269. − *Ohne Mahnung* tritt Verzug ein, wenn die Leistung nach dem Kalender bestimmt

oder nach einer Kündigung bestimmbar ist, 284 II: „Dies interpellat pro homine." Dann treten Fälligkeit und Verzug zugleich ein. – Die *Mahnung* ist *entbehrlich* bei endgültiger Leistungsaufsage (z. B. Abbestellung, bestimmte Verweigerung der Gegenleistung, BGH WM 81, 312) und auch, wenn der Schuldner nach Treu und Glauben mit keiner Mahnung mehr rechnen darf, insbesondere wenn die Leistung nach dem Inhalt des Vertrags keinen Aufschub mehr duldet (z. B. bei telefonischer Zusage eines Klempners, er werde den Wasserrohrbruch sogleich reparieren).

4. Verzug setzt *Vertretenmüssen des Schuldners* voraus, 285. Objektive Säumnis ist kein Verzug. Vertretenmüssen heißt hier *Verschulden,* § 276. Ein entschuldbarer Rechtsirrtum hindert daher den Verzugseintritt, OGHZ 4, 177. Ebenso schließen gewichtige Bedenken gegen die Leistungspflicht in tatsächlicher Hinsicht Verzug aus, OLG Koblenz, VersR 74, 1215. Zur *objektiven Leistungsverzögerung* siehe unten IV 3.

Der Schuldner muß, wie beim Unmöglichwerden, beweisen, daß ihn kein Verschulden trifft, da § 285 das Nichtvertretenmüssen als negatives Merkmal formuliert (wer sich darauf beruft – und das kann nur der Schuldner sein –, muß es beweisen). Vertretenmüssen bedeutet Verschulden, 276 I 1. Aber auch ohne Verschulden sind Gattungsschulden zu vertreten, 279. Das ist insb. wichtig für Geld: Zeitweilige Zahlungsschwierigkeiten hindern den Verzug nicht, gleichgültig ob den Schuldner ein Verschulden daran trifft; RGZ 75, 335 = ESJ 39. Hat aber der Verzögerungsgrund mit der Natur des Schuldverhältnisses als Gattungsschuld überhaupt nichts zu tun, so gilt § 279 beim Verzug nicht:

Buchhändler B verspricht Lieferung eines medizinischen Buches am 1. 4. Eine Zeitungsnotiz vom 30. 3. bringt ihn zu dem entschuldbaren Irrtum, das Buch falle unter Schund- und Schmutzbestimmungen, worauf B die Auslieferung unterläßt. Er gerät nicht in Verzug, weil ihn keine Schuld an der Verzögerung trifft (285) und der Verzögerungsgrund, das vermeintliche Auslieferungsverbot, mit dem Charakter der Gattungsschuld eines Bücherkaufes nichts zu tun hat (279). – Man formuliert übrigens besser umgekehrt, als die herrschende Meinung es tut, nämlich so: § 279 gilt beim Verzug, wenn der Verzögerungsgrund für die Natur der Gattung typisch ist (fehlendes Geld, z. Z. am Lager nicht vorhandene Ware; nicht aber Schund- und Schmutzverbot für medizinische Literatur; RGZ 99, 1 – Kriegsdrohung für ostgalizische Eier –.

5. Dem Schuldner darf *keine Einrede* gegen den Anspruch zustehen, mit dessen Erfüllung er in Verzug gerät. Sonst tritt kein Verzug ein.

Das gilt insbesondere für die Einrede des nicht erfüllten Vertrags, 284 I 1 i. V. m. 320; die Einrede des Zurückbehaltungsrechts, 273; die Einrede der ungerechtfertigten Bereicherung, 821. Dagegen befreit die Tatsache der Aufrechenbarkeit nicht von der Leistungspflicht, der Schuldner muß dann eben aufrechnen, 387. Die Einrede der Stundung beseitigt bereits die Fälligkeit, oben 1.

Abgesehen von der Einrede der Stundung, welche die Voraussetzung der Fälligkeit beseitigt, handelt es sich beim Erfordernis mangelnder Einredebehaftetheit um ein ungeschriebenes Tatbestandsmerkmal des Verzugs. In diesen Fällen *stets* „Fälligkeit" oder „Vertretenmüssen" zu leugnen, ist gekünstelt und führt zu unzulässigen Verallgemeinerungen. Trägt also der Kläger Tatsachen vor, aus denen sich die Einredebehaftetheit seines Anspruchs ergibt, wird die Klage abgewiesen. Trägt der Kläger nichts vor, kommt es auf das Verhalten des Schuldners an. Im einzelnen ist dabei zu unterscheiden:

a) Im Normalfall gilt, daß ein Schuldner, der durch Erhebung einer Einrede den gegnerischen Anspruch hemmen könnte, auch nicht zu leisten braucht (wie hier *Larenz* I § 23 I c; a. A. *Jahr,* JuS 64, 125; 218; 293, 302). Das bedeutet, daß der Schuldner zunächst nicht in Verzug gerät. Wird er aber verklagt, muß er sich mit seiner Einrede wehren. Macht er sie bis zur letzten mündlichen Verhandlung nicht geltend, wird er verurteilt, einschließlich aller Verzugsfolgen. Denn das Wesen der Einrede besteht darin, daß sie einen Anspruch letztlich nur hemmt, wenn sie im Prozeß erhoben wird (das Wesen der Einrede läßt sich nicht *rein* materiellrechtlich erklären).

b) Anders liegt es bei den Einreden, die erst dann die oben a) geschilderte Hemmungslage herbeiführen, wenn zuvor ein zusätzliches Gestaltungsrecht ausgeübt werden muß. Hierher zählen die Einrede des Zurückbehaltungsrechts (273) und das Gestaltungsrecht der Aufrechnung. Man muß Zurückbehaltung und Aufrechnung erklären, um die Hemmungslage herbeizuführen. Sonst besteht die Leistungspflicht, mit der der Schuldner in Verzug geraten kann.

c) Einer Sonderbehandlung wollen *Jahr* a. a. O., 297, *Larenz* a. a. O. und *Esser/Schmidt,* § 16 II 2, die Einrede des nicht erfüllten Vertrags (320) unterwerfen. Hier soll Verzug niemals eintreten können, solange der Gläubiger nicht seine Leistung anbietet (*Larenz*; BGH LM Nr. 9 zu § 320) oder wenigstens bereit und imstande ist, zu leisten (h. M.). Das ist nicht einzusehen, weil der Schuldner Gründe haben kann, auf die (u. U. qualitativ minderwertige, unten § 48 II 2) Leistung des Gläubigers keinen Wert zu legen. Besser ist es daher, auch die Einrede des nicht erfüllten Vertrags der Normallösung (oben a) zu unterwerfen. Dem Schuldner werden dadurch keine Rechte verkürzt und dem Gläubiger u. U. unnötige Mühen erspart.

6. Der Verzug muß *noch bestehen*.

Er endet mit wirksamem Angebot des Schuldners, solange der Gläubiger noch ein Interesse an der Leistung hat. Der *Gläubigerverzug* beseitigt demnach regelmäßig den Schuldnerverzug (purgatio morae), näher unten § 46 III 2f. Der Verzug endet mit dem *Verzicht* des Gläubigers auf Geltendmachung der Rechtsfolgen aus Verzug. Der Verzug eines vorleistungspflichtigen Schuldners wird dadurch geheilt, daß die Voraussetzungen des § 321 (Verschlechterung der Vermögensverhältnisse usw.) eintreten und der Schuldner seine Leistung gegen Erbringung der Gegenleistung anbietet, BGH NJW 68, 103. Der Verzug wird auch mit Vornahme der Erfüllungshandlung, z. B. Absenden der Ware (447) geheilt, BGHZ 12, 267; BGH NJW 81, 2244; vgl. auch BGHZ 44, 178.

7. Auch der *Gläubiger* muß *vertragstreu* sein, 242; OGHZ 4, 172 = ESJ 38. Doch kann es bei grob vertragswidrigem Verhalten des Schuldners anders liegen, vgl. OGHZ 1, 259 (Schlechterfüllungsfall); zu den Differenzierungen im gegenseitigen Vertrag BGH NJW 71, 1747.

8. Verzugsregeln gelten auch für sachenrechtliche Ansprüche, so BGHZ 49, 263.

III. Rechtsfolgen des Schuldnerverzugs, 286–290, 326, 327, 346ff.

1. Bei einfachen Leistungspflichten

a) Der Schuldner bleibt zur Leistung verpflichtet (keine eigentliche Verzugsfolge, sondern Folge des Schuldverhältnisses, das vom Verzug betroffen wird). Er haftet auf *Erfüllung*.

b) Zusätzlich zur Erfüllung kann der Gläubiger Ersatz des *Verzögerungsschadens* verlangen, 286 I (der Gesetzeswortlaut ist undeutlich). Das ist der Schaden, der dadurch entsteht, daß nicht rechtzeitig, sondern *später erfüllt* wird.

Es wird z. T. behauptet, daß nach § 286 I ein *übererfüllungsmäßiges Interesse* ersetzt wird. Das ist aber, solange der Gläubiger noch auf Erfüllung besteht, nicht richtig, weil ein gedanklicher Ausgangspunkt des Verzugs gerade ist, daß trotz der Verzögerung die Erfüllung der Leistung noch möglich ist. Man muß also die Möglichkeit der Erfüllung zu späterer Zeit noch offen lassen. Rechnet man aber auf diese Weise den Zeitfaktor in die Erfüllungshandlung ein, ist der Verzögerungsschaden, solange Erfüllung noch möglich ist und begehrt wird, ein Teil des *Erfüllungsinteresses* und nicht etwa ein übererfüllungsmäßiges Interesse.

Stud. jur. S verleiht bis 1. 5. einen Kurzkommentar (Gebrauchswert 20,–) an seinen Freund F. F gibt das Buch schuldhaft nicht rechtzeitig zurück, gerät also nach §§ 604, 284 II 1, 285 in Verzug. Da S ins Examen geht, muß er sich ein anderes Exemplar für 10,– pro Woche mieten. F, der 3 Wochen später den Leihvertrag erfüllt, haftet nach § 286 I auf 30,– Verzögerungsschaden. So hoch ist das Interesse des S an richtiger Erfüllung.

c) Es kommt vor, daß der Gläubiger wegen der Verzögerung das *Interesse an der Leistung* überhaupt *verliert*. Liegt das vor — der Gläubiger muß es im Streitfall beweisen —, so kann er die *Leistung ablehnen und Schadensersatz wegen Nichterfüllung*, also den Wert der Leistung als solcher verlangen, 286 II. (Bei vorgeleisteten Gegenleistungen des Gläubigers greift § 286 II 2 ein: Sie sind zurückzugeben.)

S konnte nach vernünftiger Betrachtung nicht mehr mit der Rückgabe des Buches durch F rechnen. Er entschloß sich daher nach einer Woche, am 8. 5., das gemietete Exemplar zurückzugeben und sich den Kurzkommentar noch einmal für 25,– neu zu kaufen. Dem F, der nach weiteren 2 Wochen den geliehenen Kommentar zurückgeben will, sagt er, er verzichte darauf und verlange statt dessen den Wert (20,–) als Schadensersatz wegen Nichterfüllung (286 II 1) und 10,– als Verzögerungsschaden (286 I). Die 5,– für den „Neuwert" (Differenz des Werts des Buches, das er jetzt hat, und des Buches, das er durch Zurückweisen verliert) kann er nicht verlangen, weil er insoweit nicht geschädigt ist: Er hat ein wertvolleres Buch (Frage der Schadensberechnung).

Es wird vertreten, daß der Verzögerungsschaden (286 I) ein Bestandteil des Schadensersatzes wegen Nichterfüllung (286 II 1) sei. Richtiger Ansicht nach steht der Verzögerungsschaden selbständig neben dem Schadensersatz wegen Nichterfüllung (vgl. 326), wie auch das Beispiel zeigt. Der Schadensersatz wegen Nichterfüllung bildet dann das Erfüllungsinteresse: Die Leistung wird wegen Verspätung und Interessewegfalls *abgelehnt*. Namentlich besteht der

Schadensersatz wegen Nichterfüllung häufig in den Mehrkosten eines Deckungsgeschäfts. Die Kosten des Deckungsgeschäfts sind das, was dem Gläubiger die (jetzt abgelehnte) Erfüllung wert gewesen wäre. Der Verzögerungsschaden hingegen wird, *wenn Erfüllung abgelehnt wird,* zum übererfüllungsmäßigen Interesse. Solange noch Erfüllung begehrt wurde, gehörte er zum Interesse an richtiger Erfüllung, also zum Erfüllungsinteresse.

Auch bei einem Deckungsgeschäft kann ein übererfüllungsmäßiges Interesse entstehen, oben § 44 III 3 a.

d) Hat der Schuldner seine Leistung *endgültig verweigert,* z. B. die Gegenleistung des Gläubigers vertragswidrig *abbestellt,* so kann der — seinerseits vertragstreue — Gläubiger nach herrschender und richtiger Ansicht *ohne Mahnung* (BGH WM 81, 312) und *ohne Nachweis des Interessewegfalls* nach § 286 II *Schadensersatz wegen Nichterfüllung verlangen* (im gegenseitigen Vertrag: 326 II). Wer erklärt, nicht leisten zu wollen, hat kein Recht, den Gläubiger zu fragen, ob er etwa noch ein Interesse an der Leistung habe! Das Gesetz schweigt, es bedarf analoger Anwendung des § 286 II 1, in gegenseitigen Verträgen des § 326 II.

Schwierigkeiten entstehen, wenn in einem solchen Falle der abbestellende Schuldner oder der zu einer Gegenleistung verpflichtete Gläubiger bereits einen Teil *angeleistet* haben: Beim Verzug mit *einfachen Leistungspflichten* erfolgt die Abwicklung des Angeleisteten in Analogie zu § 286 II 2 nach Rücktrittsvorschriften, in *gegenseitigen Verträgen* in Analogie zu §§ 326 II, 327 S. 2 hinsichtlich der Anleistung des *Schuldners* nach Bereicherungsvorschriften (er trägt ja die Schuld an der Nichtdurchführung des Vertrags; sein Gegner darf sich daher, wenn er Angeleistetes nicht mehr zurückzugeben vermag, auf § 818 III berufen). Praktisch bedeutet dies: Jeder Schuldner kann seinen Gläubiger, statt an ihn zu leisten, auf eine Schadensersatzforderung verweisen. Der Schuldner bekommt dann sogar Angeleistetes zurück, doch muß er mit der Einrede der Entreicherung rechnen. Diese — moralisch nicht unproblematische — Bewertung der Vertragstreue stimmt mit der § 307 zugrundeliegenden überein, vgl. o. § 43 II 4 a. E.

Es ist eigenartig, daß nach BGB die Lösung dieses Ur-Falles aller Leistungsstörungen, die *Leistungsaufsage* oder *Leistungsverweigerung* (breach of contract) solche konstruktiven Schwierigkeiten bereitet.

e) Der Verzug führt zu *Haftungserweiterungen.* Nach § 287 S. 1 entfallen Haftungsbeschränkungen auf diligentia quam in suis innerhalb der Fahrlässigkeit, s. insb. §§ 277 i. V. m. 690, 708, 1359, 1664, 2131. Nach § 287 S. 2 muß der Schuldner — was wichtiger ist — im Verzug auch für Zufall (aber nicht für höhere Gewalt) einstehen, es sei denn, auch bei rechtzeitiger Leistung hätte das gleiche Zufallsereignis den Schaden herbeigeführt (casus mixtus). Zu den Begriffen Zufall und höhere Gewalt siehe *Hübner* AT, § 26 B III 3, 4.

Die verliehene, schuldhaft nicht rechtzeitig zurückgegebene Sache verbrennt jetzt zufällig. Der Entleiher kann sich nicht auf §§ 604, 275 berufen, er haftet nach §§ 280 I, 287 S. 2 gerechterweise auf Schadensersatz wegen Nichterfüllung.

f) *Geldschulden* sind im Verzug mit 4% zu verzinsen, 288 I 1. Beispiel für § 288 I 2: 352 HGB. § 288 II bezieht sich auf § 286 und nur auf Geldschulden: Wenn Geld

Schuldnerverzug bei einfachen Leistungspflichten § 45
III 2

„teuer" ist, wird zugunsten des Gläubigers ein Zinsentgang je nach Üblichkeit und bis zu 1–2% über Bundesbankdiskont angenommen. Die auf Verzugszinsen zu zahlende Mehrwertsteuer gehört zum Verzugsschaden, OLG Hamm MDR 74, 667. Kein Zinseszins wird gewährt, 289 S. 1 (vgl. 248), aber Schadensersatz nach § 286 I für nicht rechtzeitig gezahlte Zinsen, die der Gläubiger verzinslich angelegt hätte, 289 S. 2. § 290 betrifft die Verzinsung einer Wertsatzforderung für einen während des Verzugs untergegangenen Gegenstand.

2. Bei Leistungen in gegenseitigen Verträgen, 326

Wegen des engen Zusammenhangs von Leistung und Gegenleistung im gegenseitigen Vertrag muß der Verzug mit der Leistung bestimmte Wirkungen auf den Vertrag und damit auf die Gegenleistung haben.

Außer den für den Verzug mit einfachen Leistungspflichten in § 286 genannten *Schadensersatzansprüchen*, die selbstverständlich im Ergebnis auch im gegenseitigen Vertrag gewährt werden müssen, muß der Gläubiger die Möglichkeit haben, vom *ganzen Vertrag* loszukommen, die Gegenleistung also für sich zu behalten. Es muß also die Möglichkeit des *Rücktritts* eröffnet werden. Allerdings setzt die Ablehnung der verzögerten Leistung grundsätzlich den Interessenwegfall des Gläubigers am Vertrag voraus, 286 II. Doch muß darüber hinaus im gegenseitigen Vertrag die Möglichkeit bestehen, auch ohne den Wegfall des Interesses vom Vertrag loszukommen, da der Gläubiger über seine Gegenleistung disponieren will. Das allerdings verlangt eine nochmalige Warnung an den Schuldner, er laufe bei weiterer Verzögerung Gefahr, den Anspruch auf die Gegenleistung zu verlieren (Fristsetzung mit Ablehnungsandrohung anstelle des Interessenwegfalls). Schließlich muß aber der Gläubiger, der ja selbst etwas schuldet, seinerseits vertragstreu sein, um in dieser Weise gegen den säumigen Schuldner vorgehen zu können. Auf diesen Grundgedanken ist die Regelung des § 326 aufgebaut, die § 286 I unberührt läßt, den § 286 II als die allgemeinere Vorschrift aber verdrängt. Die §§ 284–290 gelten im übrigen auch im gegenseitigen Vertrag, vor allem auch die Haftungserweiterungen des § 287. Im einzelnen führt also der Schuldnerverzug im gegenseitigen Vertrag zu folgenden Rechten des Gläubigers der verzögerten Leistung:

a) Der Schuldner bleibt *zur Leistung verpflichtet*, wie oben 1a: Die Leistung ist ja *möglich*, der Erfüllungsanspruch besteht weiter (dies ist keine eigentliche Verzugsfolge).

A baut sich ein Haus, das er vermieten will. Die Dachziegel treffen nicht ein. A mahnt erfolglos. Der Lieferant ist, da es sich um eine Gattungsschuld handelt, auch dann im Verzug, wenn er die Verzögerung nicht zu vertreten hat, 279, oben §§ 28 III 3; 44 II 1b. Vor allem aber muß der Lieferant erfüllen, also zunächst einmal die Dachziegel liefern, 433 I 1, 243 I, was mit dem Verzug selbst nichts zu tun hat.

b) *Neben* der geschuldeten Leistung kann der Gläubiger den *Verzögerungsschaden* nach § 286 I verlangen, eine Vorschrift, die *unabhängig neben § 326 gilt;* es liegt also wie oben 1b.

Da sich die Fertigstellung verzögert, entsteht ein Mietausfall. Die Gerüstkosten erhöhen sich. Der Neubau ohne Dach wird vom Regen durchnäßt, so daß Nässeschäden eintreten. (Auch dies ist ein Verzögerungsschaden, der – da zur Leistung auch rechtzeitige Leistung gehört – beim Verzug in das Erfüllungsinteresse einzubeziehen ist, solange Erfüllung noch möglich ist und begehrt wird.) Diese Schäden sind also dem A nach § 286 I zu ersetzen (!).

c) Es kann die Lage eintreten, daß dem Gläubiger ein noch längeres Warten nicht mehr *zugemutet werden kann*. Das ist der Zeitpunkt, in dem sein *Interesse* an der Leistung *wegfällt*. Liegt das vor, kann der Gläubiger, wenn er selbst vertragstreu ist, die Leistung ablehnen und *statt der Leistung Schadensersatz wegen Nichterfüllung verlangen*, also das, was die Leistung dem Gläubiger wert ist, 326 II i. V. m. I 2 (zweckmäßig vor § 326 I 1 zu prüfen, da dem § 286 II entsprechend). Dazu gehören auch die Mehrkosten eines *Deckungskaufes*, zu dem der Gläubiger sich wegen des Ausbleibens der Leistung genötigt sieht, denn der Preis des Deckungskaufes bestimmt den Wert, den die Leistung für den Gläubiger gehabt hätte (das pretium singulare ist für den Schadensersatz maßgebend, unten § 50 I 5). Zurecht stellt aber die allgemeine Meinung hohe Anforderungen an den Nachweis des Interessewegfalls; erforderlich ist eine Gesamtwürdigung im Einzelfall, die die Dauer des Verzugs sowie das Verhalten des Schuldners, die dem Schuldner zumutbare Einsicht in das voraussichtliche Verhalten des Gläubigers und ähnliche Umstände berücksichtigt (einige dieser Gesichtspunkte in BGH NJW 69, 975; NJW 71, 778; ein höheres Drittangebot läßt das Interesse nicht wegfallen, BGH NJW 80, 449). Im Regelfall wird der Beweis mißlingen, so daß statt nach § 326 II nach § 326 I 1 verfahren werden muß, unten d).

A muß, da ihm ein längeres Zuwarten nicht mehr zuzumuten ist, eine entsprechende Menge Dachziegel teurer woanders kaufen *(Deckungskauf)*. Sein Schadensersatzanspruch gegen den säumigen Verkäufer bemißt sich nach dem Mehrpreis des Deckungskaufs.

Wie beim vom Schuldner zu vertretenden Unmöglichwerden einer Leistung im gegenseitigen Vertrag (325) kann der Gläubiger auch in § 326 zwischen der Berechnung des Schadensersatzes nach der strengen oder eingeschränkten Differenz- oder nach der Austauschtheorie wählen, vgl. o. § 44 III 3 a; BGH NJW 83, 1605 = JuS 83, 629 m. Anm. *Emmerich*.

Im obigen Beispiel hat er die (strenge) Differenzberechnung gewählt, d. h. vom Wert der verzögerten Leistung zuzüglich des Mehrpreises des Deckungskaufes seine eigene Gegenleistung in Geld abgezogen. Die Austauschrechnung ist vorzuziehen, wenn der Gläubiger eine andere Gegenleistung als Geld, z. B. ein Tauschobjekt schuldet, das er loswerden möchte, s. o. § 44 III 3 a.

Wird Schadensersatz wegen Verzögerung nach § 286 I begehrt, bleibt der Erfüllungsanspruch auf die Leistung selbst unberührt. Es empfiehlt sich, Schadensersatz wegen Nichterfüllung zu verlangen, wenn dem Gläubiger ein Schaden nicht durch die Verzögerung, sondern durch das Ausschlagen der verzögerten Leistung entsteht. Wird Schadensersatz wegen Nichterfüllung geltend gemacht, ist der Anspruch auf Erfüllung ausgeschlossen, da dann *an die Stelle* der Erfüllung das in Geld bewertete Interesse an der Leistung tritt, 326 I 2, 2. Halbsatz. Verzögerungsschaden nach § 286 I, nunmehr als übererfüllungsmäßiges Interesse, und Schadensersatz wegen Nichterfüllung nach § 326 II, I 2 können nebeneinander begehrt werden, das eine schließt das andere nicht aus, RG JW 32, 1204 = ESJ 40.

Die Geltendmachung des Interessewegfalls und der daraus folgenden Rechte darf nicht wider Treu und Glauben hinausgezögert werden, sonst tritt Verwirkung ein, 242.

Anstelle der Geltendmachung des Schadensersatzes kann der Gläubiger aber auch den *Rücktritt* vom Vertrag erklären, 326 II, 326 I 2, 327, 346 ff. Das wäre dem Gläubiger dann zu empfehlen, wenn er durch das Ausschlagen der Leistung keinen Schaden erleidet oder wenn die von ihm geschuldete Gegenleistung wertmäßig höher ist als das Erfüllungsinteresse einschließlich des Mehrpreises des Deckungskaufs (er hätte ein schlechtes Geschäft gemacht). Wird Rücktritt begehrt, kann Erfüllung oder Schadensersatz wegen Nichterfüllung nicht mehr verlangt werden, *wohl aber der Verzögerungsschaden nach § 286 I.* Im Falle eines Deckungsgeschäfts sind die oben § 44 III 3 a wiedergegebenen Regeln zu beachten. Mit der *Annahme* des Schadensersatzes wegen Nichterfüllung geht, wie bei der Unmöglichkeit, das Rücktrittsrecht (erst) verloren.

Verweigert der Schuldner *endgültig* seine Leistung, bestellt er z. B. vertragswidrig die Gegenleistung des Gläubigers ab, so findet *§ 326 II entsprechende Anwendung.* Ein Interessewegfall braucht nicht mehr behauptet und bewiesen zu werden (entsprechend zu § 286 I, oben II 3). Für Angeleistetes gelten §§ 326 I 2, 327, 346 ff., 812 ff., oben § 44 III 3 b, c.

d) Im gegenseitigen Vertrag wäre es eine Härte für den Gläubiger der verzögerten Leistung, sich erst dann vom Vertrag lossagen zu können, wenn er den Wegfall seines Interesses nachweisen kann. Es muß bei diesen praktisch häufigen und wichtigen Fällen eine handlichere Möglichkeit geben, vom Vertrag loszukommen, um einen Deckungskauf tätigen zu können, ohne der Gefahr ausgesetzt zu sein, in zwei Vertragsverhältnissen zu stehen und doppelt beliefert zu werden. Das Gesetz bietet sie in § 326 I 1: Der Gläubiger kann, wenn er selbst vertragstreu ist, dem Schuldner eine letzte Frist mit der Drohung setzen, nach fruchtlosem Verstreichen der Frist werde die Leistung abgelehnt *(Fristsetzung mit Ablehnungsandrohung).* Dadurch wird der in § 326 II nötige *Interessewegfall* ersetzt. Mit dem fruchtlosen Ablauf der Frist kann Schadensersatz wegen Nichterfüllung oder Rücktritt begehrt werden (vorher braucht sich der Gläubiger nicht festzulegen), 326 I 2. Bei teilweiser Leistung gilt § 325 I 2 entsprechend, 326 I 3. Dies Verfahren ist immer noch umständlich genug, aber begreiflich, da der Schuldner aufgrund des Vertrauensbandes im gegenseitigen Vertrag Anspruch auf eine solche letzte Warnung haben muß, ehe er seine Rechte aus dem Vertrag verliert. Das Erfordernis der Fristsetzung mit Ablehnungsandrohung ist vor allem ein gerechter Ausgleich für die Verzugshaftung gemäß §§ 284, 285, 279 ohne Verschulden bei Gattungswaren.

Nach fruchtlosem Ablauf der Frist kann Erfüllung nicht mehr verlangt werden, 326 I 2 HS 2. Wollen die Parteien danach doch noch den Vertrag mit den primären Leistungspflichten fortsetzen, so bedarf es einer neuen Vereinbarung (Schuldumschaffung, 305), die gegebenenfalls der Form des § 313 unterliegt; doch kann dann die Berufung des säumigen Teils auf die Formnichtigkeit unzulässige Rechtsausübung sein, BGHZ 20, 344. Die gesetzliche Lösung, daß sich der Gläubiger schon **vor** Ablauf der Frist zur Ablehnung und damit zur Nichtfortsetzung des Geschäfts entschließen muß, ist nicht immer sachgerecht.

De lege ferenda wäre zu überlegen, ob man das Erfordernis der Fristsetzung mit Ablehnungsandrohung auf den Verzug mit Gattungsschulden beschränken sollte, denn bei Stückschulden weiß der Schuldner (oder er weiß es fahrlässig nicht), daß er im Unrecht ist, also mit der Lossage des Gläubigers rechnen muß.

Bei teilweise bewirkter Leistung kann der Gläubiger den Leistungsteil annehmen und hinsichtlich des nicht erbrachten Teils Schadensersatz wegen Nichterfüllung verlangen. Der Gegenanspruch des Schuldners für die Teilleistung und die Schadensersatzforderung des Gläubigers sind dann aufrechenbar, BGHZ 36, 316.

Die *Frist muß angemessen* sein, d. h. einerseits dem Schuldner eine letzte Überprüfung seiner Leistungsfähigkeit ermöglichen, andererseits das Interesse des Gläubigers an baldiger Klarheit (vor allem über die Gefahrlosigkeit eines Deckungskaufes) berücksichtigen.

Die Ablehnungsandrohung muß deutlich erklärt werden („lege auf ihre Lieferung dann keinen Wert mehr"). Die Rechtsprechung stellt strenge Anforderungen: Es muß aus der Erklärung unzweifelhaft hervorgehen, daß der Gläubiger nach Fristablauf die Leistung ablehnen werde. Der Gebrauch der Worte des Gesetzes ist zwar nicht unbedingt erforderlich, aber anzuraten. Setzt die Fälligkeit eine Kündigung voraus (284 II 2), so sind also zur Auslösung der Verzugsfolgen im gegenseitigen Vertrag *drei* Mitteilungen nötig, ehe der Gläubiger die Rechte des § 326 hat: Die Kündigung (zur Fälligkeit, 284 II 2); die Mahnung (für den Verzug, 284 I 1); und die Fristsetzung mit Ablehnungsandrohung, 326 I 1. Auslegung nach Treu und Glauben mit Rücksicht auf die Verkehrssitte (133, 157) kann in besonders gelagerten Fällen dazu führen, daß man die Kündigung zugleich als Mahnung, die Mahnung zugleich als Fristsetzung mit Ablehnungsandrohung, oder alles zusammen durch eine Mitteilung als erfüllt ansehen kann. Meist wird dann aber Interessewegfall vorliegen (326 II). – Fristsetzung und Ablehnungsandrohung dürfen nicht treuwidrig hinausgezögert werden, sonst sind sie verwirkt, 242.

e) Auf *Dauerschuldverhältnisse* als solche ist § 326 nicht anwendbar, da sämtliche Rechtsfolgen ein Zurückweisen bereits erbrachter Leistungen bedeuten würden. An die Stelle des Rücktritts tritt entweder die sondergesetzlich vorgesehene Kündigung, und wo eine solche nicht vorgesehen ist, ein Rücktritt mit Wirkung für die Zukunft. Ferner ist der Verzögerungsschaden nach § 286 I zu ersetzen. Anders kann aber auf die Einzellieferungen eines Dauerschuldverhältnisses (z. B. Sukzessivlieferungsvertrag) § 326 angewandt werden.

f) Im Gutachten wird in vielen Fällen zweckmäßig der hier beschriebene Gedankengang gewählt: Ist eine (noch mögliche) einfache Leistungspflicht verzögert oder eine im gegenseitigen Vertrag? Im ersten Falle sind die Voraussetzungen der §§ 284, 285 und, neben dem Erfüllungsanspruch, die Rechtsfolgen der §§ 286–290 zu prüfen; im zweiten die Voraussetzungen der §§ 284, 285, danach Erfüllungsanspruch; Verzögerungsschaden, 286 I; Interessewegfall mit den Folgen des Schadensersatzes wegen Nichterfüllung oder des Rücktritts, 326 II (daneben Verzögerungsschaden?); Ersetzung des Interessewegfalls durch Fristsetzung mit Ablehnungsandrohung, 326 I; dann die Möglichkeiten des § 326 I (Schadensersatz oder Rücktritt), vgl. dazu oben § 44 III 3 e.

IV. Fixgeschäft und objektive Leistungsverzögerung

1. Eine Besonderheit gegenüber § 326 enthält die Bestimmung über das *Fixgeschäft*, 361. Bei sog. Fixgeschäften ist *Rücktritt* (nicht Schadensersatz) möglich, wenn der Schuldner die rechtzeitige Leistung versäumt, auch wenn ihn *kein Verschulden* trifft und auch *die übrigen Verzugsvoraussetzungen nicht vorliegen.* Insbesondere ist *keine Fristsetzung mit Ablehnungsandrohung* nötig. § 361 gilt aber nur in gegenseitigen Verträgen. Für den Schadensersatz gilt das Übliche, 286 I, 326. Anstatt nach § 361 zurückzutreten, kann der Gläubiger der verzögerten Leistung also nach § 326 Schadensersatz verlangen. Dann müssen aber die Verzugsvoraussetzungen (insb. Verschulden) vorliegen. Im *Handelsrecht* befreit § 376 I 1 HGB (Fixhandelskauf, anwendbar auf ein- und zweiseitige Handelsgeschäfte, §§ 343 – 345 HGB) von den Anforderungen des § 326 (Fristsetzung, Ablehnungsandrohung), aber nicht von denen des Verzugs (insb. Verschulden). Hat der Gläubiger beim Fixgeschäft erklärt, er verlange Schadensersatz und liegen die Voraussetzungen dafür nicht vor, so kann er immer noch zum Rücktritt aus § 361 übergehen. In aller Regel wird ein Deckungsgeschäft nötig sein, wenn der Schuldner beim Fixgeschäft nicht rechtzeitig leistet. Hier hilft nur § 326 (bzw. § 376 HGB), nicht § 361. Die Praxis kommt daher nicht ohne Garantieversprechen oder Vertragsstrafen aus.

2. Problematisch ist meist die Ermittlung der Voraussetzungen des Fixgeschäfts im praktischen Fall. § 361 sagt nur: „... vereinbart, daß die Leistung ... genau zu einer fest bestimmten Zeit oder innerhalb einer fest bestimmten Frist bewirkt werden soll ...". Das ist nicht deutlich genug: Drei Fälle sind zu unterscheiden, nur einer davon ist der des Fixgeschäfts:

a) Die Leistung ist überhaupt nur zu einem bestimmten Zeitpunkt möglich. Dann ist der Leistungszeitpunkt in den Pflichteninhalt so integriert, daß der Leistungsinhalt mit rechtzeitiger Leistung „steht und fällt", BGHZ 60, 14 (16) = ESJ 32 – *Teneriffa* – ; 77, 320 (323); 85, 301 (304) – termingebundene Reiseveranstaltung –. Wird sie dann nicht erbracht, gelten die Regeln über die *Unmöglichkeit*, § 361 findet keine Anwendung:

Andere Beispiele: Herstellung einer astronomischen Aufnahme von einer nicht wiederkehrenden Planetenkonstellation. Die Fotoaufnahme zu anderer Zeit ist mit Sicherheit ergebnislos, die Erbringung der Leistung zu anderer Zeit also unmöglich. – Fenstermiete bei Festumzügen („coronation cases"), s. o. § 39 VI 3 a: „Zweckverfehlung".

Der Ausdruck „absolutes Fixgeschäft" für diese Fälle ist irreführend.

b) Die Leistung soll an einem bestimmten Datum erbracht werden. Dies ist nichts weiter als die Bestimmung der *Fälligkeit*, nicht etwa ein Fixgeschäft. Wird der Termin versäumt, tritt nach § 284 II 1 *Verzug* ein.

Wirtschaftsprüfer W hat der X-AG zum 31. 12. die fertige Bilanz versprochen.

c) Die Leistung soll an einem bestimmten Datum erbracht werden, wobei die genaue Einhaltung von entscheidender Bedeutung ist. Davor und danach ist die Leistung zwar auch möglich, nach dem besonderen Zweck des Geschäfts, der von den Parteien zum Vertragsinhalt gemacht ist, aber *ohne Interesse* für den Gläubiger, weil seine weitergreifende Planung ganz auf diesen Zeitpunkt eingestellt ist: *Fixgeschäft.*

Eine Brücke wird gebaut. Am 1. 4. genau um 10.30 Uhr sollen 5 Schleppkähne zur Verfügung stehen, um das mittlere Brückenglied auf dem Wasserweg einzufahren. — Lieferung später nicht verwertbarer Saisonartikel (Tannenbäume vor Weihnachten), OLGE 43, 38 = ESJ 41 — Weihnachtsnüsse —.

3. Für andere Fälle *objektiver Leistungsverzögerung* als die des Fixgeschäftes enthält das BGB nur im Werkvertragsrecht eine Regelung. Nach § 636 kann der Besteller auch bei objektiver Verzögerung der Fertigstellung des Werks zurücktreten. Im übrigen trägt nach der Risikoregelung des BGB, §§ 275, 284ff., der *Gläubiger* das Risiko bei unverschuldet verzögerter Leistung des Schuldners; nur bei Gattungsschulden trifft den Schuldner nach § 279 eine Einstandspflicht bis zur Erschöpfung der Gattung, sofern der Verzögerungsgrund im vermögensmäßigen Bereich liegt. (Hier zeigt sich übrigens ein überwiegend schuldnerfreundlicher Zug, denn der Gläubigerverzug tritt ohne Rücksicht auf Verschulden ein, §§ 293ff.) Dies kann den Gläubiger unbillig hart treffen.

Rechtsprechung und Lehre haben sich zeitweise mit der sog. „wirtschaftlichen Unmöglichkeit" beholfen. Danach ist eine vorübergehende Leistungsstörung einer endgültigen dann gleichzusetzen, wenn der Vertragszweck durch die Verzögerung nicht mehr erreichbar ist; eine unzumutbare Dauer wird einer Unmöglichkeit gleichgesetzt (RGZ 105, 388; BGH MDR 54, 733 f.). Diese Lehre knüpft aber zu Unrecht an die Unmöglichkeit an (anders liegt es in den Fällen, wo aus einer vorübergehenden Unmöglichkeit eine dauernde „faktische" wird, BGHZ 83, 197 — politische Verhältnisse im Iran —, s. o. § 42 IV 1 vor a. Solange die Leistung „faktisch" noch möglich ist, bleibt es bei Verzug). In Wahrheit geht es dann nur darum, ob dem Gläubiger ein Festhalten am Vertrag zu den vereinbarten Bedingungen noch zumutbar ist. Dies zeigt sich etwa in folgendem Fall: K hat bei V komplizierte technische Geräte gekauft. Infolge eines unvorhersehbaren Streiks kann V längere Zeit nicht liefern. Inzwischen kommt eine technische Neuheit auf den Markt, K kann die Geräte nicht mehr zum gleichen Preis weiterveräußern. Die Regeln über die Unmöglichkeit bei gegenseitigen Verträgen sind spezialgesetzlicher Ausdruck des Äquivalenzprinzips. Diesen Gedanken gilt es bei der objektiven Leistungsverzögerung entsprechend nutzbar zu machen: Wird die bei Vertragsschluß bestehende Wertrelation zwischen Leistung und Gegenleistung durch die objektive Leistungsverzögerung des Schuldners erheblich verändert, so ist analog §§ 323 II, 242 die Gegenleistung des Gläubigers zu mindern; ggfs. besteht ein Recht des Gläubigers, vom Vertrag Abstand zu nehmen, wenn eine Anpassung nicht möglich ist. In Anbetracht der Möglichkeit, gem. § 361 ein Fixgeschäft zu vereinbaren und so das Interesse des Gläubigers zu wahren, können diese Rechtsfolgen aber nur eintreten, wenn die objektive Leistungsverzögerung für den Gläubiger unvorhersehbar war (wie in unserem Fall der Streik). Denkbar ist also, daß die Einhaltung eines bestimmten Leistungstermins zwar nicht Möglichkeitsvoraussetzung oder vertragliche Interessebedingung, sondern nur außervertraglicher, Motiv gebliebener *Vertrauensumstand* des Gläubigers und Schuldners der Gegenleistung ist. Dann können sich, wenn dadurch die Gegenleistung ganz oder teilweise unzumutbar wird, diese Fälle der „Geschäftsgrundlage" ergeben, oben § 27 III.

§ 46
Gläubigerverzug

Adler, ZHR 71, 449; *Beuthien*, Zweckerreichung und Zweckstörung im Schuldverhältnis, 1969; *v. Caemmerer*, JZ 51, 740; *Emmerich*, Das Recht der Leistungsstörungen, 1978, §§ 24–26; *Erman*, JZ 65, 657; *Hirsch*, Zur Revision der Lehre vom Gläubigerverzuge, 1895; *Hönn*, AcP 177, 385; *Hüffer*, Leistungsstörungen durch Gläubigerhandeln, 1976; *Kohler*, IherJb. 17, 261; *ders.*, ArchBürgR 13, 143; *Köhler*, Unmöglichkeit und Geschäftsgrundlage bei Zweckstörungen im Schuldverhältnis, 1971; *Kreuzer/Stehle*, JA 84, 69; *Lesser*, Der Inhalt der Leistungspflicht, Abgrenzung Unmöglichkeit – Gläubigerverzug, 1909; *Munk*, Wesen und Voraussetzung der mora creditoris im gemeinen Rechte und im bürgerlichen Gesetzbuch für das Deutsche Reich, 1892; *Nassauer*, „Sphärentheorien" zu Regelungen der Gefahrtragungshaftung in vertraglichen Schuldverhältnissen, 1978; *Rosenberg*, IherJb. 43, 141; *Rückert*, ZfA 83, 1; *v. Schenck*, Der Begriff der „Sphäre" in der Rechtswissenschaft, 1977; *Schenker*, IherJb. 79, 141; *Trautmann*, Gruchot 59, 434.

I. Begriff

Gläubigerverzug (Annahmeverzug) ist eine Verzögerung der Erfüllung der Leistung, die darauf beruht, daß der Gläubiger eine seinerseits erforderliche Mitwirkung unterläßt (mora accipiendi). Dem liegt der Gedanke zugrunde, daß bei vielen Leistungen des Schuldners Mitwirkungen des Gläubigers erforderlich sind, damit die Leistung erfüllt werden kann.

A bestellt sich bei der Buchgemeinschaft ein Buch. A muß seine Adresse deutlich angeben und das zugesandte Buch an der Tür entgegennehmen. – B bestellt den Landarbeiter L zum Umgraben seines Gartens. B muß für den Zutritt zum Garten sorgen.

Die Mitwirkung ist eine Obliegenheit, keine aus dem Schuldverhältnis folgende Pflicht des Gläubigers, oben § 8, 4. Der Schuldner hat also keinen Anspruch darauf, wohl aber treffen den Gläubiger Nachteile, wenn er der Obliegenheit nicht nachkommt. – Freilich kann das Schuldverhältnis eine *vertragliche Pflicht* zur Entgegennahme der Leistung vorsehen (z. B. in § 640 oder kraft Vereinbarung), die wiederum, je nach Vertragsinhalt, selbständig einklagbar (Hauptpflicht) sein kann oder nicht, und synallagmatisch (320 ff.) sein kann oder nicht..

Der Gläubigerverzug ist eine Leistungsstörung i. w. S. durch den Gläubiger. Er ist geregelt in den §§ 293–304 sowie an verschiedenen, verstreuten Stellen des Gesetzes.

II. Voraussetzungen des Gläubigerverzugs, 293–299

1. Es bedarf einer *Leistungspflicht*, d. h. es muß ein wirksamer Schuldgrund vorhanden sein, der Schuldner darf leisten (vgl. 271: im Zweifel sofort), und er muß auch leisten können, 297.

2. Die Leistung muß durch den Schuldner oder einen Dritten (§ 267) dem Gläubiger angeboten sein. Sie muß dem Gläubiger so, wie sie zu bewirken ist, grundsätzlich *tatsächlich* angeboten werden, 294.

a) Zum ordnungsgemäßen Anbieten der Leistung gehört, daß die Leistung *vorbehaltlos* angeboten wird (über den zulässigen Vorbehalt der Rückforderung mit Rücksicht auf § 814 vgl. oben § 38 III). Unzulässig ist die Leistung unter der Bedingung des Bestehens der Leistungspflicht; näher oben § 38 III.

b) Außerdem muß die Leistung *inhaltlich richtig* angeboten werden, d. h. vertragsgemäß nach *Ort, Zeit* und sonstigem *Inhalt*, 294. Hierfür ist entscheidend, wie sich der Inhalt der Leistung bestimmt, vgl. oben §§ 34, 35. Die §§ 269 – 271 spielen bei der Untersuchung des Gläubigerverzugs häufig die entscheidende Rolle. Wo der bedungene Inhalt des Vertrages nichts hergibt, ist zu prüfen, was sich die Parteien nach Treu und Glauben mit Rücksicht auf die Verkehrssitte schuldig sind, 242. So entspricht es heute der Üblichkeit, daß eine zugesandte Ware unter Eigentumsvorbehalt übersandt wird. Das Übersenden einer Ware unter Eigentumsvorbehalt bis zur Bezahlung der Rechnung entspricht also in den meisten Geschäftszweigen dem ordnungsgemäßen Angebot des § 294, str. Fraglich ist, ob man vom Gläubiger Wechselgeld verlangen kann. Im Laden ist dies verkehrsüblich, in der Straßenbahn nicht im gleichen Umfang, 242.

c) In der Regel muß das Angebot tatsächlich erfolgen, 294. Ein bloß *wörtliches* Angebot genügt in zwei Fällen, einmal wenn der Gläubiger zuvor die Annahme verweigert hat, 295 S. 1, 1. Alternative, zum anderen, wenn zur Bewirkung der Leistung eine Handlung des Gläubigers erforderlich ist, 295 S. 1, 2. Alternative; vgl. BGHZ 86, 204 – zurückzugebende Mieträume –.

d) *Ersetzt* wird das Angebot durch die *Aufforderung* an den Gläubiger, die erforderliche Handlung vorzunehmen, 295 S. 2.

e) Das Angebot selbst kann entfallen, wenn die Handlung des Gläubigers, die zur Erfüllung der Leistung erforderlich ist, zeitlich fixierbar ist, 296. Zur zeitlichen Festlegung genügt entweder ein Kalenderdatum oder daß die Handlung nach dem Vertragsinhalt „jetzt" vorgenommen werden muß. § 296 gilt also auch für sog. „spontane Mitwirkungshandlungen" des Gläubigers:

A vereinbart mit einem Grundstücksschätzer die amtliche Schätzung eines Vorstadtgrundstücks, das A kaufen will. Die Schätzung soll am Nachmittag im Beisein des A stattfinden. A verspricht, den Schätzer mit dem Auto abzuholen, tut das aber nicht. A hat eine spontane Mitwirkungshandlung unterlassen und befindet sich im Gläubigerverzug. Einen Sonderfall zu § 296 enthält § 642 im Recht des Werkvertrags.

3. Gläubigerverzug tritt ein, wenn der Gläubiger die ihm ordnungsgemäß angebotene Leistung *nicht abnimmt*, 293. Das setzt im einzelnen voraus:

a) Die Mitwirkung des Gläubigers muß in irgendeiner Weise erforderlich sein. Das ist bei den meisten Leistungspflichten der Fall. Meist besteht die Mitwirkung in keiner besonderen Handlung, sondern einfach in der Entgegennahme der Leistung. Es gibt aber auch Leistungspflichten, die nicht erfüllt werden können, ohne daß der Gläubiger irgendwie mithelfen muß (Beispiele oben I). Selten sind die Ablieferungen, bei denen nach dem Vertragsinhalt ein Mitwirken des Gläubigers überhaupt nicht erforderlich ist, z. B. das Auffüllen des Öltanks im Vorgarten, der von der Straße zugänglich ist, durch die Heizölgesellschaft. Bei derartigen Leistungspflichten ist ein Gläubigerverzug nur selten möglich (z. B.: Der Tank läßt sich nicht aufschrauben, weil der Verschluß defekt ist). In Zweifelsfällen hilft die Frage: Wäre wirksam erfüllt worden (362)?

b) Auf ein Verschulden des Gläubigers kommt es nicht an. Auch ohne Verschulden gerät der Gläubiger in Gläubigerverzug. Eine Ausnahme dazu enthält § 299: Ist die Leistungszeit nicht bestimmt oder ist der Schuldner berechtigt, vor der bestimmten Zeit

Gläubigerverzug § 46
III 1

zu leisten, so kommt der Gläubiger durch eine vorübergehende Verhinderung an der Annahme nicht in Verzug, es sei denn, daß der Schuldner ihm die Leistung eine angemessene Zeit vorher angekündigt hat.

c) Selbst wenn der Gläubiger die Leistung annehmen will, kann der Fall eintreten, daß er dennoch in Verzug gerät, 298. Wenn der Schuldner nur gegen eine Leistung des Gläubigers zu leisten verpflichtet ist, so kommt der Gläubiger in Verzug, wenn er zwar die angebotene Leistung anzunehmen bereit ist, die verlangte Gegenleistung aber nicht anbietet, vgl. 320.

III. Folgen des Gläubigerverzugs

Zwei Gruppen sind zu unterscheiden:

1. Die in den §§ 300–304 geregelten Rechtsfolgen

a) Während des Gläubigerverzugs hat der Schuldner nur Vorsatz und grobe Fahrlässigkeit zu vertreten (Ausnahme insbesondere zu §§ 280, 325, 276, aber auch zu 279): Der Lieferant der Firma S will zur vereinbarten Zeit die ausgesuchte und bestellte Kiste Wein abliefern. Der Besteller G ist nicht zu Hause. Auf dem Rückweg wird die Kiste durch einen Verkehrsunfall zerstört, den der Fahrer leicht fahrlässig verschuldet. S ist frei.

b) Wird eine Gattungsschuld geschuldet, die ausnahmsweise bei Eintritt des Gläubigerverzugs noch nicht konkretisiert ist, etwa weil das vertraglich so bedungen ist oder weil es sich um eine Bring- oder Geldschickschuld handelt, so geht die Gefahr mit dem Zeitpunkt des Annahmeverzugs auf den Gläubiger über. Es handelt sich hier um die *Leistungsgefahr*, also um die Frage, ob trotz des Untergangs der Leistung noch einmal geleistet werden muß. Im einzelnen vgl. die Erörterung des § 300 II oben § 28 III 4.

Ein Beispiel bildet Geld, das im Brief versandt wird, 270. Wenn der Gläubiger durch Ablehnung der Leistung die Konkretisierung verhindert, so trägt er billig die Gefahr für den zufälligen Untergang oder Verlust des Geldes. Er kann nicht noch einmal Zahlung verlangen.

S will während der Bürostunden bei G Geld bezahlen, das zur Zahlung fällig ist. Das Büro ist wegen einer Privatreise des G 2 Tage geschlossen. Auf der Rückfahrt kommt dem S das Geld abhanden: Es ist noch nicht erfüllt, 362. Ein Freiwerden von der Leistung mit eventueller Folge des Schadensersatzes nach §§ 275, 280 tritt nicht ein, da Geld Gattungsschuld, nicht Stückschuld ist, 243 I. S haftet also noch nach § 279. Eine Konkretisierung ist noch nicht eingetreten, da S das Geld gemäß § 270 I dem Gläubiger an dessen Sitz zu übermitteln hat. Will S persönlich bezahlen, und nimmt G nicht entgegen, kann die Geldschuld nicht konkretisieren. (a) Wird S auf dem Rückweg beraubt, entfällt gemäß § 300 II die nochmalige Zahlungspflicht. Die Leistungsgefahr war mit dem erfolglosen Angebot auf G übergegangen. (b) Zweifelhaft ist die Lage, wenn S das Geld schuldhaft verliert. Der für Stückschulden geltende Grundsatz ist, daß nur unverschuldetes Unmöglichwerden befreit, verschuldetes zu Schadensersatz verpflichtet, 275, 280. Das muß entsprechend gelten, wenn bei einer nicht konkretisierten Gattungsschuld nach § 300 II die Gefahr übergeht. Allerdings besteht, da Gläubigerverzug vorliegt, die Haftungsmilderung des § 300 I: Verliert S das Geld daher *leicht* fahrlässig, wird er ebenso frei wie im Fall des unverschuldeten Verlusts. Bei grobfahrlässigem oder vorsätzlichem Verlust geht die Gefahr nicht über. Die Haftung nach § 279 besteht weiter.

Ein weiteres Beispiel bei *v. Caemmerer* JZ 51, 740 und *Blomeyer,* 218: Der Schuldner schuldet Ware und Absendung in Säcken des Gläubigers. Die Säcke werden vom Gläubiger nicht bereitgestellt, der Schuldner kann nicht verpacken, auch nicht das seinerseits Erforderliche (243 II), nämlich das Versenden, durchführen. Die Leistungspflicht beschränkt sich nach § 300 II auf die bereitgestellte Menge.

§ 324 II, wonach der Anspruch auf die Gegenleistung für die zurückgewiesene Gattungsbring- oder -schickschuld trotz Untergangs der zur Leistung vorgesehenen Sache bestehen bleibt, gilt auch in den Fällen des § 300 II. Nur muß analog §§ 324 I 2, 615 S. 2, 649 S. 2 die Preisgefahr enden, wenn und soweit dem Schuldner der Leistung und Gläubiger der Gegenleistung eine anderweitige Verwertung der erfolglos angebotenen Sache möglich und zumutbar war.

c) Nach § 301 entfällt im Gläubigerverzug die Pflicht des Schuldners, eine Geldschuld zu verzinsen. Dies bezieht sich sowohl auf die gesetzlichen Pflichten (Verzugs- und Prozeßzinsen) als auch auf vertragliche Zinsen und Geldschulden.

d) Hat der Schuldner die Nutzung eines Gegenstands herauszugeben oder zu ersetzen, so braucht er lediglich die Nutzungen herauszugeben, welche er während des Gläubigerverzugs zieht. Eine Pflicht zur Nutzungsziehung entfällt, 302.

e) § 303 gestattet dem Schuldner im Verzug des Gläubigers die Besitzaufgabe, wenn er ein Grundstück, ein Schiff oder ein Schiffsbauwerk herauszugeben verpflichtet ist. Allerdings muß die Aufgabe vorher dem Gläubiger angedroht werden, es sei denn, daß die Androhung untunlich ist.

f) Von größerer Bedeutung ist § 304. Der Schuldner kann im Fall des Verzugs des Gläubigers Ersatz seiner Mehraufwendungen verlangen, die er für das erfolglose Angebot machen mußte. Das negative Interesse bildet keine Begrenzung. Noch weiter geht § 642 (s. u. 2f.).

2. Weitere Rechtsfolgen; das Verhältnis von Gläubiger- und Schuldnerverzug

a) Der Gläubigerverzug als solcher verpflichtet nicht zum Schadensersatz. Jedoch kann die Abnahme einer Leistung Pflicht sein, 433 II 2. Alternative, 640 I. Nimmt in solchen Fällen der Gläubiger nicht ab, so kann er zugleich in *Schuldnerverzug* geraten. Der Schuldnerverzug besteht dann neben dem Gläubigerverzug, die Rechtsfolgen addieren sich. Zu beachten ist, daß die Abnahmepflicht in § 433 II regelmäßig keine synallagmatische Pflicht ist, so daß für den Schuldnerverzug nur § 286, nicht § 326 gilt (anders § 640!). Eine Abnahmepflicht als synallagmatische Pflicht kann vertraglich vereinbart sein oder aus der Natur des Vertrags hervorgehen, 326 (Ware, die großen Lagerraum benötigt; leicht verderbliche Güter).

Gerät der Schuldner mit seiner Leistungspflicht in Verzug und entsteht dem Gläubiger daraus ein Schaden, so kann er gemäß § 286 I Schadensersatz fordern. Im umgekehrten Falle kann der Schuldner jedoch keinen Schadensersatz geltend machen, sondern nur das Recht, Ersatz für seine erforderlichen Mehraufwendungen zu verlangen, 304.

Dem § 286 I verwandt ist jedoch die Regelung im Werkvertrag, 642. Unterläßt der Gläubiger eine Mitwirkungspflicht, so kann der Schuldner eine „angemessene Entschädigung" verlangen. Dieser Anspruch geht über den bloßen „Aufwendungsersatz" § 304 hinaus, er steht neben dem auf Vergütung und auf weiteren Schadensersatz, 645. Während also beim Gläubigerverzug dem Schuldner nur eine Entschädigung gewährt wird, kann der Gläubiger beim Schuldnerverzug den erlittenen Schaden einschließlich dem entgangenen Gewinn fordern.

b) Trotz des Annahmeverzugs hat der Gläubiger die Einrede der Nichterfüllung, 320. Bei Vorleistungspflicht gilt § 322 II: Hat der klagende Teil vorzuleisten, so kann er, wenn der andere Teil im Annahmeverzug ist, auf Leistung nach Empfang der Gegenleistung klagen.

c) Der Schuldner kann im Fall des Gläubigerverzugs Geld, Wertpapiere und sonstige Urkunden sowie Kostbarkeiten hinterlegen, 372. Nicht hinterlegungsfähige Sachen kann er nach § 383 zum Selbsthilfeverkauf bringen. Vgl. dazu auch die handelsrechtlichen Sondervorschriften, 373 HGB.

d) Eine wichtige Folge des Gläubigerverzugs enthält § 324 II. Geht die Leistung während des Gläubigerverzugs unter, so bleibt der Gläubiger zur Gegenleistung verpflichtet. § 324 II regelt also das Schicksal der *Gegenleistung*, wenn die Leistung im gegenseitigen Vertrag wegen Gläubigerverzugs nicht erfüllt werden kann und danach unmöglich wird, siehe oben § 44 III 1 f. Der Gläubigerverzug läßt also nach § 300 II die *Leistungsgefahr*, nach § 324 II in gegenseitigen Verträgen die *Gegenleistungsgefahr* übergehen.

e) Im Dienstvertrag gilt § 615, der dem Dienstverpflichteten bei Annahmeverzug des Dienstherrn einen Lohnanspruch gewährt. Der Dienstherr haftet hier auch ohne Erhalt der Gegenleistung (Dienste) auf den Lohn. Der Unterschied zu § 324 II besteht in folgendem: § 615 verlangt kein Unmöglichwerden im Annahmeverzug, sondern lediglich Annahmeverzug. Das bedeutet allerdings häufig bei Arbeitsleistungen zugleich ein Unmöglichwerden. Über das schwierige Verhältnis des § 615 zu § 323 im Arbeitsrecht vgl. unten § 79 II 4.

f) Wenn der Schuldner im Schuldnerverzug die Leistung anbietet, so daß jetzt der Gläubiger in Gläubigerverzug gerät, tritt zugunsten des Schuldners der Wegfall des Schuldnerverzugs ein (purgatio morae), obwohl die Leistung noch nicht erbracht ist, vgl. oben § 45 II 6.

IV. Gläubigerverzug im Prozeß wegen Leistungen aus gegenseitigen Verträgen

Der Gläubigerverzug spielt im Prozeß über Leistungen aus gegenseitigen Verträgen eine bedeutsame Rolle. Klagt z. B. ein Lieferant gegen den Käufer auf den Kaufpreis aus § 433 II, dann wird häufig der Käufer den Lieferungsanspruch aus § 433 I einredeweise vorbringen, 320, 322. Der Käufer wird dann Zug um Zug verurteilt, d. h. es kann gegen ihn auf Zahlung des Preises vollstreckt werden, wenn ihm zugleich mit der Vollstreckungshandlung die Ware angeboten wird. Da dies in der Zwangsvollstreckung Schwierigkeiten bereiten kann (726, 756, 765 ZPO), tut der Lieferant gut daran, im Urteil gemäß § 280 ZPO feststellen zu lassen, daß der Beklagte (das ist der Käufer) im

Verzug der Annahme ist. (Das Urteil ist eine öffentliche Urkunde i. S. der §§ 415, 726, 756, 765 ZPO.) – Wie bringt in solchen Fällen der klagende Lieferant den Käufer in Annahmeverzug? § 298 weist den Weg: Der Lieferant ist Schuldner, der Käufer Gläubiger im Sinne dieser Vorschrift. Der Lieferant trägt also im Prozeß vor, er sei bereit, seine Leistung zu erbringen, der Käufer sei auch bereit, die Leistung anzunehmen, doch wolle er die vereinbarte Gegenleistung, den Kaufpreis, nicht zahlen. Der Käufer kann dann entweder die Leistung ablehnen, dann genügt das wörtliche Angebot i. S. des § 295 I 1. Alternative. Wenn der Käufer dagegen sagt, er werde die Ware annehmen, bestätigt er die Darlegungen des klagenden Lieferanten im Sinne des § 298.

V. Verhältnis des Gläubigerverzugs zur Unmöglichkeit

1. Die herrschende Meinung will den Gläubigerverzug im Verhältnis zur Unmöglichkeit anders behandeln als den Schuldnerverzug. Unmöglichkeit und Schuldnerverzug schließen sich aus. Mann kann nur mit einer möglichen Leistung in Schuldnerverzug geraten. Überträgt man dies auf den Gläubigerverzug, so wäre bei Eintritt der Unmöglichkeit Gläubigerverzug nicht mehr denkbar. Dies hätte in der Tat eine unbillige Begünstigung des Gläubigers zur Folge.

Der Gastwirt A bestellt den Monteur M zur Reparatur der Bierzapfanlage seiner Gastwirtschaft. Als M eintrifft, ist die Gastwirtschaft abgebrannt, ohne daß A ein Verschulden trifft. Gilt das Recht der Unmöglichkeit, werden A und M nach § 323 I mit der Zerstörung der Gastwirtschaft frei. (Trifft den A ein Verschulden, gilt § 324 I.) Aber auch im Fall des Nichtverschuldens sollte M Ersatz seiner Auslagen bekommen, § 304 sollte gelten.

Aus diesem Grunde wendet die herrschende Meinung in solchen Fällen gleichzeitig das Recht der Unmöglichkeit und das des Annahmeverzugs nebeneinander an. Ein Ereignis in der Sphäre des Gläubigers, das die Leistung unmöglich macht, schließt danach den Annahmeverzug nicht aus, BGHZ 24, 96. Dagegen kann bei neutralen und in der Schuldnersphäre liegenden Unmöglichkeitsgründen Gläubigerverzug nicht mehr eintreten.

2. Die Vorstellung, daß man mit einer unmöglich gewordenen Leistung den Gläubiger in Verzug setzen kann, ist schwer vollziehbar. Konstruktiv läßt sich die h. M. kaum begründen. Sie beruht auf einer reinen Billigkeitserwägung. Außerdem muß man die Grundsätze der Zweckerreichung berücksichtigen. Richtiger Ansicht nach sind daher folgende Fälle zu unterscheiden:

a) Ist die Leistung noch möglich – im Sinne der Unmöglichkeitslehre, vgl. oben § 42 IV 1 – und gerät der Gläubiger in Verzug, so sind nach § 304 die Aufwendungen zu ersetzen. Ist die Leistung noch möglich, hat aber schon durch ein von außen kommendes Ereignis ihren Sinn verloren, so ist dies ein Fall der Zweckerreichung und nach den dafür geltenden Regeln zu lösen, vgl. oben § 39 VI 4.

b) Wird die Leistung unmöglich, noch ehe der Schuldner Anstalten zur Leistung gemacht hat, liegt kein Bedarf für die Anwendung der Vorschriften über den Gläubigerverzug vor. Der Schuldner hat noch keine Aufwendungen gehabt. Es bewendet also bei den Regeln über die Unmöglichkeit.

c) Wird die Leistung unmöglich, hat aber der Schuldner schon Anstalten zur Leistung getroffen, insbesondere schon Aufwendungen gemacht, z. B. Fahrtkosten auf sich genommen wie im Fall oben 1, gilt: Grundsätzlich finden die Regeln der Sphärentheorie Anwendung. Ein Ereignis in der Sphäre des Gläubigers beläßt dem Schuldner einen angemessenen Gegenanspruch. In Werkverträgen gilt dann die Sondervorschrift des § 645, wonach der Unternehmer einen der geleisteten Arbeit entsprechenden Teil der Vergütung und Ersatz der Auslagen verlangen kann.

Das wäre etwa der Fall, wenn ein Maler in einer Galerie ein Gemälde ausbessern soll; nachdem er schon einige Tage tätig war, wird das Bild von einem Angestellten der Galerie völlig zerstört. Für die bereits geleistete Arbeit gilt § 645 I. Wird das Bild über Nacht gestohlen, so gilt § 645 analog.

Außerhalb von Werkverträgen sollte man, zumindest für gewerbliche Leistungen, § 645 analog anwenden, vgl. BGHZ 40, 71. Bei Sach- und Geldleistungen liegt die Analogie zu §§ 324 I, II, 615, 616, 552, 649 näher, dazu oben § 39 VI 5b. Die dort angestellten Erwägungen gelten auch hier. Die Regeln des Gläubigerverzugs sind entbehrlich.

d) Möglich ist schließlich, daß die Unmöglichkeit während des Gläubigerverzugs eintritt. In solchen Fällen wird der Schuldner frei, 275, während der Gläubiger zur Gegenleistung verpflichtet bleibt, 324 II.

e) Unrichtig ist es daher, hier mit „Wegfall der Geschäftsgrundlage" zu argumentieren.

§ 47
Schlechterfüllung („positive Forderungsverletzung")

Brecht, IherJb. 53, 213; *Canaris,* VersR 65, 5, 114; *ders.,* JZ 65, 475; *Emmerich,* Das Recht der Leistungsstörungen, 1978, §§ 20—23; *Evans v. Krbek,* AcP 179, 85; *Freitag,* Schlechterfüllung und Schlechtbringung, 1932; *Friedrich,* AcP 178, 468; *Gerhardt,* JuS 70, 535; *Himmelschein,* AcP 135, 255; 158, 273; *Honsell, H.,* Jura 79, 184; *Huber, U.,* AcP 177, 281; *Köpcke,* Typen der positiven Vertragsverletzung, 1965; *Larenz,* FS *Hauss,* 1978, 225; *Lehmann, Heinrich,* AcP 96, 60; *Löwisch,* AcP 165, 421; *Motzer,* JZ 83, 884; *Musielak,* AcP 176, 465; *Peters,* VersR 79, 103; *Picker,* AcP 183, 369; *Raape,* AcP 147, 217; *Schlechtriem,* VersR 73, 581; *Schnorr v. Carolsfeld,* FS *v. Lübtow,* 1970, 667; *Staub,* Die positiven Vertragsverletzungen, 1904, 2. Aufl. 1913; *ders.,* FS 26. Deutscher Juristentag, 1902, 29; *Stoll, Hans,* FS *Fritz v. Hippel,* 1967, 517; *ders.,* AcP 176, 145; *Stoll, Heinrich,* AcP 136, 257; *ders.,* Die Lehre von den Leistungsstörungen, 1936; *Thiele,* JZ 67, 649; *Westhelle,* Nichterfüllung und positive Vertragsverletzung, 1978; *Wicher,* AcP 158, 297; *Zitelmann,* FG *Krüger,* 1911, 263.

I. Begriff der Schlechterfüllung, Abgrenzung

1. Das Schuldrecht des BGB kennt nur zwei allgemeine Leistungsstörungen, die Nichterfüllung, die auf *Unmöglichkeit* der Leistung beruht, und die *verzögerte Erfüllung* von Leistungen (Schuldner- und Gläubigerverzug). Die schlichte *Nichterfüllung* ist dagegen keine Leistungsstörung, sondern nur der Zustand vor der möglicherweise noch ordnungsgemäßen Erfüllung, 362.

§ 47
I 3
Leistungsstörungen

Schon bei oberflächlicher Betrachtung fällt auf, daß sich die Mängelhaftungen beim Kauf-, Werk- und Mietvertrag, die ohne Zweifel Folgen gestörter Schuldverhältnisse regeln, nicht in diese Zweiteilung einordnen lassen; jedenfalls dann nicht, wenn man den engen, naturwissenschaftlichen Unmöglichkeitsbegriff verwendet, der nun einmal im deutschen Recht Tradition und wohl immer noch h. M. ist. Die Frage drängt sich auf, ob solche Schlechterfüllungen, die zur Mängelhaftung beim Kauf-, Werk- und Mietvertrag führen, nicht auch bei anderen als diesen drei Schuldverhältnissen denkbar sind. Die Frage ist ohne weiteres zu bejahen. Jedes Schuldverhältnis kann entweder richtig, schlecht oder nicht erfüllt werden. Die Mängelhaftungen im besonderen Teil des Schuldrechts sind daher nur speziell geregelte Ausflüsse eines allgemeinen Prinzips, das besagt, daß der Schuldner nicht *irgendwie*, sondern nur ordnungsgemäß und richtig erfüllen darf. Neben Unmöglichkeit und Verzug besteht daher als dritte allgemeine Leistungsstörung die vom BGB „vergessene", aber heute von der Rechtsprechung und dem Schrifttum allgemein anerkannte „Schlechterfüllung".

Im Grunde ist auch der Verzug eine „Schlechterfüllung", denn der Verzug, der ja eine noch mögliche Leistung voraussetzt, ist nichts anderes als eine *zeitlich* schlechte Erfüllung. Über die Geschichte des Begriffs der Schlechterfüllung und die Rechtfertigung des Ausdrucks siehe oben beim allgemeinen Überblick über die Leistungsstörungen, § 42 II, III. Die *Schlechterfüllung im technischen Sinne ist danach die zeitlich richtige Erfüllung mit einer noch möglichen Leistung, bei welcher der Gläubiger aber nicht das erhält, was ihm nach dem Inhalt des Schuldverhältnisses unter Berücksichtigung von Treu und Glauben im Verkehr gebührt, sondern bei welcher der Leistung Eigenschaften anhaften, die ihren Wert für den Gläubiger mindern oder ausschließen. Die Mängelhaftungen des besonderen Schuldrechts sind besonders geregelte Fälle der Schlechterfüllung.* Sie gehen den nachstehenden Regeln im Rahmen ihres Anwendungsbereiches – und nur insoweit – vor.

2. Beispiele: Landwirt L weist seinen Knecht K an, das vom Sturm in Mitleidenschaft gezogene Scheunendach neu zu decken. K verschweigt, daß ein Teil der Dachplatten zerbrochen ist und deckt mit den noch brauchbaren das Dach lückenhaft. – Züchter Z leiht sich einen bestimmten, männlichen Rassehund. Er erhält ihn, aber das Tier ist krank. – K kauft oder mietet sich von V eine Maschine. V unterläßt es, K den Gebrauch der Maschine zu erläutern; dem K nützt die Maschine daher nur halb so viel, wie wenn er richtig mit ihr umgehen könnte. – Gesellschafter G hat die Bilanzaufstellung übernommen. Seine Bilanz ist grob unrichtig erstellt. – Der Rechtsanwalt legt verspätet Berufung ein. – Der Arzt klärt nicht über die Folgen der Operation auf.

3. Die Schlechterfüllung ist, da als solche nicht ausdrücklich geregelt, sowohl von der Nichterfüllung wegen Unmöglichkeit als auch vom Verzug *abzugrenzen* und im Gutachten *nach diesen beiden anderen Leistungsstörungen zu prüfen.* Nur eine noch mögliche Leistung kann schlecht erbracht werden. Verzug und Schlechterfüllung können aber zusammentreffen: Der Schuldner leistet schuldhaft zu spät und überdies noch schlecht.

Die Schlechterfüllung ist außerdem zu trennen von der Nichterfüllung, bei der die Leistung noch möglich ist:

a) Werden statt 50 000 Ziegelsteinen nur 25 000 geliefert (Quantitätsmangel), so ist nicht schlecht erfüllt, sondern *teilweise noch nicht erfüllt.* Ob Verzug oder eine (nach § 279 zu vertretende) Unmöglichkeit vorliegt, ist eine andere Frage, die von zusätzlichen Voraussetzungen abhängt.

b) Wer Äpfel schuldet und Birnen liefert (sog. *Anderslieferung, „aliud"*), hat ebenfalls noch *nicht erfüllt.* Birnen sind keine schlechten Äpfel.

Ausnahmsweise ist ein Quantitätsmangel in § 468 BGB und ein aliud in § 378 HGB einer Schlechterfüllung (Sachmangel) gleichgestellt.

Zur Schlechterfüllung rechnen, entgegen verbreiteter Ansicht, auch die Fälle der culpa in contrahendo, in denen der Vertrag zustande kommt, denn es macht keinen Unterschied, ob die Pflichtverletzung bei zustande gekommenem Vertrag vor oder nach Vertragsschluß liegt. Das ist wegen der Behandlung der Konkurrenzen, insb. für die Verjährungsfrage, von Bedeutung, oben § 20 VIII, IX und unten § 70 IX 3.

II. Voraussetzungen der Schlechterfüllung

(1) Eine *schuldrechtliche Leistungspflicht* muß verletzt sein. (2) Die *Verletzung* darf weder auf Unmöglichkeit noch auf Verzögerungen der Leistung beruhen. (3) Die Leistung wird unter Umständen oder mit Eigenschaften erbracht, die ihren obligationsgemäßen Leistungserfolg schmälern und dadurch einen das Erfüllungsinteresse beeinträchtigenden *Schaden* herbeiführen (vgl. die oben I gegebenen Beispiele). (4) Erforderlich ist, daß der Schuldner die Schlechterfüllung *verschuldet* hat. (Grundlegend BGHZ 11, 80 = ESJ 33 – Ouistreham –). (5) Auch muß, wer Rechte aus Schlechterfüllung geltend macht, nach dem Grundsatz des „tu quoque" selbst vertragstreu sein, falls nicht der Schlechterfüllende Straftatbestände erfüllt, OGHZ 1, 259 (Beleidigungen).

Streitig ist, ob die §§ 282, 285 auch insofern entsprechend gelten, als sie, entgegen allgemeiner Regel, dem Schuldner den Beweis aufbürden, er habe unvorsätzlich gehandelt und die im Verkehr erforderliche Sorgfalt beachtet, oder ob den Gläubiger – wie üblich – die Beweislast für das Verschulden des Schuldners trifft, vgl. oben § 44 II 3. Der gesetzgeberische Grund für die §§ 282, 285 ist die Schwierigkeit für den Gläubiger, die Ursachen für das Ausbleiben der Leistung zu ermitteln. Das ist bei der Schlechterfüllung anders, denn bei ihr erhält der Gläubiger die Leistung, und er wird es in der Regel auch sein, der an der ihm gemachten Leistung den Mangel entdeckt und beanstandet. In vielen Fällen hat er daher auch die Möglichkeit, aus dem konkreten Mangel auf seine Ursache, wenn auch nur in groben Umrissen, zu schließen. Besser steht meist auch der deliktisch Geschädigte nicht. Es bleibt also grundsätzlich bei der Regel, daß dem Schuldner ein Verschulden nachgewiesen werden muß. Die Beweislastverteilung folgt also grundsätzlich der unterschiedlichen Möglichkeit, die Fehlerquellen zu beurteilen. Wie hier, gegen die h. M., *Hans Stoll,* FS *Fritz v. Hippel* 1967, 517. Allerdings erleidet der Grundsatz weitgehende Einschränkung, vor allem dann, wenn der Mangel aus der Sphäre und dem Gefahrenbereich des Schuldners hervorgegangen ist, deren Kontrolle sich dem Gläubiger entzieht, vgl. auch die Aufnahme dieses Gedankens in § 11 Nr. 15a AGBG.[1]) Wo es also, wie z. B. bei organisatorisch, fach-

---

[1]) Zum ganzen Problem ausführlich jetzt *Baumgärtel,* Handbuch der Beweislast im Privatrecht, Bd. 1, 1982, S. 141 ff. (mit zahlreichen Nachweisen).

männisch oder technisch schwer überprüfbaren Leistungen schwierig oder gar unmöglich ist, die Verschuldensfrage „von außen" zu klären, muß eine Umkehrung der Beweislast eintreten. Maßstab ist dabei, wie weit dem Gläubiger zugemutet werden kann, aus dem Mangel auf seine im Subjektiven liegenden Ursachen zu schließen. Die Umkehr der Beweislast, die dann auf der entsprechenden Anwendung von §§ 282, 285 beruht, findet sich besonders häufig bei Beherbergungs-, Gastaufnahme-, Beförderungs- und komplizierteren Dienst- und Werkverträgen: RGZ 148, 148 = ESJ 44 (Friseur); BGHZ 8, 239 (Beförderungsvertrag); 23, 288 (Werkvertrag); 27, 79 (Lotsenvertrag); 27, 236 (Schleppvertrag); 28, 254 (Dienstvertrag); ferner, 30, 231. Dies gilt mit Einschränkungen auch beim Arztvertrag, vgl. *Palandt/Heinrichs* § 282 Anm. 3b. Treffend spricht BGHZ 27, 236 von „sich überschneidenden Verantwortungsbereichen", bei denen sich die Beweislast umkehren kann. Dabei klingt übrigens ein weiterer richtiger Gedanke an: Die Umkehr der Beweislast muß sich in solchen Fällen ausnahmsweise nicht bloß auf die Schuldfrage, sondern auch auf Tatsachen beziehen, aus denen sich Rechts- (insb. Sorgfalts-)pflichten des Schuldners ergeben. Die Beweisschwierigkeiten liegen für den Gläubiger für subjektive und objektive Sorgfaltspflichten weithin gleich; die Beweislastumkehr ergreift insoweit auch den Tatbestand; zurückhaltend aber BGH NJW 69, 553 (für die Kausalität) gegen *J. Prölss,* VersR 64, 901; vgl. dazu auch *Larenz* I § 24 Ib u. unten § 103 IV 11.

Ein Beispiel: Eine Stadt beschäftigt im städtischen Kindergarten eine Tbc-infizierte Kindergartenhelferin. Zu Recht legt OLG Hamm v. 13. 10. 60 (9 U 164/59) – unveröff. – der Stadt die Beweislast für Ursächlichkeit und Verschulden (im Sinne einer Entlastung) auf. Das gleiche würde für den objektiven Regelverstoß gelten, was hier nicht problematisch ist.

Bei culpa in contrahendo liegt es übrigens anders: Die Leistung erfolgt grundsätzlich nicht, der Gläubiger hat entsprechend wenig Möglichkeiten eines Schuldnachweises. §§ 282, 285 gelten entsprechend, oben § 20 IV 4.

Bei Gattungsschulden wird, sofern nicht spezielle Mängelvorschriften eingreifen (z. B. 480, 491, 524 II 1), ohne Verschulden auf ordnungsgemäße Erfüllung gehaftet, da eine mangelhafte Sache keine von „mittlerer Art und Güte" ist, 243 II. *Der Erfüllungsanspruch bleibt bestehen.*

III. Rechtsfolgen der Schlechterfüllung

Die *Schlechterfüllung* führt zum Ersatz des eigentlichen Schlechterfüllungsschadens *und* zum Ersatz *eines übererfüllungsmäßigen Interesses* (so liegt es übrigens auch in den Sonderregeln der §§ 463, 538, 635). Es bedarf hier einiger grundsätzlicher Bemerkungen.

Wer schuldrechtlich haftet, soll eine *Leistung* erbringen (zu dem hier vertretenen – umfassenden – Begriff der *Leistung* oben § 8). Tritt eine Leistungsstörung ein, für die der Schuldner (insbesondere wegen Verschuldens) haftet, so ist, falls wegen der Leistungsstörung die Leistung nicht mehr erbracht werden kann oder nach dem Willen des Gläubigers wegen Interessewegfalls an der Leistung nicht mehr erbracht werden soll (z. B. §§ 286 II, 326 II), *anstelle* der Leistung als solcher ihr *wirtschaftliches Interesse* an den Gläubiger zu leisten. An die Stelle der Leistung tritt ihr subjektiver Wert: *Schadensersatz wegen Nichterfüllung.*

§ 47
III

Entsprechend liegt es beim *Schadensersatz wegen Schlechterfüllung*. Geschuldet ist eine Leistung im Wert von 100,– DM, erfüllt wird mit einer schlechten Leistung im Wert von 70,– DM. Die Differenz von 30,– DM ist der „eigentliche Schlechterfüllungsschaden". Er ist dem Gläubiger zu ersetzen: Schadensersatz wegen Schlechterfüllung.

In den Beispielen oben I 2 ist die Wertdifferenz zwischen einem ordentlich gedeckten und dem schlecht gedeckten Scheunendach der eigentliche Schlechterfüllungsschaden; ebenso die Wertdifferenz zwischen der Nutzung des geschuldeten (gesunden) und des geliehenen (kranken) Rassehundes; die Wertdifferenz zwischen einer ordnungsgemäß benutzten, weil mit Gebrauchsanweisung geschuldeten Maschine und der Mindernutzung wegen Fehlens einer Gebrauchsanweisung; der Wertunterschied zwischen einer richtigen und einer falschen Gesellschaftsbilanz. – Immer entscheidet der subjektive Wert, also das, was *dem Gläubiger* die ordnungsgemäße Erfüllung wert ist *(„Interesse"),* nicht der Verkehrswert der geschuldeten Leistung *(„Wert",* siehe unten § 50 I 5). Im Falle des schlecht gedeckten Dachs ist also eigentlicher Schlechterfüllungsschaden, was den Landwirt L das nochmalige Reparieren des Daches durch ihn selbst, einen besseren Arbeiter oder einen Dachdecker kostet; usw.

Neben dem Schaden, der durch Nichterfüllung oder Schlechterfüllung der Leistung als solcher entsteht, können, wie bei jeder Leistungsstörung, aber noch viel weitergehende Schäden an anderen Rechtsgütern des Gläubigers als dem Vertragsanspruch eintreten. Der Schaden ist insoweit nicht das Ausbleiben oder der Minderwert der Leistung, sondern ein über das Interesse an ordnungsmäßiger Erfüllung hinausgehender Schaden *(„übererfüllungsmäßiges Interesse").* Ein übererfüllungsmäßiges Interesse wird verletzt, wenn außer dem Rechtsgut des Vertragsanspruchs noch andere Rechtsgüter des Gläubigers verletzt werden. Das kann bei allen Leistungsstörungen geschehen, so auch bei der Schlechterfüllung.

Durch das vom Knecht schlecht gedeckte Scheunendach regnet es auf das Getreide, welches verdirbt. – Der kranke Rassehund steckt die übrigen Hunde des Zwingers an, dem Züchter Z entsteht ein großer Schaden. – Durch den unrichtigen Gebrauch der Maschine, zu der der Lieferant keine Gebrauchsanweisung mitgegeben hat, verschleißen darauf verarbeitete Materialien und andere damit verbundene Maschinen des Käufers. Ferner zieht sich der Käufer eine Verletzung zu, weil er mit der Maschine nicht richtig umgehen kann. – Die unrichtige Gesellschaftsbilanz verursacht Fehldispositionen der anderen Gesellschafter, durch die sie Schaden erleiden.

Das Problem der Verletzung eines übererfüllungsmäßigen Interesses durch Nicht- oder Schlechterfüllung ist vom Gesetzgeber nicht ausreichend gewürdigt worden. Aus vertraglicher Haftung läßt sich eigentlich nur der Ersatz des eigentlichen Nicht- oder Schlechterfüllungsschadens rechtfertigen. Der Ersatz eines übererfüllungsmäßigen Schadens ist im Grunde eine Angelegenheit des Deliktrechts. Da aber das deutsche Deliktrecht wegen seines Enumerationsprinzips und seiner Beschränkung auf den Schutz absoluter und sondergesetzlich geschützter Rechtsgüter nicht ausreicht, hat man – mehr unbewußt denn als Ergebnis konstruktiver Überlegung – den Ersatz eines übererfüllungsmäßigen Interesses in die Vertragshaftung einbezogen. Diese Systemwidrigkeit ist heute Gewohnheitsrecht. Das Ergebnis ist das gleiche, wie wenn man als „sonstiges Recht" in § 823 I auch den Vertragsanspruch des Gläubigers gegen den Schuldner, verletzbar lediglich durch den Schuldner, oder wenn man den Vertragsanspruch als Schutzgesetz nach § 823 II anerkennt, was die allgemeine Meinung allerdings beides nicht tut, vgl. unten § 103 I 6.

Bei den einzelnen Leistungsstörungen liegt es wie folgt:

Ist wegen *Unmöglichkeit* Schadensersatz wegen Nichterfüllung zu leisten, muß das übererfüllungsmäßige Interesse zum Schadensersatz wegen Nichterfüllung, der ja an sich nur das Erfüllungsinteresse ausmacht, hinzugerechnet werden (280, 325 I, Haftung bei ursprünglichem Unvermögen). Gesetzliche Vorschriften fehlen.

Ist wegen *Verzugs* Schadensersatz wegen Nichterfüllung zu leisten, so ist darunter lediglich der Wert der ausgebliebenen oder zurückgewiesenen Leistung (286 II 1, 326 I 1, 2, II) zu verstehen. — Daneben ist sämtlicher durch die Verzögerung entstandener Schaden zu ersetzen, 286 I, also jede Verletzung, die beliebigen Rechtsgütern, insbesondere dem Vermögen, durch die Verzögerung zugefügt wurde.

Bei der *Schlechterfüllung* ist sowohl der eigentliche Schlechterfüllungsschaden, also der wertmäßige Unterschiedsbetrag zwischen Gutleistung und Schlechtleistung zu ersetzen, als auch *jedes übererfüllungsmäßige Interesse*, das durch die Schlechterfüllung schuldhaft entstanden ist. Die Bedeutung dieser Unterscheidung zeigt sich vor allem im Kauf-, Werkvertrags- und Mietrecht, wo sondergesetzliche Mängelhaftungen vorgesehen sind. Diese Mängelhaftungen betreffen nur den eigentlichen Schlechterfüllungsschaden, nicht das übererfüllungsmäßige Interesse. Sein Ersatz wird durch die Mängelhaftungen nicht ausgeschlossen.

Zweckmäßig ist immer, zuerst die Natur der Leistungsstörung zu ermitteln, dann sind ihre Voraussetzungen zu prüfen, danach ihre Rechtsfolgen. Bei den Rechtsfolgen ist zwischen dem durch Ausbleiben der richtigen und rechtzeitigen Leistung entstandenen Erfüllungsinteresse und dem übererfüllungsmäßigen Interesse zu unterscheiden.

Rechtsprechung und Schrifttum unterscheiden oft beides, den Ersatz wegen der eigentlichen Schlechterfüllung und den Ersatz des übererfüllungsmäßigen Interesses, als Rechtsfolge der „positiven Vertragsverletzung" oder „positiven Forderungsverletzung" nur unzureichend. Findet sich also der Begriff „positive Vertragsverletzung", „positive Forderungsverletzung" oder auch „Schlechterfüllung", so ist stets zu fragen, ob Ersatz des eigentlichen Schlechterfüllungsschadens oder Ersatz eines übererfüllungsmäßigen Interesses oder beides verlangt ist. Ist von Ersatz eines übererfüllungsmäßigen Interesses die Rede, so ist zu fragen, ob er nicht den Regeln der Unmöglichkeit oder des Verzugs nach Maßgabe des oben Dargelegten zuzurechnen ist. Handelt es sich um ein übererfüllungsmäßiges Interesse, das durch eine Schlechterfüllung hervorgerufen ist, sind die nachstehenden Voraussetzungen zu untersuchen. Soweit das Gesetz Mängelhaftungen vorsieht, ist Ersatz des eigentlichen Schlechterfüllungsschadens *ausgeschlossen*, aber ein Anspruch auf das übererfüllungsmäßige Interesse ist trotzdem und neben der Mängelhaftung zu erfüllen.

III

Es fördert auch nicht, die beiden Arten des Schadens bei der Schlechterfüllung *nach Art der geschuldeten Leistung* zu unterscheiden: Bei der einen Gruppe, dem eigentlichen Schlechterfüllungsschaden, handelt es sich, so wird gesagt, um die Verletzung der „eigentlichen Leistungspflicht", bei der anderen, dem übererfüllungsmäßigen Interesse, um die Verletzung von „Schutz-, Obhuts- oder sonstigen Verhaltenspflichten". Diese Unterscheidung „Haupt- und Nebenpflicht" (oder Primär- und Sekundärpflicht) paßt hier nicht. Der Unterschied liegt nicht auf dem Gebiet des Leistungsinhalts. Man kann jede Haupt- und jede Nebenpflicht gut oder schlecht oder gar nicht erfüllen. Der Unterschied liegt allein auf der Seite des eingetretenen Schadens: Wird ein vertragliches Leistungsinteresse oder wird ein darüber hinaus bestehendes sonstiges Rechtsgut des Gläubigers verletzt?

Aus der Obligation läßt sich nur die obligationsmäßige Erfüllung folgern. Da sich Schutz- und Verhaltenspflichten im Rahmen der Obligation halten, kann ihre Verletzung allein niemals zum Ersatz eines übererfüllungsmäßigen Interesses führen. Der Ersatz des übererfüllungsmäßigen Interesses nach Vertragsgrundsätzen ist eine Erweiterung der §§ 823ff. durch Vertragsvorschriften. Dann aber ist die Unterscheidung von „Leistungs-" und „sonstigen Verhaltenspflichten" für die Zwecke einer Schadensermittlung entbehrlich und verwirrend. Die Annahme, jeder vertraglichen Leistungspflicht hafte als sonstige Verhaltenspflicht die „Nebenpflicht" an, kein übererfüllungsmäßiges Interesse zu verletzen, ist eine reine Zweckunterstellung, die weder lebensnah noch erforderlich ist und auch dem Grundsatz der Vertragsökonomie zuwiderläuft. Auch aus § 242 läßt sich eine solche Nebenpflicht nicht herleiten, weil § 242 die Vertragshaftung zwar auszugestalten, nicht aber auf den deliktischen Bereich auszudehnen vermag. Man würde mit einer solchen „Nebenpflicht" das Pferd vom Schwanz her aufzäumen.

Noch unrichtiger ist der manchmal gehörte Satz, „positive Vertragsverletzungen" gebe es überhaupt nur bei Verletzung „sekundärer Leistungspflichten" oder „sekundärer Nebenpflichten". Die große Bedeutung des Schadensersatzes wegen Schlechterfüllung besteht u. a. gerade darin, die mangelhafte Erfüllung von Hauptleistungspflichten in solchen einzelnen Schuldverhältnissen, die keine besondere Mängelhaftung kennen, einer Haftung zuzuführen (z. B. bei Dienst-, Gesellschaftsvertrag, Auftrag, Leihe). Die Bedeutung des Ersatzes des übererfüllungsmäßigen Interesses besteht darin, einen an sich *deliktischen Schaden* in die Vertragshaftung einzubeziehen, der durch Verletzung einer *Haupt- oder Nebenpflicht* in einem *beliebigen* besonderen Schuldverhältnis ausgelöst worden ist. Die Unterscheidung „primärer Leistungs-" und „sekundärer Verhaltenspflichten" behält für die Lehre vom Vertragsinhalt und von der Vertragserfüllung ihre dargelegte Bedeutung, auch für die Lehre von den Leistungsstörungen, da sich die im Gesetz vorgesehenen Mängelhaftungen bei Kauf, Tausch, Schenkung, Miete und Werkvertrag nur auf die Hauptpflichten beziehen, s. o. § 8, 3; *Thiele* 654.

Von hierher rechtfertigt sich auch der oben § 8 vorgeschlagene einheitliche Leistungsbegriff. Der Unterschied zwischen Haupt- und Nebenleistungspflichten wird dabei keineswegs geleugnet. Aber diese Unterscheidung hat *keinen Einfluß* auf die Behandlung der Leistungsstörungen, sondern auf die Frage der getrennten Einklagbarkeit, die bei Nebenpflichten oft nicht gegeben ist, für die Frage der Einbeziehung in das Synallagma, die z. B. für § 433 II bezüglich der Abnahmepflicht des Käufers regelmäßig zu verneinen ist, u. a. m.

Der vom Landwirt L zur Ausbesserung des vom Sturm beschädigten Scheunendaches beauftragte Knecht K raucht bei der Arbeit und läßt den glühenden Zigarettenrest in die Scheune fallen. Diese brennt ab. K hat eine dienstvertragliche Nebenpflicht, an brandgefährdeten Stellen nicht zu rauchen und für tunliche Beseitigung der allenfalls dadurch entstehenden Brandursachen zu sorgen, schlecht erfüllt, 611, 242. Dadurch ist ein Schaden an einem über den Vertragsanspruch hinausgehenden Rechtsgut des L, nämlich an seinem Eigentum, entstanden. Dieser Schaden ist, wenn man von arbeitsrechtlichen Haftungsmilderungen absieht, von K zu ersetzen. Das Entscheidende ist dabei nicht, ob eine Haupt- oder Nebenpflicht verletzt, sondern daß überhaupt eine Vertragspflicht verletzt ist und daß daraus ein übererfüllungsmäßiger Schaden entstand.

Das zeigt sich, wenn man in diesem Beispiel an die Stelle des K einen im Werkvertrag stehenden Dachdeckermeister D oder dessen Gehilfen G setzt: Über die in den §§ 633 ff. geregelte *Sachmängelgewährleistung* hinaus, *die die Geltendmachung eines eigentlichen Schlechterfüllungsschadens insoweit ausschließt,* haftet D für G über § 278 auf Schadenersatz wegen schuldhafter Verletzung eines übererfüllungsmäßigen Interesses durch schlechte Schlechterfüllung nach §§ 325, 326 analog. *Larenz,* der im wesentlichen den hier abgelehnten Standpunkt vertritt, findet es gekünstelt, in dem Wegwerfen der Zigarette, jedenfalls nach Verrichtung der Hauptleistung, eine Schlechterfüllung zu sehen, und spricht im Anschluß an *Stoll* von der Verletzung einer „weiteren Verhaltenspflicht". Ähnlich liege es bei der Verletzung von Treuepflichten in Pacht- und Mietverhältnissen. *Stolls* Ausführungen haben eine Zweispurigkeit bei der Behandlung der Schlechterfüllung eingeleitet, je nachdem, ob es sich um Haupt- oder Nebenleistungen handelt. Aber beides hat nichts mit den Begriffen Schlechterfüllung und übererfüllungsmäßiges Interesse zu tun. Unter *Schlechterfüllung* ist vielmehr diejenige Leistungsstörung zu verstehen, die bei Vorliegen bestimmter Voraussetzungen zu einer Haftung für schlecht erfüllte Leistungen führt, einmal bezüglich des eigentlichen Schlechterfüllungsschadens (Schadenersatz wegen Schlechterfüllung), zum anderen bezüglich eines durch die schlechte Erfüllung herbeigeführten übererfüllungsmäßigen Schadens (Ersatz des durch Schlechterfüllung verletzten übererfüllungsmäßigen Interesses). Im folgenden sind die Rechtsfolgen einzeln zu betrachten.

1. Rechtsfolgen im Bereich des Erfüllungsinteresses

a) Es ist Ersatz des eigentlichen Schlechterfüllungsschadens zu leisten, d. h. die subjektive Wertdifferenz von Gut- und Schlechtleistung, zunächst in natura, und falls dies nicht möglich ist, in Geld, 249 ff. Zu stützen ist dieser Anspruch auf §§ 280, 286, 325 I, 326 I in rechtsanaloger Anwendung.

Das fehlerhaft gedeckte Dach ist ordentlich zu decken. – Der Minderwert im Gebrauch des kranken Rassehundes zu Züchtungszwecken gegenüber einem gesunden ist zu ersetzen. – Der Minderwert der ohne Gebrauchsanweisung gelieferten und benutzten Maschine ist zu erstatten, die nötigen Auskünfte sind zu erteilen. – Die unrichtige Gesellschaftsbilanz ist zu berichtigen. – Hat es ein Arbeitnehmer pflichtwidrig unterlassen, während der Dauer seines Arbeitsverhältnisses Überlegungen hinsichtlich einer ihm übertragenen technischen Verbesserung anzustellen und erfindet er eine solche Verbesserung alsbald nach seinem Ausscheiden aus dem Arbeitsverhältnis, ist er, falls anzunehmen ist, daß er die Erfindung bei pflichtgemäßer Arbeitsleistung schon während des Bestehens des Arbeitsverhältnisses gemacht hätte, dem früheren Arbeitgeber

Schlechterfüllung **§ 47**
III 1

aus dem Gesichtspunkt der Schlechterfüllung zur Übertragung des auf die Erfindung angemeldeten Schutzrechts verpflichtet, BGHZ 78, 252 – Flaschengreifer –. Immer handelt es sich um Naturalersatz, der bei dergestalt ersatzfähigen Leistungen zunächst einmal verlangt werden muß. Die Beispiele beziehen sich auf Dienstvertrag, Leihe, Nebenpflicht beim Kauf und Gesellschaft, wo jeweils keine sondergesetzlichen Mängelhaftungen vorgesehen sind, oben I 2.

Dieser Schadensersatz wegen Schlechterfüllung tritt, ebenso wie ein Schadensersatz wegen Nichterfüllung, an die Stelle der vollen Leistung und beruht nicht auf einer sog. sekundären Leistungspflicht. Es ist der ursprüngliche Leistungsanspruch mit verändertem Inhalt, soweit der Mangel den subjektiven Wert der Leistung mindert. Für ihn gelten die Bestimmungen des verletzten Vertragsanspruchs, auch hinsichtlich der Verjährung. – Wegen der Gattungsschuld siehe oben II 2.

Daneben bleibt, soweit noch nicht erfüllt, der Anspruch auf die Leistung bestehen. Das setzt voraus, daß trotz und neben der Schlechterfüllung wenigstens teilweise noch ordentliche Erfüllung möglich ist. Am häufigsten geschieht dies bei zeitlich andauernden Pflichten: Ein Beauftragter überschreitet schuldhaft den Rahmen seiner Weisung (Vertretungsmacht) zum Abschluß eines Vertrags, etwa zu einem Höchstpreis, es kommt daher vorläufig zu keinem Abschluß. Der Beauftragte hat insoweit schlecht erfüllt und ist dem Auftraggeber ersatzpflichtig wegen des entgangenen Geschäfts. Daneben bleibt er weiter verpflichtet, den Vertrag weisungsgemäß zustande zu bringen. Teilweise hat der Beauftragte den Auftrag schlecht, teilweise noch nicht erfüllt. Das Andauern der Pflicht aus dem Auftrag macht dies Nebeneinander möglich.

b) *Anstelle* des Schadensersatzes wegen Schlechterfüllung kann der Gläubiger, wenn die ganz oder teilweise schlechte Erfüllung für ihn wegen der Mangelhaftigkeit kein Interesse mehr hat, die ganze Leistung ablehnen und *Schadensersatz wegen Nichterfüllung* verlangen, 286 II, 326 II analog; BGHZ 11, 83 enthält insoweit einen Widerspruch, da z. T. auf „Unzumutbarkeit" (242), z. T. auf „Interessewegfall" abgestellt wird. Beides ist nicht das Gleiche, der Interessewegfall ist ein konkreter Grund für die Unzumutbarkeit. In Analogie zu §§ 286 II, 326 II sollte in diesen Fällen der Nachweis weggefallenen Interesses verlangt werden.

Das Dach ist so fehlerhaft gedeckt, daß jetzt ein gelernter Dachdecker geholt werden muß, dessen Werklohn den Schaden wegen Nichterfüllung darstellt. – Der kranke Rassehund muß zurückgegeben, ein gleichwertiges Exemplar von anderer Seite gemietet werden. – Die ohne Gebrauchsanweisung gekaufte oder gemietete Maschine nützt dem K nichts. Da V keinen Monteur zur Verfügung stellt, der den K in den Gebrauch der Maschine einweist, lehnt K den – schon durchgeführten – Kauf bzw. die Miete ab und verlangt von V die Mehraufwendungen aufgrund eines Deckungsgeschäfts (die §§ 459ff., 537ff. reichen nicht so weit, sondern betreffen Mängel der Maschine selbst; infolgedessen ist für eine Haftung wegen Schlechterfüllung auch im Bereich des eigentlichen Schlechterfüllungsschadens hier Raum!). – Die Bilanz des Gesellschafters ist so fehlerhaft, daß von ihm eine Berichtigung nicht erwartet werden kann. Die Bestellung eines Buchsachverständigen trägt finanziell der bilanzpflichtige Gesellschafter als Schadensersatz wegen Nichterfüllung, wegen nunmehr abgelehnter schlechterfüllter Leistung.

Dieser Schadensersatzanspruch setzt anstelle der abgelehnten Leistung das Schuldverhältnis mit verändertem Inhalt fort.

c) Bei gegenseitigen Verträgen kann der Gläubiger, statt Ersatz wegen Schlechterfüllung oder wegen Nichterfüllung zu verlangen, *zurücktreten*, 325 I 1, 326 I 2 analog; BGH WM 82, 208 — Grundstücksüberlassung —. Bei Dauerschuldverhältnissen muß er allerdings statt dessen von den gesetzlichen Kündigungsmöglichkeiten Gebrauch machen. Wo gesetzliche Kündigungsmöglichkeiten fehlen, findet nach §§ 325 I 1, 326 I 2 analog Rücktritt für die Zukunft statt (wichtig für Sukzessivlieferungsverträge). Rücktritt aus positiver Vertragsverletzung kann sondergesetzlich ausgeschlossen sein, BGHZ 3, 206.

2. Rechtsfolgen im Bereich eines übererfüllungsmäßigen Interesses

Neben den unter 1 a) – c) genannten Rechtsfolgen kann der Gläubiger, wie bei der Haftung wegen Unmöglichkeit und — mit der erwähnten Einschränkung — beim Verzug, ein übererfüllungsmäßiges Interesse ersetzt verlangen, das durch die Schlechterfüllung des Schuldners schuldhaft verletzt wurde.

Hierher zählt der Ersatz für das durch das fehlerhafte, regendurchlässige Dach verdorbene Getreide; der Ersatz für die angesteckten Rassehunde; der Ersatz für das wegen fehlender Instruktion zum Gebrauch der Maschine verdorbene Material und die Körperverletzung; der Ersatz für die Fehldispositionen, die Gesellschafter aufgrund der fehlerhaften Bilanz getroffen haben; Leitfall: RGZ 66, 289 — Rizinus-Körner —.

Die Natur dieses Schadensersatzanspruchs ist zweifelhaft. Im Grunde handelt es sich, wie gesagt, um einen Deliktsanspruch, der nach Vertragsgrundsätzen behandelt wird. Daraus folgt, daß auch er nicht auf einer „sekundären Leistungspflicht" beruht, es sei denn, man wollte auch bei der Unmöglichkeit und — mit der erwähnten Einschränkung — beim Verzug „sekundäre Leistungspflichten" zum Ersatz eines übererfüllungsmäßigen Schadens annehmen. Das tun aber auch die Anhänger der „sekundären Leistungspflichten" nicht. Es handelt sich vielmehr um einen Anspruch aus verletzter Haupt- oder Nebenleistungspflicht. Seine Entstehungsursache, der Vertragsverstoß, charakterisiert ihn als *vertraglich* zu behandelnden Anspruch. Daß der Schaden über das Vertragsinteresse hinausgeht, macht ihn nicht zum Anspruch aus unerlaubter Handlung im Sinne der §§ 823 ff.

Grundsätzlich anders *Medicus*, Tübinger FS *Kern* 1968, 313 ff., der insoweit eine ausfüllungsfähige Lücke im Vertragsrecht leugnet; differenzierter jetzt *Medicus*, BürgR, Rn. 357. Das widerspricht jedoch der im deutschen Recht fortgeschrittenen Entwicklung, das Vertragsrecht Aufgaben des Deliktsrechts lösen zu lassen, das mangels Generalklausel zu eng ist, unten § 102 V 6. Die hier vorgeschlagene Lösung berücksichtigt diese Entwicklung und führt auch zur Übereinstimmung mit §§ 463, 538, wo bei erfüllungsmäßigem Interesse Verschulden verlangt wird. Sonst würde die Haftung aus diesen Normen zu weit reichen. Schlechterfüllungsregeln sind dann neben diesen beiden Vorschriften entbehrlich, a. A. *Medicus*, BürgR, Rn. 361 f.

Vielmehr folgt aus der vertraglichen Behandlung dieses „Deliktsanspruchs", daß sich sein rechtliches Schicksal, wie auch bei der Unmöglichkeit und in §§ 286 II 1; 326 I 1, 2, II, nach dem des Erfüllungsanspruchs richtet, vor allem auch hinsichtlich der Verjährung. Wollte man das Schicksal des Anspruchs auf Ersatz des übererfüllungsmäßigen Interesses nicht nach dem des vertraglichen Erfüllungsanspruchs bemessen, käme auch nicht die 30jährige, sondern allenfalls die 3jährige Verjährungsfrist des § 852 zur Anwendung. Doch würde dies der gewohnheitsrechtlich völlig vertragsmäßigen Behandlung dieses Anspruchs widersprechen. Anspruchsgrundlage sind also §§ 286 II 1; 326 I 1, 2, II analog. Das bedeutet nicht, daß es hier um einen Anspruch eigener Art geht. Sondern es liegt so: Der Anspruch wegen Schlechterfüllung richtet sich auf Ersatz des *vertragsmäßigen* und des *übererfüllungsmäßigen Interesses.*

Die Rechtsprechung zur Frage der *Verjährung* hat geschwankt. Grundsätzlich gewährte RGZ 144, 162 die 30jährige Verjährung des § 195, so auch jetzt BGHZ 67, 9; 71, 81 und 151. BGH LM Nr. 5 zu § 477 BGB engte dagegen bei Mangelfolgeschäden, BGH NJW 65, 148 bei Nebenpflichtverletzungen, auf die vertragliche Verjährung ein. Anders wieder BGHZ 35, 130 und BGHZ 47, 312 = ESJ 43, wonach die Vertragsverjährung nur für die dem Werk unmittelbar anhaftenden Schäden gilt, vgl. auch BGHZ 71, 151. Ein Prinzip lassen diese Entscheidungen nicht erkennen.[1])

3. Ob auch die *anderen Rechtsfolgen* der Unmöglichkeits- und Verzugsregeln analog auch die Schlechterfüllung übertragen werden können, ist zweifelhaft und im Einzelfall sorgfältig zu prüfen. Wichtig ist vor allem, daß § 287 S. 2 für die Schlechterfüllung *gilt,* soweit durch die Schlechterfüllung (ähnlich wie beim Verzug) ein Dauerzustand des Unrechts entsteht, der den Eintritt der Unmöglichkeit begünstigt. Dies dürfte die Mehrzahl der Fälle sein. Wenn also die Schlechterfüllung einen Zustand bewirkt, der zum – wenn auch unverschuldeten – Untergang der Sache führt, mit der vertragswidrig verfahren wurde, haftet der Schuldner richtiger Ansicht nach *ohne Verschulden* für Untergang und Verschlechterung.

A leiht B ein Buch. B gibt es, ohne A zu fragen, leihweise an C weiter. Bei C verbrennt es zufällig. B haftet dem A, 603 S. 2, 287 S. 2 analog. – Brennt dagegen die schlecht gedeckte Scheune zufällig ab, bevor die Schlechterfüllung behoben ist, wird der Dachdecker frei.

§§ 287 S. 1, 288–290 erscheinen dagegen nicht anwendbar. Über die Nichtanwendbarkeit von § 320 siehe den folgenden Paragraphen.

IV. Ansprüche aus Schlechterfüllung gegen Dritte

Nicht am Vertrag beteiligte Dritte haften grundsätzlich nicht. Beim sog. „Sachwalter", d. h. einem in den Verantwortungsbereich einbezogenen Gehilfen, liegt das anders. Doch ist dies ein allgemeines Leistungsstörungsproblem (s. daher u. § 54 II).

---

[1]) Vgl. dazu *Palandt/Heinrichs,* § 195 Anm. 3 d bb.

§ 48
Sonstige Störungen im Ablauf von Schuldverhältnissen, insbesondere Zurückbehaltungsrecht und vertraglicher Rücktritt

Boehmer, JZ 52, 521, 588; *ders.,* JZ 53, 392; *Brox,* Die Einrede des nichterfüllten Vertrages beim Kauf, 1948; *Bruns,* AcP 178, 34; *Bydlinski,* FS *Steinwenter,* 1958, 140; *v. Caemmerer,* FS *Larenz,* 1973, 621; *Dorschel,* Rücktritt und fortwirkendes Synallagma, Diss. Tübingen 1976; *Fuchs,* NJW 60, 2177; *Glass,* Gefahrtragung und Haftung beim gesetzlichen Rücktritt, 1959; *Herschel,* MDR 83, 899; *Huber, U.,* Rücktritt vom Vertrag und Ersatz des Verzugsschadens, JZ 84, 409; *Jakobs, H. H.,* FS *Mann,* 1977, 35; *Kast,* Die Einrede des nichterfüllten Vertrages unter besonderer Berücksichtigung des Miet- und Dienstvertrages, Diss. Heidelberg 1973; *Keller,* JuS 82, 665; *Koenigk,* NJW 60, 2180; *ders.,* NJW 61, 542; *Kornmeier,* BB 83, 1312; *Kubis,* MDR 83, 285; *Langheineken,* Anspruch und Einrede nach deutschem Bürgerlichen Gesetzbuch, 1903; *Leser,* Der Rücktritt vom Vertrag, 1975; *Lindacher,* MDR 77, 797; *Littmann,* Das Rücktrittsrecht, 1902; *Münzel,* NJW 49, 801; *Münzberg,* NJW 61, 540; *Nierwetberg,* JuS 84, 33; *Oesterle,* Die Leistung Zug um Zug, 1980; *Reuter,* Die Verurteilung zur Leistung Zug um Zug, 1909; *Schlegelberger,* Das Zurückhaltungsrecht, 1904; *Schlosser,* JuS 66, 257; *ders.,* JZ 66, 428; *Scherner,* Rücktrittsrecht wegen Nichterfüllung, 1965; *Schwenn,* AcP 152, 138; *Söllner,* ZfA 73, 1; *Stoll, Heinrich,* Die Wirkungen des vertragsmäßigen Rücktritts, Diss. 1921; *Tiedtke,* NJW 84, 767; *Trapp,* BauR 83, 318; *Weitnauer,* FS *Hefermehl,* 1976, 467; *Wieling,* JuS 73, 397; *Wolf, Ernst,* AcP 153, 97; *ders.,* NJW 53, 164; 54, 708; *Wunner,* AcP 168, 425.

I. Die Einreden

1. Die bisher behandelten Leistungsstörungen betreffen Ereignisse, die selbsttätig und unmittelbar in den Bestand des Schuldverhältnisses eingreifen: Unmöglichkeit, Verzug, Schlechtleistung. Werden die zugrundeliegenden Tatsachen von einer Partei auf beliebige Weise in den Prozeßstoff eingeführt, wirken sie von selbst anspruchshindernd, -zerstörend oder -verändernd. Der Richter hat sie zu beachten, auch ohne daß sich die in Anspruch genommene Partei darauf beruft. Es handelt sich mithin bei der prozessualen Geltendmachung von Leistungsstörungen gegen einen Anspruch um sog. *Einwendungen*. Im Unterschied dazu finden sich im Schuldrecht auch *Einreden*, die nur dann geeignet sind, einen geltend gemachten Anspruch zu hemmen, peremptorisch oder dilatorisch, wenn sich der Schuldner auf die sie begründenden Tatsachen zu diesem Zweck beruft, vgl. oben § 27 III 6a, aa und bb. Hierbei geht es also um Störungen, die im Ablauf eines Schuldverhältnisses auftreten, *falls* eine Partei die Störung durch Erhebung einer Einrede auslöst. (Von „Leistungsstörungen" spricht man daher hier besser nicht.) Dazu sind vor allem zu zählen die Einrede des nicht erfüllten Vertrags, 320 – 322, und das Zurückbehaltungsrecht, 273, 274. Bei dem danach zu behandelnden vertraglichen Rücktritt handelt es sich zwar weder um eine Einwendung noch um eine Einrede, sondern bloß um ein Gestaltungsrecht; er ähnelt, praktisch

Sonstige Störungen im Ablauf von Schuldverhältnissen § 48
I 3

gesehen, den Einreden darin, daß die eine Partei durch einen Rechtsbehelf derart in das Vertragsverhältnis eingreift, daß es einen anderen, negativen Verlauf nimmt. Man spricht übrigens auch bei der Berufung auf eine Einrede von der Ausübung eines Gestaltungsrechts. Das trifft zu, da die begründete Geltendmachung einer Einrede die Rechtslage umgestaltet. Vgl. dazu *Fikentscher*, Schuldrechtspraktikum, 1972, S. 37 ff.

2. Eine Folge schlichter Nichterfüllung im gegenseitigen Vertrag sind die Einreden des nicht erfüllten oder des nicht vollständig erfüllten Vertrags, 320, 322.

Wer im gegenseitigen Vertrag etwas schuldet, braucht nur Zug um Zug gegen die Leistung des andern zu leisten, 320 I 1. Sicherheitsleistung zur Abwendung der Zug-um-Zug-Verpflichtung ist ausgeschlossen, 320 I 3. § 320 II schließt diese Einrede des nichterfüllten Vertrags aus, wenn von der Gegenleistung nur noch ein geringfügiger Teil aussteht und die Zurückhaltung der eigenen Leistung deshalb treuwidrig wäre. § 320 II betrifft aber nur die quantitative, nicht die qualitative Minderleistung. Dagegen lassen Gewährleistungsansprüche die Einrede aus § 320 grundsätzlich unberührt, BGHZ 84, 42; vgl. BGHZ 73, 140. Bei aliud-Lieferungen kommt nur § 320 in Frage, keine Gewährleistung, BGH NJW 79, 811.

Die Einrede des § 320 I 1 hat auch prozessuale Bedeutung. Sie zwingt den Kläger darzutun, daß er schon geleistet hat oder daß der Schuldner vorleistungspflichtig ist. Gelingt ihm das nicht, wird der Schuldner zur Leistung Zug-um-Zug gegen Leistung des Klägers verurteilt, 322 I 1. Die Einrede steht dem Schuldner auch zu, wenn sein Gegenanspruch schon verjährt ist, RGZ 149, 328. Denn Verjährung bedeutet nicht den Untergang des Anspruchs, sondern nur mangelnde Durchsetzbarkeit, 222.

Schlechterfüllung des einen Teils berechtigt den Gegner im gegenseitigen Vertrag grundsätzlich nicht zur Einrede des nicht oder nicht vollständig erfüllten Vertrags. Allerdings kann, wenn die Leistung erkennbar fehlerhaft angeboten wird und der Gläubiger sie nicht deswegen ablehnen will, der Gläubiger schon jetzt seinen mit Sicherheit entstehenden Schadensersatzanspruch wegen Schlechterfüllung gegen die von ihm zu erbringenden Gegenleistungen aufrechnen, 387. § 388 S. 2 steht nicht entgegen, da das Entstehen der Schadensersatz- und der Gegenleistungspflicht an die Rechtsbedingung des Zug-um-Zug-Angebots geknüpft ist. Der Schuldner kann seine erkennbar fehlerhafte Leistung dann nicht unter Berufung auf § 320 zurückhalten. Der Gläubiger gerät durch die Aufrechnung auch ebensowenig in Annahmeverzug nach § 298, wie er durch die ihm stets mögliche Ablehnung der Leistung wegen ihrer Fehlerhaftigkeit in Annahmeverzug geraten würde, 293, 294. Man muß dem Gläubiger in solchen Fällen Annahme der fehlerhaften Leistung unter Aufrechnung der Gegenleistung mit dem Schadensersatzanspruch zugestehen, weil er ein Interesse auch an der fehlerhaften Leistung haben kann. Außerdem erspart der Gläubiger auf diese Weise dem Schuldner den Schuldnerverzug. Über ähnliche Fragen bei Kaufgegenständen, denen zugesicherte Eigenschaften fehlen, unten § 70 III 2 d.

3. Über die Wirkungsweise der Einrede des nichterfüllten Vertrags, über die *Einschränkung* des § 320 durch § 321 und über die *prozessuale Behandlung*

279

der Zug-um-Zug-Einrede ist oben bei den Besonderheiten des gegenseitigen Vertrags das Notwendige gesagt, § 10 II 4 a, b.

4. a) Ähnlich der Einrede des nichterfüllten gegenseitigen Vertrags, aber allgemeiner Natur, ist das *Zurückbehaltungsrecht,* 273, 274. Es gilt für alle Rechtsverhältnisse, nicht bloß für Schuldverhältnisse oder gar nur gegenseitige Verträge. Das Zurückbehaltungsrecht ist das Recht des Schuldners, seine Leistung zu verweigern, bis ein ihm gegen den Gläubiger zustehender Anspruch befriedigt ist, 273 I. Voraussetzungen für das Zurückbehaltungsrecht nach § 273 sind: *Gegenseitigkeit* (dazu BGHZ 5, 176; 25, 275), *Fälligkeit* (BGHZ 85, 346 − erster Schecknehmer −), *Konnexität,* nicht aber Gleichartigkeit. Das Zurückbehaltungsrecht wird daher nur dann praktisch, wenn die Ansprüche auf verschiedenartige Leistungen gehen (sonst Aufrechnung, BGHZ 37, 244). Ist die Aufrechnung unzulässig, so auch ein Zurückbehaltungsrecht, BGHZ 16, 49. Im übrigen ist das Zurückbehaltungsrecht nicht selten gesetzlich ausgeschlossen, so in §§ 175, 556 II, 580, 581 II. Ein mangels unmittelbaren Besitzes des Gläubigers unwirksames Vertragspfand ist gem. § 140 in ein Zurückbehaltungsrecht umzudeuten, OGHZ 4, 138.

Es beruht auf der Erwägung, daß es unbillig und treuwidrig wäre, wenn der Gläubiger Leistung verlangt, solange er dem Schuldner selbst noch etwas schuldig ist. Daraus ergeben sich die Voraussetzungen im einzelnen: Beide Ansprüche müssen *fällig* sein, und beide Ansprüche müssen aus *demselben rechtlichen Verhältnis* herrühren (sog. *Konnexität*), 273 I. Selbstverständlich hat der Vorleistungspflichtige kein Zurückbehaltungsrecht, vgl. 273 I mit 320, 321. Durch Sicherheitsleistung kann der Gläubiger die Ausübung des Zurückbehaltungsrechts hindern, 273 III. − Das kaufmännische Zurückbehaltungsrecht nach § 369 HGB gibt, weitergehend als das nur eine Sicherung des Schuldners bewirkende bürgerliche, ein Befriedigungsrecht; es ist aber, enger als das bürgerliche, auf bewegliche Sachen und Wertpapiere beschränkt. − In keinem Fall gibt das Zurückbehaltungsrecht ein Gebrauchsrecht, BGHZ 65, 56 (siehe aber § 557).

Streitig ist, ob das Zurückbehaltungsrecht auch noch geltend gemacht werden kann, nachdem der Anspruch des zurückbehaltenden Schuldners schon verjährt ist, falls die Verjährung noch nicht eingetreten war, als der Anspruch des Gläubigers entstand. BGHZ 48, 116 = JZ 67, 756 bejaht dies unter entsprechender Anwendung von § 390 S. 2. *Canaris,* JZ 67, 756 und NJW 67, 1967, sowie *Larenz* I § 16 halten diese Theorie der „Zurückbehaltungslage" für unrichtig. Da der Hauptunterschied des Zurückbehaltungsrechts zur Aufrechnung (Konnexität statt Gleichartigkeit) nichts mit Verjährung zu tun hat, verdient die Analogie des BGH den Vorzug.

b) Schwierigkeiten bereitet oft die Voraussetzung der Konnexität, vgl. z. B. BGHZ 20, 233; 41, 30.

Nicht *erforderlich,* aber ausreichend ist, daß Anspruch und Gegenanspruch auf dem *gleichen Vertrag* beruhen. Die Rechtsprechung hat den Begriff „desselben rechtlichen Verhältnisses" weit ausgedehnt, wobei die äußerste Grenze wiederum von Treu und Glauben und der Verkehrssitte gezogen wird. Ein rein wirtschaftlicher Zusammenhang genügt indessen nicht, am ehesten paßt der Ausdruck „innerlich zusammenhängendes Lebensverhältnis".

A verwechselt beim Verlassen des Gasthauses den Mantel und zieht den des B an. Da es draußen schneit, bleibt B nichts anderes übrig, als den des A anzuziehen. A und

Sonstige Störungen im Ablauf von Schuldverhältnissen § 48
I 4

B haben gegeneinander die Herausgabeansprüche der §§ 985, 1007. „Dasselbe rechtliche Verhältnis" ist zu bejahen, obwohl die gegenseitigen Ansprüche ihre Quelle nicht in einem einheitlichen Rechtsverhältnis haben. Sie beruhen aber auf demselben, nicht bloß äußerlich zusammenhängenden, Lebensverhältnis, das kurz nacheinander die gegenseitigen Ansprüche schuf. — Wie wäre es, wenn A ohne Mantel gekommen war, irrtümlich im Mantel des B nach Hause ging, weil er dachte, er sei mit Mantel gekommen? — Um sich ein „Pfand" zu verschaffen, stiehlt B dem A am nächsten Tag das Fahrrad. Der Grundgedanke des § 393 aus dem Recht der Aufrechnung, wonach gegen eine Forderung aus einer vorsätzlichen unerlaubten Handlung nicht aufgerechnet werden kann, muß auch in § 273 gelten und das Zurückbehaltungsrecht ausschließen. Das gleiche gilt für § 390 S. 2.

§ 273 II erläutert den Begriff der Konnexität für den Fall, daß ein Gegenstand herauszugeben ist, auf den der Herausgabepflichtige Verwendungen gemacht oder durch den ihm ein Schaden entstanden ist. *Hier* wird eine dem § 393 entsprechende Einschränkung gemacht (in § 273 I kann der Gegenstand durch unerlaubte Handlung erlangt sein, RGZ 72, 67; 123, 6. Aber § 242 bleibt zu prüfen): Die Katze des A verunreinigt die Sandkiste im Nachbargarten des N. Es nützt dem N nichts, wenn er die Katze fängt, um den B zum Ersatz des Sandes zu zwingen. N muß sie herausgeben.

c) § 273 II gibt keinen getrennten Anspruch neben § 273 I (str.), sondern sagt nur, was in solchen Fällen Konnexität bedeutet. Das könnte wegen der Identität des Gegenstandes zweifelhaft sein.

Die Berufung auf das Zurückbehaltungsrecht führt zur Verurteilung Zug-um-Zug, 274. Vgl. dazu § 320 und oben § 10 II 4b.

d) Das Verhältnis zu § 320 ist streitig. Einige halten § 320 für einen Unterfall des Zurückbehaltungsrechts, wofür vor allem § 320 I 3 spricht (*Enn/Lehmann, Blomeyer, MünchKomm/Keller,* § 273 Rn. 77). Aber die Bindung von Leistung und Gegenleistung aneinander im Sinne der §§ 320, 322 ist beim gegenseitigen Vertrag von vornherein tatbestandlich gegeben, während die Änderung eines Anspruchs kraft eingeredeten Zurückbehaltungsrechts erst nachträglich, gleichsam zufällig, an den Anspruch herangetragen wird. Da es sich aber in beiden Fällen um eine Einrede mit gleicher Wirkung handelt (Zug-um-Zug-Verurteilung), gilt für die synallagmatischen Pflichten eines gegenseitigen Vertrags § 320 allein; § 273 wird insoweit verdrängt. — Das Zurückbehaltungsrecht des § 1000 setzt, anders als § 273 II, keinen *fälligen* Anspruch voraus (§§ 273 III, 274 bleiben anwendbar); BGHZ 75, 288.

e) Das Zurückbehaltungsrecht wird vom Gericht nicht von Amts wegen berücksichtigt, sondern muß geltend gemacht werden. Der Klagabweisungsantrag genügt als Einrede nur dann, wenn er auf die Nichtleistung des Klägers gestützt wird.

f) Folge der Geltendmachung ist nicht Klageabweisung, sondern Zug-um-Zug-Verurteilung, 274. Der Gläubiger erhält gem. § 726 II ZPO eine vollstreckbare Ausfertigung, ohne Beweis, daß der Schuldner befriedigt ist oder in Verzug der Annahme ist. Der Gerichtsvollzieher muß aber gem. § 756 ZPO die Leistung des Gläubigers anbieten. Befindet sich der Schuldner im Annahmeverzug und wird dies im Urteil festgestellt, so kann der Gläubiger ohne Anbietung der Gegenleistung vollstrecken; das Urteil ist eine öffentliche Urkunde i. S. des § 756 ZPO, vgl. § 274 II BGB.

II. Vertraglicher Rücktritt, 346−361

1. Die Rücktrittsvorschriften der §§ 346−361 haben erhebliche Bedeutung durch die in § 327 gegebene Verweisung für die Fälle des *gesetzlichen* Rücktritts der §§ 325, 326. Bei Besprechung dieser Vorschriften aus dem Bereich der Leistungsstörungen wurden schon einige Grundsätze mitgeteilt, oben § 44 III 3 b. Ferner gewinnt das Rücktrittsrecht großes Gewicht durch die in § 467 ausgesprochene Verweisung für das Wandlungsrecht beim Kauf, auf das seinerseits an anderen z. T. bedeutsamen Stellen verwiesen wird, z. B. in §§ 365, 487. Das Gesetz regelt aber als Grundfall den *vertraglich vorbehaltenen Rücktritt*, dem praktisch gleichfalls keine geringe Bedeutung zukommt.

G verspricht am 1. 1., einer Handelsgesellschaft ab 1. 4. als Kommanditist beizutreten, behält sich aber bis zum 15. 2. den Rücktritt von dieser Zusage vor. − Häufig findet sich der Rücktritt auch in Prozeßvergleichen: Die Anwälte schließen einen Vergleich, behalten sich aber wegen der erforderlichen Rücksprache mit ihren Mandanten den Rücktritt binnen 10 Tagen vor. Dieser Rücktritt vom Prozeßvergleich *kann*, muß aber nicht Rücktritt von einem Schuldverhältnis sein.

Der vertragliche Rücktritt trägt dem gelegentlich auftretenden, oft aus verhandlungstaktischen Erwägungen entstehenden Bedürfnis Rechnung, eine rechtliche Bindung zunächst einmal einzugehen, sich aber für eine bestimmte Weile oder für die ganze Dauer der Bindung die einseitige Lösungsmöglichkeit offenzuhalten, durch die alles wieder in den status quo ante zurückversetzt wird. Diesem Bedürfnis kommen die §§ 346−360 entgegen (für Sonderregelungen s. §§ 651 i, 1298 ff., 2293 ff.; weiterhin §§ 2, 5 AbzG und § 10 Nr. 3, 7 a AGBG).

2. Die wichtigste Vorschrift enthält § 346 S. 1. Durch den Rücktritt wird das bisher bestehende Vertragsverhältnis *beendet* und in ein Rückgewährschuldverhältnis *umgewandelt*. Das Rückgewährschuldverhältnis ist nicht mehr der alte Vertrag, sondern ein gesetzlich (überwiegend dispositiv) normiertes Schuldverhältnis, das sich als eine Art Umkehrung des vorher vorhandenen Vertrags vorstellen läßt. Die Parteien haben einander die empfangenen Leistungen Zug um Zug (348) zurückzugewähren, 346 S. 1. Nicht zurückgebbare Leistungen, wie Dienste und Gebrauchsüberlassungen, sind in Geld (objektiv) zu bewerten, 346 S. 2. Aus dem Vertrag können nach dem Zugang der Rücktrittserklärung (349) keine Rechte namentlich weder Erfüllungs- noch Schadensersatzansprüche mehr geltend gemacht werden. Allerdings bezieht sich die Regelung der §§ 346 ff. nur auf den Rücktritt von Hauptpflichten und insoweit auch nur auf das Erfüllungsinteresse.

Die Umwandlung des Vertrags in das Rückgewährverhältnis geschieht ex nunc, d. h. bis zum Wirksamwerden der Rücktrittserklärung hat der Vertrag bestanden, und nur für die Zukunft bestehen die Pflichten der §§ 346 ff. (anders *Canaris*, NJW 82, 310, und die früher h. M., die rückwirkende Vernichtung des Vertragsverhältnisses, aber nicht des Vertragsschlusses annimmt, was sich kaum miteinander vereinbaren läßt). Daraus folgt, daß Ansprüche

z. B. aus § 286 I (BGH NJW 84, 42), oder Ansprüche, die auf Ersatz des übererfüllungsmäßigen Interesses wegen Verletzung von Hauptpflichten, oder auf Ersatz des Erfüllungs- oder übererfüllungsmäßigen Interesses wegen Verletzung von Nebenpflichten gehen, vom Rücktritt nicht berührt werden, vgl. *Ernst Wolf,* AcP 153, 97. Soweit der Rücktritt wirkt, fallen akzessorische Sicherungsrechte fort, im übrigen bleiben sie, ebenso wie ein einmal entstandenes Vorkaufsrecht (BGHZ 67, 395) bestehen.

Nicht übersehen darf aber werden, daß manche Pflichten aus §§ 346 ff. rückwirken, also auf frühere Zeitpunkte als den Rücktritt zurückgreifen, z. B. nach § 347, wo für die Haftung wegen Verschlechterung usw. der herauszugebenden Leistungen nach dem Recht der §§ 987 ff. der *Empfang der Leistungen* als Anfangszeitpunkt festgesetzt ist. Das ist verständlich, weil die Partei mit dem Rücktritt, der vereinbart war, rechnen mußte. Auch ist der Sinn des Rücktritts die grundsätzliche Wiederherstellung des alten Zustands. Das erfordert aber nicht die Rückdatierung des Rückgewährschuldverhältnisses, anders BGHZ 16, 157. Der Rücktrittsberechtigte kann also nach §§ 347 S. 1, 989 bei verschuldeter Rückgewährunmöglichkeit Schadensersatz verlangen. Er kann aber auch Ersatzvorteile nach § 281 herausverlangen und dies auch dann, wenn den Rücktrittsgegner kein Verschulden trifft (z. B. bei ordnungsgemäßer Weiterveräußerung). Der grundsätzliche Ausschluß von § 281 im Eigentümer-Besitzer-Verhältnis (oben § 44 II 1 b bb) gilt hier nicht, wie ein Vergleich mit §§ 327 S. 2, 818 II ergibt. Die Stellung des Dritterwerbers bleibt vom Rücktritt grundsätzlich unberührt, BGHZ 27, 95.

Der Rücktritt wirkt nur obligatorisch, d. h. er begründet nach § 346 S. 1 nur die Pflicht, Sachen zurückzuübereignen, Forderungen zurückzuübertragen oder neu zu bestellen. Nicht fällt etwa mit dem Rücktritt das Eigentum automatisch zurück.

Freilich können die Verfügungen, falls dies zulässig ist, auflösend bedingt durch den Rücktritt getroffen werden (siehe aber z. B. §§ 295 II, 388 S. 2). Haben die Parteien dies vereinbart, werden auch die Verfügungen mit Ausübung des Rücktritts rückgängig gemacht. Die auflösende Bedingung hat niemals rückwirkende Kraft, 158 II, 159, übrigens ein Argument für die ex-nunc-Wirkung auch des Rücktritts. Beabsichtigen die Parteien eine Rückwirkung auch der Rückgängigmachung der Verfügungen, so hat das lediglich obligatorische Bedeutung. Sie müssen einander so stellen, als ob die Übereignung, die Zession, die Erfüllung usw. niemals stattgefunden hätte, 159. Die herrschende Meinung nimmt an, daß die Vereinbarung der Rücktrittsmöglichkeit in der Regel nicht zugleich die auflösende Bedingung der Verfügungen enthält. Einen gesetzlichen Fall, in dem eine Verfügung gewandelt, d. h. mit dinglicher Wirkung ex nunc rückgängig gemacht wird, enthält § 365 (siehe oben § 39 I 1, anders die h. M.). Beim finanzierten Abzahlungsgeschäft wirkt infolge „einheitlicher" Behandlung des Kauf- und des Darlehensgeschäfts das Rückabwicklungsverhältnis zwischen Käufer und Verkäufer auch gegen das Finanzierungsinstitut, vgl. u. § 71 V 6e aa, BGHZ 66, 165; dazu *Emmerich,* JuS 76, 600.

Das Rückgewährschuldverhältnis stellt die Parteien besser als das Bereicherungsrecht, das gelten würde, wenn es die §§ 346–361 nicht gäbe. Seiner Natur nach ist es ein vertragliches, kein gesetzliches Rückgewährverhältnis (*Leser,* 157 ff.; *Larenz* I § 26a; BGHZ 72, 248; 86, 319; anders die Vorauflagen). Vor allem kennt das Rücktrittsrecht keine Einrede des Bereicherungswegfalls, 818 III. Sonst finden sich viele Ähnlichkeiten, z. B. 347 S. 1, 819 I, 818 IV, 292, 987 ff.; 347 S. 2, 818 I; 346 S. 2, 818 II.

3. Der Rücktritt erfolgt durch einseitige, empfangsbedürftige Erklärung, 349. Er ist ein Gestaltungsrecht, ähnlich der Anfechtung und der Kündigung. Wo daher Kündigungen vor allem in Dauerschuldverhältnissen, gesetzlich vorgesehen sind, ist Rücktritt sinngemäß ausgeschlossen. Haben die Parteien „Rücktritt" oder „Kündigung" vereinbart, ist durch Auslegen das Gewollte zu ermitteln. Der Unterschied ist wegen der Rückgewährpflicht bei Rücktritt beträchtlich.

In Dauerschuldverhältnissen, die keine gesetzlichen Kündigungsvorschriften kennen, bedeutet die Vereinbarung eines „Rücktritts" i. d. R. den Rücktritt *für die Zukunft*. Er ist der Kündigung sehr ähnlich. Ein feiner Unterschied zeigt sich z. B. bei monatlichen Lieferungen gegen laufende Bezahlung. Ein Rücktritt für die Zukunft zwischen zwei Leistungen bedeutet Ablehnung der nächsten Rate und Rückforderung des dafür schon angezahlten Preises. Die Kündigung bewirkt keine Rückgewähransprüche. Sie wirkt daher erst für die nächste, *noch nicht bezahlte* Rate. Im einzelnen kommt es auf die Parteivorstellungen an. *Im Zweifel* ist Rücktritt für die Zukunft die angemessene Lösung. Siehe dazu *A. Hueck*, Sukzessivlieferungsvertrag, 1918, 117 f.

4. Der zufällige Untergang der zurückzugewährenden Leistung beim Rücktrittsberechtigten schließt den Rücktritt nicht aus, 350. Die Vorschrift ist nicht unbedenklich und bedarf enger Auslegung. Im Verschuldensfalle (351) und im Falle der Verarbeitung oder Umbildung zu einer anderen Sache (352) kann der Berechtigte den Rücktritt nicht mehr ausüben. Ausgeschlossen ist der Rücktritt insb. auch bei Weitergabe der empfangenen Leistung an einen Dritten, namentlich bei Weiterveräußerung, wenn sich der Rücktrittsberechtigte nicht die Möglichkeit der Rückerlangung vorbehält. Auch dies ist „verschuldete Unmöglichkeit der Herausgabe", 351. „Verschulden" ist dabei ein „Verschulden gegen sich selbst", ähnlich wie in § 254, h. M. (a. A. *Wieling*, Verschulden ist dahin zu verstehen, daß beim Untergang der Sache nicht mehr zurücktreten darf, wer die *Gefahr der Sache* übernommen hat, JuS 73, 397). Der Grundgedanke der §§ 350 bis 352 ist das Verbot eines „venire contra factum proprium", *Wolf*, AcP 153, 131 ff. Falls die Weitergabe an einen Dritten nicht schon, wie meist, ein „Verschulden" des Rücktrittsberechtigten ist, ist der Rücktritt dennoch ausgeschlossen, wenn eine Handlung des Dritten „schuldhaft" ist, oder wenn der Dritte verarbeitet oder zu einer neuen Sache umbildet, 353. Von „Verschulden" des Dritten kann in § 353 I nur in dem Sinne gesprochen werden, daß das Verhalten des Dritten dem Rücktrittsberechtigten so zugerechnet wird, als wäre es eigenes Verhalten des Rücktrittsberechtigten.

5. Für die Ausübung und für die Durchführung des Rücktritts können Fristen gesetzt werden, die dem Gegner Klarheit über die Rechtslage verschaffen sollen 355, 354.

6. Gilt Rücktrittsrecht über § 327 für Leistungsstörungen, muß § 327 S. 2 beachtet werden. Der *Sinn* des § 327 S. 2 geht dahin, *daß der zum Rücktritt nicht berechtigte Rückgewährspflichtige stets nur nach Bereicherungsgrundsätzen haftet, wenn er den Rücktritt nicht zu vertreten hat,* unerheblich von wem die Rücktrittserklärung ausgeht.

Wer von einer Rücktrittserklärung *überrascht* wird, haftet nur auf die Bereicherung: quasi res suas neglexit. § 327 S. 2 kann aber keine entsprechende Anwendung auf den Rücktrittsberechtigten finden, da er ausdrücklich nur von dem „anderen Teil" spricht.

Der Rücktrittsberechtigte ist durch § 350 ausreichend geschützt. Die scharfe Haftung nach § 347 tritt aber beim gesetzlichen Rücktritt erst nach dem Zeitpunkt ein, in welchem die Partei, um deren Haftung nach § 347 es geht, mit einem Rücktritt rechnen muß. Dies entspricht dem Sinn des § 347 beim vertraglichen Rücktritt (oben § 48 II 2). Insofern kommt die hier vertretene Auffassung zum gleichen Ergebnis wie diejenige, die § 327 S. 2 analog anwendet, da dann § 819 auf §§ 987ff. verweist. Im Ergebnis wie hier *Blomeyer* § 35 III 2b; *Glass* 41ff. Weitergehend sieht die Rspr. u. h. M. in § 327 S. 2 einen allgemeinen Rechtsgedanken dahingehend, daß, gleichgültig wer zurücktritt, *immer* derjenige nur nach §§ 812ff. und nicht nach § 347 haftet, der den Rücktrittsgrund nicht zu vertreten hat, RGZ 130, 123; BGHZ 53, 144, 148f. = ESJ 45; *Wolf, AcP 153*, 97; *Larenz* I § 26b m. w. N. Auch die h. M. lehnt die Anwendung dieses allgemeinen Rechtsgedankens auf das vertragliche Rücktrittsrecht ab, soweit der Vertragspartner mit einem Rücktritt rechnen mußte.

7. Gelegentlich finden sich in Verträgen vorsichtiger Gläubiger sog. *Verwirkungsklauseln* (Verfallklausel, kassatorische Klausel, lex commissori), die besagen, daß der Schuldner seiner vertraglichen Rechte verlustig gehen soll, wenn er den Vertrag nicht erfüllt. Derartige Verwirkungsklauseln sind nach der *Auslegungsregel* des § 360 als *Rücktrittsvorbehalte* zu deuten.

§ 360 enthält nachgiebiges Recht (vgl. aber §§ 1, 4 II, 5 AbzG). Er begünstigt auch den Gläubiger (der Schuldner könnte aufgrund zwingender Verwirkungsklausel durch Nichterfüllung den Vertrag für sich schadlos beseitigen). Echte Verwirkungsklauseln können daher grundsätzlich besonders vereinbart werden (Strafversprechen, 339: Verschulden!). Ob 360 Verschulden erfordert, ist Auslegungsfrage. Grundsätzlich ist Verschulden des Schuldners nötig, da § 360 für alle Arten von Leistungsstörungen gilt. Verwirkungsklauseln in Allgemeinen Geschäftsbedingungen sind im Rahmen der §§ 10 Nr. 3, 11 Nr. 6 AGBG grundsätzlich zulässig.

8. § 356 ist im Zusammenhang mit §§ 420ff. zu besprechen, unten § 61 I, II; § 357 fand im Recht der Aufrechnung Erwähnung, oben § 39 III 6a bb; § 358 gehört in den Bereich der Erfüllung, oben § 38 II; § 359 ist im Recht der Draufgabe behandelt, oben § 25 I 2d; § 361 – Fixgeschäft – ist als Sondervorschrift zu § 326 dort besprochen, oben § 45 IV.

2. Unterabschnitt: Die zusätzlichen Voraussetzungen eines Schadensersatzanspruchs

§ 49
Theorie der Schadenszurechnung in Grundzügen

Baur, Fritz, Entwicklung und Reform des Schadensersatzrechtes, 1935; *Beling*, Die Lehre vom Verbrechen, 1906, bes. S. 110ff.; *Bienenfeld*, Die Haftungen ohne Verschulden, 1933; *Bloemberger*, DRiZ 68, 34; *Brüggemeier*, AcP 182, 385; *ders.*, Die AG 82, 268; *Burchardt*, ZSchweizR 44, 475; *v. Caemmerer*, DAR 70, 283; *Deutsch*, JuS 67, 152;

§ 49 Leistungsstörungen
I

ders., Karlsruher Forum 1966; 1; *ders.*, FS *Honig,* 1970, 33; *ders.*, FS *Welzel,* 1974, 227; *ders.*, FS *M. Luther,* 1976, 31; *Deutsch,* JZ 71, 244; *ders.*, FS *F. Weber,* 1975, 125; *ders.*, Haftungsrecht, Bd. I, Allgemeine Lehren, 1976; *Diederichsen,* FS *Klingmüller,* 1974, 65; *Ehrenzweig,* Die Schuldhaftung im Schadenersatzrecht, 1936; *Erdsiek,* Bedarf unser Haftungsrecht einer Überprüfung und in welchen Punkten? Karlsruher Forum 1960, 3; *Esser,* AcP 148, 121; *ders.*, Grundlagen und Entwicklung der Gefährdungshaftung, 1941; *ders.*, DRWiss. 42, 65; *Fischer, H. J.*, Der Schaden nach dem BGB für das Deutsche Reich, 1903; *Großfeld,* Die Privatstrafe, 1961; *Hauss,* ZfVersW 67, 151; *v. Hippel,* NJW 67, 1729; *Hopf,* AcP 183, 608; *Huber, Ulrich,* JZ 69, 677; *Lange, Hermann,* Grundlagen der Reform des Schadensersatzrechtes, Gutachten zum 43. Deutschen Juristentag, Bd. 1, 1. T., 1960; *ders.*, Schadensersatz, 1979; *Larenz,* NJW 59, 865; *ders.*, JuS 65, 373; *ders.*, FS *Honig,* 1970, 79; *Lorenz-Meyer,* Haftungsstruktur und Minderung der Schadensersatzpflicht durch richterliches Ermessen, 1971; *Marton,* AcP 162, 1; *Michaelis,* Beiträge zur Gliederung und Weiterbildung des Schadensersatzrechtes, 1943; *Neumann, Horst,* IherJb. 86, 277; *Nipperdey,* Grundfragen der Reform des Schadensersatzrechtes, 1940 (dazu *Esser,* AcP 148, 121); *Nipperdey/Wahl/Löning/Reinhardt,* Grundfragen der Reform des Schadensersatzrechts, Arbeitsbericht der Akademie für Deutsches Recht 1940; *Rabel,* Recht des Warenkaufs I, 1937; Neudruck 1964, 473ff.; *Rother,* Haftungsbeschränkung im Schadensrecht, 1965; *ders.*, (II.) FS Larenz, 1983, 537; *Rümelin, Max,* Die Gründe der Schadenszurechnung und die Stellung des Deutschen Bürgerlichen Gesetzbuches zur objektiven Schadensersatzpflicht, 1896; *Schilcher,* Theorie der sozialen Schadensverteilung, 1977; *Schmidt, Eike,* Grundlagen des Vertrags- und Schuldrechts I, 1972, 465 ff.; *Steindorff,* JZ 61, 12; *ders.*, AcP 158, 431; *Stoll, Hans,* FS *Rheinstein,* 1969, 569; *Stoll, Heinrich,* AcP 131, 141; *ders.*, JbAKDR 1930, 140; Verhandlungen des 43. Deutschen Juristentages, 1960 (Referate von *Hauss* und *Wilburg);* *Wilburg,* Die Elemente des Schadensersatzrechtes, 1940 (dazu *Esser,* DRWiss, 42, 65 u. *Reinhardt,* AcP 148, 147); *Wolf, Joseph Georg,* Der Normzweck im Deliktsrecht, 1962 (siehe ferner unten nach III).

I. Der Gedankengang

Läuft ein Schuldverhältnis nicht ordnungsgemäß ab, so ist zu prüfen, welche Leistungsstörung vorliegt. Fragt der geschädigte Gläubiger nach seinen Rechten, so ist zu untersuchen, welche Rechtsfolgen aus den Leistungsstörungen abgeleitet werden können. Mit diesen zwei Fragen beschäftigte sich der 1. Unterabschnitt dieses Kapitels.

Praktisch besonders wichtig und theoretisch am schwierigsten ist unter den Rechtsfolgen einer Leistungsstörung der *Schadensersatz.* Damit eine Pflicht zum Schadensersatz entsteht, müssen eine Reihe von Voraussetzungen erfüllt sein. Zunächst müssen alle Voraussetzungen vorliegen, die in den Tatbestandsmerkmalen der Anspruchsnormen enthalten sind. Liegen sie vor, so ist ein sog. „Verletzungtatbestand" gegeben. So besteht z. B. bei verschuldetem Unmöglichwerden ein bestimmter Verletzungstatbestand, aus dem sich verschiedene Rechtsfolgen ableiten, unter ihnen auch der Schadensersatz (280, 325). Diese Anspruchsnormen im Sinne von Verletzungtatbeständen wurden im 1. Unterabschnitt dieses Kapitels untersucht. Hinzu müssen aber für einen *Schadensersatzanspruch* noch weitere Voraussetzungen treten. Diese Voraussetzungen sind im 2. Unterabschnitt dieses Kapitels zu besprechen.

Eine Haftung auf Schadensersatz tritt nur dann ein, wenn der Tatbestand einer haftungsbegründenden Norm erfüllt ist. Für die Schadensersatzhaftung gilt, wie im Strafrecht, das Prinzip der Garantiefunktion der Tatbestände, d. h. jeder Eingriff, der außerhalb einer gesetzlichen Haftungsnorm erfolgt, ist erlaubt.

Der Gedankengang in einem Schadensersatzfall ist also in der Regel folgender: Der Gläubiger verlangt von dem Schuldner Schadensersatz, oder er fragt nach seinen Rechten aufgrund einer Leistungsstörung. Es ist die Anspruchsgrundlage zu suchen. Wenn eine Anspruchsgrundlage (z. B. 307, 309, 280, 286, 325, 326) vorliegt, kann festgestellt werden, ob die Rechtsfolge der Leistungsstörung in einem Schadensersatz oder in einer anderen Folge, z. B. Rücktritt besteht. Ist eine Anspruchsgrundlage gefunden, die Schadensersatz gewährt, ist weiter zu prüfen, ob die Voraussetzungen dieser Anspruchsnorm erfüllt sind, ob also z. B. eine Leistungspflicht vorliegt, die verletzt worden ist usw. Sind diese Voraussetzungen erfüllt, schreitet die Untersuchung fort: Ist ein Schaden entstanden (§ 50)? War die Verletzungshandlung kausal für diesen Schaden (§ 51)? War die kausale Schadenszufügung rechtswidrig (§ 52)? Muß der in Anspruch Genommene die Schädigungshandlung vertreten, insbesondere, hat er sie verschuldet (§§ 53, 54)? In welchem Umfang und in welcher Art und Weise ist der Schaden zu ersetzen (§ 55)? Diese Reihenfolge ist nicht denknotwendig vorgeschrieben. Sie ist aber die im Gutachten durchaus übliche und ist auf den Regeln der praktischen Logik, der historischen Erfahrung und der Prozeßökonomie aufgebaut. Aus diesem Grunde sind nun im zweiten Unterabschnitt des Kapitels „Leistungsstörungen" die zusätzlichen Voraussetzungen eines Schadensersatzes zu prüfen. Bei Schadensersatz aus unerlaubter Handlung gilt eine ähnliche Reihenfolge, vgl. unten § 102 III. Systematisch gehört die Darstellung dieser Fragen aber zum Inhalt gestörter Schuldverhältnisse. Soweit die Dinge bei den unerlaubten Handlungen gleichliegen, ist dort auf die hier nachfolgenden Erörterungen verwiesen.

II. Die „klassische" Theorie des Schadensersatzes

Beling, Die Lehre vom Tatbestand, 1930.

Die vorstehende Reihenfolge beruht zum großen Teil auf dem von *Beling* formulierten Begriff des strafrechtlichen Tatbestands. Danach zerfällt ein Tatbestand in den objektiven Tatbestand (Verletzung), die Rechtswidrigkeit und den subjektiven Tatbestand (Schuld). Angewandt auf das Schadensersatzrecht des BGB ergibt dies den objektiven *Tatbestand,* bestehend aus *Verletzungshandlung, Schaden* und *Kausalität* zwischen Verletzungshandlung und Schaden, die *Rechtswidrigkeit* und das *Vertretenmüssen,* insb. das Verschulden. Die Prüfung des zu ersetzenden *Schadensumfangs* wird aus rechtstechnischen Gründen ans Ende des Gutachtens gerückt. Dies ist das traditionelle Bild der Prüfung eines Schadensersatzanspruchs im bürgerlichen Recht seit 1900 bis etwa 1950.

III. Weiterentwicklung der Schadensersatzlehre

Baur, F., FS *L. Raiser,* 1974, 119; *Bötticher,* AcP 158, 385; *Bydlinski,* JurBl. 58, 1; *ders.,* Probleme der Schadensverursachung, 1964; *v. Caemmerer,* Das Problem des Kausalzusammenhangs im Privatrecht, 1956; *ders.,* Karlsruher Forum 1961, 26; *ders.,* VersR 71, 973; *Deuchler,* Die Haftung des Arztes für die unerwünschte Geburt eines

§ 49
III 1

Leistungsstörungen

Kindes („wrongful birth"), 1984; *Deutsch,* Fahrlässigkeit und erforderliche Sorgfalt, 1963; *ders.,* JZ 63, 385; *ders.,* JZ 64, 89; *ders.,* NJW 65, 1987; *ders.,* RabelsZ 66, 759; *ders.,* JuS 67, 152; *ders.,* Haftungsrecht, Bd. I, 1976 §§ 1–9; *ders.,* FS *v. Caemmerer,* 1978, 329; *ders.,* JZ 84, 308; *Ehrenzweig,* System des österreichischen allgemeinen Privatrechts, 2. Bd., 1. Hälfte, Das Recht der Schuldverhältnisse, 1920, 38 ff.; *Esser,* Karlsruher Forum 1959, 20; *Fabry,* Der Rechtswidrigkeitszusammenhang, Diss. Köln 1955; *Fischer,* JuS 84, 434; *Friese,* Haftungsbegrenzung für Folgeschäden aus unerlaubter Handlung, Diss. Erlangen 1968; *Gottwald,* Schadenszurechnung und Schadensschätzung, 1979; *Grunsky,* JZ 83, 372; *Hardwieg,* JZ 68, 289; *Honsell, H.,* JuS 1973, 69; *Huber, Ulrich,* FS *H. Heimpel,* Bd. III, 1972, 440; *ders.,* FS *Wahl,* 1973, 301; *Kramer,* JZ 76, 338; *Lang,* Normzweck und Duty of Care, 1983; *Lange, Hermann,* Gutachten für den 43. Deutschen Juristentag, 1960; *ders.,* JZ 76, 198; *ders.,* Schadensersatz, 1979, Einleitung; *Lanz,* Alternativen zur Lehre vom adäquaten Kausalzusammenhang, 1974; *Leonhard, G.,* VersR 83, 415; *Littbarski,* NJW 84, 1667; *Lorenz,* JZ 61, 432; *Lüer,* Die Begrenzung der Haftung bei fahrlässig begangenen unerlaubten Handlungen, 1969; *Lukas,* VersR 83, 697; *Frhr. Marschall v. Bieberstein,* BB 83, 467; *Mädrich,* Das allgemeine Lebensrisiko, 1980; *Medicus,* VersR 81, 593; *Motsch,* JZ 84, 211; *Mertens,* Der Begriff des Vermögensschadens im bürg. Recht, 1967; *Münzberg,* Verhalten und Erfolg als Grundlagen der Rechtswidrigkeit und Haftung, 1966; *Nipperdey,* NJW 67, 1985; *Raiser, Thomas,* Haftungsbegrenzung nach dem Vertragszweck, 1962; *ders.,* JZ 63, 462; *Rother,* Haftungsbeschränkung im Schadensrecht, 1965; *Rückert,* AcP 184, 105; *Selb,* Karlsruher Forum 1964, 3; *Schiemann,* Argumente und Prinzipien bei der Fortbildung des Schadensrechts, 1981; *Schünemann,* JuS 79, 19; *ders.,* JuS 80, 31; *Schulin,* Der natürliche-vorrechtliche-Kausalitätsbegriff im zivilen Schadensersatzrecht, 1976; *Schwarz J./Esser, Kl.-P.,* NJW 83, 1409; *Sourlas,* Adäquanztheorie und Normzwecklehre bei der Begründung der Haftung nach § 823 Abs. 1 BGB, 1973; *Steiner,* Schadensverhütung als Alternative zum Schadensersatz, 1983; *Stoll, Hans,* Kausalzusammenhang und Normzweck im Deliktsrecht, 1968; *ders.,* Begriff und Grenzen des Vermögensschadens, 1973; *ders.,* in: 25 Jahre Karlsruher Forum (Beih. zu VersR), 1983, 184; *Stürner,* VersR 84, 297; *Weitnauer,* FG *Oftinger,* 1969, 361; *ders.,* FS *Wahl,* 1973, 109; *ders.,* JuS 79, 697; *ders.,* in: 25 Jahre Karlsruher Forum (Beih. zu VersR), 1983, 189; *Werres,* NJW 82, 2483; *ders.,* NJW 83, 2371; *Wolff, Joseph Georg,* Der Normzweck im Deliktsrecht, 1962; *Wolff, Karl,* in *Klang,* Kommentar zum ABGB Bd. 6, 1951, § 1294 Anm. I 4; *Zeuner,* Schadensbegriff und Ersatz von Vermögensschäden, AcP 163, 380; (ferner vor I).

Heute werden die aufgeführten Elemente eines Schadensersatzanspruchs in nahezu allen Einzelmerkmalen erneuter Prüfung unterzogen. Die Entwicklung ist immer noch im Fluß. Auch seit der Vorauflage sind entscheidende Klärungen nicht erfolgt. Die Praxis verfährt noch zum größten Teil nach der „klassischen" Theorie des Schadensersatzes. Der gegenwärtige Stand der Lehre ist *zu den einzelnen Merkmalen* in der genannten Reihenfolge in Kürze folgender:

1. *Verletzungshandlung.* Die Frage, was *verletzt* wird, erscheint unter dem rechtsvergleichenden Einfluß des anglo-amerikanischen Rechts (duty to take care) in neuem Licht. Die deutsche Spielart dieser Theorien ist die Lehre von der Verhaltensnorm *(v. Caemmerer).* Da im Vertragsrecht Verletzungsgegenstand die vertragliche Pflicht und Verhaltensnorm grundsätzlich der Vertragsinhalt ist, spielt diese Lehre vor allem im Recht der unerlaubten Handlungen eine Rolle, so sie zu erörtern ist, unten § 97 III 2 e. Der *Handlungsbegriff* wurde neu durchdacht anhand der finalen Handlungslehre

(Welzel). Auch diese Problematik hat ihr Schwergewicht im Deliktsrecht, unten § 102
IV. Allgemein setzt sich aber im Zivil- und Strafrecht *(Hardwieg)* immer mehr die Auffassung durch, daß die Verhaltensnorm den Angelpunkt haftungsrechtlicher Betrachtung darstellt. Die Verhaltensnorm gibt die Pflicht an, deren Verletzung *Handlung, Schaden* (Erfolg), *Verursachung* und *Schuld* erst in rechtserheblicher Weise bewertet. Dadurch kommt man — immer im Rahmen der alles beherrschenden Gebots- oder Verbotsnorm — im allgemeinen mit „natürlichen" Handlungs-, Schadens-, Ursache- und Schuld- (insb. Sorgfalts-)begriffen aus. Freilich kann sich keines dieser Elemente der Normwertung entziehen und ein von Rechtszwecken unberührtes, „natürliches" Eigenleben entfalten.

2. *Schaden.* Im Problemfeld des Schadensbegriffs werden vor allem fünf Themen diskutiert:

a) Weitgehend wurde Einigkeit erzielt, daß bei der Prüfung einer Schadensersatzpflicht *vier Begriffe* zu trennen sind: Der *Eingriff* in das geschützte Gut (z. B. Eigentum), der damit notwendig (anders *Mertens,* 169) verbundene *„Verletzungsschaden",* die dadurch hervorgerufenen *„Folgeschäden"* (z. B. Gewinnentgang) und der von alledem begrifflich zu unterscheidende *Umfang* des zu ersetzenden Schadens (Interesse), (*Hans Stoll,* 21). Verschuldet braucht z. B. nur der Eingriff zu sein, sowie die Begründung des Verletzungsschadens, nicht aber Umfang der Schäden und Begründung der Folgeschäden (Ausnahme: das übererfüllungsmäßige Interesse beim vertraglichen Schadensersatz muß, obwohl eine Art Folgeschaden, hinsichtlich seiner Begründung verschuldet sein, da es sich um einen selbständigen Haftungstatbestand handelt.)

b) Damit ist zugleich das zweite Schadensthema erwähnt: Die Trennung von *Haftungsbegründung* und *Haftungsausfüllung.* Es verbindet sich eng mit der eben gemachten begrifflichen Unterscheidung. Erörtert wird es vor allem von *Rabel, Larenz, (Enneccerus/)Nipperdey, Esser, Hermann Lange, Joseph Georg Wolff:*

Nach der geltenden Schadensersatzlehre, die z. B. auch in der Formulierung des § 823 I zum Ausdruck kommt („daraus"), muß nur die erste Rechtsgutverletzung, z. B. die Vertragsverletzung, die Gesundheitsbeschädigung usw. verschuldet sein *(„Verletzungsschaden").* Kausal daraus hervorgehende „Schadensposten" oder „Folgeschäden" sind ohne Verschulden zu ersetzen, und zwar im *Deliktsrecht stets.* Diese Einschränkung des Verschuldensprinzips ist von weitreichender Bedeutung. Sie ist erforderlich, um zu gerechten Ergebnissen zu gelangen:

Radfahrer A überfährt fahrlässig X und Y zugleich auf dem Zebrastreifen. Beide werden verschieden schwer geschädigt. Die Heilungskosten des einen betragen 1000,—, die des andern 100 000,—. A muß *alles* bezahlen. Seine Schuld bezieht sich nur auf das Überfahren, die einzelnen Schadensposten brauchen nicht verschuldet zu sein. Oder: Beide Fußgänger werden verletzt, aber der Verdienstausfall des einen beträgt einmalig 500,—, der des andern 500,— als laufende Monatsrente.

Die Verletzungshandlung einschließlich der Verletzung, die sozusagen der 1. Schadensposten ist, muß (in der Regel) verschuldet sein. Alle weiteren „Folgeschäden" sind ohne Verschulden zu ersetzen. Anders ausgedrückt: Der die Haftung auslösende Tatbestand ist grundsätzlich an persönliche Vorwerfbarkeit gebunden. Der Umfang der Haftung bemißt sich ohne Rücksicht auf die persönliche Schuld. Anders ausgedrückt: Der objektbezogene Schaden muß verschuldet sein, nicht der vermögensbezogene.

Im *Vertragsrecht* liegt es richtiger Auffassung nach ebenso: Die Vertragsverletzung muß (i. d. R.) verschuldet sein, der Schadensumfang nicht. Zu dem die Haftung begründenden Tatbestand zählt, von Ausnahmen abgesehen, das Verschulden. Ist aber die Haftung begründet, müssen die durch die Vertragsverletzung verursachten Schäden ohne Rücksicht auf Verschulden ersetzt werden. Das folgt aus der Herstellungspflicht des § 249. Nur der eigentliche *Verletzungsschaden* muß verschuldet sein. Dieses ist eine Frage der *Haftungsbegründung*. Folgeschäden sind auch ohne Verschulden zu ersetzen, sie gehören in den Fragebereich des *Haftungsumfangs*. Diese wichtige Unterscheidung ist nach dem BGB geltendes Recht und ist, obwohl erst in neuerer Zeit wieder stärker betont, heute im wesentlichen außer Streit. An zwei Stellen zeigt sich die Bedeutung des unverschuldeten Haftens für Folgeschäden aus *Vertragsverletzungen* besonders deutlich:

aa) Haftet der Schuldner aus Unmöglichkeit, Schuldnerverzug oder Schlechterfüllung, so muß er den *entgangenen Gewinn* nach § 252 dem Gläubiger ersetzen, wobei eine objektive Wahrscheinlichkeit, kein subjektives Verschulden entscheidet.

bb) Geht die *geschuldete Sache* im Verzug oder infolge einer Schlechterfüllung unverschuldet zugrunde, oder wird sie zufällig beschädigt, so haftet der Schuldner trotzdem, 287 S. 2, oben § 45 III 1 e. Nur der Verzug und die Schlechterfüllung müssen verschuldet sein, was dann mit der Sache geschieht, geht auf das objektive Risiko des Vertragsverletzers, mit Ausnahme der höheren Gewalt oder des „gemischten Zufalls" („casus mixtus"); zum Kausalitätsproblem siehe unten § 51 V. — Bei der Unmöglichkeit stellt sich das Problem nicht, da die Sache schon verloren ist.

Diese Schadensposten sind zu ersetzen, ohne daß sich das Verschulden des Leistungsstörers auf sie zu beziehen braucht. Damit wird die Auffassung bestätigt, daß auch im Vertragsbereich nur die Haftungsbegründung, nicht die Haftungsausfüllung Verschulden voraussetzt.

c) Der dritte Streitpunkt bezieht sich darauf, ob der Schadensbegriff des BGB ein „normativer" sei (so *Neuner, Wilburg, Rabel, Bydlinsky, Coing, Niederländer, Larenz, Zeuner, Steindorff* und *Selb*) oder ein „natürlicher" (so die bisher h. M., heute vertreten u. a. von *Esser, (Staudinger/)Werner* und *Mertens*, vgl. auch BGHZ 40, 347). Gemeint ist damit folgendes: Die „Naturalisten" sehen im Schaden einen natürlichen, dem Rechte vorgegebenen Begriff. Das Recht hat die Aufgabe, diesen Schaden dem einen oder andern zur Tragung zuzurechnen. Die „Normativisten" begreifen den Schaden als rechtlich geformtes Tatbestandsmerkmal. Schaden und Schadensumfang kann daher nicht „dem Leben abgelauscht", sondern nur dem jeweiligen Normzweck entnommen werden. Eine dritte Meinung wendet sich gegen die Unbestimmtheit des normativen Schadensbegriffs, ohne für den „natürlichen" zu votieren, und glaubt, die mit dem normativen Schadensbegriff verfolgten rechtspolitischen Ziele auch mit herkömmlichen Methoden (Differenztheorie, Vorteilsausgleichung u. ä.) erreichen zu können (*Eike Schmidt* a. a. O. 563; *F. Baur*).

Im Ansatz ist den Normativisten recht zu geben. Ohne Norm kein Schaden. Aber die Normwidrigkeit wird aus Zweckmäßigkeitsgründen vorwiegend bei der Beurteilung einer Handlungs-Erfolgs-Beziehung als *rechtswidrig* untersucht (unten § 52). Das entlastet die Wertbezogenheit der Handlung, des Schadens und der Kausalität weitgehend, so daß diese Begriffe praxis- und lebensnah „naturalisiert" werden können. Das ist wegen der Bildung einheitlicher Kategorien, auch vom Rechtsstandpunkt aus, geboten. Allerdings behält die Normrelevanz ihre *Kontrollwirkung* für alle Elemente eines Schadensausgleichs.

d) Nicht zu verwechseln mit normativem und natürlichem Schadensbegriff ist die heftig umstrittene Unterscheidung von *objektivem* und *subjektivem* Schadensbegriff.

Unter subjektivem (oder konkretem) Schaden versteht man den einem Geschädigten

entstandenen echten Verlust, unter objektivem (oder abstraktem) Schaden eine mehr oder weniger typisierte, pauschalierte „Normaleinbuße in solchen Fällen":
S rammt fahrlässig das Auto des G. G ist zufällig ein talentierter Bastler, der keinen Mechaniker an sein Auto heranläßt. In seiner Freizeit repariert G den Wagen unter Verwendung von Ersatzteilen im Wert von 50,–. Normalerweise hätte die Reparatur 450,– gekostet. Ist S zum Ersatz des subjektiven (50,–) oder des objektiven Schadens (450,–) verpflichtet? Vgl. die Lösung u. § 55 III 2 d ee: Eigenreparaturen.

Die Streitfrage wird oft unzulässig mit der Unterscheidung von natürlichem und objektivem Schaden verquickt, weil angenommen wird, objektiver Schaden setze die normative Betrachtungsweise voraus (*Mertens*, 36 ff.). In Wahrheit kann objektiver Schaden ebenso „normativ" (z. B. entgangener Gewinn, 252) wie „natürlich" (z. B. Börsenkurs, Lizenzgebühr) aufgefaßt werden wie subjektiver.

Nach § 249 S. 1 ist *grundsätzlich* der subjektive Schaden geschuldet. Aber *Treu und Glauben* (242) gebieten in nicht wenigen Ausnahmefällen eine mehr oder minder weitreichende Objektivierung. Dabei steht entweder der Gedanke der Rationalisierung und Pauschalisierung im Vordergrund (beispielsweise bei Lizenz- und Nutzungsgebühren oder beim merkantilen Minderwert) oder die Überlegung, daß bestimmte schadensmindernde Umstände (wie etwa im Bastlerfall Talent und Neigung des Geschädigten) dem Schädiger billigerweise nicht zugutekommen sollen. (Hier beruft man sich auch auf das Wort „erforderlich" in § 249 S. 2.) Häufig verbinden sich beide Gründe.

e) Ein fünftes Schadensproblem betrifft die Frage, ob zur Ermittlung des Schadens stets eine *Differenz* der Vermögenslagen vor und nach der Schädigung zu ermitteln oder ob in besonderen Fällen ein bestimmtes *Mindestinteresse* ohne Rücksicht auf umfassende Vermögensvergleiche zu ersetzen ist. Die Unterscheidung soll z. B. wichtig sein für beschädigte, aber nicht benutzte Sachen, z. B. Autos. Wird ein unbenutztes Auto beschädigt, entsteht „an sich" kein Schaden. Trotzdem gewährt der BGH üblichen Ersatz, vgl. BGHZ 45, 218 (Nutzung muß wenigstens möglich sein, so auch BGHZ 55, 146), sog. Einzelguttheorie (*Esser/Schmidt* § 4 I 1: Integritätsinteresse; *Frotz* JZ 63, 391; *Larenz* I § 27 II a u. VersR 63, 1). Hierher zählen auch die Grundsätze der „Kommerzialisierung" (z. B. von verlorener Freizeit) und „Frustrierung" (z. B. unnützer Aufwendungen), s. dazu die Fallbeispiele u. § 55 III 2 d ee. Bei Licht besehen sind aber die Probleme d) und e) identisch. Es geht nur um die Frage, ob nach Treu und Glauben (242) der Schädiger nicht den normalen „subjektiven" Schaden, der durch einen vollständigen Vermögensvergleich vor und nach der Schädigung ermittelt wird, sondern einen typisierten, pauschalierten, vom Üblichen her bestimmten „objektiven" Schaden ersetzen soll, weil entweder der Rationalisierungs- oder der Zurechnungsgedanke (oder beide) dies verlangen. Zu fragen ist also stets: Hat mit Blick auf Treu und Glauben *die Verkehrssitte* den infragestehenden „Schadensposten" (Freizeit, unnützer Aufwand, Bequemlichkeitsverzicht, Eigenreparatur usw.) *kommerzialisiert*, d. h. *für den Regelfall in Geld bewertet*. Rechtsgrundlage einer Abweichung vom subjektiven Schadensersatz nach § 249 ist also immer und ausschließlich § 242. So betrachtet, ist die Differenzhypothese gleichbedeutend mit „subjektivem Schadensersatz", und die „Einzelguttheorie" wird ein Unterfall des objektiven Schadensersatzes. Die Berücksichtigung „objektiven Ersatzes" ist nichts anderes als die Einführung der „nominal damages" des englischen Rechts ins deutsche Recht. „Punitive damages", Privatstrafen, „astreintes", sollten dagegen ins deutsche Recht grundsätzlich keinen Einlaß finden (vgl. *Großfeld*, Die Privatstrafe, 1962). Ein Strafcharakter des Ersatzes ist von § 242 nicht gedeckt.

3. *Kausalität*. Einen entscheidenden Wandel der Auffassungen brachte der Versuch einiger Autoren *(Rabel, Wilburg, v. Caemmerer)*, das Merkmal der *Kausalität* durch den *Normzweck* zu ersetzen.

a) Nach der insb. von *Traeger* vertretenen alten Kausalitätslehre kommt es auf die Verursachung in einem *natürlichen* Sinne an (näheres unten § 51). Ursache im Rechtssinne ist danach zunächst jede Bedingung, die nicht *hinweggedacht* werden kann, ohne daß der Erfolg *entfiele* (äquivalente Verursachung, *Äquivalenztheorie*). Von diesen äquivalenten Bedingungen werden sodann diejenigen (inadäquaten) Bedingungen *ausgeschieden*, die zu dem Erfolg nur in ganz ungewöhnlicher Weise beigetragen haben (Adäquanztheorie): Ursächlich im Sinne des Zivilrechts sind danach die äquivalenten, nicht inadäquaten Bedingungen eines Erfolgs, und zwar im naturwissenschaftlich-physikalischen Sinne.

b) Diese Adäquanzlehre versagt aber, wenn adäquat verursachte Schäden außerhalb des Normzwecks der den Schadensersatz auslösenden Norm liegen: Ein naturschutzwidrig gefällter Baum trifft – im übrigen ohne Schuld der Baumfäller – einen Menschen. Ein Autofahrer ohne Führerschein überfährt – insoweit schuldlos – einen Passanten: Daß beim Bäumefällen und Autofahren Menschen zu Schaden kommen, ist nicht „inadäquat". Trotzdem wollen Naturschutz- und (wohl auch) Führerscheinvorschriften als solche nicht Leib und Leben von Menschen schützen.

c) Daß die alte Kausalitätslehre nicht ausreicht, um insoweit den Schadensersatz „zu begrenzen"; wird mehr und mehr anerkannt (ablehnend aber z. B. noch *Staud./Weber*, vor § 249 Rn. 30ff.). Wer die Normzwecktheorie bejaht, verwendet sie aber oft verschieden: Einige halten eine Kausalitätslehre neben der Normzwecklehre für entbehrlich *(Rabel, v. Caemmerer, Hermann Lange)*. Sie halten dafür, der Normzweck lasse immer erkennen, welche Schäden dem Schädiger als ersatzpflichtige zugerechnet werden, welche nicht. Andere meinen, *neben* der alten Adäquanzlehre müsse man eine neue Kategorie der „Haftungsbegrenzung" zum Zuge kommen lassen, nämlich den Normzweck. Zu ersetzen sind danach *adäquat* verursachte Schäden, *sofern* sie nicht außerhalb des Normzwecks liegen *(Esser, Nipperdey, Wahl, Boehmer, Heinrich Lehmann, Siebert-Schröder, Thomas Raiser, Joseph Georg Wolff)*. So verfährt auch der BGH (seit BGHZ 27, 137 = ESJ 46 – Strafverteidigungskosten – ; BGH JZ 69, 702 – Hirnarteriosklerose – ; BGHZ 70, 374 – Amtspflicht des Notars – ; BGHZ 71, 358 – bereicherungsrechtlicher Normzweck – ; auch BGHZ 65, 196 – Musterung – ist eine Normzweckentscheidung).

d) Daß nur solche Schäden zu ersetzen sind, die innerhalb des Bereichs der verletzten Norm liegen, ist schlechthin überzeugend: Die Norm bestimmt die Rechtspflicht, und aus der verletzten Rechtspflicht resultiert der Schaden. Andere Schäden sind überhaupt keine Schäden im Sinne dieser Norm, darum auch nicht zu ersetzen (falls nicht andere Normen eingreifen). Insofern darf die alte Kausalitätstheorie, die den Schadensbegriff mit Hilfe natürlicher (nicht rechtlich-normativer) Geschehnisabläufe zu ermitteln trachtete, als überholt angesehen werden. Siehe aber *Larenz*, FS *Honig*, S. 8ff.

Unrichtig ist es aber, die Normzwecklehre als *Ersatz* für die alte Kausalitätslehre anzusehen *(U. Huber)* oder sie als Ergänzung der alten Kausalitätslehre einfach *neben* sie zu stellen. Die Norm bestimmt nicht nur die Kausalfrage. Die Norm bestimmt vielmehr gerade dadurch, daß sie die Rechtspflicht aufstellt und ihre Verletzung ahndet: die Rechtspflicht, die Verletzungshandlung (also auch den Handlungsbegriff), den Schaden (nämlich die Person des Geschädigten und die Art seiner Einbuße), das Ob und das Wie der Kausalität von Verletzung und Schaden, die Rechtswidrigkeit des

Schadens, das Verschulden, und den — vom Verschulden nicht notwendig erfaßten — Umfang des zu ersetzenden Schadens einschließlich der Folgeschäden (wobei es wiederum die Norm ist, die den Folgegeschädigten und Folgeschaden und das Ob und Wie der Verursachung des Folgeschadens definiert). — Norma suprema.

Daraus folgt: Die „Normzwecklehre" ist — richtig verstanden — keine Theorie zur „Haftungsbegrenzung", sondern eine Theorie zur Haftungsbegründung und Haftungserstreckung. Von „Haftungsbegrenzung" kann nur sprechen, wer letztlich doch die naturwissenschaftliche Kausalität über die Schadenszurechnung entscheiden läßt. Erst eine von der Norm ausgehende Schadenslehre gestattet es, von einer geschlossenen *Theorie der Schadenszurechnung* zu sprechen, die alle genannten Bestandteile eines Schadensersatzanspruchs miteinander in Beziehung bringt. Die „Normzwecklehre" ist daher kein Ersatz und keine Ergänzung der Kausalitätslehre, sondern eine Theorie der Schadenszurechnung schlechthin. Das bedeutet, daß nicht bloß die Verursachung normgemäß sein muß. Auch der Schaden (nach Person und Art), die Verursachung, das Verschulden und das zu ersetzende Interesse (insb. die Folgeschäden) müssen in bezug auf die Norm erheblich (relevant) sein. Schon *Lorenz* spricht in einem Teilbereich von „normadäquater Verursachung" (JZ 1961, 433, 438). Dieser Gedanke gilt allgemein auch für den Geschädigten, den Schaden und den Folgeschaden. Kernstück der hier vertretenen Auffassung ist also die *Normrelevanz* oder *Normadäquanz* aller Faktoren: nur normrelevante Schäden, falls normrelevant verursacht und verschuldet, sind zu ersetzen. Für Folgeschäden gilt das gleiche, ohne Verschulden. Das Wort „Normzweck" ist übrigens zu eng. Nicht nur der Zweck der Norm entscheidet über die Merkmale des Schadensersatzes, sondern ihr ganzer Inhalt. So verstanden kann man die hier entwickelte und dem Folgenden zugrunde gelegte Theorie der Schadenszurechnung die „Theorie der Normrelevanz" nennen.

e) Hierdurch ergibt sich unter Zugrundelegung der Normrelevanz folgender Gedankengang für die Gliederung der Prüfung eines Schadensersatzanspruchs (und für die Gliederung der nachstehenden Ausführungen):

Aus Inhalt und Zweck einer Norm muß entnommen werden, wen sie schützen oder sonst begünstigen will. Er ist im Schadensfalle der Verletzte, der Geschädigte im Rechtssinne. Daneben ergibt die Norm, gegen welche Schäden der Verletzte geschützt werden soll. Beide Fragen, die nach dem Geschädigten und nach der Art des Schadens, lassen sich unter dem Begriff des normerheblichen *Schadens* zusammenfassen (dazu § 50).

Wieso aus der Pflichtverletzung ein Schaden entsteht, ist eine weitere Frage, die *zu Recht* unter dem Gesichtspunkt der *Verursachung* geprüft wird. Eine normrelevante *Kausalität* muß vorliegen. Es wird sich zeigen, daß — soweit überhaupt normrelevante Schäden vorliegen — die Adäquanztheorie dabei doch ein nützlicher Maßstab für einen Großteil der Fälle ist. Die Norm kann allerdings andere Maßstäbe verlangen. Bei alledem ist, da normativ vorgegangen werden muß, nicht nur an das bloße *Ob* einer Verursachung, sondern auch an das *Wie* zu denken. Die Art und Weise der Verursachung kann normfremd sein (zu diesen Fragen § 51 unten).

Die Rechtswidrigkeit ist Normwidrigkeit (dazu § 52 unten).

Ob verschuldet oder ohne Verschulden gehaftet wird, ist die nächste der Norm zu entnehmende Frage (§§ 53, 54).

Steht nach diesen Merkmalen fest, *daß* ein zum Schadensersatz verpflichtender Normverstoß vorliegt, ist noch keineswegs sicher, wie der Ersatz zu bemessen ist. Denn das setzt außer der Prüfung des Schadenshergangs immer noch die Prüfung eines gedachten ungestörten Hergangs, also einen Vergleich voraus (Lehre vom *Interesse*). Dabei kommt es einmal auf den tatsächlichen Verlauf von Schaden und Folgeschäden an, wobei wiederum nur die normrelevanten Folgeschäden interessieren, zum andern auf einen hypothetischen, schadensfreien Verlauf. Hier entstehen dann auch Fragen der sog. überholenden Kausalität und der Vorteilsausgleichung. — Endlich sind *Art und Weise* des Schadensersatzes (in natura, in Geld usw.) und Gründe für die etwaigen *Ersatzminderungen*, insb. durch Mitverschulden (254) zu prüfen (dazu § 55).

4. *Rechtswidrigkeit.* **a)** Die „Normzwecklehre" hat nicht nur Fragen der Kausalität von Grund auf neu gestellt, sondern, in einer bestimmten Hinsicht, auch die Frage der Rechtswidrigkeit. Manche Vertreter der Normzwecklehre berufen sich zur Begründung ihrer Auffassung auf die österreichische Lehre vom *Rechtswidrigkeitszusammenhang* (insb. *Esser, Nipperdey*). Diese insb. von *Armin Ehrenzweig, Karl Wolff* und *Walter Wilburg* zu den Generalklauseln der Art. 1294, 1311 des österreichischen ABGB entwickelte Lehre vom Rechtswidrigkeitszusammenhang dient dazu, normirrelevante Schäden aus der Ersatzpflicht auszuscheiden. Man sagt: Zwischen dem naturschutzwidrigen Fällen des Baumes und dem Tod des dadurch — im übrigen schuldlos — getroffenen Menschen bestehe kein „Rechtswidrigkeitszusammenhang" *(Bydlinsky).* Die Lehre vom Rechtswidrigkeitszusammenhang wurde entwickelt, um die Generalklausel des Art. 1311 praktikabel zu machen. In Deutschland wird das Schadensersatzrecht vom Enumerativprinzip beherrscht. Schon deshalb ist die Übernahme der österreichischen Lehre nicht sinngemäß. Außerdem besagt „fehlender Rechtswidrigkeitszusammenhang" nichts anderes als „fehlende Normrelevanz", denn die Norm bestimmt die Grenze von Recht und Unrecht. Endlich aber droht das Wort vom „fehlenden Rechtswidrigkeitszusammenhang" mehrere für das deutsche Recht zu unterscheidende Fragen zu verdecken, nämlich die Fragen nach dem normrelevanten Geschädigten, seinem normerheblichen Schaden, dem normerheblichen Ob und Wie der Herbeiführung des Schadens, der — nur im Enumerativprinzip möglich — Unterscheidung von (verschuldetem) Schaden und (möglicherweise unverschuldetem) Folgeschaden, sowie nach dessen Normerheblichkeit bezüglich Geschädigten, Schadensart, auch bezüglich des Ob und Wie seiner Verursachung. Nichtsdestoweniger enthält die Lehre vom Rechtswidrigkeitszusammenhang den gleichen zutreffenden Gedanken wie die Normzwecklehre: ne ultra legem restituetur! Nur gehören diese Erwägungen nach deutschem Recht zur Lehre vom Schaden und von der Verursachung, nicht zur Lehre von der Rechtswidrigkeit. Die Übernahme des österreichischen Begriffs des Rechtswidrigkeitszusammenhangs ins deutsche System ist daher nicht glücklich und abzulehnen. Ein dem deutschen Recht angemessener Ausdruck wäre „Reichweite der Norm" oder „Normerstreckung", vgl. BGHZ 27, 139; 23, 222; 57, 137.

b) Nicht rechtswidrig sind Schadenszufügungen, die man als *„allgemeines Lebensrisiko"* bezeichnen kann („give and take of life"), vgl. dazu insb. *Mädrich,* Das allgemeine Lebensrisiko, 1980. Daß anläßlich einer Unfallbehandlung ein bisher dem Geschädigten unbekanntes Leiden entdeckt wird, ist ein solches allgemeines Lebensrisiko und kann dem Unfallschädiger nicht angelastet werden, BGH NJW 68, 2287 — Arteriosklerose — ; auch der Verlust des Schadensfreiheitsrabatts, wenn der Halter eines Kfz seine Haftpflichtversicherung in Anspruch nimmt (BGHZ 66, 398 — Schadensfreiheitsrabatt —), zählt zu diesem allgemeinen Lebensrisiko; s. a. BGHZ 58, 162 — Gehweg — ; *Lange,* Schadensersatz, § 3 XI 4; *Mädrich; Friese; Lüer; v. Caemmerer,* VersR 71, 973.

c) Ein Streitpunkt der Rechtswidrigkeitslehre betrifft die Frage *Handlungs-* oder *Er-*

folgsunrecht. Verquickt ist diese Frage mit der Zuordnung der Sorgfaltspflicht zur Schuld oder zur Rechtswidrigkeit. Nach h. L. gilt: Eine Handlung ist rechtswidrig, wenn sie ein rechtlich geschütztes Gut verletzt (z. B. Vertrag, Rechtsgut in § 823 I, Schutzgut in § 823 II; zum Handlungsbegriff siehe unten § 102). Der Vorwurf rechtwidrigen Handelns kann höchstens durch einen Rechtfertigungsgrund ausgeräumt werden (z. B. Handeln in Notwehr). Rechtswidrigkeit bedeutet aber noch nicht Schuld. Wer einen Vertrag trotz sorgfältiger Prüfung und Beachtung seiner vermeintlichen Pflichten verletzt, weil er z. B. eine undeutlich gefaßte Klausel mißverstehen konnte, handelt zwar vertrags- und damit rechtswidrig, aber nicht schuldhaft. Er wird nicht ersatzpflichtig. Regelmäßig begründet nur schuldhafte, d. h. vorwerfbare Rechtswidrigkeit eine Ersatzpflicht. Die h. L. orientiert also ihren Rechtswidrigkeitsbegriff im wesentlichen am *Erfolg* (Güterverletzung), trennt objektive Rechtswidrigkeit von subjektiver Schuld und ordnet die (vorwerfbare) Sorgfaltspflichtverletzung der *Schuld*, nicht der Rechtswidrigkeit zu.

Eine neue Lehre meint, *mehr* als sorgfältiges Vorgehen könne keine Rechtsordnung verlangen, daher handle *nicht rechtswidrig,* wer die verkehrserforderliche Sorgfalt beachte (*Welzel,* Fahrlässigkeit und Verkehrsdelikte, 1961; *Enn/Nipperdey* § 209; BGHZ 24, 21 — „Rechtfertigungsgrund des verkehrsrichtigen Verhaltens" —; *Wiehölter,* Der Rechtfertigungsgrund des verkehrsrichtigen Verhaltens, 1960). Diese Lehre vertritt also die Auffassung eines strikten *Handlungsunrechts.* Gegen sie spricht, daß das BGB in §§ 276, 278, 823 die Beachtung der Sorgfalt, zumindest in subjektiver Hinsicht, dem Begriff der Fahrlässigkeit und damit der Schuld unterordnet. Wichtiger noch ist, daß die moderne Lehre denjenigen Situationen nicht gerecht werden kann, in denen gegen sorgfaltsgemäße, aber objektiv rechtswidrige Handlung Notwehr und negatorische Klagen (unten § 114) zulässig sein müssen: Konnte einem ausländischen Boxer die Einführung neuer Kampfregeln noch nicht bekannt sein, so ist gegen sein regel-(rechts-)widriges Boxen Notwehr zulässig, obwohl er für eine von ihm herbeigeführte Verletzung mangels Schuld nicht zur Verantwortung gezogen werden kann. Und: Gegen eine rechtswidrige Werbemethode greift die Unterlassungsklage nach §§ 1 UWG; 1004, 823 BGB selbst dann durch, wenn sich der Werbende vorher von drei gewissenhaften Anwälten die Zulässigkeit der Methode hatte zusichern lassen. Es gibt also objektives Unrecht, das subjektiv nicht vorwerfbar ist, weil die persönlich zumutbare verkehrserforderliche Sorgfalt beachtet wurde. Wenn gesagt wird, die Rechtsordnung könne nicht mehr als sorgfältiges Verhalten verlangen, so liegt der Trugschluß im Wort „verlangen". Das Recht knüpft an objektives Unrecht gewisse, an vorwerfbares Unrecht andere, schärfere Rechtsfolgen.

Trotzdem gilt grundsätzlich Handlungs-, nicht Erfolgsunrecht (*Zippelius* AcP 157, 390). Es sind *Handlungen,* denen *wegen* wirklicher oder möglicher *Erfolge* das Urteil der Rechtswidrigkeit beigelegt wird. Für typische, häufig vorkommende Unrechtshandlungen hat man die Angriffsobjekte zu Rechtsgütern (823 I) oder Schutzgütern (823 II) ausgebildet. Durch die Erhebung zum Rechts- oder Schutzgut wird das Rechtswidrigkeitsurteil vorfixiert. Man sagt, „die Rechtswidrigkeit des Eingriffs wird indiziert", so daß der Schädiger einen Rechtfertigungsgrund (z. B. Notwehr) anführen muß, um der Haftung zu entgehen. Bei weniger typischen Unrechtshandlungen, bei Handlungen also, die nicht regelmäßig einen Schaden herbeiführen, kann man derartige Vorfixierungen oder Indizierungen der Rechtswidrigkeit nur durch Aufstellung von objektiven Verhaltensregeln vornehmen: Die einzelne Handlung muß auf ihren Unrechtscharakter geprüft werden, und das kann nur anhand von Verhaltensregeln geschehen, die der Jurist ermitteln muß. Das bedeutet: Je weniger handlungstypisch eine Schadensverursachung ist, desto mehr tritt für das Unrechtsurteil die Erfolgsbetrachtung in den Hinter-, und die konkrete Verhaltensnorm in den Vordergrund. Das läßt sich an den 5 wichtigsten Arten rechtswidriger Handlungen verdeutlichen: Ein Eingriff in (1) eines der in § 823 I genannten, absolut geschützten Rechtsgüter und in (2) ein im Drittinteresse nach § 823 II geschütztes Schutzgut ist schon im Hinblick auf die Güterverletzung grundsätzlich rechtswidrig. Auch (3) bei Vertragsverletzungen fällt der Rechtswidrigkeitsnachweis meist nicht schwer. Man spricht in § 823 I, II von einer (güterbedingten) Unrechtsindizierung; auch bei Vertragsverletzungen liegt es weithin gleich. Bei (4) Rahmenrechtsverletzungen (unten § 103 II) und (5) Verkehrspflichtdelikten (unten § 103 III) muß die Rechtswidrigkeit des Eingriffs anhand von verkehrsüblichen Sorgfaltspflichten, die nicht beachtet wurden, vom Geschädigten dargetan werden. Beispiel zu (4): Ein Journalist veröffentlicht einen vertraulichen Briefwechsel ohne Zustimmung der Verfasser. Es muß dem Journalisten nachgewiesen werden, daß er ohne Befugnis und auch sonst in regelwidriger Weise, also widerrechtlich, das Persönlichkeitsrecht der Betroffenen verletzte, vgl. BGHZ 13, 334; 15, 249; unten § 103 II 2a, b. Beispiel zu (5): Der Hersteller eines giftigen Pflanzenschutzmittels hat die Gefährlichkeit der Substanz auf dem Flaschenetikett nur unzureichend bekanntgegeben, wodurch jemand einen Gesundheitsschaden erlitt.

Nach alledem ist *Rechtswidrigkeit der objektive*, d. h. vom verallgemeinernden Schuldvorwurf des Zivilrechts absehende, *auf einer Handlungs-Erfolgs-Bewertung beruhende Normverstoß*.

d) Über diese Charakterisierung als „Normverstoß" hinaus bedarf die Rechtswidrigkeit noch näherer Deutung. Weder die Theorie des „Rechtswidrigkeitszusammenhangs" noch der Streit um Handlungs- oder Erfolgsunrecht vermögen das Wesen der Rechtswidrigkeit ausreichend zu erhellen. Grundlage des Folgenden ist die obige Definition.

Ist die Rechtswidrigkeit ein Normverstoß, so ist sie bloß die Negierung eines Tatbestands. Dieser Tatbestand ist allerdings normativ gedacht, nicht naturalistisch-deskriptiv. Rechtswidrigkeit ist also nur die Feststellung, daß ein bestimmtes, tatbestandlich fixiertes Verhalten zu Unrecht nicht beachtet wurde.

Viele Normen verlangen, sorgfältig zu sein, andere, nicht vorsätzlich anzugreifen, usw. Normierte Sorgfalt gehört also zum Tatbestand, nicht zur Rechtswidrigkeit und nicht zur Schuld. Die Rechtswidrigkeit ist die Feststellung, daß eine Norm nicht beachtet, z. B. eine Sorgfaltspflicht nicht eingehalten wurde. Schuld ist persönliche Vorwerfbarkeit des rechtswidrigen Verhaltens, z. B. der Sorgfaltspflichtverletzung. Abgesehen von ihrer Subjektbezogenheit gehört also die Sorgfaltspflicht zum Tatbestand, nicht zur Rechtswidrigkeit und nicht zur Schuld. Inhalt und Maß der Sorgfaltspflicht sind tatbestandlich zu fassen, die Verletzung dieser objektiven Sorgfaltspflicht heißt Rechtswidrigkeit, die persönliche Vorwerfbarkeit dieser Verletzung heißt Schuld.

Verhaltenstypisches Unrecht führt zur Ausformulierung von Rechtsgütern (823 I), drittbezogenen Schutzgütern (823 II) und Vertragsrechten. Weniger verhaltenstypisches Unrecht, insb. viele Gefährdungen, führt nicht zur Aufstellung solcher Rechtspositionen, sondern von Verhaltensnormen, namentlich von Sorgfaltsvorschriften. Der Gegenbegriff zum Rechts-(Schutz-, Vertrags-)gut ist also ein *geschuldetes Verhalten*. Dem auf Güter gerichteten rechtlich geschützten Interesse entspricht ein rechtlich geschütztes Verhaltensinteresse. Das *geschuldete Verhalten* kann vertrags- oder deliktsrechtserheblich sein (823 II, Rahmenrechte, Verkehrspflichtverletzungen). § 839 enthält ein gesetzliches Beispiel für deliktsrechtserheblich geschuldetes Verhalten (Amtspflichtverletzungen). Das geschuldete Verhalten ist der Oberbegriff zur Sorgfaltspflicht. Es stellt den Tatbestand einer Rechtsverletzung dort dar, wo das Gesetz keine Rechtsgüter als Angriffsobjekte konkretisiert.

Gilt aber, daß parallel zu den Rechts- und Schutzgütern und zum Vertrag als geschütztem Gut ein *geschuldetes Wohlverhalten* Gegenstand deliktischen oder auch vertraglichen Schutzes ist, wird mit der Formulierung dieses Wohlverhaltens als Norm ein Normverstoß als Unrecht vorfixiert, d. h. die Rechtswidrigkeit eines Fehlverhaltens wird auch hier *indiziert*. Der Verletzer muß Rechtfertigungsgründe für sein Verhalten anführen (z. B. Einwilligung). Rechnet man also, wie es oben vorgeschlagen wurde, ein *geschuldetes Verhalten* (etwa eine Sorgfaltspflicht) zum *Tatbestand*, wird Unrecht stets indiziert. Der Begriff der Rechtswidrigkeit ist dann, wie oben definiert, lediglich gleichbedeutend mit dem *Normverstoß*, d. h. eine Negierung des Tatbestands. Auch bei einer Unternehmensrechts- oder Persönlichkeitsrechtsverletzung geht es also nicht darum, „die Rechtswidrigkeit" des Verhaltens besonders festzustellen, sondern darum, die zutreffende Verhaltensnorm *tatbestandlich* zu formen.

Der hier vorgeschlagene Begriff eines tatbestandlichen „geschuldeten Verhaltens" hat übrigens gewisse Ähnlichkeiten mit der „duty to take care" des anglo-amerikanischen Rechts. Wichtig für die deutschrechtliche Betrachtungsweise ist die Erkenntnis, daß es neben der *vertraglichen* Sonderbindung (*A. Hueck,* Der Treuegedanke im modernen Privatrecht, 1946) eine *delikts*erhebliche Verhaltenspflicht gibt. Nichtschädigendes Verhalten ist nicht jedermann in der Welt geschuldet, sondern den durch eine Verhaltensnorm geschützten Personen (vgl. schon 823 II). Der Primat der Norm als des eigentlichen und einzigen gestaltenden juristischen Elements bewährt sich auch hier.

5. *Verschulden.* Die Lehre vom zivilrechtlichen Verschulden geriet – und auch das gehört in diesen allgemeinen Zusammenhang – unter den Einfluß der strafrechtlichen Auseinandersetzung um Vorsatz- und Schuldtheorie. Während die (auch dem BGB in § 276 zugrunde liegende) *Vorsatztheorie* das Unrechtsbewußtsein zum Vorsatz zieht („Vorsatz ist Wissen und Wollen der Tat im Bewußtsein der Rechtswidrigkeit"), klammert die *Schuldtheorie* das Bewußtsein der Rechtswidrigkeit aus dem Vorsatzbegriff aus. Die Schuldtheorie stellt neben den Vorsatz („Wissen und Wollen der Tat") den selbständigen Schuldvorwurf. Der Unterschied zeigt sich, wenn der vorsätzlich handelnde Täter über das Unrecht seiner Tat irrt. Nach der Vorsatztheorie handelt er dann jedenfalls nicht vorsätzlich, sondern höchstens, wenn der Irrtum vermeidbar, also vorwerfbar war, fahrlässig. Er ist wegen fahrlässig begangener Straftat zu bestrafen, falls diese Begehungsform im Einzelfall überhaupt strafbar ist. Die Schuldtheorie läßt den Täter trotz Unrechtsirrtums nach wie vor vorsätzlich handeln. Sie prüft dann, ob der Unrechtsirrtum vermeidbar war, und bestraft, falls dies der Fall ist, nach dem für Vorsatz vorgesehenen Strafrahmen, gegebenenfalls gemildert nach Versuchsgrundsätzen, vgl. auch die Regelung in § 17 StGB. Zur Frage, ob die Schuldtheorie in das Zivilrecht übernommen werden sollte, was die ganz h. M. ablehnt, siehe unten § 53 IV 1 d.

6. *Umfang und Art des Schadensersatzes.* Auch hier haben neuere Forschungen manches verändert. Das Wesentliche ist bereits bei der Unterscheidung von Schaden und Folgeschaden (oben 2, 3) gesagt. Einzelheiten bringt § 55 III u.

IV. Die Haftungsgründe

1. Man unterscheidet nach h. M. grundsätzlich *Verschuldenshaftung* und *Gefährdungshaftung*, wobei die Verschuldenshaftung die Regel bildet: Zur Ersatzleistung soll grundsätzlich nur herangezogen werden, wenn die schadenstiftende Handlung (Ver-

tragsverletzung oder Delikt) persönlich *vorwerfbar* ist. Schuld im Rechtssinne bedeutet also ein persönlich vorwerfbares, haftungsauslösendes Verhalten. Aber auch bloße *Gefährdung* reicht in besonderen Fällen als Haftungsgrund aus, ohne daß Verschulden im Spiel sein muß, so insbesondere bei Kraftfahrzeugunfällen, vgl. § 7 StVG und näher unten § 109. Neben Verschuldens- und Gefährdungshaftung gibt es aber noch mehr Haftungsgründe. *Esser/Schmidt*, § 8 II, nennt im ganzen sechs „Haftungsprinzipien": Verschuldenshaftung, Garantie- und Vertrauenshaftung (122, 179, anfängliches Unvermögen), Gefährdungshaftung, sonstige Risikozurechnung (701, 670, 278 S. 2, 678, 848), Eingriffshaftung (Aufopferungsfälle), sowie Zustandshaftung (1004), die er wiederum in einzelne Fallgruppen unterteilt. *Larenz*, JuS 65, 373, zählt vier „Zurechnungsprinzipien" auf: Verschuldensprinzip, Zurechnung eines bestimmten Schadensrisikos an den Nutznießer dieses Risikos (darunter Gefährdungshaftung, Vollstreckung und Anspruchssicherung im Prozeß, Tätigkeit im fremden Interesse), Schadensausgleich bei erlaubter Inanspruchnahme fremden Gutes, sowie Garantie- und Vertrauenshaftung. — Beide Aufzählungen erfassen die wichtigsten Haftungsgründe, sind aber immer noch unvollständig.

2. Die Fragen, *warum* man *haften* kann, und *worauf,* lassen sich in folgender Übersicht zusammenfassen:

Es gibt drei grundsätzliche Haftungsgründe: Haftung aus rechtlich mißbilligtem Verhalten, aus erlaubtem, aber risikohaftem Verhalten im Falle eines mißbilligten Erfolgs, und aus Ausgleich erfordernden Vermögenslagen. (Hierin drückt sich der Kern der oben III 4 begründeten Rechtswidrigkeitslehre aus: Die Beurteilung einer Handlung als rechtswidrig beruht auf einer Wertung eines bestimmten Verhaltens in bezug auf einen bestimmten Erfolg.) Im einzelnen können sich die Gründe vielfach überschneiden. Es handelt sich nur um allgemeinste Gründe zivilistischer Haftung. Manchmal ist es *mehr* das unrechte Verhalten, manchmal *mehr* die rechtlich mißbilligte Folge dieses Verhaltens, was den Haftungsgrund ausmacht.

a) *Mißbilligtes Verhalten* besteht entweder in einer *Vertragsverletzung* (im weitesten Sinne) oder in einer *unerlaubten Handlung* (eingeschlossen der Fall unzulässiger Geschäftsführung ohne Auftrag, 678); vgl. o. § 5 I.

Bei Verträgen kann der Schaden entweder in der mangelnden ordnungsgemäßen Erfüllung des Vertrages bestehen oder im Eingehen auf den Vertrag. Die Geltendmachung des erstgenannten Schadens zielt auf Ersatz des Erfüllungsinteresses, die des zweitgenannten auf Ersatz des Vertrauensinteresses; näher o. § 19, 4.

Das Erfüllungsinteresse (positives Interesse) wird befriedigt in erster Linie durch *Erfüllung* des Vertrages selbst (einschließlich der Erfüllung eines Garantieversprechens und des Aufwendungsersatzes nach § 670), in zweiter Linie durch *Schadensersatz anstelle der Erfüllung* („wegen Nichterfüllung"). Das Vertragsinteresse (negatives Interesse) wird restitutorisch befriedigt, in erster Linie durch Rechtsbehelfe, die den Vertrag *beseitigen* („rescission", z. B. Anfechtung, gesetzlicher Rücktritt, Wandlung, Vertragsaufsage nach §§ 325 I 3, 323 I), in zweiter durch *Schadensersatz* in Höhe des *Vertrauensinteresses,* wobei der Gläubiger wirtschaftlich so zu stellen ist, als ob er sich nie auf den Vertrag eingelassen hätte (122, 179, 307, 309). Dies negative Schadensinteresse („reliance losses") umfaßt i. d. R. zwei Posten, nämlich die Vertragsunkosten (Porti, Telefonate, „out of pocket losses") und den Gewinn aus einem ausgeschlagenen Zwischengeschäft. Dagegen begegnet eine *allgemeine Vertrauenshaftung* (*Canaris*, VersR 65, 114; *ders.*, JZ 65, 319; *ders.*, Die Vertrauenshaftung im deutschen Privatrecht; *Müller*, JZ 69, 2169) *neben* „Vertrag" und „Delikt" Bedenken, weil Vertrauen nur *im Hin-*

blick auf etwas, i. d. R. auf vertragliche Haftung, schützbar ist (lehrreich insoweit BGHZ 70, 337 — Ross Sound —).

Bei unerlaubten Handlungen kann es mangels eines vertraglichen Erfüllungsversprechens kein Erfüllungsinteresse geben. Auch von „negativem Interesse" zu sprechen ist deshalb wenig sinnvoll. Praktisch ist aber der Schadensersatz aus unerlaubter Handlung ein „negatives Interesse", weil der Geschädigte so zu stellen ist, als wäre die unerlaubte Handlung nie geschehen. (Entsprechendes gilt in § 678 für die Geschäftsführung ohne Auftrag.)

Hat eine Vertragsverletzung „übererfüllungsmäßige" Schäden zur Folge, so sind sie, die doch eigentlich ihrer Natur nach deliktische, nämlich außerhalb eines vertraglichen Erfüllungsversprechens stehende Schäden sind, nicht nach Delikts-, sondern nach *Vertragsrecht* zu ersetzen.

Soweit nach Vorstehendem Schadensersatz zu leisten ist, wird grundsätzlich nur im Falle des *Verschuldens* gehaftet, weil unrechtes Verhalten i. d. R. auch persönlich *vorwerfbar* sein muß, wenn es finanzielle Nachteile nach sich zieht. Ausnahmen vom Verschuldensprinzip sind: (1) Das Verschulden braucht sich nur auf die *Haftungsbegründung*, nicht auf den Haftungsumfang zu beziehen; das gilt für Schadensersatz wegen Nichterfüllung, für den Ersatz übererfüllungsmäßigen Interesses, für Vertrauensschadensersatz und für deliktischen Schadensersatz. (2) Verschulden ist entbehrlich bei den *Zufallshaftungen* (287 S. 2, 678, 848, 701). (3) In einigen Fällen des Vertrauensschadensersatzes kommt es nicht auf Verschulden an (122, 179 II; anders bei 307, 309 und c. i. c.).

Auf dem Gebiet zivilrechtlich mißbilligten Verhaltens bestehen demnach vor allem drei Haftungsgründe, vgl. o. § 5 I:
— *Haftung auf Erfüllung* (einschließlich Garantieversprechen und Aufwendungsersatz).
— *Verschuldenshaftung* (mit Ausnahmen: Haftungsumfang, Zufallshaftung, einige Fälle der Vertrauenshaftung).
— *Restitutorische Haftung* zur Beseitigung mißbilliger Verträge (Anfechtung, Rücktritt usw.).

b) *Risikobehaftetes Verhalten,* das als solches erlaubt ist, aber zu risikoumschlossenen Schäden geführt hat, ist Grundlage folgender Haftungsprinzipien:
— *Gefährdungshaftung* greift ein, wenn die Verwendung von Haustieren, Kraftfahrzeugen, Atomenergie u. ä. zu Schädigungen führt (unten § 109).
— Von *Produktenhaftung* spricht man, wenn die erlaubte Produktion von Waren Schäden verursacht, die auf fehlerhafte (Einzel-) *Herstellung,* (Serien-) *Konstruktion, Instruktion* oder auf *Forschungsfehlleistungen* zurückzuführen sind. Soweit nicht Verschuldenshaftung eingreift, wird eine Risikohaftung de lege ferenda gefordert (unten § 107 I 2e), näher *S. Simitis,* Gutachten 47. DJT, 1968.
— Auch die Verwendung von *Gehilfen* birgt Risiken, die zwar nicht Haftung ohne Verschulden, wohl aber Verschuldenszurechnungen mit gefährdungshaftungsähnlicher Wirkung begründen (§ 278, unten § 107).
— Schließlich gehören die Fälle *zivilprozessualer Vollstreckung* und Anspruchssicherungen aufgrund nur vorläufiger Titel hierher, 302 IV 3, 600 II, 717 II, 945 ZPO. Man vollstreckt auf eigenes Risiko, wenn der Titel noch nicht rechtskräftig ist.
— Risikobehaftetes Verhalten im *Fremdinteresse* läßt denjenigen haften, in dessen Interesse gehandelt wird (Selbstgefährdungsfälle, 670; *Larenz* JuS 65, 375).

c) *Ausgleicherfordernde Vermögenslagen* fanden sich schon bei der restitutorischen

Haftung auf Rückgängigmachung von Verträgen (oben: a). Es gibt noch mehr Fälle:
— Die *Eingriffskondiktion* (812 I 1) wird gewährt, wenn jemand schuldhaft oder schuldlos fremde Güter verwertet (unten § 99 IV).
— Im Falle des Eingriffs wider besseres Wissen greift die strengere Haftung aus *unechter Geschäftsführung ohne Auftrag* ein, 687 II (unten § 83 III).
— *Aufopferungen* sind ausgleichserfordernde, einen Anspruch auf „Entschädigung" erzeugende Vermögenseinbußen, die ihre Haftungsbegründung nicht in unrechtem oder risikobeladenem Verhalten, sondern im Ausgleichsgedanken finden (unten § 112).
— Das gleiche gilt für alle *Beseitigungs- und Unterlassungsansprüche.* Auch sie setzen kein Verschulden voraus (unten § 114).

V. Im folgenden sind, nach diesen allgemeinen Bemerkungen, die einzelnen Bestandteile eines Schadensersatzanspruchs in der Reihenfolge darzustellen, wie sie im unstreitigen Gutachten zu prüfen sind: Schaden (§ 50), Verursachung (§ 51), Rechtswidrigkeit (§ 52), Vertretenmüssen, insbesondere Verschulden (§ 53, 54), Umfang und Art des Schadensersatzes (§ 55).

§ 50
Schaden

Beauvais, Das Verhältnis von Vermögens- und Nichtvermögensschäden, 1956; *Beck-Mannageta,* ZfVerkR 69, 281; *Beuthien,* NJW 66, 1996; *Brinker,* Die Dogmatik zum Vermögensschadenersatz, 1982; *Bydlinski,* ÖJZ 65, 483; *ders.,* JurBl. 65, 173, 237; *v. Caemmerer,* Das Problem der Drittschadensersatzes, ZBJV Bd. 100, S. 341 ff.; *ders.,* FS *M. Luther,* 1976, 31; *Cohnfeld,* Lehre vom Interesse, 1865; *Coing,* SJZ 1950, 865; *Degenkolb,* AcP 76, 1; *Deuchler,* Die Haftung des Arztes für die unerwünschte Geburt eines Kindes („wrongful life"), 1984; *Deutsch,* Haftungsrecht, Bd. I, 1976, §§ 25—28; *Fischer,* JuS 84, 434; *Frotz,* JZ 63, 391; *Glückert,* AcP 166, 311; *Grunsky,* Aktuelle Probleme zum Begriff des Vermögensschadens; *ders.,* in: 25 Jahre Karlsruher Forum (Beih. zu VersR), 1983, 101; *ders.,* JZ 83, 372; *Hagen, H.,* FS Hauss, 1978, 83; *ders.,* JZ 83, 833; *Hansen,* Normativer Schadensbegriff und Schadensberechnung, 1977; *Hauß,* DRiZ 65, 160; *Heldrich,* AJCL 18 (1970) 22; *ders.,* NJW 67, 1737; *v. Hippel, E.,* NJW 65, 1890; *Jacobi, H.,* Der Schadensersatz wegen Nichterfüllung, 1902; *Jahr,* AcP 183, 725; *Kaufmann, E. K.,* AcP 162, 412; *Keller,* Das negative Interesse im Verhältnis zum positiven Interesse, 1948; *Kessler,* DRiZ 65, 320; *Keuk,* Vermögensschaden und Interesse, 1972; *Knobbe-Keuk,* VersR 76, 401; *Kisch,* IherJb. 44, 68; *Kohler,* Arch BürgR 12, 1; *Köhler,* (II.) FS *Larenz,* 1983, 349; *Köndgen,* AcP 177, 2; *Kollhosser,* ZHW 129, 1121; *ders.,* AcP 166, 277; *Lange, Hermann,* Schadensersatz, 1979, §§ 1, 2; *Larenz,* VersR 63, 1; *ders.,* FS Nipperdey, Bd. I, 1965, 489; *Lent,* DJ 41, 770; *Medicus,* Id quod interest, 1962; *ders.,* Unmittelbarer und mittelbarer Schaden, 1977; *ders.,* JuS 79, 233; *Mertens,* Der Begriff des Vermögensschadens im Bürgerlichen Recht, 1967; *Möller, H.,* Summen- und Einzelschaden, 1937; *Mommsen,* Zur Lehre vom Interesse, Beiträge zum Obligationsrecht, Bd. 2, 1855; *Neuner,* AcP 133, 277; *Nörr,* AcP 158, 1; *Oertmann,* „Schadensersatz" in HdwbRW, Bd. V, 1928, 256; *ders.,* Der Schadensersatzanspruch des obligatorisch Berechtigten, 1900; *Pieper,* JuS 62, 409, 459; *Raape,* AcP 147, 217; *Reinecke, H.,* Schaden und Interesseeinbuße, 1968; *Rückert,* AcP 184, 105; *Schmidt, R.,* Karlsruher Forum 1960, 32; *Selb,* Schadensbegriff und Regreßmethoden, 1963;

Steindorff, JZ 61, 12; *ders.*, AcP 158, 431; *Stoll, Hans*, Begriff und Grenzen des Vermögensschadens, 1973; *Ströfer*, Schadensersatz und Kommerzialisierung, 1982; *Stürner*, VersR 84, 297; *Venzmer*, NJW 63, 749; *Weis*, Schadensersatz bei Aufwendungen des Geschädigten vor dem Schadensereignis, 1967; *Weitnauer*, Karlsruher Forum 1961, 32; *Wiese, G.*, Der Ersatz des immateriellen Schadens, 1964; *Wilk*, Die Erkenntnis des Schadens und seines Ersatzes, 1983; *Wolf, Ernst*, FS Schiedermair, 1976, 545; *Zeuner*, GS *Dietz*, 1973, 99.

I. Begriff und Abgrenzungen

1. Im *Gutachten* folgt auf die Feststellung, daß eine *Verletzungshandlung* vorliegt, im Regelfall die Untersuchung, worin der *Schaden* besteht, den die Verletzung bewirkt hat. Dann ist zweckmäßig die *Kausalität* von Verletzungshandlungen und Schaden zu prüfen.

2. *Schaden* im Rechtssinne ist *Einbuße an rechtlich geschützten Gütern*. Der rechtliche Schutz der Güter wird durch Normen bewirkt, die das Verhalten der Menschen regeln. Jeder Person ist danach ein Kreis von Gütern zugeordnet und rechtlich gesichert (über die Einteilung dieses Rechtsgüterkreises in Bestands- und Freiheitsschutz unten § 97 II 1). Eine Minderung dieses Rechtsgüterkreises ist Schaden. Die Tatsache, daß ein Schaden eingetreten ist, sagt allein nichts über die Frage, ob dieser Schaden zu ersetzen ist. Bei einem Unglück muß derjenige den Schaden tragen, den es trifft: casum sentit dominus. Ähnlich ist es häufig in Fällen, wo zwar Unrecht vorliegt, aber kein Verschulden. Auch dann gibt es in der Regel keine Abwälzung des Schadens (Ausnahmen: Gefährdungshaftung, Garantie). Dagegen sind Schäden, die auf Unrecht beruhen und verschuldet sind, grundsätzlich wiedergutzumachen, d. h. zu ersetzen. (Näher zum Verschuldensgrundsatz unten § 53). Dieser Ersatz wird durch eine Schadensersatznorm gefordert. Eine Norm bestimmt also den zu ersetzenden Schaden. Dieser grundsätzlich *zu ersetzende Schaden* wird im folgenden im Sinne der oben in § 49 entwickelten Auffassung auch als *normrelevanter* oder einfach als *relevanter Schaden* bezeichnet, im Unterschied zu dem „natürlichen" Unglücksschaden.[1]) Beide Begriffe sind nicht gleichbedeutend mit dem wirklich zu leistenden Ersatz, dazu unter § 55.

3. Da grundsätzlich nur der unmittelbar durch die Verletzungshandlung herbeigeführte Schaden verschuldet sein muß, bedarf es einer Einteilung des relevanten Schadens in den eigentlichen, *unmittelbaren Verletzungsschaden*, und in die ebenfalls zu ersetzenden, aber nicht dem Verschuldensgrundsatz unterliegenden *Folgeschäden*. Die letztgenannten interessieren, da ihr Ersatz kein Verschulden verlangt, vor allem beim Umfang der Ersatzleistung (§ 55). Die Unterscheidung „unmittelbarer Verletzungsschaden — Folgeschaden" ist also nur ein Ausdruck des Satzes, daß sich das Verschulden nur auf die

---
[1]) Zum *normativen Schadensbegriff* s. bereits oben § 49 III 2c; vgl. weiter *Hagen*, FS *Hauss*, 1978, 83; *Medicus*, JuS 79, 233 m. w. N.

Verletzungshandlung zu beziehen braucht, nicht aber auf die „Ausfüllung der Haftung" oder den „Haftungsumfang". Die Unterscheidung ist aber nützlich, weil sie zeigt, daß *Teil der Verletzungshandlung* bereits ein *Schaden* ist, den man zweckmäßig den *Verletzungsschaden* nennt.

Wer faule Kartoffeln liefert, schädigt den Käufer in seinem Anspruch auf gute Kartoffeln. (Folge: Mängelhaftung, 459ff., u. U. auch Schadensersatz, 463.) Stecken die faulen Kartoffeln früher vom Käufer eingelagerte Kartoffeln an, verletzt der Verkäufer ein übererfüllungsmäßiges Interesse des Käufers. (Folge: Schadensersatz, falls der Folgeschaden normrelevant verursacht ist.) Entsteht weiter dadurch dem Käufer ein Gewinnausfall, z. B. durch die Verhinderung gewinnbringender Weiterveräußerung, so haftet der Verkäufer, wenn er überhaupt auf Schadensersatz haftet, im Rahmen des § 252 auf den entgangenen Gewinn (weiterer Folgeschaden).

Bei *Delikten* besteht der unmittelbare Verletzungsschaden in der erlittenen Einbuße an absoluten Rechtsgütern (823 I), an persönlich zugeordneten Schutzgütern (823 II), am Vermögen im Rahmen des § 826 usw. Daraus resultierende weitere Schäden sind Folgeschäden.

Die Schlagwunde am Kopf ist der Verletzungsschaden, Arztkosten und Verdienstausfall sind Folgeschäden, 823 I. – Die Beeinträchtigung der Wettbewerbsstellung eines Apothekers durch den Verstoß eines Drogisten gegen § 1 Arzneimittelgesetz ist der Verletzungsschaden, etwaige Verdienstentgänge sind Folgeschäden, 823 II, 252, vgl. BGHZ 23, 184. – Ein verfassungswidriger politischer Streik löst nach § 826 den Anspruch auf Wiederaufnahme der Arbeit aus. Normrelevante Verdiensteinbußen aus entgangenen Aufträgen sind nach § 252 ohne Verschulden des Streikenden zu ersetzen. – Die Ehefrau hat einen Anspruch wegen Beeinträchtigung ihrer Fähigkeit, den Haushalt zu führen, BGHZ 38, 55.

4. Der Schadensbegriff erfährt im Schrifttum außer der Gliederung in unmittelbaren Verletzungs- und Folgeschaden noch *andere Einteilungen*.

a) Die Unterscheidung von *„unmittelbarem"* und *„mittelbarem"* Schaden besagt, recht besehen, nichts anderes als die von (verschuldetem) Verletzungsschaden und (nicht notwendig verschuldetem) Folgeschaden.

b) Das gleiche ist zur Unterscheidung vom *„realen"* und *„rechnerischen"* Schaden zu sagen. Man trennt zwar gelegentlich realen und rechnerischen Schaden. Ist Schadensersatz zu leisten, ist aber sowohl der reale als auch der rechnerische Schaden zu ersetzen. Unter realem Schaden versteht man z. B. die Beule am Auto, unter rechnerischem Schaden die Kosten ihrer Reparatur.

c) Man unterscheidet den *materiellen* und den *immateriellen Schaden*. Der materielle Schaden wird auch als Vermögensschaden im weiteren Sinne bezeichnet, der immaterielle als Nichtvermögensschaden. Die Belastung des Erzeugers eines ungewollten Kindes mit der gesetzlichen Unterhaltspflicht ist ein Vermögensschaden, den der Arzt bei schuldhaft mißlungener Sterilisation aus schlechterfülltem Behandlungsvertrag in Geld zu ersetzen hat, BGHZ 76, 249 = NJW 80, 1450; BGHZ 76, 259 = NJW 80, 1452; str. Nach § 253 ist nach deutschem bürgerlichem Recht grundsätzlich nur der materielle, d. h. der Vermögensschaden im w. S. in Geld zu ersetzen. Wegen eines Schadens, der nicht in diesem Sinne Vermögensschaden ist, kann Entschädigung in Geld grundsätzlich nicht verlangt werden. Ausnahmen enthält das Gesetz in §§ 847 (Schmerzensgeld) und 1300 (Kranzgeld). Ferner macht die Rechtsprechung eine Ausnahme beim Ersatz immateriellen Schadens aufgrund einer Persönlichkeitsverletzung, vgl. dazu unten § 113 V; BGHZ 26, 349; 39, 124; NJW 71, 698; BGHZ 78, 24 (nicht bei rufgeschädigten Personalgesellschaften). Diese Rechtsprechung wurde bestätigt durch BVerfGE 34, 269, im einzelnen vgl. unten § 103 II 2 f. Naturalrestitution ist freilich nach § 249 S. 1 auch bei Nichtvermögensschäden geschuldet (Widerruf bei Ehrenkränkungen), aber häufig nicht möglich (seelischer und körperlicher Schmerz). Ebenso kann ein sog. Liebhaberinteresse, z. B. die persönliche Wertschätzung eines Familienandenkens, i. d. R. nicht ersetzt werden.

d) Innerhalb des materiellen, d. h. des *Vermögensschadens im weiteren Sinne*, ist zu unterscheiden zwischen dem *Vermögensschaden im engeren Sinne* einerseits und dem Schaden an absolut geschützten Rechtsgütern und an persönlich zugeordneten Schutzgütern andererseits. Diese Unterscheidung ist von Bedeutung für das Recht der unerlaubten Handlungen, siehe unten § 103 I 6c. Grundsätzlich wird nach dem deutschen Recht der unerlaubten Handlungen ein bloßer Vermögensschaden nicht ersetzt. Der Schaden muß vielmehr in der Regel bestehen in einer Einbuße an ganz bestimmten, absolut geschützten Rechtsgütern (823 I), an Schutzgütern (823 II). Absolute Rechtsgüter sind die in § 823 I genannten Rechte, z. B. das Recht auf Unversehrtheit des Lebens, des Körpers, der Gesundheit, der Freiheit, des Eigentums, der Immaterialgüterrechte (z. B. Patente, Urheberrechte, Warenzeichen, Ausstattung). Schutzgüter sind die Schutzgegenstände der in § 823 II gemeinten Gesetze, z. B. Wettbewerbslauterkeit (UWG), Gesundheit (ArzneimittelVO). Davon zu unterscheiden ist das Vermögen im allgemeinen, zu dem auch namentlich Forderungen, z. B. Sparguthaben gehören. Es ist als solches nur gegen vorsätzlich sittenwidrige Schädigungen geschützt (826).

5. *Schadensersatz und Wertersatz* sind grundlegend verschiedene Mittel des Unrechtsausgleichs, zugleich auch die beiden wichtigsten. Ist im deutschen Recht von Schadensersatz die Rede, so ist grundsätzlich der gesamte materielle Schaden zu ersetzen, soweit nicht Ausnahmen, Erweiterungen oder Beschränkungen (vgl. unten § 55) vorgesehen sind. Der Schaden kann mehr oder weniger sein als der objektive Wert (vgl. § 818 II). In der Regel ist der Schaden größer als der Wert einer Sache oder eines Gegenstandes.

Ist Schadensersatz zu leisten, so ist das sog. „pretium singulare" zu ersetzen, d. h. der Gegenwert für die Einbuße an Rechtsgütern *des* Betroffenen, gemessen nach den Bedürfnissen und Interessen *dieses* Betroffenen. Im Unterschied dazu kennt das Recht an vielen Stellen den sog. *Wertersatz*. Ist Wertersatz gefordert, muß das sog. „pretium commune" ersetzt werden, d. h. der Wert, den eine Sache nach objektiver Schätzung, isoliert vom Rechtsträger, zu der gegebenen Zeit gehabt hat. Der Wertbegriff und Wertersatz in diesem Sinne haben im Schadensersatzrecht keinen Raum. Sie gehören in das Recht der ungerechtfertigten Bereicherung, der Vermögensbewertung usw.

6. *Schaden und Interesse* verhalten sich zueinander wie das Unrecht zu seiner Wiedergutmachung. Der Schaden ist Tatbestandsmerkmal eines Schadensersatzanspruchs, das Interesse ist die — abstrakt formulierte — Rechtsfolge eines Schadensersatzanspruchs. Das Interesse (im technischen Sinn des Schadensersatzrechts) ist gleichbedeutend mit dem Umfang des Ersatzanspruchs. Die Schadensermittlung, auch die normbezogene (oben § 49 III 2), setzt eine tatsächliche Kausalkette voraus, die Interesseermittlung den Vergleich einer tatsächlichen Kausalkette mit einer hypothetischen („wie wäre es, wenn das schädigende Ereignis nicht eingetreten wäre").

7. Da relevanter Schaden Unrecht ist, wird er durch die das Recht vom Unrecht trennende *Norm* bestimmt. Die Norm ist dabei nach zwei Richtungen zu befragen: Wen begünstigt sie? Und: *Vor welcher Art Schaden* soll der Begünstigte geschützt sein? Der Schaden (I.) ist immer die Rechtskreiseinbuße einer bestimmten *Person* (II.) auf bestimmte *Art* (III.).

II. Der Geschädigte

Zu ersetzen ist, und das ist von größter Bedeutung, nur der Schaden des Ersatzberechtigten, also dessen, in dessen Person die Anspruchsvoraussetzungen im Sinne des ersten Unterabschnitts dieses Kapitels zutreffen. Die Frage lautet, wer Ersatzberechtigter in diesem Sinne ist.

1. Ersatzberechtigt ist der Gläubiger der verletzten Pflicht, *im Vertrag* also der dem Schädiger gegenüberstehende andere Vertragsteil. Nur er hat Anspruch auf Schadensersatz, kein anderer, der etwa auch durch die schädigende Handlung einen Schaden erlitten, aber keinen Anspruch hat. Nur der *Vertragsgläubiger* kann also seinen Schaden, und er kann nur *seinen* Schaden ersetzt verlangen. Bei unerlaubten Handlungen ist derjenige ersatzberechtigt, demgegenüber die deliktische Sorgfaltspflicht bestand.

Die Opernsängerin S wird auf dem Weg zur Vorstellung am Abend von A fahrlässig mit dem Kraftwagen angefahren, verletzt und muß sich für 14 Tage ins Krankenhaus begeben. Sie kann aus dem Unfall (einer unerlaubten Handlung) nur ihren Schaden, nicht auch den der Operndirektion verlangen. Sie kann also ihre Heilungskosten und den Verdienstausfall, dazu auch ein Schmerzensgeld verlangen, nicht aber kann sie für die Opernleitung oder die Opernleitung durch sie Verdienstausfall ersetzt erhalten, wenn wegen des Unfalls die Vorstellung oder eine Reihe von Vorstellungen abgesagt werden müssen. – Ebenso liegt es, wenn der Prokurist einer Firma fahrlässig überfahren wird. Er kann nur seinen Schaden, nicht aber den Schaden der Geschäftsleitung geltend machen, der entsteht, weil seine Dienste der Firma entzogen werden.

2. Im *Deliktsrecht* ist Geschädigter, wessen Rechtsgüter (823 I), Schutzgüter (823 II) oder Vermögen (826) betroffen sind. Dabei bestimmt der „Normzweck", wer als geschützt anzusehen ist. Das war für § 823 II seit je anerkannt:

Wer ohne einen Führerschein zu besitzen Auto fährt und dabei einen Menschen überfährt, haftet nicht, wenn ihn bezüglich des Überfahrens kein Verschulden trifft *(Bydlinsky)*. Das Führerscheingebot soll nicht einzelne Menschen schützen, sondern eine allgemeine Kontrolle der Fahrtüchtigkeit ermöglichen. Freilich wird dem Fahrer *wegen fehlender Fahrtüchtigkeit* zumeist ein Schuldvorwurf zu machen sein. – Der naturschutzwidrig, aber sonst sachgemäß gefällte Baum trifft einen Menschen: Naturschutzvorschriften dienen nicht der Lebensversicherung. – Die Verletzung kann unmittelbar oder mittelbar auf der Verletzung des Rechtsguts eines andern beruhen: Die Ehefrau sieht, wie ihr Mann tödlich überfahren wird und erleidet einen Nervenschock.

3. Ausnahmsweise kann jedoch *Ersatz eines Drittschadens* verlangt werden: „Schadensliquidation aus der Person eines Dritten." Von dem obengenannten Grundsatz bestehen also Ausnahmen. In den Fällen des Drittscha-

densersatzes ist der Ersatzberechtigte nicht identisch mit dem Geschädigten. Der Anspruchsberechtigte hat keinen Schaden und der Geschädigte hat keinen Anspruch. Nicht immer ist in dieser Situation Drittschadensersatz zulässig.

a) Bei den Fällen des Drittschadensersatzes sind die *gesetzlichen* und die von der Rechtsprechung und Lehre herausgearbeiteten zu unterscheiden. Gesetzliche Fälle einer Schadensverlagerung enthalten die §§ 844 und 845. Der Getötete hat im Rechtssinne keinen Schaden. Er ist nicht rechtsfähig. Er ist aber derjenige, dem die Ersatzansprüche zustehen würden, falls er lebte. Erleiden Dritte durch die Tötung einen Schaden, so sind sie nach Maßgabe der §§ 844, 845 zum Ersatz berechtigt. Anspruchsberechtigt sind die *Dritten* selbst.

b) Unter den von der *Rechtsprechung und der Lehre* entwickelten Fällen des Drittschadensersatzes sind vor allem die folgenden von Interesse (in diesen Fällen macht der *Inhaber* des *geschützten Rechtsguts* den Schaden des *Dritten* geltend):

aa) Die *erste* Fallgruppe betrifft die *mittelbare Stellvertretung*. Wenn im Auftrag und auf Rechnung des B der X eine Sache von Y kauft, und Y kommt in Lieferverzug, dann hat den Schaden davon der B, doch ist nicht B, sondern X der Vertragspartner. In diesen Fällen der mittelbaren Stellvertretung (Kommissionsverhältnisse) liegt es so, daß der Geschädigte keinen Anspruch und der Anspruchsberechtigte keinen Schaden hat. X kann in solchen Fällen den Schaden des B geltend machen. B kann statt dessen von X nach § 281 das stellvertretende Kommodum, d. h. den Ersatzanspruch herausverlangen. Auch kann X den B ausdrücklich oder stillschweigend ermächtigen, den Anspruch im eigenen (des B) Namen geltend zu machen, BGHZ 25, 250. Zu den nahe verwandten Treuhandfällen *v. Caemmerer* S. 360 ff.; ferner BGHZ 40, 100; BGH NJW 67, 951.

bb) Die zweite Fallgruppe betrifft die Fälle *schuldrechtlicher Schadensverlagerung*, und hier namentlich den Versendungskauf, 447. Nach § 447 geht die Gegenleistungsgefahr mit der Übergabe der verkauften Sache an die Transportanstalt auf den Käufer über. Wird die abgesandte Ware auf dem Transport vernichtet, so hat der Verkäufer, der ja immer noch das Eigentum an der Sache hat (929), den Anspruch wegen Verletzung des Eigentums, sowie Ansprüche wegen etwaiger Verletzung des Transportvertrages. Er hat aber keinen Schaden, denn nach § 447 erlangt er von dem Käufer den Preis, obwohl dieser die Ware nicht erhält. Der Übergang der Gegenleistungsgefahr entschädigt also den Verkäufer für die noch bei ihm ruhende Sachgefahr. In solchen Fällen, wo der Käufer den Schaden und der Verkäufer den Anspruch gegen die Transportperson hat, muß dem Verkäufer gestattet werden, den Schaden des Käufers geltend zu machen. Aus dem Kauf hat der Käufer gegen den Verkäufer einen Anspruch auf Abtretung dieses Anspruchs gegen die Transportperson, 242; RGZ 62, 331.

cc) Ein ähnlicher Fall der Schadensverlagerung ergibt sich im Erbrecht. Wenn eine Sache, die einem *Vermächtnisnehmer* zugedacht ist, beim Erben durch Verschulden eines Dritten zerstört wird, dann hat den Schaden davon der Vermächtnisnehmer. Er hat aber keinen Anspruch, da ihm durch das Vermächtnis noch nicht das Eigentum, sondern nur ein schuldrechtlicher Anspruch gegen den Erben zusteht. Der Erbe hingegen hat keinen Schaden, weil er die Sache ohnehin an den Vermächtnisnehmer hätte herausgeben müssen. Mit der Zerstörung wird der Erbe durch Untergang der Sache nach § 275 von seiner Leistungspflicht frei. In solchen Fällen wird man dem Erben einen Ersatzanspruch gegen den Schädiger zugestehen müssen, wobei der Erbe den

Schaden des Vermächtnisnehmers geltend macht. Der Vermächtnisnehmer kann nach § 281 von dem Erben die Abtretung dieses Anspruchs verlangen.

dd) Eine vierte Fallgruppe betrifft *Obhutspositionen (v. Caemmerer).* Der Gastwirt haftete schon nach früherer Auffassung dem Gast gemäß § 701 auch für Sachen, die der Gast geliehen und dann eingebracht hat; RGZ 170, 246; BGHZ 15, 227. Heute berücksichtigt der Wortlaut von § 701 diese Rechtsprechung.

c) Die *Grundregel,* die man aus diesen Fällen ableiten kann, lautet: Wenn es unbillig wäre, daß der Schädiger von der Haftung frei wird, weil Anspruchsberechtigung und Schaden durch interne Verhältnisse oder durch gesetzliche Vorschrift auseinanderfallen, kann der Anspruchsberechtigte den Drittschaden verlangen.

Zur Regelung der *Produktenhaftung* reicht dieser Grundsatz allerdings nicht aus, weil die Gliederung der Wirtschaft in Erzeuger-, Großhandels-, Kleinhandels- und Verbraucherstufe weder eine „interne schadensverlagernde Abmachung" noch eine gesetzliche Schadensverlagerung ist, sondern einen Grundzug des Rechts- und Wirtschaftslebens darstellt, der dem geltenden Kaufrecht zugrunde liegt. Die Schäden werden hier nicht verlagert, sondern vervielfältigt; BGHZ 40, 91; 51, 91 = ESJ 127 – Hühnerpest – ; näher unten § 103 IV.

Dem Drittschadensersatz verwandte Probleme sind die *Verträge mit Schutzwirkung für Dritte* (oben § 37 VII), durch *Dritte begangene Leistungsstörungen* (u. § 54 II) die *Vorteilsausgleichung* (unten § 55 IV) und die *unechte Gesamtschuld* (unten § 62 III), dazu BGHZ 21, 112 – Lohnfortzahlung –. Siehe auch unten § 107 I 2e dd.

Weitere Literatur zum Problem des Drittschadensersatzes:
Berg, JuS 77, 363; *ders.,* NJW 78, 2018; *v. Caemmerer,* ZHR 127, 241; *Hagen,* JuS 70, 442; *ders.,* Die Drittschadensliquidation im Wandel der Rechtsdogmatik, 1971; *Kluckhohn,* AcP 111, 394; *Lange, Hermann,* Schadensersatz, 1979, § 8; *Nipperdey,* ZAKDR 1938, 262; *Peters, F.,* AcP 180, 329; *Puhle,* Vertrag mit Schutzwirkung zugunsten Dritter und Drittschadensliquidation, 1982; *Reinhardt,* Der Ersatz des Drittschadens, 1933; *Ries,* JA 82, 453; *Rodig,* Schadensliquidation im Drittinteresse, 1938; *Selb,* NJW 64, 1765; *Steding,* JuS 83, 29; *Tägert,* Die Geltendmachung des Drittschadens, 1938; *Weimar,* JR 60, 374.

III. Schadensart

Die Norm bestimmt nicht nur den Geschädigten und die Möglichkeit etwaigen Drittschadensersatzes. Sie begründet und umgrenzt auch qualitativ den *Schaden.* Welcher Schaden im Sinne eines Schadensersatzanspruchs relevant ist, geht aus einer Prüfung derselben den Anspruch gewährenden Norm, einschließlich der verletzten Verhaltenspflicht, hervor. (All das hat mit „Kausalität" nichts zu tun, was in der Diskussion um die Normzwecktheorie oft nicht gesehen wird.)

1. a) Wird ein *Vertrag* verletzt, so kann der Schaden in einem eigentlichen Verletzungsschaden oder in Folgeschäden bestehen.

Das vom Dachdecker schuldhaft schlecht gedeckte Dach weist einen eigentlichen Verletzungsschaden auf. Dadurch aufgetretene Nässeschäden und entgangene Verdienste durch Unabsetzbarkeit nasser Ware sind zu ersetzende Folgeschäden. Näher unten § 80 II 1.

b) *Außerhalb* dieser *Grenzen* liegende *Schadensrisiken* werden von der zugrundeliegenden Vertragspflicht dem Schuldner nicht aufgebürdet. Treten sie ein, trifft den Forderungsgläubiger das Unglück. Das ist, wie gesagt, keine Frage der Kausalität, sondern eine der Normerheblichkeit des Schadens. Man kann zwei Risiken dieser Art unterscheiden:

aa) *Gefahrenrisiken* gehen nur zu Lasten des Schuldners, wenn seine Vertragspflichten das Einstehen für eine bestimmte Gefahr nach den Vereinbarungen oder nach Treu und Glauben mit Rücksicht auf die Verkehrssitte umfassen. — Verlädt also der Spediteur die Ware statt auf dem angewiesenen Schiff A versehentlich auf Schiff B, und geht Schiff B durch Kollision im Nebel unter, muß der Spediteur den Schaden tragen. — Weist aber der Gläubiger den Schuldner an, die Ware vor Feuchtigkeit zu schützen, und legt der Schuldner die Ware zu ebener Erde in eine Remise, wo sie durch Überschwemmung untergeht, so liegt das Risiko nicht beim Schuldner (anders *Esser*). — Der zum Schutz gegen Diebe angestellte Nachtwächter, der ein offenstehendes Kellerfenster übersieht, ist nicht haftbar, wenn die Kartoffeln erfrieren. Anders wenn es seine Pflicht war, allgemein auf Ordnung und Sicherheit zu achten. — Der Gläubiger, der zum säumigen Darlehensschuldner geht und sich dabei ein Bein bricht, kann diesen Schaden nicht als Verzugsschaden geltend machen.

bb) *Kalkulationsrisiken* gehen grundsätzlich zu Lasten des Geschädigten, wenn er es unterließ, darüber im Vertrag eine andere Regelung zu treffen.
Wenn die Bundesbahn einen Waggon falsch abwiegt und der Verfrachter dadurch dem Belieferten eine falsche Quantität berechnet, muß der Verfrachter den Schaden tragen. Die Wiegevereinbarung mit der Bahn hat im Zweifel nicht den Zweck, dem Verfrachter Kalkulationsunterlagen zu verschaffen. — Wer als Kleinantiquar an einen Rentner für dessen Schlafzimmer ein Ölbild für 20,— DM gegen bar verkauft und vor der Übereignung schuldhaft vernichtet, haftet auf 20,—, auch wenn sich jetzt herausstellt, daß es ein Altdorfer war, der 200 000,— wert gewesen wäre. War der Käufer ein Händler, der Bilder der Preisklasse von 20,— gewöhnlich mit einem Aufschlag von 100% weiterveräußert, schuldet der Antiquar 40,—, wenn erkenntlich war, daß es sich um einen Händler handelte. Ließ der Käufer erkennen, daß er Kunstsammler ist, sind 200 000,— geschuldet. Dann lief der Antiquar das Risiko, einem Erfahreneren gegenüberzustehen, der den Wert des Bildes richtiger einzuschätzen wußte. Möglich ist jedoch stets eine Anfechtung wegen Irrtums über die Echtheit des Bildes, 119 II.
Entscheidend ist also immer, inwieweit das Risiko in den Vertrag mit Wirkung gegen beide Partner eingefügt wurde.

2. *Deliktische* Schäden werden artmäßig durch die verletzte Verhaltensnorm festgelegt.
Wer mit einem Bagger bei Ausschachtungsarbeiten schuldhaft ein Stromkabel beschädigt, haftet nach § 823 I dem Kabel*eigentümer*, nicht aber einem dritten Unternehmer, dessen Betrieb durch den Stromausfall stillsteht, BGHZ 29, 65. Das Recht am Unternehmen erstreckt sich nicht auf eine ungestörte Stromzuführung, die bei außerhalb des Unternehmens vorgenommenen Schachtarbeiten unterbrochen wird. Wird aber durch den Stromausfall Eigentum zerstört, so ist ein subjektives Recht verletzt, so daß Ersatz zu leisten ist, BGHZ 41, 123 (Küken verenden im elektrischen Brutkasten). —

Wer den Vorschriften der Straßenverkehrszulassungsordnung zuwider Bauarbeiter dichtgedrängt auf offenem Lkw zur Baustelle fährt, haftet bei einem Unfall für die dadurch entstehenden zusätzlichen Verletzungen, aber nicht für Erkältungen, die sich die Arbeiter während der Fahrt zuziehen. – Auch der Fall des Naturzschutzbaumes (oben II 2) zählt hierher. – Wenn ein Apotheker vorschriftswidrig auf ein Rezept das Medikament mehrfach abgibt, so daß der Patient stirbt, so entlastet es den Apotheker, wenn er nachweisen kann, daß der Arzt auf Befragen mit Sicherheit das Rezept zur Wiederholung zugelassen hätte und daß die tödliche Gefahr einer mehrfachen Verabfolgung weder dem Arzt noch der Medikamentenfirma bekannt war. Das Verbot, bestimmte Rezepte mehrfach anzunehmen, soll dagegen sichern, daß vom Arzt nicht geprüfte und verordnete Medikamente verabreicht werden, nicht aber gegen die Unkenntnis des Arztes, der pharmazeutischen Industrie oder der Wissenschaft.

§ 51
Verursachung

Bemert, AcP 169, 421; *Bydlinsky,* Probleme der Schadensverursachung, 1964; *ders.,* JurBl. 1958, 1; *v. Caemmerer,* Das Problem des Kausalzusammenhangs im Privatrecht, 1956; *Crispin,* Kausalitätsprobleme im Bereich der unerlaubten Handlungen, Diss. 1953; *Deutsch,* JZ 66, 556; *ders.,* JZ 67, 641; *ders.,* Haftungsrecht, Bd. I, 1976, §§ 10–12; *Dunz,* NJW 66, 134; *ders.,* in: 25 Jahre Karlsruher Forum (Beih. VersR), 1983, 97; *Esser,* Kalrsruher Forum 1959, 20; *Fabry,* Der Rechtswidrigkeitszusammenhang, Diss. Köln 1955; *Frommherz,* AcP 110, 23; *Gernhuber,* JZ 61, 148; *Hanau,* Die Kausalität der Pflichtwidrigkeit, 1971; *Henning Heuer,* Der richtige Bezugspunkt des Adäquanzurteils, Diss. Münster 1964; *Huber, U.,* JZ 69, 677; *ders.,* FS *Heimpel,* Bd. III, 1972, 440; *ders.,* FS *Wahl,* 1973, 301; *Kramer,* JZ 76, 338; *Kühlewein,* NJW 55, 1581; *Lang,* Normzweck und Duty of Care, 1983; *Lange, Heinrich,* AcP 156, 114; *Lange, Hermann,* JZ 76, 198; *ders.,* Schadensersatz, 1976, § 3; *Lanz,* Alternativen zur Lehre vom adäquaten Kausalzusammenhang, 1974; *Larenz,* Hegels Zurechnungslehre und der Begriff der objektiven Zurechnung, 1927; *ders.,* JuS 65, 373; *ders.,* FS *Honig,* 1970, 79; *Lindenmaier,* ZHR 113, 207; *Müller, Max-Ludwig,* Die Bedeutung des Kausalzusammenhangs im Straf- und Schadensersatzrecht, 1912; *Piegler,* Karlsruher Forum 1959, 54; *Prosser,* Kausalzusammenhang und Fahrlässigkeit, 1958; *Raiser, Thomas,* JZ 63, 462; *Rother,* NJW 65, 177; *ders.,* (II.) FS *Larenz,* 1983, 537; *Rühl,* NJW 49, 568; *Rümelin, Max,* Die Verwendung der Kausalbegriffe im Straf- und Zivilrecht, 1900; *ders.,* AcP 90, 171; *Schünemann,* JuS 79, 19; *ders.,* JuS 80, 31; *Schulin,* Der natürliche – vorrechtliche – Kausalitätsbegriff im zivilen Schadensersatzrecht, 1976; *Stoll, Hans,* FS *Dölle,* Bd. I, 1963, 371ff.; *ders.,* Recht u. Staat, 1968, 364/365; *ders.,* in: 25 Jahre Karlsruher Forum (Beih. zu VersR), 1983, 184; *Traeger,* Der Kausalbegriff im Straf- und Zivilrecht, 1904; *ders.,* Der Kausalbegriff im Straf- und Zivilrecht, 1929; *Weitnauer,* FG *Oftinger,* 1969, 321; *ders.,* JuS 79, 697; *Wendt,* AcP 92, 1; *v. Westphalen,* Jura 83, 133; *Wussow,* VersR 57, 9.

I. Begriffe und Abgrenzungen

Entscheidend ist die Norm, die das menschliche Verhalten normiert und Verstöße ahndet. Ebenso wie der Schaden normerheblich sein muß, um ersetzt zu werden, muß das Herbeiführen des Schadens durch die Handlung normgemäß sein, so daß außernormative Herbeiführungsweisen außer Betracht zu bleiben haben. Sie begründen keine Schadenshaftung. Das „Herbeiführen" wird üblicherweise als Verursachung, Kausalität, bezeichnet, wobei früher die Vorstellung dahin ging, die naturwissenschaftliche Kausalität sei für die Haftungsbegründung entscheidend (Äquivalenztheorie) oder bilde zumindest die Grundlage für die Auswahl rechtlich bedeutsamer Ursachen (Adäquanztheorie). Die Normzwecktheorie lehrt zu Recht, daß natürliche Verursachung noch nicht von rechtlichem Belang zu sein braucht, daß vielmehr die Norm wertend über die Verknüpfung von Handlung und Schaden entscheidet.

Nun hat aber nicht jede Norm ihren eigenen Begriff der Herbeiführung. Es wäre praktisch *unerträglich*, wenn jede einzelne Schadensersatznorm nach einer eigenen „Kausalitätstheorie" verfahren würde. So sehr es richtig ist, daß letztlich die Norm die *Schadensverursachung* zu einer Frage rechtlicher Bewertung macht und die Verursachung damit nach Maßgabe der Norm qualifiziert und individualisiert, so sehr bedarf es zumindest für große Gruppen von Schadensfällen generalisierender Kausalitätstheorien. Nur ist dabei der Jurist nicht an naturwissenschaftliche Logik gebunden. Aber auch für den Juristen gibt es gleichbleibende Antworten auf die Frage: Was folgt aus was? Im *Rahmen des Normzwecks* gilt es daher, generalisierende Kausalitätsbegriffe für das Zivilrecht zu ermitteln. Soweit ersichtlich, gelten im Zivilrecht drei Kausaltheorien.

II. Die Äquivalenztheorie

1. Nach der Äquivalenztheorie ist *kausal jede Bedingung, die nicht hinweggedacht werden kann, ohne daß der Erfolg entfällt*. Es handelt sich um den naturwissenschaftlichen Begriff der Kausalität. Alle Bedingungen, die zum Erfolg führen, wiegen gleich schwer, sind also äquivalent.

Im Ergebnis zieht die Äquivalenztheorie den Rahmen der ursächlichen Bedingungen sehr weit. Die Äquivalenztheorie gilt im Strafrecht. Der Täter im Sinne des Strafrechts ist objektiv für alle Auswirkungen verantwortlich, für die sein Handeln ursächliche im Sinne der Äquivalenztheorie ist. Allerdings muß, bevor der Täter bestraft wird, hinzukommen, daß er persönlich schuldhaft gehandelt hat. Die strafrechtliche Vorstellungsweise ist die einer weitgezogenen Kausalität mit Einschränkungen durch einen strikt „*subjektiven*", persönlichen Verschuldensbegriff.

*Mit*verursachung ist also Verursachung. Bei den schwierigen Fällen der Rentenneurosen fehlt es nur dann an einer Kausalität, wenn die seelische Störung erst durch die – wenn auch unbewußte – Begehrensvorstellung nach einer Lebenssicherung oder die Ausnutzung einer vermeintlichen Rechtsposition ihr Gepräge erhält, und wenn der Unfall zum Anlaß genommen wird, den Schwierigkeiten des Arbeitslebens auszuweichen, BGHZ 20, 137.

2. Im Zivilrecht gilt nach § 276 BGB ein wesentlich weiterer, „*objektiver*" Verschuldensbegriff (vgl. dazu unten § 53). Es kommt nicht auf die Person des Handelnden, sondern auf die „verkehrserforderliche Sorgfalt" an. Nicht die Sorgfalt des konkret Handelnden, sondern die eines ordentlichen Staatsbürgers, Kaufmanns, Taxichauffeurs, Dachdeckers usw. ist der Maßstab.

Schon daraus ergibt sich, daß man für die Zwecke des Zivilrechts die naturwissenschaftliche Kausalität grundsätzlich einengen muß. Dies geschieht durch die sog. Adäquanztheorie, dazu unten III.

Wo jedoch die Äquivalenztheorie selbst geeignet ist, zu einer vernünftigen Haftungseingrenzung zu führen, gilt sie in den gesetzlich festgelegten *Einzelfällen*, z. B. wo ein sog. „gemischter Zufall" (casus mixtus) ausnahmsweise eine Schadenshaftung verhindert: Der Schaden wäre auch bei Beachtung der verkehrserforderlichen Sorgfalt eingetreten; zwei äquivalente Bedingungen, von denen nur eine die Sorgfaltspflichtverletzung ist, haben ihn verursacht, 287 S. 2, 848, 831 I a. E., 823 833.

Beispiel: Auf einem Schulausflug kaufen Lehrer und die 30 Kinder an einem Stand „Eis am Stiel". Als der Lehrer wegschaut, gelingt es einem besonders Geschickten eine Schachtel mit Speiseeis zu stehlen. Es wäre ihm aber auch bei sorgfältigster Aufsicht gelungen, da er in diesen Dingen Übung hatte, § 832 I (bei Privatschule § 832 II).

Verallgemeinern läßt sich dieser in den §§ 287 S. 2, 848, 832 und 833 enthaltene Grundsatz aber nicht. Folgen allerdings die „Reserveursachen" der Sorgfaltspflichtverletzung zeitlich nach, so kann eine Haftungsminderung nach den Grundsätzen der Interesseermittlung („überholende Kausalität") eintreten (unten § 55 IV).

In Schwierigkeiten kommt die Äquivalenztheorie in den Fällen der sog. alternativen (a) und kumulativen (b) Kausalität. Beispiel zu (a): A und B reichen dem C je eine Dosis Gift, wobei jede für sich tödliche Wirkung hätte. Beispiel zu (b): Die Dosis des A und B war, jede für sich betrachtet, nicht tödlich, beide Dosen zusammen führen aber den Tod herbei. Denkt man im Falle (a) die Tat des A hinweg, so wäre C an der Dosis des B gestorben und umgekehrt. Die Handlungen von A und B sind also gleichzeitig kausal und nicht kausal. Hier muß die Bedingungsformel modifiziert werden: ursächlich ist jede Bedingung, die zwar alternativ, nicht aber kumulativ hinweggedacht werden kann, ohne daß der Erfolg entfiele. (Voraussetzung ist aber die Gleichzeitigkeit der Wirkung. Bewirkt eine Ursache den Erfolg vor der anderen, so ist nur die erste Ursache kausal.)

Im Falle (b) entfällt dagegen der Erfolg, wenn man die Handlung des A oder B hinwegdenkt. Die Handlung ist also kausal im Sinne der Bedingungslehre. Jeder Tatbeitrag hätte aber, für sich gesehen, nicht diesen Erfolg herbeiführen können. Daher gilt: In den Fällen kumulativer Kausalität sind Tatbeiträge nicht kausal, die für sich allein genommen den Erfolg nicht herbeigeführt hätten. Zu beidem u. § 108.

III. Die Adäquanztheorie

1. Die große Masse der zivilrechtlichen Schadenshaftungen kann aber mit der Äquivalenztheorie nicht befriedigend begründet werden. Sie zieht den Kreis der Ursachen zu weit. *Wertend* — und zwar aus der Summe der Normen und nicht aufgrund einer mathematischen Wahrscheinlichkeitsrechnung — müssen *ungewöhnliche* äquivalente Bedingungen als zivilnormenfremd *ausgeschieden* werden. Dadurch entsteht, über die naturwissenschaftliche Kausalität hinaus, eine *rechtswertende* Betrachtung des *Ob* und auch des *Wie* der Herbeiführung eines Schadens, RGZ 171, 242; BGHZ 1, 387; 3, 261; 14, 136; 18, 286 = ESJ 48; 25, 86 = ESJ 47; 79, 259.

Während also die Äquivalenztheorie aus einem einzigen Satz besteht, kann man die Adäquanztheorie nur in zwei Sätzen ausdrücken, die man nebeneinanderstellen muß: „Ursächlich im Sinne der Adäquanztheorie ist zunächst wiederum jede Bedingung, die nicht hinweggedacht werden kann, ohne daß der Erfolg entfällt". *Die Äquivalenztheorie ist also die Grundlage der Adäquanztheorie.*

An der Äquivalenz fehlt es bereits z. B. in dem Fall BGHSt. 11, 1 = JZ 58, 280 (zust. Anm. *Mezger*): Ein Lastzugfahrer überholte auf gerader, übersichtlicher Strecke mit etwa 27 km/h einen Radfahrer. Der Abstand war zu gering, nur 75 cm. Der Radfahrer der betrunken war (1,95‰), torkelte, wurde überfahren und verstarb an der Unfallstelle. Es wurde festgestellt, daß der betrunkene Radfahrer mit Sicherheit auch dann gestürzt und unter den Lastzug gekommen wäre, wenn der Fahrer den gebotenen Seitenabstand von 1,5 m eingehalten hätte. — Die Bedingung für den Tod ist hier nicht das „Überholen" schlechthin, sondern das *Überholen* des Radlers *in zu geringem Abstand von 75 cm*. Denkt man das Fehlverhalten hinweg, nimmt man also das richtige Überholen an, so wäre der Tod nach dem Urteil der Sachverständigen *auch* unter den gleichen Umständen eingetreten. Also ist das fehlerhafte Überholen nicht *äquivalente* Ursache für den Tod. Eine *Adäquanz* braucht nicht mehr geprüft zu werden (noch viel weniger ein „Rechtswidrigkeitszusammenhang", a. A. *v. Caemmerer,* Das Problem der überholenden Kausalität im Schadensersatzrecht 1962, 31 m. w. Angaben). Auch liegt kein Fall der Berufung auf „rechtmäßiges Alternativverhalten" vor. Dies betrifft eine Frage der Schadenszurechnung, unten § 55 m. w. N. Auf rechtmäßiges Alternativverhalten, das den gleichen Schaden herbeigeführt hätte, darf sich der Schädiger nicht berufen, wenn die verletzte Verhaltensnorm den Schutz eines über die unmittelbare Schadensvermeidung hinausgehenden Rechtszwecks verfolgt. („Wo käme man hin, wenn man dies tun dürfte, bloß weil der Schaden sowieso eintreten würde".)

So liegt es im Radfahrerfall nicht (a. A. *Hanau,* 61). Das Überholen im gebotenen Seitenabstand bezweckt die Verhinderung von Unfällen dieser Art. Der Fahrer handelte zwar verkehrsordnungswidrig, aber dies war keine mitursächliche Bedingung für den Tod des Radfahrers. Es liegt wie in den Fällen des casus mixtus.

2. Zunächst ist also auch im Zivilrecht die Äquivalenz der fraglichen Bedingungen zu prüfen, BGHZ 2, 138: „Conditio sine qua non."

Dann aber folgt — auch im Gutachten! — sinngemäß ein einschränkender Satz: „Solche Umstände sind im Sinne des Zivilrechts grundsätzlich nicht kausal, die nach ihrer allgemeinen Natur für den Eintritt dieses Erfolgs gleichgültig waren und nur infolge außergewöhnlicher Umstände zu einer Bedingung des Erfolgs wurden" (Formulierung der h. M. im Anschluß an *Traeger*). Von den äquivalenten Bedingungen werden also die inadäquaten ausgeschieden. Die Kausalität wird also im Zivilrecht enger als in den Naturwissenschaften und im Strafrecht gezogen. Außergewöhnliche Kausalzusammenhänge bleiben außer Betracht. Die Vorhersehbarkeit spielt, nach herrschender Lehre, für die Adäquanz grundsätzlich *keine* Rolle, jedenfalls nicht im subjektiven Sinne. Nur *objektiv* außergewöhnliche Kausalzusammenhänge scheiden aus.

3. Das Wort „Adäquanztheorie" wird in seiner vorstehenden Bedeutung aber in einem andern Sinne als im Sinne der überkommenen Adäquanzlehre gebraucht. Während in der bisherigen herrschenden Lehre die „Adäquanz" auf das in natürlichem Sin-

ne Übliche und Wahrscheinliche bezogen wurde, bedeutet „Adäquanz" in dem hier verwendeten Sinne „der durchschnittlichen zivilistischen Schadensersatznorm angemessen". Die durchschnittliche zivilistische Verursachung muß nicht etwa „nicht unüblich", sie muß, allgemein beurteilt, normangemessen, normrelevant sein. Der Bezugspunkt des Adäquanzurteils hat sich in der neueren Schadensersatzlehre geändert *(Henning Heuer)*. Dies, nicht etwa die Ersetzung jeglichen Kausalitätsurteils, ist die Errungenschaft der „Normzwecklehre", oder wie hier gesagt wird: der Lehre von der Normrelevanz der Schadenskomponenten. In diese Richtung deutend: BGHZ 18, 288.

4. *Beispiele, Vertragsrecht:* Wer die verkaufte Wanduhr vor Lieferung zertrümmert, verursacht den Nichterfüllungsschaden des Käufers. Der Gesellschafter, der die ihm übertragenen Bilanzaufgaben schlecht löst, verursacht den Schlechterfüllungsschaden der anderen Gesellschafter. Hätten sich die Schuldner richtig verhalten, wären die Schäden nicht eingetreten. Es ist auch nicht ganz ungewöhnlich, daß bei derartigem Verhalten solche Schäden entstehen. Wenn sich nun aber der Käufer der Wanduhr oder ein Mitgesellschafter aus Kummer über die Vertragsverletzung das Leben nehmen wollen und, da der Selbstmordversuch mißlingt, erwerbsunfähig werden, ist der Zusammenhang dieses Schadens mit der Art der jeweiligen Vertragsverletzung so ungewöhnlich, daß er für die normale schadensersatzrechtliche Betrachtungsweise unberücksichtigt bleiben muß. Die Geschädigten haben sich die Folgen ihrer ungewöhnlichen Gemütsaufwallung selbst zuzuschreiben. Das auch dann, wenn etwa der nachlässige Gesellschafter wußte, daß sein Mitgesellschafter akut gemütskrank war und keine Aufregung haben durfte. Denn es kommt auf den allgemeinen Normzweck an. (Möglicherweise besteht aber nun deliktische Haftung). § 708 ist zu beachten.

— *Deliktsrecht:* S überfährt den D mit dem Auto. D muß ins Krankenhaus. Der Schaden des D ist durch S verursacht. Das Überfahren kann nicht hinweggedacht werden, ohne daß der Krankenhausaufenthalt entfällt. Wegen der 5-tägigen Verzögerung muß D eine Geschäftsreise per Flugzeug um 5 Tage verschieben. Das Flugzeug, das er nun 5 Tage später benutzt, stürzt ab. Die Witwe des D verlangt von S eine Rente. Ist das Überfahren äquivalente Bedingung für den Tod? Diese Frage muß bejaht werden. Aber es ist ein außergewöhnlicher Kausalverlauf, daß ein Autounfall wegen des Krankenhausaufenthaltes zu einer Flugzeugumbestellung führt, wobei das nun gewählte Flugzeug abstürzt. Das Überfahren ist also keine adäquate Bedingung für den Tod durch Flugzeugabsturz. — A gibt B eine Ohrfeige. B stirbt daran, weil er eine anomal dünne Schädeldecke hat. Der Tod ist durch A im Sinne der Äquivalenztheorie verursacht worden, aber auch im Sinne der Adäquanztheorie, da es nicht ganz ungewöhnlich ist, daß jemand eine anomal dünne Schädeldecke besitzt, die schon wegen einer Ohrfeige zum Tode führt. Besondere körperliche Konstitutionen kommen vor und schließen den Kausalzusammenhang im Sinne der Adäquanztheorie nicht aus (so die allerdings nicht unbestrittene Rechtsprechung des RG, RGZ 155, 41). Das gleiche gilt für anomale geistige Verfassungen, soweit es sich nicht um Selbstverstümmelung und Selbstmorde handelt (s. o.): Ein Mops bellt eine ältere Dame an, die wegen ihrer besonderen Ängstlichkeit daraufhin den Halt verliert und die Treppe hinabstürzt.

IV. Bloßes Wahrscheinlichkeitsurteil

Während die Äquivalenztheorie in den Fällen des haftungshindernden casus mixtus und die Adäquanztheorie in praktisch allen übrigen Schadensersatzfällen normrelevant erscheinen, können besondere Schadensumstände einen dritten Maßstab für die Prüfung fordern, ob eine Handlung einen Erfolg „herbeigeführt" hat: die bloß statistische Wahrscheinlichkeit.

Dieser Maßstab ist namentlich dann angemessen, wenn Beweisschwierigkeiten den Geschädigten am Nachweis hindern, daß der Schaden von einem bestimmten unter mehreren in Frage kommenden Schädigern herrührt. Das ist der Fall, wenn sehr viele Schädiger in Frage kommen, wenn die Art der Schädigung technisch oder wissenschaftlich kompliziert ist oder wenn möglicherweise ein einzelner, möglicherweise aber auch nur die Mehrheit mehrerer Schädiger den Schaden herbeigeführt hat und sich weder das eine noch das andere beweisen läßt. Bekannt ist das Problem der „summierten Immissionen" (*Westermann,* Sachenrecht, § 63 II 3 d) vor allem bei Rauchschäden in industriellen Ballungsräumen. Hinzu tritt die Haftung für Atomschäden (*Schülli,* Rechtsprobleme beim Kausalitätsnachweis von Strahlenschäden, Diss. 1964). In diesen Fällen versagt die Frage nach der „Bedingung, die nicht wegzudenken ist, ohne daß der Erfolg entfiele". Dadurch werden Äquivalenz- und Adäquanztheorie unbrauchbar. Angemessen ist eine statistische Durchschnittsberechnung, oder, wo eine solche mangels Erfahrungen noch nicht vorliegt, eine einfache Wahrscheinlichkeitsschätzung. Doch müssen dies, wegen der Gefahr von Fehlschätzungen, Sonderfälle bleiben. Auch muß dem einzelnen der (schwer zu erbringende) Beweis offen bleiben, daß seine Handlung für den Schaden nicht äquivalent kausal war, vgl. auch § 830 I 2.

V. Besonderheiten

Im Zusammenhang mit der Verursachung im Zivilrecht sind noch einige besondere Probleme darzustellen.

1. Vorsätzliches (oder fahrlässiges) Eingreifen Dritter „unterbricht" als solches den Kausalzusammenhang nicht, BGHZ 17, 159; 43, 178 — Auffahrunfälle im Nebel —.

A verursacht einen Autozusammenstoß. Der betroffene Wagen brennt. Ein hinzuspringender Passant P will den Brand löschen. Hierbei erleidet er Brandverletzungen. Diese Verletzungen sind durch die Handlung des A adäquat verursacht. Das vorsätzliche Eingreifen des P steht dem nicht entgegen. — BGHZ 37, 311: Ein Lkw-Halter leiht dem Dieb den Lkw zum Abtransport der Beute. Von einem Polizisten verfolgt, will der Dieb mit dem Lkw fliehen. Der Polizist springt auf, der Dieb fährt absichtlich so gegen einen Baum, daß der Polizist verletzt wird. Der Halter haftet gem. § 7 StVG auch dafür. — Es kommt nicht darauf an, ob das Eingreifen des Dritten rechtmäßig war oder nicht. Vielmehr entscheidet das vom Anspruchsschuldner gesetzte Risiko, das bei Gefährdungshaftung besonders umfangreich ist.

2. Auch Unterlassungen können kausal sein. Unterlassungen im Rechtssinne sind nicht einfaches Nichtstun, sondern ein Etwas-nicht-tun. Infolgedessen kann dies Unterlassen zu einem spezifischen Erfolg führen. Kausal ist die Unterlassung, wenn pflichtgemäßes Handeln den Eintritt des schädigenden Erfolgs mit Sicherheit oder mit einer an Sicherheit grenzenden „verdichteten Möglichkeit" verhindert hätte, BGHZ 7, 203; 34, 215.

Der Arzt unterläßt eine notwendige Bluttransfusion. Der Patient stirbt daraufhin. Der Arzt hat seine Pflicht — nämlich Vornahme der Bluttransfusion — nicht erfüllt. Dieses Etwas-nicht-tun ist ursächlich für den Tod des Patienten. Vgl. BGH LM Nr. 4 zu § 31 BGB.

Wäre trotz Tätigwerdens der Erfolg mit an Sicherheit grenzender Wahrscheinlichkeit eingetreten, ist die Unterlassung nicht kausal. Es fehlt, im Sinne der obigen Adäquanztheorie, die Äquivalenz als Grundlage der Adäquanz: Obwohl man sich das Unterlassen hinwegdenkt, man also ein Tätigwerden annimmt, tritt der Erfolg ein, den man zunächst also fälschlich dem Unterlassen zuschrieb. Ein Beispiel ist der Fall des betrunkenen Radfahrers, oben III, BGHSt. 11, 1.

3. Sehr streitig ist, ob sog. *Vorhaltekosten* vom Schädiger *kausal* hervorgerufen werden. Zwei Fallgruppen stehen im Mittelpunkt der Diskussion, die Bereitstellung von *Reserven* für den Fall der Schädigung (Reserve-Straßenbahnwagen im Depot, Reparaturwerkstatt des Autovermieters) und *Rechtverfolgungskosten* (Kontrollorganisationen der Warenhäuser gegen Diebstähle; der Uhrheberrechts-Verwertungsgesellschaften gegen Rechtsverstöße; Unterhaltung von Detektiven, Wachhunden; Fangprämien für die Entdeckung von Ladendieben usw.). Der BGH (BGHZ 75, 230) und die h. M. bejahen Kausalität aus verschiedenen Gründen (*Venzmer*, VersR 1963, 795: Zwecksetzung geht vor Zeitabfolge; *Thiele*, FS *Felgenträger* 1969, 405: Vorsorgemittel kausal im herkömmlichen Sinne; *Weis*, Schadensersatz bei Aufwendungen des Geschädigten vor dem Schadensereignis, 1967, 86: Vorsorge wird von Naturalherstellung umfaßt; *Löwe*, VersR 1963, 307: Schaden resultiert aus Zweckvereitelung der Aufwendung; *Schmidt*, JZ 74, 73: Differenz der Rechtslagen entscheidet; *M. R. Will*, MDR 76, 6: Fangprämien auch bei Fahrerflucht angemessen; *Pecher*, JuS 81, 645). – Die Vorsorge muß sich jedoch im Rahmen der allg. Schadensminderungspflicht halten, 254 II 1. Insoweit sind Vorhaltekosten berechtigte Aufwendungen des Geschädigten und ihre zeitliche Vorwegnahme hindert gerade darum nicht die Bejahung der Kausalität. Doch können sie dem Schädiger nur anteilig angelastet werden; siehe zu den *Schadensumfangs*problemen in diesen Fällen unten § 55 III 2 d dd und ee, mit weiterer Literatur.

4. Die Beweislast für die „Äquivalenz" trägt im allgemeinen der Geschädigte, die für die Inadäquanz von Ursachen der Schädiger. Bei Unübersichtlichkeit von Kausalabläufen können Beweislastumkehrungen Platz greifen. RGZ 171, 168 – ärztlicher Kunstfehler –; BGHZ 11, 227; BGHZ 85, 212 – Beweislastumkehr im Arzthaftungsprozeß –.

5. Die Ursächlichkeit kann auch rein „psychisch vermittelt" sein, BGHZ 70, 374 (376).

§ 52
Rechtswidrigkeit

Adomeit, JZ 70, 495; *v. Bar*, Vekehrspflichten, 1980; *Baumann*, MDR 57, 646; *Brüggemeier*, AcP 182, 385; *v. Caemmerer*, FS DJT, Bd. II, 1960, 49; *Deutsch*, Fahrlässigkeit und erforderliche Sorgfalt, 1963; *ders.*, Haftungsrecht, Bd. I, 1976, §§ 14, 15; *Eser*, Wahrnehmung berechtigter Interessen als allgemeiner Rechtfertigungsgrund, 1969; *Esser*, ZÖsterrR 1946 Heft 3/4; *ders.*, Karlsruher Forum 1959, 15; *Fischer, Hans Albrecht*, Die Rechtswidrigkeit unter besonderer Berücksichtigung des Privatrechts, 1911; *Fraenkel*, Tatbestand und Zurechnung bei § 823 Abs. 1 BGB, 1979; *Hanau*, Die Kausalität der Pflichtwidrigkeit, 1971; *Heinitz*, Das Problem der materiellen Rechtswidrigkeit, 1926; *Himmelreich*, Notwehr und unbewußte Fahrlässigkeit, 1971; *Horn*, Untersuchungen zur Struktur der Rechtswidrigkeit, 1962; *Kipp*, FS *v. Gierke*, Bd. II, 1910, 1; *Krüger-Nieland*, Karlsruher Forum 1961, 15; *Larenz*, FS *H. Dölle*, 1963, Bd. I, 169 *Leh*-

mann, Heinrich, FS *Hedemann,* 1958, 177; *Löwisch,* AcP 165, 421; *Lorenz,* JZ 61, 433; *Marburger,* Die Regeln der Technik im Recht, 1979; *May,* NJW 58, 1262; *Mertens,* AcP 178, 227; *ders.,* VersR 80 357; *Münzberg,* Verhalten und Erfolg als Grundlagen der Rechtswidrigkeit und Haftung, 1966; *Nicklisch,* BB 83, 261; *Niese,* JZ 56, 457; *Nipperdey,* NJW 57, 1777; *ders.,* Karlsruher Forum 1959, 3; *ders.,* NJW 67, 1985; *Petersen,* VersR 1960, 883; *Rother,* (II.) FS *Larenz,* 1983, 537; *Schreier,* Schuld und Unrecht, 1935; *Stathopoulos,* (II.) FS *Larenz,* 1983, 631; *Steffen,* VersR 80, 409; *Stoll, Hans,* JZ 58, 137; *ders.,* Handeln auf eigene Gefahr, 1961; *Weimar,* JuS 62, 133; *Weitnauer,* NJW 62, 1190; *ders.,* VersR 61, 1057; *Welzel,* JuS 66, 421; *Wieacker,* JZ 57, 535; *Wiethölter,* Der Rechtfertigungsgrund des verkehrsrichtigen Verhaltens, 1960; *Wolff, Karl,* Verbotenes Verhalten, 1923; *Zeuner,* JZ 61, 41; *Zippelius,* NJW 57, 1707; *ders.,* AcP 157, 390; *Zitelmann,* Ausschluß der Widerrechtlichkeit, 1906.

I. Begriff

1. Die Norm definiert die Rechtspflicht und für den Fall ihrer Verletzung Geschädigten und Schaden („wem gegenüber ist etwas unrecht?"). Die Norm begründet auch den Zusammenhang zwischen Verletzung und Schaden („wie kam es zu dem Unrecht?"). Endlich regelt die Norm auch die Folgen des Unrechts („mit Rücksicht auf welche Folgen ist etwas unrecht?"). Damit ist aber die Kernfrage noch nicht gestellt: „Weshalb ist etwas unrecht?" Dies ist die Frage der Rechtswidrigkeit (Widerrechtlichkeit). Die Antwort lautet: Rechtswidrig ist ein Verhalten, wenn es gegen eine Rechtsnorm verstößt.

Hat man daher Verletzungshandlung, Schaden und Kausalität bejaht und auf diese Weise die Norm bereits angewandt, liegt die Rechtswidrigkeit in der Regel von selbst vor. Genauer: Sie ist indiziert, es können aber Rechtfertigungsgründe vorliegen, die die Rechtswidrigkeit ausnahmsweise beseitigen. Sowohl im Vertrags- als auch im Deliktsrecht bedeutet daher Rechtswidrigkeit praktisch das Fehlen von Rechtfertigungsgründen, und die Prüfung der Rechtswidrigkeit im Gutachten besteht praktisch meist nur aus der Untersuchung, ob Rechtfertigungsgründe vorliegen, welche die Rechtswidrigkeit ausschließen könnten.

Dies gilt nicht nur dann, wenn der Unrechtstatbestand in der Norm vollkommen erfaßt ist, wie bei den genannten Rechtsgütern in § 823 I, in § 823 II und bei den meisten Vertragsverletzungen (Fälle „handlungstypischen Unrechts"), oben § 49 III 4. In den meisten Fällen geringerer Unrechtstypik hat der Gesetzgeber mit der Aufstellung einer allgemeinen Norm noch nicht den Unrechtstatbestand konkretisiert. Dies gilt insbesondere für die Rahmenrechte als „sonstige Rechte" in § 823 I (Hauptfälle: Recht am Unternehmen und allgemeines Persönlichkeitsrecht) und für die Verkehrspflichtverletzungen. Hier ist der Richter gezwungen, durch Aufstellung von Verhaltensnormen die tatbestandliche Grundlage für das Rechtswidrigkeitsurteil zu schaffen. Die Rechtswidrigkeit wird aber wegen der tatbeständlichen Fixierung *durch die Verhaltensnorm* ebenso wie in § 823 I und II „indiziert" und allenfalls durch einen Rechtfertigungsgrund ausgeräumt. Siehe dazu oben § 49 III 4c, wo gegen die herkömmliche Meinung Stellung bezogen wird, nach der nur in § 823 I, II und allenfalls bei Vertragsverletzungen das Unrecht einer Verletzungshandlung „indiziert" wird.

Die oben § 49 III 4 ebenfalls abgelehnte moderne Meinung (*Welzel, Nipperdey,* wohl auch *Esser, Deutsch* und *Münzberg*) will auch in den „geschlossenen" Tatbeständen des § 823 und bei Vertragspflichten die Rechtswidrigkeit „positiv" festgestellt wissen, also jede Unrechtsindizierung vermeiden. Damit wird die unrechtsfixierende Funktion der Unrecht regelnden Tatbestände verkannt. Auch wird übersehen, daß die grundsätzlich zutreffende Entscheidung für ein *Handlungs*unrecht keineswegs dazu zwingt, von einer Unrechtsindizierung abzusehen. Die hier vorgetragene Auffassung deckt sich weitgehend mit der von *Larenz* I § 20 III und IV, mit dem Unterschied, daß das Rechtswidrigkeitsurteil entgegen *Larenz* (sowie *Deutsch* und *v. Caemmerer*) bei aller Differenzierung im einzelnen doch als Ergebnis einer strukturell einheitlichen Handlungs-Erfolgs-Bewertung anzusehen ist. Mit *Larenz* ist aber an der Unterscheidung handlungstypischen, durch Rechtsgüter indizierten Unrechts und verhaltensnormativ festzustellenden Unrechts festzuhalten, wobei die Grenze durch den Handlungsbegriff bestimmt wird (*Larenz,* FS *Dölle*), allerdings nicht im natürlichen, „äußeren", sondern in einem bereits von der Verhaltensnorm geprägten Sinn. Über *Larenz* hinausgehend ist schließlich auch bei handlungsuntypischem, also nur verhaltensnormativ festzustellendem Unrecht eine Indizierung durch die als Tatbestand fungierende Verhaltensnorm zu bejahen.

2. Steht nun fest, daß eine Handlung ursächlich einen Schaden herbeigeführt hat, so muß noch die rechtliche Mißbilligung hinzutreten, die, zumeist in Verbindung mit Verschulden, den Schaden auf den Schädiger überwälzt. Es genügt also nicht nur ein äußerliches, objektives Zurückführen des Schadens auf die Handlung des Schädigers, auch nicht ein subjektives Zurückführen des Schadens auf Vorstellung und Willen des Schädigers. Sondern hinzutreten muß die Mißbilligung der Schadenszufügung durch die Rechtsordnung. Dies geschieht durch den Ausspruch der Rechtswidrigkeit. Die Prüfung der Rechtswidrigkeit schließt an die Prüfung der Tatbestandsmäßigkeit an. Zur Tatbestandsmäßigkeit gehört im Bereich der Vertragsverletzung und im Deliktsrecht die Verletzungshandlung, die Kausalität und der Schaden, also das, was zum vertraglichen Schadensersatz bisher untersucht wurde. Ist die Schadenszufügung tatbestandsmäßig, d. h. hat die Verletzung einer Normpflicht einen Schaden kausal herbeigeführt, so ist zu fragen, ob diese Schadenszufügung rechtswidrig ist. Im Anschluß an die Rechtswidrigkeit ist das Vertretenmüssen zu prüfen. Darüber unten § 53.

3. Es gibt Ausnahmen, in denen ohne Verschulden gehaftet wird, z. B. §§ 279, 287 S. 2, 833. Es gibt sogar seltene Fälle, in denen Schadensersatz ohne Rechtswidrigkeit zu leisten ist. Dann verpflichtet ausnahmsweise ein rechtmäßiges Verhalten zum Schadensersatz, z. B. in §§ 228 S. 2, 904 S. 2 und in § 26 Gewerbeordnung. Siehe dazu unten § 112.

II. Wesen der Rechtswidrigkeit. Tun und Unterlassen. Unrechtsindikation

Grundsätzlich muß also die Verletzungshandlung rechtswidrig sein. Damit ist eine methodische und philosophische Grundfrage des Rechts angerührt: Was heißt rechtswidrig?

1. Rechtswidrig bedeutet dem Rechte zuwider. Das Recht regelt das Ver-

Rechtswidrigkeit **§ 52**
II 3

halten der Menschen untereinander. Rechtswidrigkeit ist also eine Aussage, die etwas besagt über die Rechtsstellung zweier oder mehrerer Personen zueinander. Es gibt keine abstrakte Rechtswidrigkeit, sondern man muß das Verhältnis der Person A zu der Person B beurteilen, wenn man zu dem Ergebnis eines rechtswidrigen Verhaltens von A gegenüber B gelangen will.

2. Das BGB gibt hierfür eine Reihe von Anhaltspunkten, wenngleich eine einheitliche Lehre der Rechtswidrigkeit im Gesetz nicht vorgetragen wird. Das BGB kennt absolut und relativ wirkende Rechte. Je nachdem, ob ein absolutes Recht oder ein relatives widerrechtlich verletzt ist, gestaltet sich nach bürgerlichem Recht die Rechtslage verschieden. Von absolut geschützten Rechten handelt § 823 I, von Schutzgesetzen § 823 II. Wird eines der dort genannten Rechtsgüter verletzt, ist der Verletzer zum Schadensersatz verpflichtet. Der Kreis der Verletzer ist beliebig groß. Im Unterschied dazu sind Vertragsrechte Rechte mit relativem Charakter. Hier fehlt eine dem § 823 I entsprechende Vorschrift. Aber auch eine Vertragsverletzung muß rechtswidrig sein, um zu Schadensersatz zu führen. Man muß daher auch bei Forderungsverletzungen Tatbestandsmäßigkeit, Rechtswidrigkeit und Vertretenmüssen unterscheiden.

3. Was heißt also Rechtswidrigkeit in § 823 I und bei Verletzung relativer Rechte? Rechtswidrig ist, wie erwähnt, eine menschliche Handlung, die der Rechtsordnung widerspricht, d. h. ein Rechtsgebot oder ein rechtliches Verbot verletzt *(Enneccerus/ Lehmann).* – Diese Begriffsbestimmung der Rechtswidrigkeit gilt gleich für § 823 I, für die Verletzung von Forderungsrechten und für das Strafrecht. Rechtswidrigkeit ist also ein Verstoß gegen ein Ver- oder Gebot. Besteht die Handlung in einem Tun, ist der Verstoß gegen ein Verbot gerichtet. Besteht die Handlung in einer Unterlassung, wird gegen ein Gebot verstoßen.

a) Durch die Zuerkennung absoluter oder relativer Rechte an Personen ergeht automatisch ein Verbot an alle anderen, im Falle des relativen Rechts an einen bestimmten anderen, das Recht nicht zu verletzen. Das bedeutet, daß durch die Verletzung absoluter Rechte und von Vertragspflichten die Rechtswidrigkeit nach Auffassung des BGB zunächst einmal von selbst eintritt (sog. „Unrechtsindikation"), vgl. § 823 I. Entsprechendes gilt für die Verletzung relativer Rechte. Es ist nur die Rechtsverletzung nachzuweisen. Das genügt zunächst für den Nachweis der Widerrechtlichkeit. Die Folge ist, daß, wenn die Tatbestandsmäßigkeit einer Forderungsverletzung dargetan ist, die Rechtswidrigkeit vermutet wird und nur noch die Schuld zu prüfen ist. Darum spielt die Prüfung der Rechtswidrigkeit bei Vertragsverletzungen eine verhältnismäßig geringe Rolle. Dennoch ist die Rechtswidrigkeit bei Vertragsverletzungen nicht entbehrlich. Denn *Rechtsfertigungsgründe können die Rechtswidrigkeit beseitigen.* Der Verletzer muß sie vortragen und im Streitfall beweisen. Liegen Rechtfertigungsgründe (z. B. Einwilligung) vor, ist die Widerrechtlichkeit ausgeschlossen.

Bei den Schutzgesetzverletzungen (823 II) und im Bereich sonstiger Verhaltensnormen ohne formulierte Rechtsgüter (z. B. 826) wird die Rechtswidrigkeit aus der verletzten Norm entnommen. Dies *wirkt wie* eine Unrechtsindikation, aber man gebraucht diesen Ausdruck bei §§ 823 II, 826 nicht. Auch hier sind Rechtfertigungsgründe denkbar.

b) All dies gilt, wenn die Handlung in einem Tun besteht *(„Tätigkeitsdelikte").* Eine *Unterlassung* ist hingegen nicht ein bloßes Nichtstun, sondern ein „Etwas-nicht-Tun", Unterlassungen sind daher nur dann *Handlungen,* die den objektiven Tatbestand erfüllen, wenn eine Rechtspflicht zum Tun besteht. Die Verletzung einer solchen Rechts-

317

pflicht zum Tun macht die Unterlassung zu einer *Handlung*, deren *Rechtswidrigkeit* gegenüber dem Verletzten damit aber noch nicht feststeht, vgl. u. § 102 IV 7. Herkömmlicherweise können sich derartige Rechtspflichten gründen auf:

aa) *Gesetz*

bb) *Vertrag*

cc) Gemeinschaft mit *personenrechtlicher Bindung* (Ehe, Familie, Verlöbnis)

dd) *Vorausgegangenes Tun*, entweder als *gefährdendes*, oder als *„vertragslose Pflichtenübernahme"*.

Für die *Rechtswidrigkeit* eines „Unterlassungsdelikts" gilt nichts besonderes: In § 823 und sind bei Verträgen indiziert der Eingriff in das Rechtsgut die Rechtswidrigkeit. In §§ 823 II, 826 folgt die Rechtswidrigkeit aus dem Normverstoß, und dies gilt ebenso bei sonstigen Verhaltensnormen ohne formulierte Rechtsgüter wie Verkehrspflichten und Pflichten des Warenherstellers (s. u. § 103 III, IV).

III. Rechtfertigungsgründe

Die Zahl der Rechtfertigungsgründe ist grundsätzlich unbeschränkt. Sie gelten für Straf- und Zivilrecht und hier für Vertrags- und Deliktsrecht gleich.

1. **Notwehr, 227 BGB; 32 StGB**

2. **Rechtfertigender gesetzlicher Notstand**

   a) Verteidigungsnotstand, 228 BGB

   b) Angriffsnotstand, 904 BGB

   c) rechtfertigender Notstand, 34 StGB

3. **Unrechtausschließende Pflichtenkollision**, seit RGSt 20, 192:
Rechtmäßig handelt, wer im Falle einer Pflichtenkollision der höher- oder gleichwertigen Pflicht genügt (Pflicht zum Handeln).

4. **Erlaubte Selbsthilfe, 229, 679 BGB; Selbsthilfe im Rahmen der Familienpflege**, seit BGHSt 13, 197.

5. **Einwilligung des Verletzten** (volenti non fit iniuria), im Vertragsrecht der wichtigste Rechtfertigungsgrund. Sie darf nicht gesetz- oder sittenwidrig sein, BGHZ 7, 206. Sie kann stillschweigend erklärt, darf aber nicht zugunsten unentgeltlich Tätiger einfach unterstellt werden, BGHZ 30, 40. Aus gemeinsamer Teilnahme an einer Motorsportveranstaltung läßt sich stillschweigende Einwilligung nicht ableiten, BGHZ 39, 156. Auch der ärztliche Eingriff bedarf der Einwilligung des Behandelten. Die Behandlung ist nicht als „sozialadäquat" zu bezeichnen. Gegen die Lehre der „Sozialadäquanz" grundsätzlich unten § 97 III.

6. **Mutmaßliche Einwilligung bei Handlungen**

   a) im Interesse des Verletzten, Geschäftsführung ohne Auftrag, 677 ff. (Das Haus des verreisten A brennt ab, die Nachbarn betreten mit Löschgeräten das Grundstück; ärztliche Eingriffe bei Bewußtlosen; Züchtigung fremder Kinder; Wasserrohrbruch beim Nachbarn führt zu Hausfriedensbruch.)

   b) im Interesse des Täters (Die Nachbarn reißen die brennende Ruine ein, um ihre eigenen Häuser gegen Funkenflug zu schützen; zuverlässiger Kassierer ißt vom kassierten Geld zu Abend und ergänzt es sogleich aus eigener Kasse.)

7. Das „Handeln auf eigene Gefahr"

Es wirkt, wenn objektive Verkehrspflichten beachtet werden, *unrecht*ausschließend *(Hans Stoll)*. Beispiel: *Sportverletzungen*, wenn Spielregeln eingehalten werden, seit RGZ 141, 264. Das „Handeln auf eigene Gefahr als Unrechtsausschließungsgrund" ist von BGHZ 34, 355 insoweit keineswegs aufgegeben worden. — Richtig ist allerdings, daß „Handeln auf eigene Gefahr" die Verletzung rechtswidrig sein läßt und höchstens die Schuld des Schädigers beseitigt, wenn die objektiven Verkehrspflichten nicht eingehalten werden, aber der Schädiger im Zuge einer echten Hilfeleistung tätig wurde (dann Begrenzung seiner Haftung auf Vorsatz und grobe Fahrlässigkeit) oder irrig mit einer Einwilligung rechnete. — Durfte er auch das nicht, ist „Handeln auf eigene Gefahr" nach BGHZ 34, 355 schließlich danach zu beurteilen, ob der Geschädigte die Gefahrenlage und damit seinen Schaden mitherbeigeführt hat und sich daher — wollte er diesen einem anderen aufbürden — mit seinem eigenen Verhalten in Widerspruch setzen würde. Dann erfolgt Abwägung nach § 254, Umstände des Einzelfalles sind entscheidend. Wichtig ist, daß dabei das Handeln eines Minderjährigen nach den Grundsätzen über seine deliktische Verantwortlichkeit (828) bedeutsam wird. Wer sich also als unentgeltlicher Mitfahrer bei Glatteis einem betrunkenen Autofahrer anvertraut, kann nach diesen Grundsätzen von dem — an sich auch für leichte Fährlässigkeit haftenden — Fahrer nicht den vollen Schaden ersetzt verlangen. Oben § 7 3. *Zusammengefaßt* lauten die Regeln zum „Handeln auf eigene Gefahr" wie folgt: Handeln auf eigene Gefahr kann wirken (Reihenfolge beachten):

a) Rechtfertigend (bei Einhaltung der Verkehrs-, Sport- und Spielregeln).

b) Schuldformbegrenzend (auf Vorsatz und grobe Fahrlässigkeit, bei echter Hilfeleistung).

c) Überhaupt entschuldigend (insb. bei unvermeidbarem Irrtum über Rechtfertigungsgrund: Regelwidrige aber schuldlose Sportverletzung).

d) Schadensmindernd, 254, 242 (keine Berufung auf selbstgeschaffene Gefahrenlage). Das Handeln auf eigene Gefahr ist der Einwilligung insoweit nicht mehr gleichzusetzen und somit kein Rechtfertigungsgrund (so noch RGZ 141, 265), sondern seit BGHZ 34, 355 danach zu beurteilen, daß der Geschädigte die Gefahrenlage und den Schaden mitherbeigeführt hat. Wer sich bewußt einer drohenden Gefahr aussetzt und dann im Falle der rechtswidrig schuldhaften Schädigung Schadensersatz fordert, setzt sich mit seinem früheren Verhalten in Widerspruch, 242. Für das Schadensrecht wird dieser Grundsatz durch § 254 näher ausgeprägt. Danach erfolgt also die Abwägung, ob eine vorwerfbare Selbstgefährdung vorliegt und wenn dieses bejaht wird, in welcher Höhe der Schadensersatzanspruch zu mindern ist. Generelle Regeln gibt es dafür nicht, sondern der Einzelfall entscheidet. Ist ein Minderjähriger geschädigt, so ist sein Mitverschulden nach den Grundsätzen über seine deliktische Verantwortlichkeit zu lösen, 828.

8. Wahrnehmung berechtigter Interessen, 193 StGB analog. Ihre Ausdehnung auf das Zivilrecht ist weniger streitig als auf andere Straftatbestände. Vgl. besonders BGHZ 3, 280 und 31, 308. Dies gilt insbesondere bei Ehrverletzungen. Ausdruck eines allgemeinen Rechtsgedankens, der in allen Fällen zutreffen kann, wo im Widerstreit verschiedener Belange die Verletzung eines Rechtsgutes in Kauf genommen werden muß. Interessenabwägung. Besonders wichtig bei Presseveröffentlichungen, BGHZ 31, 308. Berufung auf Wahrnehmung berechtigter Interessen nicht erforderlich bei Darlegungen im Prozeß (Prozeßvorbringen). Ähnlich bei Strafanzeigen. An die Schriftsätze im

Zivilprozeß ist grundsätzlich ein anderer Maßstab anzulegen als an Schriften anderer Art. Siehe dazu grundlegend BGH NJW 62, 243. Die Anerkennung „Wahrnehmung berechtigter Interessen" als Rechtfertigungsgrund ist streitig.
Anderer Unterfall: Grundrecht der freien Meinungsäußerung, Art. 5 GG (BVerfG NJW 58, 257 – Lüth-Urteil –).

9. Handeln aufgrund öffentlich-rechtlicher Befugnisse
a) aufgrund subjektiv-öffentlichen Rechts
b) anstelle der Staatsgewalt, 127 StPO
c) kraft amtlicher oder dienstlicher Stellung oder mit ordnungsmäßiger Ermächtigung der zuständigen Stelle
d) aufgrund rechtmäßig bindenden Befehls

10. Handeln aufgrund privatrechtlicher Befugnisse
a) aufgrund subjektiv-privaten Rechts (903, Nießbrauch, Pfandrecht, Vertrag)
b) kraft schuldvertraglicher Befugnis
c) Züchtigungsrecht der Eltern und Vormünder (für Lehrer streitig), BGHSt. 6, 263; 11, 241; 12, 62

11. Zu den zumindest im Zivilrecht abzulehnenden Rechtfertigungsgründen gehören die Grundsätze
a) der Sozialadäquanz, siehe unten § 97 III
b) des verkehrsrichtigen Verhaltens, siehe unten § 107 I 2a bb
c) des „erlaubten Risikos", der mit den beiden vorgenannten verwandt ist.

Zum Irrtum über einen Rechtfertigungsgrund siehe oben § 49 III 5.

IV. Rechtsgüterlehre als Kern der Lehre von der Rechtswidrigkeit

Verständlich wird das Urteil der Rechtswidrigkeit allerdings erst auf dem Hintergrund einer Norm- und Rechtsgüterlehre. Dazu unten § 97.

§ 53
Vertretenmüssen, insbesondere Verschulden

Aebi, Der Begriff des Verschuldens im Privatrecht und im Strafrecht, 1957; *Baumann,* AcP 155, 495; *Brodmann,* AcP 99, 327; *Buchner,* NJW 67, 2381; *v. Caemmerer,* RabelsZ 42, 5; *Canaris,* NJW 64, 1987; *Deutsch,* Fahrlässigkeit und erforderliche Sorgfalt, 1963; *ders.,* FS *Welzel,* 1974, 227; *ders.,* FS *Sieg,* 1976, 127; *ders.,* Haftungsrecht, Bd. I, 1976, §§ 17–19; *Edlbacher,* FS *Wilburg,* 1965, 81; *Esser,* JZ 53, 129; *ders.,* Karlsruher Forum 1959, 28; *Geilen,* JZ 64, 6; *Goldschmidt, Werner,* Die Schuld im Straf- und Zivilrecht, 1934; *Großmann,* Die Grenze von Vorsatz und Fahrlässigkeit, 1924; *Hommers,* Die Entwicklungspsychologie der Delikts- und Geschäftsfähigkeit, 1983; *Huber, U.,* FS *Heimpel,* 1971, 440; *ders.,* FS *E. R. Huber,* 1973, 253; *Hübner, Heinz,* FS *Kaser,* 1976, 715; *Kramer,* AcP 171, 422; *Larenz,* FS *Wilburg,* 1965, 119; *ders.,* FS *Honig,* 1970, 79; *Leonhard,* Marburger FS *Enneccerus,* 1913, 70; *Mayer-Maly,* AcP 163, 114;

ders., AcP 170, 133; *Mühlhaus,* Die Fahrlässigkeit in Rechtsprechung und Rechtslehre, 1967; *Nipperdey,* FS *Meyer,* 1954, 95; *Reinecke, Horst,* Objektive Verantwortung im zivilen Deliktsrecht, 1960; *Rittner,* FS *v. Hippel,* 1967, 391; *Rother,* (II.) FS *Larenz,* 1983, 537; *Rümelin, Max,* Das Verschulden im Straf- und Zivilrecht, 1909; *Sanden,* VersR 67, 1013; *Schlosser, P.,* WM 78, 562; *Schmidt, Rudolf,* NJW 58, 488; *Sieverts,* Beiträge zur Lehre von den subjektiven Unrechtselementen, 1934; *Serick,* Probleme zivilrechtlicher Verantwortlichkeit in rechtsvergleichender Sicht, Referate der Tagungen deutscher und französischer Juristen 1959, 43; *Stathopoulos,* (II.) FS *Larenz,* 1983, 631; *Waibel,* Die Verschuldensfähigkeit der Minderjährigen im Zivilrecht, 1970; *Weimar,* MDR 65, 263; *Welzel,* Fahrlässigkeit und Verkehrsdelikte, 1961; *Weyl,* System der Verschuldensbegriffe im BGB für das Deutsche Reich, 1905; *Will,* Quellen erhöhter Gefahr, 1980; *Woesner,* MDR 83, 463; *Wohlfahrt,* Gruchot 73, 451; *Zeuner,* ÖJZ 65, 23; ders., JZ 66, 1; *Ziegler,* Fahrlässigkeit und Gefährdung, 1935.

I. Das deutsche bürgerliche Recht folgt dem Verschuldensgrundsatz. Das bedeutet, daß grundsätzlich nur dann Schadensersatz zu leisten ist, wenn der Verletzer den Schaden verschuldet, d. h. mit seiner subjektiven Einstellung zu verantworten hat. Es kommt nicht nur auf die äußerlich kausale Herbeiführung des Schadens durch die Verletzungshandlung und auf die Bewertung dieser Schadenszufügung als rechtswidrig an, sondern auch auf die inneren Beziehungen des Täters zur Tat. Das Verschulden ist ein Willensfehler des Handelnden, aufgrund dessen er von der Rechtsordnung für das von ihm begangene Unrecht verantwortlich gemacht wird. Das Verschulden ist eine Verfehlung rechtlicher Pflichten infolge unzulänglicher Steuerung des Willens oder des nach dem Willen Handelns.

Das BGB spricht aber grundsätzlich nicht von Verschulden, sondern von Vertretenmüssen und will damit andeuten, daß die persönliche Verantwortlichkeit des Schuldners für die Tat gelegentlich auch ohne persönliches Verschulden anerkannt wird. Das Vertretenmüssen ist also der weitere Begriff im Verhältnis zum Verschulden. In der Regel hat der Schuldner, wie § 276 sagt, Vorsatz und Fahrlässigkeit, also die beiden Schuldformen *zu vertreten.* Es gibt aber auch Fälle, in denen ohne Verschulden eine Verletzungshandlung zu vertreten ist. Insoweit wird dann auch für Zufall, nicht aber für höhere Gewalt gehaftet, z. B. 279, 459, 463 S. 1. BGHZ 20, 3.

II. *Das Verschulden* besteht aus der *Verschuldensfähigkeit* (827, 828) (III), der *Schuldform* (276) (IV) und dem *Fehlen von Entschuldigungsgründen* (V). An diese drei Gesichtspunkte ist im Gutachten zu denken.

III. Verschuldensfähigkeit

Wer das 18. Lebensjahr vollendet hat, ist voll verschuldensfähig, 828 II 1. Bis zum 7. Lebensjahr ist man verschuldensunfähig, zwischen dem 7. und dem 18. Lebensjahr bedingt schuldfähig. Es entscheidet in diesem Zeitraum nach § 828 II die Einsicht zur Erkenntnis der Verantwortlichkeit. In diesem Fall wird ein individueller Maßstab herangezogen, BGH NJW 70, 1038. (Dieser gilt aber nicht bei der Schuldform!). Regeln über die Verschuldensfähigkeit bei geistigen Störungen enthält § 827. Wer sich im Zustand der Bewußtlosigkeit oder in einem anderen die freie Willensbestimmung ausschließenden Zustand krankhafter Störung der Geistestätigkeit befindet, ist verschuldensunfähig. Hat sich der Betreffende durch geistige Getränke oder andere Mittel in einen vorübergehenden Zustand dieser Art versetzt (Rausch), so ist er für den Schaden, den er in diesem Zustand widerrechtlich verursacht, nach Fahrlässigkeitsgrundsätzen verantwortlich. Er hat zumindest fahrlässig die Ursache zu den Schäden, die er angerichtet hat, gesetzt. Die Verantwortlichkeit tritt dementsprechend nicht ein, wenn er ohne Verschulden in den Rauschzustand geraten ist. §§ 827, 828 werden in § 276 I 3 für anwendbar auch auf die rechtsgeschäftliche Haftung erklärt. Vgl. BGH NJW 68, 1132 (Vertragsverletzung im vorübergehenden Zustand der Unzurechnungsfähigkeit).

IV. Schuldform

Nach § 276 I 1 bestehen zwei mögliche Schuldformen, die alternativ die Haftung begründen: Vorsatz und Fahrlässigkeit. Zunächst ist im Gutachten Vorsatz, danach Fahrlässigkeit zu prüfen. Die Feststellung, ein Verletzter habe unvorsätzlich gehandelt, bedeutet keineswegs, daß er dann notwendig fahrlässig war. Es ist immer noch möglich, daß ihn überhaupt kein Verschulden trifft. Fahrlässigkeit ist also, falls Vorsatz verneint wird, stets getrennt zu prüfen.

Ist ein Ereignis weder vorsätzlich noch fahrlässig herbeigeführt worden, ist es im Rechtssinne „zufällig". Man unterscheidet zwei Arten von Zufall, den *gewöhnlichen* (oder „niedrigen") Zufall und die Fälle *„höherer Gewalt"*. Höhere Gewalt liegt nur vor, wenn ein von außen kommendes, außergewöhnliches Ereignis eintritt, z. B. allg. Flutkatastrophe (vgl. RGZ 171, 104), nicht aber Stromschlag bei i. ü. unverschuldetem Berühren einer Hochspannungsleitung, vgl. BGHZ 7, 338. Die Unterscheidung ist wichtig für die Zufallshaftung, unten V., die nur den niedrigen Zufall erfaßt. Haftung für höhere Gewalt ist sehr selten, OHGZ 1, 110; 2, 202.

1. Vorsatz

a) Im Unterschied zur Fahrlässigkeit ist der Begriff des Vorsatzes im BGB nicht definiert, sondern der Rechtswissenschaft und Rechtsprechung zur Klärung überlassen. Nach immer noch herrschender Auffassung handelt vorsätzlich, wer sich den Erfolg seiner Handlung *vorstellt* und ihn in *Kenntnis der Pflichtwidrigkeit* seines Handelns dennoch in seinen *Willen* aufgenommen hat *(Larenz).* Vorsatz ist also Wissen und Wollen des rechtswidrigen Erfolgs, genauer: *Wissen* und *Wollen des Erfolgs* im *Bewußtsein der Rechtswidrigkeit*.

b) Man unterscheidet verschiedene Formen des Vorsatzes:

aa) Nicht notwendig ist das Bezwecken des Erfolgs. Handelt jemand erfolgsmotiviert, also *um* einen bestimmten rechtswidrigen Erfolg zu verwirklichen, so handelt er *absichtlich*. Eine gesteigerte Form des Vorsatzes ist also die *Absicht*. Absichtlich handelt, wer sich den Erfolg vorstellt, ihn in Kenntnis seiner Pflichtwidrigkeit in seine Vorstellung aufnimmt, ihn aber darüber hinaus zum *Motiv* seines Handelns macht. Eine solche Absicht ist nicht erforderlich, wo Vorsatz verlangt wird. Sie reicht aber zur Begründung des Vorsatzes aus.

bb) Die Regelform des Vorsatzes ist der *direkte Vorsatz*, also das Wissen und Wollen des rechtswidrigen Erfolgs. Der Täter erkennt den Erfolg als *notwendige* Folge seines Handelns, billigt das und handelt im Bewußtsein der Pflichtwidrigkeit trotzdem.

cc) Ausreichend für den Vorsatzbegriff ist auch der *bedingte Vorsatz*, bei welchem sich der Verletzer den Erfolg als möglich vorstellt und seinen Eintritt zustimmend in Kauf nimmt. Er billigt den Erfolg *für den Fall*, daß er eintritt.

c) Zum Vorsatz gehört das *Bewußtsein der Rechtswidrigkeit*. Es ist also erforderlich, daß außer der Vorstellung und dem auf den Erfolg gerichteten Willen ein Bewußtsein des pflichtwidrigen Handelns vorliegt *(Vorsatztheorie)*.

aa) Hieran knüpft sich eine Streitfrage, die das Zivilrecht ebenso wie das Strafrecht durchzieht. Ausgehend von strafrechtlichen Überlegungen hat ein Teil der Rechtslehre den Vorsatz nicht mehr als Schuldform, sondern als Bestandteil der Verletzungshandlung angesehen. Das Bewußtsein der Rechtswidrigkeit wird also aus dem Vorsatzbegriff nach dieser Lehre *ausgeklammert*. Dann bedarf es, wenn man nach dem Verschuldensgrundsatz verfährt, über diesen zum Tatbestand gezogenen Vorsatz hinaus eines Bewußtseins der Rechtswidrigkeit. Diese Lehre, die von *Welzel* (Strafrecht[8], 1963, 120ff., 148ff.) begründet und von *Nipperdey* (*Enn./Nipperdey*[14], § 213 III 2) in das Zivilrecht übernommen worden ist, trennt also die „Schuld" vom Vorsatz. Sie spricht, wenn wegen vorsätzlicher Verwirklichung eines Erfolges gehaftet wird, von einem „rechtswidrigen, vorsätzlichen und schuldhaften" Handeln des Verletzers. Vorsatz ist nach dieser sog. *Schuldtheorie* lediglich das Wissen und Wollen der Tatumstände. Das Bewußtsein der Rechtswidrigkeit muß, getrennt davon, hinzutreten. Demgegenüber stellt sich die ältere Vorsatztheorie, der auch § 276 BGB folgt, auf den Standpunkt, daß Vorsatz Wissen und Wollen im Bewußtsein der Rechtswidrigkeit bedeutet, rechnet also den Schuldvorwurf zum Vorsatz.

bb) Abgesehen davon, daß die Schuldtheorie im BGB dem § 276, wo Vorsatz und Fahrlässigkeit als die beiden möglichen Schuldformen genannt sind, widerspricht, paßt sie ihrem Sinne nach grundsätzlich nicht ins Zivilrecht. Die Schuldtheorie ermöglicht im Strafrecht die Erfassung individueller Rechtsfahrlässigkeit mit dem Ziel, den Straftäter grundsätzlich nach dem Vorsatzstrafrahmen zu bestrafen. Das zivile Haftungsrecht trennt nicht die Folgen von Vorsatz und Fahrlässigkeit und generalisiert den Schuldvorwurf. Es wird darum hier der Vorsatztheorie gefolgt, die zum Vorsatz das Bewußtsein der Rechtswidrigkeit der Herbeiführung des Erfolgs zählt. Nach dieser Theorie ist der Vorsatz eine Schuldform ebenso wie die Fahrlässigkeit (wie hier auch *Esser*[2] § 54, 3 b, c, *Esser/Schmidt*, § 26 I 2 a; *Blomeyer*, 121 f.; *Baumann*, AcP 155, 495).

cc) Der Streit der Theorien ist im Zivilrecht unwichter als im Strafrecht. Nur in § 823 II ist er von Bedeutung, wenn das Schutzgesetz eine Vorschrift des Strafrechts ist. Da im Strafrecht zu Recht nach der Schuldtheorie verfahren wird, könnte es, namentlich in Nötigungs- und Erpressungsfällen, geschehen, daß der Täter, der sein Handeln fahrlässig irrig für rechtmäßig hält, zwar bestraft, aber nicht schadensersatzpflichtig wird. Denn nach der Schuldtheorie beseitigt sein fahrlässiger Rechtsirrtum den Vorsatz in §§ 240, 253 StGB nicht, doch würde nach der Vorsatztheorie in § 823 II kein Schutzgesetz verletzt sein. In diesen Fällen, wo das zivile Unrecht direkt aus dem Strafrecht übernommen wird (dazu unten § 104), muß auch im Zivilrecht die Schuldtheorie gelten, kritisch *Esser/Schmidt* a. a. O. m. w. N. Praktisch wird dies nur für § 823 II gelten. Siehe dazu vor allem BGH JZ 63, 218.

d) Bei Prüfung der Frage, ob die im Strafrecht durch § 17 StGB festgelegte Schuldtheorie in das Zivilrecht übernommen werden soll, muß man sich den Zweck der Schuldtheorie vor Augen halten (dazu insb. BGHSt 2, 194 = ESJ 49; siehe auch BGH JZ 63, 218 = ESJ 51). Das Strafrecht kennt Straftaten, die nur bei vorsätzlicher Begehung strafbar sind, z. B. Nötigung, 240 StGB. Glaubt der Täter einer solchen Straftat bei ihrer Begehung im Recht zu sein, unterliegt er also einem Verbotsirrtum, so handelt er nach der Vorsatztheorie unvorsätzlich, es fehlt ihm das nach dieser Theorie zum Vorsatz zählende Unrechtsbewußtsein. Er kann dann nicht bestraft werden. – War sein Irrtum vermeidbar, also fahrlässig, kann er nur wegen fahrlässiger Begehung der Straftat bestraft werden. Das aber setzt voraus, daß die fahrlässige Begehungsform überhaupt strafbar ist (z. B. Körperverletzung: A züchtigt ein fremdes Kind und glaubt dabei irrig, im Recht zu sein: *Fahrlässige* Körperverletzung nach der Vorsatztheorie). – Um aber auch bei nur vorsätzlich begehbaren Straftaten zu einer Bestrafung zu kommen, wenn der Täter sich geradezu leichtfertig über das Unrecht seiner Tat irrte, anerkannte BGHSt 2, 194 die Schuldtheorie mit der Folge, daß Wissen und Wollen für den Vorsatz ausreichen und als „Schuld" der vorwerfbare Irrtum über die Rechtswidrigkeit ausreicht. Zweck der Schuldtheorie ist also die Erfassung der *individuellen Rechtsfahrlässigkeit* für die nur vorsätzlich begehbaren Straftaten.

Dies Bedürfnis liegt, abgesehen von § 823 II, im Zivilrecht nicht vor, da die Schadensersatzfolge im Verschuldensfalle regelmäßig eintritt *ohne Rücksicht* darauf, ob die Schuld auf Vorsatz oder Fahrlässigkeit beruht. Für die Erfassung der individuellen Rechtsfahrlässigkeit besteht daher im Zivilrecht kein Bedarf.

Man kann dagegen auch vom begrifflich-konstruktiven Standpunkt nicht einwenden, der juristische Handlungsbegriff zwinge zur Anerkennung der Schuldtheorie. Der juristische Handlungsbegriff setzt im Unterschied zum philosophischen keine Finalität voraus (unten § 102 IV). Handlung im Rechtssinne ist ein – zum Zwecke der Anwendung einer Norm – *wertend* abgegrenzter, wirklicher oder auch nur denkbarer Vorgang der Außenwelt (grundsätzlich anders *Welzel*). Man kann also – von diesem wertenden Handlungsbegriff ausgehend – nicht sagen, die Finalität jedes menschlichen Handelns zwinge zur Einordnung des Vorsatzes (als Wissen und Wollen der Tat) bei der Handlung und damit zur Ausgliederung des Schuldvorwurfs einschließlich des Unrechtsbewußtseins. Menschliches Handeln im philosophischen Sinne ist für den Juristen ebenso belanglos wie *Ploetz'* „Auszug aus der Geschichte" für die Anwendung des BGB. Der Jurist wertet menschliches Tun und Unterlassen als recht oder unrecht. Das veranlaßt ihn, die subjektive Komponente dieses Tuns oder Unterlassens, nämlich die Schuld, als Verbindung faktisch-historischer Vorgänge *mit dem Unrechtsbewußtsein* zu begreifen.

Noch weniger sollte der Sprachgebrauch stören. Es mag zwar wunderlich klingen, wenn man sich wegen der Züchtigung eines fremden Kindes in vorwerfbar irrigem Glauben, man habe ein Recht dazu, einer *fahrlässigen* Körperverletzung schuldig macht. Aber da für das Recht jede zu prüfende menschliche Handlung unter dem Blickwinkel „recht oder unrecht" zu betrachten ist, wird es auch dem Laien verständlich sein, daß „fahrlässig", ein ihm ohnehin ungewohntes Wort, auch „rechtsfahrlässig" umschließt.

Im Strafrecht lautet die Frage, welchen Inhalt man strafzweckmäßig dem Merkmal des Unrechtsbewußtseins geben soll. Verlangt man ein aktuelles Unrechtsbewußtsein, etwa nach der Art der „positiven Kenntnis" in § 990 I 2, so führt die Vorsatztheorie zu ungerechtfertigten Privilegierungen in den Fällen nur vorsätzlich begehbarer Straftaten (z. B. § 240 StGB). Läßt man aber als Unrechtsbewußtsein (als subjektiven Unrechtsbezug des Täters zur Tat) auch die Fälle gelten, in denen die Nichtkenntnis des Verbots mit einer den guten Sitten entsprechenden Auffassung von Recht und Unrecht unvereinbar ist, so ist kein Grund ersichtlich, das Unrechtsbewußtsein nicht zum Vorsatz zu zählen. Ob ein derart objektiv eingegrenzter Begriff des (grundsätzlich subjektiven) Unrechtsbewußtseins strafrechtlich brauchbar ist, kann hier dahinstehen (bejahend die „eingeschränkte Vorsatztheorie"). Für das Zivilrecht ist ein derartiger Unrechtsbegriff durchaus passend, da es den Schuldvorwurf ohnehin objektiv faßt. Dem Zivilrecht gemäßer scheint daher die Vorsatztheorie, mit einem Begriff des Unrechtsbewußtseins als Vorsatzbestandteil, das zwar grundsätzlich nach der subjektiven Vorwerfbarkeit fragt, in Fällen sittenwidriger Verkennung der Rechtslage aber objektiv eingegrenzt wird.

e) Die Haftung für Vorsatz kann nach § 276 II dem Schuldner im voraus nicht erlassen werden, wohl aber einem Erfüllungsgehilfen des Schuldners, 278 S. 2. Der Grund für diese eigenartige Unterscheidung, die für allgemeine Geschäftsbedingungen von großer Bedeutung ist, besteht im Zweck des § 276 II. Man will nicht, daß dem Schuldner von vornherein die Möglichkeit offensteht, vorsätzlich das Schuldverhältnis zu sabotieren. Dies wäre sittenwidrig. Da aber der Schuldner nach § 278 ohne Entschuldigungsmöglichkeit für Handlungen seines Erfüllungsgehilfen haftet, besteht dies Bedenken bei der Haftung für den Erfüllungsgehilfen nicht.

2. Fahrlässigkeit

Die Fahrlässigkeit ist in § 276 I 2 vom Gesetz definiert. Fahrlässig handelt, wer die im Verkehr erforderliche Sorgfalt außer acht läßt. Im Unterschied zum Strafrecht gilt im bürgerlichen Recht ein verallgemeinerter objektiver Fahrlässigkeitsbegriff. Es wird auf die Verkehrsmaßstäbe abgestellt. Ein Dachdecker haftet also für die Sorgfalt eines ordentlichen Dachdeckers, ein Kaufmann für die Sorgfalt eines ordentlichen Kaufmanns, ein Autofahrer für die Sorgfalt eines ordentlichen Fahrers. Wenn er bei der Fahrt nicht auf die Straße vor sich, sondern auf Schaufensterauslagen achtet, so verletzt er die verkehrsübliche Sorgfaltspflicht und handelt fahrlässig. Entsprechendes gilt für den Arzt (BGHZ 4, 138; 7, 202; 8, 138), den Notar (17, 69), den Viehhändler (OGHZ 1, 253), die Bank (OGHZ 4, 81; BGHZ 22, 304), Jugendliche je nach Altersgruppe (BGHZ 39, 286), Versorgungsunternehmen bei der Unterhaltung ihrer Anlagen, z. B. Gasrohrnetz (RGZ 172, 156), usw. Fahrlässig handelt, wer eine Tätigkeit übernimmt, obwohl er weiß oder wissen muß, daß er nicht tauglich dazu ist. (Tauglich heißt dabei: So fähig, wie es für seinen Beruf objektiv noch als ausreichend angesehen werden muß.) Man nennt dies *Übernahmeverschulden*.

Man unterscheidet verschiedene Formen der Fahrlässigkeit.

a) Von grober Fahrlässigkeit spricht man, wenn die im Verkehr erforderliche Sorgfalt in ungewöhnlichem Maße vernachlässigt wird (culpa lata). Grobe Fahrlässigkeit spielt eine Rolle in §§ 300 I, 521, 599, 932, 968. BGHZ 17, 191 (199) definiert: Eine grobe Fahrlässigkeit „ist dann gegeben, wenn die Anstellung einfachster und ganz naheliegender Überlegungen versäumt worden ist und wenn das nicht beachtet wurde, was jedem einleuchten mußte."

b) Im Gegensatz dazu steht die leichte Fahrlässigkeit (culpa levis). Sie ist von § 276 I 2 umschlossen. Jede Fahrlässigkeit, die nicht grob ist, ist in diesem Sinne leicht. Zu Überlegungen, die Haftung für leichte und leichteste Fahrlässigkeit de lege ferenda (§ 255a) oder durch die Rechtsprechung zu mildern s. *U. Lorenz-Meyer*, Haftungsstruktur und Minderung der Schadensersatzpflicht durch richterliches Ermessen, 1971.

c) Schließlich kennt das Gesetz noch den Begriff der Sorgfalt, die man in eigenen Angelegenheiten anzuwenden pflegt, 277, 690, 708, 1359, 1664, 2131. Hier handelt es sich um einen subjektiven Sorgfaltsbegriff, bei dem es nicht auf die im Verkehr erforderlichen Maßstäbe ankommt (diligentia quam in suis). Für Sorgfalt, die man in eigenen Angelegenheiten anzuwenden pflegt, wird vor allem in besonders engen persönlichen Beziehungen gehaftet, so z. B. in der Gesellschaft, in der Ehe, im Eltern-Kind-Verhältnis. Hier spricht die Billigkeit dafür, die Haftung auf diesen Maßstab zu beschränken, weil man sich z. B. in der Gesellschaft die anderen Gesellschafter selbst aussuchen kann, ihnen also nicht den Vorwurf der Verletzung eines Sorgfaltsmaßstabs machen kann, an den man sich selbst nicht hält. Ähnlich liegt es aufgrund natürlicher Umstände in der Ehe und im Eltern-Kind-Verhältnis. Die Sorgfalt, die man in eigenen Angelegenheiten anzuwenden pflegt, steht praktisch oft etwa in der Mitte zwischen leichter und grober Fahrlässigkeit. Denn die Haftung für leichte Fahrlässigkeit wird durch die genannten Vorschriften im Ergebnis eingeschränkt, die Haftung für grobe Fahrlässigkeit bleibt nach § 277 aber bestehen, BGHZ 21, 109. Die Beschränkung des Sorgfaltsmaßstabs bezieht sich in § 277 usw. nur auf den Haftungsgrund. Der Schadensumfang braucht nicht verschuldet zu sein, oben § 49 III 2. Gegen diese Inkonsequenz *Deutsch* NJW 66, 705. Für das Aufsichtsratsmitglied einer Publikumsgesellschaft hat BGHZ 69, 207 § 708 abgelehnt und statt dessen §§ 116, 93 AktG analog angewandt.

d) Die Haftung für Fahrlässigkeit, auch für grobe Fahrlässigkeit, kann vertraglich ausgeschlossen werden. Eine AGB-Klausel, die Haftung für grob fahrlässiges Verschulden ausschließt, ist allerdings nach § 11 Nr. 7 AGBG unwirksam, s. o. § 26 VI 7. Bei Annahme stillschweigenden Haftungsausschlusses ist Zurückhaltung geboten, BGHZ 15, 207.

V. Haftung ohne Verschulden

Zum Vertretenmüssen zählt außer dem Verschulden das Haften ohne Verschulden in den vom Gesetz vorgesehenen Fällen. Insoweit wird dann auch für Zufall gehaftet, nicht jedoch für höhere Gewalt. Die wichtigsten Beispiele, die das Gesetz bringt, sind: § 287 S. 2 (Haftung für Zufall im Schuldnerverzug); § 279 (Haftung für Gattungsschulden im Falle des Unmöglichwerdens, vgl. aber §§ 243 II und 300 II); §§ 459–463 (Haftung auf Wandlung, Minderung sowie Schadensersatz bei der Sachmängelhaftung im Kauf); ohne Verschulden wird ferner gehaftet bei Garantieversprechen, § 305, ebenso bei anfänglichem Unvermögen, vgl. oben §§ 11, 3a; 43 III; zu den Fällen der Gefährdungshaftung (§§ 833–835; §§ 1, 2 der Reichshaftpflichtgesetze; § 7 des Straßenverkehrsgesetzes usw.) siehe unten § 109; zur Haftung ohne Verschulden für den Umfang des Schadens oben § 49 III 2.

Es handelt sich hier um Durchbrechungen des Verschuldensgrundsatzes, die ihre Rechtfertigung teils in dem Gefährdungsgedanken haben, vgl. dazu unten § 109 vor I, teils in der Vorstellung, daß der Schuldner bei Eingehung bestimmter Versprechen seine Leistungspflicht überprüfen muß, und, wenn er dagegen verstößt, dafür auch ohne Verschulden einzustehen hat (§§ 279, 463, Haftung bei anfänglichem Unvermögen).

VI. Entschuldigungsgründe

Liegen Schuldfähigkeit (III) und eine Schuldform vor (IV), ohne daß ein Fall der Zufallshaftung gegeben ist (V), ist noch zu prüfen, ob das Handeln *entschuldigt* werden kann. Das Zivilrecht bedient sich der Entschuldigungsgründe des Strafrechts. Auch ein Rechtsirrtum, der nicht auf Fahrlässigkeit beruht, vermag den Schuldner zu entschuldigen, BGHZ 36, 346.

§ 54
Haftung für fremdes Verschulden (der Erfüllungsgehilfe).
Eigenhaftung des Gehilfen

Blau, Verantwortlichkeit für fremdes Verschulden, 1902; *Bohrer*, Die Haftung des Dispositionsgaranten, 1980; *Brodmann*, IherJb. 58, 187; *Brückner*, Die Haftung für das rechtswidrige Verhalten anderer, insbesondere der Vertreter und Gehilfen nach dem Bürgerlichen Gesetzbuch und sonstigen Reichsgesetzen, 1901; *v. Caemmerer*, FS *Hauss*, 1978, 33; *Feder*, Verantwortlichkeit für fremdes Verschulden, 1902; *Fischer*, Die nicht auf dem Parteiwillen gegründete Zurechnung fremden Verschuldens, 1904; *Geissler*, „Vertrags- und Gesetzesprivilegien" mit Wirkung für Erfüllungsgehilfen, 1983; *Grote*, Die Eigenhaftung Dritter als Anwendungsfall der culpa in contrahendo, 1984; *Herrmann*, JZ 83, 422; *Hoffmann*, Haftung des Schuldners für seine Gehilfen, 1902; *Hopt*, AcP 183, 608; *Köndgen*, Selbstbindung ohne Vertrag, 1981; *Kupisch*, JuS 83, 817; *Lüderitz*, NJW 75, 1; *Metzler*, AcP 159, 143; *Nußbaum, Arthur*, Haftung für Hilfspersonen nach § 278 BGB in Vergleichung mit dem gemeinen und Landesrecht, 1898; *Ostwald*, Der Erfüllungsdiener, 1920; *Rathjen*, MDR 79, 446; *Schmidt, Eike*, AcP 170, 502; *Schulze*, JuS 83, 81; *Stuhr D./Stuhr H.-J.*, DB 83, 1081; *Westermann*, JuS 61, 333, 382; *Zunft*, AcP 153, 373.

I. Der Erfüllungsgehilfe

1. Nach § 278 hat der Schuldner ein Verschulden seines gesetzlichen Vertreters und der Personen, deren er sich zur Erfüllung seiner Verbindlichkeit bedient, im gleichen Umfang zu vertreten wie eigenes Verschulden. Die Vorschrift enthält zwei unterschiedliche Fälle, von denen zunächst der Erfüllungsgehilfe als der weitaus wichtigere zu besprechen ist. § 278 will einen Ausgleich dafür schaffen, daß der Schuldner sich zur Erleichterung seiner Verbindlichkeiten Hilfspersonen bedienen kann. Will er dies tun, damit also dem Bedürfnis nach Arbeitsteilung entsprechen, so muß er auch das Verschulden dieser hinzugezogenen Personen so vertreten, als ob ihn selber das Verschulden träfe. Nach § 278 muß sich also der Schuldner so behandeln las-

sen, als ob er die von dem Erfüllungsgehilfen vorgenommene schädigende Handlung selber vorgenommen hätte. Daraus folgt, was sehr wichtig ist, daß der Schuldner für ein Verschulden von Erfüllungsgehilfen ohne eigenes Verschulden und ohne die Möglichkeit einer Entschuldigung haftet. Hierdurch unterscheidet sich die Haftung für den Erfüllungsgehilfen nach § 278 von der Haftung für den Verrichtungsgehilfen im Bereich der unerlaubten Handlungen, 831.[1]) Die Hauptschwierigkeit bei der Anwendung des § 831 ist die dort vorgesehene Entschuldigungsmöglichkeit. Sie besteht in § 278 nicht. § 278 findet auf unerlaubte Handlungen keine Anwendung, weil § 278 ein bestehendes Schuldverhältnis voraussetzt. Ausreichend hierfür ist allerdings die rechtliche Sonderbindung im Rahmen einer culpa in contrahendo, BGHZ 16, 262 und BGH NJW 74, 1505. Dagegen kommt bei unerlaubten Handlungen das Schuldverhältnis erst durch die Handlung des Gehilfen selbst zustande. In dieser Weise schafft § 278 einen gerechten Ausgleich dafür, daß der Schuldner durch Heranziehung von Erfüllungsgehilfen seine Verdienstmöglichkeiten erweitern kann. Nach § 831 wird bei der Verwendung eines Verrichtungsgehilfen für vermutetes *eigenes* Verschulden in der Auswahl und Überwachung dieses Gehilfen gehaftet, daher der dort mögliche Entschuldigung-(Exkulpations-)beweis eröffnet.

2. Für die Anwendung des § 278 ist es belanglos, ob zwischen dem Schuldner und dem Erfüllungsgehilfen rechtliche Beziehungen bestehen, und gegebenenfalls welche. Es ist ausreichend, daß der Erfüllungshilfe vom Schuldner tatsächlich zur Hilfe bei der Erfüllung der schuldnerischen Verbindlichkeit verwendet wird; z. B. überträgt eine Vertragspartei die ihr obliegenden Verpflichtungen auf einen Notar, so kann dieser Erfüllungsgehilfe sein, BGH NJW 74, 962. Im Begriff der „Verwendung" liegt ein subjektives und ein objektives Moment: Es genügt nicht ein bloßes Tätigwerden zum Nutzen des Geschäftsherrn, etwa durch einen ungebetenen Hilfsarbeiter; andererseits fehlt es objektiv an einer „Verwendung", wenn ein Endprodukt arbeitsteilig durch ein Zusammenwirken von Zulieferer (z. B. Ersatzteillieferant) und Werkunternehmer erstellt wird, BGH NJW 78, 1157. Ob der Erfüllungsgehilfe zu dem Schuldner in einem Dienst- oder Werkverhältnis steht, ob er eine Vollmacht hat usw., ist gleichgültig. Andererseits kommt es nicht darauf an, ob der Erfüllungsgehilfe weiß, daß er von einem andern zur Erfüllung dessen Verbindlichkeit verwendet wird, BGHZ 13, 113. Die Verwendung kann zur Erfüllung beliebiger Teile des Schuldverhältnisses erfolgen. Alles, was der Schuldner schuldet, kann Gegenstand der Verwendung des Erfüllungsgehilfen sein (Haupt- und Nebenpflichten).

---

[1]) Neben §§ 278, 831 ist § 31 (Organhaftung) die dritte wichtige Norm, nach der für Fehlverhalten Dritter eingestanden werden muß, vgl. BGH LM Nr. 4 zu § 31 BGB = ESJ 52. § 31 gilt für Vertragsverletzungen und Delikte, kennt keine Exkulpation und ist ebenso wenig wie § 278 Anspruchsnorm. Dagegen ist § 831 Anspruchsnorm (Haftung für *vermutetes eigenes* Verschulden!).

Erfüllungsgehilfe **§ 54**
I 5

3. Es ist nicht entscheidend, ob der Erfüllungsgehilfe in abhängiger Stellung arbeitet oder selbständig ist. So ist z. B. bei der Bringschuld der selbständige Transportunternehmer, der die Verfrachtung der Ware vom Schuldner an den Gläubiger durchführt, Erfüllungsgehilfe. Bei der Holschuld ist die Transportperson dagegen nicht Erfüllungsgehilfe, weil nach § 447 der Verkäufer nur die Absendung der Ware schuldet und für ein Verschulden des Transporteurs nicht mehr einzustehen hat. Vgl. dazu unten § 67 IV 4. Bahn und Post sind keine Erfüllungsgehilfen des Versendungspflichtigen, da sie bezüglich ihrer Stellung als Transportpersonen Monopolstellungen innehaben, der Schuldner sich ihrer also regelmäßig bedienen muß. Trotz der Bedenken, die man hiergegen tragen kann (siehe bes. *Medicus,* BürgR Rn. 803), ist diese Auffassung auch deshalb richtig, weil die Anwendung von § 278 auf Bahn und Post die schuldnerfreundliche Holschuldregel (269, 447 I) weitgehend in ihr Gegenteil verkehren würde. Jedenfalls darf § 278 nicht zu einer Erweiterung der dem Schuldner nach diesen Vorschriften obliegenden Pflichten und Risiken führen.

4. Nach § 278 hat der Schuldner für ein Verschulden des Erfüllungsgehilfen im gleichen Umfang wie für eigenes Verschulden einzustehen. Die Handlung des Erfüllungsgehilfen ist also ihm persönlich zuzurechnen. Der Verschuldensmaßstab, der für den Schuldner gilt, ist auch für den Gehilfen maßgebend, BGHZ 31, 359: Verwendet ein Unternehmer einen Lehrling, ist Sorgfaltsmaßstab ordnungsgemäße gewerbliche Leistung, nicht Durchschnittsleistung von Lehrlingen, BGHZ 31, 358 (367). Auch für Arglist des Erfüllungsgehilfen wird gehaftet, BGHZ 62, 63; 66, 43. Die h. M. verlangt, daß der *Erfüllungsgehilfe* schuldfähig sein muß, 827, 823. Richtigerweise kommt es aber auf die Schuldfähigkeit des *Schuldners* an. Ebenso wie in § 831 darf Schuldfähigkeit des Gehilfen keine Rolle spielen, weil man sonst vorzugsweise schuldunfähige Gehilfen einsetzen würde, um einer Haftung zu entgehen.

Der Arzt ist Erfüllungsgehilfe des Krankenhausträgers, der Partei des Behandlungsvertrages mit dem Patienten ist. Die Schwester, die dem Arzt bei der Behandlung hilft, ist *Erfüllungsgehilfin* des *Erfüllungsgehilfen.* Auch für diese Personen hat der Schuldner, also der Träger des Krankenhauses, einzustehen.

5. Von Erfüllungsgehilfen zu unterscheiden ist der *Substitut.* Um einen Substituten handelt es sich, wenn der Schuldner an seine Stelle eine andere Person setzt, wobei diese andere Person völlig in die Verantwortung des Schuldners einrückt. Bei einem Substituten wird lediglich für Auswahl gehaftet (culpa in eligendo), nicht für jedes Verschulden des Substituten, BGHZ 12, 75, 79; 13, 61. Wenn der Vater den Arzt für das erkrankte Kind holt, dann ist der Vater dem Kind gegenüber Schuldner in bezug auf die Behandlung, als Bestandteil seiner Unterhaltspflicht, 1601. Der herbeigerufene Arzt ist indes nicht Erfüllungsgehilfe des Vaters, sondern Substitut. Das folgt aus der besonderen Fachkunde, die für die Behandlung erforderlich ist. Der Vater hat also seine Pflicht getan, wenn er einen Arzt holt und dabei sorgfältig in der Auswahl ist. Für ein Verschulden des Arztes haftet der Vater daher nicht gemäß § 278. Nur wenn er einen Kurpfuscher holen würde, würde er für culpa in eligendo haften, vgl. RGZ 161, 68: Analogie zu § 664 I 2 (vgl. dazu unten § 81 II 2). Was hier für das Auftragsrecht speziell

§ 54
I 9
Leistungsstörungen

geregelt ist, enthält einen allgemeinen Gedanken, der auch für andere Schuldverhältnisse Verwendung finden kann.

6. Wenn die Sekretärin dem Chef eine geschäftliche Mitteilung nicht ausrichtet, muß der Chef für die Sekretärin als Erfüllungsgehilfin haften. Handelte es sich bei der geschäftlichen Mitteilung um ein Vertragsangebot, mit dem aufgrund früheren Kontaktes zu rechnen war, und kommt der Vertrag darum nicht zustande, so ist an sich noch keine Verbindlichkeit vorhanden, innerhalb deren ein Erfüllungsgehilfe eingesetzt wird. Die Sekretärin ist dann nicht Erfüllungsgehilfin, sondern *Abschlußgehilfin*. Da aber nach den Regeln über culpa in contrahendo schon beim Zustandekommen eines Vertrages ein Vertrauensverhältnis zwischen Schuldner und Gläubiger besteht, das darauf gerichtet ist, den Vertrag nach Möglichkeit ordnungsgemäß zu besprechen und gegebenenfalls zustande zu bringen, wird der Abschlußgehilfe dem Erfüllungsgehilfen gleich behandelt. Das Verschulden der Sekretärin muß sich also der Chef zurechnen lassen.

7. Es genügt nicht, daß der Erfüllungsgehilfe die schädigende Handlung nur „bei Gelegenheit" der Erfüllungshandlung begeht. Vielmehr ist erforderlich, daß die schädigende Handlung mit der Erfüllungshandlung des Schuldners in unmittelbarem inneren Zusammenhang steht. Die Handlung muß im Pflichtenbereich des Gehilfen liegen, BGHZ 23, 319.

A bestellt den Maler. Der Maler schickt seinen Gesellen G. G zerbricht aus Unachtsamkeit mit der Leiter einen Spiegel. § 278 ist anzuwenden, da die schädigende Handlung unmittelbar bei der Ausführung der Schuldnerhandlung begangen wurde. Stiehlt dagegen G gelegentlich der Arbeit ein vor dem Haus stehendes Fahrrad, so geschieht dies nicht „bei der Erfüllung". Hierfür hat der Malermeister nicht aufzukommen. Entscheidend ist, ob der Einsatz des Erfüllungsgehilfen das Schadensrisiko des Gläubigers der geschuldeten Leistung unter normalen Umständen vergrößert. Läßt der Malergeselle gelegentlich seiner Arbeiten einen Farbtopf aus dem Fenster auf einen Passanten fallen, so ist § 278 ebenfalls nicht anzuwenden, da mit dem Passanten kein Vertrag besteht. Hier gilt § 831. Wegen möglicher Schutzwirkungen für Dritte siehe oben § 37 VII. Beim finanzierten Kauf gehört die Behandlung des Darlehensantrags zum Pflichtenkreis des Warenverkäufers, so daß die finanzierende Bank für ein Verschulden des Verkäufers dabei nach § 278 haftet, BGHZ 33, 293 und BGH WM 71, 206 u. 817.

8. Die Haftung für den Erfüllungsgehilfen kann vertraglich ausgeschlossen werden, und zwar auch für den Vorsatz des Gehilfen, 278 S. 2 (nicht bei leitenden Angestellten). Haftet der Schuldner nur für grobe Fahrlässigkeit, so hat er auch nur für grobe Fahrlässigkeit des Erfüllungsgehilfen einzustehen. Ebenso liegt es bei der Haftung für die Sorgfalt in eigenen Angelegenheiten. Zu den Grenzen bei Verwendung Allgemeiner Geschäftsbedingungen oben § 26 VI.

9. Für den *gesetzlichen Vertreter* haftet der Schuldner ebenfalls nach § 278 ohne Möglichkeit einer Entschuldigung. Er muß sich die Handlung des gesetzlichen Vertreters als eigene Handlung anrechnen lassen. Diese Vorschrift dient der Erleichterung des Verkehrs mit gesetzlich vertretenen Personen, insbesondere Minderjährigen, die im Geschäftsleben auftreten. Ohne § 278 wäre der geschäftliche Verkehr mit Minderjährigen und anderen in der Geschäftsfähigkeit beschränkten Personen außerordentlich erschwert und risikoreich. Organe sind keine gesetzlichen Vertreter. § 278 ist daher auf sie grundsätzlich nicht anwendbar (streitig, vgl. BGH MDR 55, 216, wo der gegenteilige Standpunkt vertreten wird). Auf Organe ist aber § 276 II entsprechend anzuwenden.

Danach kann die Haftung für vorsätzliche Schädigungen durch Organe nicht im voraus erlassen werden. Im übrigen richtet sich die Haftung für Organe nach § 31 BGB.

10. Ob § 278 im nachbarrechtlichen Gemeinschaftsverhältnis gilt, ist streitig (ablehnend BGHZ 4, 374). Grundsätzlich sollte § 278, seinem Risiko-Ausgleichs-Zweck entsprechend, für alle erfüllbaren Rechtspflichten in Sonderbindungen gelten, also auch im Nachbarverhältnis.

II. Eigenhaftung des Gehilfen (als „Sachwalter")

1. Der Erfüllungsgehilfe ist nicht Vertragspartei: Er haftet daher grundsätzlich nicht nach Vertragsgrundsätzen (Ausn. u. 2.). Wohl aber kommt deliktische Haftung in Betracht:

Der Dachdeckergeselle läßt fahrlässig den Dachziegel fallen: Dem getroffenen Hauseigentümer haftet er wie jedem anderen nach § 823 I. Gegen den Meister sind § 831 (Exkulpation!) und §§ 631, 242; 325, 326 analog (pos. Vertragsverletzung), 278 (!), 276, 249 zu prüfen.

2. Der Grundgedanke des § 278, *den Gläubiger vor den Gefahren der arbeitsteiligen Wirtschaft zu schützen,* darf aber nicht dazu führen, den Gehilfen von *jeder* Verantwortlichkeit für den Vertrag freizustellen, an dessen Anbahnung oder Durchführung er u. U. in maßgeblicher Weise beteiligt ist. Die deliktsrechtliche Haftung, die Vermögens-(und damit Vertrags-)schäden *als solche* nicht ersetzt (s. u. § 97), reicht dazu nicht aus. Eine den § 278 ergänzende Vorschrift über die *Eigenhaftung des vertragsverantwortlichen Gehilfen* fehlt im Gesetz. Die Rechtsprechung hat gleichwohl in einer steigenden Zahl von Fällen mit recht unterschiedlicher Begründung eine derartige Eigenhaftung des Gehilfen bejaht, und zwar bei der *Anbahnung von Verträgen* unter dem Gesichtspunkt der Haftung eines Dritten aus culpa in contrahendo (s. o. § 20 VI 2, „Sachwalter" und die dort zitierte Rechtsprechung) und — im Wege des Erstrecht-Schlusses daraus abgeleitet — bei der *Durchführung zustandegekommener Verträge,* BGHZ 14, 313; 70, 337; *Gernhuber* BürgR § 16 V. Um einen für den angestrebten Vertragserfolg mitverantwortlichen — und darum in die Haftung einzubeziehenden — Gehilfen handelt es sich, wenn sich der Gehilfe in einer der geschädigten Partei erkennbaren und ihr Vertrauen erweckenden Weise, aus eigenem Interesse oder weil er sich die Interessen seiner Partei zu eigen macht, für die Erreichung des Vertragsziels einsetzt, oder nach den Umständen einsetzen müßte. Der Gedanke des „Sachwalters" im Rechtsverhältnis der Vertragsanbahnung paßt auch hier.

Drei Arten von „Sachwaltern" lassen sich unterscheiden: (a) Wirtschaftlich betrachtet ist der Sachwalter die eigentliche Partei. Er hat sich, um Umsatzsteuer zu sparen, aus Kredit-, Haftungs- oder anderen Gründen zum Gehilfen degradiert und läßt einen anderen als Partei auftreten (Gebrauchtwagenhandel); (b) der Gehilfe nimmt durch Vertragsinitiative, Informationen, in Aussicht gestellte Genehmigungen o. ä. mitbestimmenden Einfluß auf Vertragsschluß und -inhalt; (c) der Gehilfe tritt für beide Seiten, als Vermittler, auf, er „bringt die Parteien an einen Tisch" und nimmt dadurch diesen Einfluß (so in BGHZ 70, 337 – Ross Sound –) ; (d) ob der Gehilfe Stellvertreter ist (so in BGHZ 14, 313), ist ohne Einfluß. Stets kommt es darauf an, ob der Gehilfe in eine das Vertrauen zumindest einer Partei in Anspruch nehmende Garantenstellung (*Bohrer:* „Dispositionsgarant") eingerückt ist.

3. Im Gesetz kommt der Grundgedanke, auf dem auch die Sachwalterhaftung aufbaut mehrfach zum Ausdruck: Aus §§ 166, 278, 664 I 2, 3, 831, 855 folgt das allgemeine Prinzip, daß wer maßgeblichen Einfluß auf die Gestaltung eines Rechtsverhältnisses hat, sich den Folgen stellen muß, die solche Gestaltung nach sich zieht. Die „Umkehrung" des § 278, auf die die Sachwalterhaftung hinausläuft, läßt sich in rechtsanaloger Weise mit diesen Vorschriften begründen.

4. Hieraus folgt auch, *worauf* der Sachwalter haftet: Ist der Sachwalter die „materielle" Partei (oben 2(a)), muß er haften, als sei er die Partei, nämlich auf das positive Interesse. In den übrigen Fällen erscheint – da er nicht am Vertrag als Partei beteiligt ist – das negative Interesse die angemessene Lösung, allerdings, wie bei der c. i. c., nicht begrenzt durch das positive: Die geschädigte(n) Partei(en) sind so zu stellen, als habe der Sachwalter seinen schädlichen Einfluß auf Vertragsschluß und -inhalt nicht ausgeübt, so wohl auch BGHZ 14, 313; 70, 337. Da eine das Deliktsrecht hinter sich lassende allgemeine Vermögenshaftung in Frage steht, richtet sich die Verjährung nicht nach § 853, sondern nach § 195 (30 Jahre), soweit nicht Sonderregeln der c. i. c. eingreifen (dazu oben § 20 IX).

5. Eine *allgemeine Vertrauenshaftung* neben Vertrag und Delikt ist aus BGHZ 14, 313; 70, 337 *gerade nicht* zu entnehmen: Das enttäuschte Vertrauen bezog sich stets auf einen Vertrag, s. auch o. § 49 IV 2 a.

§ 55
Umfang und Art des Schadensersatzes (Lehre vom Interesse)

Schrifttum siehe bei § 49 vor I und nach III; weiterhin bei § 50 vor I und II a. E. Grundsätzliche Bemerkungen oben § 49 III 2.

I. Vorbemerkung

1. Was das BGB fast ganz zu Anfang des Schuldrechts regelt, hat seinen Platz im Schadensersatzgutachten ganz am Ende: Der Umfang und die Art und Weise der Ersatzpflicht, 249–255. Diese Momente sind erst dann von Belang, wenn feststeht, daß aufgrund einer die Haftung begründenden Norm Ersatzpflicht eintritt. Die Fragen der Haftungsbegründung und der Haftungsausfüllung sind von der Frage der Bemessung des Schadensersatzes zu trennen, oben § 49 III 2a.

Bestände im deutschen Recht der Satz, daß jeder schuldhaft verursachte Schaden zu ersetzen sei, wäre verschuldeter und wiedergutzumachender Schaden dem Umfang nach der gleiche. Nun ist aber im geltenden Recht zwischen verschuldetem Verletzungsschaden einerseits und unverschuldeten Folgeschäden andererseits zu unterscheiden, oben §§ 49 III 2; 50 I 3. Dadurch wird eine eigene Lehre vom Umfang und von der Art des zu ersetzenden Schadens erforderlich, eben eine Lehre vom „Interesse". Angedeutet wird dieser Unterschied von Haftungsbegründung und Interesseermittlung in der bisherigen Kausalitätslehre durch die Trennung „haftungsbegründender" und „haftungsausfüllender" Kausalität. Es geht aber nicht nur um „Haftungsausfüllung", sondern um das Ergebnis der Haftung schlechthin; es geht auch nicht bloß um Kausalität, sondern um die gesamte Haftungsgrundlage einschließlich Verletzungshandlung, Schaden, Kausalität, Rechtswidrigkeit und Verschulden, die das zu ersetzende Interesse bestimmt. In der Sache richtig *Esser*[2] § 59[10], der zwischen Haftungsbegründung und „Schadenszurechnung" unterscheidet. Doch ist das Wort „Schadenszurechnung" nicht deutlich, da es auch in einem allgemeinen Sinne für die Begründung des Schadensersatzes aus der Normwidrigkeit, also ebenfalls für die Haftungsbegründung, verwendet wird.

2. Die Feststellung, daß eine Handlung normwidrig und schuldhaft einen *Schaden verursacht* hat, besagt also noch nichts über Umfang und Art der *Wiedergutmachung* dieses Schadens. Durch den Schaden wird der Geschädigte getroffen, sein Interesse geht auf Beseitigung der nachteiligen Lage, in die ihn die Schädigung versetzt hat. Der Geschädigte *vergleicht* den tatsächlichen Schadenshergang mit einem unwirklichen, hypothetischen, gedachten Hergang, wie die Dinge *jetzt* ohne die Schädigung *stünden*. Diese Differenz zwischen realem und gedachtem Hergang ist *sein Interesse* an der Wiedergutmachung des Schadens. Die Interesseermittlung beruht also auf einem Vergleich zweier Geschehnisabläufe, dem wirklichen Schadensverlauf und dem gedachten Normalverlauf, 249 S. 1. Der tatsächliche Verlauf ist beobachtet, er umfaßt den eigentlichen Verletzungsschaden *und* die Folgeschäden. Der gedachte hypothetische Verlauf muß geschätzt werden. Beide Verläufe trennen sich in dem Augenblick, in dem der Verletzungsschaden beginnt. Sie laufen dann getrennt und stehen zum Vergleich, wenn der letzte Folgeschaden abgeschlossen ist. Geschehnisse, die danach eintreten, darf der Geschädigte nicht mehr in den Vergleich der Abläufe einbeziehen. Davor liegende Ereignisse muß sich der Geschädigte anrechnen lassen, sofern sie nicht ungewöhnlich sind. Denn Vergleichspunkt ist ein hypothetischer *Normal*verlauf. Mit dieser Definition des Interessebegriffs ist zugleich der Lösungsrahmen für das Problem der „überholenden Kausalität" abgesteckt, das in Wahrheit kein Kausalitäts-, sondern ein Interesseproblem ist (unten IV). Die Frage der Vorteilsausgleichung (unten VI) fügt sich ebenfalls in diesen Rahmen ein.

3. Im folgenden ist zunächst die Art der Ersatzleistung (Natur, Geld) zu prüfen (II); danach ist der *Umfang* des Interesses zu ermitteln (III); sodann sind die notwendigen Korrekturen anhand der „überholenden Kausalität" (IV), der Berufung auf rechtmäßiges Alternativverhalten (V) und der „Vorteilsausgleichung" (VI), schließlich die allgemeine Haftungsminderung wegen mitwirkenden Verschuldens zu erörtern (VII). Dies ist auch der im Gutachten einzuschlagende gedankliche Weg.

II. Art des Schadensersatzes

Barnickel, VersR 77, 802; *Braschos*, Der Ersatz immaterieller Schäden im Vertragsrecht, 1979; *Deutsch*, Haftungsrecht, Bd. I, 1976, §§ 26, 27; *Dunz*, NJW 58, 1613; *Esser*,

MDR 58, 726; *Fabricius,* JuS 62, 224; *Frotz,* JZ 63, 391; *Hamann,* Schadensersatz in Natur oder Geld bei Sachschäden, Diss. Göttingen 1974; *Kaufmann, Ekkerhard,* AcP 162, 421; *Klimke,* VersR 68, 537; *Köhler,* (II.) FS *Larenz,* 1983, 349; *Köndgen,* Haftpflichtfunktionen und Immaterialschaden, 1976; *Lange, Hermann,* Schadensersatz, 1979, §§ 5–7; *Medicus,* JuS 69, 449; *Meeske,* BB 59, 1158; *Rasehorn,* NJW 57, 1058; *Schiemann,* DAR 82, 309; *v. Tuhr,* IherJb. 46, 39; *Wiese,* Der Ersatz des immateriellen Schadens, 1964.

1. Der Grundsatz: Naturalrestitution

Nach § 249 S. 1 muß der zum Schadensersatz Verpflichtete den Zustand herstellen, der bestehen würde, wenn der zum Schadensersatz verpflichtende Umstand nicht eingetreten wäre. Nach diesem Grundsatz der Naturalrestitution muß also der frühere Zustand wiederhergestellt werden. Das ist tatsächlich nicht möglich, sondern nur noch wirtschaftlich. Diese wirtschaftliche Wiederherstellung des früheren Zustands ist geschuldet.

Das schlecht gedeckte Dach muß noch einmal gedeckt werden. – Das geliehene Buch, das während des Verzugs des Entleihers verbrennt und nach § 287, 2 zu ersetzen ist, muß durch ein gleiches ersetzt werden. – Der Gutsbesitzer G bestellt einen Bulldozer, um Wurzelstöcke entfernen zu lassen. Der Fahrer drückt versehentlich dabei die Hausmauer ein. Die Bulldozer-Gesellschaft kann den Gutsbesitzer nicht auf Geldersatz verweisen, sondern muß die Mauer wieder herrichten (bedeutsam bei Arbeitskräftemangel!) – Besteht der Schaden in kreditschädigenden Behauptungen, so erfolgt die Naturalrestitution durch einen geeigneten Widerruf mit entsprechender Veröffentlichung. – A soll für B Sammlerbriefmarken erwerben. A kauft die seltenen Exemplare für sich statt für B. A verletzt den Auftrag, 662, Schlechterfüllung. A muß dem B als Schadensersatz die Briefmarken herausgeben, nicht etwa den Sammlerwert. – Die Sekretärin S des A nimmt dem Dienstvertrag zuwider Einsicht in bestimmte Akten und fertigt Abschriften an. S muß wegen Schlechterfüllung des Dienstvertrages als Schadensersatz die Abschriften vernichten oder herausgeben, ferner ein Versprechen ablegen, die sich rechtswidrig zugeeigneten Kenntnisse nicht anderen zugänglich zu machen. – Zum Rufschadensersatz BGHZ 44, 372. Zur Geldentwertung, die keinen vollen Ersatz bewirkt und daher Natural- oder *Ersatznaturalherstellung* erfordert, OGHZ 1, 128.

Der Grundsatz der Naturalrestitution legt also gerechterweise dem Schuldner die Verpflichtung auf, den Zustand vor dem Schaden so gut wie möglich wiederherzustellen, d. h. die dazu erforderlichen Mühen auf sich zu nehmen. Darum kann im Regelfall der Schuldner den Gläubiger nicht mit Geld abspeisen. Dies gilt auch nach Legalzession, etwa zugunsten der Versicherung – BGHZ 5, 105.

2. Geldersatz in Ausnahmefällen

Ausnahmsweise erfolgt der Schadensersatz statt in natura in Geld, 249 S. 2, 250, 251. Dabei ist jeweils zu prüfen, ob Geldersatz ausnahmsweise geleistet werden muß oder kann und wer sich darauf berufen darf. Aus der unterschiedlichen Fassung der §§ 249 S. 2 und 251 II ergibt sich die Bevorzugung des Wiederherstellungsinteresses des Gläubigers. Der entscheidende Gesichtspunkt ist, daß § 249 S. 2 die *Möglichkeit der Wiederherstellung voraussetzt* (arg. 251 II: „nicht möglich"), was z. B. bei Totalschaden, vorzeitiger Veräußerung der beschädigten Sache oder inzwischen durchgeführter Reparatur (!) entfällt, BGHZ 81, 385.

a) Der Ersatzpflichtige muß von vornherein in Geld leisten, wenn die Herstellung in natura nicht ausreichend oder nicht möglich ist, 251 I.

Der Restaurateur verdirbt ein wertvolles Ölgemälde bei der Wiederauffrischung so gründlich, daß das Ölgemälde unbrauchbar wird. Er haftet von vornherein auf Geldersatz. — Entgangene Nutzungen für die Vergangenheit können in natura überhaupt nicht herausgegeben werden. So liegt es z. B., wenn ein geliehenes Auto nicht rechtzeitig zurückgegeben wird. Die Nutzungen sind in Geld zu ersetzen, vgl. den in § 346 S. 2 niedergelegten Grundgedanken.

b) Nach § 249 S. 2 kann der Gläubiger statt der Herstellung in natura Geld verlangen, wenn wegen einer Beschädigung einer Sache oder einer Person Schadensersatz zu leisten ist. Es handelt sich um die sog. facultas alternativa des Gläubigers.

Eine Käuferin wird im Laden von der Verkäuferin fahrlässig mit einem Faß Tinte überschüttet (Fall der culpa in contrahendo). Das Kleid ist völlig verdorben. Die Käuferin hat die Wahl zwischen „Naturalherstellung" – § 249 S. 1, neues Kleid – und Geldersatz nach § 249 S. 2. Zum Herstellungsaufwand nach § 249 S. 2 gehören auch die Kosten für die Inanspruchnahme von Fremdmitteln, soweit die Herstellung dem Geschädigten nur auf diese Weise möglich oder zuzumuten ist, BGH NJW 74, 34. Ist ein realer Schaden nur schwer oder (noch) nicht zu ermitteln, wird in erweiternder Auslegung von § 249 S. 2 „fiktiver Schaden" ersetzt, z. B. bei Reparaturkosten (*Medicus,* DAR 82, 352 mit positiver Würdigung der Rechtsprechung). Anders liegt es, wenn der Ersatzberechtigte den Betrag gar nicht für die Reparatur verwendet, BGHZ 66, 259 – „Nutzungsentgang" bei nur „gedachter Reparatur".

c) Demgegenüber enthält § 251 II eine facultas alternativa des Schuldners. Der Ersatzpflichtige kann den Gläubiger in Geld entschädigen, wenn die Herstellung nur mit unverhältnismäßigen Aufwendungen möglich ist.

Der Uhrmacher zerbricht bei der Reparatur der Uhr einen bestimmten Uhrteil, dessen Wiederherstellung in natura sehr viel kosten würde. Er darf den Gläubiger in Geld entschädigen, wofür dieser sich ein Ersatzteil oder eine neue Uhr kaufen kann.

d) Nach § 250 kann der Gläubiger dem Ersatzpflichtigen zur Herstellung in natura eine angemessene Frist mit der Erklärung bestimmen, daß er die Herstellung nach dem Ablauf der Frist ablehne. Nach fruchtlosem Verstreichen der Frist kann der Gläubiger Ersatz in Geld verlangen.

e) Wird Ersatz in Geld geleistet, stellen sich zwei allgemeine Probleme, das Problem Kapital/Rente und das Problem „Neu für Alt", vgl. *Staud./Medicus* § 249 Rn. 176; *Lange,* Schadensrecht, § 6 V.

aa) Es entsteht die Frage, ob der Geldersatz als Kapital oder als Rente zu leisten ist. Vielfach enthält das BGB Vorschriften darüber, wann eine Rente zu zahlen ist, z. B. in den §§ 843ff. Aber auch über die Vorschriften hinaus kann der Grundgedanke des

Schadensersatzrechtes, daß der Schaden in natura wiedergutgemacht werden soll, die Zahlung einer Rente verlangen. Grundregel ist, daß eine Rente anstelle eines Kapitals verlangt werden kann, wenn sich der Schaden stets erneuert, insbesondere bei Beeinträchtigungen der Erwerbsfähigkeit.

bb) Ein insbesondere in Zeiten des schleichenden Währungsverfalls oder bei Fehlen eines leistungsfähigen Gebraucht-Marktes wichtiges Problem ist die Frage des Ersatzes von „Neu für Alt". Die meisten fabrikmäßig hergestellten Artikel, wie Uhren, Autos, Radioapparate, aber auch Häuser, erleiden durch den Gebrauch eine Wertminderung. Sollte die Wertminderung zugunsten des Schädigers berücksichtigt werden? An sich ist dies billig, da die schädigende Handlung den bereits durch Gebrauch im Wert geminderten Gegenstand trifft. Andererseits ist dem Geschädigten mit der niedrigeren Summe für den Altwert meist nicht gedient. Er kann sich für das Geld, das er als Altwert erhält, noch keine neue Sache kaufen. § 249 S. 1 gibt dem Wiederherstellungsinteresse des Gläubigers nach dessen Willen den Vorzug vor dem reinen Vermögensausgleichsinteresse. Geschuldet ist daher der Wiederbeschaffungswert – BGHZ 5, 138 –, der u. U. der Neuwert ist. Der in diesem Falle dem Gläubiger zugeflossene Mehrwert ist jedoch anzurechnen. Es handelt sich dabei um einen besonderen Fall des Vorteilsausgleichs, nicht bei der Schadensberechnung, sondern bei der Schadensabwicklung. Der Vorteil ist vom Gläubiger nur dann nicht auszugleichen, wenn ihm wirtschaftlich nicht zugemutet werden kann, die Mehrkosten bei der Neubeschaffung zu tragen – BGHZ 30, 29, 34; BGH NJW 76, 1202. Bei der Schätzung ist also vom Neuwert auszugehen und ein Abzug für technische Abnutzung zu machen, OLG Schleswig VersR 74, 297. Zu entsprechenden Ergebnissen kommt man beim sog. *unechten Totalschaden*, wobei der Wertverlust, den das wiederinstandgesetzte Unfallauto bis zur Auslieferung des Neuwagens und Übernahme des Altfahrzeugs durch den Schädiger erleidet nach Betriebskostentabellen bestimmt wird. Dem Gläubiger ist daher grundsätzlich eine Neuwertversicherung zu empfehlen.

Wird z. B. ein neuwertiges Buch verliehen und dann durch Verschulden des Leihers zugrunde gerichtet, so geht der Schadensersatz nach § 249 S. 1 auf ein neues Buch der gleichen Art. Handelte es sich dagegen um ein gebrauchtes Buch, so ist nach § 249 S. 1 ein gebrauchtes Buch der gleichen Art zurückzugeben, und wenn dieses antiquarisch nicht zu haben ist, nach § 251 II Ersatz in Geld, und zwar in der Höhe des Altwertes, zu leisten. Den Verlust der Differenz muß der Gläubiger tragen, soweit es ihm wirtschaftlich zugemutet werden kann.

3. Von Bedeutung im Prozeß ist die Vorschrift des § 287 I ZPO, wenn unter den Parteien streitig ist, ob ein Schaden entstanden ist, und wie hoch sich ein Schaden beläuft. Dann entscheidet das Gericht unter Würdigung aller Umstände nach freier Überzeugung.

4. Nach § 253 sind *immaterielle Schäden* grundsätzlich nicht in Geld zu ersetzen. Gesetzliche Sonderregelungen finden sich in §§ 651f II, 825, 847, 1300 BGB, 97 UrhRG. Soweit außerhalb des Geldersatzes der Ersatz eines Immaterialschadens möglich ist, bleibt er geschuldet. Dies gilt namentlich für Widerrufserklärungen bei Ehrenkränkungen. Ein Affektionsinteresse wird nicht ersetzt, es gehört nicht zum pretium singulare. Dagegen stellt der Wert einer Sammlerbriefmarke kein Affektionsinteresse, sondern einen objektiv meßbaren Wert dar. Der vorübergehende Verlust der *Gebrauchsmöglichkeit* einer Sache (z. B. eines Kraftwagens) ist *Vermögens*schaden; der Ersatzpflichtige hat auch dann Entschädigung in Geld dafür zu leisten, wenn der Geschädigte sich keinen Ersatzwagen beschafft hat. BGHZ 40, 345; sehr differenziert BGHZ 45, 212; 56,

214. Vorwiegend rechtspolitisch *Pecher*, AcP 171, 44.

5. In *zeitlicher* Hinsicht gilt: Für den Umfang der Ersatzpflicht entscheidet der Stand der Tatsachen im Zeitpunkt der letzten mündlichen Verhandlung unter Berücksichtigung der zu erwartenden weiteren Entwicklung des Schadens, BGHZ 27, 181, 188.

6. *Örtlich* gilt der Wiederbeschaffungswert an dem Ort, an den die Gegenstände ohne die schädigende Handlung verbracht worden wären, ersparte Transportkosten wirken schadensmindernd, BGHZ 5, 138.

III. Das Interesse

Birk, Rechtsgrundlagen zum Schadensersatz und Entschädigung bei Immissionen, 1983; *Bodenburg*, Der ärtzliche Kunstfehler als Funktionsbegriff zivilrechtlicher Dogmatik, Perspektiven des Arzthaftungsrechts, 1983; *Bullinger*, Jura 83, 416; *Burger*, NJW 80, 1249; *Gottwald*, Schadenszurechnung und Schadensschätzung, 1979; *Grunsky*, NJW 75, 609; *ders.*, NJW 83, 2465; *Hagen*, JZ 83, 833; *Hagmann*, Die schadensersatzrechtliche Behandlung von Vorsorgemaßnahmen, Diss. Tübingen, 1976; *Halbgewachs*, Der merkantile Minderwert, 8. Aufl. 1974; *Honsell, H.*, JuS 73, 69; *ders.*, JuS 76, 222; *Honsell, Th.*, JZ 83, 531; *Keller, M.*, Das negative Interesse im Verhältnis zum positiven Interesse, 1948; *Klimke*, NJW 74, 81; *ders.*, DB 78, 1323; *Knobbe-Keuk*, VersR 76, 401; *Küppers*, Verdorbene Genüsse und vereitelte Aufwendungen, 1976; *Frhr. Marschall v. Bieberstein*, BB 83, 467; *Medicus*, DAR 82, 352; *Mook*, Das Bereicherungsverbot im Schadensersatzrecht nach §§ 249–253 BGB, Diss. Hamburg 1983; *Rengier*, Die Abgrenzung des positiven Interesses vom negativen Interesse, 1977; *Sanden/Völtz*, Sachschadenrecht des Kraftverkehrs, 4. Aufl. 1982; *Schleich*, VersPrax 75, 34; *Schlund*, ArztR 82, 64; *Schmidt, J.*, JZ 74, 73; *Schmidt-Salzer*, BB 70, 55; *Schulte*, Schadensersatz in Geld für Entbehrungen, 1978; *Seetzen*, NJW 77, 1384; *Späth*, VersR 78, 1004; *Steindorff*, AcP 158, 431; *ders.*, JZ 61, 12; *Ströfer*, Schadensersatz und Kommerzialisierung, 1982; *ders.*, VersR 82, 1113; *Tolk*, Der Frustrierungsgedanke und die Kommerzialisierung immaterieller Schäden, 1977; *Weber, Reinhold*, NJW 83, 266; *Wolf, Ernst*, Die Unhaltbarkeit der Rechtsprechung des Bundesgerichtshofes zum Schadensersatz bei Totalschäden an Kraftfahrzeugen, 1984.

1. Es umfaßt zunächst den eigentlichen, dem Verschuldensgrundsatz, soweit Verschulden zur Haftungsbegründung erforderlich ist, unterliegenden *Verletzungsschaden* (dazu oben §§ 49 III 2, 50 I 3).

Die Vertragsverletzung; das „Loch in der Außenwelt", z. B. im Kopf des bei einer Wirtshausrauferei Getroffenen.

2. Sodann umfaßt es die *Folgeschäden* (dazu oben §§ 49 III 2; 50 I 3). Sie sind ebenfalls zu ersetzen. Nur ihre Auslösung durch die Verletzungshandlung braucht in den Fällen der Verschuldenshaftung verschuldet zu sein, nicht der einzelne Schadensposten, der „Folgeschaden X", z. B. die Erwerbsminderung nach einem Verkehrsunfall.

Diese Haftung ohne Verschulden fällt ins Gewicht und kann den Verletzer hart treffen. De lege ferenda erwägenswert sind daher Vorschläge, entweder wenigstens für bestimmte Folgeschäden den Verschuldensgrundsatz einzuführen oder bei nur leicht verschuldeten Verletzungen Folgeschäden ganz oder z. T. nicht ersatzpflichtig zu machen. Vgl. dazu den Vorschlag eines § 255a im Referentenentwurf eines Gesetzes zur Änderung und Ergänzung schadensersatzrechtlicher Vorschriften (Entwurf 1967), zitiert bei *Esser*[4] § 40 II 4. Außerdem erschwert die subjektive Unübersehbarkeit der Folgeschäden ihre Versicherung, so daß man mit Schadenshöchstgrenzen arbeiten muß, um die Schadensversicherung zu erleichtern (so in der Kfz.-Haftpflichtversicherung; es ist nicht nur die Gefährdungshaftung, sondern vor allem die Ersatzpflicht für in ihrer Höhe unverschuldete Folgeschäden, die zu Schadenshöchstgrenzen geführt hat).

Für die Folgeschäden gilt das gleiche, was oben (§ 49 III 3 d) über die Normrelevanz des Verletzungsschadens gesagt wurde: Folgeschäden sind nur innerhalb des Inhalts und Zwecks der Norm zu ersetzen. Das bedeutet, daß nur Folgeschäden bestimmter *Personen* zu ersetzen sind (a), daß nur normrelevante *Schadensarten* interessieren (b) und daß das *Ob* und *Wie* der Verursachung von Folgeschäden der Norm, die die Schadensersatzpflicht ausspricht, angemessen sein muß (c). Es wiederholt sich praktisch der Aufbau der Prüfung des normrelevanten, haftungsbegründenden Verletzungsschadens, jetzt bezüglich der Folgeschäden, die nach geltendem Recht nicht zur Haftungsbegründung zählen, sondern nur für die Interessenermittlung von Belang sind.

a) *Geschädigter:* (Vertrag) Durch Verzug mit der Lieferung von Dachziegeln entsteht eine Verzögerung des Baus mit nachfolgenden Mietausfällen: Der Bauherr ist Folgegeschädigter und kann Ersatz verlangen, nicht dagegen ein in Aussicht genommener Mieter, der jetzt länger im Hotel wohnen muß, 286, 252. – (Delikt) Der Bauunternehmer, der bei Ausschachtungsarbeiten ein Stromkabel beschädigt, haftet nach § 823 I dem Kabeleigentümer, nicht aber einem dritten Unternehmer, dessen Betrieb durch den Stromausfall stillsteht – BGHZ 29, 65 –.

b) *Art des Folgeschadens:* (Vertrag) Die Bank versendet versehentlich einen Kontoauszug statt an den Kontoinhaber an dessen Arbeitgeber. Als dieser die Verschuldung seines Angestellten erfährt, kündigt er ihm. Der Verdienstausfall des Kontoinhabers ist ein nicht zu ersetzender Folgeschaden. Er entsteht zwar dem Kontoinhaber, doch liegt er außerhalb des Risikoumfangs des Vertrags mit der Bank. Würde der Kontoinhaber wegen der Übersendung eines fehlerhaften Auszugs zu nachteiligen Wertpapierdispositionen veranlaßt, haftet die Bank. – (Delikt) Der an einem Autounfall Schuldige haftet nicht für die Kosten einer erfolgreichen Strafverteidigung, die dem Unfallverletzten entstehen, BGHZ 27, 137, 139 (dieser vieldiskutierte Fall mit seinen Vorläufern, LG Stade DAR 1958, 47 und OLG Karlsruhe NJW 1957, 874, verhalf der „Normzweck"-Lehre zum Durchbruch).

c) *Art der Herbeiführung des Folgeschadens* (Ob und Wie der Verursachung): Für die Herbeiführung von Folgeschäden finden die gleichen Verursachungsgrundsätze Anwendung wie bei eigentlichen Verletzungsschäden (Äquivalenztheorie, Adäquanztheorie oder Wahrscheinlichkeitsschätzung). Praktisch am wichtigsten ist dabei die Adäquanztheorie (im Sinne der Normadäquanz, siehe oben § 49 III 3 d). Die folgenden Beispiele beschränken sich auf sie. Folgeschäden sind also kausalitätsmäßig grundsätzlich nach den Regeln einer normerheblichen Adäquanz zu beurteilen.

A deckt als Dachdecker das Dach des B schlecht. Es regnet durch. Das Durchregnen ist äquivalente und adäquate Folge des schlechten Dachdeckens. – Wegen des Durchregnens bildet sich Schimmel. Durch die Schimmelbildung verderben noch nach einigen Jahren einige Gemälde des B. Auch diese Schäden sind noch adäquat verursacht, denn es ist nicht ungewöhnlich, daß beim Durchregnen Gegenstände durch Schimmelbildung und Nässe zugrunde gehen. – Aus Zorn über den Verderb der Gemälde begeht B Selbstmord. Die Witwe B verlangt von A Unterhalt. Der Selbstmord des B ist zwar durch das schlechte Dachdecken äquivalent verursacht, doch stellt er eine inadäquate Folge dar. Es ist ein außerhalb des vertraglichen Normzwecks liegender Kausalverlauf, daß wegen eines schlecht gedeckten Daches Bilder verderben und daß sich deswegen der Eigentümer das Leben nimmt. – Stets ist die konkrete Folge mit dem konkreten Ereignis, das die Ursache bildet, in Verbindung zu setzen.

d) Folgende Fallgruppen von Folgeschäden sind nach „theoretischen Kategorien" zu unterscheiden:

aa) *Entgangener Gewinn* und *Verdienstausfallschaden*. Für Vertrags- und Deliktsschäden wichtig ist die Vorschrift über den Ersatz entgangenen Gewinn. Nach § 252 umfaßt der zu ersetzende Schaden auch den entgangenen Gewinn. Als entgangen gilt der Gewinn, welcher nach dem gewöhnlichen Lauf der Dinge erwartet werden konnte (abstrakte Schadensberechnung). Der Geschädigte muß nur die Wahrscheinlichkeit nachweisen; der Schädiger hat zu beweisen, daß der Gewinn im Einzelfall nicht gemacht worden wäre, BGHZ 29, 393. Als entgangen gilt aber auch der Gewinn, der nach den besonderen Umständen, insbesondere nach den besonderen Anstalten und Vorkehrungen erwartet werden konnte (konkrete Schadensberechnung), BGH NJW 82, 1748 – Totalschaden –. Der Gläubiger kann zwischen abstrakter und konkreter Schadensberechnung wählen. Die Wahlmöglichkeit zwischen abstrakter und konkreter Schadensberechnung ist insbesondere von Bedeutung, wenn der Verkäufer schuldhaft die Ware nicht liefert. Der Käufer kann dann u. U. die Ware nicht mit Gewinn weiterveräußern. Kann der Gläubiger in einem solchen Falle wegen zu vertretender Unmöglichkeit oder Verzugs Schadensersatz verlangen, so kann er die Berechnung „konkret" vornehmen. Er weist dann nach, daß er nicht mit einem bestimmten nächsten Abnehmer abschließen konnte und daraus einen bestimmten Verlust erlitten hat. Ist ihm dies nicht möglich, so kann er den Schaden „abstrakt" berechnen. Er stützt sich dann auf die allgemeine Marktlage und weist nach, daß er Waren dieser Art nach allgemeiner Erwartung mit einem bestimmten Gewinn hätte weiterveräußern können, vgl. BGH JZ 61, 27 und dazu *Steindorff*, JZ 61, 12; zur Berechnung des entgangenen Gewinns bei Bankgeschäften vgl. auch BGH NJW 74, 895. Dieses Wahlrecht zwischen abstrakter und konkreter Schadensberechnung ist nicht zu verwechseln mit den Wahlmöglichkeiten des Gläubigers in den §§ 325, 326, es hat ferner nichts zu tun mit der Wahlmöglichkeit des Gläubigers des Schadensersatzanspruchs zwischen der Differenz- und der Austauschberechnung. – Entgangener Gewinn kann beim Ersatz des Erfüllungsinteresses ebensogut eine Rolle spielen wie beim Ersatz des Vertrauensinteresses, z. B. Gewinn aus einem ausgeschlagenen Zwischengeschäft. Zum ganzen oben § 44 III 3 a. Vgl. ferner die gesetzliche Regelung abstrakter und konkreter Schadensberechnung in § 376 II, III HGB.

Dem entgangenen Gewinn verwandt ist der (grundsätzliche stets zu ersetzende) *Verdienstausfallschaden*.[1]

bb) Ersatzpflichtige Folgeschäden im strengen Sinne sind auch die Fälle des Unmöglichwerdens der Leistung während des Schuldnerverzugs oder während eines durch Schlechterfüllung ausgelösten vertragswidrigen Zustands und der Rückgabe-

---

[1] Ob „brutto" oder „netto" zu ersetzen ist, ist in der BGH-Rechtsprechung noch immer offen, *Hartung* VersR 81, 1008.

pflicht aufgrund eines Delikts, 287 S. 2, 848, vgl. oben § 53 V.
Wer mit einer Leistung im Verzug ist, muß ihr Unmöglichwerden während des Verzugs auch ohne Verschulden vertreten, 287 S. 2

A schuldet die Rückgabe eines geliehenen Autos an B. Trotz Mahnung des B behält A das Auto. Jetzt wird es dem A ohne seine Schuld unwiderbringlich gestohlen. A haftet, 287 S. 2.

Diese Zufallshaftung erstreckt sich nicht auf höhere Gewalt, vgl. *Lehmann/Hübner*, Allg. T. des BGB[16], § 42. Der Zufall, der die Unmöglichkeit verursachte, braucht keine kausale Folge des Verzugs zu sein. Wohl aber müssen der Zufall *und* die Tatsache des Verzugs die Unmöglichkeit verursacht haben, denn die Haftung entfällt, wenn auch ohne den Verzug der Schaden eingetreten wäre (reine Äquivalenzprüfung, oben § 51 II, kein Fall hypothetischer Verursachung).

Das gleiche gilt für Leistungen, die während eines vertragswidrigen Zustands unmöglich wurden, der durch eine Schlechterfüllung herbeigeführt wurde.

A hat den Wagen von B bis zum 31. 12. entliehen, aber nur zum Gebrauch im Stadtgebiet X. A fährt nach Y, wo er ohne Verschulden in einen Unfall verwickelt wird, bei dem das Auto zerstört wird. A haftet gemäß §§ 603, 280, 286, 276, 287 S. 2 entsprechend wegen schlechterfüllten Leihvertrags. Die Interessenlage ist die gleiche wie bei Verzug und Delikt.

Im Gasthaus des G gibt Kellner K dem Gast A fahrlässig den falschen Hut, was G nicht bemerkt. Der Hut gehört dem Gast B. Ein unerwarteter Sturmwind weht dem A den Hut vom Kopf und in den Fluß. Dem B haftet *auch* G: 433 (nicht 701!), 325, 326 entsprechend, 276, 278, 287 S. 2. (Wer haftet noch? Wie wäre es, wenn B mit großer Wahrscheinlichkeit das gleiche Mißgeschick passiert wäre?)

Wer aus Delikt Rückgabe einer Sache schuldet, haftet – auch ohne Verzug – nach § 848 im gleichen Umfang („fur semper in mora").

Dem Dieb wird die gestohlene Sache gestohlen.

cc) *„Übererfüllungsmäßiges Interesse"*

Nur bei *Vertragsverletzungen* hat sich für bestimmte, zu ersetzende Folgeschäden der Begriff des übererfüllungsmäßigen Interesses entwickelt, dazu oben § 47 III.

Viehhändler V liefert Bauer B eine kranke Kuh. Der ganze Viehbestand des B wird angesteckt und muß notgeschlachtet werden. V haftet wegen der gelieferten Kuh nach §§ 481 ff. (Viehmängelgewährleistung). Insoweit sind Schlechtleistungsansprüche nach den allgemeinen Grundsätzen ausgeschlossen. Unberührt bleiben aber *vertragliche* Schlechtleistungsansprüche wegen weiterer, über das reine Erfüllungsinteresse hinausgehender Schäden an anderen Rechtsgütern des Verletzten, hier dem Eigentum am schon vorhandenen Vieh.

Die Lieferung der kranken Kuh muß verschuldet sein (das ist für die Sachmängelhaftung bezüglich dieser Kuh nicht nötig!). Ist sie verschuldet, haftet V für den Umfang des übererfüllungsmäßigen Interesses ohne Verschulden. Es kommt also nicht darauf an, ob V wußte, wieviel Vieh angesteckt würde, d. h. wieviel Stück Vieh B im Stall hatte. Es genügt normrelevante Verursachung. Dazu gehört hier beim übererfüllungsmäßigen Interesse (1) die äquivalente Verursachung, (2) daß der Gläubiger der mangelhaften Leistung diese Leistung in verkehrsüblicher Weise verwendet hat und dadurch (3) die mit der mangelhaften Leistung verbundenen Gefahren für andere Rechtsgüter in einen nicht ungewöhnlichen Risikobereich ausgestrahlt haben. Vertragsübliche Verwendung und ungewöhnlicher Risikobereich engen also den Ersatz übererfüllungsmäßigen Interesses ein.

dd) *Unterhaltspflicht als Folgeschaden („Kind als Schaden")*.
Fehlerhaft durchgeführte Sterilisationseingriffe, die zur Geburt eines aus Gründen der Familienplanung unerwünschten gesunden Kindes führen, können unter dem Gesichtspunkt der Unterhaltsbelastung der Mutter oder des Vaters zur Ersatzpflicht des Arztes führen; BGHZ 76, 249; 76, 259 — wrongful birth —; dazu *Emmerich,* JuS 80, 757; *Schiemann,* JuS 80, 709; a. A. OLG Bamberg, NJW 78, 1685; dazu *Sigel,* NJW 78, 2340. Ist jedoch der Vater geschieden, hat er keinen Ersatzanspruch gegen den Arzt wegen eines Teiles seiner der Mutter geschuldeten Unterhaltszahlungen, der durch die Geburt des ungewollten Kindes verursacht wurde, BGH NJW 81, 630 = JR 81, 237 m. abl. Anm. *Schlund.* — Kommt das Kind schwerbehindert zur Welt, weil der beratende Arzt die Gefahr der Schädigung nicht erkannte, die den Wunsch der Mutter auf Unterbrechung der Schwangerschaft gerechtfertigt hätte, sind die den Eltern durch die Behinderung entstehenden Mehraufwendungen zu ersetzen; das Kind hat keine Ersatzansprüche, BGHZ 86, 240 — wrongful life —.

ee) Darüber hinaus gibt es noch eine Anzahl *praktischer* Einzelfälle von Folgeschäden, die in Rechtsprechung und Literatur unter bestimmten Stichworten diskutiert werden, deren dogmatische Einordnung bisher aber noch nicht zufriedenstellend gelungen ist. Im einzelnen sind dies:

Lizenz- und Nutzungsgebühren. Jemand benutzt unbefugt das Fotoportrait eines anderen zu Reklamezwecken. Hätte der Verletzte die Erlaubnis üblicherweise von der Bezahlung eines Entgeltes abhängig gemacht, so bemißt sich die Höhe des Schadensersatzes nach diesem hypothetischen Entgelt (BGHZ 20, 345); hätte der Dargestellte sich dagegen niemals für ein Portrait hergegeben, so befürwortet der BGH eine Entschädigung in erweiterter Anwendung des § 847 BGB, deren Höhe unter Berücksichtigung aller maßgeblichen Faktoren festzusetzen ist, BGHZ 26, 349 (Photo eines Herrenreiters wird für Werbung eines potenzsteigernden Mittels verwendet); BGHZ 77, 16 — Tolbutaniol —.

Nutzungsentgang. Ersatzfahrzeug. Der unfallgeschädigte Kfz-Besitzer darf sich grundsätzlich während der Reparaturzeit einen Mietwagen nehmen, BGH NJW 75, 160 = ESJ 53. Läuft er statt dessen zu Fuß, mindert dies seinen Anspruch nicht, so zurecht BGHZ 40, 345; 45, 218. Ungeklärt ist, inwieweit dieser Gedankengang auf Nutzungsentgang bei anderen Gegenständen übertragen werden kann; vgl. dazu OLG Hamburg einerseits (MDR 73, 847 ablehnend für einen Pelzmantel), ähnlich BGHZ 55, 146 = ESJ 54 — Jagdpacht —, sowie BGHZ 76, 179 (ablehnend bei Nichtbenutzbarkeit eines privaten Schwimmbades); andererseits bejahend BGHZ 85, 11 — Verzug — und 86, 128 — Wohnwagen — (*Kommerzialisierung* des Nutzungsentgangs). (Für Kfz vgl. die Nutzungsausfall-Tabelle DAR 82, 209).

Vergeudete Freizeit, insbesondere Urlaub. Die Freizeit als solche ist kein vermögenswertes Gut, deren Einbuße einen Vermögensschaden darstellt (BAG NJW 1968, 221; offengelassen in BGH NJW 75, 40 = ESJ 55; a. A. *Grunsky* zuletzt in NJW 75, 609). Dagegen hat der BGH (NJW 1975, 40) in einer Grundsatzentscheidung den fehlgeschlagenen Urlaub ausdrücklich als ersatzfähigen Vermögensschaden angesehen mit der Einschränkung, daß nicht jede Beeinträchtigung der Urlaubsgestaltung schon als „kommerzialisierte" Einbuße anzusehen sei. Ein Fall, der nur eine andere Urlaubsgestaltung betraf, findet sich in BGHZ 60, 214 = ESJ 56: Wegen eines Autounfalls konnte der Kläger seinen Urlaub nur an einem heimischen See und nicht wie geplant in Italien verbringen; ähnlich BGHZ 77, 116; 85, 168; eingrenzend 80, 366; 86, 212 (Schmerzensgeld statt Kommerzialisierung).

Bequemlichkeitsverzichte. Der Geschädigte mietet nach einem Unfall einen VW statt eines ihm zustehenden Ford 17 M. Den Unterschiedsbetrag kann er nicht als verlorenen Nutzungsentgang vom Schädiger verlangen, BGH NJW 67, 552; BGHZ 75, 366.

Eigenreparaturen. OLG München NJW 67, 398 — Bastlerfall —; eigene Werkstätten: zu ersetzen sind die *angemessenen,* nicht die (geringen) wirklichen Reparaturkosten. Umgekehrt dürfen aber Verkehrsbetriebe, die üblicherweise eine eigene Reparaturwerkstatt haben, dem Schädiger grundsätzlich nicht die Kosten für die teurere Fremdreparatur berechnen, BGHZ 54, 82, 86 m. w. N.

Merkantiler Minderwert. Das unfallgeschädigte Auto hätte am Gebrauchtwagenmarkt einen geringeren Wert, aber fest steht, daß der geschädigte Eigentümer es nicht verkaufen würde. Trotzdem ist der merkantile Minderwert zu ersetzen, BGHZ 35, 396; 82, 338; *Riecker,* VersR 81, 517; OLG Hamburg VersR 81, 1186 (zur Berechnung).

Frustrierungsgedanke. Dieser Begriff wird verwendet, wenn vom Geschädigten Aufwendungen gemacht wurden, der damit verfolgte Zweck jedoch auf Grund des schädigenden Ereignisses nicht erreicht wird. Dies ist z. B. der Fall, wenn die gekaufte Theaterkarte verfällt. Vgl. auch den Seereisefall (BGH NJW 1956, 1234) oder den Jagdpachtfall des OLG Oldenburg (VersR 1969, 527): Durch eine Rohrverlegung werden die im gepachteten Jagdgebiet lebenden Hirsche vertrieben. Der Ausuferung solcher „Frustrierungsschäden" wollen *Larenz* und *E. Schmidt* dadurch vorbeugen, daß sie nur „besondere" Aufwendungen als ersatzfähig ansehen (kritisch hierzu *Baur,* Festschrift *Raiser).*

Vorsorgekosten, Vorhaltekosten, Fangprämien. Die städtische Straßenbahn hält Ersatzwagen bereit, die sie nach Unfällen an Stelle der beschädigten Wagen einsetzt. Sie kann dafür die anteiligen Kosten der Reservehaltung verlangen (BGHZ 32, 280). Auf derselben Linie liegen die GEMA-Urteile des BGH (zuletzt BGHZ 59, 286). Der BGH hat darin den unbefugten Benutzer urheberrechtlich geschützter Musik verpflichtet, der GEMA auch die anteiligen Kosten für deren Kontrollorganisation zu zahlen, obwohl der GEMA diese Kosten *vor* der Verletzungshandlung entstanden waren. Unter das Stichwort Vorsorgekosten fallen auch die zivilrechtlichen Aspekte bei Warenhausdiebstählen. Viele Warenhäuser sind dazu übergegangen, von Dieben, die auf frischer Tat ertappt werden, „Bearbeitungsgebühren", „Fangprämien", anteilige Kosten für die installierten Fernsehkameras, für angestellte Detektive u. ä. m. zu verlangen, dazu BGHZ 75, 230 (bejahend)[2]) und o. § 51 V 3 (zur Kausalität). Vorhaltekosten *und* kommerziealisierter Nutzungsausfall können nicht *nebeneinander* verlangt werden, BGHZ 70, 199.

Anlagefälle. Sind die Folgeschäden durch eine vom Verletzer unvorhersehbare außergewöhnliche körperliche oder seelische Veranlagung ausgelöst worden (Bluter), so sind sie dennoch grundsätzlich dem Verletzer zuzurechnen. Der Verletzer trägt das Risiko solcher Veranlagungen, vgl. BGHZ 20, 137, 142, 143. RG JW 15, 28 (Glassplitter im Speiseeis der nervösen Dame führt zu eingebildetem Magenleiden, das Erwerbsunfähigkeit verursacht). Die Grenze bilden die Fälle der Rentenneurose, BGHZ 20, 137.

Schadensketten. Treten im Gefolge einer Verletzungshandlung eigenartige Verkettungen von Folgeschäden ein, so ist zu unterscheiden: Liegt die Verkettung noch im

---

[2]) Allerdings muß die Fangprämie „angemessen" sein; bei Ladendiebstählen waren das in BGHZ 75, 230 DM 50,—, nicht die verlangten DM 550,—; weitere „Personalbearbeitungskosten" sind nicht ersatzfähig.

Bereich des Nichtunwahrscheinlichen, haftet der Verletzer. Hierher zählen: Krankenhauskomplikationen: Jemand wird durch einen Schuß verletzt und stirbt im Krankenhaus an Grippe (RGZ 105, 264; vgl. andererseits BGH 53, 86). – Ärztliche Kunstfehler, Versehen von Rechtsanwälten, Notaren usw.: nur bei schwerem Verschulden des Arztes usw. wird der Verletzer entlastet, vgl. BGH NJW 53, 700 (Kurpfuscherfall). – Fälle nach Art von D. 19, 1, 13 pr., etwa: Ein Bauer erhält eine kranke Kuh geliefert. Sein ganzer Viehbestand steckt sich an und verendet. Dadurch gerät er in finanzielle Not und muß den Hof verkaufen. – Jemand verursacht auf der Autobahn einen Unfall. Ungeduldige Fahrer fahren über den Grünstreifen nach vorn, um voranzukommen. Der Grünstreifen wird schwer beschädigt, LG Düsseldorf NJW 55, 1031, a. A. BGHZ 58, 162. – Jemand überfährt einen Bauernsohn, der wegen der bleibenden Körperschädigung nicht den ihm vom Vater zugedachten Hof erhält. Der Verletzer muß den dadurch entstehenden Verdienstentgang bezahlen. – Die Verführte begeht Selbstmord, die unterhaltsberechtigte Mutter verlangt Ersatz. – Der Ehemann einer zu Unrecht schwer verleumdeten Frau begeht deswegen Selbstmord. Die Frau verlangt Unterhalt. Nach der Verletzung stellen sich seelische Störungen ein, BGHZ 20, 137 (Grenze: Rentenneurose). – Der Geschädigte erleidet durch den Schaden Steuernachteile, BGHZ 79, 223. – Man kann insoweit von „Weiterungsschäden" oder „Schadensketten" sprechen.

Unglücksketten. Ist die Verkettung der Schadensfolge dagegen – gemessen an der verletzten Norm – unwahrscheinlich und außergewöhnlich, so haftet der Verletzer *insoweit* nicht, es fehlt an adäquater Verursachung, oben § 51 III, oder, darum geht es hier, Adäquanz ist zwar gerade zu bejahen, aber die Folgeschäden liegen außerhalb des Normzwecks („unglückliche Verkettung"): Wegen falscher Breitenangabe verklemmen sich Schiffe in der Schleuse. Dann begeht das Schleusenpersonal Bedienungsfehler und zu allem Überfluß fällt noch der Kraftstrom aus. Die Schiffe gehen in der Schleuse unter (BGHZ 3, 261 – der Gesichtspunkt des § 242 bei der Kausalität ist nicht angebracht. Vielmehr liegt ein normfremd verursachter Folgeschaden vor). – Hafenarbeiter lassen eine Planke fallen. Irgendwie entsteht ein Funke, der Petroleumdämpfe aus undichten Kanistern entzündet. Das Schiff brennt aus (Polemis-Fall). – Verladearbeiter lassen ein Faß fallen. In ihm war eine Höllenmaschine, die ein Schiff zum Sinken bringen sollte (das Schiff war hoch versichert). Durch die Explosion kommen 86 Menschen ums Leben, Schiff und Hafen werden schwer beschädigt („Mosel"-Fall von 1886).

3. Das Interesse umfaßt also Verletzungsschäden (1) und Folgeschäden (2). Bei *Verträgen* kann der hypothetische Verlauf aber verschieden berechnet werden (dazu grundsätzlich o. § 43 II 4):

a) Als *Vertrauensinteresse:* Die Vertragsverhandlungen sind hinwegzudenken. Typische Beispiele sind *Vertragsauslagen,* wie Porto, Reisekosten und dergl.; außerdem entgangener Gewinn aus einem mit Rücksicht auf den Vertrag ausgeschlagenen anderen Geschäft. Beispiele im Gesetz: §§ 122, 307, 309, 179.

b) Als *Erfüllungsinteresse:* Der Vertrag ist als ordnungsgemäß durchgeführt zu denken.

Bei *Delikten* kommt als hypothetischer Verlauf nur *ein* schadensfreier Hergang in Frage.

IV. Die sog. „überholende Kausalität"

Böhm, Überholende Kausalität im Sozialrecht, Diss. Köln 1976; *v. Caemmerer,* Das Problem der überholenden Kausalität, 1962; *ders.,* NJW 56, 169; *Coing,* SJZ 50, 865; *Deutsch,* Haftungsrecht, Bd. I, 1976, § 12; *Hofmann,* VersR 60, 1063 und 61, 12; *Hueck, Götz,* JR 53, 404; *Kahrs,* Kausalität und überholende Kausalität im Zivilrecht, 1969; *Kaufmann, A.,* FS *E. Schmidt,* 1961, 200; *Knappe,* Zum Problem der überholenden Kausalität, 1954; *Lange, Hermann,* AcP 152, 153; *ders.,* Schadensersatz, 1979, § 4; *Lange, Otto,* JR 51, 73; *Larenz,* NJW 50, 487; *ders.,* NJW 59, 85; *Lemhöfer,* JuS 66, 337; *Moors,* NJW 54, 332; *Neumann-Duesberg,* JR 52, 72; *ders.,* JZ 55, 263; *Neuner,* AcP 133, 277; *Niederländer,* AcP 153, 41 u. 472; *ders.,* JZ 59, 617 u. 773; *Schmidt, Rudolf,* AcP 152, 112; *Wahle,* Karlsruher Forum, 1959, 58; *Werner, Alfred,* NJW 57, 1857; 59, 1823; *Zeuner,* AcP 157, 441; *ders.,* AcP 162, 516; *ders.,* JZ 60, 411.

1. Das mit diesem Begriff angesprochene Problem besteht darin zu entscheiden, ob sich der Schädiger darauf berufen kann, daß ein zweites Ereignis („Reserveursache") den Schaden mit der gleichen Sicherheit herbeigeführt hätte. Der verwandte Begriff ist mißverständlich, da es sich nicht um eine Frage der Kausalität, sondern der Ermittlung des zu ersetzenden Schadens handelt *(Niederländer,* AcP 153, 41). Die Berücksichtigung der „Reserveursache" führt nicht zur Verneinung des herbeigeführten Schadens im Sinne der Haftungsbegründung, sondern zu einer bestimmten Gestaltung des hypothetischen Verlaufs als Vergleichsmaßstab für die Interesseberechnung. Wegen des insoweit gleichen Ansatzpunktes und der ebenfalls gleichen normativen Bewertungsweise ist die „überholende Kausalität" der Vorteilsausgleichung nahe verwandt *(v. Caemmerer, Zeuner).*

Das Reichsgericht vertrat in ständiger Rechtsprechung (vgl. RGZ 141, 365; 169, 117) die Ansicht, daß (echte) spätere hypothetische Schadensursachen, die nicht bereits zu einer bei der Verletzung bestehenden Schadensanlage geführt haben, unberücksichtigt bleiben müssen. Mit der Schadenszufügung durch den Erstschädiger sei der Anspruch entstanden und bleibe existent ohne Rücksicht darauf, ob der gleiche Schaden durch ein späteres Ereignis noch einmal herbeigeführt worden wäre (BGHZ 78, 209 – Injektion – weist in die gleiche Richtung).

Das Auto des A wird in einen Unfall verwickelt und zerstört. In der folgenden Nacht brennt die Garage ab, in welcher A das Auto abzustellen pflegt. Das Auto wäre mit Sicherheit mitverbrannt. Nach Ansicht des Reichsgerichts bleibt die spätere, hypothetische Schadensursache außer Betracht. Der Unfallschädiger haftet für den Schaden. – Der Steward stiehlt dem Dampfergast Zigarren. Kurz danach geht das Schiff unter. Auch in diesem Fall würde der Schadensersatzanspruch des Dampfergastes gegen den Steward nach Ansicht des Reichsgerichts durch den Schiffsuntergang nicht berührt. – A zerschlägt mutwillig die Fenster des X. Kurz danach explodiert in der Nähe eine Bombe bei der Entschärfung und zertrümmert alle Scheiben im Umkreis. Obwohl die Scheiben des X ohne Zweifel mitzerstört worden wären, haftet A dem X, weil er der Erstschädiger war, jedenfalls nach Ansicht des Reichsgerichts. – A wird bei einer Wirtshausrauferei so verletzt, daß er zu 50% arbeitsunfähig wird. Nach 5 Jahren wird er infolge späterer Trunksucht gänzlich arbeitsunfähig. Muß der Verletzer die Rente auf Lebenszeit oder nur für 5 Jahre bezahlen? Sogar das Reichsgericht vertrat, entgegen seiner erwähnten Grundhaltung, in diesem Fall, daß der Schädiger die Rente nicht lebenslänglich zu bezahlen habe, RGZ 1, 67; 68, 353.

2. Die gegenteilige Ansicht behauptet, hypothetische Schadensursachen seien zu berücksichtigen, wirkten sich also zugunsten des Erstschädigers schadensmildernd aus. Begründet wird diese These aus der Differenzmethode und dem Gegenschluß aus § 252 — die Berücksichtigung schadenserhöhender Momente verlange auch die Einbeziehung schadensmindernder Umstände. Hiernach würde in den obigen Fällen keine Schadensersatzpflicht eintreten und im vierten Falle nur für 5 Jahre eine Rente zu zahlen sein (*Oertmann, Veith, Moors;* neuerdings für weitgehende Berücksichtigung der Reserveursache: *v. Caemmerer, Lemhöfer*).

3. Eine dritte Meinungsgruppe unterscheidet. Für sog. unmittelbare Schäden folgt sie der Auffassung des Reichsgerichts, für sog. mittelbare Schäden der gegenteiligen Ansicht *(Larenz, Neuner, Coing).*

Danach ist in den obigen Beispielen das Auto zu ersetzen, nicht aber die Nutzung, die dem A in diesem Falle entgeht, weil er nunmehr das Auto nicht verwenden kann (anders BGHZ 45, 212). Ebenso sind die Zigarren und das eingeschlagene Fenster des X zu ersetzen. Es handelt sich um unmittelbare Schäden. Ihre eigentliche Bedeutung gewinnt die h. M. bei den Rentenfällen. Danach sind die Krankenhauskosten des Verletzten als unmittelbarer Schaden von dem Verletzer zu tragen. Die Rente aber, als mittelbarer Schaden wegen der Erwerbsminderung, ist nur für 5 Jahre zu tragen. In diesem Sinne wohl auch der BGH (BGHZ 10, 6; 20, 275, 278; 29, 207, 215f.; BGH LM § 242 Bb. Nr. 38).

4. **a)** Vom obigen Standpunkt einer besonders definierten Unterscheidung von Schaden und Interesse (oben I 2, § 50 I 6) ergibt sich folgendes: Solange tatsächlicher Schadensverlauf und hypothetischer Vergleichsverlauf noch nebeneinander herlaufen, sind grundsätzlich alle schadensstiftenden Reserveursachen haftungsmindernd, also zugunsten des Schädigers zu berücksichtigen. Denn solange ist das Interesse des Geschädigten noch nicht fixiert. Nach Abschluß im Sinne eines vollkommenen Eintritts des jeweiligen Schadens ist das Interesse festgelegt, und später auftretende Reserveursachen können nicht mehr berücksichtigt werden (sehr ähnlich *Zeuner* AcP 157, 441ff.; JZ 1960, 411f.; AcP 162, 516, 519, 521 im Anschluß an *Niederländer,* AcP 153, 54ff.; JZ 1959, 619). Im Unterschied zu *Zeuner* wird aber hier nicht auf den Eintritt, sondern auf den jeweiligen *Abschluß* des Schadensablaufs abgestellt. Denn dann erst ist das Interesse des Geschädigten fixiert.

Das bedeutet: (aa) Keine Frage der Reserveursache liegt dann vor, wenn die beschädigte Sache oder die verletzte Person bereits durch einen anderen, abgeschlossenen Schadensablauf beeinträchtigt oder wertgemindert sind. So kann der kriegsversehrte A, der nur noch 5 Jahre arbeitsfähig ist, vom Verantwortlichen eines Unfalls, durch den er seine Arbeitsfähigkeit bereits jetzt verloren hat, nur für 5 Jahre eine Rente verlangen.

(bb) Ein zu beachtendes hypothetisches Schadensereignis ist dann gegeben, wenn bei der Verletzung der Schaden zwar noch nicht abgeschlossen, jedoch bereits eingeleitet ist oder mit Sicherheit erwartet werden kann. So wird für den Einsturz eines Gebäudes infolge Explosion nicht gehaftet, wenn es wegen Baufälligkeit sicher ebenfalls eingestürzt wäre (BGHZ 29, 207). Keine Haftung des Arztes für eine ohne Einwilligung des Patienten vorgenommene Operation, die zur Erblindung geführt hat, wenn die Augenkrankheit ebenfalls sicher diese Schädigung bewirkt hätte (BGH JZ 1959, 773); lediglich Haftung für den Schaden infolge der Beschleunigung des Schadenseintritts. Wird infolge Öffnens der Schleusentore Grund überflutet, so tritt keine Haftung ein, wenn die Dämme im Falle des Nichtöffnens gebrochen wären und den Schaden ebenfalls herbeigeführt hätten (RGZ 156, 187 mit der Begründung mangelnder Kausalität).

(cc) Soweit die Eventualursache erst später als die Verletzungshandlung eintritt, gilt Unbeachtlichkeit für in sich abgeschlossene Schäden, so in den obigen Fällen (Auto, Zigarren, Fensterscheibe). Bei noch nicht abgeschlossenen Schäden, insbesondere Dauerschäden (z. B. Erwerbsminderung) sind spätere Reserveursachen bis zum jeweiligen Schadensabschluß zu berücksichtigen, so im obigen Fall späterer Trunksucht.

b) aa) Aber auch von den vor Schadensabschluß liegenden Reserveursachen sind diejenigen ausnahmsweise *nicht* zu berücksichtigen, die nicht in einen einigermaßen wahrscheinlichen hypothetischen Normalverlauf passen. Der Geschädigte darf einen *üblichen*, nicht muß er einen *außergewöhnlichen* „Normalverlauf" seiner Interessenermittlung zugrunde legen. Unwahrscheinliche, wenn auch tatsächlich eingetretene Reserveursachen braucht sich der Geschädigte nicht haftungsmindernd entgegenhalten zu lassen. Dies gilt auch für unvorhersehbares, unübliches Eingreifen des Geschädigten selbst in den Ablauf, vor allem aber für Fälle höherer Gewalt, dazu *Lehmann-Hübner*, AT[16] § 42. Es handelt sich um eine negative Verwendung der Adäquanztheorie, so für Anlageschäden bereits *Götz Hueck*; sachlich insoweit übereinstimmend BGHZ 8, 288, 296.

Daß Autos in Garagen verbrennen, Schiffe mit dem Reisegepäck untergehen, ist nicht außergewöhnlich (für den Fall, daß diese Reserveursachen zu berücksichtigen wären). Beschädigt jemand die Rosenkulturen seines Nachbarn, weil er die Kontrolle über sein Kartoffelfeuer verliert, so kann sich der Schädiger nicht auf „überholende Kausalität" berufen, wenn noch während des Brandes ein niedergehender Meteor die Rosenkulturen restlos verwüstet.

bb) Ebenfalls nicht haftungsmindernd wirken Reserveursachen, für die ein anderer gehaftet hätte *(v. Caemmerer).* Der Schädiger kann sich auf fremdes Unrecht nicht berufen.

Ein Taschendieb erbeutet eine goldene Uhr. Sein Kollege greift eine Minute später erfolglos in dieselbe Tasche. Das befreit den ersten nicht.

cc) Dagegen spielt der Zeitpunkt der Zahlung, des Urteils, eines Vergleichs oder der letzten mündlichen Verhandlung *(v. Caemmerer)* für die Ermittlung des Interesses keine Rolle, darum auch nicht für das Problem der „überholenden Kausalität" (so zutreffend *Zeuner*), sondern er kann allein prozessuale Bedeutung haben, BGHZ 27, 181, 188.

c) Die Beweislast für den hypothetischen Normalverlauf im allgemeinen trägt der Geschädigte, für die Sicherheit des Schadens aufgrund der Reserveursache der Schädiger, für die Unwahrscheinlichkeit und darum Nichtbeachtlichkeit der Reserveursache wiederum der Geschädigte, BGH VersR 1963, 674, krit. *Neumann-Duesberg, Lemhöfer.*

d) Die Grundsätze der „überholenden Kausalität" gelten nur im Schadensrecht, nicht bei Restitutions-(insb. Rückgabe-)pflichten, oben § 5 I 3.

V. Berufung auf rechtmäßiges Alternativverhalten

Hanau, Die Kausalität der Pflichtwidrigkeit, 1971; *Gotzler,* Rechtmäßiges Alternativverhalten im haftungsbegründenden Zurechnungszusammenhang, 1977; *Wissmann,* NJW 71, 549.

Auch die Berufung auf ein rechtmäßiges Alternativverhalten stellt kein Problem der „hypothetischen Kausalität" dar. Fraglich ist hier, ob der Schädiger einwenden kann, der Schaden wäre ganz oder teilweise auch entstanden, wenn er sich rechtmäßig verhalten hätte. Das RG lehnte in ständiger Rechtsprechung die Berücksichtigung ab, so auch das BAG, BAGE 6, 321 = ESJ 58 – Metallarbeiterstreik –, NJW 70, 1469 und NJW 76, 644. Der BGH hat noch nicht endgültig Stellung genommen: so läßt er den Einwand gelten, der Patient hätte die mangels fehlender Aufklärung unwirksame Einwilligung auch bei erteilter Aufklärung abgegeben, BGHZ 61, 118/123 mit Hinweisen.

Bei der Lösung dieses Problems muß differenziert werden. Sollte die verletzte Verhaltenspflicht mehr als nur gerade das schädigende Verhalten verhindern, wie zum Beispiel beim Metallarbeiterstreik den Bruch der Friedenspflicht, so muß der Einwand des rechtmäßigen Alternativverhaltens zurückgewiesen werden. Im anderen Fall ist die Berufung auf rechtmäßiges Alternativverhalten zu beachten, oben §§ 51 III 1, 55 V. Im Ergebnis wie hier auch *Esser/Schmidt* I, § 33 III 2, auch OLG Hamm, NJW 71, 468 – behördliche Verletzung von Persönlichkeitsrechten –.

VI. Vorteilsausgleichung

Baur, JW 37, 1463; *Cantzler,* AcP 156, 29; *Dunz,* NJW 64, 2133; *Esser,* MDR 57, 522; *Grützner,* Vorteilsausgleich, 1932; *Hüffer,* VersR 69, 500; *Knobbe-Keuk,* in: 25 Jahre Karlsruher Forum (Beih. zu VersR), 1983, 134; *Koch,* Gruchot 68, 417; *Lange, Hermann,* JuS 78, 649; *ders.,* Schadensersatz, 1979, § 9; *Machleid,* JZ 52, 644; *Oertmann,* Die Vorteilsausgleichung beim Schadensersatzanspruch, 1901; *Rengier,* Die Vorteilsausgleichung nach dem BGB, Diss. Köln 1929; *Rudloff,* FS *F. v. Hippel,* 1967, 423; *Thiele,* AcP 167, 193; *Walsmann,* Compensatio lucri cum damno, 1900; *Werner, Alfred,* NJW 55, 769; *Weychardt,* DB 66, 1552; *Wilburg,* IherJb. 82, 51.

Nach dem Grundgedanken der §§ 249 ff. ist der Geschädigte so zu stellen wie er wirtschaftlich stehen würde, wenn das schädigende Ereignis nicht eingetreten wäre. Darin ist notwendig enthalten, daß der Gläubiger des Schadensersatzanspruchs infolge des schädigenden Ereignisses nicht bereichert werden soll (Gewinnabwehr). Der Geschädigte ist daher verpflichtet, gewisse Vorteile, die ihm im Zusammenhang mit dem schädigenden Ereignis zugeflossen sind (BGH NJW 76, 748), in seine Schadensberechnung einzubeziehen (Vorteilsausgleichung – compensatio lucri cum damno).

Die Frage nach dem ausgleichspflichtigen Vorteil gehört in den Rahmen der Berechnung der Ersatzleistung. Die frühere Lehre – RGZ 80, 155; 148,

164 — hat jeden Vorteil für anrechenbar angesehen, der mit dem schädigenden Ereignis adäquat kausal verbunden ist. Der BGH — BGHZ 10, 108; 30, 33; BGH BB 81, 1800 = DB 81, 2222; 73, 109; 77, 151; 81, 271 — verlangt hingegen, daß die Anrechnung dem Sinn und Zweck des Schadensersatzes entsprechen muß und die Grenzen der Zumutbarkeit beachtet werden.

Die Bestimmung des anzurechnenden Vorteils kann nur wertend erfolgen. Die adäqute Verursachung ist Voraussetzung, aber nicht ausschließlich entscheidender Grund. Abzustellen ist auf die normrelevante Verbindung von schadenstiftendem Ereignis und eingetretenem Vorteil, auf die rechtliche Einheit. Diese ist stets zu begründen. Eine Regel der grundsätzlichen Anrechnung, die lediglich von Ausnahmen durchbrochen wird, besteht nicht (*Thiele*, AcP 167, 199f.).

1. Ebenso wie beim Problem der überholenden Kausalität ist der jeweilige Abschluß eines Schadens bedeutsam. Ein später eintretender Vorteil ist dann nicht mehr zu berücksichtigen.

Der Mieter, der es unterläßt, Schönheitsreparaturen auszuführen, zu denen er beim Auszug verpflichtet ist, hat den Wert der Reparaturen als Schadensersatz zu leisten, auch wenn der Vermieter die Wohnung zu gleich guten Bedingungen weitervermietet hat — BGH NJW 1968, 491 —. Der „merkantile Minderwert" eines Unfallwagens bemißt sich nach dem Zeitpunkt des Unfalls, auch wenn der Geschädigte den PKW weiterbenutzt und die Vermögensdifferenz zum Zeitpunkt des Prozesses geringer ist — BGHZ 35, 396ff. — Der geschädigte Pkw-Besitzer muß sich auf seine Mietwagenkosten die Ersparnis der Betriebskosten seines Pkw während der Reparaturzeit anrechnen lassen. Entzug der Nutzungsmöglichkeit und Ersparnis der Betriebskosten bilden eine rechtliche Einheit im Sinne des Schadensersatzrechts. — Wer wegen der Schädigung weniger Steuern zu zahlen hat, muß diesen Vorteil grundsätzlich dem Schädiger gutbringen, BGHZ 53, 132.

2. Auszugleichen sind nur solche Vorteile, die dem Geschädigten endgültig zustehen, und mit deren Empfangnahme keine Vermögensverminderungen verbunden sind.

a) So kann ein Schaden grundsätzlich nicht deshalb verneint werden, weil der Geschädigte durch den Schadensfall zugleich auch einen zweiten (dritten usw.) *Ersatzanspruch gegen dritte Personen* erworben hat, durch dessen Realisierung der vom Schädiger schuldhaft zugefügte Vermögensverlust ausgeglichen würde, vgl. BGH NJW 82, 1806 = JuS 82, 696. Denn dann würde „mangels Schaden" kein Anspruch mehr gegen den Schädiger bestehen.

b) Die dem Geschädigten von der *Unfallversicherung* geleisteten Beträge sind bereits deshalb nicht anrechenbar, da sie nach § 1542 RVO (für Schadensfälle nach dem 1. 7. 1983: nach § 116 SGB X) mit der Abtretung des Schadensersatzanspruchs verknüpft sind — vgl. auch §§ 67 VVG, 87a BBG, 52 BRRG. Entsprechendes gilt für die Abtretungspflichten aus §§ 281, 255 (*Thiele* AcP 167, 214).

3. Besondere Schwierigkeiten bereiten die Fälle der *Zuwendungen an den Geschädigten* von dritter Seite. Um zu einer Anrechnung zu kommen, genügt es nicht, die meist gegebene adäquate Verursachungsverknüpfung nachzuweisen, vielmehr erfordert sie eine rechtliche Einheit von schädigendem Ereignis und Drittleistung. Diese fehlt in den Fällen, in denen das schädigende Ereignis bloßer Anlaß für die Vermögenszuwendung

ist, ihr eigener Rechtsgrund aber den Schädiger nicht mit einbezieht. Gesetzlichen Ausdruck hat dieser Gedanke in § 843 IV gefunden. Soweit sich der Geschädigte einen Anspruch gegen einen Dritten nicht anrechnen lassen muß, liegt ein echtes oder unechtes Gesamtschuldverhältnis vor (dazu unten § 62 II). Ist eine Drittleistung ausgleichungspflichtig, so ist eine Schadensliquidation im Drittinteresse nicht möglich, da keine Schadensverlagerung eingetreten ist. Wird der Arbeiter A von S schuldhaft verletzt, so daß A zeitweilig arbeitsunfähig ist, so bleibt der Arbeitgeber B des A nach § 616 II zur Lohnfortzahlung verpflichtet. Ein Schaden ist bei A dennoch eingetreten, da der Lohn hier nicht als Entgelt für geleistete Arbeit, sondern zur Abwendung eines den A treffenden Nachteils gezahlt wird. Die soziale Zweckrichtung der Leistung nach § 616 II bezieht sich nicht auf das Schadensersatzverhältnis A – S insgesamt, sondern knüpft lediglich an den Schadensfall an. Eine rechtliche Einheit besteht nicht, BGHZ 7, 30; 21, 115. – Wird zugunsten des Geschädigten eine Sammlung veranstaltet, so kann diese Vermögenszuwendung dem Schädiger nicht zugute kommen, da die Schenkung allein dem Geschädigten einen Vermögensvorteil verschaffen soll. Eine Ausgleichung scheitert außerdem bereits daran, daß der Schaden vorher abgeschlossen ist. – Der Brandstifter des Doms zu Fulda kann sich nicht darauf berufen, der Fiskus sei zum Wiederaufbau verpflichtet, da er in die rechtliche Beziehung zwischen Domkapitel und Fiskus nicht miteinbezogen ist. – Wer neben dem Fahrzeughalter für den einem Insassen durch Unfall entstandenen Schaden verantwortlich ist, kann von sich aus nicht verlangen, daß die dem Insassen zufließende Unfallversicherungssumme auf die Schadenssumme angerechnet wird, BGHZ 19, 94, 102.

4. Soweit der Geschädigte durch eigene Maßnahmen einen Vorteil erlangt hat, ist über die Anrechnung entsprechend § 254 II zu entscheiden. Der Verletzte hat im Rahmen des Zumutbaren die Pflicht, den Schaden und seine Folgen zu *mindern*, BGHZ 10, 18 – Operation und Umschulung –. *Im Rahmen* der Schadensminderungspflicht sind die erzielten Vorteile auszugleichen. Eine weitergehende Anrechnung ist ausgeschlossen, da jeder vom Geschädigten erzielte Vorteil ihm ohne Rücksicht auf ein Schadensereignis gebührt.

Dem A ist von dem Hauseigentümer E schuldhaft eine rangschlechtere Hypothek eingeräumt worden. Bei der Zwangsversteigerung des Grundstücks erhält A den Zuschlag. E kann nun nicht gegenüber der Schadensersatzforderung des A einwenden, dieser habe das Grundstück unter Wert erhalten. Der Vermögenszuwachs des A beruht auf seiner eigenen, mit dem Schadensereignis rechtlich nicht verknüpften Handlung, die außerdem nach Schadensabschluß lag.

5. Einen Sonderfall der Vorteilsausgleichung regelt § 255. Wer für den Verlust einer Sache oder eines Rechtes Schadensersatz zu leisten hat, ist nach § 255 zum Ersatz nur gegen Abtretung der Ansprüche verpflichtet, die dem Ersatzberechtigten aufgrund des Eigentums an der Sache oder aufgrund des Rechts gegen Dritte zustehen, vgl. BGHZ 6, 56 – unterlassene Einziehung eines Schecks –. Aus der Entstehungsgeschichte ergibt sich, daß der § 255 nur auf die Fälle Anwendung findet, in denen es um Ansprüche auf Herausgabe der Sache selbst geht oder das Surrogat derselben noch vorhanden ist. In allen übrigen Fällen finden die Regeln über die Gesamtschuld Anwendung, vgl. dazu unten § 62 III 1. Daher ist auch eine Konkurrenz zu den Gesamtschuldbestimmungen nicht möglich. § 255 hat den Zweck, eine Bereicherung des Gläubigers zu verhindern, nicht aber Regreßansprüche zwischen

den Schuldnern zu regulieren, vgl. dazu auch *Rüssmann,* JuS 74, 292, und *Goette,* VersR 74, 526 ff.

A leiht B ein Buch. Bei B wird es durch dessen Nachlässigkeit gestohlen. A kann von B Schadensersatz verlangen. B kann dagegen gleichzeitig oder später die Abtretung der Ansprüche des A aus den §§ 985 ff. gegen den Dieb verlangen.

VII. Schadensminderung durch Mitverschulden

Brambring, Mittäter, Nebentäter, Beteiligte und die Verteilung des Schadens bei Mitverschulden des Geschädigten, 1973; *Bydlinksi,* AcP 158, 410; *ders.,* Probleme der Schadensverursachung nach deutschem und österreichischem Recht, 1964; *Deutsch,* Haftungsrecht, Bd. I, 1976, § 20; *ders.,* ZRP 83, 137; *Dunz,* JZ 61, 406; *ders.,* NJW 68, 679; *Esser,* JZ 52, 257; *ders.,* JZ 53, 691; *Finger,* JR 72, 406; *Fischer, H. D.,* Gefälligkeitsfahrt, 1938; *Gernhuber,* AcP 152, 59; *Gottschalk,* Das mitwirkende Verschulden des Beschädigten bei Schadensersatzansprüchen nach dem Bürgerlichen Gesetzbuch, 1903; *Hartung,* VersR 79, 97; *Jung,* AcP 170, 426; *Kleindienst,* Der Bewachungsgehilfe, Diss. Tübingen 1956; *ders.,* NJW 60, 2028; *Lange, Hermann,* Schadensersatz, 1979, § 10; *Lorenz,* JZ 61, 170; *Lorenz, E.,* Die Lehre von den Haftungs- und Zurechnungseinheiten und die Stellung des Geschädigten in Nebentäterfällen, 1979; *Magnus,* Drittmitverschulden im deutschen, englischen und französischen Recht, 1974; *Mammey,* NJW 60, 753; *Medicus,* NJW 62, 2081; *Messer,* JZ 79, 385; *Meyer, Karl Emil,* NJW 65, 1419; *Reinelt,* JR 71, 177; *Ries,* AcP 177, 543; *Roth, H.,* AcP 180, 263; *ders.,* Haftungseinheiten bei § 254 BGB, 1982; *Rother,* NJW 66, 326; *ders.,* VersR 83, 793; *Schlierf,* NJW 65, 676; *Schmidt, Reimer,* Die Obliegenheiten, 1953; *Schneider, Egon,* MDR 66, 455; *Schöpe,* MDR 63, 452; *Stoll, Hans,* Handeln auf eigene Gefahr, 1961 (dazu *Henrich* JR 63, 439); *Unger,* Handeln auf eigene Gefahr, 3. Aufl., 1904; *Venzmer,* Mitverursachung und Mitverschulden im Schadensersatzrecht, 1960; *Weidner,* Die Mitverursachung als Entlastung des Haftpflichtigen, Diss. Tübingen 1968; *Wendt,* Konkurrierende Fremdschädigung und kombinierte Selbst- und Fremdschädigung, 1971; *Wester,* Mitverschulden im deutschen, englischen und amerikanischen Zivilrecht, Diss. Köln 1976; *Wochner,* Einheitliche Schadensteilungsnorm im Haftpflichtrecht, 1972.

1. Hat bei der Entstehung des Schadens ein Verschulden des Geschädigten mitgewirkt, so muß sich der Schadensersatzanspruch mindern. Man könnte eine solche Vorschrift bei der jeweiligen Anspruchsgrundlage mitregeln. Das BGB enthält sie in § 254 im Zusammenhang mit dem Umfang des *zu ersetzenden Schadens.* Nach § 254 hängt die Verpflichtung zum Schadensersatz sowie der Umfang des zu leistenden Ersatzes (gemeint ist damit dasselbe) von den Umständen, insbesondere davon ab, inwieweit der Schaden vorwiegend von dem einen oder dem anderen Teil verursacht worden ist. Je nach dem Grad des Mitverschuldens soll daher der Schaden von dem einen oder dem anderen Teil getragen werden, 254 I. Dieses Mitverschulden kann im Geschäfts- und Rechtsverkehr ebenso wie im Deliktsrecht wesentlich sein, so z. B. handelt derjenige im Sinne des Mitverschuldens schuldhaft, der sein Konto nicht überwacht, BGH NJW 68, 37; wer Scheckformulare unsorgfältig bewahrt, RGZ 81, 254; wer als Abzahlungskäufer den Empfang einer Ware bescheinigt, die er nicht erhalten hat, BGHZ 33, 301; wer den Sicherheitsgurt nicht

anlegt, BGH NJW 82, 985 (aber z. Zt. noch keine Pflicht zur Umrüstung auf Sicherheitsgurte, BGH NJW 79, 1366). Eine große Rolle spielt die Anwendung des § 254 im Straßenverkehr. Ist an der Entstehung des Schadens ein Kfz beteiligt, ist der dem Halter und Fahrer bei der Abwälzung des Schadens anzulastende Umstand vor allem die Betriebsgefahr, siehe dazu unten § 109 II 2.

Ein weiteres großes Anwendungsgebiet des § 254 ist die Verletzung von Verkehrssicherungspflichten. Auch kann ein Mitverschulden vorliegen bei Tätlichkeiten, z. B. A reizt den B so lange, bis er zuschlägt, vgl. RGZ 171, 1. Die Schadensteilung gilt nach Abs. 2 auch dann, wenn sich das Verschulden des Geschädigten darauf beschränkt, daß er es unterlassen hat, den Schuldner auf die Gefahr eines ungewöhnlich hohen Schadens aufmerksam zu machen, die der Schuldner weder kannte noch kennen mußte, oder daß er es unterlassen hat, den Schaden abzuwenden oder zu mindern. § 254 II kann nur bis zum Abschluß des jeweiligen Schadensablaufs gelten, da sonst eine Wiedergutmachungsverpflichtung des Geschädigten begründet würde (zur Grenzziehung BGHZ 55, 329). Nach Abs. 2 kann etwa der Geschädigte verpflichtet sein, sich einer Operation zu unterziehen, um seine Erwerbsfähigkeit wiederherzustellen – BGHZ 10, 18. Der Aufwand des Geschädigten für die Schadensminderung ist vom Schädiger zu ersetzen. Weitere Beispiele: Kosten für die Bereitstellung eines Ersatzfahrzeuges bei Beschädigung eines Straßenbahnwagens – BGHZ 32, 285; Pflicht zur Schadensminderung während Reparatur des Transportmittels – BGHZ 81, 271; berichtigende Anzeigenaktion – BGHZ 70, 39 u. 66, 182. Doch dürfen die Anforderungen an schadensvermeidende Umsicht nicht zu hoch geschraubt werden, BGHZ 15, 305, 313 (der Bürger braucht nicht klüger zu sein als der mit seiner Sache befaßte Beamte). Nach BGHZ 34, 355 = ESJ 60 gilt § 254 auch in den Fällen nichtunrechtausschließenden Handelns auf eigene Gefahr, dazu oben § 52 III 7d.

2. § 254 wirft eine Reihe konstruktiver Probleme auf

a) Nach Abs. 2 S. 2 findet die Vorschrift des § 278 entsprechende Anwendung. Es besteht darüber Einigkeit, daß § 254 II 2 auch für Abs. 1 gilt. Man muß sich also den letzten Satz des zweiten Absatzes als einen getrennten dritten Absatz vorstellen (Redaktionsversehen). § 254 II 2 gilt in vollem Umfang nur für Erfüllungsgehilfen und gesetzliche Vertreter, ob auch im Verhältnis zwischen vertraglich Berechtigten und in den Schutzbereich einbezogenen Dritten, ist streitig; bejahend BGHZ 33, 247 = JZ 61, 169 (krit. Anm. *Lorenz*); Sinn und Zweck dieses Vertragsschutzes ist es aber, dem Dritten einen vertraglichen Anspruch zu geben, um den § 831 zu umgehen. § 254 II 2 führt dann zu einer Anspruchskürzung, wenn schon ein deliktsrechtlicher Anspruch besteht. Daher gilt § 254 II 2 insoweit nicht, vgl. auch oben § 37 VII 4.

b) Ein zweites Problem betrifft die Frage, ob man von einem Verschulden sprechen kann, das gegen einen selbst gerichtet ist, da einerseits Verschulden nur bei rechtswidrigem Verhalten gegeben sein kann, die Rechtsordnung die Selbstschädigung jedoch nicht vorwirft und andererseits niemand zugleich Gläubiger und Schuldner sein kann. Forderungen gegen sich selbst erlöschen wegen Konfusion, vgl. oben § 39 VII. § 276, wo das Verschulden nach Vorsatz und Fahrlässigkeit getrennt wird, meint nur den Schuldner. In § 254 ist aber außer dem Schuldner auch der Gläubiger gemeint. Man muß davon ausgehen, daß Gläubiger und Schuldner in § 254 gleich behandelt werden sollen und daß der Ausdruck „Verschulden" hier für den Gläubiger in einem erweiterten Sinne zu verstehen ist. Dem Gläubiger wird hier auferlegt, vorwerfbare Selbstschädigungen zu unterlassen, und zugemutet, daß er zugunsten des Schuldners schadensmindernd eingreift. Das ist zwar keine Rechtspflicht, es handelt sich aber um eine rechtliche „Obliegenheit" *(Zitelmann),* die aus dem Grundsatz von Treu und Glauben folgt. § 254 ist zugleich eine Ausprägung von Treu und Glauben, BGH NJW 72, 334. Wer für den von ihm erlittenen Schaden trotz eigener Mitverantwortung vollen Schadensersatz fordert, verstößt gegen das Verbot des „venire contra factum proprium", BGHZ 34, 363. Ein Mitverschulden kann auch durch Unterlassen herbeigeführt werden, BGHZ 4, 170; 33, 136, 142. Verletzt der Gläubiger diese Obliegenheit, die er auch gegen sich selbst hat, so mindert sich der zu ersetzende Schaden. Zum Begriff der Obliegenheit oben § 8, 4.

c) § 254 I spricht von vorwiegender Verursachung. Nach dem Referentenentwurf eines Gesetzes zur Änderung und Ergänzung schadensersatzrechtlicher Vorschriften (1967) soll es auf überwiegende Verursachung oder Verschulden ankommen. Ob auf Verschulden im Sinne vorwerfbarer Obliegenheitsverletzung oder auf Verursachung abzustellen ist, bemißt sich nach der Natur des Schadensersatzanspruchs (Verschuldens- oder Gefährdungshaftung).

d) Ebenso wie §§ 827, 828 (BGHZ 34, 355) findet auf der Seite des Gläubigers auch § 829 entsprechende Anwendung; BGHZ 37, 102, str.

e) § 254 gilt auch bei der Gefährdungshaftung, soweit keine Sonderregelungen bestehen – Beispiel: § 17 StVG verdrängt als lex specialis den § 254, soweit es um die Haftung zwischen Kfz.-Haltern und den Fahrern geht; vgl. auch BGHZ 32, 149 (Gastwirthaftung und Mitverschulden des Gastes). Vgl. dazu unten § 109. § 254 gilt auch für die Garantiehaftung des Vermieters nach § 538, BGHZ 68, 281.

f) § 254 gilt dagegen nicht im Sachenrecht, h. M., auch nicht im Bereicherungsrecht, BGHZ 57, 137, sowie nicht bei Erfüllungsansprüchen.

g) Bestritten ist, ob § 254 eine Einwendung oder eine Einrede enthält, siehe dazu oben § 48 I 1. Die h. M. steht zu Recht auf dem Standpunkt, es handele sich um eine Einwendung. Das folgt daraus, daß § 254 II auch die Möglichkeit berücksichtigt, daß der Schuldner die Gefahr eines ungewöhnlich hohen Schadens nicht zu kennen brauchte. Es genügt also, wenn die Gefahr, von der § 254 II spricht, auf beliebige Weise in den Prozeßstoff eingeführt worden ist.

h) Unsicher ist, wie das Wort „entsprechend" in § 254 II 2 auszulegen ist. Nach h. M. bedeutet „entsprechend" in Abs. 2 S. 2: auch für den Gläubiger. Der Gläubiger muß sich also Verschulden von Hilfspersonen, deren er sich bei der Wahrnehmung seiner Interessen bedient, anrechnen lassen. Das gilt auch für Verschulden des gesetzlichen Vertreters, aber nur, soweit er im Rahmen seiner Vertretungsmacht gehandelt hat (nicht bei Veruntreuungen), BGHZ 33, 136, 142. Streitig ist, ob § 278 insoweit – wie grundsätzlich sonst immer – ein bestehendes Schuldverhältnis voraussetzt oder ob sich der Geschädigte den § 278 auch dann entgegenhalten lassen muß, wenn die Schädigung außerhalb eines Vertrags, insb. durch Delikt erfolgt; vgl. *Lange* NJW 53, 967. Entscheidend ist also, ob man in § 254 II 2 insoweit eine *Rechtsfolge-* oder *Rechtsgrund*verweisung sieht. Mit der Rechtsprechung wird man letzteres annehmen müssen, so daß § 278 außerhalb bestehender Schuldverhältnisse unanwendbar ist, BGHZ 1, 248; 3, 49, 50; 9, 316 = ESJ 59; 24, 325. Damit ist nicht gemeint, daß § 254 nur für Schuldverhältnisse aus Rechtsgeschäft und für gesetzliche Leistungspflichten gilt. § 254 gilt für alle Schuldverhältnisse, einschließlich der §§ 987, 823 ff. Ein deliktisch Geschädigter braucht aber für Verschulden seiner Hilfspersonen nur nach § 831 einzustehen. Die Ausdehnung der Anwendbarkeit der §§ 254 II 2, 278 auf die Fälle der Verträge mit Schutzwirkung zugunsten Dritter (s. o. § 37 VII 4) durch die Rechtsprechung – BGHZ 9, 316; 33, 247 und NJW 72, 289 – beruht auf dem Willen, die Anwendung des § 831 zu umgehen. Besteht zugleich Haftung aus Delikt und Vertrag, findet § 254 II 2 auf den Vertragsanspruch Anwendung, BGHZ 24, 325 (Verschulden von Aufsichtspersonen anzurechnen auf Ansprüche geschädigter Kinder, die auf der Bahn einen Unfall erleiden). Bezieht sich die Verweisung in § 254 II 2 auf § 278 auf die Haftung für den *gesetzlichen Vertreter*, so gilt dies *auch in Deliktsrechtsfällen,* weil man den gesetzlichen Vertreter nicht wie den Verrichtungsgehilfen aussuchen kann.

i) Wird das zu ersetzende Interesse durch Abzugsposten gemindert (z. B. durch eine Witwenpension), sind die Abzugsposten im Falle der Schadensteilung nach § 254 vom Gesamtschaden, nicht vom Teilschadensersatzanspruch abzuziehen, RGZ 172, 195.

j) Zu Gesamt- und Einzelabwägung unten § 108, 4.

3. Die Rechtsfolge des § 254 ist eine Schadensteilung. Der Schädiger trägt die Beweislast für das mitwirkende Verschulden des Geschädigten, wobei jedoch die Regeln des Beweises des ersten Anscheins häufig zugunsten des Schädigers eingreifen. Über die Quote der Haftung kann grundsätzlich bereits im Zwischenurteil über den Grund des Anspruchs – § 304 ZPO – entschieden werden. Dies gilt nicht für den Anspruch auf Schmerzensgeld. Das Maß der beiderseitigen Mitverursachung und des beiderseitigen Mitverschuldens wird erst bei der Festsetzung der Höhe des Schmerzensgeldes berücksichtigt, vgl. OLG Celle NJW 67, 1514.

4. § 254 zählt zu den am häufigsten übersehenen Bestimmungen in Übungs- und Examensklausuren. Seine Bedeutung, auch in der Praxis, kann kaum überschätzt werden.

6. Abschnitt

Übertragung der Forderung und Schuldübernahme

§ 56
Vorbemerkung

I. Die bisherigen Ausführungen behandelten stets das Verhältnis von einem Gläubiger zu einem Schuldner. Das galt sowohl für Begründung, Inhalt und Beendigung eines normalen Schuldverhältnisses als auch für die anomale Beendigung durch eine Leistungsstörung. An dieser Stelle im System ist der Gesichtskreis nun weiter zu ziehen. Es handelt sich darum, daß an die Stelle des Gläubigers ein anderer Gläubiger und an die Stelle des Schuldners ein anderer Schuldner treten kann. Das Schuldverhältnis kann also sowohl auf der Seite des Gläubigers als auch auf der Seite des Schuldners auf eine bestimmte neue Person übergehen, so daß der alte Gläubiger bzw. der alte Schuldner aus dem Schuldverhältnis entlassen wird.

Wird der Gläubiger ausgewechselt, so spricht man von *Forderungsabtretung*, 398–413. Wird der Schuldner ausgewechselt, so handelt es sich um eine *Schuldübernahme*, 414–419.

Bei der Forderungsabtretung heißt der alte Gläubiger *Altgläubiger* oder *Zedent*, der neue Gläubiger *Neugläubiger* oder *Zessionar*, der *Schuldner* bleibt der gleiche. Bei der Schuldübernahme spricht man von *Altschuldner*, *Neuschuldner* und *Gläubiger*.

II. Der Grundgedanke, auf dem das Recht der Personenauswechslung im Schuldverhältnis aufgebaut ist, lautet: Man kann sich seinen Gläubiger nicht aussuchen, wohl aber seinen Schuldner. Das bedeutet, daß eine Forderung regelmäßig auch ohne Zustimmung, ja ohne Wissen des Schuldners abgetreten werden kann. Jeder Schuldner muß also damit rechnen, daß ihm anstelle des alten Gläubigers eines Tages ein neuer gegenübertritt. Anders liegt es bei der Schuldübernahme. Man kann einem Gläubiger nicht einen Schuldner aufdrängen. Bei jeder Form der Schuldübernahme muß der Gläubiger in irgendeiner Weise mitwirken. Sonst kann der alte Schuldner nicht aus dem Schuldverhältnis entlassen, der neue nicht in das Schuldverhältnis aufgenommen werden.

Der Grund für diese unterschiedliche Behandlung von Forderungsabtretung und Schuldübernahme ist, daß es einem Schuldner in der Regel nicht entscheidend auf die persönlichen Eigenschaften seines Gläubigers ankommt. Der Schuldner hat keinen Anspruch darauf, daß sein Gläubiger besonders nachsichtig und milde ist. Für den Gläubiger spielen dagegen persönliche Eigenschaften des Schuldners eine wichtige Rolle. Ob ein Schuldner kreditfähig, ob er zahlungswillig ist, einen guten Eindruck macht, zuverlässig und genau in seinen Geschäften verfährt usw., ist für den Gläubiger bei Begründung und während des Bestandes der Forderung von oft ausschlaggebender Bedeutung. Das Gesetz unterscheidet daher richtig, wenn es nur bei der Schuldübernahme die Mitwirkung des Gläubigers fordert, nicht aber bei der Forderungsabtretung die des Schuldners.

III. Die Abtretbarkeit einer Forderung und die Möglichkeit, eine Schuld zu übernehmen, sind nicht selbstverständlich. Das römische und auch das alte deutsche Recht kannten ursprünglich die Forderungsabtretung und die Schuldübernahme nicht. Man behalf sich, indem man eine Forderung zur Ausübung übertrug, namentlich zur Ausübung im Prozeß. Auch im geltenden Recht muß man unterscheiden zwischen der Übertragung einer Forderung lediglich zur Ausübung und der Substanz nach. Wird eine Forderung lediglich zur Ausübung übertragen, so verbleibt sie dem Gläubiger. Die durch Ermächtigung eingeschaltete Zwischenperson hat lediglich das Recht, die Forderung für den Gläubiger auszuüben, 185. Das Gegenstück dazu bei der Schuldübernahme ist die Erfüllungsübernahme, 329.

IV. Im geltenden Recht ist also namentlich die Vollübertragung einer Forderung und eines sonstigen Rechtes grundsätzlich anerkannt. Damit wird die Forderung, die ursprünglich nur als internes Band zwischen Gläubiger und Schuldner bestand, verselbständigt, d. h. zu einem geschützten Gegenstand des Verkehrs. Die Übertragung der Forderung ist daher ebenso wie die Schuldübernahme eine *Verfügung* über die Forderung. Da es sich grundsätzlich um schuldrechtliche Verträge handelt, durch die eine Forderung übertragen und eine Schuld übernommen wird, liegen insoweit schuldrechtliche Verfügungen vor, 398, 414, 415.

V. Die Verselbständigung einer Forderung für Übertragungszwecke hat besondere Bedeutung. Auf diese Weise wird eine Forderung, also ein relatives Recht, zu einem Gegenstand und steht auf einer Ebene mit dem Eigentum an einer Sache, das ebenfalls grundsätzlich frei übertragbar und auch in gewissem Umfang für Dritte angreifbar ist (zur Forderung als Gegenstand des Rechtsverkehrs vgl. auch *K. W. Nörr/Scheyhing*, Sukzessionen, 1983, § 1; *Larenz*, I § 33 I). Richtiger Ansicht nach muß sich diese Verselbständigung der Forderung auch auf ihren deliktischen Schutz auswirken. Nach herrschender Ansicht ist ein relatives Recht nach § 823 I nicht deliktisch geschützt, stellt insbesondere kein sonstiges Recht im Sinne dieser Vorschrift dar. Das trifft zu, solange es sich um die Forderung im Sinne eines relativ wirkenden Bandes zwischen Gläubiger und Schuldner handelt. Die Forderung als selbständig gewordener und von Dritten verletzbarer Gegenstand des Rechtsverkehrs verdient jedoch insoweit deliktischen Schutz, wenn auch nicht im gleichen Umfang wie das Eigentum und ein sonstiges dingliches Recht. Das zeigt sich besonders deutlich daran, daß mit der *Ausgestaltung* der Forderung zu einem Gegenstand des Rechtsverkehrs die Forderung auch als Sicherung verwendet werden kann, 1273 ff., 1279 ff. Wird an dem relativen Recht der Forderung ein Pfandrecht, also ein dingliches Recht, bestellt, so ist dieses geschützt, 823 I. Wenn also eine beliebige Person das Pfandrecht an der Forderung beeinträchtigt, so haftet sie nach den Vorschriften über unerlaubte Handlungen. Häufiger noch als die Verpfändung einer Forderung ist die Sicherungszession einer Forderung, also die Vollübertragung des Rechtes, weil hierfür die häufig als lästig empfundene Verpfändungsanzeige nach § 1280 wegfallen kann. Die Vollübertragung des Rechtes ist mehr als die Verpfändung der Forderung. Dennoch würde sie nach herrschender Auffassung nicht zu einem deliktischen Schutz führen. Wenn also eine Person die aufgrund der Sicherungszession entstandene neue Forderungszuständigkeit beeinträchtigt, so ist sie nach h. M. zum Schadensersatz nicht verpflichtet. Durch die Wahl der Sicherungszession gegenüber der Forderungsverpfändung würde damit der deliktische Schutz hinfällig. Das ist ungereimt. Infolgedessen verdient eine Forderung, wenn sie durch Abtretung oder durch Verpfändung oder sonstige Verfügung zum Gegenstand des Rechtsverkehrs gemacht und damit dem relativen Verhältnis zwischen Altgläubiger und Schuldner entzogen wird, den deliktischen Schutz nach § 823 I . Ebenso im Ergebnis *Larenz*, II § 72 I m. w. N.; siehe auch oben § 1 III 2b und unten § 103 I 6a.

§ 57
Forderungsübertragung

Literatur zur *fiduziarischen Zession* und zur *Einziehungsermächtigung* s. unter IV., zum Factoring unter V.; allgemein zur Zession: *Arndt*, Zessionsrecht, 1932; *Baumgärtel*, AcP 156, 265; *Beeser*, AcP 156, 414; *Blaum*, Das Abtretungsverbot nach § 399 2. Alt. BGB und seine Auswirkungen auf den Rechtsverkehr, 1983; *Brügmann*, Die Abtretung von Forderungen aus gegenseitigen Verträgen, 1934; *Bülow*, JA 83, 7; *Derleder*, AcP 169, 97; *Dölle*, FS M. Wolff, 1952, 23; *Eccius*, Gruchot 48, 465; *ders.*, Gruchot 53, 1; *Gernhuber*, FS Raiser, 1974, 57; *Hueck, Alfred*, Recht 1920, 97; *Kornblum*, BB 81, 1296; *Metzler*, Die Aufrechnung nach Übertragung oder Belastung, Diss. Marburg 1966; *Neumann-Duesberg*, FS Nipperdey, Bd. I, 1965, 659; *Nörr, K. W./Scheyhing*, Sukzessionen, 1983; *v. Olshausen*, AcP 182, 254; *Peters, W./Wiechmann*, ZIP 83, 1406; *Pick*, AcP 172, 39; *Reichel*, Recht 1911, 328; *Rose*, § 407 Abs. 1. Schuldnerschutz und Gläubigerrecht, Diss. Göttingen 1965; *Schumann, Hans*, Forderungsabtretung im deutschen, französichen und englischen Recht, 1924; *Schwenzer*, AcP 182, 214; *Seetzen*, AcP 169, 352; *ders.*, MDR 70, 809; *Strecker*, BB 65, 479; *Süss*, Abtretung künftiger Ansprüche, 1910; *Weimar*, MDR 79, 283; *Wieacker*, DRWiss. 41, 49.

I. Begriff

Die Abtretung (Zession) ist ein Vertrag, durch den der bisherige Gläubiger (Zedent) seine Forderung auf einen neuen Gläubiger (Zessionar) überträgt und damit selbst aus dem Schuldverhältnis ausscheidet, 398.

Die Zession ist ein schuldrechtliches Verfügungsgeschäft. Sie bedarf als solches eines wirksamen Rechtsgrundes (z. B. Kaufvertrag), sonst muß sie wegen ungerechtfertigter Bereicherung auf Verlangen rückgängig gemacht werden, 812ff. Die Forderung muß dann rückübertragen werden. Die Zession ist also kein Schuldverhältnis, sondern eine schuldrechtliche Verfügung über ein Schuldverhältnis im engeren Sinne, vgl. unten II 2. Zur Terminologie siehe oben § 56.

II. Voraussetzungen der Abtretung

1. Es bedarf eines Vertrages zwischen Zessionar und Zedent, der zum Gegenstand hat, daß die Forderung künftig dem Zessionar zustehen soll.

Die Vereinbarung, die Forderung solle zeitlich rückwirkend auf den Zessionar übergehen, bewirkt wegen der auf den Schuldner zu nehmenden Rücksichten (vgl. § 407 I a. E.) gleichwohl nur eine Abtretung ex nunc; doch müssen sich Zedent und Zessionar so behandeln, als ob die Forderung rückwirkend übergegangen sei, also insb. Zinsen ausgleichen.

2. Dem Zedenten muß die Forderung zustehen, andernfalls ist die Abtretung unwirksam. Das umschließt zwei Dinge: Die Forderung muß *bestehen*, und sie muß *dem Zedenten* zustehen: Nemo plus iuris transferre potest quam ipse habet.

Eine gutgläubige Begründung der Forderung in der Person des Zessionars ist grund-

Forderungsübertragung **§ 57**
II 5

sätzlich ausgeschlossen (Ausnahme bei § 2366 und im Wertpapierrecht; vgl. auch § 405: redlicher Erwerb in diesem Fall möglich, wenn der Schuldner eine Urkunde ausgestellt hat). Überträgt der Zedent eine ihm nicht zustehende Forderung, so erwirbt der Zessionar die Forderung also nicht, doch haftet der Zedent nach § 437, wenn das zugrunde liegende Kausalgeschäft ein Kauf war. § 437 findet über § 493 auf kaufähnliche Verträge entsprechende Anwendung. Gegenstand der Forderungsabtretung ist immer nur eine einzelne Forderung, nicht ein ganzes Schuldverhältnis im weiteren Sinne. Es gilt also auch hier das *Spezialitätsprinzip*, welches das Sachen- und Erbrecht beherrscht, weil durch schuldrechtliche Verfügung eine Forderung als Gegenstand des Rechtsverkehrs übertragen wird. Die Begründung von Rechtszuständigkeiten unterliegt aus Gründen der Klarheit dem Spezialitätsgrundsatz.

3. Die Abtretung ist grundsätzlich formfrei. Anders liegt es hauptsächlich im Wertpapierrecht, wo z. B. Orderpapiere nur in der bestimmten Form des Indossaments mit wertpapierrechtlicher Wirkung übertragen werden können, vgl. dazu unten § 96. Publizität der Abtretung (Anzeige an den Schuldner o. ä.) wird nicht verlangt, vgl. unten III 5 B.[1])

4. Auch bedingte, befristete und künftige Forderungen können abgetreten werden, BGHZ 70, 86. Doch muß die Forderung im Verhältnis Zessionar-Zedent bestimmt oder zumindest bestimmbar sein, BGHZ 26, 189; 71, 75; 79, 16; sonst ist die Abtretung mangels Bezugsobjekts unwirksam. Bei Abtretung künftiger Forderungen (Vorausabtretung) muß jede abgetretene Forderung spätestens im Zeitpunkt ihrer Entstehung zweifelsfrei bestimmbar sein, BGHZ 70, 89. Teilzessionen setzen teilbare Leistungen voraus, *Derleder,* AcP 169, 97; *K. W. Nörr/Scheyhing,* § 8. (Zum Problem Direkt- oder Durchgangserwerb u. III A. 1.).

5. Die Abtretbarkeit einer Forderung ist in bestimmten Fällen ausgeschlossen. Durch diese Fälle wird der Grundsatz der freien Abtretbarkeit einer Forderung eingeschränkt.

a) Nach § 399 1. Alt. kann eine Forderung nicht abgetreten werden, wenn die Leistung an einen anderen als den ursprünglichen Gläubiger nicht ohne Veränderung des Inhalts erfolgen kann.

Der Anspruch gegen einen Kunstmaler auf das Malen eines Porträts ist nicht übertragbar. Das gleiche gilt grundsätzlich für Unterhaltsansprüche in Natur (für Geldrente s. § 400 i. v. m. § 850 b I Nr. 2 ZPO), Ansprüche auf persönliche Dienste (613 S. 2, 664) Ansprüche aus Vorvertrag auf Vertragsschluß (RGZ 68, 355; 77, 407) und Ansprüche auf Befreiung von einer Verbindlichkeit, BGHZ 12, 136.

b) § 399 2. Alt. verbietet die Abtretung, wenn sie durch Vereinbarung mit dem Schuldner ausgeschlossen ist *(pactum de non cedendo).* Es handelt sich nicht um ein gesetzliches Veräußerungsverbot i. S. des § 135. Vielmehr entsteht die Forderung von vornherein als unveräußerliches Recht. Eine Übertragung an einen Dritten ist deshalb absolut unwirksam, die Unwirksamkeit kann aber durch Genehmigung des Schuldners oder nachträgliche vertragliche Vereinbarung zwischen dem Schuldner und dem ur-

---

[1]) Siehe aber BGHZ 75, 375 — GmbH-Anteil — und BGHZ 70, 75 — Steuerschulden —.

sprünglichen Gläubiger ohne Rückwirkung behoben werden; BGHZ 70, 299; *Larenz* I § 34 II 1; für Rückwirkung *Medicus* I § 62 I 4d; *Palandt/Heinrichs*, § 399, Anm. 6. Die Pfändung und Überweisung zur Einziehung einer nach § 399 2. Alt. nicht abtretbaren Forderung sind gem. § 851 II ZPO zulässig.

Der Abtretungsausschluß kann mit dem verlängerten Eigentumsvorbehalt, der Globalzession oder dem Factoringvertrag kollidieren. Der BGH hat bisher nur zu den ersten beiden Fällen entschieden: Der Abtretungsausschluß ist *weder sittenwidrig* (BGHZ 51, 113; 56, 173) *noch gem.* § *9 AGBG unwirksam* (BGHZ 77, 275; BGH NJW 81, 118). Im Rahmen des *echten Factoring* ist Abtretung dagegen i. d. R. nicht verbietbar, vgl. OLG Frankfurt NJW 77, 907; *Canaris,* NJW 81, 249 (254). Doch *auch Abtretungsverbote* können unter der *Voraussetzung des § 138 nichtig sein.* Alle Forderungen des Vorbehaltskäufers und Darlehensnehmers werden z. B. bei einem Großauftrag durch die öffentliche Hand häufig mit einem Abtretungsverbot belegt. Durch diese Zwangslage wird der Schuldner zur Täuschung seiner Vertragspartner genötigt. Daran ändert auch die Möglichkeit der späteren Genehmigung der Abtretung nichts. Sind also im Einzelfall die Voraussetzungen des § 138 gegeben (dies wird von der Rechtsprechung angenommen, „wenn das fragliche Geschäft nach seinem aus der Zusammenfassung von Inhalt, Beweggrund und Zweck zu entnehmenden Gesamtcharakter den guten Sitten zuwiderläuft"), ist das Abtretungsverbot als nichtig anzusehen, vgl. dazu auch *Koppensteiner,* JuS 72, 373, der im Ergebnis jedoch dem BGH zustimmt. Darüber hinaus ist das Abtretungsverbot bei Ausübung einer Monopolstellung mißbräuchlich und sittenwidrig, 826; 22 GWB.

c) Unselbständige Ansprüche, die einem anderen Rechtsverhältnis zu dienen bestimmt sind, sind selbständig nicht abtretbar (Pfandrecht, Hypothek, Anspruch auf Rechnungslegung oder Auskunftserteilung), arg. § 401 I; BGHZ 33, 83 (Berichtigungsanspruch). Das gleiche gilt für *Gestaltungsrechte,* die sich auf eine Forderung beziehen. Man kann zwar eine Kaufpreisforderung abtreten, nicht aber das Recht, diesen Kaufvertrag gem. §§ 119, 123 anzufechten, oder von ihm gem. §§ 346ff. zurückzutreten. Das führt zur Konstruktion der Einrede des (zwischen den Vertragsparteien bestehenden, aber nicht ausgeübten oder ausübbaren) Gestaltungsrechts im Verhältnis Zessionar – Schuldner, BGH NJW 73, 1793; dazu *K. W. Nörr/Scheyhing,* § 4 II 5 u. 6; *Medicus* I § 61 II 2; *Schwenzer,* AcP 182, 214.

d) Nach § 400 kann eine Forderung nicht abgetreten werden, soweit sie der Pfändung nicht unterworfen ist, §§ 850ff. ZPO. Doch entfällt das Abtretungsverbot nach dem *Zweck* des § 400, wenn der Abtretende vom Zessionar wirtschaftlich gleichwertige Leistungen erhält oder erhalten wird, BGHZ 4, 153; 13, 360; 59, 115 (teleologische Restriktion).

Wenn ein Arbeitnehmer einen Kreditkauf tätigt und an das Kreditinstitut seinen Lohnanspruch abtritt, so kann dies nur bis zu der in den §§ 850ff. ZPO genannten Grenze erfolgen.

e) Nicht abtretbar sind Forderungen, wenn die Zession selbst gegen die guten Sitten verstößt, BGHZ 19, 18. Hierher zählen etwa Fälle der Kredittäuschung, der Abtretung einer Forderung an eine Person, die Prozeßkostenhilfe beanspruchen kann, zur Umgehung der Kostenpflicht, oder der übermäßigen Sicherung bei der Sicherungsabtretung, BGHZ 26, 185. Sittenwidrig ist auch eine Globalzession künftiger Forderungen an eine Bank zur Sicherung eines Bankkredits, wenn die Zession auch solche Forderungen umfaßt, die der Kunde aufgrund verlängerten Eigentumsvorbehalts an seine Warenlieferanten üblicherweise abtreten muß, BGHZ 30, 149.

Forderungsübertragung **§ 57**
III A 4

f) Nicht abtretbar ist eine Forderung aus Vertrag, die mit einer deliktischen Forderung konkurriert, falls dadurch die Haftungsquoten nach §§ 840, 426 II umgangen würden, 134; so zu Recht BGHZ 17, 215 − Rübenschnitzel −.

g) Gelegentlich findet sich ein gesetzlicher Ausschluß von Forderungsabtretungen: 514, 717, 847, 1300.

h) Im Prozeß gelten für die Abtretung einer Forderung besondere Regeln: 325 I, 727, 730 ZPO.

6. Zweifelhaft ist die Gültigkeit der Blankoabtretung. Überwiegend wurde sie für unzulässig gehalten, weil dadurch Unsicherheiten über die zeitliche Zuordnung von Rechten entstehen, *Samuel,* Das Blankett im System des BGB, Diss. 1929, 42 unter Berufung auf RGZ 58, 169, 172 und RGZ 63, 230. Dem folgte auch die Vorauflage. Die neuerdings h. L. (vgl. *K. W. Nörr/Scheyhing,* § 2 II; *Palandt/Heinrichs,* § 398, 1 b) läßt eine Blankozession zu, bei der eine blanko ausgestellte Abtretungsurkunde mit der Ermächtigung übergeben wird, durch Ausfüllung sich selbst oder einen Dritten als Zessionar zu bestimmen. Dem ist unter Hinweis auf den Blankowechsel zuzustimmen. Der Blankozessionar wird i. d. R., insb. wenn die Abtretungserklärung der Schriftform bedarf (wie z. B. bei den Grundpfandrechten, 1154 I, 1192 I), erst mit der Ausfüllung des Blanketts Forderungsinhaber und zwar ohne Rückwirkung, RGZ 63, 230; 90, 273; BGHZ 22, 183.

7. Rückwirkende Abtretung ist grundsätzlich ausgeschlossen. Möglich sind aber schuldrechtliche Vereinbarungen, sich gegenseitig so zu stellen, als ob die Abtretung zu einem in der Vergangenheit liegenden Zeitpunkt wirksam geworden wäre (Rechtsgedanke des § 141 II).

III. Rechtsfolgen der Abtretung

A. Rechte des neuen Gläubigers

1. Die Forderung geht vollinhaltlich auf den Zessionar über, und zwar mit allen Vorzügen und Mängeln, 398. Bei mehrfacher Abtretung gilt nur die erste (Prioritätsgrundsatz); wenn sie nichtig ist (oben II 5), die zweite, usw. Abgetretene *künftige* Forderungen gehen mit ihrer Entstehung unmittelbar auf den Zessionar über, wenn zur Zeit der Abtretung ein Rechtsgrund für die Entstehung in der Person des Zedenten bestand. Gab es noch keinen solchen Entstehungsgrund, wird zunächst der Zedent Forderungsinhaber („Durchgangserwerb"), offengelassen in BGHZ 66, 385; 70, 86 (95); dazu *K. W. Nörr/Scheyhing,* § 9 III. Doch gilt § 15 KO stets, wenn die Forderung erst nach Konkurseröffnung entsteht, BGH NJW 55, 544; BGHZ 30, 149; 70, 86 (95).

2. Sicherungsrechte gehen mit über, 401.

3. Nach § 402 ist der Altgläubiger verpflichtet, dem neuen Gläubiger die zur Geltendmachung der Forderung nötigen Auskünfte zu erteilen und ihm die zum Beweis der Forderung dienenden Urkunden, soweit sie sich in seinem Besitz befinden, auszuliefern. § 402 ist ein Beispiel dafür, daß auch ein abstraktes Verfügungsgeschäft von Pflichten nach Treu und Glauben (242) begleitet sein kann. Doch ist es wirklich nur eine „Begleitung": Man kann die Pflichten aus § 402 schlecht erfüllen oder nicht erfüllen, es gibt aber keine Leistungsstörung des Verfügungsgeschäftes („Zession"), str.

4. Nach § 403 hat der Altgläubiger dem Neugläubiger auf Verlangen eine öffentlich beglaubigte Urkunde über die Abtretung auszustellen. Die Kosten dafür hat der Neu-

gläubiger zu tragen und vorzuschießen. Die Urkunde dient dem Neugläubiger zur Legitimation gegenüber dem Schuldner, 410.

B. Einwendungen des Schuldners und andere Schutzvorschriften zugunsten des Schuldners, 404 ff.

1. Allgemeine Vorbemerkung

Der Schuldner braucht, wie ausgeführt, der Zession nicht zuzustimmen. Dadurch ist der Schuldner in mancherlei Hinsicht gefährdet. Er weiß nicht, wer sein neuer Gläubiger ist. Die §§ 404 ff. enthalten wichtige Schutzvorschriften zugunsten des Schuldners (dazu *Kornblum,* BB 81, 1296 ff.; *Bülow,* JA 83, 7 ff.). Der Grundgedanke lautet: Die Stellung des Schuldners darf durch die Zession nicht verschlechtert werden. Dies ist ein gerechter Ausgleich dafür, daß er auf das Ob und Wie der Abtretung keinen Einfluß nehmen kann, BGHZ 19, 153; 31, 149. Die Einteilung dieser Schutzvorschriften erfolgt zweckmäßig in fünf Gruppen:

a) Erhaltung der Einwendungen, 404, 405

b) Aufrechnung gegenüber dem Neugläubiger, 406

c) Leistung an Altgläubiger und Doppelabtretung, 407, 408

d) Unrichtige und fehlende Anzeige, 409 – 411

e) Grundsatz der Pflichtenbegrenzung

2. Erhaltung der Einwendungen, die dem Schuldner gegen den Altgläubiger zustanden, gegenüber dem Neugläubiger

a) Die Regel enthält § 404, die Ausnahme § 405. Nach § 404 kann der Schuldner dem Neugläubiger die Einwendungen entgegensetzen, die z. Z. der Abtretung der Forderung gegen den bisherigen Gläubiger begründet waren. § 404 bezieht sich sowohl auf rechtsvernichtende Einwendungen (z. B. Erfüllung, Aufrechnung) wie auf echte Einreden, z. B. Bereicherung, Einrede des nichterfüllten Vertrags, Stundung. Nicht erforderlich ist, daß die Einwendungen und Einreden schon im Zeitpunkt der Abtretung bestanden (siehe auch oben II 4). Es genügt, wenn sie ihrem Rechtsgrunde nach bei der Abtretung schon gegeben waren; so genügt es für die Rechte aus §§ 320 ff., daß der gegenseitige Vertrag schon zur Zeit der Abtretung vorlag, auch wenn die Leistungsstörung erst nach der Abtretung eingetreten ist (hier zeigt sich besonders deutlich, daß der Schuldner durch die Abtretung nicht schlechter stehen soll).[2] Allenfalls kann der Schuldner durch Anerkennung der Forderung auf Aufforderung des Zessionars auf seine Einwendungen verzichten (deklaratorisches Schuldanerkenntnis).[3]

b) Eine Ausnahme zu § 404 bietet § 405. Hat der Schuldner eine Urkunde über die Schuld ausgestellt (z. B. einen Schuldschein), so kann er sich, wenn die Forderung unter Vorlegung der Urkunde abgetreten wird, dem Neugläubiger gegenüber nicht darauf

---

[2] Vgl. BGHZ 25, 29; BGH WM 81, 200 (weite Auslegung des § 401 durch die Rspr.) Vgl. auch *Pick,* AcP 172, 39 ff.

[3] Vgl. BGH LM § 406 Nr. 2; *Strecker,* BB 65, 479. A. A. *Marburger,* DB 73, 2125.

berufen, daß die Eingehung oder Anerkennung des Schuldverhältnisses nur zum Schein erfolgt oder daß die Abtretung durch Vereinbarung mit dem ursprünglichen Gläubiger im Sinne des § 399 2. Alt. ausgeschlossen sei. Dies gilt nur dann nicht, wenn der Neugläubiger den wahren Sachverhalt kannte oder fahrlässig nicht kannte (kennen mußte). Wenn also der Schuldner eine Schuldurkunde ausgestellt hatte und diese dem Neugläubiger bei der Abtretung vorgelegt wird, dann fallen zu Lasten des Schuldners zwei rechtshindernde Einwendungen fort: der Einwand des Scheingeschäfts (daß die Schuld zum Schein eingegangen sei, 117) und der des vertragsmäßigen Ausschlusses der Abtretung, 399. Dies sind Fälle, in denen eine Forderung kraft des guten Glaubens des Zessionars erworben wird. Tragender Grund ist der Rechtsschein, der durch die Urkunde hervorgerufen wird, vgl. Art. 17 WG.[4]) Insoweit ist ausnahmsweise der gute Glaube beim Forderungserwerb geschützt; vgl. § 2366.

3. Aufrechnung des Schuldners gegenüber dem Neugläubiger mit einer Forderung gegen den Altgläubiger

Der Grundgedanke der Regelung des § 406 ist, daß der Schuldner nur insoweit — aber auch in dem Umfang — geschützt werden soll, als er auf eine Befreiung durch Aufrechnung vertrauen durfte. § 406 enthält drei Fälle (a – c):[5])

a) Der Schuldner kann in jedem Fall aufrechnen, falls die Aufrechnung schon vor der Abtretung möglich gewesen wäre. Dies folgt bereits aus § 404, BGHZ 19, 156. *Metzler*, 25 hält den Zeitpunkt der Abtretung der Hauptforderung für unerheblich.

b) Der Schuldner kann weiterhin eine *vor der Abtretung* erworbene Gegenforderung gegenüber dem Neugläubiger aufrechnen, auch wenn sie erst nach der Abtretung fällig geworden ist. Das ist ihm nur dann verwehrt, wenn die ihm zustehende Gegenforderung erst nach der Kenntnis von der Abtretung *und* später als die abgetretene Forderung fällig geworden ist. Denn der Schuldner hat dann nicht damit rechnen können, sich durch Aufrechnung zu befreien. Das gilt auch dann, wenn eine „Primärforderung" (z. B. auf Erfüllung) zwar innerhalb der genannten Frist fällig war, aber mangels Gegenseitigkeit nicht aufgerechnet werden konnte, die aufrechenbare „Sekundärforderung" (z. B. auf Schadensersatz) aber erst später als die abgetretene Forderung fällig wurde. BGHZ 19, 158.

c) Der Schuldner kann aber auch eine erst *nach der Abtretung* gegen den Altgläubiger erworbene Forderung dem Neugläubiger gegenüber aufrechnen, wenn er sie vor erlangter Kenntis von der Abtretung (oder Vorausabtretung, BGHZ 66, 384) erworben hat. Aber auch dann muß die aufzurechnende Forderung vor der Kenntniserlangung und nicht später als die abgetretene Forderung fällig geworden sein. Der Grund ist der gleiche.

d) Der Schuldner kann schließlich wirksam aufrechnen, wenn er zur Zeit der Aufrechnungserklärung von der Abtretung nichts wußte, 407 I.[6])

---

[4]) Zu § 405 eingehend *Canaris*, Die Vertrauenshaftung im deutschen Privatrecht, 1971, S. 85 ff.

[5]) Zur speziellen Frage der Aufrechnung gemäß § 406 gegen Geldschuldbefreiungsansprüche nach deren Abtretung an den Drittgläubiger vgl. *v. Olshausen*, AcP 182, 254 ff.

[6]) Zur tatbestandlichen Abgrenzung des § 406 zu den §§ 404, 407 I vgl. *MünchKomm/ Roth*, § 406 Rn. 4 und eingehend *K. W. Nörr/Scheyhing*, 1983, § 7 III.

4. Leistung an Altgläubiger und Doppelabtretung

a) Nach § 407 I muß der Neugläubiger eine Leistung, die der Schuldner nach der Abtretung an den Altgläubiger bewirkt hat, gegen sich gelten lassen, es sei denn, daß der Schuldner die Abtretung bei der Leistung kennt. Das gleiche gilt für jedes Rechtsgeschäft, das nach der Abtretung zwischen dem Schuldner und dem Altgläubiger in bezug auf die Forderung vorgenommen wird. Hieraus folgt praktisch, daß der Neugläubiger ein wesentliches Interesse daran hat, für eine Unterrichtung des Schuldners von der Abtretung zu sorgen. Leistet z. B. der Schuldner in Unkenntnis der Abtretung an seinen bisherigen Gläubiger, dann leistet er zwar an den falschen, so daß eigentlich keine Erfüllung eintreten kann; dem Altgläubiger steht die Forderung ja nicht mehr zu. § 407 I sieht aber zum Schutz des Schuldners vor, daß der neue Gläubiger die Forderung verliert. Das gilt auch bei Zahlungen unter Verwendung von EDV-Anlagen, BGH NJW 77, 581. *Der Schuldner leistet befreiend an den alten Gläubiger*, der nicht mehr Gläubiger ist. Die Forderung des Neugläubigers geht unter. Ähnliches gilt, wenn der bisherige Gläubiger mit dem Schuldner etwa eine Stundung oder einen Vergleich vereinbart. Der Neugläubiger ist daran gebunden und kann die Leistung erst nach Ablauf der Stundungsfrist verlangen.

Im Fall der Leistung an den bisherigen Gläubiger geht der Neugläubiger zunächst einmal leer aus. Er kann aber nach § 816 II von dem Altgläubiger Herausgabe des Erlangten als ungerechtfertigte Bereicherung verlangen. Der Altgläubiger verstößt aber auch durch Entgegennahme des Geldes oder Stundung gegen seine vertraglichen Pflichten gegenüber dem Neugläubiger. Das der Zession *zugrunde liegende Schuldverhältnis* ist zwar durch die Zession bereits erfüllt. Jedes Schuldverhältnis hat aber nachwirkende Treuepflichten (242), die darauf abzielen, daß keine der Parteien auch im nachhinein die Durchführung des Geschäftes gefährden soll. Da der Altgläubiger diesen nachwirkenden Pflichten zuwiderhandelt, haftet er dem Neugläubiger aus Verletzung des der Abtretung zugrunde liegenden Kausalverhältnisses auf Schadensersatz (culpa post pactum perfectum), 242 (anders RGZ 111, 303: positive Vertragsverletzung). Das ist von Bedeutung, wenn die Entreicherung des Altgläubigers nach § 818 III zu einer Befreiung vom Anspruch des § 816 II führt. Schließlich ist aber im Falle der Leistung an den Altgläubiger ein Schadensersatzanspruch aus § 823 I gegeben, da hier die Forderungszuständigkeit des Neugläubigers durch den Altgläubiger verletzt wird. Es handelt sich zwar um die Abtretung eines relativen Rechtes, doch wird dies relative Recht durch die Abtretung zu einem selbständigen Gegenstand des Rechtsverkehrs, der deliktischen Schutz verdient, soweit Dritte darauf einwirken können (dazu oben § 56 V; *Larenz* I § 34 IV).

§ 407 II überträgt die Regel des Abs. 1 auch auf den Fall, daß nach der Abtretung zwischen dem Schuldner und dem bisherigen Gläubiger durch ein rechtskräftiges Urteil über die Forderung entschieden wird. Der neue Gläubiger muß das Urteil gegen sich gelten lassen, es sei denn, daß der Schuldner die Abtretung bei dem Eintritt der Rechtshängigkeit gekannt hat; vgl. § 325 ZPO, der durch § 407 II erweitert wird. (Vgl. dazu BGHZ 35, 168; BGHZ 52, 150: § 407 II wirkt nicht zugunsten des neuen Gläubigers. Die prozeßrechtlichen Probleme von § 407 II behandelt ausführlich *Schwab*, GS R. *Bruns*, 1980, 181 ff).

b) Die Verweisung des § 408 I auf § 407 ist wichtig. Wird die abgetretene Forderung von dem bisherigen Gläubiger nochmals an einen Dritten abgetreten, so finden, wenn der Schuldner an den Dritten leistet, weil dieser sich eher als der erste Neugläubiger gemeldet hat, die Vorschriften des § 407 entsprechende Anwendung. § 408 setzt voraus, daß der Altgläubiger die Forderung zunächst wirksam an den ersten Neugläubiger überträgt, danach treuwidrig gegenüber dem ersten Neugläubiger noch einmal an einen zweiten Neugläubiger. Da Forderungen nicht gutgläubig erworben werden können, erwirbt der zweite Neugläubiger die Forderung nicht. Leistet der Schuldner aber in Unkenntnis dieser Vorgänge an den zweiten Neugläubiger, weil dieser sich dem Schuldner gegenüber als wahrer und einziger Neugläubiger präsentiert, so gewährt § 408 denselben Schuldnerschutz wie § 407. Der Schuldner leistet wirksam an den zweiten Neugläubiger, obwohl diesem die Forderung nicht zusteht. Der frühere, wirkliche Erwerber muß sich zum Ausgleich nach § 816 II an den zweiten Neugläubiger halten. Wenn der Altgläubiger durch die zweite „Abtretung" gegen seine Pflichten aus dem Kausalverhältnis verstößt und die Rechtszuständigkeit des ersten Neugläubigers schuldhaft verletzt, haftet der Altgläubiger dem ersten Neugläubiger ebenso wie in § 407, s. oben III B 4a.

Das gleiche gilt, wenn die bereits abgetretene Forderung durch gerichtlichen Beschluß einem Dritten überwiesen wird oder wenn der bisherige Gläubiger dem Dritten gegenüber anerkennt, daß die bereits abgetretene Forderung kraft Gesetzes auf einen Dritten übergegangen ist, 408 II.

5. Schuldnerschutz bei falscher oder fehlender Anzeige

a) Zeigt der Altgläubiger dem Schuldner an, daß er die Forderung abgetreten habe, muß er dem Schuldner gegenüber die angezeigte Abtretung gegen sich gelten lassen, auch wenn sie nicht erfolgt oder nicht wirksam ist. Der Schuldner kann also jetzt an den neuen Gläubiger leisten, 409 I.

Der Anzeige steht es gleich, wenn der Gläubiger eine Urkunde über die Abtretung dem in der Urkunde bezeichneten neuen Gläubiger ausgestellt hat und diese dem Schuldner vorlegt, vgl. dazu § 403. Die Anzeige kann nur mit Zustimmung desjenigen zurückgenommen werden, welcher als der neue Gläubiger bezeichnet worden ist, 409 II. Leistet der Schuldner nach § 409 an den Neugläubiger, der die Forderung nicht wirksam erworben hat, so wird er dennoch befreit. Dies gilt nach h. M. auch für den Fall, daß der Schuldner die Unwirksamkeit der Abtretung bzw. die Unrichtigkeit der Anzeige oder der Urkunde gekannt hat, vgl. BGHZ 29, 82; *Palandt/Heinrichs*, § 409 Anm. 1 m. w. N. (ablehnend dagegen BGH WM 55, 830; offengelassen in BGHZ 56, 348; zum Ganzen *Backhaus*, JA 83, 408 ff.). Was über § 816 II und den internen Ausgleich zwischen Altgläubiger und Neugläubiger im Falle des § 407 gesagt wurde, gilt hier entsprechend, s. oben III B 4 a.

b) Die Bedeutung der Abtretungsurkunde ist in § 410 weiter erläutert. Der Schuldner ist dem neuen Gläubiger gegenüber zur Leistung nur gegen Aushändigung einer von dem bisherigen Gläubiger über die Abtretung ausgestellten Urkunde verpflichtet. Erfährt also der Schuldner von der Abtretung, so steht ihm diese aufschiebende Einrede so lange zu, bis der neue Gläubiger eine Urkunde aushändigt. Eine Kündigung oder eine Mahnung des Neugläubigers ist unwirksam, wenn sie ohne Vorlage einer solchen Urkunde erfolgt und der Schuldner sie aus diesem Grund unverzüglich zurückweist, 410 I. Diese Vorschriften finden keine Anwendung, wenn der bisherige Gläubiger schon dem Schuldner die Abtretung schriftlich angezeigt hat, 410 II.

c) Eine öffentlich beglaubigte Urkunde im Sinne des § 403 ist erforderlich, wenn eine Militärperson, ein Beamter, ein Geistlicher oder ein Lehrer an eine öffentliche Unterrichtsanstalt den übertragbaren Teil des Diensteinkommens, des Wartegeldes oder des Ruheteils abtritt. Diese Vorschrift dient dem Schutz öffentlicher Kassen. Sie ist z. B. wichtig für Kreditbüros, 411.

6. Der Schutz des Schuldners durch den Grundsatz: Nemo plus juris transferre potest quam ipse habet (Grundsatz der Pflichtenbegrenzung)

Hierbei handelt es sich nicht eigentlich um „Schuldnerschutz". Trotzdem ist es für den Schuldner oft wichtig zu wissen, daß ihn durch eine Abtretung nicht mehr Pflichten treffen können, als er schon hatte. Kein Gläubiger kann ein Mehr an Recht übertragen als er selbst hat (anders nur in § 405; siehe aber auch z. B. Art. 16 II Wechselgesetz; §§ 932, 892, 2366 BGB). Der Schuldner muß allerdings, im Rahmen des Zumutbaren, mit dem Gläubigerwechsel verbundene Erschwernisse, (z. B. zusätzliche Buchhaltungsarbeiten) hinnehmen, BGHZ 23, 55; vgl. *Baumgärtel*, AcP 156, 265. Das ist von Bedeutung in Fällen der folgenden Art:

A hat gegen X aus § 433 I 1 einen Lieferungsanspruch auf einen Posten Ziegelsteine „frei Baustelle". A tritt diesen Anspruch an B ab. B verlangt Lieferung. Die Baustelle des B liegt 10 km weiter von X entfernt als die des A. B kann nicht Lieferung an *seine* Baustelle verlangen. Die Mehrkosten des Transports muß also B tragen, nicht etwa X. Bietet aber B die Mehrkosten an, wäre es treuwidrig von X, die Lieferung an die Baustelle des B zu verweigern.

IV. Fiduziarische Zession (Treuhandgläubigerschaft) und Einziehungsermächtigung

Bähr, NJW 83, 1473; *Coing*, Die Treuhand kraft privaten Rechtsgeschäfts, 1973; *Doris*, Die rechtsgeschäftliche Ermächtigung bei Vornahme von Verfügungs-, Verpflichtungs- und Erwerbsgeschäften, 1974; *Henckel, W.*, FS Larenz, 1973, 643; *Kaduk*, (II.) FS *Larenz*, 1983, 303; *Köhler*, Findet die Lehre von der Einziehungsermächtigung im geltenden bürgerlichen Recht eine Grundlage? 1953; *Kötz*, Trust und Treuhand, 1963; *Lehmann, Heinrich*, Reform der Kreditsicherung an Fahrnis und Forderungen, 1937; *Löbl*, AcP 129, 257; *ders.*, AcP 130, 1; *Lwowski*, ZIP 81, 453; *Nörr, K. W./Scheyhing*, Sukzessionen, 1983, § 11; *Peters*, AcP 171, 234; *Rimmelspacher*, Kreditsicherungsrecht, 1980, § 7; *Rüssmann*, JuS 72, 169; *Stathopoulos, M. P.*, Die Einziehungsermächtigung, 1968; *Walter*, Das Unmittelbarkeitsprinzip bei der fiduziarischen Treuhand, 1974; *Wank*, JuS 79, 402; *Weber, Hansjörg*, Sicherungsgeschäfte, 2. Aufl. 1977, §§ 16, 17.

1. Will der Gläubiger die Forderung durch eine Hilfsperson einziehen, so bietet sich ihm zunächst die Vollmacht, 164ff. Sie wird aber den Bedürfnissen nicht immer gerecht. Die Vollmacht verlangt z. B. Offenkundigkeit, so daß der Schuldner von der Einschaltung eines Dritten und der Person des Gläubigers erfährt. Hierin liegt für den Gläubiger, der sich die Forderung abtreten ließ, aber im Hintergrund bleiben will, ein gewisser Nachteil. Ein anderer Nachteil der Vollmacht ist, daß sie sich kaum zu Sicherungszwecken eignet, wenn z. B. ein Kreditgeber dem Gläubiger Kredit gewährt und dafür als Sicherungsmittel die Forderung in Anspruch nimmt. Hier bietet sich zwar die Forderungsverpfändung an, 1279 ff., doch hat diese wiederum den Nachteil, daß sie nur nach Mitteilung an den Schuldner wirksam ist, 1280. Auch hier muß also der Gläubiger dem Schuldner gegenüber seine wirtschaftlichen Absichten aufdecken.

2. Zur Befriedigung dieser Bedürfnisse hat die Praxis, großenteils gedeckt durch die Rechtsprechung, die fiduziarische Zession entwickelt (*Larenz:* „Treuhandgläubigerschaft"; allgemein zum Treuhandverhältnis: *Siebert,* Das rechtsgeschäftliche Treuhandverhältnis, 1933). Bei der fiduziarischen Zession wird die Forderung voll übertragen, 398. Der Neugläubiger soll aber auf Dauer weder Inhaber der Forderung bleiben, noch soll er überhaupt wirtschaftlich der Gläubiger sein, sondern er ist im Innenverhältnis mit dem Altgläubiger entweder durch eine Sicherungs- oder durch eine Einziehungsabrede verbunden. Man unterscheidet deshalb bei der fiduziarischen Zession:

a) *Inkassozession:* Bei der Inkassozession wird dem Neugläubiger die Forderung nur zu dem Zweck übertragen, daß er sie rechtlich selbständig, aber wirtschaftlich für den Altgläubiger einzieht. Deshalb ist die Aufrechnung des Schuldners mit Gegenforderungen gegen den Altgläubiger zulässig, BGHZ 25, 367, früher str. Im Innenverhältnis kann ein Auftrag oder eine Geschäftsbesorgung vorliegen, 675. Wird die Forderung durch den Neugläubiger eingezogen, so erlischt sie, und der Neugläubiger ist verpflichtet, das Erhaltene aufgrund des Innenverhältnisses an den Altgläubiger weiterzuzahlen. Das Treuhandverhältnis, das durch eine solche Inkassozession zustande kommt, ist uneigennützig, BGH NJW 80, 991. Denn das Interesse auf Einziehung liegt allein auf der Seite des Altgläubigers, des Treugebers. Man spricht hier weniger deutlich auch von einer Verwaltungstreuhand.

b) *Sicherungszession:* Dagegen dient die Sicherungszession entsprechenden Zwecken wie die Sicherungsübereignung (die Bankpraxis spricht sowohl bei Sicherungszessionen als auch bei Sicherungsübereignungen vielfach von „Zessionen"; dieser Sprachgebrauch ist aber untechnisch). Bei der Sicherungszession soll der Neugläubiger für einen Kredit, den er dem Altgläubiger gewährt hat, dadurch gesichert werden, daß er für die Zeit seines Kredits die Forderung übertragen erhält. Wird der Kredit nicht rechtzeitig zurückgezahlt, so kann sich der Kreditgeber aus der Forderung befriedigen. Bis dahin ist der Altgläubiger zur Einziehung der Forderung dem Kreditgeber gegenüber berechtigt und verpflichtet, BGHZ 32, 70 f.; BGH NJW 81, 679 *(offene Zession).* Der Kreditgeber kann aber auch dem Altgläubiger eine zusätzliche Einziehungsermächtigung (dazu unten 8) in der Weise erteilen, daß der Altgläubiger Leistung an sich verlangen kann und als gewillkürter Prozeßstandschafter klagen kann, BGH NJW 78, 698 f. *(stille Zession).* In beiden Fällen kommt ein Treuhandverhältnis zustande. Der Kreditgeber und Treunehmer erhält die Forderung, nicht damit er sie behält, sondern damit er sie für den anderen zu Sicherungszwecken innehat. Deswegen soll die Sicherungszession durch den Sicherungszweck auflösend bedingt sein, BGH NJW 82, 275; *Tiedtke,* DB 82, 1709; *Bähr,* NJW 83, 1473 (anders dagegen BGH WM 60, 1407; *Jauernig,* NJW 82, 268). Im Unterschied zur Inkassozession ist aber die Sicherungszession ein eigennütziges Treuhandverhältnis, denn der Kreditgeber und Treunehmer läßt sich die Forderung abtreten, um für den von ihm gewährten Kredit gedeckt zu sein. Im Unterschied zur Verwaltungstreuhand spricht man hier von der Sicherungstreuhand.

Der Inkasso- und der Sicherungszession ist wie allen Treuhandverhältnissen gemein, daß die Rechtsstellung des Rechtsinhabers nach außen voll, d. h. ohne Einschränkung übertragen wird, daß aber der Rechtsinhaber nach innen durch schuldrechtliche Absprachen mit einem anderen gebunden ist. Hieraus ergeben sich für die fiduziarische Zession wie für alle Treuhandverhältnisse eine Reihe von Rechtsfragen. Zu der zugrundeliegenden Sicherungsabrede unten § 92 IV.

3. Es ist fraglich, welche *Einwendungen* der Schuldner gegen den neuen Gläubiger, der hier nur fiduziarischer Neugläubiger ist, vorbringen kann. Da die fiduziarische Zession dem Neugläubiger nach außen die volle Stellung eines Gläubigers verschafft, gelten die §§ 404 ff. ihm gegenüber. Das bedeutet, daß der Schuldner bei jeder Form der fiduziarischen Zession dem Neugläubiger gegenüber alle Einwendungen hat, die ihm z. Z. der Abtretung gegen den Altgläubiger zustanden. Außerdem hat der Schuldner gegen den Neugläubiger alle sonstigen Einwendungen, die ihm unabhängig von der Abtretung gegen den Neugläubiger zustehen. Grundsätzlich kann der Schuldner aus dem Sicherungsvertrag zwischen Zedent und Zessionar keine Einwendungen erheben. Der Drittschuldner kann nur das Recht des „pactum de non petendo" geltend machen, wenn es ihm zu seinen Gunsten von Zedent und Zessionar eingeräumt worden ist (*Willoweit,* NJW 74, 974). *Hinzu kommt,* daß Inkassozessionen an sich zur Folge haben würden, daß dem Schuldner keine Einwendungen zustehen, die er gegen den Altgläubiger nach der Abtretung erwirbt. Wirtschaftlich ist die Forderung aber noch stets dem Altgläubiger zuzurechnen. Die Rechtsprechung gewährt deshalb zu Recht bei der Inkassozession als einer uneigennützigen Treuhand (Verwaltungstreuhand) dem Schuldner gegen den Neugläubiger auch alle diejenigen Einwendungen, die der Schuldner nach der Abtretung gegen den Altgläubiger erwirbt. Auf diese Weise wird verhindert, daß dem Schuldner durch die Inkassozession Einwendungen abgeschnitten werden. Bei der Inkassozession kann also der Schuldner dem Neugläubiger im Ergebnis alle Einwendungen entgegenhalten, die ihm gegen ihn und gegen den Altgläubiger bis zum Zeitpunkt der Geltendmachung entstanden sind.

4. Da der Altgläubiger die Forderung zu wirtschaftlich vorübergehenden Zwecken, rechtlich aber voll überträgt, läuft er Gefahr, die Forderung zu verlieren, wenn Gläubiger des Neugläubigers gegen diesen in die abgetretene Forderung *vollstrecken* wollen.

Die Rechtsprechung macht hier vom Grundsatz der Vollübertragung der Forderung Ausnahmen. Wird gegen den Neugläubiger (Sicherungsnehmer) eine Einzelzwangsvollstreckung betrieben, so kann der Altgläubiger (Sicherungsgeber) wegen seiner Forderung schon vor der Befriedigung des Sicherungsnehmers nach § 771 ZPO die Widerspruchsklage erheben (BGHZ 72, 143 ff.). Anders, wenn der Sicherungsnehmer in Konkurs fällt: hier ist auf den Zeitpunkt der Befriedigung abzustellen. Vor der Verwertungsreife kann der Sicherungsgeber nicht aussondern; a. A. *Enneccerus/Nipperdey* § 148 II 1 aβ bejaht das Aussonderungsrecht, aber der Konkursverwalter hat ein Zurückbehaltungsrecht. Bei der Verwertungsreife hat der Sicherungsgeber nur Anspruch auf den Übererlös. Nach Befriedigung steht ihm das Aussonderungsrecht zu, 43 KO.

Wird umgekehrt gegen den Sicherungsgeber eine Einzelzwangsvollstreckung betrieben und wird dabei in die Forderung vollstreckt, so kann der Sicherungsnehmer nach § 771 ZPO vorgehen, jedenfalls so lange, wie nicht sein Kreditanspruch von dem Schuldner oder von dem vollstreckenden Gläubiger nach § 267 befriedigt worden ist. Im Konkurs des Sicherungsgebers kann der Sicherungsnehmer allerdings nur abgesonderte Befriedigung verlangen, da nunmehr das Vermögen des Sicherungsgebers als Gemeinschuldner insgesamt abgewickelt werden muß (RGZ 124, 73 ff.; BGH NJW 79,

366). Die Sicherungszession ist also nach herrschender Meinung zu behandeln wie die Sicherungsübereignung.
Anders ist die Rechtslage bei der Verwaltungstreuhand. Wird hier gegen den Treuhänder Einzelzwangsvollstreckung betrieben, so kann der Treugeber die Drittwiderspruchsklage erheben, 771 ZPO. Fällt der Treuhänder in Konkurs, so kann der Treugeber aussondern, denn das Treugut gehört wirtschaftlich zu seinem Vermögen. Wird umgekehrt in das Vermögen des Treugebers Einzelzwangsvollstreckung betrieben, so steht dem Treunehmer keine Drittwiderspruchsklage zu, auch keine Vorzugsklage, 805 ZPO. Im Konkurs hat er kein Aus- oder Absonderungsrecht. Das Treuhandverhältnis erlischt entsprechend § 23 II KO.

5. Zu prüfen ist in diesem Zusammenhang stets, ob eine Sicherungszession gegen die *guten Sitten* verstößt. Das ist z. B. dann angenommen worden, wenn der Altgläubiger als Sicherungsgeber auch künftige Forderungen im Wege der sog. *Globalzession* in einem Umfang abtritt, daß ihm selbst die wirtschaftliche Bewegungsfreiheit genommen wird („*Knebelung*", BGHZ 7, 111; 19, 12; 26, 185), wenn die Globalzession zur „*Übersicherung*" führt (BGHZ 26, 178 und 185) oder wenn „*Gläubigergefährdung*" vorliegt, insb. wenn Forderungen gegen Warenkunden abgetreten werden, die der Sicherungsgeber vertragsgemäß an seine Warenlieferanten aufgrund verlängerten Eigentumsvorbehalts abtreten muß, BGHZ 30, 149. Die Banken bekämpfen diese Gefahr dadurch, daß sie diese Forderungen formularmäßig von den Globalzessionen ausnehmen, BGHZ 72, 308 (Teilverzichtsklausel dazu allerdings nicht ausreichend). Immer, wenn die Parteien sich in „zu mißbilligender Gesinnung" über die mit den Warenlieferanten getroffenen Vereinbarungen hinwegsetzen, sei die Globalzession als erste Zession gem. § 138 nichtig. Praktisch ist damit der grundsätzlich immer noch geltende *Prioritätsgrundsatz* (vgl. *Soergel/Schmidt* § 398, Rn. 11: die erste Abtretung ist die einzig wirksame) stark durchlöchert, und zwar zugunsten des Warenkreditgebers und zu Lasten des Geldkreditgebers, sog. *Vertragsbruchtheorie, Flume* NJW 50, 841, 847 und 59, 913, 918; diese Kombination von Prioritätsprinzip und Vertragsbruchtheorie ist seit BGHZ 30, 149; 32, 361 herrschende Ansicht, vgl. zuletzt BGH NJW 83, 2504; s. a. u. § 71 V 4a. Der Warenkreditgeber und Vorbehaltsverkäufer darf aber auch seinerseits keine Übersicherung beanspruchen, 138; BGHZ 26, 178 und 185.

6. In welcher Weise nach *Tilgung* der zugrundeliegenden zu sichernden Forderung die abgetretene Forderung wieder an den Altgläubiger zurückübertragen wird, richtet sich nach den Vereinbarungen zwischen Sicherungsgeber und Sicherungsnehmer. Im Zweifel wird die Sicherungszession auflösend bedingt gewollt sein. Ist dies nicht der Fall, so ist der Neugläubiger als Sicherungsnehmer nach Tilgung der zu sichernden Forderung aus der Sicherungsabrede schuldrechtlich verpflichtet, die Forderung zurückzuübertragen.

7. Bis zu diesem Zeitpunkt ist der Neugläubiger dem Schuldner gegenüber grundsätzlich der *einzige Gläubiger*. Für und gegen den Schuldner gelten also die Vorschriften der §§ 398 ff., soweit in ihnen vom neuen Gläubiger die Rede ist. Dies gilt insbesondere, mit den oben angedeuteten Erweiterungen, für den Schuldnerschutz.

8. Einziehungsermächtigung: Fraglich ist, ob man zwischen der Vollmacht und der Inkassozession eine Zwischenform in Gestalt der Einziehungsermächtigung annehmen kann, bei welcher der Gläubiger nicht wie bei der Vollmacht gehalten ist, das Vertretungsverhältnis aufzudecken, bei der er aber andererseits auch nicht gezwungen ist, das Recht treuhänderisch auf eine Inkassoperson zu übertragen. Die Zulässigkeit der Einziehungsermächtigung ist im Schrifttum lebhaft umstritten. Sie wird aber heute überwiegend bejaht mit der Einschränkung, daß sie wegen der „Verdoppelung der Gläubigerstellung" nicht zu einer Verschlechterung der Schuldnerposition führen darf. (*Larenz*, I § 34 V c; *Stathopoulos, M. P.*, Die Einziehungsermächtigung, 1968). Wichtige Anwendungsfälle sind der verlängerte Eigentumsvorbehalt (VEV, s. u. § 71 V 4a) und die Globalzession an eine kreditgebundene Bank (s. o. 5.).

Die Einziehungsermächtigung ist zu deuten als ein Unterfall der Übertragung zur Ausübung. Gedankliche Grundlage ist § 185; a. A. *Rüssmann,* der die Einziehungsermächtigung nicht auf § 185 stützt, sondern nur als Gewohnheitsrecht oder richterliche Rechtsfortbildung anerkennt, JuS 72, 170. Der Berechtigte erteilt dem Nichtberechtigten die Ermächtigung zur Ausübung des Rechts. Jedes Recht, auch manches nicht übertragbare, kann grundsätzlich zur Ausübung übertragen werden (vgl. z. B. § 1092). Dann verbleibt die Rechtsinhaberschaft bei dem bisherigen Inhaber, aber gewisse oder alle zur Ausübung nötigen Befugnisse des Rechtes werden auf eine andere Person übergeleitet. Das gilt nicht nur für dingliche Rechte, sondern grundsätzlich auch für obligatorische (übrigens auch für Mitgliedschaften).

So kann bei einer Forderung die Befugnis zu *mahnen* oder zu *kündigen* ohne Übertragung auf einen anderen „zur Ausübung" übertragen werden. Wird die Befugnis, die Forderung einzuziehen, übertragen, so liegt darin die Ermächtigung (185) zu einer Verfügung über die Forderung (nämlich zur Einziehung). Eine Spaltung der Rechtszuständigkeit tritt hierbei nicht ein. Die Rechtszuständigkeit verbleibt vielmehr beim alten Inhaber. Nur die Ausübung gewisser Befugnisse, hier also die Einziehungsberechtigung, wird gestattet. Es handelt sich auch nicht um eine Abtretung „mit Wirkung bloß gegenüber dem Schuldner". Vielmehr liegt überhaupt keine Abtretung vor.

Damit ist noch keine Entscheidung getroffen über die Frage, ob die zur Einziehung ermächtigte Person berechtigt ist, die Forderung auch im Prozeß geltend zu machen. Hierüber entscheidet nicht das materielle Recht, sondern auch das Prozeßrecht nach den Regeln über die gewillkürte Prozeßstandschaft. Diese setzt nach der Rechtsprechung ein eigenes Interesse des Geltendmachenden voraus; hieran ist festzuhalten. Da häufig ein solches Eigeninteresse des Geltendmachenden nicht vorliegt (und auch nicht in der entgeltlichen Geltendmachung zu erblicken ist), berechtigt eine Einziehungsermächtigung oft nicht zur prozessualen Geltendmachung (Ausnahme z. B.: Sicherung des Ermächtigten ist bezweckt). Das hat zur Folge, daß im Prozeß der ermächtigende Gläubiger nicht als Zeuge gegen den Schuldner auftreten kann, es sei denn, die Voraussetzungen einer gewillkürten Prozeßstandschaft liegen vor. Außergerichtlich aber hat der zur Einziehung Ermächtigte das Recht, im eigenen Namen für fremde Rechnung die Forderung geltend zu machen.

Eine Schlechterstellung des Schuldners darf durch die Einziehungsermächtigung ebensowenig erfolgen wie durch die Forderungsabtretung.

Leistet der Schuldner im Vertrauen auf eine gültige Einziehungsermächtigung an den Ermächtigten, so muß er in Analogie zu den §§ 404ff., insb. 407, geschützt werden. Denn eine Einziehungsermächtigung darf den Schuldner nicht schlechter stellen als eine Forderungsabtretung. In den hier gezogenen engen Grenzen dürfte die Einziehungsermächtigung unbedenklich sein und einem praktischen Bedürfnis gelegentlich entsprechen. Zur Abgrenzung der Einziehungsermächtigung von der Inkassozession siehe *Henckel*, (I.) FS *Larenz,* 1973, 643.

9. *Verpflichtungsermächtigung:* Zu unterscheiden von der Einziehungsermächtigung ist die — bestrittene — Verpflichtungsermächtigung. Sie hat mit dem Problem der Übertragung von Forderungsrechten unmittelbar nichts zu tun. Bei der Verpflichtungsermächtigung geht es um eine Frage des Allgemeinen Teils des Bürgerlichen Rechts, ob nämlich § 185 über die Ermächtigung auch auf Schuldrechte angewandt werden kann. Ist das möglich, könnte eine Person (A) eine andere (B) ermächtigen, mit einer dritten Person (C) einen Schuldvertrag abzuschließen, aus dem die erste Person (A) *verpflichtet* wird.

Was die *Berechtigung* aus dem Vertrag B−C anlangt, macht die Überleitung von B auf A keine Schwierigkeiten. B kann abtreten, 398ff.; auch im Vornhinein. C braucht von alledem nichts zu erfahren. Die *Verpflichtung* dagegen aus dem Vertrag B−C könnte im Vorhinein von B auf A ohne Befragung des C nur übergeleitet werden, wenn man eine Verpflichtungsermächtigung anerkennt. Die Verpflichtungsermächtigung gehört daher in den Problemkreis der Schuldübernahme (unten § 59). Eine Schuldübernahme setzt aber stets die Zustimmung des Gläubigers voraus, weil er die Möglichkeit haben muß, sich den Schuldner persönlich anzusehen und auf Kreditwürdigkeit usw. zu prüfen. Diesem Grundgedanken der §§ 414, 415 würde eine Verpflichtungsermächtigung widersprechen.

Zu sachenrechtlichen Verfügungen kann man nach § 185 eine Ermächtigung mit Wirkung für und gegen den Ermächtigenden erteilen, weil Sachenrechte gegen jedermann mit gesetzlich normiertem Inhalt wirken und es deshalb dem Verfügungsgegner grundsätzlich gleichgültig sein kann, gegen wen er das Sachenrecht geltend zu machen hat. (A ermächtigt B, an A's Sache C einen Nießbrauch zu bestellen. C hat gegen A, B, X, Y und Z gleiche Rechte, nämlich die Beachtung des Nießbrauchs, 1065, 985ff.) Schuldrechte wirken aber nur zweiseitig, relativ. Einem Schuldvertragspartner ist es durchaus nicht gleichgültig, wer sein Gegner ist, wenn es um den Schutz seiner Rechte geht. Darum bedarf es, wenn ein Schuldvertragsschluß für und gegen einen Dritten wirken soll, der Stellvertretung mit ihrer Offenkundigkeit, 164ff. (A bevollmächtigt den B, dem C A's Sache zu vermieten. Für C ist die Kenntnis seines Partners mitentscheidend.

Nur beim „Geschäft für wen es angeht" kann auf die Offenkundigkeit verzichtet werden, weil es dem Vertretungsgegner gleichgültig ist, mit wem er abschließt (A bittet den B, für ihn, A, bei der Marktfrau C ein Pfund Apfelsinen zu kaufen). Eine Verpflichtungsermächtigung wäre für den Regelfall eine unzulässige Umgehung des Offenkundigkeitsprinzips der Stellvertretung; beim „Geschäft für wen es angeht", ist sie zulässig, aber überflüssig: hier ist Vollmacht gleich Ermächtigung. Bei Vereins- und Gesellschaftsgründungen ergeben sich besondere Fragen der „Verpflichtungsermächtigung", die sich aber auf der Grundlage der für *Vorvereine* und *Vorgesellschaften* herrschenden Identitätstheorie befriedigend lösen lassen, dazu unten § 88 I 6 und RGZ 38, 370ff.; 85, 256; 103, 230; 123, 24ff.; 151, 91; KG JW 31, 545.

V. Factoring

Bähr, NJW 79, 1281; *Bette,* Das Factoring-Geschäft, 1973; *Blaurock,* ZHR 142, 325; 143, 71; *Canaris,* Bankvertragsrecht, 2. Aufl. 1981, Rn. 1652 ff.; *ders.,* NJW 81, 249, 1347; *Ehling,* Zivilrechtliche Probleme der vertraglichen Ausgestaltung des Inland-Factoring-Geschäfts, 1977; *Einsele,* Factoring, Waren und Geldkredit, Diss. Tübingen 1982; *Fischoeder,* Factoring in Deutschland, Diss. Köln 1963; *Glomb,* Finanzierung durch Factoring, 1969; *Lunckenbein,* Rechtsprobleme des Factoring-Vertrages, Diss. München 1983; *Michels,* BB 76, 325; *Nörr, K. W./Scheyhing,* Sukzessionen, 1983, § 12 I; *Peters/Wiechmann,* ZIP 82, 1406; *Rödl,* BB 67, 1301; *Roth, G.,* Jura 79, 297; *Serick,* BB 1976, 425; *ders.,* ZHR 143, 68; *ders.,* BB 79, 845; *ders.,* NJW 81, 794, 1715; *Schmidt, K.,* DB 77, 65; *Schmitt, R. M.,* Das Factoring-Geschäft, 1968; *Teubner,* JuS 72, 261; *Wolf, Eckhard,* WM 79, 1374.

1. Begriff, Bedeutung und Arten

Unter Factoring versteht man gewerbsmäßigen Ankauf und Geltendmachung von Forderungen anderer, zumeist verbunden mit der Führung der *Debitoren*buchhaltung des die Forderungen *abtretenden Unternehmens.*[7]) Ein Unternehmen, das die Vorteile der elektronischen Datenverarbeitung nutzen, aber die damit verbundenen organisatorischen Mehrbelastungen nicht auf sich nehmen will, kann sich in dieser Weise der Hilfe eines sogenannten *Factors,* meist einer Bank, bedienen. Der Vorteil des modernen Factoring gegenüber der altbekannten Inkassozession durch „Inkassobüros" besteht für das auftraggebende Unternehmen darin, daß die Gutschrift des Factoring-Erlöses i. d. R. sofort nach Eingang der Rechnungskopien erfolgt, die das Unternehmen der Bank aus laufenden Geschäften mit Drittschuldnern (Debitoren) einreicht. Für die sich zeitlich daran anschließende Geltendmachung der Forderungen durch die Bank gegen die Drittschuldner zieht die Bank bei der Gutschrift die sogenannte Factoring-Gebühr ab (Diskontierungsnatur des Factoring). Oft wird noch ein weiterer Sperrbetrag als Sicherheit für Mängelrügen, Retouren, Zahlungsausfälle, Aufrechnungen usw. einbehalten und laufend dem Gesamtbetrag der von einem Unternehmen angekauften Forderungen (sog. Factoring-Obligo) angepaßt. Abgesehen von diesen beiden Abzügen kann das Unternehmen über die gutgeschriebenen Factoring-Rechnungen sofort verfügen, was für das Unternehmen eine zusätzliche Finanzierungsquelle bedeutet.

Man unterscheidet *unechtes* und *echtes* Factoring. Das *unechte* ist seinem Wesen nach eher eine Inkasso-*Geschäftsbesorgung* (675), verbunden mit einer *Kreditierung* des einzuziehenden Betrags durch die Factoring-Bank zugunsten des auftraggebenden Unternehmens. Beim *unechten* Factoring ist die bei-

---

[7]) Sowohl das abtretende Unternehmen als auch dessen Debitor werden in der Branchensprache nicht selten „Kunde" genannt. Der Ausdruck wird daher hier vermieden. Der Unternehmer heißt auch „Anschlußkunde", der Debitor – sein Schuldner – auch „Drittschuldner".

zutreibende Forderung daher nur zur Sicherheit für die Kreditierung, also erfüllungshalber (364 II), zediert. Zahlt der Drittschuldner (Debitor) endgültig nicht, wird der Rechnungsbetrag zurückbelastet. Das Risiko der Uneinbringlichkeit trägt also das Unternehmen (der „Kunde" des Factors).

Beim *echten* Factoring hingegen übernehmen die Factoring-Banken das Risiko der Einbringlichkeit (Delkredere) selbst und lassen sich dafür eine zusätzliche Provision zahlen. Hier erfolgt die Abtretung nicht nur erfüllungshalber, sondern in Erfüllung des Factoring-Vertrags (so *MünchKomm/Roth* § 398 Rn. 118) oder zur Abdeckung der Kreditierung an Erfüllungs statt, 364 I (so *Canaris,* 1. Aufl. Rn. 593, anders 2. Aufl. Rn. 1655). Dadurch ähnelt das *echte* Factoring einem *Forderungskauf* (§ 66 IV 1 u.), verbunden mit der *Diskontierung* des Forderungsbetrags.

Zumeist verpflichtet sich das Unternehmen im Factoring-Vertrag, *alle* seine Forderungen aus laufenden Geschäften der Bank zum Ankauf anzubieten. I. d. R. bedeutet das eine *globale Zession* der bestehenden und zukünftigen Forderungen (*Canaris*[2] Rn. 1661) und keine Einzelabtretung aufgrund einer sog. (obligatorischen) „Mantelzession". (Diese globale Zession darf nicht mit der Globalzession zu Sicherungszwecken (u. 2a) verwechselt werden). Die Bank behält sich vor, den Ankauf zweifelhafter Forderungen abzulehnen. Unternehmen und Bank stimmen sich mit der Gewährung von Zahlungszielen aufeinander ab. Die Forderungen gehen mit den Sicherheiten auf die Bank über. Mängelrügen müssen von dem Unternehmen sofort geregelt werden; wenn Abhilfe nicht möglich ist, wird die Bank benachrichtigt, die den Rechnungsbetrag zurückbucht.

Man unterscheidet das *offene* und das *verdeckte* Factoring. Beim offenen geht aus den Rechnungen des Unternehmens hervor, daß Zahlung an die Factoring-Bank X zu erfolgen hat. Beim verdeckten Factoring kann der Kunde durch eine Klage der Bank überrascht werden.

2. Kollisionen mit Globalzession und verlängertem Eigentumsvorbehalt

a) Hat das Unternehmen einem Geldkreditgeber, z. B. einer Geschäftsbank, seine gegenwärtigen und künftigen Forderungen gegen Drittschuldner zur Sicherheit für den Kredit abgetreten (Globalzession) und mit einer anderen Bank einen Factoringvertrag abgeschlossen, so wird diese Kollision nach dem Prioritätsprinzip gelöst; BGHZ 75, 394; a. A. *Canaris*[2] Rn. 1692.

Es besteht kein Grund, die von der Rechtsprechung entwickelte Bevorzugung des Warenkreditgebers auf das Verhältnis Globalzession-Factoringvertrag zu übertragen. Beide Verträge dienen der Kreditbeschaffung (auch das Factoring, wenn es auch nicht immer das Hauptziel des Vertrages ist), und werden von Banken mit dem Unternehmen abgeschlossen, so daß keiner schutzwürdiger als der andere ist. Es bleibt damit beim strikten Prioritätsprinzip. Allerdings ist bei einer Globalzession stets die Sittenwidrigkeit durch Knebelung oder Übersicherung gem. § 138 zu prüfen. Die Bank kann im Globalzessionsvertrag den Zedenten zur *Einziehung* der abgetretenen Forderungen *ermächtigen,* 185 (s. o. IV 8), BGHZ 75, 391.

b) Im Verhältnis zur Zession aufgrund *verlängerten Eigentumsvorbehalts*

(VEV) (unten § 71 V 4a) treten für die Factoring-Zession ähnliche Probleme auf. Ging die Zession aufgrund verlängerten Eigentumsvorbehalts zeitlich voran (künftige Forderungen sind abtretbar!), ist die nachfolgende Factoring-Zession an sich unwirksam. Damit ist dem Warenkreditgläubiger aber nicht allein gedient. Auch ihm nützt letztlich ein wirksames Factoring-Verfahren seines Schuldners. Darum darf man eine Ermächtigung des Warenkreditgebers an den Warenkreditschuldner, der Unternehmer im Sinne des Factoring ist, annehmen, gem. § 185 die Forderung nicht nur selbst einzuziehen, sondern auch zu Factoring-Zwecken abzutreten, falls der Unternehmer dafür sorgt, daß die darauf eingehenden Beträge nicht ihm, sondern seinem Warenkreditgeber auf einem Treuhandkonto der Factoring-Bank gutgeschrieben und dem Warenkreditgeber zur Disposition gegeben werden, oder wenn in anderer Weise eine wirksame Zweckverbindung des Factoring zugunsten des Warenkreditgebers erfolgt, BGHZ 75, 12; 75, 391; 82, 50 (wo es an dieser Sicherung fehlte).

Wurden die Forderungen zuerst an die Factoring-Bank zediert und erfolgte dann die Abtretung aufgrund VEV, stellt sich das Problem, ob man die Grundsätze der Rechtsprechung über das Verhältnis Globalzession − VEV auf das Verhältnis Factoring-Zession − VEV übertragen soll, dazu o. IV 5; *Canaris*[2] Rn. 1685 ff.; *MünchKomm/Roth* § 398 Rn. 120; beide m. w. A. Das würde bedeuten, daß der Prioritätsgrundsatz immer zurücktritt, wenn damit zu rechnen war, daß die Forderung für einen VEV benötigt wird (so die Voraufl.). Diese − der Konfliktlösung zwischen Globalzession und Warenkredit korrespondierende − Begünstigung des VEV sollte auch die *Regel* bleiben, BGHZ 82, 50. Der Einschränkung dieses Grundsatzes durch *Canaris*[2] Rn. 1685, der Factoring-Bank dagegen den Vorrang vor dem Vorbehaltskäufer einzuräumen, sobald sie die ihr abgetretene Forderung *bevorschußt* hat, ist jedoch zuzustimmen, weil unter dieser Voraussetzung der Zugriff des Factors auf die Forderung im Wege der Vorausabtretung keine sittenwidrige Mißachtung der für ihn erkennbaren Interessen der Warenkreditgläubiger darstellt (*Barvorschußtheorie*, zu Unrecht beschränkt auf das echte Factoring in BGHZ 69, 254). Darüberhinaus kann sich der Vorbehaltsverkäufer durch antizipierte Zession von Factor-Gutschriften sichern.

3. Kollision mit Abtretungsverboten in Kundenverträgen:

Manche Debitoren des Unternehmens verbieten jede Abtretung von Preisforderungen aus den mit ihnen geschlossenen Geschäften, 399. Insoweit ist eine nachfolgende Factoring-Zession unwirksam. Die Factoring-Banken verlangen daher häufig im Factoring-Vertrag von ihren Auftraggebern, sich um die Aufhebung zu bemühen (näher *Canaris*[2] Rn. 1703 ff.).

§ 58
Gesetzliche Übertragung der Forderung
und Übertragung anderer Rechte

Fuchsius, Das Quotenrecht in der Privat-, Beamten- und Sozialversicherung, 1971; *Herpers,* AcP 166, 454 (zum Quotenvorrecht); *Mössinger,* Das Quotenrecht der Sozialversicherungsträger, 1979; *Nörr, K. W./Scheyhing,* Sukzessionen, 1983, § 13; *Schmitt,* SozArbR 83, 465; *Tiedtke,* Aufrechnungsfragen beim gesetzlichen Forderungsübergang, Diss. Münster 1966; *Ruland,* JuS 84, 71 (zu § 116 SGB X).

I. Gesetzlicher Forderungsübergang

Die §§ 398ff. haben auch dadurch große Bedeutung, daß bei gesetzlichem Forderungsübergang auf sie verwiesen wird. Allerdings finden nach § 412 nur die §§ 399–404 und 406–410 entsprechende Anwendung. Beispiele: 268 III, 426 II, 774 I, 1607 II, 1709 II, 67 VVG (dazu BGHZ 5, 105), 116 SGB X (Nachfolgevorschrift mit Wirkung ab 1. 7. 1983 zu § 1542 RVO); s. im einzelnen *Ruland.* Eine Analogie zu diesen Vorschriften ist grundsätzlich unzulässig, BGHZ 13, 366. Stets ist Einzelrechtsnachfolge erforderlich. Auf eine Gesamtrechtsnachfolge (Erbfall, Begründung der Gütergemeinschaft, Fusion von Kapitalgesellschaften) findet § 412 keine Anwendung. Bei allen genannten Vorschriften gilt der Grundsatz, daß der Forderungsübergang nicht zum Nachteil des Altgläubigers geltend gemacht werden darf. Der Altgläubiger hat das sog. Quotenvorrecht, dazu *Herpers,* AcP 166, 454.

II. Übertragung anderer Rechte

Die Vorschriften über die Übertragung von Forderungen finden auf die Übertragung anderer Rechte entsprechende Anwendung, soweit nicht gesetzlich etwas anderes vorgeschrieben ist, 413. Beispielsweise richtet sich die Übertragung des Vermächtnisanspruches (2147, 2174), von Urheberrechten, Anwartschafts- und Vorkaufsrechten nach den §§ 398ff. in entsprechender Anwendung.

§ 59
Schuldübernahme und Verwandtes

Börner, FS *Möhring,* 1975, 37; *Brenner,* Rechtsnatur und Rechtsfolgen der Vermögensübernahme nach § 419, Diss. Regensburg 1974; *Blume,* IherJb. 39, 390; *ders.,* IherJb. 40, 109; *Brecher,* FS *Schmidt-Rimpler,* 1957, 181; *Brettner,* Gruchot 42, 790; *Brox,* JZ 60, 369; *Däubler,* NJW 54, 5; *Delbrück,* Die Übernahme fremder Schulden nach gemeinem und preußischem Recht, 1853; *Demelius,* IherJb. 72, 241; *Demuth,* Garantievertrag und private Schuldübernahme, Diss. Hamburg 1966; *Deutsch,* JuS 63, 178; *Dittmar,* MDR 80, 23; *Dunker,* MDR 63, 978; *Durchholz,* Gruchot 57, 546; *Eisemann,* AcP 176, 487; *Gerlach,* Die Haftungsordnung der §§ 25, 28, 130 HGB, 1976; *Gierke, Otto v.,* FS *Martitz,* 1911, 33; *Gördes,* Der Gläubigerschutz bei Vermögensübernahme, Diss. Bielefeld 1976; *Gürgens,* IherJb. 8, 221; *Hagedorn,* JW 33, 1295; *Heckelmann,* Die Anfechtbarkeit von Schuldübernahmen, Diss. Münster 1966; *Herschel,* ZAKDR 40, 76; *Hirsch,* JR 60, 291; *Kipp,* IherJb. 36, 336; *Knoke,* IherJb. 60, 401; *Graf Lambsdorff/Lewental,* NJW 77, 1854; *Laue,* AcP 140, 64; *Lehmann, Heinrich,* Die Abtretung von Verträgen, in: Deutsche Landesreferate zum III. Internationalen Kongreß für Rechtsvergleichung in London, 1950, 382; *Lippmann,* AcP 107, 1; *Metz,* BlfGenosswesen 66, 327; *Mohrmann,* WPM 65, 634; *Müller-Horn,* Der Rechtsgedanke der Vermögensübernahme in der Rechtsentwicklung seit der Jahrhundertwende, Diss. Hamburg, 1966; *Nörr, K. W./Scheyhing,* Sukzessionen, 1983, §§ 24–31; *Pieper,* Vertragsübernahme und Vertragsbeitritt, 1963; *Regelsberger,* IherJb. 39, 463; *Reichel,* Die Schuldmitübernahme, 1909; *Reichardt,* NJW 52, 441; *Reinicke,* NJW 67, 1249; *Rimmelspacher,* JR 69, 201; *Scheuner,* FS *Nawiasky,* 1956, 38; *Schmidt, K.,* ZHR 145, 2; *Spieß,* JuS 77, 578; *Scholz,* NJW 66, 1739; *Schricker,* JZ 70, 265; *ders.,* ZGR 72, 121; *Steinboemer,* Die Funktionsnachfolge, 1957; *Stötter,* DB 79, 826; *Strohal,* IherJb. 57, 231; *Unger,* Schuldübernahme, 1889; *Weigelin,* Der Schuldbeitritt, 1941; *Weimar,* MDR 60, 21; *Westerkamp,* Bürgschaft und Schuldbeitritt, 1908; *Wilburg,* FS *Larenz,* 1973, 661; *Wilke,* NJW 75, 2098.

I. Übersicht über die Gestaltungsmöglichkeiten

1. *Erfüllungsübernahme,* 329: Verspricht jemand einem Schuldner, die Forderung seines Gläubigers zu befriedigen, spricht man von Erfüllungsübernahme, 329. Der Gläubiger erwirbt keine Rechte gegen den Versprechenden. Der Gläubiger kann seine Forderung nur gegen seinen Schuldner geltend machen. Aber aufgrund der internen Abmachung zwischen dem Schuldner und dem Versprechenden ist der Versprechende dem Schuldner gegenüber verpflichtet zu erfüllen. Wenn der Schuldner vorleistet, muß der Versprechende dem Schuldner das Gezahlte ersetzen. Weitere Fälle der Erfüllungsübernahme enthalten § 415 III 1 und 2 (siehe dazu unten II 2).

2. *Schuldübernahme:* Man unterscheidet drei Arten der Schuldübernahme, von denen nur eine im BGB geregelt ist:

a) *Kumulative Schuldübernahme:* Bei der kumulativen Schuldübernahme tritt der Übernehmer dem Schuldner dergestalt an die Seite, daß der Gläubiger seine Forderung sowohl von dem Altschuldner als auch von dem hinzutretenden Neuschuldner verlangen kann. Beide, der Alt- und der Neuschuldner, sind nunmehr Schuldner des G, während es früher nur der Altschuldner war. Da aber im Zweifel gewollt ist, daß der Gläubiger die Forderung nur einmal verlangen kann, sind Alt- und Neuschuldner Gesamtschuldner, 421. Der Gläubiger kann also von jedem Schuldner die gesamte Leistung, im ganzen aber nur einmal verlangen. Die kumulative Schuldübernahme ist gesetzlich nicht geregelt. Sie ist jedoch zulässig. Es handelt sich um die freiwillige Begründung einer Gesamtschuldnerschaft, § 305. – Ein gesetzlicher Sonderfall der Schuldübernahme ist in § 419 enthalten, dazu unten IV. Die kumulative Schuldübernahme wird auch *Schuldmitübernahme* oder *Schuldbeitritt* genannt. Nach § 305 BGB kann sie zwischen dem Gläubiger und dem Neuschuldner vereinbart werden oder auch zwischen dem Alt- und dem Neuschuldner als berechtigender Vertrag zugunsten Dritter, 328. Auch in diesem Falle erwirbt der Gläubiger ein Recht, gegen beide Schuldner vorzugehen.

b) *Privative Schuldübernahme:* Die privative Schuldübernahme besteht darin, daß an die Stelle eines Schuldners in einem Schuldverhältnis ein neuer Schuldner tritt. Der Altschuldner scheidet also aus dem Schuldverhältnis aus, der Neuschuldner tritt als einziger Schuldner ein. Die privative Schuldübernahme ist die in den §§ 414ff. geregelte Form. Sie ist im folgenden näher zu besprechen, II.

c) *Alternative Schuldübernahme:* Die alternative Schuldübernahme, die ebenfalls nach § 305 vereinbart werden kann, hat praktisch kaum Bedeutung. Bei ihr erwirbt durch Vereinbarung unter den Beteiligten ein Gläubiger das Recht, sich wahlweise an den einen oder an den anderen Schuldner zu halten. Der Gläubiger hat nur einen Schuldner, darin unterscheidet sie sich von der kumulativen Schuldübernahme, er kann aber zwischen dem einen und einem anderen Schuldner auswählen. Es handelt sich um eine Art persönlicher Wahlschuld, bei welcher dem Gläubiger das Wahlrecht zusteht, vgl. § 262. Wegen ihrer geringen praktischen Bedeutung ist die alternative Schuldübernahme hier nicht weiter zu verfolgen.

3. *Bürgschaft:* Verwandt mit diesen Gestaltungsmöglichkeiten ist die Bürgschaft. Der Bürge steht für eine *fremde* Schuld ein. Darin liegt ein Unterschied zur kumulativen Schuldübernahme. Ein zweiter Unterschied: Die kumulative Schuldübernahme ist zwar bei ihrer Entstehung von der Schuld des Schuldners abhängig, dann aber können beide Verbindlichkeiten eigene Wege gehen. Im Einzelfall ist die Abgrenzung recht schwierig. Während bei der kumulativen Schuldübernahme der Gläubiger zwei Personen als Schuldner in Anspruch nehmen kann, hat der Gläubiger im Falle der Bürgschaft einen Hauptschuldner, der für seine Schuld haftet, und einen Bürgen, der versprochen hat, für eine fremde Schuld einzutreten. Daraus ergibt sich eine Abhängigkeit der Bürgschaftverbindlichkeit von der Hauptschuld, die den Gegenstand des Bürgschaftsrechts bildet, 765–788, siehe unten § 92. Wenn aus den Parteivereinbarungen nicht deutlich hervorgeht, ob eine kumulative Schuldübernahme oder eine Bürgschaft gemeint ist, ist zu untersuchen, ob sich die hinzutretende Person als Schuldner für eine eigene Schuld oder als Bürge für eine fremde Schuld verbürgen wollte. Ohne große praktische Bedeutung ist der Unterschied, wenn die Form des § 766 (schriftliches Bürgschaftsversprechen) eingehalten ist. Dann kann ohne Bedenken in Zweifelsfällen Bürgschaft angenommen werden. Ist dagegen die Form nicht eingehalten, so ist die Bürgschaft formnichtig. Man könnte dann dazu neigen, das formnichtige Geschäft als kumulative Schuldübernahme zum Nachteil des Einspringenden aufrechtzuerhalten, vgl. § 140. Es ist aber keinesfalls zulässig, jede formnichtige Bürgschaft in eine kumulative Schuldübernahme umzudeuten, da sonst die Vorschrift des § 766 bedeutungslos wäre. Die Rechtsprechung grenzt die kumulative Schuldübernahme in der Weise ein, daß für sie ein eigenes *wirtschaftliches Interesse* des kumulativ einspringenden Schuldners gefordert wird, RGZ 90, 415 = ESJ 62. Nur wenn ein eigenes wirtschaftliches Interesse des Hinzutretenden vorliegt, ist kumulative Schuldübernahme anzunehmen und kann auf die schriftliche Form der Bürgschaft verzichtet werden. Ein eigenes *persönliches* Interesse genügt nach der Rechtsprechung zu Recht nicht. Wenn sich also jemand lediglich aus Freundschaft oder aus familiärer Zuneigung bereit erklärt, einem Schuldner beizuspringen, so handelt es sich um eine Bürgschaft. Diese h. M. verdient Zustimmung, sofern man das Erfordernis des wirtschaftlichen Interesses weit genug auslegt. Es ist nicht zu übersehen, daß § 766 in erster Line vor Übereilung schützen will. Liegt der Fall so, daß sich der Beispringende die Sache ernsthaft überlegt hat, steht, vom Ergebnis her beurteilt, der Annahme einer Schuldübernahme nichts entgegen, wenn ein mittelbares oder unmittelbares wirtschaftliches Interesse in der genannten Art zu bejahen ist. Das von der Rechtsprechung gelegentlich geforderte Merkmal der Unmittelbarkeit des wirtschaftlichen Interesses hilft jedenfalls nicht weiter.

II. Zustandekommen der privativen Schuldübernahme

Das Gesetz bietet für den Abschluß einer privativen Schuldübernahme zwei Möglichkeiten:

1. Nach § 414 kann eine Schuld von einem Dritten durch einen Vertrag *mit dem Gläubiger* in der Weise übernommen werden, daß der Dritte an die Stelle des bisherigen Schuldners tritt. Hier hat es der Gläubiger ohne weiteres in der Hand, sich den neuen Schuldner auf dessen Kreditwürdigkeit anzusehen. Lehnt der Altschuldner die Befreiung von seiner Schuld ab, was er in Entsprechung zu § 333 kann, so bleibt er *neben* dem Neuschuldner als Gesamtschuldner verpflichtet, *Hirsch*, JR 60, 291.

2. a) Die Schuldübernahme kann aber auch *zwischen dem Altschuldner und dem Neuschuldner* vereinbart werden, 415 I. Dann allerdings hängt die Wirksamkeit der Schuldübernahme von der Genehmigung des Gläubigers ab, BGHZ 72, 246.

Hierbei ist die Konstruktion der Schuldübernahme str. Nach der Verfügungstheorie (h. M.) handeln der Altschuldner und der Neuschuldner bei der Vereinbarung als Nichtberechtigte, die Schuldübernahme muß daher gem. § 185 genehmigt werden. Daraus folgt, daß die Verbindlichkeit die gleiche bleibt und nur ihre Richtung geändert hat (Identitätstheorie; *Leonhard*, Allg. Schuldrecht, 1929, 695 f., gegen *Strohal*, IherJb. 57, 231).

Nach der Angebotstheorie enthält der Übernahmevertrag zwischen Alt- und Neuschuldner nur ein Verpflichtungsgeschäft auf Herbeiführung einer Schuldübernahme nach § 414 und dementsprechend die Mitteilung an den Gläubiger ein Vertragsangebot, das dieser durch seine Genehmigung annimmt. Nach dieser Auffassung besteht also kein Unterschied zu § 414. Die Schuld wird jedoch nach zutreffender Auffassung (*Larenz*, I § 35 I a) auch bei dieser Deutung nicht durch eine neue ersetzt, sondern bleibt die alte, deren Richtung geändert wird. Die verschiedenen Konstruktionen dürfen zu keinen verschiedenen Rechtsfolgen führen, da es sich bei der Schuldübernahme nach §§ 414, 415 um ein und denselben wirtschaftlichen Lebenssachverhalt handelt. Mit *Blomeyer*, § 44 II, ist aber auf den Parteiwillen Rücksicht zu nehmen, der sich der Verfügungs- oder der Angebotstheorie bedienen kann.

Solange der Gläubiger die Genehmigung noch nicht erteilt hat, ist im Zweifel der Übernehmer dem Schuldner gegenüber verpflichtet, den Gläubiger rechtzeitig zu befriedigen (Erfüllungsübernahme, 415 III 1, 329). Das gleiche gilt auch, wenn der Gläubiger später die Genehmigung verweigert, 415 III 2. Die Genehmigung kann erst erfolgen, wenn der Schuldner oder der Dritte dem Gläubiger die Schuldübernahme mitgeteilt hat. Die Mitteilung ist eine rechtsgeschäftsähnliche Handlung, auf welche die Vorschriften über Rechtsgeschäfte analog Anwendung finden. Bei der Prüfung der Frage, ob der Gläubiger sich stillschweigend mit einer befreienden Schuldübernahme einverstanden erklärt, sind strenge Anforderungen zu stellen, BGH NJW 83, 678. Bis zur Genehmigung sind die Parteien frei, den Vertrag abzuändern oder aufzuheben. Der Gläubiger kann unter Bestimmung einer Frist zur Erklärung über die Genehmigung aufgefordert werden. Schweigen gilt als Verweigerung der Genehmigung, 415 II.

b) Einen Sonderfall der privativen Schuldübernahme durch Vereinbarung zwischen Altschuldner und Neuschuldner regelt § 416, der die *Hypothekenübernahme* betrifft. Übernimmt der Erwerber eines Grundstücks durch Vertrag mit dem Veräußerer eine Schuld des Veräußerers, für die eine Hypothek an dem Grundstück besteht, so kann der Gläubiger die Schuldübernahme nur genehmigen, wenn der Veräußerer sie ihm mitteilt, 416 I 1. Häufig geschieht eine Hypothekenübernahme in Anrechnung auf den Kaufpreis. Wurde dem Gläubiger die Hypothekenübernahme mitgeteilt und sind seit dem Empfang der Mitteilung 6 Monate verstrichen, dann *gilt die Genehmigung als erteilt*, wenn nicht der Gläubiger sie dem Veräußerer gegenüber vorher verweigert hat. Ausnahmsweise gilt also hier „qui tacet consentire videtur". Die Absätze II und III des § 416 enthalten weitere zwingende Vorschriften über das einzuhaltende Verfahren, durch die § 416 praktisch an Bedeutung einbüßt. Das Wörtlein „nur" in § 416 ist mißverständlich. Es schließt nicht aus, daß die Schuldübernahme auch auf dem Wege des § 414 oder § 415 erfolgen kann. Ist daher § 416 nicht erfüllt, sind gem. § 140 die anderen Möglichkeiten zu prüfen. „Nur" gilt Schweigen dann nicht als Genehmigung. § 416 will bloß die Genehmigung des Gläubigers erleichtern, knüpft daran aber wieder besondere Voraussetzungen; vgl. RGZ 63, 42.

III. Rechtsfolgen der privativen Schuldübernahme

1. Der Neuschuldner ist alleiniger Schuldner. Der Altschuldner ist völlig aus dem Schuldverhältnis entlassen. Hierin unterscheidet sich die private Schuldübernahme von der kumulativen und der alternativen. Der Neuschuldner bleibt aber zu *der Leistung* des Altschuldners verpflichtet. So ist z. B. eine Brauerei nach Einstellung des Sudbetriebes in der übernommenen Brauerei nicht berechtigt, ihre eigenen Biere zu liefern, OLG München WRP 73, 348.

2. Der Neuschuldner hat alle im Zeitpunkt der Übernahme begründeten Einwendungen, mit Ausnahme der Aufrechnungsmöglichkeit, weil die Gegenseitigkeit fehlt, 417 I.

3. Dagegen hat der Neuschuldner keine Einwendungen gegenüber dem Gläubiger aus dem Übernahmevertrag, den er mit dem Altschuldner geschlossen hat, 417 II. Man erkennt hieran, daß die privative Schuldübernahme ein abstraktes Rechtsgeschäft, eine Verfügung über die Forderung ist. Die in § 417 II erwähnte *causa* ist ungeeignet, Einwendungen gegenüber dem Gläubiger zu begründen. Deshalb kann der Übernehmer bei Nichtigkeit des seiner Schuldübernahme zugrundeliegenden Kausalverhältnisses sich nicht auf die Nichtigkeit der Schuldübernahme berufen. Dabei ist es gleichgültig, ob die Schuldübernahme auf § 414 oder § 415 beruht. Deshalb ist die Auffassung der Rspr. (BGHZ 31, 321 ff.) abzulehnen, die bei einer Schuldübernahme gem. § 415 unter den Voraussetzungen des § 139 die Berufung auf die Nichtigkeit der Schuldübernahme zuläßt. § 417 II geht insoweit § 139 vor (vgl. *Heckelmann*, NJW 66, 1925, Anm. zu OLG Hamburg NJW 66, 985, und *Rimmelspacher*, JR 69, 201). Ein weiteres Problem ist, wie sich die Täuschung des Übernehmers durch den Altschuldner auf den Übernahmevertrag selbst auswirkt. § 417 II ist hier nicht einschlägig. Abzulehnen ist die Ansicht des BGH (BGHZ 31, 321, 324), wonach im Falle des § 414 die Anfechtung nur wirksam ist, wenn der Gläubiger die Täuschung kannte oder kennen mußte (§ 123 II), im Falle des § 415 jedoch stets, da der Schuldner nicht Dritter ist. Hier ist § 123 II analog anzuwenden (*Brox*, JZ 60, 369, 370).

4. Sicherungsrechte für die übernommene Schuld erlöschen grundsätzlich, 418 I, ebenso mit der Forderung für den Fall des Konkurses verbundene Vorzugsrechte, 418 II. Diese Konsequenz muß sich der Gläubiger genau überlegen, bevor er der Schuldübernahme nach § 414 oder § 415 zustimmt. Der Grund liegt darin, daß sich ein Bürge oder ein Pfandgläubiger hauptsächlich im Hinblick auf die Person des Schuldners verbürgt, den er kennt und für zuverlässig hält. Einem Sicherungsgeber ist es nicht zuzumuten, für einen ihm nicht bekannten neuen Schuldner zu haften. Willigt aber der Bürge oder derjenige, welchem der verhaftete Gegenstand zur Zeit der Schuldübernahme gehört, in die Schuldübernahme ein, so bleiben die Sicherungsrechte bestehen, 418 I 2. Nachträgliche Zustimmung genügt nicht, RG HRR 33, 1742, str. Wird bei fehlender Einwilligung die Schuldübernahme wirksam angefochten, leben die Sicherungsrechte wieder auf, da die Nichtigkeit gem. § 142 I auch für und gegen Dritte wirkt, RGZ 76, 355 (aber keine Rechtskrafterstreckung, RGZ 80, 322).

IV. Gesetzliche Schuldmitübernahme bei der Vermögensübernahme, 419

Wer sein Vermögen schädigt, schädigt damit seine Gläubiger. Denn das Vermögen bildet das Zugriffsobjekt für die Gläubiger, die sich wegen ihrer Forderungen befriedigen wollen. Wer daher durch Vertrag das Vermögen eines anderen übernimmt, muß mit diesem Vermögen den Gläubigern des früheren Vermögensinhabers für dessen Verbindlichkeiten weiterhin haften. § 419 erhält daher den Gläubigern die Kreditgrundlage, von der sie bei der Gewährung des Kredites ausgegangen sind, BGHZ 30, 268; 71, 306 (für Factoring verneint). Die Wirkung des Schuldbeitritts knüpft § 419 I an den *obligatorischen* Vertrag, nicht erst an die dingliche Übertragung der Einzelstücke. Das folgt aus dem Schutzzweck der Vorschrift und ist in Abs. 2 („Ansprüche") angedeutet (dazu *Larenz*, I § 35 II und Methodenlehre, 383 f.).

Vermögen i. S. des § 419 ist nur das Aktivvermögen. Der Übergang der Schulden ist die gesetzliche Folge der Übernahme des Aktivvermögens.

Im Gegensatz zu §§ 310, 311 ist für den Eintritt der Rechtsfolgen gem. § 419 nicht erforderlich, daß die Parteien willentlich das ganze Vermögen übertragen. Für § 419 sind wirtschaftliche Gesichtspunkte maßgebend. Auch die Übernahme einzelner Gegenstände unterfällt § 419, wenn diese im wesentlichen das gesamte Vermögen ausmachen. Deshalb kann auch ein einzelner Gegenstand, wenn er diese Voraussetzung erfüllt, „Vermögen" i. S. des § 419 sein (BGHZ 35, 143; vgl. auch BGHZ 66, 217 und dazu *Spieß*, JuS 77, 578). Doch ist die Bestellung eines Nutzungspfandrechts (1213 f.) auch dann kein Fall des § 419, wenn praktisch das ganze Vermögen erfaßt wird, denn ein Übergang findet nicht statt, BGHZ 54, 101.

Unerheblich ist, ob die Vermögensübernahme nur auf Zeit oder auf Dauer erfolgt. Deshalb reicht auch eine Sicherungsübertragung für § 419 aus (RGZ 139, 199; einschränkend BGH LM Nr. 1 zu AnfG § 3). Für die Ermittlung des Aktivvermögens kommt grundsätzlich die Gegenleistung des Übernehmers nicht in Betracht, BGHZ 33, 123, 125, es sei denn, diese bietet den Gläubigern die gleiche Sicherheit. In diesem Fall erfordert die ratio legis des § 419 keine Haftung des Übernehmers (BGHZ 33, 125). Jedoch gilt § 419 nicht, wenn ein Sondervermögen übertragen wird (BGHZ 27, 257, 263).

Unerheblich für die Haftung ist es schließlich, ob die Vermögensübernahme aufgrund eines gültigen schuldrechtlichen Geschäftes erfolgt. Es genügt die dingliche Übertragung des ganzen Vermögens (BGH MDR 1960, 130). Fallen jedoch der Abschluß des schuldrechtlichen Geschäftes und der dingliche Übertragungsakt auseinander, so haftet der Übernehmer auch noch für die Schulden, die nach Abschluß des Verpflichtungsgeschäfts, aber *vor* der Übertragung, wenn auch nur bedingt (BGHZ 39, 275, 277), entstehen (BGHZ 33, 126). Wurde eine Auflassungsvormerkung erteilt, so besteht die Haftung nur für bis zu diesem Zeitpunkt entstandene Schulden, BGH NJW 66, 1748.

Bezüglich der subjektiven Voraussetzungen bei der Vermögensübernahme gilt folgendes: Wird ein Inbegriff von Vermögensgegenständen veräußert, bedarf es regelmäßig keiner Feststellung der Kenntnis des Übernehmers, da diese bei der Veräußerung des Vermögens vermutet wird. Anders ist es jedoch bei der Übertragung von Einzelgegenständen, die das ganze Vermögen ausmachen. Hier verlangt die Rspr. zu Recht zum Schutz des Übernehmers die Kenntnis, daß der übertragene Gegenstand die Kreditgrundlage seines Veräußerers bildet (RGZ 134, 124; BGHZ 77, 293). Die Kenntnis von Hilfspersonen wie Abschlußgehilfen wird dabei analog § 166 dem Übernehmer zugerechnet (BGH NJW 65, 1174). Zweifelhaft ist, zu welchem Zeitpunkt die Kenntnis vorliegen muß. Stellt man auf den Zweck des § 419 ab, so genügt es, wenn der Übernehmer vor dem dinglichen Erwerb davon Kenntnis erhält, daß der Gegenstand das Vermögen ausmacht. Wird ein Grundstück übertragen, so kommt es analog § 892 II auf die Kenntnis im Zeitpunkt des Eintragungsantrags bzw. des Antrages auf Eintragung einer Auflassungsvormerkung an (BGHZ 55, 105; vgl. dazu *Reinicke*, NJW 67, 1249ff.).

Rechtsfolge des § 419 ist eine kumulative Haftung des Übernehmers und des Veräußerers.[1]) Die Haftung des Übernehmers beschränkt sich aber nach § 419 II auf den Bestand des übernommenen Vermögens und auf die ihm aus dem Übernahmevertrag zustehenden Ansprüche. Ein Ausschluß dieser Haftung ist gem. § 419 III unzulässig. Beruft sich der Übernehmer auf die Beschränkung seiner Haftung, so finden die §§ 1990, 1991 entsprechende Anwendung. Wichtig ist § 1991 III. Zu den Gläubigern i. S. des § 419 I kann auch der Übernehmer selbst gehören, wenn er vor Übernahme des Vermögens bereits eine Forderung gegen den Veräußerer hatte. Der Übernehmer wird, da er sich nicht selbst verklagen kann, einem Gläubiger gleichgestellt, der ein rechtskräftiges Urteil gegen den Übernehmer und dadurch ein Recht auf Vorwegbefriedigung vor den übrigen Gläubigern erlangt hat (RGZ 139, 202).

Prozessual kann der Übernehmer seine Haftungsbeschränkung durch einen Vorbehalt im Urteil und anschließende Vollstreckungsabwehrklage, 786, 780ff., 767ff. ZPO, durchsetzen.

Ein Gläubiger, der vor der Übernahme einen Titel gegen den Veräußerer erlangt hat, kann diesen gemäß § 729 I ZPO gegen den Übernehmer umschreiben lassen.

Auf öffentlichrechtliche Vermögensübergänge ist § 419 nach BGHZ 16, 184, 187 nicht anwendbar. Die Begründung überzeugt nicht.

V. Vertragsübernahme und Vertragsbeitritt

Brecher, FS *Schmidt-Rimpler*, 1957, 181; *Coester*, MDR 74, 803; *Demelius*, IherJb. 72, 241; *Fabricius*, JZ 67, 144; *Ficker, H. C.*, AcP 165, 32; *Kraft*, FS BAG 1979, 299; *Mohrbutter*, KTS 83, 3; *Nörr, K. W./Scheyhing*, Sukzessionen, 1983, §§ 16—23; *Pieper*, Vertragsübernahme und Vertragsbeitritt, 1963; *Schaub*, ArbRGeg 18, 71; *Schreiber*, RdA 82, 137; *Seiter*, Betriebsinhaberwechsel, 1980.

---

[1]) Ähnliche Regelungen enthalten die §§ 25 und 130 HGB, vgl. dazu *Gerlach*, a. a. O. und *Schmidt, K.*, ZHR 145, 2.

Nicht im Allgemeinen Teil des Schuldrechts gesetzlich geregelt ist die *Vertragsübernahme.* Gemäß §§ 398 ff. abtretbar sind nur Forderungen, nicht die Stellung im ganzen Schuldverhältnis. Bei der Vertragsübernahme werden sämtliche Rechte und Pflichten auf den Nachfolger eines früheren Vertragspartners übertragen. Das Gesetz sieht dies z. B. bei Veräußerung eines vermieteten Grundstücks vor, 571, beachte auch den umgekehrten Fall des § 569 a. An die Stelle des bisherigen Vermieters tritt der neue Grundstückseigentümer. Neuerdings ist in § 613 a der automatische Eintritt des Erwerbers eines Betriebes in die Rechte und Pflichten aus den Arbeitsverhältnissen zur Zeit des Betriebsübergangs vorgesehen, vgl. dazu BAG WM 83, 851. Streitig ist die Rechtsnatur der Vertragsübernahme. Ein Teil der Lehre und Rspr. sieht sie nur als Verbindung von Forderungsabtretung und Schuldübernahme an (vgl. BGH NJW 61, 454). Diese Auffassung wird jedoch nicht der Tatsache gerecht, daß das Schuldverhältnis mehr ist als die Summe der einzelnen Berechtigungen und Verpflichtungen. Richtiger ist es deshalb, einen einheitlichen „dreiseitigen" Vertrag (der BGH spricht hier von einem „dreiseitigen Vertrag eigener Art", BGHZ 44, 229, 231; LM BGB § 581 Nr. 16; BGH WPM 73, 489) zwischen den ursprünglich am Vertrag Beteiligten und dem neuen Vertragspartner anzunehmen, auf die die §§ 398 ff., 414 ff. entsprechende Anwendung finden (*Larenz,* I § 35 III).

Unter *Vertragsbeitritt* ist die Beteiligung neuer Personen an den Pflichten und Rechten einer Partei in einem Vertragsverhältnis zu verstehen. Hinsichtlich der Pflichten wird der Beitretende Gesamtschuldner nach den Regeln über den Schuldbeitritt (kumulative Schuldübernahme, Schuldmitübernahme). Bezüglich der Rechte hängt es vom Beitrittsvertrag ab, ob der Beitretende Teil-, Gesamt- oder Gesamthandsgläubiger wird. In jedem Fall liegt eine Zession vor.

7. Abschnitt

Mehrheit von Berechtigten und Verpflichteten

§ 60
Übersicht. Begriffe

de Boor, Die Kollision von Forderungsrechten, 1928; *Engländer,* Die regelmäßige Rechtsgemeinschaft, 1914; *Kreller,* AcP 146, 97; *Klingmüller,* IherJB. 64, 31; *Langen,* Probleme der Interessengemeinschaft, 1929; *Larenz,* IherJb. 83, 108; *Mezger,* NJW 53, 812; *Mohr,* Das Recht der Interessengemeinschaft, 1940; *Selb,* Mehrheit von Gläubigern und Schuldnern, 1984 (in Vorb.); *Weigelin,* LZ 1926, 1297; *Weitnauer,* FS *Hauss,* 1978, 373; *Würdinger,* Theorie der schlichten Interessengemeinschaften, 1934.

In den bisher behandelten Schuldrechtsproblemen lag es fast stets so, daß *ein* Schuldverhältnis zwischen *einem* Gläubiger und *einem* Schuldner bestand. Das galt auch, wenn es sich darum handelte, daß das Schuldverhältnis durch eine Störung einen anderen Inhalt gewann, sowie auch für den Fall, daß der Gläubiger oder der Schuldner ausgewechselt wurde (Forderungsabtretung, Schuldübernahme). Es ist aber auch denkbar, und damit wird das Blickfeld wiederum erweitert, daß auf der Gläubiger- oder auf der Schuldnerseite oder auf beiden Seiten *mehrere* Personen stehen. Dann liegt eine Mehrheit von Berechtigten und Verpflichteten im Bezug auf *ein* Schuldverhältnis vor.

Treten bei einem Schuldverhältnis auf der Gläubiger- oder Schuldnerseite mehrere auf, dann sind grundsätzlich drei Gestaltungsarten möglich:

1. *Teilschuldverhältnisse:* Bei einem Teilschuldverhältnis teilen sich die am Schuldverhältnis beteiligten Gläubiger und Schuldner *real* in den Inhalt des Schuldverhältnisses, 420. Steht z. B. drei Gläubigern zugleich die Forderung von 300,— DM zu und handelt es sich um ein Teilschuldverhältnis, so kann jeder Gläubiger für sich 100,— DM beanspruchen, nicht mehr. Der Schuldner muß an *jeden* Gläubiger 100,— DM zahlen und befreit sich dadurch von der gegen ihn gerichteten Forderung auf 300,— DM.

Entsprechend liegt es, wenn sich eine Forderung von 300,— DM gegen drei Schuldner richtet, die man in Teilschuldverhältnissen Teilschuldner nennt. Dann hat jeder der drei Schuldner an den Gläubiger 100,— DM zu zahlen. Dadurch wird die Forderung des Gläubigers über 300,— DM erfüllt.

Über die Teilschuldverhältnisse siehe unten § 61.

2. *Gesamtschuldverhältnisse:* Sie zerfallen in die Gesamtforderung und in die Gesamtschuld im engeren Sinne. Von den Teilschuldverhältnissen sind sie dadurch unterschieden, daß bei der Gesamtforderung jeder Gläubiger Anspruch auf den *gesamten* Inhalt des Schuldverhältnisses hat und bei der Gesamtschuld im engeren Sinne jeder Schuldner den Gesamtinhalt des Schuldverhältnisses schuldet. Wenn also ein Gesamtforderungsverhältnis über 300,— DM besteht, an dem drei Gläubiger beteiligt sind, so kann jeder Gläubiger die vollen 300,— DM von dem Schuldner verlangen. Das darf jedoch nicht dazu führen, daß der Schuldner mehr als 300,— DM bezahlen muß. Infolgedessen gilt beim Gesamtforderungsverhältnis, daß der Schuldner befreit ist, wenn er den vollen Inhalt des Schuldverhältnisses geleistet hat, gleichgültig an welchen der beteiligten Gläubiger. Andererseits bedingt die Einziehung des gesamten Schuldinhalts durch einen Gläubiger, daß er sich mit den anderen Gläubigern intern ausgleichen muß, dazu §§ 428 ff.

Ebenso liegt es, wenn sich ein Gesamtschuldverhältnis i. e. S. über 300,— DM gegen drei Schuldner richtet. Dann schulden alle drei die 300,— DM. Der Gläubiger darf aber nicht mehr als 300,— DM bekommen. Das bedeutet: Sobald irgendein Schuldner die 300,— DM geleistet hat, ist die Gesamtschuld erfüllt. Da sich aber die Gesamtschuld gegen drei Schuldner richtete, von denen im Beispiel nur einer gezahlt hat, muß zwischen den Schuldnern eine interne Ausgleichspflicht bestehen, 421 ff.

Gesamtgläubigerschaft und Gesamtschuldnerschaft bedeuten daher Beteiligung am vollen Inhalt des Schuldverhältnisses, Untergang der Schuld durch Leistung des vollen

Schuldinhalts an einen beliebigen Gläubiger oder durch einen beliebigen Schuldner, und anschließend Ausgleichspflicht zwischen den Gesamtgläubigern bzw. den Gesamtschuldnern.
Über die Gesamtschuldverhältnisse unten § 62.

3. Die dritte Form der Beteiligung mehrerer Schuldner oder Gläubiger an einem Schuldverhältnis sind die sog. *Rechtsgemeinschaften*. Bei den Rechtsgemeinschaften steht das Recht einer Gemeinschaft von Gläubigern zu, oder es richtet sich gegen eine Gemeinschaft von Schuldnern. Die Zusammenfassung zwischen den Gläubigern auf der einen oder den Schuldnern auf der anderen Seite ist also enger als bei den Gesamtschuldverhältnissen und erst recht als bei den Teilschuldverhältnissen.

Man unterscheidet wiederum zwei Arten von Rechtsgemeinschaften:

a) *Bruchteilsgemeinschaften*. Bruchteilsgemeinschaften bestehen an *einzelnen* Gegenständen (Sachen, Forderungen, Rechten). Dies ist die lockere Form einer Rechtsgemeinschaft. Jeder Gemeinschafter hat an dem Gegenstand zwar keinen reellen Anteil (wie bei der Teilschuld), wohl aber einen ideellen Anteil. Er ist z. B. an dem gemeinschaftlichen Haus zu einem Drittel beteiligt, an der gemeinschaftlichen Forderung zu einem Viertel usw. Diese Bruchteile sind für sich genommen Gegenstände des Rechtsverkehrs, können also veräußert werden. Das Recht muß lediglich Vorschriften darüber bereitstellen, in welchem Rechtsverhältnis die Bruchteilsgemeinschaftler zueinander stehen, damit der gemeinsame Zweck der Gemeinschaft nicht gefährdet wird, vgl. dazu §§ 747 ff., 1008 ff.; unten § 89.

b) *Gesamthandverhältnisse*. Die Gesamthandverhältnisse sind Rechtsgemeinschaften, die noch enger gestaltet sind als die Bruchteilsgemeinschaften. Sie bestehen nicht nur an einzelnen Sachen oder Rechten, sondern begrifflich an einem ganzen *Sondervermögen* (Inhalt des Sondervermögens kann aber ausnahmsweise ein einzelner Gegenstand sein, z. B. ein Hausgrundstück). Bei der Gesamthand ist die Beteiligung derartig eng miteinander verflochten, daß jedem Gesamthänder nur ein Anteil an dem gemeinschaftlichen Vermögen, nicht aber an der einzelnen Sache zusteht. Im Hinblick auf die einzelne Sache ist jeder Eigentümer der ganzen Sache, beschränkt nur durch das gleiche Recht der übrigen Gesamthänder. Deshalb kann der Anteil an einem einzelnen Gegenstand auch nicht Gegenstand des Rechtsverkehrs sein (719, 1419, 2033 II). Der Anteil am Vermögen ist ebenfalls grundsätzlich nicht übertragbar, 719, 1419; aber § 2033 I sieht für die Erbengemeinschaft eine Ausnahme vor. § 719 ist, wenn überhaupt Gesamthandvermögen besteht, zwingenden Rechts, soweit es um die Anteile an den einzelnen Gegenständen geht, dagegen abdingbar, soweit die Verfügung über den Anteil am ganzen Vermögen in Rede steht, unten § 88 V; auch das Gesamthandsvermögen als solches ist bei der Gesellschaft abdingbar, unten § 88 I 4b.

Ebenso steht es bei den seltenen Gesamthandschulden: Die Schuld richtet sich gegen die Gesamthandschuldner, beschränkt auf das von ihnen innegehabte Sondervermögen. Es können nur alle Gesamthänder *insgesamt* in Anspruch genommen werden, keiner von ihnen schuldet etwas einzeln. Die Vollstreckung muß in das Sondervermögen erfolgen. Mit einer Gesamthandschuld geht allerdings in vielen Fällen eine Gesamtschuld Hand in Hand, so daß insoweit in die vollständigen Vermögen der Schuldner vollstreckt werden kann, vgl. §§ 2058, 2059; 124, 128 HGB.

Über Gläubiger- und Schuldnergemeinschaften (Bruchteils- und Gesamthandgemeinschaften) unten § 63.

§ 61
Teilschuldverhältnisse
(reale Teilung von Berechtigung und Verpflichtung)

Zu unterscheiden sind Teilforderungen und Teilschulden. Von Teilforderungen spricht man, wenn die reale Teilung auf der Gläubigerseite, von Teilschulden, wenn sie auf der Schuldnerseite stattfindet.

I. *Teilforderungen.* Teilforderungen können nach dem Grundsatz der Vertragsfreiheit (305) von den Parteien beliebig vereinbart werden. Gesetzliche Beispiele finden sich nicht.

A und B bestellen sich beim Bauern einen Wagen Kartoffeln. Jeder soll die Hälfte haben. — A und B sind Miteigentümer eines Hauses. Die Miete soll an A und B getrennt je zur Hälfte gezahlt werden. Die Einkünfte des Hauses wollen A und B getrennt verbrauchen. Im Bezug auf die Miteinkünfte sind sie Teilgläubiger. Jedem steht die Hälfte zu. — Wird eine im Mieteigentum stehende Sache von einem Dritten beschädigt, so ist die Schadensersatzforderung eine Teilforderung der Miteigentümer. Jeder Miteigentümer kann den auf ihn entfallenden Teil beanspruchen.

Liegt ein Teilforderungsverhältnis vor, so bestimmt § 420, daß „wenn mehrere eine teilbare Leistung zu fordern haben, jeder im Zweifel zu einem gleichen Anteil berechtigt ist". Nach § 356 kann das Rücktrittsrecht jedoch nur von allen Teilgläubigern gemeinsam ausgeübt werden. Nach § 474 kann die Wandlung und die Minderung von jedem Gläubiger ausgesprochen werden.

II. *Teilschulden.* Das Gegenstück zu den Teilforderungen sind die Teilschulden, 420. Schulden mehrere eine teilbare Leistung, so ist im Zweifel jeder Schuldner nur zu einem gleichen Anteil verpflichtet. Der Gläubiger hat im gegenseitigen Vertrag nach § 320 I 2 gegenüber jedem Teilschuldner die Einrede des nichterfüllten Vertrages, auch wenn nur ein anderer Teilschuldner noch nicht geleistet hat. Das Rücktrittsrecht kann nur gegen alle Teilschuldner gemeinsam ausgeübt werden, 356. Dagegen kann das Wandlungs- und Minderungsrecht nach § 474 gegen jeden Teilschuldner erklärt werden.

Teilschulden werden, ebenfalls nach § 305, im Einzelfall bedungen. Wenn z. B. zwei Studenten ein Zimmer mit der Absprache mieten, daß jeder die halbe Miete schulde, so liegt ein Teilschuldverhältnis vor. Die gem. § 426 I ausgleichungspflichtigen Gesamtschuldner haften als Teilschuldner, RGZ 92, 146.

Die Teilschuldnerschaft wird jedoch verdrängt von der Gesamtschuldnerschaft. § 420 gilt nur, wenn nicht die Gesamtschuld vom Gesetz vorgeschrieben ist. Praktisch wichtiger ist die Gesamtschuld, 421ff. Deshalb ist im Einzelfall stets genau zu prüfen, ob nicht eine ihrer Natur nach teilbare Leistung infolge einer rechtlichen oder, wie man ergänzen muß, wirtschaftlichen Zweckbindung unteilbar wird, BGH NJW 58, 1723.

§ 62 Mehrheit von Berechtigten und Verpflichteten

III. Im Prozeß können Teilgläubiger und Teilschuldner als Streitgenossen gemeinschaftlich klagen oder verklagt werden, 59 ZPO. Es liegt keine notwendige Streitgenossenschaft vor.

IV. Bei unteilbaren Leistungen liegt niemals ein Teilschuldverhältnis vor, vielmehr kommt nur ein Gesamtschuldverhältnis in Frage, 431 f.

§ 62
Gesamtschuldverhältnisse
(Gesamtberechtigung, Gesamtverpflichtung)

Binder, Die Korrealobligation im römischen und heutigen Recht, 1899; *Böhmer,* MDR 8, 13; *v. Caemmerer,* ZfRvgl. 9, 81; *Dilcher,* JZ 67, 110; *ders.,* JZ 73, 199; *Dubischar,* NJW 67, 608; *Dunz,* NJW 68, 679; *Ehmann,* Die Gesamtschuld, Versuch einer begrifflichen Erfassung in drei Typen, 1972; *Frotz,* JZ 64, 665; *ders.,* NJW 65, 1257; *Goette,* Gesamtschuldbegriff und Regreßproblem, Diss. Bonn 1974; *Grasnich,* Unechte Gesamtschuld, Diss. Berlin 1966; *Hanau,* VersR 67, 513; *Heck,* AcP 122, 131; *Hillenkamp,* Zur Lehre von der unechten Gesamtschuld, 1966; *Hönn,* NJW 66, 2200; *Jahn,* Außenwirkung von Haftungsbeschränkungen, Diss. Bonn 1970; *Klingmüller,* IherJb. 64, 31; *Kremer,* Die Mitbürgschaft, 1902; *Last,* Anspruchskonkurrenz und Gesamtschuldverhältnis, 1908; *Leonhard,* Recht 11, 241; *Lippmann,* AcP 111, 135; *Lorenz, E.,* Die Lehre von den Haftungs- und Zurechnungseinheiten und die Stellung des Geschädigten in Nebentäterfällen, 1979; *Medicus,* JZ 67, 398; *ders.,* JuS 80, 697; *Menard,* NJW 66, 1966; *Münchbach,* Regreßkonstruktionen in Schadensfällen, 1976; *Prölss,* JuS 66, 399; *Raisch,* JZ 65, 703; *Reichel,* Schuldmitübernahme, 1909; *Reinicke,* NJW 66, 2141; *Reinicke/Tiedtke,* Gesamtschuld und Schuldversicherung, 1981; *Rüssmann,* JuS 1974, 292; *Schmidt, Rudolf,* IherJb. 72, 1; *Schmidt, Walter,* Gesamtschuld und Gesamtschuldregreß, Diss. Köln 1973; *Schulz,* Rückgriff und Weitergriff, 1907; *Selb,* Schadensbegriff und Regreßmethode, 1963; *Tempel,* JuS 65, 262; *Thiele,* JuS 68, 149; *Wakke,* AcP 170, 42; *Weitnauer,* FS Klingmüller, 1974, 499.

Auch bei Gesamtschuldverhältnissen ist Gesamt*gläubiger*schaft und Gesamt*schuldner*schaft möglich. Kennzeichnend ist stets, daß ein Gesamtgläubiger die gesamte Leistung verlangen kann, ein Gesamtschuldner die gesamte Leistung zu erbringen hat. Wird hierdurch das Schuldverhältnis erfüllt, so geht es unter. Da aber bei einem Gesamtschuldverhältnis auf der Gläubiger- oder Schuldnerseite mehrere vorhanden sind, schließt sich regelmäßig eine interne Ausgleichung an.

I. Gesamtgläubigerschaft

Die Gesamtgläubigerschaft ist selten. Sie ist in den §§ 428–430 geregelt. Sind mehrere eine Leistung in der Weise zu fordern berechtigt, daß jeder die ganze Leistung fordern kann, der Schuldner aber die Leistung nur einmal zu bewirken braucht, so sind sie Gesamtgläubiger, 428.

§ 62

I

Der Schuldner kann nach seinem Belieben an jeden der Gläubiger leisten, er wird in jedem Falle frei. Er kann auch dann nach seinem Belieben an jeden Gläubiger leisten, wenn einer der Gläubiger bereits Klage auf die Leistung erhoben hat, 428 S. 2. Befindet sich ein Gesamtgläubiger in Annahmeverzug, so wirkt das auch gegen die übrigen Gläubiger, 429 I. Vereinigen sich Forderung und Schuld in der Person eines Gesamtgläubigers, so erlöschen auch die Rechte der übrigen Gläubiger gegen den Schuldner. Besonders hierin zeigt sich, daß es sich um ein einheitliches Schuldverhältnis handelt, 429 II. Im übrigen finden auf die Gesamtgläubigerschaft bezüglich der Auswirkung von Tatsachen auf das Schuldverhältnis die §§ 422, 423, 425 entsprechende Anwendung, siehe dazu unten II. Insbesondere bleiben, wenn ein Gesamtgläubiger seine Forderung auf einen anderen überträgt, die Rechte der übrigen Gläubiger unberührt. Die Ausgleichung bestimmt § 430. Die Gesamtgläubiger sind im Verhältnis zueinander im Zweifel zu gleichen Anteilen berechtigt. Hat also der Schuldner an einen einzigen Gesamtgläubiger geleistet und sich dadurch befreit, und besteht zwischen den Gesamtgläubigern eine gleiche Anteilsberechtigung, so haben nach § 430 die übrigen Gesamtgläubiger Ausgleichsansprüche entsprechend ihren Anteilen gegen den Gesamtgläubiger, der Zahlung erhalten hat.

Die Gesamtgläubigerschaft kann nach § 305 vertraglich vereinbart werden. Ein gesetzliches Beispiel enthält § 2151 III 3. Im übrigen ist sie selten. Zwei Beispiele aus der Rechtsprechung: Zwei Ehegatten errichten ein Bankkonto mit Einzelberechtigung, OLG Nürnberg NJW 62, 210; Gesamtgläubigerschaft zwischen Unfall- und Rentenversicherung, BGHZ 28, 68.

Eine Ausnahme zur Gesamtgläubigerschaft regelt § 432. Haben mehrere eine *unteilbare Leistung* zu fordern, so gilt regelmäßig § 432: Der Schuldner kann nur an alle gemeinschaftlich leisten und jeder Gläubiger nur Leistung an alle fordern, 432 I 1. Jeder Gläubiger kann verlangen, daß der Schuldner die geschuldete Sache für alle Gläubiger hinterlegt, oder, wenn sie sich nicht zur Hinterlegung eignet, an einen gerichtlich zu bestellenden Verwahrer abliefert. Im übrigen wirkt eine Tatsache, die nur in der Person eines Gläubigers eintritt, nicht für und gegen die übrigen Gläubiger, 432 II. Die in § 432 I 1 enthaltene Einschränkung „sofern sie nicht Gesamtgläubiger sind" zeigt, daß § 432 eine Sondervorschrift zur Gesamtgläubigerschaft darstellt. § 432 gilt bei Forderung auf unteilbare Leistung *als Regelfall.* Gesamtgläubigerschaft nach §§ 428–430 kann aber als Ausnahme vereinbart werden. § 432 will sagen, daß bei einer Forderung auf unteilbare Leistung der Schuldner *im Zweifel* an alle zu leisten hat und daß eine der externen Gesamthänderklage *vergleichbare* Klage besteht. Zur actio pro socio im Gesellschaftsrecht unten § 63 II 1 a und (ein Hinweis in) § 88 III 6.

Zwei Personen bestellen gemeinsam ein Taxi für einen Ausflug am Wochenende: Wenn nichts Besonderes bestimmt ist, kann der Fahrer nur an beide zugleich leisten.

Eine *Rechtsgemeinschaft* entsteht also durch die Unteilbarkeit *nicht;* § 432 regelt keine Rechtsgemeinschaft, etwa nach Art der Bruchteils- oder der Gesamthandsgemeinschaft (bestritten). § 432 I ist daher auch kein echter Fall einer *externen Gesamthänderklage,* wofür die Vorschrift aber manchmal gehalten wird. Dies ergibt sich auch aus § 432 II, wo geregelt ist, daß Tatsachen, die auf das Schuldverhältnis einwirken, gewöhnlich nur für die Person eines einzelnen Gäubigers gelten.

II. Gesamtschuld

1. Die Gesamtschuld ist von großer Bedeutung. Sie ist weitaus häufiger als die Teilschuld, 421. Schulden mehrere eine Leistung in der Weise, daß jeder die ganze Leistung zu bewirken verpflichtet, der Gläubiger aber die Leistung nur einmal zu fordern berechtigt ist, so sind sie Gesamtschuldner. Der Gläubiger kann die Leistung nach seinem Belieben von jedem Schuldner ganz oder zu einem Teil fordern. Bis zur Bewirkung der ganzen Leistung bleiben sämtliche Schuldner auf den Rest verpflichtet, 421 S. 2. Die Gesamtschuld ist in den §§ 421–427 ausführlich geregelt.

Gesamtschuldnerschaft besteht einmal, wenn sie *vertraglich* vereinbart wird. Sie ist aber auch deshalb besonders wichtig, weil an zahlreichen Stellen des *Gesetzes*, wenn mehrere Schuldner nebeneinander haften, die Gesamtschuld vorgeschrieben ist. Von besonderer Bedeutung ist § 427: Verpflichten sich mehrere durch Vertrag gemeinschaftlich zu einer teilbaren Leistung, so haften sie im Zweifel als Gesamtschuldner, vgl. z. B. BGHZ 83, 328 (Anwalt und Steuerberater). Teilschuldnerschaft muß eigens vereinbart werden.

Mehrere Schuldner können also einem Gläubiger dergestalt zur Leistung verpflichtet sein, daß durch die Leistung eines der Schuldner das Interesse des Gläubigers befriedigt wird. Überblickt man die Fälle ausdrücklich angeordneter Gesamtschuldverhältnisse, so lassen sich zwei größere Gruppen unterscheiden (im Anschluß an *Thiele*, JuS 68, 149 ff.):

a) Fälle, in denen die Verpflichtung der Mitschuldner auf einem Rechtsgeschäft beruht. Im Mittelpunkt dieser Fallgruppe steht § 427: Verpflichtung durch gemeinschaftlichen Vertrag. Dazu gehört systematisch auch die Haftung in den Gesamthandsgemeinschaften, 128 HGB; 1437 II 1, 1459 II 1, 1480 S. 1, 2058 und in der Regel auch 431. Hier ist es derselbe Rechtsgrund, der die Verpflichtungen miteinander verknüpft. Jedoch besteht darüber hinaus nach §§ 769; 59 VVG, 787 HGB, Art. 47 I WG eine gesamtschuldnerische Haftung bei selbständigen Rechtsgeschäften. Gemeinsames Merkmal ist hier nicht ein innerer Zusammenhang, sondern der einheitliche Sicherungs- und Befriedigungszweck des Gläubigers. Dazu gehören Haftungserstreckung, §§ 419 I, 556 III, 2381 I, 2385 BGB, 25, 26 HGB.

b) In die zweite Gruppe fallen die Fälle, in denen mehrere denselben Schaden verursacht oder mitverursacht haben. Im Mittelpunkt steht § 840. Dazu treten die Haftungstatbestände, die auf der Verletzung rechtsgeschäftlich begründeter oder gesetzlicher Pflichten durch mehrere berufen.

Beispiele: §§ 42 II 2, 86 S. 1, 89 II, 1833 II 1, 1915 I, 2219 II BGB; 93 II 1, 116 AktG; 43 II GmbHG; 34 II, 41 II GenG. Die Rechtsprechung hat die genannten gesetzlichen Gesamtschuldfälle um folgende Gruppen vermehrt:

(1) Schuldbeitritt; (2) sukzessives Eingehen von Verbindlichkeiten durch mehrere Schuldner, wobei jeder Schuldner mit der Verbindlichkeit seines Vormanns rechnet, BGH NJW 59, 2160; (3) Nebentäterschaft, die analog § 840 behandelt wird, BGHZ 17, 240; (4) Verantwortlichkeit aus verschiedenen Gefährdungshaftungstatbeständen, RGZ 58, 337; (5) Schadensersatzverbindlichkeiten, die teils auf Vertragsverletzung, teils auf Delikt, teils auf anderen Haftungstatbeständen beruhen oder aus verschiede-

nen Verträgen herrühren, sofern sie auf das gleiche Interesse gehen, so vor allem BGHZ 43, 227 (gesamtschuldnerische Haftung von Bauunternehmen), BGHZ 85, 375 (nachbarrechtliche Ausgleichspflicht und Deliktsanspruch); BGH JZ 84, 230 mit abl. Anm. *Reinicke/Tiedtke* (bereicherungsrechtlicher und deliktischer Anspruch). (6) Tätigkeit für mehrere Geschäftsführer ohne Auftrag, bezüglich § 670.

Das Ergebnis dieser Typenbetrachtung wirft die Frage auf, ob sich die Fallgruppen überhaupt unter einem einheitlichen Gesichtspunkt zusammenfassen lassen. Mit anderen Worten: Das Problem ist, ob die Vielzahl der Gesamtschuldfälle auf der Tatbestandsseite oder nur auf der Rechtsfolgenseite miteinander verknüpft sind. Die Beantwortung dieser Frage ist für die Lösung nicht im Gesetz vorgesehener Fälle, vor allem für die Abgrenzung zur sog. *unechten Gesamtschuld*, von praktischer Bedeutung.

§ 421 ist seinen Voraussetzungen nach so weit gefaßt, daß er jeden Fall der Befriedigung des Gläubigerinteresses durch einen von mehreren Verpflichteten mit erfaßt. So etwa auch den Fall, daß die Versicherung den Schaden bezahlt, den der Schädiger schuldhaft verursacht hat, oder den Fuldaer Dombrandfall (RGZ 82, 206 ff.), wo der Träger der Kirchenbaulast die Wiederherstellung des durch Brandstiftung beschädigten Fuldaer Doms übernahm, beides Fälle, die nach h. M. zu den sog. unechten Gesamtschulden gehören (dazu unten III).

Die früher von Rspr. und Lehre unternommenen Versuche, den zu weit gefaßten § 421 einzuschränken, sind gescheitert. Wie die Fallgruppen gezeigt haben, besteht weder in allen Fällen ein innerer Zusammenhang zwischen den mehreren Verbindlichkeiten noch stets ein gemeinschaftlicher Schuldgrund (so früher das RG, RGZ 61, 61; 67, 131). Die neuere Formel der Rechtsprechung, maßgeblich sei eine Zweckgemeinschaft zwischen den mehreren Verbindlichkeiten (BGHZ 6, 25; 13, 365; 43, 427), ist unscharf und erweist sich als Leerformel, wenn man eine gesetzliche Zweckgemeinschaft als maßgeblich ansieht (so BGHZ 13, 360, 365; 19, 114, 123; 43, 227), da dann im Einzelfall aus dem Gesetz geschlossen werden muß, ob gesamtschuldnerische Haftung vorliegt oder nicht. Der BGH hat offengelassen, ob er an dem Erfordernis der Zweckgemeinschaft festhalten will (BGHZ 59, 97, 99; BGH JZ 84, 230, 231). Die Lehre von der Erfüllungsgemeinschaft (*Selb* a. a. O., S. 17 f.) führt ebenfalls nicht weiter, da sie von der Rechtsfolge ausgeht, aber das verbindende Glied auf der Tatbestandsseite nicht erkennen läßt.

Vorzuziehen ist deshalb die Auffassung (*Larenz*, I § 37, *Esser*[2] § 97 f., *Raisch* JZ 65, 705), die ausgehend von § 421 prüft, ob im Einzelfall nach der Wertung des Gesetzes eine Gleichstufigkeit oder Gleichwertigkeit der Verbindlichkeit im Außenverhältnis vorliegt, oder ob eine Abstufung der Verbindlichkeiten vorgesehen ist. Das Gesetz enthält solche Wertungen des Stufenverhältnisses bei Verbindlichkeiten durch Anordnung einer Legalzession, z. B. §§ 67 VVG, 1542 RVO (jetzt 116 SGB X) und in §§ 225, 281, 843 IV BGB. Im Einzelfall ist deshalb zu prüfen, ob eine dieser Vorschriften erfüllt ist, oder, falls der zu prüfende Fall gesetzlich nicht geregelt ist, ob die konkrete Interessenlage wertungsmäßig der typisierten Interessenlage einer dieser Vorschriften entspricht. Anderenfalls ist nach § 421 Gesamtschuld anzunehmen.

Unerheblich ist es dabei, ob der Inhalt der mehreren Leistungspflichten identisch ist, da es entscheidend darauf ankommt, ob das Gläubigerinteresse durch die eine oder andere Leistung befriedigt wird und beide Leistungsverpflichtungen auf gleicher Stufe stehen. Deshalb ist der Entscheidung des BGH zuzustimmen, die gesamtschuldnerische Haftung zwischen Architekt und Bauunternehmer trotz fehlender Leistungsidentität bejaht, BGHZ 43, 227; anders noch BGHZ 39, 264.

§ 62
II 2 Mehrheit von Berechtigten und Verpflichteten

2. Bei der Gesamtschuld ist stets genau zu untersuchen, wie sich die Tatsachen, die in das Schuldverhältnis eingreifen, auf die Verbindlichkeiten der einzelnen Gesamtschuldner auswirken. Hierüber befinden die §§ 422–425:

Die Erfüllung und die meisten Ersatzerfüllungen durch einen Gesamtschuldner wirken auch für die übrigen Schuldner, 422. Ein zwischen dem Gläubiger und einem Gesamtschuldner vereinbarter Erlaß wirkt auch für die übrigen Schuldner, wenn die Vertragschließenden das ganze Schuldverhältnis aufheben wollten, 423; die Schuldner müssen dies notfalls beweisen. – Auch der Verzug des Gläubigers wirkt für alle übrigen Gesamtschuldner, 424. – Andere als die in den §§ 422–424 bezeichneten Tatsachen wirken aber im Zweifel nur für und gegen den einzelnen Gesamtschuldner, lassen also das Verhältnis des Gläubigers zu den übrigen Gesamtschuldnern unberührt, 425 I. Das gilt, nach der beispielhaften Aufzählung des § 425 II, namentlich von der Kündigung, dem Schuldnerverzug, dem Verschulden, von der Unmöglichkeit der Leistung in der Person eines Gesamtschuldners, von der Verjährung (anders bei §§ 176, 128f. HGB: BGHZ 73, 217), deren Unterbrechung und Hemmung, von der Vereinigung der Forderung mit der Schuld und vom rechtskräftigen Urteil. Allgemeiner Grundsatz ist also, daß die Schuldner die Risiken ihres Verhaltens einzeln tragen, daß aber Verbesserungen ihrer Stellung allen zugute kommen sollen.

Hat sich der Gläubiger an einen Gesamtschuldner gewandt und von diesem die gesamte Leistung erhalten, so muß zwischen den Gesamtschuldnern ein Ausgleich stattfinden. Diese Fragen werden in § 426 auf nicht ganz übersichtliche Weise geregelt:

a) Zunächst wird in § 426 I 1 gesagt, daß die Gesamtschuldner im Verhältnis zueinander im Zweifel zu gleichen *Anteilen* verpflichtet sind. Dies ist bloß eine Hilfsregel. Eine anderweitige Bestimmung über die Höhe der Anteile kann u. U. schon daraus geschlossen werden, daß beispielsweise ein Gesamtschuldner mehr Nutzen aus der Gegenleistung des Gläubigers zieht als der andere (eine 5-Zimmer-Wohnung wird von A und B in der Weise gemietet, daß A drei Zimmer, B zwei Zimmer mietet. A ist dann im Zweifel Gesamtschuldner zu ⅗). Denkbar ist auch eine Aufschlüsselung nach Quadratmetern. Andere Abweichungen können sich aus dem Gesetz ergeben (254, 735, 748, 840 II, III, 841, 1833 II; 17 StVG) oder aus Inhalt und Zweck zugrunde liegender Rechtsverhältnisse, BGHZ 20, 300.

Haften mehrere für einen Schaden, wenn auch aus verschiedenen Normen, so ist zur Bemessung ihrer Anteile untereinander nach herrschender Lehre § 254 entsprechend anwendbar, vgl. BGHZ 17, 214; OLG Stuttgart JZ 61, 55 (Anm. *Baumgärtel*). Die interne Haftungsverteilung kann dazu führen, daß einer den gesamten Schaden zu tragen hat, BGHZ 51, 275 – Planungsfehler des Architekten –. Die Ausgleichsschuldner sind in Höhe ihrer jeweiligen Anteile Teilschuldner. Nur wenn mehrere Schuldner eine „Haftungseinheit" bilden, sind sie als anteilige Ausgleichsschuldner Gesamtschuldner; es sind dies die Fälle der „Zurechnung", 278, 831; 7 StVG; BGHZ 6, 3. Wird jemand von mehreren geschädigt, so führt seine Mitschuld an der Entstehung des Schadens gemäß § 254 möglicherweise gegenüber jedem Schädiger zu einem unterschiedlichen Ergebnis, BGHZ 12, 213. Dann gilt § 426 I 1 nur bezüglich der den Schädigern gemeinsamen Haftungsquoten. Im Verhältnis zum mitschuldigen Geschädigten ist der Gesamtanteil der Schädiger festzustellen. Dieser bildet die Höchstgrenze ihrer gesamtschuldnerischen Haftung, BGHZ 30, 203; 54, 283 mit weit. Nachw. und dazu unten § 108, 4 (Einzel- und Gesamtabwägung).

Obgleich § 426 I 1 nur von den Anteilen spricht, zu denen die Gesamtschuldner untereinander verpflichtet sind, stellt er nach einhelliger Auffassung eine selbständige Anspruchsnorm dar. Ein Gesamtschuldner kann sich für seinen Ausgleichsanspruch auf § 426 I 1 berufen. Vor Befriedigung des Gläubigers ist der Anspruch, dessen Verletzung ersatzpflichtig machen kann (BGH NJW 58, 497), auf Befreiung gerichtet, danach auf Zahlung. Der Anspruch des § 426 I 1 verjährt in 30 Jahren, 195. Kann von einem Gesamtschuldner der auf ihn entfalle Bertrag nicht erlangt werden, so ist der Ausfall von den übrigen zur Ausgleichung verpflichteten Schuldner anteilmäßig zu tragen, 426 I 2. Soweit mehrere Gesamtschuldner zur Ausgleichung verpflichtet sind, haften sie nunmehr als Teilschuldner, RGZ 92, 146, allg. Meinung.

b) Daneben tritt eine weitere Sicherung des zahlenden Gesamtschuldners. Soweit ein Gesamtschuldner den Gläubiger befriedigt und von den übrigen Schuldnern Ausgleichung verlangen kann, geht die Forderung des Gläubigers gegen die übrigen Schuldner auf ihn über, 426 II 1. Er erwirbt also den von ihm befriedigten Anspruch so, wie er z. Z. der Erfüllung gegen ihn bestand, 412. Den Übergang kann er nicht zum Nachteil des Gläubigers geltend machen, 426 II 2. Das bedeutet, daß bei einer Teilbefriedigung des Gläubigers der restliche Anspruch des Gläubigers stets dem übergegangenen Anspruch vorgeht (z. B. bei der Befriedigung aus einem Grundstück, 1147, und im Konkurs). Der zahlende Gesamtschuldner hat also außer seinem Anspruch aus eigenem Recht nach § 426 I 1 den übergegangenen Anspruch *aus fremdem Recht* nach § 426 II, dem u. U. andere Einwendungen gegenüberstehen als dem erstgenannten. Die Verjährung des Anspruchs aus fremdem Recht richtet sich nach den Regeln, die für den übergegangenen Anspruch gelten, z. B. 3 Jahre nach § 852. Es handelt sich also um einen selbständigen Anspruch, der ein anderes Schicksal haben kann als der Anspruch nach § 426 I, BGHZ 20, 374; 83, 206.

c) Hinzu kommt häufig noch ein dritter Ausgleichsanspruch, der neben diesen beiden gegen die übrigen Gesamtschuldner besteht. Zahlt z. B. der eine Gesamtschuldner im Auftrag der übrigen, so kann er von den übrigen Ausgleich nach den Regeln des Auftrags (670) verlangen. Hat er durch seine Zahlung im Interesse und mit dem wirklichen oder mutmaßlichen Willen der übrigen Gesamtschuldner gehandelt, so hat er den gleichen Anspruch aus Geschäftsführung ohne Auftrag, 681 S. 2 i. V. m. 670. Dieser Ausgleichsanspruch steht wiederum unabhängig neben den beiden bisher genannten (Verjährung grundsätzlich 30 Jahre).

d) Die Unterscheidung der einzelnen Ansprüche kann große praktische Bedeutung haben, weil den einzelnen Ansprüchen unterschiedliche Einwendungen und Einreden entgegenstehen können (insb. Verjährung!).

III. Regreßansprüche und Regreßhindernisse

1. Zur Entstehung einer Gesamtschuld ist nicht erforderlich, daß die Gesamtschuldner von vornherein durch ein rechtliches Band untereinander verbunden sind. Im Fall einer Gesamtschuld durch Schuldbeitritt ist dies deutlich. Hingegen erfordert ein Gesamtschuldverhältnis einmal die sog. *Identität des Gläubigerinteresses.* Das bedeutet, daß der Gläubiger von mehreren Schuldnern das gleiche verlangen kann. Hinzukommen muß aber auch, wie *Larenz* bewiesen hat, eine Verbindung der Gesamtschuldner untereinander in

der Weise, daß die Leistung des einen dem anderen *zugute kommen soll.* (Vgl. dazu § 843 IV, der einen allgemeinen Grundsatz in dieser Richtung enthält!). Das liegt nicht vor, wenn z. B. neben dem Brandstifter, der für den verursachten Schaden haftet, auch die Versicherung für den Schaden einzuspringen hat; oder wenn ein nachlässiger Verwahrer dafür haftet, daß ihm die in Verwahrung gegebene Sache gestohlen wird, neben ihm aber auch der Dieb wegen des Diebstahls haftet. Hier soll nicht die Leistung der Versicherung oder des nachlässigen Verwalters dem Brandstifter oder dem Dieb zugute kommen. Es handelt sich nicht um Gesamtschuldverhältnisse, in denen der Zusammenhang der Verbindlichkeiten, wie er in §§ 422–424 ausgedrückt ist, sinnvoll erscheint. Vielmehr hat der geschädigte Gläubiger in diesen Fällen gegen alle ihm haftenden Personen getrennt voneinander bestehende Ansprüche.

Unter dem Begriff „scheinbare" oder „unechte" Gesamtschuld verbirgt sich also nichts anderes als eine Rückgriffsproblematik: Ziel des Rückgriffs ist es, die Belastungsverteilung unter den Schuldnern gerecht zu gestalten. Oft hat der Gesetzgeber selbst die Verteilung durch cessio legis vorgenommen, so z. B. in §§ 268 III, 426 II, 774 I, 1143 I, 1150, 1225, 1249, 1607 II 2, 1608 S. 3, 1615 b BGB; 63 II 2 EheG; 67 VVG; 116 SGB X (Nachfolgevorschrift mit Wirkung ab 1. 7. 1983 zu § 1542 RVO); 4 LohnFG.

Einen anderen Weg des Rückgriffs hat der Gesetzgeber in den §§ 255, 281 I gewählt. Der Anspruch des Gläubigers geht nicht auf den Leistenden kraft Gesetzes über, sondern muß schuldrechtlich abgetreten werden. Dann hat der Leistende aber dieselbe Stellung inne wie bei gesetzlicher Abtretung.

Die Lösungen für die Fälle, die weder der cessio legis noch der Gesamtschuld oder der Abtretung zugeordnet werden können, sind in der Rechtsprechung und der Literatur sehr vielfältig. Einigkeit besteht nur im Ergebnis. Derjenige, der zu der Leistung rechtlich stärker verpflichtet war als der Leistende, soll die Belastung allein tragen. Ein Rückgriff in umgekehrter Reihenfolge soll ausgeschlossen sein. Denn es ist nicht einzusehen, daß z. B. die Folgen des Gläubigerverzuges gegenüber dem Versicherer, Verwahrer oder Baulastpflichtigen gemäß § 424 auch dem Schädiger zugute kommen sollen.

So nahm das RG GoA an (RGZ 82, 214), *Esser* Bereicherungsrecht (*Esser*[4] I, § 59 IV 4), *Selb* § 255 analog (a. a. O. S. 21 ff.), *Kolhosser* Schadensliquidation im Drittinteresse (AcP 166, 306), *Thiele* die Analogie zu den Fällen der gesetzlich angeordneten Legalzession (JuS 68, 149 ff.). Ein Teil der Literatur versucht die Problematik dadurch zu lösen, daß der Begriff der Gesamtschuld erweitert (so z. B. *Ehmann*) oder die Unterscheidung „scheinbare" und „echte" Gesamtschuld überhaupt aufgegeben wird (*Rüssmann* JuS 74, 292ff.). So praktikabel die Lösung von *Rüssmann* auf den ersten Blick erscheint, kann diese doch nicht akzeptiert werden. Denn Ziel der Bemühungen ist es, dem Brandstifter den § 424 zu versagen, wobei der Vorschlag *Rüssmanns* zu diesem Punkt nicht einleuchtend ist. Die Fälle, die nach einer vorgenommenen Wertung sich nicht unter die Normen der Gesamtschuld subsumieren lassen, sind gemäß § 426 analog zu lösen. Allein die Analogie zu § 426 führt zu einem interessengerechten Regreßanspruch.

2. Besondere Schwierigkeiten entstehen, wenn das Entstehen eines Gesamtschuldverhältnisses dadurch verhindert wird, daß einer der potentiellen Gesamtschuldner durch Haftungsverzicht oder gesetzliche Haftungsbeschränkung von seiner Haftung befreit wird.
Beispiele: Bei einem Verkehrsunfall wird durch gleiches Verschulden von A und S der im Auto des A mitfahrende G verletzt. A hat mit G einen Haftungsausschluß vereinbart, oder G ist der Ehemann der Fahrerin A, die nur leicht fahrlässig gehandelt hat (1359), vgl. BGHZ 12, 213; 35, 317. Ein Arbeiter wird durch Verschulden des S und des Arbeitgebers U verletzt, U ist gemäß § 637 RVO von der Haftung befreit, BGH NJW 67, 982; BGHZ 43, 178.

Zur Lösung des Problems bieten sich 3 Möglichkeiten an:

a) S trägt in allen Fällen den Schaden allein. Das ist unbillig (so aber der BGH im drittgenannten Fall, einschränkend BGHZ 58, 335; vgl. OLG Düsseldorf NJW 72, 113).

b) Die Haftungsbefreiung wirkt nur im Außenverhältnis, nicht aber im Ausgleichsverhältnis der Schädiger untereinander. Es wird also ein Gesamtschuldverhältnis fingiert (so der BGH in den ersten Fällen BGHZ 12, 213; BGHZ 35, 324).

c) Der Anspruch des Geschädigten verkürzt sich auf den Teil, den der nicht haftpflichtbefreite Schädiger im Innenverhältnis traten muß.
Diese Lösung ist allein sachgerecht. Sie vermeidet einerseits eine ungerechtfertigte Alleinbelastung des verpflichteten Schädigers, andererseits berücksichtigt sie den Haftungsausschluß und verhindert eine Rückbelastung des Freigestellten.

§ 63
Bruchteils- und Gesamthandsgemeinschaften

Affolter, ArchBürgR 42, 248; *Blomeyer,* JR 71, 397; *de Boor,* Die Kollision von Forderungsrechten, 1928; *Buchda,* Geschichte und Kritik der deutschen Gesamthandslehre, 1936; *Engländer,* Die regelmäßige Rechtsgemeinschaft, 1914; *Esser,* Rechtsprobleme der Gemeinschaftsteilung, 1951; *Flume,* ZHR 136, 177; *ders.,* FS L. Raiser, 1974, 27; *Hennecke,* Das Sondervermögen der Gesamthand, 1976; *Jörges,* ZHR 49, 140; 51, 47; *Kniesberg,* Gesamthand und Gesellschaft, 1912; *Krückmann,* ZBlHR 1916, I, 41; *Larenz,* IherJb. 83, 108; *Lipp,* BB 82, 74; *Schünemann,* Grundprobleme der Gesamthandgesellschaft, 1975; *Schmidt, K.,* JR 79, 317; *Schubert,* JR 75, 363; *Schulze-Osterloh,* Das Prinzip der gesamthändlerischen Bindung, 1972; *Weber-Grellet,* AcP 182, 316; *Wiedemann,* Juristische Person und Gesamthand als Sondervermögen, WM 75, Beih. 4; *Winter,* KTS 83, 349; *Wolf, Ernst,* AcP 173, 97; *Würdinger,* Die Theorie der schlichten Interessengemeinschaft, 1934.

Bei Gläubiger- und Schuldnergemeinschaften steht die Forderung einer in sich geschlossenen Gemeinschaft von Gläubigern zu, bzw. die Forderung richtet sich gegen eine geschlossene Gemeinschaft von Schuldnern, wobei die Gemeinschaft jedoch beide

§ 63
II Mehrheit von Berechtigten und Verpflichteten

Male nicht zu einer juristischen Person zusammengefaßt ist. Man unterscheidet Bruchteils- und Gesamthandgemeinschaften.

I. Bruchteilsgemeinschaften

Bei Bruchteilsgemeinschaften hat jeder Teilnehmer einen ideellen Bruchteil, z. B. den hälftigen Anteil an einem in Miteigentum stehenden Haus, einen Drittelanteil an einer Aktie usw. Diese ideellen (Gegensatz: realen!) Bruchteile sind für sich genommen Gegenstand des Rechtsverkehrs. In einer Bruchteilsgemeinschaft zusammengefaßte Rechtsinhaber können über ihre ideellen Anteile verfügen. Das Hauptbeispiel im Gesetz bildet die Gemeinschaft nach Bruchteilen, 741 ff., darüber unten § 89. Ein Anwendungsfall ist das Miteigentum, 1008 ff., das sich nach den Regeln der Bruchteilsgemeinschaft richtet, sofern nicht ausnahmsweise das Miteigentum einer Gesamthand zusteht.

Die Miteigentümer eines Hauses vermieten das Haus und wollen den Ertrag gemeinsam verwalten, die Verwaltung des Ertrags richtet sich nach § 744. Sowohl das Haus als der Ertrag sind Gegenstand je einer Bruchteilsgemeinschaft. Wichtig ist, daß eine Bruchteilsgemeinschaft immer nur an einem einzelnen Gegenstand (Sache, Forderung) besteht, nicht an einem Sondervermögen, vgl. § 741.

1. *Bruchteilsforderungen, Bruchteilsrechte.* Da Gegenstand einer Bruchteilsgemeinschaft immer nur ein einzelnes Recht ist, ist hierzu nichts besonderes zu sagen. Die §§ 741 ff regeln die Beteiligung der Teilhaber an der gemeinschaftlich innegehabten Forderung.

2. *Bruchteilsschulden* gibt es nicht.

Schulden die Teilhaber einer Bruchteilsgemeinschaft etwas, so sind sie entweder reale Anteilsschuldner, siehe oben § 61, oder, in der Regel, Gesamtschuldner, siehe oben § 62. So sind z. B. die Miteigentümer eines Hauses hinsichtlich der Schornsteinfegergebühren und anderer Lasten Teilschuldner, hinsichtlich der Reparaturkosten aus gemeinsam erteilten Aufträgen Gesamtschuldner (427).

Anders steht es im Verhältnis der Bruchteilseigner nach innen. Nach § 748 ist jeder Teilhaber den anderen Teilhabern gegenüber verpflichtet, die Lasten des gemeinschaftlichen Gegenstandes sowie die Kosten der Erhaltung, der Verwaltung und einer gemeinschaftlichen Benutzung nach dem Verhältnis seines Anteils zu tragen. Dies sind jedoch begrifflich keine Bruchteilsschulden.

Näheres dazu im Recht der Gemeinschaft, unten § 89.

II. Gesamthandsgemeinschaften

Die engste Zusammenfassung von Personen zu dem Zwecke der Innehabung gemeinsamer Rechte mit Ausnahme der juristischen Person bilden die Gesamthandsgemeinschaften. Mehrere Gläubiger oder Schuldner sind hier in ganz besonderer Weise bezüglich eines Sondervermögens aneinander gebunden. (Ein Grenzfall liegt vor, wenn Inhalt des Sondervermögens nur ein einziger Gegenstand, z. B. eine Sache oder eine Forderung, ist.) Das Sondervermögen, das den gemeinschaftlichen Gläubigern oder Schuldnern zugeordnet ist, bildet das Wesen der Gesamthand.

Die Gesamthandsgemeinschaften unterliegen einem Typenzwang, da durch sie eine dingliche Rechtszuständigkeit neu begründet wird. Gesamthandsgemeinschaften können also nicht vertraglich frei vereinbart werden. Das bürgerliche Recht kennt nur drei Formen. Wollen die Beteiligten eine Gesamthand begründen, dann müssen sie sich einer dieser drei Formen bedienen.

– Gesellschaft, 705 ff. Die Gesamthandgemeinschaft der Gesellschaft wird zugleich von Bedeutung für den nichtrechtsfähigen Verein, 54, sowie für die personalen Handelsgesellschaften (oHG, KG und stille Gesellschaft).

– Gütergemeinschaft, 1415 ff. Die Gesamthand der Gütergemeinschaft ist zugleich von Belang für die der fortgesetzten Gütergemeinschaft, soweit diese nach dem geltenden Recht noch zugelassen ist, 1483 ff.

– Erbengemeinschaft, 2032 ff. Eine Erbengemeinschaft kann nicht freiwillig begründet werden, sie kommt dadurch zustande, daß ein Erblasser mehrere Erben hinterläßt.

Zur Gesellschaft siehe unten § 88. Zur allgemeinen Konstruktion einer Gesamthand ist jedoch das folgende auszuführen:

1. Gesamthandsforderungen

Da das Wesen der Gesamthand die Begründung einer neuen Rechtszuständigkeit für ein Sondervermögen mehrerer Personen ist, sind bei der Gesamthand *Anteile an dem ganzen Sondervermögen und an den einzelnen Gegenständen* zu unterscheiden.

Anders liegt es bei der Bruchteilsgemeinschaft. Sie bildet kein Sondervermögen, kennt also nur Bruchteile an einzelnen Gegenständen. Die wesentliche Eigenschaft der gesamthänderischen Bindung zeigt sich darin, daß die Gesamthänder *niemals* über ihre Anteile an den *einzelnen* Gegenständen und *grundsätzlich nicht* über ihre Anteile an dem *gesamten* Sondervermögen verfügen können, 719, 1419, 2033. Im Unterschied zur Bruchteilsgemeinschaft (747) kann also namentlich nicht über die Anteile an den einzelnen Gegenständen verfügt werden. Es ist ausnahmsweise zulässig, daß ein Miterbe über seinen Anteil an der *Erbengemeinschaft insgesamt* verfügt, wofür jedoch besondere Formvorschriften gelten. Aber auch bei der Erbengemeinschaft können nur alle Erben gemeinsam über einen Nachlaßgegenstand verfügen, 2040 I. Die Verfügung eines einzelnen Erben über einen Nachlaßgegenstand ist unzulässig, 2033 II.

Das hat für Gesamthandsforderungen die Folge, daß nur alle Gesamthänder zusammen diese Forderung geltend machen können. Treten Gesamthänder gemeinschaftlich auf, um ein zur Gesamthand gehörendes Recht geltend zu machen, so kann über diesen Anspruch nur einheitlich entschieden werden, sie bilden also eine notwendige Streitgenossenschaft, § 62 I 2. Fall ZPO.

Daneben wird jedoch unter bestimmten Voraussetzungen auch dem einzelnen Gesellschafter ein Klagerecht im eigenen Namen gegeben. Zunächst ist zwischen Forderungen, die aus dem Gesellschaftsverhältnis entspringen und von einem Gesellschafter gegen einen anderen geltend gemacht werden (interne Gesellschafterklage, actio pro socio; *Nitschke*, 84: Gesellschafter- oder interne Gesamthänderklage), und solchen, die der Gesellschaft gegen einen Dritten zustehen, zu unterscheiden (*Nitschke*, 52: externe Gesamthänderklage):

§ 63 Mehrheit von Berechtigten und Verpflichteten
II 1

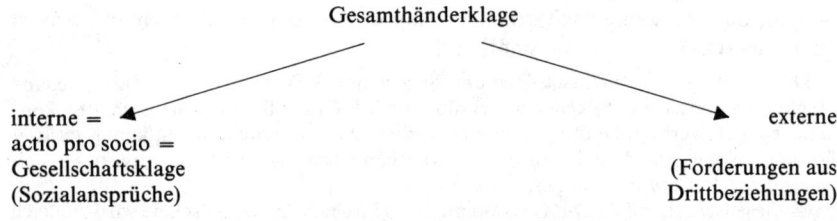

Gesamthänderklage

interne =
actio pro socio =
Gesellschaftsklage
(Sozialansprüche)

externe

(Forderungen aus
Drittbeziehungen)

a) *Actio pro socio.*[1]) Ansprüche aus dem Gesellschaftsverhältnis (z. B. Beitragsleistung, Schadensersatz wegen Pflichtverletzung eines Gesellschafters) sind Gesellschaftsvermögen und somit gesamthänderisch gebunden. Ihre Geltendmachung im Namen der Gesellschaft ist Akt der Geschäftsführung (Innenbereich der Gesellschaft) und steht somit nur den geschäftsführungsbefugten Gesellschaftern zu (BGH NJW 83, 2498). Die Einforderung kann jedoch aus zahlreichen rechtlichen (§ 115 I 2. Hs HGB, Widerspruch; § 116 II HGB, fehlender Beschluß) oder tatsächlichen Gründen (Abwesenheit, Freundschaft, Risiko) unterbleiben.

Nur auf eine solche Konstellation im Innenbereich der Gesellschaft sollte der Begriff der ‚actio pro socio' angewendet werden. Für eine solche Beschränkung spricht einmal das römischrechtliche Institut der actio pro socio, das sich auf den Innenbereich der societas bezog, zum anderen dürfte sich eine Trennung von actio pro socio und Gesamthänderklage gegen Dritte weitgehend durchgesetzt haben, und schließlich dient eine solche Trennung auch zu einer deutlicheren Herausarbeitung der unterschiedlichen Probleme und Ansätze. Die actio pro socio soll im folgenden in diesem engeren Sinne verstanden werden.

In solchen Fällen wurde ein Klagerecht im eigenen Namen des einzelnen Gesellschafters teils in Analogie zu §§ 432, 2039 BGB begründet. Es bleibt jedoch fraglich, ob auch rechtliche Unteilbarkeit zu § 432 BGB führen kann (so das RG in st. Rspr.: Bedenken bei *Hadding,* 35 ff.). Auch eine Analogie zu § 2039 BGB, einer Regelung für die auf Auseinandersetzung angelegte Erbengemeinschaft, vermag die actio pro socio nicht zu stützen. Sie findet ihre Begründung vielmehr im Gesellschaftsvertrag, in dem der Gesellschafter den anderen Förderung des Gesellschaftszweckes versprochen hat. Die Einhaltung dieses Versprechens muß ein jeder Gesellschafter auch klageweise durchsetzen können. Da er hierbei aus eigenem gesellschaftsvertraglichem Recht vorgeht, besteht auch keine Kollision mit den Geschäftsführungsregeln der Gesellschaft (*A. Hueck* § 18 II 3, BGHZ 25, 50; a. A. *Nitschke* 86).

Freilich besteht dieses Klagerecht nicht unbegrenzt. Einmal kann nur auf Leistung an die Gesellschaft geklagt werden, was sich aus dem Inhalt des Gesellschaftsvertrages ergibt, in dem die Förderung des Gesellschaftszweckes der Gesamtheit der Gesellschafter versprochen wurde. Zum anderen verbleibt die Verfügungsmacht über den Anspruch bei der Gesamtheit der Gesellschafter. Diese kann den Anspruch z. B. erlassen oder stunden. Eine weitere wichtige Einschränkung erfährt die actio pro socio schließlich durch die allgemeine gesellschaftsrechtliche Treuepflicht, 242, die allerdings nicht so weit geht, daß der Gesellschafter zunächst die Zustimmung aller übrigen Gesellschafter einzuholen hat (so aber RGZ 171, 51; aufgegeben in BGHZ 25, 50).

b) *Die externe Gesamthänderklage* (in Analogie zu §§ 432 I, 2039). Die externe Gesamthänderklage ist in folgendem Fall zu prüfen: Einer Personengesellschaft steht ge-

---

[1]) Dazu ausführlich *Staud./Keßler,* § 705 Rn. 59 ff.

gen einen außenstehenden Dritten eine Forderung zu („Forderung aus Drittverhältnis": *Hadding* JZ 75, 159). Treiben die vertretungsberechtigten Gesellschafter sie aus irgendeinem Grunde nicht ein, so kann sich für einen einzelnen Gesellschafter die Frage stellen, ob er die Forderung geltend machen kann.

(1) Eine Klage *im Namen der Gesellschaft* ist nur möglich, wenn der Gesellschafter Vertretungsmacht hat (BGH WM 79, 366); fehlende Vertretungsmacht kann auch in Ausnahmefällen nicht etwa gem. § 744 II BGB oder über berechtigte GoA überwunden werden (BGHZ 17, 181).

(2) Der zulässige Weg der Klage gegen die Mitgesellschafter auf Mitwirkung zur Klage gegen den Dritten ist häufig zu langwierig.

(3) Somit kommt nur eine Klage *im eigenen Namen* in Betracht. Dabei kann es sich ähnlich wie bei der actio pro socio um die Geltendmachung eines eigenen oder eines fremden Rechtes in Prozeßstandschaft handeln.

Die Zulässigkeit der externen Gesamthänderklage wurde lange Zeit mit § 432 BGB begründet, wobei der *sachlichen* Unteilbarkeit eine aus dem Gesamthandsprinzip entspringende *rechtliche* Unteilbarkeit, § 719 BGB, gleichgesetzt wurde, RGZ 70, 32; 76, 276. Auch der BGH geht noch von § 432 BGB (zutreffend wäre eine Analogie zu §§ 432 I, 2039) aus, sieht ihn jedoch in aller Regel als von vertraglichen (so schon RGZ 86, 66) oder gesetzlichen, §§ 709 BGB, 114 HGB, Geschäftsführungsregeln (nicht Vertretungsregeln, da es sich ja um Geltendmachung im Namen des *Gesellschafters* handelt) verdrängt an. Soweit jedoch diese Fälle nicht vorliegen, gilt die externe Gesamthänderklage, vgl. BGH BB 73, 1506.

aa) In der BGB-Gesellschaft soll eine externe Gesamthänderklage einmal dann möglich sein, wenn die anderen Gesellschafter die Einziehung aus gesellschaftswidrigen Gründen verweigern und der Schuldner an diesem Verhalten beteiligt ist. In diesem Falle geht das Interesse des einzelnen Gesellschafters, der im übrigen auf den umständlichen Weg der Doppelklage verwiesen ist, dem Interesse der Mitgesellschafter an der Entscheidung über die Klageerhebung und Möglichkeit leichteren Vorbringens bei einer Klage durch die Gesellschaft und dem Interesse des Dritten an Rechtssicherheit (Klagebefugnis nur der Gesellschaft; keine Gefahr erneuter Klageerhebung) vor, BGH NJW 63, 641.

Auch aus § 744 II BGB, einer Regel aus dem Gemeinschaftsrecht, das subsidiär im Gesellschaftsrecht gilt, kann sich unter engen Voraussetzungen eine Befugnis zu klagen im eigenen Namen ergeben (BGHZ 17, 183; BGHZ 39, 14, 20 = ESJ 63, wo jedoch in der bloßen Gefahr eines Fristversäumnisses kein Fall des § 744 II BGB gesehen wird, da es Sache der Gesellschaft sei, rechtzeitig Klage zu erheben.)

bb) Für die OHG nimmt der BGH aber an, daß die Geschäftsführungsregeln keine externe Gesamthänderklage zulassen, BHG BB 73, 1506: Bei der OHG (und KG), die gegenüber der BGB-Gesellschaft größere Selbständigkeit, § 124 HGB, und stärkere Organisation aufweise, müsse die Geschäftsführungsregelung uneingeschränkt befolgt werden. Die *actio pro socio* ist hier weiterhin zulässig, oben a).

Diederichsen, MDR 63, 632; *Hadding*, Actio pro socio, Marburg, 1966; *ders.*, Zur Einzelklagebefugnis des Gesellschafters einer Personengesellschaft, JZ 1975, 159; *Hueck, Alfred*, Das Recht der Offenen Handelsgesellschaft, 1971, § 16, 18; *ders.*, ZAkDR 44, 103; *Lindacher*, JuS 81, 431; 578; 818; *ders.*, JuS 82, 36; 349; 504; 592; *Nitschke*, ZHR 128, 48; *Ulmer, P.*, FS R. Fischer, 1975, 785; *Walter*, JuS 82, 81.

Im übrigen stehen die Rechte allen gemeinschaftlich zu, und zwar in enger Verbundenheit. Über die Rechte kann nur gemeinsam verfügt werden, nur alle zusammen können Forderungen abtreten, mahnen, kündigen usw.

2. Gesamthandsschulden
Gesamthandsschulden sind von geringer Bedeutung.
Sie kommen vor, wenn gesetzlich vorgeschrieben ist, daß eine Schuld aus dem gesamthänderischen Vermögen als aus einem Sondervermögen zu bezahlen ist, z. B. §§ 2059 II, 1459 I. Zur Vollstreckung bedarf es eines gegen alle Gesamthänder als Schuldner erwirkten vollstreckbaren Schuldtitels, 736, 747 ZPO. (Anders bei den „verselbständigten" Gesamthandsvermögen der OHG und KG, 124 HGB.) Eine Gesamthandsschuld ist notwendig eine in ihrer Haftung auf das Sondervermögen begrenzte Schuld. Darum findet man sie selten.

Gesamthandschuldnerische Haftung bedeutet, daß nur alle Gesamthänder zusammen haften, dazu beschränkt auf das gemeinsame Vermögen. Daraus folgt, daß sie an sich, wie Gesamtschuldner, auf das *Ganze* haften, nicht wie Teilschuldner auf Bruchteile der Verbindlichkeit. Da sie aber jeder nur bis zur Höhe ihres Anteils am Gesamtgut haften und nur alle zusammen in Anspruch genommen werden können, macht sich der gesamtschuldnerische Charakter der Verbindlichkeit nicht bemerkbar. Die in § 2058 vorgesehene gesamtschuldnerische Haftung macht sich erst nach Erbteilung oder bei unbeschränkter Erbenhaftung bemerkbar, 2058 i. V. m. 2060, 2059 I 2. Trotzdem gilt, daß jeder Gesamthandsschuldner auf das Ganze haftet, wenn auch beschränkt auf die Höhe seiner Anteile am Gesamtgut.

Die vorstehende Überlegung gilt auch für den Fall, daß sich ein Bereicherungsanspruch, z. B. aus § 951, gegen die Mitglieder einer Gesamthand richtet: Gesellschafter bauen auf ihrem zum Gesellschaftsvermögen gehörigen Grundstück fremdes Baumaterial ein. Hier haften alle zusammen als Gesamthänder, d. h. jeder auf den vollen Betrag, aber begrenzt durch das Gesamthandsvermögen.

Von Belang in diesem Zusammenhang ist, daß die Gesamthänder möglicherweise *nicht nur als Gesamthänder* schulden, *sondern auch* persönlich als *Gesamtschuldner*. Namentlich § 427, wonach im Zweifel gesamtschuldnerisch haftet, wer sich gemeinsam durch Vertrag zu einer teilbaren Leistung verpflichtet hat, führt zumeist zur persönlichen gesamtschuldnerischen Haftung. Verpflichten sich Gesellschafter zu einer Gesellschaftsverbindlichkeit, so haften sie gesamtschuldnerisch nach § 427. In all diesen Fällen haften die Gesellschafter mit dem Gesamtvermögen, und auch persönlich als Gesamtschuldner nach § 427 oder nach gesetzlichen Ausgleichs- oder Haftungsvorschriften. Gesamthandsschulden bestehen nur dort, wo eine Beschränkung der Haftung auf das Gesamthandsvermögen zugelassen ist; vgl. auch § 128 HGB, wo eine persönliche Haftung der Gesellschafter einer OHG bestimmt ist.

Auch Ehegatten, die beide für Gesamtgutsverbindlichkeiten haften, sind Gesamtschuldner, 1459 II. Das gleiche gilt grundsätzlich auch für Miterben, 2058. Teilschulden finden sich bei Gesellschaften nur, wenn mit den Gesellschaftern eine anteilmäßige Haftung vereinbart ist, 420; bei Miterben nach der Teilung in besonderen Fällen, z. B. in § 2060.

Der besondere Teil des Schuldrechts
(Die einzelnen Schuldverhältnisse)

8. Abschnitt

Einleitung

§ 64
Überblick über das besondere Schuldrecht

I. Der 7. Abschnitt des 2. Buches des BGB behandelt die „einzelnen Schuldverhältnisse", Kauf, Miete, Dienstvertrag, ungerechtfertigte Bereicherung, unerlaubte Handlung usw. Was in den ersten 6 Abschnitten des 2. Buches, die die allgemeinen Regeln des Schuldrechts betreffen, gesagt wurde, gilt grundsätzlich für alle einzelnen Schuldverhältnisse.

So bemißt sich z. B. die Schadensberechnung bei unerlaubten Handlungen nach §§ 249 ff.; die Theorie der Schadenszurechnung (oben § 49) gilt auch im Recht der unerlaubten Handlungen; bei einem Rücktritt vom Kauf gelten neben §§ 433 ff. die §§ 346 ff.; vgl. auch § 467!; wer mit einer Bereicherungsschuld in Verzug ist, haftet für zufälligen Untergang, §§ 812 ff., 287 S. 2, usw.

II. Das Wort „Schuldverhältnis" hat in der Überschrift des 7. Abschnitts einen anderen Sinn als in § 241. In § 241 ist das *einzelne Forderungsrecht,* der Anspruch, gemeint (Schuldverhältnis im engeren Sinne, z. B. § 433 II 2 1. Hälfte), in der Überschrift des 7. Abschnitts die *Gesamtheit* von Rechten und Pflichten aufgrund einer schuldrechtlichen Bindung (Schuldverhältnis im weiteren Sinne).

III. Die Einteilung und der Aufbau des 7. Abschnitts sind historisch-empirisch, nicht logisch-systematisch bedingt. Woraus Schuldverhältnisse entstehen, und welchen Inhalt sie haben können, ist logisch nicht erfaßbar. Die Lebensumstände sind zu vielfältig und wandelbar, als daß man bisher über eine bloßer Erfahrung entspringende Aneinanderreihung einzelner Schuldverhältnisse hinausgekommen wäre. Altbekannte Schuldverhältnisse wie der Tausch (§ 515), der Kauf auf Probe (§§ 494–496), die Einbringung von Sachen bei Gastwirten (§§ 701–704) gehen an Bedeutung zurück, bedingt durch wirtschaftliche Umstände oder rechtliche Vorkehrungen, z. B. Allgemeine Geschäftsbedingungen (oben § 26 VI). Bisher unbekannte Schuldverhältnisse tauchen auf und nehmen schlagartig an Bedeutung zu: Garantievertrag, Versicherungsvertrag, Verlagsvertrag, Tarifvertrag. Soweit das BGB keine Regeln zur Verfügung stellt, entwickeln sich neue Rechtsgebiete neben ihm.

IV. Die vorliegende Einteilung des BGB verwendet zwei verschiedenartige Einteilungsgesichtspunkte der einzelnen Schuldverhältnisse.

1. Einteilung nach Art der Entstehung:
Schuldverhältnisse können entstehen

a) weil man etwas rechtlich bindend *verspricht:* Schuldverhältnisse *aus rechtsgeschäftlichem Verkehr,* §§ 433–808a (die Vorlegung von Sachen, §§ 809–811, gehört in den allgemeinen Teil des Schuldrechts). – Beispiele: Kauf, Tausch, Miete, Dienstvertrag.

b) weil man etwas *erhalten* hat, was einem nach dem Recht *nicht zusteht*: Schuldverhältnisse aus ungerechtfertigter Bereicherung, §§ 812–822.
– Beispiel: Ein Minderjähriger kauft sich gegen den Willen der Eltern ein Motorrad, §§ 433 ff., 929, 107, 108, 812 I 1 bezüglich des Motorrads.

c) weil man in bestimmter, im Gesetz beschriebener Weise einen andern schädigt und dafür Ersatz zu leisten hat: Schuldverhältnisse aus unerlaubter Handlung, §§ 823–852 und Nebenvorschriften, insb. StVG.
– Beispiele: Verschuldeter Autounfall, Sachbeschädigung, unlauterer Wettbewerb.

Nicht etwa verpflichtet *jede* Schädigung zum Ersatz. Der Grundsatz des neminem laedere gilt im deutschen Recht nicht, str.
– Beispiele: Streik, lauterer Wettbewerb, erlaubte Herstellung gefährlicher Produkte.

2. Einteilung nach der Art der geschuldeten Leistung
Nach diesem Gesichtspunkt werden die Schuldverhältnisse aus rechtsgeschäftlichem Verkehr eingeteilt, 1.–23. Titel. Zu unterscheiden sind fünf Gruppen:

a) *Schuldverhältnisse aus Veräußerungsgeschäften* (Kauf, Tausch, Schenkung)

b) *Schuldverhältnisse aus Gebrauchsüberlassungen* (Miete, Pacht, Leihe, Darlehen)

c) *Schuldverhältnisse über menschliche Tätigkeiten* (Dienstvertrag, Werkvertrag, Reisevertrag, Maklervertrag, Auslobung, Auftrag, Geschäftsführung ohne Auftrag [kein Rechtsgeschäft!], Verwahrung)

d) *Schuldverhältnisse über menschliche Gemeinschaften* (Gesellschaft, Rechtsgemeinschaft)

e) *Schuldverhältnisse über besondere Versprechen*, nämlich zur Begründung, Sicherung, Feststellung oder Bekräftigung bestimmter Verpflichtungen (Leibrente, Spiel, Wette, Bürgschaft, Vergleich, Schuldversprechen, Schuldanerkenntnis, Anweisung, Schuldverschreibung auf den Inhaber).

Dieser Einteilung des BGB folgt auch die nachstehende Darstellung der einzelnen Schuldverhältnisse. Das Schwergewicht liegt dabei der praktischen Bedeutung entsprechend auf Kauf, Miete, Dienst- und Werkvertrag, Auftrag, Geschäftsführung ohne Auftrag, Gesellschaft, ungerechtfertigter Bereicherung, unerlaubter Handlung.

V. Atypische Verträge (vgl. auch oben § 11)

1. Die genannten, in 23 Titeln des 2. Buches aufgezählten Schuldverhältnisse nennt man „typische". Sie sind die vom BGB zur Verfügung gestellten Vertragstypen. Da aber im Schuldrecht, etwa im Gegensatz zum Sachenrecht und zum Ehegüterrecht, kein Typenzwang herrscht, sind die Parteien in den Grenzen der Vertragsfreiheit frei, Schuldverträge beliebigen Inhalts = atypische Verträge zu schließen.

Der Typenzwang des Sachenrechts und auch des Ehegüterrechts folgt einerseits aus dem Spezialitätsprinzip, andererseits aus Gründen der Rechtsklarheit. Dingliche Rechtszuständigkeiten, wie z. B. das Eigentum, können nur an der einzelnen Sache begründet werden (Spezialitätsgrundsatz). Darum ist z. B. die Vereinbarung von Stockwerkseigentum bundesrechtlich nicht möglich (vgl. §§ 93, 94 und die Legaldefinition des Wohnungseigentums in § 1 II WEG). Auch würde es Gründen der Rechtsklarheit widersprechen, wenn die Vereinbarung qualitativ neuer Sachenrechte der Parteivereinbarung zugänglich wäre. So ist z. B. die Begründung lehnsrechtlichen Ober- und Untereigentums nicht mehr zulässig. Im Schuldrecht gilt kein Spezialitätsprinzip. Man kann eine Kuhherde, einen Bauernhof, ein Unternehmen kaufen und verkaufen, §§ 433 ff. (Man kann aber nur die einzelnen jeweils dazugehörigen Sachen in Vollzug des Kaufs übereignen, §§ 873 ff., 929 ff.) Die Vertragsfreiheit steht verfassungsrechtlich (Art. 2 I GG) und bürgerlichrechtlich (§ 305 BGB) als allgemein bekannt und anerkannt im Vordergrund (vgl. oben § 21). So sind die Parteien nicht auf die „einzelnen Schuldverhältnisse" des BGB angewiesen. Sie können neue erfinden, und das geschieht häufig.

2. Zwei Gruppen atypischer Verträge sind zu unterscheiden:

a) Die weder im BGB noch an anderer Stelle der Rechtsordnung geregelten (atypische im engeren Sinne):

Beispiele: Kumulative Schuldübernahme (oben § 59 I 2 a), Garantievertrag (oben § 11, 3 a); Vertrag zwischen Schiedsrichter und Parteien (unten § 82, 2); Trödelvertrag (oben § 11, 3 e); Nutzkauf (Leasing, unten § 71 V 7).

Grundlage dieser Verträge ist allein § 305. Es kommt also wesentlich auf die Vereinbarungen der Parteien an, sowie auf das, was nach der Verkehrssitte allgemein und nach Treu und Glauben zwischen diesen Parteien zu erwarten ist.

Helfen Vereinbartes, Auslegung, Verkehrssitte und Treu und Glauben nicht weiter, ist an einen Vergleich mit typischen Verträgen, sowie an Abgrenzungen zu ihnen zu denken. So ist die kumulative Schuldübernahme wirtschaftlich der Bürgschaft ähnlich, aber in bestimmter Weise von ihr und von der privativen Schuldübernahme abzugrenzen (oben § 59 I 2, 3). Zum Garantievertrag s. § 11, 3 a; § 92 II. Im Schiedsrichtervertrag stecken Elemente des Werkvertrags (§§ 631 ff.) und der Geschäftsbesorgung (§ 657), im Trödelvertrag Elemente des Kauf-, Auftrags-, Werkvertrags- und Kommissionsrechts. So wird man dem Trödler gegen den Auftraggeber sowohl Ansprüche aus Sachmängelhaftung (§§ 459 ff.) als auch solche auf Auslagenersatz (§ 670) zuerkennen müssen.

b) *Die außerhalb des BGB sondergesetzlich geregelten Verträge* sind nur in einem weiteren Sinne „atypisch": Sie zählen nicht zu den *im BGB* genannten Vertragstypen. Sie wurden — meist nachdem sie eine Zeit lang im echten Sinne atypisch waren — in besonderen Gesetzen zu neuen Typen ausgebildet.

Versicherungs-, Verlags-, Tarifverträge; landesrechtliche Leibzucht- und Austragsverträge, vgl. Art. 96 EGBGB. Sie regeln sich nach dem jeweiligen Sondergesetz (VVG, VerlG, TVG).

3. Die Parteien können aufgrund der Vertragsfreiheit auch Vertragstypen miteinander mischen. Dann entstehen die Fragen der Vertragsverbindungen und der gemischten Verträge.

§ 65
Vertragsverbindungen und gemischte Verträge

Charmatz, Zur Geschichte und Konstruktion der Vertragstypen im Schuldrecht mit besonderer Berücksichtigung der gemischten Verträge, 1937; *Dellias,* Zur Präzisierung der Rechtsfindungsmethode bei „gemischten" Verträgen, Diss. Regensburg 1981; *Hoeniger,* Untersuchungen zum Problem der gemischten Verträge, Bd. I, Gemischte Verträge in ihren Grundformen, 1910; *Kuhlen,* Typuskonzeptionen in der Rechtstheorie, 1977; *Leenen,* Typus und Rechtsfindung, 1971; *Lotmar,* Arbeitsvertrag, 1902, 176 ff.; *Rümelin, G.,* Dienstvertrag und Werkvertrag, 1905, 320 f.; *Schelp,* FS *Herschel,* 1955, 87; *Schreiber,* IherJb. 60, 106; *Wacke,* MDR 83, 4; *Weick,* NJW 78, 11; *Wolff, Ernst,* FS *H. Lewald,* 1953, 633.

I. Vertragsverbindungen

Bei Vertragsverbindungen bestehen mehrere Verträge nebeneinander. Sie sind miteinander entweder rein äußerlich oder in bestimmter Abhängigkeit verbunden.

1. Eine rein äußerliche Verbindung von Verträgen liegt z. B. vor, wenn jemand sein Auto zur Reparatur gibt und sich für die Dauer der Reparatur von dem Werkstattinhaber ein anderes Auto mietet.[1]) Die Verträge gehen in solchen Fällen getrennte Wege. Für den ersten Vertrag gelten die Regeln des Werkvertrags, beim zweiten Vertrag handelt es sich um eine Miete.

2. Die Verbindung mehrerer Verträge kann aber auch in einer Abhängigkeit voneinander bestehen. Beispiele sind das Brauereidarlehen an einen Gastwirt mit einem ausschließlichen Bierbezugsvertrag; die Lizenzierung eines Patents mit Übertragung des dazugehörigen know-how (Betriebserfahrung, Betriebsgeheimnisse); die Pacht einer Fabrik mit einem dazugehörigen

---

[1]) weitere Beispiele aus der Rechtsprechung bei *Jauernig/Vollkommer,* § 305 Anm. 1.

Energieabkommen; der Kauf und die Montage einer Maschine; der Pachtvertrag über eine Maschine mit anschließender Montage; Darlehensgewährung mit Geschäftsbesorgung beim Bankkontokorrent und Akzeptkredit (unten § 77 III 3).[2]) Auch hier beurteilen sich die rechtlichen Verhältnisse grundsätzlich nach Maßgabe der einzelnen miteinander verbundenen Verträge. Da aber die Verträge miteinander in innerer Abhängigkeit stehen, soll regelmäßig der eine nur gelten, wenn auch der andere wirksam ist, § 139. Für § 139 reicht eine *wirtschaftliche* Abhängigkeit mehrerer Rechtsgeschäfte voneinander aus, wenn sie als ein einheitliches Ganzes gewollt erscheinen, RGZ 79, 434; BGH NJW 83, 2027. Das bedeutet, daß Anfechtung, Rücktritt, Kündigung (u. dergl.) des einen Vertrags sich auf den anderen automatisch auswirken. Nach § 313 muß bei derartiger Verbindung das *ganze* Geschäft beurkundet werden. Die Abhängigkeit kann auch alternativ bestehen. Man kann z. B. eine Sache vermieten, verbunden mit einem befristeten Kaufangebot *(Mietkauf)*. Der Vertragsgegner entscheidet sodann, ob fortan Miete oder Kauf gelten soll (vgl. dazu den französischen vente à louage). Doch gilt § 10b IV AbzG bei einer Verbindung von Wohnungsmiete und abzuzahlender Einrichtung nicht, BGH NJW 83, 2027 − *Miete mit Abzahlungen* −. Der Mietkauf ist, im Windschatten des Leasing (u. § 71 V 7), im Vordringen.

II. Gemischte Verträge

Bei gemischten Verträgen liegt meist nur ein Vertrag vor. Er weist aber die Bestandteile mehrerer typischer oder atypischer Verträge auf. Zur Behandlung gemischter Verträge wurden verschiedene Theorien entwickelt, z. B. die *Absorptionstheorie (Lotmar)*, nach welcher der wichtigste Bestandteil zu suchen und die rechtliche Beurteilung danach vorzunehmen ist: die weniger wichtigen Bestandteile werden von dem Hauptbestandteil absorbiert. Demgegenüber vertritt die *Kombinationstheorie (Hoeniger, Rümelin)*, daß in gemischten Verträgen die Regeln aller miteinander gemischten Vertragstypen zur Anwendung kommen sollen. Die Nachteile dieser Theorien sind, daß sie nur abstrakte Regeln bieten, die dem Einzelfall aber oft nicht gerecht werden können. Im Anschluß an *Enneccerus-Lehmann* soll hier unterschieden werden:[3])

1. Typische Verträge mit untergeordneten andersartigen Leistungen

Hierher zählt der Kauf einer Selterswasserflasche „mit Pfand"; die Miete einer Studentenbude „mit Bedienung" (gemeint ist in der Regel die Reinigung des Zimmers); Miete einer Wohnung unter Übernahme von Reparatu-

---

[2]) Weitere Beispiele aus der Rechtsprechung bei *Jauernig/Vollkommer*, § 305 Anm. 2.
[3]) Vgl. auch die jeweilige Einteilung bei *Larenz*, II, § 62 II; *Medicus*, II, § 121; *Esser/Schmidt*, § 11 II; Beispiele aus der neuesten Rechtsprechung finden sich bei *Jauernig/Vollkommer*, § 305 Anm. 3.

ren. Die Annahme derartiger andersartiger Leistungen in typischen Verträgen ist überaus häufig. Rechtlich entscheidend ist der typische Vertrag, so daß insoweit die Absorptionstheorie für die untergeordneten andersartigen Leistungen gilt. Im Einzelfall können Vorschriften des der Nebenleistung entsprechenden Vertragstyps analog angewendet werden, wie z. B. Mietvorschriften auf den Nutzkauf (Finanzierungs-Leasing), unten § 71 V 7.

2. Kombinationsverträge (Typenverbindungsverträge)

Davon zu unterscheiden sind die sog. Kombinationsverträge, besser: Typenverbindungsverträge. Die eine Partei verspricht Leistungen, die verschiedenen Vertragstypen angehören, untereinander jedoch nahezu gleichwertig sind. Die Vertragsleistung umfaßt dabei − im Gegensatz zur bloßen Vertragsverbindung − eine im Verkehr als wirtschaftlich zusammengehörig betrachtete, meist auch *einheitlich benannte* Summe von Einzelleistungen aus verschiedenen Vertragstypen.

Der Hotel- und Pensionsvertrag umfaßt in der Regel die Gewährung von Kost, Wohnung und Bedienung; Personentransportverträge, namentlich auf Schiffen, umfassen in der Regel den Transport, die Beköstigung und die Gewährung einer Unterkunft; Reiseverträge enthalten mitunter außer Transport, Beköstigung und Bedienung noch weitere Bestandteile, z. B. Geschäftsbesorgungen, Werkverträge. Der Heimvertrag enthält Miet-, Kauf-, Dienst-, Darlehens-, Bürgschafts- und Geschäftsbesorgungsrecht und unterliegt auch öffentlichrechtlichen (Aufsichts-)Regeln (s. o. § 74 I 5). Diesen aus verschiedenen Vertragstypen zusammengesetzten Leistungen steht eine einheitliche Gegenleistung, in der Regel in Geld ausgedrückt, gegenüber. Das Abonnement eines Börsendienstes ist ein Typenkombinationsvertrag, bei dem gem. §§ 305, 676 jede Einzelverpflichtung nach den für sie maßgeblichen Bestimmungen zu prüfen ist, Sachmängelhaftung (§§ 459 ff.) und schlechterfüllte Geschäftsbesorgung (§§ 675, 611, pVV) aber nicht anwendbar sind, BGHZ 70, 356 − unrichtige Anlageempfehlung −. Andere Beispiele: BGH NJW 83, 2440 − Kauf mit Montage − ; BGHZ 2, 331; 13, 119.

Für die rechtliche Beurteilung der Kombinationsverträge gilt, daß für jeden Teil das Recht des Vertragstyps maßgeblich ist, der der Einzelleistung entspricht. So kommen beim Pensionsvertrag Kauf-, Miet- und Dienstvertragsregeln zur Anwendung, beim Personentransportvertrag Werk-, Kauf-, Miet- und Beförderungsrecht. Die Unwirksamkeit oder die rechtliche Umgestaltung des einen Teiles betrifft zunächst nur den einzelnen Bestandteil. Die einheitliche Gegenleistung mindert sich entsprechend. So kann z. B. beim Pensionsvertrag oder beim Schiffstransportvertrag der Gast wegen schlechten Essens die Wandlungsregeln und der Vermieter (Beförderer) das Vermieterpfandrecht in Anspruch nehmen. Im übrigen bleibt der Vertrag im ganzen von einem Teilmangel nur dann unberührt, wenn die einzelnen Teile wirtschaftlich selbständig sinnvoll sind, d. h. die Durchführung eines Teils für den Gläubiger noch von Interesse ist. Bilden sie dagegen eine *wirtschaftliche*

Einheit, stehen und fallen sie miteinander, vgl. BGH NJW 63, 1449 = ESJ 64; BGH NJW 72, 76.

Selbständige Teile: Die Wandlungsrechte des Schiffspassagiers wegen schlechter Mahlzeiten lassen die Beförderungspflicht und eine − gegebenenfalls geminderte − Entgeltspflicht unberührt.

Wirtschaftliche Einheit: Ein „Service-Vertrag" berechtigt den Autobesitzer A zur Benutzung einer Sammelgarage mit laufender Wagenpflege. „Kündigt" der Garagenbesitzer den Garagenanteil (Vertragsaufsage, oben § 34, 3), ist A an die Wagenpflege nicht mehr gebunden. Aus der Rechtsprechung: BGHZ 1, 23, 28 (Gemüseanbau- und Lieferungsvertrag). Will man den Nutzkauf (Leasing-Vertrag) nicht als typischen Vertrag mit untergeordneten andersartigen Leistungen (oben 1) ansehen, was die Mehrheit der Gründe für sich hat (§ 71 V 7 unten), müßte man ihn als Kombinationsvertrag mit wirtschaftlicher Einheit einstufen. Er enthält dann Elemente des Kaufs und der entgeltlichen Überlassungsverträge (Miete, Pacht).

III. Doppeltypische Verträge (Zwitterverträge)

Bei ihnen stehen sich Leistungen verschiedener Vertragstypen gegenüber: Einem Hausmeister wird freie Wohnung gewährt; einer Haushaltshilfe werden außer Lohn und Kost freies Wohnen versprochen. Bei diesen Zwitterverträgen unterliegt jede Seite ihrem Vertragstyp. Doppeltypische Verträge können zugleich auf einer oder auf beiden Seiten Kombinationsverträge sein: Ein Pförtner und Hausmeister erhält freie Wohnung und ein monatliches Gehalt. Der Pförtner ist aus Dienst-, Miet- und gegebenenfalls Werkvertrag berechtigt und verpflichtet, der Hauseigentümer ebenso.

IV. Verträge mit Typenvermengung

Hier handelt es sich eindeutig um atypische Verträge. Ein Vertrag enthält einen Bestandteil, der zugleich einem anderen Vertragstypus angehört. Der Hauptfall ist die gemischte Schenkung, die man auch als Freundeskauf oder Schenkung unter Wert bezeichnet. Gemeint ist die Veräußerung einer Sache weit unter ihrem Wert, „unter Freunden". In einem solchen Fall ist die Veräußerung der Sache zugleich Schenkung und Kauf. Für die rechtliche Beurteilung bedarf es der Anwendung der Regeln aus beiden Typen. Bei mangelhafter Sache finden die Gewährleistungsregeln des Kaufrechts und bei Undank des Empfängers die Regeln des groben Undanks aus dem Schenkungsrecht Anwendung. Ein anderes Beispiel der Typenvermengung ist die Vermischung von Vergleich und Kauf: Jemand verzichtet auf eine dubiose Forderung gegen Lieferung einer Ware unter ihrem Wert. Auch hier gelten die Regeln der verschiedenen Vertragstypen nebeneinander. Vgl. BGHZ 30, 121 (gemischte Schenkung) und 1, 28 (Gemüseanbau mit Lieferung).

9. Abschnitt

Veräußerungsverträge

§ 66
Kauf. Begriff, Abschluß, Pflichten im allgemeinen

Bechmann, Der Kauf nach gemeinem Recht, 3 Bde., 1876–1908; *Bergerfurth/Menard*, Das Kaufrecht, 3. Aufl. 1983; *Brandt*, Eigentumserwerb und Austauschgeschäft, 1940; *Großmann-Doerth*, Das Recht des Überseekaufs, 1930; *Hagen*, WM 83, 638; *Harenberg*, Kontrolle sittenwidriger, wucherischer und unangemessen hoher Preise durch die Rechtsprechung, Diss. Göttingen 1981; *Hiddemann*, WM 77, 1242; *ders.*, WM 82 Beil. 5; *v. Hoffmann*, Das Recht des Grundstückskaufs, 1982; *Ihering*, IherJb. 4, 366; *Jacobi*, IherJb. 45, 259; *Köhler*, JZ 84, 393; *Krause*, Schweigen im Rechtsverkehr, 1933; *Mezger*, WM 75, 878; *Müller-Erzbach*, FS *Lehmann*, 1937, 141; *Oertmann*, Der gewöhnliche Handelskauf, Ehrenbergs Handbuch, Bd. IV 2, 1918, 327; *Quack*, ZGR 82, 350; *Rabel*, Das Recht des Warenkaufs, Bd. I, 1936; Bd. II, 1958; *Rehbinder, M.*, Das Kaufrecht in den Allgemeinen Geschäftsbedingungen der deutschen Wirtschaft, 2. Aufl. 1979; *Reinicke, D./Tiedtke*, Kaufrecht, 1982; *Reinking/Eggert*, Der Autokauf, 1979; *Reithmann/Brych/Manhart*, Kauf vom Bauträger, 5. Aufl. 1983; *Schubert*, Deutsches Kaufrecht, 1937; *Teske*, NJW 83, 2428.

I. Begriff

Der Kauf ist ein gegenseitiger schuldrechtlicher Vertrag, in dem sich der eine Teil *(Verkäufer)* zur Übertragung eines Vermögensgegenstandes in das Vermögen eines anderen *(Käufer)* verpflichtet, wofür ihm dieser die Zahlung einer Geldsumme verspricht. Wirtschaftlich ist der Kauf Umsatz von Ware gegen Geld. Mit Hilfe des Kaufvertrages entscheidet der Mensch selbstverantwortlich über die Gradskala seiner Bedürfnisse.

II. Abschluß

1. Der Kauf ist ein *Vertrag*. Auf seinen Abschluß finden die §§ 145 ff. sowie alle Regeln für Verträge, z. B. §§ 134, 138, 306 usw. Anwendung. Die §§ 145 ff. beschreiben und regeln die Abhängigkeit der Willenserklärungen der Parteien des Kaufvertrages bei dessen Zustandekommen (*genetische* Abhängigkeit).

2. Der Kauf ist ein typischer *gegenseitiger* Vertrag. Die Pflicht des einen Teiles wird um der Gegenpflicht willen eingegangen, vgl. dazu oben § 10 II 4, §§ 320 ff. In den §§ 320–327 ist die *funktionelle* Abhängigkeit der Willenserklärungen der Vertragsparteien geregelt.

3. Grundsätzlich ist der Kauf formfrei, d. h. auch mündlich, gültig. Ausnahmen regelt das Gesetz an besonderer Stelle, z. B. in §§ 311; 313 (Verpflichtung zur Veräußerung eines Grundstücks); 2371 (Erbschaftskauf); 15 IV GmbH-Gesetz (Verkauf von GmbH-Anteilen); 1 a AbzG (Abzahlungskauf).

III. Der Kauf als Verpflichtungsgeschäft

1. Der Kauf ist ein obligatorischer Vertrag. Sein Abschluß wirkt keineswegs auf bestehende Rechte ein. Der Kauf erzeugt nur neue Verpflichtungen. Der Kauf enthält damit keine Verfügung.

Beim Kauf eines Autos z. B. folgt aus der Einigung des Käufers und des Verkäufers über Ware und Preis lediglich die Verpflichtung des Käufers, das Auto zu bezahlen und es abzunehmen, 433. Erst im Vollzug dieses Verpflichtungsgeschäfts wird das Auto übereignet, 929. Die Übereignung besteht aus dem Einigsein über den Eigentumsübergang und der Übergabe. Die Übereignung ist die Verfügung, durch welche das Verpflichtungsgeschäft erfüllt wird, 362. Durch den Kaufvertrag geht daher das Eigentum noch nicht über („strenges Abstraktionsprinzip"). Daraus folgt z. B., daß der Käufer erst nach der Übereignung den Anspruch aus § 985 hat; vorher ist er auf seinen obligatorischen Anspruch aus dem Kaufvertrag angewiesen. Durch den Abschluß des Kaufvertrages wird der Kaufgegenstand auch noch nicht dem Vermögen des Verkäufers entzogen. Er kann weiter von Gläubigern des Verkäufers gepfändet und im Konkurs des Verkäufers für seinen Gläubiger verwertet werden. All das ändert sich erst mit der Übereignung. Wenn ohne gültigen Kauf übereignet wurde, ist die Übereignung nach §§ 812 ff. als ungerechtfertigte Bereicherung rückgängig zu machen. Wenn es an einer Einigung über den Eigentumsübergang fehlt, das Auto aber schon übergeben wurde, ist lediglich der Besitz übergegangen. Der Verkäufer ist noch Eigentümer und er kann das Auto als sein Eigentum nach § 985 zurückverlangen (Vindikation des Besitzes, 985, im Unterschied zur Kondiktion des Eigentums, 812).

Der Käufer kann gegen eine Vollstreckung in die ihm verkaufte Sache keine Drittwiderspruchsklage gem. § 771 ZPO erheben, es sei denn, die Sache ist ihm bereits übergeben, letzteres str.

2. An dieser Trennung von Verpflichtung und Verfügung, wobei der Kauf allein die Verpflichtung bewirkt, ist bei allen Verkaufsverträgen festzuhalten, auch beim sog. Handkauf. Beim Handkauf fallen Verpflichtung und Verfügung praktisch zusammen. Wenn die Hausfrau auf dem Markt Apfelsinen kauft, lassen sich Verpflichtungs- und Verfügungserklärungen der Beteiligten regelmäßig kaum unterscheiden. Das hindert nicht, den Vorgang rechtlich in zwei Teile zu zerlegen, den Kauf als Verpflichtungsgeschäft, die Übereignung als Verfügung, durch welche die Verpflichtung erfüllt wird.

3. Das strenge Abstraktionsprinzip ist für das deutsche Recht kennzeichnend. Historisch geht es auf das gemeine und mittelbar auf das römische Recht zurück, in dem allerdings das Abstraktionsprinzip nicht eindeutig herrschte. In der Gestaltung von Kauf und Übereignung unterscheiden sich fast alle nationalen Rechte. So geht z. B. nach französischem Recht das Eigentum durch den Kauf über (principe moderne). Eine Übergabe der Sache ist ebensowenig erforderlich wie die Eintragung der Über-

eignung ins Grundbuch oder eine getrennte Einigung über den Eigentumsübergang. Im englischen Recht wird zwischen dinglichem und obligatorischem Geschäft unterschieden. Bei beweglichen Sachen geht allerdings durch unbedingten und unbefristeten Kauf (sale) Eigentum über. Bei unbeweglichen Sachen wird der Erwerber durch den Kauf noch nicht zum Eigentümer. Er erhält lediglich ein equitable interest und ein dingliches Verfügungsrecht von bestimmtem Umfang. Im einzelnen können hier Rechtsgeschichte und Rechtsvergleichung nicht vertieft werden. Dabei sind aber stets drei Fragen zu unterscheiden, die häufig vermischt werden: (1) Ist ein besonderes Verfügungsgeschäft erforderlich? (2) Ist diese Verfügung gegenüber dem Verpflichtungsgeschäft abstrakt? (3) Bedarf es eines Verlautbarungsaktes (z. B. Besitzübergabe)?

Für das deutsche Recht hat sich das Abstraktionsprinzip bisher bewährt. Es ist klar und nicht unbillig. Beim Handkauf führt es zu einer vielleicht gekünstelten Konstruktion, die von den wirklichen Vorgängen erheblich abweicht. Dafür leistet das Abstraktionsprinzip bei komplizierteren Kaufverträgen gute Dienste; beim Kauf unter Eigentumsvorbehalt gibt es eine Grundlage für die Unterscheidung des unbedingten Kaufvertrags von der bedingten Übereignung. Aus diesen Gründen kommen Rechtsordnungen, welche durch den Kauf ohne weiteres Eigentum übergehen lassen, beim Abzahlungsgeschäft leicht in konstruktive Schwierigkeiten: Sie müssen dann meist doch abstrahieren.

IV. Der Kauf als Rechtsgeschäft zur Übertragung von Vermögensgegenständen (Kaufsache gegen Geld)

1. Auf der Seite des Verkäufers wird nach § 433 I 1 eine *Sache* geschuldet. In § 433 I 2 ist der Verkauf eines *Rechts* geregelt. Auch Forderungen können daher verkauft werden, z. B. beim Factoring (o. § 57 V). Einen besonderen Kaufgegenstand, die Erbschaft, erwähnt § 2371. Darüber hinaus können nach herrschender Lehre alle vermögenswerten Gegenstände verkauft werden, also auch Sachgesamtheiten, Vermögensinbegriffe, Immaterialgüterrechte, Gesellschaftsanteile, Unternehmen (z. B. BGH NJW 79, 33)[1]), Landgüter, Kundschaft, Betriebsgeheimnisse, Betriebserfahrungen (Know-how), Ideen, z. B. zur Gestaltung eines Filmes, goodwill, Energien und Kräfte, z. B. elektrischer Strom (vgl. NJW 83, 1777). Da aber § 433 nur von Sachen und Rechten spricht, kann für Sachgesamtheiten und andere vermögenswerte Gegenstände außerhalb des Sach- und Rechtsbegriffs § 433 nur analog angewandt werden.

2. *Besitz* kann nicht gekauft und verkauft werden. Die entgeltliche Übertragung des Besitzes ist in der Regel Miete. Wenn Arbeit gekauft oder verkauft werden soll, handelt es sich zumeist um Dienstverträge. Soweit nicht-

---

[1]) Ein Unternehmensverkauf liegt auch beim Verkauf sämtlicher Gesellschaftsanteile vor, BGHZ 85, 370. Zu den besonderen Problemen des Unternehmenskaufs s. *Quack*, ZGR 82, 350 ff., und unten § 69 III 3 c).

menschliche Kräfte, wie z. B. elektrischer Strom, gemeint sind, gilt § 433 analog (siehe oben).

3. *Zukünftige* Sachen können verkauft werden, z. B. die Ernte des nächsten Jahres, das nächste Kalb einer Kuh, die nächste „Produktion" des hochberühmten Kunstmalers X. Rechtlich gesehen bestehen beim Kauf künftiger Sachen zwei Gestaltungsmöglichkeiten:

a) Kauf unter der aufschiebenden Bedingung der Entstehung der Sache (emtio rei speratae). Der Kaufpreis ist nur geschuldet, wenn die Sache entstanden ist. Dann aber voll, auch wenn die Sache etwa zu klein ausfällt, § 158. Es handelt sich um ein Risikogeschäft, vgl. z. B. RG JW 36, 1824 (Ausbeute eines Bergwerks).

b) Unbedingter Kauf, wobei der Kaufpreis stets geschuldet ist, auch dann, wenn die Sache nicht zur Entstehung kommt (emtio spei). Hier geht es um reine Spekulationen (z. B. der Kauf eines Fischzugs). Der Kaufpreis wird für eine Chance bezahlt. Die Leistung des Verkäufers besteht im Einräumen der Chance, z. B. beim Lotterielos, RGZ 77, 342, 344.

4. Zu unterscheiden ist der *Stückkauf* vom Gattungskauf. Beim Gattungskauf ist die verkaufte Sache noch nicht konkretisiert. Es liegt noch eine Gattungsschuld vor. Siehe dazu oben § 28.

Zwei Sonderfälle: Bestimmung des genauen Kaufgegenstandes durch eine der beiden Parteien oder durch einen Dritten, 315ff.; handelsrechtlicher Spezifikationskauf, 375 HGB (wichtig bei stark unterteilten Sorten, wie Nägeln, Garnen usw.).

Einen Sonderfall des Gattungskaufs stellt der *Sukzessivlieferungsvertrag* dar. Beim Sukezssivlieferungsvertrag wird die geschuldete Sache oder Sachgesamtheit nicht in einer einzigen Lieferung, sondern in einer Reihe von zeitlich aufeinanderfolgenden Lieferungen geleistet. Auf den Sukzessivlieferungsvertrag als ganzen finden nach herrschender Meinung die Kaufregeln ebenso Anwendung wie für die einzelnen Lieferungen. Die getrennte Anwendung der Kaufregeln auf Einzellieferung und Gesamtvertrag kann z. B. im Einzelfall dazu führen, daß nur einzelne Lieferungen gewandelt werden können oder daß wegen wiederholter Mangelhaftigkeit einzelner Lieferungen der gesamte Sukzessivlieferungsvertrag mit Wirkung für die Zukunft gewandelt werden kann. Entsprechendes gilt für andere Leistungsstörungen, insb. den Verzug. Zu unterscheiden vom Sukzessivlieferungsvertrag ist das *Wiederkehrschuldverhältnis*. Bei Gas-, Wasser- und Strombezug unter monatlicher Abrechnung nimmt die herrschende Lehre eine stetige Erneuerung des Vertragsverhältnisses bei jeder Abrechnungsperiode an, seit RGZ 148, 330. Es handelt sich nicht um eine Einheit, wie beim Sukzessivlieferungsvertrag, sondern um eine Aufeinanderfolge sich immer wieder erneuernder Kaufverträge. Die Unterscheidung von Sukzessivlieferungsvertrag und Wiederkehrschuldverhältnis ist wichtig für § 17 KO; dazu und zur Kritik oben § 8, 7d.

5. Auf seiten des Käufers ist *Geld* geschuldet. Hier unterscheidet sich der Kauf vom Tausch, bei dem Ware gegen Ware getauscht wird. Geld kann man

nicht verkaufen, es sei denn, es handelt sich um Sammlermünzen oder ausländisches Geld (Devisenkauf). Man kann Geld nur gegen Geld tauschen. Die Höhe des Kaufpreises unterliegt grundsätzlich freier Vereinbarung. Grenzen ziehen z. B. §§ 134 und 138, namentlich die Wucherbestimmungen des § 138 II. Bei ohne-Rechnung-Geschäften zum Zwecke der Steuerhinterziehung nimmt der BGH Nichtigkeit nach § 134 an, BGH LM Nr. 57 zu § 134 BGB (dagegen zu Recht *Canaris*, Gesetzliches Verbot und Rechtsgeschäft, 1983, 50, weil die Hinterziehung nicht der „Hauptzweck" ist). In gewissem Umfang gelten auch heute noch öffentlich-rechtliche Preisbestimmungen, z. B. bei Getreide, Milch, Butter. Die private Preisbindung der zweiten Hand wurde, abgesehen von einer Ausnahme für Verlagserzeugnisse aufgehoben, §§ 15, 16 GWB. Auch das Wettbewerbsrecht (GWB, UWG, RabattG, Zugabe VO) greift weitgehend in die freie Preisbestimmung ein. Die Vereinbarung, daß eine Partei nachträglich unter gewissen Voraussetzungen den Preis erhöhen darf, unterliegt den Billigkeitsschranken der §§ 315 ff., BGHZ 1, 353; OGHZ 4, 172. Die Verwendung von Preisänderungsvorbehalten in AGB ist nur noch eingeschränkt zulässig, vgl. §§ 9, 11 Nr. 1, 24 AGBG (näher oben § 26 VI 7 c und § 27 VI).

V. Der Handelskauf (§§ 373 – 382 HGB)

Die handelsrechtlichen Besonderheiten gelten grundsätzlich *neben* dem Kaufrecht nach BGB, *so daß auch für Handelskäufe die §§ 433 ff. BGB gelten*, vgl. dazu *v. Hoyningen-Huene*, Jura 82, 8 ff.; *Marburger*, JuS 83, 1 ff. Nur § 376 HGB (Fixhandelskauf) enthält gegenüber § 361 BGB Sonderbestimmungen (dazu o. § 45 IV 1). Darum ist der Handelskauf auch entweder Gattungs- oder Stückkauf (a. A. *Medicus* II § 75 II: nur Gattungskauf).

Ist auch nur für *eine* Partei der Kauf ein *Handelsgeschäft* (343 I HGB), so gelten die §§ 373 – 376, 380, 382 HGB *zusätzlich* zu den Kaufvorschriften des BGB, 345 HGB. Ebenfalls *zusätzlich* gelten die §§ 377, 378 über die Mängelrüge und § 379 über Aufbewahrung und Notverkauf, aber diese Vorschriften setzen ein *beiderseitiges* Handelsgeschäft voraus. Alle Handelskaufbestimmungen sind auch anwendbar auf *Wertpapierkäufe* i. S. d. § 381 I und auf Werklieferungsverträge über nicht vertretbare Sachen i. S. d. § 381 II HGB (für solche über vertretbare Sachen gilt Kaufrecht schon nach § 651 BGB).

Die wichtigste Erweiterung des bürgerlichen Kaufrechts findet sich in den §§ 377, 378; bei Sachmängeln (§ 377), aliud-Lieferung und Mengenfehlern (§ 378) muß der Käufer *unverzüglich untersuchen* und gegebenenfalls *unverzüglich rügen*. Die kurzen Verjährungsfristen des § 477 BGB (!) laufen trotzdem (*zusätzliche* Geltung der §§ 377, 378 HGB). Unverzüglich bedeutet „ohne schuldhaftes Zögern", 121 I.

VI. Internationales Kaufrecht

Das internationale Kaufrecht und die Haager Einheitlichen Kaufgesetze werden unten in § 115 besprochen.

VII. Die Vertragspflichten im allgemeinen

1. Die Pflichten im Kaufvertrag sind Zug um Zug zu erfüllen, 320−322, vgl. dazu oben § 10 II 4.

2. Den Verkäufer treffen zwei Pflichten.

a) Nach § 433 I muß der Verkäufer dem Käufer das *Eigentum* an der Sache *verschaffen*. Die Verpflichtung erstreckt sich auch auf das Zubehör der Sache, 314. Der Verkäufer muß das Sacheigentum und im Falle eines Rechts die Inhaberschaft des Rechts verschaffen (Rechtsverschaffungspflicht). Das volle Eigentum bzw. das volle einredefreie Recht muß übertragen werden. Gelingt dies dem Verkäufer nicht, so greift die Rechtsmängelgewährleistung ein.

b) Der Verkäufer muß die verkaufte Sache dem Käufer *übergeben*. Bei beweglichen Sachen ist die Übergabe schon Teil der Übereignung, 929. Die von der Übereignungspflicht getrennte Übergabepflicht hat daher hauptsächlich Bedeutung bei Grundstücken, vgl. §§ 873, 925. Übergeben heißt, daß der Käufer den unmittelbaren *Besitz* erhalten muß. Besitzverschaffung bedeutet die Erlangung der tatsächlichen Gewalt über die Sache, 854. Verschaffung mittelbaren Besitzes reicht nur dann aus, wenn das ausdrücklich im Vertrag vereinbart war, h. M.

Soll die Übergabe durch ein Besitzkonstitut nach § 930 ersetzt werden, so kann darin grundsätzlich auch eine schuldrechtliche Vereinbarung gesehen werden, wonach der Verkäufer seine Übergabeverpflichtung gem. § 433 I durch die Verschaffung des mittelbaren Besitzes erfüllt. Dabei ist gleichgültig, ob diese Vereinbarung bei Abschluß oder durch spätere Abänderung des Kaufvertrages zustande kommt.

Verkauft ein Nichteigentümer im Wege des § 930 eine Sache, an der er ein Anwartschaftsrecht besitzt, so kann der Käufer mangels Übergabe auch gutgläubig kein Eigentum erwerben, 933. Er bekommt aber, wenn man die Anwartschaft als „wesensgleiches Minus" ansieht, ein Anwartschaftsrecht an der Kaufsache, wenn man die dingliche Verfügung umdeutet (§ 410) oder entsprechend auslegt (§ 157). Da der Verkäufer aber seiner Eigentumverschaffungspflicht nicht (bzw. nicht vollständig) nachgekommen ist, bleibt er weiterhin aus § 433 I verpflichtet.

c) Der Verkäufer hat zudem nach § 444 dem Käufer über die rechtlichen Verhältnisse Auskunft zu geben, die den verkauften Gegenstand betreffen. Das ist besonders wichtig bei Grundstücken, wo der Käufer auf die Grenzen, Grundstücksbelastungen und dergl. aufmerksam zu machen ist. Auch die zum Beweis des Rechts an der verkauften Sache dienenden Urkunden müssen übergeben werden, z. B. der Kraftfahrzeugbrief. Eine Verletzung der Pflicht aus § 444 ist eine Schlechterfüllung des Kaufvertrags mit der Folge des Schadensersatzes, vgl. dazu oben § 47.

d) Ein Verstoß gegen Bewirtschaftungsvorschriften macht den Kauf i. d. R. nicht nichtig, BGH JZ 61, 227 (Anm. *Wieacker*); BGHZ 51, 174 (181); näher *Fikentscher*, Wirtschaftsrecht § 24 II 5e (mit grundsätzlich anderem Ausgangspunkt).

3. **a)** Unter den Pflichten des Käufers steht die *Zahlungspflicht* im Vordergrund, 433 II.

aa) Zahlenmüssen bedeutet, daß der Käufer Eigentum an soviel *Geld* (-scheinen oder -stücken) verschaffen muß, wie dies dem Kaufpreis entspricht. Ist der Marktpreis vereinbart, so gilt der Marktpreis am Erfüllungsort zur Erfüllungszeit, 453. Grundsätzlich hat die Zahlung Zug um Zug gegen Übereignung der Ware zu erfolgen, 320. Jedoch kann im Einzelfall eine Vorleistungspflicht des Käufers vereinbart werden. Dies ist etwa bei der Klausel „Kasse gegen Dokumente bei Ankunft des Dampfers" der Fall. Der Käufer kann dann eine Zahlung nicht von einer vorherigen Besichtigung der Ware abhängig machen, vgl. BGHZ 41, 215.

bb) Im Falle des *unbaren Zahlungsverkehrs* tritt an die Stelle der Übereignung von Geldstücken und -scheinen die Verschaffung von Forderungen gegen ein für den Gläubiger tätiges Geldinstitut *oder gegen andere Personen*. Einzelheiten und der Streitstand sind oben § 29 I 4 (ausführlich) und § 39 I 3 dargestellt.

cc) In gewissen Fällen wird der Kaufpreis nicht der (grundsätzlich) freien Vereinbarung der Parteien überlassen, sondern durch staatlichen Eingriff festgesetzt. Gesetzliche Grundlage dafür ist noch immer der *Preisstopp* von 1936, soweit er im Preisgesetz v. 10. 4. 1948 aufrechterhalten wurde. Der letzte Stand ergibt sich aus der PreisfreigabeVO 1/82 v. 12. 5. 1982, BGBl. I 617 mit (unentbehrlicher) Begründung BAnz v. 19. 5. 1982 Nr. 93. Wichtige Beispiele geregelter Preise finden sich in der Landwirtschaft, bei Kohle, Energie, bestimmten Mieten, Banken und Versicherungen, Gebühren, öffentlichen Aufträgen im und außerhalb des Bauwesens und im Verkehrswesen; näher zu den Rechtsgrundlagen *Fikentscher*, Wirtschaftsrecht, § 24 II 6 d). Ein wichtiger allgemeiner Grundsatz des materiellen Preisrechts ist, daß Verträge, die mit einem unzulässigen Preis zustande gekommen sind, nicht nichtig sind, sondern mit dem zulässigen Preis aufrecht erhalten werden, *Fikentscher* a. a. O. e); BGHZ 51, 174 (181); WoBindG § 8 II.

b) Den Käufer trifft nach § 433 II auch eine Pflicht zur *Abnahme* der gekauften Sache. Dabei handelt es sich einerseits um eine *Haupt-* (nämlich klagbare) *Pflicht*, die ihren Grund im Interesse des Verkäufers hat, von der Sache befreit zu werden. Der Verkäufer will z. B. neue Ware auf Lager nehmen. Nimmt der Käufer die Sache nicht ab, dann kommt er im Hinblick auf seinen Übergabeanspruch aus § 433 I in Annahmeverzug, im Hinblick auf seine Abnahmepflicht nach § 433 II gleichzeitig in Schuldnerverzug. Da andererseits aber die Abnahmepflicht des § 433 II in der Regel keine *synallagmatische* (in das Gegenseitigkeitsverhältnis des Kaufs einbezogene) *Pflicht* ist, finden die §§ 320 ff. und damit auch § 326 keine Anwendung. Der Verkäufer kann also im allgemeinen nicht deshalb vom Vertrag zurücktreten, weil der Käufer die Ware nicht abnimmt. Etwas anderes gilt nur, wenn der Verkäufer ein besonderes Interesse an der Abnahme hat. Die Auslegung kann dann ergeben, daß die Abnahme synallagmatische Pflicht ist mit der Folge, daß § 326 zur Anwendung kommt. (Beispiele: Verkauf eines Gebäudes auf Abbruch, leicht verderbliche Ware). Zu den Begriffen Haupt- und synallagmatische Pflicht o. § 10 II 4 vor a.

4. *Nebenpflichten* sind im Kaufvertrag auf beiden Seiten sehr häufig. Es können nur einige Beispiele genannt werden. Den Verkäufer kann die Nebenpflicht treffen, eine behördliche Genehmigung zur Durchführung des Kaufgeschäfts herbeizuführen (vgl. RGZ 129, 357, 376 = ESJ 65). Wer ein öffentliches Verkaufslokal eröffnet, ein Warenhaus, einen Laden, ein Büro betreibt, den treffen Schutzpflichten, die dahin gehen, daß die Kunden ungestört und ungefährdet die zum Kauf angebotenen Waren betrachten und prüfen können. Eine Verletzung dieser Schutzpflichten bedeutet Schlechterfüllung des Kaufvertrags, vgl. oben § 47 und zum *Begriff der Nebenpflicht* o. § 8, 3.

Wie jeder Vertrag kennt auch der Kaufvertrag die (beiderseitige) Treuepflicht aus § 242. Hierunter fallen nicht nur die gesetzlich besonders erwähnten Auskunftspflichten nach § 444. Auch der Käufer schuldet Auskünfte, z. B. über die Art seiner Zahlweise. Der Käufer darf nicht eine verkehrswidrige Zahlweise wählen. Der Verkäufer schuldet bei Maschinen in der Regel eine Gebrauchsanweisung, Montageanweisungen, Aufklärung über Gefahren bei der Verwendung, Mitteilung wichtiger Erfahrungen. Auf beiden Seiten gilt, wie in jedem Vertrag, die Pflicht, den anderen Teil vor unnötigem Schaden zu bewahren. Nach § 242 braucht der Schuldner nur nach Treu und Glauben zu leisten. Er muß es aber auch; Pflichtverletzungen sind Schlechterfüllungen des Kaufvertrags.

§ 67
Gefahrtragung. Verwendung, Nutzungen, Lasten, Zinsen, Kosten

Adler, ZHR 72, 388; *Beitzke,* MDR 47, 281; *Bettermann,* ZHR 111, 102; *Biderbeck,* Gefahrenübergang bei Säumnis des Käufers im deutschen und amerikanischen Recht, Diss. Marburg 1982; *Boeck,* Gruchot 65, 518; *Brox,* JuS 75, 1; *Casper,* JW 25, 590; *Cuno,* Übergang der Gefahr bei Gattungsschulden nach dem BGB, 1902; *Dreher,* Gefahrtragungsmomente beim Versendungskauf, Diss. Münster 1970; *Egli,* Die Gefahrtragung beim Kaufvertrag, 1926; *Eißer,* Die Gefahrtragung beim Kaufvertrag in rechtsvergleichender Darstellung, 1927; *Filios,* Die Gefahrtragung beim Kauf im Rahmen des Synallagmas, 1964; *Fischer, H. A.,* IherJb 51, 159; *Hager,* Die Gefahrtragung beim Kauf, 1982; *Hoyer,* Der Gefahrübergang beim Kauf mit Eigentumsvorbehalt, 1911; *Kluckhohn,* IherJb. 64, 114; *Krückmann,* Gewährschaft, Gefahrtragung und Entwurf eines einheitlichen Kaufgesetzes, 1936; *Kuchinke,* FS Heinr. Lange, 1970, 259; *Regelsberger,* AcP 49, 183; *Schulcher, JurBl.* 64, 295; *Schultz,* JZ 75, 240; *Vathis,* Gefahrtragung beim Kauf beweglicher Sachen im deutschen und EKG-Recht, 1977; *Westermann, H. P.,* JA 78, 541.

I. Die Gefahrlehre

1. Wird ein Kaufvertrag den im vorigen § 66 beschriebenen Pflichten gemäß abgewickelt, so ergeben sich im Prinzip keine weiteren Rechtsfragen. Treten aber Störungen ein, so entsteht eine Reihe von Problemen, die man grob in Gefahrtragung (§ 67), Rechts- (§ 69) und Sachmängelgewährleistung (§ 70) einteilen kann. Hier soll von der Gefahrtragung die Rede sein. Die untergeordneten, verwandten Fragen des Verwendungsersatzes, der Nutzungen und der Tragung von Lasten, Zinsen und Kosten werden daran anschließend mitbehandelt.

2. Von „Gefahrtragung" ist beim Kauf in dreierlei Hinsicht zu sprechen. Man muß streng unterscheiden:

a) Die *Sachgefahr:* Die Regeln über die Sachgefahr beantworten die Frage, wer den *Sachschaden* trägt, wenn die Kaufsache zwischen Abschluß und Erfüllung des Vertrags untergeht. Wer trägt den Sachschaden?

b) Die *Leistungsgefahr:* Die Regeln über die Leistungsgefahr beantworten die Frage, ob der Schuldner der Sache, also der Verkäufer, in einem solchen Fall noch einmal leisten muß. Muß, wenn die Kaufsache zwischen Abschluß und Erfüllung des Vertrags untergeht, noch einmal geleistet werden?

c) Die *Gegenleistungsgefahr*, auch Vergütungs- oder Preisgefahr genannt: Ihre Regeln geben Antwort auf die Frage, ob der Schuldner der Gegenleistung, also der Käufer, in einem solchen Fall trotz Untergangs der Kaufsache zahlen muß. Muß, auch wenn die Kaufsache ausbleibt, bezahlt werden?

Die Sachgefahr trägt auch die Bezeichnung „periculum rei". Dem wird das „periculum obligationis" gegenübergestellt. Da man aber beim „periculum obligationis" nicht erkennen kann, ob die Leistungs- oder die Gegenleistungsgefahr gemeint ist, sollte diese Unterscheidung verworfen werden.

Ein Beispiel: K bestellt beim Autohändler V einen Pkw bestimmten Typs aus der laufenden Produktion. Nach Ablauf der üblichen Lieferfrist ruft V bei K an, der Wagen sei eingetroffen und stehe in der Werkstatt zur Abholung bereit. K macht sich sogleich auf den Weg, findet aber, als er bei V eintrifft, nur noch rauchende Trümmer vor. Ein Brand hat die gesamte Händlerwerkstatt mit dem bereitgestellten Pkw vernichtet. Wer trägt den Sachschaden bezüglich des Pkw (Sachgefahr)? Muß V einen Pkw gleichen Typs nachliefern (Leistungsgefahr)? Muß K, obwohl er nur noch glühende Eisenstücke findet, den Preis des bestellten Pkw bezahlen (Gegenleistungs-, Vergütungs-, Preisgefahr)? – Im Gutachten sind die drei Fragen zweckmäßig in dieser Reihenfolge zu erörtern.

II. Die Sachgefahr

Die *Sachgefahr* trägt der dinglich Berechtigte, regelmäßig also der Eigentümer. Die Antwort auf die Frage nach der Sachgefahr folgt also aus einer Prüfung der Eigentumslage. Da im Beispiel des bestellten Pkw zumindest noch die Übergabe fehlt, ist der Händer (oder das Lieferwerk, je nach Art des Verkaufswegs) noch Eigentümer und trägt die Sachgefahr: casum sentit dominus, 903. Vielleicht hat auch eine Brandversicherung diese Gefahr übernommen.

III. Die Leistungsgefahr

Die *Leistungsgefahr* besteht normalerweise bis zur *Erfüllung*, 362 I. Allenfalls endet die Leistungsgefahr mit dem vom Schuldner unverschuldeten Untergang einer Stück- oder konkretisierten Gattungsschuld, 275, 243 II. Desgleichen endet die Leistungsgefahr, wenn der Schuldner den Gläubiger mit einer noch nicht konkretisierten Gattungsschuld in Annahmeverzug gebracht hat, 300 II. (Bei diesen noch nicht konkretisierten Gattungsschulden, mit denen der Gläubiger in Annahmeverzug gerät, handelt es sich regelmäßig um Schick- oder Bringschulden. Bei einer Holschuld tritt, wenn der Schuldner das seinerseits Erforderliche getan hat (§ 243 II) regelmäßig Konkretisierung ein, so daß die Leistungsgefahr schon nach § 275 entfällt und Annahmeverzug nicht mehr eintreten kann.) Kurz gefaßt kann man sagen: Die Leistungsgefahr endet mit *Erfüllung* (§ 362 I), mit *unverschuldetem Untergang* (§ 275) und mit *Eintritt des Gläubigerverzugs* (§ 300 II). Im einzelnen ist dazu auszuführen:

1. Solange *nicht erfüllt* ist, muß der Schuldner (im Beispiel Verkäufer V) noch leisten. Ob erfüllt ist, bestimmt sich nach dem Inhalt des zu erfüllenden Schuldverhältnisses, hier Kauf. Nach § 433 I 1 schuldet der Verkäufer Eigentumsverschaffung und Übergabe. Daran fehlt es, solange noch nicht übergeben ist. Im Beispiel des bestellten Pkw ist also von seiten des Verkäufers V noch nicht erfüllt. Danach bestünde seine Leistungspflicht noch.

2. Es wäre aber unbillig, den Schuldner mit der Leistungspflicht zu belasten, wenn er alles tat, was er konnte, der Leistungsgegenstand aber ohne sein Verschulden unterging. Darum befreit § 275 I den Schuldner von der Leistungspflicht, soweit die Leistung infolge eines nach Entstehung des Schuldverhältnisses eintretenden Umstandes, den der Schuldner nicht zu vertreten hat, unmöglich wird, 275 I, 276. Der nachträglichen objektiven Unmöglichkeit steht das nachträgliche Unvermögen gleich, 275 II, vgl. oben § 44 I. § 275 gilt aber nur für Stückschulden, oben § 44 II 1 b. Bei Gattungsschulden wird trotz zufälligen Untergangs bis zur Erschöpfung der Gattung weitergehaftet, 279. Bei Gattungsschulden trägt also der Schuldner die Leistungsgefahr, solange Sachen aus der Gattung vorhanden sind, vgl. oben § 28 III 3. Es kommt also wesentlich darauf an, ob die Gattungssache zur Zeit des Untergangs schon konkretisiert war. War sie schon gemäß § 243 II konkretisiert, so lag bereits eine Stückschuld vor, und der Schuldner wird nach § 275 befreit. War noch nicht konkretisiert, als die Gattungssache unterging, haftet der Schuldner weiter auf Leistung, 279. Im Beispiel des bestellten Pkw handelte es sich bei dem typenmäßig bestimmten Fabrikat aus laufender Produktion zunächst um eine Gattungsschuld, 243 I. Nach Bereitstellung in der Werkstatt und Anruf bei K zur Abholung hatte V aber alles „zur Leistung einer solchen Sache Erforderliche getan". Damit beschränkte sich der Kaufvertrag auf diesen konkreten Pkw, 243 II. Dadurch entstand eine Stückschuld. Der anschließende Brand, der die Lieferung dieses Pkw unmöglich macht, befreit V von der Leistung, wenn weder ihn noch einen seiner Erfüllungsgehilfen ein Verschulden trifft (sonst §§ 325 I 1, 276 evtl. mit § 278).

3. Die Beendigung der Leistungsgefahr durch Erfüllung oder unverschuldeten Untergang einer Stück- oder konkretisierten Gattungsschuld sind die typischen Fälle. Daneben besteht noch eine besondere Gestaltungsmöglichkeit: Wenn der Schuldner alles tat, was er zur Erfüllung seinerseits tun konnte, die Erfüllung aber nicht zustande kommt, weil der Gläubiger die Leistung nicht annimmt, muß der Schuldner billigerweise ebenfalls von der Leistungsgefahr befreit werden. Nun tritt Leistungsbefreiung bei Stückschulden und konkretisierten Gattungsschulden schon nach § 275 ein (s. o.), so daß es auf den Annahmeverzug nicht mehr ankommt. Bei noch nicht konkretisierten Gattungsschulden dagegen, für die an sich die Weiterhaftung nach § 279 gelten würde, kann es vorkommen, daß der Schuldner alles seinerseits Erforderliche tut, den Gläubiger also in Annahmeverzug versetzt, ohne daß Konkretisierung eintritt. Dies ist der Fall bei den Schickschulden des § 270 und bei Bringschulden (dazu oben § 35 III 2, 3). Gerade bei ihnen kann der Gläubiger durch Verweigerung der Annahme Konkretisierung und Erfüllung verhindern. Darum sieht § 300 II vor, daß die Leistungsgefahr des Schuldners ebenfalls endet, wenn der Gläubiger in Annahmeverzug kommt.

IV. Die Gegenleistungsgefahr

Die Gegenleistungs-(Vergütungs-, Preis-)gefahr beantwortet die Frage, ob der Gläubiger der Leistung (und gleichzeitig Schuldner der Gegenleistung) trotz Ausbleibens der Leistung dem Schuldner die Gegenleistung erbringen, hier den Kaufpreis bezahlen, muß.

Regelmäßig trägt der Verkäufer die Preisgefahr: Wenn er nicht liefert, bekommt er kein Geld, 433, 323 ff.

Hierin unterscheidet sich das geltende Recht vom römischen, das dem Grundsatz folgt: periculum est emptoris. Das BGB steht in folgerichtiger Durchführung des Synallagmas auf dem Standpunkt: periculum est venditoris.

Daraus folgt: Wird der Verkäufer nach § 275 von seiner Leistungspflicht frei, entfällt auch die Gegenleistungspflicht, 323 I, dazu oben § 44 III 1. Von diesem Grundsatz bestehen *sechs* Ausnahmen, in denen der Käufer die Gefahr trägt, trotz Ausbleibens der Leistung zahlen zu müssen.

1. Im Allgemeinen Schuldrecht findet sich die Ausnahme des § 324 II: *Wird während des Gläubigerverzugs die Leistung unmöglich,* so muß der Gläubiger trotzdem die Gegenleistung erbringen. Im Falle des bestellten Pkw entfällt die Leistungspflicht des V, wenn der Brand Zufall war. Befand sich K im Annahmeverzug? Davon hängt ab, ob er trotzdem zahlen muß. Da Abholung vereinbart war, genügte ein wörtliches Angebot des V in der Form, K möge den Wagen abholen, 295 S. 1 a. E., S. 2. Aber der Gläubiger, hier K, muß in solchen Fällen zumindest die Zeit haben, sich zum Schuldner zu begeben, um die Sache abzuholen. Die nach der Verkehrssitte und Treu und Glauben übliche Abholzeit ist zugrunde zu legen. Da K sich sogleich auf den Weg machte, tat er alles, wozu ihn V aufgefordert hatte. K geriet also durch den Anruf des V nicht in Annahmeverzug. K's Gegenleistungspflicht entfällt nach § 323 I. § 324 I ist nicht anwendbar, da den K keine Schuld an dem Brand trifft.

2. Aus dem Kaufrecht zu nennen ist die wichtige Ausnahme des § 446 I 1: Wenn die Kaufsache übergeben ist, muß sie trotz Untergangs beim Käufer bezahlt werden. Der Grund ist darin zu suchen, daß der Käufer von der Übergabe an die Sache in seinem Macht- und Kontrollbereich hat, so daß unverschuldete Zerstörung gerechterweise zu seinen Lasten gehen muß. Untergang i. S. des § 446 ist dabei nicht nur die körperliche Vernichtung, sondern jeder tatsächliche Verlust, welcher zur Folge hat, daß die Kaufsache für den Verkäufer nicht mehr vorhanden und ihm die Bewirkung seiner Leistung unmöglich ist, vgl. RGZ 114, 405 — Beschlagnahme —. *Mit der Übergabe der Kaufsache* geht die Preisgefahr auf den Käufer über. Das gilt auch dann, wenn der Verkäufer im übrigen noch nicht erfüllt, z. B. noch nicht übereignet hat, sogar selbst dann, wenn Rechts- oder Sachmängel vorliegen, vgl. auch OGHZ 1, 149. Übergabe ist die Verschaffung unmittelbaren Besitzes, 854. Besitzübertragungssurrogate nach §§ 930, 931 sind ausreichend, wenn dies im Vertrag vorgesehen ist. Jedoch ist in diesem Fall zu prüfen, ob überhaupt

noch ein kaufvertraglicher Anspruch auf Verschaffung des unmittelbaren Besitzes bestehen bleibt oder ob nicht erfüllt ist; dann findet § 446 keine Anwendung. Praktisch ist der wichtigste Fall der des Kaufs unter Eigentumsvorbehalt. Wird z. B. dem Vorbehaltskäufer die Sache ohne seine Schuld unwiderbringlich gestohlen, muß er trotzdem die restlichen Raten zahlen. Daß § 446 nur die Preisgefahr, nicht auch die Sach- und Leistungsgefahr betrifft, wird leider häufig übersehen. Der Übergang der Gefahr beim Kauf vollzieht sich mit der Übergabe des Besitzes, ohne Rücksicht auf die Annahme der Ware als Erfüllung oder die Billigung ihrer Beschaffenheit, OGHZ 1, 149. – Vom Augenblick der Übergabe und Übereignung an hat der Verkäufer erfüllt. Dann ist § 446 I 1 ebensowenig noch anwendbar wie die §§ 275, 323 I. § 446 I 1 gilt nur als Ausnahme und im Anschluß an §§ 433 I 1, 275 I, II, 323 I, d. h. solange der Kaufvertrag von seiten des Verkäufers noch nicht voll erfüllt ist.

3. § 446 II stellt bei *Grundstücksverkäufen* die Eintragung als Eigentümer der Übergabe gleich, vgl. § 873 I. Die Gefahr geht also mit der Eintragung oder mit der Übergabe über, je nachdem, was eher geschieht. Der Grund ist, daß der eingetragene Eigentümer das Grundstück nach §§ 985, 903 in Besitz nehmen und damit seinem Macht- und Kontrollbereich einverleiben *kann*. – Wird ein Grundstück zweimal verkauft, wobei es an den ersten Käufer nur übergeben, an den zweiten aber aufgelassen und im Grundbuch umgeschrieben wird, so kann der Verkäufer an keinen der beiden voll erfüllen, hat aber, so scheint es, gegen beide den Kaufpreisanspruch, 433 II, 446 I 1, 446 II. Die Rechtslage ist dann sehr umstritten (vgl. *Enneccerus/Lehmann*, § 103 II 2). Im Anschluß an *H. Lehmann* wird man den Fall am besten dadurch lösen, daß man beiden Käufern die Rechte nach §§ 325 I 1, 3, 327 gibt, weil der Verkäufer sich durch sein Doppelspiel beiden Käufern gegenüber die vertragsgemäße Erfüllung unmöglich gemacht hat. Nur Schadensersatz nach der Differenzmethode ist sinngemäß ausgeschlossen: Beide Käufer müssen zurückübertragen, was sie haben.

4. Beim *Versendungskauf* geht gemäß § 447 I die Preisgefahr (und nur diese!) nicht erst mit der Übergabe an den Käufer, sondern schon mit der Auslieferung der Sache an die Transportperson auf den Käufer über. Da der Käufer regelmäßig zur Abholung verpflichtet ist, 269 I, soll er die Preisgefahr tragen, wenn die Sache ihm zugesandt wird, zumal der Verkäufer mit der Auslieferung die von ihm geschuldete Erfüllungshandlung vollständig erbracht hat, vgl. BGHZ 74, 142. Im einzelnen ist der Versendungskauf von verwandten Tatbeständen wie folgt zu unterscheiden:

a) Die Regel bildet die *Holschuld*, sei es am Ort oder von Ort zu Ort, 269 I, II. Sowohl bei *Orts-* wie bei *Fernabholung* wird am Schuldnerwohnsitz erfüllt. Geht zuvor die Sache zufällig zugrunde, werden Schuldner und Gläubiger frei, 275, 323 I. – Verlangt der Gläubiger Versendung, meist unter Übernahme der Kosten dafür, so spricht man vom *Versendungskauf*; wenn die Versendung am Ort erfolgen soll, vom *Ortsversendungskauf* („Platzkauf"); bei Versendung von Ort zu Ort vom *Fernversendungskauf*. Der Erfüllungsort wird dadurch noch nicht geändert, der Schuldnerwohnsitz bleibt Erfüllungsort, 269 III, 447, 448. Hinzu tritt ein eigener Ablieferungsort. Geht die Sache unterwegs zufällig unter, wird der versendende Schuldner frei, 275, der Gläubiger dagegen nicht, 447 als Sondervorschrift zu 323. Dazu allgemein oben § 35 III.

b) § 447 spricht nicht nur vom *Fern*versendungskauf, er gilt ebenso bei Versendungen am *Ort.* § 447 ist dabei direkt anwendbar, weil man „Ort" in § 447 nicht notwendig als Ortsgemeinde verstehen muß. Die h. M. wendet § 447 auf Ortsversendungskäufe nur analog an. Das Ergebnis ist das gleiche.

c) Der Versendungskauf ist daher ein besonderer Fall der Holschuld(!), wobei die Besonderheit in der Versendung an den Käuferwohnsitz auf Risiko des Käufers liegt. – Auch bei *Schickschulden,* insb. den Geldschulden des § 279, bleibt der Schuldnerwohnsitz Erfüllungsort, 270 IV. Auch Schickschulden sind daher Unterfälle der Holschuld.

d) Im Gegensatz zur Holschuld mit ihren Unterfällen steht die *Bringschuld.* Erfüllungsort ist der Gläubigerwohnsitz. Der Schuldner muß dem Gläubiger die Sache bringen. Bringschuldkäufe („Bringkäufe") am Ort kann man „Ortsbringkäufe" nennen, von Ort zu Ort „Fernbringkäufe". Geht die Sache unterwegs zugrunde, muß der Schuldner noch einmal leisten, denn erst mit Ablieferung hat er erfüllt. Solange er dies nicht tut, braucht der Gläubiger die Gegenleistung nicht zu erbringen. Bei der Bringschuld trägt also der Verkäufer bis zur Erfüllung Leistungs- und Gegenleistungsgefahr; § 447 findet keine Anwendung. – Aus dem Gesagten wird deutlich, daß die hauptsächliche Abgrenzungsschwierigkeit zwischen *Versendungskauf* (Platz- und Fernversendungskauf) einerseits und *Kaufbringschuld* (Zusendungs- und Fernkauf) andererseits besteht. Beim Versendungskauf trägt der Käufer die Gegenleistungsgefahr nach § 447, beim „Bringkauf" trägt sie der Verkäufer.

Ob Versendungs- oder Bringschuldkauf vorliegt, richtet sich nach der Parteivereinbarung, in Ermangelung einer solchen, auch einer stillschweigenden, nach Treu und Glauben mit Rücksicht auf die Verkehrssitte, 242. Entscheidend ist, ob die Parteien die Versendung als eine zur Erfüllungspflicht hinzutretende weitere Verpflichtung betrachten, die der Verkäufer nach Art des verkauften Gutes und der wirtschaftlichen Stellung der Parteien üblicherweise nicht übernimmt. Dann liegt Versendungskauf vor. Beruht die Versendung also auf dem Wunsch des Käufers, der auch abholen könnte, der sich aber die Sache bequemer verschaffen möchte, handelt es sich um einen Versendungskauf. Die Sache reist auf seine (Preis-)Gefahr. Liegt die Zusendung in der Natur des Geschäfts, z. B. beim Kauf eines Pianos durch einen Klavierschüler oder eines 144teiligen Porzellangeschirrs durch einen Bräutigam, so ist die Überbringung üblicherweise Sache des Verkäufers. Es handelt sich um eine Bringschuld. Die Sache reist auf Leistungs- und Preisgefahr des Verkäufers. Manchmal bieten die von den Parteien gewählten Ausdrücke einen Anhaltspunkt. Verpflichtet sich der Verkäufer zusätzlich zum eigentlichen Kaufvertragsinhalt zu einer „Zusendung" oder „Beförderung" oder liefert er grundsätzlich nur „ab Lager, ab Werk", versendet aber, spricht dies für einen Versendungskauf. Ist von „Leistungsort" oder „einschließlich Transport" oder „Lieferung frei Haus" die Rede, kann dies ein Hinweis sein, daß die Parteien den Käuferwohnsitz als Erfüllungsort verstehen und damit einen Bringkauf vereinbaren (vgl. zu alledem Nr. 1, 8, 9 Incoterms).

e) Die Preisgefahr geht beim Versendungskauf erst mit der Übergabe an den Spediteur, Frachtführer oder die sonst zur Ausführung der Versendung bestimmte Person oder Anstalt über, 447 I. Dazu zählen namentlich auch *Post* und *Bahn.* Der Grundgedanke ist, daß der Verkäufer Anspruch auf den Preis haben soll, wenn er alles seinerseits Erforderliche getan hat.

f) Ob auch die Verwendung *eigener Leute* des Verkäufers die Preisgefahr übergehen läßt, ist streitig. Meist wird es sich dabei überhaupt nicht um einen Versendungs-, sondern um einen Bringkauf handeln, bei dem der Verkäufer bis zur Ablieferung Leistungs- und Preisgefahr trägt. Denn die Verwendung eigener Leute spricht für die Vereinbarung eines Bringkaufs. Sollten ausnahmsweise einmal bei einem Versendungskauf eigene Leute als Transportpersonen Verwendung finden, so ist nicht einzusehen, warum § 447 I nicht Anwendung finden soll. Der Übergang der Preisgefahr ist eine Folge der Interessenlage, die durch das eigennützige Zusendungsinteresse des Käufers gekennzeichnet ist. Daran ändert die Verwendung eigener Leute durch den Verkäufer als solche nichts. S. *Kuchinke* a. a. O.

g) Da die Versendung auf Wunsch und Rechnung des Käufers erfolgt, zählt nur die sorgfältige Auswahl der Transportperson und die Ablieferung an sie zu den Vertragspflichten des Verkäufers. Eine diesbezügliche Schlechterfüllung macht den Verkäufer schadensersatzpflichtig. Das gleiche gilt für grundloses Abweichen von Weisungen des Käufers, 447 II. Hingegen ist ein Verschulden der Transportperson dem Verkäufer nicht mehr nach § 278 zuzurechnen, da der Verkäufer insoweit nichts schuldet. Etwas anderes gilt nur, wenn der Verkäufer eigene Leute verwendet. Für deren Verschulden haftet er ganz allgemein nach § 278, RGZ 96, 258. — Die Haftungsfreistellung des Verkäufers beim Versendungskauf bedeutet, daß der Käufer bei Verlust der Sache leer ausgehen würde, wenn man ihm nicht eine Drittschadensliquidation zubilligt, s. o. § 50 II 3b. Der Verkäufer steht mit der Transportperson in Vertragsbeziehung, könnte sie im Verschuldensfalle also haftbar machen; er hat aber im allgemeinen keinen Schaden, weil der Käufer nach § 447 I auch dann bezahlen muß, wenn wegen Verschuldens der Transportperson die Kaufsache nicht ankommt. Zurecht verpflichtet man daher den Verkäufer aus kaufvertraglicher Treuepflicht, entweder für den Käufer dessen Schaden bei der Transportperson geltend zu machen (Drittschadensersatz wegen gesetzlich veranlaßten Auseinanderfallens von Anspruchsberechtigung und Schaden) oder dem Käufer diesen Drittschadensanspruch abzutreten, 281.

h) § 447 gilt nur, wenn die Versendung *vom Erfüllungsort aus* erfolgt. Nur wenn der Käufer mit der Versendung von einem dritten Ort aus einverstanden ist, findet § 447 auch dann Anwendung, BGH NJW 65, 1324.

i) § 447 betrifft nur die eigentlichen Transportrisiken, nicht Schäden, die unabhängig von der Tatsache der Versendung, z. B. durch Krieg und Aufruhr, eintreten, vgl. BGH a. a. O.

j) §§ 446, 447 bewirken den Übergang der *Preisgefahr*. Bei Gattungskäufen geschieht zumeist im gleichen Zeitpunkt gemäß § 243 II der Übergang der *Leistungsgefahr*: Im Verlustfalle braucht nicht noch einmal geliefert zu werden.

k) § 447 findet keine Anwendung, wenn der Verkäufer eigenmächtig die Sache an den Käufer schickt (§ 447 sagt: „auf Verlangen").

5. Zwei weitere Ausnahmen zu dem aus § 323 I folgenden Grundsatz, daß die Gegenleistungsgefahr der Verkäufer trägt, enthalten § 2380 BGB und § 56 I ZVG. Beim Erbschaftskauf gilt ausnahmsweise: periculum est emptoris; in der Zwangsversteigerung geht die Gefahr mit dem Zuschlag über.

V. Verwendungen. Nutzungen und Lasten. Zinsen, Kosten

Der Grundgedanke der hier einschlägigen Vorschriften lautet: Wer die Preisgefahr für die Kaufsache trägt, soll die aus ihr fließenden Vorteile haben, soll andererseits aber auch die für sie notwendigen Verwendungen tragen.

1. Verwendungen

Unter Verwendungen versteht das Gesetz Aufwendungen, die einer Sache zugute kommen, z. B. den Anstrich eines verkauften Segelbootes, die Bespannung eines verkauften Tennisschlägers, die Dachreparatur oder die Umzäunung eines verkauften Grundstücks. Zu unterscheiden sind die notwendigen und nicht notwendigen Verwendungen. Notwendig sind Verwendungen, die zur Erhaltung der Kaufsache im alten Zustand erforderlich sind. Alles Übrige sind sog. nichtnotwendige Verwendungen. Sie werden wiederum unterteilt in nützliche Verwendungen und unnütze (Luxusausgaben).

Für *notwendige* Verwendungen gilt § 450 I. Geht vor Übergabe der verkauften Sache die Gefahr auf den Käufer über, was wegen § 446 II namentlich bei Grundstücken häufig ist, und macht der Verkäufer vor der Übergabe Verwendungen auf die Sache, so kann er wie ein Beauftragter von dem Käufer Ersatz verlangen, wenn es sich um notwendige Verwendungen handelte. Für *sonstige* Verwendungen erhält der Verkäufer nach § 450 II Ersatz nur nach den Vorschriften über die Geschäftsführung ohne Auftrag. Soweit der Verkäufer hiernach Ansprüche hat (insbesondere nach §§ 665, 666, 669, 670 oder nach § 683), kann er mit der Übergabe gemäß den §§ 273, 274 zurückhalten.

2. Nutzungen und Lasten

Nutzungen und Lasten gehen stets mit der Übergabe der Sache auf den Käufer über, 446 I 2. Das ist billig, wenn an die Übergabe zugleich der Gefahrenübergang geknüpft ist, 446 I: cuius est periculum eius est commodum. Die Übergabe ist aber für den Übergang von Nutzungen und Lasten auch dann entscheidend, wenn die Gefahr unabhängig von der Übergabe der Sache auf den Käufer übergeht. Das kann z. B. beim Versendungskauf (447) im Einzelfall zu Härten für den Käufer führen. Beispiel: Die trächtige Kuh kalbt schon auf dem Transport zum Käufer und stirbt anschließend. Der Käufer muß den Kaufpreis bezahlen, bekommt aber das Kalb nicht, 447 I, 446 I 2. Die den § 446 I 2 ergänzende dingliche Vorschrift über den Erwerb von Erzeugnissen ist die Aneignungsgestattung des § 956. Ergeben sich Härten für den Käufer, ist daher im Einzelfall zu prüfen, ob die Parteien entgegen § 446 I 2 eine anderweitige Aneignungsgestattung vereinbart haben. § 446 I 2 ist nachgiebiges Recht.

Unter Nutzungen versteht das Gesetz in § 100 die Früchte einer Sache oder eines Rechts i. S. des § 99 sowie die Vorteile, welche der Gebrauch der Sache oder des Rechts gewährt. Unter Lasten sind Steuern, Abgaben, Wasserzins, Schornsteinfegergebühren, Straßenanliegerkosten, Versicherungsprämien (OLG Düsseldorf, NJW 73, 146) zu verstehen, aber auch die Fütterung des Viehs, das Beschneiden von Obstbäumen u. dergl.

3. Zinsen

Eine wichtige Ergänzung zu § 446 II bringt die häufig nicht beachtete Zinsvorschrift des § 452. Danach ist der Käufer verpflichtet, den Kaufpreis von dem Zeitpunkt an zu verzinsen, von welchem an ihm die Nutzungen gebühren. Das gilt lediglich dann nicht, wenn dem Käufer der Kaufpreis gestundet ist. § 452 ist eine für typische Kaufverträge getroffene, eng auszulegende Vorschrift, BGHZ 26, 7.

4. Kosten

In § 448 liegt eine Kostenteilung vor. Die Kosten der Übergabe des Messens und Wägens fallen dem Verkäufer, die praktisch wichtigeren Kosten der Abnahme und der Versendung der Sache nach einem anderen Ort als dem Erfüllungsort dem Käufer zur Last. Hier wird der Grundsatz wiederholt, daß beim Versendungskauf der Erfüllungsort unberührt bleibt, der Käufer aber die Kosten der Versendung an den von ihm gewünschten Ablieferungsort übernimmt, vgl. §§ 269 III, 447.

Es kommt also wesentlich darauf an, ob Holschuld oder Bringschuld mit einer Versendung vereinbart sind. Im Falle einer Holschuld mit Versendung trägt der Käufer die Versendungskosten, im Falle einer Bringschuld der Verkäufer.

In diesem Zusammenhang sind zwei wichtige Klauseln des internationalen Überseeverkehrs von Bedeutung: Die Klausel *c. i. f.* (cost insurance freight) bedeutet, daß der Verkäufer die Kosten der Verladung, der Versicherung während des Transports und der Fracht zum Bestimmungshafen sowie die der Abladung übernimmt. Unberührt bleibt dabei aber der Erfüllungsort. Erfüllungsort ist, wie es der Regel des § 269 entspricht, nach wie vor Schuldnerwohnsitz, also der Sitz des Verkäufers. Die Klausel c. i. f. bedeutet also die Vereinbarung einer Holschuld, bei der die Versendung entgegen §§ 269 III, 448 zu Lasten des Verkäufers geht. Die Gefahr des Transportes bis zum Abgangshafen trägt der Verkäufer, die Gefahr des Seetransports liegt beim Käufer.

Die andere verbreitete Klausel lautet *f. o. b.* (free on board). Hier sichert der Verkäufer die kosten- und spesenfreie Verladung der Ware bis an Bord eines Schiffes zu. Dabei wird der Erfüllungsort an Bord des Schiffes verlagert. Es handelt sich also um eine Bringschuld. Der Verkäufer trägt die Gefahr, bis die Ware im Abgangshafen die Reling passiert; RGZ 106, 212.

Über weitere Klauseln zur Unterscheidung von Hol- und Bringschuld siehe oben § 35 III 2.

Die Regelung für die Tragung der Grundbuchkosten enthält § 449. Danach hat der Käufer eines Grundstücks die Kosten der Auflassung und der Eintragung zu tragen.

Ist ein Recht verkauft, so trägt nach § 448 II der Verkäufer die Kosten der Begründung und der Übertragung. Berechtigt das Recht zum Besitz einer Sache, so gelten die §§ 446–450 entsprechend, 451. Zum Besitze einer Sache berechtigende Rechte sind z. B. das Dauerwohn- und Dauernutzungsrecht nach dem Wohnungseigentumsgesetz von 1951 (WEG), eine pfandgesicherte Forderung, der Nießbrauch, das Erbbaurecht.

5. Die gesetzlichen Regeln über den Gefahrenübergang, die Ersetzung von Verwendungen und die Tragung von Lasten, Zinsen und Kosten sind durchweg nachgiebiger Natur. Die Parteien können anderes vereinbaren. Darum ist gerade dieses Feld ein wichtiger Bereich der Allgemeinen Geschäftsbedingungen.

§ 68
Leistungsstörungen beim Kauf im allgemeinen

Brox, Die Einrede des nichterfüllten Vertrages beim Kauf, 1948; *Gillig,* Nichterfüllung und Sachmängelgewährleistung, 1984; *Grunewald,* Die Grenzziehung zwischen der Rechts- und Sachmängelhaftung beim Kauf, 1980; *Huber, U.,* AcP 177, 261; *Köhler,* JA 82, 157; *Teichmann,* Leistungsstörungen und Gewährleistung, 2. Aufl. 1981.

I. Übersicht

Grundsätzlich alle Leistungsstörungen im Sinne des allgemeinen Schuldrechts (Nichterfüllung wegen Unmöglichkeit, Verzug und Schlechterfüllung) können sich bei der Abwicklung eines Kaufs einstellen, vgl. oben §§ 42 ff. Historisch haben sich dazu außerdem beim Kauf zwei Arten von Leistungsstörungen entwickelt, die in das System der Leistungsstörungen einzuordnen sind: Die Rechtsmängel- und die Sachmängelhaftung (zur Abgrenzung s. BGHZ 67, 135f. und *Grunewald*, a. a. O.). Sie unterliegen auch heute noch einer spezialgesetzlichen Regelung in den §§ 439ff. und 459ff.

Um einen Rechtsmangel handelt es sich, wenn der Verkäufer dem Käufer nicht das *volle Recht* verschaffen kann, das er ihm nach § 433 I 1 *schuldet*. Den Hauptfall bildet der Verkauf gestohlener Sachen: V verkauft dem K eine Uhr. Dann meldet sich E und weist nach, daß ihm die Uhr gestohlen wurde. An gestohlenem Gut kann kein Eigentum begründet werden, §§ 433 I 1, 929, 185, 935, 932. Man sagt: „Die Uhr ist mit einem Rechtsmangel behaftet."

Ein Sachmangel liegt vor, wenn die verkaufte Sache nicht die versprochene Qualität aufweist: Die verkaufte Uhr geht nicht.

II. Einordnung der Rechtsmängelhaftung

Der Verkäufer schuldet nach § 433 I 1 die *Rechtsverschaffung* (sog. Rechtsverschaffungspflicht). Solange dem Käufer das volle, lastenfreie Recht (bei Sachen: das Eigentum) noch nicht verschafft ist, hat der Verkäufer noch nicht erfüllt. *Insoweit* ist die Rechtsmängelhaftung ein Unterfall *reiner Nichterfüllung*. Bedeutsam ist insbesondere die Verweisung in § 440 I auf die §§ 320−322, vor allem auf die Einrede des nichterfüllten gegenseitigen Vertrags. *Kann* der Verkäufer dem Käufer das Recht nicht verschaffen, weil es ihm nicht zusteht und gutgläubiger Erwerb aus irgendeinem Grunde ausscheidet, so kann der Verkäufer nicht erfüllen. Die Rechtsmängelhaftung ist daher insoweit ein besonders geregelter Fall der *Nichterfüllung wegen* (anfänglich subjektiver) *Unmöglichkeit*. Darum verweist § 440 I bezüglich der Rechtsfolgen der Rechtsmängelgewährleistung auch auf die §§ 323−325, 327. In den Rahmen der Rechtsmängelhaftung gehören auch die Fälle, in denen der Verkäufer das geschuldete Recht (in der Regel lastenfreies Eigentum) zwar verschaffen könnte, aber nicht rechtzeitig verschafft oder gar nicht verschaffen will. Insoweit regelt die Rechtsmängelhaftung Fälle des *Verzugs* einschließlich der *Leistungsverweigerung*. Die Rechtsmängelhaftung ist also auch eine Spezialregelung des Verzugs. Die Verweisung des § 440 I auch auf die §§ 326, 327 ist daher zutreffend. Zum ganzen oben §§ 42 ff.

III. Einordnung der Sachmängelhaftung

In § 47 oben wurde dargelegt, daß die Sachmängelhaftung als gesetzlich geregelter Sonderfall der *Schlechterfüllung* zu verstehen ist, und zwar insoweit, als es sich um den *eigentlichen Schlechterfüllungsschaden* handelt. Daraus folgt, daß neben der Sachmängelgewährleistung *kein Schlechterfüllungsschaden* nach den Regeln über die Schlechterfüllung geltend gemacht werden kann. Dagegen kann neben der Sachmängelgewährleistung ein übererfüllungsmäßiges Interesse nach den Regeln der Schlechterfüllung ersetzt verlangt werden, wenn deren Voraussetzungen, insb. Verschulden, vorliegen. Im einzelnen dazu oben § 47 I.

K kauft ein Auto von V. Es stellt sich heraus, daß der Wagen einen von K und V übersehenen Lenkungsschaden hat, dessentwegen K verunglückt. K kann die Sachmängelgewährleistung geltend machen (Wandlung, Minderung, §§ 459 ff.). Er kann, wenn V den Mangel fahrlässig übersah, seine Heilungskosten als übererfüllungsmäßiges Interesse nach den Regeln der Schlechterfüllung verlangen. K kann aber nicht die Wertdifferenz zwischen einem ordnungsgemäßen Wagen dieses Typs und diesem schadhaften Fahrzeug als eigentlichen Schlechterfüllungsschaden verlangen. Zu den Schadensersatzansprüchen des Käufers bei Kauf einer mangelhaften Sache, vgl. *Todt*, BB 71, 680.

IV. Weitere Besonderheiten der Leistungsstörungen im Kaufrecht

Zu achten ist auf den Unterschied zwischen Haupt- und Nebenpflichten, oben § 8. § 326 gilt nur für Hauptpflichten, oben § 45 III 2. §§ 320—327 gelten nur für die in das Gegenseitigkeitsverhältnis einbezogenen Pflichten.

Das Rücktrittsrecht der §§ 325 ff., 346 steht dem Verkäufer nicht zu, der den Kaufpreis stundete, 454. Der Stundungs-(Kredit-)Käufer soll über die Sache verfügen dürfen, ohne gewärtigen zu müssen, daß er die Sache zurückgeben muß, 325, 326, 327, 346 ff. Das Schadensersatzrecht des Verkäufers bleibt unberührt. § 454 ist vertraglich abdingbar.

§ 69
Rechtsmängelgewährleistung

Bendix, ArchBürgR 32, 323; *Blomeyer*, Rechts- und Sachmängelhaftung, 1950; *Boehmer, Gustav*, JZ 52, 521, 588; 53, 392; *Canaris*, ZGR 82, 395; *Düringer*, DJZ 05, 374; *Grunewald*, ZHR 145, 622; *Hiddemann*, ZGR 82, 435; *Hommelhoff*, Die Sachmängelhaftung beim Unternehmenskauf, 1975; *ders.*, ZGR 82, 366; *Koller*, JR 82, 353; *ders.*, JuS 84, 106; *Krückmann*, Gewährschaft, Gefahrtragung und Entwurf eines einheitlichen Kaufgesetzes, 1936; *Loos*, NJW 62, 519; *Mezger*, NJW 53, 812; *ders.*, JZ 53, 67; *Michaelis*, NJW 67, 2391; *Mössle*, BB 83, 2146; *Prölss*, ZIP 81, 337; *Quack*, ZGR 82, 350; *Rabel*, Die Haftung des Verkäufers wegen Mangels im Rechte, 1902; *Rotz*, DRW 39, 210; *R. Schmidt.*, AcP 152, 112; *Weitnauer*, in: Rechtsvergleichung und Rechtsvereinheitlichung, 1967, 71; *Werner*, NJW 52, 930; *Wessing*, ZGR 82, 455; *Westermann, H. P.*, ZGR 82, 45; *Wiedemann*, FS *Nipperdey*, 1965, Bd. I, 815; *Wiethölter*, JZ 61, 693; *Willemsen*, AcP 182, 515; *Wolf, E.*, NJW 53, 164; 54, 708.

I. Begriff des Rechtsmangels

Ein Rechtsmangel im Sinne des Kaufrechts ist ein Mangel, der dem verkauften Gegenstand (Sache oder Recht) deshalb anhaftet, weil der Verkäufer die ihm nach § 433 I obliegende Pflicht zur Verschaffung des vollen, lastenfreien Rechts nicht erfüllt hat.

II. Begriff der Rechtsverschaffungspflicht

Nach § 433 I 1 ist der Verkäufer verpflichtet, dem Käufer das Eigentum an der Sache zu verschaffen.

Anders noch mußte im römischen und im gemeinen Recht der Verkäufer nur die Handlungen vornehmen, die erforderlich waren, um dem Käufer die Sachherrschaft zu verschaffen. Der Verkäufer haftete dagegen nicht auf den Erfolg, daß der Käufer Eigentümer der Sache bzw. Inhaber des verkauften Rechts wurde. Heute dagegen trifft den Verkäufer die Rechtsverschaffungspflicht, d. h. die Verpflichtung, dem Käufer das Eigentumsrecht an der verkauften Sache oder die Inhaberschaft des verkauften Rechtes zu verschaffen. Hierin drückt sich ein abstraktes Denken aus, das außer der tatsächlichen Herrschaft über die Sache den rechtlich abstrakten Eigentumstitel und die abstrakte Inhaberschaft der Forderung oder des sonstigen Rechtes anerkennt und sie sogar in den Vordergrund der rechtlichen Betrachtung rückt.

III. Inhalt der Rechtsverschaffungspflicht, 434–438

1. Der Inhalt der Rechtsverschaffungspflicht ist, daß der Verkäufer dem Käufer Eigentum nach den dafür einschlägigen Regeln des Sachenrechts zu verschaffen hat, für bewegliche Sachen nach § 929, für unbewegliche nach §§ 873 ff., 925. Ist ein Recht verkauft, so muß der Verkäufer in Vollzug des Kaufvertrages dem Käufer das Recht nach § 398 abtreten.

2. **a)** Hinzu kommt, daß der Verkäufer dem Käufer das Recht frei von Lasten und Rechten Dritter verschaffen muß, 434. Eine Ausnahme besteht nur für nachbarrechtliche Beschränkungen des Eigentums, die der Eigentümer kraft Gesetzes hinnehmen muß (vgl. z. B. BGH NJW 81, 1362). Die Verpflichtung des § 434 gilt jedoch nur, sofern die Parteien nicht die Übernahme der Belastung durch den Käufer vereinbart haben. Aber auch in diesem Fall haftet der Verkäufer, wenn die Zusicherungen des Verkäufers bezüglich des zu übernehmenden Rechts (z. B. Verzinsung, Tilgung der Hypothek) nicht zutreffen, aus Rechtsmängelhaftung.

Dritter i. S. des § 434 kann auch der Verkäufer, ja sogar der Käufer sein. Praktisch bedeutet § 434 die Verpflichtung des Verkäufers, Pfandrechte an einer verkauften beweglichen Sache und Hypotheken an einem verkauften Grundstück zu beseitigen. Hierher gehören aber auch obligatorische Rechte, sofern sie gegen den Käufer geltend gemacht werden können wie im Fall der §§ 571, 986 II.

b) Nach § 435 ist der Verkäufer eines Grundstücks oder eines Rechts an einem Grundstück verpflichtet, im Grundbuch eingetragene Rechte, die nicht bestehen, auf seine Kosten löschen zu lassen. Auch der bloße Schein einer Rechtsbeeinträchtigung ist dem Käufer nachteilig und muß beseitigt werden. Der Verkäufer hat deshalb für die Berichtigung des Grundbuchs zu sorgen, vgl. § 892!

c) Als Ausnahme davon haftet der Verkäufer eines Grundstücks nach § 436 nicht für die Freiheit von öffentlichen Abgaben und anderen öffentlichen Lasten, die zur Eintragung in das Grundbuch nicht geeignet sind. Hierher zählen z. B. die Schornsteinfegergebühr, Anliegerbeiträge, Grundsteuern; auch Bau- und Nutzungsbeschränkungen, die aber Sachmängel sein können, unten § 70 II 2.

§ 69
III 3
Rechtsmängelgewährleistung

d) Ein *Rechts*mangel liegt auch vor, wenn ein Wertpapier äußerlich mangelhaft (z. B. ununterschrieben, undeutlich gedruckt) übertragen wird, so daß bei seiner Geltendmachung dem Inhaber Nachteile entstehen müssen. Das gilt auch bei Rektapapieren (dazu unten § 95, 7 a). Obwohl bei ihnen das Recht im Vordergrund steht, können *erhebliche* Papiermängel zu rechtlichen Mängeln führen (§ 952). Bei Order- und bei Inhaberpapieren folgt umgekehrt das Recht aus dem Papier dem Recht am Papier. Im Vordergrund steht dann die Papierübertragung. Erhebliche Papiermängel sind daher erst recht als Rechtsmängel zu behandeln (h. M.). Einen *Rechts-* und keinen Sachmangel stellt die Gebundenheit einer öffentlich geförderten Wohnung nach § 6 WoBindG dar, BGHZ 67, 134.

3. Beim Kauf eines Rechts ergeben sich wichtige Besonderheiten, 437, 438. Die Rechtsverschaffungspflicht gewinnt hier einen besonderen Inhalt.

a) Wird ein Recht verkauft, so haftet nach § 437 der Verkäufer für den „rechtlichen Bestand" *(Verität der Forderung).*

Glaubt der Verkäufer, gegen den X eine Forderung zu haben, die er dem Käufer verkaufen möchte, so muß er sich vergewissern, ob die Forderung wirklich besteht. Verkauft der Verkäufer die Forderung und besteht sie nicht, so ist er nach § 440 I, 325 zum Schadensersatz wegen Nichterfüllung verpflichtet und haftet auf das Erfüllungsinteresse. Die Haftung besteht ohne Verschulden. § 437 enthält also eine Ausnahme vom Grundsatz des § 306, wonach ein auf eine unmögliche Leistung gerichteter Vertrag nichtig ist. Es liegt eine *Garantiehaftung* des Verkäufers des Rechtes vor. Diese wurde für nötig gehalten, weil der Käufer hier besonders schutzbedürftig ist. Da das Recht nicht verkörpert ist, ist er allein auf die Behauptungen des Verkäufers angewiesen. § 437 findet daher *keine* Anwendung, wenn das Recht seiner ganzen Art nach nicht bestehen kann, wenn es ein Recht dieser Art nicht gibt (z. B. subjektlose Rechte, etwa an einem Sammelvermögen außerhalb der Grenzen des § 1914; Anteil an einem Nachlaßgegenstand vor Auseinandersetzung der Erbschaft, 2033 II, 2042, 752 f.; weitere Beispiele o. § 43 II 6.. Das Vertrauen des Käufers auf den Bestand solcher Rechte verdient keinen Schutz: leges vigilantibus scriptae sunt.

b) Der Wert einer Forderung hängt nicht nur von ihrem rechtlichen Bestand, sondern auch von der Zahlungsfähigkeit des Schuldners und anderen Umständen ab, die man im Unterschied zur Verität als *Bonität* bezeichnet. § 438 schließt – argumentum e contrario – die Haftung für Bonität grundsätzlich aus. Übernimmt der Verkäufer die Haftung auch für die Zahlungsfähigkeit des Schuldners, so ist die Haftung im Zweifel nur auf den Zeitpunkt der Abtretung zu beziehen. Man spricht, wenn auch für Bonität gehaftet wird, von „Forderungsgarantie", unten § 92 II 2.

c) Aus § 438 läßt sich also schließen, daß nach den Rechtsmängelvorschriften *nicht* für die Bonität des Rechts gehaftet werden soll. Jedoch steht § 438 wegen seiner Beschränkung auf den Forderungskauf keiner Anwendung der Sachmängelvorschriften entgegen, wenn die Rechtsverschaffung wirtschaftlich der Einräumung der Sachherrschaft dient. Dazu genügt bereits die Übertragung eines *Unternehmensanteils,* wenn die Parteien sich darüber klar waren, daß damit ein Teil des Unternehmens veräußert wird (anders der BGH, der strengere Maßstäbe gesetzt hat: Für die Anwendung der §§ 459 ff sind die Übertragung der die volle Beherrschung des Unternehmens sichernden *weit überwiegenden Mehrzahl der Anteile und* der auf einen Verkauf des Unternehmens gerichtete *Wille der Parteien* erforderlich, BGHZ 65, 246 [251]). Werden *sämtliche* Anteile übertragen *(Unternehmenskauf)*, so bedarf es des subjektiven Elementes allerdings nicht: Die Sachmängelvorschriften finden entsprechende Anwendung, vgl. BGH NJW 79, 33; BGHZ 85, 370.[1]) Hat der Verkäufer beim Verkauf von Unternehmensanteilen oder des ganzen Unternehmens falsche Angaben in bezug auf Umsatz, Ertrag oder Bilanz des Unternehmens gemacht, so kommt bezüglich des übererfüllungsmäßigen Interesses eine Haftung aus culpa in contrahendo bzw. bei zustandegekommenem Vertrag aus Schlechterfüllung in Betracht, vgl. BGH NJW 80, 2408.[2])

Es ergeben sich also folgende Haftungsmöglichkeiten hinsichtlich der Sach- und Rechtsmängel:

aa) einzelne zum Unternehmen gehörige Sachen: 459 ff., evtl. 377 ff HGB

bb) einzelne zum Unternehmen gehörende Rechte: 433 – 441 (Rechtsmängel)

cc) Unternehmen als ganzes: 459 ff., evtl. 377 ff. HGB analog

dd) einzelne Anteile: 412, 433 – 441

ee) einzelne Anteile mit Einsäumung der Herrschaft über das Unternehmen oder über Unternehmensteile: wie oben aa)

ff) alle Anteile: wie oben aa)

gg) Schäden, die über das Erfüllungsinteresse hinausgehen: c. i. c. (kein Vertragsschluß) oder p. F. V. (wenn Vertragsschluß, s. o. § 20 V 2); alles recht str.

IV. Folgen der Verletzung der Rechtsverschaffungspflicht, 439 – 441

1. Erfüllt der Verkäufer die Rechtsverschaffungspflicht nicht, so bestimmen sich die Rechte des Käufers nach den Vorschriften der §§ 320 – 327, 440 I. Es wird also hinsichtlich der Folgen der Verletzung der Rechtsverschaffungspflicht auf die Vorschriften über Unmöglichkeit und Verzug verwiesen. Es handelt sich um eine Verweisung aus rechtstechnischen Gründen, nämlich zur Vereinfachung der Darstellung des Gesetzes. Wird eine bewegliche Sache verkauft, so muß neben den Voraussetzungen der §§ 320 – 327 eine weitere bedeutsame Voraussetzung erfüllt sein, die in § 440 II – IV näher geregelt ist: Besteht der Mangel im Recht eines Dritten zum Besitz der Sache, so muß zur Entstehung des Schadensersatzanspruchs die Kaufsache dem Käufer auf-

---

[1]) Dabei ist die entsprechende Anwendung der §§ 377, 378 HGB zweifelhaft. Sie ist zu bejahen mit der Maßgabe, daß die Untersuchungs- und Rügefristen („unverzüglich") ausreichend bemessen sein müssen. – Zu den rechtlichen Prblemen des Unternehmenskaufs (Übertragung des Unternehmens als Bündel von Vermögensgegenständen; Mängelhaftung im Hinblick auf die einzelnen Sachen, Rechten und anderen Gütern, aus denen das Unternehmen besteht; Haftung des Verkäufers nach den allgemeinen Regeln, z. B. wegen culpa in contrahendo oder wegen positiver Forderungsverletzung) vgl. insb. *Quack,* ZGR 82, 350ff.; *Canaris,* ZGR 82, 395ff.; *Hiddemann,* ZGR 82, 435ff.; *Willemsen,* AcP 182, 515ff.; *Mössle,* BB 83, 2146ff.

[2]) Vgl. dazu *Westermann, H. P.,* ZGR 82, 57ff.; *Willemsen,* AcP 182, 515ff.

Rechtsmängelgewährleistung **§ 69**
IV 2

grund des Drittrechts weggenommen sein. Nur dann gilt die Verweisung des § 440 I auf die §§ 320–327 (sog *Eviktionsprinzip*).

2. Im einzelnen ist zur Verweisung des § 440 I auf die §§ 320–327 folgendes zu bemerken:
Vier Fälle sind zu unterscheiden:

a) Hat der Verkäufer dem Käufer die Sache mit einem Rechtsmangel behaftet verkauft, ist aber die mangelfreie Lieferung noch möglich, z. B. weil anzunehmen ist, daß der Eigentümer die Verfügung des Verkäufers genehmigt (185), bedeutet die Verletzung der Rechtsverschaffungspflicht lediglich die *vorläufige Nichterfüllung*. Insoweit ist die Verweisung in § 440 I auf §§ 320–322 zu beachten. Dem Käufer steht die Einrede des nichterfüllten gegenseitigen Vertrages zu, er kann den Preis zurückhalten.

b) Ist dem Verkäufer nach Abschluß des Kaufs die mangelfreie Leistung unmöglich geworden, bedeutet die Verletzung der Rechtsverschaffungspflicht einen Fall der *nachträglichen Unmöglichkeit*. Insoweit gilt die Verweisung in § 440 I auf die §§ 320–322 und die §§ 323–325. Dagegen paßt die Verweisung in §§ 326, 327 nicht. Der Käufer kann in einem solchen Falle, wenn den Verkäufer ein Verschulden trifft, Schadensersatz wegen Nichterfüllung begehren oder vom Vertrag zurücktreten, 325. Es handelt sich um eine vollinhaltliche Verweisung auf die §§ 320–325.

c) Der weitaus häufigste Fall ist, daß der Verkäufer von vornherein nicht rechtsmangelfrei liefern kann, etwa weil ihm die verkaufte Sache nicht gehört und eine Genehmigung des Eigentümers nach § 185 nicht zu erwarten ist. Liegt in einem solchen Falle *objektive Unmöglichkeit* vor, tritt nach § 306 Nichtigkeit ein. Meist allerdings ist die Rechtsverschaffung dem Verkäufer nur *subjektiv* unmöglich. Dies gilt gerade für die Fälle des Verkaufs gestohlener Sachen, 935. In diesen wichtigen Fällen paßt die Verweisung auf die §§ 323–325 eigentlich nicht, da in ihnen nur die nachträgliche Unmöglichkeit, das Unmöglichwerden, geregelt ist. Trotzdem gilt kraft § 440 I die Verweisung. Die Verweisung ist aber hier nur hinsichtlich der Rechtsfolgen der §§ 323–325 gemeint, nicht hinsichtlich der Tatbestandsvoraussetzungen. Auf die Verschuldensvoraussetzungen des § 325 ist aus diesem Grunde *nicht* verwiesen. Das bedeutet eine Haftung auf Schadensersatz oder auf Rücktritt ohne Verschulden in den Fällen subjektiver anfänglicher Unmöglichkeit. Der Käufer kann in diesen Fällen, wenn er nur die subjektive anfängliche Unmöglichkeit nachweist, sofort Schadensersatz wegen Nichterfüllung oder Rücktritt begehren, §§ 433 I, 440 I, 325, 327, ohne daß den Verkäufer ein Verschulden treffen muß.

d) In dem vierten von § 440 I erfaßten Fall ist die Rechtsverschaffung dem Verkäufer noch möglich. Er ist aber mit der Rechtsverschaffung in *Verzug* geraten oder er weigert sich schlechthin, seiner kaufvertraglichen Pflicht zur Rechtsverschaffung nachzukommen. In diesem Falle handelt es sich um einen Verzug mit der Rechtsverschaffungspflicht. Die Verweisung in § 440 I betrifft nunmehr die §§ 326, 327. Der Käufer kann dem Verkäufer nach einer Mahnung (§ 284) eine letzte Frist mit einer Ablehnungsandrohung setzen und dann Schadensersatz oder Rücktritt begehren. Weigert sich der Verkäufer von vornherein, das Recht gemäß § 433 I dem Käufer zu verschaffen, so liegt eine *Leistungsverweigerung* vor, die zur Anwendung der Verzugsregeln unter Verzicht auf Mahnung, Fristsetzung und Ablehnungsandrohung berechtigt, vgl. oben § 45 III 1 d.

Soweit dem Käufer nach den vorstehenden Ausführungen ein Rücktrittsrecht zusteht, sind die Beschränkungen des Rücktrittsrechts nach §§ 351ff. zu beachten. Gibt der Käufer einer gestohlenen Sache diese dem Eigentümer mit Rücksicht auf dessen Recht zurück, so ist dies nicht als ein Verschulden i. S. des § 351 anzusehen. Dies gilt selbst dann, wenn der Käufer berechtigt ist, Verwendungsersatzansprüche des Verkäufers gegenüber dem Eigentümer nach §§ 994ff., 999 geltend zu machen. Jedoch kann der Käufer insoweit dem Verkäufer aus Verletzung einer Schutzpflicht schadensersatzpflichtig werden (vgl. zum Problem BGHZ 5, 337ff.; dazu *Böhmer*, JZ 52, 521, 588; 53, 392; *Werner*, NJW 52, 930; *Mezger*, JZ 53, 67; *ders.*, NJW 53, 812; *E. Wolf*, NJW 53, 165; 54, 708).

3. Der Anspruch des Käufers auf Schadensersatz wegen Verletzung der Rechtsverschaffungspflicht durch den Verkäufer wird durch die Abs. 2–4 des § 440 in wichtigen Punkten begrenzt. § 440 II enthält das sog. Eviktionsprinzip („Entwehrung"). Dieser Grundsatz besagt, daß der Käufer dem Verkäufer einer beweglichen Sache wegen des Rechts eines Dritten, das diesen zum Besitz der Sache berechtigt (z. B. Eigentum, Pfandrecht), nach § 440 I nur dann auf Schadensersatz in Anspruch nehmen kann, wenn er, der Käufer, die Sache dem berechtigten Dritten mit Rücksicht auf dessen Recht herausgegeben hat. Der Herausgabe steht es gleich, wenn er sie dem Verkäufer mit Rücksicht auf das Recht des Dritten zurückgewährt oder wenn die Sache untergegangen ist. Jedoch entfällt der Schadensersatzanspruch, wenn der Untergang von dem Käufer verschuldet wird, es sei denn, der Käufer wird dadurch dem wahren Berechtigten gegenüber schadensersatzpflichtig, z. B. aus §§ 987ff. Ebenfalls steht der Herausgabe an den Dritten gleich, wenn der Dritte den Käufer oder dieser den Dritten beerbt, oder wenn der Käufer das Recht des Dritten anderweit erwirbt oder den Dritten abfindet, 440 III. Steht dem Käufer ein Anspruch auf Herausgabe gegen einen anderen zu, so genügt anstelle der Rückgewähr der Sache selbst die Abtretung des Anspruchs, um die Entwehrung zu bewirken, 440 IV.

Der Sinn dieser Begrenzung der Rechte aus § 440 I ist folgender: Es wäre unbillig, wenn der Käufer auf Schadensersatz klagen könnte, solange er selbst noch im Genuß der Sache ist. Darum ist die Eviktion (Entwehrung) beim Sachkauf Voraussetzung für den Schadensersatzanspruch. Das Rücktrittsrecht des Käufers wird dagegen durch § 440 II nicht berührt. Man muß dem Käufer zubilligen, von einem Kaufvertrag zurücktreten zu können, der ihm eine Sache eingebracht hat, an der er niemals Eigentum erwerben kann.

In Wahrheit handelt es sich bei dem Eviktionsprinzip um eine juristische

Altertümlichkeit. Sie war sinnvoll, solange dem Verkäufer lediglich die Pflicht oblag, dem Käufer den Besitz einer Sache zu verschaffen. Dann war es berechtigt, Schadensersatzansprüche des Käufers wegen Nichtverschaffung des Eigentums so lange zu versagen, wie der Käufer im Besitz der Sache war. Da aber nach der modernen Auffassung des BGB der Verkäufer die Rechtsverschaffung schuldet, d. h. dem Käufer Eigentum verschaffen muß, hätte man bei jeder Verletzung der Rechtsverschaffungspflicht einen Schadensersatz gewähren sollen. Solange der Käufer noch im Besitz der Sache ist, beschränkt sich dann eben sein Schaden auf die Nichtverschaffung des Eigentumstitels.

Die Vorschriften über die Eviktionshaftung gelten auch dann, wenn ein Recht an einer beweglichen Sache verkauft ist, das zum Besitz der Sache berechtigt, wie z. B. Nießbrauch (1036, 1059) und Pfandrecht (1251), 441.

4. Neben die wichtige Beschränkung der Rechte aus verletzter Rechtsverschaffungspflicht durch das Eviktionsprinzip des § 440 II – IV tritt eine weitere Begrenzung: Der Verkäufer hat einen Rechtsmangel nicht zu vertreten, wenn der Käufer den Mangel bei Abschluß des Kaufes kennt, 439. Abzulehnen ist die Entscheidung BGH NJW 60, 720, nach der entgegen § 439 der Verkäufer sich nach den Grundsätzen der c. i. c. darauf berufen kann, der Käufer hätte ihm Bedenken bezüglich vorhandener Rechtsmängel mitteilen müssen. Dies verschiebt die vom Gesetz in § 439 angeordneten Haftungsmaßstäbe.

V. Besonderheiten der Rechtsmängelgewährleistung

1. Hinsichtlich der Beweislast schreibt § 442 vor, daß der Käufer den Rechtsmangel zu beweisen hat, wenn der Verkäufer den vom Käufer geltend gemachten Rechtsmangel bestreitet.

2. Die Rechtsmängelgewährleistung ist vertraglich abdingbar, allerdings in den Grenzen des § 443. Eine Vereinbarung, durch welche die Rechtsmängelhaftung ausgeschlossen wird, ist nichtig, wenn der Verkäufer den Rechtsmangel arglistig verschweigt.

3. Um eine Rechtsmängelhaftung tunlichst zu vermeiden, trifft den Verkäufer eine Auskunftspflicht über die den verkauften Gegenstand betreffenden rechtlichen Verhältnisse, 444. Besonders für Grundstücke ist diese Auskunft von Bedeutung. Sie bezieht sich dort auf die Grenzen, Gerechtsamen und Lasten, sowie auf alle das Grundstück betreffenden rechtlichen Verhältnisse. Inwieweit sich die Auskunftspflicht auch auf tatsächliche Verhältnisse und Bauunterlagen erstreckt, ist umstritten. Gegen eine Herausgabeverpflichtung von Bauunterlagen OLG Karlsruhe, NJW 75, 694; a. A. LG Detmold, NJW 69, 2144.

4. Die Rechtsmängelhaftung findet entsprechend Anwendung auf kaufähnliche Verträge, 445. Kaufähnlich sind entgeltliche Verträge über die Veräußerung oder Belastung eines Gegenstands. Hierher zählt z. B. die Verpflichtung eines Grundstückseigentümers, sein Grundstück mit einer Hypothek zu belasten (pactum de hypothecando). Ferner gehört hierher der Trödelvertrag, die Auslobung, die Einbringung von Sachen in eine Gesellschaft.

5. Für die Anwendung des Eviktionsgrundsatzes in § 440 II genügt es nach herrschender Meinung, wenn anstelle der Sache ihr wirtschaftlicher Wert von dem Käufer

an den wahren Berechtigten herausgegeben worden ist. Das kann von Bedeutung werden, wenn der Käufer die Sache inzwischen weiterveräußert hat, so daß sich der Eigentümer an den Käufer wegen Schadensersatz nach den Regeln des Eigentümer-Besitzer-Verhältnisses hält, RGZ 117, 335, 337 = ESJ 66.

6. Beim Kauf unter Eigentumsvorbehalt ist zweifelhaft, in welchem Zeitpunkt die Rechtsverschaffungspflicht erfüllt sein muß, bei Vertragsschluß oder erst bei vollständiger Bezahlung des Kaufpreises. Grundsätzlich wird der letztgenannte Zeitpunkt entscheidend sein, jedoch haftet der Verkäufer, wenn das Besitzrecht des Vorbehaltskäufers durch Rechtsmängel beeinträchtigt wird, vgl. dazu *Wiethölter* JZ 61, 693 und BGH JZ 61, 697.

§ 70
Sachmängelgewährleistung

Adler, ZHR 75, 453; *Ballerstedt*, FS *Nipperdey*, 1955, 261; *Baumann*, FS *Sieg*, 1976, 15; *ders.*, FS *R. Schmidt*, 1976, 701; *Beneke*, Die Bedeutung des Gefahrübergangs für Ansprüche des Käufers einer mangelhaften Sache, 1933; *Biermann*, AcP 95, 315; *Blomeyer*, Rechts- und Ssachmängelhaftung, 1950; *ders.*, AcP 151, 97 (dazu *Larenz*, NJW 51, 497); *v. Blume*, IherJb. 55, 209; *Bötticher*, Die Wandlung als Gestaltungsakt, 1938; *Brox*, Die Einrede des nichterfüllten Vertrages beim Kauf, 1948; *Brox/Elsing*, JuS 76, 1; *Brüggemann*, JA 77, 49; 102; *ders.*, JA 77, 198; *v. Caemmerer*, FS *M. Wolff*, 1952, 3; *Christoffel*, Die Garantie im Rahmen kaufrechtlicher Sachmängelgewährleistung unter Berücksichtigung des Schuldrechtsrefomrvorschlags, 1984; *Diederichsen*, AcP 165, 150; *Düringer*, LZ 07, 131; *Eccius*, Gruchot 43, 305; *ders.*, Gruchot 50, 520; *ders.*, Gruchot 51, 515; *Edye*, MDR 61, 908; *Eggert*, DAR 79, 274; *Eimer*, NJW 73, 590; *Erman*, JZ 60, 41; *Evans-v. Krbek*, MDR 80, 819; *Fabricius*, JuS 64, 1; 46; *ders.*, JZ 67, 464; *Flume*, Eigenschaftsirrtum und Kauf, 1948 (dazu *Kegel*, AcP 150, 356); *ders.*, DB 79, 1637; *Franz, D.*, NJW 66, 2342; *Fröhlich*, Die Anfechtung wegen Eigenschaftsirrtums beim Kauf, 1984; *v. Gierke*, ZHR 114, 73; *Gillig*, Nichterfüllung und Sachmängelgewährleistung, 1984; *Götz*, Sachmängelbeseitigung beim Kauf, 1960; *Graue*, Die mangelhafte Lieferung beim Kauf beweglicher Sachen, 1964; *Großmann-Doerth*, Die Rechtsfolgen vertragswidriger Andienung, 1934; *Hartkopf*, Abgrenzung der Leistungsstörungen von der Gewährleistung und dem Institut der Geschäftsgrundlage, Diss. Berlin 1983; *Haymann*, Die Haftung des Verkäufers für die Beschaffenheit der Kaufsache, 1912; *ders.*, Anfechtung, Sachmängelgewähr und Vertragserfüllung beim Kauf, 1913; *ders.*, RG-Festgabe, Bd. III, 1929, 317; *Heinbuch*, NJW 84, 15; *Heisecke*, NJW 67, 238; *Henckel*, FS *Wieacker*, 1978, 366; *Herberger*, Rechtsnatur, Aufgabe und Funktion der Sachmängelhaftung nach dem BGB, 1974; *Herrmann*, AcP 183, 246; *Honsell, H.*, JR 76, 361; *ders.*, Jura 79, 184; *ders.*, JuS 82, 810; *ders.*, Jura 83, 523; *v. Hoyningen-Huene*, Jura 82, 8; *Huber, U.*, JuS 72, 439; *ders.*, FS *Ballerstedt*, 1975, 327; *ders.*, AcP 177, 281; *Hüffer*, JuS 73, 607; *Immenga*, AcP 171, 1; *Klempt*, Die Grundlagen der Sachmängelhaftung des Verkäufers im Vernunftrecht und usus modernus, 1967; *Klink*, Eine Sphärentheorie für Ausgleichsmodi im Synallagma (Wandelung und Bereicherungsrecht), Diss. Tübingen 1982; *Kluckhohn*, Gruchot 59, 1038; *ders.*, ArchBürgR 40, 202; *Knöpfle*, JZ 78, 121; *ders.*, JZ 79, 11; *ders.*, NJW 79, 693; *ders.*, AcP 180, 462; *Köhler*, JuS 79, 267; 422; 496; 566; *ders.*, JuS 82, 1; *ders.*, JA 82, 157; *ders.*, JZ 84, 393; *ders.*, NJW 84, 1321; *Koller*, NJW 81, 1768; *Korintenberg*, Die rechtspolitische Großtat der ädilizischen

Rechtsbehelfe vor 2000 Jahren und heute, 1948; *ders.,* Die Beschaffenheit der Spezies als Element des Rechtsgeschäfts, 1948; *ders.,* Abschied von der Gewährleistung, Justizbl. f. OLG Bezirk Köln, 1947, 69; *Kornmeier,* NJW 82, 793; *Krückmann,* LZ 15, 1351; *ders.,* Gewährschaft, Gefahrtragung und Entwurf eines einheitlichen Kaufgesetzes 1936; *ders.,* AcP 101, 393; *ders.,* ZHR 1938, 153; *Kupisch,* AcP 170, 479; *Larenz,* NJW 51, 497; *Lautner,* Grundsätze des Gewährleistungsrechts, 1937; *Littbarski,* NJW 81, 2331; *Marburger,* JuS 76, 638; *ders.,* JuS 83, 1; *Mayer,* BB 84, 568; *Medicus,* JuS 66, 297; *ders.,* FS *Kern,* 1968, 313; *Meeske,* Die Mängelrüge, 1965; *Mezger,* MDR 62, 253; *Mollenkott/Kremer,* DAR 79, 1; *Müller, G.,* ZIP 81, 707; *ders.,* ZHR 147, 501; *Niederländer,* in: Rechtsvergleichung und Rechtsvereinheitlichung, 1967, 289; *Oertmann,* SeuffBl. 76, 1; *ders.,*Erfüllungspflicht und Gewährleistung, Der junge Rechtsgelehrte, 1935, 354; *ders.,* Recht 04; 4, 29; *Peters,* JZ 78, 92; *ders.,* NJW 78, 665; *Raape,* AcP 150, 481; *ders.,* FS *H. Lehmann,* 1937, 160; *Raisch,* FS *Duden,* 1977, 399; *Rebe/Rebell,* JA 78, 544; 605; *Rehbinder/Wlodyka* (Hrsg.), Die zivilrechtliche Haftung für mangelhafte Waren, 1982; *Reich/Tonner,* JuS 76, 576; *Röhl,* JZ 79, 369; *Roth,* JW 36, 2897; *Rupp/Fleischmann,* NJW 84, 219; *Schaumburg,* Sachmängelgewährleistung und vorvertragliches Verschulden, 1974; *Schlechtriem,* VersR 73, 581; *Schmidt, Rudolf,* NJW 62, 710; *Schmidt-Salzer,* JZ 67, 661; *Schmitz,* NJW 73, 2081; *Schönle,* NJW 65, 2133; *Schollmeyer,* IherJb. 49, 93; *Schultz,* NJW 80, 2172; *Schumacher,* MDR 76, 111; *ders.,* MDR 77, 19; *Schwark,* AcP 179, 57; *Schwenger,* Der Ersatz von Mangelschäden und Mangelfolgeschäden bei lästigen Verträgen, 1977; *Seibert,* MDR 83, 177; *Semler,* NJW 76, 406; *Süß,* Wesen und Rechtsgrund der Gewährleistung für Sachmängel, 1931; *Stötter,* DB 65, 1275; *Tengelmann,* NJW 66, 2195; *Thamm,* NJW 76, 225; *Thielmann,* FS *v. Lübtow,* 1970, 701; *Todt,* Die Schadensersatzansprüche des Käufers, Mieters und Werkbestellers aus Sachmängeln, 1970; *Vollkommer,* AcP 183, 525; *Weitnauer,* in: Aktuelle Probleme aus dem deutschen und französischen Kauf- und Gesellschaftsrecht, 1982, 122; *v. Westphalen,* Jura 83, 348; *Wiedemann,* FS *Nipperdey,* 1965, Bd. I, 815; *Wilhelm,* JZ 82, 468; *Willemsen,* AcP 182, 515; *Wogatzki,* Wandlung und Minderung bei einer Mehrheit von Käufern und Verkäufern, 1931; *Wolff, Max,* IherJb. 56, 1; *ders.,* Gruchot 48, 503; *ders.,* JW 20, 427; *Wolter,* NJW 75, 622.

I. Übersicht. Das Verhältnis der Sachmängelgewährleistung zum Erfüllungsanspruch

1. Der Verkäufer haftet nicht nur dafür, daß der Kaufvertrag erfüllt, daß geliefert und Eigentum übertragen wird. Er schuldet nach § 433 i. V. m. § 242 auch richtige und gute Erfüllung. Den Rahmen der ordnungsgemäßen Erfüllung bestimmt in erster Linie die Parteivereinbarung, danach Treu und Glauben mit Rücksicht auf die Verkehrssitte. Bleibt die Verkäuferleistung qualitativ hinter diesen Anforderungen zurück, so erfüllt der Verkäufer schlecht. Die Schlechterfüllung ist beim Kauf besonders geregelt. Man spricht von Sachmängeln und bürdet dem Verkäufer die Gewährleistung für sie auf. *Der Sinn dieser besonderen Sachmängelgewährleistung ist, daß der Verkäufer nicht mit der Erfüllungspflicht belastet bleiben soll, wenn er eine schlechte Sache verkauft hat.* Der Verkäufer hat in einem solchen Falle immerhin die im Vertrag genannte Kaufsache geleistet. Er hat erfüllt (wenn auch schlecht).

Der Verkäufer soll daher weder weiterhin auf Erfüllung noch auf Schadensersatz wegen Nichterfüllung haften, soweit der Sachmangel in Frage steht. Freilich bestehen Ausnahmen (463, 480, dazu unten). Es träfe den Verkäufer zu hart, wenn er anstelle der gelieferten, mangelhaften Sache eine mangelfreie der gleichen Art zu liefern hätte. Das wäre beim Stückkauf nicht durchführbar. Man denke daran, daß der Verkäufer ein Hausgrundstück schuldet. Stellt sich heraus, daß es sachliche Mängel aufweist, so wäre es für den Verkäufer fast immer unmöglich, ein gleichwertiges anderes Haus zu besorgen. Der Wegfall der Schadensersatzpflicht ist schon dadurch im Regelfall gerechtfertigt, daß in der arbeitsteiligen Produktionswirtschaft der Händler vielfach für die Qualität der Waren überhaupt nicht mehr einstehen kann.

Diese Überlegung führt dazu, bei Verkauf einer mangelhaften Sache dem Verkäufer nur ganz bestimmte Pflichten aufzuerlegen, eben die Sachmängelgewährleistung. Dagegen soll der Verkäufer von einer Nachlieferungs- und Schadensersatzpflicht verschont bleiben.

Diese Erwägung trifft allerdings nur für den Stückkauf zu. Die gesetzliche Regelung der §§ 459 ff. legt den Stückkauf als Regelfall zugrunde. Anders liegt es beim Kauf einer fehlerhaften Gattungssache: Der Erfüllungsanspruch bleibt bestehen (vgl. § 480). Zum *Unternehmenskauf* s. o. § 69 III 3 c.

2. Hat der Verkäufer die geschuldete Sache überhaupt nicht geliefert, sondern an ihrer Stelle eine andere Sache, so bleibt er natürlich aus dem Kaufvertrag zur Lieferung der geschuldeten Sache verpflichtet. Man spricht in diesem Falle von „Falschlieferung" oder von der Lieferung eines *„aliud"*. Sie befreit nicht von der Lieferung der geschuldeten Sache.

Wer ein bestimmtes Pferd schuldet (Stückkauf) und statt dessen einen Esel liefert, hat nicht etwa ein schlechtes Pferd, sondern überhaupt noch nicht geliefert.

Wer Bananen schuldet (Gattungskauf) und Apfelsinen liefert, bleibt zur Lieferung der Bananen verpflichtet. Dies sind keine Fälle der Mängelhaftung, sondern hier wird ein „aliud", eine *nichtgeschuldete* Leistung erbracht, die die Leistungspflicht nicht berührt. Für derartige *Aliudlieferungen* („Falschlieferungen") gelten namentlich nicht die Beschränkungen der §§ 459 ff., 477. Der Käufer hat also seinen alten Erfüllungsanspruch, der grundsätzlich 30jähriger Verjährung unterliegt, 194 ff., vgl. BGH NJW 68, 640; 75, 2011. Etwas anderes gilt auch nicht nach § 378 HGB für Handelskäufe. Dort wird nur die Rügepflicht des § 377 HGB auf Aliudlieferungen ausgedehnt, anders die wohl h. M. im Anschluß an RGZ 86, 92.

Die Fälle der Aliudlieferung dürfen nicht verwechselt werden mit den Fällen des *Stückkaufs*, wo zwar die geschuldete Leistung erbracht wird, und zwar an sich im Sinne des § 459 auch *fehlerfrei*, aber doch so *art-* oder *individualverschieden* von den im Vertrag vorausgesetzen Eigenschaften, daß der Käufer damit nichts anfangen kann:

Ein *bestimmter Sack* Zucker wird gekauft *und geliefert*. Er enthält aber Salz, was die Parteien nicht wußten. Salz ist kein schlechter Zucker, es liegt aber eine *Artverschiedenheit* vor, die die Frage aufwirft, ob §§ 459 ff. *analog* anzuwenden sind. Dazu unten II 2 d aa.

Ein *bestimmtes* „Rubensbild" wird verkauft *und geliefert.* Dann stellt sich heraus: Es stammt von einem Rubensschüler. Das Werk des Schülers ist kein „schlechter Rubens", dafür liegt aber eine *Individualverschiedenheit* vor, die zur Frage der *analogen* Anwendung von §§ 459 ff. führt. Dazu unten II 2 d bb.

Um eine Aliud-(Falsch-)lieferung handelt es sich in beiden Fällen *nicht* (str., anders insb. die von *Flume* begründete Lehre), denn der Vertragsgegenstand wurde geliefert: Ein bestimmter Sack, gefüllt mit einer Substanz, die man — ohne dies zum Vertragsinhalt zu machen — für Zucker hält; ein bestimmtes Bild, von dem man annimmt — ohne dies zum Vertragsinhalt zu machen —, es sei ein Rubens.

Nur der Stückkauf birgt übrigens diese Problematik. Beim Gattungskauf wird nur entweder ein *gattungsgemäßes*, ein *nicht mehr gattungsgemäßes und fehlerhaftes* oder ein *nicht mehr gattungsgemäßes und auch nicht fehlerhaftes* Stück geliefert. Nur das Letztgenannte ist ein aliud. Es kommt also beim Gattungskauf nie vor, daß ein bestimmtes Vertragsstück art- oder individualverschieden ist. Insofern liegt es dort anders (unten VII).

Diese Einteilungen sind sehr streitig; vgl. *Rudolf Schmidt,* NJW 62, 710; *Fabricius,* JuS 64, 1, 46; *Schultz,* NJW 80, 2172 mit Übersicht über das Schrifttum und den Streitstand. Die — hier erfolgte — *enge* Bestimmung des aliud („Falschlieferung") als die Lieferung eines andern als des Vertragsstücks beim Stückkauf und eines nicht gattungsgemäßen und auch nicht fehlerhaften Stücks beim Gattungskauf hat unmittelbar nichts mit dem objektiven oder subjektiven Fehlerbegriff zu tun, dazu unten II 2.

3. Ebenso wie beim aliud bleibt auch bei der Schlechtlieferung aufgrund eines *Gattungskaufs* der Erfüllungsanspruch sinnvoll. Da beim Gattungskauf nicht ein bestimmtes Stück, sondern ein Stück aus einer Gattung geschuldet ist, ist es für den Verkäufer zumutbar, eine mangelfreie andere Sache aus der Gattung zu liefern, 480, 491.

4. Im Unterschied zur Aliudlieferung und zum Gattungskauf besteht nach der Lieferung der Kaufsache aufgrund eines Stückkaufes kein Erfüllungsanspruch mehr. Es ist, wenn auch schlecht, erfüllt worden. Die Ansprüche auf Sachmängelgewährleistung sind die einzigen Behelfe des Käufers. Nachlieferung einer mangelfreien Sache kann, wenn die Parteien dies nicht besonders vereinbaren, nicht verlangt werden. Da kein Erfüllungsanspruch besteht, hat der Käufer auch keinen Mängelbeseitigungsanspruch. Hierin unterscheidet sich das Gewährleistungsrecht des Kaufs vom Gewährleistungsrecht des Werkvertrags, 633 II. Das Gesetz versteht dort den Anspruch auf Beseitigung eines Mangels als Teil des Erfüllungsansruchs. Da er beim Stückkauf, wenn einmal die geschuldete Sache, sei es auch mangelhaft, geliefert ist, nicht mehr besteht, ist nach dem BGB ein Mängelbeseitigungsanspruch im Kaufrecht nicht gegeben. Allerdings wird er in Individualabreden und in Allgemeinen Geschäftsbedingungen häufig ausbedungen *(Recht auf Nachbesserung).* Der Verkäufer verlangt dann jedoch in der Regel, daß die Sachmängelgewährleistung im übrigen vertraglich ausgeschlossen wird. In diesem Fall gilt ergänzend die neue, durch den § 25 AGBG eingefügte Bestimmung des § 476a, nach der der Verkäufer zur kostenlosen Nachbesserung und zur Tragung bestimmter Kosten verpflichtet ist. Die Anwendung des § 476a ist ebenfalls — für AGB innerhalb der Grenzen der §§ 9, 11 Nr. 10c AGBG — abdingbar, vgl. dazu die Bemerkungen über den Ausschluß der Gewährleistungshaftung unten II 7.

5. Das Sachmängelgewährleistungsrecht umfaßt folgende Rechtsbehelfe des Käufers:

Der Käufer kann die mangelhafte Sache zurückgeben und sich vom Kaufvertrag lösen. Das Gesetz nennt das „Wandlung", 462.

Der Käufer kann beim Vertrag stehenbleiben, anstelle des vereinbarten Kaufpreises die Minderung dieses Kaufpreises im Verhältnis der mangelhaften Sache zur geschuldeten ordnungsgemäßen Sache verlangen, „Minderung", 462.

Hinzu tritt in besonderen Fällen ein Schadensersatzanspruch wegen Nichterfüllung, 463.

Dies sind die drei Gewährleistungsrechte beim Stückkauf. Hinzu tritt, wie bereits angedeutet, beim Gattungskauf der Anspruch auf Nachlieferung einer mangelfreien Sache, 480.

Im übrigen bestehen weder ein Nachlieferungs- noch ein Nachbesserungsanspruch (Mängelbeseitigungsanspruch; vgl. dazu *Köhler*, JZ 84, 393), auch nicht, wie gelegentlich behauptet wird, beim Kauf kleinerer Konsumgüter (Möbel, Uhren) aus § 242. Nur die Auslegung des Kaufvertrags im Einzelfall könnte dies ergeben. („Wenn die Uhr noch nachgehen sollte, reguliere ich sie Ihnen ein.").

6. Da die Rechte des Käufers in bestimmter Weise eingeschränkt sind, d. h. Lieferung einer mangelfreien Sache beim Stückkauf, Ausbesserung und Schadensersatz für den Mangel ausgeschlossen sind, ist es billig, den Verkäufer für Sachmängel auch *ohne Verschulden* haften zu lassen. Die Gewährleistungshaftung für Sachmängel beim Kauf ist eines der wichtigsten Beispiele der Haftung ohne Verschulden. An sich ist diese verschuldenslose Haftung historisch begründet. Sie ist aber auch heute noch rechtlich sinnvoll und wirtschaftlich unentbehrlich. Fabrikmäßig hergestellte Waren haben ihre etwaigen Fehler und Mängel schon seit der Herstellung, und das Verschulden liegt, wenn es überhaupt besteht, auf der Seite des Fabrikanten. Vertragspartner des Käufers ist aber in der Regel der Händler, der die Ware vom Fabrikanten zum Weiterabsatz verkauft erhält und keinen Einblick in den Herstellungsvorgang hat. Würde man ein Verschulden als Voraussetzung der Sachmängelgewährleistung verlangen, würde der Käufer in den seltensten Fällen durchdringen. Der Verkäufer könnte sich fast immer darauf berufen, daß er mit der Herstellung der Ware nichts zu tun gehabt habe.

7. Die Sachmängelgewährleistung der §§ 459 – 493 gliedert sich in folgende Vorschriftengruppen:

a) Die §§ 459 – 461, 464, 468, 476 enthalten die *Voraussetzungen* der Sachmängelgewährleistung.

b) Die §§ 462, 463 und 475 enthalten die *Rechtsfolgen* beim Stückkauf im allgemeinen.

c) In den §§ 462 – 471 ist die *Durchführung der Wandlung* im einzelnen geregelt.

d) Die §§ 472 – 474 betreffen die *Durchführung der Minderung* im einzelnen.

e) § 477 enthält die wichtige Verjährungsvorschrift zu den Ansprüchen auf Wandlung und Minderung sowie für den Anspruch auf Schadensersatz wegen Mangels einer zugesicherten Eigenschaft.

f) Die §§ 478, 479 regeln in Ergänzung zu der vorgenannten Verjährungsvorschrift die Mängeleinrede und die Aufrechnung.

g) § 480 ist die Vorschrift für die Sachmängelgewährleistung beim Gattungskauf.

h) Abschließend regeln die §§ 481–493 die besonders gestaltete Sachmängelgewährleistung beim Viehkauf.

II. Voraussetzung und Umfang der Sachmängelhaftung

1. Den Grundsatz enthält § 459. Der Verkäufer haftet dafür, daß die von ihm gekaufte Sache mangelfrei ist, und daß sie die zugesicherten Eigenschaften hat. Beides ist im folgenden zu unterscheiden.

Der typische Inhalt eines Verkaufsgesprächs bezieht sich auf Ware und Preis, bei der Ware im wesentlichen auf ihre Qualität. Legt der Verkäufer die Qualität seiner Ware dar, so sagt er meist sinngemäß, daß die Sache in Ordnung sei. Damit wird zwar regelmäßig nicht zum Vertragsinhalt eine Abrede, daß die Sache keinen Mangel aufweist. Trotzdem ist eine Haftung für Mängelfreiheit angemessen. Der Verkäufer beschreibt die Sache in ihren Eigenschaften manchmal aber auch näher und behauptet, die Sache habe diese oder jene Eigenschaft, also etwas, was über ihre Ordnungsgemäßheit hinausgeht. Diese zusätzlichen Bemerkungen können so Vertragsbestandteil werden. Das hat dann noch nichts mit der Sachmängelhaftung zu tun. Will aber der Verkäufer für die Besonderheit *einstehen*, steht also hinter der *Eigenschaft der Ware ein Garantiewille* des Verkäufers, liegt eine sog. *zugesicherte Eigenschaft* vor. An diesen typischen Inhalt eines Verkaufsgesprächs schließt sich die Regelung des § 459 an. Der Verkäufer muß für *Mangelfreiheit* in jedem Falle einstehen, für *Eigenschaften* nur, wenn er sie *besonders zugesichert* hat.

In diesem Sinne bestimmt § 459, daß der Verkäufer einer Sache dem Käufer dafür haftet, daß sie zu der Zeit, zu welcher die Gefahr auf den Käufer übergeht, nicht mit Fehlern behaftet ist, die den Wert oder die Tauglichkeit zu dem gewöhnlichen oder dem nach dem Vertrag vorausgesetzen Gebrauch aufheben oder mindern. Nach § 459 II haftet der Verkäufer auch dafür, daß die Sache zur Zeit des Übergangs der Gefahr die zugesicherten Eigenschaften hat.

2. Haftung für Fehler

a) Die Haftung des Verkäufers nach § 459 besteht für *Fehler*, die den Wert oder die Tauglichkeit zu dem gewöhnlichen oder dem nach dem Vertrag vorausgesetzen Gebrauch aufheben oder mindern. Eine unerhebliche Minderung des Wertes oder der Tauglichkeit kommt nicht in Betracht, 459 I 2. Fehler ist gleichbedeutend mit Mangel. Wie ein „Fehler" im Sinne des § 459 zu bestimmen sei, ist sehr umstritten. Die sog. *objektive Theorie* (Begründer: *Haymann;* Vertreter heute: *Rudolf Schmidt, Fabricius*). ordnet gedanklich alle denkbaren Kaufsachen in Gattungen ein. Weicht die verkaufte Sache von den Merkmalen der objektiven *Gattung* ab, ist sie fehlerhaft. Nach der sog. objektiven Theorie liegt also ein Fehler im Sinne des § 459 nur vor, wenn sich die Sache nicht zu dem *gewöhnlichen* Gebrauch eignet. Es muß mithin ein Fehler vorliegen, welcher der Sache rein objektiv und ohne Rücksicht auf die Parteivereinbarungen anhaftet. Ein sachliches Minus muß gegenüber einer normalen Sache dieser Art gegeben sein.

Gegen die objektive Theorie wird eingewandt, sie vernachlässige die Parteivereinbarungen und -vorstellungen über den Verwendungszweck der Ware: Wer eine Kiste kauft, um Bücher zu verpacken, könne nach der objektiven Theorie auch dann nicht wandeln, wenn sie nicht stabil genug sei. Denn es sei ja eine „ordentliche Kiste". Man müsse vielmehr den Parteizweck, die subjektiven Vorstellungen bezüglich der Verwendung der Ware über ihre Fehlerhaftigkeit entscheiden lassen. *Fabricius* versucht zu helfen, indem er die Gattungen verfeinert (Gattung „ordentliche Bücherkiste"). Aber diese Meinung führt dazu, die Art und Weise und den Grad der Verfeinerung bei der Einteilung der Gattungen *nach den subjektiven Vertragsvorstellungen* vorzunehmen.

Die rein objektive Theorie ist darum nicht haltbar, weil es im Kaufvertrag immer auf die Vereinbarungen der Parteien ankommen muß. Was nicht Gegenstand der Einigung der Parteien war, interessiert für die Bestimmung des Inhalts des Kaufvertrags nicht, kann also auch für die Bestimmung eines Fehlers nicht verwertbar sein.

Die *subjektive* herrschende *Theorie* läßt den Vertragsinhalt entscheiden und setzt sich über die Worte „dem Gewöhnlichen oder" in § 459 hinweg:

Fehler einer Kaufsache ist danach ein Mangel, der den Wert oder die Tauglichkeit der Sache zu dem nach dem Vertrag vorausgesetzten Gebrauch aufhebt oder mindert. Entscheidend ist allein also die Zweckbestimmung durch die vertragschließenden Parteien. Es ist zu fragen, was nach übereinstimmender Auffassung der Parteien mit der Sache geschehen soll.

Ist ein Grundstück als Baugrundstück gekauft, ist es aber nicht bebaubar, so ist das Grundstück im subjektiven Sinne fehlerhaft. Im übrigen kann es sich um ein gutes Grundstück handeln. Ist eine Kiste für den Transport eines Klaviers gekauft, so bedeutet die mangelnde Festigkeit und Einrichtung für diesen Zweck einen Fehler. Im übrigen kann es sich um eine gute Kiste handeln. Ist ein Kondensator für ein bestimmtes Radio gekauft, so ist der Kondensator im subjektiven Sinne fehlerhaft, wenn er sich für dieses Radio nicht eignet. Ob sich der Kondensator für ein anderes Radio eignet, ist nicht entscheidend.

Aber auch die subjektive Theorie kann, worauf ihre meisten Vertreter (*Larenz, H. Lehmann, Esser, v. Caemmerer, Flume, Wolf,* BGHZ 16, 55 = ESJ 68 u. a.) zu Recht hinweisen, nicht rein subjektiv vorgehen. Nicht alle Eigenschaften einer Kaufsache werden im Vertrag „subjektiviert", d. h. in den Vertragswillen aufgenommen. Auch das Gesetz sagt: „... zu dem gewöhnlichen oder dem nach dem Vertrag vorausgesetzten Gebrauch..." Die Bedeutung des Wortes „gewöhnlich" im § 459 ist daher für die subjektive Theorie — abweichend von der alternativen Fassung des Gesetzestextes — die folgende: Selten beziehen sich die Privatvereinbarungen genau auf alle konkreten Eigenschaften der gekauften Sache. Daß ein Grundstück als Baugrundstück, eine Kiste als Klaviertransportbehälter, ein Kondensator für ein bestimmtes Radio gekauft wird, kommt zwar vor, ist aber nicht immer der Fall. Meist denkt man beim Kauf einer Sache an Gattungen bestimmter Beschaffenheit. Fehlt es an einer genauen Zweckbestimmung der gekauften Sache, dann bleibt als Maßstab für die Feststellung der Fehlerhaftigkeit nur die gewöhnliche Eignung zu einem gewöhnlichen Zweck übrig. Insofern wird die subjektive Parteivereinbarung in diesen Fällen durch einen objektiven Maßstab ergänzt und ausgefüllt.

Man muß daher einen Fehler im Sinne des § 459 nach der – zustimmenswerten – subjektiven Theorie wie folgt *„subjektiv-objektiv"* definieren: Ein Fehler ist ein für den Käufer ungünstiges Abweichen der Kaufsache von der Beschaffenheit, die die Parteien übereinstimmend vorausgesetzt haben, wobei das Abweichen entweder nach dem von den Parteien besonders vorgestellten Gebrauchszweck (subjektiver Fehlerbegriff), sonst im *Rahmen der Parteivorstellungen* nach den objektiven Merkmalen zu beurteilen ist, die der Gattung der Kaufsache im allgemeinen eigen sind (objektiver Fehlerbegriff). Richtig ist also, den Fehlerbegriff des § 459 subjektiv *und* objektiv zu bestimmen: Der *Vertrag* zieht den subjektiven Rahmen. Um aber das verkaufte Stück beim Gattungskauf auf seine Fehlerhaftigkeit untersuchen zu können, muß man in diesem von den Parteien gesteckten Rahmen *objektive Vergleiche* anstellen, d. h. Gattungsbegriffe – in dem von *Fabricius* gekennzeichneten engen Sinne – zu Hilfe nehmen, vgl. auch § 243 I, wo der gleiche Gedanke zum Ausdruck kommt.

Hieraus folgt, daß man Eigenschaften insoweit im Sinne des § 459 II zusichern kann, als der subjektive Rahmen Raum läßt; a. A. *Immenga*, der vom Standpunkt einer extrem subjektiven Auffassung keinen Unterschied zwischen Fehler und zugesicherter Eigenschaft anerkennen will.

b) Ein Quantitätsmangel kann je nach der Vorstellung der Parteien zu einer Nichterfüllung oder einer Schlechterfüllung führen: Wer 50 000 Ziegelsteine zum Bau eines Hauses schuldet und nur 25 000 liefert, hat in Höhe der anderen Hälfte noch nicht erfüllt. Wer 3,20 m Stoff für ein Kleid kauft und nur 3,00 m erhält, so daß aus dem Schneidern nichts wird, hat einen Sachmangel erlitten. Bei Grundstücken gilt nach § 468, wenn die bestimmte Größe des Grundstücks zugesichert ist, die Haftung wie für eine zugesicherte Eigenschaft. Hier ist also ein Quantitätsmangel stets Sachmangel. Der Käufer eines Grundstücks kann aber wegen eines Mangels der zugesicherten Größe Wandlung nur verlangen, wenn der Mangel so erheblich ist, daß die Erfüllung des Vertrags für den Käufer kein Interesse hat. § 468 S. 2 ist eine ergänzende Vorschrift zu § 459 I 2.

c) Von der subjektiv-objektiven Bestimmung des Fehlers ist zu unterscheiden die *weitere Frage*, ob der Fehlerbegriff des § 459 als solcher alle Fälle erfaßt, in denen die Rechtsfolgen der §§ 459ff. angemessen sind, oder ob der Fehlerbegriff zu eng ist, so daß man § 459 auf andere Tatbestände analog anwenden muß. Bisher ging es um die Frage, wie ein Fehler *gemessen* werden soll, ob an subjektiven oder objektiven Maßstäben. Damit steht aber noch nicht fest, was überhaupt ein „Fehler" ist; ob insb. fehlerhafte Lieferung und Falschlieferung (aliud) dasselbe sind oder ob es außer der Schlechtleistung, die ja Leistung ist, auch noch eine Falschleistung gibt, die – wie oben I 2 angenommen – *Nicht*leistung ist (so die h. M.). Nur wenn man einen extrem subjektiven Standpunkt einnimmt, beantwortet der Fehlerbegriff zugleich die Frage nach seiner Messung: Wenn man *jede* Abweichung von der vertraglich bedungenen Qualität als Fehler definiert, sind Fehler und aliud nicht zu unterscheiden. Jede Falschleistung ist Schlechtleistung. Der aufgrund eines Pferdekaufs gelieferte Esel ist ein „schlechtes Pferd". Schon das Beispiel zeigt, daß Schlechtleistung und aliud unterschieden werden müssen. Damit trennt sich die Frage nach der subjektiven oder objektiven Fehlerbestimmung von der Frage nach dem Fehlerbegriff: Was ist eine schlechte Erfüllung des Kaufvertrags, was eine falsche und damit keine?

d) Der Fehlerbegriff ist zunächst in Beziehung zu setzen mit der Lehre von der Willenserklärung und den Willensmängeln. Ein Fehler ist eine Beschaffenheitsaussage. Die Frage ist also, wo in der Lehre von den Willenserklärungen die Beschaffenheit (und damit die Möglichkeit der Fehlerhaftigkeit) einer Sache eine Rolle spielt:

Eine Willenserklärung besteht aus dem Geschäftswillen und seiner Erklärung. Zu trennen von der Willenserklärung sind ihre Beweggründe (Motive). Außerdem gibt es die wirklich vorhandene Beschaffenheit. Die Beschaffenheit einer Sache kann also bei Abgabe einer Willenserklärung eine *vierfache* Rolle spielen:

— die Beschaffenheit kann *Motiv* geblieben sein („m")
— die Beschaffenheit kann den *Inhalt* des Geschäfts*willens* bilden („w")
— eine bestimmte Beschaffenheit kann *erklärt* sein („e")
— schließlich gibt es, davon getrennt, die — möglicherweise andersartige — *wirkliche* Beschaffenheit der Sache, auf die sich die Motive und die Willenserklärung beziehen („b").

Alle vier Beschaffenheitsbegriffe können im gegebenen Fall voneinander abweichen und dadurch komplizierte Rechtsfragen auslösen. Die wichtigsten Fälle beim Kaufvertrag sind:

aa) Die wirkliche Beschaffenheit weicht von der *motiv*bildenden, inhaltlich *gewollten* und *erklärten* Beschaffenheit ab. *Dies (und nur dies) sind die Fälle der Sachmängelgewährleistung*, 459 ff. (Konflikt m, w, e ↔ b).

Jemand möchte Fallobst kaufen, *erklärt* seinen dahingehenden Geschäftswillen, erhält aber verfaultes Fallobst: Sachmangel. Der damit *notwendig verbundene* Motivirrtum im Sinne des § 119 II („ich hätte nicht gekauft, wenn ich gewußt hätte, daß das Obst faul ist") kann neben §§ 459 ff. nicht geltend gemacht werden, unten IX 5. Nur soweit ausnahmsweise die Tatsache der Fehlerfreiheit nicht bloß Motiv geblieben, sondern zum Inhalt der Vertragserklärungen gemacht worden ist, bedeutet die mangelhafte Beschaffenheit der Kaufsache beim Stückkauf einen Inhaltsirrtum im Sinne des § 119 I. Denn der Käufer erklärt, er wolle *diese bestimmte* Sache fehlerfrei, sie ist aber in Wahrheit fehlerhaft. Sein *Geschäftswille* geht auf Fehlerfreiheit, durch seine Entscheidung für die bestimmte Sache *erklärt* er aber *objektiv*, die fehlerhafte haben zu wollen. Dieses Auseinanderfallen von Wille und Erklärung ist Inhaltsirrtum. Insoweit schließen aber die §§ 459 ff. auch § 119 I sinngemäß aus, unten IX 5. Häufig sind die Fälle nicht, denn Mangelfreiheit ist regelmäßig nicht Vertragsinhalt. Anders liegt es gewöhnlich bezüglich der Artzugehörigkeit und der Individualbestimmung. Diese Punkte sind regelmäßig Vertragsinhalt. Dazu das Folgende:

bb) Die *wirkliche* und auch *erklärte* Beschaffenheit weicht ab von der *geschäftlich gewollten* und *motivbildenden* (Konflikt m, w ↔ e, b). Dies sind Fälle des Inhaltsirrtums (Unterfall: error in substantia), die zur Anfechtung nach § 119 I berechtigen. *Ein Sachmangel liegt nicht vor* (str., anders *Flume*, vom Standpunkt seiner extrem subjektiven Theorie zu Recht; *Larenz* II § 41 I will § 459 direkt anwenden; *Fabricius* JuS 64, 9—11 ist für Analogie. Gegen die Anwendung von § 459 z. B. *Rud. Schmidt* NJW 62, 710). — Bei beiderseitigem Inhaltsirrtum gilt nach h. M. das Lossagungsrecht jeder Partei ohne Schadensersatzfolge in Analogie zu § 119, *Hübner* AT § 36 B II 4. War die wirkliche und erklärte Sachbeschaffenheit ausnahmsweise zugleich *vertragsindividueller Wertmesser*, sind die oben § 27 II 3 c ausgeführten Grundsätze zu beachten.

Man muß aber zwei Fallgruppen dieser Inhaltsirrtümer beim Kauf unterscheiden:

Artabweichungen:

Ein Amerikaner kauft „Fall-Obst" und erhält es auch in der Qualität, die dem Angebot entspricht. Er dachte aber, es sei „Herbst-Obst", weil „fall" auf amerikanisch Herbst heißt, und es handele sich deshalb um besonders ausgereifte gepflückte Früchte. Er kann seinen Inhaltsirrtum über die erklärte Beschaffenheit nach §§ 119 I, 122, 142 anfechten, ohne durch die §§ 459 ff., insb. 477, beschränkt zu sein. — Die Parteien schließen einen Kaufvertrag über eine bestimmte Schiffsladung Haifischfleisch in der Annahme, es sei Walfischfleisch. Sie wünschen und wollen Walfischfleisch, erklären aber objektiv („diese Schiffsladung") „Haifischfleisch". Es ist auch wirklich Haifischfleisch. Der Bruch läuft zwischen Geschäftswillen und Erklärung. Ein Sachmangel liegt — richtiger Ansicht nach — nicht vor! (RGZ 99, 14 wendet trotzdem § 459 an.) Eine unrichtige Bezeichnung, die unschädlich wäre (falsa demonstratio non nocet), liegt ebenfalls nicht vor. Denn das würde voraussetzen, daß das Schiff Walfischfleisch enthält und die Parteien, etwa in Unkenntnis der Fischereifachausdrücke, fälschlich von Haifischfleisch reden.

Jemand deutet auf einen bestimmten Ring, den er kaufen will, und sagt: „Ich will diesen goldenen Ring." Der Ring ist nur vergoldet. Wille und Erklärung divergieren, § 119 I ist anzuwenden. In Fällen dieser Art ist die Erklärung widersprüchlich und daher auslegungsbedürftig. Da sich der Geschäftspartner nach § 157 regelmäßig auf den objektiven (verkehrsfreundlichen) Gehalt der Erklärung verlassen darf, verdient der Erklärungsteil „dieser" Ring (usw.) den Vorzug. Dann liegt ein Inhaltsirrtum vor. Legt man den Ton aufgrund der Auslegung im Einzelfall auf „goldenen", so führt dies, wenn der Partner „diesen" Ring meint, zum Dissens. Wenn auch er einen goldenen Ring meint, zum Sachmangel!

Jemand kauft „diese Kiste Fallobst", die aber — was die Parteien nicht wissen — Datteln enthält. — Der verkaufte, genau bestimmte Sack Zucker enthält Salz. — Das „Rubensbild", als *dies Bild* gekauft, stammt von einem Rubensschüler. — Der Käufer deutet auf eine Tasche und sagt: Diese Rindledertasche kaufe ich. Der Vertrag kommt über diese Tasche zustande. Sie ist aber aus Kunstleder. — Immer erklärt der Käufer hier etwas, was von seinem Geschäftswillen (und seinen Motiven) abweicht: Inhaltsirrtum gem. § 119 I, nicht Sachmangel. Hier zeigt sich die Konsequenz des oben vertretenen engen Aliud-Begriffs, oben I 2.

Individualabweichungen:

(Hier stehen zum Vergleich dienende Gattungen nicht zur Verfügung.)

A kauft das von dem berühmten Kunstprofessor Färber gemalte Stilleben „Fallobst". Dann stellt sich heraus: es ist die Kopie eines Färber-Schülers. A erklärte objektiv, er wolle „dies Bild", also die Kopie. Sein Geschäftswille hatte aber ein Bild von Prof. Färber zum Inhalt. Sein Inhaltsirrtum führt nach § 119 I zur Anfechtbarkeit (vgl. den *Ruysdael*-Fall RGZ 135, 340 [siehe auch ESJ 69], wo allerdings wieder zu Unrecht Sachmangel angenommen wird. Ein *Jakob S. Ruysdael* ist nun einmal kein „fehlerhafter" *Jakob J. Ruysdael*; hier versagt der Gattungsmaßstab angesichts der Individualität des Stücks. *Fabricius* spricht zu Recht von „Individualabweichung").

Die Mangelfreiheit ist im allgemeinen kein Vertragsinhalt, so daß sich Motiv-, Geschäftswille und Erklärung decken und nur die *wirkliche* Beschaffenheit abweicht. Hierfür ist § 459 geschaffen. Die Artzugehörigkeit und die Individualbestimmung sind aber schon im Wortsinne kein „Mangel". Sie sind gerade auch beim Stückkauf so wichtig, daß man sie zum Inhalt des Geschäftswillens zählen muß. Weil beim Stückkauf der Kauf einer *bestimmten* Sache erklärt wird, kommt es zur Abweichung von Geschäftswillen und Erklärung, also zum Inhaltsirrtum, wenn gewollte und erklärte Art bzw. Individualität der Sache voneinander abweichen. § 119 I gilt. Eine Lücke in § 459 liegt daher nicht vor (anders *Fabricius*). Der Käufer erhält, was er erklärt hat, also liegt auch kein Sachmangel vor. Er erhält den Vertragsgegenstand, mithin ist auch keine Aliud-(Falsch-)lieferung gegeben. Es wurde erfüllt! Die Unterscheidung Sachmangel-Inhaltsirrtum über Beschaffenheit ist auch nicht schwer zu treffen (anders *Larenz*): Beim Sachmangel läuft der Bruch zwischen erklärter und wirklicher Beschaffenheit, beim Inhaltsirrtum über eine Beschaffenheit zwischen gewollter Beschaffenheit einerseits und erklärter und wirklicher Beschaffenheit andererseits.

Die Frage kann also nicht lauten: Sind Beschaffenheitsirrtümer Sachmängel? Sie sind es nicht. Die Frage ist vielmehr allein so zu stellen: *Liegen die Interessen beim Inhaltsirrtum über eine Beschaffenheit der Kaufsache im Einzelfall derart ähnlich wie beim Sachmangel, daß man §§ 459 ff. ausnahmsweise analog anwenden* und daher die Regelung der §§ 119 I, 121 ff. zurücktreten lassen *muß?* Diese Frage ist deshalb nicht von der Hand zu weisen, weil auch reine Qualitätsabweichungen (im Sinne einer Nicht-Mangelfreiheit) Inhaltsirrtümer sein können, dann nämlich, wenn die Mangelfreiheit beim Stückkauf Geschäftswillensinhalt ist. Dann verdrängt, wie gezeigt (II 2d), § 459 den § 119 I. Es bestehen aber zwischen Qualitätsabweichungen i. S. des § 459 einerseits und Art- und Individualabweichungen i. S. des § 119 I manchmal fließende Übergänge, was insb. bei sehr subtil gegliederten Gattungen der Fall sein kann (verschiedene Holzarten für Möbelfurniere!). Die Frage ist also, ob man selbst dann, wenn man eine Abweichung von der vorgestellten Beschaffenheit nicht als Sachmangel, sondern als Inhaltsirrtum qualifiziert, die *Analogie* zu § 459 dem § 119 I vorziehen muß.

Das ist grundsätzlich zu *verneinen. Beim Sachmangel ist die Willenserklärung in Ordnung, die Sache ist mangelhaft.* Die Abweichung der Qualität ist vom Käufer festzustellen; sein Risiko ist es, den Mangel der Sache innerhalb der Fristen des § 447 zu entdecken. *Beim Inhaltsirrtum über eine Beschaffenheit ist die Sache in Ordnung (gemessen an der Erklärung), aber die Willenser-*

klärung ist mangelhaft. Der Käufer erklärt objektiv etwas, was er nicht will. Da er seinen Willen dem Vertrag einfügt, ihn also dem Verkäufer offenbart, ist seine Erklärung widersprüchlich („ich will *diesen* Sack Zucker" — objektiv *erklärt* der Käufer zugleich mit „diesem Sack", daß er einen Sack Salz will). Diesen Widerspruch kann der Verkäufer viel eher aufdecken als der Käufer. Der Verkäufer braucht sich nur über Art und Individualbeschaffenheit *seiner* Sache zu orientieren. Tut der Verkäufer das nicht oder klärt er in Kenntnis der wahren Sachbeschaffenheit den Widerspruch in der Erklärung des Käufers nicht auf, so muß er billig die Anfechtbarkeit gegen sich gelten lassen, jedenfalls grundsätzlich (wie hier im Ergebnis *Raape* und *R. Schmidt*; anders *Larenz* und *Fabricius*).

Das Ergebnis ist auch durchaus billig: Der Erklärungsgegner kann sich bei derartigen widersprüchlichen Erklärungen auf die äußerlich hindeutende Erklärung (*dieser* Ring, *dieser* Sack) verlassen und braucht sich um den widersprechenden, dem Geschäftswillen des Erklärenden entsprechenden Teil der Erklärung nicht zu kümmern, § 157 als Begrenzung des § 133. Andererseits muß er den sich Erklärenden anfechten lassen, weil er, der Erklärungsempfänger, die wahre Beschaffenheit der Sache hätte kennen müssen, oder sogar wirklich kannte, die ihm zugegangene, offenbar widersprüchliche Erklärung aber nicht richtigzustellen versuchte.

Die Ersatzpflicht des Käufers aus § 122 wiegt gegenüber dem Vorteil der längeren Anfechtungsfrist nicht schwer *(R. Schmidt).* Außerdem fällt die Ersatzpflicht praktisch immer weg: Entweder *weiß* der Verkäufer, daß die Sache von dem, was der Käufer will, artmäßig oder individualitätsmäßig abweicht, dann entfällt die Ersatzpflicht nach § 122 II. Das gleiche gilt, wenn der Verkäufer die Abweichung fahrlässig nicht entdeckt, 122 II. Ist der Verkäufer selbst im Irrtum, so liegt beiderseitiger Inhaltsirrtum vor, bei dem nach allgemeinen Grundsätzen die Ersatzhaftung des Anfechtenden (Sich-Lossagenden) entfällt (dazu *Hübner* AT, § 36 B II 4). Dem Käufer schadet nur grobe Fahrlässigkeit, 460 S. 2.

Aber eine analoge Anwendung der §§ 459 ff. auch auf Inhaltsirrtümer über eine Beschaffenheit ist — aus diesen Überlegungen — ausnahmsweise angezeigt, insb. wenn

— sich Qualitäts- und Artabweichung wegen der technisch bedingten Verfeinerung der Gattungen praktisch-wirtschaftlich nicht unterscheiden lassen,

— der Käufer im Verhältnis zum Verkäufer die wesentlich besseren Kontrollmöglichkeiten über die Widersprüchlichkeit der Erklärungen, d. h. über die Abweichung der Ware von der gewollten Beschaffenheit hat.

Dagegen würde die (auch vorgeschlagene) analoge Anwendung von § 378 HGB dem Käufer, der die Widersprüchlichkeit seiner Erklärung ja regelmäßig nicht übersieht, beim Stückkauf ein unangemessenes Risiko aufladen. § 378 HGB betrifft nicht dieses Risiko, sondern das der Nichtentdeckung des Sachmangels!

cc) Die wirkliche, erklärte und geschäftlich gewollte Beschaffenheit stimmt überein. Aber der Erklärende ging von falschen Motiven aus. Dies ist die dritte wichtige Abweichung bei Kauferläuterungen über eine Sachbeschaffenheit (Konflikt m ↔ w, e, b).

Jemand bestellt „Fallobst Qualität X" und erhält es auch. Er wollte es vermosten, nicht wissend, daß sich Fallobst dieser Qualität nur für Marmelade, nicht aber für Most eignet: Motivirrtum. Er kann nach § 119 II grundsätzlich *nicht anfechten.* (Motivirrtümer berechtigen nur in den in § 119 II genannten Ausnahmefällen zur Anfechtung.) Er hätte seine Motive zum Vertragsinhalt machen müssen; dann hätte ein Sachmangel vorgelegen. — Ist aber nach der Verkehrsüblichkeit das Vermosten von „Fallobst Qualität X" möglich und nur *dieses* gelieferte „Fallobst Qualität X" ausnahmsweise nicht, liegt zugleich ein nach § 119 II erheblicher Sacheigenschaftsirrtum *und* ein Sachmangel nach §§ 459 ff. vor. Der Besteller kann die Gewährleistungsansprüche geltend machen, die Anfechtung nach § 119 II wird insoweit sinngemäß verdrängt (unten IX 5; siehe auch *Fröhlich,* Die Anfechtung wegen Eigenschaftsirrtums beim Kauf, 1984).

e) Da sich die Problematik der Abgrenzung „Sachmangel-Inhaltsirrtum über Beschaffenheit" nur beim Stückkauf einstellt, ergeben sich — im Überblick — beim Stückkauf vier, beim Gattungskauf drei Möglichkeiten:

Stückkauf:

1. Das vereinbarte Stück wird geliefert, es ist fehlerfrei — der Vertrag geht in Ordnung.

2. Das Vertragsstück wird geliefert. Es entspricht aber — nach dem oben zu aa) und bb) Gesagten — *qualitativ* nicht den Merkmalen, die der Gattung eigen sind, zu der das Vertragsstück gehört: § 459 gilt.
Eine bestimmte Kiste Fallobst wird gekauft, aber die Äpfel sind verfault. Auch Verdachtsgründe können Fehler sein, BGHZ 52, 51 — Salmonellenverdacht bei zum Weiterverkauf bestimmtem Fleisch —. Hierher gehören außer den physisch anhaftenden Mängeln auch Fehler, die durch außerhalb der Sache liegende, wertbestimmende Umstände verursacht werden (verbaute Aussicht, RGZ 161, 330, 334; Geruchs- und Lärmbeeinträchtigung eines Grundstücks; s. a. BGHZ 16, 55; BGH BB 61, 305). Mangelnde Ertragsfähigkeit eines Unternehmens ist kein Fehler i. S. des § 459, soweit dadurch das allgemeine Geschäftsrisiko des Kaufvertrags verschoben würde; anders RG JW 1912, 910; BGH NJW 59, 1584 — Arztpraxis —.

3. Das Vertragsstück wird geliefert. Seine *Art* oder seine *Individualität* weichen aber vom Vertragsinhalt so sehr ab, daß sich erklärter Geschäftswille und objektive Erklärung („dieses Stück") nicht decken. Grundsätzlich liegt ein — 30 Jahre lang anfechtbarer — Inhaltsirrtum über eine Beschaffenheit vor, 121 I, II.
Die bestimmte Kiste Fallobst enthält Kohlköpfe. Das Stilleben „Fallobst" ist nicht von Prof. Färber, sondern „nur" von seinem Schüler.
In begrenzten Ausnahmefällen ist aber Analogie zu § 459 zulässig, so daß § 119 I insoweit verdrängt wird, oben d bb a. E.: Qualität und Art ununterscheidbar; bessere Übersicht des Käufers.
Die Fälle zu 3. sind nicht eine „Falschlieferung", kein „aliud".

4. Das Vertragsstück wird nicht geliefert, statt dessen ein anderes: Falschlieferung, aliud. Der Erfüllungsanspruch bleibt, §§ 459, insb. 477 gelten nicht.
Statt der Kiste Fallobst wird Brennholz geliefert.

Gattungskauf:

1. Aus der vertragsmäßig festgelegten Gattung wird ein Stück mittlerer Art und Güte geliefert (243 I) — der Vertrag wird damit ordentlich erfüllt.

2. Das gelieferte Stück entstammt der Gattung, ist aber nicht von mittlerer, sondern von schlechterer Art und Güte. § 480 gilt, es liegt Sachmangel beim Gattungskauf vor. Der Erfüllungsanspruch bleibt, aber beschränkt durch die Gewährleistungsvorschriften (insb. § 477).

3. Das gelieferte Stück gehört überhaupt einer anderen Gattung an: Falschlieferung, aliud. Der Erfüllungsanspruch bleibt, unbegrenzt durch §§ 459 ff., 477, 480.

Für die Abgrenzung von 2. und 3. kann man nach dem Vorschlag von *Larenz* § 378 HGB analog zu Hilfe nehmen. Insoweit enthält diese Vorschrift einen allgemeinen Grundgedanken.

3. Haftung für zugesicherte Eigenschaften

a) Nach § 459 II haftet der Verkäufer auch dafür, daß die Sache zur Zeit des Gefahrübergangs die *zugesicherten Eigenschaften* hat. Eine Eigenschaft ist zugesichert, wenn die Parteien die Erklärung des Verkäufers, die Sache weise bestimmte Qualitätsmerkmale auf, zum Vertragsinhalt gemacht haben und sich der Verkäufer erkennbar verpflichten will, für diese Eigenschaften einzustehen. *Stillschweigende* Eigenschaftszusicherung ist möglich, aber nur dann anzunehmen, wenn aus der Sicht des Empfängers entsprechende Erklärungen hinreichend deutlich erkennen lassen, daß der Verkäufer eine über die normale Haftung hinausgehende, besondere Gefahr zu übernehmen und für ihr Vorhandensein einzustehen bereit ist. Angesichts der weitreichenden Haftung, die der Verkäufer mit der Eigenschaftszusicherung ohne Rücksicht auf Verschulden übernimmt, ist bei der Annahme einer stillschweigenden Zusicherung grundsätzlich *Zurückhaltung* geboten.[1] Bloße Werbeanpreisungen und übertreibende Beschreibung der Wareneigenschaften genügen nicht. Entscheidend ist der Garantie- und Einstandswille, der grundsätzlich nur in engen Grenzen anzunehmen ist, weil sich daran die Schadensersatzpflicht des § 463 knüpft.

b) Beispiele für möglicherweise zugesicherte Eigenschaften: Mietertrag eines Hauses; Ausfuhrfähigkeit einer Ware; Bebaubarkeit eines Grundstücks (RGZ 161, 330 = ESJ 72); Eignung einer Ware zu einer bestimmten Verarbeitung; „werkstattgeprüft" – BGH NJW 83, 2192; Schwammfreiheit eines Hauses; eine Kfz-Marke sichert typengerechten Motor zu, BGH NJW 83, 217; erhöhte Abschreibung nach § 7f EStG, BGH NJW 81, 864.

c) Nicht bindend gemeinte, nicht ernst gemeinte oder übertreibende Werbeanpreisungen sind keine zugesicherten Eigenschaften. Aber auch Werbung kann, wenn sie ins einzelne geht, Eigenschaften zusichern, BGH NJW 67, 1903; dazu *Teichmann*, JuS 68, 315; *Herrmann*, AcP 183, 248.

d) Das Fehlen zugesicherter Eigenschaften hat als Rechtsfolge, daß neben die Rechte auf Wandlung und Minderung das Recht auf Schadensersatz wegen Nichterfüllung nach § 463 S. 1 tritt.

4. Der maßgebliche Zeitpunkt

Für die Prüfung der Frage, ob ein Mangel vorliegt oder eine zugesicherte

---

[1] BGH NJW 80, 1619 m. w. N. aus der Rechtspr; siehe auch BGHZ 59, 158 = ESJ 70.

Eigenschaft fehlt, ist der Zeitpunkt des Gefahrübergangs entscheidend, 459. Mängel, die erst nach Vertragsschluß, aber vor Gefahrübergang entstehen, fallen daher unter die Mängelhaftung.

Dies ist in der Regel die Übergabe, § 446, beim Versendungskauf die Aushändigung an die Transportperson, § 447, vgl. im einzelnen oben § 67 IV 2 ff. Wenn allerdings ein Mangel einwandfrei feststellbar ist, noch bevor die Sache übergeben wurde, und wenn weiterhin feststeht, daß der Mangel bis zur Übergabe nicht mehr beseitigt werden kann oder der Verkäufer die Mängelbeseitigung ablehnt, hat der Käufer die Sachmängelgewährleistungsrechte schon vor Gefahrübergang („Vorverlegung"). Es wäre unzumutbar, den Zeitpunkt der Übergabe abwarten zu wollen (einhellige Meinung). Vom Vertragsschluß bis zu dem Zeitpunkt, von dem an nach diesen Regeln die Sachmängelgewährleistung geltend gemacht werden kann, gelten die §§ 320ff., z. B. wenn noch nicht feststeht, ob ein Mangel beseitigt werden kann. Denn mangelfreie Lieferung gehört zum synallagmatischen Vertragsinhalt (a. A. *Fabricius* JZ 67, 464), oben I 1. Nach jenem Zeitpunkt verdrängen die §§ 459ff. die §§ 320ff.

5. Erfolgshaftung

Auf ein Verschulden des Verkäufers kommt es für die Entstehung der Gewährleistungsrechte nicht an.

Er haftet, ohne daß er die Mängel oder das Fehlen der zugesicherten Eigenschaften zu vertreten hat. Die einzige Ausnahme enthält § 463 S. 2. Der Käufer hat einen Schadensersatzanspruch wegen Nichterfüllung, wenn der Verkäufer einen Fehler arglistig verschwiegen hat. Über die Bedeutung und Begründung der Haftung ohne Verschulden im Rahmen der Sachmängelgewährleistung vgl. oben I 6.

6. Offenkundigkeit, Entdeckbarkeit des Fehlers

Ebensowenig wie auf ein Verschulden des Verkäufers kommt es darauf an, ob der Fehler oder das Fehlen der zugesicherten Eigenschaft offenkundig bzw. entdeckbar ist oder nicht.

In diesem Punkte weicht das deutsche bürgerliche Recht vom code civil Frankreichs und vom italienischen codice civile ab. Lediglich § 460 S. 1 bestimmt, daß der Verkäufer den Mangel der verkauften Sache nicht zu vertreten hat, wenn der Käufer den Mangel bei Abschluß des Kaufes kennt. Ist dem Käufer ein Mangel infolge grober Fahrlässigkeit unbekannt geblieben, so haftet der Verkäufer nur, wenn er den Fehler arglistig verschwiegen hat oder wenn er die Abwesenheit des Fehlers zugesichert hat, 460 S. 2. Sonst kommt es auf Erkennbarkeit des Fehlers oder des Fehlens der zugesicherten Eigenschaft nach bürgerlichem Recht nicht an. Nach § 377 HGB trifft beim Warenkauf den Käufer eine Untersuchungs- und Rügepflicht. Diese Vorschriften ersetzen nicht etwa die bürgerlich-rechtliche Sachmängelgewährleistung, sondern enthalten *zusätzliche Voraussetzungen* für ihre Anwendung. Im Handelsrecht spielt also die Entdeckbarkeit des Mangels eine Rolle. Da es aber im übrigen auf die Offenkundigkeit und Entdeckbarkeit des Fehlers nicht ankommt, haftet der Verkäufer auch für nichtoffenkundige, vom Käufer nicht entdeckbare Fehler. Als Ausgleich für diese verhältnismäßig strenge Haftung sieht § 477 eine kurze Verjährung der Gewährleistungsansprüche vor.

7. Ausschluß der Mängelhaftung

Die Mängelhaftung ist in folgenden Fällen ausgeschlossen:

a) Die Parteien können vertraglich den Ausschluß der Gewährleistung – auch stillschweigend, BGHZ 83, 334 – vereinbaren, 305. Das Gewährleistungsrecht ist nachgiebig. Die einzige Grenze, die das Kaufrecht dem freivereinbarten Ausschluß der Gewährleistung zieht, enthält § 476, der zwingendes Recht ist: Der Verkäufer kann seine Haftung für arglistig verschwiegene Mängel nicht ausschließen, BGH NJW 83, 1424. Darüber hinaus zieht § 138 mit dem Gebot der Beachtung der guten Sitten eine allgemeine Grenze für den Haftungsausschluß. Weitere Grenzen ziehen die Nr. 7, 10 und 15 in § 11 AGBG, dazu o. § 26 VI. Eine viel verwendete – grundsätzlich zulässige – Vertragsklausel zum Ausschluß der Gewährleistung im Gebrauchthandel lautet: „Wie besichtigt", BGH BB 59, 249; BGHZ 74, 383.

b) Die Gewährleistungshaftung ist ausgeschlossen, wenn der Käufer den Mangel kennt, 460 S. 1. Dem steht grobe Fahrlässigkeit gleich, 460 S. 2. Der Verkäufer haftet im zweiten Falle trotzdem, wenn er die Abwesenheit des Mangels zugesichert hat, 459 II i. V. m. 460 S. 2. Grobe Fahrlässigkeit des Käufers liegt nicht schon dann vor, wenn der Käufer nach Übernahme der Ware diese nicht untersucht. Vgl. aber dazu im Handelsrecht § 377 HGB mit der dort vorgesehenen Untersuchungs- und Rügepflicht.

c) Die Haftung für Mängel und das Fehlen zugesicherter Eigenschaften entfällt, wenn sich der Käufer bei Abnahme der Ware trotz Kenntnis des Mangels seine Ansprüche nicht vorbehält, 464. Gemeint ist hier die Annahme der Kaufsache als Erfüllung, nicht schon die körperliche Entgegennahme. Beruht der Schaden auf Verletzung einer Nebenpflicht, kann trotz rügeloser Annahme Ersatz verlangt werden, BGHZ 66, 208 – nicht verpackte Batterien –.

d) Ist der Kauf für beide Teile ein Handelsgeschäft im Sinne des HGB, wird für die Sachmängelgewährleistung eine zusätzliche Voraussetzung vorgeschaltet, nämlich die Beachtung der Untersuchungs- und Rügepflicht nach §§ 377, 378 HGB.

III. Die Rechtsfolgen der Gewährleistungspflicht beim Stückkauf im allgemeinen, 462, 463, 475, 476a

1. Die Grundregel enthält § 462. Von einem Verkäufer, der einen Mangel nach §§ 459, 460 zu vertreten hat, kann der Käufer Wandlung oder Minderung verlangen. Vertretenmüssen i. S. des § 460 bedeutet Haftung ohne Verschulden. § 462 ist also eine der im § 276 I 1 angedeuteten Ausnahmen vom Verschuldensprinzip. Wandlung bedeutet Rückgängigmachung des Kaufes. Anspruchsgrundlage ist die §§-Kette: 346, 467, 462, 459.

Die Praxis spricht vielfach einfach von „zurückgeben", „Umtausch" oder von „Rücknahme". Der Wandlungsanspruch bedeutet rechtlich aber lediglich, daß der Verkäufer die verkaufte Sache zurücknehmen muß und den erhaltenen Kaufpreis zurückzuzahlen hat. Mehr als dies, z. B. ein wirklicher Umtausch, kann mit der Wandlung nicht erreicht werden. Die Wandlungsklage geht historisch zurück auf die römisch-rechtliche actio redhibitoria. Nach § 462 kann der Käufer statt der Wandlung auch Minderung, d. h. eine verhältnismäßige Herabsetzung des Kaufpreises verlangen. Der römisch-rechtliche Ursprung dieser Klage ist die actio quanti minoris. Schadensersatz kann mit der Wandlung nicht begehrt werden. Waren aber hinsichtlich der zurückzugebenden Sache Dienste im weitesten Sinne geschuldet, hilft § 346 S. 2.

2. Wahlweise an die Stelle dieser beiden Gewährleistungsrechte tritt in drei Sonderfällen der Anspruch des Käufers auf Schadensersatz „wegen Nichterfüllung", 463.

a) Dieser Anspruch steht dem Käufer zu, wenn der verkauften Sache eine zugesicherte Eigenschaft fehlt, 463 S. 1.

b) Den gleichen Anspruch hat der Käufer, wenn der Verkäufer einen Fehler arglistig verschwiegen hat, § 463 S. 2 (dazu ESJ 71). Arglist in diesem Sinne ist gleichwertig mit der Arglist des § 123. Anstatt jedoch den Kaufvertrag gemäß § 123 anzufechten, kann also der Käufer auch Schadensersatz wegen Nichterfüllung aus dem nicht angefochtenen Kaufvertrag verlangen. Der Käufer muß sich in einem solchen Falle vorher ausrechnen, wie er günstiger fährt. Unhaltbar ist die Vermischung beider Rechtsbehelfe in BGH NJW 60, 237.

c) Einen dritten Fall stellt die ständige Rechtsprechung neben die beiden im § 463 erwähnten: Wenn der Verkäufer das Vorhandensein einer günstigen Eigenschaft arglistig vorspiegelt, hat der Käufer ebenfalls den Anspruch auf Schadensersatz wegen Nichterfüllung.

d) Problematisch ist, welcher Schaden gemäß § 463 zu ersetzen ist. Drei Begriffe sind hier wichtig: (aa) *„Kleiner Schadensersatz"* bezüglich der *Mangelschäden;* (bb) *Ersatz der Mangelfolgeschäden bei Verschulden;* (cc) *„großer Schadensersatz" bei Interessewegfall;*

aa) „Schadensersatz wegen Nichterfüllung" bedeutet in den §§ 325, 326, daß der Vertrag statt mit der geschuldeten Leistung mit einer Schadensersatzleistung in Geld zu Ende geführt wird. Das bedeutet für die Fälle der §§ 325, 326 Rückgabe des schon Angeleisteten. Ebenso legte das Reichsgericht auch § 463 aus: Der Käufer hatte die Sache zurückzugeben und dafür den Anspruch auf „Schadensersatz wegen Nichterfüllung" für das Ausbleiben der ganzen Leistung. Anders wird heute von der herrschenden Meinung § 463 (zu Recht) aufgefaßt: Danach sind die Worte „wegen Nichterfüllung" hier fehl am Platze. Es wurde ja immerhin erfüllt, wenn auch mangelhaft. Das bedeutet, daß der Verkäufer die Wertdifferenz zwischen der Sache ohne die zugesicherte Eigenschaft, wie sie eigentlich geschuldet war, und der gelieferten Sache ohne die zugesicherte Eigenschaft zu ersetzen hat, *„Mangelschaden",* „kleiner Schadensersatzanspruch", vgl. BGH NJW 65, 35; BGHZ 77, 218.

bb) Daneben ist nach der allgemeinen Praxis auch der weitere Schaden zu rechnen, der über das eigentliche Interesse an voller Erfüllung hinausgeht, *„Mangelfolgeschaden".* Da aber das übererfüllungsmäßige Interesse, was die Begründung der Haftung angeht, nur im Falle des Verschuldens zu ersetzen ist, entsteht im § 463 S. 1 die Frage, ob hier ausnahmsweise das übererfüllungsmäßige Interesse ohne Verschulden zu ersetzen sei. Die Frage ist zu verneinen. Die h. M. begründet dies damit, daß neben § 463 positive Vertragsverletzung möglich sei: Das ist zumindest verwirrend, weil es ja hier nur um das übererfüllungsmäßige Interesse geht (zum Erfüllungsinteresse siehe den vorigen Absatz!), positive Vertragsverletzung aber beide Schadensposten, erfüllungs- und übererfüllungsmäßiges Interesse ersatzpflichtig macht. Besser beläßt man es bei § 463 und entnimmt das beim übererfüllungsmäßigen Interesse fehlende Verschuldenserfordernis einer Analogie zu den anderen Fällen der Leistungsstörungen: Ebenso wie in den Fällen der Unmöglichkeit, des Verzugs und der Schlechterfüllung verlangt der Ersatz des *übererfüllungsmäßigen* Interesses zu § 463 S. 1 Verschulden bei der Auslösung der Haftung. Die Zusicherung ist zwar Garantie, aber sie findet am Interesse an ordnungsgemäßer Erfüllung ihre Grenze. Der Umfang des übererfüllungsmäßigen Interesses braucht allerdings, wie oben nachgewiesen (§ 49 III 2; § 55 III 2 dcc), nicht verschuldet zu sein. Der eigentliche Schlechterfüllungsschaden (Mangelschaden), also die Differenz zwischen geschuldeter Sache mit zugesicherter Eigenschaft und gelieferter Sache ohne zugesicherte Eigenschaft, ist also gemäß § 463 S. 1 ohne Rücksicht auf Verschulden zu ersetzen. Der Ersatz des Mangelfolgeschadens erfordert Schuld. – Es ist natürlich denkbar, daß sich die Zusicherung, für eine bestimmte Eigenschaft einstehen zu wollen, auch auf eine Haftung für alle oder bestimmte „Mangelfolgeschäden" erstreckt, wobei der Zusichernde in diesem Fall sogar eine Haftung ohne Verschulden garantieren kann. Hier kommt es im einzelnen auf eine Auslegung der Zusicherungserklärung an, BGH JZ 68, 530. – Für § 463 S. 2 und den von der Rechtsprechung hinzugefügten Fall, daß der Verkäufer auch Schadensersatz zu leisten hat, wenn er das Vorhandensein einer günstigen Eigenschaft arglistig vorspiegelt, spielt die Frage, ob Verschulden zu fordern ist, keine Rolle. Arglist ist stets Schuld. Soweit nach § 463 übererfüllungsmäßiges Interesse unter Berücksichtigung des Schulderfordernisses bei der Haftungsauslösung zu ersetzen ist, findet der Anspruch aus Schlechterfüllung (positiver Vertragsverletzung) keine Anwendungsmöglichkeit mehr; er ist durch die besondere Regel verdrängt.

cc) Während also grundsätzlich nach § 463 nicht Schadensersatz wegen Nichterfüllung, sondern nur der eigentliche Schlechterfüllungsschaden und im Verschuldensfalle auch das übererfüllungsmäßige Interesse verlangt werden kann, ist dem Käufer, wenn sein Interesse an der Leistung durch das Fehlen der zugesicherten Eigenschaft weggefallen ist, auch die Möglichkeit zuzubilligen, die ganze Leistung zurückzuweisen bzw. das Angeleistete zurückzugeben und statt dessen vollen Schadensersatz wegen Nichterfüllung zu verlangen, „großer Schadensersatzanspruch", vgl. BGHZ 29, 148; BGH NJW 79, 812. Das erfordert nach allgemeinen Grundsätzen, daß der Käufer an der Leistung kein Interesse mehr hat. Für den Regelfall ist anzunehmen, daß der Interessewegfall auf dem Fehlen der zugesicherten Eigenschaft beruht, so daß mit dem einen auch das andere nachgewiesen ist (Umkehrung der Beweislast bezüglich des Interessewegfalls). Weitergehend verzichtet die heute h. M. (zu Unrecht) ganz auf das Erfordernis des Interessewegfalls, BGHZ 29, 151; dazu *Erman* JZ 60, 41; *Larenz* II § 41 II c 3. Im übrigen sind Schadensersatzansprüche nach § 463 in gleicher Weise wie in den §§ 325, 326 des allgemeinen Schuldrechts durchzuführen, vgl. dazu oben §§ 44 III 3a; 45 II 2. Jedoch darf Schadensersatz wegen Nichterfüllung nur unter den Voraussetzungen des § 463 gewährt werden. Das bedeutet, daß die Verschuldenshaftung im Bereich des Schadensersatzes wegen Nichterfüllung (anders bez. des übererfüllungsmäßigen Interesses) auf Vorsatz beschränkt ist, BGH NJW 65, 532.

3. Da schlecht, aber immerhin erfüllt ist, besteht zugunsten des Käufers kein Erfüllungsanspruch mehr (dazu oben I 1), ebenso kein Nachbesserungsrecht, es sei denn, die Partein vereinbaren ein solches. Ist dieses Nachbesserungsrecht „an Stelle des Rechts des Käufers auf Wandlung oder Minderung" vereinbart, dann gilt § 476a (vgl. dazu BGH BB 79, 804 und oben I 4).

4. Zum Verhältnis der einzelnen Gewährleistungsrechte zueinander ist folgendes zu bemerken:

a) Eine mehrfache Wandlung und Minderung ist nach § 475 möglich, wenn eine Kaufsache mehrere Mängel aufweist.

b) Dagegen kann Schadensersatz nach § 463 nur *statt* Wandlung oder Minderung verlangt werden. Auf Schadensersatz aus § 463 kann noch übergehen, wer nur teilweise oder nur einredeweise gewandelt oder gemindert hat, BGHZ 29, 152, wobei § 242 die Grenze zieht; s. auch *Erman,* JZ 60, 41.

c) Ein übererfüllungsmäßiges Interesse ist aber stets neben Minderung, Wandlung und dem nach § 463 zu ersetzenden eigentlichen Schlechterfüllungsschaden vom Verkäufer zu bezahlen. Hierzu bedarf es allerdings als Anspruchsgrundlage des Vorliegens der Voraussetzungen einer positiven Forderungsverletzung, vgl. dazu oben § 47. Unter diesen Voraussetzungen der positiven Forderungsverletzung ist vor allem das Verschulden des Verkäufers von Bedeutung.

IV. Durchführung der Wandlung, 465, 471

1. Die Wandlung ist begrifflich ein Rücktritt vom Kaufvertrag, der neben den allgemeinen Rücktrittsvorschriften noch besonderen Kaufrechtsregeln unterliegt. Nach § 467 finden auf die Wandlung die für das vertragsmäßige Rücktrittsrecht geltenden Vorschriften der §§ 346–348, 350–354, 356 entsprechende Anwendung. Ihrem Wesen nach ist die Wandlung ein spezialisierter Rücktritt.

2. Die Wandlungserklärung ist aber im Unterschied zum Rücktrittsrecht kein Gestaltungsrecht, denn im § 467 ist auf die Vorschrift des § 349 nicht verwiesen. Im § 349 wird der Rücktritt, der durch Erklärung gegenüber dem anderen Teil durchgeführt wird, als Gestaltungsrecht aufgefaßt. Die „Wandlung" ist, sprachlich gesehen, der Vorgang der Rückgängigmachung des Kaufvertrags selbst. Sie kann auf zwei verschiedene Arten herbeigeführt werden:

a) Entweder durch Einverständniserklärung des Verkäufers, 465. Die Wandlung ist vollzogen, wenn sich der Verkäufer auf Verlangen des Käufers mit ihr einverstanden erklärt.

b) Wenn sich der Verkäufer mit der Wandlung nicht einverstanden erklärt, muß der Käufer auf Wandlung klagen. Anspruchsnormen sind dabei §§ 462, 465. Der Kläger braucht nach herrschender Praxis und Lehre nicht ausdrücklich auf „Einverständnis mit der Wandlung" zu klagen, obgleich man das nach dem Wortlaut des § 465 annehmen sollte. Er kann vielmehr sofort Rückzahlung des Kaufpreises verlangen. In dem zusprechenden Urteil steckt aber die richterliche Umgestaltung des Kaufvertrags in ein Rückgewährschuldverhältnis (*modifizierte Vertragstheorie, Larenz,* II § 41 II a; *Bötticher,* Die Wandlung als Gestaltungsakt, 1938).

Die §§ 462, 465 haben zu theoretischen Streitigkeiten geführt, vgl. dazu *Staud./H. Honsell,* § 465 Rz 2ff. Die sog. *reine Vertragstheorie* verlangte, daß gem. § 465 ausdrücklich auf Einwilligung in die Wandlung geklagt und ein entsprechendes Urteil erlassen werden muß. Da in dieser Weise das, was der Käufer will, nämlich der Kaufpreis, erst in einem zweistufigen Verfahren erreicht werden kann, ist die reine Vertragstheorie als unhandlich von der Praxis nicht angewandt worden. Demgegenüber gestattete die sog. *Herstellungstheorie* die direkte Klage auf den Kaufpreis. Sie erblickte in der Wandlungserklärung entgegen § 467, der auf § 349 nicht verweist, eine Art Gestaltungsrecht. Durch die Wandlungserklärung werde, so sagt die Herstellungstheorie, das Kaufverhältnis wie bei einem Rücktritt in ein Rückgewährschuldverhältnis umgewandelt, eine neue Rechtslage hergestellt, aus der dann unmittelbar der Anspruch des Käufers auf Rückzahlung des Kaufpreises gemäß §§ 467, 346 folgte. Die Herstellungstheorie hat allerdings das Gesetz gegen sich. Sie kann auch nicht zwischen dem Anspruch *auf* Wandlung und den Ansprüchen *aus* vollzogener Wandlung unterscheiden, obwohl § 477 nur für den Anspruch *auf* Wandlung gelten will. Vermittelnd vertrat deshalb die sog. *Klageverbindungstheorie,* daß die Klage auf Einverständnis mit der Wandlung gemäß § 465 mit der Klage auf den Kaufpreis prozessual verbunden werden dürfe, 260 ZPO. Auch das ist noch verhältnismäßig umständlich. Zutreffend deutet die modifizierte Vertragstheorie, die man auch Umgestaltungstheorie genannt hat *(Larenz),* die Wandlung als die vom Richter herbeigeführte Umgestaltung des Kaufverhältnisses in ein Rückgewährschuldverhältnis. Geklagt wird ausdrücklich auf den Kaufpreis, darin steckt aber der Anspruch gemäß § 465 auf Einverständniserklärung des Verkäufers mit der Wandlung. Das Urteil spricht den Kaufpreis zu und gestaltet damit die Rechtslage um. Die modifizierte Vertragstheorie entspricht der durchgängigen Praxis. Die Ansprüche *aus* vollzogener Wandlung unterliegen nicht der kurzen Verjährung des § 477.

3. Behauptet der Käufer dem Verkäufer gegenüber, die Sache sei mangelhaft, so kann der Verkäufer dem Käufer eine Frist setzen. Innerhalb der Frist muß der Käufer erklären, ob er Wandlung verlangt. Diese Fristsetzung gemäß § 466 soll dem Verkäufer die Möglichkeit geben, innerhalb angemessener Zeit Klarheit über das Vorgehen des Käufers zu gewinnen.

4. Im übrigen findet auf die Wandlung das Recht des vertraglichen Rücktritts entsprechende Anwendung, 467. Nach § 352 ist der Rücktritt ausgeschlossen, wenn der zum Rücktritt Berechtigte die Sache umgestaltet hat. Davon macht § 467 S. 2 bei der Wandlung eine Ausnahme. Hat sich erst bei der Umgestaltung der Mangel gezeigt, darf der Käufer trotz der Umgestaltung wandeln. Der Verkäufer hat dem Käufer im Falle der Wandlung auch die Kosten des Vertrags zu ersetzen, 467 S. 2; BGHZ 87, 104 – *Montagekostenersatz, Dachziegel* –.

5. Erfüllungsort für den Wandlungsvollzug ist der Ort, an dem sich die Sache zur Zeit der Wandlung vertragsgemäß befindet („Austauschort"), BGHZ 87, 104 (109).

6. Über die Besonderheit der Grundstückswandlung vgl. oben II 2b; dazu § 468.

7. Bei einer Sachenmehrheit, die verkauft wurde, sind u. U. nur einzelne Sachen mangelhaft. Ist für alle Sachen ein Gesamtpreis festgesetzt, dann kann auch lediglich im Hinblick auf die einzelnen mangelhaften Sachen Wandlung verlangt werden. Sind aber die Sachen als zusammengehörend verkauft, wie z. B. beim Kauf eines landwirtschaftlichen Gutes, so kann jeder Teil verlangen, daß die Wandlung auf alle Sachen erstreckt wird, wenn die mangelhaften Sachen nicht ohne Nachteil für ihn von den übrigen Sachen getrennt werden können, 469.

8. Besteht eine Sache aus Haupt- und Nebensache, so erstreckt sich die Wandlung wegen eines Mangels der Hauptsache auch auf die Nebensache. Ist nur die Nebensache mangelhaft, so kann nur für die Nebensache die Wandlung erklärt werden, 470.

§ 70 V 1 Veräußerungsverträge

Ob Sachen zueinander im Verhältnis von Haupt- und Nebensache stehen, ergibt sich aus der Parteivereinbarung, in Verbindung damit aus der Verkehrsüblichkeit. So wird man z. B einen verkauften Pkw als Hauptsache, den anzuhängenden Wohnwagen als Nebensache betrachten. Die §§ 97, 98 über das Zubehör, in denen allerdings von der Nebensache keine Rede ist, können Hinweise geben. So wird man Zubehör regelmäßig als Nebensache anzusprechen haben. Der Begriff der Nebensache ist aber weiter als der des Zubehörs.

9. Werden mehrere Sachen verkauft und sind nur einzelne von ihnen mangelhaft, so daß nur für sie die Wandlung erklärt wird, so ist der Gesamtpreis in dem Verhältnis herabzusetzen, in welchem der Gesamtwert der Sache in mangelfreiem Zustand zu dem Wert der von der Wandlung nicht betroffenen Sachen gestanden haben würde, 471. Es handelt sich um eine ähnliche Dreisatzrechnung wie bei der Minderung im Sinne des § 472, s. u.

V. Durchführung der Minderung, 472—474

1. Das Wesen der Minderung

Die Minderung ist die nachträgliche Herabsetzung des Kaufpreises. Sie geschieht nach einer Berechnungsweise, bei der vier Posten miteinander in Beziehung gesetzt werden: der geschuldete Preis, der geminderte Preis, der geschuldete Wert und der wahre Wert der Sache. Nach § 472 I ist bei der Minderung der Kaufpreis in dem Verhältnis herabzusetzen, in welchem zur Zeit des Verkaufs der Wert der Sache in mangelfreiem Zustand zu dem wirklichen Wert gestanden haben würde.

Wenn sich K z. B. von V einen gebrauchten Wagen kauft, der, wenn er in Ordnung wäre, einen Marktwert von 3500,— hätte, und für diesen Wagen im Kaufvertrag 3000,— verspricht, so kann K mindern, wenn der gebrauchte Wagen infolge eines Unfalls in Wirklichkeit nur 2000,— wert ist. Um den geminderten Kaufpreis zu errechnen, muß man den Wert des Wagens, wenn er in Ordnung gewesen wäre, mit seinem wahren Wert als Unfallwagen vergleichen. In dem gleichen Verhältnis ist der geschuldete Preis herabzusetzen. Es ergibt sich ein Dreisatz:

$$\frac{\text{Wert, wenn die Sache in Ordnung wäre} = 3500,-}{\text{Wahrer Wert} = \text{Wert, den die Sache jetzt hat} = 2000,- = \text{Istwert}} = \frac{\text{geschuldeter Preis} = 3000,-}{\text{geminderter Preis} = X}$$

$$X = \frac{3000 \times 2000}{3500} = 1714{,}29 \text{ DM}$$

Der geminderte Kaufpreis beträgt also 1714,29 DM. Diesen schuldet K, wenn er Minderung geltend macht oder erst auf die Kaufpreisklage des V die Minderungseinrede erhebt.

2. Bei einem Gesamtpreis findet § 472 II Anwendung. Wenn nur wegen einzelner Sachen gemindert wird, so ist bei der Herabsetzung des Preises der Gesamtwert aller Sachen zugrunde zu legen.

3. Sind neben dem in Geld festgesetzten Kaufpreis Leistungen bedungen, die nicht vertretbare Sachen zum Gegenstand haben, so müssen diese Leistungen in Geld angesetzt werden, um die Minderung durchführen zu können, 473.

4. Sind auf der einen oder der anderen Seite mehrere beteiligt, so kann von jedem und gegen jeden die Minderung verlangt werden. Die Wandlung ist in dem Augenblick ausgeschlossen, in dem einer der Käufer Minderung verlangt hat, 474. Diese Vorschrift ist eine Ergänzung zu den §§ 420ff.

VI. Verjährung, Mängeleinrede, Aufrechnung, 477—479

1. Eine der wichtigsten Vorschriften des Sachmängelgewährleistungsrechts ist § 477 I. Hiernach verjähren die Ansprüche auf Wandlung, Minderung und der Anspruch auf Schadensersatz wegen Mangels einer zugesicherten Eigenschaft bei beweglichen Sachen in 6 Monaten von der Ablieferung an. Bei Grundstücken beträgt die Verjährungsfrist ein Jahr. Diese kurze Verjährung ist der gerechte Ausgleich dafür, daß der Verkäufer aus der Sachmängelgewährleistung ohne Verschulden haftet und daß er auch für solche Fehler und fehlende zugesicherte Eigenschaften haftet, die schwer erkennbar sind. Wenn der Käufer einen nicht erkennbaren Fehler bis zum Ablauf der Verjährungsfrist nicht entdeckt hat, so tritt trotzdem die Verjährung ein. Die kurze Verjährung bezieht sich aber auf den Anspruch *auf* Wandlung, nicht *aus* der Wandlung (vgl. *Larenz* II § 41 II d; BGH NJW 58, 418; BGHZ 85, 367 m. w. N.; anders die Herstellungstheorie).

Die Verjährung tritt auch ohne Rücksicht auf die Kenntnis des Mangels ein, ebenso ohne Rücksicht auf fahrlässige Unkenntnis (BGHZ 77, 215; BGH NJW 81, 1156).[1]) Auch bei Vorbehalt der Rechte im Sinne des § 464 tritt Verjährung ein!

2. Nach § 477 I 2 kann die Verjährungsfrist verlängert werden. Das ist eine Ausnahme zu § 225 S. 1. Sie kann aber auch, wie § 225 S. 2 zu erkennen gibt, verkürzt oder ganz ausgeschlossen werden, was in Allgemeinen Geschäftsbedingungen nicht selten geschieht. Das Gewährleistungsrecht ist nachgiebiger Natur.

3. Die Verjährung gemäß § 477 I wird unterbrochen durch den Antrag des Käufers auf gerichtliche Beweisaufnahme zu Sicherung des Beweises, 477 II. Ferner bewirkt die Unterbrechung oder Hemmung der Verjährung eines Gewährleistungsanspruchs zugleich auch die Hemmung oder Unterbrechung der Verjährung der anderen Ansprüche. Grundsätzlich muß ein Käufer, der

---

[1]) Anders dagegen *Brox,* II § 5 V 1; *Medicus,* II § 74 III 4: der Rechtsgedanke des § 852 I soll mit der Folge herangezogen werden, daß die Verjährung erst bei Kenntnis des Mangels beginnt. Zum ganzen Problem vgl. auch *Littbarksi,* NJW 81, 2331; *Wilhelm,* JZ 82, 488; *Krapp,* Die Verjährung von Käuferansprüchen bei vertragswidrigen Leistungen, 1983.

sich seine Rechte wahren will und der den Weg der gerichtlichen Beweisaufnahme nach § 477 II nicht beschreiten will, innerhalb der Verjährungsfrist des § 477 Klage erheben, 209. Das ist in Kreisen, die dem Rechtsleben ferner stehen, vielfach nicht bekannt.

Hat der Verkäufer in Abweichung vom Gesetz Nachbesserung versprochen, so wird die Verjährung während der Beseitigung des Mangels analog § 639 II gehemmt, BGHZ 39, 292.

4. Die Mängeleinrede wird nach Maßgabe des § 478 erhalten, wenn der Käufer den Mangel dem Verkäufer angezeigt oder die Anzeige an ihn abgesandt hat, bevor der Anspruch auf Wandlung oder Minderung verjährt war. Das nützt dem Käufer allerdings nur, wenn er bis dahin den Kaufpreis noch nicht bezahlt hat. Ist der Preis noch nicht bezahlt, so genügt für den Käufer die Absendung der Mängelanzeige. Wird er dann auf Zahlung des Kaufpreises verklagt, führt die Erhebung der Einrede zur völligen (Wandlung) oder teilweisen (Minderung) Abweisung der Kaufpreisklage, obwohl die Fristen des § 477 verstrichen sind. Wird die Mängeleinrede mit dem Ziel der Wandlung geltend gemacht, muß auch jetzt noch die Sache gemäß § 346 zurückgegeben werden. Hat er den Kaufpreis bereits bezahlt, so kann er ihn auch nicht über § 813 wieder zurückverlangen. § 478 stellt eine abschließende Regelung dar, RGZ 144, 95.

5. Die kurze Verjährung tritt nur dann nicht ein, wenn der Verkäufer den Mangel arglistig verschwiegen hat, 477 I. Ebenfalls bedarf es bei arglistigem Verschweigen des Mangels keiner Anzeige im Sinne des § 478. Die kurze Verjährung nach § 477 gilt ebenfalls nicht, wenn ein aliud geliefert wurde, BGH NJW 68, 640.

6. Der Anspruch auf Schadensersatz kann auch nach Vollendung der Verjährung aufgerechnet werden, allerdings nur dann, wenn der Käufer vorher die Mängelanzeige im Sinne des § 478 zumindest abgesandt hat. Diese Beschränkung tritt ebenfalls nicht ein, wenn der Verkäufer den Mangel arglistig verschwiegen hat.

7. In §§ 478, 479 genügt die Absendung der Mängelanzeige. Dies ist eine Ausnahme zu dem Zugangsgrundsatz des § 130. Die Ausnahme ist berechtigt, weil der Verkäufer, der eine mangelhafte Sache geliefert hat, billigerweise mit der Gefahr des Verlustes der Mängelanzeige belastet werden kann. § 478 ist außerdem Sondervorschrift zu § 390.

8. Bei den häufigen Garantieversprechen beim Kauf von Gebrauchsgütern ist durch Auslegung ihre Bedeutung zu ermitteln. In der Hauptsache bestehen fünf Möglichkeiten:

a) Manchmal bedeutet das Garantieversprechen nichts anderes als die Aufrechterhaltung der gesetzlichen Sachmängelgewährleistung. Das ist z. B. der Fall, wenn die Rede von *„gesetzlicher Garantie"* ist. Auch kann die Zusicherung von Eigenschaften gem. § 459 II gemeint sein, BGH BB 62, 234; 64, 1360.

b) Werden längere *Fristen* als die im § 477 genannten mit dem Garantieversprechen gewährt, ergibt sich aber aus dem Inhalt des Garantieversprechens, daß sachlich nicht über den Bereich der Sachmängelgewährleistung hinausgegangen werden soll, so handelt es sich bei dem Garantieversprechen einfach um eine Verlängerung der im § 477 genannten kurzen Verjährungsfrist. Das ist z. B. der Fall, wenn es heißt: „ein Jahr Garantie". Man nennt die unter a) genannte Form des Garantieversprechens und die hier erwähnte die sog. *„unselbständige Garantie",* vgl. RGZ 91, 305.

c) Denkbar ist aber auch, daß zusätzlich zu der Sachmängelgewährleistung, die im übrigen bestehenbleiben oder ausgeschlossen werden kann, eine *Garantie zur Verstärkung der Sachmängelgewährleistung* übernommen wird. Das bietet sich namentlich an, wenn für bestimmte Eigenschaften der Sache eine besondere Garantie versprochen wird. Es muß sich aus den Erklärungen des Verkäufers, mit denen sich der Käufer einverstanden erklären muß, mit Deutlichkeit ergeben, daß er für einen besonderen Erfolg einstehen will. Ein Garantieversprechen liegt z. B. vor, wenn gleichzeitig mit dem Verkauf der Ware dem Käufer ein Garantieschein ausgehändigt wird, auf dem beispielsweise für eine Haushaltsmaschine drei Jahre Garantie auf bestimmte Maschinenteile ausgesprochen wird. Dann gilt bezüglich dieser Maschinenteile eine verlängerte Mängelgewährleistung, zuzüglich solcher Rechte, die zur Verwirklichung des Käuferinteresses nötig sein sollten (z. B. Nachbesserungsrecht, Umtauschrecht). Werden solche Garantiefristen auf unüblich lange Zeiten ausgedehnt, z. B. auf 10 oder 20 Jahre für Waren, die nach aller Erfahrung bereits vorher verschleißen, so handelt es sich um sittenwidrige Versprechen, die überdies wettbewerbsrechtlich nach § 1 UWG für Konkurrenten des die Garantie Versprechenden Unterlassungs- und Schadensersatzansprüche begründen können.

d) Schließlich sind Garantien denkbar, die losgelöst vom Inhalt eines anderen Vertrags bestehen (sog. *„selbständige Garantien"*). Sie stehen unabhängig neben dem Kaufvertrag und unterliegen allgemeinen Vertragsregeln (30jährige Verjährung!); z. B. Umsatzgarantie beim Verkauf einer Gastwirtschaft, einer Fabrik; Absatzgarantie beim Verkauf eines Steinbruchs; Liefergarantie für Rohmaterial beim Verkauf einer zur Bearbeitung dieses Materials bestimmten Maschine.

e) Selbständige Garantie des Herstellers, der nicht Vertragspartei ist, z. B. die Einjahresgarantie der Kfz-Hersteller, BGH NJW 81, 275.

f) Zum Garantievertrag als sicherndes Versprechen u. § 92 II.

9. Für Mängelfolgeschäden, die, wie unten darzulegen ist, nach Schlechterfüllungsregeln zu behandeln sind (IX 3), gilt die kurze Verjährung nach § 477 (sehr str.). Dagegen richtet sich die Verjährung der Ansprüche aus Begleitschäden nach allgemeinem Recht, mangels besonderer Vorschriften also mit 30jähriger Frist (unten IX 3 b bb).

VII. Erweiterung der Mängelansprüche beim Gattungskauf, 480

Nach § 480 kann der Käufer einer Gattungssache statt der Wandlung oder der Minderung verlangen, daß ihm anstelle der mangelhaften Sache eine mangelfreie geliefert wird. Dies ist der sog. Nachlieferungsanspruch beim Gattungskauf. Auf ihn finden die meisten für die Wandlung geltenden Vorschriften entsprechende Anwendung. Fehlt der Gattungssache eine zugesicherte Eigenschaft oder hat der Verkäufer einen Fehler arglistig verschwiegen, so kann der Käufer statt der Wandlung, der Minderung oder Lieferung einer mangelfreien Sache auch Schadensersatz wegen Nichterfüllung verlangen.

Wie immer ist bei einer Gattungsschuld zu prüfen, ob sie nicht bereits nach § 243 II konkretisiert ist. Dann findet § 480 keine Anwendung, sondern die Regeln über den Stückkauf der §§ 459 ff. Nun würde bei dem Gattungskauf normalerweise Konkretisierung spätestens in dem Zeitpunkt eintreten, in dem der Verkäufer dem Käufer die Sache aushändigt, denn dann hat er alles seinerseits Erforderliche getan. Wer jedoch eine mangelhafte Gattungssache liefert, hat, auch wenn er dem Käufer die Sache aushändigt, noch nicht alles Erforderliche getan. Dadurch tritt die Konkretisierung noch nicht ein. Das bedeutet, daß der Erfüllungsanspruch des Käufers weiterhin besteht. § 480 sagt nichts anderes, als daß der Käufer nach wie vor den Erfüllungsanspruch hat, BGH NJW 61, 117 (auch bei abermaliger Nachlieferung einer mangelhaften Gattungssache, BGH NJW 83, 1496). Nahm der Käufer die mangelhafte Sache entgegen, unterliegt der Erfüllungsanspruch allerdings der kurzen Verjährung des § 477 (sonst nicht). Das bedeutet weiterhin, daß der Käufer im Falle des § 480, wenn er sich für Wandlung oder Minderung entscheidet, dadurch die Konkretisierung der Gattungssache auf das ihm ausgehändigte bestimmte Stück bewirkt, BGH NJW 67, 33. Nach § 480 ist also dem Käufer die Möglichkeit der Konkretisierung in seine Hand gegeben.

Zum Problem des aliud beim Gattungskauf oben I 2.

VIII. Viehkauf, 481 – 492

Lerche, Viehgewährschaftsrecht, 1955; *Meisner,* Viehgewährschaftsrecht, 1927; *Stölzle-Graminger,* Viehkauf (Viehgewährschaft), 1935.

Die Besonderheiten des Viehkaufs können im einzelnen hier nicht besprochen werden. Zu merken sind lediglich drei Besonderheiten. Die Regeln der §§ 481 ff. gelten nur für bestimmte Arten und Gattungen von Vieh, nämlich für Pferde, Esel, Maulesel, Maultiere, Rindvieh, Schafe und Schweine. Für anderes Vieh gilt das allgemeine Recht der §§ 459 ff., z. B. für Federvieh. Handelt es sich um Vieh im Sinne des Viehmängelrechts, so hat der Verkäufer nur bestimmte Fehler und diese nur dann zu vertreten, wenn sie sich innerhalb bestimmter Frist zeigen, 482. Diese Mängel und die Gewährfristen werden durch eine kaiserliche Verordnung vom 27. 3. 1899, RGBl. 219, im einzelnen bestimmt. Die Fristen sind noch wesentlich kürzer als die 6-Monats-Frist des § 477 (14 Tage u. ä.). Die dritte Besonderheit ist, daß der Käufer nur Wandlung, nicht Minderung verlangen kann, 487 I.

Das Viehmängelrecht ist deutsch-rechtlichen Ursprungs und wurde vom Gesetzgeber als Konzession an örtliche und deutsch-rechtliche Traditionen in das Bürgerliche Gesetzbuch aufgenommen.

IX. Das Verhältnis der Sachmängelgewährleistungsansprüche zu anderen Ansprüchen

1. Der gedankliche Ausgangspunkt dieses praktisch und theoretisch wichtigen Gebietes ist, um es noch einmal zu wiederholen, daß bei Lieferung einer mangelhaften Sache erfüllt ist, wenn auch schlecht. D. h. es bestehen keine Ansprüche auf Erfüllung oder wegen Nichterfüllung. Das letztere läßt sich insbesondere im Umkehrschluß aus § 463 entnehmen, vgl. dazu auch die Auslegung des § 463 oben III 2 d. Hieraus folgt (zum Folgenden s. auch *Köhler,* JA 82, 157 ff.):

2. Die §§ 320 ff. kommen nach Gefahrübergang nicht mehr zur Anwendung, oben II 4. (Vorher gelten sie).

3. Der *übererfüllungsmäßige* Schaden kann, wenn ein Anspruch aus positiver Vertragsverletzung (Schlechterfüllung) gegeben ist, ersetzt verlangt werden. Dazu oben § 47. Das steht nicht eigens im Gesetz. Es wurde aber schon oben betont, daß entsprechend auch im § 463 S. 1 Verschulden bezüglich der Haftungsbegründung beim übererfüllungsmäßigen Interesse zu fordern ist. Insoweit ist in § 463 Schlechterfüllungsrecht *entbehrlich* und *nicht mehr zu prüfen.* (Vgl. oben III 2 d u. § 47 III 2). Soweit indes § 463 nicht reicht, muß wegen *übererfüllungsmäßiger Schäden positive Vertragsverletzung* herangezogen werden.

Um *Mangelschäden* kann es an dieser Stelle nicht gehen, sie sind begrifflich die Differenz zwischen Schlechtleistung und *Erfüllungsinteresse.* Insoweit gilt Gewährleistungsrecht, insb. § 463. Nach welchen Regeln aber sollen Schäden ersetzt werden, die *über* das Interesse an ordnungsgemäßer Erfüllung *hinausgehen?* Zwei Arten solcher Schäden sind zu unterscheiden:

a) *Mängelfolgeschäden*

aa) Dies sind Schäden, die an absolut geschützten Rechtsgütern (z. B. Eigentum) oder am Vermögen des Käufers als *Folge der Schlechtlieferung* entstehen: Giftiges (und deshalb mangelhaftes) Pferdefutter richtet Pferde zugrunde, RGZ 66, 289; eine mangelbehaftete Maschine richtet Schäden an Personen und an der Produktion an, BGH NJW 67, 1805 = JZ 68, 228 Anm. *Diederichsen.*

bb) Solche Schäden sind grundsätzlich nach den Regeln der positiven Vertragsverletzung (Schlechterfüllung) zu ersetzen, die von den das Erfüllungsinteresse regelnden §§ 459 ff. unberührt bleiben (Ausn.: § 463 S. 1, o. III 2 d). *Verschulden* ist nötig, Fahrlässigkeit ausreichend. Die *Verjährung* wurde ursprünglich – an sich konsequent – mit 30 Jahren ab Schadenseintritt angenommen. BGH 46, 238; BGH NJW 65, 532 unterschied dann „unmittelbare" und „mittelbare" Mängelfolgeschäden mit der Folge, daß auf *unmittelbare* die 6-Monatsfrist des § 477 entsprechend angewandt wurde. Diese Unterscheidung wurde mit BGH NJW 80, 1950 (1951) praktisch wieder aufgegeben, wo nur noch von „Mängelfolgeschäden wegen Schlechtlieferung" die Rede ist, auf die § 477 (6 Monate!) angewandt wird (gegen die Unterscheidung auch die Voraufl.). Trotzdem bleibt es nach BGH a. a. O. bei pVV als Anspruchsgrundlage.

cc) Den Beginn der 6-Monatsfrist setzt der BGH a. a. O. auf den Zeitpunkt des Gefahrübergangs (446, 459 entspr.). Das dem Käufer dadurch entstehende Risiko, daß Mängel als Schadensquelle 6 Monate lang unentdeckt bleiben, rechtfertigt der BGH mit den Grundgedanken der §§ 459 ff. (baldiger Rechtsfriede im Warenumsatz, BGHZ 60, 9, 11) und mit dem Hinweis, es sei Sache des Gesetzgebers, die vielfach als zu kurz eingeschätzte Frist des § 477 zu verlängern.

dd) Diese Behandlung der Mängelfolgeschäden beim Kauf ist wohl erwogen und kann hingenommen werden. Besser erscheint aber, den „Druck auf den Gesetzgeber" nicht durch die verkäuferfreundliche zu kurze, sondern durch eine verbraucherfreundliche allenfalls zu lange Verjährungsfrist von 30 Jahren auszuüben. Das spricht für eine „reine pVV-Lösung". Sie hätte zudem den Vorteil, den Gleichklang mit den nun zu behandelnden Begleitschäden herzustellen.

b) Begleitschäden

aa) Von „Mangelfolgeschäden wegen Schlechtlieferung" sind Schäden zu unterscheiden, die aus der Verletzung einer im Kaufvertrag übernommenen *Nebenpflicht*

(s. o. § 8, 3) oder, bei *gemischtem Vertrag* oder *Vertragsverbindung* (o. § 65), aus Verletzung einer *nicht-kaufrechtlichen Pflicht* entstehen: Einbau des gekauften Motors, RGZ 144, 162; Prüfung der Ware, BGH NJW 69, 1708; Beratung, BGH NJW 62, 1196 (wo zu Unrecht ein neben dem Kauf herlaufender Beratungsvertrag konstruiert wird; richtig dagegen BGH NJW 83, 392).

bb) Für solche Begleitschäden gelten ebenfalls die Regeln der positiven Vertragsverletzung, RGZ 144, 162. Das schließt das *Verschuldenserfordernis* und die *30jährige Verjährung* (195) ab Schadenseintritt als Grundsätze ein.

cc) Zu Recht macht aber der BGH bei der Verjährung Ausnahmen vom Grundsatz und wendet § 477 entsprechend an, wenn die Verletzung der Nebenpflicht und der Mangel (bzw. das Fehlen der zugesicherten Eigenschaft) *praktisch auf das gleiche hinauslaufen*. Dies wurde angenommen,
– wenn die Nebenpflichtverletzung den *Sachmangel herbeiführt,* BGHZ 87, 89,
– wenn die Nebenpflichtverletzung die *praktische Bewährung der zugesicherten Eigenschaft verbindet,* BGH NJW 83, 392, und
– wenn die Verletzung einer Aufklärungs- oder Beratungspflicht über eine Eigenschaft der Kaufsache deren Verwendung für den Kaufzweck vereitelt, BGH NJW 83, 2697 (zweifelhaft).

dd) Gegen diese Behandlung der Begleitschäden bestehen weniger Bedenken als gegen die der Mängelfolgeschäden (o. a, dd). Doch sollte § 477 (o. cc) zurückhaltend angewandt werden.

4. Neben Ansprüchen aus Sachmängelgewährleistung können auch solche aus der *Produzentenhaftung* (s. u. § 103 IV) geltend gemacht werden. Zwar ist der eigentliche Sinn der Produzentenhaftung, beim Absatz von Ware über mehrere Wirtschaftsstufen (Hersteller – Händler – Verbraucher) den Hersteller für schadenstiftende Warenmängel deliktisch *direkt* haftbar zu machen. Doch ist nicht einzusehen, dem Letztabnehmer diese Ansprüche vorzuenthalten, wenn er unmittelbar vom Hersteller bezieht. Dann müssen ihm Gewährleistungs- *und* Produzentenhaftungsansprüche zustehen (letztere verjähren in 3 Jahren, 852); so zu Recht BGHZ 67, 359 – Schwimmschalter –; BGH NJW 78, 2241 – Hinterreifen –; BGH WM 83, 178 = JuS 83, 466 (Anm. *Emmerich*) – Gaszug –. In allen drei Fällen waren durch fehlerhafte Herstellung relativ geringwertiger Sachteile dem Käufer der Sache erhebliche Sach- und Personenschäden und auch Vermögensschäden entstanden, was dieser Fallgruppe das Schlagwort „weiterfressende Schäden" eintrug. Indes ist weder eine Wertrelation (so aber BGHZ 67, 359) noch „Stoffungleichheit" von Mangel und „Fresserschaden" (so aber BGH NJW 78, 2241) noch eine Divergenz von (deliktsrechtlich geschütztem) „Integritätsinteresse" und (vertragsrechtlich geschütztem) „Nutzungs- und Äquivalenzinteresse" (so aber BGH WM 83, 178) als Begründung dafür erforderlich, daß hier eine weiterreichende Deliktshaftung der Vertragshaftung an die Seite gestellt wird. Wer eine fehlerhafte und darum schadenstiftende Sache herstellt, haftet zu Recht strenger und länger als derjenige, der die Ware in Unkenntnis ihrer Fehlerhaftigkeit verkauft (grundsätzliche Bedenken bei *Harrer,* Jura 84, 80 m. w. A.). Nur muß sich die Produzentenhaftung auf den beschränken, der

die Sache selbst herstellt oder wenigstens für die Herstellung verantwortlich ist. Das ist im Schwimmschalterfall mit Sicherheit der Hersteller. In den beiden Kfz-Fällen war es ein Gebrauchtwagenhändler mit Werkstatt (DIN-widrig montierter Hinterreifen) und ein „Autohaus" (hängenbleibendes Gaspedal), und hier läßt sich die Herstellereigenschaft nur noch zur Not vertreten.

5. Besondere Schwierigkeiten bereitet das *Verhältnis der Sachmängelgewährleistung zur Irrtumsanfechtung* gemäß § 119. Dazu grundsätzlich oben II 2. Bei jedem Sachmangel irrt sich der Käufer über etwas, nämlich über die Mangelfreiheit der Sache oder über das Vorhandensein einer zugesicherten Eigenschaft. Beide Male handelt es sich regelmäßig um einen nach § 119 II an sich *erheblichen Eigenschaftsirrtum:* Der Käufer irrt sich über eine verkehrswesentliche Eigenschaft der Sache. Ist die Mangelfreiheit ausnahmsweise Erklärungsinhalt, ist mit dem Sachmangel auch zugleich ein Inhaltsirrtum gegeben. Es ist aber nicht möglich, die Regeln über die Irrtumsanfechtung wegen verkehrserheblicher Eigenschaft oder wegen Inhaltsirrtums über einen Sachmangel neben denen über die Sachmängelgewährleistung zur Anwendung zu bringen.

Dazu sind die Rechtsfolgen zu unterschiedlich (siehe unten). Im einzelnen hat sich in der Auseinandersetzung des Schrifttums und der Rechtsprechung folgendes Verhältnis der Irrtumsanfechtung zur Sachmängelhaftung herausgebildet, wobei freilich vieles streitig bleibt.

a) Die Anfechtung des Kaufvertrags gemäß § 119 I *wegen Irrtums in der Erklärungshandlung* und über den *Erklärungsinhalt* ist *neben und anstelle* der §§ 459ff. möglich. Hier handelt es sich um ganz getrennte Tatbestände. Der Sachmangel beim Kauf ist etwas anderes als ein Irrtum in der Erklärungshandlung (Verschweigen, Vergreifen, Sich-Versprechen beim Abschluß des Kaufvertrags) und als der Irrtum über den Erklärungsinhalt (insb. Irrtümer über die *Identität der Personen,* über den *Gegenstand* des Geschäftes, über den rechtlichen *Gehalt* des Geschäftes und über die *Substanz* der Sache.

Auch der Irrtum über eine *erklärte Beschaffenheit* (undeutlich: „Sollbeschaffenheit") ist also ein Inhaltsirrtum, der grundsätzlich zur Anfechtung berechtigt, auch neben der Geltendmachung der Sachmängelgewährleistung (sehr str.). Die Begründung ist oben II 2d gegeben, insb. bei bb.

Hierher gehören also die Fälle des Inhaltsirrtums über Artzugehörigkeit und Individualbeschaffenheit, oben II 2d bb.

Dagegen ist § 119 I ausgeschlossen in zwei Fällen:

aa) Wenn die Mangelfreiheit ausnahmsweise nicht bloß Beweggrund geblieben, sondern Vertragsinhalt geworden ist (selten).

K kauft die bestimmte Sache X „als mangelfreie", erklärt aber durch Hinweisen auf die mangelhafte Sache, sie haben zu wollen. Die Qualitätsabweichung zwischen Geschäftswillen und Erklärung führt zum Inhaltsirrtum. Trotzdem ist § 459 (direkt) anzuwenden, weil es keinen praktischen Unterschied machen darf, ob der Käufer die Mangelfreiheit nur unterstellt oder in seine Erklärung aufnimmt.

bb) Wenn § 459 *analog* gilt, weil Artabweichung und Individualabweichungen ausnahmsweise nicht wie Inhaltsirrtümer, sondern *wie Sachmängel* zu behandeln sind (Ineinanderfließen von Fehler und Artabweichungen, fehlende Kontrollmöglichkeit des Verkäufers bezüglich der Artabweichung).

b) Die Anfechtung gem. § 119 II wegen des Irrtums über eine *verkehrswesentliche Eigenschaft der Person* ist aus dem gleichen Grunde, nämlich weil es sich um einen ganz andersartigen Tatbestand handelt, neben §§ 459 ff. möglich

c) Dagegen ist die Anfechtung gem. § 119 II wegen eines Irrtums über eine verkehrswesentliche Eigenschaft der Kaufsache durch die Sonderregeln der Sachmängelgewährleistung (§§ 459 ff.) ausgeschlossen. Das gilt, weil — wie ausgeführt — bei jedem Sachmangel ein Eigenschaftsirrtum über die Kaufsache, die verkehrserheblich ist, vorliegt. Sonst würde das Gesetz an den Sachmangel nicht die Gewährleistungsansprüche knüpfen. Die Rechtsfolgen der Sachmängelgewährleistung sind aber zu unterschiedlich. So ist z. B. nach § 477 schon nach Ablauf von 6 Monaten die Geltendmachung der Sachmängelgewährleistung ausgeschlossen. Würde man daneben eine Anfechtung nach § 119 II zulassen, wäre die kurze Verjährung des § 477 praktisch ohne Bedeutung. Ein anderes Argument enthält § 460 S. 2. Bei Sachmängeln schadet der Geltendmachung der Gewährleistungsansprüche bereits grobe Fahrlässigkeit; in den §§ 119, 122 schadet grobe Fahrlässigkeit nicht, sondern nur Kenntnis. Ein drittes Argument ergibt sich aus § 122: Nach den §§ 459 ff. braucht der Käufer nicht Schadensersatz zu leisten. Im Gegenteil ist er es, der wegen eines Mangels Ansprüche gegen den Verkäufer geltend macht. Ließe man die Anfechtung nach § 119 II zu, dann müßte der Käufer, obwohl er der durch den Mangel Geschädigte ist, nach § 122 dem Verkäufer das Vertrauensinteresse ersetzen, weil er anficht.

Eine Ausnahme gilt, wenn die Gefahr noch nicht übergegangen ist, die Geltendmachung der Sachmängelgewährleistung aber aus den oben II 4 genannten Gründen (vorherige Entdeckung usw.) vorverlegt wird. Dann gelten §§ 459 ff. und § 119 II wahlweise nebeneinander, BGHZ 34, 32. Ferner bleibt § 119 II selbstverständlich anwendbar, soweit verkehrswesentliche Eigenschaften der Kaufsache geltend gemacht werden, die ihrer Natur nach keine Sachmängel i. S. d. §§ 459 ff. sind, z. B. das *Alter* einer Sache, BGHZ 78, 216.

6. Die Anfechtung wegen arglistiger Täuschung gemäß § 123 ist neben den Sachmängelansprüchen aus den §§ 459 ff. in der Weise möglich, daß der Käufer entweder aus dem Kaufvertrag seine Mängelansprüche geltend machen oder den Kaufvertrag durch Anfechtung nach § 123 beseitigen kann (mit Wirkung ex tunc). Seinen Schaden muß der Käufer in einem solchen Falle nach §§ 823 II, 826 geltend machen. Wenn der Vertrag einmal wirksam angefochten ist, ist die Berufung auf die Kaufrechtsansprüche der §§ 459 ff. nicht mehr möglich.

7. Die Anwendung der Ansprüche aus unerlaubter Handlung (§§ 823 ff) ist neben der Geltendmachung von Sachmängeln aus den §§ 459 ff. möglich. Das folgt aus der allgemeinen Regel des deutschen Rechtes, daß Vertrags- und Deliktsansprüche, auch wenn sie auf dasselbe gehen, nebeneinander geltend gemacht werden können, unten § 102 V 1 a. Jedoch läßt sich das Erfüllungsinteresse nur mit vertraglichen Ansprüchen erzielen, anders zu Unrecht nur BGH NJW 60, 237.

8. Desgleichen können Ansprüche aus ungerechtfertigter Bereicherung nach §§ 812 ff. neben Ansprüchen aus §§ 459 ff. geltend gemacht werden. Auch dies entspricht allgemeinen Regeln, unten § 97 I. Doch dürfte, soweit Vertrag vorliegt, kein „mangelnder Rechtsgrund" gegeben sein.

9. Es ist nach Anerkennung von Ansprüchen wegen Mangels oder Wegfalls der Geschäftsgrundlage streitig geworden, ob diese Ansprüche neben denen aus Sachmängelgewährleistung gemäß §§ 459 ff. geltend gemacht werden können. Es läßt sich nämlich der Satz vertreten, daß bei Lieferung einer mangelhaften Kaufsache für den Käufer die Geschäftsgrundlage des Kaufs wechselt. Die Rechtsbehelfe aus Mangel oder Wegfall der Geschäftsgrundlage sind aber zur Füllung gesetzlicher Lücken aus allgemeinen Grundsätzen entwickelt worden, vgl. dazu oben § 27 III 4e. Da im Falle von Sachmängeln beim Kauf spezielle Regeln durch das Gesetz in den §§ 459 ff. zur Verfügung gestellt werden, ist die Anwendung der Regeln über Mangel oder Wegfall der Geschäftsgrundlage daneben systematisch *nicht* gerechtfertigt. Die §§ 459 ff. verdrängen die allgemeinen Grundsätze als lex specialis.

10. Ansprüche aus culpa in contrahendo sind ausgeschlossen, soweit sich die Verletzung der Aufklärungspflicht auf Eigenschaften der Kaufsache bezieht, deren Fehlen einen Mangel im Sinne der Sachmängelgewährleistungsvorschriften darstellt (vgl. BGH NJW 60, 720, 721). Diese Auffassung ist allerdings sehr umstritten. *Diederichsen* (BB 65, 401 ff.) meint, es bestünde eine Konkurrenz zwischen beiden Rechtsinstituten, da ihr Anknüpfungspunkt ein anderer sei. §§ 459 ff. beträfen die Erfüllung, culpa in contrahendo dagegen das vorvertragliche Verhalten. Jedoch ist das arglistige Verhalten i. S. des § 463 S. 2 gerade ein vorvertragliches Verhalten. Ebenso schlägt das Argument, § 463 spräche nur vom Erfüllungsinteresse und schließe die Geltendmachung eines Vertrauensschadens nicht aus, nicht durch. Vielmehr bestimmt § 463 die Opfergrenze im Bereich der Sachmängelgewährleistung abschließend. Dies würde durch die Zulassung einer Anspruchskonkurrenz mit c. i. c. entwertet. Deshalb bleiben die Regeln über c. i. c. für die fahrlässige Irreführung nur dann anwendbar, wenn sie tatbestandlich nicht mit den §§ 459 ff. konkurrieren. Beispiele: BGH NJW 62, 1197 – Beratung über die Aufstellung eines Sägegatters –; BGH NJW 67, 1805 – unzulängliche Gebrauchsanweisung –.

11. Im Gutachten sind alle im vorigen Abschnitt zusammengestellten Ansprüche zu prüfen, auch ihre Anwendbarkeit auf den Fall hin zu untersuchen und danach durchzuführen. Werden bestimmte Ansprüche und Rechtsbehelfe von der Sachmängelgewährleistung ausgeschlossen, wie z. B. die Anfechtung gemäß § 119 II wegen Irrtums über verkehrswesentliche Eigenschaften einer Sache oder die allgemeinen Regeln über Wegfall oder Mangel der Geschäftsgrundlage, so sind diese von der Sachmängelgewährleistung verdrängten Ansprüche vorweg auszuscheiden. Ebenfalls vor der eigentlichen Prüfung, ob Wandlungs-, Minderungs- oder Schadensersatzrechte gegeben sind, ist zu prüfen, ob etwa noch nicht erfüllt ist (aliud oder einfacher Quantitätsmangel). Dann besteht noch der Erfüllungsanspruch, und Sachmängelhaftung kommt nicht in Frage.

§ 71
Besondere Arten des Kaufs

Georgiades, FS *Larenz*, 1973, 409; *Hahn*, Der Wiederkauf, 1902; *Henrich*, Vorvertrag, Optionsvertrag, Vorrechtsvertrag, 1965; *Karger*, Die Billigung beim Kauf auf Probe, 1913; *Klemm*, Der Kauf auf Wiederkauf, 1925; *Lorenz*, FS *Dölle*, Bd. I, 1963, 103; *Mayer-Maly*, FS *Wieacker*, 1978, 424; *Muskat*, Gruchot 48, 205; *Nipperdey*, ZblHR 1930, 300; *Oertmann*, SeuffBl. 1906, 685; *Pikart*, WM 71, 490; *Schmidt, Hans P.*, Das Vorkaufsrecht, 1934; *Schurig*, Das Vorkaufsrecht im Privatrecht, 1975; *Wickmann*, Die Beweislast beim Kauf auf Probe, 1905.

Einige besondere Arten des Kaufs verdienen Erwähnung, nämlich der Kauf nach Probe (§ 494), der Kauf auf Probe (§§ 495, 496), der Wiederkauf (§§ 497–503), der Vorkauf (§§ 504–514), der Verkauf unter Eigentumsvorbehalt (§ 455) und der Verkauf im Wege der Zwangsvollstreckung (§§ 456–458). Von theoretischem Interesse ist dabei vor allem der Vorkauf, von praktischem der Verkauf unter Eigentumsvorbehalt.

I. Kauf nach Probe

Bei einem Kauf nach Probe oder Muster sind die Eigenschaften der Probe oder des Musters als zugesichert anzusehen, 494. Diese Zusicherung ist von Bedeutung für § 459 II und § 463 S. 1. Ein Kauf nach Probe oder nach Muster liegt auch vor, wenn nach Durchführung eines Kaufgeschäftes der Käufer noch einmal bestellt und der Verkäufer noch einmal die gleiche Lieferung verspricht, „wie gehabt" oder „wie seinerzeit".

Voraussetzung ist aber, daß die Probe oder das Muster zwecks Zusicherung vorgelegt wurde, RGZ 94, 336. Dabei kommt es auf die Umstände des Einzelfalles an, ob ein vor Kaufabschluß ausgehändigtes Muster Beweismittel für die Beschaffenheit der Kaufsache sein soll. Hat der Käufer seine Aufbewahrungspflicht verletzt und bestreitet er die mustergetreue Lieferung, so soll er die Beweislast tragen, BGHZ 6, 224. – Von einer Bestimmung der vertraglichen Leistung durch die Probe kann nicht gesprochen werden, wenn Probe und gelieferte Ware ein aliud sind, BGH MDR 61, 50.

II. Kauf auf Probe

Ein Kauf auf Probe (auf Besicht) ist ein Kauf, dessen Wirksamkeit in das Belieben des Käufers gestellt ist. Der Käufer kann die Ware billigen oder nicht. Die Entscheidung steht in seinem freien Belieben, er unterliegt keiner Pflichtbindung dabei. Der Kauf ist im Zweifel unter der aufschiebenden Bedingung der Billigung geschlossen, 158 I, 495 I 2. Auch eine konkludente Vereinbarung eines Kaufes auf Probe ist möglich. Sie ist dann anzunehmen, wenn der endgültige Entschluß des Käufers nach Treu und Glauben erst nach Besichtigung der Kaufsache, eventuell auch anhand eines Prospekts, erwartet werden kann (z. B. wenn der Kaufgegenstand nur gattungsmäßig bezeichnet ist: „Möbel im Wert von 5000, – "), KG NJW 74, 1954. Der Verkäufer ist verpflichtet, dem Käufer die Untersuchung des Gegenstandes zu gestatten, 495 II. Die Parteien können entgegen § 495 I 2 auch eine auflösende Bedingung vereinbaren. RGZ 94, 287.

Dem Käufer kann der Verkäufer eine Frist für die Billigung setzen. Die Billigung kann dann nur innerhalb dieser Frist erfolgen, 496 S. 1. War die Sache dem Käufer zum Zweck der Probe oder der Besichtigung übergeben, so gilt sein Schweigen als Billigung (qui tacet consentire videtur), 496 S. 2. Es handelt sich um einen der seltenen Fälle, in denen Schweigen als Zustimmung gilt.

Der Kauf auf Probe ist ein „vorläufiger Vertrag". Seine systematische Stellung ist oben § 23 II erläutert.

III. Wiederkauf

1. Es ist möglich, daß sich der Verkäufer in dem Kaufvertrag das Recht vorbehält, die Sache wiederzukaufen. Der Wiederkauf ist ein Unterfall des Kaufs. Beim Wiederkauf behält sich der Verkäufer in dem Kaufvertrag oder in einem späteren Zusatz zum Kaufvertrag das Recht vor, die verkaufte Sache vom Käufer wiederzukaufen. Zu deuten ist der Wiederkauf als aufschiebend bedingter Rückkauf, wobei die Bedingung die Wiederkaufserklärung des Verkäufers ist, vgl. BGHZ 38, 371; BayObLG NJW 78, 167 (anders *Larenz*, II, § 44 II; *Medicus*, II, § 84 II: der Wiederkauf begründet das Gestaltungsrecht des Verkäufers, durch einseitige Willenserklärung einen neuen Kaufvertrag zustandezubringen, kraft dessen er vom Käufer die Rückübereignung des Kaufgegenstandes verlangen kann). Mit der Wiederkaufserklärung, einer einseitigen empfangsbedürftigen Willenserklärung (Gestaltungsrecht) des Verkäufers gegenüber dem Käufer, kommt der Wiederkaufsvertrag zustande. Gleichzeitig wird der ursprüngliche Kaufvertrag aufgelöst, so daß ein Rücktritt von ihm nicht mehr möglich ist, BGHZ 29, 110. Die Vereinbarung des Wiederkaufs bedarf der Form, die für den Kaufvertrag nötig ist, z. B. bei Grundstückswiederkäufen, gem. § 313. Die Wiederkaufserklärung des Verkäufers bedarf dagegen nicht der für den Kaufvertrag bestimmten Form, 497 I 2. Zur systematischen Stellung des Wiederkaufsrechts unter den „vorläufigen Verträgen" oben § 23 II.

Der Wiederkauf wirkt nur obligatorisch, nicht dinglich. Bei Grundstücken ist daher eine Vormerkung (883), bei beweglichen Sachen eine auflösend bedingte Übereignung beim Erstverkauf zu empfehlen.

Im Zweifel gilt der Kaufpreis auch als Wiederkaufpreis, 497 II.

§ 498 behandelt die Haftung des Wiederverkäufers. Er muß nach § 498 I den gekauften Gegenstand nebst Zubehör herausgeben, d. h. zurückübereignen, 929, 873 ff. Wenn der Wiederverkäufer vor Ausübung des Wiederkaufsrechtes die Kaufsache verschlechtert hat, so ist er schadensersatzpflichtig. Denn er muß mit der Ausübung des Wiederkaufsrechtes rechnen, 498 II

§ 71 Veräußerungsverträge
IV

1. Wenn der Gegenstand ohne Verschulden des Wiederverkäufers verschlechtert wurde, was der Wiederverkäufer zu beweisen hat, kann der Wiederkäufer keine Minderung des Kaufpreises verlangen, 498 II 2.

Zwischenverfügungen des Käufers und Wiederverkäufers über den gekauften Gegenstand sind dinglich wirksam. Es gibt auch nicht eine nachträglich eintretende Unwirksamkeit wie in § 161. Gerade deshalb würde sich eine Vormerkung wegen der §§ 883, 888 bei Grundstücken und eine von vornherein auflösend bedingte Übereignung beim Erstverkauf beweglicher Sachen empfehlen. Wird das Wiederverkaufsrecht ausgeübt, so muß der Wiederverkäufer inzwischen begründete Rechte beseitigen, 499 S. 1. Kann er das nicht, ist er schadensersatzpflichtig, 325.

Verwendungen, die den Wert der Kaufsache erhöht haben, muß der Wiederkäufer in Geld ersetzen. Der Wiederverkäufer kann Einrichtungen, mit denen er die herauszugebende Sache versehen hat, wegnehmen, 500.

Nach § 501 haftet der Wiederverkäufer für Verschlechterungen der Kaufsache nicht, wenn die Parteien für den Wiederkauf den Schätzungswert vereinbart haben. Außerdem ist der Wiederkäufer nicht zum Verwendungsersatz verpflichtet. Dies ist eine gefährliche Klausel, an die bei der Vereinbarung eines Wiederkaufsrechtes zum Schätzwert gedacht werden sollte. Sehr häufig werden die Parteien mit der Vereinbarung des Schätzwertes nicht vereinbaren wollen, daß der Wiederverkäufer sich von jeder Haftung freizeichnen kann. Die Vereinbarung des Schätzwertes hat nun einmal nach verbreiteter Parteivorstellung nicht die Bedeutung der Einsetzung auf den Überrest, vgl. § 2137.

2. Eine Ergänzung zu §§ 420ff. enthält § 502: Steht das Wiederkaufsrecht mehreren gemeinschaftlich zu, so kann es nur im ganzen ausgeübt werden. Es gilt notwendige Streitgenossenschaft. Ist es für einen der Berechtigten erloschen oder übt einer von ihnen sein Recht nicht aus, so sind die übrigen berechtigt, das Wiederverkaufsrecht im ganzen auszuüben.

Nach § 503 kann ein Wiederkaufsrecht bei Grundstücken nur bis zum Ablauf von 30 Jahren, bei anderen Gegenständen nur bis zum Ablauf von 3 Jahren nach der Vereinbarung des Vorbehalts ausgeübt werden. Ist eine Sachenmehrheit verkauft, in der sich zu einem nicht unbeträchtlichen Teil Grundstücke befinden, z. B. ein Unternehmen, ein Landgut, so ist zugunsten der 30jährigen Frist zu entscheiden. Zweckmäßig ist stets, eine besondere Frist zu vereinbaren. Sie tritt an die Stelle der gesetzlichen, 503 S. 2.

Verwandt mit Vorkaufs- und Wiederkaufsrecht und im BGB nicht geregelt ist das *Ankaufsrecht*. Es wurde von der Notariatspraxis entwickelt. Siehe dazu oben § 23 II.

IV. Das Vorkaufsrecht

Das Vorkaufsrecht ist an zwei Stellen im BGB geregelt. Die §§ 504–514 betreffen das *obligatorische* Vorkaufsrecht, die §§ 1094–1104 das *dingliche* Vorkaufsrecht. Neben dem rechtsgeschäftlich begründeten Vorkaufsrecht gibt es noch gesetzliche Vorkaufsrechte wie § 24 BBauG; § 17 StädtebauFördG und § 4 III Reichssiedlungsgesetz (vgl. dazu BGHZ 32, 225, 375, 383; 34, 200, 205; 36, 155; 29, 113; 53, 52) und das Vorkaufsrecht der Miterben, 2034 (vgl. dazu BGHZ 15, 102, 104; und *Schurig,* Das Vorkaufsrecht im Privatrecht, 1975).

1. Das Wesen des obligatorischen Vorkaufsrechtes ist ein *doppelt bedingter* Verkauf an den Vorkaufsberechtigten[1]). Die *erste Bedingung,* die eintreten muß, damit der Vorkaufsberechtigte sein Vorkaufsrecht ausüben kann, ist, daß der Vorkaufsverpflichtete die Sache an einen Dritten verkauft. Voraussetzung ist aber, daß dieser Vertrag gültig ist. Bedarf ein Grundstücksverkauf einer behördlichen Genehmigung, so kann das Vorkaufsrecht wirksam erst nach deren Erteilung ausgeübt werden, BGHZ 14, 1; vgl. auch BGHZ 23, 342, 348. Der Kaufvertrag kann bis dahin auch gegenüber dem Vorkaufsberechtigten rechtswirksam wieder aufgehoben werden, BGH a. a. O. Leidet der Erstvertrag an einem Formmangel (wichtig bei Scheingeschäften bezüglich des Preises), so wird dieser nicht durch die Eintragung des Vorkaufsberechtigten geheilt. Jedoch kann die Mitteilung des Inhalts des abgeschlossenen Kaufvertrages im Einzelfall auch als Angebot auf Abschluß eines neuen Kaufvertrages mit dem Vorkaufsberechtigten ausgelegt werden, vgl. RGZ 170, 208, 213 f., a. A. BGHZ 14, 1, 6.

Genauer Prüfung bedarf die Frage, wer „Dritter" ist. Schwierigkeiten entstehen bei Erwerb des verkauften Gegenstandes oder Anteils durch Mitberechtigte. Es handelt sich um folgende Fälle:

a) Besteht an der ganzen Sache ein Vorkaufsrecht und erwirbt ein Mitberechtigter die Sache durch Kauf von der Gemeinschaft, so ist dieser infolge seiner vorherigen Mitberechtigung nicht Dritter i. S. des § 504 (BGHZ 13, 133, 139).

b) Besteht nur an einem Anteil ein Vorkaufsrecht und erwirbt ein anderer Mitberechtigter, dessen Anteil *nicht* dem Vorkaufsrecht unterliegt, das ganze Grundstück, so ist dieser formal betrachtet zwar Dritter. Jedoch widerspricht es dem Zweck der Vorschriften über die Aufhebung von Gemeinschaften, wenn man nunmehr die Ausübung des Vorkaufsrechts zuläßt, da damit der erwerbende Miteigentümer erneut in eine Bruchteilsgemeinschaft gezwungen wird (BGH NJW 67, 1607).

c) Besteht nur an einem Anteil ein Vorkaufsrecht eines Mitberechtigten und erwirbt ein anderer Mitberechtigter diesen Anteil, so ist dieser Dritter im Sinne des Gesetzes (BGHZ 13, 133, 140).

2. Mit dem Verkauf an den Dritten tritt die Lage ein, die der Vorkaufsberechtigte bei der Vereinbarung seines Vorkaufsrechts im Auge gehabt hat. Er kann jetzt mit seinem Vorkaufsrecht dem Dritten zuvorkommen und die Sache an sich ziehen. Die *zweite Bedingung* ist daher die Ausübung des Vorkaufsrechts (Option, dazu oben § 23 II).

---

[1]) So die h. M. in der Rechtsprechung, vgl. *Staud./Mayer-Maly,* § 504 Rz 26 m. N.; anders dagegen *Larenz,* II, § 44 III; *Medicus,* II, § 83 I 1 und wohl auch BGH JR 77, 241: mit der Einräumung des Vorkaufsrechts erhält der Vorkaufsberechtigte das Gestaltungsrecht, durch seine Willenserklärung einen Kaufvertrag zustandezubringen, vgl. auch oben III 1.

3. Treten *beide* Bedingungen ein, so kommt der Kaufvertrag zwischen dem Vorkaufsverpflichteten und dem Vorkaufsberechtigten grundsätzlich mit dem Inhalt zustande, mit dem der Vorkaufsverpflichtete den Kaufvertrag mit dem Dritten abgeschlossen hat. Ein *dingliches* Vorkaufsrecht zu einem vorbestimmten Preis ist wegen des numerus clausus der Sachenrechte (hier §§ 1094, 1098) unzulässig. Daher ist das Ankaufsrecht (oben § 23 II) in diesen Fällen beliebter, vgl. *Soergel/Siebert,* § 1198 Rz. 2. Mit der Ausübung des Vorkaufsrechts kommt der Kauf zwischen dem Vorkaufsberechtigten und dem -verpflichteten unter den Bestimmungen und mit dem Inhalt zustande, welchen der Verpflichtete mit dem Dritten vereinbart hat, 505 II. Gegebenenfalls muß sinngemäß angepaßt werden, BGH NJW 83, 682 (Fälligkeit vor Ausübung des Vorkaufsrechts). § 505 II ist aber dispositiv. Der Vorkaufsberechtigte und der Vorkaufsverpflichtete können abweichende Vereinbarungen treffen, RGZ 170, 208, 214.

Beispiel: Der Gutsbesitzer Ritter vereinbart mit seinem Nachbarn, wenn der Nachbar eine bestimmte Wiese verkaufe, solle er, Ritter, das Recht haben, in den Kaufvertrag „einzusteigen". In einem solchen Falle handelt es sich um einen doppelt bedingten Kaufvertrag über ein Grundstück, welcher der Form des § 313 bedarf, vgl. RGZ 148, 108.

4. Das Vorkaufsrecht kann ausgeübt werden, sobald der Vorkaufsverpflichtete mit einem Dritten einen Kaufvertrag[2]) über den Gegenstand geschlossen hat (504), es sei denn, der Vorkaufsberechtigte hat sich verpflichtet, von seinem Recht keinen Gebrauch zu machen, BGHZ 37, 147. Es kann auch dann noch ausgeübt werden, wenn der Dritte aufgrund eines vertraglichen Vorbehalts vom Kaufvertrag zurücktritt, bevor das Vorkaufsrecht ausgeübt worden ist. Denn mit dem Eintritt der Doppelbedingung läßt sich das Vorkaufsrecht nicht mehr beseitigen, BGHZ 67, 395. Anders liegt es, wenn der Vorkaufsverpflichtete vor oder nach Ausübung des Vorkaufsrechts zurücktritt, etwa *weil* es ausgeübt wird. Hier wirkt der Rücktritt auch gegenüber dem Vorkaufsberechtigten, weil die Kaufsache beim Vorkaufsverpflichteten verbleibt und das Vorkaufsrecht fortbesteht (zutr. *MünchKomm/H. P. Westermann* § 504 Rn. 16; a. A. *Erman/Weitnauer* Rn. 7). Doch verdienen Umgehungsversuche keinen Schutz, *H. P. Westermann* a. a. O. Rn. 17.

5. Da durch die Ausübung des Vorkaufsrechts die Gültigkeit des mit dem Dritten geschlossenen Kaufvertrags nicht berührt wird, muß der Vorkaufsverpflichtete dafür sorgen, daß er nicht doppelt verpflichtet wird und Schadensersatzansprüchen des Dritten ausgesetzt ist. Er sollte deshalb seine Verpflichtung zur Erfüllung dem Dritten gegenüber davon abhängig machen, daß das Vorkaufsrecht nicht ausgeübt wird. Er kann das durch Vereinbarung eines Rücktrittsrechts, vgl. § 506, oder durch Abschluß des Kaufvertrags unter der Bedingung, vgl. § 158, daß das Vorkaufsrecht nicht ausgeübt wird.

6. Das Vorkaufsrecht ist, wie das Wiederkaufsrecht ein Gestaltungsrecht. Es wird ausgeübt durch eine einseitige empfangsbedürftige Willenserklärung des Berechtigten.

---

[2]) Kein Vorkaufsrecht z. B. bei gemischter Schenkung, vgl. RGZ 101, 99 = ESJ 73.

Auch die Ausübung des gemeindlichen Vorkaufrechts gem. § 24 BBauG ist privatrechtliche Willenserklärung und nicht etwa Verwaltungsakt, BGH NJW 73, 1278. Die Vereinbarung des Vorkaufsrechts bedarf der für den Kaufvertrag erforderlichen Form; die Erklärung selbst bedarf dieser Form nicht, 505 I.

7. Zur Sicherung des Vorkaufsberechtigten bestimmt § 506, daß eine Vereinbarung des Verpflichteten mit dem Dritten, durch welche der Kauf von der Nichtausübung des Vorkaufsrechts abhängig gemacht oder dem Verpflichteten für den Fall der Ausübung des Vorkaufsrechts der Rücktritt vorbehalten wird, dem Vorkaufsberechtigten gegenüber unwirksam ist. Es handelt sich um eine relative Unwirksamkeit, ähnlich der in § 135 bestimmten. So auch *Weimar*, JR 67, 456. Zu einem anderen Ergebnis kommt *Beer*, Die relative Unwirksamkeit, 1975, der den Begriff der relativen Unwirksamkeit nur bei Verfügungen und verfügungsähnlichen Geschäften anwendet, da er darin ein dem dinglichen Recht ähnliches Recht des jeweils begünstigten sieht, mit dem das Recht des Dritterwerbers belastet sei. Bei Verpflichtungen hingegen nimmt er eine Neubestimmung des Leistungsinhalts an (a. a. O. S. 129).

8. Als Einschränkung zu dem Grundsatz, daß die Vereinbarung mit dem Dritten über den Inhalt des Vertrags mit dem Vorkaufsberechtigten entscheidet, bestimmt § 507 die Bewertung von Nebenleistungen in Geld, § 508 die verhältnismäßige Teilung eines Gesamtpreises und § 509 Beschränkungen einer Stundung zu Lasten des Vorkaufsberechtigten.

9. Der Vorkaufsverpflichtete hat dem Vorkaufsberechtigen den Inhalt des mit dem Dritten geschlossenen Vertrags unverzüglich mitzuteilen. Das Vorkaufsrecht kann bei Grundstücken nur bis zum Ablauf von 2 Monaten, bei anderen Gegenständen nur bis zum Ablauf einer Woche ausgeübt werden. Die Frist beginnt mit dem Empfang der Mitteilung. Die Frist beginnt nur zu laufen, wenn der Vorkaufsberechtigte umfassend und wahrheitsgemäß unterrichtet wird, auch z. B. über nachträgliche Vertragsänderungen, BGH NJW 73, 1365. Die Fristen können vertraglich geändert werden, 510. Verletzung der Pflicht macht schadensersatzpflichtig.

10. Das Vorkaufsrecht erstreckt sich auf den nächsten Verkaufsfall. Da es nur den Besteller verpflichtet, erstreckt es sich nicht auf spätere Verkaufsfälle, vgl. aber § 1097 für das dingliche Vorkaufsrecht. Dieses kann entweder als persönliches oder subjektiv dingliches Vorkaufsrecht bestellt werden; zur Abgrenzung vgl. BGHZ 37, 147 (Vorkaufsrecht für Berechtigte und Rechtsnachfolger). Wird das dingliche Vorkaufsrecht ausgeübt, führt es aber wegen schlechteren Rangs gegenüber einem weiteren dinglichen Vorkaufsrecht nicht zum endgültigen Eigentumsübergang, so kann das Recht bei einem späteren Verkauf erneut ausgeübt werden, BGHZ 35, 146.

Ein Verkauf an einen gesetzlichen Erben mit Rücksicht auf ein künftiges Erbrecht gilt im Zweifel nicht als Verkaufsfall, 511. Der Erbe bleibt mit dem Vorkaufsrecht belastet. Das Vorkaufsrecht ist ausgeschlossen, wenn der Verkauf im Weg der Zwangsvollstreckung oder durch den Konkursverwalter erfolgt, 512. Hier erlischt das Vorkaufsrecht, ohne daß der Vorkaufsberechtigte einen Schadensersatzanspruch hat. Das ist tragbar, weil, jedenfalls in der Regel, der Vorkaufsberechtigte die Möglichkeit haben dürfte, den Gegenstand aus der Zwangsvollstreckung oder aus der Verwertung durch den Konkursverwalter zu erwerben.

11. Steht das Vorkaufsrecht mehreren gemeinschaftlich zu, so gilt das gleiche wie beim Wiederkaufsrecht, vgl. §§ 502, 513, BGH NJW 82, 330. Das Vorkaufsrecht ist im Zweifel höchstpersönlich; es ist nicht übertragbar und geht nicht auf die Erben des Be-

rechtigten über. Dies kann aber von den Parteien anders bestimmt werden. Ist das Vorkaufsrecht auf eine bestimmte Zeit befristet, so ist es im Zweifel vererblich, 514.

V. Verkauf unter Eigentumsvorbehalt

Asch, AcP 140, 183; *Beuthien,* BB 71, 375; *Blomeyer,* AcP 162, 193; *Bunte,* JA 82, 321; *Derleder,* ZHR 139, 20; *Dilcher,*JuS 79, 331; *Esser,* JZ 68, 281; *Flume,* AcP 161, 385; *Franke,* JuS 78, 373; *Georgiades,* Die Eigentumsanwartschaft beim Vorbehaltskauf, 1963; *Gernhuber,* FS Baur, 1981, 31; *Grunsky,* JuS 84, 498; *Gudian,* NJW 67, 1786; *Haegele,* Eigentumsvorbehalt und Sicherungsübereignung, 1951; *Honsell, H.,* JuS 81, 705; *Hübner, U.,* NJW 80, 729; *Jacusiel,* Der Eigentumsvorbehalt, 1932; *Graf Lambsdorff,* Handbuch des Eigentumsvorbehalts im deutschen und ausländischen Recht, 1974; *Graf Lambsdorff/Hübner, U.,* Eigentumsvorbehalt und AGB-Gesetz, 1982; *Lange, Hermann,* JuS 71, 511; *Lempenau,* Direkterwerb oder Durchgangserwerb bei Übertragung künftiger Rechte, 1968; *Letzgus,* Die Anwartschaft des Käufers unter Eigentumsvorbehalt, 1938; *de Lousanoff,* NJW 82, 1727; *Muscheler,* NJW 81, 657; *Peters, F.,* JZ 80, 178; *Pieper,* FS OLG Zweibrücken 1968, 231; *Raiser, L.,* Dingliche Anwartschaften, 1961; *Ringel,* Der Eigentumsvorbehalt im europäischen Kaufrecht, 1953; *Rühl,* Eigentumsvorbehalt und Abzahlungsgeschäft, 1930; *Schlechtriem,* in: Zum Deutschen und Internationalen Schuldrecht, 1983, 1; *Schulte,* BB 77, 269; *Serick,* Eigentumsvorbehalt und Sicherungsübertragung, BD. I 1963; Bd. IV, 1976; Bd. V, 1982; *ders.,* AcP 166, 129, 276; *ders.,* BB 78, 1477; *Serick/Mezger/Riesenfeld,* Kollisionen zwischen der dinglichen Sicherung von Lieferantenkredit und Bankkredit, 1964; *Stulz,* Der Eigentumsvorbehalt im in- und ausländischen Recht, 1931; *Thamm,* Der Eigentumsvorbehalt im deutschen Recht, 4. Aufl. 1977; *ders.,* BB 78, 20; *Tiedtke,* DB 80, 1477; *Ulmer,P./Schmidt, H.,* JuS 84, 18.

Der praktisch außerordentlich wichtige Kauf und Verkauf unter Eigentumsvorbehalt ist im Gesetz leider nur in einem einzigen Paragraphen geregelt, nämlich im § 455. Ergänzend gehört in diesen Zusammenhang das unten zu besprechende Gesetz über Abzahlungsgeschäfte vom 16. 5. 1894, RGBl. S. 450. § 455 bestimmt, daß bei dem Verkauf einer Sache unter Eigentumsvorbehalt zwar der Kauf unbedingt erfolgt, die Übertragung des Eigentums aber unter der aufschiebenden Bedingung vollständiger Zahlung geschieht. Ferner ist der Verkäufer nach § 455 zum Rücktritt vom Vertrag berechtigt, wenn der Käufer mit der Zahlung in Verzug kommt. Auch § 326 bleibt daneben anwendbar. Es bedarf aber erst des Rücktritts nach § 455 oder § 326, ehe der Verkäufer nach § 985 Herausgabe der Sache verlangen kann, 986 (BGHZ 54, 214). Ist die Kaufpreisforderung verjährt, steht dies dem Rücktritt regelmäßig im Wege, doch ergibt sich dann der Wegfall der Einwendung des § 986 aus § 223 analog, BGHZ 70, 96, vgl. dazu *Dilcher,* JuS 79, 331; *Tiedtke,* DB 80,1477.

1. Begriff und Bedeutung

Das Wesen des Kaufs unter Eigentumsvorbehalt ist ein unbedingter Kauf, verbunden mit einer bedingten Übereignung. Gerade hier bewährt sich das Abstraktionsprinzip des BGB. Der Eigentumsvorbehalt ist wirtschaftlich

Besondere Arten des Kaufs § 71
V 2

eines der wichtigsten *Sicherungsmittel* des vorleistenden Verkäufers, vgl. BGHZ 10, 17; 70, 101. Der Käufer braucht die Sache, die er kaufen will, nicht oder noch nicht ganz zu bezahlen. Andererseits braucht der Verkäufer den Käufer als Kunden nicht abzuweisen. Hier liegt es nahe, daß der Verkäufer die Sache schon zur Nutzung übergibt, die Eigentumsübertragung aber zurückhält, bis er wegen des Kaufpreises voll befriedigt ist. Der Eigentumsvorbehalt ist also ein Sicherungsmittel für den gestundeten Kaufpreis. Als solches tritt er neben andere Sicherungsmittel, wie Bürgschaft, Pfandrecht, Sicherungsübereignung, Hypothek und Grundschuld, BGHZ 70, 90 (98 ff.).[3]

Der Verkäufer kann die Verwertung seines Eigentums durch die Gläubiger des Vorbehaltskäufers in der Zwangsvollstreckung und im Konkurs abwehren, 771 ZPO, 43 KO, dazu BGH NJW 53, 217. Wenn der Käufer seine Vertragspflichten nicht erfüllt, kann der Verkäufer die Sache wieder an sich ziehen und verwerten.

Da andererseits der Übereignungstatbestand gem. § 929 bereits erfüllt ist, nur der Eigentumsübergang unter der aufschiebenden Bedingung der vollständigen Zahlung des Kaufpreises steht, 455, erhält auch der Käufer gem. §§ 158 ff., 929 ff. eine gesicherte Rechtsposition: Nach § 160 I hat der Verkäufer Schadensersatz zu leisten, wenn er das von der Bedingung abhängige Recht vereitelt oder beeinträchtigt, vor allem aber sind Verfügungen des Verkäufers oder seiner Gläubiger in der Einzelzwangsvollstreckung bzw. im Konkurs unwirksam, 161 I 1 u. 2. Schließlich hat der Vorbehaltskäufer noch die Besitzschutzansprüche, 858 ff.; außerdem wird sein Recht nach §§ 823, 985 ff., 1004 geschützt.

2. Vereinbarung

Erforderlich ist, daß die Parteien den Eigentumsvorbehalt, wenn er obligatorisch zwischen ihnen gelten soll, im Kaufvertrag selbst vereinbaren. Danach ist die Einführung der obligatorischen Geltung nur durch Abänderungsvertrag, insb. durch einen Erfüllungsaufhebungsvertrag möglich, vgl. *L. Raiser*, NJW 53, 217 = ESJ 74. Anderenfalls kann in der Übergabe zugleich auch die unbedingte dingliche Einigung erblickt werden. Vielfach ist aber die Vereinbarung eines Eigentumsvorbehalts heute handelsüblich geworden.[4] In Geschäftszweigen, in denen anzunehmen ist, daß der Verkäufer bis zur vollständigen Bezahlung des Preises mit der unbedingten Eigentumsübertragung zurückhalten wird, kommt daher, wenn sich der Käufer bei der Übergabe „unbedingt" einigen will, wegen Dissenses keine Einigung zustande. Zu empfehlen ist daher die Vereinbarung des Eigentumsvorbehalts zugleich mit dem

---

[3] Anders dagegen *Jauernig*, § 929 Anm. 6 A a: der Eigentumsvorbehalt sichert unmittelbar nur das Eigentum an der Kaufsache, auf die Erfüllung des Kaufpreises wirkt er nur mittelbar hin; vgl. auch *Serick*, a. a. O., Bd. V, S. 682.
[4] Zumeist wird der Eigentumsvorbehalt in AGB oder Formularverträgen ausbedungen, vgl. dazu und zur Wirksamkeit der entsprechenden Klauseln *Graf Lambsdorff/Hübner, U.*, Eigentumsvorbehalt und AGB-Gesetz, 1982.

Kauf. Der Aufdruck auf Geschäftspapieren oder gar erst auf der Rechnung bewirkt als solcher den Eigentumsvorbehalt nicht. Ein *einseitiger* Vorbehalt wirkt aber dinglich, d. h. das Eigentum geht mangels Einigung nicht auf den Käufer über, selbst wenn er erst bei Übergabe erklärt wird, BGH NJW 53, 277; *Larenz*, II 43 II a. Dann aber liegt eine Vertragsverletzung des Verkäufers vor. Der Käufer hat weiterhin den Anspruch auf unbedingte Übereignung. Um eine dingliche Wirkung erzeugen zu können, muß der einseitige, „vertragswidrige" Eigentumsvorbehalt dem Empfänger gegenüber deutlich erklärt werden, BGH NJW 82, 1749, wobei an die Klarheit einer solchen Erklärung ein strenger Maßstab anzulegen ist, BGH NJW 75, 1699. Bei jahrelanger Geschäftsverbindung ist nachträgliche einseitige Einfügung denkbar, BGH NJW 82, 1751.[5])

Gegenüber den anderen dinglichen Sicherungsrechten weist der Eigentumsvorbehalt eine Besonderheit auf: die Akzessorietät zum schuldrechtlichen Geschäft. Fällt der Kaufvertrag weg, so fällt auch die aufschiebend bedingte Übereignung in sich zusammen. Die Bedingung kann nach Wegfall des Kaufvertrages nicht mehr eintreten.

3. Schuld- und sachenrechtliche Seite

Beim Eigentumsvorbehalt sind im einzelnen die schuldrechtliche und die sachenrechtliche Seite auseinanderzuhalten:

a) Schuldrechtliche Probleme:

aa) Ist der Eigentumsvorbehalt bereits im Kaufvertrag vereinbart, so stellt sich die Frage: Hat der Vorbehaltsverkäufer bereits erfüllt, wenn er die Sache übergeben und aufschiebend bedingt übereignet hat oder erst dann, wenn der Käufer volles Eigentum an der verkauften Sache erwirbt (siehe z. B. NJW 60, 157 = ESJ 75)? Nimmt man Erfüllung erst bei Volleigentumserwerb des Käufers an, so bleibt vor allem § 17 KO anwendbar. Im Konkurs des Vorbehalts*verkäufers* könnte der Konkursverwalter durch Ablehnung der Vertragserfüllung das Anwartschaftsrecht des Vorbehaltskäufers vernichten (s. o. 2 a. E.). Die Korrektur dieses unerwünschten Ergebnisses erfolgt nach h. L. über § 161 I analog oder § 242 (RGZ 140, 156, 162; BGH NJW 62, 2296; vgl. *F. Baur*, Sachenrecht, § 59 III 1). Im Konkurs des Vorbehalts*käufers* könnte der Konkursverwalter Erfüllung wählen, der Restkaufpreis wäre dann als Masseschuld (§ 59 Nr. 2 KO) geschuldet; würde er die Erfüllung ablehnen, so könnte der Verkäufer als Eigentümer aussondern, 43 KO.

Nimmt man dagegen Erfüllung schon mit Übergabe und aufschiebend bedingter Übereignung an, so entfällt das Wahlrecht nach § 17 KO. Dieser Auffassung ist zuzustimmen. Im Konkurs des Vorbehalts*verkäufers* ist der Käufer gesichert, ohne daß es eines Rückgriffs auf die §§ 161 I oder 242 bedürfte. Wenn er den Restkaufpreis in die Masse bezahlt, wird er Volleigentümer.

---

[5]) Zu den besonderen Problemen des nachträglichen, einseitigen Eigentumsvorbehalts vgl. jetzt *Ulmer, P./Schmidt, H.*, JuS 84, 18 ff. m. w. N.

Fällt dagegen der Vorbehaltskäufer in Konkurs, so wird die Rechtsstellung des Verkäufers dadurch, daß bereits erfüllt ist, nicht verschlechtert: er kann Bezahlung des Restkaufpreises verlangen oder aussondern.

Zu beachten ist, daß mit Erfüllung durch Übergabe und bedingte Übereignung noch nicht alle Verkäuferpflichten erloschen sind: Der Verkäufer hat weiterhin die Pflicht, alles zu unterlassen, was den Eintritt der Bedingung verhindert (§ 160). Dies ist Hauptleistungspflicht. *Erst mit Eintritt der Bedingung hat der Verkäufer daher nach § 362 vollständig erfüllt.*

bb) Dieser „Erstreckung" der schuldrechtlichen Hauptpflichten bis zum Bedingunseintritt entspricht auch die Haftung für Rechtsmängel. Während der Schwebezeit noch vorhandene Rechtsmängel verpflichten nur dann zum Schadensersatz, wenn sie gegen den Vorbehaltsverkäufer geltend gemacht werden können. Spätestens mit Bedingungseintritt müssen die Rechtsmängel aber beseitigt sein, vgl. BGH JZ 61, 697 = ESJ 76 (a. A. *Wiethölter* Anm. dazu JZ 61, 693).

cc) § 454 ist nicht anwendbar, weil der Verkäufer ebenfalls noch nicht vollständig erfüllt hat. § 455 läßt deshalb den Rücktritt vom Kaufvertrag zu, ohne daß die Voraussetzungen des § 326 vorliegen müssen. Daneben kann der Verkäufer aber auch nach § 326 Schadensersatz wegen Nichterfüllung verlangen. Der Schaden berechnet sich wie folgt: Vom Kaufpreis ist der Wert der verkauften Sachen abzuziehen, die der Verkäufer aufgrund seines Eigentums gem. § 985 wieder an sich nehmen und anderweitig verwerten kann, RGZ 144, 62 = ESJ 77. Nur im Falle der Anwendbarkeit des Abzahlungsgesetzes (§ 5 AbzG, dazu unten 5) stellt das Herausgabeverlangen einen Rücktritt dar; die Geltendmachung eines Schadensersatzanspruchs ist dann nicht mehr möglich.

dd) Mit der Übergabe treten die Rechtsfolgen des § 446 ein.

b) Sachenrechtliche Probleme:

Der Vorbehaltsverkäufer ist bis zum Eintritt der Bedingung Eigentümer und mittelbarer Besitzer der Kaufsache. Im Zwangsvollstreckungs- und Konkursfall ist er daher gem. §§ 771 ZPO, 43 KO gesichert, vgl. *Grunsky,* JuS 84, 498. Andererseits hat aber auch der Vorbehaltskäufer gem. §§ 160, 161 eine gesicherte Rechtsposition. Rechtsprechung und Lehre haben diese Rechtsposition als dingliches Recht, als „Vorstufe zum Eigentum" (sog. *Anwartschaftsrecht*) anerkannt und lassen daher eine selbständige Übertragung, Pfändung und eigenen Delikts- und quasinegatorischen Schutz zu. Es handelt sich um typisches „Richterrecht", geboren aus dem Sicherungsbedürfnis des Kreditverkehrs, das nur schwache Anhaltspunkte im Gesetz hat, denn die §§ 160–162 regeln nur das Verhältnis der Vertragsparteien untereinander; die für dingliche Rechte typische „Drittwirkung" ist in § 161 nur schwach ausgeprägt. Zum Wesen des Anwartschaftsrechts vgl. BGHZ 35, 85, 94.

aa) Übertragung des Anwartschaftsrechts:

Schon lange hat die Rechtsprechung die selbständige Übertragbarkeit des Anwartschaftsrechtes gem. §§ 929 ff. anerkannt, jedoch hat erst der BGH den konsequenten Schritt zur Anerkennung als selbständiges Recht vollzogen: Das RG vertrat noch die Auffassung, der Erwerber des Anwartschaftsrechtes erwerbe bei Bedingungseintritt mittelbar, nachdem der Eigentumserwerb zuvor eine „logische Sekunde" beim Veräußerer des Anwartschaftsrechtes eintrat (sog. Durchgangserwerb, RGZ 140, 223), sofern nicht der Eigentümer vorher zugestimmt hat. Es wandte also im Ergebnis § 185 II analog an. Der BGH (BGHZ 20, 88) dagegen nimmt unmittelbaren Eigentumserwerb („Direkterwerb") beim Erwerber des Anwartschaftsrechtes an. Dies ist vor allem dann von Bedeutung, wenn die Sache beim Vorbehaltskäufer gepfändet wird, dieser aber sein Anwartschaftsrecht an einen Dritten zur Sicherheit übertragen hat. Tritt die Bedingung ein, so erwirbt der Vorbehaltskäufer nach Ansicht des RG für eine logische Sekunde Eigentum, die Pfändung wird damit wirksam, der Dritte erwirbt ein mit einem Pfändungspfandrecht belastetes Eigentum. Nach der Lehre des BGH fällt die Pfändung dagegen ins Leere. Dem Dritten soll nach dieser Ansicht bei Bedingungseintritt die Widerspruchsklage nach § 771 ZPO zustehen (BGHZ 20, 88). Im Einzelfall ist deshalb genau zu prüfen, ob das Anwartschaftsrecht übertragen wurde oder ob der Vorbehaltskäufer als Nichtberechtigter über die Sache verfügt hat. Bei Verfügung über die *Sache* findet Durchgangserwerb statt, sofern nicht §§ 932 ff. eingreifen, was i. d. R. bei einer Sicherungsübereignung wegen § 933 der Fall ist. Jedoch ist eine gem. § 933 unwirksame Übertragung des Volleigentums in eine Übertragung des Anwartschaftsrechtes *umzudeuten*, 157, 140 (BGHZ 20, 88, 101 = ESJ 79: Auslegung BGH LM Nr. 11 a zu § 929; wie hier h. M., z. B. *Baur*, Sachenrecht § 52 II 3 c). Bei Verfügung über das *Anwartschaftsrecht* sind drei Fälle zu unterscheiden:

(1) Überträgt der Anwartschaftsinhaber, der noch nicht Eigentümer ist, sein Anwartschaftsrecht, so wird dieses nach §§ 929 ff. erworben. Der Eigentumsvorbehalt kann dann nicht mehr auf zusätzliche Forderungen des Verkäufers erweitert werden, BGHZ 75, 221.

(2) Ein Nichteigentümer *bestellt* an der Sache für einen Käufer, der ihn gutgläubig für den Eigentümer hält, ein Anwartschaftsrecht. Der Käufer erwirbt gem. §§ 932 ff. ein Anwartschaftsrecht, mit Bedingungseintritt Volleigentum. Dabei genügt Gutgläubigkeit im Zeitpunkt der Übergabe (BGHZ 10, 69, 72 = ESJ 80; 30, 374, 377).

(3) Jemand, der nicht Eigentümer und nicht Anwartschaftsberechtigter ist, *überträgt* ein Anwartschaftsrecht. Ein gutgläubiger Erwerb ist nur möglich, wenn das Anwartschaftsrecht wirklich besteht, also einem Dritten zusteht, und die causa, aufgrund deren es bestellt ist, noch Bestand hat (vgl. *Baur*, Sachenrecht, § 59 V 3 b).

bb) Pfändung des Anwartschaftsrechts: Bei der Pfändung hat der BGH seine Auffassung vom Anwartschaftsrecht als selbständigem dinglichen Recht noch nicht konsequent zu Ende geführt. Er verlangt eine Sach- (gem. § 808 ZPO) und Rechtspfändung (gem. § 857 ZPO), sog. Doppelpfändung, BGH NJW 54, 1325. Die Sachpfändung reicht nicht aus, weil sie bei Veräußerung des Anwartschaftsrechts an einen Dritten ins Leere fällt. Der Vorbehaltskäufer erwirbt in diesem Fall nie Eigentum. Andererseits soll nach dem BGH die Rechtspfändung nicht ausreichen, weil sie sich nach dem Eigentumserwerb nicht an der Sache fortsetzt. Hier hätte der BGH aber, ausgehend von seiner grundsätzlichen Qualifizierung des Anwartschaftsrechts als „Vorstufe zum Eigentum", in Analogie zu den §§ 1287 BGB; 8, 47, 848 II 2 ZPO die Rechtspfändung genügen lassen müssen (ebenso wie er in BGH NJW 65, 1475 zu Recht ein *gesetzliches* Pfandrecht an der Anwartschaft anerkannt hat). Der Pfändungsgläubiger kann den Eintritt der Bedingung durch Zahlung des Restkaufpreises gem. § 267 herbeiführen. Der Widerspruch des Schuldners gem. § 267 II ist nicht möglich, da dem Schuldner aufgrund der Pfändung dieses Recht nicht mehr zusteht. Der Gläubiger = Vorbehaltsverkäufer kommt bei Nichtannahme der Leistung in Annahmeverzug. § 162 ist analog anzuwenden.

cc) Recht zum Besitz:

Eine weitere Inkonsequenz zeigt die Rspr. bei der Frage, ob das Anwartschaftsrecht ein selbständiges Recht zum Besitz gibt oder ob das Recht zum Besitz nur aus dem zugrundeliegenden Schuldverhältnis folgt (433), so BGHZ 10, 69, 72 (ESJ 80). Wichtig wird dies vor allem bei der Verfügung eines Nichtberechtigten, da dann kein schuldrechtliches Band zwischen dem Erwerber und dem Eigentümer i. S. des § 986 besteht. Der BGH behilft sich in diesem Fall mit der exceptio doli. Da der Eigentümer nach Eintritt der Bedingung sein Eigentum verliert und die Sache wieder an den Erwerber herausgeben müßte, verstößt er gegen Treu und Glauben, wenn er vor Eintritt der Bedingung aufgrund seines Eigentums die Sache herausverlangt (BGHZ a. a. O.). Diese Begründung ist jedoch nur geeignet, wenn der Eintritt der Bedingung unmittelbar bevorsteht (vgl. OLG Karlsruhe NJW 66, 885), andernfalls kann die Geltendmachung des Herausgabeanspruchs nicht arglistig sein. Wer die Auffassung des Anwartschaftsrechts als eines selbständigen dinglichen Rechts konsequent verfolgt, muß hier ein dingliches Recht zum Besitz annehmen (so auch das OLG Karlsruhe a. a. O.).

Jedoch ist hier die Eigentümlichkeit der Akzessorietät von Anwartschaftsrecht und causa zu beachten. Ist der Eintritt der Bedingung nicht mehr möglich, etwa durch Rücktritt vom Kaufvertrag oder durch Schadensersatzbegehren nach § 326 oder durch Verjährung der Kaufpreisforderung und Weigerung des Käufers, trotz Verjährung weiter zu bezahlen, so fällt das Anwartschaftsrecht und damit auch die Besitzberechtigung gem. § 986 in sich zusammen. Der Vorbehaltsverkäufer kann die Sache aufgrund seines Eigentums gem. § 985 herausverlangen (zum Fall der verjährten Kaufpreisforderung vgl. BGHZ 34, 192 = ESJ 78, beachte auch § 223 II BGB).

dd) Deliktschutz, quasinegatorischer Schutz:

Das Anwartschaftsrecht wird als „sonstiges Recht" gemäß § 823 I geschützt (RGZ 170, 1, 6; OLG Celle NJW 1968, 967). Zweifelhaft ist nur die

Konkurrenz der Ansprüche des Eigentümers und des Anwartschaftsberechtigten. Unrichtig ist es wohl, je nach dem Wert des Anwartschaftsrechtes den darauf entfallenden Teil dem Anwartschaftsberechtigten, den Rest dem Eigentümer zuzugestehen, da der Vorbehaltskäufer die Gefahr gem. § 446 trägt, sein Schaden durch Zerstörung der Sache deshalb den vollen Kaufpreis ausmacht. Andererseits widerspricht es dem Sicherungsbedürfnis des Vorbehaltseigentümers, den vollen Ersatz dem Vorbehaltskäufer zu überlassen (so RGZ 170, 1, 6ff.). Da in diesen Fällen, ähnlich wie beim Pfandrecht, die dingliche Berechtigung „aufgespalten" ist, läßt sich die Analogie zu § 1281 rechtfertigen. In Analogie zu § 1247 gebührt der Ersatz dem Eigentümer in Höhe seiner Kaufpreisforderung unter Anrechnung auf diese. So im Ergebnis auch BGH WPM 57, 517.

Der Anerkennung des Anwartschaftsrechtes als selbständigem dinglichem Recht entspricht schließlich auch ein quasinegatorischer Schutz aus § 1004 (vgl. §§ 1065, 1227 und die Ansprüche aus §§ 985 ff.).

Die Konkurrenz zum Anspruch des Eigentümers löst sich wie folgt: Soweit nach dem Innenverhältnis der Besitz, Schadensersatz oder die Nutzungen einer der Parteien gebührt, ist er an diese herauszugeben, d. h. der Vorbehaltsverkäufer kann Besitzherausgabe an den Vorbehaltskäufer (433), Nutzungsherausgabe an den Vorbehaltskäufer (446 I 2) und Schadensersatz nur gemeinsam an den Vorbehaltskäufer und sich verlangen.

ee) Erlöschen des Anwartschaftsrechtes:

Die causa-Abhängigkeit des Anwartschaftsrechtes wurde bereits behandelt. Fällt die causa weg, so kann die Bedingung nicht mehr eintreten. Das Anwartschaftsrecht erlischt.

Es erlischt ferner durch Verarbeitung, Verbindung und Vermischung, 946 ff., 950 (BGHZ 26, 178). Da damit auch das Eigentum des Vorbehaltsverkäufers untergeht, sichert sich dieser durch den sog. erweiterten Eigentumsvorbehalt (dazu unten 4a – c).

Schließlich erlischt es durch Verzicht des Vorbehaltsverkäufers (BGH NJW 58, 1231), der jedoch nicht in der Pfändung der unter Eigentumsvorbehalt gelieferten Sache durch den Vorbehaltsverkäufer zu sehen ist, da eine Pfändung eigener Sachen zulässig ist. Nur erwirbt der Vorbehaltsverkäufer, solange er Eigentümer ist, nach h. M. kein Pfändungspfandrecht (vgl. auch § 1256 BGB).

4. Erweiterungen des Eigentumsvorbehalts

Die Häufigkeit der Verwendung des Eigentumsvorbehalts als Sicherungsmittel bringt Schwierigkeiten regelmäßig dann mit sich, wenn der Vorbehaltskäufer über die Sache weiter verfügen will. Deshalb haben sich verschiedene Erweiterungen des Eigentumsvorbehalts entwickelt, durch die der Vorbehaltsverkäufer versucht, sich in einem solchen Falle zu schützen. Es handelt sich um die sog. vertraglichen Erweiterungen des Eigentumsvorbehalts. Drei sind von besonderer Bedeutung:

a) Verlängerter Eigentumsvorbehalt (VEV):

aa) Der Verkäufer läßt sich beim verlängerten Eigentumsvorbehalt in seiner verbreitetsten Form die *Forderungen*, die der Vorbehaltskäufer durch die Weiterveräußerung der Vorbehaltssache erwirbt, (1) *im voraus zur Sicherheit abtreten*, 398. Dafür (2) ermächtigt er den Käufer, die Weiterveräußerung im eigenen Namen vorzunehmen, 185. Jedoch gilt dies nur im Rahmen eines ordnungsmäßigen Geschäftsbetriebs (BGHZ 14, 114 ff.). Wenn der Vorbehaltskäufer mit dem Erwerber die Unveräußerlichkeit der Forderung vereinbart, so fällt die Vorausabtretung ins Leere, dann erfolgte aber auch die Veräußerung nicht im Rahmen eines ordnungsmäßigen Geschäftsbetriebs und ist von der Ermächtigung nicht gedeckt (vgl. BGHZ 30, 176; BGHZ 27, 306). Gleiches gilt auch, wenn der Käufer in Konkurs gefallen ist.

Der Umfang der abgetretenen Forderungen muß (3) im Einzelfall bestimmbar sein (vgl. BGHZ 26, 185, 189 = ESJ 82; 32, 361, 364; BGH NJW 74, 1130). Bei mehrfacher Abtretung (dies wird vor allem beim Verhältnis von Globalzession und verlängertem Eigentumsvorbehalt von Bedeutung) gilt der Grundsatz der *Priorität*, jedoch eingeschränkt durch die „Vertragsbruchtheorie"[6]) (BGHZ 32, 361 = ESJ 83; 30, 149). Danach handelt die Bank als Globalzessionar (4) *sittenwidrig* gemäß § 138 I, wenn sie sich künftige Forderungen abtreten läßt, die ihr Kunde zur Sicherung seiner Lieferanten im Wege des verlängerten Eigentumsvorbehalts voraussichtlich benötigen wird. Denn die Bank verleitet ihren Kunden, seinen Lieferanten die Tatsache zu verschweigen, daß die für den VEV benötigten Forderungen schon abgetreten sind. Nach dieser Rechtsprechung (bestätigt durch BGH NJW 68, 1516; BGHZ 72, 308; BGH NJW 74, 942) geht entgegen dem Prioritätsgrundsatz der spätere VEV der früheren Globalzession praktisch vor, wobei im Zweifel Globalzessionen in diesem Sinne auszulegen sind. Neben Sicherheitszession, Veräußerungsermächtigung, Bestimmtheitserfordernis und Vorrang vor Globalzession ist der fünfte beim VEV zu beachtende Gesichtspunkt die (5) regelmäßig mit der Sicherungszession verbundene Einziehungsermächtigung, die gemäß § 185 den Vorbehaltskäufer instandsetzt, die aus der Weiterveräußerung folgende Kaufpreisforderung im eigenen Namen einzuziehen (s. o. § 57 IV 8). Dies ist zulässig, weil eine Schlechterstellung des Schuldners nicht eintritt (*Medicus* II § 79 II 2 d).[7])

bb) Eine Teilung nach der Höhe der Forderungen der Kreditgeber sieht auch die Rspr. zu der zweiten Form des verlängerten Eigentumsvorbehalts, der *Verarbeitungsklausel* vor: Der Fabrikant stellt nach der Rspr. i. S. des § 950 für den Lieferanten die unter EV gelieferten Rohstoffe her, so daß dieser als „Hersteller" gem. § 950 Eigentum erwirbt, BGH NJW 67, 34 = ESJ

---

[6]) *Flume*, NJW 50, 841.
[7]) Zum sog. *Streckengeschäft*, bei dem eine Kette von Veräußerern jeweils gegen VEV verkaufen, vollzieht sich die Übereignung zwischen den einzelnen Gliedern der Kette nach § 929 im Wege des sog. „*Geheißerwerbs*", s. dazu BGH NJW 82, 2371.

81; BGHZ 20, 159, 163 (str. a. A. *Harry Westermann*, Sachenrecht, § 53 II 2c m. w. N.). Bei mehreren Lieferanten entsteht Miteigentum.

Der BGH läßt auch eine Beschränkung des Eigentumsvorbehalts auf einen Miteigentumsanteil an der hergestellten Sache zu, so daß unter mehreren Lieferanten eine Bruchteilsgemeinschaft nach § 741 ff. entstehen kann. Jedoch muß die Höhe des Miteigentumsanteils anhand von eindeutigen Wertrelationen bestimmbar sein.

So genügt z. B. die Klausel „Miteigentum entsprechend dem Verhältnis des Wertes der Vorbehaltsware zum Wert des Fertigfabrikates" oder „Wert des gelieferten Rohstoffes zuzüglich Verarbeitungswert" diesen Anforderungen; nicht aber „Rohstoff zuzüglich aufgewandter Arbeitslöhne und Betriebskosten" (vgl. BGHZ 46, 117).

cc) Als dritte Möglichkeit der Sicherung bleibt bei Austausch der weiterverkauften Ware die *Vereinbarung einer Sicherungsübereignung* der eingehandelten Ware im voraus, 930. Diese Möglichkeit wird im Falle der Verarbeitung von denen angewandt, die einen Eigentumserwerb des Rohstofflieferanten nach § 950 ablehnen (so z. B. *Westermann*, Sachenrecht, § 53 III 2e m. w. A.).

b) Weitergegebener Eigentumsvorbehalt:

Beim weitergegebenen Eigentumsvorbehalt ist der Vorbehaltskäufer verpflichtet, dem Nächsterwerber das Eigentum nur unter der Bedingung zu übertragen, daß die Schuld des Vorbehaltskäufers getilgt wird. Praktisch bedeutet das, daß der Vorbehaltskäufer den Nächsterwerber darauf hinweisen muß, daß hier in Wahrheit kein Eigentum, sondern nur eine Anwartschaft übertragen wird. In dieser Weise wird der gute Glaube des Erwerbers ausgeschlossen, wenn der Vorbehaltskäufer dieser Verpflichtung nachkommt. Der weitergegebene Eigentumsvorbehalt ist also gekennzeichnet durch eine Erstreckung auf *neue Personen*. Verletzt der Vorbehaltskäufer seine Offenbarungspflicht und erwirbt der Nächsterwerber gutgläubig Eigentum, so wird der Vorbehaltskäufer gem. § 280 schadensersatzpflichtig. Der weitergegebene Eigentumsvorbehalt kommt in der Praxis selten vor.

c) Kontokorrentvorbehalt:

Beim Kontokorrentvorbehalt wird der Eigentumserwerb hinausgeschoben, bis sämtliche Schulden des Vorbehaltskäufers beim Vorbehaltsverkäufer beglichen sind. Der Eigentumsvorbehalt dient also nicht nur zur Sicherung der Forderung aus einem einzelnen Kauf, sondern aller Forderungen aus einer laufenden Geschäftsverbindung. Auch ein solcher Kontokorrentvorbehalt ist von der Rechtsprechung trotz vieler Bedenken (vgl. *Larenz* II § 42 II e 3) als grundsätzlich zulässig anerkannt worden, vgl. BGHZ 26, 190; BGH NJW 58, 1231; BGHZ 42, 53 = ESJ 85. Er ist gekennzeichnet durch die Erstreckung auf *neue Forderungen*, darf jedoch weder über den ausdrücklich im Einzelfall vereinbarten Umfang hinaus ausgedehnt werden, BGH JR 69, 58, noch Forderungen erfassen, die in mißbräuchlicher Weise mit dem Kaufvertrag als Kreditsicherungsmittel in Verbindung gebracht werden, BGH NJW 78, 632.

5. Abzahlungskauf, Haustürgeschäfte und Abonnementbestellungen nach dem Abzahlungsgesetz vom 16. 5. 1894 (AbzG)

Aubele, Gesetz betr. die Abzahlungsgeschäfte, 2. Aufl., 1951; *Blomeyer*, MDR 68, 6; *Emmerich*, JuS 71, 273; *Giese*, DB 74, 722; *Heckelmann*, FS *Bärmann*, 1975, 427; *v. Hippel, E.*, BB 83, 2024; *Hönn*, NJW 73, 272; *Holschbach*, NJW 75, 1109; *Keunzinger*, ZfR 70, 270; *Klauss/Ose*, Kommentar zum AbzG, 1979; *Knippel*, NJW 71, 1117; *ders.*, JR 80, 93; *Liebs*, Reurecht des Käufers „an der Haustür"?, 1970; *Löwe*, NJW 74, 2257; *Frhr. Marschall von Bieberstein*, Das Abzahlungsgeschäft und seine Finanzierung, 1959; *ders.*, Gutachten zur Reform des finanzierten Abzahlungskaufs, 1978; *ders.*, Der finanzierte Abzahlungskauf, 1980; *Medicus*, (II.) FS *Larenz*, 1983, 411; *Möllers*, NJW 67, 2145; *Mormann*, WM 1965, 34, 834ff.; *Ostler/Weidner*, Abzahlungsgesetz, 6. Aufl., 1971; *Raisch*, FS *F. Weber*, 1975, 337; *Reich*, JZ 75, 550; *Schade*, Geschäfte an der Haustür durch unbestellte Vertreter, 1978; *Schaumburg*, JR 75, 446; *Scholz*, Ratenkreditverträge: Abzahlungskauf, finanziertes Abzahlungsgeschäft usw., 1983; *Winkler*, Abzahlungsgesetz, Entscheidungssammlung 1963 ff. (für weiteres Schrifttum, vgl. unten unter 6).

Das Abzahlungsgesetz gehört wirtschaftlich in den Zusammenhang der Betrachtung des Eigentumsvorbehaltskaufs. Der Eigentumsvorbehalt wird fast immer nur dann als Sicherungsmittel verwendet, wenn der Kaufpreis noch nicht voll bezahlt ist. Häufig wird dann eine ratenweise Tilgung, d. h. eine Abzahlung des Kaufpreises, vereinbart. Auf diesen Tatbestand findet in der Regel das Abzahlungsgesetz Anwendung. Im Einzelnen gilt:

a) Das Abzahlungsgesetz regelt nur einen bestimmten, allerdings den am häufigsten verwendeten Typ des Ratenkaufs. Erforderlich ist die Vereinbarung, daß der Kaufpreis in (mindestens zwei) Teilzahlungen erbracht werden soll. Gleichbleibende Tilgungsbeträge sind nicht nötig. Dem Wesen des Ratenkaufs („Abstottern") entspricht es, daß der Käufer vom laufenden Einkommen eine Ware bezahlt, die er schon in seinem Besitz hat und nutzt. Wirtschaftlich ist der Ratenkauf unentbehrlich. Er birgt aber für beide Seiten wesentliche Gefahren. Wer seinen Bedarf mit Ratenkäufen deckt, ißt das Brot von morgen. Auch für den Verkäufer ist der Ratenkauf u. U. gefährlich. Manche Forderungen erweisen sich als nicht beitreibbar. Ein Ratengeschäft verursacht mehr Kosten und Mühe als ein Barkauf. Trotzdem ist das Ratengeschäft weitverbreitet. Manche Geschäftszweige beschäftigen sich mit der ratenweisen Finanzierung von Käufen im Gebrauchsgütersektor. Dabei versuchen sich die Verkäufer verständlicherweise weitgehend zu sichern. Allgemeine Geschäftsbedingungen im Bereich der Abzahlungskäufe sind deswegen häufig und gewöhnlich gründlich ausgearbeitet. Sie unterliegen aber voll den Normen des AGBG, vgl. *MünchKomm/H. P. Westermann*, vor § 1 AbzG Rn. 11.

b) Gegen Mißbräuche dieser Art, die sich schon früh einstellten, ist das „Gesetz betreffend die Abzahlungsgeschäfte" von 1894 erlassen worden. Es handelt sich um eines der bedeutsamen Nebengesetze zum BGB. Durch neue Absatzmethoden wurden *Reformen* nötig, die durch die 1. und 2. Novelle zum Abzahlungsgesetz am 1. 9. 1969 und am 1. 10. 1974 in Kraft traten. Durch das Abzahlungsgesetz wird die Vertragsfreiheit auf beiden Seiten eingeschränkt. Voraussetzungen für seine Anwendbarkeit sind: Es muß sich um einen *Kaufvertrag* über *bewegliche Sachen* handeln, bei dem der Kaufpreis in (mindestens *drei*, BGHZ 70, 378) *Teilzahlungen* berichtigt werden soll, oder der bestimmte *Sukzessivlieferungen* zum Gegenstand hat. Die *Übergabe*, die früher als notwendige Bedingung für die Annahme eines Abzahlungsgeschäftes angesehen wurde, ist seit Einführung der §§ 1a, 6 AbzG nicht mehr notwendig, da diese Bestimmungen Rechtsfolgen vorsehen, die schon vor der Übergabe eintreten können, BGHZ 70, 378, 381.

Auf die soziale Schutzbedürftigkeit im Einzelfall kommt es nicht an, desgleichen nicht auf Wert und Preis des Kaufgegenstandes, BGHZ 15, 241. Wurde der Rücktritt vorbehalten, so ist Rechtsfolge der Rücktrittserklärung das gesetzliche Rückgewährschuldverhältnis nach §§ 1–3 AbzG. Subsidiär gelten die §§ 346ff., soweit sie mit der Sonderregelung des AbzG vereinbar sind, BGHZ 44, 237 = ESJ 87. So kann der Käufer gem. §§ 347 S. 2, 994 I 2 Verwendungen nur wie ein bösgläubiger Besitzer verlangen, da er umgekehrt die Nutzungen behalten darf, § 2 I AbzG, BGHZ 44, 237, 239, an deren Stelle eine besondere abzahlungsrechtliche Nutzungsvergütung tritt. Nach § 8 finden die Bestimmungen des Gesetzes keine Anwendung, wenn der Empfänger der Ware als Kaufmann in das Handelsregister eingetragen ist. Nach § 7 ist der Ratenkauf von Lotterielosen, Inhaberpapieren mit Prämien oder von Bezugs- oder Anteilsscheinen auf solche Lose oder Inhaberpapiere strafbar. Der wichtigste Inhalt des Gesetzes ist der folgende:

c) § 1 I AbzG ist, vor allem auch in Verbindung mit § 5, die wichtigste Schutzvorschrift des AbzG. Hat sich der Verkäufer auch für den Fall der einfachen Nichterfüllung (der Käufer zahlt eine Rate nicht) den Rücktritt vorbehalten und übt er den Rücktritt aus, so müssen sich beide Seiten das, was sie einander gewährt haben, zurückgeben. Der Käufer muß die Ware zurückgeben (übereignet ist sie in aller Regel noch nicht, da sich der Verkäufer das Eigentum vorbehält, 455); der Verkäufer hat die gezahlten Raten zurückzuzahlen. Diese Regelung ist zwingend, im Gegensatz zu § 346 BGB. Es kann also nicht vorkommen, daß der Käufer für eine Sache, die sich der Verkäufer längst zurückgeholt hat, weiterhin die Raten bezahlen muß. Verboten ist auch die Abrede, daß bereits gezahlte Raten verfallen (Verbot der Verfallklausel), 1 I 2 AbzG.

d) § 1 II AbzG stellt das gesetzliche Rücktrittsrecht dem vertraglich vorbehaltenen gleich. Im Falle des Verzugs, der Unmöglichkeit oder der Schlechterfüllung eines Abzahlungskaufes müssen die einander gewährten Leistungen zurückgegeben werden. Die Vorschrift hat aber geringe praktische Bedeutung, da sich bei Abzahlungsgeschäften der Verkäufer in der Regel zur Sicherheit das Eigentum vorbehält und das Rücktrittsrecht sich deshalb nach § 455 bestimmt. Dann aber gilt § 1 I AbzG.

e) § 1a AbzG schreibt für die Erklärung des Käufers Schriftform vor. Außerdem müssen in der Kaufurkunde der Barzahlungspreis, der Teilzahlungspreis, Anzahl, Höhe und Fälligkeit der einzelnen Raten und der effektive Jahreszins angegeben werden. Durch Angabe des effektiven Jahreszinses soll dem Käufer ein objektiver Vergleich zwischen verschiedenen Angeboten ermöglicht werden, außerdem kann aus dem effektiven Jahreszins, anders als bei der Angabe des Zinses pro Monat, die tatsächliche jährliche Belastung ersehen werden. Fehlt die Schriftform oder ist eine der Angaben zum Preis unklar oder mißverständlich, so ist der Vertrag nichtig, 1 a III AbzG. (Ein Teil der Lehre nimmt schwebende Unwirksamkeit an.) Der Vertrag kommt allerdings zustande, wenn die Sache dem Käufer übergeben wird, und zwar unabhängig von vertraglicher Vereinbarung zum Barzahlungspreis! Der Verkäufer hat die Wahl, ob er die gesetzliche Sanktion eines niedrigeren Preises (den der Käufer in Raten bezahlen kann, 1 a III S. 2 a. E AbzG) auf sich nehmen will und die Sache übergibt oder ob er auf den Abschluß des Vertrages verzichtet (vgl. *Palandt/Putzo*, AbzG § 1 a Anm. 4a). Besteht Streit zwischen den Parteien, ob Abzahlungs- oder Barkauf vereinbart wurde, so muß der Verkäufer nachweisen, daß ein Barkaufvertrag geschlossen wurde, BGH NJW 75, 206. Ein mündlich geschlossener Abzahlungsvertrag ist wirksam, wenn der Käufer die Sache schon bei Vertragsschluß in Besitz hat, die §§ 1 a I, 1 a III werden analog angewendet, OLG Hamm, NJW 73, 1704. (Verpflichtet sich ein Käufer, eine Sachgesamtheit (alle Bände eines Lexikons) zu kaufen, so gilt § 1 a AbzG auch dann, wenn im Vertrag bezüglich Preis und Lieferung nur auf die einzelnen Sachen abgestellt wird, AG Stuttgart, NJW 74, 1001.) — § 1 a IV AbzG privilegiert den Versandhandel.

f) § 1 b AbzG führt für alle Abzahlungsgeschäfte ein allgemeines Widerrufsrecht ein. („Große Lösung", *nicht nur für Haustürgeschäfte*, s. dazu *v. Hippel*, BB 83, 2024). Der Käufer kann binnen einer Woche den Vertrag widerrufen, er kommt dann nicht zustande. Auf dieses *Gestaltungsrecht* ist der Käufer in „drucktechnisch deutlich gestalteter Weise" hinzuweisen. Außerdem ist diese Belehrung gesondert zu unterschreiben (Warnungsfunktion), 1 b II AbzG. Für den Katalogversandhandel gilt die Sondervorschrift des § 1 b III AbzG. Außerdem entfällt bei diesen Käufen das Rücktrittsrecht, wenn dem Käufer schriftlich ein uneingeschränktes Rückgaberecht eingeräumt wird, 1 b V AbzG. § 1 b IV AbzG erstreckt das Widerrufsrecht auch auf mit dem Kaufvertrag verbundene Dienst- oder Werkverträge.[8] Diese Regelungen sind zwingendes Recht, das Widerrufsrecht kann nicht ausgeschlossen werden, 1 b VI AbzG.

g) § 1 c AbzG erstreckt diesen umfassenden Käuferschutz auf Geschäfte, die nicht Abzahlungsgeschäfte sind, für den Käufer aber ähnliche Gefahren bergen *(„Abonnement-Bestellungen", „Sukzessivlieferungen"):* Nr. 1 für Sachgesamtheiten, deren Bestandteile sukzessive geliefert werden (Lexika); Nr. 2 für regelmäßige Lieferung gleichartiger Sachen (Kaffee, Eispulver, Zeitschriftenabonnements, vgl. BGHZ 67, 389 — Aussteuersortiment —; Nr. 3 für wiederkehrende Erwerbs- oder Bezugspflichten. Dabei kommt es nicht darauf an, ob der Kaufpreis auf einmal oder in Teilleistungen zu bezahlen ist.

---

[8] Auf einen aus Kauf- und Mietelementen gemischten Vertrag ist § 1 b IV nicht analog anwendbar, BGH NJW 83, 2028.

h) § 1 d AbzG regelt die Rückabwicklung des Geschäfts nach Widerruf. Grundgedanke ist, daß der Käufer durch Ausübung seines Widerrufsrechtes keine finanziellen Nachteile erleiden soll. So sind weder § 2 AbzG noch § 347 BGB anwendbar; der Käufer muß nur den Wert der Gebrauchsüberlassung bezahlen, nicht aber, wie in § 2 AbzG, die mit der Benützung verbundene Wertminderung der Sache. Das bedeutet ein erhebliches finanzielles Risiko für den Verkäufer, das dazu führen wird, daß — außer beim Katalogversandhandel — die verkaufte Sache erst nach Ablauf der Widerrufsfrist übergeben wird. (Vergl. dazu die kritischen Anmerkungen von *Löwe*, NJW 74, 2257). Geht die Sache unter, so muß der Käufer ihren Wert nur ersetzen, wenn er den Untergang oder die Verschlechterung zu vertreten hat, 1 d I 2 AbzG. Kennt der Käufer sein Widerrufsrecht nicht, so wird der Haftungsmaßstab auf diligentia quam in suis (vgl. § 277 BGB) beschränkt. Der Käufer hat dann auch leichte Fahrlässigkeit nicht zu vertreten, 1 d II AbzG. Auch diese Vorschriften sind zwingend, 1 d V AbzG.

i) § 2 AbzG bestimmt die Ersatzansprüche des Verkäufers im Falle eines Rücktritts nach § 1. (Das darf nicht verwechselt werden mit den Ausgleichsansprüchen bei Widerruf und Rückgabe! § 2 AbzG ist hier nicht anwendbar, s. o.). Der Verkäufer darf keine besondere Gebrauchsgebühr verlangen, sondern für die Überlassung des Gebrauchs oder der Benutzung ist der *Wert* des Gebrauchs bzw. der Benutzung zu vergüten, 2 I 2 AbzG. Für die Berechnung der *Nutzungsvergütung* kann vom üblichen Mietzins ausgegangen werden, BGHZ 19, 330, 333, einschränkend BGH NJW 73, 1078, wo von der objektiven Gebrauchsmöglichkeit durch den Käufer ausgegangen wird. Dagegen braucht der Abzahlungskäufer *keine Nutzungen* herauszugeben, da er gem. § 2 AbzG dafür eine besondere Vergütung bezahlt, BGHZ 44, 237, 239. Neben der Gebrauchsvergütung kann auch Wertminderung bei übermäßigem Gebrauch verlangt werden, BGHZ 19, 330. Ist der Anspruch des Verkäufers verjährt (nach zwei Jahren, 196; BGHZ 58, 121), so kann dieser nur seine Sache zurücknehmen, BGH NJW 67, 1808.

j) § 3 AbzG. Die gegenseitigen Verpflichtungen sind Zug um Zug zu erfüllen, vgl. dazu *Schaumburg*, JR 75, 446.

k) § 4 AbzG enthält Bestimmungen über eine vereinbarte Vertragsstrafe. Häufig ist die Klausel, daß bei Rückständen sofort der ganze Restbetrag, der bisher gestundet war, fällig wird. Diese Klausel unterliegt Einschränkungen gemäß § 4 AbzG. Die Abrede, daß die Nichterfüllung der dem Käufer obliegenden Verpflichtungen die Fälligkeit der Restschuld bewirkt, kann nur für den Fall getroffen werden, daß der Käufer mit mindestens zwei aufeinanderfolgenden Teilzahlungen ganz oder teilweise in Verzug ist und der Betrag, mit dessen Zahlung er in Verzug ist, mindestens dem zehnten Teil des Kaufpreises der übergebenen Sache gleichkommt.

Zur Verfallklausel vgl. *Mösenfechtel*, MDR 74, 111.

l) § 5 AbzG ist eine gesetzliche Fiktion des Rücktritts des Verkäufers, wenn dieser die Sache wieder an sich nimmt. Es kommt also nicht auf eine ausdrückliche Erklärung des Verkäufers an. Der Sinn dieser Vorschrift ist ein Schutz des Käufers dagegen, daß er die Sache durch Wegnahme des Verkäufers einbüßt und trotzdem am Abzahlungsvertrag festgehalten wird, vgl. BGHZ 22, 123. Nimmt der Verkäufer die Sache dem Käufer gegen dessen Willen weg, obwohl der Käufer sich an die Vereinbarungen des Abzahlungsgeschäftes hält, kann der Käufer die Rückgabe der verkauften Sache aus

§ 433 I 1 verlangen. Denn der Verkäufer ist so lange nicht zum Rücktritt berechtigt, wie der Käufer mit seinen Zahlungen nicht im Verzug ist, 455. § 5 AbzG findet in einem solchen Fall keine Anwendung. Ist aber der Käufer mit Ratenzahlungen in Verzug, so daß der Verkäufer zum Rücktritt berechtigt ist, bedeutet die Rücknahme der Sache auch gegen den Willen des Käufers gemäß § 5 AbzG notwendig die Ausübung des Rücktrittsrechts. Der Käufer kann jetzt nicht mehr Geld anbieten, um aufgrund des Kaufvertrags in den Besitz der Sache zu kommen. Als eine Rücknahme der Sache gilt auch, wenn der Verkäufer die Sache pfänden und versteigern läßt. Im einzelnen ist hier manches streitig. Beispiele aus der Rspr.: Abzahlungsverkäufer ersteht die Kaufsache in dem von ihm betriebenen Zwangsversteigerungsverfahren, BGHZ 15, 171; läßt sich diese auch gem. § 825 ZPO zuweisen, BGHZ 15, 241 (Verzicht auf das vorbehaltene Eigentum nützt hierbei nichts; das AbzG bleibt anwendbar, BGHZ 19, 326, 329); vollstreckt in die Sache, ein Dritter ersteigert sie (BGHZ 55, 59); Verkauf an Dritte, BGHZ 45, 111 = ESJ 86. Dagegen keine Fiktion des Rücktritts bei Pfändung und Wegnahme durch Gerichtsvollzieher, BGHZ 39, 97; ebenso nicht bei Zwangsversteigerung der Kaufsache, wenn die Benutzung für den Käufer endgültig unmöglich wurde, BGHZ 22, 123, oder wenn der Käufer die Sache zwar mit Zustimmung des Verkäufers, aber ausschließlich in eigenem Interesse an einen Dritten weiterveräußert, BGH NJW 74, 187 – der Käufer ist dann nicht schutzwürdig.

m) § 6 AbzG verbietet Umgehungsgeschäfte. Die wichtigste denkbare Umgehungsform ist die durch mietweise Überlassung der Sache. Jedes Geschäft, das wirtschaftlich den Sinn eines Abzahlungsgeschäftes hat, gleichgültig, ob dem Empfänger der Sache ein Recht, später das Eigentum zu erwerben, eingeräumt ist oder nicht, fällt unter das Abzahlungsgesetz. Als Kriterien für die – vom wirtschaftlichen Standpunkt aus gesehene – Gleichstellung von Abzahlungskäufen und anderen (Umgehungs-) Geschäften gelten: wenn der Käufer alle Betriebs- und Erhaltungskosten zu tragen hat; wenn er für die Sache eine Kaskoversicherung abschließen muß; wenn er die Vergütungsgefahr im Falle zufälligen Untergangs zu tragen hat; wenn er die Sache bis zur Wertlosigkeit nutzen darf (wobei jedoch eine solche Nutzungsbefugnis nicht Voraussetzung für die Annahme eines Abzahlungsgeschäftes ist, BGH NJW 74, 2006), OLG Köln NJW 73, 1615. Ein Umgehungsgeschäft liegt außerdem vor, wenn demjenigen, dem die Sache zunächst gegen ratenweise zu zahlendes Entgelt zum Gebrauch überlassen wird, ein festes Recht zum Erwerb ausdrücklich eingeräumt ist oder doch zumindest die Übertragung des Eigentums Endziel des Geschäftes ist, und wenn sich für diesen Fall die ratenweise erbrachten Leistungen zumindest wirtschaftlich als Zahlungen auf den Kaufpreis darstellen, BGH NJW 74, 365. Die Ankaufspflicht des Leasingnehmers soll nach der – nicht überzeugenden – Entscheidung BGHZ 71, 196 keine Umgehung begründen. Bei gemischten Verträgen kann allerdings das AbzG nur auf den Teil angewendet werden, der Kaufvertrag über eine bewegliche Sache ist, BGH NJW 73, 200. Die Rechtsprechung hat unter Berufung auf den § 6 AbzG die Anwendbarkeit des Abzahlungsgesetzes auch auf den finanzierten Kauf ausgedehnt, dazu unten 6. Das AbzG ist ein Schutzgesetz i. S. d. § 823 II BGB zugunsten des Käufers.

n) § 6a AbzG regelt den Gerichtsstand für Klagen aus Abzahlungsgeschäften. Zuständig ist das Gericht des Wohnsitzes des Käufers; Zweck der Vorschrift: Nachteile, die dem Käufer durch Vereinbarung eines für ihn entlegenen Gerichtsstandes entstehen, sollen vermieden werden.

6. Der finanzierte Kauf

Canaris, Bankvertragsrecht, 2. Aufl. 1981, Rn. 1385 ff.; *Emmerich*, JuS 71, 273; *Esser*, FS *Kern*, 1968, 87; *Frotz*, JZ 63, 532; *Gilles*, JZ 75, 305; *Grunewald*, JA 80, 463; *Gundlach*, Konsumentenkredit und Einwendungsdurchgriff, 1979; *Hörter*, Der finanzierte Abzahlungskauf, 1969; *Gernhuber*, FS *Larenz* 1973, 455; *Larenz*, FS *Michaelis*, 1972, 193; *Frhr. Marschall v. Bieberstein*, Das Abzahlungsgeschäft und seine Finanzierung, 1959; *ders.*, Gutachten zur Reform des finanzierten Abzahlungskaufs, 1978; *ders.*, Der finanzierte Abzahlungskauf, 1980; *Möllers*, Teilzahlungsfinanzierung, 1959; *Raiser, Thomas*, RabelsZ 33 (1969), 457; *Reiss*, Die Rechtsstellung des Kreditgebers gegenüber dem Abzahlungskäufer bei der Finanzierung von Abzahlungsgeschäften, 1970; *Scholz*, JZ 75, 727; *ders.*, MDR 80, 184; *ders.*, ZRP 83, 160; *ders.*, Ratenkreditverträge: Abzahlungskauf, finanziertes Abzahlungsgeschäft usw., 1983; *Vollkommer*, FS *Larenz*, 1973, 703; *Vollkommer/Koch*, Jura 80, 469; *Weber, H.*, ZRP 82, 305; *Weitnauer*, JZ 68, 201; *Westermann, H. P./Baltes*, JA 83, 477; *v. Westphalen*, WM 83, 1230; *Wolf, Eckhard*, WM 80, 998 (didaktisch orientierte *Zusammenstellung*, JA 74, 7).

Der Zweck des Abzahlungsgesetzes zeigte sich darin, den Käufer dagegen zu schützen, daß der Verkäufer bei Nichtbezahlung einer Rate aufgrund seines Eigentumsvorbehalts die verkaufte Sache zurücknimmt und gleichwohl weitere Teilzahlungen verlangen kann. Das gleiche Schutzbedürfnis des Käufers besteht auch dann, wenn an dem Geschäft nicht zwei Personen beteiligt sind, sondern drei, wie dies beim *finanzierten Kauf* der Fall ist. Beim finanzierten Kauf wird dem Käufer der Erwerb der Sache durch einen Kredit erleichtert, der sich auf den Kaufpreis bezieht. Der Käufer muß, in der Regel nach einer Anzahlung auf den Kaufpreis, Tilgungsraten an das Finanzierungsinstitut abführen *(B-Geschäft)*, oder er zahlt mit wirtschaftlich ähnlicher Wirkung durch ratenbezogene Schecks *(A-Geschäft)* oder Wechsel *(C-Geschäft)*, bis ihm mit Zahlung der letzten Rate die Sache gehört. Wirtschaftlich und rechtlich wichtig ist insb. das *B-Geschäft*: Der Käufer beantragt nach Leistung einer Anzahlung bei einem Finanzierungsinstitut ein Darlehen in Höhe des Restkaufpreises zuzüglich der Kreditgebühren. Das Finanzierungsinstitut zahlt nach Prüfung der Kreditfähigkeit und Eingang der Lieferbestätigung die Restkaufgeldsumme an den Verkäufer und erhält Sicherungseigentum an der Kaufsache. Der Käufer hat das Darlehen gemäß den vereinbarten Bedingungen an die Bank zurückzuzahlen. Hier entstehen vor allem zwei Fragen: Kommen dem Käufer die Schutzvorschriften des AbzG zustatten, und wie wirken sich Leistungsstörungen im Kaufteil des Geschäfts auf den Darlehensteil aus?

a) Abgrenzung zum Bankkredit, insb. zum „reinen" Personalkredit

Das entscheidende Kriterium für die Abgrenzung zum Bankkredit liegt in folgendem: Darlehensvertrag und Kaufvertrag müssen derart miteinander verbunden sein, daß keiner der beiden Verträge ohne den anderen geschlossen worden wäre (BGHZ 47, 253), wobei als selbstverständlich weiterhin vorauszusetzen ist, daß der Kaufgegenstand dem Kreditgeber übereignet worden ist (§ 5 AbzG). Maßgebend dafür sind etwa „verabredetes Zusammenwirken

Besondere Arten des Kaufs **§ 71**
V 6

aller drei Beteiligten", „gegenseitige Bezugnahme der Verträge aufeinander" oder „das eigene Interesse des Kreditgebers und seine Mitwirkung am Kaufvertrag". Wer sich also auf eigene Faust ein Darlehen, z. B. einen „Personalkredit", beschafft, wird nicht als Abzahlungskäufer behandelt. Der „Personalkredit" ist deshalb beim Darlehen (u. § 77 IV) zu besprechen (dort auch zum Verhältnis von Abzahlungskauf, finanziertem Kauf und „Personalkredit").

b) Verhältnis zwischen Kauf und Darlehen
aa) Der BGH geht in seiner Rechtsprechung zum finanzierten Abzahlungskauf von der grundsätzlichen *rechtlichen Selbständigkeit* von Kaufvertrag und Darlehensvertrag aus *(Trennungstheorie).* Gleichzeitig betont er aber den engen wirtschaftlichen Zusammenhang der Verträge, die als „wirtschaftlich auf ein Ziel ausgerichtete Einheit" betrachtet werden müssen, da keiner der Verträge ohne den jeweils anderen geschlossen worden wäre. Aus dieser Betrachtungsweise folgt das Bestreben, den Käufer beim finanzierten Abzahlungskauf nicht schlechter zu stellen, als wenn er den Kredit direkt vom Verkäufer erhalten hätte. Deshalb wird das AbzG über § 6 AbzG auch auf den finanzierten Ratenkauf angewendet, schon RG 131, 213; BGHZ 47, 241; BGH NJW 78, 1427 — Teilzahlungskauf eines Waschsalons — ; BGH NJW 83, 2250. „In sinngemäßer Anwendung des Abzahlungsgesetzes" kann der Käufer gegen Wechselansprüche der Bank einwenden, die Kaufschuld sei durch Rücktritt des Verkäufers erloschen, BGHZ 51, 69, 78. Um den Käuferschutz zu verwirklichen, wird also die Trennungstheorie durch eine Vielzahl von Ausnahmen durchbrochen (s. u. e.), die sich unter dem Gesichtspunkt des *Einwendungsdurchgriffs* zusammenfassen lassen, so daß man besser von einer *durch Einwendungsdurchgriff gemilderten Trennungstheorie* spricht. Der BGH konnte sich aber nicht dazu durchringen, die Trennungstheorie zugunsten einer einheitlichen Behandlung von Kauf und Darlehen aufzugeben. In neuester Zeit wird der Trennungsgedanke sogar wieder stärker betont, vgl. BGH NJW 73, 1275; BGHZ 66, 165 (168); BGH NJW 79, 2092; BGH NJW 79, 2511. Der Versuch, den Einwendungsdurchgriff in einem § 607a zu lösen, ist von 53. DJT abgelehnt worden (NJW 80, 2509 f.).

bb) Die *Literatur* geht z. T. ebenfalls von der Trennungstheorie aus. *Esser* will dem Käufer aber dadurch helfen, daß er den Darlehensvertrag als zweckbezogenes Rechtsgeschäft ansieht, das bei nichtigem Kaufvertrag unwirksam wird („bereicherungsrechtliche Lösung"). *Marschall v. Bieberstein* will dem Käufer die Rechte aus § 404 geben, da er die Konstruktion von rechtlich getrenntem Darlehens- und Kaufvertrag für eine Umgehung der Forderungsabtretung hält. Neuere Meinungen wollen dagegen die grundsätzliche Trennung der Verträge aufgeben zugunsten einer einheitlichen Betrachtungsweise, *Einheitstheorie. Th. Raiser* behandelt deshalb Verkäufer und Bank als eine Person. Auch der Vorschlag von *Larenz* (seit 10. Aufl.), Darlehensvertrag und Kaufvertrag als „dasselbe rechtliche Verhältnis" i. S. d. § 273 anzusehen und dem Käufer dadurch ein Leistungsverweigerungsrecht gegenüber der Bank aus Einwendungen aus dem Kaufvertrag zu geben, geht in diese Richtung. *Vollkommer* geht vom Leitbild des finanzierten Abzahlungskaufs als eines *dreiseitigen* Vertrages aus. Daraus rechtfertigt sich der Einwendungsdurchgriff, der, auch nach den Grundsätzen richterlicher Inhaltskontrolle von AGB, nicht abbedungen werden kann, BGHZ 83, 301; BGH NJW 82, 1694. Dem ist zuzustimmen. Darlehen und Kauf stehen beim finanzierten Abzahlungskauf in einem funktionellen Zusammenhang, der Käufer nimmt den Kredit nur auf, um den Kaufvertrag erfüllen zu können. Das einheitliche Rechtsgeschäft „Abzahlungskauf" wird durch AGB und Formularverträge in zwei Verträge aufgespalten. Die dadurch eintretende Verschlechterung der Position des Käufers kann im Wege richterlicher Inhaltskontrolle dahingehend korrigiert werden, daß dem Käufer ein unbeschränkter Einwendungsdurchgriff zu gewähren ist.

c) Nichtigkeit, Anfechtung

Täuscht der Verkäufer, der als Verhandlungsgehilfe des Finanzierungsinstituts auftritt (in der Regel legt der Verkäufer dem Käufer das Vertragsformular für den Darlehensvertrag vor und leitet es, mit dessen Unterschrift versehen, an die Bank weiter), den Käufer arglistig, so ist das Finanzierungsinstitut nicht als Dritter i. S. d. § 123 II anzusehen, BGHZ 47, 224. Das bedeutet, daß der Darlehensvertrag vom Käufer angefochten werden kann. In BGHZ 47, 233 dagegen gibt der BGH dem Käufer, der nach § 123 den Kaufvertrag angefochten hatte, ein endgültiges Leistungsverweigerungsrecht aus § 242, geht also offensichtlich von der Gültigkeit des Darlehensvertrages aus. Das ist unklar, wenn nicht inkonsequent, vgl. *Weitnauer,* JZ 68, 201, und vom oben eingenommenen Standpunkt her falsch: Es müßte hier, wie in sonstigen Fällen wirtschaftlicher Einheit, § 139 angewendet werden. Der Bank steht gegen den Käufer bei Nichtigkeit der Verträge ein Bereicherungsanspruch zu, wenn der Käufer durch die Erfüllung der Kaufpreisforderung auf Kosten der Bank ungerechtfertigt bereichert worden ist, jedoch kann, wenn das Geld unwiederbringlich an den Verkäufer ausgezahlt wurde, die Entreicherungseinrede gem. § 818 III eingreifen.

d) Leistungsstörungen auf der Käuferseite

Da an den Verkäufer die Restkaufpreisforderung ausgezahlt wird, 362, entsteht das Problem von Leistungsstörungen auf der Käuferseite nur im Verhältnis zum Darlehensgeber. Der BGH wendet in diesem Verhältnis das Abzahlungsgesetz analog an und bezieht in dessen Schutzbereich auch den Ehegatten des Abzahlungskäufers ein, wenn dieser für das Darlehen gesamtschuldnerische Haftung übernommen hatte, BGH NJW 75, 1317. Nimmt die Bank aufgrund ihres Sicherungseigentums die Kaufsache an sich, gilt dies als Rücktritt i. S. des § 5 AbzG. Bei der Abwicklung gem. §§ 1–3 AbzG ist auch die Anzahlung zu Lasten der Bank zu berücksichtigen, die der Käufer an den

Verkäufer geleistet hat. Grund dafür ist, daß die Bank mit der Sicherungsübereignung der Kaufsache einen Sachwert erhält, in dem auch die vom Käufer geleistete Anzahlung enthalten ist (BGHZ 47, 241). Diesen Wert kann sich die Bank nach dem Rücktritt ebenso wie sonst der Verkäufer nach dem Rücktritt vom Kaufvertrag im Wege der Veräußerung oder sonstiger Verwertung zunutze machen. Erfüllungsort für die Rückgewährverpflichtung des Käufers ist sein Geschäftslokal bzw. seine Wohnung. Der Käufer hat also das zur Erfüllung der Rückgewährverpflichtung seinerseits Erforderliche getan, wenn er dem Verkäufer schriftlich mitteilt, die Ware stehe zur Abholung bereit (OLG Nürnberg, Urt. v. 25. 6. 74). Zu den Aufwendungen des Finanzierungsinstituts, für die bei der Abwicklung des finanzierten Abzahlungsgeschäfts der Käufer entsprechend § 2 I AbzG Ersatz zu leisten hat, gehören weder die vom Darlehensgeber an den Verkäufer gezahlte Darlehenssumme noch die Unkosten der Verwertung des Kaufgegenstandes (BGHZ 47, 246). Der Anspruch der Bank auf Rückzahlung des Darlehens verjährt erst nach 30 Jahren, BGH NJW 73, 611. Es kommt also nicht auf die Verjährungsfrist für die Ansprüche aus dem Kaufvertrag (2 Jahre) an. Auch hier zeigt es sich, daß der BGH im Grunde an der Trennungstheorie festhält.

e) Leistungsstörungen auf der Verkäuferseite

Hier handelt es sich vor allem um die Probleme der Nichtlieferung und der mangelhaften Lieferung, aber auch um Pflichtverletzungen der Bank.

Nach der Rspr. des BGH kann der Käufer Nichtlieferung und Sachmängelgewährleistungsrechte gegenüber dem Kreditinstitut (*Einwendungsdurchgriff*, s. o. b aa) geltend machen, wenn:

– der Käufer nicht als Kaufmann im Handelsregister eingetragen ist, 8 AbzG analog, BGHZ 37, 95 = ESJ 90;

– der Käufer sich wegen seiner Ansprüche nicht an den Verkäufer halten kann, da dieser in Konkurs gefallen oder verschwunden ist. Ist der Verkäufer noch leistungsfähig, so bestehen keine Ansprüche gegen die Bank, BGH NJW 73, 452;

– der Käufer den Verkäufer und die Bank wirtschaftlich als eine Einheit sieht, BGH NJW 71, 2303. Die früher zusätzlich geforderte Anspruchsvoraussetzung einer auf Dauer angelegten Geschäftsverbindung wurde also aufgegeben.

aa) Die Ansprüche gegen die Bank, die der Darlehensforderung vom Käufer entgegengehalten werden können, werden vom BGH auf § 242 gestützt: Die Aufspaltung des wirtschaftlich einheitlichen geschäftlichen Vorgangs in zwei rechtlich getrennte Vorgänge dürfe nicht dazu führen, den Käufer gegenüber Mängeln der Kaufsache rechtlos oder schlechter zu stellen, als er ohne die Aufspaltung stehen würde. Ein Rücktritt wirkt auch gegen das Finanzierungsinstitut, BGHZ 66, 165, s. o. § 48 II 2. Der Käufer soll aus der rechtlichen Aufspaltung allerdings auch keine Vorteile ziehen: Fällt der Verkäufer in Konkurs, bevor er geleistet hat, so kann der Käufer schon bezahlte

Ratenbeträge nicht von der Finanzierungsbank zurückverlangen, OLG Oldenburg NJW 75, 172. Wie *Larenz* (FS *K. Michaelis,* 199) richtig bemerkt, stellen diese Ausführungen noch keine Begründung dar, sondern eine Wertung, die ihrerseits einer Begründung im geltenden Recht bedarf.

bb) Eine weitere Konstruktion, die dem BGH, vor allem bei der „Einrede des nichterfüllten Vertrages", den Einwendungsdurchgriff gestattet, ist die Annahme eines Anspruchs auf Freistellung von der Darlehensverbindlichkeit wegen Verschuldens bei den Vertragsverhandlungen aus c. i.c. Dem Darlehensgeber obliegt es, den Käufer darüber aufzuklären, daß er nach Erteilung der Lieferbestätigung verpflichtet ist, das an den Verkäufer ausgezahlte Darlehen zurückzuzahlen, auch wenn die Sache nicht geliefert wurde. An die Aufklärungspflicht werden strenge Anforderungen gestellt (vgl. BGHZ 47, 207 ff.: unmißverständlicher und unübersehbarer Hinweis; ähnlich BGH NJW 79, 2092 − „Personalkredit" −; BGH NJW 79, 2511). Diese Aufklärungspflicht besteht nicht nur gegenüber geschäftlich unerfahrenen Käufern, sondern allgemein gegenüber „Jedermann" (BGHZ 47, 217 ff.), ihre Verletzung braucht nicht kausal für den Vertragsschluß gewesen zu sein (BGH NJW 71, 2303). Diese Aufklärungspflicht kann durch entsprechende Ausgestaltung der Formularbedingungen, aber auch durch mündliche Erklärungen erfüllt werden; hierbei kann der Händler Erfüllungsgehilfe der Bank sein, wenn diese die Vertragsverhandlungen durch den Händler, sei es auch nur in einem Einzelfall, führen läßt (BGHZ 47, 224, 229 im Anschluß an BGHZ 33, 293 = ESJ 89; 33, 302; 40, 65, 69). Die Bank muß sich also ein Verschulden des Verkäufers gem. § 278 anrechnen lassen. § 254 ist anzuwenden. Es ist jedoch fraglich, ob sich durch diese Aufklärungspflicht wirklich effektiver Käuferschutz betreiben läßt. Die Banken können der Haftung aus c. i. c. entgehen, wenn sie klar und deutlich auf die aus dem Abschluß des Geschäfts entstehenden Gefahren hinweisen. Ob sich der Käufer durch diese Warnung vom Geschäft abhalten läßt, ob eine Klausel, die der Durchschnittskäufer weder liest noch versteht, für eine Entscheidung kausal ist, müßte erst noch rechtstatsächlich untersucht werden.

f) Verhältnis der Haftung des Verkäufers zur Haftung des Käufers im Falle des Schuldbeitritts des Verkäufers

Häufig tritt der Verkäufer durch Mitunterschrift des Darlehensvertrages der Schuld des Käufers bei. Beide haften als Gesamtschuldner. Tritt das Finanzierungsinstitut gem. § 5 AbzG vom Vertrag zurück, so läßt dies die Haftung des Verkäufers unberührt, 425. § 356 findet keine Anwendung. § 356 ist nach dem Zweck der Mithaftung des Verkäufers vertraglich abbedungen (BGHZ 47, 248).

Überblickt man die genannte Rechtsprechung, so läßt sich nicht leugnen, daß der BGH hier in weitem Umfang wie ein Gesetzgeber seine sozialpolitischen Vorstellungen verwirklicht hat. Der Zweck des Abzahlungsgesetzes konnte ihm dabei nur eine Richtlinie sein. Dies wird in der Entscheidung

Besondere Arten des Kaufs **§ 71**
V 7

BGHZ 47, 241 deutlich: „Die Gefahr, die für den Käufer in der Verlockung liegt, sich ohne oder gegen geringe Anzahlung in den Besitz von Sachwerten zu setzen und die sich daraus ergebende Neigung, sich über seine wirtschaftlichen Kräfte hinaus zu belasten, ist nicht geringer, wenn statt des Verkäufers ein Dritter den Kredit einräumt. Dies rechtfertigt die Annahme, daß der Gesetzgeber diese Art von Geschäften auch in die Regelung des § 6 AbzG einbezogen hätte, wenn es sie beim Erlaß des Gesetzes schon gegeben hätte oder sie zu jener Zeit schon voraussehbar gewesen wären" (vgl. auch BGHZ 3, 257).

7. Leasing, insb. der Finanzierungsleasingvertrag

Autenrieth, JA 80, 407; *Blomeyer, J.*, NJW 78, 973; *Canaris*, Bankvertragsrecht 2. Aufl. 1981, Rn. 1710ff.; *ders.*, NJW 82, 305; *Coester-Waltjen*, Jura 80, 123; *dies.*, Jura 80, 186; *Dörner*, VersR 78, 884; *Ebenroth*, JuS 78, 588; *ders.*, DB 78, 2109; *Flume*, DB 72, 1, 53, 105, 152; *Frank, Franz*, Finanzierte Verträge zwischen Miete und Kauf, Diss. Berlin 1970; *Fuchs, Volker*, Die Gewährleistungsregeln bei Leasingverträgen unter besonderer Berücksichtigung des AGBG, Diss. Regensburg 1979; *Gerth/Panner*, BB 84, 813; *Giger*, Der Leasingvertrag, 1977; *ders.*, FG Deschenaux, 1977, 343; *Hagenmüller/Stoppok*, Leasing-Handbuch, 4. Aufl. 1981; *Hiddemann*, WM 78, 834; *Klamroth*, BB 82, 1949; *Koch*, Störungen beim Finanzierungs-Leasing, 1981; *Koch/Haag*, BB 68, 93; *Krause*, Die zivilrechtlichen Grundlagen des Leasing-Verfahrens, Diss. Köln 1967; *Lienhard*, Finanzierungs-Leasing als Bankgeschäft, 1976; *Lwowski*, Erwerbsersatz durch Nutzungsvertrag, Diss. Hamburg 1967; *Frhr. Marschall v. Bieberstein* (Hrsg), Leasingverträge im Handelsverkehr, 1980; *Plathe*, Die rechtliche Beurteilung des Leasing-Geschäfts, Diss. Kiel 1969; *ders.*, BB 70, 601; *Reich*, JuS 73, 480; *ders.*, Leasing, in: *Gitter* u. a., Vertragsschuldverhältnisse (ohne Kaufrecht), 1974; *Reiche*, Leasing, Diss. Marbug 1972; *Reimer Schmidt*, AcP 166, 10; *Reinicke/Tiedtke*, BB 82, 1142; *Runge*, u. a., Leasing, 1978; *Sannwald*, Der Finanzierungsleasing über bewegliche Sachen mit Nichtkaufleuten, 1982; *Seifert*, DB 83 Beil. 1; *Selmer*, JuS 70, 361; *Sonnenberger*, NJW 83, 2217; *Spittler*, Leasing, 2. Aufl. 1977; *Tacke*, DB 83 Beil. 28; *Ulmer, P./Schmidt, H.*, DB 83, 2558; *Graf v. Westphalen*, Der Leasingvertrag, 2. Aufl. 1984; *ders.*, MDR 80, 441; *ders.*, WM 80, 942; *ders.*, DB 82 Beil. 6; *ders.*, ZIP 83, 1021.

a) Begriff und wirtschaftliche Bedeutung

Beim Abzahlungskauf zahlt der Käufer in Raten, weil er den gesamten Preis noch nicht zahlen kann oder will, um nach Vollzahlung das Eigentum an der Kaufsache zu erlangen. Nicht selten kommt es aber dem Erwerber gar nicht entscheidend auf das Eigentum, sondern auf die *Nutzung* der Sache an. Dann liegt als Vertragstyp, den das BGB zur Verfügung stellt, *Miete*, im Falle beabsichtigter Fruchtziehung auch *Pacht* nahe. Miete und Pacht setzen aber typischerweise voraus, daß die zur Nutzung überlassene Sache nach Vertragsende zurückgegeben und dann vom Vermieter (Verpächter) anderweit entgeltlich in Nutzung gegeben wird. Wie aber, wenn dies nicht zutrifft, wenn also zum Ende der vorgesehenen Nutzungsdauer das Wirtschaftsgut im wesentlichen verbraucht ist? Dann paßt mangels angestrebtem Eigentumsübergang einerseits und fehlender Rücknahme- und Wiederverwendungsabsicht andererseits weder Kauf noch Miete oder Pacht. Im Anschluß an US-amerikanische Vorbilder hat sich zur Deckung dieses wirtschaftlichen Bedarfs der *Finanzierungsleasingvertrag* seit etwa 25 Jahren eingebürgert: Der „Käufer" zahlt (meist monatliche) Teilbeträge, erhält dafür aber nicht das Eigentum an der Sache, sondern nur die Nutzung. Die Teilzahlungsbeträge sind so bemessen, daß sie den Wert der Sache zuzüglich der Finanzierungskosten und des Gewinns des Leasinggebers innerhalb der betriebsgewöhnlichen Nutzungsdauer der Sache ganz oder, unter Zugrundelegung von 90% der betriebsgewöhnlichen Nutzungsdauer zu 90% unter Zuzahlung des Restbuchwerts durch den Leasingnehmer einbringen.[9]) Das Finanzierungs-Leasing ist eine Finanzierungsform, die sich angesichts der immer noch sinkenden Eigentumsausstattung der deutschen Unternehmen gewisser Beliebtheit erfreut, weil Investitionen mit laufenden Monatszahlungen bestritten werden können. Eine Investitionsgüter vermarktende Firma ist heute häufig darauf angewiesen, der Kundschaft ein Bündel von Miet-, Leasing- und Abzahlungsmodellen vorzulegen, aus dem für den Interessenten eine „maßgeschneiderte", seinen konkreten Bedarf deckende Lösung entnommen werden kann. Am deutschen Leasingmarkt betätigen sich derzeit etwa insgesamt 600 Firmen, darunter 40−50 bedeutendere. Steuerlich bietet das Finanzierungs-Leasing dem Leasingnehmer den Vorteil, daß das geleaste Eigentum *beim Leasinggeber* bilanziert wird und die monatlichen Teilzahlungen *vom Leasingnehmer* als Betriebsausgaben abgesetzt werden können. Statt Investitionen zu aktivieren, werden die Leasingraten passiviert. Im Konkurs kann zudem der Leasingnehmer darauf verweisen, die genutzte Sache sei nicht sein Eigentum. Doch hat der Leasinggeber kein Aussonderungsrecht nach § 43 KO, da das Eigentum für ihn nur Sicherungsfunktion hat.[10])

b) Verhältnis des Finanzierungsleasing zu anderen Leasingformen. *Das rechtliche „Leitbild": Miete oder Kauf?*

Das Finanzierungsleasing findet sich z. B. beim Absatz von Kraftfahrzeugen, Büromaschinen und Einrichtungsgegenständen. Wer ein Auto least, wird zwar nicht Eigentümer,[11]) kann aber, wenn er den Leasingvertrag erneuert, „stets das neueste Modell fahren". Der *Leasinggeber* ist es, der oft unter Einsatz erheblicher Finanzmittel investiert und seinerseits „vermietet". Trotz verbreiteter Verwendung des Miet-Vokabulars fehlt dem Finanzierungsleasing das Miete und Pacht kennzeichnende Interesse des Eigentümers, die Sache in ihrer Grundbeschaffenheit nach Beendigung der Gebrauchs-

---

[9]) Die 90%-Regelung geht zurück auf die „Leasing-Entscheidung" des BFH, BFHE 97, 466 = NJW 70, 1148 und die im Gefolge dieser Entscheidung ergangenen Leasing-Erlasse des BMF, BStBl. 71 I, 264 = BB 71, 506; BStBl. 72 I, 188; BB 76, 72.

[10]) Dafür steht dem Leasinggeber ein Recht auf abgesonderte Befriedigung zu. Im übrigen gilt § 17, nicht § 19 KO. Die Vertragsvereinbarung, nach welcher der Leasinggeber im Konkurs des Leasingnehmers berechtigt sei, die sofortige Zahlung der noch ausstehenden Leasingraten zu verlangen, ist als Verstoß gegen § 17 KO nach § 134 nichtig, *MünchKomm/Voelskow*, vor § 535 Rn. 55.

[11]) Wohl aber Halter des Kfz, BGHZ 87, 133 mit den Haftungsfolgen.

überlassung zum eigenen Gebrauch oder zu weiterer Gebrauchsüberlassung an neue Mieter oder Pächter zurückzunehmen. Vielmehr geht typischerweise beim Finanzierungsleasing das Interesse des Leasinggebers auf einen endgültigen Warenumsatz, der allerdings in laufenden Raten abgegolten wird, so daß das Eigentum nicht nur aus steuerrechtlichen Gründen, sondern auch zu Sicherungszwecken zurückbehalten wird. Das Finanzierungsleasing ist daher in seinem „Leitbild" nicht eine Form von Miete, sondern ein in besonderer Weise, nämlich durch Umrechnung des Preises in Raten für die Zeit der wahrscheinlichen Nutzbarkeit der Sache finanzierter Kauf.[12]) § 445 (kaufähnliche Verträge) findet, gegebenenfalls unter gebotener Einbeziehung mietrechtlicher Gedanken, Anwendung. Man spricht daher auch von „Erwerbsersatz durch Nutzungsvertrag" *(Lwowski)*, Kauf einer Nutzung (*Plathe* Diss.) oder Nutzkauf (Vorauflage). Dem Argument von *Flume* (DB 72, 1, 3), *jede* Miete sei ein „Kauf von Nutzungen", so daß Nutzungskauf grundsätzlich ohnehin Mietrecht unterliege, steht entgegen, daß die rechtliche Einordnung des Leasing nicht nach der Faustregel: Eigentum für Geld = Kauf, Gebrauch für Geld = Miete, getroffen werden kann, sondern daß die Gesamtstellung des Leasingnehmers mit der des Käufers und der des Mieters verglichen werden muß. Dabei ist weder die Wahl der Ausdrücke in der Praxis noch der wirtschaftliche Grundgedanke der Finanzierung eines Kaufpreises durch Teilzahlungen, noch der Gesichtspunkt der Eigentumsübertragung entscheidend (letzteres mit Ausnahme verdeckter Abzahlungsgeschäfte), sondern allein die Überlegung, ob ein Wirtschaftsgut in seiner Grundbeschaffenheit entgeltlich im wesentlichen allein *einem* Nutzer, oder nacheinander *mehreren* Nutzern überlassen werden soll. Viel hängt dabei von der Festlegung des Wirtschaftsguts ab: Die Verkehrssitte erblickt in einem neuen Kfz ein anderes Wirtschaftsgut als in einem Gebrauchtwagen. Auch wettbewerbsrechtlich handelt es sich insoweit um zwei verschiedene Märkte. Decken also die Teilzahlungsbeträge beim Finanzierungsleasing im wesentlichen *den Wert eines Kfz*, bis es nach der Marktüblichkeit als *Gebrauchtfahrzeug* gehandelt wird, geht es um *einen* Nutzer, nicht um *mehrere*, also um (mindestens) zwei Wirtschaftsgüter, nicht um eines. Solange daher das Interesse des Leasingnehmers vorwiegend auf Finanzierung des Erwerbs *eines Wirtschaftsgutes* (wenn auch nur zur Nutzung) und das des Leasinggebers vorwiegend auf Rückbehalt des Eigentums als Sicherungsmittel und als Steueranreiz, nicht aber als Quelle späterer eigener Nutzung oder entgeltlicher Gebrauchsüberlassung an andere auf Zeit gerichtet ist, liegt tendenziell eine Übertragung der Zuordnung und damit Kauf, nicht Miete oder Pacht vor. Wird, wie beim Finanzierungsleasing, die „betriebsgewöhnliche Nutzungsdauer" voll oder zu einem wesentlichen Teil für die laufende Finanzierung ausgeschöpft, tritt die Bedeutung des Eigentums i. S. d. § 903 naturgemäß zurück.

Unter *Leasing* werden jedoch noch *andere Geschäfte* verstanden, deren Rechtsnatur mit der des Finanzierungsleasings zu vergleichen ist:

aa) Rechtlich keine Schwierigkeiten bereitet ein Leasing, hinter dem sich ein *Ratenkauf* verbirgt (*Selmer,* JuS 70, 362), gekennzeichnet durch die Absicht der Parteien, das

---

[12]) Wie hier *MünchKomm/Voelskow,* vor § 535 Rn. 52; *Ebenroth,* JuS 78, 588 (593); *Staudinger/Emmerich,* Vorb. zu §§ 535, 536 Rz. 50; ähnlich *Brox* II Rn. 214; — eine Grundsatzentscheidung des BGH, ob das Finanzierungsleasing grundsätzlich dem Leitbild des Kaufs oder der Miete folgt, steht noch aus; vorwiegend wurden mietrechtliche Grundsätze herangezogen, vgl. BGH NJW 77, 195; BGHZ 71, 189; in der Tendenz gegenteilig BGHZ 87, 133; differenzierend BGHZ 68, 118.

Eigentum nach Vollzahlung übergehen zu lassen und den Leasingnehmer wie einen Käufer beim Kauf unter Eigentumsvorbehalt zu stellen, OLG Köln NJW 73, 1615. Dann gilt das Abzahlungsgesetz, § 6 AbzG (s. o. § 71 V 5 m), BGHZ 68, 118 (ein Fall, in dem dies nicht so lag).

bb) Für das Finanzierungsleasing findet sich auch der Ausdruck „Mobilien-Leasing", weil es ganz vorherrschend für mobile Investitionsgüter verwendet wird. Beim *Immobilien-Leasing* handelt es sich um eine (die Abschreibungsdauer berücksichtigende) langfristige Gebrauchsüberlassung unbeweglicher Sachen durch einen Leasinggeber an einen Leasingnehmer zu gewerblicher – bei öffentlichen Leasingnehmern fiskalischer – Nutzung. Häufig erstellt der Leasinggeber das Objekt im eigenen Namen und für eigene Rechnung auf Initiative des künftigen Leasingnehmers. Während der gesamten Vertragsdauer bleibt der Leasinggeber Eigentümer. Er aktiviert das Grundvermögen in seiner Bilanz und nimmt die Abschreibungen hierauf vor. Der Leasingnehmer leistet während der Vertragsdauer die Leasingzinszahlungen, die bei privaten Unternehmen als Betriebsausgaben abziehbar sind. Bei Vertragsende wird das Objekt zurückgegeben, wenn nicht der Vertrag verlängert wird. Auch kann dem Leasingnehmer eine Kaufoption zum Restwert eingeräumt werden. Üblicherweise übernimmt der Leasingnehmer die mit der Errichtung des Objekts zusammenhängenden Risiken, so weit er sich selbst in die Bauplanung und -ausführung einschaltet. Weiterhin übernimmt der Leasingnehmer regelmäßig alle Risiken, Kosten und Steuern einschließlich aller Lasten, denen im Mietrecht der Vermieter ausgesetzt ist.[13]) Aus dem Umstand, daß beim Immobilienleasing in der Regel noch eine Restnutzung des Objekts für Leasinggeber oder Leasingnehmer verbleibt, folgt, daß *insoweit – anders als beim Finanzierungsleasing – Miete* das „Leitbild" ist.

cc) Einwandfrei mietrechtlich ist das sogenannte *Operating-Leasing* (auch Operate-Leasing) ausgestaltet, bei dem ein kurzfristig oder jederzeit kündbarer Vertrag über die Gebrauchsüberlassung des Leasingobjekts geschlossen wird, wiederholte Überlassungen desselben Objekts also die Regel sind.[14])

dd) Unter Ausscheidung der rein kaufrechtlichen und der mietrechtlichen Formen ist im folgenden nur noch vom Finanzierungsleasing die Rede.

c) Arten des Finanzierungsleasings

Die Einteilung kann nach verschiedenen Gesichtspunkten erfolgen:

aa) Nach der Zahl der beteiligten Personen: *Das Finanzierungsleasing* (auch Investitions-Leasing genannt) gliedert sich in das *direkte*, bei dem Warenproduzent bzw. Händler und Leasinggeber identisch sind, und in das *indirekte* (auch *Vertriebs-Leasing* genannt), bei dem eine Finanzierungsgesellschaft als Leasinggeber auftritt. Das Vertriebs-Leasing ist in der Praxis häufiger. Zu Lasten des Lieferanten (Hersteller, Händler) gehen Herstellung, Lieferung, Verwertung, Instandhaltung und Wartung der Objekte (soweit die beiden zuletzt genannten Tätigkeiten nicht auf den Leasingnehmer

---

[13]) Siehe dazu das Leasingkonzept von 1979, das LEASEUROPE, eine europäische Vereinigung der Verbände von Leasinggesellschaften, für die ihr angeschlossenen nationalen Verbände und deren Mitglieder ausgearbeitet hat, Beilage der Süddeutschen Zeitung Nr. 274 vom 29. 11. 1983, 39.

[14]) *MünchKomm/Voelskow* spricht vom „Leitbild" der Pacht und weist zu Recht darauf hin, daß die Verwendung des Ausdrucks „Leasing" statt Miete in solchen Fällen hauptsächlich aus Werbegründen erfolgt.

Besondere Arten des Kaufs

übertragen werden). Die Leasinggesellschaft übernimmt die Finanzierung. Die Zusammenarbeit ist nach außen oft nicht erkennbar. Sie ist in dreierlei Form möglich: Bei sogenannter *loser Kooperation* teilt der Verkäufer der Leasingfirma mit, wenn ein Kunde leasen statt kaufen will und übergibt gegebenenfalls dem Kunden die Leasing-Vertragsunterlagen. Bei der sogenannten *engeren Kooperation* werden die Verkäufer geschult, um das Produkt gleichzeitig mit der Finanzierung anzubieten. Die Verkäufer vereinbaren Klauseln über Objektverwertung nach Ablauf des Leasingvertrags. Die dritte Form entlastet den Lieferanten in besonderer Weise, sie heißt *Herstellermiete* (oder „*sale & lease back mit Untervermietung*"): Wenn − wie es für die Herstellermiete kennzeichnend ist − der Lieferant wie beim direkten Finanzierungsleasing auftreten, also ein eigenes Leasinggeschäft betreiben will, etwa um einen möglichst engen Kontakt zum Kunden zu haben, können mit Hilfe einer Leasingfirma (als „third party lessor") die Nachteile der Selbstvermietung (Kapitalbindung, Bilanzausweis, Gewerbesteuer) vermieden werden. Der Hersteller oder das Objekt erwerbende Händler überträgt das Sicherungseigentum an die Leasinggesellschaft, diese verleast an ihn das Objekt zurück und gestattet ihm, es an Leasingnehmer *unterzuvermieten*. Dem Leasingnehmer wird in der Regel nicht aufgedeckt, daß das Objekt im Sicherungseigentum der Leasinggesellschaft steht. Die monatlichen Leasingraten, die Mietdauer und die Restwertvereinbarung durch Einsatz des know how der Leasinggesellschaft werden dabei anpassungsfähig und „wettbewerbsgeeignet" gehalten. Durch den geringen Kapitaleinsatz ist der Lieferant in der Lage, falls nötig während der Mietdauer das Gerät im Austausch gegen ein neues Modell zurückzunehmen. Dadurch bleibt der Leasingnehmer als Kunde erhalten, auch wenn die Konkurrenz zur gleichen Zeit oder sogar früher als er neue Modelle auf den Markt bringt. Das Vertriebs-Leasing in Form der Herstellermiete verzeichnet zur Zeit die stärksten Zuwachsraten. Eine Gefahr des *sale & lease back* liegt in der damit möglicherweise verbundenen bilanzmäßigen Wertmanipulation (Realisierung stiller Reserven), wobei § 138 zu prüfen wäre; s. u. § 86 III.

bb) Nach dem Gegenstand: Gegenstand des Finanzierungsleasing sind entweder Produkte, die speziell auf die Belange des Leasingnehmers zugeschnitten sind, wie Fabrikationsanlagen, Supermarktausrüstungen und Hotelinneneinrichtungen *(sogenanntes individualisiertes Spezialleasing)*, oder Gegenstände, die typischerweise über einen Gebrauchtwarenmarkt verfügen und dort nach Beendigung des Leasingvertrags abgesetzt werden können, wie Büromaschinen, Nutzfahrzeuge, Farbfernseher *(allgemeines Finanzierungsleasing)*.

cc) Nach der Art der Vertragsbeendigung: Bei der sogenannten *Vollamortisation* geht die Kalkulation des Leasinggebers mit Zahlung der letzten Rate auf. Zusätzliche Zahlungen des Leasingnehmers sind nicht vorgesehen. Beim häufigeren Teilamortisations-Vertrag werden während der unkündbaren Vertragslaufzeit durch die zu entrichtenden Leasingraten die Anschaffungs- oder Herstellungskosten sowie alle Nebenkosten einschließlich der Finanzierungskosten des Leasinggebers nur zum Teil berücksichtigt. Es verbleibt ein Restwert, der sich aus der Differenz des voraussichtlichen Marktwerts bei der Wiederverwertung und des sogenannten „Restbuchwerts" ergibt. Der Restbuchwert wird von vornherein festgesetzt. Erbringt zum Beispiel ein Auto nach Ende des Leasingvertrags auf dem Gebrauchtwagenmarkt weniger als den Restbuchwert, muß der Leasingnehmer die Differenz, eben den Restwert, an den Leasinggeber bezahlen. Ist der Restbuchwert niedrig angesetzt, kann die Verwertung ein Plus erbringen. Dieses kommt dann dem Leasingnehmer meist zu 75%, dem Leasinggeber zu 25% zugute. Man nennt diese Vertragsgestaltung, die häufig ist, den *Teilamortisa-*

tionsvertrag mit Aufteilung des Mehrerlöses, dazu *Graf v. Westphalen*, ZIP 83, 1021 ff. Statt einer derartigen Restwertzahlung kann auch vereinbart werden, daß die Intensität der Inanspruchnahme, beim Auto zum Beispiel die gefahrene Kilometerzahl, abgerechnet wird. Jeder über die im Vertrag festgesetzte Fahrleistung hinaus gefahrene Kilometer kostet dann den Leasingnehmer einen bestimmten Betrag. Die Minderkilometer werden zwischen Leasinggeber und -nehmer geteilt. Die Verwertung des Objekts beim Ende des Leasingvertrags kann noch variiert werden durch eine Kaufpflicht des Leasingnehmers *(Andienungsrecht des Leasinggebers)* oder durch ein *Optionsrecht* des Leasingnehmers auf Ankauf des Objekts (letzteres selten). Im Falle einer solchen Option des Leasingnehmers liegt die Annahme eines verdeckten Abzahlungsgeschäfts nahe, BGHZ 68, 118; s. o. b) aa).

d) Rechtsquellen des Finanzierungsleasing

Gegen die überwiegende Praxis, die das Finanzierungsleasing am Leitbild des Mietvertrags ausrichtet, spricht nicht nur − wie oben zu b) dargelegt − das grundsätzliche Umsatzinteresse von Hersteller/Leasinggeber, sondern auch die Tragung der Sachgefahr, der Sacherhaltung und der Lasten entgegen §§ 535, 275, 323 Abs. I, 546 durch den „Mieter", die in den Verträgen regelmäßig vorgesehen sind, und die übliche Ersetzung des Gewährleistungsrechts des Mietvertrags (§§ 537, 538) durch das des Kaufvertrags (§§ 459 ff.), vgl. BGH NJW 82, 105. Sofern, wie beim typischen Finanzierungsleasing, das Interesse der Parteien vorwiegend auf Zuordnungswechsel, Finanzierung eines Erwerbs und Zurückhaltung des Eigentums als Sicherheit geht, wofür kennzeichnend ist, daß das Objekt nach Ende des Leasingvertrags einen anderen Markt betritt (Gebrauchtwarenmarkt), steht der Kaufcharakter des Leasing im Vordergrund. Mit den damit gemäß § 445 grundsätzlich anzuwendenden Kaufrechtsvorschriften sind die Regeln des Mietvertrags in analoger Anwendung zu verbinden, wo dies nach den Vertragsbedingungen im Einzelfall interessegerecht ist, z. B. bei Vorausverfügungen über den Mietzins, 573. Das Finanzierungsleasing ist also ein gemischter Vertrag i. S. eines typischen Vertrags (kaufähnlicher Vertrag) mit untergeordneten andersartigen Leistungen, oben § 65 II 1. Das Vorwiegen des „Leitbilds Kauf" zeigt sich auch an den übrigen Geschäftsbedingungen, zu denen Leasingverträge abgeschlossen werden:

e) Übliche Bedingungen und Hauptmerkmale

Nach dem Finanzierungsleasingvertrag hat der Leasinggeber dem Leasingnehmer die Sache auf mehrere Jahre fest und grundsätzlich beiderseits unkündbar zu überlassen. Die Überlassungszeit entspricht voll oder (bei Teilamortisation) gekürzt (z. B. um 10%) der betriebsüblichen Nutzungsdauer. Der Leasinggeber erhält dafür außer der Anzahlung die Leasingraten. Sie sind meist monatlich in gleicher Höhe zu entrichten, doch finden sich auch degressive Berechnungen.

Den *zufälligen Untergang* oder die *Verschlechterung der Sache* trägt, im Unterschied zum Mietrecht, der *Leasingnehmer*. Oft ist in solchen Fällen die sofortige Fälligkeit aller Raten vorgesehen. Damit wird praktisch das gleiche Ergebnis wie nach § 446 (Gefahrübergang beim Kauf) erzielt. Es findet sich auch die Bestimmung, daß der Leasingnehmer in derartigen Fällen ein Ersatzstück beschaffen und zum Gegenstand des Vertrags machen muß. Bei Zahlungsverzug, Zahlungsunfähigkeit oder Konkurs des Leasingnehmers werden ebenfalls häufig alle Raten auf einen Schlag fällig.

Der Leasingnehmer trägt die Kosten für An- und Rücklieferung, die öffentlichen Lasten und die Kosten für Wartung und Reparaturen. *§ 548, wonach der Vermieter die übliche Abnutzung trägt, gilt in der Vertragspraxis grundsätzlich nicht.*

Das Eigentum verbleibt beim Leasinggeber, der es beim Vertriebsleasing zur Sicherheit an die finanzierende Firma überträgt. Das ermöglicht es der Leasinggeberseite, wenn fristlose Kündigung bei Zahlungsverzug, unsachgemäßer Behandlung oder wesentlicher Verschlechterung der wirtschaftlichen Verhältnisse des Leasingnehmers vorgesehen ist, die Sache zurückzunehmen und zu verwerten.

f) Leistungsstörungen und sonstige Störungen

aa) Begeht der Leasingnehmer eine Leistungsstörung, richtet sich seine Lage nach allgemeinem Recht, modifiziert durch die im vorigen Unterabschnitt angedeuteten Klauseln. Liegt auf der Leasinggeberseite eine Leistungsstörung vor, muß in Entsprechung zu den Regeln des finanzierten Kaufs *ein Einwendungsdurchgriff* gegen die jeweils zweite Firma auf der Leasinggeberseite gestattet sein. Das ist mit Sicherheit anzunehmen, wenn, wie beim Vertriebsleasing häufig, das Auseinanderfallen von Hersteller und Finanzierungsfunktion dem Leasingnehmer nicht aufgedeckt wird. Es muß aber grundsätzlich, wie beim finanzierten Kauf, auch dann gelten, wenn dem Leasingnehmer die Trennung der Funktionen erkennbar ist.

bb) Zeichnet sich der Leasinggeber umfassend von seiner Gewährleistungspflicht frei und tritt er die ihm zustehenden Gewährleistungsansprüche gegen den Hersteller des Objekts an den Leasingnehmer ab, so erklärt er zugleich, daß er die rechtlichen Folgen, die sich aus der Geltendmachung der Gewährleistungsrechte durch den Leasingnehmer ergeben, als für sich verbindlich hinnimmt; wandelt der Leasingnehmer, so fällt für den Leasingvertrag die Geschäftsgrundlage weg, da andernfalls der Leasingnehmer rechtslos gestellt würde, BGH NJW 82, 105; BGHZ 68, 118 (Zulässigkeit des Gewährleistungsausschlusses im Falle derartiger Übertragung).

cc) Wird beim Teilamortisationsvertrag ohne Leasingnehmeroption bei der Wiederverwertung des Objekts ein Preis erzielt, der den Leasingnehmer mit einer erheblichen Restwertzahlung belastet, ergeben sich für ihn zunächst nur finanzielle, nicht rechtliche Folgen. Es kann aber sein, daß aus Gründen wettbewerblicher Optik die Leasingraten bewußt niedrig gehalten und der Restbuchwert entsprechend hoch angesetzt wurden. Hier sind im Verhältnis zum Leasingnehmer § 138 BGB, zur Konkurrenz § 1 UWG zu prüfen. Wird durch den in diesem Zusammenhang ausübbaren Druck auf den Leasingnehmer eine Kundenbindung erzielt, stellen sich kartellrechtliche Probleme (insb. nach § 18 GWB).[15]

VI. Verkauf im Wege der Zwangsvollstreckung

Die §§ 456–458 enthalten für Verkäufe im Wege der Zwangsvollstreckung gewisse Einschränkungen der allgemeinen vertraglichen Abschlußfreiheit. Bei einem Verkauf im Wege der Zwangsvollstreckung dürfen der mit der Vornahme oder Leitung des Verkaufs Beauftragte, die von diesem zugezoge-

---

[15] Zur rechtspolitischen Würdigung des Finanzierungsleasing siehe auch die Vorauflage § 71 V 7 e.

nen Gehilfen sowie der Protokollführer den angebotenen Gegenstand weder für sich persönlich noch durch einen anderen oder als Vertreter eines anderen kaufen. Sinn dieser Vorschriften ist es, die Unparteilichkeit des Verfahrens zu gewährleisten.

§ 72
Tausch

I. Gemäß § 515, dem einzigen Paragraphen, den das Gesetz für den Tausch vorsieht, finden die Vorschriften über den Kauf auch auf den Tausch entsprechende Anwendung. Das Wesen des Tausches ist der Austausch von Ware gegen Ware. Beim Kauf wird Ware gegen Geld getauscht. Wichtig war und ist der Tausch in urtümlichen wirtschaftlichen Verhältnissen sowie in Zeiten, in denen das Geld nicht viel wert ist und eine freie Martkwirtschaft nicht besteht.

II. Jeder Vermögensgegenstand, der nach der Verkehrsauffassung als Kaufobjekt in Betracht kommt, kann Gegenstand eines Tauschvertrages werden, dazu *Staudinger/Mayer-Maly,* § 515 Rz. 4. Die „Praxis" eines Arztes oder eines anderen Freiberuflers ist z. B. ein zulässiges Tauschobjekt, BGHZ 16, 74; BGH NJW 59, 1584.

III. Auf den Tausch finden die Kaufregeln entsprechende Anwendung. Das bedeutet, die Sachübereignungspflichten gemäß § 433 I bestehen nun auf beiden Seiten.

IV. Zwei besondere Probleme wirft der Tausch auf:

1. Wie soll bei einem Tausch die als Gegenleistung gelieferte Ware „gemindert" werden, wenn im Falle der Mangelhaftigkeit einer Ware die Minderung beansprucht wird? Die Lösung kann nur sein, daß der Lieferer der mangelhaften Ware nach Maßgabe der Minderungsvorschriften den fehlenden Betrag „zuzahlen" muß.

2. Wenn Schadensersatz wegen zu vertretenden Unmöglichwerdens nach § 325 verlangt wird, gewinnt das Wahlrecht des Gläubigers der unmöglich gewordenen Leistung besondere Bedeutung. Verlangt er Schadensersatz nach der Differenzmethode, so erhält er den Mehrwert der unmöglich gewordenen Leistung im Verhältnis zu seiner Leistung. Wenn er dagegen nach der Austauschtheorie seinen Schadensersatz berechnet, dann muß er seine ihm obliegende und noch mögliche Leistung erbringen und kann vollen Schadensersatz wegen Nichterfüllung verlangen. Die unmöglich gewordene Leistung wird dann vollständig in Geld bewertet. Eigentlich hat dieses Wahlrecht zwischen der Berechnung nach dem Differenz- und dem Austauschmodus nur beim Tausch volle Bedeutung. Beim Kauf ergibt sich, wenn der Gläubiger der unmöglich gewordenen Leistung die Austauschtheorie bevorzugt, not-

wendig eine Aufrechnung, 387 ff. Entsprechendes gilt für Schadensersatz wegen Nichterfüllung aus Verzug, 326.

§ 73
Schenkung, Schenkungsversprechen

Boehmer, ZAkDR 39, 610; *Bosch,* FS *Beitzke,* 1979, 121; *Brox,* FS *Bosch,* 1976, 75; *Burkhard,* Begriff der Schenkung, 1899; *Cohn,* Verpflichtung des Schenkers zur Gewährleistung wegen Mangels im Rechte, 1903; *Crezelius,* Erbschafts- und Schenkungssteuer in zivilrechtlicher Sicht, 1979; *Eckstein,* AcP 107, 384; *Erman,* AcP 137, 335; *Fabian,* Die Gewährleistungspflicht des Schenkers nach römischem, gemeinem Recht und BGB, 1899; *Haymann,* Die Schenkung unter Auflage, 1905; *ders.,* IherJB 56, 86; *Herrmann,* MDR 80, 883; *Jebens,* BB 80, 407; *Köppen,* Das negotium mixtum cum donatione, 1914; *Knobbe-Keuk,* FS *Flume,* Bd. II, 1978, 149; *Liebisch,* Das Wesen der unentgeltlichen Zuwendungen unter Lebenden, 1927; *Lorenz, W.,* FS *Rheinstein* 1969, 547; *v. Lübtow,* Schenkungen der Eltern an ihre minderjährigen Kinder und der Vorbehalt dinglicher Rechte, 1949; *Migsch,* AcP 173, 46; *Oertmann,* Entgeltliche Geschäfte, 1912; *ders.,* Schenkung und Vertrag, Der junge Rechtsgelehrte, 1937, 177; *Oppenheim,* Schenkungsversprechen, 1906; *Reichel,* AcP 104, 1; *ders.,* FS Züricher Jur. Fak. 1914, 107; *Reinicke, D.,* NJW 70, 1447; *Reinicke, M.,* JA 82, 326; *Schierlinger,* SeuffBl. 1906, 661; *Schramm,* MDR 62, 961; *Seeler,* Unentgeltlichkeit als Erfordernis der Schenkung, 1908; *Seutemann,* Der Widerruf von Schenkungen unter Ehegatten, 1983; *Slapnicar,* JZ 83, 325; *Süß,* ZAkDR 42, 72; *Tiedtke,* DB 77, 1064; *Troll,* BB 79, 1489; *Wacke,* MDR 83, 4; *Weimar,* MDR 74, 285; *Weirauch,* Gruchot 48, 229.

I. Begriff

§ 516 I versteht unter Schenkung eine Zuwendung, durch die jemand aus seinem Vermögen einen anderen bereichert, wenn beide Teile darüber einig sind, daß die Zuwendung unentgeltlich erfolgt. Das Charakteristische bei der Schenkung ist also das *Einigsein* über die *Unentgeltlichkeit.* Die Zuwendung muß aus dem Vermögen des Schenkers kommen und den Beschenkten bereichern. Insoweit weicht die Natur der Schenkung von der eines üblichen obligatorischen Geschäfts ab. *Von Savigny* behandelte die Schenkung überhaupt nicht als Schuldvertrag, sondern als Modus einer Zuwendung im Allgemeinen Teil des Bürgerlichen Rechts.

Unentgeltlich ist ein Erwerb, wenn durch Gesetz oder Rechtsgeschäft festgesetzt ist, daß er von einer eigenen Zuwendung des Erwerbers rechtlich nicht abhängen soll. Die Abhängigkeit des Erwerbs von einer als Ausgleichung aufgefaßten eigenen Zuwendung und damit Entgeltlichkeit liegt in folgenden Fällen vor: Wechselseitige Verpflichtung, Setzung einer entsprechenden Bedingung oder eines entsprechenden Rechtszwecks (synallagmatische, konditionale, kausale Verknüpfung), RGZ 163, 356; BGHZ 5, 302; Zuwendungen unter Ehegatten im Rahmen der ehelichen Lebensgemeinschaft, BGH NJW 82, 1093; 83, 1611.

Nur völlig unentgeltliche Zuwendungen sind Schenkungen. Bereits ein geringes Entgelt beseitigt die Unentgeltlichkeit. Ein Kauf zum *Freundespreis* („halb geschenkt") ist eine gemischte Schenkung. Die *gemischte Schenkung* ist ein besonderer Fall der gemischten Verträge, vgl. dazu oben § 65 II; BGHZ 30, 120; *Larenz* II 62 II c. Auf sie finden sowohl Kauf- als auch Schenkungsregeln Anwendung.

Unentgeltliche Gebrauchsüberlassung ist Leihe, 598 ff., nicht Schenkung, BGH NJW 82, 820; unentgeltliche Dienstleistung ist, wenn Dienste i. S. d. §§ 611 ff. gemeint sind, Dienstvertrag, arg. § 612 I. Entsprechendes gilt für unentgeltliche Werkleistungen, arg. § 632 I. Nur sonstige unentgeltliche Geschäftsbesorgung ist, sofern sie rechtsgeschäftlich übernommen wird, Erfüllung eines Auftrages, 662 ff. (anders Voraufl.).

II. Die Realschenkung (Handschenkung)

Das Gesetz behandelt die Realschenkung (Handschenkung) als den Normalfall, vgl. dazu oben § 12. Sie besteht lediglich aus dem Einigsein über die Unentgeltlichkeit einer Zuwendung. Die Realschenkung begründet keine Pflicht zur Übereignung. Sie ist lediglich, als Abrede der Unentgeltlichkeit, die Vereinbarung eines Rechtsgrundes für eine dingliche Zuwendung. Auch bei der Schenkung wird daher das Kausalgeschäft und das dingliche Vollzugsgeschäft unterschieden. Das Kausalgeschäft ist die Abrede der Unentgeltlichkeit (Abrede einer causa). Das dingliche Vollzugsgeschäft ist die Übereignung der geschenkten Sache, die Zession der geschenkten Forderung usw. Die Realschenkung ist aber doch Schuldvertrag. Sie ist Realvertrag im oben (§ 12) entwickelten Sinne. Dem steht nicht entgegen, daß Pflichten nur aus vollzogener Schenkung entstehen, z. B. § 524.

III. Das Schenkungsversprechen

Beim Schenkungsversprechen verspricht der Schenker dem Beschenkten, ihm unentgeltlich etwas zuzuwenden. Im Unterschied zur Realschenkung ist das Schenkungsversprechen formgebunden, 518. Zur Gültigkeit eines Schenkungsversprechens ist die gerichtliche oder notarielle Beurkundung des Versprechens erforderlich. Das gleiche gilt, wenn ein Schuldversprechen oder ein Schuldanerkenntnis schenkweise erteilt wird. Ohne Einhaltung der Form ist das Schenkungsversprechen nichtig. *Die Formvorschrift des § 518 will den Schenker vor übereilten Entschlüssen* bewahren. Ist aber einmal die Schenkung vollzogen, entfällt das Bedürfnis an solcher Sicherung. Daher ist rückwirkende Heilung nach Vollzug der Schenkung vorgesehen, 518 II; vgl. BGH NJW 78, 2027 (nichtige, dann durch Einlösung geheilte Scheckbegebung); *Herrmann*, MDR 80, 883. Das Schenkungsversprechen als Schuldvertrag ist dem Kauf wesentlich ähnlicher. Es handelt sich praktisch um einen unentgeltlichen Kauf, der zudem noch formgebunden ist.

IV. Besonderheiten des Schenkungsrechts

Die Unentgeltlichkeit bewirkt aber, daß das Schenkungsrecht vom Kaufrecht wesentlich abweicht. Von den Vorschriften der §§ 516–534 verdienen folgende besondere Hervorhebung:

1. Ist bei der Realschenkung die Zuwendung ohne den Willen des Beschenkten erfolgt, so kann der Schenker den Beschenkten unter Bestimmung einer angemessenen Frist zur Erklärung über die Annahme auffordern. Äußert sich der Beschenkte daraufhin nicht, gilt die Schenkung als angenommen, 516 II. Ausnahmsweise gilt: qui tacet consentire videtur. Lehnt der Beschenkte die Schenkung ab, so muß er das, was er erhalten hat, nach §§ 812 ff. herausgeben. Insbesondere kann er die Einrede des Wegfalls der Bereicherung gemäß § 818 III erheben.

2. Keine Schenkung liegt vor, wenn jemand zum Vorteil eines anderen einen *Vermögenserwerb unterläßt*, auf ein angefallenes, noch nicht endgültig erworbenes Recht verzichtet oder eine Erbschaft oder ein Vermächtnis ausschlägt, 517.

3. Wenn der Schenker in Not gerät, dann darf er die Erfüllung eines Schenkungsversprechens verweigern, 519. Ihm muß das verbleiben, was er zur Bestreitung seines standesgemäßen Unterhalts und zur Erfüllung der gesetzlichen Unterhaltspflichten benötigt. *§ 519 ist einer der wenigen gesetzlichen Fälle der clausula rebus sic stantibus, vgl. §§ 321, 610 und die Rechtsprechung zur Geschäftsgrundlage.*

4. Verspricht der Schenker eine Rente, so erlischt die Verbindlichkeit mit seinem Tode, sofern sich aus dem Versprechen nicht ein anderes ergibt. § 520 ergänzt die §§ 759–761 über die Leibrente für den Fall, daß die Leibrente unentgeltlich gewährt wird. Hinzu muß kommen, daß die Rente Unterstützungscharakter hat, 520.

5. Nach § 521 hat der Schenker nur Vorsatz und grobe Fahrlässigkeit zu vertreten. Die Vorschrift ist z. B. von Bedeutung, wenn die verschenkte Sache geeignet ist, dem Beschenkten Schaden zuzufügen.

6. Zur Entrichtung von Verzugszinsen ist der Schenker nach § 522 nicht verpflichtet. Immerhin ist es möglich, daß der Schenker mit der Erfüllung seines Schenkungsversprechens in Verzug gerät. Er haftet dann nach § 286 auf Schadensersatz.

7. Für Rechtsmängel gilt nach § 523, daß der Schenker dem Beschenkten zum Schadensersatz verpflichtet ist, wenn er ihm arglistig einen Rechtsmangel verschwiegen hat. Hatte sich der Schenker zu einer Schenkung verpflichtet, deren Gegenstand er erst erwerben mußte, so kann der Beschenkte wegen eines Rechtsmangels Schadensersatz wegen Nichterfüllung verlangen, wenn der Mangel dem Schenker beim Erwerb der Sache bekannt gewesen oder infolge grober Fahrlässigkeit unbekannt geblieben ist. Dabei finden die Vorschriften über die Rechtsmängelgewährleistung beim Kauf entsprechende

Anwendung, siehe §§ 433–437, 440 II–IV, 441–444. Es gilt also auch bei der Schenkung das *Eviktionsprinzip*, vgl. dazu oben § 69 IV.

Nach § 523 II ist das Erfüllungsinteresse zu ersetzen („Schadensersatz wegen Nichterfüllung"). Im Rückschluß daraus ergibt sich, daß *nach § 523 I nur das Vertrauensinteresse verlangt werden kann:* Der Beschenkte ist so zu stellen, wie er stünde, wenn er sich mit dem Schenker niemals eingelassen hätte.

8. Die Haftung für Sachmängel ist förmlich gestaltet. Verschweigt der Schenker arglistig einen Fehler der geschenkten Sache, z. B. daß der geschenkte Hund bissig ist, so ist er verpflichtet, dem Beschenkten Schadensersatz zu leisten, 524 I. Bei einer Gattungsschenkung gilt, in konsequenter Durchführung aller Grundsätze des Schenkungsrechts, § 524. Der Schenker haftet bei Kenntnis und grobfahrlässiger Unkenntnis eines Mangels der Sache, die er aus einer Gattung verschenken wollte, auf Nachlieferung einer fehlerfreien Sache. Hat der Schenker den Fehler arglistig verschwiegen, kann der Beschenkte statt der Nachlieferung Schadensersatz wegen Nichterfüllung verlangen. Die Regeln des Kaufrechts finden dabei entsprechende Anwendung, 524 II.

9. § 525 regelt die Schenkung unter einer *Auflage*. Eine Auflage ist die einer Schenkung oder einer letztwilligen Verfügung (§ 1940) hinzugefügte Bestimmung, daß der Empfänger zu einer Leistung verpflichtet sein soll. Die Leistung des Empfängers soll aber nicht die Bedeutung einer Gegenleistung, z. B. eines Entgelts haben. Sonst würde es sich um einen Tausch oder einen anderen entgeltlichen Vertrag handeln. Vielmehr kommt es dem Schenker darauf an, daß der Beschenkte im Hinblick auf den ihm unentgeltlich zugewandten Vorteil seinerseits, gleichsam zum Dank, etwas leistet. Der Leistungscharakter ist dabei kennzeichnend für die Auflage (im Unterschied zu der Bedingung). Damit ändert sich also nicht der Charakter als Schenkung.

So lassen sich auch die Fälle der gemischten Schenkung und der Schenkung unter Auflage abgrenzen. Wird für die Leistung eines Vermögensgegenstandes eine, wenn auch geringe, Gegenleistung erbracht, so kommt gemischte Schenkung in Betracht. Soll dagegen aus dem erhaltenen Wert etwas *an einen Dritten* geleistet werden, so handelt es sich um eine Schenkung unter Auflage, OGHZ 1, 261. Steuerrechtlich interessant ist folgende Konstruktion: Der Vater schenkt seinem minderjährigen Kind einen Betrag, der ihm als verzinsliches Darlehen zurückgewährt wird. Die Zinsen kann er von der Steuer absetzen. Da hier aus dem erhaltenen Wert geleistet wird, liegt eine Schenkung unter Auflage vor. Das Geschäft ist nicht wegen Steuerhinterziehung (§ 134) nichtig, BayOblG NJW 74, 1142.

Wer eine Schenkung unter Auflage macht, kann die Vollziehung der Auflage verlangen, wenn er seinerseits geleistet hat. Liegt die Ausführung der Auflage im öffentlichen Interesse, dann kann nach dem Tode des Schenkers auch die zuständige Behörde die Vollziehung verlangen, 525 II. Die Zuständigkeit der Behörde ergibt sich aus Ausführungsgesetzen der *Länder* zum

BGB. Ist im Falle einer Schenkung unter einer Auflage die Sache *mangelhaft*, so kann der Beschenkte, wenn er den Mangel bemerkt, die Vollziehung der Auflage einredeweise verweigern (BGH NJW 82, 818), andernfalls vom Schenker Ersatz verlangen, 526. Unterbleibt die Vollziehung der Auflage, so kann der Schenker sein Geschenk zurückverlangen. Es gilt ein gesetzliches Rücktrittsrecht, 527. Die Rückforderung erfolgt nach den Regeln über die ungerechtfertigte Bereicherung, 812ff. Allerdings kann der Schenker nur insoweit sein Geschenk zurückfordern, als das Geschenk zur Vollziehung der Auflage hätte verwendet werden müssen, 527 I.

10. Ebenfalls wie die Rückforderung wegen Nichtvollziehung der Auflage ist die Rückforderung wegen Verarmung des Schenkers eine Eigenheit des Schenkungsrechts, 528. Sobald der Schenker nach der Vollziehung der Schenkung außerstande ist, sich selbst zu unterhalten oder seine Unterhaltspflichten zu erfüllen, kann er von dem Beschenkten die Herausgabe des Geschenkes nach Bereicherungsregeln verlangen. Der Beschenkte kann die Herausgabe aber durch Zahlung der Unterhaltsbeträge abwenden. Von mehreren Beschenkten haftet zunächst einmal der später Beschenkte, der früher Beschenkte nur insoweit, als der später Beschenkte nicht verpflichtet ist. Der Anspruch auf Herausgabe des Geschenkes ist aber ausgeschlossen, wenn der Schenker seine Bedürftigkeit vorsätzlich oder durch grobe Fahrlässigkeit herbeigeführt hat oder wenn zur Zeit des Eintritts seiner Bedürftigkeit 10 Jahre seit der Leistung der Schenkung verstrichen sind, 529 I. Der Anspruch auf Herausgabe des Geschenks ist ebenfalls ausgeschlossen, wenn der Beschenkte bei Berücksichtigung seiner sonstigen Verpflichtungen selbst außerstande ist, das Geschenk herauszugeben, ohne daß er dabei seinen Unterhalt gefährdet oder seine Unterhaltspflichten vernachlässigt, 529 II.

11. Eine weitere Besonderheit des Schenkungsrechts ist die Regelung des groben Undanks, 530. Erweist sich der Beschenkte als grob undankbar, indem er gegen den Schenker oder gegen einen nahen Angehörigen des Schenkers eine schwere Verfehlung begeht, kann der Schenker die Schenkung widerrufen, 530; vgl. BGH NJW 83, 1611 (Ehebruch); BGH NJW 78, 213. Für den Erben des Schenkers besteht das Widerrufsrecht nur begrenzt, 530 II. Der Widerruf ist eine einseitige empfangsbedürftige Willenserklärung des Schenkers gegenüber dem Beschenkten, 531 I. Ist die Schenkung widerrufen, so muß sie nach Bereicherungsregeln herausgegeben werden, 530 II. Dabei ist aber § 817 S. 2 zu beachten, BGHZ 35, 108: Schenkung, um Geliebte zur Fortführung der geschlechtlichen Beziehungen zu bewegen. Bei gemischter Schenkung ist § 530 dann anwendbar, wenn der Schenkungscharakter des Geschäfts überwiegt (BGHZ 30, 120; weitergehend OGHZ 1, 261). Verzeihung des Schenkers beseitigt sein Widerrufsrecht. Es erlischt auch binnen Jahresfrist, nachdem der Schenker von dem Grunde seiner Widerrufsberechtigung Kenntnis erhalten hat. Nach dem Tod des Beschenkten ist der Widerruf ebenfalls nicht mehr zulässig, 532 S. 2 Auf das Widerrufsrecht kann erst

verzichtet werden, wenn der grobe Undank dem Widerrufsberechtigten bekannt geworden ist, 533.

12. § 534 regelt abschließend noch die Pflicht- und Anstandsschenkungen. Unter Pflicht- und Anstandsschenkungen versteht man Geschenke, die auf Erfüllung einer sittlichen Pflicht oder auf konventioneller Übung beruhen, namentlich Geburtstags-, Weihnachts-, Hochzeitsgeschenke u. dergl. Derartige Schenkungen unterliegen weder der Rückforderung noch dem Widerruf. Die §§ 527–533 finden insoweit keine Anwendung.

10. Abschnitt
Gebrauchsüberlassungsverträge

§ 74
Miete

Allgemeine Lit.: *Braxmeier*, WM 80, 150; *ders.*, WM 82, 114; *Bub/Graf v. Westphalen*, Das AGB-Gesetz und seine Auswirkungen auf Mietverträge, 1979; *Canaris*, FS *Flume*, Bd. I, 1978, 371; *Diederichsen*, Das Recht zum Besitz aus Schuldverhältnissen, 1965; *Dulckeit*, Die Verdinglichung obligatorischer Rechte, 1951; *Emmerich/Sonnenschein*, Miete (Handkommentar), 1983; *Frotz*, AcP 164, 309; *Glaser*, Das Recht der Untervermietung, 1949; *ders.*, Das Recht der Schönheitsreparaturen, 3. Aufl. 1982; *ders.*, ZMR 83, 181; *Gramlich*, Mietrecht, 1983; *Hadding*, JuS 69, 407; *Hellwig*, Die Verträge auf Leistung an Dritte, 1899; *Hesse*, Die rechtliche Natur der Miete, 1902; *Immerwahr*, Die Kündigung, 1898; *Krause*, JZ 82, 16; *Kunkel*, NJW 58, 123; *Leenen*, MDR 80, 353; *Medicus*, AcP 165, 115; *Mitteis*, Zwei Fragen aus dem bürgerlichen Recht, 1905; *Mittelstein/Stern*, Die Miete, 4. Aufl. 1932; *Molitor*, Die Kündigung, 1951; *Nassall*, ZMR 83, 333; *Otte*, FS *Wieacker*, 1978, 463; *Picker*, NJW 82, 8; *Röchling*, NJW 81, 2782; *Roquette*, Mietrecht, 5. Aufl. 1961; *ders.*, Das Mietrecht des Bürgerlichen Gesetzbuchs, 1966; *Schmidt-Futterer*, Miete und Pacht, 1972; *Siber*, Das gesetzliche Pfandrecht des Vermieters, des Verpächters und des Gastwirts nach dem BGB, 1900; *Sternel*, Mietrecht, 2. Aufl. 1979; *Voelskow*, NJW 83, 910; *Weitnauer*, (II.) FS *Larenz*, 1983, 705; *Wunner*, NJW 66, 2285 (zur Mängelhaftung s. unten II 6).

Zur Wohnungs- und Grundstücksmiete: *Bettermann*, Das Wohnungsrecht als selbständiges Rechtsgebiet, 1949; *ders.*, Kommentar zum Mieterschutzgesetz, 1950 ff.; *Gärtner*, JZ 83, 565; *Gehrke*, Der deutsche Einheitsmietvertrag, 1935; *Gitter*, Die Wohnungsmiete, in: *Gitter* u. a., Vertragsschuldverhältnisse (ohne Kaufrecht) 1974; *Hans*, Das neue Mietrecht in den weißen Kreisen, 1963 ff.; *Herpers*, Wohnraummietrecht,

1980; *Holtgrave*, Neues Miet- und Wohnrecht, 1960; *Kiefersauer*, JR 52, 227; *Kiefersauer/Glaser*, Grundstücksmiete, 10. Aufl. 1965/67; *Köhler, W.*, Handbuch der Wohnraummiete, 1981 (Nachtrag 1982); *ders.*, Das neue Mietrecht 1983, 1983; *Löning*, Die Grundstücksmiete als dingliches Recht, 1930; *Löwe*, NJW 72, 1913, 2017; *Lutz*, Das neue Mietrecht des BGB, 1968; *Pergande*, Wohnraummieterecht, 1965 ff.; *Pflug*, AcP 169, 34; *Roquette*, Das Wohnraumbewirtschaftungsgesetz, 1953; *Schade/Schubert/Wienicke*, Wohn- und Mietrecht, Kommentar, Stand 1983; *Schmidt-Futterer/Blank*, Wohnraumschutzgesetze, Kommentar, 5. Aufl. 1984; *Sonnenschein*, NJW 82, 1249; *Sternel*, Wohnraummietrecht, 1975; *Vogel*, Die Miete von Wohnungen und anderen Räumen nach dem BGB, 1907 (zum sozialen Mietrecht s. unten IV).

I. Begriff und Wesen

1. Die *Miete* ist ein gegenseitiger Vertrag, durch den sich der eine Teil (Vermieter) verpflichtet, dem anderen Teil (Mieter) den Gebrauch einer Sache für bestimmte oder bestimmbare Zeit zu gewähren, und sich der andere Teil zur Zahlung des Mietzinses verpflichtet, 535.

Die *Pacht* ist wie die Miete entgeltlich, gewährt aber außer dem Gebrauch auch den Fruchtgenuß, zur Abgrenzung vgl. *Voelskow*, NJW 83, 910. Demgegenüber ist die *Leihe* die *unentgeltliche* Gebrauchsüberlassung (ohne Fruchtgenuß). Das *Darlehen* ist die Miete oder Leihe von Geld oder anderen vertretbaren Sachen, wobei im Unterschied zu Miete, Pacht und Leihe das Eigentum an dem überlassenen Gegenstand (z. B. Geld) auf den Gebrauchenden übergeht. *Finanzierungs-Leasing* ist nach der hier vertretenen Meinung, s. o. § 71 V 7, eine besondere Form des Kaufs (§ 445), auf den Mietvorschriften bei Bedarf analog angewendet werden können; a. A. die vorwiegende Rechtsprechung. *Operating-* und *Immobilien-Leasing* weisen dagegen die typischen Merkmale des Mietvertrags auf. Vermietung eines Steinbruchs zwecks Auffüllung mit Klärschlamm durch den Mieter ist Miete (mit 6-monatiger Verjährung der Ersatzansprüche, 558), nicht Werkvertrag, BGHZ 86, 71.

2. Wie alle Gebrauchsüberlassungsverträge ist die Miete ein *Dauerschuldverhältnis*, d. h. ihre *Pflichten*, und nicht nur ihre Wirkungen, bestehen in *der Zeit*. Die Pflichten aus einem Kauf enden mit ihrer Erfüllung, die kraft der Miete geschuldete Gebrauchsüberlassung wird aber *dauernd*, der Mietzins als Entgelt *wiederholt* geschuldet. Die Eigenschaft als Dauerschuldverhältnis bedingt zusätzliche Möglichkeiten, das Schuldverhältnis aufzulösen. Neben die Lösungsbehelfe des allgemeinen Teils (Berufung auf Nichtigkeit, Anfechtung) und die des Schuldrechts (vertragliches, in den Grenzen des § 570a, oder gesetzliches Rücktrittsrecht, insb. vor Gebrauchsüberlassung, Aufhebungsvertrag und Berufung auf fehlende oder weggefallene Geschäftsgrundlage) treten die von vornherein vertraglich vorgesehene *Beendigung durch Zeitablauf* und die – auch gegen den Willen der Gegenseite wirksam erklärbare – *Kündigung*. Umgekehrt: Wo sich diese Lösungsbehelfe finden, hat man i. d. R. ein Dauerschuldverhältnis vor sich.

3. Gegenstand der Miete kann jede Sache (und jeder Sachteil) sein. Man kann Grundstücke, Wohnungen, Bankschließfächer, Häuserwände zu Reklamezwecken, Autos, Anzüge und Bücher mieten. Für die Miete von Grundstücken und Grundstücksteilen, also insb. Wohnungen, gelten nach BGB

Sondervorschriften (§§ 544; 547 a II, III; 549 II; 550a, b; 551 II; 552a; 554 II; 554a, b; 556 II; 556a, b, c; 557 II, III, IV; 557a II; 559; 560; 561; 562; 563; 564a, b, c; 565; 565a, b, c, d, e,; 566; 569a, b; 570; 570a; 571; 572; 577; 578; 579; 580). Außerdem ist das 2. Wohnraumkündigungsschutzgesetz vom 18. 12. 1974, BGBl. I 3603 (WoRKSchG) zu beachten.

Entgegen der herrschenden Meinung können nicht nur Sachen, sondern Gegenstände jeder Art mit Ausnahme von Forderungen und sonstigen Rechten vermietet werden. Das gilt namentlich von Sachgesamtheiten.[1]) Ein Mietvertrag über eine Bücherei ist *ein* Vertrag; nicht etwa liegen so viele Verträge vor, wie die Bücherei Bücher enthält. Wie beim Kauf bedarf es analoger Anwendung der auf einzelne *Sachen* bezogenen Vorschriften, vgl. §§ 433, 535. Forderungen kann man nicht „gebrauchen", nur „nutzen" *(Esser)*, weshalb sie nur Gegenstand eines Pachtvertrages sein können, 581. Soll der die Sachgesamtheit Gebrauchende damit verdienen, ist also außer dem Gebrauch auch der Fruchtgenuß gestattet (§ 99), so liegt Pacht vor. Das ist namentlich zumeist bei entgeltlichen Gebrauchsüberlassungen von Unternehmen, Betrieben, Apotheken oder Praxen der Fall. Beim Vertrag über die Aufstellung von Spielautomaten in Gaststätten überwiegt das Moment der Eingliederung in den gewerblichen Betrieb über das mietrechtliche Element der Überlassung der Aufstellfläche, BGH NJW 67, 1414. Der Mietvertrag ist das Hauptbeispiel für einen *Vertrag mit Schutzwirkung zugunsten Dritter* (Familienangehörige, Eigentümer von Sachen in der Wohnung des Mieters) – vgl. oben § 37 VII und BGH NJW 68, 885. Der Untermieter steht außerhalb dieses Schutzbereichs, BGH NJW 78, 833.

4. Die wirtschaftliche Bedeutung der Miete ist groß. Noch immer wohnt die Mehrzahl der Deutschen nicht in eigenen vier Wänden, sondern zur Miete. Oft würde die während eines Arbeitslebens gezahlte Miete ausreichen, um davon 2 oder 3 Eigenheime zu bauen. Das Steuerrecht geht von der Miete als Regelfall menschlichen Wohnens aus: Der Mietzins ist „Einkommensverwendung" und als solcher nicht vom Einkommen absetzbar; dagegen ist der Nutzwert des Eigenheims und der Eigentumswohnung als „Einkünfte aus Vermietung und Verpachtung" steuerpflichtig (!). Diese Einkommensteuer würde zu einer Art Vermögenssteuer, sobald der Prozentsatz der zur Miete Wohnenden (z. Zt. etwa bei 65%) unter 50% sinkt.

Hieraus ergibt sich vielfach ein Angewiesensein des Mietsuchenden auf vorhandenen Wohnraum und damit eine wirtschaftliche Abhängigkeit, die bei Wohnraumknappheit krasse Formen annehmen kann. Daher rührt der soziale Einschlag des Mietrechts und die Bedeutung des Mieterschutzrechts. Daraus folgt auch die „Zwiespältigkeit" des geltenden Mietrechts, das einerseits die individualrechtlichen Züge des BGB, andererseits die sozialen Tendenzen des Mieterschutzes trägt. Das *Wohnungseigentumsgesetz (WEG) von 1951* versucht die Eigentumsbildung und damit die Unabhängigkeit der Wohnraumsuchenden zu fördern. Es gehört systematisch zum Sachenrecht.

5. Die Aufnahme in einem Altenheim, Altenwohnheim, Pflegeheim oder in einer gleichartigen Einrichtung geschieht aufgrund eines sog. *„Heimvertrags"*,

---

[1]) So auch *Jauernig/Teichmann*, vor § 535 Anm. 1.

der miet-, kauf- (Verpflegung), dienst- (Pflege) und darlehensrechtliche Bestandteile enthält. Miete steht im Vordergrund. Den notwendigen Schutz der Rechte der Heimbewohner versucht das HeimG v. 7. 8. 74, BGBl. I 1873, zu verwirklichen. Zu ihm sind 3 DVOen ergangen: HeimMindBauVO v. 27. 1. 78, BGBl. I 189; HeimMitwirkungsVO v. 19. 7. 76, BGBl. I 1819; HeimsicherungsVO v. 24. 4. 78, BGBl. I 553; eine weitere VO über personelle Mindestanforderungen (HeimMindPersVO) ist in Vorbereitung, Heim + Anstalt 78, 116; *Igl,* Der Heimvertrag, Gutachten und Vorschläge zur Schuldrechtsreform, hrsg. v. Bundesminister d. Justiz, Bd. I, Köln 1981, 951.

6. Die Miete ist grundsätzlich formfrei

Üblicherweise werden aber Leerwohnungsmieten über längere Zeit und Miet- („Leih"-) Wagenverträge zur besseren Beweisbarkeit der Vereinbarungen schriftlich abgefaßt. Seit 1976 wird den Mietverträgen über Wohnraum vielfach der „Mustermietvertrag '76" (MustMV) zugrunde gelegt, der den früheren Deutschen Einheitsmietvertrag von 1934 (DEMV) ersetzte, vgl. dazu die Vorauflage. Der MustMV wurde vom Bundesministerium der Justiz nach Beratungen mit den Interessenverbänden von Vermietern und Mietern unter Hinzuziehung von Fachleuten ausgearbeitet. Er soll einen gerechten Ausgleich der Interessen von Vermietern und Mietern herstellen und liegt als Angebot an die Vertragsparteien in zwei im Aufbau unterschiedlichen, im übrigen jedoch inhaltsgleichen Fassungen vor, vgl. dazu *Soergel/Kummer,* vor § 535 Rz. 198 ff. (vollständiger Abdruck der Texte).

Die einzige gesetzliche Ausnahme von der Formfreiheit ist § 566. Danach muß ein Mietvertrag über ein Grundstück oder eine Wohnung (§ 580), der eine Bindung für mehr als ein Jahr vorsieht, schriftlich abgefaßt sein; vgl BGHZ 72, 394. Beachte aber das Formerfordernis bei Kündigung von Wohnraum, 564a!

Gleichgültig ist, ob vertraglich eine Dauer von mehr als einem Jahr, von einem Jahr mit Verlängerungsklausel oder eine mehr als einjährige Kündigungsfrist vorgesehen ist. Den an sich engeren Wortlaut des § 566 muß man so verstehen. Verträge auf unbestimmte Zeit, die von den Parteien von vornherein auf längere Zeit als ein Jahr geplant sind, fallen nicht unter § 566, solange die Möglichkeit der jährlichen Kündigung besteht. Wohl aber gilt das Schrifterfordernis, wenn die Parteien, wie häufig, einen unkündbaren Mindestzeitraum von mehr als einem Jahr und danach ein Weiterlaufen für unbestimmte Zeit mit Kündigungsmöglichkeit vereinbaren. Allerdings bedarf dann nur die Unkündbarkeitsklausel der Form. Im übrigen genügt die Bezugnahme auf den alten Mietvertrag, BGHZ 52, 25.

Für die Schriftform gilt § 126 (gesetzliche Schriftform), nicht § 127. Briefwechsel genügt also nicht, vgl. BGHZ 40, 255; 42, 333. Ein Verstoß gegen § 566 S. 1 bewirkt aber entgegen § 125 nicht Nichtigkeit, sondern *Geltung* des Mietvertrags auf *unbestimmte* Zeit mit der Möglichkeit normaler Kündigung zum Ablauf des ersten Vertrags- (nicht Kalender-)jahres, 566 S. 2. Die Vorschrift des § 566 soll es einem späteren Erwerber mit Rücksicht auf § 571 ermöglichen, sich über die auf ihn übergehenden Rechte und Pflichten aus dem Mietvertrag zu informieren. Daneben dient sie aber auch dem Klarheits- und Beweissicherungsinteresse der Parteien. Deshalb gilt § 566 auch für Mietvorverträge, so richtig gegen die herrschende Meinung *Oertmann*[5], § 566, 1, 2; ebenso mit zutreffender Begründung und weiteren Angaben *Larenz* II § 48 I.

7. Das Mietrecht bedarf im Rahmen dieser Lehrdarstellung nicht vollständiger Behandlung. Ein Überblick und die eingehendere Erörterung zweier Probleme, nämlich des Vermieterpfandrechts (§§ 559–563) und der Veräußerung der Mietsache (§§ 571–579), genügen.

II. Inhalt des Mietverhältnisses

1. Pflichten des Vermieters, § 536

Der Vermieter schuldet Gebrauchsüberlassung. Das bedeutet:

a) Der Vermieter muß die Sache dem Mieter *überlassen*, also in aller Regel übergeben oder zumindest zum Gebrauch *zugänglich machen*, 535; BGHZ 85, 267.

b) Da es sich um ein *Dauer*schuldverhältnis handelt, muß der Vermieter die Sache dem Mieter für die Dauer der Miete *belassen*.

c) Der Vermieter muß die Sache in dem der Mietvereinbarung entsprechenden, gebrauchsfähigen *Zustand erhalten*, 535. Daraus folgt, daß der Vermieter die normale Abnutzung trägt, 548. *Gebrauchsüberschreitung* muß beweisen bzw. entkräften, wer sich darauf beruft, BGHZ 66, 349. Wohnmietvertragsvordrucke sehen hier häufig Abweichungen zu Lasten des Mieters vor: „Schönheitsreparaturen" hat der Mieter vorzunehmen; einschränkend BGH NJW 77, 36; 80, 2347; BGHZ 77, 301. Problematisch ist die Frage, ob der Vermieter, wenn er die Schönheitsreparaturen durch einen neuen Mieter auf dessen Kosten ausführen läßt, sich trotzdem an den alten Mieter, der seiner vertraglichen Verpflichtung nicht nachgekommen war, halten kann. Während früher dem Vermieter beide vertragliche Ansprüche gegen Vor- und Nachmieter zugestanden wurden (vgl. *Hadding*, JuS 69, 407, im Anschluß an BGHZ 49, 56) setzt sich nun in der Literatur die Ansicht durch, daß Vor- und Nachmieter im Verhältnis von Gesamtschuldnern zueinander stehen (vgl. *Schmudlach*, NJW 74, 257 und LG Kassel, NJW 75, 1842). Dabei hat im Innenverhältnis jeder Mieter die Kosten für die durch seine Abnutzung erforderlichen Reparaturen zu tragen.[2]

d) Die Vermieterpflicht wird im einzelnen durch Treu und Glauben mit Rücksicht auf die Verkehrssitte ausgestaltet, 242. Dazu gehört, daß der Vermieter dem Mieter *Störungen* des Gebrauchs *fernhalten* muß, auf die er Einfluß hat. So hat der Vermieter Belästigungen der Mieter eines Hauses untereinander abzustellen, indem er kraft seiner vertraglichen Rechte gegen die Störer vorgeht. Der einzelne Mieter schuldet dem anderen Mieter zwar keine vertragliche, sondern nur eine dem Besitz- und Deliktsrecht entsprechende Rücksichtnahme. Die Auffassung, die Mieter eines Hauses bildeten als solche eine Rechtsgemeinschaft, ist nicht haltbar. So schuldet der einzelne Mieter dem Vermieter nicht nur schonenden Gebrauch der Mietsache, sondern auch Rücksichtnahme auf andere Sachen des Vermieters, die der von ihm gebrauchten benachbart sind. Der Mieter ist in der Regel auch nicht Erfüllungsgehilfe des Vermieters gegenüber den anderen Mietern.

Die herrschende Lehre vertritt in diesem Zusammenhang, daß der Vermieter auch ohne Bestehen einer vertraglichen Regelung weder selbst dem Mieter gewerbliche Konkurrenz machen noch durch andere Mieter zulassen darf; BGH NJW 78, 585 – freiberufliche Praxen –. In dieser Allgemeinheit ist das nach Inkrafttreten des

---

[2] Zu den einzelnen Problemen der Schönheitsreparaturen vgl. insb. *Glaser*, Das Recht der Schönheitsreparaturen, 3. Aufl. 1982.

GWB nicht mehr zu halten. Es kommt im einzelnen darauf an, ob bei Eröffnung oder Fortführung der Konkurrenz das *wirtschaftliche* Interesse am Mietvertrag auf seiten *eines Mieters* entfällt. Nur wenn dies zu bejahen ist, sind wettbewerbsbeschränkende Klauseln in Mietverträgen als „wettbewerbsbeschränkende Nebenabreden" zulässig, 1, 15 GWB. Von ihrer Zulässigkeit hängt wiederum ab, ob ein Mieter das Vorgehen des Vermieters gegen einen gewerblich konkurrierenden Mieter verlangen oder ob er gegen den gewerblich konkurrierenden Vermieter selbst vorgehen kann. Das Verbot von Wettbewerbsbeschränkungen soll den Abschluß von Mietverträgen nicht beeinträchtigen. Vgl. BGH LM Nr. 2 (= ESJ 91), 3, 5 und 6 zu § 536.

e) Erfüllt der Vermieter seine Pflichten nicht, haftet er nach den Regeln der Leistungsstörungen. Kommt der Vermieter z. B. seiner Pflicht, die Sache zu überlassen, schuldhaft nicht rechtzeitig nach, bringt ihn die Mahnung des Mieters in Verzug, 284. Erfüllt der Vermieter seine Pflicht, gegen einen gewerblich unzulässig konkurrierenden Mitmieter einzuschreiten, schuldhaft nicht wirksam genug, so *erfüllt* er sie *schlecht* und ist nach den Regeln über die Schlechterfüllung ersatzpflichtig. Der Vermieter muß gegen den gewerblich konkurrierenden Mitmieter notfalls gerichtlich einschreiten (Ersatz des eigentlichen Schlechterfüllungsschadens) und entgangenen Gewinn erstatten (übererfüllungsmäßiges Interesse). Wie im Kaufrecht ist jedoch die Schlechterfüllung, soweit der *eigentliche Schlechterfüllungsschaden* in Frage steht, durch ein ausführliches Mängelgewährleistungsrecht speziell geregelt (dazu unten 6.), so daß *insoweit* ihre allgemeinen Regeln ausscheiden; vgl. oben § 70 IX; BGH NJW 63, 805; 80, 777; RGZ 157, 367. Im Falle der anfänglichen objektiven Unmöglichkeit ist zumindest nach Überlassung der Mietsache nicht § 306 anzuwenden, sondern die §§ 537 I, 538, BGH NJW 80, 777; *Hassold,* NJW 74, 1743 gegen OLG Celle NJW 73, 2289. C. i. c. scheidet neben §§ 537 ff. aus, BGH NJW 80, 777. § 536 läßt den Erfüllungsanspruch (und darum § 320) unberührt, BGHZ 84, 42. Zum Verhältnis der §§ 537 ff. zur p. V. V. vgl. *Honsell, H.,* Jura 79, 184.

Eine Eigentümlichkeit jedes Dauerschuldverhältnisses ist, daß Schlechterfüllung wegen der *in der Zeit* stehenden Pflichten praktisch gleichbedeutend mit Verzug ist und umgekehrt. Insoweit verdrängen die Miet-Sachmängelansprüche auch das allgemeine Verzugsrecht: Ein Mieter stört in einem Miethaus die anderen mit Trompetenblasen zur Nachtzeit. Schreitet der Vermieter nicht ein, verletzt er seine Pflicht, den gestörten Mietern eine „fehlerfreie" Wohnung zur Verfügung zu stellen, vgl. RG Recht 1907, 3291. Die Sachmängelhaftung des § 537 greift ein. Zugleich wäre der Vermieter nach erfolgloser Abmahnung durch die Mieter im Verzug, 284. Da Verzug nichts anderes ist als Schlechterfüllung − zeitlich betrachtet − (oben § 45 I), bedeutet die Verletzung einer Dauerpflicht Schlechterfüllung. Da aber die Sachmängelvorschriften der §§ 459 ff., 537 ff. für den Bereich der fehlerhaften Kauf- bzw. Mietsache die Schlechterfüllungsregeln bezüglich des eigentlichen Schlechterfüllungsschadens ausschließen, muß der gleiche Ausschluß auch für die Verzugsregeln gelten: Neben § 538 sind §§ 284 ff. unanwendbar. Ist also der Vermieter mit der Beseitigung des Mangels im Verzug, gilt § 538. Das übererfüllungsmäßige Interesse kann aber bei verschuldeter Haftungsbegründung nach Schlechterfüllungsregeln stets ersetzt verlangt werden.

2. Pflichten des Mieters, §§ 535 S. 2, 550–557

a) Die wichtigste Pflicht des Mieters ist die *Zahlung* der Miete. Miete ist nach § 551 am Ende der Mietzeit zu zahlen, wobei die Parteien die Abstände zu vereinbaren haben. Bei Grundstücken und Wohnräumen gilt vierteljährliche Zahlung, 551 II, 580. § 551 wird meist durch die Parteivereinbarung ersetzt, daß der Mieter vorleistungspflichtig ist. Außerdem wird oft vom Mieter eine Sicherheitsleistung für Ansprüche des Vermieters aus dem Mietverhältnis verlangt, die Mietkaution. Sie darf eine bestimmte Höhe nicht übersteigen und ist zugunsten des Mieters zwingend verzinslich, § 550b; vgl. auch BGH NJW 82, 2186.

Das Gesetz sagt „Mietzins" und will damit zu erkennen geben, daß die Miete in *Geld* oder anderen vertretbaren Sachen geschuldet ist. Wenn die Gegenleistung beim Mietvertrag in Diensten, Werken, Geschäftsbesorgungen, Verwahrung usw. besteht, liegt der gerade in Mietverhältnissen häufige Fall des doppeltypischen Vertrags vor, siehe oben § 65 III (einem Hausmeister wird freie Wohnung gewährt). Diese anderstypischen Gegenleistungen heißen daher nicht „Miete" oder „Mietzins". Vgl. aber BGHZ 18, 168. – Zu Begriff und Arten des Baukostenzuschusses *Palandt/Putzo*, Einf. § 535 Anm. 11.

b) Nach Treu und Glauben mit Rücksicht auf die Verkehrssitte schuldet der Mieter auch *pflegliche Behandlung* der Mietsache und sonstige Rücksichtnahme auf die Belange des Vermieters, 535, 242.

Aus der Treuepflicht folgt daher z. B. auch, daß der Mieter die vom Vermieter zu zahlende Beleuchtung gemeinschaftlich genutzter Teile des Hauses (Treppe, Keller) nicht unnötig brennen lassen darf. – Besondere Duldungspflichten des Mieters für Erhaltungs- und Verbesserungsmaßnahmen sehen die §§ 541a und 541b vor.

c) Bei *Nichterfüllung, Unmöglichkeit der Erfüllung, Verzug* und *Schlechterfüllung* dieser Mieterpflichten gelten grundsätzlich die allgemeinen Regeln (oben §§ 43ff.). Allerdings verjähren Ersatzansprüche wegen Veränderung oder Verschlechterung der Mietsache in 6 Monaten nach Rückerhalt der Sache, 558. Zur fristlosen Kündigung, die dem Vermieter, dem Mieter oder beiden zustehen kann, s. u. III 4. Der Vermieter kann auch, statt zu kündigen, auf Unterlassung klagen, wenn der Mieter ungeachtet einer Abmahnung von der Mietsache einen vertragswidrigen Gebrauch macht, 550. § 550 ist analoger Anwendung auf alle Dauerschuldverhältnisse fähig. Unter verfassungsrechtlichen Gesichtspunkten ist allerdings die Entscheidung LG Essen NJW 73, 2290, die bei Anbringen eines Wahlplakats im Fenster der Mietwohnung einen vertragswidrigen Gebrauch der Sache annimmt, abzulehnen. So auch *Hammann*, Grundrechtsverwirklichung auf der Außenwand einer gemieteten Wohnung, UFITA 75, 261.

Das Risiko, aus persönlichen Gründen (z. B. Krankheit, Gefängnisstrafe) von der Mietsache keinen Gebrauch machen zu können, trägt der Mieter, 552. Aus diesem Grunde ersparte Aufwendungen und zeitweilig erfolgte Überlassung der Mietsache an einen Dritten hat der Vermieter sich anrechnen zu lassen, 552 S. 2, 3; vgl. §§ 324 I 2, 615.

d) Nach Beendigung des Mietverhältnisses muß der Mieter *die Sache zurückgeben*, 556 I, wobei dem Mieter eines Grundstücks oder eines Wohnraums im Gegensatz zu beweglichen Sachen kein Zurückbehaltungsrecht wegen seiner Ansprüche gegen den Vermieter zusteht, 556 II, 580.

Gestattet der Eigentümer eines Hafens einem Schiffseigentümer, gegen Entgelt für die Zeit des Löschens der Ladung im Hafen zu liegen, so muß der Schiffseigentümer nach § 556 I nach Erreichung des Zwecks sein Schiff aus dem Hafen entfernen, BGHZ 2, 170. — Hat der Mieter auf dem gemieteten Grundstück ein Gebäude errichtet, so ist er bei Beendigung des Mietverhältnisses zur Beseitigung verpflichtet, auch wenn das Gebäude im Eigentum des Vermieters steht, BGH NJW 66, 1409. Eigenmächtige bauliche Veränderungen durch den Mieter müssen wieder beseitigt werden, BGH NJW 74, 1463.

Die Rückgabe der Mietsache ist nicht synallagmatische Hauptpflicht aus dem Mietvertrag, vgl. oben § 10 II 4. Die §§ 320 ff. finden daher auf sie keine Anwendung. (Der Vermieter verspricht die Gebrauchsüberlassung nicht, weil er die Sache zurückbekommt, sondern weil er Mietzins dafür erhält. Die synallagmatischen Pflichten enthalten die §§ 535, 536). Verletzt der Mieter die Rückgabepflicht, gelten also §§ 275 ff., 284 ff. Daneben gelangen, da mit Wirksamwerden der Kündigung die Vindikationslage eintritt, die §§ 985 ff. zur Anwendung. Bei verspäteter Rückgabe gewährt § 557 dem Vermieter fortlaufenden Anspruch auf den Mietzins als vertraglichen Mindestschadensersatz. Hinzu treten Ansprüche wegen verschlechterter Mietsache, nicht aber ein Rücknahmeverweigerungsrecht, BGH NJW 83, 1049.

3. Verwendungen, § 547

a) *Notwendige* Verwendungen trägt der Vermieter, 547 I 1 (der Mieter läßt einen Wasserrohrbruch reparieren). Aufwendungen aber, die dazu dienen, den vertragsgemäßen Zustand der Sache herzustellen, fallen unter § 538 II, BGH WM 83, 766.

b) *Aber:* Tierfütterungskosten trägt der Mieter, 547 I 2.

c) *Nützliche* Verwendungen trägt der Vermieter *nur* (nach Auftragsrecht), wenn sie seinem Interesse oder mutmaßlichen Willen entsprechen, 547 II, 683 S. 1, 670 (der Mieter läßt die elektrische Stromzuführung verstärken, weil die ständig zunehmenden Haushaltsmaschinen dies erforderlich machen).

d) Der Mieter hat ein Wegnahmerecht, 547a (eingedübelte Gardinenstangen). Er muß die Mietsache aber in den vorigen Stand setzen, 258 (Dübellöcher kaschieren). Der Vermieter kann durch Übernahme der Einrichtung die Wegnahme verhindern, 547a II.

e) Verwendungs- und Wegnahmeansprüche, zu denen auch der Anspruch des Mieters aus § 538 II gehört, BGH NJW 74, 743, verjähren in 6 Monaten nach Beendigung des Mietverhältnisses, 558.

4. Lasten, § 546

Nach § 546 trägt der Vermieter die auf der Sache ruhenden öffentlich- und privatrechtlichen Lasten (Grundsteuer, Lastenausgleich, Hypothekenzinsen, Müllabfuhr, Schornsteinfeger). Bei Haus- und Wohnungsmiete trägt der Vermieter die Brand- und Haftpflichtversicherung für das Haus, der Mieter für seine Wohnungseinrichtung. — Die Vorschrift enthält nachgiebiges Recht.

5. Untermiete, §§ 549, 556 III

Crezelius, JZ 84, 70; *Gursky*, JR 83, 265; *Herschel*, JuS 68, 562; *Nassal*, MDR 83, 9; *ders.*, ZMR 83, 333; *Söllner*, JuS 67, 449 (vgl. auch oben vor I).

Zur Untervermietung ist der Mieter nur mit Erlaubnis des Vermieters berechtigt, ebenso zur Verleihung der gemieteten Sache. Auf die Erlaubnis besteht nur ein Anspruch unter den engen Voraussetzungen des § 549 II: Wohnraummiete, berechtigtes Interesse des Mieters an Untervermietung, kein wichtiger Grund zur Versagung in der Person des Untermieters, keine übermäßige Belegung des Wohnraums, keine Unzumutbarkeit für Vermieter. Verweigerung der Erlaubnis berechtigt den Mieter auch bei Miete auf feste Zeit zur befristeten Kündigung, sofern nicht in der Person des Untermieters ein wichtiger Grund vorliegt, 549 I 2. Ein Verschulden des Untermieters hat der Mieter in jedem Falle auch bei Erlaubnis zu vertreten, 549 III, vgl. § 278.

Zwischen Vermieter und Untermieter bestehen keine vertraglichen Beziehungen, der Vermieter hat jedoch gegen den Untermieter nach Beendigung der Miete einen direkten obligatorischen Herausgabeanspruch (Besonderheit, die nicht analoger Anwendung fähig ist, 556 III; vgl. § 604 IV, str.). In diesem Fall stehen dem Untermieter unter bestimmten Voraussetzungen die Schutzvorschriften der §§ 564b, 556a zu, vgl. BGHZ 84, 90 und dazu *Crezelius,* JZ 84, 70 m. w. N.

6. Mängelhaftung, Mängelanzeige, §§ 537–541, 545

Lit.: Brox-Elsing, JuS 76, 1; *Büttner,* WuM 78, 117; *Diederichsen,* AcP 165, 150; *Evans-v.Krbek,* MDR 80, 819; *Hassold,* NJW 74, 1743; *ders.,* JuS 75, 550; *ders.,* NJW 75, 1863; *Honsell, H.,* Jura 79, 184; *Köhler, H.,* JuS 79, 647; *Koller,* NJW 82, 201; *Krampe,* Die Garantiehaftung des Vermieters für Sachmängel, 1980; *Kubis,* MDR 83, 285; *Oehler,* JZ 80, 794; *Söllner,* JuS 70, 159; *Todt,* Die Schadensersatzansprüche des Käufers, Mieters und Werkbestellers aus Sachmängeln, 1970; *ders.,* BB 71, 680; *Trenk-Hinterberger,* JuS 75, 501; *Weimar, R.,* Die Sachmängelhaftung im Mietrecht, 1957.

a) Das Mietrecht kennt eine dem Kaufrecht ähnliche Mängelhaftung des Vermieters (zum Verhältnis zu den Leistungsstörungen oben II 1 e). Mietsachenmängel führen je nach Schwere zum *Wegfall* oder zur *Minderung* der *Mietzahlungspflicht,* 537 I. Das gleiche gilt beim Fehlen einer zugesicherten Eigenschaft (z. B. Grundstücks-(Wohnungs-)größe), 537 II, 580. Der Natur der Miete als Dauerschuldverhältnis entsprechend genügt es, wenn sich der Mangel *während* der Mietzeit einstellt oder die zugesicherte Eigenschaft oder Größe *während* der Mietzeit wegfällt. Ein *Schadensersatzanspruch* des Mieters besteht daneben gemäß § 538 I in drei Fällen:

aa) Wenn ein Mangel schon bei Vertragsschluß vorlag, wobei den Vermieter kein Verschulden zu treffen braucht;

bb) Wenn der Vermieter einen später auftretenden Mangel verschuldet hat;

cc) wenn der Vermieter mit der Beseitigung eines Mangels in Verzug kommt. Im letzten Fall kann der Mieter den Mangel selbst beseitigen und Aufwendungsersatz verlangen, Selbsthilferecht, 538 II. Auch die Haftung des Vermieters für *Mängel beim Vertragsschluß* (erster Fall) umfaßt nach h. M. den eigentlichen Schlechterfüllungsschaden und das übererfüllungsmäßige

Interesse, BGH NJW 62, 908 = ESJ 92 (u. U. auch Personenschäden), zuletzt BGHZ 63, 333. Es wird also danach durch § 538 eine sehr weitgehende *Garantiehaftung* geschaffen (dazu eingehend *Krampe*, a. a. O.). Das hat dazu geführt, daß § 538 in Mietverträgen häufig auf den Fall eines Verschuldens beschränkt wird. Grundsätzlich ist es richtiger, die Haftung für das übererfüllungsmäßige Interesse („Mangelfolgeschaden", dazu oben § 70 VI 9, IX 3) dann nicht eintreten zu lassen, wenn der Vermieter den Mangel auch bei äußerster Sorgfalt nicht erkennen konnte. Das Verschuldensprinzip verlangt insoweit Beachtung. Im Ergebnis übereinstimmend *Larenz* II § 48 III b 3; siehe auch oben § 70 III 2d, IX 3; a. A., sehr weitgehend, BGHZ 49, 350. Weitere Literatur zu diesem Problem *Trenk-Hinterberger* JuS 75, 505, Fußnote 43.

b) Die Mängelhaftung *entfällt* in vier Fällen:

aa) wenn der Mieter bei Vertragsschluß den Mangel kennt, 539 S. 1; das gilt sogar bei arglistigem Verschweigen des Mangels. Der Haftungsausschluß nach § 539 S. 1 ist aber dann nicht anzunehmen, wenn der Vermieter die Sache in einem Zustand vermietet, der eine Gefährdung für Leib und Leben des Mieters und der in die Mietvertragspflichten einzubeziehenden Familienangehörigen usw. bedeutet, und dieser Zustand Schäden verursacht. Das „Handeln auf eigene Gefahr" ist insoweit unbeachtlich. Außerdem bleibt die Delikthaftung (Verkehrssicherungspflicht!) unberührt. – Die auf die Zukunft gerichtete Kündigungsmöglichkeit des § 544 widerspricht dieser Auffassung nicht.

bb) wenn er ihn grobfahrlässig nicht kennt, sofern nicht die Abwesenheit des Fehlers zugesichert oder das Vorhandensein vom Vermieter arglistig verschwiegen worden ist, 539 S. 2; 460 S. 2.

cc) wenn er die mangelhafte Sache trotz Kenntnis des Mangels annimmt, ohne sich seine Rechte vorzubehalten, 539 S. 2; 464. Es kommt aber auf die Umstände des Einzelfalls an, ob darin ein vollständiger Verzicht auf die Gewährleistungsrechte zu erblicken ist, vgl. BGH NJW 74, 2233.

dd) wenn die Mängelhaftung vertraglich ausgeschlossen ist, außer bei Arglist des Vermieters, 540.

c) Auch für *Rechtsmängel* haftet der Vermieter, und zwar ohne Verschulden. Das Gesetz verweist auf die Sachmängelvorschriften, 541.

d) Zeigen sich im Laufe der Miete Mängel, Gefahren oder angebliche Rechte Dritter, muß der Mieter dem Vermieter dies unverzüglich anzeigen, 545 I. Sonst verliert der Mieter seine Mängelhaftungsrechte (537), sein fristloses Kündigungsrecht (542 I 3) und seinen Schadensersatzanspruch (538). Obendrein ist er selbst schadensersatzpflichtig, 545 II. Ein Mangel „zeigt" sich, wenn der Mieter Kenntnis erlangt oder übersieht, „was jedermann sieht", BGHZ 68, 283.

III. Beendigung des Mietverhältnisses

1. Aufhebungsvertrag

Das Mietverhältnis endigt durch entsprechende *Vereinbarung* der Parteien.

2. Zeitablauf

Diese Vereinbarung kann schon im vorhinein getroffen sein, es handelt sich dann um *befristete Mietverhältnisse.* Dann endigt das Mietverhältnis durch *Zeitablauf,* 564 I. Befristete Mietverhältnisse können nicht normal (unter Einhaltung der gesetzlichen Frist) gekündigt werden, *außer* in den Fällen der §§ 549 I 2 (Verweigerung der Untermieterlaubnis), 566 (Nichtbeachtung der Schriftform), 567 (befristeter Mietvertrag mit längerer als dreißigjähriger Dauer, außer bei Mietverträgen auf Lebenszeit des Vermieters oder Mieters), 569, 569a Nr. 5 und 6 (Tod des Mieters), 570 (Versetzung eines Beamten, Geistlichen, Lehrers an einer öffentlichen Unterrichtsanstalt oder einer „Militärperson"). Siehe dazu wegen der Fristen § 565 V. Ein weiterer Fall der Kündigung von Mietverhältnissen auf Zeit mit gesetzlicher Kündigungsfrist ist § 57a ZVG (unten V 3). Befristete Mietverhältnisse können aber auch durch fristlose Kündigung, s. u. IV, beendet werden. Wird ein befristetes Mietverhältnis nach Zeitablauf fortgesetzt („stillschweigende Verlängerung"), so gilt es als auf unbestimmte Zeit verlängert, wenn nicht eine der Parteien widerspricht, 568.

3. Befristete Kündigung („mit gesetzlicher Kündigungsfrist")

Unbefristete Mietverhältnisse unterliegen der befristeten Kündigung. Jeder Teil muß die Möglichkeit haben, sich nach Ablauf einer vom Gesetz als angemessen bestimmten Kündigungsfrist vom Vertrag zu lösen, 564 II; BGHZ 73, 350 (auch schon vor Gebrauchsüberlassung). Für *bewegliche Sachen* ist die gesetzliche Kündigungsfrist in § 565 IV bestimmt. Für Grundstücke, Schiffe und *Wohnraum* besteht eine umfangreiche, vom Gedanken des Mieterschutzes getragene Sonderregelung, die unten IV 4 dargestellt ist.

4. Fristlose Kündigung

Jedes Dauerschuldverhältnis kann aus wichtigem Grund fristlos gekündigt werden, oben § 27 III 5 dbb zu § 242. Ein wichtiger Grund liegt vor, wenn dem einen Vertragsteil die Fortsetzung des Dauerschuldverhältnisses nach Treu und Glauben mit Rücksicht auf die Verkehrssitte nicht mehr zugemutet werden kann. Allgemein lassen sich folgende Gruppen unterscheiden:

(1) Es gibt gesetzlich geregelte Dauerschuldverhältnisse, bei denen die Gründe zu fristloser Kündigung erschöpfend aufgezählt werden. Dann bestimmt das Gesetz abschließend, was als wichtiger Grund angesehen werden soll.

(2) Es gibt Dauerschuldverhältnisse, bei denen das Gesetz überhaupt keine Kündigungsregeln vorsieht, z. B. Sukzessivlieferungsverträge. Bei ihnen dient, auch wenn der Vertrag selbst nichts sagt, § 242 als Kündigungsgrundlage, wenn ein wichtiger Grund vorliegt (oben § 27 III 5 dbb).

(3) Ferner bestehen gesetzlich geregelte Dauerschuldverhältnisse, bei denen die fristlose Kündigung „aus wichtigem Grund" zugelassen wird. Die Auslegung hat dann im Einzelfall zu ermitteln, ob ein solcher vorliegt, z. B. § 626; § 70 HGB.

(4) Schließlich kommt es vor, daß *neben* der Erwähnung des „wichtigen Grundes"

vom Gesetz nicht erschöpfende Beispiele aufgezählt werden, was unter einem wichtigen Grund zu verstehen ist, z. B. § 723 S. 2; §§ 123, 124a, 133b, c GewO.

(5) Endlich finden sich Dauerschuldverhältnisse, bei denen das Gesetz einige Gründe fristloser Kündigung aufzählt, die ihrem Inhalt nach „wichtige" sind. Sie sind aber nicht erschöpfend gemeint, sondern außer in den genannten Fällen ist die Kündigung stets auch aus einem sonstigen wichtigen Grund möglich. Insoweit bedarf es dann der Berufung auf § 242.

Zur vierten Gruppe zählt das Wohnmietrecht (§ 554a), zur fünften das sonstige; insoweit sind die Gründe zu fristloser Kündigung in den §§ 542 – 544, 553 – 544b nicht erschöpfend (str.). Also gilt:

a) Der *Mieter* kann fristlos kündigen:

aa) bei Nichtgewährung des Gebrauchs, i. d. R. nach erfolgloser Abmahnung, 542, 543.

bb) bei Gesundheitsgefährdung durch den Zustand gemieteter Räume ohne Abmahnung, 544.

b) Der *Vermieter* kann, vorbehaltlich des geltenden Mieterschutzes, vgl. unten IV 4, fristlos kündigen (und muß dann zuviel gezahlte Miete zurückerstatten, 557a):

aa) wenn der Mieter trotz Abmahnung einen *vertragswidrigen Gebrauch* der Sache fortsetzt, z. B. sie weiterhin unerlaubt untervermietet oder verleiht oder die Sache selbst vernachlässigt, 553.

bb) wenn der Mieter mit *zwei Mietraten in Verzug* ist, wobei es, da der Mietzins als Geldschuld regelmäßig Gattungsschuld ist, auf ein Verschulden des Mieters nicht ankommt, 554, 284ff., 279.

c) *Jeder Teil* aus einem sonstigen wichtigen Grund, 554a bzw. 242. Z. B.: Der Mieter trachtet dem Vermieter nach dem Leben. Der Vermieter beleidigt gröblich den Mieter und stellt weitere Beleidigungen in Aussicht. Die wirtschaftliche Basis eines 30jährigen Miet- oder Pachtverhältnisses entfällt vorzeitig, BGHZ 44, 321; vgl. auch RGZ 94, 243 – Heugabel –. Ein Ersatzangebot beseitigt das Kündigungsrecht des Mieters nicht, BGH NJW 82, 873.

Die Kündigung eines Mietverhältnisses über Wohnraum bedarf der Schriftform, 564a I. Diese Regelung gilt auch für fristlose Kündigungen und sowohl für Kündigungen durch den Vermieter wie durch den Mieter. Zweck der Vorschrift ist Übereilungsschutz vor unbedacht ausgesprochenen Kündigungen.

5. Stillschweigende Verlängerung

Setzt nach abgelaufener Mietzeit der Mieter den Sachgebrauch fort, so gilt das Mietverhältnis als auf unbestimmte Zeit weiter vereinbart, wenn nicht ein Teil seinen entgegenstehenden Willen innerhalb zweier Wochen erklärt, 568. Für Wohnraummiete gilt § 565a.

6. Rücktritt

Die allgemeinen Regeln des Rücktrittsrechts sind nur insoweit ausgeschlossen, als die Kündigungsbestimmungen eine besondere Regelung vorsehen, aber nicht vor Gebrauchsüberlassung und auch nicht bei Verletzung besonderer Verpflichtungen, z. B. Baukostenzuschuß des Mieters, BGH NJW 57, 57; vgl. auch § 570a.

7. Verjährung

Für einige Ansprüche aus dem Mietverhältnis gelten die kurzen Verjährungsfristen des § 558, dazu *Oske,* ZMR 75, 193; *Weimar,* DB 76, 2291. Diese Vorschrift kürzt sinngemäß auch die Verjährung deliktischer Ansprüche aus den gleichen Sachverhalten ab. (Einschränkung von § 852), vergl. OLG Schleswig NJW 74, 1712 und BGHZ 62, 227, der die kurze Verjährungsfrist des § 558 auf sämtliche Ersatzansprüche des Vermieters ausdehnt. Miet- und Pachtzinsen verjähren in 4 Jahren, 197, 198, 201, der Anspruch des Verpächters auf Wiederherstellung der Pachtsache in 6 Monaten, BGH NJW 80, 389. Im übrigen gilt die normale 30jährige Frist, namentlich für die Rückgabe der Sache selbst (Fristbeginn ist dabei mit Ende der Miete).

IV. Überblick über das soziale Mietrecht

Lit.: *Barthelmess,* Kommentar zum 2. Wohnraum-Kündigungsschutzgesetz und zum Miethöhegesetz, 2. Aufl. 1980; *Derleder,* NJW 75, 1677; *Fehl,* NJW 74, 924; *ders.,* NJW 74, 1939; *Glaser,* JR 75, 681; *Gramlich,* NJW 83, 417; *Gursky,* JR 83, 265; *Kimminich,* Zur verfassungsrechtlichen Beurteilung des 1. WoKSchG, 1973; *Köhler, W.,* Das neue Mietrecht, 1983, 1983; *Korff,* NJW 75, 2281; *Lehmann,* NJW 74, 2117; *Lessing,* DRiZ 83, 461; *Löwe,* NJW 75, 9; *Mohnen,* FS *Nipperdey,* Bd. I, 1965, S. 606; *Nassal,* MDR 83, 9; *Niederberger,* Mietspiegel, 3. Aufl. 1979; *Pergande,* NJW 68, 129; *Röbbert,* DB 83, 161; *Roquette,* Neues soziales Mietrecht, 1969; *Schade/Schubart,* Soziales Miet- und Wohnrecht, Kommentar, Stand 1983; *Schmidt-Futterer,* MDB 75, 89; *Schmidt-Futterer/Blank,* Wohnraumschutzgesetze, 5. Aufl. 1984; *Scholz,* NJW 83, 1822; *Schopp,* ZMR 75, 89; *Vogel,* WM 73, 149 (allgemeines Schrifttum oben vor I).

1. Das soziale Wohnrecht gliedert sich in drei Regelungsbereiche:

– Schutz des bestehenden Mietverhältnisses,
– Schutz bei Kündigung,
– Schutz vor übermäßiger Mieterhöhung.

Diese schutzrechtlichen Vorschriften, die früher in vielen Gesetzen verstreut waren, sind seit dem 1. 1. 1975 ins BGB eingearbeitet. Nur die mehr technische Regelung des Mieterhöhungsverfahrens befindet sich im 2. Gesetz über den Kündigungsschutz für Mietverhältnisse über Wohnraum vom 18. 12. 1974, BGBl. I 3603 (WoRKSchG.[3]) Eine gewisse Lockerung der Schutzvorschriften des sozialen Mietrechts brachte gegenläufig das am 1. 1. 1983 in Kraft getretene Gesetz zur Erhöhung des Angebots an Mietwohnungen vom 20. 12. 1982 (BGBl. I 1912), das den eingeschränkten Neubau von Wohnungen wieder anregen soll.

Die schutzrechtlichen Vorschriften sind unabdingbar oder können nur zugunsten des Mieters abgeändert werden. Das bedeutet eine erhebliche Einschränkung der Privatautonomie im Bereich des Mietrechts. Diese Ein-

---

[3]) Weitere Vorschriften, die das soziale Mietrecht betreffen, finden sich im Gesetz zur Sicherung der Zweckbestimmung von Sozialwohnungen i. d. F. vom 22. 7. 1982, BGBl. I 973 (WoBindG) und im Wohnungsgeldgesetz i. d. F. vom 27. 12. 1982, BGBl. I 1922 (WoGG). Zur Information über den alten Rechtszustand vgl. die Vorauflagen.

schränkung ist aber durch die Sozialstaatsverpflichtung (Art. 20 GG) gerechtfertigt. Die überragende Bedeutung der Wohnung als Lebensmittelpunkt des menschlichen Daseins gebietet es, den vertragstreuen Mieter vor willkürlichen Kündigungen zu schützen, vgl. die amtliche Begründung, BT-Drucks. 7/2011. Das BVerfG hat die schutzrechtlichen Bestimmungen, soweit sie ihm zur Prüfung vorgelegt wurden, für verfassungsmäßig erklärt, NJW 74, 1499.

2. Schutz des bestehenden Mietverhältnisses

a) Hat die Mietsache einen *Sachmangel*, der die Tauglichkeit zum Gebrauch aufhebt oder mindert, fällt die Pflicht zur Mietzinszahlung weg oder mindert sich entsprechend, 537, s. a. oben II 6.

b) Eine *Vertragsstrafe* zu Lasten des Mieters kann nicht vereinbart werden, 550a.

c) Der Mieter hat ein unabdingbares Recht zur *Zurückbehaltung oder zur Aufrechnung* gegen eine Mietzinsforderung mit einer ihm zustehenden Schadensersatzforderung aus § 538, wenn er seine Absicht dem Vermieter einen Monat vor Fälligkeit schriftlich anzeigt, 552a. Die Aufrechnung wegen anderer Forderungen kann ausgeschlossen werden.

3. Schutz durch Kündigung

a) Der Mieter kann fristlos kündigen, wenn ihm der Gebrauch der Mietsache nicht gewährt oder wieder entzogen wird. Auf ein Verschulden des Vermieters kommt es nicht an. Der Mieter kann jedoch erst nach einer angemessenen Frist, die der Vermieter verstreichen ließ, oder bei Erfüllungsverweigerung kündigen, 542, 543.

b) Ein fristloses Kündigungsrecht besteht auch, wenn die Benutzung des gemieteten Wohnraums erhebliche Gesundheitsgefahren mit sich bringt, ohne daß es auf ein Verschulden des Vermieters ankäme, 544.

c) Außerdem kann der Mieter (wie auch der Vermieter) bei Vertragsverletzungen, die eine weitere Fortsetzung des Mietverhältnisses unzumutbar machen, gem. § 554a kündigen, vgl. oben III 4c.

4. Schutz bei Kündigung

Das Kernstück der Mieterschutzregelung ist der Kündigungsschutz. Der Vermieter kann *fristlos* nur unter den oben (III 4b) beschriebenen Bedingungen kündigen und keine neuen Gründe für fristlose Kündigung vertraglich vereinbaren. § 554b ist insoweit restriktiv auszulegen, als die Anwendung von § 242 im Einzelfall niemals ausgeschlossen werden darf.

Noch wichtiger ist aber die Einschränkung des Rechts zur *ordentlichen Kündigung*. Eine Kündigung ist nur zulässig, wenn der Vermieter ein *berechtigtes Interesse* nachweist und der Mieter der Kündigung nicht *widersprechen* kann. Dabei sind *Kündigungsfristen* zu beachten. Im einzelnen gilt:

a) Der Vermieter darf nicht zum Zweck der Mietzinserhöhung kündigen,

Art. 3 § 1 WoRKSchG (den Art. 3 WoRKSchG bezeichnet man auch als Gesetz zur Regelung der Miethöhe — MHRG). Damit sind die sog. Änderungskündigungen, mit denen Vermieter einen beträchtlichen Druck auf Mieter, die einen Umzug scheuen, ausüben könnten, verboten. Der Vermieter kann die Miete nur im sogenannten Mieterhöhungsverfahren erhöhen. Dazu unten 6.

b) Der Vermieter muß ein *berechtigtes Interesse* an der Kündigung haben, 564b. Ein solches ist anzunehmen, wenn der Mieter seine vertraglichen Verpflichtungen schuldhaft verletzt, der Vermieter Eigenbedarf für sich oder für die zu seinem Hausstand gehörenden Personen und Familienangehörigen geltend macht oder der Vermieter durch die Fortsetzung des Mietverhältnisses an einer angemessenen wirtschaftlichen Verwertung des Grundstücks gehindert und dadurch erhebliche Nachteile erleiden würde, 564b II Nr. 1 — 3. Die aufgezählten Fälle, in denen ein berechtigtes Interesse des Vermieters vorliegt, sind lediglich Beispiele; es handelt sich nicht um eine abschließende Regelung. Bei Wohnraummietverhältnissen, die mit Rücksicht auf ein Dienst-, Arbeits- oder Ausbildungsverhältnis abgeschlossen worden sind, besteht z. B. nach Beendigung dieser Verhältnisse ein berechtigtes Interesse an der Kündigung, wenn der Wohnraum für andere Bewerber benötigt wird. Zur Frage, wann im einzelnen ein berechtigtes Interesse anzunehmen ist, vgl. *Jauernig/Teichmann*, § 564b Anm. 2. Das Recht zur außerordentlichen, fristlosen Kündigung wird durch § 564b nicht berührt.

c) Der Kündigungsschutz besteht auch für *möblierten Wohn*raum, jedoch gelten kürzere Kündigungsfristen, 565 III. Der Gesetzgeber ist damit der Einsicht nachgekommen, daß es für den Kündigungsschutz keinen Unterschied machen kann, ob eine Wohnung möbliert oder leer vermietet wird.

Eine *Ausnahme* vom Kündigungsschutz besteht aber für Wohnungen in einem vom Vermieter selbst bewohnten Wohngebäude mit nicht mehr als zwei Wohnungen (Zweifamilienhäuser). Wegen des engen Zusammenlebens der Parteien, das zu Unzuträglichkeiten führen kann, ist es gerechtfertigt, hier dem Vermieter eine erleichterte Kündigungsmöglichkeit einzuräumen: Der Vermieter kann kündigen, ohne ein berechtigtes Interesse darlegen zu müssen. Allerdings verlängert sich die Kündigungsfrist in diesem Fall um 3 Monate, 564 IV 2. Dasselbe gilt für Mietverhältnisse über einzelne Räume in der Wohnung, 564b IV 3.

Gar keinen Schutz dagegen haben Mietverträge über Wohnraum, der nur zu vorübergehendem Gebrauch vermietet ist (Hotels), und Mietverhältnisse über möblierte Zimmer in der Vermieterwohnung, die von Einzelpersonen bewohnt werden, 564b VII Nr. 1, 2. Seit dem 1. 1. 1983 gilt dies auch für Mietverhältnisse über Wohnraum, der Teil eines Studenten- oder Jugendwohnheims ist, § 564b VII Nr. 3 (neu eingefügt durch das G. vom 20. 12. 1982, vgl. oben 1).

d) Die Sollvorschrift des § 564a I 2, nach der bei einer Kündigung die

Gründe angegeben werden sollen, wird durch § 564b III verstärkt: In einem Rechtsstreit über die Kündigung werden nur solche Gründe als berechtigte Interessen berücksichtigt, die im Kündigungsschreiben angegeben wurden. Später entstandene Gründe können aber nachgeschoben werden.

e) Wenn ein berechtigtes Interesse des Vermieters an der Kündigung besteht, ist zu prüfen, ob dem Mieter nicht ein *Widerspruchsrecht* gem. § 556a zusteht. Die weitergehenden Schutzrechte sind also auch im Falle berechtigter Interessen zu berücksichtigen, 564b V. Dies gilt selbst bei *befristeten Mietverhältnissen*, bei denen der Mieter unter bestimmten Voraussetzungen das Recht hat, die *Fortsetzung* des Mietverhältnisses zu verlangen, vgl. §§ 556b, 556c.

Die *Sozialklausel* schreibt eine Interessenabwägung vor, die von der Gleichwertigkeit der Belange des Mieters und des Vermieters ausgeht. Überwiegen die Interessen des Mieters an der Fortführung des Mietverhältnisses, weil die Kündigung eine nicht zu rechtfertigende *Härte* für ihn darstellen würde, so kann er der Kündigung widersprechen und die Fortsetzung des Mietverhältnisses verlangen, 556a I, II.

Eine besondere Härte liegt auch vor, wenn angemessener Ersatzwohnraum nicht beschafft werden kann, 556a I 2. Der Mieter muß sich allerdings tatsächlich um eine Ersatzwohnung bemühen. Er braucht sich jedoch nicht auf irgendeine freistehende Wohnung verweisen zu lassen, sondern nur auf Wohnungen, die in Größe, Beschaffenheit, Lage und Preis mit der alten Wohnung vergleichbar sind.

f) Ein Schutz durch die Sozialklausel besteht nicht, wenn der Mieter selbst gekündigt hat oder wenn der Vermieter zur fristlosen Kündigung berechtigt ist, 556a IV. Ausgenommen sind auch Wohnräume, die nicht zum dauernden Gebrauch vermietet werden, und möblierte Einzelzimmer in der Wohnung des Vermieters, 556a VIII.

g) Der Mieter muß seinen Widerspruch schriftlich erklären und auf Verlangen des Vermieters begründen, 556a V. Diese Begründungspflicht ist das Gegenstück zu der des Vermieters nach § 564a I 2. Das Unterlassen der Begründungen kann Folgen für die Verteilung der Kosten des Räumungsprozesses haben, § 93b ZPO. Der Widerspruch ist fristgebunden, 556a VI: Er muß grundsätzlich 2 Monate vor Beendigung des Mietverhältnisses erfolgt sein; hat der Vermieter allerdings den Mieter nicht auf sein Widerspruchsrecht hingewiesen, so kann der Mieter ihn noch im ersten Termin des Räumungsstreits erklären, 556a VI 2.

h) Der Widerspruch macht die Kündigung nicht unwirksam; er gibt dem Mieter nur einen Anspruch auf Fortsetzung des Mietverhältnisses für eine angemessene Zeit und zu angemessenen Bedingungen, 556a II. Kommt eine gütliche Einigung, eventuell auch über eine Erhöhung des Mietzinses, nicht zustande, so muß das Gericht durch Urteil entscheiden, 556a III.

i) Der Mieterschutz wird dadurch vervollständigt, daß auch eine nach den eben dargestellten Regeln zulässige Kündigung erst mit Ablauf einer bestimmten Frist wirksam wird, *Kündigungsfrist.* Im allgemeinen beträgt diese Frist bei Wohnraum 3 Monate, 565 II, bei längeren Mietverhältnissen gestaffelt bis zu 12 Monate. Auffällig ist § 565 II 4, wonach eine Vereinbarung nichtig ist, nach der die Kündigung nur für den Schluß bestimmter Kalendermonate zulässig sein soll. Man wird, um Härten für beide Teile zu vermeiden, die Einschränkung des § 565 II 3 (vorübergehender Gebrauch) auch — analog — auf § 565 II 4 anwenden müssen.

j) Der Schutz durch Kündigungsfristen besteht auch für *befristete Mietverhältnisse,* die mangels Kündigung verlängert werden sollen *(Verlängerungsklausel),* 565 a. Will der Vermieter das Mietverhältnis nicht verlängern, so muß er gem. § 565 fristgerecht kündigen, wobei das Ende der Frist mit dem Ende der zunächst vereinbarten Frist zusammenfallen muß, sonst tritt Verlängerung ein. Das Widerspruchsrecht des Mieters nach § 556a gilt auch bei Kündigungen gem. § 565a. Dabei ist aber § 556b II zu beachten: Kannte der Mieter die Umstände, die ein Interesse des Vermieters an fristgemäßer Rückgabe begründen, schon bei Abschluß des Mietvertrages, so muß er diese zunächst gegen sich gelten lassen und kann sich für die Verlängerung des Mietverhältnisses nur auf Gründe berufen, die nachträglich eingetreten sind.

k) Bei der Rückabwicklung des Mietverhältnisses nach Kündigung wird der Mieter durch folgende zwingende Vorschriften geschützt: Das dem Mieter zustehende Wegnahmerecht von Sachen, die er mit der Mietsache verbunden hat, kann nur ausgeschlossen werden, wenn der Vermieter dem Mieter dafür einen angemessenen Ausgleich verspricht, 547a. Noch nicht abgewohnte Mietvorauszahlungen kann der Mieter bei Beendigung des Mietverhältnisses nach Rücktrittsrecht oder, wenn der Mieter die Beendigung zu vertreten hat, nach Bereicherungsrecht herausverlangen, 557a I, II.

l) Der Mieterschutz entfaltet Wirkungen über den Tod des Mieters hinaus, indem er ein Eintrittsrecht von Ehegatten in das Mietverhältnis vorsieht, vgl. § 569a I – VII.

5. Schutz bei befristeten Mietverhältnissen ohne Verlängerungsklausel

Ist ein Mietverhältnis über Wohnraum auf bestimmte Zeit eingegangen worden, so kann der Mieter spätestens zwei Monate vor der Beendigung des Mietverhältnisses durch schriftliche Erklärung vom Vermieter die *Fortsetzung* des Mietverhältnisses *auf unbestimmte Zeit* verlangen, wenn nicht der Vermieter ein berechtigtes Interesse an der Beendigung des Mietverhältnisses hat, 564c I 1. Hat der Vermieter ein solches Interesse im Sinne von § 564b oder versäumt der Mieter die Zweimonatsfrist, so können noch über § 564b V die Rechte aus § 556b (vgl. dazu oben 4e) geltend gemacht werden, vgl. § 564c I 2.

In bestimmten Fällen ist jedoch das Recht des Mieters, die Fortsetzung des befristeten Mietverhältnisses zu verlangen, gemäß § 564c II ausgeschlossen, vgl. dazu *Sternel,* MDR 83, 265 ff.

6. Schutz im Mieterhöhungsverfahren

Wichtigste Vorschrift des Mieterhöhungsschutzes ist Art. 3 § 2 WoRKSchG. Danach kann der Vermieter eine Zustimmung des Mieters zu einer Erhöhung des Mietzinses nur verlangen, wenn dieser seit einem Jahr unverändert geblieben ist, der verlangte höhere Mietzins die in den letzten drei Jahren ortsübliche Vergleichsmiete nicht übersteigt, und die Mieterhöhungen innerhalb eines Zeitraums von drei Jahren nicht mehr als 30% (sog. *Kappungsgrenze*) betragen (neue Regelung seit dem 1.1.1983, vgl. dazu *Scholz*, NJW 83, 1822). Der Vermieter muß sein Erhöhungsverlangen schriftlich stellen und begründen. Zur Begründung kann er auf sog. Mietspiegel, Gutachten eines öffentlich bestellten oder vereidigten Sachverständigen oder auf die Miete in vergleichbaren Wohnungen Bezug nehmen. Stimmt der Mieter dem Erhöhungsverlangen nicht zu, so kann der Vermieter innerhalb einer Zweimonatsfrist auf Erteilung der Zustimmung klagen. Klagt der Vermieter allerdings nicht, so läuft eine neunmonatige Sperrfrist, innerhalb derer er ein neues Erhöhungsverlangen nicht stellen kann. Wird die Zustimmung erteilt (auch im Klagewege), so schuldet der Mieter den erhöhten Mietzins vom Beginn des vierten Kalendermonats, der auf den Zugang des Erhöhungsverlangens folgt. Seit dem 1.1.1983 ist auch die Vereinbarung einer sog. *Staffelmiete* erlaubt, für Einzelheiten vgl. Art. 3 § 10 II WoRKSchG (neu eingefügt durch das G. vom 20. 12. 1982, dazu oben 1).

Die Art. 3 §§ 3 – 5 WoRKSchG ermöglichen es dem Vermieter, erhöhte Betriebs- und Kapitalkosten, sowie die Kosten baulicher Veränderungen auf den Mieter abzuwälzen.

V. Rechtliche Besonderheiten der Miete

Jedes der besonderen Schuldverhältnisse hat – außer seiner *Grundstruktur* – ein oder mehrere typische *Sonderprobleme*, durch die es sich von allen anderen unterscheidet, vgl. die Darstellung des *Schenkungsrechts*, oben § 73. Die Grundstruktur der Miete wurde oben I – IV behandelt. Die rechtlichen Besonderheiten der Miete berühren sämtlich *sachenrechtliche Zusammenhänge*: Das *Vermieterpfandrecht*; die *Veräußerung der Mietsache* („Kauf bricht nicht Miete"); und die Miete in der *Zwangsversteigerung* und im *Konkurs*. Die Problematik der Miete liegt in ihrer teilweisen Verdinglichung.

1. Das Vermieterpfandrecht, §§ 559 – 563, 580, 1257 BGB; 49 KO

Bleibt der Grundstücks-, insb. der Wohnungsmieter, die Miete schuldig, so soll sich der Vermieter an die eingebrachten Sachen halten können. In der Überlassung des Mietraums liegt so viel Vertrauen, daß es gerechtfertigt scheint, den Vermieter gewöhnlichen Gläubigern vorzuziehen, deren Vertrauen enttäuscht wird.

a) Darum bestimmt § 559, daß der Grundstücks-(Wohnungs-)Vermieter für grundsätzlich *alle* seine Forderungen aus dem Mietverhältnis ein *gesetzliches Pfandrecht* an den eingebrachten Sachen des Mieters mit dem tatsächlichen Vorgang der Einbringung erwirbt.

Ausgenommen sind nur *künftige* Entschädigungsforderungen und Mietzinsen für eine *spätere* Zeit als das laufende und nächstfolgende Miet-(nicht Kalender-)Jahr. Auch bei unbefristeten Mietverhältnissen erstreckt sich also das Pfandrecht auf noch nicht fällige Mietforderungen (Hamburg OLGE 20, 110). Konkurriert das Vermieterpfandrecht mit einem Pfändungspfandrecht, so sichert das Vermieterpfandrecht nur die Miete für das letzte Jahr vor der Pfändung und danach, nicht aber davor, 563.

Dem Pfandrecht unterliegen alle „eingebrachten" Sachen des Mieters (was voraussetzt, daß sie beweglich sind); nicht dagegen die Sachen der Ehefrau, die den Mietvertrag nicht mitunterschrieben hat; nicht die der Kinder; nicht die *pfändungsfreien*, die das Existenzminimum des Mieters darstellen (559 S. 3; 811 ZPO), das unverzichtbar und auch nicht durch ein vertragliches Zurückbehaltungsrecht antastbar ist; weiter nicht solche Sachen, für die der Mieter Sicherheit leistet, 562. Sachen, die dem Mieter nicht gehören, fallen nicht unter das Pfandrecht, wie z. B. Sachen des Untermieters oder unter Eigentumsvorbehalt erworbene Sachen. Behauptet der Mieter dem Vermieter gegenüber fälschlich, eine eingebrachte Sache gehöre ihm, so findet doch kein gutgläubiger Erwerb des Pfandrechts an der Sache durch den Vermieter statt, da § 1207 nur auf das Vertragspfand Anwendung findet. § 1257 meint nur bereits *entstandene* Pfandrechte, nicht die Entstehung selbst.

Da das Vermieterrecht *ohne* Besitz des Pfandgläubigers erworben wird, war diese Rechtslage schon immer klar. Der BGH (BGHZ 34, 153) hat aber für *jedes* gesetzliche Pfandrecht, auch für die besitzgebundenen (wie z. B. das des Werkunternehmers, 647), ausgesprochen, daß ein gutgläubiger Erwerb an ihnen unmöglich sei.

Wohl aber erwirbt nach neuerer Rechtsprechung der Vermieter ein gesetzliches Pfandrecht an der *Anwartschaft*, BGHZ 35, 85 (94); anders noch RGZ 140, 223. Vor der vollen Bezahlung des Kaufpreises nützt dem Vermieter das Pfandrecht an der Anwartschaft nicht viel. Nach Vollzahlung wird es aber zum Pfandrecht an der Sache. Der Vermieter kann durch Zahlung des Restkaufpreises an den Vorbehaltsverkäufer das Pfandrecht an der Sache erlangen. Überträgt der Mieter die Anwartschaft weiter, bleibt das Pfandrecht grundsätzlich bestehen, BGHZ 35, 85, 87.

b) Das Vermieterpfandrecht gestattet dem Vermieter die Verwertung der Sache (§§ 1228–1249, auch § 1250 ist anwendbar, str., vergl. dazu *Weimar*, DGVZ 75, 129). Veräußert der Mieter eine mit dem Vermieterpfandrecht belastete Sache, erwirbt der Erwerber die Sache mit dem Pfandrecht belastet, wenn er nicht gutgläubig ist (böser Glaube ist nachzuweisen), 936. Wer Sachen erwirbt, die sich in Mieträumen befinden, muß mit dem Pfandrecht rechnen, ist also vermutetermaßen bösgläubig, RG Warn 1913, 423.

c) Das Pfandrecht erlischt mit der Entfernung der Sache vom Grundstück (aus der Wohnung). Eingehend dazu *Trenk-Hinterberger*, ZMR 71, 329. Es erlischt nicht, wenn die Entfernung ohne Wissen oder unter Widerspruch des Vermieters erfolgt, was der Vermieter zu beweisen hat („es sei denn..."). In drei Fällen ist der Widerspruch des Vermieters unbeachtlich: Wenn die Entfernung geschäftsüblich ist (z. B. bei einem Warenlager), wenn sie den Lebensverhältnissen des Mieters entspricht (z. B. Erneuerung verschlissener Möbel) und wenn sie das Sicherungsinteresse des Vermieters nicht beeinträchtigt, 560. Falls dem Vermieter kein Widerspruchsrecht zusteht, führt eine Entfernung ohne Wissen allerdings zum Pfandrechtsverlust: Der Vermieter ist in diesem Fall nicht schutzwürdig, h. L., a. A. *Palandt-Putzo* § 560 Anm. 4. Der Vermieter hat ein *Selbsthilferecht*, durch das er die unberechtigte Entfernung von Sachen mit Gewalt und ohne Anrufung des Gerichts verhindern kann, 561 I, vgl. §§ 229–231, 859, 860. Sind Sachen unberechtigt entfernt worden, so kann der Vermieter Rückschaffung oder Aushändigung an sich verlangen. Das hat, zur Vermeidung des Erlöschens des Pfandrechts, im Weigerungsfall des Dritten gerichtlich zu geschehen, 561 II 2 (vgl. § 556 III: obligatorischer Anspruch gegen Dritte!). Das gleiche gilt, wenn das Pfandrecht an der Anwartschaft auf die Sache besteht, BGHZ 35, 85. Mit Abtretung der Mietzinsforderung geht auch das Vermieterpfandrecht auf den Zessionar über, 401.

d) Pfändet ein anderer Gläubiger des Mieters eine dem Pfandrecht unterliegende Sache, so kann der Vermieter nach § 805 ZPO vorzugsweise Befriedigung aus dem Erlös verlangen. Der Pfändungspfandgläubiger kann den Vermieter jedoch u. U. darauf verweisen, daß die übrigen, seinem Vermieterpfandrecht unterliegenden Sachen des Mieters zu seiner Sicherung ausreichen, BGHZ 27, 227. (Rechtsgedanke des § 560 S. 2, 3. Fall). Im Konkurs des Mieters hat der Vermieter aufgrund seines Pfandrechts ein Recht zu abgesonderter Befriedigung, 48, 49 Ziff. 2 KO.

2. Die Veräußerung der Mietsache („Kauf bricht nicht Miete"), §§ 571–579

a) Um den Mieter wäre es schlecht bestellt, wenn sein obligatorisches Recht aus § 535 gegen den Vermieter mit dessen Eigentum an der Mietsache enden würde. Jede Übereignung würde zwar den Vertrag mit dem bisherigen Eigentümer fortbestehen lassen, diesem aber die Gewährung des Gebrauchs an den Mieter unmöglich machen. Der Mieter hätte statt des Anspruchs auf Gebrauchsüberlassung ein Recht auf Leistung von Schadensersatz wegen verschuldeten nachträglichen Unvermögens, 325 I 1, 535, 276, 249. Das ist an sich die Konsequenz aus der Relativität eines Schuldverhältnisses. Darum bestimmen § 986 II die Aufrechterhaltung der Besitzeinwendung gegen den Erwerber einer beweglichen Sache nach § 931, und § 571 eine Verdinglichung der Grundstücksmiete insoweit, als der Erwerber der Mietsache in die Stellung des Vermieters *eintreten muß*, wenn die Mietsache dem Mieter schon überlassen ist; dies gilt sogar dann, falls vor Abschluß des Mietvertrags eine Vormerkung eingetragen worden ist, BGHZ 13, 1 = ESJ 93. Überlassung bedeutet Erfüllung der Überlassungspflicht des § 536, also in der Regel Besitzverschaffung, BGH NJW 76, 105. Das gilt auch hinsichtlich gewährter Sicherheiten, 571 I, 572. Der neue Eigentümer muß normal kündigen, bei befristeten Mietverhältnissen ihren Ablauf abwarten, er hat Ersatzansprüche wegen Räumungsverzug des Mieters nach Kündigung durch den Veräußerer, kurz, er tritt in *alle Rechte und Pflichten ein*, BGHZ 72, 147: „Kauf bricht nicht Miete". Hier handelt es sich um eine Ausnahme. Die Miete wird dadurch nicht zum Sachenrecht (anders *Löning*, vgl. dazu oben § 1 II 2b m. w. N.; wie hier *Staudinger/Emmerich*, § 571 [2. Bearb. 1981] Rz. 5f.). Verständlich ist die Vorschrift des § 571 I als Bestandteil eines *Schuldnerschutzes*, vergleichbar den §§ 573–576 und §§ 404–411, BGHZ 40, 255; 42, 333; 45, 11; 51, 273.

b) Entsprechendes gilt bei *Grundstücksbelastungen*, die das Mieterrecht beeinträchtigen (z. B. Nießbrauch), 577. Wird die Mietsache *vor Überlassung* an den Mieter veräußert, ist dieser weniger schutzbedürftig. Er kann den Erwerber nur dann in der Vermieterstellung festhalten, wenn dieser vom Veräußerer die Vermieterpflichten übernommen hat, 578. Zustimmung des Mieters ist entgegen §§ 414ff. nicht erforderlich. § 329 gilt nicht (§ 578 ist Sondervorschrift).

Der Grundstücksveräußerer haftet dem Mieter zunächst nach Bürgschaftsrecht, bis er den Eigentumsübergang mitteilt und der Mieter durch Unterlassen einer Kündigung zu erkennen gibt, daß er mit dem neuen Vermieter einverstanden ist, 571 II.

Wird das Grundstück noch einmal veräußert, gelten die §§ 571–578 gegen den neuen Erwerber, 579.

c) Die §§ 573–576 gewähren dem Mieter einen den §§ 406ff. ähnlichen Schuldnerschutz hinsichtlich der Mietzinsschuld. Darüber hinaus tragen diese Vorschriften dem wirtschaftlichen Interesse des Vermieters Rechnung, über den Mietzins im voraus und teilweise mit Wirkung für die Zeit *nach* der Veräußerung verfügen zu können. Der Sache nach handelt es sich um Ausnahmen vom Grundsatz des § 571.

Im einzelnen gilt:

aa) Nach § 573 sind Verfügungen über den Mietzins (Abtretung, Verpfändung, nach h. M. auch Pfändung) gegenüber Erwerber und Mieter nur für den *Kalendermonat des Eigentumswechsels* gültig. Vorauszahlungen des Mieters sind daher ebenso unwirksam wie Zahlungen an einen Nichtberechtigten. Der Mieter muß also vorsichtig sein! Dagegen gilt § 573 nicht für Baukostenzuschüsse des Mieters, die tatsächlich für den Aufbau des Hauses verwendet worden sind; diese hat der Erwerber im Fall der Kündigung grundsätzlich zu erstatten, BGHZ 6, 202, 206; 15, 296; 16, 31; BGH NJW 59, 380.

bb) § 574 schützt den Mieter bis zur *Kenntnis* vom Eigentumsübergang bezüglich des Mietzinses für den Monat der Kenntniserlangung vor der Gefahr, doppelt zahlen zu müssen. Also sollte ein Mieter nicht mehr als die fällige Miete zahlen. Der Mieter ist auch nur in dem geringen Rahmen des § 574 geschützt, wenn eine Mietvorauszahlung, die nicht Baukostenzuschuß ist, bereits bei Vertragsschluß zu entrichten war, BGHZ 37, 346. Der Mieter erhält dann nur einen Schadensersatzanspruch gegen den Vermieter, es sei denn, der Erwerber habe die Verpflichtung zur Verrechnung übernommen – BGH NJW 66, 1703.

cc) § 575 stellt dem Schutz vor doppelter Inanspruchnahme durch den Erwerber die Aufrechnung gegen den Erwerber an die Seite, vgl. § 406.

dd) § 576 entspricht § 409 und ist eine ausgesprochene Vorschrift des Mietschuldnerschutzes.

3. Die Miete in der Zwangsversteigerung und im Konkurs

a) Der Ersteigerer in der *Zwangsversteigerung* hat grundsätzlich dieselbe Stellung wie der Erwerber nach §§ 571 ff. Zusätzlich kann er auch ein befristetes, also normalerweise nicht kündbares Mietverhältnis mit gesetzlicher Frist kündigen, aber nur für den ersten zulässigen Termin, 57 a ZVG („Kauf bricht Miete"). Es ist umstritten, in welchem Verhältnis dieses gesetzliche Kündigungsrecht zum Mieterschutz steht. Ein Teil der Lehre will dem Mieter die Berufung auf die Sozialklausel versagen, vgl. OLG Oldenburg NJW 73, 1841. Dem ist aber mit Hinblick auf den Grundgedanken des Mieterschutzes zu widersprechen. Der Mieter soll vor willkürlichen Kündigungen geschützt werden, wenn er sich seinerseits vertragskonform verhält. Durch den Zuschlag tritt der Ersteigerer in das Mietverhältnis zwischen Vermieter und Mieter ein, 57 ZVG, und erhält ein außerordentliches, befristetes Kündigungsrecht, 57 a ZVG. Daraus folgt, daß er ein weiteres, berechtigtes Interesse an der Kündigung nicht nachweisen muß: § 564 b findet also keine Anwendung. Es hat aber weiterhin eine Interessenabwägung zwischen (neuem) Vermieter und Mieter stattzufinden: Überwiegen die Gründe, die die Kündigung für den Mieter zu einer ungerechtfertigten Härte machen würden, so kann er widersprechen, § 556 a ist anzuwenden.

Im Falle einer wirksamen Kündigung hat der Mieter einen Schadensersatzanspruch gegen den (alten) Vermieter, 541, 538.

Bei Mietzinsverfügungen gelten die §§ 573–576, wobei an die Stelle des Eigentumsübergangs die Beschlagnahme tritt, 57, 57b ZVG. Eine Einschränkung des Kündigungsrechts nach § 57 a im Falle geleisteter Baukostenzuschüsse enthält § 57 c ZVG.

b) Fällt der *Vermieter* in *Konkurs*, so ist zu unterscheiden, ob die Mietsache bei Konkurseröffnung dem Mieter schon überlassen war.

aa) Wenn ja, bleibt der Mietvertrag auch gegenüber dem Konkursverwalter bestehen, 21 KO.

bb) Wenn nein, gilt – außer bei unter Mieterschutz stehenden Wohnungen – das Wahlrecht des Konkursverwalters nach § 17 KO. Lehnt der Konkursverwalter Erfüllung ab, hat der Mieter eine normale Konkursforderung wegen seines Schadens.

cc) Für Vorausverfügungen über den Mietzins gilt § 21 II, für die Veräußerung durch den Konkursverwalter gelten die §§ 21 IV KO, 57 ZVG.

c) Fällt der *Mieter* – bei mehreren Mietern alle (BGHZ 26, 102) – in *Konkurs*, so ist in gleicher Weise zu unterscheiden, ob die Sache bei Konkurseröffnung schon überlassen war.

aa) Wenn ja, so bleibt der Mietvertrag bestehen, kann aber vom Vermieter oder vom Konkursverwalter fristgemäß gekündigt werden, 19 KO.

bb) Wenn nein, so hat der Vermieter ein *Rücktrittsrecht*, 20 KO. Übt er es nicht aus, so gilt § 17 KO.

§ 75
Pacht

Crisolli, Reform der Landpacht, 1930; *Fischer,* SeuffBl. 78, 174; *Fritzen,* Pacht, 1962; *Göhner,* ZPR 79, 5; *Hörchner,* Die Abgrenzung von Miete und Pacht an Räumen nach bürgerlichem Recht, 1936; *Jonas,* Das Pfandrecht an den landwirtschaftlichen Früchten, 1932; *Knoppe,* Verpachtung eines Gewerbebetriebes, 4. Aufl. 1980; *Krückmann,* Die Inventarpacht mit Schätzungspraxis oder Kaufpreis und der Valutasturz, 1921; *Nonhoff/Becker,* Handbuch des Pachtwesens, 1954; *Oertmann,* Rechtsgutachten über die landwirtschaftliche Inventarfrage, 1921; *Schmidt-Futterer/Blank,* Miete und Pacht, 5. Aufl. 1983; *Schubert/Küting,* DB 76, Beil. 7; *Siber,* Das gesetzliche Pfandrecht des Vermieters, des Verpächters und des Gastwirts nach dem BGB, 1900; *Voelskow,* NJW 83, 910; *Wolf, E.,* Aktuelle Fragen des Miet- und Pachtrechts in der gewerblichen Wirtschaft, 3. Aufl. 1983.

I. Begriff und Wesen

1. Die Pacht ist ein gegenseitiger Vertrag, durch den sich der eine Teil (Verpächter) verpflichtet, dem anderen Teil (Pächter) den Gebrauch eines Gegenstandes *und den vertragsmäßigen Genuß der Sachfrüchte* für bestimmte oder bestimmbare Zeit zu gewähren, wogegen sich der andere Teil zur Zahlung des Pachtzinses verpflichtet, 581 I. Im Unterschied zur Miete hat der Pächter das Recht, den Gegenstand nicht nur zu *gebrauchen,* sondern auch seine *Früchte zu ziehen,* ihn also insgesamt zu *nutzen* (Nutzungen sind *Früchte* und *Gebrauchsvorteile,* 100). Da man ein Recht – entgegen § 100 – zwar nicht gebrauchen, wohl aber *nutzen* kann, können Rechte zwar gepachtet, nicht aber gemietet werden. Daher spricht § 581 I im Unterschied zu § 535 nicht von „Sache", sondern von „Gegenstand" (i. S. v. § 90). Zur Abgrenzung von Pacht und Miete vgl. jetzt auch *Voelskow,* NJW 83, 910.

2. Die Pacht ist ein wirtschaftlich wichtiger Vertrag vor allem in der *Land- und Forstwirtschaft,* im Unternehmensrecht *(Betriebspacht)* und im gewerblichen Rechtsschutz *(Lizenzverträge* sind Rechtspachten, so zutreffend *Esser*[2], § 124, 2d, und BGHZ 2, 331 zum Filmverwertungsvertrag. Allerdings ergeben sich aus Patent- und Urheberschutz wesentliche Besonderheiten). Der Rechtspacht ist auch der *Franchisingvertrag* verwandt (so *Medicus* II § 122 IV 2; *Soergel/Kummer,* vor § 581 Rz. 15), der den Vertrieb von Waren oder Dienstleistungen betreffen kann.[1]) Da die Pacht der Miete ähnelt, bedarf sie keiner ausführlichen Behandlung.

II. Rechtliche Besonderheiten der Pacht

Grundsätzlich gilt Mietrecht, 581 II (vgl. dazu *Soergel/Kummer,* § 581 RZ 33 ff.). Die §§ 582–597 bringen eine Reihe von rechtlichen Besonderheiten der Pacht, unter denen folgende wichtigere hervorzuheben sind:

1. Entsprechend dem Vermieterpfandrecht kennt die Pacht auch ein Verpächterpfandrecht, 581 II, 559 ff.

Es erstreckt sich gemäß § 585 auf mehr Gegenstände als bei der Miete. Die Beschränkung des § 563 gilt nicht. Eine Besonderheit ist das gesetzliche Pfandrecht des *Pächters,* 590. Es besteht für die mit dem Inventar zusammenhängenden Forderungen

---

[1]) Für Einzelheiten vgl. *Gross/Skaupy,* Das Franchise-System, 1968; *Liesegang,* Der Franchise-Vertrag, 1982; *Mack,* Neue Vertragssysteme in der BRD, Eine Studie zum Franchising, 1975; *Skaupy,* DB 82, 2446; *Sölter,* WuW 82, 919; *Weber,* JA 83, 347.

an den Inventarstücken, die sich im Pächterbesitz befinden (besitzgebundenes Pfandrecht im Unterschied zu Vermieter- und Verpächterpfandrecht).

2. Die Vorschriften der Pacht regeln nur den Anspruch des Pächters auf Fruchterwerb und die Pflicht des Verpächters zur Gestattung des Fruchtgenusses. Dagegen bestimmen sie nicht, wer Eigentum an den Sachfrüchten (99 I, III) erwirbt, und wie dies geschieht. Dabei handelt es sich um einen sachenrechtlichen Vorgang, über den die Pachtvorschriften keine Auskünfte geben. *Kraft des Pachtrechts erwirbt der Pächter die Früchte nicht.* Da die Pacht kein *Sachenrecht*, kein *beschränkt dingliches Recht*, auch keine auf der Pachtsache ruhende *Last*, kein Recht *an*, sondern nur ein Recht *auf* die Pachtsache darstellt, ist der Pächter auch nicht *dinglicher Aneignungsberechtigter*, gemäß § 954.

Vielmehr wird *neben* dem Pachtvertrag, aber meist mit den gleichen Erklärungen, eine persönliche *Aneignungsgestattung* im Sinne des § 956 I verliehen. Dies ist eine sachenrechtliche Verfügung, die nicht in einem bloß schuldrechtlichen Vertrag — wie der Pacht — getroffen werden kann. Da der Pächter in aller Regel im Besitz der Sache ist, gewinnt er das Eigentum an den Früchten (Getreide, Obst, Bäume) mit der Trennung.

Bei Rechtsfrüchten, 99 II, III, erwirbt der Pächter die Rechtsinhaberschaft mit der Entstehung des die Frucht bildenden Rechts (z. B. Anspruch auf Zinsen, Unterlizenzgebühren).

3. Die Rechts- und Pflichtenstellung des Pächters ist im einzelnen in den §§ 582, 583, 584, 586, 591, 592, 593, 597 geregelt. Die Grundhaltung des Gesetzes ist, daß der Pächter zwar vollen Nutzen aus der Pachtsache ziehen soll, sie aber in ihrer Wirtschaftlichkeit und Ertragfähigkeit erhalten und entsprechend bei Beendigung der Pacht zurückgeben soll. Zum Wettbewerbsverbot des Verpächters siehe OLG Celle MDR 1964, 59, des Pächters BGHZ 24, 165; dazu allgemein oben § 74 II 1 d.

4. Bei Übernahme und Rückgewähr zum Schätzwert gelten die §§ 587—589, 594.

5. Sondervorschriften über Kündigung der Pacht enthalten die §§ 595, 596.

6. Parallel zum Mieterschutzrecht besteht eine verzweigte Gesetzgebung zum Schutz des Pächters, die man als „Pachtschutzrecht" oder als „soziales Pachtrecht" *(Esser)* bezeichnen kann.

§ 76
Leihe

v. Blume, Recht, 1908, 650; *Boehmer,* ArchBürgR 38, 314; *Klein,* Die Rechtsformen der Gebrauchsleihe im BGB, 1902; *Krückmann,* IherJb. 54, 107; *Kuhlenbeck,* JW 1904, 226; *Reichel,* LZ 1922, 543; *Zabel,* Der Leihvertrag, 1907.

I. Begriff und Wesen

1. Die Leihe ist der zweiseitig verpflichtende, aber nicht gegenseitige Vertrag, durch den sich der eine Teil (Verleiher) verpflichtet, dem anderen Teil (Entleiher) den *Gebrauch* der *Leihsache unentgeltlich zu gestatten,* 598. Der

Entleiher darf von der Leihsache keinen anderen als den vertragsmäßigen Gebrauch machen, 603 S. 1.

2. Von Miete und Pacht unterscheidet sich die Leihe vor allem durch ihre Unentgeltlichkeit. Wird gegen Entgelt „verliehen", liegt in Wahrheit Miete (seltener Pacht) vor. Unentgeltliche Gebrauchsüberlassung einer Wohnung ist Leihe, nicht Schenkung, BGH NJW 82, 820.

3. Die wirtschaftliche Bedeutung der Leihe ist nicht gering. Nicht nur unter Freunden und Verwandten geschieht es, daß Sachen ausgeliehen werden. Die unentgeltliche Überlassung von Berufskleidung, eines Ferienhauses, eines Parks zum Spazierengehen ist *Leihe*.

4. Gegenstand der Leihe kann jede Sache sein, nicht aber ein unkörperlicher Gegenstand (z. B. Kundschaft) und *nicht ein Recht* (z. B. Forderung, Immaterialgüterrecht). Unentgeltliche Patentlizenzen und andere Rechtsfruchtleihen sind grundsätzlich nach Pachtrecht zu beurteilen, unter entsprechender Anwendung der aus der Unentgeltlichkeit folgenden Vorschriften des Leihrechts (insb. §§ 599, 600). Sachfruchtleihen können nach Leihrecht behandelt werden. Es ist auch, wie bei allen Veräußerungs- und Gebrauchsüberlassungsverträgen, nicht einzusehen, warum sich die Leihe nicht auch auf eine Sachmehrheit beziehen kann (die Sachen eines Unternehmens, eines Landguts, einer Bibliothek), vgl. oben § 66 IV 1 (Kauf) und § 74 I 3 (Miete).

5. Die Leihe ist ein zweiseitig begründeter und ein zweiseitig verpflichtender Vertrag. Denn nicht nur der Verleiher schuldet etwas, 598, sondern auch der Entleiher, nämlich den sorgsamen Umgang mit der Sache und die *Rückgabe* nach beendeter Leihe, 604, 605. Dieser obligatorische Anspruch kann neben dem des Eigentümers gegen den Besitzer geltend gemacht werden, 985. Da die Gebrauchsgestattung und die Rückgabe nicht um einander willen versprochen werden, stehen die darauf gerichteten Pflichten in keinem Gegenseitigkeitsverhältnis. Die Leihe ist daher kein gegenseitiger Vertrag, §§ 320ff. sind unanwendbar. Für Leistungsstörungen, z. B. unmöglich gewordene oder verspätete Rückgabe, gelten §§ 275ff., 284ff., soweit nicht §§ 599–603 Sondervorschriften enthalten. Die Abgrenzung vom bloßen, nicht vertraglichen Gefälligkeitsverhältnis, ist oft schwer zu treffen — Beispiel: Überlassung eines Opernglases bei der Vorstellung (wenn vom Nachbarn, wohl nur Gefälligkeit).

6. Aus dem Wort „gestatten" entnimmt ein Teil der Lehre, die Leihe sei ein *Realvertrag* (oben § 12). Sonst müsse es heißen, der Verleiher sei verpflichtet, den Gebrauch unentgeltlich zu *gewähren*. Diese Meinung hat die historische Entwicklung für sich. Da aber nach heutiger Auffassung jeder Schuldvertrag, auch der Realvertrag, eine Willensübereinstimmung zwischen den Parteien voraussetzt, notwendig also ein Konsensualvertrag ist, besteht die Besonderheit eines Realvertrags nur mehr darin, daß die Willenserklärung des einen Teils oder beider Teile typischerweise schlüssig in einer Tätigkeit enthalten ist (Realschenkung, Darlehen, Verwahrung), vgl. oben § 12. Nun wird man bei der Leihe in der Regel eine ausdrückliche Einigung erwarten dürfen, so daß kein Anlaß besteht, die Leihe als Realvertrag zu kennzeichnen (heute h. M., vgl. *Staudinger/Reuter*, Vorb. zu §§ 598ff. Rz. 4f. m. w. N.). Daß die Pflicht des Verleihers nur „Gestattung", nicht „Gewährung" zum Inhalt hat, steht der konsensualen Natur des Vertrags nicht im Wege. Grundsätzlich kann alles Inhalt einer Schuldabrede sein.

II. Besonderheiten der Leihe

1. Wer unentgeltlich ein Recht erwirbt, verdient grundsätzlich geringeren Schutz seines Rechts, vgl. §§ 521, 523, 524, 690, anders aber § 662 ff. Der Entleiher kann daher den Verleiher nur bei *vorsätzlichen* oder *grobfahrlässigen Leistungsstörungen* und nur wegen eines *arglistig* verschwiegenen Rechts- oder Sachmangels in Anspruch nehmen, 599, 600.

2. Gewöhnliche *Erhaltungskosten,* insb. Fütterungskosten trägt der Entleiher, andere *Verwendungen* (notwendige und nützliche) der Verleiher nach dem Recht der Geschäftsführung ohne Auftrag, 601.

3. *Veränderungen* und *Verschlechterungen* aufgrund des vertragsmäßigen Gebrauchs trägt der Verleiher, 602, darüber hinausgehende im Verschuldensfall der Entleiher (Schlechterfüllung).

4. *Gebrauchsüberlassungen* an Dritte bedürfen der Erlaubnis des Verleihers. Auch wenn er sie erteilt, kann der Verleiher die Sache nach Beendigung der Leihe vom Dritten zurückverlangen, 604 IV, vgl. § 556 III, oben § 15, 3.

5. Die Leihe *endet*

a) mit der *vereinbarten Leihzeit,* 604, wobei es gleichgültig ist, ob die zeitliche Begrenzung mit Vertragsschluß oder später durch Aufhebungsvertrag erfolgte;

b) *bei unbefristeter Leihe*

aa) durch *Kündigung* wegen Eigenbedarfs, 605 S. 1,

bb) durch *Kündigung* wegen Sachgefährdung, 605 S. 2,

cc) durch *Kündigung* beim Tod des Entleihers, 605 S. 3,

dd) nach *Gebrauchsbeendigung,* 604 II,

ee) ohne Kündigung und ohne Gebrauchsbeendigung durch einfache *Rückforderung,* wenn der Zweck der Leihe über deren Dauer nichts aussagt, 604 III.

6. Für Ersatzansprüche des Verleihers und Verwendungs- und Wegnahmeansprüche des Entleihers gilt die kurze *Verjährungsfrist* von 6 Monaten, 606, 558 II, III.

§ 77
Darlehen, Darlehensversprechen

Affolter, ArchBürgR 26, 1; *Boehmer,* ArchBürgR 38, 314; *Canaris,* Bankvertragsrecht, 2. Aufl. 1981; *Crome,* Die partiarischen Rechtsgeschäfte nach römischem und heutigem Recht, 1897; *Dittrich,* Der Darlehensvertrag in seiner rechtlichen Ausgestaltung, Diss. Marburg 1978 *Farnbacher,* SeuffBl. 63, 506; *Genzmer,* AcP 137, 194; *Haase,* JR 75, 315; *Herz,* Das Kontokorrent, 1974, *Hohenstein,* Zur Darlehenslehre nach dem BGB, 1908; *Klausing,* Der Krediteröffnungsvertrag, RabelsZ 6, Beiheft Landesreferate, 77; *Kohler,* ArchBürgR 33, 1; *Lübbert,* IherJb. 52, 313; *v. Lübtow,* Die Entwicklung des Darlehensbegriffs im röm. u. geltenden Recht, 1965; *Monssen,* WM 78, 1493; *Neumann-Duesberg,* NJW 70, 1403; *Schmidt, K.,* JuS 76, 709; *ders.,* JZ 76, 756; *Schönle,* Bank- und Börsenrecht, 2. Aufl. 1976; *Werner,* BB 83, 1552; *Wolf, E.,* WM 81, 110.

§ 77
I 3

I. Begriff, Wesen

1. Das Darlehen ist der schuldrechtliche Vertrag, durch den sich der Darlehensnehmer gegenüber dem Darleiher (Darlehensgeber) zur Rückzahlung empfangenen Geldes oder anderer vertretbarer Sachen verpflichtet.[1]

2. Der Unterschied zur Leihe besteht zunächst im geliehenen Gegenstand: §§ 607 ff. betreffen nur Geld und andere vertretbare Sachen. Werden sie verliehen, so geht frühestens mit der Übereignung vom Darleiher auf den Darlehensnehmer, spätestens mit der Vermischung beim Darlehensnehmer (948 I, 947) oder bei Weiterübereignung gemäß § 932 das Eigentum des Darleihers am Geld oder an den anderen vertretbaren Sachen unter. Das deutsche Recht stellt sich deshalb von vornherein auf den Standpunkt, daß den Darlehensnehmer nicht die Pflicht zur Rückgabe derselben Geldstücke usw. trifft, sondern eine *Rückerstattungspflicht für Sachen von gleicher Art, Güte und Menge*, 607. Die Darlehensschuld ist also eine Wertschuld.

3. a) Das Gesetz behandelt das Darlehen als *Realvertrag*, 607, siehe oben § 12, *Handdarlehen, Realdarlehen*. § 607 meint also den Fall, daß der Darleiher mit der Hingabe des Geldes erklärt, dies solle ein Darlehen sein, und der Darlehensnehmer erklärt, er wolle es zurückzahlen. Daß auch in einem solchen Realvertrag der notwendige Konsens steckt, wurde bereits mehrfach betont (oben § 12, 2). Nach § 607 ist das im Gesetz geregelte Darlehen ein zweiseitig begründeter, aber nur einseitig, nämlich den Darlehensnehmer zur Rückzahlung verpflichtender Vertrag. Die nun wohl herrschende Lehre (*Palandt/Putzo* Vorb. § 607 Anm. 1; *Larenz*, II § 51 II) konstruiert den Darlehensvertrag allerdings als Konsensualvertrag, der durch die einseitige Verpflichtung, das Darlehen zur Verfügung zu stellen, zustande kommt (so auch BGH NJW 83, 1543). Durch die Hingabe der Darlehensvaluta wird der Vertrag dann erfüllt. Da einseitig, ist er erst recht nicht gegenseitig; §§ 320 ff. sind nicht anwendbar.

b) Die allgemeine Vertragsfreiheit gestattet den Parteien auch, die *Hingabe* und *Annahme* eines Darlehens zu versprechen, *Darlehensversprechen*. Dann verpflichten sich *beide* Seiten zu etwas. Damit liegt ein zweiseitig verpflichtender Vertrag vor, der als solcher aber noch nicht gegenseitig ist.

c) Grundtypus ist das *zinslose Darlehen*, vgl. §§ 607, 608. Es wird regelmäßig im ausschließlichen Interesse des Darlehensnehmers gegeben. Praktisch häufiger ist aber das *verzinsliche* Darlehen, bei dem der Zins ein Entgelt für die Hingabe der Darlehenssumme (Valuta) ist. Das verzinsliche Darlehen dient daher auch Interessen des Darlehensgebers: er läßt sein Geld „arbeiten".[2] Erst wenn Zinsen versprochen werden, besteht zwischen Hingabe und Zinspflicht in der Regel das Gegenseitigkeitsverhältnis, das insoweit zur An-

---

[1] Ein Dritter kann das Geld *im Interesse des Darlehensnehmers* mit Wirkung für diesen „empfangen", BGH NJW 78, 2294.
[2] Zur zulässigen Zinshöhe vgl. unten IV.

wendung der §§ 320ff. führt. Denn der Zins ist (wie bei der Miete) die Gegenleistung für die Zurverfügungstellung der Valuta. Das gleiche gilt, wenn als Gegenleistung für die Gewährung des Darlehens statt eines festen Zinses eine Beteiligung an dem Gewinn versprochen wird, den der Darlehensnehmer mit Hilfe des Darlehens erzielt (sog. *partiarisches Darlehen*).

Zur häufig sehr schwierigen Abgrenzung des partiarischen Darlehens gegenüber der gesellschaftsrechtlichen Beteiligung vgl. BGH WM 65, 1052; 67, 321; BGHZ 75, 334; BFH WM 83, 1067.

d) Schließlich sind *Darlehensvorverträge* zu den beiden Formen des Darlehens (a und b) möglich, vgl. oben § 23 I, z. B. wenn die Konditionen der Darlehensgewährung im einzelnen noch bestimmt werden sollen. Durch sie wird der Abschluß eines Darlehens (a) oder Darlehensversprechens (b) zur Pflicht gemacht. Aus dem Darlehensvorvertrag kann auf Zahlung geklagt werden (BGH NJW 75, 443, vgl. die Anmerkung von *Haase*, JR 75, 317). Diese Klage richtet sich auf den Abschluß des Darlehenshauptvertrages und auf Zahlung der Darlehenssumme. Beim Darlehensvorvertrag kommt es mithin auf den Streit, ob Real- oder Konsensualvertrag nicht an.

e) Für Darlehensversprechen (b) und hinreichend bestimmte Darlehensvorverträge (d) gilt § 610: *Vermögensverschlechterungen* beim Darlehensnehmer berechtigen den Verleiher zum Widerruf, vgl. oben § 23 I 3. § 610 ist wie §§ 321, 519, 1133–1135 einer der seltenen Fälle der gesetzlichen Positivierung des Gedankens der clausula rebus sic stantibus. § 610 ist analog anwendbar auf andere Kreditzusagen, z. B. Wechseleinlösungsversprechen.

II. Besonderheiten des Darlehens

1. Das *unverzinsliche Darlehen* ist zur Rückzahlung fällig:

a) wenn eine Zeit bestimmt ist *(befristetes Darlehen)* mit Ablauf der Zeit, 609 I. Der Schuldner darf aber im Zweifel schon vorher zahlen, 271 II.

b) falls *keine* Zeit bestimmt ist *(unbefristetes Darlehen)*, wenn der *Gläubiger gekündigt* hat, 609 I. Die Kündigung ist eine einseitige, empfangsbedürftige Willenserklärung (vgl. § 34, 3). Die Kündigungsfrist beträgt bei Darlehen bis zum Betrag von 300,– DM einschließlich einen Monat, ab 300,– DM 3 Monate, 609 II.

c) Der *Schuldner* darf, da der Gläubiger mangels Verzinsung kein schutzwürdiges Interesse an der Aufrechterhaltung des Darlehens hat, auch ohne Kündigung jederzeit zurückerstatten, 609 III. Durch Nichtannahme gerät der Gläubiger in Verzug, 293ff. § 609 III ist trotz seines überwiegenden Schutzcharakters nach h. M. nicht zwingendes Recht.

2. Für das *verzinsliche Darlehen*, an dem also der Gläubiger verdienen will, gilt bezüglich der Fälligkeit:

a) *befristete* Darlehen: Ablauf der Frist, 609 I, aber § 271 II,

b) *unbefristete* Darlehen: *Kündigung* erforderlich (Fristen wie oben 1b), wobei diesmal auch der *Schuldner* kündigen muß, wenn er zurückzahlen will,

609 II. Leistung vor Fälligkeit befreit nicht von der Zinspflicht und kann vom Gläubiger zurückgewiesen werden. Er hat ein schutzwürdiges Interesse am Lauf des Darlehens, weil es ihm Zinsen einbringt.

c) § 609 II ist nachgiebiges Recht. Die Parteien können die Fristen anders regeln. Zwingend gilt aber nach § 247, daß bei einem Zinssatz von mehr als 6% der Schuldner des *ausgezahlten Darlehens* (BGH NJW 83, 1543) nach 6 Monaten mit einer Frist von weiteren 6 Monaten kündigen kann.

3. „Wer Geld oder andere vertretbare Sachen aus einem anderen Grund schuldet, kann mit dem Gläubiger vereinbaren, daß das Geld oder die Sachen als Darlehen geschuldet werden sollen", 607 II *("Vereinbarungsdarlehen")*.

Das kann, je nach Parteiabsicht, entweder *Schuldabänderung* (unter Beibehaltung der sichernden Rechte wie Bürgschaft, Pfand), oder kausale *Schuldneuschaffung* (Novation, mit Untergang der sichernden Rechte) oder Schuldneufassung als abstraktes *Schuldanerkenntnis* (§ 781, Schriftform!) bedeuten, BGHZ 28, 164. Im Zweifel gilt Schuldabänderung vor Neuschaffung, kausal vor abstrakt; wer sich auf das Ungewöhnlichere beruft, muß es beweisen.

4. Häufig werden Darlehen gewährt und genommen im Rahmen öffentlicher Kreditprogramme. Grundsätzlich steht es der Leistungsverwaltung frei, ob sie das Kreditverhältnis in öffentlicher oder privater Form abwickeln will. Häufig wird eine zweistufige Abwicklung gewählt (Zweistufentheorie). Danach gehört die Bewilligung des Kredits dem öffentlichen Recht, der aufgrund des Bewilligungsbescheids abzuschließende Darlehensvertrag dagegen dem privaten Recht an. Im einzelnen ist streitig, inwieweit die öffentlich-rechtliche Beziehung auch nach dem Abschluß des Darlehensvertrages noch selbständig neben der privatrechtlichen bestehen bleibt, BGHZ 40, 206; BVerwGE 1, 308; 18, 47; 20, 136.

III. Das Darlehen im Bankwesen

Die wirtschaftliche Bedeutung des Darlehens im allgemeinen bedarf keiner Betonung. Im Bankwesen spielt es, außer in seiner gewöhnlichen Bedeutung als Bankkredit, noch drei wichtige Rollen,[3] die nicht ohne weiteres einsichtig sind:

1. *Sparverträge* werden nach herrschender Praxis nach *Darlehensrecht* (keine Verwahrung, 700) behandelt, soweit nicht besonders Vereinbartes gilt (insb. die Allgemeinen Sparvertragsbedingungen der Banken). Man nimmt an, daß wegen der regelmäßig höheren Zinsen eines Sparvertrags die Interessen des Einlegers (Sparers) am Zins und der Bank an den Möglichkeiten der Anlage das Verwahrungsinteresse überwiegen, so daß die Anwendung von Darlehensrecht angemessen ist. Der Anspruch auf Rückzahlung einer Spareinlage ist also auf § 607 I zu stützen.

---

[3] Dazu ausführlich *Canaris,* Bankvertragsrecht, Rn. 1163 ff.; *Soergel/Lippisch/Häuser,* vor § 607 Rz. 53 ff.

2. *Laufende Konten* (Kontokorrent) mit regelmäßig sehr niedrigen Zinsen dienen hauptsächlich dem Einleger als sichere Aufbewahrung seines Geldes, verbunden mit der Möglichkeit, von seinem Konto „überweisen" zu können. Deshalb wendet die Praxis hier das Recht der *Summenverwahrung* (700) an, das — mit geringen Zusätzen — auf das Darlehensrecht verweist. Der Anspruch auf Auszahlung einer Kontokorrenteinlage gründet sich daher auf §§ 700, 607. Wird vom laufenden Konto an einen Gläubiger des Kontoinhabers überwiesen, so liegt eine Anweisung zur Zahlung an den Gläubiger vor. Der Gläubiger ist befriedigt und die durch Überweisung getilgte Schuld geht unter (364 II, 362), sobald die Bank als Kontokorrentschuldner die in Gestalt der Überweisung angewiesene Verbindlichkeit aus §§ 700, 607 befriedigt hat; das kann durch Barauszahlung oder durch Gutschrift auf dem Konto des Gläubigers des Kontoinhabers geschehen. — Die Bank ist dem Kontoinhaber zu ihren Tätigkeiten aus Geschäftsbesorgung (675) verpflichtet; Einzelheiten bei der Anweisung unten § 95; BGH BB 60, 343; *Palandt/Thomas*, § 667 Anm. 2b. — Sonderregeln des Kontokorrents für Kaufleute enthalten §§ 355 ff. HGB.

3. Ob die Gewährung eines *Akzeptkredits* nach Darlehens- oder nach Geschäftsbesorgungsrecht zu beurteilen ist, ist streitig (vgl. *Enn.-Lehmann*[15], § 142 III a. E. mit dem Streitstand). Richtiger Ansicht nach liegt eine „Vertragsverbindung mit innerer Abhängigkeit" vor (oben § 65 I 2): Darlehens- und Geschäftsbesorgungsrecht gilt nebeneinander, wie beim Bankkontokorrent (oben 2.). Dazu auch BGHZ 19, 288.

IV. Der Personalkredit

Ashölter, Der Einfluß und die Auswirkungen des AGB-Gesetzes auf die Praxis der Kreditsicherung, Diss. Hamburg 1983; *Backhaus*, Verbraucherkredite, Diss. Hamburg 1983; *Bunte*, NJW 83, 2674; *Canaris*, Bankvertragsrecht, 2. Aufl. 1981, Rn. 1385ff.; *Derleder*, NJW 82, 2401; *ders.*, JZ 83, 81; *Dilcher*, JuS 83, 508; *Gernhuber*, FS *Larenz* 1973, 476; *Gundlach*, Konsumentenkredit und Einwendungsdurchgriff, 1979; *Hadding*, Welche Maßnahmen empfehlen sich zum Schutz des Verbrauchers auf dem Gebiet des Konsumentenkreditrechts? Gutachten zum 53. DJT, 1980; *Holzscheck/Hörmann/Daviter*, Praxis des Konsumentenkredits, 1982; *Klocker*, Zur Frage der Sittenwidrigkeit von Konsumentenkrediten, Diss. Münster 1982; *König, D.*, Konsumentenkredit, 1971; *Lammel*, Probleme des Ratenkredits, BB 80 Beil. 8; *Mayer-Maly*, (II.) FS *Larenz*, 1983, 411; *Müller-Laube*, Teilzahlungskredit und Umsatzgeschäft, 1973; *Reifner*, JZ 84, 637; *Reifner/Weitz/Vesseler*, Tatsachen zum Verbraucherschutz im Konsumentenkredit, 1978; *Schlothauer/Borggreve*, DB 83, 1344; *Schönle*, Bank- und Börsenrecht, 2. Aufl. 1976; *Scholz*, Ratenkreditverträge, 1983; *Stahlschmidt*, Schutzbestimmungen in Kreditverträgen, 1982; *Vollkommer/Koch*, Jura 80, 469; *Westermann, H. P./Baltes*, JA 83, 477; *Wolf, Eckhard*, WM 81, 110.

Die Verwendung der Begriffe schwankt. Mit diesem Vorbehalt läßt sich sagen: Soll ein Preis (meist Kaufpreis) in Raten gezahlt werden, spricht man vom „Ratenkreditvertrag" oder „Teilzahlungskredit" (auch „Konsum"- oder „Konsumentenkredit"). (1) Gewährt der Verkäufer selbst den Kredit, liegt ein Abzahlungsgeschäft i. S. d. AbzG vor (dazu oben § 71 V 5). (2) Wird der Ratenkredit von einer Bank o. ä. gewährt, entsteht das Drei-Personen-Verhältnis des „finanzierten Kaufs" (auch „finanziertes Abzahlungsgeschäft"), dessen Probleme oben § 71 V 6 behandelt wurden. (3) Möglich und zunehmend häufig ist aber auch, daß die Bank „ohne Bezugnahme" auf ein geplantes Geschäft ihres Kunden ihm einen „Personalkredit" einräumt, der ihm die Anschaffung einer Kaufsache, die Bezahlung einer Urlaubsreise, eine Umschuldung usw. ermöglichen soll. Statt „Personalkredit" finden sich auch die Ausdrücke „reiner Personalkredit", „persönlicher Kleinkredit", „Anschaffungsdarlehen", „Direktkredit" usw. Der Personalkredit kann vor allem drei Probleme aufwerfen: Sittenwidrigkeit wegen *überhöhter Effektivzinsen, Anwendung des AbzG* über dessen Umgehungsvorschrift § 6 oder durch Analogie und die Erhebung von *Einwendungen aus dem finanzierten Geschäft* gegen das Finanzierungsgeschäft „Personalkredit" nach Art des „finanzierten Kaufs".

Der *Effektivzins* ist im Personalkreditvertrag gemäß § 1 PreisangabeVO (und – bei Anwendbarkeit – gemäß § 1a AbzG) anzugeben. „In die Nähe der Sittenwidrigkeit" nach § 138 I (*Wucher* nach § 138 II läßt sich in seinen subjektiven Merkmalen oft nicht nachweisen) gerät ein Personalkredit, wenn Schwerpunktzins der Deutschen Bundesbank und Effektivzins 30% und mehr auseinandergehen *(H. P. Westermann/Baltes)*.

Ob das *AbzG anwendbar* ist, bestimmt sich nach dessen § 6 (vgl. o. § 71 V 5m). Zwar sind die *Wertungen* des AbzG im Einzelfall verallgemeinerungsfähig, *doch allgemein analogiefähig ist es nicht,* h. M.

Am schwierigsten ist der *Einwendungsdurchgriff* zu beurteilen. Grundsätzlich ist der Personalkredit bloßes Darlehen, das dem Kreditnehmer zu freier Verwendung gegeben wird. Für einen „rechtsgeschäftlichen Verbund" *(Gernhuber; Vollkommer/Koch)* sprechen aber: Mitwirkung des Verkäufers an der Darlehensgewährung (BGH NJW 81, 1960); Überweisung der Darlehensvaluta direkt an den Verkäufer (BGH NJW 70, 701; BGH WM 82, 658); dem Kunden in solchen Fällen mitgeteilte Geschäftsverbindung von Verkäufer und Bank (BGH WM 83, 786 (787)).

11. Abschnitt

Schuldverhältnisse über Tätigkeiten

§ 78
Übersicht

I. Neben die *Veräußerungs-* und *Gebrauchsüberlassungsverträge* treten als dritte große Gruppe die Schuldverhältnisse über *Tätigkeiten.* Das erklärt sich aus der Tatsache, daß es hauptsächlich drei Dinge sind, die in der modernen Wirtschaft ausgetauscht, „verkauft" werden: Gegenstände als solche, ihr Gebrauch oder ihre Nutzung allein, und menschliche Arbeit im weitesten Sinne. Von der Verwertung dieser drei Güterarten lebt die moderne Gesellschaft, die kapitalistische wie die kommunistische.

Die später noch folgenden Gruppen „Gesellschaft, Gemeinschaft", und „Besondere Versprechen" regeln zwar auch wichtige Fragen, die aber nicht von so zentraler Bedeutung für die moderne Verkehrswirtschaft sind wie die drei erstgenannten. In der „Gesellschaft" und in der „Gemeinschaft" geht es übrigens auch weithin um einander geschuldete Dienste, Tätigkeiten und Verhalten; dann nämlich, wenn sich mehrere zur Erreichung eines gemeinsamen Zwecks zusammentun („Gesellschaft") oder wenn sich mehrere, meist ohne darauf gerichteten rechtsgeschäftlichen Willen, von selbst in einer Rechtsgemeinschaft befinden („Gemeinschaft"). Die „Besonderen Versprechen" sind meist von den elementaren Tauschvorgängen abgelöste Schuldrechtsbindungen besonderer Art.

II. Von *Schuldverhältnissen* ist in der Überschrift die Rede, weil nicht alle hierher zählenden Schuldverhältnisse *Verträge* sind (oben § 10 II 2).

Die Auslobung (§§ 657f.) ist ein *einseitiges* Rechtsgeschäft, die Geschäftsführung ohne Auftrag (§§ 677ff.) überhaupt kein Rechtsgeschäft, sondern ein gesetzliches Schuldverhältnis. – Von *Tätigkeiten* handelt dieser Abschnitt, und zwar im weiten Sinne. Man könnte auch von menschlicher *Arbeit* im weitesten Sinne sprechen (etwa im Sinne des Wortes „Arbeit" in § 631 II), nur bestünde dann die Gefahr der Verwechslung mit dem systematisch weit begrenzteren *Arbeitsrecht* (es ist aus dem Dienstvertragsrecht hervorgewachsen, §§ 611ff.). Auch bei Veräußerungen und Gebrauchsüberlassungen sind häufig Tätigkeiten als Haupt- oder Nebenpflichten geschuldet (z. B. die Übergabe der Kaufsache). Bei den nun zu besprechenden Schuldverhältnissen steht aber die Tätigkeit im Vordergrund. Darum werden sie hier Schuldverhältnisse über *geschuldete Tätigkeiten* genannt.

III. Die bürgerlich-rechtliche Regelung der auf eine Tätigkeit gerichteten Schuldverhältnisse (§§ 611–704) ist weder systematisch noch inhaltlich befriedigend gelungen. Die wichtigste Materie des ganzen Bereichs, das *Arbeitsrecht*, hat sich, da auch die Spruchpraxis der Gerichte die Schwierigkeiten nicht zu bewältigen und die Lücken nicht zu füllen vermochte, überhaupt neben dem BGB entwickelt. Aber auch die anderen, im BGB geregelten wichtigen Komplexe des Dienst-, Werk-, Geschäftsbesorgungs- und Auftragsrechts sind nur unzureichend durchdacht worden (Warum gibt es z. B. nach dem Gesetz Auslagenersatz nur beim unentgeltlichen Tätigkeitsvertrag, dem Auftrag, 670? Als ob Dienst- und Werkverpflichtungen nicht auch Auslagen mit verursachen könnten!). Hinzu treten unglückliche Verweisungsparagraphen, wie z. B. beim Werklieferungsvertrag (§ 651) und bei der Geschäftsbesorgung (§ 675). Man kann diesen Abschnitt des sonst gediegen gearbeiteten Schuldrechts als den am wenigsten gelungenen bezeichnen.

IV. Der Grund liegt in der römisch-rechtlichen Tradition, die sonst die Stärke des Schuldrechts bildet. Die Römer ließen Arbeit, vor allem in abhängiger Stellung, meist von Sklaven verrichten. Ein Schuldrecht mit Verträgen über Hausarbeit, landwirtschaftliche Arbeit, die meisten Handwerke, über die Herstellung von künstlerischen Werken, das Abschreiben von Büchern, über öffentliche Arbeiten wie Straßen- und

Städtebau usw. konnte sich nicht entwickeln, da allenthalben Privat- oder Staatssklaven Verwendung fanden, die ihre Arbeit nicht aufgrund von Verträgen verrichteten.

So beschränkt sich das klassische römische Recht auf vier Vertragsformen, die Tätigkeiten betreffen, von denen die beiden wichtigsten bezeichnenderweise als Anhängsel zur Miete behandelt werden: locatio conductio operarum (Dienstvertrag, „Dienstmiete"), locatio conductio operis (Werkvertrag, „Werkmiete"), mandatum (Auftrag) und depositum (Verwahrung).

Selbst noch in der 9. und letzten Auflage des führenden Pandektenlehrbuchs von *Windscheid* (bearbeitet von *Kipp*) aus dem Jahre 1909 sind dem Dienst *und* Werkvertragsrecht ganze 5 Seiten innerhalb der Darstellung des Mietrechts gewidmet (!). Vor allem auf die als außenseiterisch empfundene Kritik *Otto v. Gierkes* und *Anton Mengers* („Das bürgerliche Recht und die besitzlosen Volksklassen", 1898) hin wurde im BGB das Dienstvertragsrecht etwas sachnäher geregelt.

V. Diese Unvollkommenheiten bedingen, daß die Abgrenzungen der Schuldverhältnisse über Tätigkeiten untereinander zufällig bis an die Grenze des Willkürlichen sind. Das BGB-System der Schuldverhältnisse über Tätigkeiten ist das folgende:

1. Zu unterscheiden sind Schuldverhältnisse kraft Rechtsgeschäfts und kraft Gesetzes. Die ersten überwiegen weit. Ein Schuldverhältnis kraft Gesetzes ist lediglich die *Geschäftsführung ohne Auftrag,* 677–687, deren wichtigste Vorschrift die Verweisungsnorm des § 683 ist. Man hat die Geschäftsführung ohne Auftrag zusammen mit der ungerechtfertigten Bereicherung im Gemeinen Recht als „Quasikontrakt" bezeichnet.

2. Innerhalb der Schuldverhältnisse kraft Rechtsgeschäfts sind die zweiseitigen Rechtsgeschäfte (= *Verträge*) von dem einseitigen der *Auslobung* zu unterscheiden, 657–661. Der praktisch wichtigste Fall der Auslobung ist der des Preisausschreibens, 661.

3. Unter den auf eine Tätigkeit gerichteten Verträgen scheiden sich die entgeltlichen von den unentgeltlichen. Unentgeltlich ist (entgegen dem Sprachgebrauch!) der *Auftrag,* 662–676. Dienstvertrag, Werkvertrag, Mäklervertrag und Verwahrung *können* unentgeltlich sein, doch vermutet das Gesetz bei Vorliegen entsprechender Umstände widerleglich die Entgeltlichkeit, 612, 632, 653, 689. Die Entgeltlichkeit ist also nicht unabdingbares Tatbestandsmerkmal des Dienst-, Werk-, Mäklervertrags und der Verwahrung. (Anders die wohl herrschende Meinung beim Dienstvertrag, die im Fall unentgeltlichen Dienstvertrags stets Auftrag annimmt. Zu Unrecht, denn aus der Unentgeltlichkeit folgt z. B. nicht notwendig der Wegfall der Schutzvorschriften der §§ 617, 618).

4. Die entgeltlichen, auf eine Tätigkeit gerichteten Verträge gliedern sich in eine Haupt- und eine Nebengruppe.

a) Die Hauptgruppe umfaßt die beiden *wichtigen Vertragsformen Dienst-* und *Werkvertrag. Dienst-* und *Werkvertrag* unterscheiden sich *nach Art der geschuldeten Tätigkeit:* Ist ein Tätigwerden in der Zeit, d. h. *ein Tun* als solches geschuldet, liegt *Dienstvertrag* vor, §§ 611–630 (Hauptbeispiel: Arbeitsvertrag des gewerblichen Arbeitnehmers). Ist ein auf einen bestimmten *Erfolg* gerichtetes Tätigwerden geschuldet, handelt es sich um einen *Werkvertrag*, §§ 631–651 (Beispiele: Schneidern eines Anzugs, Schuhbesohlen, Abschleppen eines Autos). Ein Sonderfall des Werkvertrags ist, systematisch gesehen, der Werklieferungsvertrag, auf den teilweise Kaufrecht Anwendung findet, 651. Auch der Reisevertrag gilt nunmehr als ein gesetzlich geregelter Sonderfall des Werkvertrags, §§ 651 a – 651 k (der Begriff „Reisevertrag" ist z. T. irreführend, vgl. dazu unten § 80 IV 1).

Ein Schlagwort besagt, beim *Dienstvertrag sei ein Wirken, beim Werkvertrag ein Werk Vertragsgegenstand.*

Diese Unterscheidung findet sich *nur hier* bei der Trennung von Dienst- und Werkvertrag; *nicht* bei der Geschäftsführung ohne Auftrag, bei der Auslobung, beim Auftrag, und *nicht* bei der nun zu besprechenden Nebengruppe entgeltlicher Tätigkeitsverträge.

b) Die Nebengruppe besteht aus vier *Sonderformen entgeltlicher Tätigkeitsverträge,* deren Regeln — wenn sie gegeben sind — Dienst- und Werkvertragsrecht *verdrängen,* soweit es nicht ausdrücklich für anwendbar erklärt wird. Nur insoweit es für anwendbar erklärt wird, spielt die Unterscheidung „zeit- und erfolgsbezogen" eine Rolle, im übrigen nicht.

aa) Die *Geschäftsbesorgung,* 675 („Das *selbständige* Tätigwerden wirtschaftlicher Art für einen andern und in dessen Interesse", RGZ 109, 301; Beispiele: Tätigwerden der Bank, des Anwalts, des Wirtschaftsprüfers).

bb) Der *Mäklervertrag,* 652–656, mit zusätzlichen Sondervorschriften für *Handelsmäkler,* §§ 93 ff. HGB.

cc) *Die Verwahrung,* 688–699, mit den zwei Unterfällen der *Summenverwahrung, 700 (für die Darlehensrecht gilt, s. o.),* und der *Einbringung von Sachen bei Gastwirten,* 701–704.

dd) Der *Fernunterrichtsvertrag* unterliegt aus Verbraucherschutzgründen Sonderregeln des Fernunterrichtsschutzgesetzes v. 28. 8. 76, BGBl. I 2525.

Damit ist das BGB-System von Tätigkeits-Schuldverhältnissen erschöpft. Das *Arbeitsrecht* kennt eine Fülle weiterer Einteilungen. Sein Zentralbegriff ist der *Arbeitsvertrag* mit seinen zahlreichen Unterteilungen.

§ 79
Dienstvertrag

Achterberg, AcP 164, 14; Adomeit, Rechtsquellenfragen im Arbeitsrecht, 1969; *Beitzke,* Nichtigkeit, Auflösung und Umgestaltung von Dauerrechtsverhältnissen, 1948; *Below,* FS *Lehmann,* Bd. II, 1956, 646; *Birk,* Die arbeitsrechtliche Leistungsmacht, 1973; *ders.,* JuS 84, 197; *Bötticher,* Waffengleichheit und Gleichbehandlung der Arbeitnehmer, 1956; *ders.,* FS *Nikisch,* 1958, 3; *ders.,* Gleichbehandlung und Waffengleichheit (Sammelband), 1979; *Brecher,* FS *Schmidt-Rimpler,* 1957, 181; *Brox,* Grundbegriffe des Arbeitsrechts, 6. Aufl. 1983; *Bruns,* AcP 178, 34; *Etzel,* NJW 83, 2852; *Fabricius,* Leistungsstörungen im Arbeitsverhältnis, 1970; *Frey,* Der Grundsatz der Gleichbehandlung im Arbeitsrecht, 1954; *Gamillscheg,* AcP 176, 197; *Gamillscheg/Hanau,* Die Haftung des Arbeitnehmers, 2. Aufl. 1974; *Grell,* Der Betriebsinhaberwechsel, 1957; *Hanau/Adomeit,* Arbeitsrecht, 7. Aufl. 1983; *Helm,* AcP 160, 134; *Herschel,* DArbR 1942, 96; *ders.,* Arbeitsrecht, neub. Aufl. 1976; *v. Hoyningen-Huene,* Die Billigkeit im Arbeitsrecht, 1978; *Hromadka,* Das Recht der leitenden Angestellten, 1979; *Hueck/Nipperdey,* Lehrbuch des Arbeitsrechts, Bd. I, 7. Aufl. 1963, Bd. II, 7. Aufl. 1967/70; *dies.,* Grundriß des Arbeitsrechts, 5. Aufl. 1970; *Hueck, Alfred,* IherJb. 74, 356; *ders.,* Der Treugedanke im modernen Privatrecht, 1947; *ders.,* FS *Hedemann,* 1938, 321; *Hueck, Götz,* Der Grundsatz der gleichmäßigen Behandlung im Privatrecht, 1958; *Jakobs,* FS *Ballerstedt,* 1975, 355; *Jorns,* Das Betriebsrisiko unter besonderer Berücksichtigung der Rechtsprechung nach dem 2. Weltkrieg, 1957; *Kaskel/Dersch,* Arbeitsrecht, 5. Aufl. 1957; *Köbl,* Die Frau im Arbeitsrecht, 1975; *Kollhosser,* AcP 166, 277; *Lieb,* Arbeitsrecht, 2. Aufl. 1982; *Löwisch,* AcP 174, 202; *Löwisch/Löwisch,* Arbeitsrecht, 2. Aufl. 1980; *Lotmar,* Der Arbeitsvertrag, Bd. I 1902, Bd. II 1908; *Mayer-Maly,* ZfArbuSozR 66, 1; *Molitor,* Die Kündigung, 1951; *ders.,* Das Wesen des Arbeitsvertrags, 1925; *Nikisch,* Arbeitsrecht Bd. I, 3. Aufl. 1961; Bd. II, 2. Aufl. 1959; Bd. III, 2. Aufl. 1966; *ders.,* FS *Nipperdey,* 1955, 65; *Oertmann,* Deutsches Arbeitsvertragsrecht, 1923; *Raiser,* ZHR 111, 75; *Ramm,* Die Anfechtung des Arbeitsvertrages, 1955; *Roth, W.-H.,* VersR 79, 494; *Rückert,* ZfA 1983, 1; *Sack,* RdA 75, 171; *Schaub,* Arbeitsrechtshandbuch, 5. Aufl. 1983; *ders.,* ZIP 81, 347; *Schiemann,* JuS 83, 649; *Schmid,* Grundzüge des Arbeitsrechts, 1981; *Schnorr v. Carolsfeld,* Arbeitsrecht, 2. Aufl. 1954; *Schröder,* Der Dienstverschaffungsvertrag, 1914; *Schwerdtner,* Fürsorgetheorie und Entgelttheorie im Recht der Arbeitsbedingungen, 1970; *ders.,* Arbeitsrecht I, 1976; *ders.,* Jura 83, 359; 429; 476; *Söllner,* AcP 167, 132; *ders.,* Arbeitsrecht 7. Aufl. 1981; *ders.,* ZfA 73, 1; *Wiedemann,* Das Arbeitsverhältnis als Austausch- und Gemeinschaftsverhältnis, 1966; *ders.,* FS *Heinr. Lange* 1970, 395; *Zöllner,* Arbeitsrecht, 3. Aufl. 1983.

I. Begriff und Wesen

Der Dienstvertrag ist der *privatrechtliche, schuldrechtliche, gegenseitige* Vertrag, durch den der eine Teil (Dienstverpflichteter) dem andern Teil (Dienstberechtigter, Dienstherr) Leistung von *Diensten* verspricht, wogegen sich der andere Teil zu einer *Vergütung* (Dienstlohn) verpflichtet.

1. Dienste

a) Unter Diensten ist die Leistung von Arbeit zu verstehen, ohne Rücksicht auf einen bestimmten Erfolg. Im Unterschied dazu ist Inhalt des Werkvertrags die Zusage eines bestimmten Erfolgs. Beim Dienstvertrag kann deshalb das Entgelt verlangt werden, wenn der Dienst als solcher geleistet worden ist — auch wenn der Erfolg nicht eintritt. Beim Werkvertrag entfällt dagegen das Entgelt, wenn die Bemühungen mißlingen.

Jede Arbeit zielt zwar auf einen Erfolg, aber nur beim Werkvertrag ist Gegenstand der Verpflichtung ein *bestimmter* herbeizuführender Erfolg.

Beispiele:

Dienstvertrag:	*Werkvertrag:*
Tätigkeit des Anzugschneiders in der Konfektionsfabrik	Das Schneidern eines Maßanzugs
Taxifahrt „eine Stunde lang irgendwie durch die Stadt"	Fahrt im Taxi vom Hotel zum Bahnhof
Putzhilfe der Hausfrau „dreimal die Woche"	„Putzkommando" zur Reinigung eines Neubaus
Werkstudent hilft beim Umzug für DM 10,— pro Stunde	Möbeltransport in die neue Wohnung durch eine Umzugsfirma
Tätigkeit des Arztes in der Sprechstunde, beim Krankenbesuch, im Operationssaal zur Entfernung des Blinddarms, Geburtshilfe, Lebensrettung (für den Erfolg kann nicht eingestanden werden!)	Entfernung einer Warze, sonstige Schönheitsoperation, Anfertigung einer Zahnprothese (BGH NJW 75, 305)
Vom Krankenhaus geschuldete Heilbehandlung (BGHZ 5, 321 – gespaltener Arzt-Krankenhausvertrag)	Gastspiel
Tätigkeit des Vertragsschauspielers	Gelegenheitsreportage
Berufsreporter	Ausfüllen einer Steuererklärung durch den Steuerberater (§ 675)
Steuerberatung gegen Monatspauschale (§ 675)	Erstellung eines Hauses durch den Bauunternehmer
Arbeit des Maurers bei der Baufirma	Architektenplan für den Bau eines Hauses, Oberleitung und/oder örtliche Bauaufsicht durch den Architekten (BGHZ 31, 224 = ESJ 94; BGH NJW 82, 438)
Anstellung eines Architekten im Architekturbüro	

b) *Keine* zwingenden Abgrenzungsmerkmale von Dienst- und Werkvertrag sind:

aa) *Entlohnung nach Zeit* oder *nach Stück* („Akkordlohn"): Auch Akkordverträge sind in aller Regel *Dienstverträge* (anders noch *Lotmar*). Bei der Lohnrechnung nach hergestellten Stücken ist lediglich die *Berechnungsweise* anders als beim Zeitlohn (zur Vereinfachung oder aus Gründen des Leistungsansporns). Freilich erfolgt beim Werkvertrag die Bezahlung nach dem Erfolg, aber es gibt auch Dienstverträge mit erfolgsbezogener Entlohnung.

bb) *„Gattungsarbeit — Speziesarbeit":* Die Unterscheidung Gattungs- und Stückschuld ist hier unhaltbar. Sie paßt nur für Güter, nicht für menschliche Arbeit. Auch beim Dienstvertrag ist nicht irgendeine Arbeit, sondern die einzig in Frage kommende, für den Vertragszweck beste, geschuldet (Heilmethode!).

cc) *Gefahrtragung für den Untergang des Werks* bis zu seiner Fertigstellung: Da beim Dienstvertrag überwiegend fremdbestimmte, beim Werkvertrag eigenbestimmte Arbeit geleistet wird, trägt i. d. R. beim Dienstvertrag der Dienstherr, beim Werkvertrag der (arbeitende) Unternehmer die Leistungsgefahr.

Wenn die Durchführung der halberledigten Arbeit unmöglich wird, braucht der Dienstverpflichtete nicht noch einmal von vorn anzufangen, es sei denn, der Dienstherr weist ihn dazu an und zahlt ihn dafür. Der Werkunternehmer muß auf seine Kosten von vorn anfangen, 631 I, 644 I. Aber dies ist eher eine Folge der Bejahung eines

Dienst- oder Werkvertrags als ein Mittel zu ihrer Unterscheidung und Bestimmung. Als Hilfsmittel bei der Auslegung der Parteierklärungen ist der Gesichtspunkt aber wertvoll. – Die *Preisgefahr* liegt übrigens bei Dienst- und Werkvertrag in einem wesentlichen Punkt gleich: Wenn die Fortsetzung der Dienste unmöglich wird, gehen Ansprüche auf Dienste und auf Lohn für die Zukunft unter, 275, 323. Wenn das noch nicht fertige Werk undurchführbar wird, hat der Werkunternehmer keinen Anspruch auf Werklohn, 644 I 1.

dd) *Wirtschaftliche Selbständigkeit:* Oft sind Dienstverpflichtete in wirtschaftlich unselbständiger Stellung tätig, z. B. der Fabrikarbeiter, die Hausgehilfin. Werkunternehmer sind, wie schon das Gesetz formuliert, häufig wirtschaftlich selbständige „Unternehmer". Auch das ist aber kein entscheidendes Merkmal. Ärzte, Privatlehrer, Schauspieler schließen in aller Regel *Dienstverträge,* obwohl sie wirtschaftlich selbständig sind, vgl. dazu *Schiemann,* JuS 83, 649 ff. Auch die Vorstände einer großen Kapitalgesellschaft stehen im Dienstverhältnis zu ihr, sie sind aber wirtschaftlich die mächtigsten Personen im Unternehmen. Auf der anderen Seite sind Gelegenheitslektoren eines Verlags, porträtierende Künstler und viele Handwerker zwar rechtlich Werkunternehmer, wirtschaftlich aber oft unselbständig.

ee) *Soziale Abhängigkeit:* Von der wirtschaftlichen Selbständigkeit ist die Frage der sozialen Unabhängigkeit zu trennen. Die erste betrifft die finanzielle Planung, die zweite die Weisungsgebundenheit bezüglich der Einteilung der Arbeit. Freilich trifft oft finanzielle Unselbständigkeit mit sozialer Abhängigkeit zusammen. Ebensowenig wie die wirtschaftliche Selbständigkeit gibt die soziale Unabhängigkeit etwas für die Unterscheidung Dienst- und Werkvertrag her. Es gibt zwar wenige sozial abhängige Werkunternehmer, aber neben sozial abhängigen Dienstverpflichteten (Fabrikarbeiter, Hausgehilfin) finden sich sozial unabhängige (Arzt, Schriftsteller, Architekt). Die soziale Abhängigkeit ist allein für den *Arbeitsvertrag,* den wichtigsten Unterfall des Dienstvertrags, wesentliches Element.

Somit verbleibt als einzig taugliches Kriterium der Unterscheidung von Dienst- und Werkverträgen die Bestimmtheit der Erfolgsrichtung. Ist ein *bestimmter* Erfolg geschuldet, liegt Werkvertrag vor, sonst Dienstvertrag.

c) *Das Verhältnis von Dienst- und Arbeitsvertrag* ist für die Kennzeichnung eines ganzen Rechtsgebietes von Bedeutung: *das Arbeitsrecht.* Alle Schuldverhältnisse dieses 11. Abschnitts betreffen irgendwie menschliche Arbeit, und zwar Arbeit für *andere.* Das jedoch ist mit dem „Arbeitsrecht" nicht gemeint. Das Arbeitsrecht – dies praktisch ungemein wichtige Gebiet, von dem das BGB bis auf wenige Ausnahmen (§§ 611 a, 611 b, 612 III, 612 a, 613 a, 616 II, III, 617 – 619) schweigt – ist vielmehr eine *Weiterentwicklung des Dienstvertragsrechts* der §§ 611 ff.

Dementsprechend ist der Arbeitsvertrag ein *Unterfall* des Dienstvertrags des BGB. Viele bürgerlichrechtliche, handelsrechtliche und öffentlichrechtliche Vorschriften, fast alle außerhalb des BGB, prägen den Arbeitsvertrag. Nur seine Grundlage wurzelt in den §§ 611 ff. (und selbst das ist bestritten). Der *Arbeitsvertrag* im technischen Sinne ist daher ein *Dienstvertrag,* durch den sich der Dienstverpflichtete (Arbeitnehmer) zu Dienstleistungen für einen Dienstberechtigten (Arbeitgeber) *in sozial abhängiger Stellung* verpflichtet. Die soziale Abhängigkeit gründet sich in der Regel auf eine *Einglie-*

Dienstvertrag **§ 79**
I 1

derung in einen fremden *Betrieb* oder *Haushalt.* Aus der Eingliederung folgen Pflichten von Arbeitnehmer und Arbeitgeber, die neben der Dienst- und Lohnzahlungspflicht des § 611 bestehen den Arbeitnehmer trifft eine auf die Eingliederung bezogene *Gehorsamspflicht,* der ein *Weisungs-(Direktions-)recht* des Arbeitgebers entspricht. Den Arbeitgeber trifft die *Fürsorgepflicht* für seinen Arbeitnehmer, der einen entsprechenden *Fürsorgeanspruch* hat. Rechtsgrundlage dieser zusätzlichen arbeitsrechtlichen Pflichten ist, wo kein Sondergesetz besteht, *§ 242.* Die arbeitsrechtlichen Treue- und Fürsorgepflichten haben auf die moderne Auffassung vom Dienstvertrag eingewirkt, unten II 3 b; zur Abgrenzung Dienstvertrag–Arbeitsvertrag BAG JZ 67, 607; BAG NJW 82, 1478 (lehrbeauftragte Lehrer sind weisungsgebunden und sozial abhängig, also Arbeitnehmer).

Der Arbeitsvertrag wird in seinem Inhalt wesentlich durch das *kollektive Arbeitsrecht* mitgeprägt. In erster Linie sind dabei die *Tarifverträge* zu nennen, deren Normen (betr. den Lohn, den Urlaub usw.) unmittelbar und normativ auf den einzelnen Arbeitsvertrag einwirken (Tarifvertragsgesetz von 1949). In zweiter Linie sind die Vorschriften der *Betriebsverfassung* für die Arbeitsverträge von Bedeutung (insb. Betriebsverfassungsgesetz von 1972). *Streiks* sind Arbeitskämpfe, die meist auf Verbesserungen der Arbeitsbedingungen gerichtet sind. Sie enden regelmäßig mit einem neuen *Tarifvertrag,* der dann wieder auf die Einzelarbeitsverträge einwirkt. (Siehe zu diesen Fragen das Schrifttum des Arbeitsrechts; ein Beispiel: BGHZ 14, 347).

d) Die wichtigsten Gruppen Dienstverpflichteter sind also:

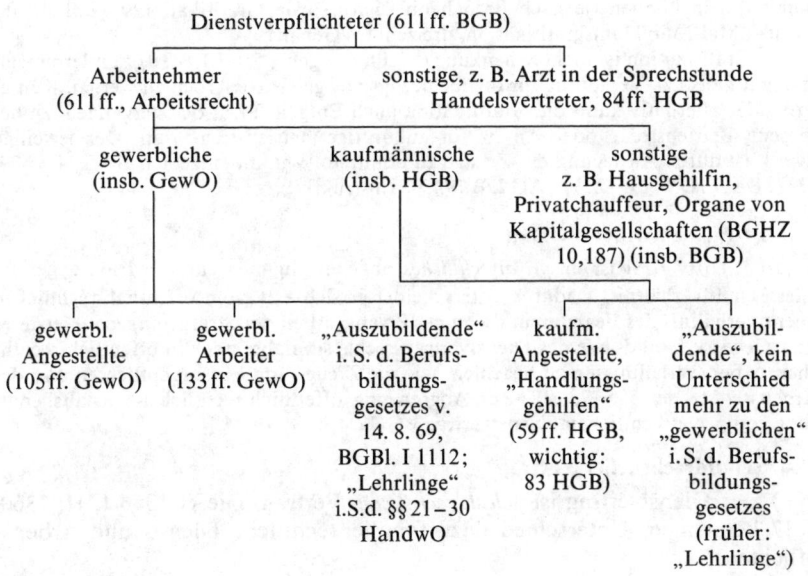

533

e) Vom Dienstvertrag ist der *Dienstverschaffungsvertrag* zu unterscheiden, bei dem sich jemand verpflichtet, einem andern die Dienste eines Dritten zu verschaffen, was meist gegen Entgelt geschieht (Miete eines Ferienappartements „mit Bedienung"); RGZ 164, 399; KG NJW 65, 976.

2. Vergütung

a) Der Dienstvertrag ist in aller Regel entgeltlich. § 612 stellt bei Vorliegen entsprechender Umstände eine Vermutung dafür auf. Die Vermutung ist widerleglich, wobei der Dienstberechtigte die Beweislast trägt, BGH MDR 75, 739.

b) Das Entgelt bestimmt sich grundsätzlich nach den vertraglichen Vereinbarungen. Doch gehen Gesetz und Tarifvertrag vor. Die Reihenfolge der Geltungskraft ist die folgende: Zwingendes Gesetz (z. B. Gesetz über Mindestarbeitsbedingungen v. 11. 1. 1952), Tarifvertrag, Betriebsvereinbarung (selten, 77 BetrVG), Arbeitsvertrag, 612 I und II, 315 III. Doch wird die Skala der Geltungsstärke überlagert vom arbeitsrechtlichen Günstigkeitsprinzip: Gesetz und Tarifvertrag gelten als *Mindest*normen. Günstigere Arbeitsverträge gehen vor, es sei denn, sie enthalten Vorbehalte, BAG NJW 83, 68.

c) Die Berechnungsweise und Form der Vergütung sind sehr unterschiedlich. Verbreitet ist der *Zeitlohn*. Sein Gegenstück bildet der nach der Zahl der hergestellten oder bearbeiteten Stücke berechnete *Akkordlohn* (s. o.). Wird der Dienstverpflichtete am Geschäftsertrag des Dienstherrn beteiligt, so spricht man vom *partiarischen* Dienstvertrag (commis intéressé, z. B. Abteilungsleiter der Exportabteilung mit „Umsatzbonus"). Sonderformen der Entlohnung sind Trinkgelder, die ebenfalls Lohn- oder Lohnbestandteil sein können (je nach Branchenbrauch), sowie Gratifikationen (z. B. Weihnachts-, Mai-, Jubiläumsgratifikation, dreizehntes Gehalt).

Die Gratifikation ist nicht Schenkung (wichtig wegen § 518 I 1 BGB), sondern regelmäßig als zusätzl. Vergütung für die im Bezugsjahr geleistete Arbeit zu werten. Kumulativ oder alternativ kann die Gratifikation auch Entgelt für in der Vergangenheit bewiesene Betriebstreue oder Anreiz für zukünftige Betriebstreue sein. Der jeweilige Zweck ist durch Auslegung der Zusage zu ermitteln. Vgl. im einzelnen BAG NJW 79, 1222; BAG NJW 79, 1223; BAG DB 79, 506 (instruktiv!).

3. Privatrechtlicher Vertrag

Der Dienstvertrag ist ein *privatrechtliches*, auf Leistung menschlicher Dienste gerichtetes Schuldverhältnis. Dadurch unterscheidet er sich z. B. vom öffentlich-rechtlichen Dienstverhältnis des Beamten und von der Zwangsarbeit der Strafgefangenen (letzteres str.). Gewisse Grundsätze des Dienstvertragsrechts sind aber auch in öffentlich-rechtlichen Arbeitsverhältnissen zu beachten, wie die Treue- und Fürsorgepflichten und der Arbeitsschutz der §§ 617, 618. Zur Abgrenzung öffentlich-rechtlicher Anstaltsbenutzung von privatrechtlichem Dienstvertrag BGHZ 4, 138; 9, 145.

4. Schuldrechtlicher Vertrag

a) Der Dienstvertrag ist *schuldrechtlicher* Vertrag. Die §§ 1356 I, II, 1360, 1617 kennen im Unterschied dazu familienrechtliche Dienst- und Arbeitspflichten.

Dienstvertrag **§ 79**
I 4

Auch Reallasten (1105 ff.) können Dienste zum Inhalt haben. Für Dienstverhältnisse dieser Art gelten die §§ 611 ff. grundsätzlich weder direkt noch analog. Die auch dort erforderlichen Treue-, Fürsorge-, Schutz- und Rücksichtspflichten folgen aus familien- und sachenrechtlichen Gesichtspunkten, auch wo sie inhaltlich den dienstvertraglichen Pflichten ähneln (str.).

b) Die verstärkte Beachtung, welche die Treue- und Fürsorgepflichten des Dienstvertrags nach dem ersten Weltkrieg und während (aber keineswegs nur wegen) des nationalsozialistischen Systems gefunden haben, ließen grundsätzliche Zweifel aufkommen, ob der Dienstvertrag überhaupt dem Schuldrecht zuzurechnen sei. Der deutliche personenrechtliche Bezug des Dienst- und namentlich des Arbeitsvertrags gab Anlaß zu Theorien, die den Dienstvertrag zusammen mit dem Familien-, Gesellschafts- und Vereinsrecht zu einem Personenverbandsrecht verknüpfen wollten. Die Erkenntnis der personenrechtlichen Elemente des Dienst- und Gesellschaftsvertrags über die rein schuldrechtlichen Güteraustauschbeziehungen hinaus war ein unleugbarer Fortschritt der Zivilrechtsdogmatik.

Angesichts der Betonung der Schutz-, Obhuts-, Sorgfalts- und Treuepflichten auch in anderen schuldrechtlichen Verträgen (vgl. oben § 27 III 3) besteht aber kein Grund, den Dienstvertrag systematisch aus dem Zusammenhang der besonderen Schuldverhältnisse herauszulösen. Die auf § 242 gestützten schuldrechtlichen Treuepflichten sind Allgemeingut der Zivilrechtslehre geworden (s. insb. *A. Hueck*, Der Treuegedanke im modernen Privatrecht, 1947). Die schuldrechtlichen Treuepflichten sind zwar beim Dienstvertrag besonders wichtig und leicht zu erkennen, sie sind aber doch jeder schuldrechtlichen Bindung in stärkerem oder schwächerem Maß zu eigen. Der Grund liegt in dem Zusammenhang zwischen der *Treue* zum gegebenen Versprechen und dem *Vertrauen* in ein gegebenes Versprechen (oben § 5 I). Der Gedanke, daß man das, was man schuldet, nicht nur irgendwie, sondern auf anständige Weise und der Verkehrssitte entsprechend schuldet, ist — angeregt durch § 242 — ein besonders im deutschen Recht entwickelter und in seinen Anwendungsmöglichkeiten entfalteter Beitrag zur Zivilrechtswissenschaft. Diese Überlegung berechtigt zur Belassung des Dienstvertrags im Verband des Besonderen Schuldrechts.

c) Der Dienstvertrag unterliegt als schuldrechtlicher Vertrag grundsätzlich der *Vertragsfreiheit* (s. o.). Sie folgt beim Dienstvertrag nicht nur aus § 305 und Art. 2 I GG, sondern, was die Freiheit der Berufswahl und -ausübung anbelangt, aus Art. 12 GG mit den dort in den Grenzen des Art. 19 II GG zugelassenen Einschränkungen. *Das Arbeitsrecht kennt aber wesentliche und typische Beschränkungen der Vertragsfreiheit:*

aa) Die Beschränkungen der *Abschlußfreiheit* haben ihren Grund entweder in der Monopolstellung gewisser Unternehmen oder in der Schutzbedürftigkeit bestimmter Personengruppen.

So unterliegen Bahn und Post gemäß §§ 453 HGB; 3 PostG und 5 TelegrO dem Kontrahierungszwang für Bahn- und Postleistungen, die ihrer Natur nach Dienst- und

535

Werkverträge sein können. Zugunsten von Schwerbeschädigten besteht die Möglichkeit zwangsweiser Zuweisung durch die Behörde an einen bestimmten Unternehmer, dem ein Dienstvertrag mit dem Schwerbeschädigten vorgeschrieben wird (Kontrahierungszwang und diktierter Vertrag durch privatrechtsgestaltenden Verwaltungsakt; Schwerbehindertengesetz i. d. F. v. 8. 10. 79, BGBl. I 1649).

bb) Die Einschränkungen der *Inhaltsfreiheit* bilden den Hauptinhalt des Arbeitsrechts. Sie haben ihren Grund in dem *wirtschaftlichen* und *sozialen Schutzbedürfnis* der meisten Dienstverpflichteten, insb. der gewerblichen Arbeitnehmer. Die allgemeine Freiheit der Parteien, den Inhalt von Dienstverträgen zu bestimmen, wird durch Normen auf drei Stufen eingeschränkt:

durch *Gesetze*, vornehmlich durch die sog. *Arbeitsschutzgesetze*
durch *Tarifverträge*
durch *Betriebsvereinbarungen*

5. Gegenseitiger Vertrag

Der Dienstvertrag ist *gegenseitiger* Vertrag, da die Dienste um des Lohnes willen und der Lohn wegen der Dienste versprochen werden; ausführl. *Bruns,* AcP 178, 34. Die §§ 320—327 gelten (str.), sind jedoch den Besonderheiten des Dienstrechts anzupassen. Namentlich erleiden im Dienstrecht die §§ 320ff. zwei bedeutsame Einschränkungen: (1) Nach ganz herrschender Meinung werden die *Rücktrittsvorschriften durch das Kündigungsrecht* verdrängt, und zwar auch schon für noch nicht in Vollzug gesetzte Arbeitsverhältnisse (allg. Meinung zum Fristbeginn in diesem Fall vgl. BAG DB 74, 1070). (2) Ferner unterliegen die Regeln der *Unmöglichkeit und des Verzugs Besonderheiten aus dem Gesichtspunkt des Betriebsrisikos* (zu beiden siehe unten).

6. Form

Als schuldrechtlicher Vertrag ist der Dienstvertrag grundsätzlich *formfrei.* Eine wichtige Ausnahme ist die Schriftform des Ausbildungsvertrags nach § 4 des Berufsbildungsgesetzes vom 14. 8. 69, BGBl. I 1649. Ist Beurkundung, Schriftform oder eine andere Form, z. B. die Hingabe eines Angeldes in der Landwirtschaft, bedungen (dies kann sich auch aus der Ortsüblichkeit ergeben), so ist der Vertrag im Zweifel so lange nicht geschlossen, bis die Form erfüllt ist, §§ 154 II (auch analog), 336—338.

7. Ist ein Arbeits- oder Dienstvertrag *nicht* wirksam *zustande gekommen* (insbesondere wegen Verstoßes gegen die §§ 134, 138, 125) oder mit ex-tunc-Wirkung angefochten (119ff., 142)[1]), so wird vom Dienstherrn für die von ihm angenommene Arbeitsleistung im Grundsatz volles Arbeitsentgelt geschuldet. Zur Begründung dieses Ergebnisses bedarf es nicht der Anerkennung eines — statt auf Vertrag — auf Eingliederung oder Gemeinschaftsverhältnis beruhenden sog. „faktischen" Vertragsverhältnisses (oben § 18 III), es reichen vielmehr die Bereicherungsvorschriften aus. Bereichert ist der Dienstherr um die erlangten Tätigkeiten, die nicht mehr „herausgegeben" werden

---

[1]) a. A. z. B. *Zöllner* § 11 II 1 b: *ex nunc* wegen Dauerschuldverhältnis.

können, und somit gemäß § 818 II um den Wert, d. h. das volle Entgelt, das er bei wirksamem Vertrag hätte zahlen müssen und wegen der getanen Arbeit erspart hat. Die Empfangnahme der Leistung hat bereits ein Treueverhältnis zwischen den Parteien begründet, das die Berufung auf angeblich fehlende subjektive Äquivalenz (nicht ausreichende Arbeitsleistung) ebenso wie auf § 818 III ausschließt, so daß es auf die Kenntnis der Unwirksamkeit (819, 292, 987 ff.) seitens des Dienstherrn nicht ankommt. Dieses Treueverhältnis ist jedoch dann nicht begründet worden, wenn der Dienstherr durch Täuschung des Dienstverpflichteten zur Anfechtung (123) berechtigt war, so daß die allgemeinen Regeln – 812 ff., aber auch c. i. c., 823 ff. – uneingeschränkt gelten, *Erman/G. Küchenhoff*, §§ 611 Rn. 93; BAGE 7, 302. Kenntnis i. S. d. § 814 ist in Fällen schutzbedürftiger Dienstverpflichteter nicht zurechenbar.

Entsprechend will BGHZ 53, 152 bei gewerbeverbotswidrigem (134) Dienstvertrag dem Dienstverpflichteten einen Vergütungsanspruch geben, wenn er im Bezug auf die Gesetzesübertretung unschuldig war. Bei Verschulden oder mangelndem sozialem Schutzbedürfnis soll das nicht gelten, BGHZ 37, 258. Aus Vertragsrecht läßt sich das alles schwer begründen. Der obige Vorschlag (Nichtberufung auf § 818 II in den Treuefällen) erscheint überzeugender.

II. Besonderheiten des Dienstvertrags

1. Die Dienstpflicht ist, ebenso wie der Anspruch auf die Dienste, *höchstpersönlich*, 613. Der Dienstverpflichtete kann nicht seinen Bruder zur Arbeit schicken; die Hausfrau darf ihr Dienstmädchen nicht ausleihen. § 613 ist abdingbar. – Der Wechsel des Betriebsinhabers ist in § 613a geregelt, vgl. oben § 59 V; *Kraft*, FS BAG, 1979, 299 und BAG NJW 80, 2149 (Widerspruchsrecht des Arbeitnehmers, hindert Übergang).

2. Zu den *Pflichten des Dienstverpflichteten* ist vor allem zu bemerken:

a) Der Dienstverpflichtete schuldet die Verrichtung der vertragsgemäßen Dienste, nicht nur die Zurverfügungstellung seiner Arbeitskraft (so aber *Nikisch* Bd. 1, S. 271, der mit Rücksicht auf die Lehre vom Betriebsrisiko zwischen Dienst- und Arbeitspflicht unterscheidet). Das folgt auch aus dem Gesetz, 611. Der Arbeitende ist dabei vorleistungspflichtig, 614. Der Lohn wird im Zweifel post numerando bezahlt.

b) Der Dienstverpflichtete schuldet neben der Arbeitsleistung die *Treue- und Gehorsamspflicht*, die der persönlich-sachlichen Stellung in der Arbeits- oder Betriebsstätte angemessen ist, 242; vgl. oben § 27 III. Die Treuepflicht ist Hauptpflicht wie die Dienstleistungspflicht. Beispiele: schonender Umgang mit Maschinen und Geräten, sparsame Verwendung von Material und Energiequellen, Beachtung der Unfallverhütungsvorschriften, insb. eines Rauchverbots.

Vertraglich vereinbarte Wettbewerbsverbote für die Zeit nach Beendigung des Vertragsverhältnisses sind nur im Rahmen der §§ 74ff. HGB, 133f. GewO wirksam. Darüber hinaus kann ein Wettbewerbsverbot nicht mehr auf „nachwirkende Treuepflicht" gestützt werden. Eine wichtige Konkretisierung der Treuepflicht ist im Gesetz über Arbeitnehmererfindungen vom 25. 7. 1957 (BGBl. I 756) enthalten.

c) Der Dienstverpflichtete haftet für jede schuldhafte, auch leicht fahrlässige Verletzung seiner Dienst- und Treuepflichten aus Schlechterfüllung. Das Dienstrecht kennt keine gesetzliche Mängelhaftung. Darum ist die Lehre von der Schlechterfüllung (oben § 47) gerade bei den Hauptpflichten des Dienstvertrags von besonderer Bedeutung.

aa) Der Dienstverpflichtete haftet im Rahmen dieser Grundsätze auch für „Übernahmeverschulden". Beispiele: Ein Elektro-Installateur, der weiß, daß er nicht schwindelfrei ist, bewirbt sich bei einer Stromleitungsgesellschaft, wo er, was er *voraussehen muß*, für Mastenarbeiten verwendet wird. Beim Montieren eines Stromkabels am Mast wird ihm schwindlig und er verursacht dadurch einen Unfall. Er haftet der Gesellschaft aus *fahrlässig* (!) schlecht erfülltem Dienstvertrag, 611; 325, 326 entspr.; 276.

bb) Wichtig ist als Einschränkung des Gesagten die Rechtsprechung über die *„schadensgeneigte Arbeit"*: In manchen Betrieben und bei vielen Beschäftigungen sind die Dienstverrichtungen ihrer Natur nach „schadensgeneigt", d. h. mit der Gefahr von *Schädigungen* des Dienstherrn oder anderer verbunden. Diese „erfahrungsgemäß typischen Arbeitsversehen" *(Esser)* sollen nicht allein den Arbeitenden, sondern auch den Dienstherrn treffen. Das ist bejaht worden vor allem für Chauffeure, Lastwagenfahrer, Baggerführer, Kassierer, ist aber auch anzuwenden auf Tellerwäscher, Glaser und andere Berufe, bei denen nach dem gewöhnlichen Lauf der Dinge immer ein gewisser Prozentsatz des verwendeten Materials zu Verlust geht. Die Rechtsprechung zur „schadensgeneigten Arbeit" stützt sich vor allem auf die Fürsorgepflicht des Arbeitgebers (11, 242) und besagt zumindest dreierlei:

— Der zu schadensgeneigter Arbeit Dienstverpflichtete braucht leicht fahrlässig verursachte Schädigungen des *Dienstherrn* diesem nur in dem Umfang zu ersetzen, wie es den Umständen des Einzelfalles, insb. der Gefährlichkeit der Arbeit, der Stellung, Erfahrung, Ausbildung des Arbeiters und dem Grad seiner Fahrlässigkeit entspricht (vgl. BAG AP Nr. 5 zu § 282). Das kann unter Berücksichtigung von anderen Kriterien, wie z. B. des Betriebsrisikogedankens, bis zum völligen Wegfall der Schadensersatzpflicht gehen (Schadensverlagerung trotz Vorliegens sämtlicher Merkmale eines Schadensersatzanspruchs), st. Rspr. seit RAG ARS 30, 1; BGH NJW 59, 1003; BAGE 7, 298; BGHZ 16, 111, 116 = ESJ 97; BAG NJW 77, 598; 83, 1693 (bei mittlerer Fahrlässigkeit des Arbeitnehmers; vgl. dazu *Naendrup,* JuS 84, 336); aber BAG NJW 82, 846 (grobe Fahrlässigkeit bei Trunkenheit am Steuer); zum Fall, daß Arbeitnehmer Versicherungsschutz genießt BGH NJW 72, 440.

Nach der abzulehnenden Auffassung des BGH soll dieser Grundsatz nur für Arbeitsverträge, nicht für Dienstverträge allgemein gelten, BGH NJW 63, 1100 mit ablehnender Anm. *Isele.* Auch die Beweislastregel des § 282 ist bei schadensgeneigter Arbeit nicht zu Lasten des Arbeitnehmers anwendbar, BAG JZ 67, 179. Die Fürsorgepflicht gebietet dem Arbeitgeber, den angestellten Fahrer gegen existenzgefährdende Ersatzansprüche durch Abschluß einer Kaskoversicherung mit Selbstbeteiligung zu schützen.

Tut er das nicht, mindert sich sein Anspruch gegen den Arbeitnehmer nach § 254 I, LAG Bremen, DB 79, 1235 gegen BGH AP Nr. 1 zu § 611 und BAG AP Nr. 2 zu § 67 VVG.

– Werden gegen den Dienstverpflichteten in derartigen Fällen Ansprüche *Dritter* geltend gemacht, so muß der Dienstherr den Dienstverpflichteten nach den gleichen Grundsätzen von diesen Ansprüchen teilweise oder ganz freistellen (wichtig vor allem für Autounfälle von Betriebsangehörigen während der Arbeit, sog. „Freistellungsanspruch", BAG AP Nr. 4 zu §§ 898, 899 RVO; BAGE 14, 226). An sich bleibt also die Haftung des Arbeitnehmers gegenüber dem Dritten bestehen, doch muß sie dem Arbeitnehmer vom Arbeitgeber abgenommen werden, so als ob der Arbeitgeber die schädigende Handlung selbst begangen hätte. Damit erweist sich der Freistellungsanspruch als eine Möglichkeit, das unerwünschte Ergebnis aus § 831, nach dem der Arbeiter haftet, der Unternehmer sich aber freizeichnen kann, zu korrigieren.

– Ist der Dritte ein *Arbeitskamerad* des Schädigers, so entstand zunächst eine eigenartige Lücke. Nach den Grundsätzen der Rechtsprechung über die „schadensgeneigte Arbeit" mußte der gemeinsame Dienstherr den Schaden des Arbeitskollegen teilweise oder ganz tragen. Andererseits sollte nach §§ 898, 899 a. F. RVO (außer Kraft seit 1. 7. 1963 und aufgegangen in §§ 636, 637 n. F. v. 30. 4. 63) der Arbeitgeber durch Beitragszahlung an die Berufsgenossenschaft von Schadensersatzansprüchen Betriebsangehöriger aus Betriebsunfällen gerade befreit werden. Nach BAG 5, 1; BGH 27, 62 galt in solchen Fällen: Ist die Schuld des bei schadensgeneigter Arbeit beschäftigten Schädigers „nicht schwer", haftet er dem verletzten Arbeitskollegen nicht, weder aus Vertrag, weil ein Vertrag zwischen beiden nicht besteht, noch aus unerlaubter Handlung, weil die Arbeit eben mit typischen Gefahren verbunden war und der Arbeiter seinen Kollegen deliktisch keine größere Sorgfalt schuldet als Dritten. § 637 RVO n. F. hat diese Rechtsprechung bestätigt und sogar noch erweitert. Fügen sich Arbeitskollegen des gleichen Betriebes durch einen nicht vorsätzlichen Arbeitsunfall Personenschäden zu, so ist der geschädigte Arbeitnehmer auf seine Ansprüche gegen die Unfallversicherung *beschränkt. Der Schädiger haftet nicht.* Auf eine Schadensgeneigtheit der Arbeit kommt es nicht einmal an. Es handelt sich um eine auffällige Einschränkung der §§ 823 ff. Sie ist weder als Rechtfertigungsgrund (so *Schnorr v. Carolsfeld*) noch als Entschuldigungsgrund (so *Esser*) zu deuten, sondern als gesetzliche *Schadens*verlagerung trotz Vorliegens der übrigen Tatbestandsmerkmale eines Schadensersatzanspruchs. Der Arbeitgeber haftet dem geschädigten Arbeitskollegen wegen § 636 RVO ebenfalls nicht, entgegen den sonstigen Grundsätzen der Schadenstragung bei schadensgeneigter Arbeit. Der verletzte Arbeitskollege ist vielmehr auf seinen Versicherungsanspruch gegen die Berufsunfallgenossenschaft angewiesen. Damit dürfte die Rechtsprechung überholt sein (BAG NJW 58, 411; BGHZ 57, 62), nach der der Schädiger dem Arbeitskollegen auch bei „nicht schwerer" Schuld haftet, wenn eine gesetzliche (Privat-)Haftpflichtversicherung oder eine sonstige rechtliche Regelung dem Schädiger seine Haftpflicht abnehmen würde. Diese Ausnahme war, entgegen *Esser*[2] § 131, 7, zu rechtfertigen, da es sich bei den Problemen der schadensgeneigten Arbeit, wie ausgeführt, um die Verlagerung von Schadenshaftpflichten trotz Vorliegens sämtlicher Merkmale eines Schadensersatzanspruches handelt. Die gesetzliche Haftpflichtversicherung greift aber schon bei Vorliegen eines Schadensersatzanspruchs gegen den Schädiger ein. Erst im Zusammenhang damit, also erst nach Berücksichtigung einer eventuellen Haftpflichtversicherung, ist die Schadensverlagerung nach den Grundsätzen der „schadensgeneigten Arbeit" zu prüfen. Der Grundsatz „Privatversicherung geht vor Sozialversicherung" ist infolge der unterschiedlichen Anknüpfung der Versicherungsleistung rechtssystematisch abgesichert. Die Haftpflicht des Schädigers für Personenschäden ist aber nun durch § 637 RVO n. F. weggefallen. — Ist durch die Schadensgeneigtheit der Arbeit der *Arbeitnehmer selbst* zu Schaden gekommen, so haftet der Arbeitgeber doch nur im Falle eines *Verschuldens* (BAG — Gr. Senat — NJW 62, 411 = SAE 62, 193 Anm. *Larenz*). Gemäß § 636 RVO soll der Arbeitgeber von Ansprüchen aus Arbeitsunfällen, soweit es sich um Personenschäden handelt, freigestellt sein, es sei denn, er habe den Unfall vorsätzlich herbeigeführt. Bei außergewöhnlichen Schäden will das BAG durch analoge Anwendung des § 670 helfen. Gegen die Begründung mit Recht *Larenz* a. a. O. und II, § 52 II d a. E. Für Schäden am firmengenutzten Kfz des Arbeitnehmers haftet der Arbeitgeber nach § 670 analog, BAG NJW 81, 702.

Das Haftungsprivileg des Arbeitgebers nach § 636 RVO soll nach BGH NJW 67, 982 sogar den Ausgleichsanspruch des Zweitschädigers, der außerhalb des Betriebes steht, gegen den Unternehmer im Falle eines Arbeitsunfalles abschneiden. Entgegen der Auffassung des BGH ist jedoch das gesetzliche Haftungsprivileg des § 636 RVO dem beamtenrechtlichen und rechtsgeschäftlich vereinbarten gleichzubehandeln, also ein Ausgleichsanspruch entsprechend dem Verschulden des Unternehmers zu gewähren. Der Gesichtspunkt der Wahrung des Betriebsfriedens kann nicht zu Lasten eines Nichtbetriebsangehörigen verwandt werden. Ihren Standpunkt hat die Rspr. zumindest für die Fälle des Rückgriffs der Berufsgenossenschaft inzwischen eingeschränkt, zuletzt BGHZ 58, 355.

3. Zu den *Vertragspflichten* des *Dienstherrn* ist folgendes zu sagen:

a) Der Dienstlohn ist post numerando geschuldet (abdingbar), 611, 614.

b) Als zweite Hauptpflicht trifft den Dienstherrn die *Fürsorgepflicht*, 611, 242. Im Behandlungsvertrag zwischen Arzt und Patient hat letzterer ein Einsichtsrecht in Krankenhausunterlagen, BGH NJW 83, 328; 83, 262 (Erben); aber nicht nach psychiatrischer Behandlung, BGH NJW 83, 330. Eine breitgefächerte Aufgliederung erfährt die Fürsorgepflicht im Arbeitsrecht. Das BGB enthält eine wichtige, in den weiten Bereich der Fürsorgepflicht gehörende Vorschrift, § 618: Danach muß der Dienstberechtigte die Räume, Vorrichtungen, Gerätschaften und die Betriebsorganisation („Dienstleistungen"), so einrichten, daß Gefahren für Leib und Gesundheit des Dienstverpflichteten möglichst vermieden werden. Bei in die häusliche Gemeinschaft aufgenommenen Dienstpflichtigen erstreckt sich die Fürsorgepflicht auch auf Sicherung der Erholungszeit und die Rücksicht auf die Religion und den sittlichen Schutz des Verpflichteten, 618 II. Bei Verletzung dieser Pflichten finden deliktische Schadensberechnungsvorschriften Anwendung (842 — 846), 618 III. § 618 ist nicht abdingbar, 619; BGHZ 26, 365.

c) Der Dienstberechtigte muß — kraft der Fürsorgepflicht — *Urlaub* gewähren, 611, 242. Näheres wird nicht durch das BGB, sondern vor allem durch das Bundesurlaubsgesetz v. 8. 1. 1963, BGBl. I 2, und die Tarifverträge bestimmt. Sonderregelungen enthalten ferner das Schwerbeschädigtengesetz und das Jugendschutzgesetz. Daneben haben die Urlaubsgesetze der Länder nur noch geringe Bedeutung.

Auch ein *Ruhegeldanspruch* kann im Einzelfall aus der Fürsorgepflicht abgeleitet werden, BGHZ 12, 337. Als weitere Rechtsgrundlagen kommen u. a. die betriebliche Übung und die vertragliche Vereinbarung in Betracht. Die wichtigsten Fragen des Ruhegeldanspruchs werden durch das Gesetz zur Verbesserung der betrieblichen Altersversorgung vom 19. 12. 1974, BGBl. I 3610 (BetrAVG) geregelt. Besondere Bedeutung kommt dem § 16 BetrAVG zu, der unter gewissen Voraussetzungen den Arbeitgeber zu einer Anpassung der betrieblichen Ruhegelder an die gestiegenen Lebenshaltungskosten verpflichtet, vgl. dazu BAG NJW 76, 1861; 77, 230; *Chiotellis,* Rechtsfolgenbestimmung bei Geschäftsgrundlagenstörungen in Schuldverträgen, 1981, S. 168 ff. m. w. N.

d) Der Dienstberechtigte hat, rein schuldrechtlich betrachtet, nicht die Pflicht, die angebotenen Dienste anzunehmen. Ein *Recht auf Arbeit* besteht bundesrechtlich auch weder auf Verfassungs- noch auf Gesetzesebene, BGHZ 8, 45, str. Begrifflich davon zu trennen ist ein „Beschäftigungsanspruch". Ein solcher folgt aus der allgemeinen Fürsorgepflicht des Arbeitgebers, daß er einen Arbeitnehmer beschäftigen muß, wenn ihm dies möglich und zumutbar ist. Ein *allgemeiner Beschäftigungsanspruch* ist daher (mit der neueren Lehre, BAG AP 2 zu § 611 BGB = ESJ 95) in diesem Rahmen zu bejahen. Ein *besonderes* Recht auf Beschäftigtwerden kann sich überdies aus drei Gründen ergeben:

aa) wenn es vertraglich ausdrücklich oder stillschweigend bedungen ist;

bb) aus der Natur des Vertrags, z. B. bei einem Lehrvertrag oder einem sonstigen auf *Ausbildung* gerichteten Vertrag;

cc) aus spezieller Fürsorgepflicht, wenn der Dienstverpflichtete zur Erhaltung seines Könnens oder seiner Verdienstfähigkeit auf regelmäßige Beschäftigung angewiesen ist (z. B. bei Künstlern), oder wenn die Beschäftigung aus einem anderen persönlichen Grund (Erhaltung der körperlichen oder geistigen Gesundheit) geboten ist.

e) Den Arbeitgeber trifft eine *Pflicht zur grundsätzlichen Gleichbehandlung* aller Arbeitnehmer. Dieser Anspruch gründet sich zumindest auf die Fürsorgepflicht, doch drückt sich in ihm auch ein ganz allgemeines Gerechtigkeitsprinzip aus, vgl. *Götz Hueck,* Der Grundsatz der gleichmäßigen Behandlung im Privatrecht, 1958, und BAG NJW 82, 461; 83, 190: „Prägung" durch Art. 3 GG. Läßt das Recht dem Arbeitgeber einen Entscheidungsspielraum, so muß er bei der Behandlung der Arbeitnehmer gleiche Maßstäbe anwenden und darf nur sachlich gerechtfertigte Unterschiede machen. Man kann drei Anwendungsfälle unterscheiden:

aa) Vergünstigungen (wie zusätzlicher Urlaub, Weihnachtsgeld, Benutzung der Bibliothek, des Fabrikkindergartens usw.) müssen gleichmäßig verteilt werden, BAG NJW 80, 2374 (keine unterschiedliche Weihnachtsgratifikation für Arbeiter und Angestellte). Sachliche Unterschiede sind aber z. B. Dauer der Betriebszugehörigkeit, Lebensalter, BGHZ 3, 248; BAG NJW 82, 2838; BAGE 37, 356.

bb) Benachteiligungen müssen gleichmäßig treffen (Torkontrollen müssen z. B. grundsätzlich Arbeiter und Angestellte erfassen. Aber: das Rauchverbot braucht nicht auf nichtbrandgefährdete Teile ausgedehnt zu werden).

cc) „Wertneutrale" Organisationsbestimmungen müssen gleichmäßige Maßstäbe anwenden (Arbeitswege, Benutzung von Fabrikomnibussen, Benutzung der Stempeluhren).

4. Für *Leistungsstörungen* gelten *grundsätzlich* die *allgemeinen Regeln,* allerdings angepaßt an das Wesen des Dienstvertrags als *Dauerschuldverhältnis über menschliche Arbeit* (dazu oben I 4). Das bedeutet für die Pflicht zur Dienstleistung im einzelnen (hinsichtlich der Lohnzahlungspflicht gilt nichts Besonderes):

Es ist nach herrschender Meinung (a. A. Esser[2], § 131, 2) zwischen Dienstverträgen nach BGB und Arbeitsverträgen zu unterscheiden (zu dieser Unterscheidung oben I 1 c).

Auf *Dienstverträge* mit Ausnahme der Arbeitsverträge sollen die §§ 275 ff., 320 ff. Anwendung finden, soweit die §§ 611 ff. keine Besonderheiten vorsehen, vgl. dazu *Schiemann,* JuS 83, 656 ff. Insbesondere gelten die §§ 323, 615 über beiderseits unverschuldete Unmöglichkeit und Annahmeverzug, BGHZ 10, 187; BGH WM 75, 761.

Bei *Arbeitsverträgen* wandte die herrschende Meinung seit RGZ 106, 272 statt der angeblich nicht passenden Verzugs- und Unmöglichkeitsregeln der §§ 323, 615 die *„Sphärentheorie"* an. Danach gehörten zum *Arbeitgeberrisiko* Störungen in der Einsatzfähigkeit des Betriebs und seiner Mittel, Rohstoffe, Kraftquellen. Kam es durch deren Fehlen nicht zur Dienstverrichtung, blieb der Arbeitgeber lohnpflichtig. Das gleiche galt für betriebszugehörige und daher in die Arbeitgebersphäre fallende Störungen wie Absaufen einer Baugrube, Explosion in einer Sprengstoffabrik, polizeiliches Verbot einer Aufführung. Zur Risikosphäre der *Arbeitnehmer* gehörten Streiks und andere von ihrer Seite ausgehende Hindernisse wie Sabotageakte und ähnliche Gewalttätigkeiten. Hierzu hatte RGZ 106, 272 = ESJ 96 – Teilstreik – den Grundsatz aufgestellt, daß beim Teilstreik auch den Arbeitswilligen kein Lohnanspruch zusteht, wenn durch den Teilstreik ihrer Kollegen nicht gearbeitet werden kann. Zum *gemeinsamen* Risiko zählten nach dieser Lehre Fälle höherer Gewalt wie *allgemeine* Naturkatastrophen, Hochwasserüberschwemmungen, Kriegseinwirkungen, politische Kampfmaßnahmen (BGHZ 14, 347) und sonstige betriebsfremde, von außen kommende Störungen: Der Arbeitgeber brauchte keinen Lohn zu zahlen.

In neuerer Zeit mehrten sich Zweifel an der Notwendigkeit und Richtigkeit der Sphärentheorie. Alles kam nämlich darauf an, wie man die Risiken verteilte, und dabei trat keine größere Sicherheit zutage als bei der Auslegung des Begriffs „Unmöglichkeit der Arbeitsleistung". Im Grunde war die Sphärentheorie nichts anderes als eine Umschreibung und Auslegungsweise des Unmöglichkeitsbegriffs in § 323 und des Annahmeverzugsbegriffs in § 615. Der Grundgedanke dieser beiden Vorschriften wurde durch die Sphärentheorie eher verwirklicht als ersetzt: Wenn Arbeitgeber und Arbeitnehmer *beide* die Dienstleistung nicht vonstatten gehen lassen *können,* auch wenn sie es vielleicht *wollen,* weil ein den Vertragszweck vereitelndes Ereignis von außen eintritt, liegen Unmöglichkeit und Befreiung des Arbeitgebers von der Lohnzahlungspflicht vor. Wollen und können dagegen die Arbeitnehmer arbeiten, und nur der Arbeitgeber will oder kann die Dienstleistung nicht annehmen, ist er im Gläubigerverzug, der nach § 615 die Lohnzahlungspflicht (ausnahmsweise bei Dienstverträgen) fortbestehen läßt. In der Unterscheidung von Unmöglichkeit und Annahmeverzug liegt beim Dauerschuldverhältnis notwendig eine Aufteilung der Hinderungsgründe in die Sphären von Gläubiger und Schuldner.

In BAG NJW 81, 937 = DB 81, 321 hat die Rechtsprechung unter dem Eindruck der Kritik die „Sphärentheorie" aufgegeben, ist aber zu bürgerlich-rechtlichen Leistungsstörungsregeln nicht zurückgekehrt. Vielmehr gilt nunmehr:

a) Das Betriebs- und Wirtschaftsrisiko trägt grundsätzlich der Arbeitgeber (dem entgegenstehende auflösende Vertragsbedingungen (158 II) sind unzulässig, BAG NJW 82, 788 – Beschäftigungsrisiko –).

b) Das allgemeine Betriebs- und Wirtschaftsrisiko des Arbeitgebers gilt nicht uneingeschränkt bei Störungen, die auf einem Streik in einem anderen Betrieb beruhen und die Fortsetzung des Betriebes ganz oder teilweise unmöglich oder wirtschaftlich unzumutbar machen.

c) Können diese Fernwirkungen eines Streiks das Kräfteverhältnis der kampfführenden Parteien beeinflussen, so tragen beide Seiten das Arbeitskampfrisiko. Das bedeutet für die betroffenen Arbeitnehmer, daß sie für die Dauer der Störung keine Beschäftigungs- und Vergütungsansprüche haben. Ein solcher Fall ist z. B. dann anzunehmen, wenn die für den mittelbar betroffenen Betrieb zuständigen Verbände mit den unmittelbar kampfführenden Verbänden identisch oder doch organisatorisch eng verbunden sind.

5. Gleichwohl läßt sich auch die moderne „Betriebsrisikolehre" in das Schema der Leistungsstörungen integrieren. Die Lehre von den Leistungsstörungen läßt sich daher auch bei Dienst- *und* Arbeitsvertrag *einheitlich* darstellen, wobei die Betriebsrisikolehre zur Auslegung der Unmöglichkeits- und Verzugsbegriffe verwendet werden kann, vgl. dazu auch *Rückert*, ZfA 83, 1 ff. Das ergibt (im Schema der Leistungsstörungen):

a) Dienstverträge über *anfänglich objektiv unmögliche* Leistungen sind nichtig, 306.

Um 11 Uhr wirbt A drei Tagelöhner zur Aberntung seines Obstgartens an. Um 10 Uhr hatte ein Hagelwetter die Ernte vollständig vernichtet. Wegen des Auslagenersatzes für die Anreisekosten hilft nur eine *Analogie* zu § 304, denn die Nichtigkeit steht direkter Anwendung im Weg, i. ü. siehe § 307.

b) Bei Verträgen über *anfänglich subjektiv unmögliche* Dienstleistungen haftet der Dienstpflichtige ohne Verschulden auf Schadensersatz, Umkehrschluß zu §§ 306, 307; entspr. §§ 437, 440 I, 325, 326. Man muß sein eigenes Leistungsvermögen kennen, daher die Garantiehaftung, vgl. oben § 43 III. Soweit die Dienstleistung teilweise möglich ist, bleibt der Lohnanspruch bestehen, arg. e § 323 I 2, doch kann sich der Gläubiger nach § 325 I 2 vom Vertrag lösen.

Ein nahezu Blinder läßt sich auf einem Posten einstellen, für den einwandfreie Augen unerläßlich sind (Einflieger, Setzer, Förster im Walddienst usw.). Ein nicht schwindelfreier Werkstudent bewirbt sich bei einem Antennenreparaturdienst.

c) *Nachträgliche Unmöglichkeit* (objektive und subjektive, 275 II) der Dienstleistung führt zunächst zum Wegfall der Leistungs- und der Gegenleistungspflicht, §§ 275 I, 323 I.

Unmöglich geworden ist eine Dienstleistung – nach dem Gesagten – aber nicht schon dann, wenn irgendein Umstand die Dienstleistung verhindert. Da die von keiner Seite zu vertretende Unmöglichkeit zum Wegfall auch der Lohnzahlungspflicht führt, und bei Dauerschuldverhältnissen wegen des Zeitfaktors nicht rechtzeitig geleistete oder angenommene Dienste dadurch auch unmöglich werden, bedarf der Unmöglichkeitsbegriff bei Dauerschuldverhältnissen einengender Auslegung.

„Unmöglich geworden" ist eine Dienstleistung erst dann, wenn ein seiner allgemeinen Natur nach von außen kommendes, in die Schutzvorkehrungen der Vertragsteile üblicherweise nicht eingeplantes Ereignis *beide* Seiten hindert, die Dienste zu leisten *und* anzunehmen. Das Ereignis muß *beide Sphären betreffen,* die des Dienstherrn und des Dienstverpflichteten, und es darf, da es in § 323 um den Wegfall der Lohnzahlungspflicht geht, nicht *aus* der Sphäre des Dienstherrn kommen.

aa) Wird ein solches Unmöglichwerden *vom Dienstherrn verschuldet,* bleibt er zur Lohnzahlung verpflichtet, 324 I.

Ein Fuhrunternehmer stellt einen LKW-Fahrer auf ein Jahr fest ein. Dann verkauft er seinen LKW und zieht sich ins Privatleben zurück. – Siehe aber § 324 I 2 wegen der freigewordenen Arbeitskraft des Fahrers!

Verschuldet der Dienstherr einen Unfall, so nimmt ihm die Sozialversicherung grundsätzlich die Schadensersatzpflicht ab, § 636 RVO. Der Unternehmer haftet direkt nur bei Vorsatz oder wenn der Unfall bei Teilnahme am allgemeinen Verkehr eingetreten ist. Von vorsätzlich oder grob fahrlässig handelnden Unternehmern verlangt der Träger der Sozialversicherung Zahlung im Regreßwege, § 640 RVO.

bb) *Verschuldet der Dienstpflichtige* die Unmöglichkeit, bekommt er keinen Lohn und ist überdies ersatzpflichtig, 325.

Bei einem Aufruhr äschern Arbeiter die Fabrik ein.

Das Rücktrittsrecht ist aber durch die Kündigungsvorschriften ausgeschlossen, 325, 327, 346 ff., 626 (durchaus herrschende Meinung).

cc) Im Vordergrund stehen aber die Fälle *beiderseits unverschuldeter Unmöglichkeit.* Sie befreien den Dienstpflichtigen von der Dienstleistungspflicht, 275, und den Dienstherrn von der Lohnzahlungspflicht, 323 I.

Hierher zählten die Fälle „gemeinsamen Betriebsrisikos" nach der Sphärentheorie: allgemeine Naturkatastrophen, Überschwemmungen nach Art der Hamburger Flutwelle, starke Schneefälle, die den Straßenverkehr zum Erliegen bringen (so LAG Hamm, DB 80, 311 unter Ablehnung von § 616 I; ähnlich BGH NJW 83, 1078; 83, 1079), Kriegseinwirkungen. Nach der Betriebsrisikolehre sollte sich an der Behandlung dieser Fälle (keine Dienstpflicht, kein Lohn) nichts ändern, wie in der Wortwahl „Betriebs- und Wirtschaftsrisiko" zum Ausdruck kommt. Unter dieses (dem Arbeitgeber zuzurechnende) Risiko fallen die genannten Einwirkungen (Wetter usw.) nicht.

Folgerichtig zählen hierher aber auch die oben 4b und c von BAG NJW 82, 788 gemachten Ausnahmen der „Fernwirkungen" von Streiks. Also gehören dazu auch die Teilstreiks, die − z. B. durch Streikpostenketten − Dienstherrn *und Arbeitswillige* an der Fortführung der Arbeit hindern: Für beide Seiten kommt das Ereignis jeweils von außen. Es stammt nicht aus der Sphäre des Dienstberechtigten. Daß die Unmöglichkeit vorübergehend sein kann, ändert nichts an ihrem zeitweiligen Vorliegen (Umkehrschluß aus § 308). Lohn ist nicht geschuldet, 323 I. Einer *Aussperrung* (die die Lage nur komplizieren würde) bedarf es nicht; sie wäre aber zulässig, BAGE − Großer Senat − 1, 291.

Handelt es sich dagegen um einen Teilstreik ohne Streikpostenketten, bei dem ein für die notwendige Fortsetzung der Arbeit ausreichender Teil der Belegschaft den Betrieb betreten will und kann, läßt aber der Arbeitgeber nicht arbeiten, weil ihn der Teilstreik erbittert hat, oder weil ohnehin wenig Aufträge vorliegen, oder weil er die Teilarbeit nicht für rentabel genug hält, so liegt keine Unmöglichkeit vor (die Dienstleistung könnte erbracht werden!), sondern Annahmeverzug, der zur Lohnzahlung verpflichtet, 615, dazu unten e). Der Arbeitgeber könnte aber aussperren und ist dann nicht mehr lohnzahlungspflichtig.

Von der Regel des § 323 bestehen zwei bedeutsame dienstvertragsrechtliche *Ausnahmen:*

Nach § 616 I geht der Lohnanspruch dadurch nicht verloren, daß der Dienstverpflichtete für eine *verhältnismäßig nicht erhebliche Zeit* durch einen in seiner *Person liegenden Grund* ohne sein Verschulden an der Dienstleistung verhindert wird. (Die Einschränkung in § 616 I 2 steht zu § 189 RVO im Verhältnis gegenseitiger Ergänzung: Solange der Arbeitgeber zahlt, ruht der Anspruch auf Kranken- und Krankenhausgeld, so daß Doppelzahlung vermieden wird. Der Dienstherr soll sich dem Grundsatz nach an den „Wechselfällen des Schicksals" *(Esser)* in angemessenem Umfang beteiligen. „In der Person liegende, nicht auf Verschulden beruhende Gründe" sind beispielsweise: Krankheit, Unfall, Polioimpfung, Tod eines nahen Angehörigen, Zugverspätung, hoheitliche Inanspruchnahme, Pflege eines erkrankten Kindes (BAG BB 79, 1401), nicht dagegen Landestrauer (kein persönlicher Grund) und „blauer Montag" (verschuldet), Nichtanlegen von Sicherheitsgurten (verschuldet, BAG NJW 82, 1013), verschuldeter Sportunfall (durch Teilnahme an besonders gefährlichen Sportarten, vgl. BAG NJW 82, 1014, wonach Drachenfliegen nicht darunter fällt), verschuldete Alkoholabhängigkeit (BAG NJW 83, 2659). Für die Frage, ob die Zeit „nicht erheblich" ist, kommt es auf alle Umstände, insbesondere aber auf das Verhältnis der Zeit der Verhinderung zur Dauer des Dienstverhältnisses an. Ist die Verhinderung erheblich, wird nicht etwa für einen „nicht erheblichen Teil" Lohn geschuldet (anders BAG AP Nr. 2 zu § 616 BGB), sondern keiner, 320 − 323.

Der wichtigste Fall des § 616 I war früher eigene Krankheit des Dienstverpflichteten. Heute gilt für die meisten Arbeitnehmergruppen (günstigeres) Sonderrecht: *Arbeiter im Sinne des Lohnfortzahlungsgesetzes* v. 27. 7. 1969, BGBl. I 946: § 616 III i. V. m. §§ 1−7, 9 des Gesetzes gewährt bis zur Dauer von sechs Wochen das volle Arbeitsentgelt. Gem. § 4 des Gesetzes gehen Schadensersatzansprüche des Arbeiters gegen Dritte wegen des Verdienstausfalles auf den Arbeitgeber über, und zwar in Höhe des vom Arbeitgeber weitergezahlten Entgelts einschließlich des Arbeitgeberanteils zur Sozialversicherung; *kaufmännische Angestellte:* §§ 616 II; 63 HGB; *gewerbliche Angstellte:* §§ 616 II unabdingbar, BGHZ 7, 30; 133 c GewO. Hat der Dienstverpflichtete für die Zeit, in der er vom Arbeitgeber nach § 616 Lohn erhält, Ansprüche auf Schadensersatz gegen Dritte, z. B. aus einem Verkehrsunfall, so muß der Dienstverpflichtete diese Ansprüche, soweit sie nicht schon nach § 4 Lohnfortzahlungsgesetz von Gesetzes wegen auf den Arbeitgeber übergehen, 412, gem. § 255 *analog* an den Arbeitgeber abtreten oder, wenn er sie selbst eingezogen hat, sich anrechnen lassen, BGHZ 7, 49; BGH NJW 54, 1153. Siehe auch BAGE 8, 314; *Isele,* JuS 61, 87. Zur Nichtanrechnung der Lohnzahlung zugunsten des Schädigers im Wege der Vorteilsausgleichung siehe oben § 55 VI und BGHZ 21, 112: Stehen einem körperlich geschädigten und deshalb arbeitsunfähigen Arbeitnehmer Ansprüche gegen seinen Arbeitgeber auf Fortzahlung der Arbeitsvergütung nach § 616 BGB, § 63 HGB oder § 133c II GewO zu, so wird hierdurch die Schadensersatzpflicht des verantwortlichen Schädigers nicht berührt. Der Arbeitnehmer, dem der Lohn fortbezahlt wird, erleidet einen „normativen" Schaden, dessen Ersatz er vom Schädiger verlangen kann. Damit steht ein abtretbarer Anspruch zur Verfügung, BGHZ 43, 378; 42, 76; 21, 112, 119; insoweit gegen 7, 30, 53; vgl. *Palandt/ Putzo,* § 616, 4; *Kollhosser,* AcP 166, 277.

Die *zweite Ausnahme* vom Grundsatz des § 323 enthält § 617. Bei einem für *längere Zeit* vereinbarten oder unbefristet auf längere Zeit angelegten Dienstverhältnis, das den Verpflichteten der *häuslichen Gemeinschaft* des Dienstherrn einfügt, muß der Dienstherr im Falle der Erkrankung Verpflegung und ärztliche Behandlung für 6 Wochen gewähren (nicht abdingbar, 619).

d) Gerät der Dienstpflichtige mit der *Leistung der Dienste in Verzug,* gilt § 326 mit Ausnahme des Rücktrittsrechts des Dienstberechtigten, 326, 327, 346 ff. Es wird durch die Kündigungsvorschriften ersetzt. Leistungsverzug tritt nur ein, solange die Leistung noch möglich ist. Er setzt Verschulden voraus, 285.

Der gegen Monatspauschale für eine Firma tätige Steuerberater stellt die Steuererklärungen nicht rechtzeitig fertig. Er haftet der Firma für die Mahnzuschläge und Verzugsgebühren, die das Finanzamt berechnet, 286, 675, 611, 285.

e) Die zumindest theoretisch wichtigste Leistungsstörung im Dienstvertrag ist der *Annahmeverzug* des Dienstberechtigten, § 615, vgl. dazu *Schaub,* ZIP 81, 347 ff. Während sonst der Annahmeverzug die Gegenleistungsgefahr nicht berührt und nur die Leistungsgefahr (nämlich bei noch nicht konkretisierten Gattungsschulden) auf den Gläubiger übergehen läßt (300 II), bewirkt im Dienstvertrag der Annahmeverzug des Dienstherrn ausnahmsweise und entgegen § 323 die Pflicht zur Lohnzahlung, also eine Art Verlagerung der Gegenleistungsgefahr, wenn man einmal die Gefahrbegriffe von den Unmöglichkeits- auf die Verzugsregeln übertragen will. § 615 steht damit in einer Linie mit § 324 II.

Nun bedeutet, wie ausgeführt, im Dauerschuldverhältnis wegen der Erbringung der Leistung in der Zeit Verzug zugleich Unmöglichkeit in einem weiteren Sinne (vgl. den Sprachsinn!). Denn nicht geleistete oder nicht angenommene Arbeit kann jedenfalls in der Zeit, in der sie hätte geleistet werden sollen, nie mehr getan werden. Das führte oben II 4 zu der einschränkenden Auslegung des Unmöglichkeitsbegriffs im Dienstvertragsrecht. Es führt aber

Dienstvertrag **§ 79**
II 6

auch in § 615 zu einer Haftung des Dienstherrn auf Lohn für nichtgeleistete Arbeit, deren Nichtleistung und Unwiederholbarkeit er nicht verschuldet hat. Denn Annahmeverzug setzt kein Verschulden des Gläubigers voraus, 293 ff., arg. § 299. Während nach § 324 I ein Gläubiger nur dann trotz *Unmöglichkeit* der Leistung auf das Entgelt haftet, wenn er die Unmöglichkeit *verschuldet* hat, schuldet der Dienstherr in derartigen Fällen (wegen des Zusammenfallens von Verzug und Unmöglichkeit im weiteren üblichen Sinne) den Lohn auch, wenn er die Nichtleistung und Unwiederholbarkeit der Arbeit *nicht* verschuldet hat. Hieran ist zu denken, wenn es darum geht, den Begriff des Annahmeverzugs in § 615 zu bestimmen und von der Unmöglichkeit abzugrenzen, die gemäß § 323 von der Lohnzahlungspflicht befreit.

Unter § 615 fallen also diejenigen Fälle verhinderter Erbringung der Dienstleistung, in denen die Dienstpflichtigen zwar leisten wollen und, das Hindernis hinweggedacht, auch könnten, wo aber der Dienstberechtigte entweder die Dienste nicht annehmen *will*, oder, aus einem in seiner Sphäre liegenden Grunde, verschuldet oder unverschuldet, nicht annehmen *kann*. Die Fälle des Nichtkönnens werden von der „Sphärentheorie" dem Unternehmerrisiko zugerechnet, BGHZ 24, 96; BAG DB 69, 446.

Der Gastwirt schickt den für Sonntag bestellten Aushilfskellner wieder nach Hause, weil es regnet und keine Gäste kommen. – Die Bauarbeiter können nicht anfangen, weil der Schlüssel zur Bauhütte verloren ist. – Die Aufträge gehen zurück, Personal wird ausgestellt. – Die mangelnde Kohlen-, Strom-, Wasserversorgung legt den Betrieb lahm. (Bei Wirtschaftskrisen *allgemeiner* Art liegt allerdings Unmöglichkeit vor, siehe oben II 5c, 323.) – Auch betriebstypische Unglücksfälle zählen hierher: Umkippen eines Krans, Absaufen eines Bergwerks, einer Baugrube, polizeiliches Verbot einer Aufführung, Explosion in der Sprengstoffabrik, i. d. R. Kurzschlußbrände, Blitzschläge. – Zurückweisung Arbeitswilliger beim Teilstreik, wenn Weiterarbeit physisch möglich und wirtschaftlich vielleicht unrentabel, aber nicht geradezu sinnlos ist (oben II 5c cc).

f) Wird die Arbeit zeitlich richtig, aber qualitativ schlecht geleistet, liegt *Schlechterfüllung* vor, die im Verschuldensfall den Dienstherrn zum Schadensersatz berechtigt (siehe aber oben zur „schadensgeneigten Arbeit").

6. Die *Beendigung* des Dienstvertrags ist im BGB in den §§ 620–629 geregelt. Hinzu treten arbeitsrechtliche Vorschriften.

a) *Befristete* Dienstverhältnisse enden mit Ablauf der Frist, 620 I. Ist die Frist länger als 5 Jahre oder gleich der Lebenszeit, so kann nach fünf Jahren mit 6-monatiger Frist gekündigt werden, 624, (zwingend). Wird ein befristetes Dienstverhältnis stillschweigend fortgesetzt, so gilt es als auf unbestimmte Zeit verlängert, 625.

Um bei Arbeitsverträgen einer Umgehung der Kündigungsschutzvorschriften Einhalt zu gebieten, ist die Befristung von Arbeitsverhältnissen in Restriktion von § 620 I nur zulässig, wenn ein sachlicher Grund dafür besteht, BAG AP Nr. 16 zu § 620. *Kein* sachlicher Grund sind haushaltsrechtliche Erwägungen (BAG NJW 80, 1766), unsichere Finanzierung (BAG NJW 82, 1173), schwindender Wortschatz eines Übersetzers (BAG DB 78, 704), wohl aber Vertretung eines zeitweise verhinderten Mitarbeiters

(BAG NJW 82, 1174) und Ausbildungsstufen (BAGE 37, 283 – Lehramtsbewerber –). Durch diese restriktive Behandlung von Zeitarbeitsverträgen werden Arbeitslosigkeit und Immobilität gefördert.

b) Im übrigen enden Dienstverhältnisse durch *Kündigung*, 620 II, die befristet oder fristlos sein kann. Daneben bleibt immer die Möglichkeit eines Aufhebungsvertrags, 305.

aa) Die *fristlose* (außerordentliche) Kündigung ist – beiderseits – zulässig bei wichtigem Grund, 626. Zum Begriff und zur Bedeutung des wichtigen Grundes siehe oben § 74 III 4 beim Mietvertrag. § 626 definiert den wichtigen Grund als das Vorliegen von Tatsachen, aufgrund derer dem Kündigenden unter Berücksichtigung aller Umstände des Einzelfalles und unter Abwägung der Interessen beider Vertragsteile die Fortsetzung des Dienstverhältnisses bis zum Ablauf der Kündigungsfrist oder bis zu der vereinbarten Beendigung des Dienstverhältnisses nicht zugemutet werden kann. Verschulden ist zwar häufig im Spiel, aber nicht erforderlich. Die Kündigung kann nur innerhalb von zwei Wochen erfolgen, 626 II; BAG NJW 83, 2720 – eigenmächtiger Urlaub –.

Bei nichtarbeitsrechtlichen Dienstverhältnissen, die ein besonderes Vertrauen in den Dienstverpflichteten zum Inhalt haben, setzt die außerordentliche Kündigung keinen wichtigen Grund voraus. Der Verpflichtete darf aber nicht zur Unzeit kündigen, andernfalls ist er ersatzpflichtig, 627.

Der Dienstpflichtige kann z. B. fristlos kündigen, wenn ihn der Dienstherr beleidigt oder tätlich angegriffen oder zu Unrecht bei der Staatsanwaltschaft angezeigt hat; Heirat eines weiblichen Dienstverpflichteten berechtigt grundsätzlich nicht zur fristlosen Kündigung, ebensowenig die eines männlichen.

Der Dienstherr kann z. B. kündigen bei einer gegen ihn gerichteten Straftat des Dienstpflichtigen, etwa einer Veruntreuung von Geldern, auch bei dringendem Verdacht einer solchen (problematisch); wenn der Dienstpflichtige sich dem Trunk ergibt; wenn er sich beharrlich und ohne Grund weigert, seiner Dienstleistungspflicht nachzukommen usw., Schwangerschaft und Verheiratung der Dienstpflichtigen ist in aller Regel kein Grund zur fristloser Kündigung (siehe auch Mutterschutzgesetz v. 24. 1. 1952, BGBl. I 69), ebensowenig eine unbegründete Unbeliebtheit eines leitenden Angestellten bei der Belegschaft, vgl. BGHZ 34, 392.

Eigenes Unrecht hindert in der Regel das Recht zur fristlosen Kündigung, BGHZ 44, 271.

Für die Abwicklung enthält § 628 ergänzende Bestimmungen, insb. in Abs. 2 eine Schadensersatzregelung, die neben die §§ 325, 326 tritt, str. Auch hier steht eigenes Unrecht dem Anspruch im Wege, BGH a. a. O.

bb) Zur Berechnung der *befristeten* (ordentlichen) Kündigung gibt § 621 bei Dienstverhältnissen, die *nicht Arbeitsverhältnisse* im Sinne des § 622 sind, Regeln nachgiebigen Rechts, wobei der Entlohnungszeitraum den Maßstab bildet. Diese Vorschriften gelten z. B. für Hauslehrer und Privatchauffeure. Wesentlich wichtiger ist § 622, wo Kündigungsfristen für Arbeitsverhältnisse im Sinne des Arbeitsrechts geregelt sind (seit dem 1. Arbeitsbereinigungsgesetz v. 14. 8. 69, BGBl. I 1106). Für Angestellte gelten sechs Wochen bis zum Vierteljahresende, für Arbeiter grundsätzlich zwei Wochen. Die Kündigungsfrist für Arbeiter erhöht sich mit der Länge seiner Beschäftigungsdauer bis auf drei Monate zum Vierteljahresende, 622 II 2.[1]) Die Fristen können in bestimmten Grenzen einzel- und tarifvertraglich geändert werden, 622 I, III, IV, V. Das arbeitsrechtliche Sonderrecht der Kündigungsfristen, z. B. §§ 66—72 HGB, ist durch das 1. Arbeitsrechtsbereinigungsgesetz aufgehoben worden. Bei höheren Diensten mit Vertrauensstellung ohne dauernde Beschäftigung (z. B. Steuerberater mit Monatspauschale) kann grundsätzlich jederzeit gekündigt werden, 627, 628. Nach der Kündigung eines dauernden Dienstverhältnisses muß der Dienstverpflichtete Gelegenheit zum Aufsuchen einer neuen Stelle innerhalb der Arbeitszeit erhalten, 629.

Die sog. „Änderungskündigung" will nicht das Dienstverhältnis als ganzes beenden, sondern einseitig eine Änderung der Arbeitsbedingungen, praktisch immer zum Nachteil der Partners, herbeiführen. Es gelten daher die Fristen wie für die normale Kündigung und alle Beschränkungen des Kündigungsrechts. Wenn sich der Partner auf die angebotene Änderung nicht einläßt, endet mit Ablauf der Frist das ganze Dienstverhältnis.

cc) *Arbeitsrechtliche Sonderbestimmungen* über die Kündigung gehen den §§ 620ff. vor und ergänzen sie vielfach, vgl. dazu *Birk,* JuS 84, 197ff. Sie beschränken grundsätzlich nur die ordentliche Kündigung durch den Dienstherrn, nicht die außerordentliche aus wichtigem Grund. Vgl. z. B. Kündigungsschutzgesetz v. 25. 8. 1969 (BGBl. I 960); Schwerbehindertengesetz i. d. F. v. 8. 10. 1979 (BGBl. I 1649); Mutterschutzgesetz i. d. F. v. 18. 4. 1968 (BGBl. I 315).

c) Der Dienstpflichtige eines dauernden Dienstverhältnisses hat Anspruch auf ein schriftliches *Zeugnis,* 630. Es muß sich auf Verlangen über Führung und Leistung des Verpflichteten, in jedem Fall aber über die Äußerlichkeiten und die Dauer des Verhältnisses äußern, 630 S. 1, 2. Wissentlich unwahre Zeugnisse (auch bei Verschweigen von Umständen, deren Erwähnung unerläßlich ist) machen den Dienstberechtigten nach § 826 gegenüber Dritten haftbar. Sogar nachträgliche Kenntnis der Unrichtigkeit kann in Grenzfällen zur Haftung führen, BGH WM 79, 809.

d) Für arbeitsrechtliche Streitigkeiten sind die Arbeitsgerichte zuständig, § 2 ArbGG.

§ 80
Werkvertrag. Werklieferungsvertrag

Ballerstedt, FS *Larenz,* 1973, 717; *Bindhardt,* Die Haftung des Architekten, 8. Aufl. 1981, *Böggering,* JuS 78, 512; *Brox/Elsing,* JuS 76, 1; *Dochnahl,* IherJb. 48, 241; *Ehrenberg,* IherJb. 27, 253; *Emerich,* Kauf- und Werklieferungsvertrag, 1899; *Eplinius,* Der Bauvertrag, 1940; *Erman,* JZ 65, 657; *Evans-v. Krbek,* MDR 80, 819; *Finger,* NJW 73, 81; *Flohn,* AcP 161, 31; *Grimm,* NJW 68, 14; *Henle,* Grenzbestimmung zwischen Kauf- und Werkvertrag nach allgemeinen Grundsätzen und nach gemeinen Rechte, 1902; *Henke,* AcP 161, 1; *Heß,* Die Haftung des Architekten für Mängel des errichteten Bauwerks, 1966; *Hofmann,* MDR 63, 717; *Honsell, H.,* Jura 79, 184; *Jakobs,* JuS 74, 341; *ders.,* JuS 75, 76; *ders.,* NJW 75, 1437; *ders.,* FS *Beitzke,* 1979, 67; *ders.,* AcP 183, 145; *Kaiser,* BauR 83, 19; *Keilholz,* BauR 82, 121; *Köhler, H.,* JuS 79, 715; 868; *ders.,* NJW

---

[1]) In BVerfG 83, 617 für verfassungswidrig gem. Art. 3 I GG, aber nicht für nichtig erklärt.

83, 1633; *ders.*, NJW 84, 1321; *Korintenberg,* Erfüllung und Gewährleistung beim Werkvertrag, 1935; *ders.,* Der Mängelbeseitigungsanspruch und der Anspruch auf Neuherstellung beim Werkvertrag, 1927; *Laufs/Schwenger,* NJW 70, 1817; *Lehmann,* DJZ 1902, 491; *Levy,* Die Gewährleistung für Mängel beim Werkvertrag, 1903; *Lewer,* JZ 83, 336; *Littbarski,* JZ 78, 3; *Locher,* Das private Baurecht, 3. Aufl. 1983; *Lorenz, W.,* FS *Ferid,* 1978, 579; *ders.,* FS *v. Caemmerer,* 1978, 907; *Müller-Foell,* Die Mitwirkung des Bestellers beim Werkvertrag, 1982; *Niklisch,* FS *Bosch,* 1976, 731; *ders.,* BB 79, 533; *ders.,* FS *Beitzke,* 1979, 89; *Oberloskamp,* Die Abnahmepflicht nach BGB, 1905; *Oertmann,* Recht 1920, 153; *ders.,* LZ 1914, 513; *ders.,* DJZ 1914, 278; *Rentner,* Gruchot 56, 492; *Pahlmann,* DRiZ 78, 367; *Peters,* JZ 77, 458; *ders.,* NJW 78, 665; *Petri,* AcP 109, 202; *Rengier,* Die Abgrenzung des positiven Interesses vom negativen Vertragsinteresse und vom Integritätsinteresse, 1977; *Riezler,* Der Werkvertrag nach dem BGB, 1900; *Rümelin,* Dienstvertrag und Werkvertrag, 1905; *Schlechtriem,* JZ 71, 449; *Schmalzl,* Die Haftung des Architekten und des Bauunternehmers, 4. Aufl. 1980; *Schmitz,* NJW 73, 2081; *Schneider, E.,* MDR 83, 462; *Schubert,* JR 75, 179; *ders.,* DB 75, 585; *Striebinger,* Begriff der Abnahme baim Kauf- und Werkvertrag, 1906; *Thamm,* BB 82, 2018; *Todt,* Die Schadensersatzansprüche des Käufers, Mieters und Werkbestellers aus Sachmängeln, 1970; *ders.,* BB 71, 680; *Westermann, H. P.,* JA 78, 541; *Weyers,* AcP 182, 60.

I. Begriff und Wesen

1. Der Werkvertrag ist der gegenseitige Vertrag, durch den sich der eine Teil (Unternehmer) zur Herstellung eines Werks verpflichtet, während der andere Teil (Besteller) die Entrichtung einer Vergütung verspricht.[1]

2. „Herstellung eines Werks" bedeutet Herbeiführung eines Erfolgs, 631 II, wobei der Unternehmer die Gefahr für das Gelingen übernimmt (RG HRR 37 Nr. 551). Zur Unterscheidung vom Dienstvertrag siehe oben § 79 I. Der Unternehmer ist sozial unabhängig und in der Regel wirtschaftlich selbständig.

3. Schon immer hatte der Werkvertrag seine Hauptbedeutung für die *Handwerker*: Herstellung eines Bauwerks (z. B. BGHZ 68, 372; BGH NJW 82, 2243: auch bei anschließender Veräußerung, dann § 638 I, nicht § 477 I!), eines Geräts, eines Gebrauchsgegenstandes (Anzug, Schuhe), Veränderung und Ausbesserung von Sachen. — Dazu wurde er der Vertrag der meisten freischaffenden *Künstler* (Malen eines Bildes, Herstellung eines Drehbuchs, einer Reklame). — Im *industriellen* Bereich traten hinzu: Brücken-, Schiffs-, Stauwerksbau. Sind allerdings Materialien vom Unternehmer zu beschaffen, so liegt ein *Werklieferungsvertrag* vor, 651 (dazu unten III). — Auch geistige oder organisatorische Produkte können Inhalt des Werkvertrags sein: Gutachten, Reportage, Steuerprüfung, Theateraufführung, Beförderung von Gütern oder Personen. Allerdings handelt es sich bei „selbständiger Tätigkeit wirtschaftlicher Art für einen andern und in dessen Interesse" um eine *Geschäftsbesorgung,* für die zusätzlich Auftragsregeln gelten, 675. — Liegen die herbeizuführenden Erfolge im *kaufmännischen* Bereich, so wird das Recht des Werkvertrags ergänzt durch handelsrechtliche Bestimmungen (Verträge des Handelsmäklers, 93 ff. HGB; Kommissionsgeschäft, 383 ff.

---

[1] Auch wenn die Vergütung in Teilen zu entrichten ist, gilt das AbzG nicht, das nur auf den Kauf anwendbar ist, BGHZ 87, 112 — Fertighaus-Bau — .

Werkvertrag, Werklieferungsvertrag § 80
I 6

HGB; Speditionsgeschäft, 407 ff. HGB; Frachtgeschäft, 425 ff. HGB; *Beförderungsverträge*, z. B. der Eisenbahn, 453 ff. HGB und Eisenbahnverkehrsordnung). Soweit das Handelsrecht keine Sonderregeln bietet, gilt Werksvertragsrecht. — Auch im BGB besteht Sonderrecht zum Recht des Dienst- und Werkvertrags: Geschäftsbesorgung, 675; bürgerlich-rechtlicher Mäklervertrag, 652 ff.; Verwahrung, 688 ff. — Einen Werkvertrag regelt auch das *Verlagsgesetz* v. 19. 6. 01, RGBl. 217. — Für *Bauverträge* kann die VOB (Verdingungsordnung für Bauleistungen) vereinbart werden. Die öffentliche Hand *muß* nach der VOB abschließen. VOB/A regelt Ausschreibung und Vergabe, VOB/B enthält vom Werkvertragsrecht der §§ 631 ff. abweichende *AGB*, VOB/C setzt technische Normen fest. Nach § 23 II Nr. 5 AGBG brauchen §§ 10 Nr. 5 und § 11 Nr. 10 f AGBG in VOB-Verträgen nicht eingehalten zu werden, Erklärungsfiktionen und Verkürzung der gesetzlichen Gewährleistungsfristen sind also gestattet. — Weitere spezialisierte Werkverträge sind der *Architekten-*, der *Baubetreuungs-* und der *Bauträgervertrag*, s. dazu *Locher* m. w. N.

4. Im Einzelfall ist genau darauf zu achten, was der vereinbarte Inhalt der Pflicht zur Herbeiführung des Erfolgs ist: Manchmal übernimmt der Unternehmer das Risiko dafür, daß der Erfolg *günstig* und dem Besteller *nützlich* ist: taugliche Schuhreparatur; Erkennbarkeit eines Portraits als Darstellung des Abgebildeten; Benutzbarkeit einer Brücke. Oft ist aber ein bewertungsfreier Erfolg geschuldet, so daß den Unternehmer keine Gewährleistungspflicht trifft, 633, wenn sich der erreichte Erfolg als ungünstig erweist: die Schönheitsoperation führt nicht zur Verschönerung (zu den sonstigen Verrichtungen des Arztes siehe oben § 79 I 1 a); der Drehbuchstoff eignet sich nicht zur Verfilmung, KG JW 35, 2209; das Gemälde entspricht nicht den künstlerischen Vorstellungen des Bestellers, BGHZ 19, 382.

Auch Werkverträge unterliegen einer Treu- und Fürsorgepflicht, 631, 242. Nach BGHZ 5, 62 ist § 618 III auf einen Werkvertrag entsprechend anwendbar, wenn der Unternehmer zur Erfüllung der ihm obliegenden Verrichtungen Räume des Bestellers betreten muß und dabei infolge deren Beschaffenheit einen tödlichen Unfall erleidet. Die Schutzpflichten sind auch umgekehrt dem Besteller geschuldet, sie können auch Dritten geschuldet sein (oben § 37 VII). Dann muß sich aber der Dritte ein Mitverschulden des Bestellers entgegenhalten lassen, 254, 328 entspr., BGHZ 33, 247.

5. Für *Entgeltlichkeit* besteht bei Vorliegen entsprechender Umstände eine widerliche Vermutung, 632. Unentgeltliche Werkverträge sind möglich (str.), so daß z. B. trotz Unentgeltlichkeit eine Mängelhaftung mit Nachbesserungspflicht bestehen kann, die das Auftragsrecht nicht kennt, 633 II. Die Vergütung ist bei Abnahme des Werks zu entrichten, bei teilweiser Abnahme in Raten, 641, und wenn Abnahme nicht möglich ist, bei Vollendung, 646. Es gilt eine dem § 452 ensprechende Verzinsungspflicht, 641 II. Der Unternehmer muß die Behauptung des Bestellers *widerlegen*, es sei ein niedrigerer als der übliche Werklohn fest vereinbart worden, BGH NJW 83, 1782.

6. So wie es Dienstverschaffungsverträge gibt (dazu o. § 79 I 1 e), sind *Werkverschaffungsverträge* denkbar.

II. Rechtliche Besonderheiten des Werkvertrags

1. Das Gewährleistungsrecht des Werkvertrags

Ebenso wie Kauf und Miete, aber anders als der Dienstvertrag kennt der Werkvertrag (aus historischen Gründen) ein eigenes Gewährleistungsrecht, 633–639. Insoweit ist bezüglich des eigentlichen Schlechterfüllungsschadens Ersatz ausgeschlossen; allg. oben § 70 IX. Ansprüche bezüglich des übererfüllungsmäßigen Interesses bei insoweit zu forderndem Verschulden in § 635 bleiben möglich; BGHZ 35, 130 = ESJ 98; vgl. *Larenz* II § 53 IIb: „Mängelfolgeschaden", dazu *Peters,* NJW 78, 665 und oben §§ 70 III 2d, VI 9, IX 3; 74 II 6.

a) Gekennzeichnet ist das Gewährleistungsrecht des Werkvertrags durch die *Nachbesserungspflicht,* die den Unternehmer trifft, wenn das Werk mangelhaft ist oder nicht die zugesicherten Eigenschaften hat, 633 (zum Begriff des Mangels s. beim Kauf: § 70 II 2; zur zugesicherten Eigenschaft § 70 II 3, BGH NJW 82, 377). Auf ein Verschulden kommt es nicht an.

Daß der Werkvertrag im Unterschied zum Kauf einen Nachbesserungsanspruch gewährt, beruht auf dem unterschiedlichen Inhalt der Leistungspflicht bei beiden Verträgen. Zwar schuldet auch beim Kauf der Verkäufer − wie der Unternehmer beim Werkvertrag − Leistung einer mangelfreien Sache, aber der Verkäufer, der ja die Sache nicht selbst produziert, braucht auch für die richtige Herstellung der Sache nicht einzustehen. Er schuldet Mangelfreiheit nur als Sacheigenschaft, nicht als Produktionsergebnis. Darum trifft ihn bezüglich einer einwandfreien Herstellung keine Erfüllungspflicht. Die Folge ist, daß er sich nur *Wandlung* (also Rückgabe), *Minderung* und *Schadensersatzleistung,* bei Gattungssachen auch *Nachliefernmüssen* gefallen lassen muß. Der Unternehmer im Werkvertrag schuldet dagegen die Fehlerfreiheit als Ergebnis seiner Vertragstätigkeit. Also muß er Fehler ausbessern, und zwar nach 633, grundsätzlich zuerst. Die damit verbundenen Kosten, einschließlich aller Nebenkosten, müssen in aller Regel vom Unternehmer getragen werden, §§ 633 II i. V. m. § 476a, vgl. dazu BGH NJW 79, 2095. Dabei ist *belanglos,* ob er wegen Schwere des Mangels ganz von vorn anfangen muß. Nur wenn die Nachbesserung einen unverhältnismäßig hohen Aufwand erfordert, darf er sie *verweigern,* 633 II 3. Ist der Unternehmer mit der Mängelbeseitigung in Verzug, was i. d. R. Mahnung und Verschulden voraussetzt, 284, 285, kann der Besteller selbst auf Kosten des Unternehmers ausbessern, 633 III, vgl. § 538 II. Den Mangel muß der Besteller beweisen, BGHZ 42, 16.

Auch wenn die Nachbesserung nicht möglich oder mißlungen, die *Neuherstellung* des Werks aber ohne unverhältnismäßig hohen Aufwand noch möglich ist, muß der Unternehmer das Werk neu herstellen, z. B. den verschnittenen Anzug neu anfertigen, str. Auch diese Neuherstellung ist eine Folge des auf fehlerfreie Herstellung des Werks gerichteten Erfüllungsanspruchs (*Larenz* § 53 II a). Anspruchsgrundlage ist daher § 631 i. V. m. einer *analogen* Anwendung des ganzen § 633. Ebenfalls gilt § 634 I entsprechend, vor allem der letzte Halbsatz.

b) Außerdem hat der Besteller, regelmäßig nach fruchtlosem Ablauf einer Frist für die Mängelbeseitigung, die üblichen Gewährleistungsrechte: *Wandlung* (außer bei nur unerheblichem Mangel), *Minderung* und im Verschuldensfalle (also nicht nur in den Fällen des § 463) *Schadensersatz* wegen

Nichterfüllung, 634, 635, 276. Nachbesserungsanspruch und Schadensersatzanspruch schließen sich im Rahmen des Erfüllungsinteresses gegenseitig aus, da der erstere auf Erfüllung geht, der zweite auf Gewährleistung.

Der Kläger kann aber, wenn er mit seinem Schadensersatzanspruch nicht durchdringt, hilfsweise einen Nachbesserungsanspruch geltend machen, vgl. BGH NJW 76, 143. Ist die Setzung der Frist aus den in § 634 II aufgezählten Gründen nutzlos, bedarf es ihrer nicht (allgemeiner Rechtsgedanke, vgl. § 326 II). Wird das Werk nicht rechtzeitig fertig, hat der Besteller, außer seinen Ansprüchen aus Verzug, die Mängelgewährleistungsrechte der §§ 634, 636 (Rücktritt statt Wandlung). Das ist bedeutsam, weil es hierfür auf ein Verschulden des Unternehmers nicht ankommt (anders beim Verzug, 285). Bei Abnahme eines ihm als mangelhaft bekannten Werkes muß sich der Besteller seine Rechte vorbehalten, 640 II. Das führt zu Schwierigkeiten, wenn ein Mangel nicht ohne weiteres erkannt werden kann, z. B. bei Bauunterlagen, wenn das Bauwerk vorläufig noch nicht errichtet werden soll. Hier empfiehlt es sich, die Bauunterlagen noch nicht abzunehmen oder die Verjährungsfrist rechtsgeschäftlich zu verlängern, vgl. BGH NJW 74, 95; 80, 1952. – Die Abnahme des Werks schließt einen Anspruch gem. § 635 nicht aus. Es kann aber, bei Abnahme trotz Kenntnis eines Mangels, nur mehr Schadensersatz in Geld, nicht aber Nachbesserung verlangt werden, BGH NJW 74, 143. Gegenüber dem Vergütungsanspruch des Unternehmers hat der Besteller aber auch noch nach Abnahme des mangelhaften Werkes das Leistungsverweigerungsrecht aus § 320 BGB, BGHZ 26, 337. Auch bei unvollständigen Teilleistungen gilt § 320, BGHZ 45, 372. Treten vor Fristablauf oder vor Nachbesserung Schäden ein, haftet der Unternehmer nach §§ 275, 280, 323 ff. wegen schuldhaften Unmöglichwerdens auf Schadensersatz auch im Bereich des übererfüllungsmäßigen Interesses, OLG Düsseldorf, OLGZ 78, 202 s. o. § 44 II 2 a, III 3 a.

c) Die *Verjährungsfrist* aller Gewährleistungsrechte, einschließlich des Anspruchs auf Nachbesserung und auf Aufwendungsersatz nach § 633 III beträgt 6 Monate, bei Arbeiten an einem Grundstück 1 Jahr (z. B. Anpflanzung), bei Bauwerken 5 Jahre (Herstellung oder Bearbeitung von Gebäudeteilen genügt i. d. R., BGHZ 19, 319; Reparaturen am Haus, BGHZ 53, 43), 638, vgl. 477. Für das Architektenhonorar trifft allerdings die regelmäßige Verjährung des § 196 I Nr. 7 zu, BGHZ 59, 163 und BGHZ 60, 98.

Für Unterbrechung und Hemmung der Verjährungsfrist gilt neben den allgemeinen Vorschriften (§§ 202 ff.) Kaufrecht, 639 I, zusätzlich zur Hemmung durch die Mängelprüfung, 639 II. Durch Anerkenntnis des Mängelbeseitigungsanspruchs 633 II, wird auch die Verjährung des Schadensersatzanspruchs unterbrochen, BGHZ 39, 189.

Die Fristen können verlängert oder verkürzt werden, 638 II, 225. Überhaupt ist das Werkvertrags-Mängelrecht grundsätzlich nachgiebig, vgl. BGH NJW 74, 272. Nur Haftung für Arglist ist nicht abdingbar, 637; außerdem greift bei arglistigem Verschweigen eines Mangels die kurze Verjährung nicht ein, 638 I. Wenn Erfüllungsgehilfen des Unternehmers einen Mangel arglistig verschweigen, z. B. Baustellenleiter auf einer Großbaustelle, so muß sich der Unternehmer das zurechnen lassen, BGHZ 62, 63 = ESJ 99 = NJW 74, 553.

Auch im Werkvertrag stellt sich das Problem der Verjährung der Ansprüche wegen *Mangelschäden im Verhältnis zu solchen wegen Mangelfolgeschäden*, s. o. §§ 70 III 2 d, VI 9, insb. IX 3 a; 80 II 1 vor a. Die Rechtslage ist unsicher. Beim Kauf gilt nach derzeitiger (anfechtbarer) Rechtsprechung, daß für „Mangelfolgeschäden wegen Schlechterfüllung" die kurze Verjährungsfrist des § 477 auf den Anspruch aus pVV angewandt wird, und der Fristbeginn durch die Übergabe der Kaufsache bestimmt wird, s. o. § 70 IX 3 a; für Begleitschäden beträgt die Frist grundsätzlich 30 Jahre, § 70 IX 3 b. Beim Werkvertrag ist zunächst in § 635 stets Verschulden gefordert, so daß es insoweit anders liegt als in § 463. § 635 betrifft nach seinem Wortlaut („wegen Nichterfüllung") nur *Mangelschäden* (d. h. Schäden im Bereich des Erfüllungsinteresses). Der BGH stellte ihnen aber schon bald *„unmittelbare Mangelfolgeschäden"* gleich, BGHZ 58, 85. Inzwischen sind Rechtsprechung und Lehre zu einer Viergliederung der in Betracht kommenden Fälle vorgedrungen:

aa) *Mangelschäden* (Beispiel: Fehlerhafte Baustatik) unterliegen §§ 635, 638 I (kurze Verjährungen zwischen 6 Monaten und 5 Jahren, s. o. 1. Abs.); BGHZ 58, 85; 67, 1.

bb) Nach dem werkvertragstypischen Zweck gleichzustellende (früher: „unmittelbare") Mangelfolgeschäden unterfallen ebenso §§ 635, 638 I, nicht pVV-Regeln. Beispiel: Mietausfall wegen fehlerhafter Baustatik; BGHZ 67, 1 (5/6); BGH NJW 72, 625; 83, 2440. Ein wichtiger praktischer Gesichtspunkt ist hier die Gleichbehandlung aller an einem Bau tätigen Werkunternehmer.

cc) Im Falle von Körperverletzungen (bei Beförderungsverträgen; als Folge fehlerhafter Baustatik zusammenfallende Häuser; usw.) gilt pVV mit Ersatzpflicht im Bereich des übererfüllungsmäßigen Interesses, also die 30jährige Verjährung, BGH WM 70, 1483 – *Sturz auf mangelhafter Wendeltreppe* –.

dd) Bei *Vertragszweckgefährdung* (BGH NJW 83, 2439) und anderen *Begleitschäden* (z. B. BGHZ 67, 1 – Vermögensschäden aus fehlerhafter Grundstücksbewertung –) gilt ebenso pVV mit 30jähriger Verjährung; aus dem Schrifttum zu diesen Fragen: *Finger*, NJW 73, 81; *ders.*, NJW 77, 793; *Schubert*, JR 75, 179; *Schlechtriem*, VersR 73, 591; *Jauernig/Schlechtriem*, § 635, Anm. 4.

d) Zur Frage der *Garantie* bestimmter Eigenschaften siehe oben § 70 II 3 und VI 8 und § 11, 3 a. Mit Rücksicht auf §§ 635, 638 ist bei der Bejahung einer selbständigen, über den normalen Inhalt eines Werkvertrages hinausgehenden Garantie, deren Nichterfüllung zu einem erst in 30 Jahren verjährenden Garantieerfüllungsanspruch führen würde, Zurückhaltung geboten, vgl. OLG Köln MDR 63, 132 (Garantieversprechen in einem Architektenvertrag verneint). Siehe aber auch RG JW 19, 241; JW 21, 828; JW 39, 38, wo selbständige Garantien mit 30jähriger Verjährungsfrist angenommen wurden, wenn die wirtschaftliche *Leistungsfähigkeit* einer bestimmten, aufgrund Werkvertrags zu erstellenden *Anlage* bindend zugesagt wurde.

e) Bei rechtzeitiger Mängelanzeige bleibt dem Besteller auch nach Verjährung ein Zurückbehaltungsrecht, 639, 478, 273; BGHZ 35, 123.

2. Die Abnahmepflicht des Bestellers, 640

a) Beim Kauf ist die Abnahmepflicht des Käufers nach § 433 II nichtsynallagmatische Hauptpflicht. Beim Werkvertrag fallen Entstehung und Fälligkeit des Gegenleistungsanspruchs auseinander; der Anspruch wird erst bei Abnahme fällig, 631, 641 I. Die Abnahmepflicht nach § 460 ist deshalb synallagmatische Hauptpflicht des Werkvertrags, vgl. dazu *Böggering*, JuS 78, 512 ff.; *Jakobs*, AcP 183, 145 ff. Ihre Unmöglichmachung, Verzögerung oder Verweigerung lösen die Ansprüche aus §§ 320–327 aus. Die Abnahme selbst kann im Klagewege *erzwungen* werden (Vollstreckung nach § 888 ZPO). Die Nichtabnahme begründet zugleich *Annahmeverzug* des Bestellers bezüglich seines Herstellungsanspruchs, 293 ff. Ferner gelten §§ 644 I 2, 372, 383.

b) Die Annahme ist beides, körperliche Entgegennahme und Billigung der vertragsgemäßen Herstellung. Das schließt aber die Geltendmachung bei Abnahme nicht bekannter Mängel nicht aus, 640 II. Schadensersatzansprüche aus § 635 und § 13 VOB/B bleiben ebenfalls unberührt, BGH NJW 80, 1952. Mit der Abnahme beginnt die Verjährung (§ 638 I 2), geht die Preisgefahr über (§ 644), wird die Vergütung fällig (§ 641), und die Vorleistungspflicht des Unternehmers endet. Ein etwaiger Mangel ist nun Zug um Zug gegen Bezahlung des Werks zu beseitigen, BGH DB 73, 1598.

c) Ist nach Art des Werks eine Abnahme ausgeschlossen, so entfällt die Abnahmepflicht, 640 I. An die Stelle der Abnahme tritt die Vollendung des Werks, 646 (Beispiel: Vermittlung einer Anschrift).

3. Mitwirkungspflicht des Bestellers, 642, 643

Ist bei der Herstellung eines Werks eine Mitwirkung des Bestellers erforderlich und unterläßt er sie, so gerät der Besteller gemäß § 295 in Annahmeverzug (Beispiele: Anzugprobe, Portraitsitzung, Bauunterlagen).

Überdies stellt § 642 eine Mitwirkungs*pflicht* auf, deren Verletzung den Unternehmer zu einer *Entschädigung* berechtigt (Zeitverlust wird vergütet). Es handelt sich bei der Pflicht nach § 642 also um mehr als eine Obliegenheit, vgl. oben § 8, 4; differenzierend *Müller-Foell,* a. a. O., S. 103; vgl. auch *Niklisch,* BB 79, 533 ff. Dazu hat der Unternehmer in solchen Fällen ein Fristsetzungs- und Kündigungsrecht, 643, wobei sich seine Vergütung nach § 645 I 2 bemißt; RGZ 100, 47; BGHZ 50, 175. Hat der Unternehmer ausnahmsweise in den Räumen des Bestellers zu arbeiten oder mit dessen Geräten oder unter seiner Anleitung, so trifft den Besteller die Fürsorgepflicht aus § 618, BGHZ 5, 62.

4. Eigentumslage und Gefahrtragung, 644 – 646, 950

Zu den Begriffen oben § 67 I 2.

a) Die Sachgefahr für den *Stoff,* aus dem das Werk hergestellt wird, trägt der Eigentümer. Das ist beim Werkvertrag regelmäßig der Besteller. § 644 I 3 bestätigt dies. Das Eigentum am hergestellten Werk erwirbt der Besteller unmittelbar und originär.

Nach § 950 müßte unter den dort genannten Voraussetzungen eigentlich der Unternehmer Eigentum am Werk erwerben und es dann auf den Besteller in Vollzug des Werkvertrags übertragen (so unter Berufung auf den Sinn des § 950, *Planck/Siber,* § 950 A 1 c). Heute ist im Ergebnis, nicht in der Begründung, im Anschluß an RGZ 138, 88; 161, 113, unstreitig, daß im Regelfall des Werkvertrags direkter Eigentumserwerb des Bestellers eintritt. Begründet wird dieses Ergebnis überwiegend mit Vereinfachungsgründen und damit, daß den Gläubigern des Unternehmers der Zugriff auf Stoff und Werk zu verwehren, den Gläubigern des Bestellers dagegen zu erhalten sei. Der Besteller gilt als Hersteller im Sinne des § 950, der Unternehmer als unselbständiger Gehilfe der Ausführung, obwohl die Bearbeitung an vom Besteller gelieferten Stoffen geschieht. Auch beim Dienstvertrag erwirbt der Dienstpflichtige nicht Eigentum an der von ihm bearbeiteten Sache, sondern der Dienstherr bleibt Eigentümer. Den Gläubigern des Dienstpflichtigen beim Dienstvertrag und des Unternehmers beim Werkvertrag soll nicht zugute kommen, daß die hergestellte oder bearbeitete Sache noch nicht, wie es sich nach dem Vertrag gehörte, dem Dienstherrn und dem Unternehmer übereignet ist. Diese Gläubiger sollen keinen Vorteil aus Nachlässigkeiten und Vertragsverstößen ihrer Schuldner haben. § 950 sollte nur *den* Verarbeiter schützen, dem auch das Schuldrecht die Substanz der Früchte seiner Arbeit zuerkennt. Das ist beim Dienst- und Werkvertrag nicht der Fall. Also trägt der *Besteller* auch die *Sach*gefahr für Stoff und Werk. § 644 I 3 deutet dies an. Doch trifft in § 644 I 3 den Unternehmer ein Entlastungsbeweis, RGZ 101, 153. Auch außerhalb eines Werkvertrags ist es zulässig, eine Verarbeitungsklausel zu vereinbaren, kraft deren sich der Eigentumsvorbehalt eines Rohstofflieferanten an den Verarbeitungsprodukten fortsetzt, BGHZ 14, 114; 46, 117.

Beim *Werklieferungsvertrag* (unten III) ist das anders. Da der Unternehmer den Stoff beschafft, gilt bei *vertretbarer* Sache *Kaufrecht* (also das oben §§ 66 ff. Ausgeführte), 651 I 2, 433; bei *unvertretbarer* Sache bleibt der Unternehmer, wenn er es war, Stoff- und Werkeigentümer bis zur Übereignung in Vollzug seiner Vertragspflicht, 651 I 2, 433, 631.

Zwar hebt § 651 I 2 die Verweisung auf § 433 wieder auf. Doch folgt aus der Regel, daß auch beim Werklieferungsvertrag über eine unvertretbare Sache das Werkunternehmerpfandrecht der §§ 647, 648 und damit eine dingliche Sicherung des Unternehmers ausgeschlossen ist, daß der Unternehmer auch in § 651 I 2 bis zur Übereignung des Werks nach seiner Fertigstellung Eigentümer sein muß. In § 651 trägt daher der *Unternehmer* die Sachgefahr bis zur Übereignung; zur Gefahrlehre s. o. § 67 I.

b) Die *Leistungsgefahr*, also die Gefahr, trotz Untergangs des noch nicht erfüllten Werks noch einmal leisten zu müssen, trägt der Unternehmer bei Werk- und Werklieferungsvertrag. Beim Werkvertrag folgt dies aus § 631. Der Unternehmer wird für das fertige Werk bezahlt, nicht für Versuche zu seiner Herstellung, mögen sie erfolgreich oder erfolglos verlaufen. Beim Werklieferungsvertrag über eine vertretbare Sache folgt es aus Kaufrecht, §§ 651 I 1, 433 (und oben § 67 I); beim Werklieferungsvertrag über eine unvertretbare Sache sind §§ 651 I 2, 631 maßgebend.

c) Eine *Preisgefahr*, also die Gefahr, trotz Ausbleibens der Leistung zahlen zu müssen, trägt der Besteller grundsätzlich *nicht*.

§ 644 I 1 i. V. m. § 646 bestimmt, daß der Unternehmer nur für das fertige Werk seine Vergütung bekommt, vgl. § 446. Das bedarf nur bei Gefahren einer Einschränkung, die aus der Sphäre des Bestellers stammen, z. B. bei Arbeiten in dessen Räumen; *Rümelin*, Dienstverträge und Werkvertrag, 127; BGH NJW 63, 1824; es handelt sich um sog. „vitia soli", d. h. um Umstände, die dem „Grund und Boden" oder anderen vom Besteller zur Verfügung gestellten Arbeitsunterlagen anhaften und die Erstellung des Werks unmöglich machen. § 645 bestimmt für diese Fälle, daß der Unternehmer einen seiner geleisteten Arbeit entsprechenden *Teil der Vergütung* verlangen kann. Der Rechtsgedanke des § 645 wird ausgedehnt auf die Fälle, in denen der Besteller selbst die Gefahr für den Untergang des Werks erhöht hat und ohne diese Erhöhung das Werk nicht untergegangen wäre, BGHZ 40, 71; BGH NJW 73, 318; 80, 2189; 81, 391; 82, 1458. Die Berücksichtigung der Beherrschung der jeweiligen Sphäre durch einen Vertragspartner ist auch für die Begründung von Schadensersatzansprüchen aus positiver Forderungsverletzung von Bedeutung, BGHZ 23, 288. — Wenn der Besteller im Annahmeverzug ist, geht die Preisgefahr auf ihn über, 644 I 2, 293 ff. § 644 I 2 ist eine überflüssige Vorschrift, § 324 II sagt dasselbe. Auch wenn er Versendung verlangt, trägt der Besteller die Preisgefahr während des Transports, 644 II, 447.

5. Unternehmerpfandrecht und Bauhandwerkerhypothek, 647, 648

a) § 647 gibt *jedem* Werkunternehmer ein gesetzliches Pfandrecht für seine Forderungen aus dem Werkvertrag an den von ihm hergestellten oder ausgebesserten beweglichen Sachen des Bestellers. Dadurch soll der Unternehmer für den Fall sichergestellt werden, daß der Besteller nicht zahlt, 1257, 1228 ff.

aa) Das Pfandrecht ist *besitzgebunden*, 647, wie ein Vertragspfand, 1205, und anders als das Vermieter-, Verpächter- und Gastwirtspfandrecht, 559, 581 II, 704. Das Pfandrecht des Pächters ist zwar auch besitzgebunden, verlangt aber kein Eigentum des Verpächters, 590.

bb) Es besteht für die *Forderungen* aus dem Werkvertrag. Das sind der Vergütungsanspruch, die Entschädigungsansprüche nach § 642 und Schadensersatzforderungen aus Leistungsstörungen (insb. Verzug und Schlechterfüllung).

cc) Es besteht nur an Sachen, *die dem Besteller gehören* (Sachen „des Bestellers". Damit ist Eigentum, nicht bloß Besitz gemeint; ganz herrschende Meinung). Häufig ist aber der Besteller nicht der Eigentümer, der Besteller kann die auszubessernde Sache geliehen, gemietet, unter Eigentumsvorbehalt gekauft haben. Der meisterörterte Fall ist der, daß der Ratenkäufer eines Autos das Auto reparieren oder den Kundendienst versehen läßt, noch ehe es voll bezahlt ist. Dann ist Eigentümer während und nach der Reparatur immer noch der Lieferant (455) und nicht der Besteller, der den Werklohn schuldet. Die Frage lautet dann: wie ist der Unternehmer gesichert?

Die Beantwortung dieser Frage gehört immer noch zu den umstrittensten Problemen im Bereich des Ineinandergreifens von Schuld- und Sachenrecht. Sie rührt an Grundfragen des Begriffs des dinglichen Rechts.

Zunächst versuchte ein Teil der Doktrin, mit einer *„Verpflichtungsermächtigung"* zu helfen, die der Vorbehaltsverkäufer und Eigentümer dem Ratenkäufer ausdrücklich oder stillschweigend gleichzeitig mit dem Kaufvertrag erteilt: Der Verkäufer ermächtigt den Ratenkäufer, bei erforderlich werdenden Reparaturen den Werkvertrag zugleich für und gegen den Eigentümer abzuschließen. Dieser wird dadurch Partei des Werkvertrags und damit Pfandschuldner, so z. B. *Bettermann*, JZ 51, 321. Dieser Annahme steht aber *tatsächlich* der regelmäßig anzunehmende Wille des Verkäufers entgegen, aus dem Werkvertrag nicht verpflichtet zu werden (insb. nicht auf Zahlung des Werklohns); eine Spaltung von Berechtigung und Verpflichtung erscheint aber unmöglich. *Rechtlich* betrachtet ist die Verpflichtungsermächtigung aber auch grundsätzlich abzulehnen, siehe oben § 57 IV 9.

Da der Weg über die Verpflichtungsermächtigung abgelehnt wurde, schlug man eine sachenrechtliche Ermächtigung gem. § 185 vor, durch die der Vorbehaltsverkäufer und Eigentümer den Käufer ermächtigt, bei Reparaturen dem Werkunternehmer ein Unternehmerpfandrecht zu bestellen. Nun ist zwar die Ermächtigung zu rechtsgeschäftlichen sachenrechtlichen Verfügungen möglich, aber das Unternehmerpfandrecht entsteht kraft *Gesetzes*, 647. Eine Ermächtigung zu gesetzlichen Pfandrechten ist begrifflich schwer vorstellbar, vgl. aber *Medicus*, BürgR, Rn. 594. Die Ermächtigung zur Bestellung eines Vertragspfandes (1204ff.) ist zwar möglich, aber für den Regelfall nicht anzunehmen, weil der Eigentümer dadurch zu große Risiken eingehen würde.

Angesichts dieser Schwierigkeiten, dem Werkunternehmer bei Arbeiten an Sachen, die dem Besteller nicht gehören, eine hinreichende Sicherung zu verschaffen, vertrat die bisher durchaus herrschende Meinung, daß der Unternehmer das gesetzliche Pfandrecht des § 647 *gutgläubig* erwirbt, wenn er den Besteller ohne grobe Fahrlässigkeit für den Eigentümer hält.

Der gutgläubige Erwerb wurde auf eine Analogie zu § 1207 gestützt, wobei man sich über das Wort „entstanden" in § 1257 bei *besitzgebundenen* Pfandrechten wie dem Unternehmerpfandrecht glaubte hinwegsetzen zu dürfen. Außerdem bot sich die Analogie zu § 366 III HGB an.

Der BGH (BGHZ 34, 122, 153) hat die herrschende Meinung unter Berufung auf das Wort „entstanden" in § 1257 und die Entstehungsgeschichte des Gesetzes abgelehnt. Beides allein wäre wohl nicht überzeugend. Das Urteil verdient aber Zustimmung, weil − wie es zutreffend ausführt − das Abstellen auf den guten Glauben bei der Entstehung gesetzlicher Pfandrechte nicht sinngemäß ist. Das zeigt sich u. a. bei der Überlegung, daß nicht nur bei einigermaßen neuen, sondern wegen des Gebrauchtwagenhandels praktisch bei jedem Kraftfahrzeug mit einem Eigentumsvorbehalt gerechnet werden muß, was aber auf das Sicherungsbedürfnis des Werkunternehmers keinen Einfluß hat und haben darf.

Nach der zu billigenden Auffassung des BGH ist die Rechtslage nunmehr wie folgt:

Gegen den *Besteller* hat der Werkunternehmer bis zur Bezahlung des Werklohns ein Zurückbehaltungsrecht, 273.

Hinsichtlich des *Eigentümers* ist zu unterscheiden: Ist der Vorbehaltsverkäufer aufgrund eines ausdrücklich oder stillschweigend vereinbarten Rücktrittsrecht vom Kaufvertrag zurückgetreten, weil der Käufer ihm gegenüber seine Pflichten nicht erfüllt hat (§§ 1 AbzG; 455), so hat der Eigentümer den Herausgabeanspruch des § 985. Weder der Käufer noch der Werkunternehmer sind dem Eigentümer gegenüber aus dem Kaufvertrag nach § 986 I zum Besitz berechtigt. Dem Werkunternehmer steht aber ein Verwendungsanspruch und damit ein Zurückbehaltungsrecht gegen den Eigentümer zu, das zur Erhebung einer Einrede gem. § 986 I 1 berechtigt, 994, 1000, bis er wegen seiner Verwendungen befriedigt ist. Das gilt auch für die Verwendungen, die noch vor dem Rücktritt, also zur Zeit der vertraglichen Besitzberechtigung des Käufers und des Werkunternehmers nach § 986 I 1 gemacht wurden. Sonst stünde ein von vornherein unberechtigter Besitzer besser als ein zunächst zum Besitz Berechtigter. Über das Verweigerungsrecht hinaus hat der Unternehmer gemäß § 1003 das Recht, sich aus der Sache im Wege des Pfandverkaufs zu befriedigen, falls der Eigentümer die Verwendungen nicht genehmigt. Somit ist der Unternehmer wirtschaftlich ausreichend abgesichert, so daß das Hauptargument für die Annahme des gutgläubigen Erwerbs des Pfandrechts nach § 647 entkräftet ist. Nach § 1002 gilt allerdings, daß eine zwischenzeitliche Rückgabe der Sache an den Besteller das Zurückbehaltungsrecht hindert, BGHZ 51, 250 (wo i. ü. BGHZ 34, 122, 153 bestätigt werden; dazu *Berg*, JuS 70, 15; *Schwerdtner*, JuS 70, 64). Der BGH greift damit zu Recht auf eine ältere Rechtsprechung zurück, BGHZ 27, 317, 326 (gegen RGZ 142, 417).

Erfüllt dagegen der Käufer seine Pflichten gegenüber dem Vorbehaltsverkäufer und Eigentümer, nicht aber gegenüber dem Werkunternehmer, so kann der Vorbehaltsverkäufer nicht zurücktreten, und Käufer und Werkunternehmer sind dem Eigentümer gegenüber besitzberechtigt, 985, 986 I 1. Mithin fehlt es an der „Vindikationslage". Demzufolge finden auch §§ 994, 1000 keine Anwendung. *Raiser* nimmt bei dieser Sachlage, mit welcher der BGH sich noch nicht auseinanderzusetzen hatte, ein gesetzliches Pfandrecht des Werkunternehmers nach § 467 an der Eigentumsanwartschaft (§§ 455, 158 I, 929) des Käufers an. Es handelt sich um ein Pfandrecht an einem Recht (§§ 1257, 1273 ff.), das sich im Falle der Vollzahlung in ein Pfandrecht an der Sache verwandelt. Tritt der Vorbehaltsverkäufer nach Entstehung des Pfandrechts an der Anwartschaft wirksam zurück, gehen Anwartschaft und Pfandrecht daran ex nunc unter, dem Werkunternehmer verbleibt das Zurückbehaltungsrecht gem. §§ 994, 1000, 986 I 1 gegen den nun an sich herausgabeberechtigten Eigentümer, 985, und zwar auch wegen der früheren Verwendungen (siehe oben).

dd) Das Pfandrecht besteht nur an *beweglichen* Sachen, 647, oder an Anwartschaften an beweglichen Sachen (oben cc).

ee) Das Pfandrecht besteht für die Forderungen *aus dem Werkvertrag*, nicht für andere Forderungen, auch nicht für die Erfüllungshaftung des Vertreters ohne Vertretungsmacht (179 I), der den Werkvertrag ohne Vollmacht schloß. Der Schutz des fälschlich Vertretenen geht vor; das Risiko des Mangels der Vertretungsmacht trifft den Werkunternehmer, „fremde" Sachen sollen ihm nicht haften.

b) Der Unternehmer eines Bauwerks oder Bauwerkteils, praktisch also der Bauunternehmer, der Bauhandwerker, der Statiker (BGHZ 68, 208), der das Haus einmessende Vermessungsingenieur (BGHZ 58, 225), nach BGHZ 31, 224; 51, 190 auch der Architekt (ablehnend dazu *Tempel*, JuS 73, 414), kann für seine Forderung die Einräumung einer Sicherungshypothek an dem Baugrundstück des Bestellers verlangen, 648, 1184 ff. *(„Bauhandwerkerhypothek").* Dabei muß der Umfang der Hypothek ausdrücklich bestimmt werden, BGH NJW 74, 1761. Solange freilich das Werk mangelhaft ist, kann der Unternehmer die Einräumung der Sicherungshypothek nicht verlangen, BGHZ 68, 180. § 648 ist das Gegenstück zu § 647 für den Bereich der Immobilien.

Die Hypothek entsteht also, anders als das Pfandrecht des § 647, nicht kraft Gesetzes, sondern kraft Bestellung auf Verlangen. Der Anspruch aus § 648 kann durch *Vormerkung* gesichert werden, 883, auch auf *einstweilige Verfügung* hin, 885.

6. Kündigungsrecht des Bestellers, 649

Ein allgemeines Kündigungsrecht ist im Schuldrecht unbekannt. Zum Kündigungsrecht wegen Unzumutbarkeit der Fortsetzung eines Dauerschuldverhältnisses siehe oben § 27 III 5c bb. Das Kündigungsrecht des § 649 hat einen anderen Sinn. Es ist nichts anderes als die ausnahmsweise hier einmal geregelte einseitige Vertragsaufsage, die „beharrliche Leistungsverweigerung", die sonst nach Verzugsregeln (insbes. § 326 II) zu behandeln ist.

Die Regelung des § 649 läuft praktisch auf einen ähnlichen Ersatz hinaus, nur umgekehrt berechnet: Der Unternehmer erhält den Werklohn abzüglich seiner Ersparnisse und der anderweitigen Verwendung seiner Arbeitskraft. Die übrigen, noch nicht erfüllten Pflichten der Parteien erlöschen mit der Kündigung *ex nunc*, für die Vergangenheit bleibt aber der Werkvertrag in Kraft, d. h. daß z. B. bereits erbrachte Leistungen nicht ohne Rechtsgrund erbracht sind, BGH NJW 82, 2553. § 469 findet auf den Werklieferungsvertrag über eine nicht vertretbare Sache keine Anwendung, so daß dort eine „Kündigung" nach § 326 II (analog) zu behandeln ist. Der Anspruch des Unternehmers aus § 469 BGB auf die vereinbarte Vergütung für die noch ausstehende Leistung entfällt, wenn der Besteller den Vertrag wegen eines den Vertragszweck gefährdenden Verhaltens des Unternehmers gekündigt hat, BGHZ 31, 229.

7. Kostenanschlag, 650

a) Wird ein *„verbindlicher Kostenvoranschlag"* überschritten, so geht die Überschreitung zu Lasten des Unternehmers, vgl. dazu *Köhler, H.,* NJW 83, 1633 ff. Der Besteller schuldet nur den vereinbarten Werklohn. Ob ein Voranschlag verbindlich gemeint ist, d. h. – wie § 650 es sagt – die Gewähr für seine Richtigkeit übernommen wurde, ist Auslegungsfrage.

b) Meist sind Kostenanschläge *unverbindlich.* Hiervon handelt § 650. Trotz Unverbindlichkeit hat ein Kostenanschlag zwei Wirkungen (vgl. dazu auch *Pahlmann,* DRiZ 78, 367 ff.):

aa) Der Unternehmer muß, wenn Überschreitung droht, dem Besteller unverzüglich *Anzeige machen.* Unterläßt er dies schuldhaft, so haftet er wegen Schlechterfüllung der in § 650 II ausgesprochenen Pflicht auf den durch die Unterlassung entstandenen Schaden (nicht aber auf die Überschreitung!).

bb) Der Besteller kann *kündigen,* 650 I, 649. Dann aber wird der Ersatz des Unternehmers nicht nach § 469, sondern nach § 645 I berechnet: er enthält nur Teillohn und Auslagen, büßt also vom Gewinn etwas ein.

III. Der Werklieferungsvertrag, 651

1. Während beim Werkvertrag der Besteller den Stoff liefert, aus dem das Werk gemacht werden soll, schuldet beim Werklieferungsvertrag der Unternehmer Stoff und Werk. Wenn der Besteller den Stoff liefert und der Unternehmer nur Zutaten oder Nebensachen besteuert, liegt kein Werklieferungs-, sondern ein Werkvertrag vor, 651 II.

A gibt dem Schneider S Stoff für einen Maßanzug. S besorgt Knöpfe und Garn.

2. Geht der Werklieferungsvertrag über eine vertretbare Sache, 91, gilt Kaufrecht, nicht Werkvertragsrecht („Werkkaufvertrag"), 651 I 1. Es handelt sich einfach um einen Kauf. Daß der Verkäufer die Sache nicht auf Lager hat oder sich nicht anderweit beschafft, sondern sie selbst herstellt, kann dem Käufer gleichgültig sein.

A kauft 20 000 Ziegel von der Ziegelei; bestellt gespaltenes und gebündeltes Brennholz; läßt einen Druck oder Abzug herstellen; kauft bei der Möbelfabrik ein nach Katalog bestimmbares Möbel; bestellt eine serienmäßig herstellbare Maschine.

Entscheidend ist für die Vertretbarkeit einer Sache nach § 91, daß sie im Verkehr nach Zahl, Maß oder Gewicht bestimmt zu werden pflegt. Damit läßt sich im konkreten Fall oft nicht viel anfangen. Im Zweifelsfall ist eine Sache vertretbar, die, wenn der

Käufer sie nicht abnimmt, anderweit ohne Veränderung ihrer Qualität abgesetzt oder, wenn der Verkäufer sie zu liefern schuldig bleibt, in gleicher Qualität von woanders bezogen werden kann. Dadurch kommt es, daß auf Bestellung gefertigte Serien häufig nicht vertretbare Sachen enthalten.

3. Schuldet der Unternehmer Stoff und Werk einer nicht vertretbaren Sache, gilt, den praktischen Bedürfnissen entsprechend, eine Mischung von Werkvertrags- und Kaufrecht, 651 I 2 (Werklieferungsvertrag im eigentlichen, engeren Sinne). Die unglückliche Verweisungsvorschrift besagt im Überblick:

Grundsätzlich gilt Kaufrecht. Aus dem Kaufrecht gelten nicht: § 433 (die Pflicht zur Übereignung ergibt sich aus § 651 I 1 unmittelbar); §§ 466 I 1, 447 über den Gefahrübergang (statt dessen gelten §§ 644, 645); §§ 459, 460, 462–464 über die Sachmängelgewährleistung (statt dessen gelten §§ 633–637); §§ 447–479 über die Verjährung (statt dessen §§ 638, 639). Auch sonst gilt Werkvertragsrecht (z. B. die Abnahmepflicht als synallagmatische Hauptpflicht, RGZ 171, 297; die Kündigung), soweit passend, denn in § 651 I 2 ist auf „die Vorschriften über den Werkvertrag" verwiesen. Dagegen gelten nicht §§ 647, 648 über das Unternehmerpfandrecht und die Bauhandwerkerhypothek. Der Unternehmer kann sich nämlich durch Zurückhaltung mit der Übereignung und durch Eigentumsvorbehalt sichern (oben II 5).

IV. Der Reisevertrag, 651 a – k

Bartl, Reiserecht, 2. Aufl. 1981; *Brox*, JA 79, 493; *Burger*, NJW 80, 1249; *Eberle*, Der Reiseveranstaltungsvertrag, 1978 (Zur Rechtslage vor Erlaß des Gesetzes); *Eichinger*, Jura 81, 185; *ders.*, Der Rücktritt des Reisenden vom Reisevertrag vor Reisebeginn (§ 651i), 1984; *Grunewald*, NJW 80, 1924; *Heinz*, Die Rechtsstellung des Reisenden nach Inkrafttreten der Reisevertragsnormen, 1983; *Klatt*, Taschenkommentar zum Gesetz über den Reisevertrag, 1979 (wichtig für die Materialien); *Larenz*, VersR 80, 689; *Löwe*, BB 79, 1357; *ders.*, Das neue Pauschalreiserecht, 1981; *Teichmann*, JZ 79, 737; *Tempel*, JuS 84, 81; *Tonner*, Der Reisevertrag, 1979; *ders.*, NJW 81, 1921; *Wedepohl*, Das reisevertragliche Gewährleistungsrecht, Diss. Marburg 1982; *Wolter*, AcP 183, 35.

1. Begriff. Gesetzesgeschichte

Die Überschrift „Reisevertrag" über § 651 a ist irreführend. Es handelt sich nicht um den Vertrag, durch den die Durchführung einer Reise versprochen wird. Dies ist ein Werkvertrag, 631. In den 1979 in das BGB eingefügten §§ 651 a ff. geht es vielmehr nur um den Reiseveranstaltungsvertrag, durch den eine Pauschalreise versprochen wird. Dies ergibt sich aus den Worten „Reiseveranstalter" und „eine Gesamtheit von Reiseleistungen (Reise)" in § 651 a I. Daraus folgt, daß die allgemeinen Regeln der §§ 631 ff. hilfsweise gelten, soweit nicht die spezifischen Vorschriften der §§ 651 a ff. eingreifen oder diese Spezialvorschriften das allgemeine Recht sinngemäß verdrängen. Namentlich für die Mängelhaftung ist diese Überlegung von Bedeutung. Die Sondervorschriften für den Pauschalreiseveranstaltungsvertrag enthalten viel zwingendes Recht, 651 k. Die ganze Vorschriftengruppe gibt im wesentlichen den Stand der Rechtsprechung wieder, wie er 1979 bestand. Die Einfügung in das BGB soll dem Reisenden Rechtssicherheit verschaffen und, mit Blick auf § 9 II S. 1 AGBG, das „Leitbild" eines ordnungsgemäßen Pauschalreiseveranstaltungsvertrags geben (*Jauernig/Teichmann*, § 651 a Anm. 1).

2. Die Parteien

Partner des Vertrags sind der Reisende und der Reiseveranstalter. Der Reiseveranstalter schließt seinerseits Verträge mit den sogenannten Leistungsträgern (Fluggesellschaft, Hotel, Schiffahrtslinie, Eigentümer des Ferienhauses, Vermieter der Ferienwohnung, usw.). Auch dann, wenn der Reiseveranstalter, um seine Haftung zu begrenzen, erklärt, er wolle dem Reisenden nur Verträge mit solchen Leistungsträgern vermitteln, ist nach § 651a II der Reiseveranstalter Vertragspartner, „wenn nach den sonstigen Umständen der Anschein begründet wird, daß der Erklärende (also der Reiseveranstalter) vertragliche vorgesehene Reiseleistungen in eigener Verantwortung erbringt." Bei Prospektwerbung ist dies regelmäßig anzunehmen. Denn es ist der Reiseveranstalter, der es in der Hand hat, das geeignete Hotel auszuwählen, die Zuverlässigkeit der Schiffslinie zu prüfen und die Qualität des Ferienhauses bzw. der Ferienwohnung rechtzeitig zu ermitteln. Die Verträge zwischen Reiseveranstalter und Leistungsträger sind jedoch in aller Regel mit Schutzwirkung für den Reisenden geschlossen (siehe dazu oben § 37 VII). Der Reisende kann im Rahmen des § 651 b statt seiner einen Dritten als Teilnehmer der Reise im Wege der Ersetzungsbefugnis (oben § 28 V) als Reiseteilnehmer bestimmen; ein Wechsel der Vertragspartner findet dadurch nicht statt.

3. Leistungsstörungen im Pauschalreiseveranstaltungsvertrag

Da sich das Leistungsstörungsrecht des „Reisevertrags" in das des BGB nicht einfügt, der Gesetzgeber aber die notwendigen systematischen Abgrenzungen unterlassen hat, ist das Recht der Leistungsstörungen beim „Reisevertrag" von kaum zu überblickender Kompliziertheit. Allgemeine Richtschnur ist die Regel, daß die Sondervorschriften der §§ 651 c bis 651 j zunächst zu berücksichtigen sind, danach die Leistungsstörungsvorschriften der §§ 633 ff. des allgemeinen Werkvertrags, danach wiederum die Regeln des allgemeinen Schuldrechts über Leistungsstörungen. Das ergibt:

a) Unmöglichkeit

aa) Bei anfänglicher objektiver Unmöglichkeit gilt § 306.

bb) Bei anfänglichem Unvermögen gelten ebenfalls die allgemeinen Regeln (siehe oben § 43 III), also die Garantiehaftung in Umkehrung zu § 306.

cc) Für das objektive und das subjektive Unmöglichwerden der Leistung (§ 275 I und II) gilt allgemeines Recht für Leistung (275) und Gegenleistung (323), ergänzt durch das Kündigungsrecht bei höherer Gewalt gem. § 651 j, vorausgesetzt, daß der Grund der Unmöglichkeit von keiner Seite zu vertreten ist; ist er von dem Reisenden (Gläubiger der Reiseleistung) zu vertreten,

Werkvertrag, Werklieferungsvertrag § 80
IV 3

gilt vor Reiseantritt ausschließlich das Kündigungsrecht gem. § 651 i[1]), nach Antritt der Reise allgemeines Schuldrecht (§§ 323 ff., insb. § 324 I), ergänzt durch § 645 aus dem Werkvertragsrecht; entsprechend gilt § 325, wenn der Reiseveranstalter (als Schuldner der Reiseleistung) die Unmöglichkeit zu vertreten hat, ergänzt durch den Immaterialschadensersatz gem. § 651 f.

b) Verzug

aa) War die Reise ein absolutes Fixgeschäft, gelten die oben a) erwähnten Regeln der Unmöglichkeit (siehe oben § 45 IV 2 a).

bb) Ist sie ein normales Fixgeschäft, gilt § 361 als allgemeine Vorschrift (siehe oben § 45 IV 2 c).

cc) Liegt normaler Verzug vor, was in der Regel nur bei kurzzeitigen Verzögerungen zutreffen dürfte, gelten die allgemeinen Vorschriften der §§ 284 ff., 326 f.

c) Schlechterfüllung im Bereich des Erfüllungsinteresses (Mängel und Mangelschäden)

aa) Hier gilt in Verdrängung allgemeiner Regeln aus dem Schuldrecht und auch aus dem Werksvertragsrecht die neuartige Rechtsfolge der „Abhilfe", die gem. § 651 c II und III verlangt werden und daraufhin vom Reiseveranstalter geleistet werden muß.

bb) Darüber hinaus gilt ein Minderungsrecht gem. § 651 d, das ebenfalls allgemeinere Vorschriften ausschließt.

cc) Hat der Reiseveranstalter den Mangel zu vertreten, haftet er gem. § 651 f I auf Schadensersatz wegen Nichterfüllung „unbeschadet der Minderung oder der Kündigung" (§ 651 e).

dd) Nur für *erhebliche* Mängel gelten zwei weitere Rechtsfolgen: das Recht der Kündigung gem. § 651 e, und das auf Immaterialschadensersatz unter dem Gesichtspunkt „vertaner Urlaubszeit" (dazu oben § 55 III 2 d) gem. § 651 f in Abweichung zu § 853.

d) Schadensposten im Bereich des übererfüllungsmäßigen Interesses (Mängelfolge und Begleitschäden)

Diese Schadensposten werden von § 651 f („Schadensersatz wegen Nichterfüllung") nicht erfaßt. Darum gilt allgemeines Recht, nämlich positive Vertragsverletzung. Legislatorisch ist vor allem zu bemängeln, daß die BGB-Ergänzung vom Jahr 1979 auf die hiermit verbundenen Probleme überhaupt nicht eingegangen ist (siehe dazu im Vergleich oben § 70 IX).

e) Haftungsbegrenzungen des Reiseveranstalters

Es gelten die allgemeinen Vorschriften der §§ 276, 278, danach die in den

---
[1]) Durch das die von der früheren Rechtsprechung vorgeschlagene Anwendung der §§ 323, 645 (BGHZ 60, 17) verdrängt wird.

Verträgen oder Vertragsbestandteilen (Katalogen!) häufig vorgesehenen Haftungsbegrenzungen des Reiseveranstalters, diese korrigiert gem. § 11 Nr. 7 AGBG, und diese Vorschrift schließlich wiederum modifiziert durch § 651 h (kein vollständiger Haftungsausschluß zu Lasten des Reisenden, aber Beschränkung der Haftung auf den dreifachen Reisepreis bei Haftung für Verschulden eines Leistungsträgers gem. § 278). Zweifelhaft ist, was in § 651 h mit „Haftung" gemeint ist. Mit Sicherheit fällt die Schadensersatzhaftung „wegen Nichterfüllung" gem. § 651 f darunter. Dazu erscheint es im Hinblick auf die Versicherbarkeit der Risiken angemessen, auch den Schadensersatz im Bereich des übererfüllungsmäßigen Interesses (oben d) § 651 h zu unterwerfen. Da sich aber im übrigen das Pauschalreiseveranstaltungsrecht der §§ 651 a ff. einer Regelung von Schadensersatzansprüchen aus Unmöglichkeit und Verzug entzieht, ist anzunehmen, daß diese beiden Schadensersatzansprüche von § 651 h nicht erfaßt werden.

f) Ausschlußfrist. Verjährung

Entsprechendes gilt für die Sondervorschriften des § 651 g über die Geltendmachung der Ansprüche: Das Sonderrecht des Pauschalreiseveranstaltungsvertrags will nicht in allgemeines Schuldrecht und Werkvertragsrecht eingreifen. Nur Ansprüche aus den §§ 651 c bis 651 f hat der Reisende innerhalb eines Monats nach der vertraglich vorgesehenen Beendigung der Reise gegenüber dem Reiseveranstalter geltend zu machen (Ausschlußfrist). Die Verjährung dieser Ansprüche tritt in 6 Monaten nach dem Tag ein, an dem die Reise enden sollte, 651 g Abs. II. Unberührt bleiben daher vom Sonderrecht nicht erfaßte Ansprüche aus Unmöglichkeit, Verzug und Schlechterfüllung bezüglich des übererfüllungsmäßigen Interesses, sowie aus culpa in contrahendo aus Delikt. Bezüglich des übererfüllungsmäßigen Interesses ist dies kein Widerspruch zur obigen Auslegung von § 651 h, weil § 651 g die Reichweite der sonderrechtlichen Ausschlußfrist und Verjährung paragraphenmäßig genau bezeichnet.

g) Zu prüfen bleibt, wie stets, **Mitverschulden** (254).

h) Rücktritt und Kündigung

Das Rücktrittsrecht vor Antritt der Reise (§ 651 i[2])) und das Kündigungsrecht wegen höherer Gewalt nach Vertragsschluß (§ 651 j) bleibt neben Ansprüchen aus Schlechterfüllung bestehen (vgl. § 651 f „unbeschadet"), woraus zu folgern ist, daß es die Entstehung von Schadensersatzansprüchen, z. B. auf Immaterialschaden nach § 651 f Abs. II, nicht hindern kann. Diese Gestaltungsrechte sind daher unter Zugrundelegung des Gesetzeszwecks auf die Hauptleistungspflichten zu reduzieren.

---

[2]) dazu: *Eichinger,* Der Rücktritt des Reisenden vom Reisevertrag vor Reisebeginn (§ 651 i), 1984.

§ 81
Auftrag

Canaris, RdA 1966, 41; *Coing,* AcP 167, 99; *Dniestrzanski,* Aufträge zugunsten Dritter, 1905; *ders.,* IherJb. 77, 48; *Genius,* AcP 173, 481; *Harder,* FS *v. Lübtow,* 1970, 515; *Hartmann,* Auftrag, Bevollmächtigung und Einwilligung, 1907; *Honsell, H.,* FG *v. Lübtow,* 1980, 485; *Isay,* Die Geschäftsführung nach dem BGB, 1900; *Lammer,* in: *Gitter* u. a., Vertragsschuldverhältnisse (ohne Kaufrecht), 1974, 259; *Lenel,* AcP 129, 1; *Liebich,* Treuhand und Treuhänder im Wirtschaftsrecht, 1966; *Müller, K.,* JZ 68, 769; *Nikisch,* ZAkDR 1940, 369; *Ostler,* NJW 75, 2273; *Raape,* AcP 141, 88; *Rixecker,* JR 82, 485; *Steindorff,* FS *Dölle,* Bd. I, 1963, 273; *Swoboda,* ZAkDR 1937, 333; *ders.,* Bevollmächtigungsvertrag und Auftrag, Geschäftsführung ohne Auftrag, versio in rem, 1932.

I. Begriff und Wesen

1. Der Auftrag ist der zweiseitig verpflichtende, aber nicht gegenseitige Vertrag, durch den sich der eine Teil (Beauftragter) verpflichtet, ein ihm von dem andern Teil (Auftraggeber) übertragenes Geschäft für diesen unentgeltlich zu besorgen, 662. Die den Auftraggeber treffenden Pflichten, z. B. zu Vorschuß (§ 669) und Auslagenersatz (§ 670) stehen zur Ausführungspflicht des Beauftragten in keinem Gegenseitigkeitsverhältnis, BGHZ 15, 105 und oben § 10 II 4. Für Leistungsstörungen gelten daher beiderseits die §§ 275 ff., nicht §§ 320 – 327.

2. Durch seine Unentgeltlichkeit unterscheidet sich der Auftrag i. d. R. vom Dienst- und Werkvertrag. Die Unentgeltlichkeit ist wie bei der Schenkung im strengen Sinne zu verstehen: auch ein geringes Entgelt ist ein Entgelt. Dann gilt kein Auftragsrecht. Der Sprachgebrauch der Wirtschaft ist ein anderer: Unter „Auftrag" wird dort fast nie der Auftrag des BGB verstanden, sondern entgeltliche Verträge wie Kauf, Werklieferungsvertrag, Werkvertrag, Mäklervertrag. Häufig sind auch Weisungen im Rahmen eines anderen Rechtsverhältnisses gemeint, z. B. des Dienstherrn an den Angestellten, der Eltern an das Kind.

3. Der Beauftragte führt ein „Geschäft" aus. Jede tatsächliche oder rechtliche Handlung, die für den Auftraggeber irgendeinen Wert besitzt, kann „Geschäft" in diesem (weiten) Sinne sein. Eine andere, wesentlich engere Bedeutung hat das Wort „Geschäft" in § 675 (Geschäftsbesorgung), siehe u. § 82, 2. Die Geschäftsführung ohne Auftrag wiederum verwendet den weiten Geschäftsbegriff des Auftragsrechts, u. § 83 II 1 a.

Beispiele: A bittet den in diesen Dingen erfahrenen B, für A beim Finanzamt bestimmte Formulare abzuholen; B verspricht dem A, eine wichtige Botschaft an C auszurichten und von C Antwort zu bringen; B reist für A ohne die dafür erforderliche Aufenthaltsgenehmigung in die DDR, um dort nach einem 1945 von A vergrabenen Schatz zu suchen.

Der Trödelvertrag (oben § 11, 3 e) ist auftragsähnlich, durch die Chance auf einen Mehrerlös aber entgeltlich, also auch kaufähnlich, 445.

4. Der Auftrag ist Vertrag. Er kommt durch Angebot und Annahme zustande, 145 ff. Weder ist er einseitig erklärtes, noch ein nur einseitig verpflich-

tendes Rechtsgeschäft, noch ein bloßes — außerrechtliches — Gefälligkeitsverhältnis.

Viele Besorgungen im täglichen Leben sind Gefälligkeitsverhältnisse ohne rechtliche Bindung und Wirkung. Zum Auftragsvertrag gehört vor allem der rechtlich bindend gemeinte Wille des Beauftragten, den Auftrag durchzuführen, aber auch der rechtliche erhebliche Wille des Auftraggebers, die Bindung des Beauftragten anzunehmen und seinerseits die Pflichten eines Auftraggebers zu übernehmen. Entscheidend sind die Verkehrsauffassung und die Umstände des Einzelfalles.

— Jemand verspricht, Mitreisende zu wecken. Er vergißt es, der Mitreisende fährt übers Ziel hinaus. Ein Geschäftstermin wird versäumt.

— Nachbarin verspricht, abends nach den Kindern zu schauen. Sie versäumt es, worauf eines der Kinder erkrankt, weil es nicht richtig zugedeckt war.

— Ein Freund verspricht, einen Brief einzuwerfen, vergißt es aber. Ein Geschäftsabschluß unterbleibt dadurch.

In diesen drei Fällen dürfte es am Verpflichtungswillen fehlen. Ein Auftragsvertrag liegt daher nicht vor. Es bleibt bei der deliktischen Haftung, 823ff. Reine Vermögensschäden werden daher regelmäßig nicht ersetzt (826, vgl. den ersten und dritten Fall; im zweiten dagegen 823 I, II?).

5. Wirtschaftlich betrachtet findet sich der Auftrag darum häufig bei Dienstleistungen für andere, die aus irgendeinem Grunde unentgeltlich sein sollen, sei es wegen der Vertrauensstellung der Parteien zueinander, sei es wegen der geringfügigen oder persönlichen Art des Geschäfts:

Nachbarin soll während der Sommerferien 4 Wochen lang Zimmerblumen gießen, unterläßt es aber. Ein Geschäftskollege soll Auskünfte von einer Behörde einholen.

Zur Gefälligkeitsfahrt siehe oben § 7 3 d und § 52 III 7.

Häufig ist die Verbindung eines Auftrags mit einer Vollmacht. Der Auftrag regelt dann *nur* die schuldrechtlichen Beziehungen zwischen Auftraggeber und Beauftragtem *(Innenverhältnis),* während das Vollmachtsrecht der §§ 164ff. die Befugnisse bestimmt, mit denen der Bevollmächtigte (zugleich Beauftragter) Rechtsgeschäfte mit Dritten abschließen kann, deren Wirkung den Vollmachtgeber (zugleich Auftraggeber) treffen *(Außenverhältnis).* Diese grundsätzliche Trennung von Innen- und Außenverhältnis, von Auftrag und Vollmacht, bei der Betreuung eines anderen mit dem Abschluß von Geschäften mit Dritten ist für das deutsche Recht kennzeichnend und wichtig. Während das Außenverhältnis stets in einer Vollmacht besteht, kann das Innenverhältnis auf Auftrag, Dienst-, Werkvertrag, Geschäftsbesorgung u. a. beruhen, je nach Entgeltlichkeit und Natur des auszuführenden Geschäfts. Der Auftrag ist grundsätzlich formfrei, BGHZ 85, 245 (Form des § 313 bei Grundstücksersteigerungsauftrag).

Große Bedeutung hat das Auftragsrecht der §§ 662ff. schließlich durch die zahlreichen Verweisungen darauf an anderer Stelle des Gesetzes: Geschäftsführung ohne Auftrag (§§ 681 S. 2, 683 S. 1); Geschäftsbesorgung (§ 675); Vereinsorgane (§§ 27 III, 48 II); Vorstand der Stiftung (§ 86); geschäftsführender Gesellschafter (§ 713); im Beistands- und Vormundschaftsrecht (§§ 1691 I, 1835 I, 1915 I); Testamentsvollstrecker (§ 2218 I).

II. Besonderheiten des Auftrags

1. Einen Fall gesetzlich geregelter culpa in contrahendo enthält § 663: Wer zur Besorgung gewisser Geschäfte öffentlich (gemeint ist: im Wege öffentlicher Erklärung) bestellt ist oder sich öffentlich oder dem Auftraggeber gegenüber erboten hat, ist, wenn er einen diesbezüglichen Auftrag nicht annehmen will, verpflichtet, die Ablehnung dem Auftraggeber unverzüglich (§ 121 I) anzuzeigen.

Beispiel „öffentlicher Bestellung": Auskunftsperson eines Automobilclubs (privatrechtliche Bestellung genügt, sonst wäre § 663 neben § 839 praktisch bedeutungslos).

Beispiele „öffentlichen Erbietens": BGB-Mäkler, Schätzer, Versteigerer (Zeitungsanzeige, Schild am Geschäftslokal genügt). Nicht: Arzt und Hebamme, da ihre Geschäfte weder unentgeltlich angeboten werden, noch − als entgeltliche − unter § 675 fallen (siehe unten § 82).

Beispiel des Sich-Erbietens gegenüber dem Auftraggeber: Steuerberater bietet Firma seine Hilfe an.

§ 663 hat für sich genommen wenig Bedeutung. Wichtig ist er in Verbindung mit § 675.

Wer gegen § 663 verstößt, begründet durch die Unterlassung der Anzeige nicht etwa den Auftragsvertrag. Er ist nur zum Schadensersatz verpflichtet, und zwar auf das negative Interesse, da ein Vertrag eben nicht zustande kommt, vgl. BGH WM 83, 1386.

Sieben Fälle zweifelhafter Vertragsannahmeerklärungen sind zu unterscheiden: (1) das Angebot wird *nicht angenommen*, der Vertrag kommt nicht zustande, 145 ff. (Regelfall: qui tacet dissentire videtur); (2) das Angebot wird *stillschweigend* angenommen, der Vertrag kommt zustande, 146; (3) die Annahme wird zwar erklärt, aber es wird auf ihren *Zugang* verzichtet, 130, 151; (4) das Unterlassen einer Anzeige der Nichtannahme führt zwar nicht zum Vertragsschluß, aber zum Ersatz des negativen Interesses, 663; (5) Schweigen in Verbindung mit unterlassener Anzeige führt bei handelsrechtlicher Geschäftsverbindung zum Vertragsschluß (§ 362 HGB, handelsrechtliches Gegenstück zu § 663, qui tacet consentire videtur); (6) Schweigen auf ein unter Kaufleuten übersandtes *Bestätigungsschreiben* gilt nach gefestigter Rechtsprechung als Zustimmung zu dem darin enthaltenen Angebot, RGZ 95, 48; BGHZ 11, 1; 40, 44; *Lehmann-Hübner,* § 30 III 1; (7) in Fällen des allgemeinen Kontrahierungszwanges (§§ 826, 242, oben § 21) berechtigt Verweigerung des Vertragsschlusses den Begünstigten zum Schadensersatz aus § 826. Der Ersatz geht auf das *positive* Interesse, d. h. der unter Kontrahierungszwang Stehende muß den Vertrag schließen.

2. Berechtigung und Verpflichtung sind beim Auftrag wegen der bestehenden beiderseitigen Vertrauensstellung *höchstpersönlich*, 664 I 1, II, vgl. 613. Darf der Beauftragte einen Unterauftrag erteilen („substituieren"), haftet er nur für Auswahlverschulden, 664 I 2 (culpa in eligendo). Das Gesetz stellt in klarer Weise dem Substituten den Erfüllungsgehilfen gegenüber, für dessen Verschulden der Beauftragte nach § 278 wie für eigenes haftet, 664 I 3. Das Begriffspaar Substitut−Gehilfe begegnet in der Praxis auch außerhalb des Auftrags. § 664 I 2, 3 ist dann analog anzuwenden.

Der *Substitut* handelt selbständig, er führt den Auftrag in eigener Verantwortung, wenn auch nach den allgemeinen Richtlinien des Beauftragten aus. Beispiele: Übertragung der Ausführung an einen Mitgesellschafter, Einschaltung einer „Lohnbuchhalterei", Vertreter einer Arztpraxis; vgl. auch § 691.

Der *Gehilfe* handelt unselbständig nach den Weisungen und zur Unterstützung des Schuldners: Der Schlosser schickt den Lehrling, der Anwalt den Referendar.

§ 664 untersagt grundsätzlich die Substitution, nicht die Verwendung eines Gehilfen.

3. Den *Beauftragten* treffen folgende Pflichten:

a) die *Ausführung* des Auftrags, 662. Dabei hat er die *Weisung* des Auftraggebers zu beachten, darf aber nach Maßgabe des § 665 abweichen.

b) *Auskunft* über den Stand der Ausführung, 666

c) *Herausgabe* alles zur und aus der Durchführung des Auftrags Erlangten, 667, vgl. BGHZ 85, 11; BGH NJW 82, 1752.

d) *Rechenschaft* nach Ausführung des Auftrags, 666

e) *Verzinsung* herauszugebenden Geldes, 668.

4. Den *Auftraggeber* treffen folgende Pflichten:

a) Vorschuß für die Aufwendungen auf Verlangen, 669

b) *Ersatz der Aufwendungen* des Beauftragten, 670. Dies ist die problematischste Vorschrift des Auftragsrechts. Zu den Aufwendungen rechnen nämlich nicht nur die üblichen Auslagen, wie Reisekosten, Trinkgelder, Abnützung verwendeten Materials. Aufwendung im Sinne des § 670 ist vielmehr jede die Ausführung des Auftrags bezweckende oder als notwendige Folge derselben erscheinende *freiwillige Aufopferung von Vermögenswerten*, also auch „Schäden", seit RG 75, 221 und 95, 53.[1]) Dazu zählen insbesondere:

aa) Die genannten Auslagen (z. B. Reisekosten).

bb) Gezielte Vermögensopfer zur Durchführung des Auftrags, wie ein aufgenommenes Darlehen, ein übernommenes Schuldversprechen, auch ein Verdienstausfall wegen des Auftrags, nicht aber die mit dem Auftrag selbst verbundene Arbeit.

cc) Nicht gezielte, aber voraussehbare und *freiwillige*, d. h. bewußt gemachte Opfer als notwendige Folge des Auftrags, z. B. eine Erkältungskrankheit als Folge einer winterlichen Suchaktion, ein verlorener Haftpflichtprozeß als Folge einer auftragsgemäß erteilten, aber unrichtigen Auskunft.

dd) *Unfreiwillig* erlittene Schäden (auch Zufallschäden), soweit sie aus einer Gefahrlage entstehen, die der Ausführung des Auftrags *typischerweise* anhaftet und der sich der Beauftragte im Interesse des Auftraggebers *freiwillig aussetzt*, können nur mit einer *Analogie* zu § 670 erfaßt werden. Die analoge Anwendung des § 670 ist aber geboten, weil der Auftraggeber vernünftigerweise damit rechnen mußte, daß sich aus der mit

---

[1]) Der Beauftragte muß die Aufwendungen nach verständigem Ermessen für erforderlich halten dürfen, was bei entgegenstehendem gesetzlichen Verbot nicht der Fall ist, BGH NJW 77, 432; BB 78, 1416.

dem Auftrag verbundenen Gefahrlage Opfer für den Beauftragten ergeben würden. Wer für einen aus der DDR Geflüchteten unter Nichtbeachtung dortiger Vorschriften in die DDR geht, um dort Nachforschungen nach Vermögensgegenständen, Personen und dergl. anzustellen, muß mit spezifischen Risiken rechnen. Wird er inhaftiert und erleidet er dadurch einen Verdienstausfall, so ist auch dies „Aufwendung" im Sinne des § 670; Gesundheitsschäden, die sich wärend der Haft einstellen ebenfalls, ja sogar der Tod als Folge der Inhaftierung. Im letzten Fall haben Witwe, Kinder und Dienstberechtigte in entsprechender Anwendung von §§ 844, 845 i. V. m. § 670 Ansprüche gegen den Auftraggeber (seit RGZ 167, 85 = ESJ 100).

Allerdings mindern sich alle diese Ansprüche auf Ersatz von Gefahraufwendungen gemäß § 254 nach den Grundsätzen über das Handeln auf eigene Gefahr (vgl. *Stoll, Hans,* Das Handeln auf eigene Gefahr, 1961). Die Schadensverteilung ist damit Frage der Umstände im Einzelfall.

ee) Keine „Aufwendungen" im Sinne des § 670 sind *nicht gefahrtypische* Schäden. Bricht sich z. B. im obigen Fall der DDR-Reisende beim Aussteigen aus dem Zug ein Bein, so muß er diesen Schaden selbst tragen. Auch im Dienstverhältnis können *außergewöhnliche* Schäden, die den Arbeitnehmer bei Verrichtung der Arbeit treffen, den Arbeitgeber nicht nach § 670 auferlegt werden, anders BAG NJW 62, 411, dazu *Larenz* II § 53 III; oben § 79 II 2c bb. Außerdem werden immaterielle Schäden durch den Aufwendungsanspruch aus § 670 miterfaßt, BGHZ 52, 115. Hier gilt nur die Verschuldenshaftung aus Vertrag oder Delikt, wobei ein Verschulden auch in mangelhafter Betriebsorganisation begründet sein kann. Vgl. § 110 HGB, wo diese Begrenzung des Aufwendungsersatzanspruchs ausdrücklich enthalten ist. Besonderheiten können sich im Arbeitsrecht aus dem Gesichtspunkt der Risikoverteilung bei schadensgeneigter Arbeit ergeben. Ausführlich zur Risikohaftung des Geschäftsherrn *Genius,* AcP 73, 481.

Auch Immaterialschäden können nicht nach § 670 als Aufwendungen ersetzt verlangt werden, BGHZ 52, 115.

c) Übernimmt ein Beauftragter Leistungen, die bei Vereinbarung einer Bezahlung dienstvertraglicher Art wären, so haftet der Auftraggeber für Schäden an Leben und Gesundheit des Beauftragten ebenso, wie wenn er Dienstberechtigter wäre, 618. Diese Haftung ist unabdingbar, BGHZ 16, 267.

5. Der Auftrag *endet* durch *Widerruf* von seiten des Auftraggebers (671 I); durch *Kündigung* von seiten des Beauftragten, die bei Vermeidung einer Schadensersatzpflicht nicht zur Unzeit erfolgen darf, außer bei wichtigem Grund, dann aber auch, wenn der Beauftragte auf das Kündigungsrecht verzichtet hat (671 II, III); ferner im Zweifel mit dem *Tod* des Beauftragten, wobei aber den Erben in Eilfällen eine Fortsetzungspflicht trifft (673). Der Auftrag erlischt im Zweifel *nicht* mit dem Tod oder dem Eintritt der Geschäftsunfähigkeit des Auftraggebers. Erlischt der Auftrag, trifft den Beauftragten in Eilfällen eine Fortsetzungspflicht (672). Zum Schutze des Beauftragten, der von der Beendigung des Auftrags nichts erfahren hat, gilt der Auftrag als fortbestehend, bis der Beauftragte vom Erlöschen weiß oder fahrlässig nicht weiß (674, beachte auch § 169). Ist der Auftrag das Innenverhältnis einer Vollmacht, gelten §§ 671–674 in Verbindung mit § 168 S. 1 (wichtige Durchbrechung des Abstraktionsprinzips der Vollmacht). § 671 III ist ein treffendes Beispiel, wie in Fällen der Unzumutbarkeit der Vertragswille unbeachtlich wird.

§ 82 Schuldverhältnisse über Tätigkeiten
2

Beispiel:
A erteilt dem B Auftrag und Vollmacht, auf der Kunstauktion für ihn ein Bild zu ersteigern. Kurz vor Beginn der Auktion widerruft A den Auftrag telegraphisch. B ersteigert trotzdem im Namen des A und erhält den Zuschlag. A ist nicht gebunden; eines besonderen Widerrufs der Vollmacht bedurfte es nicht (beachte aber §§ 170— 173)

6. Beauftragter wie Auftraggeber haften für Vorsatz und jede Fahrlässigkeit. Eine Einschränkung der Haftung des Beauftragten wegen der Unentgeltlichkeit des Vertrages (vgl. § 690) besteht nicht. Beim Vorliegen entsprechender Bedingungen ist § 618 ebenso wie auf den Werkvertrag auch auf den Auftrag entsprechend anwendbar, BGHZ 16, 265.

§ 82
Geschäftsbesorgung, Raterteilung

Bertzel, AcP 158, 107; *Bohrer*, Die Haftung des Dispositionsgaranten, 1980; *Coing*, AcP 167, 99; *ders.*, Die Treuhand kraft privaten Rechtsgeschäfts, 1973; *Dniestrzanski*, Aufträge zugunsten Dritter, 1905; *ders.*, IherJb. 77, 48; *Grunewald*, JZ 82, 627; *Honsell, H.*, JuS 76, 621; *Hopf*, FS *Fischer*, 1979, 237; *ders.*, AcP 183, 608; *Isay*, Die Geschäftsführung nach dem BGB für das Deutsche Reich, 1900; *Isele*, Geschäftsbesorgung, 1935; *Kötz*, Trust und Treuhand, 1963; *Lammel*, Die Haftung des Treuhänders aus Verwaltungsgeschäften, 1972; *ders.*, AcP 179, 337; *Lenel*, AcP 109, 1; *Lent*, Wille und Interesse bei der Geschäftsführung, 1938; *Liebich/Mathews*, Treuhand und Treuhänder in Recht und Wirtschaft, 2. Aufl. 1983; *Lorenz, W.*, FS *Larenz*, 1973, 575; *Musielak*, Haftung für Rat, Auskunft und Gutachten, 1974; *ders.*, VersR 77, 973; *Pikart*, WM 66, 698; *Sefrin*, Die Haftung für Rats- und Auskunfterteilung, 1928; *Siebert*, Das rechtsgeschäftliche Treuhandverhältnis, 1923; *Stoll, Hans*, FS *Flume*, Bd. I, 1978, 741; *Woite*, Haftung und allgemeine Geschäftsbedingungen der Banken, 1931.

1. Der Wortlaut des § 675 läßt seinen Sinn kaum erkennen. Das Auftragsrecht der §§ 662—674 mit seinen verschiedenen, der Vertrauensstellung der Parteien angemessenen Bestimmungen setzt unentgeltliches Tätigwerden voraus. Nun gibt es selbstverständlich auch entgeltliche Tätigkeiten, die aufgrund einer dem Auftragsrecht ähnlichen Vertrauensstellung ausgeübt werden. Entgeltliche Arbeit für andere gliedert sich nach Auffassung des BGB in Dienst- und Werkverträge, je nachdem, ob Tun als solches oder ein bestimmter Erfolg geschuldet ist. Um nun entgeltliche Tätigkeiten mit auftragsähnlicher Vertrauensstellung regeln zu können, bedurfte es wieder einer Verkoppelung von Dienst- und Werkvertrag unter ergänzender Heranziehung derjenigen Auftragsvorschriften, in denen das Vertrauensband zum Ausdruck kommt. Dies ist der Inhalt des § 675.

2. Dadurch engt sich der Begriff des „Geschäfts" in § 675 gegenüber § 662 erheblich ein. Die allgemeine Lehre und Praxis versteht unter der Besorgung eines Geschäfts im Sinne des § 675 jede *„selbständige Tätigkeit wirtschaftlicher Art für einen anderen und in dessen Interesse".* Hinzu kommt, daß es sich — wegen des Dienst- oder Werkvertrags als erforderlicher Grundlage — um *ent-*

geltliche Arbeit für andere handeln muß. So die allgemeine Meinung seit RGZ 109, 301. Dabei ergeben sich Abgrenzungsschwierigkeiten, z. B. zum Darlehen, BGHZ 19, 288, oder zum Werk- und Dienstvertrag, was wegen der Verjährungsbestimmungen wichtig ist, BGHZ 45, 223.

Geschäftsbesorgungsverträge im Sinne des § 675 schließen Rechtsanwälte (BGH NJW 83, 1665), Patentanwälte, Wirtschaftsprüfer, Steuerberater (BGHZ 54, 106), Banken (die meisten Banktätigkeiten sind Geschäftsbesorgungen), Schiedsrichter, bauleitende Architekten, Einkäufer, Aufkäufer, Expeditionsleiter, Rechenzentren, Schätzer, Finanzierungsbüros, Schiedsgutachter (BGHZ 22, 343), Siedlungsträger (BGHZ 16, 338).

Die Tätigkeit muß immer *selbständig* sein, daher fallen unter § 675 nicht gewerbliche Arbeiter und Angestellte, Hausangestellte, Vereins- und Gesellschaftsvorstände; die Tätigkeit muß *wirtschaftlicher Art* sein, also Bezug zum Vermögen haben, daher fallen unter § 675 nicht Ärzte, Zahnärzte, Künstler, Erzieher, Forscher, Architekten (BGHZ 45, 223), Gartenarchitekten; die Tätigkeit muß *für einen anderen* geleistet werden, daher fallen unter § 675 nicht Leistungen *an andere*, etwa von seiten seines Schneiders, Bauunternehmers, selbständigen Handwerkers; die Tätigkeit muß in der Wahrnehmung *fremder Interessen* bestehen, also einen gewissen beratenden, fürsorgenden Charakter tragen und darf nicht nur in Verfolgung eigenen Interesses geschehen, daher fallen unter § 675 nicht die selbständigen Unternehmer, Handwerker, Landwirte; die Tätigkeit muß *entgeltlich* sein, nämlich aufgrund Dienst- oder Werkvertrags geschuldet, daher fallen unter § 675 nicht die (wenn auch rechtlich verbindlich gemeinten) Freundschaftsdienste, Botschaften, Erledigungen ohne Entgelt; endlich wird § 675 durch Sonderrechte verdrängt, z. B. durch das Mäklerrecht (§§ 652ff. BGB und 93ff. HGB), durch die Vorschriften über die Verwahrung (§§ 688ff.), durch das Recht der Kommission (§§ 383ff. HGB) usw.

Die *Verwaltungstreuhand* ist in der Regel ebenfalls, in ihrem schuldrechtlichen Ziel, Geschäftsbesorgung gem. § 675, *Liebich/Mathews*, a. a. O., S. 92. Wesen der Treuhand ist die Ausübung von Rechten in eigener Rechtszuständigkeit und in eigenem Namen, aber nicht — oder wenigstens nicht ausschließlich — im eigenen Interesse, RGZ 127, 344; BGH DB 56, 890; BGHZ 11, 37; 17, 140; 19, 69; 32, 67; LG Hamburg MDR 57, 684. Dabei bedingt die schuldrechtliche Interessebindung ein Minus im Verhältnis zur sachenrechtlichen Rechtsmacht („überschießende Außentendenz"). Treuhandschaften werden entweder zu *Verwaltungszwecken* (einschließlich Aufsicht usw.) vereinbart (Verwaltungstreuhand oder einfach: Treuhand), oder um dem Treuhänder eine *Sicherheit* gegenüber dem Treugeber einzuräumen (Sicherungstreuhand). Die Verwaltungstreuhand ist Geschäftsbesorgung, die Sicherungstreuhand dagegen beruht auf einem (atypischen) Sicherungsvertrag, dazu unten § 92 V.

3. Die Beispiele zeigen den nicht unwichtigen Bereich des § 675. Viele Vorschriften des Auftragsrechts erlangen erst über § 675 Bedeutung. So gilt für eine Geschäftsbesorgung § 663 (wichtig insb. für Banken, soweit nicht § 362 HGB eingreift, oben § 81 II 1); § 665 (Abweichen von Weisungen); § 666 (Auskunftspflicht); § 667 (Herausgabepflicht); § 668 (Verwendungszinsen); § 669 (Vorschußpflicht); § 670 (Aufwendungsersatz, hier jedoch nicht so wichtig wegen des ohnehin geschuldeten Entgelts. Zu prüfen ist also stets, inwieweit Auslagen schon durch das Entgelt abgegolten sind); §§ 672−674, 671 I für die Beendigung.

4. Systematisch richtig behandelt das Gesetz im Anschluß daran die *Raterteilung* (676): Ratschläge und Empfehlungen verpflichten, wenn aus ihrer Befolgung ein Schaden entsteht, *nicht* zum Schadensersatz. Sie gehören der außerrechtlichen gesellschaftlichen Sphäre an. Nur wenn vertragliche Bindung oder unerlaubte Handlung, z. B. böswillige sittenwidrige Irreführung (826), vorliegen, ist der Beratende ersatzpflichtig. Wenn aufgrund besonderer Vereinbarung ein bindend gemeinter *Beratungsvertrag* entstanden ist und die Verbindlichkeit im Einzelfall nicht ausgeschlossen wird, entsteht bei schuldhafter Falschberatung eine Ersatzpflicht wegen schlechterfüllten Beratungsvertrags, BGHZ 70, 356; 74, 103 – konkludenter Beratungsvertrag –. Die Beratungspflicht kann auch Nebenverpflichtung eines anderen Vertrages sein (vgl. z. B. BGHZ 83, 333: Steuerberatervertrag), es kann sich insbesondere *aus längerer Geschäftsverbindung* eine Pflicht zur Gewissenhaftigkeit der Beratung ergeben. Das ist z. B. häufig bei Banken der Fall, BGHZ 13, 198; auch 7, 371, sowie RGZ 126, 50 = ESJ 102. Die Banken schützen sich aber in der Regel durch den Vermerk „sine obligo". Die Haftung für grob fahrlässige falsche Kreditauskünfte kann jedoch durch AGB nicht ausgeschlossen werden, vgl. §§ 11 Nr. 7, 9 AGBG. Außerdem können nach Treu und Glauben auch nachvertragliche Pflichten (culpa post pactum perfectum) zu einer Benachrichtigungspflicht durch die Banken führen, BGH NJW 73, 1923. Zur Haftung für Auskünfte siehe allg. *Lammel*, AcP 179, 337; *Musielak*, VersR 77, 973 und, speziell zur Berufshaftung wegen Auskunftserteilung, *Hopt*, AcP 183, 634, jeweils m. w. N.

§ 83
Geschäftsführung ohne Auftrag

Batsch, AcP 171, 218; *Baur*, JZ 52, 328; *ders.*, JZ 64, 354; *ders.*, DVBl. 65, 893; *Beitzke*, MDR 51, 262; *Belemann*, MDR 63, 186; *Berg*, JuS 75, 683; *Bertzel*, AcP 158, 107; *ders.*, NJW 62, 2276; *Beuthien/Weber*, Ungerechtfertigte Bereicherung und Aufwendungsersatz, 2. Aufl. 1984; *Böhmer*, MDR 63, 184; *ders.*, JR 67, 178; *Brückmann*, Die Rechte des Geschäftsführers ohne Auftrag, 1903; *Canaris*, JZ 63, 655; *ders.*, NJW 64, 1987; *Deutsch*, AcP 165, 193; *Diederichsen*, MDR 64, 889; *Dietrich*, JZ 74, 535; *Dorn*, NJW 64, 799; *Erman*, NJW 65, 421; *Ernst*, AcP 96, 440; *Frank*, JZ 82, 737; *Freund*, JZ 75, 513; *Gursky*, JurA 69, 103; *ders.*, JuS 72, 637; *Hagen*, NJW 66, 1893; *Helm*, Gutachten und Vorschläge III 335; *Hauß*, FS *Weitnauer*, 1980, 333; *v. Hippel, E.*, FS *Sieg*, 1976, 171; *Höpffner*, Die GoA in der Verwaltung, Diss. Würzburg 1972; *Isele*, Geschäftsbesorgung, 1935; *Knoche*, MDR 64, 193; *Kohler*, IherJb. 25, 1; *Lange*, JZ 63, 547; *Laufs*, NJW 67, 2294; *Lent*, Der Begriff der auftraglosen Geschäftsführung, 1906; *ders.*, Wille und Interesse bei der Geschäftsbesorgung, 1938; *Manigk*, Das rechtswirksame Verhalten, 1939; *Maurer*, JuS 70, 561; *Mellulis*, Das Verhältnis von GoA zu ungerechtfertiger Bereicherung, Diss. Hamburg 1972; *Nipperdey*, FS *Böhm*, 65, 162; *Rödder*, JuS 83, 930; *Röding*, gen. *Nölke*, Die Rechtsstellung des minderjährigen Geschäftsführers bei der GoA, Diss. Münster 1969; *Schreiber*, DB 79, 1379; *Schubert*, AcP 178, 425; *ders.*, NJW 78, 687; *Schwark*, JuS 84, 321; *Schwerdtner*, JurA 82, 593; 642; *Streber*, Wille und Interesse des Geschäftsherrn bei der GoA, 1907; *Swoboda*, Bevollmächtigungsvertrag und Auftrag, Geschäftsführung ohne Auftrag, versio in rem, 1932; *Thiele*, FS *Felgenträger*, 1969, 393; *Willoweit*, FS *Wahl*, 1973, 285; *Wittmann*, Begriff und Funktion der Geschäftsführung ohne Auftrag, 1981; *Wollschläger,* Die Geschäftsführung ohne Auftrag, 1976; *ders.,* Geschäftsführung ohne Auftrag im öffentlichen Recht und Erstattungsanspruch, 1977, *ders.,* JA 79, 57; 126; 182; *Zitelmann,* AcP 99, 104.

I. Begriff und Bedeutung. Arten und Abgrenzungen

1. Die *Geschäftsführung ohne Auftrag* ist ein *gesetzliches* Schuldverhältnis, das durch die bewußte und gewollte Übernahme eines fremden Geschäfts zwischen dem Geschäftsführer und dem Geschäftsherrn zustande kommt. Es verpflichtet den *Geschäftsführer,* der in einen fremden Rechts- und Interessenkreis eingreift, zu sorgfältiger Ausführung des Geschäfts, und den *Geschäftsherrn,* dessen Angelegenheiten besorgt werden, zum Ersatz der entstehenden Aufwendungen.

2. Die in den §§ 677–687 gesetzlich geregelte Geschäftsführung ohne Auftrag (GoA, negotiorum gestio) hat ihre *praktische Bedeutung* vor allem bei Hilfeleistungen. Es kommt häufig vor, daß jemand ohne Berechtigung oder Aufforderung die Angelegenheit eines anderen besorgt. Die Bezeichnung „ohne Auftrag" ist also zu eng: *entscheidend ist, daß die Geschäftsführung nicht aufgrund eines bereits bestehenden vertraglichen oder gesetzlichen Rechtsverhältnisses geschieht.* Dabei kann es sich um tatsächliche oder rechtliche Geschäfte handeln und die Geschäftsbesorgung kann auf altruistischen, fremdnützigen oder eigennützigen Motiven beruhen. Für die Rechtsordnung besteht nur die Aufgabe, einen *Interessenausgleich* zwischen dem Geschäftsführer (negotiorum gestor) und dem Geschäftsherrn zu schaffen. Zum einen sollen Hilfsbereitschaft und Gemeinsinn gefördert werden, zum andern muß der Geschäftsherr einer ungebetenen Einmischung in seine Angelegenheiten entgegentreten können.

Beispiele: Zahlung fremder Schuld (Steuern), Behandlung eines bewußtlosen Verunglückten durch Arzt, Brandbekämpfung beim verreisten Nachbarn (wenn auch überwiegend zum Schutz des eigenen Hauses!), Füttern eines zugelaufenen Tieres, Verständigung der Brandversicherung des Nachbarn zur Wahrung der Termine, Bergung fremden Gutes in Notzeiten.

3. Zum Verständnis des Gesetzes müssen die verschiedenen Formen des Eingriffs in einen fremden Interessenkreis auseinandergehalten werden.

a) Die *echte* Geschäftsführung ohne Auftrag, 677–686, regelt die Fälle des bewußten und gewollten Handelns *für einen anderen.* Innerhalb der echten GoA ist danach zu differenzieren, ob die Geschäftsbesorgung von der Rechtsordnung gebilligt wird oder nicht.

aa) Wird ein Geschäft für einen anderen besorgt, ohne daß der Geschäftsführer vom Geschäftsherrn dazu beauftragt oder ihm gegenüber sonst dazu berechtigt ist (677), *und entspricht* die Übernahme des Geschäfts dem Interesse und dem wirklichen oder mutmaßlichen Willen des Geschäftsherrn (683 S. 1), liegt *berechtigte* Geschäftsführung ohne Auftrag vor.

bb) Entspricht die Übernahme der Geschäftsführung dagegen nicht dem Interesse und Willen des Geschäftsherrn, fehlt also die in § 683 S. 1 geforderte Berechtigung, ist eine *unberechtigte* Geschäftsführung ohne Auftrag die Folge, 678.

§ 83 Schuldverhältnisse über Tätigkeiten

Im Gesetz kommt diese Unterscheidung nicht klar zum Ausdruck, vielmehr scheinen für beide Formen der echten GoA die §§ 677 und 681 zu gelten und nur für die unberechtigte außerdem § 678. So sah es auch die ältere Lehre. Dagegen ist heute herrschende Meinung, daß *nur* die berechtigte Geschäftsübernahme das gesetzliche Schuldverhältnis der GoA begründet, während auf die unberechtigte GoA die Vorschriften der §§ 677, 681, 683 nicht anwendbar sind. Der unberechtigte Handelnde soll das Geschäft nicht nach Interesse und Willen des Geschäftsherrn führen, sondern er soll die Geschäftsführung unterlassen (*Larenz*, II § 57 vor I). Dem entspricht auch die in § 684 S. 2 vorgesehene Möglichkeit, die unberechtigte Geschäftsführung durch Genehmigung zur berechtigten zu machen. Dadurch kann sich der Geschäftsherr nachträglich die Vorteile der unberechtigten Geschäftsführung sichern, wird aber seinerseits zum Aufwendungsersatz verpflichtet. Er kann aber nicht ohne Genehmigung vom Geschäftsführer nach § 681 S. 2 i. V. m. § 667 Herausgabe des Erlangten verlangen, denn sonst wäre die Genehmigungsmöglichkeit ohne Bedeutung.

Für beide Formen der echten GoA gelten die §§ 680 und 682, die eine Haftungsmilderung bzw. -beschränkung vorsehen.

b) In § 687 werden die Fälle geregelt, in denen ein fremdes Geschäft als eigenes geführt wird, also subjektiv *nicht* für einen andern gehandelt wird (unechte GoA *im weiteren Sinne*).

aa) Nimmt der Handelnde irrtümlich an, ein eigenes Geschäft zu führen, während er in Wirklichkeit ein fremdes besorgt, spricht man von *vermeintlicher* Geschäftsführung, § 687 I. Auf sie finden die Vorschriften über die GoA keine Anwendung, vielmehr gilt Bereicherungsrecht und, wenn der Irrtum schuldhaft war, möglicherweise Deliktsrecht.

bb) Behandelt jemand ein fremdes Geschäft als sein eigenes, obwohl er weiß, nicht dazu berechtigt zu sein, 687 II, liegt ebenfalls keine GoA vor, sondern *unechte* Geschäftsführung ohne Auftrag (im engeren Sinne). Es handelt sich nach dem Wortlaut von § 687 II um einen *vorsätzlichen* Eingriff in einen fremden Rechtskreis, und damit um unerlaubte Eigengeschäftsführung.

4. Die verschiedenen Rechtsfolgen von echter, unechter, berechtigter und unberechtigter Geschäftsführung ohne Auftrag, die den Interessenausgleich zwischen Geschäftsführer und Geschäftsherrn schaffen, werfen *Abgrenzungsfragen* auf. Die vermeintliche Geschäftsführung kann dabei außer Betracht bleiben, da auf sie das Recht der GoA nicht anwendbar ist.

a) Abgrenzung zwischen echter und unechter GoA.

Zunächst ist zwischen der *echten* (berechtigten und unberechtigten), (oben 3a), und der *unechten* Geschäftsführung ohne Auftrag (oben 3b) zu unterscheiden. Die Gegenüberstellung von § 687 II und § 677 zeigt, daß Kennzeichen der echten GoA das *bewußte Handeln* für *einen anderen* ist. Zur Fremdgeschäftsführung muß also der *Fremdgeschäftsführungswille* treten, vgl. dazu *Schwark*, JuS 84, 321. Dieser Wille ist Anspruchsvoraussetzung für die echte GoA und muß von demjenigen, der sich auf die §§ 677 ff. beruft, bewiesen werden. Der Beweis gelingt, wenn der Fremdgeschäftsführungswille äußerlich erkennbar („subjektiv fremd") hervortritt. Der Fremdgeschäftsführungswille kann sich allerdings auch schon aus der Natur des geführten Geschäfts ergeben: Handelt es sich um ein *objektiv fremdes* Geschäft, so wird er widerleglich vermutet, BGHZ 40, 28; 65, 354; 70, 389; BGH NJW 79, 598.

aa) Damit gewinnt die Frage Bedeutung, ob ein Geschäft entweder objektiv fremd oder aber objektiv neutral und subjektiv fremd ist.

Es gibt keine einheitliche Definition des Begriffs „objektiv fremdes Geschäft". Entweder wird auf das die Geschäftsbesorgung beherrschende Interesse abgestellt und ein objektiv fremdes Geschäft dann angenommen, wenn der Geschäftsführer in fremdem und nicht (nur) in eigenem Interesse handelt, oder es werden solche Geschäfte als objektiv fremd angesehen, die ihrer äußeren Erscheinung nach einem Dritten zugute kommen (so BGHZ 40, 28; verneint in BGH NJW 82, 875 beim Bürgen und in BGH NJW 83, 1055 zwischen Partnern des eheähnlichen Verhältnisses). Man kann auch von der rechtlichen Zuständigkeitsordnung ausgehen (*Medicus,* BürgR, Rn. 408): Für die objektiv fremden Geschäfte ist schon durch die Rechtsordnung eine andere Zuständigkeit begründet als die des Geschäftsführers. Objektiv fremde Geschäfte sind dann z. B. die Verletzung eines Patent-, Gebrauchs-, Urheber-, oder Monopolrechts, Bezahlung fremder Schulden, Verkauf einer fremden Sache. Nur „subjektiv fremd" sind dann Geschäfte, für die keine bestimmte rechtliche Zuständigkeit besteht, die also jedermann vornehmen darf, z. B. der Erwerb einer Sache. Hier wird die Fremdrichtung des Handelns nicht vermutet, sondern sie muß von dem, der sich auf die Anwendbarkeit der §§ 677ff. beruft, nachgewiesen werden. Diese Unterscheidung überzeugt und soll im folgenden zugrunde gelegt werden.

Auch für die Anwendbarkeit des § 687 ist die Unterscheidung zwischen objektiv und subjektiv fremdem Geschäft von Bedeutung. Eine irrtümliche (687 I) oder vorsätzliche (687 II) Besorgung eines „fremden Geschäfts als eigenes" ist nur möglich, wenn das Geschäft objektiv fremd ist. Nur beim objektiv fremden Geschäft kann der Geschäftsführer die Fremdheit kennen.

bb) Grundsätzlich wird der Fremdgeschäftsführungswille beim Geschäftsführer nicht dadurch ausgeschlossen, daß er in, vielleicht sogar überwiegendem, Eigeninteresse gehandelt hat. Es genügt, wenn das Geschäft „wenigstens auch ein objektiv fremdes" (BGHZ 40, 28) ist oder, beim subjektiv fremden Geschäft, der Wille, für den andern zu handeln, nach außen erkennbar wird. Eigeninteresse schließt GoA nicht aus. Zur Selbstgefährdung im Verkehr s. unten II 1 d.

cc) Bei einigen Fallgruppen ist die Frage, ob ein objektiv fremdes Geschäft vorliegt, besonders umstritten, nämlich dann, wenn der Geschäftsführer aufgrund *anderer Verpflichtungen* gegenüber Dritten ein Geschäft des Geschäftsherrn führt.

aaa) Bei *öffentlich-rechtlichen* Pflichten ist zu unterscheiden: Handelt der Geschäftsführer gemäß einer *allgemeinen* öffentlich-rechtlichen Pflicht, z. B. Hilfeleistungspflicht gem. § 330c StGB, so steht das der Annahme eines objektiv fremden Geschäfts nicht entgegen. Auch können Ansprüche aus GoA mit Ansprüchen gegen den Staat aus Aufopferung und öffentlich-rechtlicher Entschädigung konkurrieren. Bei einer *speziellen* öffentlich-rechtlichen Verpflichtung kann ebenfalls ein objektiv fremdes Geschäft vorliegen. So wurde im sog. „Feuerwehrfall" der gemeindlichen Feuerwehr, die einen durch Funkenflug von Lokomotiven verursachten Waldbrand gelöscht hatte, ein Aufwendungsersatzanspruch gegen die Bundesbahn zugesprochen. Die Feuerwehr habe auch ein objektiv fremdes Geschäft, nämlich das der nach § 1 SachSchHG verpflichteten Bahn, geführt. Dem hat *Medicus,* BürgR, Rn. 410ff., widersprochen: Das Löschen von Bränden sei objektiv gesehen eine Aufgabe der Feuerwehr, die damit ihre eigene öffentlich-rechtliche Pflicht erfülle, und nicht Sache der Bahn. Deshalb könne und wolle sie auch die privatrechtliche Unterordnung unter den Willen des Geschäftsherrn, die die GoA vorsieht, nicht einhalten. Mit diesen Argumenten hat auch das BayObLG den Anspruch eines Polizisten aus GoA abgelehnt, der sich bei einer Hilfeleistung verletzt hatte, MDR 68, 920. Es ist nicht einzusehen, warum das nicht auch für die Feuerwehr gelten sollte (vgl. *Maurer,* JuS 70, 561). Neuerdings schränkt die Rechtsprechung den Aufwendungsersatzanspruch von Trägern öffentlicher Gewalt, die auf Grund öffentlich-rechtlicher Verpflichtung tätig werden, wieder stärker ein. So verlangt BGHZ 54, 158 eine unmittelbare Beziehung zwischen dem öffentlich-rechtlichen Geschäftsführer und dem Geschäftsherrn, in dessen Interesse gehandelt wird, vgl. auch BGHZ 61, 363; 72, 153; 82, 330. Grundsätzlich wird aber daran festgehalten, daß eine eigene öffentlich-rechtliche Verpflichtung eine Geschäftsbesorgung nicht ausschließt. Allerdings folgt daraus auch, daß der Träger öffentlicher Gewalt die Risiken einer Geschäftsführung ebenfalls zu tragen hat: Da aus GoA sich ergebende Ansprüche selbständig neben die Amtshaftung treten, ist die Subsidiaritätsklausel auf diese Ansprüche nicht anwendbar. Daraus folgt, daß der Hoheitsträger für bei der Geschäftsführung verursachte Schäden haftet, ohne Rücksicht darauf, ob der Geschädigte auf andere Weise Ersatz zu verlangen vermag, BGHZ 63, 167 (vgl. *Hurst,* DVBl. 65, 757; *Klein,* DVBl. 68, 166; *Maurer,* JuS 70, 561; *Wollschläger,* GoA im öff. Recht und Erstattungsanspruch, 1977).

bbb) Für *privatrechtliche* Verpflichtungen des Geschäftsführers gegenüber einem Dritten hat der BGH (LM Nr. 2 zu 677) festgestellt, daß dadurch der Fremdgeschäftsführungswille nicht grundsätzlich ausgeschlossen wird. Jedoch wird es sich in diesen Fällen meist um ein objektiv neutrales Geschäft handeln, so daß es auf die äußere Erkennbarkeit der Willensrichtung des Geschäftsführers ankommt.

Löscht der Hausmeister des A beim abwesenden Nachbarn B einen Brand, der droht, auf das Haus des A überzugreifen, so kann er für die dabei erlittenen Verletzungen, soweit sie sich im Rahmen vernünftiger Risiken halten, von B nach §§ 683 S. 1, 670 Ersatz verlangen. — Zu weit geht es, im Falle eines von der Polzei gerufenen Abschleppunternehmers, der vom Halter eines liegengebliebenen Fahrzeugs seinen Werklohn für das Abschleppen aus GoA verlangt, ein objektiv fremdes Geschäft anzunehmen (so LG Limburg MDR 65, 742) und die Frage, ob zwischen der Polizei und dem Abschleppunternehmer ein Vertrag bestand, gar nicht mehr zu erörtern. Hier handelt es sich um ein neutrales Geschäft, bei dem der Wille, nicht nur für die Polizei, sondern auch für den Halter zu handeln, besonders festzustellen ist. So auch LG Stuttgart, MDR 73, 48; LG München NJW 78, 48; zur GoA *im öffentlichen Recht* VGH Mannheim, NJW 77, 1843.

Ansprüche aus GoA entfallen, wenn der Geschäftsführer *gerade dem Dritten gegenüber* verpflichtet ist, Geschäfte des Geschäftsherrn zu besorgen. Das gilt insb. beim *Vertrag zugunsten Dritter:* Der Geschäftsführer (Versprechender) kann sich nur an den Versprechensempfänger, gegenüber dem er verpflichtet ist, halten, und nicht an den Geschäftsherrn, der „Dritter" i. S. d. § 328 ist.

So wird, wenn ein Ehegatte einen Arzt zur Behandlung des anderen bestellt, nur derjenige verpflichtet, der den Arzt gerufen hat. Der Arzt kann sich nicht aus GoA an den Behandelten halten − Begibt sich ein Ehegatte in alltäglichen Krankheitsfällen in ärztliche Behandlung, so handelt er im Rahmen der Schlüsselgewalt, BGHZ 47, 75 (noch zum früheren Recht). Beide Gatten werden verpflichtet, 1357 I. − Bei Getrenntleben, wenn die Schlüsselgewalt ruht (1357 III), führt der Arzt dagegen auch ein Geschäft des Ehemannes, wenn es zu dessen Unterhaltspflicht gehört, für ärztliche Behandlung seiner Frau zu sorgen. Der Arzt kann sich also an den Ehemann halten. Im übrigen gilt bei Einspringen für fremde Unterhaltspflicht in der Regel: Zahlt ein anderer Unterhaltspflichtiger, der selbst noch nicht an der Reihe ist, so liegt nur ungerechtfertigte Bereicherung vor, weil der Unterhaltspflichtige im Zweifel nur die eigene, nicht die fremde Unterhaltspflicht tilgen will (unten § 99 V 2c). Vergl. aber OLG Hamm FamRZ 73, 40 und KG FamRZ 75, 423. Springt ein Dritter ein, etwa ein Freund der Familie, so liegt GoA vor (697!).

Handelt der Geschäftsführer aufgrund eines − nach § 134 oder § 138 − *nichtigen Vertrages*, glaubt er sich also zur Geschäftsbesorgung verpflichtet, obwohl er es nicht ist, so wendet der BGH auf die Rückabwicklung auch GoA-Recht an, BGHZ 37, 258. Dagegen wurden Bedenken vorgebracht. So stellt *Gursky*, JurAnalysen 69, 103, fest, daß dadurch der beim Ausgleich nach Bereicherungsrecht anwendbare § 817 S. 2 ausgeschaltet wird, der auf die Geschäftsführung ohne Auftrag nicht entsprechend angewendet werden kann. *Medicus* (BürgR, Rn. 412) sieht die Gefahr, aus § 683 ein Mittel des Lastenausgleichs aus Billigkeitsgründen zu machen, da § 683, anders als der Bereicherungsanspruch, auch den Ersatz nutzloser Aufwendungen umfaßt. Dem ist zuzustimmen. Der für die GoA erforderliche Fremdgeschäftsführungswille bleibt nämlich beim (nichtigen) Vertrag reine Fiktion, da jeder Vertragspartner eben seine Interessen und nicht die des anderen Teils wahrnimmt.

In der neueren Diskussion zeichnen sich Tendenzen ab, den Anwendungsbereich der GoA wieder einzuengen. Dabei wird beim Merkmal des Fremdgeschäftsführungswillens angesetzt. So stellt *Gursky* (s. o.) richtig fest, daß die Rechtsprechung die objektive Fremdheit des Geschäfts meist nur deshalb annimmt, um zu einer Vermutung für das Vorliegen des Fremdgeschäftsführungswillens zu kommen. Er will dagegen mit einem Anscheinsbeweis arbeiten:[1]) Der Wille, für einen andern zu handeln, wird vermutet, wenn der äußere Anschein einer derartigen subjektiven Zweckrichtung des Handelns besteht, weil typischerweise in einer derartigen Situation eine derartige Handlung mit dieser Zweckrichtung verbunden ist.

ccc) Bei *Gesamtschuldverhältnissen* sind die Regeln über die Geschäftsführung ohne Auftrag nicht anwendbar. Zahlt ein Gesamtschuldner mehr als den auf ihn im Innenverhältnis entfallenden Anteil, so kann er nach § 426 I, II Rückgriff nehmen. Es ist überflüssig, ihm eine weitere Regreßmöglichkeit über § 683 S. 1 einzuräumen. Dasselbe gilt auch für die scheinbaren Gesamtschuldverhältnisse („unechte Gesamtschuld"). Da hier die Zahlung des sekundär Verpflichteten die Schuld des primär Verpflichteten nicht berührt, sondern dieser weiterhin verpflichtet bleibt, ist nicht einzusehen, warum der sekundär Verpflichtete auch ein objektiv fremdes Geschäft geführt haben soll. Außerdem würde eine Rückgriffsmöglichkeit des sekundär Verpflichteten nach § 683 S. 1 scheitern, wenn der primär Verpflichtete seinerseits alle Ansprüche gegen sich bestreitet. Die Erfüllung dieser Ansprüche durch den Geschäftsführer (sekundär Verpflichteter) wäre dann nämlich unberechtigte GoA mit der Folge, daß der Aufwendungsersatzanspruch nach § 683 nicht eingreifen würde. Das Recht der Geschäftsführung ohne Auftrag ist nicht dazu geeignet, einen interessengemäßen Ausgleich zwi-

---

[1]) Zum Anscheinsbeweis s. z. B. *Musielak/Stadler*, JuS 80, 584, 793.

schen verschiedenen Verpflichteten zu schaffen. Eine Regreßmöglichkeit muß über das Bereicherungsrecht oder über § 255 analog, (*Selb*, Schadensbegriff und Regreßmethoden, 1963, 21) gesucht werden.

ddd) **Kein Geschäftsführer ohne Auftrag ist auch, wer im Rahmen eines *Gefälligkeitsverhältnisses* tätig wird, dazu oben § 7, 3. Es liegt dabei nämlich kein Tätigwerden in der *Rechtsphäre* vor.** Zweckmäßig legt man aber dem Geschäftsherrn die Beweislast dafür auf, daß der Geschäftsführer aus reiner Gefälligkeit handeln und keinen Ersatz haben wollte.

b) Abgrenzung zwischen berechtigter und unberechtigter GoA.

Wenn der Geschäftsführer mit Fremdgeschäftsführungswillen gehandelt hat, also echte GoA gegeben ist, muß weiter unterschieden werden, ob es sich um *berechtigte* oder um *unberechtigte* Geschäftsführung ohne Auftrag handelt. Diese Frage ist noch nicht mit der Feststellung des Fremdgeschäftsführungswillens entschieden, sondern hängt, wie die §§ 678, 683 S. 1 und 684 S. 1 zeigen, davon ab, ob die *Übernahme* des Geschäfts dem Interesse und dem wirklichen oder mutmaßlichen Willen des Geschäftsherrn entspricht, vgl. BGHZ 82, 331. Das Abstellen auf den Zeitpunkt der Übernahme führt dazu, daß der Geschäftsherr das (Erfolgs-)Risiko der Bemühungen des Geschäftsführers trägt. Der Geschäftsherr muß, entsprach die Geschäftbesorgung einmal seinem Interesse und Willen, Aufwendungsersatz leisten, auch wenn die Bemühungen des Geschäftsführers fehlschlagen, das Ergebnis also nicht in seinem Interesse und Willen liegt.

aa) Für das Verhältnis von Interesse und Willen gilt folgendes: Das Interesse des Geschäftsherrn ist objektiv zu bestimmen, gemeint ist das wohlverstandene Interesse. Der wirkliche Wille ist der vom Geschäftsherrn geäußerte oder sonst erkennbare Wille. Fallen Interesse und wirklicher Wille auseinander, so geht trotz des Gesetzeswortlauts in § 683 S. 1 der wirkliche Wille vor (a. A. *Larenz* II § 57 I a). Es geht nicht an, mit Hilfe der GoA andere gegen ihren Willen zu beglücken. Eine Ausnahme dazu bildet § 679, siehe unten.

bb) Wurde ein wirklicher Wille nicht geäußert oder fehlt er ganz (z. B. beim bewußtlosen Verunglückten), ist der mutmaßliche Wille maßgeblich, vgl. BGHZ 47, 374. Dieser läßt sich wiederum nur aus dem Interesse folgern.

cc) Es ergibt sich also (nach *Medicus* BürgR, Rn. 425) folgendes *Prüfungsschema*: Liegt kein Fall des § 679 vor, ist der wirkliche Wille des Geschäftsherrn maßgebend. Ist dieser nicht erkennbar, kommt es auf den mutmaßlichen Willen an. Die Geschäftsführung ist berechtigt, wenn sie dem mutmaßlichen Willen, der objektiv aus dem Interesse des Geschäftsherrn zu bestimmen ist, entspricht.

c) Nicht selten kommt es vor, daß sich der Geschäftsführer über die Person oder den maßgeblichen Willen des Geschäftsherrn *irrt*.

aa) Behandelt der Geschäftsführer ein fremdes Geschäft irrtümlich als sein eigenes, § 687 I, gilt das in oben I 3b aa Gesagte: es liegt keine GoA vor. — Irrt sich der Geschäftsführer über die Person des Geschäftsherrn, z. B. Fütterung eines zugelaufenen Hundes, von dem der Geschäftsführer annimmt, er gehöre A, während es sich in Wirklichkeit um den Hund des B handelt, so wird der wirkliche Geschäftsherr aus der Geschäftsführung berechtigt und verpflichtet, 686.

bb) Hat der Geschäftsherr einen Willen, der nicht seinem objektiven Interesse entspricht, und handelt der Geschäftsherr, der den Willen nicht kennt, nach dem mutmaßlichen Willen, also objektiv interessegemäß, kommt es darauf an, ob der Geschäftsführer fahrlässig den wirklichen Willen nicht erkannt hat, oder ob er schuldlos ist. Hätte er bei verkehrsüblicher Sorgfaltsanwendung den wirklichen Willen des Geschäftsherrn erkennen können, so haftet er nach § 678. War der Wille des Geschäftsherrn dagegen nicht erkennbar, ist der mutmaßliche Wille maßgebend. Es handelt sich dann um berechtigte GoA. – Schätzt der Geschäftsführer den mutmaßlichen Willen des Geschäftsherrn schuldhaft falsch ein, so wird er nach § 678 ersatzpflichtig. Ist er an der Fehleinschätzung unschuldig, entfällt zwar die Haftung aus § 678, das gesetzliche Schuldverhältnis der berechtigten GoA kommt aber nicht zustande, vielmehr liegt ein Unterfall unberechtigter Geschäftsführung vor.

5. Die Geschäftsführung ohne Auftrag ist eine *Rechtshandlung*. Sie kann im Abschluß eines Rechtsgeschäfts oder auch in rein tatsächlichem Handeln bestehen. Jede Geschäftsführung ohne Auftrag muß aber vom Fremdgeschäftsführungswillen getragen sein, der gesetzliche Tatbestandsvoraussetzung ist. Deshalb ist die GoA nicht bloßer Realakt, sondern *rechtsgeschäftsähnliche* Rechtshandlung. Die einzelnen Rechtsfolgen der GoA kommen unabhängig vom Willen der Beteiligten zustande.

6. Aus der rechtlichen Einordnung der GoA unter die rechtsgeschäftsähnlichen Rechtshandlungen zieht eine Mindermeinung (*Palandt/Thomas*, § 682 Anm. 1) den Schluß, daß die allgemeinen Regeln über Willenserklärungen uneingeschränkt anwendbar seien. Das hat zur Folge, daß der *geschäftsunfähige Geschäftsführer* zwar nicht nach § 677 haftet, wie schon § 682 bestimmt, aber, da das Legalschuldverhältnis GoA nicht zustande kommt, die Ansprüche aus 683, 670 nicht geltend machen kann. Nach richtiger, heute wohl herrschender Meinung ist dem Minderjährigenschutz durch die Regelung des § 682 Genüge getan: Der Geschäftsunfähige haftet nicht nach dem Recht der GoA, die Sorgfaltspflicht des § 677 trifft nur den voll Geschäftsfähigen. Der Geschäftsherr wird dadurch geschützt, daß bei der Frage, ob die Geschäftsübernahme dem Willen und Interesse des Geschäftsherrn entpricht, auch die Person des Geschäftsführers eine Rolle spielt. Deshalb genügt bei der Geschäftsübernahme der natürliche Wille, für den Geschäftsherrn handeln zu wollen; auf die Geschäftsfähigkeit kommt es nicht an (vgl. *Esser*[4] II § 98 III).

Ist der *Geschäftsherr geschäftsunfähig*, so schließt das das Zustandekommen der GoA nicht aus. Die dem Bereicherungsrecht ähnliche Ersatzpflicht des § 683 kann auch den Geschäftsunfähigen treffen. Kommt es auf den Willen des Geschäftsherrn an, wie in §§ 683, 684, so ist der Wille des gesetzlichen Vertreters maßgebend. Allerdings muß der Geschäftsherr rechtsfähig sein oder es zumindest werden: GoA ist auch für noch nicht existierende Personen möglich, 158 I, falls sie nur später entstehen (vgl. zum Ganzen *Röding*, Die Rechtsstellung des minderjährigen Geschäftsführers bei der GoA, Diss. Münster 1969).

7. Die *rechtliche Bedeutung* der GoA liegt vor allem in fünf Gesichtspunkten:

a) Berechtigte Geschäftsführung ohne Auftrag ist ein *Rechtfertigungsgrund* (grundlegend *Zitelmann*, AcP 99, 104) für den Eingriff in einen fremden Rechts- und Interessenkreis.

b) Der Geschäftsführer hat im Falle der berechtigten Übernahme des Geschäfts dies so zu führen, „wie es das Interesse des Geschäftsherrn mit Rücksicht auf dessen wirklichen oder mutmaßlichen Willen erfordert" (677).

c) Der Geschäftsherr wird zum Ersatz der dem Geschäftsführer entstehenden *Aufwendungen* verpflichtet, 683 S. 1, 670. Dieser Anspruch geht weiter als die bereicherungsrechtliche Aufwendungskondiktion. Er ist nicht auf die noch vorhandene, wertmäßige Bereicherung beschränkt, sondern umfaßt alle Aufwendungen, die der Geschäftsführer den Umständen nach für erforderlich halten durfte (Erfolgsrisiko beim Geschäftsherrn).

d) Der Geschäftsführer ist zum Schadensersatz aus *Übernahmeverschulden* verpflichtet, wenn die Übernahme dem wirklichen oder mutmaßlichen Willen des Geschäftsherrn widerspricht und der Geschäftsführer dies erkennen mußte, 678. Diese Haftung umfaßt auch Zufallsschäden, wird aber durch die Vorschrift der §§ 679, 680, 682 gemildert.

e) Die berechtigte Geschäftsführung ohne Auftrag ist ein *Rechtsgrund* für Vermögensverschiebungen im Sinne des Bereicherungsrechts.

II. Echte Geschäftsführung ohne Auftrag (Fremdgeschäftsführung mit Fremdgeschäftsführungswillen)

1. Berechtigte Geschäftsführung ohne Auftrag

a) *Tatbestandliche Voraussetzungen*

aa) Die *Geschäftsbesorgung* i. S. d. § 677 umfaßt jede nur denkbare, für andere zu erledigende Angelegenheit. Der Geschäftsbegriff in § 677 deckt sich also mit dem des § 662, nicht aber mit dem engeren des § 675 (oben §§ 81 I 3 und 82, 2). Es fallen darunter tatsächliche, rechtsgeschäftliche und aus beiden Bestandteilen gemischte Handlungen. Nur Geschäfte, die ausschließlich im eigenen Interesse getätigt werden, gehören nicht dazu.

bb) Das Geschäft muß *für einen anderen* besorgt werden. Der Geschäftsführer muß *wissen*, daß er ein fremdes Geschäft besorgt — weiß er es nicht, greift § 687 I ein — und muß die Fremdgeschäftsführung *wollen* (vgl. oben I 4a aa). Fängt ein Nachbar des verreisten A dessen entlaufene Hühner, um sie ihm wieder abzuliefern, handelt er als echter Geschäftsführer. Fängt er sie, um sie zu schlachten, ist er unechter Geschäftsführer, § 687 II.

Liegt ein objektiv fremdes Geschäft vor, wird der Fremdgeschäftsführungswille vermutet, beim objektiv neutralen Geschäft muß er dagegen äußerlich erkennbar geworden sein.

cc) Der Geschäftsführer darf zu seiner Tätigkeit weder *beauftragt* noch sonstwie dem Geschäftsherrn gegenüber *berechtigt* sein. Dienst-, Werk-, Geschäftsbesorgungsverträge, elterliche Gewalt, Vormundschaft und Amtspflicht schließen, wenn sie ein Recht oder die Pflicht zum Tätigwerden für den Geschäftsherrn beinhalten, die GoA aus. Das gilt auch für unerkannt nichtige Verträge (a. A. h. L.). Dagegen ist Geschäftsführung *auch* für den Geschäftsherrn möglich, wenn eine privatrechtliche Verpflichtung des Geschäftsführers gegenüber anderen, dritten Personen besteht (vgl. oben I 4a cc bbb); zu öffentlich-rechtlichen Pflichten s. o. I 4 a cc aaa.

dd) Es muß einer der im Gesetz genannten *Berechtigungsgründe* vorliegen.

aaa) § 683 S. 1: Die Übernahme der Geschäftsführung muß dem Interesse und dem wirklichen oder mutmaßlichen Willen des Geschäftsherrn entsprechen. Das (objektiv festzustellende) Interesse des Geschäftsherrn dient zur Bestimmung des mutmaßlichen Willens, der maßgeblich ist, wenn der wirkliche Wille des Geschäftsherrn nicht gebildet wurde oder nicht erkennbar ist (vgl. oben I 4b).

bbb) § 683 S. 2 i. V. m. § 679: Obwohl die Geschäftsübernahme mit dem erkennbaren Willen des Geschäftsherrn in Widerspruch steht, ist sie dennoch berechtigt, wenn ein Fall des § 679 gegeben ist. Damit werden die Fälle erfaßt, in denen der Gesetzgeber eine uneingeschränkte Rücksichtnahme auf den Willen des Geschäftsherrn nicht dulden will, andererseits auch nicht auf die Fiktion des mutmaßlichen Willens zurückgreifen kann, da der Geschäftsherr seinen der Geschäftsübernahme entgegenstehenden Willen zum Ausdruck gebracht hat. Dieser Wille ist unbeachtlich:

— wenn die Geschäftsführung in der Erfüllung einer Pflicht des Geschäftsherrn besteht, die im *öffentlichen Interesse* besteht. Es muß sich aber um eine Rechtspflicht handeln; es soll nicht über die GoA die Erfüllung sittlicher Pflichten erzwingbar gemacht werden (a. A. *Palandt/Thomas* § 679 Anm. 2a). Ein öffentliches Interesse besteht z. B. bei Verkehrssicherungspflichten, der Pflicht aus § 618, den Pflichten des Störers nach dem Polizeirecht.

— wenn ohne die Geschäftsführung eine gesetzliche *Unterhaltspflicht* des Geschäftsherrn nicht rechtzeitig erfüllt würde. Hier braucht also das öffentliche Interesse nicht gesondert nachgewiesen zu werden.

— wenn der entgegenstehende Wille des Geschäftsherrn aus einem sonstigen Grunde *verbots- oder sittenwidrig* und daher unbeachtlich ist (§ 679 analog). Die h. L. wendet § 679 analog auch auf die Rettung des Selbstmörders an und kommt über § 683 S. 2 dazu, daß er für die Kosten seiner Rettung aufkommen muß.

ccc) § 684 S. 2: Genehmigt der Geschäftsherr im nachhinein die Geschäftsführung, was auch stillschweigend geschehen kann, z. B. durch das Verlangen des durch die Geschäftsbesorgung Erlangten, so wird der Geschäftsführer so gestellt, als ob eine berechtigte Übernahme des fremden Geschäfts vorgelegen hätte. Von der stillschweigenden Genehmigung einer unberechtigten Geschäftsführung durch Geltendmachung des Anspruchs nach §§ 684 S. 2, 677, 681 S. 2, 667, bei der der Geschäftsherr die Geschäftsführung nachträglich sanktioniert, ist das Verlangen nach Herausgabe des Erlangten gem. § 687 II 1, 681 S. 2, 667 zu unterscheiden: nur die unberechtigte GoA kann durch Genehmigung zu einer berechtigten gemacht werden. Hatte der Geschäftsführer von vornherein die Absicht, das fremde Geschäft als eigenes zu führen (unechte GoA), so bekommt er, wenn der Geschäftsherr den Erlös aus dem Geschäft herausverlangt, keinen Aufwendungsersatz nach § 683 S. 1, sondern nur den (schwächeren) Anspruch auf Aufwendungskondiktion, § 684 S. 1.

b) *Pflichten des Geschäftsführers*

aa) Liegen die Voraussetzungen der berechtigten GoA vor, so hat der Geschäftsführer „das Geschäft so zu führen, wie das Interesse des Geschäftsherrn mit Rücksicht auf dessen wirklichen oder mutmaßlichen Willen es erfordert", 677. Soweit der wirkliche Wille des Geschäftsherrn erkennbar ist, hat sich der Geschäftsführer bei der *Durchführung* des Geschäfts nach diesem Willen zu richten. Durch die berechtigte Übernahme des Geschäfts ist ein durch Treubindung gekennzeichnetes Schuldverhältnis entstanden, das, ähnlich wie der Auftrag, treuhänderische Rücksichtnahme auf Willen und Interesse des Geschäftsherrn erfordert. Umstritten ist aber, ob der Unterschied in der Formulierung in den §§ 683 und 677 zu einer stärkeren Beachtung des objektiven Interesses des Geschäftsherrn verpflichtet, oder ob bei der Durchführung das jeweils subjektiv besondere Interesse des Geschäftsherrn maßgeblich ist. Der Streit wird jedoch nur in dem seltenen Fall praktisch, wenn der wirkliche Wille des Geschäftsherrn unerkennbar von seinem wohlverstandenen Interesse abweicht und der Geschäftsführer wegen Gefahr im Verzuge die Entschließung des Geschäftsherrn nicht abwarten kann, 681 S. 1. Hier muß es genügen, wenn der Geschäftsführer objektiv interessegemäß handelt. In solchen Eilfällen kann dem Geschäftsführer nicht zugemutet werden, das je besondere Interesse des Geschäftsherrn zu erforschen. Im übrigen ist aber auch bei der Durchführung der wirkliche Wille des Geschäftsherrn maßgeblich. So muß der Geschäftsführer die Geschäftsführung unterlassen, wenn der Geschäftsherr dies wünscht.

bb) Neben der in § 677 geregelten Hauptpflicht legen § 681 S. 1 und die Verweisung ins Auftragsrecht (§ 681 S. 2) die wichtigsten *Nebenpflichten* fest: Anzeige der Geschäftsübernahme, Auskunfts- und Rechenschaftspflicht (666), Herausgabe des Erlangten (667), Verzinsung (668). Es gelten dieselben Grundsätze wie im Auftragsrecht. Auch darf der Geschäftsführer die Geschäftsbesorgung nicht zur Unzeit abbrechen (671 II analog).

cc) Verletzt der Geschäftsführer schuldhaft eine dieser Pflichten, indem er sie sich unmöglich macht, in Verzug gerät oder schlecht erfüllt, so haftet er nach den Regeln der Leistungsstörungen, §§ 280, 286, pFV. Die §§ 320ff. gelten dagegen nicht, da kein gegenseitiger Vertrag vorliegt. Problematisch ist die Frage, ob, bei Erfüllung der gesetzlichen Tatbestände, daneben auch Deliktsrecht anwendbar ist, da berechtigte GoA ja einen Rechtfertigungsgrund für den Eingriff darstellt. Wenn man nur den *sorgfältig ausgeführten* Eingriff in den fremden Rechtskreis für gerechtfertigt hält, ist dies zu bejahen (so *Batsch,* AcP 171, 218).

dd) Besteht eine Notlage für den Geschäftsherrn oder einen seiner nächsten Angehörigen (dann analoge Anwendung), so mildert § 680 den Haftungsmaßstab für den Geschäftsführer, wenn die Geschäftsbesorgung die Gefahrenabwehr bezweckt. Die Gefahr muß nicht objektiv gegeben sein, es genügt, wenn der Geschäftsführer dies irrtümlich schuldlos (also nach sorgfältiger Prüfung der Situation) annimmt. Der Geschäftsführer haftet nur für Vorsatz und grobe Fahrlässigkeit bei der Übernahme wie bei der Durchführung des Geschäfts. § 254 findet keine Anwendung, vgl. BGHZ 43, 188. Ausführlich *Gursky,* JuS 72, 637.

c) *Pflichten des Geschäftsherrn*

aa) Der Geschäftsführer kann bei berechtiger GoA *Ersatz seiner Aufwendungen* vom Geschäftsherrn „wie ein Beauftragter" verlangen. Er erhält also jede Aufwendung ersetzt, „die er den Umständen nach für erforderlich halten" durfte, 683 S. 1, 670. Dieser Ersatzanspruch entsteht unabhängig vom Erfolg der Bemühungen des Geschäftsführers, auch wenn der Geschäftsherr objektiv keinen Vorteil durch die Geschäftsführung erlangt hat oder diese ihm sogar schädlich war.

bb) Zu den Aufwendungen gehören zunächst einmal die üblichen Auslagen (Porto, Reisekosten, usw.) und die gezielten, freiwilligen Vermögensopfer (Eingehung von Schulden, wobei hinsichtlich vertraglicher Verbindlichkeiten ein Befreiungsanspruch, im Fall des § 679 u. U. auch ein Anspruch auf Genehmigung eines im Namen des Geschäftsherrn abgeschlossenen Vertrages, bestehen kann, BGH NJW 51, 398; Verdienstausfall durch die Geschäftsführung, a. A. hier die h. L., die glaubt, § 670 analog anwenden zu müssen).

cc) Umstritten ist die Frage, ob als Aufwendung auch eine Vergütung für die vom Geschäftsführer geleistete *Arbeit* geschuldet wird. Während die wohl h. M. (so etwa BGHZ 65, 390; *Medicus* II § 124 II 2a) in analoger Anwendung des § 1835 II nur solche Arbeitsleistungen vergüten will, die zum Gewerbe oder Beruf des Geschäftsführers gehören, hält *Esser*[4] II § 99 II 1a die GoA wegen § 685 nur ausnahmsweise für unentgeltlich, wenn nämlich Schenkungsabsicht bestand. Auch mir erscheint die Meinung, die nur professionelle Arbeit vergütet, zu eng. Man sollte jedoch nicht an der Schenkungsabsicht des Geschäftsführers anknüpfen, sondern an der jeweiligen, als Geschäftsbesorgung ausgeübten Tätigkeit: Wird eine solche üblicher- und typischerweise nur gegen Entgelt verrichtet, so ist sie auch bei berechtigter GoA zu vergüten. Dadurch ist auch ein Maßstab für die Höhe des Entgelts gewonnen: Der Arzt und begeisterte Bastler, der beim abwesenden Nachbarn einen Wasserrohrbruch in Ordnung bringt, kann nicht verlangen, was er sonst in dieser Zeit verdient hätte, sondern das, was üblicherweise ein Installateur dafür bekommen würde.

Wird ein Träger öffentlicher Gewalt tätig, so umfaßt sein Aufwendungsersatzanspruch nicht nur Ersatz für aufgewandte Arbeit und eingesetztes Material, sondern er kann auch einen angemessenen Gemeinkostenzuschlag verlangen, BGH NJW 76, 748, d. h. er wird so gestellt, als hätte ein privater Unternehmer die Geschäftsführung übernommen.

dd) Der Aufwendungsersatzanspruch umfaßt auch freiwillig in Kauf genommene (Verschmutzung der Autopolster beim Abtransport eines bewußtlosen Verunglückten) und unfreiwillig erlittene *Schäden* des Geschäftsführers. Nach h. L. werden jedoch nur die Schäden ersetzt, in denen sich das *typische Risiko* der übernommenen Tätigkeit verwirklicht hat. Bei Tod des Geschäftsführers gelten die §§ 844, 845 entsprechend.

ee) Wer bei Unglücksfällen oder gewissen Amtshandlungen Hilfe leistet, genießt außerdem *Versicherungsschutz* gem. § 539 I Nr. 9 a–c RVO. Insoweit geht der Anspruch gegen den Geschäftsherrn auf den Versicherungsträger über, 116 SGB X (Nachfolgevorschrift mit Wirkung ab 1. 7. 1983 zu § 1542 RVO).

ff) Der Aufwendungsersatzanspurch kann aber durch *Schadensminderungsgründe* eingeschränkt sein oder ganz entfallen.

– Der Geschäftsherr muß nicht jedes Risiko, das ein mutiger Helfer eingeht, tragen. Nach den Grundsätzen über das Handeln auf eigene Gefahr (254) muß der Geschäftsführer zumindest teilweise solche Risiken tragen, denen sich der Geschäftsherr auch nicht ohne weiteres ausgesetzt hätte.

– Eigenes Verschulden des Geschäftsführers beim Erkennen oder Bewältigen einer plötzlichen besonderen Gefahr geht zu seinen Lasten: Es liegt insoweit keine Aufwendung vor, die er für erforderlich halten durfte. Man kann hier von Verschulden gegen sich selbst sprechen.

– Handelt der Geschäftsführer auch in eigenem Interesse, so kann er nur anteiligen Ersatz seiner Aufwendungen verlangen. Der Ersatzanspruch kann sich umständebedingt bis auf Null vermindern, BGHZ 38, 302.

gg) Hatte der Geschäftsführer *nicht die Absicht,* Ersatz zu verlangen, entfällt der Ersatzanspruch, 685 I. Bei Unterhaltszahlungen an Verwandte in auf- oder absteigender Linie wird diese Schenkungsabsicht widerleglich vermutet, 685 II. § 685 I soll nicht zu Lasten des selbstlosen Helfers ausgelegt werden. Man wird daher grundsätzlich einen bewußten, wenn auch nicht notwendig erklärten Verzicht auf den Ersatzanspruch fordern müssen (Noch weiter geht *Larenz* II § 57 I b a. E., der verlangt, die Schenkungsabsicht müsse erkennbar hervorgetreten sein.) Bedenklich ist deshalb die Entscheidung BGHZ 38, 302, die bei Hilfeleistungen des Sohnes für den Vater meint, die Absicht, keinen Ersatz zu verlangen, könne vermutet werden.

d) *Selbstgefährdung* (Selbstaufopferung) *im Verkehr*

Deutsch, AcP 165, 193; *Frank,* JZ 82, 737; *Hagen,* NJW 66, 1893; *Helm,* VersR 68, 209.

G fährt an einen Alleebaum, um das 6jährige Kind K nicht zu überfahren, das ihm unvermutet in die Fahrbahn läuft. Kann G von K seine Personen- und Sachschäden nach § 670 als „Aufwendungen" unter dem Gesichtspunkt ersetzt verlangen, daß er mit dem Ausweichmanöver ein Geschäft des K führt? Die Frage ist unter folgenden Voraussetzungen zu bejahen (vgl. OLG Koblenz NJW 53, 1633; BGHZ 38, 270 = ESJ 101):

– Der „Geschäftsherr" darf nicht sonstwie verantwortlich sein, z. B. aus Vertrag oder Delikt (einschl. der Kfz-Haftung); sonst entsteht ein Ersatzanspruch und damit keine „Aufwendung". Geschäftsherr ist hier das Kind K!

– Die drohende Verletzung des K muß für G ein unabwendbares Ereignis i. S. des § 7 II StVG sein: sonst würde der Fahrer G im Schadensfalle selbst haften. Die Folgen des Ausweichens darf er dann nicht dem Bedrohten auferlegen.

– Die erlittene „Aufwendung" muß den Schaden übersteigen, den der Geschäftsführer nach allgemeinen Grundsätzen auf sich nehmen muß, um nicht das Opfer zu schädigen. Dieser Grundsatz gilt jedenfalls dann, wenn der „Geschäftsherr" die Gefahrenlage ohne eigenes Verschulden herbeigeführt hat. Die *verkehrsüblichen* Nachteile als Folgen der allgemeinen Schadensabwendungspflicht müssen *überschritten* sein. *Canaris* und *Larenz* schlagen für die Abwägung die Grundsätze der *Güterabwägung* im *Notstand* vor (*Larenz* II § 57 I b a. E.).

– Nicht die volle Aufwendung wird ersetzt, sondern nur ein „angemessener Betrag", BGHZ 38, 270. Dafür ist kein rechter Grund ersichtlich. Gerade wenn man nur die erheblichen Selbstgefährdungen ausgleichen will, sollte man insoweit die erlittenen Schäden *voll* ersetzen. Das freiwillige Opfer des „Geschäftsführers" sollte honoriert werden.

2. Unberechtigte Geschäftsführung ohne Auftrag
Übernimmt der Geschäftsführer ein Geschäft des Geschäftsherrn ohne Berechtigungsgrund (wenn also die Geschäftsübernahme nicht dem Willen des Geschäftsherrn entspricht, kein Fall des § 679 besteht und nachträglich keine Genehmigung erfolgt), liegt *unberechtigte* GoA vor. Dieser Ausdruck ist ungenau, da nach nunmehr herrschender Ansicht das gesetzliche Schuldverhältnis der Geschäftsführung ohne Auftrag *nicht* zustande kommt.

a) *Pflichten des Geschäftsführers*
aa) Der unberechtigt in einen fremden Rechtskreis eingreifende Geschäftsführer hat nicht (a. A. bis 5. Voraufl.) die Pflicht zur sorgfältigen Durchführung und zur Erfüllung der Nebenpflichten – die §§ 677 und 681 sind unanwendbar. Es kann auch nicht auf § 242 zurückgegriffen werden, sondern es gilt Bereicherungs- (812 ff.) und Deliktsrecht (823 ff.).

bb) Darüber hinaus besteht aber eine Schadensersatzpflicht aus *Übernahmeverschulden*, 678. Diese Haftung ist besonders streng ausgestaltet und zeigt den Zweck der Geschäftsführung ohne Auftrag, ungebetener Einmischung in fremde Angelegenheiten einen Riegel vorzuschieben, besonders deutlich: Der unberechtigte Geschäftsführer haftet auch bei nur leichter Fahrlässigkeit in der Übernahme des Geschäfts für normrelevante Zufallsschäden bei der Durchführung.

Ein Widerspruch mit dem Willen des Geschäftsherrn liegt vor, wenn dieser erkennbar überhaupt keine Geschäftsführung will oder mit der Art und Weise, wie der Geschäftsführer das Geschäft besorgen will, nicht einverstanden ist oder wenn er die Geschäftsführung gerade durch diesen Geschäftsführer ablehnt. Außerdem muß sich der Geschäftsführer bewußt über den ihm bekannten Willen des Geschäftsherrn hinweggesetzt oder aber den maßgeblichen Willen (oben I 4b) schuldhaft falsch eingeschätzt haben.

Liegen diese Voraussetzungen vor, haftet der Geschäftsführer für jeden durch die Geschäftsführung adäquat verursachten Schaden, ohne daß es auf ein Verschulden bei der Durchführung ankäme, er trägt also bei schuldhafter Übernahme das Risiko des Fehlschlags seiner Bemühungen. Es liegt also ein Fall des versari in re illicita vor: wer schuldhaft einen unerlaubten Zustand herstellt, haftet für alle Folgen.

cc) Diese strenge Haftung wird aber begrenzt durch den hier anwendbaren § 680: Handelt der Geschäftsführer zur Abwendung einer dem Geschäftsherrn drohenden Gefahr, so hat er nur grobe Fahrlässigkeit und vorsätzliches Handeln gegen den Willen des Geschäftsherrn bei der Übernahme zu vertreten. Dadurch wird auch die Haftung aus § 823 auf grobe Fahrlässigkeit und Vorsatz beschränkt. Das gilt auch für den geschäftsunfähigen oder in der Geschäftsfähigkeit beschränkten Geschäftsführer.

b) *Pflichten des Geschäftsherrn*

Da der Aufwendungsersatzanspruch gem. § 683 S. 1 nur im Falle berechtigter Geschäftsübernahme entsteht, weil eben bei ungebetener Einmischung der Geschäftsführer „in eigener Regie" handelt, sollen auch dem Geschäftsherrn die Früchte dieser Tätigkeit nicht zufallen. Der Geschäfts*herr* (!) muß deshalb alles aus der Geschäftsführung Erlangte nach Bereicherungsrecht herausgeben, § 684 S. 1 (Rechtsfolgeverweisung, vgl. BGH WM 76, 1060). An die Stelle des Aufwendungsersatzanspruchs, den der berechtigte Geschäftsführer geltend machen kann, tritt also der (allen spezifisch bereicherungsrechtlichen Gefahren ausgesetzte) Anspruch aus *Aufwendungskodiktion* für den unberechtigten Geschäftsführer. Für den Spezialfall, daß der Geschäftsführer gleichzeitig aufgrund vertraglicher Verpflichtung gegenüber einem Dritten tätig wird, vgl. OLG Hamm NJW 74, 951. Der Anspruch besteht nicht im Fall des § 685. Hat umgekehrt der Geschäftsführer etwas auf Kosten des Geschäftsherrn erlangt, so muß er das ebenfalls nach Bereicherungsrecht herausgeben, wenn nicht die weitergehende Schadensersatzpflicht eintritt, s. oben a.

c) *Genehmigt* der Geschäftsherr die unberechtigte GoA, so treten alle Rechtsfolgen der berechtigten GoA ein: Der Geschäftsführer kann Ersatz seiner Aufwendungen verlangen, 684 S. 2, 683 S. 1, 670, und der Geschäftsherr kann die in § 681 S. 2 genannten Ansprüche geltend machen.

Durch die Genehmigung werden auch die Verfügungen, die der Geschäftsführer als Nichtberechtigter getroffen hat, wirksam, 185 II.

Die Rechtsfolgen der berechtigten GoA treten auch bei der Geschäftsführung nach § 679 ein, ohne daß es auf den Willen des Geschäftsherrn ankäme.

III. Fremdgeschäftsführung mit Eigengeschäftsführungswillen (unechte GoA i. w. S.: vermeintliche und unechte GoA i. e. S.)

1. Vermeintliche Geschäftsführung ohne Auftrag, § 687 I

Fehlt der Fremdgeschäftsführungswille, so sind die Vorschriften über die Geschäftsführung ohne Auftrag nicht anwendbar. Handelt es sich um ein objektiv neutrales Geschäft, so treten überhaupt keine Rechtsfolgen ein – es liegt vielmehr die erlaubte Besorgung eines Geschäftes für sich selbst vor. Nur beim objektiv fremden Geschäft ist also eine Fallgestaltung denkbar, bei der ein fremdes Geschäft als eigenes geführt wird, RGZ 137, 212. Auch eine Genehmigung kommt hier nicht in Frage, da § 684 S. 2 das Handeln für den anderen voraussetzt.

Beispiele einer Fremdgeschäftsführung mit Eigengeschäftsführungswillen sind: Besitz- und Eigentumsverletzungen, Ausbeutung eines fremden geistigen Eigentums oder Erfinderrechts, nicht aber unberechtigte Untervermietung: der Mieter führt hier kein Geschäft des Vermieters, da dieser die Gebrauchsmöglichkeiten dem Mieter eingeräumt hat, BGH NJW 64, 1853. BGHZ 85, 267 (272) = NJW 83, 446 hilft mit § 816 II.

Bei der vermeintlichen GoA, bei der jemand *irrtümlich* ein fremdes Geschäft als eigenes besorgt, stellt der Gesetzestext ausdrücklich fest, daß die Vorschriften der GoA nicht anwendbar sind. Das gilt auch, wenn sich der Geschäftsführer schuldhaft irrt. In diesem Fall kann aber neben das zur Rückabwicklung anwendbare Bereicherungsrecht auch Deliktsrecht treten. Beachte aber das Eigentümer-Besitzer-Verhältnis, das für den redlichen Eigenbesitzer das Deliktsrecht ausschließt! § 687 I geht jedoch weiter als der Schutz des redlichen Eigentümers durch das Eigentümer-Besitzer-Verhältnis, da darunter auch fällt, wer beim Besitzerwerb grob fahrlässig war (anders § 990 I) vgl. *Medicus,* BürgR, Rn. 116.

2. Unechte Geschäftsführung ohne Auftrag, § 687 II

Bei der unechten GoA führt der Geschäftsführer *vorsätzlich* ein (objektiv fremdes) Geschäft als eigenes. Er greift bewußt und gewollt in einen fremden Rechtskreis ein und handelt ausschließlich zu seinem eigenen Vorteil. Dabei ist, im Unterschied zu § 816, die subjektive Absicht entscheidend: Der unterschlagende Angestellte führt „eigenes Geschäft" nach § 687 II, aber ein Geschäft seines Prinzipals nach §§ 56, 366 HGB, 816 I 1.

a) Der, in dessen Rechtssphäre so eingegriffen wurde, der Geschäftsherr, kann aber den Geschäftsführer an seinem Tun festhalten, und alle sich aus berechtigter wie unberechtigter GoA ergebenden Ansprüche geltend machen.

aa) Er hat also den sich aus §§ 687 II, 678 ergebenden Schadensersatzanspruch aus *Übernahmeverschulden* mit der Zufallshaftung für Folgeschäden. Das in § 678 geforderte Verschulden ist begrifflich schon mit der vorsätzlichen Eigengeschäftsführung gegeben, da niemand annehmen kann, mit diesem Eingriff im Willen und Interesse des Geschäftsherrn zu handeln.

bb) Noch wichtiger ist allerdings der Anspruch aus §§ 687 II, 681 S. 2, 667 auf das aus der Geschäftsführung *Erlangte.*

Verkauft ein Dieb Diebesgut an einen Unbekannten, so haftet er dem Eigentümer
(1) auf *Ersatz des Gesamtschadens* nach
— §§ 985, 992, 823 I, 823 II, 242 StGB, 826
— §§ 985, 990 I 11, 989
— §§ 1007 II, III 2 i. V. mit den obigen Vorschriften
(2) auf den *Wert des Besitzes des Diebesgutes* einschl. des *Vorenthaltungsschadens* sowie auf Nutzungen nach

— §§ 992, 823 I (Besitz als sonstiges Recht), 823 II, 858
— §§ 990 I 1, 989, 987
  (also entgegen BGHZ 29, 157 nicht auf den Gewinn, str. s. u.)
(3) auf den gesamten *Erlös*, einschließlich des Werts und des den Schaden übersteigenden Gewinns (vgl. BGHZ 82, 308) nach
— §§ 687 II, 681 S. 2, 667

Da nach nunmehr wohl herrschender Ansicht in der Literatur, vgl. § 99 IV 2a bb, anders aber die Rechtsprechung, der Anspruch aus § 816 I nur auf den Wert der Sache geht, was im Sinne des Bereicherungsrechts als objektiver Ausgleichsordnung liegt, ist § 687 II die einzige Vorschrift, nach welcher der durch einen unerlaubten Eingriff Betroffene auch den *Gewinn* vom Verletzer herausverlangen kann. Die sich daraus ergebende große *praktische* Bedeutung dieser Vorschrift ist von den Vätern des BGB wohl nicht in ihrer ganzen Tragweite erkannt worden (vgl. Mot., Bd. II, S. 897f.).

Es hat einen guten Sinn, wenn der Gewinnherausgabeanspruch zumindest den *vorsätzlichen* Eingriff in den fremden Rechtskreis fordert, wie § 687 II es tut.

Bei der Ausbeutung fremden geistigen Eigentums (Immaterialgüterrechte) wird dagegen ein Anspruch auf Herausgabe des Gewinns auch bei *fahrlässigem* Handeln gewährt. Dieses Ergebnis wurde von der Rechtsprechung des Reichsgerichts (RGZ 70, 249, 251 ff.; 156, 321, 325; 165, 65) als Schadensersatzanspruch begründet, wobei für die besonders geartete Schadensberechnung (Erlös) der Rechtsgedanke aus § 687 II herangezogen wurde. Die spezialgesetzlichen Schadensersatzansprüche sind, entsprechend dieser Rechtsprechung, ausgestaltet, 47 II 2 PatG, 15 II 2 GebrMG, am deutlichsten 97 I 2 UrhG. Die Rechtsprechung ist jedoch auch weiterhin bedeutsam für das Recht der Warenzeichen (BGHZ 34, 320; 44, 372) und die Verletzung von Persönlichkeitsrechten ohne wirtschaftlichen Zuweisungsgehalt (BGHZ 20, 345, 353, nicht bedenkenfrei aber die Einschränkung in BGHZ 26, 349, 352f., die *ausschließlich* Ersatz für den immateriellen Schaden gewährt).

Zu bedenken ist, ob nicht über die gewerbsschutzrechtliche Rechtsprechung hinaus für Eingriffe in Materialgüterrechte der Anspruch aus § 687 II auch bei *fahrlässigem* Handeln neben die Schadensersatzansprüche treten sollte (so wohl RGZ 70, 251; vgl. auch BGHZ 34, 321). Bedeutsam wäre dieser Anspruch insbesondere im Hinblick auf die Verjährung (30 Jahre gegenüber 3 Jahren, z. B. nach § 102 UrhG).

Dafür spricht die schwierige Beweisbarkeit des vorsätzlichen Eingriffs, die ihren Grund in der oft zweifelhaften Ausdehnung des Schutzrechts hat. Bei den Materialgüterrechten ist das anders. Ein Eingriff in sie ist leichter erkennbar, der Vorsatz daher leichter zu ermitteln. Trotzdem ist die Ausdehnung des § 687 II auch auf fahrlässige Eingriffe allgemein zu befürworten. Bloße Wertherausgabe nach § 816 auch ohne Verschulden, aber Gewinnherausgabe nach § 687 II bei Verschulden: Dies ist die angemessene Lösung.

b) Macht der Geschäftsherr die in § 687 II genannten Ansprüche geltend, so ist er dem Geschäftsführer nach § 684 S. 1 verpflichtet, 687 II 2. Diese Verweisung ist verwirrend: Verlangt der Geschäfts*herr* nach §§ 687 II 1, 681 S. 1, 667 das aus der Geschäftsbesorgung Erlangte heraus, muß er dann dem Geschäfts*führer* seinerseits nach § 687 II 2, 684 S. 1 eben dieses Erlangte nach Bereicherungsrecht zurückerstatten? So gesehen würden sich die §§ 687 II 1 und 687 II 2 gegenseitig aufheben. Richtig verstanden bedeutet deshalb § 687 II 2 nur, daß der Geschäftsherr, wenn er den Gewinn aus den Transaktionen des Geschäftsführers herausverlangt, seinerseits die dabei entstandenen

Aufwendungen bis zur Höhe seiner Bereicherung dem Geschäftsführer erstatten muß. So wie der unberechtigte Geschäftsführer an Stelle des nicht anwendbaren § 683 S. 1 einen Anspruch auf Aufwendungskondiktion erhält, kann also auch der unbefugte Eigen„Geschäftsführer" Ersatz seiner Aufwendungen verlangen. Voraussetzung dafür ist aber, daß der Geschäftsherr durch sie bereichert ist: Erfolglose Aufwendungen und solche, die den Gewinn aus dem Geschäft übersteigen, müssen nicht ersetzt werden!

Der Aufwendungskondiktionsanspruch dient auch zum Interessenausgleich in folgendem Fall: Der Geschäftsführer verfügt unwirksam über eine dem Geschäftsherrn gehörende Sache. Verlangt nun der Geschäftsherr den Erlös nach § 687 II 1 heraus und macht außerdem seine Eigentumsherausgabeansprüche gegen den Dritten, der die Sache unwirksam vom Geschäftsführer erworben hat, geltend, so kann der Geschäftsführer ihm die Aufwendungen, die dadurch entstehen, daß er den Erwerber der Sache nach § 440 II im Wege der Rechtsmängelhaftung entschädigen muß, entgegenhalten. Anders als bei der Genehmigung der Verfügung nach §§ 816 I 1, 185 II braucht nämlich der Geschäftsherr (z. B. der Eigentümer einer gestohlenen Sache) das Eigentum nicht aufzugeben, wenn er nach § 687 II 1 vorgeht. Würde man hier die Befriedigung des Schadensersatzanspruches aus § 440 II nicht als Aufwendung des Geschäftsführers ansehen, stünde dieser übel da: er müßte den gesamten Erlös herausgeben und den Dritten befriedigen. Es liegt also dieselbe Konstellation vor, die zur Unanwendbarkeit des § 281 im Rahmen des Eigentümer-Besitzer-Verhältnisses führt: Eine Doppelbelastung des unrechtmäßig in einen fremden Rechtskreis Eingreifenden soll vermieden werden. Beispiel:

– Eine Sache des Geschäftsherrn im Wert vom 100 wird vom Geschäftsführer für 150 an D verkauft. Verlangt jetzt der Geschäftsherr die Sache von D heraus, kann dieser vom Geschäftsführer nur 100 aus § 440 II als Interesse verlangen. Will der Geschäftsherr außerdem die 150 als Erlös vom Geschäftsführer, kann dieser die an D gezahlten 100 als Aufwendung abziehen: der Geschäftsherr bekommt den Gewinn von 50.

– Ist die Sache dagegen 150 wert und wird für 100 an D verkauft, geht dessen Interesse auf 50 (Differenzmethode). Der Geschäftsführer muß an D 150 (Kaufpreis + Interesse) zahlen. Da er von D nur 100 bekommen hat, übersteigen seine Aufwendungen das aus der Geschäftsführung Erlangte: der Anspruch des Geschäftsherrn aus § 687 II 1 geht ins Leere, er muß sich mit der Sache begnügen.

IV. Konkurrenzen

1. Die GoA wird ausgeschlossen durch folgende Sonderregelungen: §§ 965ff. über den Fund; §§ 740ff. HGB über Bergung in Seenot; § 80 ZPO über Geschäftsführung im Prozeß; §§ 90, 91 BSHG über Ansprüche des Trägers der Sozialhilfe gegenüber Unterhaltspflichtigen.

2. Umgekehrt verweist das Gesetz häufig auf die Vorschriften über die GoA, ohne daß es darauf ankommt, ob tatsächlich die Besorgung eines fremden Geschäfts vorliegt: §§ 450, 547, 601, 994, 1007, 1049, 1216, 1959, 1978, 1991, 2125.

Dagegen ist GoA-Recht auf nichtige (str. s. o.) oder faktische Verträge nicht anwendbar, *Erman*, NJW 65, 421. Auch wenn ein nach § 662 Beauftragter den ihm durch Weisungen gesteckten Rahmen verläßt, liegt keine GoA vor, sondern schlecht erfüllter Auftrag.

3. Für das Verhältnis zum Bereicherungsrecht ist zu differenzieren: Berechtigte GoA schließt die Anwendbarkeit der §§ 812ff. aus, da sie als causa i. S. d. § 812 wirkt (vgl. *Staud./Wittmann,* Vorb. zu §§ 677–687 Rn. 4. Vermögensverschiebungen durch die Geschäftsführung erfolgen also mit rechtlichem Grund. Die Eingriffskondiktion wirft keine Abgrenzungsfragen auf, da eine Geschäftsbesorgung i. S. d. §§ 677ff. stets eine Leistung im Sinne des Bereicherungsrechts ist, vgl. Esser/Weyers, § 98, 2 c.

Bei unberechtigter Geschäftsführung entsteht das Legalschuldverhältnis der GoA dagegen nicht; es bleibt bei einem Ausgleich nach Bereicherungsrecht, 684 S. 1.

Handelt es sich um unechte Geschäftsführung, 687 II, so ist Bereicherungsrecht ausgeschlossen, BGHZ 39, 188, wenn der Geschäftsherr die sich aus § 687 II ergebenden Rechte nicht geltend macht.

4. Im Verhältnis zum Verwendungsersatz nach dem Eigentümer-Besitzer-Verhältnis geht das speziellere gesetzliche Schuldverhältnis der GoA vor, soweit dessen Tatbestand erfüllt ist. Nur wenn der Ersatz der Aufwendungen nach §§ 683, 670 scheitert, z. B. weil der Geschäftsführer mit Eigengeschäftsführungswillen handelte (redlicher Eigenbesitzer), greift subsidiär § 994 I ein. Die Rechtsgrundverweisung des § 994 II gilt dagegen nur für den Fremdbesitzer: Macht dieser Aufwendungen, um die Sache dem Eigentümer zu erhalten, kann er die Ansprüche aus GoA geltend machen. – Auch der Anspruch des Geschäftsherrn nach § 687 II wird durch das Eigentümer-Besitzer-Verhältnis nicht ausgeschlossen, auch soweit er auf Schadensersatz und Herausgabe der Nutzungen geht, da er nicht auf der Unmöglichkeit der Herausgabe beruht. Im Fall unechter GoA besteht also Anspruchskonkurrenz, *Berg,* JuS 71, 312.

V. Geschäftsführung ohne Auftrag – auf einen Blick –

		Pflichten des Geschäftsführers	Pflichten des Geschäftsherrn
Fremdgeschäftsführung mit *Fremdgeschäftsführungswillen* („echte GoA")	Berechtigte GoA	Voraussetzung: 677 und 683 S. 1 677 sorgfältige Durchführung 681 S. 1 Nebenpflichten 681 S. 2 iVm 667 Herausgabe iVm 668 Verzinsung iVm 666 Auskunft, Rechenschaft Verletzung dieser Pflichten: 280, 284, pFV,	683 S. 1 iVm 670 Aufwendungsersatz nach Auftragsrecht Beachte: Schenkungsabsicht, 685 Schadensmilderungsgründe
	Unberechtigte GoA	Voraussetzung: 678 678 Schadensersatz Beachte: Haftungsmilderung 680, 682 Die sonstigen Vorschriften über GoA, vor allem 677 und 681 gelten nicht.	684 S. 1 Herausgabe des aus der Geschäftsführung Erlangten wie bei der unechten GoA. Aufwendungskondiktion
		Aber: 679, 684 S. 2 haben dieselben Rechtsfolgen wie die berechtigte GoA	Also: 683 S. 2, 670 684 S. 2, 683 S. 1, 670 Aufwendungsersatz
Fremdgeschäftsführung mit *Eigengeschäftsführungswillen* („unechte GoA" i. w. S.)	*irrtümlich:* vermeintliche GoA	687 I GoA-Recht gilt nicht	687 I GoA-Recht gilt nicht
	vorsätzlich: unechte GoA (i. e. S.) (Ausdehnung auf Fahrlässigkeit bei Immaterialgüterrechten)	687 II – 677 sorgfältige Durchführung – 678 Schadensersatz – 681 S. 1 – 681 S. 2 iVm 666 iVm 667 iVm 668	Bei Geltendmachung eines dieser Ansprüche durch den Geschäftsherrn: 687 II iVm 684 S. 1 Herausgabe des aus der Geschäftsführung Erlangten nach Bereicherungsrecht. Aufwendungskondiktion als Ausgleich dafür, daß der Geschäftsführer keinen Aufwendungsersatz nach 670 bekommt
		Ansprüche des Geschäftsherrn	Ansprüche des Geschäftsführers

§ 84
Mäklervertrag

Berg, JuS 73, 548; *Breloer*, NJW 74, 347; *Burghart*, AcP 140, 81; *Dörr*, SeuffBl. 70, 620; *Dyckerhoff*, Das Recht des Immobilienmaklers, 9. Aufl. 1984; *Glaser*, NJW 74, 348; *Glaser/Warncke*, Das Maklerrecht in der Praxis, 7. Aufl. 1982; *Kohler*, NJW 57, 327; *Knieper*, NJW 70, 1293; *Krause, H.*, FS Molitor 1962; 383; *ders.*, AiZ 61, 33; *Krüger/Doyé*, Der Alleinauftrag im Maklerrecht, 1977; *Pfander/Stumm*, DB 76, 32; *Reichel*, Die Mäklerprovision, 1913; *Schmidt/Salzer*, DB 69, 1091; *Schwarz*, Das Maklerrecht, 1958; *Schwerdtner*, Maklerrecht, 2. Aufl. 1979; *ders.*, JZ 83, 777; *Tonner*, Verbraucherschutz im Recht des Immobilienmaklers, 1981; *ders.*, BB 84, 241; *Vollkommer*, (II.) FS *Larenz*, 1983, 663; *Wegener/Seiler*, Der Makler und sein Auftraggeber, 3. Aufl. 1981; *Werner, O.*, JurA 70, 353; *Wolf*, WM 81, 666; *Woltersdorf*, Die rechtliche Natur des Mäklervertrages, 1905.

I. Begriff und Wesen

1. Mäklervertrag ist der Vertrag, durch den sich jemand verpflichtet, einem anderen (Mäkler) für den Nachweis der Gelegenheit zum Abschluß eines Vertrags oder für die Vermittlung eines Vertrags einen Lohn (Mäklerlohn) zu zahlen.

Der Nachweismäkler beschränkt sich auf den reinen Nachweis der Vertragsgelegenheit zugunsten einer Partei, der Vermittlungsmäkler führt, bildlich gesprochen, *beide* Parteien an den Verhandlungstisch. In der Praxis gehen beide Formen ineinander über. Eine Verpflichtung zum Abschluß eines nachgewiesenen Vertrags („Hauptvertrag") besteht für den Auftraggeber regelmäßig nicht. Ein Maklervertrag kommt auch nicht schon dadurch zustande, daß sich ein Interessent auf eine Zeitungsanzeige des Maklers meldet, OLG Frankfurt MDR 75, 1019. Die Zeitungsanzeige ist eine Einladung zur Abgabe eines Angebots. Bis zum Vertragsschluß kann der Interessent sein Angebot (§ 145) jederzeit widerrufen. Er kann gleichzeitig mehrere Mäkler beauftragen, außer im Falle eines zustandegekommenen „Alleinauftrags".

2. Der Vertrag kann einseitig verpflichtend gemeint sein: Nur der Auftraggeber schuldet etwas: den Lohn. Oder zweiseitig: Auch der Mäkler ist, zum Tätigwerden als solchen, oder zur Herbeiführung des Vertrags, verpflichtet. Im letzten Fall ist der Vertrag regelmäßig *gegenseitig* (320 ff.). Beim reinen Mäklervertrag ist der Mäkler zum Tätigwerden nicht verpflichtet. Wenn der Mäkler eine solche Verpflichtung doch übernimmt, dann sind je nach Art der geschuldeten Tätigkeit die Regeln des Dienst- oder Werkvertrags oder eine Kombination von beiden ergänzend anzuwenden. Hiervon hängen die bei Leistungsstörungen des Maklers anwendbaren Vorschriften ab. Verletzt er seine Sorgfaltspflichten, haftet er aus §§ 280, 286 entspr. oder §§ 325, 326 entspr. aus pVV, gegebenenfalls auf wirtschaftliche Freistellung vom Hauptvertrag, BGH NJW 82, 1145; 82, 1147.

Der Mäkler M erhält für das „Ausschauhalten" nach einer Gelegenheit X, – DM, wenn ein Vertrag zustande kommt, zusätzlich Y, – DM. § 652 spricht nur von dem Mäkler, dessen Lohnanspruch bei herbeigeführtem Vertragserfolg entsteht. Wenn also für das reine Tätigwerden kein Lohn besonders versprochen ist, bewendet es bei § 652: Nur bei Zustandekommen des Vertrags wird Lohn geschuldet, BGH NJW 82, 2662.

3. Für die Entgeltlichkeit des Mäklervertrags spricht eine widerlegliche Vermutuung, 653. Wer einen Mäkler bemüht, muß in aller Regel mit einer Gebührenpflicht rechnen, wenn der Vertrag zustande kommt. Auch der Vorkaufsberechtigte haftet, BGH NJW 82, 2068; 82, 2662.

4. Das Mäklerrecht des BGB gilt nur, soweit nicht Sonderbestimmungen eingreifen.[1]) Diese sondergesetzlichen Teilregelungen sollen aber durch die geplante *Reform des Maklerrechts* („Entwurf eines Gesetzes über Maklerverträge", BT-Drs. 9/1633) im Interesse der Übersichtlichkeit und der Geschlossenheit des Maklerrechts ins BGB zurückgeführt werden, vgl. dazu *Vollkommer*, FS *Larenz*, 1983, 663 ff.; *Tonner*, BB 84, 241 ff.

5. Unter das BGB fallen hauptsächlich Grundstücks-, Hypotheken-, Geschäftsverkaufs-, Geschäftsverpachtungs- und vor allem Wohnungsmäkler.

II. Besonderheiten des Mäklervertrags

1. Nach § 652 I 1 ist der Lohnanspruch an den Vertragsabschluß gebunden.[2]) Abweichungen, insb. reiner Tätigkeitslohn, können vereinbart werden. Überhaupt verwenden Mäkler in großem Umfang Geschäftsbedingungen, durch die sie sich zu schützen trachten („Mäklers Müh ist oft umsonst").[3]) Am bekanntesten ist die Klausel, daß der Auftraggeber eine ihm vom Mäkler nachgewiesene Gelegenheit nicht weitergeben darf, widrigenfalls er im Falle des anderweiten Vertragsschlusses den Lohn schuldet. Diese Klausel ist als zulässig anzusehen, nicht dagegen die gelegentlich damit verbundene, der Auftraggeber sei beweispflichtig, daß ein anderweiter Abschluß für das nachgewiesene Objekt *nicht* durch seine weitergegebene Information zustande gekommen sei (138) Der Nachweis des Maklers muß für den Hauptvertrag *kausal* sein, was bei Vorkenntnis des Auftraggebers fehlt; andererseits ändern Zwischenüberlegungen und Einschaltung weiterer Makler an einer einmal bestehenden Kausalität nichts mehr, BGH NJW 80, 123.[4]) Gelegentlich wird auch reiner Aufwendungsersatz, gegebenenfalls pauschaliert, vereinbart, vgl. § 652 II. Wird allerdings durch die Höhe der Pauschale unangemessener Druck auf den Auftraggeber zum Abschluß eines Grundstückkaufs oder -verkaufs ausgeübt, so bedarf die Vereinbarung der Pauschale der notariellen Form des § 313, BGH NJW 80, 1622. Eine erfolgsunabhängige Provisionspflicht weicht so sehr vom gesetzlichen Leitbild ab, daß sie ausdrücklich vereinbart werden

---

[1]) Zu den Sondervorschriften s. die Vorauflage.
[2]) Wird der Hauptvertrag angefochten, besteht folglich auch dann kein Provisionsanspruch des Maklers, wenn nicht er, sondern sein Auftraggeber getäuscht hat, BGH NJW 79, 975.
[3]) Variante: „Mäklers Kunst ist oft umsunst".
[4]) Bei *einem* Makler ist die Kausalität indiziert (BGH DB 71, 886), bei *mehreren* Maklerangeboten muß umgekehrt der Makler die Kausalität nachweisen (BGH DB 79, 496).

muß, um wirksam zu sein. Eine solche Klausel, in AGBG oder Formularvertrag „versteckt", ist unwirksam, § 3 ABGB („überraschende Klausel").

2. Der Mäkler darf nur für den einen Teil, nämlich seinen Auftraggeber, tätig werden. Sonst verwirkt er den Lohnanspruch, 654. Eine vertragliche Vereinbarung, nach der der Mäkler für beide Seiten tätig werden kann (Doppelmäkler), ist möglich, wenn beide Auftraggeber damit einverstanden sind und der Mäkler sich unparteiisch verhält, BGHZ 48, 344. Der die Provisionspflicht auslösende Vertrag muß mit einem *Dritten* zustandekommen. Deshalb entfällt die Provision, wenn auf einer Seite (oder auf beiden Seiten, vgl. BGH NJW 76, 45) der Makler selbst Vertragspartei ist. Da der Grundstücksmäklerlohn meist in Prozenten vom Kaufpreis berechnet wird, ist die Versuchung eines vom Käufer beauftragten Mäklers, den Preis hochzudrücken, besonders groß. Die Vorschrift des § 654 soll als Warnung dienen. Sie ist ein gesetzlich geregelter Fall des verbotenen venire contra factum proprium, vgl. oben § 27 III 5a aa. Allerdings verwirkt nach BGHZ 36, 323 der Mäkler den Provisionsanspruch nur bei vorsätzlich oder grob leichtfertig treuwidrigem Verhalten, BGH NJW 81, 280; 83, 1847.

3. Ähnlich wie eine überhöhte Vertragsstrafe (343) kann ein überhöhter Mäklerlohn gerichtlich durch Urteil herabgesetzt werden, allerdings nur vor der Zahlung, 655.

III. Der Ehemäklerlohn, 656

Gilles, Gewerbsmäßige Ehevermittlung, 1977; *ders.,* NJW 83, 361; *ders.,* MDR 83, 712; *Loddenkemper,* NJW 84, 160.

Der Ehemäklerlohn ist eine *erfüllbare Nichtschuld* (oben § 16 I 2). Verspricht der Ehemäkler eine auf Herbeiführung der Eheschließung gerichtete Tätigkeit, gilt § 656 entsprechend und ist die AGB-mäßige Vereinbarung eines erfolgsunabhängigen Honorars zulässig, § 9 AGBG, BGHZ 87, 309. § 656 II verhindert Umgehungen, insb. durch Schuldanerkenntnisse und Wechsel. Ehemäklerinstitute verlangen daher i. d. R. Vorauszahlung. Der rechtspolitische Grund der Vorschrift, die Trennung finanzieller Sanktionen von höchstpersönlichen Entschlüssen, überzeugt nicht. Die Ehe bringt auch sonst wirtschaftliche Sanktionen. Die Praxis der Vorauskasse ist jedenfalls nicht geeignet, die Seriosität der Ehevermittlung zu vergrößern. § 656 I 1 schließt die Geltendmachung von Schadensersatzansprüchen aus positiver Forderungsverletzung des Ehemäklers nicht aus (BGHZ 25, 124).

Von zunehmender Wichtigkeit ist der *finanzierte Ehemäklervertrag,* bei dem der Kunde den Ehemäklerlohn nicht aus Eigenmitteln bestreitet, sondern bei einer Bank, die meist mit dem Ehemäkler in Geschäftsverbindung steht, ein Darlehen aufnimmt, das diese an den Ehemäkler noch vor dessen Tätigwerden ausbezahlt. Die Konstruktion gleicht also der des B-Geschäfts beim finanzierten Abzahlungskauf. Es ist umstritten, ob auf die Darlehensforderung § 656 II analog angewendet werden kann oder nicht. Man kann § 656 II analog anwenden, wenn die rechtliche Aufspaltung nur den Sinn hat, diese Vorschrift zu umgehen. Steht dagegen bei der Vereinbarung eines finanzierten Ehemäklervertrags der Finanzierungsgedanke im Vordergrund, ist die Klagbarkeit nicht ausgeschlossen. Der Gesetzgeber wollte mit der Vorschrift des § 656 Prozesse über den Mäklerlohn verhindern, da er darin eine Belastung für eine auf Vermittlung zustande gekommene Ehe sah, nicht aber Darlehensprozesse, s. a. *Palandt/Thomas,* § 656 Anm. 3.

§ 85
Auslobung

Dreiocker, Zur Dogmengeschichte der Auslobung, Diss. Kiel 1969; *Elster*, ArchBürgR 18, 124; *Francke*, HirthsAnn. 37, 353; *Kohler*, ArchBürgR 25, 1; *Kuhlenbeck*, JW 1908, 645; *v. Mayr*, Die Auslobung, 1905; *Oertmann*, ÖZBl. 24, 785; *Scheicher*, Die Lehre von der Auslobung nach Reichsrecht, 1900.

I. Begriff und Wesen

1. Die Auslobung ist ein Schuldverhältnis, das durch ein einseitiges Rechtsgeschäft, nämlich eine nicht empfangsbedürftige Willenserklärung zustande kommt, und das den einen Teil (Auslobenden) zur Zahlung einer Belohnung an denjenigen verpflichtet, der die Handlung vorgenommen hat, für die der Auslobende durch öffentliche Bekanntmachung die Belohnung versprochen hat, 657.

Zettel am Straßenbaum: „20,— DM demjenigen, der mir meinen entflogenen Kanarienvogel wiederbringt." Unterschrift und Adresse.

Streitig ist ihre Abgrenzung von Wette und Spiel (unten § 91). Die einen trennen nach Art der Bindung: Die Auslobung binde nur den Auslobenden. Der aufgrund der Auslobung Tätige sei zu nichts verpflichtet, wenn sein Versuch mißlingt. Spiel und Wette legen dagegen beiden Seiten Bindungen auf *(Larenz, H. Lehmann)*. Die andern anerkennen auch die einseitig bindende Wette. Eine Auslobung sei durch ihren Belohnungscharakter gekennzeichnet *(Kohler, Esser)*. Die zweite Auffassung verdient den Vorzug. Bei Spiel und Wette soll sich irgend etwas „herausstellen"; bei der Auslobung soll etwas *getan, geleistet* werden. Dafür wird ein Lohn zugesagt. Die Auslobung gehört zu den Schuldverhältnissen über Tätigkeiten. Spiel und Wette sind „sonstige Versprechen". Liegt daher das Schwergewicht auf dem Leistungs-Lohn-Gedanken, handelt es sich um eine Auslobung.

2. Als einseitiges Rechtsgeschäft steht die Auslobung auf einer Stufe mit dem Testament und der Stiftung. Das BGB hat mit der Fassung des § 657 den gemeinrechtlichen Lehrstreit entschieden, ob die Auslobung ein Vertrag sei (Vertragstheorie) oder kraft einseitigen Versprechens verpflichte (Pollizitationstheorie), und zwar zugunsten der letztgenannten Auffassung, vgl. dazu *Staud./Wittmann*, Vorb. zu §§ 657–661 Rn. 3. Die Auslobung braucht den Belohnungsberechtigten nicht einmal zu erreichen (entgegen § 130), sofern er nur die gewünschte Handlung – ohne Rücksicht auf die Auslobung – vornimmt, 657. Dafür ist der Anspruch aus einer Auslobung in diesem Falle entgegen § 397 auch einseitig verzichtbar, sonst würde man wider Willen Gläubiger, dazu oben § 18 I 1. Dem Auslobenden steht es frei, besondere Verfahrensbedingungen festzulegen, BGHZ 17, 366.

II. Besonderheiten

1. Die Auslobung ist widerruflich, 658.

2. Wird die Handlung mehrfach vorgenommen, entscheidet Priorität; bei Gleichzeitigkeit erfolgen Teilung oder Auslosung, 659.

3. Mehrere Mitwirkende erhalten Anteile nach dem Grad der Beteiligung. Billiges Ermessen des Auslobenden entscheidet, was das Gericht überprüfen kann, 660.

III. Preisausschreiben, 661

Die wichtigste Auslobungsbestimmung ist § 661: Ein Preisausschreiben ist eine Auslobung. § 661 gibt bürgerlichrechtliche Regeln für die Gültigkeit und Durchführung des Preisausschreibens. Architektenwettbewerbe (BGH NJW 83, 442), Bildhauerwettbewerbe, Preisrätsel zu Werbezwecken fallen hierunter. Bei nicht öffentlich bekanntgemachter Auslobung gelten die Regeln des § 661 vereinbarungsgemäß häufig entsprechend, BGHZ 17, 336. Bei den Preisrätseln zu Werbezwecken, z. B. in Zeitschriften, auf Flugzetteln und dergl., sind vor allem zwei Gesichtspunkte zu beachten:

Ist das Preisrätsel so leicht, daß es parktisch jeder auch bei geringer Aufmerksamkeit lösen kann, liegt eine unverbindliche Ausspielung vor, 763, 762 (str.). Verstößt das Preisrätsel wegen seiner Leichtigkeit oder aus sonstigen Gründen gegen die guten Sitten im Wettbewerb, gelten die Verbote des UWG.

Vom Preisausschreiben zu unterscheiden ist die *Ausschreibung* (z. B. nach VOB/A), die eine öffentliche Aufforderung zur Abgabe von Angeboten darstellt, 145 ff. Wer ausschreibt muß sich an die Regeln halten, die er selbst aufgestellt hat, und er muß den Bewerbern gleiche Chancen einräumen. Sonst kommt culpa in contrahendo in Frage.

§ 86
Verwahrung

Brychcy, Der Kraftfahrzeugabschleppvertrag, Diss. München 1973; *ders.*, DAR 75, 29; *Delius*, Recht 1920, 33; *Heußner*, Der Übergang der regelmäßigen Verwahrung in eine unregelmäßige Verwahrung oder ein Darlehen, 1921; *Kuhlenbeck*, JW 1909, 649; *ders.*, JW 1910, 641; *Müller, H.*, JuS 77, 232; *Niemeyer*, Depositum irregulare, 1889; *Pikart*, WM 62, 862; *Schütz*, JZ 64, 91.

I. Begriff und Wesen

1. Der Verwahrungsvertrag ist der Vertrag, durch den sich der eine Teil (Verwahrer) verpflichtet, eine ihm von dem andern Teil (Hinterleger) übergebene bewegliche Sache aufzubewahren. Ist die Verwahrung unentgeltlich, so ist sie ein einseitig verpflichtender Vertrag (Konsensualvertrag, siehe oben § 12). Ist sie entgeltlich, was unter entsprechenden Umständen (für die der Verwahrer beweispflichtig ist) als stillschweigend vereinbart gilt, 689, so ist sie ein zweiseitig verpflichtender Vertrag. Wegen der Entgeltnatur besteht *Gegenseitigkeit* in bezug auf *Verwahrungs- und Entgeltzahlungspflicht* (nicht aber

bezüglich der Rückgabe- und Rücknahmepflicht, 695, 696). Die Fälligkeit der Vergütung regelt § 699.

2. Die Verwahrung ist abzugrenzen:

a) von *Gefälligkeitsverhältnissen* ohne Willen zu rechtlicher Bindung: Die Hausfrau läßt den Milcheimer im Milchladen stehen, um ihn auf dem Rückweg vom Stadteinkauf wieder abzuholen.

b) von *Gefälligkeitsverhältnissen* nach Art des dem Tischgast überlassenen Eßbestecks: Auch diese Gesellschaftsverhältnisse liegen außerhalb der Rechtssphäre.

c) Von *Leihe, Miete, Darlehen:* Hier erfolgt die Übergabe im Interesse des *Nehmenden,* der die Leihsache oder das Geld *gebrauchen* will. Die Übergabe zur Verwahrung – ein äußerlich gleicher Vorgang – ist durch das Interesse des *Gebenden* gekennzeichnet, die Sache sicher zu hinterlegen. (Darum hat der Verwahrer auch kein Gebrauchsrecht, vgl. aber § 698 und dazu § 668, sowie § 700 I 2.) Der hier gezeigte Unterschied besteht trotz nahezu gleicher rechtlicher Regelung auch zwischen Darlehen und Summenverwahrung, 700 (!). Von der Miete unterscheidet sich die Verwahrung nicht nur durch die andere Interessenlage, sondern auch durch ihre grundsätzliche Unentgeltlichkeit, BGHZ 3, 200.

d) Die §§ 688ff. betreffen nur die Verwahrung *beweglicher* Sachen. Vertraut jemand einem andern ein Grundstück „zur Verwahrung" an, findet – je nach Art der Abmachung – Auftrags-, Dienstvertrag-, Werkvertrags- oder Geschäftsbesorgungsrecht Anwendung. Am nächsten liegt im Regelfall Geschäftsbesorgung, 675.

e) Darin (c und d) zeigt sich, daß die Verwahrung ein auf *Tätigkeit* gerichtetes Schuldverhältnis ist, das zu Auftrag, Dienstvertrag, Werkvertrag und Geschäftsbesorgung im Verhältnis der Sonderregelung zur allgemeinen Regelung steht (wie Auslobung und Mäklervertrag). Wo daher Verwahrungsrecht im Einzelfall nicht ausreicht, ist das Recht jener allgemeineren Tätigkeitsverträge ergänzend heranzuziehen. Dabei wird es sich dann regelmäßig um einen Kombinationsvertrag handeln, falls die anderen Leistungen nicht „untergeordnet" sind, oben § 65 II.

f) Besondere Arten der Verwahrung mit eigener Regelung sind:
Sequestration (Gemeinschaftsverwahrung für mehrere durch gemeinsam bestellten Verwahrer): §§ 432 I 2, 1217, 1281, 2039 BGB; 165 FGG; 848; 855, 938 II ZPO.
Lagergeschäft nach §§ 416ff. HGB und nach der Orderlagerschein-VO v. 16. 12. 1931, RGBl. 763.
Wertpapierverwahrung durch Banken nach dem Depotgesetz v. 4. 2. 1937, RGBl. I 171. Andere der Bank in Verwahrung gegebene Stücke fallen unter §§ 688ff., wenn die Bank von den konkreten Verwahrungsgegenständen Kenntnis nimmt und ihre Aufbewahrung selbst bestimmt. Dagegen regeln sich die üblichen *Bankschließfächer* nach Mietrecht (dazu *Werner,* JuS 80, 176), weil die Bank nicht weiß, was sich in den Fächern befindet und die Kenntnis dessen meist auch bewußt ablehnt. Hierbei will die Bank nur die Zuverfügungstellung des sicheren Schließfachs, nicht die sichere Aufbewahrung leisten.
Das öffentlich-rechtliche Verwahrungsverhältnis, insb. aufgrund von Beschlagnahme und Vollstreckungsmaßnahmen, BGHZ 1, 369; 3, 172; 4, 192; 34, 349.
Das öffentlich-rechtliche Verwahrungsverhältnis aufgrund der Hinterlegungsordnung v. 10. 3. 1937, RGBl. I 285.
Die „besondere amtliche Verwahrung" von Testamenten und Erbverträgen, 2258a, b.

II. Rechtliche Besonderheiten der Verwahrung

1. Bei unentgeltlicher Verwahrung haftet der Verwahrer nur für „diligentia quam in suis", 690.

Frau V, Katzenliebhaberin, pflegt ihre 5 Katzen frei herumlaufen zu lassen. Ihre Nachbarin N gibt ihr während einer Reise ihre Katze in Verwahrung. Die Katze der N gerät auf einem unbeaufsichtigten Streifzug in ein Tellereisen des Bauern B. Ansprüche der N gegen die V scheitern an § 690.

2. *Unterverwahrung* muß besonders gestattet werden. Der Unterverwahrer ist Substitut, nicht Gehilfe. Den Verwahrer trifft beim Substituten nur Auswahlverschulden, beim Gehilfen jede Schuld des Gehilfen, 691, 278, vgl. § 664.

3. § 962 gestattet dem Verwahrer eine umständebedingte *Änderung* der Aufbewahrung. Die Regelung ähnelt der Geschäftsführung ohne Auftrag, vgl. § 681.

4. *Aufwendungen* für die Verwahrungssache muß der Hinterleger ersetzen (z. B. Fütterungskosten), 693.

5. § 694 enthält eine Art *Mängelhaftung* für Schäden, die den Verwahrer durch die Sache treffen (der in Verwahrung gegebene Hund ist bissig). Schuldlose Unkenntnis der gefahrbringenden Eigenschaften entlasten den Hinterleger, ihre Kenntnis beraubt den Verwahrer seiner Ansprüche.

6. Das jederzeitige *Rückforderungsrecht* des § 695 ist Anspruchsgrundlage für die Rückgabe. Wird dieser Anspruch verletzt, gelten – da es sich um keine synallagmatische Pflicht handelt – §§ 275 ff. und nicht §§ 320 ff. Dazu kennt § 696 eine (ebenfalls nicht synallagmatische) Rücknahmepflicht des Hinterlegers, bei unbestimmter Verwahrungsdauer jederzeit, bei bestimmter nur aus wichtigem Grund. Die Rückgabeart ist einheitlich geregelt, 697 (Verwahrungsort); das bedeutet für die *Rücknahmepflicht* des § 696 eine Abweichung von § 269 I.

III. Die Summenverwahrung (unregelmäßige Verwahrung, depositum irregulare), 700

Werden Geld oder andere vertretbare Sachen so in Verwahrung gegeben, daß das Eigentum auf den Verwahrer übergehen und der Verwahrer dafür Sachen gleicher Art, Güte und Menge zurückgewähren soll, sind die Verwahrungsregeln unpassend. § 700 erklärt daher, trotz der anderen Interessenlage, grundsätzlich Darlehensrecht für anwendbar, 607 ff. Das gleiche gilt für vereinbarungsgemäß verbrauchte, vertretbare Verwahrungssachen, 700 I 2. Aus dem Verwahrungsrecht gelten nur die Bestimmungen über den Rückgabeort und Rückgabezeit, 700 I 3, 695–697.

Praktisch bedeutsam ist die Summenverwahrung bei der Hinterlegung von Wertpapieren im Girosammeldepot, BGHZ 84, 373. § 700 II schreibt ausdrückliche Vereinbarung vor. §§ 13 und 15 des Depotgesetzes geben teils ergänzende, teils ersetzende Sondervorschriften. Zur Abgrenzung vom Darlehensrecht bei Sparkonten und laufenden Konten siehe oben § 77 III 1. u. 2.

Verwandt sind sog. „Pensionsgeschäfte", bei den Vermögensgegenstände mit der (u. U. nur mündlich getroffenen) Nebenabrede verkauft werden, daß sie später einmal zu einem bestimmten Preis zurückgenommen werden sollen. Ihre Bedenklichkeit kann sich aus bilanzmäßigen Wertmanipulationen ergeben (§ 138), ähnlich wie bei sale & lease back-Transaktionen.

§ 87
Einbringung von Sachen bei Gastwirten

Ganzschezian-Fincke, Rechtsverhältnis zwischen Gast und Gastwirt, 1971; *Hohloch*, JuS 84, 357; *Kanzler*, Haftung des Gastwirts, 1919; *Koch*, VersR 66, 765; *Langen*, Die privatrechtliche Stellung der Wirte und der Gastaufnahmevertrag, 1902; *Lengler*, Die Haftung des Gastwirts für eingebrachte Sachen seiner Gäste und das Pfandrecht des Gastwirts an den eingebrachten Sachen der Gäste nach deutschem BGB, 1929; *Lindemeyer*, BB 83, 1504; *Medicus*, in: 25 Jahre Karlsruher Forum (Beil. zu VersR), 1983, 171; *Meyer*, SeuffBl. 67, 367; *Niessen*, MDR 66, 713; *Polenske*, Gastschaftsverträge, 1915; *ders.*, AcP 114, 415; *Seitter*, Rechtsbuch des Hoteliers und des Gastwirtes, 1974; *Siber*, Das gesetzliche Pfandrecht des Vermieters, des Verpächters und des Gastwirts nach dem BGB für das Deutsche Reich, 1900; *Sturm*, Die Einbringung von Sachen bei Gastwirten nach dem Rechte des BGB, 1900; *Weimar*, NJW 66, 55; *Werner*, JurA 71, 539.

I. Begriff und Wesen

1. Die §§ 701–704 über die Einbringung von Sachen bei Gastwirten regeln kein rechtsgeschäftliches Schuldverhältnis. §§ 701–703 begründen eine *gesetzliche Haftpflicht* des Gastwirts für eingebrachte Sachen seiner Gäste, auch für Zufallsschäden. § 704 gewährt – gleichsam zum Ausgleich – dem Gastwirt ein *gesetzliches Pfandrecht* an den Sachen des Gastes, wenn dieser nicht zahlt. Immerhin besteht eine gewisse Ähnlichkeit zur Verwahrung, die ihrerseits regelmäßiger Bestandteil des Beherbergungsvertrags ist. Die §§ 701–704 stehen zwar rechtlich getrennt neben dem Beherbergungsvertrag, ergänzen ihn aber praktisch.

Aufgrund des Übereinkommens im Rahmen des Europarats vom 17. 12. 1962 sind die §§ 701 ff. durch Gesetz vom 24. 3. 1966 (BGBl. I 181) neu gefaßt worden.

2. Die Anwendung der §§ 701–704 geschieht somit lediglich aufgrund der dort genannten Tatbestandsvoraussetzungen und unabhängig vom Beherbergungsvertrag. Gastwirtshaftung und -pfandrecht gelten darum auch, wenn gar kein Beherbergungsvertrag zustande kommt oder der Beherbergungsvertrag nichtig ist: Während der Gast das Zimmer besichtigt, wird ihm ein am Empfang abgestellter Koffer gestohlen. Der Hotelier haftet, auch wenn der Gast das Zimmer nicht nimmt. Oder: Gast oder Wirt sind geisteskrank.

3. Der Beherbergungsvertrag ist ein gemischter Vertrag (i. d. R. Typenverbindung) aus Bestandteilen der Miete (Zimmer), des Kaufs (Verpflegung), des Dienstvertrags (Schuheputzen) und der Verwahrung (Einbringung der Sachen an die dafür bestimmten Stellen: Koffer im Zimmer, Wäsche im

Schrank, Auto in der Garage, Kostbarkeiten im Schließfach). Die Einbringung im Sinne des Beherbergungsvertrags ist also begrifflich zu trennen von der Einbringung im Sinne der §§ 701 ff. Die erste ist vertragliches Recht des Gastes, deren schuldhafte Verletzung durch den Gastwirt Schadensersatzfolgen auslösen kann, die zweite ein tatsächlicher Vorgang als Tatbestandsvoraussetzung für Haftpflicht und Pfandrecht. Praktisch wird freilich das äußere Bild häufig das gleiche sein.

4. Der rechtspolitische Grund der (aus dem römischen Recht stammenden) Garantiehaftung des Gastwirts für die eingebrachten Sachen seiner Gäste liegt in den typischen Gefahren, denen das Gepäck des Gastes ausgesetzt ist. Der Gast kann seine Sachen im Hotel nicht mehr so unter seiner Aufsicht halten, wie er es zu Hause und auf der Reise, z. B. in der Bahn, tun kann. Hotelbedienstete haben Zutritt zum Zimmer, die Kontrolle über die Schlüssel hat der Wirt. Kommt ein Gepäckstück abhanden, kann der Gast ein Verschulden des Wirts oder seiner Leute meist nicht beweisen. Es ist nicht so sehr eine „Gefährlichkeit des Beherbergungsgewerbes", die eine Haftung auch für Zufallsschäden verlangt (daher keine Gefährdungshaftung, so auch *Esser*), sondern eine den Umständen entsprechende Risikoverteilung, ähnlich der Garantiepflicht des Verkäufers für sein ursprüngliches Leistungsvermögen, oben § 43 III (Betriebsgefahr, BGHZ 32, 149).

II. Die Garantiehaftung des Gastwirts

Die Haftung des Gastwirts nach §§ 701–703 hat folgende *Voraussetzungen*:

1. *Gastwirt* ist, wer gewerbsmäßig Fremde zur *Beherbergung* aufnimmt: Hotel, Pension, Gasthaus, „Siesta-Räume" der Raststätten, Schlafwagen (str.), Schiffskajüte, Sanatorien. Nicht: Schank- und Speisewirte, Krankenhäuser, Vermietung an „Zimmerherrn", Garagenhalter; doch ist in diesen Fällen ein konkludenter Verwahrungsvertrag zu prüfen, BGH NJW 80, 1096.

2. Die Aufnahme muß „gewerbsmäßig" geschehen. Inhaber von Privathäusern, die an Feriengäste vermieten, sind dann „gewerbsmäßige Gastwirte", wenn „sie vom Vermieten leben", also den überwiegenden Teil ihrer Einkünfte aus der Vermietung beziehen. Eine Rentnerin, die an Wochenenden und in den Ferien 2 Zimmer an Gäste vermietet, ist nicht gewerbsmäßige Gastwirtin.

3. Die Aufnahme muß „im Betrieb des Gewerbes" erfolgen. Also nicht: Zwangsweise Einquartierung, Aufnahme persönlicher Gäste des Wirts.

4. „Fremde" und „Gäste" (das Gesetz verwendet beide Ausdrücke) sind Reisende und ständig in Hotels oder Pensionen Wohnende, die mit dem Wirt nicht durch ein Besucher-, Dienst- oder Werkvertragsverhältnis und dergl. verbunden sind.

5. Der *Verlust* oder der *Schaden* muß an den *eingebrachten Sachen* des Gastes entstanden sein. § 701 II führt im einzelnen auf, welche Sachen als eingebracht gelten. Die Haftung erstreckt sich nunmehr auch auf die Sachen, die der Gast vorausschickt oder die er beim Auszug zurückläßt, soweit sie von dem Gastwirt oder seinen Leuten in Obhut genommen worden sind, 701 II 1 Ziff. 2. Es bedarf damit in diesen Fällen nicht mehr der Konstruktion eines Verwahrungsvertrages. Ausgenommen von der Haft-

pflicht sind nach § 701 IV Fahrzeuge, Sachen in einem Fahrzeug und lebende Tiere. Für diese Sachen kann ein Schadensersatzanspruch nur auf schuldhafte Verletzung des Beherbergungsvertrages gestützt werden, BGH NJW 64, 718; 65, 1709. Trotz des eindeutigen Wortlauts des § 701 IV nimmt der BGH eine Haftung nach § 558 für vom Wirt nicht zu vertretende Schäden an einem auf dem Hotelparkplatz abgestellten Kfz an, BGHZ 63, 333, vgl. dazu *Medicus*, in: 25 Jahre Karlsruher Forum, 1983, 171ff. Klargestellt worden ist durch die gesetzliche Neuregelung, daß die Haftpflicht gegenüber dem Gast auch hinsichtlich der dem Gast nicht gehörenden Sachen besteht. Die Schadensliquidation im Drittinteresse (dazu oben § 50 II 3) ist somit hier gesetzlich ausdrücklich zugelassen.

6. Der Gast muß im Schadensfall dem Wirt unverzüglich *Anzeige* machen, außer bei Sachen, die dem Gastwirt zur Aufbewahrung übergeben waren, oder wenn ihn oder seine Leute ein Schuldvorwurf trifft, 703.

7. In drei Fällen entfällt die Ersatzpflicht aus Gründen, die in der Sphäre des Gastes liegen, 701 III:

a) Der Gast, sein Begleiter oder eine vom Gast aufgenommene Person hat den Schaden verursacht. Verschulden ist nicht erforderlich. Mit „Verursachung" ist die Zurechnung zur Risikosphäre des Gastes gemeint;

b) Der Schaden entsteht durch die Beschaffenheit der Sache;

c) oder er entsteht durch höhere Gewalt (Feuersbrunst; nicht: interner Hotelbrand durch Kurzschluß, Betriebsgefahr!). Zum Begriff der höheren Gewalt: *Hübner*, AT, Rn. 296.

8. Die Haftung des Gastwirts setzt *kein Verschulden* voraus. Es handelt sich um eine Garantiehaftung für die Unversehrtheit der Sachen des Gastes. Die Haftung ist betragsmäßig begrenzt, § 702 I 1. Der Gastwirt haftet aber jedem Gast einzeln auf den Höchstbetrag, auch wenn er mehrere Gäste zusammen in ein Zimmer aufgenommen hat, BGH NJW 74, 1818. § 254 ist anwendbar, BGHZ 32, 149. Bei Geld, Wertpapieren und Kostbarkeiten haftet der Wirt, außer bei Verschulden, nur bis 1500,– DM, 702 I 2. Will der Gast volle Haftung, so muß er die Wertsachen dem Wirt in Verwahrung geben. Der Wirt darf die Verwahrung nur unter begrenzten Voraussetzungen ablehnen, sonst haftet er voll, 702 III.

9. Die Gastwirtshaftung kann vertraglich grundsätzlich nicht abbedungen werden, 702a. Diese Neuregelung verhindert den bisher üblichen Haftungsausschluß durch Revers.

III. Das Gastwirtepfandrecht

Für seine Forderungen gegen den Gast aus dem Beherbergungsvertrag und für Auslagen (nicht aber z. B. für ein Darlehen) hat der Wirt ein gesetzliches Pfandrecht an den eingebrachten Sachen des Gastes und der Personen, auf die sich der Beherbergungsvertrag berechtigend oder ermächtigend erstreckt (z. B. Angehörige), vgl. §§ 328 ff. und oben § 37.

Das Pfandrecht ist dem des Vermieters nachgebildet, 704. Der Wirt hat also z. B. ein *Selbsthilferecht*, 704 S. 2, 561.

12. Abschnitt

Schuldrechtliche Personenvereinigungen

§ 88
Gesellschaft

Ballerstedt, JuS 63, 253; *Beitzke,* Nichtigkeit, Auflösung und Umgestaltung von Dauerrechtsverhältnissen, 1948; *Beuthien,* DB 75, 725; 773; *Börner,* AcP 166, 426; *Eisenhardt,* Gesellschaftsrecht, 2. Aufl. 1982; *Fikentscher,* FS *H. Westermann,* 1974, 87; *ders.,* Die Interessengemeinschaft, 1966; *Fischer, L.,* Die Gesellschaft des bürgerlichen Rechts, 1977; *Fischer, U.,* WM 81, 638; *Flume,* Allgemeiner Teil des bürgerlichen Rechts, Bd. I/1, Die Personengesellschaft, 1977; *Geibel,* Die Innengesellschaft, 1935; *Heckelmann,* Abfindungsklauseln in Gesellschaftsverträgen, 1973; *Hopt/Hehl,* Gesellschaftsrecht, 2. Aufl. 1982; *Hueck, A.,* Der Teuegedanke im modernen Privatrecht, 1947; *ders.,* AcP 149, 1; *ders.,* Das Recht der OHG, 4. Aufl. 1971; *Hueck, A./Hueck, G.,* Gesellschaftsrecht, 16. Aufl. 1983; *Hueck, G.,* Der Grundsatz der gleichmäßigen Behandlung im Privatrecht, 1958; *Immenga,* Die personalistische Kapitalgesellschaft, 1970; *Kalthoff,* Eintritt in eine Gesellschaft des bürgerlichen Rechts, 1934; *Klaus/Lange,* Die Gesellschaft des bürgerlichen Rechts, 1981; *Kornblum,* Die Haftung der Gesellschafter für Verbindlichkeiten von Personengesellschaften, 1972; *Kraft/Kreutz,* Gesellschaftsrecht, 5. Aufl. 1983; *Kübler,* Gesellschaftsrecht, 1981; *Küster,* Inhalt und Grenzen der Rechte der Gesellschafter, 1954; *Kunz, R.,* Über die Rechtsnatur der Gemeinschaft zur gesamten Hand, 1963; *Larenz,* FS *H. Westermann,* 1974, 299; *Lehmann/Dietz,* Gesellschaftsrecht, 3. Aufl. 1970; *Lieb,* Die Ehegatten-Mitarbeit im Spannungsfeld zwischen Rechtsgeschäft, Bereicherungsausgleich und gesetzlichem Güterstand, 1970; *Lindacher,* JuS 81, 431; 578; 818; *ders.,* JuS 82, 36; 349; 504; 592; *Lipp,* BB 82, 74; *Lubitz,* Vertragliche Grundlagen des gesellschaftlichen Abfindungsanspruchs und ihre Einordnung unter einen bestimmten Rechtsgeschäftstypus, Diss. Münster 1982; *Lutter,* AcP 180, 84; *Maiberg,* Gesellschaftsrecht, 5. Aufl. 1983; *Möhle,* Die Personalgesellschaft, 2. Aufl. 1957; *Müller-Freienfels,* Die Gesellschaft zwischen Ehegatten, 1963; *Nicknig,* Die Haftung der Mitglieder einer BGB-Gesellschaft für Gesellschaftsschulden, 1972; *Nitschke,* Die körperschaftlich strukturierte Personengesellschaft, 1970; *Reichel,* AcP 137, 339; *Reinhardt/Schultz,* Gesellschaftsrecht, 2. Aufl. 1981; *Schafheutle,* Gesellschaftsbegriff und Erwerb in das Gesellschaftsvermögen, 1931; *Schmidt, K.,* Zur Stellung der OHG im System der Handelsgesellschaften, 1972; *Schünemann,* Grundprobleme der Gesamthandgesellschaft, 1975; *Schulze-Osterloh,* Das Prinzip der gesamthänderischen Bindung, 1972; *ders.,* Der gemeinsame Zweck der Personengesellschaften, 1973; *Schumann,* Die Kündigung einer Gesellschaft durch einen Gläubiger eines Gesellschafters, 1950; *Sellert,* AcP 175, 77; *Siebert,* FS *Hedemann,* 1938, 266; *ders.,* MDR 52, 287; *ders.,* BB 58, 1065; *ders.,* Gesellschaftsvertrag und Erbrecht, 1958; *Stehle,* Die Gesellschaften, 4. Aufl. 1977; *Teichmann,* Gestaltungsfreiheit in Gesellschaftsverträgen, 1970; *Ulmer, P.,* FS *R. Fischer,* 1979, 785; *ders.,* Die Gesellschaft des bürgerlichen Rechts, 1980; *Walter,* JuS 82, 81; *Weber, Hansjörg,* Zur Lehre von der fehlerhaften Gesellschaft, 1978; *Weber-Grellet,* AcP 182, 316; *Wester-*

mann, H., Personengesellschaftsrecht, 4. Aufl. 1979; *Westermann, H.* u. a., Handbuch der Personengesellschaften, 2 Bde., Stand 1983; *Westermann, H. P.*, Vertragsfreiheit und Typengesetzlichkeit im Recht der Personengesellschaften, 1970; *Wieacker*, Societas, Hausgemeinschaft und Erwerbsgesellschaft, 1936; *Wiedemann*, Gesellschaftsrecht, Bd. I, 1980; *Wiesner*, Die Lehre von der fehlerhaften Gesellschaft, 1980; *Wolf, Ernst*, AcP 173, 97; *Wruck*, Der Erwerb der Mitgliedschaft von Todes wegen bei der OHG und der Gesellschaft bürgerlichen Rechts, 1970; *Würdinger*, Gesellschaften, 1. Teil, Personalgesellschaften, 1937; *Zöllner*, Die Anpassung von Personengesellschaftsverträgen an veränderte Umstände, 1979.

I. Begriff und Wesen

1. Die Gesellschaft des bürgerlichen Rechts ist der schuldrechtlich gegenseitige Vertrag, durch den sich mehrere Personen verpflichten, einen gemeinsamen Zweck zu fördern, 705.

2. Die Besonderheiten der Gesellschaft gegenüber allen anderen Vertragstypen des Besonderen Schuldrechts liegt im *„gemeinsamen Zweck"*. Den rechtsgeschäftlichen Schuldverträgen (Kauf, Miete, Dienstvertrag, Leibrente, Bürgschaft usw.) liegt durchweg ein *Austauschzweck* zugrunde, der die Parteien in wirtschaftlich ungleicher Richtung verbindet: Ware gegen Geld, Darlehen mit oder ohne Zins, Leibrentenzahlung. Entweder sind es wirtschaftlich ungleiche Motive, zu deren Erreichung der Austausch vereinbart wird, oder *eine* Partei hat überhaupt kein wirtschaftliches Motiv (Schenkung, Auftrag). Anders bei der Gesellschaft: Nicht nur die Bindung als solche ist gemeinsam bezweckt, sondern auch das (unmittelbare) wirtschaftliche Motiv dieser Bindung haben die Parteien gemeinsam. Die Bemühungen der Gesellschafter sind gleichgerichtet, sie dienen dem gemeinsamen *Gesellschaftszweck*. In diesem Sinne unterscheidet man Austausch- und Gesellschaftsverträge. Allerdings ist nur das unmittelbare wirtschaftliche Motiv gemeinsam, z. B. der Betrieb eines Kinos, die gemeinsame Vermietung von Häusern, die gemeinsame Belieferung und der Betrieb eines Marktstandes durch mehrere Landwirte. Die ferneren wirtschaftlichen Motive können wiederum gleich oder ungleich, vor allem aber getrennt sein: Der Gesellschafter A will seinen Gewinn in Aktien, der Gesellschafter B in einer Weltreise anlegen.

Das gemeinsame *unmittelbare* wirtschaftliche Motiv fehlt bei den sog. *partiarischen Verträgen*. Jemand stellt Land, Geld oder seine Arbeitskraft zur Verfügung und wird dafür am Gewinn beteiligt, den der andere damit erwirtschaftet. Dieses *„Erwirtschaften eines eigenen Gewinns"* ist das unmittelbare wirtschaftliche Motiv dieses andern, die *Beteiligung* daran das des einen. Die Beteiligung ist das Tauschobjekt für die Zurverfügungstellung von Land, Geld oder Arbeitskraft. Partiarische Verträge sind also Austausch-, nicht Gesellschaftsverträge. Die wichtigsten Beispiele sind:

die *partiarische Pacht:* V stellt z. B. Ackerland zur Verfügung und erhält als Pachtzins eine Beteiligung am Ernteertrag („Teilpacht", colonia partiaria).

das *partiarische Darlehen:* G gewährt N ein Darlehen zum Aufbau eines Unternehmens. Statt eines festen Zinses wird Gewinnbeteiligung zugesagt.

partiarische Dienstverträge: Der Leiter der Verkaufsabteilung eines Unternehmens erhält statt oder neben Lohn eine Umsatzbeteiligung.

Eheähnliche Verhältnisse begründen für sich genommen noch keine Gesellschaft bürgerlichen Rechts, OLG Saarbrücken, NJW 79, 2050; OLG Düsseldorf, NJW 79, 1509; BGH NJW 82, 2863; 83, 1055; 83, 2375; vgl. dazu *Diederichsen,* NJW 83 1017; *De Witt/Hüfmann,* Nichteheliche Lebensgemeinschaft, 1983.

3. Vom Verein unterscheidet sich die bürgerlich-rechtliche Gesellschaft durch den ihr fehlenden körperschaftlichen Aufbau. Der Gesellschaft fehlt grundsätzlich die Arbeitsteilung zwischen Mitgliederversammlung und Vorstand. Die Gesellschaft verfügt regelmäßig nur über gleichgeordnete Gesellschafter. In der Gesellschaft herrscht grundsätzlich das Einstimmigkeits-, im Verein das Mehrheitsprinzip. Die Gesellschaft wird von vornherein mit ganz bestimmten Gesellschaftern eingegangen, während der Verein auch dann bestehen bleiben soll, wenn Mitglieder ein- und austreten. In aller Regel bewirkt der Beitritt eines neuen Gesellschafters das Zustandekommen einer neuen Gesellschaft, die Kündigung durch einen Gesellschafter oder sein Tod ihre Beendigung, 723, arg. 736. Die Gesellschaft ist also nicht auf Mitgliederwechsel, sondern auf die Zusammenarbeit eines überschaubaren Kreises von Gesellschaftern für ein gemeinsames Ziel angelegt, wobei jeder jeden kennt (vgl. § 707), jeder sich auf jeden verlassen kann, und jeder jedem zur Mitwirkung am gemeinen Wohl und zur Treue verpflichtet ist, 705, 242. Darum hat die Gesellschaft keine eigene Rechtspersönlichkeit, sie ist nicht rechtsfähig, insb. keine juristische Person. Während der rechtsfähige Verein unter seinem Namen Rechte und Pflichten haben kann, sind bei der Gesellschaft *die Gesellschafter* und nur sie Rechtsträger aller Ansprüche und Schuldner aller Pflichten. Allerdings stehen den Gesellschaftern die Rechte nicht einzeln und unverbunden, sondern „zu gesamter Hand" zu, 719, unten V. Wegen der Schulden siehe unten VI.

Die bürgerlich-rechtliche Gesellschaft und der rechtsfähige Verein sind die *zwei Grundformen* für die rechtliche Zusammenfassung von Personenvereinigungen. Alle Gesellschaften und Körperschaften lassen sich entweder auf die Grundform der Gesellschaft oder die des Vereins zurückführen. Das bedeutet, daß stets Gesellschaftsrecht oder Vereinsrecht subsidiär gelten, soweit die speziellen Regelungen nicht eingreifen, sondern Lücken lassen. Auf der bürgerlichrechtlichen Gesellschaft bauen sich auf: Die offene Handelsgesellschaft (§§ 105ff. HGB), die Kommanditgesellschaft (§§ 161ff. HGB), die stille Gesellschaft (§§ 335ff. HGB), die Reedereigesellschaft (§§ 489ff. HGB) – also die *Personal*gesellschaften des Handelsrechts. Auf das Vereinsrecht lassen sich letztlich zurückführen das Recht der handelsrechtlichen *Kapital*gesellschaften (Aktiengesellschaften, Gesellschaft mit beschränkter Haftung, Versicherungsverein auf Gegenseitigkeit, Kommanditgesellschaft auf Aktien, Genossenschaft), ferner die Körperschaften des öffentlichen Rechts, z. B. die Gemeinde, das Land, der Staat, der Zweckverband.

Der nichtrechtsfähige Verein ist rechtstypisch ein Verein, denn er hat körperschaftliche Struktur. Die Verweisung auf das Gesellschaftsrecht in § 54 ist nicht glücklich. Nach geltendem Recht findet aber gerade wegen § 54 das Gesellschaftsrecht einen weiten Anwendungskreis, wenn auch angepaßt für die Zwecke des nichtrechtsfähigen Vereins (dazu *Hübner,* § 14 IX).

Von der Gemeinschaft (741 ff.) unterscheidet sich die Gesellschaft vor allem in vier Beziehungen:

(1) Die Gesellschaft beruht praktisch stets auf Vertrag, die Gemeinschaft entsteht meist aufgrund gesetzlicher Vorschriften; (2) die Gesellschaft verfolgt einen gemeinsamen, meist wirtschaftlichen Zweck, die Gemeinschaft zielt in der Regel auf Auseinandersetzung; (3) die Gesellschaft hat ein (Gesamthands-)*Vermögen,* die Gemeinschaft besteht *immer* nur an einer einzelnen Sache oder an einem einzelnen Recht; (4) die Gesellschafter können über ihre Anteile am Vermögen und an den einzelnen zum Gesellschaftsvermögen gehörenden Stücken nicht verfügen (gesamthänderische Bindung, 719), die Gemeinschafter können über ihre Anteile an der gemeinschaftlichen Sache oder dem gemeinschaftlichen Recht verfügen, 747 (Gemeinschaft nach Bruchteilen). Die Frage der Verfügung über Anteile am ganzen Vermögen stellt sich für die Gemeinschaft nicht, weil Gegenstand der Gemeinschaft niemals ein Vermögen ist. Die Gemeinschaft ist also wesentlich lockerer gefügt als die Gesellschaft, OLG München NJW 68, 1384.

Die §§ 420 ff. über Schuldner- und Gläubigermehrheiten unterscheiden sich von der Gesellschaft in mehrfacher Hinsicht: Die Gesellschaft entsteht durch Vertrag; die §§ 420 ff. regeln Schuldner- und Gläubigermehrheiten ohne Rücksicht auf ihren Entstehungsgrund. *Die Gesellschaft hat ihre „dingliche Seite",* nämlich die gesamthänderische Rechtszuständigkeit der Gesellschafter am Gesellschaftsvermögen; die §§ 420 ff. regeln reines Schuldrecht. Die §§ 420 ff. enthalten allgemeine Regeln, die auf die Gesellschaft als besonderes Schuldverhältnis Anwendung finden können; das gilt insb. für § 427, der für den Regelfall der Gesellschaftsschulden die gesamtschuldnerische Haftung der Gesellschafter bestimmt.

4. Die bürgerlich-rechtliche Gesellschaft spielt für sich genommen, neben ihrer Bedeutung als Grundlage der handelsrechtlichen Personalgesellschaften, wirtschaftlich eine erhebliche Rolle. Da das Gesellschaftsrecht fast durchgängig nachgiebiger Natur ist, wird der Anpassung und Ausgestaltung großer Spielraum gegeben. Nachfolgend sollen nur die wichtigsten Einteilungsarten besprochen werden.

a) *Einteilung nach dem Zweck:* Die typische BGB-Gesellschaft der §§ 705 ff. findet sich z. B. beim gemeinsamen Betrieb eines Nichthandelsgewerbes, also dann, wenn wegen Fehlens eines Handelsgewerbes keine OHG vorliegt, §§ 1 ff., 105 HGB (gemeinsamer Betrieb eines Kinos, Vereinigung von Grundstücksmaklern zu gemeinsamer Tätigkeit, Vereinigung zum gemeinsamen Betrieb eines Bauernhofes). Soll der Zusammenschluß nur kurze

Zeit währen, spricht man von einer „*Gelegenheitsgesellschaft*" (einmaliger gemeinsamer Betrieb eines Marktstandes durch mehrere Landwirte, gemeinsame Urlaubsfahrt im gemieteten Auto bei Teilung der Kosten und gemeinschaftlicher Kasse, Arbeitsgemeinschaft verschiedener Firmen zur Erstellung einer Rheinbrücke). Ein bekannter Fall der Gelegenheitsgesellschaft ist das Bankenkonsortium (z. B. zur Wertpapieremission). – Die Gesellschaft kann auch Innenverhältnis einer Vollmacht, sogar einer Prokura sein, RGZ 142, 13.

b) *Einteilung nach Vermögensbindung und Auftreten nach außen: Atypische Gesellschaftsverträge:* Üblicherweise verfügt die Gesellschaft über Vermögen. Dies ist, wenn nichts Besonderes bestimmt ist, *Gesamthandsvermögen* (Gesamthandsgesellschaft). Aber auch eine *Gesellschaft nach Bruchteilen* kann vereinbart werden, denn man könnte auch eine Gemeinschaft gem. §§ 741 ff. beschließen und mit ihr einen Gesellschaftszweck verfolgen, unten V.

Die Gesellschaft braucht hingegen nicht unbedingt Vermögen zu haben *(vermögenslose Gesellschaft)*, RGZ 77, 223, 226 f. Es ist denkbar, daß gar kein Vermögen vorhanden ist (häufig bei Kartellen), oder daß der Gesellschaft das Vermögen eines (so in der genannten RG-Entscheidung) oder mehrerer Gesellschafter als wirtschaftliche Grundlage dient. Hat die Gesellschaft kein gemeinsames Vermögen *und* ist die Vertretung der Gesellschafter füreinander nach außen vertraglich ausgeschlossen, liegt eine sog. „*Innengesellschaft*" vor (alle übrigen Formen sind „*Außengesellschaften*", str., a. A. z. B. *Hueck, Götz,* Gesellschaftsrecht[18], 1983, 39 f.). Die stille Gesellschaft der §§ 335 ff. HGB ist ihrem Wesen nach Innengesellschaft, BGH NJW 82, 99. Kennzeichen der Innengesellschaft sind also *Fehlen der Vertretungsmacht der Gesellschafter füreinander und Fehlen eines gemeinsamen Vermögens.*

Frau A ist Eigentümerin eines Kinos, das sie zusammen mit ihrem Mann als Lebensunterhalt betreibt. Sie teilt sich mit ihrem Mann in die Geschäftsführung. Nach außen tritt *nur sie* auf. (Eine vermögenslose Außengesellschaft läge vor, wenn beide oder *nur er* nach außen aufträten.)

Eine Unterform bildet die Innengesellschaft, bei der der alleinige Vermögensinhaber in seinem Vermögen *treuhänderisch* ideelle Anteile der Mitgesellschafter für sie innehat.

Herr A hatte 20 000,– DM beim Erwerb des Kinos zugeschossen. Trotzdem sollte nach den Vereinbarungen kein Gesellschaftsvermögen gebildet werden. Alles sollte ihr gehören. Sie ist aber Treuhänderin seines Anteils, der sich durch Gewinne vermehren kann.

Keine Innengesellschaft liegt vor, wenn das Gesellschaftsvermögen mehreren Gesellschaftern zusteht und nur einer nach außen auftritt.

Hierher sind regelmäßig die Fälle zu zählen, in denen Ehefrauen über das familienrechtliche Maß hinaus im Geschäft des Ehemanns unter Teilung der wirtschaftlichen Verantwortung mitarbeiten (oder umgekehrt). Zu Recht wird angenommen, daß dadurch stillschweigend Gesellschaftsverträge zustande kommen („Ehegattengesellschaft", BGHZ 8, 249; 31, 197; OGHZ 3, 372).[1]) Nimmt man aber dies an, so muß man von der Regel der *vermögenden* Gesellschaft ausgehen und darf nicht ohne weiteres die Sonderfälle der vermögenslosen Gesellschaft mit oder ohne Treuhandeigentum eines Gesellschafters) zugrunde legen (anders die h. M. und die Rspr., zuletzt BGH NJW 74, 2278; s. jedoch BGH NJW 82, 170 — Familienheim —). Fällt das entstehende Gesellschaftsvermögen an die Ehegatten oder an die mehreren Gesellschafter, so liegt keine Innengesellschaft mehr vor. Die möglicherweise ausschließliche Bevollmächtigung *eines* Gesellschafters zum Tätigwerden nach außen steht dem nicht entgegen. Die Tatsache des Gesellschaftsvermögens ist u. a. im Erbrecht von großer Bedeutung, da man einseitig nur über *eigen* Hab und Gut testieren kann. Des Mannes Testament berührt also den Gesellschaftsanteil der Frau nicht und umgekehrt!

c) *Einteilung nach Konzentrationsgrad:* Eine dritte Reihe von Gesellschaftsarten kommt durch die Stufung wirtschaftlicher Zusammenarbeit zustande. Nur die Haupttypen sind zu nennen:

aa) Ein *Kartell* ist ein Vertrag rechtlich und wirtschaftlich selbständiger Unternehmer zu gemeinsamem Zweck mit der Eignung zur Wettbewerbsbeschränkung. Kartelle sind grundsätzlich verboten, 1, 38 Gesetz gegen Wettbewerbsbeschränkungen (GWB) v. 27. 7. 1957, BGBl. I 1081; Ausnahmen in §§ 2 – 8 GWB; siehe auch Art. 85 EWG-Vertrag.

bb) Verwendet das Kartell eine zentrale Einkaufs- oder Absatzorganisation, spricht man vom *Syndikat*, vgl. § 5 III GWB.

cc) Ist das Syndikat als eigene Gesellschaft (meist Kapitalgesellschaft) von den Mitgliedern des Kartells mit gleicher Mitgliederzusammensetzung begründet, spricht man von der (handelsrechtlichen) *Doppelgesellschaft* oder „Organgesellschaft". Sie ist nicht zu verwechseln mit der steuerrechtlichen Doppelgesellschaft, die durch Spaltung einer einheitlichen Gesellschaft in eine Kapital- und eine Personalgesellschaft zur Gewinnverlagerung für Steuerersparnisse dient.

dd) Besteht der Zweck des Kartells in einer Vergemeinschaftung des Gewinns mit anschließender Ausschüttung nach Quoten oder in einem sonstigen Gewinn- oder Risikoausgleich, spricht man von einer *Interessengemeinschaft* (IG).

ee) Verlieren die *rechtlich* selbständigen Unternehmen ihre *wirtschaftliche* Selbständigkeit durch Unterordnung unter eine einheitliche Wirtschaftsführung, handelt es sich um einen *Konzern*, 18 AktG. Wird die Konzernierung durch Einbringung von Anteilen in eine wirtschaftlich führende Gesellschaft bewirkt, so nennt man diese *„Holding"*. Geht auch die rechtliche Selbständigkeit verloren, liegt eine *Fusion* vor.

ff) Gelegentlich begegnet der Ausdruck „Trust". Trust kann man einen Konzern mit den Eigenschaften eines Kartells (Wettbewerbsbeschränkung) nennen.

---

[1]) Anders „bloße" eheähnliche Verhältnisse, oben vor 3; doch sind auch bei eheähnlichen Verhältnissen Mitarbeitsgesellschaften denkbar.

§ 88
II 1 Schuldrechtliche Personenvereinigungen

Für sämtliche Formen (außer der Fusion) kann die BGB-Gesellschaft Verwendung finden.

5. Die bürgerlichrechtliche Gesellschaft kann formfrei geschlossen werden. Nicht selten ist stillschweigender Abschluß, z. B. unter Ehegatten, wenn beide ein Gewerbe betreiben, das nicht dem Handelsrecht zuzurechnen ist (Gastwirtschaft – § 4 II HGB –, Bauernhof, Vertreterbüro, BGHZ 8, 249). Das kann im Erbgang von erheblicher Bedeutung sein. Die faktisch vollzogene, aber rechtsgeschäftlich nicht wirksam zustande gekommene Gesellschaft ist nach Rechtscheingrundsätzen (242) im Innen- und Außenverhältnis, aber nur zugunsten des gutgläubig Vertrauenden, als wirksam zu behandeln (*fehlerhafte Gesellschaft*, früher: faktische Gesellschaft), BGH NJW 83, 748, vgl. dazu *Weber, Hansjörg*, 1978 (a. a. O.) und *Wiesner*, 1980 (a. a. O.). Nicht voll Geschäftsfähige können keinen Rechtschein setzen und haften daher weder im Außen- noch im Innenverhältnis vertraglich, sondern nur nach Bereicherungsrecht, insb. auch bei etwa stattfindender Liquidation. Auch eine fehlerhafte Gesellschaft setzt aber, wie jede Gesellschaft, einen, wenn auch mangelhaften, Vertrag voraus. Eine tatsächliche Gemeinschaft ohne Rücksicht auf jede Vertragsgrundlage reicht nicht aus, BGHZ 11, 190; 13, 370. Eine solche tatsächliche Gemeinschaft wird in der Regel bei einer Lottospielgemeinschaft vorliegen. Wer dabei die Tippzettel ausfüllt, übernimmt keine rechtliche Verpflichtung dazu und ist deshalb auch nicht schadensersatzpflichtig, wenn er es zufällig einmal versäumt, BGH NJW 74, 1705.

6. *Vorgründungs-* und *Gründungs*gesellschaften folgen den gleichen Regeln wie die Gesellschaften, zu deren Gründung sie führen, BGHZ 80, 214. Man spricht auch von *„Vorgesellschaften"*, deren Rechtsfragen im wesentlichen gleichliegen wie bei den *Vorvereinen*. Die herrschende Meinung nimmt bezüglich der Vermögenslage „Identität" der Vorgesellschaft und des Vorvereins mit der späteren Hauptgesellschaft an, so daß z. B. eine Auflassung nicht erforderlich ist, dazu oben § 57 IV 9 a. E. Identität kann aber nur insofern angenommen werden, als die Existenz und das Tätigwerden der Vorgesellschaft auf die Gründung der Gesellschaft hinzielen. Nimmt die Gründungsgesellschaft Geschäfte vor, die mit der ins Leben zu rufenden Gesellschaft nichts zu tun haben, ist die Gesellschaft selbst nicht gebunden und betroffen, vgl. insb. *Wiedemann,*, JurA 70, 439 und *Staud./Keßler*, Vorb. zu § 705 Rz. 118 ff. m. w. N.

7. Das Gesellschaftsrecht bildet den Gegenstand einer eigenen Vorlesung. Es ist in seinen praktischen Schwerpunkten dem BGB entwachsen. Nur die Wurzeln liegen noch im bürgerlichen Recht. Die folgende Darstellung beschränkt sich daher auf die notwendigsten Hinweise.

II. Vertragspflichten

1. *Zweckförderungspflicht*. Nach § 705 sind alle Gesellschafter *gegenseitig* (also jeder jedem) zur gemeinsamen Förderung des Gesellschaftszwecks ver-

pflichtet. Dies ist das oberste Gebot in der Gesellschaft, die Hauptpflicht. Dazu können je nach den Umständen die Leistung von Diensten, Beiträgen, Auskünften, Beratungen und dergl. gehören. Wenn nichts anderes bestimmt ist, haften Gesellschafter untereinander nur für Sorgfalt in eigenen Angelegenheiten (diligentia quam in suis), 708. Jeder muß wissen, mit wem er als Gesellschafter zusammenarbeiten will. Das Haftungsprivileg gilt jedoch nicht, wenn es Pflicht des Gesellschafters ist, ein Kfz zu lenken, BGHZ 46, 313, str., vgl. *Larenz,* Festschr. *Westermann,* 1974, 299. Gründung einer und Beitritt zu einer atypischen Massenpersonengesellschaft („Publikums-Gesellschaft") führt zum konkludenten Ausschluß des insoweit unangemessenen § 708, BGH NJW 77, 2311; 80, 589.

2. *Treuepflicht.* Im einzelnen wird diese allgemeine Pflicht, die Gesellschaftsziele zu fördern, durch das Gebot von Treu und Glauben ausgestaltet, 705, 242. Die Treuepflicht gilt für das Gesellschaftsverhältnis als ein Gemeinschafts- und Vertrauensverhältnis „in besonderem Maße" (*Enneccerus-Lehmann*[15], § 117 III 2; *Alfred Hueck,* Der Treuegedanke im modernen Privatrecht, 1947). Sie verlangt von den Gesellschaftern, alles zu unterlassen, was dem Gesellschaftszweck abträglich ist (z. B. Förderung der Konkurrenz, kreditschädigende Äußerungen, Verletzung von Geheimnissen). Eine besondere Seite des Treuegedankens ist der Grundsatz der gleichmäßigen Behandlung aller Gesellschafter; *Götz Hueck,* Der Grundsatz der gleichmäßigen Behandlung im Privatrecht, 1958.

3. Die *Beitragspflicht,* 705. Die Gesellschafter schulden einander die vereinbarten Beiträge. Sie können aus Geld, Diensten, Sacheinbringungen, Gebrauchsgestattungen (z. B. an Geschäftsräumen), Forderungsabtretungen und in jeder anderen vermögenswerten oder ideellen Leistung (einschließlich Unterlassung) bestehen. Im Zweifel sind die Beiträge gleich hoch, 706 I, vgl. auch § 707. Bei Einbringen von Gegenständen ist zu prüfen, ob der Vertrag Einbringung dem Rechte nach (quoad dominum) oder nur Einbringung zum Gebrauch (quoad usum) verlangt. Im ersten Fall fällt die Rechtszuständigkeit ins Gesamthandsvermögen. Im zweiten geht nur das Gebrauchsrecht, unter Belassung der ursprünglichen Rechtszuständigkeit, auf die Gesellschaft über.

4. Den Gesellschafterpflichten entsprechen die Gesellschafterrechte, auch bezüglich des Gegeneinander-Gerichtetseins. In ihrer Gesamtheit sind diese Gesellschafterrechte, wenn man die dingliche Beteiligung am Gesellschaftsvermögen noch hinzunimmt, die „Gesellschafterstellung", die „Mitgliedschaft". Sie ist grundsätzlich unübertragbar, sowohl als ganzes als auch in Teilen, 717, 723, 727. Ein Fremder würde das gesellschaftsrechtliche Vertrauensverhältnis stören, *Enn.-Lehmann*[15], § 177 III. Über den Mitgliederwechsel unten VIII.

III. Die Geschäftsführung

1. Die Geschäftsführung ist das Recht eines Gesellschafters *gegen alle andern Gesellschafter*, über die Geschicke der Gesellschaft und ihres Vermögens mitzubestimmen. Die Geschäftsführung ist also ein *nach innen wirkendes Recht* (auf Duldung und auch auf Handlung, z. B. auf Befolgung erteilter Anweisungen). Darin unterscheidet sie sich begrifflich streng von der *Vertretung*, die *eine nach außen wirkende Macht* ist.

2. Die Geschäftsführung steht grundsätzlich allen Gesellschaftern gemeinschaftlich zu, 709 I 1. Das fordert Einstimmigkeit der Beschlüsse, 709 I 2. Der Gesellschaftsvertrag kann Mehrheitsentscheid bestimmen, 709 II, oder auch die Geschäftsführung nur einigen oder einem Gesellschafter übertragen, 710. Haben alle oder mehrere die Geschäftsführung, kann die nach § 709 grundsätzlich geltende gemeinschaftliche Geschäftsführung durch die Einzelgeschäftsführung für einen Teil der Geschäfte oder für alle Geschäfte ersetzt werden. Um bei Einzelgeschäftsführung eine sich gegenseitig widersprechende Geschäftsführung zu vermeiden, bestimmt § 711 ein Widerspruchsrecht, das zwingend ist. Abweichungen von § 709 können auch stillschweigend vereinbart werden, und ein gelegentlicher Widerspruch nach § 711 ändert an einer solchen Vereinbarung nichts, BGHZ 16, 399. Der sog. Grundsatz der „Selbstorganschaft" verbietet, daß *alle* Gesellschafter von Geschäftsführung und Vertretung ausgeschlossen werden; *neben* Gesellschafter-Geschäftsführern können gesellschaftsfremde Dritte mit Geschäftsführungsaufgaben betraut und umfassenden Vollmachten ausgestattet werden, BGH NJW 82, 877 – BGB-Publikums-Gesellschaft – ; es genügt aber stets einfache Mehrheit zur Abberufung derartiger „Fremdgeschäftsführer", BGH NJW 82, 2495.

3. Die durch Vertrag besonders erteilte Geschäftsführung kann bei wichtigem Grund entzogen oder niedergelegt werden, 712.

4. Die Rechte und Pflichten der Geschäftsführer (im Falle des § 709 also aller Gesellschafter) bestimmen sich grundsätzlich nach Auftragsrecht, 713.

5. Von der Geschäftsführung ausgeschlossene Gesellschafter haben ein im Kern unentziehbares *Kontrollrecht*, 716. Das ist wichtig für alle besonderen Formen der Gesellschaft, auch für die vermögenslosen und die Innengesellschaften, oben I 4b.

6. Zur Gesamthänderklage (interne = actio pro socio; externe = Gesamthandsklage) siehe oben § 63 II 1.

7. Ein Gesellschafter ist im allgemeinen nicht befugt, eine Gesellschaftsforderung gegen einen Dritten im eigenen Namen gemäß § 432 geltend zu machen. Das ergibt sich aus § 709 I, oder aus weitergehenden Beschränkungen im Gesellschaftsvertrag. Das gilt jedoch nicht, wenn der Gesellschafter an der Geltendmachung ein berechtigtes Interesse hat, wenn die anderen Gesellschafter die Einziehung der Forderung aus gesellschaftswidrigen Gründen verweigern und der Gesellschaftsschuldner an dem gesellschaftswidrigen

Gesellschaft § 88
V 1

Verhalten der anderen Gesellschafter beteiligt ist, BGHZ 12, 308; 17, 340; 39, 14.

8. Handelt ein Geschäftsführer schuldhaft dem Gesellschaftsvertrag zuwider, so haftet er aus Schlechterfüllung, 705, 709; 325, 326 analog.

IV. Die Vertretung

1. Die Vertretungsmacht eines Geschäftsführers ist die Rechtsmacht, zwischen den Gesellschaftern einerseits und dritten Personen andererseits rechtsgeschäftlich Rechtswirkungen zu begründen. Es handelt sich um einen Anwendungsfall der Stellvertretung, 164ff. Die Vertretungs*macht* wirkt nach außen, die Geschäftsführung ist ein *Recht* im Innenverhältnis.

2. Wer die Geschäftsführung hat, ist im Zweifel auch vertretungsberechtigt, 714 (vgl. dazu BGHZ 38, 34). Das Außenverhältnis richtet sich also nach dem Innenverhältnis, vgl. auch § 715 a. E. Das ist eine Ausnahme vom Grundsatz der abstrakten Stellvertretung, 164ff. Vgl. aber z. B. auch § 168 S. 1! Normalerweise sind also nur alle Gesellschafter zusammen vertretungsberechtigt, 714, 709. Auch § 744 II gibt kein Einzelvertretungsrecht, BGHZ 17, 184.

3. Die Vertretungsmacht des Geschäftsführers der Gesellschaft ist eine *rechtsgeschäftliche*, 705, 709, 714, keine gesetzliche. Sie ist also Vollmacht, 166 II. Der Geschäftsführer ist also auch *kein Organ,* 26 II 1. Soweit die Vollmacht reicht, werden alle Gesellschafter berechtigt und verpflichtet.

4. Für die Entziehung der Vertretungsmacht gilt § 712 entsprechend, 715.

5. Streitig ist die Frage, auf welche Person es ankommt, wenn die Wirksamkeit eines Rechtsgeschäfts von gutem oder bösem Glauben, von einem Kennen, Kennenmüssen oder der Unkenntnis einer Tatsache, von fehlendem oder mangelhaftem Willen abhängt: auf den Geschäftsführer und Vertreter, auf die vertretenen Gesellschafter, oder auf alle (vgl. *Alfred Hueck,* OGH[4], S. 199).

§ 166 I, II regelt das Problem bei gewöhnlicher Vollmacht. Dort entscheidet grundsätzlich die Person des Vertreters, weil er den rechtsgeschäftlichen Willen bildet. Bei Gesamtvertretung folgt daraus, daß auch nur der böse Glaube, die Kenntnis, der Willensmangel usw. *eines* Gesamtvertreters ausreicht, um die gesetzlichen Folgen auszulösen. Bei Einzelvertretung gilt § 166 I mit der Einschränkung des § 166 II, die im Gesellschaftsverhältnis wegen des engen Vertrauensbandes *weit* auszulegen ist.

V. Zuordnung des Gesellschaftsvermögens

1. Das Eigentum an Sachen und die Inhaberschaft von Rechten steht, soweit es sich um das Gesellschaftsvermögen handelt, allen Gesellschaftern *zur gesamten Hand zu* (Gesamthandvermögen), dazu *Weber-Grellet,* AcP 182, 316ff. Das bedeutet viererlei:

(1) Dinglich sind Eigentum und sonstige Rechte den Gesellschaftern zugeordnet. *Sie* sind gemeinsam Eigentümer, Forderungsinhaber usw.; regelmäßig besteht das Gesellschaftsvermögen aus Beiträgen, Zuerwerb und ersetzten Gegenständen, 718.

(2) Über seinen Anteil am ganzen Gesamthandsvermögen kann der Gesellschafter nicht verfügen, 719 I; vgl. 1419; s. aber 2033 I. Von *dieser* Beschränkung des § 719 I kann aber der einzelne Gesellschafter durch Vertrag (oder Ermächtigung der anderen Gesellschafter im Einzelfall) befreit werden, denn die Bindung besteht insoweit im Interesse der Gesellschafter. Dadurch wird dinglich der Gesellschafterwechsel ermöglicht, unten VIII 3. Insoweit ist also § 719 I abdingbar, BGHZ 13, 184.

(3) Über seinen Anteil an den einzelnen zum Gesamthandsvermögen gehörigen Gegenständen kann der Gesamthänder ebenfalls nicht verfügen, 719 I, 1419, 2033 II, 2040 I. *Insoweit ist § 719 I unabdingbar.* Die Verfügung über Anteile an den einzelnen Gegenständen würde das Prinzip der gesamthänderischen Bindung verletzen und neuartige Sachenrechte in der Person der Erwerber begründen. Das verstieße gegen den Grundsatz des numerus clausus der Sachenrechte, der wiederum auf bindenden Grundsätzen der Rechtsklarheit beruht.

(4) Der Gesamthänder ist, solange das die Gesamthand tragende Rechtsverhältnis (Gesellschaft, Gütergemeinschaft) besteht, nicht berechtigt, Teilung zu verlangen, 719 I a. E., 1419, siehe aber § 2042.

In der gesamthänderischen Bindung drückt sich also die enge, vermögensrechtliche Zusammenfassung der Gesellschafter aus, die enger ist als bei Miteigentum, 1008 ff.

Die Gesellschafter können aber ebenso, wie es eine vermögenslose Gesellschaft gibt, auf das Gesamthandsvermögen als Ganzes verzichten und für das gemeinsame Vermögen Bruchteilseigentum nach §§ 741 ff., 1008 ff. vereinbaren („Bruchteilsgesellschaft"), wohl str. Insoweit ist also § 719 I wiederum *abdingbar,* nämlich *im ganzen.*

2. Zwischen Rechten der Gesellschafter, die zur Gesamthand gehören, und Rechten, die ihnen persönlich zustehen, ist streng zu unterscheiden (verschiedene Rechtszuständigkeit); daher das *Aufrechnungsverbot* des § 719 I: Es fehlt an der Gegenseitigkeit, 387; daher auch der Schuldnerschutz des § 720.

3. Der *Besitz* steht allen Gesellschaftern gemeinschaftlich zu: „Die Gesamthand ist Besitzer" (§ 866 gilt auch für Gesamthandsbesitz). Möglich ist freilich, daß einzelne Sachen im Alleinbesitz eines Gesellschafters oder im Mitbesitz mehrerer, aber nicht aller Gesellschafter stehen, 866, BGH NJW 83, 1114; 83, 1123.

4. Für *Verfügungen* über das Gesamthandsvermögen und dazugehörige Gegenstände gilt:

a) Verfügungen des vertretungsberechtigten Gesellschafters (oder der gemeinschaftlich vertretungsberechtigten Gesellschafter) wirken gegenüber allen Gesellschaftern, 709, 714, 164 ff. Beschränkungen nach Art. der §§ 1423 – 1428 gelten nicht.

b) Verfügungen eines nicht vertretungsberechtigten Gesellschafters sind Verfügungen eines *Nichtberechtigten* (wegen der Rechtszuständigkeit der Gesamthand). Das bedeutet:

aa) Wird über ein Grundstück verfügt, für das die Gesellschafter als Eigentümer „in Gesellschaft des BGB" eingetragen sind, scheitert der Erwerb auch eines gutgläubigen Erwerbers am Grundbuch, 891 ff. Guter Glaube an die Vertretungsmacht wird nicht geschützt.

bb) Gehört das Grundstück zum Gesellschaftsvermögen, ist aber der nichtberechtigte und nichtvertretungsberechtigte Gesellschafter eingetragen, so erwirbt der gutgläubige Erwerber kraft § 892. Böser Glaube bezieht sich also auf *Kenntnis der Zugehörigkeit zum Gesellschaftsvermögen.* Liegt böser Glaube in diesem Sinne vor, hilft dem Erwerber auch nicht etwa sein irrtümlicher Glaube an eine Vertretungsmacht des Verfügenden, vgl. *Erman-Bartholomeyczik*[5] 1422, Anm. 6.

cc) Soweit Gesamthands- oder Mitbesitz besteht (auch mittelbar, 935 I 2!), kommt bei Verfügungen eines nichtvertretungsberechtigten Gesellschafters über Fahrnis des Gesellschaftsvermögens die Fahrnis „dem Berechtigten" abhanden. „Der Berechtigte" sind die Gesamthänder. Insoweit ist gutgläubiger Erwerb nach § 932 nicht möglich, 935 (str.). Dies folgt aus der Annahme eines Gesamthands- oder Mitbesitzes. Hat der nichtvertretungsberechtigte Gesellschafter Alleinbesitz, tritt gutgläubiger Erwerb ein. Der Mangel der Vertretungsmacht steht nicht entgegen, weil nicht an die Vertretungsmacht geglaubt, sondern vom Besitz auf das Eigentum geschlossen wird. Anders, wenn der Gesellschafter offenbart, daß er als Gesellschafter verfügt und dabei wahrheitswidrig die Vertretungsmacht behauptet. Guter Glaube an die Vertretungsmacht wird nicht geschützt. Der Erwerber wird bezüglich der Berechtigung bösgläubig und erwirbt nicht.

VI. Haftung für Schulden

Nur Verpflichtungsgeschäfte der *vertretungsberechtigten* Gesellschafter verpflichten die Gesellschafter, dann aber auch alle. Nichtvertretungsberechtigte Gesellschafter sind Vertreter ohne Vertretungsmacht, 177 ff. Liegt danach eine wirksame Vertretung der Gesellschafter vor, so haften sie persönlich und als Gesamtschuldner, ohne Rücksicht auf die Teilbarkeit der Leistung, 431, 427, dazu *P. Ulmer,* FS *R. Fischer* 1979, 785. Das gilt auch für einen Bereicherungsanspruch gegen die Gesellschaft, selbst nach Auflösung der Gesellschaft und Verteilung des Gewinns, BGH NJW 74, 451, bestätigt in BGH NJW 83, 1905. Das Gesellschaftsrecht schweigt, es gelten die allgemeinen Regeln, *insb. also § 427.* Die Gesellschaft selbst ist nicht rechts- und daher nicht schuldfähig. Wer einer Gesellschaft beitritt, haftet für vorher begründete Schulden mit seinem Privatvermögen nur Kraft besonderer Vereinbarung mit dem Gläubiger, BGHZ 74, 240; unberührt bleibt die Haftung mit dem ihm angewachsenen Gesellschaftsanteil, §§ 736, 859 ZPO, s. u. VIII 1. Soll die Haftung höhenmäßig auf das Gesellschaftsvermögen beschränkt bleiben (sog. „Gesamthandschuld", ein unglücklicher Ausdruck), bedarf es eines diesbezüglichen Vertrags mit dem Gläubiger. Da der Zugriff auf das Gesellschaftsvermögen zur Verwirklichung der Haftung für Schulden der Gesellschafter Verfügungen über das Gesellschaftsvermögen bedingt, verlangt § 736 ZPO zur Zwangsvollstreckung in das Gesellschaftsvermögen ein gegen alle Gesellschafter ergangenes Urteil. Siehe zu allem auch oben § 63 II 2.

Hat ein Gesellschafter aufgrund seiner persönlichen Haftung einen Gesellschaftsgläubiger befriedigt, so richtet sich sein Erstattungsanspruch in erster Linie gegen die Gesellschaft, BGH NJW 79, 2364; 81, 139. Subsidiär kann er aber auch die einzelnen Mitgesellschafter in Anspruch nehmen; diese haften ihm nicht gesamtschuldnerisch, sondern einzeln in Höhe ihrer Verlustbeteiligung (Haftung pro rata), BGHZ 37, 299. Überzeugender (weil §§ 421, 427, 426 eher entsprechend) ist die Lösung in BGH NJW 83, 749: Dem „Gesellschaftergläubiger" haften die Mitgesellschafter als Gesamtschuldner auf den seinen Haftungsanteil übersteigenden Betrag.

VII. Gewinnverteilung, Auflösung und Beendigung der Gesellschaft

1. Je nach Dauer der Gesellschaft werden *Gewinn* und *Verlust* nach Ende des Geschäftsjahres oder Auflösung der Gesellschaft verteilt, 721, 722; BGH NJW 82, 2817.

2. Für das Erlöschen einer Gesellschaft sind zwei Zeitpunkte wesentlich: Die Auflösung und die Beendigung. Die Auflösung beendet die Gesellschaft als „werbende", d. h. wirtschaftende. Die Beendigung bringt die Gesellschaft in all ihren Wirkungen zum Erliegen. Zwischen Auflösung und Beendigung findet die Liquidation statt.

3. Auflösungsgründe sind:

a) Zweckerreichung, Unmöglichkeit der Zweckerreichung, 726

b) Zeitablauf bei befristeter Gesellschaft, arg. 723

c) Kündigung durch einen Gesellschafter, bei befristeter Gesellschaft nur aus wichtigem Grund, 723, 724, vgl. § 626, und in jedem Falle nicht zur Unzeit, 723 II.

d) Kündigung durch den Gläubiger eines Gesellschafters, 725

e) Tod eines Gesellschafters, 727

f) Konkurs eines Gesellschafters, 728

g) Aufhebungsvertrag, 305.

4. Während der Liquidation gilt die Gesellschaft als fortbestehend, soweit der Zweck der Auseinandersetzung es erfordert (Liquidationsgesellschaft),

729, 730. Grundsätzlich müssen zuerst die Schulden bezahlt, dann die Einlagen zurückerstattet und dann erst der Gewinn oder der Verlust verteilt werden, 731–735. Nunmehr ist die Gesellschaft beendet.

VIII. Gesellschafterwechsel

Grundsätzlich ist die Gesellschaft von der Zusammensetzung ihrer Gesellschafter abhängig. Ausscheiden des einen verlangt Kündigung und damit Auflösung und Beendigung. Die Vertragsfreiheit gestattet aber:

1. Die Aufnahme eines neuen Gesellschafters

Das BGB schweigt. Grundsätzlich endet durch „Aufnahme" eines neuen Gesellschafters die alte Gesellschaft und eine neue wird begründet. Da sich aber bei einer solchen Aufnahme alle einig sein müssen und der Grundsatz der Personengebundenheit nachgiebigen Rechts ist, bedarf es der Auflösung und Neubegründung nicht: Die alte Gesellschaft bleibt bestehen, der neue Gesellschafter wird am Gesellschaftsvermögen beteiligt. Einer Übertragung bedarf es in Analogie zu § 738 nicht. Der Anteil am Gesellschaftsvermögen *wächst* dem neuen Gesellschafter *an.* Für bestehende Gesellschaftsschulden haftet der Neue mit seinem Anteil am Gesellschaftsvermögen, allerdings nicht mit seinem Privatvermögen, BGHZ 74, 240. Das folgt notwendig aus der Anwachsung. Sonst würden den bisherigen Gläubigern durch Aufnahme neuer Gesellschafter Zugriffsobjekte entzogen. Es handelt sich *insoweit* um einen Fall gesetzlicher Schuldmitübernahme.

2. Ausscheiden eines Gesellschafters

Ebenso kann, dem Grundsatz zuwider, das Weiterbestehen der Gesellschaft trotz Ausscheidens eines Gesellschafters vereinbart werden, von vornherein oder ad hoc, 736. Wenn von vornherein, besteht sogar ein Ausschlußrecht gegen einen ungetreuen Gesellschafter, 737. Das Ausschließungsrecht muß von allen andern Gesellschaftern gegen den Auszuschließenden geltend gemacht werden, 737 S. 2 (notwendige Streitgenossenschaft wegen Notwendigkeit einheitlicher Rechtsverfolgung, § 62 ZPO). Sperrt sich ein Gesellschafter gegen die Mitwirkung, so ist zu unterscheiden: Grundsätzlich macht dies das Ausschlußbegehren unbegründet, da das Recht nur allen gemeinsam zusteht und es keinem Gesellschafter zugemutet werden kann, die Gesellschaft in einer seinem Willen nicht entsprechenden Zusammensetzung fortzuführen. Ist aber die Verweigerung der Mitwirkung rechtsmißbräuchlich, z. B. wegen der Geringfügigkeit des Anteils des Ausschließungsunwilligen, oder weil er sachliche Gründe nicht vorzubringen vermag, kann er von den andern Gesellschaftern auf Zustimmung zur Ausschließung des auszuschließenden Gesellschafters verklagt werden. Das rechtskräftige Urteil ersetzt seine Zustimmungserklärung, 894 ZPO. Wird in solchen Fällen die Mitgliedschaft des Ausschließungsunwilligen für die andern unzumutbar, kann auch er nach § 737 S. 1 ausgeschlossen werden. Doch darf dies nur letztes Mittel sein (alles str.). Die Ausschließung erfolgt durch Erklärung gegenüber dem auszuschließenden Gesellschafter, 737 S. 3. Im Unterschied zur OHG ist eine Ausschließungsklage nicht erforderlich, vgl. § 140 HGB. Eine auf § 737 gestützte Klage ist daher *Feststellungs-,* nicht Gestaltungsklage. Der Anteil des Ausscheidenden *wächst den übrigen an,* 738. Es ändert sich die Rechtszuständigkeit, und zwar kraft Gesetzes. Es bedarf keiner Übertragungshandlung, z. B. also keiner Grundstücksauflassung. Es gilt § 894. Der Ausscheidende erhält seine quoad usum geleisteten Beiträge zurück, meist auch Schuldbefreiung durch die Gesellschafter (aber nicht ohne weiteres mit Wirkung gegenüber den Gläubigern, auch gegenüber der Gesellschaft selbst angehörigen Gläubigern, BGH WM 81, 139), ferner sein Auseinandersetzungsguthaben und Gewinn- und Verlustbeteiligungen an schwebenden Geschäften, 738, 740. Für Fehlbeträge haftet er, 739.

Sind nur zwei Gesellschafter vorhanden, gilt für die Übernahme des Geschäfts durch einen § 142 HGB analog, BGHZ 32, 307.

3. Übertragung der Mitgliedschaft

Sie ist eine Verbindung von Aufnahme und Ausscheiden und bedarf der Zustimmung aller Gesellschafter, des Ausscheidenden und des Eintretenden. Werden die übrigen Gesellschafter nicht gefragt, ist die Übertragung zunächst schwebend unwirksam, bei Verweigerung der Genehmigung auch nur durch einen Gesellschafter endgültig unwirksam, BGHZ 13, 183; 44, 229; 45, 221. Dabei wird über den Anteil eines Gesellschafters am Gesamthandsvermögen verfügt, oben V 1 (2). – Die Zustimmung zur Aufnahme eines neuen Mitglieds anstelle des alten kann *ad hoc* oder schon im Gesellschaftsvertrag gegeben werden, und der Ausscheidende kann zur Abgabe der Aufnahmeerklärung bevollmächtigt werden, so daß er dann seinen eigenen Nachfolger bestimmt. Diese Möglichkeit kann ihm auch für eine Verfügung von Todes wegen gesellschaftsvertraglich eingeräumt werden. Auf diese Weise (und nur auf diesem Wege) kann der Gesellschafter seinen Nachfolger auch von Todes wegen bestimmen. Mehrere Erben treten aber nicht als Erbengemeinschaft, sondern einzeln als Gesamthänder der Gesellschaft mit ihrem rechnerischen Anteil ein (seit RG DR 43, 128; s. a. *Bartholomeyczik,* FS *Heinrich Lange,* 1970, 343). § 738 findet bei der Übertragung der Mitgliedschaft allerdings keine Anwendung, da zwischen dem bisherigen und dem neuen Gesellschafter keine Rechtsbeziehungen innergesellschaftlichen Inhalts entstehen, BGH NJW 75, 166.

IX. Allgemeine Leistungsstörungen im Gesellschaftsverhältnis

Nach den Fragen der Normalbeendigung der Gesellschaft und des Gesellschafterwechsels sind noch die Leistungsstörungen zu betrachten, die ein Gesellschaftsverhältnis befallen können. Die Frage, ob §§ 320–327 auf Gesellschaftsverträge direkt oder entsprechend anwendbar sind, ist sehr streitig, vgl. dazu *MünchKomm/P. Ulmer,* § 705 Rn. 118ff.

Die begriffliche Vorfrage, ob Gesellschaftsverträge gegenseitige Verträge sind, ist nicht allein entscheidend (die h. M. verneint es, *Larenz* II § 60 I b). Da die Beiträge eines Gesellschafters mit Rücksicht auf die Beiträge der anderen versprochen werden, dürfte ein Gegenseitigkeitsverhältnis doch grundsätzlich anzunehmen sein. Die Zielgerichtetheit auf den gemeinsamen Zweck steht der Gegenseitigkeit nicht im Wege. Sowohl in Austausch- wie in Gesellschaftsverträgen können die versprochenen Leistungen im Verhältnis des do-ut-des stehen. §§ 320 ff. sind also grundsätzlich anzuwenden, wenn auch mit starken Einschränkungen.

Schwieriger ist die Frage, *inwieweit* die §§ 320 ff. eingeschränkt werden müssen, weil sie dem Wesen der Gesellschaft oder spezifischen gesellschaftsrechtlichen Regeln widersprechen. Soweit die §§ 320 ff. auf die *Beendigung* des Vertrags hinauslaufen (insb. §§ 323, 325, 326), *gehen* nach *Invollzugsetzung* der Gesellschaft die besonderen gesellschaftsrechtlichen Vorschriften über Kündigung, Auflösung und Beendigung *vor* (allg. M.), 723, 726. Die Einrede der Nichterfüllung und die Zug-um-Zug-Verurteilung (320, 322) werden in mehrgliedrigen Gesellschaften durch die Treuepflicht der Gesellschafter praktisch verdrängt. Weil Gesellschafter A den Beitrag nicht zahlt, können B, C und D ihre Beiträge nicht zurückhalten. Die Treuepflicht gebietet ihnen den Gesellschaftszweck auch unter solchen Schwierigkeiten nach Möglichkeit zu verfolgen. Das ist i. d. R. anders in nur aus 2 Personen bestehenden Gesellschaften. Die Verzugsregeln gelten grundsätzlich, soweit noch Erfüllung beansprucht wird. Im einzelnen *Hueck,* Gesellschaftsrecht[18], 26 f.

§ 89
Gemeinschaft

Blomeyer, AcP 159, 385; *de Boor,* Die Kollision von Forderungsrechten, 1928; *Engländer,* Die regelmäßige Rechtsgemeinschaft, 1914; *Esser, Albert,* Rechtsprobleme der Gemeinschaftsteilung, 1951; *Hennecke,* Das Sondervermögen der Gesamthand, 1976; *Jörges, E.,* ZHR 49, 140 und 51, 17; *Kohler,* AcP 107, 258; *Kümpel,* WM 80, 422; *Langen,* Die Interessengemeinschaft, 1929; *Larenz,* IherJb. 83, 108; *Merle,* Das Wohnungseigentum im System des bürgerlichen Rechts, 1979; *Saenger,* Gemeinschaft und Rechtsteilung, 1913; *Schmidt, K.,* JR 79, 317; *Schubert,* JR 75, 363; *v. Seeler,* Das Miteigentum nach dem BGB, 1899, *Würdinger,* Theorie der schlichten Interessengemeinschaften, 1934; *Wüst,* Die Interessengemeinschaft, ein Ordnungsprinzip des Privatrechts, 1958; *ders.,* JZ 61, 78.

I. Begriff und Wesen

1. Die Gemeinschaft ist die vertraglich oder gesetzlich bestimmte Beteiligung mehrerer an einem Recht, sofern nicht die Regeln der Gesamthand gelten, 741 (Bruchteilsgemeinschaft).

2. Der Unterschied zur Gesamthand besteht vor allem in der Tatsache, daß Gegenstand der *Gesamthand* begrifflich ein Vermögen ist (auch wenn im Einzelfall das Vermögen nur aus einem einzigen Gegenstand bestehen sollte), während die Gemeinschaft nur an einem *einzelnen Recht* bestehen kann, dazu

eingehend *Hennecke,* a. a. O., S. 55 ff. Gegenstand einer Gemeinschaft ist daher stets nur *eine Sache* (genauer: Das Recht an ihr, z. B. Eigentum), oder *ein Recht* (z. B. eine Forderung). § 752, der von „mehreren gemeinschaftlichen Gegenständen" spricht, meint *mehrere Gemeinschaften an jeweils verschiedenen Gegenständen.*

3. Sodann ist die Gemeinschaft in der Regel auf *Auseinandersetzung* gerichtet. Die Hauptbedeutung innerhalb des Gemeinschaftsrechts haben die §§ 749–758, die insbesondere auch für die Erbengemeinschaft, 2040ff., die an sich eine Gesamthand ist, gelten. Die Verbundenheit der Gemeinschafter ist also wesentlich lockerer als die der Gesellschafter. Darum bestimmt § 747, im Gegensatz zu § 719, daß Gemeinschafter über ihre Anteile verfügen können. Trotzdem gibt es auf Dauer angelegte (vor allem vertragliche) Gemeinschaften, z. B. für die Verwaltung eines Hauses. Die §§ 1008 ff. über das Miteigentum sind Spezialregeln zur Gemeinschaft im Sachenrecht. Wichtige Verweisungen auf das Gemeinschaftsrecht enthalten die §§ 947, 948, 2042 BGB; 419 HGB.

II. Anteile, Nutzung, Verwaltung, Verfügung

Grundsätzlich gilt gemeinschaftliche Verwaltung, Entscheidung durch *Mehrheitsbeschluß* und regelmäßig gleiche Beteiligung, 742–746, 748. Jeder kann über seinen Anteil verfügen, 747 S. 1, über das Ganze aber nur gemeinschaftlich mit den andern, 747 S. 2.

Haben die Teilhaber einer Gemeinschaft einstimmig einem Teilhaber die Verwaltung des gemeinschaftlichen Gegenstandes übertragen, so können die übrigen Teilhaber beim Eintritt eines wichtigen Grundes diese Übertragung kündigen, BGHZ 34, 367. Trennen sich Ehegatten endgültig, kann jeder vom andern eine Neuregelung der Verwaltung und Nutzung einer beiden gehörenden Eigentumswohnung verlangen, BGH NJW 82, 1752.

III. Aufhebung

1. Jeder kann jederzeit Aufhebung der Gemeinschaft verlangen, 749 (vgl. 719, 1419), bei Ausschluß dieses Rechts nur aus wichtigem Grund, 242. Tod und Anteilspfändung sind weitere Gründe für die Nichtbeachtung des Ausschlusses der Aufhebung, 750, 751. Der Anspruch auf Aufhebung ist unverjährbar, 758.

2. Die Grundregeln der Aufhebung enthalten §§ 752, 753: Ist Teilung in Natur möglich, so gilt diese, 752 (mit Gewährleistung, 757); ist sie ohne Wertminderung unmöglich, so muß der gemeinschaftliche Gegenstand zu Geld gemacht werden, 753. Es gelten die Regeln über den Pfandverkauf, 1228 ff. (Hauptfall: Können sich die Erben nicht einigen, muß das Erbgut verkauft werden, 2042 ff., 753, 1228 ff.). Forderungen sind grundsätzlich ein-

zuziehen, Gesamtschulden und Teilhaberschulden aus dem Wert des gemeinschaftlichen Gegenstandes zu tilgen, 754, 755, 756.

13. Abschnitt
Besondere Versprechen

§ 90
Leibrente

Dürkes, Wertsicherungsklauseln, 9. Aufl. 1982; *Eccius*, Gruchot 45, 11; *Gierke, v.*, IherJb 64, 355; *Haegele/Petzold*, Geschäfts- und Grundstücksveräußerung auf Rentenbasis, 4. Aufl. 1978; *Heubeck, G./Heubeck, K.*, DNotz 78, 643; *Sepp*, Der Leibrentenvertrag, 1905; *Reinhart*, Zum Begriff der Leibrente im bürgerlichen Recht, FS *Wahl*, 1973, 261.

Die Leibrente ist der einseitig verpflichtende Vertrag, durch den der eine Teil die fortlaufende Zahlung einer im wesentlichen für den Lebensunterhalt des Berechtigten bestimmten, selbständigen Leistung in Geld oder anderen vertretbaren Sachen verspricht. Sie soll regelmäßig für die Lebenszeit des Berechtigten erbracht werden. Die §§ 759, 760 enthalten abdingbare Regeln über Dauer, zeitlichen Abstand und Vorausentrichtung der Zahlungen. § 761 schreibt zur Gültigkeit des Leibrentenversprechens (nicht der Annahme) die *Schriftform* vor. Häufig ist die Verbindung eines Leibrentenversprechens mit der als Gegenleistung dafür eingegangenen Verpflichtung, ein Grundstück zu übereignen. Die dingliche Sicherung der Leibrente erfolgt dann in der Regel durch eine Rentenschuld (1199ff.), die an dem übereigneten Grundstück bestellt wird. Zum Problem von Wertsicherungsklauseln in Leibrentenverträgen siehe *Dürkes*, a. a. O., D 44ff., 263ff. zu den Problemen des Währungsverfalls OLG Düsseldorf NJW 72, 1137; *Chiotellis*, Rechtsfolgenbestimmung bei Geschäftsgrundlagenstörungen in Schuldverträgen, 1981, S. 167, 172 m. w. N.

Wenn über die kausale oder abstrakte Natur des Leibrentenversprechens gestritten wird, so wird dabei zweierlei verkannt: Die Leibrente beruht auf einem „besonderen Versprechen" (vgl. die Überschrift über diesem Abschnitt), trägt also ihre Berechtigung in sich wie etwa ein Schuldversprechen nach § 780. Ihr Bestehen ist aus dem schriftlichen Versprechen und seiner (formlosen) Annahme zu beweisen. Nicht etwa verlangt das Leibrentenversprechen eine außer ihm liegende causa. Insofern ist sie ohne causa wirksam, also „abstrakt", aber selbst eine causa, also „kausal" wie jeder Kaufvertrag.

Den meisten „besonderen Versprechen" ist das eigen. Zweitens sind die Begriffe kausal-abstrakt relativ (oben § 13, 4). So ist das Leibrentenversprechen häufig die causa für eine im Grundbuch eingetragene Rentenschuld. Wie hier im Ergebnis *Larenz*, II, § 65 III; *Medicus*, II, § 114 II. Die Leibrente kann kausal oder abstrakt gemeint sein.

§ 91
Spiel, Wette, Differenzgeschäft

v. Arnim, JZ 82, 843; *ders.*, Die AG 83, 29; 68; *Elster*, ArchBürgR 26, 34; *Franke*, DB 75, 1541; *Hadding/Wagner*, WM 76, 310; *Häuser*, ZIP 81, 933; *zu Hohenlohe-Oehringen*, BB 80, 1667; *Kern*, Neue Formen erlaubter und unerlaubter Ausspielungen, 1925; *Kohler*, ArchBürgR 25, 1; *Kohlhaas*, LZ 51, 135; *Lüer*, JZ 79, 171; *F. A. Mann*, FS v. *Caemmerer*, 1978, 737; *Nußbaum*, ArchBürgR 24, 325; *Roessner/Weber*, BB 79, 1049; *Schlund*, Das Zahlenlotto, 1972; *Schwark*, DB 75, 2261; *v. Seeler*, ArchBürgR 24, 1; *Trumpler*, DJZ 1903, 103; *Wermert*, Annalen des Deutschen Rechts 1903, 401, 498, 503.

1. Das *Spiel* im Sinne des bürgerlichen Rechts ist der Vertrag, bei welchem sich die Beteiligten gegenseitig die Zuwendung eines Gewinns für den Fall versprechen, daß ein bestimmtes künftiges Ereignis oder ein bereits vorliegendes Ereignis bekannt wird, wobei das Eintreten oder das Bekanntwerden zu einem nicht unerheblichen Teil vom Zufall abhängt. Das Spiel ist ein Glücks-, Risiko-, Zufallsvertrag (Skatrunde, Schafkopfpartie, 17+4, Poker, Rennwette).

2. Das Spiel begründet eine erfüllbare Nichtschuld, 762 (oben § 16 I 2). Wer also beim Eisstockschießen „für ein Zehnerl" mitmacht, kann, falls er bei der gewinnenden Partei ist, den Gewinn nicht einklagen. Erhält er ihn, braucht er ihn nicht zurückzugeben, 762 I 2. Auf diese Vergünstigung kann sich nicht berufen, wer an einer Spielbank regelwidrig und daher aufgrund nichtigen Spielvertrags spielt. Das gesetzliche Verbot geht vor, BGHZ 37, 363. Außerdem kann § 762 auf Neben- oder Hilfsverträge (z. B. Schuldanerkenntnis) außer beim Spiel an konzessionierten Spielbanken angewendet werden, BGH NJW 74, 1821.

3. Nach §§ 284, 284a, 285, 286 StGB sind öffentliche Glücksspiele ohne behördliche Erlaubnis, das gewerbsmäßige Glücksspiel und die öffentliche Lotterie ohne behördliche Erlaubnis verboten. Kein „öffentliches Glücksspiel" sind Geschicklichkeitsspiele (Kennzeichen beim Kartenspiel angeblich: Alle Karten sind zu Spielbeginn verteilt). Greift das Verbot ein, gilt § 134.

4. Eine *Wette* ist ein Vertrag, durch den sich die Parteien zur Bekräftigung einer Behauptung für den Fall der Wahrheit oder Unwahrheit gegenseitig Leistungen versprechen (*Enneccerus-Lehmann*[15], § 189 I 2). Ein ernsthafter Meinungsstreit über eine Tatsache, die nur so oder anders liegen kann, ist gemeint. („Ist der Himalaya-Schneemensch ein Mensch, ein Affe oder ein Bär?") Auch die Wette begründet nur eine erfüllbare Nichtschuld.

5. Ein *Lotterievertrag* ist nur bei behördlicher Genehmigung verbindlich, 763.

6. Ein *Differenzgeschäft* ist der Verkauf oder Kauf von Waren oder Wertpapieren in der (oft verschleierten) Absicht, daß weder Ware noch Preis wirklich geleistet sein sollen, sondern nur der *Unterschied* zwischen dem vereinbarten Preis und dem Börsen- oder Marktpreis der Lieferungszeit. Da Börsen- und Marktpreise steigen oder sinken können, gibt es beim Differenzgeschäft einen verlierenden und einen gewinnenden Teil. Das Differenzgeschäft ist der Vertrag der Spekulanten. § 764 unterstellt ihn den Spielvorschriften. Ausnahmen enthalten die §§ 50ff. des Börsengesetzes vom 27. 5. 1908, RGBl. 215 über die sog. *Börsentermingeschäfte*, vgl. dazu *Häuser*, ZIP 81, 933 ff. (Rechtsprechungsübersicht). Auf ausländische Börsentermingeschäfte ist § 58 BörsG nicht anwendbar, der Differenzeinwand also zulässig, BGH NJW 81, 1897.

§ 92
Sichernde Versprechen
(Bürgschaft, Garantie, Versicherungsvertrag, Sicherungsabrede, Sicherungstreuhand)

I. Bürgschaft

Bärmann (Hrsg.), Recht der Kreditsicherheiten in europäischen Ländern, Teil I: Bundesrepublik Deutschland, 1976; *Baur-Mengelberg*, Bürgschaft, Schuldübernahme und Garantievertrag, 1930 (1936); *Bendix*, ArchBürgR 20, 155; *ders.*, ArchBürgR 25, 84; *Bettermann*, NJW 53, 1817; *Blessing*, Akzessorietät und Sicherungszweck der Bürgschaft, Diss. Saarbrücken 1972; *Braun-Melchior*, AcP 132, 175; *Cohn*, JW 1906, 410; *Dörner*, MDR 76, 708; *Eccius*, Gruchot 46, 55; *Gerhardt*, Der Befreiungsanspruch, 1966; *Henseler/Adomeit*, Kreditsicherungsrecht, 2. Bde, 1980; *Horn*, NJW 80, 2153; *Hüffer*, AcP 171, 470; *Jauernig*, NJW 53, 1207; *Kanka*, IherJb 87, 123; *Knütel*, FS Flume, Bd. I, 1978, 559; *Kremer*, Die Mitbürgschaft, 1902; *Lippmann*, IherJb. 48, 315; *Lwowski*, Kreditsicherheiten, 5. Aufl. 1982; *Merz*, WM 77, 1270; 80, 230; 82, 174; *Mormann*, WM 63, 930; 68, 666; 74, 962; *Pawlowski*, JZ 74, 124; *Reichel*, Die Schuldmitübernahme, 1909; *Reinicke, D.*, NJW 66, 2141; *Reinicke, D./Tiedtke*, Gesamtschuld und Schuldsicherung, 1981; *Rimmelspacher*, Kreditsicherungsrecht, 1980; *Rothenberg*, AcP 77, 323; *Scholz/Lwowski*, Das Recht der Kreditsicherung, 5. Aufl. 1980; *Schütz*, ZAkDR 1938, 155; *Stammler*, AcP 69, 1; *Sternberg*, Gruchot 52, 545; *Tiedtke*, WM 76, 174; *Weber, Hansjörg*, JuS 71, 553; *ders.*, JuS 72, 9; *ders.*, Sicherungsgeschäfte, 2. Aufl. 1977; *Weidemann*, ZHR 53, 429; *Weimar*, Bürgschaft, Schuldübernahme, Garantievertrag, 1979; *ders.*, MDR 79, 112; *Weitzel*, JuS 81, 112; *Westerkamp*, Bürgschaft und Schuldbeitritt, 1908.

§ 92 Besondere Versprechen
I 1

1. Begriff, Abgrenzung

Durch den Bürgschaftsvertrag verpflichtet sich der Bürge gegenüber dem Gläubiger eines Dritten (Hauptschuldner), für die Erfüllung der Verbindlichkeit des Dritten einzustehen, 765.

Der Bürge haftet somit für *fremde* Schuld. Der *Sicherungszweck* ist kennzeichnend, BGH NJW 79, 1500 – Zahlung auf erste Anforderung –. Darin unterscheidet er sich vom *Schuldübernehmer*, der eine *eigene* Schuld übernimmt. Auch bei der kumulativen Schuldübernahme, bei der der Übernehmer zusätzlich neben den Altschuldner tritt, haftet der Neuschuldner für *eigene* Schuld, oben § 59 I 2 a. Die Abgrenzung ist im einzelnen oft schwierig. Sie ist aber wichtig, da die Bürgschaft eine *schriftliche Bürgschaftserklärung* fordert, 766, wogegen die Schuldübernahme formlos vereinbart werden kann. Um die Formvorschrift des § 766 nicht zu entwerten, verlangt die Rechtsprechung zu Recht, daß der Schuldübernehmer ein eigenes wirtschaftliches Interesse haben muß, oben § 59 I 3. Oft hilft für die Auslegung, ob (formpflichtige) Bürgschaft oder Schuldbeitritt vorliegt, die Frage, ob einer Person Kredit verschafft werden soll (dann Bürgschaft), oder ob der zusätzlich Haftende an seiner eigenen Verpflichtung selbständig interessiert ist. Gehen Schuldner und Hinzutretender von der – vielleicht unausgesprochenen – Erwartung aus, daß in erster Linie der Schuldner in Anspruch genommen werden soll, so gilt Bürgschaftsrecht. Das gleiche trifft i. d. R. zu, wenn Schuldner und Hinzutretender ausdrücklich oder stillschweigend davon ausgehen, daß der Hinzutretende vom Schuldner Ersatz in voller Höhe verlangen kann, falls nicht der Schuldner, sondern der Hinzutretende in Anspruch genommen wird. Denn darin tritt der Sicherungszweck zutage. Im Zweifel gilt Bürgschaft, nicht Schuldbeitritt, weil das Gesetz den Normalfall gesetzlich regeln wollte, BGHZ 6, 397. Zum *Garantievertrag* siehe unten II, sowie BGH NJW 67, 1020. Zur Abgrenzung von der sog. *Patronatserklärung* vgl. Staud./ *Horn,* Vorb. zu §§ 765–778, Rz. 118; *Obermüller,* ZGR 75, 1 ff.; *Schröder, Jan,* ZGR 82, 552ff. (alle m. w. N.).

Die Bürgschaft ist ein einseitig verpflichtender Vertrag zwischen Bürge und Gläubiger. Davon getrennt sind etwaige Schuldverhältnisse zwischen Bürge und Hauptschuldner zu betrachten, vgl. § 774 I 3. Möglicherweise ist der Bürge zur Bürgschaftsleistung aus Auftrag oder Geschäftsbesorgung verpflichtet, 662ff., 675. Die Bürgschaftsleistung kann Geschäftsführung ohne Auftrag sein, 677ff. (wichtig wegen des Ersatzes, wenn der Bürge in Anspruch genommen wird, 683 S. 1, 670). Wer einen andern zur Kreditgewährung beauftragt, haftet ihm als Bürge (Kreditauftrag), 778. Im Bankverkehr sind Kreditaufträge nicht selten.

Die *Schriftform* des § 766 dient in erster Hinsicht dazu, den Bürgen von übereilten Entschlüssen abzuhalten. Die Bürgschaft ist eines der gefährlichsten Geschäfte, weil sich der Bürge oft aus außerwirtschaftlichen Erwägungen bereit findet einzuspringen und im Grunde hofft, daß es zu seiner Inanspruchnahme nicht kommt. Daneben dient die Schriftform Beweiszwecken.

Sie bezieht sich übrigens nur auf die Bürgschafts*erklärung*, nicht auf den ganzen Vertrag. Der Form bedarf es nicht, wenn der Bürge Kaufmann und die Erklärung der Bürgschaft für ihn ein Handelsgeschäft ist, 350 HGB; das gleiche gilt, wenn die Bürgschaft in Wechselform geleistet wird; die strengeren Vorschriften des Wechselrechts verdrängen § 766, BGHZ 45, 210 = ESJ 103. Wegen der Gefährlichkeit gehen Unklarheiten über den Umfang der durch Bürgschaft gesicherten Hauptforderung zu Lasten des Gläubigers, BGH NJW 80, 1459; ähnlich BGH WM 78, 1065 und BGH NJW 80, 1099 – Zusatzkredit –.

Die für die Bürgschaftserklärung erforderliche Schriftform ist nicht gewahrt, wenn der Verbürgungswille nicht aus der Bürgschaftsurkunde, sondern erst aus einer darin in Bezug genommenen Urkunde zu erkennen ist, BGHZ 26, 146. Auch ein Telegramm reicht nicht aus, BGHZ 24, 297.

2. Die *Bürgschaft ist akzessorisch*, d. h. die Verpflichtung des Bürgen ist nach Bestand und Umfang von der Hauptschuld abhängig, 767, 768 (Ausnahmen in 767 I 2, 768 I 2, 768 II). Stellt sich also z. B. heraus, daß das Darlehen an den Hauptschuldner nicht ausgezahlt ist, so ist auch der Bürge nicht verpflichtet. Die Bürgschaft deckt auch eine zur Schuld hinzutretende Vertragsstrafe, BGH NJW 82, 2305. Mit dem Erfüllen der Hauptschuld erlischt auch die Bürgschaftsschuld. Herabsetzungen und Stundungen der Hauptschuld wirken sich auch zugunsten des Bürgen aus, BGHZ 6, 385. Unterbricht aber der Hauptschuldner eine gegen ihn laufende Verjährungsfrist durch ein Schuldanerkenntnis, so betrifft das die Bürgenschuld nicht. Er kann sich mit Erfolg auf die Verjährung der Hauptschuld berufen, die ohne das Anerkenntnis eingetreten wäre (OLG Düsseldorf MDR 75, 1019). Beendigung einer zahlungsunfähigen Handelsgesellschaft führt *nicht* zum Untergang der Bürgschaftsschuld, BGH NJW 82, 875. Der Gedanke der Akzessorietät verlangt auch, daß die Hauptschuld wenigstens bestimmbar ist. Die Übernahme der Bürgschaft für alle nur irgendwie denkbaren künftigen Verbindlichkeiten des Hauptschuldners ohne jede sachliche Begrenzung ist unwirksam, BGHZ 25, 318; 36, 147; BGH WM 78, 1065. Übernimmt ein neuer Schuldner die Schuld, wird der Bürge frei, 418 I 1, es sei denn, er erklärt sich mit der *Schuldübernahme* einverstanden, 418 I 3, BGH NJW 68, 1131. Der Bürge braucht sich also keinen „schlechteren" Hauptschuldner aufdrängen zu lassen. Vergleiche Schema unter 9.

3. Einreden des Bürgen gegen den Gläubiger

a) Der Bürge hat alle Einreden des Hauptschuldners, 768. Er kann z. B. einreden, die Hauptschuld sei gestundet, oder sie sei verjährt, BGH NJW 80, 1460.

b) Der Bürge kann einreden, die Hauptschuld sei anfechtbar, 770 I. Selbst anfechten kann er die Hauptschuld nicht (wohl dagegen seine Bürgschaftserklärung; das hat nichts mit § 770 I zu tun).

c) Der Bürge kann sich darauf berufen, er brauche nicht zu leisten, weil sich der Gläubiger durch Aufrechnung befriedigen könne, 770 II. Der Bürge kann aber nicht mit einer Forderung des Hauptschuldners aufrechnen, weder gegen die Haupt- noch gegen seine Bürgschaftsschuld.

d) Der Bürge hat die *Einrede der Vorausklage,* 771–773. Erst soll der Gläubiger sein Recht beim Hauptschuldner suchen, 771. Das verlangt i. d. R. den Versuch einer Zwangsvollstreckung gegen den Hauptschuldner, 772.

In drei Fällen darf sich der Gläubiger diesen Versuch sparen: Bei Erschwerung der Rechtsverfolgung (773 I 2), bei Konkurs des Hauptschuldners (773 I 3, II) und bei vorauszusehendem Fehlschlag (773 I 4, II). — Der Bürge kann von vornherein auf die Einrede der Vorausklage *verzichten,* 773, I 1. Das macht den Bürgschaftsanspruch zur Keditsicherung tauglicher. Man bezeichnet dies als die „selbstschuldnerische Bürgschaft". Das Gesetz verweist oft auf sie, z. B. in §§ 349, 351 HGB (ein Vollkaufmann haftet selbstschuldnerisch, wenn die Bürgschaft für ihn ein Handelsgeschäft ist). Wer sich in Wechselform verbürgt, hat die Einrede der Vorausklage ebenfalls nicht, BGHZ 45, 210.

4. Rückgriff und Befreiungsrecht

a) Muß der Bürge nach alledem doch leisten, kann er sich an den Hauptschuldner halten. Der vom Bürgen befriedigte Anspruch des Gläubigers bleibt erhalten, er springt auf den Bürgen über, 774, und zwar mit den Nebenrechten i. S. des § 401, BGHZ 35, 173 (für Grundpfandrechte streitig). Unabhängig daneben bestehen Ansprüche aus dem Innenverhältnis, z. B. aus § 670 (siehe oben I 3).

b) Unter bestimmten Voraussetzungen kann der Bürge vom Hauptschuldner Befreiung von der Bürgschaft oder Sicherheitsleistung verlangen, 775. Der Gläubiger wird dadurch in seinen Rechten nicht beeinträchtigt.

5. Die Bürgschaft *endet,* außer durch Erfüllung von Haupt- oder Bürgenpflicht, durch Sicherheitsaufgabe und Zeitablauf, 776, 777.

6. *Mitbürgen* haften als Gesamtschuldner; sie können untereinander Ausgleich nur nach § 426 verlangen, 769, 774 II; BGH NJW 82, 2306; 83, 2442.

$$\left.\begin{array}{l}B^1\\B^2\end{array}\right\}\begin{array}{c}HS\\\nearrow|\\\text{———}\ Gl\end{array}$$

7. Der *Nachbürge* verbürgt sich gegenüber dem *Gläubiger* dafür, daß der Bürge seine Bürgschaftsschuld erfüllt, BGH NJW 79, 415. Bürge und Nachbürge sind also nicht Mitbürgen und daher auch nicht Gesamtschuldner. Vielmehr ist die Nachbürgschaftsschuld akzessorisch im Verhältnis zur Bürgschaftsschuld. Befriedigt der Nachbürge den Gläubiger, so gilt § 774 entspre-

Bürgschaft § 92
I 10

chend zugunsten des Nachbürgen gegen den Bürgen, er erwirbt die Hauptforderung, vgl. dazu *Tiedtke,* WM 76, 174 ff. Es ist umstritten, ob der Hauptschuldner die Einwendungen, die er dem Vorbürgen gegenüber geltend machen konnte, auch dem Nachbürgen entgegensetzen kann (so die h. M., vgl. *Palandt/Thomas,* Einf. v. § 765, Anm. 2 a) oder ob wegen des geringeren Risikos, welches der Nachbürge im Vergleich zum Vorbürgen einging, die Einwendungen aus dem Verhältnis mit dem Vorbürgen nicht geltend gemacht werden können (OLG Köln JuS 76, 261).

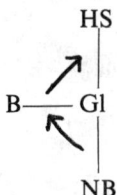

8. Der *Rückbürge* verbürgt sich dem *Bürgen* dafür, daß der Schuldner die Rückgriffsforderung (774) befriedigt, BGH NJW 79, 415. Befriedigt der Rückbürge den Bürgen, erwirbt er nach § 774 dessen Rückgriffsforderung gegen den Schuldner, die mit der ursprünglichen Hauptforderung identisch ist (str.); a. A. RGZ 146, 70; wie hier *Larenz,* II, § 64 III.

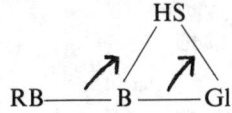

9. Der *Ausfallbürge* bürgt dem Gläubiger für den Fall, daß dieser weder vom Hauptschuldner, noch durch Verwertung anderer Sicherheiten Befriedigung erlangen kann, BGH NJW 79, 646.

10. Die folgende Übersicht soll die Bedeutung der Akzessorietät erläutern:

Bürgenschutz   Gläubigerschutz

– 767 I 1
Ohne Hauptforderung kein Entstehen
der Bürgschaft
– 767 I 1, 2
Verminderung der Hauptforderung
auch zugunsten des Bürgen

                                – 767 I 2
                                Gesetzliche Erhöhung der Hauptforderung (§§ 280, 284, PVV)
                                erhöht auch die Bürgenverpflichtung

§ 92
I 10

Besondere Versprechen

Bürgenschutz

— 767 I 3
Rechtsgeschäftliche Erhöhung der Bürgenverpflichtung durch den Hauptschuldner nicht möglich

— 768 I 1
Bürge hat alle Einreden, die der Hauptschuldner hat, z. B. Stundung etc.

— 768 II
Auch ein Verzicht des Hauptschuldners auf die Einrede schadet nicht
— 770 I
Einrede der Anfechtbarkeit durch den Hauptschuldner
— 770 II
Einrede der Aufrechnungsmöglichkeit durch den Gläubiger
— 771
Einrede der Vorausklage
— 772
Versuch der Zwangsvollstreckung in der Form des 772

Gläubigerschutz

— 767 II
Bürge haftet auch für die Kosten der Rechtsverfolgung

— 768 I 2
Bei Tod des Hauptschuldners haftet der Bürge voll weiter. Er kann nicht wie ein Erbe einwenden, der Nachlaß reiche zur Erfüllung der Verbindlichkeit nicht aus.
— 82 II VerglO
Trotz des Vergleichs mit dem Hauptschuldner kann der Gläubiger weiter gegen den Bürgen vorgehen.

— 773
Ausschluß der Einrede der Vorausklage
  a) 773 I Nr. 1 selbstschuldnerische Bürgschaft
      Nr. 2 Erschwerung der Rechtsverfolgung
      Nr. 3 Konkurs des Hauptschuldners
      Nr. 4 voraussehbarer Fehlschlag

Bürgenschutz	Gläubigerschutz
	b) 349 HGB Bürge ist Vollkaufmann

— 776
Erlöschen der Bürgschaft bei Aufgabe
einer Sicherheit durch den Gläubiger
— 777
Erlöschen der Bürgschaft nach Zeitablauf bei der Bürgschaft auf Zeit
— 765, 767 I 1
Erlöschen der Bürgschaft mit der
Hauptschuld

II. Garantievertrag

Bader, NJW 76, 209; *Bär*, Zum Rechtsbegriff der Garantie, insbesondere im Bankgeschäft, Zürcher Diss. 1963; *Boëtius*, Der Garantievertrag, Diss. München, 1966; *v. Caemmerer*, FS *Riese*, 1965, 295; *Früh*, Die rechtliche Bedeutung des Garantiescheins beim Kauf von Konsumgütern, 1982; *Horn*, NJW 80, 2153; *ders.*, IPRax 81, 149, *Horn/Frhr. Marschall v. Bieberstein* u. a., Dokumentenakkreditive und Bankgarantien im internationalen Zahlungsverkehr, 1977; *Kleiner*, Die Abgrenzung der Garantie von der Bürgschaft und anderen Vertragstypen, 1972; *Kübler*, Feststellung und Garantie, 1967; *Lehmann, M.*, BB 80, 964; *Liesecke*, WM 68, 22; *Littbarski*, JuS 83, 345; *Pawlowski*, JZ 68, 401; *Schütze*, RiW 81, 83; *Stochmayer*, Die AG 80, 326; *Tengelmann*, NJW 66, 2195; *Tonner*, NJW 84, 1730; *v. Westphalen*, WM 81, 294 (weiteres Schrifttum oben bei I).

Durch ihn verspricht eine Partei der anderen, für das Eintreten oder Nichteintreten eines bestimmten Erfolges einstehen zu wollen, RGZ 146, 123; BGHZ 82, 401. Kennzeichnend für den Garantievertrag ist ein aleatorisches (spielartiges) Moment: Eine Partei verpflichtet sich, im Rahmen des übernommenen Risikos, für das mit einem bestimmten Erfolg verbundene Interesse einzustehen.

Der Garantievertrag kann zur Sicherung der Leistung eines anderen Schuldners geschlossen werden (Fremdgarantie). Denkbar ist aber auch, daß ein Schuldner für seine eigenen Leistungen durch zusätzliche Vereinbarungen eine bestimmte Gewähr übernimmt (Eigengarantie).

1. Beispiele für die erste Gruppe von Garantieverträgen sind: Garantie eines Wechselkurses, RG JW 21, 229; eines Aktienkurses, ROHG SeuffA 32 Nr. 73; die sog. Ausbietungsgarantie, RGZ 91, 213 (das ist ein Versprechen, man werde für etwaige Verluste aufkommen, die ein Gläubiger in der Zwangsvollstreckung gegen seinen Schuldner oder in dessen Konkurs erleidet) und die Scheckkartengarantie, BGHZ 83, 31 (dazu *Staud./Horn*, Vorb. zu §§ 765–778 Rz. 119 m. w. N.).

2. Beispiele für die zweite Gruppe sind die Forderungsgarantie (entgegen § 438 garantiert der Abtretende auch die Qualität, „Bonität", einer Forderung, dazu oben § 69 III 3 b), und die sog. selbständigen Garantien im Rah-

men von Werk- und Kaufverträgen. Hierher zählen die Fälle, in denen für einen „über den typischen Vertragsinhalt hinausgehenden Erfolg" garantiert wird, (vgl. RGZ 165, 41 ff., 46 f.; *Boëtius,* 8 ff.; *Larenz,* II, § 62 III, insb. die sog. *Herstellergarantie* (vgl. BGHZ 78 372; BGH NJW 81, 2248; *Früh,* a. a. O., und *Littbarski,* JuS 83, 345 ff. m. w. N.). Anhand dieser Formel ist die Abgrenzung zur unselbständigen Garantiezusage vorzunehmen, die kein Fall des Garantievertrags, sondern eine Ausgestaltung des Kauf- (Werk-, Dienst-, usw.) vertrags ist. Die Zusicherung von Eigenschaften im Rahmen des § 459 II begründet keinen selbständigen Garantievertrag, sondern eine vertragliche Haftung nach §§ 459 II, 463, da nicht das Einstehen für einen darüber hinausgehenden wirtschaftlichen Erfolg garantiert wird (aus der Rspr. RGZ 146, 124; 165, 46; BGH BB 62, 234; 64, 1360; ausführlich dazu *Tengelmann* a. a. O.). Es ist also im Einzelfall genau festzustellen, wie weit die vertragliche Haftung, etwa aus §§ 459 ff., 633 ff. geht. Die Grenzen zur selbständigen Eigengarantie sind fließend. So soll die Zusicherung des Vorhandenseins einer Eigenschaft unter § 459 fallen, während die Zusicherung der Fortdauer einer im Zeitpunkt des Gefahrübergangs unstreitig vorhandenen Eigenschaft bereits einen selbständigen Garantievertrag begründet, RGZ 146, 125. Selbständige Garantien enthalten die Fälle, in denen eine Zusicherung „auf jeden Fall" erfolgt, dem Begünstigten also der Beweis dafür abgenommen werden soll, ob die zugesicherte Eigenschaft im Zeitpunkt des Gefahrübergangs fehlte oder erst später weggefallen ist („eventualbewußte Haftung" i. S. von *Tengelmann*). Noch eindeutiger ist die Übernahme einer (selbständigen) Garantie, daß bestimmte Eigenschaften nach Gefahrübergang eintreten werden.

Gleiches gilt für die Frage der Abgrenzung von Gewährleistungsfrist und Garantiefrist. Beispiel: „Zehn Jahre auf den Federkern der Matratze". Wird lediglich die Frist für die Geltendmachung der Gewährleistungsansprüche verlängert, so wird § 477 vertraglich abbedungen, 225 S. 2, 477 I 2. Nur wenn zugleich materielle Verpflichtungen übernommen werden, die über die gesetzestypischen Verpflichtungen hinausgehen, kann von einem Garantievertrag die Rede sein.

3. Der selbständige Garantievertrag ist ein nicht gesetzestypischer Vertrag; Ansprüche aus ihm verjähren in 30 Jahren. Dennoch haben sich typische Formen herausgebildet (vgl. *Boëtius,* 2 ff.), wie die Auslandsgarantien der Geschäftsbanken. Grundlage hierfür ist § 305. Inhalt der Garantie ist das Eintretenmüssen für einen bestimmten Erfolg. Das ist, auch wenn es im Einzelfall um Schadenstragung gehen sollte, stets ein Erfüllungs-, kein Schadensersatzanspruch; es geht also um die ursprüngliche Leistungspflicht. Deren Inhalt („ob und wie") ist durch Auslegung zu ermitteln. Bei typischen Verträgen kann auf das üblicherweise übernommene Risiko (§ 157, „Verkehrssitte") abgestellt werden. So kann z. B. die Garantie einer bestimmten Bausumme (in Abweichung zu § 650 „Kostenvoranschlag", „Angebot") zweierlei bedeuten: Die Gewähr kann sich darauf beschränken, daß das Bauwerk, wie es durch

den Plan, die Kostenaufstellungen und die sonstigen Unterlagen des Bauauftrags bestimmt wird, für die ausgesetzte Bausumme erstellt wird. Sie kann aber auch besagen, der Bauunternehmer (oder Architekt) wolle die Gefahr von Veränderungen der Kostenfaktoren tragen und für den Erfolg einstehen, daß der Bauherr für die Bausumme das bestellte Bauwerk erhält, BGH NJW 60, 1567. Der Inhalt des Vertrages bestimmt auch, ob bei Risikoerhöhung noch gehaftet wird. Erhöht sich das Risiko, ohne daß die Parteien eine solche Entwicklung ins Auge gefaßt haben, so wird der Versprechende frei (*Boëtius*, 57f.). Gleiches gilt auch für die Herbeiführung des Eintritts des Garantiefalles durch den Begünstigten. Im Einzelfall kann § 162 entsprechend angewandt werden, vgl. auch §§ 23, 25 VVG.

4. Der durch Auslegung zu bestimmende Vertragsinhalt ergibt schließlich auch, in welchem Umfang Einwendungen aus dem Vertrag, dessen Durchführung garantiert wird, hergeleitet werden können. Die Skala der Möglichkeiten kann von der Garantie der Leistungsfähigkeit über die Leistungsmöglichkeit bis zur Leistungsverpflichtung des Schuldners gehen. Der Garantievertrag ist daher, je nach seinem Inhalt, *abstrakt* (ähnlich wie die Verpflichtung des Anweisungsempfängers, der die Anweisung akzeptiert, 784). Dennoch handelt es sich in diesem Fall um kein abstraktes Schuldversprechen i. S. des § 780, denn der Garantievertrag trägt den typischen Geschäftszweck in sich, den Gläubiger zu sichern (vgl. dazu *Kübler,* a. a. O., 109).

5. Bei jedem Garantievertrag ist daher auf vier Punkte zu achten: (1) Ist es eine selbständige Garantie? (2) Für welchen Erfolg wird eingestanden? (3) Wo liegen die Grenzen des übernommenen Risikos? (4) Wie lange wird vertraglich oder gesetzlich gehaftet?

6. Als wirtschaftlich verwandte Tatbestände sind Garantievertrag und abstraktes Schuldversprechen, 780ff., weithin austauschbar. Durch sie kann der gleiche wirtschaftliche Erfolg erzielt werden. Je mehr Einwendungen des Schuldners wegbedungen werden, desto mehr nähert sich der Garantievertrag dem Schuldversprechen. Von der *Bürgschaft* unterscheidet sich der Garantievertrag durch die Nichtakzessorietät des Garantieanspruchs und das *eigene wirtschaftliche Interesse* des Garantierenden, vgl. BGH NJW 81, 2295 (Es sind hier auch Mischformen möglich. So ist die Abrede, daß ein Bürge sich nicht auf einen Vergleich des Gläubigers mit dem Hauptschuldner berufen kann, als Garantievertrag zu bewerten, der den Bürgen verpflichtet, für den im Rahmen des Vergleichs nicht gezahlten Teil der Schuld aufzukommen, vgl. OLG Frankfurt DB 74, 2245; Anm. *Marwede*, BB 75, 985.), vom *Schuldbeitritt* durch das *Fehlen einer schon bestehenden Schuld,* RGZ 90, 415. Wird, wie etwa bei der Forderungsgarantie, eine bestehende Schuld garantiert, kommt die *Garantie* dem Schuldbeitritt zwar wirtschaftlich nahe, unterscheidet sich aber dennoch von ihm durch die *alleinige Ausrichtung auf das Gläubigerinteresse*. Wer einer Schuld beitritt, will i. d. R. zumindest auch dem Schuldner helfen. Von der *Vertragsstrafe* unterscheidet sich die Garantie

durch ihren auf *Erfüllung selbst* zielenden Charakter, während die Vertragsstrafe nur mittelbar die Erfüllung sichern soll, vom *Versicherungsvertrag* durch das Fehlen der Prämie.

III. Versicherungsvertrag

Bronisch/Sasse/Starke, Recht der privaten Versicherungen, 1962; *Bruck/Möller,* Versicherungsvertragsgesetz, 8. Aufl. 1953 ff.; *Ebel,* JuS 83, 260; *Eichler,* Versicherungsrecht, 2. Aufl. 1976; *Eichler/Finke,* Rechtsquellen des Versicherungsrechts, 1956; *Gärtner,* Privatversicherungsrecht, 2. Aufl. 1980; *Goldberg/Müller,* Versicherungsaufsichtsgesetz, 1980; *Hoffmann,* Privatversicherungsrecht, 2. Aufl. 1983; *Prölss/Martin,* Versicherungsvertragsgesetz 23. Aufl. 1984; *Prölss/Schmidt/Frey,* Versicherungsaufsichtsgesetz, 9. Aufl. 1983; *Richter,* Privatversicherungsrecht, 1980.

1. Begriff

Der Versicherungsvertrag hat die vertragliche Zusage einer Leistung zum Inhalt, die bei Verwirklichung einer bestimmten Gefahr dem Versicherten zu erbringen ist. Der Versicherungsvertrag ist entgeltlich. Die Versicherungsleistung und das Entgelt (Prämie) stehen in einem jedes Versicherungsverhältnis kennzeichnenden Zusammenhang: Die Versicherung verwendet den Gedanken der *Gefahrengemeinschaft.* Sie baut auf dem Massenprinzip auf, wobei eine große Zahl vom Zufall *bedrohter,* aber nicht verwirklichter Wagnisse zum Zwecke der Gefahr*tragung* im Eintrittsfall zusammengefaßt wird (im Anschluß an *Prölss/Martin,* VVG, Vorbem. II 1 und BFH VersR 64, 1032; BGH VersR 68, 138).

Ob sich über diese allgemeinen Bemerkungen hinaus ein einheitlicher Begriff des Versicherungsvertrags aufstellen läßt, oder ob man von vornherein zwischen Schadens- und Personenversicherung unterscheiden muß, ist streitig. Den monistischen Standpunkt vertritt z. B. *Bruck/Möller,* VVG, § 1 Anm. 3, 7, den dualistischen *Prölss/Martin,* VVG, § 1 Anm. 2. Das Gemeinsame aller Versicherungsverträge liegt, wenn schon nicht im Begriff einer allgemeinen „Bedarfsdeckung", so doch immerhin in der beabsichtigten Ausgleichung von Nachteilen, die ein verwirklichtes Wagnis mit sich bringt.

2. Hauptarten

Man unterscheidet Schadens- und Personenversicherung, § 1 I 1 und 2 VVG.

a) Bei der *Schadens*versicherung ist der Versicherer zum Ersatz verpflichtet, wenn der Versicherungsnehmer (Versicherte) Schaden dadurch erleidet, daß durch ein im Vertrag bestimmtes, in irgendeiner Hinsicht, z. B. nur nach dem Zeitpunkt seines Eintretens, ungewisses Ereignis eine Sache zerstört, beschädigt, entwertet oder seinem Vermögen entzogen wird, oder daß sein Vermögen durch ein derartiges Ereignis mit Verbindlichkeiten belastet oder verringert wird, *Prölss/Martin,* VVG, § 1 Anm. 1 A a und 2 A.

Die Schadensversicherung ist vor allem in §§ 49 – 158k VVG geregelt. Das Gesetz unterscheidet: Feuerversicherung (§§ 81 – 107c VVG, dazu die Allg. Feuerversicherungsbedingungen); Hagelversicherung (§§ 108–115a VVG, dazu die Allg. Hagelversicherungsbedingungen); Tierversicherung (§§ 116–128 VVG, dazu die Allg. Tierversicherungsbedingungen); Transportversicherung (§§ 129–148 VVG, dazu insbesondere die Speditionsversicherungsbedingungen); Haftpflichtversicherung (§§ 149–158k VVG, dazu die Allg. Haftpflichtversicherungsbedingungen – AHB –, die Allg. Bedingungen für die Kraftverkehrsversicherung – AKB –, sowie das Pflichtversicherungsgesetz vom 5. 4. 65, BGBl. I 213). Weitere Schadensversicherungen sind die Einbruchsdiebstahl- und die Hausratversicherung, beide nicht im VVG, sondern in den Allg. Einbruchdiebstahlversicherungs-Bedingungen – AEB – bzw. Allg. Bedingungen für die Neuwertsversicherung des Hausrats gegen Feuer-, Einbruchsdiebstahl-, Beraubungs-, Leitungswasser-, Sturm- und Glasbruchschäden – VHB – geregelt.

b) Bei der *Personenversicherung* hat der Versicherer eine im voraus vereinbarte geldliche Leistung zu erbringen, wenn das im Vertrag bestimmte Ereignis eintritt. In der *Unfallversicherung* muß dies Ereignis, wie bei der Schadensversicherung, ungewiß sein. In der *Lebensversicherung* sind drei Fälle zu unterscheiden: Entweder ist ungewiß, ob das Ereignis während einer bestimmten Zeitspanne (z. B. Laufzeit eines Bausparvertrags) eintritt („Todesfallrisikoversicherung") oder *wann* es eintritt („Todesfallversicherung"), oder *wie lange* Prämien gezahlt werden müssen (sog. Terme-fix-Versicherung, bei der die Auszahlungszeit festliegt, die Prämie aber nur bis zum Tod des Versicherungsnehmers bezahlt zu werden braucht). Weitere Unterfälle (bedingte oder unbedingte Leistungspflichten) sind denkbar und üblich. Zum ganzen *Prölss/Martin* VVG, § 1 Anm. 2 A Vorbem. 1 ff. vor § 159.

Die Unfallversicherung ist in §§ 179–185 VVG geregelt, dazu vor allem in den Allg. Unfallversicherungs-Bedingungen – AUB –. Die Lebensversicherung findet sich in §§ 159–178 VVG, ergänzt durch eine Reihe von Allg. Versicherungsbedingungen, wie etwa die Grundbedingungen für die Krankheitskostenversicherung.

3. Rechtsquellen des Versicherungsvertragsrechts

a) Das *Versicherungsvertragsgesetz* (VVG) vom 30. 5. 1908, RGBl. 263 bildet die Grundlage. Es enthält teils zwingendes Recht, das nicht abbedungen werden kann, teils „halbzwingendes" (*Prölss/Martin,* Vorbem. I 1), von dem der Versicherer nicht *zum Nachteil* des Geschützten abweichen darf, und viel nachgiebiges Recht. Nachgiebig ist z. B. der wichtige § 67 I 1 VVG, wonach ein Ersatzanspruch des Versicherungsnehmers gegen einen Dritten auf den Versicherer übergeht, soweit dieser dem Versicherungsnehmer den Schaden ersetzt.

B. zündet das Haus des H an. Die Feuerversicherung entschädigt H und klagt gegen B aus §§ 823 I BGB, 67 VVG.

b) Zwei Gesetze betreffen die öffentliche Aufsicht über das Versicherungswesen: Das *Versicherungsaufsichtsgesetz* vom 6. 6. 1931, RGBl. I 279 – VAG –, und das Gesetz über die Errichtung eines Bundesaufsichtsamts für das Versicherungs- und Bausparwesen vom 31. 7. 1951, BGBl. I 480 – BAV –, beide mehrfach geändert.

c) Das BGB enthält nur wenige versicherungsrechtliche Vorschriften, z. B. in den §§ 330 bis 332, 1045, 1046, 1127 – 1130. Manchmal verweist das VVG auf das BGB, so in den §§ 5 IV, 22 und 69 III.

d) Das HGB erklärt in § 1 I 3 Versicherungsunternehmer zu Mußkaufleuten. In § 363 II ist die Transporteurversicherungspolice als gekorenes Orderpapier erwähnt.

e) Die schon teilweise erwähnten zahlreichen *Allgemeinen Versicherungsbedingungen* sind *nicht* objektives Recht, sondern *Allgemeine Geschäftsbedingungen*, die nur gelten, wenn auf sie in einem Versicherungsvertrag *verwiesen* wird (heute praktisch unstreitig, BGHZ 1, 83; 3, 200; 6, 145; 9, 1; BGH NJW 52, 1369). Jedoch braucht der Versicherungsnehmer sie nicht gelesen, ja nicht einmal erhalten zu haben, weil allgemein bekannt ist, daß Versicherungen nur aufgrund Allg. Versicherungsbedingungen abschließen, vgl. BGHZ 33, 216; BGH VersR 55, 481. Zur Rechtslage nach Inkrafttreten des AGBG vgl. *Prölss/Martin*, VVG, Vorbem. I 6 B und C.

4. Treu und Glauben

In besonderem Maße wird das Versicherungsverhältnis von Treu und Glauben mit Rücksicht auf die Verkehrssitte beherrscht, RGZ 146, 221; BGH VersR 56, 365. Der Grund ist, wie *Prölss/Martin*, VVG, Vorbem. II 3 zutreffend hervorhebt, daß jeder der beiden Vertragspartner in hohem Maße auf die Unterstützung des anderen angewiesen ist und ihm vertrauen muß: Den Unfallhergang kennt z. B. nur der Versicherungsnehmer, die Versicherungsgesellschaft andererseits ist ihm an Geschäftserfahrung, Finanzkraft und „juristisch langem Atem" in der Regel weit überlegen. Versicherung ist Vertrauenssache.

IV. Sicherungsabrede

Baden, JuS 77, 75; *Bähr*, NJW 83, 1473; *Barkhausen*, NJW 53, 1412; *Becker*, AcP 139, 222; *Boehmer*, ZAkDR 40, 173, 241; *ders.*, Grundlagen der bürgerlichen Rechtsordnung, II/2, 1952, 141 ff.; *Dempewolf*, NJW 59, 556; *ders.*, Der Rückübertragungsanspruch bei Sicherungsgrundschulden als Kreditsicherungsmittel, 1958; *ders.*, NJW 57, 1257; *ders.*, Betrieb 58, 1091; *Felgentraeger*, FS *Gierke*, 1950, 140; *Flessa*, NJW 53, 84; *Flume*, Besitzloses Fahrnispfand im geltenden deutschen Recht, 1954; *ders.*, AcP 154, 560; *ders.*, NJW 50, 841; *Grunsky*, JuS 84, 498; *Höniger*, Die Sicherungsübereignung von Warenlagern, 1911; *Jacusiel*, Die Sicherungsübereignung, 1931; *Jäckle*, JZ 82, 50; *Jauernig*, NJW 82, 268; *Klee*, NJW 51, 579; *ders.*, MDR 51, 455; *Kollhosser*, JA 79, 232; *Kommans*, Die Sicherungsgrundschuld, 1939; *ders.*, Das Grundpfandrecht als fiduziarische Sicherheit, Kölner Diss. 1939; *Küchler*, Die Sicherungsgrundschuld, 1939; *Lange, Heinrich*, NJW 50, 565; 51, 571; *Lehmann, H.*, Reform der Kreditsicherung an Fahrnis und Forderungen, 1937; *Lopau*, NJW 72, 2253; *Matschl*, NJW 62, 2132; *Mauer, H.*, BB 59, 872; *Münzel*, MDR 51, 129; *Paulus*, ZZP 64, 169; *ders.*, JZ 57, 7, 47; *Polzin*, AcP 134, 219; *Räbel*, NJW 53, 1247; *Rahn*, BWNotZ 59, 265; *Reich, N.*, AcP 169, 247; *ders.*, Die Sicherungsübereignung, 1970; *Reinicke*, MDR 51, 333; *Reithmann*, NJW 77, 661; *Seckelmann*, Die Grundschuld als Sicherungsmittel, 1963; *Siebert*, Das rechtsgeschäftliche Treuhandverhältnis, 1933;

Sicherungsabrede § 92
IV 3

Thieme, JR 53, 89; *Westermann*, Interessenkollisionen und ihre richterliche Wertung bei den Sicherungsrechten an Fahrnis und Forderungen, 1954; *ders.*, NJW 56, 1197; *Wilhelm*, JZ 80, 625; *Wörbelauer*, NJW 58, 1705; *Zahn*, Grenzen der Kreditsicherung durch Sicherungsübereignung, 1937; *Zawar*, NJW 76, 1822 (weiteres Schrifttum oben bei I).

1. Weniger erforschte sichernde Versprechen sind die *Sicherungsabrede* und ihre sachenrechtlichen Erweiterungsformen, z. B. die *Sicherungstreuhand* (unten V). Mit anderen sichernden Versprechen hat die Sicherungsabrede gemein, daß sie im Vertragswege einer anderen Person eine Sicherstellung gegen einen als möglich vorausgesehenen Vermögensnachteil verschaffen soll. Die im BGB ausführlich behandelte *Bürgschaft* (oben I) soll gegen den Ausfall eines *Schuldners* sichern; der von Rechtsprechung und Lehre als atypisches Schuldverhältnis näher herausgearbeitete *Garantievertrag* (oben II) soll dem Versprechensempfänger einen bestimmten *Erfolg* zusichern; der sondergesetzlich geregelte *Versicherungsvertrag* (oben III) will auf der Grundlage einer gemeinschaftlichen Gefahrenteilung gegen sich im Einzelfall verwirklichende *Gefahren* und *Wagnisse* absichern.

2. Die *Sicherungsabrede* ist die vertraglich abgesprochene Verknüpfung zweier weiterer Rechtsgeschäfte, eines zu sichernden und eines sichernden (vgl. *Westermann*⁶, § 43 III 1). Einige Beispiele:

Zu sicherndes Geschäft:	*Sicherndes Geschäft:*
Darlehen	Hypothek
Stundung einer Zahlung	Grundschuld
Miete (z. B. eines Kfz)	Rentenschuld
	Pfandrecht
Leibrente	Bürgschaft
Summenverwahrung (700)	Wechsel
	Schuldanerkenntnis
Gesellschaftsvertragliche	(Sicherungs-)Übereignung
Pflichten, z. B. im Kartell	(Sicherungs-)Zession
	Hinterlegung (z. B. von Geldern)

Die Sicherungsabrede ist regelmäßig der *Vertrag*, der bestimmt, warum und bis zu welchem Umfang das sichernde Geschäft das zu sichernde Geschäft sichern soll. Insoweit kann man auch von Sicherungsvertrag sprechen. Hat die Sicherungsabrede keinen obligatorischen Inhalt, so ist sie eine Kausalabrede i. S. der Ausführungen oben § 13, 5. Der Besteller der Sicherheit heißt Sicherungsgeber, der gesicherte Partner Sicherungsnehmer.

3. Arten

a) Bekannt ist der „Sicherungsvertrag" bei der *Sicherungsübereignung* (*Baur*, Sachenrecht[12], § 57 IV; *Westermann*⁶, § 43 III 1: „Sicherungsabrede").

b) Verwandt damit ist der *Sicherungsvertrag* bei der Sicherungsabtretung (*Baur* a. a. O. § 58 I; *Esser*⁴, § 55 VI 1a spricht hier ebenfalls von „Sicherungsabrede").

c) Bei der *Sicherungsgrundschuld* dient die aus dem wirtschaftlichen Zweck der Grundschuldbestellung abgeleitete „Vereinbarung über die Sicherung der Forderung" (*Lent/Schwab*, Sachenrecht[13], § 63 I, II 5) zur kausalen Verknüpfung von Forderung und Grundschuld, *Baur*[12], § 45 II nennt dies „Sicherungsabrede"; *Westermann*[6], § 116 II 2, „Sicherungsvereinbarung"; *Enneccerus/Wolff/Raiser*[10], § 132 I 2, „gewollte Zweckgemeinschaft".

d) Auch bei sicherungshalber ausgestellten Wechseln, Schuldanerkenntnissen, Verpflichtungsscheinen (363 HGB) und dergl., ist eine Sicherungsvereinbarung feststellbar.

e) Die terminologische Vielfalt zeugt von junger Rechtsbildung. Die Zusammenfassung dieser Erscheinungen unter einer einheitlichen Beziehung, für die man „Sicherungsabrede" (bei verpflichtendem Inhalt: „Sicherungsvertrag") vorschlagen kann, rechtfertigt sich aus dem beschriebenen Zweck, ein für einen Vertragsbeteiligten risikoreiches Geschäft durch den Abschluß eines zweiten sichernden, unterstützenden Geschäfts gefahrloser zu machen.

4. Rechtliche Eigenschaften der Sicherungsabrede

a) Es handelt sich um einen atypischen Vertrag oder um eine Kausalabrede, die zu einem zu sichernden und einem sichernden Geschäft hinzutreten und äußerlich mit beiden, vor allem dem zweitgenannten, verbunden sein können. Begrifflich ist die Sicherungsabrede allerdings von den beiden genannten Geschäften zu trennen.

b) Ist das *sichernde* Geschäft nichtig, befindet die Sicherungsabrede über den Umfang der Annahme in hilfsweiser Geltung nach § 140 (Umdeutung). Kommt ein der Sicherungsabrede nicht entsprechendes sicherndes Geschäft zustande, kann der Sicherungsnehmer aus der Sicherungsabrede i. d. R. Gestellung einer vertragsgemäßen Sicherung verlangen.

Ist das *zu sichernde* Geschäft, z. B. das Darlehen, nicht zustande gekommen, nichtig, wirksam angefochten, erfüllt oder dergl., so ist die Sicherungsabrede nicht zugleich nach § 139 unwirksam oder gegenstandslos. Vielmehr gibt sie normalerweise dem Sicherungsgeber einen *vertraglichen* Anspruch auf Rückgewähr der Sicherheit, z. B. Rückübereignung des Sicherungseigentums, des Wechsels usw. (ebenso *Lent/Schwab*[13], § 63 II 5 unter Berufung auf BGH LM Nr. 14 zu § 313 BGB für die Sicherungsgrundschuld; die traditionelle Auffassung gibt nur einen Bereicherungsanspruch, *Wolff-Raiser*[10], § 154 VI 1), denn der Zweck der Sicherheitsgestellung sei entfallen.

Ist die Sicherungsabrede selbst nichtig, sicherndes und zu sicherndes Geschäft aber wirksam, so fehlt es an der „gewollten Zweckgemeinschaft" (*Raiser*, s. o.). Der Sicherungsnehmer ist um *diese* Sicherung ungerechtfertigt bereichert (vgl. *Baur* a. a. O. zur Sicherungsgrundschuld). Nichtigkeit der Sicherungsabrede kann sich insbesondere aus den Gesichtspunkten der Knebelung des Sicherungsgebers oder der Übervorteilung dritter Gläubiger ergeben, BGHZ 20, 43.

c) Die Sicherungsabrede ist ein „ähnliches Verhältnis" im Sinne des § 868, also ein Besitzmittlungsverhältnis, das den Erwerb einer beweglichen Sache nach § 930 ermöglicht: An die Seite der *Einigung* (929), die stets erforderlich ist, kann, anstelle der *Übergabe* (929), die *Vereinbarung* eines *Besitzmittlungsverhältnisses* treten (930, „Besitzkonstitut"). Daß eine Sicherungsabrede hierfür ausreicht, ist lange nicht erkannt worden (RGZ 49, 170; 54, 396; RGZ JW 13, 432). Später behalf man sich mit einem „Besitz- und Nutzungsrecht" (RGZ JW 15, 445), mit einer „Leihe" zu „Sicherungszwecken" (RGZ Warn. 1928, 245), mit einem „Recht, die Herausgabe sicherungshalber übereigneter Güter zu verlangen" (RGZ 132, 183) oder mit einem „der Verwahrung ähnlichen Verhältnis" (RGZ Warn. 1929, 277). Ausdrücklich abgelehnt hat RGZ DR 43, 299 die Hingabe „der Sicherung dienender Sachen" als Besitzkonstitut. Der BGH hat das Problem durch eine weitherzige Auffassung vom „konkreten Besitzkonstitut" gelöst und bei der Sicherungsübereignung auf benannte Besitzmittlungsverhältnisse verzichtet, BGH NJW 58, 302; WM 59, 1314. Im Ergebnis übereinstimmend *Baur,* § 57 III 1 a; *Westermann,* § 40 II; *Machleid,* JZ 59, 145. Nach *Schweickhardt* kann die Sicherungsabrede als ein „ähnliches Verhältnis" im Sinne des § 868 anerkannt werden (Diss. Tübingen 1966, 62ff.). Die hier interessierende Frage ist aber nicht, ob in § 930 ein „abstraktes" Besitzkonstitut ausreicht, sondern ob die *Sicherungsabrede* ein den §§ 868, 930 gerecht werdendes Besitzmittlungsverhältnis ist. Dies ist zu bejahen; ein von beiden Parteien vereinbarter Sicherungszweck ist entweder atypischer Vertrag oder wenigstens Kausalabrede (oben § 13, 5). Beides reicht für § 868 nach Wortlaut und Zweck der Vorschrift aus. Schon die bloße Kausalabrede gibt eine (i. d. R. dauernde) Besitzberechtigung, arg. § 812 I 2. Dies genügt in § 868, vgl. zuletzt BGH NJW 79, 2308.

d) Die Sicherungsabrede enthält häufig noch folgende Rechte:

aa) Der Sicherungsnehmer ist grundsätzlich verpflichtet, Befriedigung erst aus dem zu sichernden Anspruch und dann erst aus der Sicherung zu suchen. (Hierin liegt z. B. der Unterschied zwischen einem sicherungshalber und einem erfüllungshalber hingegebenen Wechsel. Bei Letztgenanntem kommt die Wechselklage zuerst!). Die Vereinbarung kann freilich auch Parallelität oder Vorbefriedigung aus der sichernden Forderung vorsehen. Aber dies sind zu beweisende Ausnahmen.

bb) Im Unterschied zur Hingabe erfüllungshalber bedeutet sicherungsweise Hingabe einer neuen Verbindlichkeit i. d. R. keine Stundung der zu sichernden Verbindlichkeit. Der Zweck ist ja nur Sicherung, nicht Hinauszögerung der Hauptleistung. Anders die übliche Auslegung von § 364 II, oben § 39 I 2.

cc) Scheitern oder Wegfall des zu sichernden Geschäfts führt regelmäßig zu einem *vertraglichen* Anspruch auf Rückgewähr der Sicherung, s. o. 4b. Wo ausnahmsweise die Auslegung der Sicherungsabrede keinen vertraglichen Rückgewährungsanspruch erkennen läßt, wie bei der Sicherungsabrede als bloßer Kausalabrede, gilt § 812 I 2.

e) § 822 kann auf die Sicherungsabrede analog angewandt werden.

V. Sicherungstreuhand

Die Sicherungstreuhand beruht auf einer Sicherungsabrede, bei der ein bestimmtes Treugut dem Treuhänder als Sicherungsnehmer nach sachenrechtlichen Regeln zu dem Zweck überlassen wird, sich daraus zu befriedigen, falls der Treugeber eine Schuld ihm gegenüber nicht erfüllt (vgl. *Larenz* AT § 36 I 2). Die Sicherungstreuhand ist ein Fall der eigennützigen Treuhand (*Siebert, Das rechtsgeschäftliche Treuhandverhältnis,* 1933). Die Treuhand setzt immer eine dingliche Zuordnungsveränderung mit schuldrechtlicher Innenbindung voraus. Bei der Sicherungstreuhand besteht die schuldrechtliche Innenbindung aus einer Sicherungsabrede. Zur Verwaltungstreuhand oben § 82, 2; zu andern Treuhandformen *Larenz* und *Siebert*, a. a. O.

VI. Interner Ausgleich bei mehreren Sicherungsgebern

Es werden vier Auffassungen vertreten:
— Haftung zu gleichen Teilen (*Westermann*, § 103 III m. w. Nachw.),
— Haftung anteilig nach Wert der Sicherungsgüter, z. B. Pfänder, Hypotheken, Bürgschaften, usw. (vgl. Nachw. bei *Palandt/Bassenge*, § 1225, Anm. 2 b),
— Der Erstbefriediger ist im Vorteil (Prioritätsprinzip, *Planck/Flad*, § 1225, 2 c),
— Letzlich haften die dinglichen Sicherungsgeber (*Soergel/Augustin*, § 1225, Rz. 8).

Priorität und der Unterschied obligatorische-dingliche Sicherung bieten wenig überzeugenden Anhalt. Der Wert der Sicherungsgüter kann von der zugrunde liegenden Verbindlichkeit stark abweichen (z. B. Grundschuld). Am besten ist daher die Lösung von *Westermann:* Falls nichts Besonderes vereinbart ist, gilt Tilgung zu gleichen Anteilen, 774 II, 426 analog.

§ 93
Vergleich

Boekelmann, FS *Fr. Weber*, 1975, 101; *Bonin*, Der Prozeßvergleich unter besonderer Berücksichtigung seiner personellen Erstreckung, 1957; *David*, Recht, 1903, 12; *Ebel*, Berichtung, transactio und Vergleich, 1978; *Esser*, FS *H. Lehmann*, Bd. II, 1956, 713; *Hedemann*, Der Vergleichsirrtum nach dem Rechte des Deutschen Reichs, 1903; *Henckel*, FS *Wahl*, 1973, 465; *Klimke*, VersR 75, 686; *Lehmann*, Der Prozeßvergleich, 1911; *Lüke*, JuS 65, 482; *Oertmann*, Der Vergleich im Gemeinen Zivilrecht, 1895; *Reifenrath*, JW 34, 2436; *Schnorr v. Carolsfeld*, Beiträge zur Lehre vom Vergleich, 1929; *Sellner*, SeuffBl. 69, 28; *Simon*, Die Lehre vom Prozeßvergleich nach geltendem Recht, 1911; *Stötter*, JZ 63, 123; *ders.*, NJW 67, 1111; *Strohe*, Die gebührenrechtliche Problematik des außergerichtlichen Vergleichs gemäß § 779 BGB, Diss. Köln 1975; *Tempel*, FS *Schiedermair*, 1976, 517; *Trautmann*, Recht 1909, 62; *Wolf, M.*, ZZP 89, 260.

Der *Vergleich* ist der schuldrechtliche, gegenseitige Vertrag, durch den ein Streit oder die Ungewißheit der Parteien über ein Rechtsverhältnis durch gegenseitiges Nachgeben beendigt wird, § 779, vgl. z. B. BGH JZ 63, 129 = ESJ 104. Der Vergleich ist zugleich ein Mittel, ein bestehendes Schuldverhältnis inhaltlich zu ändern. Er wird daher in § 40 III oben im Zusammenhang mit Inhaltsänderung und Schuldersetzung besprochen.

§ 94
Schuldversprechen, Schuldanerkenntnis

Ackermann, Gruchot 44, 573; *Bähr*, Die Anerkennung als Verpflichtungsgrund, 1894; *Brütt*, Die abstrakte Forderung, 1908; *Coester, M.*, JA 82, 579; *Collatz*,

§ 94
5

IherJb. 40, 127; *Crezelius*, DB 77, 1541; *Hegler*, Beiträge zur Lehre vom prozessualen Anerkenntnis und Verzicht, 1903; *Klingmüller*, Das Schuldversprechen und Schuldanerkenntnis, 1903; *ders.*, ZHR 58, 152; *Krückmann*, AcP 134, 289; *Kübler*, Feststellung und Garantie, 1967 (dazu *Brecher*, AcP 168, 536); *Lindacher*, JuS 73, 79; *Marburger*, Das kausale Schuldanerkenntnis als einseitiger Feststellungsvertrag, 1971; *ders.*, JR 73, 7; *ders.*, DB 73, 2125; *Möschel*, DB 70, 913; *Neubecker*, Der abstrakte Vertrag in seinen historischen und dogmatischen Grundzügen, 1903; *Oertmann*, DJZ 1902, 195; *Rümelin*, AcP 97, 211; 98, 169; *Strohe*, VersR 74, 959; *v. Tuhr*, Zur Lehre von den abstrakten Schuldverträgen nach dem BGB, 1903; *Wienstein*, Gruchot 48, 477; *Wilkkens*, AcP 163, 137; *Zeiss*, AcP 164, 50.

1. Das *Schuldversprechen* ist der einseitig verpflichtende Vertrag, durch den ein Teil dem anderen Teil eine Leistung abstrakt, d. h. in der Weise verspricht, daß das Versprechen die Verpflichtung selbständig begründen soll, 780. Entsprechendes gilt für das abstrakte Anerkenntnis einer bestehenden Schuld, *Schuldanerkenntnis*, 781. Man kann beides zum „abstrakten Leistungsversprechen" zusammenfassen.

2. Entscheidend ist, daß die Parteien die *Verpflichtung losgelöst von* einem außerhalb der Verpflichtung bestehenden *Schuldgrund* (causa) *begründen* oder *anerkennen* wollen. Versprechen oder Anerkenntnis sollen ihre Berechtigung in sich selbst tragen und zu ihrer obligatorischen Rechtfertigung nicht der Berufung auf ein Kausalverhältnis (Kauf, Darlehen, Miete, unerlaubte Handlung) bedürfen. Wirtschaftlicher Grund derartiger abstrakter Versprechen und Anerkenntnisse ist in aller Regel der Wunsch der Parteien, insb. des Gläubigers, Einwendungen aus einem Kausalverhältnis auszuschalten (z. B. den Einwand der Sachmängelhaftung, der fehlenden Darlehenskündigung usw.). Durch das Schuldanerkenntnis wird auch die Verjährung unterbrochen, 208. Darum sollen Versprechen und Anerkenntnis ihre causa in sich selbst tragen, mithin *„abstrakt"* gelten; ein Beispiel: BGH WM 78, 58 — Gutschrift —.

3. Wann das beabsichtigt ist, kann im Zweifelsfall nur die Auslegung ermitteln. Wer ein Darlehen schuldet und schreibt: „Ich schulde 100,— DM aus Darlehen" stellt nur einen Schuldschein aus. Wenn es dagegen heißt: „Ich schulde in jedem Falle 100,— DM", kann ein abstraktes Versprechen oder Anerkenntnis gemeint sein. Schuldversprechen und -anerkenntnis sind die gedankliche Urform des eigenen (Sola-)Wechsels, Art. 3 WG.

4. Schuldversprechen und Schuldanerkenntnis bedürfen der *Schriftform*, 780, 781 (Überlegungs- und Beweiszweck). Sonst sind sie nichtig, 126. Ein abrechnungs- oder vergleichsweise erteiltes Versprechen oder Anerkenntnis bedarf der Form nicht, 782. Eine Freistellung von der Schriftform enthält § 350 HGB, wenn der Schuldner Kaufmann und das Versprechen für ihn ein Handelsgeschäft ist.

5. Ein rechtsgrundlos erteiltes Schuldversprechen oder -anerkenntnis kann als ungerechtfertigte Bereicherung zurückverlangt werden, gleichgültig, welchen Grad der Abstraktheit es aufweist, welche Einwendungen oder Einre-

den mithin ausgeschlossen sein sollten, 812 II; RGZ 86, 304; 108, 412; BGHZ 66, 250 – Anerkenntnis des Unfallversicherers –; 72, 9 – irrtümliches Saldenanerkenntnis –. Dazu unten § 99 III 2a. Der Anspruch geht auf Abschluß eines Aufhebungsvertrags (Vollstreckung nach § 894 ZPO). Hierin zeigt sich die Abstraktheit des Leistungsversprechens (grundsätzlich abweichend *Kübler*). Andererseits sind §§ 780, 781 die causae für die in Vollzug des Versprechens gewährten Leistungen. Ein Schuldversprechen oder -anerkenntnis zur Erfüllung eines Ehemäklerlohns oder einer Spiel- oder Wettschuld begründet keine Verbindlichkeit, 656 II, 762 II. Ein Anerkenntnis im Sinne des § 408 II 2 bewirkt einen Schuldnerschutz wie bei der Doppelabtretung.

6. Neben dem „abstrakten", eine Schuld begründenden oder anerkennenden Versprechen im Sinne der §§ 780, 781 kennen Rechtsprechung und Lehre das sog. *„deklaratorische* oder *kausale Schuldversprechen, -anerkenntnis".* Es will keine Verbindlichkeit selbständig begründen oder abstrakt anerkennen, sondern ein bestehendes Schuldverhältnis erneut feststellen oder bekräftigen, BGH NJW 80, 1158, dazu *Schmidt, K.*, JuS 80, 528 Nr. 5. Da es nicht abstrakt ist, braucht die Form der §§ 780, 781 nicht eingehalten zu werden, RGZ 135, 219; BGHZ 1, 181; 17, 252; BGH LM Nr. 5 zu § 157 (D) BGB; BGH WM 59, 406; WM 62, 742; BGH NJW 63, 2316 = ESJ 105; *Wilckens*, AcP 163, 137. Bedeutsam sind derartige „deklaratorische Schuldanerkenntnisse" nach Verkehrsunfällen: „Machen Sie sich keine Sorgen, ich komme für den ganzen Schaden auf"; dazu *Körner*, JR 62, 298, und *Lindacher*, JuS 73, 79; BGH NJW 82, 996; 83, 1903.

Zu Recht weist *Kübler* darauf hin, daß die Grenze zum „abstrakten" Anerkenntnis durchaus fließend ist. Seine Schlußfolgerungen, es gäbe im Grunde keine „abstrakte Forderung", §§ 782 und 812 II seien gegenstandslos, §§ 780, 781 beträfen nur den Schuldschein, und jede (kausale) Forderung sei denkbarer Gegenstand von Feststellungs- oder Garantieverträgen, für die die üblichen Anfechtungs- und Unwirksamkeitsgründe gälten, messen jedoch der bürgerlichrechtlichen „Abstraktion" einen zu engen Sinn bei. Darum ist auch bei noch weitergehenden Verfeinerungen der begrifflichen Zwischenformen Vorsicht geboten. Abstraktion heißt nach obigem: *Unabhängigkeit von Einwendungen*. Es gibt keine Abstraktion schlechthin. Je nach Zahl und Gewicht ausgeschlossener Einwendungen sind Forderungen *mehr oder weniger* abstrakt. Die Parteien sind nach § 305 durchaus frei, Einwendungen gegen zu begründende oder schon bestehende Rechte vertraglich mehr oder weniger auszuschließen. Alles kommt dabei auf die Vertragsauslegung an. Sollen Forderungen *nur* aufgrund von Mängeln des sie betreffenden Entstehungsvorganges angreifbar sein („ihre causa also in sich selbst tragen"), gelten §§ 780, 781 mit ihren Formvorschriften, denn hier kommt dem Entstehungstatbestand entscheidendes Gewicht zu. *Alle weniger* abstrakten Feststellungs- oder Garantieabreden, Beweiserleichterungsverträge, Beweisumkehrvereinbarungen, Verzichte, sich auf bestimmte Tatsachen oder Rechtsstandpunkte zu berufen, usw., lassen sich unter dem (nicht glücklichen) Ausdruck „deklaratorisches Anerkenntnis" zusammenfassen, vgl. BGH NJW 75, 1326. – Immer aber muß eine Korrektur zu Unrecht eingegangener (voll-)abstrakter und deklaratorischer Anerkenntnisse möglich sein. Hierzu dienen die üblichen Behelfe: (bei Anfechtung, Nichtigkeit) § 812 I 1 als materielle Leistungskondiktion und § 812 II als einer ihrer Unterfälle (s. u. § 93 III 2a).

§ 95
Anweisung

Brandis, JW 1931, 2223; *Flume,* NJW 84, 464; *Jung,* IherJb. 69, 82; *Kupisch,* ZIP 83, 1412; *Laband,* AcP 74, 331; *Lenel,* IherJb. 36, 113; *Lent,* Die Anweisung als Vollmacht und im Konkurse, 1907; *Loewenfeld,* Die Anweisung im Gesetz und Verkehr, 1922; *Meyer-Cording,* Das Recht der Banküberweisung, 1951; *Nipperdey,* Anweisung, in: HwbdR, Bd. I, 240; *Oertmann,* Recht 1905; 33; *Plucinski,* AcP 60, 352; *Riehl,* Die Anweisung, 1908; *Schoele,* Das Recht der Überweisung, 1937; *v. Tuhr,* IherJb. 48, 1; *Ulmer, Eugen,* AcP 126, 129 und 257; *Wendt,* Das allgemeine Anweisungsrecht, 1895; *Wieland,* AcP 95, 161; *Wienstein,* Recht 1906, 1418 (vgl. auch das Schrifttum zum Wertpapierrecht unten bei § 96).

1. Die Darstellung von Anweisung und Inhaberschuldverschreibung (§ 96) gehört ins Wertpapierrecht. Die Anweisung ist die gedankliche Urform des gezogenen *Wechsels,* Art. 1ff. WG, und des *Schecks,* Art. 1ff. SchG; zudem regeln die §§ 363–365 HGB die *kaufmännische Anweisung.* Als solche kommt die Anweisung des bürgerlichen Rechts selten vor, z. B. beim Kreditbrief, beim „Effektenscheck" (Anweisung auf Leistung von Wertpapieren) und beim „Kassalieferschein", BGHZ 6, 378 (vgl. aber RGZ 136, 207 = ESJ 106: Umdeutung eines formungültigen Wechsels in eine kaufmännische Anweisung). Einiges Grundsätzliches bedarf der Erörterung:

2. Gegenstand der Anweisung können nur Geld, Wertpapiere oder andere vertretbare Sachen (z. B. Getreide) sein. Die Anweisung muß schriftlich erteilt werden, 783.

3. Anweisungsverhältnisse bestehen aus drei Personen: Aussteller, Angewiesener, Anweisungsempfänger. Beim Wechsel sind das in gleicher Reihenfolge: Aussteller, Bezogener, Remittent bzw. Indossatare. Beim Scheck: Aussteller, Bezogener (Bankier), Zahlungsempfänger.

Der Aussteller weist den Angewiesenen an, dem Anweisungsempfänger etwas zu leisten, 783. Zur Entstehung der Anweisung muß eine urkundlich verkörperte Anweisungserklärung dem begünstigten Dritten (Anweisungsempfänger) ausgehändigt werden, 783, BGHZ 3, 239. Im Geschäftsverkehr sind aber Anweisungen auch in mündlicher Form zugelassen, vgl. dazu *Erman/ Hense,* vor § 783, Rn. 5.

4. Das Verhältnis zwischen dem Aussteller und dem Angewiesenen heißt *„Deckungsverhältnis".* Es betrifft die Frage, inwiefern dem Angewiesenen zugemutet werden kann, die Anweisung des Anweisenden zu befolgen. Meist schuldet der Angewiesene dem Anweisenden irgend etwas, z. B. eine Kaufpreisschuld. Infolgedessen hat er einen wirtschaftlichen Grund, die Anweisung zu befolgen und an den Anweisungsempfänger das Angewiesene zu leisten. Verpflichtet ist der Angewiesene aus dem Deckungsverhältnis nicht notwendig, der Anweisung Folge zu leisten, 787 II. Wer aus dem Kauf etwas schuldet, braucht deswegen keine Anweisung zu befolgen. Wenn er sie aber befolgt, wird er im Deckungsverhältnis frei, 787 I (Spezialfall zu § 364 I). Die *Anweisung ist also im Deckungsverhältnis kausal.*

5. Das Verhältnis zwischen Anweisendem und Anweisungsempfänger heißt „*Valuta*-(Zuwendungs-)*verhältnis*". Es behandelt die Frage, warum der Anweisende dem Anweisungsempfänger etwas zukommen lassen will. Z. B. kann es so liegen, daß der Anweisende dem Anweisungsempfänger etwas aus Kauf schuldig ist. Wirtschaftlich bedeutet also die Anweisung, daß durch *eine* Leistung *zwei* Schulden bezahlt werden. Das Deckungsverhältnis wird zur Tilgung des Valutaverhältnisses benutzt.

6. Die Rechtsnatur der Anweisung war streitig, dazu *MünchKomm/Vallenthin*, § 783, Rn. 11 ff. m. w. N. § 783 faßt die Anweisung als *Doppelermächtigung* (§ 185) auf, vgl. BGH WM 71, 741. Danach ist die Anweisung die *schriftliche* Ermächtigung des Anweisenden an den Angewiesenen, für Rechnung des Anweisenden an den Anweisungsempfänger zu zahlen, und zugleich die Ermächtigung des Anweisungsempfängers, die Leistung bei dem Angewiesenen im eigenen Namen zu erheben. *Die bloße Anweisung verpflichtet also niemanden, sie ermächtigt aber zwei Personen.*

Allerdings kann sich der Angewiesene durch schriftliche *Annahme* der Anweisung *verpflichten, die Anweisung zu bezahlen,* 748, der die einzige Anspruchsnorm des Anweisungsrechts ist, sog. *angenommene Anweisung*. Dadurch wird aber nur *eine Pflicht gegenüber dem Anweisungsempfänger,* nicht gegenüber dem Anweisenden begründet. Die Annahme der Anweisung verschafft dem Anweisungsempfänger eine sichere Stellung, vergleichbar der des Gläubigers eines abstrakten Schuldversprechens, 781. Der Angewiesene hat schriftlich erklärt, leisten zu wollen. Er hat dann auch nur noch beschränkte Einwendungen, 784. Einwendungen aus dem Deckungsverhältnis kann er *nicht mehr* vorbringen. Wenn man also das Verhältnis zwischen Angewiesenem und Anweisungsempfänger als *Leistungs*verhältnis bezeichnet, kann man sagen: *Die Anweisung ist, wenn sie angenommen wurde, im Leistungsverhältnis abstrakt.*

7. Zur Abwicklung im *Leistungsverhältnis* ist zu bemerken:

a) der Angewiesene braucht nur gegen Aushändigung der Anweisung zu leisten, § 785, vgl. § 797; Art. 39 I WG. Der Anweisungsempfänger muß daher zur Geltendmachung seiner Ermächtigung die Anweisung in Händen haben. Die Anweisung ist darum Wertpapier (im Sinne der herrschenden Wertpapiertheorie, dazu u. § 96). Da sich die Abtretung der Anweisung nach den §§ 398 ff. richtet, ist die Anweisungsurkunde ein Rektapapier. Das Eigentumsrecht an der Urkunde richtet sich nach § 952.

b) Annahme- und Leistungsverweigerung muß der Anweisungsempfänger dem Anweisenden anzeigen, 789.

c) Der Anspruch aus der Annahme verjährt in 3 Jahren, 786.

8. Die Anweisung *endet*, außer durch Leistung des Angewiesenen, durch Widerruf des Anweisenden vor Annahme und Leistung, aber nicht durch Tod eines Beteiligten, 790, 791.

9. Der Anweisungsempfänger kann die Anweisung schriftlich weiterübertragen, auch wenn sie noch nicht angenommen ist, 792. Sie kann dann dem neuen Erwerber gegenüber angenommen werden. Es gilt eine dem § 784 I 2 entsprechende Abstraktion im neuen Leistungsverhältnis, 792 III 1. Dem Angewiesenen gegenüber ist ein Ausschluß der Übertragbarkeit nur wirksam, wenn ihm dies rechtzeitig mitgeteilt wurde, 792 II.

§ 96
Schuldverschreibung auf den Inhaber

Baumbach/Hefermehl, Wechsel- und Scheckgesetz, 13. Aufl. 1981; *Bayersdorf*, Die rechtliche Natur der Eisenbahnfahrkarte, 1903; *Brox*, Handels- und Wertpapierrecht, 2. Aufl. 1981; *v. Gierke, J.*, Das Recht der Wertpapiere, 1954; *Gierke*, DJZ 1905, 92; *Hueck, A./Canaris*, Recht der Wertpapiere, 11. Aufl. 1977; *Jacobi*, Das Wertpapier als Legitimationsmittel, 1906; *ders.*, Wechsel- und Scheckrecht, 1955; *Kempfner*, Der rechtliche Charakter des Straßenbahnbillets, 1902; *Kohler*, ArchBürgR 10, 316; *Kuntze*, Die Lehre von den Inhaberpapieren, 1857; *Langen*, Die Kreationstheorie im heutigen Reichsrecht, 1906; *Locher*, Das Recht der Wertpapiere, 1947; *Meyer-Cording*, Wertpapierrecht, 1980; *Oertmann*, DJZ 1904, 1127; *Schettler/Büeler*, Das Wechsel- und Scheckrecht aller Länder, Stand 1983; *v. Schwerin*, Recht der Wertpapiere, 2. Aufl. 1934; *Sprengel*, MDR 61, 988; *Stener*, Die rechtliche Natur des Theaterbillets nach gemeinem und nach dem Recht des BGB, 1902; *Strohal*, Recht 1901, 158; *Ulmer, Eugen*, Recht der Wertpapiere, 1938; *Zöllner*, Wertpapierrecht, 13. Aufl. 1982.

1. Das Recht der Inhaberschuldverschreibung gehört ebenfalls in den Bereich des Wertpapierrechts. Nur wenige grundsätzliche Dinge sind hier zu erwähnen. Die *Inhaberschuldverschreibung* ist ein Wertpapier, in welchem der Aussteller eine Leistung an den berechtigten Inhaber verspricht, 793. Ihre Ausstellung bedarf, wenn sie auf Geld lautet, staatlicher Genehmigung, § 795 i. V. mit dem Gesetz über die staatliche Genehmigung der Ausgabe von Inhaber- und Orderschuldverschreibungen v. 26. 6. 1954, BGBl. I 147. Die Inhaberschuldverschreibung ist *Wertpapier*, weil sie der Gläubiger der verbrieften Forderung in Händen haben muß, um das Recht geltend zu machen, 797. Die Inhaberschuldverschreibung ist *Inhaberpapier*, weil jeder berechtigte Inhaber das verbriefte Recht geltend machen darf, 793. Einer Übertragung durch Indossament bedarf es nicht; die Inhaberschuldverschreibung ist also *kein Orderpapier* wie z. B. der Wechsel. Bei der Inhaberschuldverschreibung folgt das Recht aus dem Papier dem Recht am Papier, § 952 findet also keine Anwendung. Die Inhaberschuldverschreibung ist ein Wertpapier „im engeren Sinne" oder „Wertpapier öffentlichen Glaubens"; gutgläubiger Erwerb des Papiers und dadurch der Forderung ist nach §§ 952ff. möglich, 935 II. Zum zulässigen Inhalt von Schuldverschreibungen, BGHZ 28, 259; *Erman/Hense*, § 793, Rn. 4.

Die Inhaberschuldverschreibung ist, unabhängig von ihrer Eigenschaft als Wertpapier, ein *Legitimationspapier*, denn der Aussteller wird bei Leistung an den Inhaber des Papiers frei, 793 I 2.

Der Aussteller braucht sich also bei Vorlage des Papiers keine Gedanken darüber zu machen, ob der Inhaber des Papiers der Berechtigte ist. Er wird auch durch Leistung an den Nichtberechtigten befreit (Folge z. B. § 816 II). Diese Legitimationswirkung zugunsten des Schuldners hat mit der Wertpapiereigenschaft nichts zu tun. Sie kann auch Nichtwertpapieren eigen sein (z. B. Quittung, 370). Die Eigenschaften „Legitimationspapier" und „Wertpapier" können, müssen aber nicht zusammentreffen.

§ 793 I 2 bedarf einschränkender Auslegung, wenn der Schuldner an einen Vorleger zahlt, von dem er *weiß*, daß er der Nichtberechtigte ist. Entgegen der herrschenden Meinung wird man aber auch den Fall der grobfahrlässigen Unkenntnis dem Vorsatz gleichstellen müssen, um den Einklang mit Art. 40 III 1 Wechselgesetz herzustellen (*Berthold Richter*, Die Legitimationsfunktion der Wertpapiere bei der Ausübung der verbrieften Forderung, Diss. Münster 1963, 44).

So eingeschränkt, wird die befreiende Wirkung des § 793 I 2 zu Recht auf den Mangel der *Geschäfts- und Verfügungsfähigkeit* ausgedehnt, h. M.

2. Fraglich ist, wie die Verpflichtung aus der Inhaberschuldverschreibung entsteht. (Die gleiche Frage ist für die Entstehung der Verbindlichkeit aus angenommener Anweisung zu stellen, 784.) Üblicherweise entstehen obligatorische Pflichten aus Vertrag, 305. Ob zur Entstehung der Leistungspflicht aus einer Inhaberschuldverschreibung ein Vertrag nötig ist oder ob die Ausstellung des Papiers genügt, ist streitig, vgl. dazu *MünchKomm/Vallenthin*, vor § 793 Rn. 7 ff. m. w. N.

a) die sog. *Kreationstheorie* ist der Meinung, die bloße Papierausstellung schaffe die Verbindlichkeit. Sie stellt die Inhaberschuldverschreibung auf eine Ebene mit Testament, Stiftung und, wenn man vom Schrifterfordernis absieht, mit der Auslobung. Das erscheint, jedenfalls für die Regelfälle, in denen ja Begebung vorliegt, abseitig.

b) Die *Vertragstheorie* meint, außer der Papierausstellung bedürfe es eines Begebungsvertrags zwischen Aussteller und Nehmer, zwischen erstem und zweitem Nehmer und so fort bis zum Inhaber. Die Vertragstheorie kann aber den gutgläubigen Erwerb eines Wertpapiers von einem Nichtberechtigten, der für die Beweglichkeit und Verkehrsfähigkeit dieser Papiere schlechthin unentbehrlich ist, nicht bejahen.

c) Eine vermittelnde Auffassung von *Ulmer* verlangt eine „Ausstellung unter dem Vorbehalt der Begebung an eine bestimmte Person" *(modifizierte Kreationstheorie, Ulmer,* a. a. O. 38). Der Nachteil dieser Auffassung ist, daß sie auch schon vor Begebung eine „ruhende" Verbindlichkeit annehmen muß, deren Wesen sich nach geltendem Recht kaum erklären läßt.

d) Die herrschende, von *Otto v. Gierke* und *Jacobi* begründete *Rechtsscheintheorie* ist eine durch Rechtsscheingrundsätze modifizierte Vertragstheorie, vgl. BGH NJW 73, 283. Danach bedarf es, wie es ja auch dem regelmäßigen Sachverhalt entspricht, zur Entstehung einer Verbindlichkeit aus einem Inhaber- und Orderpapier grundsätzlich eines *Begebungsvertrags*. Dieser Vertrag hat zum Inhalt, daß mit der Übertragung des Papiers das im Papier verbriefte Recht des Erwerbers entstehen soll. Der Begebungsvertrag ähnelt § 929 BGB, doch muß er nicht immer in Einigung und Übergabe bestehen; es genügt z. B. die Vorlage oder Zusendung des vom Aussteller angefertigten Wechsels an eigene Order beim Bezogenen zum Akzept mit der Bitte, den Wechsel danach zurückzugeben. Fehlt ein solcher Begebungsvertrag (z. B. durch Dissens, Nichtigkeit, erfolgreiche Anfechtung), so erwirbt der zweite Nehmer wirksam vom nichtberechtigten ersten Nehmer, wenn der zweite Nehmer das Bestehen eines Begebungsvertrags zwischen Aussteller und ersten Nehmer gutgläubig annimmt. Der fehlende Begebungsvertrag wird durch den *Rechtsschein* ersetzt. Das gilt auch, wenn das Papier dem Aussteller gestohlen wurde, er es verlor oder es sonst ohne seinen Willen in Verkehr gelangt ist. Die h. M. schützt aber, wohl in Parallele zu § 932, erst den *zweiten* Nehmer, d. h. den, der von dem Nichtberechtigten erwirbt.

Der Nichtberechtigte, der als erster Nehmer mangels Begebungsvertrag nicht erwerben konnte, wird von der h. M. nach der Rechtsscheintheorie nicht geschützt. Man wird aber hinzufügen müssen, daß auch schon der erste gutgläubige Nehmer Schutz verdient, weil auch bei ihm der gleiche Vertrauenstatbestand vorliegt, nämlich das ausgestellte Papier. Die Kreation begründet zwar keine Verbindlichkeit, wohl jedoch den Rechtsschein einer solchen. Dieser Rechtsschein aber besteht für den ersten Nehmer nicht anders als für den zweiten. Die bisher übliche Rechtsscheinkonstruktion parallel zu § 932 (erst der zweite Nehmer wird geschützt) überzeugt nicht, weil Anlaß für den Rechtsschein nicht der Besitz des Papiers, sondern die Tatsache der Ausstellung des Papiers ist. Der Aussteller beherrscht im übrigen seinen Postauslauf besser als der erste Nehmer, dem das nicht begebene Papier irgendwie zugespielt wird. Man mag dies als „erweiterte Rechtsscheintheorie" bezeichnen. Selbstverständlich bleiben dem Aussteller seine persönlichen Einwendungen gegen den ersten Nehmer, z. B. aus ungerechtfertigter Bereicherung. In der Regel wird er solche persönlichen Einwendungen auch haben.

Allerdings kann ein Geisteskranker oder sonst nicht voll Geschäftsfähiger keinen Rechtsschein setzen, auch nicht den eines ausgestellten Papiers. Zu seinen Gunsten gilt Art. 7 WG, er kann sich nicht verpflichten. Erst die *späteren* (zweiten, dritten) Nehmer erwerben das Papier, wenn sie gutgläubig sind, weil *jetzt* der Mangel des ersten Begebungsvertrags durch den Rechtsschein geheilt wird. Beruht aber der Mangel des Begebungsvertrags nicht auf Geschäftsbeschränktheit (z. B. Dissens, Abhandenkommen des Papiers), kann schon der *erste* Nehmer kraft des Rechtsscheins erwerben.

3. § 794 sagt, daß der Aussteller aus der Inhaberschuldverschreibung auch dann verpflichtet wird, wenn sie ihm gestohlen worden oder verlorengegangen oder sonst ohne seinen Willen in Verkehr gelangt ist. Den Vätern des BGB schwebte dabei wohl die Kreationstheorie vor. Die herrschende Lehre legt aber heute § 794 zu Recht im Sinne der Rechtsscheintheorie aus, weil nicht angenommen werden kann, daß § 794 auch den bösgläubigen Erwerber schützen will. Böser Glaube in diesem Sinne ist Kenntnis und grobfahrlässige Unkenntnis vom Fehlen des Begebungsvertrags.

4. Der Aussteller kann, wenn er vom Inhaber in Anspruch genommen wird, nur beschränkt *Einwendungen* geltend machen, 796. Auch dies dient der Verkehrsfähigkeit des Papiers. Nach § 796 sind folgende Einwendungen möglich (das folgende Schema ist im Wertpapierrecht *allgemein* verwendbar):

a) *Sog. dingliche Einwendungen*

(1) Einwände, die sich auf die *Wirksamkeit der Urkunde* beziehen („urkundliche Einwände" i. S. d. §§ 796 BGB; 364 II HGB)

aa) mangelhafte Ausstellung (z. B. Verstoß gegen § 793 II)

bb) aus der Urkunde ersichtliche Mängel (z. B. verbriefte Stundung)

(2) Einwand, die Erklärung des Verpflichteten sei nicht *wirksam abgegeben,* z. B. mangelnde Rechts- oder Geschäftsfähigkeit, keine Vertretungsmacht, Fälschung der Unterschrift, mangelndes Erklärungsbewußtsein, vis absoluta, siehe aber § 794 II („Gültigkeitseinwände" i. S. der §§ 796 BGB; 364 II HGB).

(3) Einwand eines mangelnden oder weggefallenen Begebungsvertrags zwischen Aussteller und einem Nehmer oder zwischen Nehmern, der Inhaber habe also das Recht *nicht wirksam erworben* (ebenfalls ein „Gültigkeitseinwand" i. S. der §§ 796 BGB; 364 II HGB).

b) *Persönliche Einwendungen*

Einwände, es bestehe ein Gegenrecht, z. B. Aufrechnung, nicht verbriefte Stundung, Zurückbehaltungsrecht, Arglisteinwand.

Unzulässig sind gemäß § 796 alle Einwendungen, die der Aussteller nicht direkt gegen den Inhaber erworben hat. § 404 ist also stark eingeschränkt.

5. Mit verunstalteten und abhandengekommenen Urkunden beschäftigen sich die §§ 798–800, mit der Verjährung §§ 801, 802.

6. Die §§ 803–808a behandeln besondere Arten von Inhaber- und Orderpapieren, die ebenfalls im Wertpapierrecht zu behandeln sind. Eine Übersicht:

a) *Zinsscheine,* 803–805

b) Umwandlung der Inhaberschuldverschreibung in eine *Rektaschuldverschreibung* (sie ist Wertpapier, § 797, kein Inhaber- oder Orderpapier; § 952 II ist anwendbar).

c) Karten, Marken und ähnliche Urkunden (z. B. normale Eisenbahnfahrkarten, Theaterkarten) werden nach den Regeln der Inhaberschuldverschreibung behandelt, 807, *„Inhaberzeichen".* Man kann das in ihnen verbriefte Recht nur durch Vorweisung geltend machen (Wertpapiereigenschaft, 797). Der Leistende wird stets befreit, 793 I 2 *(Legitimationswirkung).* Diese Inhaberzeichen sind zu unterscheiden von bloßen Beweiszeichen (mit und ohne Legitimationswirkung), wie Garderobemarken, Fahrradeinstellquittungen,

Gepäckschein. Man kann Ansprüche auf hinterlegte Gegenstände dieser Art auch ohne die Zeichen geltend machen, wenn man nur sein Recht sonst beweisen kann. Ob befreiend geleistet wird, hängt von den Umständen ab (Legitimationswirkung). Bei Garderobe- und Gepäckschein ist Befreiung anzunehmen, bei „individueller" Fahrradaufbewahrung möglicherweise nicht.

d) Qualifizierte Legitimationspapiere i. S. des § 808 sind Wertpapiere (808 II 1) mit Legitimationswirkung (808 I 1), die aber nicht Inhaberpapiere sind (808 I 2). Man muß also zur Geltendmachung das Papier dabeihaben, der Schuldner wird durch Leistung auch an den nichtberechtigten Inhaber befreit, und der Inhaber kann nicht Zahlung aus dem Papier, sondern nur aus dem verbrieften Recht verlangen (952 II). Hierher zählen vor allem *Sparbücher*, vgl. dazu *MünchKomm/Vallenthin*, § 808, Rn. 4ff. m. w. N.

Die Legitimationswirkung des § 808 I 1 soll nach BGHZ 28, 368 = ESJ 107; 42, 302; BGH NJW 75, 1507 bei Sparbüchern versagen, soweit entgegen § 22 Kreditwesengesetz mehr als 2000,— DM im Monat ausgezahlt wurde; zu Recht kritisch *Schraepler*, NJW 76, 23.

Werden Schuldner nach den Ausführungen zu c) und d) befreit, regelt sich die Abwicklung zwischen Begünstigtem und Geschädigtem nach § 816 II; vgl. oben § 57 III B 4 a und unten § 99 IV 2 a bb.

e) Orderschuldverschreibungen (808 a) sind Orderpapiere (also durch Indossament zu übertragende Papiere). Im übrigen ähneln sie den Inhaberschuldverschreibungen. I. d. R. bedarf ihre Ausstellung staatlicher Genehmigung, G. v. 26. 6. 54, BGBl. I 147 (vgl. oben 1).

Die §§ 809—811 betreffend die Vorlegung von Sachen sind im Zusammenhang mit den zugehörigen Fragen des allgemeinen Schuldrechts besprochen, oben § 33 II.

14. Abschnitt

Ungerechtfertigte Bereicherung und unerlaubte Handlung im Überblick

§ 97
Gemeinsame Grundlagen und Unterscheidung von ungerechtfertigter Bereicherung und unerlaubter Handlung

Bälz, Eingriffschutz und Opfersicherung im Haftungssystem des Zivilrechts (I), Diss. Tübingen 1970; *Baur*, AcP 160, 465; *Becker, W. G.*, Das Recht der unerlaubten Handlungen, 1976; *Burrows*, Contract, Tort and Restitution — A Satisfactory Division or Not?, (1983) 99 LQR 217; *v. Caemmerer*, Bereicherung und unerlaubte Handlung,

§ 97 Ungerechtfertigte Bereicherung und unerlaubte Handlung im Überblick

FS *Rabel*, 1954, Bd. I, 333; *ders.*, Wandlungen des Deliktsrechts, FS DJT, 1960, Bd. II, 49; *Canaris*, Der Bereicherungsausgleich im Dreipersonenverhältnis, FS *Larenz*, 1973, 799; *ders.*, WM 81, 978; *ders.*, Schutzgesetze – Verkehrspflichten – Schutzpflichten, (II.) FS *Larenz*, 1983, 27; *Costede*, Dogmatische und methodologische Überlegungen zum Verständnis des Bereicherungsrechts, 1977; *Deutsch*, JZ 63, 385; *ders.*, JZ 71, 244; *ders.*, Haftungsrecht, Bd. I: Allgemeine Lehren, 1976; *Fikentscher*, Wettbewerb und gewerblicher Rechtsschutz, 1958, 207ff.; *ders.*, Wirtschaftsrecht I, §§ 1, 2 III, 3; II § 22 I; *Hagen*, Funktionale und dogmatische Zusammenhänge zwischen Schadens- und Bereicherungsrecht, FS *Larenz*, 1973, 867; *Horn*, AcP 176, 307; *Joerges*, Bereicherungsrecht als Wirtschaftsrecht, 1977; *Kellmann, Chr.*, Grundsätze der Gewinnhaftung, 1969; *Kleinheyer*, JZ 70, 471; *Köndgen*, Wandlungen im Bereicherungsrecht, FS *Esser*, 1975, 55; *König*, Ungerechtfertigte Bereicherung, in: Gutachten II, 1515; *Kötz*, Deliktsrecht, 3. Aufl. 1983; *Krautwig*, Ansprüche aus Eingriffskondiktion und unerlaubter Eigengeschäftsführung, Diss. Köln 1968; *Kunisch, H.-A.* Die Voraussetzungen für Bereicherungsansprüche in Dreiecksverhältnissen, 1968; *Kupisch*, Gesetzespositivismus im Bereicherungsrecht, Zur Leistungskondiktion im Dreipersonenverhältnis, 1978; *Lieb*, AcP 183, 327; *Littbarski*, Die Berufshaftung – eine unerschöpfliche Quelle richterlicher Rechtsfortbildung, NJW 84, 1667; *Mertens*, AcP 178, 227; *Münzberg*, Verhalten und Erfolg als Grundlagen der Rechtswidrigkeit und Haftung, 1966; *Pfister*, JZ 76, 156; *Raisch*, BB 65, 795; *Raiser, L.*, JZ 61, 466; *Reuter/Martinek*, Ungerechtfertigte Bereicherung, 1983; *Rückert*, Ausgleich durch Auslegung, Schadensersatz oder Kondiktion?, AcP 184, 105; *Schlechtriem*, Bereicherung aus fremdem Persönlichkeitsrecht, FS *Hefermehl*, 1976, 445; *ders.*, Vertragliche und außervertragliche Haftung, in: Gutachten II, 1591; *Ullmann*, GRUR 78, 615; *Westermann, H. P.*, AcP 178, 150; *Wiethölter*, Der Rechtfertigungsgrund des verkehrsrichtigen Verhaltens, 1960; *Wilhelm*, Rechtsverletzung und Vermögensentscheidung als Grundlagen und Grenzen des Anspruchs aus ungerechtfertigter Bereicherung, 1973.

I. Stellung im BGB

Ungerechtfertigte Bereicherung und unerlaubte Handlung werden am Ende des Besonderen Schuldrechts als „Einzelne Schuldverhältnisse" in den Titeln 24 und 25 behandelt. Diese Stellung ist irreführend. Die Ansprüche aus ungerechtfertigter Bereicherung und unerlaubter Handlung zählen praktisch und theoretisch zu den wichtigsten überhaupt. Es handelt sich um Gebiete, die eigentlich dem Allgemeinen Schuldrecht angehören und die nur wegen ihrer *Rechtsfolge*, nämlich des schuldrechtlichen *Anspruchs* auf die Bereicherung (812ff.) oder den Schadensersatz (823ff.) zu den einzelnen Schuldverhältnissen gezählt wurden.

Beispiel eines Bereicherungsanspruchs: V verkauft an K ein Grundstück und läßt es an ihn auf. K wird im Grundbuch eingetragen (433, 313, 873, 925). K wird dadurch Eigentümer. Dann stellt sich heraus, daß der Kaufvertrag wegen Dissenses nichtig ist. Man hat sich über den Preis in Wahrheit nicht geeinigt. V kann von K das Eigentum am Grundstück zurückverlangen. K ist darum ungerechtfertigt bereichert. Das Grundstück muß zurückübereignet werden. Der Anspruch des V stützt sich auf § 812 I 1 und ist auf Rückauflassung und Bewilligung der Umschreibung im Grundbuch durch K gerichtet.

Gemeinsame Grundlagen und Unterscheidung § 97
II 1

Beispiel eines Anspruchs aus unerlaubter Handlung (= Delikt): X macht in seinem Garten ein „Kartoffelfeuer", das er abends ohne Aufsicht ausbrennen läßt. Der nachts aufkommende Wind treibt Funken auf das Dach des Nachbarn, dessen Haus dadurch abbrennt. X muß den fahrlässig angerichteten Schaden ersetzen, 823 I, 276, 249. Das Deliktsrecht gewährt Ersatz- und Unterlassungsansprüche, wenn Personen einander rechtswidrig und schuldhaft Schaden zufügen, insb. wenn sie die Sorgfalt nicht beachten, die im Rechtsleben auf andere Personen und deren rechtlich geschützte Güter genommen werden muß. Diese generelle Sorgfaltspflicht stellt im allgemeinen nicht die Anforderungen, die an vertraglich Gebundene untereinander gestellt werden müssen. Auch außerhalb vertraglicher Bindung besteht für alle Personen ein „deliktischer Schutz", den das Recht vor Verletzungshandlungen verschiedenster Art gewährt. Die vertragliche Sonderbindung von Personen ist aber wesentlich enger als die Bindung, die durch die allgemeine Sorgfalts- und Rücksichtserwartung zwischen aufeinander beziehbaren Personen besteht. Die Verletzung dieser Sorgfalts- und Rücksichtserwartung, die selbst keine Pflicht im Rechtssinne ist, *heißt Delikt* und *begründet* Pflichten, insb. zum Ersatz des angerichteten Schadens. Auch die praktisch so bedeutsamen *Verkehrsunfälle* zählen — bürgerlichrechtlich betrachtet — ins Gebiet der unerlaubten Handlungen.

Im Gutachten stellt man sich, um einen Einstieg in die Fallösung zu gewinnen, zweckmäßig als erstes die Frage, ob derjenige, der etwas von einem andern verlangt, Ansprüche aus *Vertrag* oder *Gesetz* hat. Die gesetzlichen Ansprüche kann man in einem zweiten Schritt dreigliedern: §§ 812ff.; §§ 823ff.; §§ 985ff. Dann lautet die Frage: „X kann Ansprüche haben aus Vertrag, ungerechtfertigter Bereicherung, unerlaubter Handlung oder aus Eigentum." Dies sind die vier wichtigsten Anspruchsgruppen des bürgerlichen Rechts. Sie stehen gleichbedeutend nebeneinander und können, von zu besprechenden Ausnahmen abgesehen, grundsätzlich nebeneinander geltend gemacht und vom Richter zugesprochen werden. Freilich gibt es daneben noch andere wichtige Anspruchsgruppen, z. B. aus Besitz, 861 ff., 1007, aus Geschäftsführung ohne Auftrag, 677ff., oder gegen den Erbschaftsbesitzer, 2018ff. — Durch eine Fragestellung dieser Art läßt sich die allgemeine Natur des Falles meist sehr schnell erkennen. In der Praxis werden übrigens oft die dinglichen Ansprüche vor den schuldrechtlichen geprüft. Über die Berechtigung dieser Rangfolge läßt sich streiten. Es hängt wohl ganz vom Fall ab, in welcher Reihenfolge man die Ansprüche prüft.[1]) So kann es zweckmäßig sein, *erst* vertragliche Ansprüche zu prüfen, weil sich bei ihrer Bejahung ergeben kann, daß ein Eigentümer-Besitzer-Verhältnis vorliegt. Dann aber äußert § 992 seine „Sperrwirkung" und schließt Deliktsansprüche aus, dazu unten §§ 101 IV, 102 V 1c.

II. Das Unrecht der ungerechtfertigten Bereicherung und das Unrecht der unerlaubten Handlung

1. Die verschiedenen Schuldinhalte der Bereicherungsansprüche einerseits und der Deliktsansprüche andererseits

Schulden heißt, zu Unrecht Vorenthaltenes *gutmachen* zu müssen, § 5 I oben. Das geschieht, wenn das zu Unrecht Vorenthaltene selbst erstattet („restituiert") werden kann, durch einen Anspruch auf *Gewährung des Vorenthal-*

---

[1]) Näher dazu *Fikentscher,* Schuldrechtspraktikum, 70ff. m. w. N.

§ 97 Ungerechtfertigte Bereicherung und unerlaubte Handlung im Überblick
II 2

tenen. Das Vorenthaltene kann entweder ein zum „Haben" zugeordnetes Gut sein, oder die Freiheit, sich am allgemeinen Handel und Wandel Güter erwerbend zu beteiligen. Soweit es sich um den Schutz erworbener Güter handelt, gewährt das Recht Ansprüche auf Leistung des vorenthaltenen Gutes. Ein sachenrechtliches Beispiel ist die Herausgabepflicht des Besitzers an den Eigentümer, 985. Im Schuldrecht sind die Hauptfälle der Restitutionspflicht der Anspruch auf Erfüllung eines vertraglichen Versprechens (oben §§ 18, 19), auf Erfüllung einer Geschäftsführung ohne Auftrag (oben § 83), die negatorischen, d. h. auf Beseitigung oder Unterlassung einer Störung gerichteten Ansprüche (unten § 114) und die Herausgabe einer *ungerechtfertigten Bereicherung.* Der Schutz der Freiheit, Güter zu erwerben, wird vor allem negatorisch, aber nie durch Bereicherungsansprüche bewirkt. Denn man kann wohl um Güter, nie aber um Freiheiten ungerechtfertigt bereichert sein (näher *Fikentscher,* Wirtschaftsrecht a. a. O.).

Kann das zu Unrecht Vorenthaltene nicht selbst gewährt werden, ordnet das Gesetz vielfach *Schadensersatz* an: Aus dem Vorenthaltenen wird ein *Schaden.* Im Unterschied zu den Restitutionspflichten fehlt also ein leicht zu identifizierender Leistungsgegenstand. Der Schaden muß bewertet werden. Dazu ist ein wirklicher mit einem hypothetischen Verlauf zu vergleichen. Das schließt die Beurteilung der *Handlung* ein, die zu dem schädigenden Erfolg geführt hat. Der Schaden muß dem Handelnden objektiv und – grundsätzlich – subjektiv vorwerfbar sein. Deshalb bedarf es einer die Handlung des Schädigers beurteilenden Verhaltensnorm (i. e. S., oben § 5 II 2 u. 3). Sie kann sich auf Güter- oder auf Freiheitsschutz beziehen. Diese Verhaltensnorm muß meist erst ermittelt und dann auf die schädigende Handlung angewandt werden. Das Recht der unerlaubten Handlung ist – bei aller Unterschiedlichkeit der angewandten Normtechniken – die Summe solcher Ersatz anordnender Verhaltensnormen.

Bereicherungsvorschriften wollen also rechtswidrige Güterzuordnungen korrigieren, das Deliktsrecht will unrechtmäßiges Verhalten wiedergutmachen. Um die Fülle der deliktischen Verhaltensnormen zu gliedern und gleichmäßige Bewertungen einzuführen, schuf man „absolut geschützte Rechtsgüter". Diese Konstruktion absolut geschützter Rechte (wie Leben, Körper, Eigentum) als Angriffsobjekte für Delikte – zum Zwecke der Unrechtsermittlung („Unrechtsindizierung") – verursacht allerdings systematische Schwierigkeiten, die bei der Abgrenzung beider Gebiete zu berücksichtigen sind.

2. Die unterschiedliche Bedeutung von „Unrecht" in den Gebieten der ungerechtfertigten Bereicherung und der unerlaubten Handlung

a) Befindet sich ein Gut, das der alleinigen Nutzung und Verwertung einer bestimmten Person A zugewiesen ist, nicht in ihrem, sondern im fremden Herrschaftsbereich der Person B, so ist B gegenüber A um das Gut ungerechtfertigt bereichert, falls nicht ein Rechtsgrund für die neue Zuordnung besteht.

Das Gut befindet sich im falschen Rechtskreis zugeordneter Güter. Es besteht eine *objektive Unrechtslage*. Das Bereicherungsrecht schützt also den Bestand zur Innehabung zugeordneter Güter.[2])

b) Während sich das Recht der ungerechtfertigten Bereicherung mit der *statischen* Zuordnung von Gütern zu Personen zum Zwecke der Innehabung beschäftigt, regelt das Recht der unerlaubten Handlungen, wie der Name sagt, menschliche *Handlungen,* die anderen Personen gegenüber unrecht sind. Man kann Personen durch menschliche Handlungen sowohl in ihrem rechtlich gesicherten Bestand zugeordneter Güter als auch in ihrem Freiheitsbereich schädigen. Das Recht der unerlaubten Handlungen schützt daher beide Bereiche, den Bereich des Haben-Dürfens und den des Erwerben-Dürfens.

Hat jemand einen anderen in einem der beiden rechtlich geschützten Bereiche verletzt, so folgt daraus aber noch nicht notwendig das Unrecht der Handlung. Der Grundsatz des „neminem laedere" gilt, wie vor allem das Arbeits- und das Wettbewerbsrecht zeigen, ohne Einschränkung nur im Bereich der ungerechtfertigten Bereicherung. Ob die Verletzungshandlung unerlaubt, d. h. unrecht ist, bestimmt sich für die unerlaubten Handlungen aufgrund einer *Abwägung* zwischen dem Wert des Handelns und dem Unwert des herbeigeführten Erfolgs.

Das Unrecht der unerlaubten Handlungen beruht daher nicht auf einer Güterzuordnung, sondern auf einer Wertentscheidung über eine schädigende Handlung. Dabei sind u. a. der soziale Wert der Handlung (z. B. die Herstellung von Pflanzenschutzmitteln) und der sozial mißbilligte Erfolg der Handlung (z. B. die entfernte Möglichkeit eines Giftmords durch Mißbrauch des Pflanzenschutzmittels) miteinander in Beziehung zu setzen; neben dem sozialen Wertung sind aber auch individuelle Werte zu berücksichtigen, z. B. Ehre, Intimsphäre, Arbeitskraft. Durch diese In-Beziehung-Setzung entsteht eine *rechtliche Verhaltensnorm,* d. h. ein Gebot an den Menschen, sich von Rechts wegen so und nicht anders zu verhalten. Der Verstoß gegen eine solche Verhaltensnorm ist dann eine unerlaubte Handlung. (In diesem Sinne, aber unter Einbeziehung der Erfolgsbewertung, gilt in §§ 823 ff. *Handlungs-, nicht Erfolgsunrecht,* näher oben §§ 49, 52.)[3])

Vertragliches Unrecht beruht in der Hauptsache auf der Vorenthaltung besonders — inter partes — zugesicherter Güter und zählt insoweit zum Bestandsschutz. Dessen un-

---

[2]) Ähnlich *Ihering,* Das Schuldmoment im römischen Recht, eine Festschrift, Gießen 1867, insb. S. 4–8. *Ihering* sprach von „unrechtmäßigen Zuständen". Die Kritik an *Ihering,* es gäbe kein objektives Unrecht, geht zumindest fehl, soweit *Ihering* die ungerechtfertigte Bereicherung meinte. *V. Caemmerer* selbst, der *Iherings* These ablehnt, weist nach, daß ungerechtfertigte Bereicherungen im Bereich der Verhaltensnormen *nicht* möglich sind. Verhaltensnormen aber sind es, die Handlungen zu unerlaubten machen, *v. Caemmerer,* Bereicherung und unerlaubte Handlung, 379, 396 ff.; gleichsinnig aus philosophischer Sicht *Grotius, Hugo,* De iure belli ac pacis libri tres, 1625, II. Buch, §§ 18–24; *Coing,* Grundzüge der Rechtsphilosophie, 3. Aufl. 1976, 265 f.; a. A. *Raiser, L.,* JZ 61, 465.

[3]) Zu diesem Thema s. a. *Esser/Schmidt,* § 25 IV 1; *Esser/Weyers,* § 55 II 3; *Larenz,* II, § 72 I vor d.

§ 97 Ungerechtfertigte Bereicherung und unerlaubte Handlung im Überblick
III 1

geachtet ergeben sich aus Verträgen mannigfache Verhaltensnormen (i. w. S.), die dem Hauptzweck, der Gütersicherung, zu dienen bestimmt sind (und folglich im Falle der Verletzung zum Ersatz des Erfüllungsinteresses führen) vgl. oben §§ 5, 8.

Die Anerkennung eines geschützten Bestandes erfüllt daher für das Deliktsrecht eine andere Aufgabe als für das Bereicherungsrecht. Im Bereicherungsrecht wird zum Zwecke des „Habens" zugeordnet: Besitz, vertraglich gesicherter Besitz, Eigentum usw. Das Unrecht der Bereicherung wird dabei z. B. bei der (technischen) Leistungskondiktion sachlich aus dem Vertragsrecht entnommen und nur technisch nach §§ 812ff. abgewickelt. Bei der materiellen Leistungs-, der Eingriffs- und der „Vermögens"-(Auslagen)Kondiktion wird das Unrecht sachlich allgemeinen, materiellen Gerechtigkeitsgrundsätzen entnommen.

Im Deliktsrecht werden Güter dagegen nicht in erster Linie zum Zwecke des „Habens", sondern zum Schutze *gegen* sozial unerwünschte Handlungen zugeordnet, wobei die Rechtswidrigkeit in § 823 durch Zuerkennung subjektiver Rechte oder von Schutzgesetzgütern erkennbar gemacht wird.

Von hier aus lassen sich im Ansatz die Konkurrenzfragen vertraglicher und gesetzlicher Ansprüche lösen (s. im einzelnen *Fikentscher*, Wettbewerb, 244ff.). Ferner ergibt sich, daß es, unbeschadet etwaiger Konkurrenzen, eine Bereicherung aus unerlaubter Handlung begrifflich nicht gibt. Schließlich zeigt sich, daß alle Zuordnungen, wie z. B. das „Eigentum", weitgehend funktionale Begriffe sind, die je nach dem Charakter des Unrechts einen verschiedenen Inhalt haben können. Nicht ein in seinem Umfang feststehendes, dingliches „Eigentumsrecht" ist vorgegeben, sondern das Unrecht einer Zuordnung oder einer Handlung. Das „Eigentum" dient damit – im theoretischen Ansatz – zur Bestimmung der jeweiligen Rechtswidrigkeit.

Doch liegen im geltenden Recht kraft Rechtstradition die Begriffskerne der Güter „Vertrag", „Eigentum", „Besitz" usw. im wesentlichen fest. Zu weitgehend in der Relativierung des Zuordnungsgehalts von Rechten nach Maßgabe wirtschaftlicher Macht des Rechtsinhabers, trotz richtigen Ansatzes, *Biedenkopf*, Über das Verhältnis wirtschaftlicher Macht zum Privatrecht, FS *Böhm* 1965, 113, 132ff.

III. Die rechtstechnische Durchführung des Bestands- und Freiheitsschutzes durch Zuerkennung absoluter und relativer Rechte sowie durch Schutzgesetze

1. Im Bereich der *ungerechtfertigten Bereicherung* geht es um die Zuweisung von Gütern an Personen. Rechtlich nicht gedeckte Verschiebungen solcher Güterzuweisungen sind „ungerechtfertigte Bereicherungen". Die Zuweisung erfolgt in verschiedener Weise, durch Gewährung (relativer) vertraglicher Ansprüche gegen bestimmte andere, durch Zuerkennung ausschließlicher (absoluter) Berechtigungen an Sachen und Rechten oder durch Zubilligung eines Vermögens im allgemeinen. (Gegen diese Zuweisungslehre z. B. *Krautwig* 97.)

Diese Einteilung kehrt bei den Arten der ungerechtfertigten Bereicherungen wieder:

a) Die Zuerkennung vertraglicher Rechte gegen den Schuldner führt, wenn sich in diesem Verhältnis ungerechtfertigte Bereicherungen ergeben, zur (technischen oder materiellen) *„Leistungskondiktion"*, d. h. zu den Fällen der „Bereicherung aus gescheitertem Vertrag" (unten § 99 I – III).

b) Die Zuweisung ausschließlicher Sach- und Rechtsinhaberschaften mit Wirkung gegen jeden Dritten führt, wenn sich im Verhältnis zu Dritten ungerechtfertigte Bereicherungen ergeben, zur *Nichtleistungskondiktion im Zweierverhältnis,* kürzer *„Eingriffskondiktion"* genannt, d. h. zu den Fällen der „Bereicherung aus Verwendung fremder Sachen und Rechte" (unten § 99 IV).

c) Auch das Vermögen als solches, über relative und absolute Rechte hinaus, ist dem einzelnen zugewiesen und geschützt. Vermögensschädigende Entreicherungen sind in bestimmten Fällen auszugleichen, vor allem, wenn ein Dritter an der Erfüllung eines Schuldverhältnisses beteiligt ist: *Drittvermögenskondiktion* (eine Nichtleistungskondiktion im Dreierverhältnis, *Reuter/Martinek* § 10 und *Kunisch,* 15 ff.: „Dreiecksverhältnis"; *Gernhuber,* BürgR, 397 ff.: „Dreierverhältnis"; *Medicus,* II, § 133 und BGHZ 82, 28 (30): „Mehrpersonenverhältnis"). Man kann von „Bereicherung aus drittem Vermögen" sprechen und hierbei die „Rückgriffs"- (Auslagen-, Regreß-, Impensen-)Kondiktion „Typ 267" (unten § 99 V) und die „Drittempfänger"-Kondiktion „Typ 362 II" (unten § 99 VI) unterscheiden (nach *Kunisch*). Es handelt sich stets um Fälle, daß einer für einen anderen etwas „ausgelegt" oder zu seinen Gunsten etwas eingebüßt hat und nun von ihm Ersatz verlangt („Drittvermögenskondiktion", eingeteilt in Rückgriffs- und Drittempfänger-Kondiktion). Zu der Bereicherung aus drittem Vermögen zählt auch die Korrektur an sich berechtigter Vermögensverschiebungen im Falle der Gläubigeranfechtung und der Unentgeltlichkeit (§ 822).

d) Zusammenfassende Lehren von den Kondiktionen in „Mehrpersonenverhältnissen" („Dreiecksverhältnissen" o. ä.) verkennen die unterschiedlichen Bewertungserfordernisse in *diesen drei* Gruppen: Leistungs-, Eingriffs- und Drittvermögenskondiktionen. Zusammenfassungen sind hier nicht möglich, BGHZ 82, 28 u. unten § 98 IV.

2. Im Bereich der *unerlaubten Handlungen* liegt die Problematik anders. Hier geht es dem Recht um die Aufstellung von Verhaltensnormen. Zwar werden auch, zur Erleichterung und „Standardisierung" des Unwerturteils über bestimmte, immer wiederkehrende Handlungen, absolute Rechte anerkannt, um den Unrechtsgehalt dieser Handlungen zu typisieren und Vermutungen einer Rechtswidrigkeit aufzustellen, 823 I. Häufig erfolgt auch die Unrechtsbewertung eines Verhaltens durch eine spezielle Norm, d. h. durch ein sog. „Schutzgesetz", 823 II.[4]) Dagegen finden sich im Bereich der ungerechtfertigten Bereicherung solche Schutzgesetze zur Feststellung des Unrechts nicht, denn Schutzgesetze bewerten begriffsnotwendig Handlungen, nicht objektive Güterverschiebungen.

Darum haben *v. Caemmerer* und andere recht, wenn sie Bereicherungsansprüche aufgrund von Schutzgesetzverletzungen verneinen, a. a. O., S. 379, 396 ff. Das ist bei Wettbewerbsverstößen von Bedeutung. Wer irreführend wirbt, schuldet nach §§ 1, 3

---

[4]) Auch die vorgeschlagene *actio pro institutione* als Individual- oder Verbandsklage zum Schutz sozialer Werte *ohne Zuordnung* absolut geschützter Güter (823 I) oder Schutzgüter (823 II) zählt hierher, näher dazu *Fikentscher,* Wirtschaftsrecht II § 27 V.

§ 97 Ungerechtfertigte Bereicherung und unerlaubte Handlung im Überblick
III 2

UWG Ersatz des Schadens, insb. eine Richtigstellung, nicht aber Herausgabe der erzielten Einnahmen. Anders liegt es bei Eingriffen, sei es in Material- oder in Immaterialgüter. Das Erlangte ist herauszugeben, BHGH 68, 70 – Kunststoffhohlprofil I –. Neben Eingriffskondiktionen können aber – konkurrierend – Eingriffsdelikte gegeben sein: Der Dieb schuldet Besitzrückgabe aus § 812 I 1 und aus §§ 823 I, 249: Zum Unrecht der Güterverschiebung tritt das der unerlaubten Handlung.

a) Soweit die Unrechtsindizierung bei unerlaubten Handlungen durch Zuerkennung absoluter Rechte erfolgt (823 I), haben diese absoluten Rechte eine andere Aufgabe und Funktion als die Zuordnungen im Bereich der ungerechtfertigten Bereicherung.

Man spricht zwar vom „Eigentum" sowohl in §§ 812ff. als auch in § 823 I, aber die Funktionen des Eigentumsbegriffs sind in beiden Anspruchsgruppen verschieden. Für § 812 bedeutet „Eigentum" endgültige Zuordnung im Sinne rechtmäßigen Habens, in § 823 I widerlegbare Unrechtsvermutung. Nicht das „Eigentum" allein entscheidet in § 823 I über das Unrecht einer Handlung, sondern eine aus der Abwägung von Handeln und Erfolg gewonnene Verhaltensnorm. Es gibt also „Eigentumseingriffe", die durchaus rechtmäßig sind, z. B. das Herstellen von Feuerwerkskörpern, auch wenn sie später bei unsachgemäßer Behandlung Brandspuren hinterlassen; oder die Produktion von Pflanzenschutzmitteln, die möglicherweise durch Mißbrauch zu Körperschäden oder Tierverlusten führt. Die Rechtswidrigkeit in § 823 I ist also keine Folge eines vorgegebenen Eigentumsbegriffes, sondern das Eigentumsrecht in § 823 I hat die Aufgabe, die Rechtswidrigkeit des Handelns zu ermitteln. Die Rechtswidrigkeit einer unerlaubten Handlung ist die Quelle, die absoluten Rechte und die Schutzgüter des § 823 sind die Mittel des Unrechtsurteils. Freilich ist der Umfang des Eigentums in §§ 812ff. und in §§ 823ff. praktisch derselbe. Nur spielt der Eigentumsbegriff in beiden Vorschriftengruppen eine unterschiedliche Rolle: Im Bereicherungsrecht herrscht das statische Denken vor, im Deliktsrecht dient das Eigentumsrecht als Bezugspol der Handlungsbewertung. So erklärt sich auch, daß Bereicherungs- und Deliktsrecht nicht beziehungslos nebeneinander stehen. Wären das Eigentum und die anderen absoluten Rechts- und Schutzgüter vorgegebene Begriffe, so wäre die Fortentwicklung des Bereicherungs- und insb. des Deliktsrechts mit seinen „sonstigen Rechten" in § 823 I nicht zu deuten. Aus dem Primat der Rechtswidrigkeit gegenüber dem angegriffenen Recht folgt übrigens, in Bestätigung der vorher vertretenen Auffassung, daß auch Eingriffs- und Schutzgesetzdelikte im Prinzip Handlungs-, nicht Erfolgsunrecht enthalten. Jedenfalls entscheidet eine Handlungs-Erfolgs-Betrachtung, bei der vom Grundsatz her der Handlungswert vom Erfolgsunwert entkräftet werden muß.

b) Dabei werden Leben, Körper, Gesundheit und Freiheit sehr hoch eingeschätzt, wenn auch nicht frei von Abwägungen, wie der ärztliche Eingriff und die erlaubte Herstellung gefährlicher Stoffe zeigen. Im übrigen ist die Zuerkennung von absoluten Rechten, von Rahmenrechten und Schutzgütern im Bereich des Rechts der unerlaubten Handlungen oft eine gesetzestechnische oder auf historischen Zufällen beruhende Angelegenheit. Sobald sich ein Bedürfnis zur Anwendung einer Verhaltensnorm einstellt, versucht die Rechtsentwicklung zunächst die Schaffung eines Schutzgesetzes, z. B. nach Art des StVG, wenn es sich um einen Verkehrsunfall handelt, oder des § 26 I GWB, wenn jemand boykottiert, oder des UWG, wenn jemand wettbewerblich unlauter unterboten wird. Die rechtliche Bewertung ist dann diesem Schutzgesetz zu entnehmen, die Schadensersatzfolge ergibt sich, falls nicht direkt aus dem Schutzgesetz (z. B. § 35 GWB), aus § 823 II. Ob aber, wenn ein Fall gelöst werden muß, ein Schutzgesetz gerade zur Verfügung steht, ist oft Zufall.

Nicht jede Verhaltensnorm ist Gegenstand eines eigenen Gesetzes geworden, und dies zu verlangen, wäre unbeholfener Gesetzespositivismus. Fehlt ein Schutzgesetz, muß auf § 823 I zurückgegriffen werden, d. h. es bedarf der Bejahung und inhaltlichen Formung eines „absoluten" Rechts. Die inhaltliche Formung kann erhebliche Abstriche von der „Absolutheit" des subjektiven Rechts erfordern, wie dies z. B. beim Allgemeinen Persönlichkeitsrecht und beim Recht am Unternehmen (besser: Wirtschaftliches Persönlichkeitsrecht[5])) geschehen mußte und geschehen ist. Es handelt sich bei derart weitgefaßten „Rechten" nicht mehr um absolute, die Rechtswidrigkeit des Eingriffs indizierende Rechte, sondern um Erscheinungen, die man als Rahmenrechte" bezeichnen kann. Der Weg über § 823 I hat aber den Vorteil der Flexibilität und der gerade hier oft erforderlichen grundsätzlichen und immer wieder erneuten Überprüfung der Unrechtsbewertung.

Wenn *L. Raiser* JZ 61, 466ff. = Zeitschr. d. Bern. Juristenvereins 61, 121 (insb. 144ff.) vor einer mißbräuchlichen Erfindung und Verwendung subjektiver Rechte warnt, ist ihm grundsätzlich zuzustimmen. Doch muß § 823 I stets in die Bresche springen, wenn Schutzgesetze fehlen oder versagen und § 826 wegen des dort verlangten Vorsatzes zu eng ist. Die Struktur des deutschen Rechts der unerlaubten Handlungen läßt eine freie Aufstellung von Verhaltensnormen wie im Common Law nicht zu. Das deutsche Recht braucht daher für einen weiten Bereich des Deliktsrechts die Krücke des § 823 I mit einem der dort genannten absoluten Rechte, die zur Unrechtsindizierung dienen. Dabei wird dann wegen des systembedingten Umwegs die Regel von Recht und Unrecht genau umgekehrt, so daß die Frage nach dem Unrecht zur Frage nach dem ausnahmsweisen Recht wird. Nur wo § 823 I Rahmenrechte enthält (Recht am Unternehmen = Wirtschaftliches Persönlichkeitsrecht; Allgemeines Persönlichkeitsrecht) und im Bereich der Verkehrspflichten erfolgt keine Unrechtsindizierung und keine Umkehrung der Unrechtsfrage. Deshalb folgt bei ihnen die Prüfung der Rechtswidrigkeit anderen Regeln. All das sind aber rechtstechnische Überlegungen, die mit dem materiellen Ausgangspunkt, der Unterscheidung von Bestands- und Freiheitsschutz, unmittelbar nichts zu tun haben. *Raisers* Kritik an dieser Unterscheidung ist daher mit der gegebenen Begründung, der Freiheitsschutz müsse durch Schutzgesetze verwirklicht werden, nicht zu halten. Entscheidend ist, daß berechtigter Schutz gewährt wird. Stehen Schutzgesetze nicht zur Verfügung, müssen subjektive Rechte entwickelt werden. Das ist zumindest die weniger positivistische Lösung. Sie bedarf zu einer gerechten Lösung nicht unbedingt eines neuen Spezialgesetzes. Die subjektiven Rechte in § 823 I haben keinen Selbstzweck. Ihre Funktion ist, das Unrecht einer Handlung für den Regelfall erkennbar zu machen, indem sie zur besseren Präzisierung des Eingriffs *Eingriffsobjekte* formulieren (zu diesem juristischen Grundvorgang, der sog. „Konkretisierung", oben § 27 II 2b und *Fikentscher,* Methoden IV 356ff., 371). Zu

---

[5]) *Fikentscher,* Wirtschaftsrecht II § 21 III 3 e; § 22 I 1,2.

mehr dienen sie nicht. Mit der Erkenntnis ihres funktionalen Charakters werden sie ihrer „Höherwertigkeit" gegenüber Schutzgesetzgütern, die ja denselben Zweck verfolgen, entkleidet. Trotzdem ist richtig, daß, wo Schutzgesetze vorhanden sind, § 823 I nicht herangezogen zu werden braucht. Andererseits macht eine richtige Handhabung des § 823 I, namentlich im Bezug auf die Einführung „freier" Verhaltensnormen, Schutzgesetze entbehrlich. Wo beide Normen, § 823 I und II, zutreffen, sind beide nebeneinander anzuwenden (Anspruchskonkurrenz).

c) Im einzelnen baut sich ein allgemeines System der unerlaubten Handlung in einer dem Vorhergehenden entsprechenden Weise auf den rechtstechnischen Zuordnungen von Rechtspositionen auf, ähnlich wie das oben bei den (andersartigen) Zuordnungen von Rechtspositionen auf dem Gebiet der ungerechtfertigten Bereicherung gezeigt wurde.

Das zentrale Problem einer unerlaubten Handlung ist die Feststellung ihrer Rechtswidrigkeit. Diese Feststellung wird, wie gesagt, aus einer vergleichenden Wertung von Handlung und Erfolg gewonnen. Da das Deliktsrecht des BGB *keine Generalklausel* kennt, nach der *alle* rechtswidrigen und schuldhaften Handlungen ersatzpflichtig machen (anders z. B. Art. 1382 des franz. Code civil), muß diese Wertung für Einzeltatbestände und Tatbestandsgruppen in getrennter Weise erfolgen. Auch dies könnte an sich durch eine einfache Aufteilung der Generalklausel geschehen:

aa) Keine Schwierigkeit bereitet, eine Handlung als unrecht zu verurteilen, die einen anderen vorsätzlich und ohne ersichtliche Rechtfertigung an seinem Vermögen schädigt. Diese „vorsätzlichen illoyalen" Schädigungen *(v. Caemmerer)* werden darum auch in allen entwickelteren Rechtsordnungen getrennt vorweg behandelt und für unerlaubt erklärt. Bei diesen „vorsätzlichen sittenwidrigen" Schädigungen, wie § 826 sich ausdrückt, folgt das Unwerturteil aus der Zielgerichtetheit der Schädigungshandlung. Wer einen anderen mutwillig verletzt, haftet ihm nach § 826 wegen der Körperschäden auf Schadensersatz. Eine Abwägung ist hier nicht erforderlich, der Täter handelt noch nicht einmal unter dem Schein eines Rechts (falls nicht etwa Rechtfertigungsgründe, wie z. B. Notwehr nach § 227 vorliegen). Dies sind übrigens die eigentlichen Fälle des § 826. Unter § 826 fallen im Grunde nur die „abwägungsfreien" Schädigungen, wie mutwilliges Töten, Verletzen, Beschädigen, Denunzieren. § 826 wird von der Praxis aber auch auf Abwägungsfälle, z. T. unter Zuhilfenahme von Rechtfertigungsgründen angewandt, z. B. bei Boykotten, Preisunterbietungen, zweifelhaften Kreditsicherungen, Streiks. Das geschieht jedoch nur, *weil mangels einer deliktischen Generalklausel keine freie Entwicklung deliktischer Verhaltensnormen möglich ist.* Dieser Mangel wirkt sich bei Tatbeständen des Wirtschaftslebens besonders empfindlich aus, was den Rückgriff auf den hier an sich unpassenden § 826 erklärt. Richtiger ist die Aufstellung von „Eingriffsobjekten" wirtschaftlicher Natur (z. B. „Recht am Unternehmen") als Rahmenrechte und dadurch als sonstige Rechte i. S. des § 823 I mit entsprechender Aufstellung dorthin passender Verhaltensnormen (dazu unten § 103 II 1).

bb) Die zweite Gruppe unerlaubter Handlungen besteht aus Sorgfaltspflichtverletzungen („negligence"-Fälle). Es gibt im Grunde nur diese beiden Tatbestandsgruppen, die abwägungsfreien „vorsätzlichen illoyalen" Schädigungen nach Art des § 826 in seiner ursprünglichen Bedeutung, und die Abwägungsfälle, in denen jemand eine rechtliche Pflicht zur Rücksichtnahme vorsätzlich oder — zumeist — fahrlässig verletzt, ähnlich schon *Planck/Siber,* BGB[4] (1914) § 276, 2b; kritisch *Deutsch,* JuS 67, 152, 158. Die Sorgfaltspflichtverletzungen unterscheiden sich von den vorsätzlich sittenwidrigen Schädigungen dadurch, daß bei ihnen keine Schädigung beabsichtigt wird, daß vielmehr zwischen einer im Rechtsverkehr vorkommenden, vielleicht sogar nötigen oder unerwünschten Handlung und einer durch diese Handlung verursachten Beeinträchtigung eines Interesses in besonders eingehender Weise abgewogen werden muß. Soweit nach einer solchen Abwägung die Verletzung *objektive* Sorgfaltspflichten mißachtet, entsteht dadurch die *Rechtswidrigkeit.* Daran schließt sich die erforderliche subjektive Bewertung der Sorgfaltspflichten: Die Sorgfaltspflichtverletzung kann vorsätzlich oder fahrlässig, also *schuldhaft* geschehen.

Mit diesen beiden generalklauselartigen Deliktstatbeständen, der vorsätzlich sittenwidrigen Schädigung und der Sorgfaltspflichtverletzung könnte an sich jede Deliktsordnung auskommen, die bereit ist, Verhaltensnormen zur Konkretisierung der Sorgfaltspflichten von Fall zu Fall, von Fallgruppe zu Fallgruppe, zu entwickeln. Jedes Mehr an System ist Denaturierung des Systems. Aber das bis hierher entwickelte Bild ist nur ein „Idealtyp" eines Deliktsrechts. Es entspricht *nicht* dem Aufbau des deutschen Deliktsrechts.

d) Wenn das deutsche Recht den Weg der *großen* und auch den der in „vorsätzliche illoyale Schädigungen" und „Sorgfaltspflichtverletzungen" *eingeteilten Generalklausel* nicht geht, so deshalb, weil es sich zunächst als genauer und verständlicher erwiesen hat, das Unrechtsurteil über *bestimmte* Sorgfaltspflichtverletzungen zu typisieren: Der Unrechtsgehalt bestimmter Handlungsgruppen soll ein für allemal festgelegt werden.

Dazu benutzt das deutsche Recht zwei Mittel: Die Zuerkennung *subjektiver, absoluter Rechte* und die Aufstellung von *Schutzgesetzen.* Beiden Einrichtungen ist der Zweck gemeinsam, das Unrecht bestimmter Handlungen zu fixieren: *Enumerativ-Prinzip* (im Gegensatz zum Generalklausel-Prinzip).

aa) Die Zuordnung subjektiver absoluter Rechte in § 823 I (Leben, Körper, Gesundheit, Eigentum u. a.) besagt, daß grundsätzlich jede Handlung, die in ein solches Recht eingreift, rechtswidrig ist, *„Eingriffsdelikt".* Das *Unrecht einer Handlung* wird also durch Aufstellung und Zuteilung dieser Rechtsgüter an Personen „indiziert" (sog. *Unrechtsindikation).* Der Verletzer kann für seine Handlung höchstens einen Rechtfertigungsgrund (z. B. Notwehr) zu seinen Gunsten behaupten, und er muß ihn in tatsächlicher Hinsicht darlegen und im Streitfall beweisen. Der Verletzte braucht nur den Eingriff in sein Rechtsgut darzutun, damit steht die (widerlegliche) Vermutung der Rechtswidrigkeit fest. *Der Verletzte ist der Suche nach und des Beweises der Verhaltensnorm und ihres Unrechtsurteils über die Verletzerhandlung enthoben.* Ein derartiger Katalog absoluter Rechte bietet sich auch namentlich deshalb an, weil er – für die Zwecke der Unrechtsermittlung der ungerechtfertigten Bereicherung – auch dort, in den §§ 812ff., benötigt wird. Man kann im Deliktsrecht, entsprechend den Eingriffskondiktionen, von Eingriffsdelikten sprechen, weil das – widerleglich indizierte – Unrecht der unerlaubten Handlung in dem Eingriff in eine zugeordnete subjektive Rechtsstellung besteht.

Im Bereich der Eingriffsdelikte gibt es demnach keinen „Rechtfertigungsgrund des verkehrsrichtigen Verhaltens".[6]) Denn hier wird die Frage nach dem verkehrsrichtigen Verhalten nicht mehr gestellt. Die Güterzuordnung ist durch Gesetz erfolgt, und damit die Unrechtsindizierung. Das verbietet, die Unrechtsbewertung wieder auf eine Verhaltensnorm zurückzuschieben, ebenso im Erg. *Larenz* II § 72 I c in Auseinandersetzung mit der Gegenmeinung *(Nipperdey, Esser, v. Caemmerer, Wiethölter).* Durch Güterzuordnung indiziertes Eingriffsunrecht kann logischerweise nur noch durch die „klassischen" Rechtfertigungsgründe (Notwehr, Notstand, unrechtsausschließende Pflichtenkollision usw.), also durch Ausnahmesituationen, wieder beseitigt werden.

Im Bereich der *sonstigen* Sorgfaltsverletzungsdelikte wird die Frage des verkehrsrichtigen Verhaltens allerdings zu Recht gestellt. Sie ist dort die zentrale Frage der Handlungs-Erfolgs-Bewertung. *Dort aber spielt diese Frage nicht die Rolle eines Rechtfertigungsgrundes, sondern sie ist wegen des Fehlens einer Indizierung die Frage zur Ermittlung der Rechtswidrigkeit selbst,* damit auch des Tatbestandes einer unerlaubten Handlung. Wo die Sorgfaltsverletzungsdelikte, wie gleich zu zeigen sein wird, auf dem Weg über gewisse „sonstige Rechte" (Unternehmen, Persönlichkeit) und über die „Verkehrspflichten" in das geltende Deliktsrecht eingeführt wurden, muß also die Prüfung des verkehrsrichtigen Verhaltens als Kernfrage nach der Rechtswidrigkeit eines bestimmten Verhaltens durchgeführt werden (nicht aber als Prüfung eines Rechtfertigungsgrundes!) Daraus folgt: Einen „Rechtfertigungsgrund des verkehrsrichtigen Verhaltens" gibt es auch außerhalb der Eingriffsdelikte nicht. Seine Bejahung beruht auf einer Verkennung der Struktur des deutschen Deliktsrechts. Er ist nur Ausdruck für den unübersichtlichen Zustand, in dem sich das System des deutschen Deliktsrechts befindet.

bb) Die in § 823 II bezeichneten *Schutzgesetze* zugunsten bestimmter Dritter sind nichts anderes als sondergesetzlich niedergelegte Verhaltensnormen, hinter deren Unrechtsausspruch die Urteilsbildung des materiellen Gesetzgebers steht: Der Verletzte verweist auf fertig bereitliegende Schutzgesetze (z. B. Straßenverkehrsgesetz, UWG), und nach der Regel iura novit curia braucht er diese Verhaltensnormen auch nicht zu beweisen.

cc) Mit der Ausgliederung der Eingriffs- und der Schutzgesetzdelikte aus dem „Urtatbestand" der Sorgfaltspflichtverletzungen läßt sich auch die Frage beantworten, die bei *v. Caemmerer,* FS zum 100jährigen Bestehen des Dt. Juristentags, Band II, 1960, 67, 71 ff., 80, deutlich wird: Wie soll man den fahrlässigen Eingriff in geschützte Rechtsgüter von der fahrlässigen Nichtbeachtung einer Sorgfaltspflicht abgrenzen? Die Frage ist wichtig für die Bestimmung der Rechtswidrigkeit: Im ersten Fall wird das Unrechtsurteil indirekt aus der Unrechtsindizierung unter Berücksichtigung etwaiger Rechtfertigungsgründe gewonnen, im zweiten durch direkte Abwägung. Das ist wiederum wichtig für die Beweislast bezüglich der unrechtsbegründenden Tatsachen. Das Verhältnis fahrlässiger Eingriffsdelikte zu fahrlässigen Sorgfaltspflichtverletzungen ist systema-

---

[6]) Anders noch BGHZ 24, 21 (GZ) = ESJ 130 – Straßenbahnunfall –; überholt durch BGHZ 36, 237 = ESJ 131 – Laternengarage –. Ebensowenig konnte sich die von *Welzel* und *Nipperdey* verfochtene Lehre von der „Sozialadäquanz" bestimmter Schädigungen, vor allem bei ärztlichen Eingriffen, sowie im Arbeits- und Wirtschaftsleben durchsetzen; die neueren Lehrbücher bringen nicht einmal mehr den Begriff; s. zur Sozialadäquanz die Vorauflage § 97 vor I und V.

tisch das der Ausnahme zur Regel. Die ersten sind typisierte und ausgegliederte Unterfälle der letzteren, mit einer Umkehrung der Unrechtsvermutung in Gestalt der Unrechtsindikation. Im Gutachten ist die Reihenfolge der Prüfung – wegen des in § 823 I enthaltenen „Grundtatbestandes" – freilich genau umgekehrt.

Die Ableitung von absoluten Rechts- und Schutzgutverletzungen aus den Sorgfaltspflichtverletzungen hat aber noch andere Bedeutungen. Sie ermöglicht eine einheitliche Kausalitätsauffassung bei Eingriffs-, Schutzgesetz-, Unternehmens-, Persönlichkeits- und Verkehrssicherheitsdelikten (dazu unten §§ 103 f.). Ferner: Für Sorgfaltspflichtverletzungen gelten gewisse allgemeine Abwägungsgrundsätze bei der Ermittlung der Rechtswidrigkeit. So sind z. B. erlaubte Risiken mit anschließenden Unglücksfällen von unrechten Schadenszufügungen zu unterscheiden. Feuerwerkskörper und Pflanzenschutzmittel darf man herstellen, auch wenn damit immer wieder schadenstiftender Mißbrauch getrieben wird (erlaubte Risiken). Dagegen ist das Anlegen einer nachts unbeleuchteten Baugrube in unmittelbarer Straßennähe ein unerlaubtes Risiko, eine im Schadensfall unrechte Handlung. Das Problem der erlaubten Risiken läßt sich aber mit den absoluten Rechts- und Schutzgüterverleihungen in § 823 I und II nicht befriedigend lösen, *v. Caemmerer,* FS zum 100jährigen Bestehen des Dt. Juristentags, Band II, 1960, 71 ff. Mit „Rechtfertigungsgründen" ist überhaupt nicht zu helfen. „Sozialadäquanz" ist eine unbeweisbare Behauptung. Verständlich wird das Problem der erlaubten Risiken nur, wenn man absolute Rechts- und Schutzgutverletzungen als Ausgliederungen aus der Masse der Sorgfaltspflichtverletzungen versteht: Was als grundsätzlich erlaubtes Risiko – aus Abwägungsgründen – keine Sorgfaltspflichtverletzung ist, kann als solches auch keine Rechts- oder Schutzgutverletzung mehr sein. In Betracht kommen dann allenfalls Verkehrspflichtdelikte, also Anwendungen „freier" (noch nicht typisierter und für § 823 I oder II gebündelter) Verhaltensnormen; dazu der folgende Abschnitt e)).

e) Es ist selbstverständlich, daß diese beiden Hilfen zur Unrechtsbestimmung (absolute Rechte und Schutzgesetze) nicht den ganzen, täglich sich wandelnden und stetig sich fortentwickelnden Bestand von Sorgfaltspflichtverletzungen erschöpfen können. Daher war von Anfang an vorauszusehen, daß das Enumerativprinzip der §§ 823 I, II, 826 zur Bewältigung des Deliktsrechts nicht ausreichen würde.

Ein nicht erfaßter (umfangreicher!) „Rest" von Sorgfaltspflichtverletzungen bleibt also, der – wie es der oben aufgestellten Regel entspricht – nur mit „freien" Verhaltensnormen erfaßt werden kann. Nun läßt aber der Gesetzeswortlaut wegen des Enumerativprinzips die Bildung freier Verhaltensnormen an sich nicht mehr zu. Andererseits mußten auch in den neu auftauchenden Fällen, namentlich im Wirtschafts- und Persönlichkeitsbereich, gerechte Entscheidungen gefunden werden. Eine lückenlose Schutzgesetzgebung (823 II) hätte genügt (dies ist der Gedanke *L. Raisers,* a. a. O.). Sie ist aber selbst für einen fleißigen Gesetzgeber praktisch nicht zu verwirklichen.

aa) Man verfuhr zunächst in der Weise, daß man neue „subjektive Rechte" erfand, wozu der Zusatz „oder ein sonstiges Recht" in § 823 I (der an sich nur absolute Rechte, z. B. Immaterialgüterrechte, meint) zitiert wurde. In dieser Weise ließ sich der Unternehmens- und der Persönlichkeitsschutz durch Anerkennung eines *„Rechts am Unternehmen"* und eines *„Allgemeinen Persönlichkeitsrechts"* bewältigen (dazu unten § 103 II 1, 2), allerdings notwendigerweise unter Verzicht auf eine durchgängig absolute Umfangsbestimmung dieser Rechtsgüter *und damit auf die Unrechtsindizierung.* In Wahrheit handelt es sich bei beiden nur um die verdeckte Aufstellung freier Verhaltensnormen, bezogen auf zwei besonders wichtige Bereiche menschlicher Verletzbarkeit, nämlich das Unternehmen (richtiger: die wirtschaftliche Entfaltungs- und Versorgungsfreiheit)[7] und die menschliche Persönlichkeit im außerwirtschaftlichen Bereich.

bb) Darüber hinaus erfolgte eine umfangreiche Aufstellung weiterer Verhaltensnormen, deren Verletzung Gesundheit, Körper und Leben der Personen einerseits oder das Eigentum andererseits betrifft. Man nennt sie „Verkehrssicherungspflichten", besser und allgemeiner noch „Verkehrspflichten". Entsprechend benannte Rechtsgüter standen in § 823 I zur Verfügung. Da aber die Unrechtsindizierung wegen der Entfernung der Handlung vom Erfolg in diesen Fällen versagte, deutete man menschliches Tun in Unterlassen um (auch wo es in Wahrheit ein Tun war, siehe *v. Caemmerer,* Wandlungen des Deliktsrechts a. a. O. 73ff. mit w. Ang.), und hatte nun in Gestalt der bei Unterlassungsdelikten zur Rechtswidrigkeit erforderlichen *Rechtspflicht zum Tätigwerden* einen Abwägungsrahmen zur Ermittlung des Handlungsunrechts zur Verfügung. So kam es zur Entstehung der sog. „Verkehrspflichtdelikte".

In Wirklichkeit liegen auch hier − auf einem gedanklichen Umweg − aufgestellte „freie" Verhaltensnormen vor, die unter Verwendung besonders wichtiger in § 823 I genannter Rechtsgüter über die Umdeutung des Tuns in eine Unterlassung der gebotenen Sorgfalt, sowie über die Prüfung einer „Rechtspflicht zum Handeln" − etwas gewaltsam − in das System der Enumerativhaftung einbezogen wurden. Mit den „Verkehrspflichten" ließ sich aber der moderne Gesundheits- und Eigentumsschutz bewerkstelligen. Aus den Verkehrspflichten hat sich dann ein besonders wichtiger Zweig, die Produzentenhaftung, abgezweigt.

f) Das Ergebnis ist ein nur mehr im Ansatz enumerativ aufgebautes, praktisch aber durch Einfügung partieller Generalklauseln (nämlich: Zwei Rahmenrechte, Verkehrspflichten, Produzentenhaftung) höchst anpassungsfähiges, aber unübersichtliches und inkonsistentes „System" der unerlaubten Handlungen.

Hinter der Feststellung, das System der Enumerativhaftung sei durch Einführung von „Rahmenrechten" (Unternehmen, Persönlichkeit) und durch die „Verkehrspflichten" einschließlich „Produzentenhaftung" durchbrochen worden, verbirgt sich kein Vorwurf. Es ist das Recht des Richters, die gerechte Entscheidung auf der Grundlage eines unvollkommenen Gesetzes unter Zuhilfenahme auch von gesetzessystemwidrigen Kunstgriffen zu erreichen. Im ganzen betrachtet erscheint die Erfindung abwägungsbedürftiger „Rahmen"-Rechtsgüter (Unternehmen, Persönlichkeit) in § 823 I unter Verzicht auf die Unrechtsindizierung als ein gröberer Systemverstoß als der Ausbau von Verkehrspflichten im Vorfeld absoluter Rechtsgüter unter Einschaltung der Prüfung einer „Rechtspflicht zum Handeln". Dieser Gedankengang führt, in allerdings verklausulierter und systemgehemmter Form, zur Aufstellung freier Verhaltensnormen. Im Bereich der Verkehrspflichten lassen sich daher eher leichter Gruppen von Verhaltensnormen herausbilden als beim Unternehmensschutz und beim Schutz persönlicher Verhältnisse, wo auch heute noch kein geeigneter Abwägungsrahmen für die Handlungs-Erfolgs-Bewertung zur Verfügung steht (näher unten § 103 II 1, 2, III).

---

[7] S. im einzelnen *Fikentscher,* Wirtschaftsrecht, I, § 1 I 4; § 19 I, wo anstelle des Ausdrucks „Recht am Unternehmen" der Begriff „Wirtschaftliches Persönlichkeitsrecht" vorgeschlagen wird, um auch Nichtunternehmer, z. B. Verbraucher, schützen zu können.

IV. Zusammenfassung

Hieraus ergibt sich folgendes System von ungerechtfertigten Bereicherungen und unerlaubten Handlungen:
Ungerechtfertigte Bereicherungen
A. Leistungskondiktionen
1. technische
2. materielle
B. Eingriffskondiktion
C. Drittvermögenskondiktionen (Bereicherungen aus dritten Vermögen)
1. Rückgriffskondiktion (auch genannt Regreß-, Auslagen-, Impensenkondiktion)
2. Drittempfänger-Kondiktion (*Kunisch:* „Kondiktion gegen Drittempfänger")
3. Sonstige, z. B. § 822
Unerlaubte Handlungen
A. Vorsätzlich sittenwidrige Handlungen (826)
B. Sorgfaltspflichtverletzungsdelikte – fahrlässige oder vorsätzliche Begehung – (im BGB als solche nicht erfaßt)
1. Eingriffsdelikte (823 I) mit Unrechtsindizierung durch Zubilligung geschützter Rechtspositionen („absolute Rechte")
2. Schutzgesetzverstöße (823 II) mit Nachweis des Unrechts aus positivrechtlichen Sondervorschriften.
3. Rest von Sorgfaltspflichtverletzungsdelikten (im BGB als solcher nicht erfaßt). Stichwort: „Das Vermögen als solches ist deliktisch nicht geschützt." Erfaßt sind aber:

a) Unternehmensdelikte (823 I, „sonstiges Recht") mit Unrechtsabwägung im Vorfeld eines „Rechts am Unternehmen". Dies ist ein Rahmenrecht zum Schutze der wirtschaftlichen Verhältnisse, daher statt „Recht am eingerichteten und ausgeübten Gewerbebetrieb" oder – einfacher – „Recht am Unternehmen" korrekter: „Wirtschaftliches Persönlichkeitsrecht".

b) Allgemeine Persönlichkeitsdelikte (823 I, „sonstiges Recht") mit Unrechtsabwägung im Vorfeld eines „Allgemeinen Persönlichkeitsrechts". Dies ist ein Rahmenrecht zum Schutz der nicht-wirtschaftlichen persönlichen Verhältnisse (Intimsphäre, Lebensbild, Ansehensmißbrauch usw.)

c) Verletzungen von „Verkehrspflichten", die zu Vermögensschäden führen (als solche vom BGB nicht erfaßt). Von der Rechtsprechung erfaßt sind aber:

aa) Lebens-, Gesundheits-, Körperbeschädigungen, 823 I, Unrechtsabwägung durch eine Rechtspflichtprüfung.

bb) Eigentumsbeschädigungen, 823 I, Unrechtsabwägung durch eine Rechtspflichtsprüfung.

d) „Produzentenhaftung" (wie oben c aa und bb).

Im übrigen sind also Sorgfaltspflichtverletzungen mit Schadensfolgen nach deutschem Recht keine unerlaubten Handlungen: Das Verbot des „neminem laedere" gilt uneingeschränkt nur im Bereicherungsrecht. Im Deliktsrecht gilt es nur nach Maßgabe der Verhaltensnormen, soweit Gesetz und Richterrecht sie berücksichtigten.

V. Übersicht

In den §§ 98–101 wird das Recht der ungerechtfertigten Bereicherung, in den §§ 102ff. das der unerlaubten Handlungen (Deliktsrecht) im einzelnen dargestellt. Dabei wird auf das in diesem § 97 entwickelte System zurückgegriffen, jedoch wie üblich, in gesetzlicher Reihenfolge vorgegangen: 823 I, 823 II, 826.

15. Abschnitt

Ungerechtfertigte Bereicherung

§ 98
Grundgedanken und gesetzlicher Aufbau des Bereicherungsrechts

Batsch, AcP 174, 558 (zu *Wilhelm*); *Beuthien/Weber*, Ungerechtfertigte Bereicherung und Aufwendungsersatz, 2. Aufl. 1984; *v. Caemmerer*, FS *Rabel*, Bd. I, 1954, 333; *Canaris*, FS *Larenz*, 1973, 799; *ders.*, WM 80, 354; *ders.*, WM 81, 978; *Costede*, Dogmatische und methodologische Überlegungen zum Verständnis des Bereicherungsrechts, 1977; *Flume*, NJW 84, 464; *Hassold*, Zur Leistung im Dreipersonenverhältnis, 1981; *Jung*, IherJb. 69, 119; *Kaebler*, Bereicherungsrecht und Vindikation, 1972; *Kellmann*, Grundsätze der Gewinnhaftung, 1969; *Klink*, Eine Sphärentheorie für Ausgleichsmodi im Synallagma, Wandlung und Bereicherungsrecht, Diss. Tübingen 1982; *Köndgen*, FS *Esser*, 1975, 55; *Koppensteiner/Kramer*, Ungerechtfertigte Bereicherung, 1975; *Krawielicki*, Grundlagen des Bereicherungsanspruchs, 1936; *Kupisch*, Gesetzespositivismus im Bereicherungsrecht, Zur Leistungskondiktion im Dreipersonenverhältnis, 1978; *ders.*, FG *v. Lübtow*, 1980, 501; *ders.*, FS *Coing*, Bd. II, 1982, 239; *ders.*, ZIP 83, 1412; *Lassen*, ArchBürgR 40, 286; *Loewenheim/Winckler*, JuS 82, 434; 668; 910; JuS 83, 195; 440, 684; JuS 84, 116; *v. Lübtow*, Beiträge zur Lehre von der condictio nach römischem und geltendem Recht, 1952; *ders.*, FS Jur. Fak. der Freien Universität Berlin zum 41. DJT in Berlin, 1955, 119; *Mühl*, FG *v. Lübtow*, 1980, 547; *Nipperdey*, ZAkDR 1938, 104; o. A., JA 69, 577 (ZR 183); *Reeb*, Grundprobleme des Bereicherungsrecht, 1975; *v. Reinersdorff,* MDR 81, 800; *Reuter/Martinek,* Ungerechtfertigte Bereicherung, 1983, §§ 1 – 3, 10 – 13; *Rothoeft,* AcP 163, 215; *Schlechtriem, P.,* JZ 84, 509 und 555; *Schnauder,* Grundfragen zur Leistungskondiktion bei Drittbeziehungen, 1981; *Schwarz,* Die Grundlage der condictio im klassischen römischen Recht, 1952; *Schwerdtner,* Jura 82, 192; 255; 309; *Stathopoulos,* FG *Sontis,* 1977, 203; *v. Tuhr,* FS *Bekker,* 1902, 293; *Weber, Eckart,* Der Erstattungsanspruch, Die ungerechtfertigte Bereicherung im öffentlichen Recht, 1970; *Wieling,* JuS 78, 801; *Wilburg,* Die Lehre von der ungerechtfertigten Bereicherung nach österreichischem und deutschem Recht, 1934; *Wilhelm,* Rechtsverletzung und Vermögensentscheidung als Grundlagen und Grenzen des Anspruchs aus ungerechtfertigter Bereicherung, 1973; *Wolf, J.,* Der Stand der Bereicherungslehre und ihre Neubegründung, 1980.

I. Grundzüge des Bereicherungsrechts

Es ist zweifelhaft, ob den §§ 812ff. überhaupt ein allgemeiner Grundgedanke derart zugrunde liegt, daß ungerechtfertigte Vermögensverschiebungen wieder rückgängig zu machen sind. Die in den §§ 812 – 822 geregelten *Ansprüche aus ungerechtfertigter Bereicherung* („Kondiktionen") haben jedenfalls unterschiedliche gemeinrechtliche Ursprünge und betreffen sehr verschiedenartige Fälle. So steht z. B. § 812 I 1, die allgemeine Grundregel, wenigstens zum großen Teil auf einer Stufe mit § 346, regelt also insoweit ein gesetzlich *anderweit veranlaßtes* Rückgewährschuldverhältnis. Dagegen betrifft § 812 I 2 in beiden Alternativen Fälle, die etwa auf einer Ebene mit §§ 119 II, 321, 779 stehen, Fälle also, in denen eine Rückgewähr wegen veränderter Voraussetzungen *zu veranlassen* ist.

Man hat es mit allgemeinen Formeln versucht: „Das Bereicherungsrecht heilt die Wunden, die das strikte Recht schlägt". Oder: „Das Bereicherungsrecht ist der schuldrechtliche Ausgleich für dinglich einwandfreie, aber sachlich unberechtigte Vermögensverschiebungen." Ferner: „Die Bereicherungsansprüche wollen ihrem Grundgedanken nach persönliche Ansprüche auf Rückgängigmachung eines Rechts oder Vermögenserwerbs gewähren, der nach den maßgeblichen Vorschriften zwar gültig vollzogen ist, aber im Verhältnis zu dem Benachteiligten des rechtfertigenden Grundes entbehrt." Die erste Formel trifft aber beispielsweise nicht für § 817, die zweite und dritte nicht für die Fälle der Rückgriffskondiktionen und des Auslagenersatzes (s. u.) zu. Richtig ist lediglich, daß das Bereicherungsrecht am häufigsten dazu dient, unbillige Ergebnisse, die durch den Grundsatz von der abstrakten Natur der Verfügung entstehen können, schuldrechtlich zu korrigieren. Aber es gibt viele Bereicherungsansprüche, die etwas anderes zum Ziel haben, z. B. den Ersatz von Auslagen. Auch der Versuch, Eingriffs- und Leistungskondiktion (s. u.) zu einem Anspruch „wegen Bereicherung ohne rechtserheblichen Willen desjenigen, auf dessen Kosten sie geht" (*Kellmann* a. a. O. 108) zusammenzufassen, verdeckt mehr als er aufhellt (a. A. *Stathopoulos*). Der allgemeine Grundgedanke, ungerechtfertigte Bereicherungen wiedergutzumachen, trifft zwar immer zu, ist aber farblos und rechtstechnisch unbrauchbar wie der Satz, daß ein Richter einen Prozeß gerecht zu entscheiden habe. Es bedarf daher der Aufgliederung der in § 812 I 1 enthaltenen Generalklausel, wobei die §§ 812 I 2, 813 – 822 andeutungsweise, aber nicht vollständig Hilfe geben können.

II. Der Aufbau des Gesetzes

Das Gesetz unterscheidet folgende Bereicherungsansprüche (vgl. das Schema in *Fikentscher*, Schuldrechtspraktikum, 131; ferner *Roth,* JuS 81, 250):

1. Die *Generalklausel* des § 812 I 1, „condictio sine causa". Dabei trennt das Gesetz Bereicherungen „durch Leistung eines andern" („Leistungskondiktion") und Bereicherungen „in sonstiger Weise".

Hierher zählt beispielsweise der Fall, daß im Gefolge eines wegen Dissenses nichtigen Kaufvertrages wirksam übereignet wird (ungerechtfertigte Bereicherung durch Leistung); oder daß der Verwahrer eines Lieferautos dieses abredewidrig und gegen den Willen des Hinterlegers für eigene Zwecke benutzt (Bereicherung um den Nutzwert „in sonstiger Weise").

2. Bereicherungen wegen Zahlung einer *Nichtschuld* (condictio indebiti, payement de l'indu), (812 I 1), 813, 814.

A schuldet etwas dem B, hält aber irrtümlich den C für seinen Gläubiger und zahlt an diesen. C ist A (nicht etwa B) gegenüber ungerechtfertigt bereichert.

3. **a)** Bereicherung wegen *Wegfalls des Leistungsgrundes* (condictio ob causam finitam), 812 I 2, 1. Alternative.

b) wegen *Nichteintritts* eines mit der Leistung *bezweckten Erfolgs* (condictio causa data causa non secuta = condictio ob rem, „Leistung wegen eines anderen Zwecks"), 812 I 2, 2. Alternative.

Eine Diebstahlversicherungssumme kann zurückgefordert werden, wenn sich die gestohlene Sache wiederfindet, RGZ 108, 122 (ob causam finitam). Ein Wechsel, der zur Deckung einer Kaufsumme ausgestellt wird, kann zurückverlangt werden, wenn der Kaufvertrag nicht zustande kommt, RGZ 56, 320 (causa data causa non secuta, condictio ob rem).

4. Bereicherung wegen gesetz- oder sittenwidriger Annahme einer Leistung, 817 (condictio ob iniustam vel turpem causam).

a) Ein Autofahrer mit den Initialen P. P. läßt sich auf der Zulassungsstelle gegen ein „Trinkgeld" ein Nummernschild ... PP... geben. Der Beamte darf auch für gesetzmäßige Handlungen kein Geld nehmen (§ 331 StGB, Vorteilsannahme), 817 S. 1.

b) Der Bereicherungsanspruch wird versagt, wenn *beide* Seiten durch die Leistung sitten- oder gesetzwidrig handeln, 817 S. 2: Der Beamte erläßt dem P. P. außerdem noch die Nummernschildgebühr; nun kann P. P. das „Trinkgeld" nicht mehr zurückfordern (334, 335 StGB, Bestechung).

5. Bereicherung wegen wirksamer Verfügung des Nichtberechtigten, 816.

Drei Fälle sind zu unterscheiden:

a) § 816 I 1: Der Nichtberechtigte verfügt, z. B. nach § 932 oder § 892 entgeltlich wirksam. Er schuldet dem geschädigten Berechtigten zum Ausgleich das Erlangte.

b) § 816 I 2: Erfolgte die Verfügung unentgeltlich, ist Schuldner derjenige, welcher aufgrund der Verfügung unmittelbar einen rechtlichen Vorteil erlangt, regelmäßig also der gutgläubige Erwerber.

Grundgedanken und gesetzlicher Aufbau des Bereicherungsrechts § 98
IV 2

c) § 816 II: Die Leistung an einen Nichtberechtigten ist wirksam, z. B. nach §§ 370, 407, 408 oder 808. Der nichtberechtigte Empfänger muß dem Berechtigten das Erlangte herausgeben, dagegen wird der Zahlende geschützt.

6. Bereicherung wegen unentgeltlichen Empfangs von einem Bereicherungsschuldner, 822.

Ein Bereicherungsschuldner (Ziffern 1 – 5), z. B. der pflichtwidrig handelnde Beamte im Fall 4a, wendet das Geld einem Freund oder, in einer Anwandlung von Reue, dem Roten Kreuz zu. Der Freund (das Rote Kreuz) schuldet dem Berechtigten das Geld.

III. Das System

Die Aufzählung des Gesetzes befriedigt nicht. Sie erklärt nicht den Grund der Bereicherung und ist nicht mehr als eine mehr oder weniger zufällige Aneinanderreihung von als gerecht empfundenen Ausgleichs- und Rückgewähransprüchen. Hinter dem Gesetzeswortlaut verbirgt sich ein System, das sich beispielsweise wie folgt fassen läßt; dazu ist allerdings eine etwas breitere Darstellung des Bereicherungsrechts nötig, als dies üblicherweise der Fall ist. Zuvor ist noch auf die verbreitet zu findende systematische Neuerung einzugehen, Bereicherungsansprüche in Zweier- und Dreierverhältnissen zu unterscheiden.

IV. Bereicherungsansprüche in Dreiecks- und sonstigen Mehrpersonenverhältnissen

1. Bei der bereicherungsrechtlichen Behandlung von Vorgängen, an denen mehr als zwei Personen beteiligt sind, „verbietet sich ... jede schematische Lösung. Es sind vielmehr stets in erster Linie die Besonderheiten des einzelnen Falles für die sachgerechte bereicherungsrechtliche Abwicklung derartiger Vorgänge zu beachten", BGHZ 82, 28 (30); vgl. auch BGHZ 72, 246 (250/ 251); BGH NJW 77, 38 (40). Das trifft zu, s. o. § 97 III 1 d. Im folgenden werden daher Bereicherungsverhältnisse in Mehrpersonensituationen – abweichend von manchen modernen Darstellungen – *an den sachlich zugehörigen Stellen* behandelt.

2. Legt man etwa das von *Gernhuber* (BürgR, 397 ff.) verwendete Schema zugrunde (das sich bei *zusammengefaßter* Behandlung wegen seiner Übersichtlichkeit empfehlen würde), so ergibt dies:

a) „Leistungen als Dritter" führen bereicherungsrechtlich zu Drittvermögenskondiktionen vom „Typ 267", also zu Rückgriffskondiktionen (s. o. § 97 III 1 c) u. unten § 99 V).

b) „Leistungen mittels eines Dritten" betreffen bereicherungsrechtlich vor allem die sog. Anweisungsverhältnisse und andere „indirekte Leistungen". Sie betreffen überhaupt keine „echten" Dreierverhältnisse (zutr. *Reuter/Martinek* § 11). Folglich sind sie u. in § 99 II 1 b) bb) zu besprechen.

c) „Leistungen an Dritte" sind bereicherungsrechtlich Drittvermögenskondiktionen vom „Typ 362 II", also Drittempfängerkondiktionen und damit das Gegenstück zu den oben a) erwähnten Rückgriffskondiktionen; zu den Drittvermögenskondiktionen daher o. § 97 III 1 c) u. unten § 99 VI.

d) „Leistungen aus dem Vermögen eines Dritten" entstehen vor allem bei Verfügungen Nichtberechtigter. Sie sind ihrem Wesen mithin nach *Eingriffskondiktionen*, nicht Drittvermögenskondiktionen; s. daher o. § 97 III 1 b) u. unten § 99 IV.

§ 99
Arten und Voraussetzungen der Bereicherungsansprüche im einzelnen

Barnstedt, Das Merkmal der Rechtsgrundlosigkeit in der ungerechtfertigten Bereicherung, 1940; *Batsch,* Vermögensverschiebung und Bereicherungsherausgabe in den Fällen des unbefugten Gebrauchens bzw. sonstigen Nutzens von Gegenständen, 1968; *ders.,* NJW 72, 611; *Baur/Wolf,* JuS 66, 393; *Berg,* AcP 160, 505; *ders.,* JuS 64, 137; *Beuthien,* JZ 68, 323; *Boehmer,* Grundlagen der bürgerlichen Rechtsordnung, Bd. II/2, 6; *v. Caemmerer,* FS *Rabel,* 1954, 333; *ders.,* FS *Boehmer,* 1954, 145; *ders.,* FS *Lewald,* 1953, 443; *ders.,* FS *Dölle,* 1963, 135; *ders.,* SJZ 50, 646; *ders.,* JZ 62, 385; *Canaris,* BB 72, 774; *Canaris,* FS *Larenz* 1973, 799; *Dawson, John P.,* Unjust Enrichment, 1951; *Denck,* AcP 175, 354 (zu *Spielbüchler*); *Diederichsen,* JurA 70, 378; *Ebbeke,* Recht 1918; 385; *Ehmann,* NJW 69, 398; *Fiedler,* JR 75, 314; *Fuchs,* JW 1919, 819; *Gottschalk,* IherJb. 78, 290; *Gursky,* JR 72, 279; *Harder,* JuS 79, 76; *Haymann,* IherJb, 77, 188; *Heck,* AcP 124, 1; *Hedemann,* FS *Thon,* 1911, 63; *Heimann-Trosien,* WPM 69, 314; *Honsell, H.,* NJW 73, 350; *Joerges,* JuS 75, 514; *Jung,* Das Wesen des schuldrechtlichen Grundes, RG-Festgabe, Bd. III, 143; *Kellmann,* NJW 71, 863; *Klingmüller,* Der Begriff des Rechtsgrundes, 1901; *Koch,* Bereicherung und Irrtum, 1973; *Köndgen,* FS *Esser,* 1975, 55; *König,* Der Bereicherungsanspruch gegen den Drittempfänger einer Vertragsleistung, 1967; *Kötter,* AcP 153, 193; *Krawielicki,* IherJb. 81, 257; *Kunisch,* Die Voraussetzungen für Bereicherungsansprüche in Dreiecksverhältnissen, 1968; *Lieb,* NJW 71, 1289; *Lopau,* JuS 75, 773; *Lorenz,* JZ 68, 51; *ders.,* in: Rechtsvergleichung und Rechtsvereinheitlichung, 1967, 267; *Lüke,* AcP 153, 533; *Maier, Georg,* AcP 152, 97; *Mayer-Maly,* FS *Heinr. Lange,* 1970, 293; *Möschel,* JuS 72, 297; *Nebenzahl,* Das Erfordernis der unmittelbaren Vermögensverschiebung in der Lehre von der ungerechtfertigten Bereicherung, 1930; *Oertmann,* DJZ 1915; 1063; *Ostendorf,* JuS 74, 447; *Rath,* FS *Küchenhoff,* 1972, 371; *Reuter/Martinek,* Ungerechtfertigte Bereicherung, 1983, §§ 4–6; *Rother,* AcP 166, 134; *Rothoeft,* AcP 163, 215; *Scheyhing,* AcP 157, 371; *Stampe,* AcP 110, 119; *Teichmann,* JuS 72, 247; *Weitnauer,* NJW 74, 1729; *ders.,* FS *v. Caemmerer,* 1978, 255; *ders.,* NJW 79, 2008; *Westermann, H. P.,* Die causa im französischen und deutschen Zivilrecht, 1967; *ders.,* JuS 68, 17; *Wilhelm,* JuS 73, 1; *Wirth,* Die Rückabwicklung fehlgeschlagener Banküberweisungen, 1975; *Witte-Wegmann,* JuS 75, 137; *Zeiß,* AcP 165, 332 (für weiteres Schrifttum vgl. oben § 98 vor I; *MünchKomm/Lieb,* § 812 vor Rn. 1; *Staud./W. Lorenz,* Vorb. zu §§ 812–822 vor Rn. 1).

Arten und Voraussetzungen der Bereicherungsansprüche im einzelnen § 99
I

Schwerpunktmäßig zu III:
Batsch, NJW 73, 1639; *Bufe,* AcP 157, 215; *Canaris,* WM 81, 978; *Dauner,* JZ 80, 495; *Fabricius,* JZ 63, 385; *Honsell, H.,* Die Rückabwicklung sittenwidriger oder verbotener Geschäfte, 1974; *Klinke,* Causa und genetisches Synallagma, 1983; *Liebs,* JZ 78, 697; *Medicus,* GS *Dietz,* 1973, 61; *Niederländer,* FG *Gutzwiller,* 1959, 621; *Raiser, L.,* JZ 51, 718; *Reeb,* JuS 73, 367; *Rumpf,* AcP 117, 315; *Simshäuser,* AcP 172, 19; *Söllner,* AcP 163, 20; *Welker,* Bereicherungsausgleich wegen Zweckverfehlung?, 1974.

Zu IV:
Böhm, Ungerechtfertigte Zwangsvollstreckung und materielle Ausgleichsansprüche, 1971; *Brandner,* GRUR 80, 359; *Freund,* Der Eingriff in fremdes Recht als Grund der Bereicherungsansprüche, 1902; *Gaul,* AcP 173, 323; *Gerhardt,* Die systematische Einordnung der Gläubigeranfechtung, 1969; *Gloede,* MDR 72, 291; *ders.,* JR 73, 99; *Götz,* Der Vergütungsanspruch gemäß § 951 Absatz 1 Satz 1 BGB, 1975; *Grunsky,* JZ 62, 207; *Günther, K.-J.,* AcP 178, 456; *Hadding,* JZ 66, 222; *Haines,* Bereicherungsansprüche bei Warenzeichenverwertung und unlauterem Wettbewerb, 1969; *Hoepffner,* GRUR 72, 237; *Huber, U.,* JuS 70, 342, 515; *Hüffer,* JuS 81, 263; *Jakobs, H. H.,* Eingriffserwerb und Vermögensverschiebung, 1964; *Kähler,* JR 72, 445; *Kleinheyer,* JZ 70, 471; *Klinkhammer,* DB 74, 2385, 2458; *Kluckhohn,* ArchBürgR 41, 171; *König,* FS *Caemmerer,* 1978, 179; *Kornblum,* JZ 65, 202; *Kurz, I.,* Der Besitz als möglicher Gegenstand der Eingriffskondiktion, 1969; *Larenz,* FS *Caemmerer,* 1978, 209; *Lopau,* Surrogationsausgleich und Bereicherungsrecht, 1971; *Merle,* AcP 183, 81; *Mestmäcker,* JZ 58, 521; *Oertmann,* AcP 96, 1; *ders.,* Recht 1915, 510; *Picker,* NJW 74, 1790; *Reuter/Martinek,* Ungerechtfertigte Bereicherung, 1983, §§ 7 – 9; *Rothoeft,* AcP 166, 246 (zu *Jakobs*); *Rümkehr,* Das Tatbestandsmerkmal „ohne rechtlichen Grund" im Bereich der Eingriffskondiktion, 1972; *Ruhwedel,* JuS 75, 242; *Schulz,* AcP 105, 1, 473; *Seidel,* Die Anwendbarkeit des § 816 auf nachträglich wirksam werdende Verfügungen, 1930; *Spielbüchler,* Der Dritte im Schuldverhältnis, 1973; *Weimar, W.,* MDR 72, 580; *Westermann, H. P.,* JuS 72, 18; *Wolf, Manfred,* JZ 68, 414.

Zu V und VI:
Bornemann, BB 69, 924 (zu *Feiler*); *Feiler,* Aufgedrängte Bereicherung bei den Verwendungen des Mieters und Pächters, 1968; *Gursky,* JR 71, 361; *Jakobs,* AcP 167, 350; *Klauser,* NJW 65, 513; *Koller,* DB 74, 2385, 2458; *Oertmann,* JW 31, 1552; *Reuter/ Martinek,* Ungerechtfertigte Bereicherung, 1983, §§ 8 II, IV; 9 I; 12 III 4; 15 III 1; *v. Rittberg,* Die aufgedrängte Bereicherung, Diss. München 1969; *Roth,* JZ 72, 150; *Schindler,* AcP 165, 499; *Serick,* FS *Ph. Möhring,* 1975, 115; *Wilckens,* AcP 157, 399; *Willoweit,* FS Wahl, 1973, 285; *Wolf, Manfred,* JZ 66, 467; *ders.,* AcP 166, 188.

Man kann Leistungskondiktionen (I), Eingriffskondiktionen (IV) und Drittvermögenskondiktionen (V, VI) unterscheiden, bei den Leistungskondiktionen wiederum Leistungskondiktionen im technischen (II) und im materiellen Sinne (III), und bei den Drittvermögenskondiktionen Rückgriffs- (V) und Drittempfänger-Kondiktionen (VI).

I. Die Leistungskondiktion im allgemeinen

Nach §§ 812, 813, 814, 817 ist zur Rückgabe verpflichtet, wer *durch die Leistung* eines andern auf dessen Kosten etwas ohne rechtfertigenden Grund erlangt hat. Die Eigenart der Leistungskondiktion besteht demnach darin, daß das Erlangte und deshalb Herauszugebende vom Anspruchsberechtigten geleistet worden ist. Die Leistung erfolgt häufig, aber nicht notwendig im Hinblick auf einen vorhandenen, angenommenen oder geplanten *Vertrag.* Die Leistungskondiktion dient daher typischerweise zur Rückabwicklung gescheiterter Verträge (*v. Caemmerer,* Festschr. *Rabel* 342), vgl. oben § 97 III 1 a. Die Gründe für das Scheitern der Leistung, insb. der vertraglichen Leistung, können entweder im Gesetz an anderer Stelle als in den §§ 812 ff. geregelt sein, z. B. in den §§ 145 ff. (Dissens) oder in den §§ 104 ff. (Geschäfte eines Geschäftsunfähigen). In diesen Fällen dienen die Leistungskondiktionen der §§ 812 ff. also, ähnlich wie die §§ 346 ff. über den Rücktritt, zur technischen Abwicklung eines Vertrags, dessen Fehlschlag aus anderen Vorschriften folgt *(Dawson).* Diese Leistungskondiktionen sollen „Leistungskondiktionen im technischen Sinne" genannt werden; Beispiele: RG JW 36, 917; BGHZ 40, 272 (Elektroherde).

Die Gründe für das Scheitern der Leistung, insb. der vertraglichen Leistung, können aber in anderen Fällen auch direkt aus §§ 812 ff. zu entnehmen sein (a. A. *Kübler,* Feststellung und Garantie, 1967). Insoweit dient das Bereicherungsrecht als allgemeine materielle Korrektur ungerechter Güterverschiebungen und steht insoweit auf einer Ebene mit §§ 242, 321, 610, 779 BGB. Freilich finden sich zur zweiten Bedeutung der Leistungskondiktion nur ganz bestimmte vom Gesetz oder von der Rechtsprechung anerkannte Fallgruppen. Diese Leistungskondiktionen verdienen die Bezeichnung „Leistungskondiktionen im materiellen Sinne".

II. Leistungskondiktionen im technischen Sinne

Sie bestehen aus den beiden gemeinrechtlichen Kondiktionen „sine causa" und „indebiti", die im Gesetz in den §§ 812 I 1, 813, 814 enthalten sind.

1. Voraussetzungen

a) Es bedarf einer *Leistung,* durch die ein Teil in seinen vermögenswerten Gütern ärmer, der andere Teil reicher geworden ist. Unter einer Leistung im Sinne des Bereicherungsrechts ist die Übertragung eines Vermögens, von Vermögensbestandteilen oder einer vermögenswerten Erwerbsaussicht von einer Person auf eine andere zu verstehen, wobei zumindest die hergebende Person den Willen zur Übertragung haben muß. Um rechtsgeschäftlichen Willen braucht es sich nicht zu handeln. So ist die Übergabe eines Spielzeugs von einem 6jährigen an einen gleichaltrigen Spielkameraden ebenso Leistung im Sinne des Bereicherungsrechts wie die Begebung eines Wechsels unter Geschäftspartnern. Ebenso die Erbringung vermögenswerter Arbeit oder der Verzicht auf eine Rangstelle im Grundbuch zugunsten einer bestimmten anderen Person. Eine Leistung im bereicherungsrechtlichen Sinne ist eine bewußte und zweckgerichtete Mehrung eines anderen Vermögens, BGHZ 40,

277 = ESJ 110 und 117 − Elektroherde − im Anschluß an *Esser*[2], § 189, 6; BGHZ 54, 184 (188); 72, 246 (248); vgl. auch *Reuter/Martinek,* § 4 II m. w. N.

aa) Bewußtsein und Zweckrichtung müssen zumindest beim Leistenden gegeben sein.

bb) Der Empfänger muß aber Leistung, Leistungsbewußtsein und Zweckbestimmung des Leistenden *erkennen* können. *Baur/Wolf* 395 m. w. A.

cc) Die Sichtweise des Empfängers, nicht die des Leistenden, entscheidet also, *an wen* und *mit welcher Zweckbestimmung* geleistet wurde, wenn Leistungsrichtung oder Zweckbestimmung zweifelhaft sind, arg. 133, 157 BGHZ 40, 278 − Elektroherde −. Zahlt der Käufer eines Grundstücks, der in Anrechnung auf den Kaufpreis eine Grundschuld übernommen hat, vor Genehmigung der Schuldübernahme (s. o. § 59 II 2b) durch den Grundschuldgläubiger an diesen Zinsen, so tut er dies aus dessen Sicht *für den bisherigen Schuldner,* „leistet" also nicht i. S. v. § 812 I 1. Wird die Genehmigung dann verweigert und tritt der Käufer deshalb zurück, so kann er deshalb nicht die Zinsen vom Grundschuldgläubiger als ungerechtfertigte Bereicherung zurückverlangen, BGHZ 72, 246 − Hotel −. Er muß sich an den Verkäufer halten.

dd) Darüber, *ob* eine Leistung vorliegt, entscheidet die Sicht desjenigen, der eine Vermögenseinbuße erleidet, BGHZ 55, 176 − Jungbullen − mit Anm. *Ehmann* NJW 71, 612: Ein Dieb stahl dem klagenden Landwirt L 2 Jungbullen und verkaufte sie an den gutgläubigen Fleischfabrikanten F, der sie verwertete. Für die Frage, ob F dem L haftet, kam es darauf an, ob ihm die Jungbullen geleistet worden sind (vgl. unten IV 2b). Dies war abzulehnen, da aus der Sicht des L nicht geleistet worden ist.

b) Die Leistung muß „*auf Kosten"* des Leistenden geschehen und auf diese Weise zur Erlangung eines Vermögensvorteils des Bereicherten führen. Die von der früheren Lehre (auch in der 1. Auflage) geforderte „Unmittelbarkeit der Vermögensverschiebung" ist als Tatbestandsmerkmal der Leistungskondiktion *entbehrlich* geworden, seit die Leistung als „bewußte und zweckgerichtete Mehrung fremden Vermögens" verstanden wird, so zu Recht die neuere h. M. *Unentbehrlich* ist dagegen die *Entreicherung als solche* geblieben, was in BGHZ 55, 128 = ESJ 119 − Flugreise − nicht beachtet wurde.[1]) Die Frage der Entreicherung ist aber ähnlich wie im Schadensrecht *auch* unter normativen Gesichtspunkten zu beurteilen, so daß z. B. auch die Einräumung einer Nutzungsmöglichkeit als Entreicherung angesehen werden muß (dies wäre z. B. ein Lösungsansatz für den unten c näher behandelten Flugreisefall).

aa) Einbuße und Bereicherung mußten nach früherer Lehre *unmittelbar* durch die Leistung, d. h. *ohne den Umweg über ein fremdes Vermögen* entstanden sein (Erfordernis der *Unmittelbarkeit* bei technischen Leistungskondiktion, auch genannt: „Einheitlichkeit des Bereicherungsvorgangs", *Larenz*).

---

[1]) „Auf Kosten" bezieht sich also auch auf die Leistungs-, nicht bloß auf die Nichtleistungskondiktion („in sonstiger Weise"), was sprachlich an sich möglich wäre; einer „Einheitstheorie" für alle Bereicherungstatbestände bedarf es dazu nicht, a. A. *Medicus,* II, § 125 I. Sie wird auch hier nicht vertreten.

Die frühere Meinung deutete den mehrsinnigen Gesetzeswortlaut „auf Kosten" also einschränkend, nämlich, „unmittelbar auf Kosten", RG JW 11, 401; BGH LM Nr. 14 zu § 812 BGB = ESJ II, 116; BGH NJW 52, 1171; zuletzt BGHZ 36, 31 = ESJ 109 – Idealheim –.

Die Aufgabe des Merkmals der „unmittelbaren Vermögensverschiebung" hat überwiegend wirtschaftliche Gründe. In einfacheren Verhältnissen stehen sich Leistender und Leistungsempfänger in Person gegenüber. Der bargeldlose Zahlungsverkehr und andere Erscheinungen arbeitsteiliger Leistungsabwicklung schalten dagegen notwendigerweise Zwischenvermögen ein. Eine vom Leistenden mit der Zahlung beauftragte Bank ist nicht eigentlich Leistender, sondern, nach neuerdings verbreiteter Terminologie, nur „Zuwendender". Die Bank des Leistungsempfängers ist nicht selbst Leistungsempfänger, sondern nur „Zuwendungsempfänger". Am Inhalt des Bereicherungsrechts darf aber die zunehmende Einschaltung solcher Zahlstellen nichts ändern. Das Erfordernis der *unmittelbar* erfolgenden, d. h. keinen Umweg über ein Drittvermögen nehmenden Leistung, konnte somit nicht aufrechterhalten werden. Entscheidend kann nur die – vom Leistungsempfänger erkennbare – *Zweckbestimmung der Leistung sein. Sie entscheidet über die bereicherungsrechtliche Beziehung zwischen den Personen, die nach § 812 die Bereicherung ausgleichen sollen.* Freilich konnte schon die Unmittelbarkeitslehre nicht am bargeldlosen Zahlungsverkehr und dergl. vorbeigehen. Man behalf sich mit „indirekt unmittelbaren Leistungen", einer nunmehr überflüssigen Konstruktion; näher u. bb.

Der zutreffende Sinn des Erfordernisses der Unmittelbarkeit bei der technischen Leistungskondiktion war es, den Bereicherungsanspruch bei sog. „Bereicherungsketten" zu versagen. Dritte, die mit dem Leistenden nichts zu tun gehabt haben, sollen unbehelligt bleiben, weil sie regelmäßig auf die Wirksamkeit des zwischen dem Leistenden und dem Leistungsempfänger, ihrem Vordermann, geschlossenen Geschäfts vertrauten (Ausnahme: § 822, wo der Dritte unentgeltlich erwirbt und deshalb weniger schutzbedürftig ist). Diesen Sinn aber verwirklicht die neue Theorie durch das Merkmal der vom Standpunkt des Leistungsempfängers zu beurteilenden Zweckbestimmung der Leistung durch den Leistenden. Bereicherungsketten werden dadurch ebenso wie nach der Unmittelbarkeitslehre verhindert. Der typische Fall einer „Bereicherungskette" ist die mittelbare Stellvertretung mit nichtigem Kausalgeschäft zwischen mittelbarem Stellvertreter und Geschäftsgegner:

K will von V kaufen, schaltet aber den M als mittelbaren Stellvertreter ein. M handelt also zwar für Rechnung, aber nicht im Namen des K. V kennt nur M, vertraut nur auf dessen Kreditwürdigkeit, schließt den Vertrag nur mit ihm. Wenn nun der Vertrag V-M nichtig ist, erhält V die schon an M gelieferte Sache nur zurück, wenn M sie noch hat. Hatte M sie schon an K weiterübertragen (etwa durch antezipiertes Besitzkonstitut, 930), so ist M zur Herausgabe außerstande. Er hat daher den Wert zu ersetzen (818 II). Ein Wegfall der Bereicherung (818 III) ist nicht eingetreten, weil M die Sache an K nur gegen Entgelt weitergegeben hat. Falls M zahlungsunfähig ist oder V mit einer Geldzahlung nicht einverstanden ist, könnte er versuchen, sich an K zu halten. Hier fehlt es nach früherer Auffassung am *Erfordernis der Unmittelbarkeit*: K hat das Eigentum an der Sache, im Fall des antezipierten Besitzkonstituts aufgrund § 930 nach einer „juristischen Sekunde", über das Vermögen des M erhalten. V trägt die Folgen seines in M gesetzten und aus zwischen M und V aufgetretenen Gründen enttäuschten Vertrauens. Das Erfordernis der Unmittelbarkeit bei der technischen Leistungskondiktion war also eine Folge der relativen Wirkung von Schuldverhältnissen und ist auf sie beschränkt.

Wäre K gegenüber V als Selbstpartei aufgetreten, oder hätte M als offener Stellvertreter des K gehandelt, wäre das Vermögen des M nicht berührt und der Bereicherungsanspruch des V gegen K begründet. – Das gleiche – zutreffende – Ergebnis erzielt die moderne Lehre durch ihren zweckgebundenen Leistungsbegriff: V wollte und sollte es nur mit M zu tun haben, nur an ihn leisten. Zweck der Leistung des V war eine Mehrung des Vermögens des M, nicht des K. Es wäre daher unbillig, jetzt, wo sich die Zahlungsunfähigkeit des M gezeigt hat, dem V den Durchgriff gegen K zu gestatten und sich einer „Bereicherungskette" zu bedienen. „Wo Du Deinen Glauben gelassen hast, da sollst Du ihn holen." Vgl. auch *H. P. Westermann,* JuS 68, 17.

Während es für das „Ob" einer Leistung auf die Sicht des Leistenden ankommt, entscheidet über die näheren Umstände der Leistung (Zweckrichtung, Adressat) nach herrschender und wohl zutreffender Lehre die Sicht des Empfängers („Empfängerhorizont"), weil er der Konditionsschuldner ist, s. o. 1 a cc, dd. Die entsprechende Anwendung der §§ 133, 157 auf die Zwecksetzung führt zur Frage ihrer Anfechtbarkeit nach § 119, vgl. *Canaris,* FS *Larenz,* 827 m. w. A.

bb) Von der Grundbedeutung des Unmittelbarkeitserfordernisses her, das Vertrauen Dritter auf die Wirksamkeit eines zwischen zwei anderen geschlossenen Geschäfts zu schützen, war auch die scheinbare Ausnahme bei sog. *„indirekten Leistungen" (v. Caemmerer,* JZ 62, 385) zu verstehen. Es gibt Fälle, wo die Leistung des Bereicherungsgläubigers an den Bereicherungsschuldner äußerlich ein fremdes Vermögen berührt, das aber nur rechnerisch, nicht wirtschaftlich mit der Bereicherung befaßt wird. Die Zwischenperson ist dann wirtschaftlich nicht Leistungsempfänger, also vom Standpunkt eines Außenstehenden nicht in das Vertrauensband des Leistungsverhältnisses einbezogen, sondern nur Vermittlungsstelle. Der Leistende leistet wirtschaftlich dem endgültigen Leistungsempfänger. Der Leistungsempfänger kann sich daher nicht darauf berufen, er habe auf die Wirksamkeit eines Geschäftes zwischen Leistendem und Vermittlungsperson vertrauen müssen. Eine Bereicherungskette liegt in Wahrheit nicht vor. Kennzeichnend für die Zwischenperson ist ihr *mangelndes wirtschaftliches Eigeninteresse am Leistungsverhältnis* (z. B. Bank, Postscheckamt), BGHZ 69, 186.

Von „indirekten Leistungen" war daher insb. im *Valutaverhältnis* von *Anweisungen* zu sprechen, dazu oben § 95, 5. Der Angewiesene hat kein wirtschaftliches Eigeninteresse am *Valutaverhältnis,* er leistet, weil er durch das *Deckungsverhältnis* mit dem Anweisenden verbunden ist. Die im Zusammenhang mit einer Anweisung erteilten Ermächtigungen bewirken, daß die Leistung im Bereicherungssinne dem Anweisenden und der Leistungsempfang dem Anweisungsempfänger zuzurechnen sind. Der Angewiesene ist nur Zwischenperson, deren Vermögen zwar eingeschaltet, aber nur rechnerisch berührt wird. So ist die Gutschrift bei der Bank Leistung des Auftraggebers an den Kontinhaber, Einlösung eines Schecks Leistung des Ausstellers an den Empfänger. Fehlt es jeweils zwischen diesen beiden Beteiligten, also *im Valutaverhältnis,* an einem Rechtsgrund (im Sinne der technischen Leistungskondiktion), so greift der Bereicherungsanspruch durch, obwohl das Bankvermögen formell dazwischen geschaltet ist (*v. Caemmerer,* JZ 62, 385; *Larenz* II § 68 I a: mittelbare Leistung durch Leistung eines Dritten; zum ganzen Problem vgl. auch *Flume,* NJW 84, 464).

Die moderne Lehre braucht die Konstruktion der „indirekten unmittelbaren Leistungen" nicht mehr, da sie die am Bereicherungsanspruch beteiligten Partner durch die *Zweckbestimmung der Leistung* aufeinander zuweist, so daß die formale Zwischenschaltung dritter Vermögen belanglos wird.

Der Leistungsbegriff allein kann aber nicht alle Fälle, an denen mehrere beteiligt sind, zufriedenstellend lösen. Dies hat der BGH im Anschluß an *v. Caemmerer* mehrfach betont (BGHZ 50, 229; 61, 289). Im Gegensatz zum BGH ist aber weniger auf die Besonderheiten des einzelnen Falles zu achten, als vielmehr die Erfassung typischer Fallgruppen anzustreben.

Der Leistungsbegriff der herrschenden Lehre wird mittlerweile unter verschiedenen Aspekten angegriffen. (Vgl. neben dem Folgenden unten IV 2 b.)

Canaris, Festschrift *Larenz,* 799 ff., hält den modernen Leistungsbegriff für untauglich, den allgemein anerkannten Wertungsgesichtspunkten bei der Abwicklung gestörter „indirekter Leistungen" zum Zuge zu verhelfen. Für ihn (S. 814) ist entscheidend, daß jeder die Risiken hinsichtlich des Partners tragen soll, mit dem ihn ein mangelhaftes Kausalverhältnis verbindet, da er insoweit die Gefahr auf sich genommen hat, daß ihm Einwendungen entgegengesetzt werden können und daß er bei einem Konkurs Schaden erleidet, daß aber niemandem das Einwendungs- und Insolvenzrisiko hinsichtlich eines Dritten, zu dem er selbst keinerlei Beziehung angeknüpft hat, zugerechnet werden kann. *Canaris* bestimmt daher die Konditionsverhältnisse nach den Grundsätzen der Risikozurechnung und des Abstraktionsprinzips bzw. des diesem zugrundeliegenden Gedankens des Verkehrs- und Vertrauensschutzes. Daraus resultiert, daß der Bereicherungsausgleich nur in dem jeweiligen fehlerhaften Kausalverhältnis vorzunehmen ist. Dies entspricht der hier vertretenen Auffassung von der nur „technischen" Kondiktion. In welchen Fällen ein Mangel des Vertrauensschutzes auf seiten des Dritten oder ein Zurechnungsmangel auf seiten der Parteien eine Durchbrechung dieses Grundsatzes gebietet, bedarf auch bei *Canaris* der Konkretisierung in Fallgruppen (zu diesen a. a. O. S. 828 ff.).

Kennzeichnend für den *Canaris*schen Lösungsansatz ist die Verlagerung der Zurechnungs- und Vertrauensschutzproblematik der einzelnen Fallgestaltungen in § 818 III hinein. Er kommt so zu verschiedenen Interpretationen dieser Vorschrift für verschiedene Fälle, während die h. M. die Differenzierung früher, nämlich bei der Frage, wo ein Leistungsverhältnis vorliegt, setzt.

cc) Der von *Canaris* geforderte Abschied vom Leistungsbegriff ist nicht gerechtfertigt (vgl. *Köndgen,* Festgabe *Esser,* 65 ff.). Der Leistungsbegriff gibt ein griffiges Grundmuster für die Bewältigung von Konditionsverhältnissen im Dreieck. Dies läßt sich am Beispiel der *angenommenen Anweisung* zeigen. Der Angewiesene befreit sich mit seiner Zahlung nicht nur von seiner Verpflichtung gegenüber dem Anweisenden, sondern auch von seiner durch die Annahme begründeten Verpflichtung gegenüber dem Anweisungsbegünstigten. Trotzdem führen Störungen im Valuta- bzw. Deckungsverhältnis nur zu Kondiktionen zwischen den Partnern des Valuta- bzw. Deckungsverhältnisses. Das ergibt sich für die einfache Anweisung ohne Annahme aus den Leistungsbeziehungen. Ist die Anweisung angenommen worden, so entsteht eine weitere Leistungsbeziehung, so daß die konditionsbestimmende Funktion des Leistungsbegriffes zu versagen scheint. Richtig ist das aber nur bei begrifflich-schematischer Anwendung des Leistungsbegriffes. Die Annahme berührt weder das Valuta- noch das Deckungsverhältnis, sondern begründet nur eine zusätzliche Verpflichtung gegenüber dem Anweisungsbegünstigten, die sich mit der Zahlung erledigt. Es bewendet sich daher –

selbst wenn die Annahmeerklärung fehlerhaft gewesen sein sollte — bei der Kondiktion entsprechend dem jeweils gestörten Verhältnis. Das gilt auch bei irrtümlicher Auszahlung der Bank an den Schecknehmer: Es besteht — mangels Ermächtigung im Leistungsverhältnis (s. o. § 95, 6) — in diesem ein direkter Kondiktionsanspruch zugunsten der Bank, OLG Köln NJW 83, 1500 = JuS 83, 717 (Anm. *K. Schmidt*); ähnlich BGHZ 66, 362; 66, 372; 67, 75; 87, 246 u. 393 (krit. *Flume*, NJW 84, 464). Für Lastschriftverfahren gilt nichts anderes, BGH 69, 186 (189).

Der Nutzen des zweckgebundenen Leistungsbegriffs zeigt sich aber auch dann, wenn an der Erfüllung eines Schuldverhältnisses ein Dritter mit wirtschaftlichem Eigeninteresse beteiligt ist. Dies sind die Fälle der bereicherungsrechtlichen Dreiecksverhältnisse, die zu Drittvermögenskondiktionen (Rückgriffs- oder Drittempfängerkondiktionen) führen können. Bei ihnen leistet entweder ein Dritter anstelle des Schuldners (vgl. § 267) und möchte dann beim Schuldner *Rückgriff* nehmen, oder der Schuldner leistet an einen Dritten anstatt an den Gläubiger (vgl. §§ 362 II, 185), so daß der Gläubiger gegen den *Drittempfänger* vorgehen möchte. Diese echten bereicherungsrechtlichen Dreiecksverhältnisse unterscheiden sich von den „indirekten Leistungen" dadurch, daß bei den zuletzt genannten die Bereicherung des dritten Vermögens nur formal, zahlungstechnisch, durchgangsartig erfolgt. Indirekte Leistungsverhältnisse (= *unechte* Dreiecksverhältnisse) stehen der Kondition des Leistenden beim Leistungsempfänger nicht im Wege. In *echten* Dreiecksverhältnissen kondiziert entweder der leistende Dritte beim Schuldner (Rückgriffskondiktion, unten V) oder der Gläubiger beim leistungsempfangenden Dritten (Drittempfängerkondiktion, unten VI).

dd) Auch die Theorie des „Doppelmangels" stellt sich nach der neueren Lehre vom die Kondiktionspartner bestimmenden Leistungszweck in neuem Gewande dar. Die Theorie besagt, daß, wenn A einen Gegenstand rechtsgrundlos an B und B den gleichen Gegenstand rechtsgrundlos an C weiterüberträgt, A bei C den Gegenstand „direkt", „im Wege des Durchgriffs" kondizieren kann, RG JW 34, 2458; RGZ 86, 347; BGHZ 5, 284; BGHZ 48, 70; Schrifttum bei *H. P. Westermann* JuS 68, 17. Ablehnend u. a. *v. Caemmerer* JZ 62, 385; *Esser/Weyers*, § 48 III 3 c; *Enneccerus/Lehmann*[15], § 221, Anm. 12, S. 881.

Soweit es sich bei den Leistungsverhältnissen A−B und B−C um unverbundene Schuldverhältnisse handelt, ist die Theorie unhaltbar, weil nicht einzusehen ist, weshalb sich C Ansprüchen des A ausgesetzt sehen soll. § 822 liegt nicht vor, rechtsgrundlos ist nicht unentgeltlich. Die technische Leistungskondiktion ist Abwicklung gescheiterter Verträge. Zwischen A und C besteht aber nicht einmal der Schein schuldrechtlicher Relativität.

Wenn aber D, S und G in der Weise verbunden sind, daß D eine Schuld des S an G (Valutaverhältnis) durch Leistung an G erfüllen soll, um sich selbst von einer Verbindlichkeit gegenüber S (Deckungsverhältnis) zu befreien (*Essser:* „Dreierring"), ist der Gedanke eines bereicherungsrechtlichen Durchgriffs D−G nicht abwegig, wenn sowohl Valuta- wie auch Deckungsverhältnis „ohne rechtlichen Grund" bestehen. Hier wird sich G die Kondiktion des D gefallen lassen müssen, soweit er als Gläubiger mit Leistung von dritter Seite gem. § 267 rechnen mußte. Diese Überlegung kann zumindest für echte Dreiecksverhältnisse im obigen Sinne Geltung beanspruchen, h. M. Ist nur das Deckungsverhältnis unwirksam, das Valutaverhältnis dagegen wirksam, dringt D gegen G nicht durch, BGHZ 5, 284f. Dagegen entspricht es der h. L., beim Fehlen einer wirksamen Anweisung die Kondiktion D−G zuzulassen. Hier fehlt es an einem Leistungsverhältnis S−G, da eine Zwecksetzung des S in Bezug auf die Tilgung seiner

§ 99
II 1

Schuld bei G nicht erfolgt ist. Allerdings wird aus der Sicht des G (Empfängerhorizont) regelmäßig die Zahlung des D als Leistung auf Anweisung erscheinen. Dem G Vertrauensschutz zu gewähren, kann zu Lasten des S gehen (vgl. *Köndgen*, Festgabe f. *Esser*, 69 ff.), indem ihm gegen G zustehende Gegenrechte entwertet werden. Für S ist die Lage aber nicht anders, wie wenn D bewußt auf fremde Schuld geleistet hätte (267; unten V 1b). Sofern daher nicht eine der unter dd genannten Voraussetzungen vorliegt, kann man diese Folge der Lehre vom Empfängerhorizont in Kauf nehmen. − Der Vertrag zugunsten Dritter zählt aber nicht hierher, er verträgt keine Einheitsbehandlung; dazu oben § 37 III 2f.

ee) Doch folgt aus dem Merkmal der Zweckgerichtetheit der Leistung, das einen Dritten vor Ansprüchen eines Bereicherungsgläubigers schützen will, mit dem ihn kein Vertrauensband verbindet, daß der Durchgriff nach Art des § 822 möglich sein muß, wenn der Dritte das Fehlen des rechtlichen Grundes für das Geschäft zwischen Leistendem und erstem Leistungsempfänger verschuldet hat. Bei unechten Dreiecksverhältnissen läßt sich erwägen, ob der Schutz des Dritten nicht schon bei Kenntnis der Störung des ihn nicht berührenden Leistungsverhältnisses entfällt (BGHZ 61, 289, 294).

Beispiel: Im Falle einer mittelbaren Stellvertretung scheitert das Geschäft zwischen mittelbarem Stellvertreter und Leistendem, weil der verdeckt Vertretene einen Dissens oder einen Irrtum schuldhaft herbeiführt. Hier besteht kein Grund, den verdeckt Vertretenen vor einem Bereicherungsanspruch des Leistenden zu schützen.

c) Der Bereicherte muß drittens *etwas erlangt* haben. Er muß selbst bereichert sein, BGHZ 82, 2433 − mitverpflichteter Ehegatte beim Ratenkreditvertrag −. Es handelt sich dabei um den Leistungsinhalt, z. B. das Eigentum an einer Kaufsache bei nichtigem Kaufvertrag. Es muß also eine verbesserte Vermögenslage des Bereicherten durch die Leistung eingetreten sein. Leistung an Stellvertreter oder Besitzdiener genügt. Es genügt ferner für den Begriff des Erlangten die Befreiung von einer Verbindlichkeit, die Ersparnis von Aufwendungen, die Erlangung irgendeiner vorteilhaften Rechtstellung, die Übertragung mittelbaren oder unmittelbaren Besitzes. Dagegen kann nach h. M. eine Nutzungsmöglichkeit nicht als erlangt angesehen werden.

In BGHZ 55, 128 − Flugreise − war ein Minderjähriger schwarz von Hamburg nach New York geflogen. Nach h. M. liegt eine herausgabefähige Bereicherung nur dann vor, wenn der Nutzungsempfänger für ihn notwendige Aufwendungen erspart. Für den Minderjährigen handelte es sich aber um eine Luxusaufwendung, so daß für ihn mit dem Leistungsempfang entsprechend § 818 III keine Bereicherung verbunden war. Um diesem Ergebnis auszuweichen, hat der BGH die haftungsverschärfenden Tatbestände der §§ 818 IV, 819 (vgl. unten § 100 VII) zur Frage, ob überhaupt etwas erlangt ist, herangezogen, obwohl diese Vorschriften sich nur auf den Haftungsumfang, eben die „Bereicherung" beziehen. Das ist konsequent, da sich die h. M. wegen des Grundsatzes, daß die Herausgabepflicht des Bereicherten keinesfalls zu einer Verminderung seines Vermögens über den Betrag der wirklichen Bereicherung hinaus führen darf, genötigt sieht, bei Nutzungen einheitlich darüber zu urteilen, ob etwas „erlangt" (812) ist und ob eine „Bereicherung" (818) vorliegt. Sieht man in der Nutzungsmöglichkeit einen objektiv bestimmbaren Vermögensvorteil, ist diese Vermengung

überflüssig. Aus dem Verbot, den Bereicherten im Endergebnis zu schädigen, folgt die Ansicht der h. M. nicht, da die Vermögenslage des Bereicherten in jedem Fall im Rahmen des § 818 III berücksichtigt wird.
Grundsätzlich ist das Erlangte herauszugeben, es bildet also den Gegenstand des Bereicherungsanspruchs, vgl. dazu § 818 II. Das ist aber keineswegs immer so. An die Stelle des Erlangten kann u. U. der Wert in Geld, ein Schadensersatz, eine Lizenzgebühr treten; die Bereicherung kann auch ganz entfallen, 818 III, eingeschränkt durch die Saldotheorie. Zum Erlangten hinzutreten können gezogene Nutzungen. Zum Gegenstand des Bereicherungsanspruchs, der also mit dem Erlangten nicht identisch zu sein braucht, unten § 100.

d) Die vierte Voraussetzung eines Bereicherungsanspruchs ist, daß die Leistung, durch die der Bereicherte etwas unmittelbar auf Kosten des Leistenden erlangt, *ohne rechtlichen Grund* (besser: ohne rechtfertigenden Grund, so *Palandt/Thomas,* § 812 Anm. 6) erfolgt, 812 I 1. Die Besonderheit bei Leistungskondiktionen im technischen Sinne besteht darin, daß das Fehlen des rechtlichen Grundes nach anderweit im Gesetz enthaltenen Bestimmungen vorgegeben ist, und daß die §§ 812 ff. nur die technische Abwicklung regeln. Das Gesetz kennt zwei Fälle fehlenden rechtlichen Grundes bei Leistungskondiktionen im technischen Sinn, das Fehlen eines gültigen Grundgeschäftes und, als Unterfall dazu, die Erfüllung einer nicht bestehenden Verbindlichkeit. Im einzelnen vgl. *Ehmann,* NJW 69, 398.

aa) *Fehlen eines gültigen Grundgeschäfts,* 812 I 1, condictio sine causa

Beispiele: Wirksame Übereignung trotz nichtigen Kausalgeschäfts (wichtigster Fall): K „kauft" und erhält ein gebrauchtes Auto mit Zündschlüssel und Papieren von V, wobei der Preis später in das gedruckte Kaufvertragsformular eingesetzt werden soll, weil man sich darüber mangels geeigneter Unterlage noch nicht einigen konnte. Der Kaufvertrag ist wegen Dissenses nichtig, die Übereignung ist wirksam. K ist ungerechtfertigt bereichert und muß nach § 812 I 1 das Auto zurückübereignen. Der Mangel des Rechtsgrundes folgt aus §§ 145 ff. i. V. m. §§ 433 ff. Anders liegt es, wenn K und V sich einig waren, der Vertrag solle auf alle Fälle zustande kommen. Dann bestand zwischen ihnen ein Vorvertrag, der beide verpflichtet, einen Preis zu ermitteln und damit den Hauptvertrag zu schließen. Schon der Vorvertrag ist dann causa der Übereignung, 305.
A tritt an Z eine dubiose Forderung über 1000,– DM zu 800,– ab. Der Abtretungsvertrag gemäß § 398 wird am 1. 4. geschlossen, der Kaufpreis nach längeren Verhandlungen am 10. 5. festgelegt. An diesem Tage ist A bereits unerkannt geisteskrank oder zufällig sinnlos betrunken. Z schuldet A die Rückübertragung der Forderung aus § 812 I 1. Der Mangel ergibt sich aus §§ 433 I 2, 104 Ziff. 2 bzw. 105 II.
A, B und C begründen ein Preiskartell und tauschen untereinander Geschäftspapiere aus. Das Kartell ist nach §§ 1 GWB, 134 BGB nichtig. Der Besitz an den Papieren ist als ungerechtfertigte Bereicherung zurückzuübertragen.
Zur Frage, ob ein schwebend unwirksames Rechtsgeschäft einen Rechtsgrund abgibt, siehe BGHZ 65, 123.
Man beachte, daß in diesen Fällen solange die Bereicherung noch vorhanden ist, stets das zurückzuerstatten ist, was gewährt wurde: Besteht die Bereicherung aus einer übereigneten Sache, geht der Anspruch aus § 812 I 1 auf Rückübereignung nach § 929; bei zedierten Forderungen ist rückzuzedieren,

398; bei Besitzübertragung einfach zurückzugeben, 854; bei Grundstücksübereignung in umgekehrter Richtung aufzulassen, 925, usw.

bb) *Erfüllung einer nicht bestehenden Verbindlichkeit*, 812 I 1, 813, 814, condictio indebiti, répétition de l'indu

Beispiele: A zahlt an B, den er irrtümlich für seinen Gläubiger hält, während in Wahrheit C Gläubiger ist. − X glaubt irrtümlich, mit Y ein Darlehen vereinbart zu haben, und zahlt ihm die Summe aus (RGZ 151, 125).

Ob der Irrtum verschuldet oder unverschuldet ist, ist unerheblich, BGHZ 71, 180 − irrtümlich gezahlte Rente − (Zivilrechtsweg (!), best. in BGHZ 73, 202). Nur *Kenntnis* der Nichtverpflichtung schadet, 814 (dazu BGH LM Nr. 12 zu § 814 BGB = ESJ 111), wobei die Kenntnis eines Vertreters grundsätzlich ebenfalls schadet, 166 I. Sitten-, Pflichts- und Anstandsleistungen ohne Rechtsgrund (z. B. Geburtstagsgeschenke) können ebenfalls nicht zurückverlangt werden, 814.

Der Rechtsgrundlosigkeit wird bei der condictio indebiti der Fall gleichgestellt, daß dem erfüllten Anspruch eine Einrede entgegensteht, die seine Geltendmachung dauernd ausschließt (peremptorische Einrede).

Ein Erbe, der sich auf die beschränkte Erbenhaftung gem. § 1990 berufen könnte, befriedigt irrtümlich Nachlaßgläubiger. Er kann kondizieren, 812 I 1, 813 I 1.

§ 813 I 1 gilt nicht für die „Einrede" der Aufrechenbarkeit (str.), da keinen Schutz verdient, wer in Kenntnis der Aufrechnungslage geleistet hat, oben § 39 III 6b. Hier geht der Grundgedanke des § 814 vor.

Dagegen ist die Einrede der Verjährung keine Einrede im Sinne des § 813, obwohl sie peremptorisch ist, 813 I 2. Auch kann die Leistung auf eine vorzeitig erfüllte, betagte Verbindlichkeit nicht zurückgefordert werden (anders bei aufschiebend bedingter Verbindlichkeit).

cc) Weitere technische Leistungskondiktionen sind gesetzlich nicht vorgesehen und wegen ihrer technischen Natur auch nicht möglich. Anders hingegen ist die Zahl der Leistungskondiktionen im materiellen Sinn typenmäßig nicht beschränkt.

2. Rechtsfolgen

Die Rechtsfolgen der Leistungskondiktionen im technischen Sinne werden zusammen mit den anderen Kondiktionen u. in den §§ 100, 101 besprochen.

III. Leistungskondiktionen im materiellen Sinne

1. Allgemeines zum Begriff

Es handelt sich um Korrekturen *gewollter* Verbindlichkeiten in Richtung auf *gerechte* Verbindlichkeiten. Die folgenden Fälle stehen auf einer Ebene mit §§ 119, 242, 321, 610, 779.

Leistungskondiktionen im materiellen Sinne sind schwieriger zu erfassen als Leistungskondiktionen im technischen Sinne. Es handelt sich bei der Gewährung von Leistungskondiktionen im materiellen Sinne durch §§ 812 ff. um eine Generalklausel, die besagt, daß ungerechte Vermögensverschiebungen rückgängig zu machen sind, also um einen bürgerlichrechtlichen Behelf ganz allgemeiner Art. In dieser Allgemeinheit war

Arten und Voraussetzungen der Bereicherungsansprüche im einzelnen § 99
III 1

der Bereich des § 812 I 1 weder vom Gesetzgeber geplant noch darf er ohne weiteres als Bestandteil des geltenden Rechts angenommen werden. Denn es ergeben sich mannigfache und überflüssige Überschneidungen mit einer großen Zahl anderer Rechtsbehelfe, die auf die Rückgängigmachung ungerechter Vermögensverschiebungen gerichtet sind, namentlich der Anfechtungs-, Wandlungs- und Rücktrittsrechte, aber auch der Kündigungsmöglichkeiten nach Art des § 626 oder aufgrund der anderen Generalklausel, nämlich des § 242.

Es bedarf hier aber der Feststellung, daß die §§ 812 ff. in ihrer Bedeutung als Leistungskondiktion im materiellen Sinne in der Lage sind, sämtliche Rückgewähr-Rechtsbehelfe zu ersetzen und, wo solche nicht vorhanden sind, in die Lücke zu springen. Praktisch dient die Generalklausel des § 812 in ihrer Bedeutung als Leistungskondiktion im materiellen Sinne heute vier Zwecken, nämlich

a) der Rückgewähr von Leistungen, die von den Beteiligten im Hinblick auf einen *angeblich bestehenden Grund* durchgeführt wurden, der in Wirklichkeit *nicht bestand* – § 812 I 1 (als Leistungskondiktion im materiellen Sinne, insoweit von § 812 I 2 1. u. 2. Alt. *nicht umfaßt*[1])); Beispiele: BGH NJW 81, 277 – parteiischer Makler –; BGHZ 71, 309 (312) – Bevorzugung im Vergleich –.

b) der Rückgewähr von Leistungen, die von den Beteiligten im Hinblick auf einen für *später in Aussicht genommenen* Erfolg durchgeführt wurden, der dann aber nicht eintrat – § 812 I 2 (2. Alt.), „Leistung wegen eines anderen Zwecks", condictio ob rem = condictio causa data causa non secuta; Beispiel: BGHZ 44, 321 – in Aussicht gestellte Erbeinsetzung –; OLG Stuttgart, NJW 77, 1779 – erwartete Heirat –, vgl. o. § 13, 5.

c) der Rückgewähr von Leistungen, die von den Beteiligten im Hinblick auf einen *bestehenden Grund* oder in *Aussicht genommenen* und dann auch *eingetretenen Erfolg* durchgeführt wurden, der später jedoch wieder wegfiel – § 812 I 2 (1. Alt.), condictio ob causam finitam; Beispiel: BGH NJW 82, 1147 – wegen durchgeführten Versorgungsausgleichs zuviel gezahlter Unterhalt –.

d) die Anerkennung des Bestehens oder Nichtbestehens eines Schuldverhältnisses ist nach § 812 II „Leistung", wobei es sich meist um Fälle der materiellen Leistungskondiktion handelt; Beispiel: BGHZ 72, 9 – Storno –.

Es handelt sich bei diesen vier Zwecken um typische Fälle des Fehlens oder Wegfalls der „Geschäftsgrundlage", um Fälle also, in denen – falls nicht Sondervorschriften nach Art der Irrtums- oder Wandlungsregeln eingreifen – § 242 von der Rechtsprechung und Lehre zur Auffindung gerechter Ergebnisse herangezogen wurde (dazu oben § 27 III 4e). Daneben haben aber Rechtsprechung und Lehre auch solche Fälle des Fehlens oder Wegfalls der „Geschäftsgrundlage" mit § 812 in der gekennzeichneten Weise gelöst; Nachweise bei *v. Caemmerer*, Bereicherung und unerlaubte Handlung, FS

---

[1]) Anders *Reuter/Martinek*, § 5 III, die meinen, die – von ihnen insoweit anerkannte – materielle Leistungskondiktion sei mit § 812 I 2, 2. Alt. identisch. Das läßt sich vom Wortlaut her nicht vertreten. Läßt man aber die Analogie zu, gelangt man zum obigen Ergebnis.

Rabel, Bd. I, S. 333 ff., 345 ff. Fraglich ist, ob man dem Bereicherungsrecht neben seiner technischen Bedeutung als Rückabwicklungsmodus (dazu oben I) auch materielle Bedeutung zumessen soll (verneinend z. B. *v. Caemmerer*, bejahend für § 812 I 2 2. Alt. *Welker*, Bereicherungsausgleich wegen Zweckverfehlung?, 1974, S. 73; *Reuter/Martinek*, § 5 III), und wenn ja, in welcher Weise es von § 242 abgegrenzt werden kann.

§ 242 setzt in der Regel bestehende Verbindlichkeiten voraus, die durch § 242 inhaltlich normiert werden. Auch dort, wo § 242 Verbindlichkeiten „begründet", muß eine schuldrechtliche Sonderbindung schon vorhanden sein, oben § 27 I 2a. Diese Normierung erfolgt in der Weise, daß ein Schuldner seine Leistung nicht zu erbringen braucht, wenn der Gläubiger sie nach Treu und Glauben nicht von ihm verlangen darf, d. h. die Leistung für den Schuldner „unzumutbar" ist oder wird (s. oben § 27 III 4). Hieraus ergeben sich zwei Schranken für die Anwendbarkeit des § 242 zur Rückgängigmachung ungerechter Leistungen: (1) § 242 kann nur Anwendung finden auf bestehende schuldrechtliche Sonderbindungen, d. h. insb. auf Verbindlichkeiten, die entweder noch nicht erfüllt oder Dauer-Verbindlichkeiten sind. (2) § 242 erfaßt nur solche Fälle ungerechtfertigter Leistungen, die *wegen Unzumutbarkeit für den Schuldner* ungerecht sind, nicht andere schlechthin *ungerechte* (§ 812: „ohne rechtlichen Grund" erfolgte) Leistungen. Daraus folgt: Materiell rechtsgrundlose, insb. solche Leistungen, die unter § 812 I 2 fallen, sind nach §§ 812 ff. zurückzugewähren, wenn die insoweit engere Vorschrift des § 242 nicht eingreift, weil keine Verbindlichkeit mehr besteht oder weil der Mangel des Rechtsgrunds nicht auf einem Verstoß gegen Treu und Glauben in einer bestehenden rechtlichen Sonderbindung beruht, vgl. BGH NJW 75, 776. Lehre und Praxis verfahren durchaus nicht einheitlich. Es darf nicht überraschen, daß § 242, die wichtige Generalklausel, hier einmal spezieller als die Generalklausel des Bereicherungsrechts ist. § 242 verlangt eine schuldrechtliche Sonderbindung, § 812 stellt sie her. Hier zeigt sich die ganz allgemeine Bedeutung des Bereicherungsrechts für den Ausgleich „objektiver Unrechtslagen", oben § 97 II 2 a.

Ins Auge springt der Unterschied zwischen technischer und materieller Leistungskondiktion vor allem bei der Frage der vertraglichen Abdingbarkeit. Man kann Gründe, die zu einer technischen Leistungskondiktion führen, grundsätzlich abbedingen, niemals aber Ansprüche aus materieller Leistungskondiktion. Denn letztere sollen zwingend einen gerechten Ausgleich herbeiführen.

2. Fälle der materiellen Leistungskondiktion im einzelnen

a) Leistungen ohne materiellen Rechtsgrund, 812 I 1 (als Leistungskondiktion im materiellen Sinne)

Hierher zählen die Fälle, in denen jemand etwas im Hinblick auf einen angeblich bestehenden rechtlichen oder wirtschaftlichen Grund leistet, obwohl der Grund in Wahrheit nicht besteht. In diesem Bereich ist in besonderem

Maße Bereicherungsrecht Billigkeitsrecht und Ausfluß des Treu- und Glaubenssatzes, vgl. BGHZ 36, 232, 234 f.

Zwischen A und B besteht kein Vertrag, nicht einmal ein gescheiterter. A glaubt aber irrig, dem B etwas schuldig zu sein, und gibt ihm nach § 781 ein abstraktes Schuldanerkenntnis. Dann wird der Irrtum entdeckt. Das Schuldanerkenntnis ist abstrakt, bedarf daher als solches zu seinem Bestand nicht der wirtschaftlichen Rechtfertigung. Ein nach § 119 erheblicher Irrtum liegt auch nicht vor, denn A hat sich nicht versprochen, verschrieben oder vergriffen (kein Irrtum in der Erklärungshandlung, 119 I, 2. Alt., er hat auch das erklärt, was er erklären wollte (kein Irrtum im Erklärungsinhalt, 119 I, 1. Alt., auch hat A sich nicht über verkehrswesentliche Eigenschaften einer Person oder Sache geirrt (kein ausnahmsweise erheblicher Motivirrtum, 119 II). § 242 („Geschäftsgrundlage" und dergl.) ist nicht anwendbar: Ein der Beurteilung nach Treu und Glauben zugängliches Kausalgeschäft lag nie vor. (Zwar unterliegen auch Verfügungen dem Treu-und-Glauben-Gebot, doch nicht in dem Sinne, daß ungerechtfertigte Verfügungen rückgängig zu machen sind.) Das abstrakte Anerkenntnis wiederum verbietet durch seine Abstraktheit die Berücksichtigung von Gesichtspunkten der Unzumutbarkeit für den Schuldner, die von außerhalb des Inhalts des Schuldanerkenntnisses stammen. Trotzdem ist die Erteilung sachlich nicht zu rechtfertigen. Zu Recht gewähren daher Rechtsprechung und Lehre in solchen Fällen die *Leistungskondiktion aus § 812 I 1*; § 812 II ist keine Anspruchsnorm, sondern nur die Wiederholung eines in § 812 I 1 mitenthaltenen Grundsatzes, s. o. 1 d, 2 d (und daher analogiefähig, z. B. für abstrakte Schuldversprechen, § 780).

Die *Kondiktion abstrakter Verpflichtungen* ist ein wichtiger Fall der Leistungskondiktion im materiellen Sinn, 812 II. Andere Arten sind denkbar.

Drei Fälle, die deutlich den materiellen, unmittelbar die ausgleichende Gerechtigkeit widerspiegelnden Charakter dieser Leistungskondiktion zeigen, sind RGZ 62, 51 (Vereinbarungsdarlehen nach § 607 II ohne bestehende Schuld); RGZ 108, 412 (Ausbleiben der Gegenleistung); KG JW 28, 3001 (unrichtige Schuldsumme, Provision nicht abgezogen). Hierher zählen auch die bereicherungsrechtlichen Saldorückforderungen im Kontokorrent, RGZ 66, 284; 101, 125; 117, 34; OGHZ 2, 81; ferner die Ausgleichungen falsch angelegter, aber schon rechtskräftiger Teilungspläne in der Zwangsversteigerung, BGHZ 4, 86 f.

b) Leistungen mit Rücksicht auf einen in Aussicht genommenen Erfolg, der nicht eintritt, 812 I 2 (2. Alt.), condictio causa data causa non secuta, condictio ob rem

Hierher gehören die Fälle, in denen etwas mit Rücksicht auf einen rechtlichen oder wirtschaftlichen Erfolg geleistet wird, dessen künftiger Eintritt nach der tatsächlichen Willensübereinstimmung zwischen Leistendem und Empfänger mit der Leistung bezweckt wird, der aber dann wider Erwarten nicht eintritt. Einseitige Zwecksetzungen können nur dann zu einer Kondiktion führen, wenn das Stillschweigen des Leistungsempfängers nach Treu und Glauben als Einverständnis gewertet werden kann, BGH NJW 73, 612. Die vereinbarte Zweckbestimmung kann alleinige Grundlage der Leistung sein, sie kann aber auch ergänzend neben einer Leistungspflicht aus verbindlichem Vertrag stehen, da sie nur die Verabredung eines Rechtsgrundes, nicht aber einer Leistungsverpflichtung zum Gegenstand hat.

Ein Beispiel ist die *Geschäftsübertragung* an die Ehefrau. Wird die Ehe geschieden, fällt der wirtschaftliche Grund der Übertragung fort. Das Geschäft ist nach § 821 I 2 (2. Alt.) zurückzuübertragen, RG v. 15. 12. 39 − VII 134, 39, zitiert in RGZ 169, 251, vgl. auch BGH WPM 72, 564. Die zweitgenannte RG-Entscheidung und *v. Caemmerer* a. a. O. wenden § 242 an. Ein durch ein abgeschlossenes Geschäft herbeigeführter tatsächlicher Zustand kann allerdings kaum „Treu und Glauben mit Rücksicht auf die Verkehrssitte" widersprechen. Auch die Annahme „nachwirkender", nunmehr aber in entgegengesetzter Richtung wirkender Pflichten, oder die einer „auflösenden Bedingung" für den Fall der Ehescheidung erscheinen zumindest gekünstelt. − § 812 I 2 (2. Alt.) greift ein, wenn Leistungen gegen *unverbindliche Zusagen* versprochen oder gewährt werden, die nicht eingehalten werden (datio ob causam): RG Warn 1911 Nr. 267 (Dienstleistungen gegen nicht eingehaltene Zusage testamentarischer Einsetzung); RGZ 118, 358 (Bürgschaft gegen nichteingehaltene Zusage des Gläubigers, den Schuldner gut zu behandeln); RGZ 116, 336 (Zusage einer Beschlagnahmefreistellung); BGHZ 44, 321 = ESJ 113 (Hausbau mit Rücksicht auf Zusage der Erbeinsetzung, die nicht gehalten wird; Bruch einer nichtvertraglichen Kausalabrede); BGHZ 41, 98 (beim Anschlußkonkurs müssen diejenigen Vergleichsgläubiger, die schon etwas bekommen haben, dies zu neuerlicher Verteilung nach § 812 I 2 (2) an die Masse zurückerstatten). − Zum Ganzen *v. Caemmerer* a. a. O. allerdings unter grundsätzlicher Ablehnung des Bereicherungsrechts in solchen Fällen. − § 812 I 2 (2. Alt.) greift auch ein, wenn *unentgeltliche Zuwendungen* unter später nicht eintreffenden Voraussetzungen gewährt werden: Ein Onkel schenkt eine Aussteuer, aber das Verlöbnis scheitert. − In all diesen Fällen wirkt § 812 I 2 (2. Alt.) praktisch als Erweiterung von § 119 II.

Die Rückforderung ist nach § 815 ausgeschlossen, wenn der Eintritt des Erfolges von Anfang an unmöglich war und der Leistende dies gewußt hat (vgl. §§ 307, 814) oder wenn der Leistende den Eintritt des Erfolgs wider Treu und Glauben verhindert hat (vgl. § 612); BGH NJW 80, 451 − „schwarzer" Grundstückskauf −. § 815 ist auf die Herausgabe von Verlobungsgeschenken gem. § 1301 anzuwenden (Rechtsgrundverweisung, BGHZ 54, 258). Aber nicht jeder Verlobte, der grundlos vom Verlöbnis zurücktritt oder dem andern Verlobten einen wichtigen Grund zum Rücktritt gibt, hat den Eheschluß „wider Treu und Glauben verhindert". Die Voraussetzungen des § 815 sind enger.

c) Leistungen, deren Rechtsgrund später wegfällt, § 812 I 2 (1. Alt.), condictio ob causam finitam

Hierher gehören die Fälle, in denen ein rechtlicher oder wirtschaftlicher Grund zur Zeit der Leistung bestand oder jedenfalls nach der Leistung eintrat, dann aber endgültig wieder wegfiel.

Beispiele: BGH LM 4 zu § 812 BGB (Unbedingter Grundstücksverkauf, aber erkennbar nur für Lebenszeit des Erwerbers); LM Nr. 62 zu § 812 BGB = ESJ II, 112 (Verlorener Baukostenzuschuß); RGZ 132, 238 (Grundstücksübereignung für öffentlichen Zweck, der später entfällt), RGZ 147, 201 (Grundstücksübereignung an Genossenschaftsmitglied unter der stillschweigenden Voraussetzung, daß dieses Mitglied nicht austritt).

Bei der Bejahung einer Leistungskondiktion im materiellen Sinn ist − wie bei allen Generalklauseln − Vorsicht geboten. Zunächst sind immer die Irrtums-, Wandlungs-

Arten und Voraussetzungen der Bereicherungsansprüche im einzelnen § 99
III 3

u. a. speziellen Vorschriften zu prüfen, danach die Unzumutbarkeit im Sinne des § 242, dann – vom hier vertretenen Standpunkt – erst § 812. – § 242 setzt eine rechtliche Sonderbindung voraus. Erst wenn die tatbestandlich genauer formulierten Behelfe – auch sinngemäß – versagen, ist der Weg über die Leistungskondiktion im materiellen Sinne zulässig, die einen ganz allgemeinen Behelf zum Ausgleich ungerechter Vermögensverschiebungen darstellt. Im einzelnen scheint hier noch vieles in der Entwicklung.

d) Leistungen im Sinne des § 812 II (dazu oben 1 d).

3. Die Tatbestandsvoraussetzungen im übrigen

a) *Leistung* kann alles sein, was Gegenstand vermögenswerter Bereicherung sein kann (vgl. oben II 1 a).

b) Die Bereicherung muß *auf Kosten* des Leistenden erfolgen, nur der Leistende ist anspruchsberechtigt.

Eine *Unmittelbarkeit* ist *nicht erforderlich*. Die notwendige Verknüpfung von Anspruchsberechtigtem und Bereichertem ergibt sich aus dem Fehlen eines materiell verstandenen Rechtsgrundes (d). Die technische Leistungskondiktion verlangt Zweckgerichtetheit der bereichernden Leistung, weil ihre Rechtsgrundlosigkeit formal und aus anderen Rechtsbereichen übernommen ist. Dabei muß das Zweckrichtungserfordernis dafür sorgen, daß die Zahl der Rückgewähransprüche nicht ausufert, denn formal betrachtet besteht zwischen allen nicht schuldvertraglich verbundenen Personen „kein Rechtsgrund". Selbstverständlich können nicht alle schuldrechtlich unverbundenen Personen Bereicherungsansprüchen untereinander ausgesetzt sein. Bei der Leistungskondiktion im Sinne materieller Gerechtigkeit verbindet das Unwerturteil über die Vermögenslage einer bestimmten Person gegenüber einer bestimmten anderen Person diese beiden Personen so eng und so genau, daß es auf eine Zweckgerichtetheit oder Unmittelbarkeit nicht ankommen kann.

c) Der Bereicherte muß *etwas erlangt* haben. Dazu oben II 1 c).

d) *Fehlen des rechtlichen Grundes* bei den materiellen Leistungskondiktionen bedeutet dagegen, daß irgendeine Leistung der Gerechtigkeit zuwider erfolgte. Hier liegt die umfassende Bedeutung, die Schwierigkeit und zugleich die Notwendigkeit einer Eingrenzung der materiellen Leistungskondiktion. Wann der rechtliche Grund in diesem (materiellen) Gerechtigkeitssinn fehlt, läßt sich nicht allgemein, sondern nur anhand von Fallgruppen zeigen. (Zum Problem der Konkretisierung von Generalklauseln oben § 27 I 2a, III 4a).

Unrichtig wäre es, § 812 bei der materiellen Leistungskondiktion als subsidiär anzusehen, wenn auch andere Rechtsbehelfe (z. B. §§ 242, 779) zur Verfügung stehen. Es besteht nur ein Konkurrenzverhältnis, das zur Bevorzugung der spezielleren Norm (z. B. § 119 II) zwingt.

e) Zu den Rechtsfolgen der Kondiktionen insgesamt unten §§ 100, 101.

4. Die Bereicherung wegen gesetz- oder sittenwidrigen Leistungsempfangs, 817, 819 II, condictio ob iniustam vel turpem causam

Sie ist ein Sonderfall der Leistungskondiktion im materiellen Sinne, und zwar bezüglich des fehlenden Rechtsgrundes. In den Fällen des § 817 ist der Rechtsgrund nicht nur nicht vorhanden, sondern verboten oder sittenwidrig. Das führt zu einigen Besonderheiten. 3 Fälle sind zu unterscheiden:

a) Der Zweck einer Leistung ist in der Weise bestimmt, daß der *Empfänger durch die Annahme* gegen ein gesetzliches Verbot oder gegen die guten Sitten verstößt, 817 S. 1.

Beispiel: Der Beamte nimmt ein Geschenk für eine an sich nicht pflichtwidrige Handlung entgegen, 331 StGB (Vorteilsannahme).

Die Leistung muß nach § 817 S. 1 auf Anforderung zurückgegeben werden. Der Empfänger ist allein im Unrecht, er muß herausgeben. Es gilt verschärfte Haftung, 819 II.

Sehr häufig fehlt aber zusätzlich noch der Rechtsgrund für die Leistung, so daß neben § 817 S. 1 auch § 812 I 1 (technische Leistungskondiktion) anzuwenden ist (Anspruchshäufung). *Beispiel:* Leistung des Erpreßten an den Erpresser, 138 BGB. Die Bedeutung des § 817 S. 1 besteht in solchen Fällen oft darin, daß der Einwand des Bereicherungsschuldners aus § 814, der Leistende habe ja gewußt, er sei nichts schuldig, nur gegenüber § 812 I 1, nicht aber gegenüber § 817 S. 1 wirkt. Mit § 817 S. 1 dringt der Erpreßte durch (ebenso mit § 826).

Ein Verschulden auf seiten des Bereicherungsschuldners ist für § 817 S. 1 nicht erforderlich (str.). Dies folgt aus dem Wesen des § 817 S. 1 als Sonderfall der materiellen Leistungskondiktion. Es wäre materiell ungerecht, wenn der gesetz- oder sittenwidrig Annehmende das Geleistete behalten dürfte. Das Argument allerdings, man dürfe ein Verschulden nur verlangen, wenn man § 817 S. 1 als „Strafvorschrift" auffasse, und das gehe nicht an, weil es sich um eine reine Bereicherungsvorschrift handele, trifft nicht zu, weil es nur für eine technische Leistungskondiktion paßt; dort haben allerdings solche „Gerechtigkeitspunkte" auszuscheiden.

Hieraus ergibt sich ferner, daß § 817 S. 1 neben den §§ 823 ff. bei unerlaubten Handlungen anwendbar ist, falls zusätzlich deliktisches Verschulden des Empfängers vorliegt.

Der Empfänger kann sich nicht auf den Wegfall der Bereicherung (818 III) berufen, 819 II, 818 IV, vgl. unten § 100 VII.

b) Nicht nur der Empfänger, sondern *auch der Leistende selbst* verstößt gegen Gesetz und gute Sitten, 817 S. 2 1. Halbsatz.

Beispiele: Bestechung und Bestechlichkeit; der Beamte soll etwas Pflichtwidriges tun. Schwarzmarktgeschäfte, OGHZ 4, 57; BGHZ 8, 370. Verbotene Devisengeschäfte. Grundstücksschenkung an Konkubine, BGHZ 35, 108.

Beide Seiten sind im Unrecht. Nun kann nicht zurückgefordert werden, es sei denn, die Leistung bestand in der Eingehung einer Verbindlichkeit, z. B. einem Darlehensversprechen; das zur Erfüllung einer solchen Verbindlichkeit Geleistete kann aber nicht zurückgefordert werden, 817 S. 2 2. Halbsatz. Deutlich zeigt sich: Sind beide Teile Rechtsbrecher, will das Gesetz *weder* ein Hin- noch ein Zurückgeben einer *endgültig gemeinten* Leistung (darum kann eine Verbindlichkeit zu einer solchen Leistung kondiziert werden, nicht aber das zur Erfüllung einer solchen Verbindlichkeit Geleistete, 817 S. 2 a. E. – „erfüllbare Nichtschuld", siehe oben § 16 I 2). Das Recht will von der ganzen unsauberen Angelegenheit nichts mehr wissen. Das begünstigt den Besitzenden: In pari turpitudine melior est conditio possidentis. Die Regel darf aber dann nicht gelten, wenn das Verbot, gegen das die beiden verstoßen, den Schutz einer *Vermögensmasse* bezweckt, über die der Leistende verfügen kann, aber nicht darf. Hier stehen Gläubigerinteressen oder auch öffentliche Belange auf dem Spiel, vgl. § 31 GmbHG und BGHZ 19, 338; 36, 395 = ESJ 115 – *Lucas Cranach* –. § 817 S. 2 bedarf insoweit einer auf der Berücksichtigung *dritter* Interessen beruhenden *einschränkenden* Anwendung (Restriktion als Gegenstück zur Analogie). Das Drittinteresse kann auch das der Allgemeinheit auf Beachtung des Schwarzarbeiterverbots sein, vgl. BGHZ 75, 299, dazu *Schmidt, K.,* JuS 80, 375 (zweifelhaft).

aa) Im Verhältnis zu § 812 *geht § 817 S. 2 stets vor,* sonst könnte bei zusätzlich nichtigem (nicht bloß gesetz- oder sittenwidrigem) Grundgeschäft nach § 812 I 1 kondiziert werden, was nach § 817 S. 2 nicht kondiziert werden soll. Das kann nicht der Sinn des § 817 S. 2 sein. Denn fast immer greifen § 138 oder § 134 zusätzlich ein.

bb) Im Verhältnis zu den §§ 823 ff. gilt, wie oben, daß grundsätzlich Anspruchshäufung zwischen § 817 und §§ 823 ff. besteht. Das bedeutet, daß der Anspruchsversagungsgrund des § 817 S. 2 *Ansprüche aus unerlaubter Handlung* grundsätzlich nicht berührt. Gesetz- oder sittenwidriges Handeln und deliktisches Verschulden sind, wie oben begründet, zu trennen. So kann der Schwarzhändler, der sich den Kaufpreis zahlen läßt, aber keine Ware liefert, gem. §§ 823 II, 263 StGB haftbar sein, wenn er dies von vornherein beabsichtigte (Beisp. v. *Larenz*).

cc) Streitig ist, ob die Anspruchsversagung in § 817 S. 2 auch den *dinglichen Anspruch* berührt. Die Frage taucht nur auf, wenn außer dem Kausalgeschäft ausnahmsweise auch das Erfüllungsgeschäft nichtig ist (wenn also die Unsittlichkeit im Erfüllungsgeschäft „gipfelt", vgl. RGZ 145, 153). Wenn wie bei einem gewöhnlichen Schwarzmarktgeschäft nur der Kauf nichtig ist, können Waren und Preis nicht nach § 817 S. 2 zurückverlangt werden. Ist dagegen, wie z. B. nach richtiger, aber bestr. Ansicht, beim Bordellkauf auch das dingliche Geschäft nichtig, so fragt sich, ob der Empfänger der Sache der Klage aus § 985 den Einwand aus § 817 S. 2 entgegensetzen kann. Da der Preis nach § 817 S. 2 nicht zurückgezahlt zu werden braucht, muß man § 817 S. 2 entsprechend grundätzlich auch auf den dinglichen Anspruch anwenden, sonst hätte der Verkäufer am unsittlichen Geschäft verdient. Ausnahmen gelten, wenn die Übereignung nicht Leistungsgegenstand ist (*v. Caemmerer, Larenz*) – Der Satz des BGH, § 817 S. 2 müsse wegen seines Ausnahmecharakters eng ausgelegt werden (BGHZ 35, 109), besagt in diesem Zusammenhang nichts. Zutreffend ist dagegen der Gedanke, daß § 817 S. 2 zu keinem Ergebnis führen darf, das nach § 138 mißbilligt ist, BGHZ 41, 341 – Bordellpacht –. Zur Frage, ob und inwieweit bei nichtiger Bordellpacht § 817 S. 2 dem auf die §§ 987, 990 gestützten Anspruch auf Herausgabe der Nutzungen entgegensteht, vgl. BGHZ 63, 365.

dd) Ansprüche aus Geschäftsführung ohne Auftrag bleiben unberührt. Dort gilt der Grundsatz des § 817 S. 2 nicht, BGHZ 39, 87.

ee) Auch Umgehungen des § 817 S. 2 durch die Absprache, das Geleistete werde „als Darlehen" geschuldet, sind unwirksam, BGHZ 28, 164; vgl. § 762 II.

c) *Nur der Leistende* verstößt gegen Gesetz oder gute Sitten, den Empfänger trifft kein Vorwurf.

Beispiele: Wucherisches Darlehen, wucherische Vermietung oder Verpachtung, Knebelungsverträge.

§ 817 schweigt. Die Anwendung von § 817 S. 1 (Anspruch) wäre unbillig. Aus § 817 S. 2 ergibt sich, daß die Rückforderung *erst recht* ausgeschlossen sein muß, wenn *nur* der Leistende gesetz- oder sittenwidrig handelt (argumentum a minore ad majus). Grundsätzlich gilt also alles zu § 817 S. 2. Gesagte, vor allem auch bezüglich der Konkurrenzen (§ 812 wird verdrängt, §§ 823 ff. sind möglich, § 985 ist grundsätzlich abgeschnitten). In diesen Fällen ist aber stets zu beachten, daß der durch § 817 S. 2 geschützte Bereicherungsschuldner nicht günstiger stehen darf als er ohne die Übervorteilung dastünde (RGZ 161, 57). § 817 S. 2 soll keine Einnahmequelle sein.

Daraus folgt, insb. für das wucherische Darlehen (entsprechend anzuwenden auf andere Wucher- und Knebelungsverträge): Die Wucherzinsen sind nach § 138 II nicht geschuldet, gezahlte Wucherzinsen nach § 817 S. 1 rückzuzahlen; BGH WM 83, 116 (118); dazu *Canaris,* WM 81, 985; *ders.,* Gesetzliches Verbot und Rechtsgeschäft, 1983, 33, 45. § 139 findet keine Anwendung, so daß das Darlehen praktisch zinslos ist, denn die Zinsabrede läßt sich nicht in ein sittenentsprechendes und ein sittenwidriges Teilrechtsgeschäft zerspalten. Die an den Bewucherten gezahlte Darlehenssumme (Valuta) ist ebenfalls ohne Rechtsgrund gewährt, kann an sich nach § 817 S. 2 nicht zurückgefordert werden, muß aber nach dem erwähnten Ausnahmesatz (kein Verdienst durch Übervorteilung) nach Ablauf der in Aussicht genommenen Zeit nach Bereicherungsrecht zurückgezahlt werden. § 819 II hilft nicht, da der die Valuta empfangende Bewucherte nicht sittenwidrig handelt.

Voraussetzung für die analoge Anwendung des § 817 S. 2 auf den Fall, daß nur der Leistende gesetz- oder sittenwidrig handelt, ist allerdings, daß der Empfänger die Leistung *behalten* sollte. Sonst greift wiederum die Regel des § 812 ein, BGHZ 28, 255; allerdings darf der Bewucherte die Valuta des Darlehens so lange nutzen, wie das Darlehen laufen sollte, dann aber muß er sie zurückzahlen, RGZ 161, 52. *Bis zu diesem Zeitpunkt* darf der Wucherer die Valuta gem. § 817 S. 2 analog nicht zurückfordern. Entsprechendes gilt für § 817 S. 2 in direkter Anwendung, BGHZ 19, 207.

§ 817 S. 2 in direkter und analoger Anwendung gewährt eine rechtshindernde Einwendung, nicht eine Einrede, die den Anspruch bestehen lassen würde, BGHZ 28, 164.

IV. Die Eingriffskondiktion

1. Nach § 812 I 1 ist zur Rückerstattung *auch* verpflichtet, wer „in sonstiger Weise" auf Kosten eines anderen etwas ohne rechtlichen Grund erlangt hat. Die „Eingriffskondiktion" ist nur ein wichtiger Fall einer Bereicherung „in sonstiger Weise". Sie steht systematisch in einer Linie mit den technischen und materiellen Leistungskondiktionen und den noch zu besprechenden

Drittvermögens- (Rückgriffs- und Drittempfänger-)Kondiktionen (V, VI). Man kann also Eingriffs- und Drittvermögenskondiktionen zu dem Begriff „Nichtleistungskondiktionen" zusammenfassen (so z. B. *Esser/Weyers*, § 50). Aber dieser Oberbegriff gibt wenig her.

Die *Eingriffskondiktion* dient ihrem Wesen nach dem Schutz von Gütern, die die Rechtsordnung einer bestimmten Person zugewiesen hat (Eigentum, beschränkt dingliche Rechte, Immaterialgüterrechte usw.). Grundlage des Schutzes ist der Zuweisungsgehalt des Rechts, nicht die Rechtswidrigkeit einer Vermögensverschiebung *(Mestmäcker).* Wer ein fremdes Recht der Güterzuordnung zuwider unbefugt nützt, hat „etwas" erlangt, das nach dem Zuweisungsgehalt des Rechts dem Rechtsinhaber gebührt.

Nur soweit es sich um bestandssichernde Güterzuordnungen handelt, sind bereicherungsrechtliche Eingriffe überhaupt möglich; also beim Eigentum, den anderen Materialgüterrechten, bei den Immaterialgüterrechten, auch beim Warenzeichen als einem — wenn auch vielfach nur formalen — Kennzeichnungsrecht. Wer also unbefugt ein Urheberrecht benützt, haftet auf die übliche Lizenzgebühr (vgl. oben § 18 III 4e), nicht aber auf den Gewinn, da das Bereicherungsrecht nur Werte ausgleichen will. Gewinn kann nur nach § 687 II ersetzt verlangt werden. Die Fragen sind streitig. Zum hier vertretenen Standpunkt auch *Fikentscher,* Wettbewerb, S. 273 f., und oben § 97 II.

Keine Eingriffskondiktionen sind daher möglich im Bereich des Freiheitsschutzes, also dort, wo Verhaltensnormen die Güterverschiebungen regeln: Im unlauteren Wettbewerb, bei Verkehrspflichten, bei Rahmenrechten, wie beim „Recht am Unternehmen" und beim „Allgemeinen Persönlichkeitsrecht". Die „Rechtswidrigkeit" des Eingriffs folgt bei der Eingriffskondiktion allein aus dem Merkmal „ohne rechtlichen Grund". Es wäre nicht richtig, von einer „Bereicherungshaftung bei rechtswidrig schuldlosem Eingriff in absolute Rechte" zu sprechen. „Rechtswidrig", „schuldlos" und „absolutes Recht" sind Begriffe aus dem Deliktsrecht. Dort folgt aber die Rechtswidrigkeit aus dem Verstoß gegen eine Verhaltensnorm, wobei Schuld und absolutes Recht eben von dieser Norm abhängen. Es gibt keine dem Bereicherungs- und dem Deliktsrecht vorgegebenen „absoluten Rechte", s. o. § 97.

Die Arten der Eingriffe in bestandssichernde Rechte bestimmen die Arten der Eingriffskondiktionen. Die wichtigsten Arten sind: Ausgleich für allgemeine Eingriffe in fremde Rechte, Ausgleich für gutgläubigen Erwerb durch Verfügungen Nichtberechtigter über fremdes Gut, Ausgleich für Eigentumsverschiebungen anderer Art, Ausgleich für gesetzliche Rechtseinbußen durch Naturvorgänge *(Wilburg; v. Caemmerer).* Da es sich jeweils um Bereicherungsarten „in sonstiger Weise" handelt, sind bei *diesem* Tatbestandsmerkmal die einzelnen Eingriffskondiktionen zu erörtern.

2. Voraussetzungen

a) Es bedarf einer Bereicherung *„in sonstiger Weise"*, d. h. insb. *nicht* durch eine Leistung. Der Bereicherungsgegenstand darf dem Empfänger *von nie-*

mandem geleistet worden sein, BGHZ 40, 272 (278); 69, 186; aber BGHZ 55, 176. Daß bei der *Eingriffskondiktion* die Bereicherung *auf Kosten des Entreicherten* eingetreten sein muß, ist im Unterschied zur Leistungskondiktion (s. o. § 99 II 1 b bei Anm. 1.) *nicht streitig.* Es ergibt sich insoweit *zwingend* aus dem Wortlaut des § 812 I 1. Gemäß der genannten Einteilung sind zu unterscheiden:

aa) *Allgemeine Eingriffe in fremde Rechte,* 812 I 1

Hierher zählen die Fälle, in denen jemand das Gut eines anderen auswertet (d. h. wertmäßig in Anspruch nimmt). Während die Leistungskondiktion rechtstechnisch oder nach den Grundsätzen materieller Gerechtigkeit unhaltbare Güterverschiebungen durch Leistungen ausgleichen will, sorgt die Eingriffskondiktion für einen Gebrauchswert-Ausgleich in weitestem Sinne, wenn Güter von Nichtberechtigten – ohne Leistung – einfach genutzt, verbraucht, in Anspruch genommen werden. In dieser Weise vervollständigt die Eingriffskondiktion den allgemeinen Güterschutz des bürgerlichen Rechts, der im übrigen bei schuldhaften Eingriffen in einem *Schadensersatzanspruch* (823 ff.) und bei vorsätzlichem Eingriff zusätzlich in einem *Gewinnherausgabeanspruch* (687 II, 681 S. 2, 667) besteht, durch einen *Anspruch auf Wertausgleich.* Gemeint ist der Wert des *Gebrauchs* des Gutes, zu dem der Eingriff führt.

Geeignet, Gegenstand eines derartigen um den Wert einer Sache bereichernden Eingriffs zu sein, ist jedes geschützte Rechtsgut. Beispiele:

Eigentum: Von einer längeren Reise zurückkehrend, findet Vetter V sein Haus von Verwandten besetzt, die es seit Wochen bewohnen und von den Vorräten leben. Zur Rede gestellt, verweisen sie auf eine „Erlaubnis" des Nachbarn, der ihnen auch den Schlüssel ausgehändigt habe: V hat, abgesehen von seinem Räumungsanspruch aus § 985, Anspruch aus § 812 I 1 auf Ersatz des Wertes der Vorräte und auf einen angemessenen Mietzins, letzteres ohne Rücksicht darauf, ob er auch sonst vermietet hätte (dazu unten). Verbleibt noch ein Schaden, der von den – schuldlosen – Verwandten nicht ersetzt verlangt werden kann, so muß V ihn vom Nachbarn fordern (823 I, fahrlässige Eigentumsbeschädigung). Hatten die Verwandten „untervermietet", so kommt es auf ihre Böswilligkeit im Sinne des § 687 II an.

Beschränkt dingliches Recht: Obiges Beispiel, aber V war Nießbraucher des Hauses.

Besitz: Jemand fährt mit der Erklärung, er werde nicht zahlen, auf einen gebührenpflichtigen Parkplatz, den ein Parkplatzunternehmen von der Grundstückseigentümerin, der Stadt, übertragen erhalten hat. Der Parkende nutzt den Besitz ohne Rechtsgrund, er greift in ein fremdes Besitzrecht ein. Siehe dazu oben § 18 III 4e und unten § 100 VII 2.

Immaterialgüterrecht: X ist Patentinhaber. Y verletzt das Patent unwissentlich und verdient daran 30 000,– DM. Hätte Y vom Patent gewußt und eine Lizenz von X genommen, hätte er dafür 10 000,– zahlen müssen. Da der Bereicherungsanspruch nur auf Wertersatz geht, kann X von Y nur die 10 000,– entgangene Lizenzgebühr verlangen, nicht dagegen den gemachten Gewinn. Hätte allerdings Y das Patent schuldhaft verletzt, so müßte er den Gewinn nach §§ 687, 681 S. 2, 667 herausgeben. Die Rechtsprechung gewährt den Gewinnherausgabeanspruch bei Verletzung von Patenten und Urheberrechten *auch* in Fällen *bloß fahrlässigen* Eingriffs (nur hier!), RGZ 144, 190; 156, 69; v. Caemmerer a. a. O. S. 354 ff.

Name: BGHZ 81, 75 – Bereicherungsausgleich für Verletzung des Namens Carrera –.

Forderung: Das Gesetz enthält einen derartigen Schutz eines Forderungsinhabers gegen unechte Ausbeute seiner Forderungen in § 816 II, wenn z. B. der falsche Gläubiger die Forderung einzieht, 407 oder 808. Es handelt sich nicht um eine Eingriffskondiktion, sondern um eine Drittempfängerkondiktion, unten VI. Auch § 687 II gilt bei böswilliger Geltendmachung fremder Forderungen.

Für die allgemeine Eingriffskondiktion ist die Person des Eingreifenden gleichgültig. So ist es unerheblich, ob man im Fall der eigenmächtigen Verwandten den Nachbarn oder die Verwandten als „Eingreifer" anspricht. Schuldner ist in jedem Fall der Bereicherte, gleichgültig ob er selbst oder ein Dritter die Bereicherung herbeiführt. Gegen den Dritten können allenfalls Ansprüche aus §§ 823 ff., 1004 (Störer!) gegeben sein. Sogar der Eigentümer selbst kann der Eingreifende sein.

Ein Hauseigentümer, der lt. Mietvertrag die Wohnungen seiner Mieter mit deren Material zu heizen hat, verwendet irrtümlich eigenes Heizmaterial. Er kann Ersatz des verauslagten Heizmaterials beanspruchen (Beispiel von *v. Caemmerer*).

Der Anspruch geht auf den Wert des Erlangten, 812 I 1. Unerheblich ist, ob der Anspruchsberechtigte das Gut gerade in der Weise genutzt hätte wie der Bereicherte. So kommt V im Fall der eigenmächtigen Verwandten auch dann zu einem Mietwertersatz, wenn er sonst nie vermietet. Der Patentinhaber erhält die Patentlizenzgebühr auch dann, wenn er das Patent sonst nicht lizenziert hätte, ja vielleicht nach der Marktlage nicht einmal hätte lizenzieren können.

bb) *Ausgleich für gutgläubigen Erwerb durch Verfügungen Nichtberechtigter,* 816 I, II

Der Ausgleich für gutgläubigen Erwerb infolge Verfügung eines Nichtberechtigten ist einer der wichtigsten gesetzlich geregelten Sonderfälle der Eingriffskondiktion: Jemand macht sich den Wert einer Sache dadurch zu eigen, daß er als Nichtberechtigter über einen Gegenstand verfügt, wobei das Gesetz im Interesse des Rechtsverkehrs die Verfügung zu Lasten des wahren Berechtigten wirksam sein läßt. Es ist nur recht und billig, daß das Bereicherungsrecht dem wahren Berechtigten, der das Eigentum oder die Forderung verliert, einen Wertausgleichsanspruch gegen den wirksam verfügenden Nichtberechtigten gibt. § 816 I betrifft die Verfügung über einen Gegenstand, an dem Eigentum gutgläubig erworben wird, § 816 II die Verfügung über eine Forderung durch ihre Einziehung seitens eines Nichtinhabers.

A lieh seinen Kommentar dem B. B verkauft ihn an den gutgläubigen C. C erwirbt nach §§ 935, 932, 929 Eigentum. A verliert es. Dafür erlangt A einen Ersatzanspruch aus § 816 I 1 gegen B auf „das Erlangte", genauer: Auf den Kauferlös, soweit er den Wert des Buches nicht übersteigt.

Eine Bereicherung kann nur den *Gegenstand selbst* oder den *Wert* eines Gegenstandes betreffen (streitig; anders der BGH, zuletzt in BGHZ 29, 157, der den Anspruch aus § 816 auch auf den Gewinn erstreckt, sofern nicht nach § 242 Milderungen angebracht sind. Besser ist es, nur den *vorsätzlich* handelnden Nichtberechtigten auf den Gewinn haften zu lassen, 687 II; so *Rabel* und *v. Caemmerer*). Allerdings greift § 687 II bezüglich des *Gewinns* ein, wenn der Nichtberechtigte vorsätzlich handelt, da man sonst mutwillig mit fremder Leute Gut Geschäfte machen könnte.

Verfügungen im Wege der *Zwangsvollstreckung* stehen rechtsgeschäftlichen Verfügungen gleich, obwohl eine ausdrückliche Bestimmung nach Art der §§ 135, 161, 184 fehlt, a. A. die überwiegende Meinung, die § 812 anwendet, weil die Eigentumsübertragung durch den Gerichtsvollzieher ein staatlicher Hoheitsakt ohne Verfügungscharakter ist. Werden Sachen gepfändet, die dem Schuldner nicht gehören, so entsteht kein wirksames Pfändungspfandrecht des Gläubigers, der dann insoweit „Nichtberechtigter" wird. Dennoch erwirbt der Ersteher in der Versteigerung Eigentum. Der das Eigentum verlierende ursprüngliche Eigentümer hat gegen den Gläubiger den Anspruch auf den Ersteigerungserlös, ohne Abzug der Zwangsversteigerungskosten (sehr str., vgl. BGHZ 66, 150), aber begrenzt durch den Wert der Sache (ebenfalls str., anders h. M., s. o.). – Auch bei Verfügungen, die zum Eigentumsverlust durch Einbau führen, kann § 816 I 1 analog angewandt werden (unten b).

Hat B den Kommentar verschenkt, so kann sich A nach § 816 I 2 unmittelbar an C halten, der nunmehr in erster Linie (vgl. § 818 II) den Kommentar selbst schuldet (Übereignung nötig, 929). Bei einem unentgeltlichen Erwerb besteht kein schutzwürdiges Verkehrsinteresse wie sonst in den Gutglaubensfällen der §§ 932ff., s. u. § 101 II 1. Hatte B den Kommentar bei A gestohlen und dann an C verkauft, oder war C bösgläubig, konnte C nicht das Eigentum erwerben, 935 bzw. 932. Will A in diesem Fall nicht gegen C nach § 985 vorgehen, etwa weil er den Aufenthalt des C nicht kennt, so kann er die Verfügung des Nichtberechtigten B nach § 185 II 1 genehmigen. Damit wird die Verfügung des B dem A gegenüber nachträglich wirksam, C wird ex tunc Eigentümer, und A kann sich wegen des Wertes nach § 816 I 1 an B halten. Diesen Weg wird A auch dann wählen, wenn B einen guten Preis erzielt hat und A den Mehrerlös von B nach § 687 II verlangen kann. A kann aber nicht die Sache von C und den Mehrerlös von B verlangen. Hatte C den Kommentar an D veräußert, kann A wählen, ob er die Verfügung des B oder die des C genehmigt. Die Genehmigung ist auch noch möglich, wenn die Sache mittlerweile nach den §§ 946ff. in das Eigentum eines Erwerbers übergegangen ist, BGHZ 56, 131. Genehmigt im Ausgangsfall A nicht und muß C die Sache herausgeben, haftet B dem C nach §§ 440 I, 323ff. Leistet der Dieb dem Eigentümer der gestohlenen Sache Schadensersatz in Geld, so befreit er in Höhe seiner Zahlung einen Abnehmer der Sache von dem Bereicherungsanspruch nach §§ 816 I 1, 185 II, der dem Eigentümer gegen den Abnehmer zusteht. BGHZ 52, 39 wendet auf das Verhältnis Dieb-Abnehmer Gesamtschuldregeln an und verneint einen Anspruch des Diebs gegen den Eigentümer aus § 255, siehe oben § 62 III. Zu § 687 II vgl. oben § 83 III 2.

§ 816 I 2 wird in BGHZ 37, 363 = ESJ 114 auf den Fall *rechtsgrundloser* Verfügung des Nichtberechtigten an den Empfänger angewandt, *falls* dem Nichtberechtigten kein Gegenwert zugeflossen ist. Auf die Kritik im Schrifttum (*Schlosser, P.* JuS 63, 141) ist BGHZ 47, 393 davon zum Teil abgerückt. Vgl. im einzelnen unten § 100 I.

§ 816 II betrifft die Fälle, in denen eine Forderung wirksam an den Nichtinhaber erfüllt wird, z. B. nach §§ 407, 408, 412, 413, 574, 851, 808, 793 (siehe oben § 57 III B 4). An den Nichtberechtigten wird auch dann wirksam erfüllt, wenn der berechtigte Empfänger genehmigt, §§ 362 II, 185 II, BGHZ 85, 267.

Der unwissende Schuldner zahlt an den Zedenten, 407. Der Zedent schuldet das Erlangte dem Zessionar, 816 II. Die Sparkasse leistet an den nichtberechtigten Inhaber des Sparbuchs, 808 I 1.

cc) *Ausgleich für gesetzliche Eigentumsverschiebungen anderer Art,* 951 I 1

Wer dadurch sein Eigentum an einer Sache verliert, daß diese Sache von jemandem als wesentlicher Bestandteil mit einem Grundstück (946) oder mit einer anderen beweglichen Sache, die als Hauptsache anzusehen ist (947 II), verbunden wird, hat nach § 951 I einen Bereicherungsanspruch gegen den Erwerber, also gegen den Eigentümer des Grundstücks oder der Gesamtsache. Das gleiche gilt nach § 948 für Eigentumswechsel kraft Vermischung und nach § 950 kraft Verarbeitung. In jedem Fall erlangt der Erwerber „in sonstiger Weise" etwas vom Entreicherten. § 951 I verweist auf §§ 812 ff. Dies ist eine Verweisung auch auf die Voraussetzungen der §§ 812 ff., nicht bloß auf die Rechtsfolgen, BGHZ 10, 179; 17, 239; 40, 272.

Der Sinn der Behauptung, daß § 951 I eine Rechtsgrundverweisung enthält, liegt darin, daß man früher das Unmittelbarkeitserfordernis und heute dem zweckgerichteten Leistungsbegriff bei der Leistungskondiktion verlangen muß, um das Hand-wahre-Hand-Prinzip auch bei der (technischen) Leistungskondiktion zu verwirklichen. Der Ausschluß der actio de in rem verso verfolgt den gleichen Zweck. Gegen die h. M. *Götz,* Der Vergütungsanspruch gemäß § 951 Absatz 1 Satz 1 BGB, 1975.

Dagegen rechtfertigen Ersitzung, Verjährung, Ablauf von Ausschlußfristen, Verlust des Pfandbesitzes, Aufrücken nachstehender Pfandrechte bei Untergang des rangbesseren Rechts, Aufrücken nachstehender Hypotheken, Fruchterwerb nach § 955 und dergl. keine Eingriffskondiktion, weil in diesen Fällen nicht fremdes Eigentum *verwertet* oder ausgewertet wird (str.). Das gleiche gilt für einen besseren Grundbuchrang wegen Nichtbeachtung von § 45 GBO, BGHZ 21, 98. Hier soll aus anderweitigen Gründen (z. B. Rechtssicherheit bei der Verjährung und Ersitzung, Äquivalenz von Eigenbesitz und Fruchterwerb in § 599 usw.) das Eigentum *übergehen* bzw. in bestimmter Reihenfolge rangmäßig (879) geregelt sein. Die Zuordnung selbst ändert sich, nicht etwa wird, wie bei §§ 951 I 1, 816 I der Zuordnung zuwider Eigentum verwertet. Vgl. auch BGHZ 21, 30 — Nichtanmeldung im Zwangsversteigerungsverfahren —. Das Gesagte gilt aber nur für die Eingriffskondiktion.

Technische Leistungskondiktionen aus fehlgeschlagenen Verträgen sind daneben denkbar und begründet, wenn ihre Voraussetzungen im einzelnen vorliegen (so im Ergebnis auch *v. Caemmerer,* FS *Gustav Boehmer,* 1954, S. 152). Dadurch erfolgt eine Annäherung an die h. M. insb. bei der Ersitzung, vgl. RGZ 130, 72; *Wolff/Raiser,* Sachenrecht[10], § 71 IV; *Westermann,* Sachenrecht[5], § 51 III 2b.

Zur aufgedrängten Bereicherung unten V 1 d.

dd) *Ausgleich für Rechtseinbußen durch Naturvorgänge,* 812 I 1; 948, 951 I 1

Vermischungen können auf Naturvorgängen beruhen, z. B. Erdbeben, 948, 951 I 1. Aber auch andere Naturvorgänge können zu Bereicherungen führen, die im Wege der „Eingriffskondiktion" (hier paßt das Wort eigentlich nicht mehr) rückgängig zu machen sind, 812 I 1. Die Fälle sind wenig bedeutsam.

Landanschwemmung. Abgrasen einer Wiese durch Vieh des Nachbarn.

b) Neben dem Erfordernis einer „Bereicherung in sonstiger Weise" bedarf es bei der Eingriffskondiktion der Unmittelbarkeit der Vermögensverschiebung *grundsätzlich nicht* (anders die h. M., die für die Eingriffskondiktion an diesem Erfordernis, wenn auch z. T. mit Modifizierungen, festhält, vgl. BGHZ 68, 276). Wer fremdes Gut nutzt, soll dem Inhaber den Wert grundsätzlich stets ersetzen, auch wenn die Beanspruchung ein drittes Vermögen durchläuft.

X stiehlt Ziegelsteine beim Ziegeleiinhaber Z und git sie dem Y. Y baut sich damit ein Haus. Z hat den Anspruch aus §§ 951 I 1, 946 gegen Y. Hat X die Ziegelsteine zur Ausbesserung des Hauses des Y verwendet, führt die analoge Anwendung des § 816 zu einem Anspruch Z gegen X. Z kann wählen, ob der X oder Y in Anspruch nimmt. – § 816 I 2 meint im Zusammenhang mit der Verfügung eines Nichtberechtigten eben dasselbe, und zwar für den Fall, daß der Erwerber nichts zum Erwerb aufwendet, wirtschaftlich also der Nutznießer ist. Er schuldet, obwohl die Bereicherung zumindest im Augenblick der Verfügung durch die Hände des Nichtberechtigten läuft. Die eigenmächtigen Verwandten haben nicht nur selbst von den Vorräten des verreisten Vetters V gezehrt, sondern auch ihre eigenen Vorräte damit ergänzt und schließlich Freunde damit bewirtet. Die Freunde sind V gegenüber ungerechtfertigt bereichert, 816 I 2.

Die herrschende Meinung, die auch bei der Eingriffskondiktion Unmittelbarkeit der Vermögensverschiebung verlangt, denkt anscheinend an die Fälle, in denen zugleich Leistungs- und Eingriffskondiktionen bestehen. Nun fordert die *technische* Leistungskondiktion allerdings eine Zweckgerichtetheit der Vermögensverschiebung, weil sonst „Bereicherungsketten" entstehen, die Dritte in ein Leistungsrückgewährverhältnis einbeziehen würden, in das sie nicht gehören. Die technische Leistungskondiktion als Rückgewährmechanismus muß sich ihrem Wesen nach auf den Leistenden und den Leistungsempfänger beschränken (siehe oben II 1b). (Bei der materiellen Leistungskondiktion spielt die Zweckgerichtetheit keine Rolle, sie wird dort vom Merkmal des „fehlenden Rechtsgrunds" aufgesogen, vgl. oben III 3b). Wenn nun in *einem* Fall Leistungs- *und* Eingriffskondiktion gegeben sind, dann darf die Eingriffskondiktion ebenfalls nicht zu einer „Bereicherungskette" führen. In *diesen* Fällen – es handelt sich um die gemeinrechtlichen Versionsklagen, die das BGB bewußt nicht aufgenommen hat –, *muß auch für die Eingriffskondiktion das Unmittelbarkeitserfordernis gelten,* falls man der alten Lehre von der „unmittelbaren Vermögensverschiebung" folgt; wendet man die heute herrschende und oben bejahte Lehre von der Leistung als „bewußter und zweckgerichteter Mehrung eines anderen Vermögens" an, so muß man entweder in den Fällen des Zusammentreffens von Leistungs- und Eingriffskondiktion den Zweckrichtungsgedanken in die Eingriffskondiktion hineintragen oder die Eingriffskondiktion als von der Leistungskondiktion verdrängt ansehen. Die moderne Auffassung erklärt die Eingriffskondiktion für *subsidiär* im Verhältnis zur Leistungskondiktion und versucht dadurch das Problem im zweiten Sinne zu lösen. Die h. M. trifft zu, wenn man sie auf die Versionsfälle beschränkt (Zusammentreffen von technischer Leistungs- und Eingriffskondiktion, insb. in den Einbaufällen). Wo wegen Fehlens der Zweckgerichtetheit auf eine bestimmte Person eine technische Leistungskondiktion versagt wird, soll dies — rechtspolitisch erwünschte — Ergebnis nicht durch Gewährung einer Eingriffskondiktion vereitelt werden:

Der Ziegeleibesitzer Z hat aufgrund Vertrags Ziegel an den Bauunternehmer B geliefert. Dieser hat sie in das Haus des Grundstückseigentümers E eingebaut. Z kann sich nur an B, seinen Kontrahenten, halten, auf dessen Kreditwürdigkeit, Geschäftsfähigkeit, Erklärungen usw. er vertraut hat. Gegen E kann er nicht vorgehen. § 951 I wird insoweit zutreffend restriktiv ausgelegt. — Die Saatgutfirma S liefert Saatgut unter Eigentumsvorbehalt an den Besteller B. B gibt das Saatgut seiner Frau, die es auf ihrem Rittergut zur Aussaat bringt. S kann nur gegen B, nicht gegen dessen Frau vorgehen. — Ferner *Esser*[2], § 190, 4 a. E.; BGHZ 40, 272 — Elektroherdefall —.

Treffen aber im Einzelfall Leistungs- und Eingriffskondiktion nicht zusammen, etwa weil keine Leistung des Kondiktionsberechtigten vorliegt, paßt der Grundsatz der Subsidiarität nicht. So ist die Eingriffskondiktion stets gegeben, wenn dem Berechtigten die Sache abhanden gekommen ist, da insoweit die Sicht des Berechtigten gilt, BGHZ 55, 176 — Jungbullen —, siehe oben II 1 a. Gleiches muß aber auch dann gelten, wenn der Bereicherungsgegenstand zwar vom Berechtigten durch eine Leistung in den Verkehr gebracht worden ist, der Bereicherte jedoch bösgläubig ist.

Ziegeleiinhaber Z liefert dem Bauunternehmer B unter verlängertem Eigentumsvorbehalt Ziegelsteine. B baut sie in das Haus des D ein, der die Werklohnforderung des B in Kenntnis des verlängerten Eigentumsvorbehaltes vinkuliert hat (399). — Nach der Auffassung des BGH im Jungbullenfall (vgl. auch BGH NJW 74, 1132) liegt eine Leistung vor, D kann nicht Kondiktionsschuldner des Z sein. Dagegen wendet sich die Kritik. Denn nach richtiger Ansicht sind bei den Einbaufällen auch die sachenrechtlichen Wertungen der §§ 932, 935 zu berücksichtigen, da es keinen Unterschied machen kann, ob eine Sache vor ihrem Einbau dem Dritten übereignet worden ist oder nicht. Insbesondere sollen die §§ 946 ff. keine Güterneuzuordnung bewirken, sondern nur der Klärung der Eigentumsverhältnisse dienen; deshalb tritt der Bereicherungsanspruch aus § 951 an die Stelle der Vindikation (985). Der Dritte, hier D, soll nur dann gegen eine Kondiktion des Eigentümers, hier Z, geschützt sein, wenn sein Erwerb auch nach sachenrechtlichen Gesichtspunkten Bestand hätte. Das ist hier nicht der Fall.

Diese Kritik am Leistungsbegriff (vgl. *Picker*, NJW 74, 1790 m. w. A.) legt folgende Differenzierung nahe: Störungen auf schuldrechtlicher Ebene werden ausschließlich in den Leistungsbeziehungen kondiktionsrechtlich abgewickelt; Störungen auf sachenrechtlicher Ebene werden mittels Eingriffskondiktion unter entsprechender Anwendung des § 816 abgewickelt. Die Diskussion ist hier noch nicht zu Ende, wenn auch der BGH sich auf eine gefestigte Rechtsprechung zum Leistungsbegriff beruft (NJW 74, 1132).

Eine Zusammenstellung der Einbaufälle findet sich bei *U. Huber,* JuS 70, 342, 515; *Palandt/Bassenge,* § 951, Anm. d.

c) Auch die Eingriffskondiktion setzt voraus, daß der Bereicherte *„etwas erlangt"* hat, 812 I 1, 816; 951 I 1. Das Erlangte besteht entweder in einem Gegenstand (vgl. § 816 I 2) oder in seinem Wert. Das zweite ist bei der Eingriffskondiktion die Regel. Gewinn kann nicht verlangt werden (sehr str., anders z. B. BGHZ 29, 157), vgl. aber § 687 II, wenn der Nichtberechtigte vorsätzlich verfügt. Der Wert der Nutzung eines Immaterialgüterrechts ist die Lizenzgebühr (ebenso bei know how).

d) Die Bereicherung „in sonstiger Weise" muß *rechtsgrundlos* sein, damit ein Anspruch auf Rückgewähr entsteht. Der Begriff der Rechtsgrundlosigkeit ist hier z. T. wiederum technisch zu verstehen. Es liegt insoweit wie bei der technischen Leistungskondiktion, als das Fehlen des Rechtsgrundes hier wiederum Fehlen einer schuldrechtlichen Begründung des Gütereingriffs bedeutet. Dies zeigt sich auch in den Fällen, in denen Immaterialgüterrechte unbefugt in Anspruch genommen werden. Hier geht es aber, außer um die schuldrechtliche Berechtigung, auch um die grundsätzliche Abwägung zwischen Bestandsschutz und Freiheitsschutz *(Mestmäcker, Fikentscher).* § 254 bietet dabei höchstens Vergleichsgesichtspunkte (weitergehend *Mestmäcker).* Die Abwägung muß unter Berücksichtigung der Tragweite des Ausschlußrechts und der Gemeinfreiheit erfolgen.

Die Verwandten benutzen eigenmächtig das Haus ihres verreisten Vetters ohne Miet- oder Leihvertrag. – Für den Einbau in ein Grundstück fehlt der Kaufvertrag, der Werkvertrag, für das Abgrasen der Wiese der Pachtvertrag usw.

V. Drittvermögenskondiktion, 1. Fall: Rückgriffskondiktion

1. Vorbemerkung zu den Drittvermögenskondiktionen im allgemeinen

Im Unterschied zu den bisher besprochenen Bereicherungsansprüchen sind in die nachfolgenden Kondiktionen drei Vermögen verwickelt, deren Träger in jeweils eigenem wirtschaftlichen Interesse handeln: *Dreiecksverhältnisse.* Dadurch entstehen spezifische *neue Bereicherungstypen* (bestr.).

Nicht hierher zählen die „unechten Dreiecksverhältnisse" bei der Einschaltung von bloß „zuwendenden" oder „zuwendungsempfangenden" Zahlstellen, Banken oder dergl. in zweiseitige Leistungsverhältnisse, oben II 1 b. Auch der Vertrag zugunsten Dritter bedarf gesonderter Betrachtung, oben § 37 III 2 f.

Man kann (nach *Kunisch*) zwei Arten von Dreiecksverhältnissen unterscheiden: – Ein Dritter leistet anstelle des Schuldners wirksam an den Gläubiger, vgl. § 267. Der Dritte wird beim Schuldner Rückgriff nehmen wollen

(Rückgriffskondiktion). – Der Schuldner leistet, anstatt an den Gläubiger, wirksam, d. h. befreiend, an einen Dritten, vgl. §§ 362 II; 816 II. Der Gläubiger wird Ausgleich vom Dritten verlangen (Drittempfängerkondiktion, unten VI).

Soweit Drittvermögenskondiktionen durchgreifen, sind *Direktkondiktionen* (Leistungs-, Eingriffs-) *nicht möglich.* Wer für einen anderen einspringt, soll sich (nur) an den halten dürfen, für den er glauben konnte, einspringen zu sollen; und wer für einen anderen wirksam eine Leistung entgegennimmt, soll sie (nur) an den herausgeben, dem sie zugutekommen sollte, BGHZ 66, 362; 66, 372; s. o. II 1 b cc. Wo jedoch die Voraussetzungen für Auslagen- und Drittempfängerkondiktionen fehlen, kann direkt kondiziert werden, BGHZ 82, 28 – Mehrfachpfändung –; BGHZ 72, 246 (249) – Hotel –, vgl. dazu o. II 1 a.

2. Die Rückgriffs- (= Auslagen-)kondiktion

Die technische Leistungskondiktion betrifft die Rückgewähr schuldrechtlich unhaltbarer Leistungen; die Eingriffskondiktion die Rückgewähr unhaltbarer Rechtszuordnungen. Die materielle Leistungskondiktion ist ein allgemeiner Behelf zur Ausgleichung ungerechter Güterverschiebungen. Allen dreien ist gemeinsam, daß eine Bereicherung, ein Vorteil, auftritt, der nach Ausgleich und Rückgängigmachung ruft. Die jetzt zu besprechenden Bereicherungsansprüche haben demgegenüber gemeinsam, daß eine willentliche Entreicherung, eine Lastentragung geschieht, die im umgekehrten Sinne nach Ausgleich verlangt: Der Entreicherte bringt vor, die Last, die er getragen hat, sei in Wahrheit nicht von ihm, sondern von einem anderen zu tragen. Man kann diese Kondiktionen, die im Schrifttum, wenn überhaupt, in Rückgriffs- und Verwendungs-(Impensen-)kondiktionen getrennt behandelt werden, zusammenfassen: Ihnen ist gemeinsam, daß einer etwas für einen andern „auslegt". Der Bereicherungsanspruch soll zum Auslagenersatz führen, weil die Auslage im Widerspruch zu einer gerechten Lastenverteilung steht. Mit diesem gemeinsamen Grundgedanken ist zugleich die Grenzziehung von nicht zu ersetzenden Bereicherungen ermöglicht, was vor allem für die „aufgedrängte Bereicherung" von Bedeutung ist.

Man bringt die hierher gehörenden Fälle ebenfalls unter die Überschrift „Ungerechtfertigte Bereicherung". Gerechtfertigt wäre auch die Bezeichnung „Ungerechtfertigte Entreicherung", weil Ansatzpunkte aller Überlegungen die ungerechte Lastentragung ist.

Man kann folgende vier Fälle von Rückgriffs-Kondiktionen unterscheiden:

a) Rückgriff wegen Zahlung fremder Schuld in Unkenntnis des Mangels der eigenen Verpflichtung dazu, 267 I; 814 analog

Die Zahlung fremder Schuld ist nach kontinentaler Auffassung ein anerkannter Fall ungerechtfertigter Bereicherung (*v. Caemmerer,* S. 361; *Dawson*).

Allerdings darf man nicht so weit gehen, daß sich jedermann ohne weiteres dadurch zum Gläubiger eines anderen machen kann, daß er dessen Schulden zahlt. Der Grundgedanke des § 814 trifft hier zu: Das zum Zweck der Erfüllung einer Verbindlichkeit Geleistete kann im Falle des § 267 I auch von dem wahren Schuldner nicht nach § 812 I 1 zurückgefordert werden, wenn der Leistende gewußt hat, daß er zur Leistung nicht verpflichtet war, sofern er nicht ein schutzwürdiges Eigeninteresse verfolgt (unten b). Dadurch wird der Auslagenersatz in dieser Fallgruppe auf die Fälle beschränkt, in denen sich jemand irrtümlich für verpflichtet hielt, die Schuld eines andern zu tilgen. Lag die Leistung im Interesse des andern, finden die Regeln der Geschäftsführung ohne Auftrag Anwendung, 677 ff. Diese Regeln reichen jedoch nicht aus, um Rückgriffe zu ermöglichen, wo jemand irrtümlich Schulden anderer zahlt.

Jemand zahlt fremde Grundsteuer in der irrigen Meinung, er schulde sie. — A glaubt, dem S oder dem G schuldig zu sein, die Schuld des S an G zu zahlen. A zahlt die Schuld des S an G. In Wahrheit war er dazu weder dem S noch dem G verpflichtet. Glaubte A dabei irrtümlich, dem G die Tilgung der Schuld des S zu schulden, so muß er sich nach § 812 I 1 an G halten (condictio indebiti), so jetzt auch BGHZ 78, 201; 82, 28 — Mehrfachpfändung — mit zust. Anm. *Lieb,* ZIP 81, 1153. Glaubte A aber irrtümlich, dem S die Tilgung der Schuld des S an G zu schulden, so richtet sich der Bereicherungsanspruch aus Drittvermögens- (hier: Rückgriffs-)kondiktion aus § 812 I 1 gegen S, RG JW 12, 691; BGH NJW 62, 1051. — Hierher zählt auch der Fall des Grundstückskäufers, der die Erfüllung der Hypothekenschulden übernommen hat und der im Falle der Nichtigkeit des Grundstückskaufs die Rückgriffskondiktion (*v. Caemmerer:* Leistungskondiktion) gegen den von seiner Schuld befreiten Verkäufer hat. — Zur Abgrenzung von der Geschäftsführung ohne Auftrag siehe § 83 II, III.

b) Rückgriff wegen Tilgung fremder Verbindlichkeit bei Verfolgung eigenen Interesses

Auch hier wird nach § 267 I geleistet. Der Schuldner wird befreit. Der Leistende weiß, daß er eigentlich zur Leistung nicht verpflichtet ist. Trotzdem ist § 814 nicht entsprechend anwendbar, weil der Leistende ein schutzwürdiges eigenes Interesse mit der Leistung verfolgt, vgl. BGH NJW 76, 144 und BGHZ 70, 389.

Miterben oder Gesellschafter befriedigen einen Gläubiger, der den Erbteil oder Gesellschaftsanteil seines Schuldners gepfändet hat, um die Auflösung der Erbengemeinschaft oder Gesellschaft zu verhindern. Auch wenn der Schuldner gegen die Zahlung protestiert, weil er seine Schuld — zu Unrecht — bestreitet, haben die Miterben oder Gesellschafter einen Bereicherungsanspruch gegen ihn aus § 812 I 1. (Dieses und andere Beispiele bei *v. Caemmerer* a. a. O. S. 361.) Zur Frage der Geschäftsführung ohne Auftrag siehe unten c dd.

§ 268 III löst das Problem bei gleicher Interessenlage mit gleichem wirtschaftlichem Ergebnis durch gesetzlichen Forderungsübergang.

c) Rückgriff in den Fällen echter und scheinbarer Gesamtschuld sowie bei Unterhaltsverpflichtungen

Hier schuldet auch der Leistende, aber nicht alles oder nicht endgültig.

aa) *Echte Gesamtschuldverhältnisse*. Neben die Ausgleichsansprüche aus §§ 426, 662 ff., 677 ff. (dazu oben § 62 II 2) treten Bereicherungsansprüche, soweit der Leistende mehr leistet, als er endgültig muß.

bb) *Scheinbare Gesamtschuldverhältnisse*. Hier haften mehrere, meist auf Ersatz eines Schadens, den aber endgültig nur einer zu tragen hat, ohne daß die mehreren Haftenden untereinander durch das Band gleichgerichteter Interessen verbunden sind, oben § 62 III. Für den Regreß des zunächst Leistenden gegen den endgültig zu Belastenden gibt es verschiedene Möglichkeiten, die oben § 62 III dargestellt wurden. Danach kommt ein Ausgleich im Wege der Rückgriffskondiktion, wie ihn das RG gewählt hat (RGZ 82, 214), nach heutiger Auffassung praktisch nicht mehr in Frage. Ebenso wie bei der echten Gesamtschuld dient die Rückgriffskondiktion nur noch dem Ausgleich von Überzahlungen.

cc) *Unterhaltszahlungen*. Hat ein Unterhaltspflichtiger Unterhalt gezahlt, obwohl er nach den Regeln der §§ 1606 – 1608 noch nicht an der Reihe war, so kann er von dem vor ihm Verpflichteten, der dadurch von seiner Verbindlichkeit frei geworden ist, Ersatz nach § 812 I 1 verlangen (allg. Meinung). Gegenstand dieses Anspruchs sind aber nur echte „Ersatz"-Unterhalts-Leistungen, BGHZ 23, 215; 26, 217; 43, 1.

dd) *Geschäftsführung ohne Auftrag* liegt in all diesen Fällen meist nicht vor, weil der Leistende nicht den Willen hat, auch die Verpflichtung des anderen Unterhaltspflichtigen zu tilgen. Der Leistende braucht, wenn er leistet, nicht einmal zu wissen, daß ein anderer, vor ihm Haftender, vorhanden ist.

d) Verwendungen

Auch Verwendungen (Impensen) können bereicherungsrechtlich zu ersetzende Auslagen sein. Nur insoweit sie es sind, sind sie zu ersetzen, falls nicht andere, spezielle Regeln den Ausgleich vorschreiben.

Zunächst gehen die Sonderregeln der §§ 994 ff. im Eigentümer-Besitzer-Verhältnis, die Verwendungsvorschriften des Kauf-, Miet-, Pacht-, Leih-, Pfand- und Nießbrauchsrechts und die der Vor- und Nacherbschaft vor. Daneben gibt es aber diesen Vorschriften nicht gedeckte Fälle, in denen jemand fremdes Gut wertvoller macht und dafür Ersatz beanspruchen darf. Das gilt namentlich für Verwendungen des Nichtbesitzers und des nicht unter die genannten Vorschriften fallenden schuldrechtlichen Besitzers (auf ihn sind nach herrschender Ansicht die §§ 994 ff. unanwendbar, es fehlt die „Vindikationslage").

Grundsatz ist, daß Verwendungen nur soweit ersetzt verlangt werden können, als damit Lasten übernommen werden, die schuld- oder sachenrechtlich ein anderer zum Nutzen der Sache tragen muß.

Ein Miethauseigentümer hat lt. Mietvertrag die Wohnungen seiner Mieter mit deren Material instandzuhalten. Der Gehilfe des Hauseigentümers verwendet irrtümlich Material des Hauseigentümers. Der Hauseigentümer kann nach § 812 I 1 Ersatz des „ausgelegten" Materials verlangen. Es liegt wie im Fall der verheizten Kohlen (oben IV 2 a aa): dort Eingriffs-, hier Rückgriffskondiktion.

A hat einen großen Obstgarten und beschäftigt darin den Gartengehilfen G. Während einer Abwesenheit des A schneidet G in Feierabendarbeit die Obstbäume in der üblichen Weise aus und legt eine sumpfige Wiese zwischen den Bäumen trocken. Für beides verlangt er „Lohn". Da er Besitzdiener ist, kommen §§ 994 ff. nicht in Frage. Die Werterhöhung der Obstbäume muß A dem G nach §§ 677 ff. oder Bereicherungsrecht erstatten, da das Ausschneiden eine übliche und regelmäßige Arbeit ist, die auch sonst zu Lasten des A hätte geschehen müssen. Die Werterhöhung der Wiese ist „aufgedrängte Bereicherung" und dem G nicht zu ersetzen, es sei denn, die Wiese hätte sowieso in der nächsten Zeit trockengelegt werden müssen. Nach wirtschaftlichen Überlegungen richtet sich auch die Frage, ob G für die Drainageröhren Ersatz verlangen kann, die er dabei von eigenem Geld gekauft und in der Wiese des A eingegraben hat. In Frage kommt eine „Eingriffs-"Kondiktion nach §§ 951 I 1, 946. Sollte die Wiese nach der Absicht des A sumpfig bleiben oder niemals verkauft und niemals als trockene Wiese genutzt werden, sind die Röhren wertlos, und A ist nicht bereichert. Ist aber die Wiese aus einem dieser Gründe wertvoller geworden, so muß A die Röhren bezahlen, auch wenn er nach obigen Grundsätzen für die *Arbeitsleistung* des G nicht aufzukommen hat. Entscheidend für den Ersatz „aufgedrängter Bereicherungen" ist sonach die wirtschaftliche Planung dessen, dem die Bereicherung aufgedrängt wurde, unter Berücksichtigung des Verkehrsüblichen. Spart nach diesem Maßstab die aufgedrängte Bereicherung dem Bereicherten künftige Auslagen oder Mindererlöse, ist sie zu ersetzen. Damit löst sich auch die Frage, ob nach §§ 951, 812 die Werterhöhung der durch den Einbau entstandenen neuen Sache bzw. der verbesserten Hauptsache oder der Wert der eingebauten Sache herauszugeben ist. Es gilt letzteres. Daran kann sich auch in den Fällen des § 684 nichts ändern, die wirtschaftliche Interessenlage ist die gleiche. Zur aufgedrängten Bereicherung s. a. unten § 100 VI 4.

Durch die Einordnung des Verwendungsersatzes in den Zusammenhang der Rückgriffskondiktion lassen sich aufgedrängte Bereicherungen durch das Merkmal der „Auslage" in zu ersetzende und nicht zu ersetzende einteilen. Dagegen kommt es, wie das Beispiel zeigt, nicht auf eine „Fehlbeurteilung der Sachlage", auf die „Verfolgung eigener Interessen" durch den Aufwendenden und nicht auf unerwartete Veränderungen in den schuldrechtlichen Beziehungen zwischen Aufwendendem und Bereichertem an. Die „Auslage" ist das Gegenstück zur ersparten Aufwendung im Sinne des § 818 III. Diese Unterscheidung ist deutlicher als die sonst vorgeschlagene Analogie zu § 1004 I (vgl. die Nachweise in BGHZ 23, 61; BGH NJW 65, 816). § 1001 S. 2 gilt aber stets entsprechend.

3. Die Voraussetzungen der Rückgriffskondiktionen im einzelnen, 812 I 1

Es handelt sich um eine getrennte Kategorie neben Leistungs- und Eingriffskondiktionen, str.

a) Derjenige, der durch die Auslagen des anderen etwas erspart hat, hat *„in sonstiger Weise"* etwas erlangt. Denn wenn auch häufig (längst nicht immer) etwas geleistet wird, so geht diese Leistung doch niemals an den Bereicherten, allenfalls an einen Dritten.

Bestand keine Unterhaltspflicht, bewirken Unterstützungszahlungen von dritter Seite keine Ersparnis, BGHZ 43, 1.

b) Das Problem der *Unmittelbarkeit* tritt (ebenso wie bei der materiellen Leistungskondiktion) nicht auf. Wenn jemand dadurch von einer Verbindlichkeit oder Last befreit wird, daß ein anderer für ihn einspringt, so geschieht das immer unmittelbar, das heißt ohne den Umweg über ein fremdes Vermögen. Erforderlich ist allerdings, daß durch die Leistung des Dritten (im Sinne des § 267) *gleichzeitig*, gewissermaßen *automatisch* die Schuld des Schuldners untergeht und der Vermögensverlust beim Dritten sowie der Vermögenszuwachs beim Gläubiger entsteht. Man könnte dies die *Dreifach-Wirkung* der Leistung des Dritten, d. h. des Kondiktionsgläubigers nennen. Ohne diese Dreifachwirkung wäre der Anspruch unbegründet.

c) Das *„Erlangte"* besteht allgemein in der Ersparung von Auslagen, häufig im besonderen in der Befreiung von einer Verbindlichkeit oder sonstigen Last.

d) Auch Auslagen können im Bereicherungswege nur kondiziert werden, wenn sie *„ohne rechtlichen Grund"* für einen anderen ausgegeben worden sind. Das bedeutet, daß alle diejenigen Ausgaben nicht erstattet verlangt werden können, zu denen der Ausgebende gegenüber dem Bereicherten verpflichtet war.

Hätte der Gärtnergehilfe im obigen Beispiel die Arbeiten während der Arbeitszeit und der Sache nach im Einverständnis mit dem Grundstückseigentümer geleistet, so wäre das Entgelt sein *Dienstlohn* gewesen und sonst nichts.

„Ohne rechtlichen Grund" bedeutet im Bereich der Rückgriffskondiktion also *Fehlen eines gültigen Grundgeschäftes,* ähnlich wie bei der technischen Leistungskondiktion (oben II 1 d). Das Grundgeschäft ist zumeist schuldrechtlicher Natur, kann aber auch sachenrechtlichen (Hypothek) oder familienrechtlichen (Unterhaltspflichten) Charakter tragen.

e) § 814 gilt in den Fällen 1 b, c, d nicht, denn wer für einen andern einspringt, weiß stets, daß eigentlich ein anderer schuldet, nicht er. Zu prüfen bleibt aber immer, ob nicht wegen des Hilfscharakters der Leistung auf die Rückforderung verzichtet wurde (Gedanke des § 814 2. Satzhälfte).

VI. Drittvermögenskondiktion, 2. Fall: Drittempfängerkondiktion

Das zweite bereicherungsrechtlich erhebliche Dreiecksverhältnis entsteht, wenn ein Schuldner befreiend an einen Dritten anstelle des Gläubigers leistet, vgl. § 362 II. Dann kann sich der Gläubiger im Wege bereicherungsrechtlichen Ausgleichs an den Dritten halten (Drittempfängerkondiktion; *Kunisch,* S. 130ff.: Kondiktion gegen Drittempfänger). Gesetzlich geregelter Fall ist § 816 II (z. B. i. V. m. §§ 370, 407, 408 oder 808); vgl. auch schon oben IV 2 a bb, und allgemein zur Drittvermögenskondiktion oben V 1.

1. Der Grundsatz lautet: Wenn ein Schuldverhältnis dadurch erlischt, daß nicht der Gläubiger, sondern ein Dritter den geschuldeten Gegenstand vom Schuldner erwirbt, dann ist der Dritte verpflichtet, dem Gläubiger das Erlangte herauszugeben.

2. Die Voraussetzungen der Drittempfängerkondiktion im einzelnen, 812 I 1:

a) Der Dritte erlangt etwas *„in sonstiger Weise"* auf Kosten des Gläubigers. Grund sind meist Schuldnerschutzvorschriften, 370, 407, 408, 412, 413, 574, 793, 808, 851; 40 III Wechselgesetz.

b) „Unmittelbarkeit" im Sinne der alten Lehre ist nicht gefordert, wohl aber bedarf es der *„Dreifach-Wirkung"* der Schuldnerleistung in Bezug auf die drei beteiligten Vermögen (entsprechend oben V 2b).

c) Das *„Erlangte"* besteht im Erhalt der (befreienden) Schuldnerleistung. Für den Schuldner sieht es so aus, als habe er an den Richtigen geleistet. In Wahrheit gebührt aber die Leistung einem andern.

d) Im Verhältnis Gläubiger — empfangender Dritter darf kein Rechtsgrund vorhanden sein, der den Dritten berechtigt, die Leistung des Schuldners für sich zu behalten (z. B. ein Auftrag). Die Ermächtigung nach §§ 185, 362 II ist für sich genommen noch kein Rechtsgrund, sie kann z. B. dem Dritten nur im Schuldnerinteresse erteilt worden sein. Liegt ein Rechtsgrund vor, ist zwar die Drittempfängerkondiktion ausgeschlossen (812 I 1), aber das Kausalverhältnis kann den Dritten verpflichten, das Erlangte an den Gläubiger herauszugeben (Dienstvertrag, Geschäftsbesorgung, Auftrag o. ä.).

§ 100
Rechtsfolgen des Bereicherungsanspruchs: Der Gegenstand der Bereicherung

Ballerstedt, FS *Schilling,* 1973, 289; *Ehlke,* WM 79, 1022; *Fischer,* FS *Zitelmann,* 1913, 1; *Goetzke,* AcP 173, 289; *Hagen,* FS *Larenz,* 1973, 867; *Jagmann,* Wertersatz oder Gewinnhaftung? Diss. Freiburg 1980; *Kellmann,* NJW 71, 862; *König,* FS *v. Caemmerer,* 1978, 179; *Koppensteiner,* NJW 71, 588, 1769; *Larenz,* FS *v. Caemmerer,* 1978, 209; *Lieb,* NJW 71, 1289; *Linke,* JR 82, 91; *Lopau,* Surrogationsansprüche und Bereicherungsrecht, 1971; *Meincke,* DB 74, 1001; *Pinger,* MDR 72, 101, 187; *Reuter/ Martinek,* Ungerechtfertigte Bereicherung, 1983, §§ 14—16; *Stieve,* Der Gegenstand des Bereicherungsanspruchs, 1889; *Wieling,* AcP 169, 137.

Schwerpunktmäßig zu VI und VII:
Blomeyer, AcP 154, 527; *Beuthien,* Jura 79, 532; *Braun,* JuS 81, 813; *Bremecker,* Die Bereicherungsbeschränkung des § 818 Abs. 3 BGB bei nichtigen gegenseitigen Verträgen, 1982; *v. Caemmerer,* FS *Rabel,* 1954, 333, 384ff.; *ders.,* FS *Larenz,* 1973, 621; *Diesselhorst,* Die Natur der Sache als außergesetzliche Rechtsquelle, verfolgt an der Rechtsprechung zur Saldotheorie, 1968; *Ebel,* JA 82, 373 und 526; *Flessner,* Wegfall der Bereicherung, 1970; *Flume,* FS *Niedermeyer,* 1953, 103; *ders.,* NJW 70, 1161;

Frank, JuS 81, 102; *Gurksy*, JR 72, 279; *Honsell, H.*, MDR 70, 717; *ders.*, NJW 73, 350; *ders.*, JuS 82, 810; *Honsell, Th.*, JZ 80, 802; *Huber, U.*, JuS 72, 439, 442; *Lange, Herm.*, JZ 64, 640; *Lehmann*, FS *Nipperdey*, 1955, 31; *Leser*, Von der Saldotheorie zum faktischen Synallagma, 1956; *ders.*, Der Rücktritt vom Vertrag, 1975; *Metzler*, NJW 71, 690; *Oertmann*, DJZ 1915, 1063; *ders.*, JR 1931, 229; *Preisler*, Über die Anrechnung der Gegenleistung auf den Bereicherungsanspruch, 1929; *Reeb*, JuS 74, 513; *Rengier*, AcP 177, 418; *Reuter/Martinek*, Ungerechtfertigte Bereicherung, 1983, §§ 17 – 18; *Schnitzler*, JZ 72, 270; *v. Tuhr*, FS *Bekker*, 1907, 303; *ders.*, DJZ 1916, 584; *Weimar, W.*, MDR 68, 378; *Weintraud*, Die Saldotheorie, 1931; *Weitnauer*, NJW 70, 637; *Wieling*, JuS 73, 397.

Fünf Grundregeln gelten: Der Anspruch geht auf das *Erlangte*, dazu auf die *Nutzungen*. Ist das Erlangte nicht mehr vorhanden, ist der *Wert* geschuldet. Doch gilt in jedem Fall eine Beschränkung auf die *noch vorhandene Bereicherung* (Erlangtes, Nutzung, Wert). Nach Rechtshängigkeit und durch *Kenntnis des Mangels des rechtlichen Grundes* verschärft sich die Haftung.

I. Grundsatz: Herausgabe des Erlangten, 812 I 1, 818

Grundsätzlich muß der Bereicherte das hergeben, was er bekommen hat.[1]) § 812 I 1 nennt dies „das Erlangte". Wer also wegen nichtigen Kaufvertrags, aber auf Grund gültiger Übereignung nach § 929, um das Eigentum an einer Sache bereichert ist, schuldet nach § 812 I 1 die Rückübereignung gemäß § 929, also Einigungserklärung und Übergabe. Wer bloß um den Besitz einer Sache ungerechtfertigt bereichert ist (Dieb, Finder), schuldet Rückgabe des Besitzes gemäß § 854 I. Das gilt auch, wenn nicht nur der Kauf, sondern auch die Übereignung nichtig ist. Dann erhält der Erwerber, falls übergeben, nur den Besitz.

Wem ohne Rechtsgrund eine Forderung erlassen wurde, muß sie wieder durch Vertrag mit dem Gläubiger des Bereicherungsanspruchs begründen. Wer sich ohne Rechtsgrund eine Forderung abtreten ließ, muß sie zurückübertragen (398). Ein Erlaßvertrag ist geschuldet, wenn ohne Rechtsgrund eine Forderung begründet wurde, ein einseitiger Verzicht genügt nicht, 397. Immer muß die Bereicherung auf dem gleichen Weg rückgängig gemacht werden, auf dem sie enstanden ist. Wertlose Forderungen sind nichts „Erlangtes", OGHZ 1, 298. Grundsätzlich ist das „Erlangte" durch Vermögensvergleiche vor und nach dem rechtsgrundlosen Erwerb zu ermitteln, BGHZ 9, 335.

Will sich bei gutgläubigem Erwerb der frühere Eigentümer nach § 816 I 1 an den nichtberechtigt Verfügenden halten, oder genehmigt der frühere Eigentümer nach § 185 eine unwirksame Verfügung des Nichtberechtigten, um von § 816 I 1 Gebrauch machen zu können, so entsteht die Frage, was der nichtberechtigt Verfügende als „Erlangtes" herauszugeben hat. Zwei Auffassungen sind denkbar: Entweder *alles*, auch einen Gewinn, der den Wert der Sache übersteigt, oder nur den Wert der Sache, unter

---

[1]) Wer beim nichtigen finanzierten Kauf als Käufer die Darlehensvaluta nicht tatsächlich bekommen hat, weil sie dem Verkäufer zur Verfügung gestellt wurde, hat nichts „erlangt" und muß nichts herausgeben, BGHZ 71, 358.

Belassung des Gewinns beim Nichtberechtigten. Die Bereicherungsvorschriften sind Wertausgleichsnormen. Richtigerweise ist „erlangt" in solchen Fällen daher nur der Wert der veräußerten Sache. Hat der Verfügende in *Unkenntnis* seiner Nichtberechtigung verfügt und dabei ein gutes Geschäft gemacht, mag er den Gewinn behalten, anders BGHZ 29, 157 und die wohl herrschende Meinung. Wie hier *v. Caemmerer*, Bereicherung und unerlaubte Handlung, FS *Ernst Rabel*, 1954, 333, 359. Die Begründung des BGH, der Wert der veräußerten Sache enthalte in den meisten Fällen zugleich den Gewinn, spricht ebensogut für die hier vertretene Meinung. Siehe dazu oben § 83 III 2b.

Es ist richtig, daß sich im Wiederverkaufspreis zumeist auch der objektive Wert ausdrückt. Gerade das berechtigt dazu, § 816 I 1 auf den objektiven Wert zu beschränken und die weniger zahlreichen Fälle, wo ein den objektiven Wert übersteigender „Einzelgewinn" gemacht wird, nach § 687 II zu verweisen: *Wußte* der Eingreifende also, daß er zur Verfügung nicht berechtigt war, so schuldet er den Gewinn nach §§ 687 II, 681 S. 2, 667, gleichsam zur Strafe für seine Einmischung in einen fremden Rechtskreis. Bei Eingriffen in gewerbliche Schutzrechte und Urheberrechte genügt *Fahrlässigkeit*, st. Rspr.; Schadensersatzansprüche aus §§ 989ff. bleiben von § 816 unberührt; auch eine Genehmigung nach § 185 beseitigt nicht die Rechtswidrigkeit im Sinne des Schadensersatzrechts, BGH JZ 61, 24 mit zust. Anm. *L. Raiser*.

Streitig ist auch, an wen der gutgläubige Erwerber zurückerstatten muß, wenn er *ohne Rechtsgrund* vom Nichtberechtigten erwarb. Die *Doppelkondiktionenlehre* vertritt die Auffassung, die Erwerbshandlungen seien immerhin zwischen Nichtberechtigtem und gutgläubigem Erwerber geschehen. Also habe der Nichtberechtigte die Kondiktion gegen den gutgläubigen Erwerber, danach könne der ehemalige Berechtigte Herausgabe vom Nichtberechtigten an sich verlangen, weil mit der Rückübertragung an den Nichtberechtigten das Eigentum an den Berechtigten zurückfalle. Die einzig mögliche Abkürzung des Verfahrens sei, daß der ehemalige wahre Berechtigte sich von dem Nichtberechtigten die Kondiktion abtreten lasse, worauf er nach § 816 I 1 Anspruch habe. – Die Lehre verdient keine Zustimmung. Die Gutglaubensvorschriften wollen den Verkehr nur bei gültigem Grundgeschäft schützen. Ist das Erwerbsgeschäft nichtig, verdient weder der gutgläubige Dritte noch der nichtberechtigt Verfügende, sondern allein der wahre Berechtigte Schutz. Er verliert ja auch unmittelbar sein Eigentum an den Gutgläubigen. Richtigerweise steht daher dem ehemaligen Berechtigten ein Anspruch aus § 812 I 1 gegen den gutgläubigen Erwerber zu, wenn zwischen nichtberechtigt Verfügendem und gutgläubigem Dritten kein wirksamer Vertrag vorliegt (*Einheitskondiktionenlehre*, vgl. *Grunsky*, JZ 62, 207). Nach der Einheitskondiktionenlehre kann der Gutgläubige allerdings dem Berechtigten nicht die Leistung an den Nichtberechtigten entgegenhalten. Der Gutgläubige trägt insoweit einseitig das Risiko der Gültigkeit des Vertrags, anders als beim Erwerb vom Berechtigten, wo man im Falle der Ungültigkeit des Kausalgeschäfts das Erhaltene zurückbehalten kann, bis der Gegner den Preis zurückzahlt, 273. Es wäre aber auch nicht billig, dieses Zurückbehaltungsrecht im Falle des gutgläubigen Erwerbs zu Lasten des wahren Berechtigten gehen zu lassen. – Nach der Doppelkondiktionenlehre könnte der Dritte die Rückübertragung an den damaligen Eigentümer gem. §§ 273, 404, 398, 812ff. davon abhängig machen, daß ihm seine beim Erwerb der Sache an den Nichtberechtigten erbrachte Gegenleistung erstattet wird, vgl. BGHZ 37, 368; 47, 393. – Bei beweglichen Sachen tritt das Besitzproblem hinzu. Der gutgläubige Erwerber erhielt Besitz vom nichtberechtigt Verfügenden. § 986 I 2 ist entsprechend anzuwenden. D. h. der ehemalige Eigentümer kann Herausgabe an den Besitzmittler oder an sich verlangen, wenn der Besitzmittler nicht übernehmen will, oder, was häufig sein wird, das Besitzmittlungsverhältnis beendet worden ist. – Bei unbeweglichen Sachen muß der gutgläubige Erwerber an den wahren Eigentümer auflassen, nicht etwa auf dem Umweg über den nichtberechtigt und unwirksam Verfügenden.

II. Nutzungen

Nach § 818 I sind außer dem Erlangten die Nutzungen (100) herauszugeben, die der Bereicherungsschuldner zieht. Das gilt auch dann, wenn der Bereicherungsschuldner sich zu Recht für den Besitzer der „Muttersache" hält, also *neben* den §§ 985. Zu diesem Konkurrenzproblem ausführlich unten § 101 IV 3. Bei Herausgabe eines Unternehmens ist der erzielte Gewinn *nicht* Nutzung, arg. 99 II, BGHZ 7, 218 (zweifelhaft). § 818 I meint auch nicht den rechtsgeschäftlichen Gegenwert bei Veräußerung (dann 818 II); § 281 ist also als von § 818 I sinngemäß ausgeschlossen anzusehen (übereinst. *Larenz*, II, § 70 I). Von dem Grundsatz, daß nur tatsächlich gezogene Nutzungen herauszugeben sind, ist dann eine Ausnahme zuzulassen, wenn ein Lebenssachverhalt vorliegt, der üblicherweise einen wirtschaftlichen Vorteil mit sich bringt (z. B. Verwendung von Geld durch Bank, Anlegung in Wertpapieren). Dann ist der übliche Zinssatz herauszugeben (BGHZ 64, 322).

III. Das aufgrund eines Rechts Erlangte, 818 I

A zediert wirksam aufgrund nichtigen Kaufs eine Forderung an B, der sie einzieht. B schuldet dem A nach §§ 812 I 1, 818 I den eingezogenen Betrag.

IV. Das als Ersatz für die Zerstörung, Beschädigung oder Entziehung Erlangte, 818 I

A übereignet wirksam aufgrund nichtigen Kaufs ein gegen Brand versichertes Haus an B. Brennt das Haus ab, schuldet B dem A nach § 812 I 1 die Rückauflassung (873, 925) und nach § 818 I die Versicherungssumme oder die Zession der Versicherungsforderung. War auch die Auflassung nichtig, schuldet B dem A Berichtigung nach § 894, Herausgabe gemäß § 985 und die Versicherungssumme bzw. Zession. Weiterveräußerung durch den Bereicherungsschuldner ist nicht „Entziehung". Den erzielten Preis kann der Bereicherungsgläubiger grundsätzlich nicht als „Ersatz" verlangen, nur den Wert, unten V.

V. Wertersatz, wenn der Bereicherte das Erlangte wegen seiner Beschaffenheit oder aus einem sonstigen Grund nicht oder nicht mehr herausgeben kann, 818 II

Die Vorschrift ist von großer Bedeutung. Sie gilt auch für die Fälle des § 818 I. Unter *§ 818 II* und nicht unter § 818 I zählt auch der häufige Fall, daß der Bereicherte den Gegenstand weiterveräußert und dafür einen Gegenwert erhalten hat. Das folgt aus der weiten Fassung des Abs. II gegenüber Abs. I. Sogar die Bebauung eines Grundstücks kann zur Unmöglichkeit seiner Herausgabe führen, BGH JZ 81, 667 = NJW 81, 2687 (Beurteilungsmaßstab ist das Wertverhältnis Grundstück/Bebauung); anders BVerwG NJW 80, 2538 (Anm. *Papier*, JuS 81, 498).

Im Bereich der Leistungskondiktion ist § 818 II — außer für den Fall des Verkaufs des Bereicherungsgegenstandes (s. o.) — vor allem für *Dienstleistungen* von Bedeutung, die, einmal geleistet, in Natur kaum je zurückerstattet werden können. Geschuldet ist dann der Wert der Arbeit, der übliche Lohn (z. B. der tarifliche), BGHZ 37, 264. Bei Inanspruchnahme von Räumen, Flächen usw. ist Wertersatz in Höhe der üblichen Miete oder Pacht zu leisten, vgl. BGHZ 20, 270 — Droschkenplatz —.

Im Bereich der Eingriffs- und der Rückgriffskondiktion gilt § 818 II praktisch *stets*. Diese beiden Arten von Bereicherungen führen fast immer zu Rechtsbegründungen oder -verlusten, die als solche nicht mehr rückgängig zu machen sind. Bei den Eingriffskondiktionen geht es wesensmäßig um Geldersatz für Auswertung (§ 816 enthält insoweit Sondervorschriften zu § 818 II); bei Rückgriffskondiktionen gehen Verbindlichkeiten unter, die wertmäßig abgegolten werden und von vornherein gar nicht mehr begründet werden sollen; oder es werden Verwendungen ersetzt, die weder weggenommen werden können noch sollen. § 818 II verdeckt, daß es sich bei Leistungs-, Eingriffs- und Drittvermögenskondiktionen um recht verschiedene Ausgleichsregeln handelt.

Zu ersetzen ist stets der gemeine Wert (Verkehrswert). Der Wert ist zu unterscheiden vom Schaden und vom Interesse (s. o. §§ 50 I 5; 55). Der Wert ist objektiv und unabhängig vom Inhalt des gescheiterten Vertrags, und ohne Rücksicht auf gemachten oder entgangenen Gewinn und weitere Schäden zu berechnen. Der Verletzergewinn kann also nicht ersetzt verlangt werden, BGHZ 82, 299 — Kunststoffhohlprofil II —, ein Gebrauchsmusterfall, außer wo sondergesetzlich Gewinnersatz vorgesehen ist, wie z. B. in § 97 I 2 UrhG; vgl. o. § 97 III 2. Wohl aber ist bei Verletzung gewerblicher Schutzrechte Wertersatz nach § 818 II durch Zahlung einer angemessenen Lizenz zu leisten, BGH a. a. O. Dies ist jedoch nicht eine Form der Gewinnherausgabe, sondern der Herausgabe des Erlangten, BGHZ 68, 70 — Kunststoffhohlprofil I —. Das sog. commodum ex negotiatione, also die vollständig erlangte Gegenleistung, ist im Unterschied zu § 281 nicht geschuldet.

Der von *Koppensteiner* (NJW 71, 588, 1769) vorgeschlagenen Subjektivierung des Wertbegriffes ist nicht zu folgen. So kommt es bei der aufgedrängten Bereicherung zwar auf die wirtschaftliche Planung des Entreicherten an. Diese Frage gehört jedoch zum Tatbestand des § 812, dem „Ob" der Herausgabepflicht. § 818 II regelt die Rechtsfolgen, wenn eine Herausgabe in natura nicht möglich ist. Es widerspricht dem Verhältnis der §§ 812 und 818 zueinander, was erlangt ist, darnach zu bestimmen, welchen Wert es hat (vgl. auch *Goetzke,* AcP 173, 289).

Zum Zeitpunkt, der der Wertberechnung zugrunde zu legen ist, vgl. BGHZ 35, 359.

VI. Zu I – V: Begrenzung des Anspruchs durch Wegfall der Bereicherung, 818 III

Nach § 818 III ist die Verpflichtung zur Herausgabe der Bereicherung oder der Ersatz des Wertes ausgeschlossen, soweit der Empfänger nicht mehr bereichert ist. Dies ist die entscheidende Beschränkung des Bereicherungsanspruchs, die ihn als einen Anspruch von wirtschaftlich minderer Qualität als die üblichen vertraglichen, deliktischen und sachenrechtlichen Ansprüche kennzeichnet. Sehr häufig scheitert ein nach den §§ 812 – 817, 818 I, 818 II begründeter Anspruch am Wegfall der Bereicherung, der nach § 818 III den Anspruch zunichte macht. Vier Dinge sind im Zusammenhang mit § 818 III vor allem von Bedeutung: Die grundsätzliche Wirkungsweise der Vorschrift, das Problem der Ersparnis, die Saldotheorie und das Problem der Aufwendungen auf die herauszugebende Sache.

1. Die grundsätzliche Wirkungsweise

Mit dem Wegfall der Bereicherung, ihres Ersatzes (818 I) oder Wertes (818 II) geht der Bereicherungsanspruch grundsätzlich unter.

Der 17jährige Schüler S leiht sich von seinem Onkel O zu Renommierzwecken eine wertvolle Erstausgabe des Werther. Das Buch wird gestohlen. Die Eltern des S erklären, mit der Leihe nicht einverstanden gewesen zu sein. – Da der Leihvertrag unwirksam ist, 598, 604, 108, 107, 2, hatte O nur einen Bereicherungsanspruch auf Rückgabe des Besitzes, 812 I 1. Dieser ist mit dem Verschwinden des Buches untergegangen, 818 III. Hatte die Nachlässigkeit des S den Diebstahl verschuldet, kommen die §§ 823 I, 828 II in Betracht, die nicht durch § 993 ausgeschlossen sind (vgl. unten § 102 V 3).

Beim Wegfall der Bereicherung in synallagmatischen Verträgen ist aber die Saldotheorie zu beachten (unten 3.). Richtet sich der Bereicherungsanspruch aus § 816 I gegen einen Kommissionär (oder sonstigen mittelbaren Stellvertreter), kann sich der Kommissionär nur auf Bereicherungswegfall bei seinem Auftraggeber, nicht bei sich selbst berufen. Denn dem Berechtigten dürfen aus dem ihm nicht erkennbaren Innenverhältnis zwischen Kommissionär und Kommittenten keine Nachteile erwachsen, *Manfred Wolf*, JZ 68, 414 gegen BGHZ 47, 128; richtig BGHZ 26, 194. Zur Anwendbarkeit des § 818 III auf die Bereicherungshaftung von BGB-Gesellschaftern s. BGHZ 61, 338 m. Anm. *Reinhardt*, JR 74, 768 und *Meincke*, DB 74, 1001.

Welche Vermögensnachteile den Kondiktionsschuldner entreichern, läßt sich nicht einheitlich beantworten. Ungenügend ist es, den Vermögensstand vor der bereichernden Vermögensverschiebung mit dem zur Zeit der Herausgabe bzw. der Haftungsverschärfung nach §§ 818 IV, 819, 820 zu vergleichen (dazu *Soergel/Mühl*, § 818, Rz. 22). Auch der von der Rechtsprechung für hinreichend erachtete Kausalzusammenhang mit der Vermögensverschiebung ist unbefriedigend. So sind entgegen der Rechtsprechung Schäden, die durch den herauszugebenden Gegenstand verursacht wurden, nicht abzugsfähig, da sie keinen Bezug zum Mangel des rechtlichen Grundes, dem Auslöser der Bereicherungshaftung, haben. Berücksichtigungsfähig sind Aufwendungen im unten 4 dargestellten Umfang, ferner solche Vermögensnachteile, die der Bereicherte im Vertrauen auf die Unwiderruflichkeit des vermeintlichen Vermögenszuwachses erlitten hat, wie z. B. die Verjährung der Forderung gegen den wirklichen Schuldner. Zum Stand der Meinungen BGHZ 56, 173, 180; *Flessner,* Wegfall der Bereicherung, 1970, 112 ff. Die Kosten des Erwerbs von einem Dritten entreichern den Herausgabepflichtigen nicht. BGHZ 55, 176 = ESJ 118 − Jungbullen − begründet dies für § 816 damit, daß der Anspruch aus § 816 als Rechtsfortwirkungsanspruch an die Stelle der Vindikation (985) getreten ist, dergegenüber die Erwerbskosten nicht einredeweise geltend gemacht werden können.

2. Das Problem der Ersparnis

Die Bereicherung ist *nicht* im Sinne des § 818 III weggefallen, wenn sich der Bereicherte durch den Vorgang, der den Wegfall herbeiführt, eine Ausgabe *erspart.* Denn dann ist er wirtschaftlich noch um den Wert der Ersparnis bereichert, BGHZ 14, 7.

Verleger V schickt dem Schriftsteller S die Schlußabrechnung für den von S geschriebenen Roman über 5000 DM,−. S macht in seiner Freude über das unerwartet hohe Honorar eine Amerikareise. In New York erreicht ihn der Brief des V, bei der Abrechnung habe man versehentlich eine Null zuviel eingesetzt. S hat die 4500 DM,− inzwischen ausgegeben. Daher braucht er nichts zurückzuzahlen, 812 I 1, 818 II, III. Hätte dagegen S die Amerikareise schon seit längerem ohnehin geplant, um Stoff für den nächsten Roman zu sammeln, läge eine Ersparnis und damit eine herauszugebende Bereicherung vor. − Problematisch im Ergebnis ist der folgende Fall:

X leiht sich von dem besinnungslos betrunkenen D Geld zum Kauf eines Autos. Anstatt ein Auto zu kaufen, verzecht X das Geld mit Freunden im Wirtshaus. − Der Darlehensvertrag ist nichtig, 607, 105 II, ebenso die Übereignung, so daß D nur einen Bereicherungsanspruch aus §§ 951 I 1, 812 I 1 gegen X auf Rückzahlung des Geldes hat (gegebenenfalls neben § 823 II BGB i. V. m. 263 StGB). Die Bereicherung des X ist aber infolge zweckfremden Verbrauchs weggefallen. − Hätte X ohnehin mit seinen Freunden in diesem „Umfang" gefeiert, hat sich X durch Verwendung des geliehenen Geldes den nämlichen Betrag *erspart.* Dann ist X noch bereichert und muß an D zahlen. War die Feier aber ein „Luxus", den sich X sonst sicher nicht geleistet hätte, ist die Bereicherung fortgefallen. − Ähnlich liegt es, wenn X sich wirklich ein Auto kauft, dieses aber − weil X ein schlechtes Geschäft macht − weniger wert ist als der mit dem „Darlehen" des D bezahlte Preis. Nach § 818 II ist das Auto herauszugeben. Soweit aber der Wert des Autos hinter dem Preis zurückbleibt, ist die Bereicherung fortgefallen. Eine Ersparnis liegt nicht vor. Erkannte X den Zustand des D, gilt § 819 I (s. unten VII).

Wichtig ist die Frage der Ersparnis vor allem bei der ungerechtfertigten Inanspruchnahme von Nutzungen (Gebrauchsvorteilen). Dazu oben § 99 II 1 c und *Gursky,* JR 72, 279.

3. Die Saldotheorie

Die herrschende Saldotheorie wirkt ebenso wie die Lehre von der Ersparnis (oben 2.) praktisch als Milderung des Bereicherungswegfalls (818 III), der den Gläubiger des Bereicherungsanspruchs oft hart trifft, weil der Gläubiger, vor allem im gegenseitigen Vertrag, oft die ganze Gegenleistung herausgeben müßte. Die Saldotheorie besagt, daß bei *nichtigen synallagmatischen* Verträgen zur Ermittlung der Bereicherung die Gegenleistung als unselbständiger Abzugsposten berücksichtigt wird (*Esser*; vgl. auch *Beuthien*, Jura 79, 532; *Honsell, Th.*, JZ 80, 802 m. w. N.). Es stehen sich dann nicht mehr zwei Bereicherungsansprüche gegenüber, sondern es entsteht von vornherein nur ein einziger Anspruch. Zu fragen ist, ob nach Abzug der Gegenleistung noch ein *Bereicherungssaldo* übrig bleibt. Nur dieser ist zu erstatten. Es werden also nicht nur Bereicherungswegfall und Ersparnis auf jeder Seite saldiert (vgl. oben 2.), sondern − als Folge des angestrebten Synallagmas − vor allem auch Leistung und Gegenleistung. Das führt bei nichtigen Kauf-, Miet- und Dienstverträgen, bei denen die Leistungen schon von beiden Seiten erbracht sind, in der Regel zu einer wesentlichen Einschränkung des § 818 III; *Honsell, Th.*, Jz 80, 802; *Braun*, JuS 81, 813. Demgegenüber will die „Zweikonditionentheorie" *(Oertmann; v. Tuhr)* die Kondiktionen getrennt behandeln, § 818 III also auf jede getrennt zur Anwendung bringen. Wichtig ist, daß die Saldierung nicht kontomäßig durchgeführt wird, sondern nur für die *Zwecke der Berechnung des Bereicherungsanspruchs*. Wer den Bereicherungsanspruch geltend macht, kann durch die Saldotheorie in seinen Ansprüchen also höchstens auf Null herabgedrückt werden. Nicht etwa muß der den Bereicherungsanspruch Erhebende seinerseits einen Saldo herausgeben. Insofern ist der Name „Saldotheorie" irreführend. (A. A. *Flume*, FS *Niedermeyer*, 1953, 148: Das Synallagma muß immer voll abgewickelt werden, Für die h. M. ist die Saldotheorie dagegen stets nur ein Mittel zur Berechnung eines *Abzugspostens, Esser*² § 199, 4b; *Esser*⁴ § 105 II 2; *Larenz* II § 70 III; RGZ 139, 208; 141, 312; 163, 360; BGHZ 1, 75; BGH NJW 63, 1870; BGHZ 53, 144.)

V bietet dem K brieflich eine gebrauchte Schreibmaschine zu ihrem wahren Wert mit 220,− DM an. K verliest sich und akzeptiert brieflich zu 200,−, die er zugleich überweist. V verliest sich ebenfalls und übereignet und übergibt dem K die Maschine. Jetzt wird der Diessens entdeckt und beide Teile fordern ihre Leistungen zurück, 812 I 1. Inzwischen ist aber die Schreibmaschine bei K zufällig verbrannt. − Nach der Zweikonditionentheorie hat K Anspruch auf 200,−, V aber geht nach § 818 III leer aus. Nach der (herrschenden) Saldotheorie ist der Wert der Leistungen zu saldieren, aber nur zur Berechnung des Bereicherungsanspruchs. Der Anspruch geht auf 200,−. Davon sind 220,− als Wert der Gegenleistung abzuziehen. K erhält also *nichts*. Nicht etwa muß K 20,− an V zahlen. V erhält auch nichts, weil sein Bereicherungsanspruch an § 818 III scheitert. − Wäre die Maschine 150,− wert gewesen, bekäme V nichts, K dagegen 50,−. − Wäre die Maschine im Wert von 150,− beschädigt worden, so daß sie jetzt noch 100,− wert ist, bekäme V die Maschine, K 150,−.

Zweifelhaft ist, ob und inwieweit die Saldotheorie auch zuungunsten von Geschäftsunfähigen und -beschränkten angewandt werden darf (vgl. RGZ 86, 363; RG JW 18, 132). Der ursprüngliche Zweck des § 818 III war es wohl, diesen Personenkreis vor Bereicherungsansprüchen zu schützen, wenn eben wegen ihrer Geschäftsbeschränktheit der Vertrag nichtig ist (Vgl. den gemeinrechtlichen Satz: Minor restituitur non tanquam minor sed tanquam laesus. Dazu artt. 1305, 1306 Code civil français, wo dieser Grundsatz verwirklicht ist). Diese Absicht wird durch die Saldotheorie bei nichtigen, aber vollzogenen synallagmatischen Verträgen durchkreuzt. Richtiger Ansicht nach sollte die Saldotheorie insoweit nicht zum Zuge kommen, als sie bei dem genannten geschützten Kreis von Personen zu einem für sie schlechteren Ergebnis als nach der Zweikondiktionenlehre führt. Für die Saldotheorie bleibt dann noch Raum bei Dissens, Formmangel und anderen Nichtigkeitsgründen, die geschäftsfähigen Personen gleichermaßen „zur Last gelegt werden können". Minderjährige und Geisteskranke dagegen sollten von den Wirkungen eines Synallagmas weder im wirksamen noch im nichtigen Vertrag berührt werden.

Der 17jährige A kauft sich von eigenem Geld ein Moped für 500,– DM und fährt es an einen Baum. Es hat nur noch Schrottwert. Die Eltern mißbilligen das Geschäft. Der Verkäufer hat Anspruch auf den Schrott, der A hingegen auf 500,– DM.

Das gleiche – nämlich keine Saldierung – gilt für einen arglistig getäuschten Kondiktionsgläubiger, BGHZ 53, 114, 148 im Anschluß an *Larenz*, und zwar auch dann, wenn der Untergang des Vertragsgegenstandes beim Getäuschten von diesem verschuldet worden ist, BGHZ 57, 157; ferner bei Verschlechterung der zurückzugebenden Kaufsache infolge eines ihr anhaftenden Sachmangels, BGH NJW 81, 224 = JR 81, 151 (abl. Anm. *Schuber*); ähnlich BGHZ 57, 137; 72, 252; 78, 216 (vgl. dazu *Honsell, Th.*, JZ 82, 810). Die Saldotheorie, so der BGH, ist nicht anwendbar, wenn ein Vertragspartner verschärft nach § 819 haftet (s. unten VII).

Hier tritt ein Widerspruch zu den Wertungen der §§ 350, 351 zutage, die gelten, wenn statt Anfechtung Wandlung gewährt wird. *V. Caemmerer* will die §§ 350, 351 entsprechend anwenden, der Täuschende haftet also auch für Zufallsschäden beim Getäuschten (FS *Larenz*, 1973, 621, 634ff.). Der BGH korrigiert das Ergebnis der Zweikondiktionenlehre über §§ 242, 254. *Honsell, H.*, (NJW 73, 350) stellt darauf ab, ob ein innerer Zusammenhang zwischen Täuschung und Bereicherungswegfall besteht; demnach gehen Zufallsschäden zu Lasten des Getäuschten. Dieser Gedanke ist dem Schadensrecht entlehnt (vgl. oben § 49 III 4) und als solcher begrüßenswert. Doch läßt er sich angesichts des § 350 nicht durchhalten. Der Ansicht *v. Caemmerers* ist daher der Vorzug zu geben.

Sind aufgrund nichtigen Vertrags *Leistungen an Dritte* erbracht, so steht dies der Anwendung der Saldotheorie grundsätzlich nicht im Wege. So ändert sich im Beispielfall nichts, wenn die Schreibmaschine statt an K nach § 362 II an D übereignet wurde und bei ihm verbrannte. – *Ungleichartige Leistungen*, etwa im Tauschvertrag, lassen sich bei Wertungleichheit nicht saldieren. Dann entstehen Wertausgleichsansprüche in Geld, die Zug-um-Zug zu erfüllen sind, 273, vgl. die Minderung beim Tausch, oben § 72 IV 1.

4. Aufwendungen des Bereicherungsschuldners auf die herauszugebende Sache

Soweit zwischen Gläubiger und Schuldner des Bereicherungsanspruchs das Eigentümer-Besitzer-Verhältnis der §§ 985 ff. besteht, gelten die §§ 994 ff. für Aufwendungen des Besitzers. Die danach *zu ersetzenden* Verwendungen wirken also bereicherungsmindernd.

Abgesehen von §§ 994 ff. handelt es sich hier um das Problem einer „aufgedrängten Entreicherung". Man verwendet zweckmäßig die gleichen Grundsätze wie bei der „aufgedrängten Bereicherung". Danach sind Aufwendungen des Bereicherungsschuldners dann als Wegfall der Bereicherung anzusehen, wenn auch der Gläubiger sie nach verkehrsüblicher Wirtschaftsplanung gemacht hätte.

VII. Die verschärfte Haftung nach Rechtshängigkeit und bei Kenntnis des Mangels des rechtlichen Grundes, 818 IV, 819, 820, 292, 987 ff.

1. Nach *Rechtshängigkeit*, d. h. im Regelfall nach Erhebung der Klage (263 ZPO), haftet der Bereicherungsschuldner schärfer, 818 IV. Er kann sich namentlich nicht auf den Wegfall der Bereicherung berufen, 818 III. Wer verklagt ist, muß damit rechnen, verurteilt zu werden, ist daher zu erhöhter Sorgfalt angehalten und soll das Privileg des normalen Bereicherungsschuldners, den Wegfall der Bereicherung einwenden zu können, nicht genießen. § 818 IV sagt deshalb, daß er nach den allgemeinen Vorschriften haftet.

a) Das sind, wenn Inhalt des Bereicherungsanspruchs ein „bestimmter Gegenstand" ist, die §§ 292, 987 ff.

Aufgrund nichtigen Kaufs wurde ein Auto wirksam übereignet. Der Eigentümer schuldet Rückübereignung nach § 812 I 1. Verklagt haftet er gemäß §§ 818 IV, 292, 989 für verschuldeten Untergang, nicht dagegen für unverschuldetes Abhandenkommen, beispielsweise durch Diebstahl, 993 I 1. §§ 818 IV, 819, 820 sollten aber nicht so ausgelegt werden, als ob der Bereicherungsgläubiger nunmehr allein auf Schadensersatz angewiesen ist. Die Vorschriften wollen nur seine Besserstellung. Er kann deshalb wahlweise den Gegenstand selbst (wenn noch vorhanden), seinen Wert ohne Nachweis eines Schadens oder Schadensersatz selbst verlangen. Auch § 281 (durch Verkauf erzielter Erlös!) ist anwendbar, BGHZ 75, 203.

b) Ist kein bestimmter Gegenstand Inhalt des Bereicherungsanspruchs, so handelt es sich (fast immer) um Gattungsschulden. Dann ist allgemeine Vorschrift im Sinne des § 818 IV *die Regel des § 279,* nach der bis zur Erschöpfung der Gattung aus der Gattung geschuldet wird, BGHZ 83, 293. Das ist namentlich dann von großer Bedeutung, wenn der Bereicherungsanspruch nach § 818 II (oder schon von vornherein) auf Geld gerichtet ist, vgl. zur Natur der Geldschuld als Gattungsschuld oben § 29 I 1. Geldschulden sind ferner nach § 291 zu verzinsen.

Genaugenommen ist § 279 allerdings nur ein Argument dafür, daß es dann auf Verschulden nicht ankommt. „Allgemeine Vorschrift" ist strenggenommen die Zahlungspflicht nach § 812 I 1!

2. Wichtiger als § 818 IV selbst ist die Verweisung darauf in § 819 I. Wer den Mangel des rechtlichen Grundes von Anfang an *kennt* oder später *erfährt*, ist von der Kenntnis an ebenso wie ein beklagter Schuldner gewarnt, daß er die Bereicherung herausgeben muß.[2]) § 819 I fingiert nur Rechtshängigkeit, nicht Verschulden, OGHZ 4, 81. Verzugsrecht gilt daher grundsätzlich nicht, arg. 990 II. Zur verschärften Haftung bei einer Geldschuld vgl. BAG AP Nr. 2 zu § 819 BGB = ESJ 120 — Geplantes Versehen —.

Beispiel zu § 819 I: Jemand fährt ohne zu bezahlen auf einen gebührenpflichtigen Parkplatz. Er sagt dem Parkplatzwächter, er wolle nicht zahlen, „sein Auto bewache sich ja selbst". — Der Autobesitzer ist um den Nutzwert der Parkfläche ungerechtfertigt bereichert (Eingriffskondiktion) und schuldet, da er den Nutzwert nicht herausgeben kann, den Geldwert dafür *als Entgelt*, 812 I 1, 818 II. Da er wegen seiner Weigerung, einen Vertrag zu schließen, den Mangel des rechtlichen Grundes von vornherein kennt, haftet er gemäß §§ 819 I, 818 IV, 279 ohne Einwand des Bereicherungswegfalls auf den Geldwert des Parkplatzes, also der Höhe nach auf das normale Vertragsentgelt. Zugleich kann er die übrigen, im normalen Vertragsentgelt abgegoltenen Leistungen (Bewachung, Versicherung) in Anspruch nehmen. Er „fährt" sozusagen nicht nur in den Parkraum, sondern in die komplette Vertragsstellung „hinein", ist aber um sie (wissentlich) ungerechtfertigt bereichert. Auf der anderen Seite kann die Parkplatzbewachungsgesellschaft sich ihrer Haftung nicht dadurch entledigen, daß sie vom Parkplatzbenutzer keine Gebühr verlangt, also ihren Anspruch aus § 812 nicht geltend macht, etwa um den Bereicherten um einen Kfz.-Diebstahlsversicherungsanspruch zu bringen. Sie ist daran *gebunden*, daß sie die Vertragsstellung bereitgehalten hat, in die der Parkplatzbenutzer einschließlich aller angebotenen Vertragsbedingungen (z. B. Versicherungsschutz) „hineinfahren" konnte. Dies folgt aus §§ 242, 812, wobei sich die Treupflicht konkret daraus ergibt, daß sich jemand, dessen öffentlich angebotene Leistung faktisch in Anspruch genommen worden ist, im Haftungsfall nicht auf den Mangel eines Vertrages berufen kann. Der Weg über die „faktischen Vertragsverhältnisse" (BGH; *Larenz*) ist nach der hier vertretenen Ansicht nicht nötig (im einzelnen dazu oben § 18 III 4e: Entgelthaftung als Fall der ungerechtfertigten Bereicherung). — Streitig ist, in welchem Umfang die Kenntnis und das Kennenmüssen von Hilfspersonen dem Bereicherungsschuldner in § 819 I zuzurechnen ist. Dem rechtsgeschäftsähnlichen Charakter der Leistungs- und Drittvermögenskondiktion entspricht am ehesten die analoge Anwendung von § 166, dem deliktsähnlichen der Eingriffskondiktion die Analogie zu § 831 (mit Exkulpation!). — Für Geschäftsbeschränkte gelten §§ 827 – 829 analog, auch bei Leistungs- und Drittvermögenskondiktionen, vgl. BGHZ 55, 128 — Flugreise — ; oben § 18 III 5a; nur wenn dadurch der Zweck einer Entmündigung durchkreuzt würde (RG JW 17, 465), gilt § 278 entsprechend.

3. *Gleichgestellte Fälle* sind Empfang unter Gesetzes- oder Sittenverstoß (819 II), Leistung zu einem als ungewiß angesehenen Erfolg (820 I 1) und Leistung bei von

---

[2]) Die Rechtsprechung neigt dazu, „Kenntnis" schon bei Kenntnis äußerer Umstände anzunehmen, aus denen der Bereicherungsschuldner das Fehlen des rechtlichen Grundes erschließen mußte, BGHZ 72, 9; OLG Hamm NJW 77, 1824.

Der Verpflichtete. Die Bereicherungseinrede. Konkurrenzen § 101
III 2

vornherein möglichem und dann eingetretenem Wegfall des rechtlichen Grundes (820 I 2). Der Bereicherte muß hier immer mit einem Anspruch rechnen und soll daher den § 818 III nicht in Anspruch nehmen dürfen.

Hierher gehören Vorauszahlungen auf Maklerprovisionen, Leistungen auf einen Grundstückskaufvertrag, an dessen Genehmigungsfähigkeit nach § 19 BBauG die Parteien zweifelten.

§ 101
Fortsetzung: Der Verpflichtete. Die Bereicherungseinrede. Konkurrenzen

I. Anspruchsgegner ist im Normalfall *der Bereicherte* im Sinne der §§ 812, 816 I 1, II (Leistungsempfänger, Auswerter, Auslagenbegünstigter).

II. Ausnahmsweise werden *Dritte* in den Bereicherungsanspruch einbezogen, 812 I 2, 822.

1. Verfügt der Nichtberechtigte unentgeltlich, so kann der, in dessen Eigentum wirksam eingegriffen wurde, nach § 816 I 1 beim Eingreifer nichts holen. Dann muß der Dritte, der unentgeltlich erwarb, herausgeben, was er erlangte (die Sache selbst, ersatzweise ihren Wert nach § 818 II), 816 I 2. Der Rechtsverkehr verdient bei unentgeltlichen Geschäften nicht den Gutglaubensschutz. § 816 I 2 entspricht dem Wesen der Eingriffskondiktion: Der wirtschaftliche Auswerter schuldet die Bereicherung. Das gilt auch bei verschenkten Grundstücken bezüglich nach § 892 erloschener Drittrechte, BGH NJW 82, 761 = BGHZ 81, 395.

2. Gibt der Bereicherte den Bereicherungsgegenstand unentgeltlich weiter, so muß der Drittempfänger herausgeben, allerdings nur insoweit, wie beim Bereicherten nichts zu holen ist (§ 818 III), 822. Hier wird einmal ausnahmsweise eine „Bereicherungskette" anerkannt, weil unentgeltlicher Erwerb weniger schutzbedürftig ist. (Dagegen ist § 816 I 2 keine Ausnahme vom Unmittelbarkeitserfordernis, weil dies bei Eingriffskondiktionen ohnehin nur ausnahmsweise gilt, oben § 99 IV 2b).

III. Die Bereicherungseinrede, 821

1. § 821 regelt nur einen besonderen Fall der allgemeinen „Bereicherungseinrede". Wer ohne rechtlichen Grund eine Verbindlichkeit eingeht, z. B. in Unkenntnis der Tilgung einer Schuld ein abstraktes Schuldversprechen nach § 780 wegen dieser Schuld erteilt, kann die Erfüllung der Verbindlichkeit stets verweigern („Einrede der Bereicherung").

Das gilt auch dann, wenn der Anspruch aus § 812 I 1 (materielle Leistungskondiktion) auf Befreiung von der Verbindlichkeit verjährt ist (§ 195: 30 Jahre), 821. Es handelt sich in § 821 um eine *echte Einrede*, die vorgebracht werden muß.

2. Wer aufgrund nichtigen Kaufvertrags Eigentum wirksam übertrug, aber noch Besitzer der Sache ist, kann dem Anspruch des Eigentümers aus § 985 entgegenhalten, daß es sinnlos wäre, erst den Anspruch aus § 985 zuzusprechen und dann den Verkäufer mit § 812 I 1 durchdringen zu lassen. Dies ist keine Frage des Bereicherungsrechts,

sondern es folgt aus dem Satz: „Dolo facit qui petit quod statim redditurus est", 242, vgl. oben § 27 III 5d cc. — Dies ist aber eine *Einwendung*, die im Prozeß, wenn die zugrunde liegenden Tatsachen in den Prozeßstoff eingeführt sind, auch dann vom Richter zu beachten ist, wenn sich der Bereicherungsgläubiger nicht darauf beruft.

IV. Konkurrenzen

v. Caemmerer, FS *G. Boehmer*, 1954, 145, 154ff.; *Dimopoulos-Vosikis*, Die bereicherungs- und deliktsrechtlichen Elemente der §§ 987 bis 1003 BGB, 1966; *Haas*, AcP 176, 1; *Hadding*, FS *Mühl*, 1981, 225; *Heckelmann*, JuS 77, 799; *Heimann-Trosien*, WPM 69, 314; *Köbl*, Das Eigentümer-Besitzer-Verhältnis im Anspruchssystem des BGB, 1971; *Pinger*, Funktion und dogmatische Einordnung des Eigentümer-Besitzer-Verhältnisses, 1973; *Reuter/Martinek*, Ungerechtfertigte Bereicherung, 1983, §§ 19—23; *Schmitt, Rolf*, Die Subsidiarität der Bereicherungsansprüche, 1969; *Waltjen*, AcP 175, 109; *Westermann, H. P.*, JuS 72, 18; *Wolf, Manfred*, AcP 166, 188; *ders.*, FS *Mühl*, 1981, 703; *Zimmermann, Reinhard*, Richterliches Moderationsrecht oder Totalnichtigkeit?, 1979.

1. Bereicherungs- und *vertragsrechtliche* Ansprüche schließen sich sinngemäß aus. Verträge *schaffen* Rechtsgründe, die §§ 812ff. setzen *fehlende* Rechtsgründe voraus. Wenn daher Verträge scheitern, z. B. mangels Vertretungsmacht, eröffnen Bereicherungsansprüche den Weg zu gerechtem Ausgleich, vgl. BGHZ 36, 30. Ausnahmsweise gelten §§ 812ff. und „unechte" Vertragsansprüche nach Art des § 557 nebeneinander, BGHZ 44, 241. Ebenso stehen Ansprüche aus § 179 neben §§ 812ff., BGHZ 36, 30. § 254 ist auf Bereicherungsansprüche grundsätzlich unanwendbar. BGHZ 37, 370; nach BGHZ 57, 137, 152 kann § 254 als Ausprägung des § 242 im Rahmen des § 818 III zur Berücksichtigung einer schuldhaften Mitverursachung des Kondiktionsgläubigers führen (vgl. oben § 100 VI 3); auch für §§ 818 IV, 819, 820 müßte eine Ausnahme gelten.

2. Die Ansprüche aus *Delikt* und Bereicherung können dagegen nebeneinander geltend gemacht werden, soweit es sich um den Schutz geordneter Güter handelt, soweit m. a. W. das Bereicherungsrecht reicht. Im Felde der Erwerbsfreiheiten kann es nur deliktischen, nicht bereicherungsrechtlichen Schutz geben, oben § 97 II, unten § 102 V 4.

3. Sehr streitig ist das Verhältnis von Bereicherungsansprüchen zu den Ansprüchen aus dem *Eigentümer-Besitzer-Verhältnis*, §§ 985ff. Die Rechtsprechung sieht in den §§ 985ff. grundsätzlich eine abschließende Sonderregelung (BGHZ 39, 186; 41, 157). In der Literatur werden verschiedene Wege beschritten. Sie reichen von einer Anspruchskonkurrenz der §§ 812ff. mit den §§ 985ff. (*Pinger* a. a. O.) bis zum Vorrang der Leistungskondiktion vor den Vindikationsansprüchen (*v. Caemmerer* a. a. O.). Ausgangspunkt ist § 993 I: Der redliche unrechtmäßige Besitzer soll nicht über die dort angegebenen Grenzen hinaus haften. Die Haftungsbegrenzung erstreckt sich nur auf die Herausgabe von Nutzungen und die Schadensersatzpflicht. Daher bleiben Bereicherungsansprüche, die sich richten auf die Herausgabe des *Besitzes* (condictio possessionis), auf Wertersatz wegen *Verbrauches* der Sache oder auf Herausgabe des Erlöses nach § 816 wegen wirksamer *Verfügung* eines

Der Verpflichtete. Die Bereicherungseinrede. Konkurrenzen **§ 101**
IV 3

Nichtberechtigten, unberührt; insoweit gelangen §§ 812 ff. neben §§ 985 ff. zur Anwendung.

Die Sperrwirkung des § 993 I 2 sollte Bereicherungsansprüche wegen gezogener *Nutzungen* eigentlich ausschließen. Dennoch setzt sich die h. M. im Schrifttum über § 993 I 2 hinweg, um einen Wertungswiderspruch zwischen § 818 und § 988 zu vermeiden: Ist nur das obligatorische Geschäft nichtig, muß der Empfänger rückübereignen und Nutzungen herausgeben, 818 I. Ist auch das dingliche Geschäft nichtig, kann er Nutzungen grundsätzlich behalten, 987, 988. Das würde bedeuten, daß bei Nichtigkeit des Kausal- *und* Verfügungsgeschäftes, also in den „schweren" Fällen, die Nutzungen beim Empfänger bleiben, in den „leichteren" dagegen nicht. Die h. L. wendet daher zu Recht §§ 812 ff. neben §§ 985 ff. an (*Erman/Hefermehl*, Rz. 16 vor § 987; *Esser*[2] § 188, 3 c bb; *Westermann*[5], § 31 III; *Baur*, § 11 B II 3; *Wolff/Raiser*[10], § 85 II 6; *Medicus*, BürgR, Rn. 596; abweichend aber *Esser/Weyers*, § 52 I 4 b; *Köbl* a. a. O., S. 259 ff. schlägt für die Fälle des Doppelmangels vor, die vindikatorische Rechtsstellung durch die weitergehenden Vorteile des Kondiktionsrechtes zu ergänzen).

Hat der redliche B die dem A von D gestohlene Sache dem D abgekauft, die Leistung erbracht, und war der Kaufvertrag nichtig, so kann A die Sache von B gem. § 985 herausverlangen, nicht aber die von B gezogenen Nutzungen, da diese Gegenstand der Leistungskondiktion D−B sind. B kann von D den Kaufpreis verlangen und die von D geltend gemachten Nutzungen in Höhe ihres Wertes saldieren. A kann die Nutzungen bei D als Nutzungsentgang liquidieren oder ihren Wert im Wege der Eingriffskondiktion herausverlangen.

Demgegenüber löst die Rechtsprechung (BGHZ 10, 350; 32, 76) den Wertungswiderspruch, indem sie den rechtsgrundlos Bereicherten dem unentgeltlichen Besitzer (988) gleichstellt. Diese systematisch eigenartige Gleichstellung „unentgeltlich = rechtsgrundlos" in § 988 ist auch vom Ergebnis her unbefriedigend, weil sie dem Besitzer, der an einen Dritten eine Gegenleistung erbracht hat, die Möglichkeit nimmt, diese Gegenleistung dem Anspruch auf Nutzungsherausgabe entgegenzuhalten. Mit Rücksicht darauf will BGHZ 37, 363 die Gleichstellung nur noch vornehmen, wenn der Erwerb ohne Vermögensopfer erfolgte; die Entscheidung ist zwar zu § 816 I 2 ergangen, doch liegt die Problematik gleich.

Für den Fall der *Verwendungen* folgert die Rechtsprechung aus dem „nur" in § 996, daß §§ 994 ff. eine erschöpfende Sonderregelung darstellen, BGHZ 41, 157. Dem folgt die überwiegende Meinung im Schrifttum (a. A. *Pinger* a. a. O., S. 100 ff.) für die Eingriffskondiktion und mit der Einschränkung, daß Aufwendungen, die keine Verwendungen im Sinn der §§ 994 ff. sind, entgegen BGHZ 41, 157 nach §§ 951, 812 kondiziert werden können (*Westermann*[5], § 33 I 3; a. A. *Baur*[12], § 11 C IV 1, der mittels eines weiten Verwendungsbegriffs alle Aufwendungen unter §§ 994 ff. subsumieren kann; vgl. auch BGHZ 55, 176). Dagegen sind Leistungskondiktionen neben §§ 994 ff.

möglich; die Überlegungen zur Nutzungsherausgabe gelten hier entsprechend (überwiegende Literaturmeinung, vgl. *Medicus*, BürgR, Rn. 895).

Im Ergebnis ist festzuhalten, daß
a) Leistungskondiktionen immer neben den §§ 985 ff. zur Anwendung kommen,
b) Eingriffskondiktionen von den §§ 985 ff. ausgeschlossen werden mit Ausnahme der Kondiktionen des Besitzes, wegen Verbrauches und wegen wirksamer Verfügung eines Nichtberechtigten.

16. Abschnitt
Unerlaubte Handlung

§ 102
Übersicht. Der Handlungsbegriff.
Verhältnis zu den vertraglichen Ansprüchen,
zur ungerechtfertigten Bereicherung und zum
Eigentümer-Besitzer-Verhältnis

Arens, AcP 170, 393; *Baur*, Entwicklung und Reform des Schadensersatzrechts, 1935; *Becker*, Das Recht der unerlaubten Handlungen, 1976; *Benöhr*, FS *Kaser*, 1976, 689; *Bötticher*, AcP 158, 385; *de Boor*, Gruchot 61, 758; *Brüggemeier*, AcP 182, 385; *Bruns, R.*, JuS 1971, 221; *Buchner/Roth, G.*, Unerlaubte Handlungen, 2. Aufl. 1984; *Bullinger*, FS *v. Caemmerer*, 1978, 297; *v. Caemmerer*, FS *Rabel*, 1954, 333; *ders.*, FS DJT, Bd. II, 1960, 49; *Deutsch*, JuS 67, 152; *ders.*, JZ 68, 721; *ders.*, FS *F. Weber*, 1975, 125; *ders.*, Haftungsrecht, Bd. I: Allgemeine Lehren, 1976; *ders.*, JZ 84, 308; *Dietz*, Anspruchskonkurrenz bei Vertragsverletzung und Delikt, 1934; *Eichler*, AcP 162, 401; *Esser*, AcP 148, 121; *Georgiades*, Die Anspruchskonkurrenz im Zivilrecht und Zivilprozeßrecht, 1967; *Großfeld*, Die Privatstrafe, 1961; *Henrici*, Gruchot 42, 625; *v. Hippel, Eike*, NJW 67, 1729; *Hohloch*, VersR 79, 199; *Hopt*, Schadensersatz aus unberechtigter Verfahrenseinleitung, 1968; *Huber, Ulrich*, Deliktsrecht, 1976; *Hüffer*, Der Rückgriff gegen den deliktisch handelnden Schädiger bei Entschädigungsleistungen Dritter, 1970; *Kluckhohn*, AcP 111, 394; *Knetsch*, Das Verhältnis von Vertrags- und Deliktsrecht, 1975; *Köbl, U.*, Das Eigentümer-Besitzer-Verhältnis im Anspruchssystem des BGB, 1971; *Kötz*, Deliktsrecht, 3. Aufl. 1983; *Kupisch/Krüger*, Deliktsrecht, 1983; *Lent*, Gesetzeskonkurrenz im bürgerlichen Recht, 2 Bände, 1912/17; *Leser*, AcP 183, 566; *v. Liszt*, Die Deliktsobligationen im System des BGB, 1898; *Frhr. Marschall v. Bieberstein*, BB 83, 467; *Marton*, AcP 162, 1; *Mauczka*, Der Rechtsgrund des Schadensersatzes außerhalb bestehender Schuldverhältnisse, 1904; *Mertens*, AcP 178, 227; *Mer-

Übersicht. Der Handlungsbegriff § 102 II

tens/Reeb, JuS 71, 409; 525; 586; JuS 72, 35; *Michaelis,* Beiträge zur Gliederung und Weiterbildung des Schadensersatzrechts, 1943; *Nipperdey,* NJW 67, 1985; *Nipperdey* u. a., Grundfragen der Reform des Schadensersatzrechts, Arbeitsbericht Nr. 14 ZDAkDR 1940; *o. A.,* JA 69 ZR 43 u. ö.; *Pinger,* Funktion und dogmatische Einordnung des Eigentümer-Besitzer-Verhältnisses, 1973; *Preuss,* Vertragsbruch als Delikt im anglo-amerikanischen Recht, 1977; *Rehbein,* Die Verletzung von Forderungsrechten durch Dritte, Diss. Freiburg, 1968; *Reinhardt,* AcP 148, 147; *Reinicke, H.,* Objektive Verantwortung im zivilen Deliktsrecht, 1960; *Reuter/Martinek,* Ungerechtfertigte Bereicherung, 1983, §§ 2–3; *Schilcher,* Theorie der sozialen Schadensverteilung, 1977; *Schlechtriem,* Vertragsordnung und außervertragliche Haftung, 1972; *ders.,* ZHW 133, 105; *Schmidt,* Die Gesetzeskonkurrenz im bürgerlichen Recht, 1915; *Schwab, Dieter,* JZ 67, 13; *Schwark,* AcP 179, 57; *Schwerdtner,* Jura 81, 414; 484; *Steiner,* Schadensverhütung als Alternative zum Schadensersatz, 1983; *Stoll, Heinrich,* JbAkDR 1936, 140; *Weyers,* Unfallschäden, Praxis und Ziele von Vorsorgesystemen, 1971; *Wiese,* DB 75, 2309; *Wilburg,* Die Elemente des Schadensrechts, 1941; *Wolf, Ernst,* AcP 170, 181; *Zeuner,* FS *Felgenträger,* 1969, 423 (für weiteres Schrifttum vgl. oben §§ 49, 51, 52, jeweils vor I; *MünchKomm/Mertens,* vor §§ 823–853 vor Rn. 1).

I. Über das Wesen der unerlaubten Handlung, den Charakter des Unrechts einer unerlaubten Handlung und über die Abgrenzung von der ungerechtfertigten Bereicherung wurde in § 97 oben Einleitendes gesagt. Dort findet sich auch das System entwickelt, das dem Recht der unerlaubten Handlungen zugrunde liegt. Im Gesetz sind die unerlaubten Handlungen in den §§ 823–853 am Ende des Schuldrechts geregelt. Die Ausdrücke „Delikt" und „unerlaubte Handlung" werden in Rechtsprechung und Lehre synonym verwendet.

Neben dem Deliktsrecht des BGB, das Ende des 19. Jahrhunderts konzipiert wurde und vom liberalistischen Geist geprägt ist, entwickelten sich – z. T. aus derselben Zeit stammend – andere konkurrierende Schadensausgleichssysteme in anderen Gesetzen, die die gesellschaftliche Schadensverteilung nach rechtsstaatlichen Prinzipien auf kollektiver Basis vornehmen (Schadensüberwälzung auf die Gemeinschaft: Privat- und Sozialversicherungsrecht), vgl.. dazu *Brüggemeier,* AcP 182, 385; *Leser,* AcP 183, 568; *MünchKomm/Mertens,* vor §§ 823–853 Rn. 9ff. Für die vollständige Lösung eines deliktsrechtlichen Falles müssen diese Teilsysteme der Schadensverteilung im Gutachten meistens berücksichtigt werden, die systematische Abhandlung dieser Materie kann jedoch nicht in einem Lehrbuch des Schuldrechts erfolgen.

II. Die folgende Darstellung unterscheidet die *Tatbestände* der unerlaubten Handlungen (§§ 103–112) und ihre Rechtsfolgen (§§ 113, 114). Der *Tatbestand* einer unerlaubten Handlung gliedert sich in den *objektiven* Tatbestand (§§ 103–111 III), in die *Rechtswidrigkeit* (§ 111 IV) und in den *subjektiven* Tatbestand (§ 111 V). Der *objektive* Tatbestand einer unerlaubten Handlung besteht aus der *Verletzungshandlung* (§§ 103–110), dem *Schaden* (§ 111 II) und der *Kausalität* zwischen Verletzungshandlung und Schaden (§ 111 III).

Die *Verletzungshandlungen* wiederum gliedern sich in drei Bereiche, die *Verschuldenshaftung* (§§ 103–108), die *Gefährdungshaftung* – ohne Verschulden – (§ 109) und die *Billigkeitshaftung* – ohne Verschulden und ohne Gefährdung – (§ 110).

Im Rahmen der *Verschuldenshaftung* sind die allgemeinen oder *Grundtatbestände* (§§ 103–105), die besonderen oder *Sondertatbestände* (§ 106), die Haftung für *fremde Tat* (§ 107) und die Haftung *mehrerer Schädiger* (§ 108) zu unterscheiden.

Die drei *Grundtatbestände* der Verschuldenshaftung sind die *Eingriffsdelikte* des

§ 823 I (§ 103), die *Schutzgesetzdelikte* des § 823 II (§ 104) und die *sittenwidrigen Schadenszufügungen* des § 826 (§ 105).

Die *Eingriffsdelikte* des § 823 I behandeln Eingriffe in *absolute Rechte* (§ 103 I), in *Rahmenrechte* (Unternehmen, Persönlichkeit — § 103 II) und Eingriffe in Leben, Gesundheit oder Eigentum durch Verletzung einer *Verkehrspflicht* (§ 103 III); zu dieser Einteilung im einzelnen § 97 oben.

III. Im *Gutachten* sollte stets die Reihenfolge der Prüfung des objektiven Tatbestandes, der Rechtswidrigkeit und des Verschuldens eingehalten werden. Daher ist zuerst zu untersuchen, ob eine *Verletzungshandlung* im Sinne der allgemeinen oder besonderen Verschuldenshaftung oder der Gefährdungshaftung gegeben ist. Danach ist zu prüfen, ob diese *Verletzungshandlung* einen *Schaden* herbeigeführt und ob die Verletzungshandlung den Schaden im Rechtssinne *verursacht* hat. Wird jedes dieser drei Merkmale bejaht, ist der objektive Tatbestand erfüllt. Hieran schließt sich die Untersuchung der Rechtswidrigkeit und der Schuld (erst Schuldfähigkeit, dann Schuldform). Fehlt die Schuld, ist die Billigkeitshaftung zu prüfen.

Damit ist die Tatbestandsseite abgeschlossen, und die Rechtsfolgen sind zusammenzustellen. — Angenommen, in einem gegebenen Fall ist zweifelhaft, ob und welche unerlaubte Handlung in objektiver Hinsicht gegeben ist. Dafür steht von vornherein fest, daß es an jeder Schuld fehlt. Im üblichen Gutachten ist es dann unzulässig, die Frage nach dem Ob und Was einer objektiv unerlaubten Handlung offenzulassen und zu sagen, es fehle offensichtlich an jeder Schuld. Von Schuld kann nur die Rede sein, wenn eine unerlaubte Handlung objektiv vorliegt und ihre Rechtswidrigkeit bejaht worden ist. Allerdings darf man sich in einem solchen Fall auf einige Andeutungen, welche unerlaubte Handlung in Betracht käme, beschränken. Auf zweifelhafte Fragen hinsichtlich des objektiven Tatbestands und der Rechtswidrigkeit einzugehen, hätte keinen Zweck.

IV. Der Handlungsbegriff — Tun und Unterlassen

1. Die *Einordnung* (Subsumtion) eines menschlichen Geschehens unter den Tatbestand einer unerlaubten Handlung setzt gedanklich die Umformung dieses menschlichen Geschehens in eine subsumierbare, auf ihre Unerlaubtheit zu prüfende *Handlung* voraus. Die Frage lautet zu Beginn: Was ist die zu prüfende *Handlung? Sie* steht am Anfang jeder Untersuchung, ob eine *unerlaubte* Handlung (im Strafrecht: ob eine Straftat) vorliegt. Es geht dabei um einen juristischen Kernvorgang, der — im Gutachten oft vernachlässigt — methodisch umstritten ist, vgl. dazu *Deutsch*, Haftungsrecht I, § 10; *Bekker*, S. 209 ff. Von der richtigen Bestimmung der zu prüfenden Handlung hängt aber praktisch immer das rechtliche Ergebnis ab.

Handlung im Rechtssinne ist ein der Bewußtseinskontrolle und Willenslenkung unterliegendes, beherrschbares menschliches Verhalten von rechtserheblicher Bedeutung, vgl. BGHZ 39, 103. Keine Handlungen sind unwillkürliche Reflexe, Verhalten unter physischem Zwang, unbeherrschbare Naturvorgänge, sowie rechtlich belangloses menschliches Verhalten.

2. Der philosophische Handlungsbegriff, der nur das *gewollte Tun* umfaßt, versagt, da das Recht auch fahrlässiges Tun und Unterlassen kennt. Der Vorwurf, nicht oder

nicht ausreichend gewollt zu haben, ist rechtlich genauso belangvoll wie der, etwas rechtlich Mißbilligtes gewollt zu haben. Der rechtliche Handlungsbegriff ist also weiter, er ist auch wertungsbestimmt (normativ), während der philosophische enger und deskriptiv ist. Handlung im Rechtssinne meint ein nicht notwendige willensgetragenes, aber typischerweise vom Willen beherrschbares menschliches Verhalten, das in einem *Tun* oder in einem *Unterlassen* bestehen kann. Dies ist das Hauptbedenken gegen die finale Handlungslehre, die den philosophischen, „finalen" Handlungsbegriff in die Rechtswissenschaft hineinträgt (ablehnend ebenfalls *Larenz*, II, § 71 I a; *ders.*, FS *Dölle* I 1963, 169 ff.). Die finale Handlungslehre muß, um auch die Fahrlässigkeitsdelikte zu erfassen, mit zwei verschiedenen Handlungsbegriffen arbeiten. Das ist zwar möglich, aber wegen des im Recht stets bestimmenden Normzwecks nicht nötig und, zumindest im BGB, wohl auch contra legem (276). Gerade weil die „Handlung" im zivilrechtlichen Sinne eine technische, vom Norminhalt bestimmte Größe ist, bedarf es nicht ihrer philosophischen Absicherung. Handlung im Rechtssinne ist ein juristischer Zweckbegriff. Der Zweck, auf den hin eine Handlung im Rechtssinne zu definieren ist, liegt in der rechtlichen Bewertung dieser Handlung. Wiederum gilt der Grundsatz der norma suprema.

Der traditionelle juristische Tatbestandsbegriff, der auf der Handlung im hier beschriebenen Sinne aufbaut, ist keine philosophische Wahrheit, sondern ein juristisches Hilfsmittel zur Gliederung der Handlungsbestandteile. Man kann die hier vertretene Deutung des Handlungsbegriffs eine „normative Handlungslehre" nennen, im Gegensatz zur „finalen Handlungslehre". Weil das Recht die Zwecke bestimmt, braucht der Handlungsbegriff nicht zweckbestimmt (final) zu sein. Wenn man den klassischen Tatbestandsbegriff mit seiner Einteilung in objektiven Tatbestand, Rechtswidrigkeit und Schuld nicht absolut nimmt, sondern ihn als Hilfsmittel einer normativen Handlungsauffassung betrachtet, gewinnt man einen einheitlichen Handlungsbegriff. Auch gestaltet sich die Bewertung der Handlung als recht oder unrecht unabhängig von ihrem deskriptiv-philosophischen Gehalt und nur nach den Zwecken des Rechts.

3. Der juristische Handlungsbegriff umschließt somit als normativer, d. h. ein menschliches Verhalten regelnder Begriff, das Wollen bei den vorsätzlichen Delikten *und* das Wollensollen bei den Fahrlässigkeitsdelikten. Auch die rechtlich oft notwendige Einbeziehung nichtgewollter Vorgänge, die zeitlich vor oder nach dem gewollten Handlungsgeschehen liegen, in den Begriff der Handlung ist nur vom Normzweck her, nicht philosophisch zu erklären. (Treffend *Larenz* a. a. O.: „Zurechnung zur Tat".) Wer einen anderen mutwillig verletzt, haftet wegen vorsätzlicher Körperverletzung für ein dabei ausgeschlagenes Auge auch dann, wenn er bei dem Überfall keineswegs an das Auge, sondern nur an die Verletzung dachte.

4. Nicht zur Handlung im Rechtssinne gehören außermenschliche Vorgänge, wie z. B. das Einschlagen eines Blitzes. Aber das Nichtanbringen eines Blitzableiters kann eine fahrlässige, unerlaubte Handlung sein, so daß das Abbrennen des Hauses durch Blitzschlag dann doch Folge einer unerlaubten Handlung ist. Keine Handlungen sind unbeherrschbare Körperbewegungen oder das Aus-der-Hand-Fallen von Gegenständen bei Bewußtlosen. Wenn ein Selbstmörder auf der Autobahn einem mit 120 km/h dahin fahrenden Auto in den Weg springt, so daß der Unfall schon geschehen ist, bevor der Fahrer überhaupt reagieren kann, so ist das Überfahren dieses Menschen keine Handlung. Taucht der Selbstmörder in einem Abstand vor dem Auto auf, bei dem eine Schnellbremsung möglicherweise noch zur Vermeidung oder Milderung des Unfalles führt, liegt eine Handlung des Fahrers vor, die nach Deliktsrecht, insb. nach dem StVG

zu bewerten ist. Nichts zeigt deutlicher den normativen Handlungsbegriff, den das Recht verwendet: Um sie *beurteilen* zu können, wird die Handlung bestimmt.

5. Schäden sind Folgen, nicht Teile von Handlungen. Der unmittelbar durch die Verletzungshandlung bewirkte Schaden (Verletzungsschaden) deckt sich zeitlich regelmäßig mit der Handlung. Erst recht nicht zur Handlung zählen Folgeschäden, z. B. Krankenhauskomplikationen, auch wenn sie noch adäquat verursacht sind, dazu oben § 50 I 3.

6. Keine Handlung liegt bei Zwang durch unmittelbare Gewalt (vis absoluta) vor, die dem Sichbewegenden die Körperbewegungen unwiderstehlich vorschreibt.

7. „Handlung" ist der Oberbegriff, der sich in „Tun" und „Unterlassen" scheidet. Beides, Tun und Unterlassen, kann vorsätzlich oder fahrlässig geschehen.

a) *Tun* ist ein der Außenwelt erkennbares Handeln, ein *Etwas* tun, z. B. Gehen, Fahren, Schreiben, Zahlen, Schlagen.

b) *Unterlassen* bedeutet: *Etwas* nicht tun (nicht etwa: Nichtstun!). Hierin zeigt sich das Normative des Handlungsbegriffs, denn das *Etwas* bedarf wertender Ermittlung. So allein kommt es auch, daß ein Unterlassen für einen Erfolg ursächlich sein kann: Ein Nichts kann nicht Ursache sein, ein Etwas-nicht-Tun dagegen wohl. Handlungspflichten (vgl. auch § 13 StGB) können sich ergeben aus:[1]

aa) Gesetz

bb) Vertrag

cc) vorausgegangenem Tun, das entweder gefahrerhöhend wirkt oder sich als tatsächliche Übernahme einer Verantwortung darstellt („vertraglose Pflichtübernahme")

dd) konkreter Lebensbeziehung wie Ehe, Familie, Verlöbnis, Bergkameradschaft

Nur wenn das Unterlassen gegen eine oder mehrere dieser Pflichten zum Tätigwerden, auch „Garantenstellungen" genannt, verstößt, ist es eine *Handlung*, die i. S. d. §§ 823 ff. *unerlaubt* sein kann. Dem Unrechtsurteil ist damit noch nicht vorgegriffen.

---

[1] S. dazu auch oben § 52 II 3 b, wo es um die Begründung der Rechtswidrigkeit von Unterlassungen geht; und § 13 StGB zur strafrechtlichen Behandlung der Unterlassung.

V. Das Verhältnis des Deliktsrechts zu den vertraglichen Ansprüchen, zur ungerechtfertigten Bereicherung und zum Eigentümer-Besitzer-Verhältnis

1. a) Beim Verhältnis *Vertrag-Delikt* geht es um das Verhältnis der engeren, vertraglichen Bindung zur allgemeineren Sorgfaltspflicht gegenüber den in einem Gefahrenbereich Befindlichen. Das spricht an sich für Spezialität der Vertragshaftung, so z. B. das französische Recht („non-cumul"). Im deutschen Recht ist man diesen Weg nicht gegangen. Nach herrschender Meinung stehen Ansprüche auf Vertragserfüllung sowie aus vertraglicher Leistungsstörung einerseits und aus unerlaubter Handlung andererseits in „Anspruchskonkurrenz" zueinander, d. h. sie können beide nebeneinander geltend gemacht werden, RGZ 88, 433; BGHZ 17, 214 = ESJ 108; *Dietz; Eichler; Georgiades.* Genau genommen handelt es sich, wenn der Anspruch auf dasselbe geht, um *einen* Anspruch mit *zwei* Begründungen, nicht um zwei getrennte Ansprüche (str.). Beide *Anspruchsgrundlagen* ergeben *einen* Anspruch. Sie können nur zusammen erfüllt oder abgetreten werden, nicht einzeln. Das *hindert nicht getrennt laufende Verjährungsfristen* für jede Anspruchsgrundlage (so BGHZ 66, 315 für das Verhältnis von Schadensersatzanspruch aus pVV, gestützt auf § 463 mit der Folge des § 477 – 6 Monate – zu dem aus Delikt – 3 Jahre gem. § 852 –), es sei denn, die Verjährung des vertraglichen Anspruchs ist kürzer als die des deliktischen *und* die längere deliktsrechtliche Verjährungsfrist läuft dem Zweck der kürzeren vertragsrechtlichen zuwider, BGHZ 55, 392. Letzteres ist dann der Fall, wenn *vertraglich* eine kürzere Verjährungsfrist vereinbart wurde, als sie § 852 für deliktische Ansprüche vorsieht, und weiterhin wenn *vom Gesetz* vorgesehene, kurze Verjährungsfristen für vertragliche Ansprüche einer möglichst raschen Abwicklung eines Vertragsverhältnisses dienen sollen, wie z. B. die der §§ 558, 581 II, 606, 1057: Hier schließt die kürzere vertragliche Verjährungsfrist die längere deliktische aus („einwirkende" Anspruchskonkurrenz); vgl. *Medicus,* BürgR Rn. 639f.

Vertragliche Haftungsmilderungen, die in Individualverträgen oder in Allgemeinen Geschäftsbedingungen vorgesehen sind, lassen die deliktische Haftung grundsätzlich unberührt, es sei denn, die vertraglich vereinbarte Haftungsmilderung sollte nach dem Willen der Parteien auch für die Deliktshaftung gelten, vgl. OGHZ 4, 263; ähnlich BGHZ 21, 214, 218 (Amtshaftung). An die Zulässigkeit der Haftungsmilderung bzw. des Haftungsausschlusses durch AGB werden allerdings strenge Anforderungen gestellt. Sieht das *Gesetz* eine Milderung der Vertragshaftung vor (vgl. §§ 680, 690, 708), so gilt diese Haftungseinschränkung auch für die deliktische Haftung. Bei schadensgeneigter Arbeit ist sowohl die Vertragshaftung als auch die Deliktshaftung des Arbeitnehmers eingeschränkt, jedoch nur im Verhältnis zum Arbeitgeber, nicht aber im Verhältnis zu Dritten, BGHZ 41, 203; hinsichtlich der Haftung gegenüber Dritten hat der Arbeitnehmer gegen den Arbeitgeber einen Freistellungsanspruch, s. dazu oben § 79 II 2 c bb).

Die gesamtschuldnerische Haftung nach § 840 i. V. m. § 426 II fordert, daß sich im Falle des Zusammentreffens von Vertrags- und Deliktshaftung der Schädiger nicht gegen Schadenszahlung den Vertragsanspruch *allein* abtreten lassen kann, um seine Quoten zu verbessern, die er nach § 426 II bekäme, BGHZ 17, 214.

b) Daneben können nach herrschender Meinung auch Ansprüche aus ungerechtfertigter Bereicherung geltend gemacht werden. Sie liegen aber naturgemäß dann nicht vor, wenn ein Vertrag als Rechtsgrund vorhanden ist. Ansprüche aus ungerechtfertigter

Bereicherung und Delikt können aber nach herrschender Meinung auf das gleiche gerichtet sein.

c) Neben alledem steht das Recht des *Eigentümer-Besitzer-Verhältnisses*, 985 ff. Auch diese Ansprüche können nach herrschender Meinung grundsätzlich *neben* Vertrag, Bereicherung und Delikt geltend gemacht werden, mit drei wichtigen *Ausnahmen:* Deliktsrecht gilt im Eigentümer-Besitzer-Verhältnis nur über § 992, also grundsätzlich *nicht*, sog. *„Sperrwirkung"* des § 992; hierin besteht ein wesentlicher Teil der „Privilegierung des redlichen Besitzers", 993 I 2. Aber Vertragsrecht gilt daneben, Bereicherungsrecht auch, und zwar in dem oben § 101 IV 3 dargestellten Umfang.

2. Nun ergibt sich aber ein Bruch im System, wenn man der — im wesentlichen *L. Raiser* (Eigentumsanspruch und Recht zum Besitz, FS *Martin Wolff*, 1952, 123 ff.; *ders.*, Sachenrecht[10], § 84 I 2 Anm. 3) zu verdankenden — Klärung folgt, daß das Eigentümer-Besitzer-Verhältnis der §§ 985, 987 ff. nur auf den *nichtberechtigten* Besitzer Anwendung findet, also eine „Vindikationslage" voraussetzt. Dies ist heute, aus hier nicht zu erörternden Gründen, zu Recht herrschende Meinung, BGHZ 27, 317; 31, 132; BGH NJW 64, 1853 (dazu *Söllner*, JuS 65, 449).

Wenn dem so ist, würden *nicht mehr* zum Besitz berechtigte Besitzer, z. B. gekündigte Mieter, Pächter, Verwahrer usw., nach den milderen Vorschriften der §§ 987 ff., und wegen § 992 nicht deliktisch haften, wenn man §§ 987 ff. auf sie überhaupt anwendet. Die noch herrschende Meinung tut dies. *Raiser* weist aber zu Recht darauf hin, daß dann ein ungekündigter Mieter aus Vertrag *und* Delikt, ein gekündigter nach dem vertraglichen Abwicklungsanspruch des § 556 I und nach §§ 987 ff., *nicht aber aus Delikt* haftet. Das ist in der Tat unpassend, weil kein Grund ersichtlich ist, den gekündigten Mieter deliktisch anders, ja sogar besser zu behandeln als den ungekündigten.

Raiser vertritt daher konsequent, daß die vertragliche Haftung einschließlich der vertraglichen Abwicklungsansprüche nach Art des § 556 I die Haftung nach §§ 987 ff. *verdrängt*. (Ebenso auch *Planck/Brodmann*[4], Anm. 3 vor § 985 unter Berufung auf *Siber;* ferner *v. Caemmerer*, FS für *Boehmer*, 1954, S. 154, Fn. 42). Diese Ansicht beschränkt daher das Eigentümer-Besitzer-Verhältnis auf den nichtvertraglichen Besitzer. Offenbar weil aber § 992 das Deliktsrecht dem Recht der Vindikation unterordnet, neigt *Raiser* dazu, auch das Deliktsrecht auf den vertraglich und nachvertraglich haftenden Besitzer grundsätzlich nicht, sondern nur in bestimmtem Umfang subsidiär anzuwenden.

Raiser gelangt daher zu folgender Konkurrenz:

a) Vertragliche und vertraglich zur Rückgabe verpflichtete Besitzer haften *nur* aus Vertrag. §§ 823 ff. gelten in gewissem Umfang „subsidiär"; §§ 987 ff. gelten nicht.

b) Besitzer, die der Vindikation ausgesetzt sind, haften nach §§ 987 ff. Ein Vertrag darf nicht vorliegen. §§ 823 ff. gelten nach § 992 grundsätzlich nicht.

c) Sonstige, insb. nichtbesitzende Eigentumsverletzer haften nach §§ 823 ff. allein.

Es bedarf indessen nicht dieser Konsequenz der an sich richtigen Auffassung, daß §§ 987 ff. nur für und gegen den unberechtigten Besitzer gelten. Das deutsche Recht kennt nicht das französische Prinzip des „non-cumul", also der gegenseitigen Verdrängung von Vertrags- und Deliktsrecht. Das Nebeneinandergelten vertraglicher und deliktischer Anspruchsgrundlagen ist schon seit dem gemeinen Recht herrschende Meinung. Da aber die Leugnung einer deliktischen Haftung nicht mehr berechtigter Vertragsbesitzer in der Tat unbillig ist und noch und nicht mehr berechtigte Vertragsbesit-

Das Verhältnis zu den vertraglichen Ansprüchen § 102
V 3

zer sinnvollerweise gleichbehandelt werden müssen, sollte man *beide* vertraglich *und* deliktisch haften lassen. Das bedeutet:

(1) Solange der zum Besitz berechtigende Vertrag besteht, haftet der Besitzer aus Vertrag und Delikt. Der Mieter, der die Mietsache an einen Gutgläubigen unwiederbringlich verschenkt, haftet dem vermietenden Eigentümer nach §§ 535, 242, 325 I 1 *und* nach § 823 I wegen Eigentumsverletzung. Nach §§ 987 ff. wird nicht gehaftet (wohl aber bestehen schuldrechtlicher und dinglicher Herausgabeanspruch *bezüglich der Sache selbst* nebeneinander, z. B. §§ 556 I, 985, vgl. BGHZ 34, 122).

(2) War das Besitzrecht untergegangen, als die Verletzungshandlung erfolgte, ist Schadensersatz nach §§ 556, 325 I 1 (604, 695, 280) zu leisten, *ebenso* nach § 823 I. Eine Haftung nach §§ 987 ff. ist ebenfalls gegeben, soweit, wie hier vorausgesetzt, die Verletzung eintrat, als die Vindikationslage bestand.

(3) Im *übrigen* haften unberechtigte Besitzer nach §§ 987 ff. mit der „Sperrwirkung" des § 992 und der „Privilegierung" des § 993 I 2, und

(4) sonstige Eigentumsschädiger nach §§ 823 ff.

Die These, daß §§ 987 ff. für nicht berechtigte Besitzer gelten, muß also für *nicht mehr* berechtigte, aber vertraglich zur Rückgabe verpflichtete Besitzer eingeschränkt werden, 556, 604, 695 u. ä. Für diese Besitzer gelten neben den vertraglichen Rückgabepflichten §§ 823 ff. unmittelbar, ohne Rücksicht darauf, daß sie nicht mehr zum Besitz berechtigt sind, ohne Rücksicht ferner darauf, ob sie noch für den andern oder schon für sich besitzen wollen. Dies ist übrigens nichts anderes als ein Teil der alten Lehre des RG vom „exzedierenden Fremdbesitzer" *vor* dem Auftreten der Lehre von der Vindikationslage, RG Seuff. A. 62, 105; RGZ 101, 307 (310); 106, 149 (152); 157, 132 (135). Mittlerweile ist das ganz überwiegende Meinung im Schrifttum (vgl. *Palandt/Bassenge,* vor § 987 Anm. 1 d). Auch BGHZ 54, 34 weist in diese Richtung.

Die Privilegierung des unberechtigten Besitzers nach §§ 987 ff. insb. durch § 993 I 2, bleibt nach der hier vorgetragenen Auffassung auf den Personenkreis beschränkt, der sie verdient: Die Besitzer, die mit dem Eigentümer durch Vertrag weder *verbunden sind noch waren,* die aber zum Eigentümer kraft des Besitzes an der Sache in einem spezifisch sachenrechtlichen Treueverhältnis stehen, aus dem u. a. begrenzte Herausgabe- und Obhutspflichten (vgl. §§ 987 – 990, 993), aber auch Verwendungsrechte (§§ 994 bis 1003) folgen. Wer hingegen aufgrund abgelaufenen oder gekündigten Vertrags besitzt und vertragsrechtlich rückgabepflichtig ist, oder wer auch nur glaubt, er sei es, verdient nicht besser behandelt zu werden als ein berechtigter Fremdbesitzer, verdient also die Privilegierung nicht. Ihn treffen volle vertragliche Obhutspflichten. Es ist aber auch kein durchschlagender Grund ersichtlich, einen vertraglich Haftenden von den allgemeinen deliktischen Sorgfaltspflichten (823 ff.) zu befreien.

3. Vom Grundsatz, daß die Sonderregelung der §§ 987 ff. gegenüber dem Deliktsrecht Vorrang hat, der vor allem aus §§ 992, 993 I 2. Halbsatz folgt, die sagen, daß der gutgläubige Eigenbesitzer, der sich zu Unrecht für den Eigentümer hält, auch dann nicht haftet, wenn er die Sache schuldhaft vernichtet, beschädigt oder aus einem anderen Grunde nicht herausgeben kann, gibt es *zwei weitere Ausnahmen:*

a) Eine Haftung nach § 823 I tritt trotz gegebener Vindikationslage ein, wenn ein Fremdbesitzer, der aufgrund eines ihm in Wahrheit nicht zustehenden Rechts für einen anderen besitzt (z. B. aufgrund nichtigen Mietvertrags), die Sache „schuldhaft" vernichtet, verschlechtert oder sonst nicht herausgeben kann (sog. *Exzeß des vermeintlich berechtigten Fremdbesitzers*). Für ihn trifft der Gedanke des § 993 I 2 „quasi rem suam neglexit" nicht zu. Er soll wie ein normaler Fremdbesitzer nach § 823 I haften. Der normale (zum Besitz berechtigte) Fremdbesitzer darf sich auf die günstigeren §§ 987 ff. nicht berufen, weil er dem Anspruch aus § 985 die zum Besitz berechtigende Einwendung nach § 986 entgegensetzen kann, also keine „Vindikationslage" besteht, st. Rspr., vgl. BGHZ 31, 133 (*Konkurrenz* mit der Haftung aus §§ 989, 990 möglich).

Diese von der herrschenden Meinung vorgetragene Begründung der Abgrenzung von § 823 I und §§ 985 ff. überzeugt im entscheidenden Punkte nicht: Der gutgläubige Eigenbesitzer, gegen den der Anspruch aus § 985 besteht, kann mangels Kenntnis dieses Anspruchs dem Eigentümer gegenüber gar nicht schuldhaft handeln, wenn er mit der Sache mutwillig oder nachlässig verfährt. Denn er weiß nicht, daß er damit in ein fremdes Recht eingreift. Er würde also auch nach § 823 I nicht haften (falls nicht ausnahmsweise die mangelnde Kenntnis verschuldet ist). — Wenn man die herrschende Meinung im Ergebnis aufrechterhalten will, was wegen der Interessenlage (oben V 2) und wegen des Aufbaus des BGB berechtigt ist, so muß man sie damit begründen, daß wegen des andersartigen *Rechtswidrigkeitszusammenhangs* (hier paßt das Wort einmal, vgl. aber oben § 49 III 4!) zwischen Eigentümer und gutgläubigem Eigenbesitzer dieser im Falle einer Vernachlässigung der Sache nicht nur nicht schuldhaft, sondern überhaupt nicht rechtswidrig handelt. Dann behält § 993 I 2 seinen guten Sinn.

Beispiele: Wer aufgrund offenen Dissenses bei der Einigung nach §§ 154, 929 nicht Eigentum erwirbt, haftet im Falle der Bösgläubigkeit dem Eigentümer nach §§ 990, 989, aber *nicht nach* § 823 I, wenn er die Sache schuldhaft zerstört, auf den durch die Vernichtung entstandenen Schaden. Der durch den Gebrauchsentzug bis zum Untergang der Sache erwachsene Schaden, der dem Eigentümer entstanden ist, muß aber nach § 823 I (Eigentumsverletzung) ersetzt werden: Der *Vorenthaltungsschaden* wird nicht nach §§ 985 ff., sondern nach § 823 I ersetzt. Die §§ 985 ff. beziehen sich auf Verlust und Beschädigung der Sache selbst und *nur* darauf. — Dieb und Hehler haften nach §§ 992, 823 ff. — Wer gutgläubig vom Hehler erwirbt, ist gutgläubiger, aber nichtberechtigter Eigenbesitzer, 935. Er haftet, wenn er die Sache verschlechtert, überhaupt nicht, 993 I 2. — Wer ein Auto mietet und es schuldhaft zerstört, haftet aus Mietvertrag und nach § 823 I wegen der Eigentumsverletzung. Gegen ihn bestand bis zum Untergang der Sache kein Vindikationsanspruch, 985, 986, 535. — War der Mietvertrag unerkannt nichtig, haftet er aus § 823 I (sog. *Fremdbesitzerexzeß*).

b) Ebenso wie der vermeintlich berechtigte Fremdbesitzer haftet auch der *sich einem Dritten verantwortlich fühlende Fremdbesitzer,* der dem Eigentümer gegenüber aber nicht zu dem über den Dritten abgeleiteten Besitz berechtigt ist, trotz der Vindikationslage nach § 991 II gemäß § 823. Der Gedanke ist der gleiche wie oben a): Wer trotz mangelnder Besitzberechtigung für den Eigentümer (a) oder einen mittelbaren Besitzer (b), 991 II, besitzt, soll sich auf das Privileg des § 993 I 2. Halbsatz nicht berufen dürfen. Zu Recht begründet *Siebert* (DGWR 40, 241) die Behandlung des exzedierenden Fremdbesitzers mit einer Analogie zu § 991 II.

c) „Sperrwirkung" und „Privilegierung" der §§ 987 ff. erleiden insgesamt also *drei* Einschränkungen:

(1) beim vermeintlich berechtigten Fremdbesitzer;

(2) beim Fremdbesitzer gemäß § 991 II;

(3) beim vertraglich rückgabepflichtigen Besitzer, dessen Besitzrecht beendet ist, 556, 604, 695 usw.

4. Das Verhältnis von *Bereicherungsrecht* und *Deliktsrecht* ergibt sich aus dem Grundsatz der Dualität von Schadensersatz und Restitution. Grundsätzlich können daher Ansprüche aus ungerechtfertigter Bereicherung und aus Delikt nebeneinander und kumulativ geltend gemacht werden, soweit es sich um den Schutz von zugeordneten Gütern handelt (soweit also das Bereicherungsrecht reicht), siehe oben § 97 II.

5. Es wird daher im Ergebnis der oben (unter 1) gekennzeichneten herrschenden Meinung des „cumul" gefolgt, mit zwei Abweichungen von der Ansicht der Rechtsprechung:

a) §§ 987, 988 verdrängen die Nutzungsregelung des § 818 I nicht.

b) §§ 823 ff. gelten trotz vorhandener Vindikationslage, d. h. entgegen § 992, auch im Verhältnis zwischen dem Eigentümer und einem aus Vertrag zwar nicht mehr zum Besitz berechtigten, aber vertraglich zur Rückgabe verpflichteten Besitzer (Beispiel: 556 I).

6. Das Ergebnis, daß Ansprüche aus Vertrag und aus unerlaubter Handlung nebeneinander geltend gemacht werden können, rechtfertigt sich auch aus der Überlegung, daß die gesamte Vertragshaftung aus dem Schadensgedanken zu erklären ist, oben § 5 I. Nur so gelingt es, daß ohne systematische Schwierigkeiten Sachverhalte, die eigentlich deliktsrechtlicher Beurteilung unterliegen, wegen der Unzulänglichkeiten des Deliktsrechts, insb. wegen der zu eng gefaßten Enumerierung in § 823 I und wegen des § 831, heute *dem Vertragsrecht* zugeordnet werden. Das geltende Vertragsrecht bewältigt insb. nachstehende Fallgruppen mit Vertragsregeln, obwohl es sich eigentlich um Deliktstatbestände handelt:

a) culpa in contrahendo und culpa post pactum perfectum, oben § 20 und § 27 III 6a bb (Erstreckung der Geltungs- und Haftungsgrenzen des Vertrags in *zeitlicher* Hinsicht)

b) Verträge mit Schutzwirkung für Dritte, oben § 37 VII (Erstreckung der *Geltungs*grenzen des Vertrags in *persönlicher* Hinsicht)

c) Drittschadensersatz, oben § 50 II 3 (Erstreckung der *Haftungs*grenzen des Vertrags in *persönlicher* Hinsicht)

d) Vertragliche Nebenpflichten, oben § 8 (Erstreckung der *Geltungs*grenzen des Vertrags im Hinblick auf den Vertrags*inhalt*)

e) Übererfüllungsmäßiges Interesse, oben § 47 (Erstreckung der *Haftungs*grenzen des Vertrags im Hinblick auf den Vertrags*inhalt*).

In zeitlicher, persönlicher und sachlicher Hinsicht hat sich also das Vertragsrecht in den deliktsrechtlichen Bereich vorgeschoben, und das bezüglich der Geltungs- *und* der Haftungsgrenzen des Vertrags, dazu oben § 26 I 5.

Umgekehrt erfahren vertragliche Ansprüche auch gelegentlich deliktischen Schutz. Abgesehen von § 826, der das gesamte Vermögen unmittelbar schützt, aber enge Voraussetzungen hat, gehören hierher z. B.:

f) Schutz der Forderungszuständigkeit, vgl. oben § 56 V

g) Schutz vertraglicher Besitzberechtigungen, soweit man den Besitz als „sonstiges Recht" in § 823 I anerkannt.

Es wäre daher nicht sinnentsprechend, Vertrags- und Deliktsrecht als sich gegenseitig ausschließende Gebiete zu verstehen. Die Verwandtschaft ist im gedanklichen Ansatz und in der anspruchsmäßigen Durchführung nicht zu verkennen.

1. Unterabschnitt: Die Tatbestände der unerlaubten Handlung

I. Die Verletzungshandlung

A. Die Verschuldenshaftung

1. Die allgemeinen Deliktstatbestände

§ 103
Eingriffsdelikte, 823 I

Literatur zu I 1 – 4:
Baumgärtel/Wittmann, FS *K. Schäfer,* 1980, 13; *Bentzien,* VersR 72, 1095; *Brüggemeier,* VersR 83, 501; *Deutsch,* NJW 65, 1985; *ders., JZ* 72, 551; *ders.,* VersR 74, 1045; *ders.,* Haftungsrecht, Bd. I: Allgemeine Lehren, 1976, § 2; *ders.,* FS *Hauß,* 1978, 43; *ders.,* in: 25 Jahre Karlsruher Forum (Beil. zu VersR), 1983, 93; *Fischer,* JuS 84, 434; *Fraenkel,* Tatbestand und Zurechnung bei § 823 Abs. 1 BGB, 1979; *Frank,* JA 79, 583; *Friedrich,* NJW 66, 755; *Grunsky,* JZ 75, 109; *Heldrich,* JZ 65, 593; *Hübner,* JuS 74, 496; *Keibel,* Eigentumsverletzung im Sinne des § 823 I bei Kauf- und werkvertraglichen Mängeln, 1984; *Laufs,* NJW 65, 1053; *ders.,* NJW 74, 2025; *Leser,* AcP 183, 568; *Möschel,* JuS 77, 1; *Rheinstein,* FS *v. Hippel,* 1967, 373; *Roth/Stielow,* MDR 65, 969; *Selb,* AcP 166, 76; *Stoll, Hans,* FS *Nipperdey,* 1965, 739; *ders., JZ* 72, 365; *Teichmann,* JA 79, 293 und 347; *Zeuner,* FS *Flume,* 1978, 775; *Zimmermann,* JZ 80, 10 (für weiteres Schrifttum vgl. *MünchKomm/Mertens,* § 823 vor Rn. 1).

Zu I 5:
Berg, JuS 61, 137; *Birk,* Rechtsgrundlagen zum Schadensersatz und zur Entschädigung bei Immissionen, 1983; *Boehmer,* AcP 155, 181; *v. Caemmerer,* FS DJT, Bd. II, 49; *ders.,* Karlsruher Forum 1961, 19; *Deutsch,* JZ 63, 385; *Fabricius,* AcP 160, 273; *Hagen,* JZ 83, 833; *v. Hippel, Eike,* NJW 65, 664; *Hubmann,* JuS 63, 98; *Jahr,* AcP 183, 725; *Jayme,* Die Familie im Recht der unerlaubten Handlung, 1971; *Klocke,* JuS 74, 75; *Löffler,* NJW 62, 225; 62, 993; *Medicus,* AcP 165, 115; *Reinhardt,* JZ 61, 713; *ders.,* Karlsruher Forum 1961, 3; *Raape,* IherJb 74, 179; *Rödig,* Erfüllung des Tatbestandes des § 823 Abs. 1 durch Schutzgesetzverstoß, 1973; *Schmid,* Zur Dogmatik der Klage auf Schutz des „räumlich-gegenständlichen Bereichs" der Ehe, 1983; *Schramm, Th.,* NJW 66, 2153; *Schulz-Schaeffer,* Das subjektive Recht im Gebiet der unerlaubten Handlung, 1915; *Schwab,* JuS 1961, 142; *Struck,* JZ 76, 160; *Weitnauer,* Karlsruher Forum 1961, 18; *Wieser,* JuS 70, 557; *ders.,* NJW 71, 597.

Zu I 6:
Canaris, FS *Flume,* Bd. I, 1978, 371; *Deuchler,* Die Haftung des Arztes für die unerwünschte Geburt eines Kindes („wrongful birth"), 1984; *Fischer,* JuS 84, 434; *Koziol,* Die Beeinträchtigung fremder Forderungsrechte, 1967; *Krasser,* Der Schutz vertraglicher Rechte gegen Eingriffe Dritter, 1971; *Löwisch,* Der Deliktsschutz relativer Rechte,

1970; *Otte,* JZ 69, 253; *Rehbein,* Die Verletzung von Forderungsrechten durch Dritte, Diss. Freiburg, 1968; *Schlund,* ArztR 82, 64.

Zu II 1:
Badura, AöR 98 (1973), 153; *Bettermann,* JZ 64, 601; *Biedenkopf,* JZ 65, 553; *Brecher,* Das Unternehmen als Rechtsgegenstand, 1953, 130ff.; *Buchner,* Die Bedeutung des Rechts am eingerichteten und ausgeübten Gewerbebetrieb für den deliktsrechtlichen Unternehmensschutz, 1971; *ders.,* DB 79, 1068; *Fabricius,* JuS 61, 151; *Fikentscher,* Wettbewerb und gewerblicher Rechtsschutz, 1958, 232ff.; *ders.,* FS *Kronstein* 1967, 261; *Gieseke,* GRUR 1950, 298; *Gitter,* JZ 65, 197; *Hager,* JZ 79, 53; *Helle,* Der Schutz der Persönlichkeit, der Ehre und des wirtschaftlichen Rufes im Privatrecht, 2. Aufl., 1969; *Herschel,* DB 75, 690; *Heymann,* GRUR 50, 298; *Hubmann,* ZHR 117, 50; *Isay, Rudolf,* Recht am Unternehmen, 1910; *Katzenberger,* Recht am Unternehmen und unlauterer Wettbewerb, 1967; *Kreft,* WM 77, 328; *Kübler,* Wirtschaftsordnung und Meinungsfreiheit, 1966; *ders.,* AcP 172, 177; *Leinemann,* ArbuR 70, 289; *Lerche,* FS *Gebhard Müller,* 1970, 197; *Löffler,* JZ 73, 565; *Löhr,* BB 74, 1140; *Löwisch/Meier-Rudolph,* JuS 82, 237; *Nipperdey,* Die Frage des Schutzes des Unternehmens nach § 823 BGB, Beiträge zum Wirtschaftsrecht, Bd. II. 1931, 446; *ders.,* Die Ersatzansprüche für die Schäden, die durch den von den Gewerkschaften gegen das geplante Betriebsverfassungsgesetz geführten Zeitungsstreik vom 27.–29. 5. 52 entstanden sind, 1953; *Oppkofer,* Unternehmensrecht, 1927; *Preusche,* Unternehmensschutz und Haftungsbeschränkung im Deliktsrecht, 1974; *Reuß,* AcP 156, 89; *Schippel,* Das Recht am eingerichteten und ausgeübten Gewerbebetrieb, 1956; *Scholler,* Person und Öffentlichkeit, 1967; *Schrauder,* Wettbewerbsverstöße als Eingriffe in das Recht am Gewerbebetrieb, 1970; *Schricker,* AcP 172, 203; *Scriba,* Anwendungsbereich und Konkretisierung des deliktsrechtlichen Unternehmensschutzes aus § 823 Abs. 1 BGB, Diss. Hamburg 1970; *Taupitz,* Haftung für Energieleiterstörungen durch Dritte, 1981, 117ff.; *Wiemann,* Der Deliktsschutz des Unternehmens im deutschen und französischen Recht, Diss. Münster 1970; *Wiethölter,* Zur politischen Funktion des Rechts am eingerichteten und ausgeübten Gewerbebetrieb, KritJ 1970, 121; *Wolf, Ernst,* FS v. *Hippel,* 1967, 665.

Zu II 2:
Bethge, Ufita 95, 251; *Brandner,* JZ 83, 689; *Brehmer/Voegeli,* JA 83, 374; v. d. *Dekken,* NJW 83, 1400; v. *Caemmerer,* FS v. *Hippel,* 1967, 27; *Ehlers,* WRP 83, 187; Entwurf eines Gesetzes zur Umordnung des zivilrechtlichen Persönlichkeits- und Ehrenschutzes, BT-Drucksache 217/59; *Erdsiek,* NJW 62, 622; *ders.,* FS *Reinhardt,* 1972, 69; v. *Gramm,* NJW 79, 513; *Heldrich,* FS *Heinrich Lange,* 1970, 163; *Helle,* a. a. O. II 1; *Hubmann,* NJW 62, 12; *ders.,* JuS 63, 98; *ders.,* Das Persönlichkeitsrecht, 2. Aufl. 1967; *Kastner,* NJW 82, 601; *Keßler,* DB 83, 269; *Knieper,* ZRP 74, 137; *Küchenhoff,* FS *Geiger,* 1974, 45; *Larenz,* NJW 55, 521; *ders.,* FS *Klingmüller,* 1974, 235; *Leßmann,* AcP 170, 266; *Mertens,* JuS 62, 261; *Neumann-Duesberg,* BB 57, 865; *Reinhardt, Rudolf,* Das Persönlichkeitsrecht in der geltenden Rechtsordnung, 1931; *ders.,* FS *Schwinge,* 1973, 127; *Sack,* WRP 82, 615; *Schlechtriem,* DRiZ 75, 65; *Schmidt, W.,* JZ 74, 241; *Schwerdtner,* Das Persönlichkeitsrecht in der deutschen Zivilrechtsordnung, 1977; *ders.,* JuS 78, 289; *Schwinge,* MDR 73, 801; *Simon,* Das allgemeine Persönlichkeitsrecht und seine gewerblichen Erscheinungsformen, 1981; *Steindorff,* Persönlichkeitsschutz im Zivilrecht, 1983; *Tettinger,* JZ 83, 317; *Trockel,* DRiZ 75, 47; Verhandlungen des 42. Deutschen Juristentages (Gutachten von *Bußmann,* Referate von *Larenz* und *Nipperdey*); *Weitnauer,* NJW 61, 107; *Wellbrock,* Persönlichkeitsschutz und Kommunikationsfreiheit, 1982; *Wronka,* WRP 75, 333.

§ 103 Unerlaubte Handlung

Zu III:
Arndt, DRiZ 62, 371; *ders.,* Die Straßenverkehrssicherungspflicht, 2. Aufl. 1973; *v. Bar,* Verkehrspflichten, 1980; *ders.,* in: 25 Jahre Karlsruher Forum (Beil. zu VersR), 1983, 80; *Bartlsperger,* DVBl 73, 465; *Brandenburg,* JuS 74, 710; *Canaris,* (II.) FS *Larenz,* 1983, 27; *Hepp,* NJW 73, 2085; *Hofacker,* Die Verkehrssicherungspflichten, 1919; *Hübner,* VersR 80, 795; *Hummel,* NJW 74, 170; *Jahn, F.-A.,* JuS 65, 165; *Jellinek, H. J.,* FS *W. Jellinek,* 1955, 565 ff.; *Marburger,* JurA 71, 481; *ders.,* Die Regeln der Technik im Recht, 1979; *ders.,* VersR 83, 597; *Mertens,* VersR 80, 397; *Nicklisch,* BB 83, 261; *Schmalzl,* NJW 56, 205; *Schröder, J.,* AcP 179, 567; *Ulmer, P.,* JZ 69, 163; *Vollmer,* JZ 77, 371; *Westen,* FS v. *Hippel,* 1967, 591.

Zu IV:
Adolff, Der Rechtsschutz des Käufers bei der Lieferung einer fehlerhaften Sache in der arbeitsteiligen Wirtschaft, Diss. Tüb. 1961; *Belz,* Schadensersatz und Produzentenhaftung, 1983; *Brüggemeier,* WM 82, 1294; *ders.,* VersR 83, 501; *v. Caemmerer,* ZBernJVer. 64, 368 (siehe auch vor § 102); *Canaris,* JZ 68, 484; *Cho,* Die Haftung des Warenherstellers gegenüber Endabnehmern und Dritten, Diss. Köln 1982; *Diederichsen,* AcP 165, 150; *ders.,* Die Haftung des Warenherstellers, 1967; *ders.,* NJW 78, 1281; *Dunz,* JZ 68, 54; *Dunz/Kraus,* Haftung für schädliche Ware, 1969; *Durchlaub,* DB 76, Beil. 3; *Ebel,* NJW 78, 49; *Gernhuber,* FS Nikisch, 1958, 249; *ders.,* Karlsr. Forum 63, 1; *Ficker,* FS v. *Caemmerer,* 1978, 343; *Garthe,* u. a., Produzentenhaftung, Stand 1983; *Giesen,* NJW 68, 1401; *Hasskarl,* BB 76, 165; *v. Hippel, E.,* BB 78, 721; *v. Hülsen/Hollmann,* RIW 84, 85; *Kossmann,* NJW 84, 1664; *Kullmann,* WM 81, 1322; *Leßmann,* JuS 78, 433; *Lindemeyer,* WRP 75, 285; *Lorenz,* JZ 60, 108; *ders.,* FS *Nottarp,* 1961, 59; *ders.,* JZ 61, 433; *ders.,* Karlsr. Forum 63, 8; *ders.,* in: Die Haftung des Warenherstellers, Bd. 28 der Arbeiten zur Rechtsvergleichung, 1966, 49; *ders.,* AcP 170, 367; *ders.,* RabelsZ 34, 14; *Lukes,* JuS 68, 345; *Markert,* Der zivilrechtliche Schutz des Konsumenten gegen Verletzungen seiner Rechtsgüter durch fehlerhaft hergestellte Produkte, Diss. Würzb. 1961; *ders.,* BB 64, 231 und 319; *Mayer,* BB 84, 568; *Micklitz,* NJW 83, 483; *Müller, Klaus,* AcP 165, 285; *Rebe,* JuS 74, 429; *Rehbinder, E.,* BB 65, 439; *ders.,* ZHW 129, 176; *ders.,* JuS 69, 208; *Sack,* BB 74, 1369; *ders.,* DAR 83, 1; *Schlechtriem,* JA 83, 255; *Schmidt-Salzer,* Produkthaftung im französischen, belgischen, deutschen, schweizerischen, englischen, kanadischen und US-amerikanischen Recht sowie in rechtspolitischer Sicht, 1974; *ders.,* Entscheidungssammlung Produkthaftung, 4. Bde, 1976/82; *ders.,* BB 80, 1; *ders.,* BB 83, 534 und 1251; *Schultz,* MDR 75, 26; *Simitis, Sp.,* Grundfragen der Produzentenhaftung, 1965; *ders.,* Gutachten für den 47. DJT, 1968; *ders.,* FS *Duden,* 1977, 605; *Steffen,* JR 68, 287; *Steindorff,* AcP 170, 93; *Stötter,* DB 65, 1620; *Such,* Wirtschaftsplanung und Sachmängelhaftung, 1949; *Teichmann,* BB 66, 173; *ders.,* JuS 68, 315; *Weimar, Wilh.,* MDR 63, 46; *ders.,* VersPrax 62, 16; *Weimar, Rob.,* Untersuchungen zum Problem der Produkthaftung, 1967; *Weitnauer,* NJW 68, 1593; *ders.,* AcP 168, 207; *ders.,* FS *Larenz,* 1973, 902; *Graf v. Westphalen,* Die Haftung des Warenherstellers im amerikanischen Recht und der Uniform Commercial Code, 1969; *ders.,* WiR 72, 67; *ders.,* Jura 83, 57; 113; 281; 348.

Man muß Eingriffe in absolute Rechte (I), in Rahmenrechte (II) und Eingriffe in Leben, Gesundheit oder Eigentum durch Verletzung einer Verkehrspflicht (III) oder einer Warenhaftpflicht (IV) unterscheiden.

I. Eingriffe in absolute Rechte

Als absolut geschützte Rechtsgüter zählt § 823 I Leben, Körper, Gesundheit, Freiheit, Eigentum und „sonstige Rechte" auf. Diese Aufzählung („Enumeration") ist erforderlich, weil nicht jeder Eingriff in den Rechtskreis einer Person eine zum Schadensersatz verpflichtende Handlung darstellt. Die genannten Rechtsgüter sind besonders ausgewählte, wichtige Bestandteile des Rechtskreises einer Person. In ihrer Gesamtheit machen sie keineswegs den ganzen Rechtskreis aus, denn zu den „sonstigen Rechten" im Sinne des § 823 I zählen z. B. nicht die Forderungen und auch nicht das Vermögen als solches. Wird allerdings eines der genannten absolut geschützten Rechtsgüter verletzt, dann ist nicht nur der an diesem Rechtsgut entstandene, sondern grundsätzlich der gesamte dadurch verursachte Vermögensschaden zu ersetzen, 823 I, 249. Der oft gehörte Satz, § 823 I schütze nicht das Vermögen, ist falsch. Vermögensschäden sind auch nach § 823 I zu ersetzen, *aber nur wenn zuvor eines der dort genannten absoluten Rechtsgüter verletzt ist.* (Es handelt sich um das Problem der Konkretisierung einer Generalklausel, das hier – wie überall – durch Vorschaltung gefestigter Positionen gelöst wird. Vgl. zu diesem Problem näher oben § 27 III 2 und 4a bei § 242; § 97 III 2 c, d, und grundsätzlich, wenn auch etwas anders als hier – nämlich im Sinne einer stufenweisen Konkretisierung – *Engisch,* Die Idee der Konkretisierung in Recht und Rechtswissenschaft unserer Zeit, 1953, 152f.; dazu auch *Fikentscher,* Methoden IV 371).

Wenn A den B „kidnappt" und in seinen Keller sperrt, schuldet A dem B nach § 823 I nicht nur die Rückgabe seiner Freiheit (Rückgängigmachen des Eingriffs in ein absolut geschütztes Rechtsgut), sondern auch den Verdienstausfall, den B dadurch erleidet, daß er während des Zwangsaufenthalts nicht seinem Beruf nachgehen kann. Oft kann der Verletzer den Eingriff selbst nicht mehr rückgängig machen. Dann ist nur Vermögensersatz geschuldet: C verprügelt den D, wodurch D Arzt- und Krankenhauskosten, ein Verdienstausfall und eine bleibende Erwerbsbehinderung entstehen (vgl. zum Letztgenannten § 843 – ein Vermögensschadensersatz!). Hat aber in diesem Fall der Bruder E des D den D im Krankenhaus besucht, weil man zweitweilig annahm, daß D sterben würde, kann E von C keinen Ersatz seines Vermögensschadens (Reisekosten) verlangen, weil C kein absolut geschütztes Gut des E verletzt hat. Geschwisterliche Verbundenheit ist kein Recht im Sinne des § 823 I. Auch kann D nur seinen Schaden, nicht den seines Bruders E von C ersetzen verlangen (dazu grundsätzlich oben § 50 II und unten § 113 IV): „Reine" Vermögensschäden werden nicht ersetzt. Den E trifft ein Schaden, aber kein Unrecht *(Esser).*

Absolut bedeutet im Zusammenhang mit den in § 823 I genannten Rechten, daß die Rechtsgüter gegen Eingriffe durch *jedermann* geschützt sind, im Unterschied zu den von § 823 I nicht erfaßten Forderungsrechten, die nur vom Gläubiger oder Schuldner verletzt werden können. Das trifft übrigens auch für Rahmenrechte und durch Verletzung von Verkehrspflichten geschädigte Rechtsgüter zu.

Man spricht in § 823 I von den *absoluten Rechten* oder *Rechtsgütern*, im Unterschied zu den Schutzgesetzgütern im Sinne des § 823 II. Zu Recht weist *Larenz*, II, § 72 Ia, darauf hin, daß die vier genannten Persönlichkeitsgüter Leben, Körper, Gesundheit und Freiheit keine „subjektiven Rechte", wie das Eigentum und andere Herrschaftsrechte *sind*, sondern ihnen nur *gleichgestellt* werden. Man hat kein „Recht an seinem Leben", über das man verfügen könnte wie über das Sacheigentum: Tötung auf Verlangen ist rechtswidrig, 216 StGB. Indes hat diese Unterscheidung zwischen Persönlichkeitsgütern und Rechtsgütern in § 823 I keine Rechtsfolgen. Für das Deliktsrecht bewirkt sie keinen Unterschied, da es für den deliktischen Schutz, abgesehen vom Problem der Einwilligung als Rechtfertigungsgrund, nicht darauf ankommt, ob der Gegenstand, dessen Zuordnung an eine Person geschützt wird, zu ihrer Verfügung steht (wie z. B. das Eigentum) oder nicht (z. B. das Leben).

Der Begriff des „*subjektiven Rechts*" ist ohnehin, wenn es um bürgerlich-rechtliche Fragen geht, eine zu weit getriebene Abstraktion. Ansprüche sind etwas anderes als Gestaltungsrechte, die auf Ansprüche einwirken, und das Eigentum hat für § 812 eine andere Funktion als für § 823 I (oben § 97 III 2a). In § 812 dient es der *Güterzuordnung* an eine Person, in Abgrenzung von anderen Personen oder zur Gemeinfreiheit eines Gutes. In § 823 I dient das Eigentum zur Unrechtsindizierung menschlichen *Verhaltens*. Das sind verschiedene Zwecke, die zu unterschiedlichen Rechtswidrigkeitsbegriffen gehören, oben § 97 III 2a. So betrachtet ist der Ausdruck „subjektives Recht" in *§ 823 I* nichtssagend. Er taugt jedoch für allgemeinere Zwecke, z. B. zur Abgrenzung vom objektiven Recht. Der Begriff des subjektiven Rechts hat also keine Rechtsfolgen. „Subjektiv" bedeutet nur eine Qualifizierung bestimmter Teile des objektiven Rechts als personenbezogen, genauer: „den Personen zugeordnet". § 823 I schützt nur einen kleinen Ausschnitt der subjektiven Rechte. Es fehlen insb. die Vertrags- und die Gestaltungsrechte. Passend für die in § 823 I geschützten Rechte ist aber der Ausdruck: „absolut geschützte Rechtsgüter". Er umfaßt sowohl Persönlichkeits- als auch Herrschaftsrechte.

Im einzelnen sind folgende Rechtsgüter absolut geschützt:

1. Leben

Wer einen andern unmittelbar tötet, schuldet zwar nicht ihm Schadensersatz, denn wer tot ist, hat keinen Schaden (!), wohl aber bestimmten Dritten, namentlich Unterhaltsberechtigten, 844–846 (dazu unten § 113 IV). Auch hier zeigt sich deutlich der Unterschied zwischen verletztem Recht (Leben) und Schaden (ein solcher entsteht dem Getöteten nicht). Wer einen andern schuldhaft so verletzt, daß er bald im Krankenhaus stirbt, muß die Krankenhauskosten dem Verletzten, nach seinem Tod den Erben ersetzen, die den Anspruch geerbt haben. Verletzt sind dabei zunächst der Körper und die Gesundheit, danach noch das Leben. Die den Dritten selbständig erwachsenden Ansprüche nach §§ 823 I, 844–846 kommen hinzu. Einwilligung in die Tötung beseitigt wegen Sittenwidrigkeit nicht die Rechtswidrigkeit, arg. § 216 StGB. – Ein *Recht auf Nicht-Leben*, d. h. auf Nichtgeborenwerden eines wahrscheinlich behindert zur Welt kommenden Kindes, haben weder das Kind selbst noch seine Eltern. Ihnen kann aber ein Schadensersatzanspruch wegen der Mehrkosten des Unterhalts gegen den schuldhaft falsch beratenden Arzt zustehen, BGHZ 86, 240 – wrongful life –, s. u. 6d und e.

2. Körper, Gesundheit

Eine Körperverletzung liegt vor, wenn die körperliche Integrität (z. B. durch Zufügung einer Wunde, aber auch durch heimliches Abschneiden der Haare), eine Gesundheitsverletzung, wenn der Ablauf der inneren Lebensvorgänge, auch der seelischen, durch Eingriff gestört werden. Der Eingriff kann physisch oder auch psychisch geschehen, z. B. durch Schreck, vgl. OLG Frankfurt JZ 82, 201 m. Anm. *Stoll.*
Die Rechtsprechung bemüht sich in verschiedener Weise, die Haftung für Körperschäden nicht ausufern zu lassen. In den *Schockschadensfällen* (Überbringung der Nachricht vom tödlichen Unfall eines nahen Verwandten löst Schock aus) begrenzt sie das Tatbestandsmerkmal „Gesundheitsstörung" mittels einer Wertung anhand der allgemeinen Verkehrsauffassung. Nur solche medizinisch erfaßbaren Auswirkungen, die über die gesundheitlichen Beeinträchtigungen, denen nahe Angehörige bei Todesnachrichten erfahrungsgemäß ausgesetzt sind, hinausgehen, sollen Gesundheitsbeschädigungen i. S. d. § 823 sein (BGHZ 56, 163). Dagegen argumentiert der BGH in den Verfolgungsfällen (ein Polizist verfolgt einen auf frischer Tat Ertappten und verletzt sich dabei), die Körperverletzung könne bei wertender Betrachtung dem Verfolgten nur dann zugerechnet werden, wenn er das übliche Verfolgungsrisiko gesteigert hat (BGHZ 63, 189). Diese Fälle ließen sich einheitlich nach der Theorie der Schadenszurechnung lösen (oben § 49). Es mangelt allerdings zur Zeit noch an brauchbaren allgemeinen Kriterien, die Normerstreckung des Gesundheitsschutzes in § 823 zu bestimmen. Zweifelhaft ist, ob der in den Schockschadensfällen aufgezeigte Weg verallgemeinert werden kann, insbesondere angesichts des zunehmenden Bewußtseins psychosomatischer Zusammenhänge (Chef rügt Sekretärin übermäßig gereizt, sie bekommt Gastritis; Autofahrer beleidigt anderen so, daß dieser Herzattacke erleidet).
Kunstgerechte ärztliche Eingriffe sind durch Einwilligung oder, etwa im Fall der Bewußtlosigkeit nach einem Unfall, durch objektiv zu vermutende Einwilligung gedeckt, andernfalls rechtswidrig, ebenso wie ärztliche Kunstfehler. Diese Auffassung, die eine Rechtfertigung auch des kunstgerechten ärztlichen Eingriffs verlangt, und ihn nicht als „sozialadäquat" schon dem Tatbestand einer unerlaubten Handlung entzieht, scheint neuerdings wieder zu überwiegen, auch in der Rechtsprechung ist sie herrschend, vgl. BGH NJW 74, 1422; zu Recht, soweit es sich um Unfälle und Erkrankungen handelt, deren Ob, Wann und Wie einer Heilung Entscheidung des Patienten bleiben muß. Anders bei Seuchen. Hier ist eine grundlose Weigerung gegen einen heilenden Eingriff sittenwidrig und unbeachtlich, ein trotzdem erfolgter Eingriff gerechtfertigt durch übergesetzlichen Notstand (zum Beweisverfahren im Arzthaftungsprozeß grundsätzlich BGH NJW 80, 2751 mit Anm. *Emmerich,* JuS 81, 223; s. auch o. § 97 Anm. 6).
Gesundheitsbeschädigungen sind auch am menschlichen Embryo möglich (sog. *pränatale Schädigungen*), unabhängig von Gesundheitsbeschädigungen der Mutter. Allerdings setzt die Entstehung des Anspruchs voraus, daß der *nondum conceptus* oder *nasciturus* zur rechtsfähigen Person, d. h. lebend geboren wird, vgl. § 1. Der Schaden kann schon vorher entstehen, auch schon vor der Zeugung. Im Zeitpunkt der Geburt entsteht dann auch erst der Schaden im Rechtssinne, obwohl er schon vorher angelegt war (sog. Distanzschaden), BGHZ 8, 243, BGHZ 58, 48, str.

3. Freiheit

Hierunter ist nach durchaus herrschender Auffassung nur die körperliche Bewegungsfreiheit zu verstehen, die beeinträchtigt ist, wenn strafrechtlich der Tatbestand der Freiheitsberaubung (239 StGB) vorliegt oder sonst in die freigewählte Ortsbestimmung eingegriffen wird.

Freilich ist der allgemeine Freiheitsschutz der Person, weil notwendig, durch die Hintertür der „sonstigen Rechte" wieder in das Deliktsrecht hereingekommen: Im persönlichen Bereich als Bestandteil des „allgemeinen Persönlichkeitsrechts", im wirtschaftlichen Bereich als Bestandteil des „Rechts am Unternehmen" (dazu unten bei den „Rahmenrechten", II). Nur geht es dabei niemals um *absolut* geschützte Rechtsgüter. Die allgemeine Freiheit („Entfaltungsfreiheit") bedarf deliktischen Schutzes, aber erst nach Abwägung mit dem Bestandsschutz, vgl. oben § 97 II 1.

4. Eigentum

Während Leben, Körper, Gesundheit und Bewegungsfreiheit einer Person als Ausdruck ihrer persönlichen Beziehungen deliktisch geschützt sind, geht es beim Schutz des Eigentums und der „sonstigen Rechte" in § 823 I insb. um die wirtschaftliche Sicherstellung der Person. Die Unterscheidung in Persönlichkeitsgüter und Herrschaftsrechte deutet dies an.

Der deliktische Eigentumsschutz umfaßt alle Vorteile, die aus dem Eigentum gezogen werden können: Gebrauch, Nutzung, Verfügung über Eigentum und ihre Negationen. Verletzungshandlungen sind nicht auf Eingriffe in die Sachsubstanz beschränkt, BGHZ 55, 153. Auch Schäden, die wertmäßig weit über den schädigenden Eingriff in die Sachsubstanz hinausgehen, sind zu ersetzen, BGHZ 67, 359 (schadhafter Schwimmschalter legt ganze Anlage still); ähnlich BGHZ 69, 1 (Grundwasserentzug). So ist es auch eine Eigentumsverletzung, wenn jemand eines andern Eigentum vernichtet, entzieht, beschädigt, gebraucht, verbraucht, den Gebrauch stört oder unberechtigt, aber wirksam darüber verfügt (z. B. nach § 932). Wer nach § 932 trotz leichter Fahrlässigkeit bezüglich der Eigentumslage wirksam erwirbt, darf sinngemäß nicht nach §§ 823 I, 249 zur Rückübereignung verpflichtet sein, sonst liefe § 932 insoweit leer. In diesen Fällen muß man mit einem Argument aus § 932 den Schuldmaßstab in § 823 I auf Vorsatz und *grobe* Fahrlässigkeit beschränken, im Erg. ebenso BGH JZ 56, 490.

Im Verhältnis eines Eigentümers zum Besitzer geht aber, sofern und solange die „Vindikationslage" nach § 985 besteht, grundsätzlich die Sonderregelung der §§ 987ff. vor, oben § 102 V 2, 3.

5. Sonstige Rechte

Unter „sonstigen Rechten" versteht § 823 I nur absolute, d. h. von jedermann zu beachtende und gegen jedermann durchsetzbare Rechte. Nicht unter § 823 I fallen relative Rechte, insb. Forderungen sowie Gestaltungsrechte. Sie sind als solche deliktisch grundsätzlich nicht geschützt. Absolute, deliktisch geschützte „sonstige Rechte" sind insbesondere:

a) *dingliche Rechte:* Grundpfandrechte (BGHZ 65, 211), Fahrnispfand (auch an Forderungen (!), dazu oben § 56 V), Nießbrauch, Dienstbarkeiten, Wohnungseigentum, Erbbaurecht, dingl. Vorkaufsrecht.

b) *Anwartschaftsrechte,* z. B. das des Eigentumsvorbehaltskäufers, 455, 161 I (gegen den Verkäufer und Eigentümer nur über § 992 analog!); das des Nacherben, 2100. Ob der Auflassungsempfänger ein nach § 823 I geschütztes Anwartschaftsrecht hat, ist str. Grundsätzlich ablehnend, jedenfalls wenn der Eintragungsantrag vom Grundbuchamt zurückgewiesen ist, BGHZ 45, 186.

c) Der *Besitz* ist, entgegen der herrschenden Meinung (vgl. die ältere RG-Entscheidung 91, 65), für sich genommen *kein* „sonstiges Recht", sondern ein in bestimmten

Beziehungen (854 ff., 1007) rechtlich geschütztes tatsächliches Verhältnis. Der Besitz ist nun einmal kein Recht, 854 ff., richtig BGHZ 32, 194; BGHZ 73, 355 (362): Kein Anspruch des Untermieters wegen Besitzentzug gegen Vermieter; ebenso BGHZ 79, 232. Wohl aber ist ein sachen- oder schuldrechtliches *Recht zum Besitz* ein deliktisch geschütztes „sonstiges Recht" (zutreffend *Larenz*, II, § 72 I a). Unmittelbarer und mittelbarer Besitz sind dabei gleich zu behandeln. Nur darf man dem mittelbaren Besitzer keine Deliktsansprüche auf dieser Grundlage gegen den unmittelbaren Besitzer gewähren, da es dann um die Forderung selbst, nicht um Besitzschutz geht, vgl. RG JW 31, 2904; BGHZ 62, 243 (insb. auch zum Verhältnis der §§ 854 ff. zu § 823).

Beispiele: Der Verkäufer übergibt die Sache noch vor Übereignung dem Käufer, dem ein Dieb sie stiehlt. Der Verkäufer als Eigentümer hat gegen den Dieb Ansprüche aus §§ 985 ff., der Käufer wegen der entgangenen Nutzung aus § 823 I 1. (Hierin liegt ein unmittelbarer deliktischer Schutz des Anspruchs auf Übereignung, 433 I 1, der als solcher wegen seiner Relativität kein „sonstiges Recht" im Sinne des § 823 I ist.) – Dagegen hat der Finder einer Sache nur Rechte aus §§ 854 ff., 1007, nicht aus § 823 I, anders die herrschende Meinung.

d) *Aneignungsrechte*, vgl. §§ 954, 1013, 1030, 1039, 1213.

e) *Immaterialgüterrechte* (Ausdruck von *Kohler*, im Anschluß an *Schopenhauer*, zur Gegenüberstellung mit den „Materialgüterrechten", wie Eigentum, Pfandrecht usw.): Patent (z. B. BGHZ 71, 86; 77, 16), Urheberrechte, Warenzeichen, Ausstattung (§ 25 WZG); auch das Recht an der verliehenen (Ausstellungs-)Medaille, RGZ 109, 52; *nicht dagegen:* die ungeschützte Erfindung, Betriebserfahrungen, know how (insoweit Schutz hauptsächlich nach Wettbewerbsrecht).

f) *Namensrechte:* Name, 12, BGHZ 79, 265; 81, 75 – Carrera –; Firma, 17 HGB, BGHZ 32, 103; Wappen.

g) *Besondere Persönlichkeitsrechte*. Siehe dazu unten II 2 a – e.

h) *Familienrechte.* Unstreitig ist die elterliche Gewalt (1626 ff.) ein absolut geschütztes Recht (RG JW 13, 202), das im Falle der Verletzung durch Dritte, etwa durch Vorenthaltung des Kindes oder sonstige Beeinträchtigung der Einwirkung auf das Kind, zum Schadensersatz nach § 823 I berechtigt.

Streitig ist, ob der Anspruch der Ehegatten gegeneinander aus § 1353 I auf eheliche Lebensgemeinschaft ein *sonstiges* Recht im Sinne des § 823 I ist. Anerkannt ist, daß der räumlich-gegenständliche Bereich der Ehegatten gegen Drittstörer mit einer Abwehrklage (Ehestörungsklage, vgl. unten § 114) verteidigt werden kann. Darüber hinausgehende Ansprüche werden von der Rechtsprechung abgelehnt, da sie entgegen § 888 II ZPO mittelbar zu einer Erzwingung der ehelichen Pflichten führen könnten (vgl. BGHZ 37, 38; 46, 392), so insbesondere auch Schadensersatzansprüche gegen den Ehebrecher (BGHZ 23, 215 und 279; 57, 229; BGH NJW 73, 991 zu Nichtvermögensschäden). Das familienrechtliche Schrifttum bejaht solche Ansprüche überwiegend (Nachweise bei *Larenz*, II, § 72 I a). Aufwendungen für den Unterhalt des unehelichen Kindes kann der Ehemann der Mutter gegen den Erzeuger nur im Rahmen der §§ 1610, 1615 b ff., nicht nach § 823 I geltend machen; dies gilt auch für die Inanspruchnahme des Ehebrechers durch den Ehemann für die Kosten des Ehelichkeitsanfechtungsprozesses (BGHZ 57, 229 m. Anm. Wagner NJW 72, 577).

Viel hängt, wie vor allem *Esser* betont, davon ab, wie weit man den gesetzlichen Schutz der Ehe auch in den vermögensrechtlichen Bereich ausdehen will. Gangbar scheint der Weg zu sein, in § 1353 I ein beiderseits höchstpersönlich berechtigendes und verpflichtendes, aber auch vermögensrechtlich-deliktisch geschütztes Rechts- und Pflichtenverhältnis zu sehen. Das folgt aus der Lebensgemeinschaft von Mann und Frau in der Ehe, die auch ihre wirtschaftlich-finanzielle Seite hat. Ein ungetreuer Ehegatte muß wissen, daß sein Davonlaufen den Partner u. a. auch wirtschaftlich treffen kann. Da § 1353 I auch Fürsorge für die Kinder einschließt, bietet sich auf diese Weise die Möglichkeit, unabhängig von der Geltendmachung der Ansprüche aus Getrenntleben und Scheidung Schadensersatzansprüche für die Kosten einer Kinderpflegerin zu erheben. Andererseits ergibt sich aus der beiderseitigen Höchstpersönlichkeit des ehelichen Verhältnisses, daß der Dritte, der Ehestörer, nicht belangt werden kann. Für begangene Fehler in der Ehe müssen die Gatten einander allein einstehen, auch in Bezug auf die wirtschaftlichen Folgen, arg. § 1359. Das gilt auch zu Lasten des „unschuldigen" Teils. Wo § 826 zutrifft, mag auch der Dritte haften. Zur Durchführung dieses Gedankens in der Schadensersatztheorie (Normrelevanz) oben § 49 III.

6. Keine „sonstigen Rechte" sind:

a) *Forderungen.* Über ihre relative Wirkung oben § 15. Sie berechtigen nur den Gläubiger, verpflichten nur den Schuldner und sind für Dritte grundsätzlich unbeachtlich. Da sie also keinen absoluten Schutz genießen, ist es folgerichtig, einen deliktischen Schutz grundsätzlich zu versagen, BGHZ 12, 317f.

Beispiel: A verkauft sein Auto an B zu späterer Lieferung. Dann verkauft und übereignet er es auf Drängen des C, der von dem Vertrag mit A wußte, zu einem höheren Preis an C. B hat nur gegen A Ansprüche auf Schadensersatz aus §§ 440 I, 325, nicht aus §§ 823 ff. Gegen C kann B nichts unternehmen, auch wenn C's Drängen bei A den Ausschlag gab.

Eine sittenwidrige Schädigung (826) ist in einer derartigen Einmischung in bestehende Vertragspflichten (meist in Verbindung mit preislichen Unter- oder Überbietungen) nicht zu sehen, solange nicht erschwerende Umstände, wie Täuschungen, Absicht wirtschaftlicher Vernichtung, Versprechen des Aufkommenwollens für die Schadensersatzpflicht des Vertragsbrüchigen usw., hinzukommen. Die *Ausnutzung* fremden Vertragsbruchs ist demnach nur bei erschwerenden Umständen der genannten Art sittenwidrig; die bewußte und gewollte *Verleitung* zum Vertragsbruch begründet dagegen regelmäßig den Vorwurf der Sittenwidrigkeit (außer etwa bei „Abwehr"); zum ganzen näher *Fikentscher,* Die Preisunterbietung im Wettbewerbsrecht, 1962, 56f.

Der Grundsatz, daß Forderungen deliktisch nicht geschützt sind, wird in neuerer Zeit wieder zunehmend in Zweifel gezogen. Dennoch besteht er zu Recht, solange das BGB im Deliktsrecht das Enumerativprinzip vertritt (dazu oben § 97 III 2d). Es kann sich nur um Ausnahmen handeln:

Wer nach §§ 407, 408, 793 I 2, 807, 808 den wahren Gläubiger um seine Forderung bringt, ist ihm nach § 816 II zum Ausgleich der Bereicherung, nach Grundsätzen der culpa post pactum perfectum zum vertraglichen Schadensersatz und wegen Verletzung der „Forderungszuständigkeit" aus unerlaubter Handlung verpflichtet (so *Larenz,* I, § 2 II). Die Relativität der Forderung umfaßt den Leistungsgegenstand, nicht aber die Rechtszuständigkeit. Da das Pfandrecht nach § 823 I geschützt ist, mithin auch das Pfandrecht an einer Forderung (1279—1290), haftet der Verletzer der verpfändeten Forderung deliktisch. Das muß auch für die wichtigeren, wirtschaftlich gleichliegenden Fälle der sicherungszedierten Forderung gelten, so daß in diesem Umfang die Auffassung zutrifft, daß deliktisch haftet, wer eine sicherungszedierte Forderung nach §§ 407, 408, 793 I 2, 807, 808 dem wahren Gläubiger aus der Hand schlägt, vgl. oben § 56 V,

a. A. die wohl überwiegende Meinung, s. *Staudinger/Schäfer,* § 823, Rz. 61. Eine weitere Ausnahme ist der Schutz des obligatorischen Rechts zum Besitz, oben 5c.

b) *Gestaltungsrechte.* Sie geben dem Berechtigten die Rechtsmacht, durch einseitiges Rechtsgeschäft ein Rechtsverhältnis zu begründen, zu verändern oder zu beenden (Vorkaufsrecht, Kündigung, Anfechtung u. a.). Gestaltungsrechte sind unselbständige Ausflüsse der zu gestaltenden Rechtsverhältnisse und bedürfen daher keines selbständigen deliktischen Schutzes.

c) *Vermögen.* Das Vermögen ist die Differenz der geldwerten Aktiven und Passiven einer Person. *Als solches* ist es — wegen des Enumerativ-Grundsatzes — ohne Verletzung eines in § 823 genannten Rechtsgutes nicht allgemein deliktisch geschützt, daher auch kein „sonstiges Recht" im Sinne des § 823 I. Nur auf dem „Umweg" über die Verletzung eines in § 823 I genannten Rechts, eines Schutzgesetzes im Sinne des § 823 II, nach § 826 und nach bestimmten speziellen Vorschriften (z. B. auch § 839!) sind Vermögensschäden deliktisch zu ersetzen, vgl. z. B. BGH NJW 74, 1503 = ESJ 128 — Prüfzeichen —. Daraus folgt u. a., daß sich der Grundsatz des „neminem laedere" gerade nicht aus dem deutschen Deliktsrecht ergibt; s. dazu oben § 97 II 2b.

d) *Recht auf Familienplanung,* weder als eigenes „sonstiges Recht", noch als Ausstrahlung des Allgemeinen Persönlichkeitsrechts, BGHZ 86, 240 (249); *Giesen,* FamRZ 70, 565; *Schiemann,* JuS 80, 709, 711ff.

e) *Recht des Ungeborenen,* ein mit schwerer Behinderung behaftetes Leben („wrongful life") nicht führen zu müssen, BGHZ 86, 240 — wrongful life —.

II. Eingriffe in Rahmenrechte

Es gibt Rechtspositionen, die dem Rechtskreis einer bestimmten Person zugeordnet werden, aber nicht so fest und klar umrissen sind wie die absoluten Rechte, sondern eine gewisse „Unschärfe" aufweisen. Das objektive Recht gewährt zwar diesen eine gesicherte Stellung, mißbilligt aber nicht grundsätzlich jeden Eingriff anderer. Man kann diese Positionen im Unterschied zu den absolut geschützten Rechtsgütern als *Rahmenrechte* bezeichnen. Delikten durch Eingriffe in Rahmenrechte ist demnach gemeinsam, daß ihre Rechtswidrigkeit nicht durch den Eingriff „indiziert", sondern durch *Güterabwägung* zu gewinnen ist. Bei rechtswidriger Beeinträchtigung ist auch die Unterlassungsklage gegeben (s. u. § 114 I 2). Ist danach der Eingriff zulässig, liegt schon tatbestandsmäßig keine unerlaubte Handlung vor. Man hat zwei Rahmenrechte zu unterscheiden: Das Recht am Unternehmen (1.) und das allgemeine Persönlichkeitsrecht (2.). Beides sind „sonstige Rechte" im Sinne des § 823 I.

1. Das Recht am Unternehmen („eingerichteter und ausgeübter Gewerbebetrieb")

In ständiger Rechtsprechung haben RG und BGH (seit RGZ 58, 24 (1904), vgl. BGHZ 3, 279; 8, 142) ein „Recht am eingerichteten und ausgeübten Gewerbebetrieb", kürzer „Recht am Unternehmen" genannt, als „sonstiges Recht" gemäß § 823 I anerkannt. Die kritischen Stimmen sind in der Minderheit (s. insb. *Leinemann, Wiethölter, Gieseke, v. Caemmerer, Buchner*).

§ 103 Unerlaubte Handlung
II 1

Dadurch soll dem Unternehmer ein besserer Schutz gegeben werden, als ihn das Deliktsrecht in seiner ursprünglichen Gestalt bereitgestellt hat. Fünf Entwicklungslinien kennzeichnen die Rechtsprechung zum „Recht am Unternehmen":

a) Zum ersten wurde das „Recht am Unternehmen" nur für ganz bestimmte Handlungen des Wirtschaftslebens als deliktsrechtliches Angriffsobjekt bezeichnet und ist nie zu einem vollinhaltlichen Unternehmensschutz-Recht ausgewachsen. So *beschränkt* sich auch heute noch die Rechtsprechung zum Schutz des Rechts am Unternehmen auf ganz bestimmte, nämlich *folgende Tatbestandsgruppen* (im einzelnen s. *Fikentscher*, Das Recht am Gewerbebetrieb usw. a. a. O.):

1. Gruppe: Physische Behinderungen des Gewerbebetriebs
(1) Physische Behinderung der Gewerbeausübung
Beispiele: Lagerung von Baumaterial vor dem Schaufenster des Nachbarn, der seinen Laden gemietet hat (vgl. OLG Düsseldorf, NJW 61, 1925).

2. Gruppe: Beeinträchtigung der wirtschaftlichen Stellung des Gewerbetreibenden mit wirtschaftseigenen Mitteln
(2) Unberechtigte Anmaßung („Berühmung") eines gewerblichen Ausschlußrechts
Drei Jahrzehnte lang waren diese Fälle die einzigen, in denen § 823 I auf das Unternehmen in der Rechtsprechung des RG mit dem Ergebnis der *Bejahung* eines Schadensersatzanspruchs angewandt wurde.

Unternehmer A warnt den Konkurrenten B vor Aufnahme einer Produktion, weil A's Patent entgegenstehe. Die Patentberühmung ist fahrlässig falsch. § 826 scheidet mangels Vorsatz aus. Die Rechtsprechung half in derartigen Fällen, in denen B erhebliche Schäden erleiden kann, mit Anerkennung eines „Rechts am eingerichteten und ausgeübten Gewerbebetrieb" als „sonstiges Recht" im Sinne des § 823 I (RGZ 58, 24; 94, 248; 141, 336; BGHZ 2, 387; 38, 205). Im Grunde handelt es sich um die Füllung einer Lücke des gewerblichen Rechtsschutzes (Patentrecht, Warenzeichenrecht usw.).

(3) Boykott, Streik
Ob Streiks und Boykotte als unmittelbare Eingriffe in den Bestand des Unternehmens unter § 823 I fallen, war lange streitig. Nach anfänglicher Ablehnung mit der Begründung, Streik und Boykott seien nur mittelbare Eingriffe, ging die Rechtsprechung langsam dazu über, auch Streik und Boykott unter § 823 I zu bringen.

Streiks um Arbeitsbedingungen sind rechtmäßig, wenn sie *einzelarbeitsvertraglichen, tarifvertraglichen und deliktsrechtlichen* Maßstäben entsprechen. Früher forderte man rechtzeitige Kündigung der *Einzelarbeitsverträge*. Zurecht wird heute davon abgesehen, weil schon das Gebrauchmachen des *Koalitionsrechts* aus Art. 9 III GG die Einzelvertragswidrigkeit beseitigt (zutr. *Zöllner*, Arbeitsrecht, § 40 III 1 gegen die „Kollektivtheorie" des BAG, seit BAGE 20, 175). *Tarifrechtlich* ist vor allem die *Friedenspflicht* zu beachten. *Deliktsrechtlich* ist die zur prüfende Norm in erster Linie § 826, vgl. BGHZ 70, 277 – Fluglotsen –. Das „Recht am Unternehmen" ist kein geeigneter Maßstab, weil kein der arbeitsrechtlichen Parität Rechnung tragendes „Recht am Arbeitsplatz" zur Verfügung steht, dazu und zum ganzen *Zöllner*, Arbeitsrecht, § 40. Der *politische Streik* ist – unter Wahrung der Zweck-Mittel-Relation – zur Wiederherstellung verfassungsmäßiger Zustände zulässig, sonst nicht, vgl. auch u. (8).

Der Boykott ist die Aufforderung einer Person (Verrufer) an eine zweite Person (Adressat) zum Abbruch der Geschäftsbeziehungen zu einer dritten Person (Gesperrter). Nach ursprünglicher Auffassung des RG war der Boykott zulässig, wenn nicht „erschwerende Umstände" (z. B. moralisches Schlechtmachen des Dritten, Vernichtungsabsicht) hinzutraten, RGZ 56, 271; 76, 35; 117, 2; 140, 423. Inzwischen hat sich die neuere Boykotttheorie durchgesetzt, die einen Boykott für *grundsätzlich rechtswidrig* ansieht und die Darlegung der Gegengründe dem Verrufer anlastet. Diese Entwicklung begann mit der Rechtsprechung zu § 1 UWG, wonach der *Boykott zu Wettbewerbszwecken* (Verrufer und Gesperrter sind Konkurrenten) wegen seiner besonderen Gefährlichkeit grundsätzlich sittenwidrig ist, vgl. BGH GRUR 80, 242. Dem folgte § 26 I GWB a. F., dann dehnte § 26 I GWB n. F. (seit 1980) diese Regel auf *jeden zwischen Unternehmen stattfindenden Boykott* aus. Beides muß auch innerhalb von § 823 I (Recht am Unternehmen) gelten. Den vierten Schritt vollzog bereits BGHZ 24, 200 – Spätheimkehrer –, wonach § 823 I auch dann erfüllt ist, wenn nur Verrufer und Gesperrter (nicht konkurrierende) Unternehmen sind, nicht aber der Adressat (Verbraucherboykott). Das macht den vierten Schritt notwendig: Auf die Unternehmenseigenschaft des Verrufers kann es auch nicht ankommen. Soweit Boykotte als rechtswidrig angesehen werden, ist Grundlage des Schadensersatzanspruchs also außer § 826, § 1 UWG und §§ 35, 26 I GWB auch § 823 I wegen der damit verbundenen Unternehmensrechtsverletzung. Der Boykottaufruf wird durch Art. 5 GG nicht schlechthin gedeckt. Zunächst ist zu prüfen, ob es sich wirklich, wie meist behauptet, um einen „Meinungskampf" handelt. Auf reine „Wirtschaftskämpfe" ist Art. 5 GG nicht anwendbar, BVerfG WM 83, 6 – Denkzettel-Aktion II –. Die Abwägung zu Art. 5 GG muß sodann berücksichtigen, ob der Aufruf nach dem Urteil der Öffentlichkeit „gemeinschaftswichtig" ist, *Lerche,* FS *Gebhard Müller,* 1970, 197 (zu BVerfGE 25, 256 – Blinkfüer II –).

(4) Herabsetzende Werturteile in unnötig scharfer Form („Constanze-Doktrin")

§ 824 erfaßt nur Tatsachenmitteilungen, § 826 nur vorsätzlich sittenwidrige Äußerungen. Ein Unternehmen bedarf aber auch gegen *fahrlässig* herabsetzende Werturteile eines Konkurrenten eines Schutzes, soweit sie über die Wahrnehmung berechtigter Interessen hinausgehen (praktisch eine Ergänzung zu § 824). *Beispiel:* „Die Illustrierte ,Constanze' ist eine Blüte aus dem Sumpf der fragwürdigen Kulturerzeugnisse nach Art der Magazine" (BGHZ 3, 279; dazu der zweite Constanze-Fall BGHZ 14, 163, wo Wettbewerb zwischen „Constanze" und dem Verrufer, also ein homogener Wertkonflikt, bejaht wurde; sonst unten Gruppe 3!); vgl. auch BGHZ 56, 296 – Höllenfeuer –.

(5) Schädigende Mitteilung wahrer Tatsachen in unnötig scharfer Form, wenn sie nicht durch überwiegendes Interesse des Absenders oder Empfängers gerechtfertigt ist („Prinzip des schonendsten Mittels").

Grundsätzlich verlangt die Rspr. größtmögliche Schonung des Betroffenen, vgl. BGHZ 8, 142, 145; 24, 200. Bei *Presse*berichten nimmt der BGH jedoch inzwischen Rechtswidrigkeit nur dann an, wenn zwischen dem verfolgten Zweck und der Beeinträchtigung des Betroffenen kein angemessenes Verhältnis besteht, BGHZ 36, 77, 82f. – Waffenhändler –.

§ 824 erfaßt nur unwahre Tatsachen und wird auch insoweit durch § 823 I ergänzt. Beispiele: Verbreitung von „schwarzen Listen" säumiger Zahler auch an Nichtinteressenten, BGHZ 8, 142. – Verbreitung der Tatsache eines gestellten Konkursantrags, RGHZ 36, 18; aber BGHZ 36, 77 (berechtigtes Interesse). – Zur Haftung von Warentestinstituten BGHZ 65, 325 = ESJ 135 m. w. Ang.

(6) Schutz von Betriebsgeheimnissen
Jemand erwirbt know how aus Konkursmasse und klagt gegen früheren Inhaber auf Unterlassung, BGHZ 16, 172.

(7) Schutz berühmter Marken, wo Wettbewerbsverhältnis fehlt
Ein Transportunternehmen für flüssige Fäkalien im Raum Köln hat zufällig die Telefon-Nr. 4711. Diese wird in großen Ziffern auf den motorisierten Fäkalienbehälter gemalt. Wettbewerbs- und Warenzeichenschutz versagen mangels Konkurrenz und Warenähnlichkeit. Trotzdem besteht „Verwässerungsgefahr". Vgl. auch BGHZ 28, 328.

3. Gruppe: Beeinträchtigung der wirtschaftlichen Stellung des Gewerbetreibenden unter Berufung auf außerwirtschaftliche Werte

(8) Politischer Streik und politischer Boykott
Die Verteidigung der verfassungsmäßigen Ordnung gegen darauf gerichtete Angriffe kann zu rechtmäßigen politischen Streiks und Boykotten führen, RGZ 76, 35 – Kapp-Putsch –. „Vorlesungsstreiks" zur Erlangung hochschulpolitischer oder allgemein politischer Vorteile sind keine Streiks im eigentlichen Sinne, sondern *politische Boykotte*. Für sie gilt, soweit die Universität als Wirtschaftsbetrieb in Frage steht, nicht die strenge *wettbewerbliche* Boykottheorie, sondern die alte (liberale) Doktrin des RG, oben (3). Beschränken sie sich auf Demonstrationen, sind sie grundsätzlich deliktsrechtlich immer zulässig, dauern sie länger, entscheidet nach RGZ 117, 21 das Zweck-Mittel-Verhältnis.

(9) Berufung auf die demokratischen Grundrechte
Beispiele: RGZ 76, 35 – Zehlendorfer Fürstenhof – ; BGH NJW 64, 29 – Blinkfüer I –, dagegen zu Recht *Biedenkopf,* JZ 65, 553; BGHZ 59, 30 = ESJ 133 – „Bildzeitung" – BVerfGE 25, 256 – Blinkfüer II –.

(10) Berufung auf Meinungsfreiheit
Beispiele: RG JW 15, 913; RGZ 92, 132; BGHZ 24, 200 – Spätheimkehrer –; BGH NJW 1964, 29 – Blinkfüer I –, BVerfGE 25, 256 – Blinkfüer II –; BGH JZ 67, 94 – Teppichkehrmaschine –.

(11) Berufung auf Religionsfreiheit
Beispiele: RG JW 12, 290; BGHZ 3, 270 – Constanze I – ; 14, 163 – Constanze II – ; vor allem 45, 296 – Höllenfeuer –.

Es ist denkbar, daß künftig noch mehr Fallgruppen dem „Recht am Unternehmen" eingeordnet werden. Vorläufig bietet sich nur das oben gezeichnete, buntfleckige Bild unternehmenssichernder Verhaltensnormen, häufig angelehnt an lückenhaft geregelte andere Rechtsgebiete (Gewerblicher Rechtsschutz, Wettbewerbsrecht, Arbeitsrecht, Schutz der Geschäftsehre). Ein eigentlicher Kern des Unternehmensrechts ist noch nicht sichtbar geworden (*v. Caemmerer,* Wandlungen des Deliktsrechts, S. 98f.: *Larenz* II § 72 IIIb). Wertvoll ist der Rückgriff auf § 823 I hauptsächlich, wenn § 1 UWG wegen Fehlens eines Wettbewerbsverhältnisses und § 826 mangels Vorsatz ausscheiden (Constanze I-, Schaufensterfall).

b) Die zweite Entwicklungslinie des Rechts am Unternehmen betrifft den *Umfang des Rechtsschutzes.*

aa) Um den Unternehmensschutz nicht „uferlos" auszudehnen, verlangte das RG einen „eingerichteten und ausgeübten Gewerbebetrieb", in dessen *Bestand* eingegriffen sein mußte, damit ein Schadensersatzanspruch entsteht (z. B. durch Streikposten).

Die Unternehmertätigkeit als solche war nach Ansicht des RG durch § 823 I nicht geschützt, der Eingriff in die Erwerbschancen erlaubt (RGZ 48, 114; 58, 24; 100, 213; 102, 223; 119, 438; 126, 96; 135, 242; RG DR 40, 723.

bb) Seit RG MuW 1931, 276, 277 RG GRUR 35, 577 — Bandmotiv — hat sich aber gegen mancherlei Widerstände der Gedanke Bahn gebrochen, daß neben dem Schutz des Unternehmens*bestandes* auch die „ungestörte unternehmerische *Betätigung* innerhalb des bestehenden Unternehmens" deliktischen Schutzes bedarf (BGHZ 2, 387; 3, 279; 8, 142; 36, 18). Auch Eingriffe in die Unternehmertätigkeit als solche, in die Erwerbschancen, die den Bestand des Unternehmens unberührt lassen, fallen nach heute herrschender Auffassung unter § 823 I (z. B. abträgliche Werturteile, Mitteilung wahrer, aber unnötig belastender Tatsachen), BGHZ 23, 163. Im Grunde fiel übrigens auch schon der Ur-Fall der fahrlässig falschen Patentberühmung unter den Tätigkeits-, nicht unter den Bestandsschutz.

cc) Der Widerstand, der gegen die unter bb gekennzeichnete Fortentwicklung des Unternehmensrechts besteht, hat seinen Grund in der schon in RGZ 100, 213 dargelegten Befürchtung, daß ein allgemeiner deliktischer Schutz der Unternehmertätigkeit die Wirtschaft zum Erliegen bringen könne, weil der Wettbewerb notwendig Schädigungen von Konkurrenten durch Abwerben von Kunden mit sich bringe, vgl. *L. Raiser*, JZ 61, 466; *Mestmäcker*, JZ 58, 521). Daher rühren die Versuche, den Tätigkeitsschutz auf die „Unternehmertätigkeit innerhalb des bestehenden Unternehmens" zu beschränken und die Unternehmertätigkeit als solche, die freie wirtschaftliche Betätigung überhaupt als ungeschützt auszuklammern (s. die Übersicht bei *Fikentscher*, Wettbewerb usw., a. a. O., S. 232 ff. Dort auch im einzelnen zum folgenden). Inzwischen hat sich die Unterscheidung zwischen Bestandsschutz und Tätigkeitsschutz, sowie zwischen Tätigkeitsschutz im Gewerbebetrieb und unternehmerischer Tätigkeit als solcher, mehr und mehr als unhaltbar erwiesen. Auch der potentielle Unternehmer verdient Schutz nach § 823 I. Die Beschränkung des Schutzes auf den bereits etablierten Unternehmer wäre ungerecht, *Fikentscher*, Das Recht am Gewerbebetrieb, a. a. O., 281; *Battis,* Erwerbsschutz durch Aufopferungsentschädigung, 1969. Die Kritik *Leinemanns* geht daher fehl.

Die Erweiterung des Unternehmensschutzes vom Bestands- zum Tätigkeitsschutz ist also folgerichtig. Unternehmensbestand und Unternehmensführung lassen sich nicht sinnvoll trennen. Wie die Fallgruppen des Unternehmensschutzes oben a) zeigen, kann man ernstlich zwischen Bestands- und Tätigkeitsbereich im Unternehmen für deliktsrechtliche Zwecke nicht unterscheiden. Dennoch ist die Erweiterung des Deliktsschutzes um ein „subjektives Recht an der wirtschaftlichen Betätigung" ein gewichtiger Schritt, der sorgfältiger Abwägung bedarf. Folgende Gründe sprechen heute für die Anerkennung eines „Rahmenrechts" auch an der wirtschaftlichen Betätigung:

Der sondergesetzliche Schutz der freien und vor unlauteren Angriffen gesicherten wirtschaftlichen Betätigung durch GWB, UWG, Rabattgesetz, Zugabe-, Wettbewerbsverordnung usw. muß notwendig lückenhaft sein, und so auch ihr deliktischer Schutz über § 823 II. Denn § 823 II setzt ein sondergesetzliches Schutzgesetz voraus, wobei die Gesetzgebung nicht immer mit der fortlaufenden und so schnell wandelnden Wirtschaftsentwicklung Schritt halten kann. (Beispiele: Warentests, abträgliche Werturteile, Hausfrauenstreiks — neue Wirtschaftstatbestände, bei denen nicht die Abwägung, sondern die Suche nach geeigneter Rechtsgrundlage die Hauptschwierigkeit macht.) Die

Anerkennung eines „sonstigen Rechts" an der freien und lauteren wirtschaftlichen Betätigung ist demgegenüber der einzig gangbare und überdies weniger positivistische Weg.

Dann folgt jedoch der nächste Schritt: Hat man einmal die „Unternehmenstätigkeit im Unternehmen" als schützenswert anerkannt, besteht kein hinreichender Grund, die Unternehmenstätigkeit *als solche* nicht zu schützen. Hier zu unterscheiden, bedeutete eine — wohl sogar gegen Art. 3 GG verstoßende — Andersbehandlung bestehender und erst zu gründender Unternehmen. Deliktisch schützbar sind vielmehr Bestand, Führung sowie Planung und Vorbereitung eines Unternehmens. Hinzu kommt das in seiner grundsätzlichen Bedeutung immer noch verkannte Argument: Nicht nur die bestandssichernden Rechte bedürfen deliktischen Schutzes, sondern auch die freiheits- und erwerbssichernden Freiheiten einer Person. Zutreffend daher BGHZ 36, 94 (Schutz der *Berufsfreiheit* nach § 823 I zu prüfen).

Die Bedenken im Hinblick auf die Rechtswidrigkeit und den Charakter „subjektiver Rechte" entfallen, wenn man das „Recht am Unternehmen" mit seinem dreifachen Inhalt (Unternehmensbestand, Unternehmertätigkeit, Schutz der freien und lauteren wirtschaftlichen Betätigung) als das anspricht, was es im Grunde ist, als „Denkform" *(Heinr. Lehmann),* als „partielle Generalklausel" *(v. Caemmerer)* oder, wie hier, als „Rahmenrecht". § 823 I enthält zwei Arten von „subjektiven Rechten", absolute Rechte und Rahmenrechte. Sie unterscheiden sich dadurch, daß bei den absoluten Rechten der Eingriff die Rechtswidrigkeit des Eingriffs indiziert, bei den Rahmenrechten nicht. Dadurch werden die Rahmenrechte zu einem erst durch Verhaltensnormen auf einem bestimmten Sektor (hier: Wirtschaftsleben) auszufüllenden „Rechtsbündel". Zugrunde liegt die Vorstellung der „Rechte" des § 823 I als Folge der Bündelung von Verhaltensnormen mit und ohne Indikation der Rechtswidrigkeit, oben § 97.

Erkennt man mit diesen Einschränkungen ein subjektives Recht an der wirtschaftlichen Betätigung an, so ist es im deutschen Recht sachgemäßer, es dem „Recht am Unternehmen" als Bestandteil anzugliedern, als dem allgemeinen Persönlichkeitsrecht (so aber die Schweiz). Dadurch läßt sich der Schutz der Persönlichkeit im Wirtschafts- und Privatleben durch zwei *Rahmenrechte* verwirklichen, das Recht am Unternehmen und das allgemeine Persönlichkeitsrecht. Es ist dann auch sinnvoll, die „Freiheit" als besonders benanntes Rechtsgut in § 823 I auf die körperliche Bewegungsfreiheit zu beschränken. Daher ist es berechtigt, die Unternehmensfreiheit als „wirtschaftliche Betätigung" einem Rahmenrecht, nämlich dem Recht am Unternehmen, unterzuordnen. Die terminologische Schwäche, die darin liegt, daß die allgemeine Unternehmerfreiheit dem „Recht am Unternehmen" eingeordnet wird, obwohl ein Unternehmen noch nicht zu bestehen braucht, kann in Kauf genommen werden. Man spricht zweckmäßig insgesamt vom (subjektiven) „Unternehmensrecht" (parallel zum allgemeinen Persönlichkeitsrecht).

c) Die dritte Linie der Rechtsprechung zum Recht am Unternehmen betrifft die tatbestandliche Festlegung der *Eingriffshandlung.* Es ist der Rechtsprechung und Lehre noch nicht gelungen, Verhaltensnormen im wirtschaftlichen Bereich durch eine tatbestandliche Festlegung der Eingriffshandlung näher zu bestimmen. So ist im Grunde bis heute das Problem offen, wie der

Eingriff in das Rahmenrecht am „Unternehmen" geartet sein muß, um rechtswidrig zu sein. Vorherrschend ist nur das Bestreben, *nicht jeden Eingriff* zu verurteilen, also vorsichtig und auswählend vorzugehen.

Die Praxis von RG und BGH hat deswegen stets die *Unmittelbarkeit („Betriebsbezogenheit")* des Eingriffs gefordert, BGHZ 69, 128 − Fluglotsen −; 86, 152 = JZ 83, 857 Anm. *Müller-Graff* − Elbe-Seitenkanal −. Sie wurde bei allen Beispielen oben a) bejaht. Nur mittelbare Eingriffe, die den Deliktsschutz nicht auslösen, sind nach der Rechtsprechung: Bau einer Konkurrenzeisenbahn, RGZ 126, 93; Verletzung im Betrieb arbeitender Personen, BGHZ 7, 30; Verletzung eines zum Betrieb führenden Stromkabels, BGHZ 29, 65 = ESJ 122; BGH NJW 59, 1423; siehe aber zur „Kabelproblematik" auch BGHZ 41, 123 = ESJ 123 (Unterschied zu BGHZ 29, 65: Eigentumsschädigung ist mehr als bloße Vermögensschädigung); ferner BGH NJW 68, 1279 gegen BayObLG NJW 67, 354 (Vermögensschutz bei Kabelverletzungen über § 823 II). Die Tauglichkeit dieses Merkmals der *Unmittelbarkeit* des Eingriffs zur Herausarbeitung unternehmensschützender Verhaltensnormen ist zu bezweifeln. Das Merkmal der „Unmittelbarkeit" verdeckt leider den Kern der Problematik, nämlich die Herausbildung von wirtschaftsrechtlichen Verhaltensnormen. *Berechtigt* ist das Unmittelbarkeitserfordernis nur bei der 1. Fallgruppe, den *physischen Eingriffen*, weil sonst das grundsätzliche Verbot des Drittschadensersatzes durchlöchert würde. Bei den anderen Fallgruppen ergibt das Unmittelbarkeitsmerkmal keinen Sinn. Es gibt auch für die Ermittlung der Rechtswidrigkeit nichts her; Wert steht gegen Wert, in Gruppe 2 Unternehmen gegen Unternehmen, in Gruppe 3 Unternehmen gegen außerwirtschaftliche Werte.

d) Die *Rechtswidrigkeit* des Eingriffs ist aus der Tatsache eines unmittelbaren Eingriffs in Bestand, Führung und Planung eines Unternehmens noch nicht zu entnehmen. Hierin zeigt sich der Unterschied des subjektiven Unternehmensrechts als „Rahmenrecht" zu den absoluten Rechten des § 823 I. Hierin blieb sich die Rechtsprechung mit geringfügigen Abweichungen gleich.

Die Rechtswidrigkeit ergibt sich vielmehr grundsätzlich aus dem Verstoß gegen die deliktische Verhaltensnorm, praktisch aus einer Abwägung von sozialem Handlungs- und Erfolgswert. Dabei spielen für die Bewertung wirtschaftseigene Maßstäbe die Hauptrolle, im Unterschied zum allgemeinen Persönlichkeitsrecht mit seinen mehr individualbezogenen Wertungen. So ist z. B. bei einer gehässigen Zeitungskritik an einem Unternehmer Wert der Meinungsfreiheit und Interesse an Information mit den schädigenden Folgen für den Unternehmer zu vergleichen (z. B. RG Seuff. A. 90, 234; BGHZ 3, 270; 14, 163). Überwiegt das Unwerturteil, ist der Unternehmenseingriff rechtswidrig. Zur dafür vorgeschlagenen Methode der Interessenabwägung vor allem *Hubmann* ZHR 117 (1955), S. 41 ff.; *Alfons Kraft*, Interessenabwägung und gute Sitten im Wettbewerbsrecht, 1963. Mit Interessenerforschung lassen sich aber die Probleme keineswegs immer lösen. Welchen Interessen der Vorzug zu geben ist, kann nur eine Wertung ergeben, die allerdings die Interessen zu berücksichtigen hat. Die Wertung aber nimmt dem Richter keine noch so eingehende Ermittlung der auf dem Spiele stehenden Interessen ab: *Westermann*, Interessenkollision und ihre richterliche Wertung bei den Sicherungsrechten an Fahrnis und Forderungen, 1954. Beispiele: BGHZ 38, 90; 36, 18; 59, 30 (zu Demonstrationsschäden).

e) Die *fünfte Entwicklungslinie* betrifft die Frage, ob das Recht am Unternehmen in § 823 I konkurrierend zu anderen die Wirtschaftstätigkeit schützenden Normen anerkannt wird, oder ob dieses Recht *subsidiär* zu ihnen gilt. Nach Ankündigungen in BGHZ 8, 387; 36, 252 (257) — Gründerbildnis — und 38, 200 entschied sich BGHZ 43, 359 — Warnschild — für *allgemeine Subsidiarität* (außer im Verhältnis zu § 826, BGHZ 69, 128 (138(9))[1]).

f) Da auch dem Verbraucher ein dem deliktsrechtlichen Unternehmensschutz entsprechender Schutz zu gewähren ist, wird die Umbenennung des Rechts am Unternehmen in ein Wirtschaftliches Persönlichkeitsrecht vorgeschlagen.[2]

2. Das Allgemeine Persönlichkeitsrecht

Die gleichen Erwägungen zur Natur eines Rahmenrechts, wie sie oben für das Recht am *Unternehmen* angestellt wurden, treffen auch für den Schutz der *persönlichen Verhältnisse* des Menschen durch ein sog. *„Allgemeines Persönlichkeitsrecht"* zu. Das Allgemeine Persönlichkeitsrecht darf nicht mit den besonderen Persönlichkeitsrechten verwechselt werden. *Besondere* Persönlichkeitsrechte sind als absolute Rechte in § 823 I ohnehin geschützt: Leben, Körper, Gesundheit, körperliche Bewegungsfreiheit, Name (i. V. m. § 12), Recht am eigenen Bild (im Rahmen und i. V. m. §§ 22—24 KUG). Die zunehmenden technischen Möglichkeiten, in den persönlichen Bereich (mit Tonband-, Abhör-, optischen Geräten u. a.) einzudringen, die erweiterten Möglichkeiten der Presse, des Funks und Films, Angelegenheiten des persönlichen Bereichs vor ein neugieriges Publikum zu bringen, und schließlich die Mißachtung der Persönlichkeit in den Jahren der nationalsozialistischen Herrschaft unter dem Stichwort „Gemeinnutz geht vor Eigennutz" forderten eine darüber hinaus gehende Sicherung des persönlichen Bereichs. Vgl. die Forderung des 42. Deutschen Juristentags von 1957 nach einer „umfassenden gesetzlichen Regelung" des allgemeinen Persönlichkeitsrechts. Der daraufhin zur Diskussion gestellte Regierungsentwurf fand den Widerstand der Presse. Mittlerweile ist er durch eine verfestigte Rechtsprechung inhaltlich wohl ohnehin überholt, insbesondere nachdem das BVerfG mehrmals eingegriffen hat. Trotzdem wäre eine auf den neuesten Stand gebrachte Kodifizierung, die eine Weiterentwicklung offen hält, zu begrüßen (vgl. dazu art. 9 franz. Code Civil; ferner die Vorauflage).

In der Rechtsprechung des BGH und in einem Teil des Schrifttums ist das *Allgemeine Persönlichkeitsrecht* aus diesen Gründen heute als „sonstiges Recht" des § 823 I *anerkannt*. Das dagegen von einer starken Richtung in der Literatur angeführte Argument besagt: Ebenso wie beim Recht am Unternehmen indiziere der Eingriff in das Recht nicht die Rechtswidrigkeit, weil ein

---

[1] S. dazu die Kritik bei *Fikentscher*, Wirtschaftsrecht II, § 21 III 3c. Teilweise anders die Vorauflage.
[2] *Fikentscher*, Wirtschaftsrecht II, § 22 I.

allgemeines Persönlichkeitsrecht viel zu weitgespannt sei, um schon durch seine bloße Anerkennung etwas über die Rechtswidrigkeit einer Handlung aussagen zu können. Anders als beim Eigentum und den anderen absolut geschützten Rechten könne nicht jeder Eingriff in das Allgemeine Persönlichkeitsrecht rechtswidrig sein. Richtiger Ansicht nach bedarf das Persönlichkeitsrecht als „Rahmenrecht" der Konkretisierung in Fallgruppen. Diese bilden innerhalb des Rahmenrechts Verhaltensnormen, bei denen das Rechtswidrigkeitsurteil im Einzelfall durch Abwägung gewonnen wird. Zur Güterabwägung siehe *Larenz*, FS *Klingmüller*, 1974, 235. *Steindorff* unterscheidet einen Kernbereich, in dem Unrechtsindikation des Eingriffs gilt, und darüberhinausgehende objektive Verhaltensnormen (ohne Rahmenrecht). Für letztere sind dann aber Abwehransprüche (s. u. § 114 I 2) nicht leicht begründbar.

Wenn der Nachbar schattenwerfende Bäume wachsen läßt, ohne ortspolizeiliche Vorschriften zu verletzen, kann man zwar die Verletzung des eigenen Persönlichkeitsrechts behaupten, aber rechtswidrig ist der Eingriff nicht. — Wer bei einem Wettbewerb besser als der andere abschneidet, mag dessen Allgemeines Persönlichkeitsrecht verletzen, aber sicher nicht rechtswidrig. — Die Antwort auf diesen Einwand wurde oben beim Recht am Unternehmen ausgeführt: Es handelt sich hier wie dort um partielle Generalklauseln, die aber im Hinblick auf die Fassung des § 823 I „sonstige Rechte", zum Unterschied zu den absolut geschützten, daher zweckmäßig als *Rahmenrechte* zu bezeichnen sind. Sie decken ein Bündel von Verhaltensnormen, die von der Rechtsprechung zum Schutze der Person im Wirtschafts- *und Privatleben* gefunden und angewandt werden müssen. Der Wirtschaftsbereich wird dabei vom „Recht am Unternehmen" (besser: „Wirtschaftliches Persönlichkeitsrecht"), der Privatbereich vom „Allgemeinen Persönlichkeitsrecht" gedeckt. Folgende Fallgruppen konkretisieren heute das Allgemeine Persönlichkeitsrecht in seiner Ableitung aus § 823 I (zum Begriff der Konkretisierung oben § 27 III 2 und 4a):

a) Eindringen in den persönlichen Bereich

aa) *Heimliche Aufnahme eines Bildes* einer Person in ihrem privaten Bereich, „Bildniserschleichung". Vgl. BGHZ 24, 200.

bb) *Heimliche Tonbandaufnahme,* wenn das Moment der Überlistung dazutritt. Vgl. BGHZ 27, 284; 33, 20; BGHSt. 14, 358.

cc) *Heimliches Abhören* am Telefon, hinter einer Grenzmauer und dergl., BGHZ 27, 284. Ebenso: *Publikation eines heimlich abgehörten Telephongesprächs* durch die Presse, BGH LM Nr. 47 zu Art. 5 GG; *Verwertung heimlicher Tonbandaufnahme* im Ehrenschutzprozeß, BGH NJW 82, 277 — Tonbandaufnahme II —.

dd) Auch die *Suggestiv-Werbung,* die unter Zuhilfenahme tiefenpsychologischer Einwirkungsmittel die Entschlußfähigkeit behindert, sollte als Verletzung des allgemeinen Persönlichkeitsrechts in Entsprechung zu den obigen Fällen unterlassungs- und schadensersatzpflichtig machen.

ee) *Operative Entnahme* von Teilen aus dem Körper eines *Verstorbenen* ohne Zustimmung der nächsten Angehörigen, vgl. die Nachw. bei *Staudinger/Schäfer,* § 823, Rz. 87 ff.

ff) *Persönlichkeitserforschung* ohne Einwilligung des Betroffenen, LAG Frbg. NJW 76, 310 — graphologisches Gutachten —.

gg) Zum (abzulehnenden) *Recht auf Familienplanung* s. o. I 6 d).

b) Preisgabe von Einzelheiten aus dem persönlichen Bereich

aa) Veröffentlichung von *Briefen* und *vertraulichen Aufzeichnungen* ohne Zustimmung des Verfassers oder in einer von ihm nicht gebilligten Weise (insb. mit Veränderungen oder Auslassungen), BGHZ 13, 334; 15, 249; *erschlichene Informationen* verletzen das Persönlichkeitsrecht des Leiters einer *Zeitungsredaktion* nicht ohne weiteres, BGH NJW 81, 1366 = BGHZ 80, 25 — Wallraff —, krit. *Bettermann*, NJW 81, 1065.

bb) Preisgabe von *Gesundheitszeugnissen* an unberechtigte Dritte, BGHZ 24, 72. Zum Auskunftsrecht der Presse gegenüber Behörden *Evers, FS Schwinge*, 1973, 237.

cc) *Verfilmung usw.* eines *„Lebensbildes"* ohne Zustimmung des Gemeinten; *Verwendung persönlicher Begebenheiten für Presseberichte,* BGHZ 36, 77 — Waffenhandel —; *Verwendung der Parteizugehörigkeit* des Kritisierten bei Stellenbesetzung, BGH NJW 82, 1805 — schwarzer Filz —; *Verwendung von Persönlichkeitsdaten für satirisches Gedicht,* BGH MDR 82, 840 — Grenzziehung —.

dd) Recht auf *Namensanonymität,* dazu *Neumann-Duesberg,* JZ 70, 564 und *Schmidt,* JZ 74, 241 (Informationsbeschaffung und -verwertung mittels EDV); *Wahrung der Resozialisierungschance* BVerfGE 35, 202 — Lebach —.

ee) *Verwendung von Zitaten als Beleg für eine den Zitierten herabwürdigende Kritik,* BGH NJW 82, 635 — Rudimente der Fäulnis (Böll v. Walden) —.

c) Lebens- und Geschichtsbildverfälschungen

aa) *Verfälschung des Lebensbildes* einer Person in einem zeitkritischen Roman, wobei der Person unangenehme Eigenschaften angedichtet werden, ohne daß dadurch die Person bis zur Unerkennbarkeit verfremdet wird; diesen Schutz genießen auch Verstorbene, BGHZ 50, 133, BVerfGE 30, 173 und BGH NJW 74, 1371 — Mephisto-Gründgens —, Verfälschung eines Persönlichkeitsbildes durch einseitige Pressereportage, BGHZ 31, 308. Hierzu *Heldrich, FS Heinrich Lange,* 1970, 163.

bb) Menschen jüdischer Abstammung haben aufgrund ihres Allgemeinen Persönlichkeitsrechts in der Bundesrepublik *Anspruch auf Anerkennung des Verfolgungsschicksals* der Juden unter dem Nationalsozialismus. Wer die Judenmorde im „Dritten Reich" leugnet, verletzt dieses Recht und beleidigt jeden von ihnen. Betroffen sind durch solche Äußerungen auch erst nach 1945 geborene Personen, wenn sie als „Volljuden" oder „jüdische Mischlinge" im „Dritten Reich" verfolgt worden wären, vgl. BGH LM Nr. 49 Art. 5 GG.

d) *Verwendung von Bildern, Fotografien, Namen, Wappen* und dergl. zu *Reklamezwecken,* ohne daß der Abgebildete, Benannte usw. seine Zustimmung gegeben hat. BGHZ 26, 349 = ESJ 124 — Herrenreiterfall —; BGHZ 30, 7 — Paul Dahlke —; 35, 363 = ESJ 125 — Ginsengwurzel —; 81, 75 — Carrera —.

e) Der *Ehrenschutz* wirft besondere Probleme auf. Nach zutr. herrschender Meinung besteht *kein* Recht an der Ehre als einem „sonstigen Recht" im Sinne des § 823 I. Nur soweit die Ehre strafrechtlich (185 ff. StGB) geschützt ist, besteht auch deliktischer Schutz nach § 823 II. Diese Vorschriften sind Schutzgesetze zum Schutze bestimmter Personen. Die Tendenz, den Ehrenschutz allgemein über den Persönlichkeitsschutz zu bewirken, ist zu verwerfen. In *allen* genannten Beispielen a) – c) ist die Ehre des Betroffenen in Mitleidenschaft gezogen. Ob es eine daneben schützbare „Ehre als solche" gibt, ist sehr fraglich. Zumeist ist die Berufung auf fehlenden Ehrenschutz das Anzeichen, daß die Herausformung einer neuen, eigens benennbaren Fallgruppe des Allgemeinen Persönlichkeitsrechts fällig ist. Dies ist auch grundsätzlich gegen die Ehrenschutzbestimmungen des Regierungsentwurfs zu sagen. Die „Ehre" einer Persönlichkeit ist zivilrechtlich nicht faßbarer als die „Persönlichkeit" selbst. Beides ist zu eng miteinander verknüpft. Für einen weitergehenden Ehrenschutz z. B. *Erdsiek,* FS *Reinhardt,* 1972, 69 m. w. A.

f) Im Fall der Verletzung des Allgemeinen Persönlichkeitsrechts wird seit BGHZ 26, 349 = ESJ 124 – Herrenreiterfall – auch wegen des nichtvermögensrechtlichen Schadens eine *billige Entschädigung in Geld* zuerkannt, in Analogie zu § 847 I (Schmerzensgeld). Dem widerspricht § 253. Doch ist mit der verfassungsgerichtlichen Anerkennung der zivilgerichtlichen Rechtsfortbildung in diesem Bereich (vgl. BGHZ 30, 7; 35, 262; 35, 363; 39, 124; BGH NJW 71, 801) weiterer Streit müßig geworden, BVerfGE 34, 269. Eine Personengesellschaft hat allerdings keinen Immaterialschadensersatzanspruch, BGHZ 78, 24.

III. Eingriffe durch Verletzung einer „Verkehrspflicht"

Delikten durch Verletzung der Verkehrspflicht ist gemein, daß es sich durchweg um *Unterlassungsdelikte* handelt. Die verletzten Rechtsgüter sind dabei Leben, Körper, Gesundheit einerseits, Eigentum andererseits. Rahmenrechte als Gegenstände einer verletzten Verkehrspflicht sind eine Systemwidrigkeit. Die Verletzung geschieht stets durch *Nichtbeachtung der verkehrserforderlichen Sorgfalt.* Zur Entstehung dieser selbständigen Deliktsgruppe siehe oben § 97 III 2 e bb.

Man hätte den erforderlichen deliktischen Schutz von Leben, Gesundheit und Eigentum auch durch Anerkennung eines (dritten) *Rahmenrechts* „an der gesicherten Stellung und Bewegung im Verkehr" bewirken können. Dann wäre man im bisher dargestellten System geblieben. Statt dessen brachte die Entwicklung, ausgelöst durch das Erfordernis abwägender Unrechtsermittlung, zusätzlich zu dem Schutz der absoluten Rechte und der Rahmenrechte in § 823 I diese Gruppe der *Verkehrspflichtdelikte.* Die Konstruktion als Unterlassungsdelikt ermöglicht die abwägende Unrechtsermittlung, da Unterlassungsdelikte nur bei angenommener und verletzter Rechtspflicht zum Handeln rechtswidrig sind.

1. Zum *Verständnis der Verkehrspflichtdelikte* sind folgende Gesichtspunkte wichtig:

a) Da Personen- und Eigentumsverletzungen in § 823 I grundsätzlich Verletzungen absoluter Rechte sind, bei denen die Verletzungshandlung bereits durch den Eingriff unrechtmäßig wird, müßten zahlreiche sinnvolle und vernünftige Tätigkeiten des Verkehrs eingestellt werden, weil sie die entfernte Möglichkeit einer Schädigung von Personen und von Eigentum in sich tragen: Brücken, Straßenbahnen, Häuser bauen; Fußwege anlegen; einen Saal für Bewirtung, Tanz, Kinovorführung eröffnen; Straßenbäume fällen; Kurpark pflanzen usw. Immer wenn infolge einer dieser Tätigkeiten ein Mensch zu Schaden käme, wäre das Tun nach § 823 I rechtswidrig. Da das natürlich nicht richtig sein kann, mußte man zutreffend eine Handlungs- und Erfolgsbewertung zur Ermittlung der Rechtswidrigkeit einschalten.

b) Da das wegen der Unrechtsindizierung in § 823 I nicht geht und ein Rahmenrecht an der „gesicherten Stellung und Bewegung im Verkehr" niemals in der Diskussion war, ging man den (gekünstelten, aber wegen der angestrebten Handlungs-Erfolgs-Bewertung nötigen) Umweg über das Unterlassungsdelikt (im einzelnen oben § 97 III 2 e bb). *Die Nichtabwendung eines Schadens ist rechtswidrig, wenn zur Abwendung des Schadens eine Rechtspflicht bestand.* In § 823 I ist die unterlassene Schadensabwendung nur rechtswidrig, wenn der Schaden an einem der dort genannten Rechte (insb. Leben, Gesundheit, Eigentum) entstand. Eine *Rechtspflicht* zum Handeln, d. h. zur Schadensabwendung, besteht grundsätzlich in vier Fällen (s. schon oben § 102 IV 7): aus *Gesetz*; aus *Vertrag* (z. B. Lehrer, Arzt, Bergführer; die bloß faktische Übernahme ordnet man aber besser zum vierten Fall); aus *konkreten Lebensbeziehungen* (z. B. Verwandtschaft, Gemeinschaftsverhältnisse); aus *vorausgegangenem Tun* (z. B. ein Berggasthof mietet im Winter im Interesse seiner Skigäste einen größeren Abhang. Der Gastwirt muß dafür sorgen, daß benachbarte Stacheldrahtzäune, an denen die Skifahrer bei einsetzendem Tauwetter hängenbleiben, entfernt oder markiert werden. Ausschank von Alkohol an Kraftfahrer, BGHSt 4, 20, einschränkend BGH NJW 75, 1175).

Ein wichtiger Unterfall der Rechtspflicht aus vorangegangenem Tun ist die *Verkehrssicherungspflicht aus vorangegangener Eröffnung oder Duldung eines Verkehrs,* vgl. die Beispiele oben a). Wer einen Verkehr eröffnet oder duldet, haftet den Verkehrsteilnehmern für die daraus entstehenden Gefahren „von einiger Erheblichkeit". Es geht aber bei dieser Gruppe von Delikten nicht bloß um *Verkehrssicherungen,* sondern ganz allgemein um *Verkehrspflichten.* Die Verkehrssicherungen sind nur ein besonders wichtiger Unterfall.

c) Durch diesen Kunstgriff (Umweg über Unterlassungsdelikt und Rechtspflicht) wird auch für die absoluten Rechte in § 823 I die Unrechtsabwägung ermöglicht und die Unrechtsindizierung ausgeräumt. Freilich bedeutet das praktisch, daß ebensogut *Tun* wie *Unterlassen* erfaßt wird *(v. Caemmerer).* Wer es in einem Wirtshaussaal unterläßt, die Lampen richtig zu befestigen, der *befestigt* eben unsachgemäß. Es handelt sich um eine „weitere Denkform", „partielle Generalklausel" in § 823 I, nur im systematischen Ansatz anders konstruiert als die „Rahmenrechte".

Durch die Konstruktion der Verkehrspflichtdelikte wie Unterlassungen wird übrigens die Prüfung entscheidend von der Rechtswidrigkeit in die *Tatbestandsmäßigkeit* verlagert. *Enn/Lehmann,* § 234 II 2, bringt die Ausführungen über die Rechtspflicht zum Handeln im Zusammenhang mit der Rechtswidrigkeit. Es ist aber bereits die Tatbestandsmäßigkeit zu verneinen, wenn eine Rechtspflicht zum Handeln fehlt, weil in all diesen Fällen das Unwerturteil in den Tatbestand vorverlagert wird, zumindest so lange wie bei den Unterlassungsdelikten an absolute Rechte angeknüpft wird. So wohl auch *Esser*[2] § 201, 5a (S. 840). „Unterlassen" ist eben nur die Nichtvornahme einer vom Recht geforderten Handlung.

d) Die Verkehrspflicht wird damit zu dem einigenden Band für zahlreiche „freie" Verhaltensnormen, und zwar in § 823 I, *neben* den Schutzgesetzen des § 823 II. Darüber, ob man als Bestandteil der Verkehrssicherungspflicht eine eigene *Organisationshaftpflicht* des Unternehmens anerkennen soll, oder ob es sich dabei um ein neues selbständiges Bündel freier Verhaltensnormen handelt, ist unten, IV 1 und § 107 I 2e cc, zu sprechen. Die Frage ist im ersten Sinne zu beantworten: Die Organisationshaftung (§ 103 III 2k) und die Produzentenhaftung (§ 103 IV) sind zwei Auszweigungen der Verkehrspflichthaftung, die allmählich die Bedeutung selbständiger Deliktstatbestände erlangt haben.

e) Daraus ergibt sich ferner, daß die − zum Privatrecht zählende (!) − Verkehrssicherungspflicht auch *öffentlichrechtliche Verwaltungsträger* trifft, sofern sie der Verkehrssicherungspflicht nicht hoheitsrechtlich genügen, KG VRS Bd. 62, 161. Dazu bedarf es aber eines ausdrücklichen Organisationsaktes, der der Allgemeinheit kundgemacht ist. Sonst gilt § 823, BGHZ 9, 373; 27, 278; 32, 352. Im Zweifel gilt daher die privatrechtliche Verkehrssicherungspflicht, nicht § 839, BGHZ 86, 152 = JZ 83, 857 Anm. *Müller-Graff* − Elbe-Seitenkanal −. Ist die Wahrnehmung der Verkehrssicherungspflicht hoheitlich organisiert, gilt *statt* der §§ 823ff. die Amtshaftung, 839 (vgl. unten § 106 V), BGHZ 21, 48; 60, 54. Nach BGH NJW 73, 463 soll in den Fällen öffentlichrechtlicher Organisation die Amtshaftung gem. § 839 nicht weiter reichen als die Verkehrssicherungspflicht nach § 823 I mit der Folge, daß ein reiner Vermögensschaden nicht ersatzfähig ist. Konsequenterweise dürfte dann aber auch nicht § 839 I 2 gelten (dazu *Brandenburg*, JuS 74, 710).

2. Folgende *Fallgruppen* sind von der Rechtsprechung entwickelt worden:

a) Gefährliche *Betriebsanlagen* und *Arbeiten,*
z. B. Hochspannungsanlagen, Hochbaustellen, Gasversorgungsunternehmen, Kultivierungsarbeiten in Mooren, BGH, VersR 60, 611; BGH, VersR 61, 64; BGHZ 20, 57 − Schleuse −; BGHZ 12, 94 − Telegraphenanlagen der Post −.

b) *Eisen- und Straßenbahnen,*
z. B. gefahrloser Zustand aller Gleis-, Signal- und sonstigen Betriebsanlagen, sowie der Beförderungsmittel, BGH, VersR 56, 552; BGH, VersR 58, 644; BGHZ 11, 175.

c) *Gefährliche Veranstaltungen,*
z. B. Sportveranstaltungen, Treibjagden, Viehmärkte, BGH NJW 55, 1025; BGH VersR 60, 421; BGH NJW 80, 223 − Massenveranstaltung −.

d) Gefährliche *Maschinen, Geräte* und *Stoffe,*
BGH VersR 59, 523; BGH VersR 60, 342; BGH NJW 76, 46 − Abfallbeseitigungspflicht −.

e) *Kraftfahrzeuge,*
z. B. Pflicht zur Verhütung von Schwarzfahrten mit Kraftwagen, BGH VersR 58, 413; BGH VersR 60, 1091.

f) *Öffentliche Wege, Straßen, Plätze, Wasserstraßen, Baustellen, Skiabfahrten,*
z. B. einwandfreie Anlage, Instandhaltung, Reinigung, Streupflicht, Beleuchtung. BGH MDR 60, 286; BGH VersR 60, 325; BGHZ 34, 206 − Friedhof −; 36, 237 = ESJ 131 − Laternengarage −; 37, 165; 40, 379 − Streudienst − (dazu BGHZ 31, 73);

BGH NJW 82, 2187 – Baustelle –; BGH WM 81, 202 – Baustelle –; BGH NJW 82, 762 – von Wintersportgemeinde empfohlene Touren-Skiabfahrt –.

g) *Private und öffentliche Gebäude,*
z. B. Kaufhäuser, Gastwirtschaften, Dienstgebäude, BGH VersR 60, 715; BGH VersR 61, 1119; BGHZ 5, 378 – Mietshaus –.

h) Aufsichtspflichten aus *Überordnungsverhältnissen,*
z. B. Eltern-Kinder, Unternehmer von gewerblichen Betrieben, BGHZ 11, 151; BGH NJW 58, 1775.

i) Gefahren aus dem *Nebeneinander vieler Menschen,*
z. B. Krankenhäuser, Theater, Lichtspiel, Sportveranstaltungen, Gastwirtschaften, RG WarnRspr. 31, Nr. 181.

j) *Teilnahme am öffentlichen Verkehr,*
z. B. verkehrssichere Fahrzeuge, Fahrgeschwindigkeit, verkehrsrichtiges Verhalten der Fußgänger, BGH NJW 60, 2096; BGH NJW 61, 1588; BGHZ 12, 124 – Straßenverschmutzung durch landwirtschaftliche Fahrzeuge –.

k) *Organisationspflicht, -verschulden*
Betriebsabläufe müssen so *entworfen* und *überwacht* werden, daß Schäden vermieden werden, BGH NJW 73, 1602; DB 78, 1830; DB 80, 2237.

3. Fehlt es an der Eröffnung eines öffentlichen Verkehrs oder der Teilnahme an ihm, kommen Verkehrspflichtdelikte nicht in Betracht. So hat der Inhaber einer Wohnung nicht dafür einzustehen, daß in seinen Räumen durch Dritte keine Straftaten begangen werden, BGH NJW 82, 1235.

4. Häufig ist fraglich, wen die Verkehrspflicht trifft.

a) Geht die Gefahr von einer *Sache* aus (Grundstück, Straße, Haus, Brücke), so haftet, „wer über die Sache zu verfügen in der Lage ist" (RG LZ 16, 1371), nicht der Eigentümer oder Besitzer als solcher, wohl aber häufig Eigentümer *und* Besitzer vermöge ihrer Zugriffsmöglichkeit auf die Sache. So haften im Falle der verschneiten, vermieteten Skiwiese Eigentümer und Mieter wegen Nichtbeseitigung der Stacheldrahtzäune.

b) Beruht die Gefahr nicht in der Sache, sondern in der *Art und Weise,* wie die Verkehrsteilnehmer am Verkehr teilnehmen, so haftet der den Verkehr Gefährdende, Eröffnende oder Duldende, statt seiner der, auf den er die Last der Erhaltung des Verkehrs übertragen hat. Als Beispielsfall vgl. BGHZ 37, 165 – Steinkreuzfall –.

5. Keine Verkehrshaftpflicht besteht gegenüber Personen, die sich an den fraglichen Orten unbefugt aufhalten oder die fraglichen Einrichtungen unbefugt benutzen, OGHZ 2, 65; vgl. *Schwab,* JZ 67, 13. Doch muß der Verkehrssicherungspflichtige stets mit einem Mindestmaß menschlichen Fehlverhaltens rechnen und *insoweit* haften; instruktiv BGH VersR 73, 621; 75, 87.

IV. Produzentenhaftung

1. Terminologie und Herkunft

Die Produzentenhaftung leitet sich aus der Lehre von den Verkehrspflichtdelikten ab. Ihre konstruktive Behandlung insbesondere des Deliktstatbestandes und der

Die allgemeinen Deliktstatbestände § 103
IV 2

Rechtswidrigkeit ist daher ähnlich. Inzwischen hat sich aber die Produzentenhaftung als eigenständige Fallgruppe erwiesen und wird heute nicht mehr den Verkehrspflichtdelikten zugerechnet. Sie stellt vielmehr eine eigene gewohnheitsrechtliche Entwicklung des Deliktsrechts im Rahmen des § 823 I dar. Terminologisch spricht man von Warenhaftung (so noch die Vorauflagen), Produktenhaftung *(Esser)*, Produzentenhaftung *(Esser/Weyers, Simitis, Lukes)*, Haftung des Warenherstellers *(Lorenz, Diederichsen)*, o. ä.

2. Wirtschaftliche Bedeutung und rechtliche Einordnung

a) Wer eine Ware nicht vom Hersteller, sondern von einem Händler bezieht, der diese vom Hersteller oder über einen Großhändler erworben hat, und durch fehlerhafte Eigenschaften der Ware Schaden leidet, hat keinen vertraglichen Ersatzanspruch gegen den Hersteller. Die Gewährleistungsregeln (§§ 459 ff.) gewähren nur in den Ausnahmefällen des § 463 Schadensersatz. Rechtsprechung und Lehre haben sich daher seit langem bemüht, direkt gegen den Hersteller durchgreifende Ansprüche des geschädigten Letztabnehmers (Verbraucher) zu konstruieren.[1] Deliktsrechtliche Ansprüche begegnen Schwierigkeiten, weil der Produzent einer Ware diese in aller Regel nicht persönlich herstellt, sondern sich dazu seiner „Verrichtungsgehilfen" bedient, für deren rechtswidrige Handlungen er zwar aufgrund vermuteten eigenen Verschuldens bei ihrer Auswahl oder Überwachung *gemäß § 831* haftet, wovon er sich jedoch mit dem in § 831 I S. 2 vorgesehenen „Entschuldigungsbeweis" (Exkulpation) verhältnismäßig leicht entlasten kann (siehe dazu unten § 107 I 1a). Um die oft nur brüchige Rechtsgrundlage des § 831 zu ergänzen, entwickelte die Rechtsprechung die sogenannte *Organisationshaftung* (siehe dazu oben III 2 k). Sie läßt den Unternehmer wegen Unterlassung einer den Betriebserfordernissen gerecht werdenden Organisation für Schäden haften, die aus dieser Unterlassung rechtswidrig und schuldhaft erwachsen. Ihrem Wesen nach ist die Organisationshaftung eine besonders ausgestaltete Typisierung der Haftung für die Verletzung von Verkehrspflichten (siehe dazu oben III). Das bedeutet, daß das Vermögen als solches nicht geschützt ist, die Rechtswidrigkeit durch den Eingriff in ein absolut geschütztes Rechtsgut indiziert wird und Verschulden grundsätzlich nachgewiesen werden muß. Im letzten – in der Praxis häufig kritischen – Punkt half die Rechtsprechung mit einer Umkehrung der Beweislast aufgrund des Anscheinsbeweises, daß im Falle einer durch unternehmerische Tätigkeit entstehenden Schädigung die Betriebsorganisation im Zweifel fehlerhaft war. Aber auch diese mit einem Verschuldensanscheinsbeweis ausgestattete Organisationshaftung erwies sich als unzureichend. Häufig konnte nämlich der Unternehmer nachweisen, daß seine Organisation allen zu stellenden Anforderungen entsprechend *entworfen war* und ihre *Durchführung auch überwacht* wurde. Das Fehlverhalten eines Angestellten, das zu einem Warenfehler führte, der seinerseits

---

[1] Zu den Lösungsvorschlägen, die sich nicht durchsetzen konnten, unten i); ausführliche Darstellung in den Vorauflagen.

§ 103
IV 2

Unerlaubte Handlung

den Käufer einer Ware schädigte, konnte auch mit der Organisationshaftung nicht erfaßt werden. An diesem Punkt setzt die Produzentenhaftung ein.

b) Anspruchsgrundlage der Produzentenhaftung ist nicht § 831, sondern, wie bei der Organisationshaftung, § 823 I. Die Handlung des Unternehmers besteht, nach dem Muster der Verkehrspflichtdelikte (oben III), in der Unterlassung einer Warenfehler verhütenden Überwachung der für das Unternehmen tätig werdenden Personen: Das *Vermögen* als solches wird *nicht* geschützt, die *Rechtswidrigkeit* der Unterlassung ergibt sich aus dem *Eingriff* in ein absolut geschütztes Rechtsgut (insbesondere Leben, Gesundheit und Eigentum), und beim *Verschulden* erfolgt aus grundsätzlichen rechtspolitischen Überlegungen und in rechtsanaloger Heranziehung der Verschuldensvermutungen in §§ 831, 833 und 836 eine *Beweislastumkehr*. Danach muß *der Unternehmer den Beweis dafür antreten, daß keiner der für sein Unternehmen tätig werdenden Personen bei der Produktion von Waren ein Fehlverhalten unterlaufen ist*. Dieser Beweis ist unter praktischen Gesichtspunkten kaum zu führen. Die in BGHZ 51, 91 = ESJ 127 − Hühnerpest − erstmals angenommene Beweislastumkehr (seither in vielen Entscheidungen bestätigt: BGHZ 64, 46 − Haartonikum −; 80, 186 − Apfelschorf/Derosal −; 80, 199 − Apfelschorf/Benomyl − u. v. a.) führt daher zu einer Haftung des Unternehmers für vermutetes Verschulden, die hart an die Grenze der Gefährdungshaftung heranreicht.

c) Nach Einführung der Produzentenhaftung kann sich also die Haftung eines Unternehmers für Schäden, die durch seine Produkte entstehen, auf vier Anspruchsarten stützen:

− auf Vertrag (der aber im Verhältnis zu einem weiteren Abnehmer seiner Ware fast nie vorliegen wird, jedoch stets zunächst geprüft werden sollte),

− auf § 831 I S. 1., häufig entkräftet durch ein Gelingen des Entschuldigungsbeweises,

− auf Organisationshaftung gemäß § 823 I mit einer Beweislastumkehr kraft Anscheinsbeweises beim Verschulden, vom Unternehmer auszuräumen durch den Beweis, er habe seinen Betrieb nach *Anlage* und *Durchführung* ordnungsgemäß organisiert, und

− auf Produzentenhaftung gemäß § 823 I („Hühnerpest-Doktrin"), mit einer Beweislastumkehr beim Verschulden dahingehend, daß sich der Unternehmer für Fehlverhalten der für ihn Tätigwerdenden frei beweisen muß.

d) Die Produzentenhaftung ist heute allgemein anerkannt, ihre Entwicklungsgeschichte bedarf hier keiner Darstellung mehr.[2]

e) Das − nicht einfach darzustellende − Verhältnis der Produzentenhaftung zu § 823 I ist demnach das folgende: Der Tatbestand von § 823 I kann auch durch pflichtwidriges Unterlassen erfüllt werden. → Bei grundsätzlich

---

[2] Siehe z. B. *Larenz* II § 41 a; sowie die Vorauflage dieses Lehrbuchs § 103 IV, jeweils m. W. A.

nützlichen Tätigkeiten ist die Ableitung der Rechtswidrigkeit aus dem Eingriff in absolute Rechte unbrauchbar, so daß § 823 I zu reduzieren ist, und dies gilt auch für das Unterlassen der erforderlichen Sorgfalt bei solchen Tätigkeiten. → Die durch Reduktion geschaffene Lücke in § 823 I ist durch die Verkehrspflichtdelikte als Sammelbegriff für freie Verhaltensnormen zu schließen, wobei die Unrechtsindikation aus dem Eingriff in absolut geschützte Rechtsgüter folgt, der durch den Verkehrspflichtverstoß bewirkt wird. → Aus den Verkehrspflichtdelikten, die ein Unternehmer begehen kann, werden zwei typische Bereiche herausgegriffen, die Organisationshaftung und die Produzentenhaftung.

f) Ein Unternehmer muß also *vier* Beweise antreten, um für Schäden, die durch seine Produktion hervorgerufen werden, nicht zu haften: Den Entschuldigungsbeweis in § 831 I S. 2, den Beweis dafür, daß er seinem Betrieb eine allen Regeln gerecht werdende Organisation zugrunde gelegt hat, den Beweis, daß er diese Organisation auch praktisch in ausreichendem Maß überwacht hat, und schließlich, daß keinem seiner Angestellten, Arbeiter und sonstigen Beauftragten bei der Herstellung der Produkte ein Fehler unterlaufen ist. Nur der zuletzt genannte Beweis betrifft die Produzentenhaftung.

g) Da es sich um einen Tatbestand des § 823 I handelt, können allgemeine Vermögensschäden nur ersetzt verlangt werden, wenn sie auf der Verletzung eines der in dieser Vorschrift genannten Rechtsgüter beruhen. Unmittelbarer Ersatz reiner Vermögensschäden, wie zum Beispiel entgangener Zwischenverdienst, setzt vertragliche Haftung (BGHZ 48, 118) oder den Tatbestand des § 826 voraus, vgl. z. B. BGH NJW 74, 1503 = ESJ 128 – Prüfzeichen –. Dazu tritt die wettbewerbliche Haftung, zum Beispiel nach § 1 UWG.

h) In dem gekennzeichneten Rahmen von Tatbestand und Rechtsfolge ist die Produzentenhaftung heute ein wichtiger Bestandteil des Deliktsrechts. Dem Grunde nach, wenn auch nicht in allen Einzelheiten, kann sie als gewohnheitsrechtlich anerkannt gelten. Die Annahme, die Produzentenhaftung sei nur noch dem Namen nach Verschuldenshaftung (*Medicus*, II, § 77 III 3) geht jedoch zu weit. Besonders in kleineren Betrieben könnte der Beweis fehlerfreien Verhaltens der Angestellten auch einmal gelingen. Anders liegt es jedoch beim sogenannten „Ausreißer", für den eine Haftung ohne Verschulden aus dem Gesichtspunkt der Aufopferung angemessen ist (siehe dazu unten 5).

i) Im übrigen ist eine Haftung ohne Verschulden (Gefährdungshaftung, Aufopferungshaftung oder in anderer Form) als rechtliche Begründung der Produzentenhaftung ebenso abzulehnen wie die vielen anderen früher erörterten Begründungsversuche: Haftung aus dem Vertrag zwischen Letztabnehmer und seinem Händlerpartner mit dem Hersteller als Erfüllungsgehilfen gemäß § 278; Haftung aus dem Kaufvertrag zwischen Hersteller und Großhändler zugunsten des Letztabnehmers als Drittem, §§ 433, 328 I; Vertrag mit Schutzwirkung für den Letztabnehmer als Dritten; vertragliche Drittschadensliquidation, bei der der Händler den Schaden des Letztabnehmers geltend macht; Garantiehaftung des Herstellers für seine Ware aufgrund werbender Angaben (im Einzelfall immerhin möglich und zurecht bejaht in BGHZ 48, 118 – Trevira —; „soziale Funktion des Warenherstellers"; „sozialer Kontakt"; quasivertragliche Vertrauenshaftung mit oder ohne Verschulden.[3])

3. Hersteller

Die Produzentenhaftung richtet sich gegen den Hersteller (Produzenten). Hersteller ist, wer im Rahmen seiner unternehmerischen Planung das Produkt erstellt oder zusammenstellt und es in Verkehr bringt; nicht, wer ohne Produzent zu sein als Hersteller auftritt, BGH NJW 80, 1219. Hersteller ist, wer die grundsätzliche Verantwortung für die Vereinigung der von den Zulieferern bezogenen Teile trägt. Werden Spezialteile verwendet, die ihrerseits unternehmerische Planung und fachliche Qualifikation erfordern, so ist insoweit der Zulieferer Hersteller. Hat der Zulieferer nach Anweisungen des Produzenten gehandelt, können beide Hersteller sein, BGH NJW 75, 1828; BGH WM 77, 81. Auf die Führung eines Warenzeichens oder einer Handelsmarke kommt es nicht an, BGH BB 77, 1117 — Produzentenhaftung des Montageunternehmers —. Einen Gebrauchtwagenhändler, der an einem Sportwagen einen nach den DIN-Normen nicht zulässigen Hinterreifen montieren läßt (was dann zu einem Unfall des Käufers führt), wird man noch als Hersteller ansehen können, BGH NJW 78, 2241 — Hinterreifen —.[4]) Nach BGH NJW 75, 1827 ist auch ein Produktionsleiter in herausgehobener und verantwortlicher Stellung (als Geschäftsführer tätiger Kommanditist der Hersteller-KG) Hersteller.[5])

4. Fallgruppen

In zeitlicher Reihenfolge läßt sich bei der Herstellung eines Produkts (a) seine Entwicklung, (b) seine Konstruktion und Herstellungsplanung, (c) seine Produktion, (d) die Abfassung und Gestaltung der dem Produkt beizugebenden Anweisungen, Anleitungen und Instruktionen und (e) sein Verkauf und die dem Verkauf folgende Überwachung des Funktionierens des Produktes im Gebrauch unterscheiden.

a) *Entwicklung.* Am wenigsten gesichert sind die Grundsätze über die Produzentenhaftung aus fehlerhafter *Entwicklung* eines Produkts. *Entwicklungsfehler (Forschungsfehler)* sind Warenfehler, bei denen schon die vor der Konstruktion liegenden Entwicklungs- und Forschungsarbeiten nicht wissenschafts- und kunstgerecht verlaufen, so daß sie nicht mehr tragbare Schadensquellen schaffen. Ihre haftungsrechtliche Behandlung ist deshalb schwierig, weil sich nicht selten nach dem bisherigen Erkenntnisstand für harmlos gehaltene Produkte und Arbeitsweisen überraschend als schädigend erweisen, und weil dann diese Schäden oft ein gravierendes Maß erreichen *(Contergan).* Für pharmazeutische Produkte hat § 84 des Arzneimittelgesetzes (AMG) eine Rechtsgrundlage geschaffen. Nach ihr haftet das pharmazeutische Unternehmen auf Ersatz von Personenschäden (nicht Sach- und Vermögensschäden), wenn „in Folge der Anwendung eines zum Gebrauch der Men-

---

[3]) Zu diesen Theorien und ihren jeweiligen Vertretern siehe z. B. die Vorauflage § 103 IV 1; zur Verjährungsfrage u. 10.
[4]) Zweifelhafter ist schon der Gaszug-Fall BGHZ 86, 256. — Siehe zu dieser Problematik auch oben § 70 IX 4.
[5]) Hiergegen zu Recht *Medicus*, II, § 77 III 3 b; und *Larenz*, II, § 41 a (S. 79).

schen bestimmten Arzneimittels, das im Geltungsbereich dieses Gesetzes an den Verbraucher abgegeben wurde und der Pflicht zur Zulassung unterliegt, oder durch Rechtsverordnung von der Zulassung befreit worden ist, ein Mensch getötet oder der Körper oder die Gesundheit eines Menschen nicht unerheblich verletzt worden ist", sofern „das Arzneimittel bei bestimmungsgemäßen Gebrauch schädliche Wirkungen hat, die über ein nach den Erkenntnissen der medizinischen Wissenschaft vertretbares Maß hinausgehen und ihre Ursache im Bereich der Entwicklung oder der Herstellung haben, oder der Schaden infolge einer nicht den Erkenntnissen der medizinischen Wissenschaft entsprechenden Kennzeichnung oder Gebrauchsinformation eingetreten ist". Soweit hierbei die Entwicklung des Produkts angesprochen ist, laufen diese Maßstäbe darauf hinaus, daß unter verantwortlicher Zugrundelegung des jeweiligen Standes der Wissenschaft zu verfahren ist. Für technische Geräte und Maschinen hat die Rechtsprechung die Regel aufgestellt, daß es zu den Pflichten des Herstellers gehört, bei jeder Neuentwicklung sich über den Stand der technischen Erkenntnis genau zu informieren, ihn zu beachten und den normalen „Gefahrenquotienten" für den Abnehmer nicht zu vergrößern, BGH LM 5 zu § 823 (C); BGH VersR 56, 625; 59, 523; 60, 1095. Vernachlässigt der technische Entwickler eine dieser Pflichten, handelt er rechtswidrig und in der Regel auch schuldhaft.

b) *Konstruktions- und Herstellungsplanung.* Es handelt sich um Warenfehler, die in der Bauart oder Zusammensetzung des Produkts liegen, und die zur Haftung führen, vgl. BGHZ 67, 359; BGH VersR 77, 500.

c) *Fabrikation.* Hier unterläuft der Fehler bei der Herstellung des Produkts.[6]

d) *Anleitung, Anweisung, Instruktion.* Diesbezügliche Fehler bestehen zum Beispiel darin, daß der Letztabnehmer nicht über die richtige Verwendung der Ware oder über mit ihr verbundene Gefahren aufgeklärt wird; zum Beispiel fehlt die Gebrauchsanleitung oder sie ist undeutlich. Beispiele: BGHZ 64, 46; BGH NJW 75, 1827; 81, 2514.

e) *Verkauf, Überwachung des Produkts im praktischen Gebrauch.* In gefahrenträchtigen Branchen (Autoindustrie, pharmazeutische Produkte u. ä.) hat der Hersteller auch die Pflicht, Zustand, Verwendungsweise und Wirkungsart seiner Produkte während und nach dem Verkauf über die Handelswege, so-

---

[6]) Hauptbeispiel: BGHZ 51, 91 = ESJ 127 – Hühnerpest –; gegen Trennung von Konstruktionsfehlern bei Serien einerseits und Produktionsfehlern bei jeweiligen Einzelstücken *Jauernig/Teichmann,* § 823, Anm. VIII D 3 b aa; zu Unrecht rechnet *Esser/Schmidt* „Ausreißer" zu den Fabrikationsfehlern i. S. der Lehre von der Produzentenhaftung; Ausreißer sind dadurch definiert, daß bei ihnen jede erdenkliche Sorgfalt bei der Produktion angewandt wurde, was die Einrechnung zur Verschuldensvermutung i. S. der Produzentenhaftung ausschließt. Ausreißer sind *Fabrikationsfehler ohne Verschulden* und bedürfen daher einer besonderen Behandlung, siehe unten 5.

wie den Gebrauch durch die Kundschaft zu beobachten. Stellen sich *Schäden* ein, erweist sich das Produkt als *wirkungslos* (z. B. weil die Schädlinge gegen ein Spritzmittel gegen *Apfelschorf* resistent geworden sind, BGHZ 80, 186; 80, 199) oder werden *Gefahrenquellen* entdeckt, so trifft den Hersteller sowohl eine *Warn-*, wie gegebenenfalls auch eine *Rückrufpflicht.* Beispiele: RGZ 163, 26 – Kfz-Bremsen – ; BGH in den eben genannten *Apfelschorf-*Entscheidungen, dazu *Schmidt-Salzer,* BB 81, 1041; *Sack, Rolf,* DAR 83, 1.

5. Ausreißer

Grundlage der Produzentenhaftung ist vermutetes Verschulden des Herstellers bei der Überwachung seiner Leute, die mit der Herstellung des Produkts beschäftigt sind. Durch die Beweislastumkehr bei einem diesbezüglichen Verschulden geht die Produzentenhaftung über den Rahmen der Organisationshaftung hinaus, die dem Hersteller lediglich theoretisch und praktisch ordnungsgemäße Organisation abverlangt. Immer aber ist die Produzentenhaftung noch Verschuldenshaftung. Wie aber liegt es, wenn der Warenfehler schon begrifflich nicht auf ein Verschulden zurückzuführen ist, sondern es sich um einen sogenannten „Ausreißer" handelt, der sich trotz aller Sorgfalt nicht verhindern ließ? Maschinen können ebenso versagen wie Menschen. Diese Versager, die in jeder Produktion mit einer gewissen Wahrscheinlichkeit auftauchen, und die sich auch durch sorgfältigste Organisation nicht verhindern lassen, heißen „Ausreißer". Sie bilden ein besonders schwieriges Problem der Warenhaftung. Es gilt, sie tatbestandlich genau zu bestimmen, um diesem typischen Fall eine angemessene typische Haftung beizuordnen.

Verbreitet wird ihretwegen die Einführung einer gesetzlichen Gefährdungshaftung für industrielle Produktion (u. a. von *Simitis*) oder wenigstens eine Verschärfung des § 831 gefordert. Beides erscheint indes nicht notwendig. Daß § 831 ganz andere Situationen meint, wurde schon gesagt.

Eine Schädigung durch einen Ausreißer beruht nicht auf einer rechtswidrigen Handlung. Denn alle organisatorischen und sonstigen objektiven Sorgfaltspflichten wurden beachtet. Es liegt ein „Versagen der Maschine", eine „Fehlleistung des Fließbands" vor. Darum versagt hier die Beweislastumkehr nach BGHZ 51, 91 = ESJ 127 – Hühnerpest –, weil sie eine rechtswidrig schuldhafte Schädigung voraussetzt. Das „Montagsauto", häufig in diesem Zusammenhang zitiert, ist gerade *kein* Beispiel für den Ausreißer, weil bei seiner Fertigung die objektiv zu stellenden Regelanforderungen *nicht* eingehalten wurden. Ausreißer entstehen trotz Beachtung aller objektiven und subjektiven Sorgfaltsanforderungen.

Ungerecht wäre es sicher, das Opfer dieses unvermeidbaren Versagens dem *zufällig* Verletzten aufzubürden. Den Schaden müßte wirtschaftlich der tragen, dem gestattet ist, Waren und damit auch gelegentliche „Ausreißer" zu produzieren. Das ist der Hersteller. Er wird seine Ausreißerhaftpflicht über den Preis seiner Ware dem kaufenden Publikum überwälzen. Damit sind die

Eigenschaften eines *privatrechtlichen Aufopferungsanspruchs* vollständig erfüllt, unten § 112 II, III. Es liegt ebenso wie beim öffentlich-rechtlichen Aufopferungsanspruch, der z. B. dazu führt, daß die gelegentlichen Opfer einer Typhuszwangsimpfung Ansprüche gegen den Staat geltend machen können, der diese Last seinerseits dem Steuerzahler aufbürdet. So richtig es ist, daß man die Warenhaftung als solche nicht auf den Aufopferungsgedanken stützen kann, weil die Gefährdung durch Warenfehler kein Sonderopfer darstellt, so richtig ist es, die Opfer von Ausreißern durch einen Anspruch gegen den Hersteller schadlos zu stellen, dem das Recht gestattet, Maschinen und andere Geräte zu verwenden, die trotz bester Kontrolle „Fehlleistungen" vollbringen können. Hier handelt es sich um ein Sonderopfer, das der Betroffene auf sich nehmen muß, weil die moderne Wirtschaft nun einmal Maschinen und Geräte verwendet. Um Gefährdungshaftung geht es dabei nicht, denn maschinelle Warenproduktion ist als *solche* auch unter dem Gesichtspunkt, daß gelegentlich Ausreißer vorkommen, kein „gefährliches Tun" (aber: Autofahren ist „gefährlich"). Vielmehr bedeutet die Aufopferungshaftung für Ausreißer einen allgemeinen Risiko- und Lastenausgleich. Hierin liegt der Unterschied zur Gefährdungshaftung (oben 1 d). Im Ergebnis ähnlich *Lorenz*, AcP 170, 32, 50 ff.

Unerheblich und folglich keiner Aufklärung bedürftig ist dabei, ob ein rein maschinelles Versagen, ein menschliches Versagen an der Maschine oder eine Kombination beider Fehlerquellen vorliegt. Mensch und Maschine bilden insoweit eine Einheit, wie menschliche Verrichtungen an Maschinen mechanischen, unterbewußten Charakter haben.

Das gleiche muß, parallel zum enteignungsgleichen Eingriff, gelten, wenn der Hersteller objektiv gegen Herstellungsregeln verstieß, sich aber entschuldigen kann. Denn dann ist der Rechtsverstoß des Herstellers größer (subjektiver Ausreißer).

Indes sind *nicht alle unverschuldeten Fabrikationsfehler* objektive oder subjektive *Ausreißer*. Um einen Ausreißer handelt es sich nur im Falle einer „Fließbandfehlleistung", also eines unkontrollierbaren technischen Versagens und dergl. Ein unverschuldeter Fabrikationsfehler außerhalb des Ausreißerphänomens liegt z. B. vor, wenn ein mit der Ablieferung und Kundeneinweisung betrauter Monteur das Gerät nach Verlassen des Fließbandes und nach der letztmöglichen Kontrolle falsch einstellt, so daß dem Kunden ein Schaden entsteht: Keine Warenhaftung nach § 823 I, keine Ausreißeraufopferungshaftung, aber § 831 mit wahrscheinlich gelingendem Entlastungsbeweis. Es bleibt der Deliktsanspruch gegen den Monteur; ferner, wenn Vertrag, evtl. Mängelhaftung des Verkäufers.

6. Sogenannte „weiterfressende Schäden"

Es handelt sich um Fälle wie den defekten Schwimmschalter, durch den eine ganze Reinigungsanlage still gelegt wurde, BGHZ 67, 359 — Schwimmschalter — ; den Fall, bei dem ein fehlerhaft montierter Hinterreifen sich löste und zu einem Unfall führte, BGH NJW 78, 2241 — Hinterreifen — ; und den Gaszug-Fall, bei dem mehrfach das Gaspedal hängen blieb, so daß eine Reihe von Fremd- und Eigenschäden für den Käufer auftraten, BGHZ 86, 256 — Gaszug — . Fälle dieser Art bieten drei Probleme:

a) Daß hier das Sprichwort „kleine Ursache, große Wirkung" zutrifft, hindert nicht, daß die Schäden nach den Regeln über die Produzentenhaftung zu ersetzen sind. Die Grenzen zieht die Kausalitätslehre.

b) Das setzt jedoch voraus, daß es sich beim Haftenden wirklich um den Hersteller handelt, was vor allem im Gaszug-Fall nicht zweifelsfrei ist.[7]

c) In allen drei Fällen konkurriert die Haftung aus Produzentenhaftung mit einem unmittelbaren Vertragsanspruch, weil der Geschädigte direkt vom Hersteller bezog. Daß hiergegen grundsätzlich keine Bedenken bestehen, wurde oben § 70 IX 4 ausgeführt.[8]

7. Anspruchsberechtigter

Sinn der Warenhaftung ist, unter Überspringung von Wirtschafts-, insb. der Händlerstufen, Warenfehlergeschädigten unmittelbare Ansprüche gegen die Hersteller zu gewähren. Die vertragliche Haftung kann wegen der Relativität vertraglicher Verhältnisse (oben § 15) diesen Durchgriff nicht vollziehen. Anspruchsberechtigt ist daher sicherlich der *Letztabnehmer*, an den das Produkt nach Durchlaufen der verschiedenen Absatzstufen gelangt, unstr. Aber auch schon *Weiterverarbeiter* genießen den Schutz der Warenhaftung, BGHZ 48, 118. Auch *Familienangehörige, Angestellte, Gäste* usw. des Abnehmers sind in den Schutzbereich einbezogen, BGH JZ 60, 124, wobei der Zweck, dem die Ware zu dienen bestimmt ist, für die Abgrenzung des Schutzbereichs mit herangezogen werden kann (*Diederichsen* 391). Streitig ist, ob auch *unbeteiligte Dritte* den Schutz der Warenhaftung genießen, also etwa der Passant, der von dem sich lösenden Autorad getroffen wird, der Erntehelfer, der an der ausgeliehenen Dreschmaschine arbeitet, usw. Verneint wird diese Ausdehnung von BGH NJW 56, 1193 mit zust. Anm. *Larenz; Diederichsen*, 389, bejaht von *Simitis* Gutachten 58, 98; *Rehbinder*, ZHW 129, 178; *Weitnauer* Karlsr. Forum 63, 41 und der 2. Aufl. dieses Buches im § 107 I 2e. Die zweite Auffassung verdient den Vorzug, denn es kann keinen Unterschied machen, wer das Opfer pflichtwidriger Warenherstellung wird, ein Abnehmer oder eine Person, die mit einem Abnehmer in Berührung kommt. Freilich können sich die Pflichten des Herstellers diesen verschiedenen Personenkreisen gegenüber verschieden bestimmen. Das hängt wiederum weitgehend von den Zwecken ab, denen die Ware dienen soll. Personen, die sich typischerweise außerhalb des Gefahrenkreises aufhalten, den der Ge- oder Verbrauch der Ware normalerweise mit sich bringt, ist keine deliktische (Hersteller-) Sorgfalt geschuldet. Das aber ist ein allgemeines Problem des Deliktsrechts, keine Frage der Warenhaftung allein. Im Ergebnis berührt sich die hier vorgetragene Auffassung mit den vertraglichen Lösungen, z. B. *Gernhubers*, die vom „Gefahrenkreis" eines Vertrages sprechen. Diese Lehren übersehen indes, daß auch deliktische Sorgfaltspflichten nur in bestimmten Beziehungen geschuldet sind; vgl. u. § 49 III und *U. Huber*, FS *Wahl*, 1973, 301, 315 mit einer Darstellung der klassischen Fälle zur Normerstreckung im amerikanischen Recht („Thomas", „Polemis", „Palsgraf"); unrichtig insoweit *Dunz*, JZ 69, 756. Beispiele dazu:

Ein Straßenpassant hält sich im Gefahrenkreis mangelhaft hergestellter, auf dieser Straße verkehrender Fahrzeuge auf. Das gleiche gilt für den Ladenverkäufer, der durch Splitter der Schaufensterscheibe verletzt wird, in die das mangelhaft gebaute Renn-

---

[7]) Siehe dazu oben § 70 IX 4.
[8]) Anders dagegen *Medicus*, II, § 77 III 3 b; *Larenz*, II, § 41 a (S. 79).

Fahrrad fährt. Hatte aber dieser Verkäufer gerade an diesem Tage seine wertvolle Briefmarkensammlung mitgebracht, um sie seinen Kollegen zu zeigen, und wird sie durch das in den Laden fahrende Rennrad beschädigt, so haftet trotz vorliegender adäquater Verursachung der Hersteller insoweit nicht, weil sich diese Sammlung normalerweise außerhalb des durch das fehlerhafte Fahrzeug erreichbaren Gefahrenkreises befindet. (Für Kraftfahrzeuge gelten an sich die gleichen Regeln, doch werden sie wegen der Gefährdungshaftung nach §§ 7ff. StVG hauptsächlich erst beim Rückgriff der Versicherungsgesellschaft gegen den Kfz-Hersteller von Bedeutung.)

8. Haftungsmilderungen und -ausschlüsse

Schon im Rahmen der vom Hersteller zu beachtenden Sorgfaltspflichten sind für den Hersteller entlastende Umstände zu berücksichtigen, die den Erfolg seiner Sorgfalt zu durchkreuzen geeignet sind, wie unübliche Verwendung der Ware, Nichtbeachtung allgemein bekannter Gefahrabwendungsregeln durch den Geschädigten, Disposition des Geschädigten zu besonderen Schädigungen (Allergien gegen bestimmte Medikamente), Dazwischentreten risikoerhöhenden Drittverhaltens (Arzt berücksichtigt nicht Warnung vor bestimmten Medikamenten in Fachzeitschriften).

Wird durch einen solchen Umstand die Sorgfaltspflicht insoweit beseitigt, kann keine Haftung, also auch keine Schadensteilung eintreten. Es kann aber auch so liegen, daß trotz der entlastenden Umstände eine Sorgfaltspflicht an sich zu bejahen ist, etwa weil der Hersteller auch mit unüblichem Gebrauch (z. B. durch Kinder), mit überarbeiteten Ärzten usw. rechnen mußte. Dann kann aber im Einzelfall die Schuld fehlen.

Liegt auch Verschulden vor, so ist den Hersteller entlastendes Mitverschulden des Geschädigten und seiner „Verrichtungsgehilfen" zu prüfen, 254. (Die Anwendung von § 122 analog würde zum völligen Wegfall der Produzentenhaftung führen, das ist unbillig.)

9. Freizeichnung

Ein wesentlicher Nachteil der „vertraglichen Lösung" der Produzentenhaftung ist das Problem der Freizeichnung von der Haftung, die der Hersteller regelmäßig anstreben wird, um seine Haftung auszuschließen. (Es bedürfte deshalb nach Ansicht der Vertreter dieser Lösung de lege ferenda zwingender Vorschriften.) Stützt man die Produzentenhaftung auf Deliktsrecht, wie hier, kommt eine Freizeichnung schon aus tatsächlichen Gründen praktisch nicht in Frage (richtig *Weitnauer*, NJW 68, 1599). Ein Aufdruck auf der Ware („Für Schäden wird nicht gehaftet") nützt dem Hersteller nur dann, wenn der Geschädigte dies als Vertragsangebot annimmt, was kaum anzunehmen und jedenfalls aus dem Kauf oder der Verwendung der Ware nicht ohne weiteres zu schließen ist.

10. Verjährung

Die deliktische Lösung ist genötigt, die Warenhaftung nach § 852 nach drei Jahren verjähren zu lassen, gerechnet von Kenntnis des Schadens und der Person des Ersatzpflichtigen an. Anhänger der vertraglichen oder der Vertrauenshaftung entschieden sich für die 30jährige Verjährung nach § 195. Doch erscheint die dreijährige Frist nicht unbillig kurz.

11. Beweislast

Der Kläger in Warenhaftungsprozessen sieht sich trotz der Beweislastumkehr beim Verschulden einer Reihe schwieriger Beweisfragen gegenüber.

a) An sich müßte er die *Tatsachen* beweisen, aus denen sich die *Rechtspflicht* des Herstellers zu sorgfältiger Organisation der Herstellung im Einzelfall ergibt, BGHZ 80, 186 — Apfelschorf/Derosal —. Dies wird ihm nur mangels Kenntnis branchen- und betriebseigener Produktionsregeln oft nicht möglich sein. Es muß daher genügen, daß der Geschädigte in groben Zügen, d. h. in einer Art „Parallelwertung aus der Kundensphäre" dartut, daß offenbar Regeln sorgfältiger Konstruktion, Fabrikation, Instruktion oder Entwicklung verletzt wurden. Dem Hersteller ist dann der Beweis zuzumuten, daß konkrete objektive Sorgfaltsregeln *nicht* bestehen, die ihn zu dem vom Kläger geforderten Verhalten hätten anhalten müssen. Es muß also bereits bei der für den *Tatbestand* der Rechtsverletzung wesentlichen Festlegung der Verhaltensnorm eine teilweise Umkehr der Beweislast eintreten, die ihren Grund und Rahmen in der Branchen- und Betriebsunkenntnis des Geschädigten findet. (Ähnlich liegt es bei der analogen Anwendung der §§ 282, 285 auf die Schlechterfüllung, wo dem Schädiger der Beweis des Fehlens bestimmter *Rechtspflichten* begründender Tatsachen zugemutet wird, oben § 47 II.)

b) Auch der Beweis eines Verstoßes gegen die so aufgestellte Sorgfaltspflicht ist nicht immer leicht zu führen (Beispiele *Diederichsen* 398). Grundsätzlich muß der Kläger nachweisen, daß der Stein im Vollkornbrot aus der Packung des Beklagten stammt. Ein Anscheinsbeweis hilft hier nur bezüglich der Dauer der Behaftetheit der Ware mit dem Mangel. Die Behaftetheit selbst muß der Kläger dartun.

c) Seinen Schaden muß der Kläger behaupten und beweisen.

d) Die Ursächlichkeit des Warenmangels für diesen Schaden fällt ebenfalls in seine Beweislast, doch sind hier nach allgemeinen Regeln Erleichterungen denkbar.

e) Die Rechtswidrigkeit des Eingriffs ergibt sich aus der so nachgewiesenen Normverletzung. Rechtfertigungsgründe und Haftungserleichterungen hat grundsätzlich der Hersteller zu beweisen.

f) Kaum führbar ist für den Kläger der Beweis der Schuld, was nach BGHZ 51, 91 — Hühnerpest — zu einer Umkehr der Beweislast, d. h. zu der Last des Unternehmers führt, zu beweisen, daß keiner seiner Hilfspersonen ein Fehler unterlaufen ist. Der Geschädigte übersieht die Kontrollverhältnisse im Herstellerbetrieb nicht. Wenn aber schon für *handwerkliche* Verhältnisse gem. § 831 eine Schuld des „Geschäftsherrn" vermutet wird und er sich in bestimmter Weise davon entlasten muß, so darf für den *industriellen* Betrieb um so mehr gelten, daß ein Verschulden des Herstellers *oder seiner Leute* für objektiv dargetane Warenfehler vermutet wird. § 831, der sonst für die moderne, arbeitsteilige Produktion nicht paßt, erweist sich *hier* in Analogie auf die Situation anwendbar, daß sich der Unternehmer für fehlerfreies Tätigwerden *aller* seiner Hilfspersonen *freibeweisen* muß (was zu einer wesentlich verschärften, aber angemessenen Einstandspflicht führt). Auch die von *Simitis*, Gutachten 94, vorgeschlagene Analogie zu §§ 836 ff. führt zum gleichen Ziel. Der BGH (BGHZ 51, 91) schlägt Rechtsanalogie zu §§ 832, 833, 834, 836 ff. vor. Das Ergebnis bleibt gleich: Der Hersteller muß sich dabei von dem in § 823 geforderten Schuldvorwurf entlasten.

g) Entsprechend ist widerleglich zu vermuten, daß ein Fabrikationsfehler ein *Ausreißer* und kein bloßer unverschuldeter Warenfehler ist, oben 5. Denn wer nachzuweisen hat, daß er alle Organisations- und Kontrollpflichten erfüllt hat, muß auch nachweisen, daß die Fehlerquelle überhaupt im Bereich des Organisierbaren und Kontrollierbaren liegt.

Die allgemeinen Deliktstatbestände § 103
IV 14

12. Weitere rechtspolitische Entwicklung.

Die geplante Reform des § 831 hat sich, soweit die Rechtsprechung Grundsätze zur Organisations- und zur Produzentenhaftung entwickelt hat, erübrigt. — Fraglich ist, ob es die Rechtsprechung bei einer Beweislastumkehr im Bereich des *Verschuldens* bewenden lassen kann. Der Geschädigte übersieht ja häufig auch nicht die Tatsachen, aus denen sich die *Rechtswidrigkeit* des unternehmerischen Unterlassens ergibt. Dies gilt namentlich für die der Wissenschaft und dem Stand der Technik zu entnehmenden Regeln für die sorgfältige Entwicklung, Konstruktion und Planung eines Produkts. In bestimmten Fällen wird man hier zugunsten des Geschädigten auch eine Umkehr der Beweislast bezüglich der Tatsachen bejahen müssen, aus denen sich die Rechtswidrigkeit ergibt.

13. Konkurrenzen. Prüfungsschema

In Gutachten kann man folgende Reihenfolge zugrunde legen:

a) Vertrag? (z. B. BGHZ 78, 369 — Autoherstellergarantie für Autokäufer —) Hierbei auch: Vertrag zugunsten Dritter, Schutzwirkung, Garantie im Hinblick auf Werbung, Drittschadensliquidation.

b) § 463? Siehe dazu oben § 70 III 2 d.

c) § 823 I in normaler Anwendung? Scheitert an unbrauchbarer Unrechtsbegründung bei grundsätzlich nützlichen Tätigkeiten; siehe oben III 1 a und IV 2 e.

d) Verkehrssicherungspflicht aus § 823 I? Abzulehnen, da spezielle Behelfe zur Verfügung stehen:

e) Haftung des Unternehmers aus § 831? Oft gelingt Exkulpation; dabei den dezentralisierten Entlastungsbeweis beachten (siehe dazu unten § 107 I 2 e).

f) Organisationshaftung aus § 823 I? Hat der Unternehmer seinen Betrieb nach der theoretischen Anlage und der praktischen Durchführung einwandfrei organisiert? Beweislastumkehr beim Verschulden beachten. Auch wenn Freibeweis in einem dieser beiden Punkte mißlingt:

g) Produzentenhaftung aus § 823 Abs. I? Siehe dazu oben 1—12.

h) Haftung aus Vertrag oder Delikt in Verbindung mit der Organhaftung, § 31?

i) § 823 II?

j) § 826?

14. Auf die Erörterung der Eingriffsdelikte des § 823 I (Eingriffe in absolute Rechte, in Rahmenrechte, und Eingriffe in Leben, Gesundheit oder Eigentum durch Verletzung der Verkehrssicherungspflicht) folgt als zweite Hauptgruppe die der Schutzgesetzdelikte des § 823 II.

§ 104
Schutzgesetzdelikte, 823 II

Bistritzki, Voraussetzungen für die Qualifikation einer Norm als Schutzgesetz im Sinne des § 823 Abs. 2 BGB, Diss. München 1981; *Canaris*, (II.) FS *Larenz*, 1983, 27; *Carstens*, MDR 74, 983; *Gilles/Baumgart*, JuS 74, 226; *Honsell, Th.*, JA 83, 101; *Klippel*, BB 83, 407; *Knöpfle*, NJW 67, 697; *Kramer*, JZ 76, 338; *Lange, Hermann*, Gutachten für den 43. DJT, 1960; *Lerche*, JurA 70, 821; *Mertens*, AcP 178, 227; *Peters*, JZ 83, 913; *Rödig*, Erfüllung des Tatbestandes des § 823 Abs. 1 durch Schutzgesetzverstoß, 1973; *Sack*, BB 1974, 1369; *Schlosser, H.*, JuS 82, 657; *Schmiedel*, Deliktsobligationen nach deutschem Kartellrecht, 1. Teil, 1974; *Stoll, Hans*, Kausalzusammenhang und Normzweck im Deliktsrecht, 1968; *Wiethölter*, JZ 63, 205; *Wolf, Joseph Georg*, Der Normzweck im Deliktsrecht, 1962, 16 ff.

I. Das Wesen der deliktischen Haftung wegen Verletzung eines Schutzgesetzes

Zum Grundsätzlichen siehe oben § 97 III 2 d bb. Verhaltensnormen im öffentlichen Recht und vor allem im Strafrecht haben zivilrechtliche Bedeutung, wenn *bestimmte Personen*, nicht nur die Allgemeinheit, als solche begünstigt, „geschützt" werden. Hier spart sich der Gesetzgeber die Wiederholung der Verhaltensnorm im Zivilrecht und sagt nur allgemein in § 823 II: Wer gegen ein den *Schutz* eines bestimmten anderen bezweckendes *Gesetz* verstößt, haftet ihm auf Schadensersatz. Durch diese Verweisung auf die Masse öffentlich-rechtlicher, insb. strafrechtlicher (nur gelegentlich privatrechtlicher − z. B. § 226 BGB −) Verhaltensgebote und -verbote wird das BGB umfangmäßig wesentlich entlastet. Systematisch handelt es sich bei den über § 823 II gewonnenen *zivilrechtlichen Verhaltensnormen* grundsäzlich um „freie" Verhaltensnormen, nur daß sie anderwärts aufgestelltes Gesetz erfordern. Insofern ist § 823 II ein Stück des deliktischen Enumerativ-Prinzips.

Unterschiede zu § 823 I bestehen in zwei Punkten: Aus § 823 I ist die deliktische Verhaltensnorm direkt abzulesen („niemand darf bei Vermeidung der Schadensersatzpflicht die Gesundheit verletzen"). Im Bereich des § 823 II ist die passende Deliktsnorm erst zu formulieren, denn das als Vorlage dienende Schutzgesetz dient anderen Zwecken. − Und: § 823 I setzt die Verletzung eines absoluten oder eines Rahmenrechts voraus („Eingriff"). Das ist in § 823 II nicht erforderlich. Statt dessen muß ein *Schutzgesetz* verletzt sein. Schutzgesetze dienen allerdings stets dem Schutz eines bestimmten Rechtsguts, z. B. der Volksgesundheit; man spricht insoweit vom „Schutzgut" des Schutzgesetzes. § 823 II schützt, soweit verwendbare Schutzgesetze zur Verfügung stehen (z. B. § 263 StGB), auf dem Wege über die Schutzgüter das gesamte Vermögen.

II. Der Weg vom Schutzgesetz zur Schadensersatznorm

1. Es bedarf eines *Gesetzes, das irgendwie menschliches Verhalten normiert*. Z. B. § 1 StVG; ArzneimittelVO, BGHZ 23, 184; Lebensmittelgesetze, Strafgesetze.

Schutzgesetzdelikte **§ 104**
II 2

Nicht: Haushaltsgesetze usw. — Es genügt ein Gesetz im *materiellen Sinne:* Gesetz, Gewohnheitsrecht, Verordnung, öffentlichrechtliche Satzung, Observanz im Sinne einer öffentlich-rechtlichen Rechtsquelle (nicht dagegen im Sinne eines Handelsbrauchs). — Bei Strafgesetzen ist der Zivilrichter, der über den Anspruch aus § 823 II entscheidet, nicht an die strafrichterliche Würdigung der Tat gebunden, BGHZ 8, 293.

2. Das Gesetz muß den *Schutz* einer bestimmten Person oder den von Angehörigen eines bestimmten Personenkreises bezwecken („Schutzgesetz"). Es genügt nicht, wenn das Gesetz in erster Linie dem Schutze der Allgemeinheit dient und nur inzidenter dem einzelnen; erforderlich ist vielmehr, daß es neben dem Schutz der Allgemeinheit auch den Schutz ganz bestimmter Personengruppen bezweckt.

Beispiele: Arbeitszeitordnung (Arbeitnehmer); Streupflicht-Satzung einer Gemeinde (Fußgänger bei Glatteis); Milchgesetz (Verbraucher); Konkursvorschriften (Gläubiger, BGHZ 75, 96 (106)); UWG (Verbraucher, vgl. *Sack,* BB 1974, 1369; NJW 1975, 1303; *Schricker,* GRUR 1975, 111; a. A. BGH NJW 1974, 1503, 1505; LG Frankfurt, NJW 1974, 501); §§ 26, 27 i. V. m. § 35 GWB (diskriminierte und boykottierte Unternehmen, BGHZ 29, 344; 37, 163); Rechtsberatungsmißbrauchsgesetz (Anwälte, BGHZ 15, 315). Die meisten Vorschriften des StGB, z. B. §§ 185 ff. (Beleidigung); § 123 (Hausfriedensbruch); § 142 (Unerlaubtes Entfernen vom Unfallort); §§ 233 ff. (Körperverletzung); § 263 (Betrug, dazu *Volk,* JuS 81, 880: Täuschung durch Unterlassen; BGH LM Nr. 7 zu § 263: Betrug beim Warenterminoptionsgeschäft, dazu *Rochus,* NJW 81, 736, betr. Rohstoffoptionen); vgl. weiter BGHZ 28, 359; 30, 172 (§ 170 b StGB); 26, 42 (Personenförderungsgesetz).[1]) Nicht: Steuergesetze, Besoldungsvorschriften, Bauvorschriften (BGHZ 40, 28; 66, 388; 69, 1; vgl. aber BGHZ 40, 306; 66, 354); § 426 BGB (BGHZ 20, 379); § 15 AVG (BGHZ 84, 312); u. a. der Allgemeinheit dienende Vorschriften.

Die Bildung einer deliktischen Verhaltensnorm aus dem Schutzgesetz im einzelnen setzt eine dreifache Beurteilung voraus:

a) Bezweckt das Schutzgesetz den Schutz gerade *dieser Person* oder *dieses* Angehörigen eines bestimmten Personenkreises? (Persönlicher Schutzbereich.)

So schützt das Boykottverbot des § 26 I GWB nur den Boykottierten, nicht den Adressaten der Boykottaufforderung, oben § 103 II 1 a (3). § 64 I GmbHG schützt die Gesellschaftsgläubiger gegen Entzug von Gesellschaftsvermögen, nicht aber jede beliebige Person vor allen Gefahren, die sich aus dem Fortbestehen einer überschuldeten GmbH ergeben, BGHZ 29, 100, s. a. *Gilles/Baumgart,* JuS 74, 226. Verbote von Wettbewerbsbeschränkungen schützen Partner der Wettbewerbsbeschränkungen, Außenseiter und Kunden (Lieferanten), str., zu eng BGHZ 30, 74, richtiger Ansatz in BGHZ 13, 41.

b) Bezweckt das Schutzgesetz den Schutz gerade des *Rechtsguts,* an dem der Schaden entstanden ist (sachlicher Schutzbereich)?

---

[1]) Für weitere von der Rechtsprechung anerkannte Schutzgesetze vgl. *MünchKomm/Mertens,* § 823 Rn. 149 ff.; *Erman/Drees,* § 823 Rn. 132 ff.; *Palandt/Thomas,* § 823 Anm. 9 f.

§ 248 b StGB schützt nur den Berechtigten (Rechtsgut: Gebrauchsmöglichkeit), nicht aber die Verkehrsteilnehmer (Rechtsgut: Sicherheit des Verkehrs), BGHZ 22, 293. Vgl. auch BGHZ 24, 263 (Nebenklägerkosten); 19, 126 (Gesundheit und Eigentum, aber nicht Vermögen); 12, 75 (Reichweite des § 909 als Schutzgesetz).

c) Schließlich ist erforderlich, daß das Schutzgesetz gerade die *Schädigungsart* verhindern will, in der der Schaden zugefügt wurde *(Hermann Lange, J. G. Wolf).*

Wird ein Kind entgegen dem Jugendschutzgesetz nachts als Kegelbub beschäftigt und beim Kegeln verletzt, so besteht kein Ersatzanspruch aus § 823 II i. V. m. dem Jugendschutzgesetz. Dies Gesetz will gegen Überanstrengungen, nicht gegen Berufsunfälle schützen; LG Hannover Recht 1910, 36; OLG Hamburg, SeuffArch. 60 Nr. 54.

Die Auslegung des Schutzgesetzes ergibt also, ob und wieweit sich aus ihm eine auf Schadensersatz gerichtete Anspruchsnorm ableitet. Hier gilt die Normzwecktheorie seit Inkrafttreten des BGB. Von hier aus bahnte sie sich den Weg zu § 823 I und zum vertraglichen Schadensersatz, vgl. oben 49 III 3.

III. Besondere Fragen der Schutzgesetzdelikte

1. *Kausalzusammenhang:* Die Haftung erstreckt sich auf adäquat verursachte Schäden und Folgeschäden (im einzelnen unten § 111 III).

Durch Verletzung lebensmittelrechtlicher Vorschriften treten bei einem Gast nach Verzehr eines Essens im Gasthaus Gesundheitsstörungen auf, deretwegen der Gast ein Krankenhaus aufsuchen muß. Dort wird er bei einer durch die Vergiftung bedingten Bluttransfusion mit infiziertem Blut angesteckt. Der Gastwirt haftet auch für diese – nicht außer aller Wahrscheinlichkeit liegende – Krankenhauskomplikation, vgl. oben § 51 III.

2. Die *Rechtswidrigkeit* ergibt sich aus der Verletzung des Schutzgesetzes und wird von dort gemäß § 823 II auf die durch Auslegung gewonnene Deliktsnorm automatisch übertragen. Zu beachten sind aber Rechtfertigungsgründe (unten § 111 IV).

3. Das *Verschulden* braucht sich nach herrschender Auffassung nur auf die Verletzung des Schutzgesetzes zu beziehen, nicht auch auf den eigentlichen Verletzungseingriff und die Folgeschäden. Das ist bezüglich des Verletzungseingriffs schwer verständlich. Die herrschende Auffassung ist auch nicht haltbar, weil nach § 823 II 2 für die durch Auslegung aus dem Schutzgesetz gewonnene Deliktsnorm eigenes deliktisches Verschulden verlangt wird. Deliktisches Verschulden schließt Verschulden bezüglich des Verletzungseingriffs grundsätzlich ein. Praktisch ergeben sich aber kaum Unterschiede: Wer schuldhaft gegen ein gesetzliches Ge- oder Verbot verstößt, wird nur selten sagen können, er habe mit keinem Schaden zu rechnen brauchen. (a. A. *Larenz*, II, §§ 71 I 4d, 72 II a. E.; wie hier *Hans Stoll,* Kausalzusammenhang und Normzweck im Deliktsrecht, 1968, 21 ff.) Im einzelnen gilt:

a) Mit Schutzgesetzen ist in großem Umfang zu rechnen, namentlich im ordnungsbehördlichen Bereich (z. B. betr. Schneeräumen, Streupflicht, Lärmbekämpfung). Wer es trotz gegebenen Anlasses *unterläßt*, sich über das Bestehen des Schutzgesetzes zu *unterrichten*, handelt schuldhaft. Vgl. RG LZ 16, 1241.

b) Ist nach dem Schutzgesetz ein Verstoß auch ohne Verschulden möglich, so tritt Deliktshaftung doch nur bei Verschulden ein, 823 II 2. Es wird zwar die Rechtswidrigkeit, nicht aber das Verschulden aus dem Schutzgesetz automatisch übernommen.

c) Aber: Sieht das Schutzgesetz ein qualifiziertes Verschulden vor (z. B. nur vorsätzliche Begehung), so gilt dies auch für die Schadensersatzpflicht. Die Deliktshaftung darf nicht strenger sein als das schutzgesetzliche Gebot oder Verbot. Verlangt also das Schutzgesetz Vorsatz, so entsteht ein Anspruch aus § 823 II auch nur bei Vorsatz; BGH NJW 82, 1037.

d) Im Schadensrecht des BGB gilt grundsätzlich die Vorsatztheorie, oben § 53 IV 1. Nur in § 823 II muß die Schuldtheorie Anwendung finden, soweit das Schutzgesetz seinen Verschuldensbegriff nach der Schuldtheorie ausrichtet. Sonst könnten Bestrafung und Schadensersatz auseinanderfallen, oben § 53 IV 1c cc und BGHZ JZ 63, 218; *Wiethölter*, JZ 63, 205.

§ 105
Sittenwidrige Vermögensschädigungen, 826

Braun, Rechtskraft und Restitution, 1. Teil: Der Rechtsbehelf gem. § 826 BGB gegen rechtskräftige Urteile, 1979; *Bruns*, JW 1937, 2432; *Bülow*, WRP 74, 231; *Coing*, NJW 47/48, 213; *Denck*, ZHR 144, 171; *Deutsch*, JZ 63, 385; *ders.*, JZ 73, 585 (zu *Kraßer*); *Doerk*, Der Streik als unerlaubte Handlung i. S. des § 826 BGB, 1954; *Friedrich*, AcP 178, 468; *Gadow*, JherJb 84, 174; *Häsemeyer*, Schadenshaftung im Zivilrechtsstreit, 1979; *Hein, Wolfgang*, Verleitung zum Vertragsbruch, 1906; *Kraft*, Interessenabwägung und gute Sitten im Wettbewerbsrecht, 1963; *Kraßer*, Der Schutz vertraglicher Rechte gegen Eingriffe Dritter, 1971; *Lammel*, AcP 179, 337; *Larenz*, NJW 1955, 521; *Luft*, NJW 1961, 2000; *Mayer-Maly*, Das Bewußtsein der Sittenwidrigkeit, 1971; *Mertens*, ZHR 143, 174; *Nipperdey*, Wettbewerb und Existenzvernichtung, 1930; *Ramm*, AcP 160, 336; *Reinicke, G.* NJW 1952, 3; *Reuß*, AcP 156, 89; *Schott*, DR 1940, 414; 1941, 1035; *Schricker*, Gesetzesverletzung und Sittenverstoß, 1970; *Schröder*, Betrieb 1959, 1371; *Siebert, W.*, Verwirkung und Unzulässigkeit der Rechtsausübung, 1934; *Steindorff*, in: Summum ius summa iniuria, 1963, 58; *Thumm*, Die Klage aus § 826 BGB gegen rechtskräftige Urteile in der Rechtsprechung des Reichsgerichts und des BGH, 1959; *Vogel*, BB 1960, 135; *Wieacker*, JZ 61, 337; *Wolf, Manfred*, NJW 67, 709.

I. Bedeutung im Deliktsrecht

Während die Schaffung passender Verhaltensnormen im Bereich (vorsätzlich oder fahrlässig) vernachlässigter Sorgfalt jedem Deliktsrecht sachliche und systematische Schwierigkeiten bereitet, ist es weder moralisch noch rechtlich schwer zu begreifen, daß gezielte, böswillige Schädigungen zum Schadensersatz führen müssen. Im Bereich vernachlässigter Sorgfalt stellt sich jedem Deliktsrecht die Frage: „Generalklausel oder Enumerativ-Prinzip?" Im deutschen Recht ist sie zugunsten des auf absolute Rechte, Rahmenrechte und Schutzgesetze aufgeteilten Enumerativprinzips gefallen. Demgegenüber läßt sich der eingängige Satz, absichtliche Schadenszufügungen erforderten Schadensausgleich, ohne Bedenken als Generalklausel formulieren. § 826 bestimmt daher: Wer in einer gegen die guten Sitten verstoßenden Weise einem anderen vorsätzlich Schaden zufügt, ist ihm zum Schadensersatz verpflichtet. Diese Regel hilft vor allem, wenn vertragliche und andere Ansprüche versagen, BGHZ 31, 258.

II. Die Voraussetzungen im einzelnen

1. Die Handlung muß „gegen die guten Sitten verstoßen". Die Bezugnahme auf die „guten Sitten" bedeutet — im Unterschied zur grundsätzlichen wertfreien „Sitte", der „Verkehrssitte" und dem „Handelsbrauch (Observanz)" (346 HGB) — die Einführung eines *moralischen* Maßstabs in das Recht. Die schädigende Handlung muß *ethischen* Grundsätzen widersprechen. Das Recht ist hier (wie in § 138 und § 817) ausnahmsweise und aus eigener Autorität nicht nur „ethisches Minimum" *(Georg Jellinek)*, sondern Vollstrecker der Ethik. Das stellt zwei Fragen:

a) *Welche* Moralgrundsätze sollen *inhaltlich* gelten? Ethische Sonderauffassungen müssen als solche unberücksichtigt bleiben. Ein *Querschnitt in persönlicher Hinsicht* ist zu ziehen. Immer noch unübertroffen ist die Bezugnahme der Motive (Bd. 2 S. 727) auf das „Anstandsgefühl aller billig und gerecht Denkenden". Damit sind die deutschen Auffassungen, aber ebenso die hierzulande anerkannten außerdeutschen und internationalen Moralmaßstäbe angesprochen.

b) *Wie hoch* (oder niedrig) sollen die moralischen Anforderungen gestellt werden? Würde man auch hier den Querschnitt ziehen, wäre eine Durchschnittsmoral entscheidend. Das trifft aber nicht zu. Zwar gilt: Es sind weder besonders hohe Anforderungen zu stellen, noch darf eine laxe Praxis den ethischen Maßstab des Richters herabdrücken. Andererseits darf sich der Jurist nicht mit einer statistisch ermittelten Durchschnittsmoral begnügen. Die beispielgebende und für das Staatsleben richtungsweisende Kraft der Rechtsprechung verlangt mehr als bloß rezeptive Feststellung der Moralgrundsätze (bei Ermittlung der — wertfreien — Verkehrssitte ist dagegen ein statistisches oder sonstiges Befragungsverfahren das einzig mögliche). Die Rechtsprechung muß sich ihres das sittliche Bewußtsein des Volkes steuernden und mitgestaltenden Gewichts bewußt bleiben und kann im gebotenen Falle höhere Anforderungen als die durchschnittliche Moralauffassung stellen, ohne freilich, sofern sie glaubwürdig bleiben will, heuchlerisch oder pharisäisch vorgehen zu dürfen.

2. Der Sittenverstoß muß zu einem *Schaden* geführt haben. Geschützt ist hier, im Unterschied zu § 823 I, wie in § 823 II, das Vermögen als solches.

3. Die *Rechtswidrigkeit* ergibt sich aus der Sittenwidrigkeit. Das Recht setzt hier bewußt einen außerrechtlichen Maßstab an seine Stelle. — Rechtfertigungsgründe beseitigen die Rechtswidrigkeit (z. B. Abwehrboykott in Notwehr). Die Motive stellen jedoch klar, daß § 826 gerade auch in solchen Fällen gelten soll, wo sich der sittenwidrig Handelnde (zu Unrecht) auf ein eigenes Recht beruft. (Daher die Berufung auf das Sittengesetz!) § 826 ist also

eine wichtige Vorschrift zur Hinderung eines Rechtsmißbrauchs (neben § 242). BGHZ 26, 396, vgl. aber 20, 169.

Beispiele siehe unten III 3.

4. Als *Schuldform* ist Vorsatz erforderlich. Jede Vorsatzform genügt (Absicht, dolus directus, dolus eventualis; im einzelnen vgl. §§ 53 IV 1, 111 V). Der Vorsatz muß sich auf die den Sittenverstoß begründenden Tatumstände und auf den Schaden beziehen. Daß die Handlung sittenwidrig ist, braucht vom Vorsatz nicht umfaßt zu sein, denn die Kenntnis der herrschenden Sittenauffassung wird von jedermann erwartet, s. oben § 53 IV 1.

5. § 826 kann grundsätzlich neben andern Ansprüchen geltend gemacht werden (aber § 992), vgl. BGH NJW 68, 1275.

III. Fallgruppen

Der Anwendungsbereich von § 826 ist breit. Wichtige Fallgruppen sind:

1. *Täuschungen.* § 826 ist die Schadensersatznorm zu § 123. In diesem Zusammenhang gehören auch wissentlich falsche Auskünfte (BGHZ 74, 281), Ratschläge und Empfehlungen, vgl. § 676; ebenso Denunziationen, BGHZ 17, 328; Vorspiegelung der Vaterschaft, BGHZ 80, 235; Doppelverkauf, BGH NJW 81, 2184.

2. *Verleitung zum Vertragsbruch* und Ausnutzung von Vertragsbruch unter erschwerenden Umständen, BGHZ 12, 318; 40, 139; BGH WM 81, 624; BGH WM 82, 738. Die Ausnützung eines Vertragsbruchs ist nicht schlechthin sittenwidrig, str. Aus der grundsätzlichen Begrenzung des negativen Interesses durch das positive (122 I, 179 II, 307 I, 309) folgt der Standpunkt des BGB, daß man ein besseres Ersatzgeschäft abschließen (und den ersten Partner auf Schadensersatz verweisen) darf, vgl. oben § 43 II 4.

3. *Schädigende Ausnutzung formaler Rechtsstellungen*

a) Allgemeine Arglisteinrede, vgl. oben § 27 III 6 a.

b) Sittenwidrige Ausnutzung von rechtskräftigen Urteilen, BGHZ 13, 71; BGH NJW 83, 2317; vgl. aber BGHZ 40, 130; BGH VersR 82, 975: str.

c) Rechtsmißbrauch, Schikane, RGZ 72, 251; BGHZ 32, 112; 74, 300; 74, 309; BGH NJW 79, 2146 — Widerspruch im Lastschriftverfahren —.

4. *Ausnutzung wirtschaftlicher Monopolstellungen*

a) Knebelungsverträge, BGHZ 19, 12.

b) Abschlußzwang, vgl. oben § 18 I 3; § 21 V.

c) Kontrolle Allgemeiner Geschäftsbedingungen, vgl. oben § 26 VI 12.

d) Begründete Differenzierungen unter Vertragspartnern sind nicht sittenwidrig, BGHZ 38, 103.

5. *Gläubigerbenachteiligung,* RGZ 155, 330; BGHZ 27, 172 — Wechselreiterei —.

6. Nach bisheriger Praxis wird § 826 auch bei *Persönlichkeitsverletzungen* und *Unternehmenseingriffen* verwendet. Das geschieht heute jedoch besser im Bereich der nunmehr in § 823 I anerkannten Rahmenrechte (oben § 103 II). Darum seien hier nur der Vollständigkeit halber noch aufgezählt:

a) *Persönlichkeitsverletzungen,* z. B. wissentlich falsches Gutachten über Geisteszustand, RGZ 72, 176; Live-Sendung ohne Erlaubnis der ausübenden Künstler, BGHZ 33, 46; Grundrechtsverletzungen durch Private, BGHZ 36, 94; vgl. im übrigen oben § 103 II 2.

b) *Unternehmenseingriffe*
   aa) Sittenwidrige Streiks, vgl. oben § 103 II 1 a (3).
   bb) Boykotte, vgl. oben § 103 1 a (3).
   cc) Wettbewerbsverstöße (neben §§ 1 UWG; 1, 35 GWB). Die h. M. bejahte früher zwischen Ansprüchen aus dem Wettbewerbsrecht und aus dem Deliktsrecht Anspruchskonkurrenz. Für beide sollte die eigene Verjährungsregelung gelten, für Ansprüche aus dem UWG die des § 21 UWG, für Ansprüche aus §§ 823 I, 826 BGB die des § 852 BGB (zuletzt BGH GRUR 1959, 31, 34 – Feuerzeug –). Seit BGHZ 36, 252, 256 werden die §§ 823 ff. BGB bei rechtswidrigen Wettbewerbshandlungen nur mehr als *subsidiär* gegenüber den Vorschriften des Wettbewerbsrechts angesehen; vgl. neuerdings wieder BGH GRUR 1974, 99, 100 – Brünova – ; nur Ansprüche aus dem UWG und aus § 826 BGB sollen kumulieren.
   dd) Unternehmenseingriffe außerhalb von Wettbewerbsverhältnissen, vgl. oben § 103 II 1 a.

7. Zurückhaltung übt die Rechtsprechung bei der Anwendung von § 826 in *Familienbeziehungen.* Nach BGHZ 23, 215 können aus Verletzung ehelicher Pflichten keine Ersatzansprüche aus § 826 hergeleitet werden; s. aber oben 1. Vor rechtskräftiger Feststellung der Nichtehelichkeit eines während der Ehe geborenen Kindes kann der Erzeuger nicht nach § 826 auf Unterhalt in Anspruch genommen werden, BGHZ 14, 358. Und unverrückt steht noch die Entscheidung, daß das Versprechen einer Geldleistung gegen Erteilung eines Kusses nicht sittenwidrig ist, OLG Königsberg, Jur. Monatsschrift für Posen, 1901, 39.

8. Ansprüche aus § 826 BGB zu bejahen, setzt – ebenso wie bei solchen aus § 823 II BGB – voraus, daß dies dem Schutzzweck der verletzten Sittennorm entspricht (*M. Wolf,* NJW 1967, 709, 710; *Sack,* NJW 1975, 1303, 1304f.).

2. Die besonderen Deliktstatbestände

§ 106
Kreditgefährdung, Verletzung der Geschlechtsehre, Gebäudehaftung, Amtspflichtverletzung

Literatur zu I und II:
Assmann/Kübler, ZHR 142, 413; *Bartelt,* Gruchot 69, 437; *Biberfeld,* Gruchot 42, 367; *Deutsch,* FS *Klingmüller,* 1974, 49; *Frankel, A.,* Der Schutz der Ehre nach bürgerlichem Recht, 1908; *Helle,* Der Schutz der persönlichen Ehre und des wirtschaftlichen Rufs im Privatrecht, 2. Aufl. 1969; *Kübler,* AcP 172, 177; *Lobe,* Bekämpfung des unlau-

teren Wettbewerbs, 1907; *Müllereisert,* Die Ehre im deutschen Privatrecht, 1931; *Neumann-Duesberg,* NJW 68, 81; *Pärn,* NJW 79, 2544; *Rasenhorn,* JZ 77, 672; *Rosenthal,* JW 22, 480; *Schneider, E.,* MDR 78, 613; *Schricker,* AcP 172, 203; *Strasser,* Jur. Bl. 65, 573; *Tilmann,* NJW 75, 758; *Wenzel,* Recht der Wort- und Bildberichterstattung, 2. Aufl. 1979; *ders.,* AfP 79, 276 (vgl. auch das oben bei § 103 zu II 2 angegebene Schrifttum).
Zu III:
Brose, JZ 65, 516; *Weimar, W.,* Versicherungspraxis 68, 173; 73, 68.
Zu IV:
Bender, Staatshaftungsrecht, 3. Aufl. 1981; *Futter,* VersR 79, 305; *Hillermeier,* Kommunale Haftung und Entschädigung/Staatshaftung, Stand 1983; *Jakobs, R.,* Staatshaftungsrecht, 1982; *Kommissionsbericht* Reform des Staatshaftungsrechts, hrsg. v. den BM der Justiz und des Innern, 1973; *Kreft,* öffentlichrechtliche Ersatzleistungen, 1980; *Löwer,* Staatshaftung für unterlassenes Verwaltungshandeln, 1979; *Ossenbühl,* Staatshaftungsrecht, 3. Aufl. 1983; *Papier,* ZRP 79, 67; *ders.,* JuS 80, 265; *Referentenentwürfe,* hrsg. v. den BM der Justiz und des Innern, 1976; *Schullan,* VersR 84, 205; *Stoll, Hans,* FS *Hauß,* 1978, 349 (für weiteres Schrifttum vgl. *MünchKomm/Papier,* § 839 vor Rn. 1 und die Kommentare zu Art. 34 GG).

Die allgemeinen Deliktstatbestände (oben §§ 103–105) umfassen die §§ 823 I und II, 826. Daneben bestehen die ebenfalls nicht unbedeutenden *besonderen* Tatbestände der Kreditgefährdung (824), der Verletzung der Geschlechtsehre der Frau (825), der Haftung für ein Gebäude (836–838) und der Amtshaftung (839).

I. Kredit- und Erwerbsgefährdung, 824

1. § 824 schützt die Geschäftsehre. Vorsätzliche Kreditgefährdungen fallen auch unter § 823 II i. V. m. §§ 185, 186 StGB; 826 BGB. Die Bedeutung des § 824 liegt hauptsächlich bei der *fahrlässigen* Kreditgefährdung, die aber bei berechtigtem Interesse des Mitteilenden oder Empfängers gerechtfertigt sein kann, 824 I, vgl. § 193 StGB. Weiter schützt § 824 auch gegen Schädigungen von Erwerb und Fortkommen; BGHZ 70, 39 — Presseangriff auf Produkt —.

2. § 824 wird in doppelter Hinsicht *ergänzt* durch die Rechtsprechung zum allgemeinen Persönlichkeitsrecht (§ 823 I, oben § 103 II 2): § 824 betrifft nur *unwahre Tatsachen,* nicht *wahre* Tatsachen und nicht *Werturteile,* vgl. BGHZ 65, 325 = ESJ 135 — Warentest —. Aber auch deren Verbreitung kann rechtswidrig sein, oben § 103 II 1a (4).

3. Der *verletzte Kläger muß Unwahrheit und Verschulden beweisen.* Aus der Unwahrheit ist nicht schon auf Verschulden zu schließen, RG JW 27, 1994. Das *berechtigte Interesse* in § 824 Abs. 2 muß der *Schädiger beweisen.*

4. § 824 hat andere Voraussetzungen als das allgemeine Wettbewerbsrecht, 1 ff. UWG. Beide Normenkomplexe gelten daher nebeneinander, BGHZ 36, 256.

II. Verletzung der Geschlechtsehre der Frau, 825

§ 825, sprachlich unschön gefaßt, schützt die Geschlechtsehre der (verheirateten oder unverheirateten) Frau. Bescholtenheit steht, anders als in § 1300, dem Ersatzanspruch nicht entgegen. Es kommt nicht auf Gewaltanwendung, sondern auf Willensbeeinflussung an. Der Ersatz umfaßt den Vermögensschaden (Ansteckung, Entbindung, Verlust der Stellung usw.) *und* eine billige Entschädigung in Geld für den Nichtvermögensschaden, 847 II, vgl. § 253. Im einzelnen *Strasser* a. a. O.

III. Haftung für die von Gebäuden ausgehenden Schäden, 836 – 838

1. Wer ein Gebäude fehlerhaft errichtet oder seinen Unterhalt vernachlässigt, so daß durch seinen Einsturz oder sich ablösende Teile Menschen getötet oder verletzt oder Sachen beschädigt werden, haftet schon aus § 823 auf Schadensersatz. Zu Lasten des Grundstücksbesitzers kehrt § 836 in solchen Fällen die Beweislast für das Verschulden um, so daß eine Haftung auch dann eintritt, wenn der Grundstücksbesitzer nicht beweisen kann, daß ihn keine Schuld trifft. § 836 ist eine selbständige Anspruchsnorm und konkurriert mit § 823 I, II. Diese Verschuldensvermutung des § 836 zu Lasten des Grundstücksbesitzers ist aber widerleglich. Beweist er, daß er die verkehrserforderliche Sorgfalt zur Gefahrabwendung beachtet hat, haftet er nicht. § 836 ist demnach kein Tatbestand der Gefährdungshaftung, sondern setzt Verschulden voraus und verlagert lediglich die Beweislast. Mitverschulden ist zu prüfen, vgl. BGHZ 79, 259; BGH NJW 81, 983.

Gasrohrbrüche fallen nicht unter § 836, RGZ 172, 156, wohl aber Wasserrohrbrüche, RGZ 133, 1, 6; BGH VersR 58, 194; BGHZ 55, 229, – eine kaum sinnvolle Unterscheidung!

2. Unter *„Grundstücksbesitzer"* versteht § 836 den Eigenbesitzer, 836 III, 872. Ihm ist der *frühere* Besitzer ein Jahr lang gleichgestellt, 836 II. Besitzt jemand in Ausübung eines dinglichen oder obligatorischen Rechts ein *Gebäude oder Werk* auf einem fremden Grundstück, so haftet er *anstelle* des Grundstücksbesitzers, 837 (z. B. Pächter bezüglich des von ihm gemäß § 95 errichteten Hauses). Fremdbesitzer des Grundstücks, die für dessen Unterhaltung zu sorgen haben, wie Mieter, Pächter i. ü., Nießbraucher, Hausverwalter, usw., haften nach Maßgabe des § 838 *neben* dem Grundstücksbesitzer.

IV. Amtshaftung, 839; Art. 34 GG

Die Amtshaftung bildet zusammen mit der Aufopferung, der Enteignung, sowie dem Folgenbeseitigungs- und Erstattungsanspruch das sog. *Staatshaftungsrecht*. Es wird zunehmend als ein selbständiges Rechtsgebiet aufgefaßt. Die Zersplitterung der Rechtsgrundlagen wurde seit langem als unbefriedigend erachtet. Es bestehen Zweifel daran, daß die Amtshaftung noch den rechtsstaatlichen Forderungen an einen angemessenen Schadensausgleich entspricht. Eine Reform wurde daher angestrebt. Doch scheiterte ein vom Bundestag 1980 verabschiedetes „Staatshaftungsgesetz" wegen Verfassungswidrigkeit, BVerfG NJW 83, 25. Vorläufig gilt daher der alte Rechtszustand weiter.[1]

---

[1] Darstellungen des Inhalts der Reform z. B. im *Kommissionsbericht* a. a. O.; JZ, Gesetzgebungsdienst, 1981, Heft 2, 17 ff.; *Medicus*, II, § 150 II.

Im Rahmen dieses Lehrbuchs können nur die Grundzüge dargestellt werden (zu den Aufopferungsansprüchen s. unten § 112 III und IV). Schrifttum und Rechtsprechung sind unübersehbar. Amtshaftungsfälle bilden die größte Einzelgruppe amtlich veröffentlichter Schuldrechtsentscheidungen.

Man muß durchgängig die *Eigenhaftung* des Beamten (§ 839) und die *Staatshaftung* für den Beamten (Art. 34 GG) unterscheiden. Die einschlägigen Vorschriften sind: § 839; Art. 34, 123 GG; §§ 31; 89, 823 ff., 831 BGB. Daraus ergibt sich ein kompliziertes Normensystem. Das *Verhältnis* von *Eigenhaftung* und *Staatshaftung* gestaltet sich unterschiedlich je nachdem, ob der Beamte im Bereich *hoheitlicher* oder *fiskalischer* Verwaltung tätig geworden ist.

Um *hoheitliche Tätigkeit* im engeren Sinne handelt es sich im Über- und Unterordnungsverhältnis von Staat und Bürger (z. B. bei der Tätigkeit des Gerichtsvollziehers, der Steuerbeamten, der Bauaufsicht – *Eingriffsverwaltung*, die die Subjektionstheorie als das wesentliche Kriterium des öffentlichen Rechts ansieht). Staatshaftung besteht aber auch dann, wenn die Träger öffentlicher Gewalt im Bereich der *Leistungsverwaltung*, insbesondere der Daseinsvorsorge (= Versorgung der Bevölkerung mit den existenznotwendigen Leistungen wie Energie, öff. Verkehrsmitteln, Kulturveranstaltungen, o. ä.) in Formen des öffentlichen Rechts tätig wird *(schlichte Hoheitsverwaltung)*. Da nach herrschender Auffassung in diesem Bereich die öffentliche Hand die Möglichkeit hat, ihre Tätigkeit sowohl privatrechtlich wie öffentlich-rechtlich zu organisieren, ergeben sich Abgrenzungsschwierigkeiten. Diesen versucht man, mit verschiedenen Theorien und Vermutungen Herr zu werden (Stichworte: Subjektstheorie, Zuordnungstheorie, Sonderrechtstheorie, Zweistufentheorie; vgl. im einzelnen *Wolff* § 22), ohne daß eine abschließende Klärung erreicht werden könnte. Eindeutig privatrechtlich handelt der Staat dort, wo er wie jeder Privatmann am Rechtsverkehr teilnimmt (z. B. beim Ankauf eines Grundstücks, der Miete von Büroräumen – *Fiskalhandeln*). Doch kann die Verwendung privatrechtlicher Rechtseinrichtungen für öffentlichrechtliche Zwecke mißbräuchlich sein, *Gaßner,* Der freihändige Grunderwerb der öffentlichen Hand, 1983.

Die Regeln der Amtshaftung gelten, was ihre Voraussetzungen anlangt, für Bundes- und Landesbeamte gleich, da § 839 als Bürgerliches Recht und Art. 34 GG als Verfassungsrecht Bundesrecht sind. Beim Regreß zeigen sich landesrechtliche Unterschiede, vgl. Art. 34 S. 2, 70, 75 Ziff. 1 GG, § 46 BRRG.

A. Eigenhaftung und Staatshaftung im hoheitlichen Bereich

Im Bereich *hoheitlicher* (auch schlicht-hoheitlicher) Staatstätigkeit haftet der *Beamte* grundsätzlich selbst *nicht,* nur der *Staat* oder die ihn beschäftigende öffentliche Körperschaft (Land, Kommune) *für ihn.*

Über die beiden möglichen Ausnahmen vgl. unten 2. und 3., jeweils am Ende.

Den Grundsatz, daß der Staat einspringt, wenn einer seiner Beamten bei hoheitlicher Tätigkeit für ihn einen Fehler gemacht hat, enthielten ursprünglich Landesgesetze (vgl. Art. 77 EGBGB). Seit dem Reichsbeamtenhaftpflichtgesetz vom 22. 10. 1910 galt das Prinzip auch im Reichsrecht. An beider Stelle trat mit Wirkung für Landes- und

Reichsbeamte Art. 131 WRV, der bestimmte, daß den Staat die Verantwortlichkeit trifft, wenn ein Beamter in Ausübung der ihm anvertrauten öffentlichen Gewalt die ihm einem Dritten gegenüber obliegende Amtspflicht verletzt. Nunmehr gilt Art. 34 GG, der bestimmt:
„Verletzt jemand in Ausübung eines ihm anvertrauten öffentlichen Amtes die ihm einem Dritten gegenüber obliegende Amtspflicht, so trifft die Verantwortlichkeit grundsätzlich den Staat oder die Körperschaft, in deren Dienst er steht. Bei Vorsatz oder grober Fahrlässigkeit bleibt der Rückgriff vorbehalten. Für den Anspruch auf Schadensersatz und für den Rückgriff darf der ordentliche Rechtsweg nicht ausgeschlossen werden."

Nicht durchgesetzt hat sich eine Auffassung *(Giese)*, die aus der abweichenden Formulierung des Art. 34 GG („öffentliches Amt") gegenüber Art. 131 WRV („öffentliche Gewalt") ableiten wollte, daß Art. 34 auch im fiskalischen Bereich gilt; BGH LM Nr. 25 zu Art. 34 GG; *v. Mangoldt/Klein*, Art. 34, Anm. III 2a.

Nach heute ganz überwiegender Ansicht meinen Art. 131 WRV und Art. 34 *dasselbe,* nämlich das *Eingreifen der Staatshaftung anstelle der Eigenhaftung im hoheitlichen Bereich.* Weiter ist heute unbestritten, daß Art. 34 mit dem Wort „Verantwortlichkeit" die Tatbestandsmerkmale des § 839 *zu seinen eigenen* macht. Man muß also, um die Voraussetzungen der Staatshaftung zu gewinnen, die Tatbestandsvoraussetzungen des Art. 34 und des § 839 addieren.

I. Voraussetzungen der Staatshaftung

a) Aus Art. 34 entnommen:

1. *„Beamter".* Art. 34 spricht nicht von einem „Beamten", sondern nur von „jemand", der ein öffentliches Amt ausübt. Das ist nicht zufällig. Staatsaufgaben werden gegenwärtig nicht mehr nur und nicht einmal mehr überwiegend von ernannten Beamten („unter Berufung in das Beamtenverhältnis") ausgeübt. Der Gedanke staatlichen Eintretens für Verschulden seiner Bediensteten trifft auch für nichtbeamtete Hoheitsträger zu, namentlich öffentliche Angestellte und Arbeiter. Art. 34 enthält also einen „weiten Beamtenbegriff", für den es nur darauf ankommt, daß *jemand mit Hoheitsrechten betraut ist,* dazu *Ossenbühl*, JuS 73, 421.

Anders enthält § 839 wegen seiner bürgerlich-rechtlichen, auf Beamte im Sinne des Beamtenverhältnisses abgestellten deliktischen Sonderregelung den „engen Beamtenbegriff", was für die Haftung im fiskalischen Bereich von Bedeutung ist, unten B.

2. *„In Ausübung eines ihm anvertrauten öffentlichen Amtes".* Man beschreibt die hoheitliche Tätigkeit am besten negativ als „jede dienstliche Betätigung, die nicht Wahrnehmung bürgerlich-rechtlicher = fiskalischer Belange des Staates ist" (vgl. RGZ 147, 278; BGHZ 2, 350; 42, 176 = ESJ 129).

Die zum Schadensersatz verpflichtende Handlung muß sich in Ausübung des Amts ereignet haben (z. B. Unterdrückung von Akten, Übersehen eines Registereintrags, Überschreitung der für die Anwendung unmittelbarer Gewalt durch die Polizei gezogenen gesetzlichen Grenzen). – Nicht genügt, daß die Amtspflichtverletzung nur *gele-*

gentlich hoheitlicher Tätigkeit erfolgte (der Gerichtsvollzieher stiehlt gelegentlich einer Pfändung eine wertvolle Vase). Dadurch wird allerdings das Handeln weder zum fiskalischen noch zum Privathandeln des Beamten (faute personelle). Denn erst die Amtsausübung bot die *Gelegenheit* zur Schädigung. Den Staat mit der Staatshaftung in solchen Fällen zu belasten, ist unbillig (anders das französische Recht: cumul des responsabilités). Zweckmäßig ist die Eigenhaftung des Beamten nach § 839 ohne Staatshaftung nach Art. 34, bei Auswahlverschulden aber Staatshaftung nach §§ 823 ff., insb. § 831. – Vgl. damit das Beispiel von *Esser*: Der Gerichtsvollzieher beschädigt bei einer Pfändung eine wertvolle Vase. Hier ist Amtspflichtverletzung in Ausübung hoheitlicher Tätigkeit anzunehmen, nicht nur *gelegentlich* (also allein Staatshaftung nach Art. 34).

3. *„Verletzung der Amtspflicht"*. Amtspflichten ergeben sich aus *besonderen* Gesetzen, Verordnungen, auch internen Dienstanweisungen sowie aus *allgemeinen Grundsätzen* wie Gesetzmäßigkeit der Verwaltung, Gleichheit vor dem Gesetz, Vermeidung unnötiger und unüblicher Gefährdungen und unzulässiger Zusagen (BGHZ 76, 16; vgl. dazu BGHZ 76, 343), Amtsverschwiegenheit (BGHZ 34, 186), allgemeine Hilfe für den Staatsbürger (BGHZ 15, 312; 31, 388). Der Gegenbegriff ist das private Handeln des Beamten (faute personelle), Beispiel BGHZ 11, 185 – Schuß aus Rache –.

Der Polizist pflückt auf dem Heimweg vom Dienst Rosen aus Nachbars Garten: faute personelle. Dagegen: Der Polizist „beschlagnahmt" unter Vorzeigung seines Dienstausweises auf dem Heimweg Rosen aus Nachbars Garten unter dem Vorwand, sie müßten auf bestimmte Krankheitsträger untersucht werden: faute de service, Amtspflichtverletzung. Vgl. BGHZ 1, 388 – Schwarzfahrt –. Verleitung zum – vollendeten – Rechtsbruch zum Zwecke der Ermittlung oder Überführung eines Täters ist Amtspflichtverletzung, BGHZ 8, 83.

Erweist sich das Beamtenhandeln als privat, nichtamtlich, haftet der Beamte nur nach §§ 823 ff. Staatshaftung scheidet aus.

4. *„Gegenüber Dritten"*. Nur *gegenüber Dritten* bestehende Amtspflichten können im Deliktssinne verletzt werden. Die Rechtsprechung zieht den Kreis der „Dritten" mit Recht weit. „Dritter" ist jeder, dessen Rechtskreis durch die Amtsausübung mittelbar oder unmittelbar berührt wird, BGHZ 19, 3; 28, 299; 31, 5. Abgelehnt wurde der Drittbezug in BGHZ 65, 196 – Musterung –, ein Fall, der eher den *Normzweck* als verfehlt erscheinen läßt. Zweck der Amtspflicht muß mindestens *auch* die Wahrnehmung der Interessen des einzelnen sein, BGHZ 32, 145; 68, 142; 69, 128; 74, 143; 75, 120; 78, 274; 81, 21; 84, 285.

A wurde bestohlen und zeigt den B an. Die Polizei unterläßt Maßnahmen gegen B. Das ist keine Amtspflichtverletzung gegenüber dem A, denn ihm gegenüber war die Polizei nicht zum Einschreiten verpflichtet, vgl. RGZ 108, 289. – Der Staat selbst ist nicht „Dritter" in diesem Sinne. Er muß dienstrechtlich gegen den Beamten vorgehen.

b) Aus § 839 entnommen:

Art. 34 meint mit „Verantwortlichkeit" die einzelnen Voraussetzungen des § 839. *Insoweit fallen unter § 839 auch Beamte im nichttechnischen Sinne* (jeder Hoheitsträger!).

§ 106 IV
A I 8

Unerlaubte Handlung

5. Ein Schaden muß eingetreten sein. Dazu im einzelnen unten § 111 II.
§ 839 schützt gegen *jeden Vermögensschaden*, ohne daß ein absolutes Recht, ein Rahmenrecht, eine Verkehrssicherungspflicht oder ein Schutzgesetz verletzt zu sein braucht, vgl. aber BGH NJW 73, 463 (öffentlich-rechtliche Wahrnehmung der Straßenverkehrssicherungspflicht). Darüber hinaus schützt § 839 auch Persönlichkeitsgüter, wie z. B. die Ehre, BGH (GZS) NJW 61, 658.

6. *Rechtswidrigkeit.* Die Amtspflichtverletzung indiziert die Rechtswidrigkeit. Der Schädiger muß Rechtfertigungsgründe vorbringen, z. B. Notwehr.

7. *Verschulden.* Vorsatz und Fahrlässigkeit kommen in Betracht, 839; bei Fahrlässigkeit gelten zugunsten der Beamten bestimmte Haftungseinschränkungen, 839 I 2, unten 8. Der Vorsatz muß die Amtspflichtverletzung umfassen, nicht aber die Schadenszufügung, BGHZ 30, 374.

Fehlt Verschulden, ist immer noch Haftung aus enteignungsgleichem Eingriff möglich, unten § 112 IV 2. Diese Haftung setzt nur Rechtswidrigkeit, nicht Verschulden voraus. Ist der enteignungsgleiche Eingriff außerdem verschuldet, konkurrieren § 839 und Haftung aus enteignungsgleichem Eingriff, BGHZ 13, 88. § 839 I 2 findet hierauf *keine* Anwendung.

8. Die in §§ 839, 841 vorgesehenen und andere gesetzliche *Haftungseinschränkungen* zugunsten des Beamten kommen auch dem Staat zugute, der aufgrund seiner Staatshaftung nur soweit „verantwortlich" (Art. 34) sein will, wie es der Beamte auch sein würde; BGHZ 61, 7; 66, 302; 68, 217; 70, 7; 76, 375; 85, 225; 85, 393. Vier Haftungseinschränkungen sind zu beachten:

(1) *839 I S. 2:*

Fällt dem Beamten nur Fahrlässigkeit zur Last, so kann er nur dann in Anspruch genommen werden, wenn der Verletzte nicht *auf andere Weise Ersatz zu erlangen vermag*, BGHZ 4, 10.

Der Verletzte muß in der Klagebegründung dartun, daß andere Schuldner rechtlich nicht in Betracht kommen oder zahlungsunfähig sind, RGZ 165, 105, BGHZ 18, 371, und daß er eine früher vorhandene Ersatzmöglichkeit nicht schuldhaft versäumt hat (RGZ 139, 349). Würden verschiedene Beamte und damit verschiedene Körperschaften haften, so kann nach richtiger Ansicht nicht die eine auf die andere verweisen.

Die Vorschrift ist unbillig. In vielen Fällen begünstigt sie einseitig den Staat, der über größere prozeßtechnische Mittel als der private Verletzte zu verfügen pflegt, und der deshalb erst einmal viele Ansprüche mit § 839 Abs. 1 S. 2 „abbiegen" kann. Das Argument, es wiege diesen Nachteil auf, daß dem Verletzten, wenn er wirklich zum Zuge käme, stets die volle Staatskasse zur Verfügung stehe, so daß mit einem zahlungsunfähigen Schuldner nicht gerechnet zu werden brauche, trifft nicht den Kern der Sache. Die „volle Staatskasse" ist billiger Ausgleich für die *Macht* des Staates, die den Schadenseintritt begünstigt hat. Eine Subsidiarität der Staatshaftung kann mit der „vollen Kasse" nicht begründet werden. Einschränkend daher zu Recht bereits BGHZ 13, 88 (GZS): Enteignungsgleicher Eingriff (unten § 112 IV 2) ist im Verhältnis zur Amtshaftung keine „anderweitige Ersatzmöglichkeit". Ebensowenig ist die Staatshaftung gegenüber der Halterhaftung gem. §§ 7, 12 StVB subsidiär, BGHZ 50, 271. Weitere Beispiele für die einschränkende Tendenz der Rechtsprechung: BGHZ 62, 380 (Lohnfortzahlung); BGHZ 62, 394 (verletzungsbedingte Erhöhung der Geldrente); BGHZ 79, 26 – grundlegend – und 79, 35 (keine Verweisung auf die eigene Krankenkasse); BGH NJW 83, 1668 (keine Verweisung auf die Kaskoversicherung). Vgl. zum Ganzen *Futter*, VersR 79, 305.

(2) *839 II:*
Zum Schutze der Richter und der Rechtsprechung besteht die Haftungseinschränkung des § 839 Abs. 2 (Amtspflichtverletzung in einer Urteilssache). Beispiel: BGHZ 36, 144.

(3) *839 III:*
Die Amtshaftung soll die Rechtsmittel nicht ersetzen. Zutreffend zwingt daher § 839 Abs. 3 den Verletzten zunächst einmal, den Rechtsweg auszuschöpfen. Angesichts der Unübersichtlichkeit vieler Rechtswege dürfen aber an die Sorgfaltspflicht in § 839 Abs. 3 keine zu großen Anforderungen gestellt werden. Die Verfassungsbeschwerde ist jedenfalls kein „Rechtsmittel" im Sinne dieser Vorschrift, BGHZ 30, 19. Auch kann sich nach dem Prinzip der „Einheit der öffentlichen Hand" der Staat auch nur auf die vorherige Geltendmachung *privatrechtlicher* Ansprüche berufen und darf nicht vom Kläger verlangen, zunächst einmal einen anderen Amtshaftungsanspruch durch die Instanzen zu jagen.

(4) 841: Beispiel: Ein Vormundschaftsrichter vernachlässigt schuldhaft die Überwachung des Vormunds. Auf Klage des geschädigten Mündels werden zwar beide (gesamtschuldnerisch) verurteilt, doch haftet dem Richter im Innenverhältnis der Vormund allein, 426.

9. *Verjährung:* Die Staatshaftung verjährt wegen der Verweisung des Art. 34 GG auf § 839 gemäß § 852 Abs. 1 in drei Jahren.

II. Welche Körperschaft haftet?

Es entscheidet die *Anstellung* des Amtsträgers (sog. Anstellungstheorie), *nicht* die *Funktion*, die der Amtsträger gerade wahrnimmt, Art. 34 GG. Dazu näher BGH LM Art. 34 GG Nr. 24. Nach BGH NJW 70, 750 haftet diejenige Körperschaft, die dem Beamten das Amt anvertraut hat. Bei einer echten Doppelstellung (z. B. Landrat, Oberkreisdirektor) haftet die Körperschaft, deren Aufgabe im Einzelfall wahrgenommen ist (Kreis, Land). Vgl. BGHZ 6, 195.

III. Rückgriff gegen den Beamten

Art. 34 S. 2 eröffnet die Möglichkeit des *Rückgriffs* gegen den Beamten bei vorsätzlichem und grob fahrlässigem Handeln. Hiergegen kann der Beamte Mitverschulden des Staates wegen nicht abgestellter Arbeitsüberlastung geltend machen, 254, vgl. RG HRR 36, 257.

IV. Rechtsweg

Für die Staatshaftung gilt der ordentliche Rechtsweg, Art. 34 S. 3, ebenso wie für die Eigenhaftung, § 13 GVG; BGHZ 78, 274. Sachlich zuständig sind die Landgerichte in erster Instanz, § 71 Abs. 2 Ziff. 2 GVG.

V. Konkurrenzen

Eine Eigenhaftung gibt es grundsätzlich nicht, Art. 34 GG, spezialgesetzliche Ausnahmen bestehen. Davon abgesehen, steht nur der Rückgriff gegen den Beamten offen (oben III). Eine Haftung aus §§ 823ff. besteht nicht, auch nicht etwa als Kraftfahrzeugführer, 18 StVG, BGHZ 29, 38, 43.

Die allgemeinen Deliktstatbestände werden durch § 839 verdrängt, weil § 839 in mehreren Hinsichten Sondervorschrift ist: (1) Das ganze Vermögen ist unmittelbar geschützt, es bedarf keines Eingriffs in ein Rechts- oder Schutzgut (§ 823 I, II); (2) Die Amtspflicht ist typisierte Rechtspflicht im Sinne „freier" Verhaltensnormen; (3) § 839 I 2, II, III und Art. 34 GG enthalten zugunsten des Beamten Haftungserleichterungen als Ausgleich für den allgemeinen Vermögensschutz. Vgl. BGHZ 13, 91 (§ 832!); 16, 113; 23, 47; 34, 104.

Neben der *Staatshaftung* nach Art. 34, § 839 kann die *Verrichtungsgehilfenhaftung* (831), bei Vertragsbruch die *Erfüllungsgehilfenhaftung* (278) und − wenn der Beamte satzungsmäßiger Vertreter seiner Körperschaft ist − die *Organhaftung* (31, 89) geltend gemacht werden, str., BGHZ 4, 138 (ausschließlich für § 278 beim Arzt im städtischen Krankenhaus). Der Deutlichkeit halber ist darauf hinzuweisen, daß eine Amtspflichtverletzung nicht eine Haftung gem. §§ 31, 89, 831 begründen kann; eine Anspruchskonkurrenz kann nur eintreten, wenn die Amtspflichtverletzung zugleich einen allgemeinen Deliktstatbestand verwirklicht. Vgl. im einzelnen das Folgende zur Haftung im fiskalischen Bereich, wo diese Ansprüche wegen Fehlens einer die Eigenhaftung verdrängenden Staatshaftung wichtiger sind.

Zum Verhältnis der Amtshaftung zur Verkehrssicherungspflicht öffentlich-rechtlicher Amtsträger oben § 103 III 1e; ferner BGHZ 21, 48; *Esser*[4] § 108 II 1b.

B. Eigenhaftung und Staatshaftung im fiskalischen Bereich

Im Bereich fiskalischer Staatstätigkeit haftet der Beamte für Amtspflichtverletzungen nach § 839 − Eigenhaftung. Eine sie verdrängende Staatshaftung besteht nicht. Aber *nach allgemeinen bürgerlich-rechtlichen Regeln haftet der Staat gegebenenfalls* neben dem Beamten nach §§ 823ff., 831, 278, 31, 89. − Von besonderer Bedeutung ist, daß Verletzungen der *Verkehrssicherungspflicht* durch Beamte, Angestellte und Arbeiter des öffentlichen Dienstes in den *fiskalischen Bereich* fallen, sofern nichts anderes geregelt ist.

I. Eigenhaftung des Beamten

1. § 839 gilt auch bei *fiskalischem Tätigwerden* des Beamten, BGHZ 34, 104; 85, 393.

Bei der Miete eines Büros in einem Privathaus durch eine Gemeinde wird dem Vermieter versehentlich eine zu niedrige gesetzliche Miete berechnet. Der Vermieter kann den Mietausfall als Schaden nach § 839 ersetzt verlangen. Ob gegen ihn Mitverschulden gemäß § 254 geltend gemacht werden kann, wird von seiner Geschäftsgewandtheit und -erfahrung abhängen.

2. § 839 hat folgende Voraussetzungen (vgl. oben A I):

a) *„Beamter":* Hier gilt der enge, „technische" Beamtenbegriff. Für die Zwecke der Eigenhaftung muß es sich um einen Beamten im beamtenrechtlichen Sinne handeln, der „unter Berufung in das Beamtenverhältnis" eingestellt wurde. Für einen Nichtbeamten gelten dagegen die allgemeinen Regeln der §§ 823 ff.

b) An einer *„Ausübung öffentlicher Gewalt"* muß es *fehlen.* Sonst gilt Staatshaftung *statt* Eigenhaftung, oben A.

c) Zu den *übrigen Voraussetzungen: Amtspflicht gegenüber Dritten, Schaden, Rechtswidrigkeit, Verschulden* sowie zu den *Einschränkungen der Haftung* und zur Verjährung siehe die entsprechenden Ausführungen zur Staatshaftung oben A I 3 – 9.

Im fiskalischen Bereich kommt allerdings bei mangelndem Verschulden keine Enteignung oder enteignungsgleicher Eingriff in Frage, da beide (obrigkeitliches oder wenigstens schlichtes) Verwaltungshandeln voraussetzen, vgl. oben A I 7. Nur privatrechtliche Aufopferungsansprüche können mit der Eigenhaftung und Staatshaftung im fiskalischen Bereich konkurrieren. Vgl. unten § 112 III. Zu bedenken ist dabei aber, daß Fiskal-Amtshaftung rechtswidrigen, Aufopferungshaftung rechtmäßigen Eingriff verlangt.

3. § 839 stellt den Beamten insofern schlechter als die allgemeinen Regeln der §§ 823 ff., als § 839 das Vermögen als solches schützt und weder absolute Rechte noch Rahmenrechte, Schutzgesetze noch die guten Sitten verletzt sein müssen. Andererseits enthalten §§ 839 Abs. 1 S. 2, Abs. 2 und 3, 841 Besserstellungen des Beamten. Darum ist § 839 Sondervorschrift zu §§ 823 ff., so daß, wenn § 839 nicht zutrifft, der Beamte nicht nach den allgemeinen Deliktsregeln haftbar gemacht werden kann.

II. Staatshaftung im fiskalischen Bereich

Es kann sich nur um zusätzliche, nicht um verdrängende Staatshaftung, wie sie im hoheitlichen Bereich durch Art. 34 vorgesehen ist, handeln.

Den Staat von den allgemeinen Vertrags- und Deliktsvorschriften zu befreien, besteht kein Grund. Die Überlegung oben I. 3., die den Sondervorschriftscharakter von § 839 begründete, trifft auf die Haftung des Staates und anderer anstellender Körperschaften nicht zu. Es ist zu unterscheiden:

1. Ist der Beamte *satzungs-* oder *verfassungsmäßiger Vertreter* seiner Körperschaft, so haftet die Körperschaft für ihn als *Organ,* 31, 89. Die Organhaftung betrifft den deliktischen und den Vertragsbereich (str.).

Dem Chefarzt des städtischen Krankenhauses unterläuft bei der Behandlung eines vertraglich aufgenommenen Patienten ein ärztlicher Kunstfehler. §§ 31, 89 i. V. m. §§ 823 Abs. 1; 611, 325, 326 (Schlechterfüllung); vgl. BGHZ 77, 74 unter teilweiser Aufgabe von BGHZ 1, 383; 4, 138.

Daneben wird für das Organ auch als Erfüllungs- und Verrichtungsgehilfen gehaftet (str.), 278, 831. Bei § 831 gelingt aber häufig die Exkulpation.

2. Besteht zwischen Fiskus und Verletztem ein *Vertrag,* der durch die Amtspflichtverletzung gebrochen wurde, haftet die Körperschaft für den Beamten wie für jeden andern Erfüllungsgehilfen nach § 278 ohne Exkulpationsmöglichkeit.

Ein beamteter Krankenpfleger oder eine nichtbeamtete Schwester verbrühen versehentlich den Patienten des städtischen Krankenhauses, 611, 325, 326 (Schlechterfüllung), 278.

3. Besteht weder ein Organverhältnis zum Handelnden noch ein Vertragsverhältnis zum Geschädigten, verbleibt immer noch die Haftung für den Verrichtungsgehilfen nach § 831, die allerdings meist wegen der Exkulpation versagt, dazu unten § 107.

Der beamtete Krankenpfleger oder die nichtbeamtete Schwester verbrühen im städtischen Krankenhaus versehentlich einen Besucher des Patienten.

3. Haftung für unerlaubte Handlungen anderer

§ 107
Verrichtungsgehilfe, Haftung in Großbetrieben, Haftung für Aufsichtsbedürftige

Aden, MDR 74, 9 (832); *Beuthien,* DB 75, 725 und 773; *von Caemmerer,* ZfRV 1973, 241; *Erdsiek,* Die Problematik des § 831 und seine Einwirkung auf unsere Vertrags- und Amtshaftung, JurJb. 8 (1967/68), 36; *Frank,* BB 75, 588; *Hassold,* JuS 82, 583; *Helm,* AcP 166, 389; *Kiser,* VersR 84, 213; *Kupisch,* JuS 84, 250; *Leßmann,* JA 80, 193; *Mayr, O.,* SeuffBl. 71, 59; *Mennemeyer,* Haftung des Schuldners für Gelegenheitsdelikte seiner Erfüllungsgehilfen, 1983; *Ohm,* VersR 59, 780; *Riedel,* DJZ 1905, 693; *Schmid,* VersR 82, 822; *Schmidt, Eike,* AcP 170, 502; *Seiler,* JZ 67, 525; *Sellert,* AcP 175, 77; *Steindorff,* AcP 170, 93; *Weigert,* Die außervertragliche Haftung von Großbetrieben für Angestellte, 1923; *Weimar, W.,* MDR 78, 901; *Westermann, Harry,* JuS 62, 333, 382; *Zander,* Die Haftung für Verrichtungsgehilfen, Diss. Tübingen 1966.

Drei Fälle sind zu betrachten: Die Haftung für den *Verrichtungsgehilfen* (831), die Haftung für Aufsichtspersonen in bestimmten *Großbetrieben* (3 HaftPflG) und die Haftung für *zu beaufsichtigende Personen* (832).

I. Die Haftung für den Verrichtungsgehilfen, 831

1. Allgemeine Bedeutung

a) *Wesen:* § 831 ist eine der wichtigsten Vorschriften des bürgerlichen Rechts und doch nur eine stumpfe Waffe. Die mit § 831 zusammenhängenden Fragen sind vielfach Kernprobleme des bürgerlichen Rechts. Nach §§ 823 ff. kann der Geschädigte den Schädiger, nach § 831 *auch den Geschäftsherrn* des Schädigers in Anspruch nehmen, der den Schädiger zu einer Verrichtung bestellt hat. Aber der Geschäftsherr kann sich in der Mehrzahl der Fälle „entlasten", „entschuldigen", „exkulpieren", indem er nachweist, daß er bei der Auswahl, Ausrüstung, Anweisung und Beaufsichtigung des Gehilfen die verkehrserforderliche Sorgfalt angewandt hat, 831 S. 2.

b) *Soziales Bedürfnis:* Der rechtspolitische Grund des § 831 liegt in der Tatsache, daß, wer sich eines Gehilfen bedient, einen größeren Aktionsradius besitzt und dadurch auch die Möglichkeit schädigender Eingriffe in Rechtskreise anderer erhöht. Darum soll haften, wer aus der Arbeitsteilung Vorteile zieht („qui facit per alium facit per se"). Zum andern würde der Geschädigte, wenn er sich nur an den unmittelbar schädigenden Gehilfen halten könnte, von diesem namentlich bei größeren Schäden mangels Zahlungsfähigkeit oft nicht Ersatz erlangen. Er soll sich auch an den halten können, dem die Arbeit des Gehilfen zugute kommt: „Respondeat superior". Immerhin ist das Argument der mangelnden Zahlungsfähigkeit des Verrichtungsgehilfen abgeschwächt durch die für Betriebe vielfach abgeschlossenen Haftpflichtversicherungen.

c) *Grundsatz:* § 831 gestaltet die deliktische Gehilfenhaftung als *Verschuldenshaftung des Geschäftsherrn*, nicht als Verschuldenshaftung des Gehilfen und nicht als Erfolgs- oder Gefährdungshaftung ohne Verschulden. Der Geschäftsherr haftet, weil er bei der Auswahl, Ausrüstung, Anweisung oder Beaufsichtigung des Gehilfen nicht die verkehrserforderliche Sorgfalt beobachtet hat. Dies Verschulden wird in § 831 widerlegbar vermutet (Umkehrung der Beweislast). Der Geschäftsherr kann seine Sorgfalt beweisen (sog. Entschuldigungs-, Entlastungs- oder Exkulpationsbeweis). Darum kommt es auch für die Haftung des Geschäftsherrn nach § 831 *nicht* darauf an, ob der Gehilfe schuldfähig war und ob er schuldhaft gehandelt hat, was sich allerdings aus dem Wortlaut nicht eindeutig ergibt. Vgl. zum Ganzen *Kupisch*, JuS 84, 250 ff. m. N.

d) *Konkurrenzen:* Wichtig ist das Verhältnis der Haftung für den *Verrichtungsgehilfen* (§ 831) zu der für den *Erfüllungsgehilfen* (§ 278) und zu der für *Organe* (§§ 31, 89).

§ 831 enthält die *deliktische* Gehilfenhaftung, die Haftung des *Geschäftsherrn* für widerrechtliche Handlungen seines Gehilfen im Rahmen der *unerlaubten Handlungen*. Innerhalb *bestehender Schuldverhältnisse*, insb. Verträge, haftet der *Schuldner* für Verschulden seines *Erfüllungsgehilfen*, 278. § 278 verlangt also ein bestehendes Schuldverhältnis, insb. einen Vertrag, während durch die unerlaubte Handlung erst ein Schuldverhältnis *zur Entstehung gelangt.* In § 831 haftet der Geschäftsherr für widerleglich vermutetes *eigenes* Verschulden, in § 278 der den Erfüllungsgehilfen beschäftigende Schuldner für *Verschulden des Gehilfen*, das dem Schuldner zugerechnet wird, als wäre es sein eigenes (vgl. oben § 54). Die *Organhaftung* der §§ 31, 89 setzt eine juristische Person und ein Organ voraus, 31: „verfassungsmäßig berufener Vertreter". Gemeint ist damit: ein gemäß der Satzung zur Vertretung (26 II) berufener „Gehilfe" der Körperschaft, z. B. Vorstandsmitglied, besonderer Vertreter, 30.

Nach § 31 haftet die Körperschaft für den Schaden, den ein Organ „durch eine in Ausführung der ihm zustehenden Verrichtungen begangene, zum Schadensersatz verpflichtende Handlung einem Dritten zufügt". § 31 ist also nicht selbständige Anspruchsnorm, ebensowenig wie § 278, und anders als § 831. § 31 setzt entweder eine vom Organ in seiner Organeigenschaft begangene unerlaubte Handlung (823 ff.) oder die vom Organ begangene Verletzung einer die Körperschaft treffenden Schuldverpflichtung voraus (z. B. Schlechterfüllung einer Lieferpflicht). (Auch andere Schadensersatznormen sind i. V. m. § 31 anwendbar: §§ 179, 122, 307 usw.) — §§ 831, 278, 31, 89 sind *nebeneinander* anwendbar (str.), sofern ihre Voraussetzungen im einzelnen vorliegen. Ein Organ kann also z. B. gleichzeitig auch Erfüllungsgehilfe und Verrichtungsgehilfe sein (niemals aber zugleich gesetzlicher Vertreter, vgl. § 278!). Eigenhaftung (§ 31) und Fremdhaftung (§ 278) können also nebeneinander bestehen, wohl h. M.

Beispiele:

aa) A läßt durch den Dachdeckermeister D sein Dach in Ordnung bringen. Während der Arbeiten läßt der Gehilfe G des D einen Hammer fallen, der den Passanten P verletzt: 831, keine vertragliche Beziehung D–P; Exkulpation wahrscheinlich.

bb) Der Hammer trifft A: 831, wie oben 1. Zusätzlich: 631 ff., 278, 325, 326 (Schlechterfüllung), da vertragliche Beziehung D–A. Insoweit keine Exkulpation möglich! Zwar hat A den D mit seinen Gehilfen in erster Linie bestellt, das Dach zu decken, nicht um keinen Hammer fallen zu lassen. Der weite Schutzinhalt der Vertragspflicht neben der hauptsächlichen Leistungspflicht, der für das deutsche Schuldrecht — etwa im Vergleich zum französischen — typisch ist, deckt aber auch die sorgfältige Erledigung der Dachdeckerarbeiten einschließlich des Nichtfallenlassens eines Hammers, vgl. oben § 8 (str.). Freilich ist dieser weite Leistungsbegriff des deutschen Vertragsrechts wesentlich durch die vielfach als unbillig empfundene Exkulpationsmöglichkeit des § 831 und das dadurch bedingte Streben nach § 278 mitbestimmt worden.

cc) Der Hammer trifft Frau A; ein Kind des A; das Dienstmädchen des A; einen im Hause wohnenden Mieter des A; einen Besucher des A; den Briefträger, der A ein Paket bringt; einen ungebetenen Hausierer; den Gerichtsvollzieher, der bei A pfänden will. In diesen Fällen stellt sich das Problem des Vertrags mit Schutzwirkung zugunsten Dritter, vgl. oben § 37 VII zu § 328 — Vertrag zugunsten Dritter. Der rechtspolitische

Hintergrund ist wiederum die vielfach als unbillig empfundene Exkulpation des § 831 und das dadurch ausgelöste Streben nach § 278. Hier ist vieles streitig. Richtiger Ansicht nach sind nur solche Personen in den Schutzbereich eines Vertrags einzubeziehen, die mit der Leistung nach ihrer Natur zwangsläufig in Berührung kommen und die dem Gläubiger der Leistung so nahestehen, daß er, dem Schuldner erkennbar, auf die Sicherheit dieser Personen genauso vertraut wie auf seine eigene, vgl. die oben § 37 VII 3 wiedergegebene Formulierung von *Larenz*. Danach haftet D für Verschulden des G den Familien- und Hausangehörigen des A, auch dem Mieter und Besucher, aber nicht dem Hausierer, erst recht nicht dem Gerichtsvollzieher. Wegen des Briefträgers siehe oben § 37 VII 3.

dd) Das Vorstandsmitglied V einer AG betrügt den Geschäftspartner G. Dem G haftet V aus § 823 II i. V. m. § 263 StGB und aus § 826; daneben haftet auch die AG aus §§ 823 II, 826, 31; 823 II, 831; und wenn der Betrug eine Vertragsverletzung war, aus § 31 und § 278 (Erfüllungsgehilfe) i. V. m. dem verletzten Vertrag (z. B. schlechterfüllter Kauf).

e) *Gutachten:* Im Gutachten ist der Anspruch des Verletzten aus §§ 823, 826 gegen den Gehilfen als unmittelbaren Schädiger regelmäßig zuerst zu prüfen. Er steht der Tat am nächsten. Danach erst ist zu fragen, ob jemand (statt oder neben ihm) für ihn haftet. Vgl. oben 1 d und das Folgende.

2. Die Voraussetzungen der Haftung für den Verrichtungsgehilfen

Vier Gruppen von Tatbestandsmerkmalen müssen zusammentreffen: Eine unerlaubte Handlung des Gehilfen (Schuld nicht erforderlich!); die Bestellung zum Gehilfen; die Begehung der unerlaubten Handlung in Ausführung der Gehilfenverrichtung; das Mißlingen des Entlastungsbeweises.

a) Unerlaubte Handlung des Gehilfen

Es genügt die tatbestandsmäßige, rechtswidrige Handlung. Schuldhaftes Handeln ist nicht erforderlich, so daß gleichgültig ist, ob Schuldfähigkeit (§§ 827, 828) oder Schuldform (§ 276) fehlen. Sonst könnte sich ein Geschäftsherr durch Beschäftigung unzurechnungsfähiger Gehilfen von jeder Gehilfenhaftung befreien. Einige Sonderfragen im Zusammenhang mit der Rechtswidrigkeit:

aa) Es kommt auf rechtswidriges Handeln des *Gehilfen* an. Also müssen *Rechtfertigungsgründe* in seiner Person vorliegen, z. B. Notwehr.

bb) Als *besonderen Rechtfertigungsgrund* hat der BGH seit der Entscheidung des großen Zivilsenats (BGHZ 24, 21) den des *„verkehrsrichtigen Verhaltens"* anerkannt und damit vielfach Zustimmung gefunden (*Esser*[2], S. 880, mit weiteren Angaben. Kritisch *Larenz*, II, § 73 VI Fn. 5.

Ein aufspringender Fahrgast war vor die Straßenbahn gefallen und hatte ein Bein verloren. Der Schaffner hatte ordnungsgemäß abgeläutet und war danach angefahren. Der Große Zivilsenat des BGH sah das Verhalten des Schaffners als rechtmäßig, nicht bloß als entschuldbar an, wodurch sich der Entlastungsbeweis erübrigte. Danach würde, wer unter Beachtung der verkehrsüblichen Sorgfalt bei grünem Licht einen Menschen überführt, ebenfalls rechtmäßig und nicht bloß schuldlos handeln. Das stimmt mit dem Verhältnis von Tat und Unrecht in § 823 I nicht überein.

Daß ein solcher Rechtfertigungsgrund „des verkehrsrichtigen Verhaltens", wollte man ihn überhaupt bejahen, das System des deutschen Deliktsrechts sprengt, wurde oben in § 97 III 2daa ausgeführt: Im Bereich der Eingriffsdelikte bei absoluten Rechten darf die Frage nach dem verkehrsrichtigen Verhalten nur im Zusammenhang mit der Schuld, nicht mit der Rechtswidrigkeit gestellt werden; bei Rahmenrechten und Verkehrspflichtdelikten gehört die Prüfung der Verkehrsrichtigkeit des Verhaltens positiv in die Begründung der Rechtswidrigkeit, nicht negativ in einen Rechtfertigungsgrund. Bei Schutzgesetzen widerspricht ein solcher Rechtfertigungsgrund der von § 823 II angeordneten automatischen Übertragung des Unrechts aus dem Schutzgesetzverstoß in die deliktische Verhaltensnorm. Man kann das Enumerativ-Prinzip der §§ 823 ff. in Richtung auf partielle Generalklauseln entwickeln und ausbauen, aber man kann nicht einfach so tun, als ob es nicht da wäre. Das hieße, das Gesetz und seine Grundgedanken aufheben.

Richtig ist, daß die Haftung des Geschäftsherrn in § 831 für „widerrechtliche Schädigungen" durch den Gehilfen ohne Rücksicht auf Schuld des Gehilfen in Rahmenrechts- und Verkehrspflicht-Fällen Schwierigkeiten macht. Es entsteht eine unbillige Erfolgshaftung des Geschäftsherrn – was § 831 mit seiner Verschuldensvermutung nicht beabsichtigte –, und der Entlastungsbeweis wird überbeansprucht. Man muß, wie stets, Eingriffsdelikte in *absolute Rechte*, in *Rahmenrechte* und *Verkehrspflichtdelikte* klar unterscheiden, siehe oben § 103. Schädigungen im Bahn-, Straßenbahn- und Straßenverkehr, bei denen das Sorgfaltsproblem entsteht und daher die Unrechtsindizierung des § 823 I im Bereich absoluter Rechte nicht paßt, gehören zur Gruppe der Verkehrspflichtdelikte (oben § 103 III). Liegt kein Sorgfaltsverstoß vor, fehlt es an der Widerrechtlichkeit. Eine Haftung nach § 831 entfällt. Die dem deutschen Deliktssystem gemäße Frage im Fall des Großen Senats BGHZ 24, 21 hätte gelautet, ob der Schaffner unter den gegebenen Umständen eine Rechtspflicht gehabt hätte, das Anfahren zu unterlassen, vgl. oben § 103 III 1b. Verkehrsdelikte, bei denen kein besonderes Sorgfaltsproblem entsteht, mögen im Bereich der absoluten Rechte verbleiben; es wird die Minderzahl sein. Das allmähliche stoffliche Anschwellen der *Verkehrspflichtdelikte* und die entsprechende Entlastung der absoluten Rechte ist die unvermeidliche Folge von Lebensumständen, die wachsende Sorgfalt fordern.

cc) Wenn das vom Gehilfen begangene Delikt die *sittenwidrige Schädigung* gemäß § 826 ist, so muß der Gehilfe mit *natürlichem Vorsatz* gehandelt haben. Vorsatz als Schuldform ist nicht erforderlich, aber der Gehilfe als unmittelbarer Täter hätte, wenn es auf seine Schuld angekommen wäre, die vorsätzliche Begehungsweise erfüllen müssen. Das bedeutet, er muß den Schaden zumindest zustimmend in Kauf genommen und die Umstände gekannt haben, aus denen die Sittenwidrigkeit geschlossen wird.

dd) Wenn der Geschädigte den Schaden z. T. selbst *mitverschuldet* hat, kann sich der Geschäftsherr nach § 254 darauf berufen. Wegen des Verschuldens des Gehilfen für die Abwägung in § 254 vgl. oben §§ 55 VII.

b) *Bestellung des Gehilfen zur Verrichtung durch den Geschäftsherrn.*

aa) Die *Bestellung* ist die tatsächliche, willensgetragene Beschäftigung eines andern im eigenen Interesse. Es handelt sich um eine Rechtshandlung, nicht um ein Rechtsgeschäft (str.). Der Gehilfe leistet in gegenständlicher Hinsicht fremdbestimmte Arbeit. Gleichgültig ist, ob die Bestellung zur Verrichtung entgeltlich erfolgt oder nicht.

bb) Die *Verrichtung* kann höherer oder niederer Art sein, rein tatsächlicher Art (Holzhacker), wirtschaftlicher (Generalvertreter) oder rechtlicher (Anwalt, Steuerberater). Auf soziale Abhängigkeit im Sinne des Arbeitsrechts kommt es nicht an. Wesentlich ist, daß der Gehilfe bei Durchführung der Verrichtung von den *Weisungen des Ge-*

schäftsherrn abhängt. Dies ist Ausdruck der Arbeitsteilung, die Anlaß zur Bestimmung des § 831 gab: Man kann zwar die Arbeit, nicht aber dadurch sein Risiko teilen. Nicht weisungsabhängig, daher nicht Verrichtungsgehilfen im Sinne des § 831 sind: Selbständige Handwerker, selbständige Bauunternehmer, Omnibusfahrer im Verhältnis zum Fahrgast, Jagdgäste im Verhältnis zum Jagdherrn, der Gerichtsvollzieher im Verhältnis zum Gläubiger, ein Gesellschafter im Verhältnis zum anderen (BGHZ 45, 311), der „Subunternehmer" (independent contractor) (RGZ 172, 85).

cc) Die *Bestellung zur Verrichtung* muß *ursächlich* für den vom Gehilfen angerichteten *Schaden* sein.

D will E bestehlen. Um Zutritt zu E's Wohnung zu erhalten, verschafft er sich bei der Gemeinde die Stelle des Wasseruhrablesers.

c) *Begehen der Schadenshandlung „in Ausführung der Verrichtung"*

aa) Zwischen aufgetragener Verrichtung und schädigender Handlung muß ein „innerer Zusammenhang" bestehen. Der Gehilfe schädigt nur dann *„in Ausführung der Verrichtung"*, wenn seine schädigende Handlung eine noch im Leistungsbereich liegende Fehlleistung ist: Nachlässigkeiten bei der Arbeit, ungenaue Verrichtung der aufgetragenen Arbeit (die „Verrichtung" soll der Gehilfe *tun*, die in den Rahmen von § 831 fallenden Handlungen *gerade nicht* tun). Beispiele: Der Dachdeckergeselle wirft bei der Arbeit einen Zigarettenrest achtlos fort, so daß ein Dachbrand entsteht. Er deckt das Dach schadhaft, so daß es durchregnet.

bb) Nicht genügt, daß die schädigende Handlung nur bei *Gelegenheit* der Verrichtung vorgenommen wird: Der Dachdeckergeselle stiehlt aus einer Bodenkammer einen Farbtopf. In der Arbeitspause spielt er mit den Kindern des Hauses, wobei er eines fahrlässig verletzt. (Diese nicht unter § 831 fallenden Schadenshandlungen soll der Gehilfe, gemessen an seiner „Verrichtung", *auch nicht* tun).

cc) Vorsätzliche Schadenshandlungen des Gehilfen sind in aller Regel nur bei Gelegenheit der Verrichtung begangen, so daß der Geschäftsherr nicht haftet: Diebstähle, Unterschlagungen. Das sollte aber bei „typischen beruflichen Versuchungen" nicht gelten, um die Geschäftsherren insoweit zu besonderer Aufsicht zu veranlassen. Man denke an die häufigen Diebstähle bei Möbeltransporten, bei Verladungen in Häfen, auf fast fertigen Neubauten usw.

dd) Ein Problem ist in diesem Zusammenhang angeblich die *Auftragsüberschreitung*. Nicht jede Auftragsüberschreitung verläßt den Rahmen der „Verrichtung". Im Grunde kann es auf den Umfang des Auftrags als solchen überhaupt nicht ankommen. Entscheidend ist vielmehr der Zusammenhang zwischen aufgetragener Verrichtung und Schädigung.

d) *Der Entlastungsbeweis im allgemeinen, 831 I 2*

aa) Am häufigsten wird er geführt durch den Nachweis, der Geschäftsherr habe bei der Auswahl, Ausrüstung, Anweisung und Beaufsichtigung die verkehrserforderliche Sorgfalt angewandt. Je nach Art der Verrichtung und Vorbildung sowie Erfahrung des Gehilfen schwankt das erforderliche Maß der Aufsicht. Maßgeblich ist das im Verkehr Übliche und Notwendige, BGHZ 1, 383 (Chefarzt, Operationsschwester); 3, 270 (Schriftleiter); 4, 1 (Verwalter); 8, 243 (Kraftfahrer); 11, 155 = ESJ 126 (Diebstähle durch Bauarbeiter).

bb) Der Entlastungsbeweis kann dadurch erbracht werden, daß nachgewiesen wird, der Schaden wäre auch bei Anwendung der Sorgfalt entstanden (casus mixtus), z. B. weil die Untauglichkeit des Gehilfen nicht zu erkennen war.

cc) Der Entlastungsbeweis gelingt häufig, so daß die Haftung nach § 831 praktisch nicht die Bedeutung hat, die ihr zukommen sollte. Daher das Streben nach § 278, oben I 1 d. Ein Beispiel für die bedenkliche Ausweitung ist BGHZ 12, 96; ähnlich 12, 79.

e) *Der Entlastungsbeweis im größeren Betrieb*
Er wirft schwierige Fragen auf. § 831 in der geltenden Fassung paßt eigentlich nur für den Haushalt, den Bauernhof, den handwerklichen oder sonst überschaubaren Kleinbetrieb. Darum hat sich neben der Gehilfenhaftung aus § 831 die betriebliche Organisationshaftung für Schäden infolge von Warenfehlern aus § 823 I herausgebildet, dazu oben § 103 IV. § 831 bleibt davon unberührt und kann (z. B. bei handwerklichen Verrichtungen oder bei der Wahrnehmung von Kontrollaufgaben im größeren Betrieb) mit der Warenhaftung aus § 823 I konkurrieren.

aa) Wendet man § 831 ohne weiteres auch auf den modernen arbeitsteiligen Großbetrieb an, so gelingt die Exkulpation praktisch immer. Verläßt eine schadenstiftende Produktion das Werk, z. B. ein Auto mit einem sich demnächst lösenden Rad, ein Paket Vollkornbrot, in das ein Stein eingebacken ist, so trifft die Schuld daran in der Regel einen Arbeiter oder sonst einen in der Fertigung Stehenden, dessen persönliche Haftung nach §§ 823ff. dem Geschädigten in der Regel wenig nützt. Die erforderliche Aufsicht führt nicht der Fabrikinhaber, sondern ein Meister. Erst dieser ist dem Fabrikinhaber verantwortlich, gegen den sich der Anspruch aus § 831 richtet. Der Meister haftet nach § 831 II. Die Rechtsprechung hat den „dezentralisierten Entlastungsbeweis" zugelassen und den Fabrikinhaber schon dann von der Haftung aus § 831 befreit, wenn er die sorgfältige Auswahl und Überwachung des Meisters, also der Zwischenperson, und eine sorgfältige Planung und Anlage des ganzen Betriebs nachweisen konnte (RGZ 78, 107; 89, 136).

bb) Inzwischen sind die Anforderungen im Rahmen von § 831 geringfügig verschärft worden. Es wird auch eine *laufende Überwachung* der Zwischenpersonen aufgrund ausreichender Organisation verlangt (RGZ 87, 1; RG JW 38, 1651; BGHZ 4, 1). Befriedigend ist das auch nicht.

cc) Die Rechtsprechung entwickelte deshalb für den größeren Betrieb den Begriff der *Organisationshaftung* in § 823 I, vgl. dazu *Hassold,* JuS 82, 583 ff.

Danach trifft den Inhaber eines größeren arbeitsteiligen Betriebs die Verantwortung für eine einwandfreie und Schadensquellen verhütende Organisation seines Betriebs. Verletzt er die damit verbundene Sorgfaltspflicht, so daß andere geschädigt werden, führt aber andererseits gerade die Betriebsstruktur zum Gelingen des Entlastungsbeweises nach § 831 I 2, so haftet der Betriebsinhaber nach § 823, BGHZ 11, 155. Bei Körperschaften kann die Verpflichtung bestehen, ein Organ nach §§ 30, 31 zu bestellen. Im Unterlassungsfall ist der Entlastungsbeweis aus § 831 I 2 nicht zulässig. Dazu im einzelnen oben § 103 IV.

dd) Das geltende Recht der *Produktenhaftung* im größeren Betrieb läßt sich danach wie folgt zusammenfassen:
Wo vertragliche Bindung besteht: Vertragshaftung, hinzu:
Haftung nach § 2 HaftpflG (unten II) – selten, hinzu:
Deliktische Haftung nach § 831 mit dem qualifizierten dezentralisierten Entlastungsbeweis der neueren Rechtsprechung (oben bb), *aber:*
Organisationshaftung des Betriebsinhabers nach § 823 aufgrund der oben § 103 III 2 k, IV dargelegten Regeln der Produzentenhaftung (s. insb. § 103 IV 2 und 13).

3. Nach § 831 II haftet ebenso wie der Geschäftsherr, wer für ihn *vertraglich* die Auswahl, Ausrüstung, Anweisung oder Leitung von Verrichtungsgehilfen übernimmt. Nach der Vorschrift haften im Großbetrieb die *Zwischenpersonen* (Meister usw.).

4. Eine Ergänzung zu § 831 enthält § 840 II. § 840 II ist eine „anderweitige Bestimmung" im Sinne von § 426. Der Rückgriff kann bei gefahrengeneigter Tätigkeit aufgrund der Fürsorgepflicht ausgeschlossen oder eingeschränkt sein; oben § 79 II 2 cbb.

II. Haftung der Unternehmer bestimmter Anlagen und Großbetriebe ohne Verschulden für Aufsichtspersonen, §§ 2, 3 HaftpflG

Auf einem Teilgebiet ist der Gedanke der Betriebshaftung verwirklicht, sogar als Haftung ohne Verschulden, §§ 2 und 3 HaftpflG v. 4. 1. 78, BGBl. I 145; Vorläufer war § 2 RHaftpflG v. 7. 6. 1871, RGBl. 207. *Sondervorschriften der RVO* schränken die Haftung ein, 636, 637, 849 RVO; 116 SGB X (für Schadensfälle vor dem 1. 7. 1983: 1542 RVO). S. dazu u. § 109 II 1, III. §§ 2, 3 HaftpflG sind zwar Sondervorschriften zu § 831, verdrängen ihn aber nicht. § 254 ist anwendbar, § 4 HaftpflG (ebenso schon RG 63, 333).

III. Haftung für Aufsichtsbedürftige, 832

1. Dem § 831 nachgebildet ist die Haftung gesetzlich oder vertraglich Aufsichtspflichtiger für den Schaden, den die Aufsichtsbedürftigen widerrechtlich einem anderen zufügen, 832. Wegen des Aufbaus der Vorschrift ist auf die Ausführungen zu § 831 zu verweisen.

2. Der *Entlastungsbeweis* ist möglich, 832 I 2. Der Aufsichtspflichtige haftet also ebenso wie der Geschäftsherr für widerleglich vermutetes eigenes Verschulden. Auf ein

Verschulden des Aufsichtsbedürftigen kommt es für die Haftung nach § 832 nicht an. Es wird häufig nach §§ 827, 828 nicht gegeben sein. Eine Schädigung der Aufsichtsperson durch den Aufsichtsbedürftigen oder eine Schädigung des Aufsichtsbedürftigen durch ihn selbst fallen nicht unter § 832 (kein „Dritter").

3. Die Vorschrift ist von Bedeutung für Eltern, Vormünder, Lehrer, Schulheimleiter, Jugend-, Gruppenleiter. Die Anforderungen an ihre Sorgfalt sollten hoch, aber nicht überspannt sein, OGHZ 1, 159 − Schießspielzeug −. Nach einer Formel der Rechtsprechung kommt es darauf an, was verständige Eltern nach vernünftigen Anforderungen im konkreten Fall unternehmen müssen, um die Schädigung Dritter durch ihr Kind zu verhindern. Dazu gibt es reiche Kasuistik.

4. Eine Ergänzung zu § 832 enthält § 840 II.

§ 108
Mehrere Schädiger

Ballerstedt, JZ 73, 105; *Böhmer, Emil,* JR 65, 378; *Brambring,* Mittäter, Nebentäter, Beteiligte und die Verteilung des Schadens bei Mitverschulden des Geschädigten, 1973; *Buxbaum, W.,* Solidarische Schadenshaftung bei ungeklärter Verursachung im deutschen, französischen und angloamerikanischen Recht, 1965; *Bydlinksi,* AcP 158, 410; *ders.,* FS Beitzke, 1979, 3; *Crome,* IherJb. 35, 100; *Deutsch,* JZ 72, 105; *ders.,* Haftungsrecht, Bd. I: Allgemeine Lehren, 1976, § 21; *ders.,* NJW 81, 2731; *Eibner,* JZ 78, 50; *Gernhuber,* JZ 61, 148; *Heinze,* VersR. 73, 1081; *ders.,* NJW 73, 2021; *Hildebrandt,* Zu Handlungseinheit und Handlungsmehrheit im Zivilrecht, 1966; *Hüffer,* AcP 173, 465; *Jung,* AcP 170, 426; *Keuk,* AcP 168, 175; *Köndgen,* NJW 70, 2281; *Kollhosser,* JuS 69, 510; *Lauenstein,* NJW 61, 1661; *Lorenz, E.,* Die Lehre von der Haftungs- und Zurechnungseinheiten und die Stellung des Geschädigten in Nebentäterfällen, 1979; *Ries,* AcP 177, 543; *Sander,* Teilnahme an unerlaubten Handlungen im Zivilrecht, insbesondere der Begriff der unerlaubten Handlung im § 830 BGB, 1925; *Schantl,* VersR 81, 105; *Selb,* JZ 75, 193; *Wagenfeld,* Ausgleichsansprüche unter solidarisch haftenden Deliktsschuldnern, 1972; *Weckerle,* Die deliktische Verantwortlichkeit mehrerer, 1974; *Weimar, W.,* MDR 60, 403; *Welser,* ZfRvgl. 68, 38.

Es handelt sich um die §§ 830, 840, 841, die um §§ 426 und 254 zu ergänzen sind. Das komplexe Thema der Mehrheit von Schädigern läßt sich vereinfacht auf *vier Problemkreise* zurückführen: (1) Die beiden *anspruchserweiternden Normen* des § 830 I und des § 830 I 2, jeweils ergänzt um § 830 II (doch hat § 830 II praktische Bedeutung nur für § 830 I 1) bilden den Ausgangspunkt; (2) wenn *danach* feststeht, *ob* jemand als Mitschädiger haftet, beantwortet § 840 I i. V. m. §§ 421 ff., *wie* die mehreren Schädiger *dem Geschädigten,* also *nach außen,* haften; (3) so dann bestimmen die §§ 426, 254 (analog), 840 II, III, 841, wie sich der Schaden unter den mehreren Schädigern *nach innen* verteilt; (4) schließlich ist zu prüfen, wie sich ein Mitverschulden des Geschädigten nach § 254 (direkt) auf die Haftung der mehreren Schädiger auswirkt.

1. *In § 830 I* verankert sind *zwei Anspruchsnormen,* durch die im Falle einer Mehrheit von Schädigern zugunsten des Geschädigten die Deliktsnormen der

§§ 823 ff. erweitert werden. Die Erweiterung geschieht dadurch, daß in § 830 I 1 auf bestimmte Tatbestandsvoraussetzungen der Deliktsnormen verzichtet wird. Das gleiche gilt für § 830 I 2 bezüglich anderer Tatbestandsvoraussetzungen.

a) Nach dem Grundsatz der *finalen Mitverursachung des § 830 I 1 (Medicus:* „Strafrechtlicher" Teil des § 830) ist *jeder für den Schaden verantwortlich, der gemeinschaftlich mit anderen eine unerlaubte Handlung begangen* hat. Aus der Gleichstellung der *Anstifter* und *Gehilfen* in § 840 II mit den *Mittätern* des § 830 I 1 folgt unter Zugrundelegung dieser strafrechtlichen Begriffe (§§ 25 II, 26, 27 StGB), daß bei allen Mittätern − zumindest bedingter − *Vorsatz* vorliegen muß, st. Rspr. und h. M. (a. A. *Deutsch,* HaftungsR I, 345; *Bydlinksi; Weckerle*). Man denke bei § 830 I 1 an den Sachverhaltstyp „Wirtshausschlägerei" oder „Beutezug": Schon wer mitmacht, soll haften; der *Wille zur Teilnahme* reicht aus. − Der Geschädigte wird durch § 830 I 1 dadurch begünstigt, daß auf die sonst erforderliche *haftungsbegründende Kausalität zwischen gemeinschaftlicher Begehung der Handlung* und *Rechtsgutverletzung* (und ebenso auf die haftungsausfüllende Kausalität zwischen Rechtsgutverletzung und Schaden) *verzichtet* wird. Der Geschädigte braucht die Kausalität nicht zu behaupten oder beweisen. Der Schädiger kann sich nicht damit verteidigen, der Schaden wäre auch ohne ihn durch die anderen entstanden; ihm steht nur der Beweis offen, daß der Schaden *unmöglich* auf ihn zurückgehen kann. U. a. sind folgende Unterfälle bedeutsam:

aa) A und B brechen ein, C steht Schmiere *(gemeinsame Verursachung).*

bb) Zwei Fabrikanten leiten − unter billigender Inkaufnahme des Erfolgs (also mit bedingtem Vorsatz) − so viel schädliche Gase in die Luft, daß die Giftmenge eines jeden zur Vernichtung eines Waldbestandes ausreicht *(selbständige Verursachung des vollen Erfolgs durch mehrere).*

cc) Zwei Fabrikanten leiten jeder so viel Giftstoff in die Luft, daß erst die Gesamtmenge den Wald zum Absterben bringt *(selbständige Verursachung von Erfolgsteilen durch mehrere).*

dd) Bei einer Schlägerei haben 3 Beteiligte 10 cm lange Messer, 2 Beteiligte 5 cm lange Messer und 6 überhaupt keine Waffe bei sich gehabt. Ist ein Opfer mit einer 9 cm tiefen Stichwunde verletzt, haften ihm die ersten 3, ist die Stichwunde 4 cm tief, die ersten 5. Die restlichen haften jeweils nicht, weil sie keine Gefahrenquelle gesetzt haben, die den Schaden verursacht haben kann, vgl. BGH VersR 75, 714 *(mögliche Verursachung,* mit entsprechendem Freibeweis unmöglicher Verursachung). − Für Demonstrationstäter s. BGHZ 59, 30 = ESJ 133; 63, 124; BGH NJW 72, 1571.

Auf *Nebentäter* ist § 830 I 1 nicht anwendbar, es fehlt an der gemeinschaftlichen Begehung, BGHZ 30, 206: Mehrere Kraftfahrer führen durch verschiedene selbständige Verkehrsverstöße *einen* Unfall herbei (ein Geisterfahrer trifft auf einen Linksspurparker). Außerdem wird in diesen Fällen nicht selten der *Vorsatz* gemeinschaftlicher Begehung fehlen.

b) Nach dem Grundsatz der „alternativen Verursachung" in § 830 I 2 (*Medicus:* Zivilrechtlicher Teil des § 830 I) haften *alle,* wenn *sich nicht ermitteln läßt,* wer von mehreren Beteiligten den Schaden durch *seine* Handlung verursacht hat. Auch § 830 I 2 ist eine Vorschrift, die den Geschädigten wegen seiner Beweisnot im Falle mehrerer in Betracht kommender Schädiger begünstigen will. Die beiden *tatbestandlichen Unterschiede* zu § 830 I 1 sind: Es kommt weder auf *gemeinschaftliche* noch auf *vorsätzliche Begehung* an. In § 830 I 2 wird daher nicht nur auf das Merkmal der Kausalität (s. o.), sondern auch auf *die eine Handlung* verzichtet. Allerdings muß ein gewisser zeitlicher und räumlicher Zusammenhang der verschiedenen Handlungen der mehreren Täter in § 830 I 2 bestehen: Eine auf der Fahrbahn liegende Person wurde nacheinander von mehreren Fahrzeugen überfahren *(fahrlässige Begehung verschiedener Handlungen,* vgl. BGHZ 55, 86); ein Schulkind wird auf dem Heimweg von mehreren Altersgenossen geschlagen; Demonstration, (OLG Celle VersR 82, 598) *(vorsätzliche Begehung verschiedener Handlungen).* Der Unterschied *auf der Rechtsfolgenseite* zu § 830 I 1 besteht darin, daß die Haftung aller *sonstigen möglichen Verursacher* (vgl. o. a) bb)) *entfällt,* wenn wenigstens *ein Beteiligter voll haftet,* BGHZ 72, 355, 67, 14. Denn § 830 I 2 will nur die Beweisnot des Geschädigten im Falle der *Nichtermittelbarkeit* der Mitverursachung beheben, nicht aber ihm weitere solvente Schuldner zuführen, BGHZ 72, 355 (361); ähnlich 60, 177; anders 55, 86 und die Voraufl. Außerdem steht dem möglichen Mitschädiger — wie in § 830 I 1 — der Beweis offen, daß seine Handlung oder sein Handlungsbeitrag den Schaden unter keinen Umständen herbeiführen konnte: Für einen Fehlschuß kommen mehrere Schützen in Frage. Alle haften, RGZ 90, 173; nur die nicht, deren Geschosse nicht die nötige Reichweite hatten. Für Schädigungen durch Medikamente haften alle, die es auf den Markt bringen, es sei denn, sie können nachweisen, daß das schadenstiftende Produkt nicht von ihnen stammt, vgl. *Sindel* v. *Abbott Laboratories,* VersR 82, 712 (unter Eingrenzung auf die „Marktführer"). Auf *Nebentäter* ist also § 830 I 2 (wegen des Verzichts auf die Handlungseinheit) anwendbar; dies führt dann zur analogen Anwendung von § 840 I (Gesamtschuldnerschaft) auf die Fälle des § 830 I 2, BGHZ 30, 203 (207); 54, 283.

c) Die beiden Sätze des § 830 I können, soweit sich die Tatbestände decken (d. h. bei Handlungseinheit, gemeinschaftlicher Begehung, Vorsatz und Nichtermittelbarkeit) konkurrierend nebeneinander zur Anwendung gelangen (so z. B. im Fall der Messerstecherei, o. a dd).

2. *§ 840 I* betrifft, im Unterschied zu § 830, die *Rechtsfolgen* im Falle mehrerer Schädiger, sei es, daß einer der Fälle des § 830 vorliegt (BGHZ 73, 190), sei es ganz allgemein, wenn für einen Schaden mehrere aus unerlaubter Handlung haften (z. B. der Verrichtungsgehilfe selbst aus § 823 I und sein Geschäftsherr aus § 831). Die mehreren Schädiger haften dem Geschädigten (also *nach außen*) gesamtschuldnerisch, §§ 840 I, 421 ff.; BGHZ 9, 65.

3. Davon zu unterscheiden ist der Ausgleich der Schädiger untereinander *(nach innen)* nach dem *Maß ihrer Beteiligung.* Dieses Maß wird gem. § 254 *analog* als „andere Bestimmung" auf § 426 I 1 zur Anwendung gebracht (dazu o. § 62 II 2a).

Besondere Ausgleichsregeln bei Delikten gemäß §§ 829, 831, 832, 833–838, 839 enthalten § 840 II, III und § 841. Es handelt sich um verdrängende Sondervorschriften zu § 426. Wie dort (oben § 62 II 2a) gilt für den Ausgleich auch § 254 (BGHZ 30, 203), und zwar auch hinsichtlich des Nichtvermögensschadens, OLG Stuttgart JZ 61, 55 (Anm. *Baumgärtel*); BGHZ 54, 283. § 840 I ist auf unechte Gesamtschulden, auch vertraglicher Art, analog anwendbar (z. B. im Fall der mehreren Kraftfahrer als Nebentäter, oben 1), BGHZ 30, 203, 207; 54, 283.

4. Die Anwendung von § 840 führt, wenn den *Geschädigten eine Mitverursachung i. S. v. § 254* (in direkter Anwendung) trifft (§ 254; § 17 StVG), zum Problem der sog. *„Gesamtabwägung"* oder *„Gesamtschau"*, BGHZ 30, 203, 211 ff. Ihr Grundgedanke ist, daß mehrere gesamtschuldnerisch haftende Schädiger nicht davon profitieren sollen, daß ihnen ein Geschädigter gegenübersteht, der sich einen eigenen Tatbeitrag entgegenhalten lassen muß. Ist z. B. der Tatbeitrag des Geschädigten (gem. § 254 oder § 17 StVG) im Verhältnis zu jedem von 2 Schädigern mit gleichem Tatbeitrag mit $\frac{4}{5}$ zu bewerten, so würden die Schädiger im Ergebnis nur je $\frac{1}{10}$ des Schadens zu tragen haben, obwohl sie bei gleichem Tatbeitrag je $\frac{1}{5}$ tragen müßten. BGHZ 30, 203 schlägt vor, in solchen Fällen zuerst die Mitverantwortung des Geschädigten gegenüber jedem Schädiger gesondert abzuwägen (hier: 4:1 und 4:1), sog. *Einzelabwägung.* In einem zweiten Schritt sind sodann die Tatbeiträge so zusammenzusetzen, daß niemandes Teil verkleinert wird; das ergibt eine Quotierung von 4:1:1, sog. „Gesamtabwägung" oder „Gesamtschau". Der Geschädigte trägt hiernach $\frac{4}{6} = \frac{2}{3}$, die Schädiger tragen gesamtschuldnerisch $\frac{1}{3}$ und einzeln je $\frac{1}{6}$ des Schadens. Der Geschädigte kann aber im Fall der Nebentäterschaft jeden Schädiger nicht höher als zu $\frac{1}{5}$ in Anspruch nehmen, str.; a. A. OLG Celle VersR 73, 1031. Begünstigt durch die Gesamtschau wird also der Geschädigte. Bei bloßer Einzelabwägung trüge er einen größeren Teil des Schadens, als seinem Verursachungsbeitrag unter Berücksichtigung der mehreren Schädiger entspricht. Die Gesamtschau gleicht die für einen mitverantwortlichen Geschädigten ungünstige Schadensquotierung nach Gesamtschuldregeln durch volle Anrechnung und Zusammenzählung aller Tatbeiträge der Schädiger aus. Man spricht auch von „gestörten Gesamtschuldverhältnissen".

Die „Gesamtschau" gilt aber nur bei echter Gesamtschuld und in Nebentäterfällen nach Art von BGHZ 30, 203: Ein Motorradfahrer war von einem Einbieger in die Straßenmitte abgedrängt und von einem entgegenkommenden Schnellfahrer frontal erfaßt worden (Nebentäterschaft, nicht § 830 I 2, aber § 840 analog). Die „Gesamtschau" wird zu Recht abgelehnt in den Fällen der sog. *Haftungseinheit* (Halter und Fahrer, BGH NJW 66, 1262; Schuldner und Erfüllungsgehilfe, BGHZ 6, 3, 27; und Geschäftsherr und Verrichtungsgehilfe, BGHZ 6, 3, 28) und der *Tatbeitragseinheit* nach Art von BGHZ 54, 283 (weitergeführt in BGH NJW 73, 2033): 4 Personen haben es zu vertreten, daß ein Lkw-Anhänger unbeleuchtet auf der Straße stehen bleibt. Dann fährt der Geschädigte (mitverantwortlich) auf. In diesen Fällen wird dem Tatbeitrag des Geschädigten eine einheitliche Mitverursachungsquote der mehreren Schädiger entgegengesetzt: Je mehr Schädiger, desto günstiger für sie, weil sie sich hier in die Quote teilen können. Der Unterschied zu den „Gesamtschau"-Fällen liegt darin, daß sich die Verhaltensweisen der mehreren Schädiger nur in einem einzigen, einheitlichen Ursachenbeitrag ausgewirkt haben. — Zum Verhältnis der subsidiären Amtshaftung zum Schadensausgleich gem. § 840 BGHZ 61, 351. — Zur Haftung der nach § 830 I 2 Verpflichteten untereinander im Falle des Mitverschuldens BGH NJW 82, 2307.

B. Die Gefährdungshaftung

§ 109
Tierhaftung, Verkehrshaftpflichtgesetze, Energiehaftung, Haftung für Gewässerschäden, Arzneimittelhaftung, Ersatzpflicht aus Zwangsvollstreckung

Bauer, FS *Ballerstedt*, 1975, 305; *Bienenfeld*, Die Haftungen ohne Verschulden, 1933; *Böhmer*, MDR 79, 197; *v. Caemmerer*, Reform der Gefährdungshaftung, 1971; *Deutsch*, JZ 66, 556; *ders.*, VersR 71, 1; *ders.*, Haftungsrecht, Bd. I: Allgemeine Lehren, 1976, §§ 13, 22; *ders.*, JuS 81, 317; *ders.*, Jura 83, 617; *Esser*, Grundlagen und Entwicklung der Gefährdungshaftung, 2. Aufl. 1969; *Freundorfer*, VersR 83, 1116; *Heß, J.* Die Bestimmung der Ersatzpflichtigen in der Gefährdungshaftung, 1978; *Hübner, U.*, in: 25 Jahre Karlsruher Forum (Beil. zu VersR), 1983, 126; *Kötz*, AcP 170, 1; *Koziol*, FS *Wilburg*, 1975, 173; *Larenz*, FS *Honig*, 1970, 79; *Leser*, AcP 183, 568; *Müller-Erzbach*, AcP 106, 309; 109, 1; *Rinck*, Gefährdungshaftung, 1959; *Strickler*, Die Entwicklung der Gefährdungshaftung: Auf dem Weg zur Generalklausel?, 1983; *Taschner*, in: Zum Deutschen und Internationalen Schuldrecht, 1983, 75; *Will*, Quellen erhöhter Gefahr, 1980

Zu I:
Bornhörd, VersR 79, 398; *Deutsch*, NJW 76, 1137; *ders.*, NJW 78, 1998; *Francke*, Tierhalterhaftung, 1911; *Haase*, JR 73, 10; *Hagelberg*, Der Begriff des Tierhalters in §§ 833, 834 BGB, 1905; *Herrmann*, JR 80, 489; *Hoff*, AcP 154, 344; *Honsell, Th.*, MDR 82, 798; *Knütel*, NJW 78, 297; *Schlund*, FS *K. Schäfer*, 1980, 223; *Schmid*, JR 76, 274; *Schrader*, NJW 75, 676; *Weimar, W.*, MDR 67, 100: *ders.*, MDR 68, 540.

Zu II:
Becker/Böhme, Verkehrshaftpflichtschäden 15. Aufl. 1983; *Bode*, DAR 74, 85; *Deutsch*, JZ 72, 551; *Esser*, JZ 53, 129; *Filthaut*, Kurzkommentar zum Haftpflichtgesetz, 1982; *Full*, Zivilrechtliche Haftung im Straßenverkehr, 1980; *Geigel*, Der Haftpflichtprozeß mit Einfluß des materiellen Haftpflichtrechts, 18. Aufl. 1982; *Giemulla* u. a., Luftverkehrsgesetz, Stand 1983; *Himmelreich/Klimke*, Kfz-Schadensregulierung, Stand 1983; *Hofmann*, Luftverkehrsgesetz, 1971; *Jagusch/Hentschel*, Straßenverkehrsrecht, 21. Aufl. 1974; *Frhr. Marschall v. Bieberstein*, BB 83, 467; *Müller*, Straßenverkehrsrecht, 27. Aufl. 1983; *Schulz*, NJW 78, 255; *Schwenk*, Handbuch des Luftverkehrsrechts, 1981; *Stark*, in: 25 Jahre Karlsruher Forum (Beil. zu VersR). 1983, 66; *Stoll*, RabelsZ 36, 285; *Tschernitschek*, NJW 80, 205; *Weimar, W.*, DAR 72, 420; *Wussow*, Das Unfallhaftpflichtrecht, 12. Aufl. 1975.

Gefährdungshaftung § 109

Zu III:
Filthaut, Kurzkommentar zum Haftpflichtgesetz, 1982; *Fischerhof,* Deutsches Atomgesetz und Strahlenschutzrecht, Bd. I, 2. Aufl. 1978; *Hannack,* AcP 163, 417; *Kanno,* Gefährdungshaftung und ihre rechtliche Kanalisierung im Atomrecht, 1967; *Kimminich,* Atomrecht, 1974; *Mattern/Raisch,* Atomgesetz, 1961; *Weitnauer,* DB 60, 167, 199, 293; *ders.,* Das Atomhaftungsrecht in nationaler und internationaler Sicht, 1964; *Winters,* Atom- und Strahlenschutzrecht, 1978.

Zu IV:
Aschenburg, Gewässerhaftung, Diss. Köln 1967; *Breuer,* Öffentliches und privates Wasserrecht, 1976 (mit Nachtrag 1978); *Giesecke* u. a., Wasserhaushaltsgesetz 3. Aufl. 1979; *Larenz,* VersR 63, 593; *Roth, H.,* Wasserhaushaltsgesetz, 1982; *Sieder/Zeitler,* Wasserrecht, Bd. I: Wasserhaushaltsgesetz, Stand 1983; *Theisel,* BB 65, 637; *Witzel,* Wasserhaushaltsgesetz, 5. Aufl. 1964.

Zu V:
Deutsch, VersR 79, 685; *ders.,* Arztrecht und Arzneimittelrecht, 1983; *ders.,* (II.) FS *Larenz,* 1983, 111; *Etmer/Bolck,* Arzneimittelgesetz, Stand 1982; *Kloesel/Cyran,* Arzneimittelrecht, Stand 1983; *Lundt/Schiwy,* Arzneimittelgesetz, Stand 1983; *Sander/ Scholl,* Arzneimittelrecht, Stand 1983.

Zu VI:
Roth, NJW 72, 926; vgl. ferner die Kommentare zu § 717 II ZPO.

Die bisher behandelten Delikte behandelten mit einer Ausnahme (§§ 2, 3 HaftpflG, oben § 107 II) Fälle der *Verschuldenshaftung.* Die Grundregel des deutschen Rechts ist, daß Schadensersatz Verschulden voraussetzt. Auch die Fälle mit umgekehrter Beweislast (831, 832) gehören in den Bereich der Verschuldenshaftung. Die Haftung ohne Verschulden ist eine Ausnahme. Man bezeichnet sie kurz als *„Erfolgshaftung",* weil der Schadensverursacher ohne Rücksicht auf sein subjektives Dafürkönnen für einen Erfolg geradezustehen hat. Die Erfolgshaftung kann rechtspolitisch verschiedene Gründe haben. Sie gilt z. B., weil man sich vertraglich mit ihr einverstanden erklärt hat, wie beim Garantievertrag (oben § 11, 3a und § 92 II); oder weil Schuld unwiderleglich vermutet wird, wie bei der Haftung für anfängliches Unvermögen (oben § 43 III); oder weil die Erfolgshaftung der gerechte Ausgleich für die Vorteile eines arbeitsteiligen Betriebs ist (oben § 107 II zu § 2 HaftpflG); oder schließlich, weil sie der *gerechte Ausgleich für das Erlaubtsein eines gefährlichen Tuns ist.* Der letztgenannte Fall der sog. *Gefährdungshaftung* ist der wichtigste Fall der Erfolgshaftung (grundlegend *Esser,* Grundlagen und Entwicklung der Gefährdungshaftung, 1941; moderne Darstellung *Esser/Weyers* § 63 II). Die Gefährdungshaftung ist kein allgemeines Prinzip dahingehend, daß ohne Verschulden haftet, wer erlaubtermaßen etwas Gefährliches tut. Aber die Gefährdungshaftung ist der Grundgedanke einer Reihe von Einzelvorschriften, deren Erfolgshaftung ohne das gemeinsame Prinzip unverständlich wäre. Nach geltendem Recht zählen vier Vorschriftengruppen zur Gefährdungshaftung: die Tierhalterhaftung; die Eisenbahn-, die Kraft- und Luftverkehrshaftpflicht; die Gefährdungshaftung im Zusammenhang mit Energieanlagen und Atomnutzung; der Gewässerschutz.

Mit dem sich entwickelnden Umweltbewußtsein ist die Gefährdungshaftung in einen weiteren Zusammenhang zu rücken, der über den bloßen Schadensausgleich zwischen zwei Beteiligten hinausreicht. Zu dieser Auffassung von den „sozialen Kosten" vgl. *J. Schmidt,* AcP 175 (1975), 222 m. w. A.

I. Die Tierhalterhaftung

1. Für Personen- und Sach- (nicht Vermögens-)schäden, die durch ein Tier verursacht werden, haftet der *Halter des Tieres,* 833 S. 1. Das Halten von Tieren ist grundsätzlich erlaubt, aber gefährlich. Verwirklicht sich die Gefahr, haftet derjenige, der das Tier in seinem Hausstand oder Wirtschaftsbetrieb nicht nur ganz vorübergehend in seinem Interesse verwendet, und sei es nur aus Liebhaberei (Halter). Weder Eigentum noch Eigenbesitz sind erforderlich, wenngleich häufig. Endgültig entlaufene Tiere werden nicht mehr „gehalten".

Das Tier muß nach herrschender Lehre den Schaden durch seine spezifisch tierische Energie verursacht haben (Beißen; durch Biß verursachte Tollwut oder Starrkrämpfe; Durchbrennen; Umstoßen; Unberechenbarkeit, BGHZ 67, 129). Es muß sich um ein von keinem vernünftigen Wollen geleitetes willkürliches Verhalten des Tieres handeln. Ein solches Verhalten liegt nicht vor, wenn das Tier menschlicher Leitung folgt. Der Schutzzweck der Tierhalterhaftung entfällt auch dann, wenn der Verletzte (z. B. ein Reiter) die Herrschaft über das Tier in eigenem Interesse übernimmt, BGH NJW 74, 234; aber BGH NJW 82, 1589.

2. Ausgenommen sind *Haustiere,* d. h. Tiere, die „dem Beruf, der Erwerbstätigkeit oder dem Unterhalte des Tierhalters zu dienen bestimmt" sind, 833 S. 2. Darunter fallen auch Jagdhunde des Försters und Blindhunde, nicht aber Luxushunde eines Jagdliebhabers. Für Haustiere gilt eine Verschuldenshaftung mit widerleglicher Verschuldensvermutung wie in §§ 831, 832 (vgl. oben § 107 I 2 d).

3. Der *vertragliche Tieraufseher* haftet wie der Tierhalter, aber mit der Möglichkeit des Entlastungsbeweises gegenüber dem Geschädigten (Verschuldenshaftung), 834.

4. Die Haftung für *Wildschaden* (früher § 835) ist im Bundesjagdgesetz vom 29. 11. 52, BGBl. I 780 i. d. F. v. 30. 3. 61, BGBl. I 304 geregelt, vor allem in § 29 BJagdG. Es handelt sich um eine *Gefährdungshaftung.* Das gleiche gilt für die Haftung aus mißbräuchlicher Ausübung der Jagd *(Jagdschaden),* 33 BJagdG.

II. Die Verkehrshaftpflichtgesetze

1. Die Haftung der Eisen-, Straßen- und aller sonstigen Schienen*bahnen* war in zwei Gesetzen geregelt, für Personenschäden im *Reichshaftpflichtgesetz* vom 7. 6. 1871, für Sachschäden im *Sachschädenhaftpflichtgesetz* vom 29. 4. 1940. Beide Gesetze wurden, unter Erstreckung der Haftung auf Rohrleitungsanlagen für Flüssigkeiten und Dämpfe, im *Haftpflichtgesetz* v. 4. 1. 1978, BGBl. I 145, zusammengefaßt. Wird „bei dem Betriebe einer Schienenbahn oder Schwebebahn ein Mensch getötet, der Körper oder die Gesundheit eines Menschen verletzt oder eine Sache beschädigt", so haftet der *Betriebs-*

unternehmer ohne Verschulden, 1 HaftpflG. Die Ersatzpflicht entfällt bei *höherer Gewalt* sowie auch, wenn die Schienenbahn innerhalb des Verkehrsraumes einer öffentlichen Straße betrieben wird, bei einem „unabwendbaren Ereignis"; hierzu zählt insb. ein schadenstiftendes Verhalten des Geschädigten, § 1 II HaftpfG. §§ 2, 3 betreffen die Haftung des Inhabers einer Energieanlage und sonstiger Betriebsunternehmer. §§ 1 – 3 sind weitgehend zwingendes Recht, § 7. Bei *Mitverschulden* gilt § 254, 4 HaftpflG. Zu beachten sind u. a. die 3jährige Verjährungsfrist, § 1 I (Verweisung auf § 852 BGB), und die Haftungsgrenzen der Höhe nach in §§ 9, 10 Haftpfl G. – Im übrigen ist auf die zahlreiche Spezialliteratur zu verweisen.

2. Die praktisch außerordentlich bedeutsame *Kraftfahrzeugverkehrshaftung* findet sich vor allem in § 7 des Straßenverkehrsgesetzes (StVG). Sie umfaßt Personen- und Sachschäden. Wird beim Betrieb eines nichtgleisgebundenen Kraftfahrzeuges (insb. Autos) ein Mensch getötet oder verletzt oder eine Sache beschädigt, ist sein *Halter ohne Verschulden* dafür haftbar. Halter ist, wer das Fahrzeug für eigene Rechnung in Gebrauch hat und die Verfügungsgewalt darüber besitzt, die ein solcher Gebrauch voraussetzt (BGHZ 13, 351, st. Rspr.). Eigentum ist nicht entscheidend. *Schwarzfahrer* haften anstelle des Halters. Doch bleibt daneben der Halter haftbar, wenn er die Benutzung des Fahrzeugs durch sein Verschulden ermöglicht hat, 7 III StVG. Das gleiche gilt bei Schwarzfahrten von Personen, denen der Halter den Wagen zu anderen Zwecken anvertraut hat, BGHZ 5, 271; 22, 293 (Begriff des Schwarzfahrers). Verleiht ein Halter sein Kraftfahrzeug, so bleibt seine Halterhaftung auch dann bestehen, wenn der Entleiher das Kraftfahrzeug unbefugt einem Dritten zur Benutzung für eigene Zwecke überläßt, BGHZ 37, 306.

Die Ersatzpflicht *entfällt*, wenn der Unfall durch ein *unabwendbares Ereignis* verursacht wird, das weder auf einem Fehler in der Beschaffenheit des Fahrzeugs noch auf einem Versagen seiner Vorrichtungen beruht, 7 II 1 StVG. Für Fehlerlosigkeit des Fahrzeugs und Funktionieren der Vorrichtungen wird danach ohne Entschuldigungsmöglichkeit gehaftet. Nur das unabwendbare Ereignis befreit.

Plötzliche Bewußtlosigkeit ist kein unabwendbares Ereignis, BGHZ 23, 90. Von der Gefährdungshaftung des Kraftfahrzeughalters sind auch Schäden nicht ausgenommen, die dadurch entstehen, daß der Fahrer durch den Betrieb des Kraftfahrzeugs einen Menschen vorsätzlich tötet, BGHZ 37, 311.

Das Gesetz gibt dazu in § 7 II 2 Erläuterungen: „Unabwendbar" sind eigenes Verhalten des Verletzten, eines unbeteiligten Dritten oder eines Tieres, sofern Halter und Führer des Fahrzeugs jede nach den Umständen des Falles gebotene Sorgfalt beobachtet haben. Die Frage lautet daher, ob ein *höchstqualifizierter* Fahrer bei Anspannung *aller* Sorgfalt den Schaden hätte vermeiden können. Weitere Haftungsausschlüsse in § 8 StVG. § 254 ist anzuwenden, 9 StVG.

Auf die überreiche Kasuistik einzugehen, ist hier nicht Gelegenheit. Ihretwegen und für die zahlreichen Einzelfragen des StVG ist auf das Spezialschrifttum und die Entscheidungssammlungen zu verweisen.

Ebenso wie der Halter haftet der Führer (besser: Fahrer) des Fahrzeugs, 18 StVG. Er kann sich jedoch auf fehlendes Verschulden berufen (Verschuldenshaftung mit umgekehrter Beweislast). Halter und Fahrer haften als Gesamtschuldner. Der Innenausgleich erfolgt nach §§ 17, 18 (dazu BGHZ 6, 319; 11, 170; 12, 213; 15, 133; 30, 211; 35, 317).

Zu beachten ist die schadensersatzmindernde Berücksichtigung der sog. *Betriebsgefahr*, auch Sachgefahr genannt, in § 254. Das ist die Summe der Gefahren, die das Kraftfahrzeug durch seine Eigenart in den Verkehr trägt. Nach dieser nicht unumstrittenen, aber die Praxis beherrschenden Lehre, die an §§ 17, 18 StVG anknüpft, muß sich auch der schuldlos an einem Verkehrsunfall Beteiligte *seinen Schadensersatzanspruch* um die Quote, die seine Betriebsgefahr ausmacht, kürzen lassen. Dies gilt auch für Ansprüche aus unerlaubter Handlung. Doch darf der Gedanke der Betriebsgefahr keinesfalls dazu führen, daß sich der schuldlos am Verkehrsunfall Beteiligte *am Schaden des Schuldigen* beteiligen muß. Dies wäre eine Prämie für Straßenrowdies. — Mängel am Auto erhöhen die Betriebsgefahr. Diese Grundsätze gelten auch für die anderen Arten der Gefährdungshaftung.

Es gelten Anzeigepflicht, 15; 3jährige Verjährung, 14; ferner Höchstbeträge der Haftung, 12.

Ansprüche aus §§ 823 ff. bleiben unberührt, 16, BGHZ 12, 128; 20, 393; 23, 90 (Billigkeitshaftung, 829); 24, 188 (keine Beschränkung des deliktischen Haftungsumfangs); 32, 194.

Nach dem *Pflichtversicherungsgesetz* vom 5. 4. 1965, BGBl. I 213, hat der Geschädigte im Rahmen der Leistungspflicht des Kfz-Haftpflichtversicherers einen *direkten Anspruch* gegen die Versicherung, die gesamtschuldnerisch neben dem Schädiger haftet (§ 3).

3. Die Gefährdungshaftung der *Luftfahrzeughalter* ist im *Luftverkehrsgesetz* vom 1. 8. 1922 i. d. F. vom 14. 1. 1981, BGBl. I 61, §§ 33 ff., bestimmt.

Luftfahrzeuge sind Flugzeuge, Drehflügler („Hubschrauber", BGHZ 79, 259 — Schaden durch Luftdruck —), Luftschiffe, Segelflugzeuge, Motorsegler, Frei- und Fesselballone, Drachen, Fallschirme, Flugmodelle und sonstige zur Benutzung des Luftraums bestimmte Geräte, insb. Raumfahrzeuge, Raketen und ähnliche Flugkörper, 1 II.

Der Hauptunterschied zur Schienen- und Schwebebahnverkehrshaftung *gegenüber Dritten* liegt darin, daß höhere Gewalt, ein unabwendbares Ereignis und die Beschäftigung des Verletzten beim Betrieb des Luftfahrzeugs die Haftung *des Halters nicht* ausschließen, vgl. § 33 LuftVG. Der Schwarzflieger haftet selbst, der Halter beim Schwarzflug nur, wenn er die Benutzung ermöglicht hat, § 33 II. Ferner enthält das LuftVG keine Bestimmungen über die Haftung des „Führers": Er haftet nach §§ 823 ff. *Gegenüber Fluggästen* und Sachbeförderungskunden haftet gem. §§ 44 ff. (in Ausführung des *War-*

schauer Abkommens v. 12. 10. 1929) der *Luftfrachtführer*, der nicht notwendig der Halter sein muß. Der Luftfrachtführer kann sich nach § 45 exkulpieren. Es gelten Haftungshöchstbeträge, § 46. Luftfahrtunternehmen müssen ihre Fluggäste versichern, § 50 (sog. Opuv; Träger: Luftpool).

III. Die Energiehaftung

Zu unterscheiden ist die ältere Haftung für *Energiefortleitung* nach dem Ergänzungsgesetz zum RHaftpflG vom 15. 8. 1943 RGBl. I 489, die nunmehr in das HaftpflG vom 4. 1. 1978 (o. II 1) übernommen wurde, und die 1959 eingeführte Haftung für friedliche Nutzung der Atomenergie nach dem Atomgesetz vom 23. 12. 59, BGBl. I 814.

1. Nach § 2 HaftpflG haftet der Inhaber einer Stromleitungs- oder Rohrleitungsanlage oder einer Anlage zur Abgabe der bezeichneten Energien oder Stoffe, wenn durch die Wirkungen von Elektrizität, Gas, Dämpfen oder Flüssigkeiten ein Mensch getötet, der Körper oder die Gesundheit eines Menschen verletzt oder eine Sache beschädigt wurde, und zwar ohne Verschulden. Die Haftung entfällt, wenn sich die Anlage zur Zeit des Unfalls in ordnungsgemäßem Zustand befand, bei beschädigtem Energieverbrauchsgerät, bei höherer Gewalt (es sei denn, der Schaden entstand durch Herabfallen von Leitungsdrähten), innerhalb eines Gebäudes oder umfriedeten Grundstücks des Inhabers der Anlage. Ein Unfall durch Drachensteigenlassen ist keine „höhere Gewalt", BGHZ 7, 338.

2. Nach dem Atomgesetz von 1959 (i. d. F. v. 31. 10. 1976, BGBl. I 3053) haften der *Inhaber einer Anlage* „zur Erzeugung oder Spaltung von Kernbrennstoffen oder zur Aufarbeitung bestrahlter Kernbrennstoffe" sowie der *Besitzer eines radioaktiven Stoffes*, 25, 26 AtomG. Die *Anlagenhaftung* bezieht sich auf Personen- oder Sachschäden, die durch Kernspaltung oder durch die radioaktive Strahlung der Anlage oder einer Betriebseinrichtung oder -handlung (einschließlich der Abfallbeseitigung) bewirkt werden. Gleichgültig sind Ort und näherer Anlaß des Schadens. Sorgfaltsnachweis, höhere Gewalt sowie „unabwendbare Ereignisse" stehen der Haftung nicht entgegen (*Larenz*, II, § 77 VII 1; *Weitnauer*, DB 60, 200). Im Rahmen der Anlagenhaftung wird gehaftet für Schäden, die bei der Beförderung der Kernbrennstoffe von der Anlage aus entstehen (vgl. im einzelnen § 25 II). Die *Inhaberhaftung* ist ebenfalls Gefährdungshaftung, aber dem Besitzer i. S. d. § 26 ist Entlastung möglich. Für Ärzte, Zahnärzte, aber auch bei vertraglichem Ausschluß mit dem Verletzten, gilt die Haftung des Besitzers radioaktiver Stoffe nach § 26 AtomG nicht. §§ 823 ff. bleiben unberührt, vgl. oben zur Haftung des Arztes, § 97. – Das Atomgesetz nimmt sich mit besonderer Sorgfalt der Deckung des Schadens an. Eine „gesetzliche Deckungsvorsorge" obliegt dem Inhaber einer Atomenergieanlage, 13. Daneben besteht eine subsidiäre Deckungspflicht des Bundes, 36 I. Obere Haftungsgrenze des Bundes ist dabei 1 Mia DM für jedes Schadensereignis. Eine Reform ist geplant.

IV. Haftung für Gewässerschäden

1. Bei der Tierhaltung, den Verkehrshaftpflichtgesetzen und der Energiehaftung gründet sich die Gefährdungshaftung auf die erlaubte Verwendung gefährlicher Sa-

chen oder Kräfte. Im Unterschied dazu knüpft die Gefährdungshaftung in § 22 des *Wasserhaushaltsgesetzes* von 1957 (i. d. F. v. 16. 10. 1976, BGBl. I 3017) an die *Gefährdung* eines für alle nötigen Lebensstoffes, des Wassers, an. Der einigende Gesichtspunkt ist nicht die Gefährlichkeit eines Tuns, sondern die Gefährdetheit des Wassers. Wasser im Sinne dieses Gesetzes ist auch das Grundwasser. Haftpflichtig ist der Inhaber, BGHZ 80, 1.

2. Dies ist nicht die einzige Besonderheit der Gewässerschädenhaftung. Die Haftung gliedert sich in zwei Tatbestände, die für schädigende Einleitung von Stoffen in das Wasser — *Handlungshaftung* — (22 I WHG) und die für das Gelangen schädlicher Stoffe aus Herstellungs- und Lageranlagen in das Wasser — *Anlagenhaftung* — (22 II WHG). Beide Male handelt es sich um Gefährdungshaftungen. Auf schuldhafte Verunreinigung des Wassers kommt es nicht an. Beide Haftungen sind aber im Unterschied zu den meisten übrigen Gefährdungshaftungsvorschriften nicht höhenmäßig begrenzt. Bei der Handlungshaftung besteht überhaupt kein Haftungswegfall, bei der Anlagenhaftung wenigstens bei höherer Gewalt. Beispiele: BGHZ 54, 21, 24 (ausgelaufenes Dieselöl); BGHZ 55, 180 (Haftung für Einleitung nur teilweise gereinigter Abwässer in einen Wasserlauf); BGHZ 62, 351 (zum Begriff des „Einleitens"); BGH NJW 74, 1770 (mittelbare Schadstoffeinleitung); BGHZ 65, 221 („Einleiten" durch Unterlassen); BGHZ 80, 1 (Haftung auch für Abwendungskosten).

V. Arzneimittelhaftung

Nach § 84 Arzneimittelgesetz (AMG) vom 24. 8. 76 (BGBl. I 2445), inkraftgetreten am 1. 1. 1978, haftet, wer ein Arzneimittel i. S. d. § 2 AMG in Verkehr bringt, für Gesundheitsschäden, die durch schädliche Wirkungen (oder Nebenwirkungen) des Mittels entstanden sind, wenn Entwicklungs-, Konstruktions-, Herstellungs-, Instruktions- oder Kennzeichnungsfehler (vgl. *Esser/Weyers*, § 64, 7) bei diesem Mittel unterlaufen sind, die „über ein nach den Erkenntnissen der medizinischen Wissenschaft vertretbares Maß" hinausgehen (vgl. o. § 103 IV 4a). Verschulden ist nicht erforderlich. Die Haftungsgrenzen ziehen die „Erkenntnisse der medizinischen Wissenschaft". Es besteht eine allgemeine Haftpflichtversicherungspflicht (§ 94 AMG), sowie eine besondere zugunsten von „Probanden" (§ 40 I 8 AMG).

VI. Ersatzpflicht aus Zwangsvollstreckung

Vollstreckt der Gläubiger aus einem für vorläufig vollstreckbar erklärten Urteil, so tut er dies auf eigene *Gefahr*. Darum macht § 717 II ZPO den Gläubiger ersatzpflichtig, wenn ein solches Urteil aufgehoben oder abgeändert wird; BGHZ 85, 110. Entsprechendes gilt für ungerechtfertigte Arreste und einstweilige Verfügungen, § 945 ZPO; BGHZ 75, 1 (zur Verjährung).

C. Die Billigkeitshaftung

§ 110

Böhmer, NJW 67, 865; *ders.*, JR 70, 339; *Deutsch*, JZ 64, 86; *ders.*, Haftungsrecht, Bd. I: Allgemeine Lehren, 1976, § 19; *Geilen, G.*, FamRZ 65, 401; *Heinsheimer*, AcP 95, 234; *Höchster*, AcP 104, 427; *Koebel*, NJW 1956, 969; *Lehnertz*, VersR 74, 940; *Medicus*, VersR 81, 593; *Waibel*, Die Verschuldensfähigkeit des Minderjährigen im Zivilrecht, 1970; *Weimar, W.*, ZfVerkR 65, 230.

Grundsätzlich wird nach deutschem Deliktsrecht nur für *Verschulden* (oben A) gehaftet, 823 ff. Die *Gefährdungshaftung* (oben B) ist eine Ausnahme, die *Billigkeitshaftung* die zweite, 829. Die Billigkeitshaftung greift ein, wenn ein Schädiger wegen fehlender Schuldfähigkeit nicht haftet, 827, 828, BGHZ 39, 281. Ein Delikt muß objektiv aber vorliegen, BGH NJW 63, 1610. In diesem Fall haftet der Schädiger *gleichwohl insoweit*, als die *Billigkeit* nach den Umständen, insbesondere nach den Verhältnissen der Beteiligten, eine Schadloshaltung des Verletzten erfordert. § 829 beschränkt seine Reichweite auf Delikte nach §§ 823–826. Diese Billigkeitshaftung entfällt, wenn der Schaden von einem Dritten ersetzt verlangt werden kann. Der Nachweis der Unmöglichkeit, anderweitig Ersatz verlangen zu können, obliegt nach der Formulierung des § 829 („sofern ... nicht") dem geschädigten Kläger und gehört zur Klagebegründung (ebenso wie in § 839 I 2, vgl. RG 165, 105; BGHZ 18, 371; vgl. § 932: „es sei denn"). Die Billigkeitshaftung gilt ebenfalls nicht, wenn durch die Schadloshaltung dem Ersatzpflichtigen die Mittel entzogen werden, deren er zum standesgemäßen Unterhalt sowie zur Erfüllung seiner gesetzlichen Unterhaltspflicht bedarf.

Haften nach § 840 I Schädiger und Aufsichtspflichtiger gemäß §§ 831, 832 gesamtschuldnerisch, und ist der Schädiger nicht verschuldensfähig, aber nach Billigkeitsgrundsätzen haftbar, so haftet im Innenverhältnis zwischen verschuldensunfähigem Schädiger und Aufsichtspflichtigem der Aufsichtspflichtige allein, 840 II (Ausnahme von § 426).

Da die Billigkeit Maßstab ist, kann der Richter nach Ermessen vollen oder teilweisen Ersatz zusprechen. Hauptsächlich wird es auf die Vermögensverhältnisse der Beteiligten ankommen.

Der 6jährige A, reicher Leute Kind, wirft einem Spielkameraden ein Auge aus. Ein Aufsichtspflichtiger haftet nicht.

Hat ein nach §§ 827, 828 BGB nicht Verantwortlicher einen ihm entstandenen Schaden, für den ihm ein anderer haftet, selbst mitverursacht, so ist § 829 BGB im Rahmen des § 254 BGB entsprechend anzuwenden, BGHZ 37, 102. Die „spiegelbildliche" Anwendung des § 829 entfällt aber, wenn der Schädiger haftpflichtversichert ist, BGH NJW 73, 195; ähnlich BGHZ 76, 279 in Einschränkung von BGHZ 23, 90.

II. Die übrigen Tatbestandsvoraussetzungen

§ 111
Schaden, Verursachung, Rechtswidrigkeit, Verschulden

S. vor allem oben §§ 49–54; ferner: *Deutsch,* Haftungsrecht, Bd. I: Allgemeine Lehren, 1976, §§ 3–4, 8–18; *ders.,* JA 81, 205; *Dunz,* in: 25 Jahre Karlsruher Forum (Beil. zu VersR), 1983, 97; *Fischer, H. A.,* Die Rechtswidrigkeit, 1911; *Heinitz,* Materielle Rechtswidrigkeit, 1926; *Hommers,* Die Entwicklungspsychologie der Delikts- und Geschäftsfähigkeit, 1983; *Huber, U.,* FS *Wahl,* 1973, 301; *Larenz,* Hegels Zurechnungslehre und der Begriff der objektiven Zurechnung, 1930; *Lehmann,* FS *Hedemann,* 1958, 177; *May,* NJW 58, 1262; *Nipperdey,* NJW 57, 1777; *Petersen,* VersR 60, 883; *Quade,* DRiZ 57, 139; *Rother,* (II.) FS *Larenz,* 1983, 537; *Sourlas,* Adäquanztheorie und Normzwecklehre bei der Begründung der Haftung nach § 823 Abs. 1 BGB, 1974; *Stathopoulos,* (II.) FS *Larenz,* 1983, 631; *Stoll, Hans,* JZ 58, 137; *ders.,* Kausalzusammenhang und Normzweck im Deliktsrecht, 1968; *Traeger,* Kausalbegriff, 1904; *Waibel,* Die Verschuldensfähigkeit des Minderjährigen im Zivilrecht, 1970; *Weitnauer,* JZ 63, 631; *Wieacker,* JZ 57, 535; *Wiethölter,* Der Rechtfertigungsgrund des verkehrsrichtigen Verhaltens, 1960; *ders.,* JZ 63, 205; *Wolf, J. G.,* Der Normzweck im Deliktsrecht, 1962; *Zeuner,* JZ 61, 41; *Zippelius,* AcP 157, 390; *Zittelmann,* AcP 99, 1.

I. Überblick

Die §§ 103–110 betrafen die Verletzungshandlungen des Deliktsrechts, gegliedert in Verschuldens-, Gefährdungs- und Billigkeitshaftung. Zum Tatbestand einer vollendeten unerlaubten Handlung zählen noch weitere Merkmale: Ein *Schaden* muß durch die Verletzungshandlung *ursächlich* herbeigeführt worden sein, und zwar *rechtswidrig* und – in der Regel – schuldhaft. Im Gutachten ist diese Reihenfolge – objektiver Tatbestand (Verletzungshandlung, Schaden, Kausalität), *Rechtswidrigkeit, Schuld* – in aller Regel einzuhalten. Dies entspricht dem Aufbau der Prüfung eines vertraglichen Schadensersatzanspruchs, §§ 49–55 oben. *Auf die dortigen grundsätzlichen Ausführungen ist daher zu verweisen.* Im Nachstehenden werden nur die Besonderheiten des Deliktsrechts im Bereich dieser vier Tatbestandsvoraussetzungen erwähnt.

Eine Sonderproblematik, die über diese Tatbestandsmerkmale hinausgreift, stellt die Haftung des *gerichtlichen Sachverständigen* dar. Sie ergibt sich aus der prozessualen Stellung des Sachverständigen als Richtergehilfen, für den keine Amtshaftung besteht. Gefahren für die Unabhängigkeit des Sachverständigen und die Rechtssicherheit haben den BGH (BGHZ 62, 54) bewogen, einen Schadensersatzanspruch wegen fahrlässig unrichtiger Begutachtung abzulehnen (vgl. *Blomeyer,* ZRP 74, 214;; *Rasehorn,* NJW 74, 1172; *Speckmann,* MDR 75, 461).

II. Der Schaden

Zu ersetzen ist nicht nur der Verletzungsschaden, das „Loch" in der Außenwelt *(Neumann-Duesberg)*, sondern auch die Folgeschäden, soweit sie normrelevant sind, oben § 49 III 3 d. Verletzungs- und Folgeschäden bilden zusammen die zu ersetzenden Schäden. § 823 I spricht zunächst von den Rechtsverletzungen, danach von den „daraus" entstandenen Schäden. Diese „daraus" entstandenen Schäden sind die Folgeschäden. Das *Interesse* ist der Betrag der Wiedergutmachung. Es ist der *Unterschied*, der sich aus einem Vergleich zwischen dem *wirklichen* Kausalverlauf von Handlung zum Schaden mit einem *hypothetischen* Kausalverlauf von der hinweggedachten Handlung zum Nichteintritt des Schadens ergibt. – Die Unterscheidung „unmittelbarer" und „mittelbarer Schaden" wird abgelehnt, oben § 50 I 4 a.

Die Unterscheidung des *Verletzungsschadens* und der *Folgeschäden* ist von Bedeutung für die Verschuldensfrage, vgl. § 842, wo ausschließlich von Folgeschäden die Rede ist. Die Folgeschäden brauchen vom Verschulden nicht erfaßt zu sein, wohl dagegen der Verletzungsschaden, oben § 49 III 2.

Wer einen andern leicht fahrlässig mit dem Fahrrad überfährt, haftet schon, wenn er nur die erforderliche Sorgfalt des Straßenverkehrs gegenüber der verletzten Person in der gegebenen Situation außer acht gelassen hat. Ihm ist vorzuwerfen, daß er an die Möglichkeit der Verletzung durch das Überfahren nicht gedacht hat. Daß der Verletzte möglicherweise in Erwerb und Fortkommen geschädigt wird, daß er an einer Krankenhauskomplikation sterben kann, gehört nicht zum Sorgfaltsverletzungsvorwurf. Trotzdem haftet der Verletzer dafür und für alle anderen normalrelevant kausalen Schadensfolgen, vgl. oben § 55 III 2.

III. Kausalität

Auch hierzu ist oben § 51 das Notwendige gesagt. Auch im Deliktsrecht muß die Kausalität Handlung und Schaden verbinden. Nicht normrelevante kausale Schädigungen sind *nicht* zu ersetzen.

Nach einem Autounfall wird A bauchoperiert. Dabei wird eine Darmanomalie entdeckt und kunstgerecht entfernt. A stirbt an einer Entzündung der Nahtstelle der entfernten Darmanomalie, vgl. BGHZ 25, 86 gegen Vorinstanz OLG Stuttgart, VersR 57, 469 und *J. G. Wolf* a. a. O., S. 4, 48. Der Tod ist zwar äquivalent durch den Unfall bedingt, aber nicht normrelevant verursacht. Zwar ist der Verlauf nicht ganz ungewöhnlich, doch fehlt „jeder Zusammenhang mit der Unfallverletzung", so BGH a. a. O. Zur besonderen Problematik der Verfolgungsschäden vgl. BGHZ 57, 25 = ESJ 121.

Aus der dem Arzt zuzumutenden Aufzeichnungspflicht für einen Behandlungsverlauf kann sich eine Beweislastumkehr für die Kausalität ergeben, BGHZ 85, 212.

Eine Unterlassung ist nur dann für einen Erfolg kausal, wenn pflichtmäßiges Handeln den Eintritt des schädigenden Erfolges mit Sicherheit verhindert hätte. Eine bloße Möglichkeit, ebenso eine gewisse Wahrscheinlichkeit, genügen nicht; anders, wenn sich letztere in einem Ausmaß verdichtet, daß sie an Sicherheit grenzt, BGHZ 34, 215.

IV. Rechtswidrigkeit

Über ihre Ermittlung im Deliktsrecht, namentlich in § 823 I und II, ist ausführlich gesprochen worden. Soweit absolute Rechte verletzt werden (823 I), ist die Rechtswidrigkeit von selbst dargetan. Sie kann nur noch durch Rechtfertigungsgründe ausgeschlossen werden. Dazu ausführlich oben, § 97 III 2 d.

Von Rechtfertigungsgründen sind im Deliktsrecht insb. die nachgenannten von Bedeutung:

1. *Eigenes* subjektives privates oder öffentliches *Recht*, z. B. Züchtigungsrecht der Eltern, Eigentum (BGHZ 14, 304).

2. *Notwehr, Notstand, Selbsthilfe, übergesetzlicher Notstand.*

3. *Einwilligung*, wenn sie nicht sittenwidrig ist, BGHZ 7, 206 (Schwangerschaftsunterbrechung); BGHZ 29, 176 (Zusammenhang von ärztlicher Aufklärungspflicht über eine bestimmte Behandlung und Einwilligung des Kranken in diese). Ohne Einwilligung sind ärztliche Eingriffe rechtswidrig, BGHZ 29, 49. Geistig und sittlich reife Minderjährige können wirksam einwilligen, BGHZ 29, 33; ebenso die 34jährige Frau und Mutter von drei Kindern, die in ihre Sterilisation einwilligt, BGHZ 67, 48.

4. *Mutmaßliche Einwilligung,* 677 ff.

5. Wahrnehmung berechtigter Interessen bei Ehrverletzungen, 193 StGB. Vgl auch § 824 II. Dazu ausführlich oben § 52 III 8.

V. Schuld (soweit Verschuldenshaftung besteht)

1. Sie setzt zunächst *Schuldfähigkeit* voraus. Die *deliktische Schuldfähigkeit* ist in §§ 827, 828 geregelt. Deliktsunfähig sind Kinder unter 7 Jahren, 828 I, Bewußtlose, Geisteskranke, 827. Minderjährige vom 7. bis 18. Lebensjahr und Taubstumme sind beschränkt deliktsfähig. Es kommt auf die Fähigkeit an, die eigene Verantwortlichkeit für den angerichteten Schaden einschließlich des Unrechts ihrer Tat zu erkennen. Das wird von der Art der Tat und vom Reifezustand des Minderjährigen oder Taubstummen abhängen. Wer sich bis zur Bewußtlosigkeit berauscht, haftet wie ein Fahrlässiger – falls er nicht ohne Verschulden in diesen Zustand geraten ist, 827 S. 2, 3.

Ein schuldfähiger Minderjähriger kann aber unter Umständen dem Geschädigten entgegenhalten, dieser hätte die Minderjährigkeit erkennen und sein Verhalten darauf einstellen müssen. So gibt BGH NJW 73, 1790 dem Minderjährigen einen Gegenanspruch aus culpa in contrahendo, weil er aufgrund eines Aufklärungsmangels durch einen Kfz-Vermieter keine Kaskoversicherung abgeschlossen hat; dazu *Medicus*, JuS 74, 221.

2. Die Schuld muß sich in einer der beiden *Schuldformen, Vorsatz* oder *Fahrlässigkeit*, ausdrücken, 276, oben § 53. Wer nicht vorsätzlich handelt, handelt deswegen nicht notwendig fahrlässig. Es kann auch *Schuldlosigkeit* vorliegen.

3. *Entschuldigungsgründe* wirken schuldbefreiend, z. B. Handeln auf nicht erkennbar rechtswidrigen Befehl, vgl. BGHZ 3, 108.

Erlaubte Eingriffe in fremde Rechte § 112
II

4. Mitschuld gemäß § 254 ist im Gutachten nach der *Schuld* zu berücksichtigen, nicht bei der *Verursachung*, oben § 55 VII. Treffen dabei Vorsatz und Fahrlässigkeit aufeinander, ist der Schaden allein vom vorsätzlich Handelnden zu tragen. Eine Kompensation findet insoweit nicht statt; siehe im einzelnen oben § 55 VII.

2. Unterabschnitt

§ 112
Erlaubte, aber zu Schadensersatz oder Entschädigung verpflichtende Eingriffe in fremde Rechte

Battis, Erwerbsschutz durch Aufopferungsentschädigung, 1969; *Bender,* Staatshaftungsrecht, 3. Aufl. 1981; *Deutsch,* Haftungsrecht, Bd. I: Allgemeine Lehren, 1976, § 23; *Horst,* Querverbindungen zwischen Aufopferungsanspruch und Gefährdungshaftung einerseits und Aufopferungsanspruch und Eingriffserwerb andererseits, 1966; *Hubmann,* JZ 58, 489; *Konzen,* Aufopferung im Zivilrecht, 1969; *Spyridakis,* FG Sontis, 1977, 241; *Steffen,* DRiZ 67, 110; *Tondorf,* Der Aufopferungsanspruch im Zivilrecht, Diss. Köln, 1965; *Weimar, W.,* NJW 62, 2093; *Wilts,* NJW 62, 1852.

I. *Einordnung.* Grundsätzlich lösen nur *rechtswidrige* Eingriffe die Schadensersatzfolge aus, 823 ff., oben § 97 III 2 c. Ausnahmsweise ziehen aber auch rechtmäßige Eingriffe in fremde Rechte, namentlich in fremdes Eigentum, einen Ersatzanspruch nach sich. Ihren Grund haben diese Ausnahmen sämtlich in besonderen Not- oder Konfliktsituationen, die zwar den Eingriff geboten und daher rechtmäßig, das durch ihn *auferlegte besondere Opfer* aber ausgleichsbedürftig erscheinen lassen. Entscheidend ist also, ob *dem einzelnen im Interesse der Allgemeinheit ein Sonderopfer* auferlegt worden ist, das andern nicht zugemutet wird, BGHZ 48, 101; BGHZ 65, 196 – Wehrdienst –. Gegenbegriff ist das *allgemeine Lebensrisiko,* das jeder zu tragen hat und das er nicht auf die Allgemeinheit abwälzen kann, BGHZ 46, 327 (Körperverletzungen beim ordnungsgemäß abgewickelten Schulturnunterricht unterfallen dem allgemeinen Lebensrisiko). So muß z. B. *jeder* dulden, daß die Polizei ihn unter den gesetzlichen Voraussetzungen in Anspruch nimmt, BGHZ 45, 23 (Untersagung einer lästigen Schweinemästerei keine Enteignung), ähnlich BGHZ 67, 252 – Schweinemästerei –.

II. *Der Grundsatz.* Entnommen aus §§ 904, 912, 917, 867, 962; 14 BImSchG, der an die Stelle von § 26 GewO getreten ist, von privatrechtlicher Seite sowie aus Art. 74, 75 der Einleitung zum Preußischen Allgemeinen

Landrecht von öffentlich-rechtlicher Seite, zählt folgender Grundsatz zum deutschen Gewohnheitsrecht: Muß der Inhaber eines Rechts im überwiegenden Interesse eines andern oder der Öffentlichkeit in einem Einzelfall einen Eingriff dulden, so kann er zum Ausgleich hierfür *Schadensersatz* (so richtig *Larenz* II § 78, 7; a. A. die Rechtsprechung, die nur einen Entschädigungsanspruch anerkennt, vgl. BGHZ 16, 366; 48, 98; offengelassen in BGHZ 60, 119), im öffentlichen Recht *Entschädigung* verlangen („allgemeiner Aufopferungsanspruch"). Im bürgerlichen Recht haftet nach herrschender Meinung grundsätzlich der Eingreifende (dagegen mit guten Gründen *Larenz* II § 78, 1, dahingestellt in BGHZ 60, 119, 124), im öffentlichen Recht der durch den Eingriff Begünstigte. Die nachstehend beschriebenen einzelnen Anwendungsarten des allgemeinen Aufopferungsanspruchs gehen ihm als aus ihm gedanklich abgeleitet vor, lassen ihn aber, soweit er über die einzelnen Anwendungsarten hinausgeht, als Rechtssatz des Gewohnheitsrechtes unberührt. Historisch verlief die Entwicklung freilich umgekehrt: Der allgemeine Grundsatz wurde den Einzelbestimmungen in rechtsanaloger Weise entnommen (vgl. RGZ 167, 25).

Ansprüche aus Aufopferung verjähren sowohl bei rechtmäßigen wie bei rechtswidrigen Eingriffen in 30 Jahren. Die Vorschrift des § 852 über die kurze Verjährung ist darauf nicht anwendbar, BGHZ 9, 209.

III. Besondere privatrechtliche Aufopferungsansprüche

1. Nach § 904 muß der Eigentümer die Einwirkung eines andern auf die Sache dulden, wenn die Einwirkung zur Abwendung einer gegenwärtigen Gefahr notwendig und der drohende Schaden gegenüber dem aus der Einwirkung entstehenden Schaden unverhältnismäßig groß ist. Der Eigentümer kann nach § 904 S. 2 Ersatz verlangen, nach herrschender Meinung vom Einwirkenden, der als Geschäftsführer mit oder ohne Auftrag den Geretteten in Anspruch nehmen kann.

Jemand bricht im Eis ein. Zu seiner Rettung reißt R eine Planke vom Bootssteg des E. R haftet dem E aus § 904 S. 2 wegen der Reparatur. Dem R haftet der Gerettete aus §§ 677, 683 S. 1, 670. De lege ferenda verdient der Vorschlag Beachtung, den Geretteten direkt dem Beschädigten haften zu lassen, vgl. *Larenz,* II, § 78, 1. Es genügt, daß der Schaden dem Handelnden nur mittelbar droht, *A. Hueck,* Iher. Jb. 68, 205 ff., 218.

2. Andere Notfälle mit Eingriffsrecht und Ersatzpflicht enthalten §§ 912 (Überbau); 917 (Notweg), BGHZ 75, 315; 867, 1005 (Abholung); 961, 962 (Bienenschwarm).

3. Mehr dem Konflikts- als dem Notgedanken entspricht der besondere Aufopferungsanspruch aus § 14 BImSchG i. V. m. § 906 BGB. Gegen immissionsschutzrechtlich genehmigte Anlagen, die sich störend auf Nachbarn auswirken, kann nicht aus § 1004 auf Beseitigung, sondern nur noch auf Schadensersatz in Geld geklagt werden. § 14 BImSchG und § 906 BGB stehen, wenn beide Voraussetzungen vorliegen, in Anspruchskonkurrenz; BGHZ 66, 70; 68, 350; 69, 105 — Flugplatzlärm —, dazu auch 69, 118 und 79, 45; 70, 102; 70, 212 — Großbaustelle —.

4. Ein weiterer Anwendungsfall des allgemeinen Aufopferungsanspruchs im Privatrecht ist der *nachbarrechtliche Ausgleichsanspruch* bei Ausschachtungen, Vertiefungen usw., BGHZ 72, 289; 85, 375; BGH LM Nr. 29 zu § 906 BGB; *MünchKomm/Säcker*, § 906, Rn. 123 ff.; *Buchner/Roth*, Unerlaubte Handlungen, 2. Aufl. 1984, 215 ff.

5. Ein Anwendungsfall des allgemeinen Aufopferungsanspruchs im Privatrecht ist schließlich die oben § 103 IV 5 vorgeschlagene Aufopferungshaftung des Warenherstellers bei sog. „Ausreißern" (nicht verhinderbares Versagen von Maschinen bei der Warenherstellung).

IV. Besondere öffentlich-rechtliche Aufopferungsansprüche

1. Auch der Entschädigungsanspruch bei *rechtmäßiger* Enteignung aus Art. 14 III GG ist ein besonderer Fall des allgemeinen Aufopferungsanspruchs und diesem insoweit vorgehend (BGHZ 13, 90). Historisch läßt sich dieser besondere Aufopferungsanspruch bei rechtmäßiger Enteignung auf Art. 74, 75 Einl. Pr. ALR zurückführen. An die Stelle des privatrechtlichen Schadensersatzes tritt die öffentlich-rechtliche Entschädigung durch den Enteignungsbegünstigten. Enteignungsfähig sind alle vermögenswerten Rechte (verfassungsrechtlicher Eigentumsbegriff im Unterschied zum privatrechtlichen der §§ 903 ff.).

Für die Enteignungsentschädigung kommt es nicht darauf an, daß ein gezielter Eingriff in das Eigentum des Bürgers vorliegt (so der klassische, wieder im Vordringen begriffene Enteignungsbegriff); es genügt, daß rechtmäßiges hoheitliches Handeln ungewollt die (Neben-)Folge einer Eigentumsschädigung nach sich zieht; der BGH spricht hier von *„enteignendem Eingriff"*, vgl. BGHZ 54, 384.

2. Ist der Eingriff *rechtlich nicht gedeckt,* kann von „Enteignung" im Sinne des Art. 14 nicht gesprochen werden. Da aber der Betroffene nicht weniger schutzbedürftig ist, sondern eher noch mehr, gewährt die st. Rspr. des BGH einen Entschädigungsanspruch wegen „enteignungsgleichen Eingriffs" nach den Enteignungsregeln, BGHZ 6, 290; 13, 90; 76, 387 – Fluglotsenstreik – ; 77, 179 – Anschluß- und Benutzungszwang – ; 77, 351 – Sand- und Kiesausbeute – ; 78, 41 – Werbefahrten – ; 78, 152 – faktische Veränderungssperre – ; 80, 111 – Hochwasserschutz – . Das ist um so zutreffender, als die Rechtmäßigkeit des Eingriffs dem Betroffenen oft nicht klar erkennbar ist, Enteignung und enteignungsgleicher Eingriff für ihn daher vielfach gleich aussehen. Das rechtfertigt auch die Darstellung unter der Überschrift „Aufopferungsanspruch". Da jedoch beim enteignungsgleichen Eingriff *rechtswidrig* eingewirkt wurde, stellt sich *hier* notwendig die Frage der Konkurrenz zu den unerlaubten Handlungen, insb. Amtspflichtverletzungen: BGHZ 13, 88 läßt Ansprüche aus unerlaubter Handlung und aus enteignungsgleichem Eingriff *nebeneinander* zu, soweit ihre Voraussetzungen jeweils erfüllt sind. Der Entschädigungsanspruch aus enteignungsgleichem Eingriff stellt für den Geschädigten keine anderweitige Ersatzmöglichkeit nach § 839 I 2 dar. Zu beachten ist dabei, daß § 839 verdrängende Sondervorschrift zu §§ 823 ff. ist

(oben § 106 IV A V). BGHZ 54, 332, 338 läßt für den *Eingriff* nicht die Schaffung einer Gefahrenlage genügen (versagende Verkehrsampel), sondern verlangt eine „konkrete Maßnahme mit unmittelbaren Auswirkungen auf das Eigentum des Klägers", ebenso BGHZ 55, 229, 231. Das trifft zwar grundsätzlich zu, ist jedoch im Hinblick auf den weitgehenden Ersatz persönlicher „Maßnahmen" durch technische Vorrichtungen (z. B. Verkehrsampeln) zu eng.

3. Im *nichtvermögensrechtlichen Bereich,* z. B. bei Gesundheitsverletzungen als solchen (Impfschäden), versagt die Eigentumsgarantie des Art. 14 GG sowohl für rechtmäßige wie erst recht für rechtswidrige Eingriffe. Hier wendet der BGH den allgemeinen Aufopferungsanspruch an, BGHZ 6, 275; 9, 83; 13, 90; 24, 46; 31, 187 = ESJ 134; 34, 23; 45, 290 (§ 254 auf Aufopferungsanspruch anwendbar); 46, 327.

V. Verhältnis der privaten zu den öffentlich-rechtlichen Aufopferungsansprüchen

Obwohl beide Ansprüche aus der gleichen gedanklichen Wurzel stammen, verneint die h. M. eine Anspruchskonkurrenz. So kann z. B. nur entweder aus § 906 *oder* aus Enteignung bzw. enteignungsgleichem Eingriff vorgegangen werden, je nachdem, ob die Einwirkung privatrechtlicher Natur oder Bestandteil (obrigkeitlichen oder schlichten) Verwaltungshandelns war, BGHZ 48, 98 — Staubentwicklung durch Autobahnbau —, 54, 384.

3. Unterabschnitt

§ 113
Die Rechtsfolgen unerlaubter und erlaubter, aber zu Schadensersatz oder Entschädigung verpflichtender Handlungen

Literatur zu III und IV:
Boehmer, FamRZ 60, 173; *Deutsch,* Haftungsrecht, Bd. I: Allgemeine Lehren, 1976, §§ 25 – 28; *Eckelmann,* Die Berechnung des Schadensersatzes bei Tötung unterhaltspflichtiger Personen, 1978; *Eisser,* FamRZ 61, 49; *Fischer, G.,* VersR 70, 21; *Fromm,* NJW 65, 1201; *Geyer,* VersR 66, 905; *Grunsky,* JZ 83, 372; *Habscheid,* JuS 66, 180; *Hagen,* JuS 69, 61; *Hofmann,* VersR 61, 481; *John,* JZ 72, 543; *Kilian,* AcP 169, 443; *Kissel,* DAR 82, 344; *Klimke,* DB 78, 1323; *Klingsporn,* FamRZ 61, 54; *Kötz,* Deliktsrecht, 3. Aufl. 1983, 214ff.; *Kollhosser,* AcP 166, 277; *Kropholler,* FamRZ 69, 241; *Medicus,* JuS 79, 233; *Perkuhn,* VersR 81, 6; *Reinhardt,* VersR 56, 535; *Riedmaier,* VersR 78, 110; *Schacht,* FamRZ 80, 107; *Schneider,* VersR 81, 493 (Rentenberechnungsbeispiel);

Rechtsfolgen unerlaubter Handlungen § 113
I 2

Weimar, JR 81, 316; *Wussow,* NJW 70, 1393; *Wussow/Küpperbusch,* Ersatzansprüche bei Personenschäden, 3. Aufl. 1981.

Zu V:
v. Bar, NJW 80, 1724; *Berger,* VersR 77, 877; *Böhmer,* MDR 57, 338; *Chomse,* Schmerzensgeld, 1958; *Donaldson,* AcP 166, 462; *Ebel,* VersR 78, 204; *Gelhaar,* BB 66, 1317; *Gossmann,* Die Schmerzensgeldklage, 1983; *Günther,* Schmerzensgeld, 1964; *Hacks/Ring/Böhm,* Schmerzensgeldbeträge, 11. Aufl. 1983; *Honsell, H.,* VersR 74, 205; *Knöpfel,* AcP 155, 135; *Kunz,* Schmerzensgeld, 1981 ff.; *Köndgen,* Haftpflichtfunktionen und Immaterialschaden, 1976; *Lemcke-Schmalzl/Schmalzl,* MDR 82, 617; *Lieberwirth,* Das Schmerzensgeld, 3. Aufl. 1965; *Lorenz, E.,* Immaterieller Schaden und „billige Entschädigung in Geld", 1981; *Meyer,* JuS 75, 87; *Mincke,* JZ 80, 86; *Musielak,* VersR 82, 613; *Nörr, D.* AcP 158, 1; *Pecher,* AcP 171, 44; *Schmalzl,* VersR 70, 777; *Schunack,* Schmerzensgeld, 1969/73; Thees, DJ 1941, 617.

Zu VI:
Büning, Die Verjährung der Ansprüche aus unerlaubten Handlungen, 1964; *Dilcher,* JZ 83, 825; *Ganten,* NJW 71, 1804; *Peters,* NJW 82, 1857; *ders.,* JZ 83, 121; *Seifert,* NJW 72, 1739; *Spiro,* Die Begrenzung privater Rechte durch Verjährungs-, Verwirkungs- und Fatalfristen, 1975.

I. Schadensersatz

1. Der durch die unerlaubte Handlung entstandene Schaden ist zu ersetzen, 249. Das gleiche gilt für erlaubte, zum Schadensersatz verpflichtende Handlungen (oben § 112). Über den Umfang und die Arten des Schadens wurde oben § 111 II bei den Tatbestandsvoraussetzungen das Notwendige gesagt, vgl. auch die grundsätzlichen Bemerkungen zur schuldrechtlichen Schadenszurechnung oben §§ 49 ff.

2. Im Recht der unerlaubten Handlungen ist, wie auch sonst im Schuldrecht, der *Schaden* im Rechtssinne vom *Interesse* zu unterscheiden. Der auch für unerlaubte Handlungen maßgebliche § 249 sagt, daß „der Zustand herzustellen" ist, „der bestehen würde, wenn der zum Ersatz verpflichtende Umstand nicht eingetreten wäre". Das bedeutet, wie oben § 50 I 6 dargelegt, daß der wirkliche Kausalablauf einer konkreten, zum Schaden führenden Handlung mit einer hypothetischen Kausalität zu vergleichen ist, die zwischen dem gedachten Unterlassen der schädigenden Handlung und der sich *üblicherweise* daran anschließenden Entwicklung besteht.

In erster Linie schuldet der Verletzer *Naturalrestitution,* oben § 55 II 1. Hat der als nachlässig bekannte Planierraupenfahrer P der Baufirma des F beim Planieren eines Gartens versehentlich die Gartenmauer des V eingedrückt, so haftet F (außer aus vertraglichem Schadensersatz) auch nach §§ 823 I, 831, 249 auf *Wiederaufbau der Mauer.* F kann V nicht mit Geld abspeisen und es V überlassen, einen Maurer zu finden, vgl. §§ 249–251 und die Ausführungen dazu oben § 55. Ferner BGHZ 5, 138 — Wiederbeschaffungswert am Ort der geplanten Verbringung —.

Oft aber kann der Verletzer den Schaden nicht in natura wiedergutmachen. Schneidet A dem B bei einer Messerstecherei das rechte Ohr ab, muß nicht etwa A dem B das Ohr wieder annähen, wenn dies überhaupt möglich wäre. Vielmehr muß A dem B nach

§ 249 das Interesse *in Geld* ersetzen, also die Behandlungs- und etwaigen Operationskosten, den Verdienstausfall, möglicherweise eine Geldrente (843) und Schmerzensgeld (847).

3. Zu ersetzen ist der Verletzungs- (z. B. des Körpers) und der gesamte Vermögensschaden. Das gilt auch in den Fällen des § 823 I, sofern nur dem Vermögensschaden die Verletzung eines absoluten Rechts vorangeht, oben § 103 I 6c.

4. Die Frage, ob nach §§ 823ff. das *positive* oder *negative* Interesse zu ersetzen ist, stellt sich nicht. Da, anders als beim Vertrag, nichts versprochen wird, läßt sich der Zustand bei Einhaltung des Versprechens (positives Interesse) mit dem des unterlassenen Versprechens (negatives Interesse) nicht vergleichen, vgl. oben § 55 III 3. Wenn überhaupt, läßt sich der Ersatz einer unerlaubten Handlung dem *negativen* Interesse vergleichen: Der Zustand ist herzustellen, der bestünde, wenn man sich das vertragliche Versprechen oder die unerlaubte Handlung *hinwegdenkt*.

II. Besonderheiten bei Sachentziehungen und -beschädigungen

1. Wer durch unerlaubte Handlung eine Sache entzogen und sie zurückzugeben hat, haftet für ihren zufälligen Untergang, 848. Das gilt nicht, wenn die Entziehung für ihren Untergang nicht ursächlich ist. „Fur semper in mora", der Dieb ist immer im Verzug, vgl. § 287 S. 2. §§ 287 S. 2 und 848 sind keine Randerscheinungen, sondern Vorschriften, die für die Grundsätze des deutschen Schadensrechts von entscheidender Bedeutung sind, oben § 45 III 1 e.

2. Es gilt eine 4%ige Zinspflicht bei Geldersatz für Sachentziehung und -beschädigung, 849, 246. Ist der Nutzungsentgang kommerzialisiert und somit ersatzfähiger Schaden, kann der Geschädigte daneben noch einen Anspruch aus § 849 geltend machen, wenn er zeitliche Überschneidung dabei vermeidet, BGHZ 87, 38 (anders die Voraufl.).

3. Hinsichtlich der Verwendungen auf die herauszugebende Sache gelten Eigentumsregeln, 850, 994—1003.

4. Der Geldersatz steht dem Berechtigten der Sache zu. Befand sich die Sache zur Zeit der Entziehung oder Beschädigung bei einem andern, ist es für den Täter oft nicht erkennbar, wer Inhaber des Schadensersatzanspruchs ist. Zugunsten des Täters bestimmt § 851, daß er bei Leistung an den Besitzer der Sache befreit wird. Maßgebend ist der Besitz im Zeitpunkt der unerlaubten Handlung. Kenntnis und grobfahrlässige Unkenntnis des wahren Berechtigten schaden dem Täter: Er wird nicht befreit. Hat er befreiend geleistet, erfolgt der Ausgleich zwischen Geldempfänger und wahrem Berechtigten nach § 816 II.

III. Besonderheiten bei Personenverletzungen

1. Nach § 842 sind auch *Erwerbs- und Fortkommensnachteile* zu ersetzen. Das Gesetz nennt hier einmal typische Folgeschäden beim Namen, vgl. oben § 55 III 2d aa. Auf sie braucht sich das Verschulden bei der Handlung nicht zu beziehen.

2. *Erwerbsminderungen* und *Vermehrung* von *Bedürfnissen* (z. B. laufend benötigte Medikamente) sind in Gestalt einer Geldrente wieder gutzumachen, 843; BGHZ 79, 187; auch überbrückungsweise bis zum Einsetzen der sozialen Rentenversicherung, BGHZ 46, 332 mit 69, 347. § 760 regelt die Zahlungsweise, 843 II. Bei wichtigem Grund kann der Verletzte, nicht der Verletzer, Abfindung in Geld verlangen, 843 III. Die Unterhaltspflicht Dritter wirkt nicht schadensmindernd, 843 IV s. o. § 62 III (nur scheinbare Gesamtschuld).

IV. Ansprüche mittelbar Geschädigter

1. Grundsätzlich kann jeder nur seinen eigenen Schaden ersetzt verlangen, oben § 50 II. §§ 844, 845 enthalten demgegenüber einige gesetzliche Fälle des nur ausnahmsweise vorgesehenen *Drittschadensersatzes*, dazu noch oben § 50 II 3.

2. Im Fall der Tötung muß der Ersatzpflichtige die Kosten der Beerdigung demjenigen erstatten, der sie nach erbrechtlichen Vorschriften zu tragen hat, 844 I, vgl. § 1968; BGHZ 32, 72 (kein Reisekostenersatz).

3. Erleiden Angehörige oder sonstige dritte Personen durch die Tötung eine Einbuße an dem Unterhalt, der ihnen vom Getöteten bisher gewährt wurde, so muß der Täter auch für den Unterhalt aufkommen, 844 II (Rente); BGHZ 73, 109; 86, 372. Das gilt auch, wenn es sich beim Unterhaltsberechtigten vorläufig noch um einen nasciturus handelt („nasciturus pro iam nato habetur quotiens de commodis eius agitur"), 844 II 2. Entsprechendes gilt bei gesetzlichen Dienstleistungspflichten, 845, vgl. 1619, und zwar außer im Falle der Tötung auch bei Körper-, Gesundheits- und Freiheitsverletzung; BGHZ 69, 380; 77, 157; 86, 372. Trägt in den Fällen der §§ 844, 845 der Getötete oder Verletzte ein Mitverschulden, so muß sich der anspruchsberechtigte Dritte dies nach § 254 entgegenhalten lassen, 846, BGHZ 4, 170 (bei Schockschäden nicht § 846 analog, BGHZ 56, 163!). Eine Sonderentwicklung hat die Rechtsprechung zur Tötung oder Verletzung von *Ehegatten* unter dem Eindruck der Gleichberechtigungsregelungen in §§ 1356, 1360 genommen. Nach BGHZ 38, 55; 50, 304 = ESJ 132; 51, 109; 59, 172 ist der Beitrag der Ehefrau zum gemeinsamen Haushalt (vgl. § 1360 S. 2) Unterhaltsleistung, § 845 scheidet also aus; dies gilt auch für eine Mitarbeit im Rahmen des § 1356, dazu ausführlicher *Medicus*, BürgR, Rn. 836. Im Fall der Tötung der Ehefrau haben die Hinterbliebenen Ansprüche aus § 844 II. Wird die Ehefrau verletzt, so steht ihr selbst ein Schadensersatzanspruch wegen Verminderung ihrer Arbeitskraft zu, nicht etwa dem Ehemann. Die Bemessung des Schadens findet einen Anhaltspunkt in den Kosten für eine Ersatzkraft.

V. Immaterieller Schaden („Schmerzensgeld")

1. Grundsätzlich wird nach deutschem bürgerlichen Recht nur *materieller*, d. h. *das Vermögen* betreffender Schaden ersetzt. Das gilt sowohl für Schaden an Materialgüterrechten (z. B. Sacheigentum) wie an Immaterialgüterrechten (z. B. Patent, Recht am eigenen Bild). Den Ersatz *immateriellen* Schadens, also z. B. seelischer oder körperlicher Schmerzen, schließt § 253 grundsätzlich aus. Davon bestehen zwei Ausnahmen:

§ 113
VI 3

a) Nach § 847 kann für erlittene Schmerzen und anderen Nichtvermögensschaden (z. B. Ehrenerklärungen) bei Körper-, Gesundheits- und Freiheitsverletzungen eine „billige Entschädigung in Geld" verlangt werden. Der Anspruch ist höchstpersönlich, 847 I 2, dazu BGH JZ 68, 135 (Anm. *Böhmer*); BGHZ 69, 323 (zur Vererblichkeit). Das gilt auch zugunsten von Frauen, deren Geschlechtsehre verletzt wurde, 847 II, vgl. § 825. Das Schmerzensgeld soll dem Verletzten ermöglichen, sich zusätzliche Annehmlichkeiten zu verschaffen, die die verletzungsbedingten Unannehmlichkeiten und Beeinträchtigungen ausgleichen, und ihm darüber hinaus Genugtuung verschaffen, vgl. BGHZ 18, 149.

b) Die andere Ausnahme beruht auf der Rechtsprechung des BGH seit BGHZ 26, 349 — Herrenreiterfall —, die im Falle der Verletzung des allgemeinen Persönlichkeitsrechts den Immaterialschadensersatz zuläßt, vgl. oben § 103 II 2f. Ein Anspruch setzt eine schwere Persönlichkeitsverletzung voraus, sowie, daß Genugtuung nicht auf andere Art erreichbar ist. Die Geldentschädigung bemißt sich nicht nach der Vergütung für eine der Verletzung vergleichbare Überlassung der Nutzung eines Immaterialgüterrechts, sondern in erster Linie nach dem Genugtuungsbedürfnis des Verletzten (vgl. BGHZ 44, 372).

2. Bei der Bemessung des „Schmerzengeldes" sind *Schwere von Verletzung* und *Schuld, bleibende Folgen und die beiderseitigen Vermögensverhältnisse* zu berücksichtigen (letzteres sehr str., wie hier BGHZ 18, 149, teilweise gegen 7, 223); das Schmerzensgeld kann auch in Form einer Rente festgesetzt werden, BGHZ 18, 167. 3 Beispiele: DM 1000,— für Handkantenschlag, LG Zweibrücken, VersR 82, 564; DM 40 000,— für Gehirnquetschung mit Dauerschaden; OLG Frankfurt/M., VersR 81, 1131; DM 90 000,— für komplizierten Beckenbruch, OLG Düsseldorf, VersR 82, 401.

VI. Verjährung

1. Ansprüche aus unerlaubter Handlung verjähren entgegen §§ 194ff. nach § 852 *in 3 Jahren*. Die Haftpflichtgesetze haben sogar noch kürzere Verjährungsfristen, meist *2 Jahre*, vgl. oben § 109. Ansprüche aus Wettbewerbsverstößen, einer praktisch besonders wichtigen Gruppe von unerlaubten Handlungen, verjähren nach § 21 UWG in 6 Monaten, doch gilt, wenn zugleich eine unerlaubte Handlung nach §§ 823ff. vorliegt, insoweit § 852, BGHZ 36, 256, str. Meist ist also baldige Überlegung geboten.

2. Die dreijährige Verjährung nach § 852 beginnt mit dem Zeitpunkt, in dem der Verletzte vom Schaden und der Person des Verletzers erfährt (auch für nur mögliche Spätfolgen, BGH VersR 82, 703). Erfährt er beides nie, verjährt die unerlaubte Handlung in 30 Jahren, 852 I. Bei verwickelter Rechtslage beginnt die Verjährung erst nach Klärung der Zweifel, BGHZ 9, 189.

3. Von der für den Verletzter günstigen 3jährigen Verjährung bestehen zu seinen Ungunsten *vier* Ausnahmen:

a) Die Verjährung ist *gehemmt* (vgl. § 205), solange zwischen Gläubiger und Schuldner Verhandlungen über den Ersatz schweben, 852 II (Neufassung vom 1. 1. 78).[1]

---

[1] Für vorsichtige Ausdehnung auf §§ 194ff. allgemein zu Recht *Peters*, NJW 82, 1857.

b) Die Dreijahresfrist beeinflußt nicht Herausgabeansprüche aus *ungerechtfertigter Bereicherung*, 852 III, 812ff. Sie verjähren in 30 Jahren, 194. Zwei Probleme, die um § 852 III kreisen, sind zu beachten: (1) § 852 III will nicht bloß die Unabhängigkeit beider Normengruppen deklaratorisch wiedergeben, sondern die 3jährige Verjährungsfrist des § 852 I für *Delikts*ansprüche in den Fällen verlängern und dadurch den grundsätzlich 30jährigen Fristen der Bereicherungsansprüche *anpassen*, in denen Bereicherung aus Delikt vorliegt, RG DJ 1938, 1958. (2) Aus § 852 III folgt entgegen verbreiteter Auffassung *nicht*, daß aus jedem Delikt eine Bereicherung fließen kann. Man bringt dieses Problem auf die Formel, ob § 852 III nur eine Rechtsfolgenverweisung enthält oder auch eine Rechtsgrundverweisung. Das zweite ist richtig, so daß *alle* Voraussetzungen eines Bereicherungsanspruchs in § 852 III vorliegen müssen; str.; wie hier *Staud./Lorenz*, Vorbem. zu §§ 812–822, Rz. 17; a. A. BGHZ 71, 86 (98); *Jauernig/ Teichmann*, § 853, Anm. 4 m.w.N.

c) Eine *peremptorische* (d. h. *dauernde*) Einrede der unerlaubten Handlung bleibt dem Verletzten, wenn er aus einer Forderung in Anspruch genommen wird, die gegen ihn durch unerlaubte Handlung begründet wurde (z. B. durch Betrug), 853. Drei Jahre lang richtet sich sein Anspruch aus §§ 823ff., 249 auf Schadensersatz, d. h. hier auf Aufhebung der Forderung. Aber auch danach kann er die Erfüllung mit der Einrede aus § 853 dauernd verweigern. Es handelt sich um eine echte Einrede, die vorgebracht werden muß, nicht um eine von Gerichts wegen zu beachtende Einwendung.

d) Der *Beseitigungs-* (Widerrufs-) und *Unterlassungsanspruch* (unten § 114), § 1004 analog, verjährt grundsätzlich in 30 Jahren, 193, 194.

Zur Konkurrenz kürzerer vertraglicher Verjährungsfristen mit längeren deliktischen s. oben § 102 V 1 a.

VII. Aufrechenbarkeit

Gegen eine Forderung aus einer vorsätzlich begangenen unerlaubten Handlung kann nicht aufgerechnet werden, 393. Sonst würde bald Faustrecht gelten: Wer eine nicht beitreibbare Forderung hat, soll nicht dazu verleitet werden, sich durch eine an seinem Schuldner begangene unerlaubte Handlung im Wege der Aufrechnung Befriedigung zu verschaffen.

4. Unterabschnitt

§ 114
Beseitigungs- und Unterlassungsanspruch

Baur, AcP 160, 465; *ders.*, AcP 175, 177 (zu *Picker*); *De Boor*, Gerichtsschutz und Rechtssystem, 1941; *Eltzbacher*, Die Unterlassungsklage, 1906; *Geigel*, Die vorbeugende Unterlassungsklage, 1923; *Henckel,* AcP 174, 97; *Hohloch,* Die negatorischen Ansprüche und ihre Beziehungen zum Schadensersatzrecht, 1976; *Jacobsohn,* Unterlassungsklage, 1912; *Kötz,* AcP 174, 145; *Lehmann, Heinrich,* Die Unterlassungspflicht im BGB, 1906; *Leipold,* ZZP 84, 150; *Mertens,* NJW 72, 1783; *Münzberg,* JZ 67, 689; *Pikker,* Der negatorische Beseitigungsanspruch, 1972; *Ritter,* ZZP 84, 163; *Rötelmann,* NJW 71, 1636; *Rosenthal,* Die Unterlassungsklage, 1916; *Schneider, E.,* MDR 78, 613; *Wesel,* FS v. *Lübtow,* 1969, 787; *Zeuner,* FS *Dölle,* Bd. I, 1963, 295.

I. Ein deliktischer *Schadensersatz*anspruch setzt im Sinne der §§ 823 ff. tatbestandsmäßige, *rechtswidrige* und grundsätzlich *schuldhafte* Schädigungen voraus. In §§ 12, 1004 kennt das Gesetz andere Sanktionen für den Eingriff in *absolute Rechte:* Wer auch nur *rechtswidrig* den Namen (12) oder das Eigentum (1004) eines anderen verletzt, kann auf *Beseitigung* der Störung und, bei Besorgnis ihrer Wiederholung, auf *Unterlassung* künftiger Störungen verklagt werden (vorbeugende Unterlassungsklage). Diese beiden Sanktionen, den *Beseitigungs-* und den *Unterlassungsanspruch,* hat die Rechtsprechung dem allgemeinen Deliktsrecht nutzbar gemacht (seit RGZ 60, 7). Der Zweck des Deliktsrechts zieht andererseits auch die Grenze. Im Unterschied zum Bereicherungsrecht, das „unrechte Zustände" kennt, verlangen Beseitigungs- und Unterlassungsansprüche ein Handeln (Tun oder Unterlassen) des Eingreifenden (str.): Fällt bei ungewöhnlich starkem Sturm eine Fichte meines Nachbarn auf mein Grundstück, muß ich sie beseitigen, wenn sie gesund, er, wenn sie morsch war und eigentlich schon hätte gefällt werden müssen, vgl. oben § 97 I, II.

Beseitigung bedeutet Ungeschehenmachen, Entfernung, Wegschaffung der Beeinträchtigung eines Rechtsguts: A, der seinen Kehrricht auf dem Grundstück des Nachbarn ablagert, muß diese Störung *beseitigen.* Auch der *Widerrufsanspruch* ist ein Unterfall des Beseitigungsanspruchs, OGHZ 1, 182; BGHZ 10, 104; 31, 308; 37, 187; 65, 325 = ESJ 135; 66, 182 — Anzeigenaktion mit berichtigender Darstellung (Panorama/Finck) —. Ein Recht auf Störung führt zur *Duldungspflicht,* BGHZ 66, 37 — Stromleitungen —.

Die *Unterlassung* ist dagegen zukunftsbezogen. Sie bedeutet das Nichtbeeinträchtigen *von nun an:* Der Nachbar hat gegen A auch einen Unterlassungsanspruch, wenn A laufend Kehrricht ablagert und aus dem Verhalten oder den Äußerungen des A zu entnehmen ist, daß er damit fortfahren werde. Dann ist die „Besorgnis künftiger Störungen" gegeben, BGHZ 30, 14 (Allg. Persönlichkeitsrecht); 42, 340; OGHZ 1, 182 (Widerruf); RGZ 171, 380.

Ein *Schadensersatzanspruch* umfaßt begrifflich den Beseitigungsanspruch: Die Beseitigung bezieht sich auf einen — noch andauernden — Verletzungsschaden. Der Schadensersatz schließt darüber hinaus Folgeschäden ein. Der Unterlassungsanspruch steht dagegen begrifflich neben dem Ersatzanspruch.

Störer ist bei Sachen nicht nur der Eigentümer, sondern jeder, der rechtlich oder tatsächlich über den störenden Gegenstand verfügen kann, bei Sicherungsübereignung z. B. der Besitzer, BGHZ 41, 393.

Die Rechtsprechung anerkennt Beseitigungs- und Unterlassungsansprüche weit über den Rahmen der §§ 12, 1004 hinaus.

Beseitigungs- und Unterlassungsanspruch § 114
I 2

Andere Unterlassungsansprüche, in denen der gleiche Grundgedanke zum Ausdruck kommt, sind enthalten in §§ 550, 862 I, 1017, 1027, 1065, 1090, 1134 I, 1227. Dazu bedurfte es einer *zweistufigen analogen Ausdehnung* des in den genannten Vorschriften gegebenen Beseitigungs- und Unterlassungsanspruchs.

1. Zunächst wurden diese Ansprüche auch bei anderen absolut geschützten Rechten als Name und Eigentum gewährt, *negatorische Klage*.

Wer also z. B. ein Patent („sonstiges Recht" i. S. des § 823 I) zu verletzen droht, kann — auch wenn ihm kein Verschuldensvorwurf zu machen ist — vom Patentinhaber auf Unterlassung in Anspruch genommen werden, BGHZ 1, 194 (Berührung); BGHZ 3, 283 (Gewerbebetrieb); OGHZ 1, 241 (Warenzeichen). Soweit geschützt, bestehen diese Ansprüche auch im Falle eines Rahmenrechts (oben § 103 II).

2. Sodann wurde dieser Schutz noch weiter ausgedehnt auf *alle* deliktischen Tatbestände, also Eingriffe in Rahmenrechte (Unternehmen, Persönlichkeit), Verkehrssicherungsdelikte, Schutzgutsverletzungen (823 II), besondere Deliktstatbestände (824, 825) und Sittenverstöße (826). Dabei wurde auf das Verschuldenserfordernis verzichtet.

Dadurch wurden z. B. vorbeugende Unterlassungsklagen bei drohenden Ehrverletzungen möglich, 823 II BGB; 185 ff. StGB. Fehlt bei Ehrverletzungen durch unwahre ehrkränkende Behauptungen die Wiederholungsgefahr, so kann nicht auf *Unterlassung* geklagt werden. Trotzdem muß die Schutzgutsverletzung *beseitigt* werden. Dies geschieht durch Verurteilung zum *Widerruf* der unwahren Tatsachenbehauptung, zur *Entschuldigung* bei bloßen Werturteilen.[1]) Der Anspruch auf Widerruf ist also ein Unterfall des *Beseitigungsanspruchs*, BGHZ 31, 308. Nach BGHZ 37, 187 muß aber die Behauptung erweislich unwahr sein. Bei nicht erweislich unwahren Behauptungen, die aber ehrkränkend weiterwirken, kann beantragt werden, den Verletzer zur *Nichtaufrechterhaltung* der zweifelhaften Behauptung zu verurteilen. Dabei handelt es sich um einen verkürzten Widerruf („Widerruf in eingeschränkter Form"), der der Sachlage gerecht wird, wenn der Verletzte die Unwahrheit der Behauptung nicht erweisen kann (BGHZ 37, 187 — Schullehrer —, der Verletzer aber auch seinerseits die Richtigkeit der Behauptung nicht zu beweisen vermag (BGH NJW 60, 672 — Plagiatvorwurf —; BGH NJW 66, 647 — Reichstagsbrand —; BGHZ 65, 335 (337) — Warentest —). *Auch in eingeschränkter Form* ist ein Widerrufsanspruch unbegründet, solange der Kläger „ernsthafte Anhaltspunkte für die Wahrheit einer ehrenrührigen (scil. Tatsachen) Behauptung nicht ausgeräumt hat", BGHZ 69, 181. Zur Vollstreckung siehe BVerfGE 28, 1 — Strauß gg. Augstein — : Eigenhändige Abgabe der Erklärung ist nötig, allerdings auch „in Erfüllung des gegen ihn ergangenen rechtskräftigen Urteils". Bei juristischen Personen u. ä. liegt es nicht anders, BGHZ 42, 210 — ÖTV gg. GdP — ; BGHZ 50, 325 — ÖTV gg. Bundesanzeiger —.

Man spricht hierbei von der *quasinegatorischen Klage*. Hiermit stimmt überein, daß z. B. das UWG in §§ 1, 3, 14 und 16 bei Wettbewerbsverstößen, also Unternehmens- und Schutzgutsverletzungen, einen *Unterlassungsanspruch ohne Verschulden* gewährt.

---

[1]) Auf Feststellung der Unwahrheit einer Tatsachenbehauptung kann zivilrechtlich überhaupt nicht geklagt werden, BGHZ 68, 331.

Rechtspolitisch ist diese Entwicklung an sich zu begrüßen. Es braucht bei drohenden Delikten nicht abgewartet zu werden, bis der Schaden eingetreten ist. Schon vorher, „wenn Tatsachen vorliegen, welche die Vorbereitung und die Absicht eines Eingriffs mit Sicherheit erkennen lassen" (RGZ 101, 138; BGH NJW 57, 1763), kann sich der Bedrohte wehren. Ein Bedenken liegt aber im Verzicht auf das Verschulden. Allein die Kostenfolge eines verlorenen Unterlassungsprozesses kann für den schuldlos Handelnden eine harte Belastung sein, die zu seinem *schuldlos* rechtswidrigen Verhalten in keinem angemessenen Verhältnis steht. Gerade im Wettbewerbsrecht, wo sich der Ausgang eines Streites über den Begriff der guten Sitte in seiner Anwendung auf eine konkrete Wettbewerbshandlung oft nicht voraussagen läßt, scheint die Waffe der vorbeugenden Unterlassungsklage und der entsprechenden einstweiligen Verfügung bisweilen zu scharf. Da sie aber nicht zu entbehren ist, sollte der Gesetzgeber bei erwiesener Unschuld des verlierenden Beklagten den Kläger an den Kosten der in seinem Interesse erfolgten Klärung der Rechtslage beteiligen. Nach geltendem Recht trägt der verlierende Teil die gesamten Kosten. Man denke auch daran, daß gerade bei zweifelhaften Rechtslagen der Kläger nicht nur einen Prozeß gewinnt, sondern eine ihm u. U. sehr wertvolle grundsätzliche Klärung erfolgt. Soll ihm dieser Wert einfach geschenkt werden? Sicher, er trug auch das Risiko des Verlierens. Aber das Interesse an einem „Musterprozeß" sollte sich angemessen in der Kostenfrage ausdrücken. Die bisherige Lösung, die auch für einen Unschuldigen den wirtschaftlichen Ruin bedeuten kann, ist unbillig.

II. Zweifelhaft ist die *dogmatische Begründung* des quasinegatorischen Beseitigungs- und des Unterlassungsanspruchs.

1. Der *Beseitigungsanspruch* ist nur insoweit möglich und begründet, als ein unmittelbarer *Verletzungsschaden* vorliegt. Die Beeinträchtigung muß fortdauernd und während ihrer ganzen Dauer widerrechtlich sein. Folgeschäden können nicht Gegenstand eines Beseitigungsanspruchs sein. Sonst liefe der Anspruch auf einen *Schadensersatz ohne Verschulden* hinaus. Ob die Beseitigung der Störungshandlung von jedermann oder nur vom Störer vorgenommen werden kann, darf keine Rolle spielen (vgl. aber *Larenz*, II, § 76).

Beispiele unmittelbar durch Verletzungshandlungen hervorgerufener Schäden (= Störungen) sind: Abgelagerter Unrat des Nachbarn auf meinem Grundstück; ein Baum des Nachbarn, der ohne Verschulden so gefällt wurde, daß er auf mein Grundstück fiel; ein ehrenkränkendes Pamphlet; eine irreführende Reklamebehauptung; Verwendung eines Photos im Schaufenster ohne Zustimmung des Abgebildeten; Verhinderung eines Redners (Professors, Schauspielers) am Reden durch planmäßige Zwischenrufe.

Der Anspruch geht auf *Beseitigung* der Störung, wozu bei Ehrenkränkungen und irreführenden Behauptungen Widerruf, Ehrenerklärung, Richtigstellung, klarstellende Zusätze (BGH NJW 80, 2801 − Medizinsyndikat III −) u. U. Kostenersatz für Anzeigenaktion mit berichtigender Darstellung (BGHZ 66, 182 − Panorama/Finck − usw. gehören. Voller Schadensersatz darf mit dem Beseitigungsanspruch nicht gewährt werden. Nur der rechtswidrige Eingriff ist rückgängig zu machen. Insoweit wird allerdings ein *Interesse* des Geschädigten im Sinne der Schadensersatzlehre auch ohne Verschulden des Eingreifenden voll befriedigt. Nur umfaßt das Interesse nicht die im Gefolge der Verletzung auftretenden Schäden. So betrachtet besteht aber kein Grund, irgendeinem Deliktstatbestand *nicht* den entsprechenden Beseitigungsanspruch an die Seite zu stellen. Eine Beschränkung auf absolute Rechte, wie immer man diese abgrenzt, ist ungerechtfertigt. Der Beseitigungsanspruch ist das durch Analogie gewonnene Minus gegenüber dem Schadensersatzanspruch.

2. Desgleichen ist die — im Wesen stets vorbeugende — Unterlassungsklage eine analoge Weiterentwicklung des Deliktsrechts. Sie setzt ebenfalls kein Verschulden voraus. Sie zielt — im Gegensatz zum Beseitigungsanspruch — nicht nur auf Beseitigung rechtswidriger Eingriffe, sondern auch auf Vermeidung eines möglicherweise entstehenden *vollen deliktischen Interesses* unter Einschluß der Folgeschäden. Der Verzicht auf das Verschulden ist hier nur durch die Zukunftsgerichtetheit zu rechtfertigen.

Dieser vorbeugende Schutz gegen deliktischen Interesseschaden ist *materiell* zu deuten. Daß bei der quasinegatorischen Klage keine absoluten Rechte, sondern Rahmenrechte, Verkehrssicherheit im Sinne der Verkehrspflichten, Schutzgüter u. ä. geschützt werden, zwingt nicht dazu, die vorbeugende Unterlassungsklage lediglich als eine Institution prozessualen Schutzes zu verstehen (anders *Larenz* im Anschluß an *Esser* und *Nikisch*). Die vorbeugende Unterlassungsklage ist vielmehr eine Weiterentwicklung des materiellen Rechts. Schon bei Rahmenrechten und Verkehrspflichtverstößen ist die Rechtsnatur des verletzten „Guts" zweifelhaft, vgl. oben § 97 III 2e. Um absolute Rechte handelt es sich dabei richtiger Ansicht nach nicht. Es ist nicht zweckmäßig, die Dogmatik der Unterlassungsklage mit den Zufälligkeiten der deliktischen Rechtswidrigkeitsermittlung in den §§ 823 ff. zu belasten. Die Technik der Rechtswidrigkeitsermittlung in §§ 823 ff. kann keinen Einfluß auf den Schutz gegen drohende rechtswidrige Schädigungen haben. Gibt man in Analogie zu §§ 823 ff. vorbeugenden Schutz gegen diese Schädigungen, so liegt das auf materiellrechtlichem Gebiet. Es handelt sich um einen neuen *Anspruch* geringeren Inhalts und mit geringeren Anforderungen als der Deliktsanspruch, und gerade darum aus ihm ableitbar. Ob diese Analogie bereits gewohnheitsrechtlich gefestigt ist, kann für die Frage der Rechtsgeltung des Anspruchs offenbleiben. Man kann ihn auf die erwähnte Analogie stützen. Die gewohnheitsrechtliche Geltung ist aber zu bejahen.

Soweit die jeweiligen Voraussetzungen vorliegen, können Beseitigungs-(Unterlassungs-) und Schadensersatzansprüche „nebeneinander" geltend gemacht werden, h. M. Das „Nebeneinander" folgt beim Beseitigungsanspruch aus seinem Wesen als Minus gegenüber dem Ersatzanspruch, beim Unterlassungsanspruch aus dessen Zukunftsgerichtetheit: Der Ersatzanspruch bezieht sich nur auf die Vergangenheit. Das „Nebeneinander" hat also jeweils einen verschiedenen Sinn.

17. Abschnitt
Räumliche und zeitliche Bezüge des Schuldrechts

§ 115
Der räumliche Bezug des Schuldrechts: Hauptprobleme des deutschen internationalen Schuldrechts

Zu I:
Beinert, Wesentliche Vertragsverletzung und Rücktritt, 1979; *v. Caemmerer,* RabelsZ 29, 101; *ders.,* AcP 178, 121; *ders.,* FS *Beitzke,* 1979, 35; *ders.,* SchwJZ 81, 257; *ders.,* FS *Coing,* 1982, 33; *ders.,* (Hrsg.), Vorschläge und Gutachten zur Reform des deutschen internationalen Privatrechts der außervertraglichen Schuldverhältnisse, 1983; *Dölle,* (Hrsg.), Kommentar zum EKG, 1976; *Gammilscheg,* ZfA 83, 307; *Hausmann,* WM 80, 726; *Heldrich,* NJW 74, 2156; *Henrich,* IPRax 81, 2; *Herber,* RIW 80, 601; *Herrmann,* IPRax 81, 109; *v. Hoffmann,* IPRax 84, 10; *Huber, U.,* FS *v. Caemmerer,* 1978, 837; *ders.,* RabelsZ 43, 413; *Jayme/Hausmann,* Internationales Privat- und Verfahrensrecht, 2. Aufl. 1983; *Kropholler,* Internationales Einheitsrecht, Allgemeine Lehren, 1975; *Leser/Frhr. Marschall v. Bieberstein,* Das Haager EKG und das deutsche Schuldrecht, 1973; *Lipstein* (Hrsg.), Harmonization of Private International Law by the EEC, London 1978; *Magnus,* RabelsZ 45, 144; *Max-Planck-Institut* für ausländisches und internationales Privatrecht, Stellungnahme zum Regierungsentwurf von 1983 zur Kodifikation des deutschen internationalen Privatrechts, RabelsZ 47, 595; *Mertens/ Rehbinder,* Internationales Kaufrecht, 1975; *Pirrung,* IPRax 83, 201; *Pocar,* RIW 79, 384; *Schlechtriem,* Einheitliches UN-Kaufrecht, 1981; *Schwimann,* JuS 84, 14; *Stötter,* Internationales Einheits-Kaufrecht, 1975; *Völter/Wagner,* WM 80, 726.

Zu II – V:
Ahrens, NJW 78, 467; *v. Bar,* JZ 84, 126 und 173; *Beckmann,* RIW 81, 79; *Beitzke,* FS *Wilburg,* 1975, 31; *Dölle,* Internationales Privatrecht, 2. Aufl. 1972; *Ferid,* Internationales Privatrecht, 1975 (2. unver. Aufl. 1982); *Firsching,* Einführung in das internationale Privatrecht, 2. Aufl. 1981; *Goerke,* Kollisionsrechtliche Probleme internationaler Garantien, 1982; *Heldrich,* FS *Zaitay,* 1982, 143; *Hepting,* DAR 83, 273; *Hohloch,* JuS 80, 18; *Jayme,* Kollisionsrecht und Bankgeschäfte mit Auslandsberührung, 1977; *Kegel,* Internationales Privatrecht, 4. Aufl. 1977; *Kunz,* Internationales Privatrecht, 1981; *Lorenz, W.,* DAR 83, 273; *Lüderitz,* FS *Riesenfeld,* 1983, 147; *Lutter,* Der Letter of Intent, 1982; *Magnus,* RabelsZ 38, 396; *Mummenhoff,* NJW 75, 476; *Neuhaus,* Die Grundbegriffe des Internationalen Privatrechts, 2. Aufl. 1976; *Otto, Hans-Hermann,* Allgemeine Geschäftsbedingungen und internationales Privatrecht, 1984; *Pfister,* AWD 73, 117; *Raape,* Internationales Privatrecht, 5. Aufl. 1961; *Raape/Sturm,* Internationales Privatrecht, Bd. I, 6. Aufl. 1977; *Reithmann,* (Hrsg.), Internationales Vertragsrecht, 3. Aufl. 1980; *Sandrock* (Hrsg.), Handbuch der Internationalen Vertragsgestaltung, 2. Bde, 1980; *ders., GS Constantinesco,* 1983, 619; *Schurig,* JZ 82, 385; *Steindorff,* FS *v. Caemmerer,* 1978, 761; *Stoll, Hans,* FS *Ferid,* 1978, 397; *Sturm* (Hrsg.), Wahlfach Internationales Privatrecht und Rechtsvergleichung, 1982; *Sura,* DB 81, 1969; *Weber,* Die kollisionsrechtliche Behandlung von Wettbewerbsverletzung mit Auslandsbezug, 1982; *Weitnauer,* Der Vertragsschwerpunkt, 1981; *Wengler,* WM 82,

226; *ders.,* ZRVgl 82, 11; *ders., *RabelsZ 47, 215; *Wohlgemuth,* JZ 79, 175; *Wolff, Martin,* Das internationale Privatrecht Deutschlands, 3. Aufl. 1954.

Das deutsche internationale Schuldrecht ist ein Teil des deutschen Internationalen Privatrechts (IPR). Das deutsche IPR ist *deutsches Recht,* nicht etwa „internationales". Seine Normen (Art. 7 – 31 EGBGB) regeln nicht bestimmte Sachverhalte, sondern sagen, *welches von mehreren* nationalen Rechten anzuwenden ist, wenn ein Sachverhalt mehrere nationale Rechtsordnungen berührt. IPR ist also „Kollisionsrecht":

Eine französische Firma verkauft in Italien lagernden Rotwein an eine deutsche Weingroßhandlung. Richtet sich der Kaufvertrag nach französischem, italienischem oder deutschem Recht? Eine Norm des deutschen IPR (genauer: des deutschen internationalen Schuldrechts) muß darauf antworten. Jede Rechtsordnung hat ihr IPR, das vom IPR eines anderen Staates häufig abweicht.

Im folgenden kann nur eine summarische Übersicht der Hauptfragen gegeben werden. Eine Darstellung des deutschen internationalen Schuldrechts wird dadurch erschwert, daß weite Bereiche keine gesetzliche Regelung gefunden haben und auf Gewohnheitsrecht beruhen; Art. 11, 12 EGBGB regeln nur Randfragen; *Ferid* 6 – 8 ff. Mit den Grundprinzipien dieses Gebietes vertraut zu sein, ist jedoch wegen der zunehmenden internationalen Wirtschaftsbeziehungen bedeutsam. Wegen der teils durchgeführten, teils noch geplanten internationalen Vereinheitlichungsbestrebungen und der z. Zt. schwebenden völligen Neufassung des deutschen IPR ist die Quellenlage unübersichtlich. Sie ist unter I, Grundzüge des geltenden IPR sind unter II darzustellen.

I. Die Quellenlage

1. Rechtsquellen des deutschen IPR, insb. das Schuldrecht betreffend

Die Art. 7 – 31 regeln das geltende deutsche IPR. Dem Schuldrecht sind nur die fragmentarischen Bestimmungen der Art. 11, 12 gewidmet. Das meiste ist Richterrecht mit weitgehend gewohnheitsrechtlichem Charakter. Am 20. 5. 1983 hat die Bundesregierung den „Entwurf eines Gesetzes zur Neuregelung des Internationalen Privatrechts" im Bundesrat eingebracht.[1]) Danach wird das EGBGB in der Weise umgestaltet, daß durch Zusammenlegungen und Streichungen eine Lücke zwischen den Art. 3 und 49 EGBGB entsteht. Der vorliegende Regierungsentwurf enthält aber erst 36 Bestimmungen (Art. 3 – 38), so daß noch Raum für 11 weitere Vorschriften verbleibt. Für das Schuldrecht sind die Artikel 27 – 37 vorgesehen. Für Verträge gilt danach (wie schon bisher gewohnheitsrechtlich) der *Grundsatz freier Rechtswahl, Art. 27.* Mangels von den Parteien vorgenommener Rechtswahl gibt Art. 28 eine Reihe von hilfsweise eingreifenden Anknüpfungspunkten. Eigentümlicherweise ist jedoch, entgegen der amtlichen Bezeichnung des Entwurfs, von den schuldrechtlich bedeutsamen Materien des Internationalen Delikts-, Bereicherungs- und Gesellschaftsrechts keine Rede. Auch zum Internationalen Sachenrecht findet sich praktisch nichts. Die Zweite Kommission des Deutschen Rats für Internationales Privatrecht hat Vorschläge und Gutachten zu den außervertraglichen Schuldverhältnissen unterbreitet (s. o. *v. Caemmerer* [Hrsg.], Vorschläge und Gutachten).

Der deutsche IPR-Reform-Entwurf fußt auf dem *römischen EWG-Übereinkommen über das auf vertragliche Schuldverhältnisse anzuwendende Recht* vom 19. 6. 1980, Amts-

---

[1]) Bundesrat, Drucksache 222/83 (20. 5. 1983), RabelsZ 47, 691 ff.

blatt der EG Nr. L 266 vom 9. 10. 1980. Das Übereinkommen ist von der Bundesrepublik Deutschland sowie von Belgien, Frankreich, Irland, Italien, Luxemburg, den Niederlanden und dem Vereinigten Königreich gezeichnet, aber bisher nur von Dänemark ratifiziert worden; es ist noch nicht in Kraft getreten (vgl. dazu *Soergel/Kegel*, vor Art. 7 EGBGB, Rz. 497ff.). Der Vorgänger des EWG-Übereinkommens ist das *Haager Übereinkommen betreffend das auf internationale Kaufverträge über bewegliche Sachen anzuwendende Recht* vom 15. 6. 1955.[2]) Die Bundesrepublik Deutschland hat das Haager Übereinkommen bisher weder gezeichnet noch ratifiziert. Es ist am 1. 9. 1964 für Belgien, Dänemark, Finnland, Frankreich, Italien und Norwegen in Kraft getreten und gilt für Schweden seit dem 6. 9. 1964, Niger seit dem 10. 12. 1971 und die Schweiz seit dem 27. 10. 1972. Ein anderer Vorläufer ist das *Haager Übereinkommen über das auf den Eigentumserwerb bei internationalen Käufen beweglicher Sachen anzuwendende Recht* vom 15. 4. 1958, das bisher aber lediglich von Italien ratifiziert und von Griechenland gezeichnet worden ist; es ist bisher nicht in Kraft getreten.[3])

Mit der Verabschiedung des deutschen IPR-Reform-Entwurfs und eines Zustimmungsgesetzes zum römischen EWG-Abkommen ist in absehbarer Zeit zu rechnen, wenngleich gegen die Dualität einer generellen Inkorporation des EWG-Abkommens durch Art. I Abs. 2 des Zustimmungsgesetzes und der darauf aufgebauten deutschen IPR-Reform triftige Bedenken geltend gemacht wurden (s. *Stellungnahme* des Max-Planck-Instituts a. a. O. 602ff.).

2. Vereinheitlichung materiellen Kaufrechts

Kollisionen materiellen Rechts verschiedener Rechtsordnungen lassen sich vermeiden, wenn das Recht dieser Rechtsordnungen inhaltlich vereinheitlich worden ist. Tendenziell treten also Kollisionsnormen in ihrer Bedeutung zurück, je mehr die Rechte verschiedener Rechtsordnungen materiell übereinstimmen. Schon früh haben daher Versuche eingesetzt, das Recht des Kaufs *allgemein* (oder zumindest das Recht *grenzüberschreitender Kaufverträge*) inhaltlich zu vereinheitlichen. Zu nennen sind besonders die Bemühungen von *Ernst Rabel* (*Rabel*, Das Recht des Warenkaufs I, 1936; *ders.*, Der Entwurf eines einheitlichen Kaufgesetzes, RabelsZ 9 (1935), Sonderheft) und des Internationalen Instituts für die Vereinheitlichung des Privatrechts (Unidroit, Rom-Institut) seit 1926 auf diesem Gebiet.[4]) Ein Ergebnis dieser Bemühungen war das *Haager Übereinkommen zur Einführung eines Einheitlichen Gesetzes über den internationalen Kauf beweglicher Sachen* vom 1. 7. 1964 (BGBl. 1973 II 886). Das Übereinkommen ist für die Bundesrepublik Deutschland am 16. 4. 1974 im Verhältnis zu Belgien, Israel, Italien, den Niederlanden, San Marino und dem Vereinigten Königreich in Kraft getreten. Weiter gilt es heute im Verhältnis zu Sambia (seit 5. 9. 1974) und Luxemburg (seit dem 6. 8. 1979). Zur Ausführung des Haager Übereinkommens vom 1. 7. 1964 hat die *Bundesrepublik Deutschland das Einheitliche Gesetz über den internationalen Kauf beweglicher Sachen erlassen* (17. 7. 1973, BGBl. I 856) — EKG —. Das Gesetz ist am 16. 4. 1974 in Kraft getreten. Obwohl Art. III des Gesetzes die sogenannte „opting-out-Lösung" vertritt, wonach das Gesetz gilt, wenn die Parteien es nicht ausschließen, ist das Gesetz nicht von großer praktischer Bedeutung geworden: In den meisten grenzüberschreitenden Verträgen wird es wegbedungen.

---

[2]) Text bei *Jayme/Hausmann* Nr. 46.
[3]) Französischer Text in RabelsZ 24, 145.
[4]) Zu Unidroit z. B. *Kropholler*, 57 ff.

Parallel zum Übereinkommen und Einheitlichen Gesetz über den internationalen Kauf beweglicher Sachen besteht das Haager Übereinkommen zur Einführung eines einheitlichen Gesetzes über den *Abschluß* von internationalen Kaufverträgen über bewegliche Sachen vom 1. 7. 1964, das für die Bundesrepublik Deutschland im Verhältnis zu Belgien, Italien, den Niederlanden, San Marino, dem Vereinigten Königreich, Sambia, Luxemburg und Israel gilt.[5] Das entsprechende deutsche *Einheitliche Gesetz über den Abschluß von internationalen Kaufverträgen über bewegliche Sachen* ist vom 17. 7. 1973 (BGBl. I 868) — EAG —, in Kraft getreten am 16. 4. 1974.

Um den Bemühungen um ein international vereinheitlichtes Kaufrecht neue Schwungkraft zu geben und den Kreis der Länder, für die ein solches Einheitliches Kaufrecht gelten soll, zu erweitern, hat die UNO-Unterorganisation UNCITRAL einen Text erarbeitet, der als *„Wiener UN-Übereinkommen über Verträge über den internationalen Warenkauf"* vom 11. 4. 1980 von der Bundesrepublik Deutschland und von über 30 weiteren Staaten der UNO gezeichnet worden, aber bisher noch nicht ratifiziert ist. Es ist noch nicht in Kraft getreten. Eine Ratifikation durch die Bundesrepublik Deutschland und andere Vertragsstaaten der Haager Kaufrechts-Übereinkommen von 1964 wird gemäß Art. 99 Abs. 4 und Abs. 5 des Wiener-Übereinkommens erst nach einer vorherigen Kündigung der Haager Übereinkommen wirksam.[6]

3. Anerkennung von Gesellschaften

Die EWG-Mitgliedstaaten haben ein „Brüsseler EWG-Übereinkommen über die gegenseitige Anerkennung von Gesellschaften und jurisitischen Personen" vom 29. 2. 1968 geschlossen (BGBl. 1972 II 370). Das Übereinkommen ist von der Bundesrepublik Deutschland sowie von Belgien, Frankreich, Italien und Luxemburg ratifiziert worden, jedoch wegen der noch ausstehenden Ratifikation durch die Niederlande nicht in Kraft getreten.

4. Verbraucherschutzrecht

Im Bereich des Verbraucherschutzes ist auf die §§ 10 Nr. 8, 12, 23 Abs. 1 und 24 des deutschen *AGB-Gesetzes* vom 9. 12. 1976 (BGBl. I 3317) hinzuweisen; ferner auf § 11 des Gesetzes zum Schutz der Teilnehmer am *Fernunterricht* vom 24. 8. 1976 (BGBl. I 2525), sowie auf den Entwurf eines Übereinkommens über das auf bestimmte *Kaufverträge mit Verbrauchern* anzuwendende Recht vom 25. 10. 1980.[7]

5. Reiserechtliche Bestimmungen

Es gibt ein Brüsseler Übereinkommen über den *Reisevertrag* vom 23. 4. 1970, das am 24. 2. 1976 für Belgien, Benin, China (Taiwan), Kamerun und Togo in Kraft getreten ist. Es gilt heute ferner für Argentinien und Italien.[8] Ein Übereinkommen über eine — vertragsunabhängige — *Gastwirtehaftung* besteht zwischen der Bundesrepublik Deutschland im Verhältnis zu Irland und dem Vereinigten Königreich (BGBl. 1966 II

---

[5] Siehe die Angaben bei *Jayme/Hausmann* Nr. 45 Fn. 1.
[6] Text bei *Jayme/Hausmann* Nr. 43; siehe auch *Schlechtriem,* Einheitliches UN-Kaufrecht, 1981.
[7] Text (englisch/französisch) in RabelsZ 46, 794. Vgl. ferner *Lüderitz,* FS *Riesenfeld,* 1983, 147.
[8] Text (französisch/italienisch) in Le nuove leggi civili 1978, 1757.

1565, 1967 II 1210); das Übereinkommen gilt heute ferner im Verhältnis zu Malta, Frankreich, Belgien, Italien und Luxemburg.[9])

6. Unerlaubte Handlungen

Abgesehen von der unten V 3 c zu besprechenden Vorschrift des *Art. 12 EGBGB* besteht bundesrechtlich noch die Verordnung über die Rechtsanwendung bei *Schädigungen deutscher Staatsangehöriger außerhalb des Reichsgebietes* vom 7. 12. 1942 (RGBl. I 706), wonach deutsches Recht Anwendung findet, wenn ein Deutscher außerhalb des Reichsgebietes einen anderen Deutschen geschädigt hat.[10]) In multilateraler Hinsicht ist auf das Haager Übereinkommen über das auf *Straßenverkehrsunfälle* anzuwendende Recht vom 4. 5. 1971 und das Straßburger Europäische Übereinkommen über die *obligatorische Haftpflichtversicherung* für Kraftfahrzeuge vom 20. 4. 1959 (BGBl. 65 II 281) hinzuweisen. Während das Haager Übereinkommen über Straßenverkehrsunfälle von der Bundesrepublik Deutschland bisher nicht gezeichnet ist, trat es für Belgien, Frankreich, Österreich, Jugoslawien, die Tschechoslowakei, die Niederlande und Luxemburg in Kraft.[11]) Das Straßburger Haftpflichtversicherungs-Übereinkommen gilt für die Bundesrepublik im Verhältnis zu Dänemark, Griechenland, Norwegen, Schweden und Österreich.[12]) Ein weiteres Straßburger Europäisches Übereinkommen über die zivilrechtliche Haftung in Fällen von *Schäden, die durch Kraftfahrzeuge* verursacht worden sind vom 14. 5. 1973 ist von der Bundesrepublik Deutschland, Norwegen und der Schweiz gezeichnet, aber bisher noch nicht ratifiziert worden.[13])

7. Andere Rechtsgebiete

Auf den Gebieten des *Wechsel- und Scheckrechts*, des *gewerblichen Rechtsschutzes* und *Urheberrechts*, des *Wettbewerbsrechts* und auf anderen an das Schuldrecht angrenzenden Gebieten besteht Kollisionsrecht, vereinheitlichtes Kollisionsrecht und vereinheitlichtes materielles Recht, das darzustellen hier zu weit führen würde. Im folgenden ist auf geltendes deutsches Internationales Schuldrecht einzugehen.

II. Das auf Verträge anwendbare Recht

1. Der Grundsatz der Parteiautonomie

a) die Parteien eines Vertrages können grundsätzlich frei vereinbaren, welchem Recht sie den Vertrag unterstellen wollen (*Parteiautonomie*, plastisch *Gamillscheg: Verweisungsfreiheit;* dieser Grundsatz ist Gewohnheitsrecht; das EGBGB schweigt).

Dies ist keine petitio principii (so richtig *Neuhaus,* 256): Dem deutschen Richter wird ein internationaler Sachverhalt zur Entscheidung vorgelegt. Die gewohnheitsrechtliche Kollisionsnorm schreibt ihm das nationale Recht vor, auf das sich die Parteien geeinigt haben. Der äußere Anschein der Einigungserklärungen ist Bestandteil des internalen Sachverhalts. Der Richter beurteilt nun nach dem — äußerlich vereinbarten — Recht die Gültigkeit der Erklärungen, soweit sie die Rechtswahl betreffen;

---

[9] Siehe dazu *Jayme/Hausmann* Nr. 42 Fn. 3.
[10]) Siehe dazu auch unten V.
[11]) Einzelheiten siehe *Jayme/Hausmann* Nr. 51 Fn. 3.
[12]) Siehe *Jayme/Hausmann* Fn. 6.
[13]) Text (englisch/französisch) in European Treaty Series No. 7.

Hauptprobleme des deutschen internationalen Schuldrechts   § 115
II 1

danach beurteilt er, falls sie wirksam sind, ihre Bedeutung für Zustandekommen und Inhalt des Vertrags. Das Kollisionsrecht gestattet die Rechtswahl, aber natürlich nur aufgrund gültiger Erklärungen. Grenzen ziehen der ordre public (Art. 30 EGBGB), das Einzelschutzprinzip, das begrifflich, aber nicht inhaltlich, dem ius cogens im materiellen Recht entspricht, *Fikentscher,* RdA 69, 204; *Firsching,* 239 ff. und eine Sonderanknüpfung (Sonderstatut), vgl. Art. 28 EGBGB; *Ferid/Firsching,* Int. Erbrecht I, 1981, Einführung Rn. 13, 20.

b) Die Verweisung kann in *dreifachem Sinne* gemeint sein:

aa) *Bloß materiellrechtliche Verweisung* (selten): Für einen Vertrag gilt Recht des Staates A. Die Parteien fügen aber diesem grundsätzlich geltenden Recht einige Klauseln einer anderen Rechtsordnung B ein (z. B. ein deutscher Kaufvertrag mit italienischem Mängelgewährleistungsrecht). Insbesondere gilt dann notwendig das ius cogens im Vertragsrecht des Staates A.

bb) *Einfache kollisionsrechtliche Verweisung* (Regel): Für einen Vertrag wird das Recht des Staates C vereinbart. (Deutsche schließen einen Kaufvertrag nach italienischem Recht ab.) Es gilt das ius cogens des Staates C. Auf das Kollisionsrecht des Staates C ist aber bei der regelmäßigen kollisionsrechtlichen Verweisung nicht mit verwiesen. − Nur von dieser einfachen kollisionsrechtlichen Verweisung handelt das Folgende.

cc) *Kollisionsrechtliche Verweisung auch auf das Kollisionsrecht der vereinbarten Rechtsordnung* (selten). X und Y vereinbaren in einem Rahmenvertrag, daß sich die Einzelverträge nach holländischem Recht einschl. des holländischen Kollisionsrechts richten sollen. Wird ein Einzelvertrag in Frankreich geschlossen, gilt für ihn französisches Recht, weil nach holländischem Kollisionsrecht das Recht des Abschlußortes maßgeblich ist und Frankreich die Verweisung annimmt.

c) Die Verweisung kann *ausdrücklich* geschehen.

A und B vereinbaren: „Dieser Patentlizenzvertrag richtet sich nach brasilianischem Recht." Es ist zweckmäßig, derartige ausdrückliche Vereinbarungen in den Vertragstext, zumindest aber in allgemeine Geschäftsbedingungen aufzunehmen.

d) Ist keine ausdrückliche Vereinbarung erfolgt, muß geprüft werden, ob die Parteien *stillschweigend* eine Rechtsordnung *vereinbart* haben. Hierfür ist aber ein rechtsgeschäftlicher Wille zu verlangen. Verzichtet wird nur auf die ausdrückliche Erklärung dieses Willens *durch Wort oder Schrift.* Stillschweigende Willenserklärungen sind Erklärungen rechtsgeschäftlichen Willens. *Beispiele:*

aa) Bei den allermeisten *in* Deutschland *von* Deutschen geschlossenen Verträgen ist deutsches Recht stillschweigend, weil aus dem *Wohnsitz* als „selbstverständlich" folgend, vereinbart.

bb) Als *Gerichtsstand* ist „Brüssel" vereinbart. Im Zweifel bedeutet das den Willen der Parteien, den Vertrag belgischem Recht zu unterstellen. (Qui eligit iudicem eligit ius.)

cc) „*Erfüllungsort* London" kann ein Hinweis auf stillschweigend vereinbartes englisches Recht sein, muß es aber nicht.

dd) In der Wahl der *Sprache* für den Vertragstext kann stillschweigende Rechtswahl liegen, namentlich bei Verwendung eines Formulars.

ee) Ein Luxemburger mietet eine Wohnung in einem Aachener Haus, das einem Holländer gehört: Die *Belegenheit* der vermieteten Sache deutet auf deutsches Recht.

ff) Zwei deutsche Urlauber tauschen in Spanien Briefmarken: Die *Staatsangehörigkeit* in Verbindung mit dem nur ganz vorübergehenden Aufenthalt spricht für deutsches Recht.

gg) Eine Gesellschaft unterschiedlicher Staatsangehöriger wird in Paris gegründet. Der *Sitz* deutet auf stillschweigend vereinbartes französisches Recht.

hh) Die Parteien lassen sich vor Gericht auf die Behandlung nach deutschem Recht ein. Hieraus kann rückwirkend auf die Vereinbarung deutschen Rechts geschlossen werden. Zu weiteren *Indizien* und deren unterschiedlicher Aussagekraft *Ferid,* 6—29 ff.; *Soergel/Kegel,* vor Art. 7 Rz. 344 ff.

e) In vier Fällen *erleidet* die Verweisungsfreiheit *Ausnahmen:*

aa) Bei nur materieller Verweisung gilt das fremde *zwingende* Recht nur, soweit auf es verwiesen wurde; bei kollisionsrechtlicher Verweisung kommt es jedenfalls zur Anwendung, oben b.

bb) Die schuldrechtliche Verweisungsfreiheit macht aber stets halt vor sog. *„Eingriffsnormen"* (*Neuhaus,* 33 ff., 259 f.; daß sie etwas anderes sind als bloß „zwingendes Recht", sieht die herrschende Lehre noch nicht klar genug). Das sind im öffentlichen Interesse erlassene Vorschriften, die regelnd in privatrechtliche Verhältnisse eingreifen: Steuer-, Devisen-, Kartell- und Bewirtschaftungsvorschriften spielen die Hauptrolle. Sie gelten nur im nationalen Bereich, dort aber *ohne Rücksicht auf die Rechtswahl,* und zwar auch im Vertragsrecht.

Internationale Kartelle haben die Tendenz, in Rechtsordnungen ohne Kartellgesetzgebung auszuweichen (siehe aber § 98 II GWB). Die Privatautonomie tritt insoweit hinter die nationalen Kartellrechte zurück. Umgekehrt unterliegt ein nach deutschem Recht geschlossener Mietvertrag über eine Straßburger Wohnung nicht den deutschen Mietbewirtschaftungsvorschriften.

cc) Wenn durch die freie Rechtswahl eine bestimmte, als lästig empfundene Rechtsordnung *umgangen* werden soll, gilt die Verweisung nach § 134 überhaupt nicht (*Römer,* Gesetzesumgehung im deutschen IPR, 1955). Ein Beispiel „fraudulöser" Anknüpfung: BGHZ 78, 318 — Durchgriff —.

Ein Kartell wird als Liefervertrag frisiert und einem sachlich fernliegenden, kartellfreundlichen Recht unterstellt (*Neuhaus,* 195).

dd) „Verspielte", d. h. unsinnige Anknüpfungen werden zweckmäßig als Umgehungen behandelt (*M. Wolff:* „Ungehörige Anknüpfung"), siehe auch § 118 BGB (Nichternstlichkeit).

Student S kauft in Münster eine Flasche Alt-Bier und besteht dabei auf Vereinbarung saudi-arabischen Rechts.

2. Der Rückgriff auf die interessengerechte Anknüpfung („Schwerpunkttheorie", „hypothetischer Parteiwille")

Liegt weder ausdrückliche noch stillschweigende Rechtswahl vor, ist nach einer weiteren Anknüpfungsmöglichkeit zu suchen; sie wird überwiegend als *„hypothetischer Parteiwille"* bezeichnet. Ziel dieser Anknüpfung ist es, das Schuldverhältnis einer *einheitlichen* Rechtsordnung zu unterstellen; *Soergel/Kegel,* vor Art. 7 EGBGB, Rz. 335 f., s. auch unten 3.

Es besteht heute weitgehend Einigkeit, daß der hypothetische Parteiwille nur mit Hilfe *objektiver* Kriterien bestimmt werden kann; die Ermittlung des maßgeblichen

Rechts ist somit (revisible) *Rechtsfrage* und nicht Erforschung des subjektiven Willens (BGHZ 7, 235; 44, 183, 186; anders noch RGZ 120, 72).

Ob bei einer Verweisung aufgrund hypothetischen Parteiwillens auch auf das betreffende Kollisionsrecht mitverwiesen ist (s. oben II 1 b), ist noch nicht endgültig geklärt, *Palandt/Heldrich*, vor Art. 12 EGBGB, Anm. 2 c; *Soergel/Kegel*, vor Art 7 EGBGB, Rz. 388. Umstritten ist weiter, ob die „*engste räumliche Beziehung*", der „*Schwerpunkt*" des Vertrages und somit die anzuwendende Rechtsordnung mittels einer Interessenabwägung an Hand der *Gesamtheit* der *Einzelumstände* des konkreten Falles zu ermitteln ist (BGHZ 57, 72, 76; NJW 73, 2151; *Neuhaus*, 265; *Palandt/Heldrich*, vor Art 12 EGBGB, Anm. 2 acc) oder ob *Typisierungen* nach bestimmten Geschäftsarten zulässig sind (*Schnitzer*, RabelsZ 33, 17, 27: Lehre von der charakteristischen Leistung; *Kegel* 293: Prinzip der geringsten Störung). Beide Auffassungen führen jedoch selten zu unterschiedlichen Ergebnissen, da die individualisierende Richtung bei der Interessenabwägung den Typus des Geschäftes berücksichtigt und die typisierenden Besonderheiten des Einzelfalles nicht verkennt; *Ferid*, 6−52; *Wolff*, 142. Heute hat weitgehend eine *Fallgruppenbildung* stattgefunden, *Soergel/Kegel*, vor Art 7 EGBGB, Rz. 344 ff.; typische Anknüpfungen hierbei sind:

a) Börsen- und Marktgeschäfte regeln sich nach der lex loci actus, nach dem Börsen- und Marktort.

b) Bei anderen Verträgen Gewerbetreibender ist zu unterscheiden:

aa) *Ist Partner ein Nichtgewerbetreibender*, insb. ein Letztverbraucher, so kommt es auf die Interessenlage an der einheitlichen Geschäftsbehandlung an:

aaa) Hat der Gewerbetreibende ein überwiegendes Interesse an einheitlicher Verwendung einer Rechtsordnung, insb. von Allgemeinen Geschäftsbedingungen (oben § 26 VI, Banken, Versicherungen, Spediteure), so gilt das Recht seiner gewerblichen Niederlassung. Vgl. BGHZ 19, 110, 113 − Verlagssitz −.

bbb) Aber nicht immer ist das Interesse des Gewerbetreibenden schutzwürdiger (anders wohl die herrschende Meinung). Will der Gewerbetreibende in einen neuen ausländischen Markt mit individuellen Angeboten vordringen, nimmt er die Risiken des fremden Rechts in Kauf.

bb) Stehen sich zwei Gewerbetreibende gegenüber, ist es noch schwieriger. Aber auch hier hilft eine Prüfung der überwiegenden Interessen an der Wahl des Rechts. Die herrschende Meinung bevorzugt mit Recht grundsätzlich den *Lieferanten* der Ware oder Dienstleistung, da deren Pflichten das Schuldverhältnis stärker charakterisieren als die Geldschuld, *Kegel*, 294; BGH JZ 61, 261 mit zutr. krit. Anm. *Henrich*, ablehnend BGHZ 57, 76.

c) Verträge der öffentlichen Hand unterliegen zumeist dem Recht, das diese „öffentliche Hand" bildet. Denn staatliche Stellen unterwerfen sich fremdem Recht schwerer als private (Beispiel: Kommunalanleihen).

d) Rechtsanwälte, Notare, Ärzte u. a. Wahrnehmer öffentlicher Aufgaben können − aus ähnlichen Erwägungen − das Recht *ihres Praxisorts* für sich in Anspruch nehmen.

e) Bei Grundstückskäufen, -mieten, -pachten gilt schwerpunktmäßig die lex rei sitae, BGH JZ 55, 702.

f) Angelehnte Verträge folgen im Zweifel dem Recht des Haupt- oder Grundvertrages (z. B. Einzelvertrag − Rahmenvertrag). Dies gilt jedoch nicht für die Bürgschaft, für die das anzuwendende Recht selbständig zu bestimmen ist; *Palandt/Heldrich,* vor Art. 12 EGBGB, Anm. 60; *Reithmann,* Rn. 287. Fragen der Abtretung einer Forderung richten sich nach dem Recht der Forderung; *Soergel/Kegel,* vor Art. 7 EGBGB, Rz. 444.

3. Der Erfüllungsort als Notanker
Dazu insb. *Kegel,* 295f.; *Ferid,* 6 – 55 ff.

a) *Savigny* verlegte den „Sitz" einer Obligation an ihren Erfüllungsort. Nach heutiger Auffassung ist der vereinbarte Erfüllungsort bereits bei der stillschweigenden Rechtswahl, ein anders ermittelter u. U. beim „hypothetischen Parteiwillen" zu berücksichtigen. Läßt sich hiernach jedoch keine Rechtsordnung bestimmen, so ist der – nach deutschem Recht festzulegende – Erfüllungsort als Notanker heranzuziehen; BGHZ 57, 75; BGH LM Nr. 3 zu Art. 27 EGBGB – Drahtseile-Fall –. Die Anknüpfung an den Erfüllungsort kann zur Anwendung unterschiedlicher Rechtsordnungen auf die verschiedenen Leistungspflichten führen.

b) Noch andere objektive Kriterien werden als letzte Zuflucht vorgeschlagen, haben sich aber in Deutschland zumindest in der Rechtsprechung nicht durchsetzen können:

aa) Schuldnerwohnsitz, -niederlassung (häufig identisch mit Erfüllungsort, vgl. §§ 269, 270), *v. Bar, Raape.*

bb) Abschlußort (verbreitet in den Ländern des Code civil).

cc) Staatsangehörigkeit *(Zitelmann).*

4. Besondere Anknüpfungen
Besondere, völkerrechtlich vereinbarte Anknüpfungen gelten im *Luftfahrtwesen,* im *Wechsel-* und *Scheckrecht* (§§ 91 – 98 WG). Zu einer gewissen Vereinheitlichung auf dem Gebiete internationaler Kaufgeschäfte haben das in Deutschland am 16. 4. 1974 in Kraft getretene *„Einheitliche Gesetz über den internationalen Kauf beweglicher Sachen"* („EKG", BGBl. 1973 I, 856) und das *„Einheitliche Gesetz über den Abschluß von internationalen Kaufverträgen über bewegliche Sachen"* („EAG", BGBl. 1973 I, 868) geführt; zur Einführung *Eith/Kötz,* JuS 74, 673; ausführlich *Mertens/Rehbinder* a. a. O.; zur Quellenlage s. o. I 2.

Diese beiden Gesetze finden Anwendung auf internationale Kauf- und Werklieferungsverträge über bewegliche Sachen. International i. S. d. Gesetze ist ein Vertrag unter zwei Voraussetzungen. Einmal müssen die Vertragsparteien ihre Niederlassung in verschiedenen Signatarstaaten haben (Art. 1 I EKG; neben Deutschland sind dies bisher u. a. Großbritannien, Italien und die Niederlande). Hinzu kommen muß ein weiteres, objektives Element, das in drei Fällen gegeben ist (Art. 1 I a – c EKG): die verkaufte Sache wird grenzüberschreitend befördert; Angebot und Annahme wurden in verschiedenen Staaten abgegeben oder Vertragsschluß und Lieferung finden nicht im gleichen Lande statt. Das EKG kann von Parteien abbedungen, Art. 3 EKG, jedoch auch ohne Vorliegen der obigen Voraussetzungen vereinbart werden; *U. Huber* DB 75, 1205; *Mann* JZ 75, 14.

Unter den materiellen Regelungen des EKG ist vor allem die Zusammenfassung sämtlicher Leistungsstörungen unter dem einheitlichen Begriff der *Vertragsverletzung* und die geringere Bedeutung der Verschuldensfrage (s. aber Art. 74 EKG) hervorzuheben, vgl. *Heldrich,* NJW 74, 2156; *J. Bees,* AWD 75, 14. *Beinert,* Wesentliche Vertragsverletzung und Rücktritt, 1979. Erfüllungsort für die vom Verkäufer nach Art. 78 II EKG geschuldete Kaufpreisrückgewähr ist der Ort seiner gewerblichen Niederlassung,

BGHZ 78, 257. Das EAG behandelt die Frage des *Wirksamwerdens* der einzelnen Vertragserklärungen, d. h. ungefähr den Bereich der §§ 130, 145 ff. BGB. Geschäftsfähigkeit, Willensmängel und Vertretung werden dagegen nicht geregelt; hier gilt weiter allgemeines IPR. Für die Besonderheiten im Hinblick auf das auf den *Arbeitsvertrag* anwendbare Recht vgl. insb. *Gamillscheg*, ZfA 83, 307 ff.

5. Zustandekommen und Gültigkeit eines Vertrages

Die meisten im BGB AT geregelten Bereiche (Angebot, Annahme, Willensmängel, Zustimmung, Verjährung) richten sich nach der Rechtsordnung, nach der sich die späteren Rechtswirkungen bestimmen („Wirkungsstatut", BGHZ 57, 77). Besondere Anknüpfungen gelten insbesondere für Geschäftsfähigkeit und Vollmacht; s. *Ferid*, 5 – 87 ff.; *Firsching* 228 ff., 238 f.

6. Die *Form* eines Vertrags richtet sich grundsätzlich nach dem für den ganzen Vertrag geltenden Recht, Art. 11 EGBGB. So gilt § 313 für einen Grundstückskauf, der deutschem Recht unterstehen soll, auch wenn das Grundstück im Ausland liegt, BGHZ 52, 239; anders bei Beurkundung einer GmbH-Satzungsänderung im Ausland, BGHZ 80, 76.

III. Geschäftsführung ohne Auftrag

Anzuwenden ist im allgemeinen das Recht des Orts, an dem das Geschäft geführt wird (lex loci actus). Im einzelnen ist vieles streitig, *Soergel/Kegel*, vor Art. 7 EGBGB Rz. 535 ff.

IV. Ungerechtfertigte Bereicherung

Das Gebiet ist ungeklärt. Man kann unterscheiden (im Anschluß an die Ausführungen bei *v. Caemmerer*, Bereicherung und unerlaubte Handlung, FS *Rabel* 1954, 333, 388):

1. Bei *technischen Leistungskondiktionen* gilt das Recht, dem der abzuwickelnde Vertrag untersteht. Das Vertragsrecht steht hier im Vordergrund.

2. *Materielle Leistungskondiktionen* sind kaum einheitlich zu behandeln. Handelt es sich um Rückabwicklungen rechtsgeschäftlicher Vorgänge, sind die Regeln zu 1 entsprechend anwendbar. Geht es darum, ganz allgemein als ungerecht empfundene Vermögensvorteile auszugleichen, wendet man zweckmäßig das Recht an, das den Vermögensvorteil begründen half. Die Kondiktion abstrakter Verpflichtungen richtet sich also nach dem diese Verpflichtungen begründenden Recht.

3. *Eingriffskondiktionen* unterstehen zweckmäßig der lex rei sitae, bezogen auf das Gut, in das eingegriffen wird.

4. *Rückgriffskondiktionen* sollten sich nach dem Recht richten, das die Leistung beherrscht, deren Erfüllung der Dritte im Sinne des § 267 übernimmt: Wer fremde Schulden erfüllt, unterwirft sich im Zweifel deren Recht. — *Drittempfängerkondiktionen* unterliegen dem Recht des Leistungsverhältnisses, das anstatt an den Gläubiger wirksam an den Dritten erfüllt wird: Dem Gläubiger soll zwar ein anderer Schuldner, aber kein anderes Recht aufgedrängt werden.

V. Unerlaubte Handlungen und Gefährdungshaftung

1. Grundsätzlich entscheidet das Recht des *Handlungsorts* (lex loci delicti commissi). Das gilt sowohl für das Tun (Tatort) als auch für das Unterlassen (*etwas* nicht tun, Unterlassungsort).

Verursacht ein ausländisches Kraftfahrzeug in Deutschland einen Verkehrsunfall, so bestimmt sich die Haftung des Fahrers und des Eigentümers (Halters) nach deutschem Recht, BGHZ 23, 65.

2. Möglicherweise fallen aber auseinander

a) Der Handlungsort (mehrere Handlungsorte sind möglich!)

b) der Ort der Rechtsverletzung („Erfolgsort")

c) die Orte, an denen die Folgeschäden auftreten.

Beispiel (vgl. *Kegel,* 305 ff., 310 f.): Jemand kauft verdorbene Konserven in Deutschland, erkrankt in Belgien (Rechtsgutverletzungsort), muß in Paris ins Krankenhaus (erster Folgeschaden-Eintrittsort) und büßt in Spanien, wo er arbeitet, einen Verdienstausfall ein (zweiter Folgeschaden-Eintrittsort).

Die Folgeschadenorte bleiben nach allgemeiner Ansicht außer Betracht. Fallen Handlungs- und „Erfolgs"orte auseinander, gilt nach herrschender Lehre und Praxis das dem Verletzten günstigste Recht *(Günstigkeitsprinzip),* zutreffende Begründung bei *Kegel,* 307 f.

3. Von der lex loci delicti commissi gelten *Ausnahmen, Mummenhoff,* NJW 75, 476.

a) Das *gemeinsame Personalstatut,* wenn sich Personen gleichen Personalstatuts vorübergehend im Ausland aufhalten und dort einer den andern deliktisch schädigt (siehe aber unten d).

Sittlichkeitsverbrechen eines Deutschen gegen eine Deutsche, die beide in Italien ihren Urlaub verbringen, vgl. OLG München DR 43, 246. – Zusammenstoß zweier deutscher Autofahrer in Paris; siehe auch unten d.

b) In *Wettbewerbssachen* ist eine Berührung mit mehreren Rechtsordnungen häufig, da insbesondere Handlungs- und Erfolgsort oft auseinanderfallen. Die frühere Rechtsprechung versuchte möglichst weitgehend deutsches Wettbewerbsrecht anzuwenden, BGHZ 21, 266, 270; 22, 1, 18. Diese Rechtsprechung benachteiligte zumeist deutsche Wettbewerber gegenüber ausländischen, da das deutsche Wettbewerbsrecht weitgehend das strengste war. In Anbetracht dieser Tatsache hat der BGH seinen rigorosen Standpunkt allmählich abgemildert, BGHZ 35, 329; 40, 391; NJW 68, 1572, 1574. Heute ist in erster Linie entscheidend, auf welchem Markt, dann gegen welche Mitbewerber sich die Wettbewerbshandlung auswirkt, *Kegel,* 308 f., *Ferid* 6–154, *Joergens,* RabelsZ 36, 42, 473 (die Einzelheiten sind streitig, vgl. *Palandt/Heldrich,* Art. 12 EGBGB, Anm. 2 cbb; *Weber,* Die kollisionsrechtliche Behandlung von Wettbewerbsverletzungen mit Auslandsbezug, 1982).

c) Nach Art. 12 EGBGB können aus einer im Ausland begangenen unerlaubten Handlung gegen einen Deutschen keine weitergehenden Ansprüche geltend gemacht werden, als nach den deutschen Gesetzen begründet sind. Nach Prüfung des anzuwendenden fremden (Tatort-) Rechts ist also deutsches Recht zu untersuchen, wenn ein Deutscher Anspruchsgegner ist. Es gilt dann das Recht, das dem deutschen Anspruchsgegner günstiger ist. Art. 12 ist eine besondere Vorbehaltsklausel nach Art der in Art. 30 EGBGB enthaltenen allgemeinen Vorbehaltsklausel.

d) Sind Schädiger und Geschädigter Deutsche, so ist die „VO über die Rechtsanwendung bei Schädigungen deutscher Staatsangehöriger außerhalb des Reichsgebietes" vom 7. 12. 1942, RGBl. 706 zu prüfen. Danach gilt für außervertragliche Schadensersatzansprüche *deutsches Recht.* Die Gültigkeit dieser VO ist bestritten, vgl. *Palandt/ Heldrich,* Anhang I zu Art. 12 EGBGB. Für den Zusammenstoß deutscher Schiffe in ausländischen Gewässern ist in BGHZ 34, 222 die Gültigkeit der VO bejaht worden. Die VO wurde während des Krieges vor allem für Verkehrsunfälle im Ausland erlassen. Insoweit sollte man sie noch heute beachten und ihren § 1 entsprechend restriktiv auslegen. Keinesfalls stellt die VO den allgemeinen Grundsatz auf, daß für außervertragliche Schadensersatzansprüche aus Handlungen Deutscher gegen Deutsche deutsches Recht gilt; so gilt Tatortrecht, wenn Schädiger oder Geschädigter seinen gewöhnlichen Aufenthalt im Bereich des Tatorts hat, BGHZ 87, 95; dazu *Hohloch,* JuS 83, 804; auch sind die zu berücksichtigenden Verhaltensnormen dem Recht des Handlungsortes zu entnehmen, *Ferid* 6 – 125.

VI. *Auf sachenrechtlichem* Gebiet gilt i. d. R. *Belegenheitsstatut (lex rei sitae),* so beim Eigentumsvorbehalt, BGHZ 45, 97.

§ 116
Der zeitliche Bezug des Schuldrechts:
Zur Geschichte des deutschen Schuldrechts.
Reformvorhaben

Zu I – V:
Fikentscher, Methoden des Rechts, Bd. I – V, 1975/77; *Kaser,* Das römische Privatrecht, Handbuch der Altertumswissenschaft, 3. Bd., 1. Abschnitt, 2. Aufl. 1971, 39 ff., 146 ff., 474 ff.; 2. Abschnitt, 1959, 236 ff. (im folgenden: RP I bzw. II), *ders.,* Römisches Privatrecht, 8. Aufl. 1974, 129 ff.; *ders.,* JuS 67, 337; *ders.,* SavZ Rom. Abt. 83 (1966), 1, 25; *Koschaker,* Europa und das römische Recht, 4. Aufl. 1966; *Mitteis-Lieberich,* Deutsches Privatrecht, 6. Aufl. 1972, 112 ff.; *Schwarz, A. B.,* SavZ Rom. Abt. 42 (1921), 578; *Sturm,* SavZ Rom. Abt. 82 (1965), 211; *Wieacker,* Privatrechtsgeschichte der Neuzeit, 2. Aufl. 1967, insb. 237 ff.; *ders.,* SavZ Rom. Abt. 80 (1963), 1.

Zu VI:
Becker, ZHR 147, 245; *Brüggemeier,* Die AG 82, 268; *ders.,* KritJ 83, 386; *Bunte,* BB 82, 685; *Diederichsen,* AcP 182, 101; *Engelhard,* NJW 84, 1201; *Gutachten* und Vorschläge zur Überarbeitung des Schuldrechts, heraus. vom BM der Justiz, 3 Bde, 1981/83; *Grunsky,* AcP 182, 453; *Heinrichs,* NJW 82, 2021; *Hopt,* AcP 183, 608; *Hübner, U.,* NJW 82, 2041; *Keilholz,* BauR 83, 16; *Leser,* AcP 183, 568; *Lieb,* NJW 82, 2034; *ders.,* AcP 183, 327; *Picker,* AcP 183, 369; *Ponner,* BB 84, 241; *Schmude,* NJW 82, 2017; *Schünemann,* NJW 82, 2027; *Schwark,* JZ 80, 741; *ders.,* ZHR 147, 223; *Vollkommer,* AcP 183, 525; *Westermann, H. P.,* ZRP 83, 249; *Weyers,* AcP 182, 60; *Wolf, A.,* ZRP 78, 249; *ders.,* AcP 182, 80; *Wolf, E.,* ZRP 83, 241.

I. Vorbemerkung

1. Kein Recht lebt für sich allein. Es ist eingerahmt vom Umkreis fremder Rechtsordnungen, die es beeinflussen, und hervorgegangen aus früher gelten-

dem Recht. Die positivistische Verarmung, die darin besteht, daß man eine Rechtsfrage losgelöst von Zeit und Raum betrachtet, wird dem Wesen des Rechts nicht gerecht. Nur in der internationalen (interlokalen, interzonalen) und historischen Verbundenheit kann ein Rechtsproblem ausgeschöpft werden. Darin liegt einer der Werte vergleichender und historischer Arbeit am Recht (grundlegend *Rabel*, Aufgabe und Notwendigkeit der Rechtsvergleichung, 1925). Nicht zuletzt münden solche in Raum und Zeit vergleichenden Arbeiten in Reformen (zur „Schuldrechtsreform" u. VI).

2. Der Studierende der *Rechts*geschichte steht dabei vor einer spezifischen Schwierigkeit. Ungleich anderen historischen Zweigen, bei denen im allgemeinen das „Urtümlichere" am Anfang und das „Entwickeltere", zumindest das unserem Verstehen Zugänglichere an späterer Stelle im historischen Ablauf stehen, tritt in der Rechtsgeschichte schon zu einem sehr frühen Zeitpunkt, im römischen Recht, eine Vollkommenheit zutage, um die sich spätere 2000 Jahre oft vergeblich bemüht haben. (Das römische Recht bildet insoweit eine Parallele zu dem später wohl nie wieder erreichten Formen- und Ausdrucksreichtum des hellenistischen Griechisch, vgl. z. B. *Eduard Schwartz*, Charakterköpfe aus der Antike, 4. Aufl. d. Neuausgabe 1956, Eratostenes, 183 ff.) Solche Entwicklungen, bei denen der Höhepunkt am Anfang steht, sind naturgemäß schwer zu erfassen. Das gilt im besonderen Maß für einen der entwickeltsten Teile des römischen Rechts, das Schuldrecht.

3. Hinzu tritt eine weitere Schwierigkeit, die mittelbar aus der ersten folgt. Vermöge seiner sachlichen Überzeugungskraft galt römisches Recht in Deutschland bis zum Inkrafttreten des BGB am 1.1.1900. Das geltende Recht war also bis vor kurzem Ergebnis einer mehr oder weniger durchgängigen Entwicklung von mehr als zweitausend Jahren. Im Unterschied zu anderen Gebieten der Geschichte konnte daher eine echt historische Betrachtungsweise des Rechts erst sehr spät einsetzen, nämlich erst dann, als das römische Recht von der Aufgabe entbunden wurde, sich fortzubilden, um den Anforderungen der Zeit zu entsprechen. *Eigentliche* römische Privatrechtsgeschichte konnte man daher in Deutschland erst von den letzten Jahrzehnten des 19. Jahrhunderts an betreiben, die Geschichte des römischen öffentlichen Rechts ist nur wenig älter, *Wieacker*, PrRG, § 22. So eigenartig es klingt: Rechtsgeschichte ist eine junge Wissenschaft, deren Hauptergebnisse, trotz der beachtlichen Pflege, die sie vor allem auch in Deutschland erfahren hat, vielleicht erst in der Zukunft zu erwarten sind.

4. Nur aus diesen beiden genannten Gründen ist es befriedigend zu erklären, daß eine *Geschichte des deutschen Schuldrechts* noch nicht geschrieben worden ist. Die folgenden kurzen Bemerkungen können diesem Mangel nicht abhelfen. Sie wollen nur, dem historischen Element des Rechts entsprechend, einige willkürliche Andeutungen und Beobachtungen vermitteln, im Sinne von Anregungen für den Studierenden des geltenden Schuldrechts.

II. Römisch- und deutschrechtliche Wurzeln des Schuldrechts. Zusammenhang mit dem Rechtsgang

1. Das Recht ist eine Funktion seiner Durchsetzbarkeit. Je sicherer und ausgebildeter die Prozeßordnung, desto absoluter und abstrakter die Rechtsbegriffe. Das römische Recht drang schon verhältnismäßig früh zu einem absoluten Begriff des Eigentums vor (den § 903 BGB übernommen hat), weil die Rechtsverfolgung schon im vorklassischen Recht (3.–1. Jh v. Chr.) für die damalige Zeit ungewöhnlich sicher und geregelt war. Die Gegenüberstellung zum mittelalterlichen deutschen Recht zeigt dies deutlich: Der Gewere-Begriff verzichtet auf einen unwandelbaren „Eigentums"-Inhalt und regelt vielmehr in anpassungsfähiger Weise eine Besser- oder Geringerberechtigung im Bezug auf die Sachherrschaft (*Albrecht*, Die Gewere als Grundlage des älteren deutschen Sachenrechts, 1818; *O. v. Gierke*, Deutsches Privatrecht II, 1905, 187 ff., 203 ff.; *Mitteis/Lieberich*, 77): Wem die Sache gewaltsam weggenommen wurde, behielt trotzdem die Gewere an der Sache, aufgrund deren er die Sache zurückverlangen konnte. Aber auch der Dieb und Räuber erlangten Gewere und konnten sie gegen Dritte, die ihnen die Sache wiederum wegnehmen wollten, geltend machen. Der Kläger brauchte jeweils nicht „Eigentum" zu beweisen (weil es das nicht gab), sondern nur Gewerebruch. Da bei freiwilliger Gewereaufgabe kein Gewerebruch bewiesen werden konnte, blieb der Empfänger „in rechter Gewere" und konnte allenfalls aus Vertrag auf Rückgabe oder Ersatz verklagt werden. Dies einfache System (Rückgabepflicht bei Gewerebruch, keine Rückgabepflicht bei freiwilliger Gewereaufgabe) führte zu Unbilligkeiten in besonderen, typischen Fällen, nämlich bei der unfreiwilligen Gewereaufgabe, wenn ein Dritter die gestohlene Sache auf offenem Markt gutgläubig erwarb; bei freiwilliger Gewereaufgabe, wenn der Dritterwerber bösgläubig im Bezug auf das Verfügungsrecht des Empfängers der freiwillig aufgegebenen Gewere war. Im ersten Fall gewährte bereits das mittelalterliche Recht einen *Lösungs*anspruch. Wollte der Bestohlene die Sache vom Dritten zurückhaben, der sie auf offenem Markt gutgläubig erworben hatte, so *mußte* er eine Lösungssumme in Höhe des Kaufpreises bezahlen. Dieser Gedanke wird im Lübecker und Münchner Stadtrecht auf den freiwilligen Besitzverlust übertragen, so daß der durch vertragliche Untreue Verletzte seine Sache zurückbekam, wenn er sie beim Dritterwerber einlöste. Im zweiten Falle (ein Bösgläubiger erwirbt von B eine Sache, die A dem B anvertraute) hat wohl erst die Zeit des Naturrechts die Eigentumsklage durchdringen lassen. Immerhin ist erkennbar, daß die schwächere Entwicklung des germanisch-mittelalterlichen Prozesses und seiner Vollstreckbarkeit zu Abstufungen von Rechtspositionen führte, die das römische Recht nicht kannte, und daß es gerade diese Abstufungen waren, die schuldrechtliche Ausgleichs- und Bereicherungsansprüche entstehen ließen.

2. Eine ähnliche Entwicklung zeigt sich beim Unterschied von Schuld und Haftung. Das prozessual hochentwickelte römische Recht legte schon früh

den Unterschied zwischen Entstehenmüssen (haften) und Leistensollen (schulden) beiseite (*Kaser* RP I §§ 39; 40 a. E.), weil ein Schuldner meist ermittelt und belangt werden konnte. Die im Tatsächlichen ruhenden Unsicherheiten des germanisch-mittelalterlichen Prozesses führten (wie auch in anderen weniger entwickelten Rechtsordnungen) zu der für das deutsche Recht wichtigen Unterscheidung von Haftung und Schuld. Die Haftung bedeutet den Verfall eines als Sicherheit gegebenen Gegenstandes (Tier, Geisel oder der Schuldner selbst bei der Selbstvergeiselung, vgl. *Tacitus*, Germania, Kap. 24).

3. Das heutige Schuldrecht ist aus römischrechtlichen und deutschrechtlichen Einrichtungen zusammengeflossen. Es kennt neben dem grundsätzlich römischrechtlichen Eigentumsbegriff deutschrechtliche Ausgleichsansprüche (wenn auch kein Lösungsrecht; vgl. insb. § 816), neben dem römischen Schuld- den germanischen Haftungsgedanken (1147). Die Fortentwicklung zu immer gesicherterem Rechtsgang (im allgemeinsten Sinne) bedingte ein Überwiegen der römischen Begriffswelt.

III. Der Primat des Deliktsrechts

1. Das deutliche Auseinanderklaffen von Schuld und Haftung in frühen Rechtsordnungen (wobei der Schuldbegriff schon einer entwickelteren Stufe angehört!) zeigt als gemeinsame Wurzel privatrechtlichen Denkens den Sühne- und Bußgedanken. Wer einem anderen etwas *vorenthält*, *„bestiehlt"* ihn. Dieser Schaden ist wiedergutzumachen. Wo er nicht wiedergutzumachen ist, müssen andere Haftungsgegenstände herhalten. Aus dieser gemeinsamen Wurzel stammen in gerader Linie das *Deliktsrecht* und, gleichsam in der Seitenlinie, das *Vertragsrecht.* Die deliktsrechtlichen Vorstellungen sind dabei die älteren. Für jedes Recht ist Zeitpunkt und Art der Ablösung des Vertragsrechts von der Entwicklungslinie Bußrecht → Deliktsrecht eine charakteristische Eigentümlichkeit. Dabei wirkt die Fortentwicklung des Haftungs- zum Schuldprinzip notwendig auf die Ablösung des Vertragsrechts vom (urtümlichen) Deliktsrecht ein.

2. Für das *römische* Recht liegt diese „Nachgestaltung" der geschäftlichen Haftung nach dem Muster der deliktischen im Dunkel der Geschichte (*Kaser* RP I § 39). Doch schon früh, sicherlich beeinflußt von regelmäßig erfolgreicher Prozeßführung und damit vom Zusammenfallen von Schuld und Haftung, entwickelt sich im römischen Recht der Gedanke rechtsgeschäftlicher Schuld. Das rechtspsychologische Bindeglied zur alten Bußhaftung ist die Leistung des Versprochenen als *Mittel für Haftungsabwehr* (*Kaser*, RP, I § 39 a. E. und § 40 III).

3. Im *germanisch-mittelalterlichen* Recht ist — wohl wegen des geringeren zeitlichen Abstandes und dem damit verbundenen reichlicheren Fluß schriftlicher Quellen — die bußrechtliche Wurzel schuldrechtlicher Haftung und

die Ablösung der geschäftlichen Schuld aus der deliktischen besser erforscht (vgl. *Mitteis/Lieberich,* Kap 40). Bis heute hat sich diese Ablösung noch nicht gänzlich vollzogen. Die Grenzen von Delikts- und Vertragsrecht und ihr Verhältnis zueinander sind durchaus streitig (dazu *Medicus,* FS *Eduard Kern,* 1968, 313, einerseits und oben §§ 49, 50, 102 V 6 andererseits). Die Grundfrage ist dabei, wie weit die vertragliche Sonderverbindung die deliktischen Haftungsgrenzen einengt oder erweitert.

4. Wohl am besten untersucht ist die (historisch jüngste) Entstehung der Vertragsschuld aus der deliktischen Schuld im *angelsächsischen* Recht, weil dort das Vertragserfordernis der consideration noch heute den direkten Bezug zu der Auffassung herstellt, vertragliche Ansprüche habe nur, wer geschädigt sei. Die Abzweigung der Vertragsklage aus der Deliktsklage wird dort auf das Jahr 1602 (Slade's case) datiert. (*Rheinstein,* Struktur des vertraglichen Schuldverhältnisses im angloamerikanischen Recht, 1932; Lehrbücher über „Contracts" von *Anson, Cheshire, Chitty, Jackson/Bollinger, Kessler/ Gilmore, Pollock* u. a.).

IV. Vertragsfreiheit, Treu und Glauben

1. Der Satz: „Was man versprochen hat, das soll man auch halten", ist in rechtshistorischer und rechtsvergleichender Sicht keineswegs Allgemeingut aller Rechtsordnungen. Die „allgemeinmenschliche Rechtschaffenheit und Verläßlichkeit, welche vor allem die Einhaltung formloser Zusagen gebietet" (*Wieacker,* SavZ Rom. Abt. 80 [1963] 40) ist keineswegs eine juristische oder auch nur menschliche Selbstverständlichkeit, sondern das spezifische Produkt bestimmter religiöser, politischer und philosophischer Gegebenheiten, die geographisch und historisch durchaus begrenzbar sind. Einige ethisch hochstehende *Kulturen* lehren, daß man sich grundsätzlich auf nichts verlassen sollte (Hinduismus, Buddhismus und, mit Einschränkungen, der Islam). Auch die *Rechtsordnungen* dieser Kulturkreise kennen den Treu-und-Glauben-Satz nicht oder nur in formalen Ansätzen (Islam). Nur der Treu-und-Glauben-Grundsatz ermöglicht indes die Vertragsfreiheit. Zwischen den beiden Extremen einer urtümlichen Bußhaftung und der Freiheit, Treubindungen beliebigen Inhalts einzugehen, liegen die Systeme, bei denen sich – häufig aus Deliktstypen – bestimmte Vertragstypen entwickeln.

2. Von solcher Vertragstypik waren das ius civile und das ius honorarium beherrscht. Sie kannten die – eine Sachhingabe erfordernden – *Realkontrakte* Darlehen (mutuum), Leihe (commodatum), Verwahrung (depositum) sowie Verpfändung (pignus) und Treuhand (fiducia); zu den teilweise deliktischen Quellen insb. der praetorischen Typen (Leihe, Verwahrung und Verpfändung) *Kaser,* RP, I § 124 I. Daneben standen die *Verbalkontrakte,* insb. die Stipulation, die dem heutigen Schuldversprechen ähnelt, aber größere, allgemeinere Bedeutung hatte; ferner die (formgebundenen) *Litteralkontrakte*

des hellenistischen Bankwesens (*Kaser, RP,* I § 129 I); und vor allem die *Konsensualkontrakte* Kauf (emptio venditio), Miete, Dienstvertrag, Werkvertrag (locatio conductio), Gesellschaft (societas) und Auftrag (mandatum). Bei den Konsensualkontrakten genügte formfreie Einigung zur Begründung der Pflicht. Zumindest der formfreie Kauf entwickelte sich zunächst im Handelsverkehr mit Fremden (Peregrinenrecht, „ius gentium") und drang von dort aus ins römische Bürgerrecht vor (*Kaser, RP,* I §§ 130ff., str.).

3. Vom *form*freien, typischen Vertrag bis zum *inhaltlich* freien, an keine Typen mehr gebundenen Vertrag, zur modernen Vertragsfreiheit also, ist gedanklich nur noch ein Schritt. Der Schritt wird vollzogen, indem man das Versprechen selbst als hinreichende Verpflichtungsbasis ansieht. Das in das Versprechen gesetzte Vertrauen bildet dann den Grund der Verpflichtung (zum Folgenden vgl. *Fikentscher,* Methoden des Rechts, Bd. I, 1975).

Den formalen Ansatz dazu bildeten die Klagen „in factum" (vgl. die funktionsgleichen englischen actions on the case), die nach zivilem und praetorischem Recht gewährt wurden, wenn kein geeigneter Klage- oder Vertragstyp zur Verfügung stand. Dem ursprünglich *prozessual* gedachten Behelf („*actio in factum*") folgten in nachklassischer Zeit die *materiell*-rechtlich gedachten „Innominat*kontrakte*" (unbenannte Verträge), *Kaser, RP,* I § 135, II § 269.

Schuldgrund war dabei von Anfang an, also schon im vorklassischen römischen Recht, „Treu und Glauben", ein „oportere ex fide bona", Kaser, RP, I § 135 II. Die Herkunft des bona-fides-*Gedankens* (freilich nicht aller bonae-fidei-iudicia) aus dem Peregrinenrecht erscheint gesichert, (*Kaser, RP,* I §§ 50 I, 122 II 4; *Kunkel,* FS *Koschaker,* 1935 Bd. 2, 2; *Pringsheim,* The Greek Law of Sale, 1950, bei 418[2]; z. T., aber nicht im Kern, kritisch *Wieacker,* SavZ Rom. Abt. 80 (1963) 1; dazu *Kaser,* SavZ Rom. Abt. 83 (1966) 1, 29). Offenbar übernahmen die Römer hier einen in der griechischen Philosophie wurzelnden Treuebegriff, der im römischen Geschäfts- und Gesellschaftsleben Fuß gefaßt hatte, für juristische Zwecke (über die in diesem Zusammenhang juristisch aufschlußreichen, weil zum Teil nach griechischen Vorlagen gearbeiteten Komödien des Plautus, *Pringsheim,* a. a. O., 415ff.; *Kunkel,* a. a. O., m. w. A.).

Das in der griechischen *Polis* begründete Treueverhältnis zwischen Bürger und Gemeinwesen *band formfrei* (*Th. Mommsen,* SavZ 6, 260f.). Von hieraus wirkte das formfreie, bindende Treueversprechen schrittweise auf die förmlichen Zivilrechtsgeschäfte ein, wobei ein allgemeines Bürger- und Gesellschaftsverständnis die Vermittlerrolle übernahm (*Kunkel,* FS *Koschaker* 1935, Bd. 2, 5; *Gelzer,* Die Nobilität der römischen Republik, 1912, 49ff.; Plautus, Mostellaria 1023, wendet den Satz „Fides servanda est" bereits in frühklassischer Zeit auf den Kauf an (die h. M. nimmt eine griechische Vorlage an!); vgl. auch *Plautus,* Truculentus, 214: „aedes obligatae", die erste Erwähnung des Wortes obligare, hier im Sinne von haften). Mit dem vorigen stimmt die Beobachtung *Wieackers* (Privatrechtsgeschichte der Neuzeit[2], 1967, 267), und

Welzels (Naturrecht und materiale Gerechtigkeit[4], 1962, 16 ff.) überein, daß der Topos des „Gesellschaftsvertrags" (im Rousseauschen Sinne) Ergebnis antiker Rechtsgeltungstheorie war.
Die Polis schuf die fides. Darum ist der Ausdruck „Gesellschaftsvertrag" unpassend. Alle Rechtsordnungen haben den Vertragsbegriff, aber nur die tragischen und die christlichen Kulturen den Treuebegriff entwickelt.

Das hellenistische Recht selbst ist jedoch nach heutiger Erkenntnis nicht zum formfreien Kauf und zur bindenden Kraft des bloßen Versprechens vorgedrungen, eine Draufgabe (arrha) blieb stets nötig, *Pringsheim,* a. a. O., 333 ff., 417. Das spricht nicht gegen die griechische Philosophie als Quelle des fides-Begriffs, denn diese Philosphie war in der fraglichen Zeit antikes Gemeingut. Im Gegenteil, vieles deutet darauf hin, daß die fides als gesellschaftlicher (und dann auch rechtlicher) Grundsatz das Entsprechungsstück des Polisgedankens ist, wobei die Polis das körperschaftliche, die fides das gesellschaftliche Element einer zwischenmenschlichen Treubindung darstellt.

4. Das *germanisch-mittelalterliche* Recht ist zum formlosen, inhaltlich typenfreien Vertrag nicht durchgestoßen; *Sohm,* Recht der Eheschließung, 1875; *Mitteis/Lieberich,* §§ 45, 49 ff. Wie das griechische Recht blieb es Form- und Typenregeln, insbesondere auch der arrha, lange verhaftet. Doch auch hier gewann die Treuepflicht im öffentlich-rechtlichen Bereich große Bedeutung, wohl schon zu heidnischer Zeit im tragisch-genossenschaftlichen Sinne, jedenfalls aber in christlicher Zeit in der religiös begründeten Feudalstruktur. (Die Parallele zu Griechenland ist auffällig, bei näherem Hinsehen aber nicht verwunderlich, da einerseits die christliche Heilslehre eine treueerzeugende Kraft mit sich brachte, die in christlich-germanischer Zeit *länger dauernde* Schuldverhältnisse ermöglichte, und da andererseits dem christlich-germanischen Recht ebenso wie dem griechischen die Abstraktionshöhe des römischen fehlte, u. a. weil ein praetor peregrinus nicht benötigt wurde.)

V. Bemerkungen und Literaturhinweise zur neueren Systemgeschichte

1. Im Corpus Iuris Iustiniani (533 n. Chr.) wurde das klassische und nachklassische *römische Recht zusammengefaßt* und teilweise harmonisiert. In seiner vor allem in Bologna gelehrten und im hochmittelalterlichen Italien praktizierten Gestalt wurde es in den deutschen Teilen des Reichs rezipiert (*Kunkel* SavZ Rom. Abt. 71 (1954) 520; *Wieacker,* Privatrechtsgeschichte der Neuzeit[2], 1967, 133, *Engelmann,* Wiedergeburt der Rechtskultur in Italien, 1938; *Koschaker,* Europa und das römische Recht, 1948, Kap. X – XIII).

2. Die anschließende Zeit praktischer Geltung „römischen" Rechts (mos Italicus) in Deutschland bezeichnet man als den *usus modernus pandectarum* (*Wieacker* a. a. O. 204 ff. m. w. A.). Die vor allem in Frankreich und Holland beheimatete, historisierende „elegante Jurisprudenz" hat dagegen keinen starken Widerhall in Deutschland gefunden. Zu Recht meint *Kunkel* (SavZ

Rom. Abt. 71, 509), daß eine Institutionengeschichte des heutigen deutschen Privatrechts vor allem im usus modernus anzusetzen habe. Die Typik der Schuldverträge, die Ausbildung des Konsensualvertrags, die Theorie der Vollmacht, der Vertrag zugunsten Dritter werden als Beispiele für den Beitrag des usus modernus zur weiteren Schuldrechtsentwicklung genannt, *Wieacker* a. a. O. 213; *Medicus* JuS 74, 621.

3. Das *Vernunftrecht* steuerte vor allem System und Allgemeinbegriffe bei, so die Unterscheidung von Allgemeinem und Besonderem Teil des Schuldrechts, die Einteilung in Kontrakte (Verträge) und Quasikontrakte (Ungerechtfertigte Bereicherung und Geschäftsführung ohne Auftrag), die Ablösung der Rechtsgeschäftslehre vom eigentlichen Vertragsrecht usw. (*Wieacker* a. a. O. 280 ff.; *Dubischar*, Die Grundlagen der systematischen Zweiteilung, 1961; *Welzel,* Naturrecht und materielle Gerechtigkeit[4], 1962).

4. Die *historische Rechtsschule* verwandte erstmals das 5-Bücher-System, das dem heutigen BGB zugunde liegt *(Hugo; Heyse),* näher dazu vor allem *A. B. Schwarz,* SavZ Rom. Abt. 42 (1921) 583. Zur Kritik der von der historischen alsbald in übertriebene Begrifflichkeiten verfallenden Betrachtungsweise *Larenz*, Methodenlehre, 1975, 15 ff. Von grundstürzender Kraft erwies sich *R. v. Iherings* Zweckjurisprudenz (Der Zweck im Recht, 2 Bände 1877/84), womit — noch vor den zeitgenössischen Wandlungen zur soziologischen Jurisprudenz in USA (durch *Holmes*) und Frankreich (durch *Duguit* und *Gény*) — die Bahn für die moderne Interessen- und Wertungsjurisprudenz gebrochen war. Das Material, aus dem das BGB heute besteht, ging durch den Filter der *Windscheidschen* Pandekten, Geist und Anwendung des heutigen Privatrechts wurden von *Ihering* (1818 – 1892) geprägt wie von keinem nach ihm. Vgl. *Wieacker,* a. a. O., 430 ff.; *ders.,* Ihering, 1942; *Fikentscher* III § 23).

5. Eine *Geschichte der neueren schuldrechtlichen Literatur* kann hier nicht geschrieben werden. Ein Auftakt dazu findet sich bei *Hedemann,* Schuldrecht[3], 1949, 381 ff. (= 1. Auflage dieses Werkes, § 116). Darauf sei an dieser Stelle verwiesen.

VI. Reformpläne zum Schuldrecht

1. Die Grundsatzdiskussion

Seit Inkrafttreten des BGB am 1. 1. 1900 hat von den fünf Büchern des BGB das Gesamtgebiet des Schuldrechts durch die Anforderungen der Praxis weitaus die stärkste Ausdehnung erfahren. Von verhältnismäßig wenig Gesetzesänderungen abgesehen[1]) haben bis heute Rechtsprechung und Lehre diese

---

[1]) Siehe dazu oben § 2 II mit Fn. 2. Vgl. weiter *MünchKomm/Kramer,* Einl vor § 241 Rn. 96 ff.

Ausbreitung des Rechtsstoffs bewältigt. Unter der Herrschaft der Nationalsozialisten 1933–1945 wurden im Rahmen der Arbeiten der „Akademie für deutsches Recht" Versuche zur Schaffung eines „Volksgesetzbuches der Deutschen" unternommen.[2]) Grundgedanke des „Volksgesetzbuches" sollte sein, an die Stelle der bürgerlich-liberalistischen und das Rechtssubjekt betonenden individualistischen Rechtsordnung des BGB völkisch-soziales Gedankengut als Regelungsprinzip der Volksgemeinschaft zu stellen. Zu einer Verwirklichung des Volksgesetzbuches kam es nicht. Nur das Ehe- und das Testamentsrecht traten in Kraft.

Die nächste Initiative zu einer allgemeinen Überarbeitung des Schuldrechts ging wiederum vorwiegend von politischer und nicht von der mit der Rechtsanwendung befaßten Praxis und Lehre aus. In seinem Vorwort zu den „Gutachten und Vorschlägen zur Überarbeitung des Schuldrechts" wendet sich der damalige Bundesminister der Justiz *Jürgen Schmude* gegen die auf dem Gebiet des Schuldrechts eingetretene Rechtszersplitterung. An diesen schuldrechtlichen Sondergesetzen und an der umfangreichen Rechtsprechung werde der Regelungsbedarf einer modernen Industriegesellschaft deutlich, die das Sozialmodell des BGB längst hinter sich gelassen habe. Es gelte, den „bereits eingetretenen Wandel der bürgerlichen zur sozialen Rechtsordnung im Zweiten Buch des BGB sichtbar zu machen". Gelinge es, „die Einheit des Schuldrechts sichtbar zu machen", so „werden der Zugang des Bürgers zum Recht und ein gerechter Ausgleich der Interessengegensätze erleichtert". Hierzu zähle auch die Einarbeitung des Verbraucherschutzes in das BGB.[3]) Diese politische Motivierung, die sogar mitunter – freilich rein äußerliche – Anklänge an die Zielsetzung des „Volksgesetzbuchs" enthält, ist zu Recht scharf kritisiert worden.[4]) Die politische Färbung, mit der die Reformdiskussion erneut eröffnet wurde, zwingt, neben juristischen auch politische Argumente in die Waagschale zu werfen.

Inzwischen hat die Rechtslehre die Reformanregungen in weitgehend *unpolitischer* Weise aufgegriffen, beachtliches Material zutage gefördert und diskussionswürdige Vorschläge unterbreitet.[5]) Die Tendenz geht dabei, *abweichend* vom politischen Unterton der Initiatoren, im allgemeinen auf eine vor-

---

[2]) Vgl. die Hinweise in *Staud./J. Schmidt,* Einl. zu §§ 241ff., Rz. 29.
[3]) Gutachten und Vorschläge zur Überarbeitung des Schuldrechts, herausgegeben vom Bundesminister der Justiz, Bde. I und II, Köln 1981, Bd. III, Köln 1983 (Bundesanzeiger Verlagsgesellschaft). Die Bände werden im folgenden nach den römischen Ziffern zitiert.
[4]) *Wolf, Ernst,* ZRP 1983, 241.
[5]) Siehe dazu die vorigen Anmerkungen; ferner die Referate der Sondertagung der Zivilrechtslehrervereinigung vom 28./29. Januar 1983 (*Lieb, Picker, Vollkommer, Leser* und *Hopt*), AcP 183, 327ff.; auch unabhängig von diesen beiden Initiativen sind zahlreiche Reformvorschläge unterbreitet worden, vgl. als Beispiel *Ponner,* die Reform des Maklervertragsrechts, BB 1984, 241.

sichtige und zurückhaltende Überarbeitung des BGB aufgrund der bisher vorliegenden Rechtsprechung, vor allem mit dem Ziel, Ungereimtheiten und Wertungswidersprüche zu beseitigen.[6]) Diese Aufgabe soll vor allem eine Anfang 1984 eingesetzte „Kommission zur Überarbeitung des Schuldrechts" übernehmen.[7])

2. Vier unterschiedliche Reform-Themen in kritischer Würdigung

a) Keine Bedenken bestehen gegen Reformarbeiten auf dem Gebiet des Schuldrechts, wenn sie sich auf die *Beseitigung von Norm- und Wertungswidersprüchen* beschränken, die in der Praxis zu Schwierigkeiten geführt haben. Dies gilt namentlich für das Recht der Verjährungsfristen (dazu *Peters/Zimmermann,* Gutachten I 77) und für notwendige Klarstellungen (ein Beispiel: *Keilholz,* Baurecht, Gutachten III 241).

b) Kritischer, weil in die Substanz des Schuldrechts eingreifend, sind Vorschläge zu beurteilen, von der Praxis neu entwickelte Vertragstypen in den Katalog der einzelnen Schuldverhältnisse des Besonderen Schuldrechts einzufügen. Das mißglückte Beispiel des Reisevertragsrechts (§§ 651 a ff., dazu oben § 80 IV) mahnt zur Vorsicht. Doch wird man bei besserer Vorbereitung durch die Wissenschaft gegen eine Einfügung neuer Vertragstypen im Ergebnis nichts einwenden können. Vorschläge dazu sind unterbreitet worden von: *Igl,* Der Heimvertrag, Gutachten I 951; *Deutsch/Geiger,* Medizinischer Behandlungsvertrag, Gutachten II 1049; *Häuser,* Giroverhältnis, Gutachten II 1317; *Koller, I.,* Wertpapierrecht, Gutachten II 1427; *Emmerich,* Energielieferungsvertrag, Gutachten III 123.

c) Eine dritte Kategorie von Reformvorschlägen betrifft *Änderungen im Allgemeinen Schuldrecht* und *grundsätzliche Überarbeitungen wichtiger einzelner („großer") Schuldverhältnisse.* Hierzu sind die meisten Vorschläge unterbreitet worden: *Hohloch,* Allgemeines Schuldrecht, Gutachten I 375; *Medicus,* Verschulden bei Vertragsschluß, Gutachten I 479; *Horn, N.,* Vertragsdauer, Gutachten I 551; *Huber, U.,* Leistungsstörungen, Gutachten I 647; *ders.,* Kaufvertrag, Gutachten I 911; *Weyers,* Werkvertrag, Gutachten II 1115; *Musielak,* Geschäftsbesorgung, Gutachten II 1209; *Lieb,* Dienstvertrag, Gutachten III 183; *Schmidt, K.,* BGB-Gesellschaft, Gutachten III 413; von einer Reform grundsätzlich abratend *Hadding/Häuser/Welter,* Bürgschaft und Garantie, Gutachten III 571.

d) Noch weiter greifen Reformüberlegungen zu *Grundvorstellungen des Schuldrechts: König,* Ungerechtfertigte Bereicherung, Gutachten II 1515; *Schlechtriem,* Vertragliche und außervertragliche Haftung, Gutachten II 1591; *v. Bar,* Deliktsrecht, Gutachten II 1681; *Kötz,* Gefährdungshaftung,

---

[6]) Stellvertretend für viele: *H. P. Westermann,* ZRP 1983, 249 (in einer das Anliegen von *Ernst Wolf* (oben Fn. 4) nicht voll treffenden Antwort auf dessen Kritik).
[7]) Vgl. dazu *Engelhard,* NJW 84, 1201.

Gutachten II 1779; (nach einer eingehenden Prüfung der heutigen Funktion der GoA auch) *Helm,* Geschäftsführung ohne Auftrag, Gutachten III 335; stark zurückhaltend gegenüber Reformeingriffen in das Schuldrecht *H. P Westermann,* Verbraucherschutz, Gutachten III 1.

Zu c) und d): Mit den Reformplänen innerhalb der Kategorien c) und d) werden die von der Praxis − allenfalls − geforderten technischen Verbesserungen und Überarbeitungen des Schuldrechts verlassen. Zur Entscheidung der mit ihnen angesprochenen schuldrechtspolitischen Grundsatzfragen erscheint das gegenwärtige Rechtsklima in der Bundesrepublik Deutschland ungeeignet. Zwar sind die Vorschläge und Gutachten der Reform-Sachbearbeiter von großer Gründlichkeit und Durchdachtheit, und von politischer Abstinenz gekennzeichnet. Doch kommen mit so grundlegenden Neuerungsideen die eingangs erwähnten politischen Dimensionen wieder ins Spiel. Sie aber erfordern bestimmte Entscheidungen im Rahmen einer ordnungspolitischen Diskussion, die zur Zeit nicht geführt wird.

Das rechtspolitische Leitbild des BGB ist ein auf Ausgleich wirtschaftlicher Machtpositionen angelegtes bürgerlich-liberales Modell. In seiner − dem Liberalismus des 19. Jahrhunderts entnommenen − Formalität erwies es sich auch nach 1945 als geeignet, die schuldrechtliche Grundordnung für die soziale Marktwirtschaft zur Verfügung zu stellen. Die soziale Marktwirtschaft geht vom Leitbild des Marktes als der Instanz aus, durch die ein Dialog über (wirtschaftliche und andere) Werte geführt werden kann. Sie plant daher den Markt und arbeitet, wo der Markt sich nicht verwirklichen läßt, mit Als-ob-Marktwerten. Diese Einschränkung des absolut-liberalistischen Prinzips hat freilich vor allem in Wirtschaftskreisen niemals allgemeine Anerkennung gefunden. Auf der anderen Seite sind, vermehrt seit der „Rebellion der Studenten" von 1968, an zentral politisch gesetzten sog. „Gebrauchswerten" orientierte marxistische und marxistisch beeinflußte Strömungen im Vordringen, wie vor allem die Arbeitsmarkt-Diskussion zeigt. Der zwischen diesen Polen allenfalls noch bestehende sozial- und wirtschaftspolitische Konsens erscheint gegenwärtig zu schmal, um eine Schuldrechtsreform zu tragen. Man darf eine Rechtsreform nicht zur Entscheidung grundsätzlicher offener sozial- und wirtschaftspolitischer Fragen einsetzen. Erst wenn insoweit ein mehrseits akzeptierter *Gleichstand der Argumente* erreicht ist, kann der Reformgesetzgeber so gerecht wie möglich entscheiden.

Verzeichnis der Gesetzesstellen

(Die fetten Ziffern vor dem Doppelpunkt = Gesetzesparagraphen; die Ziffern nach dem Doppelpunkt = Seiten des Lehrbuchs; fette Ziffern = Hauptfundstellen).

Bürgerliches Gesetzbuch
12: 802
31: 771 f.
54: 605
80: 50
82: 50
89: 771
91: 154
100: 518
104 ff.: 70
107: 213
116: 193
117: 85, 361
118: 105
119 ff.: 70, 99 ff., 143 f., 150, 194, 455 f., 674
119 I: 118, 216, 436 ff., 455 f.
119 II: 129, 216, 307, 436, 440, 455 f., 661, 679
122: 69, 137, 155, 229 f., 751
123: 71, 377, 456, 480
125 ff.: 82 ff., 87 ff.
130: 450
133: 105 f., 125
134: 78, 408, 494, 537, 620
135: 84, 357
136: 84
138: 75 ff., 188, 367, 371, 408, 487, 526, 599, 682
139: 85, 91, 104, 152, 377, 401, 480, 682
140: 280, 634
141: 213
145 ff.: 53, 61, 115
148: 92
154: 82, 114
155: 114
157: 105 ff., 125, 128, 439
158 ff.: 90, 462

159: 283
160: 465
161: 466
162: 178, 629
164 ff.: 41, 364, 369, 566, 611
166: 379, 706
179: 144, 708
185: 180, 195, 237, 355, 368 f., 372, 468, 471, 557, 640, 686 f., 696
195: 277, 332, 751
208: 637
225: 449, 628
227 ff.: 318
241: 2, 17, 26 ff., 50, 222, 397
242: 17, 29, 32, 53 ff., 65 ff., 87 ff., 94, 99 ff., 106, **123**, **126 ff.**, 163, 164, 166, 169 f., 199, 209 f., 216, 223 f., 248, 252, 256, 273, 291, 305, 319, 362, 394, 410, 416, 432, 466, 480 ff., 500, 506, 533, 535, 540 f., 551, 608 f., 675 f., 708
243: **154 ff.**, 159, 171, 231, 235, 243, 263, 412 f., 435
244: 159, 163
245: 163
246: 163
247: 164, 524
248: 163
249 ff.: **332 ff.**
249: 87, 158, 172, 290 f., 303, 797
251: 143, 159
252: 290, 302, 345
253: 302, 563, 739, 799
254: 29, 49, 144, 187, 230, 236, 248, 314, 319, 349, **350 ff.**, 539, 569, 584, 708, 751, 774, 778, 789, 793
255: 348 f., 390, 546, 578
256 ff.: 165 f.

Verzeichnis der Gesetzesstellen

256: 482
262ff.: 158f., 375
266: 31, **164f.**
267: 160, **176ff.**, 183, 663, 671, 690ff.
268: 178, 692
269: 157, 171ff.
270: 157, 159, **172ff.**, 263
271: 169, 204
272: 164
273: 204, 252, **280f.**, 558, 698
274: 281
275ff.: **223ff.**, **233ff.**
275: 149, 155, 210
276: 68, 104, 234, 243, 295, 309, **320ff.**, 713, 773, 792
277: 326
278: 66, 187, **327ff.**, 352f., 417, 745, 771f.
279: 156, 159, 231, 235, 413, 705f.
280: 219
281: 219, 236, 244, 247, 283, 305, 348, 387, 390, 705
282: 239, 249, 269f., 538, 752
283: 225, 237, 239, 249
284ff.: 171, 220, 225, **249ff.**
287: 237, 277, 339f., 798
288ff.: 163
289: 163
292: 165f., 167
295: 175
300: 157, 159, 176, 220, 236, 263, 412f.
304: 184, 264, 266, 543
305: 39, 50, 61, 75, 90, 183, 191, 201, 202, **207f.**, **399**, 628
306: 149, 155, 223ff., **227ff.**, 425, 501, 543, 562
307: 69, 144, 223ff., 228ff.
308: 228
309: 69, 223ff.
310: 87, 378
311: 83, 86f., 378
312: 83, 87
313: 83ff., 90, 215, 257, 462, 566, 815
315ff.: 162
315: 124f., 152, 169, 534
316: 125
317: 125
318: 125
320ff.: 37f., 503, 520, 522, 536, 592, 616f.

320: 262, 265, **279**
321: 252, 661, 674
322: **279**
323ff.: 149, 211f., 223ff., 414ff.
323: **241f.**, 542
324: **242f.**, 248, 544
325: 155, 219, **234ff.**, **243ff.**, 339, 544
326: 91, 140, 221, 225, 253f., **255f.**, 339, 464
327: 287f
328: 47, **179ff.**, 576, 601
329: 185, 355, 374, 516
330: 188
331: 188
333: 180, 185
334: 181, 185, 187
335: 184, 185
336: 94f.
337: 95, 501
338: 95, 501
339ff.: 95ff.
340: 158
343: 97, 125
344: 97
345: 97
346ff.: 246, **282ff.**, 474, 666
346: 198, 335, 661
350: 704
351: 704
357: 205
358: 193
360: 285
361: **259f.**, 563
362ff.: 190ff., 664, 691
362: 154, 160f., 171, 180, 671, 687, 695f.
364: 158, 160f., **197ff.**, 213, 634
365: **197ff.**, 283
366: 206
368ff.: 196
370: 642
372ff.: **199ff.**
387ff.: 165, **201ff.**, 251
389: 245
390: 450
393: 281, 801
397: **206f.**, 213, 595
398ff.: 46, 182, **356ff.**, 640
401: 624
404: 479, 644

Verzeichnis der Gesetzesstellen

407: 685, 687
408: 638
414ff.: **373ff.**
414: 39, 369
415: 369
418: 623
419: 86f., **378f.**
420: 381, 383
421ff.: **380ff.**, **384ff.**, 460, 605
426: **388f.**, 577, 624, 693, 715, 777, 778
427: 614
432: 394, 610
433ff.: **404ff.**, 422ff.
433: 130
433 I: 30, 153, 409, 421ff.
433 II: 29, 273, 409
437: 230f., 357
438: 627
439: 427
440: 231, **424ff.**, 589
446: 414f., 470
447: 171, 174, 305, 329, 415ff.
450: 418
452: 163
455: **464ff.**, 477
456: 489
459ff.: 46, 71, 137, 150, **428ff.**, 743
462: 443
463: **444f.**, 453, 628, 715
467: 282, **446ff.**
468: 269
472: 448f.
476: 443
476a: 431, 443, 445, 552
477: 72, **449ff.**, 628, 715
478: 450
480: 157, 430, **451f.**
481: 340, 452
494ff.: 92, 458ff.
504ff.: 92, **460ff.**
515: 490f.
516ff.: **491ff.**
518: 83, 185, 189, 207, 534
524: 157
535ff.: **496ff.**
535: 488
537: 504
538: 352, **504f.**
542: 146

547: 166
549: 170
550a: 97
553: 146
556: 47, 49
557: 708
559: 513ff.
566: 83, 499
569: 170
571: 83, 380, 515ff.
581ff.: 517ff.
581: 498
598ff.: 519ff.
598: 492
604: 47, 169
607ff.: 521ff.
607: 154, 169, 188f.
610: 674
611ff.: 2, **529ff.**
611: 529
612: 125
613a: 380
615: 211, 265, 542ff.
616: 211, 544f.
626: 146, 170, 506, 548, 675
631ff.: 549ff.
631: 529, 531, 561
632: 125
633: 431
635: 554
636: 260
640: 195, 554
644: 174
645: 211, 267, 556, 563
647: 557
651f.: 336
651: 550, 556, **560f.**
651a ff.: 40, **561ff.**
652ff.: **592ff.**
653: 125
656: 594, 638
657: 50, 61, 595
661: 596
662ff.: **565ff.**, 693
664: 329, 371
666: 166, 571
670: 166, 540, 568f., 571, 583, 584f.
675: 161f., 365, 370, 525, 550, 565, **570ff.**
676: 402, 431, 572

677ff.: **572ff.**, 693f., 792
679: 318
680: 715
684: 178, 581, 694
687I: 574, 578, **586f.**
687II: 59, 168, 574, **587ff.**, 683ff., 690, 698
688ff.: **596ff.**
690: 715
700: 154, 524f., 598f., 633
701ff.: 599ff.
701: 306, 340
705ff.: 128, 393, **602ff.**
705: 173
708: 312, 715
719: 382, 393
726: 209
741ff.: 392, 472, 605f., 612, **617ff.**
744: 395
747: 382
759: 619f.
762ff.: 48, 620f., 638
765: 375f., **621ff.**
769: 386
770: 205
779: 150, **214ff.**, 636, 661, 674
780ff.: 42, 45
780: 161, 207, 214, 619, 629, **636ff.**, 677, 707
781: 83, 197, 207, 214, 215, 524, **636ff.**, 677
783ff.: **639ff.**
783: 83, 162, 180f., 195
784: 61, 162
793ff.: **641ff.**
793: 61
809ff.: 165f., 168
812ff.: 18, 457, 590, 645ff., **660ff.**, 719
812: 184f., 189, 195, 207, 215, 635, 638, 665ff.
813: 184, 205, 450, 674
814: 49, 196, 262, 674, 691f., 695
815: 678
816: 167, 195, 197, 362, 587f., 642, 685ff., **698f.**, 728, 820
817 S.1: 680
817 S.2: 78, 495, 577, 680ff.
818 I: 699, 709, 719
818 II: 59ff., 303, 537, **699f.**

818 III: 480, 537, 670, 672f., 694, **701ff.**, 708
818 IV: 705ff.
819: 58ff., 672, 680, 702, 704, **705ff.**
820: 196, 706
821: 678, 707f.
822: 635, 651, 671f.
823ff.: 18, 456, 645ff., 681f., 708, **710ff.**
823 I: 80f., 134, 272, 303, 307, 315, 355, 362, 469f., 653ff., 719, **720ff.**, 803
823 II: 77, 80f., 134, 272, 303, 315, 323f., 477, 656, 733, **754ff.**, 773
824: 731, 761, 792
825: 761
826: 75, 77, 87, 148, 302, 303, 567, 654, 728, 730, **757ff.**, 774
827: 323, 773, 789, 792
828: 321f., 773, 792
829: 352, 789
830: 313, 778ff.
831: 186, 328, 353, 706, 743, 748f., 752, **770ff.**
832: 310, 771, 777f.
833: 784
836: 762
839: 296, 729, **762ff.**, 795
840: 386, 715, 777, 778ff., 789
841: 767, 778
842: 791, 798
843: 158, 335, 349, 387, 723, 798f.
844: 305, 584, 724, 798f.
845: 305, 584, 799
846: 799
847: 303, 336, 341, 739, 798, 800
848: 340, 798
852: 277, 454, 508f., 715, 751, 767, 794, 800f.
853: 332, 801
854: 727
866: 612
868: 634f.
889: 212
892: 379, 613, 707
903: 320, 412, 819
904: 318, 793, 794f.
905ff.: 128
906: 794
909: 756
912: 794

917: 125, 794
930: 472, 634, 668
932: 726
935: 613, 641, 686, 689
946: 159, 686, 689
948: 163, 618, 678, 688
950: 471 f., 555 f., 687
951: 687 f., 694, 702, 709
952: 640 f., 644
954: 519, 727
956: 519
965: 589
985 ff.: 2, 167, 426, 648, 681, 698, 708 f., 716 ff., 726
985: 237, 469, 520, 682, 684
986: 469, 515, 578, 698
992: 168, 647, 716, 726
993: 705, 708 f., 716
994 ff.: 590, 693 f., 705, 709
1000: 281
1004: 2, 18, 295, 694, **801 ff.**
1008: 382, 392, 612, 618
1094 ff.: 92, 460, 463
1147: 820
1207: 514, 558
1229: 97
1257: 514, 558
1279: 728
1280: 364
1297: 48
1300: 303
1353: 727
1357: 577
1360 ff.: 5
1606 ff.: 693, 727
1626: 727
1990: 379, 674
1991: 379
2018: 166
2027: 166
2039: 394
2040: 393, 618
2042: 618
2078: 129
2079: 129
2155: 154
2174: 50
2183: 157
2247: 89

2301: 188
2366: 361
2380: 417
Abzahlungsgesetz
1 ff.: 473 ff., 558
1: 98
1 a: 526
2: 98, 282
5: 282
6: 526

AGB-Gesetz
1 ff.: 108 ff.
1: 109 ff., 117
2: 93 f., 112, 113 ff.
3: 110, 115 ff., 188, 594
4: 110 f.
5: 117
6: 108, 110, 114, 118, 121
7: 121
8: 118
9 ff.: 79, 118 ff., 152, 188
9: 562, 594
10: 120
10 Nr. 3: 33, 282
10 Nr. 4: 159
10 Nr. 5: 551
10 Nr. 7: 97, 282
10 Nr. 8: 809
11: 119
11 Nr. 1: 33, 152, 408
11 Nr. 3: 205
11 Nr. 5: 97
11 Nr. 6: 97
11 Nr. 7: 443, 564, 572
11 Nr. 9: 572
11 Nr. 10: 116, 431, 443, 551
11 Nr. 12: 33
11 Nr. 15: 443
12: 112, 809
13 ff.: 121 f.
23: 111 f., 551, 809
24: 111 f., 408, 809
27: 111 f.

Aktiengesetz
18: 607

Arbeitsgerichtsgesetz
2: 549

Verzeichnis der Gesetzesstellen

Arbeitssicherstellungsgesetz
10 ff.: 79

Arzneimittelgesetz
1: 302
84: 746, 788

Atomgesetz
25 f.: 787

Beamtenrechtsrahmengesetz
46: 763
52: 348

Berufsbildungsgesetz
4: 536

BetrAVG
16: 149, 541

Beurkundungsgesetz
9: 83

Börsengesetz
58: 621

Bundesbaugesetz
19 ff.: 79, 707
24: 461, 463

Bundesimmissionsschutzgesetz
14: 793 f.

Bundessozialhilfegesetz
90 f.: 589

Depotgesetz
13: 598
15: 598

EGBGB
Art. 7 ff.: 807 ff., 813
Art. 11: 807, 815
Art. 12: 807, 810, 816
Art. 30: 811, 816

Einheitliches Kaufgesetz
Art. 1 ff.: 808, 814

EWG-Vertrag
Art. 85: 43, 607
Art. 86: 77

Gebrauchsmustergesetz
15: 588

Gerichtsverfassungsgesetz
13: 768
71: 768

Gewerbeordnung
26: 316
133 ff.: 538
133 c: 546

GmbH-Gesetz
31: 681

Grundbuchordnung
13: 83 f.
19: 83 f.
20: 83 f.
39: 84
40: 84
45: 687

Grundgesetz für die Bundesrepublik Deutschland
Art. 1: 74
Art. 21: 74 ff., 90, 399, 535
Art. 4: 732
Art 5: 731 f., 737
Art. 9: 730
Art. 12: 535
Art. 14: 74, 795 f.
Art. 19: 535
Art. 20: 76, 127, 130, 151, 509
Art. 28: 76
Art. 34: 762 ff.

Grundstücksverkehrsgesetz
2: 79

Haftpflichtgesetz
1 ff.: 785
2: 777, 783, 787
3: 771

Verzeichnis der Gesetzesstellen

Handelsgesetzbuch
1: 632
4: 608
56: 587
63: 546
70: 506
74ff.: 538
75c: 97
105: 605
114: 395
124: 396
128: 382, 386, 396
140: 616
142: 616
161: 604
335ff.: 604, 606
346: 154, 758
348: 97
349: 624, 627
350: 161, 623, 637
351: 97, 624
352: 163, 254
353: 163f.
356: 214
360: 154
362: 115, 567, 571
363: 180, 632, 634, 639
364: 639, 644
366: 558, 587
369: 280
373ff.: 201, 408
376: 259, 339
377: 195, 430, 442f.
378: 195, 269, 430, 439
383ff.: 40, 550
416: 597
419: 618
453: 77, 535, 551
489ff.: 604
740: 589
787: 386

Höfeordnung
7: 55, 89

Konkursordnung
15: 359
17: 32, 407, 466, 517
19: 517

20: 517
21: 517
23: 367
43: 366, 465f.
54: 204
59: 466
149: 165
193: 48

Kunsturhebergesetz
22ff.: 736

Lohnfortzahlungsgesetz
1ff.: 545

Luftverkehrsgesetz
33: 786
44: 786

Patentgesetz
47: 588

Postgesetz
3: 535

Reichssiedlungsgesetz
4: 461

Reichsversicherungsordnung
189: 545
539: 584
636: 539f., 544, 777
637: 391, 539, 777
640: 544
1542: 348, 387, 584

Sachschadenhaftpflichtgesetz
1: 575

Scheckgesetz
1ff.: 639
34: 165
39: 162

SGB X
116: 348, 387, 584, 777

Städtebauförderungsgesetz
17: 461

Verzeichnis der Gesetzesstellen

Strafgesetzbuch
13: 714
17: 297, 324
32: 318
34: 318
185: 738, 803
193: 319, 792
216: 724
239: 725
248b: 756
263: 681, 702, 754, 773
284: 620

Strafprozeßordnung
127: 320

Straßenverkehrsgesetz
1: 754
7: 298, 313, 751, 766, 781, 785
12: 766
17: 352, 786
18: 786

Tarifvertragsgesetz
4: 104, 141

Telegraphenordnung
5: 535

Gesetz gegen den unlauteren Wettbewerb
1: 47, 128, 295, 451, 489, 731, 760, 803
21: 800

Urheberrechtswahrnehmungsgesetz
12: 93

Urheberrechtsgesetz
97: 336, 588, 700

Verdingungsordnung
für Bauleistungen
VOB/A–C: 551
VOB/B § 13: 555

Vergleichsordnung
82: 48

Versicherungsvertragsgesetz
1ff.: 630f.

6: 49, 97
23: 629
25: 629
59: 386
67: 348, 387

Verwaltungsverfahrensgesetz
54: 6, 62
62: 6

Währungsgesetz
3: 79, 152, 162

Warenzeichengesetz
25: 727

Wasserhaushaltsgesetz
22: 788

Wechselgesetz
Art. 1: 181, 639
Art. 5: 164
Art. 7: 643
Art. 11: 25
Art. 15: 25
Art. 16: 364
Art. 17: 361
Art. 28: 162, 199
Art. 31: 25
Art. 39: 165, 640
Art. 40: 642
Art. 47: 386
Art. 48: 163
Art. 91: 814

Weimarer Reichsverfassung
Art. 131: 764

Gesetz
gegen Wettbewerbsbeschränkungen
1: 216, 501, 607, 673
5: 607
10: 97
11: 97
15: 408, 501
16: 408
18: 489
22: 81, 152
25: 43

Verzeichnis der Gesetzesstellen

26: 77, 652, 731
34: 89
35: 653, 731, 760
38: 607
98: 812
103: 152

WoBind G
8: 410

Wohnraumkündigungsschutzgesetz
Art. 3 § 1: 510
Art. 3 § 2: 513
Art. 3 § 10: 513

Zivilprozeßordnung
29: 172
38: 172
59: 384
68: 393, 615
80: 589
254: 167
259: 240
260: 447
261: 167
264: 239
280: 265

287: 336
422: 168
696: 167
717: 788
726: 281
727: 359
736: 396, 614
756: 281
757: 165
767: 122, 239
771: 177, 366f., 405, 465ff.
805: 367, 515
807: 167
808: 177, 468
825: 477
850: 206, 358
857: 177, 468
859: 614
883: 167
888: 167, 727
889: 167
894: 91, 615, 638
935: 84
945: 788

Zwangsversteigerungsgesetz
56: 417
57ff.: 517

Sach- und Entscheidungsregister

(Die Zahlen verweisen auf die Seiten des Buches; Fallnamen finden sich in Anführungszeichen)

Abänderungsvertrag 213, 465
„Abbuchungsermächtigung" 250
Abbuchungsverfahren 161
„Abfallbeseitigungspflicht" 741
Abfindungsbefugnis 158
„Abfindung des unehelichen Kindes" 217
„abgebrannte Baustelle" 241
abgestimmtes Verhalten 43
Ablehnungsandrohung 257
Abnahmepflicht
– des Bestellers 554
– des Käufers 410
Abnahmeverzug des Käufers 262, 410
Abonnement-Bestellungen 473, 475
Abschlußfreiheit 76, 535
Abschlußgehilfe 65, 69f., 330f.
„Abschlußgehilfe" 65
Abschlußpflicht 76
Abschlußzwang 76f., 567, 759
Absicht 322f.
Absolutes Recht 4, 652, 724ff., 802f.
Abstrakte Schadensberechnung 339
abstraktes Geschäft 41
Abstraktes Schuldverhältnis 41ff.
– Schuldanerkenntnis 636ff.
– Schuldversprechen 551ff., 636ff.
Abstraktionsgrundsatz 41ff., 44ff., 405f.
Abtretung 353ff.
– fiduziarische 364ff.
– verbotene 357
– von Forderungen 356ff.
– von sonstigen Rechten 376
– zugunsten Dritter 182
Abwerbung 46f.
Abwicklungsverhältnis s. Rückgewährschuldverhältnis
Abzahlungsgeschäft 473ff.
actio pro institutione 651

actio pro socio 394ff.
Adäquanztheorie 311ff.
AGB 108
AGB-Gesetz 11, 33, **108**
Änderungskündigung 549
Äquivalenzstörung 141f.
Äquivalenztheorie 309f.
Akkreditiv (Leistung an Erfüllungs Statt) 161
Akzeptkredit 525
Akzessorietät der Bürgschaft 623ff.
aliud-Lieferung 377f., 269, 430
Allgemeine Deutsche Speditionsbedingungen 122
Allgemeine Geschäftsbedingungen 107, **108ff.**
„allgemeine Hilfe" 765
Allgemeine Vertrauenshaftung 27, 66, **129**, 332, 746
Allgemeines Persönlichkeitsrecht 653, 736ff.
„Alt durch Neu"-Ersatz 336
„Alt durch Neu"-Inzahlungnahme 197f., 336
Alter einer Sache 456
Altersversorgung, betriebliche 142, 149, 541
Amtshaftung 762ff.
„Amtspflicht des Notars" 292
„Amtsverschwiegenheit" 765
Anbietungspflicht 91
Anderkonto 201
Aneignungsgestattung 519
Aneignungsrecht 519, 727
„Anerkenntnis des Unfallversicherers" 638
Anfängliche Unmöglichkeit 224f., **227ff.**, 424ff.

Anfängliches Unvermögen 224f., **230**ff., 424ff.
Angebot der Leistung 261ff.
Ankaufsrecht 92, 462
„Anlageempfehlung, unrichtige" 402
Anlagefälle 342, 344ff.
Annahme
– der Anweisung 639ff.
– durch den Besteller 554
Anpassungsregelungen, vertragliche 151
Anrechnung 202
„Anschluß- und Benutzungszwang" 795
Anspruch 21f.
– gesetzlicher 51
– vertraglicher 50
Anspruchsgrundlagen 1, 50
Anspruchskonkurrenz 158, 645ff., 715ff.
Anspruchsmehrheit 158
Anspruchsnorm 50
Anstandszuwendungen 49, 496, 674
Anteil
– am Gesamthandsvermögen 604
– an der Bruchteilsgemeinschaft 617f.
Anwachsung 615
Anwälte 571
Anwartschaftsrecht 467ff., 514, 726
Anweisung 639ff.
anwendbares Recht 806ff.
„Anzeigenaktion" 351
„Anzeigenaktion mit berichtigender Darstellung" 802
Anzeigepflicht
– des Beauftragten 567
– des Gastes 601
– des Geschäftsführers 582
– des Käufers 443, 449f.
– des Mieters 504f.
„Apfelschorf/Benomyl" 744
„Apfelschorf/Derosal" 744, 752
Arbeitsrecht 6, 532ff.
Arbeitsvertrag 532
Architektenvertrag 551
Arglisteinwand 87ff., 140f., 759
Arglistige
– Täuschung 444, 456, 480, 759
– Verschweigung eines Mangels 427, 443ff., 450f.
Artabweichung 437f., 455f.
„Arteriosklerose" 294

Arzneimittelhaftung 788
„Arztpraxis" 440
Arztvertrag 531, 551
„Asbach-Uralt" 77
Atomenergieanlage 787
Atypische
– Gesellschaft 606
– Schuldverhältnisse 38ff., 399f.
atypische Verträge 50
„Auffahrunfälle im Nebel" 313
Aufhebung der Gemeinschaft 461, 618f.
Aufhebungsvertrag 191, 207f., 505, 548
Aufklärungspflicht 66, 132f., 409, 410f., 427
Auflassungsanwartschaft 726
„Auflassungsgenehmigung" 242
Aufopferungsanspruch
– öffentlich-rechtlicher 794ff.
– privatrechtlicher 748f., 794f.
Aufrechnung 190, **201**ff., 450, 801
– Ausschluß der 205f.
– Vertrag über 202
Aufsichtspflicht
– über Personen 777f.
– über Tiere 784
Auftrag 178, 527f., **565**ff.
Aufwendungen
– des Beauftragten 568
– des Geschäftsführers ohne Auftrag 580, 583ff.
– im Rahmen der Bereicherung 705
Aufwendungsersatz 165f.,
s. a. Aufwendungen
Aufwertungsgesetz 142
Ausfallbürgschaft 625
Ausgleichung
– unter Gesamtgläubigern 385
– unter Gesamtschuldnern 388f.
– unter mehreren Schädigern 780f.
– unter Mitbürgen 624
– unter mehreren Sicherungsgebern 635f.
Auskunft 66, 132f., 166, 410
Auskunftshaftung 66ff., 570ff.
Auskunftspflicht 359, 427, 568, 582
Auslagenkondiktion 691ff.
Auslegung 104f.
Auslegung, ergänzende 106
Auslegung des Gesetzes 151
Auslobung 427, 527, 595

Ausnutzung fremden Vertragsbruchs 46f., 759
Ausreißer 748ff., 794f.
Ausschreibung 596
Außengesellschaft 606
Außenwirkung des Vertrags 8
Außenwirkungen von Schuldverhältnissen 45, 47
„Aussteuersortiment" 475
Austauschtheorie 428, 245, 256, 490
Austauschort 447
Austauschverträge 38
„Autoherstellergarantie" 753

„Bandmotiv" 723
„Bankazinn" 156
Bankschließfächer 597
Banküberweisungen 161, 199
Barvorschußtheorie 372
„Bastlerfall" 291, 342
„Batterien, nicht verpackte" 443
Baubetreuungsvertrag 551
Baukostenzuschuß 502
Baupreis (Anpassung) 148f.
„Baustelle" 742
Bauträgervertrag 551
Bauvertrag 551
Beamter 762ff.
Bedarfsdeckungsvertrag 31
Beförderungsvertrag 551
„Beförderungsvertrag" 270
„Beförderungsvertrag zugunsten eines Kindes" 180
Befreiende Schuldübernahme 375f.
Begebungsvertrag 642
Begleitschaden 451, 453f., 554
Beherbergungsvertrag 599
„beiderseits falsch kalkulierter Kurs" 144
„Beleidigungen" 269
Bequemlichkeitsverzicht 342
„Beratung" 454
Beratungspflicht 375, 409f., 427
Beratungsvertrag 572
„Beratungsvertrag, konkludenter" 572
Berechtigender Vertrag zugunsten Dritter 180ff.
„berechtigtes Interesse" 731
Bereicherung 51, 178, 226, 241, **645**ff.
– Anspruchskonkurrenzen 708ff., 715ff.
– aufgedrängte 694, 705
– Gegenstand der 696ff.
– Vertrag zu gunsten Dritter 184
– Wegfall der 701ff.
Bereicherungseinrede 707f.
Bereicherungsketten 663f., 668ff.
„bereicherungsrechtlicher Normzweck" 292
„Berühmung" 803
Berühmung eines Ausschlußrechtes 730
Berufung auf Formmangel 140
Berufung auf rechtmäßiges Alternativverhalten 311, 347
Beschränkte Gattungsschuld 156, 235
Beschäftigungspflicht des Arbeitgebers 541
„Beschlagnahmefreistellung, zugesagte" 678
Beseitigungsanspruch 801ff.
Besichtigungsvertrag 92
Besitz 406, 672, 684, 726f.
Bestandschutz 650ff.
Bestätigungsschreiben, kaufmännisches 115
Bestimmbarkeit der Leistung 30
Bestimmtheitserfordernis 471
Betriebsgefahr 786
„Betriebsgefahr" 600
Betriebsgeheimnis 406, 727, 732
Betriebshaftung 777
Betriebsübergang 380, 537
Betriebsunfall 538ff.
Betriebsvereinbarung 536
Beweislast
– bei Interessewegfall (§ 463) 445
– bei Produzentenhaftung 751f.
– bei Rechtsmängelhaftung 427
– bei Schlechterfüllung 269
– bei Unmöglichkeit 238f.
Beweispapier 197
Bezugsvertrag 31
„BGB-Publikums-Gesellschaft" 610
B-Geschäft 478
„Bildzeitung" 732
Billigkeitshaftung 789
Billigung
– beim Probekauf 459
– beim Werkvertrag 555
Blankozession 359

Sach- und Entscheidungsregister

„Blinkfüer I" 732
„Blinkfüer II" 732
Börsenkurs 143
„Bohrhämmer" 211
Bonität 423
„Bordellkauf" 141
„Bordellpacht" 681
Boykott 730, 732, 760
breach of contract 221, 254
Bringschuld 157, **172**ff., 263, 412f., 415ff.
„Brockeneisen" 144
Bruchteilsgemeinschaft 382, 391ff., **617**ff.
„Brünova" 760
Bürgschaft 375f., **621**ff.
„Bürgschaft gegen Wohlverhalten" 678

„Carrera" 684, 727, 738
causa 14, 41f., 102, 637, 673f.
„Chefarzt, Operationsschwester" 776
cif-Klausel 419
clausula rebus sic stantibus 136ff., 138, 216f., 457, 493, 523
condictio
– causa data, causa non secuta 662, 673
– indebiti 662, 674
– ob causam finitam 662, 675
– ob iniustam vel turpem causam 680ff.
– ob rem 662, 675
– sine causa 662, 673
„Constanze I" 732
„Constanze II" 732
Contergan 746
„coronation cases" 209
culpa in contrahendo **62**ff., 148, 457, 572, 719
culpa post pactum perfectum 72, 148, 572, 719

„Dampfpreis" 149
Darlehen 36, 41, **521**ff., 598f.
Darlehensvertrag 521ff.
datio ob causam (vel ob rem) 677f.
Dauerschuldverhältnis **30**ff., 145f., 170, 191, 241, 497ff., 506
– Rücktritt 284
Deckungsgeschäft 216, 218, 244, 254, 256
Deckungsverhältnis 554, 582, 181, 639, 669, 671

Deklaratorisches Schuldanerkenntnis (Schuldversprechen) 638
Deliktsanspruch, Konkurrenzen 715
Demonstrationstäter 732, 779
„Denkzettelaktion II" 731
„Denunziation" 759
„Diebstähle durch Bauarbeiter" 776
Diebstahlschäden 314
depositum irregulare 598f.
Dienstverschaffungsvertrag 534
Dienstvertrag 526ff., **529**ff.
– und Werkvertrag 530f.
– und Arbeitsvertrag 532f.
„Dienstvertrag" 139
dies interpellat pro homine 250f.
„Dieselöl, ausgelaufenes" 788
Differenzberechnung, eingeschränkte 245, 246
Differenzgeschäft 621
Differenztheorie 245, 256, 490
diktierter Vertrag 77
diligentia quam in suis 326, 609
Dingliches Recht 726
Direkterwerb 468
Diskontierung 164
Diskriminierungsverbot 77
Dispositives Recht 121, 124
dolo facit qui petit quod statim redditurus est 146
Doppelabtretung 362f.
Doppelermächtigung 640
Doppelgesellschaft 607
Doppelkondiktion 698
Doppelmangel 671
Doppelseitiger Motivirrtum 144
Doppeltypische Verträge 403
„Doppelverkauf" 759
„Drahtseile-Fall" 814
Draufgabe 94f.
Dreiecksverhältnisse 663f.
Drittempfängerkondiktion 695ff.
Drittvermögenskondiktion 690ff.
Drittschadensersatz 47, 304ff., 600, 799
Drittwirkung von Grundrechten 760
„Droschkenplatz" 700
Durchgangserwerb 357, 468
„Durchgriff" 812

EDV-Zahlen 362

Effektivklausel 163
Ehegattengesellschaft 606 f.
eheähnliches Verhältnis 575
Ehemäklerlohn 49, 594
Ehestörung 727
Ehrenkränkung 303, 738 f., 802 ff.
Eidesstattliche Versicherung 166 f.
„eigenmächtiger Urlaub" 548
Eigenreparaturen 291, 342
„Eigenreparaturen" 291, 342
Eigentümer-Besitzer-Verhältnis 708 f., 715 ff.
Eigentum 652, 726
„Eigentum am Hof" 145
Eigentumsrecht 20
Eigentumsansprüche 51, 708 f., 715 ff.
Eigentumsverletzung 726
Eigentumsvorbehalt **464 ff.**, 689
„Einbau des gekauften Motors" 454
Einbaufälle 689 f.
Einbringung von Sachen 513 f., 601 f.
Eingerichteter Gewerbebetrieb 729 ff.
Eingriffsdelikt 652, 720 ff.
Eingriffskondiktion 682 ff.
Einheitskondiktion 698
Einheitsprinzip (finanz. Kauf) 479 f.
Einrede
– der Arglist 87 ff., 140 f., 759
– des Bürgen 623 ff.
– des nichterfüllten Vertrages **278** ff., 425
– des Notbedarfs 493
– des Schuldners (Abtretung) 360 ff.
– der unerlaubten Handlung 801
– der ungerechtfertigten Bereicherung 707 ff.
– der veränderten Umstände 136 f., 138, 216 f., 457, 493, 523
– der Vermögensverschlechterung 136 ff.
– und Vertrag zugunsten Dritter 184 f.
– und Verzug 251
Einrede der Vorausklage 623 ff.
– des Zurückbehaltungsrechts 280 f.
Einwendung
– und Einrede 278
– bei Inhaberschuldverschreibung 642 f., 644
Einwendungsdurchgriff 479
Einwilligung 318
– mutmaßliche 318

Einzelabwägung 388, 780 f.
Einziehungsermächtigung 368 f., 471
Eisenbahnfahrkarte 644
„Elbe-Seitenkanal" 735, 741
„Elektroherde" 667, 689
emtio spei 407
emtio rei speratae 407
Energiehaftung 787
Enteignung 793 f.
Enteignungsgleicher Eingriff 793 f.
entgangene Nutzungen 341
Entgelthaftung 56 ff., 706
Entlastungsbeweis (Verrichtungsgehilfe) 775 f.
Entschuldigungsgrund 327
Entwicklungsfehler 746 f.
Enumerativprinzip 649, 654 f.
„Erbbauins" 142
„Erbeinsetzung, in Aussicht gestellte" 675
Erbschaftskauf 242, 417
Erbvertrag 55
Erfolgshaftung 442
Erfolgsunrecht 652
Erfüllung 190 ff.
– unter Vorbehalt 196
Erfüllungsanspruch 218 ff.
– und Sachmängelgewährleistung 429
Erfüllungsaufhebungsvertrag 191
Erfüllungsersetzung 190 f., **197** ff.
Erfüllungsgehilfe **327** ff.
– und Mitverschulden 352 f.
– und Substitut 567 f.
– und Versendungskauf 416 f.
erfüllungshalber 198
Erfüllungsinteresse s. Schadensersatz wegen Nichterfüllung
Erfüllungsinteresse bei c.i.c 68
Erfüllungsort 171 ff., 414 ff., 814
Erfüllungs Statt 190, 197 ff.
Erfüllungssurrogat s. Erfüllungsersetzung
Erfüllungsübernahme 185, 374 f.
Erfüllungsverweigerung 221, 254
Ergänzende Vertragsauslegung 104 ff.
Erklärungstheorie 61 f.
Erlangtes 700
Erlaß 190, **206** f.
Erlöschen von Schuldverhältnissen **190** ff.
Ermächtigung 368 f., 640

Sach- und Entscheidungsregister

Ermächtigender Vertrag zugunsten Dritter 180 ff.
Ersatzvorteil 205, 207, 236, 238, 241, 244, 247
Ersatzfahrzeug, -wagen 341
Ersetzungsbefugnis 152 ff.
Ersitzung 687
Ersparnis 702
Erstattungsanspruch 568, 583
„erster Schecknehmer" 280
„erwartete Heirat" 675
Eventualaufrechnung 202
Eviktionsprinzip 426
exceptio doli 87 ff., 140 f., 759

Fabrikationsfehler 747 f.
Factoring 40, 370 ff.
– und Globalzession 371
– und verlängerter Eigentumsvorbehalt 371 f.
– und Abtretungsverbot 372
Fälligkeit 169, 250, 259
Fälligkeitskündigung 169 f.
Fälligkeitszinsen 164
Fahrlässigkeit **325 f.**, 792
faktische Gesellschaft 53 f.
faktische Hofübergabe- und Erbverträge 56
faktisches Vertragsverhältnis 52 ff.
Falschbeurkundung des Kaufpreises 85
„falsche Berechnungsgrundlage" 149
Familienplanung, Recht auf 729
Familienrechte 727
Fangprämien 314, 342
Fehlerbegriff 429, 433 ff.
fehlerhafte Gesellschaft 54, 608
Fensterplatzmiete 209
„Fertighaus-Bau" 550
„Feuerzeug" 760
fiduziarische Abtretung 364 ff.
Finanzierter Kauf 478 ff., 697
Finanzierungs-Leasing 483 ff.
Firma 727
fiskalische Verwaltung 766 ff.
Fixgeschäft 259 f.
Fixhandelskauf 259
„Flaschengreifer" 275
„Fluglotsen I" 735
„Fluglotsen II" 730

„Flugplatzlärm" 794
„Flugreise" 667, 672, 706
fob-Klausel 173, 419
Folgeschaden 289, 301 f., 337 ff.
Forderung 633 f., 20, 25, 45 ff., 728
– deliktischer Schutz 4, 355, 728 f.
Forderungsabtretung 356 ff.
Forderungskauf 230
Forderungskollision 25, 715
Forderungsrechte 20
Forderungsübergang, gesetzlicher 373
Formfreiheit 82, 499
Formmangel 83 ff.
Formularverträge 110
Formvorschriften 82 ff.
Forschungsfehler 746 ff.
Freiheitsentzug 725 f.
Freiheitsschutz 17 ff., 646 ff.
Freiheitsverletzung 725 ff.
Freistellungsanspruch 539
Freizeichnung 115 ff., 751
Freizeit 341
Fremdbesitzerexzeß 718
Fremdwährungsschuld 163
Freundeskauf 403, 492
Friedenspflicht 730
„Friedhof" 741
„Friseur" 270
Fristsetzung 257
Früchte 519, 727
Frustrierungsgedanke 291, 342
Fürsorgepflicht 186 f., 535
funktionelle Abhängigkeit 336 ff., 352, 37 f., 240 f., 255 f.
Funktionenlehre (in § 242) 130

Garantiehaftung 440 f., 520 f., 647
Garantievertrag 40, 396, **542 ff.**
Garderobenmarke 644
„Gastwirt" 352
„Gaszug" 454
„Gaszug-Fall" 746, 749
Gattungskauf 407, 431 f., 440 f., 451 f.
Gattungsschuld **152 ff.**, 176, 238, 243, 251
– Gläubigerverzug bei 176, 263 f.
– Schuldnerverzug bei 251
– Unmöglichkeit bei 238, 243
Gebäudehaftung 762

"Gebrauchsanweisung, unzulängliche"
457
Gebrauchsüberlassung an Dritte 504, 521
Gebrauchsüberlassungsvertrag 33, 496 ff.
Gebrauchsvorteile, entgangene 341
Gefährdungshaftung 299, 326, **782 ff.**
Gefälligkeitsfahrt 24, 28
Gefälligkeitsverhältnis 24, 28, 61, 565 f.,
578, 597
Gefahrübergang
- beim Kauf **411 ff.**, 441 f., 455
- beim Werkvertrag 555 f.
Gegenleistungsgefahr 155, 174, 232 ff.
gegenseitiger Vertrag **35 ff.**, **232 ff.**, **249 ff.**,
279 ff.
Geheißerwerb 471
Gehilfe s. Erfüllungsgehilfe oder Verrichtungsgehilfe
"Gehweg" 294
Geldentwertung 163
Geldersatz **334 ff.**, 797 ff.
Geldsachschuld 160
Geldschuld **159 ff.**, 174 f., 199, 254, 263 f.,
416
Geldverschickung 157, 174 f.
Gelegenheitsgesellschaft 606
GEMA 342
gemeinsamer Zweck 603
Gemeinschaft 605, **617 ff.**
Gemeinschaftsverwahrung 597
gemischte Schenkung 403, 492
gemischter Vertrag 40, **401 ff.**
genehmigungsbedürftiger Vertrag 79
Generalklausel 654 f., 723, 734, 757, 774
genetische Abhängigkeit 37
Gepäckschein 645
"geplantes Versehen" 706
Gesamtabwägung 781
Gesamtforderung 381, 384 f.
Gesamtgläubigerschaft 384 f.
Gesamthand 382, 392 ff., 611 f., 617 f.
Gesamthandsforderung 393 f.
Gesamthandsschulden 396 ff., 613
Gesamthandsvermögen **392 f.**, **611 f.**
Gesamtschau 781
Gesamtschuld 330 f., 335 ff., 384 ff., 386 ff.
- scheinbare 390 f., 693
Gesamtvertretung 93
Geschäfte an der Haustür 473

Geschäft wen es angeht 369
Geschäftsbesorgung 529, **570 ff.**
Geschäftsfähigkeit 643, 704, 706
Geschäftsführung 610 ff.
Geschäftsführung ohne Auftrag 53, 148,
51, 178, **572 ff.**, 815
Geschäftsführungspflicht 575, 582
Geschäftsgrundlage 99 f., **136 ff.**, 675
- objektive 141 f.
- subjektive 138
Geschäftsverbindung, Haftung aus 572
Geschlechtsehre, Verletzung der 761
Geselligkeitsverhältnis 597
Gesellschaft 521 ff.
- nach Bruchteilen 606
Gesellschafterwechsel 615 f.
Gesellschaftsvermögen 611 ff.
Gesellschaftsvertrag 38, **603 ff.**
"Gesellschaftsvertrag" 139
Gesellschaftszweck 38, 603
Gesetzesauslegung 151
"gespaltener Arzt-Krankenhausvertrag"
531, 551
Gestaltungsrecht 23, 475, 729
Gesundheitsverletzung 725, 798
Gewährleistung
- beim Kauf 410 f., **421 ff.**, **428 ff.**
- bei der Miete 501, 504 f.
- bei der Schenkung 493 f.
- beim Werkvertrag 552 ff.
Gewässerschäden 787 ff.
"gewagte Verträge" 139
"Gewerbebetrieb" 803
Gewinn, entgangener 290, 339
Gewinnanteil 614
Gewinnherausgabe 684
Gewissensnot 146 f.
"Ginsengwurzel" 738
Gläubigerbenachteiligung 759
Gläubigergefährdung 367, 371 f., 471
Gläubigerverzug 38, 157, 171, 219, 225 f.,
243, **261 ff.**, 410, 414, 546, 554 f.
Gleichbehandlungsgrundsatz 541
Globalzession 367 f., 371, 471
Glücksspiel 620
Goldklausel 79
"graphologisches Gutachten" 738
"Grenzziehung" 738
"Großbaustelle" 794

„Gründerbildnis" 736
Grundgesetz und Wirtschaftsordnung 73
Grundrechte 732, 760
„Grundstücksbewertung, fehlerhafte" 554
Grundstückskauf 79, 83 f., 415, 434, 441
„Grundstücksmitfinanzierung" 145
Grundstücksschwarzkauf, 678
„Grundstücksüberlassung" 276
„Grundwasserentzug" 726
Günstigkeitsprinzip 465, 705, 534, 816
Güterabwägung 729
Gutachten 21 f., 712
Gutgläubiger Erwerb
– einer Forderung 356 f.
– des Unternehmerpfandrechts 557 f.
– des Vermieterpfandrechts 514

Haager Übereinkommen 808
„Haartonikum" 744
Haftung 25
Haftungsausschluß 119, 751
– bei Sachmängeln 443
– bei Gastwirten 601
– bei Warenhaftung 751
Haftung ohne Verschulden 326 f., 432, 442, 504, 601, 783, 789
Haftungseinheit 388, 781
Haftungsgrundsätze 298
Haftungsmaßstab 25
Haftungsmilderung **715**, 751
Haftungsprinzipien 298
Haftungsumfang 248, 287, 289 ff., **332** ff.
Handdarlehen 522
Handeln auf eigene Gefahr 319
Handelskauf **408**
Handgeld 95
Handkauf 405
Handlungsbegriff 288 f., 324, **712** ff.
Handlungspflicht 714
Handlungsunrecht 649
Handschenkung 43, 492
Hauptpflichten 27 f., 38, 240, 273, 421
Haustürgeschäfte 473
Heilung von Formmängeln 85 f.
Heimvertrag 402, 826
„Herabsetzung des Ruhegehalts" 142
Herausgabe von Gegenständen 166 ff.
Herausgabeanspruch 606 f., 166 ff., 697 ff.
– beim Auftrag 568

– bei Geschäftsführung ohne Auftrag 582
Herrenreiterfall 738, 739, 800
Herrschaftsrecht 23
Herstellergarantie 628
Herstellungstheorie 447 ff.
Hinterlegung 190, **199** ff.
„Hinterreifen" 454, 746, 749
„Hirnarteriosklerose" 292
„Hochwasserschutz" 795
Höhere Gewalt 254, 322, 326, 542, 785
„Höllenfeuer" 732
Hoferbenbestimmung 55
„Hofnachfolgefälle" 89
Hofübergabe 55
Hoffnungskauf 407
hoheitliche Verwaltung 763 f.
Holding 607
Holschuld 141 f., 360, 363, **173** f., 412, 415
„Hotel" 667, 691
„Hotelpacht" 137
„Hotelreservierung" 139
„Hühnerpest" 744, 747, 748, 752
hypothetischer Parteiwille 107

„Idealheim" 668
Identitätstheorie s. Vorgesellschaft
Immaterialgüterrecht 684, 727
Immaterieller Schaden 302, 788
Impfschäden 796
Indikation der Rechtswidrigkeit 729
Indivudualabweichung 430 f., 437 f.
Indossament 641
„Industriehafengelände" 107
Inflation 142
Inhaberpapier 641
Inhaberschuldverschreibung 641
Inhaberzeichen 644
Inhaltsänderung 213
Inhaltserreichung 210 f.
Inhaltsfreiheit 76 ff., 536
Inhaltsirrtum doppelseitiger 143 f.
„Injektion" 344
Inkassozession 365
Innengesellschaft 606
Instruktionsfehler 747
Interesse 693, 298, 303, **337** ff., 797 f.
– überfüllungsmäßiges 271 ff., **276** f., 298, 337 ff., 420, 444 f., 453, 501, 504/5
– Umfang des 337 ff.

Interessengemeinschaft 607
internationaler Kauf 808
Internationales
- Schuldrecht 806 ff.
- Wettbewerbsrecht 816
Intimsphäre 737 f.
invitatio ad offerendum 94
Inzahlungnahme 197, 336
„Iran, politische Verhältnisse" 224, 260
Irrtumsanfechtung und Sachmängel-
gewährleistung 436 ff., 455 ff.

„Jagdpacht" 341
„Jungbullen" 667, 689, 702

„Kalkulationsirrtum" 137
Kalkulationsrisiken 307
„Kapp-Putsch" 732
Kartell 607
„Kaskoversicherung" 767
Kassatorische Klausel 285
„Kassenpatient-Krankenhaus" 180
Kauf 404–490
- auf Bericht 92, 458
- auf Probe 92, 458 f.
- nach Probe 458
- unter Eigentumsvorbehalt 464 ff.
- zukünftiger Sachen 407
Kaufähnliche Verträge 427
Kauf bricht nicht Miete 515 f.
Kaufgesetz, einheitliches 808 f.
Kaufkraftklausel 72
Kaufmann (bei AGB) 112
„Kauf mit Montage" 402
Kausalabrede 42 f., 634, 635, 678
Kausalität 292 ff., 309 f., 711, 756
- haftungsausfüllende 299
- haftungsbegründende 299
- hypothetische 343, 344 ff.
- überholende 344 ff.
- der Unterlassung 313
Kausalität (Mäklervertrag) 593
Kenntnis des Mangels
- beim Kauf 443
- bei der Miete 505
- des rechtlichen Grundes 613 f., 705 ff.
Kenntnis des Nichtbestehens der Schuld 674
„Kfz-Bremsen" 748

„Kfz-Tagespreisklauseln" 152
„Kind als Schaden" 341
Knebelungsvertrag 759
- bei Globalzession 367 f., 371, 471
Know-how 406, 727, 732
Körperschaften 604
Körperverletzung 725, 785
Kollision von Forderungen 25
Kombinationsverträge 402 f.
Kommerzialisierung 291, 341
Kommission 40
Kommodum, stellvertretendes 236 f., 241, 247
Kondiktion s. Bereicherung
- abstrakter Verpflichtungen 677
Konditionenkartell 109
Konfusion 191, **212**
kongruentes Deckungsgeschäft 156 f.
konkrete Schadensberechnung 339
Konkretisierung **153** ff., 235, 243, 263, 412, 451 f.
Konkretisierung (als Methode) 132
Konkretisierungslehre 131
Konnexität 204, 280 f.
Konsensualvertrag 41, 596
Konsolidation 212
Konstruktionsfehler 747 f.
Kontokorrent 525
- – vorbehalt 472 f.
- – abrechnungsvertrag 202
Kontrahierungszwang 51, 76 f.
Konventionalstrafe siehe auch Vertrags-
strafe 95 f., 119
Konzern 607
Kosten 419
Kostenanschlag 560
„Kraftfahrer" 776
Kraftfahrzeughalter 784 f.
Kreationstheorie 61, 642
Kredite, öffentliche 524
Kreditgefährdung 761
Kreditschädigung 730 f.
Kündigung 31 f., 61, 145 f., 169 f., 257 f., 284
- des Auftrags 569
- des Darlehens 523 f.
- des Dauerschuldverhältnisses 31 f., 145 f.
- des Dienstverhältnisses 547 ff.

- der Leihe 521
- der Miete 506f.
- der Pacht 519
- des Werkvertrages 559f.
Kündigungsschutz
- beim Arbeitsvertrag 549
- beim Mietvertrag 509ff.
künftige Forderungen 357
kumulative Schuldübernahme 39, 622
Kundschaft 406
„Kunststoffhohlprofil I" 652, 700
„Kunststoffhohlprofil II" 700
„Kurpfuscherfall" 343

Ladendiebstahl 98, 314, 342
Lagergeschäft 597
Lasten 49, 418
Lastschriftverfahren 161, 671
- Widerspruch im 759
„Laternengarage" 656, 741
Leasing 40, 483ff.
„Lebach" 738
Lebensrisiko 294
Legitimationspapiere 641
- qualifizierte 645
Legitimationswirkung 644
„Lehramtsbewerber" 548
Leibrente 493, 619f.
Leihe 519ff.
Leistung 20, 26ff., 99, 280
- an Erfüllungs Statt 190, 197ff.
- auf Abruf 169
- durch Dritte 176ff.
- erfüllungshalber 198f.
- indirekte 667ff.
- unteilbare 385
- Zug um Zug 37f.
- Zweckbestimmung der 670
Leistungsaufsage 254
Leistungserfolg 26f.
Leistungsgefahr 174, 235, 265, 411ff., 417, 556
Leistungskondiktion 650f., 665ff.
- materielle 676ff.
- technische 666ff.
Leistungsort 170ff., 173f.
Leistungspflicht, sekundäre 276
Leistungsstörung 29, 68, **213**ff.
- beim Kauf 419ff.

Leistungsverhalten 26
Leistungsverzögerung, objektive 259f.
Leistungsverweigerung (endgültige, beharrliche) 254, 257
Leistungsverweigerungsrecht 148
Leistungszeit 168ff.
Liebhaberinteresse 303, 336
Lizenz- und Nutzungsgebühren 291, 341, 690
Lohn 534, 540
„Lohnerhöhung von 14–15% 149
„Lohnfortzahlung" 306, 767
Lohnfortzahlungsanspruch 545
„Lotsenvertrag" 270
„Lotterievertrag 620
Loyalitätspflichten 66
„Lucas Cranach" 681
Luftfahrzeuge 786f.
Luftfracht 787
Luftpool 787
„Lüth-Urteil" 320

Mäklervertrag 529, 592ff.
Mängel s. Gewährleistung, Sachmangel, Rechtsmangel
Mängelanzeige 450, 504, 554
Mängeleinrede 450
Mängelfolgeschäden 444, 451ff., 504f., 553f.
Mahnung 250f., 258
Mangelschaden 444, 453, 553
Markenschutz 732
Marktbeherrschung 81
„Massenveranstaltung" 741
„Medizinsyndikat III" 804
„Mehrfachpfändung" 691
Mehrheit von Gläubigern 380ff., 605ff.
Mehrheit von Schuldnern 380ff., 605ff.
Mehrpersonenverhältnis (Bereicherungsrecht) 663
Meinungskampf 731
„Mephisto-Gründgens" 738
merkantiler Minderwert 342
Miete 496ff.
„Miete" 195
Mieterschutz 506ff.
Mietkauf 401
Mietpreisrecht 513
„Miettäume" 262

Mietschutzrecht 76, 498, 508 ff.
„Mietshaus" 742
Mietvorvertrag 499
Mietwagenkostenersatz 341
Mietzins 502
Minderjährige (c.i.c.) 70
Minderung
- beim Kauf 443, 448 f., 451 f.
- beim Tausch 490
- beim Werkvertrag 552
Mitbürge 624
Miteigentum 391 ff.
Mitgliedschaft 609
- Übertragung 616
Mitteilungspflicht 66 f., 409 f.
Mittelbare Stellvertretung 305, **668 f.**
„mitverpflichteter Ehegatte beim Ratenkreditvertrag" 672
Mitverschulden 350 ff., 793
Mitwirkungspflicht 555
Monopolstellung 76 f., 759
„Montagekostenersatz, Dachziegel" 447
Motivirrtum 129
„Musterung" 292, 765
mutmaßlicher Wille 573, 578 ff.

Nachbesserung 431 f., 443, 445, 451 f., 552 f.
Nachbürge 624 f.
Nachlieferung 157, 429 f., 451 f.
Nachträgliche Unmöglichkeit s. Unmöglichkeit, Unvermögen
Nachträgliche Pflichten 71
Namensrecht 727, 738
Nasciturus 725
Naturalobligation 48 f.
Naturalrestitution 334, 797
Nebenabrede 111
„Nebenklägerkosten" 756
Nebenpflichten 24, 27 ff., 38, 133, 191, 240, 273 ff., 421, 443
„Nebenscheune" 211
Nebentäter 779 f.
Negatives Interesse s. Vertrauensinteresse
Negatives Schuldanerkenntnis 207
Negatorische Klage 648, 803
„Neu-für-Alt"-Ersatz 336
Neuherstellung 552
Nichteintritt des Erfolges 677 f.

Nichterfüllung 218 ff., 267, 420, 480 f., 502
Nichtleistungskondiktion 683
Nießbrauch 50
non-cumul 715
Normadäquanz 294 f.
normativer Schadensbegriff 290 f.
Normenverträge 94
Normrelevanz 290
Normzwecktheorie 292 ff., 309
„Nordmende" 77
Notstand 318, 792
Notwehr 318, 792
Novation s. Schuldersetzung
Nutzkauf (Leasing) 399, 403, 483 ff.
Nutzungen 341, 418, 470, 518, 699
Nutzungsentgang (als Schaden 341 f.
Nutzungsvergütung 476

Obhutspflichten 186, 717
- des Entleihers 520
- des Mieters 502
Objektive Geschäftsgrundlage 141 f.
Objektive Leistungsverzögerung 259 ff.
Objektiv fremdes Geschäft 575 f., 580
Obliegenheiten 29, 49, 352
Öffentliche Gewalt 763 f.
Ölkrise 223
Offenbarungseid 167
„Operation und Umschulung" 349
Option 91 f.
Opuv 787
Orderpapier 641 f.
Ordnungsstrafen 97
Organgesellschaft 607
Organhaftung 772
Organisationshaftung 741 ff., 776 f.
„Ostgalizische Eier" 251
„ÖTV gg. Bundesanzeiger" 803
„ÖTV gg. GdP" 803
„Ouistreham" 269

Pachtschutzrecht 519
pactum de non cedendo 357
pactum de non petendo 48
„Panorama gg Finck" 804
Parkplatzfall 56, 59, 706
Parteiautonomie 72 ff., 810 ff.
„parteiischer Makler" 675

Parteiwille, hypothetischer 812 f.
Partiarische Verträge 603 f.
– bei Darlehen 523, 603
– bei Pacht 603
– bei Dienstvertrag 534, 604
„Paul Dahlke" 738
Pauschale (Schadensersatz) 96, 226
„Pension eines Vorstandsmitglieds" 142
Pensionsvertrag 598
Persönlichkeitsrecht s. allgemeines . . .
Persönlichkeitsverletzung 736 ff., 760 ff.
Personalbearbeitungskosten 342
Personalkredit 478, 525 f.
Personalstatut 816
Personenvereinigung 602 ff., 617 f.
Pfandrecht
– des Gastwirts 599, 601
– des Unternehmers 557 ff.
– des Vermieters 513 ff.
– des Verpächters 518 ff.
– und Bereicherungsausgleich 687
„Plagiatvorwurf" 803
„Planungsfehler des Architekten" 388
Positive Forderungsverletzung
s. Schlechterfüllung
Positive Vertragsverletzung
s. Schlechterfüllung
pränatale Schädigung 725
Preisausschreiben 596
Preisbindung 408
Preisempfehlung 408
PreisfreigabeVO 1/82 410
Preisgefahr 155, 235 f., 267, 412, **414 ff.**, 532, 556
„Preisselbeeren" 238
„Presseangriff auf Produkt" 761
pretium commune 303
pretium singulare 231, 256, 303
primäre und sekundäre Pflichten 19
Prinzip der geringsten Störung 813
Privatautonomie 3, 72 ff., 508 f.
Produzentenhaftung 299, 306, 454, 658, **742 ff.**, 777
„Produzentenhaftung des Montageunternehmers" 746
protestatio facto contraria 56 ff.
Prozeßvergleich 217
Prozeßzinsen 163
„Prüfung der Ware" 454

„Prüfzeichen" 729, 745
psychische Vermittlung 314
Publikumsgesellschaft 326, 609

Quantitätsmangel 435
Quasikontrakte 52
Quasinegatorische Klage 803 f.
Quittung 196 f.

„Rad- und Kraftfahrerverbund" 77
Rahmenangebot 94
Rahmenrecht 653, 658, 722, 729 ff., 803 f.
Rahmenverträge 87, 93 f.
Rat 570 ff.
Ratenkauf 473 ff.
Ratenvertrag 30 f.
Realschenkung 492
Realvertrag 41, 492, 520
Rechenschaftslegung 568, 582
Rechnungslegung 166 f.
Recht
– am eigenen Bild 737
– am Unternehmen 729 ff.
Rechte
– absolute 650 ff.
– relative 650 ff.
Rechtfertigungsgründe 318 ff., 579, 792
– Irrtum über 319
„Rechtfertigungsgrund des verkehrsrichtigen Verhaltens" 295
Rechtsanwälte 571
Rechtsgeschäft 35 f., 50 f.
rechtsgeschäftlicher Wille 194 f.
Rechtsgrund 42 f., 102 f., 650 ff., 673 ff.
Rechtsgüter, Lehre von den 320, 647 ff.
Rechtshängigkeit 167 f., 705 ff.
Rechtsirrtum 323 f., 327
Rechtskauf 406
Rechtsmangel
– beim Kauf 420 ff., 467
– bei der Schenkung 493 f.
Rechtsmißbrauch 759
Rechtspflicht zum Handeln 740
Rechtsquellen 9 ff.
Rechtsscheintheorie 642 f.
Rechtsübertragung 373
Rechtsverfolgungskosten 314
Rechtsverhältnis 22 f.
Rechtsverschaffungspflicht 422 ff.

850

Sach- und Entscheidungsregister

Rechtswidrigkeit 294 ff., 314 ff., 648 ff., 712, 718, 730 ff., 756, 758 f., 766, 792
Rechtswidrigkeitszusammenhang 294 f., 718
Regreß
– – ansprüche 389 ff.
– – hindernisse 389 ff.
„Reichstagsbrand" 803
„Reisetermin" 259
„Reiseveranstaltung" 259
Reisevertrag 561, 809
Rektapapier 640, 644
Relative Unwirksamkeit 463
Relativität der Forderung 2 f., 45 ff.
„Rente, irrtümlich gezahlte" 674
Rentenanpassung 142
Rentansprüche 799
Rentennneurose 342
„Reparaturen am Haus" 553
respondeat superior 771
Restitutorische Haftung 18 ff., 299
Reugeld 95
Risikohaftung 299 f.
Risikoumverteilung 109
Risikoverteilung 139
„Rizinuskörner" 276
Rohstoffoptionen 755
„Rossignol" 77
„Ross Sound" 299, 331
„Rubelfall" 144
„Rudimente der Fäulnis" 738
„Rübenbahnweiche" 107
Rückbürge 625
Rückerstattungspflicht 522
Rückforderung der Schenkung 49, 495 f.
Rückgabepflicht
– des Entleihers 520
– des Mieters 502 f.
– des Verwahrers 597
– nicht synallagmatisch 36
Rückgewährschuldverhältnis 282 f., 446 ff.
Rückgriffskondiktion 690 ff.
Rückgriffsrecht
– des Bürgen 624
– des Staates 767
Rücktritt 31 f., 246 f., 257 474 ff.
– gesetzlicher 282
– bei Leistungsstörungen 284 f.

– von der Miete 507
– Rückwirkung des 283 f.
– vertraglicher 282 ff.
Rücktrittsvorbehalt 92, 282 ff.
„Ruhegeldanpassung" 142

Sachenrecht 2, 4 f.
Sachgefahr 411 f., 555 f.
Sachkauf 604 f.
Sachmängel
– beim Kauf 420 f., 428 ff.
– bei der Schenkung 494
– beim Werkvertrag 552 ff.
Sachmängelgewährleistung
– und andere Ansprüche 452 ff.
– und Irrtumsanfechtung 436 ff., 455 ff.
Sachverständigenhaftung 790
Sachwalter 70, 331
„Saldenanerkenntnis, irrtümliches" 638
Saldotheorie 702 ff.
sale & lease back-Transaktionen 599
„Salmonellenverdacht" 440
„Sand- und Kiesausbeute" 795
Schaden 18 f., 289 ff., 300 ff., 758, 791
– immaterieller 302 f.
– mittelbarer 302 f.
– relevanter 301, 308 ff.
– unmittelbarer 302
Schadensersatz 68 f., 226, 490 f., 580, 585, 796 ff., 802
– Alt durch Neu 336
– Arten des 289 ff., 292 ff., **382 ff.**
– – berechtigter 304 ff.
– pauschalierter 96
– Umfang des 289 ff., 292 ff., **332 ff.**
Schadensersatz wegen Nichterfüllung 68 f., 228 f., 230 f., 244 f., 253 ff., 270 ff., 444 f., 466 f., 552 f.
Schadensersatzpauschale 96
„Schadensfreiheitsrabatt" 294
schadensgeneigte Arbeit 538 ff., 715
Schadensketten 342 f.
Schadensminderungspflicht 350 ff., 584
Schadensursachen, hypothetische 344 ff.
Schadensverlagerung 305
Schadenszurechnung, Theorie der 285 ff.
Schädiger, Mehrheit der 778 ff.
Scheck 198, 639
„Scheckeinziehung" 349

Sach- und Entscheidungsregister

Scheckkarte 160
Scheckzahlung 160
Schenkung 41, 491 ff.
– unter Auflage 494 f.
– von Todes wegen 188 f.
Schickschuld 157, 172 ff., 412 f., 415 f.
Schiedsrichtervertrag 399
„Schießspielzeug" 778
Schikane 754
Schlafwagenvertrag 600
Schlechterfüllung 130, 219, **267** ff., 279, 290, 411, 420, 435, 445, 453, 474, 501 f., 504, 547
Schlechterfüllungsschaden **269** ff., 420, 445, 501 f, 504
Schlechtleistung s. Schlechterfüllung
„Schleppvertrag" 270
„Schleuse" 741
Schmerzensgeld 303, 739, **799**
Schockschaden 725, 799, **799** f.
„Schriftleiter" 776
Schuld 25
Schuldabänderung 524
Schuldanerkenntnis 492, 524, 636 ff.
Schuldbeitritt s. Schuldübernahme, kumulative
Schuldersetzung 213 f., 524
Schuldfähigkeit 789, 792
Schuldinhalt 153
Schuldmitübernahme 39
Schuldnerverzug 171, 220, 225, **249** ff., 425, 501 ff., 520
Schuldrecht
– Begriff 1 f.
– Grundgedanken 7 ff.
– Stellung 3 ff.
– wirtschaftliche Bedeutung 7
Schuldrechtlicher Anspruch 3
Schuldrechtsreform
Schuldschein 196, 437
Schuldtheorie 297, 323
Schuldübernahme 39, 353 ff., 373 ff., 623, 629
– alternative 375
– kumulative 39, 374
– privative 375
Schuldverhältnis 2 f., 16 ff., 33 ff.
– Aufhebung des 61
– aus Gemeinschaftsverhältnissen 53

– aus sozialem Kontakt 53
– aus sozialtypischem Verhalten 54
– Begründung 49 f.
– einseitiges 35
– Erlöschen 190 ff.
– gesetzliches 35, 51 f., 103
– Inhalt des 98 ff.
– vertragliches 50 f.
Schuldverschreibung 641 ff.
Schuldversprechen 492, **636** ff
„Schullehrer" 803
„Schuß aus Rache" 765
Schutzgesetz 650 ff., 656
Schutzgesetzdelikte 754 ff.
Schutzgutverletzung 803
Schutzpflichten 23 f., 28 f., 66, 186, 410
„Schwammfreiheit eines Hauses" 441
„Schwangerschaftsunterbrechung" 792
Schwarzarbeit 681
Schwarze Liste 731
„schwarzer Filz" 738
Schwarzfahrer 56
„Schwarzfahrt" 765
„Schwarzflug des Minderjährigen" 60
„Schweinemästerei" 793
Schwerpunkttheorie 812
„Schwimmschalter" 454, 749
seelische Störungen (als Schaden) 343
Sekundärpflichten, s. a. Primär 19
Selbstgefährdung im Verkehr 575, **584** f.
Selbsthilferecht 515, 601
– des Gastwirts 601
– des Vermieters 515
Selbsthilfeverkauf 201
selbstschuldnerische Bürgschaft 624
Sequestration 597
SGB X § 584
sichernde Versprechen 621 ff.
Sicherungsabrede 39, 632 ff.
Sicherungsabtretung 365, 471 f.
Sicherungstreuhand 39, 471 f., 571, 635
Sicherungsvertrag 39, 633
„Siedlerfall" 88
Sittenverstoß 75 ff., 451, 581, 680 ff., 757 ff., 803
Sittenwidrige Ausnutzung von Urteilen 759
„Sonderkonte zugunsten Dritter" 180
Sonderrecht 1, 5, 6

Sach- und Entscheidungsregister

Sonstige Rechte 726 ff.
Sorgfaltspflichten 23 f., 27 ff., 65 f., 186 f.,
  270, 410, 655, 657
Sozialadäquanz 318, 656, 725
Soziale Kosten 784
Soziale Marktwirtschaft 74
sozialer Kontakt 63
Sozialstaat 76
Sozialtypisches Verhalten 54 f., 57
Sparbuch 645
Sparvertrag 524
„Spätheimkehrer" 732
Speziesschuld s. Stückschuld
Spezifikationskauf 407
Sphärentheorie 542
Spiel 620
„Sportgaststätte" 225
Sportverletzung 319
Staatshaftung 763 ff.
„Staubentwicklung durch Autobahnbau" 796
„Steigerung der Lebenshaltungskosten" 144
„Steinkreuzfall" 742
Stellvertrendes Kommodum 236 ff., 241, 247
„Steuerschätzung" 225
„Storno" 675
„Strafverteidigungskosten" 292
„Straßenbahnunfall" 656
„Straßenverschmutzung" 742
„Strauß gg. Augstein" 803
Streckengeschäft 471
Streik 572, 730 f., 760
„Streudienst" 741
„Stromleitungen" 802
Stückkauf 407, 430 f., 440
Stückschuld 152 ff., 413
Stundung 169, 251
„Sturz auf Wendeltreppe" 554
Subjektstheorie 763
Subjektive Geschäftsgrundlage 143, 217
Subjektive Unmöglichkeit s. Unvermögen
Subjektiv fremdes Geschäft 574 ff.
Subjektives Recht 20, 655
Subsidiarität
– der Eingriffskondiktion 689
– der Unternehmenseingriffe 736
Substitut 329, 567 f., 598

Sukzessivlieferungsvertrag 31 f., 236, 407, 474 f.
Summenverwahrung 524, 598 f.
Surrogat 236 f., 241, 247, 699
Surrogationstheorie s. Austauschtheorie
Synallagma 27, 36 ff., 240 ff., 255 ff., 703 f.
Syndikat 607

Täuschung 759
Tarifvertrag 79, 94, 533 f.
Tausch 490
Tatbestand 287, 711, 729 ff., 742 ff.
Tatsachenbehauptung 803
Teilforderungen 383 f.
Teilleistungen 31 ff., 134
Teillieferungsvertrag 31 f.
Teilnahme 778 f.
Teilschuldverhältnis 381, 383 f.
Teilweise Unmöglichkeit 228
„Teilzahlungskauf eines Waschsalons" 479
„Telegraphenanlage der Post" 741
„Teneriffa" 259
„Teppichkehrmaschine" 732
„Teppichrollenfall" 66
Theaterkarte 644
„Theaterkritiker" 78
Tierhalterhaftung 784
Todesfall, Geschäfte auf den 188
Tötung 724
„Tolbutaniol" 341
„Tonbandaufnahme II" 737
„Totalschaden" 355
Totalschaden, unechter 336
„Touren-Skiabfahrt" 742
Transportgefahr 415 f.
„Transportmittel" 351
„Treibjagd" 28
Trennungsprinzip 44, 349
Treu und Glauben 8, 67, 87 ff., 94, 103, **126 ff.**
Treuepflicht
– des Arbeitnehmers 537
– der Gesellschafter 609
Treuhand 571, 635
Treuhandgläubigerschaft 364 ff.
„Trevira" 745/6
Trödelvertrag 39, 399, 427, 489
Trust 607

853

Sach- und Entscheidungsregister

Tun
- Handlungsbegriff 712 ff.
- Leistung 26
Typenverbindungsverträge 402 f.
Typenvermengung 403
Typenzwang 78

Überbau 794
Übergabe 409, 414 f.
Überholende Kausalität 344 ff.
Übererfüllungsmäßiges Interesse 68, 271 ff., 289, 340, 444 f., 501, 504
Übernahmeverschulden 580, 585
Übersicherung 367, 371
Übertragung von Rechten 373
Überweisung 160, 161, 199, 410
Überweisungsauftrag 162
„Umdisposition bei Arbeitskräften" 149
Umgehungsgeschäfte 477
Umgehungsverbot (AGB) 121
Umtauschvorbehalt 92
Unbarer Zahlungsverkehr 160, 199, 357 f., 410
Unechte Gesamtschuld s. Gesamtschuld, scheinbare
Unechte Geschäftsführung ohne Auftrag 509 f., 574 ff., 587 ff.
Unentgeltliche Geschäfte 491 ff., 519 f., 528, 565 f.
Unerlaubte Handlung 51, 645 ff., 710 ff.
- im IPR 816 f.
Ungerechtfertigte Bereicherung s. Bereicherung
Unglücksketten 343
Unklarheitenregel 117
Unmittelbarkeit
- des Eingriffs 688 f., 735
- der Leistung 669
Unmöglichkeit der Leistung
- anfängliche 155, 224 f., 419 ff., 425, 502, 543
- beiderseitige 248
- faktische 223
- juristische 223 f.
- nachträgliche 128 f., 210, 217 f., 224 f., 232 ff., 267, 412 f., 419 ff., 425, 473, 502
- objektive 225, 425, 543
- subjektive s. Unvermögen
- teilweise 224, 228, 241, 248

- vorübergehende 224, 228
- wirtschaftliche 223
Unrecht
- der unerlaubten Handlung 647 ff.
- der ungerechtfertigten Bereicherung 647 ff.; s. auch Rechtswidrigkeit
Unrechtsbewußtsein 322
Unrechtsindikation 316 ff., 652, 655, 792
Unregelmäßige Verwahrung 598 f.
Unterbrechung des Kausalzusammenhangs 313
„Unterhaltsabfindungsverträge" 142
Unterlassen **316**, 714
„unterlassene Scheckeinziehung" 349
Unterlassung 27, 712 f., 739
Unterlassungsanspruch 801 ff.
Unterlassung, Kausalität der 313
Unterlassungsdelikt 658, 739
Unterlassungspflichten; s. auch 27 Nebenpflichten
Untermiete 503 f.
Unternehmen, Recht am 729 ff.
Unternehmenskauf 406, 423
Untersuchungspflicht des Käufers 430, 442
Unvermögen
- anfängliches 224 f., **228** ff., 230 ff., 425
- nachträgliches 224 f., **232** ff., 412 f.,
s. auch Unmöglichkeit
unvollkommene Verbindlichkeit 47 f.
„unzulängliche Bodenbeschaffenheitsangaben" 149
unzulässige Rechtsausübung 118
Unzumutbarkeit der Leistung 133 ff., 210, 224, 676
Urheberrechtswahrnehmungsgesetz 93
Urkunden 168, 644 ff.
Urlaub 341, 540 f.
Urlaubsfreude, entgangene 341

Valutaverhältnis 181, 640, 669
„Vaterschaft, Vorspiegelung der" 759
venire contra factum proprium 140 f., 284
„Veränderungssperre" 795
Veräußerungsermächtigung 471
Verarbeitung 471 f., 555 f., 687
Verbindung 687 ff.
verbindlichkeitsähnliche Tatbestände 47 ff.

Verdienstausfallschaden 339
Verdinglichung 515
Verdinglichung obligatorischer Rechte 515 f.
Vereinbarungsdarlehen 524
Verfallklausel 96 f., 285
Verfolgungsfälle 725
Verfolgungsrecht 797
Verfügung 43 ff., 181
– eines Nichtberechtigten 685 ff., 697 ff.
vergeudete Freizeit 341
Vergleich 212 ff., 636
„Vergleich, Bevorzugung im" 675
Vergleichsmiete 513
„Vergleich zugunsten Dritter" 180
Vergütungsgefahr s. Preisgefahr
Verhaltensnorm 649 ff., 657, 754
Verhaltenspflichten 27 f., 132 f., 240, 273, 410 f., 421
Verität 423 f.
Verjährung
– arglistiges Herbeiführen der 148
– bei Anspruchskonkurrenz 715
– der Ansprüche aus finanziertem Kauf 481
– der Ansprüche aus Leihe 521
– der Ansprüche aus Miete 502, 508
– der Ansprüche aus unerlaubter Handlung 751, 767, 800 f.
– der Ansprüche auf Wandlung 449 ff.
– der Rechte beim Werkvertrag 553 f.
– und Bereicherungsausgleich 687
Verjährungshemmung 800
Verkehrshaftpflicht 784 ff.
Verkehrspflichten 658, 722, 739 ff.
Verkehrspflichtdelikte 657, 774
Verkehrsrichtiges Verhalten 656, 773
Verkehrssicherungsdelikt 803
Verkehrssicherungspflicht 581, 740, 768
Verkehrssitte 106, s. a. Treu und Glauben
Verlagsgesetz 551
„Verlagssitz" 813
Verlängerter Eigentumsvorbehalt 471 f.
Verleitung zum Vertragsbruch 47, 759
„verletzungsbedingte Erhöhung der Geldrente" 767
Verletzungshandlung 288 f.
Verletzungsschaden 289
Vermieterpfandrecht 513 ff.

Vermischung 687
Vermögen 729, 758
Vermögensschaden 302 f., 729, 757 ff.
„Vermögenssperre" 145
Vermögensübernahme 378 f.
Vermögensverschiebung, Unmittelbarkeit der 667 ff., 688 ff.
Vermögensverschlechterung 38, 573
Verpflichtung, Begriff der 43 ff.
Verpflichtungsermächtigung 369, 557
Verrechnungsscheck 162
Verrichtungsgehilfe 328, 771 ff.
Verschulden 293, **320** ff., 748, 752, 756, 766, 792 f.
– des Gläubigers 243
– des Rücktrittsberechtigten 284
– Haftung für fremdes 327 ff.
– Haftung ohne 326 f., 432, 442, 783 ff.
– mitwirkendes s. Mitverschulden s. auch culpa in contrahendo, Vertretenmüssen
Verschuldensgrundsatz 9, 295, 329, 326, 443, 783 ff.
Verschuldensfähigkeit 321, 792
Versendungskauf 174, 242, 305, 329, 415 ff.
Versicherung, eidesstattliche 166 f.
Versicherungsvertrag 39, 630 ff.
„Versorgungsausgleich und Unterhalt" 675
Versteigerung 201
Vertrag 34 ff., 60 ff.
– Arten 62
– bindende Kraft des 18, 61
– diktierter 51, 79
– einseitig verpflichtender 36
– Form 82 ff.
– gegenseitiger 35 ff.
– normierter 79
Vertrag mit Außenwirkung 8
– mit Schutzwirkung für Dritte 186 ff., 498
– öffentlich-rechtlicher 62
– unvollkommen zweiseitiger 36
– vorläufiger 91 f.
– zugunsten Dritter 180 ff.
– zugunsten Dritter auf den Todesfall 186
– zu Lasten Dritter 183
Vertragsanbahnung 63

Vertragsauslegung, s. Auslegung 106
Vertragsbeitritt 379 f.
Vertragsbruch 221, 254
Vertragsfreiheit 8, 39, 72 ff.
Vertragsinhalt 99
Vertragsstrafe 39, 95 f., 119, 476, 509
Vertragstheorie
- bei Erfüllung 192
- bei Wandlung 446 f.
- im Wertpapierrecht 642
Vertragstheorie, objektive **99**, 134
Vertragstypen 39
Vertragsübernahme 379 f.
Vertragsverbindungen 400 f.
Vertrauenshaftung, allgemeine 27, 66, **129**, 298, 332, 746
Vertrauensinteresse (c.i.c.) 69
Vertrauensschaden 69, 229 f., 456
Vertrauensumstände 134 ff., 140 ff., 147 ff.
Vertretbare Sache 154
Vertretenmüssen 320 ff.
Vertreter, gesetzlicher 330 f.
Verursachung s. auch Kausalität 308 ff.
Verwahrung 529, 596 ff., 600
„Verwalter" 776
Verwaltungstreuhand 571
Verweisung (IPR) 810 ff.
Verwendung
- bei Kauf 418
- bei Miete 503
- bei Werkvertrag 558
- bei ungerechtfertigter Bereicherung 693 f.
Verwirkung 141
Verwirkungsklausel 285
Verzögerungsschaden 220, 253, 256
Verzug 219 f., 225, **249** ff., 261 ff., 339 f., 474, 476, 491, s. auch Gläubigerverzug
Verzugszinsen 163
Viehkauf 452
„Vierte Partei Deutschlands" 727
vis absoluta 714
VOB 110, 551, 596
Vorausklage 624
Vorgesellschaft 608
Vorhaltekosten 314, 342
Vorkaufsrecht 92, 460 ff.
vorläufige Verträge 89 ff.
Vorlegung von Sachen 167 ff.

Vorleistungspflicht 37 f.
Vorratsschuld 156, 235
Vorsatz 322 ff., 792
Vorsatztheorie 323
Vorsorgekosten 342
Vorteilsausgleichung 243, 347 ff.
Vorvertrag 89 ff.

„Waffenhändler" 731
„Währungsstatut" 142
Wahlschuld 152 ff.
Wahltheorie 245
Wahrnehmung berechtigter Interessen 319 f.
Wahrscheinlichkeitsurteil 312 f.
„Wallraff" 738
Wandlung
- beim Kauf 443, **446** ff., 451
- beim Werkvertrag 552 f.
Wappen 727, 738
Warenfehler 742 ff.
Warenhaftung 742 ff.
Warenmangel 743 ff.
Warenterminoptionsgeschäft 755
„Warentest" 731, 761, 803
„Warenzeichen" 803
„Warnschild" 736
Warschauer Abkommen 786, 787
Wechsel 198, 639
„Wechselreiterei" 759
Wegfall
- der Bereicherung s. Bereicherung
- der Geschäftsgrundlage s. Geschäftsgrundlage, clausula rebus sic stantibus
- des Gläubigerinteresses 208
Wegnahmerecht 165 f.
„Wehrdienst" 793
„Weihnachtsnüsse" 260
weitergegebener Eigentumsvorbehalt 472
Werbeangaben, irreführende 67
„Werbefahrten" 795
Werbung 64
Werklieferungsvertrag 556, 560 f.
„werkstattgeprüft" 441
Werkverschaffungsvertrag 551
Werkvertrag 460, 462, 478 ff., 528 f., 531 f., 549 ff.
Wert, sozialer 651
Wertersatz 303, 699 f.

Wertpapier öffentlichen Glaubens 641
Wertpapiertheorien 642 f.
Wertpapierverwahrung 597
Wertschuld 162
Wertsicherungsklausel 162 f.
Werturteil, herabsetzendes 731
wettbewerbsbeschränkende Klauseln 500 f.
Wettbewerbsbeschränkung 77
Wettbewerbseingriffe 657 f.
Wettbewerbsverstoß 451, 760
Wette 620
Widerruf 803
„Wiederbeschaffungswert" 797
Wiederkaufsrecht 92, 459 f.
Wiederkehrschuldverhältnis 32, 94, 407
Wiener UN-Übereinkommen 809
Wildschaden 784
Willenstheorie 105
wirtschaftliche Macht 79
wirtschaftliche Unmöglichkeit 133, 223
Wirtschaftliches Persönlichkeitsrecht 74, 736, 739
Wirtschaftsrecht 6
„Wohnwagen" 341
„wrongful life" 341, 724, 729

Zahlung fremder Schuld 573 f., 691 f.
Zahlungsort 173 f.
Zahlungsverkehr 160
Zedent 356 f.
„Zehlendorfer Fürstenhof" 732
„Zeichenrecht" 141

Zeit 341
„Zeitschriftenabonnement" 152
Zession s. Abtretung
Zessionar 356 f.
Zeugnis 549
„Zinkdach" s. „Diebstähle durch Bauarbeiter" 776
Zinsen 163 f., 418, 582
Zinseszins 163
Zinsschein 644
Zufall, Begriff des 322
Zufallshaftung 326
Zugesicherte Eigenschaft 433, 434 f., 441 ff., 628
Zug-um-Zug-Leistung 37 f., 281
Zumutbarkeit s. Unzumutbarkeit, Vertrauensumstände
Zurückbehaltungsrecht 37 f., 278 ff.
„Zurückzugebende Mieträume" 262
„Zusatzkredit" 623
Zuwendung 491, 678
Zuwendungsverhältnis 669, 670
Zwangsversteigerung und Miete 517
„Zwangsversteigerungsverfahren, Nichtanmeldung im" 687
Zwangsvollstreckung
– Verfügung im Wege der 686
– Verkauf im Wege der 489
Zweckerreichung 191, 208 ff.
Zwecksetzung, einseitige 677
Zweistufentheorie 524
zwingendes Gesetzesrecht 76 f., 103 f.
Zwischenzinsen 164

Walter de Gruyter
Berlin · New York

Neuerscheinung

Heinz Hübner
Allgemeiner Teil des Bürgerlichen Gesetzbuches
de Gruyter Lehrbuch

Ein Klassiker in neuer Gestalt

Groß Oktav. XXVI, 560 Seiten. 1984. Plastik flexibel. DM 46,-

Das Werk schließt bei völlig neuer Gestaltung an das erfolgreiche Lehrbuch an, das Heinrich Lehmann begründete und das der Verfasser für die 15. und 16. Auflage bearbeitet hatte.

Von dem Vorhaben, eine erneute Bearbeitung des von Heinrich Lehmann begründeten Lehrbuches vorzunehmen, mußte der Verfasser Abstand nehmen. Die in den Jahren nach 1919 gewachsene Konzeption entsprach trotz laufender Erweiterung hinsichtlich Aufbau und dogmatischer Problemstellung weitgehend nicht mehr der gegenwärtigen Sicht. Es blieb daher nur der Weg einer eigenständigen Neufassung.

Gleichwohl wurde die Gestalt des „klassischen" Lehrbuches zum Allgemeinen Teil beibehalten. Angesichts der Tendenz zur Behandlung einzelner Stoffbereiche muß es im Interesse des Studierenden liegen, den Normgehalt des Zivilrechts im Zusammenhang zu sehen und darüber hinaus auch die Stellung des Gesetzbuches im System des Rechts zu erfassen. Nicht zuletzt ist es für die Jurisprudenz schlechthin von wesentlicher Bedeutung, das Spannungsfeld zwischen Systemzusammenhang und Fallgerechtigkeit an den allgemeinen Prinzipien des Bürgerlichen Rechts zu verdeutlichen. Es haben daher auch über den Allgemeinen Teil hinausgehende grundsätzliche Themenbereiche Aufnahme gefunden, so z. B. das Haftungssystem des BGB, die Struktur des Vertrauensschutzes und wesentliche Instrumente der Kreditsicherung. Vor allem wurde Wert darauf gelegt, die Regulative des Allgemeinen Teils nicht nur in ihrer wissenschaftlichen Problematik, sondern vor allem auch in ihren Auswirkungen auf die Rechtsverhältnisse des Zivil- und Handelsrechts, gelegentlich auch auf das Prozeß- und Vollstreckungsrecht bewußt zu machen.

Zur leichteren Handhabung und zum genaueren Zitieren wurde das Buch durchgehend mit Randnummern versehen. Der typographischen Gestaltung zur bestmöglichen Erreichung des didaktischen Zieles wurde besondere Aufmerksamkeit gewidmet.

So wird das Werk in seiner neuen Gestalt nicht nur dem Studenten ein grundlegendes, Zusammenhänge und Verständnis förderndes Lehrbuch sein, sondern auch der Praxis manche Anregung bringen können.

Preisänderung vorbehalten